KNAURS
KOMPAKT RÄTSEL WÖRTER BUCH

Peter Niemann (Hrsg.)

KNAURS
KOMPAKT
RÄTSEL
WÖRTER
—BUCH—

Ungekürzte Buchgemeinschafts-Lizenzausgabe
der Bertelsmann Club GmbH, Gütersloh
der Buchgemeinschaft Donauland Kremayr & Scheriau, Wien
des Deutschen Bücherbundes, Stuttgart
und der angeschlossenen Buchgemeinschaften
Copyright © 1992 by Droemersche Verlagsanstalt
Th. Knaur Nachf., München, und Varia Press AG, Zürich
Das Werk einschließlich aller seiner Teile ist
urheberrechtlich geschützt. Jede Verwertung außerhalb
der engen Grenzen des Urheberrechtsgesetzes ist ohne
Zustimmung des Verlages unzulässig und strafbar.
Dies gilt insbesondere für Vervielfältigungen,
Übersetzungen, Mikroverfilmung und Einspeicherung
und Verarbeitung in elektronischen Systemen.
Einbandgestaltung: Simone Leweling
Satz: eps Electronic Printing Service GmbH, Gütersloh
Druck und Bindung: Graphischer Großbetrieb Pößneck GmbH
Printed in Germany · Buch-Nr. 04920 5

Vorwort

Zwei Drittel der deutschsprachigen Bevölkerung lösen Kreuzworträtsel. Rätselprofis können viele Fragen leicht lösen; denn das Gerüst der meisten Kreuzworträtsel besteht überwiegend aus häufig wiederkehrenden Fragen. Allerdings ist deren Zahl mit ungefähr 30 000 nicht gerade gering. Noch einmal dieselbe Menge an Fragen wird gern in anspruchsvollere Kreuzworträtsel eingebettet.

Dieses Werk bietet mit seinen über 70 000 Fragen und den dazu gehörenden Antworten gut den doppelten Alltagsbedarf und damit ein solides Polster für die Lösung von weiter her geholten Rätselfragen. Diese Fragen erhöhen ebenso den Reiz des Ratens, wie sie oft nicht aus dem Handgelenk zu beantworten sind.

Da sich erfahrungsgemäß im Kreuzworträtsel die eine oder andere Frage durch Kreuzen selbst beantwortet, sind mit KNAURS KOMPAKT-RÄTSEL-WÖRTERBUCH wahrscheinlich auch die letzten im Kreuzworträtsel nach dem Raten noch verbleibenden weißen Felder zu füllen. Alfred P. Zeller hat durch sein Wissen und seine Akribie diesem Buch mit dazu verholfen.

Peter Niemann

Abk. f. Agglomeration	A	Abk. f. folgende (Seite)	F	Abk. f. Lira	L	Abk. f. Rand	R
Abk. f. Ampere	A	Abk. f. forte	F	Abk. f. Liter	L	Abk. f. rechts	R
Abk. f. Austral	A	Abk. f. Gauß	G	Abk. f. männlich	M	Abk. f. recipe	R
Abk. f. Baht	B	Abk. f. Geld (Kurszettel)	G	Abk. f. Magister	M	Abk. f. Röntgen	R
Abk. Bar	B	Abk. f. giga	G	Abk. f. Mark	M	Abk. f. Rubel	R
Abk. f. Butut	B	Abk. f. Gramm	G	Abk. f. Mehrzahl	M	Abk. f. Schilling	S
Abk. f. Celsius	C	Abk. f. Groschen	G	Abk. f. Meter	M	Abk. f. Seite	S
Abk. f. Cent	C	Abk. f. Guarani	G	Abk. f. Monsieur	M	Abk. f. Sekunde	S
Abk. f. Centavo	C	Abk. f. Heller	H	Abk. f. Neper	N	Abk. f. Sen	S
Abk. f. Centime	C	Abk. f. Henry	H	Abk. f. netto	N	Abk. f. siehe	S
Abk. f. Copyright	C	Abk. f. hora (Stunde)	H	Abk. f. Neutrum	N	Abk. f. Siemens	S
Abk. f. Coulomb	C	Abk. f. imaginär	I	Abk. f. Newton	N	Abk. f. Singular	S
Abk. f. Curie	C	Abk. f. indones. Währungseinheit	S	Abk. f. Norden	N	Abk. f. Süden	S
Abk. f. Dalasi	D			Abk. f. Osten	O	Abk. f. Tara	T
Abk. f. Denar	D	Abk. f. Joule	J	Abk. f. Pagina	O	Abk. f. Tesla	T
Abk. f. Deuterium	D	Abk. f. Karat	K	Abk. f. Paisa	P	Abk. f. Thebe	T
Abk. f. Dioptrie	D	Abk. f. Kelvin	K	Abk. f. Pascal	P	Abk. f. Tonne	T
Abk. f. Dong	D	Abk. f. Kina	K	Abk. f. Pater	P	Abk. f. Torr	T
Abk. f. Durchmesser	D	Abk. f. Kobo	K	Abk. f. Penni	P	Abk. f. Tritium	T
Abk. f. Ost	E	Abk. f. königlich	K	Abk. f. Penny	D	Abk. f. unten	U
Abk. f. Elektron	E	Abk. f. Krone	K	Abk. f. Pfund (libra)	L	Abk. f. Unterseeboot	U
Abk. f. Erdbeschleunigung	G	Abk. f. Kwacha	K	Abk. f. piano	P	Abk. f. Volt	V
Abk. f. erg	E	Abk. f. Kyat	K	Abk. f. Pond	P	Abk. f. Volumen	V
Abk. f. Franc	F	Abk. f. Lempira	L	Abk. f. Pula	P	Abk. f. von, vor	V
Abk. f. Fahrenheit	F	Abk. f. Leu	L	Abk. f. Pya	P	Abk. f. Währung in Paraguay	G
Abk. f. Grad	F	Abk. f. Lilingeni	E	Abk. f. Quadrat	Q		
Abk. f. Feminin	F	Abk. f. links	L	Abk. f. Réaumur	R	Abk. f. Währung in Swasiland	E
				Abk. f. Radius	R		

Clue	Answer
Abk. f. Währung von Nigeria	K
Abk. f. Währung von Sambia	K
Abk. f. Watt	W
Abk. f. weiblich	W
Abk. f. wenden	W
Abk. f. Werst	W
Abk. f. Westen	W
Abk. f. Zentner	Z
achter Buchstabe des ABC	H
achtzehnter Buchstabe des ABC	R
Ausruf	I
Ausruf	U
Basis d. natürl. Logarithmen	E
bestimmter ital. Mehrzahlartikel	I
chem. Zeichen f. Kalium	K
chem. Zeichen f. Sauerstoff	O
chem. Zeichen f. Yttrium	Y
chem. Zeichen für Bor	B
chem. Zeichen für Fluor	F
chem. Zeichen für Jod	J
chem. Zeichen für Kohlenstoff	C
chem. Zeichen für Phosphor	P
chem. Zeichen für Schwefel	S
chem. Zeichen für Stickstoff	N
chem. Zeichen für Uran	U
chem. Zeichen für Vanadium	V
chem. Zeichen für Wolfram	W
chem. Zeichen für Xenon	X
chem. Zeichen Wasserstoff	H
Dehnungsbuchstabe	H
23. Buchstabe des ABC	W
dreizehnter Buchstabe des ABC	M
dritter Buchstabe des ABC	C
dritter Ton der Grundtonleiter	E
21. Buchstabe des ABC	U
elfter Buchstabe des ABC	K
engl. unbest. Artikel	A
erster Buchstabe des ABC	A
franz.: pro, je	A
fünfter Buchstabe des ABC	E
fünfter Ton der Grundtonleiter	G
25. Buchstabe des ABC	Y
fünfzehnter Buchstabe des ABC	O
Halbton in der Musik	B
Kfz-Zchn. Bundeswehr	Y
Kfz-Zchn. Deutschland	D
Kfz-Zchn. Düsseldorf	D
Kfz-Zchn. Frankfurt Main	F
Kfz-Zchn. Frankreich	F
Kfz-Zchn. österr. Burgenland	B
Kfz-Zchn. v. Essen	E
Kfz-Zchn. v. Italien	I
Kfz-Zchn. v. Luxemburg	L
Kfz-Zchn. v. Österreich	A
Kfz-Zchn. von Augsburg	A
Kfz-Zchn. von Belgien	B
Kfz-Zchn. von Berlin	B
Kfz-Zchn. von Gera	G
Kfz-Zchn. von Hannover	H
Kfz-Zchn. von Japan	J
Kfz-Zchn. von Jena	J
Kfz-Zchn. von Kärnten	K
Kfz-Zchn. von Kamputschea	K
Kfz-Zchn. von Katar (Qatar)	Q
Kfz-Zchn. von Köln	K
Kfz-Zchn. von Kuba	C
Kfz-Zchn. von Linz	L
Kfz-Zchn. von Malta	M
Kfz-Zchn. von München	M
Kfz-Zchn. von Niederösterreich	N
Kfz-Zchn. von Norwegen	N
Kfz-Zchn. von Nürnberg	N
Kfz-Zchn. von Oberösterreich	O
Kfz-Zchn. von Portugal	P
Kfz-Zchn. von Potsdam	P
Kfz-Zchn. von Regensburg	R

Kfz-Zchn. von Rumänien	R	Plancksches Wirkungsquantum	H	Symbol für unbekannte Größe	X
Kfz-Zchn. von Salzburg	S	römisch. Zahlzeichen für 1	I	Symbol für 2. unbekannte Größe	Y
Kfz-Zchn. von Sambia	Z	römisch. Zahlzeichen für 10	X	Tonbezeichnung	B
Kfz-Zchn. von Schweden	S	römisch. Zahlzeichen für 100	C	Tonbezeichnung	C
Kfz-Zchn. von Spanien	E	römisch. Zahlzeichen für 1000	M	Tonbezeichnung	D
Kfz-Zchn. von Stuttgart	S	römisch. Zahlzeichen für 5	V	Tonbezeichnung	F
Kfz-Zchn. von Thailand	T	römisch. Zahlzeichen für 50	L	Tonbezeichnung	G
Kfz-Zchn. von Tirol	T	römisch. Zahlzeichen für 500	D	Tonbezeichnung	H
Kfz-Zchn. von Transkei	X	sechster Buchstabe des ABC	F	vierter Buchstabe des ABC	D
Kfz-Zchn. von Ungarn	H	sechster Ton der Grundtonleiter	A	vierter Ton der Grundtonleiter	F
Kfz-Zchn. von Uruguay	U	26. Buchstabe des ABC	Z	24. Buchstabe des ABC	X
Kfz-Zchn. von Venezuela	V	sechzehnter Buchstabe des ABC	P	vierzehnter Buchstabe des ABC	N
Kfz-Zchn. von Vorarlberg	V	siebenter Buchstabe des ABC	G	zehnter Buchstabe des ABC	J
Kfz-Zchn. von Wien	W	siebenter Ton der Grundtonleiter	H	zwanzigster Buchst. des ABC	T
Kfz-Zchn. von Wuppertal	W	siebzehnter Buchstabe des ABC	Q	zweiter Buchstabe des ABC	B
Kfz-Zchn Bundeswehr/Natohauptqu.	X			22. Buchstabe des ABC	V
Kfz-Zollkennzeichen	Z			zwölfter Buchstabe des ABC	L
Musiknote	B				
unter Buchstabe des ABC	I				
unzehnter Buchstabe des ABC	S				

Abk. f. »akademisches Viertel«	CT
Abk. f. a. condition	AC
Abk. f. a conto	AC
Abk. f. ad acta	AA
Abk. f. a dato	AD
Abk. f. ad libitum	AL
Abk. f. ad rem	AR
Abk. f. Afghani	AF
Abk. f. Air France	AF
Abk. f. Aktiengesellschaft	AG
Abk. f. Aktienkapital	AK
Abk. f. Alabama (USA)	AL
Abk. f. Alaska (USA)	AK
Abk. f. Algerischer Dinar	DA
Abk. f. Alinea	AL
Abk. f. als Gast (Theater)	AG
Abk. f. Alter Herr	AH
Abk. f. Alternative Liste	AL
Abk. f. Altes Testament	AT
Abk. f. Ammonium	AM
Abk. f. Amnesty International	AI
Abk. f. Ampère-Sekunde	AS
Abk. f. Amperestunde	AH
Abk. f. Amplitudenmodulation	AM
Abk. f. Amtsgericht	AG
Abk. f. an dem	AM
Abk. f. an der	AD
Abk. f. angegebenen Ortes	AO
Abk. f. Angström-Einheit	AE
Abk. f. anni currentis	AC
Abk. f. anni futuri	AF
Abk. f. anni praeteriti	AP
Abk. f. Anno Domini	AD
Abk. f. Anoyme Alkoholiker	AA
Abk. f. ante diem	AD
Abk. f. ante meridiem	AM
Abk. f. ante mortem	AM
Abk. f. Arbeitsgemeinschaft	AG
Abk. f. Arizona (USA)	AZ
Abk. f. Arkansas (USA)	AR
Abk. f. Armeekorps	AK
Abk. f. Associated Press	AP
Abk. f. Atlantic Couneil	AC
Abk. f. Atmosphäre	AT
Abk. f. auf Gegenseitigkeit	AG
Abk. f. auf Sicht	AS
Abk. f. auf Zeit	AZ
Abk. f. Ausführungsbestimmung	AB
Abk. f. außer Dienst	AD
Abk. f. außerordentlich	AO
Abk. f. Auswärtiges Amt	AA
Abk. f. Automobile Association	AA
Abk. f. a vista	AV
Abk. f. Baccalaureus Artium	BA
Abk. f. Bachelor of Law	BL
Abk. f. Bahnhof	BF
Abk. f. Bahrein-Dinar	BD
Abk. f. Band	BD
Abk. f. Baronet	BT
Abk. f. basso continuo	BC
Abk. f. Baumégrad	BE
Abk. f. Bayerischer Rundfunk	BR
Abk. f. Bayerischer Rundfunk	BR
Abk. f. Bayernpartei	BP
Abk. f. Becquerel	BQ
Abk. f. bezahlt Brief. (Börse)	BB
Abk. f. bezahlt (Kurszettel)	BZ
Abk. f. Bezirk	BZ
Abk. f. Bibelkreis	BK
Abk. f. Bindewort	BW
Abk. f. Birr	BR
Abk. f. bitte wenden	BW
Abk. f. Blatt	BL
Abk. f. Bogen	BG
Abk. f. Bolivar	BS
Abk. f. Boliviano	BS
Abk. f. Boris Becker	BB
Abk. f. Brief	BF
Abk. f. Brief	BR
Abk. f. Brigitte Bardot	BB
Abk. f. Brinellhärte	HB

Abk. f. brit. Automobilklub	AA
Abk. f. British Columbia	BC
Abk. f. British Petroleum	BP
Abk. f. Bruder	BR
Abk. f. brutto	BO
Abk. f. Büstenhalter	BH
Abk. f. Bundesgrenzschutz	BG
Abk. f. Bundespost	BP
Abk. f. Bundesverfassung	BV
Abk. f. Bushel	BU
Abk. f. cable transfer	CT
Abk. f. Candela	CD
Abk. f. care of	CO
Abk. f. Cartellverband	CV
Abk. f. cent	CT
Abk. f. centime	CT
Abk. f. Cetanzahl	CZ
Abk. f. chain (engl. Maß)	CH
Abk. f. circa	CA
Abk. f. circa	CA
Abk. f. circato loco	CL
Abk. f. Claeus	CN
Abk. f. colla sinistra	CS
Abk. f. Colorado (USA)	CO
Abk. f. Compact Disk	CD
Abk. f. Compagnie, Kompanie	CO
Abk. f. confer	CF
Abk. f. Confoederatio Helvetica	CH
Abk. f. Congregatio Missionis	CM
Abk. f. Congregatio Passionis	CP
Abk. f. Connecticut	CT
Abk. f. Corps Consulaire	CC
Abk. f. Corps Diplomatique	CD
Abk. f. cost and freight	CF
Abk. f. Coulomb	CB
Abk. f. Council of Europe	CE
Abk. f. cum tempore	CT
Abk. f. Curie	CI
Abk. f. currentis	CR
Abk. f. d. Lazaristenorden	CM
Abk. f. da capo, von vorne	DC
Abk. f. dal segno	DS
Abk. f. das heißt	DH
Abk. f. das ist	DI
Abk.f. de dato	DD
Abk. f. Dei Gratia	DG
Abk. f. Dekagramm	DG
Abk. f. Dekaliter	DL
Abk. f. Dekameter	DM
Abk. f. Delaware (USA)	DE
Abk. f. Demokr. Sozialisten	DS
Abk. f. den US-Soldaten	GI
Abk. f. Deovolente	DV
Abk. f. der Jüngere	DJ
Abk. f. der Obige	DO
Abk. f. der Reserve	DR
Abk. f. derzeit	DZ
Abk. f. des Ruhestandes	DR
Abk. f. deutsch	DT
Abk. f. Deutsche Bundesbahn	DB
Abk. f. Deutsche Bundesbank	DB
Abk. f. Deutsche Burschenschaft	DB
Abk. f. Deutsche Mark	DM
Abk. f. Deutsche Post	DP
Abk. f. Deutsche Reichsbahn	DR
Abk. f. Deutsche Turnerschaft	DT
Abk. f. Deutsche Welle	DW
Abk.f. Deziar	DA
Abk. f. Dezibel	DB
Abk. f. Dezigramm	DG
Abk. f. Deziliter	DL
Abk. f. Dezimalklassifikation	DK
Abk. f. Dezimeter	DM
Abk. f. Dezitonne	DT
Abk. f. dienstunfähig	DU
Abk. f. dieser Monat	DM
Abk. f. dieses Jahres	DJ
Abk. f. dieses Monats	DM
Abk. f. Dirham	DH
Abk. f. Displaced Person	DP
Abk. f. District of Columbia	DC

Abk. f. dito	DO	Abk. f. Elektronenvolt	EV	Abk. f. folgende (Seiten)	FF	Abk. f. Georgia	GA
Abk. f. Dobra	DB	Abk. f. Emanation	EM	Abk. f. Folio	FO	Abk. f. Geschlechtswort	GW
Abk. f. Doktor	DR	Abk. f. emeritiert	EM	Abk. f. Foot	FT	Abk. f. Gesetzbuch	GB
Abk. f. Doktorand	DD	Abk. f. en personne	EP	Abk. f. Forint	FT	Abk. f. Gewerbeordnung	GO
Abk. f. Dokumente gegen Akzept	DA	Abk.f. Escudo	ES	Abk. f. fortissimo	FF	Abk. f. Gigabyte	GB
Abk. f. Dominikanerorden	OP	Abk. f. Eurocheque	EC	Abk. f. forzato	FZ	Abk. f. gleich	GL
Abk. f. Doppelzentner	DZ	Abk. f. Europameisterschaft	EM	Abk. f. Franc	FR	Abk. f. Graf	GF
Abk. f. Dornier	DO	Abk. f. Europa-Parlament	EP	Abk. f. Franken	FR	Abk. f. Gran Turismo	GT
Abk. f. Drachme	DR	Abk. f. Europa-Union	EU	Abk. f. Französischer Franc	FF	Abk. f. Gray (physikal. Einheit)	GY
Abk. f. Dschibuti-Franc	FD	Abk. f. evangelisch	EV	Abk. f. Frater	FR	Abk. f. Great Britain	GB
Abk. f. edidit	ED	Abk. f. Evangelium	EV	Abk. f. Frau	FR	Abk. f. Greenwich	GR
Abk. f. Edition	ED	Abk. f. Exemplar	EX	Abk. f. frei	FR	Abk. f. griechisch	GR
Abk. f. ehrenhalber	EH	Abk. f. exempli causa	EC	Abk. f. Freie Universität	FU	Abk. f. groß	GR
Abk. f. einen Bibelteil	AT	Abk. f. exempli gratia	EG	Abk. f. Fremdwort	FW	Abk. f. Grund	GD
Abk. f. einen Bibelteil	NT	Abk. f. ex libris	EL	Abk. f. Frequenzmodulation	FM	Abk. f. Grundgesetz	GG
Abk. f. eingetragener Verein	EV	Abk. f. Fernschreiben	FS	Abk. f. Fürwort	FW	Abk. f. Guinea-Franc	FG
Abk. f. Einwohner	EW	Abk. f. Fernsehen	FS	Abk. f. Fußball-Club	FC	Abk. f. Guinea-Peso	PG
Abk. f. Einzahl	EZ	Abk. f. Festmeter	FM	Abk. f. Fußballklub	FK	Abk. f. Gulden (Florin)	FL
Abk. f. Eisernes Kreuz	EK	Abk. f. Firma	FA	Abk. f. Fußballverein	FV	Abk. f. Hämoglobin	HB
Abk. f. ejusdem mensis	EM	Abk. f. Florida (USA)	FL	Abk. f. General Motors	GM	Abk. f. Haltepunkt	HP
Abk. f. elektrisch	EL	Abk. f. Fluß	FL	Abk. f. Generalpause	GP	Abk. f. Haltestelle	HS
				Abk. f. Generalstab	GS		

Abk. f. Handelsorganisation	HO
Abk. f. Hauptquartier	HQ
Abk. f. Hauptuntersuchung	HU
Abk. f. Hauptverwaltung	HV
Abk. f. Hauptwort	HW
Abk. f. Hawaii (USA)	HI
Abk. f. Hefnerkerze	HF
Abk. f. Hefnerkerze	HK
Abk. f. heilig	HL
Abk. f. Hektar	HA
Abk. f. Hektogramm	HG
Abk. f. Hektoliter	HL
Abk. f. Hektometer	HM
Abk. f. Hektoster	HS
Abk. f. helvet. Bekenntnis	HB
Abk. f. Herausgeber	HG
Abk. f. Herausgegeben	HG
Abk. f. Her/His Majesty	HM
Abk. f. Herr	HR
Abk. f. Herren	HH
Abk. f. Hertz	HZ
Abk. f. Hessischer Rundfunk	HR
Abk. f. high density	HD
Abk. f. Hitlerjugend	HJ
Abk. f. hoc anno	HA
Abk. f. hoc est	HE
Abk. f. Hochfrequenz	HF
Abk. f. hoc loco	HL
Abk. f. honoris causa	HC
Abk. f. Normalhöhenpunkt	NH
Abk. f. horse-power	HP
Abk. f. hujus anni	HA
Abk. f. hujus mensis	HM
Abk. f. ibidem	IB
Abk. f. Idaho	ID
Abk. f. idem	ID
Abk. f. id est	IE
Abk. f. Ihre Majestät	IM
Abk. f. Illinois (USA)	IL
Abk. f. im Auftrag	IA
Abk. f. im besonderen	IB
Abk. f. im Hause	IH
Abk. f. im Jahre	IJ
Abk. f. Immunisierungseinheit	IE
Abk. f. Imperator Rex	IR
Abk. f. im Ruhestand	IR
Abk. f. Inch	IN
Abk. f. in der	ID
Abk. f. in der Trockenmasse	IT
Abk. f. Indiana (USA)	IN
Abk. f. Indische Rupie	IR
Abk. f. indische Rupie	IR
Abk. f. Industriegewerkschaft	IG
Abk. f. Infanteriedivision	ID
Abk. f. Infanterieregiment	IR
Abk. f. Intelligenzquotient	IQ
Abk. f. Intercity	IC
Abk. f. Interessengemeinsch.	IG
Abk. f. intramuskulär	IM
Abk. f. intravenös	IV
Abk. f. in Vertretung	IV
Abk. f. in Vollmacht	IV
Abk. f. Iowa	IA
Abk. f. ipse fecit	IF
Abk. f. Irrtum vorbehalten	IV
Abk. f. italienisch	IT
Abk. f. item	IT
Abk. f. Jahrgang	JG
Abk. f. Jahrhundert	JH
Abk. f. jedes Jahr	JJ
Abk. f. Jemen-Dinar	YD
Abk. f. Jesuitenorden	SJ
Abk. f. Jordanischer Dinar	JD
Abk. f. Junior	JR
Abk. f. kaiserlich-königlich	KK
Abk. f. Kalifornien	CA
Abk. f. Kansas (USA)	KS
Abk. f. Kanton	KT
Abk. f. Kapitalgesellschaft	KG
Abk. f. Karat	KT
Abk. f. Karmeliterorden	OC
Abk. f. Kartellverband	KV
Abk. f. Katar-Rial	QR
Abk. f. Kentucky	KY

Abk. f. Kiloampere	KA	Abk. f. Kreuzer	KR	Abk. f. Libra	LB	Abk. f. Manuskript	MS
Abk. f. Kilobyte	KB	Abk. f. Krone	KR	Abk. f. Libyscher Dinar	LD	Abk. f. Markka	MK
Abk. f. Kilogramm	KG	Abk. f. künftigen Jahres	KJ	Abk. f. limited	LD	Abk. f. marokkanische Münze	DH
Abk. f. Kiloliter	KL	Abk. f. künftigen Monats	KM	Abk. f. linker Hand	LH	Abk. f. Maryland	MD
Abk. f. Kilometer	KM	Abk. f. kurzerhand	KH	Abk. f. loco citato	LC	Abk. f. Maschinengewehr	MG
Abk. f. Kilopond	KP	Abk. f. Kuweit-Dinar	KD	Abk. f. loco laudato	LL	Abk. f. Maschinenpistole	MP
Abk. f. Kilovolt	KV	Abk. f. Kwanza	KZ	Abk. f. loco sigilli	LS	Abk. f. Massachusetts (USA)	MA
Abk. f. Kilowatt	KW	Abk. f. Läuten und Pfeifen	LP	Abk. f. Lösung	LG	Abk. f. Master of Arts	MA
Abk. f. Klasse	KL	Abk. f. Land	LD	Abk. f. Logarithmus	LG	Abk. f. Mauritius-Rupie	MR
Abk. f. klein	KI	Abk. f. Landesversicherung	LV	Abk. f. Los Angeles	LA	Abk. f. Megabyte	MB
Abk. f. Kleinkaliber	KK	Abk. f. Landgericht	LG	Abk. f. Louisiana	LA	Abk. f. Megapond	MP
Abk. f. Knock out	KO	Abk. f. lang	LG	Abk. f. Luftschiff Zeppelin	LZ	Abk. f. Megawatt	MW
Abk. f. Knoten	KN	Abk. f. Langspielplatte	LP	Abk. f. Lumen	LM	Abk. f. Mehrzahl	MZ
Abk. f. Köchelverzeichnis	KV	Abk. f. Lastenausgleich	LA	Abk. f. Lux	LX	Abk. f. meiner Ansicht	MA
Abk. f. König	KG	Abk. f. laufenden Jahres	LJ	Abk. f. Mache-Einheit	ME	Abk. f. meines Erachtens	ME
Abk. f. königlich-ungarisch	KU	Abk. f. laufenden Monats	LM	Abk. f. Machzahl	MA	Abk. f. meines Wissens	MW
Abk. f. Kommanditgesellschaft	KG	Abk. f. laut	LT	Abk. f. Mälzels Metronom	MM	Abk. f. Member of Congress	MC
Abk. f. Kommunistische Partei	KP	Abk. f. Lehnwort	LW	Abk. f. Magister Artium	MA	Abk. f. Member of Parliament	MP
Abk. f. Komoren-Franc	FC	Abk. f. Leone	LE	Abk. f. Maine	ME	Abk. f. mensis currentis	MC
Abk. f. Konkursordnung	KO	Abk. f. Leutnant	LT	Abk. f. Malawi-Kwacha	MK		
Abk. f. Konzentrationslager	KZ	Abk. f. Lew	LW	Abk. f. mano destra	MD	Abk. f. Messieurs	MM
Abk. f. Kreis	KR	Abk. f. Liberal International	LI	Abk. f. manu propria	MP		

Abk. f. Meterkerze	MK	Abk. f. Millivolt	MV	Abk. f. Name unbekannt	NN	Abk. f. New Hampshire	NH
Abk. f. Metersekunde	MS	Abk. f. Minnesota (USA)	MN	Abk. f. Name unbekannt	NN	Abk. f. New Jersey	NJ
Abk. f. Metertonne	MT	Abk. f. Mississippi (USA)	MS	Abk. f. Nanofarad	NF	Abk. f. New Mexico	NM
Abk. f. Metikal	MT	Abk. f. Missouri	MO	Abk. f. Nanometer	NM	Abk. f. Newtonmeter	NM
Abk. f. mezza voce	MV	Abk. f. Mister	MR	Abk. f. Nationale Volksarmee	NV	Abk. f. New York	NW
Abk. f. mezzoforte	MF	Abk. f. Mittelalter	MA	Abk. f. nationalsozialistisch	NS	Abk. f. Ngultrum	NU
Abk. f. mezzopiano	MP	Abk. f. mitteldeutsch	MD	Abk. f. natürlicher Logarithmus	LN	Abk. f. nicht tauglich	NT
Abk. f. Michigan (USA)	MI	Abk. f. Montana (USA)	MT	Abk. f. Nebenbemerkung	NB	Abk. f. niederdeutsch	ND
Abk. f. Mikrofarad	MF	Abk. f. Motorschiff	MS	Abk. f. Nebraska (USA)	NB	Abk. f. Niederfrequenz	NF
Abk. f. Mikron	MY	Abk. f. Mount	MT	Abk. f. Nebraska (USA)	NE	Abk. f. niederländisch	NL
Abk. f. Mikroprozessor	MP	Abk. f. mundartlich	MA	Abk. f. Nennwert	NW	Abk. f. nomen nescio	NN
Abk. f. Mile	MI	Abk. f. Musikdirektor	MD	Abk. f. Nepalesische Rupie	NR	Abk. f. Nonofarad	NF
Abk. f. Militärpolizei	MP	Abk. f. mutatis mutandis	MM	Abk. f. Neper	NP	Abk. f. Nordost	NO
Abk. f. Military police	MP	Abk. f. nach Ermessen	NE	Abk. f. neue Folge	NF	Abk. f. Nordwest	NW
Abk. f. Milliampere	MA	Abk. f. Nachfolger	NF	Abk. f. Neue Kerze	NK	Abk. f. Normalkerze	NK
Abk. f. Milliarde	MD	Abk. f. nachmittags	NM	Abk. f. neuenglisch	NE	Abk. f. Normalnull	NN
Abk. f. Millibar	MB	Abk. f. Nachschrift	NS	Abk. f. Neues Testament	NT	Abk. f. Normalnull	NN
Abk. f. Milligramm	MG	Abk. f. nach Sicht (Wechsel)	NS	Abk. f. Nevada (USA)	NV	Abk. f. Normalnull	NN
Abk. f. Millihenry	MH	Abk. f. nächsten Jahres	NJ			Abk. f. North Carolina	NC
Abk. f. Milliliter	ML	Abk. f. nächsten Monats	NM			Abk. f. North Dakota	ND
Abk. f. Millimeter	MM					Abk. f. Notabene	NB
Abk. f. Millisekunde	MS						

Abk. f. Numero	NO	Abk. f. ordentlicher Professor	OP	Abk. f. perge, perge	PP	Abk. f. Postskriptum	PS
Abk. f. Nummer	NR	Abk. f. Ordinis Praedicatorum	OP	Abk. f. per procura	PP	Abk. f. pour condoléance	PC
Abk. f. oben angeführt	OA	Abk. f. Ordnungszahl	OZ	Abk. f. Personal Computer	PC	Abk. f. pour féliciter	PF
Abk. f. Oberamt	OA	Abk. f. Ordo Carmelitarum	OC	Abk. f. Pfennig	PF	Abk. f. pour remercier	PR
Abk. f. Oberbürgermeister	OB	Abk. f. Oregon	OR	Abk. f. Pferdestärke	PS	Abk. f. praemisso titulo	PT
Abk. f. oberdeutsch	OD	Abk. f. orientalisch	OR	Abk. f. Pfund	PF	Abk. f. Predigerorden	OP
Abk. f. Obligationenrecht	OR	Abk. f. Ouguiya	UM	Abk. f. Pfund (libra)	LB	Abk. f. Preis	PR
Abk. f. oder	OD	Abk. f. Ounce	OZ	Abk. f. Phasenmodulation	PM	Abk. f. prima	PA
Abk. f. Oersted	OE	Abk. f. out of print	OP	Abk. f. Phon	PH	Abk. f. Prisonnier de guerre	PG
Abk. f. Ohio (USA)	OH	Abk. f. Pädagog. Hochschule	PH	Abk. f. Phot	PH	Abk. f. pro anno	PA
Abk. f. ohne Befund	OB	Abk. f. Pakistan-Rupie	PR	Abk. f. pianissimo	PP	Abk. f. pro centum	PC
Abk. f. ohne Jahresangabe	OJ	Abk. f. Panzerdivision	PD	Abk. f. Picofarad	PF	Abk. f. Professor ordinarius	PO
Abk. f. ohne Kosten	OK	Abk. f. Pappband	PP	Abk. f. Pint	PT	Abk. f. pro memoria	PM
Abk. f. ohne Obligo	OO	Abk. f. par exemple	PE	Abk. f. pinxit	PX	Abk. f. pro mille	PM
Abk. f. ohne Ort	OO	Abk. f. Parsec	PC	Abk. f. piu forte	PF	Abk. f. Propagandakompanie	PK
Abk. f. ohne Wert	OW	Abk. f. Parteigenosse	PG	Abk. f. pleno titulo	PT	Abk. f. propria manu	PM
Abk. f. okay	OK	Abk.f. Passionistenorden	CP	Abk. f. Plural	PL	Abk. f. pro tempore	PT
Abk. f. Oklahoma (USA)	OK	Abk. f. Patres	PP	Abk. f. poco forte	PF	Abk. f. Prozent	PC
Abk. f. Oktanzahl	OZ	Abk. f. Pennsylvanien	PA	Abk. f. Podex	PO	Abk. f. Public Relations	PR
Abk. f. Oleum	OL	Abk. f. per Adresse	PA	Abk. f. Position	PO	Abk. f. Quadratmeter	QM
Abk. f. Operationssaal	OP			Abk. f. Post Exchange	PX	Abk. f. quästioniert	QU
Abk. f. opus	OP			Abk. f. post meridiem	PM		
				Abk. f. post mortem	PM		

Abk. f. quantum libet	QL	Abk. f. rheinisch	RH	Abk. f. Sankt	ST	Abk. f. sequens	SQ
Abk. f. quantum placet	QP	Abk. f. Rhesusfaktor	RH	Abk. f. Sante, Santi	SS	Abk. f. Seychellen-Rupie	SR
Abk. f. quantum vis	QV	Abk. f. Rhode Island	RI	Abk. f. Satang	St	Abk. f. sforzando	SF
Abk. f. Quart	QT	Abk. f. Rial	RL	Abk. f. Schlußverkauf	SV	Abk. f. sforzato	SF
Abk. f. Quecksilbersäule	QS	Abk. f. Rial Omani	RO	Abk. f. Schmucktelegramm	LX	Abk. f. Shilling	SH
Abk. f. quod videas	QV	Abk. f. rinforzando	RF	Abk. f. Schutz-Staffel	SS	Abk. f. Sicherheitsdienst	SD
Abk. f. Réponse payée	RP	Abk. f. rinforzando	RF	Abk. f. Scietatis Jesu	SJ	Abk. f. Siedepunkt	SP
Abk. f. République Francaise	RF	Abk. f. Rockwellhärte	HR	Abk. f. scilicet	SC	Abk. f. siehe dieses	SD
Abk. f. Radio Bremen	RB	Abk. f. römisch-katholisch	RK	Abk. f. scilicet	SC	Abk. f. siehe oben	SO
Abk. f. Rappen	RP	Abk. f. Rotary International	RI	Abk. f. sculpsit	SC	Abk. f. siehe unten	SU
Abk. f. rarissime	RR	Abk. f. Rotes Kreuz	RK	Abk. f. Seemeile	SM	Abk. f. Siemenseinheit	SE
Abk. f. Raummeter	RM	Abk. f. Royal Navy	RN	Abk. f. Segelschiff	SS	Abk. f. sine anno	SA
Abk. f. recipe	RC	Abk. f. Rufiyaa	RF	Abk. f. Segerkegel	SK	Abk. f. sine loco	SL
Abk. f. recipe	RP	Abk. f. rund	RD	Abk. f. sehr fein	FF	Abk. f. sine nomine	SN
Abk. f. Regierungsrat	RR	Abk. f. Rupiah	RP	Abk. f. sehr selten	RR	Abk. f. sine obligo	SO
Abk. f. Registertonne	RT	Abk. f. Rupie	RE	Abk. f. Seine	SE	Abk. f. sine tempore	St
Abk. f. Reichsmark	RM	Abk. f. Saarländ. Rundfunk	SR	Abk. f. Seine Exzellenz	SE	Abk. f. Skot	SK
Abk. f. Rektaszension	AR	Abk. f. Sachsen	SA	Abk.f. Seine Majestät	SM	Abk. f. slawisch	SL
Abk. f. reservatis reservandis	RR	Abk. f. Saint	ST	Abk. f. Seiner (Durchlaucht)	SR	Abk. f. Société anonyme	SA
Abk. f. Reverendus Pater	RP	Abk. f. salva venio	SV	Abk. f. seinerzeit	SZ	Abk. f. South Carolina	SC
Abk. f. Rezept	RP	Abk. f. salvo errore	SE	Abk. f. senior	SR	Abk. f. South East	SE
		Abk. f. salvo titulo	St	Abk. f. Seniorenconvent	SC	Abk. f. Sowjetunion	SU

Abk. f. Sozialgericht	SG
Abk. f. Sozialist. Internationale	SI
Abk. f. Spalte	SP
Abk. f. spanisch	SP
Abk. f. Spielvereinigung	SV
Abk. f. Sportclub	SC
Abk. f. Sportklub	SK
Abk. f. Sportverein	SV
Abk. f. Square	SQ
Abk. f. Stadt	St
Abk. f. Stilb	SB
Abk. f. Stotinki	ST
Abk. f. Stratus	St
Abk. f. Stück	St
Abk. f. Stunde	St
Abk. f. Sturm-Abteilung	SA
Abk. f. sub voce	SV
Abk. f. Süddakota	SD
Abk. f. Süddeutsche Zeitung	SZ
Abk. f. südl. Breite	SB
Abk. f. Südosten	SO
Abk. f. Südwesten	SW
Abk. f. Summa	SA
Abk. f. Surinam-Gulden	SF
Abk. f. Tabes dorsalis	TD
Abk. f. Taka	TK
Abk. f. Tangens	TG
Abk. f. Tarifordnung	TO
Abk. f. Techn. Hochschule	TH
Abk. f. Technische Nothilfe	TN
Abk. f. Technische Universität	TU
Abk. f. Television	TV
Abk. f. Tennessee (USA)	TN
Abk. f. Texas (USA)	TX
Abk. f. Tiberius	TI
Abk. f. tons	TS
Abk. f. Triangulationspunkt	TP
Abk. f. Triller	TR
Abk. f. Tschechenkrone	KC
Abk. f. Tuberkulose	TB
Abk. f. Türkisches Pfund	TL
Abk. f. Tunesischer Dinar	TD
Abk. f. Turbinenschiff	TS
Abk. f. Turnerschaft	TS
Abk. f. Turnverein	TV
Abk. f. Ultraviolett	UV
Abk. f. Umstandswort	UW
Abk. f. und anderes	UA
Abk. f. und folgendes	UF
Abk. f. und so weiter (lat.)	PP
Abk. f. Unitas-Verband	UV
Abk. f. United Kingdom	UK
Abk. f. United Nations	UN
Abk. f. United Press	UP
Abk. f. United States	US
Abk. f. Universal League	UL
Abk. f. unseres Erachtens	UE
Abk. f. unseres Wissens	UW
Abk. f. unter anderem	UA
Abk. f. unter Meeresspiegel	UM
Abk. f. unter Rückerbittung	UR
Abk. f. unter Umständen	UU
Abk. f. Unterzeichnete	DU
Abk. f. urbis conditae	UA
Abk. f. US-Bundesdistrikt	DC
Abk. f. US-Nachrichtenagentur	AP
Abk. f. Utah (USA)	UT
Abk. f. ut infra	UI
Abk. f. ut supra	US
Abk. f. Vatu	VT
Abk. f. verbi gratia	VG
Abk. f. Vereinte Nationen	VN
Abk. f. Vermont	VT
Abk. f. Verordnung	VO
Abk. f. Versuchsperson	VP
Abk. f. vice versa	VV
Abk. f. Vickershärte	HV
Abk. f. Virginia	VA
Abk. f. Volkspolizei	VP
Abk. f. Volksrepublik	VR

Abk. f. Volkswagen	VW
Abk. f. Voltampere	VA
Abk. f. Voltsekunde	VS
Abk. f. vom Hundert	VH
Abk. f. vom Tausend	VT
Abk. f. von oben	VO
Abk. f. von unten	VU
Abk. f. vor der	VD
Abk. f. vorigen Jahres	VJ
Abk. f. vorigen Monats	VM
Abk. f. vormittags	VM
Abk. f. Vorname	VN
Abk. f. Wärmeeinheit	WE
Abk. f. Wärmeeinheit	WE
Abk. f. Warenzeichen	WZ
Abk. f. Washington (USA)	WA
Abk. f. watercloset	WC
Abk. f. Wattsekunde	WS
Abk. f. Weber (physik. Einheit)	WB
Abk. f. Wechselgesetz	WG
Abk. f. Wechselordnung	WO
Abk. f. westdeutsch	WD
Abk. f. westl. Länge	WL
Abk. f. West Virginia	WV
Abk. f. Wiederholungskurs	WK
Abk. f. wie oben	WO
Abk. f. Wisconsin (USA)	WI
Abk. f. Wörterbuch	WB
Abk. f. Wörterverzeichnis	WV
Abk. f. Wohngemeinschaft	WG
Abk. f. Wyoming	WY
Abk. f. Yard	YD
Abk. f. Zeitung	ZT
Abk. f. Zeitwort	ZW
Abk. f. Zentigramm	CG
Abk. f. Zentiliter	CL
Abk.f. Zentimeter	CM
Abk. f. Zentralkomitee	ZK
Abk. f. Zinszahl	ZZ
Abk. f. Zloty	ZL
Abk. f. zu Händen	ZH
Abk. f. zum Beispiel	ZB
Abk. f. zum Exempel	ZE
Abk. f. zum Teil	ZT
Abk. f. zur Disposition	ZD
Abk. f. zur See	ZS
Abk. f. zur Zeit	ZZ
Abk. für zwischen	ZW
Abk. v. Mac	MC
Abk. v. Weltmeisterschaft	WM
Abk.: bezahlt für Geld	BG
Abk.: Infanterieregiment	IR
Abk f. Brieftelegramm	LT
Abk f. Rheumatisches Fieber	RF
Abkürzung f. Cent, Centime	CT
ägypt. Sonnengott	RA
ägypt. Sonnengott	RE
aktuell	IN
alte Abk. f. Euer	EW
altgriech. Erdgöttin	GE
altröm. Gewicht	AS
altröm. Kupfermünze	AS
amerikan. Nachrichtendienst	AP
amerikan. Zustimmung	OK
angebl. Körperausstrahlung	OD
Anrede	DU
Antwort auf kontra	RE
an welchem Ort?	WO
anwesend	DA
arab. Artikel	AL
arab. Artikel	EL
arab. Artikel	IL
assyr. Gottheit	EA
Auerochse	UR
Augenblick	NU
Ausruf	HI
Ausruf	OH
Ausruf der Überrachung	UH
Ausruf des Abscheus	AH
Ausruf des Erstaunens	EH
Ausruf des Erstaunens	EI
Ausruf des Erstaunens	HA
Ausruf des Erstaunens	HO
Ausruf des Erstaunens	NU
Ausruf des Zweifels	NA
austroasiat. Sprache	WA
babylon. Wassergott	EA
Bergbach	AA

Bestandteil von schott. Namen	MC
bester Vertreter seines Fachs	AS
bestimmter ital. Artikel	IL
bestimmter ital. Artikel	LO
bestimmter span. Artikel	EL
bestimmter span. Artikel	LA
biblisch. Monatsname	AB
Box-Ausdruck	KO
brasilian. Indianerstamm	GE
brit. Mineralölkonzern	BP
buddhist. Gebetsruf	OM
chem. Zeichen f. Berkelium	BK
chem. Zeichen f. Chrom	CR
chem. Zeichen f. Helium	HE
chem. Zeichen f. Iridium	IR
chem. Zeichen f. Kobalt	CO
chem. Zeichen f. Kupfer	CU
chem. Zeichen f. Mendelevium	MD
chem. Zeichen f. Quecksilber	HG
chem. Zeichen f. Wismut	BI
chem. Zeichen für Actinium	AC
chem. Zeichen für Aluminium	AL
chem. Zeichen für Americium	AM
chem. Zeichen für Antimon	SB
chem. Zeichen für Argon	AR
chem. Zeichen für Arsen	AS
chem. Zeichen für Astat	AT
chem. Zeichen für Barium	BA
chem. Zeichen für Beryllium	BE
chem. Zeichen für Blei	PB
chem. Zeichen für Brom	BR
chem. Zeichen für Cadmium	CD
chem. Zeichen für Cäsium	CS
chem. Zeichen für Californium	CF
chem. Zeichen für Cassiopeium	CP
chem. Zeichen für Cer	CE
chem. Zeichen für Chlor	CL
chem. Zeichen für Curium	CM
chem. Zeichen für Dysprosium	DY
chem. Zeichen für Einsteinium	ES
chem. Zeichen für Eisen	FE
chem. Zeichen für Erbium	ER
chem. Zeichen für Europium	EU
chem. Zeichen für Fermium	FM
chem. Zeichen für Francium	FR
chem. Zeichen für Gadolinium	GD
chem. Zeichen für Gallium	GA
chem. Zeichen für Germanium	GE
chem. Zeichen für Gold	AU
chem. Zeichen für Hafnium	HF
chem. Zeichen für Holmium	HO
chem. Zeichen für Indium	IN
chem. Zeichen für Ionium	IO
chem. Zeichen für Kalzium	CA
chem. Zeichen für Krypton	KR
chem. Zeichen für Lanthan	LA
chem. Zeichen für Lawrencium	LR
chem. Zeichen für Lithium	LI
chem. Zeichen für Lutetium	LU
chem. Zeichen für Magnesium	MG
chem.Zeichen für Mangan	MG
chem. Zeichen für Mangan	MN
chem. Zeichen für Molybdän	MO
chem. Zeichen für Natrium	NA
chem. Zeichen für Neodym	ND
chem. Zeichen für Neon	NE
chem. Zeichen für Neptunium	NP
chem. Zeichen für Nickel	NI

chem. Zeichen für Niobium	NB	chem. Zeichen für Ruthenium	RU	chem. Zeichen für Xenon	XE	dichterisch: Wiese	AU
chem. Zeichen für Niton	NT	chem. Zeichen für Samarium	SM	chem. Zeichen für Ytterbium	YB	dort	DA
chem. Zeichen für Nobelium	NO	chem. Zeichen für Scandium	SC	chem. Zeichen für Zink	ZN	Dreizehenfaultier	AI
chem. Zeichen für Osmium	OS	chem. Zeichen für Selen	SE	chem. Zeichen für Zinn	SN	dtsch. Vorsilbe	UM
chem. Zeichen für Palladium	PD	chem. Zeichen für Silber	AG	chem. Zeichen für Zirkonium	ZR	engl.: gehen	GO
chem. Zeichen für Platin	PT	chem. Zeichen für Silber	AG	chem. Zeichen Kurtschatowium	KU	englisch: auf	ON
chem. Zeichen für Plutonium	PU	chem. Zeichen für Silizium	SI	chines. Längenmaß	PU	englisch: er	HE
chem. Zeichen für Polonium	PO	chem. Zeichen für Strontium	SR	chines. Wegmaß	LI	englisch: es	IT
chem. Zeichen für Praseodym	PR	chem. Zeichen für Tantal	TA	Christusmonogramm	XP	englisch: ist	IS
chem. Zeichen für Promethium	PM	chem. Zeichen für Technetium	TC	Christusmonogramm	XP	englisch: machen	DO
chem. Zeichen für Protactinium	PA	chem. Zeichen für Tellur	TE	Dehnungslaut	AA	englisch: nein	NO
chem. Zeichen für Radium	RA	chem. Zeichen für Terbium	TB	Dehnungslaut	AH	englisch: oder	OR
chem. Zeichen für Radon	RN	chem. Zeichen für Thallium	TL	Dehnungslaut	EH	englisch: wir	WE
chem. Zeichen für Rhenium	RE	chem. Zeichen für Thorium	TH	Dehnungslaut	UH	Erbeinheit	ID
chem. Zeichen für Rhodium	RH	chem. Zeichen für Thoron	TN	derart, auf diese Weise	SO	Faxen, Fopperei	UZ
chem. Zeichen für Rubidium	RB	chem. Zeichen für Thulium	TM	deutscher Automobilklub	KS	Feldmaß, Flächenmaß	AR
		chem. Zeichen für Titan	TI	deutsche Vorsilbe	AN	Felseninsel v. Marseille	IF
				deutsche Vorsilbe	BE	feuchte Niederung	AU
				deutsche Vorsilbe	ER	Figur aus Land des Lächelns	MI
				deutsche Vorsilbe	GE	Flächenmaß	AR
				deutsche Vorsilbe	UN	Fluß durch Münster	AA
				deutsche Vorsilbe	ZU	Flußniederung	AU
						Fortpflanzungszelle	EI
						Fragewort	WO
						franz. Adelsprädikat	DE

franz. männl. Artikel	LE
franz. Stadt an der Bresle	EU
franz. u. latein.: und	ET
franz. weibl. Artikel	LA
franz. Weinbaustadt	GY
franz.: du	TU
franz.: eins	UN
franz.: er	IL
franz.: Gold	OR
franz.: ich	JE
franz.: in	EN
franz.: Jahr	AN
franz.: oder	OU
franz.: wo	OU
französ.: es gilt!	VA
französ.: man	ON
französ.: pfui!	FI
französ.: von	DE
Frauenname	LU
Fuhrmannsruf	JO
Gegenspiel im Skat	RE
Gegenteil von offen	ZU
Geliebte des Zeus	IO
geschlossen	ZU
geschlossen	ZU
griech. Buchstabe	MY
griech. Buchstabe	NY
griech. Buchstabe	PI
griech. Buchstabe	XI
griech. verneinende Vorsilbe	AN
griech. Vorsilbe: aus-	EK
griech. Vorsilbe: gut, wohl-	EU
griech. Vorsilbe: hinauf	EP
griech. Vorsilbe: in-	EN
griech. Vorsilbe: zwei-, doppelt	DI
griech. Vorsilbe: zweifach	BI
Halbton über a	AS
Halbton über e	ES
Heimat des Abraham	UR
hier	DA
hohe Spielkarte	AS
Hühnerprodukt	EI
internat. Abk. f. Brieftelegramm	LT
ital. Musiknote	DO
ital. Musiknote	FA
ital. Musiknote (a)	LA
ital. Musiknote (e)	MI
ital. Musiknote (h)	SI
ital. Strom	PO
ital. Tonsilbe (d)	RE
ital. weibl. Artikel	LA
ital.: ich	IO
ital.: ja	SI
ital.: König	RE
ital.: nein	NO
italien. Mehrzahlartikel	LE
italien. Tonsilbe	LA
italien. Tonsilbe (c)	DO
italien. Tonsilbe (f)	FA
japan. Brettspiel	GO
japan. Gewichtseinheit	MO
japan. Hohlmaß	TO
japan. Raummaß	GO
japan. Silbermünze	BU
japan. Theaterstil	NO
japan. Wegemaß	RI
japanischer Stadtbezirk	FU
Jauchzruf	JU
Jupitermond	IO
kampfunfähig	KO
Keim, Keimzelle	EI
Kfz.Zchn. von Indonesien	RI
Kfz.Zchn. von Rinteln	RI
Kfz-Zchn. Alb-Donau-Kreis in Ulm	UL
Kfz-Zchn. Altenkirchen/Westerwald	AK
Kfz-Zchn. Alzey-Worms in Alzey	AZ
Kfz-Zchn. Appenzell Außerrhoden	AR
Kfz-Zchn. Arnsberg, Westfalen, Land	AR
Kfz-Zchn. Aschaffenburg	AB
Kfz-Zchn. Bergstr. Heppenheim	HP
Kfz-Zchn. Bophutatswana	JB
Kfz-Zchn. Corps consulaire	CC
Kfz-Zchn. d. Niederlande	NL
Kfz-Zchn. der Bundespost	BP
Kfz-Zchn. der Färöer	FR
Kfz-Zchn. der Philippinen	PI
Kfz-Zchn. der Philippinen	RP
Kfz-Zchn. der Schweiz	CH
Kfz-Zchn. der Seychellen	SY

Kfz-Zchn. Deutsche Bundesbahn	DB	Kfz-Zchn. Kanton Obwalden	OW	Kfz-Zchn. Neuburg Donau	ND	Kfz-Zchn. schweiz. Kanton Glarus	GL
Kfz-Zchn. Frankfurt Main-Höchst	FH	Kfz-Zchn. Kanton Schaffhausen	SH	Kfz-Zchn. Neustadt Weinstraße	NW	Kfz-Zchn. schweiz. Kanton Luzern	LU
Kfz-Zchn. Friedrichshafen	FN	Kfz-Zchn. Kanton Solothurn	SO	Kfz-Zchn. Oberallgäu in Sonthofen	SF	Kfz-Zchn. schweiz. Kanton Zürich	ZH
Kfz-Zchn. Fritzlar-Homberg	FZ	Kfz-Zchn. Kanton St. Gallen	SG	Kfz-Zchn. Oberberg. Kr. Gummersbach	GM	Kfz-Zchn. schweiz. Kt. Basel Land	BL
Kfz-Zchn. Fürstent. Liechtenstein	FL	Kfz-Zchn. Kanton Thurgau	TG	Kfz-Zchn. Rems-Murr-Kreis	WN	Kfz-Zchn. schweizer. Kanton Genf	GE
Kfz-Zchn. Geilenkirchen-Heinsberg	GK	Kfz-Zchn. Kanton Ticino/Tessin	TI	Kfz-Zchn. Rendsb.-Eckernförde	RD	Kfz-Zchn. schweizer. Kanton Zug	ZG
Kfz-Zchn. Göppingen	GP	Kfz-Zchn. Kanton Valais/Wallis	VS	Kfz-Zchn. Rhein.-Bergisch. Kreis	GL	Kfz-Zchn. Steinburg in Itzehoe	IZ
Kfz-Zchn. Grafsch. Hoya in Syke	SY	Kfz-Zchn. Kanton Vaud/Waadt	VD	Kfz-Zchn. Rhein-Neckar-Kreis	HD	Kfz-Zchn. Steinfurt in Burgsteinfurt	BF
Kfz-Zchn. Grafsch. Schaumburg	RI	Kfz-Zchn. Königswusterhausen	KW	Kfz-Zchn. Rhein-Sieg-Kreis	SU	Kfz-Zchn. Stormarn in Oldesloe	OD
Kfz-Zchn. Grafschaft Diepholz	DH	Kfz-Zchn. Kt.Appenzell Innerrhoden	AI	Kfz-Zchn. Rhein-Wupper-Kreis	OP	Kfz-Zchn. Unterallgäu: Mindelheim	MN
Kfz-Zchn. Gütersloh	GT	Kfz-Zchn. Kt. Neuchachtel (Schweiz)	NE	Kfz-Zchn. Schleswig-Flensburg	SL	Kfz-Zchn. v. Altentreptow	AT
Kfz-Zchn. Harburg in Winsen Luhe	WL	Kfz-Zchn. Ludwigshafen/Rhein	LU	Kfz-Zchn. Schwäbisch Gmünd	GD	Kfz-Zchn. v. Ansbach	AN
Kfz-Zchn. Herzogt. Lauenburg	RZ	Kfz-Zchn. Lübbecke/Westfalen	LK	Kfz-Zchn. Schwalm-Eder-Kreis	HR	Kfz-Zchn. v. Aue	AU
Kfz-Zchn. Hochtaunuskreis Homburg	HG	Kfz-Zchn. Märkischer Kreis	MK	Kfz-Zchn. Schweiz. Kanton Aargau	AG	Kfz-Zchn. v. Bautzen	BZ
Kfz-Zchn. Kanton Graubünden	GR	Kfz-Zchn. Main-Kinzig-Kreis in Hanau	HU	Kfz-Zchn. schweiz. Kanton Bern	BE	Kfz-Zchn. v. Biberach Riß	BC
Kfz-Zchn. Kanton Nidwalden (CH)	NW	Kfz-Zchn. Minden-Lübbecke	MI	Kfz-Zchn. schweiz. Kanton Fribourg	FR	Kfz-Zchn. v. Calau	CA
				Kfz-Zchn. v. Döbeln	DL
				Kfz-Zchn. v. Donaueschingen	DS

Kfz-Zchn.		Kfz-Zchn.		Kfz-Zchn.		Kfz-Zchn.	
v. Eberswalde	EW	von Argentinien	RA	von Bühl Baden	BH	von Dippoldiswalde	DW
Kfz-Zchn. v. Erfurt	EF	Kfz-Zchn. von Auerbach	AE	Kfz-Zchn. von Bundesgrenzschutz	BG	Kfz-Zchn. von Dominica	WD
Kfz-Zchn. v. Fulda	FD	Kfz-Zchn. von Backnang	BK	Kfz-Zchn. von Bundesrat, -reg.,-tag	BD	Kfz-Zchn. von Dortmund	DO
Kfz-Zchn. v. Oberhausen Rheinland	OB	Kfz-Zchn. von Bad Kissingen	KG	Kfz-Zchn. von Burgdorf Hannover	BU	Kfz-Zchn. von Dresden	DD
Kfz-Zchn. v. Straubing-Bogen	SR	Kfz-Zchn. von Bad Kreuznach	KH	Kfz-Zchn. von Burundi	RU	Kfz-Zchn. von Düren	DN
Kfz-Zchn. v. Weilheim-Schongau	WM	Kfz-Zchn. von Bad Segeberg	SE	Kfz-Zchn. von Calw	CW	Kfz-Zchn. von Duisburg	DU
Kfz-Zchn. Villingen-Schwenningen	VS	Kfz-Zchn. von Bamberg	BA	Kfz-Zchn. von Celle	CE	Kfz-Zchn. von Eggenfelden	EG
Kfz-Zchn. Vogelsbergkreis	VB	Kfz-Zchn. von Bangladesch	BD	Kfz-Zchn. von Ciskei	GC	Kfz-Zchn. von Eichstätt	EI
Kfz-Zchn. Volksrepublik China	TJ	Kfz-Zchn. von Bayreuth	BT	Kfz-Zchn. von Coburg	CO	Kfz-Zchn. von Eilenburg	EB
Kfz-Zchn. von Aachen	AC	Kfz-Zchn. von Beckum Westfalen	BE	Kfz-Zchn. von Costarica	CR	Kfz-Zchn. von Eisenach	ES
Kfz-Zchn. von Ägypten	ET	Kfz-Zchn. von Bielefeld	BI	Kfz-Zchn. von Cottbus	CB	Kfz-Zchn. von Eisenhüttenstadt	EH
Kfz-Zchn. von Ahaus	AH	Kfz-Zchn. von Bochum	BO	Kfz-Zchn. von Crailsheim	CR	Kfz-Zchn. von Ekuador	EC
Kfz-Zchn. von Ahrweiler	AW	Kfz-Zchn. von Böblingen	BB	Kfz-Zchn. von Dänemark	DK	Kfz-Zchn. von Elfenbeinküste	CI
Kfz-Zchn. von Albanien	AL	Kfz-Zchn. von Bonn	BN	Kfz-Zchn. von Darmstadt	DA	Kfz-Zchn. von El Salvador	ES
Kfz-Zchn. von Algerien	DZ	Kfz-Zchn. von Botswana	RB	Kfz-Zchn. von Delitzsch	DZ	Kfz-Zchn. von Emmendingen	EM
Kfz-Zchn. von Altena/Westfalen	AL	Kfz-Zchn. von Brasilien	BR	Kfz-Zchn. von Demmin	DM	Kfz-Zchn. von Emsland	EL
Kfz-Zchn. von Amberg Oberpf.	AM	Kfz-Zchn. von Braunschweig	BS	Kfz-Zchn. von Dessau	DE	Kfz-Zchn. von Ennepe Ruhrkreis	EN
Kfz-Zchn. von Amberg-Sulzbach	AS	Kfz-Zchn. von Bremen	HB	Kfz-Zchn. von Dieburg	DI	Kfz-Zchn. von Enzkreis in Pforzheim	PF
		Kfz-Zchn. von Bruchsal	BR				

Kfz-Zchn. von Erding	ED
Kfz-Zchn. von Erftkreis in Bergheim	BM
Kfz-Zchn. von Erlangen	ER
Kfz-Zchn. von Esslingen Neckar	ES
Kfz-Zchn. von Euskirchen	EU
Kfz-Zchn. von Finsterwalde	FI
Kfz-Zchn. von Flensburg	FL
Kfz-Zchn. von Forchheim	FO
Kfz-Zchn. von Frankenthal Pfalz	FT
Kfz-Zchn. von Frankfurt/Oder	FF
Kfz-Zchn. von Freiberg	FG
Kfz-Zchn. von Freiburg Breisgau	FR
Kfz-Zchn. von Freising	FS
Kfz-Zchn. von Friedberg Hessen	FB
Kfz-Zchn. von Fürstenwalde	FW
Kfz-Zchn. von Gardelegen	GA
Kfz-Zchn. von Gelnhausen	GN
Kfz-Zchn. von Gelsenkirchen	GE
Kfz-Zchn. von Ghana	GH
Kfz-Zchn. von Gifhorn	GF
Kfz-Zchn. von Glauchau	GC
Kfz-Zchn. von Görlitz	GR
Kfz-Zchn. von Goslar	GS
Kfz-Zchn. von Greifswald	GW
Kfz-Zchn. von Grenada	WG
Kfz-Zchn. von Grevenbroich	GV
Kfz-Zchn. von Griechenland	GR
Kfz-Zchn. von Großbritannien	GB
Kfz-Zchn. von Groß-Gerau	GG
Kfz-Zchn. von Günzburg	GZ
Kfz-Zchn. von Hagen Westfalen	HA
Kfz-Zchn. von Hainichen	HC
Kfz-Zchn. von Haiti	RH
Kfz-Zchn. von Halle Westfalen	HW
Kfz-Zchn. von Hameln-Pyrmont	HM
Kfz-Zchn. von Hansestadt Lübeck	HL
Kfz-Zchn. von Havelberg	HV
Kfz-Zchn. von Heidelberg	HD
Kfz-Zchn. von Heilbronn	HN
Kfz-Zchn. von Heinsberg	HS
Kfz-Zchn. von Helmstedt	HE
Kfz-Zchn. von Herford	HF
Kfz-Zchn. von Herzberg	HZ
Kfz-Zchn. von Hildesheim	HI
Kfz-Zchn. von Höxter	HX
Kfz-Zchn. von Hof/Saale	HO
Kfz-Zchn. von Homberg	HR
Kfz-Zchn. von Hongkong	HK
Kfz-Zchn. von Hoyerswerda	HY
Kfz-Zchn. von Ilmenau	IL
Kfz-Zchn. von Ingolstadt	IN
Kfz-Zchn. von Iran	IR
Kfz-Zchn. von Island	IS
Kfz-Zchn. von Island	IS
Kfz-Zchn. von Israel	IL
Kfz-Zchn. von Jamaika	JA
Kfz-Zchn. von Jessen	JE
Kfz-Zchn. von Jüterbog	JB
Kfz-Zchn. von Jugoslawien	YU
Kfz-Zchn. von Kaiserslautern	KL
Kfz-Zchn. von Kamenz	KM
Kfz-Zchn. von Kamerun	RC
Kfz-Zchn. von Kanton Schwyz	SZ
Kfz-Zchn. von Kanton Uri	UR
Kfz-Zchn. von Karlsruhe	KA
Kfz-Zchn. von Kassel	KS
Kfz-Zchn. von Kaufbeuren	KF
Kfz-Zchn. von Kempen-Krefeld	KK
Kfz-Zchn. von Kempten Allgäu	KE
Kfz-Zchn. von Kiel	KI
Kfz-Zchn. von Kitzingen	KT
Kfz-Zchn. von Kolumbien	CO

Ort	Kfz-Zchn.
Kfz-Zchn. von Konstanz	KN
Kfz-Zchn. von Korbach	KB
Kfz-Zchn. von Krefeld	KR
Kfz-Zchn. von Kreis Lippe in Detmold	DT
Kfz-Zchn. von Kronach	KC
Kfz-Zchn. von Kt. Basel Stadt	BS
Kfz-Zchn. von Kulmbach	KU
Kfz-Zchn. von Kyritz	KY
Kfz-Zchn. von Lahr	LR
Kfz-Zchn. von Landau Pfalz	LD
Kfz-Zchn. von Landshut	LA
Kfz-Zchn. von Laufen Salzach	LF
Kfz-Zchn. von Lemgo	LE
Kfz-Zchn. von Lesotho	LS
Kfz-Zchn. von Liberia	LB
Kfz-Zchn. von Liberia	RL
Kfz-Zchn. von Lindau Bodensee	LI
Kfz-Zchn. von Lippstadt	LP
Kfz-Zchn. von Luckau	LC
Kfz-Zchn. von Ludwigsburg	LB
Kfz-Zchn. von Lübben	LN
Kfz-Zchn. von Lüdinghausen	LH
Kfz-Zchn. von Lüneburg	LG
Kfz-Zchn. von Madagaskar	RM
Kfz-Zchn. von Magdeburg	MD
Kfz-Zchn. von Mainz-Bingen	MZ
Kfz-Zchn. von Malawi	MW
Kfz-Zchn. von Malchin	MC
Kfz-Zchn. von Mannheim	MA
Kfz-Zchn. von Marburg-Biedenkopf	MR
Kfz-Zchn. von Marokko	MA
Kfz-Zchn. von Marokko	MA
Kfz-Zchn. von Mauritius	MS
Kfz-Zchn. von Mayen	MY
Kfz-Zchn. von Memmingen	MM
Kfz-Zchn. von Mettmann	ME
Kfz-Zchn. von Miesbach	MB
Kfz-Zchn. von Moers	MO
Kfz-Zchn. von Monaco	MC
Kfz-Zchn. von Münster/Westfalen	MS
Kfz-Zchn. von Neubrandenburg	NB
Kfz-Zchn. von Neuhaus	NH
Kfz-Zchn. von Neumarkt Oberpfalz	NM
Kfz-Zchn. von Neuruppin	NP
Kfz-Zchn. von Neuseeland	NZ
Kfz-Zchn. von Neuß	NE
Kfz-Zchn. von Neustrelitz	NZ
Kfz-Zchn. von Neu-Ulm	NU
Kfz-Zchn. von Neuwied/Rhein	NR
Kfz-Zchn. von Niederl. Antillen	NA
Kfz-Zchn. von Nienburg Weser	NI
Kfz-Zchn. von Niesky	NY
Kfz-Zchn. von Niger	RN
Kfz-Zchn. von Nordfriesland	NF
Kfz-Zchn. von Nürtingen	NT
Kfz-Zchn. von Oberallgäu	OA
Kfz-Zchn. von Offenbach/Main	OF
Kfz-Zchn. von Offenburg	OG
Kfz-Zchn. von Oldenburg (Oldenb.)	OL
Kfz-Zchn. von Olpe Biggesee	OE
Kfz-Zchn. von Opladen	OP
Kfz-Zchn. von Oranienburg	OR
Kfz-Zchn. von Oschatz	OZ
Kfz-Zchn. von Oschersleben	OC
Kfz-Zchn. von Osnabrück	OS
Kfz-Zchn. von Ostalbkreis in Aalen	AA
Kfz-Zchn. von Ostholstein	OH
Kfz-Zchn. von Paderborn	PB
Kfz-Zchn. von Pakistan	PK
Kfz-Zchn. von Panama	PA
Kfz-Zchn. von Paraguay	PY
Kfz-Zchn. von Pasewalk	PW
Kfz-Zchn. von Passau	PA

Kfz-Zchn. von Peine	PE	Kfz-Zchn. von Rochlitz	RL	Kfz-Zchn. von Somalia	SP	Kfz-Zchn. von Tunesien	TN
Kfz-Zchn. von Peru	PE	Kfz-Zchn. von Röbel/Müritz	RM	Kfz-Zchn. von Sowjetunion	SU	Kfz-Zchn. von Uelzen	UE
Kfz-Zchn. von Pinnenberg	PI	Kfz-Zchn. von Rosenheim	RO	Kfz-Zchn. von Speyer	SP	Kfz-Zchn. von Unna	UN
Kfz-Zchn. von Pirmasens	PS	Kfz-Zchn. von Roth	RH	Kfz-Zchn. von Sri Lanka, Ceylon	CL	Kfz-Zchn. von Venezuela	YV
Kfz-Zchn. von Plauen	PL	Kfz-Zchn. von Rottweil	RW	Kfz-Zchn. von Steiermark	ST	Kfz-Zchn. von Vietnam	VN
Kfz-Zchn. von Pößneck	PN	Kfz-Zchn. von Rudolstadt	RU	Kfz-Zchn. von Steinfurt	ST	Kfz-Zchn. von Villingen	VL
Kfz-Zchn. von Polen	PL	Kfz-Zchn. von Rumänien	RO	Kfz-Zchn. von Südafrika	ZA	Kfz-Zchn. von Völklingen	VK
Kfz-Zchn. von Prenzlau	PZ	Kfz-Zchn. von Saarbrücken	SB	Kfz-Zchn. von Swasiland	SD	Kfz-Zchn. von Waiblingen	WN
Kfz-Zchn. von Pritzwalk	PK	Kfz-Zchn. von Salzgitter	SZ	Kfz-Zchn. von Tecklenburg	TE	Kfz-Zchn. von Waldeck in Korbach	WA
Kfz-Zchn. von Rastatt	RA	Kfz-Zchn. von Samoa	WS	Kfz-Zchn. von Teterow	TW	Kfz-Zchn. von Waldshut	WT
Kfz-Zchn. von Rathenow	RN	Kfz-Zchn. von Schmalkalden	SM	Kfz-Zchn. von Tettnang	TT	Kfz-Zchn. von Wangen	WG
Kfz-Zchn. von Ratzeburg	RZ	Kfz-Zchn. von Schwabach	SC	Kfz-Zchn. von Thailand	TH	Kfz-Zchn. von Wasserburg	WS
Kfz-Zchn. von Ravensburg	RV	Kfz-Zchn. von Schweinfurt	SW	Kfz-Zchn. von Togo	TG	Kfz-Zchn. von Weimar	WE
Kfz-Zchn. von Recklinghausen	RE	Kfz-Zchn. von Senegal	SN	Kfz-Zchn. von Togo	TG	Kfz-Zchn. von Wernigerode	WR
Kfz-Zchn. von Reichenbach	RC	Kfz-Zchn. von Siegen-Wittgenstein	SI	Kfz-Zchn. von Torgau	TG	Kfz-Zchn. von Westerwaldkreis	WW
Kfz-Zchn. von Remscheid	RS	Kfz-Zchn. von Simbabwe	ZW	Kfz-Zchn. von Traunstein	TS	Kfz-Zchn. von Westsamoa	WS
Kfz-Zchn. von Republik China	RC	Kfz-Zchn. von Soest	SO	Kfz-Zchn. von Trier-Saarburg in Trier	TR	Kfz-Zchn. von Wetzlar	WZ
Kfz-Zchn. von Reutlingen	RT	Kfz-Zchn. von Solingen	SG	Kfz-Zchn. von Trinidad und Tobago	TT	Kfz-Zchn. von Wiedenbrück	WD
Kfz-Zchn. von Rheydt	RY			Kfz-Zchn. von Türkei	TR	Kfz-Zchn. von Wiesbaden	WI

Kfz-Zchn. von Wittenberg	WB
Kfz-Zchn. von Wittstock	WK
Kfz-Zchn. von Wolfenbüttel	WF
Kfz-Zchn. von Worms	WO
Kfz-Zchn. von Zaire	ZR
Kfz-Zchn. von Zeitz	ZZ
Kfz-Zchn. von Zerbst	ZE
Kfz-Zchn. von Zeulenroda	ZR
Kfz-Zchn. von Zittau	ZI
Kfz-Zchn. von Zossen	ZS
Kfz-Zchn. von Zschopau	ZP
Kfz-Zchn. von Zweibrücken	ZW
Kfz-Zchn. von Zwickau	ZU
Kfz-Zchn. von Zypern	CY
Kfz-Zchn. Waldeck-Frankenberg	KB
Kfz-Zchn. Westerwald/Montabaur	MT
Kfz-Zchn. Zollernalbkr. i. Balingen	BL
Kfz-Zchn der Bahamas	BS
Kfz-Zchn Landsberg/Lech	LL
Kfz-Zchn Limburg/Weilburg	LM
Kfz-Zchn von Belize	BH
Kfz-Zchn von Bulgarien	BG
Kfz-Zchn von Burkina Faso	BF
Kfz-Zchn von Burundi	BU
Kfz-Zchn von Hansestadt Hamburg	HH
KLeincomputer	PC
Klosett	WC
Kriegsgott d. Südseebewohner	TU
kurz f. in dem	IM
Kurzform f. Zustimmung	OK
Kurzform von Diana	DI
Kurzform von Eduard	ED
latein. Vorsilbe: doppelt	BI
latein. Vorsilbe: gegen-	OB
latein. Vorsilbe: hinzu-, zu-	AD
latein. Vorsilbe: mit, zusammen	KO
latein. Vorsilbe: wieder, rück-	RE
latein.: aus, Ende!	EX
lateinisch: und	ET
lettisch. Fluß	AA
Leuchtstärke-Maßeinheit	PH
Ludolfsche Zahl	PI
Moment	NU
Musiknote	AS
Nebenfluß d. IJssel	AA
niederl.: Insel	OE
Niederschlag beim Boxen	KO
Odins, Wotans Bruder	VE
Odins, Wotans Bruder	WE
persönl. Fürwort	ER
persönl. Fürwort	ES
persönliches Fürwort	DU
phönik. Gott der Weisheit	EL
pro	JE
Räusperton	HM
römisch. Zahlzeichen für 105	CV
römische Maß- und Münzeinheit	AS
Rufwort	HE
russisch: ja	DA
Schallplatte	LP
Schalterstellung	AN
Schalterstellung (engl.)	ON
Schmerzensschrei	AU
Schreckensruf	HU
sowjet. Kama-Zufluß	IK
span. Artikel	LO
Spitzenkönner	AS
Spitzensportler	AS
Stadt in Birma	YE
Stadt in Ghana	HO
Stadt in Ghana	WA
Stadt in Sierra Leone	BO
südamerik. Dreizehenfaultier	AI
süddeutsch: sowieso	EH
Tobol-Zufluß	UI
Tonbezeichnung	AS
Tonbezeichnung	ES
Träger d. Erbguts	ID
Trällersilbe	LA
umgangsspr. für prima	IA
Umlaut	UE
unbest. franz. Artikel	UN
Unfug, Ulk	UZ
veraltet: wegen, oberhalb	OB
Verhältniswort	AB

Verhältniswort	AN
Verhältniswort	IN
vietnames. Münze	XU
Vogelprodukt	EI
Vorname der Schausp. Derek	BO
Vorsilbe	AB
Vorsilbe	BE
Vorsilbe: ehemalig	EX
weg	AB
Wehlaut	AU
westfranz. Insel	RE
westsibir. Ob-Zufluß	OM
westsibir. Strom	OB
Wiesengrund	AU
zustimmende Antwort	JA
Zweifelsruf	JE

Aare-Zufluß	SUR	Abk. f. ab urbe condita	AUC	Abk. f. am angegebenen Ort	AAO	Abk. f. Armee-Oberkommando	AOK
abessin. Fürstentitel	RAS	Abk. f. ab urbe condita	AUC	Abk. f. American Air Lines	AAL	Abk. f. Artikel	ART
abfärbendes Mineral	WAD	Abk. f. Accusativ	ACC	Abk. f. American Forces Network	AFN	Abk. f. Artillerie	ARI
Abfluß des Chiemsees	ALZ	Abk. f. accusativus cum infinitivo	ACI	Abk. f. American Overseas Airlines	AOA	Abk. f. Artillerie	ART
Abfluß des Plattensees	SIO	Abk. f. Actum ut supra	AUS	Abk. f. American Red Cross	ARC	Abk. f. Assessor	ASS
abgeschmackt	FAD	Abk. f. Adjektiv	ADJ	Abk. f. amerikan. Bundespolizei	FBI	Abk. f. Atmosphäre	ATM
abgetan	AUS	Abk. f. ad libitum	ADL	Abk. f. Ampere	AMP	Abk. f. auf dem Dienstweg	ADD
Abgottschlange	BOA	Abk. f. Adresse	ADR	Abk. f. Anhalt	ANH	Abk. f. August	AUG
Abk. . Industrie- u. Handelskamm.	IHK	Abk. f. Adverb	ADV	Abk. f. Anhang	ANH	Abk. f. Augustinerorden	OSA
Abk. Bank f. intern. Zahlungsausgleich	BIZ	Abk. f. African National Congress	ANC	Abk. f. Ankunft	ANK	Abk. f. außerordentl. Mitglied	AOM
Abk. f. Abbildung	ABB	Abk. f. afrikanisch	AFR	Abk. f. Anlage	ANL	Abk. f. außerplanmäßig	APL
Abk. f. Abfahrt	ABF	Abk. f. Agence France Press	AFP	Abk. f. Anmerkung	ANM	Abk. f. Automobilclub v. Dtschl.	AVD
Abk. f. Abgassonderunters.	ASU	Abk. f. Akkusativ	AKK	Abk. f. anno ante Christum	AAC	Abk. f. Avoirdupois	AVD
Abk. f. Abgeordneter	ABG	Abk. f. Aktualitätenkino	AKI	Abk. f. Antiblockiersytem	ABS	Abk. f. Baccalaureus	BAC
Abk. f. Abhandlung	ABH	Abk. f. Allgem. Landrecht	ALR	Abk. f. Anweisung	ANW	Abk. f. Baccalaureus Legum	BLL
Abk. f. Abkürzung	ABK	Abk. f. Allgem. Ortskrankenkasse	AOK	Abk. f. Apostilb	ASB	Abk. f. Bahnhof	BHF
Abk. f. Ablativ	ABL	Abk. f. Allied Control Council	ACC	Abk. f. Arabian Monetary Fund	AMF	Abk. f. Bank Dt. Länder	BDL
Abk. f. Absatz	ABS	Abk. f. al segno	ALS	Abk.f. Arabische Liga	AJA	Abk. f. Bataillon	BAT
Abk. f. Absender	ABS	Abk. f. alten Stils	AST	Abk. f. arcus	ARC	Abk. f. Beata Virgo Maria	BVM
Abk. f. absolute Atmosphäre	ATA	Abk.f. althochdeutsch	AHD				
Abk. f. Abteilung	ABT						

Abk. f. Belgischer Franc	BFR	Abk. f. British Forces Network	BFN	Abk. f. Bundesrep. Deutschld.	BRD	Abk. f. Columbia Broadc. System	CBS
Abk. f. Bemerkung	BEM	Abk. f. brutto für netto	BFN	Abk. f. Bundessozialgericht	BSG	Abk. f. columna	COL
Abk. f. Benediktinerorden	OSB	Abk. f. Bruttoregistertonne	BRT	Abk. f. Bundeswirtsch.-minister	BWM	Abk. f. Come quick, danger	CQD
Abk. f. Berliner Verkehrsbetriebe	BVG	Abk. f. Bruttosozialprodukt	BSP	Abk. f. Burundi-Franc	FBU	Abk. f. Commander in Chief	CIC
Abk. f. besonders	BES	Abk. f. Buch	BCH	Abk. f. calando	CAL	Abk. f. Compagnie	CIE
Abk. f. Betriebskrankenkasse	BKK	Abk. f. Bürgerliches Gesetzbuch	BGB	Abk. f. cand. rev. min.	CRM	Abk. f. Comptant	CPT
Abk. f. Bevölkerung	BEV	Abk. f. Bund Dt. Architekten	BDA	Abk. f. Caspar, Melchior, Balthasar	CBM	Abk. f. confer!	CFR
Abk. f. bezahlt	BEZ	Abk. f. Bund Dtsch. Mädel	BDM	Abk. f. Caspar, Melchior, Balthasar	CMB	Abk. f. courant	CRT
Abk. f. Bezeichnung	BEZ	Abk. f. Bundesangestellten-Tarif	BAT	Abk. f. Central Intellig. Agency	CIA	Abk. f. Dänische Krone	DKR
Abk. f. beziehungsweise	BZW	Abk. f. Bundesanstalt für Arbeit	BFA	Abk. f. Cents, Centimes	CTS	Abk. f. Dativ	DAT
Abk. f. Bezirk	BEZ	Abk. f. Bundesautobahn	BAB	Abk. f. Centweight	CWT	Abk. f. datum	DAT
Abk. f. bezüglich	BEZ	Abk. f. Bundesbank	BBK	Abk. f. Christl. Arbeiterjugend	CAJ	Abk. f. Dekagramm	DKG
Abk. f. Bildschirmtext	BTX	Abk. f. Bundesfinanzhof	BFH	Abk. f. Christl.-Demokr. Union	CDU	Abk. f. Dekaliter	DKL
Abk. f. Botanik	BON	Abk. f. Bundesgerichtshof	BGH	Abk. f. Christl. Soziale. Union	CSU	Abk. f. deleatur	DEL
Abk. f. brevi manu	BRM	Abk. f. Bundesgrenzschutz	BGS	Abk. f. Christus	CHR	Abk. f. delineavit	DEL
Abk. f. Brit. Broadcasting Corp.	BBC	Abk. f. Bundeskriminalamt	BKA	Abk. f. Civil Aeronautius Board	CAB	Abk. f. Denier	DEN
Abk. f. British American Tobacco	BAT	Abk. f. Bundesnachrichtendienst	BND	Abk. f. Codex	COD	Abk. f. Departement	DEP
Abk. f. British European Airways	BEA			Abk. f. Codex Juris Canonici	CJC	Abk. f. Department	DPT
						Abk. f. der Ältere	DAE
						Abk. f. der Große	DGR
						Abk. f. designatus	DES
						Abk. f. Desoxyribonukleinsäure	DNS

Abk. f. Deutsch. Bundespatent	DBP
Abk. f. Deutsch. Fußballbund	DFB
Abk. f. Deutsch. Rotes Kreuz	DRK
Abk. f. Deutsche Bundespost	DBP
Abk.f. Deutsche Demokr. Republik	DDR
Abk. f. Deutsche Jugendherberge	DJH
Abk. f. Deutsche Kommun. Partei	DKP
Abk. f. Deutsche Presse-Agentur	DPA
Abk. f. Deutsche Reichspost	DRP
Abk. f. Deutsche Volkspartei	DVP
Abk. f. Deutsche Volksunion	DVU
Abk. f. Deutschlandfunk	DLF
Abk. f. Dezember	DEZ
Abk. f. Die Republikaner	REP
Abk. f. dieses Jahres	DSJ
Abk. f. dieses Monats	DSM
Abk. f. diluendo	DIL
Abk. f. diminuendo	DIM
Abk. f. Dinar	DIN
Abk. f. dito	DTO
Abk. f. Divergenz	DIV
Abk. f. diverses	DIV
Abk. f. divide	DIV
Abk. f. Division	DIV
Abk. f. Dominikanerorden	OPR
Abk. f. Dominikanerorden	OSD
Abk. f. Dt. Gewerkschaftsbund	DGB
Abk. f. Dt. Industrie-Norm	DIN
Abk. f. Dt. Leichtathletikverband	DLV
Abk. f. Dt. Normen-Ausschuß	DNA
Abk. f. Dtsch. Arzneibuch	DAB
Abk. f. Dtsch. Beamtenbund	DBB
Abk. f. Dtsch. Reichspatent	DRP
Abk. f. Dtsch. Sportbund	DSB
Abk. f. Dtsch. Sprachatlas	DSA
Abk. f. Dtsch. Turnerbund	DTB
Abk. f. Dtsch. Wörterbuch	DWB
Abk. f. ebenda	EBD
Abk. f. ediderunt	EDD
Abk. f. eigentlich	EIG
Abk. f. einen Automobilclub	AVD
Abk. f. Elekrokardiogramm	EKG
Abk. f. Elektroenzephalogramm	EEG
Abk. f. elektromotor. Kraft	EMK
Abk. f. Elektron. Datenverarbeitung	EDV
Abk. f. Energiedosis	RAD
Abk. f. englische Kriminalpolizei	CID
Abk. f. ergänze	ERG
Abk. f. Escudo	ESC
Abk. f. Esquire	ESQ
Abk. f. et cetera	ETC
Abk. f. Eucharistinerorden	SSS
Abk. f. Eure Majestät	EWM
Abk. f. Europ. Arbeiterpartei	EAP
Abk. f. Europ. Atomgemeinsch.	EAG
Abk. f.Europ. Economic Fund	EEF
Abk. f. Europ. Investitionsbank	EIB
Abk. f. Europ. Komm. f. Normung	CEN
Abk. f. Europ. Patentamt	EPA
Abk. f. Europ. Sozialfonds	ESF
Abk. f. Europ. Zahlungsunion	EZU
Abk. f. European Econ. Community	EEC
Abk. f. European Payments Union	EPU
Abk. f. European Recovery Program	ERP
Abk. f. European Space Agency	ESA
Abk. f. Evangel. Kirche in Dtschld.	EKD
Abk. f. Evangel. Pressedienst	EPD
Abk. f. excudit	EXC
Abk. f. Exzellenz	EXZ
Abk.f. f. Free along side	FAS
Abk. f. Fakultät	FAK

Abk. f. Familie	FAM
Abk. f. Februar	FEB
Abk. f. fecit	FEC
Abk. f. Feldzeugmeister	FZM
Abk. f. feminin	FEM
Abk. f. Fernsprecher	FSP
Abk. f. Figur, figural	FIG
Abk. f. Finnmark	FMK
Abk. f. Folioblatt	FOL
Abk. f. forte fortissimo	FFF
Abk. f. Fräulein	FRL
Abk. f. Frankf. Allgem. Zeitung	FAZ
Abk. f. Frankfurt/Main	FFM
Abk. f. Franziskanerorden	OFM
Abk. f. Franziskanerorden	OSF
Abk. f. französ. Gewerkschaft	CGT
Abk. f. französisch	FRZ
Abk. f. free on board	FOB
Abk. f. free on wagon	FOW
Abk.f. Freie Demokrat. Partei	FDP
Abk. f. Freie Deutsche Jugend	FDJ
Abk. f. Freiheitl. Volkspartei	FVP
Abk. f. Freikörperkultur	FKK
Abk. f. Freisoziale Union	FSU
Abk. f. fudit	FUD
Abk. f. Furlong	FUR
Abk. f. Gallone	GAL
Abk.f. ganz leise	PPP
Abk. f. Gebiet	GEB
Abk. f. Gebirge	GEB
Abk. f. geboren	GEB
Abk. f. gebunden	GEB
Abk. f. gefälligst	GEF
Abk. f. gefallen	GEF
Abk. f. gegebenenfalls	GGF
Abk. f. Gegensatz	GGS
Abk. f. geheftet	GEH
Abk. f. geheim	GEH
Abk. f. gehoben	GEH
Abk. f. Gemeinde	GEM
Abk. f. genannt	GEN
Abk. f. General	GEN
Abk. f. Generalmusikdirektor	GMD
Abk. f. General Post Office	GOP
Abk. f. Genitiv	GEN
Abk. f. Genossenschaft	GEN
Abk.f. gesammelt	GES
Abk. f. Gesamtdeutsche Partei	GDP
Abk. f. gesehen	GES
Abk. f. Gesellschaft	GES
Abk. f. getauft	GET
Abk. f. gezeichnet	GEZ
Abk.f. Golfkooperationsrat	GCC
Abk. f. Gourde	GDE
Abk. f. Grammolekül	MOL
Abk. f. grand	GRD
Abk. f. Haltestelle	HST
Abk. f. Handelsgesetzbuch	HGB
Abk. f. Hauptbahnhof	HBF
Abk. f.Her Majesty's Ship	HMS
Abk. f. Herrn	HRN
Abk. f. Herzog	HZG
Abk. f. hic sepultus est	HSE
Abk.f. His Majesty's Government	HMG
Abk. f. His Majesty's Ship	HMS
Abk. f. holländ. Gulden	HFL
Abk. f. hora cum tempore	HCT
Abk. f. hora sine tempore	HST
Abk. f. Hundredweight	CWT
Abk. f. ibidem	IBD
Abk. f. illustriert	ILL
Abk. f. Imperativ	IMP
Abk. f. Imperator	IMP
Abk. f. Import	IMP
Abk. f. Imprimatur	IMP
Abk. f. in Christinomine	ICN
Abk. f. incidit	INC
Abk. f. incorporated	INC
Abk. f. incorporated	INC
Abk. f. Indikativ	IND
Abk. f. indogerm.	IDG
Abk. f. Infanterie	INF
Abk. f. Infinitiv	INF
Abk. f. Ingenieur	ING
Abk. f. Inhaber	INH
Abk. f. in hoc salus	IHS

Abk. f. in hoc signo	IHS	Abk. f. Internat. Handels-Organ.	ITO	Abk. f. Jahrgänge	JGG	Abk. f. Kenia-Shilling	KSH
Abk. f. Injektion	INJ	Abk.f. Internat. Militärstab	IMS	Abk. f. Jahrtausend	JTD	Abk. f. Kernkraftwerk	KKW
Abk. f. Inland	INL	Abk. f. Internat. Monetary Fund	IMF	Abk. f. Januar	JAN	Abk.f. Kilogrammeter	KGM
Abk. f. in nomine Christi	INC	Abk. f. Internat. Olymp. Komitee	IOK	Abk. f. janz weit draußen	JWD	Abk. f. Kilohertz	KHZ
Abk. f. in nomine Domini	IND	Abk. f. Internat. Olympic Comittee	IOC	Abk. f. japanisch	JAP	Abk. f. Kilopondmeter	KPM
Abk. f. in partibus infidelium	IPI	Abk. f. Internat. Refugee Organiz.	IRO	Abk. f. javanisch	JAV	Abk. f. Kilovoltampere	KVA
Abk. f. Interant. Fernmeldeunion	ITU	Abk. f. Internat. Rotes Kreuz	IRK	Abk. f. jemand	JMD	Abk. f. Kilowattstunde	KWH
Abk. f. Intercity Experimental	ICE	Abk. f. Internat. Schriftst.-verband	PEN	Abk. f. Jemen-Rial	YRL	Abk.f. Klassenaufsatz	KLA
Abk. f. Intern. Arbeitsorganis.	IAO	Abk. f. international	INT	Abk. f. Journal-Nummer	JNR	Abk. f. Königin	KGN
Abk.f. Intern. Investitionsbank	IIB	Abk. f. Interparlamentar. Union	IPU	Abk. f. jugoslawisch	JUG	Abk. f. königlich	KGL
Abk. f. Interna. Red Cross	INC	Abk. f. invenit	INV	Abk. f. junior	JUN	Abk. f. Königreich	KGR
Abk. f. Internat. Anwaltsunion	UIA	Abk. f. Irish Republican Army	IRA	Abk .f. juristisch	JUR	Abk. f. Kommandant	KDT
Abk. f. Internat. Büro-Maschinen	IBM	Abk. f. Isländ. Krone	IKR	Abk. f. kaiserlich u. königlich	KUK	Abk. f. Kommandeur	KDR
Abk. f. Internat. Energieagentur	IEA	Abk .f.isländisch	ISL	Abk. f. Kaiser-Wilhelm-Gesellsch.	KWG	Abk. f. Kommando	KDO
Abk. f. Internat. Fernmeldeunion	UTU	Abk. f. islamisch	ISL	Abk. f. Kalorie	CAL	Abk. f. Kommun. Partei Dtschl.	KPD
Abk. f. Internat. Gerichtshof (UNO)	ICJ	Abk .f. israelisch	ISR	Abk. f. Kalorie	KAL	Abk. f. Konto	KTO
Abk. f. Internat. Handelskammer	CCI	Abk. f. Italien. Lira	LIT	Abk. f. kanadisch	KAN	Abk. f. Kopeke	KOP
		Abk. f. italien. Rundfunk	RAI	Abk. f. Kapitän	KPT	Abk. f.koreanisch	KOR
				Abk. f. Kapitel	KAP	Abk. f. Kosinus	COS
				Abk.f. Kapuzinerorden	OMC	Abk. f. Kotangens	COT
				Abk. f. Katalysator	KAT	Abk. f. Kotangens	CTG
				Abk. f. Kategorie	KAT	Abk. f. Kraftfahrzeug	KFZ
				Abk. f. Kavallerie	KAV		

Abk. f. Kreis	KRS
Abk. f. kubanisch	KUB
Abk. f. Kubikdezimeter	CDM
Abk. f. Kubikmeter	CBM
Abk. f. Kubikmillimeter	CMM
Abk. f. Kubikzentimeter	CCM
Abk. f. Ku Klux Klan	KKK
Abk. f. Landesversicherungsanstalt	LVA
Abk. f. Landeszentralbank	LZB
Abk. f. Lastkraftwagen	LKW
Abk. f. lateinisch	LAT
Abk. f. laufend	LFD
Abk.f. laus Deo semper	LDS
Abk. f. ledig	LED
Abk. f. legato	LEG
Abk. f.legum baccalaureus	LLB
Abk. f. legum doctor	LLD
Abk. f. legum magister	LLM
Abk. f. leichtes Masch.-gewehr	LMG
Abk. f. liberal	LIB
Abk. f. Liberaldemokrat. Partei	LDP
Abk. f. Liberalium artium magister	LAM
Abk. f. Licentiatus	LIC
Abk. f. Liga Arab. Staaten	LAS
Abk. f. Ligatur	LIG
Abk. f. Limes	LIM
Abk.f. limited	LIM
Abk. f. limited	LTD
Abk. f. Limousine	LIM
Abk. f. liquid crystal display	LCD
Abk. f. Liquor	LIQ
Abk. f. litauisch	LIT
Abk. f. Litera	LIT
Abk. f. Literatur	LIT
Abk. f. Litwa	LIT
Abk. f. Logarithmus	LOG
Abk. f. loquitur	LOQ
Abk.f. Luxemb. Franc	LFR
Abk. f. Madagaskar-Franc	FMG
Abk. f. Madame	MME
Abk. f. Männergesangverein	MGV
Abk. f. Magister	MAG
Abk. f. Magnetbildaufzeichn.	MAZ
Abk. f. manu propria	MPR
Abk. f. Manuskripte	MSS
Abk. f. Marshallplan	ERP
Abk. f. Maschinenpistole	MPI
Abk. f. Material	MAT
Abk. f. Max-Planck-Gesellschaft	MPG
Abk. f. Medizin, medizinisch	MED
Abk. f. medizin. techn. Assistentin	MTA
Abk. f. medizin.-techn. Assistentin	MTS
Abk. f. Megaelektronenvolt	MEV
Abk. f. Megahertz	MHZ
Abk. f. Meilen pro Stunde	MPH
Abk. f. meine Herren	MHH
Abk. f. meiner Ansicht nach	MAN
Abk. f. mein Herr	MHR
Abk. f. Meterkilogramm	MKG
Abk. f. mexikanisch	MEX
Abk. f. Militär. Abschirmdienst	MAD
Abk. f. Milliarde	MRD
Abk. f. Million	MIO
Abk. f. Minister	MIN
Abk. f. Minute	MIN
Abk. f. Mistreß	MRS
Abk.f. Mistreß	MRS
Abk.f. mit anderen Worten	MAW
Abk. f. mit beschränkt. Haftung	MBH
Abk. f. Mitgl. d. Bundestags	MDB
Abk. f. Mitgl. d. Landtags	MDL
Abk. f. Mitteleurop. Reisebüro	MER
Abk. f. Mitteleurop. Zeit	MEZ
Abk. f. mittelgriechisch	MGR
Abk. f. mittelhochdeutsch	MHD
Abk. f. mittelniederdeutsch	MND
Abk. f. moderato	MOD
Abk. f. Molekulargewicht	MOL
Abk. f. Monsignore	MGR
Abk. f. motorisiert	MOT
Abk. f. mountains	MTS

Abk. f. Museum	MUS
Abk. f. national	NAT
Abk. f. National. Olymp. Komitee	NOK
Abk. f. National Broadc. Company	NBC
Abk. f. negativ	NEG
Abk. f. netto	NTO
Abk. f. Nettoregistertonne	NRT
Abk. f. neuen Stils	NST
Abk. f. Neuer Ökonom. Plan	NEP
Abk. f. Neuer Schekel	NIS
Abk. f. neugriechisch	NGR
Abk. f. neuhochdeutsch	NHD
Abk. f. niederländ. Währung	HFL
Abk. f. nördliche Breite	NBR
Abk. f. Nominativ	NOM
Abk. f. non est inventus	NEI
Abk. f. Norddeutscher Rundfunk	NDR
Abk. f. Nordnordost	NNO
Abk.f. Nordnordwest	NNW
Abk. f. Nordrhein-Westfalen	NRW
Abk. f. North Atlant. Council	NAC
Abk. f. Norweg. Krone	NKR
Abk. f. November	NOV
Abk. f. Nuclear Stategic Tactics	NST
Abk. f. Nuklearenergie-Agentur	NEA
Abk. f. Nukleare Planungsgruppe	NPG
Abk. f. Nummern	NRN
Abk. f. Oberbayern	OBB
Abk. f. Oberfinanzkasse	OFK
Abk. f. Oberlandesgericht	OLG
Abk. f. Oberpostdirektion	OPD
Abk. f. Objekt	OBJ
Abk. f. obligat, obligatorisch	OBL
Abk. f. Observatorium	OBS
Abk. f. oder ähnlich	OAE
Abk. f. Österreichischer Rundfunk	ORF
Abk.f. östl. Länge	OEL
Abk. f. Offene Handelsgesellsch.	OHG
Abk. f. Oktober	OKT
Abk. f. opera	OPP
Abk. f. ordentlicher öffentlicher	OOE
Abk. f. Ordinis Fratrum Minorum	OFM
Abk. f. Ordinis Praedicatorum	OPR
Abk. f. Ordinis Sancti Augustini	OSA
Abk. f. Ordinis Sancti Benedicti	OSB
Abk. f. Organisation	ORG
Abk. f. Osteuropäische Zeit	OEZ
Abk. f. Ostnordost	ONO
Abk. f. Ostsüdost	OSO
Abk. f. ounces	OZC
Abk. f. pagina	PAG
Abk. f. Pan American Airways	PAA
Abk. f. Panzerabwehrkanone	PAK
Abk. f. Pennyweight	DWT
Abk.f. pennyweight	PWT
Abk. f. per procura	PPA
Abk. f. Personenkraftwagen	PKW
Abk. f. Peseta	PTA
Abk. f. Pflanze	PFL
Abk. f. Pfund	PFD
Abk. f. Pfund Sterling	LST
Abk. f. philosophiae doctor	PHD
Abk. f. piano pianissimo	PPP
Abk. f. pinxit	PXT
Abk. f. poets, essayists, novelists	PEN
Abk.f. Polyacrylnitril	PAN
Abk. f. Polyvinylchlorid	PVC
Abk. f. popular	POP
Abk. f. Position	POS
Abk. f. positiv	POS
Abk. f. Post, Telephon, Telegraph	PTT
Abk. f. Postleitzahl	PLZ
Abk. f. post urbe conditam	PUC
Abk. f. pour faire visite	PFV
Abk.f. pour prendre congé	PPC

Abk. f. pour rendre visite	PRV
Abk. f. Priester vom Herzen Jesu	SCI
Abk. f. Prisoner of War	POW
Abk. f. pro rata temporis	PRT
Abk. f. Punkt	PKT
Abk. f. Quadratdezimeter	QDM
Abk. f. Quadratkilometer	QKM
Abk. f. Quadratmillimeter	QMM
Abk. f. Quadratzentimeter	QCM
Abk. f. quod erat faciendum	QEF
Abk. f. quod erat inveniendum	QEI
Abk. f. Rabatt	RAB
Abk. f. Radio Free Europe	RFE
Abk. f. Radio Luxemburg	RTL
Abk. f. recipe	REC
Abk. f. recommandé	REC
Abk. f. Redaktion	RED
Abk. f. Referat	REF
Abk. f. Referendar	REF
Abk. f. reformiert	REF
Abk. f. Regierung	REG
Abk. f. Regiment	REG
Abk. f. Regiment	RGT
Abk. f. Reichspfennig	RPF
Abk. f. Religion	REL
Abk. f. repariert	REP
Abk. f. Republik	REP
Abk. f. requiescat in pace	RIP
Abk. f. Reserve	RES
Abk. f. reserviert	RES
Abk. f. Reverend	REV
Abk. f. Rezept	REC
Abk. f. Ribonukleinsäure	RNS
Abk. f. rinforzando	RFZ
Abk. f. ritardando	RIT
Abk. f. ritenuto	RIT
Abk. f. romantisch	ROM
Abk. f. Rote Armee Fraktion	RAF
Abk. f. Royal Air Force	RAF
Abk. f. Ruanda-Franc	FRW
Abk. f. Rubel	RBL
Abk. f. rumänisch	RUM
Abk. f. Sainte	STE
Abk. f. Salvatorianerorden	SDS
Abk. f. salvo errore calculi	SEC
Abk. f. Sanctissimus Dominus	SSD
Abk. f. santa	STA
Abk. f. santo	STO
Abk. f. Satang	STG
Abk. f. Saudi-Rial	SRL
Abk. f. Save our souls	SOS
Abk. f. Schädel-Hirn-Trauma	SHT
Abk. f. schwed. Krone	SKR
Abk. f. Schweiz. Alpenclub	SAC
Abk. f. Schweiz. Bundesbahnen	SBB
Abk. f. Schweiz. Post	PTT
Abk. f. Schweiz. Rundspr.-Gesellsch.	SRG
Abk. f. Schweizer Franken	SFR
Abk. f. Schweizer Rotes Kreuz	SRK
Abk. f. schweres Masch.-gewehr	SMG
Abk. f. Secans	SEC
Abk. f. Secunde	SEC
Abk. f. seiner Zeit	SZT
Abk. f. Sekunde	SEK
Abk. f. selig	SEL
Abk. f. Sender Freies Berlin	SFB
Abk. f. senior	SEN
Abk. f. Senora, Signora	SSA
Abk. f. sequens	SEQ
Abk. f. sequentes	SQQ
Abk. f. Servitenorden	OSM
Abk. f. sforzato	SFZ
Abk. f. Signatur	SIG
Abk. f. simplex	SPL
Abk. f. Sinus	SIN
Abk. f. sit venia verbo	SVV
Abk. f. Societas Sancti Crucis	SSC
Abk. f. Societas Verbi Divini	SVD
Abk. f. sogenannt	SOG
Abk. f. soviel als	SVA
Abk. f. soviel wie	SVW
Abk. f. sozial	SOZ
Abk. f. Sozialdem. Partei Dtschlds	SPD

Abk. f. Sozialist. Dt. Studentenbund	SDS
Abk. f. Sozialist. Sowjetrepublik	SSR
Abk. f. sozialistisch	SOZ
Abk. f. Sportverein	SPV
Abk. f. Sportvereine	MTV
Abk. f. Staatssicherh.-dienst	SSD
Abk. f. Straße	STR
Abk. f. Strateg. Defence Intiative	SDI
Abk. f. Strategic Air Force	SAF
Abk. f. Stunde	STD
Abk. f. Stundenkilometer	KMH
Abk. f. sub hac voce	SHV
Abk. f. sub petitio remissionis	SPR
Abk. f. Süddeutscher Rundfunk	SDR
Abk. f. südl. Breite	SBR
Abk. f. Südpazifisches Forum	SPF
Abk. f. Südsüdost	SSO
Abk. f. Südsüdwest	SSW
Abk. f. Südtiroler Volkspartei	SVP
Abk. f. Südwestfunk	SWF
Abk. f. Superlativ	SUP
Abk. f. syrisch	SYR
Abk. f. Tabelle	TAB
Abk. f. täglich	TGL
Abk. f. Tagebuch	TGB
Abk. f. Tangens	TAN
Abk. f. Tasmania-Shilling	TSH
Abk. f. Tausend	TSD
Abk. f. Telefon	TEL
Abk. f. tenuto	TEN
Abk. f. tinctura	TCT
Abk. f. Titel	TIT
Abk. f. Titel	TTL
Abk.f. Trans-Europ-Express	TEE
Abk. f. Trans World Airlines	TWA
Abk.f. Trappistenorden	OCR
Abk. f. Trinitrotoluol	TNT
Abk. f. Tschech. Krone	KCS
Abk. f. Tuberkulose	TBC
Abk. f. Tugrik	TUG
Abk. f. Turn- u. Sportverein	TSV
Abk. f. Turn- und Sportverein	TUS
Abk. f. über Meereshöhe	UEM
Abk. f. Uganda-Shilling	USH
Abk. f. ultimo	ULT
Abk. f. Ultrahochfrequenz	UHF
Abk. f. Ultrakurzwelle	UKW
Abk. f. umgangssprachlich	UGS
Abk. f. unbekannt. Flugobjekt	UFO
Abk. f. und ähnliches	UAE
Abk. f. und anderes mehr	UAM
Abk. f. und folgende	UFF
Abk. f. und öfters	UOE
Abk. f. und so fort	USF
Abk. f. und so weiter	USW
Abk. f. und viel anderes	UVA
Abk. f. und zwar	UZW
Abk. f. ungarisch	UNG
Abk.f. unguentum	UNG
Abk. f. unidentified flying object	UFO
Abk. f. United Arab Republic	UAR
Abk. f. United Nations Organiz.	UNO
Abk. f. United Press Internat.	UPI
Abk. f. United States of America	USA
Abk. f. Universal Postal Union	UPU
Abk. f. Unsere Liebe Frau	ULF
Abk. f. unter d. Meeresspiegel	UDM
Abk. f. Unteroffizier vom Dienst	UVD
Abk. f. Ursulinenorden	OSU
Abk. f. US-Abwehrdienst	CIA
Abk. f. US-Abwehrdienst	CIC
Abk. f. vacat	VAC
Abk. f. Valuta	VAL
Abk. f. Variation	VAR
Abk. f. Varietät	VAR
Abk. f. venerabilis	VEN
Abk. f. Verband d. Kriegsbeschäd.	VDK

Abk. f. Verband Dt. Elektrotechn.	VDE	Abk.f. Wassermann Reaktion	WAR	Abk. f. Young Christian Workers	YVW	Abk.: Bundesarbeitsgericht	BAG
Abk.f. verbi Divini minister	VDM	Abk. f. Wellenpferdestärke	WPS	Abk. f. z. besonderen Verwendung	ZBV	Abk.: Dt. Touring Automobil Club	DTC
Abk. f. Verein Dtsch. Ingenieure	VDI	Abk. f. Weltärztebund	WMA	Abk. f. Zentimeter pro Sekunde	CMS	Abk.: Dtsch. Aktienindex	DAX
Abk. f. Vereinigte Arab. Republik	VAR	Abk. f. Weltgesundh.-organis.	WHO	Abk. f. Zentner	ZTR	Abk. f. Dtsch. Beamtengesetz	DBG
Abk. f. Vereinigte Sozialist. Partei	VSP	Abk. f. Weltkirchenrat	WCC	Abk. f. Zentralnervensystem	ZNS	Abk.: Int. Gartenbauausst.	IGA
Abk. f. Verfügung	VFG	Abk. f. Weltpostverein	UPU	Abk. f. zivil	ZIV	Abk.: Organ. amerik. Staaten	OAS
Abk. f. vergleiche	VGL	Abk. f. Weltskiverband	FIS	Abk. f. Zivilgesetzbuch	ZGB	Abk.: Weltarbeitsorganis.	ILO
Abk. f. Verlag	VLG	Abk. f. Westdeutscher Rundfunk	WDR	Abk. f. Zivilprozeßordnung	ZPO	Abk f. dergleichen	DGL
Abk. f. verte, si placet	VSP	Abk. f. Westeurop. Zeit	WEZ	Abk f. zu den Akten	ZDA	Abkürz. für das Aids-Virus	HIV
Abk. f. very high frequency	VHF	Abk. f. Westeuropäische Union	WEU	Abk. f. zum Teil	ZTL	Ableben, Ende des Lebens	TOD
Abk. f. very important person	VIP	Abk. f. Westnordwest	WNW	Abk. f. zur Wiederverwendg.	ZWV	Abschiedsgruß	ADE
Abk. f. Veterinär	VET	Abk. f. Westsüdwest	WSW	Abk. f. zur Wiedervorlage	ZWV	absolutes Maßsystem	CGS
Abk. f. Vicomte	VTE	Abk. f. wiederhole	WDH	Abk. f. zur Zeit	ZZT	Abstufung	TON
Abk. f. vidit	VDT	Abk. f. Witwe	WWE	Abk. f. zusammen	ZUS	Abt von Cluny	ODO
Abk. f. Vitamin	VIT	Abk. f. Womens Army Corps	WAC	Abk. f. Zweites Dt. Fernsehen	ZDF	Achsenendpunkt	POL
Abk. f. vivat, crescat, floreat	VCF	Abk. f. World Health Organiz.	WHO	Abk. f. Zweites Programm	ZDF	Adams Frau	EVA
Abk. f. Voice of America	VOA	Abk. f. World Meteorol. Organiz.	WMO	Abk.: Arbeitsgem. d. Rundf.-anst. Dtl.	ARD	Adenauer-Partei	CDU
Abk. f. Volumen	VOL	Abk. f. Yards	YDS	Abk.: Außerparl. Opposition	APO	Adler (dichterisch)	AAR
Abk. f. von Rechts wegen	VRW						

ägypt. Fruchtbarkeitsgott	MIN
ägypt. Gewicht	OKA
ägypt. Gott der Erde	GEB
ägypt. Himmelsgöttin	NUT
ägypt. Keksverpackung	TET
ägypt. Stadt	KUS
ägyptischer Dämon	BES
Äquivalentdosis	REM
äthiop. Fluß	OMO
äthiop. Häuptling	RAS
afghan. Münze	PUL
afrikan. Fächerpalme	ITA
afrikan. Horntier	GNU
afrikan. polit. Bündnis	OAU
afrikan. Sprache	KUA
afrikan. Stamm	FUL
afrikan. Strom	NIL
Aktion, Handlung	TAT
alban. Währungseinheit	LEK
alger. Geröllwüste	REG
alger. Staatspartei	FLN
alger. Wüste	ERG
Aller-Zufluß	AUE
Aller-Zufluß	ISE
All in der chines. Philosophie	TAO
Allotria	FEZ
Allotria	JUX
Alpenweide	ALM
Alpenweide	ALP
Alphabet	ABC
alt. Flüssigkeitsmaß	OHM
altägypt. Göttin, Frau v. Amun	MUT
altägypt. Gott der Freude	BES
altägypt. Sonnengott	TUM
altdtsch. Gewicht	LOT
alte französ. Goldmünze	ECU
alte Jazzform	RAG
alte Maßeinheit	ORT
alte persische Gewichtseinheit	MAN
alter Seenotruf	CQD
altes Getreidemaß	IMI
altes Getreidemaß	KUL
altes Hohlmaß	LOF
altes Hohlmaß	LOT
altes russ. Gewicht	PUD
alte Strahlungseinheit	REM
altes Weinmaß	AHM
altfranz. Lied	LAI
altfranz. Spielmannslied	LEI
altfranz. Verserzählung	LAI
altgerm. Gottheit	ASE
altgerm. Schicksalsgöttin	URD
altgerm. Wassergeist	NIX
altgerman. Göttin	SIF
altgerman. Gott	TIU
altgriech. Göttin der Gewalt	BIA
altgriech. Hirtengott	PAN
altnord. Göttin d. Gerechtigkeit	SYN
altröm. Göttin d. Nacht	NOX
altröm. Schutzgeist	LAR
altröm. Sonnengott	SOL
altrömische Friedensgöttin	PAX
altruss. Dorfgemeinschaft	MIR
Amazonas-Zufluß	ICA
amer. Kurzform f. Doctor	DOC
amerikan. Büromaschinenkonzern	IBM
amerikan. Filmschauspielerin	DAY
amerikan. Filmschauspielerin	LOY
amerikan. Fluggesellschaft	TWA
amerikan. Frauenname	MAB
amerikan. Gewerkschaftsbund	CIO
amerikan. Jazz-Posaunist	ORY
amerikan. Münze (15 Cents)	BIT
amerikan. Novellist	POE
amerikan. Rundfunkgesellsch.	NBC
amerikan. Rundfunkstation	RCA
amerikan. Schriftstellerin	LEE
amerikan. Südstaatengeneral	LEE
amerikan. surrealist. Maler	RAY
amerikan. Volkstanz	JIG
amtl. Bez. f. Protistution	HGW
Andeutung, Fingerzeig	TIP
Anerkennung	LOB
anglo-amerikan. Frauenkurzname	LIZ

Clue	Answer
anglo-amerikan. Frauenname	ANN
anglo-amerikan. Männername	JIM
anglo-amerikan. Männername	JOE
anglo-amerikan. Männername	SAM
anglo-amerikan. Männername	TED
anglo-amerikan. Männername	TIM
anglo-amerikan. Männername	TOM
angolan. Provinz	BIE
Angriffsziel beim Fußball	TOR
Angsttraum	ALP
Anlegestelle	KAI
Anrede für Fremde	SIE
Ansehen, Leumund	RUF
Ansiedlung	ORT
Anstellung	JOB
Ansturm	RUN
Anteilpapier	KUX
Anteilpapier	LOS
arab. Dorf	AUL
arab. Fürstentitel	AGA
arab. Kopfbedeckung	FES
arab. Markt	SUK
arab. Segelschiff	DAU
arab. Vater	ABU
arab. Vorname	ALI
arab.: behagliche Ruhe	KEF
arab.: Berggipfel	RAS
arab.: Brunnen, Quelle	BIR
arab.: Knecht	ABD
arab.: Meerenge	BAB
arab.: Sohn	IBN
arab.: Sohn, Enkel	BEN
arab.: Tor	BAB
arab.: Vorgebirge	RAS
arabischer Sackmantel	ABA
arkt. Meeresvogel	ALK
arktisches Nutztier	REN
armenisch. Ruinenstadt	ANI
Arno-Zufluß	ERA
aromatisches Aufgußgetränk	TEE
Art, Bauart	TYP
asiat. Hochgebirgsrind	JAK
assyr. Gottheit	BEL
auf dem Weg über	VIA
auf welche Weise?	WIE
Aufzug im Schauspiel	AKT
Augendeckel	LID
ausführen, verrichten	TUN
ausgestorben. Riesenvogel	MOA
Ausguck	LUG
Ausruf	ACH
Ausruf	HEI
Ausruf des Ekels	PUH
Ausruf des Zweifels	TJA
Aussageerhärtung	EID
Ausschank	BAR
Aussehen, Haltung	AIR
außerirdisches Phantasiewesen	ALF
austral. Fluggesellschaft	TAA
austral. Laufvogel	EMU
austroasiat. Sprache	MAN
austroasiat. Sprache	MOI
austroasiat. Sprache	MON
austroasiat. Sprache	YAO
Autor von »Der Erstgeborene«	FRY
Autor von »Venus im Licht«	FRY
Autor von »Winnetou«	MAY
babylon. Gottheit	BEL
babylon. Mondgott	SIN
Bach, kleines Fließgewässer	ACH
badisch. Rhein-Zufluß	ELZ
badisch. Rhein-Zufluß	OOS
bäuerliches Anwesen	HOF
bäuerliches Anwesen	GUT
Bahama-Insel	LEE
Ballwiederholung	LET
Bankansturm, Börsenansturm	RUN
bantuide Sprache	TEM
Bantustamm	EWE
baskische Separatistenorganisat.	ETA
Bauernhof	GUT
Baumteil	AST
Baumwollgewebe	BOI
bayer. Donau-Zufluß	ILM
bayer. Donau-Zufluß	ILZ
bayer. Kirchenmusiker	ETT
Beamtentitel	RAT

Clue	Answer
Bedrängnis	NOT
bedürftig	ARM
beendet	AUS
begeisterter Anhänger	FAN
Behälter	KAD
Beherztheit	MUT
Behörde	AMT
Beiboot	GIG
bejahrt	ALT
Beklemmung	ALP
belg. Kernforschungszentrum	MOL
belg. Kurort am Hohen Venn	SPA
belg. Schelde-Zufluß	LYS
belg. Stadt an der Senne	HAL
belg. Stadt an Maas u. Hoyoux	HUY
belg. Stadt im Hennegau	ATH
beratende Versammlung	RAT
Beresina-Zufluß	OLA
Berg auf Mindanao	APO
Berg im Taurus	ALA
Berg in Nepal	API
Bergspitze	PIK
Bergspitze	PIZ
Bergwerks-Anteil	KUX
Bergwiese	ALP
Berliner Witzfigur	EDE
Beschäftigung	JOB
Beschleunigungsmaß	GAL
besitzanzeigendes Fürwort	IHR
bestimmter engl. Artikel	THE
Bestimmung	LOS
Bestseller	HIT
Betätigung, Tätigkeit	TUN
betagt	ALT
Betrug	LUG
bevor	EHE
Bezirk	GAU
bibl. Dulder	JOB
bibl. Frauenname	LEA
bibl. Riese	GOG
biblisch. König	ASA
biblisch. König	ELA
biblisch. Maß	BAT
biblisch. Maß	KAB
biblisch. Maß	LOG
biblisch. Stammvater	HAM
biblische Stadt	LOD
biblische Stammmutter	EVA
Biersorte	ALT
Billigkeit	FUG
Bindewort	ALS
Bindewort	BIS
Bindewort	UND
Binnengewässer, Meer	SEE
Bischofskirche	DOM
Blindflugsystem	ILS
bloß	NUR
bloß, unbedeckt	BAR
Bodenschatz	ERZ
Börsenschluß	LOT
böse	ARG
Bosheit	ARG
Bote	BOY
brasil. Indianerstamm, -sprache	GES
Bratensaft	JUS
Braunschweiger Höhenzug	ELM
Brei	MUS
Breispeise	MUS
breite Bucht	BAI
Brettfuge	NUT
Briefumschlag	PLI
Brillenschlange	ARA
brit. Luftfahrtgesellschaft	BEA
britisch. Soldatensender	BFN
brutal, derb	ROH
Buchsbaum	BUX
buddh. Versenkungsmethode	ZEN
Bug-Zufluß	LUG
bulgar. Donauhafen	LOM
bulgar. Donau-Zufluß	LOM
bulgar. Währungseinheit	LEW
Buschwald	LOH
byzantinische Kaiserin	ZOE
Charakter, Eigenart	TYP
chem. Element	BOR
chem. Element, Erdmetall	ZER
chem. Element, Halogen	JOD
chem. Element, seltene Erde	CER
chin.-am. Physiker (Nobelpreis)	LEE
chines. Dynastie	HAN
chines. Dynastie	HIA
chines. Dynastie	SUI
chines. Flächenmaß	MEU
chines. Flächenmaß	MOW
chines. Gewicht, Maß	FEN
chines. Laute	KIN
chines. Münze	FEN
chines. Staatsmann	MAO
chines. Staatsmann	MAO

chines. Volk	HAN
chines. Volk	HUI
chines.: ewiger Weltsinn	TAO
christl. Partei Bayerns	CSU
Christusmonogramm	IHS
Comicfigur	TOM
Computeraufgabe	JOB
Computersprache	APL
Computersprache	RPG
Computerwesen	EDV
Courage	MUT
dän. Biologe (Nobelpreis)	DAM
dän. Filmkomiker	PAT
dän. Insel in der Ostsee	ALS
dän. Ostseeinsel	FYN
dalmatin. Insel	PAG
dalmatin. Insel	RAB
dalmatin. Insel	VIS
daneben	BEI
DDR-Blockpartei	DBD
DDR-Nachrichtendienst	ADN
derbes Reitpferd	KOB
derzeit	NUN
deutsche Filmgesellschaft	UFA
deutsche politische Partei	CDU
deutsche politische Partei	CSU
Deutscher Automobilklub	AVD
deutsche Vorsilbe	AUS
deutsche Vorsilbe	DAR
deutsche Vorsilbe	ENT
deutsche Vorsilbe	HER
deutsche Vorsilbe	HIN
deutsche Vorsilbe	VER
dichterisch: gegen	GEN
dichterisch: Hecke	HAG
dichterisch: Löwe	LEU
dichterisch: Welt	ALL
dichterisch: Wiese	AUE
dichter Nebel	FOG
dichtgedrängt	ENG
dickes Seil, Trosse	TAU
Dienststelle	AMT
Dnjepr-Zufluß	ROS
Donau-Zufluß	ACH
Donau-Zufluß	VID
Donau-Zufluß	VIT
Donau-Zufluß aus den Alpen	INN
Drau-Zufluß	MUR
Drehpunkt	POL
Dreieckssegel	AAP
Dreimaster-Art	KAT
Drina-Zufluß	LIM
dt. Gebirgsname	ALB
dt. Vorsilbe	VOR
dtsch. Adelsprädikat	VON
dtsch. Arzt, Mediziner	ERB
dtsch. Automarke	BMW
dtsch. Bankier	ABS
dtsch. expressionist. Maler	NAY
dtsch. Farbfernsehsystem	PAL
dtsch. Jugendschriftsteller	MAY
dtsch. Komponist	ABT
dtsch. Komponist	EGK
dtsch. Liedermacher	MEY
dtsch. Maler, Grafiker	DIX
dtsch. Mittelgebirge	ALB
dtsch. Physiker (Elektrizität)	OHM
dtsch. Pianistin	NEY
dtsch. Schauspieler, Regisseur	ODE
dtsch. Schauspielerin	DOR
dtsch. Schriftsteller	TAU
dtsch. Sendergruppe	ARD
dtsch. Soubrette	MAY
dtsch. Tenor	ERB
dtsch. Vorsilbe	ZER
dtsch. Weinbaugebiet	AHR
dürftig, mies	MAU
Düsenflugzeug	JET
Düsseldorf. Promenadenstraße	KOE
Dummkopf, Einfaltspinsel	TOR
durch, für	PER
Durchsichtbild	DIA
durchtrainiert	FIT
Dwina-Zufluß	JUG
EDV-Befehl	REM
EDV-Befehl	RUN
EDV-Betriebssystem	DOS
EDV-Informationselement	BIT
EDV-Speicherbaustein	ROM
ehem. alger. Reitersoldat	GUM

ehem. DDR-Einheitspartei	SED
ehem. portugies. Besitzung in Indien	GOA
ehem. sowjet. Geheimpolizei	GPU
ehem. ungarisch. Titel	BAN
ehemal. türk. Titel	BEY
eher als, früher als	VOR
Ehrenpreis	CUP
Eichhörnchenpelz	FEH
eilig	FIX
einfache Kamera	BOX
einfarbig	UNI
eingedeichtes Marschland	KOG
eingedickter Fleischsaft	JUS
eingefräste Rille	NUT
eingezäunter Platz	HOF
Einheit der Fadenstärke	DEN
Einheit i.d. Erdvermessung	GON
Eintauchen in Flüssigkeit	BAD
Eiter (mediz.)	PUS
Elbe-Zufluß	AUE
Elch	EIK
elektr. Dämpfungsmaß	BEL
elektr. geladenes Atom	ION
elektr. Maßeinheit	OHM
elektroakust. Maßeinheit	BEL
Elend	NOT
elsäss. Künstler	ARP
Empfehlung, Hinweis	RAT
Ems-Zufluß	AHE
Endpunkt der Erdachse	POL
engl. Abk f. Raketenabwehr	ABM
engl. Adelstitel	SIR
engl. Autor	MEE
engl. Bez. f. Homosexuellen	GAY
engl. Dichter	GAY
engl. Dramatiker	FRY
engl. Fluß	CAM
engl. Fluß	EXE
engl. Frauenvorname	KAY
engl. Gewicht	TON
engl. Grafschaft	ELY
engl. Insel	MAN
engl. Kneipe	PUB
engl. Kurzform v. Robert	BOB
engl. Kurzname	JOE
engl. Längenmaß	ROD
engl. Männer-Vorname	BEN
engl. Männer-Vorname	GUY
engl. Maler, Zeichner	COX
engl. Maßeinheit	BAG
engl. Politiker, Staatsmann	FOX
engl. Polizist (umgspr.)	COP
engl. Popgruppe	WHO
engl. Rundfunkgesellschaft	BBC
engl. Stadt an der Ouse	ELY
engl. Teegewicht	TUB
engl. Vorname	NED
engl.: alt	OLD
engl.: anheften	PIN
engl.: außerhalb	OUT
engl.: Auto, Wagen	CAR
engl.: Bausch, Briefblock	PAD
engl.: bekommen	GET
engl.: Beutel, Sack	BAG
engl.: Biene	BEE
engl.: Bindung	TIE
engl.: Bucht	BAY
engl.: Droschke	CAB
engl.: Ei	EGG
engl.: Erbse	PEA
engl.: Feige	FIG
engl.: fett	FAT
engl.: fragen	ASK
engl.: fröhlich	GAY
engl.: Gesetz, Verordnung	ACT
engl.: Gewehr Kanone	GUN
engl.: Gott	GOD
engl.: graben	DIG
engl.: groß	BIG
engl.: Hätscheltier	PET
engl.: Haustier	PET
engl.: Hautbräune	TAN
engl.: heiß	HOT
engl.: heiß	HOT
engl.: Himmel	SKY
engl.: Hut	HAT
engl.: ja	YES
engl.: Katze	CAT
engl.: Knabe	BOY
engl.: Kutsche	CAB
engl.: lassen	LET
engl.: legen	LAY
engl.: Lücke, Spalt	GAP
engl.: Männer	MEN

Hinweis	Lösung	Hinweis	Lösung	Hinweis	Lösung	Hinweis	Lösung
engl.: Marmelade	JAM	englisch: Bein	LEG	erster König d. Dänen	DAN	feierliches Gedicht	ODE
engl.: Meer	SEA	englisch: Bett	BED	erster Mensch der nord. Sage	ASK	feierliche Versicherung	EID
engl.: Nebel	FOG	englisch: du	YOU	Erzgebirgsstadt	AUE	feines Leder	KID
engl.: neu	NEW	englisch: eins	ONE	Erzieherin der Haimonskinder	AJA	Feingehalt, -gewicht	LOT
engl.: niedrig	LOW	englisch: Eis	ICE	Esche des Odin	ASK	Feldspat, Silikatgestein	TON
engl.: Pastete	PIE	englisch: Gesetz	LAW	Eselslaut	IAH	Fell junger Ziegen	KID
engl.: Pelz	FUR	englisch: Herr	SIR	europ. Verrechnungseinheit	ECU	Felsnische	KAR
engl.: rot	RED	englisch: jetzt	NOW	europ. Währungseinheit	ECU	Ferment im Kälbermagen	LAB
engl.: Schlupfwinkel	DEN	englisch: Knabe	BOY	europäische Hauptstadt	ROM	Fernseh-Kriminalkommissar	ODE
engl.: Schranke	BAR	englisch: Kunst	ART	europäische Währung	LEK	Fernsprechvermittlung	AMT
engl.: Schwung	PEP	englisch: Luft	AIR	europäische Währung	LEU	fertig gekocht	GAR
engl.: sechs	SIX	englisch: Mann	MAN	europäische Währung	LEW	feststehend	FIX
engl.: sein, seine	HIS	englisch: Öl	OIL	Ewige Stadt	ROM	feuchte Bachwiese	AUE
engl.: Sohn	SON	englisch: Ohr	EAR	Exkrement	KOT	Feuerlandindianer	ONA
engl.: Sonne	SUN	englisch: sie	SHE	Fächerpalme	DUM	Fidschi-Insel	ONO
engl.: Spitze	TOP	englisch: Spion	SPY	Fäkalie	KOT	Figur aus »Der Bettelstudent«	JAN
engl.: Steuer	TAX	englisch: Weg	WAY	Färberpflanze, -röte	WAU	Figur aus »Der Freischütz«	MAX
engl.: Strahl	RAY	englisch: zehn	TEN	Farbe beim Roulette	ROT	Figur aus »Der zerbrochene Krug«	EVE
engl.: Tag	DAY	englisch: zwei	TWO	Farbe der Liebe	ROT	Figur aus »Die Fledermaus«	IDA
engl.: Tee	TEA	engl: trocken	DRY	Farberde	BOL	Figur aus »Nibelungenlied«	UTE
engl.: Tinte	INK	Erbfaktor	GEN	Farbschattierung	TON		
engl.: Tunke	DIP	Erfinder d. Saxophons	SAX	Federumhang	BOA		
engl.: verrückt	MAD	Erfolgsschlager	HIT				
engl.: Wattebausch	PAD	Erholungsstätte	BAD				
engl.: wer?	WHO	Erkennungszeichen	MAL				
englisch: aber	BUT	Erotik, Geschlecht	SEX				
englisch: Alter	AGE						

Clue	Answer
Figur aus »Porgy and Bess«	JIM
Figur aus »Turandot«	LIU
Figur aus »Wallenstein«	MAX
Figur aus »West Side Story«	DOC
Film-Aufzeichn. b. Fernsehen	FAZ
Filmwitz	GAG
fläm. Maler	FYT
flämisch. Maler (16./17. Jh.)	VOS
Flanellart	BOI
Fleischpastete	PIE
Fleischsaftgallert	JUS
fliegende Untertasse	UFO
flüssig. Brennmaterial	OEL
flüssiges Fett	OEL
Flüssigkristallanzeige	LCD
Flughafen bei Tel Aviv	LOD
Fluß aus d. Schwarzwald	OOS
Fluß aus dem Hohen Venn	RUR
Fluß durch Baden-Baden	OOS
Fluß durch Bad Neuenahr	AHR
Fluß durch Coburg	ITZ
Fluß durch Colmar	ILL
Fluß durch Düren	RUR
Fluß durch Gerona	TER
Fluß durch Graz	MUR
Fluß durch Meppen	EMS
Fluß durch Orel	OKA
Fluß durch Passau	ILZ
Fluß durch Passau	INN
Fluß durch Perpignan	TET
Fluß durch Pforzheim	ENZ
Fluß durch Rosenheim	INN
Fluß durch Straßburg	ILL
Fluß durch Weimar	ILM
Fluß im Bayer. Wald	ILZ
Fluß im Rheinland	AHR
Fluß im Schwarzwald	ELZ
Fluß in Siebenbürgen	OLT
Fluß zum Asowschen Meer	DON
Fluß zum Balchaschsee	ILI
Fluß zum Dollart	EMS
Fluß zum Weißen Meer	KEM
Fluthöhe	HUB
fort, abhanden	WEG
Fort am Großen Sklavensee	RAE
Frachtklausel	CIF
Frachtklausel	FAS
Frachtklausel	FOB
Frachtklausel	FOW
fränkischer Hausflur	ERN
Fragewort	WAS
Fragewort	WEM
Fragewort	WEN
Fragewort	WER
Fragewort	WIE
Frankenfürst, -könig	ODO
franz. Atlantikinsel	YEU
franz. Departement	AIN
franz. Flächenmaß	ARE
franz. Frauenname	EVE
franz. Kleinmünze	SOU
franz. Männername	GUY
franz. Mehrzahlartikel	LES
franz. Romancier	SUE
franz. Stadt an d. Mosel	ARS
franz. Vorsilbe: nicht-	DES
franz.: auf	SUR
franz.: Ball Tanzfest	BAL
franz.: Bogen	ARC
franz.: eine	UNE
franz.: Eisen	FER
franz.: Ende, Schluß	FIN
franz.: Faden	FIL
franz.: Falte	PLI
franz.: Feuer	FEU
franz.: Fichte	PIN
franz.: Flug	VOL
franz.: Freund	AMI
franz.: Gebirgspaß	COL
franz.: Gewächs (Wein)	CRU
franz.: Gipfel, Spitze	PIC
franz.: gut	BON
franz.: Heiratsgut	DOT
franz.: Herzog	DUC
franz.: in der Art von	ALA
franz.: Insel	ILE

Clue	Answer
franz.: ja	OUI
franz.: König	ROI
franz.: Kunst	ART
franz.: Leben	VIE
franz.: Luft	AIR
franz.: Name	NOM
franz.: Narr	FOU
franz.: nein	NON
franz.: Osten	EST
franz.: Paß, Sattel	COL
franz.: Rücken	DOS
franz.: sechs	SIX
franz.: See	LAC
franz.: Spiel	JEU
franz.: Steiß, Gesäß	CUL
franz.: Straße	RUE
franz.: Tal	VAL
franz.: Tee	THE
franz.: Topf	POT
franz.: Wasser	EAU
franz.: Wein	VIN
franz.: wenig	PEU
franz.: wer	QUI
franz.: Wort	MOT
franz.: zehn	DIX
französ.: Schild	ECU
französ.: Schritt	PAS
Frauenname	ADA
Frauenname	IDA
Frauenname	ISA
Frauenname	ODA
Frauenname	PIA
Frauen- u. Knaben-Singstimme	ALT
Frau v. Ägir	RAN
Frequenzbereich	UHF
Frequenzbereich	VHF
freundlicher Hinweis	RAT
freundlicher Hinweis	TIP
Frosterscheinung	EIS
Fruchtmus	JAM
früh. dt. Kraftfahrzeugmarke	NSU
früh. Luftdruckeinheit	BAR
früh. Name der Nera	NAR
früher	EHE
frühere Automarke	DKW
frühere Energieeinheit	ERG
Frühlingsmonat	MAI
für, dafür	PRO
für, je	PRO
fürstliche Haushaltung	HOF
Fütterung	ATZ
Fulda-Zufluß	UFE
Furche, Fuge	NUT
Furor, Raserei	WUT
Fußballmannschaft	ELF
Fußglied	ZEH
Fußpfad, breiter Pfad	WEG
Futtergras	RAY
Gagat	JET
Ganges-Zufluß	SON
Garnitur, Gedeck	SET
Garnknäuel	ILE
Garnmaß, Gebinde	LEA
Garonne-Zufluß	LOT
Gattung	ART
Gaunergehilfe	EDE
Gebäude	BAU
Gebäude, Gebäudekomplex	BAU
Gebirge auf Kreta	IDA
Gebirgseinschnitt	TAL
Gebirgsschlucht	KAR
Geborgenheit	HUT
Gedichtform	ODE
Gefrorenes	EIS
gefrorenes Wasser	EIS
gefühllos, gefühlskalt	ROH
Gegenstück zu NATO	WVO
Gegenteil v. kontra	PRO
Gegenteil v. Tadel	LOB
Gegenteil von alt	NEU
Gegenteil von fern	NAH
Gegenteil von her	HIN
Gegenteil von hin	HER
Gegenteil von jung	ALT
Gegenteil von Leben	TOD
Gegenteil von Lee	LUV
Gegenteil von Luv	LEE
Gegenteil von Nacht	TAG
Gegenteil von reich	ARM
Gegenteil von schlecht	GUT
Gegenteil von selten	OFT
Gegenteil von zu	AUF
gegenwärtig	NUN
Gegner Luthers	ECK
Gehöft	GUT
Gehöft	HOF
gehörntes Haustier	KUH
Gehörorgan	OHR
Gehrock	CUT
Geländefahrrad	BMX
Geltung, Renommee	RUF
gemauerte Pferdeschwemme	WED
gemauerte Uferstraße	KAI
Genesungsurlaub	KUR
Genre	ART

Gerberrinde	LOH	gespenstisches Wesen	ALP	griech. Buchstabe	PSI	griech. Vorsilbe: neben, bei-	PAR
german. Dolchmesser	SAX	Gesteinmehl	GUR	griech. Buchstabe	RHO	griech. Vorsilbe: neu	NEO
german. Fruchtbarkeitsgott	FRO	Getreideart	TEF	griech. Buchstabe	TAU	griech. Vorsilbe: Sauerstoff-	OXY
		getrocknetes Gras	HEU	griech. Göttin d. Morgenröte	EOS		
german. Götter-, Sagengestalt	ULL	Gewässer	SEE			griech. Vorsilbe: scharf	OXY
german. Götterbotin	GNA	gewandt, schnell	FIX	griech. Göttin der Nacht	NYX	griech. Vorsilbe: übel, schlecht	DYS
german. Gott d. Friedens	FRO	gewandt, schnell	FIX	griech. Göttin der Verblendung	ATE	griech. Vorsilbe: unter	HYP
		Gewinnanteilschein	LOS				
german. Kriegsgott	TYR	gewölbeartige Decke	DOM	griech. Göttin des Meeres	INO	griech. Vorsilbe: Wasser	HYD
german. Meeresgöttin	RAN	Gibbon	LAR	griech. Sporadeninsel	KOS	griech. Vorsilbe: wieder, zurück	ANA
german. Naturgeist	ELF	Gipfel d. Rätischen Alpen	ERR	griech. Vorsilbe: außerhalb	EXO	griech. Zykladeninsel	IOS
german. Schwertaxt	SAX	Gipfel des Monte Rosa	DOM	griech. Vorsilbe: Berg	ORO	griech.: Geist, Verstand	NUS
german. Sonnwendfeier	JUL	gleich (lat.)	PAR	griech. Vorsilbe: doppelt	DIS	griech.: Mais	ZEA
german. Totengöttin	HEL	Gliedmaße	ARM				
		Golf	BAI	griech. Vorsilbe: durch-	DIA	griech.: Seiendes, Ding	ENS
german. Totenreich	HEL	Golf-Abschlag	TEE				
german. Wurfspieß	GER	Golf-Ausdruck	PAR	griech. Vorsilbe: Erde	GEO	grober Wollstoff	ABA
		Grabinschrift	RIP				
german.: Schlachtfeld	WAL	Grad beim Judo	DAN	griech. Vorsilbe: ganz, all-	PAN	größte der dalmatin. Inseln	KRK
Geschäft, Verdienst	JOB	Greenwich Mean Time	GMT	griech. Vorsilbe: Gift-	TOX	große Einfahrt	TOR
Gesellschaftstanz	FOX	Grenzstein	MAL	griech. Vorsilbe: gleich	ISO	große Eule	UHU
Gesichtstreffer b. Boxen	JAB	griech. Buchstabe	CHI	griech. Vorsilbe: Leben	BIO	großer Durchgang	TOR
		griech. Buchstabe	ETA			großer Zweig	AST
Gesindel	MOB			griech. Vorsilbe: mit-	SYM	großes Beil	AXT
Gesottenes, Kochbrühe	SUD	griech. Buchstabe	PHI	griech. Vorsilbe: mit-	SYN	Großmutter	OMA
Gespann	ZUG					Großvater	OPA

Grottenmolch	OLM
Gründer der Quäker	FOX
Grundfarbe	ROT
Grunzochse	JAK
Grunzochse	YAK
gut in Form	FIT
Gutschein	BON
Gutschein, Gutschrift	BON
Habe	GUT
häufig	OFT
Hafen in Somalia	EIL
Hafenmauer	KAI
Hafenstadt in Ghana	ADA
Hain	LOH
Halbton über c	CIS
Halbton über d	DIS
Halbton über e	EIS
Halbton über f	FIS
Halbton über g	GIS
Halbton über h	HIS
Halbton unter a	AIS
Halbton unter c	CES
Halbton unter d	DES
Halbton unter f	FES
Halbton unter g	GES
halbwarm	LAU
Halluzinogen	LSD
Hamburg. Weihnachtsmarkt	DOM
Hamitenstamm, -volk	PUL
hamitonilot. Volk	SUK
Handelsbrauch	USO
Handlung	AKT
Handlungsweise	TUN
Handschuhleder	KID
harte Tonart	DUR
Haun	UHU
Hauptgott von Uruk	ANU
Hauptstadt von Annam	HUE
Hauptstadt von Baschkirien	UFA
Haustier der Lappen	REN
Hautfleck	MAL
Hautritz, Unsauberkeit	MUK
hebr.: Sohn, Enkel	BEN
Hebriden-Insel	RUM
Heilbehandlung	KUR
Heilerde	BOL
Heiliger d. Kirche	LEO
heimlicher Groll	PIK
Helfershelfer	EDE
helles engl. Bier	ALE
herb bei alkohol. Getränken	DRY
Herrenschoßrock	CUT
Herzog in Frankreich	DUC
Herzstromkurve	EKG
Heuchelei	LUG
Hieb	HAU
Hiebwaffe	AXT
hilfreicher Vorschlag	RAT
Himmelsrichtung	OST
Hinrichtungsgerät	RAD
Hinweis, Ratschlag	TIP
Hirschart	DAM
Hochgebirgsnische	KAR
Hochweide	ALM
Hochweide	ALP
höchster Berg d. Philippinen	APO
höfliche Anrede	SIE
Höhenzug bei Hannover	ITH
Höhenzug im Weserbergland	ITH
hörbare Luftschwingung	TON
holländ. Maler	BOL
Holzeinschlag	HAU
Honigbier	MET
Honigwein	MET
Hornüberzug am Tierfuß	HUF
Hundelaut	WAU
Hundename	REX
Indianerstamm, -sprache	KRI
indisch. Berg	ABU
indisch. Bundesstaat	GOA
indisch. Gewicht	SER
indisch. Glanzstar	BEO
indisch. Langarmaffe	LAR
indisch. Territorium	DIU
indischer Hülsenfruchtbaum	SAM
indische Stadt	GOA
indochines. Volk	SOP
indochines. Volk	SOP
indochines. Volk	SRE
indochines. Volk	THO
indones. Insel	MOA
indones. Münze	SEN
innerasiatisch. Fluß	ILI
Inn-Zufluß	ALZ
Insektizid	DDT
Inseleuropäer	IRE
Insel in der Irischen See	MAN
Internat. Automobil-Verband	FIA
Internat. Entwicklungsorganisat.	IDA

internat. Maßsystem (alt)	MKS
international. Seenotruf	SOS
irak. Halbinsel	FAO
irakisch. Ölhafen	FAO
iran. Stadt	BAM
iran. Stadt in Laristan	LAR
iranisch. heilige Stadt	QOM
iranische Stadt	KUM
iranischer Fluß	QUN
irisch. See	REE
Isère-Zufluß	ARC
Isar-Zufluß	ROT
israelitisch. Stamm	DAN
israelitisch. Stamm	GAD
israelitisch. Stammvater	SEM
ital. Hauptstadt	ROM
ital. Ordensbruder	FRA
ital. Schriftsteller	ECO
ital. u. span.: heilig	SAN
ital.: drei	TRE
ital.: eine	UNA
ital.: eins	UNO
ital.: Gold	ORO
ital.: Gott	DIO
ital.: Herr (Priester, Adel)	DON
ital.: mehr	PIU
ital.: mit	CON
ital.: sechs	SEI
ital.: Stunde	ORA
ital.: Weg	VIA
ital.: zwei	DUE
italien. Tonsilbe (g)	SOL
jäher Windstoß	BOE
Jakobs Frau	LEA
japan. Fluggesellschaft	JAL
japan. Gewicht, Maß	MON
japan. Gewicht, Maß	RIN
japan. Hafenstadt auf Hondo	TSU
japan. Klappfächer	OGI
japan. Münze	SEN
japan. Münzeinheit	JEN
japan. Politiker, Staatsmann	ITO
japan. Stadt auf Hondo	UBE
japan. Verwaltungsbezirk	KEN
japan. Währungseinheit	YEN
japan. Wallfahrtsort	ISE
Jazz-Klavierstil	RAG
Jazztechnik	RAP
Jesus im Islam	ISA
jetzt	NUN
jüd. Bez. f. Nichtjude	GOJ
jüdisch. Hoherpriester	ELI
jüdisch. König	ELA
jüdisch. Richter	ELI
jugosl. Fluggesellschaft	JAT
jugoslaw. Adria-Insel	KRK
jugoslaw. Adria-Insel	PAG
jugoslaw. Adria-Insel	RAB
jugoslaw. Adriainsel	VIS
jugoslaw. Donau-Zufluß	SAU
jugoslaw. Stadt	ADA
junger Verbindungsstudent	FUX
Jux, Unfug	ULK
Kadaver	AAS
Kälteprodukt	EIS
Kaisertitel in Rußland	ZAR
Kalifenname	ALI
kambodschan. Volk	MOI
Kaninchenart, -rasse	LOH
kapverdische Insel	SAL
Karawanserei im Orient	HAN
Karolineninsel	JAP
Karteireiter	TAB
Kartenspiel	JEU
Kassenansturm	RUN
Kassenzettel	BON
kastenförmiges Objekt	BOX
Kategorie	ART
Kath. Nachrichtenagentur	KNA
Kathedrale	DOM
kathol. Kurienkardinal	BEA
kathol. Sakrament	EHE
kaukas. Wildziege	TUR
keltische Feenkönigin	MAB
keltischer Gott	LUG
keltisch: Berg	BEN
kenian. Staatspräsident	MOI
Kennzeichen	MAL
Kfz-Zch.n von Barbados	BDS
Kfz-Zchn. Alzenau Unterfr.	ALZ
Kfz-Zchn. Ammerland/Westerstede	WST
Kfz-Zchn. bad.-württ. Landesregierung	BWL

Bezeichnung	Kfz-Zchn.
Kfz-Zchn. bayer. Landesregierung	BYL
Kfz-Zchn. Berchtesgadener Land	BGL
Kfz-Zchn. Berchtesgadener Land	REI
Kfz-Zchn. Bernkastel in B.-Kues	BKS
Kfz-Zchn. Bernkastel-Wittlich	WIL
Kfz-Zchn. Bitburg-Prüm in Bitburg	BIT
Kfz-Zchn. Blankenburg in Braunlage	BRL
Kfz-Zchn. Clausthal-Zellerfeld	CLZ
Kfz-Zchn. Cochem-Zell in Cochem	COC
Kfz-Zchn. d. Dominikan. Republik	DOM
Kfz-Zchn. d. Vatikanstaats	SCV
Kfz-Zchn. der Insel Man	GBM
Kfz-Zchn. der Rep. China	ROC
Kfz-Zchn. Dillkreis in Dillenburg	DIL
Kfz-Zchn. Dingolfing-Landau	DGF
Kfz-Zchn. Dinslaken Niederrhein	DIN
Kfz-Zchn. Dithmarschen in Heide	HEI
Kfz-Zchn. Ebermannstadt	EBS
Kfz-Zchn. Ebersberg bei München	EBE
Kfz-Zchn. Erlangen-Höchstadt	ERH
Kfz-Zchn. Eschenbach Oberpfalz	ESB
Kfz-Zchn. Feuchtwangen	FEU
Kfz-Zchn. Garmisch-Partenkirchen	GAP
Kfz-Zchn. Gfsch. Bentheim Nordhorn	NOH
Kfz-Zchn. Gladbeck Westfalen	GLA
Kfz-Zchn. Griesbach Rottal	GRI
Kfz-Zchn. Hamm Westfalen	HAM
Kfz-Zchn. Haßberge in Haßfurt	HAS
Kfz-Zchn. Hersbruck	HEB
Kfz-Zchn. Hersfeld-Rotenburg	HEF
Kfz-Zchn. Hochsauerland-Kreis	HSK
Kfz-Zchn. Hochsauerland-Kreis	MES
Kfz-Zchn. Hochschwarzwald	NEU
Kfz-Zchn. Landesreg. Thüringen	THL
Kfz-Zchn. Landesregierung Sachsen	LSN
Kfz-Zchn. Land Hadeln in Otternd.	OTT
Kfz-Zchn. Loreleykreis St. Goarsh.	GOH
Kfz-Zchn. Lüchow-Dannenberg	DAN
Kfz-Zchn. Main-Spessart-Kreis	KAR
Kfz-Zchn. Main-Taunus-Kreis	MTK
Kfz-Zchn. Nürnberg Land in Lauf	LAU
Kfz-Zchn. Oberlahnkreis in Weilburg	WEL
Kfz-Zchn. Oberwesterwaldkreis	WEB
Kfz-Zchn. Odenwaldkreis Mosbach	MOS
Kfz-Zchn. Otterndorf Niederelbe	OTT
Kfz-Zchn. Papua-Neuguinea	PNG
Kfz-Zchn. Pfarrkirchen/Naab	PAN
Kfz-Zchn. Rheingau-Taunus-Kreis	SWA
Kfz-Zchn. Rhön-Grabfeld/Neustadt	NES
Kfz-Zchn. Rothenburg ob d. Tauber	ROT
Kfz-Zchn. Rottal-Inn in Pfarrkirchen	PAN
Kfz-Zchn. Saar-Pfalzkreis Homburg	HOM
Kfz-Zchn. Schaumburg-Lippe	STH
Kfz-Zchn. Schwäbisch Hall	SHA
Kfz-Zchn. Süderdithmarschen	MED
Kfz-Zchn. Südtondern in Niebüll	NIB
Kfz-Zchn. Tauberbischofsheim	TBB
Kfz-Zchn. Titisee-Neustadt	NEU
Kfz-Zchn. Unterlahnkreis in Diez	DIZ
Kfz-Zchn. v. Äthiopien	ETH
Kfz-Zchn. v. Aurich	AUR
Kfz-Zchn. v. Bad Doberan	DBR
Kfz-Zchn. v. Bad Liebenwerda	LIB
Kfz-Zchn. v. Belzig	BEL
Kfz-Zchn. v. Bergzabern	BZA

Kfz-Zchn.		Kfz-Zchn.		Kfz-Zchn.		Kfz-Zchn.	
v. Bersenbrück	BSB	v. Obernburg Main	OBB	von Bad Freienwalde	FRW	von Bischofswerda	BIW
Kfz-Zchn. v. Birkenfeld/Nahe	BIR	Kfz-Zchn. v. Osterburg	OST	Kfz-Zchn. von Bad Gandersheim	GAN	Kfz-Zchn. von Bitterfeld	BTF
Kfz-Zchn. v. Borna	BNA	Kfz-Zchn. v. Schrobenhausen	SOB	Kfz-Zchn. von Bad Langensalza	LSZ	Kfz-Zchn. von Bocholt	BOH
Kfz-Zchn. v. Brand-Erbisdorf	BED	Kfz-Zchn. Vogelsb.-kreis in Alsfeld	ALS	Kfz-Zchn. von Bad Mergentheim	MGH	Kfz-Zchn. von Bogen	BOG
Kfz-Zchn. v. Bremervörde	BRV	Kfz-Zchn. Vogelsberg/Lauterbach	LAT	Kfz-Zchn. von Bad Reichenhall	REI	Kfz-Zchn. von Bolivien	BOL
Kfz-Zchn. v. Brilon	BRI	Kfz-Zchn. von Afghanistan	AFG	Kfz-Zchn. von Bad Salzungen	SLZ	Kfz-Zchn. von Borken Westfalen	BOR
Kfz-Zchn. v. Burglengenfeld	BUL	Kfz-Zchn. von Alderney	GBA	Kfz-Zchn. von Bad Schwalbach	SWA	Kfz-Zchn. von Bottrop	BOT
Kfz-Zchn. v. Cham Oberpfalz	CHA	Kfz-Zchn. von Altenburg	ABG	Kfz-Zchn. von Bahrein	BRN	Kfz-Zchn. von Brandenburg	BRB
Kfz-Zchn. v. Ebern	EBN	Kfz-Zchn. von Andorra	AND	Kfz-Zchn. von Beeskow	BSK	Kfz-Zchn. von Brunei	BRU
Kfz-Zchn. v. Hansestadt Rostock	HRO	Kfz-Zchn. von Angermünde	ANG	Kfz-Zchn. von Beilngries	BEI	Kfz-Zchn. von Buchen Odenwald	BCH
Kfz-Zchn. v. Hansestadt Stralsund	HST	Kfz-Zchn. von Anklam	ANK	Kfz-Zchn. von Benin	RPB	Kfz-Zchn. von Burg	BRG
Kfz-Zchn. v. Hansestadt Wismar	HWI	Kfz-Zchn. von Annaberg	ANA	Kfz-Zchn. von Berchtesgaden	BGD	Kfz-Zchn. von Castrop-Rauxel	CAS
Kfz-Zchn. v. Herne	HER	Kfz-Zchn. von Apolda	APD	Kfz-Zchn. von Bernau	BER	Kfz-Zchn. von Chile	RCH
Kfz-Zchn. v. Hohenstein-Ernstthal	HOT	Kfz-Zchn. von Artern	ARN	Kfz-Zchn. von Bernburg	BBG	Kfz-Zchn. von Coesfeld Westfalen	COE
Kfz-Zchn. v. Kenia	EAK	Kfz-Zchn. von Australien	AUS	Kfz-Zchn. von Biedenkopf	BID	Kfz-Zchn. von Cuxhaven	CUX
Kfz-Zchn. v. Kirchheimbolanden	KIB	Kfz-Zchn. von Bad Brückenau	BRK	Kfz-Zchn. von Bingen Rhein	BIN	Kfz-Zchn. von Dachau	DAH
Kfz-Zchn. v. Klötze	KLZ	Kfz-Zchn. von Bad Ems	EMS	Kfz-Zchn. von Birma	BUR	Kfz-Zchn. von Daun	DAU
Kfz-Zchn. v. Main-Spessart	MSP	Kfz-Zchn. von Baden-Baden	BAD			Kfz-Zchn. von Deggendorf	DEG
Kfz-Zchn. v. Neunburg vorm Wald	NEN					Kfz-Zchn. von Delmenhorst	DEL

Ort	Kfz-Zchn.
Dillingen Donau	DLG
Dinkelsbühl	DKB
Donauwörth	DON
Duderstadt	DUD
Eckernförde	ECK
Ehingen Donau	EHI
Eichstätt Bayern	EIH
Einbeck	EIN
Eisenberg	EIS
Eisleben	EIL
Emden	EMD
Erbach Odenwald	ERB
Erkelenz	ERK
Eschwege	ESW
Eutin	EUT
Fallingbostel	FAL
Fidschi	FJI
Forst	FOR
Frankenberg	FKB
Freital	FTL
Freudenstadt	FDS
Freyung-Grafenau	FRG
Friedberg Bayern	FDB
Friesland	FRI
Friesland in Jever	JEV
Fürstenfeldbruck	FFB
Fürth Bayern	FUE
Gadebusch	GDB
Gambia	WAG
Geithain	GHA
Geldern	GEL
Gemünden Main	GEM
Genthin	GNT
Germersheim	GER
Gerolzhofen	GEO
Gibraltar	GBZ
Göttingen	GOE
Gotha	GTH
Gräfenhainichen	GHC
Grafenau	GRA
Gransee	GRN
Greiz	GRZ
Grevesmühlen	GVM
Grimma	GRM
Grimmen	GMN
Großenhain	GRH
Guatemala	GCA
Guben	GUB
Guernsey	GBG
Güstrow	GUA
Gunzenhausen	GUN
Guyana	GUY
Hagenow	HGN
Halberstadt	HBS
Haldensleben	HDL
Halle	HAL
Hechingen	HCH
Heidenheim Brenz	HDH
Heiligenstadt	HIG
Hettstadt	HET
Hildburghausen	HBN
Hilpoltstein	HIP
Hofgeismar	HOG
Hofheim	HOH
Hohenmölsen	HHM
Holzminden	HOL
Horb Neckar	HOR
Husum	HUS
Illertissen	ILL
Indien	IND
Irak	IRQ
Irland	IRL
Jersey	GBJ
Jordanien	JOR
Kamerun	CAM

Kfz-Zchn. von	Code	Kfz-Zchn. von	Code	Kfz-Zchn. von	Code	Kfz-Zchn. von	Code
Kanada	CDN	Lörrach	LOE	Mellrichstadt	MET	Neustadt bei Coburg	NEC
Karlstadt	KAR	Luckenwalde	LUK	Melsungen	MEG	Neustadt Waldnaab	NEW
Kehl	KEL	Ludwigslust	LWL	Meppen	MEP	Nicaragua	NIC
Kelheim	KEH	Lübz	LBZ	Merseburg	MER	Niger	NIG
Kemnath	KEM	Madagaskar	RDM	Merzig-Wadern	MZG	Nigeria	WAN
Kleve	KLE	Mainburg	MAI	Meschede	MES	Nigeria	WAN
Klingenthal	KLT	Main-Tauber-Kreis	TBB	Mexiko	MEX	Norden	NOR
Kongo	RCB	Malaysia	MAL	Miltenberg	MIL	Nordhausen	NDH
Krumbach	KRU	Mali	RMM	Monschau	MON	Northeim	NOM
Kusel	KUS	Mallersdorf	MAL	Mosambik	MOC	Oberviechtach	OVI
Kuweit	KWT	Marienberg	MAB	Mühldorf/Inn	MUE	Obervogtland	OVL
Landau/Isar	LAN	Marktoberdorf	MOD	Mühlhausen	MHL	Ochsenfurt	OCH
Laos	LAO	Marktredwitz	MAK	Naila	NAI	Oldenburg/Holstein	OLD
Leer Ostfriesland	LER	Mauretanien	RIM	Nauen	NAU	Ostallgäu	OAL
Leonberg	LEO	Mayen-Koblenz	MYK	Naumburg	NMB	Osterburg	OBG
Leverkusen	LEV	Meiningen	MNG	Nebra	NEB	Osterholz	OHZ
Libyen	LAR	Meißen	MEI	Nepal	NEP	Osterode/Harz	OHA
Lichtenfels	LIF	Meldorf Holstein	MED	Neumünster	NMS	Ottweiler	OTW
Lingen Ems	LIN	Melle	MEL	Neustadt/Aisch	NEA		
Lobenstein	LBS						

Ort	Kfz-Zchn.
Parchim	PCH
Parsberg	PAR
Pegnitz	PEG
Perleberg	PER
Pfaffenhofen	PAF
Pirna	PIR
Quedlinburg	EDL
Querfurt	FUR
Regen	REG
Rehau	REH
Ribnitz-Damgarten	RDG
Riedenburg	RID
Riesa	RIE
Roding	ROD
Rokkenhausen	ROK
Roßlau	RSL
Rotenburg Fulda	ROF
Rotenburg Hannover	ROH
Rotenburg Wümme	ROW
Rottenburg Laaber	ROL
Ruanda	RWA
Saalfeld	SLF
Saarburg	SAB
Saarlouis	SLS
Saint Lucia	STL
Sangershausen	SHS
Sankt Goar	GOA
Sankt Wendel	WND
San Marino	RSM
Saudi-Arabien	KSA
Saulgau	SLG
Schaumburg	SHG
Scheinfeld	SEF
Schleiz	SCZ
Schmölln	SLN
Schönebeck	SBK
Schongau	SOG
Schwandorf	SAD
Schwarzenberg	SZB
Schwedt	SDT
Sebnitz	SEB
Seelow	SEE
Selb	SEL
Senftenberg	SFB
Sierra Leone	WAL
Sigmaringen	SIG
Simmern	SIM
Sindheim Elsenz	SNH
Singapur	SGP
Soltau	SOL
Soltau-Fallingbostel	SFA
Sondershausen	SDH
Sonneberg	SON
Spremberg	SPB
Springe	SPR
St. Ingbert	IGB
Stadthagen	STH
Stadtroda	SRO
Staffelstein	STE
Starnberg	STA
Stassfurt	SFT
Stendal	SDL
Sternberg	STB
Stockach	STO
Stollberg	STL
Strasburg	SBG
Strausberg	SRB
Südafrika	RSA
Südkorea	ROK
Suhl	SHL
Sulzbach-Rosenberg	SUL
Surinam	SME

Kfz-Zchn. von Syrien	SYR	Kfz-Zchn. von Vohenstrauß	VOH	Kfz-Zchn. von Wittlage	WTL	Kfz-Zchn. von Weißenb.-Günzenhausen	WUG
Kfz-Zchn. von Tansania	EAT	Kfz-Zchn. von Wanne-Eickel	WAN	Kfz-Zchn. von Wittmund	WTM	Kfz-Zchn. von Wesermarsch in Brake	BRA
Kfz-Zchn. von Tirschenreuth	TIR	Kfz-Zchn. von Wanzleben	WZL	Kfz-Zchn. von Witzenhausen	WIZ	Kfz-Zchn. von Wittgenstein/Bad Berleburg	BLB
Kfz-Zchn. von Tschad	TCH	Kfz-Zchn. von Warburg	WAR	Kfz-Zchn. von Wolfach	WOL	Kfz-Zchn von Lohr/Main	LOH
Kfz-Zchn. von Tübingen	TUE	Kfz-Zchn. von Waren	WRN	Kfz-Zchn. von Wolfratshausen	WOR	Kimonogürtel	OBI
Kfz-Zchn. von Tuttlingen	TUT	Kfz-Zchn. von Warendorf	WAF	Kfz-Zchn. von Wolfsburg	WOB	Kirgisendorf	AUL
Kfz-Zchn. von Überlingen	UEB	Kfz-Zchn. von Wattenscheid	WAT	Kfz-Zchn. von Wolfshagen	WOH	Klang, Laut	TON
Kfz-Zchn. von Ückermünde	UEM	Kfz-Zchn. von Wegscheid	WEG	Kfz-Zchn. von Wolfstein	WOS	klassischer Jazzstil	HOT
Kfz-Zchn. von Uffenheim	UFF	Kfz-Zchn. von Weiden Oberpfalz	WEN	Kfz-Zchn. von Wolgast	WLG	Kleiderstoff	WAT
Kfz-Zchn. von Uganda	EAU	Kfz-Zchn. von Weißenfels	WSF	Kfz-Zchn. von Wolmirstedt	WMS	Klostervorstand	ABT
Kfz-Zchn. von Uruguay	ROU	Kfz-Zchn. von Weißwasser	WSW	Kfz-Zchn. von Worbis	WBS	Knorpelfisch	HAI
Kfz-Zchn. von Usingen	USI	Kfz-Zchn. von Werdau	WDA	Kfz-Zchn. von Würzburg	WUE	König von Juda	ASA
Kfz-Zchn. von Vaihingen	VAI	Kfz-Zchn. von Wertingen	WER	Kfz-Zchn. von Wunsiedel	WUN	Körperreinigung	BAD
Kfz-Zchn. von Vechta	VEC	Kfz-Zchn. von Wesel	WES	Kfz-Zchn. von Wurzen	WUR	Kolbenweglänge	HUB
Kfz-Zchn. von Verden/Aller	VER	Kfz-Zchn. von Wesermünde	WEM	Kfz-Zchn. von Zaire	ZRE	Kolloid	GEL
Kfz-Zchn. von Viechtach	VIT	Kfz-Zchn. von Westerburg	WEB	Kfz-Zchn. von Zell/Mosel	ZEL	Kolloidniederschlag	GEL
Kfz-Zchn. von Viersen	VIE	Kfz-Zchn. von Wilhelmshaven	WHV	Kfz-Zchn. von Zentralafrik. Republik	RCA	kolumbian. Fluß	UVA
Kfz-Zchn. von Vilsbiburg	VIB	Kfz-Zchn. von Witten	WIT	Kfz-Zchn. von Ziegenhain	ZIG	Komp. d. Balletts »Abraxas«	EGK
Kfz-Zchn. von Vilshofen	VOF					Komp. der Oper »Die Zaubergeige«	EGK
						konstant	FIX
						Kontaktgift	DDT
						Kopfbedeckung	HUT
						korean. Komponist	YUN

Clue	Answer
korean. Währungseinheit	WON
Kosename d. Großmutter	OMI
Kosename der Demeter	DEO
Kosename der Großmutter	OMA
Kosename des Großvaters	OPA
Kosename für Goethes Mutter	AJA
Kosmos	ALL
Kraftmaß	VIS
Kricketkeule	BAT
Kriemhilds Mutter	UTE
kroat. Würdenträger	BAN
Krötenart	AGA
Kühnheit	MUT
künstler. Nacktdarstellung	AKT
kürzlich entstanden	NEU
Kuhantilope	GNU
Kuhlaut	MUH
Kulturpflanze d. Tropen	KAT
Kunststoff	PCV
Kunststoff	PVC
Kurort	BAD
Kurort an der Lahn	EMS
Kurort im Kanton Waadt	BEX
Kurort im Spessart	ORB
Kurort in Frankreich	AIX
kurz f. Aktion, Tat	AKT
kurz f. an das	ANS
kurz f. Bobsleigh	BOB
kurz f. Foxterrier	FOX
kurz f. Foxtrott	FOX
kurz f. herum	RUM
kurz f. Isabella	ISA
kurz f. um das	UMS
kurz f. Universität	UNI
kurz f. von dem	VOM
kurz f. zu dem	ZUM
kurz f. zu der	ZUR
Kurzform f. Abitur	ABI
Kurzform f. Abonnement	ABO
Kurzform f. Aluminium	ALU
Kurzform f. Amerikaner	AMI
Kurzform f. Diapositiv	DIA
Kurzform f. e. Waffengattung	ARI
Kurzform f. Eisenbahn	ZUG
Kurzform f. Lokomotive	LOK
Kurzform f. Rio de Janeiro	RIO
Kurzform f. Tiergarten	ZOO
Kurzform für Omnibus	BUS
Kurzform v. Adelheid	ADA
Kurzform v. Alfred	ALF
Kurzform v. Leopold	LEO
Kurzform v. Maria	MIA
Kurzform v. Maria	RIA
Kurzform v. Maximilian	MAX
Kurzform v. Oheim	OHM
Kurzform v. Ronald	RON
Kurzform v. Timotheus	TIM
Kurzform v. Ulrich	UDO
Kurzform v. Ulrich	ULI
Kurzform v. Wilhelm	WIM
Kurzform von Adolf	ADO
Kurzform von Beate	BEA
Kurzform von Samuel	SAM
Kurzform von Telefax	FAX
Kurzform von Thomas	TOM
Kurzform von Ulrich	UTZ
kurz für Deodorant	DEO
kurz für in das	INS
Kurzwort f. Klosett	KLO
Labans Tochter	LEA
längliche Vertiefung	NUT
längster Strom der Erde	NIL
lässig	LAX
Lahn-Zufluß	AAR
Lahn-Zufluß	OHM
Landesteil	GAU
Landschaftsform	TAL
Landspitze	KAP
Langschwanzpapagei	ARA
laotische Währungseinheit	KIP
Larventaucher	ALK
lasch	LAX
lat. Vorsilbe: zer-	DIS
lat.: die Fromme	PIA
lat.: in der Eigenschaft	QUA
lat.: Kunst	ARS
lat.: mit	CUM
lat.: so	SIC
lat.: Topf	AUL
lat.: wo	UBI
lat.: Zorn	IRA
lat.: zweimal	BIS
latein. Vorsilbe: diesseits	ZIS
latein. Vorsilbe: unter	SUB
latein.: bete!	ORA

latein.: dies	HOC
latein.: Ding	ENS
latein.: Ding, Sache	RES
latein.: durch, mit, mittels	PER
latein.: Erz	AES
latein.: Friede	PAX
latein.: Frühling	VER
latein.: Fuß	PES
latein.: Gesetz	LEX
latein.: Göttin	DEA
latein.: Herz	COR
latein.: Herzog	DUX
latein.: ich	EGO
latein.: ist	EST
latein.: König	REX
latein.: Kraft, Gewalt	VIS
latein.: Licht	LUX
latein.: Löwe	LEO
latein.: Luft	AER
latein.: Mann	VIR
latein.: Niere	REN
latein.: Recht	JUS
latein.: Recht, Befugnis	FAS
latein.: so	ITA
latein.: Sonne	SOL
latein.: Stimme	VOX
latein.: Straße, Weg	VIA
latein.: unter	SUB
latein.: wehe!	VAE
lateinisches Grußwort	AVE
lateinisch: aber	SED
lateinisch: ich liebe	AMO
lateinisch: Nacht	NOX
lateinisch: nein	NON
latein: Mitgift	DOS
Laufjunge	BOY
lautes Wort	RUF
Lebensbund	EHE
Lebensende, Sterben	TOD
Lebewohl	ADE
lebhaft, rege	VIF
leblos, gestorben	TOT
lediglich	NUR
Lehmart, Töpfermaterial	TON
leichte Luftbewegung	ZUG
leichter Einspänner	CAB
leichter Einspänner	GIG
Leid, Schmerz	WEH
Leid, Unglück	WEH
Leinwandstück	WEB
lettische Münze	LAT
Leuchtstärke-Maßeinheit	LUX
libanes. Hafenstadt	SUR
liberian. Volk	VIA
Lichtring um Gestirne	HOF
litauische Münze	LIT
Lötmetall	LOT
Lokal	BAR
Lotterieanteilschein	LOS
luftförmiger Brennstoff	GAS
luftförmiger Stoff	GAS
Lumme	ALK
Lumpenpack	MOB
lustiger Unfug	ULK
luxemburgisch. Fluß	OUR
Maas-Zufluß	BAR
Maas-Zufluß	RUR
machen, vollbringen	TUN
Madenfresser	ANI
Männerhaus auf den Palauinseln	BAI
Männer-Kurzname	JAN
Männer-Kurzname	LEO
Männername	IVO
Männername	ULF
männl. Artikel	DER
Märchenfrau	FEE
mäßig warm	LAU
Magnetende	POL
Mahnung zum Leisesein	PST
Main-Zufluß	ITZ
Manganschaum	WAD
marokkan. Gebirge	RIF
marokkan. Stadt	FES
Maßeinheit d. elekt. Widerstands	OHM
Maßeinheit d. Informatik	BIT
maßloser Zorn, Rage	WUT
Meerbusen, Meeresbucht	BAI
Meeres-Raubfisch	HAI
Meeressäugetier	WAL
mehlartiges Mineral	GUR
Mehrzahlartikel	DIE
Meistersingerlied	BAR
melodiös. Instrumentalstück	AIR
metall. Element	ZER
metallhaltiges Gestein	ERZ
mikronesischer Teilstaat	YAP

militärische Einheit	ZUG
Ministerpräs. v. NRW	RAU
mirones. Insel	YAP
Misere	NOT
Mißfallensruf	BUH
mod. Kunstrichtung	POP
Moder	OLM
moderne Musikrichtung	POP
Modus	ART
Mönchsoberer	ABT
Molukkeninselgruppe	OBI
mongol. Paßheiligtum	OBO
Moskauer Großkaufhaus	GUM
Mündungsarm d. Rheins	LEK
Münster	DOM
Münzgewicht	LOT
Mulde im Hochgebirge	KAR
mundartl. f. Imbiß	IMS
mundartl. f. Uhu	AUF
mundartl. f. Wasserstrahl	JUL
mus. Thema einer Fuge	DUX
Musikstück für zwei	DUO
Muskel-, Gesichtszucken	TIC
Muster, Vorbild	TYP
Mutterschwein	SAU
Nachfolger Mohammeds	ALI
nachlässig	LAX
Nachtlokal	BAR
Nachtmahr	ALP
Nachtmahr, Elf	ALB
nächtl. Niederschlag	TAU
Name von 13 Päpsten	LEO
Name zweier Rhein-Zuflüsse	ILL
Narr	FEX
Narr	TOR
nautisches Gerät	LOT
nd. Eule	ULE
nd.: Handbesen	UHL
nd.: Pranger	KAK
nd.: Ried	RET
nd.: schön, lieblich	MOJ
nd.: Wallach	RUN
ndt. für Johannes	JAN
Neckar-Zufluß	ENZ
Neffe Abrahams	LOT
Negerstamm in Nigeria	IBO
Nestorpapagei	KEA
neuseeländ. Honigfresser	POE
neuseeländ. Papagei	KEA
nicht lebendig, unbelebt	TOT
nicht mehr als	NUR
niederdt.: betrunken	DUN
niedere indische Kaste	DOM
niederl.-Luftfahrtgesellschaft	KLM
niederl. Maler (16. Jh.)	MOR
niederländ. Fluß	EEM
niederländ. Maler	DOU
niederländ. Mediziner	BOE
niederländ. Namensteil	VAN
niederländ.: eins	EEN
niederösterr. Stadt an d. Thaya	LAA
niedersächs. Höhenzug	ELM
nigerian. Stadt	IWO
nigerian. Stadt	ABA
nigerian. Stadt	IFE
nigerian. Stadt	OYO
nigerian. Volk	TIV
nilotisches Volk	LUO
Noahs Sohn	SEM
Nomadenzeltdorf	AUL
nord. Vorname	KAI
nord. Vorname	KAY
nordböhm. Stadt	DUX
nordchilen. Fluß zum Atlantik	LOA
norddt. f. Insel	OIE
norddt.: gleich	LIK
nordische Gottheit	ASE
nordischer Gott	NAL
nordischer Kriegsgott	ZIU
nordische Unterwelt	HEL
norditalien. Wind	ORA
Nordlandtier	REN
nordsibirischer Fluß	TAS
Nordwesteuropäer	IRE
nordwestspan. Miño-Zufluß	SIL
Norne der Vergangenheit	URD
norweg. Autor	LIE
norweg. Generalsekretär der UNO	LIE
norweg. Mathematiker	LIE
norweg. Talsenke	EID
norwegisch. Fluß	NEA

norwegische Stadt	NES
oberfränk. Stadt an d. Saale	HOF
Obstbrei	MUS
Ob-Zufluß	KET
Ob-Zufluß	TOM
Oder-Zufluß	AAL
öff. Verkehrsmittel	BUS
öffentliche Verkehrseinrichtung	ZUG
österr. Fluggesellschaft	AUA
östl. Gegenstück der EWG	RGW
Operette von Lehár	EVA
Opernhaus in New York	MET
Organisation der UN	ILO
Organisation der UN	WHO
oriental. Genußmittel	KAT
oriental. Herberge	HAN
oriental. Männername	ALI
Orientteppich	MIR
Orkney-Insel	HOY
ostafrikan. Pygmäenvolk	TWA
ostasiat. Gewicht	TAN
ostserb. Stadt	BOR
Ouse-Zufluß	DON
pakistan. Fluggesellschaft	PIA
pakistan. Fluß	NAL
Palästinenser-Bewegung	PLO
Palmenart	AGU
panamerikan. Organisation	OAS
panikartiger Ansturm	RUN
Papua-Sprache	ONO
patagon. Sprache	ONA
Pelzkragen	BOA
persisch. Saiteninstrument	TAR
persische Rohrflöte	NEI
persönl. Fürwort	ICH
persönl. Fürwort	IHR
persönliches Fürwort	SIE
persönliches Fürwort	WIR
peruan. Fluß	ENE
peruanische Provinz	ICA
peruanische Stadt	ICA
Pferdeknecht	ENK
Pferdestand	BOX
philippinisch. Vulkan	APO
phönizischer Gott	BEL
phrygischer Vegetationsgott	MEN
physik. Krafteinheit	DYN
Pilgerziel in Italien	ROM
Platz, Stelle	ORT
Platzdeckchen	SET
Pöbel	MOB
Pokal	CUP
politische dtsch. Partei	SPD
poln. Aphoristiker	LEC
poln. Fluß	BUG
poln.: Herr	PAN
polnisch. Dichter, Schriftsteller	LEM
pommersche Insel	OIE
portug. Duoro-Zufluß	COA
portug.: heilig	SAO
portug.: Herr	DOM
Prominenter	VIP
Quadrillefigur	ETE
Räucherfisch	AAL
räumlich begrenzt	ENG
Räusperlaut	HUM
Raummaß bei Schiffen	BRT
Raumpunkt	ORT
Rechtswissenschaft	JUS
rein, unverfälscht	PUR
reizlos	FAD
Rennschlitten	BOB
Rhein-Zufluß aus der Eifel	AHR
Rhein-Zufluß in Baden	ALB
Rhone-Zufluß	AIN
Riesenschlange	BOA
Rispengras	POA
röm. Sonnengott	SOL
Rollkörper	RAD
Roman v. Kipling	KIM
Rotwild	REH
Ruf am Pferde: halt!	BRR
Ruf der Befriedigung	AHA
Ruf der Nichachtung	BAH
Ruf der Unbekümmertheit	OCH
Ruf des Erstaunens	OHO
Ruf des Unwillens	OHA
Ruf f. Nichtachtung	PAH
rumän. Donau-Zufluß	ALT
rumän. Donau-Zufluß	OLT
rumän. Münze	BAN
rumän. Währungseinheit	LEU

russ. Eichhörnchen	FEH
russ. Fluß	DON
russ. Iltis	ILK
russ.: Welt	MIR
russisch. Djelaja-Zufluß	UFA
russisch. Sofna-Zufluß	TIM
russische Stadt bei Kursk	TIM
Saale-Zufluß	ILM
sächl. Artikel	DAS
Salzwüste in Ostiran	LUT
Samoa-Insel	TAU
Satz beim Tennis	SET
Saugströmung	SOG
Schachtel	BOX
Schalterstellung	AUS
Schalterstellung	EIN
Schalterstellung (engl.)	OFF
Schaltkreisplatine	PCB
Schanktisch	BAR
Schanktisch	BAR
Schellfischart	SEI
Scherz	JUX
scheu, feige	ZAG
scheues Waldtier	REH
Schicksal	LOS
Schieferfelsen	LEI
Schiffsdecköffnung	LUK
Schiffsgeschwindigkeitsmesser	LOG
Schiffstyp im Mittelalter	KAT
Schiffsvorderteil	BUG
schlaff, locker	LAX
Schlagkeule	BAT
Schlammbank	MUD
Schlammstrom in Wildbach	MUR
schlangenförmiger Fisch	AAL
Schliff, Gewandtheit	PLI
Schliff im Benehmen	PLI
schlimm	ARG
schmal	ENG
schmaler Pelzschal	BOA
Schmerzensruf	ACH
Schmerzensruf	ACH
Schmutz	KOT
Schneeschuh	SKI
schott. Familiennamenteil	MAC
schott. Finanzmann	LAW
schott. Fluß	DEE
schott.-ir.: Sohn	MAC
schottischer Fluß	TAY
Schreib-Lese-Speicher (EDV)	RAM
Schriftsteller Vereinigung	PEN
Schrotkugel	LOT
Schulterstück bei Rind u. Pferd	BUG
Schutz, Pflege	HUT
Schutzpatron d. Armen	IVO
Schutzpatron d. Musiker	LEO
Schutzpatron d. Sänger	LEO
Schutzpatron d. Waisen	IVO
Schutzpatronin d. Gärtner	EVA
schwäbisch. Höhenzug	ALB
Schwanzlurch	OLM
schwed. Autorin, Pädagogin	KEY
schwed. Fluß	ELF
schwed. Name von Turku	ABO
schwed. Webtechnik	RYA
schwed.: Tal	DAL
schweiz. Flächenmaß	ARE
schweiz. Kanton	URI
schweiz. Kanton	ZUG
schweiz. Kantonshauptstadt	ZUG
schweiz. Mediziner	HIS
schweiz.-österr.-dtsch. Fluß	INN
schweiz. Stadt in St. Gallen	WIL
schweiz.: Öhmd	EMD
schwerster Kernkraftunfall	GAU
Schwesterpartei der CDU	CSU
Schwiegersohn Mohammeds	ALI
Schwung, Feuer	PEP
Schwur	EID
SED-Nachfolgepartei	PDS
Seehandelsklausel	CIF
Seehandelsklausel	FOB
Segelschnürtau	GEI
Segelstange	RAA
Segeltau	GEI
Seitenfläche des Schachts	ULM
selten	RAR
seltene Erde	ZER
semit. Buchstabe	JOT
semit. Gott des Glücks	GAD
Senkblei	LOT
serbischer Schriftsteller	DOR
Seufzerruf	OJE

Clue	Answer
sibir. Wolga-Zufluß	OKA
sibirische Stadt	OLA
Siedlung	ORT
Signum d. Heiligen Drei Könige	CMB
Singstimme	ALT
Sinnesorgan	OHR
Sittichpapagei	ARA
skandin. Mittwinterfest	JUL
skandinav. Luftfahrtgesellschaft	SAS
skandinavisch. Frauenname	SIW
skandinavisch. Männername	DAG
skandinavischer Männername	OLE
slaw. f. Ziege	KOS
slaw. Herrschertitel	ZAR
Sohn v. Jakob	DAN
Sohn v. Jakob	GAD
Sohn v. Noah	HAM
Sonnenland d. griech. Sage	AEA
Sonnenland d. griech. Sage	AIA
Sorte	ART
sowjet. Kampfflugzeug	MIG
sowjet. Raumstation	MIR
sowjet. Schachweltmeister	TAL
Spaltwerkzeug	AXT
span. Anfeuerungsruf	OLE
span. Ex-Königin	ENA
span. Fluß	EGA
span. Kinderfrau	AJA
span. Küstenfluß	TER
span. Mehrzahlartikel	LAS
span. Mehrzahlartikel	LOS
span. Nationalheld	CID
span. Stadt am Miño	TUY
span.: Fluß	RIO
span.: Herr (Anrede)	DON
span.: Meeresbuchtenkette	RIA
Spaß, Steich	JUX
Spaß, Unfug	ULK
SPD-Politiker in NRW	RAU
Spezies	ART
Spielfeldgrenze	AUS
Spielkartenfarbe	PIK
Spielkartenfarbe	ROT
Spitzenschlager	HIT
Spitzname Eisenhowers	IKE
Spitzname für den Irländer	PAT
Sportruderboot	GIG
Sporttrophäe	CUP
Sprache im Kongo	TIO
Sprache in Kamerun	ABO
Sprengstoff	TNT
Spruchsammlung	ANA
Stadt am Niger	ABO
Stadt am Tiber	ROM
Stadt an der Etsch	ALA
Stadt auf Föhr	WYK
Stadt bei Arnheim	EDE
Stadt der Elfenbeinküste	MAN
Stadteingang	TOR
Stadt im Bayer. Wald	LAM
Stadt im Vogtland	AUE
Stadt in Hessen	ELM
Stadt in Mali	GAO
Stadt in Mosambik	IBO
Stadt in Neuguinea	LAE
Stadt in Nigeria	IMO
Stadt in Oklahoma/USA	ADA
Stamm auf Tonga	EUA
Stammvater	AHN
Stammvater der nord. Sage	ASK
Starverehrer	FAN
Staubbesen	MOP
Staudenharz	ASA
Sterbeort Casanovas	DUX
Sternbild	ARA
Stifterfigur im Naumburger Dom	UTA
Stoßseufzer	UFF
Strahltriebwerk	JET
Strecke, Laufbahn	WEG
Streckenende im Bergbau	ORT
Studentendiener	FAX
Stundenweiser	UHR
sudanesisch. Fluß	JUR
Sudannegerstamm	IBO
Sudannegerstamm	KRU
Sudanvolk	EWE
südafr. Volksstamm	YAO
südamerikan. Kuckuck	ANI
südamerikan. Papagei	ARA
südamerikan. Schlange	BOA

südchines. Ureinwohner	YAO	südwestfranz. Stadt, Kurort	PAU	Tochter von Styx	BIA	türk.Stadt in Ostanatolien	WAN
süddt. veraltet: unterhalb	NID	Südwind am Gardasee	ORA	Tokios alter Name	EDO	türk.: Herr, Aufseher	AHA
süddt.: Junge, Knabe	BUB	Sumpfgrund	MUD	Tonbezeichnung	CES	türkisch. Titel	AGA
südfranz. Departement	LOT	Sumpfwiese	LOH	Tonbezeichnung	CIS	türkischer Titel	BEG
südfranz. Fluß zum Löwengolf	TET	Symbol f. Übersinnliches	PSI	Tonbezeichnung	DES	türkischer Titel	BEI
südfranz. Kurort	DAX	Tanzschritt	PAS	Tonbezeichnung	DIS	Turnübung	RAD
südfranz. Stadt	NAY	Tapferkeit	MUT	Tonbezeichnung	EIS	über, auf der Route	VIA
südjugoslaw. Stadt	PEC	tatsächlicher Bestand	IST	Tonbezeichnung	FES	überholt (engl.)	OUT
südkorean. Staatspräsident	ROH	Teil der Woche	TAG	Tonbezeichnung	FIS	Überraschungsruf	HUI
Südostasiat	LAO	Teil des Dramas	AKT	Tonbezeichnung	GES	Uferstraße	KAI
südostasiat. Landenge	KRA	Tennisschlag	LOB	Tonbezeichnung	GIS	ukrain. Fluß zum Schwarzen Meer	BUG
südostasiat. Sprache	LAO	Terroristenvereinigung	RAF	Tonbezeichnung	HIS	ukrain. Stadt	BAR
südostasiat. Thaivolk	LAO	thailänd. Stadt	TAK	Tonerde	BOL	Ulk	FEZ
südostasiat. Volk	MEO	thailändischer Fluß	NAN	Tonga-Insel	EUA	umfriedeter Bezirk	HAG
südostfranz. Stadt	GAP	Themse-Zufluß	LEA	Tongeschlecht	DUR	umfriedeter freier Platz	HOF
südostpoln. Weichsel-Zufluß	SAN	Thors Gemahlin	SIF	Träger der Erbanlagen	GEN	umgangsspr.: abgelegen	JWD
südserbische Stadt	NIS	Tiber-Zufluß bei Rom	AJA	Treffer im Fußball	TOR	umgangsspr.: keineswegs	IWO
Südstaaten-Liedgesang	POP	Tiefenmesser	LOT	Trinkstube	BAR	umgangsspr.: nein	NEE
südwestfranz. Fluß	VAR	tiefere Frauenstimme	ALT	trop. Knollenpflanze	YAM	umgangsspr.: Zorn	KIB
		Tierfutter	ATZ	Trug	ARG	umgangssprachl.: nichts	NIX
		Tierhöhle	BAU	Trug, Lüge	LUG	unabänderlich	FIX
		Tierkreiszeichen (Löwe)	LEO	Trug, Lüge	LUG	unbearbeitet	ROH
		Tierleiche	AAS	tschech. Reformator	HUS		
		Tierpark	ZOO				
		Tiroler Passionsspielort	ERL				
		Tochter v. Kadmos	INO				

unbemittelt

unbemittelt	ARM
unbestimmt	VAG
unbestimmter Artikel	EIN
unbestimmtes Fürwort	MAN
Unerschrockenheit	MUT
ungar. Markgraf	BAN
ungar. Name v. Eisenburg	VAS
ungarisch. Schriftsteller	ADY
ungebraucht	NEU
ungekocht, brutal	ROH
Universitätsstadt in Frankr.	AIX
Universum	ALL
Unterstellraum	BOX
unverdünnt, unverfälscht	PUR
unweit	NAH
Urbild, Modell	TYP
Urkanton der Schweiz	URI
US-Bundesfahndungsdienst	FBI
US-Geheimdienst	CIA
US-Gewerkschaft	AFL
US-Gewerkschaftsverband	CIO
US-Militärsender	AFN
veraltet (engl.)	OUT
veraltetes Notrufsignal	CQD
veraltet f. Aufgebot	BOT
veraltet f. flammend	LOH
veraltet f. Onkel	OHM
veraltet f. wessen	WES
veraltet für hier	HIE
Verdauungsferment	LAB
Vereinte Nationen	UNO
vergnüglicher Unsinn	FEZ
vergnüglicher Unsinn	JUX
vergnüglicher Unsinn	ULK
Verhältniswort	MIT
Verhältniswort	VOR
Verkaufserfolg	HIT
verrückt	IRR
Verschlag	BOX
verstärkende Vorsilbe	ERZ
verwirrt	IRR
Video-System	VHS
Viehfutter	HEU
vietnames. Volk	DAO
Volk in Südbirma	MON
Volk in Togo	TEM
Volk in Vietnam	TAY
Volksstamm im Kongo	FAN
volkstümlich f. Gefängnis	BAU
vollbrachte Handlung	TAT
Vorfahr	AHN
Vorgebirge	KAP
Vorherbestimmung	LOS
Vorhersage, Wink	TIP
Vorname Amins	IDI
Vorname (Bär)	URS
Vorname der Seidel	INA
Vorname des Sängers Jürgens	UDO
Vorname Guevaras	CHE
Vorname von Maupassant	GUY
Vorname von Seeler	UWE
Vorname von Taylor	LIZ
Vorname von Tolstoi	LEO
Vorort von Lüttich	ANS
Vorschiff	BUG
vorsichtig	ZAG
Vorsilbe	MIT
Vulkan auf Hawaii	KEA
Vulkan auf Hawaii	LOA
Wacholderschnaps	GIN
Wäldchen	HAG
Wagenteil	RAD
wahnsinnig	IRR
Walart	NAR
walis. Severn-Zufluß	WYE
wallendes Wasser	SOD
Wapiti	ELK
Wappentier	LEU
Wappenvogel	AAR
Waräger	RUS
Warenposten	LOT
Warthe-Zufluß	NER
Waschraum	BAD
Wechselannahmevermerk	ACC
weibl. Artikel	DIE
weibl. Geist	FEE
weibl. Rind	KUH
Weichsel-Zufluß	BUG
Weichspeise	MUS
Weihwasserkessel	AMA
Weinboot	AAK
Welternährungsorganis. der UNO	FAO
Weltgeist (griech.)	NUS
Welthilfssprache	IDO
Weltorganisation	UNO
Weltraum	ALL
Welturgrund bei Laotse	TAO

Wendekommando beim Segeln	REE	Winkel zw. Dach u. Hausmauer	OKE	zweistell. Zahl	ELF
Weser-Zufluß	ARN	Winkel zw. Dach u. Hausmauer	OKE	zweistimmige Musikdarbietung	DUO
Weser-Zufluß	AUE				
westafr. Negerstamm	EWE	Wintersportgerät	SKI		
westafr. Sprache	EWE	wirklich so!	SIC		
westafrikan. Sprache	EDO	witziger Einfall	GAG		
westafrikan. Sprache	FAN	Wohnsitz der Circe	AIA		
westafrikan. Sprache	FON	Wonnemonat	MAI		
westafrikan. Sprache	FUL	württ. Münsterstadt	ULM		
westafrikan. Sprache	IBO	württ. Stadt an der Donau	ULM		
westafrikan. Sprache	KRU	wund	WEH		
westafrikan. Sprache	KWA	Zahlungsweise	BAR		
westafrikan. Volk	FON	Zeichen, Fleck	MAL		
westafrikan. Volk	GBE	Zeitmesser, Zeitanzeiger	UHR		
westind. Krähenvogel	ANI	Zeit von 24 Stunden	TAG		
westliche Weltmacht	USA	zentralafrikan. Volk	DOR		
Wikingerstamm in Rußland	RUS	Zeugnisnote	GUT		
Windrichtung	OST	Zischlaut	SCH		
Windschattenseite	LEE	Zitatensammlung	ANA		
Windseite	LUV	Zuckerrohrschnaps	RUM		
Windstoß	BOE	zu Ende	AUS		
Wink, Hinweis	TIP	zu keiner Zeit	NIE		
Wink, Tip	RAT	Zuruf an Pferde: links!	HAR		
		zwei Aufführende	DUO		

Clue	Answer
Aare-Zufluß	EMME
Aare-Zufluß	SUHR
Abdichtungsmittel	KITT
Abels Bruder	KAIN
Abels Vater	ADAM
Abendgesellschaft	ROUT
Abendkleid, Ballkleid	ROBE
Abfluß, Abwässerkanal	SIEL
Abfluß d. Müritzsees	ELDE
Abfluß d. Neuenburger Sees	ZIHL
Abfluß des Comer Sees	ADDA
Abfluß des Ladogasees	NEWA
Abfluß des Sempacher Sees	SUHR
Abflußloch am Schiff	GATT
Abgabe, Pachtgeld	ZINS
Abgabe, Tribut	ZOLL
abgegrenztes Gebiet	BANN
abgelaichter Hering	IHLE
Abgemähtes	MAHD
abgerundete Bergkuppe	KULM
abgeschlossene Abteilung	FACH
abgeschrägte Kante	FASE
abgespannt	MATT
abgesteckte Linie, Strecke	BAHN
abgesteckte Linie, Strecke	KURS
abgeteilte Gartenfläche	BEET
abgezogene Tierhaut	BALG
Abgott	IDOL
Abgrenzung, Einfriedung	ZAUN
Abk. f. High-Fidelity	HIFI
Abk. f. abends	ABDS
Abk. f. Abrüstungsvertrag	SALT
Abk. f. ad majorem Dei gloriam	AMDG
Abk. f. ad usum	ADUS
Abk. f. Allg. Dt. Automobil-Club	ADAC
Abk. f. Allgem. Bürgerl. Gesetzb.	ABGB
Abk. f. allgemein	ALLG
Abk. f. anno ab urbe condita	AAUC
Abk. f. ante Christum	ACHR
Abk. f. Aufgabe	AUFG
Abk. f. Augustinereremiten	OESA
Abk. f. Ausgabe	AUSG
Abk. f. Ausland	AUSL
Abk. f. Badische Anilin- u. Sodafabr.	BASF
Abk.f. Barnabiten-Orden	CRSP
Abk. f. Batterie	BATT
Abk. f. bedingungsweise	BEDW
Abk. f. begraben	BEGR
Abk. f. beifolgend	BEIF
Abk. f. beiliegend	BEIL
Abk. f. Betreff, betrifft	BETR
Abk. f. Bibliographie	BIBI
Abk. f. Bibliographie	BIBL
Abk. f. biologisch	BIOL
Abk. f. brit. Soldatensender	BFBS
Abk. f. britisch	BRIT
Abk. f. brutto	BTTO
Abk. f. Bundesgesetzblatt	BGBL
Abk. f. candidatus	CAND
Abk. f. chemisch	CHEM
Abk. f. chinesisch	CHIN
Abk. f. Christl. Verein Jg. Männer	CVJM
Abk. f. collegi	COLL
Abk. f. composit	COMP
Abk. f. confer	CONF
Abk. f. Corrigenda	CORR
Abk. f. Cotangens	COTG
Abk. f. Dioptrie	DPTR
Abk. f. Diplom	DIPL
Abk. f. Dissertation	DISS
Abk. f. Doktor ehrenhalber	DREH
Abk.f.Dt. Industrie- u. Handelstag	DIHT
Abk. f. Dt. Raumfahrtagentur	DARA
Abk.f. Dtsch. Beamtenbund	DBBD
Abk.f. dtsch. Gewerkschaft	OETV
Abk.f. Dutzend	DTZD
Abk. f. e. Kraftfahrzeug	MOFA
Abk. f. Ehrendoktor	DRHC
Abk. f. Einwohner	EINW
Abk. f. elektrische Lokomotive	ELOK
Abk. f. englich	ENGL
Abk. f. Europ. Freihandelszone	EFTA

Abk. f. Europ. Fußball-Verband	UEFA	Abk. f. gegründet	GEGR	Abk. f. Internat. Luftverk. Verband	IATA	Abk. f. Mehrwertsteuer	MWST
Abk. f. Europ. Wirtschaftsrat	OECD	Abk. f. germanisch	GERM	Abk. f. Internat. Schwimmverband	FINA	Abk. f. Mesdames	MMES
Abk.f. Europ. Wirtschaftsrat	OECD	Abk. f. Ges. m. beschr. Haftung	GMBH	Abk. f. Kapuzinerorden	OCAP	Abk. f. Metersekunde	MSEC
Abk. f. Europ. Wirtschaftsrat	OEEC	Abk. f. gestorben	GEST	Abk. f. Kapuzinerorden	OSFC	Abk. f. Million	MILL
Abk. f. eventuell	EVTL	Abk. f. Gewerbeordnung	GEWO	Abk.f. Kap-Verde-Escudo	KESC	Abk. f. mittelateinisch	MLAT
Abk. f. Exemplar	EXPL	Abk. f. Gewichtseinheit	KILO	Abk. f. kartoniert	KART	Abk. f. Mittelstreckenrakete	IRBM
Abk. f. exklusive	EXKL	Abk. f. griech.-orientalisch	GROR	Abk. f. kartoniert	KART	Abk. f. monaural	MONO
Abk. f. expreß	EXPR	Abk. f. Hauptmann	HPTM	Abk. f. katholisch	KATH	Abk. f. Monseigneur	MSGR
Abk.f. factum	FACT	Abk. f. Hauptwort	HPTW	Abk. f. Kilokalorie	KCAL	Abk. f. Monsignore	MSGR
Abk. f. Februar	FEBR	Abk. f. hebräisch	HEBR	Abk. f. Kommission	KOMM	Abk. f. mythologisch	MYTH
Abk. f. finnisch	FINN	Abk. f. Herausgeber	HRSG	Abk. f. Kompanie	KOMP	Abk. f. nach Christus	NCHR
Abk.f. Flugabwehrkanone	FLAK	Abk. f. herausgegeben	HRSG	Abk. f. Konjunktiv	KONJ	Abk. f. Nachfolger	NCHF
Abk. f. Fluorkohlenwasserstoff	FCKW	Abk. f. Herzogtum	HZGT	Abk. f. konservativ	KONS	Abk. f. Nebenfluß	NBFL
Abk. f. Franc luxembourgeois	FLUX	Abk. f. hic requiescat in pace	HRIP	Abk. f. Kubikkilometer	CBKM	Abk. f. neulateinisch	NLAT
Abk. f. Freiherr	FRHR	Abk. f. Holzmessungsanweisung	HOMA	Abk. f. lettisch	LETT	Abk. f. Nordatlantik-Pakt	NATO
Abk. f. freundlich	FRDL	Abk. f. imprimatur	IMPR	Abk. f. lutherisch	LUTH	Abk. f. Oberleutnant	OBLT
Abk. f. Fußball-Weltverband	FIFA	Abk. f. inclusive	INCL	Abk. f. Mademoiselle	MLLE	Abk. f. Österr. Rotes Kreuz	OERK
Abk. f. Gebrauchsmusterschutz	DBGM	Abk.f. inklusive	INKL	Abk.f. magister pharmaciae	MGPH	Abk. f. Österr. Volkspartei	OEVP
Abk. f. Gebrüder	GEBR	Abk. f. Inspektor	INSP	Abk. f. Manuskript	MSKR	Abk. f. offiziell	OFFZ
Abk. f. gefälligst	GEFL	Abk. f. Institut	INST	Abk. f. Mathematik	MATH	Abk. f. ohne Ort und Jahr	OOUJ

Abk.f. On Her Majesty's Service	OHMS
Abk.f. On His Majesty's Service	OHMS
Abk. f. pädagogisch	PAED
Abk. f. Pappband	PPBD
Abk. f. Parterre	PART
Abk. f. Partie	PART
Abk. f. passim	PASS
Abk. f. persönlich	PERS
Abk. f. philosophiae	PHIL
Abk. f. physikalisch	PHYS
Abk. f. pinxit	PINX
Abk. f. pizzicato	PIZZ
Abk. f. Plural	PLUR
Abk. f. Polyvinyylchlorid	PECE
Abk.f. post Christum	PCHR
Abk. f. Post- u. Fernmeldeunion	APTU
Abk.f. primarius	PRIM
Abk.f. Professor	PROF
Abk.f. pro procura	PRPA
Abk. f. protestantisch	PROT
Abk. f. Provinz	PROV
Abk. f. Provision	PROV
Abk. f. Prozent	PROZ
Abk.f. Redemptoristenorden	CSSR
Abk. f. Regiment	REGT
Abk. f. Rehabilitation	REHA
Abk. f. respective	RESP
Abk. f. Rheinland	RHLD
Abk. f. rinforzando	RINF
Abk. f. russisch	RUSS
Abk. f. salvo errore et omissione	SEEO
Abk. f. Schwester	SCHW
Abk.f. scilicet	SCIL
Abk. f. September	SEPT
Abk. f. sequentes	SEQQ
Abk.f. Sicherheitspolizei	SIPO
Abk. f. Signatur	SIGN
Abk. f. signiert	SIGN
Abk. f. sine loco et anno	SLEA
Abk. f. Sinfonie	SINF
Abk. f. Singular	SING
Abk. f. slawisch	SLAW
Abk. f. Somali-Shilling	SOSH
Abk. f. sostenuto	SOST
Abk. f. Sozialist. Partei Österr.	SPOE
Abk. f. spanisch	SPAN
Abk. f. Spielvereinigung	SPVG
Abk. f. Strafgesetzbuch	STGB
Abk. f. Strafprozeßordnung	STPO
Abk. f. Straßenverkehrsgesetz	STVG
Abk. f. Straßenverkehrsordnung	STVO
Abk. f. Student	STUD
Abk. f. stündlich	STDL
Abk. f. Stunde	STDE
Abk. f. Stunden	STDN
Abk. f. Stundenkilometer	KMST
Abk. f. Tangens	TANG
Abk. f. Telefax	TFAX
Abk. f. Teletext	TTEX
Abk. f. Totalisator	TOTO
Abk. f. tremolando	TREM
Abk. f. Tremolo	TREM
Abk. f. Tschechoslowakei	CSFR
Abk. f. Turnerwahlspruch	FFFF
Abk.f. über dem Meeresspiegel	UEDM
Abk.f. Ukrain. Sowjetrepublik	USSR
Abk.f. um Abschied zu nehmen	UAZN
Abk. f. um Antwort wird gebeten	UAWG
Abk. f. und dergleichen	UDGL
Abk. f. und viel anderes mehr	UVAM
Abk.f. United States Air Force	USAF
Abk. f. UNO-Generalversamml.	UNGA
Abk.f. UNO-Hauptquartier	UNHO
Abk. f. Unserer Lieben Frauen	ULFR
Abk. f. Unteroffizier	UFFZ
Abk. f. unter üblichem Vorbehalt	UUEV
Abk. f. Verband f. Arbeitsstudien	REFA
Abk. f. Verein Dt. Studenten	VDST
Abk. f. verheiratet	VERH
Abk. f. verte	VERT
Abk. f. Verwaltung	VERW

Abk. f. Verweis	VERW	Abk.: Digitales Service-Netz	DISN	Abtei in Niederösterreich	MELK	ägypt. Hauptgott	PTAH
Abk. f. verwitwet	VERW	Abk.: Dt. Lebensrettungs-Ges.	DLRG	Abtei in Oberfranken	BANZ	ägypt. heiliger Stier	APIS
Abk. f. Victory Day	VDAY	Abk.: Int. Kom. v. Roten Kreuz	IKRK	Abteilung	PULK	ägypt. heiliger Vogel	IBIS
Abk. f. Volkspolizist	VOPO			abwert. f. Gedicht	POEM	ägypt. Herrscher	TEJE
Abk. f. vor Christus	VCHR			abzüglich	OHNE	ägypt. Himmelsgöttin	ISIS
Abk. f. vormals	VORM	Abk.: Kommanditges. a. Aktien	KGAA	Achsendrehung des Elektrons	SPIN	ägypt. Mondgott	THOT
Abk. f. vormittags	VORM	Abk.: Rundfunk im amer. Sektor	RIAS	achter jüdischer Monat	IJAR	ägypt. Oase	SIWA
Abk. f. Vorsitzender	VORS			Achtung	EHRE	ägypt. Sonnengott	ATON
Abk. f. Warenumsatzsteuer	WUST	Abkömmling	KIND	Ackergerät	EGGE	ägypt. Sonnengott	SCHU
		Abkommen	PAKT	Ackerpferd	GAUL		
Abk. f. Washington	WASH	Ablagebrett	BORD	Ackerrand	RAIN	ägypt. Stadt am Nil	IDFU
Abk. f. weiland	WEIL	Ablaufrohr	DOLE	Ackerunkraut	MOHN	ägypt. Stadt am Nil	KENE
Abk.f. Weißruss. Sowjetrepublik	SSRB	Ablehnung	NEIN	Adelskaste im alten Peru	INKA	ägypt. Unabhängigkeitspartei	WAFD
		Abrahams Frau	SARA				
Abk.f. Weltbank	IBRD	Abrechnungszettel	SLIP	Adenocorticotropes Hormon	ACTH	älteste deutsche Steuer	BEDE
Abk. f. Weltsicherheitsrat	UNSC	Absage	NEIN	Aderschlag, Herzschlag	PULS	ängstlich	BANG
		Abscheu	EKEL			Ärger, Grimm	ZORN
Abk. f. Wiederholung	WHLG	Abschluß	CODA	adlig	EDEL	ärmelloser Umhang	CAPE
		Abschnitt im Sport	LAUF	adrett	NETT		
Abk.f. Zentralafrikan. Markt	CACM	Abschnitt im Sport	SATZ	Ächtung	ACHT	ärmlich	KARG
		abschüssig	JAEH	Ächtung	BANN	Ärztl. Gebührenordnung	ADGO
Abk. f. Ziffer	ZIFF	Absicht, Vorhaben	PLAN	ägypt. Baumwolle	MAKO		
Abk. f. zoologisch	ZOOL	Absicht, Zweck	ZIEL	ägypt. Göttergestalt	TOTH	äthiop. Landschaft, Provinz	BALE
Abk. f. zuzüglich	ZZGL	absolutes Verbot	TABU	ägypt. Göttin d. Freude	BAST	äthiop. Stadt	ADUA
Abk. für Interkontinentalrakete	ICBM	absterbend	WELK	ägypt. Göttin der Wahrheit	MAAT	äthiop. Stadt	GOBA
		Abstimmung, Kür	WAHL			äthiop. Strauchpflanze	KOSO
		Abstufung	GRAD	ägypt. Hafenstadt	SUES		

äthiop. Währungseinheit	BIRR
äthiopides Sudanvolk	NUBA
äußere Einwirkung auf Sinne	REIZ
äußere Gestalt	FORM
afrikan. Baumfrucht	KOLA
afrikan. Bischof (Nobelpreis)	TUTU
afrikan. Graupapagei	JAKO
afrikan. Hauptstadt	LOME
afrikan. Hottentottenstamm	NAMA
afrikan. Lilie	ALOE
afrikan. Nashornvogel	TOKO
afrikan. Pygmäenvolk	KIVU
afrikan. Runddorf	KRAL
afrikan. Sprache	TEDA
afrikan. Stamm, Volk	TIBU
afrikan. Storchenvogel	IBIS
afrikan. Vulkan	FAKO
afro-amerikan. Gesangsstil	SCAT
After	ANUS
Agentenfigur	BOND
Aggregatzustand	FEST
akadem. Examensnote	RITE
Akquisition	KAUF
aktiv, betriebsam	REGE
Alant	ORFE
alban. Fluß	DRIN
alban. Staatspräsident	ALIA
albern, närrisch	GECK
alberner Mensch	NARR
Algenart	TANG
Alkaloid	COLA
alkohol. Mischgetränk	FLIP
alkoholisches Getränk	BIER
alkoholisches Heißgetränk	GROG
Alkvogel	LUND
All, Erde	WELT
alle Filmmitarbeiter	CAST
Allein-, Einzelvortrag	SOLO
allein, ohne Begleitung	SOLO
allerdings	ZWAR
Aller-Zufluß	OKER
alle Stiche im Kartenspiel	VOLE
Allgem. Zoll- u. Handelsabkommen	GATT
Allianz	BUND
Allianz	LIGA
Almhirt, Alpenhirt	SENN
Almosen	GABE
alpenländ.: Bein, Fuß	HAXE
Alpenweide	ALPE
alt. Apothekergewicht	GRAN
alt. Erzählung	SAGE
alt. Name Thailands	SIAM
altägypt. Gott der Dürre	SETH
altägypt. Stadt im Nildelta	SAIS
Altarraum	CHOR
altathen. Philosophenschule	STOA
altchines. Gewicht	TAEL
altdän. König	GORM
altdtsch. Längenmaß	ELLE
altdtsch. Längenmaß	FUSS
alte Einheit des Luftdrucks	TORR
alte Erzählung	MAER
alte Form v. jetzt	ITZO
alte Hauptstadt Japans	NARA
alte Kirchenstrafe	BANN
alte pers. Münze	KRAN
alter Name für Jerusalem	ZION
Alternative	WAHL
altes Ackermaß, Feldmaß	HUFE
alte Scheidemünze	GROT
alte Schriftsprache auf Jawa	KAWI
altes Edelsteingewicht	GRAN
altes Feldmaß	JOCH
altes Feldmaß	JUTE
altes Flüssigkeitsmaß	POTT
altes Getreidemaß	IMMI
altes indian. Kulturvolk	MAYA
altes Längen-, Feldmaß	RUTE
altes Längenmaß	PALM
altes Längenmaß	ZOLL
altes Luftdruckmaß	TORR
alte Spießwaffe	PIKE
altes Stückmaß für Fische	WALL
altfinn. Gewittergott	UKKO
altfranz.-Liebeslied	ALBA
altgerm. Blasinstrument	LURE
altgerm. Erbbesitz	ODAL
altgerm. Göttin	ASIN
altgerm. Göttin	LAGA
altgerm. Gottheit	WANE

Clue	Answer
altgerm. Wassergeist	NECK
altgerman. Göttin d. Nacht	NOTT
altgerman. Gott, Donar	THOR
altgerman. Wanderdichter	SKOP
altgerman. Wassergeist	NIXE
altgriech. Gewicht	MINE
altgriech. Göttervater	ZEUS
altgriech. Göttin	LETO
altgriech. Held	AJAX
altgriech. Mädchenfigur	KORE
altgriech. Wettkampf	AGON
altiberische Münze	REAL
altind. Göttin	MAJA
altind. Sagenheld	RAMA
altirischer Gott	DONN
altisländ. Dichtung	SAGA
altmexikan. Volk	MAJA
altmexikanisches Volk	MAYA
altniederländ. Kupfermünze	DEUT
altniederländ. Münze	DUIT
altnord. Riese	SURT
altnord. Wahrsagerin	WALA
altnord. Wassergeist (Riese)	MIMI
altnordisch. Dichtung	SAGA
altnordisch. Gott des Donners	THOR
altnordische Dichtung	EDDA
altnordische Seejungfrau	NIXE
altröm. Göttin d. Hoffnung	SPES
altröm. Kalendertage	IDEN
altröm. Kriegsgott	MARS
altröm. Mondgöttin	LUNA
altröm. Naturgöttin	MAJA
altrömisch. Schriftsteller	CATO
altrömisch. Staatsmann	CATO
altrömischer Denker, Dichter	OVID
Altschnee	FIRN
altschott. Adelstitel	THAN
altsemitische Gottheit	BAAL
altweiberhaft	ANIL
Aluminium-Eisen-Verbindung	ALIT
am After	ANAL
Amateur	LAIE
Amazonas-Zufluß	PARU
amerik. Autorin (Nobelpreis)	BUCK
amerik.: in Ordnung	OKAY
amerikan. Ackerbaubetrieb	FARM
amerikan. Admiral, Polarforscher	PERY
amerikan. Anthropologin	MEAD
amerikan. Astronaut	BEAN
amerikan. Astronaut	DUKE
amerikan. Astronom	HALE
amerikan. Astronom (Marsmonde)	HALL
amerikan. Autofabrikant	FORD
amerikan. Automarke	FORD
amerikan. Ballerina, Choreographin	PAGE
amerikan. Biologe (Nobelpreis)	WALD
amerikan. Chemiker (Nobelpreis)	CRAM
amerikan. Chemiker (Nobelpreis)	UREY
amerikan. Choreograph	REED
amerikan. Country-Sänger	CASH
amerikan. Filmkomiker	HOPE
amerikan. Filmkomiker	KAYE
amerikan. Filmregisseur	FORD
amerikan. Filmregisseur	KING
amerikan. Filmregisseur	WOOD
amerikan. Filmschauspieler	DEAN
amerikan. Filmschauspieler	LADD
amerikan. Filmschauspieler	PECK
amerikan. Filmschauspielerin	PAGE
amerikan. Frauenname	BESS
amerikan. Geländewagen	JEEP
amerikan. General und Politiker	CLAY
amerikan. hasenartiges Tier	MARA
amerikan. Hilfsorganisation	CARE
amerikan. Inselstaat	KUBA
amerikan. Jazzgitarrist	HALL
amerikan. Jazzklarinettist	SHAW

amerikan. Jazzkomponist, -musiker	TATE
amerikan. Jazzkomponist, -pianist	COLE
amerikan. Jazzmusiker	PAGE
amerikan. Jazzmusiker (Saxophon)	MANN
amerikan. Jazzpianist	MONK
amerikan. Jazzsänger	ODAY
amerikan. Jazzsängerin	KITT
amerikan. Jazz-Saxophonist	GETZ
amerikan. Jazzsaxophonist	SIMS
amerikan. Jazzschlagzeuger	RICH
amerikan. Jazzschlagzeuger	WEBB
amerikan. Komponist	CAGE
amerikan. Komponist	IVES
amerikan. Männername	BILL
amerikan. Männername	HUGH
amerikan. Mediziner (Nobelpreis)	CORI
amerikan. Mediziner (Nobelpreis)	ROUS
amerikan. Modetanz	SLOP
amerikan. Münze	CENT
amerikan. Musicalkomponist	KERN
amerikan. Musikgattung	JAZZ
amerikan. Musikgattung	ROCK
amerikan. Negergeistlich. (Nobelpr.)	KING
amerikan. Oratoriensängerin	WEST
amerikan. Physiker (Nobelpreis)	LAMB
amerikan. Physiker (Nobelpreis)	RABI
amerikan. Polarforscher	BYRD
amerikan. Polarforscher	COOK
amerikan. Politiker (Nobelpreis)	HULL
amerikan. Politiker (Nobelpreis)	ROOT
amerikan. Popmusik-Solistin	BAEZ
amerikan. Popsängerin	RUSH
amerikan. Präsident	POLK
amerikan. Präsident	TAFT
amerikan. Reggaemusiker	TOSH
amerikan. Regisseur	SIRK
amerikan. Revolver	COLT
amerikan. Sängerin, Schauspielerin	CHER
amerikan. Schauspielerin	WOOD
amerikan. Scheidungsparadies	RENO
amerikan. Silberlöwe	PUMA
amerikan. Sopranistin	DAVY
amerikan. Theologe (Nobelpreis)	MOTT
amerikan. Zustimmung	OKAY
amerikan. 10-Cent-Münze	DIME
Amtstracht, Talar	ROBE
Amur-Zufluß	SEJA
andalusische Provinz	JAEN
Andenkamel	LAMA
Andenpflanze	KOKA
Andenstadt in Ecuador	LOJA
an der Spitze	OBEN
an der Spitze, obenan	VORN
Anderthalbmaster	YAWL
andeutungsweise	VAGE
an diesem Ort	HIER
an dieser Stelle	HIER
Anerkennung	DANK
anfeuernder Zuruf	HOPP
Anführer	BOSS
Angaben	DATA
Angeh. d. engl. Hochadels	PEER
Angeh. d. franz. Hochadels	PAIR
Angeh. e. balt. Volksstammes	LIVE
Angeh. e. finn. Volksstamms	LIVE
Angeh. e. ind. Glaubensgemeinsch.	SIKH
Angeh. e. ostiran. Volksstammes	LURE
Angeh. eines slaw. Volkes	POLE
angekeimtes Getreide	MALZ
Angelgerte	RUTE
angetriebenes Schiff	FECK
anglo-amerikan. Frauenname	JEAN
anglo-amerikan. Frauenname	JOAN
anglo-amerikan. Frauenname	KATE
anglo-amerikan. Frauenname	LUCY
anglo-amerikan. Frauenname	MARY

Clue	Answer
anglo-amerikan. Frauenname	MAUD
anglo-amerikan. Längenmaß	FOOT
anglo-amerikan. Längenmaß	INCH
anglo-amerikan. Männername	JOHN
angolanisches Volk	AMBO
Anhänger einer Weltreligion	JUDE
anhänglich	TREU
Anhäufung, Ansammlung	PULK
Anhöhe	BERG
an jener Stelle	DORT
Anker-Greifspitze	FLUH
Ankerplatz	MOLE
Ankertonne	BOJE
Anklagezustand	REAT
Ankündigung	AVIS
Anlage f. Schiffsreparaturen	DOCK
Anleihe	BORG
Anmut, Verlockung	REIZ
anmutig	HOLD
Anruf	HEDA
Ansprache, Vortrag	REDE
Anstecknadel	CLIP
Anstreichmaterial	LACK
Anteil	PART
Anteilpapier	BOND
antik. Reich am Tigris	ELAM
antik. Reich in Arabien	SABA
antik. Saiteninstrument	LYRA
antik. Wettkampf	AGON
antike Stadt in Kleinasien	KYME
Antilleninsel	KUBA
Apfelkerngehäuse	BUTZ
Apfelwein	MOST
Aphrodite-Priesterin	HERO
Apothekergewicht	UNZE
Appetit	LUST
arab. Fruchsaftarznei	ROOB
arab. Fürstentitel	EMIR
arab. Hafenstadt	ADEN
arab. Hauptstadt	ADEN
arab. Hauptstadt	RIAD
arab. Hauptstadt	SANA
arab. Krummschwert	SEIF
arab. Landschaft	ASIR
arab. Ortsrichter	KAID
arab. Scheichtum	OMAN
arab. Segelschiff	DHAU
arab. Staat	IRAK
arab. Stamm	ASRA
arab. Statthalter	WALI
arab. Zeltdorf	DUAR
arab.: Herr	SIDI
arab.: Meer, Fluß	BAHR
arab.: Schenk	SAKI
arabische Tänzerin	ALME
aramäisch: Gott, Vater	ABBA
Arbeitgeber	BOSS
arbeitsscheu	FAUL
Arbeitssklave	KULI
archit.: Hohlkehle	KYMA
argentin. Feldmaß	AREA
argentin. Pampashase	MARA
arglos	NAIV
Argonautenschiff	ARGO
Aristokratie	ADEL
arktische Schneehütte	IGLU
Armbrustgeschoß	BOLZ
armenisch. Fluß	KURA
armenischer Fluß	ARAS
armenische Stadt	KARS
armselige Ortschaft	KAFF
armseliger Raum	BUDE
armseliges Haus	KATE
Arno-Zufluß	ELSA
Arno-Zufluß	PESA
Aronstab	ARUM
Arrest	HAFT
artig	LIEB
artig	NETT
artig, tüchtig	BRAV
Arzneipflanze, Gewürzstrauch	YSOP
As beim dtsch. Kartenspiel	DAUS
asiat. Herrschertitel	KHAN
asiat. Hirschart	SIKA
asiat. Lastträger	KULI
asiat. Tagelöhner	KULI
asiat. Wildrind	GAUR
asist. Fürstentitel	CHAN
asket. Meditation	JOGA
assyr. Gottheit	NABU
assyr. Gottheit	NEBU
Aster-Art	BUBO
Astrologe Wallensteins	SENI

Atmosphären-Überdruck	ATUE
auf den After bezüglich	ANAL
Aufgeld	AGIO
Aufgeld	BETE
aufgespulter Garnkörper	KOPS
aufgeweckt, munter	WACH
aufgeweichter Lehmboden	MOTT
Aufmerksamkeit	ACHT
Aufriß, Konzept	PLAN
Aufruf des Protestes	HOHO
Aufschüttung	DAMM
Aufseher, Hüter	WART
Aufseher, Vermittler	BAAS
Aufseher, Verwalter	VOGT
aufsichtführender Häftling	KAPO
aufwärts	HOCH
Aufwartung	COUR
Aufzug	LIFT
augenblickl. Zustand	LAGE
Augenkrankheit	STAR
Augsburger Baumeister	HOLL
ausbrechender Ärger	ZORN
ausdauernd, beharrlich	ZAEH
Ausdehnung, Gebiet	RAUM
Ausdrucksform	STIL
Auseinandersetzung	ZANK
Ausflug	TRIP
Ausflug, Wanderung	TOUR
Ausflug zu Pferd	RITT
ausgedehnt	LANG
ausgedehnt, breit	WEIT
ausgeglichen	WETT
ausgehöhlt	HOHL
ausgelassen, unbändig	TOLL
ausgerechnet	JUST
ausgestopfter Puppenleib	BALG
ausgestorbene Taubenart	DODO
Ausklang	CODA
Ausrüstung	ZEUG
Ausruf	OWEH
Ausruf der Erheiterung	HAHA
Ausruf des Erstaunens	POTZ
Ausrurf des Erstaunens	NANU
Ausschank	ZAPF
Ausscheidung der Nadelhölzer	HARZ
Außenbegrenzung	RAND
Außenbegrenzung	ZAUN
Ausspruch	WORT
Ausstattungsstück	SHOW
Ausstellungsstand	KOJE
Ausstrahlung	AURA
austral. Beutelfuchs	KUSU
austral. Fluß	LORA
austroasiat. Sprache	SORA
Auswaschung	KOLK
Ausweispapier	PASS
authentisch	ECHT
Autoluftreifen	PNEU
Auton. Sowjetrepublik	MARI
Autonome Sowjetrepublik	KOMI
Autor des »Felix Krull«	MANN
Autorin von: »Die gute Erde«	BUCK
Autor von »Ariane«	ANET
Autor von »Arzt am Scheideweg«	SHAW
Autor von »Candida«	SHAW
Autor von »Das Konzert«	BAHR
Autor von »Der lachende Diplomat«	VARE
Autor von »Der Untertan«	MANN
Autor von »Der Zauberberg«	MANN
Autor von »Die Buddenbrooks«	MANN
Autor von »Ein Kampf um Rom«	DAHN
Autor von »Germinal«	ZOLA
Autor von »Helden«	SHAW
Autor von »Nana«	ZOLA
Autor von »Professor Unrat«	MANN
Autor von »Pygmalion«	SHAW
Axt	BEIL
Azoreninsel	PICO
Babykost	BREI
babylon. Gott, Sohn Marduks	NABU
babylon. Gottheit	BAAL
babylon. Wettergott	ADAD
Babyserviette	LATZ
Backgewürz	ANIS
Backmasse, Knetmasse	TEIG
Backtreibmittel	HEFE
Backwerk	BROT
badisch. Rhein-Zufluß	MURG
badische Stadt am Schwarzwald	LAHR
badische Stadt an der Schutter	LAHR
Bärenwurz	DILL
Ballen	PACK

Ballspiel zu Pferde	POLO
Balte	ESTE
baltische Hauptstadt	RIGA
Bamberger Scholastiker	EZZO
Bananenpflanze	MUSA
bandartiger Wandvorsprung	SIMS
Bankrott, Pleite	RUIN
Bankschließfach	SAFE
Bann	ACHT
Bantu-Sprache	FANG
Bantustamm	AMBO
Bantu-Volk	LOZI
Bantuvolk	SENA
Bantuvolk in Ostafrika	HUTU
Bantuvolk in Zaire	LUBA
Bargeld	CASH
bargeldloser Zahlungsverkehr	GIRO
bargeldlose Überweisung	GIRO
Barrenstange	HOLM
barsch, derb	RAUH
Bastfaser	JUTE
Bauart, Manier	STIL
Bauchfellumstülpung	NETZ
bauchiges Gefäß	KRUG
Baumaschine	KRAN
Baumfrucht	NUSS
baumreiches Gebiet	WALD
Baumschmuck	LAUB
Baumwollgewebe	MAKO
Bauwerk	HAUS
bay.-österr.: Gletscher	KEES
bayer. Barockkünstler	ASAM
bayer. Donau-Zufluß	ISAR
bayer. Donau-Zufluß	LECH
bayer. Donau-Zufluß	NAAB
bayer. Donau-Zufluß	PAAR
bayer. Donau-Zufluß	RISS
bayer. Donau-Zufluß	VILS
bayer. Inn-Zufluß	ISEN
bayer. Inn-Zufluß	ROTT
bayer. Kabarettist	POLT
bayer. Kurort am Lech	RAIN
bayer.-österr.: Hefe	GERM
bayer. Porzellanstadt	SELB
bayer. Stadt am Fichtelgebirge	SELB
bayer. Stadt am Regen	CHAM
bayer. Stadt an der Pegnitz	LAUF
bayer. Wallfahrtskirche	WIES
bayer.: Felskopf	NOCK
bayer.: Rettich	RADI
bedeckter Abzugsgraben	DOLE
Bedeutung, Gehalt	WERT
Bedeutung, geistiger Wert	SINN
Befestigung, Bollwerk	WEHR
Befestigungsdamm	WALL
Befestigungsmittel	BAND
Beförderungsmittel	BAHN
befruchtete Eizelle	KEIM
Begeisterung	ELAN
Begierde	LUST
Beginn e. härteren Gesteinsschicht	GEMS
Begleiter von Dionysos	FAUN
Begräbnisstätte	GRAB
begrenztes franz. Weinbaugebiet	CLOS
Begrenzung	RAND
Begrenzung, Kante	SAUM
Begrüßungsform	KUSS
behaarte Tierhaut	FELL
Behälter für Paste	TUBE
behende	AGIL
behutsam, liebevoll	ZART
bei Bewußtsein	WACH
Beigeschmack	GOUT
beinahe	FAST
Beiname der ind. Göttin Durga	KALI
Bein des Wildes	LAUF
Beingelenk	KNIE
Beinkleid	HOSE
beinloser Schlüpfer	SLIP
Beinteil	FUSS
Beinteil	WADE
Bein v. Hund u. Haarwild	LAUF
Beirat, Führungseinheit	STAB
beißend, scharf gewürzt	RASS
beißender Spott	HOHN
Beißverletzung	BISS
Beißwerkzeug	ZAHN
Beistand, Adjutant	AIDE
Bekleidungsstück	ROCK
beleibt	DICK
belg. Hafenstadt an der Schelde	GENT
belg. Maler, Grafiker	ROPS

belg. Pater (Nobelpreis)	PIRE
belg. Stadt an der Nethe	LIER
belg. Stadt im Hennegau	MONS
belgisch. Chansonsänger	BREL
Benachrichtigung	AVIS
Benennung	NAME
Berber-Baumwollüberwurf	HAIK
bereit	KLAR
bereitwillig	GERN
Berg bei Innsbruck	ISEL
Berg bei Luzern	RIGI
Bergerbse	ERVE
Bergerbse	ORBE
Berg im Ostjordanland	NEBO
Berg in Kasachstan	MUJA
Bergkamm	GRAT
Bergkiefern-Art	ARVE
Bergkloster in Bulgarien	RILA
Bergkristallart	PRAS
Bergkuppe	KOLM
bergmänn. Waschraum	KAUE
Bergsattel	JOCH
Bergungsschlitten	AKIA
Bergvolk in Assam	NAGA
Bergvolk in Westchina	LOLO
Bergvolk in Westchina	MIAO
Bergweg	PFAD
Bergwerksanlage	GANG
Bergwerksanlage	MINE
Bergwiese	ALPE
Berliner Wappentier	BAER
berühmter Diamant	HOPE
berühmte Sängerin	DIVA
berühmte Schauspielerin	DIVA
Berühmtheit	STAR
Berührungsverbot	TABU
Beruf im Gesundheitswesen	ARZT
Besan-Talje	DIRK
beschlagen	FIRM
Beschriftung	TEXT
Beschützerin der Künste	MUSE
Beschwerde, Last	ONUS
besiegt (im Spiel)	BETE
Besitz	HABE
besitzanzeigendes Fürwort	DEIN
besitzanzeigendes Fürwort	EUER
besitzanzeigendes Fürwort	MEIN
besitzanzeigendes Fürwort	SEIN
Besitztum	HABE
besonders, erheblich	SEHR
Bestandteil d. Erdatmosphäre	LUFT
Bestandteil d. Erdatmosphäre	NEON
Bestandteil d. Erdatmosphäre	OZON
bestimmtes Aussehen (Mode)	LOOK
Besucher	GAST
Betonungszeichen	AKUT
beträchtlich	SEHR
beträchtlich	VIEL
Bettverschlag	KOJE
Beute	FANG
Beute, Diebesgut	SORE
Beute, Diebstahl	RAUB
Beutezug, Streifzug	HAID
Bevölkerung	VOLK
Bewährungsversuch	TEST
beweglich	AGIL
Bewegungsart	GANG
Bewegungsart	LAUF
bewegungsgehemmt	LAHM
Bewertung	NOTE
Bewohner ferner Länder	EXOT
Bezahlung	LOHN
bibl. Brudermörder	KAIN
bibl. Land	EDOM
bibl. Leseabschnitt	VERS
bibl. Stadt in Galiläa	KANA
biblisch. Dulder	HIOB
biblisch. Gestalt	ONAN
biblisch. Gewicht	MINE
biblisch. Götze	BAAL
biblisch. Hohlmaß	EPHA
biblisch. König	AHAB
biblisch. König	AMON
biblisch. Monatsname	ELUL
biblisch. Monatsname	IJAR
biblisch. Ort	SILO
biblisch. Prophet	AMOS
biblisch. Prophet	ESRA
biblisch. Prophet	JOEL
biblisch. Prophet	JONA
biblisch. Riese	ENAK
biblisch. Stammvater	ADAM

Clue	Answer
biblisch. Stammvater	ENAK
biblisch. Stammvater	NOAH
biblische Landschaft	MOAB
biblische Moabiterin	RUTH
biblische Stadt	DORA
biblische Stadt	NAIN
Biene	IMME
Bienenbank mit Schutzdach	LAGD
Bienenwachszelle	WABE
Biergefäß	MASS
Bierrettich	RADI
Biersorte	PILS
Bierzutat	MALZ
Bindegewebe	TELA
Bindewort	AUCH
Binnendüne	DONN
Birkengrün	MAIE
Birkenlaubschmuck	MAIE
birman. Stadt	PEGU
birman. Währungseinheit	KYAT
birman. Zwergvolk	CHIN
bitter	HERB
Blätterwerk	LAUB
blanko	LEER
Blas-Instrument	HORN
Blasinstrument	ZINK
blaß, graugelb	FAHL
blaßgelb	FALB
blaßrot	ROSA
blaßroter Farbton	ROSE
blaßroter Wein	ROSE
Blattgemüse	KOHL
blaue Farbe	AZUR
blauer Fleck	MOSE
Blechbehälter	DOSE
Blechblasinstrument	HORN
Blechblasinstrument	TUBA
Bleibe	ASYL
Bleistifteinlage	MINE
Blendwerk, Schein	TRUG
Bleßhuhn	ZAPP
Blicke (Fisch)	ZUPE
blütenlose Pflanze	MOOS
Blütenpracht	FLOR
Blütezeit	FLOR
Blumen-, Ziergefäß	VASE
Blumenfülle	FLOR
Blutader	VENE
Blutgefäß	ADER
blutsaugendes Tier	EGEL
blutsaugendes Tier	FLOH
Bluttat	MORD
bocksfüßiger Waldgeist	FAUN
Boden, Bodenart	LEHM
Bodenerhebung	BERG
Bodennahrung	MIST
Bodenschatz	GOLD
böhm. Elbe-Zufluß	EGER
böhm. Stadt	ASCH
böhm. Stadt	TAUS
böhm. Stadt an der Eger	LAUN
böhm. Stadt an der Eger	SAAZ
Börsenpreis	KURS
Böschung	HANG
böse, grollend	GRAM
böses Weib	HEXE
Bohrung, Vertiefung	LOCH
Bohrwinde	DRAU
Bootsanlegestelle	STEG
Bootsteil, -zubehör	MAST
Borg, Geldaufnahme	PUMP
Borstenhaar	SETA
Borstenwurm	PIER
Boß	CHEF
bot.: Fruchtknoten	OVAR
botanische Anlage	PARK
Bottich	FASS
Bottich	KUFE
Boutique, Laden	SHOP
Brachse	BLEI
Brachse	ZOPE
brasil. Indianersprache	TUPI
brasil. Indianersprache	TUPI
brasil. romant. Dichter	DIAS
brasilian. Fluß	ACRE
brasilian. Fußballer	PELE
brasilian. Indianerstamm	PANO
brasilian. Kautschuksorte	PARA
Brasse	BLEI
Bratensaft	FOND
Braubottich	KUFE
Brauch, Brauchtum	MODE
Braugerste	MALZ
Brechstange	LUDE
Brei, Kleister	PAPP
Brennkegel d. japan. Heilkunst	MOXA
Brennstoff, -material	KOKS
Brennstoffbehälter	TANK
Bretterbelag d. Bootsbodens	LANE
Bretterhütte	BUDE
Brettspiel	DAME
Brettspiel	PUFF
Brettspiel	RAVA
Brillenfutteral	ETUI
Brillenschlange	NAJA

Brise, Luftströmung	WIND	Buchmacherkurse	ODDS	burgundische Stadt am Doubs	DOLE	chilen. Hafenstadt	LEBU
britisch. Sagenkönig	LEAR	Buckelrind	ZEBU	Bursche	KERL	chilen. Hafenstadt	TOME
Brötchen	WECK	buddhist. Grabmal	TOPE	burschikos	KESS	chilen. Hafenstadt	PESO
Brokat, Tuchgewebe	DRAP	buddhist. heilige Sprache	PALI	Bußbereitschaft, Gewissensbiß	REUE	chilen. Währungseinheit	
Bronzeposaune	LURE	buddhistischer Schrein	MIYA	Butter	ANKE	chin.-am. Physiker (Nobelpreis)	YANG
Brotform	KIPF	Bücherbrett	BORD	Butterfaß	KARN	chines. Dichter (8. Jh.)	TUFU
Brotform	LAIB	Büchse	DOSE	Butterfaß	KIRN	chines. Dynastie	CHOU
Brotgetreide	KORN	Bühnenberühmtheit	STAR	Buttertunke	ROUX	chines. Dynastie	MING
Bruch, schadhafte Stelle	RISS	Bühnenrolle	PART	Calvins Nachfolger	BEZA	chines. Dynastie	SUNG
Bruchzucker	PILO	Bühnenstück v. Wedekind	LULU	Campingunterkunft	ZELT	chines. Dynastie	TANG
Bruder v. Abel u. Kain	SETH	Bühnenstück von Sophokles	AJAX	Chalzedon-Abart	ONYX	chines. Gewicht, alte Münze	CASH
Bruder v. Wieland	EGIL	Bündel	PACK	Chanson	LIED		
Bruder von Seth	ABEL	Bündnis	LIGA	Chanson, Liedform	SONG	chines. Grenzfluß	AMUR
Brückenbogen	JOCH	Bündnis	PAKT	Chef	BOSS	chines. Hafenstadt	AMOY
brüsk	JAEH	Bürde	LAST	chem. Element, Edelgas	NEON	chines. Hafenstadt	WUSI
Brunft des Raubwilds	RANZ	Bug-Zufluß	RATA	chem. Element, Edelmetall	GOLD	chines. Laute	PIPA
Brustriemen am Pferdegeschirr	SILL	bulgar. Stadt	RUSE	chem. Element, Metall	URAN	chines. Münze	JIAO
Buch d. Alten Testaments	AMOS	Bund	LIGA	chem. Element, Metall	ZINK	chines. Politiker, Staatsmann	DENG
Buch d. Alten Testaments	ESRA	Bundesbehörde	POST	chem. Element, Metall	ZINN	chines. Schlaginstrument	KING
Buch d. Alten Testaments	HIOB	buntes Unterhaltungsprogramm	SHOW	chem. Kampfstoff	LOST	chines. Stadt am Jangtsekiang	WUHU
Buch d. Alten Testaments	JOEL	Buntsandstein	ROET	chem. Verbindung	AMID	chines. Volk	LIMU
Buch d. Alten Testaments	JONA	Burg am Rhein	KATZ	chem. Verbindung	ZYAN	chines. Währungseinheit	YUAN
Buch d. Alten Testaments	RUTH	Burg am Rhein	MAUS	chemisch. Element, Halogen	BROM		
		Burg an d. Mosel	ELTZ	chilen. Fluß	LEBU		
		Burg an der Lahn	DIEZ				
		Burgunderwein	RULY				

chlorophyllfreie Pflanze	PILZ
Chorhemd	ALBA
Chorhemd	ALBE
Chorschrankenpult	AMBO
Cocktail	FIZZ
Cocktail	FLIP
Cocktail	SOUR
Coda in d. Musik	ENDE
Comic-Figur (Donald)	DUCK
Computer-Bauteil	CHIP
Computer-Erfinder	ZUSE
Computer mittl. Leistung	MINI
Computersprache	LISP
Computersprache	WORD
crepeähnl. Seidengewebe	FLOR
CSU-Politiker (Landwirtsch.)	ERTL
da	DORT
da	HIER
da, während	WEIL
Dachfenster	LUKE
Dachsparren	OKEL
dän. Atomphysiker	BOHR
dän. Dramatiker	MUNK
dän. Herrschername	ERIK
dän. Herrschername	KNUT
dän. Herrschername	SVEN
dän. Insel im Limfjord	MORS
dän. Komponist	GADE
dän. Münze	OERE
dän. Nobelpreisträger	BOHR
dän. Ostsee-Insel	MOEN
dän. Politiker (Ministerpräsid.)	KRAG
dän. Stadt in Jütland	RIBE
dän.: Haff	NOOR
dagegen	ANTI
dalmat. Fallwind	BORA
dalmatin. Hafenstadt	OMIS
dalmatin. Hafenstadt	SENJ
dalmatin. Insel	BRAC
dalmatin. Insel	CRES
dalmatin. Insel	HVAR
dalmatin. Insel	OLIB
Damenfrisur	PONY
Damm, Bollwerk	WALL
Dammsicherung	WUHR
Dandy	BEAU
Dandy	GECK
Dandy, Geck	SNOB
Dargebrachtes	GABE
Darsteller	MIME
Darstellung	BILD
Darstellungsweise	STIL
dasselbe	DITO
Dauergebäck	KEKS
Davids Feldherr	URIA
Davidshirsch	MILU
Davids Vater	ISAI
DDR-Filmgesellschaft	DEFA
Deckelbehälter, -gefäß	TOPF
deftig	DERB
Dekor, Ausschmückung	ZIER
demnächst	BALD
Denkspiel, Fragespiel	QUIZ
Denkspruch, Albumspruch	POSY
den Mund betreffend	ORAL
Departement in Kolumbien	META
derb	GROB
Derma	HAUT
Derwischhütte	DALK
desgleichen	DITO
desgleichen	ITEM
deshalb	DRUM
Destillationsprodukt	TEER
Detail, Bruchstück	TEIL
deutscher Lyriker	HEYM
Deutschordensmeister	BALK
Diamantenschleifpulver	BORT
dicht. f. Gesang	SANG
dicht.: Geruch	RUCH
Dichter	POET
dichterisch f. bekannt	KUND
dichterisch: Atem	ODEM
dichterisch: Brunnen, Quelle	BORN
dichterisch: edel	HEHR
dichterisch: Frühling	LENZ
dichterisch: Gedicht	POEM
dichterisch: Hafen, Ruheort	PORT
dichterisch: hübsch	HOLD
dichterisch: Mädchen	MAID
dichterisch: Monat	MOND
dichterisch: Pferd	ROSS
dichterisch: Schutz	HORT
dichterisch: Waffe	WEHR
dichterisch: Wald	HAIN

dichterisch: Wald	TANN
dichterisch: Wasser	NASS
Dichtungsmaterial, -mittel	PECH
dicker Saft	SEIM
dickflüssig	ZAEH
dickköpfig, halsstarrig	STUR
die da	JENE
Diele	FLUR
Dienerin	MAGD
Dienerin, Kammermädchen	ZOFE
Dienstgrad	RANG
Dienstleistungsbetrieb	BAHN
Digitales Fernmeldenetz	ISDN
Dilettant	LAIE
dinglich, sachlich	REAL
diplomatisches Schriftstück	NOTE
direkt gesendet	LIVE
Diwan, breite Liege	SOFA
Dnjepr-Zufluß	DRUT
Dnjepr-Zufluß	OREL
Dnjepr-Zufluß	SULA
dörfliche Gegend	LAND
Dolch	DIRK
Doldenblüter (Gewürz)	ANIS
Doldengewächs	MERK
Domizil	HEIM
Donau-Quellfluß	BREG
Donau-Zufluß	AACH
Donau-Zufluß	AIST
Donau-Zufluß	DRAU
Donau-Zufluß	EGAU
Donau-Zufluß aus Vorarlberg	LECH
Doppelnummer	AMBE
Doppelstück	PAAR
Doppeltreffer beim Lotto	AMBE
Dordogne-Zufluß	ISLE
Dorfmark	FLUR
Dorfschenke	KRUG
Dosis	GABE
Dossier	AKTE
drahtlose Telegrafie	FUNK
Drall des Elementarteilchens	SPIN
Drama v. Sudermann	EHRE
Drama von Ibsen	NORA
Drau-Zufluß	ACHE
Drau-Zufluß	GAIL
Drau-Zufluß	GLAN
Drau-Zufluß	GURK
drawid. Sprache	TODA
drawid. Sprache	TULU
drawidische Sprache	GOND
dreieckige Dachfläche	WALM
Dreiergruppe (musik.)	TRIO
Dreimaster d. Mittelmeers	PINK
dreimastiges Segelschiff	BARK
dreist, schneidig	KESS
Dreitonstufe	TERZ
dreiwertiger Sauerstoff	OZON
Drina-Quellfluß	TARA
Drina-Zufluß	PIVA
dringlich	AKUT
dritte Stufe der Tonleiter	TERZ
Drogenbenutzer	USER
Dronte (Vogel)	DODO
Druckerzeugnis	BUCH
Druckform	SATZ
Drude	HEXE
dt. Bandleader	KUHN
dt. Ingenieur	BENZ
dt. Komponist	KOLO
dt. Name von Györ	RAAB
dt. Sänger	KOLO
dt. Schauspieler	RECK
dt. Schriftsteller	HEYM
dtsch. abstrakter Maler	WOLS
dtsch. Admiral im 1. Weltkrieg	SPEE
dtsch. Afrikaforscher	LENZ
dtsch. Anrede	HERR
dtsch. Architekt	TAUT
dtsch. Arzt, Chirurg	BIER
dtsch. Arzt u. Schriftsteller	BENN
dtsch. Astronom	WOLF
dtsch. Atomforscher	BORN
dtsch. Atomforscher	HAHN
dtsch. Automarke	AUDI
dtsch. Autor, Hörspiele	EICH
dtsch. Autor, Theaterkritiker	KERR
dtsch. Autoren-Brüderpaar	MANN
dtsch. Autor (Nobelpreis)	MANN
dtsch. Bakteriologe (Nobelpr.)	KOCH
dtsch. Bandleader	LAST
dtsch. Barockdichter	DACH
dtsch. Barockkomponist	BACH
dtsch. Baßbariton	ADAM

dtsch. Botaniker	BAUR
dtsch. Bundeskanzler	KOHL
dtsch. Chemiekonzern	BASF
dtsch. Chemiker	CARO
dtsch. Chemiker (Nobelpreis)	HAHN
dtsch. Chemiker (Nobelpreis)	KUHN
dtsch. Computererfinder	ZUSE
dtsch. Dichter, Freund Goethes	LENZ
dtsch. Dichter, Schriftsteller	BAMM
dtsch. Dichter, Schriftsteller	DAHN
dtsch. Dichter, Schriftsteller	VOSS
dtsch. Dichterin	KOLB
dtsch. Dirigent, Jazzpianist	LEHN
dtsch. Erfinder, Techniker	OPEL
dtsch. Erfinder des Telefons	REIS
dtsch. Filmkomikerin	HERR
dtsch. Filmregisseur	LANG
dtsch. Fluß	ELBE
dtsch. frühexpress. Dichter	HEYM
dtsch. Fürstenhaus	SALM
dtsch. Fußballspieler	MILL
dtsch. Fußballspieler	RAHN
dtsch. Gasmotor-Erfinder	OTTO
dtsch. General, Heerführer	LIST
dtsch. Generalstabschef	BECK
dtsch. Historiker	DAHN
dtsch. Homerübersetzer	VOSS
dtsch. impressionist. Maler	UHDE
dtsch. Jazz-Musiker	BEST
dtsch. Jazzpianist	KUHN
dtsch. Jesuit	DELP
dtsch. Kabarettistin	VITA
dtsch. Kaisername, Königsname	KARL
dtsch. Kaisername, Königsname	OTTO
dtsch. Kapellmeister	ETTE
dtsch. Koloratursopran	SACK
dtsch. Komponist	HAAS
dtsch. Komponist	HASS
dtsch. Komponist	JARY
dtsch. Komponist	MARX
dtsch. Komponist	ORFF
dtsch. Komponist (Lieder)	KNAB
dtsch. Kunst- u. Kampfflieger	UDET
dtsch. Landeshauptstadt	KIEL
dtsch. Luftschiffbauer	LANZ
dtsch. Lyriker, Schriftsteller	BART
dtsch. lyrisch. Tenor	PREY
dtsch. Maler	FUHR
dtsch. Maler	MOLL
dtsch. Maler, Grafiker	KLEE
dtsch. Maler, Grafiker (15. Jh.)	WITZ
dtsch. Maler (Blauer Reiter)	MARC
dtsch. Mediziner	WEIL
dtsch. Mediziner, Anatom	ROUX
dtsch. Mittelgebirge	HARZ
dtsch. Nationalökonom	LIST
dtsch. naturalistisch. Dichter	HOLZ
dtsch.-österr. Adelstitel	GRAF
dtsch. Ostseehafen	KIEL
dtsch. Philologe, Autor	JENS
dtsch. Philosoph	LITT
dtsch. Philosoph (Kritizismus)	KANT
dtsch. Physiker	ABBE
dtsch. Physiker (Bildtelegrafie)	KORN
dtsch. Physiker (Funktechnik)	ARCO
dtsch. Physiker (Nobelpreis)	BORN
dtsch. Physiker (Nobelpreis)	LAUE
dtsch. Physiker (Nobelpreis)	WIEN
dtsch. Politiker (CDU)	HECK
dtsch. Politiker (Hitlerputsch)	KAHR
dtsch.-poln. Grenzfluß	ODER
dtsch. realist. Schriftstellerin	KURZ

4

Clue	Answer
dtsch. Reichskanzler	CUNO
dtsch. Reichskanzler	MARX
dtsch. Rokokomaler	ZICK
dtsch. romant. Philosoph	OKEN
dtsch. Schauspieler	EYCK
dtsch. Schauspieler	GANZ
dtsch. Schauspieler	GRAF
dtsch. Schauspieler	HELD
dtsch. Schauspieler	HINZ
dtsch. Schauspieler	JOHN
dtsch. Schauspieler	KEMP
dtsch. Schauspieler	KRUG
dtsch. Schauspieler	LENZ
dtsch. Schauspieler	LOOS
dtsch. Schauspieler	PIEL
dtsch. Schauspieler	WERY
dtsch. Schauspielerin	BAAL
dtsch. Schauspielerin	GLAS
dtsch. Schauspielerin	GOLD
dtsch. Schauspielerin	HELM
dtsch. Schauspielerin	HORN
dtsch. Schauspielerin	KINZ
dtsch. Schauspielerin	KOCH
dtsch. Schauspielerin	MIRA
dtsch. Schauspielerin	POHL
dtsch. Schauspielerin	RAHL
dtsch. Schauspielerin	ROSE
dtsch. Schauspielerin	ROTH
dtsch. Schauspielerin	SAIS
dtsch. Schauspielerin	VITA
dtsch. Schauspielerin	WEIS
dtsch. Schauspielerin	WIED
dtsch. Schauspielerin, Sängerin	KNEF
dtsch. Schauspieler u. Autor	KOWA
dtsch. Schlagersängerin	NENA
dtsch. Schreibung v. Creme	KREM
dtsch. Schriftsteller	ENDE
dtsch. Schriftsteller	FLEX
dtsch. Schriftsteller	GRAF
dtsch. Schriftsteller	KANT
dtsch. Schriftsteller	LENZ
dtsch. Schriftsteller	NOLL
dtsch. Schriftstellerin	WOLF
dtsch. Schriftstellerin (Ricarda)	HUCH
dtsch. Spielkarte	OBER
dtsch. Spielkartenfarbe	LAUB
dtsch. Sportwissenschaftler	DIEM
dtsch. Stadt an der Niers	GOCH
dtsch. Stadt an Kinzig u. Rhein	KEHL
dtsch. Tennisspielerin	GRAF
dtsch. Theoret. d. Sozialismus	MARX
dtsch. Tierbildhauer	GAUL
dtsch. Währungseinheit	MARK
dtsch. Weinbaugebiet	NAHE
dtsch. Weinbaugebiet	SAAR
dünn, zart	FEIN
dünnes Baumwollgewebe	MULL
dünnes Gewebe	GAZE
dünnes Häutchen	FILM
dünnes Tau, Leine	SEIL
dürftig	KARG
Duero-Zufluß	ARGA
Duero-Zufluß	ESLA
dürr, trocken	ARID
duftende Blume, Pflanze	ROSE
Duftstoff im Irisöl	IRON
dummer Streich	FAXE
dummer Witz	FAXE
Dummkopf	DEPP
Dummkopf	NARR
Dung	MIST
dunkelhäutiger Mensch	MOHR
Dunst, Staubluft	DUST
Dunst aus Rauch u. Nebel	SMOG
Dunstglocke, Industrienebel	SMOG
durch den Mund	ORAL
durchdringend helltönend	GELL
Durcheinander, Schutt	WUST
Durchschnitt	NORM
durchsichtig	KLAR
durchsichtiger Werkstoff	GLAS
durchsichtiges Mineral	OPAL

Dwina-Zufluß	WAGA	Eierstab	KYMA	Eingang zum Darmkanal	MUND	einwert. Kohlenwasserstoffrest	AMYL
eben, flach	PLAN	Eierstock	OVAR				
		Eigenbez. der Tscherkessen	MARI	eingebildeter Mensch	SNOB	Einzäunung, Umfriedung	ZAUN
ebenfalls	AUCH						
ebenfalls	DITO			Eingebung	IDEE		
ebenfalls	ITEM	Eigenbezeichn. der Vietnamesen	KINH	eingedeichtes Marschland	KOOG	Einzeldarbietung	SOLO
ebenso	AUCH						
ebenso	DITO					Einzelrennen	HEAT
ecuadorian. Indianerstamm	CARA	eigensinnig, hartnäckig	STUR	eingefriedetes Feld	KAMP	Einzelvorträge	SOLI
		Eigentum	HABE				
Edelblume	ROSE	eigenwillig	URIG	Eingeladener	GAST	Eisenbahnvorsignal	BAKE
Edelknabe	PAGE	Eignungsprüfung	TEST	eingelegter Hering	SILD	Eisenfraß, Eisenoxid	ROST
Edelmetall	GOLD	Eileiter (mediz.)	TUBA	Einheit d. Radiumemanation	STAT	Eisenluppe	DEUL
Edelpelz	NERZ	Einbildung, Täuschung	WAHN			Eishockeyscheibe	PUCK
EDV-Betriebssystem	UNIX			einkufiger Schlitten	AKIA		
		eine der Gezeiten	EBBE	einleuchtend	KLAR	Eiskunstlauf-Sprung	AXEL
EDV-Einzelarbeit	TASK						
		eine der Gezeiten	FLUT	Einmalprämie	MISE	Eiskunstlaufsprung	FLIP
EDV-Geräteeinheit	UNIT	eine der Horen	DIKE	Einmaster	KAAG	Eiskunstlauf-Sprung	LUTZ
EDV-Informationseinheit	BYTE	eine Menge	VIEL	Einmaster	SLUP		
		einer der Argonauten	IDAS	Einrede, Einspruch	VETO	eitel, nichtig	INAN
ehem. brasilian. Münze	REIS					Eiter	PYON
		einer der Sieben griech. Weisen	BIAS	einsam	OEDE	eiweißreiche Pflanze	SOJA
ehem. Diktator v. Uganda	AMIN			Einsamkeit	OEDE		
						ekelhaft	FIES
ehem. dtsch. Kolonie	TOGO	einerlei	EGAL	Einsatz im Kartenspiel	BETE	Elbe-Zufluß	ELDE
		einfältig	NAIV				
ehem. indisch. Gewichtseinheit	ANNA	einfältig, langweilig	DOOF	einschließlich	SAMT	Elbe-Zufluß	ESTE
		Einfall	IDEE	Einstellmarke für Fernrohre	MIRE	Elbe-Zufluß	IHLE
ehem. indisch. Münze	ANNA	Einfaltspinsel	NARR			Elbe-Zufluß	OSTE
		Einfassung, Rand	SAUM	Einstieg	LUKE	Elch	ELEN
Ehre, hohes Ansehen	RUHM			Eintagsfliegenschwarm	AUST	elegant	CHIC
		Einfriedung	FENZ			Eleganz	CHIC
ehrenhaft	FAIR	Eingang, Hausein- gang	TUER	Einwand	ABER	elektr. Stromspeicher	AKKU
Ei, Eizelle	OVUM			Einweichmittel	SODA		
Eidechsenart	DABB					elektron. Bauteil	CHIP
Eierlieferantin	HUHN						

elektron. Übertragungsrate	BAUD
Elementarteilchen	ATOM
Elementarteilchen	MYON
Elementarteilchen	PION
Elen	ELCH
elend	MIES
Elend, Jammer	QUAL
Elle (mediz.)	ULNA
elsäss. Rhein-Zufluß	SELZ
Empfindungsorgan	SINN
Empfindungsursache	REIZ
emsig, lebhaft	REGE
Ems-Zufluß	HASE
Ems-Zufluß	LEDA
Ende eines Musikstücks	FINE
Endglied des Fußes	ZEHE
Endstellung beim Schach	MATT
Energiesammler	AKKU
enge Anpflanzung	TUFF
enge Jacke, Joppe	WAMS
enges schott. Längstal	GLEN
engl. abgekürzt: Firma	COMP
engl. Adelstitel, -prädikat	LORD
engl.-am. f. Weihnachten	XMAS
engl.-am. Maßeinheit	MILE
engl. Architekt	WREN
engl. Autorennfahrer	MOSS
engl. Chemiker	DAVY
engl. Chemiker (Nobelpreis)	TODD
engl. Dichter (18. Jh.)	POPE
engl. f. Maria	MARY
engl. f.: Flotte	NAVY
engl. Flächenmaß	ACRE
engl. Flächenmaß	ROOD
engl. Fleck	SPOT
engl. Flüssigkeitsmaß	PIPE
engl. Fluß	AVON
engl. Fluß zur Wash-Bucht	OUSE
engl. Frauen-Vorname	ANNE
engl. Garnmaß	RAND
engl. Gaunersprache	CANT
engl. Geistlicher	DEAN
engl. Graf	EARL
engl. Hafenstadt, Seebad	BATH
engl. Handelsgewicht	DRAM
engl. Herrscherdynastie	YORK
engl. Hohlmaß	PINT
engl. Ingenieur, Erfinder	WATT
engl. Insel im Ärmelkanal	SARK
engl. Königin	ANNA
engl. Königin	MARY
engl. Komponist	BYRD
engl. Konservativer	TORY
engl. Kurzform f. Katharina	KATE
engl. Kurzform von Richard	DICK
engl. liberal. Staatsmann	GREY
engl. Liberaler	WHIG
engl. Männer-Vorname	ALEC
engl. Männer-Vorname	MARC
engl. Mediziner (Nobelpreis)	DALE
engl. Mediziner (Nobelpreis)	ROSS
engl. Münze	CENT
engl. mystizist. Philosoph	MORE
engl. Philosoph der Aufklärung	HUME
engl. Philosoph (Positivismus)	MILL
engl. Physiker	KERR
engl. Physiker (Nobelpreis)	RYLE
engl. Physiologe (Nobelpreis)	HILL
engl. Politiker, Staatsmann	EDEN
engl. Politiker, Staatsmann	PITT
engl. Prinzessin	ANNE
engl. romant. Schriftsteller	LAMB
engl. Schauspieler	KEAN
engl. Schauspieler	TODD
engl. Schulstadt	ETON
engl. Seefahrer	COOK
engl. Sozialpolitiker	OWEN
engl. Staatsmann	PEEL
engl. Stadt an der Ouse	YORK
engl. surrealist. Maler, Zeichner	NASH
engl. weibl. Adelstitel	LADY

engl. Wollgewicht	PACK
engl.: Abstimmung	POLL
engl.:Ansturm, Vorsprechen	RUSH
engl.: Aufgabe	TASK
engl.: aufwecken	WAKE
engl.: Aussehen	LOOK
engl.: Bad	BATH
engl.: Bande	GANG
engl.: Bargeld	CASH
engl.: Bedürfnis	NEED
engl.: behalten	KEEP
engl.: Birne	PEAR
engl.: blau	BLUE
engl.: Blumenstrauß	POSY
engl.: Datum, Verabredung	DATE
engl.: Droge	DRUG
engl.: Eisen	IRON
engl.: Ente	DUCK
engl.: Erzählung	TALE
engl.: f. Atommeiler	PILE
engl.: Falle	TRAP
engl.: Fleisch	MEAT
engl.: Floß	RAFT
engl.: Fräulein	MISS
engl.: fünf	FIVE
engl.: Fuß	FOOT
engl.: Gastgeber	HOST
engl.: gemacht, hergestellt	MADE
engl.: Gesetzentwurf	BILL
engl.: Gesicht	FACE
engl.: gesund	SANE
engl.: gleich	LIKE
engl.: Glöckchen	BELL
engl.: gut	GOOD
engl.: Haferflocken	OATS
engl.: Hahn	COCK
engl.: halb	HALF
engl.: hart	HARD
engl.: Haufen	PILE
engl.: Haupt, Kopf	HEAD
engl.: Haut	SKIN
engl.: Heim, Zuhause	HOME
engl.: hell, blaß	PALE
engl.: Herzog	DUKE
engl.: Heuchelei	CANT
engl.: Hitze	HEAT
engl.: hoch	HIGH
engl.: hochgewachsen	TALL
engl.: hören	HEAR
engl.: Insel	ISLE
engl.: Johann	JOHN
engl.: Johanna	JANE
engl.: Johannes	JACK
engl.: Kalbsleder	CALF
engl.: kalt	COLD
engl.: Kernreaktor	PILE
engl.: Klemme	CLIP
engl.: Knochen, Gebein	BONE
engl.: König	KING
engl.: kommen	COME
engl.: Kosten	COST
engl.: Kuchen	CAKE
engl.: kühl	COOL
engl.: Kuppel	DOME
engl.: Lager	CAMP
engl.: Lamm	LAMB
engl.: Landstraße	ROAD
engl.: lang	LONG
engl.: langsam	SLOW
engl.: lebendig	LIVE
engl.: Leib, Körper	BODY
engl.: leicht	EASY
engl.: lesen	READ
engl.: lieb, teuer	DEAR
engl.: Lied	SONG
engl.: Linie	LINE
engl.: Loch	HOLE
engl.: Löwe	LION
engl.: machen	MAKE
engl.: Mädchen	GIRL
engl.: männlich	MALE
engl.: Mathilde	MAUD
engl.: Meile	MILE
engl.: Mönch	MONK
engl.: müssen	MUST
engl.: nehmen	TAKE
engl.: nieder	DOWN
engl.: Osten	EAST
engl.: Peitsche	WHIP
engl.: Perücke	WHIG
engl.: Pfeife	PIPE
engl.: plaudern	TALK
engl.: Post	MAIL
engl.: Rasen	LAWN
engl.: Rasen	TURF
engl.: Rauch	FUME
engl.: Rauschmittel, Droge	DOPE
engl.: Rindfleisch	BEEF
engl.: Röhre	TUBE
engl.: Rücken	BACK
engl.: Ruf	CALL
engl.: Saft	JUCE

engl.: schälen	PEEL
engl.: Scheibe	DISK
engl.: schlank	SLIM
engl.: Schmutz	DIRT
engl.: Schritt	PACE
engl.: Schuß, Aufnahme	SHOT
engl.: Schwan	SWAN
engl.: Seele	SOUL
engl.: sehen	LOOK
engl.: Seide	SILK
engl.: Seite	SIDE
engl.: selbst	SELF
engl.: sicher	SAFE
engl.: singen	SING
engl.: Sorge	CARE
engl.: Spiel	PLAY
engl.: Spiel, Partie	GAME
engl.: Splitter	CHIP
engl.: Spritzer	DASH
engl.: Stadt	TOWN
engl.: Stange	POLE
engl.: Staub	DUST
engl.: Stiefel	BOOT
engl.: Stier	BULL
engl.: stoßen	PUSH
engl.: Strahl	BEAM
engl.: Tatsache	FACT
engl.: tief	DEEP
engl.: töten	KILL
engl.: tot	DEAD
engl.: Träne	TEAR
engl.: treffen	MEET
engl.: Trommel	DRUM
engl.: Tropfen	DROP
engl.: über, vorbei	OVER
engl.: verkaufen	SELL
engl.: verletzen	HURT
engl.: verloren	LOST
engl.: voll	FULL
engl.: Wagnis	RISK
engl.: waschen	WASH
engl.: weich	SOFT
engl.: Wende	TURN
engl.: wirklich	REAL
engl.: wissen	KNOW
engl.: Woche	WEEK
engl.: Zeichen	SIGN
engl.: zeigen	SHOW
engl.:Zeit	TIME
engl.: Zelt	TENT
engl.: zuletzt	LAST
Englischhorn	OBOE
englisch: Arbeit	WORK
englisch: Ausflug	TRIP
englisch: Baum	TREE
englisch: Berggipfel	PEAK
englisch: Bier	BEER
englisch: Boot	BOAT
englisch: Buch	BOOK
englisch: Dame	LADY
englisch: Feuer	FIRE
englisch: Frau	WIFE
englisch: frei	FREE
englisch: Gedicht	POEM
englisch: Glück	LUCK
englisch: Haar	HAIR
englisch: Holz	WOOD
englisch: Knie	KNEE
englisch: Liebe	LOVE
englisch: Meinung	MIND
englisch: Meinung	VIEW
englisch: Mond	MOON
englisch: Nase	NOSE
englisch: Neuigkeit	NEWS
englisch: neun	NINE
englisch: offen	OPEN
englisch: Paar	PAIR
englisch: Schnee	SNOW
englisch: Sitz	SEAT
englisch: spät	LATE
englisch: spielen	PLAY
englisch: Tonband	TAPE
englisch: Verkauf	SALE
englisch: vier	FOUR
Engpaß des Salzach-Tals	LUEG
Entd. des Seewegs um Südafrika	DIAZ
Entdecker des Insulins	BEST
Entdeckung	FUND
Entdecker Chinas	POLO
Entdecker d. Cholerabazillus	KOCH
Entdecker der Uranspaltung	HAHN
Entenlaut	QUAK
entfernt, nicht nah	WEIT
entgaste Steinkohle	KOKS
Entgelt	LOHN
Entgelt für geliehenes Geld	ZINS
Entwurf, Grundriß	PLAN
Epilepsie-Vorbote	AURA
Eppich	EFEU
Erbhof, Freigut	ODAL
Erdaufschüttung	WALL
Erdgeist, Erdmännchen	GNOM
Erdgürtel, Gebietsstreifen	ZONE
Erdkern	NIFE
Erdöl-Förderländer-Organis.	OPEC

Clue	Answer
Erdscholle, Torfdecke	BULT
Erdtrabant	MOND
Erdwall	DAMM
erfahren	FIRM
Erfinder d. Atommodells	BOHR
Erfinder d. Dampfmaschine	WATT
Erfinder d. Gasglühlichts	AUER
Erfinder d. Gasmotors	OTTO
Erfinder d. Kraftfahrzeugs	BENZ
Erfinder d. Revolvers	COLT
Erfinder d. Tonfilms	VOGT
Erfinder des Echolots	BEHM
Erfinder des Telefons	BELL
Erfinder e. Fernschreibapparats	HELL
Erfrischung	LABE
ergeben, anhänglich	TREU
erhaben	HEHR
erhöhter Kirchenraum	CHOR
erhöhter Teil des Vorschiffs	BACK
Ernte der Winzer	LESE
erotisch attraktiv	SEXY
Erprobung	TEST
Erquickung	LABE
Erringen der Überlegenheit	SIEG
erschöpft	MATT
erster Ton der Tonleiter	PRIM
erste Tonstufe	PRIM
Eruptivgestein	LAVA
Erwerb gegen Bezahlung	KAUF
erzählende Dichtkunst	EPIK
erzählende Dichtung	EPOS
erzählendes Gedicht	EPOS
Esapartogras	DISS
Eskimohütte	IGLU
Espartogras	ALFA
eßbare Früchte	OBST
Essen	MAHL
Essenzubereiter	KOCH
Eßgeschirr	NAPF
Essigbaum	RHUS
Eßtisch auf Schiffen	BACK
estnische Hafenstadt	TAPS
estnische Insel	MOON
ethischer Begriff	EHRE
Etsch-Zufluß	NOCE
etwa, ungefähr	RUND
Eule ohne Federohren	KAUZ
eurasischer Fluß	URAL
eurasisches Gebirge	URAL
europ. Inselbewohnerin	IRIN
Europ. Kernforschungszentrum	CERN
Europ. Sicherheitskonferenz	KSZE
europäische Hauptstadt	BERN
europäische Hauptstadt	BONN
europäische Hauptstadt	OSLO
europäische Hauptstadt	PRAG
europäische Hauptstadt	WIEN
europäischer Strom	ELBE
europäische Währung	LIRA
Euterkrankheit	GALT
Evastochter	FRAU
Ewigkeit	AEON
exotische Frucht	KIWI
exotisches Tier	AFFE
Explosivgeschoß	MINE
Fabel	MAER
Fabelname des Bären	PETZ
Fabrik, Betrieb	WERK
Fabrikschornstein	ESSE
Fach	LADE
Faden	GARN
Fährschiff, Nachen	NAUE
Färberpflanze	WAID
Fahnenstange	MAST
Fahrstraße, Fahrstrecke	KURS
Fahrstuhl	LIFT
Fahrtrichtung	KURS
Fahrtwende im röm. Zirkus	META
falscher Glanz, Schein	TAND
falscher Glanz, Schein	TRUG
falsche Richtung	IRRE
falsches Ideal	IDOL
falsche Zeitungsmeldung	ENTE
faltbare Unterkunft	ZELT
Fangschlinge	MAXE
Farbe d. Neides	GELB
Farbe der Treue	BLAU
farbenfroh	BUNT
Faserpflanze	HANF
Faserpflanze	LEIN
Faserpreßstoff	FILZ

Fassungsvermögen	RAUM	Feldrand, -grenze	RAIN	fetter Marschboden	KLEI	Figur aus »Der Zarewitsch«	IWAN
fast gar nicht	KAUM	Feldstück	KAMP	Fettmachen von Schlachtvieh	MAST	Figur aus »Der zerbrochene Krug«	ADAM
Fastnachtsgeck	NARR	Feldulme	IPER				
		Fell kleiner Tiere	BALG	Fetzchen	FITZ	Figur aus »Die Csardasfürstin«	BONI
Fechthieb	PRIM						
Fechthieb	SIXT	Fellpaken	WUND	feuchter Boden, feuchtes Land	MOOR		
Fechthieb	TERZ	Felsschlucht	KLUS			Figur aus »Die Csardasfürstin«	FERI
Federkiel	POSE	Felsüberhang als Frühzeitwohnung	ABRI	Feuergitter, Grill	ROST		
Fee	ELFE					Figur aus »Die verkaufte Braut«	MUFF
Feier	FEST			Feuerkröte, Lurch	UNKE		
Feier, Fest	FETE	Felswand	FLUH	Fidschi-Insel	NGAU		
		Ferkelgrind	RUSS			Figur aus »Dreigroschenoper«	LUCY
feierlicher Empfang	COUR	ferner, außerdem	NOCH	Fig. a. d. »Lustigen Weib. v. Windsor«	ANNA		
Feindschaft	HASS					Figur aus »Egmont«	ALBA
		ferner, fernerhin	AUCH	Figur aus »Cavalleria rusticana«	LOLA		
feines Drahtgeflecht	GAZE					Figur aus »Fliegender Holländer«	MARY
		fest	HART				
feinfühlend, feinfühlig	ZART	fest, beständig	STET	Figur aus »Der Freischütz«	KUNO		
						Figur aus »Götz von Berlichingen«	LINK
		feste Beziehung	BUND	Figur aus »Der Opernball«	PAUL		
Feingefühl	TAKT	fester Moorgrund	DARG				
Feingehalt, -gewicht	ALOI					Figur aus »Graf von Luxemburg«	RENE
		festes Einkommen	LOHN	Figur aus »Der Revisor«	ANNA		
Feingehalt, -gewicht	KORN	festes Seezeichen	BAKE	Figur aus »Der Rosenkavalier«	OCHS	Figur aus »Kabale und Liebe«	KALB
feingekörntes Gestein	SAND	Festessen	MAHL				
		festgesetzter Preis	TAXE	Figur aus »Der Troubadour«	INES	Figur aus »Kabale und Liebe«	WURM
Feingewicht	GRAN						
feinster Kohlenstaub	RUSS	Festkleidung	GALA	Figur aus »Der Troubadour«	LUNA	Figur aus »Kiss Me Kate«	BILL
feist	FETT	Festsaal in Schulen	AULA				
Feldblume	MOHN			Figur aus »Der Troubadour«	RUIZ	Figur aus »Kiss Me Kate«	FRED
		Festungsanlage	BURG				
Feldfrucht	KORN	Festungsanlage	FORT			Figur aus »Kiss Me Kate«	PAUL
Feldherr Davids	JOAB	festverzinsl. Wertpapier	BOND	Figur aus »Der Vogelhändler«	ADAM		
Feldherr Karls V.	ALBA					Figur aus »La Boheme«	MIMI
		Festvorstellung	GALA	Figur aus »Der Vogelhändler«	WEPS		
Feldherr Maria Theresias	DAUN					Figur aus »Land d. Lächelns«	FULI
Feldlager	CAMP						
Feldmark	FLUR						

Clue	Answer
Figur aus »Land d. Lächelns«	LORE
Figur aus »Land des Lächelns«	LISA
Figur aus »Lohengrin«	ELSA
Figur aus »Madame Butterfly«	GORO
Figur aus »Minna v. Barnhelm«	JUST
Figur aus »Nathan der Weise«	DAJA
Figur aus »Othello«	JAGO
Figur aus »Peer Gynt«	MADS
Figur aus »Ring d. Nibelungen«	ERDA
Figur aus »Ring d. Nibelungen«	FROH
Figur aus »Ring des Nibelungen«	LOGE
Figur aus »Sommernachtstraum«	PUCK
Figur aus »The King and I«	ANNA
Figur aus »Tiefland«	NURI
Figur aus »Tiefland«	PEPA
Figur aus »Turandot«	PANG
Figur aus »Turandot«	PING
Figur aus »Turandot«	PONG
Figur aus »Undine«	VEIT
Figur aus »Wallenstein«	ILLO
Figur aus »Wallenstein«	SENI
Figur aus »West Side Story«	RIFF
Figur aus »West Side Story«	TONY
Figur aus »Wilhelm Tell«	KUNZ
Figur im »Fliegenden Holländer«	ERIK
Figur in »Kaufmann von Venedig«	DOGE
Filmaufnahme	SHOT
Filmaufnahme (engl.)	TAKE
Filmbesetzung	CAST
Filmtheater	KINO
Fingerentzündung	WURM
Fingerreif	RING
Fingerschmuck	RING
Fingerspitzengefühl	TAKT
Fingerzeig, stummer Hinweis	WINK
finnisch. Ostseehafen	OULU
finnisch. realist. Dichter	KIVI
finnisch. Verwaltungsbezirk	LAEN
finnische Hafenstadt	PORI
finnische Hafenstadt am Kemijoki	KEMI
Finte	DREH
firm	FEST
Firmeninhaber	CHEF
Firmenzeichen	LOGO
Firmenzusammenschluß	RING
Firnis	LACK
Fisch	URBE
Fisch-Eingeweidewurm	FIEK
Fischzugergebnis	FANG
fix	FEST
fixe Idee, Schrulle	TICK
flach	EBEN
flacher Küstensegler	KUFF
flacher Strandsee	HAFF
Flachkahn	PUNT
Flachs-, Hanfabfall	WERG
Flachsabfall	AGEN
Flachsabfall	HEDE
Flachsart	LEIN
Flachseestreifen	WATT
Flachsee vor der Nordseeküste	WATT
fläm. Maler, Rubens-Schüler	DYCK
fläm. Name v. Lüttich	LUIK
flämisch. Maler	HALS
Flaschenverschluß	KORK
Flaschenzug	GIEN
Flechtmaterial	BAST
Fleischmaschine	WOLF
fleißiges Insekt	IMME
fliederfarben	LILA
flink	AGIL
flott	CHIC
Flüchtigkeitsfehler	BOCK
flüssiges Fischfett	TRAN
Flüssigkeitsbehälter	KRUG
Flüssigkeitsbehälter	TANK
Flüssigkeitsleitung	ROHR
Flüssigkeitsrückstand	SATZ
Flughafen von Bonn/Köln	WAHN
Flughafen von Lyon	BRON
Flugzeugbesatzung	CREW
Flunder	BUTT
Fluß auf der Halbinsel Istrien	RASA
Fluß auf der Krim	ALMA
Fluß aus dem Fichtelgebirge	NAAB
Fluß aus dem Harz	BODE
Fluß aus dem Harz	ILSE

Clue	Answer
Fluß aus dem Harz	OKER
Fluß aus dem Hunsrück	NAHE
Fluß aus dem Riesengebirge	ELBE
Fluß aus dem Rothaargebirge	LAHN
Fluß aus dem Schwarzwald	MURG
Fluß d. St. Petersburg	NEWA
Fluß durch Albi	TARN
Fluß durch Amberg	VILS
Fluß durch Aschaffenburg	MAIN
Fluß durch Augsburg	LECH
Fluß durch Belgrad	SAVE
Fluß durch Bern	AARE
Fluß durch Bingen	NAHE
Fluß durch Braunschweig	OKER
Fluß durch Bremervörde	OSTE
Fluß durch Breslau	ODER
Fluß durch Buxtehude	ESTE
Fluß durch Caen	ORNE
Fluß durch Dresden	ELBE
Fluß durch Einbek	ILME
Fluß durch Erfurt	GERA
Fluß durch Essen	RUHR
Fluß durch Florenz	ARNO
Fluß durch Fritzlar	EDER
Fluß durch Gießen	LAHN
Fluß durch Hamburg	ELBE
Fluß durch Hanau	MAIN
Fluß durch Karlsbad	EGER
Fluß durch Karlsbad	TEPL
Fluß durch Kreuznach	NAHE
Fluß durch Leer	LEDA
Fluß durch Lemgo	BEGA
Fluß durch Limburg	LAHN
Fluß durch Lüttich	MAAS
Fluß durch Magdeburg	ELBE
Fluß durch München	ISAR
Fluß durch Neuss	ERFT
Fluß durch Parchim	ELDE
Fluß durch Perm	KAMA
Fluß durch Pisa	ARNO
Fluß durch Quedlinburg	BODE
Fluß durch Rastatt	MURG
Fluß durch Saragossa	EBRO
Fluß durch Siegburg	SIEG
Fluß durch Staßfurt	BODE
Fluß durch Steyr	ENNS
Fluß durch Terni	NERA
Fluß durch Tiflis	KURA
Fluß durch Toledo	TAJO
Fluß durch Villach	DRAU
Fluß durch Waiblingen	REMS
Fluß durch Weiden	NAAB
Fluß durch Wertheim	MAIN
Fluß durch Winsen	LUHE
Fluß durch Witten	RUHR
Fluß durch Würzburg	MAIN
Fluß im Iran	MAND
Fluß im Kaukasus	RION
Fluß im Rheinland	LAHN
Fluß im Rheinland	NAHE
Fluß im Rheinland	RUHR
Fluß im Rheinland	SIEG
Fluß im Rheinland	WIED
Fluß im Spessart	KAHL
Fluß im Spessart	LOHR
Fluß im Spessart	MAIN
Fluß im Spessart	SINN
Fluß in der Toskana	ARNO
Fluß in Kenia	TANA
Fluß in Oldenburg	JADE
Fluß-Regulierungsanlage	DAMM
Fluß-regulierungsanlage	WEHR
Fluß z. Asowschen Meer	JEJA
Fluß z. Finn. Meerbusen	LUGA
Fluß z. Kaspischen Meer	EMBA
Fluß zum Bodensee	AACH
Fluß zum Chiemsee	ACHE
Fluß zum Kaspischen Meer	KUMA

Fluß zum Kaspischen Meer	KURA
Fluß zum Kaspischen Meer	URAL
Fluß zum Kurischen Haff	ARGE
Fluß zum Lago Maggiore	TOCE
Flut	TIDE
Flutwelle in asiat. Flußmündungen	BORE
Förderwagen	HUND
Fokus (medizin.)	HERD
folglich	ALSO
folgsam	BRAV
foppen	UZEN
Forderung zum Duell	DEFI
Format	MASS
Fortbewegung im Luftraum	FLUG
forte in d. Musik	LAUT
fotogr. Bildträger	FILM
fotograf. Objektivweite	ZOOM
Frachtstück	PACK
fränk. Stadt am Main	KAHL
Fragewort	WANN
Fragewort	WOZU
Frankenfürst, -könig	OTTO
Frankf. Hauptgeschäftsstraße	ZEIL
franz. Autor (Nobelpreis)	GIDE
franz.-belg. Fluß	YSER
franz.-belg.-niederl. Fluß	MAAS
franz. Bildhauer	ADAM
franz. Chansonsängerin	PIAF
franz. Chemiker (Nobelpreis)	LEHN
franz. Departement	AUBE
franz. Departement	EURE
franz. Departement	OISE
franz. Dichter der Romantik	HUGO
franz. Dichterin, Schriftstellerin	SAND
franz. Dichterin des 16. Jh.	LABE
franz. erotisch. Schriftsteller	SADE
franz. Filmkomiker	TATI
franz. Filmregisseur	CHAR
franz. Frauenname	ANNE
franz. Fürstenanrede	SIRE
franz. Insel	BATZ
franz. Käsesorte	BRIE
franz. kathol. Pfarrer	CURE
franz. Komponist	AIME
franz. Komponist	INDY
franz. Komponist	LALO
franz. Kurort an der Volane	VALS
franz. Lyriker	CHAR
franz. Männername	JEAN
franz. Männername	LEON
franz. Männername	MARC
franz. Märchenriese	OGER
franz. Maler, Grafiker	DORE
franz. Maler (Fauve)	DUFY
franz. Marschall	FOCH
franz. Marschall im Krimkrieg	NIEL
franz. Mittelmeerhafen	SETE
franz. Modeschöpfer	DIOR
franz. Name v. Bergen (Belgien)	MONS
franz. Name von Gent	GAND
franz. natural. Schriftsteller	ZOLA
franz. neubarocker Bildhauer	RUDE
franz. Opernkomponist	ADAM
franz. Physiker	BIOT
franz. Polizist	FLIC
franz. Pyrenäenpaß	PORT
franz. Romanschriftsteller	LOTI
franz. Schriftsteller	AYME
franz. Schriftsteller	HUGO
franz. Schriftsteller (Victor)	HUGO
franz.-schweiz. Gebirge	JURA
franz.-schweiz. Schriftsteller	ANET
franz. sozialist. Politiker	BLUM
franz. Spielkartenfarbe	KARO
franz. Stadt am Gers	AUCH
franz. Stadt an der Mosel	METZ
franz. Stadt an der Mosel	TOUL
franz. Stadt an der Yonne	SENS
franz. Stadt an Rhone u. Saone	LYON
franz. Stadt an Rhone u. Saone	

Hinweis	Lösung
franz. Stadt im Pas-de-Calais	LENS
franz. Stadt in Burgund	SENS
franz.: Abend	SOIR
franz.: acht	HUIT
franz.: alles, ganz	TOUT
franz.: auf Sicht	AVUE
franz.: außerhalb	HORS
franz.: Bad	BAIN
franz.: Berg	MONT
franz.: blau	BLEU
franz.: Block	BLOC
franz.: braun	BRUN
franz.: Brücke	PONT
franz.: Dach	TOIT
franz.: das ist	CEST
franz.: Degen	EPEE
franz.: dumm, Tier	BETE
franz.: Durst	SOIF
franz.: elf	ONZE
franz.: falsch	FAUX
franz.: fett	GRAS
franz.: flach	PLAT
franz.: Freundin	AMIE
franz.: fünf	CINQ
franz.: für	POUR
franz.: Fuß	PIED
franz.: Gast	HOTE
franz.: Geschmack	GOUT
franz.: Gesetzbuch	CODE
franz.: Gesicht	FACE
franz.: Gott	DIEU
franz.: grau	GRIS
franz.: griechisch	GREC
franz.: grün	VERT
franz.: gut	BIEN
franz.: Haar	POIL
franz.: Hafen	PORT
franz.: halb	DEMI
franz.: Halm	BRIN
franz.: Hand	MAIN
franz.: Hilfe	AIDE
franz.: Hirsch	CERF
franz.: höflich	POLI
franz.: Hof	COUR
franz.: Holz	BOIS
franz.: hübsch	JOLI
franz.: hundert	CENT
franz.: in	DANS
franz.: Kai, Uferstraße	QUAI
franz.: Katze	CHAT
franz.: klug, weise	SAGE
franz.: Kohl, Kraut	CHOU
franz.: Kopf, Spitze	TETE
franz.: Küste	COTE
franz.: lang	LONG
franz.: Lehnsgut	FIEF
franz.: lieb	CHER
franz.: Loch	TROU
franz.: Löwe	LION
franz.: März	MARS
franz.: mit	AVEC
franz.: Mittag, Süden	MIDI
franz.: Mond	LUNE
franz.: Nacht	NUIT
franz.: neun	NEUF
franz.: nichts	RIEN
franz.: nieder!	ABAS
franz.: Nizza	NICE
franz.: Null	ZERO
franz.: Nuß	NOIX
franz.: ohne	SANS
franz.: Pastete	PATE
franz.: Preis	PRIX
franz.: Rock	JUPE
franz.: roh	BRUT
franz.: Säugling, Baby	BEBE
franz.: Schlag	COUP
franz.: schnell	VITE
franz.: schön	BEAU
franz.: schwarz	NOIR
franz.: Seide	SOIE
franz.: sieben	SEPT
franz.: Sohn	FILS
franz.: spät	TARD
franz.: Sprung, Satz	SAUT
franz.: stark	FORT
franz.: Stimme	VOIX
franz.: Straßenpflaster	PAVE
franz.: Tag	JOUR
franz.: Tat, Tatsache	FAIT
franz.: Thunfisch	THON
franz.: Tod	MORT
franz.: Trotz	DEFI
franz.: unrecht	TORT
franz.: unter	SOUS
franz.: Vater	PERE
franz.: Waadt	VAUD
franz.: Wagen	CHAR
franz.: Weihnachten	NOEL
franz.: wir	NOUS
franz.: zwei	DEUX
französ. Pyrenäenfluß	AUDE
franz: Haut, Fell	PEAU
Frau	DAME
Frau	WEIB

Frauen-, Männerkurzname	TONI	Frau v. Odin	FRIA	früh. techn. Krafteinheit	POND	Fuhrmannsruf: links!	WIST
Frauengewand der Kabylen	HAIK	Frau v. Osiris	ISIS	früh. türk. Münze	PARA	Fuhrmannsruf: rechts	HOTT
Frauenheld	BEAU	Frau v. Rama	SITA	früh. Wanderlehrzeit	WALZ	Fulbe-Volk	PEUL
Frauenname	ALMA	Frau v. Shiva	KALI	früher	EHER	Fulda-Zufluß	AHNE
Frauenname	ANJA	frech	KECK	Früherbse	KEFE	Fulda-Zufluß	EDER
Frauenname	ANKE	Freigericht	FEME	frühere Berliner Autorennstrecke	AVUS	Fundort einer Venusstatue	MILO
Frauenname	ANNA	Freiheitsentzug, -strafe	HAFT	frühere Gewichtseinheit	MINA	Fußabdruck	SPUR
Frauenname	CORA	Freimaurervereinigung	LOGE	früherer holländ. Schiffstyp	PINK	Fußballglücksspiel	TOTO
Frauenname	DINA	Freistatt	ASYL	früherer österr. Adelstitel	EDLE	Fußballstoß	KICK
Frauenname	EDDA	Freßgefäß	NAPF	früherer sowjet. Geheimdienst	NKWD	Fußballtor	GOAL
Frauenname	ELLI	Freund Ciceros	TIRO	Frühjahr	LENZ	fußlose Insektenlarve	MADE
Frauenname	ELSE	Freundin Schillers	KALB	Fuchsaffe	MAKI	Fußrücken	RIST
Frauenname	EMMA	Freundin Schleiermachers	HERZ	Füchsin	FEHE	Futteral	ETUI
Frauenname	ERNA	Freundin von Chopin	SAND	fügsam	ZAHM	Futterbehälter	NAPF
Frauenname	GRIT	freundlich	LIEB	Führungsgremium	STAB	Futterbehälter, Futternapf	TROG
Frauenname	ILSE	frischer Schnee	NEUE	Führungsstimme (Jazz)	LEAD	Futterkrippe	BARN
Frauenname	IRMA	Frisiergerät	KAMM	Füllgas für Leuchtröhren	NEON	Futterpflanze	GRAS
Frauenname	KORA	Froschlaut	QUAK	Fünf beim Würfelspiel	ZINK	Futterpflanze	KLEE
Frauenname	LILO	frostig	KALT	für alle Zeit	EWIG	Gabeldeichsel	ANSE
Frauenname	LISA	Fruchtflüssigkeit	SAFT	Fürsorge-Einrichtung	HEIM	gabelförm. Gaffelende	KLAU
Frauenname	RITA	Fruchtgetränk	SAFT	Fürst im Orient	KHAN	Gänsevogel	ENTE
Frauenname	ROSA	Fruchtmark	PULP	Fugenfüllung	KITT	Gärfutterbehälter	SILO
Frauenname	VERA	Fruchtplätzchen	DROP	Fugenschnitt	FALZ	Gärungsniederschlag b. Bier	TRUB
Frau v. Balder, Baldur	NANA	Fruchtstein	KERN				
Frau v. Kronos	RHEA	früh. Einheit d. Lichtstärke	PHOT				
Frau v. Lohengrin	ELSA	früh. Lautstärkemaß	PHON			Gaffeltau	GEER

Gagat	JETT	Gebiet niedrigen Luftdrucks	TIEF	geflochtenes Haar	ZOPF	Gegenteil von lose	FEST
Galgenvogel	RABE	gebildeter Hindu	BABU	Geflügelkrankheit	PIPS	Gegenteil von Mann	FRAU
Gangart des Pferdes	PACE	Gebirge des Tienschan	ALAI	Geflügelkrankheit	ZIPS	Gegenteil von nah	FERN
Gardinenstoff	MULL	Gebirge in Thessalien	OSSA	Geflügelzuchtbetrieb	FARM	Gegenteil von Niederlage	SIEG
Garngebinde	WUND	Gebirge zwischen Europa u. Asien	URAL	gefrorener Tau	REIF	Gegenteil von Schande	EHRE
Garonne-Zufluß	GERS			gefühllos, gefühlskalt	HART	Gegenteil von tief	HOCH
Garonne-Zufluß	TARN	Gebirgsbach	ACHE	gefüllt, angefüllt	VOLL	Gegenteil von trocken	NASS
Gartenanlage	BEET	Gebirgsrücken	GRAT	Gegenteil v. dünn	DICK	Gegenteil von unten	OBEN
Gartenpflanze	LACK	Gebirgsübergang	PASS	Gegenteil v. Liebe	HASS	Gegenteil von voll	LEER
Gashülle der Erde	LUFT	Gebrechen	FEHL	Gegenteil v. weich	HART	Gegenteil von zahm	WILD
Gastgeber, Hausherr	WIRT	Gebrinde	LOHE	Gegenteil von alt	JUNG	Gegner Cäsars	CATO
Gasthaus, -wirtschaft	KRUG	Geburt der Säugetiere	WURF	Gegenteil von dunkel	HELL	gegorener Traubensaft	WEIN
Gasthausbesitzer	WIRT	Geburtsort Beethovens	BONN	Gegenteil von fein	GROB	gegossene Druckletter	TYPE
Gastronom	WIRT	Geburtsort Samuels	RAMA	Gegenteil von fest	LOSE	gehacktes Fleisch	METT
Gatte	MANN	Geburtsschmerz	WEHE	Gegenteil von Flaute	WIND	Geheimgericht	FEME
Gatter, Pferch	ZAUN	Geck	FANT	Gegenteil von Frau	MANN	Geheimgesellschaft	LOGE
Gattin	FRAU	Gedanke	IDEE	Gegenteil von glatt	RAUH	Geheimkult auf Haiti	WUDU
Gaunerwort für Diebesgut	SORE	Gedeih, Gedeihen	FLOR	Gegenteil von Glück	PECH	Geheimnis	HEHL
Gebäck aus Teigstreifen	ZOPF	Gedichtteil	VERS	Gegenteil von grob	FEIN	Geheimschlüssel	CODE
gebändigt	ZAHM	Gedichtzeile	VERS	Gegenteil von heiß	KALT	Geheimschrift	KODE
Gebetsschlußwort	AMEN	gediegen, makellos	REIN	Gegenteil von hoch	TIEF	Geheimschriftschlüssel	KODE
Gebetsstunde	NONE	gedunsen	BLAN	Gegenteil von hungrig	SATT		
Gebiet	LAND	Gefangenenlager	CAMP	Gegenteil von Knecht	HERR		
Gebieter	HERR	Gefangenschaft	HAFT	Gegenteil von leer	VOLL	gehörlos, hörunfähig	TAUB
Gebiet hohen Luftdrucks	HOCH	gefeierte Künstlerin	DIVA				
		Geflecht	NETZ				
		geflochtener Behälter	KORB				

gehörnter Paarhufer	BOCK
gehörntes Haustier	RIND
Gehwerkzeug	BEIN
Geigenteil	HALS
Geistererscheinung	SPUK
Geistesblitz	IDEE
Geisteskranke	IRRE
geistig beschränkt	DUMM
geistiges Urbild	IDEE
geistl. Fest-Schauspiel	AUTO
geistl. Lehrer im Hinduismus	GURU
geistl. Volkslied	LEIS
geistl. Würde im Islam	IMAM
Geistlicher der Ostkirche	POPE
geistliches Gericht	SEND
geistreicher Scherz	WITZ
Geizhals	FILZ
gekeimte Gerste	MALZ
gekelterter Fruchtsaft	MOST
gekörntes Palmenmark	SAGO
gekünstelte Stellung	POSE
geländegängiges Fahrzeug	JEEP
Geländer	WOLM
Geläuf	BAHN
Geläuf, Wildfährte	SPUR
gelbblühende Ölpflanze	RAPS
Geldinstitut	BANK
Geldschein	NOTE
Geliebte v. Porgy	BESS
Geliebte v. Radames	AIDA
Geliebte v. Zeus	LEDA
Geliebte v. Zeus	LETO
Geliebte von Ludwig I. v. Bayern	LOLA
Geltung, Preis	WERT
Gemach, Zimmer	RAUM
Gemälde	BILD
gemäß	LAUT
gemästet	FETT
Gemahl	MANN
gemahlener Schnupftabak	RAPE
gemahlenes Getreide	MEHL
Gemahlin	FRAU
Gemarkung	FLUR
gemauerte Landungsbrücke	PIER
Gemeindegrund	MARK
Gemse	GAMS
Gemüsepflanze	KOHL
genaue Ballabgabe	PASS
geneigt	HOLD
General Wallensteins	ILLO
Genuß	LUST
geolog. Formation	JURA
geolog. Formation	KULM
geolog. Formation	RAET
geologische Formation	DYAS
geologische Formation	LIAS
geologische Formation	MALM
geologische Formation	PERM
geometr.: Geländehöhe	KOTE
Gepflogenheit, Gewohnheit	USUS
Gepränge	SAUS
gerade	JUST
Gerade beim Roulettespiel	PAIR
Gerät des Bergsteigers	SEIL
Gerät zum Segelverkürzen	REFF
geräumig	WEIT
Geräusch	LAUT
geräuschvoll	LAUT
Gerichtsbezirk	RODE
Gerichtshof der Kathol. Kirche	ROTA
gerippter Stoff	KORD
gerippter Stoff	RIPS
germ.: Gebieter	BODO
german. Frühlingsgott	WALI
german. Gerichtsverband	ZENT
german. Göttergeschlecht	ASEN
german. Göttervater	ODIN
german. Göttin der Jugend	IDUN
german. Halbfreier	LITE
german. Halbgöttin	DISE
german. Quellgeist	MIME
german. Rechtsinstitution	MUNT
german. Sagengestalt	ERKA
german. Schriftzeichen	RUNE
german. Sippenbesitz	ODAL
german. Wasserdämon	WATE
german.: Verwandter	MAGE
Gerstenkorn am Auge	WERN
Gerstensaft	BIER
Geruch	AROM
geruchdichter Verschluß	TRAP
Gerücht	FAMA
Gerümpel	KRAM
gesättigt	SATT
gesamt	GANZ
Gesamtnatur	WELT
Gesangsgruppe	CHOR

Geschäftseinlage	MISE	Gesichtsteil	NASE	Gewebeart	FILZ	Glanzseide	SILK
Geschehensfolge	ZEIT	Gesindel	PACK	Gewebekante	EGGE	Glasermaterial	KITT
gescheit	KLUG	Gespenst	SPUK	Gewebestück, Textilgewebe	TUCH	glatt	EBEN
Geschenk	GABE	Gesteinsart	SPAT			Glaukom, Katarakt	STAR
Geschicklichkeitsspiel	JOJO	Gesteinskörnchen	SAND	Gewehrteil	LAUF	gleich, gleichartig	PARI
geschickt	AGIL	Gesteinsschmelzfluß	LAVA	Geweih-Teil	ENDE	gleichgültig	EGAL
geschlechtsbetont	SEXY	Gesteinstrümmer	KIES	Gewicht	LAST	Gleichmaß, Tonmaß	TAKT
geschlossener Verein	KLUB	Gestell	RICK	Gewicht der Verpackung	TARA	Gleichwert	PARI
geschlossene Wortfolge	SATZ	Gestorbene	TOTE	Gewichtsverlust beim Versand	KALO	Gleitschiene	KUFE
Geschmack	GOUT	gestreckt	LANG			Gletscherschnee	FIRN
Geschmacksrichtung	HERB	gestreifte IDES Glasperlen	IDES	Gewichtsverlust einer Ware	CALO	Glied einer Formel	TERM
geschmackvoll	CHIC	gestreiftes Gewebe	RAYE	Gewinn	LOHN	Glied einer Summe	TERM
geschmeidig, schlank	RANK	gesuchte Haltung	POSE	Gewinn, Triumph	SIEG	Gliedmaße	BEIN
		geteertes Hanftau	REEP	Gewinn, Überschuß	PLUS	glimmendes Feuer	GLUT
Geschützteil	ROHR	Getränk	COCA	Gewinnverteilungskartell	POOL	Glimmer	MIKA
Geschwisterkind	BASE	Getränk	COLA			Glück	HEIL
Geschworene	JURY	Getreidebranntwein	KORN	Gewogenheit	HULD	Glückspflanze	KLEE
Geschworenenbank	JURY	Getreidefrucht	KORN	gewonnener Wettstreit	SIEG	Glücksspiel	FARO
geselliger Kreis	KLUB	Getreidekrankheit	ROST	Gießprodukt	GUSS	Glücksspiel	HOKA
gesellige Vereinigung	KLUB	Getreidepflanze	MAIS	Giftgas	CYAN	Goethes Wetzlarer Freundin	BUFF
		Getreidespeicher	SILO	Giftgas	ZYAN		
gesellschaftliche Stellung	RANG	getrocknete Zebuhaut	KIPS	Giftschlange	NAJA	Göttin d. Künste	MUSE
				Gipfel	APEX		
		geübt	FIRM	Gitterwerk	ROST	Götze, Götzenbild	IDOL
Gesellschaftsinsel	ANAA	Gevatter	PATE	glänzender Stoff	SILK		
		Gewässerrand	UFER	glänzendes Seidengewebe	TAFT	Goldene Stadt	PRAG
Gesenk	ANKE	gewaltsame Aneignung	RAUB			Goldnerfling	ORFE
Gesichtspickel	AKNE	Gewand d. Landsknechte	WAMS	glanzlos	MATT	Golfschlägerart	IRON
Gesichtsteil	KINN	gewandt	AGIL	Glanznummer, -punkt	CLOU		

Clue	Answer
Golfschlägerart	WOOD
Golf-Ziel	LOCH
Gott d. Kanaaniter	BAAL
Gottesdienst	KULT
Grad	MASS
Gram	LEID
grammatisch: Kasus	FALL
Grasart	AIRA
Grasart	DORT
Grasschnitt	MAHD
Grasstengel	HALM
graugelb	FALB
Grautier	ESEL
Greiforgan	HAND
Greisin	ALTE
Grenzabgabe	ZOLL
Grenzland	MARK
Grenzpassierdokument	PASS
griech. Anisbranntwein	OUZO
griech. Beschwörer, Zauberer	GOET
griech. Buchstabe	BETA
griech. Buchstabe	IOTA
griech. Buchstabe	JOTA
griech. Buchstabe	ZETA
griech. Erdgöttin	GAEA
griech. Fluß	ARTA
griech. Fluß der Unterwelt	STYX
griech. Götterbotin	IRIS
griech. Göttermutter	HERA
griech. Göttin d. Gerechtigkeit	DIKE
griech. Göttin d. Jahreszeiten	DIKE
griech. Göttin d. milden Lüfte	AURA
griech. Göttin d. Regenbogens	IRIS
griech. Göttin der Ehe	HERA
griech. Göttin der Jugend	HEBE
griech. Göttin der Zwietracht	ERIS
griech. Insel beim Peloponnes	IDRA
griech. Jubelruf	EVOE
griech. Königsname	PAUL
griech. Kolonie in Unteritalien	ELEA
griech. Kriegsgöttin	ENYO
griech. Kriegsgott	ARES
griech. Landschaft	ELIS
griech. Liebesgott	EROS
griech. Mädchenstandbild	KORE
griech. Muse der Geschichte	KLIO
griech. Nymphe	ECHO
griech. Philosophenschule	ELEA
griech. Schnaps	OUZO
griech. Siegesgöttin	NIKE
griech. Stadt	ARTA
griech. Titanide	RHEA
griech. Vorsilbe allein	MONO
griech. Vorsilbe: anders	ALLO
griech. Vorsilbe: außerhalb	EKTO
griech. Vorsilbe: bei, neben	PARA
griech. Vorsilbe: Billionstel	PICO
griech. Vorsilbe: Billionstel	PIKO
griech. Vorsilbe: Blut	HAEM
griech. Vorsilbe: eigen	IDIO
griech. Vorsilbe: eine Million	MEGA
griech. Vorsilbe: ein Milliardstel	NANO
griech. Vorsilbe: fern, weit	TELE
griech. Vorsilbe: Freund	PHIL
griech. Vorsilbe: fünf	PENT
griech. Vorsilbe: Gift	TOXI
griech. Vorsilbe: gleich	HOMO
griech. Vorsilbe: groß	MEGA
griech. Vorsilbe: halb	HEMI
griech. Vorsilbe: Hand	CHIR
griech. Vorsilbe: herab	KATA
griech. Vorsilbe: hundert	HEKA
griech. Vorsilbe: hundert	HEKT
griech. Vorsilbe: innen	ENDO
griech. Vorsilbe: Krankheits...	NOSO
griech. Vorsilbe: Luft	AERO
griech. Vorsilbe: milliardenfach	GIGA
griech. Vorsilbe: mit, zwischen	META
griech. Vorsilbe: mittel	MESO
griech. Vorsilbe: Nerven	NEUR
griech. Vorsilbe: Pferd	HIPP
griech. Vorsilbe: Salz	HALO
griech. Vorsilbe: schwarz	MELA

griech. Vorsilbe: schwer	BARO
griech. Vorsilbe: schwer	BARY
griech. Vorsilbe: sechs	HEXA
griech. Vorsilbe: selbst	AUTO
griech. Vorsilbe: Stein	LITH
griech. Vorsilbe: tausend	KILO
griech. Vorsilbe: über, um-	PERI
griech. Vorsilbe: unter	HYPO
griech. Vorsilbe: viel	POLY
griech. Vorsilbe: Volk	DEMO
griech. Vorsilbe: weiß	LEUK
griech. Vorsilbe: WORT	LOGO
griech. Vorsilbe: zehn	DEKA
griech. Vorsilbe: zusammen	SYLL
griech.: Frau	GYNE
griech.: Gärstoff, Hefe	ZYMA
griech.: gegen	ANTI
griech.: Geist, Vernuft	NOUS
griech.: Gottes Majestät	DOXA
griech.: Leben	BIOS
griech.: Lebewesen	ZOON
griech.: Leib	SOMA
griech.: Licht	PHOS
griech.: Materie	HYLE
griech.: Milz	LIEN
griech.: neu	NEOS
griech.: Stickstoff	AZOT
griech.: Tempel	NAOS
griech.: Wesenheit	USIA
griech: Urstoff	HYLE
Griffstange	HOLM
grob, unfein	DERB
grober Sand	KIES
grober Segelstoff	DUCK
grönländische Hauptstadt	NUUK
Größe im Showgeschäft	STAR
größte Eile	SAUS
größte engl. Grafschaft	YORK
größter georgischer Fluß	KURA
große Eile	HAST
großer Empfang	ROUT
großer Lymphknoten	MILZ
großer Rhein-Zufluß	MAIN
großes Fischnetz	WATE
großes Gewässer	MEER
großes Raubtier	BAER
Großfamilie	CLAN
Großfürst v. Kiew	OLEG
Großherzog v. Luxemburg	JEAN
großkörnig	GROB
Großspeicher	SILO
Großstadtzentrum	CITY
Grube	LOCH
grünblau	BLEU
Gründer d. ersten Reisebüros	COOK
Gründerin Karthagos	DIDO
grüne Erbsenschote	KEBE
grünes Mineral	JADE
grünliche Farbe	OLIV
Grundbalken d. Wasserfahrzeuge	KIEL
Grundfarbe	BLAU
Grundfarbe	GELB
Grundnahrungsmittel	BROT
Grundnahrungsmittel	FETT
Grundstoff für Puder	TALK
günstige Veranlagung	GABE
Gummilinse	ZOOM
Gunst, Wohlwollen	HULD
Gurkenkraut	DILL
gutartige Geschwulst	MYOM
gute Passung	SITZ
guter Bodenzustand	GARE
Gymnastik-Pionier	BODE
Haarknoten	DUTT
Haarseite beim Samt	POIL
Haarseite bei Plüsch	POIL
Haarstoff	FILZ
Haarwuchs im Gesicht	BART
Hader, Wortwechsel	ZANK
hänseln	UZEN
häßlich	MIES
Häuslerwohnung	KATE
Hafendamm	MOLE
Hafendamm	PIER
Hafenstadt am Adriat. Meer	BARI
Hafenstadt am Kasp. Meer	BAKU
Hafenstadt am Oberrhein	KEHL
Hafenstadt auf Sizilien	GELA
Hafenstadt in Alaska	NOME
Hafenstadt in Irland	CORK

Hakenschlinge	OESE	Harnsäuresalz	URAT	Hauptstadt der Ukraine	KIEW	Hautentzündung durch Reibung	WOLF
Halbaffe	LORI	hartes Gestein	FELS	Hauptstadt des Depart. Rhone	LYON	Hautöffnung	PORE
Halbaffe	MAKI	hartnäckig, verbissen	ZAEH	Hauptstadt v. Katar	DOHA	Havel-Zufluß	RHIN
halbfreier Höriger	LITE	hartschalige Frucht	NUSS	Hauptstadt von Aserbaidschan	BAKU	Hawaii-Insel	MAUI
Halbinsel in der Danziger Bucht	HELA	Hartteil d. Bäume	HOLZ	Hauptstadt von Katar	DAHO	Hawaii-Insel	OAHU
Halbwolle	LANE	harzreiches Holz	KIEN	Hauptstadt von Ostflandern	GENT	Hebevorrichtung	KRAN
Halfagras	ALFA	Hast	EILE			hebr.: Blutsrächer	GOEL
Halfter, Lenkgeschirr	ZAUM	Haupt	KOPF	Hauptstadt von Peru	LIMA	hebr.: fertig, abgemacht	SELA
Halle, großer Raum	SAAL	Hauptmasse	GROS	Hauptstadt von Schlesw.-Holstein	KIEL	Hebriden-Insel	COLL
Halsstück d. Pferderüstung	KANZ	Hauptort auf Fehmarn	BURG	Hauptstadt von Timor	DILI	Hebriden-Insel	EIGG
Halt, Aufenthalt	STOP	Hauptsache	KERN	Hauptstadt von Togo	LOME	Hebriden-Insel	IONA
Haltestelle	STOP	Hauptst. d. franz. Depart. Aisne	LAON	Hauptstadt von West-Samoa	APIA	Hebriden-Insel	JURA
Halunke	LUMP	Hauptst. d. Kant. Graubünden	CHUR			Hebriden-Insel	MUCK
Hamburg. Theaterleiterin	EHRE	Hauptst. e. österr. Bundeslandes	LINZ			Hebriden-Insel	MULL
hamitisch. Sprache	SAHO			Hauptstern im Walfisch	MIRA	Hebriden-Insel	SKYE
Handeln in Zeitnot	EILE	Hauptst. von Oberösterreich	LINZ	Hauptstern in der Leier	WEGA	Hebrideninsel	UIST
Handelsbrauch, Rechtsbrauch	USUS	Hauptstadt d. Depart. Calvados	CAEN	Hauptstern in der Schlange	UNUK	Hede	WERG
Handelsgewicht	UNZE	Hauptstadt d. Steiermark	GRAZ	Hausfest	FETE	hefeartiger Pilz	KAHM
Handelsgut	WARE			Hausflur	EREN	heftig, ungezügelt	WILD
Handgelenk	RIST	Hauptstadt der BRD	BONN	Hausflur	GANG	heftige Abneigung	HASS
Handgriff	HEFT	Hauptstadt der Fidschi-Inseln	SUVA	Haustier	HUND	heftiges Verlangen	GIER
Handstreich	COUP			Haut am Geweih	BAST	heil	GANZ
Handwärmer	MUFF	Hauptstadt der Malediven	MALE	Hautanhangsgebilde	HAAR	Heil	WOHL
Happening-Demonstration	GOIN			Hautausschlag	AKNE	heilig. Erzbischof v. Köln	ANNO
Harm	LEID	Hauptstadt der Schweiz	BERN			Heilige der Kirche	AFRA
Harn	URIN						

Clue	Answer
Heilige der Kirche	ANNA
Heiliger, Missionar d. Pommern	OTTO
Heiliger der Kirche	PIUS
Heiliger der Kirche	VEIT
heiliger Vogel d. Germanen	RABE
heiliger Vogel d. Hindus	PFAU
Heilige Schrift d. Inder	WEDA
heilige Stadt im Iran	GHOM
Heilkundiger	ARZT
Heilpflanze	DOST
Heim	HORT
heimisches Wildtier	HASE
heimliches Gericht	FEME
Heißluftdusche	FOEN
heiter	FROH
Heizgitter	ROST
Heizmaterial	KOKS
Heizmaterial	TORF
Heizungsgerät	OFEN
Heldengedicht	EPOS
hell	KLAR
helle Flamme	LOHE
Henkelkanne	KRUG
Henne	HUHN
Heringsart	ALSE
Heros	HELD
Herrendienst	FRON
Herrenschicht im alten Peru	INKA
Herr in Malaia	TUAN
Hetzjagd	HATZ
Heuhaufen	WALM
heutiger Name v. Poona	PUNE
Hilfszeitwort	SEIN
Himmelblau	AZUR
Himmelskörper	MOND
Himmelsrichtung	NORD
Hindernis b. Pferdespringen	OXER
hinduist. Göttin	KALI
hinduist. Gottheit	AGNI
hinduist. Gottheit	DITI
hinduist. Gottheit	MAJA
hinduist. Gottheit	RAMA
hinduist. Philosophiesystem	YOGA
hinduist. Sekte	SIKH
Hinrichtungsgerät	BEIL
hinterdrein	NACH
hinterer Flugzeugteil	HECK
Hintergäßchen (engl.)	SLUM
Hintergedanke	LIST
Hintergrund	FOND
Hinterlassenschaft	ERBE
Hinterschiff	HECK
Hinterteil	HECK
hinweg	FORT
hinweisendes Fürwort	DIES
hinweisendes Fürwort	DORT
Hirsch, Hirschart	AXIS
Hirschart	ELCH
Hitler-Stellvertreter	HESS
Hobelabfall	SPAN
hochgewachsen	LANG
hochherzig	EDEL
Hochkonjunktur	BOOM
Hochland am Toten Meer	EDOM
Hochrhein-Zufluß	BIRS
Hochschul-Organisation	ASTA
Hochsprung-Stil	FLOP
Hochstufe eines Selbstlauts	GUNA
Hochwasser	FLUT
Hochwasserschutz	DAMM
Hochweide	ALPE
höchstes Wesen	GOTT
Höhenkurort in Vorarlberg	LECH
Höhenzug bei Einbeck	HILS
Höhenzug bei Paderborn	EGGE
Höhenzug im Eichsfeld	DUEN
Höhenzug im Sauerland	EBBE
Höhenzug im Sauerland	HAAR
Höhenzug im Weserbergland	HILS
Höhenzug in Baden-Württ.	JURA
Höhepunkt	CLOU
Höhepunkt einer Krankheit	AKME
hölzernes Rindergeschirr	JOCH
hohes Bauwerk	TURM
Hohlhering	IHLE
holl. Scheidemünze	DEUT
holländ. Landschaftsmaler	NEER
holländ. Liedermacher	VEEN
holländ. Stillebenmaler	KALF
Holzbearbeitungswerkzeug	BEIL
Holzblasinstrument	OBOE
Holzfaß	KUFE
Holzgewächs	BAUM

Holzraummaß	STER	Immunschwächekrankheit	AIDS	indische Gelehrtensprache	PALI	Infektionskrankheit, Dysenterie	RUHR
Holzrinne	LASS						
Honigsaft	SEIM	Impfstoffe	SERA	indische Gottheit	DEVA	inhaltslos	LEER
Horizontlinie	KIMM	im Schachspiel besiegt	MATT	indische Halbziege	THAR	in hohem Maß	SEHR
Hotelboy	PAGE			indischer Feuergott	AGNI	in Kürze	BALD
Hotelbursche	PAGE					in naher Zeit	BALD
Hottentottendorf	KRAL	Inbegriff	KERN	indischer Liebesgott	KAMA	innen	DRIN
		Inbrunst	GLUT			innen leer	HOHL
Hottentottenstamm	MAMA	ind. Meditierender	JOGI	indische Röhrenzither	VINA	Innenstadt	CITY
hübsch	NETT	ind. Religionsgemeinschaft	SIKH	indischer Zwerghirsch	PUDU	innerasiat. Wüste	GOBI
Hühnerstange	WIEM						
Hühnervogel mit Radschwanz	PFAU	Ind.stadt in Westfalen	MARL	indische Seide	MUGA	innerasiatisch. Gebirge	ALAI
		indian. Agavefaser	PITA	indisches Gewicht	TOLA	innueraustral. Stadt	EYRE
Hülle, Hülse	ETUI			indische Stadt	PUNE		
Hütte	KOTE	Indianerstamm	TANO	indische Stadt in Maharaschtra	PUNA	innerste Erdschicht	NIFE
Hufiederhautentzündung	REHE	Indianerstamm, -sprache	HOPI				
Humber-Zufluß	HULL	Indianerzelt	TIPI	indische Wasserpfeife	HUKA	Inn-Zufluß	ACHE
Humor, Scharfsinn	WITZ	Indigopflanze	ANIL	indische Witwe	SATI	Insekt	KERF
						Insektenfresser	IGEL
hundeartiges Raubtier	WOLF	indisch. Fakir, Asket	YOGI	indones. Fluß auf Sumatra	MUSI	Insektenlarve	MADE
Hundertschaft	ZENT	indisch. Fürstinnentitel	RANI	indones. Insel	BALI	Insel bei Malta	GOZO
Hundeschwanz	RUTE			indones. Insel	BURU	Insel der Kapverden	FOGO
hurritischer Gott	HEPA	indisch. Gewicht	CHOW	indones. Insel	JAVA	insgesamt	GANZ
		indisch. Gewicht	SEER	indones. Insel bei Sumatra	NIAS	internat. Handelsabkommen	GATT
Idee, geistiger Inhalt	SINN	indisch. Großbüffel	ARNI	indones. Inselgruppe	SAVU		
Illustration	BILD	indische Stadt	AGRA			ir.-engl. Autor (Nobelpreis)	SHAW
Iltis, Marderart	RATZ	indisch. Stofffärbeverfahren	IKAT	indones. Volksstamm	BUGI	irakische Stadt	AKRA
im Jahre	ANNO			indones. Volksstamm	MOHA	iranisches Nomadenvolk	SAKE
Immergrün	EFEU	indisch. Volk	BHIL				
immerwährend	EWIG	indisch. Wickelgewand	SARI	indones. Wildrind	ANOA	iranische Stadt	JESD

iranische Währung	RIAL
irisch. Darrow-Zufluß	SUIR
irisch. Fluß	NORE
irisch. Schriftsteller	CARY
irische Inselgruppe	ARAN
Isaaks Sohn	ESAU
islam. Ehrentitel	IMAM
islam. Heiligengrab	WELI
islam. Paradiesjungfrau	HURI
islam. Pflichtenlehre	FIKH
islam. Republik	IRAN
islam. Richter	KADI
islam.: Glaube	IMAN
islamisch. Asket	SUFI
islamisch. Vorbeter	IMAM
Isoliermittel, -stoff	KORK
israel. Fluggesellschaft	ELAL
israelische Politikerin	MEIR
Israelit	JUDE
israelitisch. Stamm	LEVI
israelitischer Stamm	JUDA
israelitischer Stammvater	JUDA
ital. Adelsfamilie	ESTE
ital. Adriahafen	FANO
ital. Barockmaler	RENI
ital. Dudelsack	PIVA
ital. Fingerspiel	MORA
ital. Frauenname	MONA
ital. Humanist, Neuplatoniker	PICO
ital.Kfz-Marke	FIAT
ital. Komponist (erste Oper)	PERI
ital. Kurort am Gardasee	RIVA
ital. Langstreckenrennen	GIRO
ital. Männername	VITO
ital. Maler	AFRO
ital. Maler	CIMA
ital. Maler (17. Jh.)	ROSA
ital. Melodietypus	RAGA
ital. Mittelmeerinsel	ELBA
ital. Nachrichtenagentur	ANSA
ital. Name von Pula	POLA
ital. Ordensgründer, Heiliger	NERI
ital. Politiker	MORO
ital. Sadt am Tiber	TODI
ital. Schausp. u. Regisseur	SICA
ital. Schauspielerin	DUSE
ital. Schauspielerin	MUTI
ital. Schriftsteller	LEVI
ital. serieller Komponist	NONO
ital. Stadt am Arno	PISA
ital. Stadt am Frassine	ESTE
ital. Stadt an der Brenta	DOLO
ital. Stadt an der Dora Riparia	SUSA
ital. Stadt in Kampanien	NOLA
ital. Volkstanz	PIVA
ital. Währung	LIRA
ital. Weinort	ASTI
ital. Weinsorte	ASTI
ital. Weinsorte	FARA
ital. Weinsorte	FARO
ital. Weinsorte	GIRO
ital.: Abend	SERA
ital.: acht	OTTO
ital.: allein	SOLO
ital.: Badestrand	LIDO
ital.: Berggipfel	CIMA
ital.: Bewegung	MOTO
ital.: Brot	PANE
ital.: Ende	FINE
ital.: Friede	PACE
ital.: Führer	DUCE
ital.: Fuge	FUGA
ital.: gut	BENE
ital.: Haus	CASA
ital.: Herzogin	DUCA
ital.: heute	OGGI
ital.: Jahr	ANNO
ital.: Jesus	GESU
ital.: Lebewohl	CIAO
ital.: Leuchtturm	FARO
ital.: Meer	MARE
ital.: Mond	LUNA
ital.: neun	NOVE
ital.: Rom	ROMA
ital.: See	LAGO
ital.: siehe da, na also > !	ECCO
ital.: so	COSI
ital.: Sonne	SOLE
ital.: Stimme	VOCE
ital.: Vorarbeiter, Leiter	CAPO
ital.: Wein	VINO
ital.: wenig	POCO
ital.: weniger	MENO

ital.: wie	COME	japan. Politiker, Staatsmann	SATO	jemenitische Hauptstadt	SANA	jugoslaw. Stadt an der Save	BROD
italien.: hoch	ALTO	japan. Reiswein	SAKE	jetzt	EBEN	jugoslaw. Stadt in Bosnien	FOCA
Jacke, Joppe	ROCK	japan. Saiteninstrument	KOTO	jidd.: Geschwätz, Unsinn	KOHL	jugoslaw. Stadt in Dalmatien	KNIN
Jägerei	JAGD	japan. Stadt am Biwasee	OTSU	jidd.: steifer Hut	KOKS	Junge	BUBE
Jägerrucksack	ASER	japan. Stadt auf Hondo	GIFU	jidd.: Zank	ZOFF	junger Mensch	KIND
jagdbares Tier	WILD	japan. Stadt auf Hondo	KOFU	jordan. Münze	FILS	junger Trieb	REIS
Jagdergebnis	FANG	japan. Stadt auf Hondo	MITO	jordan. Stadt	MAAN	junger Wein	MOST
Jaguar	ONZE			Jubelruf der Bacchanten	EVOE	junges Schaf	LAMM
Jaguar	UNZE	japan. Stadt auf Kiuschu	OITA	jüd.: Vater	TATE	Jungknecht	ENKE
Jahrmarkt	DULT	japan. Stadt auf Kiuschu	SAGA	jüdisch. König	AHAB	Jungreh	KITZ
Jakobs Bruder	ESAU	japan. Stadt auf Okinawa	NAHA	jüdisch. Priester	ESRA	Jungrind	KALB
Jammer	LEID	japan. Tragstuhl	KAGO	jüdisch. Schriftsteller	ASCH	Juraformation	LIAS
japan. Admiral	TOGO	japan. Ureinwohner	AINU	Jüngling	TWEN	Juwelen- u. Perlengewicht	CHOW
japan. Elfenbeindöschen	INRO	japan. Wallfahrtsort	NARA	Jugendliche, Jugendlicher	TWEN	Kabarettlied	SONG
japan. Gewicht	KWAN	japan. Winteraster	KIKU	jugosl. Adria-Insel	OLIB	Käfig, Verschlag	KAUE
japan. Hafenstadt auf Hondo	KOBE	Jauchzruf	JUHE	jugoslaw. Adriahafen	PULA	Käsekessel	WELL
japan. Hafenstadt auf Hondo	KURE	Jazzgesang	SCAT	jugoslaw. Donau-Zufluß	SAVE	Käsestadt in Holland	EDAM
japan. Kampfsport	BUDO	Jazzgesangstil	SOUL	jugoslaw. Fluß in Krain	REKA	käuflich	FEIL
japan. Kampfsport	JUDO	Jazzmelodietechnik	RIFF	jugoslaw. Insel	BRAC	Kaffeerückstand	SATZ
japan. Kampfsport, Ringen	SUMO	Jazzmusikstil	SOUL	jugoslaw. Insel	HVAR	Kaffeestube	CAFE
japan. Keramik	XAKI	Jazzorchester, -ensemble	BAND	jugoslaw. Morawa-Zufluß	IBAR	Kaffernhirse	DARI
japan. Komponist	ISHI	Jazzsängerin	HILL	jugoslaw. Münze	PARA	Kahn	BOOT
japan. Lackdose	INRO	jedoch	ABER	jugoslaw. Staatsmann	TITO	Kahn, Nachen	NAUE
japan. Lauteninstrument	BIWA	jemenit. Stadt	TAIS			Kains Bruder	ABEL
japan. Mediziner	HATA					Kalifenname	OMAR
						Kaliumsalz	KALI

kalte Frauenschönheit	VAMP
kalter Adriawind	BORA
Kalziummineral	KALK
Kamera-Einstellung	SHOT
Kameramarke	AGFA
Kammer, Stube	RAUM
Kampfbahn beim Reitsport	TURF
Kampferfolg	SIEG
Kampfflugzeugverband	PULK
Kampfgericht	JURY
Kampfplatz beim Boxen	RING
Kampfplatz beim Sport	FELD
Kampfwagen, Panzerwagen	TANK
kanad. Stadt i. d. Prov. Quebeck	HULL
Kanalinsel	HERM
Kaneel, tropisch. Gewürz	ZIMT
Kaninchen	HASE
Kante, Saum	RAND
Kanzel in oriental. Kirchen	BEMA
Kap-Holländer	BURE
Kap in Südspanien	GATA
Kapitalertrag	ZINS
Kapverdische Insel	MAIO
karnevalstoll	JECK
Karolineninsel	TRUK
Karpfenart, -fisch	BLEI
Karpfenart, -fisch	NASE
Kartenfarbe	KARO
Kartenhandspiel	SOLO
Kartenspiel	BETE
Kartenspiel	FARO
Kartenspiel	JASS
Kartenspiel	POCH
Kartenspiel	SKAT
Kartenspiel	TAPP
Kartoffelgebäck	CHIP
Karyatide	KORE
Kasakenlied	DUMA
Kassenschrank, Panzerschrank	SAFE
Kastell	BURG
Kasten	LADE
kastenförm. Förderwagen	HUNT
Kater in der Fabel	MURR
kathol. Stundengebet	HORA
kathol. Stundengebet	NONE
Kattungewebe	ZITZ
Katzenfisch, Schlammfisch	WELS
Katzenruf	MIAU
kaufm.: heute	DATO
kaufm.: sofort lieferbar	SPOT
kaufmänn.: am Ort	LOCO
kaufmännische Rechnung	NOTE
kaukas. Sprache	DAGI
kaukas. Steinbock	TUER
Kauwerkzeug	ZAHN
Kauz	EULE
Kegelspitze	APEX
Keile	HAUE
Keiler	EBER
Keimgut, Pflanzgut	SAAT
Keimzelle, Saatkorn	SAME
keine Milch gebend	GELT
Kellner	OBER
kelt. Name v. Irland	ERIN
Kelterkasten	BIET
keltisch. Kriegsgott	ESUS
keltisch. Name für Irland	EIRE
keltisch. Sagenkönig	LEAR
keltische Sprache auf d. Insel Man	MANX
keltisch: Binnensee	LOCH
kenntnisreich	FERM
Keratin	HORN
Kerbtier	KERF
Kernreaktorbrennkammer	CORE
Kerzenschnuppe	BUTZ
keß	KECK
Kettgarn	WARP
Keulenstück des Rindes	ZIEM
Kfz-Zchn. Bad Dürkheim Weinstr.	DUEW
Kfz-Zchn. Bad Tölz Wolfratshausen	TOEL
Kfz-Zchn. Büdingen Oberhessen	BUED
Kfz-Zchn. Büsingen Hochrhein	BUES
Kfz-Zchn. Eiderstedt in Tönning	TOEN
Kfz-Zchn. Hohenlohekreis Künzelsau	KUEN
Kfz-Zchn. Müllheim Baden	MUEL
Kfz-Zchn. Neustadt a. Rübenberge	NRUE
Kfz-Zchn. Rheingau-Taunus-Kreis	RUED
Kfz-Zchn. Schwabmünchen	SMUE
Kfz-Zchn. Südliche Weinstraße	SUEW
Kfz-Zchn. v. Bützow	BUEZ
Kfz-Zchn. v. Füssen	FUES
Kfz-Zchn. v. Höchstadt Aisch	HOES

Kfz-Zchn. v. Jülich	JUEL	Kfz-Zchn. von Sömmerda	SOEM	kleine Ostseebucht	WIEK	Kletterpflanze	EFEU
Kfz-Zchn. v. Münchberg	MUEB	Kindermundtuch	LATZ	kleine Rechnung	NOTA	Klinikgründer in Rochester	MAYO
Kfz-Zchn. von Büren Westfalen	BUER	Kinderspielzeug	BALL	kleiner Feldbahnwagen	LORE	Klippenkette	RIEF
		kinderspr.: Urin	PIPI	kleiner Fisch	ILSE	Knabe	BUBE
Kfz-Zchn. von Fidschi	FIJI	Kindertagesstätte	HORT	kleiner Kerl	MATZ	Knauserei	GEIZ
Kfz-Zchn. von Flöha	FLOE	Kindertrompete	TUTE	kleiner Ort	DORF	Knechtschaft	JOCH
Kfz-Zchn. von Hannoversch Münden	HMUE	kindlich	NAIV	kleiner Sprung	HUPF	kniefreier Rock	MINI
		Kinostück	FILM	kleiner Wald	HAIN	Kniescheibenschaden b. Vieh	RAMM
Kfz-Zchn. von Königshofen Grabfeld	KOEN	Kippförderer	SKIP	kleiner Wandelstern	NYSA	Knochen	BEIN
		Kippwagen	LORE			Knocheninneres	MARK
Kfz-Zchn. von Köthen	KOET	Kirchenausschluß	BANN	kleiner Weißfisch	ALBE	Knöchel	ANKE
Kfz-Zchn. von Kötzting	KOEZ	Kirchenversammlung	SEND	kleiner Zweig	REIS	knöchellanger Rock	JUPE
				kleiner Zweimaster	EWER	knöchellanger Rock	MAXI
Kfz-Zchn. von Löbau	LOEB	kirchl. Liedform	LEIS	kleines Bauernhaus	KATE	Kobold	BUTZ
		Kitzel	REIZ			Kobold	GNOM
Kfz-Zchn. von Lünen	LUEN	Kladde	HEFT	kleines Binnenfahrzeug	KAHN	Kobold, Hexe	DRUD
		Klang	LAUT			Kochgefäß	TOPF
Kfz-Zchn. von Münsingen	MUEN	klarer Schnaps	KORN	kleines Boot	KAHN	Kochsalzlösung	SOLE
		Klebematerial, Klebstoff	LEIM	kleines Fließgewässer	BACH	Kochstelle	HERD
Kfz-Zchn. von Öhringen	OEHR	Kleiderrand, Besatz	SAUM	kleines Frachtschiff	KAHN	Königsberger Philosoph	KANT
Kfz-Zchn. von Plön/Holstein	PLOE	Kleidersitte	MODE	kleine Spalte	RITZ	König v. Israel	SAUL
Kfz-Zchn. von Prüm/Eifel	PRUE	Kleiderstoff	ZEUG	kleines Pelztier	NERZ	König von Ägypten	FUAD
		Kleiderzierat	PUTZ	Kleinhandelsware	KRAM	König von Israel	JEHU
Kfz-Zchn. von Rüdesheim	RUED	kleine Brücke, Laufbrett	STEG	kleinstes Materieteilchen	ATOM	König von Israel	JOAS
Kfz-Zchn. von Säckingen	SAEK	kleine Deichschleuse	SIEL	kleinwüchsiges Pferd	PONY	König von Lokris	AJAX
Kfz-Zchn. von Schlüchtern	SLUE	kleine Eule	KAUZ	Kleister	LEIM	König von Saudi-Arabien	FAHD
		kleine Insel	HOLM	Klepper, Gaul	ROSS		

Körnerfrucht	MAIS
körnig verwittertes Gestein	GRUS
Körper	LEIB
Körper, Leib (griech.)	SOMA
körpereigenes Hormon	ACTH
Körperflüssigkeit	BLUT
Körperhülle	HAUT
Körperorgan	MILZ
Körperteil	HALS
Körperteil	KOPF
Kohlen-, Stickstoffverbindung	ZYAN
Kohlenklein	GRUS
kohlensaures Kalzium	KALK
Kohlenwasserstoff	DIEN
Kokainpflanze	KOKA
Kolbenfrucht	MAIS
kolumb. Währungseinheit	PESO
kolumbian. Fluß	META
kolumbian. Stadt	CALI
Kometenkernhülle	KOMA
Komp. d. »Dollarprinzessin«	FALL
Komp. d. »Madame Pompadour«	FALL
Komp. d. »Postillon von Lonjumeau«	ADAM
Komp. d. »Rose von Stambul«	FALL
Komp. d. Musicals »Anatevka«	BOCK
Komp. d. Musicals »Show Boat«	KERN
Komp. d. Oper »Wozzeck«	BERG
Komp. d. Operette »Der fidele Bauer«	FALL
Komp. v. »Wenn ich König wär«	ADAM
Kompon. d. Oper »Der Corregidor«	WOLF
Kompon. d. Oper »Der Mond«	ORFF
Kompon. d. Oper »Die Bernauerin«	ORFF
Kompon. d. Oper »Die Kluge«	ORFF
Komponist der Oper »Lulu«	BERG
Komponist des Balletts »Giselle«	ADAM
Kompositionsabschnitt	SATZ
konfus, verworren	WIRR
Konglomeratgestein	FLUH
Konkurs, Zusammenbruch	RUIN
Kontobelastung	SOLL
Kopfschutz	HELM
Koran-Abschnitt	SURE
korean. Grenzfluß	JALU
korean. Münze	CHON
Kornblume	RADE
Kornreiniger	FEGE
Korridor	FLUR
Korridor	GANG
Koseform v. Helena	LENI
Kosename der Mutter	MAMA
Kosename des Vaters	PAPA
Kosename des Vaters	PAPS
Kosmos, Schöpfung	WELT
kostbar	EDEL
kräfig, lüstern	GEIL
Kraftfahrzeug, -wagen	AUTO
kraftlos	FLAU
kraftlos	MATT
Kralle d. Raubvogels	FANG
Kram, Flitter	TAND
Krankheitserreger	KEIM
Krankheitsursache	NOXE
Kratersee der Eifel	MAAR
krauser Stoff	CURL
Krebstierlarve	ZOEA
Kreditanstalt	BANK
Kreis	RING
kreisförmig, gebogen	RUND
krempenloser Hut	BIBI
Kreuzesinschrift	INRI
Kristallform	DOMA
kuban. Währungseinheit	PESO
Kuchengewürz	ANIS
Küferkanne	TEUT
Kühnheit, Schneid	MUMM
Kümmelschnaps	KOEM
künstl. Kautschuk	BUNA
künstl. Schöpfung	WERK
Künstlerhonorar	GAGE
Küstenlandsch. d. Peloponnes	ELIS
Küstenwurm	PIER
Kukuruz	MAIS
Kulturpflanze der Tropen	KOKA
Kulturpflanze der Tropen	KOLA
Kummer	HARM
Kummer	LEID
Kunde	MAER
Kunstflugfigur	TURN
Kunstgriff	DREH
Kunstleder	SKAI
Kunstwerk	OPUS
Kurform v. Anton, Antonia	TONI

Kurort am Neckar	SULZ	kurz f. Sanitäter	SANI	Kurzform v. Dolores	LOLA	Kurzform v. Wolfgang	WOLF
Kurort am Thuner See	THUN	kurz f. Slowfox	SLOW	Kurzform v. Dorothea	DORA	Kurzform von Apollonia	LONI
Kurort an d. Schwäb. Alb	BOLL	kurz f. Sozialdemokrat	SOZI	Kurzform v. Dorothea	THEA	Kurzform von Eleonore	LORE
Kurort im Kanton Wallis	BRIG	kurz f. Spotlicht	SPOT	Kurzform v. Eleonora	NORA	Kurzform von Josef	SEPP
Kurort in der Eifel	DAUN	Kurzf. v. Heinrich	HINZ	Kurzform v. Helena	LENE	Kurzform von Konrad	KUNO
Kurs	BAHN	kurz f. Veloziped	VELO	Kurzform v. Ingeborg	INGE	Kurzform von Mathilde	META
kurze Filmszene	SPOT	kurz f. vor das	VORS	Kurzform v. Juliana	JULE	Kurzform von Stanley	STAN
kurze Reise	TRIP	kurz f. vor dem	VORM	Kurzform v. Karolina	LINA	kurz für Alfons	FONS
kurzes leichtes Klopfen	TICK	Kurzform f. Akkumulator	AKKU	Kurzform v. Konrad	KUNZ	kurz für Alfred	FRED
kurz f. Alexander	ALEX	Kurzform f. Durchgangszug	DZUG	Kurzform v. Konrad	KURT	kurz für Andreas	ANDI
kurz f. Berthold	BERT	Kurzform f. Gabriele	GABI	Kurzform v. Ludwig	LUTZ	kurz für auf das	AUFS
kurz f. darin	DRIN	Kurzform f. Oberleitungsbus	OBUS	Kurzform v. Margherita	RITA	kurz für bei dem	BEIM
kurz f. Demonstration	DEMO	Kurzform f. Straßenbahn	TRAM	Kurzform v. Rosemarie	ROSI	kurz für daran	DRAN
kurz f. Eilzug	EZUG	Kurzform f. Theresia	RESI	Kurzform v. Rudolf	ROLF	kurz für darum	DRUM
kurz f. Elektrolytkondensator	ELKO	Kurzform für Gangsterbande	GANG	Kurzform v. Rudolf	RUDI	kurz für Elisabeth	ELSA
kurz f. Elfriede	ELFI	Kurzform für Kraftrad	KRAD	Kurzform v. Theoderich, Dietrich	TILL	kurz für herauf	RAUF
kurz f. Faktum	FAKT	Kurzform für Reißverschluß	ZIPP	Kurzform v. Theodor	THEO	kurz für Johannes	HANS
kurz f. Gentleman	GENT	Kurzform v. Beatrix	TRIX	Kurzform v. Ulrike	RIKE	kurz für William	BILL
kurz f. Hedwig	HEDE	Kurzform v. Christina	TINA	Kurzform v. Ursula	ULLA	kurzschnauz. Hunderasse	MOPS
kurz f. Hedwig	HEDI	Kurzform v. Christine	TINE	Kurzform v. Wilhelm	WILM	kurzsichtig	MYOP
kurz f. Heinrich	HEIN	Kurzform v. Dietmar	TIMM	Kurzform v. Wilhelmina	MINA	Kusine	BASE
kurz f. herein	REIN			Kurzform v. Wilhelmina	MINE	Kutter, Seglerart	YAWL
kurz f. Limonade	LIMO					Lachs, Edelfisch	SALM
kurz f. minimal	MINI					Lachsforelle	ANKE
						Lachsforelle	ASCH
						Lade	FACH

Clue	Answer
Ladeöffnung	LUKE
ländliche Gemeinde	DORF
länglicher Einschnitt	FUGE
längliches Fäßchen	PIPE
länglichrund	OVAL
längsgerippter Stoff	CORD
längsstreifig. gemust. Gewebe	RAYE
Laffe	FANT
Lager	KAMP
Lagune	HAFF
Lahn-Zufluß	DILL
Lama-Art	PAKO
Lampe in der Tierfabel	HASE
Lampenruß	BLAK
Landanteil einer Bauernwirtschaft	HUFE
Landarbeiterin	MAGD
Landeplatz für Flugzeuge (engl.)	BASE
Landeplatz für Schiffe	KAJE
Landmaß (30 Morgen)	HUFE
Landschaft östl. von Paris	BRIE
Landschaftsgarten	PARK
Landsknechtspieß	PIKE
Landstreitkräfte	HEER
landwirtschaftl. Nutzfläche	FELD
langer Hohlzylinder	ROHR
langer Stock, Stange	STAB
Langfinger	DIEB
Langfisch	LENG
Langobardenkönig	TATO
Langspieß	PIKE
Lanzenreiter	ULAN
laotisches Volk	XAOE
Lappenzelt	KOTE
Last	JOCH
Lastenheber	KRAN
Lastschiff	HOLK
Lasttier	ESEL
lat. Abschiedsgruß	VALE
lat. Vorsilbe: erst	PRIM
lat. Vorsilbe: halb	SEMI
lat. Vorsilbe: vor	PRAE
lat. Vorsilbe: Zehntel	DEZI
lat.: acht	OCTO
lat.: Achtung, hüte dich	CAVE
lat.: After	ANUS
lat.: also, folglich	ERGO
lat.: ausreichend, gebührend	RITE
lat.: Brücke	PONS
lat.: China	SINA
lat.: der Fromme	PIUS
lat.: ebenso, ferner	ITEM
lat.: einst	OLIM
lat.: es geschehe	FIAT
lat.: Fläche, Hof	AREA
lat.: Fließen	FLUX
lat.: Geist	MENS
lat.: Genehmigung	FIAT
lat.: Geruch	ODOR
lat.: Griff	ANSA
lat.: horch!	AUDI
lat.: ich habe gesprochen!	DIXI
lat.: im Jahre	ANNO
lat.: Kind	PUER
lat.: lebe wohl	VALE
lat.: Mensch	HOMO
lat.: mißbräuchlich	ABUS
lat.: niemand	NEMO
lat.: Ordnung	ORDO
lat.: sein	ESSE
lat.: siehe!	VIDE
lat.: Stadt	URBS
lat.: Strafe, Geldbuße	POEN
lat.: streiche!	DELE
lat.: Stunde	HORA
lat.: Tag	DIES
lat.: Taten	ACTA
lat.: Teil	PARS
lat.: Volk	GENS
lat.: Wasser	AQUA
lat.: wenn nicht	NISI
latein. Vorsilbe: Milch	LAKT
latein.: beide	AMBO
latein.: Berg	MONS
latein.: dasselbe	IDEM
latein.: derselbe	IDEM
latein.: die Nährende	ALMA
latein.: Gott	DEUS
latein.: gut, wohl	BENE
latein.: Hoffnung	SPES
latein.: Kreuz	CRUX
latein.: Leben	VITA
latein.: Liebe	AMOR
latein.: Lob	LAUS
latein.: nach	POST
latein.: ohne	SINE
latein.: Seife	SAPO
latein.: Sorge	CURA
latein.: Tod	MORS
latein.: vor	ANTE
latein.: Wachs	CERA
latein.: was	QUID
latein.: wer	QUIS
latein.: weshalb	QUOD
latein.: Würfel	ALEA

latein.: Zahn	DENS
lateinisch: drei	TRES
lateinisch: Meer	MARE
lateinisch: Mond	LUNA
lateinisch: Rad	ROTA
lateinisch: Werk	OPUS
Laubbaum (Birkengewächs)	ERLE
Laubholzschößling	LODE
Laufschiene	KUFE
Lauge	BASE
Leanders Geliebte	HERO
Lebensgemeinschaft e. Ortes	BIOM
Lebenshauch	ATEM
Lebenshauch	ODEM
Lebenslauf	VITA
Lebenssaft	BLUT
lebenzerstörender Stoff	GIFT
Lebewesen, Kreatur	TIER
Lederart	AFER
ledig	FREI
Lehrertisch, Rednerplatz	PULT
Lehrgang	KURS
Leibriemen	GURT
leichtathletische Disziplin, Übung	WURF
leichter Schlag	TAPP
leichter Stoß	BUMS
leichtes türk. Ruderboot	KAIK
Leid, Plage	PEIN
leidenschaftl. Wut	RAGE
Leier	LYRA
Leine-Zufluß	ILME
Leistenbeugenschwellung	BUBO
Leiste zwischen Stuhlbeinen	WUGE
Leistungsvorgabe	SOLL
Leistungsziel	SOLL
Leitungsverbund	NETZ
Lemur, Lemuride	LORI
Lemur, Lemuride	MAKI
Lemur, Maki	VARI
Lesebühne, Pult	AMBO
lettische Hauptstadt	RIGA
letzte Kaiserin Österreichs	ZITA
letzter Kaiser Chinas	PUYI
letzter König Albaniens	ZOGU
letzter Ostgotenkönig	TEJA
letzte Ruhestätte	GRAB
libysche Oase	GHAT
libysche Provinz	SURT
licht	HELL
Lichtbild	FOTO
Lichtbildstreifen	FILM
Lichthof um Gestirne	HALO
Lichthof um Mond, Sonne	HALO
Lichtspielhaus	KINO
Liebesbeweis	KUSS
Limmat-Zufluß	SIHL
lind	MILD
linke Kontoseite	SOLL
Linsenfehler	KOMA
Loch beim Golf	HOLE
Loch in der Nadel	OEHR
locker	LOSE
lockere Erde	MULM
Lockruf f. Geflügel	PIPI
lodernde Flamme	LOHE
Loire-Zufluß	ANCE
Loire-Zufluß	CHER
Londoner Stadtbezirk	SOHO
lothring. Hauptstadt	METZ
Lüge, Täuschung	TRUG
Luftreise	FLUG
Luftschloß	TRUG
lustige Feier	FETE
Lustsuche	LUES
Lustwäldchen	HAIN
luxemb. Mosel-Zufluß	SURE
luxemburgische Stadt	ESCH
Lymphknotenschwellung	BUBO
Lymphorgan	MILZ
Maas-Zufluß	ROER
Madeirawein	BOAL
Madrider Fußballklub	REAL
mährischer Oder-Zufluß	OPPA
Männchen von Wiederkäuern	BOCK
Männername	ALEX
Männername	ARNO
Männername	AXEL
Männername	BODO
Männername	GERD
Männername	GERT
Männername	GOLO
Männername	HANS
Männername	HUGO
Männername	INGO
Männername	KARL
Männername	RALF

Männername	TILO	malai. Kokosfasergarn	COIR	marokkanisch. Atlantikhafen	SAFI	med.: Ellenbogen	ULNA
Männername	WULF	Malaiendolch	KRIS	Marsch, Marschboden	FENN	med.: Handfläche	VOLA
männl. Haustier	BOCK	Malaienvolk	BUGI	Marsch-, Wanderpause	RAST	med.: Harnstoff	UREA
männl. Kind	SOHN	malaiis. Pfeilgift	UPAS	Marter, Pein	QUAL	med.: Schwund	USUR
männl. Reh	BOCK	malaiisches Auslegerboot	PRAU	Maschinerie, Industriebetrieb	WERK	medizin.: Hüfte	COXA
männl. Schaf	BOCK	malaiisches Färbeverfahren	IKAT	maserartiger Hautausschlag	RASH	medizin.: Mittelfleisch	DAMM
männl. Schwein	EBER					Mediziner	ARZT
männl. Ziege	BOCK	malaisches Kokosfasergarn	COIR	Maß der elektr. Spannung	VOLT	Meeresalgen	TANG
Mär, Märchen	FAMA	Manneszier	BART			Meeresbewegung	TIDE
Mär, Überlieferung	SAGE	Mannsbild	KERL	Maßeinheit d. Radioaktivität	EMAN	Meeresbucht	GOLF
Märchenfigur	ELFE	Mannschaft	TEAM	Maß f. Dunkelleuchtdichte	SKOT	Meerespflanze	ALGE
Märchenfigur	MUCK	Mann v. Bathseba	URIA			Meereswelle	WOGE
Märchenfigur, -gestalt	HEXE	Mann v. Eva	ADAM	Maß für elektr. Leistung	WATT	Mehlschwitze	ROUX
märchenhafter Riesenvogel	ROCK	Manuskript, Wortlaut	TEXT	Maßstab	NORM	mehr, zuzüglich	PLUS
Märchenvogel, Riesenvogel	ROCH	Marderart	NERZ	Mastkorb	MARS	Mehrfachzwirn	KORD
		Marderhund	ENOK	Mastspitze	TOPP	Mehrheit, Masse	GROS
mäßig heiß	WARM	Marianeninsel	GUAM	Matrize	FORM	mehrsätziges Tonstück	FUGE
Magnetband	TAPE	Marianeninsel	ROTA	matt	FLAU	mehrstimm. Tonwerk	FUGE
Mahlprodukt	MEHL	Marinedienstgrad	MAAT	Mauer	WAND	Meistersinger b. Wagner	ZORN
Maibblumenstrauß	MAIE	Marke an Meßinstrumenten	MIRE	Mauerbewurf	PUTZ		
Maifisch	ALSE			Mauerritze	FUGE	Memel-Mündungsarm	RUSS
Main-Zufluß	KAHL	Markgraf der Ostmark	GERO	Mauerstirn	ANTE	Meridanzeichen	MIRE
Main-Zufluß	LOHR	Markierung an Meßapparaten	GRAD	mauretan. Stadt	ATAR	Merk (botan.)	SIUM
Main-Zufluß aus dem Spessart	SINN			mecklenburg. Stadt an der Elde	PLAU	Meßpfahl	BAKE
		Marktstand	BUDE			Metallbolzen	NIET
Maiseiweiß	ZEIN	marokkan. Stadt	TAZA	med.: Aderhaut des Auges	UVEA	metalldurchwirkter Stoff	LAME
Makrelenart	THUN						

Metallfadengewebe	LAME	mittelalterl. Bauernhof	HUFE	modern. Musikstil	ROCK	Mosel-Zufluß	ACHE
Metallschlaufe	OESE	mittelalterl. Befestigung	BURG	moderner Tanz	JIVE	Mosel-Zufluß	ELTZ
mexikan. Währungseinheit	PESO	mittelalterl. Seuche	PEST	Modestil	LOOK	Mosel-Zufluß	KYLL
Miesmacher, Unheilverkünder	UNKE	mittelchilen. Hafenstadt	LOTA	Modus	FORM	Mosel-Zufluß	SAAR
Mietdroschke	TAXE	mittelchines. Stadt	SIAN	Möbelstück	BANK	Mosel-Zufluß aus der Eifel	SALM
Mietdroschke	TAXI	mittelchines. Stadt	XIAN	Mörtelschicht auf Mauerwerk	PUTZ	Mostrich, Gewürz	SENF
Miete, Pacht	ZINS	mittelfranz. Departement	CHER	Mohammeds Helfer	OMAR	Motorfahrrad	MOFA
mikrones. Insel	TRUK	Mittelhülse des Rades	NABE	Mohammeds Nachfolger	OMAR	müde, schwach	MATT
mikrones. Stadt	MOEN	mittelindische Sprache	PALI	Mohrenhirse	DARA	Mühlenprodukt	MEHL
milchgebend	MELK	Mittelmeerpflanze	RHUS	Mohrenhirse	DARI	Mühlensandstein	GRIT
milchsaftführende Pflanze	MOHN	mittelmexikan. Stadt	LEON	Molke von Süßmilch	JUTE	Mühltrichter	GOSS
militär. Kopfbedeckung	HELM	Mittelpunkt	KERN	Molton	MOLL	Münchn. Pferderennplatz	RIEM
militär. Ordnung	ZACK	Mittelrhein-Zufluß	RUHR	Molukkeninsel	BURU	Münchner Flughafen	RIEM
militärische Führung	STAB	Mittelrhein-Zufluß	WIED	Monatsname	JULI	mündlich	ORAL
Mineralölgesellschaft	ESSO	mittelschwed. Stadt am Siljansee	MORA	Monatsname	JUNI	Mündungsarm d. Rheins	WAAL
Mischfarbe	GRAU	Modenarr	GECK	Mondebene	MARE	Münze im Irak	FILS
Mißgeschick, Malheur	PECH	Moderdunst	MUFF	Mondkalb, Windei	MOLE	Münze in Australien	CENT
Mißgunst	NEID	modern. Lebensstil	PUNK	Moneten	GELD	Münze in Birma	PYAS
Missionar am Rhein	GOAR	modern. Musikstil	BEAT	mongol. Stutenmilchschnaps	ARSA	Münze in Indien	PAIS
Mississippi-Zufluß	OHIO	modern. Musikstil	JAZZ	Moor	LUCH	Münze in Kuwait	FILS
Mist	DUNG	modern. Musikstil	PUNK	Moor	MIES	Münze in Malta	MILS
Mitarbeiterstab	TEAM	modern. Musikstil	ROCK	Moor, Sumpf	VENN	Münze in Pakistan	PAIS
mittelalt. Abgabe, Steuer	BEDE			Morast	MOOR	mundartl. Achselhöhle	UCHS
mittelalt.: fahrende Habe	FEOD			Morast, Moor	RIED	mundartl. f. Deich	KADE
				Morgengebet des Breviers	PRIM	mundartl. f. Eber	WATZ
				morphiumliefernde Pflanze	MOHN		

mundartl. f. Eintagsfliege	HAFT	munter	AGIL	Mutter v. Apoll	LETO	Nagetier	MAUS
mundartl. f. Eintagsfliege	ZASE	munter, fleißig	REGE	Mutter v. Artemis	LETO	nagetierähnliche Art	HASE
mundartl. f. Faser	HAKE	Mus	BREI	Mutter v. Buddha	MAJA	Nahe-Zufluß	GLAN
mundartl. f. Gauner	BIET	mus.: Anfang eines Stücks	CAPO	Mutter v. Hermes	MAIA	Nahrung, Verpflegung	KOST
mundartl. f. Gerüst	DORL	mus.: betonter Taktteil	BEAT	Mutter v. Kastor	LEDA	Name von fünf Päpsten	PAUL
mundartl. f. Kreisel	BIBI	mus.: Bogenstrich	ARCO	Mutter v. Maria	ANNA	Name von zwölf Päpsten	PIUS
mundartl. f. Küken	DOTE	mus.: Stimme	PART	Mutter v. Pollux	LEDA	Name zweier schweiz. Flüsse	EMME
mundartl. f. Pate	FAUM	Musical v. McDermot	HAIR	Mutter v. Poseidon	RHEA	Narr, Stutzer	GECK
mundartl. f. Schaum	HAUN	Musical von Webber	CATS	Mutter v. Zeus	RHEA	Nasenschleim	ROTZ
mundartl. f. Uhu	FLAG	musik.: Feuer	BRIO	Naab-Zufluß	VILS	Natriumkarbonat	SODA
mundartl. f. Verstimmung	FLAG	musik.: Schwung	BRIO	Nachen	BOOT	natürlicher Kopfschmuck	HAAR
mundartl. f. Windstoß	ZACH	musikal. Anhang	CODA	Nachklang	HALL	Naturdünger	MIST
mundartl. f. zäh, scheu	HAUE	musikal. Werk	OPUS	Nachkomme	KIND	Naturschutzgebiet in den USA	ZION
mundartl. Hacke	GELT	musikal.: Bewegung	MOTO	Nachlaß	ERBE	nd. f. Dietrich	DIRK
mundartl. "nicht wahr?"	ARRE	musikalisches Bühnenwerk	OPER	Nachlaßempfänger	ERBE	nd. f. Klaus, Nikolaus	KLAS
mundartl.: Blindschleiche	PAPE	Musikausdruck f. ein wenig	POCO	Nachrede	FAMA	nd.: betrunken	DUHN
mundartl.: Erdböschung	GLAU	Musikdrama	OPER	Nachrichtenüberbringer	BOTE	nd.: Büschel, Schopf	PULL
mundartl.: hell, sauber	LEIT	Musikstück für drei	TRIO	Nachtfalter	EULE	nd.: Eifer, Gischt	JAST
mundartl.: Obstwein	JACH	Musikzeichen in den Psalmen	SELA	Nachtgreifvogel	EULE	nd.: Einfaltspinsel	DUNS
mundartl.: steil, jäh	NOMA	Muskelfasergeschwulst	MYOM	Nachtlager	BETT	nd.: eingelegter Fisch	SILL
Mundschleimhautentzündung	SOOR	Muskelzucken	TICK	Nackenstück v. Schlachttieren	KAMM	nd.: Herr, Meister	BAAS
Mundschleimhautentzündung		Muße, Entspannung	RUHE	Nadelbaum	EIBE	nd.: Holztrog, Schüssel	KUMM
		Mutter Buddhas	MAYA	Nadelwald	TANN		
				Nähmaterial	GARN		
				Nährmutter	AMME		
				nämlich	ZWAR		
				närrisch, verrückt	TOLL		
				nagender Kummer	GRAM		

nd.: Hose	BUEX
nd.: klobig und dick	BUTT
nd.: Kröte	LORK
nd.: Stoß	HURT
nd.: Vermittler	BAAS
ndtsch.: Hose	BUXE
ndtsch.: Morgendämmer	UCHT
Nebenfahrwasser	GATT
Neckar-Zufluß	AICH
Neckar-Zufluß	FILS
Neckar-Zufluß	MURR
Neckar-Zufluß	PRIM
Neckar-Zufluß	REMS
Neckar-Zufluß	SULM
Neckkobold	PUCK
Neger, Maure	MOHR
Negervolk am Weißen Nil	BARI
Negervolk in Tschad	MABA
Neigung	HANG
Nelkenrot	PINK
Nennwert	PARI
Nervenzellengerüst	GLIA
Nervenzentrum	HIRN
Nestgelege	EIER
nett	LIEB
neu erschienene Bücher	NOVA
neuer Stern	NOVA
Neugeborenes	BABY
Neuigkeiten	NOVA
Neuling, Lehrling	TIRO
neunte Stufe d. Tonleiter	NONE
Neuntonschritt	NONE
neuseel. Schnepfenstrauß	KIWI
neuseeländ. Insel	NIUE
neuseeländ. Laufvogel	KIWI
Nibelungengestalt	MIME
Nichtfachmann	LAIE
nicht gelogen	WAHR
Nichtiges, Wertloses	TAND
nicht kalt	WARM
nicht kurz	LANG
nicht lang	KURZ
Nichtpriester	LAIE
Nichts	NULL
niederbayer. Stadt am Inn	ROTT
niedere Pflanze	PILZ
niederer Deich, Hilfsdeich	KAJE
niedere Waldpflanze	MOOS
niedere Wasserpflanze	ALGE
Niedergang, Untergang	RUIN
niederl. Chemiker (Nobelpreis)	HOFF
niederl. Schachweltmeister	EUWE
niederl. Staatsmann (17. Jh.)	WITT
niederl. Stillebenmaler	HEEM
niederländ. Antilleninsel	SABA
niederländ. Maler	CUYP
niederländ. Maler	GOES
niederländ. Maler	GOGH
niederländ. Maler (Brüder)	EYCK
niederösterr. Donau-Stadt	MELK
niederösterr. Stadt	HORN
Niederrhein-Zufluß	ERFT
niedersächs. Elbe-Zufluß	OHRE
niedersächs. Stadt bei Bremen	SYKE
niedlich	NETT
niedrig	TIEF
Niedrigwasser	EBBE
Nierenausscheidung	HARN
nigerian. Stadt	KANO
nigerianische Münze	KOBO
Niger-Zufluß	BANI
nikarag. Sandinistenpartei	FSLN
nilohamit. Sprache	BARI
Nilotenvolk	NUER
nobel	EDEL
Noblesse	ADEL
Nonnenschleier	WIEL
nord. Sagengestalt	EGIL
nordam. Indianerstamm	YUMA
nordamerikan. Indianer	PANI
nordamerikan. Marder	MINK
nordamerikan. Nerz	MINK
nordböhm. Elbe-Zufluß	ISER
nordböhm. Stadt	EGER
nordbrasil. Amazonas-Zufluß	JARY
nordbrasilian. Fluß	PARA
nordbrasilian. Hafenstadt	PARA
norddeutscher Dichter	FOCK
norddeutscher Dichter	LEIP
norddeutscher Küstensegler	EWER

nordengl. Fluß	TEES
nordengl. Fluß	TYNE
nordfranz. Departement	NORD
nordfranz. Departement	ORNE
nordfranz. Mosel-Zufluß	ORNE
nordfranzösischer Fluß	ORNE
nordfriesisch. Insel	ROEM
nordfriesische Insel	SYLT
nordiran. Stadt	JASD
nordirische Grafschaft	DOWN
nordisch. Feuergott	LOKI
nordisch. Fürstentitel	JARL
nordische Götter	ASEN
nordischer Graf	JARL
nordital. Stadt an der Adda	LODI
nordital. Wasserfall	TOCE
nordkaukasischer Fluß	KUMA
Nordlandtier	ELCH
Nordlandtier	ELEN
nordostafrikan. Volk	AFAR
nordostafrikan. Volk	ISSA
Nordosteuropäer	ESTE
nordostindische Stadt	GAJA
nordosttürk. Stadt	KARS
Nordostwind	BISE
nordruss. Halbinsel	KOLA
Nordseebad auf Föhr	WYCK
Nordsee-Zufluß	JADE
nordspan. Landschaft	LEON
nordspan. Stadt	LEON
nordspanische Grenzstadt	IRUN
Nordwesteuropäer (Mz.)	IREN
nordwestspan. Provinz	LUGO
nordwestspan. Stadt	LUGO
norweg. Autor	DASS
norweg. Autor	DUUN
norweg.-finn. Grenzfluß	TANA
norweg. König	KNUT
norweg. Maler	DAHL
norweg. Maler	LUND
norweg. Mathematiker	ABEL
norweg. Münze	OERE
norweg. Stadt am Oslofjord	MOSS
norwegische Hauptstadt	OSLO
norwegischer König	OLAF
norwegischer Lappe	SAMI
norwegische Stadt	TANA
Notunterkunft	ASYL
Nürnberger Buchhändler	PALM
Null beim Roulette	ZERO
Nummer, Ziffer	ZAHL
nutzbare Landfläche	FLUR
Nutztier	RIND
Nutztier	VIEH
Oasengruppe in Algerien	TUAT
Oasenstadt in Turkmenistan	MARY
Obdach	HEIM
Obdachlosenheim	ASYL
oben stehend	OBIG
oberägypt. Stadt	EDFU
obere Erdschicht	SIAL
oberer Gebäudeabschluß	DACH
Oberflächenausschnitt	ZONE
obergäriges Bier	GOSE
Obergewand der Römer	TOGA
Oberhaupt	CHEF
oberital. Stadt	COMO
oberösterr. Kurort	HALL
oberösterr. Stadt an d. Donau	LINZ
oberster Schiffsrand	BORD
Oberstück der Rinderkeule	ZIEM
Obligation	BOND
Ob-Zufluß	ISET
Odins, Wotans Bruder	VILI
Odins, Wotans Bruder	WILI
Odins Wolf	GERI
öffentl. Dienstleistungsbetrieb	POST
öffentliche Verkehrseinrichtung	BAHN
Ölpflanze	LEIN
österr. Adlige	EDLE
österr. Alpenpaß	FERN
österr. Architekt	HAAS
österr. Autor (Biographien)	MOLO
österr. Benediktinerabtei	MELK
österr. Bergsteiger	BUHL

österr. Bundeskanzler	FIGL
österr. Bundeskanzler	RAAB
österr. Bundesland	WIEN
österr. Chemiker	AUER
österr. Dichter, Schriftsteller	BAHR
österr. Donau-Zufluß	ENNS
österr. Donau-Zufluß	KAMP
österr. Donau-Zufluß	YBBS
österr. Drau-Zufluß	ISEL
österr. Filmkomiker	SIMA
österr. Gewichtseinheit	DEKA
österr. Hauptstadt	WIEN
österr. Inn-Zufluß	SILL
österr.-isreal. Dichter	BROD
österr. Karikaturist	DEIX
österr. Komponist	BERG
österr. Komponist	TOCH
österr. Komponist	WOLF
österr. Kurort bei Salzburg	IGLS
österr. Kurort im Pinzgau	ZELL
österr. Maler, Grafiker	KOCH
österr. Meereszoologe	HASS
österr. Operettenkomponist	FALL
österr. Partei	FPOE
österr. Physiker (Nobelpreis)	HESS
österr. Physiker u. Philosoph	MACH
österr. Romanschriftstellerin	BAUM
österr. Schauspieler	WECK
österr. Schriftsteller	HABE
österr. Schriftsteller	ROTH
österr. Staatsmann	BACH
österr. Stadt an der Donau	YBBS
österr. Stadt an der Mur	GRAZ
österr. Stadt an der Traun	WELS
österr. Stadt im Innviertel	RIED
österr. Stadt in Tirol	IMST
österr.-ungar. Fluß	RAAB
österr.: Meerrettich	KREN
ostafrikan. Fluß	JUBA
ostafrikan. Sprache	DIGO
ostafrikan. Sprache	KUJU
ostafrikan. Vulkan	MERU
ostasiat. Fluß	ONON
ostasiat. Ölbohne	SOJA
ostdtsch. Hauptfluß	ODER
ostengl. Nordseebucht	WASH
österr.: Treffer beim Fußball	GOAL
ohne Hörvermögen	TAUB
Ohrenrobbe	SEAL
Oker-Zufluß	GOSE
Oker-Zufluß	ILSE
Opern-, Operettenteil	ARIE
Opernlied	ARIE
Oper von Berg	LULU
Oper von Blacher	FLUT
Oper von Orff	MOND
Oper von Verdi	AIDA
Oratorium von Händel	SAUL
ordentlich	BRAV
Oregano	DOST
organische Base	IMIN
organische Stickstoffbase	AMIN
organisierte Bande	GANG
orient. Herrschertitel	KHAN
oriental. Kirchenraum	BEMA
Orientteppich	NAIN
Origanum	DOST
Original	KAUZ
Orinoco-Zufluß	META
Orkney-Insel	FARA
osteurop. Napfkuchen	BABA
Osteuropäer	POLE
ostfinn. Volk in der UdSSR	KOMI
ostfranz. Departement	JURA
ostfries. Stadt an der Leda	LEER
oström. Kaiser	LEON
Ostseeinsel vor Wismar	POEL
Ostsee-Meerenge	BELT
Ostsee-Meerenge	SUND
ostsibirisch. Strom	JANA
ostsibirischer Aldan-Zufluß	MAJA
ostsibirischer Strom	AMUR
ostsibirischer Strom	LENA
Ozean	MEER
Paarungsspiel d. Vögel	BALZ

Paddelboot	KANU
pakistan. Amtssprache	URDU
pakistan. Provinz	SIND
pakistan. Sprache	SIND
Pakt	BUND
Pantherkatze	ONZE
Papageienname	LORA
Papageitaucher	LUND
Papierstreifen	TAPE
Papierzählmaß	RIES
Pappel	ASPE
Paradiesgarten	EDEN
Paraguay-Tee	MATE
Pariser Flughafen	ORLY
Partie	TEIL
Party	FETE
Paß vom Engadin z. Vintschgau	OFEN
Paste	KREM
Pasten-, Salbenbehälter	TUBE
pazif. Hauptstadt	SUVA
Pazifikinsel	WAKE
Pechkohle	JETT
Pelztierzuchtbetrieb	FARM
pers. gute Fee	PERI
Persien	IRAN
persisch. Dichter (12. Jh.)	OMAR
persisch. Religionsstifter	MANI
persische Hauptstadt im Altertum	SUSA
persische Karawanserei	CHAN
persischer Schutzgeist	PERI
Personenbenennung	NAME
peruan. Amazonas-Zufluß	NAPO
peruan. Schafkamel	LAMA
peruan. Währungseinheit	INTI
peruanisches Schafkamel	PAKO
Petschora-Zufluß	USSA
Pfälzer Rhein-Zufluß	NAHE
Pfeifentabak	SHAG
Pferdegangart	TRAB
Pferdegeschirrteil	ZAUM
Pferdekrankheit	REHE
Pferdekrankheit	ROTZ
Pferdekrankheit	SPAT
Pferderennen	TURF
Pferdesportart	MAIE
Pfingstgrün	MAIE
Pflanzenfaser	BAST
Pflanzenfaser	HANF
Pflanzenkeim	SAME
Pflanzennährstoff	DUNG
Pflanzenstachel	DORN
Pflanzenstengel	HALM
Pflugbaumklotz	BOSS
Pfluggabel	ENKE
Pflugmesser	SECH
Pförtnerraum	LOGE
Pfriem	AHLE
Pfrille	RUMP
philippin. Insel	CEBU
philippin. Stadt	CEBU
philippin. Währungseinheit	PESO
phöniz. Gott	BAAL
Picke, Pickel	HAUE
Pilzbelag im Mund	SOOR
Pinselzungenpapagei	LORO
Pisang	MUSA
Plätteiseneinlage	BOLZ
Planet	ERDE
Planet	MARS
Planetenbegleiter	MOND
Planetoid	EROS
Planetoid	JUNO
Plattfisch	BUTT
Platzmangel	ENGE
plötzl. aufflammender Stern	NOVA
plötzlich, steil	JAEH
plötzlich auftretend	AKUT
plötzliche Beschleunigung	RUCK
Plunder	KRAM
Podex, Gesäß	POPO
Pöbel	PACK
Pökelflüssigkeit	LAKE
Polarschiff Nansens	FRAM
Polder	KOOG
polit. Abmachung	PAKT
poln. Parlament	SEJM
poln. Pripet-Zufluß	STYR
poln.: Frau, Herrin	PANI
polnisch. Dichter, Schriftsteller	ASCH
polnisch. realist. Schriftsteller	PRUS
polynes. Rauschgetränk	KAWA
pommer. Oder-Zufluß	REGA
pommersch. Fluß	IHNA
pommersch. Kurort, Seebad	BINZ
pommersche Insel	VILM
pommerscher Küstenfluß	LEBA
pommerscher Kurort, Seebad	WIEK
Popmusik-Begriff	BEAT
Popmusik-Solist	ANKA

Clue	Answer
Popmusik-Solist	JOHN
Popmusik-Solist	KING
Popmusik-Solistin	BELL
Popmusik-Solistin	HUNT
Popmusik-Solistin	KING
Popmusik-Solist (Rockmusik-Solist)	FAME
portug.: Johann	JOAO
portugies. Entdecker, Seefahrer	DIAZ
portugies. Entdecker Ostindiens	GAMA
portugies. Stadt	BEJA
portugies. Stadt	OVAR
Posament	BAND
Position	LAGE
positive Vergeltung	DANK
Possenreißer	NARR
Possenreißer im span. Theater	BOBO
Po-Zufluß	ADDA
Po-Zufluß	ENZA
Po-Zufluß	ORCO
Po-Zufluß	RENO
Po-Zufluß	TARO
Prachtentfaltung	POMP
Präsident der USA	BUSH
Prallsprung des Pferdes	BOND
Pregel-Zufluß	ALLE
Pregel-Zufluß	AUER
Preis	WERT
Preisgericht	JURY
Preisrichterausschuß	JURY
preuß. Generalfeldmarschall	ROON
preußisch. Kriegsminister	ROON
Pro	FUER
Protest, Widerspruch	VETO
Provinz in Altkastilien	LEON
Prüfungsprädikat	NOTE
Prügel, Schläge	HAUE
Prunk, Schaugepränge	POMP
Psalmenzeichen	SELA
Pulswärmer	MUFF
Pump	BORG
Punkt auf dem Würfel	AUGE
Punkt im Telegramm	STOP
Punktlichtlampe	SPOT
pur, unverfälscht	REIN
Pyrenäenpaß	ARES
Quäker, Gründer v. Pennsylvanien	PENN
quälendes Nachtgespenst	MAHR
Qual	KRUX
Qual	LEID
Qual	PEIN
Qualität	WERT
Quarz-Abart	OPAL
Querholz	HOLM
Querholz am Schiffsmast	RAHE
Querstange d. Barrens	HOLM
quitt	WETT
Rachen	MAUL
radioaktives Element	URAN
Radmitte	NABE
Radteil	NABE
Rahebefestigung	RACK
Rahenende	NOCK
Rammgerät	HEIE
Rammsporn	RAMM
Randgebirge des Pamir	ALAI
Randpfeiler	ANTE
Rang	GRAD
Range	GOER
Ranke d. Weinstocks	REBE
Rasenballspiel	GOLF
rasende Mordwut	AMOK
Rasenscholle, Torfscholle	SODE
Raserei, Zorn	RAGE
Ratespiel	QUIZ
Raubhund	WOLF
Raubtier	WOLF
Raubtierbeute	FANG
Raubtiergebiß	FANG
Raubwildbeute	RISS
Raubwildschwanz	RUTE
Rauchware	PELZ
rauh, roh	GROB
Raumbegrenzung im Haus	WAND
Raumfahrtbehörde der USA	NASA
Raumgebiet	FELD
Rauschgiftsüchtiger	USER
Raute	KARO
Rebensaft	WEIN
Rechtswissenschaften	JURA
Regel	NORM
regelmäßig gebogene Falte	FALZ
Regelverstoß	FOUL
Regenbogenhaut im Auge	IRIS
Reichsacht	BANN
Reif, Reifen	RING
Reifendruckmaß	ATUE
Reihenfolge	TOUR
rein	KLAR
Reißzahn d. Raubtiers	FANG

Reiter-, Turnerhaltung	SITZ
reitsportlich. Hindernis	RICK
Reizleiter	NERV
religös. schlit. Oberhaupt	IMAM
Rennbahnhindernis	OXER
Rettung	HEIL
Reuß-Zufluß	EMME
Revue	SHOW
Revuetänzerin	GIRL
rhein. f. Josef	JUPP
Rhein-Zufluß	LAHN
Rhein-Zufluß vom Rothaargebirge	SIEG
Rhone-Zufluß	ARVE
Rhone-Zufluß	FIER
Rhone-Zufluß	GARD
rhythmische Bewegung	TANZ
richtig, zutreffend	WAHR
Richtlinie, Richtschnur	NORM
Riechorgan	NASE
Riemen	GURT
Riesenhirsch	ELCH
Rille	KEEP
Rindenboot	KANU
Rindenkorb	RUMP
Rindenteil	BAST
Rindenteil	KORK
Ring, Schmuckring	REIF
Ring des Saturn	ANSE
Ringkampfrunde	RUNG
Ripsart	ONDE
Ritter der Artusrunde	EREK
Ritual, Ritus	KULT
Ritze	FUGE
Robbenfell	SEAL
Röhrenbehälter	TUBE
röm. Feldgott	FAUN
röm. Fruchtbarkeitsgott	FAUN
röm. Göttin d. Ehe, Familie	JUNO
röm. Göttin der Fürsorge	CURA
röm. Göttin des Gerüchts	FAMA
röm. Gott d. Ackerbaus	FAUN
röm. Gott d. Liebe	AMOR
röm. Gott d. Todes	MORS
röm. Hirtengott	FAUN
röm. Monatsmitte	IDEN
röm. Waldgott	FAUN
römisch. Kaiser	NERO
römischer Censor	CATO
römischer Kaiser	OTHO
römischer Monatstag	IDUS
Röstofen	KILN
roh, unverdaulich	KRUD
Rohbaumwolle	LINT
roh eßbare Frucht	OBST
Rohrkarpfen	FURN
Roman v. Camus	PEST
Roman v. Colette	GIGI
Roman v. Hartog	MARY
Roman v. Zola	NANA
Roß	GAUL
Roßhaar	CRIN
Roßhaar zum Polstern	CRIN
rotbunte Kuh m. Stirnfleck	KLEB
roter Planet	MARS
rote Rübe	BETE
Rotwildjunges	KALB
Rudel	PULK
Ruderschlag	PULL
Rückgriffsrecht	AVAL
Rücksitz im Auto	FOND
Rückstand, Überbleibsel	REST
Rückstand b. Brennen, Keltern	TRUB
Rüster	ULME
Ruf des Abscheus	PFUI
Ruf des Ekels	PFUI
Ruhemöbel	BETT
Ruhepause	RAST
Ruhrgebietsstadt an der Lippe	HAMM
Ruhr-Zufluß	ELPE
Ruhr-Zufluß	INDE
Ruinenstätte im Irak	URUK
Ruinenstätte in Bengalen	GAUR
rumän. Donau-Zufluß	OLTU
rumän. Münze	BANI
rumän. Münze	BANU
rumän. Name v. Klausenburg	CLUJ
rumän. Stadt	IASI
rumän. Stadt a. der Moros	ARAD
rumän. Stadt an der Körös	BRAD
rumän. Stadt an der Moros	DEVA
rumän. Theiß-Zufluß	BEGA
Runde	LAGE
Rur-Zufluß aus d. Eifel	URFT
Ruß	SOTT
russ., sowjet. Fluß	NARA
russ. Fischsuppe	UCHA
russ. Fluß	LUSA

russ. Name von Lemberg	LWOW
russ. Reichsrat	DUMA
russ. Stadt am Ural	ORSK
russ. symbolist. Dichter	BLOK
russ.: Helga	OLGA
russ.: Johannes	IWAN
russ.: Liebchen	LADA
russisch. Bauernhaus	ISBA
russisch. Fluß z. Schwarzen Meer	RION
russisch.-iranisch. Grenzfluß	ARAS
russisch. konstruktivist. Bildhauer	GABO
russisch. Physiker (Nobelpreis)	TAMM
russisch. Schwarzmeerhafen	POTI
russisch. Stadt	LUGA
russische Heilige	OLGA
russische Stadt an der Kama	PERM
russische Stadt an der Upa	TULA
russisch: halt	STOJ
russisch: nein	NJET
Saale-Zufluß	BODE
Saale-Zufluß	ORLA
Saale-Zufluß	RODA
Saatkrähe	RUCH
Sache	DING
Sachgebiet	FACH
Sackleinwand	JUTE
sächs. Kurort an der Roda	RODA
sächs. Pleiße-Zufluß	EULA
sämtliche	ALLE
Sängervereinigung	CHOR
Säugetier-Ordnung	WALE
Säugling	BABY
Säulenvorhalle	STOA
Säure-Stickstoff-Verbindung	AMID
Sage	MAER
Sahne	RAHM
Salomoneninsel	BUKA
salzhaltige Heilquelle	SOLE
Salzlösung	LAKE
Salzsiederanteil	KOTE
Same	KEIM
Samendrüse	HODE
Sammelbegriff f. jagdbare Tiere	WILD
Sammelbegriff für Nutztiere	VIEH
Sammellinse	LUPE
samoanischer Baststoff	TAPA
Sandwurm	PIER
sanft	MILD
sanft, mild	LIND
sanft, rücksichtsvoll	ZART
sangbare Weise	LIED
Sarthe-Zufluß	LOIR
sattelfest	FIRM
Saturn-Mond	RHEA
Satyr	FAUN
Satzteil	WORT
sauber, klar	REIN
saudi-arab. Kurort	TAIF
saudi-arab. Landschaft	ASIR
saudi-arab. Oasenstadt	HAIL
saudi-arab. Stadt	ABHA
saudi-arabisch. Hauptstadt	RIAD
saudi-arabisch. König	SAUD
saudi-arabische Währung	RIAL
Sauerstoffverbindung	OXID
Saugwurm	EGEL
Saum	NAHT
Schabeisen d. Kammmacher	ILER
Schablone	FORM
Schachfigur	DAME
Schachfigur	TURM
Schachthäuschen	KAUE
Schachtteil	TRUM
schadhafte Stelle	LOCH
schadhafte Stelle	RISS
Schädelinhalt	HIRN
Schädlichkeit (med.)	NOXE
Schaflaut, Ziegenlaut	MAEH
Schaft d. Vogelfeder	KIEL
Schale der Parsifalsage	GRAL
Schall	HALL
Schallreflexion	ECHO
Schaltstufe beim Auto	GANG
Schar, Schwarm	PULK
scharf	AKUT
scharfe Kante	GRAT
Schatz	HORT
Schau, Vorführung	SHOW
Schauerruf	HUHU
Schaumgestein	BIMS
Schaumwein	SEKT
Schauspieler	MIME
Schauspielergehalt	GAGE
Schauspielfach, Rollenfach	ALTE

Clue	Answer
Schauspiel von Hauptmann	ELGA
Schauspiel von Hauptmann	LEAR
Schauspiel von Shakespeare	LENG
Schellfischart	GABE
Scherflein	FIES
scheußlich	LAGE
Schicht	TAKT
Schicklichkeitsgefühl	BLUM
Schießpreis	MAST
Schiffsbaum	LECK
Schiffsbeschädigung	GATT
Schiffsdurchgang	DECK
Schiffsetage	GIEN
Schiffs-Flaschenzug	FRET
Schiffsfracht	KIEL
Schiffsgrundbalken	STAG
Schiffshaltetau	CREW
Schiffsmannschaft	LUKE
Schiffsöffnung	HULK
Schiffsrumpf	MAIL
Schiffsteilschablone	DECK
Schiffszwischenboden	BUBE
Schildknappe	REET
Schilf	ROHR
Schilf	RIED
Schilf, Röhricht	KAHM
Schimmel	MUCH
Schimmelpilz	SPOR
Schimmelpilz	LIST
Schläue	LOSE
schlaff	ROOF
Schlafraum an Deck	BETT
Schlafstatt	KOJE
Schlafstelle auf Schiffen	HIEB
Schlag	COUP
Schlag, überraschende Tat	BEAT
Schlagablauf im Jazz	GONG
Schlagbecken	BEAT
Schlagrhythmus	MURE
Schlammstrom im Gebirge	MIES
schlecht	MIEF
schlechte Luft	LUMP
schlechter Mensch	TIEF
Schlechtwetterzone	BYJY
Schleichkatze (Ichneumon)	FLOR
schleierartiges Gewebe	GAZE
Schleierstoff	WARP
Schleppanker	LAHM
schleppend	LOHE
schles. Oder-Zufluß	OHLE
schles. Oder-Zufluß	OESE
Schlinge	KUFE
Schlittenteil	USSE
Schloß an der Loire	BANZ
Schloß in Oberfranken	ESSE
Schlot	SLIP
Schlüpfer	CODE
Schlüssel einer Geheimschrift	BART
Schlüsselteil	ENDE
Schluß	IMBS
Schlußfest der Weinlese	KODA
Schlußsatz (Musik)	KAMM
schmaler Bergrücken	TRUM
schmaler Erzgang	STEG
schmaler Fußweg	BAND
schmaler Gewebestreifen	PFAD
schmaler Weg	FUGE
schmaler Zwischenraum	RIFF
schmale Sandbank	GATT
schmales Gewässer	ENGE
schmale Stelle	LEID
Schmerz	PEIN
Schmerz, Weh	QUAL
Schmerz, Weh	BAER
Schmetterlingsart	ESSE
Schmiedeherd	MIME
Schmied in der german. Sage	ZIER
Schmuck, Verschönerung	PUTZ
Schmuck, Zierrat	JADE
Schmuckstein	ONYX
Schmuckstein	OPAL
Schmuckstein	APER
schneefrei	YETI
Schneemensch	NAPI
Schneckenart	WUPP
schnelle Bewegung	ZUCK
schnelle Bewegung	TRAB
schnelle Laufart	DZUG
Schnellzug	HOLZ
Schnitzmaterial	HORN
Schnitzmaterial der Frühzeit	REIS
Schößling	POLE
Schollenart	BUTT
Schollenfisch	RUFE
Schorf, Räude	KAFF
Schote, Streu	BUTE
schott. Grafschaft	COLL
schott. Insel	SKYE
schott. Insel	CLAN
schott. Sippe	

schott. Sippe	KLAN
schott.: Bucht, Landsee	LOCH
Schottenrock	KILT
schott. Fluß	SPEY
schott. Reformator	KNOX
schottische Grafschaft	ROSS
schottischer Tanz	REEL
schottische Stadt	WICK
schräg	QUER
Schräglage der Gaffel	PIEK
Schramme	RITZ
Schrankabteil	FACH
Schraubenantilope	KUDU
Schreckruf	HUCH
Schreibart	STIL
Schriftenbündel	AKTE
Schriftgrad	PERL
Schriftgrad	REAL
Schriftgrad	TEXT
Schriftgröße	PICA
Schriftstücke-Sammlung	AKTE
Schritt, Tanzschritt	STEP
Schrotladung	POSS
Schrulle	TICK
Schubfach	LADE
Schürzenstoff	NOVA
Schütze der nord. Sage	EGIL
Schuft	LUMP
Schuhmacherwerkzeug	AHLE
Schuldgefühl	REUE
Schuldverschreibung	BOND
Schulfestsaal	AULA
Schuttablagerung	GAND
Schutzdach	ABRI
Schutzpatron der Gärtner	ADAM
Schutzpatronin der Hausfrauen	ANNA
Schutzpatronin der Witwen	ANNA
Schutzverband f. Musikrechte	GEMA
Schutzverpflichtung	MUNT
Schutzwall	DAMM
schwäb. Brenz-Zufluß	LONE
Schwall	GUSS
Schwarz beim Roulette	NOIR
schwarzer Jura	LIAS
schwarzer Tod	PEST
schwarzer Vogel	RABE
schwarzes Glas	JETT
Schwarzfersenantilope	PALA
schwed. Flugzeugfirma	SAAB
schwed. Hafenstadt	UMEA
schwed. Komponist	WASA
schwed. Königsgeschlecht	OERE
schwed. Münze	OERE
schwed. Popgruppe	ABBA
schwed. Sängerin	LIND
schwed. Stadt an der Sagä	SALA
schwed. Tennisspieler	BORG
schwed. Verwaltungsbezirk	LAEN
schwed. Zoologe, Schriftsteller	BERG
schwedisch. Königsname	OLOF
schwedische Stadt	ORSA
schwefelsaurer Kalk	GIPS
Schweinebauchfett	FLOM
schweiz. Flüssigkeitsmaß	SAUM
schweiz. Fluß zum Comersee	MERA
schweiz. Hochrhein-Zufluß	THUR
schweiz. Humanist (15. Jh.)	WYLE
schweiz. Kanton	BERN
schweiz. Kanton	GENF
schweiz. Kantonshauptstadt	GENF
schweiz. Komponist	HAUG
schweiz. Kurort bei Montreux	CAUX
schweiz. Kurort im Engadin	SILS
schweiz. Männername	BEAT
schweiz. Maler u. Bildhauer	BILL
schweiz. Paß	JAUN
schweiz. Physiologe (Nobelpreis)	HESS
schweiz. Psychologe	JUNG
schweiz. Rhein-Zufluß	AARE
schweiz. Rhone-Zufluß	VISP
schweiz. Sagenheld	TELL
schweiz. Schriftsteller	HEER
schweiz. Stadt am Genfer See	NYON
schweiz. Stadt am Jura	BIEL
schweiz. Stadt an der Rhone	GENF
schweiz. Stadt im Berner Oberland	THUN

schweiz.: Bachbett	TALE
schweiz.: Bergwiese	MAHD
schweiz.: Fahrrad	VELO
schweiz.: Gemeindesteuer	TELL
schweiz.: Kalb	MEIS
schweiz.: Schlucht	KLUS
schweres Takel	GIEN
Schwermetall	BLEI
Schwermetall	URAN
Schwermetall	ZINK
Schwertlilie	IRIS
schwimmende Insel aus Treibholz	RAFT
schwimmendes Seezeichen	BOJE
Schwung	ELAN
Sedimentgestein	GIPS
Sedimentgestein	LEHM
Sedimentgestein	SALZ
Seebad auf Rügen	BINZ
Seebad in Pommern	DEEP
seel. Ausstrahlung	AURA
seem. Rundholz	BAUM
seem.: äußerstes Ende	NOCK
seem.: günstig (Wind)	RAUM
seem.: Kettenende	TAMP
seem.: Knotenschlinge	STEK
seem.: leer	LENZ
seem.: licht, offen	RAUM
seem.: Ortsschätzung	GISS
seem.: Rundholz	GIEK
seem.: schlaffes Taustück	LOSE
seem.: Sperrklinke	PALL
seem.: Tauende	TAMP
seem.: Tauteil	PART
Seemannsbett	KOJE
Seemannsruf	AHOI
Seepolyp	PULP
Segelstange	RAHE
Segelstange	STAG
Segeltau	DIRK
Segeltau	FALL
Segeltaueinfassung	LIEK
Segen	HEIL
Sehhorizont	KIMM
Sehkreis	KIMM
Sehorgan	AUGE
sehr feucht	NASS
seichte Bucht	ANSE
seichter Flußübergang	FURT
Seidengewebe	PEAU
Seiher, Filter	SIEB
Seil, Schiffstau	REEP
Seilmaterial	HANF
Seine-Zufluß	AUBE
Seine-Zufluß	EPTE
Seine-Zufluß	EURE
Seine-Zufluß	OISE
seitl. Stütztau	WANT
Sekretär Ciceros	TIRO
Selbsttäuschung	WAHN
Senfgas	LOST
Sensengriff	WORB
serbischer Rundtanz	KOLO
Seschellen-Insel	MAHE
Severn-Zufluß	AVON
Shetland-Insel	UNST
Shetland-Insel	YELL
sibir. Fluß zum Nördl. Eismeer	LENA
sibir. Stadt am Irtysch	TARA
sibir. Stadt an Irtysch und Om	OMSK
sibirische Stadt	SEJA
sibirische Stadt an der Tura	TURA
sicher, standhaft	FERM
Sichtvermerke	VISA
Signalgerät	HORN
Signalhorn	HUPE
Silberpappel	ALBE
Silikonplatte f. Schaltkreise	CHIP
Singgemeinschaft	CHOR
Singvogel	FINK
Singvogel, Zugvogel	STAR
Singweise	LIED
Sinnesanregung	REIZ
Sinnesorgan	HAUT
Sinnesorgan	NASE
Sinnestäuschung	TRUG
Sippenverband	CLAN
sittliche Würde	EHRE
Sitz des Lockvogels	JULE
Sitzgelegenheit	BANK
Sium	MERK
Skala-Einteilung	GRAD
skand. Männername	JENS
skand. Männername	KNUT
skandin.: Nikolaus	NILS
skandinavisch. Männername	ERIK
skandinavisch. Männername	LARS
skandinavisch. Männername	STIG

skandinavische Meerenge	BELT
skandinavischer Männername	ARNE
skandinavischer Männername	SVEN
skandinavisch: Prosit, Prost	SKAL
Skatspiel	NULL
slaw.: Bier	PIWO
Slawe	POLE
slawisch. Liebesgöttin	LADA
slowen. Kurort	BLED
soeben	JUST
sofern	WENN
Sohn v. Adam	ABEL
Sohn v. Jakob	JUDA
Sohn v. Jakob	LEVI
Sohn v. Telamon	AJAX
Sohn v. Venus	AMOR
Sohn von Juda	ONAN
Soldatenlöhnung	SOLD
Somali-Volk	ISSA
Sonatenschluß	CODA
Sonderling	KAUZ
Sonnengott der Ägypter	AMON
Sonnengott der Ägypter	AMUN
sowjet. Nachrichtenagentur	TASS
sowjet. Stadt an der Oka	OREL
spärlich	KARG
später als	NACH
spät verschnittener Ochse	KOLB
spaltbares Mineral	SPAT
Spalte, Sprung	RISS
Spaltwerkzeug	BEIL
Spaltwerkzeug	KEIL
span. Barockschriftsteller	VEGA
span. Dichter (Nobelpreis)	CELA
span. Dichter (14. Jh.)	RUIZ
span. Fluß	TAJO
span. Fluß zum Mittelmeer	EBRO
span. Herrschername	LUIS
span. Herzog	ALBA
span. Insel	LEON
span. Kampfstier	TORO
span. kubist. Maler	GRIS
span. Männername	JOSE
span. Männername	JUAN
span. Maler, Lithograph	GOYA
span.-portugies. Fluß	MINO
span. Stadt in Andalusien	JAEN
span. Stadt in Tarragona	REUS
span. surrealist. Maler	MIRO
span. surrealistischer Maler	DALI
span.: Agnes	INES
span.: Agnes	INES
span.: Berggipfel	PICO
span.: Frau	DONA
span.: fruchtbare Ebene	VEGA
span.: gut	BUEN
span.: Jakob	JAGO
span.: Johann	JUAN
span.: königlich	REAL
span.: Topf	OLLA
span.: Übergang	PASO
span.: Weingarten	VINA
span.: Zwischengericht	PASO
spanisch. Tafelberg	MESA
spartan. Königin	LEDA
spartanischer König	AGIS
Sparte	FACH
Spaßmacher	NARR
SPD-Politiker	BAHR
Speckstein, Magnesiumsilikat	TALK
Speise	KOST
Speisenbereiter	KOCH
Speisewürze	SALZ
Spende	GABE
spezif. Jazzrhythmus	JUMP
Spieleinsatz	MISE
Spielkarte	BUBE
Spielkarte	DAME
Spielkartenfarbe	HERZ
Spielklasse im Sport	LIGA
Spielmarke	CHIP
Spitze, Scheitelpunkt	APEX
spitzes Stechwerkzeug	AHLE
spitzes Stechwerkzeug	DORN
Spitzname für den Russen	IWAN
Spleen, Marotte	TICK
Sporenkapselstiel	SETA
Sporenpflanze	FARN
Sporenpflanze	MOOS
Sporenpflanze	PILZ
Sportgerät	BALL
sportlich anständig	FAIR

Sportmannschaft	CREW	Stadt am Harz	OKER	Stadt auf Borneo	SIBU	Stadt in Malaysia	MIRI
Sportmannschaft	TEAM	Stadt am Kaspischen Meer	BAKU	Stadt auf den Azoren	HORA	Stadt in Mali	SEGO
Sportruderboot	KANU	Stadt am Kongo	BOMA	Stadt auf Formosa (Taiwan)	KAGI	Stadt in Masuren	LYCK
Sportsegelboot	YAWL	Stadt am Neckar	HORB	Stadt auf Rügen	GARZ	Stadt in Mittelfranken	ROHR
Sprache in Afghanistan	DARI	Stadt am Nil	GISE	Stadt auf Sardinien	BOSA	Stadt in Mosambik	TETE
Sprengkörper	MINE	Stadt am Rhein in Rh.-Pf.	KAUB	Stadt auf Sizilien	ENNA	Stadt in Nevada (USA)	RENO
Spreu	KAFF	Stadt am Rhein (NRW)	REES	Stadt bei Düsseldorf	HAAN	Stadt in Niederschlesien	OELS
Sprung	SATZ	Stadt an d. Werra (NRW)	LAGE	Stadt im Allgäu	ISNY	Stadt in Nigeria	BIDA
Staat	LAND	Stadt an d. Weser	HOYA	Stadt im Ruhrgebiet	MARL	Stadt in Nigeria	YOLA
Staat der USA	IOWA	Stadt an der Alzette	ESCH	Stadt im Ruhrgebiet	UNNA	Stadt in Pennsylvanien (USA)	ERIE
Staat der USA	OHIO	Stadt an der Don-Mündung	ASOW	Stadt im Schwarzwald	CALW	Stadt in Pennsylvanien (USA)	YORK
Staat der USA	UTAH	Stadt an der Elbe	AKEN	Stadt im westl. Nicaragua	LEON		
Staat im Nahen Osten	IRAK	Stadt an der Garonne	AGEN	Stadt in Äquatorialguinea	BATA	Stadt in Piemont	ASTI
Staat im Nahen Osten	IRAN	Stadt an der Lahn	DIEZ	Stadt in Apulien	BARI	Stadt in Pommern	LEBA
Staat in Mittelamerika	KUBA	Stadt an der Moldau	PRAG	Stadt in Ciskei	SADA	Stadt in Rheinland-Pfalz	KAUB
Staatsgemeinschaft	VOLK	Stadt an der Nagold	CALW	Stadt in der Oberpfalz	CHAM	Stadt in Schleswig-Holstein	LECK
Staatshaushalt	ETAT	Stadt an der Nahe	KIRN	Stadt in der Steiermark	WEIT	Stadt in Senegal	MBUR
Staatsoberh. im alten Genua	DOGE	Stadt an der unteren Weichsel	KULM	Stadt in Ecuador	LEON	Stadt in Südwestpalästina	GASA
Staatsoberh. im alten Venedig	DOGE	Stadt an der Weißen Elster	GERA	Stadt in Guinea	LABE	Stadt in Swasiland	MINE
Stachelflosser	LUMP	Stadt an der Wupper	BURG	Stadt in Indiana (USA)	GARY	Stadt in Thüringen	GERA
Stacheltier	IGEL	Stadt an Main und Spessart	LOHR	Stadt in Kamerun	EDEA	Stadt in Tschad	SARH
Stadt am Amazonas	TEFE	Stadt auf Borneo	MIRI	Stadt in Kamerun	NOLA	Stadt in Tschad	SARK
Stadt am Elbe-Havel-Kanal	BURG			Stadt in Malaysia	IPOH	Stadt in Uruguay	MELO
Stadt am Gardasee	SALO						

Stadtkern von London	CITY
Stadtteil v. Düsseldorf	BILK
Stadtteil v. Düsseldorf	RATH
Stadtteil v. Köln	KALK
Stadtteil v. München	RIEM
Stadtteil von Budapest	PEST
Stadtteil von München	GERN
Stadtteil von München	HAAR
Stadtteil von München	LAIM
Stalldung	MIST
Stammesverband	CLAN
Stammhalter	SOHN
Stammmutter	AHNE
Stammvater d. ind. Mythologie	MANU
Stand, Stellung	RANG
Standard	NORM
Standort	SITZ
Stangenzaum	RICK
Stapelplatz	GANJ
starker Strick, Tau	SEIL
starker Unwille	ZORN
starkes Stütztau	WANT
starrsinnig, unbelehrbar	STUR
Stauanlage	DAMM
Stauberde	MULM
stechendes Insekt	LAUS
Stechpalme	ILEX
Stecknadel	HAFT
Stehler	DIEB
steile Felswand	FLUH
steiler Berghang	WAND
steiler Felshang	WAND
Steinkohlenprodukt	KOKS
Steinkohlenprodukt	TEER
Stellvertreter	VIZE
Stempelschnitt	FUME
Stengelinneres	MARK
Steppengras	ALFA
Steppenkuhantilope	TORA
Sterbeort Bruckners	WIEN
Sterbeort Wallensteins	EGER
Sternbild	ARGO
Sternbild	BAER
Sternbild	HASE
Sternbild	HUND
Sternbild	NETZ
Sternbild	PFAU
Sternbild	RABE
Sternbild (Leier)	LYRA
Sternbild (Segel)	VELA
Steuerrudergriff	HELM
stickstoffhalt. organ. Verbindung	AZIN
Stickstoffverbindung	AZID
Stierkämpfertuch	CAPA
Stille, Schweigen	RUHE
Stillstand	HALT
Stinkmarder	NERZ
Stirnseite	FACE
Stock, Gerte	RUTE
Stockung, Hemmung	STAU
Stöpsel	KORK
Stoffbehälter, Beutel	SACK
Stoffbehausung	ZELT
Stoffmaß	RACK
Stopp	HALT
Stoß	PUFF
Straftat	REAT
Strahlenhülle	AURA
Strand, Gestade	UFER
Strandbad bei Venedig	LIDO
Strandläufer (Vogel)	KNUT
Straßenbahn	TRAM
Straßenbenutzungsgebühr	MAUT
Straßenunterbau	DAMM
Strauchpappelart	ERNE
Streitmacht	HEER
streng, rauh	HERB
strikt verboten, unerlaubt	TABU
Studentenausschuß	ASTA
Stück vom Ganzen	TEIL
Stückzahlmaß	GROS
Stütze	HALT
Stuhlteil	SITZ
Stukkateurmaterial	GIPS
Stundengebet am Mittag	SEXT
Sturz	FALL
Stutzer, Lebemann	GENT
Stutzer, schöner Mann	BEAU
Stutzer, Vornehmtuer	SNOB
Sudannegerstamm	SUSU
Sudan-Sprache	NUBA
Sudan-Sprache	TEBU
Sudan-Volk	BAJA
Sudanvolk im Kongogebiet	MADI
südafr. Sprache	ZULU
südafri. schwarzer Bischof	TUTU
südafrikan. Bantustamm	ZULU
südafrikan. Fluß	VAAL
südafrikan. Sprache	SOTO
südafrikan. Währung	RAND

Südafrikaner	BURE
südamer. Nagetier	PAKA
südamerik. Wolltier	PAKO
südamerikan. Echse	TEJU
südamerikan. Hauptstadt	LIMA
südamerikan. Indianerstamm	TUPI
südamerikan. Lasttier	LAMA
südamerikan. Raubkatze	ONZE
südamerikan. Raubkatze	PUMA
südamerikan. Staat	PERU
südamerikan. Stechpalmenart	MATE
südamerikan. Straußenvogel	RHEA
südamerikan. Tagelöhner	PEON
südamerikan. Tee	MATE
südamerikan. Viehhirt	PEON
südamerikan. Wabenkröte	PIPA
südamerikan. Wurfkugel	BOLA
südbad. Stadt am Rhein	WEIL
süddt. f. Eber	WETZ
süddt. f. Hachse	HAXE
süddt. f. Josef	PEPI
süddt.: still, ruhig	STAD
süddtsch. Berg	TECK
süddtsch. für Moor	MOOS
süddtsch. Jahrmarkt	DULT
süddtsch. Landschaft	BAAR
süddtsch. Landschaft	RIES
südengl. Grafschaft	KENT
südengl. Seebad	HOVE
südfranz. Departement	AUDE
südfranz. Departement	GARD
südfranz. Departement	GERS
südfranz. Departement	TARN
südfranz. Landschaft	FOIX
südfranz. Stadt	ALES
südfranz. Stadt am Tarn	ALBI
südfranzös. Industriestadt	LACQ
südländ. Haustier	ESEL
südländ. Reittier	ESEL
südmarokkan. Stadt	IFNI
Südostasiat	THAI
südostasiat. Pfeilgift	UPAS
südostasiat. Staat	LAOS
südostasiat. Volk	IBAN
südostasiat. Volk	NAGA
südostasiat. Volk	NUNG
südostasiat. Volk	RONG
südostasiat. Volk	SHAN
südosttürkische Stadt	URFA
südportugies. Hafenstadt	FARO
südruss. Halbinsel	KRIM
südschwed. Stadt in Schonen	LUND
Südseepfeffer	KAWA
südspan. Stadt am Gentil	LOJA
südtirol. Kurort	ARCO
süd- u. mittelamerikan. Währung	PESO
südwestafrikan. Wüste	NAMA
südwestbulgar. Gebirge	RILA
südwestiran. Provinz	FARS
Sultanspalast	KAPU
Sumpf	MOOR
Sumpf, Moorland	FENN
Sumpfgewächs	SIUM
Sumpfland	FEHN
Sumpflandschaft	MOOR
Sumpfwiese	LUCH
Sundainsel	BALI
Sundainsel	JAVA
Symbol f. Furchtsamkeit	HASE
Symbol f. Schwere	BLEI
Symbol f. Unschuld	LAMM
Symbol für Ehe	RING
Symbol für Eitelkeit	PFAU
Symbol für Liebe	HERZ
synth. Gummi	BUNA
Syphilis	LUES
syrisch. Stadt am Orontes	HOMS
Tätigkeitswort	VERB
Täuschung	LIST
taktmäßige Bewegung	TANZ
Talmulde	TROG
Tangasche	KELP
Tanzfest	BALL
Tanzkapelle	BAND
Tanzrunde	TOUR
tapferer Streiter	HELD
Tatarenbier	BOSA
tatsächlich, wirklich	REAL
Taufzeuge	PATE
Taugenichts	LUMP

Tauglichkeitsprüfung	TEST	thailändische Amtssprache	THAI	Tiermund	MAUL	tonloses Wort	ATON
Tauknoten	KINK			Tierprodukt	PELZ	Tonne	FASS
Tausaum am Segel	LEIK	Thaivolk in Südchina	NUNG	Tierwaffe	HORN	Tonzeichen	NOTE
				Tip	WINK	Topf	POTT
Taxus	EIBE	Theaterplatz	LOGE	Tiroler Solbad	HALL	Tor	NARR
teerartige Masse	PECH	Theaterplatz	RANG	Tischglocke	GONG	Torquerholz d. Krickett	BAIL
Teerprodukt	PECH	thür. Stadt an der Saale	JENA	Titelfigur b. Porter	KATE	Tortenüberzug	GUSS
Teilbetrag, Teilzahlung	RATE			Titelfigur bei Borodin	IGOR	total	GANZ
		thüring. Stadt an der Hasel	SUHL	Titelfigur bei Freytag	INGO	Totenaschegefäß	URNE
Teil d. Erdkruste	SIAL						
Teil der Erdkruste	SIMA	Tiber-Zufluß	ANIO	Titelfigur bei Gershwin	BESS	Totenschrein	SARG
Teil der Takelung	REFF	Tiber-Zufluß	NAJA	Titelfigur bei Hauptmann	ANNA	träg, träge	FAUL
Teil des Armes	HAND	Tiber-Zufluß	NERA			Träger der Erbanlagen (Mz.)	GENE
Teil des Gesichts	MUND	tibet. Sprache	LOLO	Titelfigur bei Kästner	EMIL		
Teil des Gewehrschlosses	HAHN	tibetanisch. Mönch	LAMA	Titel Mussolinis	DUCE	Tragbalken	HOLM
						Tragband	GURT
Teil des Hirschgeweihs	ROSE	tibetische Sprache	NAGA	Titel syrischer Geistlicher	ABBA	Traubenernte	LESE
Teil des Körpers	LEIB	Tide	FLUT			Traubenkirche	ELSA
Teil des Meßornats	RISA	tiefe Flußstelle	WOOG	Tobol-Zufluß	TURA	Trauerband, -binde	FLOR
		tiefe Männerstimme	BASS	todbringender Stoff	GIFT	Traufleiste d. griech. Tempels	SIMA
Teile des Oberkörpers	ARME						
		tiefe Ohnmacht	KOMA	Todeslauf	AMOK	Traun-Zufluß	SAND
Tempelberg in Jerusalem	ZION	tiefer Schmerz	HARM	tödl. Infektionskrankheit	AIDS	Traute	MUMM
						Treibjagd mit Hunden	HATZ
Tennisspielabschnitt	GAME	tiefes Musikinstrument	BASS	töricht	DUMM		
				töricht	NAIV	Tresor, Wertsachendepot	SAFE
Teufel im Buddhismus	MARA	tier. Eiweißstoff	HORN	Ton	LAUT		
				Tonart	MOLL	treues Haustier	HUND
Teufelsweib	HEXE	Tierbehausung	NEST	Ton des Jagdhorns	HIFT	treuherzig	NAIV
thailänd. Währungseinheit	BAHT	Tierfanggerät	NETZ	Tongainsel	NIUE	Trick	DREH
		Tierfell	PELZ			Trick	LIST
thailändisch. König	RAMA	Tierfett, Kerzenmaterial	TALG	Tonintervall	SEXT	Trinkgefäß	GLAS
				Tonintervall	TERZ		
		Tierkrankheit	ROTZ			Tritt	KICK

Trockenherd	ALME	tüchtig, bewandert	FIRM	Überstürzung	HAST	umgangsspr.: Heckenbusch	TOST
Trödel	KRAM	Tücke	LIST	übertriebene Sparsamkeit	GEIZ	umgangsspr.: Stoß	FUCK
Trödel, Plunder	TAND	Tüpfelhirsch	AXIS	Übervorteilung	NEPP	umgangsspr.: verblüfft	BAFF
trop. Holzart	TEAK	türk. Provinzleiter	WALI	übler Ruf	FAMA	umgangssprachl. f. Quark	MATZ
trop. Knollenfrucht	TARO	türk. Schwarzmeerhafen	RIZE	Uferschutz	KAJE	umgangssprachl. f. sehr oft	XMAL
trop. Strauchpflanze	KOKA	türk. Verwaltungsbezirk	LIWA	ukrain. Stadt	UMAN	umgangssprachl.: Tatsache	FAKT
Tropenbaum	COLA	türk.: Pforte (Sultanspalast)	KAPU	ukrain. Stadt am Psiol	SUMY	umgrenzte Weinlage	CLOS
Tropenfrucht	KIWI	türkisch. Branntwein	RAKI	Umdrehung	TOUR	umgspr.: Ohrfeige	FOTZ
Tropenvogel	LORI	türkische Stadt	ICEL	umfassend	WEIT	Umlauf, Drehung	TOUR
tropisch. Getreide	REIS	tunes. Hafenstadt	SFAX	umgangsspr. f. Penis	PINT	Umlauf v. Schecks u. Wechseln	GIRO
tropische Edelholzart	TEAK	tunesische Stadt	BEJA	umgangsspr.: Groll	PIEK	Umlaufzeit der Erde um d. Sonne	JAHR
tropische Heilpflanze	ALOE	Turmdach	HELM	umgangsspr. f. Geschwätz	SUMS	unanständiger Witz	ZOTE
Trottel	DEPP	Turmhaube	APEX	umgangsspr. f. Kokain	KOKS	unantastbar, unberührbar	TABU
Trübsal, Trübsinn	LEID	Turngerät	BOCK	umgangsspr. f. logisch, klar	LOGO	Unantastbarkeit	TABU
Truhe	LADE	Turngerät	RECK	umgangsspr. f. Rausch	ZAPF	unartiges Kind	BALG
Truppenspitze	TETE	Turnier f. Profis und Amateure	OPEN	umgangsspr. f. Schiff	POTT	unaufhörlich	EWIG
Trust	POOL	Turnübung	HANG	umgangsspr. f. Sonderling	TYPE	unbedeutende Siedlung	KAFF
Truthenne	PUTE	Turnvater	JAHN	umgangsspr. f. Trunksucht	SUFF	unbefangen	NAIV
tschech. Donau-Zufluß	WAAG	übel	FLAU	umgangsspr.: Bordell	PUFF	unbehaart	KAHL
tschech. Drau-Zufluß	MIES	übel	MIES	umgangsspr.: flau, feige	LAFF	unbeherrschtes Verlangen	GIER
tschech. Komponist	HABA	Überbringer	BOTE			unbelaubt	KAHL
tschech. Name von Brünn	BRNO	Übereifer	HAST			unbeschädigt	HEIL
tschech. Name von Eger	CHEB	Überlieferung	MAER				
tschechoslowak. Stadt (Brüx)	MOST	Überraschungsangriff	RAID				
Tschermisse	MARI	Überrumpelungsangriff	COUP				

Clue	Answer
unbestimmt, ungewiß	VAGE
unbestimmter Artikel	EINE
Unbill, Kränkung	TORT
undicht	LECK
undichte Stelle	LECK
und (mathem.)	PLUS
undurchsichtig	OPAK
uneben, grob	RAUH
unerbittlich	HART
unerfreulich	MIES
unfaires Spiel beim Sport	FOUL
unfein	MIES
unfruchtbar (Kuh)	GELT
ungar. Donau-Zufluß	GRAN
ungar. Donau-Zufluß	NERA
ungar. Donau-Zufluß	RAAB
ungar. Donau-Zufluß	VUKA
ungar. Herrschername	GEZA
ungar. Jagdhund	PULI
ungar. Königsname	BELA
ungar. Komitatshauptstadt	PECS
ungar. Männername	IMRE
ungar. Name v. Erlau	EGER
ungar. Name von Fünfkirchen	PECS
ungar. Reformpolitiker	NAGY
ungar. Schriftsteller	DERY
ungar. Stadt	BAJA
ungar. Stadt	RAAB
ungar. Stadt an der Donau	GRAN
ungar. Stadt an der Donau	RAAB
ungar. Stadt an der Morosch	MAKO
ungar. Stadt in Komorn	TATA
ungar. Theiß-Zufluß	SAJO
ungar.: Helene	ILKA
ungebildet	DUMM
ungebunden	FREI
ungebunden	LOSE
ungefähr	ETWA
ungehindert	FREI
ungehobelt	DERB
ungehobelt	GROB
ungelogen, unverfälscht	WAHR
ungemischt, ungetrübt	REIN
ungeordnet	WIRR
ungeschliffener Edelstein	BRUT
ungeschnürter Halbschuh	PUMP
ungetrübt	KLAR
ungezähmt	WILD
Ungeziefer	FLOH
Ungeziefer	LAUS
ungezogenes Mädchen	GOER
Unglück	PECH
Union	BUND
Universitätsstadt in d. USA	YALE
Unkundiger	LAIE
unlieb	LEID
unnachgiebig	HART
unnachgiebig, verbissen	STUR
Unrecht, Schmähung	TORT
unreifer Angeber	FANT
Unschlitt	TALG
unser Planet	ERDE
unsterblich	EWIG
Unstrut-Zufluß	GERA
untätig	FAUL
Unterarmknochen	ELLE
unterirdischer Weg	GANG
Unterlagen	DATA
Unteroffizier bei der Marine	MAAT
Unterschenkelmuskulatur	WADE
unterster Schiffsraum	PIEK
unterste Steinkohlenschicht	KULM
unverfälscht	ECHT
unvergorener Saft	MOST
unvermittelt, unversehens	JAEH
unversehrt	GANZ
unversehrt	HEIL
unweit	NAHE
unzivilisiert, ungezähmt	WILD
Urbegriff	IDEE
Ureinwohner der Philippinen	AETA
Ureinwohner Perus	INKA
Urin	HARN
Urriese d. nordisch. Sage	YMIR
urtümlich	URIG
uruguay. Währungseinheit	PESO
Urvater der Menschen	ADAM
US-Stützpunkt im Pazifik	WAKE
Vater d. Turnsports	JAHN
Vater v. Abel	ADAM
Vater v. Ham	NOAH
Vater v. Japhet	NOAH
Vater v. Kain	ADAM
Vater v. Sem	NOAH

Vater v. Seth	ADAM
Vegetationsinsel in der Wüste	OASE
Velvet, Florgewebe	SAMT
venezolan. Stadt	CORO
veralt. f. Onkel mütterlichers.	EHIM
veraltet f. Glasmacher	WALE
veraltet f. Goldsucher	WALE
veraltet f. Konkurs	GANT
veraltet f. Last	SAUM
veraltet f. sehr	BASS
veraltet f. Unbehagen	GENE
veraltet f. Welscher, Venediger	WALE
veraltet f. Zoll	MAUT
veraltet f. Zwang	GENE
veraltet für Nachricht	MAER
veraltet: Empfangstag	JOUR
veraltet: Gehilfe	AIDE
veraltet: Verzögerung, Pause	MORA
Verbandmaterial	MULL
Verbandmull	GAZE
Verbannung	EXIL
Verbannungsort	EXIL
Verbannungsort Napoleons	ELBA
Verbindung	BUND
Verbindungsstelle	NAHT
Verbindungsstift	NIET
Verbindungsteil	STEG
Verbrechergruppe	GANG
Verdauungsorgan	DARM
Verdienst	LOHN
verdorrt, vertrocknet	WELK
verdutzt	BAFF
Verehrung	KULT
Vereinigung	LIGA
Verfall	RUIN
Verfasser des Sachsenspiegels	EIKE
Vergrößerungsglas	LUPE
Vergütung	LOHN
Verhältniswort	FUER
Verhältniswort	NACH
Verhältniswort	SEIT
verkäuflich	FEIL
Verkehrsmittel	AUTO
Verkehrsmittel	BAHN
Verladegerät	KRAN
verläßlich, zuverlässig	TREU
Verlagserzeugnis	BUCH
Verlangen	LUST
verlassene Gegend	OEDE
verletzt	WUND
Verlierer im Kartenspiel	BETE
vermoderte Pflanzenreste	TORF
Vermögen	HABE
verneinendes Wort	NEIN
Verpflichtung	MUSS
verrottetes Holz	MULM
verrückt	JECK
Verrücktheit	PIPS
Verschlußlaut	MUTA
verschnittener Eber	BARG
verschnittener Eber	BORG
verschnittene Sau	GOLZ
versmäßiger Gleichklang	REIM
Verspottung	HOHN
Verteidigung, Festungsanlage	WEHR
vertontes Gedicht	LIED
Vertrag	PAKT
verwegen	KECK
verzehrendes Leid	GRAM
Viehhüter	HIRT
vielfarbig	BUNT
Viereck	KARO
vietnam. Währungseinheit	DONG
violett	LILA
Visierteil	KORN
Visitenkartenvermerk	UAWG
Vitus	VEIT
völlig	GANZ
Vogelbrutplatz	NEST
Vogelfangnetz	GARN
Vogelfangplatz	HERB
Vogeljunge	BRUT
Vogelkrankheit	NIPP
Vogelkrankheit	PIPS
Vogelmännchen	HAHN
Vogelruf	PIEP
Vogelscheuche	FUSE
Volk in Birma	SHAN
Volk in Dschibuti	AFAR
Volk in Südafrika	SOTO
Volk in Tschad	SARA
volkstüml. f. Ehefrau, Frau	OLLE
volkstüml. f. Fehler	BOCK
volkstüml. f. Hose	BUXE
volkstüml. f. Zimmer	BUDE
volkstümlich f. ausgezeichnet	DOLL
volkstümlich f. Dorf	NEST
volkstümlich f. Geld	KIES

volkstümlich f. Geld	MOOS
volkstümlich f. Mädchen	ZAHN
volkstümlich f. Versager	NULL
volkstümlich für Ehefrau	ALTE
volkstümlich für Gefängnis	LOCH
volkstümlich für: betrunken	BLAU
volkstümlich: Teufel	DAUS
vollbrachte Leistung	WERK
voll entwickelt	REIF
Volta-Sprache	MORE
Volta-Volk	MOPA
Vorahnung	OMEN
Voranzeige	AVIS
Vorbau auf Balken	WOLM
Vorderansicht	FACE
vorderasiat. Staat	IRAN
vorderasiatisch. Staat	OMAN
vorderindische Wüste	THAR
Vorderseite	FACE
Vorfahre	AHNE
Vorgabe	ODDS
vorgeschichtl. Beil	KELT
Vorgesetzter	BOSS
Vorgesetzter	CHEF
vorjähriger Schnee	FIRN
vorlautes Mädchen	GOER
vorletzte Mastverlängerung	BRAM
Vormastsegel	FOCK
Vorname d.Sängerin Fitzgerald	ELLA
Vorname der Negri	POLA
Vorname der Schausp. Nielsen	ASTA
Vorname der Schausp. Sommer	ELKE
Vorname der Turner	TINA
Vorname des Sängers Marshall	TONY
Vorname von Andersen	LALE
Vorname von Brecht	BERT
Vorname von Dostal	NICO
Vorname von Eulenspiegel	TILL
Vorname von Hamsun	KNUT
Vorname von Kisch	EGON
Vorname von Lingen	THEO
Vorname von Montand	YVES
Vorname von Montez	LOLA
Vorname von Strawinskij	IGOR
Vorname von Toreani	VICO
Vorname von Trenker	LUIS
Vorrang	PRAE
vorsätzliche Tötung	MORD
Vorschrift	NORM
Vorsilbe: schlecht	MISS
Vorstechgerät	AHLE
Vorteil	PLUS
vorweg	ERST
Vorzeichen	OMEN
Vorzeichen beim Rechnen	PLUS
vorzeitl. Wohngrotte	ABRI
Vulkanauswurf	LAVA
Vulkangestein, Duckstein	TUFF
vulkanisches Gestein	LAVA
Vulkansee	MAAR
wachsbleich	FAHL
Wachsblume	HOYA
Währung in Bangla Desh	TAKA
Währung in Ghana	CEDI
Währungseinheit v. Lesotho	LOTI
Währungseinheit von Botswana	PULA
Währung von Oman	RIAL
Währung von Papua-Neuguinea	KINA
Währung von Vanuatu	VATU
Wäldchen	HAIN
Wärmespender	OFEN
Wäschebehälter	PUFF
Wäschestück	HEMD
Wagenkolonne	PULK
Wagenteil	BOCK
Wahl	KUER
Wahlübung	KUER
Wahlzettelbehälter	URNE
Wahn	TRUG
Wahrnehmungsorgan	SINN
waidm.: Dachsschwanz	ZAIN
waidm.: Iltis	RATZ
waidm.: Sehne am Hinterlauf	HESE
Walküre	IDIS
Wallfahrtsort im Ruhrgebiet	WERL
Wallfahrtsort in Indien	PURI
Wallfahrtsort in Kärnten	GURK
Wandbrett	BORD
Wanderung	TOUR
Wangenbrand	NOMA
Wappentier	BAER
Warägerfürst	OLEG

Warengrenzsteuer	ZOLL	Wegegeld, Brückengeld	ZOLL	weitmaschig. Gestrick	NETZ	westafrikan. Sprache	BINI
Warngerät	HUPE	Weglosigkeit	IRRE	weit nach unten reichend	TIEF	westafrikan. Sprache	BUSA
Warthe-Zufluß	OBRA	Wegzoll	MAUT	weit weg	FERN	westafrikan. Sprache	KRIO
Warzenhof	HALO	Weh	LEID	Weizenbrötchen	WECK	westafrikan. Sprache	MOBA
Wasserbohne	TARO	Wehrgebäude	FORT	Wellenbrecher	MOLE	westafrikan. Sprache	MORE
Wasserbüffel	ARNI	Weibchen kleiner Raubtiere	FEHE	Welschkorn	MAIS	westafrikan. Sprache	NUPE
Wasserfahrzeug	BOOT	weibl. erwachs. Mensch	FRAU	Weltalter	AEON	westafrikan. Sprache	SUSU
Wasserfall in Italien	TOSA	weibl. german. Naturgeist	ELFE	Weltberg des Dschainismus	MERU	westafrikan. Sprache	TOGO
Wasserhahn	KRAN	weibl. Wassergeist	NIXE	Weltenschöpfer	GOTT	westafrikan. Staat	ABBE
wasserhalt. Magnesium	TALK	Weichsel-Zufluß	OSSA	Weltgeistlicher in Frankr.	ADJA	westafrikan. Volk	
Wasserlauf	BACH	Weichsel-Zufluß	RABA	Weltumsegler	COOK	westafrikan. Volk	BETE
Wasserloch im Fußbett	KOLK	Weichspeise	BREI	Werbekurzfilm	SPOT	westafrikan. Volk	SARA
wasserloses Flußbett	WADI	Weidengerte, Metallrute	ZAIN	Werftpfahlwerk	SLIP	westalger. Hafenstadt	ORAN
wasserloses Wüstenflußtal	WADI	Weidezaun	FENZ	Werg	HEDE	westfäl. Höhenzug	HAAR
Wasserstauwerk	WEHR	Weidwerk	JAGD	Werk, Tonwerk	OPUS	westindische Insel	KUBA
Wasserstrudel	NEER	Weihegrad	ORDO	Werkstoff	HOLZ	westl. Bündnis	NATO
Wasservogel	GANS	weil	DENN	Werkzeuggriff	HEFT	westschweiz. Kanton	JURA
Wattenmeer	HAFF	Weinort an der Mosel	NEEF	wertlose Kleinigkeit	DEUT	westspan. Hafenstadt	VIGO
Webeaufzug	WARF	Weinort an der Mosel	ZELL	Wertloses	KRAM	westsudanes. Volk	BOBO
Weberkamm	ILER	Weinstock	REBE	Wertloses	NULL	westsyrische Stadt	HAMA
Weberkamm	RIET	weise	KLUG	wertloses Zeug	KAFF	Wetterumhang	CAPE
Wechselbürgschaft	AVAL	weißer Jura	MALM	Wertschätzung, Marktwert	TAXE	Wettkampfklasse im Sport	LIGA
Wechsel v. Hebung und Senkung	TAKT	weißes Meßgewand	ALBE	Weser-Zufluß	LUNE	Widerhall	ECHO
weg	FORT	Weißfisch	ALSE	westafr. Volk	KOUA		
		Weißkopfaffe	SAKI	westafrikan. Republik	MALI		
				westafrikan. Sprache	AGNI		

Clue	Answer
widerlicher Mensch	EKEL
widerwärtig	FIES
Widerwille	EKEL
wiegender Pferdegang	ZELT
Wiener Hauptstraße	RING
Wiesenpflanze	GRAS
wilde Seide	MUGA
Wildpfad	PASS
Wildpflege	HEGE
Wildwechsel	GANG
Windbruch	ROHN
Windrichtung	NORD
Winkel	ECKE
Winkelzug	DREH
Winkelzug	LIST
wirbelloses Tier	WURM
Wirkstoff im Tee	TEIN
wirtsch. Auftrieb	BOOM
Wirtschaftsaufschwung	BOOM
Wirtschaftstheoretiker	MARX
Wohl	HEIL
Wohlergehen	HEIL
wohlgemut	FROH
wohlgenährt, dick	FETT
Wohlgeruch	DUFT
wohlgesinnt	HOLD
Wohnbau	HAUS
Wohnhügel	TERP
Wohnhügel auf Halligen	WARF
Wohnschiff im Hafen	HULK
Wolfsmilchgewächs	TUNG
Wolga-Zufluß	KAMA
Wolga-Zufluß	SURA
Wollgarnart	WEFT
Wollstoff	WAND
Wonne	LUST
Wortgleichklang	REIM
Wortstreit, Zwist	ZANK
Wotans Wolf	GERI
Wucher im islam. Recht	RIBA
Würfelmuster	KARO
Würzkraut	DOST
Wüstling	ASOT
Wüstling, Lebemann	ROUE
wunder Punkt	KRUX
wunderwirkende Schale	GRAL
Wurstfleisch	METT
Wurzelgemüse	BETE
zäher Werkstoff	HARZ
zärtlich	LIEB
Zahlkellner	OBER
Zahlungsfrist	ZIEL
Zahlungsmittel	GELD
Zarenerlaß	UKAS
Zarenname	IWAN
Zarenname	PAUL
zart	MILD
zarter Geruch	DUFT
zartrot	ROSE
Zauberin	HEXE
Zauberkraft bei Naturvölkern	MANA
Zeche, Bergwerk	MINE
Zehrwurz	ARON
Zeichen für eine Menge	ZAHL
Zeichnungsentwurf	RISS
Zeitalter	AERA
Zeitgeschmack	MODE
zeitlich unbegrenzt	EWIG
Zeitmaß	TAKT
Zeitungslüge	ENTE
Zeitwort	VERB
Zeltlager	CAMP
zentralafrik. Negervolk	AKKA
zentrales Körperorgan	HERZ
Zentrum	KERN
zerbrechlich, zierlich	ZART
Zerkleinerungsmaschine	WOLF
Zeus-Geliebte	MAIA
Zeus-Geliebte	MAJA
Zeus-Gemahlin	HERA
Zierdraht in Bändchen	LAHN
Zierleiste an Tempeln	KYMA
Zigeuner	ROMA
Zimmerwinkel	ECKE
Zirbelkiefer	ARBE
Zirbelkiefer	ARVE
Zitterpappel	ESPE
Zuckerinsel	KUBA
Züchtigungsmittel	RUTE
Zufluchtsort	ASYL
Zuggeschirrbügel	KUMT
Zugnummer	CLOU
Zugtiergespann	JOCH
zugunfähig (beim Schach)	PATT
Zuhälter	LUDE
Zuhause	HEIM
zunächst	ERST
zur Hälfte	HALB
zusammengehörige Dinge	SATZ
zusammengewehter Haufen	WEHE
Zusammenschluß	BUND
Zusammenschluß	LIGA
Zusteller	BOTE
zustimmender Ausruf	TOPP
zu welchem Zweck?	WOZU

zu welcher Zeit?	WANN
Zwang, Pflicht	MUSS
Zwang, Pflicht	MUSS
Zwangsarbeit	FRON
Zwangsversteigerung	GANT
zwei Augen im Würfelspiel	DAUS
zweideutiger Witz	ZOTE
zweifelhafter Ruf	RUCH
Zweigespann	BIGA
zweisitziger Sportschlitten	BODE
zweitgrößte Stadt Polens	LODZ
Zweizahl	DUAL
zweizehiges Faultier	UNAU
zwei zusammengehör. Dinge	PAAR
Zwerg	GNOM
Zwergbüffel	ANOA
Zwerg d. german. Sage	MIME
Zwerghundrasse	CHIN
zwölf Dutzend	GROS
Zypressengewächs	SADE
38. US-Präsident	FORD

Aalfanggerät	EISEN	Abfluß, Furche	RINNE	Abgesang im griech. Chorlied	EPODE	Abk. f. ante Christum natum	ACHRN
Aalfanggerät	ELGER	Abfluß d. Dambecker Sees	HAVEL	abgeschlossene Entwicklung	REIFE	Abk. f. Auszubildender	AZUBI
Aalfanggerät	FLETE	Abfluß d. Wannsees	HAVEL	Abgesottenes	ABSUD	Abk. f. crescendo	CRESC
Aalfanggerät	GABEL	Abfluß des Ammersees	AMPER	abgestanden, abgeschmackt	SCHAL	Abk. f. desgleichen	DESGL
Aalfanggerät	HAMEN	Abfluß des Bodensees	RHEIN	abgesteckte Linie, Strecke	LOIPE	Abk. f. deutsch	DTSCH
Aalgabel	ELGER	Abfluß des Genfer Sees	RHONE	abgesteckte Linie, Strecke	PISTE	Abk.f. Doctor agronomiae	DRAGR
Aalraupe	RUPPE	Abfluß des Müggelsees	SPREE	abgesteckte Strecke	ROUTE	Abk.f. Doctor iuris	DRJUR
Aar	ADLER	Abfluß des Peipussees	NARWA	abgetan (franz.)	PASSE	Abk.f. Doctor medicinae	DRMED
Aare-Zufluß	REUSS	Abfluß des Starnberger Sees	WUERM	abgeworfenes Schiffsgut	LAGAN	Abk.f. Doctor oeconomiae	DROEC
Aare-Zufluß	SAANE	Abflußrohr	DRAIN	abgezehrt	HAGER	Abk.f. Dt. Maschinenfabrik AG	DEMAG
Aas, Köder	LUDER	Abfolge, Reihe	SERIE	abgezogene Kopfhaut	SKALP	Abk. f. e. leichtes Kraftfahrzeug	MOPED
aasfressender Greifvogel	GEIER	Abführmittel	SENNA	Abgrenzung	BANDE	Abk. f. eigentlich	EIGTL
Abbaugenehmigung beantragen	MUTEN	abgedeckter Getreidehaufen	FEIME	Abgrenzung	LIMES	Abk. f. Elektrizitätswerk	EWERK
abbauwürdige Schicht	FLOEZ	abgedeckter Strohhaufen	DIEME	Abgrenzung	MAUER	Abk. f. evangelisch-reformiert	EVREF
Abbau zw. zwei Strecken	STREB	abgedeckter Strohhaufen	FEIME	Abgrenzung des Eishockeyfeldes	BANDE	Abk. f. Fernschreiben	TELEX
Abbild	KOPIE	abgedichtete Stromleitung	KABEL	Abgrund	KLUFT	Abk. f. geographisch	GEOGR
ABC-Buch	FIBEL	abgedroschen	BANAL	Abgußform	MODEL	Abk. f. geschätzt	GESCH
Abdruck	KOPIE	Abgekochtes	ABSUD	Abhang	HALDE	Abk. f. geschieden	GESCH
Abendmahlgefäß	KELCH	abgelaufen	HERUM	Abhang	LEITE		
abessin. Berg	KOLLO	abgemessene Menge	DOSIS	Abk. f. accellerando	ACCEL		
abessin. Landschaft, Provinz	SCHOA			Abk. f. ad libitum	ADLIB		
Abfahrt, Abflug	START			Abk.f. anno ante Christum	AACHR		
Abfall, Abfallprodukt	MUELL						
abfallendes Gelände	LEITE						
Abfallgrube	KIPPE						
Abfluß	GULLY						

Abk. f. gestrichen	GESTR	Abk. f. Sanitätskraftwagen	SANKA
Abk. f. Hauptstadt	HPTST	Abk. f. Schnellbahn	SBAHN
Abk.f. im allgemeinen	IALLG	Abk. f. Sowjetunion	UDSSR
Abk. f. Jesuitenwahlspruch	OAMDG	Abk. f. staccato	STACC
Abk. f. Kapitalgesellschaft	EGMBH	Abk. f. Substantiv	SUBST
Abk. f. Karthäuserorden	OCART	Abk. f. Südostasienpakt	SEATO
Abk. f. Kosekans	COSEC	Abk. f. technisch	TECHN
Abk.f. Krokodilleder	KROKO	Abk. f. theologisch	THEOL
Abk. f. Mesdemoiselles	MLLES	Abk. f. ultraviolett	UVIOL
Abk. f. Nachfolger	NACHF	Abk. f. und dergleichen mehr	UDGLM
Abk. f. nachmittags	NACHM	Abk. f. Untergrundbahn	UBAHN
Abk. f. NATO-Hauptquartier	SHAPE	Abk. f. Unterseeboot	UBOOT
Abk. f. Pazifikpakt	ANZUS	Abk. f. ursprünglich	URSPR
Abk. f. post Christum natum	PCHRN	Abk. f. Vorstand, Vorsteher	VORST
Abk. f. praktisch	PRAKT	Abk. f. Wasserwerk	WWERK
Abk. f. Regierungsbezirk	REGBZ	Abk. Zentimeter pro Sekunde	CMSEC
Abk. f. Ritenuto	RITEN	Abkürzung f. Kraftfahrzeugart	KOMBI
Abk. f. Russ. Sowjetrepublik	RSFSR	Abkürzung f. Sportvereine	SPVGG
		Abkürzung f. Turbinenantrieb	TURBO
Ablaufstelle für Grubenwasser	SEIGE	Absicht, Zielpunkt	ZWECK
Ablesemarke	INDEX	Absonderung d. Schleimdrüsen	MUZIN
Abnehmer	KUNDE	Absonderung der Leber	GALLE
Abonnement	BEZUG	Absonderungsorgan	LEBER
Abort	LOKUS	Absteckpfahl	JALON
Abrahams Sohn	ISAAK	Absteigequartier	LOGIS
Abrechnung, Heimzahlung	RACHE	Abstimmgerät	TUNER
Abreiben des Bastes (zool.)	FEGEN	Abstimmung, Entscheidung	VOTUM
Absaugrohr	HEBER	Abstreicher	RAKEL
Abschied, Lebewohl (frz.)	ADIEU	Abteikirche (ital.)	BADIA
Abschiedsgruß	ADIEU	Abteilung	ROTTE
Abschiedsgruß	VALET	Abt von Cluny	ODILO
Abschlag beim Hockey	BULLY	abwärts	HERAB
abschließend	FINAL	abwärts	HINAB
Abschlußrand	KANTE	Abwandlung	ABART
Abschnitt einer Entwicklung	PHASE	Abweichung	ABWEG
Abschnitt eines Ablaufs	PHASE	Abwesenheits-Nachweis	ALIBI
Abschnitt im Sport	SPIEL	Abwurfgeschoß	BOMBE
Abschrift	KOPIE	abzüglich	MINUS
abschüssig, jäh ansteigend	STEIL	Abzugsgraben	DRAIN
abschüssig (lat.)	DEVEX	Achat-Art	MOCHA
Abschuß aus mehreren Waffen	SALVE	Achsendrehung des Geschosses	DRALL
		achtarmiger Tintenfisch	KRAKE
		achten	EHREN
		achter griech. Buchstabe	THETA

achttägige Fastenzeit	OKTAV	ägypt. Herrscher	ZOSER	äthiop. Landschaft, Provinz	TIGRE	afrikan. Hirsebier	POMBE
Achtung erweisen	EHREN	ägypt. Kriegsgöttin	NEITH	äthiop. Marathonläufer	ABEBE	afrikan. Hirten-, Hamitenvolk	TUSSI
Ackererde	KRUME	ägypt. Mondgott	CHONS	äthiop. Provinz	HARAR	afrikan. Insel bei Sansibar	PEMBA
Ackerertrag	ERNTE	ägypt. Muttergöttin	NEITH	äthiop.-sudanes. Nil-Zufluß	SOBAT	afrikan. Insel vor Tansania	MAFIA
Ackergerät	HACKE	ägypt. Politiker, Staatspräsid.	SADAT	äthiop. Volk	OROMO	afrikan. Kurzhalsgiraffe	OKAPI
Ackergerät	PFLUG	ägypt. Provinzgouverneur	MUDIR	äthiop. Volksstamm	GALLA	afrikan. Sprache	BILIN
Ackerkrume lockern	EGGEN	ägypt. Schöpfergott	CHNUM	äthiop. Volksstamm	KAFFA	afrikan. Sprache	DINKA
Ackerunkraut	LOLCH	ägypt. Sonnengöttin	NEITH	ätzende Flüssigkeit	BEIZE	afrikan. Sprache	RUNDI
Ackerunkraut, Schlingpflanze	WINDE	ägypt. Sonnengott	ANHER	ätzende Flüssigkeit	LAUGE	afrikan. Sprache	WADAI
Additionsergebnis	SUMMA	ägypt. Stadt	TANTA	äußere Geschlechtsteile	SCHAM	afrikan. Sprache	WENDA
Additionsergebnis	SUMME	ägypt. Streichinstrument	RABAB	äußere Gestalt	FIGUR	afrikan. Stamm	BONGO
Adel verleihen, erheben	ADELN	ägypt. Wasserrose	LOTOS	äußerster Preis	LIMIT	afrikan. Strom	KONGO
Adlerstein	AETIT	ägypt. Widdergott	AMMON	afghan. Hauptstadt	KABUL	afrikan. Völkergruppe	BANTU
adlig	NOBEL	ängstlich	BANGE	afghan. Stadt am Heri Rud	HERAT	afrikan. Zupfinstrument	SANSA
ägypt. Bezirksvorsteher	MUDIR	ängstlich, befangen	SCHEU	afrikan. Affe	JOCKO	afrikan. Zupfinstrument	ZANZA
ägypt. Christ	KOPTE	Ärgernis, mißlicher Zustand	UEBEL	afrikan. Fluß	BENUE	afrikan. Zwergvolk	WATUA
ägypt. falkenköpfiger Gott	HORUS	Ärmelaufschlag	PATTE	afrikan. Fluß in Ghana	VOLTA	Agamemnons Sohn	OREST
ägypt. Flußgott	NILUS	Ärmelklappe	PATTE	afrikan. Giftschlange	MAMBA	Agaven-, Hanffaser	SISAL
ägypt. Gebirge, Halbinsel	SINAI	ärmellose Jacke	WESTE	afrikan. Hauptstadt	ACCRA	Agent, Späher	SPION
ägypt. Gott d. Krieges	MONTH	ärztl. Instrument	SONDE	afrikan. Hauptstadt	DAKAR	Agitation	HETZE
ägypt. Gott d. Sonne	HORUS	Äsung	GEAES	afrikan. Hauptstadt	LAGOS	Ahornfurnier	MAPLE
ägypt. Hauptstadt	KAIRO	äthiop. Bergland	KAFFA			akadem. Abkürzung	HABIL
						akadem. Behörde	SENAT
						akkurat	GENAU

akrobatischer Tanz	LIMBO	alkoholfreies Mischgetränk	SHAKE	alt. frz. Grafschaft	RODEZ	alte äthiop. Hauptstadt	MEROE
Aktenbündel (lat.)	ROTUL	alkoholisches Mixgetränk	BOWLE	alt. Hohlmaß	QUART	alte dtsch. Münze	TALER
Aktensammlung	AKTEI	alkoholisches Mixgetränk	SLING	alt. ital. Silbermünze	SCUDO	alte franz. Münze	LIVRE
Aktie, Anteilschein (engl.)	SHARE	Alkvogel	LUMME	alt. Mann	GREIS	alte Gedichtsform	RONDO
Aktienabschnitt	KUPON	alle Erbanlagen im Zellkern	GENOM	alt. russ. Längenmaß	WERST	alte Jagdwaffe	BOGEN
Aktiva	HABEN	alle ohne Ausnahme	JEDER	alt. Saiteninstrument	GAMBE	alte Lichtquelle	KERZE
Aktivkonto	HABEN	allerbest	PRIMA	altägypt. König	MENES	alte Mandolinenart	GIGUE
akust. Warnsignal geben	HUPEN	Allerlei, Vermischtes	VARIA	altägypt. König	NECHO	alte Maßeinheit	FADEN
Akustik	KLANG	Aller-Zufluß	LEINE	altägypt. Krokodilsgott	SOBEK	alte pers. Währungseinheit	TOMAN
Alant	INULA	Aller-Zufluß	WIEHE	altägypt. Mondgott	THOTH	alte persische Münze	CHAKI
alban. Fluß	VJOSE	allezeit	IMMER	altägypt. Sonnengott	HOROS	alte persische Münze	CHAKI
alban. Hafenstadt	VLORE	allezeit, immer	STETS	altägypt. Stadt	LUXOR	alter lebhafter Tanz	GIGUE
albanisches Volk	GEGEN	alle zwei	BEIDE	altägypt. Totengöttin	NEITH	alter Name v. Seyhan	ADANA
albern	AFFIG	Allseele (indisch)	ATMAN	altägypt. Totengott	SOKAR	alter Name von Hokkaido	JESSO
alberner Streich, Humbug	UNFUG	alltäglich	BANAL	altägypt. Wassergott	SOBEK	alter Name von Jaffa	JOPPE
Albino	DONDO	Alltagsgleichmaß	TROTT	altarabischer Gott	MANAT	Altersgeld	RENTE
Aldehydalkohol	ALDOL	Alm, Alpenweide	SENNE	Altarnische	APSIS	altertümlich	ANTIK
alemann. Dichter	HEBEL	Aloebitter	ALOIN	Altarplatte	MENSA	altes Ackermaß	PINTE
alger. Berg	TAHAT	alpenländ. Frauenname	ZENZI	altdt. Vorname	EGOLF	altes afrikan. Königreich	GHANA
alger. Stadt im Tellatlas	SETIF	Alpenpaß	ACHEN	altdtsch. Flüssigkeitsmaß	ANKER	alte Schiffskanone	BASSE
alger. Währung	DINAR	Alpentier	GEMSE	altdtsch. Gewicht	QUENT		
algerische Stadt	BATNA	Alpenwiese	MATTE	altdtsch. Hohlmaß	METZE		
Alkaliborat	BORAX	also, demnach	SOMIT	altdtsch. Längenmaß	LINIE		
alkalische Lösung	LAUGE	alt. Bez. für Tante	MUHME				
alkohol. Eisgetränk	JULEP	alt. frz. Grafschaft	ANJOU				

alte Schwertaxt	SACHS
altes Feldmaß	ACKER
altes Flächenmaß	DROHN
altes Gewicht	QUINT
altes Hanseschiff	KOGGE
altes Hohlmaß	EIMER
altes Hohlmaß	SPINT
altes Hohlmaß	ZUBER
altes Kornmaß	MOETT
altes Kulturvolk in Kleinasien	LYDER
altes Längenmaß	MEILE
altes Leinwandmaß	LEGGE
altes Reich im Tschad	WADAI
altes Saiteninstrument	LEIER
altes Streichinstrument	FIDEL
altes Tanzlied	LEICH
altes Tanzlied	RONDO
altes Weinmaß	FUDER
altfinnische Göttin	RAUNI
altfranz. Gewichtseinheit	LIVRE
altfranz. Grafschaft	BLOIS
altfranz. Grafschaft	MAINE
altfranz. Längenmaß	TOISE
altfranz. Münze	AGNEL
altfranz. Münze	LIVRE
altfranz. Tanz	LOURE
altfranzös. Tanz	GIGUE
altfries. Recht	DOMEN
altfriesischer Rechtssprecher	ASEGA
Altgeige, Bratsche	VIOLA
altgerm. Sagengestalt	ELDIR
altgerm. Sagengestalt	FYLLA
altgerm. Sagengestalt	LODIN
altgerm. Sagengestalt	NUNIN
altgriech. Blasinstrument	AULOS
altgriech. Dichter	HOMER
altgriech. Dichter, Sänger	ARION
altgriech. Dramenform	MIMUS
altgriech. Fabeldichter	AESOP
altgriech. Fluß der Unterwelt	LETHE
altgriech. Flußgott	LADON
altgriech. Gesetzgeber	DRAKO
altgriech. Götterberg	OLYMP
altgriech. Göttin d. Klugheit	METIS
altgriech. Gott der Unterwelt	PLUTO
altgriech. Heldenepos	ILIAS
altgriech. Hochzeitsgesang	HYMEN
altgriech. Landschaft	DORIS
altgriech. Marktplatz	AGORA
altgriech. Philosoph	PLATO
altgriech. Philosoph	ZENON
altgriech. Preislied	PAEAN
altgriech. Quellengott, Satyr	SILEN
altgriech. Riesengott	TITAN
altgriech. Sänger	AOEDE
altgriech. Sagengestalt	MEDEA
altgriech. Stadtstaat	POLIS
altgriech. Stamm	DORER
altgriech. Trank des Vergessens	LETHE
altgriech. Waldgeist	SATYR
altgriech. Weltsprache	KOINE
altgriech. Zauberin	CIRCE
althochdt. Name v. Attila	ETZEL
altind. Lebenslehrbuch	SUTRA
altindian. Grabhügel	MOUND
altindische Dichterin	LALLA
altiranisches Volk	MEDER
altislam. Regelsammlung	SUNNA
altitalisches Volk	OSKER
altjapan. Kriegerkaste	BUSHI
altjüd. Gewicht	SEKEL
altjüd. Münze	SEKEL
altkeltisch. Dichter, Sänger	BARDE
altmodisch (franz.)	PASSE
altnord. Göttin, Mutter v. Forseti	NANNA
altnord. Göttin, Mutter v. Freia	SKADI
altnord. Harfe	TELYN
altnord. Skaldenlied	DRAPA
altnord. Wassergeist	NOECK
altorientalische Kopfbedeckung	MITRA
altorientalischer Volksstamm	SYRER
altpersisch. König	KYROS
altperuan. Volk	COLLA
altpreuß. Göttin d. Morgenröte	AUSRA

altpreußischer Erntegott	KURKE	altröm. Unterfeldherr	LEGAT	amerikan. abstrakter Maler	TOBEY	amerikan. Bühnendichter	ALBEE
altröm. Denker, Dichter	HORAZ	altröm. Unterweltsgötter	MANEN	amerikan. Arzt (Impfung)	SABIN	amerikan. Chemiker (Nobelpreis)	DOISY
altröm. Dichter	LUKAN	altrömische Münze	SEMIS	amerikan. Astronaut	EVANS	amerikan. Chemiker (Nobelpreis)	LIBBY
altröm. Flöte	TIBIA	altrömischer Staatsmann	SULLA	amerikan. Astronaut	GLENN	amerikan. Dichter	BENET
altröm. Frauenmantel	PALLA			amerikan. Astronaut	HAISE		
altröm. Geister Verstorbener	LAREN	altrömisches Gewand	STOLA	amerikan. Astronaut	IRWIN	amerikan. farbiger Schauspieler	COSBY
altröm. Gemeinde	KURIE	altruss. Adliger	BOJAR	amerikan. Astronaut	POGUE	amerikan. Filmkomiker	HARDY
altröm. Gerichtsplatz	FORUM	altrussische Silbermünze	DENGA	amerikan. Astronaut	ROOSA	amerikan. Filmkomiker	LEWIS
altröm. Geschichtsschreiber	NEPOS	altsemitischer Gott	DAGON	amerikan. Astronaut	SCOTT	amerikan. Filmkomiker	LLOYD
				amerikan. Astronaut	WHITE		
altröm. Gewicht, Münze	LIBRA	Amazonas-Zufluß	IRIRI	amerikan. Astronaut	YOUNG	amerikan. Filmpreis	OSCAR
altröm. Gewicht, Münze	UNCIA	Amazonas-Zufluß	JURUA	amerikan. Automarke	BUICK	amerikan. Filmregisseur	CAPRA
altröm. Göttin d. Schönheit	VENUS	Amazonas-Zufluß	PURUS	amerikan. Automarke	DODGE	amerikan. Filmregisseur	HAWKS
altröm. Göttin des Herdes	VESTA	amer. Jazzmusiker	BLAKE	amerikan. Autor (Nobelpreis)	LEWIS	amerikan. Filmregisseur	KAZAN
altröm. Hausschutzgötter	LAREN	amer. Tänzerin (Bananen)	BAKER	amerikan. Bandleader, -pianist	HINES	amerikan. Filmregisseur	MILLE
		amerik. Jazzklarinettist	NOONE	amerikan. Bankier (Nobelpreis)	DAWES	amerikan. Filmregisseur	WYLER
altröm. Jurist	GAJUS	amerik. Jazzkomponist	BROWN	amerikan. Berühmtheit	ASTOR	amerikan. Filmschauspieler	BEERY
altröm. Liebesgöttin	VENUS	amerik. Jazzmusiker	BERRY	amerikan. Biochemiker (Nobelpr.)	OCHOA	amerikan. Filmschauspieler	CLIFT
altröm. Schicksalsgöttin	PARZE	amerik. Jazzpianist	BASIE	amerikan. Biologe (Nobelpreis)	TATUM	amerikan. Filmschauspieler	FLYNN
altröm. Silbermünze	DENAR	amerik. Jazztrompeter	BAKER	amerikan. Bluessängerin	SMITH	amerikan. Filmschauspieler	FONDA
altröm. Stirnbinde	INFUL	amerik. Schlagersänger	BOONE	amerikan. Boxer	TYSON		
altröm. Totenseelen	MANEN	amerikan. »Aussteiger«	HIPPY				

140

Clue	Answer
amerikan. Filmschauspieler	GABLE
amerikan. Filmschauspieler	POWER
amerikan. Filmschauspieler	QUINN
amerikan. Filmschauspieler	TRACY
amerikan. Filmschauspieler	WAYNE
amerikan. Filmschauspielerin	CARON
amerikan. Filmschauspielerin	DAVIS
amerikan. Filmschauspielerin	FONDA
amerikan. Filmschauspielerin	KELLY
amerikan. Filmschauspielerin	NOVAK
amerikan. Filmschauspielerin	OHARA
amerikan. Filmschauspielerin	WYMAN
amerikan. Filmschauspielerin	YOUNG
amerikan. Fluggesellschaft	PANAM
amerikan. Folkrockgruppe	BYRDS
amerikan. Frauenname	DOLLY
amerikan. Frauenname	FANNY
amerikan. General, Präsident	GRANT
amerikan. Jazzgeiger	SOUTH
amerikan. Jazzkomponist, -musiker	RUSSO
amerikan. Jazzkomponist, -pianist	TATUM
amerikan. Jazzmusiker	GIBBS
amerikan. Jazzmusiker	HANDY
amerikan. Jazzmusiker	HEATH
amerikan. Jazzmusiker	SCOTT
amerikan. Jazzpianist	STACY
amerikan. Jazzpianist, -kompon.	SMITH
amerikan. Jazzsängerin	HORNE
amerikan. Jazzsaxophonist	EVANS
amerikan. Jazzsaxophonist	SHANK
amerikan. Jazzsaxophonist	SHEPP
amerikan. Jazzsaxophonist	YOUNG
amerikan. Jazz-Schlagzeuger	KRUPA
amerikan. Jazz-Schlagzeuger	ROACH
amerikan. Jazztrompeter	DAVIS
amerikan. Jazztrompeter	ELMAN
amerikan. Jazztrompeter	JAMES
amerikan. Jazztrompeter	JONES
amerikan. Kartenspiel	POKER
amerikan. Kernphysiker	GAMOW
amerikan. klassiz. Lyriker	FROST
amerikan. Kosmologe	GAMOW
amerikan. Lyriker	AUDEN
amerikan. Lyriker	POUND
amerikan. Männername	ALLAN
amerikan. Mediziner (Nobelpreis)	HENCH
amerikan. Mediziner (Nobelpreis)	MINOT
amerikan. Mondfähre	EAGLE
amerikan. Musicalkomponist	STYNE
amerikan. naive Malerin	MOSES
amerikan. Nobelpreisträger	HICKS
amerikan. Nobelpreisträgerin	BALCH
amerikan. Ökonom (Nobelpreis)	SIMON
amerikan. Ökonom (Nobelpreis)	TOBIN
amerikan. Operntenor	LANZA
amerikan. Philosoph (Pragmatiker)	JAMES
amerikan. Physiker	HENRY
amerikan. Physiker (Nobelpreis)	KUSCH
amerikan. Physiker (Nobelpreis)	SEGRE
amerikan. Physiker (Nobelpreis)	STERN
amerikan. Physiker Nobelpreisträger	BETHE
amerikan. Politiker	LODGE
amerikan. Popmusiker	COHEN
amerikan. Popmusiker	STING
amerikan. Popsänger	SIMON
amerikan. Präsident	BUREN
amerikan. Ragtime-Musiker	LAINE
amerikan. Regisseur	WALSH
amerikan. Reiterwettkampf	RODEO
amerikan. Rockmusiker	ZAPPA
amerikan. Rockmusik-Solist	HALEY
amerikan. Rock- u. Country-Sänger	DYLAN

amerikan. Schauspieler, Regisseur	ALLEN
amerikan. Schauspielerin	ONEAL
amerikan. Schauspielerin	WELCH
amerikan. Schlagersängerin	HOLLY
amerikan. Schriftsteller	ALLEN
amerikan. Schriftsteller	HARTE
amerikan. Schriftsteller	JAMES
amerikan. Schriftsteller	JONES
amerikan. Schriftsteller	SEGAL
amerikan. Schriftsteller	STONE
amerikan. Schriftsteller	VIDAL
amerikan. Schriftsteller	WOLFE
amerikan. Sekte	AMISH
amerikan. Sopranistin	PRICE
amerikan. sozialkritisch. Autor	OHARA
amerikan. Stadt in Florida	MIAMI
amerikan. Stinktier	SKUNK
amerikan. Tänzer, Schauspieler	KELLY
amerikan. Tennisspielerin	EVERT
amerikan. Tiefseeforscher	BEEBE
amerikan. Walnußart	CARYA
amerikan. Walnußart	CARYA
amerikan. Wildrind	BISON
amerikan.: Arbeit	LABOR
Amper-Zufluß	WUERM
Amphibie	LURCH
am Pol	POLAR
am Schluß stehend	LETZT
Amsel	MERLE
amtl. bolivian. Hauptstadt	SUCRE
amtlicher Erlaß	EDIKT
Amtskleidung	HABIT
Amtssprache in Senegal	WOLOF
Amtsstube	BUERO
Amtstracht	HABIT
Amtstracht	TALAR
Amundsens Luftschiff	NORGE
Amur-Quellfluß	ARGUN
Anbau	ANNEX
Anblick, Schauplatz	SZENE
Anblick, Überblick	SCHAU
andächtig	INNIG
Anden-Indianer	KOLLA
Anden-Vulkan	MAIPO
an den Wind gehen	LUVEN
anderer Name für Odin	WODAN
an der Grundfläche	BASAL
andernfalls, alias	SONST
andersartig, ungewohnt	FREMD
an diesem Tage	HEUTE
an e. Pol anschließen	POLEN
anerkennen	LOBEN
Anfang, Aufbruch	START
Anflug	HAUCH
Anforderung	ABRUF
Anführer der Argonauten	JASON
Anführer der Donkosaken	RASIN
Angeber, Gernegroß	PROTZ
angeboren	NATIV
angeborene Art	WESEN
angefügter Wortteil	AFFIX
angeführte Schriftstelle	ZITAT
Angeh. e. altschott. Keltenstamms	PIKTE
Angeh. e. dtsch. Fürstenhauses	WELFE
Angeh. e. dtsch. Volksstammes	BAYER
Angeh. e. dtsch. Volksstammes	HESSE
Angeh. e. german. Stamms	SUEBE
Angeh. e. german. Stamms	SUEVE
Angeh. e. german. Volkes	SKIRE
Angeh. e. german. Volksstammes	JUETE
Angeh. e. ind. Glaubensgemeinsch.	HINDU
Angeh. e. ind. Kaste	SUDRA
Angeh. e. kelt. Volksstammes	BELGE
Angeh. e. kelt. Volksstammes	SKOTE
Angeh.e. mittelasiat. Volkes	SARTE
Angeh. e. Nomadenvolks im Norden	LAPPE
Angeh. e. ostslaw. Volkes	RUSSE
Angeh. e. poln. Dynastie	PIAST
Angeh. e. südslaw. Volkes	SERBE
Angeh. e. Swebenstamms	QUADE
Angeh. e. vorderasiat. Stammes	KURDE
Angeh. e. westgerman. Volkes	QUADE
angeheftetes Bild (engl.)	PINUP
Angehör. e. german. Stamms	KATTE

Angehöriger e. german. Stamms	GAUTE	Angriffsreihe beim Fußball	STURM	Anprall, Aufprall	STOSS	antik. Name Trojas	ILION
Angehöriger e. kelt. Stammes	GAELE	Angriffsruf	HURRA	Anrede, Amtsbezeichnung	TITEL	antik. Orakelstätte	CUMAE
Angehöriger e. syr. Volkes	DRUSE	Angst	BANGE	Anruf	HOLLA	antik. Reich in Mesopotamien	AKKAD
Angelegenheit	CHOSE	Angst, Scham	SCHEU	Anrufung Gottes	GEBET	antik. Stadt in Kleinasien	TROJA
Angelegenheit (franz.)	CHOSE	Angsthase	TUNTE	Ansammlung	MASSE	antik. Stadt in Vorderasien	ASSUR
Angelegenheit (franz.)	CHOSE	Anh. d. Lehre Zarathustras	PARSE	Ansammlung	MENGE	antik. Versfuß, Versmaß	JAMBE
Angelhaken	HAMEN	Anhängekorb	HANGE	Ansatzsegel	GEHRE		
Angelpunkt	PIVOT	Anhänger e. ind. Religion	JAINA	Anschwellung	BEULE	antik. Volk in Vorderasien	MEDER
Angelsachse	BRITE	Anhänger einer relig. Anschauung	DEIST	Anschwellung im Hals	KROPF	antike Posse	MIMUS
angelsächs. Längenmaß	CHAIN	Anhängsel	ANNEX	anständiges Benehmen	MORES	antiker Hafen Roms	OSTIA
angelsächs. Längenmaß	CHAIN	Anhäufung	MASSE	Anstand, Manieren	SITTE	Anstandsdame (span.)	DUENA
angewehter Sandhügel	DUENE	Anhäufung	MENGE	anstelle von	STATT	antiker Lichtgott	APOLL
angloamerikan. Frauenname	JANET	Anhang	ADNEX	Anstoß beim Eishockey	BULLY	antiker Musiksaal	ODEUM
		Anhangsgebilde	ANNEX			antikes Reich in Mesopotamien	SUMER
		Anhöhe	KUPPE				
		Ankerplatz vor dem Hafen	REEDE	anstreichen	MALEN	antike Stadt in Kilikien	ISSOS
angloamerikan. Frauenname	NANCY	Ankerwinde	SPILL	Anstreicher	MALER	antike Stadt in Kleinasien	MILET
		Anlage, Anhang	ANNEX	Anstrengung	MUEHE		
angloamerikan. Männername	JIMMY	Anlaß	GRUND	Anteil, Rate	QUOTE	antike Stadt in Kleinasien	MILET
		Anlaß	MOTIV	Anteilpapier	AKTIE		
		anmaßend	FRECH				
angloamerikan. Männername	JONNY	Anmerkung	NOTIZ	Antennenart	DIPOL	antike Stadt in Süditalien	LOCRI
		anmutig	APART	anti	GEGEN		
angloamerikan. Männername	TOMMY	annähernd	CIRKA	anti, gegen	WIDER	Antilleninsel	HAITI
		Annahme (griech.)	LEMMA	antik. griech. Stadt	ARGOS	Antrieb	MOTIV
Angriff, großer Andrang	STURM	Anordnung	GEBOT	antik. Hafen in Böotien	AULIS	Antriebsmaschine	MOTOR
		Anordnung	ORDER			anwesend	DABEI
						anwidern	EKELN

anwidern

143

5

Anzeichen	INDIZ	arab. Rechtskundiger	MUFTI	argentin. Provinz	CHACO	asiat. Hauptstadt	TOKIO
anziehen	ANTUN	arab. Reisegericht	KEBAB	argentin. Provinz	CHACO	asiat. Herrschertitel	MOGUL
Anzugsteil	JACKE	arab. Sandwüste	DAHNA	arglistig	DOLOS	asiat. Herrschertitel	SCHAH
apart	EIGEN			arid	DUERR		
Apfelwein	CIDER			Arkade	BOGEN		
Apfelwein	ZIDER			arktische Vogelart	LUMME	asiat. Kaiserreich	JAPAN
Apostel der Preußen	BRUNO	arab.: Friede	SALAM	Arno-Zufluß	GREVE		
Apostel Jesu	JUDAS	arab.: Friede	SALEM	Aronstabgewächs	CALLA	asiat. Ölpflanze	SESAM
Apostel Jesu	LUKAS	arab.: Gewölbe, Kuppel	KUBBA	Aronstabgewächs	KALLA	asiat. Raubtier	TIGER
Apostel Jesu	SIMON	arabisch. Sandwüste	NEFUD	Art, Eigenart	TYPUS	asiat. Staat	NEPAL
arab. Emirat	AJMAN	arabische Lavawüste	HARRA	Art, Gattung	GENRE	asiat. Steppensturm	BURAN
arab. Emirat	KATAR	arabisches Emirat	DUBAI	Art, Gattung	SORTE	asiat. Tempelform	STUPA
arab. Emirat	QATAR			Art, Manier	WEISE		
arab. Feldherr	TARIK	aramäischer Gewittergott	HADAD	Art und Weise	MODUS	asiat. Volk, Volksgruppe	INDER
arab. Friedensgruß	SELAM			Artunterteilung	RASSE	asiat. Volk, Volksgruppe	NUYER
arab. Gedichtform	GASEL	Arbeitsgruppe, Gleisbautrupp	ROTTE	Arzneiform	PILLE		
arab. Gelehrtentitel	MOLLA	Arbeitsraum des Chemikers	LABOR	Arznei-Grundstoff	DROGE	asiat. Wildesel	KULAN
arab. Grußwort	SALAM	Arbeitsschiff	PRAHM	Arzneipflanze	ALANT	asiat. Wildschaf	ARKAL
arab. Grußwort	SALEM	arbeitsunfähig	KRANK	Arzneipflanze	MALVE	Assistenz	HILFE
arab. Halbinsel	KATAR	Arbeitsunterbrechung	PAUSE	Arzneipflanze, Würzkraut	RAUTE	assyr. Gottheit	ASSUR
arab. Handelsgewicht	BAHAR	Archologieschriftsteller	CERAM	Asiat	INDER	assyr. Gottheit	ENLIL
arab. Kabinettserlaß	IRADE	arg	BOESE	asiat. Antilope	SAIGA	assyr. Hauptstadt	AKKAD
arab. König	MALIK	arg, schlecht	UEBEL	asiat. Genußmittel	BETEL	assyr. Hauptstadt	ASSUR
arab. Landschaft	JEMEN	argentin. Gesellschaftstanz	TANGO	asiat. Großmacht	CHINA	assyr. Sonnengott	SAMAS
arab. Männername	AHMED	argentin. Komponist	KAGEL	asiat. Harzart	ASANT	athen. Flottenbefehlshaber	KONON
arab. Ochsengespann	ARABA	argentin. Politiker	PERON	asiat. Hauptstadt	DELHI	athenisch. Bildhauer	MYRON
				asiat. Hauptstadt	HANOI	athenisch. Feldherr	KIMON

athenisch. Gesetzgeber	SOLON	Aufeinanderfolge	SERIE	Auftrag, Befehl	ORDER	aus Eibenholz	EIBEN
athenisch. Staatsmann	KLEON	Aufenthaltsnachweis	ALIBI	Auftraggeber	KUNDE	Auseinandersetzung	FEHDE
athenischer Staatsmann	TIMON	Aufführungsvorbereitung	PROBE	Auftreten, Schritt	TRITT	Auseinandersetzung	KRACH
Atmungsorgan	LUNGE	aufgebrachtes Schiff	PRISE	aufwärts	EMPOR	Auseinandersetzung	ZWIST
Atomgruppe	ALLYL	Aufgelegtheit	LAUNE	aufwärts	HINAN	Auseinandersetzung	KRIEG
auf d. Ellbogen bezüglich	ULNAR	Aufgeschichtetes	DIEME	Aufwand	LUXUS	Auseinandersetzung m. Waffen	
auf daß	DAMIT	Aufgeschichtetes	FEIME	Aufwand, Pomp	PRUNK	aus Erde	ERDIG
auf dem laufenden	AJOUR	aufgeschlossen	OFFEN	Aufwand, Putz	STAAT	aus Erlenholz	ERLEN
auf den Grundton bezogen	TONAL	aufgeschütteter Damm	DEICH	Aufwiegelung	HETZE	aus Erz	EHERN
auf den Krankheitsherd bezüglich	FOKAL	aufgeweckt	ALERT	Aufwickelrolle	SPULE	aus Erz	ERZEN
auf den Mond bezüglich	LUNAR	auf gleichen Verlust u. Gewinn	AMETA	Aufzeichnung	NOTIZ	Ausfall	MANKO
auf den Pol bezüglich	POLAR	aufgrund	WEGEN	Aufziehen von Tieren, Pflanzen	ZUCHT	Ausflucht	FINTE
auf der Herzseite	LINKS	Aufguß (lat.)	INFUS	Auge d. Wildes	LICHT	Ausflug im Wagen	FAHRT
auf die Alpen bezüglich	ALPIN	Aufhänger	HAKEN	Auge im Würfelspiel	POINT	ausgedehnt	BREIT
auf die Grundlage bezüglich	BASAL	aufhören	ENDEN	Augenausdruck	BLICK	ausgedehnt	GROSS
auf die Haut bezüglich	KUTAN	Aufklärungskutter	AVISO	augenblicklich	JETZT	ausgedient (franz.)	PASSE
auf die Nase bezüglich	NASAL	Aufliegendes	BELAG	Augen d. Wildes	LUSER	ausgeglichen	QUITT
auf die Niere bezogen	RENAL	Aufnahme in die Christenheit	TAUFE	Ausbilder im Sport	COACH	ausgekochte Flüssigkeit	ABSUD
auf die Sonne bezüglich	SOLAR	Aufschlag an Kleidungsstücken	STOSS	Ausbildungszeit	LEHRE	ausgeschiedener Stoff	EDUKT
Aufeinanderfolge	REIHE	Aufschüttung	HALDE	Ausblick	SICHT	Ausgestoßener	PARIA
		Aufsehen	EKLAT	aus Bronze	EHERN	ausgetrocknet	DUERR
		Aufspüren	SUCHE	Ausbuchtung	BEULE	ausgewachsenes Insekt	IMAGO
		Aufstand (franz.)	LEVEE	Ausdehnung, Ferne	WEITE	ausgezeichnet, erstklassig	PRIMA
		Aufstellung	LISTE	Ausdehnung nach oben	HOEHE	Auslese	ELITE
				Ausdehnung nach unten	TIEFE	auslösende Ursache	GRUND
				aus dem Altertum	ANTIK		
				ausdrücklich	EXTRA		

Auslösevorrichtung an Waffen	ABZUG
ausreichend	GENUG
aus Rüsterholz	ULMEN
Ausruf	HALLO
Aussageweise	MODUS
Aussatz	LEPRA
Ausschank (veraltet)	DEBIT
Ausscheidung des Pottwals	AMBER
Ausscheidung des Pottwals	AMBRA
Ausschmückung	DEKOR
Ausschußseide	BAFEL
Ausschußware	BAFEL
ausschweifendes Fest	ORGIE
Ausschweifung	ORGIE
Außenbegrenzung	KANTE
Außenklüver	JAGER
außerdem	EXTRA
außerdem	SONST
außerdem, nebenbei	EXTRA
außergewöhnlich	ENORM
Aussicht	BLICK
Aussichtsturm, Ausguck	WARTE
Ausstattungsstück	REVUE
Ausstellung	MESSE
Ausstellung, Darbietung	SCHAU
Ausstellungsraum	SALON
ausstral. Wildhund	DINGO
aus Ton	IRDEN
austral. Beuteltier	KOALA
austral. Buschwald	SCRUB
austral. Dornbuschregion	SCRUB
austral. Hafenstadt	DERBY
austral. Sopranistin	MELBA
austral. Wildhund	DINGO
aus vornehmem Geschlecht	ADLIG
Auswanderung in Wagenkolonnen	TRECK
aus Werg	HEDEN
auszeichnen	EHREN
Auszeichnung	ORDEN
Auszeichnung, Belohnung	PREIS
Auszug, Flüchtlingskolonne	TRECK
Auszug aus Rohstoffen	EDUKT
Auszug (lat.)	EDUKT
Autofahrerhotel	MOTEL
Automobiltyp	COUPE
Automobiltyp	KOMBI
Autor des Schwejk	HASEK
Autorin von »Ein gewisses Lächeln«	SAGAN
Autor v. »Bildnis d. Dorian Gray«	WILDE
Autor v. »Götter, Gräber u. Gelehrte«	CERAM
Autor von »Babbitt«	LEWIS
Autor von »Das Glasperlenspiel«	HESSE
Autor von »Das Schloß«	KAFKA
Autor von »Der Familientag«	ELIOT
Autor von »Der Hungerpastor«	RAABE
Autor von »Der Mord im Dom«	ELIOT
Autor von »Der Prozeß«	KAFKA
Autor von »Der Revisor«	GOGOL
Autor von »Der Strom«	HALBE
Autor von »Die Blechtrommel«	GRASS
Autor von »Die Cocktailparty«	ELIOT
Autor von »Die drei Musketiere«	DUMAS
Autor von »Die Kameliendame«	DUMAS
Autor von »Die Mutter«	GORKI
Autor von »Die Pest«	CAMUS
Autor von »Die Wildente«	IBSEN
Autor von »Gespenster«	IBSEN
Autor von »Graf von Monte Christo«	DUMAS
Autor von »Gullivers Reisen«	SWIFT
Autor von »Hedda Gabler«	IBSEN
Autor von »Ilias«	HOMER
Autor von »Ivanhoe«	SCOTT
Autor von »Jugend«	HALBE
Autor von »Lausbubengeschichten«	THOMA
Autor von »Nora«	IBSEN
Autor von »Odyssee«	HOMER
Autor von »Peer Gynt«	IBSEN
Autor von »Robinson Crusoe«	DEFOE
Autor von »Tote Seelen«	GOGOL
Autor von »Turandot«	GOZZI
Autoversicherung	KASKO
Azoren-Insel	FAIAL
Azoren-Insel	HORTA
babylon. Göttin der Liebe	ISTAR
babylon. Gottheit	KINGU

babylon. Windgott	ENLIL
Babyschaukelbett	WIEGE
Bacchus-Begleiter	SATYR
Backe	WANGE
Backform	MODEL
Backtrog	MOLLE
Backtrog	MULDE
Bad bei Weimar	BERKA
Badehaus (ital.)	BAGNO
Badeort an der franz. Riviera	NIZZA
Badeort in Ostpreußen	KRANZ
badisch. Rhein-Zufluß	RENCH
badischer Volksschriftsteller	HEBEL
badische Vulkanlandschaft	HEGAU
bäuerlich, ländlich	RURAL
Bahama-Insel	ABACO
Bahama-Insel	EXUMA
Bahnabteil	KUPEE
Bahnschiene	GLEIS
Bajuware	BAYER
Bakteriengift	TOXIN
Bakterienwelt im Körper	FLORA
bald hierhin, bald dorthin	UMHER
Baldrianart	SPEIK
Balearen-Insel	IBIZA
Balg, Pansen	WANST
Balggeschwulst	ZYSTE
Balkanbewohner	SERBE
Balkanhauptstadt	SOFIA
Balkendecke	DOHNE
Balkon, Laube	ALTAN
Ball	KUGEL
Balldrehung	EFFET
Ballettschüler	ELEVE
Ballett v. Henze	IDIOT
balt. Volksstamm	KUREN
Balte	LETTE
Baltikumbewohner	ESTEN
baltisch. Ostseehafen	MEMEL
baltische Hauptstadt	REVAL
baltische Hauptstadt	WILNA
baltisches Volkslied	DAINA
banal, abgedroschen	PLATT
Band	LITZE
Bandage	BINDE
Bande	HORDE
Bande	MEUTE
Bande	RUDEL
Band eines Buchwerks	TOMUS
Band (musik.)	COMBO
Bandwurmlarve	FINNE
Bange	ANGST
Bange, Beunruhigung	SORGE
Bankaufbewahrung	DEPOT
Bankbegriff	KONTO
bannen	FEMEN
Bantu-Sprache	LUNDA
Bantustamm in Kamerun	DUALA
Bantustamm in Tansania	KONDE
Bantustamm in Uganda	NYORO
Bantuvolk	BEMBA
Bantuvolk	CHEWA
Bantuvolk	LUHYA
Bantuvolk	NGALA
Bantuvolk	NGONI
Bantuvolk	SANGA
Bantuvolk	TAMBA
Bantuvolk	TONGA
Bantuvolk in Kenia	KAMBA
Bantuvolk in Mosambik	MAKUA
Bantuvolk in Zaire	MONGO
Barbier	BADER
bargeldlos	UNBAR
Bargetränk	DRINK
Barkeeper, Barmann	MIXER
Bartabnahme	RASUR
Bartfisch	BARBE
Base	LAUGE
Baskenmütze	BOINA
baskische Provinz	ALAVA
basta	GENUG
Bastfaser, Chinagras	RAMIE
Bastion	FESTE
Bauchfedern	FLAUM
bauchiges Henkelgefäß	KANNE
Bauchmitte	NABEL
Bauhandwerker	MALER
Bauholz	BOHLE
Bauholz	LATTE
bauliche Erweiterung	ANBAU
bauliche Umgestaltung	UMBAU
Baumart	LINDE
Baumaterial	STEIN
baumbestandene Straße	ALLEE
Baumeister d. Straßb. Münsters	ERWIN
Baumfrucht	APFEL
Baumfrucht	BIRNE
Baumgruppe, kleines Gehölz	HORST
Baumrinde	BORKE
Baumschaft	STAMM
Baumteil	KRONE
Baumteil	STAMM
Baumwoll-, Seidengewebe	TWILL
Baumwolldrillich	DEMIN
Baumwolldrillich	DENIM
Baumwolle	KAPOK
Baumwolle	KOTON

Baumwollgewebe	FANCY
Baumwollgewebe	LINON
Baumwollgewebe	PIKEE
Baumwollprodukt	WATTE
Baumwollstoff	COTON
Baustoff, Baumaterial	BETON
bayer. Alz-Zufluß	TRAUN
bayer. Donau-Zufluß	ILLER
bayer. Donau-Zufluß	REGEN
bayer. Erzähler	BAUER
bayer. Erzähler	THOMA
bayer. Feldmarschall	WREDE
bayer. Fluß	AMMER
bayer. Grasland	EGART
bayer. Herzog	ODILO
bayer. Kurort am Regen	REGEN
bayer. Kurort an der Isar	TOELZ
bayer.-österr.: Übellaunigkeit	GRANT
bayer. Politiker, Min.-präsident	EHARD
bayer. Puppenspieldichter	POCCI
bayer. realist. Maler	LEIBL
bayer. Stadt am Fichtelgebirge	REHAU
bayer. Stadt am Frankenwald	NAILA
bayer. Stadt an d. Regnitz	STEIN
bayer.: Freund	SPEZI
bayr.-österr.: verdammt!	SAKRA
Beanstandung, Mißbilligung	TADEL
bearbeitete Tierhaut	LEDER
Beauftragter	AGENT
Becher	KELCH
Becher, Kelch	POKAL
bedeutend, bedeutsam	GROSS
bedeutungslos	BANAL
Bedürftiger	ARMER
Bedürftigkeit	ARMUT
Beethovens Lehrer	NEEFE
Befehl an den Hund	KUSCH
Befestigung	FESTE
Befestigungsmittel	NADEL
Befestigungsmittel	NAGEL
beflissen	EMSIG
Beflissenheit	EIFER
Beförderungsgebühr	PORTO
befrachten	LADEN
Befugnis, Anspruch	RECHT
Begegnung	TREFF
Begegnungswort	GRUSS
Begegnungswort	GRUSS
Begeisterung	JUBEL
Begeisterung, Schwung	VERVE
Beginn, Ausgangspunkt	START
Begleiter des Apostels Paulus	TITUS
beglückt	SELIG
Begräbnisstätte	GRUFT
begrenzt	KNAPP
begrenzt (lat.)	FINIT
Begrenzung	LIMES
begriffliches Denken (lat.)	RATIO
Begründer der Marburg. Schule	COHEN
Begründer d. Pragmatismus	JAMES
Begründer d. Quantentheorie	DIRAC
Begründer der Psychoanalyse	FREUD
Begründer des russisch. Reiches	RURIK
Begründer des Sikhismus	NAMAK
Begründer des Zionismus	HERZL
Begründer der e. franz. Dynastie	CAPET
begründer der e.franz. Dynastie	CAPET
begründeter Anspruch	RECHT
begütert, bemittelt	REICH
Behauptung, Lehrsatz	THESE
behende, schnell	FLINK
Beherbergungsbetrieb	HOTEL
beherzt	KUEHN
beherzt	MUTIG
Behinderung beim Sport	CHECK
Behinderung beim Sport	CHECK
Beiboot	JOLLE
beidseit. gemusterter Teppich	KELIM
Beifallsruf	BRAVO
beigefügt	ANBEI
Beil der Bergleute	BARTE
Beiname der Demeter	CHLOE
Beistand	HILFE
Beistrich	KOMMA
bejahrtes Faultier	ALTAI
Bejahrtheit	ALTER
bekannter Ausspruch	ZITAT

Bekleidungsstück	BLUSE
Belastung in der Buchführung	DEBET
belehrende Erzählung	FABEL
beleibte Frau	DICKE
Beleuchtung	LICHT
Beleuchtungskörper	LAMPE
belg. Bildhauer	MINNE
belg. Fluß	NETHE
belg. Jugendstilarchitekt	VELDE
belg. Maler u. Graphiker	ENSOR
belg. NATO-Politiker	SPAAK
belg. Provinz	NAMUR
belg. Schelde-Zufluß	RUPEL
belg. Sozialist	SPAAK
belg. Stadt	AALST
belg. Stadt	ALOST
belg. Stadt an Sambre u. Maas	NAMUR
Belgier	FLAME
beliebter alter Schlager	OLDIE
belustigende Wirkung	KOMIK
Benediktinergewand	FROCK
Benzin, Treibstoff	SPRIT
Beobachtungsposten, -station	WACHE
Beobachtungsposten, -station	WARTE
Berater, Erzieher	TUTOR
Beraun-Zufluß	ANGEL
Berberaffe	MAGOT
Berberstamm	SHILH
bereit	PARAT
bereits	SCHON
Bergbaustadt in Namibia	OTAVI
Berg der Gesetze	HOREB
Bergeinschnitt, Waldschlucht	TOBEL
Bergfenchel	SESEL
Berggasthof	BAUDE
Berghang	LEITE
Berg im Bayerischen Wald	ARBER
Berg im Berner Oberland	EIGER
Berg im Kanton Schwyz	ETZEL
Berg in Costarica	IRAZU
Bergkegel	KOGEL
Bergkegel	KUPPE
Bergkuppe	KEGEL
Bergkuppe	KOFEL
Bergkuppe	KOGEL
bergmänn. Beruf	HAUER
bergmänn.: Sohle, Tiefe	TEUFE
Berg (österr.)	KOFEL
Bergpfad, schmaler Steilweg	STEIG
Bergpfeffer	SESEL
Bergspitze	KOGEL
Bergwasserschlucht	KLAMM
Bergwerksanlage	GRUBE
Bergwerksanlage	ZECHE
Bergwerksgesellschaft	ZECHE
Bergwiese	MATTE
Bergzug in der Pfalz	HARDT
Berliner Baumeister	ENGEL
Berliner Bierglas	MOLLE
Berliner Eckensteher	NANTE
Berliner Flughafen	TEGEL
Berliner Fluß	HAVEL
Berliner Maler, Zeichner	ZILLE
Berliner Operettenkomponist	KOLLO
Berliner Stadtteil, Verwaltungsbez.	TEGEL
Berliner Zeichner u. Bildhauer	KOLBE
berühmt, glänzend	FAMOS
berühmter Diamant	SCHAH
berühmter russisch. Diamant	ORLOW
Berufsausbildung	LEHRE
Berufssportler	PROFI
beruhigt (lat.)	SEDAT
Besatz	BIESE
Besatz	GALON
Besatzschnur	GIMPE
Besatzschnur	LITZE
Beschaffenheit	GUETE
Beschaulichkeit	MUSSE
Beschauzeichen auf Metall	PUNZE
Bescheidenheit	DEMUT
Beschlagknopf	BOSSE
beschleunigt	EILIG
beschmutzen	SAUEN
Beschuldigung	KLAGE
Beschwerde	KLAGE
Beschwerde	MUEHE
Besen	FEGER
Besenheide	ERIKA
Besessenheit	MANIE
Besitzanspruch	CLAIM
besitzanzeigendes Fürwort	UNSER
besitzen	HABEN
Besitzform im Mittelalter	LEHEN

Besitztitel	CLAIM
besondere Bekleidung	DRESS
besonders	EXTRA
besonders weil	ZUMAL
Bestand	DAUER
Bestandteil	GLIED
Bestandteil d. Erdatmosphäre	XENON
Besteckteil	GABEL
bestelltes Feld	ACKER
Bestellung	ORDER
bestens, herrlich	PRIMA
bestes Rennpferd	CRACK
bestimmter Kalendertag	DATUM
bestimmter Zeitraum	FRIST
Bestimmung	ZWECK
Bestimmung, Gesetz	REGEL
Betäubungs- und Heilmittel	OPIAT
betaut	TAUIG
Betreuer	COACH
Betreuung	OBHUT
betriebsam	AKTIV
Betriebsbezeichnung	FIRMA
Betriebsstörung	PANNE
Bett	LIEGE
Bettelmönch im Islam	FAKIR
Bettsofa	DIWAN
Bettuch	LAKEN
Beugefall (lat.)	KASUS
Beule	BOSSE
Beutel, Papierbehälter	TUETE
Bewacher der Io	ARGUS
Bewachung	OBHUT
Bewährungsversuch	PROBE
bewegen	REGEN
Beweggrund	MOTIV
bewegl. Körperteil	GLIED
beweglich	MOBIL
bewegt in der Musik	MOSSO
Beweis, Beweisstück	INDIZ
Beweisperson	ZEUGE
Beweisstück	BELEG
Beweisunterlage	BELEG
Bewetterungsrohr	LUTTE
bewirtschafteter Wald	FORST
Bewohner e. schweiz. Kantons	URNER
Bewohner einer Mittelmeerinsel	KORSE
Bewohner eines Erdteils (Einz.)	ASIAT
Bewohner Jütlands	JUETE
Bewohner von Oman	OMANI
bewußt falsche Aussage	LUEGE
Bewußtsein	GEIST
bezahlt (lat.)	DEBIT
Bezieher	KUNDE
Bezirk	KREIS
Bezirk	RAYON
Biberschwanz	KELLE
bibl. Berg	HOREB
bibl. Berg in Galiläa	TABOR
bibl. Führer der Israeliten	JOSUA
bibl. Prophet nach Elias	ELISA
bibl. Riese	MAGOG
biblisch. Gestalt, Sohn v. Jakob	RUBEN
biblisch. Goldland	OPHIR
biblisch. Himmelsbrot	MANNA
biblisch. Maß	HOMER
biblisch. Monatsname	SIVAN
biblisch. Name Gottes	JAHVE
biblisch. Prophet	ELIAS
biblisch. Prophet	HOSEA
biblisch. Prophet	MICHA
biblisch. Prophet	NAHUM
biblisch. Stadt	KEDES
biblisch. Stammvater	DAVID
biblisch. Stammvater	JAKOB
biblisch. sündige Stadt	SODOM
biblische Gestalt	ENOCH
biblische Gestalt	JUBAL
biblische Gestalt	MARIA
biblische Stadt	HADID
biblische Stadt	HAZOR
biblische Stadt	LYDDA
biegsame Leitung	LITZE
biegsamer Zweig	GERTE
Biegung	BEUGE
Biegung	KURVE
Bienenkorb	KASCH
Bienenprodukt	HONIG
Bienenprodukt	WACHS
Bienenzüchter	IMKER
bierähnl. Getränk	KWASS
Biergefäß	TULPE
Bierhefe	GERBE
Bierkühler	FACHE
Bierschaum	BLUME
Biersorte	LAGER
Bildband	ALBUM
bildender Künstler	MALER
Bilderrätsel	REBUS
Bild friedlichen Lebens	IDYLL
bildliche Redewendung	TROPE
Bildteppich	KELIM
Billardstock	QUEUE

Clue	Answer
Billardtischeinfassung	BANDE
Bimssteintuff	TRASS
Bindestrich	DIVIS
Bindewort	SOWIE
Bindfaden	ZWIRN
Binsenbündelfloß	BALSA
biochemischer Wirkstoff	ENZYM
biolog. Einteilungsbegriff	RASSE
Birkengrün	MAIEN
birman. Holz f. Einlegearbeiten	PADUK
birmes. Volksgruppe	KAREN
Bischofsmütze	INFUL
Bischofsmütze	MITRA
bitter (lat.)	AZERB
Bitte um Antwort	FRAGE
Blähhals	KROPF
Bläßhuhn, Sumpfhuhn	RALLE
Blase	ZYSTE
Blasentang	FUKUS
Blasenwurm	FINNE
blaßblau, fahl	LIVID
blaßgelb	CREME
Blattgemüse, Kaltspeise	SALAT
Blattpfeife zum Rehlocken	FIEPE
Blattrückseite	VERSO
Blattvorderseite	AVERS
Blattvorderseite	REKTO
bleich	BLASS
Bleichmittel	CHLOR
Blitzlicht (engl.)	FLASH
Block	KLOTZ
Blödling	IDIOT
bloß	NACKT
blühende Pflanze	BLUME
Blütenboden	TORUS
Blütenkelch (griech.)	KALYX
Blütenstand	AEHRE
Blütenstand	DOLDE
Blütenstand	RISPE
Blütenteil	KELCH
Blütenteil	KRONE
Blumenblatt	PETAL
Blumengewinde	KRANZ
Blumenhängegefäß	AMPEL
Blumenrohr	CANNA
Blumenrohr	CANNA
Blumenrohr	CANNA
Blutbahnen des Körpers	ADERN
blutsaugender altgriech. Dämon	LAMIE
blutstillendes Mittel	ALAUN
Blutsverwandter	AGNAT
Blutwasser	SERUM
Bober-Zufluß	QUEIS
Boden	GRUND
Bodenbelag	MATTE
Bodenfläche	AREAL
Bodenkohlrabi	WRUKE
Bodenlockerungsgerät	HACKE
Bodennutzung	ANBAU
Bodensenke	MULDE
Bodenvertiefung, Depression	SENKE
Bode-Zufluß aus dem Harz	SELKE
böhm. Stadt an der Elbe	KOLIN
böhm. Stadt bei Prag	TABOR
böhmisch. Industriewerk	SKODA
böhmisch. Volkstanz	POLKA
böotischer Hafen	AULIS
Börsenauftrag	ORDRE
Börsenpapier	AKTIE
Börsenpapier	FONDS
Börsenspieler	FIXEN
Börsenspieler	FIXER
Börse: Wertpapier	VALOR
bösartige Geschwulst	KREBS
bösartige Geschwulst	TUMOR
Böschung	HALDE
Böschung	LEITE
böse	UNGUT
Bogengang	LAUBE
Bogengeschoß	PFEIL
Bogengriff	TALON
Bogenlänge	ARKUS
Bogenlinie	KURVE
Bogenstrang	SEHNE
bolivian. Hauptstadt	LAPAZ
bolivian. Stadt	POOPO
Boots-, Flugzeugkörper	RUMPF
Bootsstoßstange	STAKE
Bordeauxwein	MEDOC
Bordeauxwein	PALUS
Borke, Kruste	RINDE
Born, Brunnen	QUELL
borsaures Natrium	BORAX
borsaures Salz	BORAT
Borstenbündel	QUAST
Borte	LITZE
Borte, Tresse	GALON
bosnisch. Save-Zufluß	VRBAS
botan.: Kichererbse	CICER
botan.: Kichererbse	CICER
botan.: Linde	TILIA

Botschaft	KUNDE	brasilian. Stadt	ORURO	Brettspiel	HALMA	Brumm-, Knurrlaut	MUCKS
Boutique	LADEN			Brettspiel	SALTA	Brustdrüse beim Jungvieh	BRIES
Boxhieb	HAKEN	brasilian. Tanz	SAMBA	Brettspiel	SNAKE		
Boxhieb	LINKE			Brettspielscheibe	STEIN		
Boxkampfabschnitt	RUNDE	Brasse	BLEIE			Brustkorbknochen	RIPPE
		Bratrost	GRILL	Briefgebühr, Postgebühr	PORTO		
Boxschlag	PUNCH	Brauchtum, Mode	SITTE			Brustwarze der Säugetiere	ZITZE
Brand	FEUER	Brauerei	BRAEU	Brillanz	GLANZ		
brandenburg. Stadt an d. Nuthe	ZINNA	braune Hornblende	OPHIT	Brillenschlange	ASPIS	Bub, Bube	KNABE
				Brillenschlange	KOBRA	Bube im Kartenspiel	UNTER
brandenburg. Stadt an d. Oder	LEBUS	brauner Farbstoff	SEPIA	brit. Krimi-Autor	DOYLE		
		braun gefärbtes Kaninchenfell	MARON	britische Insel	LUNDY	Bube im Kartenspiel	VALET
brandenburg. Stadt an der Ihna	REETZ			Brocken	KLOTZ	Buch d. Alten Testaments	HOSEA
		Braunkohlenkoks	GRUDE	bronzezeitl. Steindenkmal	CAIRN		
brandenburg. Stadt i. d. Lausitz	SORAU					Buch d. Alten Testaments	JOSUA
		Braunschweiger Bier	MUMME				
				Brosame	KRUME	Buch d. Alten Testaments	MICHA
brasilian. Amazonas-Zufluß	XINGU	brausen	TOSEN	Brotkante	KNAST		
		brav	ARTIG	Brotkante	KNUST	Buch d. Alten Testaments	NAHUM
brasilian. Bundesstaat	BAHIA	Brechwurzel	IPEKA	Brotkante	RANFT		
				Brotscheibe	BEMME	Buch d. Neuen Testaments	LUKAS
		breite Faserschicht	VLIES	Bruchstück, Fragment	TORSO		
brasilian. Fluß	MANSO						
brasilian. Hafenstadt	BELEM	breiter Flußkahn, Plätte	ZILLE	Bruder v. Abraham	HARAN	Buch des Konfuzianismus	IKING
		breiter Pinsel	QUAST	Bruder von Aaron	MOSES		
brasilian. Indianerstamm	TAINO	breiter Schal, Schultertuch	STOLA			Bucheinbandschmuck	SEMIS
				Bruder von Attila	BLEDA		
brasilian. Kaiser	PEDRO			Bruder von Fafnir	REGIN	Buchenfrucht	ECKER
brasilian. Rennfahrer	SENNA	breitrippiger Seidenstoff	SURAH			Buchenmast	FEHME
				Bruder von Moses	AARON		
brasilian. Schriftsteller	AMADO	brennen	LOHEN			Buchformat	FOLIO
		Brenngas	BUTAN	Bruder von Prometheus	ATLAS	Buchformat	OKTAV
brasilian. Staat	CEARA	Brennpunkt	FOKUS				
				Brückengewölbe	BOGEN	Buchformat	QUART
brasilian. Staat	CEARA	Brennstoff, -material	KOHLE	Brühe, flüssige Speise	SUPPE	Buchformat	SEDEZ
brasilian. Staat	GOIAS					Buchführungsbegriff	KONTO
		Bretterkasten	KISTE				
brasilian. Stadt	NATAL	Bretterstall, Verschlag	KOBEN	Brühe, Soße	TUNKE	Buchhalter	CLERK

Buchsbaum	BUXUS
Buchstabenreihe	ZEILE
Bucht	BUSEN
Buchteil	BLATT
Bucht vor Libyen	SYRTE
Buchungsunterlage	BELEG
Buchweizenpfannkuchen	BLINI
Buddhaapostel-Bild	LOHAN
buddhist., hinduist. Glaubenssatz	KARMA
buddhist. Priester	BONZE
buddhist. Reliquienkammer	DAGOB
buddhist. Sakralbau	STUPA
buddhistischer Heiliger	ARHAT
Büchergestell	REGAL
Büfett, Tresen	THEKE
Bühnenbild, Theaterbühne	SZENE
Bühnenkante, Vorbühne	RAMPE
Bühnenpart	ROLLE
Bühnenshow	REVUE
Bühnenstück v. Anouilh	MEDEA
Bühnenstück v. Corneille	CINNA
Bühnenstück v. Corneille	ELCID
Bühnenstück v. Grillparzer	MEDEA
Bühnenstück v. Pagnol	CESAR
Bühnenstück von Goethe	TASSO
Bühnenstück von Pagnol	FANNY
Bündnis, Zusammenschluß	UNION
bürgerlich, gesittet	ZIVIL
Bürgermeister anglo-amerik.	MAYOR
Bürgerwehr	MILIZ
Büroklammer	KLIPS
Bürzel, Gesäß	STERZ
Büßer	ASKET
Büstensäule	HERME
Buhle	KEBSE
bulgar. Berg	BOTEW
bulgar. Donauhafen	RUSSE
bulgar. Donau-Zufluß	ISKER
bulgar. Hafenstadt, Seebad	VARNA
bulgar. Hauptstadt	SOFIA
bulgar. König	BORIS
bulgar. Schwarzmeerhafen	WARNA
Bulle	STIER
Burda-Medienpreis	BAMBI
Burengeneral	SMUTS
Burg an der Mosel	ALKAS
Burg des Nestor bei Homer	PYLOS
Burg in arab. Städten	KASBA
burgund. Residenz	ARLES
Burgunderwein	GIVRY
Burgunderwein	MACON
Burgunderwein	NUITS
Buschneger	MARON
Busenfreund	SPEZI
bußfertig	REUIG
Butterbrot	BEMME
Butterfaß	KARNE
Butterfaß	KIRNE
buttern	ANKEN
byzantin. Kaiser	ISAAK
byzantinisch. Kaiser	ZENON
byzantinische Kaiserin	IRENE
CDU-Politiker	BLUEM
Charakter	ETHOS
Charakter	TYPUS
Charme	ANMUT
Chef der Vichy-Regierung	LAVAL
chem. Element, Edelgas	ARGON
chem. Element, Edelgas	RADON
chem. Element, Edelgas	XENON
chem. Element, Halogen	CHLOR
chem. Element, Halogen	FLUOR
chem. Element, Metall	CHROM
chem. Element, Metall	EISEN
chem. Element, Metall	TITAN
chem. Element, Nichtmetall	SELEN
chem. Verbindung	KETON
chem. Verbindungen bildend	AFFIN
Chemiefaser	ACRYL
Chemiefaser	DOLAN
Chemiefaser	NYLON
Chemiefaser	ORLON
Chemiefaser	REDON
Chemiefaser	REYON
chemisch. Element	ARSEN
Cheruskerfürst	ARMIN
chilen. Dichter	ROJAS
chilen. Pazifik-Insel	MOCHA
chilen. Pianist	ARRAU
chilen. Stadt	MONTT
Chinagras	RAMIE
chines. Bast	MALCO
chines. Buch der Wandlungen	IGING

chines. Dickbauchbuddha	PUTAI
chines. Dynastie	TSING
chines. Dynastie	WUTAI
chines. Dynastie	YUEAN
chines. Fluß	PAIHO
chines. Geheimorganisation	BOXER
chines. Gewicht	LIANG
chines. Gewicht	PIKUL
chines. Inselgruppe	XISKA
chines. Längenmaß	CHANG
chines. Längenmaß	CHANG
chines. Lammfell	TIBET
chines. Landkreis	HSIEN
chines. Maß	TSCHI
chines. Millionenstadt	LUEDA
chines. Mundorgel	SHENG
chines. Provinz	ANHUI
chines. Provinz	GANZU
chines. Provinz	HANAN
chines. Provinz	HEBEI
chines. Provinz	HENAN
chines. Provinz	JILAN
chines. Provinz	JILIN
chines. Provinz	KANSU
chines. Stadt	ANSHA
chines. Stadt	HOFEI
chines. Stadt	JILAN
chines. Stadt	JINAN
chines. Stadt am Hwangho	PAUTU
chines. Verbeugung	KOTAU
chines. Weisheitsbuch	IGING
Chinesischgrün	LOKAO
Chorkappe	CAPPA
Chorkappe	CAPPA
Chornische	APSIS
christl. Sektengründer	ARIUS
christl. Sektengründer	DARBY
christl. Symbol	KREUZ
Christus	JESUS
Clique	BANDE
Clique, Schar	ROTTE
Cocktail	DAISY
Cocktail	JULEP
Cocktail	SLING
Comic-Figur	GOOFY
Computersprache	ALGOL
Computersprache	BASIC
Computersprache	COBOL
Cowboy-Wettkampf	RODEO
Curlinggerät	STONE
Dach der Welt	PAMIR
Dachfenster	GAUBE
Dachfenster	GAUPE
Dachhase	KATZE
Dachkammer, -raum	BODEN
Dachoberkante	FIRST
Dachzier, Mauerkrone	ZINNE
dämlich	BLOED
dämmern	TAGEN
Dämpfungsmaß	NEPER
dän. Astronom	BRAHE
dän. Fluß in Jütland	VARDE
dän. Geologe	COHEN
dän. Hafenstadt	VEJLE
dän. Insel	AARVE
dän. Insel in der Ostsee	AEROE
dän. Insel in der Ostsee	ALSEN
dän. Nordseeinsel	FANOE
dän. Physiologe (Nobelpreis)	KROGH
dän. Stadt auf Jütland	SKIVE
dän. Stadt in Jütland	VARDE
dän. Währungseinheit	KRONE
Däne	JUETE
dalmatin. Hafenstadt	SPLIT
dalmatin. Hafenstadt	ZADAR
dalmatin. Insel	LISSA
dalmatin. Insel	MLJET
dalmatin. Insel	MOLAT
dalmatin. Insel	UNIJE
Damenkappe	TOQUE
Damenschuh	PUMPS
Dammhöhlung	BRACK
Dampf	DUNST
Dampfkochtopf-Erfinder	PAPIN
Dampfmaschinengestell	FRAME
Danziger Kloster	OLIVA
Dargebrachtes	OPFER
Darmstein des Pottwals	AMBER
Darmverschluß	ILEUS
Darreichender	GEBER
darstellen	MIMEN
Darstellerin v. Mädchenrollen	NAIVE
Darstellungsvorwurf	MOTIV
darunter, tief gelegen	UNTEN
das da	JENES
Dasein	LEBEN
das sei mir fern! (lat.)	ABSIT
Dateneingabe	INPUT
Datensammlung	DATEI
Daunen	FLAUM

dazu	HINZU	Departement in Kolumbien	HUILA	dichterisch: gegen	WIDER	Dinkel	EMMER
DDR-Sicherheitsdienst	STASI			dichterisch: Hase	LAMPE	Dinkel	SPELT
		Depot	LAGER			Dinkel	SPELZ
		derartig	SOLCH			Dionysos-Begleiter	SILEN
DDR-Staatspräsident	PIECK	derb, kräftig	PRALL	dichterisch: Liebe	MINNE	Diskont	ABZUG
						Distrikt	KREIS
DDR-Staatsratsvorsitzender	STOPH	derb, schwerfällig	PLUMP	dichterisch: Lied	WEISE	Disziplin, Selbstbeherrschung	ZUCHT
Dechant, Dekan	DOYEN	derbes Gewebe	DRILL	dichterisch: Quelle	BRONN	Dividendenschein	KUPON
Deckschicht	BELAG	derbes Lustspiel	POSSE	dichtes Gewebe	DRELL	Diwan	LIEGE
Deichbruch	BRAKE	derb f. Hinterteil	ARSCH	Dickdarm	COLON	Dnjepr-Zufluß	DESNA
Deichselstern im Großen Bären	ALKOR	derb-lustiger Streich	POSSE	dicker Fruchtsaft	SIRUP	Dnjepr-Zufluß	IRPEN
				dickes Brett	BOHLE	Dnjepr-Zufluß	PSIOL
		der da	JENER				
Delle	BEULE	der edle Ritter	EUGEN	dickes Papier	PAPPE	Dnjepr-Zufluß	SOSCH
Demagogie	HETZE			Dickfuß, Regenpfeifer	TRIEL	Dock mit zwei Seitenwänden	UDOCK
Demontage	ABBAU	deshalb	DAHER				
		deshalb	DARUM	Dickfuß (Vogel)	KLUTE	Döbel	AITEL
den Brennpunkt betreffend	FOKAL	Desinfektionsmittel	LYSOL	Dickkopf (Fisch)	ELTEN	Dogen-Amt	DOGAR
		Deutschlandlied-Komponist	HAYDN	Dicksein	DICKE	Doktrin	LEHRE
Denklehre	LOGIK			Diebesgut	BEUTE	Doldenblütler	AMMEI
Denksport	RATEN	Diakon	LEVIT				
		Dialekt	SLANG	die da	DIESE	Doldenblütler	SILGE
Denkspruch	GNOME	Diamant am Zarenzepter	ORLOW	die Haut betreffend	KUTAN	Dolomitengebirgsstock	SELLA
Denkspruch	MOTTO						
Denkvermögen	RATIO	dicht, eng	KNAPP	Diener, Reitknecht	GROOM	Dominostein mit Doppelzahl	PASCH
den Mond betreffend	LUNAR	dicht anliegend (franz.)	COLLE	dienstältester Diplomat	DOYEN		
						Domstadt am Rhein	KOELN
dennoch	INDES	Dichter	AUTOR	diesig, neblig	TRUEB	Donaulachs	HEUCH
dennoch, obwohl	TROTZ	Dichter des Jungen Dtschld.	LAUBE	die Sonne betreffend	SOLAR	Donau-Zufluß	ABENS
den Schnee betreffend	NIVAL						
		dichterisch: Brunnen	BRONN	die Stimme erschallen lassen	RUFEN	Donau-Zufluß	NAARN
Denunziantin	PETZE					Donau-Zufluß	ZUSAM
Departement in Kolumbien	CAUCA	dichterisch: Brunnen	QUELL	Dilemma	KRISE	Donau-Zufluß	ILLER
		dichterisch: Fährmann	FERGE	Ding, Angelegenheit	SACHE	Donau-Zufluß aus d. Allgäu	

Don-Zufluß	DONEZ	Dreh	KNIFF	drogenunabhängig	CLEAN	dt. Filmschauspieler	PRACK
Don-Zufluß	ILAWA	Drehachse	WELLE			dt. Filmschauspieler	VEIDT
Don-Zufluß	USMAN	drehbarer Schiffskran	DAVIT	Dromedar	KAMEL		
				drosselartiger Vogel	MERLE		
Doppel	KOPIE	drehbare Walze	ROLLE			dt. Flugzeugkonstrukteur	FOCKE
Doppelgewebe	PIQUE			Druckabzug vom Satz	FAHNE		
Doppelgipfel im Böhmerwald	ARBER	Drehimpuls	DRALL	Druckform	MATER	dt. Ingenieur u. Industrieller	BOSCH
		Drehkörper	ROTOR				
		Drehstab	ACHSE	Druckgraphik	STICH	dt. Lyriker	CELAN
Doppelleinwand	CRAES	Drehung, Kehre	WENDE	Druckhebel, Griffbrettchen	TASTE	dt. Lyriker	CELAN
Doppelpunkt	KOLON	Drehzapfen an Geschützen	PIVOT	Drückeberger	MEMME	dt. Märchensammler	GRIMM
Doppelruder	SKULL						
Doppelsalz	ALAUN	Dreieckmuschel	DONAX	dt.-amer. Atomforscher	STERN	dt. marxist. Philosoph	BLOCH
Doppelstern im Orion	RIGEL	Dreigespann	TRIGA	dt. Arzt u. Freund Goethes	CARUS	dt. Mathemat. u. Physiker	GAUSS
		Dreiheit	TRIAS				
Doppelstern im Perseus	ALGOL	Dreiklang	TRIAS	dt. Arzt u. Freund Goethes	CARUS	dt. Meinungsforschungsinstitut	EMNID
		Dreimarkstück	TALER				
Dorfbarbier	BADER	drei Richtige im Lotto	TERNE	dt. Arzt u. Philosoph	CARUS		
Dorfwiese	ANGER					dt. naturalist. Dramatiker	HALBE
Dorn, Gräte	SPINA	dreist	FRECH	dt. Astronom	GAUSS		
dorthin	DAHIN	Dreschabfall	SPREU	dt. Astronom	GAUSS	dt. Opernkomponist	BLECH
Dosis	MENGE	Dreschboden, Dreschplatz	TENNE	dt. Automobilbau-Pionier	HORCH		
Dost	ORANT						
Drachenechse	WARAN			dt. Chemiker (Nobelpreis)	ADLER	dt. Orgelbauer u. Autor	JAHNN
Drachenwurz	KALLA	Dressurleine	LONGE				
Drall beim Billard	EFFET	Dressurübung	VOLTE	dt. Dichter u. Maler	BUSCH	dt. Philosoph (Neukantianer)	COHEN
		Drina-Zufluß	PRACA				
Drama v. Ibsen	BRAND	dritte Potenz	KUBUS	dt. Dramatiker u. Schauspieler	GOETZ	dt. Rechenmeister	RIESE
Drama v. Körner	ZRINY	dritter Fastensonntag	OCULI			dt. Reichspräsident	LOEBE
Dramengestalt bei Goethe	FAUST	dritter Fastensonntag	OKULI	dt. Epigrammatiker	LOGAU		
				dt. f. Rouleau	ROLLO	dt. satir. Zeichner	HEINE
Dramenteil	SZENE	Drogenabhängiger	FIXER	dt. Filmregisseur	ENGEL	dt. satirischer Zeichner	GROSZ
drawidische Sprache	TAMIL	Drogensüchtiger	FIXER	dt. Filmschauspieler	LORRE	dt. Sportfunktionär	DAUME
Dreck, Schmutz	UNRAT						

dt. surrealist. Maler	ERNST	dtsch. Bauhaus-Maler	MUCHE	dtsch. Choreograph	JOOSS	dtsch. Dirigent, Komponist	HEGER
dt. Verlagsgründer	COTTA	dtsch. Bildhauer	BEGAS	dtsch. Dichter, Anakreontiker	GLEIM	dtsch. Dirigent, Pianist	BUSCH
dt. Volkswirtschaftler	KNAPP	dtsch. Bildhauer	ESSER	dtsch. Dichter, Märchensammler	GRIMM	dtsch. Dramatiker	HACKS
dt. Zauberer	FAUST	dtsch. Bildhauer	OESER	dtsch. Dichter, Schriftsteller	ARNDT	dtsch. Dramatiker	WEISS
dtsch. abstrakt. Bildhauer	HAJEK	dtsch. Bildhauer	TIECK			dtsch. Erfinder, Techniker	KNORR
dtsch. Adelskalender	GOTHA	dtsch. Bildhauer, Autor	KLUGE	dtsch. Dichter, Schriftsteller	BOELL	dtsch. Erzähler (Thaddäus)	TROLL
dtsch. Adelstitel	PRINZ	dtsch. Bildhauer u. Maler	STUCK	dtsch. Dichter, Schriftsteller	BUSSE	dtsch. expressionist. Maler	HOFER
dtsch. Afrikaforscher	BARTH	dtsch. Bildnismaler	GRAFF	dtsch. Dichter, Schriftsteller	ERNST	dtsch. expressionist. Maler	NOLDE
dtsch. Aktionskünstler	BEUYS	dtsch. Chemiekonzern	BAYER	dtsch. Dichter, Schriftsteller	REPPE		
dtsch. Arbeiterdichter	GRUEN	dtsch. Chemiker	FRANK	dtsch. Dichter, Schriftsteller	RUNGE	dtsch. Filmregisseur	DIETL
dtsch. Architekt	BOEHM	dtsch. Chemiker, (Anilin)	REPPE	dtsch. Dichter, Schriftsteller	MERCK	dtsch. Filmregisseur	KLUGE
dtsch. Arzt, Anatom	HENLE	dtsch. Chemiker, Industrieller	RUNGE	dtsch. Dichter, Schriftsteller	ALDER	dtsch. Flieger, Flugpionier	HIRTH
dtsch. Arzt u. Philosoph	CARUS	dtsch. Chemiker, Industrieller	MERCK	dtsch. Dichter (Märchen)	HAUFF	dtsch. Flieger, Flugpionier	KOEHL
dtsch. Arzt u. Physiker	MAYER	dtsch. Chemiker (Nobelpreis)	ALDER	dtsch. Dichter (Nobelpreis)	HESSE	dtsch. Flugpionier	EULER
dtsch. Astronom	BAADE	dtsch. Chemiker (Nobelpreis)	BOSCH	dtsch. Dirigent	BENDA	dtsch. Flugzeugkonstrukteur	KLEMM
dtsch. Astronom	ENCKE	dtsch. Chemiker (Nobelpreis)	DIELS	dtsch. Dirigent	MASUR	dtsch. Fluß zur Nordsee	WESER
dtsch. Atomforscher	BOTHE	dtsch. Chemiker (Nobelpreis)	EIGEN	dtsch. Dirigent, Komponist	BLECH	dtsch. Folksänger	WADER
dtsch. Autor (Nobelpreis)	HEYSE	dtsch. Chemiker (Nobelpreis)	HABER	dtsch. Dirigent, Komponist	BRUCH	dtsch. Fußballspieler	ECKEL
dtsch. Balladenkomponist	LOEWE	dtsch. Chemiker (Nobelpreis)	LYNEN			dtsch. Fußballspieler	JAKOB
dtsch. Bandleader, Pianist	KUEHN					dtsch. Fußballspieler	

dtsch. Fußballspieler	KLEFF	dtsch. Kabarettist	FINCK	dtsch. Kunsthistoriker	DEHIO	dtsch. Name des Njemen	MEMEL
dtsch. Fußballspieler	MAIER	dtsch. Kabarettist	NEUSS	dtsch. Kunsthistoriker	JUSTI	dtsch. Name von Eger (Ungarn)	ERLAU
dtsch. Fußballspieler	NOWAK	dtsch. Kabarettistin	HANKE	dtsch. Landeshauptstadt	MAINZ	dtsch. Name von Klaipeda	MEMEL
dtsch. Fußballspieler, -trainer	VOGTS	dtsch. Kabarettistin	NOACK	dtsch. Landschaft	PFALZ	dtsch. Name von Tallinn	REVAL
dtsch. Gartenbaumeister	LENNE	dtsch. Kaisername, Königsname	FRANZ	dtsch. Lyriker	KOLBE	dtsch. Nationalökonom	WEBER
dtsch. General (Gebirgsjäger)	DIETL	dtsch. Kardinal (Münster)	GALEN	dtsch. Lyriker	RILKE	dtsch. NOK-Präsident	DAUME
dtsch. Gestaltpsychologe	LEWIN	dtsch. Kernphysiker (Nobelpr.)	BLOCH	dtsch. Lyrikerin	DOMIN	dtsch. Nordseehafen	HUSUM
dtsch. Gewicht	PFUND	dtsch. klassiz. Bildhauer	RAUCH	dtsch. Maler	NESCH	dtsch. Nordseeinsel	AMRUM
dtsch. Grafiker und Dichter	BUSCH	dtsch. klassizist. Maler	OESER	dtsch. Maler, Grafiker	GRIEN	dtsch. Opernkomponist	WEBER
dtsch. Großindustrieller	FLICK	dtsch. Komponist	ERBSE	dtsch. Maler, Grafiker	MACKE	dtsch. Opernsänger (Tenor)	KOLLO
dtsch. Großindustrieller	KRUPP	dtsch. Komponist	GLUCK	dtsch. Maler u. Grafiker	NAGEL	dtsch. Organist, Thomaskantor	RAMIN
dtsch. Heidedichter	LOENS	dtsch. Komponist	GOEHR	dtsch. Maler u. Schriftsteller	WEISS	dtsch. Ozeanflieger	KOEHL
dtsch. Historienmaler	KAMPF	dtsch. Komponist	HENZE	dtsch. Maler (15. Jh.)	MOSER	dtsch. Philosoph	DREWS
dtsch. Historiker	RANKE	dtsch. Komponist	REGER	dtsch. Mathematiker	KLEIN	dtsch. Philosoph	FRIES
dtsch. impress. Bildhauer	KOLBE	dtsch. Komponist	RIEHM	dtsch. Mathematiker, Philosoph	BENSE	dtsch. Philosoph	HUBER
dtsch. Industriellenfamilie	SACHS	dtsch. Komponist	SELLE	dtsch. Mathematiker (16. Jh.)	RIESE	dtsch. Philosoph	LIPPS
dtsch. Jazzkomponist, -musiker	KLEIN	dtsch. Komponist	SPOHR	dtsch. Mittelgebirge	RHOEN	dtsch. Philosoph	WEBER
dtsch. Jazztrompeter	ETZEL	dtsch. Komponist	WEILL	dtsch. Motorflugpionier	GRADE	dtsch. Philosoph	WOLFF
dtsch. Kabarettist	BUSSE	dtsch. Komponist, Organist	GOETZ	dtsch. Mystiker	SEUSE	dtsch. Philosoph, Psychol.	WUNDT

dtsch. Philosoph des Idealismus	HEGEL	dtsch. Psychologe	LORKE	dtsch. Sänger, Schauspieler	QUINN	dtsch. Schauspieler, Regisseur	SYDOW
dtsch. Philosoph u. Mediziner	LOTZE	dtsch. Puppenschöpferin	KRUSE	dtsch. Sänger u. Schauspieler	KRAUS	dtsch. Schauspielerin	DREWS
dtsch. Photochemiker	VOGEL	dtsch. Raketenforscher	BRAUN	dtsch. Satiriker ("Narrenschiff")	BRANT	dtsch. Schauspielerin	HAACK
dtsch. Physiker	WEBER	dtsch. Raketenforscher	NEBEL	dtsch. Schauspieler	ADORF	dtsch. Schauspielerin	HOEHN
dtsch. Physiker, Umweltschützer	DUERR	dtsch. realist. Bildhauer	SEITZ	dtsch. Schauspieler	BOEHM	dtsch. Schauspielerin	HOPPE
dtsch. Physiker (Funktechnik)	SLABY	dtsch. realist. Schriftsteller	RAABE	dtsch. Schauspieler	DEGEN	dtsch. Schauspielerin	KRAHL
dtsch. Physiker (Kältetechnik)	LINDE	dtsch. Rechenmeister	RIESE	dtsch. Schauspieler	DIEHL	dtsch. Schauspielerin	STAAL
dtsch. Physiker (Nobelpreis)	BOTHE	dtsch. Rechtsphilosoph	STAHL	dtsch. Schauspieler	FELMY	dtsch. Schauspielerin	TREFF
dtsch. Physiker (Nobelpreis)	BRAUN	dtsch. Reformator, Humanist	BUCER	dtsch. Schauspieler	FRANK	dtsch. Schauspielerin	UHLEN
dtsch. Physiker (Nobelpreis)	HERTZ	dtsch. Regisseur	ZADEK	dtsch. Schauspieler	GRIMM	dtsch. Schauspielerin	WIECK
dtsch. Physiker (Nobelpreis)	STARK	dtsch. Reichskanzler	BAUER	dtsch. Schauspieler	GROSS	dtsch. Schauspielerin	WUEST
dtsch. Politiker, Gewerkschaftler	LEBER	dtsch. Reichskanzler	EBERT	dtsch. Schauspieler	HASSE	dtsch. Schlagersänger	BLACK
dtsch. Politikerin (Die Grünen)	KELLY	dtsch. Reichskanzler	PAPEN	dtsch. Schauspieler	HOVEN	dtsch. Schlagersänger	HEINO
dtsch. Politiker (SED)	STOPH	dtsch. Reichskanzler	WIRTH	dtsch. Schauspieler	KNUTH	dtsch. Schriftsteller	CERAM
dtsch. Politiker (SPD)	VOGEL	dtsch. Rocksängerin	DETER	dtsch. Schauspieler	LANGE	dtsch. Schriftsteller	DORST
dtsch. Politiker (Zentrum)	WIRTH	dtsch. Rocksängerin	HAGEN	dtsch. Schauspieler	PONTO	dtsch. Schriftsteller	FLAKE
dtsch. Porzellantechniker	SEGER	dtsch. romantischer Dichter	TIECK	dtsch. Schauspieler	STAHL	dtsch. Schriftsteller	FRANK
		dtsch. romantischer Maler	RUNGE	dtsch. Schauspieler	VOGEL	dtsch. Schriftsteller	HACKS
				dtsch. Schauspieler, Regisseur	FORST	dtsch. Schriftsteller	HARDT
						dtsch. Schriftsteller	HARIG

Clue	Answer
dtsch. Schriftsteller	JAHNN
dtsch. Schriftsteller	KUNZE
dtsch. Schriftsteller	LAUBE
dtsch. Schriftsteller	LOEST
dtsch. Schriftsteller	MAASS
dtsch. Schriftsteller	MAREK
dtsch. Schriftsteller	SEUME
dtsch. Schriftsteller	TAUBE
dtsch. Schriftsteller, Maler	UNRUH
dtsch. Schriftsteller, Zeichner	GRASS
dtsch. Schriftsteller (08/15)	KIRST
dtsch.-schwed. Autorin (Nobelpr.)	SACHS
dtsch. Sopranistin	KOETH
dtsch. Sozialist	BEBEL
dtsch. Soziologe und Publizist	KOGON
dtsch. Spielkarte	BLATT
dtsch. Spielkartenfarbe	ECKER
dtsch. Spielkartenfarbe	GRUEN
dtsch. Sprach-, Märchenforscher	KLUGE
dtsch. Stadt am Niederrhein	MOERS
dtsch. Stadt am Niederrhein	NEUSS
dtsch. Stadt an der Mosel	TRIER
dtsch. Stadt an der Oder	GARTZ
dtsch. Städtebund	HANSE
dtsch. Strom	RHEIN
dtsch. Stukaflieger	RUDEL
dtsch. Tennisspieler	CRAMM
dtsch. Tiervater	BREHM
dtsch. Volkswirtschaftler	HARMS
dtsch. Weinbaugebiet	BADEN
dtsch. Weinbaugebiet	MOSEL
dtsch. Weinbaugebiet	PFALZ
dtsch. Weinbaugebiet	RUWER
dtsch. Zeichner (Simplicissimus)	HEINE
dtsch. Zoologe	BREHM
Dübel	DOLLE
Düllkraut	BILSE
dünne Haut	PELLE
dünne Latte	SENTE
dünner Ast	ZWEIG
dünner Seidentaft	PONGE
dünnes Blättchen	FOLIE
dünnes Tau	LEINE
dürftig	KNAPP
Duero-Zufluß	AGUAS
Duero-Zufluß	RIAZA
Duero-Zufluß	TIRON
dürr, mager	HAGER
Dürreregion d. Westsahara	IGIDI
Düsseldorfer Karnevalsruf	HELAU
Duft	AROMA
Duft, Wohlgeruch	ODEUR
Duft des Weines	BLUME
duftende Blume, Pflanze	LILIE
duftende Blume, Pflanze	NELKE
Duftstoff	ODEUR
Duftstoff, Riechstoff	AMBER
Duftstoff, Riechstoff	AMBRA
dummer August	CLOWN
dumme Späße	FAXEN
Dummkopf	IDIOT
Dummkopf	TROPF
Dunkelbraun	UMBER
dunkelbrauner Farbstoff	UMBRA
dunkelfarben (franz.)	FONCE
dunkelfarbig	FONCE
dunkelhäutige indische Kaste	CUDRA
dunkles Eruptivgestein	TRAPP
dunkles Süßbier	MUMME
dunkles Tiefengestein	NORIT
dunkle Tageszeit	NACHT
Dunst	NEBEL
durchbrochen (Handarbeit)	AJOUR
durch Ei fortgepflanzt	OOGAM
Durcheinander	CHAOS
durch Los ermitteln	LOSEN
durchscheinende Lackschicht	LASUR
Durchschlag, Durchschrift	KOPIE
durchschnittliche Witterung	KLIMA
durchsichtiger Farbauftrag	LASUR
durch Umstände bedingt	MODAL
Durchzeichnung	PAUSE
Dynastie in England	ANJOU
Dynastie in Frankreich	ANJOU

eben	FLACH	ehem. franz. Benediktinerabtei	CLUNY	Eichenholzversteinerung	DRYIT	ein Drittel Gran	GRAEN
eben, flach	PLATT	ehem. franz. Benediktinerabtei	CLUNY	Eichhörnchennest	KOBEL	eine der schönen Künste	MUSIK
Ebro-Zufluß	JALON	ehem. König von Hannover	GEORG	Eidechse	AGAME	eine Heilkur machen	KUREN
Ebro-Zufluß	SEGRE			Ei der Laus	NISSE	einer der Beatles	STARR
Ebro-Zufluß	UCERO			Eierlieferantin	HENNE	einer der kleinen Propheten	MICHA
Echse	AGAME	ehem. preuß. Provinz	POSEN	Eier von Wassertieren	LAICH		
Echse	TOKEE			eiförmig	OVOID	einer der Sieben Weisen	SOLON
Eckturm	PYLON	ehem. Staatspräs. v. Südafrika	BOTHA	eifrig	EMSIG		
Eckzahn des Ebers	HAUER			eig. Name v. Gorch Fock	KINAU	einer der Titanen	KOIOS
ecuadorian. Währung	SUCRE	ehem. Staatspräsident d. ČSSR	HUSAK			einer der Titanen	KRIOS
edel	NOBEL			Eigenart, Gemütsart	WESEN	eines der Vereinigten Arab. Emirate	DUBAI
Edelfalter	FUCHS	ehem. Staatspräsident d. Türkei	EVREN	eigenartig	APART		
Edelfisch	BARBE			Eigenbezeichnung d. Eskimo	INUIT	einfache Skizze	KROKI
Edelfisch	LACHS	ehem. türk. Staatspräsident	BAYAR			einfaches Kohlehydrat	BIOSE
Edelgas	ARGON			Eigenname der Wogulen	MANSI		
Edelstein, Schmuckstein	JUWEL	ehem. türk. Staatsrat	DIWAN			Einfassung	BORTE
				eigens	EXTRA	Einfassung	KANTE
Edelsteindoppelstücke	MIXTE	ehemal. DGB-Chef	LEBER	Eigentümlichkeit	IDIOM	Einfassung, Rahmen	ZARGE
Edelsteingewicht	KARAT	eher als	ZUVOR	Eiland	INSEL	einfetten	OELEN
		Ehrenbezeigung	GRUSS	Eile, Schnelligkeit	TEMPO	Einfriedung	MAUER
Edelsteinschliff	DOPPE	Ehrengruß, Ehrensalve	SALUT	eilen, hasten	PESEN	Eingabe (engl.)	INPUT
edle Gesinnung	GUETE			eilen, hasten	RASEN	Eingeborener Neuguineas	PAPUA
EDV-Betriebssystem	XENIX	Ehrentitel d. Korankenners	HAFIS	eilig, beschleunigt	RASCH		
EDV-Eingabegerät	MOUSE	Ehrenzeichen	ORDEN	einbalsamierte Leiche	MUMIE	eingedickter Most	KOLOR
EDV-Zwischenspeicher	CACHE	ehrlich, redlich	REELL	Einbeulung	DELLE	eingedickter Saft	GELEE
ehe	BEVOR	ehrlos	INFAM	Einbringen der Feldfrüchte	ERNTE	eingelegtes Tierprodukt	SOLEI
ehedem	EINST	Eibe	TAXUS				
ehelos	LEDIG	Eibisch, Ibisch	MALVE				
ehem. DGB-Vorsitzender	BREIT	Eibisch-Art	GOMBO	eindringlich	ERNST	eingeschobenes Wortelement	INFIX
ehem. dtsch. Kolonie	SAMOA	Eichelmast	FEHME				

Eingeweideausstülpung	BRUCH
Eingeweide d. Wildes	LUNZE
Eingeweihter	ADEPT
eingliedrige Zahlengröße	MONOM
einheim. Orchidee	ORANT
einheim. Raubtier	FUCHS
Einheit d. elektr. Frequenz	HERTZ
Einheit d. elektr. Kapazität	FARAD
Einheit d. Induktivität	HENRY
Einheit d. magnet. Flußdichte	TESLA
Einheit d. magnet. Induktion	GAUSS
Einheit d. Radioaktivität	CURIE
Einheit d. Selbstinduktion	HENRY
Einheit der Leuchtdichte	STILB
Einheit (griech.)	MONAS
einheitl. Spielkleidung	DRESS
Einheitsmaß	MODEL
Einhufer, Haustier	PFERD
einjähriges Fohlen	ENTER
einjähriges Kalb	KALBE
Einlage	DEPOT
Einmannruderboot	SKIFF
Einmaster, Küstenfahrzeug	TJALK
Einmastsegler	TJALK
einrädriges Fahrzeug	KARRE
Einreibflüssigkeit	FLUID
ein Schiff vor den Wind drehen	LUVEN
Einschnitt	KERBE
Einsturzkessel (geolog.)	BINGE
Einteilungsbegriff	STAMM
Einweihungszeremonie der Sikhs	PAHUL
ein wenig	ETWAS
einwert. Kohlenwasserstoffrest	ALKYL
Einzelhaus, Landhaus	VILLA
einzeln, eigenartig	APART
Einzelzelle (botan.)	SPORE
Eisack-Zufluß	RIENZ
Eisenbahndrehgestell	BOGIE
Eisenkies	PYRIT
Eisenklumpen	LUPPE
Eisenstift	NAGEL
Eisenteil der Pike	BARTE
eisern	EHERN
Eisgetränk	SLING
Eishockey mit Ball	BANDY
Eishockeystock	BANDY
eisig (lat.)	GELID
Eiskunstlauf-Sprung	EULER
Eislaufstar der 30er Jahre	HENIE
Eisniederschlag	HAGEL
eitel	AFFIG
Eiweißbaustein	SERIN
Eiweißkörper, -substanz	MUZIN
Eiweißlösung aus Kuhmilch	AOLAN
Eiweißstoff	OONIN
Ekelruf	IGITT
elast. Chemiefaser	LYCRA
elastischer Stahldraht	FEDER
Elbe-Zufluß	ADLER
Elbe-Zufluß	ALAND
Elbe-Zufluß	BIELA
Elbe-Zufluß	BILLE
Elbe-Zufluß	BOIZE
Elbe-Zufluß	HAVEL
Elbe-Zufluß	MULDE
Elbe-Zufluß	SAALE
Elbe-Zufluß	STOER
Elbe-Zufluß	UCHTE
Elefantenführer	MAHUT
elegant	FLOTT
elegant	NOBEL
elektr. Leitung	KABEL
Elektras Bruder	OREST
Elementarteilchen	MESON
Elementarteilchen	QUARK
elend (lat.)	MISER
Elendsviertel	SLUMS
Elitetruppe	GARDE
elternloses Kind, Findelkind	WAISE
Embryo	FETUS
Embryo ab dem 3. Monat	FETUS
Empfangszimmer	SALON
empfehlen, vorschlagen	RATEN
Endbetrag	SUMME
Enddarmmündung	AFTER
Ende des Gaffelsegels	KLAUE
Endkampf im Sport	SPURT
Endsumme	FAZIT
Energie-Maßeinheit	JOULE
Energiemenge	QUANT
Energiequelle	KOHLE
eng	KNAPP
eng befreundet	INTIM
enge Ausströmöffnung	DUESE
enge Felsschlucht	KLAMM

enger Zwischenraum	SPALT
enge Straße	GASSE
engl.-am. Gewichtseinheit	GRAIN
engl.-amer. Dichter	AUDEN
engl. Archäologe (Knossos)	EVANS
engl. Architekt	SCOTT
engl. Astronom	ADAMS
engl. Astrophysiker	JEANS
engl. Autor, Schriftsteller	BLAIR
engl. Autor, Schriftsteller	DEFOE
engl. Autor (Nobelpreis)	ELIOT
engl. Bakteriologe	BRUCE
engl. Ballspiel	RUGBY
engl. Bezeichnung f. Fjord	FIRTH
engl. Biochemiker (Nobelpr.)	KREBS
engl. Biochemiker (Nobelpreis)	CHAIN
engl. Biologe (Nobelpreis)	CRICK
engl. Blues-Rock-Gruppe	CREAM
engl. Chansonsängerin	CLARK
engl. Chemiker	DEWAR
engl. Chemiker	ASTON
engl. Chemiker, (Nobelpreis)	SODDY
engl. Chemiker (Nobelpreis)	SYNGE
engl. Chemiker (Nobelpreis)	BOYLE
engl. Chemiker u. Physiker	PERCY
engl. Dichter, Balladensammler	BYRON
engl. Dichter der Romantik	BYRON
engl. Dichter (Lord)	STOUT
engl. dunkles Starkbier	TUDOR
engl. Dynastie	SISSY
engl. f. Homosexueller	CATCH
engl. fangen	CATCH
engl. Filmschauspieler	GRANT
engl. Flüssigkeitsmaß	QUART
engl. Fluß	STOUR
engl. Form von Heinrich	HARRY
engl. Frauen-Vorname	BESSY
engl. Frauen-Vorname	BETTY
engl. Frauen-Vorname	EMILY
engl. Frauen-Vorname	SUSAN
engl. Gewicht	OUNCE
engl. Gewicht	POUND
engl. Gewichtseinheit	STONE
engl. Grafschaft	ESSEX
engl. Handelsgewicht	GRAIN
engl. Hanswurst	PUNCH
engl. Historiker, Politiker	ACTON
engl. impress. Komponist	SCOTT
engl. impressionist. Autor	PATER
engl. Kanalhafen	DOVER
engl. Kanzler, Staatsphilosoph	MORUS
engl. klassizistisch. Architekt	JONES
engl. König	JAKOB
engl. Königin	MARIA
engl. Königsname	GEORG
engl. Komponist	BLISS
engl. Komponist	ELGAR
engl. Komponist	JONES
engl. Kurzform v. Robert	BOBBY
engl. Kurzform v. Theodor	TEDDY
engl. Labour-Politiker	BEVIN
engl. Längenmaß	CUBIT
engl. Längenmaß	PERCH
engl. Männer-Vorname	ALLAN
engl. Männer-Vorname	BENNY
engl. Männer-Vorname	HENRY
engl. Maler	BACON
engl. Maler u. Mystiker	BLAKE
engl. Maß	CHAIN
engl. Mittagsmahlzeit	LUNCH
engl. Münze	PENNY
engl. nachkubist. Bildhauer	MOORE
engl. Nationalökonom, Philosoph	SMITH
engl. Naturwissenschaftler	HOOKE
engl. Pferderennen	DERBY
engl. Pferderennplatz	ASCOT
engl. Pferderennplatz	EPSOM

Clue	Answer
engl. Philosoph (Neorealismus)	MOORE
engl. Philosoph u. Pädagoge	LOCKE
engl. Physiker	JOULE
engl. Physiker	YOUNG
engl. Physiker (Nobelpreis)	BRAGG
engl. Physiker (Nobelpreis)	DIRAC
engl. Physiker (Prisma)	NICOL
engl. Polarforscher	DAVIS
engl. Polarforscher	FUCHS
engl. Polarforscher	PARRY
engl. Politiker, Staatsmann	BEVAN
engl. Politiker, Staatsmann	HEATH
engl. Politiker, Staatsmann	HOARE
engl. Regisseur	BROOK
engl. romant. Dichter	KEATS
engl. satir. Schriftsteller	SWIFT
engl. Schauspieler	MASON
engl. Schauspieler	MOORE
engl. Schauspielerin	LEIGH
engl. Scholastiker	BACON
engl. Scholastiker	OCCAM
engl. Schriftsteller	HARDY
engl. Schriftsteller	MASON
engl. Schriftsteller	WAUGH
engl. Schriftsteller	WELLS
engl. Schriftsteller	WILDE
engl. Schriftsteller, Politiker	PAINE
engl. Schriftstellerin	SPARK
engl. Schriftstellerin	WOOLF
engl. Seefahrer	DAVIS
engl. Seefahrer	DRAKE
engl. Seefahrer, Seeheld	BLAKE
engl. Stadt	STOKE
engl. Stadt am Aire	LEEDS
engl. Stadt am Avon	RUGBY
engl. Stadt am Derwent	DERBY
engl. Stadt in Lancashire	LEIGH
engl. Stadt in Surrey	EPSOM
engl. Südpolarforscher	SCOTT
engl. Tageszeitung	TIMES
engl. u. franz.: heilig	SAINT
engl. u. franz.: Tisch	TABLE
engl. umgangsspr.: Zigarette	STICK
engl.-ung. Physiker (Nobelpreis)	GABOR
engl. Weihnachtslied	CAROL
engl. Weltumsegler	DRAKE
engl.: Abzeichen	BADGE
engl.: Adler	EAGLE
engl.: Ahorn	MAPLE
engl.: Amt	BOARD
engl.: Anfang	START
engl.: Bekleidung	DRESS
engl.: Berg	MOUNT
engl.: Blechbläser	BRASS
engl.: Blitz	FLASH
engl.: braun	BROWN
engl.: brechen	BREAK
engl.: breit	BROAD
engl.: Brett	BOARD
engl.: buchstabieren	SPELL
engl.: Bühne	STAGE
engl.: Bürgermeister	MAYOR
engl.: Chef, Anführer	CHIEF
engl.: Chef, Anführer	CHIEF
engl.: Dampf	STEAM
engl.: Decke	COVER
engl.: der erste	FIRST
engl.: drei	THREE
engl.: Druck	PRINT
engl.: Einbildung	FANCY
engl.: Einschnitt, Einschub	CUTIN
engl.: fahren	DRIVE
engl.: Feld	FIELD
engl.: fertig	READY
engl.: Fluß	RIVER
engl.: Form, Gestalt	SHAPE
engl.: Frau	WOMAN
engl.: Friede	PEACE
engl.: fröhlich	MERRY
engl.: Fröhlichkeit	CHEER
engl.: Fröhlichkeit	CHEER
engl.: früh	EARLY
engl.: fünfzig	FIFTY
engl.: gemischt	MIXED
engl.: Geschichte	STORY

engl.: Geschwindigkeit	SPEED
engl.: Gesprächsthema	TOPIC
engl.: Getränk	DRINK
engl.: Gewehr	RIFLE
engl.: Gewerbe	TRADE
engl.: Glas	GLASS
engl.: glücklich	HAPPY
engl.: groß	GREAT
engl.: grün	GREEN
engl.: Grundvermögen	STOCK
engl.: Handel	TRADE
engl.: Haus	HOUSE
engl.: heben	HOIST
engl.: Heinrich	HENRY
engl.: Hochruf	CHEER
engl.: Hochruf	CHEER
engl.: Hof, Gerichtshof	COURT
engl.: Hügel	MOUND
engl.: Irrtum	ERROR
engl.: Jakob	JAMES
engl.: jung	YOUNG
engl.: Käthchen	KITTY
engl.: Kampf	FIGHT
engl.: kauern	SQUAT
engl.: Kette	CHAIN
engl.: Kette	CHAIN
engl.: Klang	SOUND
engl.: klopfen	KNOCK
engl.: Königin	QUEEN
engl.: kontrollieren	CHECK
engl.: kontrollieren	CHECK
engl.: Korn	GRAIN
engl.: Kraft, Macht	POWER
engl.: Krankenschwester	NURSE
engl.: Kreuz	CROSS
engl.: Krone	CROWN
engl.: Kugel, Erdball	GLOBE
engl.: kurz	SHORT
engl.: Kutsche	COACH
engl.: Kutsche	COACH
engl.: Kutsche	COACH
engl.: Laden	STORE
engl.: Lastkraftwagen	TRUCK
engl.: lehren	TEACH
engl.: Löffel	SPOON
engl.: Macher	MAKER
engl.: Maus	MOUSE
engl.: Musik	MUSIC
engl.: nach	AFTER
engl.: Neger	NEGRO
engl.: Norden	NORTH
engl.: Onkel	UNCLE
engl.: Papier	PAPER
engl.: Pech	PITCH
engl.: Perle	PEARL
engl.: Pfeil	ARROW
engl.: Pfund	POUND
engl.: Punkt	POINT
engl.: Rahmen	FRAME
engl.: Rauch	SMOKE
engl.: Raum, Weltraum	SPACE
engl.: rechts, Recht	RIGHT
engl.: rein, sauber	CLEAN
engl.: rein, sauber	CLEAN
engl.: Renneinsatz	STAKE
engl.: Rotkehlchen	ROBIN
engl.: Sache	THING
engl.: Schaf	SHEEP
engl.: Schlagzeug	DRUMS
engl.: Schlange	SNAKE
engl.: schmutzig	DIRTY
engl.: schnell	SWIFT
engl.: schütteln	SHAKE
engl.: schwarz	BLACK
engl.: Schweiß	SWEAT
engl.: schwer	HEAVY
engl.: schwingen	SWING
engl.: Späher	SCOUT
engl.: Speck	BACON
engl.: sprechen	SPEAK
engl.: Spur	TRACK
engl.: Staat, Zustand	STATE
engl.: Stab	STICK
engl.: Stein	STONE
engl.: Stimme	VOICE
engl.: Stoß, Schubs	PUNCH
engl.: Strand	BEACH
engl.: Streifen	STRIP
engl.: Süden	SOUTH
engl.: süß	SWEET
engl.: Sumpf	SWAMP
engl.: Tadel	BLAME
engl.: Tod	DEATH
engl.: Traurigkeit	BLUES
engl.: Tuch	CLOTH
engl.: Tuch	CLOTH
engl.: Turm	TOWER
engl.: überprüfen	CHECK
engl.: überprüfen	CHECK
engl.: Uhr	WATCH
engl.: unter	UNDER
engl.: Unze	OUNCE

Clue	Answer
engl.: Warenlager	STORE
engl.: Welt	WORLD
engl.: zählen	COUNT
engl.: Zeiten	TIMES
engl.: Zigeuner	GIPSY
engl.: Zug	TRAIN
engl.: Zunft	GUILD
Engländer	BRITE
englische Grafschaft	SHIRE
englisch: acht	EIGHT
englisch: Blut	BLOOD
englisch: Brot	BREAD
englisch: Kind	CHILD
englisch: Kinderpflegerin	NURSE
englisch: Licht	LIGHT
englisch: Meer	OCEAN
englisch: Mund	MOUTH
englisch: Nacht	NIGHT
englisch: Preis	PRICE
englisch: Ruhm	GLORY
englisch: sieben	SEVEN
englisch: Teufel	DEVIL
englisch: Traum	DREAM
englisch: Uhr	CLOCK
engl: rund	ROUND
eng zusammenpassen	FUGEN
Enns-Zufluß	STEYR
entblößt	BLANK
Entdecker Australiens	BURKE
Entdecker v. asiat. Gebieten	HEDIN
Entdecker v. Polonium, Radium	CURIE
Entdecker des Neptun	GALLE
Entdecker Japans	PINTO
Entdecker von Knossos	EVANS
Entenart	EIDER
Enterich	ERPEL
Entfernung	FERNE
Entfernungsbegriff	FERNE
Entführer der Helena	PARIS
entgegengesetzt	POLAR
enthaltsam lebender Mensch	ASKET
Entlassung (lat.)	MISSA
Entlüftungsgerät im Luftschiff	HUTZE
Entrechteter	PARIA
entrüstet	BOESE
Entschädigungsverpflichtung	BUSSE
Entscheidung	KRISE
Entsetzen	GRAUS
Entspannung	MUSSE
Enttäuschung	FRUST
Entwässerungsanlage	FLEET
Entwicklungsrichtung	TREND
Entwicklungsstufe	PHASE
entzündl. Schwellung	DRUSE
entzündliche Rötung	RUBOR
Enz-Zufluß	WUERM
Epos von Homer	ILIAS
Erbauer des St. Gotthardtunnels	FAVRE
Erbgrind	FAVUS
Erbgut	GENOM
Erbgut, Gesamtbesitz	ALLOD
erblicken, beobachten	SEHEN
Erbschaft erhalten	ERBEN
erdbeerfarben	FRAIS
Erde, Land	BODEN
Erdfarbe	OCKER
erdfarben	KHAKI
Erdgeist, Erdmännchen	TROLL
Erdhacke	KARST
Erdkreis	ORBIS
Erdloch	GRUBE
Erdloch	KLUFT
Erdölrückstand	MASUT
Erdteil	ASIEN
Erdumlaufbahn	ORBIT
Erdwall	DEICH
Erfinder d. Dampfmaschine	PAPIN
Erfinder d. Drehstrommotors	TESLA
Erfinder d. Druckluftbremse	KNORR
Erfinder d. Dynamits	NOBEL
Erfinder d. Laufrades	DRAIS
Erfinder d. Maschinengewehrs	MAXIM
Erfinder der Eismaschine	LINDE
Erfinder des PAL-Fernsehens	BRUCH
Erfinder des Tonfilms	ENGEL
Erfinder eines Blasinstruments	SOUSA
erfrischen	LABEN
Ergänzung, Beiwerk	ZUTAT
ergeben	LOYAL
ergeben, niedrig (lat.)	HUMIL
Ergebenheit, Anhänglichkeit	TREUE
Ergebnis	FAZIT
Ergebnis, Resultat	FOLGE
Ergußgestein	DACIT
erhaben geschnittener Stein	KAMEE
Erhebung	HOEHE
Erholung	MUSSE

Erinnerung (griech.)	MNEME	erster griech. Buchstabe	ALPHA	Eskimohund	HUSKY	europäische Hauptstadt	PARIS
Erinnerungsbuch	ALBUM	erster Herzog d. Ungarn	ARPAD	Espartogras	HALFA	europäische Hauptstadt	SOFIA
Erkennungszeichen	MARKE	erster Herzog der Normandie	ROLLO	Esse	KAMIN	europäische Hauptstadt	VADUZ
Erkundigung	FRAGE			Essigäther	ESTER		
Erlaß d. Papstes	BREVE	erster Hieb	ANHAU	essigweinsaure Tonerde	ALSOL	europäische Hauptstadt	KORSE
Erle	ELLER	erster Kapetinger	CAPET	Eßraum f. Studenten	MENSA	europäischer Inselbewohner	
Erlesenes	ELITE						
Erlöser der Schiiten	MAHDI	erster Magyarenherzog	ARPAD	Este	BALTE	europäischer Staat	POLEN
Ernährungsform	DIAET	erstes Lesebuch	FIBEL	Estland auf estnisch	EESTI	europäischer Strom	DONAU
Erneuerungsschein	TALON	erstes Tagesgebet	METTE	estn. Name v. Dorpat	TARTU		
Eroberer Siziliens	ROGER	erste Stufe der Tonleiter	PRIME	estnisch. Fluß	NARWA	europäische Währung	FRANC
erquicken	LABEN			estnisch. Insel	WORMS	europäische Währung	RUBEL
erregendes Ereignis	DRAMA	Eruptivgestein	OPHIT	estnisch. Stadt	WERRO	europäische Währung	ZLOTY
		erwachsen	ADULT	estnische Hauptstadt	REVAL		
Erreger, Krankheitskeim	VIRUS	Erwerb, Lieferung	BEZUG	estnische Insel	DAGOE	Euterentzündung	GELTE
errichten	BAUEN	Erwerbstätigkeit	BERUF	estnische Insel	OESEL	Euterteil	ZITZE
Erscheinung, Gestalt	FIGUR	Etage	STOCK	Evangelist	LUKAS
erst, vorher	ZUVOR	erzählende Dichtung	ROMAN	ethischer Begriff d. alten Griechen	ARETE	Evangelistenzeichen f. Markus	LOEWE
erste Oper (von Peri)	DAFNE	Erzbischof v. Köln	HANNO	Ethos, Zucht	SITTE	Evangelistenzeichen für Johannes	ADLER
erster ägypt. König	MENES	Erzbischof von Mainz	HATTO	Etikett	LABEL		
erster Bartwuchs	FLAUM	Erzengel	URIEL	etruskische Göttin	TINIA	Evangelistenzeichen für Lukas	STIER
erster dt. Bundespräsident	HEUSS	Erzeuger, Elternteil	VATER	etwa	CIRCA		
		Erzieher von Dionysos	SILEN	etwa	CIRKA	Evangelistenzeichen für Matthäus	ENGEL
erster dtsch. Reichspräsident	EBERT	Esaus Bruder	JAKOB	etwa, ungefähr	ZIRKA		
		Eskimoboot	KAJAK	europ. Fluß zum Schwarzen Meer	DONAU	exakt	GENAU
erster franz. König	CAPET	Eskimofrauenboot	UMIAK	europ. Strom	RHEIN	Exil Wilhelms II.	DOORN
						exotische Riesenechse	WARAN
				europäische Hauptstadt	ATHEN	exotisches Tier	LOEWE

Explosionsgeräusch	KNALL
Explosivgeschoß	BOMBE
expreß	EILIG
extrem	KRASS
Fabelname des Bären	BRAUN
Fabelname des Hasen	LAMPE
Fabelname des Löwen	NOBEL
Fabelname des Rehs	BAMBI
Fabrikzeichen	MARKE
Fach, Fachgebiet	ZWEIG
Fachblatt	ORGAN
Fachgenossenschaft	ZUNFT
fad, fade	SCHAL
Fadenende	FLUSE
Fadenverdrillung	DRALL
Fächergestell	REGAL
Fächermündung von Flüssen	DELTA
Fädchen	FASER
Fädchen	FUSEL
fähig	HABIL
Fährmann	FERGE
Fährte, Fußspur	TRITT
Färbebad	KUEPE
Färberbottich	KUEPE
Färberpflanze, -röte	KRAPP
Färöerinsel	VAGOE
Fäulnis	MODER
fahl	BLASS
fahles Pferd	FALBE
Fahndung, Nachforschung	SUCHE
Fahrer	PILOT
Fahrgastraum	KUPEE
Fahrpromenade	KORSO
Fahrrad mit Hilfsmotor	MOPED
Fahrstraße, Fahrstrecke	PISTE
Fahrstrecke, Reiseweg	ROUTE
Fahrt, Ortsveränderung	REISE
Fahrwasserkundiger	LOTSE
Fahrzeugschaden	PANNE
Fahrzeugversicherung	KASKO
fakt. Hauptstadt von Bolivien	LAPAZ
Fakultätsleiter	DEKAN
Falkenjagd	BEIZE
falkenköpfiger ägypt. Gott	MONTH
Falkenvogel	WEIHE
Fall, Rechtsfall	KASUS
Fall, Vorfall	CASUS
Fallhammer	RAMME
falsch	IRRIG
falsch denken	IRREN
Falschspielertrick	VOLTE
Falte	KNICK
Falte	KNIFF
Familie, Geschlecht	SIPPE
Familienerbgut im Mittelalter	ALLOD
Familienname v. Papst Pius XI.	RATTI
Familienoberhaupt	VATER
Fang	KLAUE
Farbabstreicher	RAKEL
Farbe	BRAUN
Farbe	GRUEN
Farbe d. Hoffnung	GRUEN
Farbe der Reinheit	WEISS
Farbe (franz.)	KLOER
Farbfernsehsystem	SECAM
Farb-Grundstoff	KOHLE
farbig. amerikan. Entertainer	DAVIS
Farbstoff des Tintenfisches	SEPIA
Farbstoff im Gelbholz	MORIN
Fasanen-, Birkhahnschwanz	SPIEL
Faser	FIBER
Fasergewebe, -pflanze, -stoff	KOKOS
Fasergewebe, -stoff	KOKON
Faß als Rednerpult	BUETT
faßartige Boje	TONNE
Faßbrett	DAUBE
fassen, halten	HABEN
Faßloch	SPUND
Fassungsvermögen	PLATZ
Faßverschluß	SPUND
fast geräuschlos	LEISE
fast immer	MEIST
faul, unfleißig	TRAEG
Faulendes	MODER
Faustkämpfer	BOXER
Faustkampf	BOXEN
Faustschlag beim Boxen	PUNCH
FDP-Politiker	MENDE
Fechthieb	QUART
Fechthieb	QUINT
Fechtverletzung	STICH
Fechtwaffe	DEGEN
Federharzbaum	HEVEA
Fee, Hexe	HOLDE
Feger	BESEN
Feger, Reisigbündel	WEDEL
Fehl	MAKEL
Fehlbetrag	MANKO
Fehlbetrag	MINUS
Fehlfarbe beim Kartenspiel	FOSSE
fehlgehen	IRREN
Fehlleistung	MACKE
Fehllos	NIETE

Fehlschlag, Schlappe (franz.)	ECHEC
Fehlwurf beim Kegeln	PUDEL
Fehlwurf beim Kegeln	RATZE
feierl. Amtstracht	ORNAT
feierl. päpstl. Erlaß	BULLE
feierlicher Aufzug	UMZUG
feierliches Lied	HYMNE
Feigenbaum	FICUS
Feigling	MEMME
Feindschaft, Haß	ODIUM
Feindseligkeit	FEHDE
feine morgenländ. Leinwand	KEDIS
feine Netzarbeit	FILET
feiner Vogelschrot	DUNST
feiner Zucker	MELIS
feines Baumwollgarn	TWIST
feines Pulver	PUDER
feines Wollgewebe	DRAPE
feinfädiges Gewebe	LINON
Feingebäck, Konditorware	TORTE
Feingehalt, -gewicht	FEINE
Feingehalt, -gewicht	KARAT
Feinstbearbeitung v. Metallen	HONEN
feinster Sand	STAUB
feinster Schmutz, Kehricht	STAUB
Felchen, Edelfisch	RENKE
Felchenart	RENKE
Feldfrucht	KRAUT
Feldfrucht, Futterpflanze	RUEBE
Feldherr im Dreißigjähr. Krieg	TILLY
Feldkümmel	KARBE
Feldkümmel	KARWE
Feldlager	BIWAK
Fell des sibir. Marders	ZOBEL
felsige Steilküste	KLIFF
Felsspalte	KAMIN
Felsspalte	KLUFT
Fenster-, Türeinfassung	ZARGE
Fensterhaken	HASPE
Fensterschutz	LADEN
Fensterschutz	ROLLO
Fenstervorhang	STORE
ferkeln	SAUEN
Ferment	ENZYM
Ferngespräch	ANRUF
Fernmeldeleitung	KABEL
Fernrohrteil	LINSE
Fernrohrteil	TUBUS
Fernschreibdienst	TELEX
Fernschreiben	TELEX
Ferse	HACKE
fertig	PARAT
fertiges Insekt	IMAGO
Fest	FEIER
fest, haltbar	SOLID
fest, robust	STARK
feste Gesinnung	ERNST
fester Wunsch	WILLE
festes Einkommen	FIXUM
festes Gehalt	FIXUM
Festgesang	HYMNE
festgesetzter Zahlungstermin	FRIST
festgesetzter Zeitraum	FRIST
festgesetzte Speisenfolge	MENUE
festl. Wagenauffahrt	KORSO
Festlichkeit	FEIER
Festsitzung	AKTUS
feststehend, regungslos	STARR
Festtracht der Studenten	WICHS
Festungsanlage	FESTE
Festungsvorfeld	RAYON
Festzug	KORSO
fett	FEIST
fettarm	MAGER
fettig	OELIG
fettige Tonart	BOLUS
Fettschicht unter der Haut	SPECK
Fettschwanzfell	SLINK
Fetzen, Lappen	HUDEL
feucht	KLAMM
feuchter Südwind (griech.)	NOTOS
feuchtes Gelände	BRUCH
feucht (lat.)	HUMID
Feuersbrunst	BRAND
Feuerstein	FLINT
Feuerstein	SILEX
Feuerzeichen	FANAL
Fiber	FASER
Fieberrückgang	LYSIS
figürlicher Gesimsstreifen	FRIES
Figur aus »Annie Get Your Gun«	FRANK
Figur aus »Arabella«	WELKO
Figur aus »Cavalleria rusticana«	ALFIO
Figur aus »Cavalleria rusticana«	LUCIA
Figur aus »Dantons Tod«	JULIE

170

Figur aus »Der Bajazzo«	BEPPO	Figur aus »Die Fledermaus«	ADELE	Figur aus »Graf von Luxemburg«	BASIL	Figur aus »My Fair Lady«	HARRY
Figur aus »Der Bajazzo«	CANIO	Figur aus »Die Fledermaus«	FRANK	Figur aus »Graf von Luxemburg«	PAWEL	Figur aus »My Fair Lady«	JAMIE
Figur aus »Der Bajazzo«	NEDDA	Figur aus »Die verkaufte Braut«	AGNES	Figur aus »Graf von Luxemburg«	STASA	Figur aus »Nachtlager v. Granada«	GOMEZ
Figur aus »Der Bajazzo«	TONIO	Figur aus »Die verkaufte Braut«	KEZAL	Figur aus »Iphigenie auf Tauris«	OREST	Figur aus »Nachtlager von Granada«	PEDRO
Figur aus »Der Bettelstudent«	LAURA	Figur aus »Die verkaufte Braut«	MARIE	Figur aus »Iphigenie auf Tauris«	THOAS	Figur aus »Nachtlager von Granada«	VASCO
Figur aus »Der Bettelstudent«	SYMON	Figur aus »Die verkaufte Braut«	MICHA	Figur aus »Iphigenie in Aulis«	ARKAS	Figur aus »Nathan d. Weise«	RECHA
Figur aus »Der Opernball«	HENRI	Figur aus »Dreigroschenoper«	POLLY	Figur aus »Kabale und Liebe«	LUISE	Figur aus »Nibelungenlied«	ETZEL
Figur aus »Der Revisor«	MARJA	Figur aus »Egmont«	GOMEZ	Figur aus »Kiss Me Kate«	HARRY	Figur aus »Porgy and Bess«	ANNIE
Figur aus »Der Revisor«	OSSIP	Figur aus »Egmont«	SILVA	Figur aus »Kiss Me Kate«	LILLI	Figur aus »Porgy and Bess«	CLARA
Figur aus »Der Waffenschmied«	MARIE	Figur aus »Entführ. aus d. Serail«	OSMIN	Figur aus »Kiss Me Kate«	RALPH	Figur aus »Porgy and Bess«	CROWN
Figur aus »Der Zarewitsch«	SONJA	Figur aus »Fliegender Holländer«	SENTA	Figur aus »La Traviata«	FLORA	Figur aus »Porgy and Bess«	MARIA
Figur aus »Der zerbrochene Krug«	LICHT	Figur aus »Fra Diavolo«	BEPPO	Figur aus »Lustige Weiber v. Windsor«	REICH	Figur aus »Porgy and Bess«	MINGO
Figur aus »Der Zigeunerbaron«	PETER	Figur aus »Gärtnerin aus Liebe«	NARDO	Figur aus »Maria Stuart«	CECIL	Figur aus »Postillon von Lonjumeau«	BIJOU
Figur aus »Die Csardasfürstin«	EDWIN	Figur aus »Götz von Berlichingen«	FRANZ	Figur aus »Martha«	NANCY	Figur aus »Rigoletto«	BORSA
Figur aus »Die Csardasfürstin«	EUGEN	Figur aus »Götz von Berlichingen«	GEORG	Figur aus »Maske in Blau«	FRANZ	Figur aus »Sommernachtstraum«	TROLL
Figur aus »Die Csardasfürstin«	STASI	Figur aus »Götz von Berlichingen«	LERSE	Figur aus »Maske in Blau«	PEDRO	Figur aus »Tannhäuser«	VENUS
Figur aus »Die Csardasfürstin«	SYLVA	Figur aus »Götz von Berlichingen«	MARIE	Figur aus »Meistersinger v. Nürnberg«	SACHS	Figur aus »Tiefland«	NANDO
				Figur aus »My Fair Lady«	ELIZA		

Figur aus »Tiefland«	PEDRO	Figur der »Dreigroschenoper«	BROWN	finnisch. Wunderläufer	NURMI	Fischstechgabel	GEHRE
Figur aus »Tosca«	MARIO	Figur der Hohen Schule	VOLTE	finnisch.: Finnland	SUOMI	Fiskus	AERAR
Figur aus »Tristan und Isolde«	MARKE	Figur der jüd. Mystik	GOLEM	finnische Inselgruppe	ALAND	fix	FLINK
Figur aus »Tristan und Isolde«	MELOT	Figur im »Weißen Rößl«	ERICH	finnische Lappen	SAMEN	flach, flachgedrückt	PLATT
Figur aus »Turandot«	TIMUR	Figur in »Postillon von Lonjumeau«	CORCY	finnische Münze	PENNI	flache Flasche	GURDE
Figur aus »West Side Story«	ANITA	Figur in den »Meistersingern«	DAVID	finnische Stadt	ESPOO	flache Milchschale	SATTE
Figur aus »West Side Story«	CHINO	Filipino-Stamm	BICOL	finnische Stadt in Lappland	INARI	flacher Strand (franz.)	GREVE
Figur aus »West Side Story«	MARIA	Filipino-Stamm	ILOCO	finnische Stadt in Lappland	IVALO	flaches Lastschiff	PRAHM
Figur aus »Wilhelm Tell«	BERTA	Film-, Romanhandlung	STORY	finnisch-ugrisches Ostseevolk	LIVEN	flaches Wassergefährt	FLOSS
Figur aus »Wilhelm Tell«	KUONI	Filmeinschub	FLASH	Finte, Kniff	TRICK	flache Tragtasche	MAPPE
Figur aus »Wilhelm Tell«	RUODI	Filzzelt	JURTE	Firmenzeichen	MARKE	Flachholz	BRETT
Figur aus »Wilhelm Tell«	WERNI	Finkenvogel	WEBER	Firnblock	SERAC	Flachland	EBENE
Figur aus »Zar und Zimmermann«	MARIE	finn. Brombeerlikör	LAKKA	Fischbein	BARTE	Flachsbrechen	BRAKE
Figur aus »Zar und Zimmermann«	PETER	finn. Hafenstadt	HANKO	Fischbrut	LAICH	Flachsbündel	RISTE
Figur aus den »Lustigen Weibern«	CAJUS	finn. Langläufer	NURMI	Fischeier	ROGEN	Flachwirkmaschinen-Erfinder	PAGET
Figur aus den »Lustigen Weibern«	FLUTH	finn. See	SAIMA	Fischereifahrzeug	BARKE	Fladenkuchen	HIPPE
Figur aus Mozarts »Entführung«	SELIM	finn.-ugrisches Volk	ESTEN	Fischersiedlung	KIETZ	Fläche, Raum	PLATZ
		finn. Volk im Baltikum	LIVEN	Fischervorort	KIETZ	fläm. Maler (16. Jh.)	ORLEY
		finnisch. Architekt	AALTO	Fischfanggerät	ANGEL	flämisch. Maler	NEEFS
		finnisch. Dampfbad	SAUNA	Fischfanggerät	REUSE	flämisch. Schriftsteller	CLAES
		finnisch. Fluß	IVALO	Fischfangkorb	REUSE	flämische Stadt	NAMUR
		finnisch. Hafenstadt	KOTKA	Fischfangnetz	HAMEN	Flagge	FAHNE
				Fischkäfig	KASCH	Flamme	FEUER
				Fischkorb	LISCH	flammen	LOHEN
				Fischmarder	OTTER	Flammenblume	PHLOX
				Fischreuse	BUNGE	Flammenmergel	GAULT
				Fischschnitte	DARNE		

Flammenzeichen	FANAL	fließende Elektrizität	STROM	Flüssigkeitsstau im Gewebe	OEDEM	Fluß aus dem Riesengebirge	BOBER
Flanke	SEITE	fließendes Gewässer	FLUSS	Flüssigkeitsstau (medizin.)	OEDEM	Fluß d. Bad Vilbel	NIDDA
Flasche	PULLE	fließendes Gewässer	STROM	flüssig (lat.)	FLUID	Fluß durch Altena	LENNE
Flaumfeder	DAUNE	flink, gewandt	FLOTT	flugfähiges Tier	VOGEL	Fluß durch Amiens	SOMME
Flaumhaar (franz.)	DUVET	flink, munter	ALERT	Flughafen von Belgrad	ZEMUM	Fluß durch Basel	RHEIN
flauschiges Wollgewebe	FRIES	florentin. Barockmaler	DOLCI	Flughafen von Boston	LOGAN	Fluß durch Belgrad	DONAU
Flaute	KALME	florentin. Renaissance-Maler	LIPPI	Flughafen von Chicago	OHARA	Fluß durch Berlin	PANKE
Flechse, Muskelfaser	SEHNE	florentin. Renaissancemaler	SARTO	Flughafen von Damaskus	MEZZE	Fluß durch Berlin	SPREE
Flechtwerk	MATTE	Florentiner Maler	CREDI	Flughafen von Liverpool	SPEKE	Fluß durch Bremen	WESER
Flechtwerk, Korb	ZAINE	florentinische Malerfamilie	GADDI	Flughafen von Tel Aviv-Jaffa	LYDDA	Fluß durch Brüssel	SENNE
Flechtzaun	STAKE	florettartige Stoßwaffe	SPADA	Flugsandhügel	DUENE	Fluß durch Detmold	WERRE
Fleck, Flecken	MAKEL	Florettseide	BAFEL	Flugzeugfirma, -konstrukteur	PIPER	Fluß durch Echternach	SAUER
Fleckenmuster (Bild)	MOIRE	Flossenfüßer, -füßler	ROBBE	Flugzeugführer	PILOT	Fluß durch Ellwangen	JAGST
Flegel	FLAPS	flott	FESCH	Flugzeugverband	KETTE	Fluß durch Göttingen	LEINE
Flegel	REKEL	flott, gerissen	SMART	Fluidum	FLAIR	Fluß durch Grenoble	ISERE
Fleischkloß	KLOPS	flüchtig (franz.)	FUTIL	Fluorsilikat	FLUAT	Fluß durch Hamburg	BILLE
Fleischfüllung	FARCE	Flügel, Gebäudeteil	TRAKT	Flur mit Feuerstelle	FLETT	Fluß durch Hamm	LIPPE
fleischige Wurzel	RUEBE	Flüssigkeitsbehälter	EIMER	Fluß auf dem Peloponnes	LADON	Fluß durch Hannover	LEINE
Fleischware	WURST	Flüssigkeitsentnehmer	HEBER	Fluß auf der Iber. Halbinsel	DUERO	Fluß durch Itzehoe	STOER
Fleiß	EIFER	Flüssigkeitsmaß	LITER	Fluß auf Sardinien	TIRSO		
fleißig	EMSIG	Flüssigkeitsnebel	SPRAY	Fluß auf Sizilien	SALSO		
fleißiges Insekt	BIENE			Fluß aus dem Hunsrück	RUWER		
Flieder, Fliederart	LILAK						
Fliegenblume	ORCHE						
fliegendes Brandteilchen	FUNKE						
fliegendes Wirbeltier	VOGEL						
Flieger-Standort	HORST						

Fluß durch Kempten	ILLER	Fluß durch Siegburg	AGGER	Fluß in Afghanistan	KABUL	Fluß zum Löwengolf	RHONE
Fluß durch Linz	DONAU	Fluß durch Soissons	AISNE	Fluß in Alaska	YUKON	Fluß zum Weichsel-Bug	NAREW
Fluß durch Lübeck	TRAVE	Fluß durch Stendal	UCHTE	Fluß in Angola und Zaire	KASAI	Fluß zum Weißen Meer	DWINA
Fluß durch Luzern	REUSS	Fluß durch Tilsit	MEMEL	Fluß in Dalmatien	KERKA	Fluß zum Weißen Meer	ONEGA
Fluß durch Mailand	OLONA	Fluß durch Tours	LOIRE	Fluß in der Steiermark	MUERZ	Föhre	FORLE
Fluß durch Meiningen	WERRA	Fluß durch Trier	MOSEL	Fluß in Gabun	OGOWE	Fördergerät	PUMPE
Fluß durch Meran	ETSCH	Fluß durch Ulm	DONAU	Fluß in Zaire	ITURI	Förderung	ABBAU
Fluß durch Naumburg	SAALE	Fluß durch Verden	ALLER	Fluß-Regulierungsanlage	BUHNE	folgerichtiges Denken	LOGIK
Fluß durch Northeim	RHUME	Fluß durch Verona	ETSCH	Fluß-Regulierungsanlage	DEICH	Folgerichtigkeit	LOGIK
Fluß durch Paris	SEINE	Fluß durch Wels	TRAUN	Fluß vom Baltischen Höhenzug	NAREW	folglich	DARUM
Fluß durch Passau	DONAU	Fluß durch Wien	DONAU	Fluß vom Eichsfeld	LEINE	folgsam	ARTIG
Fluß durch Regensburg	DONAU	Fluß durch Wurzen	MULDE	Fluß vom Rothaargebirge	LENNE	Forderungssicherheit	PFAND
Fluß durch Regensburg	REGEN	Fluß durch Zwickau/Sachsen	MULDE	Fluß z. Asowschen Meer	KUBAN	Forellenart	FORNE
Fluß durch Rendsburg	EIDER	Fluß i. Neuguinea	SEPIK	Fluß z. Finn. Meerbusen	NARWA	Forke	GABEL
Fluß durch Riga	DUENA	Fluß im Bayerischen Wald	REGEN	Fluß z. Kurischen Haff	MEMEL	Form der Akne	FINNE
Fluß durch Rom	TIBER	Fluß im Kaukasus	TEREK	Fluß zum Kaspischen Meer	TEREK	formlos	LEGER
Fluß durch Sagan	BOBER	Fluß im Rheinland	AGGER	Fluß zum Kaspischen Meer	WOLGA	Forschungsanstalt	LABOR
Fluß durch Siebenbürgen	MURES	Fluß im Sauerland	LENNE	Fluß zum Kurischen Haff	MINGE	Forstabschnitt	JAGEN
		Fluß im Schwarzwald	RENCH			Forstaufseher	HEGER
		Fluß im Südschwarzwald	WIESE			Forstlehrling	ELEVE
						Fortbestehen	DAUER
						Fortbewegungsart	GEHEN
						fortlegen, ablegen	ABTUN
						Fortpflanzungszelle	GAMET
						Fortsetzung	FOLGE
						Fortsetzungsfolge	SERIE

fotograf. Abzug	KOPIE
Fracht, Frachtliste	KARGO
Frachtstücke (ital.)	KOLLI
Frachtstück (ital.)	KOLLO
fränk. Reichsritter	GEYER
Fragewort	WOHER
Fragewort	WOHIN
Fraktur	BRUCH
franz. Adelstitel	BARON
franz.-amerikan. Schriftsteller	GREEN
franz. Arzt u. Soziologe	LEBON
franz. Atlantikinsel	CROIX
franz. Autor (Nobelpreis)	CAMUS
franz. Autor (roman nouveau)	BUTOR
franz. Barockbildhauer	PUGET
franz. Benediktinerabtei	CLUNY
franz. Bildhauer (16. Jh.)	PILON
franz. Buchdruckerfamilie	DIDOT
franz. Buchillustrator	UNGER
franz. Chansonnette	GRECO
franz. Chemiker	BAUME
franz. Chemiker	SIDOT
franz. Departement	AISNE
franz. Departement	LOIRE
franz. Departement	MEUSE
franz. Departement	RHONE
franz. Dichter	JARRY
franz. Dichter, Historiker	TAINE
franz. Dichter, Schriftsteller	DUMAS
franz. Dichter d. Provence	GIONO
franz.-dtsch. Rhein-Zufluß	MOSEL
franz. existent. Schriftsteller	CAMUS
franz. existent. Schriftsteller	CAMUS
franz. existentialist. Philosoph	CAMUS
franz. Filmkomiker, Regiss.	FUNES
franz. Filmregisseur	CARNE
franz. Filmregisseur	CARNE
franz. Filmregisseur	CARNE
franz. Filmregisseur	CLAIR
franz. Filmregisseur	CLAIR
franz. Filmregisseur	CLAIR
franz. Filmschauspieler	DELON
franz. Filmschauspieler	GABIN
franz. Flugzeugkonstrukteur	ADLER
franz. Forscher-Ehepaar	CURIE
franz. Frauenname	MANON
franz. Frauenname	ODILE
franz. Fürstengeschlecht	CONTI
franz. Genetiker (Nobelpreis)	JACOB
franz. Gymnasium	LYCEE
franz. Hauptstadt	PARIS
franz. Heerführer (17. Jh.)	MELAC
franz. Humanist, Philosoph	RAMUS
franz. impression. Komponist	RAVEL
franz. impressionist. Bildhauer	RODIN
franz. impressionist. Maler	DEGAS
franz. impressionist. Maler	MANET
franz. impressionist. Maler	MONET
franz.-ital. Alpenpaß	TENDA
franz. kathol. Dichter	PEGUY
franz. Komponist	AURIC
franz. Komponist	BIZET
franz. Komponist	DUKAS
franz. Komponist	DUREY
franz. Komponist	IBERT
franz. Komponist	SATIE
franz. Konstruktivist	LEGER
franz. Kriegshafen	BREST
franz. kubist. Maler, Grafiker	LEGER
franz. Kugelwurfspiel	BOULE
franz. Landschaft	BEARN
franz. Landschaftsmaler	COROT
franz. Männername	ALAIN
franz. Männername	HENRI
franz. Maler (Fresken)	DENIS

Clue	Answer
franz. Maler in Berlin	PESNE
franz. Mathematiker	MONGE
franz. Mathematiker	PRONY
franz. Modeschöpfer	BOHAN
franz. Modeschöpfer	RICCI
franz. nachimpression. Maler	REDON
franz. Nachimpressionist	DENIS
franz. Nachrichtenagentur	HAVAS
franz. Name v. Lüttich	LIEGE
franz. Nobelpreisträger	CURIE
franz. Opernkomponist	AUBER
franz. Opernkomponist	MEHUL
franz. Philosoph	ALAIN
franz. Philosoph	BAYLE
franz. Philosoph	BENDA
franz. Philosoph	COMTE
franz. Philosoph, Schriftsteller	SOREL
franz. Physiker	ARAGO
franz. Physiker, Arzt u. Erfinder	PAPIN
franz. Politiker, Staatsmann	PINAY
franz. Politiker (Nobelpreis)	PASSY
franz. Regisseur	MALLE
franz. Regisseur	VADIN
franz. Regisseur, Schausp.	VIDAL
franz. Religionskritiker	RENAN
franz. Religionsphilosoph	RENAN
franz. Rennfahrer	PROST
franz. Revolutionär	MARAT
franz. Rhone-Zufluß	SAONE
franz. Rokokomaler	PESNE
franz. romantischer Dichter	VIGNY
franz. Sängerin, Schauspielerin	BOYER
franz. Schriftsteller	GENET
franz. Schriftsteller	VERNE
franz. Schriftstellerin	DURAS
franz. Schriftstellerin	SAGAN
franz. Schriftstellerin	STAEL
franz. Seebad am Atlantik	ROYAN
franz. Spielkartenfarbe	COEUR
franz. Spielkartenfarbe	PIQUE
franz. Stadt a.d. Saone	MACON
franz. Stadt an der Blaise	DREUX
franz. Stadt an der Loire	TOURS
franz. Stadt an der Maas	GIVET
franz. Stadt an der Maas	SEDAN
franz. Stadt an der Mayenne	LAVAL
franz. Stadt an der Meurthe	NANCY
franz. Stadt an der Seine	MELUN
franz. Stadt an der Seine	ROUEN
franz. Stadt an der Seine	VITRY
franz. Stadt i. d. Champagne	REIMS
franz. Stadt im Depart. Aveyron	RODEZ
franz. Stadt im Zentralplateau	LEPUY
franz. Tänzer, Choreograph	PETIT
franz. Verlegerfamilie	DIDOT
franz. Währung	FRANC
franz. weibl. Vorname	ALICE
franz. Zeichner u. Fotograf	NADAR
franz.: Ablehnung	REFUS
franz.: Abort	PRIVE
franz.: albern	NIAIS
franz.: Apfel	POMME
franz.: Auftrag	ORDRE
franz.: Baum	ARBRE
franz.: Becher	COUPE
franz.: Benehmen	TENUE
franz.: Bild	IMAGE
franz.: Blume	FLEUR
franz.: breit	LARGE
franz.: Buch	LIVRE
franz.: Bürgermeister	MAIRE
franz.: danke	MERCI
franz.: dann	ALORS
franz.: drei	TROIS
franz.: Duft	ODEUR
franz.: Eis	GLACE
franz.: endlich	ENFIN
franz.: Erde, Land	TERRE
franz.: Erde, Land	TERRE
franz.: Erzählung	CONTE

franz.: Faser	FIBRE	franz.: Hahn	COQUE	franz.: Maas	MEUSE	franz.: rot	ROUGE
franz.: Feder	PLUME	franz.: Haltung	TENUE	franz.: Mann	HOMME	franz.: Rudolf	RAOUL
franz.: Fehler	FAUTE	franz.: Harz	RESIN	franz.: Maurer, Freimaurer	MACON	franz.: Rüdiger	ROGER
franz.: Feld	CHAMP	franz.: Heinrich	HENRI	franz.: Mehl	FARIN	franz.: Ruhe	REPOS
franz.: Feld	CHAMP	franz.: hell	CLAIR	franz.: Menge	FOULE	franz.: Sache	CHOSE
franz.: Feld	CHAMP	franz.: hell	CLAIR	franz.: Mode	VOGUE	franz.: Sache	CHOSE
franz.: Ferse	TALON	franz.: Henne	POULE	franz.: Morgen	MATIN	franz.: Schatten	OMBRE
franz.: Flecken	TACHE	franz.: Julius	JULES	franz.: nach	APRES	franz.: Scheiße	MERDE
franz.: Flugzeug	AVION	franz.: Junge	GAMIN	franz.: Narrheit, Torheit	FOLIE	franz.: Scheitern	ECHEC
franz.: Folge	SUITE	franz.: kalt	FROID	franz.: Neffe	NEVEU	franz.: Schnee	NEIGE
franz.: fort, weg	PARTI	franz.: Karte	CARTE	franz.: Negersoldat	TURKO	franz.: Schwanz	QUEUE
franz.: Frau	FEMME	franz.: Karte	CARTE	franz.: Ochse	BOEUF	franz.: Schwein	BOCHE
franz.: Führer	GUIDE	franz.: Kehle, Schlund	GORGE	franz.: Oper	OPERA	franz.: Sendung	ENVOI
franz.: geht!, vorwärts!	ALLEZ	franz.: Kindermädchen	BONNE	franz.: Paar	PAIRE	franz.: Sergius	SERGE
franz.: gelb	JAUNE	franz.: klein	PETIT	franz.: Pachthof	FERME	franz.: Spaßvogel	BADIN
franz.: Geliebter, Liebhaber	AMANT	franz.: Königin	REINE	franz.: Pfund	LIVRE	franz.: Spitzbube	FILOU
franz.: gerecht, richtig	JUSTE	franz.: Körper	CORPS	franz.: Platz	PLACE	franz.: Stab, Stock	BATON
franz.: Geruch	ODEUR	franz.: kommen	VENIR	franz.: Post	POSTE	franz.: Stiefel	BOTTE
franz.: Gesundheit	SANTE	franz.: Korsika	CORSE	franz.: Punkt	POINT	franz.: Stift, Pfahl	FICHE
franz.: Gewalt, Macht	FORCE	franz.: Kreuz	CROIX	franz.: Rasen	GAZON	franz.: Straße	ROUTE
franz.: Glanz	ECLAT	franz.: Kugel	BOULE	franz.: Recht	DROIT	franz.: Streik	GREVE
franz.: Gnade	GRACE	franz.: Kuh	VACHE	franz.: rechts, Recht	DROIT	franz.: Stück	PIECE
franz.: Grad, Maß, Rang	DEGRE	franz.: Kuh	VACHE	franz.: Rechtsfall	CAUSE	franz.: Stuhl	CHAIR
		franz.: lateinisch	LATIN	franz.: Rechtsfall	CAUSE	franz.: Stuhl	CHAIR
franz.: Graf	COMTE	franz.: Leinwand	TOILE	franz.: Regen	PLUIE	franz.: Suppe	SOUPE
franz.: groß	GRAND	franz.: Liebe	AMOUR	franz.: reich	RICHE	franz.: Tanz	DANSE
		franz.: Ludwig	LOUIS			franz.: Tasche	POCHE

franz.: tausend	MILLE	französ. Jazztrompeter	ANDRE	Frauenname	LIESE	freier Überschlag	SALTO
franz.: Tonleiter	GAMME	französ. Kathedralenstadt	AUTUN	Frauenname	LILLI	freies Allod	ALLOD
franz.: Torte	TARTE	französ. Vorname	ANDRE	Frauenname	LINDA	freies Grundeigentum im MA	ALLOD
franz.: trinken	BOIRE	franz.: Wolle	LAINE	Frauenname	LUZIA	freigebig	NOBEL
franz.: Tür	PORTE	Frau des Ask (german. Sage)	EMBLA	Frauenname	LYDIA	Freigut im Mittelalter	ALLOD
franz.: unser	NOTRE	Frauengewand	KLEID	Frauenname	MILDA	Freiheitsbewegung in Namibia	SWAPO
franz.: voll	PLEIN	Frauenkappe	HAUBE	Frauenname	NELLY	Freiherr	BARON
franz.: voran	AVANT	Frauenname	ANITA	Frauenname	PAULA	Freitreppe an Burgen	GREDE
franz.: vorbei, vergangen	PASSE	Frauenname	BEATE	Frauenname	PETRA	frei von Unebenheiten	GLATT
franz.: Wäsche	LINGE	Frauenname	BERTA	Frauenname	TILLA	Freizeit	MUSSE
franz.: Walzer	VALSE	Frauenname	CILLI	Frauenname	TRUDE	Frequenzband	KANAL
franz.: warm	CHAUD	Frauenname	CLARA	Frauenname	WALLY	fressen	AESEN
franz.: warm	CHAUD	Frauenname	EDITH	Frauenname	WANDA	Frett, Frettchen	ILTIS
franz.: Welt	MONDE	Frauenname	ELISE	Frauenname	WILMA	Freudenausbruch	JUBEL
franz.: Westen	OUEST	Frauenname	ERIKA	Frauenname	XENIA	Freudenruf	HEISA
franz.: wie	COMME	Frauenname	GILDA	Frau Holle	HOLDA	freudlos, trübselig	TRIST
franz.: wild	FAUVE	Frauenname	GITTA	Frau v. Alkinoos	ARETE	Freund Friedrichs d. Gr.	KATTE
franz.: Wildkaninchen	LAPIN	Frauenname	GRETE	Frau v. Augustus	LIVIA	Freund Goethes	CARUS
franz.: Wolke	NUAGE	Frauenname	HEIKE	Frau v. Erek	ENITE	Freundin Alexanders des Großen	THAIS
franz.: Wunsch	DESIR	Frauenname	HELEN	Frau v. Gustav Gründgens	HOPPE	Freundin Goethes	STEIN
franz.: Zeit	TEMPS	Frauenname	HELGA	Frau v. Iason	MEDEA	Frevel, Verbrechen	UNTAT
franz.: Zucker	SUCRE	Frauenname	HERTA	Frau v. Loki	SIGYN	freche Göre	RANGE
franz.: Zügel	BRIDE	Frauenname	KARLA	frei	LEDIG	Friedenssymbol	TAUBE
franz.: zwanzig	VINGT	Frauenname	KLARA	frei, offen	FRANK	fries. einmast. Küstenschiff	MUTTE
franz.: zwischen	ENTRE	Frauenname	LIANE	Freibeuter	PIRAT	frischer Wind	BRISE
franz.: zwölf	DOUZE	Frauenname	LIESA	Freidenker	DEIST	fröhliche Laune	HUMOR

Clue	Answer
Fron	MUEHE
Fronarbeit	ROBOT
frostig	EISIG
Fruchtäther	ESTER
fruchtbarer Boden	LOESS
Fruchtbonbons	DROPS
Frucht des Ölbaums	OLIVE
Fruchtgetränk	JUICE
Fruchtknotenorgan	NARBE
Fruchtmark	PULPE
fruchtsam	TIMID
Fruchtstand	AEHRE
Fruchtstapel	MIETE
früh. indisch. Statthalter	NABOB
frühchristl. Liebesmahl	AGAPE
früherer Heilgehilfe	BADER
früherer Name v. Zagreb	AGRAM
früherer österr. Adelstitel	EDLER
früherer Schiffstyp	PINKE
früheres Königreich in Nigeria	BENIN
früheres Studentenheim	BURSE
früher: Blutsverwandte	MAGEN
Frühlingsblume	TULPE
Frühlingsmonat	APRIL
Frühlingsmonat	MAERZ
Frühmesse	METTE
Frühstücksspeck	BACON
Fuchsschwanz	LUNTE
Fuchtel	KNUTE
Füchsin	FAEHE
führendes Instrument (ital.)	PRIMO
Führer im Bauernkrieg	GOETZ
Führungspersonal	KADER
Füllfederhalter	STYLO
Füllsel	FARCE
Füllstift	STYLO
fünf Bücher Mosis	THORA
Fürsorge	OBHUT
fürstl. Diener	LAKAI
fürstliche Leibtruppe	GARDE
fürstlicher Morgenempfang	LEVER
fürstliches Emblem	KRONE
Fürst von Lagasch (Sumer)	GUDEA
Fürst von Serbien	MILAN
füttern (Vögel)	ATZEN
Fuge, Schlitz	SPALT
Fuge, schmaler Einschnitt	RITZE
Fugenschnitt	FEDER
Fugenzapfen	SPUND
Fuhrwesen, Troß	TRAIN
Fulda-Zufluß	BAUNA
Fulda-Zufluß	LOSSE
fundierte Staatsanleihe	FONDS
Funkmeßverfahren	RADAR
Funknavigation	LORAN
Funkortung	RADAR
Funktionärsriege	KADER
Funktionsträger	ORGAN
Furche, länglicher Einschnitt	RILLE
Furcht	BANGE
Furchtgefühl	ANGST
furchtlos	MUTIG
furchtsam, ängstlich	FEIGE
Fußabstreifer, -abtreter	MATTE
Fußballausdruck für Ball	LEDER
Fußbekleidung	CLOGS
Fußbekleidung	SCHUH
Fußbodenbrett	DIELE
Fußgänger	GEHER
Fußhebel	PEDAL
Fußknöchel	ENKEL
Fußpunkt	NADIR
Fußteil	FERSE
Fußteil, Schuhteil	SOHLE
Futterbehälter	RAUFE
Futterleiter über der Krippe	RAUFE
Futterpflanze	HAFER
Futterpflanze	SPARK
Futterpflanze, Kletterpflanze	WICKE
Futterstoff	SERGE
Futterstoff	TWILL
Futterstoff (engl.)	CLOTH
Futterstoff (engl.)	CLOTH
Gabe für eine Gottheit	OPFER
Gabel	FORKE
Gabelfrühstück	LUNCH
Gabelweihe	MILAN
gänzlich, insgesamt	TOTAL
gärender Most	STURM
gärender Most, junger Wein	SUSER
Gaffelsegel	BESAN
Galle	BILIS
Gallenhauptbestandteil	BILIN
Gallert, Gallertmasse	ASPIK
Gallert, Gallertmasse	GELEE
Gamanderart	POLEI
Ganges-Zufluß	GOGRA
Ganges-Zufluß	JUMNA
Ganggestein	APLIT

Gangrän	BRAND	Gasthausrechnung	ZECHE	Gebirge in Nordungarn	MATRA	Geburtsort Mohammeds	MEKKA
Gangregler in Taschenuhren	UNRUH	Gaststätte, -wirtschaft	LOKAL	Gebirge in Südamerika	ANDEN	Geburtsschmerzen	WEHEN
ganz schnell	RAPID	Gattin des Baldur	NANNA	Gebirge in Thessalien	OLYMP	Geck	DANDY
Garbenhaufen	HOCKE					Geck	LAFFE
Garde, Posten	WACHE	Gattung	GENUS	Gebirge zwischen Werra u. Fulda	RHOEN	Geck, Flaneur	STENZ
Gardinenstoff, Gittergewebe	TUELL	Gaudi, Fopperei	SPASS			Geck, Stutzer	STENZ
		Gaumensegellaut	VELAR	Gebirgseinschnitt	KLUFT	Gedächtnis (griech.)	MNEME
Garn	FADEN	Gaumenzäpfchen	UVULA	Gebirgserhebung	KUPPE		
Garn, Nähmaterial	ZWIRN	Gaunersprache	ARGOT	Gebirgsherberge	BAUDE	Gedankenbereich (griech.)	LOGOS
Garnaufwickler	SPULE	Gaunerwort für Polizist	BULLE	Gebirgsspaß (franz.)	GORGE	Gedankeninhalt (griech.)	NOEMA
Garnbündel	DOCKE	Gaunerwort für Polizist	POLYP	Gebirgsschlucht	KLAMM	Gedeck	MENUE
Garn-Feinheitsmaß	TITER	gazeartiges Gewebe	MARLY	Gebirgszacke	ZINNE	gedeckter Tisch	TAFEL
Garngebinde, -maß	DOCKE	gebackene Kartoffelscheiben	CHIPS	gebogen, gewölbt	KRUMM	Gedenkbuch	ALBUM
Garngebinde, -maß	FITZE	Gebäckprägeform	MODEL	gebogener Metallstift	HAKEN	gediegen, zuverlässig	SOLID
Garnstrang	DOCKE			gebratene Kartoffelscheiben	CHIPS	gedrängt	KNAPP
Garnwinde	WEIFE	Gebärde	GESTE	gebratene Kartoffelscheiben	CHIPS	gedrungenes Holzstück	KLOTZ
Garonne-Zufluß	BAISE	Gebärdenspiel	MIMIK			gedungener Mörder (ital.)	BRAVO
Gartenblume	NELKE	Gebäudeteil	ANBAU	gebrauchsfertig	PARAT	gefährliche Lage	KRISE
Gartenbohne	FASEL	Gebäudevorbau	ERKER	gebrochene Zahl	BRUCH	Gefährt, Räderfahrzeug	WAGEN
Gartengerät	HACKE	geballte Hand	FAUST	Gefälligkeit	GUNST		
Gartenhäuschen	LAUBE	gebietlich	ZONAL	Gebühr, Preissatz für Leistungen	TARIF	Gefängnisraum	ZELLE
Gartenmesser	HIPPE	Gebiet mit Sandboden	GEEST			Gefäß, Napf	SATTE
gasartig	GASIG			Gebührenliste, Lohnsatz	TARIF	Gefahr	KRISE
gasförm. Aggregatzustand	DAMPF	Gebilde ohne Ausdehnung	PUNKT	gebündelte Lichtstrahlen	LASER	Gefahrenmeldung	ALARM
gasförmiges Element	RADON	Gebinde	KRANZ			gefallsüchtig	EITEL
Gassenjunge	GAMIN	Gebirge auf der Krim	JAILA	Geburtsnarbe	NABEL	gefaßt, gelassen	RUHIG
Gasthaus	HOTEL					Gefechtsbefehl	ALARM

Gefechtslinie	FRONT	Gegenteil v. Kälte	HITZE	Gegenteil von sauer	SUESS	Gehölz	BUSCH
gefeit	IMMUN	Gegenteil v. rechts	LINKS	Gegenteil von Schatten	LICHT	gehörntes Haustier	SCHAF
gefiedertes Blatt, Palmblatt	WEDEL	Gegenteil v. stabil	LABIL	Gegenteil von Scherz	ERNST	gehörntes Haustier	ZIEGE
geflochtene Böschungswand	HURDE	Gegenteil von arm	REICH	Gegenteil von süß	SAUER	gehorsam	ARTIG
geflochtene Unterlage	MATTE	Gegenteil von außen	INNEN	Gegenteil von Tag	NACHT	Geigenöffnung	FLOCH
Geflügel, Haustier	TAUBE	Gegenteil von dick	DUENN	Gegenteil von Tiefe	HOEHE	Geigenseitenwand	ZARGE
Geflügelräuber	FUCHS	Gegenteil von Frieden	KRIEG	Gegenteil von Tod	LEBEN	Geißbaum	ESCHE
geflügeltes Fabeltier	GREIF	Gegenteil von Gebirge	EBENE	Gegenteil von über	UNTER	Geißel	KNUTE
geflügeltes Wort	ZITAT	Gegenteil von gesund	KRANK	Gegenteil von unter	UEBER	Geißel, Wimper	ZILIE
Gefolge	SUITE	Gegenteil von groß	KLEIN	Gegenteil von Wirklichkeit	TRAUM	Geistesgröße	GENIE
Gefolge	TROSS	Gegenteil von gut	BOESE	Gegenteil von zu	OFFEN	Geisteskranker	IRRER
gefügig	KIRRE	Gegenteil von hart	WEICH	gegenwärtig	DABEI	geistig beschränkt	BLOED
gefühlsbedingtes Verhalten	LAUNE	Gegenteil von Haß	LIEBE	gegenwärtig	JETZT	geistiger Vater d. Sherlock Holmes	DOYLE
gefühlsbetonte Dichtung	LYRIK	Gegenteil von Höhe	TIEFE	Gegenwert, Geldwert	PREIS	geistl. Amt, Titel	PATER
gefühlvoller Jazzstil	BLUES	Gegenteil von kalt	HEISS	gegerbte Tierhaut	LEDER	geistl. Amtstracht	ORNAT
Gegebenheit	STAND	Gegenteil von klein	GROSS	Gegner	FEIND	geistl. Chorwerk	MESSE
gegen Ansteckung geschützt	IMMUN	Gegenteil von Lob	TADEL	gegorenes Getränk aus Brot	KWASS	geistl. Komposition	KYRIE
Gegenpol zur Kathode	ANODE	Gegenteil von Morgen	ABEND	gegorenes Milchgetränk	KEFIR	geistl. Komposition	MISSA
Gegenpunkt zum Zenit	NADIR	Gegenteil von Nadir	ZENIT	gegorene Stutenmilch	KUMYS	geistl. Lied	PSALM
gegensätzlich	POLAR	Gegenteil von nichts	ALLES	gegossenes Hartmetall	AKRIT	geistl. Würdenträger	DEKAN
Gegenstand	SACHE	Gegenteil von oben	UNTEN	Gehalt	VALOR	Gejammer	KLAGE
Gegenstand e. Kunstwerks	SUJET	Gegenteil von passiv	AKTIV	geheiligte Bräuche	RITEN	gekräuseltes Papier	KREPP
Gegenteil v. brutto	NETTO	Gegenteil von Poesie	PROSA	geheiligter Brauch	RITUS	gekrümmte Linie	BOGEN
		Gegenteil von rauh	GLATT	Geheimkunst	MAGIE	gekrümmte Linie	KURVE

Clue	Answer
gekrümmtes Festhaltegerät	HAKEN
geländegängiges Fahrzeug	BUGGY
Geländeskizze	KROKI
Geländevertiefung	SENKE
gelbbraune Bodenart	LOESS
gelbbraune Farbe	OCKER
gelbbrauner Uniformstoff	KHAKI
gelbe Porzellanfarbe	RUTIL
gelber Farbstoff	AURIN
gelber Schmuckstein	TOPAS
gelbliches Sedimentgestein	LOESS
Geldbehälter, -depot	KASSE
Geldbehälter, -depot	KATZE
Geldbetrag	SUMME
Geldbeutel	BURSE
Geld im Volksmund	KOHLE
Geldkasten	KASSE
Geldvorrat, Gütervorrat	FONDS
gelehrig (lat.)	DOZIL
Gelenkentzündung	GICHT
Geliebte	BUHLE
Geliebte Karls VII.	SOREL
Geliebter	BUHLE
Geliebter v. Bess	PORGY
Geliebter v. Julia	ROMEO
Geliebter v. Katharina d. Gr.	ORLOW
Geliebter von Turandot	KALAF
Geliebte v. Daphne	CHLOE
Geliebte v. Herzog Albrecht v. Bayern	AGNES
Geliebte v. Karl VII. v. Frankr.	AGNES
Geliebte v. Odysseus	CIRCE
Geliebte v. Romeo	JULIA
Geliebte v. Zeus	DIONE
gelockt	KRAUS
Gelöbnis, Gelübde	VOTUM
Gemach, kleines Zimmer	STUBE
Gemäldesammlung in Florenz	PITTI
gemahlener Schnupftabak	RAPEE
Gemarkung	ETTER
Gemeindewiese	ANGER
gemeinhin	VULGO
gemischte Sportmannschaft	MIXED
Gemüse	LAUCH
Gemüsepflanze	MELDE
Gemütskrankheit	MANIE
Gemütsstimmung	LAUNE
gemütvoll	INNIG
Gemunkel	ONDIT
gemusterte Baumwolle	PIKEE
gemusterter Halbseidenstoff	CHINE
gemusterter Halbseidenstoff	CHINE
genau	AKRIB
genau	EXAKT
Genebestand	GENOM
genues. Entdecker	CABOT
genuesischer Seeheld	DORIA
Genugtuung	BUSSE
Genugtuung, Vergeltung	RACHE
Genußmittel	TABAK
geolog. Formation	DEVON
geolog. Formation	SILUR
geolog. Formation	TRIAS
geolog. Verwerfung	BRUCH
geologische Formation	SENON
geometr. Gebilde	FIGUR
geometr. Linie	SEHNE
geometrischer Körper	KEGEL
Gepflogenheit, Gewohnheit	SITTE
Gepolter, Lärm	KRACH
Gepränge	LUXUS
Gepränge, Pracht	PRUNK
Geräumigkeit	WEITE
Geräusch	RUMOR
Gerbmittel	ALAUN
Gerichtsabteilung	SENAT
Gerichtsanzeige	KLAGE
Gerichtshof	FORUM
gerieben, clever	SMART
gerissen, durchtrieben	SMART
german. blinder Gott	HOEDR
german. Erdgöttin	RINDA
german. Fruchtbarkeitsgott	FREYR
german. Göttergeschlecht	WANEN
german. Göttervater	WODAN
german. Göttin d. Herdes	FRIGG
german. Göttin d. Jugend	IDUNA
german. Gott d. Dichtkunst	BRAGI
german. Gott d. Donners	DONAR
german. Gott d. Reichtums	NOERD
german. Halbgöttinnen	DISEN

german. Meeresgott	AEGIR
german. Quellgeist	MIMIR
german. Sagengestalt	ELDAR
german. Sagengestalt	HOLDA
german. Schicksalsgöttin	NORNE
german. Schicksalsgöttin	SKULD
german. Volksversammlung	THING
german. Wintergott	ULLER
german. Zwergengestalt	MIMIR
Germanenstamm am Rhein	UBIER
gerodet, anbaufähig	URBAR
Gerstenkorn	WERRE
Gerücht	ONDIT
Gesäßbacken (lat.)	NATES
Gesäß (lat.)	PODEX
gesättigter Kohlenwasserstoff	ALKAN
gesammelte Informationen	DATEN
Gesamtheit d. Gesetze	RECHT
Gesamtheit d. Leibesübungen	SPORT
Gesamtheit der Lebensjahre	ALTER
Gesamtheit von Eigenschaften	WESEN
gesangsmäßig, stimmlich	VOKAL
Geschäftseinbuße (franz.)	PERTE
Geschäftsname	FIRMA
Geschäftsvermittler	AGENT
geschickt	HABIL
Geschlecht	GENUS
Geschlecht, Volksgruppe	STAMM
geschlechtsreif (lat.)	PUBER
geschlossene Gemeinschaft	KASTE
geschlossene Kurve	KREIS
geschlossener Balkon	ERKER
geschlossener Kraftwagen	KUPEE
Geschmack	AROMA
Geschmack	GUSTO
Geschmacksrichtung	SAUER
Geschmacksrichtung	SUESS
Geschmacksstoff	AROMA
geschmackvoll	APART
geschnittener Schmuckstein	GEMME
Geschoßart	KUGEL
Geschoßdrehung	DRALL
Geschrei	HALLO
geschwänzter Lurch	MOLCH
Geschwindigkeit	TEMPO
Geschwistersohn	NEFFE
Geschworener	JURAT
Geschwür	ULKUS
Geschwür (lat.)	RUPIA
Geschwür (mediz.)	ULCUS
Geschwulst	ZYSTE
Geschwulst, Tuberkel	PHYMA
geselliger Kreis	RUNDE
gesellige Veranstaltung	PARTY
gesellige Zusammenkunft	PARTY
Gesellschaftsanzug	FRACK
Gesellschaftsinsel	TAHAA
Gesellschaftsinsel	TUBAI
Gesellschaftsschicht	KASTE
Gesellschaftsschicht, Rang	STAND
Gesellschaftstanz	BAIAO
Gesellschaftstanz	BEBOP
Gesellschaftstanz	LIMBO
Gesetzbuch, Gesetzesrolle	KODEX
Gesetzgeber der Juden	MOSES
gesetzlich	LEGAL
gesetzmäßig	LEGAL
Gesichtsausdruck	MIENE
Gesichtsfärbung	ROETE
Gesichtsfarbe, Hautfarbe	TEINT
Gesichtsmaske	LARVE
Gesichtsteil	BACKE
Gesichtsteil	STIRN
Gespenst	GEIST
Gespenst d. griech. Sage	LAMIA
Gespinst	KOKON
Gesprächsrunde	FORUM
Gesprächsstoff	THEMA
gespreizt, eingebildet	AFFIG
Gestalt, Statur	WUCHS
Gestalt der Erde	GEOID
Gestaltungsgabe	KUNST
Gesteinsart	AKMIT
Gesteinsart	BASIT

gesteinsbildend. Mineral	QUARZ	getrocknete Muskatblüte	MAZIS	Geweih-Teil	KRONE	Gibraltar-Affe	MAGOT
Gesteinshohlraum mit Kristallen	DRUSE	getrocknete Orchideenwurzel	SALEP	Geweih-Teil	PERLE	Giftgas	SOMAN
				Geweihteil, Gabelteil	ZACKE	Gift im Mohn	OPIUM
gestickter Stoffrand	BORTE	Getue	FAXEN	Gewichtseinheit	TONNE	Giftschlange	ASPIS
gestielte Geschwulst	POLYP	Gewährsmann	ZEUGE	Gewichtsmesser	WAAGE	Giftschlange	KOBRA
gestielte Schleimhautwucherung	POLYP	Gewahrsam	OBHUT	Gewinnanteil	BONUS	Giftschlange	OTTER
		Gewalt	MACHT	gewissermaßen	QUASI	Giftschlange	VIPER
gestiftete Anstalt	STIFT	gewaltig	ENORM	Gewitter-Erscheinung	BLITZ	Giftstoff, -substanz	ARSEN
Gestirn, Himmelskörper	STERN	Gewalttäter, Schläger	ROWDY			Giftstoff des Rizinus	RIZIN
gestrandetes Schiff	WRACK	gewalztes Eisen	BLECH	Gewölbebogengrat	RIPPE	Gigant	HUENE
gestreiftes Wildpferd	ZEBRA	Gewandspange	FIBEL	gewölbtes Tragwerk	BOGEN	Gigant, Hüne	RIESE
		Gewebeart	CREPE	Gewogenheit	GUNST	Gilde, Innung	ZUNFT
		Gewebe-Art	FOULE	Gewürz, eingelegte Knospe	KAPER	Gimpel, Schelm	TROPF
Gestüt	ZUCHT	Gewebeart	KREPP			Gipfel der Glarner Alpen	TOEDI
Gesuch	BITTE	Gewebeart	MUNGO	Gewürz, Gewürzpflanze	MINZE		
Getöse	BRAUS	Gewebeherstellung	WEBEN			gipfelnde Körperteile	AKREN
Getöse	KRACH			Gewürzbaum	BOLDO		
Getöse, Krach	RADAU	Gewebe in Atlasbindung	SATIN	Gewürzknospe	KAPER	Gipsarbeit, Verputzmittel	STUCK
Getränk	TRANK						
Getränk	TRUNK	Gewebe in Panamabindung	NATTE	Gewürzwein	BOWLE	glänzend	BLANK
Getreideart	HAFER			Gezeiten	TIDEN	glänzender Stoff	LUREX
Getreideart	HIRSE	Gewebe in Würfelbindung	NATTE	gezielte schnelle Bewegung	STOSS	glänzender Stoff	SATIN
Getreidebündel	DOCKE					glänzender Stoff	SEIDE
Getreidebündel	GARBE	Gewebekette	WERFT	geziertes Benehmen	GETUE	glänzendes Gewebe	GLACE
Getreidehaufen	DIEME	Gewebeknoten	NOPPE	gezogener Strich	LINIE	glänzendes Metall	CHROM
Getreidekrankheit	BRAND	Gewebe-Längsfaden	KETTE	gezogenes Gewehr	RIFLE	glätten	EBNEN
Getreidereiniger	TARAR	Gewebeteil	FASER	gezogenes Metall	DRAHT	Glättgerät	ASTIK
Getriebeteil	ACHSE	Gewebewassersucht	OEDEM			Glättwerkzeug	FEILE
getrocknete Kokosnußkerne	KOPRA			gezuckert	SUESS	Glanz	GLAST
		Geweih-Teil	GABEL	gezwirnte Strickseide	OVALE	Glanzkiesel	AUGIT

Glanzleder	GLACE	Gletscherbruch	SERAC	Goldamsel	PIROL	gr.: das Ungelöste	ALYTA
Glanzseide	GLACE	Gliederfüßer, Gliedertier	KREBS	Goldbrasse	ORADE	Graben	FLEET
Glanzüberzug	LASUR			Goldgräberanteil	CLAIM	Graben	KLUFT
Glas Bier (Berlin)	MOLLE	Gliedstaat von Malaysia	SABAH	Goldmacher	ADEPT	Grabgewölbe	GRUFT
Glas helles Bier	HELLE	Globus	KUGEL	Goldmacher-Gehilfe	ADEPT	Grablege	GRUFT
Glasschmelzfluß	EMAIL	Glückseligkeit, Hochgefühl	WONNE	Goldorfe	ALAND	Grabsäule	STELE
glatt	FLACH			Goldwäscherschüssel (span.)	BATEA	Gradeinteilung	SKALA
glatt, ungefalzt	PLANO	Glücksgefühl, Entzücken	WONNE			Granatart	PYROP
Glattbutt	BRILL			Golf	BUCHT	Granne, Wergabfall	ACHEL
glattes Gewebe	TOILE	Glücksspiel	BELLE	Golfball	GUTTY	graph. Produkt	DRUCK
glattes Seidengewebe	ATLAS	Glücksspiel	BINGO	Golfschläger, -keule	BAFFY	Grasart	LOLCH
Glaubensbekenntnis	CREDO	Glücksspiel	MAKAO	Golfschlägerart	SPOON	Grasfläche	RASEN
Glaubensbekenntnis	KREDO	Glückstreffer	TREFF	got. Ziertürmchen	FIALE	Grasland für Vieh	WEIDE
Glaubenseiferer, religiös. Eiferer	ZELOT	Glut	FEUER	Gott Anrufender	BETER	Grasmücke	FITIS
		Glutgestein im Erdinneren	MAGMA	Gott behüte! (lat.)	ABSIT	Graubündner Luftkurort	FLIMS
Glaubensgemeinschaft	SEKTE	Gnom, Erdgeist, Erdmännchen	WICHT	Gott d. Mohammedaner	ALLAH	graugelbes Pferd	FALBE
				Gott der Amoriter	MULUK	grausam, roh	RUEDE
Glaubenssatz	DOGMA	Gnom, Kobold	ZWERG	Gottesbote	ENGEL	Grazie	ANMUT
gleichmäßiger Trab	TROTT	Gnostiker	OPHIT	gottesdienstliche Handlung	SEGEN	Greifglied, Greifwerkzeug	ZANGE
gleichnishafte Dichtung	FABEL	Goethes Jugendliebe	BRION			Greifvogel	ADLER
		göttergleicher Held	HEROS	Gottesdienstordnung	RITUS	Greifvogel	AGUJA
gleichsam, sozusagen	QUASI	Göttersage	MYTHE	gottesfürchtig	FROMM	Greifvogel mit Gabelschwanz	MILAN
gleißend	GRELL	Göttin der Eskimo	SENDA	Gottes Gnade	SEGEN	Greifvogelnest	HORST
Gleitschutz an Reifen	KETTE	göttl. Wesen (lat.)	NUMEN	Gottesmutter	MARIA	greisenhaft, vergreist	SENIL
Gleitschutz an Reifen	SPIKE	göttliche Tugend	LIEBE	Gottessohn	JESUS	grell	KRASS
Gleitschutz an Schuhen	SPIKE	göttlich (lat.)	DIVIN	Gottgläubiger	DEIST	Grenzlinie eines Körpers	SEITE
		Götzenbilder	IDOLE	Gottheit (lat.)	NUMEN	Grenzstein	TERME

Grenzwert (mathem.)	LIMES
griech. Ägäis-Insel	DELOS
griech. Astronom u. Mathematiker	METON
griech. Buchstabe	DELTA
griech. Buchstabe	GAMMA
griech. Buchstabe	KAPPA
griech. Buchstabe	OMEGA
griech. Buchstabe	SIGMA
griech. Erfinder, Mathematiker	HERON
griech. Fluß	MESTA
griech. Glücksgöttin	TYCHE
griech. Göttin d. Hoffnung	ELPIS
griech. Göttin der Armut	PENIA
griech. Göttin des Zufalls	TYCHE
griech. Göttinnen d. Jahreszeiten	HOREN
griech. Gott d. Ehe	HYMEN
griech. Gott d. Spottes	MOMOS
griech. Gott der Dichtkunst	APOLL
griech. Gott des Totenreiches	PLUTO
griech. Halbgott	HEROS
griech. Hauptstadt	ATHEN
griech. Hexe	LAMIE
griech. Insel	CHIOS
griech. Insel	CHIOS
griech. Insel bei Chios	PSARA
griech. Insel bei Rhodos	KANOS
griech. Insel im Ionisch. Meer	KORFU
griech. Insel im Mittelmeer	KRETA
griech. Insel in der Ägäis	CHIOS
griech.-kathol. Serbe	RAIZE
griech. Klosterberg	ATHOS
griech. Königsname	GEORG
griech. Kolonie in Süditalien	CUMAE
griech. Kultort	DELOS
griech. Kykladeninsel	MELOS
griech. Kykladeninsel	MILOS
griech. Kykladeninsel	NAXOS
griech. Kykladeninsel	SYROS
griech. Kykladeninsel	THERA
griech. Kykladeninsel	THIRA
griech. Kykladeninsel	TINOS
griech. lyrisch. Gedicht	MELOS
griech. Mönchsrepublik	ATHOS
griech. Muse d. Liebesdichtung	ERATO
griech. Musikhalle	ODEON
griech. Philosoph	PHILO
griech. Riese	TITAN
griech. Rundschild	PELTA
griech. Sagenkönig	KREON
griech. Sagenkönig	MIDAS
griech. Sagenkönig	THOAS
griech. Sagenkönigin	NIOBE
griech. Sagenriese	ATLAS
griech. Schicksalsgöttin	MOIRA
griech. Schicksalsgöttinnen	KAREN
griech.-span. Maler	GRECO
griech. Sporadeninsel	LEROS
griech. Sporadeninsel	SAMOS
griech. Stadt in Phthiotis	LAMIA
griech. Stadt in Thessalien	VOLOS
griech. Stammteil	PHYLE
griech. Stirnbinde	MITRA
griech. Süßwein	SAMOS
griech. Tal (Zeustempel)	NEMEA
griech. Todesgöttinnen	KEREN
griech. Todesgott	HADES
griech. Totenreich	HADES
griech.-türk. Grenzfluß	MARIC
griech. Verwaltungsbezirk	NOMOS
griech. Volksgemeinde	DEMOS
griech. Volksklasse	PHYLE
griech. Volksversammlung	AGORA
griech. Vorsilbe vier	TETRA
griech. Vorsilbe: Acker, Boden	AGRAR
griech. Vorsilbe: alt	PALAE
griech. Vorsilbe: beiderseits	AMPHI
griech. Vorsilbe: Blüte	ANTHO

griech. Vorsilbe: Blut	HAEMA
griech. Vorsilbe: Blut	HAEMO
griech. Vorsilbe: End-	TELEO
griech. Vorsilbe: eng, schmal	STENO
griech. Vorsilbe: erst	PROTO
griech. Vorsilbe: Fett	STEAT
griech. Vorsilbe: Feuchtigkeit	HYGRO
griech. Vorsilbe: Freund	PHILO
griech. Vorsilbe: fünf	PENTA
griech. Vorsilbe: Gefäß	ANGIO
griech. Vorsilbe: gerade, recht	ORTHO
griech. Vorsilbe: groß	MAKRO
griech. Vorsilbe: heilig	HIERO
griech. Vorsilbe: Höhen	HYPSO
griech. Vorsilbe: hundert	HEKTO
griech. Vorsilbe: klein	MIKRO
griech. Vorsilbe: Krankheits....	PATHO
griech. Vorsilbe: Landwirtschaft	AGRAR
griech. Vorsilbe: langsam	BRADY
griech. Vorsilbe: Leber	HEPAT
griech. Vorsilbe: Mann	ANDRO
griech. Vorsilbe: Millionstel	MIKRO
griech. Vorsilbe: Pflanzen	PHYTO
griech. Vorsilbe: reich	PLUTO
griech. Vorsilbe: schnell	TACHO
griech. Vorsilbe: schnell	TACHY
griech. Vorsilbe: Seele	PSYCH
griech. Vorsilbe: sieben	HEPTA
griech. Vorsilbe: Sonne	HELIO
griech. Vorsilbe: Stein	LITHO
griech. Vorsilbe: Stein	PETRO
griech. Vorsilbe: tot	NEKRO
griech. Vorsilbe: über	HYPER
griech. Vorsilbe: unecht	PSEUD
griech. Vorsilbe: Wasser	HYDRO
griech. Vorsilbe: weiß	LEUKO
griech. Vorsilbe: Welt	KOSMO
griech. Vorsilbe: wenig	OLIGO
griech. Vorsilbe: Ziel	TELEO
griech. Zauberin	KIRKE
griech. Zykladeninsel	PAROS
griech.: allein	MONOS
griech.: Angst	TREMA
griech.: Augapfel	GLENE
griech.: Endzweck	TELOS
griech.: Erlöser	SOTER
griech.: fort!	APAGE
griech.: Gesetz	NOMOS
griech.: Haut	DERMA
griech.: Kelch	KALYX
griech.: Lied	MELOS
griech.: Lösung	LYSIS
griech.: Retter	SOTER
griech.: spitz	AKROS
griech.: Tugend, Tauglichkeit	ARETE
griech.: Vorsilbe süß	GLYKO
griech.: Ziel	TELOS
Griechenahorn	GOMBO
Grille, Laune	MUCKE
Grille, Zikade	ZIRPE
Grimm	GROLL
Grimmdarm	KOLON
grob, ungesittet	RUEDE
grönländ. Stadt	THULE
größere Erdschicht	FESTE
größte der Kykladen	NAXOS
größte griech. Insel	KRETA
größte japan. Insel	HONDO
größte Körperdrüse	LEBER
größter europ. Strom	WOLGA
größter französ. Fluß	LOIRE
größter nordfranz. Fluß	SEINE
größter Strom Thailands	MENAM
größtes Tasteninstrument	ORGEL
Grog, Palmwein	TODDY
großartig	FAMOS
großartig, vortrefflich	SUPER
Großbauer im zarist. Rußland	KULAK
große Ansiedlung	STADT
große Buchseite	FOLIO
große Pille	BOLUS
große Raubkatze	TIGER
großer Fluß	STROM
großer Krug	KRUKE
großer Mensch	RIESE
großer Raum	HALLE

großer Truppenverband	ARMEE
großes Faß	TONNE
große Wärme	HITZE
große Zahl	MENGE
Großfamilie	SIPPE
Großflugzeug	JUMBO
Großkatze	LOEWE
Großmarkt	MESSE
Großmaul, Prahlhans	PROTZ
Großraumdüsenflugzeug	JUMBO
Großspiel beim Skat	GRAND
Großstaat	REICH
Grube	KUHLE
Gründer der Heilsarmee	BOOTH
Gründer der UdSSR	LENIN
Gründer des altpers. Reiches	CYRUS
Gründer e. feinmechan. Fabrik	LEITZ
Grünfläche	RASEN
Grünober	BASTE
Grummet	OEHMD
Grundfläche	AREAL
Grundfläche	BODEN
Grundforelle	LANKE
Grundgedanke, Hauptmotiv	THEMA
Grundgehalt	FIXUM
Grundkapital	STOCK
Grundlage	BASIS
Grundlage	BODEN
Grundlinie	BASIS
Grundsatz	DOGMA
Grundsatz, Lehrsatz	REGEL
Grundschleppnetz	KURRE
Grundschleppnetz	TRAWL
Grundschulfach	LESEN
Grundstellung der Sprechorgane	LALEM
Grundstücksmiete	PACHT
Gruppe, Herde, Horde	SCHAR
Gruppe d. Marshall-Inseln	RALIK
guatemaltek. Vulkan	FUEGO
gültig	VALID
günstiger Segelwind	BRISE
Güte	MILDE
Güterdepot	LAGER
Gummibaum	FICUS
Gummiharz	ASANT
Gußhohlform	MODEL
gutart. Fettgeschwulst	LIPOM
gutart. Fettgeschwulst	LIPOM
gut erzogen	ARTIG
Gutschein, Gutschrift	BONUS
Gymnasialklasse	PRIMA
Gymnasialklasse	SEXTA
gymnastisches Handgerät	KUGEL
Haarbogen im Gesicht	BRAUE
Haarbüschel, Haarschopf	TOLLE
Haargebilde d. Vögel	FEDER
Haarreihe am Auge	BRAUE
Haarringel	LOCKE
Haarstern	KOMET
Hacke	FERSE
Hackfleischgericht	HACHE
Hackfrucht, Wurzelgemüse	RUEBE
Händel	HADER
Hängelampe	AMPEL
Hafen an der Emsmündung	EMDEN
Hafenstadt am Dollart	EMDEN
Hafenstadt am Roten Meer	AKABA
Hafenstadt auf den Azoren	HORTA
Hafenstadt auf der Krim	JALTA
Hafenstadt auf Hondo	AKITA
Hafenstadt in Alaska	SITKA
Hafenstadt in Costa Rica	LIMON
Hafenstadt in Florida (USA)	TAMPA
Hafenstadt in Israel	EILAT
Hafenstadt in Kamerun	DUALA
Hafenstadt in Mosambik	BEIRA
Hafenstadt in Panama	COLON
Hafenstadt in Puerto Rico	PONCE
Hafenstadt in Südisrael	ELATH
Hafenstadt in Süd-Korea	MOKPO
Hafenstadt in Süd-Korea	PUSAN
Hafenstadt in Tansania	TANGA
Hafenstadt in Zaire	ILEBO
Haff	LIMAN
Haftzeher	ECHSE
Haftzeher	GECKO
hager	MAGER
Hahnrei, Narr	GAUCH
Halbaffe	INDRI
Halbaffe	LEMUR
Halbblut	MANGO
Halbblut, Mischling	ZAMBO
Halbbogen	FOLIO

Clue	Answer
halber Liter	HALBE
halbe Wappenlilie	GLEVE
Halbmetall	ARSEN
halbrunde Nische	APSIS
Halbsamt	TRIPP
Halbschaf	NAHUR
Halbschuhe ohne Senkel	PUMPS
Halbton i.d. griech. Musik	LIMMA
Hallighaus	WARFT
Hallig-Hügel	WARFT
Hallig-Hügel	WURTE
Halogen	ASTAT
Halsentzündung	KRUPP
Halsfalte des Rindes	WAMME
Halsteil	KEHLE
Halstuch, Schultertuch	SCHAL
Halswirbel	ATLAS
Halt, Aufenthalt	STOPP
Halter	GRIFF
Hamburg. Schiffahrtsgesellschaft	HAPAG
Hamburger Schauspielerin	KABEL
Hamburger Stadtkanal	FLEET
Hammelbraten mit Reis u. Eiern	KEBAB
Hammerklavier	PIANO
Handbesen	FEGER
handelnd	AKTIV
Handelsbuchrechnung	KONTO
Handelsname	FIRMA
Handelsniederlassung	DEPOT
Handelsplatz	MARKT
Handelsplatz, -niederlassung	LAGER
Handelsvertreter	AGENT
Handelszeichen	MARKE
Handgepäck	MAPPE
Handgriff	HEBEL
Handhabe	GRIFF
handlich (lat.)	HABIL
Handlung v. Buch, Film, Theater	SUJET
Handmähgerät	SENSE
Handreichung	HILFE
Handschrift	CODEX
Handschrift	KODEX
Handschuhleder	GLACE
Handschuhleder	NAPPA
Handturngerät	KEULE
Handwerkervereinigung	ZUNFT
Handwerksarbeit beim Kunden	STOER
Hansestadt bei Detmold	LEMGO
Hanswurst	CLOWN
Harn, Urin	PISSE
Harnabsonderungsorgan	NIERE
Harnsäuregrundstoff	PURIN
Harnstoffverbindung	UREID
Hartebeest	KAAMA
harter Obstkern	STEIN
Hartmetall	TITAN
Hartmetall	WIDIA
Harz-Bestandteil	RESEN
Harz-Kurort an der Bode	THALE
Haselmaus	BILCH
Haselmaus	RELLE
Hasenfell	KANIN
Hasenherz	MEMME
Hasenlager	SASSE
Hasenschwanz	BLUME
Hasenweibchen	ZIBBE
hasten	EILEN
hasten	JAGEN
Haube	KAPPE
Haudegen	RECKE
Haue	KEILE
Haue, Prügel	SENGE
Hauptfluß Mährens	MARCH
Hauptgebäude der Ritterburg	PALAS
Hauptinsel d. Philippinen	LUZON
Hauptmelodie	TENOR
Hauptort von Niue	ALOFI
Hauptschlagader	AORTA
Hauptst. d. Kantons Nidwalden	STANS
Hauptst. von Weißrußland	MINSK
Hauptstadt d. Depart. Gard	NIMES
Hauptstadt d. Marshallinseln	ULIGA
Hauptstadt d. Marshallinseln	ULIGA
Hauptstadt der Ciskei	BISHO
Hauptstadt der Kapverden	PRAIA
Hauptstadt der Phönizier	SIDON
Hauptstadt der Phönizier	TYROS
Hauptstadt v. Senegal	DAKAR
Hauptstadt v. Vietnam	HANOI
Hauptstadt von Bangladesch	DHAKA
Hauptstadt von Delaware (USA)	DOVER
Hauptstadt von Ecuador	QUITO

Hauptstadt von Ghana	ACCRA	Hauptwerk der Kabbala	SOHAR	Hebevorrichtung	GRIFF	Heiliger, Märtyrer	GEORG
Hauptstadt von Gotland	VISBY	Hauptwort	NOMEN	hebräisch. Name f. Babylon	BABEL	Heiliger, Märtyrer	SIMON
Hauptstadt von Guam	AGANA	Hauserweiterung	ANBAU	hebräischer Priester	KOHEN	Heiliger, Nothelfer	VITUS
Hauptstadt von Jordanien	AMMAN	Hausfest	PARTY	Hebriden-Insel	CANNA	Heiliger Vater	PAPST
		Hausflur	DIELE			heiliges Buch der Mandäer	GINZA
Hauptstadt von Menorca	MAHON	Hausflur im Bauernhaus	FLETT	Hebriden-Insel	ISLAY	Heilige Schrift	BIBEL
Hauptstadt von Nauru	MAKWA	Haushofmeister im Mittelalter	MEIER	Hebriden-Insel	LEWIS	Heilige Schrift d. Islam	KORAN
Hauptstadt von Nauru	YAREN			Hebriden-Insel	TIREE		
				Hebriden-Inselgruppe	BARRA	heilige Stadt in Äthiopien	AKSUM
Hauptstadt von Neukaledonien	NUMEA	Hausrock	JOPPE	Hebung	ARSIS	Heilpflanze	ALANT
		Haustier	KATZE	Hebung im Vers	IKTUS	Heilpflanze	MALVE
		Haustier	SCHAF				
		Haustier, Nutztier	ZIEGE	Hechtangel	DARGE	Heilpflanze	MINZE
Hauptstadt von Nigeria	LAGOS	Haustierkrankheit	SURRA	Heeresabteilung	KORPS	Heilpflanze, Lippenblütler	ZIEST
Hauptstadt von Oregon (USA)	SALEM	Hausvorbau	ALTAN	Heereseinheit	ARMEE		
		Hautentzündung	EKZEM	Heerhaufen, Vortrab	HARST	Heilschlamm	FANGO
Hauptstadt von Palau	KOROR	Hautflügler	WESPE	Heft, Handgriff	STIEL	Heimat des Kaffees	KAFFA
Hauptstadt von Rheinl.-Pfalz	MAINZ	Hautknötchen	PAPEL	Heft des Messers	GRIFF	Heimat des Teestrauchs	ASSAM
		Hautpflegesalbe	CREME				
Hauptstadt von Tunesien	TUNIS	Hauttuberkulose	LUPUS	heftiger Leibschmerz	KOLIK	Heim für adlige Damen	STIFT
		Hautwucherung	WARZE	heftiges Verlangen	MANIE		
Hauptstadt von Westaustralien	PERTH	Havel-Zufluß	DOSSE	Heidekraut	ERIKA	heimischer Straßenvogel	SPATZ
		Havel-Zufluß	NUTHE	Heidekrautgewächs	PORST	heimtückisch	DOLOS
Hauptstamm d. Sudanneger	MOSSI	Havel-Zufluß	PLANE	Heidelandschaft in Westfalen	SENNE	Heinzelmännchen, Wicht	ZWERG
Hauptstern im Adler	ATAIR	Havel-Zufluß	SPREE				
		Hawaii-Insel	KAUAI	Heiland	JESUS	heißer Wüstenwind	SAMUM
Hauptstern im Schwan	DENEB	Hawaii-Insel	LANAI	Heilerde	BOLUS		
		Hebel, Hebebaum	SPAKE	heilig	SANKT	Heißluftbad	SAUNA
Hauptstern in der Jungfrau	SPIKA			Heilige d. Kirche	MARIA	heiter (lat.)	SEREN
		Hebel am Steuerruder	PINNE	Heiliger, Apostel der Inder	XAVER	Heizmaterial	KOHLE

Held, Halbgott	HEROE	Herr in Afrika	BWANA	Heuschober	MIETE	hinfällig (lat.)	KADUK
Held, Halbgott	HEROS	Herrschaft	MACHT	heutiger Name d. Peloponnes	MOREA	Hingabe, Hingebung	OPFER
Held, Krieger	RECKE	Herrschaftsgebiet	REICH	heutiger Name von Saida	SIDON	hinlänglich	GENUG
Helenenkraut	ALANT	Herrschersitz, Ehrensitz	THRON			Hinrichtungsvorrichtung	KREUZ
hell	LICHT			Hexerei	MAGIE		
hell, klar	LUZID	Herrschersymbol	KRONE	hierher	HERAN	Hinterbliebene	WITWE
hell, leuchtend	BLANK			hier herunter	HERAB	Hinterhalt	FALLE
hell, licht	LUZID	Herrschgewalt	MACHT	Hilfsgeistlicher	KURAT	Hinterhalt	LAUER
helle Freude	JUBEL	herumbeißen	NAGEN			hinterind. Volksgruppe	SAKAI
hellenistische Sprache	KOINE	herumtollen	TOBEN	Hilfszeitwort	HABEN	hinterind. Wildrind	GAYAL
helles Möbelholz	LIMBA	hervorragende Spitze	ZACKE	Himalajagipfel	KAMET	hinterindisch. Volk	KHMER
				Himalajahochland	TIBET		
hellgelbgrau	BEIGE	hervorsehen	LUGEN	Himalaja-Kleinbär	PANDA	hinterlegte Bürgschaft	PFAND
hellhaarig	BLOND	Herz im Kartenspiel	COEUR	Himalaja-Volk	NEWAR	Hinterlegtes	DEPOT
Helligkeit	GLANZ						
Helligkeit	LICHT	herzlich	INNIG	himmelblau	AZURN	Hinterleibsglied bei Kerftieren	RAIFE
Helling	HELGE	Herzog von Kurland	BIRON	Himmelsbote	ENGEL		
hellster Stern am Himmel	VENUS	hess. Kurort am Taunus	SODEN	Himmelskönigin	MARIA	hinweg	DAVON
				Himmelskörperbahn	ORBIT	hinweisendes Fürwort	DIESE
Hemdkrause	JABOT	hess. Stadt an d. Nidda	NIDDA	Himmelsrichtung	OSTEN	Hirnhautvene	SINUS
herangewachsen	ADULT						
herankommen	NAHEN	hess. Stadt an der Fulda	FULDA	Himmelsträger d. griech. Sage	ATLAS	Hirschkuh	HINDE
Herausforderung	WETTE					Hirschschwanz	WEDEL
Herbstblume	ASTER	hess. Weinstadt am Mittelrhein	LORCH	hinauf	EMPOR	Hirschziegenantilope	SASSI
Herbstblume	MALVE			Hindu-Asket	SADHU		
Herde	HORDE	hessische Stadt	BEBRA	hinduist. Göttin	DURGA	Hirseart	FENCH
Herde, Meute	RUDEL	hessische Stadt	HANAU	hinduist. Kasten	VARNA	Hitlers Architekt	SPEER
Heringsboot	BUESE	Hetzruf	HUSSA	hinduist. Naturgötter	DEVAS	hochbegabter Mensch	GENIE
Heringsfangboot, -schiff	BUESE	Heuchelei	MACHE			hochbetagt	GREIS
		Heuchler, Kriecher (franz.)	KAGOT	Hindu-Lehrbücher	SUTRA	hochbetagt	URALT
Hernie	BRUCH						
Herrenbekleidung	ANZUG	Heugabel	FORKE	hinfällig, gebrechlich	SIECH	Hochbetagter	GREIS
		Heuptstadt e. arabisch. Emirats	DUBAI				
Herrenjackett	SAKKO						

hoch empor reichen	RAGEN	höchstbewertetes Skatspiel	GRAND	Hohlmaß, Raummaß	LITER	Hptst. d. schweiz. Kantons Aargau	AARAU
Hochgebirge in Europa	ALPEN	höchste hinduist. Gottheit	INDRA	Hohn, Ironie	SPOTT	hübsch	FESCH
Hochgebirgstier	GEMSE	höchster Berg von Korsika	CINTO	holländ. Käse	GOUDA	Hüfte	LENDE
Hochgebirgsweide	MATTE	höchster griech. Berg	GIONA	holländ. Landschaftsmaler	GOYEN	Hühnerschar	KETTE
hochgemut, hochmütig	STOLZ	höchster Punkt d. Himmelsgewölbs	ZENIT	holländ. Maler	HOOGH	Hühnervogel	FASAN
hochgeschätzt	TEUER	höchster Pyrenäengipfel	ANETO	Holzbearbeitungswerkzeug	SAEGE	Hülle	BEZUG
hochgestimmt, überglücklich	SELIG	höchstes Gebirge Europas	ALPEN	Holzbottich, Bütte	ZUBER	Hülle der Insektenpuppen	KOKON
hochgewachsen	GROSS	Höchstfrequenzerzeuger	MASER	Holzbrett	DIELE	Hülsenfrucht	BOHNE
hochgradig	KRASS	Höckertier	KAMEL	Holzflößung	TRIFT	Hülsenfrucht	ERBSE
hochhieven	HEBEN	höflich	ARTIG	Holzfußboden	DIELE	Hülsenfrucht	LINSE
Hochland in Brasilien	GOIAS	höfliches Ersuchen	BITTE	Holzgeflecht	FLAKE	Hülsenfruchtbaum	SAMAN
Hochmut, Hochnäsigkeit	STOLZ	Höflichkeitsbezeugung	GRUSS	Holzschlag	MAISS	Hüter der Herde	HIRTE
Hochofenöffnung	GICHT	Höhenzug in Thüringen	FINNE	Holzstreichmaterial	BEIZE	Huftier, Roß	PFERD
hochrädrige Kutsche	BUGGY	Höhepunkt, Scheitelpunkt	ZENIT	Holzwaffe	KEULE	Hugenottenführer	ROHAN
Hochruf	HURRA	hölzerner Behälter	KISTE	Honiginsekt	BIENE	Huhn	HENNE
Hochruf	VIVAT	Höriger	LASSE	Honigscheibe	FAVUS	Huld	GUNST
Hochseesteuermann	PILOT	Hofburg im Mittelalter	PFALZ	Hopfenkrankheit	GELTE	humusreich	HUMOS
Hochwasserschutz	DEICH	Hoheitszeichen	FAHNE	Horde	BANDE	hundeartiges Raubtier	FUCHS
hochwertig, vorzüglich	PRIMA	Hohlfläche	KEHLE	Horde	MEUTE	Hundemännchen	RUEDE
Hochwildfett	FEIST	Hohlgesichtsform	MASKE	Hornklee	LOTUS	Hunderasse	BOXER
Hochzeiterin	BRAUT	Hohlkörper	BLASE	Hornsubstanz (Finger, Zehen)	NAGEL	Hunderasse	DOGGE
Hochziel	IDEAL	Hohlkörper	KUGEL	Hose aus Denim	JEANS	Hunderasse	SPITZ
Höchstbegabung	GENIE			Hostienbehälter	BURSE	Hunderasse mit Kraushaar	PUDEL
				Hostienbüchse	PYXIS	hundertäugiger Riese	ARGUS
				Hostienlöffel	LABIS	Hundskopfaffe	DRILL
				Hottentotten-Stamm	NAMAS	Hundskopfaffe	MAGOT

Hundskopfaffe	MAKAK	ind. Baldriangewächs	NARDE
Hunnenkönig	ETZEL	ind. Eingeborenensoldat	SEPOY
hurtig	FLUGS	ind. Gebiet	INDRA
Hussitenführer	ZISKA	ind. Gott d. Sonne	INDRA
Hutaffe	MAKAK	ind. Großmogul	BABER
Hutschlange	ASPIS	ind. Großmogul	BABUR
Hutschmuck der Jäger	BRUCH	ind. Großmogul	MOGUL
Hyksos-König	CHIAN	ind. Holzart	AKANA
iatl.: zur Hälfte	AMETA	ind. Palmfaser	KITUL
iber. Längenmaß	LEGUA	ind. Physiker (Nobelpreis)	RAMAN
idyllisch, anheimelnd	TRAUT	ind.: alle Lebenstaten	KARMA
Iltisart	FRETT	ind.: Herr	SAHIB
Imbiß	JAUSE	in den Alpen	ALPIN
Imbiß (engl.)	SNACK	in der Achse gelegen	AXIAL
im Dienst wirken	AMTEN	indian. Sprachgruppe	NAHUA
Imme	BIENE	indian. Stammeszeichen	TOTEM
Immergrün	VINCA	Indianersprachgruppe	ARUAK
immergrüner Nadelbaum	ZEDER	Indianerstamm, -sprache	MOSAN
immergrüner Strauch	BUCHS	Indianerstamm, -sprache	NUTKA
immergrüner Strauch	MYRTE	Indianerstamm, -sprache	SIOUX
immer wenn	SOOFT	Indianertrophäe	SKALP
Imperium	REICH	in die Höhe	EMPOR
Impfpustel	POCKE	in diesem Jahr	HEUER
Impfstoff	SERUM	indisch. Asket	FAKIR
Impulsmoment	DRALL	indisch. Dichter	IQBAL
Inbegriff, Quintessenz	WESEN	indisch. Fürstentitel	NISAM
Inbegriff des Bösen	SATAN	indisch. Gebiet	DAMAO
		indisch. Geldfürst	NABOB
		indisch. Großmogul	AKBAR
		indisch. Herrscher	MOGUL
		indisch. Randgebirge	GHATS
		indisch. Sprache	BHILI
		indisch. Staat	ASSAM
		indisch. Staatsmann	NEHRU
		indisch. Territorium	DELHI
		indisch. Wandermönch	SADHU
		indische Bauernkaste	SUDRA
		indische Bergziege	GORAL
		indische Fürstin	BEGUM
		indische Gesellschaftsschicht	KASTE
		indischer Fruchtbaum	MANGO
		indischer Sonnengott	SURJA
		indischer Staat	BIHAR
		indische Schleichkatze	MUNGO
		indische Schrift, Sprache	TAMIL
		indische Seerose	LOTOS
		indisches Glückszeichen	TILAK
		indische Staatssprache	HINDI
		indische Stadt	PATNA
		indische Stadt in Gujarat	SURAT
		indische Stadt in Maharashtra	POONA
		indisches Volk	ORIJA
		indische Volksgruppe	ORIYA
		indische Währung	RUPIE
		Indischgelb	PUREE
		indoarischer Gott	MITRA
		indogerman. Volk in Rumänien	DAKER
		Indogermane	ARIER
		Indogermane	KELTE
		Indogermane	SLAWE
		indones. Gewichtseinheit	BIHAR
		indones. Insel	AMBON
		indones. Insel	SUMBA
		indones. Inselgruppe	BANDA
		indones. Inselgruppe	BUTON
		indones. Provinz	IRIAN
		indones. Stadt auf Sumatra	MEDAN
		indones. Stamm auf Sumatra	BATAK

indones. Sundainsel	TIMOR	innige Zuneigung	LIEBE	irak. Stadt	ARBIL	irisch: See, Bucht	LOUGH
indones. Volksstamm	MOKEN	Innung	GILDE	irakische Hafenstadt	BASRA	Irre, Fehlleitung	ABWEG
		Inn-Zufluß	GLONN	irakische Stadt	HILLA	Irreführung	BLUFF
Industriestadt an der Saale	LEUNA	Insektenlarve	PUPPE	irakische Stadt	NAJAF	irrtümlich	IRRIG
Industriestadt bei Merseburg	LEUNA	Insektenlarve	RAUPE	irakische Stadt am oberen Tigris	MOSUL	Isaaks Sohn	JAKOB
		Insel bei New York	ELLIS			Isar-Zufluß	ACHEN
Infektionsursache	VIRUS	Insel der Kanaren	PALMA	iran. Langhalsgitarre	SITAR	Isar-Zufluß	AMMER
in Gramm ausdrückbar	MOLAR	Insel-Europäer	BRITE	iran. Stadt am Kaspisch. Meer	RASHT	Isar-Zufluß	AMPER
		Inseleuropäer	KORSE			isländ. Gürtelringen	GLIMA
Inhaberschuldverschreibung	BONDS	Inselstaat im Mittelmeer	MALTA	iran. Volksgruppe	ASERI	isländ. Münze	AURAR
Inhaltslosigkeit	LEERE	Insel v. Äquatorialguinea	BIOKO	iranisch. Fluß	KARUN	isländ. Ringkampf	GLIMA
Inhaltsverzeichnis	INDEX	Insel v. Äquatorialguinea	MBINI	iranische Stadt	ABBAS	isländ. Währungseinheit	KRONE
				iranische Stadt	AHVAZ		
Inkarnation Vishnus	KALKI	Insel von Tansania	PEMBA	iranische Stadt	BUKAN	islam. Armensteuer	SAKAT
Inka-Sippe	AYLLU	Insel von Vanuatu	EFATE	irgendeine Sache	ETWAS	islam. Gebetsrichtung	KIBLA
innen	DARIN	Insel vor Neapel	CAPRI	irisch. Dichter (Nobelpreis)	YEATS		
innen (lat.)	INTUS	Insel vor Pommern	RUDEN			islam. Herrschertitel	KALIF
Innenorgan	LEBER	insgesamt	ALLES	irisch. Fluß in Ulster	LAGAN	islam. Hochschüler	SOFTA
innerasiatisch. Gebirge	ALTAI	in sich geschlossene Linie	KREIS	irisch. Schriftsteller	JOYCE	islam. philippinische Malaien	MOROS
innerasiatischer Fluß zum Lop-nor	TARIM	Intellekt	GEIST	irischer Kelte	SKOTE		
		intelligent	HELLE				
innerer Drang, Begierde	TRIEB	Interessengruppe	LOBBY	irischer Popsänger	BURGH	islam. Rechtsgutachten	FETWA
innerer Trieb	DRANG	Interessenvertretung	LOBBY	irischer Schriftsteller	SYNGE	islam. Sagengestalt	CHIDR
inneres Organ d. Menschen	MAGEN	Interimsschein	SCRIP	irischer Wollstoff	TWEED	islam. Sagengestalt	CHIDR
		Internat am Bodensee	SALEM	irische Schriftstellerin	BOWEN	islam. Sagengestalt	CHIDR
innere Unruhe	SORGE			irische Stadt am Garrogue	SLIGO		
innerhalb	INNEN	inwendig	INNEN			islam. Sektenstifter	KABIR
innig	INTIM	inwendig	INTUS			islam. Sektenstifter	

islam. Stundengebet	SALAR	ital. Adriahafen	TRANI	ital. Frauenname	LUCIA	ital. Männername	PAOLO
islam. Theologe	ULEMA	ital. Architekt	NERVI	ital. futurist. Maler	BALLA	ital. Männername	PIERO
islamisch. Heiligtum	KAABA	ital. Architekt	PONTI	ital. futurist. Maler	CARRA	ital. Maler (Frührenaiss.)	CREDI
islamisch. Lehrbuch	SUNNA	ital. Arzt (Nobelpreis)	GOLGI	ital. futurist. Maler	CARRA	ital. Name v. Rijeka	FIUME
islamisch. Name für Gott	ALLAH	ital. Atomphysiker (Nobelpr.)	FERMI	ital. futuristischer Maler	CARRA	ital. Opernkomponist	VERDI
islamisch. Rechtsgelehrter	MUFTI	ital. Autorennstrecke	MONZA	ital. Geigenbauerfamilie	AMATI	ital. Philosoph	BRUNO
islamisch. Rechtsgelehrter	ULEMA	ital. Barke mit Verdeck	PEOTA	ital. Hafen am Ligur. Meer	GENUA	ital. Philosoph u. Politiker	CROCE
islamisch. Schutzgeist	MALIK	ital. Baßbariton	SIEPI	ital. Hafen am Tyrrhen. Meer	GAETA	ital. Physiker (Elektrizität)	VOLTA
islamisch. Wallfahrtsort	MEKKA	ital.-belg. Sänger	ADAMO	ital. Hafenstadt	GENUA	ital. Politiker	CRAXI
islamischer Engel	NAKIR	ital. Bildhauer	MANZU	ital. Heiliger	BOSCO	ital. Priestermönch	PADRE
Isoldes Gemahl	MARKE	ital. Charakterrolle	GOFFO	ital. Histologe	GOLGI	ital. Renaissance-Dichter	TASSO
israel. Autor (Nobelpreis)	AGNON	ital. Chemiker (Nobelpreis)	NATTA	ital. Humanist	BEMBO	ital. Riviera-Kurort	NERVI
israel. konservat. Parteien	LIKUD	ital. Dichter (16. Jh.)	TASSO	ital. Inselbewohner	SARDE	ital. Sängerin	MELBA
israel. Politiker	PERES	ital. Exkönigin	ELENA	ital. Komödiendichter	GOZZI	ital. Sängerin	MILVA
israel. sozial. Partei	MAPAI	ital. Filmregisseur	LEONE	ital. Komponist	BERIO	ital. Schauspielerin	LOREN
israel. Stadt am Golf von Akkaba	ELATH	ital. flaches Hefegebäck	PIZZA	ital. Komponist u. Dichter	BOITO	ital. Schlagersängerin	ALICE
israelisch. Politiker	DAJAN	ital. Flachgebäck	PIZZA	ital. Kulturphilosoph	CROCE	ital. Sopranistin	MOFFO
israelisch. Politiker (Nobelpreis)	BEGIN	ital. Fluß zum Mittelmeer	TIBER	ital. Landschaft bei Rom	LAZIO	ital. sozialist. Politiker	NENNI
israelitisch. König	DAVID	ital.-franz. Komponist	LULLY	ital. Männername	CARLO	ital. Spielkarte	KAVAL
it.-franz. Zuchthaus	BAGNO	ital. Frauenname	ELENA	ital. Männername	MARCO	ital. Stadt am Isonzo	GOERZ

Clue	Answer
ital. Stadt am Po	TURIN
ital. Stadt am Velino	RIETI
ital. Stadt am Volturno	CAPUA
ital. Stadt an der Dora Baltea	IVREA
ital. Stadt an der Nera	TERNI
ital. Stadt an Sura u. Gesso	CUNEO
ital. Stadt bei Bologna	IMOLA
ital. Stadt bei Mailand	MONZA
ital. Stadt in Apulien	LECCE
ital. Stadt in der Toskana	PRATO
ital. Stadt in der Toskana	SIENA
ital. Tenor	GIGLI
ital. Vulkan	AETNA
ital. Vulkan bei Neapel	VESUV
ital. Weinsorte	ELORO
ital. Weinsorte	SOAVE
ital. Weinsorte	ZUCCO
ital.: Abfall	FUSTI
ital.: auch	OSSIA
ital.: Bad	BAGNO
ital.: Bargeld	CASSA
ital.: Berg	MONTE
ital.: bewegt	MOSSO
ital.: Bier	BIRRA
ital.: bitte	PREGO
ital.: Blasorchester	BANDA
ital.: breit	LARGO
ital.: Brücke	PONTE
ital.: Buch	LIBRO
ital.: dasselbe, ebenso	DETTO
ital.: die Schöne	BELLA
ital.: Dorf, Vorort	BORGO
ital.: Dummkopf	GOFFO
ital.: ernst	SERIO
ital.: Feld	CAMPO
ital.: Feld	CAMPO
ital.: Feuer	FUOCO
ital.: Frau, Herrin	DONNA
ital.: Freude	GIOCO
ital.: Gebirgspaß	COLLE
ital.: genug!	BASTA
ital.: Geschmack	GUSTO
ital.: geschwind	TOSTO
ital.: Graf	CONTE
ital.: halb, mittel	MEZZO
ital.: Heilige	SANTA
ital.: Heiliger	SANTO
ital.: Heinz	ENZIO
ital.: Hochzeit	NOZZE
ital.: Holz	LEGNO
ital.: Horn	CORNO
ital.: hundert	CENTO
ital.: Insel	ISOLA
ital.: Jahrmarkt	FIERA
ital.: Kasse	CASSA
ital.: Kraft, Stärke	FORZA
ital.: Kreuz	CROCE
ital.: langsam	LENTO
ital.: lebe wohl!	ADDIO
ital.: leise	PIANO
ital.: Liebe	AMORE
ital.: lieblich	SOAVE
ital.: Ludwig	LUIGI
ital.: Messe	FIERA
ital.: Milch	LATTE
ital.: Mündung	BOCCA
ital.: Mund	BOCCA
ital.: Mutter	MADRE
ital.: Nacht	NOTTE
ital.: oben	SOPRA
ital.: ohne	SENZA
ital.: Oper	OPERA
ital.: Plünderung	SACCO
ital.: Rechnung	CONTO
ital.: Saite	CORDA
ital.: sanft, süß	DOLCE
ital.: Sattel	SELLA
ital.: Schwank, Posse	BUFFA
ital.: schwer	GRAVE
ital.: sehr, viel	MOLTO
ital.: sieben	SETTE
ital.: Sprung	SALTO
ital.: Stadt	CITTA
ital.: Stand, Stellung	POSTO
ital.: stark	FORTE
ital.: Tanz	BALLO
ital.: tausend	MILLE
ital.: Teigware	PASTA
ital.: Tod	MORTE
ital.: Tor	PORTA
ital.: Treppe	SCALA
ital.: trocken	SECCO
ital.: türkisch	TURCO
ital.: Turm	TORRE
ital.: Vater	PADRE
ital.: Veit	GUIDO
ital.: voll	PIENO
ital.: zehn	DIECI
ital.: Zeichen	SEGNO
ital.: Zeit	TEMPO
ital.: Zug	TRENO
ital.: zwanzig	VENTI
italien. Name d. Etsch	ADIGE
Jacke und Hose	ANZUG
Jäger d. griech. Sage	ORION

jäher, schwerer Fall	STURZ	japan. Politiker	IKEDA	Jazzkomponist, -musiker	NORVO	jordan. Stadt	KERAK
Jagdart	HETZE	japan. Region	KANTO	Jazzmusik-Spielart	DRIVE	jordan. Stadt	SERKA
Jagdart mit Hund	SUCHE	japan. Region	KINKI	Jazzrhythmus	STOMP	juckender Hautausschlag	EKZEM
Jagdbezirk	FORST	japan. Schwertfechten	KENDO	Jazzstil	BEBOP	Judenviertel	GETTO
Jagdergebnis	BEUTE	japan. Schwertstichblatt	TSUBA	Jeansstoff	DENIM	Judohose	ZUBON
Jagdhundkoppel	MEUTE	japan. Shintotempeltor	TORII	jederzeit	IMMER	jüd. Freudenfest	PURIM
Jagd mit Greifvögeln	BEIZE	japan. Stadt	CHIBA	jedoch	INDES	jemenit. Hafenstadt	MOCHA	jüd. Militärverband in Palästina	IRGUN
Jagdtuch	BLAKE	japan. Stadt	CHIBA	jemenit. Hafenstadt	MOKKA	jüd. Religionsphilosoph	BUBER
Jagdwagen	BREAK	japan. Stadt	KYOTO	jemenit. Insel	PERIM	jüd. Schläfenlocken	PEIES
Jahresteil	MONAT	japan. Stadt auf Hondo	URAWA	Jetztzeit	HEUTE		
Jakobs Frau	RAHEL	japan. Stadt auf Honschu	KIOTO	jidd.: beschwipst	MOLUM	jüdisch. Ehrentitel	RABBI
Jangtsekiang-Zufluß	MINHO	japan. Stadt auf Honschu	KIRIU	jidd.: Braut	KALLE	jüdisch. Erzvater	ISAAK
Janker	JACKE	japan. Stadt auf Kiuschu	OMUTA	jidd.: Dieb, Gauner	GANEF	jüdisch. Gesetzeslehrer	RABBI
japan. Architekt	TANGE	japan. Stockfechten	KENDO	jidd.: Gerede	BAFEL	jüdisch. Osterbrot	MATZE
japan. Automarke	HONDA	japan. Wallfahrtsort	KIOTO	jidd.: guter Verkauf	MEZIS	jüdisch. Ostermonat	NISAN
japan. buddhist. Partei	KOMEI	japan. Wallfahrtsort	NIKKO	jidd.: junge Frau	KALLE	jüdisch. Passah-Monat	NISAN
japan. Feldmaß	TSUBO	javanisches Färbverfahren	BATIK	jidd.: Unsinn	STUSS	jüdisch. Religionsstifter	MOSES
japan. Gewicht	MOMME	Jazzgesangsstil	SHOUT	jochartig (lat.)	JUGAL	jüdisch. Schriftgelehrter	AKIBA
japan. Gynäkologe	OGINO	Jazzinstrument	BANJO	Jodmetall	JODID	jüdisches Schriftrolle	THORA
japan. Hafenstadt auf Hondo	OSAKA	Jazz-Instrumentaleffekt	GROWL	Jodmineral	JODIT		
japan. Hafenstadt auf Hondo	SAKAI	Jazzkomponist, -musiker	KIRBY	Jodsäuresalz	JODAT	jüngster Lehrling	STIFT
japan. Hauptstadt	TOKIO	Jazzkomponist, -musiker	LUTER	Jodverbindung	JODOL	jugosl. Adria-Insel	LISSA
japan. Kaiser	MEIJI			Johannisbrotsamen	KARAT	jugosl. Berg	ORJEN
japan. Maler d. 18. Jh.	KORIN			Jollenkreuzer	JACHT	jugosl.-rumän. Landschaft	BANAT
japan. Maß	TSCHI			jordan. Hafenstadt	AKABA		
				jordan. Stadt	IRBID		

jugosl. Stadt an der Drau	ESSEG	junge Wildsau	BACHE	kalkreicher Ton	TEGEL	Kaninchenschwanz	BLUME
jugosl. Stadt an der Unna	BIHAC	Jungfernhäutchen	HYMEN	kalt	KUEHL	kantig	ECKIG
		Jungmitglied	PIMPF	Kambodschaner	KHMER	Kanu-Bootstyp	KAJAK
jugoslaw. Adriahafen	KOTOR	Jungpferd	ENTER	Kammer, Wohnraum	STUBE	Kanzleiformat	FOLIO
jugoslaw. Adriahafen	ZADAR	Jungwald	MAISS	Kammerdiener	GROOM	Kanzler Heinrichs VIII.	MORUS
		jur.: Vormundschaft	TUTEL	Kammerdiener	LAKAI		
jugoslaw. Adria-Insel	MLJET	jurist. Handbuch	KODEX	Kammgarngewebe	PERLE	Kaplan, Hilfsgeistlicher	VIKAR
jugoslaw. Adria-Insel	MOLAT	jurist. Hinweis	INDIZ	Kammgarngewebe	RASCH	Kappe	HAUBE
jugoslaw. Adria-Insel	PRVIC	jurist.: böse Absicht	DOLUS	Kammgarngewebe	TIBET	Kapverdische Insel	BRAVA
jugoslaw. Adriainsel	UNIJE	Jute-Ersatz	KENAF	Kampf, Widerstand	TRUTZ	Karawanentier	KAMEL
jugoslaw. Adria-Insel	ZIRJE	Juwel	BIJOU	Kampfaxt	BARTE	karg	KNAPP
		Juwelengewicht	KARAT			Karibik-Insel	KITTS
jugoslaw. Fluß	BOSNA	Jux, Jokus	SPASS	Kampfbünde Mussolinis	FASCI	Karibik-Insel	NEVIS
jugoslaw. Hafenstadt in Istrien	POREC	Kader	STAMM	Kampfgerät	WAFFE	karierte Wolldecke	PLAID
		Käfig	KOBEN			Karnevalsrednerpult	BUETT
		Kämpe, Krieger	RECKE	Kampflied auf Apoll	PAEAN		
jugoslaw. Save-Zufluß	DRINA	Käsestoff	QUARK			Karolinen-Inselgruppe	PALAU
		Käsewasser	MOLKE	Kampfrichter	JUROR	Karpatengebiet	BANAT
jugoslaw. Stadt an d. Donau	ZEMUM	käufl. Erwerb	BEZUG	Kampfspiel	MATCH	Karpatengebirge	TATRA
jugoslaw. Stadt an der Nischawa	NISCH	Kaffernstamm	PONDO	Kampfsport	BOXEN	Karpatenpaß	DUKLA
		Kaiserresidenz im Mittelalter	PFALZ	Kampfzone	FRONT	Karpfenart	AITEL
jugoslaw. Stadt an der Save	SISAK	Kaisertitel in Äthiopien	NEGUS	kanad. Elch	MOOSE	Karpfenfisch	ALAND
jugoslaw. Stadt an Bosnien	TUZLA			kanad. Inselgruppe	BANKS	Karpfenfisch	BARBE
Jugoslawe	SERBE	Kaisertitel in Japan	TENNO	kanad. Pianist	GOULD	Karpfenfisch	HASEL
Junge	KNABE			Kanalschacht	GULLY	Karren, Fuhrwerk	WAGEN
junge Kuh	KALBE	Kalbsmilch	BRIES	Kanareninsel	FERRO	Kartenausteiler	GEBER
junger Fuchs, Hund, Wolf	WELPE	kalkhaltiger Lehm	LOESS	Kander-Zufluß	SIMME	Kartengewinn	STICH
junger Stier	FARRE	Kalkhochland in Istrien	KARST	Kaninchenpelz	KANIN	Kartenglücksspiel	POKER

Kartenspiel	ROMME
Kartenspiel	WHIST
Kartenspiel (franz.)	BESIK
Kartenwerk	ATLAS
karthag. Seefahrer	HANNO
Karton	PAPPE
Karzinom	KREBS
Kasse, Bargeld	KASSA
Kassiablätter	SENNA
kastanienfarben	MARON
kastenloser Inder	PARIA
Kastenmöbel, Lade, Schrein	TRUHE
Kastenschiff	ARCHE
kastrierter Stier	OCHSE
Katafalk	TUMBA
kath. Meßgewand	KASEL
kath. Ordensgründer	SALES
kath. Stundengebete	HOREN
kathol. Hochamt	MESSE
kathol. Ordensfrau	NONNE
kathol. Pfarramtsverweser	KURAT
kathol. Sakrament	BUSSE
kathol. Zentralverwaltung	KURIE
Katze	MIEZE
Katzenart	KHMER
Katzenart	LUCHS
Katzenbär	PANDA
Katzenjammer	KATER
kaufm.: Abzug, Schaden, Verlust	DAMNO
kaufm.: Bargeld	CASSA
kaufm.: Bargeld	CASSA
kaufmänn. Bargeschäft	KASSA
kaufmänn.: Vorrat	STOCK
Kaufmannslehrling	STIFT
Kaufsumme, Marktwert	PREIS
kaukasischer Pelzmantel	BURKA
kaukasischer Teppich	KASAK
kaukasischer Teppich	SUMAK
Kaukasusbewohner	ALANE
Kaukasusbewohner	AWARE
Kaukopf (Fisch)	GROPP
Kaunuß	BETEL
Kautschukbaum, -lieferant	HEVEA
Kautschukmilchsaft	LATEX
Kautschukprodukt	GUMMI
Kaviarlieferant	STOER
keck	FRECH
Kegel	KONUS
kegelförmiger Zapfen	KONUS
Kegelschnitt	KREIS
Kehlkopfentzündung	KRUPP
Kehlung	SICKE
kehren	FEGEN
Kehrgerät	BESEN
Kehrgerät	FEGER
Kehricht, Müll	UNRAT
Kehrseite	VERSO
Keim, Keimzelle	POLLE
Keimkorn	SPORE
Keimzelle	GAMET
Kelchbehälter	BURSE
Kelchtuch	VELUM
Kellerungeziefer	ASSEL
kelt. Fruchtbarkeitsgott	DAGDA
kelt. Sagenkönig	ARTUS
keltischer Waliser	KYMRE
keltisches Volk	BOJER
kenian. Stadt	THIKA
Kenntnis	KUNDE
Kerbholz (engl.)	SCORE
Kerbtier	KERFE
Kerbtier-Tastglied	PALPE
Kerker für Galeerensträflinge	BAGNO
Kernland von Vietnam	ANNAM
Kernobst	APFEL
Kernobst	BIRNE
Kerzenfaden	DOCHT
Kerzenmaterial	WACHS
Kescher	HAMEN
Kesseltreiben	HETZE
Kettengesang	KANON
Kettenteil	GLIED
Keulenärmel (franz.)	GIGOT
Kick	TRITT
Kiefer	FORLE
Kiefernart	PINIE
Kielraum	BILGE
Kielraum des Schiffes	BILGE
Kiemenatmer	FISCH
Kieselsäure	QUARZ
Kinderspielzeug	PUPPE
Kindeskind	ENKEL
Kindsgestalt i.d.Kunst (ital.)	PUTTO
Kindsgestalt in der Kunst	PUTTE
Kirchengesetz	KANON
Kirchenkomposition, Kirchenlied	KREDO
Kirchenkomposition, Kirchenlied	KYRIE
Kirchenlied	LEICH
Kirchenmusikinstrument	ORGEL
kirchl. Lobgesang	LAUDA
kirchliche Gnadenmittel	MEDIA

kirgis. Stadt im Tienschan	NARYN	kleine Lachsart	STINT
Klageruf	JERUM	kleine Mekka-Pilgerfahrt	OMRAH
Klamauk, Unfug	RADAU	kleine Menge	PRISE
Klammer	KLIPP	kleine Orgel	REGAL
Klang, Klangfülle	SOUND	kleiner Bengel	PIMPF
klangvoll, volltönend	SONOR	kleinere Religionsgemeinschaft	SEKTE
Klassiker der pers. Literatur	SAADI	kleiner Pkw	COACH
klassisches Zuchtrennen	DERBY	kleiner Pkw	COACH
Klause, Zelle	CELLA	kleiner Planet	CERES
Klause, Zelle (lat.)	CELLA	kleiner Planet	CERES
Klavierart	PIANO	kleiner Raum	ZELLE
Klavierteil	SAITE	kleiner Tupfen	PUNKT
Klecks	FLECK	kleines Beiboot	DINGI
Klee-Trockengestell	HENSE	kleines Felsstück	STEIN
Kleiderbesatz	BORTE	kleines Jazzensemble	COMBO
Kleidersaum	KANTE	kleines Krebstier	ASSEL
Kleiderschädling	MOTTE	kleines Landgut (franz.)	MANSE
Kleiderschließe	KNOPF	kleines Laster	UNART
Kleincomputer	MICRO	kleine Spalte	RITZE
kleine Beule	DELLE	kleines Raubtier	ILTIS
kleine Engelsfigur	PUTTE	kleines Schiffsgeschütz	BASSE
kleine Entfernung	NAEHE	kleines schnelles Kriegsschiff	AVISO
kleine Gemeinde	MARKT	kleines Spinnentier	MILBE
kleine ital. Zitrone	LUMIE	kleines Stück	KRUME
kleines Swingorchester	COMBO	Klosterwohnraum	ZELLE
Kleinod	BIJOU	Klotz	BLOCK
Kleinod	JUWEL	Kluft	KLAMM
Kleinschmetterling	MOTTE	klug, lebenserfahren	WEISE
kleinste Energiemenge	QUANT	knabbern	NAGEN
		Knabe	JUNGE
kleinste militär. Einheit	ROTTE	knapper Badeanzug	TANGA
kleinstes Boot	MOSES	Kneipe	BEIZE
		Kneipe	LOKAL
kleinstes musikal. Gebilde	MOTIV	Kneipe	PINTE
		Knick	FALTE
Kleinwagen	KARRE	Knick	KNIFF
Klemme	KLIPP	Kniegeige	CELLO
Klettereidechse	GECKO	Kniegeige	GAMBE
		knielanger Anorak	PARKA
Kletterer-Ausrüstung	HAKEN	Kniff	FALTE
Kletterpflanze	LIANE	Knochen-, Schädelnaht	SUTUR
Klettertrieb	RANKE		
Klimaforscher	DORNA	Knochenfisch	HECHT
Klimbim	TRARA	Knochenverletzung	BRUCH
Klippspringer	SASSA	knopfartiger Griff	KNAUF
Kloben	BLOCK	Knopfgriff	KNAUF
Kloben	KLOTZ	Knorpelfisch	ROCHE
klösterliches Stift	ABTEI	Knoten im Holz	KNAST
klösterliche Vereinigung	ORDEN	Knoten (mediz.)	NODUS
Klops	KLOSS	Knotenschnur der Inka	QUIPU
Kloster	ABTEI		
Kloster am Bodensee	HEGNE	knusperig	KROSS
		knusprig	RESCH
Klostervorsteher, Mönchsoberer	PRIOR	Kobold, Heinzelmännchen	WICHT
Klostervorsteherin	OBERE	Kölner Baumeister (19. Jh.)	STATZ

Kölner Erzbischof, Heiliger	HANNO
Kölner Karnevalsruf	ALAAF
königlich	ROYAL
königlich, königstreu	ROYAL
Königssohn	PRINZ
König v. Lydien	GYGES
König v. Theben	KREON
König von Israel	JORAM
König von Juda	JOSIA
König von Taurien	THOAS
König von Tyrus	HIRAM
Körnerfrucht	HIRSE
Körperertüchtigung	SPORT
Körperfunktionsteil	ORGAN
körperl. Gewalt, Nötigung	ZWANG
Körperorgan	NIERE
Körperschaft	CORPS
Körperschaft	KORPS
Körperteil	LENDE
Körperteil	RUMPF
Körperteil der Taube	KROPF
Köter	TOELE
Kohl	KRAUT
Kohlenaufschüttung	HALDE
Kohlenberg	HALDE
Kohlenwasserstoff	CETAN
Kohlenwasserstoffart	HEXAN
Kohlenwasserstoffgas	BUTAN
Kohlenwasserstoff im Teer	INDEN
Kohlenwasserstoffrest	BUTYL
Kohlkopf (lat.)	KABIS
Kokosnußhaare	KAPOK
Koksarbeiter	KOKER
Koks herstellen	KOKEN
Kolbenhirse	MOHAR
Koloß, Titan	RIESE
kolossal	ENORM
kolumb. Stadt am Rio Magdalena	NEIVA
kolumbian. Fluß	CAUCA
kolumbian. Stadt	PASTO
kolumbian. Vulkan	HUILA
komische Figur in der Oper	BUFFO
komisches Bühnenwerk	POSSE
kommender Erlöser d. Islam	MAHDI
Komoreninsel	MWALI
Komp. d. »Stummen von Portici«	AUBER
Komp. d. Balletts »Die Puppenfee«	BAYER
Komp. d. Musicals »Funny Girl«	STYNE
Komp. d. Musicals »My Fair Lady«	LOEWE
Komp. d. Oper »Rigoletto«	VERDI
Komp. d. Oper Der Troubadour	VERDI
Komp. d. Operette »Banditenstreiche«	SUPPE
Komp. d. Operette »Boccaccio«	SUPPE
Komp. d. Operette »Der Zarewitsch«	LEHAR
Komp. d. Operette »Die lustige Witwe«	LEHAR
Komp. d. Operette »Fatinitza«	SUPPE
Komp. d. Operette »Friederike«	LEHAR
Komp. d. Operette »Juxbaron«	KOLLO
Komp. d. Operette »Schöne Galathee«	SUPPE
Komp. d. Operette »Tanz ins Glück«	STOLZ
Komp. d. Operette »Venus in Seide«	STOLZ
Komp. d. Operette »Verlorene Walzer«	STOLZ
Komp. der Oper »Dantons Tod«	EINEM
Komp. der Oper »Der Prozeß«	EINEM
Komp. v. »Das Land des Lächelns«	LEHAR
Komp. v. »Der Graf von Luxemburg«	LEHAR
Komp. v. »Drei alte Schachteln«	KOLLO
Komp. v. »Iphigenie auf Tauris«	GLUCK
Komp. v. »Macht d. Schicksals«	VERDI
Komp. v. »Orpheus und Eurydike«	GLUCK
kompakt	DICHT
komplett, vollständig	TOTAL
Kompon. d. Oper »Abu Hassan«	WEBER
Kompon. d. Oper »Der Freischütz«	WEBER
Kompon. d. Oper »Don Carlos«	VERDI
Kompon. d. Oper »Ein Maskenball«	VERDI
Kompon. d. Oper »Euryanthe«	WEBER
Kompon. d. Oper »Iphigenie in Aulis«	GLUCK

Clue	Answer
Kompon. d. Oper »König Hirsch«	HENZE
Kompon. d. Oper »La Traviata«	VERDI
Kompon. d. Oper »Macbeth«	VERDI
Kompon. d. Oper »Mahagonny«	WEILL
Kompon. d. Oper »Paris u. Helena«	GLUCK
Kompon. der »Dreigroschenoper«	WEILL
Kompon. von »Fra Diavolo«	AUBER
Komponist der Oper »Aida«	VERDI
Komponist der Oper »Alceste«	GLUCK
Komponist der Oper »Carmen«	BIZET
Komponist der Oper »Falstaff«	VERDI
Komponist der Oper »Nabucco«	VERDI
Komponist der Oper »Oberon«	WEBER
Komponist der Oper »Othello«	VERDI
Komponist der Operette »Eva«	LEHAR
Komponist der Operette »Giuditta«	LEHAR
Komponist der Operette »Mädi«	STOLZ
Komponist der Operette »Paganini«	LEHAR
Komponist des Balletts »Bolero«	RAVEL
Komponist des Balletts »Parade«	SATIE
konferieren	TAGEN
Kongo-Zufluß	CASAI
Kongo-Zufluß	KASAI
Konkursvergehen (ital.)	KRIDA
Konsekration	WEIHE
Konsequenz	FOLGE
Konservierungsmittel	ESSIG
Konsole	KRAGE
Kontinent	ASIEN
Kontodifferenz	SALDO
Kontrolle	CHECK
Kontrollturm auf Flughäfen	TOWER
Konzern, Wirtschaftsverbund	TRUST
Konzerthalle	ODEUM
Konzertmeister Friedrichs d. Gr.	GRAUN
Kopf	HAUPT
Kopfbedeckung	HAUBE
Kopfbedeckung	KAPPE
Kopffüßer	KRAKE
Kopfgrind	FRAIS
Kopfhauterkrankung	GRIND
kopfloser Nagel	STIFT
Kopflosigkeit	PANIK
Kopfteil	STIRN
Kopftuch des Papstes	ORALE
Kopie	ABZUG
Koralleninsel	ATOLL
Korbblütler	ALANT
Korbblütler	ASTER
Kordon	KETTE
korean. Stadt	PUWAN
Kornblume	ZYANE
Kornvogel	AMMER
korsischer Freiheitskämpfer	PAOLI
Korso, Festzug	UMZUG
Kosename des Vaters (engl.)	DADDY
kostbares Gewebe	SEIDE
kostspielig, hoch im Preis	TEUER
Kotentleerung	STUHL
Kozertsaal	ODEON
Krach	LAERM
kräftig, dick	STARK
kräftiger Wollstoff	FRIES
Kräuselstoff	FRISE
Kraft	MACHT
Kraftarm	HEBEL
Kraftmaschine	MOTOR
Kralle	KLAUE
Kram	ZEUGS
krampfartige Leibschmerzen	KOLIK
Krampfschmerz	KOLIK
krank, ungesund	SIECH
Krankenbahre	TRAGE
Krankenkost	DIAET
Krankentrage	BAHRE
krankhafte Gier	SUCHT
krankhafte Leidenschaft	MANIE
krankhafter Hohlraum im Körper	ZYSTE
Krankheit, Übel (lat.)	MALUM
Krankheitsherd	FOKUS
krauses Gewebe	KREPP
Krawall	KRACH
Krebsgeschwulst	TUMOR
Kreditmaximum	SWING
Kreis	RUNDE
kreisender Fechthieb	VOLTE
kretischer Sagenkönig	MINOS
kriecherischer Mensch	LAKAI
Kriechtier	ECHSE
Kriegsauszeichnung	ORDEN
Kriegsbefürworter	FALKE
kriegsbereit	MOBIL
Kriegsgebiet	FRONT

Kriegsschiff früherer Art	KOGGE	künstlerischer Vorwurf	MOTIV	Kurort an der Werra	BERKA	kurz f. Professional	PROFI
kroat. Adriahafen	SPLIT	künstlerisches Thema	SUJET	Kurort im Engadin	DAVOS	kurz f. Reproduktion	REPRO
kroat.-slowen. Save-Zufluß	LONJA	künstlicher Zahnersatz	KRONE	Kurort im Engadin	SCUOL	kurz f. Rolladen	ROLLO
kroatischamerik. Physiker	TESLA	kürbisartiges Gewächs	GURKE	Kurort im Harz	GRUND	kurz f. Zahlenlotterie	LOTTO
Kronenhirschart	MARAL	Kürbisflasche	GURDE	Kurort im oberen Ötztal	GURGL	Kurzform f. Johanna	HANNA
Krümmung	BOGEN	Kürzung	ABZUG	Kurort im Oberharz	ELEND	Kurzform f. Kriminalfilm, -roman	KRIMI
Krümmung	KNICK	Küstenvogel	MOEWE	Kurort im Salzkammergut	ISCHL	Kurzform f. Kriminalpolizei	KRIPO
Krümmung	KURVE	Kugelbakterie	KOKKE	Kurort in Graubünden	AROSA	Kurzform f. Laboratorium	LABOR
Krummdarm	ILEUM	Kuhantilope	KAAMA	Kurort in Württemberg	IMNAU	Kurzform f. Pariser U-Bahn	METRO
kuban. Gesellschaftstanz	CONGA	Kuhlaut geben	MUHEN	Kursunterschied	EKART	Kurzform f. Pullover	PULLI
kuban. Rhythmusinstrument	GUIRO	Kult, Liturgie	RITUS	Kurve	BIEGE	Kurzform f. Rundfunkgerät	RADIO
kuban. Schlaginstrument	CONGA	Kultbild der orthodoxen Kirche	IKONE	Kurve	BOGEN	Kurzform f. Sturzkampfbomber	STUKA
kubanischer Dichter	CASAL	kultische Bräuche	RITEN	kurz. f. Spiritus	SPRIT	Kurzform f. Tachometer	TACHO
Kuckuck, Narr	GAUCH	Kunstflugfigur	ROLLE	kurze Abhandlung	ESSAY	Kurzform f. Transformator	TRAFO
Kübel	EIMER	Kunstgattung	GENRE	kurze Bemerkung	NOTIZ	Kurzform f. Untergrundbahn	METRO
Küchenabfall	MUELL	Kunstgriff	KNIFF	kurzer Strumpf	SOCKE	Kurzform für Strafstoß	ELFER
Küchengewürz	NELKE	Kunstseide	REYON	kurzer Unterrock	JUPON	Kurzform v. Adelheid	HEIDE
Küchenrührgerät	QUIRL	Kunststoff	NYLON	kurzes, dickes Wams	JOPPE	Kurzform v. Adelheid	HEIDI
Kügelchen	PILLE	Kunststoff	PLAST	kurze Stoßwaffe	DOLCH	Kurzform v. Amalie	MILLY
kühn	MUTIG	Kupfer-Zink-Legierung	TALMI	kurz f. darauf	DRAUF	Kurzform v. Anselma	SELMA
Kümmelschnaps	GILKA	Kurort am Mittelrhein	UNKEL	kurz f. daraus	DRAUS		
Künder, Prophet	SEHER	Kurort an der Havel	PLAUE	kurz f. darein	DREIN		
künftig	INSPE	Kurort an der Ilm	SULZA	kurz f. Fernsehaufzeichnung	VIDEO		
künstl. Wasserweg	KANAL	Kurort an der Mosel	TREIS	kurz f. Lesbierin	LESBE		

Clue	Answer
Kurzform v. Bernhard	BENNO
Kurzform v.Champion	CHAMP
Kurzform v.Champion	CHAMP
Kurzform v. Charlotte	LOTTE
Kurzform v. Christine	STINE
Kurzform v. Dominika	MINKA
Kurzform v. Dorothea	DOLLY
Kurzform v. Dorothea	DORIS
Kurzform v. Eleonore	ELLEN
Kurzform v. Elisabeth	BETTI
Kurzform v. Elisabeth	ELISA
Kurzform v. Elisabeth	LIZZI
Kurzform v. Emilie	MILLI
Kurzform v. Erasmus	ASMUS
Kurzform v. Ferdinand	NANTE
Kurzform v. Franziska	FANNI
Kurzform v. Franziskus	FRANZ
Kurzform v. Friedrich	FRITZ
Kurzform v. Georg	JOERG
Kurzform v. Gottfried	GOETZ
Kurzform v. Gotthelf	GOETZ
Kurzform v. Gottlieb	GOETZ
Kurzform v. Heinrich	HEINI
Kurzform v. Heinrich	HEINZ
Kurzform v. Helene	HELLA
Kurzform v. Helene	NELLI
Kurzform v. Henriette	JETTE
Kurzform v. Hildegard	HILDA
Kurzform v. Hildegard	HILDE
Kurzform v. Ignatius	IGNAZ
Kurzform v. Isabella	BELLA
Kurzform v. Joachim	ACHIM
Kurzform v. Johanna	JENNY
Kurzform v. Judith	JUTTA
Kurzform v. Katharina	KATHI
Kurzform v. Katharina	TRINE
Kurzform v. Kunigunde	GUNDA
Kurzform v. Laurentia	LAURA
Kurzform v. Magdalena	MAGDA
Kurzform v. Margarethe	MARGA
Kurzform v. Maria	MIMMI
Kurzform v. Nikolaus	KLAUS
Kurzform v. Philippa	PIPPA
Kurzform v. Thomas	TOMMY
Kurzform v. Ursula	URSEL
Kurzform v. Ursula	USCHI
Kurzform v. Wilhelmina	HELMA
Kurzform v. Wilhelmina	MINNA
Kurzform v. Wilhelmina	MINNI
Kurzform von Gertrud	GERDA
kurz für Diskothek	DISCO
kurz für Kinderlähmung	POLIO
kurz für Stenografie	STENO
kurzlebiges Kernteilchen	MESON
Kurzschrift	STENO
Kurzware	KNOPF
Kykladen-Insel	DELOS
Labans Tochter	RAHEL
Lachs, lachsartiger Fisch	LODDE
Ladebühne, schräge Auffahrt	RAMPE
Ladentisch, Schanktisch	THEKE
Ladung	KARGO
Lächerlichkeit	KOMIK
Längenmaß	METER
längliche Senke	MULDE
Längsrinne, Rille, Furche	RIEFE
längster Strom in Vorderindien	INDUS
Lärm, Krawall	RADAU
Lärm, Unruhe	RUMOR
lärmen	TOBEN
Lärm (lat.)	RUMOR
Lärm um nichts	TRARA
lässig	LASCH
lässige Umgangssprache	SLANG
Lästerung	FLUCH
lästiges Insekt	WANZE
Lage, Ort	PLATZ
Lagebezeichnung	LINKS
Lage Bier	RUNDE
Lager, Lagerstatt	LIEGE
Lager im Freien	BIWAK
Lagerraum	DEPOT
Lagune	LIMAN
Landarbeiter	INSTE
Land des Lächelns	CHINA
Landeplatz für Flugzeuge	BASIS
Landeplatz für Schiffe	HAFEN
Landesteil	KREIS
Landheer	ARMEE

Landmann	BAUER	Langschwanzpapagei	ARARA	lat. Vorsilbe: zwischen	INTER	lat.: Fall	CASUS
Landschaft am Bodensee	HEGAU	Lanzenart	GLEVE	lat.: Abschied	VALET	lat.: fehlt, ist leer	VACAT
		laot.-thailänd. Strom	MENAM	lat.: Ähre	SPICA	lat.: Feuchtigkeit, Körpersaft	HUMOR
Landschaft in Kaschmir	HUNSA	lappländ. Bootsschlitten	PILKE	lat.: Allerlei	VARIA	lat.: Fluß	FLUOR
Landschaft in NRW	LIPPE	Larve	MASKE	lat.: Art, Gattung	GENUS	lat.: Form	FORMA
Landschaftsform	HEIDE	Lastendes	DRUCK	lat.: Blätter	FOLIA	lat.: fort!	EXEAT
Landschaftsform	KARST	Lastkraftwagen, Zugmaschine	TRUCK	lat.: Buch	LIBER	lat.: für sich	PERSE
				lat.: Bucht, Busen	SINUS	lat.: Geschlecht	SEXUS
Landspitze	ZUNGE	Last (lat.)	MOLES	lat.: Bürger	CIVIS	lat.: Gestirn	SIDUS
Landwirt	BAUER	Last- u. Reittier	PFERD	lat.: Bürger	CIVIS	lat.: Gold	AURUM
landwirtschaftl. Nutzfläche	ACKER	lat. Gruß	SALVE	lat.: das ist	IDEST	lat.: grausam, ungeheuer	IMMAN
		lat. Jahrbücher, Kalender	FASTI	lat.: der andere	ALTER	lat.: größer	MAJOR
landwirtschaftl. Tätigkeit	EGGEN	lat. Vorsilbe: ein Tausendstel	MILLE	lat.: Dichter	POETA	lat.: gut, richtig	RECTE
landwirtschaftlich	AGRAR	lat. Vorsilbe: ein Tausendstel	MILLI	lat.: durch den Mund	PEROS	lat.: Hand	MANUS
Landwirtschaftsgebäude	STALL			lat.: durch Gebrauch	EXUSU	lat.: Haß	ODIUM
Landwirtschaftsgerät	PFLUG	lat. Vorsilbe: Eisen	FERRI	lat.: durch Übung	EXUSU	lat.: Haupt	CAPUT
		lat. Vorsilbe: Eisen	FERRO	lat.: Ende	FINIS	lat.: Haupt	CAPUT
lange schmale Meeresbucht	FJORD	lat. Vorsilbe: hinein	INTRO	lat.: entsprechend	AFFIN	lat.: heilig	SACER
langes Getöse	LAERM	lat. Vorsilbe: hoch drei	KUBIK	lat.: Erde, Land	TERRA	lat.: Herd	FOCUS
Langlaufbahn im Skisport	LOIPE	lat. Vorsilbe: innerhalb	INTRA	lat.: Erlaubnis	VENIA	lat.: hierfür	ADHOC
langsame Gangart	TROTT					lat.: hinüber	ULTRA
langsamer amerik. Tanz	BLUES	lat. Vorsilbe: rückwärts	RETRO	lat.: er trete ab!	EXEAT	lat.: Hund	CANIS
langsames Musikstück	LARGO	lat. Vorsilbe: Sonne	SOLAR	lat.: es folgt	SEQUE	lat.: Hund	CANIS
				lat.: es ist erlaubt	LICET	lat.: in der Mitte	MEDIO
langsam in der Musik	LENTO	lat. Vorsilbe: über	TRANS	lat.: Fälschungen	FALSA	lat.: ist gestorben	OBLIT
langsam reagierend	TRAEG	lat. Vorsilbe: viel	MULTI	lat.: fahr fort!	PERGE	lat.: jenseits	ULTRA
				lat.: fall	CASUS	lat.: Johannisbeere	RIBES
						lat.: käuflich	VENAL

Hinweis	Lösung
lat.: Knolle	TUBER
lat.: Kohle	CARBO
lat.: Kohle	CARBO
lat.: Kreis, Welt	ORBIS
lat.: Küste	LITUS
lat.: Lage	SITUS
lat.: Lamm	AGNUS
lat.: Lunge	PULMO
lat.: Name	NOMEN
lat.: Neffe, Enkel	NEPOS
lat.: oben	SUPRA
lat.: oberhalb	SUPRA
lat.: Ort	LOCUS
lat.: Pfahl	PALUS
lat.: Pfeffer	PIPER
lat.: Röhre	TUBUS
lat.: rot	RUBER
lat.: Sämann	SATOR
lat.: Same	SEMEN
lat.: Schmerz	DOLOR
lat.: Schuld	CULPA
lat.: schweigt	TACET
lat.: Schwester	SOROR
lat.: Seele	ANIMA
lat.: Sitten	MORES
lat.: Sitz	SEDES
lat.: Stein	LAPIS
lat.: Strafe	POENA
lat.: Tisch	MENSA
lat.: Tochter	FILIA
lat.: Tor, Pforte	PORTA
lat.: Treue	FIDES
lat.: unterhalb	INFRA
lat.: Ursprung	ORIGO
lat.: Vater	PATER
lat.: weich	MITIS
lat.: Wert	VALOR
lat.: Widder	ARIES
lat.: Wolf	LUPUS
lat.: Wurzel	RADIX
lat.: Wut, Zorn	FUROR
lat.: zehn	DEZEM
lat.: zur Sache	ADREM
latein. Bibelübersetzung	ITALA
latein.: arm	MISER
latein.: Art, Weise	MODUS
latein.: Bürger	CIVIS
latein.: Grund, Ursache	CAUSA
latein.: gut	BONUS
latein.: Haupt	CAPUT
latein.: Haus	DOMUS
latein.: Haus	VILLA
latein.: kleiner, jünger	MINOR
latein. Kohle	CARBO
latein.: Kraut	HERBA
latein.: Messe	MISSA
latein.: Mutter	MATER
latein.: nichts	NIHIL
latein.: sei gegrüßt!	SALVE
latein.: Seite	LATUS
latein.: Stein	LAPIS
latein.: Vernunft	RATIO
latein.: zwischen	INTER
lateinamerikan. Tanz	MAMBO
lateinamerikan. Tanz	RASPA
lateinamerikan. Trommel	BONGO
lateinisch: anders	ALIAS
latein: über	SUPER
Lattengestell	HORDE
lattischer Fluß	DUENA
Laubbaum	AHORN
Laubbaum	BIRKE
Laubbaum	BUCHE
Laubbaum	EICHE
Laubbaum	ESCHE
Laubbaum	LINDE
Laubbaum	WEIDE
Laubgewinde	KRANZ
Laubsänger	FITIS
Laufbahnlänge	RUNDE
Lauffläche des Fußes	SOHLE
Lauffläche des Schuhwerks	SOHLE
Laufgraben	SAPPE
Laufinneres bei Feuerwaffen	SEELE
Laufrad-Erfinder	DRAIS
launisch (lat.)	MOROS
lauschen	LOSEN
laute Anrede	ANRUF
lauter Anruf	HALLO
lautes Geräusch	LAERM
lautlos	LEISE
lautlos, friedlich	STILL
laut rauschen	TOSEN
laut sprechen	RUFEN
lautstarker Wortwechsel	SZENE
Lavendel	SPIEK
lebende Einzäunung	HECKE
lebendig, lebenskräftig	VITAL
Lebensbaum	THUJA
Lebensbaum	ZEDER
Lebensdauer	ALTER
Lebersekret	GALLE
Lebewohl (latein.)	VALET
lebhaftes Musikstück	RONDO
Lederhaut (medizin.)	CUTIS
Lederpeitsche	KNUTE
lediglich	BLOSS
Leerseite	VAKAT

Leerverkäufer bei der Börse	FIXER
Lehmformmodell	DICKE
Lehrer Schumanns	WIECK
Lehrer v. Aristoteles	PLATO
Lehre vom Licht	OPTIK
Lehre vom sittl. Handeln	ETHIK
Lehre von den Typen	TYPIK
Lehrling	AZUBI
Lehrling in Land- u. Forstwirtschaft	ELEVE
Leibeserziehung	SPORT
Leib ohne Kopf u. Glieder	RUMPF
Leibwache	GARDE
Leichtathlet	GEHER
leichtathlet. Gerät	KUGEL
leichtathlet. Sportart	GEHEN
leichte Luftbewegung	HAUCH
leichter Flaschenzug	TALJE
leichter Pullover	NICKI
leichter Reitersoldat	HUSAR
leichter Stoß	STUPS
leichter Wind	BRISE
leichter Wollstoff	ARRAS
leichtes Gewebe mit Metallfäden	ORNIS
leichtes Pferdefuhrwerk	BREAK
leichtes Seidenzeug	BURAT
leichtes Tropenholz	BALSA
leicht gewellter Stoff	CREPE
leicht klatschender Schlag	KLAPS
leicht nachgebend	WEICH
leicht veränderlich	LABIL
leid tun	REUEN
Leim (lat.)	KOLLA
Leine-Zufluß	RHUME
Leipziger Modetanz	LIPSE
leise in der Musik	PIANO
leistungsfähig	VITAL
Leiterwagenleiste	LISSE
Leitfaden	KANON
Leitgedanke, Leitmotiv, -spruch	MOTTO
Leitgedanke, Sinn	TENOR
Leitgedanke, -spruch	MOTIV
Leitseil f. Pferde	LONGE
Leitspruch	MOTTO
Leitungsdraht	LITZE
Lemur, Halbaffe	POTTO
Lemuride	INDRI
Lena-Zufluß	ALDAN
Lendenmuskel	PSOAS
Lendenstück	FILET
Lendentuch der Inder	DHOTI
Lernzeit	LEHRE
lettisch. Ostseehafen	LIBAU
lettische Stadt an d. Drixe	MITAU
lettische Stadt in Kurland	LIBAU
lettisches Volkslied	DAINO
letzter ägypt. König	FARUK
letzter König Libyens	IDRIS
letzter König von Israel	HOSEA
Leu	LOEWE
Leuchte	LAMPE
leuchtend	LICHT
Leuchtzeichen	FANAL
Levitengruppe des AT	KORAH
libanes. Hafenstadt	TYRUS
libanes. Stadt	ESSUR
libanes. Stadt	ZAHLE
libanesische Hafenstadt	SAIDA
libanesische Stadt	SIDON
libysch. Hafenstadt	DARNA
libysch. Stadt	BARKA
libysche Hafenstadt	DERNA
libysche Oase	SIWAH
libysche Oasengruppe	KUFRA
libysche Stadt	FATAH
libysche Stadt	KHUMS
Lichtbild	PHOTO
Lichtbündelungsgerät	LASER
Lichtfülle	HELLE
Lichtspiegelung	GLANZ
Lichtstromeinheit	LUMEN
Liebelei	FLIRT
Liebesgottfigur in Kindgestalt	EROTE
Liebesgottfigur in Kindgestalt	PUTTE
Liebhaberei	HOBBY
lieblich (lat.)	AMOEN
Liebreiz	ANMUT
liechtenstein. Hauptstadt	VADUZ
Lied, Gesang (griech.)	MELOS
liedartige Dichtung	LYRIK
Lied der Französ. Revolution	CAIRA
Liederjan	LUDER
Liegesofa	COUCH
Liegestatt	LAGER
Lilie	GILGE
Liliengewächs	AGAVE
Liliengewächs	LAUCH

Liliputaner	ZWERG	Loire-Zufluß	MAINE	Luzifer, Gottseibeiuns	SATAN	Männername	EDGAR
linke Hand	LINKE	Londoner Stadtbezirk	ACTON	Lymphknotengeschwulst	TYROM	Männername	EDWIN
linke Kontenseite	DEBET	Londoner Stadtburg	TOWER			Männername	ERICH
Linse, Linsensystem	OPTIK	lothring. Herzogsgeschlecht	GUISE	Lyra	LEIER	Männername	ERWIN
Lippenblütler	MINZE			lyrische Dichtform	EPODE	Männername	EWALD
Lissaboner Kloster	BELEM	Lotsenfisch	PILOT	Maas-Zufluß	LESSE	Männername	FELIX
List	KNIFF	Lübecker Bildhauer (15. Jh.)	NOTKE	Maas-Zufluß	NEERS	Männername	FRANK
List, Arglist	DOLUS	Lübecker Maler (15. Jh.)	NOTKE	Maas-Zufluß	VENCE	Männername	JOBST
List, Kunstgriff	TRICK			Maas-Zufluß aus dem Rheinland	NIERS	Männername	JOSEF
Litauer	BALTE	Lüge, Zank	STUNK			Männername	OSWIN
litauisch. Volkslied	DAINA	Lümmel	FLAPS	madegassischer Rackenvogel	KUROL	Männername	WILLI
litauische Hauptstadt	WILNA	Luftgeist	ARIEL			Männerstimme, -stimmlage	TENOR
		luftgetrockneter Ziegel	ADOBE	mächtig, leistungsfähig	STARK		
litauische Stadt am Kurisch. Haff	MEMEL	Luft holen	ATMEN	Mähne, Quaste	TOLLE	männl. Blutsverwandter	AGNAT
		Luftklappe bei Kfz.-Motoren	CHOKE	mährischer Donau-Zufluß	MARCH	männl. Ente	ERPEL
liturgisches Gefäß	KELCH			mährische Stadt	IGLAU	männl. Fuchs, Marder, Wolf	RUEDE
liturgisches Gerät	KREUZ	Luftline	AGONE				
		Luftrolle	SALTO	mährische Stadt	IGLAU	männl. Geschlechtsteil	GLIED
livrierter Diener	LAKAI	Lufttrübung	DUNST				
Lob, Lobgesang, -rede	HYMNE	Lufttrübung	NEBEL	mährische Stadt an d. Iglawa	IGLAU	männl. Katze	KATER
		Lunge (mediz.)	PULMO				
Lob, Lobgesang, -rede	PREIS	Lust, Seligkeit	WONNE	mährische Stadt an der Thaya	ZNAIM	männl. Rind	STIER
Lobrede	ELOGE	lustig, vergnügt	FIDEL	Männername	ADOLF	männl. Verwandter	ONKEL
Lockmittel	LUDER	luxemb. Mosel-Zufluß	SAUER	Männername	ALOIS	männl. Vorfahr	URAHN
lodernd brennen	LOHEN	luxemburgisch. Fluß	MAMER	Männername	ALOYS	männl. Vorname	ALWIN
Löhnung	HEUER			Männername	ARNIM	männl. Wildkatze	KUDER
Logarithmenzahl	MODUL	luxemburgisch. Fluß	WILTZ	Männername	ARTUR	männliches Glied	PENIS
Loire-Zufluß	BORNE	luxemburgisch. Stadt	WILTZ	Männername	BERND	Mär, Märchen	FABEL
Loire-Zufluß	ERDRE						
Loire-Zufluß	INDRE						

Märchenfrau	HOLLE	malaiisch. Bundesstaat	PERAK	marokkan. Hauptstadt	RABAT	Maulesel (lat.)	MULUS
märk. romant. Dichter	ARNIM	malaiisch. Stämme auf Borneo	DAJAK	marokkan. Stadt	OUJDA	maulwurffarben	TAUPE
märkischer Dichter	ARNIM	Maler des Schwarzwalds	THOMA	Marotte	LAUNE	Maulwurfsgrille	WERRE
Märtyrer	ALBAN			Marschall Napoleons I.	MURAT	Maurerwerkzeug	KELLE
Märtyrerin u. Heilige	LUCIA	Malermaterial	FARBE	Marschgruppe, Tiergruppe	ROTTE	mauretan. Stadt	KAEDI
Mätresse	BUHLE	malvenfarbig	MAUVE	Marschhügel	WURTE	Mauserung der Wasservögel	RAUHE
Mäusefängerin	KATZE	Malvengewächs mit Bastfasern	URANA	Maschinendrehstange	WELLE	Maya-Ruinenstadt	TIKAL
Magazin	DEPOT						
Magazin	LAGER	Malzbier	MUMME	Masse im Erdinneren	MIGMA	mechan. Kraft	DRUCK
Magd, Hure	KIRNE	Mandelkrähe	RACKE			mecklenburg. Stadt an d. Müritz	WAREN
Magenteil bei Wiederkäuern	WANST	Mangel	MANKO	Massenangst	PANIK		
		Mangel	MINUS	massig, massiv	FEIST	med.: Kinderkrampf	FRAIS
Magier	HEXER	Manilahanf	ABAKA	maßlos	ENORM		
Magnetbandgerät	AMPEX	mannhaft, männlich	VIRIL	maßloses Begehren	SUCHT	med.: Schweiß	SUDOR
Mahagoni-Art	AKAJA	männl. Keimdrüsen	HODEN	Mastabstützung	STAGE	mediz.: Ätzstift	LAPIS
Mahl, Mahlzeit	ESSEN	Mannschaftsraum	LOGIS	mastloses Boot	BARKE	mediz.: Blödsinn	ANOIA
Mahl, Mahlzeit	LUNCH	Mann v. Iokaste	LAIOS	Match	KAMPF	mediz.: Brustgeräusch	KANOR
Mahlrückstand	KLEIE	Mann v. Maria Theresia	FRANZ	Mater dolorosa	PIETA	mediz.: Dornfortsatz	SPINA
Mahlzahn	MOLAR						
Maifisch	ALOSE	Mann v. Ran	AEGIR	Materie, Gegenstand	STOFF	mediz.: Drüse	GLANS
Mailänder Opernhaus	SCALA	Mann v. Thusnelda	ARMIN	Materiemenge	MASSE	mediz.: Geburtszange	LABIS
Main-Zufluß	MUDAU	Mantelstoff	LODEN	mathem. Unterdeterminante	MINOR	mediz.: geronnenes Blut	KRUOR
Main-Zufluß	NIDDA	Manteltier	SALPE				
Main-Zufluß	SAALE	Marderart	DACHS	Matrize	MATER	mediz.: große Pustel	RUPIA
Makel	ODIUM	Marderart	JAERV	mattgelb	CREME		
Maki, Maki-Affe	KATTA	Marianeninsel	PAGAN	Mattkohlenart	DURIT	mediz.: Harnen	URESE
Maki, Maki-Affe	LEMUR	Marinade beim Kochen	BEIZE	Mauerpfeffer, Fetthenne	SEDUM	mediz.: Milz	SPLEN
malade	KRANK	Marktbude	STAND	Maul beim Wild	AESER	mediz.: Mund	STOMA
malaiisch. Bundesstaat	KEDAH	Markt im Orient	BASAR				

mediz.: Schienbein	TIBIA	Meeresvogel	MOEWE	Meßkelchdecke	PALLA	Milchdrüsenabsonderung	MILCH
mediz.: Schwiele	TYLOM	Meereswoge	WELLE	Meßlatte	JALON	Milchprodukt	KAESE
mediz.: Spannungszustand	TONUS	Meerkatzenart	MAGOT	Meßwerkzeug	LEHRE	Milchschüssel	SATTE
		Meerotter	KALAN	Metallbarren	INGOT		
mediz.: Stauung	STASE	Mehlklößchen	NOCKE	Metallblatt	FOLIE	Milchwein	KEFIR
mediz.: Vorsprung	TUBER	mehrlagige Papierart	PAPPE	Metallbolzen	NIETE	Milchwein	KUMYS
mediz.: weibl. Brust	MAMMA	Mehrzahl v. Konto	KONTI	Metallegierung f. Schmuck	TALMI	mild, reizlos	BLAND
mediz.: Zittern	TREMA	Mehrzahl von Penny	PENCE	Metallfaden	DRAHT	mild, sacht, zart	SANFT
medizin. Ableitung	DRAIN	Meierei, Pachtgut	FERME	Metallgliederband	KETTE	Milieuzeichner Berlins	ZILLE
medizin.: Atemstillstand	APNOE	Meistersinger bei Wagner	FOLTZ	Metallniet	STIFT	militär. Dienstgrad	MAJOR
medizin.: Dickdarm	KOLON	Meistersinger bei Wagner	MOSER	Metallplatte	BLECH	militär. Einheit	KORPS
medizin.: Haut	DERMA	Meistersinger bei Wagner	ORTEL	metamorphoses Gestein	GNEIS	militär. Flughafen	HORST
medizin.: Hautöffnung	PORUS			Meteor	BOLID	militär. Nachschubtruppe	TRAIN
medizin.: Körperzustand	HEXIS	Melasse, Rübensaft	SIRUP	Methode, Modus	WEISE	militär. Training	DRILL
				Metier	BERUF		
medizin.: Leber	HEPAR	Meldeschiff	AVISO	metrische Gewichtseinheit	GRAMM	militärisch. Gruß	SALUT
medizin.: Wundjauche	ICHOR	Menschen	LEUTE	Meute	HORDE	militärisch. Stützpunkt	BASIS
		menschenfreundlich	HUMAN	Meute, Rudel	SCHAR		
Medusa	GORGO	Menschengattung	RASSE	mexikan. Hafenstadt in Yucatán	SISAL	Millionenstadt am Nil	KAIRO
Meeräsche	MUGEL	Menschenrasse	NEGER	mexikan. Indianerstamm	NAHUA	minderwertiger Schnaps	FUSEL
Meerbrasse	ORADE			mexikan. mystizistisch. Lyriker	NERVO		
Meerbusen	BUCHT	menschl. Stimme	ORGAN			Minen-Anteil	CLAIM
Meeresraubtier	ROBBE	menschlich	HUMAN	Mienenspiel	MIMIK	Minenanteil	CLAIM
Meeressäugetier	ROBBE	Merkzeichen	MARKE	Mikrowellenverstärker	MASER	Mineral, Titanit	SPHEN
Meeresströmung	DRIFT	Merle	AMSEL	Milbe, Holzbock	ZECKE	Mineralverbindung	GNEIS
Meeresströmung	TRIFT	mesopotam. Wasserschöpfrad	NAURA	Milchdrüse b. Säugetieren	EUTER	Minister in islam. Staaten	WESIR
Meerestier	FISCH					mischen	MIXEN
		Messingmischung	POTIN			Mischgerät	MIXER

Mischgetränk	SPEZI
Mischgetränk, Mixgetränk	SHAKE
Mischling aus Neger u. Indianerin	CHINO
Mischling v. Weißen un Indios	CHOLO
Mischmasch	PAMPE
miserabel	ELEND
Misere	ELEND
Misere, Mißstand	UEBEL
Missetat	UNTAT
Mißgunst	GROLL
Missionar d. Grönländer	EGEDE
Missionar der Wenden	BENNO
mißlich	FATAL
Mißmut	GRANT
Mißmut	UNMUT
Mistgabel	FORKE
Mitbegründer des Dadaismus	TZARA
mit dem Besen reinigen	FEGEN
mit den Augen wahrnehmen	SEHEN
mit den Fäusten kämpfen	BOXEN
mit Doppelanker sichern	MUREN
mit gerader Samenanlage	ATROP
Mitra	INFUL
mitteilen	SAGEN
mittelalt. Gefolgsmann	DEGEN
mittelalt. Gottesurteil	ORDAL
mittelalt. Kapuze	GUGEL
mittelalt. Lehnsgüter	FEUDA
mittelalt. Siegelkapsel	BULLE
mittelalterl. Berufsvereinigung	GILDE
mittelalterl. Graf	COMES
mittelalterl. Liebesdienst	MINNE
mittelalterl. lyrisch. Gedicht	LEICH
mittelalterl. Nutzrecht	LEHEN
mittelalterlich. Gutsverwalter	MEIER
mittelalterlich. Notenzeichen	NEUME
mittelalterlich. Segelschiff	KOGGE
mittelalterlich. Städtebund	HANSE
mittelamerikan. Indianerstamm	CUNAO
mittelchilen. Fluß	MAIPO
mittelchilen. Provinz	MAULE
mittelchilen. Stadt	TALCA
mittelengl. Fluß	TRENT
mittelengl. Stadt in Bedford	LUTON
mittelfranz. Departement	INDRE
mittelfranz. Departement	YONNE
mittelfranz. Landschaft	BERRY
mittelital. Stadt	SUTRI
mittelitalien. Fluß	ESINO
mittelitalien. Stadt	LUCCA
Mittellinie	ACHSE
Mittellosigkeit	ARMUT
Mittelmeer-Inselbewohner	SARDE
Mittelmeer-Teil	ADRIA
Mittelsmann	AGENT
Mittenwalder Geigenbauer	KLOTZ
mittlere Lebensbedingungen	PEJUS
mod. Tanz	SHAKE
Modenarr	DANDY
moderner Jazzstil	SWING
moderner Tanz	SWING
moderner Tanz	TWIST
moderne Tanzmusik	SWEET
modern f. Pazifist	TAUBE
Moderschicht des Bodens	HUMUS
Modetanz	BEBOP
modrig, muffig	DUMPF
Möbelstück, Tafel	TISCH
möbliert (franz.)	GARNI
Mönchkapuze	KAPPE
Mönchsbehausung	CELLA
Mönchsdorf in Griechenland	SKETE
Mönchskleidung	KUTTE
Mogulkaiser	AKBAR
mohammedan. Gelehrter	HODJA
mohammedan. Religionsbuch	KORAN
Mohammeds Mutter	AMINA
Mohrenhirse	DURRA
Molch	LURCH
Molukkeninsel	AMBON
Molukkeninsel	CERAM
Monatsblutung	REGEL
Monatsmitte	MEDIO
Mond des Saturn	MIMAS
Mondgebirge	TYCHO
mongol. Anführer, Fürst	ILKAN
Mongolenherrscher	TIMUR
mongolische Münze	MONGO
montenegrin. Hafen	KOTOR

moralische Gesinnung	ETHOS	Mündungsarm d. Memel	GILGE	mundartl. für Schinken	HAMME	musikal.: traurig	MESTO
Morast, Ried	SUMPF	Mündungsarm d. Oder	SWINE	mundartl.: Haken	HAFFE	musikalisches Bühnenwerk	REVUE
Moraststelle	SUHLE	Mündungsarm der Oder	PEENE	Mundrand	LIPPE	Musikausdr. f. alle zusammen	TUTTI
Morgen-, Abendstern	VENUS	Mündungsarm des Ganges	HUGLI	Mundteil, Geschmacksorgan	ZUNGE		
morgenländ. Eremitenkloster	LAURA	münsterländ. Stadt an der Ems	RHEDA	Mur-Zufluß	MUERZ	Musikausdruck f. mittel	MEZZO
Moschee-Heiligtum in Mekka	KAABA	Münze in Botswana	THEBE	mus.: laut	FORTE	Musikausdruck f. schwer	GRAVE
Moscheenkanzel	KORSI	Münze in Gambia	BUTUT	Muschelgeld	KAURI	Musikausdruck f. trocken	SECCO
Moscheentyp	LIWAN	Münze in Griechenland	LEPTA	Muschelprodukt	PERLE	Musikausdruck f. viel, sehr	MOLTO
Moschus	BISAM	Münze in Guinea	CAURI	Museum in Madrid	PRADO	Musikausdruck f. viel, sehr	TANTO
moschusartiger Duftstoff	ZIBET	Münze in Guinea	CAURI	Musical von Webber	EVITA		
Moschuskrautgewächs	ADOXA	Münze in Mauretanien	KHOUM	musik.: genug, sehr	ASSAI	Musikinstrumentbespannung	SAITE
Mosel-Zufluß	RUWER	Münze in Sambia	NGWEE	musik.: langsam	LARGO	Musikstück für zwei	DUETT
Motorfahrrad	MOPED	Münze in Zaire	SENGI	musik.: mit Würde	GRAVE	Muskatblüte	MACIS
Mottenkraut	PORST	Münzfeingehalt	TITRE	musik.: schnell	TOSTO	Muskelfaser	FIBER
Mottenschutzmittel	EULAN	Münzvorderseite	AVERS	musik.: sehr langsam	GRAVE	Muskelglied im Mund	ZUNGE
Mühlen-Siebgerät	TARAR	mürrisch (lat.)	MOROS	musikal. Figur	DUOLE	Muskelspannung	TONUS
Müllereiabfall	KLEIE	Mütze	KAPPE	musikal. Tanzstück	SUITE	Muß, Notwendigkeit	ZWANG
Münchener Baumeister	SEIDL	Mulattenmischling	CASCO	musikal. Zwischenspiel	PIECE	Muße, Zeitspanne	WEILE
Münchener Maler	LEIBL	Mulattenmischling	CASCO	musikal.: leicht, heiter	LESTO	musselinartiger Stoff	CHALY
Münchner Maler	STUCK	Mulde	KUHLE	musikal.: sanft, lieblich	DOLCE	musselinartiger Stoff	CHALY
Mündung des Hochofenschachts	GICHT	Mulde, Vertiefung	SENKE	musikal.: sanft, lieblich	SOAVE	Muster, Versuch	PROBE
Mündungsarm d. Donau	KILIA	Mundart	IDIOM	musikal.: Satz	PARTE	Musterband (Verlagswesen)	DUMMY
		mundartl. f. Flegel	FLAPS				
		mundartl. f. Trockengestell	HORDE				

mustergültig	IDEAL
mutig	KUEHN
Mutterboden	HUMUS
Mutter der Nereiden	DORIS
Mutter der Pallas Athene	METIS
Mutter des Moses	AMRAM
Mutterhering	ALOSE
Mutterkloster der Kluniazenser	CLUNY
Mutterschaf	ZIBBE
Mutterschaf, Ziege	ZIPPE
Mutter v. Aphrodite	DIONE
Mutter v. Autora, Semele und Eos	THEIA
Mutter v. Ismael	HAGAR
Mutter v. Jesus	MARIA
Mutter v. Perseus	DANAE
Mutter v. Tiberius	LIVIA
Mutterwitz	HUMOR
nach Abzug	NETTO
nachahmen	MIMEN
Nachahmung, Nachbildung	KOPIE
Nachbarschaft	NAEHE
Nacheinander	FOLGE
Nachfolger Aga Khans	KARIM
Nachfolger des heiligen Petrus	LINUS
Nachfolger Mohammeds	KALIF
Nachfolger Mosis	JOSUA
Nachkomme Hams	HAMIT
Nachkomme Sems	SEMIT
nachlässig	LEGER
Nachlaßempfängerin	ERBIN
Nachlaß empfangen	ERBEN
Nachmittagsmahlzeit	JAUSE
nach oben	EMPOR
nach Osten ausrichten	OSTEN
Nachricht	KUNDE
Nachschubtruppe	TROSS
Nachteil	DAMNO
Nachteil	MINUS
Nachtgottesdienst	METTE
Nachtrunde	RONDE
Nachtviole	KILTE
nach unten	HINAB
Nackenschärpe	STOLA
nackt	BLOSS
Nadelbaum, Nadelholz	TANNE
Nähmaterial	FADEN
Nährwert-Einheit	JOULE
Nähwerkzeug	NADEL
näselnd	NASAL
Nagetier	BIBER
Nahkampf beim Boxen	FIGHT
Nahrungsaufnahme d. Wildes	AESEN
Nahrungsmittel	MILCH
Namengebung, Sakrament	TAUFE
Name von acht Päpsten	URBAN
Name von 4 Päpsten	EUGEN
Narbenleder	NUBUK
Narkosemittel, Narkotikum	OPIUM
narkotisches Mittel	OPIAT
Nasenbär	COATI
Nasenbär	KOATI
Nasenkatarrh d. Pferde	DRUSE
Nasenlaut	NASAL
Nasenschleim	POPEL
Natronfeldspat	ALBIT
natürlicher Zaun	HECKE
Naturdünger	GUANO
naturfarben	EKRUE
naut. Längenmaß	FADEN
naut. Längenmaß	KABEL
naut.: Linienverlauf	STARK
naut.: Schiffsweg	TRACK
naut.: Tauwindung	TOERN
Navigationsverfahren	LORAN
nd. f. quicklebendig	QUECK
nd.: klein	LUETT
Nebenfluß d. Donau	CERNA
Nebenfrau Abrahams	HAGAR
Nebengebäude	ANBAU
Nebenschlußwiderstand	SHUNT
Neckar-Zufluß	AMMER
Neckar-Zufluß	EYACH
Neckar-Zufluß	GLATT
Neckar-Zufluß	JAGST
Neckar-Zufluß	ULFEN
Neckar-Zufluß	ZABER
Negativdruckform	MATER
negativ geladenes Atom	ANION
neger-engl.: Herr	MASSA
Negergitarre	BANJO
Negerkeule	KIRRI
Negervolk am Weißen Nil	DINKA
Neigung, Tendenz	TREND

Neiße-Zufluß	LUBST
Nelkengewächs	MIERE
Nennwort	NOMEN
nepales. Volk	MAGAR
nepales. Volk	NEWAR
nepales. Volk	THARU
nepalesische Stadt	PATAN
nepalesisches Volk	LIMBU
nepalesische Währung	RUPIE
Nerfling	ALAND
Nervengas	SARIN
Nervengas	TABUN
Nervengeschwulst	GLIOM
Nesselqualle	POLYP
Netzgewebe	LACIS
Netzstoff	FILET
neue Hauptstadt v. Nigeria	ABUJA
neuer Gebäudeteil	ANBAU
neuer Name des Kongo	ZAIRE
Neuerscheinung	NOVUM
Neuerung, Neuheit	NOVUM
Neuigkeit	NOVUM
neuseeländ. Ureinwohner	MAORI
Nibelungengestalt	HAGEN
Nibelungenstadt am Rhein	WORMS
nicht billig	TEUER
Nichtchrist	HEIDE
nicht dick	DUENN
nicht eine	KEINE
nicht einheimisch	FREMD
nichtengl. Graf (engl.)	COUNT
Nichterfüllung	FRUST
nicht gerade	KRUMM
nicht gesund	KRANK
nicht groß	KLEIN
nichtig	EITEL
Nichtigkeit	HUDEL
nichtkämpfender Truppenteil	TROSS
nicht laut	LEISE
nicht laut	RUHIG
nichtmilitärisch	ZIVIL
Nichtmohammedaner	GIAUR
Nichtmohammedaner	KAFIR
nichtschiffbarer Meeresarm	BAYOU
nicht schmal	BREIT
nichts sagend	BANAL
Nichtstun	MUSSE
nicht verholzendes Gewächs	KRAUT
nicht viel	WENIG
nicht zu biegen	STEIF
niederdeutsch. Autor	FEHRS
niederdeutsch. Autor	GROTH
niederdeutsch. Sprache	PLATT
niedere Geschlechtszelle	GAMET
niederes Volk	PLEBS
niederl. Architekt	BROEK
niederl. Autor, Sozialreformer	EEDEN
niederl. großes Fischerboot	HUKER
niederl. Mineralölkonzern	SHELL
niederl. Physiker (Nobelpreis)	DEBYE
niederl. Physiker (Nobelpreis)	WAALS
niederl. Porzellanmanufaktur	DELFT
niederl. Sexualforscher	VELDE
niederl. Stadt an der Maas	GRAVE
niederl. Stadt an der Maas	VENLO
niederl. Stadt in Friesland	SNEEK
niederl. Stadt in Limburg	WEERT
niederl. westfriesische Insel	TEXEL
niederl.: Krieg	ORLOG
niederländ. Admiral (17. Jh.)	TROMP
niederländ. Antillen-Insel	ARUBA
niederländ. Architekturmaler	NEEFS
niederländ. Bildhauer	VRIES
niederländ. Botaniker	VRIES
niederländ. Freiheitskämpfer	GEUSE
niederländ. Genremaler	METSU
niederländ. Komponist	ISAAC
niederländ. Komponist	LASSO
niederländ. Maler	BOSCH
niederländ. Maler	BOUTS
niederländ. Maler	DAVID
niederländ. Maler	HOOCH
niederländ. Maler	LUCAS
niederländ. Maler	VELDE
niederländ. Maler	STEEN
niederländ. Maler (17. Jh.)	
niederländ. Staatsmann	HOORN

niederländ. Stadt	BREDA
niederländ. Stadt	DELFT
Niederlassung	DEPOT
niederösterr. Donau-Zufluß	KREMS
niederösterr. Stadt an d. Donau	KREMS
niederösterr. Stadt an d. Donau	TULLN
Niederrheinhafen	NEUSS
niedersächs. Stadt an der Ahle	USLAR
niedersächs. Stadt an der Elbe	STADE
Niederschlag	REGEN
niederschles. Stadt am Bober	SAGAN
niederträchtig	INFAM
niedriges Liegesofa	DIWAN
Nierenbaum	AKAJA
Nietenhose	JEANS
nigerian. Stadt	ENUGU
nigerian. Stadt	MINNA
nigerian. Stadt am Niger	JEBBA
Niger-Zufluß	BENUE
Nilneger	NILOT
nilohamitisch. Stamm in Kenia	NANDI
nilotische Sprache	LANGO
nilotische Sprache	TIBBU
Nippon	JAPAN
Niveau	LEVEL
Noahs Schiff	ARCHE
noch mehr	SOGAR
nord. Fruchtbarkeitsgöttin	HULDA
nord. Tauchvogel	LUMME
nordafrik. Gebirge	ATLAS
nordafrikan. Bucht	SYRTE
nordafrikan. Hauptstadt	TUNIS
nordafrikan. Wühlechse	SKINK
nordafrikan. Wüstenfuchs	FENEK
nordafrikan. Wüstenwind	GIBLI
Nordafrikaner	MAURE
nordamerik. Indianerfrau	SQUAW
nordamerik. Indianerstamm	CADDO
nordamerik. Indianerstamm	MODOK
nordamerik. Viehfarm	RANCH
nordamerikan. Fächerpalme	SABAL
nordamerikan. Indianer	OMAHA
nordamerikan. Indianerstamm	CADDO
nordamerikan. Indianerstamm	CREEK
nordargentin. Hafenstadt	SALTA
nordasiatisch. Sturm	BURAN
nordböhmische Stadt	BRUEX
nordchilen. Hafenstadt	ARICA
nordchilen. Provinz	TACNA
nordchines. Provinz	HONAN
nordchines. Provinz	HOPEH
nordchines. Provinz	HUBEI
norddeutscher Dichter	STORM
norddeutsche Stadt	HEIDE
norddt. Fluß	EIDER
norddt. Landschaftsform	GEEST
norddt. Landschaftsform	HEIDE
Nordeuropäer	DAENE
Nordeuropäer	LAPPE
nordfranz. Departement	MARNE
nordfranz. Departement	SOMME
nordfranz. Fluß	MARNE
nordfranz. Fluß	SOMME
nordfranz. Hafenstadt	BREST
nordfranz. Stadt	ARRAS
nordfranz. Stadt	DOUAI
nordfranz. Stadt	LILLE
nordfranzös. Fluß	SEVRE
nordfries. Flächenmaß	DEMAT
nordfries. Hafenstadt	HUSUM
nordfries. Hallig	OLAND
nordfries. Insel	AMRUM
nordfries. Insel	FOEHR
nordfries. Insel, Hallig	HOOGE
nordgriech. Stadt	DRAMA
nordindische Dynastie	GUPTA
nordindische Stadt	JAMMU
nordisch. Kobold, Dämon	TROLL
nordisrael. Hafenstadt	HAIFA
nordital. Fluß	ETSCH
nordital. Hafenstadt	GRADO

nordital. Landschaft	AOSTA
nordital. Stadt	FORLI
nordital. Stadt	UDINE
nordkaukasischer Fluß	KUBAN
nordostafrikan. Fuchs	JENGI
nordostafrikan. Staat	SUDAN
nordostbrasilian. Hafenstadt	CEARA
nordostchines. Provinz	KIRIN
nordostchines. Stadt	KIRIN
Nordosteuropäer	BALTE
Nordosteuropäer	LETTE
nordostpoln. Stadt am Narew	LOMZA
nordostschott. Grafschaft	MORAY
nordostspan. Kap	CREUS
nordostungar. Weinort	TOKAJ
Nordostwind	BIESE
nordpersische Landschaft	GILAN
nordperuan. Provinz	PIURA
nordruss. Fluß	DWINA
nordschwed. Hafenstadt	LULEA
nordschwed. Stadt	BODEN
nordschwed. Stadt am Luleälv	LULEA
Nordseebad	JUIST
Nordskandinavier	LAPPE
nordspan. Hafenstadt	GIJON
Nordwesteuropäer	BRITE
nordwestiran. Stadt	URMIA
nordwestital. Stadt	AOSTA
nordwestkanad. Territorium	YUKON
nordwestportugies. Stadt	BRAGA
nordwestruss. Fluß	ONEGA
Norm, Normenmaß	KANON
Normannenfürst	ROGER
Normannenfürst in Rußland	RURIK
Norne	SKULD
norweg. Dichter	IBSEN
norweg. f. Hedwig	HEDDA
norweg. Fluß	BEGNA
norweg. impressionist. Maler	KROHG
norweg. Komponist	GRIEG
norweg. Politiker (Nobelpreis)	LANGE
norweg. Stadt	BODOE
norweg. Stadt in Telemark	SKIEN
norweg. Verwaltungsbezirk	FYLKE
norweg. Währungseinheit	KRONE
norweg.: Norwegen	NORGE
Not, Notlage	ELEND
Nothelfer	GEORG
notleidend	ELEND
noweg. naturalistische Autorin	SKRAM
Nürnberger Bildhauer, Maler	STOSS
Nürnberger Holzschneider	AMMAN
Nürnberger Kupferstecher	BEHAM
Nürnberger Maler	BEHAM
Nürnberger Meistersinger	SACHS
Nürnberger Zeichner	AMMAN
Nürnberger Zeichner, Schnitzer	AMANN
nützliches Insekt	BIENE
nur	BLOSS
Nußkonfekt	NUGAT
Nußzuckerwerk	NUGAT
Nut, Nute	KERBE
Nutzen, Zweck	BEHUF
Nutzland	ACKER
Nutztierschar	HERDE
obendrein	HINZU
oberägypt. Stadt	ASIUT
oberägypt. Stadt am Nil	LUXOR
oberbayer. Stadt am Chiemsee	PRIEN
oberbayr. Benediktinerabtei	ETTAL
obere Dachkante	FIRST
oberer Raumabschluß	DECKE
oberer Rumpfteil	BRUST
oberer Sensengriff	HAMME
oberes Aaretal	HASLI
obere Vorsegelecke	HEISS
oberhalb von	UEBER
Oberhirt d. röm.-kathol. Kirche	PAPST
oberital. Adda-Zufluß	SERIO
oberital. Adria-Zufluß	PIAVE
oberital. Stadt am Ticino	PAVIA
oberital. Stadt an der Via Emilia	PARMA

Clue	Answer
oberital. Stadt in Venetien	PADUA
Oberlauf der Limmat	LINTH
Obermauer der Basilika	GADEN
Oberschenkelknochen	FEMUR
Oberschicht	CREME
oberschlesisch. Witzfigur	ANTEK
oberschlesische Stadt	PLESS
Oberschwelle	STURZ
oberste Lederschicht	NARBE
oberste russ. Kirchenleitung	SYNOD
oberste Schicht d. Kreidezeit	SENON
Ob-Zufluß	SOSVA
Oder-Zufluß	BOBER
Oder-Zufluß	FINOW
Oder-Zufluß	WEISE
Odins Rabe	HUGIN
Odins Rabe	MUNIN
Odins Wolf	FREKI
öde, leer	WUEST
öffentl. Ärgernis	EKLAT
öffentlich	KORAM
Ölbaumgewächs	ESCHE
Ölbaumharz	ELEMI
Ölpflanze warmer Länder	SESAM
örtlich begrenzt	LOKAL
Örtlichkeit	LOKAL
Öse am Segel	LEGEL
öst.-am. Atomphysiker (Nobelpr.)	PAULI
öster. Rennfahrer (Niki)	LAUDA
österr. Alpenpaß	PYHRN
österr.-amerikan. Komponist	LOEWE
österr.-amerikan. Musicalkompon.	LOEWE
österr. Architekt	SITTE
österr. Architekt	URBAN
österr. Autor, Friedensforscher	JUNGK
österr.-bayr. Fluch	SAKRA
österr. Bundesland	TIROL
österr. Bundespräsident	SEITZ
österr. Chemiker (Nobelpreis)	PREGL
österr. Dichter	JANDL
österr. Dichter, Graphiker	KUBIN
österr. Dichter, Lyriker	CELAN
österr. Dichter, Schriftsteller	BROCH
österr. Dichter, Schriftsteller	CORTI
österr. Dichter, Schriftsteller	MUSIL
österr. Dichter (Nobelpreis)	FRIED
österr. Dichter Schriftsteller	LENAU
österr. Dirigent	BOEHM
österr. Donau-Landschaft	LOBAU
österr. Donau-Zufluß	TRAUN
österr. Donau-Zufluß	TULLN
österr. expression. Lyriker	TRAKL
österr. f. Maria	MITZI
österr. f. Traggestell	KRAXE
österr. Filmkomiker	MOSER
österr. Filmregisseur	FORST
österr. Filmregisseur	PABST
österr. Filmschauspieler	FORST
österr. Frauenarzt	KNAUS
österr. Jazzpianist	GULDA
österr.-jugosl. Paß	LOIBL
österr. Kabarettistin	LENYA
österr. Kaiser	FRANZ
österr. klassizist. Maler	MENGS
österr. Komponist	DAVID
österr. Komponist	HAYDN
österr. Komponist, Dirigent	CERHA
österr. Komponist (atonal)	HAUER
österr. Kurort an der Saalach	LOFER
österr. Kurort bei Wien	BADEN
österr. Maler	FUCHS
österr. March-Zufluß	THAYA
österr. myst.-symbol. Dichter	KAFKA
österr. Nationalökonom	SPANN
österr. Nationalökonom (Nobelpr.)	HAYEK
österr. Operettenkomponist	LEHAR
österr. Operettenkomponist	STOLZ
österr. Operettenkomponist	SUPPE
österr. Pazifist	FRIED

österr. Pharmakologe (Nobelpr.)	LOEWI	österr. Stadt an Steyr und Enns	STEYR	Operette von Burkhard	HOPSA	organ. Isolierschicht	MULCH
österr. Philosoph	RIEHL	österr. Vespermahlzeit	JAUSE	Operette von Geneėt	NANON	Organeinbuchtung an Gefäßen	HILUS
österr. Physiker	MACHE	österr. Zeichner	KUBIN	Operette von Stolz	MAEDI		
österr. Physiologe	SELYE	österr. zeitkritisch. Dichter	GRUEN	Oper von Bellini	NORMA	organische Verbindung	FURAN
österr. Politiker, Bundespräsid.	JONAS			Oper von Egk	CIRCE	Orgelstimme	GAMBE
		österr. zeitkritischer Autor	KRAUS	Oper von Massenet	MANON	Orgelteil	BEBER
österr. Popsänger	FALCO			Oper von Milhaud	MEDEA	Orient	OSTEN
		österr.: Sahne, Schlagsahne	OBERS	Oper von Monteverdi	ORFEO	oriental. Gebetsteppich	KONYA
österr. Psychologe	ADLER			Oper von Mozart	TITUS	oriental. Gebetsteppich	LADIK
österr. Schauspieler	BOEHM	Ofenrohrklappe	FACHE	Oper von Puccini	TOSCA	oriental. Gedichtsammlung	DIWAN
österr. Schauspieler	KAINZ	offene Feuerstelle	KAMIN	Opferpriester d. alten Römer	AUGUR	oriental. Gericht	PILAW
österr. Schauspieler	MOSER	offen (lat.)	APERT			oriental. Hammelfleischgericht	PILAF
		Offiziersrang	MAJOR	Opfertisch	ALTAR		
österr. Schriftsteller	KAFKA	Offiziersregierung	JUNTA	opiumhaltiges Heilmittel	OPIAT	oriental. Reisgericht	PILAU
österr. Schriftsteller	ZWEIG	Offiziersspeiseraum	MESSE	optisches Gerät	LINSE	Orientalen, Semiten	SYRER
österr. Schriftstellerin	SPIEL	Oheim	ONKEL	Orator	BETER		
		Ohio-Zufluß	MIAMI	Oratorium von Händel	JOSUA	orientalisch. Bettelmönch	FAKIR
österr. Sozialdemokrat	ADLER	ohne Sprechvermögen	STUMM	Oratorium von Mendelssohn	ELIAS	orientalisch. Frauengemach	HAREM
österr. Soziologe	SPANN	Ohr des Wildes	LOSER	Orchesterfanfare	TUSCH		
österr. Stadt an d. Leitha	BRUCK	Ohrspeicheldrüsenentzünd.	MUMPS	Ordensform	STERN	orientalisch. Ge- dichtform	GASEL
österr. Stadt an der Donau	GREIN	Oise-Zufluß	AISNE	Ordensgeistlicher	PATER	orientalisch. Herrscher	MOGUL
		Oise-Zufluß	SERRE	Ordenstracht	HABIT	orientalisch. Zauberwort	SESAM
österr. Stadt an der Mur	BRUCK	Okeanide	HIPPO	Ordnung (griech.)	NOMOS		
österr. Stadt an Isel und Drau	LIENZ	Okeanide	METIS	organ. Elementarteilchen	ZELLE	orientalisches Färbemittel	HENNA
		Oker-Zufluß	ECKER				
		Oker-Zufluß	RADAU				

orientalisches Händlerviertel	BASAR	ostfranzös. Departement	ISERE	Ostslawe	RUSSE	Palmlilie	YUKKA
Orientteppich	HERAT	ostfries. Stadt	VAREL	ostspan. Fluß	JUCAR	Pampasstrauß	NANDU
Orientteppich	HERIS	ostfriesische Insel	JUIST	oststeiermärk. Stadt an der Mur	MURAU	Pansen (lat.)	RUMEN
Orientteppich	SENNE	ostfriesische Stadt	JEVER	ovales Gefäß	WANNE	Papageienart	MAKAO
Ort am Panamakanal	GATUN	ostgerman. Volk	GOTEN	Pachtgeld	MIETE	Papierformat	OKTAV
Ort bei Smolensk	KATYN	ostind. Reisgericht	PACHY	Paddel, Riemen	RUDER	Papst im 2. Jh.	SOTER
ortskundiger Schiffsführer	LOTSE	ostiran. Gebirgsvolk	LUREN	Pächter	MEIER	Papstkrone	TIARA
Ortungsverfahren	RADAR	ostkanad. Halbinsel	GASPE	päpst. Sendschreiben	BREVE	Papstname	CAJUS
Osmuium-Wolfram-Legierung	OSRAM	ostkanad. Insel	SABLE	päpstl. Gesandter	LEGAT	Papstname	DONUS
ostafrikan. Staat	KENIA	ostportugies. Fluß	MINHO	päpstl. Gewand	FALDA	Papstname	FELIX
ostafrikan. Volk	TUTSI	ostpreuß. Fluß	GUBER	päpstl. Hof	KURIE	Papstname	KONON
ostasiat. geteiltes Land	KOREA	ostpreuß. Schriftsteller	HALBE	päpstl. Zentralbehörde	KURIE	Papstname	LINUS
ostasiat. Halbinsel	KOREA	ostpreuß. Stadt	STUHM	päpstlich	PAPAL	Papsttum	PAPAT
ostasiat. Hauptstadt	SEOUL	ostrumän. Stadt	JASSY	Pagina, Buchteil	SEITE	Papstwürde	PAPAT
ostasiat. Inselstaat	JAPAN	ostschweiz. Kurort	RAGAZ	pakistan. Fluß	INDUS	Parfümduftstoff	AMBRA
ostasiat. Staat	CHINA	Ostseeanrainer	BALTE	pakistan. Physiker (Nobelpreis)	SALAM	Pariser Gassenjunge	GAMIN
ostchines. Stadt	WUHSI	Ostsee-Anrainer	ESTEN	pakistan. Provinz	SINDH	Parkstraße	ALLEE
ostdt. f. Kunststoff	PLAST	Ostseebad	DAHME	pakistan. Stadt in Belutschistan	KELAT	Parlamentskammer	SENAT
Ostermond	APRIL	Ostseebad bei Kiel	LABOE	pakistan. Währung	RUPIE	Parotitis	MUMPS
Osteuropäer	RUSSE	Ostsee-Zufluß bei Lübeck	TRAVE	Palast in Florenz, Kunstgalerie	PITTI	Party	FEIER
Osteuropäer	SLAWE	Ostseezufluß in Hinterpommern	LUPOW	Palast in Mailand	BRERA	Passahbrot	MATZE
ostfranz. Departement	DOUBS	ostsibir. Halbinsel	JAMAL	Palmenart	AREKA	Paß in den Karawanken	LOIBL
				Palmenart	KOKOS	Paß zw. Kandertal u. Wallis	GEMMI
				Palmfaser-gattung	CYDAS	Paste, Arzneiform	SALBE
				Palmfasergattung	CYDAS	patent	FAMOS
				Palmlilie	YUCCA	Paulusbrief	TITUS
						Pavillon	KIOSK
						pazif. Insel	NDENI

pazif. Inselstaat	NAURU	persisch. Kaisertitel	SCHAH	Pferde-Hautgeschwür	RASPE	Pfütze, Pfuhl	LACHE
pazif. Inselstaat	PALAU	persisch. König (18. Jh.)	NADIR	Pferdekrankheit	DRUSE	Pfütze, Sumpf	PFUHL
pazif. Inselstaat	TONGA	Persönlichkeitsbild	IMAGE	Pferdekrankheit	LEIST	Pfusch	MURKS
pazifischer Inselstaat	SAMOA	Person eines Bühnenstücks	FIGUR	Pferdekrankheit	MAUKE	philip. Stadt auf Mindanao	DAVAO
pazifisches Königreich	TONGA	Personen-Lieferwagen	KOMBI	Pferdelaufleine	LONGE	philippin. Stadt	PASAY
pazifisches Volk	PAPUA	Personenwagen	COUPE	Pferdeschenkel	BACKE	philippin. Volk	BICOL
Pechkohle	GAGAT	peruan. Andenstadt	CUZCO	Pferde-Wurmkrankheit	RAPPE	philippinisch. Vulkan	MAYON
peilen	ORTEN	peruan. Vulkan	MISTI	Pferd mit roter Mähne	FUCHS	philippinische Insel	BOHOL
peinlicher Vorfall	SZENE	peruanische Hafenstadt	PISCO	Pfingstvogel	PIROL	philippinische Insel	LEYTE
Pelzart, Pelztier	BIBER	peruanischer Branntwein	PISCO	Pflanzendaunen	KAPOK	philippinische Insel	PANAY
Pelzart, Pelztier	BISAM	peruanischer Fluß	TIGRE	Pflanzennabel	HILUM	philippinische Insel	SAMAR
Pelzart, Pelztier	LUCHS	peruanische Stadt	OROYA	Pflanzenreich	FLORA	philosophische Disziplin	ETHIK
Pelzrock der Hottentotten	KROSS	Pestkranker (franz.)	KAGOT	Pflanzensproß, Schößling	TRIEB	Phönikerstadt bei Karthago	UTICA
pergamentähnl. Papier	VELIN	Petrarcas Geliebte	LAURA	Pflanzenteil	BLATT	phöniz. Stadt im Libanon	SIDON
pers. Gebetskette	NAMAS	Pfadfinder	SCOUT	Pflanzenzucht	ANBAU	phrygischer König	MIDAS
pers.: Herr	MIRZA	Pfahlbündel z. Schiffsvertäuen	DALBE	pflanzl. Keimzelle	SPORE	physikal. Größe	KRAFT
Perserkönig	CYRUS	Pfannengriff	STIEL	pflanzl. Wuchsstoff	AUXIN	Physiker aus Alexandria	HERON
Perserkönig	KYROS	Pfefferfresser	TUKAN	Pflaumenschlehe	BILSE	Physiker der Antike	HERON
Perserteppich	MAHAL	Pfeifton	PFIFF	Pflege, Fürsorge	SORGE	Pianang	AREKA
Perserteppich	SARUK	Pfeiler	PYLON	pflegen, schützen	HEGEN	Picke, Pickel	HACKE
Perseus-Doppelstern	ALGOL	Pfeilschußwaffe	BOGEN	Pflicht	GEBOT	Pikdame	BASTE
persisch. Dichter	HAFIS	Pfeilwurfspiel	DARTS	Pflock, Pfosten	PFAHL	Pilzfadensystem	MYZEL
persisch. Dichter (13. Jh.)	SAADI			Pfluggriff	STERZ	Pilzgattung auf Blättern	PHOMA
persisch. Ehrentitel	MIRZA			Pflugsterz	GEIZE	Pilzzellfaden	HYPHE
				Pfriemengras	STUPA		
				Pfropfen, Stöpsel	SPUND		

Pinselohrkatze	LUCHS	poln. Filmschauspielerin	NEGRI	pontische Insel	PONZA	Posament	GALON
Pionier d. dt. Sozialdemokratie	BEBEL			Popmusik-Gruppe	KINKS	Posament	KNOPF
						Pose	MACHE
Pipette	HEBER	poln. Industriestadt	RADOM			positive Elektrode	ANODE
Plage	MUEHE	poln. Komponist	BAIRD	Popmusik-Solistin	FLACK	Posse	FARCE
Plage, Krankheit	UEBEL			porenreich	PORIG	Possen, Bubenstreich	UNFUG
Plane	BLAHE	poln. Name von Oppeln	OPOLE	portug. Dramatiker (18. Jh.)	SILVA	Postdampfer	AVISO
Plane	DECKE					Postenkontrolle	RONDE
Planet	PLUTO	poln. Stadt	BIALA	portug. Neurologe (Nobelpr.)	MONIZ	Postgebühr	PORTO
Planet	VENUS						
Planetoid	CERES	poln. Stadt an der Warthe	POSEN	portug. Überseegebiet	MACAO	Postgut, Postsache, -sendung	PAKET
Planetoid	VESTA						
Planke	BOHLE					Postmeister Maximilians I.	TAXIS
Planke	BRETT	poln. Stadt an der Weichsel	PLOCK	portugies.: Bergkette	SERRA		
Plattfisch	ZUNGE						
plötzl. Krankheitszeichen	IKTUS	poln. Stadt an der Weichsel	THORN	portugies. Autor	BRAGA	Po-Zufluß	OGLIO
plötzl. scharfer Schall	KNALL	poln. Stadt bei Lodsch	KUTNO	portugies. Entdecker, Seefahrer	PINTO	Po-Zufluß	PARMA
plötzl. Schrecken	PANIK	poln. Stadt bei Warschau	MLAWA	portugies. Fluß	DOURO	Po-Zufluß	SESIA
plötzl. Umschwung e. Krankheit	KRISE	poln.: Herr	PANJE	portugies. Geigenart	REBEC	Pracht, Prachtentfaltung	LUXUS
Pluspol	ANODE	polnisch. Dichter, Schriftsteller	TUWIM	portugies. Grenzstadt	ELVAS	Prachtentfaltung	PRUNK
Podagra	GICHT						
Pöbel	PLEBS			portugies. Hafenstadt am Douro	PORTO	Prachtstraße	ALLEE
pökeln	LAKEN	polnisch. Stadt	KONIN				
poetisch: Frühjahr	MAIEN	polnisch. Währung	ZLOTY	portugies. Königsname	PEDRO	Prachtstraße in Tokio	GINZA
Point, Pointe	STICH	Polster-, Verbandmaterial	WATTE	portugies. Landschaft	BEIRA	Prachtstube der holstein. Bauern	PESEL
Pokal (franz.)	COUPE						
polit. Gemeinwesen	STAAT	Polstermaterial	KAPOK	portugies. Provinz	BEIRA	Prachtwicke	DONJA
		Polynesier	MAORI	portugies. Stadt	OLHAO	Prägeform	MATER
Politiker in Uganda	OBOTE	polynesische Inselgruppe	SAMOA	portugies. Überseegebiet	MAKAO	präzis, präzise	EXAKT
Polizeibeamter im alten Rom	AEDIL	pommer. Stadt an der Stolpe	STOLP	portugies.: Jakob	DIOGO	präzis, präzise	GENAU
						Prag (tschech.)	PRAHA
poln. Bug-Zufluß	NAREW	pommersche Halbinsel	DARSS	Porzellanschnecke	KAURI	Pranke	KLAUE
				Posament	BORTE	Pregel-Zufluß	DEIME

Preisgrenze	LIMIT	Protest, Weigerung	REFUS
Preisrichter	JUROR	Prüfwerkzeug	LEHRE
Preisspanne	MARGE	Prügel	KEILE
Preisvorschlag	GEBOT	Prügel, Hiebe	SENGE
preuß. Adelsgeschlecht	ARNIM	prügeln	HAUEN
		Prunk	LUXUS
preuß. General	BOYEN	Prunkbecher	POKAL
preuß. General	GOLTZ	Psyche, Innenleben	SEELE
preuß. Generalfeldmarschall	YORCK	psychologisches Leitbild	IMAGO
preuß. Königin	LUISE	Puderzucker	FARIN
preuß. Reformer, Staatsmann	STEIN	Puff	KNUFF
		Pump	LEIHE
		Pupillenverengung	MIOSE
preußisch. Kriegsminister	STEIN	Puppe (zool.)	LARVE
Priestergehilfe	LEVIT	putzsüchtig	EITEL
prima, toll	SUPER	Qual	MUEHE
		Qualität	GUETE
Primaten	AFFEN	Qualm, Schwaden	RAUCH
primitives Fahrzeug	KARRE	Quantität	MENGE
primitive Waffe	KEULE	Quantum	MENGE
		Quartier	LOGIS
Prinz von Savoyen	EUGEN	Quarzgestein	DAZIT
Prinz von Troja	PARIS	quarzhaltiger Feldspat	APLIT
Prise	BEUTE	Quecke	PAEDE
Prismen-Erfinder	NICOL	Quellfluß der Weser	WERRA
Probebohrer	SONDE	Quellfluß des Ubangi	UELLE
proben, trainieren	UEBEN	Rabatt	ABZUG
Profession	BERUF	Rabenvogel	DOHLE
Prosaabhandlung	ESSAY	Radau	KRACH
Prosadichtung	ROMAN	Radau	LAERM

radierte Stelle	RASUR	rasendes Weib	FURIE
radikaler engl. Nationalist	JINGO	Raserei	FUROR
		Raserei	LYSSA
radioaktives Element	RADON	rasten, nächtigen	RUHEN
		Ratgeber, Vormund	TUTOR
Radkammder Windmühle	KAMME	Raub	BEUTE
		Raubfischart	MULBE
Radkranz	FELGE	Raubtier	KATZE
Räderstuhl (Eisenbahn)	CHAIR	Raubtier	LOEWE
		Raubtierpfote	KLAUE
Räderstuhl (Eisenbahn)	CHAIR	Raubtierpfote, Pranke	TATZE
		Rauch	ABGAS
Rätsel lösen	RATEN	Rauch, Schwaden	QUALM
Rätsellöser	RATER	rauchende Schwefelsäure	OLEUM
räuber. Meeresfisch	LACHS		
		Rauchkraut	TABAK
Räuberschar	BANDE	Raumgebilde	FIGUR
Räucherkammer	SELCH	Raumschiff der Amerikaner	FAITH
Ragout aus Wildgeflügel	SALMI		
Ragwurzelknolle	SALEP	Raum unter dem Dach	BODEN
Rahm, Schlagrahm	SAHNE	Rauschgift	DROGE
Rammfallblock	HOYER	Rauschgift	OPIAT
Rand	BANDE	Rauschgift	OPIUM
Randverdickung	WULST	Rauschgift-Art	SPEED
Randverzierung	SICKE	Rauschgift spritzen	FIXEN
Rang, Dienstgrad	STUFE	Rauschgiftsüchtiger	FIXER
Rankengewächs	LIANE		
rasch	FLINK	Rauschgift-Zigarette	JOINT
rasch	FLUGS		
rasen	JAGEN	Rauschgras	LOLCH
rasen, wüten	TOBEN		

Rebensorte	FABER	Regierung d. Stadtstaaten	SENAT	Rekrutenaushebung (franz.)	LEVEE	Rhombus	RAUTE
Rechen	HARKE					Rhone-Zufluß	DROME
rechte Kontenseite	HABEN	regierungstreu	LOYAL	religiös. Brauch	RITUS	Rhone-Zufluß	ISERE
rechtlich, rechtmäßig	LEGAL	Regnitz-Zufluß	AISCH	religiös. Splittergruppe	SEKTE	Rhone-Zufluß	MORGE
		Rehkitz	BAMBI				
Rechtsanspruch	CLAIM	Rehpfeife	FIEPE	religiöse Gemeinschaft	ORDEN	Rhone-Zufluß a.d. Lötschental	LONZA
Rechtsanspruch	TITEL	Reich der Mitte	CHINA	Religionsbuch der Christen	BIBEL	Rhythmuswechsel	BREAK
		reichen	GEBEN				
rechtschaffen	LOYAL	Reife des Weins	FIRNE	Religionsstifter	JESUS	Richterkollegium	SENAT
Rechtschreib-Wörterbuch	DUDEN	Reihenfolge	SERIE	Renkenart	KILCH	Richtfähnchen	JALON
		Reinbetrag, -gewicht	NETTO	Rennbahn	PISTE	Richtlinie, Vorschrift	REGEL
Rechtsfall	CASUS						
Rechtsgrund (lat.)	CAUSA	Reinfall	NIETE	Rennbeginn	START	Richtung nach Mekka (Islam)	KIBLA
		reinigen	BADEN				
Rechtsgrund (lat.)	CAUSA	Reinigungsmittel	SEIFE	Rennschlitten	RODEL	Richtungsanzeiger	PFEIL
				Reptil	ECHSE		
rechtskräftig	VALID	Reisbranntwein	ARRAK	Rest beim Kartengeben	TALON	Riedgras	CAREX
Redefluß	SUADE					Riedgras	CAREX
Redewendung	TOPOS	Reise	FAHRT			Riedgras	CAREX
		Reisedecke	PLAID	Rest im Glas	NEIGE	Riedgrasart, Ackerunkraut	SIMSE
redlich	LOYAL	Reiseführer	GUIDE	Rettung	HILFE		
Redlichkeit, Verläßlichkeit	TREUE	Reisehandbuch (franz.)	GUIDE	Revue, Vorführung	SCHAU	Riegel	BARRE
						Riemen, Schnur	LEINE
Reformator Schwedens	PETRI	Reiterlein im Großen Bär	ALKOR	rhein. Mittelgebirge	EIFEL	Riemen am Zuggeschirr	SIELE
				Rheinstadt in Graubünden	ILANZ		
rege	EMSIG	Reitersoldat in Nordafrika	SPAHI			Riemenpeitsche	KNUTE
Regel, Richtschnur	KANON			Rhein-Zufluß	ACHER	Riese	HUENE
regelmäßiger Käufer	KUNDE	Reiterstiefelstachel	SPORN	Rhein-Zufluß	BROHL	Riese, Hüne	TITAN
Regenpfeifer-Art	KANUT	Reiterwaffe	LANZE	Rhein-Zufluß	MODER	Riese der german. Sage	THRYM
Regenpfeifervogel	KLUTE	Reitknecht	GROOM	Rhein-Zufluß aus der Eifel	NETTE	Riesentintenfisch	KRAKE
Regenpfeifervogel	TAUBE	Reizbewegung von Lebewesen	TAXIS	Rhein-Zufluß aus der Senne	LIPPE	Rille, länglicher Einschnitt	RINNE
		reizvoll	APART	Rhesusaffe	MAKAK	Rinderwade	HESSE

Rindslendenstück	STEAK	rituelle Handlung	OPFER	röm. Gott der Unterwelt	ORKUS	Rohrstock zum Schlagen	BAKEL
Ring	KREIS	robuste Fußbekleidung	BOOTS	röm. Kaiser	GALBA		
Ring am Segel	LEGEL	Rochenart	MANTA	röm. Kaiser	TITUS	Rohrverbindung	MUFFE
Ringelkrebs	ASSEL	Rockmusik-Solist	BOWIE	röm. Marktplatz	FORUM	Rohseide	GREGE
Ringergriff	HEBEL					Rohseidenfaden	GREGE
ringförmige Koralleninsel	ATOLL	Rodelbahn	PISTE	röm. Totenreich	ORKUS	roh (Stoff)	EKRUE
		röm. Blumengöttin	FLORA	röm. Unterwelt	ORKUS	Rohwolle des Schafes	VLIES
ringsum	HERUM						
Rinne im Wattenmeer	PRIEL	röm. Diktator	SULLA	röm. Waldgöttin	FAUNA	Rolle, Fadenrolle	SPULE
		röm. doppelgesichtiger Gott	JANUS	römisch. Adelsfamilie	CHIGI	Rolle, Rollkörper	WALZE
Rinnstein	GOSSE						
Ripsgewebe	GRAIN			römisch. Grenzwall	LIMES		
riskieren, aufs Spiel setzen	WAGEN	röm. Erntegöttin	CERES	römisch. Kaiser	CARUS	Rollfeld auf Flugplätzen	PISTE
		röm. Erntegöttin	CERES	römisch. Kaiser	NERVA		
		röm. Feldherr, Legat	VARUS	römisch. Schriftsteller	HORAZ	roman. Sprache i. Graubünden	LADIN
Riß, Spalt	RITZE						
Rist, Fußrücken	SPANN	röm. Fruchtbarkeitsgöttin	CERES	römisch. Soldat	MILES	Roman v. Dostojewski	IDIOT
Rist am Fuß	SPANN	röm. Frühlingsgöttin	FLORA	römische Adelsfamilie	CHIGI	Roman v. Meyrink	GOLEM
Ritter der Artusrunde	IWEIN	röm. Göttin d. Ackerbaus	CERES	römische Adelsfamilie	CHIGI	Rosinen aus d. Provence	JUBIS
Ritterkampfspiel	TJOST	röm. Göttin d. Treue	FIDES	römischer Staatsbeamter	COMES	Roßkümmel	SILAU
ritterl. Anführer im Bauernkrieg	GEYER	röm. Göttin der Fülle	COPIA	römisches Adelsgeschlecht	CENCI	Rostbratschnitte	STEAK
						Rot beim Roulette	ROUGE
ritterl. Zweikampf zu Pferd	TJOST	röm. Göttin der Jagd	DIANA	römisches Adelsgeschlecht	CENCI	rotbraune Farbe	SIENA
ritterlicher Frauendienst	MINNE	röm. Gott d. Friedens	JANUS	Röstbrot	TOAST	roter Edelstein	RUBIN
ritterlicher Liebhaber	GALAN	röm. Gott d. Scherzes	JOKUS	Röstvorrichtung	DARRE	roter Farbstoff	BIXIN
						roter Farbton	KRAPP
Rittersaal der Burg	PALAS	röm. Gott d. Zeit	JANUS	rohe Ölsäure	OLEIN	roter südamerikan. Farbstoff	CHICA
Ritterspiel, Turnier	TJOST	röm.Gott der Aussaat	SATOR	Rohform einer Plastik	BOSSE	roter südamerikan. Farbstoff	CHICA
				Rohling, Raufbold	ROWDY		
				Rohrpflanze	KANNA		

roter Teerfarbstoff	EOSIN	Rüsseltier, Dickhäuter	TAPIR	rumän. Körös-Zufluß	KOKEL	Rundgesang	KANON
rote Rübe	RAHNE	Ruhemöbel	LIEGE	rumän. Komponist	ARATO	Rundgewinde	KRANZ
roter Weinfarbstoff	OENIN	Ruhestätte	LIEGE	rumän. Name v. Hermannstadt	SIBIU	rundherum	RINGS
rote Schminke	ROUGE	Ruhestörung	RADAU			Rundkörper	KUGEL
Rotfärbung	ROETE	Ruhezeit	PAUSE	rumän. Politiker	MANIU	Rundtanz	POLKA
rotierender Körper	ROTOR	ruhig	LEISE	rumän. Stadt	BACAU	Runkelrübe, Steckrübe	WRUKE
Rotorfe	ALAND	ruhig, geräuschlos	STILL	rumän. Stadt	BUZAU	Runzel	FALTE
Rotte	MEUTE	ruhig (engl.)	QUIET	rumän. Stadt	SIBIU	russ.-amerikan. Violinvirtuose	STERN
Rotweinart	BADOS	Ruhr-Metropole	ESSEN	rumän. Stadt (Transsilv. Alpen)	NEGOI	russ. Antennenerfinder	POPOW
Rotwelsch	GERGO	Ruhr-Zufluß	LENNE	rumän. Theiß-Zufluß	MURES	russ. Bühnenmaler (Ballett)	BAKST
Roulette-Ausdruck	PASSE	Ruhr-Zufluß	SORPE	rumän.-ungar. Fluß	MAROS	russ. Choreograph	FOKIN
Rudel, Schar	TRUPP	Ruhr-Zufluß	VOLME	rumänisch. Fluß	ARGES	russ. Dichter (Nobelpreis)	BUNIN
Ruderbank	DUCHT	Ruinenstätte in Birma	PAGAN	Rumpf	TORSO	russ. Dreisaitengeige	GUDOK
Ruder-gabel	DOLLE	Ruinenstätte in Guatemala	TIKAL	Rumpfbiegung	BEUGE	russ. Einzelgesetz	USTAW
Rückenflosse	FINNE	Ruinenstätte in Honduras	COPAN	Rundbild, Rundgemälde	TONDO	russ. Fluß z. Weißen Meer	MESEN
Rückenkorb	KIEPE	rumän. abstrakt. Maler (Dadaist)	JANCO	Runde	KREIS		
Rückenmarkschwindsucht	TABES			runde Einkerbung	KEHLE	russ. Freibauer	KOSAK
Rückenmarksgeschwulst	GLIOM	rumän. Adliger	BOJAR	runder Berggipfel	KOPPE	russ. Hermelinfell	LASKI
Rückenteil	KREUZ	rumän. Dichter	MANIU	runder Berggipfel	KUPPE	russ. Hundeschlitten	NARTE
Rückentrage	KIEPE	rumän. Donau-Zufluß	CERNA	runder Klumpen	KLOSS	russ.-mongol. Grenzgebirge	ALTAI
Rückentraglast	HOCKE	rumän. Donau-Zufluß	PRUTH	rundes Steinstück	MUGEL		
Rückentraglast	HUCKE	rumän. Donau-Zufluß	SCHYL	Rundfigur	BOSSE	russ. realist. Maler	PEROW
Rüge, Verweis	TADEL	rumän. Donau-Zufluß	TEMES	Rundfunk	RADIO		
rühmen	LOBEN	rumän. Gebirge	BIHAR	Rundgang, Streifwache	RONDE	russ. Reiter	KOSAK
Rührstab, Strudel	QUIRL	rumän. König	CAROL				
Rüsselantilope	SAIGA						

Clue	Answer
russ. Stadt a.d. Wjatka	KIROW
russ. Stadt an der Kura	KURSK
russ. Steppenpferdeherde	TABUN
russ. Strömling (Fisch)	KILKA
russ. Tänzer u. Choreograph	LIFAR
russ. Verwaltungsbezirk	RAYON
russ.: Allerhöchster Erlaß	USTAW
russ.: Fabrik	SAWOD
russ.: los, schnell!	DAWAI
russ.: Theodor	FEDOR
russisch., sowjetisch. Dichter	GORKI
russisch. Bier	KWASS
russisch. Dichter, Dramatiker	BABEL
russisch. Dichter, Dramatiker	FEDIN
russisch. Dichter, Dramatiker	GOGOL
russisch. Heiligenbild	IKONE
russisch. Name von Pleskau	PSKOW
russisch. naturalist. Maler	REPIN
russisch. Physiker und Erfinder	POPOW
russisch. Revolutionär	GAPON
russisch. Schnaps	WODKA
russisch. Tura-Zufluß	TAGIL
russisch. Zar	JURIJ
russische, sowjet. Währung	RUBEL
russische Kaiserin	ZARIN
russische Langhalslaute	DOMRA
russischer Zar	PETER
russisch für Peter	PJOTR
Saône-Zufluß	DOUBS
Saalbau	GADEN
Saalbau	HALLE
Saale-Zufluß	FUHNE
Saale-Zufluß	LAUER
Saale-Zufluß	LUPPE
Saale-Zufluß	RINNE
Saale-Zufluß	SALZE
Saat ausbringen	SAEEN
Saatgut	SAMEN
Saatstreuer	SAEER
Sache	CHOSE
sackförmiges Hohlorgan	BLASE
sächs. Barockbaumeister	BAEHR
sächs. Stadt an der Elbe	PIRNA
sächs. Stadt an der Elbe	RIESA
sächs. Stadt im Göltzschtal	MYLAU
Sänger	TENOR
Sänger in komischen Opern	BUFFO
Säugetierart	NAGER
Säuglingsnahrung	MILCH
Säulenfuß	BASIS
Säulenwulst	TORUS
sagen, sprechen	REDEN
sagenh. Königstochter a. Kolchis	MEDEA
sagenhafte Königin von Theben	NIOBE
sagenhafte Nordinsel	THULE
sagenhafter Gründer Roms	REMUS
sagenhaftes Goldland im AT	OPHIR
Sagopalme	ZYKAS
Sahne	CREME
Sahne	FLOTT
Saiteninstrument	LAUTE
Salbe	CREME
Salbe	PASTE
salbenartige Masse	PASTE
Salböl	NARDE
salbungsvoll	OELIG
Salomos Vater	DAVID
salopp für sehr gut	SUPER
salzbestreuter Käsekuchen	SALEE
Salz der Borsäure	BORAT
Salz der Goldsäure	AURAT
Salz der Ölsäure	OLEAT
Salze der Harnsäure	URATE
Salzgras	ANDEL
Salzsee in NW-Iran	URMIA
Salzstelle für Wild	LECKE
samaritischer Zauberer	SIMON
Sammelbuch	ALBUM
Sammelstelle	DEPOT
Samoa-Insel	MANUA
Samoa-Insel	UPOLU
Sandbank	BARRE
sandfarben	BEIGE
sanft, behutsam	SACHT
sanft, zart	WEICH
Sanftmut	MILDE
Satan, Teufel	URIAN
Satellitenbahn	ORBIT
Saturn-Mond	DIONE
Saturn-Mond	TITAN
Satzzeichen	KOLON
Satzzeichen	KOMMA
Satzzeichen, Schlußzeichen	PUNKT

sauberpoliert	BLANK
saudiarab. Hafenstadt	JIDDA
sauerstoffatmend	AEROB
Sauls Feldhauptmann	ABNER
Save-Zufluß	BOSNA
Schabernack	POSSE
Schachfigur	BAUER
Schachpartie	RUNDE
Schachtsohle	TEUFE
Schadenersatz	BUSSE
Schadenversicherung	KASKO
Schädelhöhle (mediz.)	SINUS
schädl. Nagetier	RATTE
schändlich	INFAM
Schaffell	VLIES
Schafleder	NAPPA
Schafscheren	SCHUR
Schale des Kelchs	KUPPA
Schalentier	KREBS
Schalkragen (franz.)	FICHU
Schall	KLANG
Schallplatten-Etikett	LABEL
Schallplatten-Hülle	COVER
Schaltuhr	TIMER
Schamgegend	PUBES
Schandfleck	MAKEL
Schar	MEUTE
scharfe Biegung	KNICK
scharfe Kerbe	KIMME
scharfe Kurve	KEHRE
scharfer Einschnitt	KIMME
scharfer Rand	KANTE
scharfes Gewürz	CHILI
scharfes indisches Gewürz	CURRY
scharfe Verfolgung	HETZE
scharf gebacken	KROSS
Scharfmacher	FALKE
Scharte	KERBE
schauen	LUGEN
Schaufahrt	KORSO
Schaukel	WIPPE
schaumige Süßspeise	CREME
Schaupackung	DUMMY
Schauplatz	SZENE
Schauspiel	DRAMA
schauspielern	MIMEN
Schauspielfach, Rollenfach	NAIVE
Schauspielkunst	MIMIK
Schauspielschüler	ELEVE
Schauspiel von Goethe	FAUST
Schauspiel von Thoma	MORAL
Scheibe	TAFEL
Schein, Vortäuschung	MACHE
Scheinangriff beim Fechten	FINTE
Scheinhandlung	FARCE
Scheinhieb	FINTE
Schelde-Zufluß	HAINE
Schelde-Zufluß	LEIDE
Schenke	BEIZE
Schenke	BRAEU
Schenke	PINTE
Schenkender	GEBER
Scherung	SCHUB
Scherz	JOKUS
Scherz, Vergnügen	SPASS
scherzen	JUXEN
scherzh. f. gnädige Frau	MADAM
Scheu, Gewissensbiß	SCHAM
Scheunenboden	TENNE
Schicht der Kreideformation	TURON
schick	FESCH
schick	FLOTT
Schicksal	FATUM
Schiebkraft	SCHUB
schief	KRUMM
schiefe Ebene	NEIGE
schiefwinkliges Viereck	RAUTE
Schiene	GLEIS
Schierlingstanne	TSUGA
schiffbarer Kanal	FLEET
Schiffchenarbeit (ital.)	OCCHI
Schiff f. Gelegenheitsfrachten	TRAMP
Schiffsausbesserungsstätte	WERFT
Schiffsbauplatz	WERFT
Schiffsbaustelle	HELGE
Schiffsflaschenzug	TAKEL
Schiffsflaschenzug	TALJE
Schiffsgeschwindigkeitsmesser	LOGGE
Schiffsheck-Rundung	BILLE
Schiffsheimat	HAFEN
Schiffsjunge	MOSES
Schiffsladung	KARGO
Schiffsleinwand	SEGEL
Schiffsplanke	WEGER
Schiffsrippe	SPANT
Schiffsrumpf	KASKO
Schiffsschnabel	GREIF
Schiffssteuer	RUDER
Schiffsstützbalken	DUCHT
Schiffstagereise	ETMAL
Schiffstau	KABEL
Schiffszubehör	ANKER
Schild des Zeus	AEGIS

Schilddrüsenerkrankung	KROPF	Schlammvulkan	SALSE	schles. Stadt an der Ohle	OHLAU	Schmetterlingsart	NONNE
Schilf	BINSE	Schlangenanbeter (Sekte)	OPHIT	schlesisches Fürstentum	PLESS	Schmetterlingsblütler	BOHNE
Schillermuster	MOIRE	Schlangenkraut	CALLA	Schleuderwaffe	SPEER	Schmetterlingsblütler	ERBSE
schillerndes Gewebe	MOIRE	schlau, geschäftstüchtig	SMART	Schlichtwerkzeug	FEILE	Schmetterlingsgespinst	KOKON
Schimmelpilz	MUCOR	schlecht	BOESE	Schliff	DRILL	Schmetterlingslarve	PUPPE
Schimmer	GLANZ	schlechte Angewohnheit	UNART	schlimm, unwohl	UEBEL	Schmetterlingslarve	RAUPE
schirmähnlicher Blütenstand	DOLDE	schlechte Arbeit	MURKS	Schlingpflanze	LIANE	schmiedbares Eisen	STAHL
schläfrig	MUEDE			Schlitten	RODEL		
Schläge	HIEBE	schlechtes Essen	FRASS	Schloß an der Loire	BLOIS	schmieren	OELEN
schlafbedürftig	MUEDE	Schleichkatze	FOSSA	Schloß im Salzburger Land	UNKEN	schmierig	OELIG
Schlafenszeit	NACHT	schleierartiges Gewebe	TUELL	Schloß in Bayern	ELMAU	Schmiervorrichtung	OELER
Schlaferlebnis	TRAUM	Schleierstoff	VOILE	schlotartige Felsschlucht	KAMIN	Schmuckspange	FIBEL
schlaff	LASCH	Schleimaal	INGER	Schlucht	KLUFT	Schmuckstein	ACHAT
Schlafmaus	BILCH	Schleimbeutel (medizin.)	BURSA	Schluckimpfungs-Erfinder	SABIN	Schmuckstreifen	FRIES
Schlafsucht	SOPOR	Schleimhautentzündung	SPRUE	Schluß machen	ENDEN	Schmuckstück (franz.)	BIJOU
Schlag, Niederlage	TREFF	Schleimhautgeschwulst	MYXOM	Schlußresultat	FAZIT	schmusen	KOSEN
schlagen	HAUEN			schmal	DUENN	Schmutz	DRECK
Schlaggerät	KEULE	Schleimstoff	MUZIN	schmaler Kleidersaum	BIESE	schmutzig	KOTIG
Schlaginstrument	PAUKE	Schleppkahn	PRAHM	schmaler Schrank	SPIND	Schmutzstelle	FLECK
Schlagzeile, Überschrift	TITEL	Schleppnetz	ZEESE	schmales Brett	LATTE	schnaufen	ATMEN
Schlakkenberg	HALDE	schles. Barockdichter	LOGAU	schmelzbarer Kunstharz	RESOL	schneebedeckter Berg	FIRNE
Schlamm, Pfuhl	SUMPF	schles. Barockdichter	OPITZ	Schmelzschuppenfisch	STOER	schneefarben	WEISS
Schlammbank	BARRE	schles. Dichter	STEHR	Schmerzgefühl	ALGIE	Schneeleopard	IRBIS
Schlammerde	MODER	schles. Stadt an der Oder	BRIEG	Schmerzruf	AUWEH	Schneide am Pflug	SCHAR
Schlammfang	GUMPE					Schneidwerkzeug	SAEGE
schlammig	LIMOS	schles. Stadt an der Oder	COSEL	Schmetterball	SMASH	schnell	EILIG
Schlammkasten	GUMPE						
Schlammsprudel	SALSE					schnell, hurtig	RASCH

schnell, munter	QUICK
schnell, vorwärts (poln.)	DALLI
schneller Rennwagen	BOLID
Schnellfahrer	RASER
Schnellgänger (Sport)	GEHER
Schnelligkeit	TEMPO
Schnittergerät	SENSE
Schnittholz	BRETT
Schnur	FADEN
Schober	DIEME
Schönheitsnorm	KANON
Schöpfer d. franz. Nationaloper	LULLY
schöpferische Gestaltung	KUNST
Schöpflöffel	KELLE
Schöpfung	NATUR
Schokoladegetränk	KAKAO
Schokoladengrundstoff	KAKAO
Schorf	GRIND
Schornstein	KAMIN
schott. Afrikaforscher	BRUCE
schott. Dichter	BURNS
schott. Fluß	CLYDE
schott. Fluß	CLYDE
schott. Fluß	FORTH
schott. Grenzfluß	TWEED
schott. Hafen am Tay	PERTH
schott. Hafen b. Edinburgh	LEITH
schott. Hügelgrab	CAIRN
schott. Hügelgrab	CAIRN
schott. Komponist	FIELD
schott. Nationalheld	BRUCE
schott. Naturforscher	NICOL
schott. Pionier des Fernsehens	BAIRD
schott. Romanschriftsteller	SCOTT
schott. Stadt	ELGIN
schott. Stadt am Moray Firth	NAIRN
schott. Wollstoff, Mantelstoff	TWEED
schottisch. Grafschaft	ANGUS
schottisch. Grafschaft	BANFF
schottische Grafschaft	PERTH
schottischer Fjord	FIRTH
Schräge	NEIGE
Schräge	QUERE
Schrebergartenhäuschen	LAUBE
Schreckgestalt	ZOMBI
Schreiben	BRIEF
Schreibflüssigkeit	TINTE
Schreibmaschinenteil	TASTE
Schreibplatte	TAFEL
Schreibstube	BUERO
Schriftart	DIDOT
Schriftgrad	PETIT
schriftl. Anmerkung	NOTAT
schriftl. Mitteilung	BRIEF
Schriftsteller	AUTOR
Schrifttilgung	RASUR
schrill	GRELL
schriller Ton	PFIFF
Schritt, Marschart	TRITT
Schrulle	LAUNE
schüchtern	TIMID
schüchtern, zurückhaltend	SCHEU
Schüchternheit, Zurückhaltung	SCHEU
Schüler von S. Freud	ADLER
Schuft (franz.)	KUJON
Schuhsohle aus Rohkautschuk	KREPP
Schuhstahlnägel	TACKS
Schuhteil	KAPPE
schuldbewußt	REUIG
Schuldschein	SCRIP
Schulfeier (veraltet)	AKTUS
Schultasche	MAPPE
Schulterblatt	SPALE
Schulterjoch	DRACH
Schulterkragen am liturg. Gewand	AMIKT
Schulterteil an Kleidern	PASSE
Schulterteil d. Wildes	BLATT
Schultertuch (franz.)	FICHU
Schulung	LEHRE
Schuppeneidechse	AGAME
Schurke	KUJON
Schußfolge	SALVE
Schußgeräusch	KNALL
Schustermesser	KNEIF
Schusternagel	PINNE
Schutt	MUELL
Schuttabhang	HALDE
Schutz	OBHUT
Schutzanlage an Ufern	BUHNE
Schutzdecke	PLANE
Schutzgespinst	KOKON
Schutzhaus im Gebirge	BAUDE
Schutzpatron d. Adels	GEORG
Schutzpatron d. Ärzte	LUKAS
Schutzpatron d. Artisten	GEORG

Schutzpatron d. Bildhauer	LUKAS	Schwager des Ödipus	KREON	schwed. Ingenieur (Turbine, Düse)	LAVAL	schweiz. Architekt	MOSER
Schutzpatron d. Künstler	LUKAS	Schwank	FARCE	schwed. Lappen	SAMEN	schweiz. Berg in Appenzell	SPEER
Schutzpatron d. Liebenden	ANTON	Schwank	POSSE	schwed. Naturforscher	LINNE	schweiz. Bildhauer	ROSSI
Schutzpatron d. Manager	ANTON	schwankend	LABIL	schwed. Ökonom (Nobelpreis)	OHLIN	schweiz. Clown	GROCK
Schutzpatron d. Pferde	GEORG	Schwanzende des Fuchses	BLUME	schwed. Physiker (Nobelpreis)	DALEN	schweiz. Dichter	RAMUZ
Schutzpatron d. Schauspieler	VITUS	Schwanzlurch	MOLCH	schwed. Physiker (Nobelpreis)	DALEN	schweiz. Dichter, Schriftsteller	MEYER
Schutzpatron der Apotheker	VITUS	Schwanzstern im Gr.Bären	MIZAR	schwed. Politiker, Ministerpräsid.	PALME	schweiz. f. Handelsbrauch	USANZ
Schutzpatron der Drogisten	VITUS	Schwarzafrikaner	NEGER	schwed. Preisstifter	NOBEL	schweiz. Fluß zum Lago Maggiore	TRESA
Schutzpatron der Reisenden	ANTON	schwarzbraune Farbe	SEPIA	schwed. Stadt in Dalarna	FALUN	schweiz. Fluß zum Murtensee	BROYE
Schutzpatronin der Torwarte	LUCIA	Schwarzdrossel	AMSEL	schwed. Turbinenerfinder	LAVAL	schweiz.-franz. Strom	RHONE
Schutzschild	AEGIS	schwarze amerik. Tänzerin	BAKER	schwed. Währungseinheit	KRONE	schweiz. Jugendschriftstellerin	SPYRI
schwaches Kantholz	LATTE	Schwarzer	NEGER	schwed.: Katharina	KARIN	schweiz. Jurist (Nobelpreis)	GOBAT
Schwachkopf	IDIOT	schwarzer Kieselschiefer	LYDIT	schwedischer Königsname	ADOLF	schweiz. Kanton	BASEL
schwachsinnig	DEBIL	schwarzes Mineral	GAGAT	schwedischer Königsname	OSKAR	schweiz. Kantonshauptstadt	AARAU
Schwaden	WOLKE	schwarzes Pferd	RAPPE	Schwefelkies	PYRIT	schweiz. Kantonshauptstadt	BASEL
schwäb. Dichter	HAUFF	Schwarzwildschwanz	LEIER	schwefelsaures Salz	METOL	schweiz. Kantonshauptstadt	STANS
schwäb. Donau-Zufluß	BRENZ	schwed. Asienforscher	HEDIN	Schweifstern	KOMET	schweiz. kathol. Theologe	KUENG
schwäb. Donau-Zufluß	GUENZ	schwed. Bergwerksstadt	FALUN	schweigsam, sprachlos	STUMM	schweiz. Kinderpsychologe	PAGET
schwäb. Reformator	BRENZ	schwed. Chemiker (Dynamit, Preis)	NOBEL	Schweinewurf	FASEL	schweiz. Komponist	BLOCH
schwäb. Schriftsteller	TROLL	schwed. Filmschauspielerin	GARBO				
		schwed. Forschungsreisender	HEDIN				

schweiz. Komponist

schweiz. Komponist	EINEM
schweiz. Komponist	HEGAR
schweiz. Komponist	HUBER
schweiz. Kurort am Bieler See	NIDAU
schweiz. Kurort am Genfer See	VEVEY
schweiz. Maler (Bauhaus)	ITTEN
schweiz. Mathematiker	EULER
schweiz. Mediziner (Nobelpreis)	BOVET
schweiz. Neurologe	FOREL
schweiz. Paß im Oberwallis	FURKA
schweiz. Rheinhafen	BASEL
schweiz. Rhein-Zufluß	NOLLA
schweiz. Schauspieler	WICKI
schweiz. Schlagersängerin	PAOLA
schweiz. Stadt an der Aare	BRUGG
schweiz. Stadt an der Aare	OLTEN
schweiz. Theologe	BARTH
schweiz. Völkerrechtler	HUBER
schweiz. Wintersportort	DAVOS
schweiz.: Bodensatz b. Käsen	GISEL
schweiz.: Felshöhle, Felshügel	BALME
schweiz.: Kirchweih	KILBE
schweiz.: schmaler Alpensattel	TOERL
schweiz.: Torte	TARTE
Schwellung	BEULE
Schwenkzapfen an Drehkränen	PIVOT
Schwerathlet	BOXER
Schwerathlet	HEBER
schwere Benommenheit	SOPOR
schwerer Hammer (engl.)	MAKER
schwerreicher Mann	NABOB
Schwerspat	BARYT
Schwester eines Elternteils	TANTE
Schwiegermutter der Ruth	NAEMI
Schwiegermutter v. Ruth im AT	NOEMI
Schwiegervater Jakobs	LABAN
Schwiegervater Wagners	LISZT
schwierige Phase	KRISE
Schwierigkeit	MUEHE
schwimmendes Seezeichen	BOBER
Schwimmstil	KRAUL
Schwinggerät beim Turnen	KEULE
Schwingungsmaßeinheit	HERTZ
Schwung, Bewegungskraft	WUCHT
schwungvoll	FLOTT
Sedimentgestein	KOHLE
Seebad auf Ischia	FORIO
Seebad auf Korsika	CALVI
Seebad bei Rom	OSTIA
Seebad in Ostpreußen	CRANZ
Seehund	ROBBE
Seekriegsbeute	KAPER
Seekriegsbeute	PRISE
seemänn. Hebevorrichtung	HOIST
seemänn.: quer, querab	DWARS
seemänn.: Wachzeit	TOERN
seemann.: Dünung	HULLE
Seemannslohn	HEUER
Seeräuber	KAPER
Seeräuber	PIRAT
Seeversicherungsgesellschaft	LLOYD
Segelboot	JOLLE
Segelboot	TRIAS
Segelboot, Segelschiff	PIRAT
Segelhaltetau	BULIN
Segelleine	SCHOT
Segelschiffstyp	BRIGG
Segel zusammenschnüren	GEIEN
Segen, kirchliche Handlung	WEIHE
Segre-Zufluß	CINCA
sehr klein (lat.)	MINIM
sehr schnell fahren	RASEN
sehr warm	HEISS
sehunfähig	BLIND
seicht	FLACH
seicht (lat.)	VADOS
Seidengewebe	ATLAS
Seidengewebe	JAPON
Seidengewebe	LUXOR
Seifenlösung	LAUGE
Seilmaterial	SISAL
Seilzug, Hebevorrichtung	WINDE
Seine-Metropole	PARIS
Seine-Zufluß	LOING

Seine-Zufluß	MARNE	shintoist. Reisgott	INARI	Siegerpreis, Sporttrophäe	POKAL	sittl. Einstellung	ETHOS
Seine-Zufluß	YONNE	Shivas Gattin	DURGA			Sittlichkeit	MORAL
Seitenlinie, Untergruppe	ZWEIG	Siamkatze	KORAT	Siegespokal	COUPE	Sitzbad	BIDET
		sibir. Fürstentitel	MOROK	Siegfrieds Mörder	HAGEN	Sitzbadegefäß	BIDET
Seitenlinie der Bourbonen	CONDE	sibir. Lena-Zufluß	WITIM	Siegfrieds Pferd	GRANE	Sitzsprosse im Hühnerstall	SEDEL
Seitensteuer beim Flugzeug	RUDER	sibir. Schneesturm	PURGA	Sieg-Zufluß	AGGER	Sitzstreik	SITIN
				Silberpappel	ABELE	Sitzstütze	LEHNE
Seitenteil von Maschinen	WANGE	sibirisch. Fluß	ALDAN	Silberwurz	DRYAS	sizilianisch. Geheimbund	MAFIA
		sibirisch. Marder	ZOBEL	Siliziumscheibe (Elektronik)	WAFER	sizilianischer Dichter	VERGA
seitlich	NEBEN	sibirisch. Ob-Zufluß	TOBOL				
Selbstachtung	STOLZ	sibirisch. Stadt	ALDAN	Sinaigipfel im Alten Testament	HOREB	skand. Männername	KJELL
Selbstlaut	VOKAL	sibirischer Waldgürtel	TAIGA			Skandal	EKLAT
Selbstverwaltung	REGIE					Skandinavier	DAENE
		sibirische Stadt am Kan	KANSK	Singdrossel	ZIPPE	Skandinavier	FINNE
Semiten	JUDEN			Singrad	KANON		
Sendeeinrichtung	GEBER	sibirische Stadt am Tom	TOMSK	Singvogel	AMMER	skandinavisch. Männername	FOLKE
Senderanzeiger (Rundfunk)	SKALA	sich aufrecht fortbewegen	GEHEN	Singvogel	AMSEL		
				Singvogel	MEISE	skandinavisch. Meeresbucht	FJORD
senegales. Stadt	THIES			Sinkkasten	GULLY		
Senfkohl	RAUKE	sich beeinflussende Stoffe	AGENS	Sinnesorgan, -werkzeug	ZUNGE	Ski-Rennstrecke	LOIPE
Senge	HIEBE					Ski-Rennstrecke	PISTE
Senkloch	GULLY	Sichelmesser	HIPPE	Sinngedicht	XENIE	Sklavengefängnis	BAGNO
Senkloch	GUMPE	Sicherheit für Geliehenes	PFAND	Sinnspruch	GNOME	slaw. Heilruf	SLAWA
Sense	HIPPE			Sinnspruch	MOTTO		
serb. Donau-Zufluß	TIMOK	sich lässig hinlegen	AALEN	sinnvolle Rede (griech.)	LOGOS	slaw. Turnverband	SOKOL
serb. Name der Drau	DRAVE	sich täuschen	IRREN	Sisalpflanze	AGAVE	slaw. Volksballaden	DUMKA
seriös	ERNST	Sichtvermerk im Paß	VISUM	Sitte (griech.)	NOMOS	slaw.: Falke	SOKOL
Shakespeares Londoner Theater	GLOBE			Sittenlehre	ETHIK	Slip-Form	TANGA
		Siebenschläfer	BILCH	Sittenlehre	MORAL	slowak. Name von Neutra	NITRA
Sherry	XERES	siech	KRANK				
Shetland-Insel	FOULA	Siegerin	BESTE	Sittichpapagei	ARARA		
shintoist. Feuergott	ATAGO	Siegerin	ERSTE				

slowak. Stadt	NITRA
slowen. Stadt	IDRIA
slowenische Landschaft	KRAIN
soeben	JETZT
Söller	ALTAN
sofern	FALLS
sofort, schnell	FLUGS
Softjazz	SWEET
Sohn der Kybele	ATTIS
Sohn Kaiser Friedrichs II.	ENZIO
Sohn v. Hekabe, Hekuba	PARIS
Sohn v. Isis	HOROS
Sohn v. Isis	HORUS
Sohn v. Klytemnästra	OREST
Sohn v. Osiris	HOROS
Sohn v. Osiris	HORUS
Sohn v. Priamos, Priamus	PARIS
Solbad in Niedersachsen	MELLE
Soldatenmantel (veraltet)	KAPUT
Soll-Saldo	DEBET
Solokadenz beim Jazz	BREAK
Somal-Stamm	DIGIL
Sommerdinkel	AMMER
Sommerhemd	NICKI
Sonderleistung	EXTRA
Sondervergütung	BONUS
Sondervermögen	FONDS
Sonneneruption	FLARE
Sonnenferne	APHEL
Sonnenferne	APHEL
Sonnenflecken	UMBRA
Sonnengott der Ägypter	AMMON
Sonnengott der Ägypter	MONTH
sonst genannt	ALIAS
Sorghum	DURRA
Soße, Beiguß	TUNKE
sowjet. Kernforschungszentrum	DUBNA
sowjet. Komonaut	DEMIN
sowjet. Kosmonaut	RUMIN
sowjet. Kosmonaut	SEDOW
sowjet. Kosmonaut	TITOW
sowjet. Mondsonde	LUNIK
sowjet. Physiker (Nobelpreis)	FRANK
sowjet. Raumschiff	SOJUS
sowjet. Stadt an der Wolga	GORKI
sowjet. Stadt an Pensa u. Sura	PENSA
sowjet. Stadt in Galizien	TURKA
sowjet. Stadt in Usbekistan	CHIWA
sowjet. Stadt östl. d. Aralsees	KYSIL
sowjet. Weltraumschiff	SALUT
spärlich	KNAPP
Spaltöffnung	STOMA
span. Innenhof	PATIO
span. Architekt (Barcelona)	GAUDI
span. Aussprachezeichen	TILDE
span. Clown	RIVEL
span. Dichter, Dramatiker	LORCA
span. Dichter, Staatsmann	RIVAS
span. Dramatiker (16. Jh.)	ROJAS
span. Flieder	LILAK
span. Fluß	NAVIA
span. Frauenname	ELENA
span. Frauenname	JUANA
span. Hafenstadt	CADIZ
span. Hafenstadt in Marokko	CEUTA
span. Hohlmaß	JARRA
span. Königin	SOFIA
span. Komponist	FALLA
span. Krug	JARRA
span. Name d. Kolumbus	COLON
span. Nobelpreisträger	CAJAL
span.-port. Fluß	DUERO
span. Provinz	AVILA
span. Provinzhauptstadt	AVILA
span. Provinz in Altkastilien	SORIA
span. Rechtsordnung	FUERO
span. Regierungsausschuß	JUNTA
span. Regisseur	SAURA
span. Rotwein	TINTO
span. Stadt	CADIZ
span. Stadt	CADIZ
span. Stadt in Altkastilien	SORIA
span. Stadt in Andalusien	RONDA
span. Tänzerin	OTERO
span. Weinsorte	JEREZ
span.: Ausschuß	JUNTA
span.: Herr	SENOR
span.: Jakob	DIEGO
span.: Küste	COSTA

span.: öffentl. Park	PRADO
span.: Peter	PEDRO
span.: Promenade	PASEO
span.: Spazierweg	PASEO
spartan. Regierungsbeamter	EPHOR
spartan. Staatssklave	HELOT
Spaß	JOKUS
spaßen	JUXEN
spaßen	ULKEN
spaßig	JUXIG
spaßig, scherzhaft (lat.)	JOKOS
spaßig, schnurrig	ULKIG
Spaßmacher	CLOWN
SPD-Politiker	ERLER
SPD-Reichstagspräsident	LOEBE
Speckscheibe	BARDE
Speicher	BODEN
Speise	ESSEN
Speisefisch	HECHT
Speisefisch	LACHS
speisen	ESSEN
Speisender	ESSER
Speisenfolge	MENUE
Speiseplatte	TISCH
Speisewürze	ESSIG
Spelzweizen	EMMER
Sperling	SPATZ
Sperrklinke	RASTE
Sphäre	KUGEL
Spiegelglas	GLACE
Spielblättchen f. Mandoline	PENNA
Spieleinsatz	ENJEU
Spieleinsatz b. Glücksspiel	POULE
Spieleinsatz (franz.)	POULE
Spielergebnis (engl.)	SCORE
Spielflächenbegrenzung	BANDE
Spielkartenfarbe	KREUZ
Spielkartenfarbe	TREFF
Spielleitung	REGIE
Spielmarke	FICHE
Spielmarke	JETON
Spielpartie	MATCH
Spielraum (franz.)	MARGE
Spinnentier, Parasit	MILBE
Spion	AGENT
Spitze, Erhebung (techn.)	NOCKE
Spitze, Zacke	ZINKE
Spitzel	AGENT
Spitzel, Kundschafter	SPION
Spitzenbrust	JABOT
Spitzenmasche, Spitzkeil	PICOT
Spitzenrüsche	JABOT
Spitzensportler	CRACK
spitzer Metallstift	NAGEL
Spitzhacke	PICKE
Spitzharfe	ROTTA
Spitzhaue	PICKE
Spitznägelchen	PINNE
Spitzname d. engl. Polizisten	BOBBY
Spitzname der engl. Soldaten	TOMMY
Spitzname f.d. franz. Soldaten	POILU
Spitzname für den Irländer	PADDY
Sportanlage	ARENA
Sportgröße	CRACK
Sportkleidung	DRESS
sportl. Wettkampf	MATCH
Sportlehrer	COACH
sportlich elegant	FLOTT
Sportpaddelboot	KAJAK
Sportruderboot	EINER
Sportsegelboot	DINGI
Sportsegelboot	JACHT
Sporttrophäe	COUPE
Sporttrophäe (ital.)	COPPA
Sportveranstaltung	DERBY
Sportvereinstrainer	COACH
Sprache der Kaffern	KAFIR
Sprache der span. Basken	VASCO
Spracheigentümlichkeit	IDIOM
Sprache in ungebundener Form	PROSA
sprechen	SAGEN
Spree-Zufluß	DAHME
Spree-Zufluß	PANKE
Sprengkörper	BOMBE
Sprengstoff	ROMIT
Springer beim Schach	KAVAL
Sprosse, Treppenteil	STUFE
Sprühmittel	SPRAY
Sprühvorrichtung	DUESE
Sprungbein	TALUS
Spülbecken f. Sitzbäder	BIDET
Spürsinn	FLAIR
Staat der USA	IDAHO
Staat der USA	MAINE
Staat der USA	TEXAS
staatenbildendes Insekt	BIENE
Staat im Himalaja	NEPAL
Staat im Nahen Osten	JEMEN
Staat in Hinterindien	BIRMA

Staat in Mittelamerika	HAITI
Staat in Ostasien	KOREA
Staat in Westafrika	BENIN
Staatspräsident d. ČSFR	HAVEL
Staatsschatz	AERAR
Stabholz	LATTE
stabiles Gewebe	DRILL
Stabsoffizier	MAJOR
Stachel	SPORN
Stachelflosser	UMBER
Stadium	PHASE
Stadt a. d. Lausitzer Neiße	GUBEN
Stadt am Ganges	PATNA
Stadt am Hochrhein	STEIN
Stadt am Jadebusen	VAREL
Stadt am Kattegat	ARHUS
Stadt am Kocher	AALEN
Stadt am Missouri	OHAHA
Stadt am Mittellandkanal	PEINE
Stadt am Rhein bei Bonn	BEUEL
Stadt am Rhein bei Koblenz	RHENS
Stadt am Rhein-Herne-Kanal	HERNE
Stadt am Schwarzwald (Obst)	BUEHL
Stadt an der Aaare	AARAU
Stadt an der Aller	CELLE
Stadt an der Bode	EGELN
Stadt an der Elbe	BARBY
Stadt an der Elde (bei Schwerin)	LUEBZ
Stadt an der Etsch	BOZEN
Stadt an der Fulda	BEBRA
Stadt an der Lippe	WERNE
Stadt an der Loire	BLOIS
Stadt an der Lüneburger Heide	CELLE
Stadt an der Neiße	GLATZ
Stadt an der Niers (NRW)	RHEYD
Stadt an der Rhön	FULDA
Stadt an der Saône	CLUNY
Stadt an der Saale	CALBE
Stadt an der Saale	CALBE
Stadt an der Saale	CALBE
Stadt an der Saale	HALLE
Stadt an der Ulster	GEISA
Stadt an der Unstrut	NEBRA
Stadt an der Unterelbe	WEDEL
Stadt an der Weichsel	PLOZK
Stadt an der Weißen Elster	GREIZ
Stadt an der Weißen Elster	ZEITZ
Stadt an der Zwickauer Mulde	PENIG
Stadt an Kinzig und Main	HANAU
Stadt an Rhein und Brohl	BROHL
Stadt an Rhein und Lippe	WESEL
Stadt an Ruhr und Emscher	ESSEN
Stadt an Schwinge und Elbe	STADE
Stadt an Spreewald und Malxe	PEITZ
Stadt auf dem Peloponnes	ARGOS
Stadt auf den Balearen	IBIZA
Stadt auf den Pityusen	IBIZA
Stadt auf Hokkaido (Japan)	OTARU
Stadt auf Honschu (Japan)	FUKUI
Stadt auf Island	ARNES
Stadt auf Java	BOGOR
Stadt auf Mallorca	PALMA
Stadt auf Sardinien	NUORO
Stadt auf Sizilien	EBOLI
Stadt auf Sri Lanka	GALLE
Stadt auf Sri Lanka	KANDY
Stadt bei Berlin	NAUEN
Stadt bei Potsdam	DAHME
Stadt bei Rom	ANZIO
Stadtburg v. Krakau	WAWEL
Stadtburg von Moskau	KREML
Stadt d. Elfenbeinküste	DOLOA
Stadt d. Nimrod-Reiches	ERECH
Stadt d. Zentralafr. Republik	BOUAR
Stadt der Elfenbeinküste	BUAKE
Stadt der Kacheln	DELFT
Stadt i.d. Holstein. Schweiz	EUTIN
Stadt im Aargau	BADEN
Stadt im Bayer. Wald	FURTH
Stadt im Lipper Bergland	LEMGO
Stadt im Münsterland	AHAUS
Stadt im Münsterland	LOHNE
Stadt im östl. Havelland	NAUEN
Stadt im Remstal	LORCH
Stadt im Rhonedelta	ARLES
Stadt im Ruhrgebiet	HERNE
Stadt im Ruhrgebiet	KAMEN

Clue	Answer
Stadt im Saar-Nahe-Bergland	KUSEL
Stadt im Sauerland	HAGEN
Stadt im Sauerland	HEMER
Stadt im Staat New York	UTICA
Stadt im Teutoburger Wald	IBURG
Stadt im Thüringer Becken	GOTHA
Stadt im Thüringer Wald	RUHLA
Stadt im Zwickauer Hügelland	LUGAU
Stadt in Äthiopien	HARAR
Stadt in Baden-Württemberg	AALEN
Stadt in Bahrain	RIFAA
Stadt in Botswana	KANYE
Stadt in Brunei	SERIA
Stadt in Burgund	DIJON
Stadt in Burgund	NANCY
Stadt in der Altmark	KALBE
Stadt in der Eifel	MAYEN
Stadt in der Lausitz	FORST
Stadt in der Niederlausitz	CALAU
Stadt in der Westeifel	PRUEM
Stadt in Georgia (USA)	MACON
Stadt in Israel	HOLON
Stadt in Jemen	HAJJA
Stadt in Kongo	NKAYI
Stadt in Kuwait	JAHRA
Stadt in Laos	PAKSE
Stadt in Malawi	ZOMBA
Stadt in Malaysia	PERAK
Stadt in Mali	MOPTI
Stadt in Mali am Niger	SEGOU
Stadt in Mali am Senegal	KAYES
Stadt in Mecklenburg	LAAGE
Stadt in Michigan (USA)	FLINT
Stadt in Mosambik	PEMBA
Stadt in Nebraska (USA)	OMAHA
Stadt in Niederbayern	BOGEN
Stadt in Niedersachsen	JEVER
Stadt in Niger	TAHUA
Stadt in Nigeria	BENIN
Stadt in Nigeria	ZARIA
Stadt in NO-Estland	NARWA
Stadt in Nordbrabant	BREDA
Stadt in Norddakota (USA)	FARGO
Stadt in Nordholland	HOORN
Stadt in Nordirland	LARNE
Stadt in Nordrhein-Westfalen	KLEVE
Stadt in Nordrhein-Westfalen	KOELN
Stadt in Northumberland	BLYTH
Stadt in Ohio (USA)	AKRON
Stadt in Oklahoma (USA)	TULSA
Stadt in Oman	NASWA
Stadt in Oman	SOHAR
Stadt in Ostfriesland	ESENS
Stadt in Ostfriesland	SANDE
Stadt in Ostholstein	EUTIN
Stadt in Ostholstein	PLOEN
Stadt in Osttirol	LIENZ
Stadt in Panama	DAVID
Stadt in Papua-Neuguinea	ARAWA
Stadt in Paraguay	PILAR
Stadt in Peru	PIURA
Stadt in Pommern	LABES
Stadt in Rheinhessen	ALZEY
Stadt in Sachsen	BORNA
Stadt in Sachsen-Anhalt	HALLE
Stadt in Sambia	CHOMA
Stadt in Sambia	KABWE
Stadt in Sambia	KITWE
Stadt in Sambia	NDOLA
Stadt in Saudi-Arabien	HOFUF
Stadt in Saudi-Arabien	MEKKA
Stadt in Schlesien	GLATZ
Stadt in Schlesien	JAUER
Stadt in Simbabwe	GWERU
Stadt in Slowenien	CELJE
Stadt in Slowenien	CILLI
Stadt in Somalia	MARKA
Stadt in Südholland	DELFT
Stadt in Taiwan	TAKAO
Stadt in Uganda	JINJA
Stadt in Uruguay	MINAS
Stadt in Uruguay	ROCHA
Stadt in Uruguay	SALTO
Stadt in Vorpommern	BARTH
Stadt in Westfalen	AHLEN
Stadt in Westflandern	YPERN
Stadt nördl. v. Neapel	CAPUA
Stadt nördl. v. Neapel	CAPUA

Clue	Answer
Stadtteil v. Köln	NIEHL
Stadtteil v. Köln	SUELZ
Stadtteil v. Köln	DEUTZ
Stadtteil von München	SOLLN
Stadtteil von New York	BRONX
ständig	IMMER
ständig, jederzeit	STETS
Stärke	KRAFT
Stärke	MACHT
stärkster Sturm	ORKAN
Stätte, Stelle	PLATZ
Stahl-Nickel-Legierung	INVAR
Stall	KOBEN
Stallunterlage	STREU
Stammleiste an Losen	JUXTA
Stamm-Oberschicht	RINDE
Stammtruppe	KADER
Stammvater	ISAAK
Standesgemeinschaft	ZUNFT
Standort bestimmen	ORTEN
Stange	LATTE
Stapel	STOSS
starker Kaffee	MOKKA
starker Keiler	BASSE
starker Wind	STURM
starke Trosse	KABEL
starr, steif	RIGID
starr, unbiegsam	STEIF
Statur	FIGUR
Staudenharz	ASANT
stechendes Insekt	WESPE
Stechgerät	NADEL
Stechmücke	AEDES
Stechmücke	CULEX
Stechmücke	GELSE
Stechverletzung	STICH
steckbares Bauteil	MODUL
Stecken, Spazierstab	STOCK
Steckenpferd	HOBBY
stehende Haltung	STAND
steif, unbeweglich	STARR
Steife, Starre	RIGOR
steifes Papierblatt	KARTE
Steilschuß (Fußball)	KERZE
Stein beim Schachspiel	FIGUR
Steingutflasche	KRUKE
Steinsalzgestein	HALIT
Steinwand	MAUER
Stelle, bestimmter Ort	PUNKT
Stempelteil (botan.)	NARBE
Stengel	STIEL
stenografisches Kürzel	SIGEL
Sternbild	ADLER
Sternbild	ALTAR
Sternbild	FISCH
Sternbild	FUCHS
Sternbild	HYDRA
Sternbild	INDUS
Sternbild	KREUZ
Sternbild	KRONE
Sternbild	LEIER
Sternbild	LUCHS
Sternbild	ORION
Sternbild	TAUBE
Sternbild	TUKAN
Sternbild, Tierkreiszeichen	LOEWE
Sternbild (Fliege)	MUSCA
Sternbild (Hase)	LEPUS
Sternbild (Sagitta)	PFEIL
Sternbild (Tafelberg)	MENSA
Sternbild (Waage)	LIBRA
Sternbild (Wolf)	LUPUS
Stern i. d. Jungfrau	SPICA
Stern in der Nördl. Krone	GEMMA
Sternschnuppe	BOLID
Sternzeichen (Widder)	ARIES
stets	IMMER
Steuerarm am Schiffsruder	PINNE
Stich-, Stoßwaffe	LANZE
Stich beim Whist	TRICK
Stich im Kartenspiel	POINT
Stichkarte beim Kartenspiel	ATOUT
Stichwort, Merkwort	LEMMA
Stichwort, Titel (griech.)	LEMMA
Stichwortliste	INDEX
Stier	BULLE
Stierkämpfer	CHULO
Stierkämpferdegen	SPADA
Stierkampfplatz	ARENA
Stifter der Salesianer	BOSCO
Stiftung	LEGAT
Stilepoche des Mittelalters	GOTIK
still, friedlich	RUHIG
stille Andacht	GEBET
stilles Meßgebet	KANON
stimmhafter Verschlußlaut	MEDIA
Stinkmarder	ILTIS
Stirnseite	FRONT
Stockwerk	ETAGE
Stoffabschnitt	KUPON
Stoffbär	TEDDY
Stoff-Färbverfahren	BATIK
Stoffmenge eines Körpers	MASSE
Stollendach	FIRST
Stoß	PRALL
Stoß mit der Faust	KNUFF
Stoßstange	STAKE

Stoßwaffe	DEGEN
Sträßchen	GASSE
straff, stramm	PRALL
Strafstoß b. Fußball	ELFER
stramm	DRALL
Strandsee	LIMAN
Straßburger Buchkünstler	UNGER
Straßburger Humanist	BUCER
Straßburger Humanist	STURM
Straßburger Reformator	BUCER
Straßendecke	BELAG
Straßenwindung	KEHRE
Straßenzug	TRAKT
Strauch, Strauchwerk	BUSCH
Strauchfrucht	BEERE
Streben, Trieb	DRANG
Strecke	LINIE
streichbare Masse	PASTE
Streichinstrumentbespannung	SAITE
Streife, Streifgang	RUNDE
Streifen an der Uniform	LITZE
Streit	FEHDE
Streit	KAMPF
Streit, Dreck	KNIES
Streitmacht	ARMEE
strenge Kälte	FROST
Strenge (lat.)	RIGOR
Streupulver	PUDER
Strich	LINIE
Strohunterlage	STREU
Stromer	TRAMP
Strom im Wattenmeer	HEVER
Strom in Erde ableiten	ERDEN
Struma	KROPF
Strumpffeinmaß	GAUGE
student. Verbindung	CORPS
student. Wohngemeinschaft	BURSE
Studentenkantine	MENSA
Studentenverbindung	KORPS
Studienleiter	TUTOR
Stückchen, Fetzen	FISEL
Stück Kautabak	PRIEM
Stützkerbe	RASTE
Stufe	LEVEL
Stufe, Fußschemel	TRITT
Stuhlteil	LEHNE
stumm (lat.)	MUTUS
Sturmbock d. Römer	ARIES
Stutzer	DANDY
Suaheli: Löwe	SIMBA
Subtraktion	ABZUG
Suchgerät, -nadel	SONDE
sudanes. Stadt am Nil	KODOK
sudanesisches Volk	BANDA
sudanesisches Volk	BENUE
Sudanneger	BONGO
Sudannegerstamm	BAMUM
Sudannegerstamm	MANDE
Sudannegerstamm	TOMBE
Sudannegerstamm	WOLOF
Sudannegervolk	MENDE
Sudanvolk	BAULE
Sudanvolk	KISSI
Sudanvolk	TEMNE
Sudanvolk	TEMPE
südafrikan. Bantuvolk	SWASI
südafrikan. Homeland	VENDA
südafrikan. Kolonisten	BUREN
südafrikan. Provinz	NATAL
südafrikan. Sprache	BANTU
südafrikan. Sprache	SOTHO
südafrikan. Sprache	XHOSA
südafrikan. Trockensteppe	KARRU
südafrikan. Volk	GWALI
südafrikan. Volk	SOTHO
südafrikan. Volk	VENDA
südalban. Stadt	KORCE
südam. indian. Medizinmann	PIAJE
südamerikan. Echsenart	ANOLI
südamerikan. Goldhase	AGUTI
südamerikan. Gummiharz	BOLAX
südamerikan. Halbblut	CHINO
südamerikan. Hauptstadt	LAPAZ
südamerikan. Hauptstadt	QUITO
südamerikan. Hühnervogel	HOKKO
südamerikan. Indianerzelt	TOLDO
südamerikan. Kranich	AGAMI
südamerikan. Leguan	IGUAN
südamerikan. Nagetier	AGUTI
südamerikan. Schwarzgeier	URUBU
südamerikan. Staat	CHILE

Clue	Answer
südamerikan. Strauch	CANNA
südamerikan. Strauch	CANNA
südamerikan. Straußenvogel	NANDU
südamerikan. Tanz	RUMBA
südamerikan. Volk	MENDE
südanatolische Stadt	MARAS
südbadischer Rhein-Zufluß	WIESE
südchines. Provinz	HUNAN
Süddeutscher	BAYER
süddeutsch: Grasland	EGART
süddt.f. Traggestell	KRAXE
süddt.: Stecknadel	GLUFE
südengl. Grafschaft	BERKS
südengl. Hafenstadt, Seebad	DOVER
südengl. Hafenstadt, Seebad	POOLE
südeurop. Inselstaat	MALTA
südfinn. Wintersportort	LAHTI
südfranz. Kurort	VICHY
südfranz. Schriftsteller	GIONO
südfranz. Stadt	AGOUT
südfranz. Stadt	NIMES
südholländ. Stadt (Käse)	GOUDA
südindische Stadt	KOLAR
südisraelische Wüste	NEGEV
südital. Stadt	SARNO
südjugoslaw. Stadt	OHRID
südkorean. Hafenstadt	MASAN
südkorean. Hauptstadt	SEOUL
südkorean. Stadt	TAEGU
südkorean. Stadt	TAIKU
südkorean. Stadt	ULSAN
südl. Eidechsenart	GECKO
südl. Grasart	HALFA
südländischer Nadelbaum	PINIE
südländischer Nadelbaum	ZEDER
Südostasiat	LAOTE
südostasiat. Volk	KAREN
südostasiat. Volk	KHMER
südostasiat. Volk	MUONG
südostasiat. Volk	SCHAN
südostasiat. Volk	TAMIL
südostbelg. Stadt	ARLON
südostbulgar. Gebirge	PIRIN
Südosteuropäer	SERBE
südostfranz. Departement	DROME
südostfranz. Stadt	DIGNE
südostnorweg. Stadt	HAMAR
südostspan. Stadt	ELCHE
südosttürk. Provinz	HATAY
südportugies. Stadt	EVORA
südschwed. Stadt	BORAS
südsibirisches Randgebirge	SAJAN
südslaw. Kniegeige	GUSLA
südspan. Fluß zum Golf von Cadiz	ODIEL
südspan. Kap	PALOS
südspan. Stadt	LORCA
südspan. Weinstadt	JEREZ
Südtiroler Kurort	BOZEN
Südtiroler Kurort an der Etsch	MERAN
Südwein, Süßwein	JEREZ
südwestafrikan. Wüste	NAMIB
südwestdeutsche Landschaft	BADEN
südwestengl. Grafschaft	DEVON
südwestfinn. Hafenstadt	TURKU
südwestfranz. Fluß	ADOUR
südwestfranz. Landschaft	MEDOC
südwestfranz. Rotwein	MEDOC
südwestschott. Fluß	CLYDE
südwestspan. Hafenstadt	CADIZ
südwestspan. Provinz	CADIZ
Sühne	BUSSE
Sühneleistung in Geld	BUSSE
Sülze	ASPIK
Süßware zum Lutschen	LOLLI
Süßwasserpolyp	HYDRA
Süßwasser-Raubfisch	HECHT
Sultanserlaß	IRADE
Sultansname	AHMED
Sultansschloß in Marokko	KASBA
Summe der Lebensjahre	ALTER
Sumpfbinse	RISCH
sumpfig	LIMOS
Sumpfland	BRUCH

Sumpfmyrte	GAGEL	syr. Staatspräsident	ASSAD	Tatmerkmal	INDIZ	Teil des Sitzmöbels	LEHNE
Sumpfpflanze	BINSE	syrische Stadt	RAQQA	Tatsachenbekunder	ZEUGE	Teil einer Summe	GLIED
Sumpfvogel	RALLE	Tadel, Verweis	RUEGE	Tatze	KLAUE	Teil eines Ganzen	GLIED
Sundainsel	BANKA	Tändelei	FLIRT	Tatze	PFOTE	Teil von Tel Aviv	JAFFA
Sundainsel	SUMBA	tätig	AKTIV	Tauchloch am Segel	GATJE	Telefonat	ANRUF
Suppenwürze-Erfinder	MAGGI	tätig sein	REGEN	Taufzeugin	PATIN	Tempeldiener im Alten Testament	LEVIT
Symbol des Heiligen Geistes	TAUBE	Täuschung	KNIFF	tausend	MILLE	Tempelinneres	CELLA
		Täuschungsmanöver	BLUFF	Tauwerk d. Schiffs	TAKEL		
Symbol f. Festigkeit	EISEN	Täuschungsversuch	FINTE	techn. Austauschelement	MODUL	Tempelinneres	CELLA
Symbol f. Leiden	KREUZ	Tagelöhner	INSTE			Tempeltorpfeiler	PYLON
Symbol f. Macht	LOEWE	Tagesangabe	DATUM	Techtelmechtel	FLIRT	Temperaturbezeichnung	KUEHL
Symbol f. Unfreiheit	KETTE	Tageszeit	ABEND	Teebereitungshilfe	TEEEI		
Symbol für Christentum	KREUZ	Tagfalter	FUCHS	Teesorte	PEKOE	Tempobeschleunigung	SPURT
		Taggreifvogel	FALKE	Teichhuhn, Wasserhuhn	RALLE		
Symbol für Härte	STAHL	Taktmaß, Zeitmaß	TEMPO	Teigkugel	KLOSS	Tennispokalstifter	DAVIS
Symbol für Härte, Festigkeit	STEIN	Taktstock	BATON	Teigware	NUDEL	Tennisschlag	SLICE
		Tal im östl. Peloponnes	NEMEA	Teilbetrag	QUOTE	Terpenalkohol	NEROL
Symbol für Hoffnung	ANKER	Talkessel, Niederung	SENKE	Teil der Bienenwabe	ZELLE	Test, Experiment	PROBE
Symbol für Kraft	LOEWE	Tanzlokal	DISCO	Teil der Kamera	LINSE	Teufel, Höllenfürst	SATAN
Symbol für Kraft	STIER	tapfer	MUTIG	Teil der Lukenabdichtung	HERFT	Teufel im Islam	IBLIS
Symbol für Kühnheit	ADLER	Tarockkarte	KAVAL	Teil der Verein. Arab. Emirate	AJMAN	Teufelsdreck	ASANT
		Tarockkarte	SKUES			Teufelsrochen	MANTA
Symbol für Leben	SONNE	Taschenbesatz	PATTE	Teil des Auges	LINSE	Text des Schauspielers	ROLLE
Symbol für Macht	ADLER	tatar. Stadt an d. Wolga	KASAN	Teil des Kopfes	BACKE	Textilgewebe	STOFF
				Teil des Monats	WOCHE		
Symbol für Macht	KRONE	Tatendrang, Tatkraft	DRIVE	Teil des Oberkörpers	BRUST	Textilgrundstoff	WOLLE
synthetische Rauschdroge	CRACK	Tatendrang, Tatkraft	VERVE	Teil des Rhein. Schiefergebirges	EIFEL	Textilhandwerker	WEBER
Syphilisknoten	GUMMA	Tatform des Verbs	AKTIV			Textlücke	VAKAT
						thailänd. Münze	STANG

thrakische Göttin	KOTYS
thrakischer Volksstamm	MYSER
thür. Stadt an der Saale	KAHLA
thür. Stadt an der Weida	WEIDA
thüring. Sommerfrische	RUHLA
Thymusdrüse d. Kalbs	BRIES
Tiber-Zufluß	ALLIA
tibetan. Hauptstadt	LHASA
tibetan. Volk	LHOPA
tibetanischer Mönch	BONZE
Tiefebene in Turkestan	TURAN
tiefe chines. Ehrbezeigung	KOTAU
tiefeingeschnittene Bucht	FJORD
tiefe Verbeugung	KOTAU
Tier-, Viehbehausung	STALL
Tierfangeinrichtung, -gerät	FALLE
Tierfanggerät	EISEN
Tierfanggerät	LASSO
Tierfell (Jägersprache)	DECKE
Tierfett	SPECK
Tierfuß	PFOTE
Tierfußhorn	KLAUE
tierische Haare	WOLLE
tierisches Gewebe	KREAS
Tierkot	GELOS
Tierkrankheit	DARRE
Tierkreiszeichen	KREBS
Tierkreiszeichen	LOEWE
Tierkreiszeichen	STIER
Tierkreiszeichen	WAAGE
Tierlippe	LEFZE
Tierprodukt	MILCH
Tierschwanz	FAHNE
Tierverband	HERDE
Tierwelt	FAUNA
Tigerpferd	ZEBRA
Tintenfisch	POLYP
Tintenfisch	SEPIA
Tiroler Freiheitskämpfer	HOFER
Tiroler Geigenbauer	ALBAN
Tischlerwerkzeug	HOBEL
Tischteppich	TAPET
Titanerz	RUTIL
Titanin	THEIA
Titelbild (engl.)	COVER
Titelfigur bei Berlin	ANNIE
Titelfigur bei Colette	CHERI
Titelfigur bei Donizetti	LUCIA
Titelfigur bei Hauptmann	PIPPA
Titelfigur bei Hebbel	GYGES
Titelfigur bei Lessing	MINNA
Titelfigur bei Strauss	DANAE
Titelfigur bei Strindberg	JULIE
Tobol-Zufluß	TAWDA
Tochter des Tantalos	NIOBE
Tochter v. Gäa und Uranos	THEIA
Tochter v. Kaiser Augustus	JULIA
Tochter v. Rigoletto	GILDA
Tochter v. Saturnus	CERES
tödlich	LETAL
tönern	IRDEN
Toilettenartikel	SEIFE
Tokioter Hauptverkehrsstraße	GINZA
Tolle	LOCKE
Tollwut	LYSSA
Ton	KLANG
Tonart	AMOLL
Tonart	ASDUR
Tonart	BMOLL
Tonart	CMOLL
Tonart	CMOLL
Tonart	ESDUR
Tonart	MODUS
Tonerdesilikat	BOLUS
Tongainsel	TOFUA
Tonhebung	IKTUS
Tonintervall	QUART
Tonintervall	QUINT
Tonintervall	SEXTE
Tonkunst	MUSIK
Tonleiter	SKALA
tonlos, klanglos	STUMM
Tonstück	RONDO
Tonstück (franz.)	PIECE
Tonwasserkrug (portug.)	BILHA
Tonzeichen (Mz.)	NOTEN
Torfmoorstrauch	PORST
Torstange (Fußball)	LATTE
Totentrage	BAHRE
Traberwagen	SULKY
träge (lat.)	INERT
Tragbett	BAHRE
Trage	BAHRE
Tragkorb	BUTTE
Tragwerk	FRAME
Trainer	COACH
Trainingssandsack	DUMMY
Transportbehälter	KISTE
traurig, trostlos	TRIST
trauriges amerikan. Negerlied	BLUES
treibende Kraft	AGENS
Treibjagd	HETZE
Treibschlag b. Golf	DRIVE
Treibstäbchen	PUNZE
Trennkommando beim Boxen	BREAK
Trennpunkt	TREMA

Trennungszeichen	DIVIS	trop. Kürbispflanze	LUFFA	tschech. Dichter, Staatspräsid.	HAVEL	türk. Palast	KONAK
Trennzeichen über Vokalen	TREMA	trop. Wolfsmilchgewächs	HEVEA	tschech. Hussitenstadt	TABOR	türk. Politiker, Staatspräsid.	OEZAL
Tresterwein	LAUER	Tropenbaum	PALME	tschech. Komponist	MACHA	türk. Regenmantel	GABAN
Tresterwein	LEIER	Tropenfrucht	FEIGE	tschech. Komponist	PAUER	türk. Reisfüllung	DOLMA
Trethebel	PEDAL	Tropenfrucht	MANGO	tschech. Name von Pilsen	PLZEN	türk. Schwarzmeerhafen	SINOP
Trick	KNIFF	Tropenkleiderfarbe	KHAKI	tschech. romant. Dichter	MACHA	türk. Stadt	HATAY
Triebkraft	AGENS	tropisch. Baumharz	ELEMI	tschech. Schriftsteller	HASEK	türk. Stadt am Kizilirmak	SIVAS
Trieb (lat.)	NISUS	tropisch. Edelholzart	LIMBA	tschech. Währungseinheit	KRONE	türk. Sultan	SELIM
Triebwerk	MOTOR	tropisch. Faserpflanze	AGAVE	tschechischer Dichter	HALEK	türk. Turbanstoff	SARIK
Triefauge	RHYAS	tropische Frucht	GUAVE	tschechoslowak. Politiker	HAJEK	türk. Wasserkanne	IBRIK
Trigris-Floß	KELEK	tropische Holzart	OKUME	tschechoslowak. Stadt	PISEK	türk. Zuckergebäck	HALWA
Trinkbedürfnis	DURST	Trübung d. Atmosphäre	DUNST	Tubeninhalt	PASTE	türk.: der Siegreiche	GHASI
Trinkgefäß, Henkelgefäß	TASSE	Trumpf beim Tarock	PAGAT	Tümpel	LACHE	türkisch. Beamter	MUDIR
Trinkgefäß mit Fuß	POKAL	Trumpf im Kartenspiel	ATOUT	Tümpel, Moraststelle	SUHLE	türkisch. Insel	IMROZ
Trinkspruch	TOAST	Trumpfkarte	BASTA	Türband, Türangel	HASPE	türkisch. Reitersoldat	SPAHI
trocken	ARIDE	Trumpfkarte	JOKER	türk. Amtssitz	KONAK	türkisch. Sultan	OSMAN
trocken	RESCH	Truppenlager im Freien	BIWAK	türk. Baumeister (16. Jh.)	SINAN	türkische Hafenstadt	IZMIR
trocken, vertrocknet	DUERR	Truppenverband	KORPS	türk. Brautkaufpreis	KALYM	türkischer Reichsgründer	OSMAN
Trockenanlage	DARRE	Truthahn	PUTER	türk. Euphrat-Quellfluß	MURAT	türkische Stadt am Ulu-dag	BURSA
trockene Halme	STROH	tschech. abstrakt. Maler	KUPKA	türk. Feldherrentitel	GHASI	Türvorleger	MATTE
Trocken-Flußbett in Nordamerika	CREEK	tschech. Autor, Journalist	KISCH	türk. Münze	KURUS	Türzapfen	ANGEL
Trockenfutter	STROH	tschech. Dichter	CAPEK			Tuffgestein	TRASS
Trog	MULDE					Tumult	LAERM
Trommel	PAUKE						
Trommel, Zylinder	WALZE						
trop. Baumharz	KOPAL						
trop. Bohnenart	MUNGO						

Tumult	RUMOR	überdeutlich	KRASS	umgangsspr. f. Mädchen	MIEZE	umlaufender Maschinenteil	ROTOR
tunes. Stadt	GAFSA	überdies	ZUDEM			Umschwung am Reck	FELGE
tunesische Hafenstadt	GABES	Übergewand	KOTZE	umgangsspr. f. Tierjunges	BRACK		
Tunke, dicke Brühe (franz.)	SOSSE	überholt	PASSE	umgangssprachl. f. Atem	PUSTE	um so	DESTO
		Überlassungsvertrag	PACHT			Umzug	KORSO
Tupfen	FLECK					unabänderliches Schicksal	FATUM
Turktatare	AWARE	übermäßig	HYPER	umgangssprachl. f. Brei	PAMPE		
Turktatare	SARTE	Überrock (veraltet)	KAPUT	umgangssprachl. f. Gefängnis	KNAST	unartiges Kind	RANGE
Turktatare	TATAR	überschlank	HAGER			unbebaut	BRACH
Turm im Schachspiel	ROCHE	überseeische Rindshäute	KIPSE	umgangssprachl. f. Geld	PINKE	unbedeutend (lat.)	FUTIL
Turmkrähe	DOHLE					unbefrachtet	LEDIG
Turmvorbau ägypt. Tempel	PYLON	übertrieben, zu sehr	ALLZU	umgangssprachl. f. Gemisch	PAMPE	unbeherrschtes Verlangen	MANIE
		Überziehstiefel	BOOTS	umgangssprachl. f. gleichgültig	PIEPE	unbekannt	FREMD
Turnerabteilung	RIEGE	Überzug	BEZUG			unbekleidet	NACKT
Turnerstellun	HOCKE	Uferstaude	BERLE	umgangssprachl. f. Haschisch	HASCH	unbeschadet	TROTZ
Turngerät	PFERD	Uhrenteil	FEDER			unbeständig	LABIL
Turngerät	RINGE	ukrainische Stadt	ROWNO	umgangssprachl. f. Homosexueller	TUNTE	unbestellt	BRACH
Turnübung	BEUGE					unbestrittener Grundsatz	AXIOM
Turnübung	FELGE	Ulk, Streich	SPASS	umgangssprachl. f. Hund	TOELE		
Turnübung	HOCKE	Ulme d. german. Mythologie	EMBLA			unbeweglich	STEIF
Turnübung	KEHRE	Umdrehung	RUNDE	umgangssprachl.f. Konzern	MULTI	unechter Schmuck, Nachahmung	TALMI
Turnübung	KIPPE	Umfüllrohr	HEBER	umgangssprachl. f. Tabak	TOBAK		
Turnübung	ROLLE	umgangsspr. f. Zigarette	LULLE			Unechtes	TALMI
Turnübung	WAAGE			umgangssprachl. f. Verrücktheit	KLAPS	unechte Schriften des NT	NOTHA
Tuschzeichnung	LAVIS	umgangssprachl. f. Geld	MARIE				
Typenlehre	TYPIK	umgangsspr. f. Kot	KACKE	umgangssprachl. f. Zigarette	LALLE	unempfindlich	IMMUN
Tyrann v. Syrakus	GELON	umgangsspr. f. Lauscher	LUSER	Umhang der alten Römer	PALLA	unentschieden	REMIS
Überbleibsel	ABHUB					unerschrocken	KUEHN
Überbleibsel	RESTE	umgangsspr. f. Lutscher	LOLLI	Umkehr, Kurve	WENDE	unerschrocken	MUTIG
Überblick	SCHAU						

unerwarteter Preissturz	SLUMP
unfruchtbare Kuh	GUEST
unfruchtbare Stute	GUEST
ungar. Donau-Zufluß	EIPEL
ungar. Donau-Zufluß	KAPOS
ungar. Donau-Zufluß	RAKOS
ungar. Fluggesellschaft	MALEV
ungar. Geigenvirtuose	VARGA
ungar. Geiger, Dirigent	GECZY
ungar. Hochruf	ELJEN
ungar. König, Königsname	PETER
ungar. Komitat	BEKES
ungar. Komitat	TOLNA
ungar. kommun. Politiker	KADAR
ungar. Landrat	ISPAN
ungar. Männername	JANOS
ungar. Männername	LAJOS
ungar. Name von Raab	GYOER
ungar. Operettenkomponist	BERTE
ungar. Pianist u. Komponist	LISZT
ungar. Raab-Zufluß	GUENS
ungar. Regisseur	SZABO
ungar. Schafspelz	BUNDA
ungar. Schriftsteller	JOKAI
ungar. Schriftstellerin	SZABO
ungar. Stadt	GYOER
ungar. Tanzpädagoge	LABAN
ungar. Theiß-Zufluß	MAROS
ungar. Weinort	ERLAU
ungar.: Helene	ILONA
ungarisch. Dirigent	SOLTI
ungarische Schauspielerin	ROEKK
ungeachtet	TROTZ
ungebetener Gast	URIAN
ungebunden	LEDIG
ungebundene Dichtung	PROSA
ungebundene Sprache	PROSA
ungefähr	CIRCA
Ungeheuer d. griech. Sage	GORGO
ungehobelt, unförmig	PLUMP
ungesäuertes Brot der Juden	MATZE
ungeschälter Reis	PADDY
ungeschminkt	APERT
ungewöhnlich	APART
ungezogen	FRECH
ungezogenes Kind	FRATZ
Ungezogenheit	UNART
ungezügelte Schar	HORDE
ungezügeltes Verlangen	SUCHT
ungezwungen	LEGER
Ungläubiger (arab.)	KAFIR
Ungläubiger im Islam	GIAUR
Unheil verkünden	UNKEN
uniformierter Diener	LAKAI
Uniformschmuck	BIESE
Universitätsstadt an der Saale	HALLE
unklar, undurchsichtig	TRUEB
Unkraut, Riedgras	SEGGE
Unkraut, Strandpflanze	MELDE
Unrat	DRECK
Unrecht (lat.)	NEFAS
unreines Quecksilber	STUPP
unrichtig	IRRIG
unrund laufen (Rad)	EIERN
unsauberer Ort	PFUHL
unselig	FATAL
Unsinn, Quatsch	STUSS
Unsterbliches	SEELE
Unstrut-Zufluß	HELME
untätig	INERT
untere Gliedmaßen	BEINE
untere Grubenbegrenzung	SOHLE
unterer Behälterabschluß	BODEN
untergäriges Braunbier	KNUPP
Unterhaltung, Zeitvertreib	SPIEL
Unterkleid	JUPON
Unterkunft	LOGIS
Unterleib	BAUCH
Unternehmen	FIRMA
Unterschiedsbetrag	SALDO
unterseeischer Tafelberg	GUYOT
unterster Schachtteil	SUMPF
Unterstützung	HILFE
Unterteil des Vorstevens	SCHEG
Unterwasser-Ortungsgerät	SONAR
Unterweisung	LEHRE
unterwürfig	DEVOT

unumbrochen, (landwirtsch.)	BRACH	Ursache	GRUND	veraltete Bez. für Tischdecke	TAPET	Verbrennungserscheinung	FEUER
UN-Unterorganisation	UNIDO	Urteil (lat.)	JUDIZ	veraltet f. Dirne	METZE	Verbrennungserscheinung	RAUCH
		US-Goldmünze	EAGLE				
		US-Präsident	NIXON	veraltet f. Geliebte	HOLDE		
unverdiente Großmut	GNADE	US-Stützpunkt in Island	THULE	veraltet f. Gerichtsdiener	HUSJE	Verbrennungsrückstand	ASCHE
unverdientes Glück	DUSEL	Vagabund, Landstreicher	TRAMP	veraltet f. Heerschau	REVUE	Verbrennungswärmeeinheit	JOULE
unverheiratet	LEDIG	Vakuum	LEERE	veraltet f. Nebenfrau	KEBSE	Verdachtsgrund	INDIZ
unverschlossen	OFFEN	Vampir	LAMIE				
Unvollendetes	TORSO	Variante, Variation	ABART	veraltet f. Oboe	HOBOE	Verdauungsorgan	MAGEN
Unwahrheit	LUEGE	Vater Davids	JESSE	veraltet f. Telegramm	KABEL	verdichtete Luftfeuchtigkeit	WOLKE
unwichtiges Etwas	DINGS	Vater v. Absalom	DAVID	veraltet f. Tonfilm	TALKY		
		Vater v. Ödipus	LAIOS	veraltet f. uneheliches Kind	KEGEL	Verdienstspanne	MARGE
Unzucht treiben	HUREN	Vater von Lea u. Rahel	LABAN			verdorrt	DUERR
Uranus-Mond	ARIEL	Veilchen	VIOLE	veraltet für Ansässiger	SASSE	Verdrossenheit, Verstimmung	UNMUT
urbar machen, abholzen	RODEN	Venenknoten	VARIX				
Urbild des Teddybären	KOALA	venezian. Komponist	LOTTI	veraltet für Grundbesitzer	SASSE	Vereinsblatt	ORGAN
				Veranlassung	GRUND	Verfahren	MODUS
urchristl. Abendmahl	AGAPE	venezian. Maler	LOTTO	Verband	BINDE	verfallenes Bauwerk	RUINE
Ureinwohner Amerikas	INDIO	venezianischer Maler	PALMA	Verband, Vereinigung	UNION	Verfasser	AUTOR
		Verästelung	GABEL			Verfügung	EDIKT
Ureinwohner Borneos	DAJAK	veraltete Bez. für Abgabe	ONERA	Verbandmaterial	BINDE	vergangen, vorbei	DAHIN
Ureinwohner Ceylons	WEDDA	veraltete Bez. für Erzieherin	BONNE	Verbindung	NEXUS	Verhältnisgröße	MODUL
Ureinwohner der Südsee	MAORI	veraltete Bez. für Friseur	BADER	Verbindungsstudent	FUCHS	verhängnisvoll	FATAL
				Verbindung zw. Blutgefäßen	SHUNT	verhaltener Ärger	GRIMM
Ureinwohner der Südsee	PAPUA	veraltete Bez. für Onkel	OHEIM			verhaltener Zorn	GRIMM
				Verbindung zw. Muskel u. Knochen	SEHNE	verhaltener Zorn	GROLL
Urform	URTYP	veraltete Bez. für Schwiegersohn	EIDAM				
Urgestalt	TYPUS			Verbrecherclique, -gruppe	BANDE	verhaltene Wut	GROLL
Urheber	AUTOR					Verhöhnung	SPOTT
Urkundsbeamter	NOTAR						

Verkaufsgeschäft	LADEN	Verrücktheit	MACKE	verwandt, sich anziehend	AFFIN	Vogelschwanz	STERZ
Verkaufsgüter	WAREN	Versbetonung	ARSIS	Verwandte	TANTE	Vogelweibchen	SICKE
Verkaufshäuschen	KIOSK	Verschlag	KOBEL	Verwandtschaft	SIPPE	Vogelwelt	ORNIS
Verkaufsraum, -stelle	LADEN	verschnittener Eber	BARDE			Vogesengipfel	DONON
		verschwenden	AASEN	Verwesendes	LUDER	Volk in Bhutan	LHOPA
Verkaufsschau	MESSE	Versorgungsbezüge	RENTE	Verwesendes	MODER	Volk in Burundi	TUTSI
Verkehrsleuchte	AMPEL			Verwünschung	FLUCH	Volk in der Ciskei	XHOSA
Verkehrssprache d. Elfenbeinküste	DIULA	Verstand	GEIST	verzagt	FEIGE	Volk in Kaschmir	HUNSA
		Verstand (lat.)	RATIO	Verzehr	ZECHE		
Verkleidung	MASKE	verstellbarer Werkzeugteil	BACKE	Verzeichnis	LISTE	Volk in Sri Lanka	TAMIL
Verknüpfung	NEXUS			verzeihende Güte	GNADE	Volk in Südindien	TAMIL
Verlangen	DRANG	Verstellung	MACHE	Verzierung	DEKOR	Volksheer	MILIZ
Verletzung	WUNDE	Versuchsraum	LABOR	Verzweigung	GABEL	volkst. f. Zigarettenstummel	KIPPE
verliehener Besitz	LEHEN	Vertragsentwurf (lat.)	NOTEL	Vesperbild	PIETA	volkstüml. f. Fachmann	PROFI
Verlobte	BRAUT	Vertrauen	FIDUZ	Vibrato im Jazz	SHAKE		
Verlust	DAMNO	vertraulich	INTIM	Viehfutter	FRASS	volkstüml. f. Mädchen	PUPPE
Verlust	MANKO	Vertreter friedl. Regelungen	TAUBE	Viehtrift	WEIDE		
Verlust	MINUS			Vielfalt	MENGE	volkstüml.für Parteigröße	BONZE
Verlust (franz.)	PERTE			Vielheit	MENGE		
Vermächtnis	LEGAT	verüben, zufügen	ANTUN	Viertel	QUART	volkstümlich f. ausgezeichnet	DUFTE
Vermerk	NOTIZ	Vervielfältigung	KOPIE	vierter Sonntag vor Ostern	OKULI		
vermögend, wohlhabend	REICH	Vervielfältigungsverfahren	DRUCK	Violine	GEIGE	volkstümlich f. Auto	KARRE
vermuten	AHNEN			Visierteil	KIMME		
verneinendes Wort	NICHT	Verwahrung	DEPOT	Vitamin P	RUTIN	volkstümlich f. Auto	KISTE
				Völkerzwist	KRIEG		
Verneinung	NICHT	Verwalter einer Milchwirtschaft	MEIER	Vogelerbse	WICKE	volkstümlich f. Benzin	SPRIT
Vernunft	GEIST						
Verordnung	EDIKT	Verwaltung	REGIE	Vogelkäfig	BAUER	volkstümlich f. Glück	DUSEL
Verpackungsmaterial	FOLIE	Verwaltungsbezirk	KREIS	Vogelkot-Dünger	GUANO	volkstümlich f. Katze	MIEZE
				Vogelkraut	MIERE		
Verräter im Neuen Testament	JUDAS	Verwaltungsbezirk in Griechld.	DEMOS	Vogellauf	SPORN	volkstümlich f. Kleidung	KLUFT
				Vogelschlinge	DOHNE		
Verräterin	PETZE						

volkstümlich f. Mädchen	BIENE
volkstümlich f. Schule	PENNE
volkstümlich f. Uniform	KLUFT
volkstümlich f. Versager	NIETE
volkstümlich f. Verstand	GRIPS
vollbracht	GETAN
voller Schuldgefühl	REUIG
voller Selbstbewußtsein	STOLZ
voll Maden	MADIG
voll Öl	OELIG
voll Tau	TAUIG
Volta-Sprache	MOSSI
Volta-Volk	GURMA
Volta-Volk	KABYE
Voltavolk	TEMBA
vom Weg abweichen	IRREN
von Anfang an (lat.)	ABOVO
von oben her	HERAB
von oben nach unten	HERAB
von Person zu Person	KORAM
vorausgesetzt	FALLS
voraussehen	AHNEN
vorbei (franz.)	PASSE
Vorbestimmung	FATUM
Vorbild	IDEAL
Vorbild, Typ	TYPUS
vorbildlich	IDEAL
vorbildlicher Schiffszustand	TRIMM
Vorderasiat	KURDE
Vorderasiat	SYRER
vorderasiat. Kulturvolk	JUDEN
vorderindisch. Bergstamm	KHOND
Vorderseite	AVERS
Vorderseite	FRONT
Vorderste	ERSTE
vorderste Kampflinie	FRONT
vorgefaßte Vorstellung	IMAGE
vorgeschichtl. kelt. Hügelgrab	CAIRN
vorgeschichtl. kelt. Hügelgrab	CAIRN
Vorhafen von Edinburgh	LEITH
vorindische Völkergruppe	MUNDA
Vorkommnis	KASUS
vormals	EINST
Vorname d. Komp. Berg	ALBAN
Vorname d. Schausp. Schell	MARIA
Vorname der Autorin Baum	VICKY
Vorname der Kelly	GRACE
Vorname der Lagerlöf	SELMA
Vorname der Schausp. Sandrock	ADELE
Vorname der Ziemann	SONJA
Vorname des Autors Wallace	EDGAR
Vorname des Kompon. Bruckner	ANTON
Vorname e. dtsch. Tenniscracks	BORIS
Vorname v. Hood	ROBIN
Vorname von Amundsen	ROALD
Vorname von Dufy	RAOUL
Vorname von Lafontaine (SPD)	OSKAR
Vorname von Lanza	MARIO
Vorname von Picasso	PABLO
Vorname von Welles	ORSON
Vorname von Zola	EMILE
Vorname von: Henie	SONJA
vornehm	NOBEL
Vorort von Danzig	OLIVA
Vorort von Lissabon	BELEM
Vorort von Warschau	PRAGA
Vorraum im Theater	FOYER
Vorsehung	FATUM
Vorspiegelung	BLUFF
vor Strafverfolgung sicher	IMMUN
vortrefflich	FAMOS
Vortriebskraft	SCHUB
Vorwand	FINTE
vorwitzig	FRECH
Vorzeichen beim Rechnen	MINUS
Vorzeigen eines Wechsels	VISTA
Vulkan auf Island	HEKLA
Vulkan auf Luzon	MAYON
Vulkan auf Teneriffa	TEIDE
Wachsbeere	GAGEL
wachsbleich	BLASS
Wachslicht	KERZE
Wachssalbe	ZERAT
Wachtturm	WARTE
Wächter in der griech. Sage	ARGUS
während	INDEM
während	INDES
Währung a.d. Elfenbeinküste	FRANC
Währung d. Zentr.-afrikan. Republik	FRANC

Währung i. d. franz. Schweiz	FRANC
Währung in Belgien	FRANC
Währung in Benin	FRANC
Währung in Burkina Faso	FRANC
Währung in Burundi	FRANC
Währung in Costa Rica	COLON
Währung in der Türkei	PFUND
Währung in El Salvador	COLON
Währung in Frankreich	FRANC
Währung in Gabun	FRANC
Währung in Großbritannien	PFUND
Währung in Kamerun	FRANC
Währung in Kongo, Volksrepublik	FRANC
Währung in Luxemburg	FRANC
Währung in Madagaskar	FRANC
Währung in Mali	FRANC
Währung in Niger	FRANC
Währung in Ruanda, Rwanda	FRANC
Währung in Saudi-Arabien	RIYAL
Währung in Senegal	FRANC
Währung in Sierra Leone	LEONE
Währung in Sri Lanka	RUPIE
Währung in Togo	FRANC
Währung in Tschad	FRANC
Währung in Zaire	ZAIRE
Währungseinheit im Irak	DINAR
Währungseinheit in Jemen	DINAR
Währungseinheit in Jordanien	DINAR
Währungseinheit in Kuwait	DINAR
Währungseinheit in Libyen	DINAR
Währungseinheit in Mauritius	RUPIE
Währungseinheit in Tunesien	DINAR
Währungseinheit von Katar	RIYAL
Währungseinheit von Nigeria	NAIRA
Währung von São Tomé u. Principe	DOBRA
Wärmespender der Erde	SONNE
Wäschekordel	LEINE
Wäscherolle	MANGE
Wäschestoff	LINON
wässerige Anschwellung	OEDEM
wagemutig	KUEHN
Wagen-, Gespannkolonne	TRECK
Wagenabteil	COUPE
Wagendecke, Zeltplan	PLANE
Wagenladung	FUDER
Wagenladung	FUHRE
Wagenschaufahrt	KORSO
Wagenteil	ACHSE
Wahl, Urteil	VOTUM
Wahlspruch	MOTTO
Wahrsager	AUGUR
Wahrscheinlichkeitsbeweis	TOPIK
Wahrzeichen v. Moskau	KREML
Waldhüter	HEGER
walis. Sagenkönig	ARTUS
Walkürenroß bei Wagner	GRANE
Wallböschung	BERME
wallen	WOGEN
Walze	ROLLE
Wandel, Wechsel	WENDE
Wandelform	ABART
Wandelgang, -halle	FOYER
Wandelhalle im Parlament	LOBBY
Wange	BACKE
wankelmütig	LABIL
Wappentier	GREIF
Wappentier	LOEWE
Wappenvogel	ADLER
Warägerfürst	RURIK
Warenabgang (ital.)	FUSTI
Warenabsatz	DEBIT
Warenabsatzgebiet	MARKT
Warenballen	KOLLO
Warenhausabteilung	RAYON
Warenschau	MESSE
Warenspeicher	LAGER
Warenwert	PREIS
Warenzeichen	MARKE
warmer Fallwind am Nordalpenrand	FOEHN
Warnruf	ALARM
Warthe-Zufluß	NETZE
warum, weshalb	WIESO
Waschmittel	SEIFE
Waschmittellösung	LAUGE
Wasserdampf	DUNST
Wasserdampf	NEBEL
Wasser in gasförmig. Zustand	DAMPF
Wasserlauf	FLUSS
Wassermarder	OTTER

Clue	Answer
Wasserpfeife	HOCKA
Wasserpflanze	BUNGE
Wasserstandsmesser	PEGEL
Wasserstraße	KANAL
Wassersucht	OEDEM
Wassertiefe ausmessen	LOTEN
wasserumgebenes Land	INSEL
Wasservogel	MOEWE
Wattenmeer-Wasserrinne	BALJE
Wattsekunde	JOULE
Weberdistel	KARDE
Wechselgesang	KANON
wechselhaft	LABIL
wechselnde Gemütsstimmung	LAUNE
Wechselübernehmer	GIRAT
wedischer Sturmgott	RUDRA
Wegbeorderung	ABRUF
Wegbiegung	KURVE
Wegkrümmung	KURVE
Wegschnecke	ARION
Wehgeschrei	KLAGE
Wehgeschrei	ZETER
weibl. amerik. Revuestar	BAKER
weibl. Haustier	GEISS
weibl. Haustier	KATZE
weibl. Hund, Fuchs, Wolf	PETZE
weibl. Lamm	ELAMM
weibl. Mischling	ZAMBA
weibl. Nachtgespenst	DRUDE
weibl. Pferd, Esel, Kamel	STUTE
weibl. Quälgeist	DRUDE
weibl. Raubtier	FAEHE
weibl. Reh	RICKE
weibl. Reh	ZICKE
weibl. Rotwild	GEISS
weibl. Schauspielfach	NAIVE
weibl. Tier	ZIPPE
weibl. Vogel	HENNE
weibliche Brüste	BUSEN
weicher Gaumen	VELUM
weiches Holz	SPINT
Weichholz	LINDE
Weichselfloß	TRAFT
Weichselmündungsarm	NOGAT
Weichselzufluß	BRAHE
Weichselzufluß	BZURA
Weichselzufluß	FERSE
Weide, Viehweg	TRIFT
Weidenzeisig	FITIS
Weiderecht	TRIFT
Weiderichgewächs	HENNA
weidmännisch für Fett	FEIST
Weihelied	HYMNE
Weiher	TEICH
Weindrossel	WINZE
Weinort an der Mosel	ERDEN
Weinort an der Mosel	KROEV
Weinort in Südtirol	MERAN
Weinrebe	VITIS
Weinreife	FIRNE
Weinsortenverschnitt	CUVEE
weise Frauen der Germanen	IDISI
weißer Bordeauxwein	BAYLE
weißer Stirnfleck	STERN
Weißfisch	ALANT
Weißfisch	LAUBE
Weißkäse	QUARK
Weißling (Fisch)	GADDE
Weißpappel	ABELE
Weißpfennig	ALBUS
weißruss. Stadt am Sosch	GOMEL
weißrussische Stadt am Pripjet	PINSK
Weite	FERNE
Weizenart	EMMER
Wellig	KRAUS
Weltgeistlicher in Italien	ABATE
weltgewandt, städtisch	URBAN
weltliches Preislied	HYMNE
weltmännisch	URBAN
Weltmeer	OZEAN
Weltreligion	ISLAM
Weltvernunft (griech.)	LOGOS
Wemfall	DATIV
Wendekurve	KEHRE
Wendepunkt	KRISE
Wende (Slawe)	SORBE
wendig	ALERT
weniger	MINUS
Werftanlage, -ablauf	HELGE
Wergrest	KUDER
Werkstoff	EISEN
Werkzeug zum Glätten	HOBEL
Werra-Zufluß	HASEL
Wert	GUETE
Wertloses	TALMI
Wertmeßzahl	INDEX
Wertpapier	AKTIE
Wertpapieraufbewahrungsort	DEPOT
Wertzeichen	MARKE
Weser-Quellfluß	FULDA
Weser-Zufluß	ALLER
Weser-Zufluß	BEVER
Weser-Zufluß	EMMER
Weser-Zufluß	HUNTE
Weser-Zufluß	LESUM

Weser-Zufluß	WERRE	westfinnische Hafenstadt	VAASA	Whistrunde	BELLE	Wildledernachahmung	NUBUK
weshalb	WARUM			Wicke	VICIA		
westafrikan. Sprache	NGANA	westfranz. Landschaft	ANJOU	Wickelband	BINDE	Wildragout	CIVET
				Widder	STAER	Wildragout	CIVET
westafrikan. Sprache	PULAR	Westgotenkönig	AGILA	widerlich	EKLIG	Wildragout	CIVET
				Widersacher	FEIND		
westafrikan. Staat	GHANA	Westgotenkönig	TULGA	Widerspruchsgeist	TROTZ	Wildsau	BACHE
		westindische Insel	HAITI			Wildspinat	MELDE
westafrikan. Staat	NIGER			Widerwärtigkeit	UEBEL	Wildtiergruppe	RUDEL
westafrikan. Teakholz	IROKO	westl. Exportkontrollorganis.	COCOM	wieder drogenunabhängig	CLEAN	windig	ZUGIG
						Windrichtung	OSTEN
westafrikan. Volk	BASSA	westpolnische Stadt	LISSA			Windstille	KALME
				wieder drogenunabhängig	CLEAN	Winkelfunktion	SINUS
westafrikan. Volk	BENGA	westpreuß. Weichsel-Zufluß	LIEBE			Winkelkreisbogen	ARCUS
westafrikan. Volk	DJOLA			Wiederkäuermagen	PANSE	Winkelzug	KNIFF
westafrikan. Volk	DOGON	westschweiz. Kanton	WAADT	wie ein Affe	AFFIG	Winkelzug, Täuschung	TRICK
westafrikan. Volk	FANTI	Westslawe, Sorbe	WENDE	wie Erde	ERDIG	winzig	MINIM
				Wiegegerät	WAAGE	Wippschaukel	KIPPE
westafrikan. Volk	GONIA	westsudan. Hamitenvolk	FULBE	wie Hefe	HEFIG	Wirbelsäule	SPINA
westafrikan. Volk	LIMBA	westsudan. Volk	DIULA	Wiener Maler des Jugendstils	KLIMT	wirkende Kraft	DRUCK
westafrikan. Volk	SERER	wett, ausgeglichen	QUITT			wirkliche Erdgestalt	GEOID
				Wiener Stadtbezirk	LAINZ		
westafrikan. Volk	SOMBA	Wettbewerb, Wettkampf	DERBY			Wirkteppich	KELIM
				wieselähnl. Marderart	ILTIS		
westaustral. Hafenstadt	PERTH			Wiesenkraut, Wermut	ALSEN	Wirkungsumfeld	ORBIS
		Wette, Wettkampf	MATCH			wirre Hast	HETZE
westbolivian. Stadt	ORURO			Wildabfall	CUREE	Wirrwarr	CHAOS
		Wetter	KLIMA	wilde Angst	PANIK	Wirtel	QUIRL
Weste	GILET	wetterfester Stoff	LODEN	wilde Bande	HORDE	wirtschaftl. Hoheitsrecht	REGAL
Weste (franz.)	GILET						
westengl. Fluß	TAMAR	Wetterjacke	PARKA	Wildeber	BASSE	Wirtschaftswald	FORST
		Wettersatellit	TIROS	Wildesel	KIANG		
westengl. Halbinsel	WALES	Wetterumhang	KOTZE	Wildgeflügel	FASAN		
westfäl. Stadt am Hellweg	SOEST					wissenschaftl. Arbeitsraum	LABOR
westfäl. Stadt an Ennepe u. Volme	HAGEN	Wettkampfstätte	ARENA	Wildgeschlinge	LUNZE		

Witterung	KLIMA
Witzbold (franz.)	DROLE
Wölbung	HAUBE
Wölfin	FAEHE
wörtliche Wiedergabe	ZITAT
wohl bekomms!	PROST
wohlerzogen	ARTIG
Wohlgefallen (ital.)	GUSTO
Wohlgeruch	AROMA
Wohlgeruch	ODEUR
Wohltätigkeitsverkauf	BASAR
Wohlwollen	GUNST
Wohngeld	MIETE
Wohnsitz, Wohnung	LOGIS
Wohnungsgeld	MIETE
Wohnungswechsel	UMZUG
Wolf (medizin.)	LUPUS
Wolga-Zufluß	DUBNA
Wolga-Zufluß	IRGIS
Wolga-Zufluß	USOLA
Wollelieferant der Tierwelt	SCHAF
Wollkamm	KARDE
Wollspinner (zool.)	NONNE
Wollstoff	LODEN
Wortkern	STAMM
Wortschwall, Redefluß	SUADA
Wortteil	SILBE
Wotans Rabe	HUGIN
Wotans Rabe	MUNIN
Wotans Wolf	FREKI
Wühlmaus	BISAM
würdigen	EHREN
Würfel (lat.)	KUBUS
Würfel (Mz.)	KUBEN
Würztunke	SALSE
Würzwhisky	JULEP
Wüste in Süd-Israel	NEGEB
Wüstenbrot der Bibel	MANNA
wüstenhaft	ARIDE
Wüstenkönig	LOEWE
Wüstenlasttier	KAMEL
Wüstenschiff	KAMEL
Wüstensturm	SAMUM
wüstes Gelage	ORGIE
wüten, toben	RASEN
wütendes Weib	FURIE
Wundabsonderung	EITER
Wundgewebe	NARBE
Wundmal	NARBE
Wurfgerät der Leichtathletik	SPEER
Wurf mit gleicher Augenzahl	PASCH
Wurfschlinge	LASSO
Wurmfisch	INGER
wurmstichig	MADIG
Wursthaut	PELLE
Wut	FUROR
zärtlich	INNIG
zärtlich sein	KOSEN
zaghaft	SCHEU
Zahlenfolge	REIHE
Zahlenglücksspiel	LOTTO
Zahlpfennig	JETON
Zahlstelle	KASSE
zahm	KIRRE
Zahnbestandteil	KRONE
Zahnmark	PULPA
Zahnwurzelgewebe	PULPA
Zank	HADER
Zarengattin	ZARIN
Zarenname	BORIS
Zarenname	PETER
zart, weich	SANFT
zarte Federn, Haare	FLAUM
Zauberei	MAGIE
Zauberer	HEXER
Zauberer der Artusrunde	DOLIN
Zauberer (lat.)	MAGUS
Zauberin i. d. Odyssee	CIRCE
Zauberin i.d. Odyssee	CIRCE
Zauberkraft, Zaubermacht	MAGIE
zaubern	HEXEN
Zeche	GRUBE
Zehenteil bei Tieren	KLAUE
Zehn-Dollar-Stück	EAGLE
zehnter Hirnnerv	VAGUS
Zehnt (lat.)	DEZEM
Zeichenmittel	KOHLE
Zeichnung im Holz	MASER
Zeit der Ausbildung	LEHRE
zeitig	FRUEH
Zeit nach Sonnenuntergang	NACHT
Zeitschrift	REVUE
Zelt der Kirgisen	JURTE
zentralafrikan. Bantu-Stamm	LUNDA
zentralafrikan. Fluß	MBOMU
zentralafrikan. Staat	GABUN
zentralafrikan. Staat	KONGO
zentralafrikan. Staat	ZAIRE
zentralafrikan. Volk	BARMA
zentralanatolische Stadt	KONYA
zentralasiat. Fluß	TSCHU
zentralasiat. Hochgebirgsland	PAMIR
zentralasiatisches Hochland	TIBET

Clue	Answer
Zentralgestirn	SONNE
zentralind. Landschaft	MALWA
Zentrum	MITTE
zerbeißen	KAUEN
Zerbrechen	BRUCH
Zeremoniell	RITUS
zerknirscht	REUIG
Zerstäubungsflüssigkeit	SPRAY
zerstörtes Schiff	WRACK
Zerwürfnis	KRACH
Zerwürfnis, Streit, Zank	ZWIST
Zeus-Geliebte	DANAE
Zibetbaum	DURIO
Zibetkatze	RASSE
Ziege	GEISS
Ziegenleder	NAPPA
Ziegenpeter	MUMPS
ziehschleifen	HONEN
Ziel beim Eisschießen	DAUBE
Zierband	LACIS
Ziererei	MACHE
Zierfisch	DANIO
Zierfisch	GUPPY
Zierfisch	MOLLY
Zierfisch	PLATY
Ziernote im Gregorian. Gesang	PLICA
Zierpflanze	PHLOX
Zigeuner	SINTI
Zimmerflucht	SUITE
Zimperling	TUNTE
Zinsbauer	SASSE
zinspflichtig (lat.)	DOTAL
Zinsschein	KUPON
Zipperlein	GICHT
Zisterzienserabtei in Tirol	STAMS
zittern	BEBEN
zögern, zaudern	ZAGEN
Zögling	ELEVE
zollamtliche Beglaubigung	VISUM
zorniges Kraftwort	FLUCH
Zuchtrind	BULLE
Zuckerguß	GLACE
Zuckersorte	MELIS
zu diesem Zweck	ADHOC
Züchtigung	HIEBE
Zündschnur	LUNTE
Zufluß zum Walensee (CH)	LINTH
Zugabteil	COUPE
Zugabteil	KUPEE
zugeführte Leistung	INPUT
zugeführte Menge	INPUT
zugegen	DABEI
zugehörig	EIGEN
zugemessene Arzneimenge	DOSIS
zukünftig (lat.)	INSPE
zutage fördern	HEBEN
Zutrunk	PROST
Zukunftsform des Verbs	FUTUR
zum Embryo gehörig	FETAL
zum Liegen bringen	LEGEN
zum Meer gehörig	MARIN
zum Ritter schlagen	ADELN
Zunft	GILDE
Zupfinstrument	HARFE
Zupfinstrument	LAUTE
Zupfinstrument	LEIER
Zurschaustellung	SCHAU
Zuruf beim Trinken	PROST
zusätzlich	EXTRA
Zusammenfassung	SUMMA
zusammengedrängt	DICHT
zusammengehörig (gr.)	ALLEL
zusammenhängende Rede	LALIE
Zusammenhang (lat.)	NEXUS
Zusammenstellung	LISTE
zu schmelzen beginnen	TAUEN
Zuschnitt	FACON
Zuspruch im Leid	TROST
Zustandsform	PHASE
zuverlässig	REELL
zu vorgerückter Stunde	SPAET
Zwang	DRUCK
zwanglos	LEGER
zwangloses Fest	PARTY
Zwangsvorstellung	MANIE
Zweck	MOTIV
zweckbestimmt	FINAL
zweckbestimmte Mittel	FONDS
Zweigkanal	FLEET
zweigliedrige Größe	BINOM
zweigliedrig (mathem.)	DIMER
zwei in drei Tönen (musikal.)	DUOLE
Zweikampf	DUELL
Zweikern	EMMER
Zweimastsegler	BRIGG
Zweipolröhre	DIODE
zweistimmige Musikdarbietung	DUETT
Zweitausfertigung	KOPIE
zweitgrößte japan. Stadt	OSAKA
zweitgrößter afrikanischer Fluß	KONGO
zweizinkige Hacke	KARST
Zwerg	WICHT
Zwerghuhn	CHABU

Zwergpalmenfaser	AFRIK
Zwickel	GEHRE
Zwiebelgewächs	LAUCH
Zwiebelgewächs	LILIE
Zwiebelgewächs	TULPE
Zwiebel (lat.)	BULBE
Zwiegesang	DUETT
Zwietracht	HADER
Zwillingsbruder v. Romulus	REMUS
Zwirn	FADEN
Zwirnkante	PICOT
Zwischenstreckenabbau	STREB
Zwischenträger	AGENT
Zwist	HADER
zylinderförmiger Körper	WALZE
10. griech. Buchstabe	KAPPA
10. US-Präsident	TYLER
18. US-Präsident	GRANT
19. US-Präsident	HAYES
2. u. 6. US-Präsident	ADAMS
6. Ton der Grundtonleiter	SEXTE

Aachener Pfefferkuchen	PRINTE
Aalraupe	QUAPPE
Aalraupe	RUETTE
Aare-Zufluß	KANDER
Aare-Zufluß	LIMMAT
aasfressender Vogel	KONDOR
aasfressendes Raubtier	HYAENE
abartig	ABNORM
abartig	ANOMAL
Abbruch	ABRISS
Abendandacht	VESPER
Abendessen	SOUPER
Abendgesellschaft	SOIREE
Abendland	EUROPA
Abendmahlsbrot	HOSTIE
abermals	DACAPO
abermals	ERNEUT
abermals	WIEDER
Abfall, Abfallprodukt	ABRAUM
Abfeuern eines Geschosses	SCHUSS
Abfluß d. Zürichsees	LIMMAT
Abfluß des Baikalsees	ANGARA
Abfluß des Gardasees	MINCIO
Abfluß des Genezarethsees	JORDAN
Abfluß des Lago Maggiore	TESSIN
Abfluß des Tanganjikasees	LUKUGA
Abfluß des Walchensees	JACHEN
Abführmittel	LAXANS
Abgabe, Opfer	TRIBUT
abgegrenztes Gebiet	BEZIRK
abgemessene Menge	RATION
abgeneigt	ABHOLD
abgeschieden	EINSAM
abgeschlossener Klosterteil	KLAUSE
abgesondert	ALLEIN
Abgesottenes	AUSZUG
Abgesottenes	DEKOKT
abgesteckte Strecke	TRASSE
abgetrennter Strandsee	LAGUNE
Abglanz, Widerschein	REFLEX
Abgott	GOETZE
Abgrenzung, Barriere	SPERRE
Abgrund	KRATER
abhängig	HOERIG
Abitur	MATURA
Abk. f. e. Leichtkraftfahrzeug	MOKICK
Abk. f. Geschwister	GESCHW
Abk. f. Studienbeihilfe	BAFOEG
Abk. f. Weltkinderhilfswerk	UNICEF
Abk. v. UNO-Kulturorganisation	UNESCO
Abkochung	DEKOKT
Abkömmling	SPROSS
Ablage	ARCHIV
Ablaßprediger	TETZEL
Abmessung	FORMAT
Abmessungsbegriff	LAENGE
abnehmbarer oberer Verschluß	DECKEL
Abneigung, Mißbehagen	UNLUST
Abraum, Geröll	SCHUTT
Abraumsalz	SYLVIN
Abrechnung	BILANZ
Abriß, Exposé	SKIZZE
absatzloser Schuh	OPANKE
Abscheu	HORROR
Abschiedsgruß	SERVUS
abschirmen	DECKEN
Abschluß, Blockade	SPERRE
Abschlußbalken d. Schiffes	STEVEN
Abschlußlinie	GRENZE
Abschlußprüfung	EXAMEN
abschneiden	KAPPEN
Abschnitt	PASSUS
Abschnitt im Sport	UMLAUF
Abschreiber	KOPIST
Abschrift	DOPPEL
Abschweifung	EXKURS
Absinth, Beifußart	WERMUT
absoluter Superlativ	ELATIV
absonderlich	BIZARR
Absonderung	SEKRET
Absonderungsorgan	DRUESE
Absperrung	GITTER
Absperrung	KLAPPE
Absperrung	KORDON
Absperrvorrichtung	VENTIL
Abstand	LUECKE
Abstand, Zwischenraum	SPANNE
Abstecher	EXKURS
Abstellen von Fahrzeugen	PARKEN
Abstellraum	KAMMER
Abstellraum, Geräteschuppen	REMISE
Abstufung	NUANCE
Absud	DEKOKT
Abteil	KABINE
Abteilung	GRUPPE
Abtönung	NUANCE
abtrünnig	UNTREU
Abtrünniger	KETZER
abwärts	NIEDER
abwärts gleiten	SINKEN
Abwässerkanal	KLOAKE
Abwehr im Sport	PARADE

abweichend	ABNORM	ägypt. Fruchtbarkeitsgott	OSIRIS	ägypt. Urne	KANOPE	afghan. Stadt	GHASNI
Abweisung	ABFUHR	ägypt. Gewicht	ROTTEL	ägypt. Weiser	KOPHTA	afghan. Stadt	KUNDUZ
Abwendung	ABKEHR	ägypt. Wüstenwind	KAMSIN	arabisch. Affe	PAVIAN
abwesend	ABSENT	ägypt. Gott der untergeh. Sonne	OSIRIS	ähnlich	ANALOG	afrikan. Bier	PANIBE
Abwesenheit	ABSENZ			Ährenborste	GRANNE	afrikan. Fluß	LUKUGA
Abwiegen von Bestandteilen	DOSAGE	ägypt. Gott der Unterwelt	ANUBIS	Ältester	NESTOR	afrikan. Hauptstadt	BAMAKO
		ägypt. Gott des Todes	ANUBIS	Ältester, Älterer	SENIOR		
Abzugsgraben	RIGOLE	ägypt. Gott des Todes	OSIRIS	ängstigen	BANGEN	afrikan. Hauptstadt	HARARE
achtbar	EHRSAM			ängstlich	MUTLOS	afrikan. Hauptstadt	JAUNDE
Achtelkreis	OKTANT	ägypt. Hafenstadt	ABUKIR	Ära	EPOCHE	afrikan. Hauptstadt	LUANDA
achten	MERKEN			ärmelloser Mantel	PONCHO		
achtenswert	EHRBAR	ägypt. Herrscher	CHEOPS	ärmelloses Jäckchen	BOLERO	afrikan. Hauptstadt	LUSAKA
Achtergruppe	OKTETT	ägypt. Herrscher	RAMSES	ärztl. Bescheinigung	ATTEST	afrikan. Hauptstadt	MAPUTO
achte Tonleiterstufe	OKTAVE	ägypt. Himmelsgöttin	HATHOR	ärztl. Verordnung	REZEPT	afrikan. Hauptstadt	MASERU
Achtung, Aufmerksamkeit	OBACHT	ägypt. Insel	PHARIS	äsen, grasen	WEIDEN	afrikan. Hauptstadt	NIAMEY
achtzeilige Strophe	STANZE	ägypt. König	HOPHRA	äthiop. Landschaft, Provinz	OGADEN	afrikan. Hauptstadt	DAMARA
Ackerrinne	FURCHE	ägypt. Kurort am Nil	HILWAN	äthiop. Sprache	AMHARA	afrikan. Herero-Volk	
Ackerunkraut, Hundsgras	QUECKE	ägypt. Liebesgöttin	BASTET	äthiop. Staatsvolk	AMHARA	afrikan. Hirtenvolk	MASSAI
Ackervogel	KRAEHE	ägypt. Politiker, Staatspräsid.	NAGUIB	äthiop. Stadt	ASMARA	afrikan. hundeartiges Raubtier	HYAENE
Adoleszenz	JUGEND	ägypt. Politiker (Staatspräsid.)	NASSER	äthiopides Volk	MASSAI	afrikan. Jagdunternehmen	SAFARI
Advokat	ANWALT			äthiopides Volk	NUBIER		
Ächtung	VERRUF	ägypt. Schicksalsgöttin	HATHOR	ätzen	BEIZEN		
Ägide, Geborgenheit	SCHUTZ			ätzende Flüssigkeit	SAEURE	afrikan. Kropfstorch	MARABU
ägypt. Autor (Nobelpreis)	MAHFUS	ägypt. Stadt am Nil	ASSUAN	Ätzmittel	KAUTER	afrikan. Kuckuck	DIDRIK
ägypt. Fabelungeheuer	SPHINX	ägypt. Stadt nahe Kairo	IMBABA	äußerer Schein	DEHORS	afrikan. Pavian	BABUIN
ägypt. Flächenmaß	FEDDAN	ägypt. Todesgöttin	HATHOR	Äußeres	HUELLE	afrikan. Riesenschlange	ASSALA
				äußerst	EXTREM		
				Affenbrotbaum	BAOBAB		

afrikan. Savannenbauern	NUBIER
afrikan. Sprache	KANURI
afrikan. Sprache	MOSCHI
afrikan. Sprache	YORUBA
afrikan. Staat	ANGOLA
afrikan. Tigerschlange	ASSALA
afrikan. Verkehrssprache	HAUSSA
afrikan. Viehseuche	NAGANA
afrikan. Wildkatze	SERVAL
afrikan. Zwergvolk	BATUTI
afrikan. Zwergvolk	OBONGO
Agavenbranntwein	MESKAL
Ahle	PFRIEM
akadem. Grad	DOKTOR
akadem. Vorlesung	KOLLEG
Akazienfrucht	BABLAH
Akrobat	ARTIST
Akt	AUFZUG
Aktenaufschrift, Inhaltsangabe	RUBRUM
Aktenhefter	ORDNER
Aktienabschnitt	COUPON
aktiv, handelnd	TAETIG
aktiv sein, effektiv sein	WIRKEN
akut, durchdringend	SCHARF
akzentuiert	BETONT
Alarm-, Warngerät	SIRENE
Alarmgerät	WECKER
alban. Hafenstadt	DURRES
alban. Hauptstadt	TIRANA
alban. Insel	SASENO
alban. Volk	TOSKEN
Albernheit, dummes Zeug	UNSINN
Aleuteninsel	UNIMAK
alger. Gebirge	HOGGAR
alger. Hafenstadt	SKIKDA
alger. Hauptstadt	ALGIER
alger. Mittelmeerhafen	ANNABA
alger. Stadt	ANNABA
alger. Stadt	BECHAR
Alkaloid	KODEIN
Alkaloid	KURARE
Alk-Art	EISALK
alkohol. Getränk	KOGNAK
alkohol. Mischgetränk	PUNSCH
alkoholisches Getränk	LIKOER
allein	EINSAM
Alleinherrscher	TYRANN
allerdings	JEDOCH
Allerheiligstes	ABATON
Allerheiligstes i. griech. Tempel	ADYTON
Aller-Zufluß	BOEHME
Aller-Zufluß	LACHTE
Aller-Zufluß	LEHRDE
Aller-Zufluß	OERTZE
Aller-Zufluß	WIETZE
Allgemeininfektion	SEPSIS
Allotria, Jokus	SCHERZ
Almosen	OBOLUS
Alpengletscher	FERNER
Alpenhirt	SENNER
alpenländisch für Scheuer	STADEL
Alpenpaß in Graubünden	JULIER
Alpenpaß in Vorarlberg	FLEXEN
Alpenpflanze	ENZIAN
Alpensänger	JODLER
alt	BETAGT
alt. Ackermaß, Feldmaß	MORGEN
alt. astron. Instrument	GNOMON
alt. frz. Grafschaft	POITOU
alt. Getreidemaß	SIMMER
alt. Heldenepos	AENEIS
alt. Kampfschutz	SCHILD
alt. Name d. Pyrenäenhalbinsel	IBERIA
alt. Name Izmirs	SMYRNA
alt. Name v. Ho-Tschi-Minh-Stadt	SAIGON
alt. Saiteninstrument	FIEDEL
altägypt. Göttin, Frau von Schu	TEFNUT
altägypt. Herrscher	PHARAO
altägypt. Königstitel	PHARAO
altägypt. Krug	KANOPE
Altan	BALKON
altassyr. Stadt am Tigris	KALACH
altchines. Philosoph	LAOTSE
altdtsch. Heldenepos	GUDRUN
altdtsch. Längenmaß	SPANNE
altdtsch. Mengenmaß	MANDEL
altdtsch. Vorname (männl.)	HERWIG
altdtsch. Vorname (männl.)	ORTWIN
altdtsch. Vorname (männl.)	REIMAR
altdtsch. Vorname (männl.)	ROTHER
alte Bewohner v. Wales	KYMREN
alte Bez. f. Handlungsgehilfe	KOMMIS
alte dtsch. Münze	BATZEN
alte dtsch. Münze	HELLER

alte dtsch. Münze	SCHERF
alte Goldmünze	FLORIN
alte Goldmünze	GULDEN
Altenheim, Krankenhaus	SPITAL
alte niederl. Goldmünze	RIJDER
alte persische Münze	SCHAHI
alter babylon. Kultort	NIPPUR
alter Feuerruf	FEURIO
alter japan. Kaisertitel	MIKADO
alter Kampfschutz	PANZER
alter Name der Krim	TAURIS
alter Name des Göksu	SALEPH
alter Name des Juli	HEUERT
alter Name Großbritanniens	ALBION
alter Name Istanbuls	BYZANZ
alter Name v. Ankara	ANGORA
alter Name v. Sri Lanka	CEYLON
alter Name von Hilwan	HELUAN
alter Rundtanz	CHAINE
Altertum	ANTIKE
alter Vorfahr	URAHNE
altes dtsch. Gewicht, Maß	BALLEN
altes Flüssigkeitsmaß	OXHOFT
altes Flüssigkeitsmaß	SEIDEL
altes Getreidemaß	MALTER
altes Getreidemaß	WISPEL
altes Hohlmaß	SESTER
alte Silbermünze	BATZEN
altes Musikinstrument	FLOETE
altes Stückzahlmaß	MANDEL
altes Volk in Westeuropa	KELTEN
altes Zählmaß	STIEGE
alte türk. Gewichtseinheit	KANTAR
alte türk. Goldmünze	FONDUK
alte ungarische Währung	PENGOE
alte Weizenart	DINKEL
altfranz. Münze	DENIER
altfranz. Silbermünze	DOUBLE
altgerm. Asen-Wohnsitz	ASGARD
altgerm. Drache	FAFNER
altgerm. Reich der Riesen	UTGARD
altgerm. Schicksalsgöttinnen	NORNEN
altgerm. Stamm	KATTEN
altgerm. Zwergenkönig	LAURIN
altgermanischer Heerführer	HERZOG
altgriech. Bildhauer	LYSIPP
altgriech. Bildhauer (4. Jh. v. Chr.)	SKOPAS
altgriech. Dichter	HESIOD
altgriech. Dichterin	SAPPHO
altgriech. Fährmann der Unterwelt	CHARON
altgriech. Frauengewand	PEPLOS
altgriech. Gewand	CHITON
altgriech. Gewicht, Münze	TALENT
altgriech. Göttin der Überredung	PEITHO
altgriech. Gott	APOLLO
altgriech. Gott, Vater d. Titanen	URANOS
altgriech. Gott d. Fruchtbarkeit	KRONOS
altgriech. Gott der Kraft	KRATOS
altgriech. Gott der Winde	AEOLOS
altgriech. Gott der Zeit	KRONOS
altgriech. Hauptstamm	IONIER
altgriech. Landschaft	ACHAIA
altgriech. Landschaft	LOKRIS
altgriech. Landschaft	PHOKIS
altgriech. Lyriker	PINDAR
altgriech. Maler (5. Jh. v. Chr.)	ZEUXIS
altgriech. Mathematiker, Philosoph	PAPPOS
altgriech. Meeresgott	PONTOS
altgriech. Meeresgott	TRITON
altgriech. Meernymphe	THETIS
altgriech. Münze	LEPTON
altgriech. Münze	OBOLUS
altgriech. Münze	STATER
altgriech. Muse der Komödie	THALIA
altgriech. Philosoph, Mathem.	THALES
altgriech. Philosophenschüler	ELEATE
altgriech. Rachegöttin	ALEKTO
altgriech. Satiriker	LUKIAN
altgriech. Schicksalsgöttin	ANANKE
altgriech. Seeungeheuer	SKYLLA
altgriech. Staatsmann	KINEAS

Clue	Answer
altgriech. Stadt am Hellespont	ABYDOS
altgriech. Stadt in Süditalien	KROTON
altgriech. Wasserkrug	HYDRIA
altgriech. Weissagerin	PYTHIA
altgriech. Windgott	ZEPHYR
althebräische Leier	KINNOR
altind. Dichtung	MANTRA
altind. Dynastie	MAURYA
altind. Gott	BRAHMA
altind. Kriegsgott	SKANDA
altiranischer Lichtgott	ORMUZD
altitalisches Volk	ITALER
altitalisches Volk	UMBRER
altkeltischer Dichter, Sänger	OSSIAN
altnord. Sänger und Dichter	SKALDE
altorientalisch. Dämon	ASMODI
altorientalischer Volksstamm	PERSER
altpersisch. Statthalter	SATRAP
altröm. Amtsdiener	LIKTOR
altröm. Badeanlage	THERME
altröm. Balkanprovinz	DAKIEN
altröm. Baumeister, Autor	VITRUV
altröm. Beamter	KONSUL
altröm. Denker, Dichter	LIVIUS
altröm. Denker, Dichter	LUKREZ
altröm. Dichter, Bukoliker	VERGIL
altröm. Feuergott	VULKAN
altröm. Gartengöttin	POMONA
altröm. Geschichtsschreiber	LIVIUS
altröm. Geschlecht	IULIER
altröm. Gott d. Schlafes	SOMNUS
altröm. Gott des Handels	MERKUR
altröm. Historiker	SUETON
altröm. Komödiendichter	TERENZ
altröm. Militäreinheit	LEGION
altröm. Offizier	TRIBUN
altröm. Patrizierfamilie	FABIER
altröm. Philosoph, Dichter	SENECA
altröm. Rachegöttinnen	FURIEN
altröm. Rhetor, Philosoph	SENECA
altröm. Rutenbündel	FASZES
altröm. Saatengott	SATURN
altröm. Schlachtort	CANNAE
altröm. Schutzgöttin	TUTELA
altröm. Signalhorn	LITUUS
altröm. Staatsmann	BRUTUS
altröm. Staatsmann	MARIUS
altröm. Steuerschätzer	ZENSOR
altröm. Titel	KONSUL
altröm. Volkstribun	DRUSUS
altröm. Wurfmaschine	ONAGER
altrömisch. Denker, Dichter	CICERO
altrömisch. Dichter, Lyriker	CATULL
altrömisch. Götterbote	MERKUR
altrömisch. Münze	AUREUS
altrömisch. Schriftsteller	CAESAR
altrömisch. Staatsmann	CAESAR
altrömisch. Staatsmann	CICERO
altrömisch. Staatsmann	SCIPIO
altrömisch. Unterkleid	TUNIKA
altrömische Münze	QUINAR
altrömischer Denker, Dichter	TIBULL
altrömische Totenklage	NAENIE
Altwaren, Plunder	RAMSCH
Aluminiumhydroxid	BAUXIT
Amaryllisgewächs	CLIVIA
Amazonas-Zufluß	JAPURA
Amazonas-Zufluß	JAVARI
Amazonas-Zufluß	UATUMA
Ambrosian. Lobgesang	TEDEUM
amer. Ernährungswissenschaftler	HAUSER
amerik. Altistin	BUMBRY
amerik. Gesellschaftstanz	BOSTON
amerik. Jazzklarinettist	BAILEY
amerik. Jazzklarinettist	BECHET
amerik. Kartenspiel	BOSTON

Clue	Answer
amerik. Politiker (Nobelpreis)	BUNCHE
amerik. Romancier	BELLOW
amerik. Schriftsteller	BIERCE
amerik. abstrakt. Bildhauer	LIPTON
amerikan. Architekt	WRIGHT
amerikan. Astronaut	ALDRIN
amerikan. Astronaut	ANDERS
amerikan. Astronaut	BORMAN
amerikan. Astronaut	CERNAN
amerikan. Astronaut	CONRAD
amerikan. Astronaut	COOPER
amerikan. Astronaut	EISELE
amerikan. Astronaut	GORDON
amerikan. Astronaut	KERWIN
amerikan. Astronaut	LOUSMA
amerikan. Astronom	DRAPER
amerikan. Astronom	HUBBLE
amerikan. Astronom	LOWELL
amerikan. Atomphysiker	TELLER
amerikan. Bakteriologe (Nobelpr.)	ENDERS
amerikan. Baptistenprediger	GRAHAM
amerikan. Berg	TELICA
amerikan. Bildhauer	CALDER
amerikan. Bildhauer	FERBER
amerikan. Biochemiker (Nobelpr.)	WATSON
amerikan. Biologe (Nobelpreis)	MORGAN
amerikan. Biologe (Nobelpreis)	MULLER
amerikan. Brüllaffe	ALUATA
amerikan. Chemiker (Nobelpreis)	CALVIN
amerikan. Chemiker (Nobelpreis)	SUMNER
amerikan. Erfinder	EDISON
amerikan. Erfinder (Dampfschiff)	FULTON
amerikan. Filmkomiker	KEATON
amerikan. Filmkomiker	LAUREL
amerikan. Filmkomiker	ROONEY
amerikan. Filmregisseur	CURTIZ
amerikan. Filmregisseur	DISNEY
amerikan. Filmregisseur	KOSTER
amerikan. Filmregisseur	LITVAK
amerikan. Filmregisseur	WHYLER
amerikan. Filmregisseur	WILDER
amerikan. Filmschauspieler	BOGART
amerikan. Filmschauspieler	BRANDO
amerikan. Filmschauspieler	CAGNEY
amerikan. Filmschauspieler	COOPER
amerikan. Filmschauspieler	COTTEN
amerikan. Filmschauspieler	CURTIS
amerikan. Filmschauspieler	DENIRO
amerikan. Filmschauspieler	FERRER
amerikan. Filmschauspieler	GARNER
amerikan. Filmschauspieler	HESTON
amerikan. Filmschauspieler	HOLDEN
amerikan. Filmschauspieler	HUDSON
amerikan. Filmschauspieler	MARVIN
amerikan. Filmschauspieler	MURRAY
amerikan. Filmschauspielerin	BACALL
amerikan. Filmschauspielerin	BAXTER
amerikan. Filmschauspielerin	FOSTER
amerikan. Filmschauspielerin	HARLOW
amerikan. Filmschauspielerin	HOBSON
amerikan. Filmschauspielerin	LAMARR
amerikan. Filmschauspielerin	MONROE
amerikan. Filmschauspielerin	PROWSE
amerikan. Filmschauspielerin	SEBERG
amerikan. Filmschauspielerin	TAYLOR
amerikan. Filmschauspielerin	TURNER
amerikan. Flugpionier	WRIGHT
amerikan. Flugzeugfirma	BOEING
amerikan. Fluß in Nevada	CARSON
amerikan. Frauenname	BILLIE
amerikan. Frauenname	ELINOR
amerikan. Fußball	SOCCER
amerikan. Genetiker Nobelpreis)	BEADLE
amerikan. Großhotelier	HILTON

amerikan. Großindustrieller	KAISER
amerikan. Hauptstadt	OTTAWA
amerikan. Himmelslabor	SKYLAB
amerikan. Indianer	APACHE
amerikan. Jazzklarinettist	HERMAN
amerikan. Jazzkomponist, -musiker	AMMONS
amerikan. Jazzkomponist, -musiker	BARBER
amerikan. Jazzkomponist, -musiker	BARNET
amerikan. Jazzkomponist, -musiker	BOLDEN
amerikan. Jazzkomponist, -musiker	CARTER
amerikan. Jazzkomponist, -musiker	DORSEY
amerikan. Jazzkomponist, -musiker	HODGES
amerikan. Jazzkomponist, -musiker	HOLMAN
amerikan. Jazzkomponist, -musiker	REDMAN
amerikan. Jazzkomponist, -musiker	ROGERS
amerikan. Jazzkomponist, -pianist	POWELL
amerikan. Jazzkomponist, -pianist	PREVIN
amerikan. Jazzkomponist, -pianist	TAYLOR
amerikan. Jazz-Kornettist	OLIVER
amerikan. Jazzmus., Bandleader	MILLER
amerikan. Jazzmus., Bandleader	MINGUS
amerikan. Jazzmusiker, Bandlead.	SAUTER
amerikan. Jazzmusiker, -kompon.	KENTON
amerikan. Jazzmusiker (Geige)	VENUTI
amerikan. Jazzmusiker (Saxophon)	KONITZ
amerikan. Jazzpianist	GARNER
amerikan. Jazzpianist	JOPLIN
amerikan. Jazzpianist	MORTON
amerikan. Jazzpianist	WILSON
amerikan. Jazzpianist (Rag)	WALLER
amerikan. Jazzposaunist (m. Vorn.)	KIDORY
amerikan. Jazzsängerin	RAINEY
amerikan. Jazzsängerin	WATERS
amerikan. Jazzsängerin	WILSON
amerikan. Jazz-Saxophonist	PARKER
amerikan. Jazzsaxophonist	PEPPER
amerikan. Jazzschlagzeuger	CLARKE
amerikan. Komponist	BABBIT
amerikan. Komponist	COWELL
amerikan. Komponist	HARRIS
amerikan. Komponist	PISTON
amerikan. Kybernetiker	WIENER
amerikan. Männername	ANDREW
amerikan. Maler	WARHOL
amerikan. Mediziner (Nobelpreis)	MURPHY
amerikan. Mediziner (Nobelpreis)	WELLER
amerikan. Meinungsforscher	GALLUP
amerikan. Mondsonde	RANGER
amerikan. Musicalkomponist	PORTER
amerikan. Nobelpreisträgerin	ADDAMS
amerikan. Pantherkatze	JAGUAR
amerikan. Philosoph	WATSON
amerikan. Philosoph (Nobelpreis)	BUTLER
amerikan. Philosoph (Pragmatismus)	PEIRCE
amerikan. Physiker	LOVELL
amerikan. Physiker (Nobelpreis)	GLASER
amerikan. Physiker (Nobelpreis)	TOWNES
amerikan. Physiker (Nobelpreis)	WIGNER
amerikan. Physiologe (Nobelpreis)	GASSER
amerikan. Politiker	BYRNES
amerikan. Politiker	DULLES
amerikan. Politiker	MCCLOY
amerikan. Popmusiker	WONDER
amerikan. Popsänger	PRINCE
amerikan. Popsängerin	LAUPER
amerikan. Popsängerin	WEAVER
amerikan. Präsident	ARTHUR
amerikan. Präsident	CARTER
amerikan. Präsident	HOOVER
amerikan. Präsident	PIERCE
amerikan. Präsident	REAGAN
amerikan. Präsident	TAYLOR
amerikan. Präsident	TRUMAN
amerikan. Präsident	WILSON

amerikan. Raubkatze	JAGUAR	amerikan. Schriftsteller	ONEILL	amortisieren, abzahlen	TILGEN	Angebot	ANTRAG
amerikan. Regisseur	BROOKS	amerikan. Schriftsteller	UPDIKE	amtl. Verfügung	DEKRET	Angeh. d. ital. Hochadels	NOBILE
amerikan. Regisseur	ROBSON	amerikan. Schriftsteller	WARREN	amtliche Anordnung	ERLASS	Angeh. d. Nachrichtentruppe	FUNKER
amerikan. Regisseur	TABORI	amerikan. Schriftsteller	WILDER	amtlicher Erlaß	DEKRET	Angeh. d. span. Hochadels	GRANDE
amerikan. Regisseur, Schausp.	WELLES	amerikan. Schriftstellerin	CATHER	Amtsstube	OFFICE	Angeh. e. altgerman. Stammes	CHATTE
amerikan. Rockgruppe	HEAVEN	amerikan. Schriftstellerin	FERBER	amüsant	LUSTIG	Angeh. e. altgerman. Stammes	CHAUKE
amerikan. Rocksänger	DOMINO	amerikan. Schriftstellerin	HOBART	Amur-Zufluß	BUREJA		
amerikan. Rocksängerin	JOPLIN	amerikan. Schriftstellerin	PARKER	Anbau	KULTUR		
amerikan. Rocksängerin	TURNER	amerikan. Schriftstellerin	PORTER	anbrennen	SENGEN	Angeh. e. dtsch. Volksstammes	POMMER
amerikan. Sängerin	MIDLER	amerikan. Sexualforscher	KINSEY	andauernd, beharrlich	STETIG	Angeh. e. dtsch. Volksstammes	SACHSE
amerikan. Sänger u. Schauspieler	CROSBY	amerikan. Sopranistin	DONATH	Andengeier	KONDOR	Angeh. e. german. Volksstammes	KIMBER
amerikan. Schauspieler	BEATTY	amerikan. Tänzerin	WIGMAN	Anden-Indianer	AIMARA	Angeh. e. islam. Glaubensgemein.	IMAMIT
amerikan. Schauspieler	MALDEN	amerikan. Tanz	SHIMMY	an der Spitze	DROBEN		
amerikan. Schauspieler	NEWMAN	amerikan. Trickfilmschöpfer	DISNEY	Andrang	ZULAUF	Angeh. e. islam. Konfession	SCHIIT
amerikan. Schauspieler (Soßen)	CAPOTE	amerikan. Tropenbaum	SAPOTE	Anerkennung	EHRUNG	Angeh. e. islam. Konfession	SUNNIT
amerikan. Schriftsteller	COOPER	amerikan. Währung	DOLLAR	Anfall (medizin.)	INSULT	Angeh. e. nordam. Indianerstammes	NAVAJO
amerikan. Schriftsteller	IRVING	amerikan. Wildschwein	PEKARI	anfallsweise Atemnot	ASTHMA	anfertigen	MACHEN
amerikan. Schriftsteller	LONDON	amerikan. Zeitungskönig	HEARST	Anfall von Raserei	RAPTUS	anführen	LEITEN
amerikan. Schriftsteller	MAILER	amerikan. Zirkuskönig	BARNUM	Anfang	BEGINN	anführen	NARREN
amerikan. Schriftsteller	MILLER	Aminosäure	CYSTIN	Anfang	DEBUET	Anführer	LEITER
		Aminosäure	LEUZIN			Anführer der Hussiten	PROKOP
						angeboren	GENUIN
						angeborene Fähigkeit	ANLAGE
						angeborene Fähigkeit	TALENT
						Angeh. e. slaw. Volksstammes	KROATE
						Angeh. e. südamer. Indianerstammes	KARIBE
						Angeh. e. wandernden Volkes	NOMADE

Angeh. eines Hirtenvolkes	NOMADE	Anh. e. kommunist. Lehre	MAOIST	Anmut	GRAZIE	anständig	ADRETT
				Anmut, Reiz	SCHARM	anständig	EHRBAR
Angeh. eines Indianerstammes	APACHE	Anh. e. tschech. Reformators	HUSSIT	Annahme-Erklärung auf Wechseln	AKZEPT	anständig	HONETT
						Anstalt b. Bielefeld	BETHEL
Angeh. eines iranischen Volkes	PERSER	Anhänger d. Lehre Jesu	CHRIST	Annehmlichkeit	GENUSS	Anstaltsschüler (Mz.)	ELEVEN
				anpassen	FITTEN	Anstand	DEZENZ
Angehör. eines iranischen Stammes	OSSETE	Anhänger der Freikörperkultur	NUDIST	Anpflanzung	KULTUR	Anstand, Wille zum Guten	TUGEND
				Anrede f. eine Lady	MYLADY		
Angehör. eines iranischen Stammes	SKYTHE	Anhänger der Lehre Laotses	TAOIST	Anrede f. einen Lord	MYLORD	Anstandsbuch	KNIGGE
Angehöriger e. Weltreligion	MOSLEM	Anhänger des Islam	MOSLEM	anregen, aufstacheln	REIZEN	Ansteckknopf	BOUTON
		Anhänger des Papsttums	PAPIST	anregendes Getränk	KAFFEE	Ansteckknopf	BUTTON
angenehm	KOMMOD					Ansteckung	INFEKT
angenehme Gerüche	DUEFTE	Anhänger einer Kunstrichtung	KUBIST	Anregung	ANREIZ	anstößig	LASZIV
				Anregung	IMPULS	Anstoß	ANLASS
angenehm warm	MOLLIG	anhaften	KLEBEN	Anrichte a. Schiffen u. i . Flugzeug.	PANTRY	Anstoß	IMPULS
		anhalten	DAUERN			Anstreichmaterial	KREIDE
angenommen	FIKTIV	Anhalten des Pferdes	PARADE	Ansage	DIKTAT	Ansuchen, Begehren	WUNSCH
angenommener Wechsel	AKZEPT	Anhaltevorrichtung	BREMSE	ansammeln	HORTEN	antarktischer Vulkan	EREBUS
				Ansammlung	GRUPPE		
Angerapp-Zufluß	GOLDAP	Anhangsgebilde (mediz.)	ADNEXE	Ansammlung	HAUFEN	Anteil, Portion	RATION
angeregt	MUNTER	Anhöhe	HUEGEL	Ansatz-, Ursprungsstelle	WURZEL	antik. Grenzstein	ZIPPUS
angeschlagen	GROGGY	Ankauf	ERWERB	anschaffen	KAUFEN	antik. griech. Stadt	ABDERA
Angewohnheit	MANIER	an keine Tonart gebunden	ATONAL	Anschaffung	ERWERB	antik. griech. Stadt	MYKENE
angloamerikan. Männername	NORMAN	Ankerkettenhalter	BETING	Anschlag	PLAKAT	antik. griech. Stadt	SPARTA
angloamerikan. Männername	OLIVER	Ankerkettenöffnung	KLUESE	Ansehen, Ehre, Rang	WUERDE		
				Ansicht	ASPEKT	antik. Gründer von Theben	KADMOS
angolan. Fluß	KUNENE	ankommen	LANDEN	Ansichtsäußerung	URTEIL		
angolan. Hafenstadt	LOBITO	Ankündigung	ANSAGE	Ansporn	ANREIZ	antik. Kriegsschiff	TRIERE
		Anleihe	KREDIT				
Angorawolle	MOHAIR	Anmerkung	GLOSSE	Ansprache	ANREDE		
		Anmut	CHARME				

Clue	Answer
antik. Landschaft in Italien	LATIUM
antik. Landschaft in Persien	MEDIEN
antik. Leuchtturm	PHAROS
antik. Orakelstätte	DELPHI
antik. Rechenbrett	ABAKUS
antik. Reich in Kleinasien	LYDIEN
antik. Reich in Kleinasien	PONTOS
antik. Schreibgerät	STILUS
antik. Stadt in Kleinasien	NIKAEA
antik. Versfuß, Versmaß	JAMBUS
antik. Volk in Italien	ITALER
antike ägypt. Stadt	THEBEN
antike Geheimlehre	ORPHIK
antike griech. Stadt	PRIENE
antike griech. Stadt	THEBEN
antike Landsch. in Kleinasien	KARIEN
antike Landsch. in Kleinasien	LYDIEN
antike Landsch. in Kleinasien	LYKIEN
antike Landsch. in Kleinasien	MYSIEN
antike Lehrstätte	LYZEUM
antike Orakelstätte	DIDYMA
antike Rednertribüne	ROSTRA
antike Ruinenstadt in Syrien	TADMUR
antike Stadt auf Zypern	PAPHOS
antike Stadt in Kleinasien	SARDES
antike Stadt in Kleinasien	SMYRNA
antikes Volk in Kleinasien	LUWIER
antikes Volk in Kleinasien	LYDIER
antike Weissagung	ORAKEL
antilopenartig. indisch. Waldbock	NILGAU
Antrieb, Antriebskraft	IMPULS
Antwerpener Maler	MASSYS
Antwort, Gegenrede	REPLIK
Antwort auf Replik	DUPLIK
Anwaltskunde	KLIENT
Anwesenheit	DASEIN
Anzahl	GRUPPE
anziehen, reizen	LOCKEN
anzüglich, schlüpfrig	PIKANT
Anzugsteil	KRAGEN
Apfelsine	ORANGE
Apfelsorte	BOSKOP
Apfelweinkrug	BEMBEL
Apollopriesterin in Delphi	PYTHIA
Apostel d. Franken	KILIAN
Apostel der Friesen	LUDGER
Apostel der Gallier	MARTIN
Apostel des Nordens	ANSGAR
Apostel Jesu	MARKUS
Apostel Jesu	PAULUS
Apostel Jesu	PETRUS
Apostel Jesu	THOMAS
Apparat	GERAET
Appell	AUFRUF
Appendix	ANSATZ
appetitlich	LECKER
Aquamarin	BERYLL
Aquarienpflanze	ELODEA
Aquarienpflanze	RICCIA
Aquarium	BASSIN
arab. Dichter	HARIRI
arab. Emirat	KUWAIT
arab. Emirat	SHARJA
arab. Fürstentum	EMIRAT
arab. Geograph	IDRISI
arab. Hafenstadt	KUWAIT
arab. Hauptstadt	BAGDAD
arab. Hauptstadt	BEIRUT
arab. Hauptstadt	MASKAT
arab. Herrschertitel	SULTAN
arab. Holzblasinstrument	MIZMAR
arab. Kapuzenmantel	BURNUS
arab. Langhalslaute	TANBUR
arab. Männername	ACHMED
arab. Schreibschrift	NESCHI
arab. Staat	SYRIEN
arab. Stadt	KUWAIT
arab. Stegreifdichtung	MAKAME
arab. Teilstaat	MASKAT
arab. Volksliedersamml.	HAMASA
arabisch: Berg	DJEBEL
Araliengewächs	FATSIE
arbeiten	WERKEN
Arbeits-, Fachgebiet	SPARTE
arbeitsam	TAETIG
Arbeitsentgelt	GEHALT
Arbeitskamerad im Bergbau	KUMPEL

Clue	Answer
Arbeitskleidung	KITTEL
Arbeitsleistung	DIENST
Arbeitsniederlegung, Ausstand	STREIK
Arbeitsnorm	AKKORD
Arbeitsumfang	PENSUM
Arbeitsweise, Methode	SYSTEM
Archiv, Aktei	ABLAGE
argentin. Fluß	CHUBUT
argentin. Grassteppe	PAMPAS
argentin. Physiker (Nobelpreis)	LELOIR
argentin. Schriftsteller	BORGES
argentin. Schriftsteller	MARMOL
argentin. Stadt	ARENAS
argentin. Stadt	PARANA
argentin. Stadt am Rio Negro	VIEDMA
Arglist, Verschlagenheit	TUECKE
Argonaut, Gefährte des Jason	PELEUS
Arktisbewohner	ESKIMO
arktisch. Sturmvogel	FULMAR
arktisch. Volk	LAPPEN
Armbrustgeschoß	BOLZEN
Armee, Heer	TRUPPE
armenisch. Berg	ARARAT
armenische Hauptstadt	ERIWAN
armenischer Priester	MULLAH
armseliges Haus	HUETTE
Aronstabgewächs	KALMUS
Arrest	KARZER
Artischocke (botan.)	CYNARA
Artistenbühne	ZIRKUS
Art und Weise	FASSON
Art und Weise	MANIER
Artusritter	MERLIN
Arzneibehälter	KAPSEL
Arzneiform	DRAGEE
Arzneimischung	MIXTUR
Arzneipflanze	AKELEI
Arzneipflanze	ARNIKA
Arzneipflanze	ATTICH
Arzneipflanze	KALMUS
Arzt am byzantinischen Hof	AETIOS
Arztbesuch, Krankenbesuch	VISITE
Asbestart	AMIANT
Asiat	MALAYE
asiat. Filzmütze	KALPAK
asiat. Fluß	GHAGRA
asiat. Fluß	OMOLON
asiat. Gebirge	ALATAU
asiat. Halbesel	ONAGER
asiat. Halbinsel	MALAYA
asiat. Hauptstadt	ANKARA
asiat. Hauptstadt	BAGDAD
asiat. Hauptstadt	KUWAIT
asiat. Hauptstadt	MANILA
asiat. Hauptstadt	PEKING
asiat. Hauptstadt	RANGUN
asiat. Hauptstadt	TAIPEH
asiat. Hirschart	SAMBAR
asiat. Inselstaat	TAIWAN
asiat. Reitervolk	AWAREN
asiat. Sprachfamilie	UGRIER
asiat. Staat	ISRAEL
asiat. Staat	KUWAIT
asiat. Volk, Volksgruppe	KURDEN
asiat. Volk, Volksgruppe	MANOTO
asiat. Volk, Volksgruppe	HINDUS
asiat. Volksgruppe	SARTEN
asiat. Wolfsmilchgewächs	KROTON
Aspik, Fleisch in Gallert	SUELZE
assistieren	HELFEN
assyr. Gottheit	DAMUZI
assyr. König	SARGON
astronom. Koordinate	AZIMUT
Asyl, Herberge	OBDACH
Atelier, Künstlerwerkstatt	STUDIO
athenisch. Feldherr	NIKIAS
athenisch. Göttin	ATHENE
Atlantikinsel	IRLAND
Atlantik-Inselgruppe	AZOREN
Atoll im Pazifik	BIKINI
Atomkernverschmelzung	FUSION
Atomreaktor	MEILER
Atom-Variante	ISOTOP
attisches Kap	SUNION
Aufbau eines Tonstücks	FAKTUR
aufbegehren	MUCKEN
aufbegehren	MURREN
aufbegehrend	KIEBIG
aufbewahren	LAGERN
aufbringen	KAPERN
auf das Atom bezogen	ATOMAR
Aufdecken der Kartenblätter	TAILLE
auf die Haut bezüglich	DERMAL

Clue	Answer
auf diesem	DARAUF
auf diese Weise	DERART
auf die Sterne bezogen	ASTRAL
auf die Venen bezüglich	VENOES
aufdringlich	DREIST
Aufforderung	APPELL
aufgebracht	ERREGT
aufgenähter Kleiderschmuck	BESATZ
Aufgeschichtetes	HAUFEN
Aufgeschichtetes	STAPEL
aufgeweckt	MUNTER
auf Halde entleeren	KIPPEN
Auflauf, Getümmel	TUMULT
Aufnahmeraum, Senderaum	STUDIO
aufräumen	ORDNEN
auf Rechnung	ACONTO
aufrecht	GERADE
Aufregung, Besorgtheit	UNRUHE
Aufriß, Entwurf	SKIZZE
Aufrührer, Aufsässiger	REBELL
Aufruf	APPELL
Aufruhr, Durcheinander	TUMULT
Aufschlag an Kleidungsstücken	KREMPE
Aufschlag an Kleidungsstücken	STULPE
Aufschub	INDULT
Aufsichtführender	ORDNER
aufspüren	FINDEN
Auftakt	ANFANG
Auftakt	BEGINN
Auftrag	MANDAT
Auftraggeber	KLIENT
Auftragsrückbuchung	STORNO
aufwärts	HERAUF
aufwärts	HINAUF
Aufwand	KOSTEN
Aufwand, Prunk	PRACHT
Aufwandsentschädigung	SPESEN
Augenblick	MOMENT
augenblicklich, umgehend	SOFORT
augenblicklicher Zustand	STATUS
Augenglas	BRILLE
Augenhornhaut	KORNEA
Augenlinse am optischen Gerät	OKULAR
Augennaß	TRAENE
Augsburger Kaufherrngeschlecht	FUGGER
Augsburger Kaufherrngeschlecht	WELSER
Augsburger Kupfersterscher	KILIAN
Aula	VORHOF
Aurikel, Schlüsselblume	PRIMEL
Ausbeute	ERTRAG
Ausbeute, Ertrag	PROFIT
ausbilden	LEHREN
Ausbilder	LEHRER
ausborgen	LEIHEN
ausborgen	PUMPEN
Ausdauer	GEDULD
Ausdehnung	BREITE
Ausdehnung	LAENGE
aus diesem	DARAUS
ausdrücklich	BETONT
Auseinandersetzung	STREIT
aus Eisen	EISERN
aus Esche	ESCHEN
aus Felsgestein	FELSIG
Ausflug	PARTIE
ausfransen	FASERN
Ausfuhr	EXPORT
Ausfuhrprämie	BOUNTY
Ausgang	EXITUS
Ausgangspunkt	ANFANG
Ausgangspunkt	QUELLE
ausgebackene Kartoffeln	POMMES
Ausgebaggertes	AUSHUB
ausgefüllt	MASSIV
ausgelassener Speckwürfel	GRIEBE
ausgeliehenes Geld	KREDIT
ausgerottetes Steppenzebra	QUAGGA
ausgeruht	ERHOLT
ausgesetztes Kind	FINDEL
Ausgestaltung	AUSBAU
ausgestorbene. Elefant	MAMMUT
ausgestorbene. Taubenvogel	DRONTE
ausgestorbenes europ. Wildpferd	TARPAN
Ausgußrohr, Kannenschnabel	TUELLE
Aushang	PLAKAT
Aushebegerät	BAGGER
Auskleidung	FUTTER
ausländ. Zahlungsmittel	DEVISE
ausländische Währung	VALUTA
ausländische Währungen	SORTEN
Auslagen	KOSTEN
Auslagen, Unkosten	SPESEN
auslegen	DEUTEN
Ausleger, Erklärer	EXEGET
Auslegung	LESART
auslöschen, beseitigen	TILGEN

auslösende Ursache	ANLASS
Ausmuldung	BECKEN
Ausrüstung (engl.)	OUTFIT
ausruhen, pausieren	RASTEN
Aussage	ANGABE
Aussageerhärtung	SCHWUR
Ausschankgefäß	SIPHON
Ausschreitung	EXZESS
ausschütten	LEEREN
Ausschweifung	ASOTIE
Ausschweifung	EXZESS
außen entstehend	EXOGEN
Außenstände	AKTIVA
Außenteil des Buches	DECKEL
außeramtlich, nicht öffentlich	PRIVAT
außerdem	FERNER
Ausspruch	BONMOT
Ausspruch	DIKTUM
Ausstellungsgebäude	MUSEUM
Ausstoß (engl.)	OUTPUT
Ausströmen	ERGUSS
austral. Beuteltier	WOMBAT
austral. Fluß	BARCOO
austral. Hafenstadt	CAIRNS
austral. Inselgruppe	TORRES
austral. Laufvogel	KASUAR
austral. Mediziner (Nobelpreis)	BURNET
austral. Mediziner (Nobelpreis)	FLOREY
austral. Physiologe (Nobelpreis)	ECCLES
austral. Straußenvogel	KASUAR
austral. Wüstenechse	MOLOCH
Austrittsstelle	QUELLE
Ausübung, Tätigkeit	PRAXIS
Ausübung befohlener Tätigkeit	DIENST
auswärtig, auswärts	EXTERN
Auswahl, Überblick	DIGEST
ausweichend	EVASIV
Auswurf	DEJEKT
Auswurf (mediz.)	SPUTUM
Auszeichnung	EHRUNG
auszubildender Soldat	REKRUT
Auszug	EXODUS
aus 2 Einheiten bestehend	BINAER
Autoeinstellraum	GARAGE
automatische Bewegung	REFLEX
Autorennstrecke	LEMANS
Autorenschutzverband	VGWORT
Autorin von »Das Wunschkind«	SEIDEL
Autor von »Amphitryon«	KLEIST
Autor von »Bellum Gallicum«	CAESAR
Autor von »Cesar«	PAGNOL
Autor von »Clavigo«	GOETHE
Autor von »Das Buch von San Michele«	MUNTHE
Autor von »Der Gallische Krieg«	CAESAR
Autor von »Der Prinz von Homburg«	KLEIST
Autor von »Die ehrbare Dirne«	SARTRE
Autor von »Die Fliegen«	SARTRE
Autor von »Don Juan und Faust«	GRABBE
Autor von »Egmont«	GOETHE
Autor von »Ein Glas Wasser«	SCRIBE
Autor von »Fanny«	PAGNOL
Autor von »Faust«	GOETHE
Autor von »Feuerzangenbowle«	SPOERL
Autor von »Hannibal«	GRABBE
Autor von »Hermann und Dorothea«	GOETHE
Autor von »Hunger«	HAMSUN
Autor von »Iphigenie«, »Iph. in Aulis«	GOETHE
Autor von »Judith«	HEBBEL
Autor von »Lederstrumpf«	COOPER
Autor von »Liliom«	MOLNAR
Autor von »Marius«	PAGNOL
Autor von »Michael Kohlhaas«	KLEIST
Autor von »Penthesilea«	KLEIST
Autor von »Phaedra«	RACINE
Autor von »Stella«	GOETHE
Autor von »Torquato Tasso«	GOETHE
Autor von »Wilhelm Meisters Lehrjahre«	GOETHE
Autor von "Die Zitadelle"	CRONIN
Autosternfahrt	RALLYE
Avantgarde	SPITZE
Avantgarde, Truppenspitze	VORHUT
Azoreninsel	FLORES
babylon. Gott der Totenwelt	NERGAL
babylon. Gottheit	MOLOCH
babylon. Schöpfergott	MARDUK
babylon. Sturmdämon	LILITH

Clue	Answer
babylon. Urgottheit	TIAMAT
Backenbart	FAVORI
Backstein, Baumaterial	ZIEGEL
Backwerk	BREZEL
Backwerk	KUCHEN
Badeort, Kurort in Pommern	DARGUN
Badeort im Glatzer Bergland	KUDOWA
Badeort in Pommern	CAMMIN
Badeort in Pommern	LUBMIN
Badezelle	KABINE
badisch. Rhein-Zufluß	KINZIG
badisch. Rhein-Zufluß	WUTACH
Bärenhüter (astronom.)	BOOTES
Bahama-Insel	ANDROS
Bahama-Inselgruppe	CAICOS
bahnen	SPUREN
Bahnsteig	PERRON
Balancestange	PERCHE
bald, früh	ZEITIG
balgen, raufen	RINGEN
balgen, ringen	RAUFEN
Balkanbewohner	KROATE
Balkanhauptstadt	TIRANA
Balkonpflanze	AZALEE
Balkonpflanze	RESEDA
Balkonpflanze	ZINNIE
Balkonpflanze, Gilbkraut	RESEDA
Ballettschülerin	ELEVIN
Ballett v. Hindemith	DAEMON
Ballett v. von Delibes	SYLVIA
Ballett von Henze	UNDINE
Ballett von Ravel	BOLERO
Ballett von Satie	PARADE
Ballspiel	TENNIS
Balsamharz	MYRRHE
Baltisches Meer	OSTSEE
baltisches Volk	LETTEN
Band	FESSEL
Bande	CLIQUE
Bange	FURCHT
Banknote	SCHEIN
Bankrott, Ruin	PLEITE
Banner	PANIER
Bantunegerstamm	BATEKE
Bantustämme	BASUTO
Bantustamm in Namibia	OVAMBO
Bantustamm in Uganda	WAHUTU
Bantustamm in Zaire	BALUBA
Bantuvolk	SCHONA
Bantuvolk in Mosambik	TSONGA
Barabzug	DAMNUM
Barke, Kahn	NACHEN
barmherzig	GUETIG
Barre, Absperrung	RIEGEL
Barre, langer Stock	STANGE
barsch	BRUESK
Barttracht	FRAESE
Barzahlungsnachlaß	SKONTO
Base	KUSINE
Basilisk	LEGUAN
Basis, Fundament	SOCKEL
baskische Hafenstadt	BILBAO
baskisches Ballspiel	PELOTA
Basse	KEILER
Bassin	BECKEN
Bastion	BASTEI
bauchiges Langhalsgefäß	PHIOLE
bauchiges Weinglas	ROEMER
Bauchpilz	BOVIST
Bauernfänger	GAUNER
Bauernhof, kleines Dorf	WEILER
baufällig	MORSCH
Bauhandwerker	GLASER
Bauhandwerker	MAURER
Bauholz	BALKEN
Baumart	FICHTE
Baumaschine	BAGGER
Baumeidechse	LEGUAN
Baumfrucht	EICHEL
Baumspitze	WIPFEL
Baumwollgewebe	CHINTZ
Baumwollgewebe	COTTON
Baumwollgewebe	KALIKO
Baumwollgewebe	KATTUN
Baumwollsamt	VELVET
Baustein	QUADER
Baustoff, Baumaterial	ZEMENT
bayer. Donau-Zufluß	MINDEL
bayer. Politiker, Staatsmann	GOPPEL
bayer. Stadt am Regen	RODING
bayer. Stadt an d. Donau	NEUULM
bayer. Stadt an der Amper	DACHAU
bayer. Stadt an der Sempt	ERDING
bayer. Stadt an der Waldnaab	WEIDEN
bayer. Stadt im Bodensee	LINDAU
beabsichtigen, anstreben	WOLLEN
beabsichtigen, entwerfen	PLANEN
Beamter im alten Rom	CENSOR
Beamter im alten Rom	CONSUL
Beamter im alten Rom	TRIBUN

beanstanden, maßregeln	RUEGEN
Beanstandung	KRITIK
beaufsichtigen	HUETEN
Becken	ZIMBEL
Becken, flaches Gefäß	SCHALE
Becken (mediz.)	PELVIS
Bedarf	MANGEL
bedauerlicherweise	LEIDER
Bedeckung	GELEIT
bedenklich, übel	MULMIG
Bedienstetentracht	LIVREE
Bedrohung	GEFAHR
bedrucktes Musselingewebe	MADRAS
Bedürfnis	MANGEL
Beduinenmantel	BURNUS
beeinträchtigen	HEMMEN
beendet	FERTIG
beendet, vergangen	VORBEI
Befestigung für Schiffstaue	KLAMPE
Befestigungsmittel	DUEBEL
Befestigungsmittel	KLEMME
Befeurer	HEIZER
beflissen	EIFRIG
Beförderungsgebühr	FRACHT
befreien, bergen	RETTEN
Befreier	RETTER
Befugnis	LIZENZ
Begabung	ANLAGE
Begabung, Fähigkeit	TALENT
begehrlich	GIERIG
Begeisterung	FURORE
Beginn	ANFANG
Beginn d. islam. Zeitrechnung	HEGIRA
Beginn einer Leistung	ANLAUF
Beglaubigung	DIPLOM
begleichen, entrichten	ZAHLEN
Begleiter v. Jason	KASTOR
Begleiter von Sherlock Holmes	WATSON
Begleitung	GELEIT
Begnadigung	PARDON
begründend	KAUSAL
Begründer d. Mengenlehre	CANTOR
behaarte Baumfrucht	QUITTE
behaarte Bienen-Gattung	HUMMEL
Behälter	BECKEN
Behälter	BEUTEL
behaglich	BEQUEM
behindern	HEMMEN
Beiboot	KUTTER
Beiboot, Begleitschiff	TENDER
Beifahrer, Fahrgast	SOZIUS
Beifügung	ZUSATZ
Beifuß	DRAGON
Beigebrachtes, Sacheinlage	APPORT
Beigefügtes	ANLAGE
beinahe	NAHEZU
Beiname Achills	PELIDE
Beiname der Artemis	PHOEBE
Beiname der Athene	PALLAS
Beiname der Juno	MONETA
Beinhaus	KERNER
Beischlaf	KOITUS
Beispiel	MODELL
Beispiel	MUSTER
beißwütig	BISSIG
Beistand	HELFER
beistehen	HELFEN
Beiwagen	TENDER
bejahende Kopfbewegung	NICKEN
bekannt, offenkundig	PUBLIK
Bekleidungsstück	GEWAND
Bekleidungsstück	SCHURZ
Beklemmung	FURCHT
bekömmlich	GESUND
bekömmlich	LABEND
Beköstigung	MENAGE
Bekräftigung	SIEGEL
Belastungsberechnung	STATIK
Belegplatte	FLIESE
belegtes Brot	CANAPE
Beleidigung	INSULT
belg. Autorennstrecke	ZOLDER
belg. Chemiker (Soda)	SOLVAY
belg. Fluggesellschaft	SABENA
belg. König	ALBERT
belg. Königsschloß	LAEKEN
belg. Komponist	BENOIT
belg. Komponist	DUPUIS
belg. Komponist	FRANCK
belg. Maas-Zufluß	OURTHE
belg. Mediziner (Nobelpreis)	CLAUDE
belg. Schelde-Zufluß	DENDER
belg. Stadt an der Dyle	LOEWEN
belg. Stadt an der Maas	DINANT
belg. Stadt in Brabant	LOEWEN
belg. Volksgruppe	FLAMEN
benachrichtigen	MELDEN
benässen	NETZEN
Benediktinerabtei an der Donau	BEURON
Benehmen	MANIER
Bengel	FLEGEL
Bengel	KNIRPS

Clue	Answer
Benötigtes	BEDARF
bequem	KOMMOD
bequeme Sitzgelegenheit	SESSEL
Berber	KABYLE
berechtigt	BEFUGT
Bereich	GEBIET
Bereich, Fachgebiet	SEKTOR
Bereich, Gegend	REGION
Bergarbeiter	MINEUR
Bergbahn	AUFZUG
Bergdurchstich	TUNNEL
Bergfried	DONJON
Berggasthof	HUETTE
Berg im Berner Oberland	MOENCH
Berg im Böhmerwald	RACHEL
Berg im Kaukasus	KASBEK
Berg im nepales. Himalaja	MAKALU
Berg im Riesengebirge	KYNAST
Berg im Schwarzwald	KANDEL
Berg in den Urner Alpen	TITLIS
Berg in Montenegro	LOVCEN
Berg in Schlesien	ZOBTEN
Bergkristall	MORION
Bergkristall	ZITRIN
bergmänn. Begriff	MUTUNG
bergmänn. Verfahren	SCHURF
Bergmann	KNAPPE
Bergmann	KUMPEL
Bergspitze	GIPFEL
Bergwohlverleih	ARNIKA
Bericht	REPORT
Berittener	REITER
berittener amerikan. Polizist	RANGER
Berliner Baumeister	MESSEL
Berliner Chemiker	ACHARD
Berliner impress. Maler, Zeichner	KOENIG
Berliner Operettenkomponist	LINCKE
Berliner Promenade	KUDAMM
Berliner Spezialität	WEISSE
Berliner Stadtteil	MOABIT
Berliner Stadtteil, Verwaltungsbez.	PANKOW
berühmter Diamant	REGENT
berühmter ital. Tenor	CARUSO
Beruf	METIER
Berufstätigkeit	ARBEIT
Berufsverband	INNUNG
Besatz	FRANSE
beschädigt	DEFEKT
Beschädigung	DEFEKT
Bescheinigung	ATTEST
Bescheinigung, Zeugnis	TESTAT
Beschimpfung	INSULT
beschlagen	KUNDIG
beschützen	HUETEN
Beschwerde	LEIDEN
Beschwerlichkeit	BUERDE
besetzt	BELEGT
Besitzer	EIGNER
Besitzwerte	AKTIVA
Besoldung, Arbeitsentgelt	SALAER
besonders	EIGENS
bessarab. Donau-Zufluß	JALPUG
beständig, anhaltend	STETIG
Bestätigung	ATTEST
Bestätigung	PLACET
Bestallungsurkunde	BREVET
Bestandteil des Magensaftes	PEPSIN
Besteckteil	MESSER
bestellter Klatscher	CLAQUE
bestialisch	BRUTAL
Bestie, Monstrum	UNTIER
bestimmte Menge	ANZAHL
bestimmte Menge	PARTIE
bestimmte Menge	POSTEN
bestimmter Zeitpunkt	MOMENT
bestimmter Zeitpunkt	TERMIN
Bestimmung, Verordnung	STATUT
Bestleistung	REKORD
bestrafen	AHNDEN
Besuch	VISITE
Besucher	GAESTE
Betäubungsmittel	AETHER
Betäubungsmittel	KOKAIN
Betonung	AKZENT
Betonungszeichen	AKZENT
Betonungszeichen	GRAVIS
Betrachtungsweise	ASPEKT
Betreff, Wichtigkeit	BELANG
Betreuung	PFLEGE
Betrüger	GAUNER
Betrunkenheit	RAUSCH
Beugemuskel	FLEXER
Beugemuskel d. Oberarms	BIZEPS
beugen, kauern	DUCKEN
Beurkundung, Bezeugung	TESTAT
beurteilen	WERTEN
Beurteiler	ZENSOR
Beurteilung	KRITIK
Beutel, Handgepäck	TASCHE
Beuteltier	KUSKUS

bevollmächtigt	BEFUGT	Bezirk, Teilgebiet	SEKTOR	biblisch. Prophet	JESAJA	Bildwerk aus Steinchen	MOSAIK
Bewacher des Nibelungenhorts	FAFNER	Bezirk d. Deutschen Ordens	BALLEI	biblisch. Prophet	OBADJA	Billet, Eintrittskarte	TICKET
Bewachung, Obhut	SCHUTZ	Bezwinger, Gewinner	SIEGER	biblisch. Stadt	BETHEL	Bindegewebsgeschwulst	SARKOM
bewährt, erprobt	PROBAT	Bibelwort	LOSUNG	biblische Frauengestalt	ISEBEL	binden	KNOTEN
bewandert	KUNDIG	Biberratte	NUTRIA	biblische Gestalt	HENOCH	Bindfaden	SPAGAT
Beweggrund	ANLASS	bibl. Landschaft	GILEAD	biblische Landschaft	KANAAN	Bindfaden, gedrehtes Band	SCHNUR
Beweggrund (philos.)	MOVENS	bibl. Prophet	NATHAN	biblischer Monatsname	TEBETH	Bischofssprengel	BISTUM
bewegliche Plastik	MOBILE	bibl. Prophetin	MIRJAM	biblischer Ort in Judäa	EMMAUS	Bischofsversammlung	KONZIL
bewegliches Fest	OSTERN	bibl. Richter u. Prophet	SAMUEL	biblische Stadt	HEBRON	bis jetzt	BISHER
bewegliche Verbindung	GELENK	bibl. Stadt bei Nablus	SICHEM	biblische Stadt in Palästina	GIBEON	Bissen	HAPPEN
Bewegungsgröße	IMPULS	biblisch. Fluß	JORDAN	Bienenkönigin	WEISEL	Bitte, Anliegen	WUNSCH
Bewegungsorgan	MUSKEL	biblisch. Gebirgszug	KARMEL	Biergefäß	SEIDEL	bitter, verbittert	GALLIG
Bewegungsstörung	ATAXIE	biblisch. Gewicht	TALENT	Biergefäß	STANGE	Bittschrift	GESUCH
Bewilligung	LIZENZ	biblisch. Götze	BELIAL	Bier herstellen	BRAUEN	Bittsteller	PETENT
Bewilligung	PLAZET	biblisch. Hügel	HERMON	Bierhersteller	BRAUER	biwakieren	LAGERN
Bewilligung, Einverständnis	ZUSAGE	biblisch. Jäger	NIMROD	Bierstadt in Böhmen	PILSEN	Blähung	FLATUS
Bez. f. d. niederländ. Gulden	FLORIN	biblisch. König	SALLUM	Bierwürze	HOPFEN	Bläschenflechte	HERPES
Bezahlung	KOSTEN	biblisch. Land, Landschaft	ISRAEL	Biesfliege	DASSEL	Blätterkelch	BECHER
bezeichnen	NENNEN	biblisch. Land, Landschaft	JUDAEA	Bildeinfassung	RAHMEN	blasen	PUSTEN
Beziehungspunkt	ANHALT	biblisch. Name Gottes	ADONAI	bilden	FORMEN	Blasenmole	WINDEI
Bezirk, Gau	REGION	biblisch. Prophet	BARUCH	bildende Kunst	GRAFIK	Blasinstrument	PFEIFE
Bezirk, Gebiet	REVIER	biblisch. Prophet	DANIEL	Bildgeschichten	COMICS	Blasinstrument	ZINKEN
		biblisch. Prophet	HAGGAI	Bildhauerporträt	BUESTE	blaß	BLEICH
		biblisch. Prophet	ISAIAS	Bild ländl. Friedens	IDYLLE	Blatt-, Münzrückseite	REVERS
				Bildloch der Kamera	BLENDE	Blatten	FIEPEN
				Bildung	KULTUR	Blattern	POCKEN
				Bildungsstand	NIVEAU	Blattgemüse	SPINAT
						Blattlaushonig	MELTAU
						blaue Farbe	INDIGO

blauer Korund	SAPHIR	blutsaugende Fliege	BREMSE	Böschung	ABHANG	boshafte Äußerung	MALICE
blauer Teerfarbstoff	AZURIN	Blutschande	INZEST	böser Geist	DAEMON	boshafte Gesinnung	TUECKE
Bleichsandboden	PODSOL	Blutschwamm	ANGIOM	böser Mensch	UNHOLD	Bosheit	MALICE
Bleisiegel	PLOMBE	Blutsverwandter	KOGNAT	böswillige Täuschung	BETRUG	Bosheit, Hinterlist	TUECKE
Bleiverschluß	PLOMBE	Blut vergießen	BLUTEN	Böttcher	KUEFER	botan. Anlage	GARTEN
Blinddarm	ZAEKUM	Blutvergiftung, Wundinfektion	SEPSIS	Bogengang	ARKADE	Bote, Verkünder	HEROLD
Blinddarm	ZOEKUM			Bogenhalle	LOGGIA	Bottich	KUEBEL
Blinddarm (mediz.)	COECUM	Blutwasser	PLASMA	Bogenreihe auf Säulen	ARKADE	Boxhieb	GERADE
blinder Sohn Wotans	HOEDUR	Bockkäferart	WIDDER	Bogenschütze	BOGNER	Boxhieb	RECHTE
		Bockkäfergattung	OBEREA	Bohle	PLANKE	Branche, Abteilung	SPARTE
Blindschacht	GESENK			Bohrschnecke d. Meere	NERITA	brandenb. Stadt am Nottekanal	ZOSSEN
blitzschnell	RAPIDE	Boden, Bodenart	MERGEL				
Block	KLOBEN	Bodenbearbeitungsgerät	FRAESE	Bohrschnecke der Meere	NATICA	brandenb. Stadt am Oderbruch	SEELOW
blöd	ALBERN						
blöd, geistig beschränkt	STUPID	Bodenorgan der Pflanzen	WURZEL	bolivian. Andengipfel	SAJAMA	brandenb. Zisterzienserkloster	LEHNIN
bloß, allein	EINZIG	Bodenschatz	KUPFER	bolivian. Berg	SORATA	brandenburg. Stadt	LENZEN
blühend, voll entwickelt	FLORID	Bodenschatz	METALL	bolivian. Lasttier	ALPAKA		
		Bodenseeinsel	MAINAU	bolivian. Quellfluß des Madeira	MAMORE	brandenburg. Stadt a. d. Jägelitz	KYRITZ
Blütensaft	NEKTAR	Bodensenke	GRABEN				
Blütenstand	KOLBEN	böhm. Beraun-Zufluß	USLAWA	Bollwerk	BASTEI	brandenburg. Stadt an d. Eilang	REPPEN
Blütenstand	SPIRRE			Bombenflugzeug	BOMBER		
Blütenstand	TRAUBE	böhmischer Königsname	WENZEL	bombensicherer Raum	BUNKER	brandenburg. Stadt an d. Havel	KETZIN
Blütenstaub	POLLEN			Bomhart	POMMER		
Blüte vor der Öffnung	KNOSPE	Börsenkaufmann	MAKLER	Bonus, Zusatzleistung	ZUGABE	brandenburg. Stadt an der Ehle	LOBURG
Blumengebinde	FESTON	Börsenkaufmann	SENSAL	Bordeauxwein	GRAVES	brandenburg. Stadt an der Havel	WERDER
Blumenstrauß	BUKETT	Börsenmakler	BROKER	borgen	LEIHEN		
		Börsenpapier	VALEUR	borgen, Geld leihen	PUMPEN	Branntweinsorte	BRANDY
blusenartiger Frauenkittel	KASACK	Börsenspekulant	JOBBER	Borstenwurm	PALOLO	Branntweinsorte	ENZIAN
Blutflüssigkeit	PLASMA	bösartige Geschwulst	SARKOM	Borte, Kordel	SCHNUR	Branntweinsorte	KIRSCH

Clue	Answer
Branntweinsorte	KOGNAK
Branntweinsorte	LIKOER
Branntweinsorte	WHISKY
brasil. Mischling	CAFUSO
brasil. Paraná-Zufluß	IGUACU
brasil. Stadt am Amazonas	MACAPA
brasilian. Buschsteppe	CAMPOS
brasilian. Hafenstadt	CAMPOS
brasilian. Hafenstadt	ILHEUS
brasilian. Hafenstadt	MACEIO
brasilian. Hafenstadt	RECIFE
brasilian. Indianerstamm	TUKANO
brasilian. Rennfahrer	PIQUET
brasilian. Staat	PARANA
brasilian. Stadt am Itapairu	CAXIAS
brasilian. Stadt im Amazonasgebiet	MANAUS
Bratgefäß	PFANNE
Bratgefäß, Kasserolle	TIEGEL
Braunelle	GUNSEL
brauner Farbstoff	BISTER
brauner Jura	DOGGER
Braunkohleart	LIGNIT
Braunschweiger Dynastie	WELFEN
Baurückstand	TREBER
Brausebad	DUSCHE
Brautschau	FREITE
Brautwerber	FREIER
Brechreiz	NAUSEA
Brechwurzel	KUAHNA
breite Straße	AVENUE
Bremens Wahrzeichen	ROLAND
brennen	LODERN
Brenngas, Treibgas	PROPAN
brenzlig	HEIKEL
Bresche	LUECKE
Brettspiel	MUEHLE
Brettspiel	SCHACH
Briefumschlag	KUVERT
Briefverschluß	SIEGEL
brit. Choreograph	ASHTON
brit. Ingenieur (Dampfpflug)	FOWLER
brit. Prinzgemahl	PHILIP
brit. Schriftsteller	BARBER
britisch. Pazifik-Atoll	MALDEN
britisch. Sagenkönig	ARTHUR
britisch. Staatenbund	EMPIRE
brodeln	KOCHEN
brodeln, kochen	SIEDEN
Brodem, Kochdunst	WRASEN
Brötchen	SEMMEL
Brötchen	WECKEN
Bromeliengewächs	ANANAS
Bromsilber	BROMIT
Brosche, Kleiderschließe	SPANGE
Brotform	WECKEN
Brotgetreide	GERSTE
Brotgetreide	ROGGEN
Brotrinde	KRUSTE
Brotscheibe	STULLE
Bruch	KNACKS
Bruch, Kluft, Ritze	SPALTE
Bruch, Riß	SPRUNG
Bruder d. belgisch. Königs Baudouin	ALBERT
Bruder v. Baldur	HOEDUR
Bruder v. Hödur	BALDUR
Bruder v. Kriemhild	GERNOT
Bruder v. Pollux	CASTOR
Bruder von Castor	POLLUX
Bruder von Isis	OSIRIS
brüchig	MORSCH
brüchig	MUERBE
brüsk	BARSCH
brütende Henne	GLUCKE
Brustfell, Rippenfell	PLEURA
Brustharnisch	THORAX
Brustkorb	THORAX
brutal, gewalttätig	RABIAT
Brutalität	GEWALT
Brutalität	ROHEIT
Bube im Kartenspiel	WENZEL
Buchaufbauskizze	LAYOUT
Buchbinderleinen	KALIKO
Buch d. Alten Testaments	BARUCH
Buch d. Alten Testaments	DANIEL
Buch d. Alten Testaments	ESTHER
Buch d. Alten Testaments	HAGGAI
Buch d. Alten Testaments	JESAJA
Buch d. Alten Testaments	JUDITH
Buch d. Alten Testaments	OBADJA
Buch d. Alten Testaments	SALOMO
Buch d. Alten Testaments	SAMUEL
Buch d. Neuen Testaments	MARKUS
Buch d. Neuen Testaments	PAULUS
Buch d. Pentateuch	NUMERI
Buchdruckerberuf	AETZER
Buchdruckerberuf	SETZER

Buchformat	DUODEZ	Büschel	BAUSCH	burgundische Frauenhaube	HENNIN	Charite	AGLAIA
Buchseite (lat.)	PAGINA	Bugflagge	GOESCH			chartern	LEASEN
		Bug-Zufluß	KODYMA	Burg von Theben	KADMEA	chartern	LEIHEN
Buchspalte, Abteilung	RUBRIK	Bug-Zufluß	LIWIEC	Buschkatze, Tigerkatze	SERVAL	chartern	MIETEN
						Chauffeur	LENKER
Buchungsberichtigung	STORNO	Bug-Zufluß	NURZEC			Chefdiener	BUTLER
		Buhne	KRIBBE	Buße, Genugtuung	SUEHNE	chem. Element, Alkalimetall	KALIUM
buddeln	GRABEN	bulgar. Donauzufluß	JANTRA	Buße, Vergeltung	STRAFE	chem. Element, Edelgas	HELIUM
Buddhas Lieblingsjünger	ANANDA	bulgar. Gebirge	BALKAN	buttern	KIRNEN	chem. Element, Edelmetall	PLATIN
buddhist. Tempel	PAGODE	bulgar.-griech. Fluß	STRUMA	byzant. Provinzstatthalter	EOARCH		
Budike, Butike	KNEIPE	bulgar. Schwarzmeerhafen	BURGAS	byzantin. Historiker (6. Jh.)	PROKOP	chem. Element, Edelmetall	SILBER
Bühne, Empore	PODIUM					chem. Element, Erdalkalimetall	RADIUM
Bühnenstück v. Giraudoux	JUDITH	bulgar. Stadt an d. Struma	PERNIK	byzantin. Kaiser	MANUEL		
Bühnenstück v. Halbe	JUGEND	Bundstein	BINDER	byzantin. Statthalter	EPARCH	chem. Element, Erdmetall	ERBIUM
Bühnenstück v. Hebbel	JUDITH	bunt	FARBIG	byzantinisch. Feldherr	NARSES	chem. Element, Erdmetall	NEODYM
Bühnenstück v. Molnar	LILIOM	Buntkupfererz	BORNIT	byzantinisch. Statthalter	EXARCH	chem. Element, Halbmetall	TELLUR
		Buntmetall	KUPFER				
Bühnenstück v. Pagnol	MARIUS	Burg an d. Mosel	COCHEM	byzantinische Kaiserin	EIRENE	chem. Element, Metall	INDIUM
Bühnenstück v. Schiller	FIESCO	Burg an d. Mosel	KOBERN	Caesalpinengewächs	KASSIA	chem. Element, Metall	KOBALT
Bühnenstück v. Shaw	HELDEN	Burg an der Lahn	RUNKEL	campen, campieren	ZELTEN	chem. Element, Metall	KUPFER
Bühnenstück von Giraudoux	UNDINE	Burg bei Göttingen	PLESSE	Campingöfchen	KOCHER	chem. Element, Metall	NICKEL
		Burgherr	RITTER	CDU-Politiker	BARZEL		
		Burg in Schlesien	KYNAST	CDU-Politiker (Gewerkschaften)	KAISER	chem. Element, Metall	TANTAL
Bühnenstück von Grillparzer	SAPPHO	burgund. Königreich	ARELAT				
Bühnenstück von Wilde	SALOME	Burgunderfürst	GERNOT	Chalzedon-Abart	JASPIS	chem. Element, Metall	WISMUT
Bürge	GARANT	Burgunderwein	BEAUNE	Charaktereigenschaft	GEDULD	chem. Element, Platinmetall	OSMIUM
bürgen	HAFTEN	Burgunderwein	MORGON				
Büro	KONTOR			charakterlos	GEMEIN		
Bürogerät	LOCHER						

chem. Element, Transuran	CURIUM
chem. Elementegruppe	METALL
Chemiefaser	AZETAT
Chemiefaser	DACRON
Chemiefaser	DIOLEN
Chemiefaser	DRALON
Chemiefaser	PERLON
chemisch. Lösungsmittel	AZETON
chemisch. Verbindung	DIOXID
chemisch. Verbindung	HYDRAT
chemische Verbindung	ALKALI
Chiffre, Nummer	ZIFFER
chilen. Fluß	BIOBIO
chilen. Goldmünze	CONDOR
chilen. Hafenstadt	HUASCO
chilen. Insel	CHILOE
chilen. Inselgruppe	CHONOS
chilen. Lyriker (Nobelpreis)	NERUDA
chilen. Provinz	BIOBIO
chilen. Provinz	CHILOE
chilen. Stadt in Antofagasta	TALTAL
chines. Dynastie	SANKUO
chines. Dynastie	TSCHOU
chines. Fluß	HWEIHO
chines. Gebirge	HINGAN
chines. Hafenstadt	ANTUNG
chines. Hauptstadt	PEKING
chines. Hausboot	SAMPAN
chines. Insel	QUEMOY
chines. Insel (Formosa)	TAIWAN
chines. Inselgruppe	NANSHA
chines. Politiker, Staatsmann	LIPENG
chines. Provinz	FUJIAN
chines. Provinz	SHANXI
chines. Provinz	YUNNAN
chines. Religionsstifter	LAOTSE
chines. Staatssprache	KAOYUE
chines. Stadt	HARBIN
chines. Stadt	HARBIN
chines. Stadt am Hwangho	TSINAN
chines. Stadt i. d. Mandschurei	HARBIN
chines. Stadt in Nanschan	SINING
chirurg. Nähfaden	CATGUT
chirurgisch. Nähfaden	KATGUT
Chorgitter	DOXALE
christl. Bevölkerung Ägyptens	KOPTEN
christl. Fest	OSTERN
christl. Herberge	HOSPIZ
Christwurz	GERMER
clever	LISTIG
Cocktail	COOLER
Cocktail	CRUSTA
Comic-Figur	BATMAN
Comic-Figur	HAEGAR
Computer-Datensicherung	BACKUP
Computersprache	MODULA
Computersprache	PASCAL
Conference	ANSAGE
Cousin, Geschwisterkind	VETTER
Dachdeckermaterial	SCHILF
Dachdeckermaterial	ZIEGEL
Dach der Mundhöhle	GAUMEN
Dachkammer, -raum	BUEHNE
Dachrinne	KANDEL
Dachrinne	TRAUFE
Dachshund	BASSET
Dachshund	DACKEL
Dachshund	TECKEL
Dachstuhlbalken	PFETTE
Dachstuhlbalken	SPARRE
dämlich	ALBERN
dämmen	STAUEN
dän. Asienforscher	BERING
dän. Astronom	ROEMER
dän. Autor (Nobelpreis)	JENSEN
dän. Botaniker	HANSEN
dän. Fährhafen	GEDSER
dän. Hafen auf Falster	GEDSER
dän. Hafen auf Fünen	NYBORG
dän. Hafenstadt	AARHUS
dän. Hafenstadt	ROENNE
dän. Hafenstadt auf Lolland	ROEDBY
dän. Herrschername	HARALD
dän. Herrschername	JOHANN
dän. Herrschername	MAGNUS
dän. Insel im Kattegat	ANHOLT
dän. Insel im Kattegat	LAESOE
dän. Insel im Kattegat	SAMSOE
dän. Kap auf Jütland	SKAGEN

Clue	Answer
dän. klassizist. Architekt	HANSEN
dän. Komponist	KLENAU
dän. Komponist	LASSEN
dän. Mathematiker	KROMAN
dän. Mediziner (Nobelpreis)	FINSEN
dän. Ostseeinsel	FUENEN
dän. Prinz	HAMLET
dän. Schriftsteller	LARSEN
dän. Schriftstellerin	BLIXEN
dän. Stadt	ALBORG
dän. Stadt am Großen Belt	NYBORG
dän. Stadt am Limfjord	LEMVIG
dän. Stadt auf Fünen	ODENSE
dän. Stadt auf Jütland	VIBORG
dalmatin. Hafenstadt	TROGIR
dalmatin. Insel	BRIONI
dalmatin. Insel	KORNAT
dalmatin. Insel	LOSINJ
Damara	HERERO
Damastgewebe	LAMPAS
Dampf	BRODEM
Dampfmaschinenteil	KOLBEN
Dampfmaschinenteil	REGLER
darbringen	OPFERN
Darlehen	KREDIT
Darmeinlauf	KLYSMA
Darmlymphe	CHYLUS
Darmsaite	CHORDA
Darmschleimhauthormon	CHOLIN
darreichen	BIETEN
Darsteller	AKTEUR
das da	DIESES
Dasselfliege	BREMSE
Datenausgabe	OUTPUT
Davids Frau	MICHAL
Davids Sohn, israel. König	SALOMO
Deckblatt	TEKTUR
Decke im Grubenbau	FIRSTE
Deckelbehälter	KASTEN
Deckengewölbe	KUPPEL
Defekt	FEHLER
defekt	KAPUTT
Defekt	MANGEL
Defensive	ABWEHR
Degen, Glockenschläger	RAPIER
Degen d. Stierkämpfer	ESPADA
dehnen	WEITEN
deklinieren	BEUGEN
Dekor, Schmuck	ZIERAT
dekorieren, schmücken	ZIEREN
delikat	HEIKEL
delikat	LECKER
Delikatesse	GENUSS
Delinquent	TAETER
Delphinart	BELUGA
Delphinart	NARWAL
Denken, Erkennen	NOESIS
Denkfehler	IRRTUM
Denklehre	NOETIK
Denkspruch	DEVISE
Denkzentrum	GEHIRN
Denkzettel, Züchtigung	STRAFE
den Weg ebnen	BAHNEN
Departement i. d. Normandie	MANCHE
Departement in Kolumbien	NARINO
Departement in Kolumbien	TOLIMA
Departement in Kolumbien	VAUPES
Depot für Wertsachen	TRESOR
derartige	SOLCHE
derb	ROBUST
derbhaariger Jagdhund	BRACKE
der da	DIESER
der folgende Tag	MORGEN
der weiße Sport	TENNIS
desgleichen	EBENSO
Desinfektionsmittel	KARBOL
Desinfektionsmittel	KRESOL
Desinfektionsmittel	PHENOL
Despot, Zwangsherrscher	TYRANN
Destillationsprodukt	GASOEL
deutlich machen	DARTUN
deutscher Pianist	KEMPFF
deutsch-ostafrik. schwarzer Soldat	ASKARI
dichter dabei	NAEHER
dichterisch: Diamant	DEMANT
dichterisch: ehrlich	LAUTER
dichterisch: Glanz	GLEISS
dichterisch: Kämpfer	KAEMPE
dichterisch: Kissen	PFUEHL
dichterisch: nie	NIMMER
dichterisch: Polster	PFUEHL
Dichtkunde	POETIK
Dichtkunst, Dichtung	POESIE
dick	MOPSIG
dicker Brei	PUEREE
dickflüssig	PASTOS
dickflüssig	SAEMIG
dickflüssig	SEIMIG

Dickkopf (Fisch)	DOEBEL	Distrikt von Nigeria	BIAFRA	Double	DOPPEL	Dressurübung	PESADE
dicklich	MOLLIG	dito	EBENSO	dozieren	LEHREN	dringende Seegefahr	SEENOT
dickschalige Zitrone	LIMONE	Dividendenschein	COUPON	Drahtbügel	KRAMPE	dringende Sendung	EILGUT
diebischer Vogel	ELSTER	Divisor	NENNER	Drahtgeflecht	RASTEL	Drogenabhängiger	JUNKIE
Diebshelfer	HEHLER	Divisor	TEILER	Drahtgeflecht, Schutzgitter	RASTEL	Drogenhändler	PUSHER
Diele	ENTREE	Dnjepr-Zufluß	SAMARA	drakonisch, unerbittlich	STRENG	drohendes Unheil	GEFAHR
Dienstgrad	CHARGE	dörren	DARREN	Drama v. Sudermann	HEIMAT	Droschke	FIAKER
Dienstkleidung	MONTUR	dösen, schlafen	PENNEN	Drama von Gutzkow	ACOSTA	Drossel, Verschlußklappe	VENTIL
Dienststelle	OFFICE	dokumentiert	BELEGT	Drama von Immermann	MERLIN	Druckabsatz	ALINEA
diesig	NEBLIG	Doldengewächs	ARALIE	Drama von Schnitzler	ANATOL	Druckbuchstabe	LETTER
diesjährig	HEURIG	Doldengewächs	KERBEL	Dramenteil	AUFZUG	Drucker-, Verlagszeichen	SIGNET
die Wirbelsäule betreffend	SPINAL	Dolle	BOLZEN	Drau-Zufluß	LAVANT	Druckfehler (Mehrz.)	ERRATA
Diffusion	OSMOSE	Domherr	PROPST	Drechsler	DREHER	Druckgitter, Liniengitter	RASTER
Diktat	ANSAGE	Dompfaff	GIMPEL	Drehbewegung	ROLLEN		
Dimension	BREITE	Donaubarsch	ZINGEL	Drehgriff	KURBEL		
Dimension	FORMAT	Donaulachs	HUCHEN	dreieckige Flagge	WIMPEL	Druckmaschine	PRESSE
Dimension	LAENGE	Donau-Zufluß	ABLACH	Dreiflüssestadt in Bayern	PASSAU	Drud, Drude	KOBOLD
Dimension, Ausdehnung	UMFANG	Don-Zufluß	BITJUG	Dreigespann	TROIKA	Drüsenabsonderung	EXKRET
Ding	OBJEKT	Don-Zufluß	TSCHIR	dreigliedrige Zahl	TRINOM	Drüsenabsonderung	SEKRET
Diözese	BISTUM	Doppel-Fahrrad	TANDEM	Dreiheit	TRIADE	Drüsengeschwulst	ADENOM
Diplomat	KONSUL	doppelgestaltig	BIFORM	Dreikäsehoch	KNIRPS		
diplomat. Eilbote	KURIER	Doppelpartie b. Whist o. Bridge	ROBBER	Dreiruderer	TRIERE	Drüsensaft	INKRET
diplomat. Geschäftsträger	ENVOYE	Doppelspieler	DOUBLE	drei Töne im Taktteil	TRIOLE	Drüsenwirkstoff	HORMON
dirigieren	LEITEN	Doppelstern	CASTOR	Drescherergebnis	DRUSCH	Dschungelheld	TARZAN
dirigieren	LENKEN	doppelt	DUPLEX	Dreschgerät	FLEGEL	dtsch. abstrakt. Maler	CAMARO
Disagio	ABGELD	doppelte Buchführung	DOPPIK	Dressurübung	LEVADE		
diskret	GEHEIM	doppeltkohlensaures Natrium	NATRON				
Distrikt	BEZIRK						
Distrikt	GEBIET	Dordogne-Zufluß	VEZERE				
Distrikt von Brunei	TUTONG	Dotter	EIGELB				

dtsch. abstrakt. Maler	CAVEL	dtsch. Autor u. Schauspieler	KROETZ	dtsch. Chemiker (Nobelpreis)	WITTIG	dtsch. Dichter (Göttinger Hain)	HOELTY
dtsch. abstrakt. Maler	GILLES	dtsch. Bariton	HOTTER	dtsch. Dichter	GEIBEL	dtsch. Dichterin, Schriftstellerin	LEFORT
dtsch. Adelstitel	FUERST	dtsch. Bariton	KUSCHE	dtsch. Dichter	GEORGE	dtsch. Dichterin, Schriftstellerin	SEIDEL
dtsch. Adelstitel	HERZOG	dtsch. Berlin-Politiker	REUTER	dtsch. Dichter, Dramatiker	HEBBEL	dtsch. Diktator	HITLER
dtsch. Admiral	HIPPER	dtsch. Bildhauer	FEHRLE	dtsch. Dichter, Schriftsteller	ANDRES	dtsch. Dirigent	JOCHUM
dtsch. Admiral	RAEDER	dtsch. Bildhauer	MARCKS	dtsch. Dichter, Schriftsteller	BECHER	dtsch. Dirigent	ROTHER
dtsch. Admiral im 1. Weltkr.	SCHEER	dtsch. Bildhauer	MATARE	dtsch. Dichter, Schriftsteller	BOERNE	dtsch. Dirigent	WALTER
dtsch. Afrikaforscher	ROHLFS	dtsch. Bildhauer (15. Jh.)	SYRLIN	dtsch. Dichter, Schriftsteller	BRANDT	dtsch. Dirigent und Pianist	BUELOW
dtsch. Afrikakolonialpolitiker	PETERS	dtsch. Bundeskanzler	ERHARD	dtsch. Dichter, Schriftsteller	BRECHT	dtsch. Dramatiker	BETHGE
dtsch.-amerikan. Philosoph	CARNAP	dtsch. Bundesland	BAYERN	dtsch. Dichter, Schriftsteller	GOETHE	dtsch. Dramatiker	FLATOW
dtsch. Arbeiterdichter	LERSCH	dtsch. Bundesland	BREMEN	dtsch. Dichter, Schriftsteller	GRABBE	dtsch. Eiskunstläuferin	KILIUS
dtsch. Architekt	BONATZ	dtsch. Bundesland	HESSEN	dtsch. Dichter, Schriftsteller	LOERKE	dtsch. Entertainerin	LEMPER
dtsch. Architekt	HOEGER	dtsch. Bundespräsident	LUEBKE	dtsch. Dichter, Schriftsteller	LUDWIG	dtsch. Erzähler	ALEXIS
dtsch. Architekt	SEMPER	dtsch. Bundespräsident	SCHEEL	dtsch. Dichter, Schriftsteller	SCHOLZ	dtsch. express. Dramatiker	KAISER
dtsch. Arzt (Magnetismus)	MESMER	dtsch. Chansonsängerin	KELLER	dtsch. Dichter, Schriftsteller	HERDER	dtsch. express. Maler, Grafiker	HECKEL
dtsch. Arzt und Dichter	KERNER	dtsch. Chemiker	BUNSEN	dtsch. Dichter, Theologe, Philosoph	KLEIST	dtsch. expressionist. Autor	TOLLER
dtsch. Astronom	BESSEL	dtsch. Chemiker	WERNER	dtsch. Dichter d. Aufklärung	FOUQUE	dtsch. expressionist. Maler	PANKOK
dtsch. Astronom	KEPLER	dtsch. Chemiker (Fleischextrakt)	LIEBIG	dtsch. Dichter der Romantik		dtsch. Feldherr, General	BUELOW
dtsch. Astronom (Planeten)	OLBERS	dtsch. Chemiker (Glastechnik)	SCHOTT			dtsch. Feldherr, General	ROMMEL
dtsch. Atomforscher	JORDAN	dtsch. Chemiker (Nobelpreis)	BAEYER				
dtsch. Autor (Sturm u. Drang)	HEINSE						

dtsch. Feldherr, General	SEECKT
dtsch. Finanztheoretiker	GESELL
dtsch. Flieger, Flugpionier	GRONAU
dtsch. Fluggesellschaft	CONDOR
dtsch. Fürstenhaus	WELFEN
dtsch. Fußballspieler	BINDER
dtsch. Fußballspieler	BREHME
dtsch. Fußballspieler	HALLER
dtsch. Fußballspieler	HARDER
dtsch. Fußballspieler	LIBUDA
dtsch. Fußballspieler	NETZER
dtsch. Fußballspieler	SEELER
dtsch. Fußballspieler	WALTER
dtsch. Fußballtrainer	CRAMER
dtsch. Fußballtrainer	LATTEK
dtsch. Geigenvirtuosin	MUTTER
dtsch. General, Heerführer	MOLTKE
dtsch. General, Heerführer	PAULUS
dtsch. Golfspieler	LANGER
dtsch. Hafenstadt	BREMEN
dtsch. Harmonikafabrikant	HOHNER
dtsch. Hauptstadt	BERLIN
dtsch. Historienmaler	PILOTY
dtsch. Historiker	HALLER
dtsch. Historiker	MARCKS
dtsch. Historiker	ONCKEN
dtsch. Historiker (Nobelpreis)	QUIDDE
dtsch. Humanist, Dichter	CELTIS
dtsch. impressionist. Maler	ROHLFS
dtsch. Industrieller	HENKEL
dtsch. Industrieller (Lokomotiven)	BORSIG
dtsch. Ingenieur	MILLER
dtsch. Ingenieur (Fernsehen)	NIPKOW
dtsch. Jazzmusiker	FREUND
dtsch. Jazzmusiker, Dirigent	GREGER
dtsch. Kabarettist	HUESCH
dtsch. Kabarettist	MANGER
dtsch. Kabarettist	ROGLER
dtsch. Kabarettistin	HANCKE
dtsch. Kabarettistin, Schausp.	WIEDER
dtsch. Kaisergeschlecht	SALIER
dtsch. Kaisername	JOSEPH
dtsch. Kaisername, Königsname	KONRAD
dtsch. Kaisername, Königsname	LOTHAR
dtsch. Kaisername, Königsname	LUDWIG
dtsch. Kaisername, Königsname	RUDOLF
dtsch. Kaiserstadt	AACHEN
dtsch. Kardinal (Köln)	FRINGS
dtsch. Karikaturist	THOENY
dtsch. Karikaturist, Regisseur	LORIOT
dtsch. Kernphysiker	PLANCK
dtsch. Kernphysiker (Nobelpr.)	JENSEN
dtsch. Königsname	AUGUST
dtsch. Koloratursopran	BERGER
dtsch. Kompon. (DDR-Hymne)	EISLER
dtsch. Komponist	BIALAS
dtsch. Komponist	BORRIS
dtsch. Komponist	BRAHMS
dtsch. Komponist	GROTHE
dtsch. Komponist	HANELL
dtsch. Komponist	HILLER
dtsch. Komponist	JESSEL
dtsch. Komponist	KUHLAU
dtsch. Komponist	KUHNAU
dtsch. Komponist	LOTHAR
dtsch. Komponist	WAGNER
dtsch. Komponist u. Pianist	ALBERT
dtsch. Künstlerin	BACHEM
dtsch. liberaler Politiker	GAGERN
dtsch. Liederkomponist	ZELTER
dtsch. Liedermacher	WECKER
dtsch. Lokomotivenbauer	MAFFEI
dtsch. Lyriker	HUCHEL
dtsch. Lyriker	KROLOW
dtsch. Maler, Bildh. (15. Jh.)	PACHER
dtsch. Maler, Grafiker	DUERER
dtsch. Maler, Grafiker	KOBELL

Clue	Answer
dtsch. Maler, Grafiker	RETHEL
dtsch. Maler, Grafiker	WERNER
dtsch. Maler (Berlin, 19. Jh.)	MENZEL
dtsch. Maler in Rom	MAREES
dtsch. Mathematiker	CANTOR
dtsch. Mechaniker, Erfinder	HALSKE
dtsch. Mediziner (Nobelpreis)	DOMAGK
dtsch. Modeschöpfer	BOGNER
dtsch. Modeschöpferin	SANDER
dtsch. Motor-Erfinder	LANGEN
dtsch. Motorerfinder	WANKEL
dtsch. Name von Klaipeda	TILSIT
dtsch. Name von Tartu	DORPAT
dtsch. neuklassischer Dichter	PLATEN
dtsch.-österr. Adelstitel	RITTER
dtsch. Opernkomponist	DESSAU
dtsch. Opernkomponist	FLOTOW
dtsch. Ostseebad	BREEGE
dtsch. Ostseebad	REWAHL
dtsch. Ostseeinsel	RUEGEN
dtsch. Ostseelandschaft	ANGELN
dtsch. Parapsychologe	BENDER
dtsch. Pfarrer u. Naturarzt	KNEIPP
dtsch. Philologe, Pädagoge	HEBARD
dtsch. Philosoph	BAADER
dtsch. Philosoph	BAVINK
dtsch. Philosoph	BOEHME
dtsch. Philosoph	DACQUE
dtsch. Philosoph	PIEPER
dtsch. Philosoph, Psychol.	KLAGES
dtsch. Philosoph, Soziologe	ADORNO
dtsch. Philosoph des Idealismus	FICHTE
dtsch. Philosoph (Magier d. Nordens)	HAMANN
dtsch. Philosoph (Neukantianer)	NATORP
dtsch. Philosoph (Nobelpreis)	EUCKEN
dtsch. Philosoph (Pantheist)	KRAUSE
dtsch. Philosoph u. Soziologe	SIMMEL
dtsch. Philosoph und Soziologe	FREYER
dtsch. Physiker	MAGNUS
dtsch. Physiker	RITTER
dtsch. Physiker, Atomforscher	GEIGER
dtsch. Physiker, Chemiker (Nobelpr.)	NERNST
dtsch. Physiker (Nobelpreis)	FRANCK
dtsch. Physiker (Nobelpreis)	LENARD
dtsch. Physiker (Nobelpreis)	PLANCK
dtsch. Physiologe (Nobelpreis)	KOSSEL
dtsch. Pianist, Festspielleiter	FRANTZ
dtsch. polit. Publizistin	ARENDT
dtsch. Politiker (CDU)	HASSEL
dtsch. Politiker (CSU)	WAIGEL
dtsch. Politiker (FDP)	SCHEEL
dtsch. Politiker (Nobelpreis)	BRANDT
dtsch. Politiker (SPD)	WEHNER
dtsch.-poln. Grenzfluß	NEISSE
dtsch. Publizist	PECHEL
dtsch. Publizistin	BOVERI
dtsch. Raketenforscher	OBERTH
dtsch. Reformator	LUTHER
dtsch. Regisseur	ROLAND
dtsch. Regisseurin	TROTTA
dtsch. Reichskanzler	BUELOW
dtsch. Reichskanzler	LUTHER
dtsch. Reichsritter, Humanist	HUTTEN
dtsch. Revolutionär von 1848	HECKER
dtsch. Rundfunkpionier	BREDOW
dtsch.-russischer Astronom	STRUVE
dtsch. Sänger, Liedermacher	MAFFEI
dtsch. Sagenfigur, Sagenheld	ROLAND
dtsch. Schachweltmeister	LASKER
dtsch. Schauspieler	ALBERS
dtsch. Schauspieler	BALSER
dtsch. Schauspieler	BIRGEL

dtsch. Schauspieler	CLARIN	dtsch. Schauspieler	MOISSI	dtsch. Schauspielerin	KINSKI	dtsch. Schriftsteller	GAISER
dtsch. Schauspieler	DAHLKE	dtsch. Schauspieler	OHRNER	dtsch. Schauspielerin	MARKUS	dtsch. Schriftsteller	HUCHEL
dtsch. Schauspieler	DIESSL	dtsch. Schauspieler	PARYLA	dtsch. Schauspielerin	MATTES	dtsch. Schriftsteller	KASACK
dtsch. Schauspieler	DRACHE	dtsch. Schauspieler	PLATTE	dtsch. Schauspielerin	MEISEL	dtsch. Schriftsteller	KELLER
dtsch. Schauspieler	FERNAU	dtsch. Schauspieler	PREISS	dtsch. Schauspielerin	MEYSEL	dtsch. Schriftsteller	KESSEL
dtsch. Schauspieler	FROEBE	dtsch. Schauspieler	REMOND	dtsch. Schauspielerin	NEUBER	dtsch. Schriftsteller	KESTEN
dtsch. Schauspieler	GEORGE	dtsch. Schauspieler	STRACK	dtsch. Schauspielerin	PALMER	dtsch. Schriftsteller	KIRSCH
dtsch. Schauspieler	GILLER	dtsch. Schauspieler	WERNER	dtsch. Schauspielerin	PORTEN	dtsch. Schriftsteller	KUNERT
dtsch. Schauspieler	GRUNER	dtsch. Schauspieler	WIEMAN	dtsch. Schauspielerin	RETHEL	dtsch. Schriftsteller	SPOERL
dtsch. Schauspieler	HANSEN	dtsch. Schauspieler	WOLTER	dtsch. Schauspielerin	SEIDEL	dtsch. Schriftsteller	THIESS
dtsch. Schauspieler	JUHNKE	dtsch. Schauspieler	WUSSOW	dtsch. Schauspielerin	SOMMER	dtsch. Schriftsteller	WALSER
dtsch. Schauspieler	KINSKI	dtsch. Schauspielerfamilie	THIMIG	dtsch. Schauspielerin	TILLER	dtsch. Schriftstellerin	KARSCH
dtsch. Schauspieler	KRAUSS	dtsch. Schauspielerin	ANDREE	dtsch. Schauspielerin	WEIGEL	dtsch. Schriftstellerin	KIRSCH
dtsch. Schauspieler	LIEVEN	dtsch. Schauspielerin	BRUEHL	dtsch. Schauspielerin	WEISER	dtsch. Schriftstellerin	RINSER
dtsch. Schauspieler	LINGEN	dtsch. Schauspielerin	DORSCH	dtsch. Schauspielerin	WIMMER	dtsch. Showmaster	BIOLEK
dtsch. Schauspieler	LOHNER	dtsch. Schauspielerin	FEILER	dtsch. Schlagerkomponist	SIEGEL	dtsch. Sopranistin	KUPPER
dtsch. Schauspieler	LOTHAR	dtsch. Schauspielerin	GIEHSE	dtsch. Schlagersänger	ZANDER	dtsch. Sozialist	ENGELS
dtsch. Schauspieler	LOWITZ	dtsch. Schauspielerin	HARVEY	dtsch. Schriftst., Kunstsammler	SCHACK	dtsch. sozialist. Politikerin	ZETKIN
dtsch. Schauspieler	MARIAN	dtsch. Schauspielerin	HEUSER	dtsch. Schriftsteller	BENDER	dtsch. Soziologe	GEHLEN
dtsch. Schauspieler	MAURUS	dtsch. Schauspielerin	HORNEY			dtsch. spätgot. Baumeister	PARLER

Clue	Answer
dtsch. spätgot. Bildhauer	KRAFFT
dtsch. Spielkartenfarbe	EICHEL
dtsch. Stadt an der Rur	DUEREN
dtsch. symbolistischer Dichter	DEHMEL
dtsch. Tennisspieler	BECKER
dtsch. Tenor	SCHOCK
dtsch. Theaterregisseur	BARLOG
dtsch. Tierschriftsteller	EIPPER
dtsch. Volk	BAYERN
dtsch. Wiedertäufer	HUTTER
Duckmäuser	MUCKER
Düna-Zufluß	MESCHA
dünn, eng	SCHMAL
dünner Pfahl, Stab	STANGE
dünne Spiere	SPRIET
Duero-Zufluß	IREGUA
Duero-Zufluß	MARTIN
Duero-Zufluß	TORMES
dürres Zweigwerk	REISIG
Duft	BUKETT
Duft	GERUCH
Duft des Weines	BUKETT
duftende Blume, Pflanze	RESEDA
duftender Zierstrauch	JASMIN
dulden	LEIDEN
duldend	PASSIV
Dummheit	ESELEI
Dummkopf	DUSSEL
dunkler Glimmer	BIOTIT
dunstig	DIESIG
dunstig	NEBLIG
durchbohren	LOCHEN
Durchbruch (medizin.)	RUPTUR
Durcheinander	GEWIRR
Durchgangshindernis	SPERRE
durchgegliedert. Zusammenhang	SYSTEM
durchlässig, porig	POROES
Durchschnitt	MITTEL
durchzeichnen	PAUSEN
Dusche	BRAUSE
Dutt	KNOTEN
Dwina-Zufluß	PINEGA
e. Farm bewirtschaften	FARMEN
Ebenbild	ABBILD
Ebenholzharz	STYRAX
ebenso	GLEICH
Ebro-Zufluß	ARAGON
Ecke, Stubenecke	WINKEL
Eckstoß (engl.)	CORNER
Eckzähne bei Tieren	FAENGE
Eckzahn des Wildschweins	GEWEHR
ecuadorian. Vulkan	SANGAY
Edelkastanienfrucht	MARONE
Edelknabe	KNAPPE
Edelmann	RITTER
Edelrost	PATINA
Edelstein, Schmuckstein	ZIRKON
Edition, graph. Betrieb	VERLAG
EDV-Zwischenspeicher	BUFFER
Efeugewächs	ARALIE
Effektzwirn	BOUCLE
Ehefrau	GATTIN
ehelichen	FREIEN
Ehelosigkeit	AGAMIE
Ehelosigkeit	AZYGIE
ehem. Bundestrainer des DFB	SCHOEN
ehem. dtsch. Königreich	BAYERN
ehem. ital. Kolonie in Afrika	LIBYEN
ehem. Königreich in Spanien	ARAGON
ehem. König v. Saudi-Arabien	FAISAL
ehem. span. Kriegsflotte	ARMADA
ehem. südvietnames. Hptst.	SAIGON
ehem. ungar. Fußsoldat	PANDUR
ehemal. Reichsabtei bei Höxter	CORVEY
Ehemann	GEMAHL
ehem span. Staatschef	FRANCO
eher	LIEBER
eher, früher	VORHER
Eheschließung	HEIRAT
ehrbar	HONETT
Ehrenbrief	DIPLOM
Ehrenurkunde	DIPLOM
ehrenwert	BIEDER
ehrlos	GEMEIN
Eichmaß	ETALON
Eid, Gelöbnis	SCHWUR
Eidechse, Haftzeher	TOCKEE
Eidechsenfamilie	AGAMEN
Eier im Nest	GELEGE
Eifer	FLEISS
eifersüchtig sein	EIFERN
Eigelb	DOTTER
eigen	PROPER
Eigenbezeichnung des Eskimo	INNUIT
eigenes Staatsgebiet	INLAND
eigenhändig	SELBST
eigenständig	AUTARK
Eigentümer	EIGNER
Eigentum	BESITZ
Eigentumsdelikt	BETRUG
Eihaut	AMNION
Eilbote	KURIER

Clue	Answer
Eile, Geschwindigkeit	RASANZ
eilen	HASTEN
eilen	LAUFEN
eilen, hasten	RENNEN
eilig	HURTIG
Eimer	KUEBEL
einäugiger Riese d. griech. Sage	ZYKLOP
einarmiger Hebel	KURBEL
einbringen	BERGEN
eine d. Marshall-Inseln	MAJURO
eine der Gorgonen	MEDUSA
eine der Grazien	AGLAIA
eine der Horen	EIRENE
einen Vogel rupfen	FEDERN
einer d. Dioskuren	KASTOR
einer d. Mörder Cäsars	BRUTUS
einer der Argonauten	NELEUS
einer der Artusritter	GAWEIN
einer der Beatles	LENNON
einer der Dioskuren	POLLUX
einer der Heiligen Drei Könige	KASPAR
einer der Sieben griech. Weisen	CHILON
einer der Sieben Weisen	THALES
einer der Titanen	ADANOS
einer der Titanen	KREIOS
einer der Titanen	KRONOS
einer der Titanen	OPHION
eine Schuld begleichen	ZAHLEN
eines d. Sieben Weltwunder	PHAROS
einfach	FRUGAL
einfach, einfältig	SIMPEL
einfaches Lokal	KNEIPE
einfältig	ARGLOS
einfallsreich	FINDIG
Einfaltspinsel	DUSSEL
Einfaltspinsel	GIMPEL
Einfaltspinsel	SIMPEL
einfassen	RAHMEN
ein Fest begehen	FEIERN
Einfriedung	PFERCH
Einfügung	EINBAU
Einführung	PROLOG
Einfuhr	IMPORT
Eingabe	ANTRAG
Eingabe	GESUCH
eingebildeter Mensch	FATZKE
eingedeichtes Marschland	POLDER
eingesäuertes Viehfutter	SILAGE
Eingeweidebruch	HERNIE
einheim. Giftpflanze	GERMER
einheim. kleines Raubtier	MARDER
einheimsen	ERNTEN
Einheit d. Stromstärke	AMPERE
einheitlich	GLEICH
einheitliche Dienstkleidung	MONTUR
einheitlich festsetzen	NORMEN
einige	MANCHE
einjährig	ANNUAL
Einkommensart	GEHALT
Einkorn	DINKEL
ein Lied vortragen	SINGEN
ein Loch machen	BOHREN
Einmaster	KUTTER
Einreibemittel	BALSAM
Einrichtungsgegenstand	MOEBEL
Einrückung	EINZUG
einsam	ALLEIN
Einsatzverdopp. b. Pharaospiel	PAROLI
ein Schiff erstürmen	ENTERN
einschmieren	FETTEN
einschneiden	KERBEN
Einschnitt	LUECKE
Einschnitt	ZAESUR
einseitig begrenzte Gerade	STRAHL
Einsicht, Vernunft	RAESON
Einsiedelei	KLAUSE
Einsiedler	EREMIT
Einsiedlerkrebs	EREMIT
einst	EHEDEM
Einsteckzylinder	BUCHSE
einstehen	HAFTEN
einstellen	HEUERN
Einstellraum, Wagenschuppen	REMISE
Eintänzer	GIGOLO
Einteilungsbegriff	KLASSE
Einteilungsprinzip	SYSTEM
eintöniges Gerede	SERMON
Eintracht	FRIEDE
Eintreffen	KOMMEN
Eintritt	ENTREE
Eintritt, Öffnung	ZUGANG
Eintrittsgeld	ENTREE
einüben	LERNEN
einüben	PAUKEN
Einüber, Lehrer	PAUKER
Einverständnis	JAWORT
Einzäunung	GITTER
Einzeldarsteller	SOLIST
Einzelheit	DETAIL
Einzeljagd	PIRSCH
Einzeller	AMOEBE
Einzeller	URTIER
Einzelmensch	PERSON
einzelner Uferfelsen	KLIPPE
Einzelspiel im Tennis	SINGLE
Einzelstück	UNIKAT

Einzelstück, Einmaliges	UNIKUM	Elbe-Zufluß	ALSTER	Emblem, Hoheitszeichen	WAPPEN	engl. Archäologe	LAYARD
Eischneegebäck	BAISER	Elbe-Zufluß	ELSTER	Emblem, Sinnbild	SYMBOL	engl. Archäologe	PETRIE
eisenanziehendes Metall	MAGNET	Elbe-Zufluß	JEETZE	embryonales Haarkleid	LANUGO	engl. Arzt (Pockenschutz)	JENNER
Eisenbahnfahrzeug	WAGGON	Elbe-Zufluß	PINNAU	Empfang	ERHALT	engl. Astronom (Komet)	HALLEY
Eisenblock	BRAMME	Elbe-Zufluß	POLENZ	Empfangserklärung	AKZEPT	engl. Automarke	AUSTIN
Eisenhut	AKONIT	Elbe-Zufluß aus d. Böhmerwald	MOLDAU	empfehlenswert	RATSAM	engl. Automarke	JAGUAR
Eisenoxid ansetzen	ROSTEN	Elefantenführer	KORNAK	empfindliche Zierpflanze	MIMOSE	engl. Autor (Nobelpreis)	ANGELL
Eisenoxidverbindung	FERRIT	elegant, modisch	SCHICK	Empörer, Umstürzler	REBELL	engl. Autor, Schriftsteller	BULWER
Eisenverbindung	FERRAT	Eleganz, modische Feinheit	SCHICK	Emporkömmling	ARRIVE	engl. Autor, Sozialphilosoph	RUSKIN
Eisenwerk	HUETTE	elektr. Leitung	FEEDER	Emse	AMEISE		
Eisgetränk, Granatapfelsaft	SORBET	elektr. Schalteinrichtung	RELAIS	emsig	EIFRIG		
Eisheilige	SOPHIE	elektr. Schutzeinrichtung	ERDUNG	Ende e. Flug- od. Schiffsreise	LANDEN	engl. Autor histor. Romane	GRAVES
Eiskristalle aus Wasserdampf	SCHNEE	elektron. Bauteil	ROEHRE	Endkampf im Sport	FINALE	engl. Autorin	AUSTEN
Eiskunstlauf-Figur	ACHTER	Elektronenröhre	AUDION	Endkampf im Sport	FINISH	engl. Autorin	BRONTE
Eiskunstlauf-Figur	DREIER	Elektronenröhre	HEXODE	Endpunkt der Erdachse	ERDPOL	engl. avangardist. Autor	PINTER
Eiskunstlauf-Sprung	THOREN	Elektronenröhre	OKTODE	Endspiel	FINALE	engl. Biersorte	PORTER
Eiszeittier	MAMMUT	Elektronenröhre	TRIODE	Energiequelle	ERDGAS	engl. Bildhauer	BUTLER
eitel	KOKETT	Elementarteilchen	BARYON	Energiequelle	ERDOEL	engl. Biochemiker (Nobelpr.)	MARTIN
Eiteransammlung	EMPYEM	Elementarteilchen	LEPTON	Energieteilchen	PHOTON	engl. Biologe	HUXLEY
Eiterbläschen	PUSTEL	Elend	JAMMER	Enge, Engpaß	KLEMME	engl. Biologe (Nobelpreis)	PERUTZ
eitererregend	PYOGEN	Elend	MISERE	Engelfisch, Meerdrachen	ROCHEN	engl., frz.: Wechsel	CHANGE
Eitergang	FISTEL	Elfenkönig	OBERON	enger Gefährte	FREUND	engl. Adelstitel, -prädikat	KNIGHT
Eiweiß	EIKLAR	Elfenschuh	AKELEI			engl. Bluessänger	MAYALL
Eiweiß im Blutfarbstoff	GLOBIN	Elternteil	MUTTER			engl. Bühnenschriftsteller	COWARD
Eiweißkörper, -substanz	MYOSIN	engl. Admiral, Seeheld	NELSON				
Ekel	DEGOUT						

Clue	Answer
engl. Chemiker, Physiker	DALTON
engl. Chemiker (Fotografie)	TALBOT
engl. Chemiker (Nobelpreis)	HARDEN
engl. Chemiker (Nobelpreis)	PORTER
engl. Chemiker (Nobelpreis)	RAMSEY
engl. Chemiker (Nobelpreis)	SANGER
engl. Chemiker (Teerfarbstoff)	PERKIN
engl. Chirurg (Antisepsis)	LISTER
engl. Dichter, Politiker (17. Jh.)	MILTON
engl. Dichter, Schauspieler	JONSON
engl. Dichter (Artusroman)	MALORY
engl. Entdecker	BURTON
engl. Fluß	MEDWAY
engl. Fluß	THEMSE
engl. Fluß in Sussex	ROTHER
engl. Frauenrechtlerin	GODWIN
engl. Frauen-Vorname	CLAIRE
engl. Gewichtseinheit	BARREL
engl. Goldmünze	GUINEA
engl. Goldmünze	GUINEE
engl. Großbürgertum	GENTRY
engl. Großreeder	CUNARD
engl. Gutsherr	SQUIRE
engl. Hauptstadt	LONDON
engl. Heerführer	TALBOT
engl. Hohlmaß	BUSHEL
engl. Hohlmaß	GALLON
engl. humorist. Schriftsteller	JEROME
engl. impressionist. Maler	SISLEY
engl. Jagdpferd	HUNTER
engl. König	ALFRED
engl. König	EDUARD
engl. König	HARALD
engl. König	JOHANN
engl. Königsname	GEORGE
engl. Kolonialpolitiker	RHODES
engl. Komponist	DELIUS
engl. Komponist	WALTON
engl. Krimi-Autorin	SAYERS
engl. Kulturphilosoph	DAWSON
engl. Labourpolitiker	WILSON
engl. Landadel	GENTRY
engl. Laufhund	BEAGLE
engl. Männer-Vorname	GEORGE
engl. Maler, Zeichner	TURNER
engl. Maler (Porträtist)	ROMNEY
engl. Maler u. Dichter	MORRIS
engl. Mathematiker	BRIGGS
engl. Mathematiker, Physiker	STOKES
engl. Musicalkomponist	WEBBER
engl. Nationalökonom	KEYNES
engl. Naturwissenschaftler	DARWIN
engl. Naturwissenschaftler	GALTON
engl. Naturwissenschaftler	NEWTON
engl. Nobelpreisträger	BARTON
engl. Pazifist (Nobelpreis)	CREMER
engl. Philosoph	HOBBES
engl. Physiker, Mathem. Astronom	NEWTON
engl. Physiker (Nobelpreis)	BARKLA
engl. Physiker (Nobelpreis)	POWELL
engl. Physiker (Nobelpreis)	WILSON
engl. Physiologe (Nobelpreis)	HODKIN
engl. Physiologe (Nobelpreis)	HUXLEY
engl. Politiker, Staatsmann	ATTLEE
engl. Politiker, Staatsmann	CRIPPS
engl. Politiker, Staatsmann	CURZON
engl. Popmusik-Solist	COCKER
engl. Prinz	EDWARD
engl. Reformator	WICLIF
engl. Reformator	WYCLIF
engl. Rockgruppe	THEWHO
engl. Rockmusiker	JAGGER
engl. satir. Schriftsteller	DRYDEN
engl. Schauspieler	HOWARD
engl. Schriftsteller	GREENE

engl. Schriftsteller	MORGAN	engl. Universitätsstadt	OXFORD	englisch: Fenster	WINDOW	Entdecker v. afrik. Gebieten	BATUTA
engl. Schriftsteller	SHARPE	engl. Zoologe und Philosoph	HUXLEY	englisch: Gesundheit	HEALTH	Entdecker v. asiat. Gebieten	KOSLOW
engl. Schriftsteller	SIDNEY			englisch: Herr	MISTER		
engl. Schriftsteller	SPRING	engl.: Andreas	ANDREW	englisch: Himmel	HEAVEN	Entdecker des Blutkreislaufs	HARVEY
engl. Schriftsteller	STOKER	engl.: Anziehungskraft	APPEAL	englisch: Mutter	MOTHER	Entdecker Neufundlands	BJARNE
engl. Schriftsteller (»1984«)	ORWELL	engl.: aufzeichnen	RECORD	englisch: niemand	NOBODY	Entdecker Tasmaniens	TASMAN
		engl.: Branntwein	BRANDY	englisch: Not	MISERY	Entehrung (ethisch)	ATINIE
engl. Schriftsteller (18. Jh.)	STERNE	engl.: Brücke	BRIDGE	englisch: Paar	COUPLE	entgegen	KONTRA
		engl.: Burg	CASTLE	englisch: Puder	POWDER	Entgegenkommen	KULANZ
engl. Seebad am Kanal	BOGNOR	engl.: Genosse	FELLOW	englisch: Reise	TRAVEL	entgegenkommend	KULANT
engl. Seefahrer	BAFFIN	engl.: Herr, Meister	MASTER	englisch: Schatten	SHADOW	Entgegnung, Erwiderung	REPLIK
engl. Seefahrer, Entdecker	HUDSON	engl.: Keller	CELLAR	englisch: Schwester	SISTER	entgelten	LOHNEN
engl. Stadt am Severn	DUDLEY	engl.: Mitte	CENTER	englisch: Straße	STREET	Enthalten v. Essen u. Trinken	FASTEN
		engl.: Mittelspieler	CENTER	englisch: Vater	FATHER	Enthaltsamkeit	ASKESE
engl. Stadt bei Windsor	SLOUGH	engl.: öffentlich	PUBLIC	englisch: Wunder	WONDER	Entkommen	FLUCHT
engl. Stadt in Essex	WITHAM	engl.: Potpourri	MEDLEY	englisch: Zahl	NUMBER	enträtseln	LOESEN
engl. Stadt in Lancashire	OLDHAM	engl.: Quadrat	SQUARE	englisch: zwanzig	TWENTY	entscheidender Umstand	MOMENT
		engl.: Rede	SPEECH	Engpaß	KLAUSE		
engl. Stadt in Staffordshire	FENTON	engl.: Ritter	KNIGHT	Entbehrung	KARENZ	Entscheidung	KRISIS
		engl.: Schutzgeleit	CONVOY	Entbehrung	MANGEL	Entscheidung, Gutachten	URTEIL
engl. TV-Krimi-Autor	DURBAN	engl.: Skizze	SKETCH	Entbindung	GEBURT	Entscheidungsrecht	OPTION
engl. u. franz.: Gefahr	DANGER	englisch: Arbeit	LABOUR	Entd. d. Gravitationsgesetzes	NEWTON	Entschuldigung	PARDON
engl. u. franz.: Prinz	PRINCE	englisch: Baumwolle	COTTON	Entdecker Brasiliens	CABRAL	Entsetzen	GRAUEN
		englisch: Brief	LETTER	Entdecker d. Sulfonamide	DOMAGK	Entsetzen	HORROR
engl. u. franz.: Tier	ANIMAL	englisch: Ecke	CORNER	Entdecker Mexikos	CORTEZ	entsprechend	ANALOG

entstehen, sich entwickeln	WERDEN	Erfind. e. Verbrennungsmotors	LANGEN	Ergänzung, Nachschrift	ZUSATZ	Erntemonat	AUGUST
						erproben, prüfen	TESTEN
Entstehung	GENESE	Erfind. d. Glühlampe	EDISON	ergeben	GETREU	Erquickung	LABSAL
				ergreifen	FASSEN		
Entstehung, Entwicklung	WERDEN	Erfind. d. Glühlampe	GOEBEL	ergreifen, fassen	FANGEN	Erregungszustand, Taumel	RAUSCH
				ergriffen	BEWEGT		
Entwässerungsrinne	RIGOLE	Erfind. d. Kinematographen	EDISON	Ergußgestein	PIKRIT	Ersatzdarsteller	DOUBLE
				erhaben	KONVEX	Erscheinung, Erleuchtung	VISION
Entwurf	ABRISS	Erfind. d. Kreiskolbenmotors	WANKEL	erhabenes Bildwerk	RELIEF		
Entwurf	DESSIN					Erstauftritt	DEBUET
Entwurf	EXPOSE			Erhöhung	HEBUNG		
Entwurf	KLADDE	Erfind. d. Quantentheorie	PLANCK	Erhöhung d. Körperwärme	FIEBER	erste Kanalschwimmerin	EDERLE
Entwurf	MODELL						
Entwurf	MUSTER	Erfind. d. Stahlbetons	MONIER	Erinnye	ALEKTO	erste Priestermesse	PRIMIZ
Entwurfsskizze	DESIGN			Erkältungserscheinung	HUSTEN		
entzwei	KAPUTT	Erfind. d. Zählrohrs	GEIGER			erster engl. König	EGBERT
Enz-Zufluß	NAGOLD			Erkältungserscheinung	NIESEN		
Epos von Vergil	AENEIS	Erfind. d. Zündnadelgewehrs	DREYSE			erster Geiger	PRIMAS
erblich	GENUIN			Erkenntnis	GNOSIS	erster im Wettkampf	SIEGER
Erdalkalimetall	BARIUM	Erfinder der Schiffsschraube	RESSEL	Erkenntnislehre	NOETIK		
erdbeerfarbig	FRAISE			Erkennungswort	LOSUNG	erster Motorflieger	WRIGHT
Erdenbürger	MENSCH	Erfinder der Schnellpresse	KOENIG	Erkennungszeichen, Firmentafel	SCHILD	Erstrangiger	BESTER
Erdgas	METHAN					ersuchen	BITTEN
Erdgeist, Erdmännchen	ALRAUN	Erfinder des Mikrofons	HUGHES	erklären	DEUTEN	Ertrag	ERLOES
				Erklärer	DEUTER	ertragen	DULDEN
Erdgeist, Erdmännchen	KOBOLD	Erfinder des Schwerölmotors	DIESEL	Erläuterung	GLOSSE	ertragen	LEIDEN
erdichtet	FIKTIV					Eruptivgestein	BASALT
Erdkugel	GLOBUS			Erlaß islamischer Herrscher	FERMAN		
Erdloch	KRATER	Erfinderschutz	PATENT			Eruptivgestein	DIABAS
Erdölschiff	TANKER	erflehen	BITTEN	Erlaubnis	LIZENZ	Erwerb	ANKAUF
		Erfolg	EFFEKT	Erlaubnis	PLAZET	Erwerbstätigkeit	ARBEIT
Erdrinne	GRABEN	Erfolg	GEWINN	Erlös	ERTRAG	erzählend	EPISCH
Erdteil	AFRIKA	erforderlich	NOETIG				
Erdteil	EUROPA	Erfordernis	BEDARF	Ernennungsurkunde	PATENT	Erzähler	EPIKER
erdulden	LEIDEN	Erfrischung	LABSAL			Erzbischof	PRIMAS
ererbter Besitz	ERBTUM			Erneuerung, Neuordnung	REFORM	Erzengel	CHERUB
Erfind. d. Strumpfwirkmaschine	COTTON	Erfrischungsgetränk	BRAUSE			Erzieher	LEHRER
						Erzieher	MENTOR

Erzieher Salomos	NATHAN	europäische Hauptstadt	MONACO	Fachkrankenhaus	KLINIK	Falke, Falkenvogel	MERLIN
Eskimobluse	ANORAK	europäische Hauptstadt	TIRANA	Fachmann	KENNER	Falkenmännchen	TERZEL
eßbare Meeresmuschel	AUSTER	europäischer Inselstaat	IRLAND	Fachsprache	JARGON	Fallen d. Börsenkurse	BAISSE
eßbarer Pilz	MARONE	europäischer Zwergstaat	MONACO	Fadensaum	FRANSE	falsch, nachgemacht	UNECHT
Eßbedürfnis	HUNGER	europäisches Binnenmeer	OSTSEE	Fadenschlinge	MASCHE	falsche Beurteilung	IRRTUM
Essen, Gericht	SPEISE	europäisches Fürstentum	MONACO	fächeln, schwenken	WEDELN	falsche Route	IRRWEG
Essenz	GEHALT	europäische Währung	FORINT	Fädchen	FUSSEL	falsches Haarteil, Halbperücke	TOUPET
Eßgeschirr	TELLER	europäsche Hauptstadt	MOSKAU	Fähnrich	KADETT	Falschgeld	BLUETE
Essigbaum, Färberbaum	SUMACH	evangel. Pfarrer	PASTOR	Fährhafen in Frankreich	CALAIS	Falschspiel	BETRUG
Essiggeist	AZETON	Evangelist	MARKUS	Färbebad	FLOTTE	falschspielen	MOGELN
essigsaures Salz	AZETAT	ewig	ENDLOS	färben	TOENEN	falten	FALZEN
estn. Fluß zum Peipussee	EMBACH	exaltiert	ERREGT	Färberdistelblüte	SAFLOR	Faltensaum	FALBEL
estnische Hafenstadt	PERNAU	exklusiv, exklusive	AUSSER	Färberpflanze, -röte	SUMACH	Familienältester	SENIOR
estnische Stadt	FELLIN	Exodus	AUSZUG	Fäulnisgift	NEURIN	Familienname	ZUNAME
estnische Universitätsstadt	DORPAT	exotische Großkatze	GEPARD	Fagott	BASSON	Familienname Voltaires	AROUET
etliche	EINIGE	Experte	KENNER	fahl	BLEICH	Famulus	DIENER
etliche	MANCHE	extra	EIGENS	fahnden, finden wollen	SUCHEN	Fang	KRALLE
Etsch-Zufluß	AVISIO	Extrakt	AUSZUG	Fahndungsstreife	RAZZIA	Farbe der Singstimme	TIMBRE
Etsch-Zufluß	EISACK	Extrakt	ESSENZ	Fahne	BANNER	Farbengrundstoff	ANILIN
europ. Flugzeugbaukonsortium	AIRBUS	Fabelinsel, Fabelland	ORPLID	Fahne	FLAGGE	Farbigenviertel New Yorks	HARLEM
europäisch. Bison	WISENT	Fabelname des Storches	ADEBAR	Fahrer	LENKER	farbloser Schmuckstein	HYALIT
europäische Hauptstadt	LONDON	Fabeltier	DRACHE	Fahrgastraum	ABTEIL	Farbmaterial	ROETEL
europäische Hauptstadt	MADRID	Fabrikschornstein	SCHLOT	Fahrgastraum	KABINE	Färöerinsel	SANDOE
		Facharzt	ANATOM	fahrig, unruhig	UNSTET	Fasergeschwulst	FIBROM
				Fahrkarte	TICKET		
				Fahrradsitz	SATTEL		
				Fahrradteil	LENKER		
				Fahrstuhl	AUFZUG		
				Fahrzeuglenker	FAHRER		

Faserkiesel	MULLIT
Faserlänge	STAPEL
Faserpflanze	FLACHS
Faserstoff des Blutes	FIBRIN
Faßmacher	KUEFER
Faßverschluß, Stöpsel	ZAPFEN
fast	BEINAH
fast	NAHEZU
faul, müßig	TRAEGE
faulen	MODERN
faulend	MODRIG
faulig	PUTRID
Fechtgang	ASSAUT
Fechthieb	SEKOND
Fecht-Parade	ABWEHR
Fechtwaffe	RAPIER
Federwechsel	MAUSER
Federwolke	CIRRUS
Federwolke	ZIRRUS
fegen	KEHREN
Fehde, Hader	STREIT
Fehler	DEFEKT
Fehler	IRRTUM
Fehler	LAPSUS
Fehler	MANGEL
fehlerhaft	DEFEKT
fehlerhaft	FALSCH
Fehlfarbe (Kartenspiel)	FAUSSE
Fehlhandlung	IRRUNG
Fehlschlag	FIASKO
Fehlschlag, Malheur	PLEITE
feierlich, ital. Tanz	PAVANE
feierliche Versicherung	SCHWUR
feige	MUTLOS
Feigenbaum	BANYAN
fein, zart	SUBTIL
feine Leinwand	BATIST
feiner Spott	IRONIE
feiner Übergang	NUANCE
feines Baumwollgewebe	BYSSUS
feines Gewebe	BATIST
feinfäd. Baumwollgewebe	PERKAL
Feingebäck	KUCHEN
feingliedrig	GRAZIL
Feinheit	DETAIL
Feinheitsmaß für Textilfasern	DENIER
feinkörn. Sedimentgestein	KREIDE
feinkörnige Substanz	PULVER
feinschmeckend	LECKER
Feldgeschütz	KANONE
Feldherr im 30jähr. Krieg	GALLAS
Feldspat	ADULAR
Feldspat	LEUZIT
Feldstein (mineral.)	FELSIT
Feldstück	GEWANN
Feldzeichen	BANNER
Fell des Ziesels	SUSLIK
Felsen im Elbsandsteingebirge	BASTEI
Felsenstrauch	AZALEE
Felshöhle	GROTTE
Ferien, Freizeit	URLAUB
Ferienanlage am Meer	MARINA
Ferment	ZIMASE
Ferment im Magensaft	PEPSIN
fern	WEITAB
Ferne	FREMDE
Fernkampfwaffe	RAKETE
Fernrohrteil	OKULAR
Fernsprechraum	KABINE
Ferse	HACKEN
Fersenstachel	SPOREN
fertig	BEREIT
fesch, flott	SCHICK
fesseln	BINDEN
fest, beständig	STABIL
fest, stramm	STRAFF
fest, unzweifelhaft	SICHER
festbinden	ZURREN
Fest der Auferstehung	OSTERN
feste Reihenfolge, Umlauf	TURNUS
festes Einkommen	GEHALT
feste Zuversicht	GLAUBE
Festgedicht	KARMEN
Festigkeit	HAERTE
Festlandsockel	SCHELF
Festlegung	FIXUNG
festlich, feierlich	SOLENN
feststehender Ausdruck	FORMEL
feststehender Maschinenteil	STATOR
fettähnliche Substanz	LIPOID
fettspaltendes Enzym	LIPASE
Fetzen	LAPPEN
Fetzen	LUMPEN
feuerfestes Mineral	ASBEST
Feuerkugel	BOLIDE
Feuer machen	FEUERN
Feuermal	NAEVUS
Feuerschwamm	ZUNDER
feuerspeiender Berg	VULKAN
Feuersteingerät der Vorzeit	EOLITH
Feuerwerkskörper	RAKETE
fidel	LUSTIG
fieberhaft	FEBRIL
Figur aus »Arabella«	MATTEO
Figur aus »Arabella«	ZDENKA
Figur aus »Barbier von Sevilla«	FIGARO
Figur aus »Barbier von Sevilla«	ROSINE

288

Figur	Name	Figur	Name	Figur	Name	Figur	Name
Figur aus »Carmen«	ZUNIGA	Figur aus »Die Fledermaus«	ALFRED	Figur aus »Kabale und Liebe«	WALTER	Figur aus »Minna von Barnhelm«	WERNER
Figur aus »Dantons Tod«	LUCILE	Figur aus »Die Fledermaus«	ALIBEY	Figur aus »Kaufm. von Venedig«	PORZIA	Figur aus »My Fair Lady«	ZOLTAN
Figur aus »Der Bajazzo«	SILVIO	Figur aus »Die Fledermaus«	FROSCH	Figur aus »Kiss Me Kate«	HATTIE	Figur aus »Nathan der Weise«	SITTAH
Figur aus »Der Freischütz«	AGATHE	Figur aus »Die verkaufte Braut«	WENZEL	Figur aus »La Bohème«	COLLIN	Figur aus »Nibelungenlied«	HELCHE
Figur aus »Der Freischütz«	KASPAR	Figur aus »Die Zauberflöte«	PAMINA	Figur aus »La Boheme«	MARCEL	Figur aus »Nibelungenlied«	RUMOLT
Figur aus »Der Freischütz«	KILIAN	Figur aus »Die Zauberflöte«	TAMINO	Figur aus »La Boheme«	RUDOLF	Figur aus »Nibelungenlied«	VOLKER
Figur aus »Der Freischütz«	SAMIEL	Figur aus »Don Giovanni«	KOMTUR	Figur aus »Land des Lächelns«	GUSTAV	Figur aus »Othello«	CASSIO
Figur aus »Der Opernball«	ANGELE	Figur aus »Egmont«	JETTER	Figur aus »La Traviata«	ALFRED	Figur aus »Othello«	EMILIA
Figur aus »Der Rosenkavalier«	ANNINA	Figur aus »Egmont«	VANSEN	Figur aus »La Traviata«	ANNINA	Figur aus »Parsifal«	KUNDRY
Figur aus »Der Rosenkavalier«	SOPHIE	Figur aus »Faust«	MARTHE	Figur aus »La Traviata«	GASTON	Figur aus »Peer Gynt«	INGRID
Figur aus »Der Waffenschmied«	KONRAD	Figur aus »Faust«	SIEBEL	Figur aus »Lohengrin«	ORTRUD	Figur aus »Porgy and Bess«	SERENA
Figur aus »Der Zarewitsch«	MASCHA	Figur aus »Faust«	WAGNER	Figur aus »Macbeth«	BANQUO	Figur aus »Ring d. Nibelungen«	DONNER
Figur aus »Der zerbrochene Krug«	MARTHE	Figur aus »Fra Diavolo«	MATTEO	Figur aus »Macbeth«	DUNCAN	Figur aus »Ring d. Nibelungen«	FASOLT
Figur aus »Der zerbrochene Krug«	WALTER	Figur aus »Gärtnerin aus Liebe«	RAMIRO	Figur aus »Macbeth«	SEYTON	Figur aus »Romeo und Julia«	MARCUS
Figur aus »Der Zigeunerbaron«	CZIPRA	Figur aus »Götz von Berlichingen«	MARTIN	Figur aus »Madame Butterfly«	SUZUKI	Figur aus »Romeo und Julia«	TYBALT
Figur aus »Der Zigeunerbaron«	SANDOR	Figur aus »Graf von Luxemburg«	ANGELE	Figur aus »Maria Stuart«	DUDLEY	Figur aus »Sommernachtstraum«	HELENA
Figur aus »Der Zigeunerbaron«	ZSUPAN	Figur aus »Graf von Luxemburg«	ARMAND	Figur aus »Maria Stuart«	PAULET	Figur aus »Sommernachtstraum«	HERMIA
		Figur aus »Kabale und Liebe«	MILLER	Figur aus »Maria Stuart«	TALBOT		
		Figur aus »Kabale und Liebe«	SOPHIE	Figur aus »Martha«	LIONEL	Figur aus »Sommernachtstraum«	OBERON

Figur aus »Sommernachtstraum«	THISPE
Figur aus »Sommernachtstraum«	ZETTEL
Figur aus »Tausendundeine Nacht«	ALADIN
Figur aus »The King and I«	LUNTHA
Figur aus »The King and I«	THIANG
Figur aus »The King and I«	TUPTIM
Figur aus »Tiefland«	MARTHA
Figur aus »Tosca«	CESARE
Figur aus »Tosca«	FLORIA
Figur aus »Tosca«	MESNER
Figur aus »Undine«	MARTHA
Figur aus »Undine«	TOBIAS
Figur aus »Wallenstein«	GORDON
Figur aus »Wallenstein«	TERZKY
Figur aus »Wallenstein«	THEKLA
Figur aus »West Side Story«	KRUPKE
Figur aus »Wilhelm Tell«	ARNOLD
Figur aus »Wilhelm Tell«	HEDWIG
Figur aus »Wilhelm Tell«	RUDOLF
Figur aus »Wilhelm Tell«	WALTER
Figur aus »Zar und Zimmermann«	LEFORT
Figur aus d. »Ring des Nibelungen«	FRICKA
Figur aus den »Meistersingern«	EVCHEN
Figur aus "Wallenstein"	BUTLER
Figur der Hohen Schule	PESADE
Figur im »Fliegenden Holländer«	DALAND
Figur im »Ring des Nibelungen«	FAFNER
Figur in den »Lustigen Weibern«	FENTON
Figur vor dem Bremer Rathaus	ROLAND
Filmapparat	KAMERA
Filmdrehbuch	SCRIPT
Filmdrehbuch	SKRIPT
Fimmel, Marotte	SPLEEN
Finanzen	GELDER
findig, gerissen	SCHLAU
Fingerentzündung	UMLAUF
Fingerknöchel	KNOBEL
Fingernagelhalbmond	LUNULA
Finkenvogel, Singvogel	ZEISIG
finn. Währungseinheit	MARKKA
finnisch-ugrisches Volk	FINNEN
finnisch-ugrisches Volk	UNGARN
finster	DUNKEL
finster	DUSTER
finster	OBSKUR
Firmament	HIMMEL
Firmenzusammenschluß	FUSION
Fisch, Fischart	SEEAAL
Fischabfall	GAMMEL
Fischatmungsorgan	KIEMEN
Fischbehälter	LAEGEL
fischen	ANGELN
Fischereifahrzeug	KUTTER
Fischereifahrzeug	LOGGER
Fischknochen	GRAETE
flach	SEICHT
flach, seicht	UNTIEF
flache Meeresbucht	BODDEN
flache Ostseebucht	BODDEN
flacher Gewässerrand	STRAND
flache Scheibe	PLATTE
flache Schüssel	PLATTE
flaches Gebäck	FLADEN
flaches Gebäck	OBLATE
flache Wandvertiefung	BLENDE
flachgestreckt	RASANT
Flachsbündel	WICKEL
Flächenmaß	HEKTAR
fläm. Architekt, Bildhauer	FLORIS
fläm. Name von Arlon	AARLEN
fläm. Name von Löwen	LEUVEN
flämisch. Schriftsteller	COSTER
flämischer Barockmaler	RUBENS
Fläschchen	FLACON
Fläschchen	FLAKON
flaggen	HISSEN
Flaggengruß auf See	DIPPEN
Flaggen-Obereck	GOESCH
Flanke	WEICHE
Flasche	BUDDEL
Flaschenverschluß	KORKEN
Flaute	BAISSE
Flechte	LICHEN
Flechtmaterial	SCHILF
Fleck, Flecken	KLECKS
Flegel, Lümmel	RUEPEL
Fleisch-Extrakt	BRUEHE
Fleischgericht	BRATEN
Fleischgericht, Würzfleisch	RAGOUT
Fleischrippenstück	KARREE
Fleischsuppe	BRUEHE
fleißig	EIFRIG
fleißiges Insekt	AMEISE

Fliege	MUECKE
fliegender Hund	KALONG
Flieger in d. griech. Sage	IKARUS
Fliese	KACHEL
fließen	FLUTEN
flink	BEHEND
flink, gewandt	WENDIG
flötenartiges Instrument	PFEIFE
Flötist Friedrichs d. Gr.	QUANTZ
florent. Renaissancebildh.	MAIANO
florentin. Adelsgeschlecht	MEDICI
florentin. Bildhauer u. Baumeister	MAJANO
florentin. Maler, Baumeister	GIOTTO
florloser Teppich	BOUCLE
flott	FORSCH
Flotte	ARMADA
Flottenwesen	MARINE
flüchtige Flüssigkeit	AZETON
flüchtige Zeichnung	SKIZZE
Flüchtigkeitsfehler	PATZER
Flügel	FLANKE
flüssig	LIQUID
flüssig. Naturdünger	JAUCHE
flüssiges Kosmetikum	LOTION
Flüssigkeit	WASSER
Flüssigkeitsansammlung	ERGUSS
Flüssigkeitsgemisch	MIXTUR
Flüssigkeitsreiniger	FILTER
flüstern	RAUNEN
Fluggerät	BALLON
Flughafen v. Stockholm	BROMMA
Flughafen v. Zürich	KLOTEN
Flughafen von Antwerpen	DEURNE
Flughafen von Buenos Aires	EZEIZA
Flughafen von Hongkong	KAITAK
Flughafen von Kairo	ALMAZA
Flughafen von Mailand	LINATE
Flughafen von Prag	RUZYNE
Flughafen von Seattle	TACOMA
Flughafen von Singapur	CHANGI
Flughafen von Tokio	HANEDA
Flughafen von Tokio	NARITA
Flughafen von Warschau	OKECIE
Flughund	KALONG
Flugzeug-Fabrikat	CESSNA
Flugzeughalle	HANGAR
Flugzeugstart	ABFLUG
Flurstück	GEWANN
Fluß auf Borneo	BARITO
Fluß auf dem Peloponnes	PYRROS
Fluß auf Sizilien	SIMETO
Fluß aus dem Schwäb. Jura	KOCHER
Fluß aus der Eifel	LIESER
Fluß bei Stuttgart	NECKAR
Fluß durch Amsterdam	AMSTEL
Fluß durch Bad Orb	KINZIG
Fluß durch Bozen	EISACK
Fluß durch Calw	NAGOLD
Fluß durch Hamburg	ALSTER
Fluß durch Königsberg	PREGEL
Fluß durch London	THEMSE
Fluß durch Lüttich	OURTHE
Fluß durch Moskau	MOSKWA
Fluß durch Offenburg	KINZIG
Fluß durch Schleswig	SCHLEI
Fluß durch Warburg	DIEMEL
Fluß durch Wertheim	TAUBER
Fluß durch Zürich	LIMMAT
Fluß im bayer. Schwaben	MINDEL
Fluß im Rheinland	WUPPER
Fluß im Sauerland	ENNEPE
Fluß im Schwarzwald	KINZIG
Fluß in der Steiermark	LAVANT
Fluß in der Südmandschurei	LIAOHO
Fluß in Kolumbien	ATRATO
Fluß in Malaysia	PAHANG
Fluß in Namibia	SWAKOP
Fluß in Pommern	RANDOW
Flußinsel	WERDER
Fluß in Wales u. England	SEVERN
Fluß in Zaire	LOMANI
Fluß zum Golf von Bengalen	GANGES
Fluß zum Golf von Triest	ISONZO
Fluß zum Lago Maggiore	TESSIN
Fluß zum Südchinesischen Meer	MEKONG
Fluß zur Ostsibir. See	KOLYMA
Föhre	KIEFER
Förderer	HELFER
Förderer	MAEZEN
Förderkorb	BOBINE
förmlich	FORMAL

Förmlichkeit	KUEHLE	fragwürdig	OBSKUR	franz.-belg. Maas-Zufluß	SAMBRE	franz. Dichter, Dramatiker	RACINE
Folter	MARTER	Frankenfürst, -könig	KONRAD	franz. Bergland v. Zentralmassiv	MORVAN	franz. Dichter, Schriftsteller	BALZAC
foppen	NARREN	Frankenfürst, -könig	LOTHAR	franz. Bildhauer	HOUDON	franz. Dichter, Schriftsteller	CELINE
foppen	NECKEN	Frankenfürst, -könig	LUDWIG	franz. Bildnismaler	RIGAUD	franz. Dichter, Schriftsteller	DAUDET
Forderung	BEGEHR	Frankenfürst, -könig	PIPPIN	franz. Bischof, Wissenschaftler	ORESME	franz. Dichter, Schriftsteller	LESAGE
Forderung, Aufforderung	WUNSCH	Frankreich auf französisch	FRANCE	franz. Bühnenautor	ACHARD	franz. Dichter, Schriftsteller	VALERY
Forderungsverzicht	ERLASS	Fransenbüschel	QUASTE	franz. Bühnenautor	SARDOU	franz. Dichter (15. Jh.)	VILLON
Form, Vorlage	SCHEMA	franz. abstrakt. Maler	HELION	franz. Bühnenautor	SCRIBE	franz. Dirigent	MAAZEL
formen	BILDEN	franz. Adelsverschwörung	FRONDE	franz. Cevennen-Departement	LOZERE	franz. Dramatiker, Schriftst.	PAGNOL
Formgebung	DESIGN	franz. Afrikaforscher	BRAZZA	franz. Chansonnier	BECAUD	franz. EG-Präsident	DELORS
formlos	AMORPH	franz. Allee	AVENUE	franz. Chansonsänger	PASCAL	franz. Existentialphilosoph	MARCEL
Formstück	GESENK	franz. Anrede	MADAME	franz. Chemiker, Physiker	DULONG	franz. Existentialphilosoph	SARTRE
Forstbezirk	BERITT	franz. Aperitif	PERNOD	franz. Departement	ALLIER	franz. Filmregisseur	FEYDER
Forstbezirk	REVIER	franz. Autor (Nobelpreis)	FRANCE	franz. Departement	LOIRET	franz. Filmregisseur	GODARD
Forstschutzbezirk	BELAUF	franz. Autor (Nobelpreis)	SARTRE	franz. Departement	LOZERE	franz. Filmregisseur	ROHMER
Fortbewegungsorgan d. Fische	FLOSSE	franz. Autor u. Regisseur	GUITRY	franz. Departement	SARTHE	franz. Flugzeugkonstrukteur	FARMAN
Fortbewegung zu Pferd	REITEN	franz. Ballonfahrer	ROZIER	franz. Departement	VIENNE	franz. Frauenname	CLAIRE
Fortpflanzung ohne Befruchtung	AGAMIE	franz. Barockkomponist	RAMEAU	franz. Dialekt	PATOIS	franz. Frauenname	
fortschrittlich	MODERN	franz. Bauernmaler	LENAIN	franz. Dichter	JAMMES		
Fracht	LADUNG	franz. Begr. d. russ. Balletts	PETIPA				
Frachtschiff, Schleppkahn	SCHUTE						
Frachtstück	BALLEN						
Frachtstück	PACKEN						
Frackschleife	FLIEGE						
Fragewort	WOFUER						
fraglich	DUBIOS						

franz. Frauenname	DENISE
franz. Frauenname	JEANNE
franz. Frauenname	LOUISE
franz. Frauenname	MIGNON
franz. Fürstengeschlecht	VALOIS
franz. gaullist. Politiker	CHIRAC
franz. Geigenvirtuose	FERRAS
franz. General, Staatsmann	GAULLE
franz. General u. Autor	LACLOS
franz. Graphiker, (17. Jh.)	CALLOT
franz. Grenzland	ELSASS
franz. Hafen an der Kanalküste	DIEPPE
franz. Hafenstadt an d. Loire	NANTES
franz. impressionist. Maler	RENOIR
franz. impressionist. Maler	SEURAT
franz. impressionist. Maler	SIGNAC
franz. Ingenieur	EIFFEL
franz. Insel im Ärmelkanal	BREHAT
franz. Insel vor Ostafrika	MAHORE
franz.-ital. Komponist	VARESE
franz. Kampfflugzeug	MIRAGE
franz. Kanalhafen	CALAIS
franz. Kartenspiel	EKARTE
franz. Kloster im Dep. Loiret	FLEURY
franz. Kolonialtruppen	ZUAVEN
franz. Komponist	BOULEZ
franz. Komponist	GOUNOD
franz. Komponist	GRETRY
franz. Komponist	HALEVY
franz. Kriegshafen	TOULON
franz. Kunsttischler	BOULLE
franz. Männername	ARMAND
franz. Männername	CLAUDE
franz. Männername	EDMOND
franz. Männername	JEROME
franz. Männername	JOSEPH
franz. Maler	LATOUR
franz. Maler, Grafiker	BRETON
franz. Maler, Grafiker	CLOUET
franz. Maler, Grafiker	DERAIN
franz. Maler, Grafiker	LEBRUN
franz. Maler (Barbizon)	MILLET
franz. Maler des Empire	INGRES
franz. Maler (17./18.Jh.)	VERNET
franz. Marschall	JOFFRE
franz. Mathematiker	AMPERE
franz. Mathematiker	BEAUNE
franz. Mathematiker	CAUCHY
franz. Mathematiker	FERMAT
franz. Mathematiker	GALOIS
franz. Mathematiker	MOIVRE
franz. Mathematiker, Philosoph	PASCAL
franz. Mediziner (Nobelpreis)	CARREL
franz. Mittelmeerhafen	TOULON
franz. Modeschöpfer	CARDIN
franz. Modeschöpfer	CARVEN
franz. Modeschöpfer	LANVIN
franz. Modeschöpferin	CHANEL
franz. Mütze	BONNET
franz. nachimpress. Maler	FRIESZ
franz. Name von Genf	GENEVE
franz. Opernkomponist	THOMAS
franz. Philosoph	COUSIN
franz. Philosoph (Neuscholast.)	GILSON
franz. Physiker	CARNOT
franz. Physiker (Nobelpreis)	JOLIOT
franz. Physiker (Nobelpreis)	PERRIN
franz. Physiologe (Nobelpreis)	RICHET
franz. Politiker (Nobelpreis)	BRIAND
franz. Porzellanmanufaktur	SEVRES
franz. realist. Maler	BUFFET
franz. Revolutionär	BABOEF
franz. Revolutionär	DANTON
franz. Rhone-Zufluß	VERDON

Clue	Answer
franz. Ritter	BAYARD
franz. Riviera-Kurort	CANNES
franz. Romanschriftsteller	PROUST
franz. romant. Schriftsteller	MUSSET
franz. romant. Schriftsteller	NERVAL
franz. Rotweinsorte	FLEURY
franz. Schauspieler	NOIRET
franz. Schauspielerin	ADJANI
franz. Schauspielerin	MOREAU
franz. Schauspielerin	MORGAN
franz. Schloß	ANNECY
franz. Schriftsteller	MURGER
franz. Seebad an der Riviera	MENTON
franz. Sozialist, Pazifist	JAURES
franz. Stadt	MILLAU
franz. Stadt	SENLIS
franz. Stadt a. d. Sarthe	LEMANS
franz. Stadt am Adour	TARBES
franz. Stadt am Lot	CAHORS
franz. Stadt an der Côte d'Azur	CANNES
franz. Stadt an der Charente	COGNAC
franz. Stadt an der Durolle	THIERS
franz. Stadt an der Garonne	CORBIE
franz. Stadt an der Loire	ROANNE
franz. Stadt an der Loire	SAUMUR
franz. Stadt an der Maas	VERDUN
franz. Stadt an der Mosel	EPINAL
franz. Stadt an der Oise	CHAUNY
franz. Stadt an der Rhone	GIVORS
franz. Stadt an der Rhone	VIENNE
franz. Stadt an der Seine	TROYES
franz. Stadt an der Vienne	CHINON
franz. Stadt an Nièvre u. Loire	NEVERS
franz. Südseeinsel	TAHITI
franz. surrealist. Lyriker	ARAGON
franz. surrealist. Maler	LURCAT
franz. surrealist. Maler	MASSON
franz. surrealistisch. Autor	ELUARD
franz. surrealistischer Autor	BRETON
franz. surrealistischer Maler	TANGUY
franz. Tänzer, Choreograph	BEJART
franz. Tanz	CANCAN
franz. Weinbrand	COGNAC
franz. Weinbrand	KOGNAK
franz. Zoologe	BUFFON
franz.: Aufruhr	EMEUTE
franz.: Ausgang	SORTIE
franz.: Bauer	PAYSAN
franz.: Blick	REGARD
franz.: Bosheit	MALICE
franz.: dreißig	TRENTE
franz.: dreizehn	TREIZE
franz.: Dummheit	BETISE
franz.: Eintritt	ENTREE
franz.: Fuchs	RENARD
franz.: fünfzehn	QUINZE
franz.: Geige	VIOLON
franz.: Geist	ESPRIT
franz.: Geld	ARGENT
franz.: Gepäck	BAGAGE
franz.: Geschenk	CADEAU
franz.: Gesicht	VISAGE
franz.: Gunst	FAVEUR
franz.: Haar	CHEVEU
franz.: Hammel	MOUTON
franz.: Haus	MAISON
franz.: hübsch, freundlich	GENTIL
franz.: im Grunde	AUFOND
franz.: Jagd	CHASSE
franz.: Jahrhundert	SIECLE
franz.: Kellner	GARCON
franz.: Kind	ENFANT
franz.: Knabe	GARCON
franz.: Kreis	CERCLE
franz.: Kuß	BAISER
franz.: Lastwagen	CAMION
franz.: Lauf	COURSE
franz.: Leistung gegen Leistung	AUPAIR
franz.: Meister	MAITRE
franz.: Mitternacht	MINUIT
franz.: Nummer	NUMERO
franz.: offen	OUVERT
franz.: Paar	COUPLE
franz.: Peter	PIERRE
franz.: Pferd	CHEVAL

franz.: Prahlerei	BLAGUE	Frauenheld	BELAMI	Frauenname	MARGIT	Frau v. Priamos, Priamus	HEKUBA
franz.: Rechnung	COMPTE	Frauenname	AGATHA	Frauenname	MARGOT	Frau v. Rembrandt	SASKIA
franz.: Reise, Fahrt	VOYAGE	Frauenname	AGATHE	Frauenname	MARION		
franz.: Ruhm	GLOIRE	Frauenname	ALWINE	Frauenname	MARITA	Frau v. Rubens	HELENE
franz.: Schiff	BATEAU	Frauenname	AMALIA	Frauenname	OLIVIA	Frau v. Xerxes	ESTHER
franz.: schlafen	DORMIR	Frauenname	AMALIE	Frauenname	PAMELA	Frau von Jakob	RACHEL
franz.: Schönheit	BEAUTE	Frauenname	AMANDA	Frauenname	REGINE	frech, unverschämt	PAMPIG
franz.: Schwätzer	BAVARD	Frauenname	ANDREA	Frauenname	RENATA	frech, unverschämt	PATZIG
franz.: Schwein	COCHON	Frauenname	ANGELA	Frauenname	RENATE	Freibeuter	KORSAR
franz.: Sonne	SOLEIL	Frauenname	BIRGIT	Frauenname	ROSITA	Freier	WERBER
franz.: Stuhl	CHAISE	Frauenname	BLANCA	Frauenname	SABINA	freier Mann b. Fußball	LIBERO
franz.: ungerade	IMPAIR	Frauenname	CAROLA	Frauenname	SABINE	freier Platz, freie Stelle	VAKANZ
franz.: Vernunft	RAISON	Frauenname	COSIMA	Frauenname	THILDE	freigebiger Gönner	MAEZEN
franz.: vier	QUATRE	Frauenname	DAGMAR	Frauenname	TRAUTE	Freigebühr	FRANKO
franz.: Vogesen	VOSGES	Frauenname	ELVIRA	Frauenname	ULRIKE	Freiheitsentzug, -strafe	ARREST
franz.: Vorgesetzter	PATRON	Frauenname	EMILIA	Frauenname	WIEBKE	Freija	FRIGGA
franz.: Wallis	VALAIS	Frauenname	EMILIE	Frauenstimme	SOPRAN	freimachen	LOESEN
franz.: Weg	CHEMIN	Frauenname	EVELYN	Frau v. Äneas	KREUSA	frei von Gebühren	FRANKO
franz.: Zoll	DOUANE	Frauenname	FRIEDA	Frau v. Alexander d. Gr.	ROXANE	Freiwilligentruppe	LEGION
französ. Landrichter	BAILLI	Frauenname	GISELA	Frau v. Atreus	AEROPE	freiwillig hungern	FASTEN
französ. Name von Antwerpen	ANVERS	Frauenname	GLORIA	Frau v. Etzel	HELCHE	fremdartige Ausländerin	EXOTIN
französ.: Elsaß	ALSACE	Frauenname	GUDULA	Frau v. Iason	GLAUKE	Frequenzaussieber	FILTER
Frau auf spanisch	SENORA	Frauenname	HEDWIG	Frau v. Iason	KREUSA	Fressen	ATZUNG
Frauenfigur aus Fra Diavolo	PAMELA	Frauenname	INGRID	Frau v. Kalif Ali	FATIMA	Fressen	FUTTER
		Frauenname	KAETHE	Frau v. Marke	ISOLDE	Frevel, Fehltritt	SUENDE
		Frauenname	KAROLA	Frau v. Okeanos	TETHYS	Frevel gegen Gott	ASEBIE
		Frauenname	LILIAN	Frau v. Philemon	BAUCIS		
		Frauenname	LOUISE				

frevelhafter Übermut	HYBRIS	Fruchthülle, Samenhülse	SCHOTE	fünfter Sonntag nach Ostern	ROGATE	Gänserich	GANTER
Friedenslehre	IRENIK	Fruchtpresse	KELTER	Fürsorge	PFLEGE	Gänsevogel	SAEGER
friesartiges Wollgewebe	RATINE	Fruchtstand	KOLBEN	Fürst	HERZOG	Gänsevogel	SCHWAN
frisch	MUNTER	Fruchtstand	ZAPFEN	Fürst	KOENIG	gänzlicher Spielverlust	MATSCH
Friseur	FIGARO	Frucht vor der Geburt	EMBRYO	Fürstentitel	HOHEIT		
Frisiermittel	WICKEL			fürstl. Anrede	HOHEIT	gärender Most, junger Wein	SAUSER
Frist, Stichtag	TERMIN	Früchte einbringen	ERNTEN	Fürwahrhalten	GLAUBE	Gärfutter	SILAGE
Fristende	ABLAUF	früh. Fahrtrichtungsanzeiger	WINKER	Fütterung	ATZUNG	gallischer Volksstamm	AEDUER
fröhlich	HEITER			fugenartig	FUGATO		
fröhliche Runde	KORONA			Fuhre	LADUNG	Gangart der Hohen Schule	LEVADE
frömmelnd	BIGOTT	früher, eher als	VORDEM	funktechn.: Wellenschwund	FADING	Gangart der Hohen Schule	PIAFFE
frohlocken	JUBELN	früherer Arrestraum	KARZER	furchen	RIEFEN		
frommer Wanderer	PILGER	früherer Damenhut	SCHUTE	Fußball spielen	KICKEN	gangbar	KURANT
Froschlaute erzeugen	QUAKEN			Fußballspieler	KICKER	Ganges-Zufluß	GANDAK
Froschlurch	KROETE	früheres Schulgefängnis	KARZER	Fußballspieler	LIBERO	Gangster, Ganove	BANDIT
Froschlurche	ANUREN	Frühform der Sonnenuhr	GNOMON	Fußbank	HOCKER	ganz	GESAMT
Frostbeule	PERNIO			Fußgelenk	FESSEL	Garant	BUERGE
Frosterscheinung	HARSCH	Frühlingsblume	KROKUS	Fußgestell	PODIUM	Gardinenpredigt	SERMON
fruchtb. norddtsch. Ebene	BOERDE	frz. Buschwald	MAQUIS	Fußnote	GLOSSE	Gardinenstoff	ETAMIN
				Fußspur	TAPFEN		
fruchtbar	FERTIL	frz. u. ital.: Kino	CINEMA	Fußteil	BALLEN	Garn bündeln	DOCKEN
fruchtbares Weideland	MARSCH	führen	LEITEN	Fußwurzel	TARSUS	Garnele	GRANAT
		führen	LENKEN	Futter	FURAGE	Garnele	KRABBE
Frucht der Eiche	EICHEL	Führer der Roten Khmer	POLPOT	Futteral	HUELLE	Garnmaß	ZASPEL
				Futteral	KAPSEL	Garnrolle, -winde	HASPEL
Frucht der Rebe	TRAUBE			Futterbehälter	KRIPPE	Garnwickler	BOBINE
Fruchtform	SCHOTE	Füllen	FOHLEN	Futterstoff	KOEPER		
Fruchthülse	HUELSE	Füllung	INHALT	Futtertrog	KRIPPE	Garonne-Zufluß	ARIEGE
		fünfter amerikan. Präsident	MONROE	Gabelfrühstück	IMBISS	Gartenbohne	FISOLE
Fruchthülle	KAPSEL			Gabelhirsch	GABLER	Gartenpflanze	KRESSE
		fünfter Fastensonntag	JUDIKA	gängig	KURANT	gasförm. Brennstoff	AETHAN
Fruchthülle, Haut	SCHALE			Gänsekresse	ARABIS		

gasförm. Kohlenwasserstoff	METHAN
Gastgeberin	WIRTIN
Gastwirtschaft	KNEIPE
Gaukler	MAGIER
Gaul	MAEHRE
Gaunerwort für Falschgeld	BLUETE
Gazegewebe	ETAMIN
Gebälkträger	ATLANT
Gebärmutter	UTERUS
Gebärmutterhals	ZERVIX
Gebäudevorbau	BALKON
Geben auf Wechselseitigkeit	TAUSCH
Gebetsnische in der Moschee	MIHRAB
Gebiet	GEGEND
Gebiet, Landschaft	REGION
gebieten, herrschen	WALTEN
Gebieterin	HERRIN
Gebiet um den Nordpol	ARKTIS
Gebirge der Ostalpen	TAUERN
Gebirge im Nordostsibirien	KOLYMA
Gebirge in Sibirien	BUREJA
Gebirge in Thessalien	PELION
Gebirge südl. d. Kaspisch. Meeres	ELBURS
Gebirgsstock	MASSIV
Gebiß	ZAEHNE
geblümte Leinwand	DIAPER
gebogen, gewölbt	KONKAV
gebogene Hiebwaffe	SAEBEL
gebogener Nagel	KRAMPE
geborgen, ungefährdet	SICHER
Gebotsübertretung	SUENDE
gebräuchlich, üblich	USUELL
Gebrauch, Gepflogenheit	PRAXIS
Gebrechen	LEIDEN
Gebrechen	MANGEL
gebunden	LATENT
Geburt (mediz.)	PARTUS
Geburtsort Andersens	ODENSE
Geburtsort Haydns	ROHRAU
Geburtsstadt Petrarcas	AREZZO
Geck	FATZKE
Gedächtnisstütze	AGENDE
Gedeck	KUVERT
Gedichtart, -form	SPRUCH
Gedichtform	SONETT
gedrehte Schnur	KORDEL
Geduldsspiel	PUZZLE
gefährliche Lage	KRISIS
gefährliche Unternehmung	RISIKO
gefährliche Unternehmung	WAGNIS
Gefährte	KUMPAN
Gefährte	KUMPEL
Gefährte des Jason	NELEUS
Gefährte des Jeremias	BARUCH
gefällig	KULANT
Gefängnis, Gefängnisraum	KERKER
gefärbt	FARBIG
Gefäß	SCHAFF
Gefäßgeschwulst	ANGIOM
Gefahr	KRISIS
Gefahr, Wagnis	RISIKO
Gefahr f. Alpinisten	LAWINE
gefallsüchtig	KOKETT
gefangener Bürge	GEISEL
Gefiederwechsel	MAUSER
Gefilde der Asen	ASGARD
Gefilde der Seligen	HIMMEL
Geflecht (mediz.)	PLEXUS
geflochtene Schnur	KORDEL
geflügelte Liebesgötter	EROTEN
geflügeltes Wort	BONMOT
Gefolge	ANHANG
Gefolge	GELEIT
Gefolgsmann, Lehnsmann	VASALL
Gefolgsmann Karls d. Gr.	ROLAND
Gefrierschutzmittel	GLYKOL
Gefüge, Maserung	TEXTUR
gefügig machen	KIRREN
gefühllos, gefühlskalt	BRUTAL
Gefühlsbereich	GEMUET
gefühlskalt	FRIGID
Gefühlsüberschwang	PATHOS
gefülltes Kleingebäck	ECLAIR
Gegebenheit	FAKTUM
Gegebenheit, Zustand	STATUS
Gegebenheiten	FAKTEN
gegen	KONTRA
Gegenaktion	PAROLI
Gegenansage im Kartenspiel	KONTRA
Gegend	GEBIET
Gegensatz von Krieg	FRIEDE
Gegenschlag	KONTER
gegenseitig	MUTUAL
Gegenstand	OBJEKT
Gegenteil v. füllen	LEEREN
Gegenteil von Abend	MORGEN

Gegenteil von aktiv	PASSIV
Gegenteil von alles	NICHTS
Gegenteil von Ausland	INLAND
Gegenteil von Baisse	HAUSSE
Gegenteil von breit	SCHMAL
Gegenteil von Dynamik	STATIK
Gegenteil von Erlaubnis	VERBOT
Gegenteil von Ernst	SCHERZ
Gegenteil von Export	IMPORT
Gegenteil von fest	LOCKER
Gegenteil von frei	UNFREI
Gegenteil von hell	DUNKEL
Gegenteil von Herr	KNECHT
Gegenteil von Himmel	HOELLE
Gegenteil von Hitze	KAELTE
Gegenteil von Hölle	HIMMEL
Gegenteil von Import	EXPORT
Gegenteil von innen	AUSSEN
Gegenteil von krank	GESUND
Gegenteil von labil	STABIL
Gegenteil von Lauge	SAEURE
Gegenteil von links	RECHTS
Gegenteil von netto	BRUTTO
Gegenteil von oft	SELTEN
Gegenteil von Okzident	ORIENT
Gegenteil von Pech	GLUECK
Gegenteil von Prosa	POESIE
Gegenteil von scharf	STUMPF
Gegenteil von schwer	LEICHT
Gegenteil von stumpf	SCHARF
Gegenteil von Theorie	PRAXIS
Gegenteil von Trauer	FREUDE
Gegenteil von trocken	FEUCHT
Gegenteil von vorn	HINTEN
gegenwartsbezogen	MODERN
Gegenwehr	PARADE
Gegenwehr	PAROLI
Gegenwert, Währungsgeld	VALUTA
gegorener Agavensaft	PULQUE
gegorene Stutenmilch	KUMYSS
gehässig	ODIOES
Gehäuse	HUELLE
Gehäuse	KAPSEL
Gehalt, Lohn	SALAER
gehandelt Habender	TAETER
Gehege z. Einfangen wilder Tiere	KORRAL
geheim	LATENT
geheim	OKKULT
geheim	SEKRET
Geheimkult auf Haiti	WOODOO
geheimnisvoll	OKKULT
Gehilfe	HELFER
Gehirn v. Schlachttier	BREGEN
gehobenes Lebensgefühl	FREUDE
Gehörknöchelchen	AMBOSS
Gehörknöchelchen	HAMMER
Gehörn	GEWEIH
Gehstange	STELZE
Gehunfähigkeit	ABASIE
Geige	FIEDEL
Geigenteil	WIRBEL
Geißel der Einzeller	WIMPER
Geist	GENIUS
Geisteskranker	KRETIN
geistig	IDEELL
geistig	MENTAL
geistiger Wert	GEHALT
geistige Tätigkeit	DENKEN
geistig Tätiger	DENKER
geistl. Chorwerk	ANTHEM
Geistlicher	PASTOR
geistliches Preislied	HYMNUS
geistreicher Einfall	APERCU
gekrönter Herrscher	FUERST
gekrönter Herrscher	KOENIG
geladenes Atom	KATION
geländegängiges Kampffahrzeug	PANZER
Gelaß	GEMACH
gelbe Rübe	MOEHRE
gelbes Färbemittel, Gewürz	SAFRAN
gelbe Teichrose	MUMMEL
gelbgrüner Schmuckstein	EUKLAS
gelbl. Schmuckstein	ZITRIN
gelbrot	ORANGE
Geldaufnahme	KREDIT
Geldbehälter	BOERSE
Geld im Volksmund	LAPPEN
Geld im Volksmund	MAMMON
Geld leihen	BORGEN
Geldprägestätte	MUENZE
Geldstück	MUENZE
Geldsumme	BETRAG
gelegen	GENEHM
gelegen	ZUPASS
Gelegenheitsarbeiter	JOBBER
Gelegenheitsgedicht	KARMEN
Gelehrsamkeit, Kenntnis	WISSEN
gelehrte Abhandlung	STUDIE

Gelehrter	DOKTOR
Gelehrter am Hof Karls d. Großen	ALKUIN
Geleitzug	KONVOI
Geliebte, Geliebter	SCHATZ
Geliebter v. Aphrodite	ADONIS
Geliebter v. Dalila, Delila	SIMSON
Geliebter v. George Sand	CHOPIN
Geliebter v. George Sand	MUSSET
Geliebter v. Kleopatra	CAESAR
Geliebter v. Lady Hamilton	NELSON
Geliebte v. Eros	PSYCHE
Geliebte v. Tristan	ISOLDE
Geliebte v. Zeus	EUROPA
Gelierstoff	PEKTIN
geliertes Bombenbenzin	NAPALM
Gelingen	ERFOLG
gelockt	WELLIG
gelogen	UNWAHR
Gemäldeentwurf	SKIZZE
Gemäldesammlung in Paris	LOUVRE
gemäß	ANALOG
Gemeinde bei Zürich	KAPPEL
Gemeindehelfer	DIAKON
Gemeindevorsteher i. d. Schweiz	AMMANN
gemeinschaftlich	KOMMUN
Gemsenhorn	KRUCKE
gemütlich	KOMMOD
Gemütsbewegung	AFFEKT
Gemunkel	GEREDE
genau, streng	STRIKT
Genehmigung	LIZENZ
Genfer Reformator	CALVIN
Genick	NACKEN
Genickfänger (Jagd)	NICKER
genießbar	ESSBAR
Genosse	KUMPAN
Genosse, Mitinhaber	SOZIUS
geolog. Abtragungsschutt	FLYSCH
geolog. Formation	KARBON
geolog. Formation	KEUPER
geologische Formation	KREIDE
geordnete Truppenbewegung	MARSCH
georgische Königin	TAMARA
georgische Königin	THAMAR
gepflegt	ADRETT
Gepflogenheit	BRAUCH
Gepflogenheit, Handelsbrauch	USANCE
gerade, augenblicklich	SOEBEN
gerade dort	EBENDA
geradlinig	LINEAR
Gerät des Bergsteigers	PICKEL
Geräusch	SAUSEN
Gerberfett	DEGRAS
Gerbmittel	TANNIN
gerichtliche Entscheidung	STRAFE
Gerichtsschreiber	AKTUAR
Gerichtswesen	JUSTIZ
geringe Ausdehnung	KUERZE
geringgewichtig	LEICHT
gerissen	CLEVER
gerissen	LISTIG
german. Äsenheim	ASGARD
german. Fruchtbarkeitsgöttin	FREYJA
german. Frühlingsgöttin	OSTARA
german. Götterreich	ASGARD
german. Gott, Vater v. Mannus	TUISTO
german. Gott d. Frühlings	BALDUR
german. Gott d. Güte	BALDUR
german. Gott d. Lichtes	BALDUR
german. Liebesgöttin	FREYJA
german. Schicksalsgöttinnen	IDISEN
german. Stamm in NW-Europa	JUETEN
german. Zwergengestalt	DWALIN
gern, bereit	WILLIG
gern haben	LIEBEN
gern haben	MOEGEN
Geruchsverschluß	SIPHON
gerundeter Stein	KIESEL
Gesäß	STEISS
gesamt	GLOBAL
Gesamtaufnahme	TOTALE
Gesamtflotte	MARINE
Gesamtheit	GAENZE
Gesamtheit der Äste	GEAEST
Gesamtheit der Zähne	GEBISS
Gesamtwerk e. Künstlers	OEUVRE
Gesangsnummer	ARIOSO
Gesangspart	STIMME
Gesangsrolle einer Oper	PARTIE
Geschäft	HANDEL
Geschäft	METIER
Geschäftsbereich	SPARTE
Geschäftsbuch	KLADDE
Geschäftsgewinn	ERTRAG
Geschäftsordnung	STATUT

Geschäftspartner, Teilhaber	SOZIUS	Geschmacksrichtung	SALZIG	Gesetzgeber im alten Athen	DRAKON	Getreidereiniger	TRIEUR
Geschäftsraum	KONTOR	geschnittener Stein	GLYPTE	Gesichtsfalte, Hautfalte	RUNZEL	Getreide schneiden	MAEHEN
Geschäftsreisender	KOMMIS	geschnittenes Holz	BALKEN	Gesichtsknochen	KIEFER	Getreuer der dtsch. Sage	ECKART
Geschäftsstelle	KONTOR	geschnittenes Holz	LEISTE	Gesichtspunkt	ASPEKT	Getriebeteil	KURBEL
Geschäftsstelle	OFFICE	Geschoßteil	MANTEL	Gesichtspunkt	MOMENT	getrocknete Weinbeere	ROSINE
Geschäftsstille	FLAUTE	Geschütztyp	KANONE	Gesichtsschutz am Helm	VISIER	Gewächsteil	FRUCHT
Geschäftsträger	CHARGE	Geschütztyp	WERFER	Gesichtsteil	KIEFER	Gewächsteil	HUELSE
geschäftstüchtig	CLEVER	Geschwätz	BLABLA	Gesindel	BAGAGE	Gewährsmann	BUERGE
Geschäftsunkosten	SPESEN	Geschwätz, Salbaderei	SERMON	Gesindel, Geschmeiß	POEBEL	Gewährsmann	GARANT
Geschäftsvermittler	MAKLER	Geschwisterkind	KUSINE	gespeicherte Elektrizität	LADUNG	Gewässerrand	KUESTE
geschältes Getreidekorn	GRAUPE	Geschwisterkind	NICHTE	Gestäbe, Lattenzaun	STAKET	Gewalt ankündigen	DROHEN
Geschehnisfolge	ABLAUF	geschwollenes Gerede	TIRADE	Gestalt, Körperbau	STATUR	Gewaltherrscher	DESPOT
geschichteter Haufen	STAPEL	geselliger Kreis	CERCLE	Gestalt d. Nibelungensage	ATTILA	Gewaltherrscher, Zwingherr	TYRANN
Geschicklichkeitsspiel	MIKADO	geselliger Kreis	CORONA	gestalten	BILDEN	gewaltig	MASSIG
geschickt	CLEVER	geselliger Kreis	KORONA	gestalten	FORMEN	gewaltig, sehr groß	RIESIG
Geschirr-Lenkriemen	ZUEGEL	gesellschaftl., gemeinnützig	SOZIAL	gestaltlos	AMORPH	gewaltsam aneignen	RAUBEN
Geschlechtstrieb	LIBIDO	Gesellschaftshaus	KASINO	Gesteinshohlraum	HOEHLE	gewaltsam ausbuchten	BEULEN
geschliffen, gewetzt	SCHARF	Gesellschaftsinsel	MOOREA	Gesteinsstruktur	TEXTUR	Gewalttäter, -verbrecher	BANDIT
geschmackliche Richtung	BITTER	Gesellschaftsinsel	TAHITI	Gestell f. Fotoapparat	STATIV	gewalttätig	BRUTAL
Geschmacklosigkeit	KITSCH	Gesellschaftsspiel	MEMORY	Gestirnskonstellation	ASPEKT	Gewand d. Indios	PONCHO
		Gesellschaftsspiel	MUEHLE	gestreckte Flugbahn	RASANZ	Gewand d. Skisportler	ANORAK
				Gesuch	ANTRAG	Gewandspange	FIBULA
				Getreide	ROGGEN	gewandt	BEHEND
				Getreideart	WEIZEN	gewandt	CLEVER
				Getreideeiweiß	KLEBER	Gewebeart	GINGAN

Gewebeart	JERSEY
Gewebeart	KOEPER
Gewebeart	LEINEN
Gewebeart	NESSEL
Gewebebindung	KOEPER
Gewebebindung	LEINEN
Gewebeflüssigkeit	LYMPHE
Gewebe i. Leinwandbindung	NESSEL
Gewebezurichtung	APPRET
Gewehrteil	KOLBEN
Gewehrtyp	FLINTE
Geweihende	SPIESS
geweiht, heilig	SAKRAL
Geweihteil	STANGE
gewellt	LOCKIG
gewellte Haare	LOCKEN
Gewerbe	METIER
Gewerbezweig	HANDEL
gewerbl. Betrieb	FABRIK
Gewerk	INNUNG
Gewicht	BUERDE
gewichtig	SCHWER
Gewichtsklasse im Sport	BANTAM
Gewichtsklasse im Sport	LEICHT
Gewichtsklasse im Sport	MITTEL
Gewichtsklasse im Sport	WELTER
gewickelte Kopfbedeckung	TURBAN
Gewinderohrstück	NIPPEL
Gewinn	NUTZEN
gewinnen	SIEGEN
gewirkte Unterwäsche	TRIKOT
Gewißheit	WISSEN
Gewittererscheinung	DONNER
gewitzt, gewieft	SCHLAU
gewöhnlicher Wochentag	ALLTAG
Gewohnheit	BRAUCH
Gewohnheit	UEBUNG
gewohnheitsmäßig	USUELL
Gewürz	WUERZE
Gewürz, Gewürzpflanze	INGWER
Gewürz, Gewürzpflanze	KUBEBE
Gewürzpflanze	KRESSE
Gewürzständer	MENAGE
Gewürzwein	PUNSCH
geziertes Benehmen	GEHABE
gezogener Wechsel	TRATTE
Gibbon	HULOCK
Gießer	FORMER
Gießkopf	BRAUSE
Gießzapfen	ANGUSS
Gift der Bohne	PHASIN
Giftgras, Lolch	TWALCH
giftige Ausdünstung	MIASMA
giftiger Holunder	ATTICH
Gift im Kokastrauch	KOKAIN
Gift in d. Chinarinde	CHININ
Gigant	KOLOSS
Gilde	INNUNG
Gipfel	WIPFEL
Gipfel, Höhepunkt	SPITZE
Gipfel d. Finsteraarhorngruppe	MOENCH
gipfelwärts	BERGAN
Gischt	SCHAUM
Gittergewebe	ETAMIN
Gitterschlange, Netzschlange	PYTHON
glänzender Stoff	DAMAST
glänzendes Metall	SILBER
glätten	FEILEN
Glanz	GLORIE
Glanz, Gepränge	PRACHT
Glanzkattun	CHINTZ
Glanzleder	ECRASE
Glanzüberzug	GLASUR
glasartig	HYALIN
Glasmacherinsel bei Venedig	MURANO
Glas-Meteorit	TEKTIT
Glasopal	HYALIT
Glauben schenken	TRAUEN
Glaubensgemeinschaft	KIRCHE
gleich, unverzüglich	SOFORT
Gleichgewicht	BILANZ
Gleichgewichtslehre	STATIK
Gleichstromerzeuger	DYNAMO
Gleisgabelung	WEICHE
gleitend fliegen	SEGELN
Gleitschutz an Reifen	SPIKES
Gletscher am Monte Rosa	GORNER
Gletschereinschnitt	SPALTE
gliedern, ordnen	REIHEN
Gliederreißen	RHEUMA
Gliederung	AUFBAU
Gliedstaat von Malaysia	JOHORE
Gliedstaat von Malaysia	PENANG
Gliedstaat von Malaysia	PERLIS
Glockenturm d. Londoner Parlam.	BIGBEN
Glück	MASSEL
Glücksaussicht	AVANCE
Glücksfall	CHANCE
Glücksspiel	HASARD
glühend, sehr lebhaft	FEURIG
Gnom	KOBOLD

gönnerhaft	JOVIAL	Gotteshaus	KIRCHE	griech. Ägäis-Insel	LESBOS	griech. Göttin d. Weisheit	ATHENE
Goethe-Stadt	WEIMAR	Gottgläubiger	THEIST	griech. Ägäis-Insel	LIMNOS	griech. Göttin der Anmut	AGLAIA
Göttersage	MYTHOS	Gottlosigkeit	ASEBIE	griech.-amerikan. Sängerin	CALLAS	griech. Göttin der Gerechtigkeit	THEMIS
Göttersage	MYTHUS	Gottvertrauen	GLAUBE	griech. Baumnymphe	DRYADE		
Götterspruch	ORAKEL	Grabgerät	SPATEN	griech. Bergnymphe	OREADE	griech. Gott d. Fruchtbarkeit	HERMES
Göttertrank	NEKTAR	Grabheuschrecke	GRILLE	griech. Buchstabe	LAMBDA	griech. Gott d. Traumes	IKELOS
Götze	ABGOTT	Gram	KUMMER				
Goldauflage	DUBLEE	granitartig. Tiefengestein	SYENIT	griech. Fluß	NESTOS	griech. Gott der Diebe	HERMES
Goldbrasse	DORADE	graph. Anordnung	LAYOUT	griech.-franz. symbolist. Dichter	MOREAS	griech. Gott der Unterwelt	EREBUS
Goldgräber	DIGGER	graph. Gestaltungsentwurf	LAYOUT	griech. Friedensgöttin	EIRENE	griech. Gott des Ackerbaus	KRONOS
Goldklumpen	NUGGET						
Goldmakrele	DORADE	graph. Produkt	GRAFIK	griech. Fußsoldat	HOPLIT	griech. Gott des Handels	HERMES
Goldorange	AUCUBA	graph. Produkt	GRAVUR	griech. Gebirge	EPIRUS	griech. Gott des Nordwindes	BOREAS
Goldröschen	KERRIA	Grasart	ELYMUS	griech. Gebirge	PELION		
Goldwurz	AKELEI	Grasart, Sumpfpflanze	SCHILF	griech. Gebirge	PINDOS	griech. Gott des Schlafes	HYPNOS
Golfschlägerart	DRIVER			griech. Geschichtsschreiber	DIODOR		
Golfschlägerart	JIGGER	Gras schneiden	MAEHEN			griech. Hafenstadt	PYRGOS
Golfschlägerart	MASHIE	Grasschneider	MAEHER	griech. Götter-, Sagengestalt	TYPHON	griech. Insel	AEGINA
Golfschlägerart	PUTTER	Gratifikation	ZULAGE			griech. Insel	EUBOEA
		Grauen	GREUEL	griech. Götterbote	HERMES	griech. Kap	AKTIUM
Golfschlägerträger	CADDIE	grausamer Mensch	BARBAR	griech. Göttin d. Anmut	CHARIS	griech. Kykladeninsel	SIFNOS
Gorgo	STHENO	grausamer Mensch	BESTIE				
gotisch. Herrschergeschlecht	AMALER	grausamer Mensch	SADIST	griech. Göttin d. Anmut	THALIA	griech. Landschaft	ATTIKA
Gottesdienstordnung	AGENDE	Greisenalter	SENIUM	griech. Göttin d. Herdfeuers	HESTIA	griech. Landschaft	EPIRUS
Gottesdienstordnung	KULTUS	greiser griech. König	NESTOR				
		Grenzfall	EXTREM	griech. Göttin d. Unterwelt	HEKATE	griech. Lauteninstrument	BUSUKI
Gottesdienstordnung	RITUAL	griech. Ägäis-Insel	LEMNOS				

Clue	Answer
griech. Maler (4. Jh. v. Chr.)	NIKIAS
griech. Mathematiker	EUKLID
griech. Meeresgott	NEREUS
griech. Mondgöttin	SELENE
griech. Muse der Sternkunde	URANIA
griech. Nachtgöttin	HEKATE
griech. Naturgöttin	NYMPHE
griech. neuplatonisch. Philosoph	PLOTIN
griech. Nymphe	DAPHNE
griech. Nymphe	SYRINX
griech. Orakelstätte in Epiros	DODONA
griech. Philosoph	EUKLID
griech. Philosoph aus Samos	EPIKUR
griech. Rundbau	THOLOS
griech. Sänger	IBYKUS
griech. Sagengestalt	DANAOS
griech. Sagenkönig	AUGIAS
griech. Schicksalsgöttin	KLOTHO
griech. Schicksalsgöttinnen	MOIREN
griech. Sonnengott	HELIOS
griech. Sporadeninsel	PATMOS
griech. Sporadeninsel	RHODOS
griech. Sporadeninsel	SKYROS
griech. Sporadeninsel	THASOS
griech. Titanin	PHOEBE
griech. Totenführer	HERMES
griech. Trinkschale	PHIALE
griech. Unterwelt	EREBUS
griech. Vorsilbe: geheim	KRYPTO
griech. Waldnymphe	DRYADE
griech. Wassernymphe	NAJADE
griech. Weinmischkrug	KRATER
griech. Wildziege	BEZOAR
griech. Zauberin	HEKATE
Griechen bei Homer	DANAER
Griechenland	HELLAS
Griff	HALTER
Griff	HENKEL
Grille, Zirpe	ZIKADE
grob	BARSCH
grob	RUPPIG
grob	UNFEIN
grob, roh	RABIAT
grobe Feile	RASPEL
grobes Gewebe	NESSEL
grobes Jutegewebe	RUPFEN
grobgemahlenes Getreide	GRIESS
grob gemahlenes Getreide	SCHROT
gröhlen	JOHLEN
Größe bestimmen	MESSEN
Größenverhältnis	FORMAT
größte austral. Stadt	SYDNEY
größte d. Äolischen Inseln	LIPARI
größte deutsche Stadt	BERLIN
größte kanad. Provinz	QUEBEC
größte Karolineninsel	PONAPE
größter austral. Strom	MURRAY
größter hinterind. Strom	MEKONG
größte Samoa-Insel	SAVAII
großartig	FEUDAL
großblütiger Zierbaum	MISPEL
Großbuchstabe	VERSAL
große Hohlkugel	BALLON
große Rosine	ZIBEBE
großes Tor	PORTAL
Großgrundbesitzer	MAGNAT
Großhandel	ENGROS
Großindustrieller	MAGNAT
großmütig	GUETIG
Großzehe	HALLUX
großzügig	KULANT
grotesk	BIZARR
Grotte	HOEHLE
Grubengas	METHAN
grübeln, nachdenken	SINNEN
Gründelwal	NARWAL
Gründer d. Roten Kreuzes	DUNANT
Gründer der Methodisten	WESLEY
Gründer des Dtsch. Museums	MILLER
Gründer des Jesuitenordens	LOYOLA
Gründünger	LUPINE
Grüne Insel	IRLAND
grüner Schmuckstein	JADEIT
Grünfutter	LUPINE
grünliches Mineral	EPIDOT
Grünrock	JAEGER
Grünstein	DIABAS
Gruft	KRYPTA
Grundgesetz	CHARTA
Grundlage	FUNDUS
Grundmauer, Unterbau	SOCKEL
Grundsatz	MAXIME
Grundstück	FUNDUS
Grundstücksvermittler	MAKLER

Grundton der Tonleiter	TONIKA	gutes Ergebnis	ERFOLG	Hafenstadt am Schwarzen Meer	BATUMI	Haftfaden der Muschel	BYSSUS
		Guthaben	KREDIT			Hagens Beiname	TRONJE
Grund und Boden	FUNDUS	Gutschrift, Preisnachlaß	SKONTO	Hafenstadt auf d. Peloponnes	PATRAS	Hahnenfußgewächs	AKELEI
Grundzahl einer Potenz	WURZEL	Gymnasialklasse	QUARTA	Hafenstadt auf Hondo (Japan)	NUMASU	Haken	KRAMPE
Gruppentanz	REIGEN	Gymnasialklasse	QUINTA			Halbaffe	MONGOZ
Grußform	KNICKS	Gymnasialklasse	TERTIA	Hafenstadt auf Korsika	BASTIA	Halbinsel auf Rügen	WITTOW
günstige Gelegenheit	CHANCE	Haarausschnitt kathol. Geistlich.	TONSUR	Hafenstadt auf Neuguinea	MADANG	Halbinsel in Westalaska	SEWARD
günstiges Ereignis	ERFOLG	Haarkünstler	FIGARO	Hafenstadt auf Sizilien	AGOSTA	Halbinsel von Cornwall	LIZARD
Gürtel, Gurt	KOPPEL	Haarschnitt	FASSON			Halbmond	SICHEL
Gürtel, Ledergurt	RIEMEN	Haartracht	FRISUR	Hafenstadt auf Sizilien	CEFALU	halbrunder Raum	EXEDRA
Gürtel, Schuhschließe	SPANGE	Haartracht	KNOTEN	Hafenstadt der VR	MATADI	Halbschlaf	DOESEN
Gürtellinie, Hüftumfang	TAILLE	Habe	BESITZ	Hafenstadt in Delaware (USA)	CAMDEN	Halbseide	BURAIL
		habgieriger Mensch	RAFFKE			Halde	ABHANG
Güster (Tier)	BLICKE	Habichtsinseln	AZOREN	Hafenstadt in Feuerland	RAWSON	Halsbekleidung	KRAGEN
Güteraustausch	HANDEL	Habsüchtiger	RAFFER	Hafenstadt in Minnesota (USA)	DULUTH	Halsentzündung	ANGINA
Gummifadengewebe	LASTEX	Hackbrett	ZIMBAL			Halskrause	FRAESE
Gummiharz	MYRRHE	Hackbrett, Musikinstrument	CYMBAL	Hafenstadt in Norwegen	BERGEN	Halskrause	KROESE
Gummischutz beim Koitus	KONDOM	Hacke, Hacken	ABSATZ	Hafenstadt in Pakistan	GWADAR	Halsschleife	FLIEGE
		Hader	LUMPEN			Halsteil	GENICK
Gurt	KOPPEL	Häkchen	HAFTEL	Hafenstadt in Panama	BALBOA	Halsteil	NACKEN
Gurt, Lederstreifen	RIEMEN	Häuservermittler	MAKLER			Halswirbel	WENDER
		Hafenboot, -schiff	KUTTER	Hafenstadt in Saudi-Arabien	DAMMAM	haltbar, dauerhaft	STABIL
Gußbarren	MASSEL	Hafenstadt am Golf von Salerno	AMALFI			Halunke	GAUNER
Gut	BESITZ			Hafenstadt in Schottland	DUNBAR	Hamburger Reeder	BALLIN
Gutachten	ATTEST	Hafenstadt am Kasp. Meer	GURJEW	Hafenstadt in Thailand	PHUKET	Hamburger Wahrzeichen	MICHEL
Gutachten	KRITIK						
gut dehnbar	DUKTIL	Hafenstadt am Pers. Golf	ABADAN	Haft	ARREST	Hamitenstamm, -volk	WAHUMA
guter Bekannter	FREUND			Haft	KERKER	Hamitenvolk	BERBER

hamstern	HORTEN	Handwerk	GEWERK	Haubenpapagei	KAKADU	Hauptst. des Departem. Aude	TROYES
Handarbeit	NAEHEN	Handwerker	MAURER	Haubentaucher	DUCKER		
Handarbeiten	WERKEN	Handwerkervereinigung	INNUNG	Hauch	ANFLUG	Hauptst. v. Äquatorial-Guinea	MALABO
Handballspielbeginn	ANWURF			Hauch	PNEUMA		
Handbewegung	WINKEN	Handwerkszeug	BOHRER	Hauptbalken d. Dachstuhls	BINDER	Hauptst. v. Obersavoyen	ANNECY
Handelnder	AKTEUR	Handwerkszeug	HAMMER	Hauptfluß d. Mandschurei	LIAUHO	Hauptstadt Assyriens	NINIVE
Handelsmakler	SENSAL	Hansestadt	BREMEN	Hauptfluß Makedoniens	VARDAR	Hauptstadt d. Kantons Wallis	SITTEN
Handelsplatz	BOERSE	Happen	BISSEN				
Handfeuerwaffe	GEWEHR	Haremswächter	EUNUCH	Hauptfluß von Böhmen	MOLDAU	Hauptstadt d. US-Staats New York	ALBANY
		Harke	RECHEN	Hauptgeschäftszeit	SAISON		
Handgepäck	KOFFER	Harm	KUMMER			Hauptstadt der Bahamas	NASSAU
		Harnleiter	URETER	Hauptinsel von Kiribati	TARAWA		
Handglied	DAUMEN	Harnröhrensonde	BOUGIE			Hauptstadt der Herzegowina	MOSTAR
Handglied	FINGER	Harnverhaltung	ANURIE	Hauptort d. Cook-Inseln	AVARUA		
Handgriff	BUEGEL	harren	WARTEN			Hauptstadt der Komoren	MORONI
Handgriff	HENKEL	hartes Eruptivgestein	GRANIT	Hauptort der Bretagne	RENNES		
Handhabe	MITTEL			Hauptort von Bornholm	ROENNE	Hauptstadt der Republik China	TAIPEH
Handhabung, Verfahren	PRAXIS	Hartgeld	MUENZE				
		Hartgummi	EBONIT	Hauptort von Sokotra	HADIBU	Hauptstadt der Türkei	ANKARA
Handinnenfläche	TELLER	Hartholz	MAKORE				
Handlung	AKTION	hartschalige Frucht	MANDEL	Hauptreisezeit	SAISON	Hauptstadt des Irak	BAGDAD
Handlungsgehilfe	COMMIS	Hartwurst, Dauerwurst	SALAMI	Hauptsache	POINTE	Hauptstadt des Libanon	BEIRUT
Handlungsgehilfe	KOMMIS			Haupst. d. franz. Depart. Somme	AMIENS	Hauptstadt v. Anjou	ANGERS
		Harz	MASTIX				
Handmähgerät	SICHEL	Haschisch rauchen	KIFFEN	Hauptst. d. Kantons Obwalden	SARNEN	Hauptstadt v. Eritrea	ASMARA
Handpflegemittel	BALSAM	Hasenhinterlauf	SPRUNG				
Handteil	BALLEN	Hasenpanier	FLUCHT	Hauptst. d. Volksrepublik China	PEKING	Hauptstadt v. Neukaledonien	NOUMEA
Handteil	FINGER	Hasenweibchen	HAESIN				
Handturngerät	HANTEL	Hase-Zufluß	VECHTA	Haupst. d. Zentralafrik. Rep.	BANGUI	Hauptstadt v. South Dakota	PIERRE
Handturngerät	REIFEN	Haspelgarn	STRANG				
Handwagen	KARREN	hasten	HETZEN			Hauptstadt v. Tansania	DODOMA
Handwaschgefäß	LAVABO	Haube	MUETZE				

Hauptstadt von Alaska	JUNEAU	Hauptstadt von Mähren	BRUENN	Hauptstadt von Tuvalu	VEIAKU	Heidelberger Hofnarr, Zwerg	PERKEO
Hauptstadt von Angola	LUANDA	Hauptstadt von Makedonien	SKOPJE	Hauptstern im Großen Hund	SIRIUS	heidn. Prophet in der Bibel	BILEAM
Hauptstadt von Bahrain	MANAMA	Hauptstadt von Mali	BAMAKO	Hausangestellter	DIENER	heidn. Zauberer	THEURG
Hauptstadt von Bhutan	THIMBI	Hauptstadt von Massachusetts	BOSTON	Hauseingang	PFORTE	heil	GESUND
Hauptstadt von Birma	RANGUN	Hauptstadt von Monaco	MONACO	Hausrat	MOEBEL	Heilbad	KURORT
Hauptstadt von Colorado (USA)	DENVER	Hauptstadt von Montana (USA)	HELENA	Haut	HUELLE	Heilbad im Spessart	BADORB
Hauptstadt von Dominica	ROSEAU	Hauptstadt von Mosambik	MAPUTO	Hauteinriß	FISSUR	Heilbad im Vogtland	ELSTER
Hauptstadt von Gambia	BANJUL	Hauptstadt von Niger	NIAMEY	Hautflügler	AMEISE	Heilige, Patronin von Köln	URSULA
Hauptstadt von Georgien	TIFLIS	Hauptstadt von Oman	MASKAT	Hautpickel	PUSTEL	Heilige d. Kirche	HEDWIG
Hauptstadt von Großbritannien	LONDON	Hauptstadt von Pandschab	LAHORE	Hautpustel	PICKEL	Heilige d. Kirche	HELENA
Hauptstadt von Guinea-Bissau	BISSAU	Hauptstadt von Ruanda	KIGALI	Hauwerkzeug	HAMMER	Heilige d. Kirche	THEKLA
Hauptstadt von Kamerun	JAUNDE	Hauptstadt von Rußland	MOSKAU	Hawaii-Insel	NIIHAU	Heilige der Kirche	AGATHA
Hauptstadt von Kanada	OTTAWA	Hauptstadt von Sambia	LUSAKA	Hebevorrichtung	AUFZUG	Heilige der Kirche	MONIKA
Hauptstadt von Kansas (USA)	TOPEKA	Hauptstadt von Simbabwe	HARARE	hebr. Dichter	BIALIK	Heiligenschein	KORONA
Hauptstadt von Kolumbien	BOGOTA	Hauptstadt von Taiwan	TAIPEH	hebr.: Armut, Geldnot	DALLES	Heiligenschein	NIMBUS
Hauptstadt von Lakonien	SPARTA	Hauptstadt von Tasmanien	HOBART	hebr.: Dieb, Gauner	GANEFF	Heiliger, Apostel Bayerns	RUPERT
Hauptstadt von Lesotho	MASERU	Hauptstadt von Texas (USA)	AUSTIN	hebr.: junger Jude	BOCHER	Heiliger, Bischof von Sevilla	ISIDOR
Hauptstadt von Lolland	MARIBO	Hauptstadt von Thüringen	ERFURT	Hebriden-Insel	STAFFA	Heiliger, Mann von Maria	JOSEPH
				Hechtalligator	KAIMAN	Heiliger, Missionar der Franken	PIRMIN
				Hechtbarsch	ZANDER	Heiliger, Nothelfer	ROCHUS
				Heerfahne	PANIER	Heiliger aus Aquino	THOMAS
				Hefe	BAERME	heiliger Berg in Tibet	KAILAS
				heftig	HITZIG		
				heftige Erregung	AFFEKT		
				Hege	PFLEGE		
				hehr, erhaben, verfeinert	SUBLIM		

Heiliger d. Kirche					
Heiliger d. Kirche	GREGOR	Heinzelmännchen	KOBOLD	Herbstblume	DAHLIE
Heiliger d. Kirche	KOSMAS	heiße Springquelle	GEISER	Heringsfangboot, -schiff	LOGGER
Heiliger d. Kirche	MARTIN	heiße Zone	TROPEN	Hering (zool.)	CLUPEA
Heiliger der Kirche	PAULUS	heiß machen	HEIZEN	Herkunft, Ursprung	QUELLE
Heiliger der Kirche	PETRUS	heiter	LUSTIG	Herr auf italienisch	SIGNOR
Heiliger der Kirche	WENZEL	heiter	MUNTER	Herr auf portugiesisch	SENHOR
		heiter	SONNIG		
heiliger Strom in Indien	GANGES	Heiterkeitsausdruck	LACHEN	Herr auf türkisch	EFENDI
heiliges Buch des Parsismus	AWESTA	Heizmaterial	ERDGAS	Herrenklubjacke	BLAZER
		Heldin des Alten Testaments	JUDITH	Herrentier	PRIMAT
heilige Schrift d. Parsismus	AVESTA	Helfer d. Inneren Mission	DIAKON	Herrin, Äbtissin	DOMINA
				Herrlichkeit	GLORIE
Heiligtum, Gotteshaus	TEMPEL	Helfer in der Not	RETTER	Herrschaft	GEWALT
Heiligtum d. alten Griechen	DELPHI	Helfershelfer	HEHLER	Herrschaft	HOHEIT
heilkundiger Kentaur	CHIRON	helles Glöckchen	BIMMEL	Herrschaft, Regierung	REGIME
		Helmbiene	DROHNE	herrschaftl. Diener	BUTLER
Heilmittel	ARZNEI	Helmschmuck	ZIMIER	herrschaftlich	FEUDAL
Heilpflanze	ENZIAN	Hemdteil	KRAGEN	Herrscher	DYNAST
Heilpflanze	IBISCH	Hemmvorrichtung	BREMSE	Herrscher, Herrschertitel	KOENIG
Heilpflanze	KASSIA	Henkergerüst	GALGEN		
Heilpflanze, Würzkraut	SALBEI	Henkerseil	STRANG	Herrscherstab	ZEPTER
Heil- und Pflegeanstalt	SPITAL	Henkerseil, Strang	STRICK	Herrschertitel	KAISER
Heim	KRIPPE	herab	NIEDER	herrschsüchtiger Mensch	DESPOT
Heimat des hl. Franziskus	ASSISI	herabstürzender Schnee	LAWINE	herrschsüchtiger Mensch	TYRANN
Heimchen	GRILLE	herannahen	KOMMEN		
heimlich	LATENT	Herausgeber	EDITOR	hervorbringen	ZEUGEN
heimtückisch, treulos	PERFID	herbei, heran	EINHER	Herzvorhof	ATRIUM

hess. Kurort, Badeort	VILBEL		
hess. Stadt an d. Fulda	KASSEL		
hess. Stadt an der Bergstraße	LORSCH		
Heulwolf	KOJOTE		
Heuschober, Holzschuppen	STADEL		
Heutrockengestell	REUTER		
Hexenbesen	MISTEL		
Hibiskus	IBISCH		
Hieb, Coup	SCHLAG		
Hilfsgeistlicher	DIAKON		
Hilfsgeistlicher	KAPLAN		
Hilfszeitwort	SOLLEN		
Himalaja-Bergstamm	SHERPA		
Himalaja-Gipfel	LHOTSE		
Himalaja-Staat	BHUTAN		
Himmelspförtner	PETRUS		
Himmelsrichtung	NORDEN		
Himmelsrichtung	SUEDEN		
Himmelsrichtung	WESTEN		
Himmelsschlüssel	PRIMEL		
Hindernis	HUERDE		
Hindernis	VERHAU		
Hindernis b. Pferdesport	GATTER		
hinduist. Gottheit	BRAHMA		
hinduist. Hauptgottheit	SCHIWA		

Hindu-Name f. Indien	BHARAT	Hochgebirgsblume	ENZIAN	höchster Berg in d. Türkei	ARARAT	holländ. Fischereifahrzeug	DOGGER
Hinterbliebener	WITWER	Hochgrasebene in Südamerika	LLANOS	höchster Grad	EXTREM	holländ. Käse	EDAMER
hinteres Körperende	STEISS			höchster Punkt	GIPFEL	holländ. Maler	MABUSE
		hochheben	HIEVEN	Höchstleistung, -wert	REKORD	holländ. Rheinarm	IJSSEL
hinterhältig, tükkisch	PERFID	hochheben	LIFTEN			Holunder	HOLDER
				Höchststufe	ELATIV	Holunder	HOLLER
Hinterlist, Machenschaft	RAENKE	Hochland in Äthiopien	AMHARA	Höchstwert	SPITZE	Holzbehälter	BUETTE
Hinterrhein-Zufluß	ALBULA	Hochland in Kaschmir	LADAKH	Höcker	BUCKEL	Holzbehälter	KASTEN
				höfischer Tanz	PAVANE	Holzblasinstrument	FAGOTT
Hintertreffen, Rückstand	VERZUG	Hochland in Vorderindien	DEKHAN	höflich	GALANT	Holzblasinstrument	FLOETE
		Hochofenbeschikkung	CHARGE	Höflichkeitsbezeugung	KNICKS	Holzbohle	BALKEN
Hinterziehung	BETRUG						
hinweisen auf	DEUTEN	Hochschullehrer	DOZENT	Höhenkreis	AZIMUT	Holzmeßgerät	KLUPPE
Hinweiser	ZEIGER			Höhenlage	NIVEAU	Holzrohrpflanze	BAMBUS
Hirnflüssigkeit	LIQUOR	Hochschullehrer	LEKTOR	Höhepunkt	KLIMAX	Holzstoff	LIGNIN
Hirschkuh	HINDIN			Höhepunkt	KRISIS	Holzstoß des Köhlers	MEILER
Hirtenflöte	SYRINX	Hochschulleiter	REKTOR	höhere Schule	LYZEUM		
Hirtenlied	EKLOGE	Hochschulreife	MATURA			Holztäfelung	PANEEL
Hirtenlied	IDYLLE			Höllenfürst, Satan	TEUFEL	Holzweg	IRRWEG
Hirtenvolk	LAPPEN	Hochseefisch	HERING			Holzzaun	GATTER
Hirtenvolk in Ruanda	BAHUTU	Hochsitz d. Jägers	KANZEL	hölzernes Gefäß	KUEBEL	Holzzucker	XYLOSE
Hitze, physikalische Energie	WAERME	hochwuchten	HIEVEN	hörbare Luftschwingungen	SCHALL	Honigsaft	NEKTAR
						Horizont	NIVEAU
		Hochzeit	HEIRAT	Hörempfindung	SCHALL	Hormonabsonderung im Körper	INKRET
hitzig	FURIOS	hocken	KAUERN				
Hobbyfischer	ANGLER	Hoden (mediz.)	TESTES	Hörnchen	KIPFEL		
Hobelabfall	SPAENE	höchstbegabt	GENIAL	Hoferbe	ANERBE	Hornhaut	CORNEA
				hoffendes Verlangen	WUNSCH	Hornhautnarbe	LEUKOM
Hochbetrieb	RUMMEL	höchster Beamter im alten Athen	ARCHON			Hornvieh	BOVIDE
Hochbild	RELIEF			Hoheitszeichen	EMBLEM	Horror	GRAUEN
Hochebene im Sudan	DARFUR	höchster Berg der Hardt	KALMIT	Hoheitszeichen	FLAGGE	Hort, kostbarer Besitz	SCHATZ
Hochebene in Spanien	MESETA	höchster Berg im Kaukasus	ELBRUS	Hohltier, Nesseltier	QUALLE	Hospital	SPITAL
						Hostie	OBLATE
Hochgebirge in Tibet	DANGLA			Hohlzylinder	BUCHSE	Hostienteller	PATENE
						Hotelhalle	LOUNGE

Hottentotten-Hütte	PONTOK	Hunnenkönig	ATTILA	in Bestform	TOPFIT	indisch. Phallussymbol	LINGAM
Hottentotten-Stamm	KORANA	Husarenjacke	ATTILA	ind. Großkaufmann	BANJAN	indisch. Politiker, Staatsmann	GANDHI
hübsch	SCHOEN	Husarenmütze	KALPAK	ind. Stadt am Hugli	HOWRAH	indisch. Religionsstifter	BUDDHA
Hüfthalter	MIEDER	Hustenmittel	KODEIN	ind. Stadt in Madhja Pradesh	NAGPUR	indisch. Staat im Himalaja	SIKKIM
Hühnerauge	CLAVUS	Hutrand	KREMPE	indian. Pfeilgift	CURARE	indisch. Stadt	BARELI
Hühnerhund	SETTER	Hypnose, Entrücktheit	TRANCE	Indianereinbaum	PIROGE	indisch. Stadt	BARODA
Hülle, Hülse	MANTEL	iberischer Prinzentitel	INFANT	Indianerstamm, -sprache	SENEKA	indischer Gelehrtentitel	PANDIT
Hülle aus Ei und Bröseln	PANADE	Ichmensch	EGOIST	Indianerzelt	WIGWAM	indischer Staat	MADRAS
Hünenstein	DOLMEN	Idol	ABGOTT	indianisch. Gott	MANITU	indischer Unionsstaat	KERALA
Hünenstein	MENHIR	Idol	GOETZE	indianisch. Pfeilgift	KURARE	indische Schrift, Sprache	BIHARI
humoristisch, humorvoll	LAUNIG	Ijssel-Zufluß	BERKEL	Indigofarbe	ANILIN	indische Schrift, Sprache	TELUGU
hundeartiges Raubtier	KOJOTE	illegal. Datenbankbenutzer	HACKER	indisch. Dichter, Philosoph	TAGORE	indische Staatschefin	GANDHI
Hundekrankheit	RAEUDE	Illusion, Täuschung	SCHEIN	indisch. Erzählwerk	PURANA	indische Stadt am Bengal. Golf	ORISSA
Hundekrankheit	STAUPE	Illusion, Unwirklichkeit	UTOPIE	indisch. Feigenbaum	BANIAN	indische Stadt am Ganges	KANPUR
Hundelaute	BELLEN	Imbiß	BISSEN	indisch. Fluß	GANGES	indische Stadt in Bihar	RANCHI
Hundelaute	GEBELL	im Flug geschlagener Ball	VOLLEY	indisch. Fluß in Madras	KAWERI	indische Stadt in Madhya Pradesh	BHOPAL
Hunderasse	BEAGLE	im ganzen	INTOTO	indisch. Gottheit	KUBERA	indische Stadt in Madhya Pradesh	INDORE
Hundezwinger	KENNEL	im großen	ENGROS	indisch. Hafen am Bengal. Golf	MADRAS	indische Stadt in Rajasthan	JAIPUR
Hundskopfaffe	ANUBIS	im Kreis bewegen	DREHEN	indisch. Hafenstadt	BOMBAY	indische Stadt in Uttar Pradesch	RAMPUR
Hundskopfaffe	BABUIN	Immergrün	MISTEL	indisch. Krokodil	GAVIAL		
Hundskopfaffe	BUNDER	immun	GEFEIT	indisch. Nationalspiel	CARROM		
Hundskopfaffe	HULMAN	im Ofen garen	BACKEN	indisch. Panzerechse	GAVIAL		
Hundskopfaffe	PAVIAN	imstande	FAEHIG				
Hundsstern	SIRIUS	in Bausch und Bogen	ENBLOC				
Hungerkur	FASTEN	Inbegriff	INHALT				
hungern	DARBEN	Inbegriff des Bösen	TEUFEL				

indische Stadt in Uttar Pradesh	MEERUT	Infant von Spanien	CARLOS	Insel im Zürichsee	UFENAU	iranisch. Hafenstadt	ABADAN
indische Volksgruppe	BIHARI	Infektionskrankheit	GRIPPE	Inselstaat im östl. Mittelmeer	ZYPERN	iranische Stadt am Elburs	GORGAN
indischpakistan. Fünfstromland	PUNJAB	Infektionskrankheit	MASERN	Inselstadt im Bodensee	LINDAU	irgendeiner	JEMAND
Indogermane	ROMANE	Infektionskrankheit	POCKEN	Insel v. Äquatorialguinea	PAGALU	irisch. Berg	NEPHIN
indones. Berg	MAKIAN	Infektionskrankheit	TYPHUS	Insel vor Neapel	ISCHIA	irisch. Dramatiker	OCASEY
indones. Fluß	BARITO	Influenza	GRIPPE	Insel vor Pommern	RUEGEN	irisch. Fluß	BARROW
indones. Frauengewand	SARONG	in Gedanken	MENTAL	Insel vor Sizilien	LIPARI	irisch. Fluß	SLANEY
indones. Hafenstadt auf Sumatra	PADANG	in großen Mengen	ENGROS	Insel vor Sizilien	USTICA	irisch. Fluß in Leinster	LIFFEY
indones. Insel	BANGKA	Inhaltsangabe	EXPOSE	in Sicherheit bringen	BERGEN	irisch. Geheimbund	FENIER
indones. Insel	BANGKA	in jener Zeit	DAMALS	inständiges Bitten	FLEHEN	irisch. Missionar der Alemannen	GALLUS
indones. Insel	BORNEO	Innenhof	ATRIUM	intensiv lernen	PAUKEN	irisch. Missionar der Franken	KILIAN
indones. Inselgruppe	BUTUNG	innerasiat. Gebirge	KUNLUN	Interesse	BELANG		
indones. Insel vor Java	MADURA	innerer Wert, Seelenadel	WUERDE	Internatszögling	ALUMNE	irisch. Nobelpreisträger	WALTON
		innere Überzeugung	GLAUBE	Intrige	KABALE		
indones. Singvogel	DRONGO	innerhalb	BINNEN	inwendig	INTERN	irisch. Physiker (Nobelpreis)	WALTON
indones. Stadt	KUPANG	innerlich	INTERN	Ionische Insel	LEFKAS		
indones. Stadt in Java	MAIDUN	Innung	GEWERK	ir.-engl. Schriftsteller	STEELE	irisch. Politiker, Staatspräsid.	OKELLY
		Insekt	FALTER				
		Insekt	FLIEGE	irakische Stadt	KIRKUK		
indones. Stadt in Ostjava	KEDIRI	Insekt, Gliedertier	SPINNE	iran. Kaukasusbewohner	OSSETE	irisch. Popsänger	GELDOF
indones. SundaInsel	LOMBOK	Insektenlarve	NYMPHE	iran. Stadt	SHIRAZ	irische Hauptstadt	DUBLIN
		Insektenordnung	KAEFER	iran. Stadt	TABRIZ	irischer Philosoph	TOLAND
indones. Vulkan auf Java	MERAPI	Insel	EILAND	iran. Stadt am Kaspisch. Meer	RESCHT		
		Insel bei Sumatra	BANGKA			irischer Politiker, Staatsmann	VALERA
indones. Währung	RUPIAH	Insel bei Trinidad	TOBAGO	Iraner	PERSER		
Indossant	GIRANT	Insel des Odysseus	ITHAKA	iranisch. Gebirge	ELBURS	irischer Sagenheld	FINGAL
Industriebetrieb	FABRIK	Inseleuropäer	KRETER	iranisch. Gebirge	ZAGROS		
infam	EHRLOS						
infam	GEMEIN						

irisch-keltischer Sagenheld	OSSIAN
Irisgewächs	KROKUS
Irokesenstamm	MOHAWK
ironische Dichtung	SATIRE
Irrgläubiger	KETZER
Irrtum	FEHLER
Irtysch-Zufluß	ISCHIM
Isar-Zufluß	JACHEN
isländische Springquelle	GEYSIR
islam. Gebetsteppich	MIHRAB
islam. Historiker	TABARI
islam. rituelle Waschung	TAHARA
islamisch. Fest	BAIRAM
islamisch. Lehrbuch	HADITH
islamisch. Stadt, Stadtteil	MEDINA
islamisch. Wallfahrtsort	MEDINA
islamische Sekte	DRUSEN
islamisch: Schicksal	KISMET
israel. Autor (Nobelpreis)	SINGER
israel. Chansonsänger	OFARIM
israel. humorist. Schriftsteller	KISHON
israel. Politiker	SHAMIR
israel. Staatspräsident	HERZOG
israelisch. Kollektiv	KIBBUZ
israelisch. Münze	AGOROT
israelische Amtssprache	IWRITH
israelische Stadt	HADERA
israelit. Politiker	BENZWI
israelitisch. Stamm	JOSEPH
israelitisch. Stamm	SIMEON
israelitisch. Stammvater	JAPHET
israelitische Stamm	REUBEN
ital. Adelsfamilie	BORGIA
ital. Adriahafen	ANCONA
ital. Adria-Seebad	PINETO
ital. Barockdichter	MARINO
ital. Berg bei Viterbo	CIMONE
ital. Bez. für Moll	MINORE
ital. Bildhauer	CANOVA
ital. Bildhauer (16. Jh.)	RICCIO
ital. Designer	COLANI
ital. Dichter	ARIOST
ital. Dirigent	ABBADO
ital. Frauenname	BIANCA
ital. Frauenname	CATINA
ital. Frauenname	EDITTA
ital. Frauenname	GIULIA
ital. Frauenname	TERESA
ital. Frauenname	VERENA
ital. Gebirgstruppe	ALPINI
ital. Geigenvirtuose (18. Jh.)	VIOTTI
ital. Hafen in Kalabrien	REGGIO
ital. Hochruf	EVVIVA
ital. Insel-Badeort	ISCHIA
ital. Jazzbandleader	RUGOLO
ital. Journalist (Nobelpr.)	MONETA
ital. Komponist	BUSONI
ital. Kugelspiel	BOCCIA
ital. Kurort am Lago Maggiore	STRESA
ital. Männername	ADOLFO
ital. Männername	AMADEO
ital. Männername	ARTURO
ital. Männername	BENITO
ital. Männername	EMILIO
ital. Männername	ERMANO
ital. Männername	FELICE
ital. Männername	GIULIO
ital. Männername	NICOLA
ital. Maler, Schriftsteller	VASARI
ital. Maler u. Bildhauer	MARINI
ital. Mittelmeer-Insel	LINOSA
ital. Name d. Eisack	ISARCO
ital. Name des Tessin	TICINO
ital. Name f. Mailand	MILANO
ital. Name v. Dubrovnik	RAGUSA
ital. Name v. München	MONACO
ital. Name v. Neapel	NAPOLI
ital. Name von Brac	BRAZZA
ital. Name von Genua	GENOVA
ital. Name von Kreta	CANDIA
ital. Paß zum Etschtal	MENDEL
ital. Polarflieger	NOBILE
ital. Politiker	CAVOUR

ital. Popsängerin	PAVONE
ital. Reiseschriftsteller	PAVESE
ital. Renaissancemaler	SODOMA
ital. Renaissance-Philosoph	FICINO
ital. Riviera-Seebad	SAVONA
ital. Rokoko-Maler	LONGHI
ital. Romanschriftsteller	MORAVA
ital. Schauspielerin	MORENO
ital. Schauspielerin	ZADORA
ital. Schriftsteller	TOMASI
ital. Seebad an der Adria	RIMINI
ital. sozialkritisch. Dichter	SILONE
ital. Stadt am Alpenrand	VARESE
ital. Stadt am Mincio	MANTUA
ital. Stadt an d. Adria	PESARO
ital. Stadt an den Abruzzen	CHIETI
ital. Stadt an der Etsch	TRIENT
ital. Stadt an der Etsch	VERONA
ital. Stadt an der Via Emilia	MODENA
ital. Stadt bei Rom	TIVOLI
ital. Stadt bei Turin	RIVOLI
ital. Stadt im Agro Pontino	LATINA
ital. Stadt in Apulien	LUCERA
ital. Stadt in Umbrien	GUBBIO
ital. Stadt (Keramik)	FAENZA
ital. Tenor	MONACO
ital. Verschwörer	FIESCO
ital. Wallfahrtsort	LORETO
ital. Weinmaß	BARILE
ital. Weinsorte	BAROLO
ital.: Arzt	MEDICO
ital.: auf Sicht	AVISTA
ital.: danke	GRAZIE
ital.: dreißig	TRENTA
ital.: Eis, Speiseeis	GELATO
ital.: Flöte	FLAUTO
ital.: fünf	CINQUE
ital.: Küche	CUCINA
ital.: Marsch	MARCIA
ital.: Mittagsruhe	SIESTA
ital.: morgen	DOMANI
ital.: Peter	PIETRO
ital.: Platz	PIAZZA
ital.: Preis	PREZZO
ital.: Straße	STRADA
ital.: Tag	GIORNO
ital.: Theater	TEATRO
ital.: vorwärts	AVANTI
ital.: Warentausch	BARATT
ital.: weiß	BIANCO
italien. Maler d. Gotik	DUCCIO
italien. Opernkomponist	ALFANO
italien. Weltgeistlicher	ABBATE
Italien in der Landessprache	ITALIA
Jägerwarte	ANSITZ
jäh	ABRUPT
Jagdbezirk	REVIER
Jagdblendzeug	LAPPEN
Jagdflugzeug	JAEGER
Jagdgewehr	FLINTE
Jagdhund	DACKEL
Jagdhund	HUNTER
Jagdhundgruppe	KOPPEL
Jagdkanzel	ANSITZ
Jagdleopard	GEPARD
Jagdmunition	SCHROT
Jagdreiter	PIKOER
Jagdsignal	HALALI
Jagdwaffe, Stoßwaffe	SPIESS
jagen	HETZEN
Jahreszeit	HERBST
Jahreszeit	SAISON
Jahreszeit	SOMMER
jahreszeitl. wechsel. Wind	MONSUN
Jahrmarkt	KIRMES
jamaikan. Reggaemusiker	MARLEY
Jammer	MISERE
jammern	KLAGEN
Japan	NIPPON
japan. abstrakt. Maler	EGUCHI
japan. Aktienindex	NIKKEI
japan. Automarke	DATSUN
japan. Feldherrentitel	SHOGUN
japan. Feudalherr	DAIMIO
japan. Frauengewand	KIMONO
japan. Gesellschafterin	GEISHA
japan. Hauptinsel	HONSHU
japan. Hochadel	DAIMIO
japan. Kampfsport	AIKIDO
japan. Parlament	KOKKAI
japan. Regisseur	OSHIMA
japan. Reichstag	KOKKAI
japan. Schriftsteller	KAGAWA

japan. Selbstverteidigung	KARATE
japan. Stadt am Biwasee	HIKONE
japan. Stadt auf Hondo	SENDAI
japan. Stadt auf Kiuschu	JAWATA
japan. Stadt auf Kiuschu	SASEBO
japan. Theaterstil	KABUKI
japan. Zwergbaum	BONSAI
Jazzform religiös. Ursprungs	GOSPEL
Jazzkomponist, -musiker	ALPERT
Jazzkomponist, -musiker	JORDAN
Jazzkomponist, -trompeter	FARMER
Jazz mit federndem Takt	BOUNCE
Jazzmusiker (Schlagzeuger)	BLAKEY
Jazzthema	CHORUS
Jenissei-Zufluß	ABAKAN
Jenissei-Zufluß	ANGARA
Joch	BUERDE
Johannisbeerlikör	CASSIS
Johannisbrot	KARUBE
jordan. Stadt	MADEBA
Judosportler	JUDOKA
jüdisch. Fürst d. bösen Geister	ASMODI
jüdisch. Kultleuchter	MENORA
jüdisch. Philosoph (Kant-Kritiker)	MAIMON
jüdisch. Ruhetag	SABBAT
jüdisch. Sabbatgebet	MINCHA
jüdisch. Schriftgelehrter	ACOSTA
jüdisch. siebenarmiger Leuchter	MENORA
jüdisch. Staat	ISRAEL
jüdischer Gebetsmantel	TALLIT
jüdisches Fest	PASSAH
jüdisches Gesetzbuch, Lehrbuch	TALMUD
jüdisch-hellenist. Philosoph	PHILON
jüngerer Teilhaber	JUNIOR
Jüngling im alten Griechenland	EPHEBE
jugendl. Aufsteiger	YUPPIE
jugosl. Adria-Insel	KORNAT
jugosl. Adriainsel	SVETAC
jugosl. Donau-Zufluß	MORAVA
jugosl. Gebirgszug	KAPELA
jugosl. Stadt in Makedonien	BITOLA
jugoslaw. Adriahafen	RIJEKA
jugoslaw. Autor (Nobelpreis)	ANDRIC
jugoslaw. Hafenstadt	ULCINJ
jugoslaw. Insel	BRIONI
jugoslaw.-italien. Fluß	ISONZO
jugoslaw. Stadt	GOSPIC
jugoslaw. Stadt an der Narenta	MOSTAR
jugoslaw. Stadt in der Batschka	SOMBOR
jugoslaw. Stadt in Makedonien	PRILEP
junge Kuh	FAERSE
junger Edelmann	JUNKER
junger Kabeljau	DORSCH
junger Seehund	HEULER
junges Huhn	KUEKEN
junges Masthuhn	POULET
jungfräulich	KEUSCH
Junghering	MATJES
Jungholz	SPLINT
Jungpferd	FOHLEN
Jungrind	STERKE
Jungschwein	FERKEL
Jupiter-Mond	EUROPA
jurist. Verpflichtung	SCHULD
Justierer	EICHER
Jux, Fopperei	SCHERZ
Kabarettszene	SKETCH
Kabine am Luftschiff	GONDEL
Kachel	FLIESE
Kälte	KUEHLE
kämpfen	RINGEN
Käppchen der Richter	BARETT
Käseart, -sorte	HARZER
Käseart, -sorte	ZIEGER
Käsespeise	FONDUE
Käsestoff	KASEIN
Käuferin	KUNDIN
Kaffee-Art	SANTOS
Kaffeesorte	BRASIL
Kafferkorn, Mohrenhirse	SORGUM
Kahlkopf	GLATZE
Kakerlake	SCHABE
Kalbsmilch, Brustdrüse	THYMUS
Kalifenname	MERWAN
Kalkspat	CALCIT
Kalkspat	KALZIT
kalte Jahreszeit	WINTER
kambodschan. Malaien	TSCHAM
Kamelhaarwollstoff	BERKAN
Kamerad	KUMPAN
Kamerad	KUMPEL
Kamin, Schornstein	SCHLOT
Kamm-Einsenkung	SATTEL
Kammer	GELASS
Kammer	GEMACH

Kammgarnart	MOHAIR	Kaninchenrasse	ANGORA	Kartenspiel	RAPUSE	Katzenmusik	JAULEN
Kamm (zool.)	NACKEN	Kanufahrer	KANUTE	Kartenspiel	TAROCK	Katzenmusik	MIAUEN
Kampf	RINGEN	Kanzler des Deutschen Reiches	HITLER	Kartenspiel abbrechen	PASSEN	Kaufgeschäft	HANDEL
Kampfbahn b. Wassersport	BECKEN			Karthager	PUNIER	kaufmänn. Handbuch	MANUAL
Kampfbahn der Antike	ZIRKUS	Kapitalertrag	ZINSEN	karthagische Gottheit	TANITH	Kaufmannsgehilfe	KOMMIS
		Kapitalmarkt	BOERSE	Kartothek	KARTEI		
Kampfesweise, Gefechtsführung	TAKTIK	Kappe	KAPUZE	Kaschemme	KNEIPE	kaukasischer Teppich	KASACH
		Kappe	MUETZE	Kassai-Zufluß	KUANGO		
		Kapsel	HUELSE				
Kampfmittel der Arbeitnehmer	STREIK	Karbolsäure	PHENOL	Kassave	MANIOK	kaukasischer Volksstamm	ALANEN
		Kardinaltugend	GLAUBE	Kassenschlager, Bestseller	RENNER		
Kampfsport	RINGEN	karg	FRUGAL	Kaste	KLASSE	Kaulkopf (Fisch)	GROPPE
kampfunfähig	GROGGY	Karibenboot	PIROGE	Kastrat	EUNUCH	Kavallerist	REITER
kanad. Ballerina	HAYDEN	karibischer Musikstil	REGGAE	kastrierter Schafbock	HAMMEL	Kaviarlieferant	BELUGA
kanad. Fluß	ALBANY			Katastrophe, Verhängnis	UNHEIL	Kaviarlieferant	HAUSEN
		Karotte	MOEHRE				
kanad. Fluß	FRASER	Karpfenart, -fisch	RAPFEN	Kate	HUETTE	Kaviarsorte	BELUGA
kanad. Hafenstadt	QUEBEC	Karpfenfisch	BLICKE	kategorischer Befehl	DIKTAT	keck	FORSCH
						keck, verwegen	DREIST
kanad. Halbinsel	UNGAVA	Karpfenfisch	BRASSE	Kater in der Fabel	MURNER	Kegelkugel	BOSSEL
kanad. Insel	MANSEL	Karpfenfisch	DOEBEL	kathol. Andacht	NOVENE	Kehlkopf	LARYNX
kanad. Stadt	DAWSON	Karpfenfisch	PFELLE	kathol. Bischofstreffen	KONZIL	Kehlkopf	SYRINX
kanad. Stadt in Saskatchewan	REGINA	Karpfenfisch	SCHLEI			Kehraus	FINALE
		Karsttrichter	DOLINE	Kehricht	FEGSEL		
				kathol. Geistlichkeit	KLERUS	Kehrseite	REVERS
Kanarienvogel	ROLLER	Kartenglücksspiel	WATTEN	kathol. Kirchenlehrer	GREGOR	Keim	KNOSPE
						keimfrei, unfruchtbar	STERIL
Kanarienvogel-Art, -Rasse	LIZARD	Kartenspiel	BRIDGE	kathol. Kirchenlehrer, -vater	GREGOR	Kellermeister	KUEFER
Kanarische Insel	GOMERA	Kartenspiel	HASARD			Kelter	PRESSE
		Kartenspiel	LOMBER	kathol. Messgebet	SEKRET	Kelterrückstand	TREBER
Kanarische Insel	HIERRO	Kartenspiel	PHARAO	kathol. Ordensmann	MOENCH	keltisch. Name für England	ALBION
kand. Autorin	ATWOOD	Kartenspiel	PIKETT				
Kaninchenart, -rasse	MARDER	Kartenspiel	PIQUET	Katzenart	PERSER	keltisch. Priester	DRUIDE
				Katzengold	BIOTIT		

keltisch. Volksstamm	SKOTEN
keltische Gottheit	OGMIOS
keltische Kriegstrompete	KARNYX
keltische Volksgruppe	GAELEN
Kenntnisse aneignen	LERNEN
Kennwort	PAROLE
Kennwort, Schlagwort	LOSUNG
Kennzahl	NUMMER
Kennzeichen	EMBLEM
Kennzeichen, Wahrzeichen	SYMBOL
Kentaur	NESSOS
kentern	KIPPEN
keramischer Anguß	ENGOBE
Kerbtier	INSEKT
Kerbtierfühler	TASTER
Kerngehäuse des Obstes	GRIEBS
kernig	MARKIG
Kernobst	MISPEL
Kernobst	QUITTE
Kettenglied	SCHAKE
Kiefernart	FOEHRE
kieselsaure Tonerde	KAOLIN
Kinderfahrzeug	ROLLER
Kindergarten	KRIPPE
Kinderkrankheit	MASERN
kindisch	ALBERN
kindlich, knabenhaft	PUERIL
Kinzig-Zufluß	GUTACH
Kippwagen	WIPPER
Kirchengalerie	EMPORE
Kirchengesang	CHORAL
Kirchenmusiker	KANTOR
Kirchenraum	SCHIFF
Kirchenversammlung	KONZIL
Kirchenversammlung; Konzil	SYNODE
kirchl. Körperschaft	SYNODE
kirchlicher Lobgesang	TEDEUM
kirchliches Brauchtum	RITUAL
Kirchweih	KIRMES
kirschrot	CERISE
Kissenbezugsstoff	INLETT
Kitsch, Ramsch	SCHUND
kläffen	BELLEN
Klagegesang	NAENIE
Klagelied	ELEGIE
Klammergriff	CLINCH
Klangfarbe, Tonfarbe	TIMBRE
Klapper, Knarre	RASSEL
klar	LAUTER
Klassenerster	PRIMUS
Klatsch	GEREDE
Klaue	KRALLE
Klaue, Tatze	PRANKE
kleben	HAFTEN
kleben	LEIMEN
kleben	PAPPEN
Klebereiweiß	GLUTEN
klebrig	PAPPIG
klebrig, zähflüssig	VISKOS
Kleid der Vögel	FEDERN
Kleiderbesatz	BRAEME
Kleiderbesatz	VOLANT
Kleiderhaken	BUEGEL
Kleiderschnitt	FASSON
kleinasiat. Gebirge	TAURUS
kleinasiat. Nomadenstamm	HYKSOS
kleine Druckpresse	TIEGEL
kleine Mahlzeit	IMBISS
kleine Mütze	KAEPPI
kleiner Beitrag	OBOLUS
kleiner Raum	GELASS
kleiner Raum	KAMMER
kleiner Sack	BEUTEL
kleiner Spaziergang	BUMMEL
kleiner Sportrennwagen	GOCART
kleiner Warenballen	BALLOT
kleine Schaufel, Malgerät	SPATEL
kleines Krebstier	GRANAT
kleines Küstenschiff	LOGGER
kleines römisch. Gedicht	EKLOGE
kleine Verrücktheit	FIMMEL
kleine Zierfiguren	NIPPES
Kleinformat bei Büchern	DUODEZ
Kleinkarogewebe	PEPITA
kleinkristalliner Kalkstein	MARMOR
Kleinkunstbühne	BRETTL
kleinlicher Mensch	PEDANT
Kleinsiedlung	WEILER
kleinster Planet	MERKUR
Klepper	MAEHRE
Klettervogel	SPECHT
Klicker	MURMEL
Klingel	GLOCKE
klingen, schallen	TOENEN
Klippfisch	DORSCH
klobig	BULLIG
Klöppelarbeit	SPITZE
Kloster am Bodensee	BIRNAU
Kloster bei Hannover	LOCCUM
Klosterbruder	FRATER
Klosterbruder, -insasse	MOENCH
Klosteroberer	PROPST
Klostervorsteher	OBERER
Klostervorsteherin	OBERIN
Klosterzelle	KLAUSE

Klotz	KLOBEN	Kobold, Waldgeist	SCHRAT	Kohlenstoffverbindung	KARBID	kommunistisches Symbol	SICHEL
Klub, geselliger Kreis	VEREIN	Kochgefäß	KESSEL	Kohlenwagen der Lok	TENDER	Komoren-Insel	NZWAMI
Klubjacke	BLAZER	Kochgerät	KOCHER			Komp. v. »Meistersinger v. Nürnberg«	WAGNER
kluges, planmäßiges Vorgehen	TAKTIK	Kochsalzbad	SOLBAD	Kohlenwasserstoff	AMYLEN		
		Kochvorschrift	REZEPT	Kohlenwasserstoff	AZULEN	Komp. d. »Ring des Nibelungen«	WAGNER
Klumpen	BATZEN	Kölner Dombaumeister	GERARD	Kohlenwasserstoff	BENZOL	Komp. d. Musicals »Kiss Me Kate«	PORTER
Knabe	KNIRPS						
Knabenkraut	ORCHIS	König d. Markomannen	MARBOD	Kohlenwasserstoff	HEPTAN		
knausern	GEIZEN	königliches Spiel	SCHACH	Kohlenwasserstoff	OLEFIN	Komp. d. Oper »Cosi fan tutte«	MOZART
knausern	KARGEN						
knechten	KNUTEN	König v. Marokko	HASSAN	Kohlenwasserstoff	PENTAN	Komp. d. Oper »Das Rheingold«	WAGNER
knechtisch	SERVIL						
Kneippkurort im Schwarzwald	HIRSAU	König v. Mykene	ATREUS	Kohlenwasserstoffverbindung	ERDOEL	Komp. d. Oper »Jakobiner«	DVORAK
		König von Ägypten	AMASIS				
knickrig	GEIZIG	König von Pylos	NESTOR	Koksschlacke	ZINDER	Komp. d. Operette »Berliner Luft«	LINCKE
Knoblauchbestandteil	ALLIIN	König von Saudi-Arabien	CHALID	kolumbian. Berg	PURACE	Komp. d. Operette »D.Obersteiger«	ZELLER
Knochen-Eiweiß	OSSEIN						
Knochenfisch	BARSCH	Körper	KORPUS	kolumbian. Vulkan	CUMBAL	Komp. d. Operette »Extrablätter«	DOSTAL
Knochenfisch	HERING	Körperbeschaffenheit	PHYSIS	komfortabel	BEQUEM		
Knochenfraß	KARIES	Körperertüchtigung	TURNEN	komisch, scherzhaft	WITZIG	Komp. d. Operette »Frau Luna«	LINCKE
Knochengeschwulst	OSTEOM	Körpergegend	LENDEN	Komitat in Ungarn	NOGRAD	Komp. d. Operette »Polenblut«	NEDBAL
Knochenleim	GLUTIN	Körperregion	LEISTE	Kommabakterie	VIBRIO		
Knochenneugewebe	KALLUS	Körperteil	BECKEN	Kommando	BEFEHL	Komp. d. Operette »Vogelhändler«	ZELLER
Knochenspaltbruch	FISSUR	Körperteil	HUEFTE	Kommentar	GLOSSE		
Knochenverbindung	GELENK	Körperzellengefüge	GEWEBE	Kommiß	BARRAS	Komp. v. »Alessandro Stradella«	FLOTOW
Knötchenflechte	LICHEN	köstlich	LECKER	kommod	BEQUEM		
Knöterichgewächs	AMPFER	Kohlehydrat	ZUCKER	Kommunikationsmittel	MEDIUM		
		Kohlenraum im Dampfschiff	BUNKER			Komp. v. »Bastien und Bastienne«	MOZART
Knollenwinde	BATATE			kommunistisches Symbol	HAMMER		
knospen	KEIMEN						

Clue	Answer
Komp. v. »Entführung a. d. Serail«	MOZART
Komp. v. »Gärtnerin aus Liebe«	MOZART
Komp. v. »Schwarzwaldmädel«	JESSEL
Kompagnon, Gesellschafter	SOZIUS
kompakt	MASSIV
Kompn. d. »Fliegenden Holländers«	WAGNER
Kompon. d. »Zirkusprinzessin«	KALMAN
Kompon. d. Balletts »Mammon«	KRENEK
Kompon. d. Götterdämmerung	WAGNER
Kompon. d. Oper »Doktor Faust«	BUSONI
Kompon. d. Oper »Don Giovanni«	MOZART
Kompon. d. Oper »Evangelimann«	KIENZL
Kompon. d. Oper »Figaros Hochzeit«	MOZART
Kompon. d. Oper »Idomeneo«	MOZART
Kompon. d. Oper »Kuhreigen«	KIENZL
Kompon. d. Oper »Margarethe«	GOUNOD
Kompon. d. Oper »Titus«	MOZART
Kompon. d. Oper »Zauberflöte«	MOZART
Kompon. d. Operette »Gräfin Mariza«	KALMAN
Kompon. d. Oper Parsifal	WAGNER
Kompon. der »Csardasfürstin«	KALMAN
Kompon. der Oper »Siegfried«	WAGNER
Kompon. der Oper »Tannhäuser«	WAGNER
Kompon. von »Tristan und Isolde«	WAGNER
Komponist der Oper »Lohengrin«	WAGNER
Komponist der Oper »Martha«	FLOTOW
Komponist der Oper »Mignon«	THOMAS
Komponist der Oper »Rienzi«	WAGNER
Komponist der Oper »Rusalka«	DVORAK
Komponist der Oper »Tiefland«	ALBERT
Komponist der Oper »Walküre«	WAGNER
Komponist der Operette »Clivia«	DOSTAL
Komponist der Operette »Manina«	DOSTAL
Komponist der Operette »Monika«	DOSTAL
Komponist von "Stille Nacht"	GRUBER
Konferenz, Sitzung	TAGUNG
Konflikt, Unfriede	STREIT
kongoles. Politiker (Staatspräsid.)	MOBUTU
Kongo-Zufluß	KASSAI
Kongo-Zufluß	UBANGI
Kongo-Zufluß aus Shaba	LOMANI
Kongreß, Zusammenkunft	TAGUNG
Konkurrent	GEGNER
Konkurrent, Mitbewerber	RIVALE
konstant, gleichbleibend	STETIG
Konstitution	AUFBAU
Konstruktion	AUFBAU
Konstruktionsweise	BAUART
Kontinent	AFRIKA
Kontrahent	GEGNER
Kontur, Grenzlinie	UMRISS
Konzentrationsausgleich	OSMOSE
konzentrierter Auszug	ESSENZ
Konzept, Plan	SKIZZE
Konzession	LIZENZ
Kopenhagener Volkspark	TIVOLI
Kopfbedeckung	KAPUZE
Kopfbedeckung	MUETZE
Kopfschmuck	DIADEM
Kopfschmuck der Hirsche	GEWEIH
Kopie	DOPPEL
Korb am Luftballon	GONDEL
Korbblütler	DAHLIE
Korbblütler	KLETTE
Korbflasche	BALLON
korean. Judo-Variante	KARATE
Kornett, Jagdhorn	PISTON
Kornwurm	WIEBEL
Korn zerkleinern	MAHLEN
Kosakenabteilung	SOTNIE
Kosakenbluse	KASACK
Kosakenführer	ATAMAN
Kosakenführer	HETMAN
kosmet. Verschönerung	MAKEUP
kosmetische Pflege	MAKEUP
kostbares Gewebe	BROKAT
kostbares Metall	PLATIN
kostenlos	GRATIS
Kostenverteilung	UMLAGE

Kot des Wildes	LOSUNG	Kreuz des Pferdes	KRUPPE	kühn, couragiert	TAPFER	Kupfer-Zinn-Legierung	BRONZE
Krach, Radau	UNRUHE	Kreuzgeflecht	GITTER	Künstelei	MANIER	Kurileninsel	ITURUP
kräftig	DEFTIG	Kreuzstab des Papstes	FERULA	Künstlerschar	TRUPPE	Kurort am Gardasee	LIMONE
Krätze, Grind	RAEUDE	Kriebelmücke	GNITZE	kürbisartiges Gewächs	MELONE	Kurort am Lago Maggiore	ASCONA
Kräuselung	FALBEL	kriecherisch, unterwürfig	SERVIL	Kürbisgewächs	MELONE	Kurort am Meer	SEEBAD
Kraft, Macht	POTENZ	Kriechtier, Wirbeltier	REPTIL	Küstenfahrzeug	KUTTER	Kurort am Rhein (NRW)	HONNEF
Kraftfahrzeug, -wagen	LASTER	Krieger, Kämpfer	SOLDAT	Küstenlandschaft in Angola	LOANGO	Kurort am Vierwaldstätt. See	WEGGIS
Kraftmensch	ATHLET	Kriegerstand im Mittelalter	RITTER	Küstensegelschiff	LOGGER	Kurort am Wörther See	VELDEN
Kraftsoße	COULIS	kristallisierter Zucker	KANDIS	Kugel	GLOBUS	Kurort an der Lahn	BADEMS
Kraftstoff	BENZIN	kroat. Erzähler	ANDRIC	Kugelausschnitt	SEKTOR	Kurort an der Lahn	NASSAU
Kraftstoffzusatz	BENZOL	kroat. Hauptstadt	ZAGREB	Kugelbakterie	KOKKUS	Kurort an der Lausitz. Neiße	MUSKAU
Kraftwagensteuerrad	VOLANT	Krokus-Gewürz	SAFRAN	kugelig. Sedimentgestein	OOLITH	Kurort an der Mulde	DUEBEN
Krampfader	VARIZE	Kronprinz in Spanien	INFANT	Kulturepoche	BAROCK	Kurort an der Saale	KOESEN
Kranichvogel	TRAPPE	Kropf	STRUMA	Kulturepoche	ROKOKO	Kurort auf der Schwäb. Alb	BEURON
krank	MALADE	krumm machen	BIEGEN	Kulturpflanze d. Tropen	BANANE	Kurort bei Kassel	NEUHOF
krankhaft	MORBID	Krummzapfen	KURBEL	Kulturpflanze der Tropen	ANANAS	Kurort im Berner Oberland	GSTAAD
Krankheit	LEIDEN	kuban. Rennfahrer	FANGIO	Kunstfaser	AZETAT	Kurort im Kanton Bern	BRIENZ
Krankheitsgeschichte	DEKURS	kubanischer Regierungschef	CASTRO	Kunstförderer	MAEZEN	Kurort im Odenwald	ERBACH
Krankheitssymptom	FIEBER	Kuchenbrot	STUTEN	Kunstsammlung	MUSEUM	Kurort im Salzkammergut	AUSSEE
Kraut mit Brennhaar	NESSEL	Küchengewürz	SAFRAN	Kunststoff	IGELIT	Kurort im Salzkammergut	FUSCHL
Krawattenart	BINDER	Küchenungeziefer	SCHABE	Kunststoff	ZELLON	Kurort im Schwarzwald	GUTACH
Krebstier	KRABBE	Küfer, Wirt	ZAPFER	Kunststoff für Beschichtung	TEFLON		
Kreisausschnitt	SEKTOR			Kupfererz	AZURIT		
Kreisbogen	ZIRKEL			Kupferoxid	PATINA		
Kreisdrehung, Strudel	WIRBEL						
Kreishalbmesser	RADIUS						
Kreiszeichengerät	ZIRKEL						
Kreppgewebe	KREPON						

Clue	Answer
Kurort im Werratal	SOODEN
Kurort in Appenzell	HEIDEN
Kurort in Bosnien	ILIDZE
Kurort in der Märkisch. Schweiz	BUCKOW
Kurort in der Schweiz	LEYSIN
Kurort in der Steiermark	ADMONT
Kurort in der Südschweiz	LUGANO
Kurort in Niedersachsen	EILSEN
Kursabschlag	DEPORT
Kursabweichung	GIEREN
Kursfeststellung an der Börse	FIXING
Kurssturz	BAISSE
Kurzatmigkeit	ASTHMA
kurze Hose	SHORTS
kurzer Bericht	EXPOSE
kurzes Jäckchen	BOLERO
kurzes Ruder	PADDEL
kurze Zeitspanne	MOMENT
kurz f. Bartholomäus	BARTEL
kurz f. San Francisco	FRISCO
Kurzfassung von Axiomen	FORMEL
Kurzform f. Berlin. Promenade	KUDAMM
Kurzform f. Stabsfeldwebel	SPIESS
Kurzform für Schiedsrichter	SCHIRI
Kurzform für Schutzpolizei	SCHUPO
kurz für Stereotypie	STEREO
kurzgefaßt	KONZIS
Kurzsichtigkeit	MYOPIE
Kurzstreckenlauf	SPRINT
Kurzübersicht	ABRISS
Kutscher	FIAKER
Kykladeninsel	ANDROS
labil, rastlos	UNSTET
Labkraut	GALIUM
Laborgefäß	KOLBEN
Labsal, Labung	BALSAM
Labyrinthfisch	GURAMI
Lachs, lachsartiger Fisch	AESCHE
Ladendiener	KOMMIS
länglicher Einschnitt	FURCHE
länglichrund	OBLONG
lärmender Betrieb	RUMMEL
lärmendes Getue	TAMTAM
lärmendes Treiben	RABATZ
Lärminstrument	KNARRE
Lärminstrument	KNARRE
Lärminstrument	RASSEL
lässig	LOCKER
lässig, behäbig	TRAEGE
lässig, ungepflegt	SALOPP
lästig	GENANT
Läuse-Eier	NISSEN
Lagebezeichnung	AUSSEN
Lagebezeichnung	MITTEN
Lagebezeichnung	RECHTS
lagern	LIEGEN
Laienbruder	FRATER
Lamantin	SEEKUH
Landarbeiter	KNECHT
Landarbeiter	MELKER
Landedelmann	JUNKER
Landeplatz der Arche Noah	ARARAT
Landesverweser	REGENT
Landgerichtsabteilung	KAMMER
Landschaft an d. Unterelbe	HADELN
Landschaft in Südarabien	DHOFAR
Landschaftsdarstellung	VEDUTE
Landschaftsform	WUESTE
Landser	SOLDAT
Landstreicher	PENNER
landwirtsch. Ernterätegerät	BINDER
landwirtschaftl. Tätigkeit	MELKEN
Langarmaffe	GIBBON
langbeiniger Wasservogel	STORCH
lange Haare	MAEHNE
langer Priesterrock	SUTANE
langhaar. Baumwollstoff	BEAVER
langhaariger Wollstoff	MOLTON
Langmut	GEDULD
Langobardenkönig	AIGULF
Langobardenkönig	ALBOIN
langsam, säumig	TRAEGE
langsamer Musiksatz	ADAGIO
langsam in der Musik	ADAGIO
laotisch. Grenzfluß	MEKONG
Lappen	FETZEN
Lappen	LUMPEN
Last	BUERDE
lat.: selbstverständlich	EOIPSE
lat.: Zwiebel	BULBUS
latein.: Abend	VESPER
latein.: Adler	AQUILA
latein.: arm	PAUPER
latein.: Buchstabe	LITERA

Clue	Answer
latein.: der jüngere	JUNIOR
latein.: Diener	SERVUS
latein.: ebenda	IBIDEM
latein.: Ehre	GLORIA
latein.: Eisen	FERRUM
latein.: Feld	CAMPUS
latein.: Festgedicht	CARMEN
latein.: Frau	FEMINA
latein.: Frau	MULIER
latein.: Gemach	CAMERA
latein.: Gesang	CANTUS
latein.: groß	MAGNUS
latein.: Hafen	PORTUS
latein.: Hirt	PASTOR
latein.: hundert	CENTUM
latein.: in Kürze	INNUCE
latein.: Königin	REGINA
latein.: Körper	CORPUS
latein.: Krankheit	MORBUS
latein.: Krebs	CANCER
latein.: Krone	CORONA
latein.: Nerv	NERVUS
latein.: Redner	ORATOR
latein.: Seele	ANIMUS
latein.: Sohn	FILIUS
latein.: Staunen	STUPOR
latein.: Stufe, Grad	GRADUS
latein.: Tatsache	FACTUM
latein.: Vaterland	PATRIA
latein.: Wort	VERBUM
latein.: Zeichen	SIGNUM
latein.: Zeit	TEMPUS
latein.: Zunge	LINGUA
latein.: Zustand	STATUS
lateinamerikan. Rassel	CABACA
lateinamerikan. Trommel	TOMTOM
Latsche	FOEHRE
Latte	LEISTE
Laubbaum	AKAZIE
Laubengang	ARKADE
Lauchpflanze	PORREE
Laufhindernis	HUERDE
Laufschuhe	SPIKES
Lausbub	BENGEL
Lausbub	KNIRPS
lauter Ruf	SCHREI
lax	LOCKER
Leben	DASEIN
Lebensabschnitt	JUGEND
Lebensart	FASSON
Lebensbeginn	GEBURT
Lebensgrundsatz	MAXIME
Lebensraum (biol.)	BIOTOP
Lebensregel	MAXIME
Lebewohl	TSCHAU
lebhaft	MUNTER
Lebkuchengebäck	PRINTE
Ledas Sohn	CASTOR
Lederarbeiter	GERBER
Lederhaut	KORIUM
Lederhaut (mediz.)	CORIUM
Lederhaut (mediz.)	SKLERA
Lederwams	KOLLER
Lediger, Einzellebender	SINGLE
leere Redensart	PHRASE
leeres Gerede, Schöntun	SCHMUS
leerpumpen	LENZEN
Legespiel	DOMINO
Lehen	FEUDUM
lehnsrechtlich	FEUDAL
Lehranstalt, Bildungsstätte	SCHULE
Lehraufgabe	PENSUM
Lehrer Telemachs	MENTOR
Lehre v. d. Eigenschaften d. Stoffe	CHEMIE
Lehre vom Satzbau	SYNTAX
Lehre von den Versmaßen	METRIK
Lehrfabel	APOLOG
Lehrgang	KURSUS
Lehrstoff	PENSUM
Leibchen	MIEDER
Leibeigener, Unfreier	SKLAVE
Leibesmitte	SCHOSS
Leibesübung	TURNEN
Leibriemen	KOPPEL
Leichtathlet	TURNER
Leichtathlet	WERFER
leichtathletische Disziplin, Übung	LAUFEN
leichtathletisches Gerät	DISKUS
leicht berühren	TIPPEN
leichtere Straftat	FREVEL
leichter Galopp des Pferdes	KANTER
leichter Stoß	SCHUBS
leichter Zaum	TRENSE
leichtes Klopfen	TICKEN
leichtes Wagenpferd	JUCKER
leichtgläubig	ARGLOS
Leichtmetall	KALIUM
Leichtmotorrad	MOKICK
leicht spaltbar (chem.)	DIATOM
Leid	KUMMER
Leideform	PASSIV
Leidenschaft	BRUNST
Leidenschaft	PATHOS
leidenschaftl. Jäger	NIMROD
leidenschaftlich	FURIOS
Leidenschaftlichkeit	FURORE
Leidgewohnter	DULDER
leihen, ausborgen	PUMPEN

leimen	KLEBEN	letzter König Bulgariens	SIMEON	Liedform	ARIOSO	Lofoteninsel	HINDOE
Lein	FLACHS			Liedform d. amerik. Schwarzen	GOSPEL	logische Schwierigkeit	APORIE
Leine, dünnes Seil	SCHNUR	letzter König des Irak	FAISAL	Liedvortrag	GESANG	Lohe	FLAMME
Leinengewebe	LINNEN	letzter König Portugals	MANUEL	Lieferschein	FAKTUR	Lohnkutscher	FIAKER
Leinwand	LEINEN	letzter Schliff	FINISH	Lieferung	ANFUHR	Loire-Zufluß	ALLIER
leise murren	MUCKEN	letzter Tag des Monats	ULTIMO	Lift	AUFZUG	Loire-Zufluß	LOIRET
leiser Schmerz	WEHMUT			Liliengewächs	FUNKIE	Loire-Zufluß	NIEVRE
leistungsfähig, einflußreich	POTENT	leutselig	JOVIAL	Linderungsmittel	BALSAM	Loire-Zufluß	VIENNE
Leistungsfähigkeit	POTENZ	Levante	NAHOST	Linie	STRICH	Londoner Irrenanstalt	BEDLAM
		libanesisch. Volksteil	DRUSEN	linienförmig	LINEAR		
Leistungslohn	AKKORD	libanesischer Fluß	LITANI	Linienführung	DUKTUS	Londoner Stadtbezirk	BARNES
Leistungssportler	ATHLET	libysch. Stadt	BARDIA	Linienführung b. Straßenbau	TRASSE	Londoner Stadtbezirk	EALING
leiten	LENKEN	libysche Landschaft	FESSAN	Linsensystem	OKULAR	Londoner Stadtbezirk	ELTHAM
Leiter eines Bautrupps	POLIER	Lichtbilder aufnehmen	FILMEN	Liparische Insel	SALINA	Londoner Stadtbezirk	FULHAM
Leiter eines Kirchenchors	KANTOR	Lichtbrecher	PRISMA	Liparische Insel	USTICA	Londoner Stadtbezirk	HARROW
Leiter eines Orchesters	LEADER	Lichtenergieteilchen	PHOTON	Lippenblütler, Hustenmittel	SALBEI	Londoner Stadtbezirk	HOXTON
Leiterin	CHEFIN	Lichtengel	CHERUB	Lippen (latein.)	LABIEN	Londoner Stadtbezirk	ILFORD
Leitspruch	LOSUNG	Lichtengel	SERAPH	Lippenlaut	LABIAL	Londoner Stadtbezirk	MERTON
Lenkvorrichtung	STEUER	Lichtquant	PHOTON	litauische Stadt an d. Memel	KAUNAS		
Leopard	PARDEL	Lichtschimmer	SCHEIN	Liturgie	KULTUS	lose	LOCKER
lerchenähnl. Singvogel	PIEPER	Lidhaar	WIMPER	liturgischer Gesang	CHORAL	loses Papierblatt	ZETTEL
lettisch. Ostseehafen	WINDAU	Liebeskraft, Manneskraft	POTENZ	Lockmittel	KOEDER	Lossagung	ABFALL
						Losung	DEVISE
letzter angelsächs. König	HAROLD	Liebeskunst	EROTIK	loderndes Feuer	FLAMME	Losung	PAROLE
		Liebeslehre	EROTIK	Löschung, Rückbuchung	STORNO	Lümmel	BENGEL
letzter Kaiser Annams	BAODAI	Lieblingsfrau Mohammeds	AISCHA	Löwenmaul (botan.)	DORANT	Luftfahrzeug	BALLON
		Liebreiz	CHARME			Luftgeist	SYLPHE
		Liebreiz	GRAZIE			luftleerer Raum	VAKUUM

Luftreiniger	FILTER	Mädchen-Oberschule	LYZEUM	Männername	LUDOLF	Main-Zufluß	BIEBER
Luftschloß, Hirngespinst	UTOPIE	Mähne, Haarbüschel	SCHOPF	Männername	MICHEL	Main-Zufluß	KINZIG
				Männername	OSWALD	Main-Zufluß	RODACH
Luluaba-Zufluß	LUKUGA	Männername	ADRIAN	Männername	RAINER	Main-Zufluß	TAUBER
Lumme, Alkvogel	TEISTE	Männername	ALBERT	Männername	REINER	Maki, Maki-Affe	LEMURE
Lumpen	FETZEN	Männername	ALFONS	Männername	TOBIAS	malaiisch. Bundesstaat	PAHANG
Lumpen	HADERN	Männername	ALFRED	Männername	WILMAR	malaiisch. Frauengewand	SARONG
Lumpen	LAPPEN	Männername	ANSELM	männl. Biene	DROHNE		
Lungentätigkeit	ATMUNG	Männername	ARNOLD	männl. Esel	HENGST	malaiisch. Schwert	PARANG
Lurchlarve	QUAPPE	Männername	ARNULF	männl. Pferd	HENGST	malaiische Insel	PENANG
Lust	GENUSS	Männername	ARTHUR	männl. Schaf	WIDDER	Malariamittel	CHININ
Lust, Begierde	LIBIDO	Männername	DIETER	männl. Taube	TAUBER	Malerei auf frischem Verputz	FRESKO
lustvoller Gemütszustand	FREUDE	Männername	EDMUND	männl. Verwandter	BRUDER		
Lustwäldchen	BOCAGE	Männername	EDUARD	männl. Wildschwein	KEILER	Malgerät	PINSEL
Luthers Buchdrucker	LOTTER	Männername	EGBERT	Märchenspiel	FEERIE	Malgerät	SPATEL
luxemb. Stadt an der Alzette	MERSCH	Männername	ERHARD	märkische Landschaft	BARNIM	Malta-Insel	COMINO
		Männername	FABIAN			Mandelbitterstoff	AMARIN
luxemburgisch. Fluß	CHIERS	Männername	GERALD	Magensaftbestandteil	LIPASE	Mandelentzündung	ANGINA
Luzifer, Urian	TEUFEL	Männername	GERNOT	Magenstein bei Wiederkäuern	BEZOAR	Mandelkonfekt	NOUGAT
lymphat. Organ im Rachen	MANDEL	Männername	GEROLF			Mangel	DEFEKT
Lyrik	POESIE	Männername	GUSTAV			mangelhaft	DEFEKT
Maas-Zufluß	CHIERS	Männername	HARALD	Magenteil bei Wiederkäuern	PANSEN	mangeln	FEHLEN
Maas-Zufluß	MOUZON	Männername	HELMUT			Manko	MANGEL
Maas-Zufluß	SEMOIS	Männername	HILMAR	Magie, Hexerei	ZAUBER	Mannequin	MODELL
Machart, Aufbau	FAKTUR	Männername	HUBERT	Magnesiumsilikat	TALKUM	Mannschaft	TRUPPE
Macht	GEWALT	Männername	JOCHEN	Mahlanlage	MUEHLE	Mann v. Kreusa	AENEAS
Machwerk	PFUSCH	Männername	JUSTUS	Mahnung	APPELL	Mann v. Titania	OBERON
mächtig	MASSIG	Männername	LORENZ	Mailänder Adelsgeschlecht	SFORZA	Mantelschnitt	RAGLAN
mächtig	MASSIV						
mächtig, vermögend	POTENT					Manuskriptprüfer	LEKTOR

Marderart	GRISON
Marianeninsel	SAIPAN
Marianeninsel	TINIAN
Marionette, Strohpuppe	POPANZ
Markscheide (mediz.)	MYELIN
marokkan. Fluß zum Mittelmeer	MULUJA
marokkan. Hafenstadt	AGADIR
marokkan. Stadt	MEKNES
marokkan. Stadt	TETUAN
marokkan. Volksteil	MAUREN
Marshall-Insel	JALUIT
Mars-Mond	DEIMOS
Mars-Mond	PHOBOS
Marter	FOLTER
Marter	LEIDEN
Marter, Folter	TORTUR
Maschine, Maschinenart	GERAET
Maschinenteil	KURBEL
Maschinenwellenteil	ZAPFEN
maschineschreiben	TIPPEN
Maskenmantel	DOMINO
Maß	FORMAT
Massenerkrankung, Epidemie	SEUCHE
maßgeblicher Umstand	FAKTOR
massieren	KNETEN
Maßliebchen	BELLIS
maßlose Begeisterung	TAUMEL
Maßlosigkeit	EXZESS
Mastdarm	REKTUM
Mastteil	SALING
Mastverlängerung	STENGE
Match	PARTIE
Material	MITTEL
Materialverlust	ABRIEB
Matura	ABITUR
Mauerputz	BEWURF
Mauerstreifen	LISENE
Maul, Tiermund	RACHEN
Maulaffe	GAFFER
Maul bei Schafen und Ziegen	MUFFEL
Maul des Haarwilds	GEAESE
mecklenb. Stadt an der Oder	GRABOW
mecklenburg. Ostseebad	ZINGST
mecklenburg. Seebad	PREROW
mecklenburg. Uradelsgeschlecht	MOLTKE
Medikament	ARZNEI
Medikament-Form	KAPSEL
mediz.: Herz, Magenmund	KARDIA
medizin.: Augapfel, Schwellung	BULBUS
medizin.: Tod	EXITUS
medizin.: Wadenbein	FIBULA
Meeräsche	HARDER
Meereichel	BALANE
Meeresjungfrau, Nixe	UNDINE
Meeresjungfrau, -nymphe	SIRENE
Meeresjungfrau, -nymphe	SIRENE
Meereskrebs	KRABBE
Meeressäugetier	SEIWAL
Meeresschnecke	NERITE
Meeresschnecke	SEEOHR
Meeresufer	KUESTE
Meerteufel, Sägefisch	ROCHEN
Meerzwiebel	SCILLA
Meerzwiebel	SZILLA
mehr als gut	BESSER
mehrjährige Grünpflanze	STAUDE
mehrsätziges Tonstück	SONATE
Mehrzahl	PLURAL
Meistersinger bei Wagner	POGNER
Melonenbaum	PAPAYA
Menge	FUELLE
Mensch	PERSON
Menschen aus weit entfernten Ländern	EXOTEN
Menschenrasse	INDIDE
Menschenrasse	SINIDE
Mensch ohne Hautfarbstoff	ALBINO
Mensur fechten	PAUKEN
Merkmal, Bezeichnung	SIGNUM
merkwürdig	KURIOS
meskalinhaltige Kakteen	PEYOTE
Messerblatt	KLINGE
Meßglas	MENSUR
Messing	TOMBAK
Metallarbeiter	DREHER
Metallarbeiter	FORMER
Metallarbeiter	NIETER
metallener Hohlkörper	GLOCKE
Metallgefäß	KESSEL
Metallsalz	HALOID
Metallstange	BARREN
Metallstift	ZWECKE
Metallteile verbinden	LOETEN
Metall treiben	PUNZEN
Metallverzierung	NIELLO
Methanradikal	METHYL
Meute	KOPPEL
mexikan. Berg	TUXTLA
mexikan. Diktator	JUAREZ
mexikan. Fluß	SONORA

mexikan. Indianer	AZTEKE
mexikan. Kaktus	PEYOTL
mexikan. Maler (Fresken)	OROZCO
mexikan. Nationalgetränk	PULQUE
mexikan. realistisch. Maler	RIVERA
mexikan. Staat	PUEBLA
mexikan. Stadt	PUEBLA
mexikan. Stadt	TUXTLA
mexikan. Stadt in Yucatán	MERIDA
Mikrofonaufhängung beim Film	GALGEN
mikrones. Teilstaat	KUSAIE
Milcheiweiß	KASEIN
Milchprodukt	BUTTER
milde Gabe, Almosen	SPENDE
milder Südwestwind	ZEPHIR
Milieu, Lebenskreis	UMWELT
militär. Erkennungswort	PAROLE
militär. Musikstück	MARSCH
militär. Sammelsignal	APPELL
militärischer Aufruf	APPELL
militärisch. Dienstgrad	SOLDAT
militärische Disziplinarstrafe	ARREST
militärischer Vorbeimarsch	PARADE
militärische Wache	POSTEN
Mimosengewächs	AKAZIE
minderwertige Ware	SCHUND
Mineral	KORUND
Mineral, Kalisalz	KAINIT
mineralische Ablagerung	SINTER
mineralische Faser	ASBEST
Mirakel	WUNDER
mischen	MENGEN
Mischgericht	RAGOUT
Mischsprache	JARGON
mißbilligen, schelten	TADELN
Mißbrauch	ABUSUS
Mißerfolg	FIASKO
Missetat	FREVEL
Mißgriff	FEHLER
mißgünstig, neidisch	SCHEEL
Mißgünstiger	NEIDER
Missionar d. Slawen	KYRILL
Mißmut	AERGER
Missouri-Zufluß	KANSAS
mißverständlich	UNKLAR
mit Aas locken	LUDERN
Mitarbeiter von Marx	ENGELS
Mitbesitz	ANTEIL
mit einem Jet fliegen	DUESEN
Miterfinder d. Fotografie	ARCHER
Miterfinder d. Fotografie	NIEPCE
Mitesser	PICKEL
mit Falken jagen	BEIZEN
mitreißend	FURIOS
Mittäter	KUMPAN
mitteilen	MELDEN
mittelalterl. Ausrufer	HEROLD
mittelalterl. Hoheitssymbol	DIADEM
mittelalterl. Reiterspiel	BUHURT
mittelalterl. Wappenträger	HEROLD
mittelamerikan. Hauptstadt	PANAMA
mittelamerikan. Indianerhäuptling	KAZIKE
mittelamerikan. Staat	BELIZE
mittelamerikan. Staat	MEXIKO
mittelamerikan. Staat	PANAMA
mitteldeutsche Landschaft	ANHALT
mitteleurop. Staat	UNGARN
mittelfranz. Departement	CREUSE
mittelfranz. Departement	NIEVRE
Mittel gegen Sodbrennen	NATRON
mittelgriech. Landschaft	PHOKIS
mittelital. Landschaft	MARKEN
mittelital. Region	LATIUM
mittelital. Stadt	URBINO
mittelitalien. Landschaft	MOLISE
mittelitalien. Region	MARCHE
Mittelmeerstaat	ISRAEL
Mittelmeerstaat	LIBYEN
mittelschwed. Fluß	LJUSNA
Mittelsmann	MAKLER
mittelspan. Provinz	CUENCA
Mittelsperson im Spiritismus	MEDIUM
Mittler	MEDIUM
mittlere Juraformation	DOGGER
mit Worten streiten	ZANKEN
Mixbecher	SHAKER
Mobiliar	MOEBEL
Modell	MUSTER

Clue	Answer
modern. franz. Malschule	FAUVES
modern. Kunstform	POPART
modern. Passagierflugzeug	AIRBUS
Möbelplüsch	MOKETT
Mönch in der Probezeit	NOVIZE
Mönchsgelehrter in St. Gallen	NOTKER
Mörderin Marats	CORDAY
Mörikes Traumland	ORPLID
mohammedan. Gebetsteppich	NAMASI
Mohammedaner	MOSLEM
Mohammeds Tochter	FATIMA
Mohrrübe	MOEHRE
Moldau-Zufluß	BERAUN
Moldau-Zufluß	SAZAWA
Molukkeninsel	BATJAN
Molukkeninsel	SERANG
Molukkeninsel	TIDORE
Monarch	KOENIG
Monat d. Französ. Revolution	NIVOSE
Monatsblutung	MENSES
Mondstein	ADULAR
Mondzeiger	EPAKTE
mongol. Währung	TUGRIK
Mongolenfürst	KUBLAI
Monogamie	EINEHE
monoton sprechen	LEIERN
Montage	AUFBAU
monumentaler Eingang	PORTAL
Moor	MORAST
moralische Verpflichtung	SCHULD
Morast	MODDER
Morgenland	NAHOST
Morgenland	ORIENT
Morphin	HEROIN
morsen	FUNKEN
Moscheekanzel	MIMBAR
Moschusbestandteil	MUSKON
Mosel-Zufluß	LIESER
Motto	DEVISE
müde	MARODE
Mühe	BUERDE
mühelos	LEICHT
Mühlenrutsche	GLEITE
Mühlenwehr	ABLASS
Müll	ABFALL
Münchener Baumeister	KLENZE
Münchener Hofbaumeister	EFFNER
Mündungsarm d. Donau	SULINA
Mündung von Ouse und Trent	HUMBER
münsterländ. Stadt an der Ems	RHEINE
Münzanstalt	PRAEGE
Münze in Bangladesch	POISHA
Münze in Ghana	PESEWA
Münze in Libyen	DIRHAM
Münze in Qatar, Katar	DIRHAM
Münze in Zaire	LIKUTA
Münzen auf Tonga	SENITI
mürbe	MORSCH
mütterlich	MATERN
Mufflon	MUFFEL
Multiplikator	FAKTOR
Mundbläschen	APHTHE
Mundfessel	KNEBEL
Mundteil	GEBISS
Mundvorrat	FURAGE
munter	FRISCH
munter	KREGEL
murmeln, leise sprechen	RAUNEN
Murrkopf	MUFFEL
Musa, Bananenart	PISANG
muschelähnliches Organteil	KONCHA
Muselman	MOSLEM
Musentempel	MUSEUM
Museumsbeamter	KUSTOS
Musical von Cole Porter	CANCAN
musik.: feurig	BRIOSO
musik.: gemäßigt	GIUSTO
musik.: in festem Zeitmaß	ATEMPO
musik.: melodieführende Stimme	CANTUS
musik.: ohne Beschleunigung	COMODO
musik.: stürmisch	FEROCE
musikal. Schlußsatz	CHIUSA
musikal. Schlußverzierung	KADENZ
musikal. Übungsstück	ETUEDE
musikal.: nicht in strengem Zeitmaß	RUBATO
musikal.: ruhig	QUIETO
musikal.: von vorn	DACAPO
Musikausdruck f. gebunden	LEGATO
Musikausdruck f. gehalten	TENUTO
Musikausdruck f. lebendig	VIVACE
Musikausdruck f. schnell	PRESTO
Musikausdruck f. schnell	RAPIDO
Musiker	OBOIST
Musiker	PAUKER
Musikstück f. 9 Instrumente	NONETT
Muskeleiweiß	MYOSIN
Muskelerschlaffung	ATONIE
Muskelhülle	FASZIE
Muskelreißen	RHEUMA

Muskelzusammenziehung	KRAMPF	nachlässig, ungezwungen	SALOPP	Name von 5 Päpsten	MARTIN	Neckar-Zufluß	KOCHER
Muster	MODELL	Nachmittagsmahlzeit	VESPER	Napoleonisches Kaiserreich	EMPIRE	necken	FOPPEN
Muster, Schablone	SCHEMA	Nachrichtentechniker	FUNKER	Napoleons Hofmaler	GERARD	neckischer Geist	KOBOLD
Muster (engl.)	SAMPLE	Nachruf	EPILOG	Napoleons Polizeiminister	FOUCHE	Neffe	NEPOTE
Mut	TRAUTE	Nachschrift	ANHANG			negerhaft	NEGRID
mutig, beherzt	TAPFER	Nachschubgebiet	ETAPPE	Narbengeschwulst	KELOID	Negermischvolk im Sudan	HAUSSA
Mutterboden (mediz.)	MATRIX	Nachsilbe	SUFFIX	Narkosemittel, Narkotikum	AETHER	Negerstamm im Kongo	UBANGI
Muttermal (mediz.)	NAEVUS	Nachtfalter	GLUCKE	Narkosemittel, Narkotikum	KURARE	Negerstamm in Kamerun	JAUNDE
Mutter v. Apoll	LATONA	Nachtrag, Beilage	ANHANG			neigen	BEUGEN
Mutter v. Diana	LATONA	Nachtschattengewächs	TOMATE	Nationalspiel der Basken	PELOTA	Neigung	FAIBLE
Mutter v. Hektor	HEKUBA	Nachwort	EPILOG	Naturgas	ERDGAS	Neigung zum Erbrechen	EMESIE
mutwilliger Krach	RABATZ	Nacken	GENICK	naturgemäß	GENUIN	Nelkenpfeffer	PIMENT
Nabelschwein	PEKARI	Nackenhebel	NELSON	Naturschutzgebiet in Schweden	ABISKO	Nenner	TEILER
Nachahmung, Nachbildung	SIMILI	Nadel-, Bastpalme	RAPHIA			nepalesische Stadt	BANDAR
		Nadelbaum	FICHTE	Naturwissenschaft	CHEMIE	Nephrit	JADEIT
nach außen gewölbt	KONVEX	Nahrungsmittelabsud	BRUEHE	Naturwissenschaft	PHYSIK	Nepp	BETRUG
Nachbildner	KOPIST	Nahtbesatz	PASPEL	nautisch. Winkelmeßgerät	OKTANT	Neptun-Mond	TRITON
Nachbildung der Erde	GLOBUS	naiv	ARGLOS	nautische Signalflagge	WIMPEL	Nereide, Mutter von Achill	THETIS
nachdrücklich	BETONT	namenlos	ANONYM			Nerveneinheit, Nervenzelle	NEURON
Nachfahr europ. Einw. in Südamer.	KREOLE	Name von fünf Päpsten	SIXTUS	nautisches Maß	KNOTEN	Nervenerschütterung	SCHOCK
Nachgeahmtes	IMITAT	Name von vier Päpsten	VIKTOR	Nebel	BRODEM	Nervenfasergeschwulst	NEUROM
nachgeboren, nachgelassen	POSTUM	Name von 17 Päpsten	GREGOR	Nebenbuhler	RIVALE	Nervengeflecht	PLEXUS
		Name von 23 Päpsten	JOHANN	Nebennierenwirkstoff	KORTIN	Nervenverdickung	NEUROM
nach innen gewölbt	KONKAV	Name von 3 Päpsten	JULIUS	Nebenrolle	CHARGE	Nervenzentrum	GEHIRN
Nachkomme	SPROSS	Name von 3 Päpsten	KALIXT	Neckar-Zufluß	ELSENZ	nervös	FAHRIG
						Nesselqualle	MEDUSE
						nett	ADRETT

nett, sauber	PROPER	niederbayer. Stadt an der Isar	LANDAU	niederl. Stadt in Nordholland	VELSEN	niedersächs. Kurort am Harz	SACHSA
Netzhaut des Auges	RETINA	niederdeutscher Autor	REUTER	niederl. Stadt in Utrecht	RHENEN	niedersächs. Stadt am Harz	GOSLAR
Netzteil	KNOTEN	Niederkunft	GEBURT	niederl. Tiermaler (17. Jh.)	POTTER	niedersächs. Stadt am Harz	SEESEN
neu	REZENT	niederl. Admiral (17. Jh.)	RUYTER	niederl. Universitätsstadt	LEIDEN	niedersächs. Stadt an d. Weser	HAMELN
neuer Name von Bombay	MUMBAI	niederl. Architekt	BAKEMA	niederl. Währungseinheit	GULDEN		
Neuerung, Verbesserung	REFORM	niederl. Bildhauer, Baumeister	KEYSER	niederländ. Maler	LEIDEN	niedersächs. Stadt an der Aller	VERDEN
Neuguineas Urbevölkerung	PAPUAS	niederl. Dichter (17. Jh.)	VONDEL	niederländ. Maler (16. Jh.)	SCOREL	niedersächs. Stadt an der Luhe	WINSEN
Neuling	NOVIZE	niederl. Flugzeugkonstrukteur	FOKKER	niederländ. Maler (17. Jh.)	OSTADE	Niederschlag im Winter	SCHNEE
Neunauge (Fisch)	BRICKE						
Neureicher	RAFFKE					niederschles. Stadt am Queis	LAUBAN
Neurose	PHOBIE	niederl. Freiheitskämpfer	EGMONT	niederländ. Mystiker	JANSEN		
Neusilber	ALPAKA	niederl. Graphiker	ESCHER	niederländ. Provinz	VELUWE	niederschles. Stadt an der Oder	GLOGAU
Neuverfilmung	REMAKE	niederl. kathol. Theologe	JANSEN	niederländ. Schriftsteller	HARTOG	Niederschrift	DIKTAT
neuzeitlich	MODERN	niederl. Maler	FLORIS			Niederschrift	SCRIPT
Nibelungengestalt	GERNOT	niederl. Maler (15. Jh.)	WEYDEN	niederländ. Seefahrer	TASMAN	Niederschrift	SKRIPT
Nibelungengestalt	GUDRUN	niederl. Marschenlandschaft	BETUWE	niederländ. Stadtkanal	GRACHT	niederträchtig	GEMEIN
nicht einer	KEINER	niederl. Physiker, Mathematiker	STEVIN	niederländ. Wasserstraße	GRACHT	niedriger setzen	SENKEN
nicht eines	KEINES					niemals	NIMMER
nicht hohl	MASSIV					Nierenbecken	PYELOS
Nichtromane in Südamerika	GRINGO	niederl. Schriftsteller	DONKER	niederösterr. Landschaft	WACHAU	Nierenfett	FLOMEN
nichtseßhafter Mensch	NOMADE	niederl. spätgotischer Bildhauer	SLUTER			Niet	BOLZEN
nicht süß	BITTER			Niederrhein-Zufluß	LEIDEN	nigerian. Stadt	IBADAN
nicht zugegen sein	FEHLEN	niederl. Stadt am Alten Rhein	LEIDEN	niedersächs. Bahnknotenstadt	LEHRTE	Niger-Zufluß	SOKOTO
Nidda-Zufluß	NIDDER	niederl. Stadt an Vechte u. Ijssel	ZWOLLE			Nil-Insel bei Assuan	PHILAE
Nidda-Zufluß	WETTER					nilohamitisch. Stamm	MASSAI

nilotische Sprache	ACHOLI
Nil-Zufluß	ATBARA
Nimmersatt	MARABU
Nimrod	JAEGER
Nirgendland	UTOPIA
Nische	EXEDRA
Nischenwölbung	KONCHE
noch einmal (Musik)	ANCORA
nördlich	BOREAL
nörgeln	MAULEN
nörgeln	MURREN
Nonnenschleier	WEIHEL
Nonsens, Humbug	UNSINN
Noppengewebe	BOUCLE
nordäthiop. Stadt	GONDAR
nordafrik. Gericht	KUSKUS
nordafrik. Staat	LIBYEN
nordafrikan. Berbervolk	TUAREG
nordafrikan. Volk	LIBYER
nordafrikan. Wüste	SAHARA
Nordafrikaner	ARABER
Nordafrikaner	LIBYER
nordamerik. Hirschart	WAPITI
nordamerik. Indianerstamm	OTTAWA
nordamerik. Indianerstamm	PAPAGO
nordamerikan. Halbinsel	ALASKA
nordamerikan. Indianer	HURONE
nordamerikan. Indianer	MOHAWK
nordamerikan. Indianerstämme	PUEBLO
nordamerikan. Landwirt	FARMER
nordamerikan. Präriewolf	KOJOTE
nordamerikan. Rentier	KARIBU
nordamerikan. Rinderhirt	COWBOY
Nordamerikaner	YANKEE
nordaustral. Hafenstadt	DARWIN
nordböhm. Stadt an d. Mettau	NACHOD
nordbulgar. Stadt	PLEVNA
nordbulgar. Stadt	PLEWEN
nordchines. Stadt	KALGAN
nordd. Landschaftsform	MARSCH
norddän. Stadt auf Jütland	SKAGEN
Norddeutscher	FRIESE
norddtsch. Fluß	WUEMME
norddtsch. Landschaft	BOERDE
nordengl. Grafschaft	DURHAM
nordengl. Stadt am Wear	DURHAM
nordeuropäisch. Volk	DAENEN
nordeuropäisches Volk	FINNEN
nordeuropäisches Volk	LAPPEN
nordfranz. Landschaft	ARTOIS
nordfranz. Stadt	EVREUX
Nordgermane	FRIESE
nordgriech. Hafenstadt	KABALA
nordgriech. Stadt	EDESSA
nordgriech. Stadt	XANTHI
nordirische Grafschaft	TYRONE
nordirische Provinz	ULSTER
nordischer Sagenriese	FAFNER
nordisrael. Gebirge	KARMEL
norditaI. Adriahafen	TRIEST
norditaI. Adria-Zufluß	OFANTO
nordjapan. Vulkan	ONTAKE
Nordkap Rügens	ARKONA
nordkastilische Landschaft	MANCHA
nordmährische Stadt	OSTRAU
Nordmeerinsel	ISLAND
nord-neuseeländ. Hafen	NAPIER
nordnigerian. Stadt	KADUNA
nordnorweg. Hafenstadt	LARVIK
nordnorweg. Hafenstadt	NAMSOS
nordnorweg. Hafenstadt	NARVIK
nordostafrikan. Volk	SOMALI
nordostamerikan. Fluß	HUDSON
nordostfranz. Stadt	LONGWY
nordostgriech. Stadt	JANINA
nordostital. Landschaft	FRIAUL
nordostspan. Hafenstadt	MATARO
nordostspan. Provinz	GERONA
nordostspan. Provinz	LERIDA
nordostspan. Stadt am Oñar	GERONA
nordostspan. Stadt am Segre	LERIDA
Nordpolargebiet	ARKTIS
Nordseebad	BORKUM

nordsibir. Fluß	TAIMYR
nordsibir. Halbinsel	TAIMYR
Nordskandinavier	LAPPEN
nordspan. Provinz	HUESCA
nordspan. Stadt	HUESCA
nordwestafrikan. Staat	SAHARA
nordwestafrikan. Volk	BERBER
nordwestafrikan. Volk	MAUREN
nordwestengl. Stadt	BOLTON
nordwesteurop. Inselstaat	ISLAND
nordwesteuropäischer Staat	IRLAND
nordwestfranz. Departement	MANCHE
nordwestiran. Gebirge	ELWEND
nordwestiranische Stadt	KASWIN
nordwestmexikan. Stadt	SONORA
Nordwind im Ägäischen Meer	BOREAS
Normalmaß	ETALON
norweg. Autor	JAEGER
norweg. Autorin (Nobelpreis)	UNDSET
norweg. Autor (Nobelpreis)	HAMSUN
norweg. Chemiker (Nobelpreis)	HASSEL
norweg. Fluß zum Skagerrak	GLOMMA
norweg. Forscher (Nobelpreis)	NANSEN
norweg. Hafen am Ofotfjord	NARVIK
norweg. König	HAAKON
norweg. König	MAGNUS
norweg. Polarforscher	NANSEN
norweg. Schriftsprache	BOKMAL
norweg. Stadt in Telemark	RJUKAN
norwegisch. König	SIGURD
norwegischer König	SVERRE
Not, Notlage	MISERE
Notbehelf	ERSATZ
Notenschrift im MA	NEUMEN
Notizpapier	ZETTEL
Not leiden	DARBEN
Notlösung	BEHELF
Notruf im Luftverkehr	MAYDAY
notwendig	NOETIG
Nu	MOMENT
Nürnberger Bildhauer	KRAFFT
Nürnberger Buchdrucker	HERGOT
Nürnberger Maler	DUERER
Nürnberger Seefahrer	BEHAIM
nur einmal vorhanden	EINZIG
nur für sich	ALLEIN
nur gedacht	IDEELL
Nutzen, Gewinn	PROFIT
Nutzfläche beim Haus	GARTEN
Nutzland	GARTEN
Nymphen, Töchter des Atlas	HYADEN
Oase, Oasenstadt in Libyen	MURSUK
Oase in der Westsahara	DACHLA
Oasenstadt in Algerien	BISKRA
Obdach	BLEIBE
Oberarmmuskel	BIZEPS
oberbayer. Kurort	INZELL
oberbayer. Kurort	RAMSAU
oberbayer. Luftkurort	KOCHEL
oberbayer. Luftkurort	KREUTH
oberbayer. Stadt a. d. Salzach	LAUFEN
oberbayerisch. Kurort	MURNAU
oberbayerisch. Kurort	OBERAU
Oberflächen-Helligkeitsmaß	ALBEDO
obergäriges Bier	WEISSE
Oberhaupt	LEITER
oberital. Adria-Zufluß	BRENTA
oberital. Stadt	CESENA
oberitalien. Stadt	NOVARA
oberschles. Stadt an der Oder	OPPELN
oberste Kurfürstenwürde	ERZAMT
Obstkiste	STEIGE
Obstpresse	KELTER
Ob-Zufluß	SURGUT
Oder-Zufluß	PLOENE
öffentlich	PUBLIK
öffentliche Abgabe	STEUER
öffentliche Grünfläche	ANLAGE
Öffnung	LUECKE
ölig	FETTIG
Ölkautschuk	FAKTIS
Ölpalme	ELAEIS
Ölpflanze	FLACHS
österr. Abt u. Botaniker	MENDEL
österr. Aktionskünstler	HELLER
österr. Alpengebirgsstock	TAUERN
österr. Alpenpaß	GERLOS

österr. Alpenpaß	TAUERN	österr.-franz. Klavierbauer	PLEYEL	österr. Psychiater	FRANKL	österr. Tenor, Schauspieler	SLEZAK
österr. Alpenpaß	WURZEN	österr. Großkraftwerk	KAPRUN	österr. Schauspieler	MULIAR	österr. Titel	HOFRAT
österr.-amerikan. Architekt	NEUTRA	österr. Gruß	SERVUS	österr. Schauspieler	SCHENK	österr.-ungar. Fluß	LEITHA
österr. Barockbildhauer	DONNER	österr. Inn-Zufluß	ZILLER	österr. Schauspielerfamilie	SCHELL	österr. Verhaltensforscher	LORENZ
österr. Botaniker	KERNER	österr. Jazzmusiker (Saxophon)	KOLLER	österr. Schauspielerin	BERGER	österr. Walzerkomponist	LANNER
österr. Chansonette, Schausp.	PLUHAR	österr. Komponist	KIENZL	österr. Schriftsteller	HANDKE	österr. Weinsorte	RUSTER
österr. Chansonnier	HIRSCH	österr. Komponist	KRENEK	österr. Schriftsteller	SALTEN	österr. Zoologe (Nobelpreis)	FRISCH
österr. Dichter, Schriftsteller	HABECK	österr. Komponist	WEBERN	österr. Schriftsteller	SIMMEL	österr.: Tabakladen	TRAFIK
österr. Dichter, Schriftsteller	POLGAR	österr. Komponist	ZELLER	österr. Schriftsteller	STROBL	Österreicher	WIENER
österr. Dichter, Schriftsteller	WERFEL	österr. Komponist, Pianist	HUMMEL	österr. Schriftsteller	WEIGEL	Ofensetzer	HAFNER
österr. Dirigent	KRAUSS	österr. Kurort am Lech	REUTTE	österr. Schriftsteller	WERFEL	offen, unbesetzt	VAKANT
österr. Donau-Zufluß	ERLAUF	österr. Maler	MAKART	österr. Sopranistin	GUEDEN	offener Hausvorbau	LOGGIA
österr.-engl. Philosoph	POPPER	österr. Mediziner (Nobelpreis)	BARANY	österr. Staatsmann	RENNER	Offizier	OBERST
österr. express. Dramatiker	CSOKOR	österr. Nationalökonom	MENGER	österr. Staatsmann	SEIPEL	Offiziersanwärter	KADETT
österr. f. Gasthaus	BEISEL	österr. Operettenkomponist	DOSTAL	österr. Stadt am Inn	SCHWAZ	Offiziersmesse	KASINO
österr. Feldmarschall	LAUDON	österr. Physiker	LIEBEN	österr. Stadt am Inn	WOERGL	Oglio-Zufluß	CHIESE
österr. Filmregisseur	MEISEL	österr. Pianist u. Komponist	CZERNY	österr. Stadt an der Mur	LEOBEN	ohne Abzug	BRUTTO
österr. Formel-1-Fahrer	BERGER	österr. Politiker (Bundespräsid.)	MIKLAS	österr. Stadt im Waldviertel	GMUEND	ohne Begleitung	ALLEIN
österr. Forscher (Nobelpreis)	LORENZ	österr. Porzellankünstler	GRASSI	österr. Tenor	TAUBER	ohne Blütenblatt	APETAL
						ohne Namensangabe	ANONYM
						ohne Spitze, ohne Schärfe	STUMPF
						Ohrenentzündung	OTITIS

Clue	Answer
Ohrensausen (medizin.)	BOMBUS
Oise-Zufluß	BRECHE
Oka-Zufluß	MOSKWA
Okeanide	EIDYIA
Okeanide	OKYROE
Omelett, Omelette	PLINSE
Operette v. Dostal	CLIVIA
Operette von Dostal	MONIKA
Operette von Sullivan	MIKADO
Opernteil	ARIOSO
Oper v. Händel	ALCINA
Oper von Berg	WOZZEK
Oper von Bizet	CARMEN
Oper von Flotow	MARTHA
Oper von Gluck	ARMIDA
Oper von Händel	ALMIRA
Oper von Händel	XERXES
Oper von Hoffmann	UNDINE
Oper von Honegger	JUDITH
Oper von Janacek	JENUFA
Oper von Lortzing	UNDINE
Oper von Menotti	AMELIA
Oper von Menotti	KONSUL
Oper von Menotti	MEDIUM
Oper von Puccini	BOHEME
Oper von Strauss	DAPHNE
Oper von Strauss	SALOME
Oper von Thomas	MIGNON
Oper von Verdi	ERNANI
Oper von Wagner	RIENZI
Oper von Weber	OBERON
Opfer	TRIBUT
Opiat	CODEIN
Opiumbestandteil	KODEIN
Oratorium v. Händel	ESTHER
Oratorium von Händel	JOSEPH
Oratorium von Händel	SALOMO
Oratorium von Händel	SEMELE
Orchidee	DINGEL
Orchidee	LAELIA
Ordensband	KORDON
Ordensbruder	FRATER
Ordensritter	KOMTUR
ordentlich	ADRETT
ordentlich zusammenlegen	FALTEN
Order	BEFEHL
ordnen	REGELN
Ordnungsprinzip	GESETZ
Ordnungsprinzip	SYSTEM
Ordnungszahl	NUMMER
Organ	STIMME
Organ, Verständigungsmittel	STIMME
Organisation der UN	UNCTAD
Organisation der UN	UNICEF
Organisator	MACHER
Orgelmixtur	ZIMBAL
Orgelregister	BORDUN
Orgelregister	TROMBA
Orgie	EXZESS
Orgie	GELAGE
oriental. Gong	TAMTAM
oriental. Lastträger	HAMMAL
oriental. Obergewand	KAFTAN
oriental. Polizeisoldat	KAWASS
oriental. Titel	SULTAN
Orientale	ARABER
Orientale	PERSER
orientalisch. Frauenname	AISCHA
orientalisch. Getränk	SORBET
orientalisch. Palast	SERAIL
orientalische Kopfbedeckung	TURBAN
orientalischer Titel	PASCHA
orientalisches Badehaus	HAMMAM
Orientteppich	AFGHAN
Orientteppich	ANATOL
Orientteppich	BERBER
Orientteppich	BIDJAR
Orientteppich	KERMAN
Orientteppich	PERSER
Original	URBILD
Original, Sonderling	UNIKUM
Orinoco-Zufluß	ARAUCA
Orkney-Insel	BURRAY
Orkney-Insel	POMONA
Orkney-Insel	SANDAY
orten, messen	PEILEN
ortsansässig	HIESIG
Ortsbestimmung	ORTUNG
Osmane	TUERKE
ostafrikan. Bantustamm	WALUTA
ostafrikan. Fluß	KAGERA
ostafrikan. Fluß	ROVUMA
ostafrikan. Staat	RUANDA
ostafrikan. Staat	UGANDA
ostasiat. Baumharz	BENZOE
ostasiat. Hauptstadt	TAIPEH
ostasiat. Hühnerrasse	COCHIN
ostasiat. Reitervolk	HUNNEN
ostasiat. Staat	TAIWAN
ostasiat. Tempelform	PAGODE
ostasiat. Wirbelsturm	TAIFUN
ostasiat. Zierbaum	GINKGO
ostbulgar. Stadt	JAMBOL
ostbulgarische Stadt	SLIVEN

osteurop. Völkergruppe	SLAWEN	ostpreußische Hafenstadt	ELBING	pakistan. Stadt in Belutschistan	QUETTA	parfümiertes Haarfett	POMADE
Osteuropäerin	RUSSIN	Oströmisch. Reich	BYZANZ	pakistan. Volksgruppe	SINDHI	Pariser Leichenschauhaus	MORGUE
osteuropäisches Volk	RUSSEN	oströmischer Kaiser	VALENS	Palästinenser-Führer	ARAFAT	Pariser Museumspalast	LOUVRE
ostfranz. Departement	VOSGES	ostschweiz. Kanton	GLARUS	Palast	PALAIS	Park	ANLAGE
ostfries. Insel	BORKUM	Ostsee-Insel	UMMANZ	Palmenart	KENTIA	parlamentar. Körperschaft	KAMMER
ostfries. Stadt	AURICH	ostsibir. Amur-Zufluß	USSURI	Palmenart	RAFFIA		
ostfries. Stadt an der Nordsee	NORDEN	ostsibirischer Strom	KOLYMA	Palmenart	ROTANG	parlamentarische Beratung	LESUNG
ostfries. Stadt im Emsland	LINGEN	ostsibirischer Strom	OMELEN	Palmenfrucht	DATTEL	Parlamentssitz	MANDAT
ostfriesische Stadt	MEPPEN			Pandurenführer	TRENCK	Parole	LOSUNG
				Panier	BANNER	Parole, Losung	SLOGAN
ostgerman. Stamm	RUGIER	ostvenezolan. Stadt	MERIDA	Panne, Unglück	UNFALL	Part	ANTEIL
				Papageienart	KAKAPO	Partie	ANZAHL
Ostgotenkönig	TOTILA	Otter	NATTER	Papageienart	NYMPHE	Parze	KLOTHO
ostind. Volksgruppe	PARSEN	Paarungsbereitschaft (Wild)	BRUNFT	Papageienart	WELLAT	Passagierraum	KABINE
						Paßgänger, Damenreitpferd	ZELTER
ostkirchl. Würdenträger	EXARCH	Pack	BAGAGE	Papierformat	DUODEZ		
		Pack, niederes Volk	POEBEL	Pappe	KARTON	Paß in den Berner Alpen	SUSTEN
ostlibysche Hafenstadt	TOBRUK	Packen	BALLEN	Pappschachtel	KARTON		
ostpreuß. Fluß	INSTER	Packer, Schiffsbelader	STAUER	Papstname	FABIAN	Paß in Graubünden	ALBULA
ostpreuß. Fluß	PREGEL	Packwagen	WAGGON	Papstname	LUCIUS	Passion	LEIDEN
ostpreuß. Stadt	GOLDAP	päpstl. Vergünstigung	INDULT	Papstname	MARCUS	Patenturkunde	BREVET
ostpreuß. Stadt	LABIAU	pakistan. Fluß	SUTLEJ	Papstname	MARKUS	Patronin des Elsaß	ODILIA
ostpreuß. Stadt	PILLAU	pakistan. Millionenstadt	LAHORE	Papstname	PETRUS	Paulusbrief	ROEMER
ostpreuß. Stadt	RAGNIT	pakistan. Politiker	BHUTTO	Paradeiser, Paradiesapfel	TOMATE	pazif. Insel	JARVIS
ostpreuß. Stadt	TAPIAU	pakistan. Schrift, Sprache	SINDHI	Paragraphenabsatz	ZIFFER	pazif. Inselgruppe der USA	MIDWAY
ostpreuß. Stadt	WEHLAU			parat	BEREIT	pazifische Insel	NASSAU
ostpreußische Dichterin	MIEGEL	pakistan. Stadt im Pandschab	MULTAN	Pardelkatze	OZELOT	pazifische Inselgruppe	RIUKIU
				Parfümflasche	FLAKON		

pazifische Inselgruppe

331

Clue	Answer
pazifischer Inselstaat	TUVALU
Pechleuchte	FACKEL
Peilung	ORTUNG
Pein	MARTER
Pein, Qual	TORTUR
peinlich	GENANT
Pelle, Hülse	SCHALE
Pelzsamt	FELBEL
Pergament, Urkunde	CHARTA
Periode, Kreislauf	ZYKLUS
Perpendikel	PENDEL
Perserkönig	DARIUS
Perserkönig	XERXES
persisch. Dichter (12. Jh.)	NISAMI
persisch. Dichter (12. Jh.)	NIZAMI
persisch. Wasserpfeife	KALIAN
persisch. Weltschöpfer, Lichtgott	ORMUZD
persönlich, zivil	PRIVAT
Person	MENSCH
Personenwagen	SPIDER
peruan. Haupthafen	CALLAO
peruan. Stadt am Rio Santo	HUARAS
peruanisch. Provinz	CALLAO
peruanische Provinz	LORETO
peruanische Stadt	CAMANA
Petroleum	ERDOEL
Petschaft	SIEGEL
Pfälzer Domstadt am Rhein	SPEYER
Pfälzer Höhenzug	HAARDT
Pfälzer Rhein-Zufluß	LAUTER
Pfälzer Rhein-Zufluß	QUEICH
Pfahl	PFLOCK
Pfahlbündel im Hafen	DALBEN
Pfahlzaun, Zaunlatte	STAKET
Pfannkuchen	PLINSE
Pfarrvikar	KAPLAN
Pfeifenstrauch	JASMIN
Pfeiler	SAEULE
Pferch	KORRAL
Pferdefuhrwerk	FIAKER
Pferde-Fußkrankheit	SCHALE
Pferdegangart	GALOPP
Pferdegeschirrteil	SIELEN
Pferderasse	BERBER
Pferderasse	PERSER
Pferderasse, -rassengruppe	ARABER
Pferdesportler	REITER
Pflanzenableger	SENKER
Pflanzenanbau	KULTUR
Pflanzennarbe	STIGMA
Pflanzenteil	BLUETE
Pflanzenteil	FRUCHT
Pflanzentrieb, Schößling	SPROSS
Pflanzung	KULTUR
Pflegeanstalt v. Bodelschwingh	BETHEL
pflegen	WARTEN
Pflegevater Jesu	JOSEPH
Pflichtzahlung	ABGABE
pflügen	ACKERN
Pflugmesser	KOLTER
Pflugspur	FURCHE
Pfosten z. Anlegen von Schiffen	POLLER
Pfote, Tierfuß	PRANKE
Pfropfen	KORKEN
Pharaonenname	RAMSES
philip. Staatspräsidentin	AQUINO
philippin. Stadt auf Panay	ILOILO
philippin. Volk	BISAYA
philippinische Hauptstadt	MANILA
philippinische Insel	NEGROS
philippinisches Volk	TAGALE
philos.-religiös. Richtung	MYSTIK
Philosoph	DENKER
phönizische Stadt	BYBLOS
Phosphatmineral	APATIT
Photoapparat	KAMERA
Phrase	FORMEL
phrygische Göttin	KYBELE
physikal. Größe	MOMENT
physikalische Krafteinheit	NEWTON
physischer Zwang	GEWALT
picken	HACKEN
Pik im Kartenspiel	SPATEN
Pilgerherberge	HOSPIZ
pilgern, wallfahren	WALLEN
Pilotenkabine	KANZEL
Pilzfädengeflecht	HYPHEN
Pilzgeschwulst	FUNGUS
Pilzkeime	SPOREN
Pilzkrankheit	MYKOSE
Pirol	BUELOW
Plättgerät	MANGEL
Plage	LEIDEN
Plakat	POSTER
Plane	PLACHE
Planet	MERKUR
Planet	NEPTUN
Planet	SATURN
Planet	URANUS
Planetenaspekt	SEXTIL
Planetenaspekt	TRIGON
Planetenwendepunkt	APSIDE
Planetoid	PALLAS
plastisches Brustbild	BUESTE
platt, oberflächlich	SEICHT
Plattform	PERRON
Plattform	PODEST

Clue	Answer
Platz, bestimmter Ort	STELLE
PLO-Chef	ARAFAT
plötzl. laute Äußerung	AUSRUF
plötzlich	ABRUPT
plötzlich auftretendes Leiden	ANFALL
plötzliche Erschütterung	SCHOCK
plötzlich zusammenfahren	ZUCKEN
Plüschgewebe	MOKETT
Pockholz	GUAJAK
Politiker in Simbabwe	MUGABE
politisch. Handstreich	PUTSCH
politisch. Vereinigung	PARTEI
Polizei im Gaunerjargon	BULLEN
polizeil. Durchsuchung	RAZZIA
Polizeiwache	REVIER
poln., ungar. Adliger	MAGNAT
poln.-engl. Romanautor	CONRAD
poln. Industriestadt	LODSCH
poln. Krönungsstadt	KRAKAU
poln. Name von Danzig	GDANSK
poln. Name von Gdingen	GDYNIA
poln. Name von Posen	POZNAN
poln. Oder-Zufluß	WARTHE
poln. Ostseebad	ZOPPOT
poln. Romanschriftsteller	MILOSZ
poln. Satiriker	MROZEK
poln. Stadt am Dunajec	TARNOW
poln. Stadt an der Düna	POLOZK
poln. Stadt zw. Weichsel und Bug	LUBLIN
polnisch. Autor	HLASKO
polnisch. Komponist u. Pianist	CHOPIN
polnisch. Münze	GROSZY
polnisch. Politiker	GIEREK
polnisch. Politiker (Nobelpreis)	WALESA
polnisch. Stadt	KONITZ
polnische Hafenstadt	DANZIG
polnische Königin	HEDWIG
polnische Stadt an der Lysa Gora	KIELCE
Polster	KISSEN
Poltergeist	KOBOLD
Poltergeist	SCHRAT
Polyeder	PRISMA
polynes. Inselgruppe	HAWAII
polynes. Inselgruppe	WALLIS
pommersch. Fluß	GRABOW
pommersch. Fluß	RADUEE
pommersch. Fluß	TREBEL
pommersch. Halbinsel	ZINGST
pommersch. Kurort, Seebad	BANSIN
pommersche Insel	WOLLIN
pommersche Insel	USEDOM
pommerscher Küstenfluß	WIPPER
pommerscher Oder-Zufluß	STOLPE
Pomp, Herrlichkeit	PRACHT
Popmusik-Solist (Rockmusik-Solist)	COOPER
Popmusik-Solist (Rockmusik-Solist)	GENTRY
Portal	PFORTE
Portion	ANTEIL
portug. Name von Lissabon	LISBOA
portug. Stadt in Estremadura	OBIDOS
portugies. Dichter	CAMOES
portugies. Entdecker, Seefahrer	CABRAL
portugies. Fluß	ZEZERE
portugies. Inselgruppe	AZOREN
portugies. Königsname	ALFONS
portugies. Stadt	ALMADA
portugies. Stadt	OPORTO
portugies. Stadt	QUELUZ
portugies. Stadt	SINTRA
portugies. Stadt an der Algarve	TAVIRA
portugies. Währungseinheit	ESCUDO
portugies. Wallfahrtsort	FATIMA
Porzellanbrennform	MUFFEL
Porzellanerde	KAOLIN
Posament	BESATZ
Posament	QUASTE
Position, Stellung	POSTEN
positiv geladenes Ion	KATION
positiv vergelten	DANKEN
Posten, Position	STELLE
Postenkette	KORDON
Poster	PLAKAT
Potentat	KOENIG
Po-Zufluß	AGOGNA
Po-Zufluß	PANARO
Po-Zufluß	TANARO
Po-Zufluß	TESSIN
Po-Zufluß	TICINO

Po-Zufluß bei Mantua	MINCIO	Produktionsstätte	FABRIK	Pyrenäenberg	NETHOU	Ränkespiel	KABALE
Prachtstraße	AVENUE	Profil, Skizze	UMRISS	Pyrenäenbewohner	BASKEN	Rätselfreund	LOESER
Prägestempel	STANZE	Profit	GEWINN	Qual	FOLTER	rätselhaftes Wesen	SPHINX
		Profit	NUTZEN	Qual	MARTER		
Präsidentenpalast in Paris	ELYSEE	Proklamation	AUFRUF	Qualm	BRODEM	Räuber	BANDIT
				Quantität	ANZAHL	Räucherwerk	MYRRHE
praktisch	PATENT	Prophet	MAHNER	Quantum	ANZAHL	raffen	REFFEN
Predigt, Strafpredigt	SERMON	Prophezeiung	ORAKEL	Quantum, Zuteilung	RATION	raffen	ZERREN
		Protektion, Sicherheit	SCHUTZ	Quark	TOPFEN	Rammpfahl	PILOTE
Predigtstuhl	KANZEL			Quartier	BLEIBE		
Preis	KOSTEN	Protest	KONTRA	Quast	PINSEL	Ramsch, Unsinn	TINNEF
Preisnachlaß, Vergünstigung	RABATT	Prototyp	MODELL	Quaste	ZOTTEL	Rand, Ende	GRENZE
		Prototyp	MUSTER	Quaste, Troddel	POMPON		
		Prototyp, Inbegriff	URBILD	Quatsch, Torheit	UNSINN	Randbemerkung	GLOSSE
Preissturz a. d. Börse	BAISSE	Provinz in Mosambik	SOFALA	Quecksilber (Alchimie)	MERKUR	Randleiste	GESIMS
Preisträger	SIEGER	Prüfer	TESTER	Quellfluß d. Pregel	INSTER	Rang	NIVEAU
		Prüfung	EXAMEN			rar, nicht häufig	SELTEN
Preistreiberei	WUCHER	Prüfungsurkunde	DIPLOM	Quellnymphe	NAJADE		
preiswert	BILLIG	prügeln, schlagen	BLEUEN	Quermaß	BREITE	rasch	HURTIG
preuß. Adelsgeschlecht	BUELOW			Rabatt, Preisabzug	SKONTO	rasch	RAPIDE
		Prunktor	PORTAL			rasch, reißend	RAPIDE
preuß. Generalfeldmarschall	KLEIST	prunkvoller Aufmarsch	PARADE	Rabenvogel	ELSTER	rasch, unverzüglich	PROMPT
				Rabenvogel	HAEHER		
preuß. Generalfeldmarschall	MOLTKE	Pudergrundstoff	TALKUM	Rabenvogel	KRAEHE	rasen	SAUSEN
						rasen, toben	WUETEN
		pünktlich	ZEITIG	Radau, Wirrwarr	TUMULT	Rasenballspiel	HOCKEY
preuß. Reitergeneral	ZIETEN	pünktlich, unbedingt	STRIKT				
						rasend	FURIOS
prickelnd, reizvoll	PIKANT	Pufferkissen	FENDER	radioaktives Element	CURIUM	rasend	TOBEND
		Puma	KUGUAR			rasend, reißend	RASANT
Prinzessin von Preußen	AMALIA	pumpen	LEIHEN	radioaktives Element	RADIUM		
		Pumpenkolben	PISTON			rasend, wütend	RABIAT
Prinz von Oranien	MORITZ	Pupillenverengung	MIOSIS	radiostrahlend. Himmelskörper	QUASAR	rasender Beifall	FURORE
Pro	DAFUER					rassische Hetze	POGROM
Probe, Training	UEBUNG	pur, rein	LAUTER	Radrennfahrer	STEHER	rassische Verfolgung	POGROM
		Purzelbaum	KOBOLZ	Radteil	REIFEN		
Probestück	MUSTER			Radwettbewerb	OMNIUM	Rastlosigkeit	UNRUHE
		pusten	BLASEN				
Produkt gleicher Faktoren	POTENZ	Putz, Verzierung	ZIERAT	rächen	AHNDEN	Ratgeber	BEIRAT
						Ratgeber	MENTOR

Ratgeber d. griech. Sage	NESTOR	Rechnungsbetrag	POSTEN	Regenschutz	KAPUZE	Reitstöckchen	BADINE
Ratgeber Karls d. Großen	ALKUIN	Recht	GESETZ	Regenschutz	SCHIRM	Reizleiter (Mz.)	NERVEN
Rathaus in Frankfurt a. M.	ROEMER	rechte Kontoseite	KREDIT	Regenwolke	NIMBUS	Rektoratsgehilfe	PEDELL
Raub, Plünderung	RAPUSE	Rechtsanwalt, Rechtsberater	JURIST	Regierungsform	REGIME	religiöse Übung	ASKESE
Raubfisch	BARSCH	Rechtsanwaltauftrag	MANDAT	Region	BEZIRK	Religionsbuch des Juden	TALMUD
rauchen	PAFFEN			Region	GEGEND		
Raucher-Utensil	ASCHER	Rechtsbeistand	ANWALT	Regnitz-Zufluß	EBRACH	Religionsgemeinschaft	KIRCHE
Raucherutensil	PFEIFE	rechtschaffen	BIEDER	Rehrudel	SPRUNG		
				Reibeisen	RAFFEL		
raufen	BALGEN	rechtschaffen	HONETT	Reibeisen	RASPEL	rennen	LAUFEN
Raum, Stube	ZIMMER	Rechtskundiger	JURIST	reiche Weltenbummler	JETSET	Rennpferd	TRABER
Raumbegriff	LAENGE	Rechtspflege	JUSTIZ	Reich Satans	HOELLE	Rennreiter	JOCKEY
Raumschiff der Amerikaner	APOLLO	Rechtsspruch, Richterspruch	URTEIL	Reichweite	RADIUS	Rennruderboot	ACHTER
				Reichweite	UMFANG	Rennwagen f. Kinder	GOKART
Raumschiff der Amerikaner	AURORA	Redewendung	FORMEL	Reifeprüfung	ABITUR	Republik China	TAIWAN
Raumschiff der Amerikaner	GEMINI	Redewendung	PHRASE	Reifeprüfung	MATURA	Reserve, Rücklage	VORRAT
		redlich	BIEDER	Reihe von acht Tönen	OKTAVE	Residenz des Agamemnon	MYKENE
		redlich, tüchtig	WACKER	rein, blank	SAUBER	Rest, Überbleibsel	RELIKT
Raumschiff der Sowjets	WOSTOK	Redner der Antike	RHETOR	Reinerlös	GEWINN		
Raumüberwölbung	KUPPEL	rednerisch begabt	BEREDT	Reinfall, Mißgeschick	PLEITE	Rettung	AUSWEG
						Revier	BEZIRK
Rausch, Schwindel	TAUMEL	Rednerplatz	PODIUM	reinigen, säubern	PUTZEN	Rheinhafen in Rheinland-Pfalz	BINGEN
Rauschgift	KOKAIN	Reformator	LUTHER	Reinverdienst	GEWINN	rheinisches Mittelgebirge	TAUNUS
Rauschgift, Suchtmittel	HEROIN	regelmäßiger Wechsel	TURNUS	Reisegesellschaft in Afrika	SAFARI		
		regelrecht	NORMAL	Reitbahn	MANEGE	Rhein-Zufluß	WISPER
Rauschgifthändler	DEALER	regelwidrig	ABNORM	Reiterabteilung	BERITT	Rhein-Zufluß bei Mannheim	NECKAR
				Reitermannschaft	EQUIPE		
Rauschgifthändler	PUSHER	regelwidrig	ANOMAL			Rhone-Zufluß	BORGNE
		Regenbogenhautentzündung	IRITIS	Reiterspiel der Ritterzeit	BUHURT		
Rechnungsabschluß	BILANZ			Reitsitz	SATTEL	Richterin im Alten Testament	DEBORA

Richter Israels	GIDEON	Ritterrüstung	PANZER	Roman v. Hemingway	FIESTA	rügen, beanstanden	TADELN
Richtlinie, Richtschnur	MAXIME	Ritual, Ritus	KULTUS	Roman v. Malaparte	KAPUTT	rühmen	FEIERN
Riechfläschchen	FLAKON	Rochenart	FLETEN	Roman v. Maupassant	BELAMI	Rüpel	FLEGEL
		Rockaufschlag	REVERS			Rüsche	FALBEL
Riegel, Verschluß	SPERRE	Röhrling (Pilz)	MARONE	Roman v. Wallace	BENHUR	Ruhe	SCHLAF
Riemenblatt	KLIVIE	röm. Göttin d. Morgenröte	AURORA	rote Gartenfrucht	TOMATE	Ruhe, Schweigen	STILLE
Riese	GIGANT			roter Farbstoff	KARMIN	Ruhelage	STATIK
Riese	KOLOSS					Ruhelosigkeit, Fahrigkeit	UNRAST
Riese d. altnord. Sage	FASOLD	röm. Legionärslager	CASTRA	roter Farbstoff	PURPUR	Ruhepause, Entspannung	SIESTA
Riesengeier	KONDOR	röm. Meeresgott	NEPTUN	Rotkupfererz	CUPRIT	Ruheständler	EMERIT
				Rotsucht	MASERN		
Riesengras	BAMBUS	römisch. Hügel	PINCIO	Rottanne	FICHTE	Ruhestörung	RANDAL
Riesenkänguruh	BOOMER	römisch. Kaiser	AVITUS	Rotwild	HIRSCH		
				Roulette-Ausdruck	MANQUE	Ruhm	GLORIE
Riesenstandbild	KOLOSS	römisch. Kaiser	DECIUS	Ruder	RIEMEN	Ruhmesglanz	NIMBUS
Riffelung an Gummireifen	PROFIL	römisch. Kaiser	GALLUS	Ruder, Leitwerk	STEUER	Ruhr-Zufluß (mit Talsperre)	MOEHNE
rigoros, schonungslos	STRENG	römisch. Kaisergeschlecht	JULIER	rudern	PULLEN		
				Ruderschiff d. Römer	BIREME	Ruinenstätte in Ägypten	KARNAK
Rille	FURCHE	römisch. Kaiser (3. Jh.)	PROBUS	Rückenkammechse	LEGUAN	Ruinenstätte in Algerien	TIMGAD
Rinde	KORTEX						
Rinde	KRUSTE	römisch. Patrizierfamilie	FABIUS	Rückenstück vom Wild	ZIEMER	Ruinenstätte in Griechenland	MYKENE
Ring	REIFEN						
Ringergriff	NELSON	römische Adelsfamilie	ORSINI	Rückfall	RELAPS	Ruinenstätte in Griechenland	TIRYNS
Rippenstück	KARREE			Rückfluß	REFLUX		
Rippseide	FAILLE	römische Quellnymphe	EGERIA	Rückgratknochen	WIRBEL		
Risiko	GEFAHR			rückseitig (med.)	DORSAL	Ruinenstätte in Kambodscha	ANGKOR
Risiko, Abenteuer	WAGNIS	römischer Kaiser	TRAJAN	rücksichtslos	BRUESK		
		rösten	DARREN			rumän. Donau-Zufluß	BORCEA
riskant	GEWAGT	roh	BRUTAL	Rückstand, Überrest	RELIKT		
Rispengras	TRESPE	Rohkost	MUESLI			rumän. Donau-Zufluß	OGOSTA
		Rohling	RUEPEL	Rückstoßgeschoß	RAKETE		
Ritterfalter	APOLLO	Roman v. Anet	ARIANE				
ritterl. Abzeichen	WAPPEN	Roman v. Bachmann	MALINA	Rückwendung	UMKEHR	rumän. Donau-Zufluß	SERETH
ritterlich	GALANT	Roman v. Hamsun	HUNGER	Rückzug	ABGANG	rumän. Hafenstadt	BRAILA
Ritterordensbezirk	BALLEI	Roman v. Hartog	STELLA	rüde	BARSCH		

Clue	Answer
rumän. Hafenstadt	GALATI
rumän. Hafenstadt	GALATZ
rumän. Königin	CARMEN
rumän. Komponist	ENESCU
rumän. Name v. Großwardein	ORADEA
rumän. Name von Kronstadt	BRASOV
rumän. Seebad	MAMAIA
rumän. Stadt am Bihargebirge	ORADEA
rumän. Stadt an der Donau	BRAILA
rumän. Theiß-Zufluß	SZAMOS
rumänische Königin	SYLVIA
rumänische Landschaft	MOLDAU
Rumbastäbchen	CLAVES
Rummel, buntes Treiben	TRUBEL
Runde	CORONA
Runde, geselliger Kreis	ZIRKEL
Runde, Rotation	UMLAUF
Runde bei Spielen	PARTIE
runde Geländevertiefung	KESSEL
runde Stütze	SAEULE
Rundfunkstation	SENDER
Rundtanz	REIGEN
Rundtanz des 19. Jahrh.	GALOPP
runzlig	FALTIG
russ.-am. Musical-Komponist	BERLIN
russ. Autor, Revolutionär	HERZEN
russ. Buchweizengrütze	KASCHA
russ. Dirigent (Donkosaken)	JAROFF
russ. Fabeldichter	KRYLOW
russ. Ikonenmaler	RUBLOW
russ. Industriekombinat	DONBAS
RUSS. Ministerpräsident	JELZIN
russ. Name d. Memel	NJEMEN
russ. Politiker, Verschwörer	PAHLEN
russ. Schachweltmeister	KARPOW
russ. Stadt am Nordkaukasus	MAIKOP
russ. Stadt an der Oka	KALUGA
russ. Stadt an der Wolga	ENGELS
russ. Stör-Art	BELUGA
rußend	BLAKIG
russisch., sowjet. Münze	KOPEKE
russisch. Dichter, Dramatiker	IWANOW
russisch. Komponist	GLINKA
russisch. Konstruktivist	TATLIN
russisch. Mediziner (Nobelpreis)	PAWLOW
russisch. Name von Moskau	MOSKWA
russisch. Physiker (Nobelpreis)	LANDAU
russisch. Stadt an der Oka	RJASAN
russisch. Verwaltungsgebiet	OBLAST
russisch. Volksrat	SOWJET
russisch. Windhund	BARSOI
russisch. Zar	ALEXEJ
russisch-amerikan. abstrakt. Maler	ROTHKO
russische Stadt an der Wjasma	WJASMA
russische Stadt an der Wolga	RSCHEW
Saale-Zufluß	LAUCHA
Saale-Zufluß	LEUTRA
Saale-Zufluß	WIPPER
Saal im Kloster	REMTER
saarl. Stadt an der Saar	MERZIG
Sachsenkaiser	OTTONE
sachverständig	EXPERT
Sachverständigenausschuß	BEIRAT
Sackpfeife spielen	DUDELN
sächs. Stadt a. d. Görl. Neiße	ZITTAU
sächs. Stadt a. d. Schwarz. Elster	KAMENZ
sächs. Stadt an d. Mulde	WURZEN
sächs. Stadt an d. Pleiße	WERDAU
sächs. Stadt an d. Wipper	WIPPRA
sächs. Stadt an der Elbe	COSWIG
sächs. Stadt an der Elbe	TORGAU
sächs. Stadt an der Mulde	GRIMMA
sächs. Stadt an der Nuthe	ZERBST
sächs. Stadt an der Pleiße	ROETHA
sächs. Stadt an der Saale	WETTIN
sächs. Stadt an der Zschopau	FLOEHA
sächs. Stadt bei Dresden	NIESKY
sächs. Stadt bei Leipzig	TAUCHA

sächs. Stadt im Erzgebirge	LAUTER
sächs. Stadt im Vogtland	PLAUEN
Säuglingswickeltuch	WINDEL
Säule aus einem einzigen Block	MENHIR
Säulendeckplatte	ABAKUS
Säulenfuß, Denkmalpodest	SOCKEL
Säulenheiliger	STYLIT
Säulenkaktus	CEREUS
Säulenvorhof	ATRIUM
Säulenwulst	ENTASE
Säure (lat.)	ACIDUM
Safe, Panzerschrank	TRESOR
sagenh. Gründer d. Olymp. Spiele	PELOPS
sagenhafter äthiop. König	MEMNON
sagenhaftes Goldland	DORADO
sagenhafte Stadt in der Ostsee	VINETA
Sahnebonbon, Weichkaramelle	TOFFEE
sakrales Bauwerk	TEMPEL
Salamander	TRITON
Salatpflanze	AMPFER
Salatpflanze	KRESSE
Salomoneninsel	ISABEL
Salomonen-Insel	MAKULA
Salomoneninsel	TAMOTU
Salzbergwerk	SALINE
Salz d. Blausäure	CYANID
Salz der Blausäure	ZYANID
Salz der Bromsäure	BROMAT
Salz der Bromsäure	BROMID
Salz der Gerbsäure	TANNAT
Salz der Kleesäure	OXALAT
Salz der Milchsäure	LAKTAT
Salz der Pikrinsäure	PIKRAT
Salz der Salpetersäure	NITRAT
Salz der salpetrigen Säure	NITRIT
Salz der Zitronensäure	ZITRAT
Salzsee in Algerien	SCHOTT
Salzwerk, Gradierhaus	SALINE
Samenbehälter	FRUCHT
Samen (mediz.)	SPERMA
Sammelmappe	HEFTER
Samml. v. Schriften d. Mittelalters	KORPUS
Sammlung getrocknet. Pflanzen	HERBAR
Sammlung von Akten	ARCHIV
Samsons Geliebte	DELILA
sandige Meeresküste	STRAND
Sandloch beim Golf	BUNKER
Sandwich-Inseln	HAWAII
Saphir	KORUND
Sarthe-Zufluß	HUISNE
Saturn-Mond	PHOEBE
Saturnmond	TETHYS
Saturn-Mond	THEMIS
Satz, leichtathlet. Übung	SPRUNG
Satz einer Sinfonie	ADAGIO
Satzergänzung	OBJEKT
Satzung	GESETZ
sauber	ADRETT
saudiarab. Stadt	TABOUK
saudiarabisch. Münze	QUIRSH
Sauerklee	OXALIS
Sauerstoff	OXYGEN
Sauerstoffmangel	ANOXIE
schaben	REIBEN
Schablone	MUSTER
Schachausdruck	GARDEZ
Schachfigur	KOENIG
Schachspiel-Eröffnung	GAMBIT
Schachweltmeister	MORPHY
Schaden	DEFEKT
schadhaft	DEFEKT
schadhaft	KAPUTT
Schädelinhalt	GEHIRN
schädl. Isoliermittel	ASBEST
schändlich	EHRLOS
schärfen	WETZEN
schätzen	ACHTEN
Schätzung, Volkszählung	ZENSUS
schäumende Brandung	GISCHT
schäumender Speichel	GEIFER
Schafart	GUINEA
Schafwolle	MERINO
Schale	HUELSE
Schalenfrucht	MANDEL
Schalentier	HUMMER
Schalentier	KRABBE
Schalenwild, Schalwild	HIRSCH
Schalk, Narr	SCHELM
schallen	GELLEN
schallen	HALLEN
Schallplatte	SINGLE
Schalter	REGLER
Schalthebel	KLINKE
schamlos	FRIVOL
Schande, schlechter Ruf	VERRUF
Schande, Schmach	UNEHRE

Schandpfahl	STAUPE	Schein, Helligkeit	STRAHL	Schiffseigentümer	EIGNER	Schlaginstrument	GLOCKE
Schanktisch, Ladentisch	TRESEN	scheinheilig	BIGOTT	Schiffseigner	REEDER	Schlagwerkzeug	HAMMER
Schar	GRUPPE	Scheinwerferart	SUCHER	Schiffsgeländer	RELING	Schlagwort	LOSUNG
scharf gewürzt	PIKANT	Schellfischart	DORSCH	Schiffsgeschwindigkeit messen	LOGGEN	Schlagwort, Devise	SLOGAN
Scharfrichter	HENKER	Schellfischart	MERLAN			Schlamm	MATSCH
Scharfsinn	ESPRIT	Schelm, Schalk	RACKER	Schiffskoch	SMUTJE	Schlamm	MODDER
scharfsinnig, spitzfindig	SUBTIL	Schelm, Spaßmacher	SCHALK	Schiffsquerwand	SCHOTT	Schlamm	MORAST
				Schiffstau	BRASSE	Schlangenart	NATTER
Schattierung	NUANCE	Schema	MUSTER	Schiffstyp	SEGLER	schlank	GRAZIL
Schaufelmaschine	BAGGER	Schemel	HOCKER	Schiffsverband	ARMADA	Schlankaffe	HULMAN
schaufeln	GRABEN	Schenke	KNEIPE	Schiffsverband	KONVOI	schlau	LISTIG
schaukeln	WIPPEN	Scherenkrebs	HUMMER	Schiffswächter	LIEGER	Schlaufe	MASCHE
Schaukelreck, Schwebereck	TRAPEZ	Scherflein	OBOLUS	Schildbild, Staatssymbol	WAPPEN	schlechte Gewohnheit	LASTER
		Scherflein, Liebesgabe	SPENDE			schlechtes Pferd	MAEHRE
Schaumgebäck	BAISER	Scheuerlappen	FEUDEL	Schimmelpilz	OIDIUM	Schleichkatze	MUSANG
Schauplatz	BUEHNE	schicken	SENDEN	Schimmer	NUANCE	Schleichkatze	POIANA
Schauspiel von Goethe	EGMONT	schicklich	DEZENT	Schirmherr	PATRON	schleierhaft, verworren	UNKLAR
		Schicklichkeit	DEZENZ	Schirmherrschaft	AEGIDE	Schleimhäute (mediz.)	MUKOSA
Schauspiel von Goethe	STELLA	Schicksalsdeutung	MANTIK	schirmlose Mütze	BARETT		
Schauspiel von Shakespeare	HAMLET	Schiebung	BETRUG	Schirrzeug	SIELEN	schleimig	MUKOES
		Schießbedarf	PULVER	schläfrig	DOESIG	schleppen	ZIEHEN
Schaustellerunternehmen	ZIRKUS	schießen	FEUERN	schlafähnlicher Zustand	TRANCE	Schleppnetz	DRAGGE
		Schiffahrtskunde	NAUTIK			schles. Kloster	LEUBUS
Scheibe	DISKUS	Schiffahrtsroute	SEEWEG	Schlafanzug	PYJAMA	schles. Oder-Zufluß	STOBER
scheibenförmig. Wurfgerät	DISKUS	Schiffs-, Flugzeugverband	FLOTTE	schlaff, regungslos	TORPID	schleudern, schmeißen	WERFEN
Scheibenqualle	MEDUSE			Schlaffheit	ATONIE		
Scheide (mediz.)	VAGINA	Schiffsbalken	STEVEN	Schlaffheit, Regungslosigkeit	TORPOR	Schleuderware, Wertloses	SCHUND
Scheideneinlage	PESSAR	Schiffsbaugerüst	STAPEL			schlicht	FRUGAL
Scheidewand (mediz.)	SEPTUM	Schiffsbestand	FLOTTE	Schlag	SCHOCK	schlicht, unkompliziert	SIMPEL
				Schlaginstrument	BECKEN		

Schließfach, Stahlkammer	TRESOR	Schlußwort	EPILOG	Schmor-, Schmelztopf	TIEGEL	Schneidwerkzeug für Löcher	BOHRER
		schmachten	GIEREN	Schmuck, Schmuckstück	ZIERDE	schneller Personenzug	EILZUG
Schlinge	MASCHE	schmackhaft	LECKER				
Schlinge für Gefangene	FESSEL	Schmähschrift	LIBELL	Schmuckgewinde	FESTON	schneller Trommelschlag	WIRBEL
Schlingel	BENGEL	Schmähung	ANWURF	Schmuckknopf	BOUTON	schnelles Reitkamel	MEHARI
Schlips	BINDER	schmale, steile Treppe	STIEGE	Schmuckmaterial aus Muscheln	PERLEN	schnell laufen	RENNEN
Schlitz	LUECKE						
Schloß an der Loire	CHINON	schmaler Kleiderbesatz	PASPEL	Schmuckspange	HEFTEL	schnellwüchsige Baumart	PAPPEL
Schloß an der Loire	SAUMUR	schmales Brett	LEISTE	Schmuckspirale	VOLUTE	Schnipsel	FETZEN
schloßartiges Gebäude	PALAST	Schmalz, Schweinefett	SCHMER	Schmuckstein	ADULAR	Schnittergerät	SICHEL
				Schmuckstein	APATIT	Schnittmeister bei Film u. Ferns.	CUTTER
Schloß bei Brüssel	LAEKEN	Schmarotzerpflanze	MISTEL	Schmuckstein	AXINIT		
Schloß bei Innsbruck	AMBRAS	Schmarotzerpilz	EMPUSA	Schmuckstein	BERYLL	Schnürband	SENKEL
Schloß bei Köln	BRUEHL	schmecken	MUNDEN	Schmuckstein	EPIDOT	Schnürenjacke d. Husaren	DOLMAN
Schloß bei Remagen	ERNICH	schmecken, versuchen	KOSTEN	Schmuckstein	GRANAT	Schnürleib	MIEDER
Schloß im Salzkammergut	FUSCHL	Schmelzfluß auf Tonwaren	ENGOBE	Schmuckstein	KORUND	Schnürsenkel	NESTEL
				Schmuckstein	KUNZIT	schnurrig, geistreich	WITZIG
Schloß Voltaires	FERNEY	Schmelzflußgestein	OLIVIN	Schmuckstein	ZOISIT	Schock, seelische Erschütterung	TRAUMA
schlüpfrig	FRIVOL	Schmerzlosigkeit	APONIE	Schmuckstein	ZYANIT		
schlüpfrig	LASZIV			Schmuckstein aus Bleiglas	STRASS	schöner Jüngling	ADONIS
schlüssige Begründung	BEWEIS	Schmetterlingsart	BOHRER			Schönheitspfläschen	MOUCHE
Schlund, Mundteil	RACHEN	Schmetterlingsart	FALTER	Schnabelkrokodil	GAVIAL		
				Schneebluse	ANORAK	schönste Frau d. Antike	HELENA
Schlupfbluse	JUMPER	Schmetterlingsblütler	LUPINE	Schneide	KLINGE		
Schlußgesang	EXODOS	Schmiedeform	GESENK	Schneiderfisch, Karpfenfisch	UKELEI	Schöpfer des Wiener Walzers	LANNER
Schlußphase bei Wettläufen	FINISH	Schmiedegerät	AMBOSS	Schneidewerkzeug	KLUPPE	schöpferisch begabt	GENIAL
Schlußrunde im Wettkampf	FINALE	schmieren	FETTEN	schneidig	ZACKIG	schöpferische Kraft	GENIUS
		Schmierheft	KLADDE	Schneidwerkzeug	MESSER		
Schlußsatz	FINALE	schmierig	FETTIG	Schneidwerkzeug	SCHERE		

schöpferischer Augenblick	KAIROS	schräglaufend	KURSIV	Schriftzug	DUKTUS	Schutzherrschaft	AEGIDE
Schöps	HAMMEL	Schrägstütze	STREBE	schroff	BRUESK	Schutzherrschaft	MANDAT
Scholle, Hochseefisch	TURBOT	Schramme	RITZER	Schrotsorte	POSTEN	Schutzhülle	KUVERT
		Schranke, Blockade	SPERRE	Schrulle	GRILLE		
schonungslos	BRUTAL	Schraubensicherung	MUTTER	Schrulle, Verschrobenheit	SPLEEN	Schutzpatron Apotheker	ROCHUS
Schopfantilope	DUCKER	Schraubensicherung	SPLINT	Schubstange	PLEUEL	Schutzpatron d. Ärzte	DAMIAN
schott. Erfinder des Luftreifens	DUNLOP	Schreckgestalt, Vogelscheuche	POPANZ	schüren	FACHEN	Schutzpatron d. Apotheker	DAMIAN
schott. Geologe	HUTTON	Schreibheft	KLADDE	schützender Anstrich	FIRNIS		
schott. Hafenstadt	DUNDEE	Schreibmaterial	KREIDE	Schuhband	NESTEL	Schutzpatron d. Apotheker	KOSMAS
schott. König	DUNCAN	Schreibmaterial	PAPIER	Schuhmacherwerkzeug	PFRIEM	Schutzpatron d. Arbeiter	JOSEPH
schott. Mathem. (Logarithmen)	NAPIER	Schreibstift in der Antike	STYLOS	Schuhputzmittel	WICHSE	Schutzpatron d. Armen	DAMIAN
schott. Schäferhund	COLLIE	Schreibstube	KONTOR	Schuhteil	ABSATZ	Schutzpatron d. Armen	KOSMAS
				Schuhteil	LASCHE		
schott. Schriftsteller	CRONIN	Schreittanz	REIGEN	Schulabteilung	KLASSE	Schutzpatron d. Bettler	MARTIN
schott. Sektengründer	IRVING	Schrecken	HORROR	Schulart	KOLLEG		
		Schreckensherrschaft	TERROR	Schuldiener	PEDELL	Schutzpatron d. Dichter	GREGOR
schott. Stadt am Firth of Tay	DUNDEE			Schuldner	DEBENT	Schutzpatron d. Drogisten	DAMIAN
		Schriftart	BODONI	schulfreier Zeitraum	FERIEN		
		Schriftart	FUTURA	Schulleiter	REKTOR	Schutzpatron d. Drogisten	KOSMAS
Schottenstoff	TARTAN	Schriftart	KURSIV	Schulnote	ZENSUR		
		Schriftgrad	KORPUS	Schultasche, Tornister	RANZEN	Schutzpatron d. Familie	JOSEPH
schottisch. Dramatiker	BARRIE	Schriftgrad	MIGNON	Schultertasche	RANZEN	Schutzpatron d. Großhändler	MARTIN
schottische Branntwein	WHISKY	Schriftgrad	TERTIA	Schulterteil der Kleidung	KOLLER		
		Schriftgrad im Buchdruck	BORGIS	Schulung	KURSUS	Schutzpatron d. Handwerker	JOSEPH
schottische Grafschaft	ARGYLL			Schund	KITSCH		
		Schriftgrad im Buchdruck	CICERO	Schund, Schleuderware	RAMSCH	Schutzpatron d. Musiker	ARNOLD
schottisches Königshaus	STUART			Schutzanstrich	FIRNIS		
		Schriftsatzstreifen	SPALTE	Schutzgeist	GENIUS	Schutzpatron d. Musiker	GREGOR
schräg	SCHIEF			Schutzherr	PATRON		

Schutzpatron d. Pferde	MARTIN
Schutzpatron d. Pferde	STEFAN
Schutzpatron d. Prüfungskandidat.	JOSEPH
Schutzpatron d. Reisenden	MARTIN
Schutzpatron d. Sänger	GREGOR
Schutzpatron d. Tischler	JOSEPH
Schutzpatron d. Waisen	JOSEPH
Schutzpatron d. Weltraumfahrer	JOSEPH
Schutzpatron der Ärzte	KOSMAS
Schutzpatron der Ärzte	ROCHUS
Schutzpatron der Architekten	THOMAS
Schutzpatron der Bildhauer	THIEMO
Schutzpatron der Drogisten	ROCHUS
Schutzpatron der Fischer	PETRUS
Schutzpatron der Ingenieure	JOSEPH
Schutzpatron der Jäger	KONRAD
Schutzpatron der Reisenden	JOSEPH
Schutzpatron der Tischler	PETRUS
Schutzpatron der Tischler	ROCHUS
Schutzpatron der Uhrmacher	PETRUS
Schutzpatron des Wetters	PETRUS
Schutzpatronin d. Brautleute	HEDWIG
Schutzpatronin d. Hausfrauen	MARTHA
Schutzpatronin d. Hausfrauen	SABINA
Schutzpatronin der Bildhauer	MARTHA
Schutzpatronin der Fischer	VERENA
Schutzpatronin der Lehrerinnen	URSULA
Schutzpatronin der Witwen	SOPHIA
Schutzraum	BUNKER
Schutztracht von Tieren	MIMESE
Schutzwaffe	SCHILD
schwache Lampe	FUNZEL
Schwachsinniger	KRETIN
Schwaden	BRODEM
schwäb. Dichter	KERNER
schwäbisch. Dichter	UHLAND
Schwäche	FAIBLE
Schwall	FUELLE
schwanger	GRAVID
Schwangerschaftserbrechen	EMESIS
schwanken	WANKEN
schwanzloser Lurch	FROSCH
Schwarzer Erdteil	AFRIKA
schwarzer Soldat in Deutsch-Ostafrika	ASKARI
schwarzgrünes Tiefengestein	GABBRO
Schwarzwaldberg	BLAUEN
Schwarzwaldfluß	WUTACH
schwed. Arzt u. Schriftsteller	MUNTHE
schwed. Filmschauspielerin	EKBERG
schwed. Fluß zum Bottn. Meerb.	LJUNGA
schwed. Hafen am Öresund	MALMOE
schwed. Hafenstadt	GAEVLE
schwed. Königin	LOUISE
schwed. Königsname	JOHANN
schwed. Komponist	ALFVEN
schwed. Nationalökonom (Nobelpr.)	MYRDAL
schwed. Ostseeinsel	OELAND
schwed. Physiologe (Nobelpreis)	GRANIT
schwed. romant. Autor, Kompon.	GEIJER
schwed. Soziologin (Nobelpreis)	MYRDAL
schwed. Stadt am Vättersee	MOTALA
schwed. Stadt in Lappland	KIRUNA
schwed. Tennisspieler	EDBERG
schwedisch. Fluß	NISSAN
schwedisch. Geograph	ANDREE
schwedisch. Königsname	GUSTAV
schwedisch. Polarforscher	ANDREE
schwedische Königin	SILVIA
schwedischer Dichter	TEGNER
schwefelsaures Salz	SULFAT
Schwefelverbindung	BLENDE
schwefligsaures Salz	SULFID
Schweinebauchfett	FLOMEN

schweiz. Berg am Bieler See	NIESEN	schweiz. Kantonshauptstadt	LUZERN	schweiz. Physiker (Nobelpreis)	ROHRER	schweres Elementarteilchen	PROTON
schweiz. Bildhauer	HALLER	schweiz. Kantonshauptstadt	SARNEN	schweiz. Rhein-Zufluß	ERGOLZ	Schwermetall	KOBALT
schweiz. Biologe	BONNET	schweiz. Kantonshauptstadt	SCHWYZ	schweiz. Rhein-Zufluß	TAMINA	Schwermetall	NICKEL
schweiz. Botaniker, Mediziner	HALLER	schweiz. Kantonshauptstadt	SITTEN	schweiz. Schauspielerin	PULVER	Schwermetall	TANTAL
schweiz. Chemiker (Nobelpreis)	KARRER	schweiz. Kinderpsychologe	PIAGET	schweiz. Schriftsteller	MUSCHG	Schwermetall	WISMUT
schweiz. Chemiker (Nobelpreis)	WERNER	schweiz. Komponist	MARTIN	schweiz. Stadt am Genfer See	MORGES	Schwerverbrecher	BANDIT
schweiz. Chirurg (Nobelpreis)	KOCHER	schweiz. Kulturphilosoph	GEBSER	schweiz. Stadt an d. Rhone	SITTEN	Schwester v. Antigone	ISMENE
schweiz. Dichter d. poet. Realismus	KELLER	schweiz. Kulturphilosoph	PICARD	schweiz. Stadt an der Linth	GLARUS	Schwester v. Hänsel	GRETEL
schweiz. Dramatiker	FRISCH	schweiz. Kupferstecher	MERIAN	schweiz. Stadt an der Saane	LAUPEN	Schwester v. Lazarus	MARTHA
schweiz. Fluß zum Lago Maggiore	MAGGIA	schweiz. Kurort im Engadin	TARASP	schweiz. Stadt im Berner Oberland	SAANEN	Schwester v. Moses u. Aaron	MIRJAM
schweiz.-franz. Pianist	CORTOT	schweiz. Kurort im Oberengadin	MALOJA	schweiz. Tessin-Zufluß	BRENNO	Schwiele	KALLUS
schweiz. Gelehrter	GESNER	schweiz. Kurort im Tessin	LUGANO	schweiz. Tropenarzt	YERSIN	schwierige Lage	KLEMME
schweiz. General	DUFOUR	schweiz. Landhaus	CHALET	schweiz. Voralpenberge	MYTHEN	Schwimmbassin	BECKEN
schweiz. Gliedstaat	KANTON	schweiz. Maler	HODLER	Schweiz auf französisch	SUISSE	Schwimmbrücke, Brückenschiff	PONTON
schweiz. Jugendstilkünstler	OBRIST	schweiz. Mathematiker	GULDIN	schwelen	BLAKEN	Schwindel	BETRUG
schweiz. Kanton	AARGAU	schweiz. Münze	RAPPEN	schwelen	GLOSEN	Schwindel	HUMBUG
schweiz. Kanton	LUZERN	schweiz. Paß	PILLON	Schwelgerei	GELAGE	schwindeln	LUEGEN
schweiz. Kanton	SCHWYZ	schweiz. Paß im Engadin	MALOJA	Schwellung der Säule	ENTASE	Schwurgericht in der Schweiz	ASSISE
schweiz. Kanton	TESSIN	schweiz. Philanthrop (Nobelpr.)	DUNANT	Schwemmland	MARSCH	Sechspolröhre	HEXODE
schweiz. Kanton	GLARUS			schwer	MASSIG	sechster Sonntag nach Ostern	EXAUDI
schweiz. Kantonshauptstadt				Schwerathlet	RINGER	sechzig Stück	SCHOCK
				schwerer Säbel	SARRAS	Sedimentgestein	MERGEL

Sedimentgestein	SINTER
See an der Zugspitze	EIBSEE
Seebad an der Adria	CERVIA
Seebad auf Rügen	SELLIN
Seebad auf Sylt	KAMPEN
Seebad bei Greifswald	ELDENA
Seebad in Belgien	KNOKKE
Seebad in Holstein	BUESUM
Seebad in Pommern	ELDENA
See im Tarimbecken	LOPNOR
See in Bayern	ALPSEE
See in der Türkei	VANSEE
Seekrankheit	NAUSEA
Seekuh	DUGONG
Seekuh	MANATI
Seekuh	SIRENE
Seele	PSYCHE
Seelenleben	GEMUET
seelische Erschütterung	SCHOCK
seemänn.: herablassen	FIEREN
Seemannslied	SHANTY
Seemeile je Stunde	KNOTEN
Seeräuber	KORSAR
Seestreitkräfte, Seemacht	FLOTTE
Seestreitkräfte, Seemacht	MARINE
Seeteufel (zool.)	ANGLER
Seewesen	MARINE
Seezeichen	PRICKE
Segelboot	KETSCH
Segelboot	SOLING
Segelboot, Segelschiff	SEGLER
Segelschiff im Mittelmeer	FELUKE
Segelstange	GAFFEL
Segelstange	SPIERE
Segeltau	SCHOTE
Segel verkürzen	REFFEN
Seherkunst	MANTIK
Sehhilfe	BRILLE
sehr klein	WINZIG
sehr schnell	RASANT
sehr schnell	RASEND
seichter Strandsee	LAGUNE
Seidelbast	DAPHNE
Seidengewebe	BROKAT
Seidengewebe	DAMAST
Seidenspinner	BOMBYX
seihen, auslesen	SIEBEN
Seiher	FILTER
Seilscheibe	HASPEL
Seite	FLANKE
Seite im Rechtsstreit	PARTEI
Seitenabschluß d. Daches	GIEBEL
Seitenansicht	PROFIL
Seitenzahl	PAGINA
seitl. Galerie	EMPORE
sekretbildendes Organ	DRUESE
selbständig	AUTARK
Selbstsüchtiger	EGOIST
Selbstüberhebung	HYBRIS
Selbstverteidigung als Sport	KARATE
selig	WONNIG
seltene Erde	NEODYM
seltsam	BIZARR
seltsam	KAUZIG
seltsam	KURIOS
semitische Gottheit	MOLOCH
Semmelbrei	PANADE
Senker	BOHRER
Senkgrube	KLOAKE
senkrechter Mauerstreifen	LISENE
Sensenschneide	DENGEL
Sepiaschale	SCHULP
serbisch. Schuh	OPANKE
Sessel	CHAISE
Setzereileiter	FAKTOR
Sexualhormon	PROLAN
sexuell enthaltsam	KEUSCH
sexuell erregbar	EROGEN
sibir. Fluß zum Eismeer	KOLYMA
sibir. Stadt am Tobol	KURGAN
sibir. Stadt am Oka und Angara	BRATSK
sibirische Kältesteppe	TUNDRA
sibirische Stadt	IGARKA
sibirische Stadt	UDINSK
sibirische Stadt am Turgai	TURGAI
sibirische Stadt an der Tura	TJUMEN
sich abplagen	MUEHEN
sich aneignen	NEHMEN
sicher	GEWISS
sicheres Auftreten	APLOMB
Sicherheitsklausel	KAUTEL
Sicherungstruppe	VORHUT
sich kümmern	SORGEN
sich schnell fortbewegen	LAUFEN
Sieb	FILTER
Sieb, Filter	SEIHER
sieben	SEIHEN
sieden	KOCHEN
Siedlerkollektiv in Israel	KIBBUZ
Sieg	GEWINN
Siegel, Petschaft	CACHET
Sieger	BESTER
Sieger	ERSTER
Signalmittel	FLAGGE

Silberauflage	DUBLEE
Silberkönig (Fisch)	TARPON
Silberlegierung für Münzen	BILLON
Silberlöwe	KUGUAR
Silikatmineral	AXINIT
Silikatmineral	BERYLL
Sinfonie v. Beethoven	EROICA
Sinfonie v. Beethoven	NEUNTE
Singvogel	LERCHE
Singvogel	ROETEL
Singvogel	STELZE
Sinnbild	EMBLEM
Sinnbild	TROPUS
sinnen	DENKEN
Sinneswahrnehmung	GEHOER
Sinneswahrnehmung	GERUCH
Sinngedichte	XENIEN
sinnliche Liebe	EROTIK
sinnlos, sinnwidrig	ABSURD
Sinnpflanze	MIMOSE
Sippschaft	CLIQUE
Sirene (Tier)	SEEKUH
Sitte	BRAUCH
sittsam	DEZENT
sizilian. Geheimbund	MAFFIA
skand. Männername	GUNNAR
skand. Männername	HARALD
skand. Männername	HENRIK
skand. Männername	INGMAR
Skandinavierin	DAENIN
Skandinavierin	FINNIN
skandinavisch. Frauenname	ASTRID
skandinavisch. Hochfläche	FJAELL
Skisprunghügel	BAKKEN
Skulptur	GLYPTE
Skythenstamm	ALANEN
Slawenapostel	KYRILL
slowak. Fluß in der Zips	POPRAD
slowak. Komponist	CIKKER
slowak. Stadt an d. Neutra	NEUTRA
slowak. Stadt in der Zips	POPRAD
slowakischer Fluß	NEUTRA
slowenische Stadt an der Drau	PETTAU
soeben	GERADE
Söldnertruppe	LEGION
sofort	GLEICH
sofort, umgehend	PROMPT
Sohn des Atreus	ATRIDE
Sohn v. Abraham	ISMAEL
Sohn v. Anchises	AENEAS
Sohn v. Daidalos, Dädalus	IKARUS
Sohn v. Hagar	ISMAEL
Sohn v. Noah	JAPHET
Sohn v. Odin	BALDUR
Sohn v. Tantalos	PELOPS
Sohn v. Zeus	HERMES
Sohn von Jakob und Lea	SIMEON
Sohn von Priamos	HEKTOR
sonderbar	KURIOS
Sonderrecht, Vorrang	PRIMAT
Sonnenuhrenbau	GNOMIK
Sorben, Westslawen	WENDEN
Sorge	KUMMER
sortieren	ORDNEN
Sotho-Volk	TSWANA
sowjet. Diktator, Ideologe	STALIN
sowjet. Kosmonaut	LEONOW
sowjet. Marschall	KONJEW
sowjet. realist. Schriftsteller	LEONOW
sowjet. Schwarzmeerhafen	ROSTOW
sowjet. Schwarzmeerhafen	TUAPSE
sowjet. Stadt in Kasachstan	URALSK
sowjet. Stadt in Kirgisistan	FRUNSE
sowjet. Weltraumschiff	SALJUT
sowjetischer Kosmonaut	WOLKOW
sowjetische Zeitung	PRAWDA
spärlich fließen	RINNEN
spätröm. Dichter	APPIAN
Spalierbaum	KORDON
Spalte	LUECKE
Spalte, Fach, Klasse	RUBRIK
Spaltkeil	FIMMEL
Spalt (medizin.)	HIATUS
span. abstrakter Maler	TAPIES
span. Bevölkerungsteil	BASKEN
span. Cello-Virtuose	CASALS
span. Dessertwein	MALAGA
span. Dessertwein	SHERRY
span. Dichter	ALEMAN
span. Dichter	BAROJA
span. Dichter, Dramatiker	MOLINA
span. Dichter, Politiker	VALERA
span. Entdecker, Eroberer	BALBOA
span. Entdecker	TORRES

span. Filmregisseur	BUNUEL
span. Fluggesellschaft	IBERIA
span. Frauenname	CARMEN
span. Hauptstadt	MADRID
span. Herrschername	ALFONS
span. Küstenlandschaft	HUERTA
span. kurze Jacke	BOLERO
span. Männername	CARLOS
span. Männername	FELIPE
span. Männername	MIGUEL
span. Männername	SANCHO
span. Maisspeise	UMINTA
span. Maler (17. Jh.)	RIBERA
span. Nationalgericht	PAELLA
span. Parlament	CORTES
span. Philosoph	ORTEGA
span. Provinz	BURGOS
span. Provinz	OVIEDO
span. Provinz	TOLEDO
span. Provinz	ZAMORA
span. Provinz	ORENSE
span. Provinz in Galicien	ORENSE
span. Rohr	ROTANG
span. Schriftsteller	JARNES
span. Stadt am Duero	ZAMORA
span. Stadt am Gudaiana	MERIDA
span. Stadt am Tajo	TOLEDO
span. Stadt am Turia	TERUEL
span. Stadt am Yucar	CUENCA
span. Stadt in Asturien	MIERES
span. Stadt in Asturien	OVIEDO
span. Stadt in Galicien	ORENSE
span. Strophenform	DEZIME
span. Tänzerin	PEPITA
span. Tanz	BOLERO
span. Volksfest	FIESTA
span. Währungseinheit	PESETA
span. Weinsorte	RANCIO
span. Weinstube	BODEGA
span. Wirtshaus	POSADA
span. Zigeunertanz	GITANA
span.: Garten	HUERTA
span.: Gebirgskette	SIERRA
span.: Hafen	PUERTO
span.: Stadt	CIUDAD
span.: Taube	PALOMA
Spanien in der Landessprache	ESPANA
Spanner, ungebetener Zuschauer	VOYEUR
spartan. Schwerbewaffneter	HOPLIT
spartanischer Gesetzgeber	LYKURG
spartanischer Senator	GERONT
spaßig	LUSTIG
SPD-Politiker, Staatsmann	SCHMID
SPD-Politikerin	RENGER
Spechtwurzel	DIKTAM
Speer	SPIESS
Speichel	SALIVA
Speichel	SPUCKE
Speiche (mediz.)	RADIUS
Speisebrei im Magen	CHYMUS
Speisefett	BUTTER
Speisefisch	HERING
Speisegewürz	INGWER
Speisekammer auf Schiffen	PANTRY
Speisekrebs	HUMMER
Speisemuschel	AUSTER
speisen, dinieren	TAFELN
Speisepilz mit braunem Hut	MARONE
Speiseraum	KASINO
Speisesaal in Burgen	REMTER
Spelt	DINKEL
Spelunke	STAMPE
Sperlingsvogel	LERCHE
Spermazet	WALRAT
Sperre	GITTER
Sperre, Schließvorrichtung	RIEGEL
sperren, hindern	MAUERN
Sperrfrist	KARENZ
Spesen	KOSTEN
spezifisches Gewicht	WICHTE
Sphäre, Umgebung	UMWELT
Spiegelung	REFLEX
Spielkarte	KOENIG
Spielkartenfarbe	ECKERN
Spielmarke	PLAQUE
Spiel mit verdecktem Skat	RAMSCH
Spielort im Theater	BUEHNE
Spieltisch der Orgel	MANUAL
Spießhirsch	MAZAMA
Spindel	KUNKEL
Spinnenkrebs	KRABBE
Spinngerät	ROCKEN
Spinnrocken	KUNKEL

spiritistische Sitzung	SEANCE	Spreizschritt, -sprung	SPAGAT	Staatshaushalt	BUDGET	Stadt am Kilimandscharo	MOSCHI
Spitze	GIPFEL	springender Punkt	POINTE	Staatskasse	FISKUS	Stadt am Kongo im nördl. Zaire	LISALA
spitzes Stechwerkzeug	PFRIEM	Sprinterschuhe	SPIKES	Staatsoberhaupt	REGENT		
Spitzhacke	KRAMPE	spröde, zimperlich	PRUEDE	Staatspräsid. von Sambia	KAUNDA	Stadt am Mittellandkanal	MINDEN
Spitzhacke	PICKEL					Stadt am Niederrhein (NRW)	KEMPEN
Spitzname f. d. US-Amerikaner	YANKEE	Sproßanlage	KNOSPE	Staatsschatz	FISKUS		
		Sprossengerät	LEITER	Staatssprache in Nepal	NEPALI	Stadt am Niger	LOKOJA
Spleen	GRILLE	sprudeln	WALLEN	Staatsstreich	PUTSCH	Stadt am Nürburgring	ADENAU
spöttisch	MOKANT	spucken	SPEIEN				
Sporadeninsel	IKARIA	Spürhund	BRACKE	Staatssymbol	EMBLEM	Stadt am Tigris	BAGDAD
Sporn, Stachel	SPITZE	Spule in d. Baumwollspinnerei	BOBINE	Staatsvertreter	KONSUL	Stadt am Vesuv	NEAPEL
Sportart, -disziplin	HOCKEY	Spulenring	WIRTEL	Staatsvolk	NATION	Stadt am Vierwaldstätter See	LUZERN
Sportfischer	ANGLER	Staat	NATION	Stab	BEIRAT		
Sportfischerei	ANGELN	Staat der USA	ALASKA	Stabreim	ANREIM	Stadt an Ahr und Rhein	SINZIG
		Staat der USA	HAWAII	Stabsoffizier	OBERST		
Sporthalbschuhe	SPIKES	Staat der USA	KANSAS	Stachel	BORSTE	Stadt an Amazonas u. Rio Negro	MANAUS
				Stachelflosser	BARSCH		
Sportmannschaft	EQUIPE	Staat der USA	OREGON	stacheliger Korbblütler	DISTEL	Stadt an d. Freiberger Mulde	NOSSEN
Sportmantel	RAGLAN	staatenbildendes Insekt	AMEISE	Stachelpflanze	KAKTUS		
Sportruderboot	ACHTER	Staat im Nahen Osten	ISRAEL	Stadt am Chiemsee	BERNAU	Stadt an d. Mosel	COCHEM
Sportruderboot	VIERER			Stadt am Delta d. Weichsel	DANZIG	Stadt an d. Peene	DEMMIN
Sportruderboot	ZWEIER	Staat im südl. Afrika	ANGOLA	Stadt am Don und Schwarzen Meer	ROSTOW	Stadt an d. Weser	BREMEN
Sportwaffe	SAEBEL	Staat in Nordamerika	KANADA			Stadt an der Donaumündung	SULINA
Sportwurfspiel	KEGELN	Staat in Nordeuropa	ISLAND	Stadt am Dortm.-Ems-Kanal	MEPPEN	Stadt an der Ems	LATHEN
Sprache der alten Römer	LATEIN	Staat in Südasien	INDIEN	Stadt am Elbe-Trave-Kanal	MOELLN	Stadt an der Ems	WEENER
sprechbehindert	HEISER	staatliche Rechtsnorm	GESETZ			Stadt an der Gera	ERFURT
Sprecher, Vortragender	REDNER	staatliche Vorschrift	GESETZ	Stadt am Hohentwiel	SINGEN	Stadt an der Lahn	BADEMS
Sprechunfähigkeit	ALALIE	Staatsgemeinschaft	NATION	Stadt am Kaspischen Meer	ROKOSA	Stadt an der Leine	ALFELD

Clue	Answer
Stadt an der Lippe (NRW)	LUENEN
Stadt an der Maine	ANGERS
Stadt an der Memel	TILSIT
Stadt an der Moskwa	MOSKAU
Stadt an der Müritz	ROEBEL
Stadt an der oberen Sieg	SIEGEN
Stadt an der oberen Weichsel	KRAKAU
Stadt an der Peene	ANKLAM
Stadt an der Peene	JARMEN
Stadt an der Peene	LASSAN
Stadt an der Riviera	MONACO
Stadt an der Ruhr	WETTER
Stadt an der Ruhr	WITTEN
Stadt an der Schwarzen Elster	JESSEN
Stadt an der Somme	AMIENS
Stadt an der unteren Loire	NANTES
Stadt an der Vils	AMBERG
Stadt an der Weichsel	MODLIN
Stadt an der Weichselmündung	ELBING
Stadt an der Weißen Elster	PLAUEN
Stadt an der Weser	VLOTHO
Stadt an der Donau, Inn und Ilz	PASSAU
Stadt an Elbe und Mulde	DESSAU
Stadt an der Pegnitz und Rednitz	FUERTH
Stadt an Rhein und Nahe	BINGEN
Stadt auf Honschu (Japan)	NAGANO
Stadt auf Honschu (Japan)	NAGOJA
Stadt auf Kiuschu (Japan)	KURUME
Stadt auf Kreta	CHANIA
Stadt auf Kreta	PERAMA
Stadt auf Rügen	BERGEN
Stadt auf Rügen	PUTBUS
Stadt auf Sizilien	RAGUSA
Stadt auf Sizilien	SALEMI
Stadt auf Sri Lanka	JAFFNA
Stadt auf Sumatra	DJAMBI
Stadt bei Berlin	BERNAU
Stadt bei Berlin	TELTOW
Stadt bei Köln	BRUEHL
Stadt bei New York	NEWARK
Stadtbezirk von Wien	NEUBAU
Stadt im Allgäu	WANGEN
Stadt im Bergischen Land	HILDEN
Stadt im Elsaß	COLMAR
Stadt im Münsterland	BECKUM
Stadt im Münsterland	GRONAU
Stadt im Münsterland	LOEHNE
Stadt im nördl. Sauerland	MENDEN
Stadt im Odenwald	BUCHEN
Stadt im Riesengebirge	LIEBAU
Stadt im Ruhrgebiet	BOCHUM
Stadt im Ruhrgebiet	HERTEN
Stadt im Ruhrgebiet	LUENEN
Stadt im Sauerland	ALTENA
Stadt im Sauerland	BRILON
Stadt im Schwarzwald	ELZACH
Stadt im Schwarzwald	NAGOLD
Stadt im Unterelsaß	ZABERN
Stadt in Äthiopien	HARRAR
Stadt in Alabama (USA)	MOBILE
Stadt in Altkastilien	BURGOS
Stadt in Angola	HUAMBO
Stadt in Arizona (USA)	TUCSON
Stadt in Bangladesch	KHULNA
Stadt in Bangladesch	SUKKUR
Stadt in Benin	OUIDAH
Stadt in Böhmen	KLADNO
Stadt in Brandenburg	BELZIG
Stadt in Brandenburg	BERNAU
Stadt in Brandenburg	MAHLOW
Stadt in Brandenburg	SOLDIN
Stadt in Burgund	BEAUNE
Stadt in Burgund	CHALON
Stadt in Burundi	GITEGA
Stadt in d. Uckermark	LYCHEN
Stadt in den Abruzzen	AQUILA
Stadt in den Vogesen	EPINAL
Stadt in der CSFR	BERAUN
Stadt in der Lüneburger Heide	SOLTAU
Stadt in der Lüneburger Heide	UELZEN
Stadt in der Niederlausitz	LUCKAU
Stadt in der Normandie	BAYEUX
Stadt in der Oberpfalz	AMBERG

Clue	Answer
Stadt in der Steiermark	LEOBEN
Stadt in der Toskana	AREZZO
Stadt in Dschibuti	DIKKIL
Stadt in Ghana	KUMASI
Stadt in Ghana	TAMALE
Stadt in Guinea	KANKAN
Stadt in Guinea	KINDIA
Stadt in Hessen	SONTRA
Stadt in Illinois (USA)	PEORIA
Stadt in Kalifornien (USA)	FRESNO
Stadt in Kamerun	DOUALA
Stadt in Kamerun	GAROUA
Stadt in Kenia	KISUMU
Stadt in Kenia	NAKURU
Stadt in Kolumbien	IBAQUE
Stadt in Kolumbien	PAREIA
Stadt in Korea (Nord)	WONSAN
Stadt in Liechtenstein	SCHAAN
Stadt in Malawi	SALIMA
Stadt in Malaysia	KELANG
Stadt in Malaysia	PINANG
Stadt in Massachusetts (USA)	NEWTON
Stadt in Mecklenburg	KRAKOW
Stadt in Mexiko	TOLUCA
Stadt in Missouri (USA)	JOPLIN
Stadt in Mosambik	XAIXAI
Stadt in Namibia	TSUMEB
Stadt in Nicaragua	ESTELI
Stadt in Nicaragua	MASAYA
Stadt in Niedersachsen	ALFELD
Stadt in Niger	MARADI
Stadt in Niger	ZINDER
Stadt in Nigeria	ILORIN
Stadt in Nigeria	SOKOTO
Stadt in Nigerien	ILESHA
Stadt in Nordrhein-Westfalen	AACHEN
Stadt in Nordrhein-Westfalen	BOCHUM
Stadt in Nordrhein-Westfalen	KALKAR
Stadt in Oberfranken	COBURG
Stadt in Oberschlesien	NEISSE
Stadt in Ohio (USA)	CANTON
Stadt in Ohio (USA)	DAYTON
Stadt in Ohio (USA)	TOLEDO
Stadt in Ostfriesland	VECHTA
Stadt in Ostholstein	PREETZ
Stadt in Ostjava	MALANG
Stadt in Ostpommern	POLZIN
Stadt in Palästina	NABLUS
Stadt in Pennsylvanien (USA)	EASTON
Stadt in Pommern	BUETOW
Stadt in Pommern	PYRITZ
Stadt in Qatar	RAYYAN
Stadt in Rheinland-Pfalz	BADEMS
Stadt in Ruanda	BUTARE
Stadt in Sachsen	GRUENA
Stadt in Sachsen	HARTHA
Stadt in Sambia	KASAMA
Stadt in Saudi-Arabien	MEDINA
Stadt in Schlesien	HAYNAU
Stadt in Schlesien	LUEBEN
Stadt in Schlesien	WOHLAU
Stadt in Sierra Leone	KENEMA
Stadt in Simbabwe	HWANGE
Stadt in Simbabwe	KODOMA
Stadt in Simbabwe	KWEKWE
Stadt in Simbabwe	MAKENI
Stadt in Simbabwe	MUTARE
Stadt in Süd-Israel	ASHDOD
Stadt in Taiwan	TAINAN
Stadt in Tanganjika	MUSOMA
Stadt in Tansania	ARUSHA
Stadt in Tansania	MWANZA
Stadt in Tansania	TABORA
Stadt in Texas	DALLAS
Stadt in Thüringen	APOLDA
Stadt in Thüringen	WORBIS
Stadt in Tschad	ABECHE
Stadt in Uganda	MASAKA
Stadt in Umbrien	ASSISI
Stadt in Uruguay	PALOMA
Stadt in Uruguay	RIVERA
Stadt in Vietnam	DANANG
Stadt in Vor-Pommern	ANKLAM
Stadt in Westjordanien	HEBRON
Stadt in Zaire	BUKAVU
Stadt in Zaire	KIKWIT
Stadt in Zaire	LIKASI
Stadtrandsiedlung	VORORT
Stadtstreicher	PENNER
Stadtteil v. Berlin	DAHLEM
Stadtteil v. Essen	STEELE
Stadtteil v. Essen	WERDEN
Stadtteil v. Köln	NIPPES

Stadtteil von Duisburg	WALSUM	stark, stämmig	ROBUST	Stelzvogel, Watvogel	REIHER	Steuerteil am Flugzeug	FLOSSE
Stadtteil von Hamburg	ALTONA	starke Feuchtigkeit	NAESSE	Stelzvogel, Zugvogel	STORCH	stichhaltiger Nachweis	BEWEIS
Stadtteil von Hannover	LINDEN	starkes Brett	PLANKE	Stemmeisen	BEITEL	Stichkarte beim Kartenspiel	TRUMPF
Stadtteil von Istanbul	GALATA	starkes Haargarn	BOUCLE	Stempelabdruck	SIEGEL		
		startklar	FERTIG	Steppenfuchs	KORSAK	Stickerei an Kanten	FESTON
Stadtteil von München	PASING	statt dessen	DAFUER	Steppennagetier	ZIESEL	Stickrahmen	TAMBUR
Stadtteil von Wien	ASPERN	staubig	DUSTIG	Steppen-Tataren	AWAREN	Stickstoff-Metall-Verbindung	NITRID
		stechendes Insekt	BREMSE	Steppenwolf	KOJOTE		
Stadt zwischen Athen u. Korinth	MEGARA	Stechmücke	GNITZE	Sterbeort Hofers	MANTUA	Stieftochter v. Herodes	SALOME
Stadt zwischen Don und Wolga	TAMBOW	Stechwinde	SMILAX	Sterbeort Huttens	UFENAU	Stiege, Stufengang	TREPPE
		Steckdose	BUCHSE	Sternbild	BECHER		
		Steckenkraut	FERULA	Sternbild	BOOTES	Stierkämpfer mit Degen	ESPADA
Ständer, Stellgerät	STATIV	Stegreifauftritt	SKETCH	Sternbild	CORONA		
Stäubling	BOFIST	Stehlerin	DIEBIN	Sternbild	DRACHE		
Stagnation	FLAUTE	steifer Hut	MELONE	Sternbild	FLIEGE	Stierkämpfer zu Fuß	TORERO
Stahlseil	TROSSE	steifes Haar	BORSTE	Sternbild	LINEAL		
Stahltau	PARDUN			Sternbild	OKTANT	Stilepoche	BAROCK
Stamm der Sioux-Indianer	DAKOTA	Steifheit, Unbeweglichkeit	STARRE	Sternbild	SCHWAN	Stilepoche	ROKOKO
				Sternbild	ZIRKEL		
Stammesherrscher	HERZOG	Steigen d. Börsenkurse	HAUSSE	Sternbild (Schiffskiel)	CARINA	Stilepoche d. frühen 19. Jh.	EMPIRE
Stammkloster d. Zisterzienser	CITEAU	Steigerung im Ausdruck	KLIMAX	Sternfahrt	RALLYE	stimmloser Verschlußlaut	TENUIS
				Sternhaufen im Stier	HYADEN		
Stammvater d. Germanen	MANNUS	Steiggerät	LEITER	Stern in den Zwillingen	KASTOR	Stimmorgan der Vögel	SYRINX
		Steinblock	FELSEN	Stern in den Zwillingen	POLLUX	Stinkmarder, Hermelin	WIESEL
Stand, Stellung	STATUS	Steingrab der Vorzeit	DOLMEN	Stern in der Andromeda	SIRRAH	Stirnbinde der Antike	DIADEM
standardisieren	NORMEN	steinzeitl. Hünenstein	MENHIR	Sternschnuppe	METEOR		
Standbild	STATUE			Steuer	ABGABE	Stirnreif	DIADEM
standfest, unveränderlich	STABIL	Stelle des Verbrechens	TATORT	Steuer, Zwangsabgabe	TRIBUT	Stockball	HOCKEY
						Stör	HAUSEN
standhaft	EISERN	Stellmacher	WAGNER	steuern	LENKEN	störend	GENANT
stanzen	LOCHEN			steuern, bugsieren	LOTSEN	Störrogen	KAVIAR
Stapel	HAUFEN						

Stoffbehälter	BEUTEL	Streichgarngewebe	CROISE	stumpfsinnig	TORPID	südamer. Flattertier, Fledermaus	VAMPIR
Stoff mit Metallfäden	BROKAT	streiten	HADERN	Stundung	INDULT		
		strenge Lebensweise	ASKESE	stur	EISERN	südamerikan. Echsenart	LEGUAN
Stoffmuster	DESSIN			Sturmbock	WIDDER		
Stoffrollen	BALLEN	Strickbluse	JUMPER	sudanes. Stadt am Nil	ATBARA	südamerikan. Fluß	PARANA
storchähnlicher Vogel	MARABU	Strohhut	PANAMA				
		Strom-Maßeinheit	AMPERE	sudanesisch. Fluß	ATBARA	südamerikan. Getränk	CHICHA
storchähnlicher Vogel	REIHER						
		Strumpfhalter	STRAPS	sudanesisch. Stadt	SENNAR	südamerikan. Grassteppe	LLANOS
Stoß	HAUFEN	Stube	KAMMER				
Stoß beim Billard	DUBLEE	studentischer Zweikampf	MENSUR	Sudannegerstamm	KANURI		
						südamerikan. Grassteppe	PAMPAS
Stoß beim Fußball	SCHUSS			südafrik. Choreograph	CRANKO		
		Studienvorlesung	KOLLEG				
Stoßfänger	PUFFER	Studierzimmer	STUDIO	südafrik. Homeland	CISKEI	südamerikan. Hauptstadt	BOGOTA
Stoßfänger am Schiff	FENDER						
		stückeln, zerlegen	TEILEN	südafrik. Schriftsteller	CLOETE	südamerikan. Indianersprache	AIMARA
Stoßzahn des Keilers	GEWEHR	Stückzahlmaß	SCHOCK	südafrik. Sprache	TSONGA		
						südamerikan. Indianerstamm	JIVARO
Strähne	STRANG	Stümperarbeit	PFUSCH	südafrikan. Fluß	ORANJE		
straff, schneidig	STRAMM	stürmisch	FURIOS				
		stürzen	FALLEN	südafrikan. Homeland	LEBOWA	südamerikan. Krokodil	KAIMAN
Straftat	DELIKT						
Strahlenbrecher	PRISMA	Stützbalken, tragender Bauteil	STREBE	südafrikan. Homeland	QWAQWA	südamerikan. Lamaart	ALPAKA
strahlenförmig	RADIAL						
		Stütze	BALKEN	südafrikan. Popsängerin	MAKEBA	südamerikan. Pfeilgift	KURARE
Strahlenkranz	KORONA	Stützsprung	FLANKE				
		Stufe	ABSATZ			südamerikan. Kuguar	KUGUAR
Strahlenkranz	NIMBUS	Stufe des Tertiärs	EOZAEN	südafrikan. Sprache	TSWANA	südamerikan. Raubkatze	OZELOT
strahlig	RADIAR						
Strahltriebwerk	RAMJET			südafrikan. Staat	SAMBIA		
		stufenartige Erhöhung	PODEST			südamerikan. Raubkatze	
stramm im Auftreten	FORSCH			südafrikan. Township	SOWETO		
		Stuhl, Kot	FAEZES			südamerikan. Riesengeier	KONDOR
Strand	KUESTE			südafrikan. Volk	BASUTO		
Strandsee	LAGUNE	Stuhl mit Armlehne	SESSEL				
Straßenhund	KOETER	Stukkateur	GIPSER	südam. Eingeborenenboot	PIROGE	südamerikan. Schafkamel	ALPAKA
strecken	DEHNEN	Stummel	STUMPF				
Streich, Schabernack	POSSEN	Stumpf	STRUNK				
		stumpfsinnig	STUPID				

Clue	Answer
südamerikan. Schulterumhang	PONCHO
südamerikan. Staat	GUYANA
südamerikan. Teilstaat	TOBAGO
südamerikan. Viehhirt	GAUCHO
südarabisches Sultanat	MASKAT
südasiat. Pygmäenvolk	SEMANG
südasiat. Staat	BHUTAN
südasiat. Volk	BRAHUI
südaustral. Hafenstadt	SYDNEY
südbrasilian. Hafenstadt	SANTOS
südchilen. Stadt	OSORNO
südchilen. Stadt	TEMUCO
südchilen. Vulkan	OSORNO
südchines. Hafenstadt	KANTON
südchines. Insel	HAINAN
Süddeutscher	FRANKE
süddt. f. Hahn	GOCKEL
süddt.: spotten	FLAXEN
südecuadorian. Stadt	CUENCA
südengl. Grafschaft	DORSET
südengl. Grafschaft	SURREY
südfranz. Departement	ARIEGE
südfranz. Departement	CANTAL
südfranz. Landschaft	QUERCY
südfranz. Seebad	HYERES
südfranz. Stadt am Tarn	MILLAU
südfranz. Stadt im Depart. Vaucluse	ORANGE
Südfrucht	BANANE
Südfrucht	LIMONE
Südfrucht	MANDEL
Südfrucht	ORANGE
Südfrucht	ORANGE
südgriech. Halbinsel	ATTIKA
südirisch. Stadt am Blackwater	MALLOW
südital. Hafenstadt	NEAPEL
südital. Hafenstadt	TARENT
südital. Stadt in Apulien	FOGGIA
südjugosl. Landschaft	KOSOVO
südkolumbian. Stadt	TUMACO
südkoreanische Hafenstadt	INCHON
südländ. weibl. Haustier	ESELIN
südmährische Stadt	BRUENN
südmandschur. Hafenstadt	ANTUNG
südmexikan. Staat	OAXACA
südmexikan. Stadt	OAXACA
südneuseeländ. Hafen	OAMARU
südnorweg. Hafenstadt	HALDEN
südnorweg. Hafenstadt	HORTEN
südostafrikan. Staat	MALAWI
Südostasiat	MALAIE
südostasiat. Baumharz	DAMMAR
südostasiat. Strom	SONKOI
südostasiat. Volk	SANTAL
Südostasiaten	LAOTEN
südostchines. Provinz	FUKIEN
südostengl. Grafschaft	SUSSEX
südosteurop. Gebirge	BALKAN
Südosteuropäer	KROATE
südostfranz. Departement	SAVOIE
südostfranz. Stadt	GRASSE
südostschwed. Hafenstadt	KALMAR
südostschwed. Laen	KALMAR
südostsizilian. Stadt	MODICA
südrussisches Wildpferd	TARPAN
südschott. Grafschaft	LANARK
südschwed. Hafenstadt	MALMOE
Südseeinsulaner	KANAKE
Südslawe	KROATE
südslawisches Volk	SERBEN
südspan. Hafenstadt	TARIFA
südspan. Landschaft	MURCIA
südspan. Mittelmeerhafen	MALAGA
südspan. Provinz	HUELVA
südspan. Provinz	MALAGA
südspan. Provinz	MURCIA
südspan. Stadt	ALCIRA
südspan. Stadt	GANDIA
südspan. Stadt	HUELVA
südspan. Stadt	MURCIA
Südtirol. Kurort an der Eisack	BRIXEN
Südtiroler Alpengipfel	ORTLER
Südtiroler Kurort	TRAMIN
südtürkischer Fluß	SEYHAN

südtürkische Stadt	CEYHAN
südtürkische Stadt	TARSUS
Südwein, Süßwein	SHERRY
südwestafrikan. Bantustamm	HERERO
südwestafrikan. Negerstamm	OVAMBO
südwestaustral. Hafenstadt	ALBANY
südwestbolivian. Stadt	POTOSI
südwestengl. Hafenstadt	EXETER
südwestengl. Inselgruppe	SCILLY
südwestfinnische Stadt	HANGOE
südwestfranz. Departement	LANDES
südwestfranz. Dünengebiet	LANDES
südwestfranz. Landschaft	VENDEE
südwestschweiz. Kanton	WALLIS
Sünde	SCHULD
Sündenvergebung	ABLASS
Süßkartoffel	BATATE
Süßmittel	ZUCKER
Süßware	DRAGEE
Süßware z. Lutschen	BONBON
Sultanat auf Borneo	BRUNEI
Sultansname	MEHMET
Sultanspalast	SERAIL
sumerischer Gott	DUMUZI
sumerischer Gott	INNINI
sumerischer Gott	TAMMUZ
Summe d. menschl. Eigenschaften	ERBGUT
Sumpf	MORAST
Sumpfbiber	NUTRIA
Sumpfgas	METHAN
Sunda-Insel	BANGKA
Sunda-Insel	BORNEO
Sundainsel	FLORES
Surrogat	ERSATZ
Symbol f. Judentum	MENORA
Synagogenraum	GENISA
syrisch. König	HAZAEL
syrisch. Kriegervolk	DRUSEN
syrisch.-libanes. Grenzgebirge	HERMON
syrisch. Stadt	ALEPPO
syrisch. Stadt	ESRIYE
syrische Volksgruppe	DRUSEN
Tadel	KRITIK
Tänzerin, Geliebte v. Kg. Ludwig I.	MONTEZ
tätiges Streben	FLEISS
Tätigkeit	AKTION
Tätigkeitswort	VERBUM
Täuschung	BETRUG
Tafel, Tablett	PLATTE
Tafelrunde	KORONA
Tagesanbruch	MORGEN
Tageszeit	MITTAG
Tageszeit	MORGEN
Tal bei Jerusalem	KIDRON
talentiert	BEGABT
Talkstreupulver	TALKUM
Tallandschaft bei Salzburg	PONGAU
Talmudschüler	BACHER
Talmud-Teil	GEMARA
Tand, Trödel	RAMSCH
Tank	PANZER
Tankschiff	TANKER
Tanz im Dreivierteltakt	WALZER
Tanzschritt	CHASSE
Tarnfärbung, Tarnung	MIMESE
Taschenklappmesser	FEITEL
Tastatur	MANUAL
Tastsinnlehre	HAPTIK
Tat	AKTION
tatar. Lammfellmütze	KOLPAK
tatar. Mischvolk	AWAREN
Tatarenmütze	KALPAK
Tatsache	FAKTUM
Taubnessel	LAMIUM
tausendstel Millimeter	MIKRON
Tauwerkhersteller	SEILER
teeren	PICHEN
Teerfarbstoff	ANILIN
Teerprodukt	KRESOL
Teich, kleiner See	WEIHER
Teigwaren	NUDELN
Teil	PARTIE
Teilbesitz	ANTEIL
Teil der Altmark	WISCHE
Teil der Funkeinrichtung	SENDER
Teil der Kamera	SUCHER
Teil der Orgel	PFEIFE
Teil der Wohnung	KUECHE
Teil der Wüste Gobi	SCHAMO
Teil des Gewehrs	SCHAFT
Teil des Halses	GURGEL
Teil des Hauses	KELLER
Teil des Hauses	ZIMMER
Teil des Klosters	REMTER
Teil des Motors	KOLBEN
Teil des Oberkörpers	ACHSEL
Teil des Schuhs	SCHAFT
Teil des Tages	STUNDE

Teil des Teutoburger Waldes	OSNING
Teil eines Ganzen	STUECK
Teiler	NENNER
Teilstrecke	ETAPPE
telegrafieren	KABELN
telegrafieren	MORSEN
tennisähnl. Ballspiel	SQUASH
Tennisschläger	RAKETT
Teufel, böser Geist	SAMIEL
Teufelsfisch	ROCHEN
texan. Stadt am Rio Grande	ELPASO
Textilhandwerker	WIRKER
Textilprodukt	GEWEBE
Textiltechnik	WIRKEN
Textlücke	LAKUNE
Textstelle	PASSUS
Textverfasser	TEXTER
thailänd.-birman. Fluß	SALUEN
thailändische Münze	SATANG
Theater-, Tonwerk	STUECK
Theaterausstattung	FUNDUS
Theaterspielzeit	SAISON
theban. Dichter	PINDAR
theban. Königstochter	SEMELE
theolog. Studienanstalt	KOLLEG
theoret. Lehrgebäude	SYSTEM
Thermometerskala	KELVIN
Thorium-Isotop	IONIUM
Thrakerkönigin	ILIONE
Thunfisch, Makrelenart	BONITE
Thusneldas Vater	SEGEST
tibet. Volk	BHUTJA
tibetanischer Lastträger	SHERPA
Tick	FIMMEL
tiefe Meeresbucht	FOERDE
Tiefengestein	DIORIT
Tiefenmessung	LOTUNG
tiefe Temperatur	KAELTE
Tiefgangskala am Schiff	AHMING
Tiefstart beim Wettlauf	CROUCH
Tierbehausung	HOEHLE
Tierbehausung	KAEFIG
Tierbehausung	ROEHRE
Tiere aus fernen Ländern	EXOTEN
Tierfanggehege	KORRAL
Tierhäute haltbar machen	GERBEN
Tierkrankheit	LAEHME
Tierkreiszeichen	FISCHE
Tierkreiszeichen	WIDDER
Tierkreiszeichen (Fische)	PISCES
Tierkreiszeichen (Stier)	TAURUS
Tierkreiszeichen (Zwillinge)	GEMINI
Tiernahrung	FUTTER
Tierwaffe	KRALLE
Tigerkatze	OZELOT
Tigerschlange, Riesenschlange	PYTHON
Tiroler Alpenpaß	JAUFEN
Titelfigur bei Cocteau	ORPHEE
Titelfigur bei Colette	MITSOU
Titelfigur bei Flaubert	BOVARY
Titelfigur bei Hindemith	MATHIS
Titelfigur bei Kästner	FABIAN
Titelfigur bei Kalman	MARIZA
Titelfigur bei Krenek	ATHENE
Titelfigur bei Lessing	NATHAN
Titelfigur bei Thoma	FILSER
Titelfigur bei Tschaikowsky	ONEGIN
Titelfigur bei Vaszary	MONPTI
Tochter v. Kadmos	SEMELE
Tochter v. Ödipus	ISMENE
Tochter v. Zeus	ATHENE
Tochter von Gäa und Uranos	THRAKE
Todeskampf	AGONIE
Töpfer	HAFNER
töricht	UNKLUG
tolerieren	DULDEN
Ton, Laut	SCHALL
Tonabnehmer (Plattenspieler)	PICKUP
Tonfall	AKZENT
Tonintervall	DEZIME
Tonintervall	OKTAVE
Tonintervall	QUARTE
Tonintervall	QUINTE
Ton-Kalk-Gestein	MERGEL
Tonschicht	LETTEN
Tonstück für acht Stimmen	OKTETT
Topfgriff	HENKEL
Topfverschluß	DECKEL
Torheit	ESELEI
Torlauf im Skisport	SLALOM
Torwart	KEEPER
tot	LEBLOS
Totengruft	KRYPTA
toter Körper	LEICHE
Trachtenjacke	JANKER
traditionelle Kleidung	TRACHT
Träger	BALKEN
Tränen vergießen	WEINEN

tragbarer Computer	LAPTOP	trojanische Sagenfigur	AENEAS	tschech. realist. Autor	NERUDA	türkisch. Mittelmeerhafen	MERSIN
tragender Bauteil	SAEULE	trojanische Sagenfigur	HEKUBA	tschech. Stadt an d. Westbeskiden	KARWIN	türkisch. Sultan	MAHMUD
Traglast	TRACHT					türkisch. Trachtenrock	DOLMAN
Transportgut	FRACHT	Trommel, Jazzinstrument	TIMBAL	tschech. Stadt an Elbe u. Moldau	MELNIK		
Transportgut	LADUNG					türkische Stadt an der Maritza	EDIRNE
Tratsch	GEREDE	trop. Hülsenfrüchtler	KASSIE	tschech. Stadt an Waag u. Donau	KOMORN		
Traubenpresse	KELTER					Türzapfen	KLOBEN
Traumgebilde, -gesicht	VISION	trop. Wolfsmilchgewächs	MANIOK	tschechoslowak. Fluß	BEROUN	tugendhaft	EHRBAR
Traumland	DORADO					tun	MACHEN
Treck	MARSCH	Tropenfrucht	ANANAS	tschechoslowak. Fluß	ONDAWA	tunes. Nationalbewegung	DESTUR
Treffen, Konvent	TAGUNG	Tropenfrucht	BANANE	tschechoslowak. Münze	HALERU		
treffendes Witzwort	BONMOT	Tropenfrucht	LIMONE			tunesisch. Hafenstadt	SOUSSE
Treibstoff	BENZIN	Tropenfrucht	PAPAYA	tschechoslowak. Politiker	DUBCEK		
Treibstoff	DIESEL	Tropenwind	MONSUN	Tüchtigkeit	VALENZ	Tungusenstamm	GOLDEN
trennen	LOESEN					Turktatare	JAKUTE
Trennungslinie	GRENZE	Tropenwind	PASSAT	Türgriff	KLINKE		
		Tropfstein	CHIRIT	türk. Anredetitel	EFENDI	Turnerhaltung	STUETZ
Treppenabsatz	PODEST	tropisch. Knollenfrucht	BATATE	türk. Hafenstadt	EREGLI	Turngerät	BARREN
Treppenteil	ABSATZ					Turngerät	KASTEN
Tresse	BESATZ	tropische Knollenfrucht	MANIOK	türk. Insel in der Ägäis	IMBROS	Turngerät	LEITER
Treuhandgebiet	MANDAT						
		trotzig	BOCKIG	türk.-irak. Fluß	TIGRIS	Turngerät	STANGE
trickreich	LISTIG	Trubel, Durcheinander	RUMMEL			Tyrann	DESPOT
Trinkgefäß	BECHER			türk. Schwarzmeerhafen	SAMSUN	Tyrann v. Syrakus	HIERON
Trinkgefäß	HUMPEN	Trubel, Tumult	UNRUHE			Übelkeit	NAUSEA
Trinklied der Studenten	KANTUS	trübe, undurchsichtig	UNKLAR	türk. See in Ostanatolien	WANSEE	üben, versuchen	PROBEN
Tritiumkern	TRITON			Türke	OSMANE	Überanstrengung	STRESS
trockene baumlose Ebene	STEPPE	Trübsal, tiefe Betrübnis	TRAUER	Türkis-Abart	KALAIT		
						überbackene Speise	GRATIN
Trockenheit	DUERRE	Trübsal, Trübsinn	KUMMER	türkisch. Beamter	PASCHA	Überbringer	KURIER
Troddel, Schleife	QUASTE	Trümmer, Bauabfall	SCHUTT	türkisch. Fluß	GOEKSU	übereilt	HASTIG
		Truppenschau	PARADE			Übereinkommen	ABREDE
trojanischer Held	HEKTOR	tschech. Donau-Zufluß	MORAVA	türkisch. Fluß	KARASU	übereinstimmend	GLEICH

Clue	Answer
Übereinstimmung	AKKORD
Übergewand	MANTEL
Übergewand, Überwurf	UMHANG
überheblich	HYBRID
überhöhter Preis	WUCHER
übermäßig (mediz.)	PROFUS
übermütig	ALBERN
überreichlich	UEPPIG
Übersetzboot	FAEHRE
übersorgfältiger Mensch	PEDANT
überspielen (Tennis)	LOBBEN
übersteigert, übertrieben	EXTREM
Übertretung	DELIKT
übervorteilen	NEPPEN
Überzieher	MANTEL
überzuckertes Naschwerk	DRAGEE
üblich	NORMAL
Ufer, Badegelände	STRAND
Uhrenteil, Hinweiser	ZEIGER
Uhrmachertisch	ETABLI
Uhr mit Läutwerk	WECKER
ukrain. Fluß ins Schwarze Meer	DNJEPR
ukrain. Schwarzmeerhafen	ODESSA
ukrain. Stadt am Dnjepr	ORSCHA
ukrain. Stadt im Donezbecken	DONEZK
Ulanenrock	ULANKA
Ulk, Witz	SCHERZ
um Antwort bitten	FRAGEN
umbringen	TOETEN
umfassend	GESAMT
umfassend	GLOBAL
Umfeld, Umgebung	MILIEU
Umfriedung	GEHEGE
Umfriedung	GITTER
Umgangsform	MANIER
Umgangssprache	JARGON
Umgebung	UMLAND
umgekehrt	INVERS
umhergeistern	SPUKEN
Umherschweifender	VAGANT
umkehren, umdrehen	WENDEN
Umklammerung beim Boxen	CLINCH
Umkleideraum	KABINE
Umrißlinie	KONTUR
Umschlag	KUVERT
Umschlag	UMSATZ
Umstandskrämer	PEDANT
Umstandswort	ADVERB
Umwelt	MILIEU
umwerben	BUHLEN
umzäunen	FENZEN
umzäunte Viehweide	GEHEGE
umzäunte Viehweide	KOPPEL
umzäunte Viehweide	PFERCH
umzuckerte Pille	DRAGEE
unabänderliches Schicksal	KISMET
unangenehm	GENANT
unangenehm	LEIDIG
unangenehm	WIDRIG
unantastbar, zweifellos	SICHER
unaufdringlich	DEZENT
Unaufdringlichkeit	DEZENZ
unaufhörlich	ENDLOS
unaufrichtig	FALSCH
unausgefüllt	BLANKO
unausstehlich	ODIOES
unbares Zahlungsmittel	SCHECK
unbebautes Feld	BRACHE
unbeherrschte Reaktion	AFFEKT
unbeholfen	TAPSIG
unbekannt	OBSKUR
unberührt	INTAKT
unbeschädigt	INTAKT
unbeschwert	LEICHT
unbesetzter Posten	VAKANZ
unbeständig	UNSTET
Unbeugsamkeit	STARRE
unbeweglich	LEBLOS
unbeweglich	REGLOS
undestilliertes Erdöl	ROHOEL
Undurchlässigkeit	DICHTE
undurchsichtig	OBSKUR
unecht	FALSCH
unechter Schmuck	SIMILI
Unehrlichkeit	BETRUG
uneingedeichtes Marschland	HELDER
unempfindlich	ROBUST
unendlich	ENDLOS
unendlich	IMMENS
unentgeltlich	GRATIS
Unerfahrenheit	APIRIE
unermeßlich	IMMENS
unersättlich	GIERIG
unerwartete Begebenheit	ZUFALL
unfein, unsportlich	UNFAIR
unfreier Bauer im Mittelalter	KOLONE

unfreundlich	BARSCH
Unfriede	STREIT
unfruchtbare Gegend	WUESTE
Ungar	MAGYAR
ungar. Admiral	HORTHY
ungar.-amerik. Architekt	BREUER
ungar. Bühnenautor	MOLNAR
ungar. Chemiker (Nobelpreis)	HEVESY
ungar. Donau-Zufluß	BAKONY
ungar. Donau-Zufluß	LEITHA
ungar. Donau-Zufluß	THEISS
ungar. Fleischgericht	GULYAS
ungar. Frauenname	MARIKA
ungar. Fußsoldat	HONVED
ungar. Hirtenhund	KUVASZ
ungar. Jazzmusiker	ZOLLER
ungar. König, Königsname	LUDWIG
ungar. Kompon., Musikpädagoge	LIGETI
ungar. Komponist	BARTOK
ungar. Komponist	KODALY
ungar. Kulturphilosoph	LUKACZ
ungar. Landrat	GESPAN
ungar. Männername	FERENC
ungar. Mathematiker	BOLYAI
ungar. Münze	FILLER
ungar. Operettenkomponist	KALMAN
ungar. Pferdehirt	CSIKOS
ungar. Physiker (Nobelpreis)	BEKESY
ungar. Sajo-Zufluß	HERNAD
ungar. Schauspielerin	BARTOK
ungar. Schriftsteller	MADACH
ungar. Schriftsteller	NEMETH
ungar. Stadt an d. Theiß	SZEGED
ungar. Stadt an der Donau	MOHACS
ungar. Währung	FORINT
ungarisch. Feldherr	ZRINYI
ungarisch. Männername	ZOLTAN
ungarische Grassteppe	PUSSTA
ungarisches Weideland	PUSSTA
Ungastlichkeit	AXENIE
ungebrochene Linie	GERADE
ungebundenes Künstlertum	BOHEME
ungeflügeltes Kerbtier	APTERE
Ungeheuer, Ungetüm	BESTIE
Ungeheuer d. griech. Sage	MEDUSA
ungehobelter Mensch	FLEGEL
ungehobelter Mensch	PROLET
ungehobelter Mensch	RUEPEL
ungemischt	LAUTER
ungenannt	ANONYM
ungeordnet	DIFFUS
ungeordneter Rückzug	FLUCHT
ungeordnete Schar	HAUFEN
Ungerade beim Roulett	IMPAIR
ungestüm	HEFTIG
ungetrübt	LAUTER
Ungetüm	KOLOSS
ungleich	INEGAL
ungleichmäßiges Viereck	TRAPEZ
unheilig, weltlich	PROFAN
Uniform	MONTUR
uniformartige Dienerkleidung	LIVREE
Uniformschmuck	KORDEL
Universitätsgelände	CAMPUS
Universitätsstadt a.d. Themse	OXFORD
Universum	KOSMOS
Unke	KROETE
unklar	DIFFUS
unkultivierter Mensch	BARBAR
Unlösbarkeit (philos.)	APORIE
unlogisch	ABSURD
unmittelbar	DIREKT
Unmögliches, Widersinniges	UNDING
Unmut	AERGER
unnachgiebig	EISERN
Unnachgiebigkeit	HAERTE
unnachsichtig, mitleidlos	STRENG
UNO-Generalsekretär	UTHANT
unpäßlich	MALADE
Unrat	ABFALL
Unrecht, Mißgeschick	UNBILL
unredlich	FALSCH
unrichtig	FALSCH
Unrichtigkeit	FEHLER
unsicher sein	WANKEN
unsichtbar machen	TARNEN
Unsinn	HUMBUG
Unsinn reden	FABELN
Unsitte	LASTER
unstet	FAHRIG
Unstrut-Zufluß	WIPPER
untätig	PASSIV
Untat	FREVEL
Untat	GREUEL

unterdrücken	KNUTEN
untere Dachkante	TRAUFE
untere Zahl beim Bruch	NENNER
Unterführung bei Wasserbauten	DUEKER
Untergang	SINKEN
untergeben sein	DIENEN
untergehen	SINKEN
Untergeschoß	KELLER
unterirdischer Kirchenraum	KRYPTA
unterirdischer Weg	TUNNEL
Unterkunft	BLEIBE
Unterlage für Lebkuchen	OBLATE
Unterleibshöhle	BECKEN
Unterricht	KURSUS
unterrichten	LEHREN
Untersagung	VERBOT
unterschiedlich	ANDERS
Unterschlupf	OBDACH
Untersuchungsergebnis	BEFUND
unter Wasser setzen	FLUTEN
unterweisen	LEHREN
Untier	BESTIE
Untreue, Preisgabe	VERRAT
Untugend	LASTER
unverbraucht	FRISCH
unverheiratet	EHELOS
unverletzbar	GEFEIT
unvermittelt, unversehens	ABRUPT
unvernünftig	ABSURD
unverschämt	DREIST
unversehrt	GESUND
unversehrt	INTAKT
unverzüglich	SOFORT
unvollständige Lähmung	PARESE
Unwahrheit	BETRUG
Unwille	AERGER
unwirklich	IRREAL
unwohl	MULMIG
Unzahl	LEGION
unzüchtig	LASZIV
Unzulänglichkeit	FEHLER
Uranbrenner	MEILER
Uranus-Mond	OBERON
Ureinw. d. Pyrenäenhalbinsel	IBERER
Ureinwohner d. Südsee	KANAKE
Ureinwohner Mexikos	AZTEKE
Ureinwohner Schottlands	PIKTEN
Ureinwohner Schottlands	SKOTEN
Ureinwohner Spaniens	IBERER
Urheimat der Ungarn	UGRIEN
Urkanton der Schweiz	SCHWYZ
Urkunde	DIPLOM
Urkundensammlung	ARCHIV
Urlaub	FERIEN
ursächlich	KAUSAL
ursprünglich	GENUIN
Ursprung	ANFANG
Urteil	SPRUCH
Urvater der Menschen	HENOCH
Urwelttier	MAMMUT
urzeitliches Meer	TETHYS
usbekische Stadt	KOKAND
Utopie, Trugbild	VISION
Vagabund	PENNER
Variante, Variation	LESART
Varietékünstler	ARTIST
Vater d. Raketenforschung	OBERTH
Vaterland	HEIMAT
Vater u. Mutter	ELTERN
Vater v. Agamemnon	ATREUS
Vater v. Menelaos	ATREUS
Vegetationsform	STEPPE
Veitstanz	CHOREA
venezian. Maler	GUARDI
venezian. Maler (16. Jh.)	PIOMBO
venezianisch. Boot	GONDEL
venezianischer Maler	TIZIAN
venezol. Stadt am Manzanares	CUMANA
venezol. Stadt in den Anden	MERIDA
Verabschiedung	URLAUB
verachtenswert	EHRLOS
verächtlich für Gesicht	VISAGE
veraltet	EXOLET
veraltete Bez. für bequem	KOMMOD
veraltete Bez. für Beruf	METIER
veraltete Bez. für bescheiden	MODEST
veraltete Bez. für Diele	ENTREE
veraltete Bez. für Eintritt	ENTREE
veraltete Bez. für ermattet	MARODE
veraltete Bez. für Gepäck	BAGAGE
veraltete Bez. für geradezu	SCHIER
veraltete Bez. für Oberst	OBRIST
veraltete Bez. für Träne	ZAEHRE
veraltete Bez. für Trost	LABSAL
veraltete Bez. für wählen	KIESEN

veraltet f. Anzahlung	VADIUM
veraltet f. aufmerksam	ATTENT
veraltet f. Stuhl	CHAISE
veraltet für Pionier	MINEUR
veraltet für Schwiegertochter	SCHNUR
veraltet: Gefolgsleute	MANNEN
veraltet: gereizt	ANIMOS
Veranlagung	ANLAGE
Verband, Umschlag	WICKEL
verbergen, verschleiern	TARNEN
Verbeugung	DIENER
Verbindlichkeit	OBLIGO
Verbindung	KONNEX
Verbindungsstift	BOLZEN
Verbindungsstück	GELENK
Verbindungsstück	LASCHE
Verblödung	DEMENZ
verblümt, geziert	BLUMIG
verborgen	GEHEIM
verborgen	LATENT
verborgen	OKKULT
verbot. Sprenggeschoß	DUMDUM
verboten. Aufputschen im Sport	DOPING
Verbrauch	KONSUM
Verbrauchssteuer	AKZISE
Verbrechen	DELIKT
Verbrennungserscheinung	FLAMME
Verbundart	LASCHE
verbundene Pferdegruppe	KOPPEL
verdächtig	OBSKUR
verdichten	BALLEN
verdickter Pflanzenteil	KNOLLE
Verdickung	KNOLLE
verdorren, vertrocknen	WELKEN
Verdruß	AERGER
vereinheitlichen	NORMEN
Vereinigung	FUSION
Vereinigung, Körperschaft	VEREIN
Vereinssatzung	STATUT
vereister Schnee	HARSCH
verfallen	HOERIG
Verfasser eines Anstandsbuches	KNIGGE
Verfasser epischer Dichtungen	EPIKER
Verfassung	CHARTA
Verfassungsurkunde	CHARTE
Verfehlung, Vergehen	DELIKT
Verfilzen	WALKEN
Verflechtung	KONNEX
verfügbar	BEREIT
Verführerin in Homers »Odyssee«	SIRENE
Vergebung	PARDON
Vergleich, Vertrag	REZESS
vergnüglich	LUSTIG
vergnügt	HEITER
Vergnügungspark in Wien	PRATER
verheiraten	TRAUEN
Verkaufseinnahme	ERLOES
Verkehrssicherungszeichen	SIGNAL
verknüpfen	KNOTEN
Verknüpfung	KNOTEN
verkürzte Unterschrift	SIGNUM
Verlangen	BEGEHR
Verlies	KERKER
vermessen	HYBRID
Vermessenheit	HYBRIS
vermitteln	MAKELN
vermodern	FAULEN
Vermögen	BESITZ
Vermögen eines Unternehmers	AKTIVA
Vermutung	AHNUNG
vernichtet	KAPUTT
Veröffentlichungskontrolle	ZENSUR
Verordnung	DEKRET
Verpackungsmittel	PAPIER
Verpflegungssatz	RATION
verpflichten	BINDEN
Verpflichtung	DIKTAT
Verpflichtung	OBLIGO
Verpflichtungsschein	REVERS
Vers, Versfuß, -maß	JAMBUS
verschiebb. Meßstabzusatz	NONIUS
verschieden	ANDERS
verschieden	DIVERS
Verschlingung von Fäden	KNOTEN
Verschluß	DECKEL
Verschlußart (Kamera)	COMPUR
Verschmelzung	FUSION
verschnittener Masthahn	KAPAUN
verschnörkelt	BAROCK
verschroben	BIZARR
verschwommen	UNKLAR
Versehen	FEHLER
Versehen	LAPSUS
Versicherungsvertrag	POLICE
Verslehre	METRIK
Versmaß	METRUM
Versorgung	PFLEGE
Versorgungsschiff	TENDER

Verständigungsmittel	STIMME	verwirrt, unentschieden	RATLOS	Volk in Kenia	KIKUJU	volkstümlich f. Geld	MAEUSE
versteckt	LATENT	verworren	DIFFUS	Volk in Nigeria	JORUBA	volkstümlich f. Geld	PIEPEN
versteckter Spott	IRONIE	verworren	KONFUS	Volksfest	KIRMES	volkstümlich f. Geld	PULVER
versteinert	FOSSIL	verzagt	MUTLOS	Volksfest, Jahrmarkt	RUMMEL		
Versteinerung	FOSSIL	Verzehr	KONSUM	Volksgruppe an der Ostsee	BALTEN	volkstümlich f. Geld	ZASTER
Verstoß gegen göttl. Gebote	SUENDE	Verzeihung	PARDON	Volksrat der UdSSR	SOWJET	volkstümlich f. Geschwätz	BLABLA
		verzerrt	BIZARR				
		verzerrtes Gesicht	FRATZE				
Versuchsbühne	STUDIO	verzichten	PASSEN	volkst. f. Frauenrechtlerin	EMANZE	volkstümlich f. Gewehr	KNARRE
Verteidiger	ANWALT	Verzierung	ZIERAT	volkstüml. f. Geld	KOHLEN	volkstümlich f. Glatze	PLATTE
Verteidigung	ABWEHR	Vestibül	ATRIUM	volkstüml. f. Kohl	KAPPES		
vertieft	KONKAV	Vestibül	LOUNGE	volkstüml. f. Ski	BRETTL	volkstümlich f. gut	KNORKE
Vertikalschnitt	PROFIL	Vetter	COUSIN	volkstüml. f. überhart spielen	BOLZEN	volkstümlich f. Kammer	KABUFF
		Viehzaun	PFERCH				
Vertrauensbruch	VERRAT	Vielfalt	FUELLE				
		Vienne-Zufluß	CREUSE				
Vertrauensmann	OBMANN	Viereck	KARREE	volkstüml. für Benehmen	BENIMM	volkstümlich f. Lehrer	PAUKER
		viereckiger Körper	QUADER				
vertrauensselig	ARGLOS	vierter Aggregatzustand	PLASMA	volkstüml. für helles Bier	BLONDE	volkstümlich f. Militär	BARRAS
vertraulich	GEHEIM			volkstüml.: durchsuchen	FILZEN	volkstümlich f. stehlen	KLAUEN
vertraulich	INTERN	viertes Buch Mose	NUMERI				
vertraut, vertraulich	PRIVAT	vietnamesische Sekte	CAODAI	volkstümlich f. Angst	BAMMEL	volkstümlich f. Wutausbruch	KOLLER
Vertreter vor Gericht	ANWALT	Violinspieler	GEIGER	volkstümlich f. ausgezeichnet	KLASSE	volkstümlich für hasten	WETZEN
		Visite	BESUCH				
Vervielfältigungszahl	FAKTOR	Vitamin H	BIOTIN	volkstümlich f. ausgezeichnet	KNORKE	volkstümlich für stehlen	MOPSEN
		Vogelart	SEGLER				
Verwalt.-Bezirk in Großbritannien	COUNTY	Vogelart	STELZE	volkstümlich f. bankrott	PLEITE	volksverbunden	SOZIAL
		Vogelbauer	KAEFIG			Volksvertretung	KAMMER
Verwalter einer Sammlung	KUSTOS	Vogelhorst	GENIST	volkstümlich f. eitler Mann	FATZKE	Vollblutpferd	ARABER
		Vokalmusik	GESANG			vollendet	FERTIG
Verwandte	KUSINE	Vokalumfärbung	UMLAUT	volkstümlich f. Geld	FLOEHE	Vollmacht	MANDAT
verwirrt	KONFUS	Volk in Angola	MBUNDU			Vollversammlung	PLENUM

Clue	Answer
Volme-Zufluß	ENNEPE
von außen kommend	EXOGEN
von der Körpermitte entfernt	DISTAL
von der Seite gespielter Ball	FLANKE
von gleichem Druck	ISOTON
von Rechts wegen	DEJURE
von Rechts wegen	EXIURE
von vorn, frontal	ENFACE
Voranschlag	BUDGET
Voranwartschaft	OPTION
Vorarbeiter	POLIER
Vorarbeit zu einem Werk	STUDIE
Vorbau am Schiffsbug	GALION
Vorbehalt	KAUTEL
vorbeiwerfen (Kegeln)	PUDELN
Vorbeter in der Synagoge	CHASAN
Vorbild	MODELL
Vorbild e. Reproduktion	URBILD
vor dem Sturm treiben	LENZEN
Vorderasiat	ARABER
Vorderasiat	IRAKER
Vorderasiat	IRANER
Vorderasiat	TUERKE
vorderasiat. antikes Kulturvolk	PERSER
vorderasiat. Bergvolk	KURDEN
vorderasiat. Landschaft	JUDAEA
vorderasiat. Staat	SYRIEN
vorderasiat. Strom	TIGRIS
Vorderasien	NAHOST
Vorderster	ERSTER
Vorderwagen von Geschützen	PROTZE
Vorfeld einer Festung	GLACIS
Vorführrund im Zirkus	MANEGE
vorgeblich	FIKTIV
Vorgefühl	AHNUNG
vorgeschichtl. Abschnitt	URZEIT
vorgeschichtl. Eimer	SITULA
Vorhaben aufgeben	PASSEN
Vorhafen von Danzig	PILLAU
Vorhafen von Schanghai	WUSUNG
Vorhalle	ENTREE
Vorherbestimmung	KISMET
Vorherrschaft	PRIMAT
Vorhölle	LIMBUS
Vorlage	MODELL
Vorlage	MUSTER
Vorliebe	FAIBLE
vormals	EHEDEM
Vormerkbuch	AGENDE
Vorname d. Malers Feuerbach	ANSELM
Vorname der Leigh	VIVIAN
Vorname der Undset	SIGRID
Vorname von Balzac	HONORE
Vorname von Bebel	AUGUST
Vorname von Caruso	ENRICO
Vorname von Hemmingway	ERNEST
Vorname von Hutten	ULRICH
Vorname von Liliencron	DETLEF
Vorname von Reagan	RONALD
Vorname von Rolland	ROMAIN
Vorname von Schumann	ROBERT
vornehm	FEUDAL
Vorort von Belgrad	SEMLIN
Vorort von Paris	MEUDON
Vorort von Venedig	MESTRE
Vorrede, Vorspruch	PROLOG
vorschriftsmäßig	NORMAL
Vorsichtsmaßregel	KAUTEL
Vorspeise	ENTREE
Vorspiel, Einführung	PROLOG
Vorspiel (musikal.)	ENTREE
vorspringender Bauteil	VORBAU
Vorsteckstift	SPLINT
Vorsteher	REGENS
vorstrecken	LEIHEN
Vorteil	AVANCE
Vorteil	NUTZEN
Vorteil	PROFIT
Vortrag	LESUNG
Vortragender	LEKTOR
Vortragskünstler	DISEUR
Vortragsreihe	ZYKLUS
vortrefflich, vorzüglich	SUPERB
vorwärts	WEITER
Vorweihnachtszeit	ADVENT
vorweltlich	FOSSIL
Vorwort, Einleitung	PROLOG
Vorzimmer	ENTREE
Votivbild	EXVOTO
Vulkan auf der Antarktis	TERROR
Vulkan auf Java	SEMERU
Vulkan in Kolumbien	TOLIMA
Vulkan in Mexiko	COLIMA
vulkanisches Gestein	BASALT
Vulkantrichter	KRATER

waagerechte Höhe	NIVEAU
wabenförmiges Gebäck	WAFFEL
Wache, Wächter	POSTEN
wachmachen	WECKEN
Wächter	HUETER
wählen	KUEREN
Wähler	OPTANT
Wählerauftrag	MANDAT
Wählervotum	STIMME
währen	DAUERN
Währung auf Barbados	DOLLAR
Währung auf den Bahamas	DOLLAR
Währung auf den Bermudas	DOLLAR
Währung auf Jamaika	DOLLAR
Währung auf Taiwan, Formosa	DOLLAR
Währung der CSFR	KORUNA
Währung der Rep. China	DOLLAR
Währung i. Verein. Arabisch. Emiraten	DIRHAM
Währung in Angola	KWANZA
Währung in Australien	DOLLAR
Währung in den USA	DOLLAR
Währung in Gambia	DALASI
Währung in Haiti	GOURDE
Währung in Hongkong	DOLLAR
Währung in Kanada	DOLLAR
Währung in Liberia	DOLLAR
Währung in Malawi	KWACHA
Währung in Marokko	DIRHAM
Währung in Neuseeland	DOLLAR
Währung in Panama	BALBOA
Währung in Simbabwe	DOLLAR
Währung in Singapur	DOLLAR
Wäldchen	SCHLAG
Wärmeschutzmaterial	ASBEST
Wärter	HUETER
Wäscherolle	MANGEL
Wäschestoff	BATIST
Wäschestoff	DAMAST
Wäschestoff	KATTUN
Wäschestoff	LEINEN
Wäschestoff	LINNEN
Wäschestoff	MOLTON
Waffengattung, Truppengattung	MARINE
Wagenführer	LENKER
Wagenlenker	FAHRER
Wagnis	HASARD
Wahl	OPTION
Wahlspruch	DEVISE
Wahlspruch	LOSUNG
Wahlspruch	PANIER
Wahrsagekunst	MANTIK
Wahrsagerei	MANTIK
Wahrzeichen	EMBLEM
walisischer Dichter	THOMAS
walken	KNETEN
Wallfahrer	PILGER
Wallfahrt nach Mekka	HADSCH
Wallfahrtsort in Polen	GNESEN
walzenförmiger Hohlkörper	ROEHRE
Wandelstern	PLANET
Wanderhirt	NOMADE
Wanderstudent, fahrender Schüler	VAGANT
Wandgemälde	FRESKO
Wandplatte	KACHEL
Wandteppich	ARAZZO
Wandverkleidung	TAPETE
Wandvertiefung	NISCHE
Wappenfahne	BANNER
Wappenschild	BLASON
Wappenspruch	DEVISE
Warenmenge	POSTEN
Warenposten	PARTIE
Warenprobe	MUSTER
Warenrechnung	FAKTUR
Warenverkehr	HANDEL
warme Heilquelle	THERME
Warmwasserbereiter	BOILER
Warmwasserspeicher	BOILER
Warnzeichen, Weckruf	SIGNAL
Wartezeit	KARENZ
Warthe-Zufluß	PROSNA
Waschbär	SCHUPP
Waschmittelbestandteil	TENSID
Wasserbecken	BASSIN
Wasserfahrzeug	SCHIFF
Wasserfall im österr. Pinzgau	KRIMML
Wasserfall in Finnland	IMATRA
Wasserfarn	AZOLLA
Wasserfee, -frau	UNDINE
wasserloses Sandgebiet	WUESTE
Wassermelone	ARBUSE
Wasserpest, Aquarienpflanze	ELODEA
Wasserpflanze	ELISMA
Wassersport	RUDERN
Wassersport	SEGELN
Wassersportler	SEGLER
Wasserstoffbombe	HBOMBE
Wasserstoffkern	PROTON

Wasservogel	SCHWAN	Weihegabe	EXVOTO	Weißfisch	DOEBEL	Werktag	ALLTAG
Wattebausch	TAMPON	Weihnachtssymbol	KRIPPE	Weißfischart	FLINKE	Werktag	MONTAG
Wattebausch	TUPFER			Weißling	ALBINO	Werkzeugmaschine	FRAESE
Wattenknäuel	BAUSCH	Weinbauer	WINZER	weißrussische Stadt am Njemen	GRODNO	Werkzeugmaschine	STANZE
Watteninsel	HALLIG	Weinbauort im Rheingau	ERBACH			Wertigkeit	VALENZ
Weberknecht	KANKER	Weinbeere	TRAUBE	Weißwal	BELUGA	wertloser Überrest	ABFALL
Wechsel, geldloser Handel	TAUSCH	Weinhefe	DRUSEN	Weite	BREITE	Wertpapiermarkt	BOERSE
		Weinort, -stadt am Rhein	BINGEN	Weite	LICHTE		
				weiten	DEHNEN	wert sein	KOSTEN
Wechselrede	DIALOG			Wellbaum	GOEPEL	Werturteil	KRITIK
wechselseitig	MUTUAL	Weinort, -stadt an der Mosel	UERZIG	Wellenreiten	SURFEN	Wesensgehalt	ESSENZ
Wechseltierchen	AMOEBE			Wellenreiter	SURFER	Weserhafen	BREMEN
Wegelagerer	BANDIT	Weinort, -stadt in Rheinland-Pfalz	LANDAU	Wellenschaum	GISCHT	Weser-Zufluß	DIEMEL
Wegtransport	ABFUHR			Wels-Art	WALLER	Weser-Zufluß	GEESTE
Wehklage	JAMMER	Weinort an der Mosel	GRAACH	Wels-Art	WELLER	westafrikan. Fluß	GAMBIA
wehmütiges Gedicht	ELEGIE			Weltall	KOSMOS		
		Weinort an der Mosel	WEHLEN	Welthilfssprache	NOVIAL	westafrikan. Staat	GAMBIA
weibl. Lehrling	ELEVIN			Weltordnung	KOSMOS		
		Weinort an der Saar	WAWERN	Weltraum	KOSMOS	westafrikan. Staat	GUINEA
weibl. Rollenfach	HELDIN			Weltseele, Heiliger Geist	PNEUMA		
		Weinort in Südtirol	TERLAN			westeurop. Volk	BRITEN
weicher Kammgarnstoff	MELTON			weltumspannend	GLOBAL		
		Weinort in Südtirol	TRAMIN	Wenden, Westslawen	SORBEN	westfäl. Stadt an der Aa	BORKEN
weiches Baumwollgewebe	ZEPHIR						
		Weinprüfer	KOSTER	Wendepunkt	KRISIS	westfäl. Stadt an der Werra	MINDEN
		Weinrebengewächs	CISSUS	wenn	SOBALD		
Weiche (von Tieren)	FLANKE			wenn, vorausgesetzt	SOFERN	westfälische Stadt am Rhein	XANTEN
		Weinsorte	WERMUT				
Weichholzbaum	PAPPEL	Weinsorte, Traubensorte	MERLOT	Werbeanschlag	PLAKAT		
Weichsel-Zufluß	MONTAU			Werbeschlagwort	SLOGAN	westfranz. Fluß	SARTHE
Weichsel-Zufluß	PILICA	weisen	ZEIGEN				
		Weissagung	ORAKEL	Werden	GENESE	westfranz. Insel	OLERON
Weichsel-Zufluß	WIEPRZ			Werftarbeiter	NIETER		
weiden, äsen	GRASEN	weißer Bordeaux	BARSAC	Werkanlage	FABRIK	westfranz. Landschaft	POITOU
Weidmann	JAEGER	weißer Kalkstein	KREIDE				
Weigerung	ABSAGE	weißer Stirnfleck	BLESSE	Werkstoff	METALL		
				Werkstoff	PAPIER		

westgerman. Stamm	ANGELN	widersinnig	ABSURD	wildwachsender Wald	URWALD	Wirtschaftsaufschwung	HAUSSE
westgerman. Völkergruppe	SWEBEN	widerstandsfähig	ROBUST	Wille	WOLLEN	Wirtschaftstheoretiker	ROEPKE
westgerman. Volk	QUADEN	widerstreben, sich aufbäumen	BOCKEN	Willkürherrscher	DESPOT		
				Windbluse	ANORAK	Wissenszweig	SPARTE
		widerwärtig	ODIOES	Winde	HASPEL	witternder Leithund	REISER
Westgotenkönig	EURICH	Widerwille	DEGOUT	Windhose	TROMBE		
westirische Stadt	GALWAY			Windhund	BARSOI		
		Wiedererstattung	ERSATZ	Windhund, Gazellenhund	SALUKI	Witterung	WETTER
westjordan. Stadt	NABLUS	Wiedergutmachung	SUEHNE	Windrichtung	NORDEN	Wittling (Fisch)	MERLAN
westmarokkan. Hafenstadt	TANGER	wiederum	ERNEUT	Windstille	FLAUTE	Witz	ESPRIT
						witziger Spott	SATIRE
		Wiener Droschke	FIAKER	Winkelfunktion	SEKANS	Witzkern	POINTE
westmexik. Staat	COLIMA	Wiener Flughafen	ASPERN	Winkelmaß	MINUTE	Wochentag	MONTAG
westmexik. Stadt	COLIMA	Wiener Hotel	SACHER	winseln	FIEPEN	wörtlich, mündlich	VERBAL
westslowak. Stadt	TYRNAU	Wiener Kneipe	BEISEL	winseln	JAULEN	Wohlgeruch	BUKETT
Weststaat der USA	NEVADA	Wiener Komponist	EYSLER	Wintergrün	MISTEL	Wohlgeruch	EUODIE
westtürkische Stadt	MANISA	Wiener Komponist	STRAUS	Wintergrün	PIROLA	wohlriechen	DUFTEN
				Wintermonat	JANUAR	wohlriechend	DUFTIG
Wetteinsatz machen	SETZEN	Wiener Maler	MAKART	Wintersportart	RODELN	wohlriechende Pflanze	RESEDA
		Wiener Stadtbezirk	WIEDEN	Wintersportler	RODLER	wohlschmeckend	LECKER
wetten	TIPPEN			Wirbelsäulenverkrümmung	BUCKEL		
Wettkämpfer	ATHLET	Wiener Zitherspieler	KARRAS			wohnen	HAUSEN
Wettlauf	RENNEN			Wirbelsturm	ZYKLON	Wohnraum auf Schiffen	KABINE
Whisky	SCOTCH	Wiese am Vierwaldstätter See	RUETLI	Wirkgewebe	TRIKOT		
Wicht	KNIRPS			Wirkstoff im Organismus	HORMON	Wohnungspächter	MIETER
Wicht	KOBOLD	Wiesel	MARDER				
Wichtigtuer, Effekthascher	POSEUR	Wiesenpflanze	AMPFER	Wirkung, Folge	EFFEKT	Wolfs-, Fuchsschwanz	STANGE
		wild	FURIOS	Wirkungsfähigkeit	POTENZ	Wolfsbohne	LUPINE
Wickel	HUELLE	Wildeber	KEILER	wirr	KONFUS	Wolfslaute	GEHEUL
Wickelvorrichtung	HASPEL	wildes Tier	BESTIE	wirr reden	FASELN	Wolga-Zufluß vom Ural	SAMARA
Widersacher	GEGNER	Wildpark	GEHEGE	wirtschaftlich unabhängig	AUTARK		
		Wildrind	WISENT			Wollart	ANGORA
Widersacher	RIVALE	Wildschaf	ARGALI			Wollhaar	LANUGO
		wild spielen	TOLLEN				

Wollhaarbüschel	STAPEL	Wunschbild, Wunschtraum	UTOPIE	Zarenname	FEODOR	Zeitraum von zehn Tagen	DEKADE
Wollschaf-Rasse	MERINO			Zarenname	SIMEON	Zeitungsspalte	RUBRIK
Wollstoff	FRESKO	Wurfgerät der Leichtathletik	HAMMER	zart	GRAZIL	Zeitungswesen	PRESSE
Wollstoff	MERINO			Zauberer	MAGIER		
Wollstoff	SERAIL	Wurstsorte	LYONER	Zauberer der Artusrunde	MERLIN	zeitwörtlich	VERBAL
Wolltuch	SERAIL					Zeitwort	VERBUM
Wortbruch, Treubruch	VERRAT	Wurzelfüßer	AMOEBE	Zauberkraft b. Naturvölkern	ORENDA	Zeitwortergänzung	OBJEKT
		Wurzelstock	RHIZOM				
Worterguß, Wortschwall	TIRADE	Wutanfall	KOLLER	Zauberkraft bei Naturvölkern	MANITU	Zellkernteilung	MITOSE
		zäh, langweilig	LEDERN			Zellring	ANULUS
Wortführer	OBMANN	Zählmaß	STUECK	Zecherei	GELAGE	Zellteilungsvorgang	MEIOSE
Wortgefecht	DISPUT	Zahl	NUMMER	Zehenteil bei Tieren	KRALLE		
		Zahltag, letzter Fristtag	ULTIMO			Zellverband	GEWEBE
Wortteil	ENDUNG			zehnarmiger Tintenfisch	KALMAR	zelten	CAMPEN
Wortwechsel	DISPUT	Zahlungsabzug	DEKORT			Zeltpflock	HERING
Wortwitz	BONMOT	Zahlungsanweisung	SCHECK	Zehnerteilung	DEKADE	zentralafrikan. Fluß	SCHARI
Wuchergewebe (mediz.)	CALLUS						
		zahlungsfähig	LIQUID	Zehnfußkrebs	HUMMER	zentralafrikan. Staat	TSCHAD
würdigen	ACHTEN	Zahlungsmittel	KURANT	Zehnfußkrebs	KRABBE		
Würfel	KNOBEL					zerbrechlich	FRAGIL
Würgefessel	KNEBEL	zahlungsunfähig	PLEITE	Zeichengerät	LINEAL	zerbrechlich	MORSCH
württ. Donau-Zufluß	LAUTER	Zahlungsunfähiger	FALLIT	Zeichenkunst	GRAFIK	Zeremoniell	RITUAL
		Zahlungsunfähigkeit	PLEITE	Zeichentinte	TUSCHE	Zerfallsprodukt des Urans	RADIUM
würzen	SALZEN			Zeichnung	DESSIN		
würzig	PIKANT	Zahlzeichen	ZIFFER	zeigen	WEISEN	Zerkleinerungsanlage	MUEHLE
Würzkraut	DRAGON	Zahnbein	DENTIN	Zeitabschnitt	EPOCHE		
Würzkraut	KERBEL	Zahnbeschaffenheit	DENTUR	Zeitabstimmung (engl.)	TIMING	zerschneiden	SAEGEN
wüten	HAUSEN						
wütend	FURIOS	Zahnfäule	KARIES	Zeitalter	EPOCHE	zerschottertes Gestein	SPLITT
wütend, aufgebracht	ZORNIG	Zahnfüllung	PLOMBE	Zeitbegriff	ABENDS		
		Zahnlaut	DENTAL	Zeiteinheit, Zeitmaß	MINUTE	zerstört	KAPUTT
wütend, tobend	RASEND	Zahnrad	RITZEL			zerstreut	FAHRIG
Wunde (mediz.)	TRAUMA	Zander	SCHILL	Zeitform (grammatikal.)	TEMPUS	zerstreut (Optik)	DIFFUS
Wundkruste, Grind	SCHORF	Zander, Hechtbarsch	SCHIEL	zeitnah	MODERN	zetern, schimpfen	KEIFEN
Wundmal	STIGMA	Zank, Zwist	STREIT	Zeitraum, Dauer	SPANNE	Zettelkasten	KARTEI
		zanken	HADERN				

Zeugnis	ATTEST
Zeugnisnote	EINSER
zeugungsfähig	POTENT
zeugungsunfähig	STERIL
Zeus-Geliebte, Mutter v. Dionysos	SEMELE
Zibetbaum	DURIAN
Ziegenmaul	MUFFEL
Ziel des Handelns	OBJEKT
zielgerichtete Tätigkeit	ARBEIT
Zielvorrichtung	VISIER
Zierfiguren	NIPPES
Zierfisch	GURAMI
Zierholz	LEISTE
zierlich	GRAZIL
Zierpflanze	AZALEE
Ziffer	NUMMER
Zigarrensorte	BRASIL
Zigeuner	GITANO
Zigeunerin	GITANA
Zigeuner-Instrument	CYMBAL
Zigeuner-Kapellmeister	PRIMAS
Zimmereinrichtung	MOEBEL
Zimt	KANEEL
Zimtbaum	KASSIA
Zinkspat	GALMEI
Zirkuskünstler	ARTIST
Zirpe	GRILLE
Zisterziens.-Abt. b. Eberswalde	CHORIN
Zitrone	LIMONE
Zitrusfrucht	LIMONE
Zitrusfrucht	ORANGE
Zittern	TREMOR
Zobel	MARDER
Zögling einer Militärakademie	KADETT
Zoll	AKZISE
Zottenhaut (mediz.)	CHORON
Zuber	BUETTE
zubereitete Nahrung	SPEISE
Zucht	KULTUR
Zuchtlosigkeit	AMORAL
Zuchtpferd	HENGST
Zuchttierprüfung	KOEREN
Zuckerguß	GLASUR
züchtig	KEUSCH
zuerst	VORHER
Zufluß zum St.-Lorenz-Strom	OTTAWA
Zugang	PFORTE
zugeteilte Menge	RATION
zugeteiltes Tagewerk	PENSUM
zu gewinnen suchen	WERBEN
Zugsicherungseinrichtung	INDUSI
Zugtiergeschirr	KUMMET
Zugvogel	LERCHE
Zuhause	DAHEIM
Zulassung	LIZENZ
zum Gesicht gehörig	FAZIAL
zum Nennwert	ALPARI
zunehmen an Jahren	ALTERN
Zunft	INNUNG
Zupfinstrument	ZITHER
zur Kugel rollen	BALLEN
zur Lende gehörig	LUMBAL
zur Mitte gelegen	MEDIAL
zurück	RETOUR
zurückhaltend	DEZENT
zurücklegen	LAGERN
zurücklegen, haushalten	SPAREN
Zusammenbruch	FIASKO
Zusammenfassung	EXPOSE
Zusammenhang	KONNEX
Zusammenklang	AKKORD
zusammenkleben	KITTEN
zusammenkleben	LEIMEN
Zusammenschluß	FUSION
Zusammensetzspiel	PUZZLE
zusammenstoßen	RAMMEN
zusammenziehen	RAFFEN
Zusatz	ANHANG
Zusatzleistungen	EXTRAS
zuschauen	GAFFEN
Zuschauer	GAFFER
Zuschnitt	FASSON
Zustand d. Freude	GLUECK
zustimmende Antwort	JAWOHL
Zuteilung	ANTEIL
Zutrunk	PROSIT
zuvorkommend	KULANT
Zwang	FESSEL
Zwangsabgabe	STEUER
Zwangsabgabe	TRIBUT
Zwangsangst	PHOBIE
Zwangsmaßnahme	TERROR
Zwangsverpflichtung	DIKTAT
Zwecklosigkeit (philos.)	ATELIE
Zweier-Team	DOPPEL
zweifelhaft	DUBIOS
zweifellos	GEWISS
Zweiflügler	FLIEGE
Zweiflügler	MUECKE
Zweifüßer	BIPEDE
zweijähriger Eber	BACHER
Zweikampf	RINGEN
Zweilinsenlupe	DUPLET
zwei Oder-Zuflüsse	NEISSE
zweirädrige Kutsche	CHAISE
Zweiruderer	BIREME
zweisitzige Zweiradkutsche	HANSOM
zweitägiger Aufschub	BIDUUM
Zweitausfertigung	DOPPEL

zweiteiliger Badeanzug	BIKINI
zweiter Halswirbel	DREHER
zweites Buch Mose	EXODUS
zweite span. Staatssprache	CATALA
zweiwertiger Alkohol	GLYKOL
Zweizahl	DUALIS
Zwerg	KOBOLD
Zwergenkönig	LAURIN
Zwergholunder	ATTICH
Zwerghuhn	BANTAM
Zwiegespräch	DIALOG
Zwillinge (medizin.)	GEMINI
Zwillingsbruder v. Pollux	KASTOR
Zwinger	GEHEGE
Zwinger	KAEFIG
Zwischenfeld in der Baukunst	METOPE
Zwischenmahlzeit	VESPER
Zwischenpassatzone	KALMEN
Zwischenraum	LUECKE
zwitterhaft	HYBRID

Aachener Sehenswürdigkeit	PONTTOR	abgeleitete chem. Substanz	DERIVAT	Abmessung	GROESSE
				Abnahme	SCHWUND
aalartiger Fisch	MURAENE	abgemessene Menge	PORTION	abnehmbares Kfz-Verdeck	HARDTOP
Aalfanggerät	STECHER	Abgesandter, Apostel	SENBOTE	Abnehmer	KAEUFER
Aas	KADAVER			abnorm	ANORMAL
aasfressendes Raubtier	SCHAKAL	Abgesang	KEHRAUS	Abort	ABTRITT
		abgeschlossener Klosterteil	KLAUSUR	Abort	KLOSETT
abändern	WANDELN			Abrichtung von Tieren	DRESSUR
abartig, verderbt	PERVERS	abgesondert, einzeln	SEPARAT		
Abbau an d. Erdoberfläche	TAGEBAU			abriegeln	SPERREN
				Abriß	ENTWURF
		abgespannt	SCHLAFF	Abscheu	GRAUSEN
Abdachung	NEIGUNG	abgetan	BEENDET	Abschirmung	DECKUNG
Abdruck	MOULAGE	abgeteilter Raum	SEPAREE	abschließen	SPERREN
Abendanzug	SMOKING	Abgrund	SCHLUND	Abschnitt, Geschäftsbereich	SEKTION
abessin. Kaiser	MENELIK	Abguß	MOULAGE		
Abfahrt	ABREISE	Abgußform	MATRIZE	Abschnitt eines Gesetzes	ARTIKEL
Abfallseide	SCHAPPE	Abhandenkommen	VERLUST		
Abfindung	ABSTAND	Abhandlung	AUFSATZ	abschüssig, steil	SCHROFF
Abfluß des Eriesees	NIAGARA	Abhandlung, kleines Buch	TRAKTAT	Absicht	BEDACHT
				Absicht, fester Entschluß	VORSATZ
Abfluß des Ilmensees	WOLCHOW	Abhang	NEIGUNG		
		Abhilfe	REMEDUR	Absicht, Neigung	TENDENZ
Abflußvorrichtung	AUSGUSS	Abk. f. Diplom-Ingenieur	DIPLING		
				absichtl. Überernährung	MASTKUR
Abfolge, Reihe	SEQUENZ	Abk.: Belgien/Holland/Luxemburg	BENELUX		
				absichtlich	BEWUSST
Abführmittel	LAXATIV			absonderlich	ABSTRUS
Abführmittel	PURGANS	Abk.: Geheime Staatspolizei	GESTAPO		
				absonderlich	SELTSAM
Abgabe	BEITRAG			absondern	TRENNEN
Abgabe	GEBUEHR	Abknickung	FLEXION		
abgebrüht	HERZLOS			Abstammung	GEBLUET
		Ablegung eines Ordensgelübdes	PROFESS		
abgedroschen, alltäglich	TRIVIAL			Abstand	DISTANZ
				Abstecher	AUSFLUG
Abgeld	DISAGIO	Abmachung, Übereinkommen	VERTRAG	Absterben von Gewebe	NEKROSE
abgelegene Gegend	EINOEDE				
				Abstimmender	WAEHLER

abstreiten	LEUGNEN
absurd	GROTESK
Abtei	KLOSTER
Abteilung, Gruppe	SEKTION
Abtragung der Erdoberfläche	EROSION
Abtragung einer Schuld	TILGUNG
Abtretung, Überlassung	ZESSION
abtrünnig	TREULOS
Abtrünniger	APOSTAT
Abweichung	ABDRIFT
Abweichung	BEUGUNG
abwertend für Journalist	SCHMOCK
Abzahlung, Amortisation	TILGUNG
Achteck	OKTOGON
Achtung	ANSEHEN
Achtung, Rücksicht	RESPEKT
Ackerbaukundiger	AGRONOM
Adjunkt, Adlatus	FAMULUS
Adjunkt, Adlatus	GEHILFE
ägypt. Grabkammer	MASTABA
ägypt. Münze	PIASTER
ägypt. Oasengruppe	FARAFRA
ägypt. Oasenstadt	ALAMEIN
ägypt. Politiker, Staatspräsid.	MUBARAK
ägypt. Sagenvogel	PHOENIX
ägypt. Stadt	FARAFRA
ägypt. Stadt am unteren Nil	MEMPHIS
ägypt. Stadt im Nildelta	ROSETTE
ägypt. Sultan	SALADIN
ägypt. Sumpfpflanze	PAPYRUS
älteste dt. Porzellanmanufaktur	MEISSEN
ältester Sohn von Joseph	MANASSE
älteste Universität Europas	BOLOGNA
Ärgernis, Aufsehen	SKANDAL
ärztl. behandelter Kranker	PATIENT
ärztl. Betäubung	NARKOSE
ärztl. Instrumentarium	BESTECK
äsen	FRESSEN
äthiop. Hafenstadt	MAKALLA
äthiop. Hafenstadt	MASSAUA
äthiop. See	TANASEE
äthiop. Staatsvolk	AMHAREN
äthiop. Volksstamm	DANAKIL
Ätzkunst	KAUSTIK
äußere Erscheinung	GESTALT
äußerer Schein	DEKORUM
Äußeres	FASSADE
äußerst	HOECHST
äußerst	MAXIMAL
affektiert	GEZIERT
Affront, Bloßstellung	SCHIMPF
afghan. Fluß	HELMAND
afghan. Hauptstrom	HILMEND
afghan.-pakistan. Gebirgspaß	KHAIBER
afghan. Sprache	PASCHTU
afghan. Stadt	BAGHLAN
afghan. Währung	AFGHANI
afrikan. Dickhäuter	NASHORN
afrikan. Fluß	DSCHUBA
afrikan. Fluß	LULONGA
afrikan. Hauptstadt	CONAKRY
afrikan. Hauptstadt	MBABANE
afrikan. Hauptstadt	NAIROBI
afrikan. Hauptstadt	WINDHUK
afrikan. Horntier	BUEFFEL
afrikan. Horntier	GAZELLE
afrikan. Inselgruppe	KOMOREN
afrikan. Kassai-Zufluß	SANKURU
afrikan. Laufvogel	STRAUSS
afrikan. Marder	ZORILLA
afrikan. Meerkatze	MANGABE

afrikan. Mischvolk	SUAHELI	Akzent, Betonung	TONFALL	Alpengebirgsstock	ARLBERG
afrikan. Sprache	KIKAMBA	Alarm	WECKRUF	Alpengletscher	ALETSCH
afrikan. Sprache	KIKONGO	alban. Hafenstadt	SHKODER	Alpenpaß im Kanton Uri	KLAUSEN
afrikan. Sprache	MALINKI	alban. Münze	QUINTAR	Alpenpaß in Graubünden	FLUEELA
afrikan. Sprache	SONGHAI	alban. Staatsmann	HODSCHA	Alpenveilchen	CYCLAME
afrikan. Sprache	SUAHELI	Albumin	EIWEISS	Alpenveilchen	ZYKLAME
afrikan. Sprache	TURKAMA	alger. Gebirge	AHAGGAR	also	DEMNACH
afrikan. Staat am Golf von Guinea	NIGERIA	alger. Handelszentrum	MASCARA	alt	BEJAHRT
		alger. Stadt	OUAHRAN	alt. Akkermaß, Feldmaß	TAGWERK
afrikan. Wüste	HAMMADA	alger. Stadt	TLEMCEN	alt. Apothekergewicht	SKRUPEL
afrikan. Xylophon	MARIMBA	Alkaloid	ATROPIN	alt. frz. Münze	TURNOSE
afrikan. Zwergvolk	BAMBUTI	Alkaloid	ZYTISIN	alt. Getreidemaß	SECHTER
		Alkaloid im Kaffee	KOFFEIN		
Agamemnons Tochter	ELEKTRA	Alkoholiker, Säufer	TRINKER	alt. Goldmünze	DUKATEN
Agentin	SPIONIN			alt. Goldmünze	PISTOLE
Aggression	ANGRIFF	alkoholisches Mixgetränk	SANGRIA	alt. Name d. Pyrenäenhalbinsel	IBERIEN
agieren	HANDELN				
Agio	AUFGELD	allein	EINZELN	alt. Rasselinstrument	SISTRUM
Ahn	VORFAHR	Alleinherrscher	MONARCH		
Ahn, Vorgänger	VORFAHR	alleiniger Anspruch	MONOPOL	alt. russ. Längenmaß	SASCHEN
ahnden	RAECHEN	Alleinverkaufsrecht	MONOPOL	alt. Saiteninstrument	PSALTER
ahnden, züchtigen	STRAFEN	Allergen	ANTIGEN		
akadem. Übungskurs	SEMINAR	Allheilmittel	ARKANUM	alt. türk. Krummsäbel	JATAGAN
Aktenbündel	DOSSIER	Allheilmittel	PANAZEE	alt. venezian. Golddukaten	ZECHINE
Aktinie, Korallentier	SEEROSE	Allheilmittel, Engelwurz	THERIAK		
aktiv, effektiv	WIRKSAM	Alligatorenart	SCHAKAR	altägypt. Gott d. Unterwelt	SERAPIS
Aktivum (grammatikal.)	TATFORM	allmählich	LANGSAM	altägypt. Kriegsgöttin	SACHMET
aktuell	ZEITNAH	Alltag, Arbeitstag	WERKTAG		
aktueller Medienbericht	FEATURE				

altägypt. Kriegsgöttin	SECHMET	alte ital. Silbermünze	TESTONE	alter Name von Benin	DAHOMEY
altägypt. Stadt	DENDERA	alte Klavierform	SPINETT	alter Name von Sulawesi	CELEBES
altägypt. Stadt	MEMPHIS	alte Kupfermünze	KREUZER	alter Name von Taiwan	FORMOSA
Altan, Vorbau	SOELLER	altengl. Heldengedicht	BEOWULF	Altersgeld	PENSION
Altaraufsatz	RETABEL	alter franz. Tanz	BOURREE	Altersgeldempfänger	RENTIER
altathenisch. Gericht	AREOPAG	alter franz. Tanz	MUSETTE	alter Stamm in Südarabien	SABAEER
altbabylon. Stadt	LAGASCH	alter Kampfschutz	KUERASS	alter südbabylon. Volksstamm	SUMERER
altbewährter Beamter	VETERAN	alter Monatsname	EISMOND	altes Ackermaß, Feldmaß	JUCHART
altdtsch. Längenmaß	KLAFTER	alter Monatsname	HARTUNG	alte sardin. Wohntürme	NURAGEN
altdtsch. Monatsname	BRACHET	alter Monatsname	HORNUNG	altes dt. Bergmaß	LACHTER
altdtsch. Monatsname	JULMOND	alter Name des Iran	PERSIEN	altes Holzblasinstrument	BOMHART
altdtsch. Vorname (männl.)	GISBERT	alter Name des Januar	EISMOND	altes Holzblasinstrument	SERPENT
altdtsch. Vorname (männl.)	ROMUALD	alter Name des Juni	BRACHET	altes Holzmaß	KLAFTER
altdtsch. Vorname (weibl.)	ADELINE	alter Name des Morgensterns	LUCIFER	altes iberisch. Gewicht	QUINTAL
altdtsch. Vorname (weibl.)	HUBERTA	alter Name Djakartas	BATAVIA	altes indian. Kulturvolk	AZTEKEN
alte Bez. f. Reiterfähnrich	KORNETT	alter Name f. Dezember	JULMOND	altes Legendenspiel	MIRAKEL
alte dtsch. Münze	KREUZER	alter Name f. Juli	HEUMOND	altes Musikinstrument	BARITON
alte Form des Klaviers	CEMBALO	alter Name für Februar	HORNUNG	altes Musikinstrument	BASSETT
alte Frau	GREISIN	alter Name für Januar	HARTUNG		
alte Gewichtseinheit	DRACHME				
alte Handfeuerwaffe	MUSKETE				
alte ital. Goldmünze	FIORINO				

altes Volk im westl. Europa	GALLIER
altes Zupfinstrument	PANDORA
alte Weizenart	EINKORN
altfranz. Adelsgeschlecht	BOURBON
altfranz. Tanz	GAVOTTE
altgedienter Soldat	VETERAN
altgriech. Bildhauer	ANTENOR
altgriech. Bildhauer	KALAMIS
altgriech. Bildhauer	KRITIOS
altgriech. Bildhauer (5. Jh. v. Chr.)	PHIDIAS
altgriech. Buhlerin	HETAERE
altgriech. Dichter	MUSAIOS
altgriech. Dichter, Vater des Theaters	THESPIS
altgriech. Dichterin	KORINNA
altgriech. Dichterroß	PEGASUS
altgriech. Flüssigkeitsmaß	AMPHORA
altgriech. Fluß der Unterwelt	ACHERON
altgriech. Freudenruf	HEUREKA
altgriech. Geograph, Mathem.	PYTHEAS
altgriech. Geschichtsschreiber	HERODOT
altgriech. Göttin der Jagd	ARTEMIS
altgriech. Gott der Zeit	CHRONOS
altgriech. Historiker	KTESIAS
altgriech. Kultort	ELEUSIS
altgriech. Landschaft	ARGOLIS
altgriech. Leichtbewaffneter	PELTAST
altgriech. Mantel	CHLAMYS
altgriech. Mathematiker	HIPPIAS
altgriech. Meergott	GLAUKOS
altgriech. Musenberg	HELIKON
altgriech. Philosophen	KYNIKER
altgriech. Philosophenschüler	STOIKER
altgriech. Rachegöttin	MEGAERE
altgriech. Sänger	ORPHEUS
altgriech. Sagengestalt	ZENTAUR
altgriech. Saiteninstrument	KITHARA
altgriech. Stamm	ACHAEER
altgriech. Stamm	AEOLIER
altgriech. Tempelbezirk	TEMENOS
altgriech. Zugewanderter	METOEKE
Altgut, Gerümpel	PLUNDER
altind. Dichtung	RIGWEDA
altind. König	ASCHOKA
altind. Sanskritlehrbuch	BHARATA
altiranisches Volk	PARTHER
altital. Volk	LATINER
altital. Volk	UMBRIER
altitalisches Volk	LUKANER
altitalisches Volk	SABINER
altitalisches Volk	VOLSKER
altjapanische Adelsklasse	SAMURAI
altjüd. Geheimsekte	ESSENER
Altmetall, Metallabfall	SCHROTT
altmexikan. Volk	AZTEKEN
altmexikanisch. Volk	OLMEKEN
altmodisch	OBSOLET
altniederländ. Münze	STUEBER
altorientalischer Volksstamm	ASSYRER
altorientalischer Volksstamm	MINAEER
altpers. Goldmünze	DAREIKE
altröm. Autor, Historiker	TACITUS
altröm. Bauwerk	KAPITOL
altröm. Denker, Dichter	PLINIUS
altröm. Dichter	LUCANUS

altröm. Elegiendichter	PROPERZ
altröm. Feldzeichen	LABARUM
altröm. Geister Verstorbener	LEMUREN
altröm. Göttin d. Kunst	MINERVA
altröm. Göttin der Wahrheit	VERITAS
altröm. Göttin der Weisheit	MINERVA
altröm. Goldmünze	SOLIDUS
altröm. Gott des Weines	BACCHUS
altröm. Historiker, Politiker	SALLUST
altröm. Justizbeamter	PRAETOR
altröm. Lustspieldichter	PLAUTUS
altröm. Militäreinheit	KOHORTE
altröm. Militäreinheit	MANIPEL
altröm. Regengott	PLUVIUS
altröm. Satiriker	JUVENAL
altröm. Satiriker	MARTIAL
altröm. Schriftsteller	MARTIAL
altröm. Staatsmann	CRASSUS
altröm. Staatsmann	LEPIDUS
altröm. Staatswesen	CIVITAS
altröm. Sühneopfer	LUSTRUM
altrömisch. Feldherr	AGRIPPA
altrömisch. König	ROMULUS
altrömische Münze	SESTERZ
altrömische Münze	SILIQUA
altrömische Priesterin	SIBYLLE
altrömischer Überwurf	PALLIUM
altrömisch Hausgötter	PENATEN
altrussischer Bauer	MUSCHIK
altsächs. Evangeliendichtung	HELIAND
Altschrift	ANTIQUA
altsemit. Liebesgöttin	ASTARTE
altspan. Goldmünze	DUBLONE
Altwaren, Plunder	TROEDEL
Aluminiumoxid	TONERDE
Alumnat	KONVIKT
Amazonas-Quellfluß	UCAYALI
Amazonas-Zufluß	JAMUNDA
Ambition	EHRGEIZ
amer. abflußloser See	SALZSEE
amer. Autor (Black Panther)	BALDWIN
amerik. Filmschauspieler	BRONSON
amerik. Jazzkomponist, -musiker	BRUBECK
amerik. Jazztrompeter	ANTHONY
amerik. Schriftstellerin	BRISTOW
amerik.: Intellektueller	EGGHEAD
amerikan. »King of Swing«	GOODMAN
amerikan. abstrakt. Bildhauer	NOGUCHI
amerikan. abstrakt. Maler	FRANCIS
amerikan. abstrakter Maler	POLLOCK
amerikan. Astronaut	COLLINS
amerikan. Astronaut	GRISSOM
amerikan. Astronaut	SCHIRRA
amerikan. Astronaut	SHEPARD
amerikan. Astronaut	SWIGERT
amerikan. Astronom	NEWCOMB
amerikan. Astronom	RUSSELL
amerikan. Astronom	SHAPLEY
amerikan. Autor, Zeichner	THURBER
amerikan. Autostadt	DETROIT
amerikan. Beutelratte	OPOSSUM

Clue	Answer
amerikan. Biologe (Nobelpreis)	STANLEY
amerikan. "Blumenkinder"	HIPPIES
amerikan. Büffel	BUFFALO
amerikan. Chemiker (Nobelpreis)	GIAUQUE
amerikan. Chemiker (Nobelpreis)	HERSHEY
amerikan. Chemiker (Nobelpreis)	LIPMANN
amerikan. Chemiker (Nobelpreis)	PAULING
amerikan. Chemiker (Nobelpreis)	SEABORG
amerikan. Dichter u. Philosoph	EMERSON
amerikan. Eisenbahnmagnat	PULLMAN
amerikan. Filmkomiker	EDWARDS
amerikan. Filmkomiker	FELDMAN
amerikan. Filmkomiker	SKELTON
amerikan. Filmproduzent	GOLDWYN
amerikan. Filmregisseur	ALDRICH
amerikan. Filmregisseur	FLEMING
amerikan. Filmregisseur	KUBRICK
amerikan. Filmregisseur	SARGENT
amerikan. Filmregisseur	SIODMAK
amerikan. Filmschauspieler	BRYNNER
amerikan. Filmschauspieler	CONNERY
amerikan. Filmschauspieler	DOUGLAS
amerikan. Filmschauspieler	PERKINS
amerikan. Filmschauspieler	STEWART
amerikan. Filmschauspieler	WIDMARK
amerikan. Filmschauspielerin	ALLYSON
amerikan. Filmschauspielerin	COLBERT
amerikan. Filmschauspielerin	COLLINS
amerikan. Filmschauspielerin	DARNELL
amerikan. Filmschauspielerin	DECARLO
amerikan. Filmschauspielerin	GARLAND
amerikan. Filmschauspielerin	HEPBURN
amerikan. Filmschauspielerin	MCLAINE
amerikan. Filmschauspielerin	RUSSELL
amerikan. Filmschauspielerin	SWANSON
amerikan. Filmschauspielerin	WINTERS
amerikan. Flugzeugfirma	DOUGLAS
amerikan. Fluß	ALABAMA
amerikan. Folksänger	GUTHRIE
amerikan. Frauenname	FELICIA
amerikan. Geigenvirtuose	MENUHIN
amerikan. General, Präsident	JACKSON
amerikan. Hauptstadt	HAVANNA
amerikan. Hauptstadt	SANJOSE
amerikan. Hauptstadt	SANJUAN
amerikan. Historikerin	TUCHMAN
amerikan. Hochschule	COLLEGE
amerikan. Jazzgitarrist	SNOWDEN
amerikan. Jazzklarinettist	RUSSELL
amerikan. Jazzkomponist, -musiker	PRESTON
amerikan. Jazzkomponist, -musiker	RAEBURN
amerikan. Jazzkomponist, -pianist	CHARLES

amerikan. Jazzmus., Bandleader	WATTERS	
amerikan. Jazzmusiker	GOODMAN	
amerikan. Jazzmusiker	JOHNSON	
amerikan. Jazzmusiker	LAROCCA	
amerikan. Jazzmusiker	LEONARD	
amerikan. Jazzmusiker	RITCHIE	
amerikan. Jazzmusiker	STEWART	
amerikan. Jazzmusiker (Vibraphon)	HAMPTON	
amerikan. Jazzmusiker (Vibraphon)	JACKSON	
amerikan. Jazzsänger	HOLIDAY	
amerikan. Jazzsängerin	CHRISTY	
amerikan. Jazzsängerin	HOLIDAY	
amerikan. Jazzsängerin	JACKSON	
amerikan. Jazzsängerin	VAUGHAN	
amerikan. Jazz-Saxophonist	DESMOND	
amerikan. Jazzsaxophonist	FREEMAN	
amerikan. Jazz-Saxophonist	GIUFFRE	
amerikan. Jazz-Saxophonist	HAWKINS	
amerikan. Jazzsaxophonist	NIEHAUS	
amerikan. Jazzsaxophonist	ROLLINS	
amerikan. Jazzsaxophonist	VENTURA	
amerikan. Jazzsaxophonist	WEBSTER	
amerikan. Jazztrompeter	COLEMAN	
amerikan. Jazztrompeter	NAVARRO	
amerikan. Jazztrompeter	NICHOLS	
amerikan. Jazztrompeter	SHAVERS	
amerikan. Komponist	COPLAND	
amerikan. Komponist	CRESTON	
amerikan. Komponist	YOUMANS	
amerikan. Krimi-Autor	HAMMETT	
amerikan. Lyriker	WHITMAN	
amerikan. Musicalkomponist	RODGERS	
amerikan. Nobelpreisträger	ALVAREZ	
amerikan. Nobelpreisträger	AXELROD	
amerikan. Nobelpreisträger	CORMACK	
amerikan. Nußbaum	HICKORY	
amerikan. Panzerfaust	BAZOOKA	
amerikan. Philosoph	THOREAU	
amerikan. Physiker (Nobelpreis)	BARDEEN	
amerikan. Physiker (Nobelpreis)	COMPTON	
amerikan. Physiker (Nobelpreis)	DEHMELT	
amerikan. Physiologe (Nobelpreis)	KENDALL	
amerikan. Politiker	ACHESON	
amerikan. Politiker (Nobelpreis)	KELLOGG	
amerikan. Polizeichef	SHERIFF	
amerikan. Popmusiksolist	DIAMOND	
amerikan. Popsänger	JACKSON	
amerikan. Popsänger	STEVENS	
amerikan. Popsängerin	MADONNA	
amerikan. Präsident	HARDING	
amerikan. Präsident	JOHNSON	
amerikan. Präsident	KENNEDY	
amerikan. Präsident	LINCOLN	
amerikan. Raketenkonstrukteur	GODDARD	
amerikan. Raumsonden	VOYAGER	
amerikan. Regisseur	STURGES	
amerikan. religös. Negergesang	JUBILEE	
amerikan. Rockmusik-Solist	HENDRIX	

amerikan. Rocksänger	PRESLEY	
amerikan. Sänger, Schauspieler	SINATRA	
amerikan. Sänger (Twist)	CHECKER	
amerikan. Schachweltmeister	FISCHER	
amerikan. Schauspieler	JOHNSON	
amerikan. Schauspieler	MATTHAU	
amerikan. Schauspieler	MILLAND	
amerikan. Schauspieler	MITCHUM	
amerikan. Schauspieler	REDFORD	
amerikan. Schauspieler	STEIGER	
amerikan. Schauspielerin	DUNAWAY	
amerikan. Schauspielerin	FAWCETT	
amerikan. Schauspielerin	GARDNER	
amerikan. Schriftsteller	DREISER	
amerikan. Schriftsteller	ERSKINE	
amerikan. Schriftsteller	FARRELL	
amerikan. Schriftsteller	KEROUAC	
amerikan. Schriftsteller	ROBBINS	
amerikan. Schriftsteller	ROBERTS	
amerikan. Schriftsteller	SAROYAN	
amerikan. Schriftstellerin	BURNETT	
amerikan. Sexualforscher	MASTERS	
amerikan. Singvogel	TANGARE	
amerikan. Stadt am Michigansee	CHICAGO	
amerikan. Tänzer, Choreograph	ROBBINS	
amerikan. Tänzer, Choreograph	SKIBINE	
amerikan. Tänzer u. Schauspieler	ASTAIRE	
amerikan. Tennisspieler	CONNORS	
amerikan. Theologe	BUCHMAN	
amerikan. Universität	HARWARD	
Ammoniakverbindung	SALMIAK	
amorph	FORMLOS	
am Tag vorher	GESTERN	
amtliches Schriftstück	URKUNDE	
amtliche Untersuchung	ENQUETE	
Amtsbereich	RESSORT	
Amtsgehilfe	ADJUNKT	
Amtsgehilfe	ADLATUS	
Amtsgenosse	KOLLEGE	
Amtssiegel	PARAPHE	
Amtsstube	KANZLEI	
Amur-Zufluß	SUNGARI	
amusischer Mensch	BANAUSE	
an-, umstoßen	REMPELN	
analog	GEMAESS	
anbändeln	FLIRTEN	
andauernd	IMMERZU	
anderer Name f. Archaikum	AZOIKUM	
Andrang	ZUSTROM	
Anerbieten	OFFERTE	
anerkannt	GUELTIG	
Anerkennung	BEIFALL	
Anfänger	NEULING	
anfänglich, ursprünglich	PRIMAER	
anfahren	STARTEN	
Anfang	AUFTAKT	
Anfangsbuchstabe	UNZIALE	
Angeber	BLENDER	
Angeber, Protz	PRAHLER	
angeberisch, überladen	PROTZIG	
angeborener Schwachsinn	IDIOTIE	
Angebot	OFFERTE	
angefault	KARIOES	
Angeh. d. niederen span. Adels	HIDALGO	
Angeh. e. christl. Glaubensgem.	BAPTIST	
Angeh. e. christl. Glaubensgem.	MARONIT	

Angeh. e. dtsch. Volksstammes	SCHWABE	angenehmes Gefühl	BEHAGEN	Anker hochziehen	LICHTEN
Angeh. e. german. Volksstammes	SEMNONE	angeregt	LEBHAFT	anklammern	KRAMPEN
		Angesicht	ANTLITZ	Ankündigung	ANZEIGE
Angeh. e. german. Volksstammes	TEUTONE	angloamerikan. Männername	MATTHEW	Ankunft	LANDUNG
				Anlage	KAPITAL
Angeh. e. Germanenstammes	WANDALE	angloamerikan. Schnellstraße	HIGHWAY	Anlage für Kernspaltungen	REAKTOR
Angeh. e. keltisch. Volksstammes	SCHOTTE	angolan. Enklave	CABINDA	Anlage z. Raumerwärmung	HEIZUNG
		angolan. Exklave	KABINDA		
		angrenzend	NEBENAN	Anlaß	ANSTOSS
Angeh. e. nordamer. Indianerstammes	IROKESE	Angriff	ANSTURM	Anlaß, Motiv	URSACHE
		Angriff	ATTACKE	Anlasser beim Kraftfahrzeug	STARTER
		Anh. d. kommunist. Lehre	MARXIST		
Angeh. e. nordamerikan. Sekte	MORMONE			anleiten	BERATEN
		Anhänger	TRAILER	Anlieger	NACHBAR
Angeh. e. ostgerman. Volkes	OSTGOTE	Anhänger d. Islam	ISLAMIT	Anlocken eines Rehbocks	BLATTEN
Angeh. e. vorderasiat. Volkes	AFGHANE	Anhänger einer Kunstrichtung	DADAIST	Annahme	FIKTION
				Annahme	MEINUNG
Angeh. e. westslaw. Volksstamms	SLOWAKE	Anhänger einer Weltreligion	ISLAMIT	Annonce	ANZEIGE
				Annonce	INSERAT
		Anhänger eines Religionsstifters	APOSTEL	anomal	ABARTIG
Angeh. einer Waffengattung	MATROSE			anomal	PERVERS
				anorganischer Teil der Erdrinde	MINERAL
Angehör. eines iranischen Stammes	SARMATE	Anhänger eines Religionsstifters	JUENGER	Anpassung	MIMIKRY
		anhäufen	SAMMELN	Anpreisung, Werbung	REKLAME
Angehöriger e. Zwergvolkes	PYGMAEE	Anhäufung	BALLUNG		
		Anhäufung, Stopp	STAUUNG	Anrainer	NACHBAR
Angehöriger eines Gemeinwesens	BUERGER			Anrede eines Kardinals	EMINENZ
		anhalten	BREMSEN		
		anhalten, bremsen	STOPPEN	Anredefall	VOKATIV
Angelköder	BLINKER			Anregung	ANSTOSS
		anhaltend	DAUERND	Anreiz	ANSPORN
angenehm	PASSEND	Anhörung	HEARING	Anreiz	ANTRIEB
		animieren	ANREGEN	Anrichte	BUEFETT
		animieren	BELEBEN	Anrichte	KREDENZ

Anrichtschrank	KREDENZ	
Ansässiger	INSASSE	
Ansammlung	AUFLAUF	
Ansammlung	BALLUNG	
Anschaffung	EINKAUF	
Anschauung	ANSICHT	
Anschauung	MEINUNG	
Anschlag	AUSHANG	
Anschrift	ADRESSE	
Anschuldigung	ANKLAGE	
Ansehen	GELTUNG	
Ansicht	MEINUNG	
anständig	HONORIG	
Anstalt mit Kost	ALUMNAT	
Anstaltsschülerin	INTERNE	
Anstaltsschüler (Mz.)	INTERNE	
Anstand	DEKORUM	
Anstifter, Verfasser	URHEBER	
anstößig	OBSZOEN	
Anstoß	ANSPORN	
Anstoß, Beweggrund	URSACHE	
anstreichen	BEMALEN	
Anstreichmaterial	LEINOEL	
Anstreichmaterial	TUENCHE	
anstrengend	MUEHSAM	
Ansturm	ATTACKE	
Ansuchen	EINGABE	
antarkt. Meeresvogel	PINGUIN	
antarktischer Schwimmvogel	PINGUIN	
Anteil, Maß	QUANTUM	
Anteil, Zuteilung	PORTION	
Anteilnahme	BEILEID	
Anthroposophie-Begründer	STEINER	
antik. Gefilde d. Seligen	ELYSIUM	
antik. Kriegsschiff	GALEERE	
antik. Kriegsschiff	TRIREME	
antik. Krug mit Doppelhenkel	AMPHORA	
antik. Landsch. i. Kleinasien	AEOLIEN	
antik. Landschaft in Italien	SAMNIUM	
antik. Schwarzmeerlandschaft	KOLCHIS	
antik. Stadt am Vesuv	POMPEJI	
antik. Stadt auf Kreta	KNOSSOS	
antik. Stadt in Kleinasien	EPHESUS	
antik. Volk in Griechenland	ACHAEER	
antik. Volk in Griechenland	ACHAIER	
antik. Volk in Griechenland	AEOLIER	
antik. Volk in Vorderasien	ASSYRER	
antike Balkanbewohner	ILLYRER	
antike Balkanbewohner	THRAKER	
antike Burg von Rom	KAPITOL	
antike griech. Stadt	TANAGRA	
antiker Fünfruderer	PENTERE	
antiker Name Frankreichs	GALLIEN	
antike Ruinenstadt in Syrien	PALMYRA	
antike Schriftrolle	PAPYRUS	
antike Seegottheiten	KABIREN	
antikes Epos	ODYSSEE	
antikes Schreibmaterial	PAPYRUS	
antike Stadt am Euphrat	BABYLON	
antike Stadt im Irak	BABYLON	
antike Stadt in Süditalien	RHEGIUM	
antike Stadt in Süditalien	SYBARIS	
Antilleninsel	BARBUDA	
Antilleninsel	JAMAIKA	
Antilleninsel bei Venezuela	TORTUGA	
Antlitz	GESICHT	
Antrag	EINGABE	
Antriebskraft	ENERGIE	
Antritt einer Fahrt	ABREISE	

antworten	KONTERN	arab. Flöte	QASSBAH	argentin. Stadt am Paraná	ROSARIO
Anwalt	ADVOKAT	arab. Männername	IBRAHIM	argentin. Stadt an den Anden	MENDOZA
anwesend	ZUGEGEN	arab. Nomade	BEDUINE		
Anwohner	NACHBAR	arab. Oberhaupt	SCHEICH	argentin. Währungseinheit	AUSTRAL
Anzahl, Menge	QUANTUM	arab. Stadt	DHAHRAN	Aristokrat	ADLIGER
Anzahl v. Druckexemplaren	AUFLAGE	arabisch. Name von Rabat	ERRIBAT	arktisch. Raubtier	EISBAER
Anzapfung	ANSTICH			arktisch. Volk	ESKIMOS
Anzeichen	MERKMAL	Arbeitsergebnis	PRODUKT	arktischer Tauchvogel	TORDALK
Anzeige	ANNONCE	Arbeitsgebiet	DOMAENE	arktisches Nutztier	RENTIER
Anzeige	INSERAT	Arbeitsgefährte	KOLLEGE		
Anzugsteil	JACKETT	Arbeitsgruppe	KOLONNE	Arroganz	DUENKEL
Aperitif	MARTINI	Arbeitskollektiv	BRIGADE	Arroganz	HOCHMUT
Apfelsorte	KALVILL			Arsenverbindung	ARSENIK
Apfelsorte	RAMBOUR	Arbeitstag beim Film	DREHTAG	Art	GATTUNG
Apfelsorte	RENETTE	Arbeitsweise	METHODE	Artemisia	BEIFUSS
Apostel	JUENGER			Artikel	AUFSATZ
Apostelbrief	EPISTEL	Arbeitsweise, Verfahren	TECHNIK	Artist	AKROBAT
Apostel der Bayern	EMMERAM	Arbeitszeit	SCHICHT	Artistenbühne	VARIETE
				Art und Weise	METHODE
Apostel der Iren	PATRICK	Arena, Sportanlage	STADION	Artusritter, Isoldes Geliebter	TRISTAN
Apostel Jesu	ANDREAS	arg, böse	SCHLIMM		
Apostel Jesu	JAKOBUS	argent. Mediziner (Nobelpreis)	HOUSSAY	Arznei	MEDIZIN
Appell	MAHNUNG			Arznei-, Pflanzenauszug	TINKTUR
Applaus	BEIFALL	argentin. Colorado-Zufluß	SANJUAN		
Apside, Sonnennähe	PERIHEL			Arzneipflanze	BEIFUSS
Aquarienpflanze	HELODEA	argentin. Fluß	BERMEJO	Arzneipflanze	FENCHEL
Aquarienpflanze	WOLFFIA	argentin. Pampaswind	PAMPERO	Arzneipflanze	KAMILLE
arab. böser Geist	DSCHINN	argentin. Stadt	CORDOBA	Asbestzementschiefer	ETERNIT
arab. Derwischorden	SENUSSI	argentin. Stadt	LAPLATA	asiat.-europ. Staat	TUERKEI
arab. Dynastie	IBNSAUD	argentin. Stadt	SANTAFE	asiat. Halbinsel	ARABIEN
arab. Emirat	BAHRAIN				

asiat. Hauptstadt	BANGKOK
asiat. Hauptstadt	COLOMBO
asiat. Hauptstadt	TEHERAN
asiat. Haustier	BUEFFEL
asiat. Hirschart	MUNTJAK
asiat. Reitervolk	TATAREN
asiat. Stadt	HAMADAN
asiat. Turkvolk	OIRATEN
asiat. Völkergruppe	SEMITEN
asiat. Volk	TUERKEN
asiat. zweirädriger Wagen	RIKSCHA
Aspekt	ANBLICK
Aspekt	ANSICHT
Asphalt	ERDPECH
Assel, Gliedertier	ISOPODE
Assistent	FAMULUS
Assistent	GEHILFE
assyr. Gottheit	NINURTA
assyr. Name der Astarte	ISCHTAR
assyr. Volksstamm	SUMERER
Asthma	ATEMNOT
astronomisches Instrument	SEXTANT
Atemstörung	DYSPNOE
athenisch. Bildhauer	PHIDIAS
Athlet	LAEUFER
Atlasblume	GODETIA
Atlasgewebe	ZANELLA
Atomkernspaltung	FISSION
Atommeiler	REAKTOR
Atrophie	SCHWUND
Attacke	ANGRIFF
Attest, Diplom	ZEUGNIS
attische Hafenstadt	LAURION
Attribut	MERKMAL
Audienz	EMPFANG
Aufbau	MONTAGE
Aufbau, Anordnung	GEFUEGE
aufbegehren	MEUTERN
Aufbruch	ABFAHRT
Aufbruch	ABREISE
auf die Sterne bezüglich	SIDERAL
auf die Sterne bezüglich	STELLAR
auffälliges Getue	THEATER
auffallend	MARKANT
Auffassung	ANSICHT
Auffassung	MEINUNG
Aufgabe	PFLICHT
aufgeregt	NERVOES
aufgeweckt	LEBHAFT
aufgrund	INFOLGE
Aufguß	INFUSUM
aufhalten	BREMSEN
aufhalten	HINDERN
Aufhebung e. Verpflichtung	DISPENS
aufhören	BEENDEN
Aufklebebild	COLLAGE
Auflage	PFLICHT
Auflösung	ANALYSE
aufmachen	OEFFNEN
Aufnahme	EMPFANG
Aufnahmeraum	ATELIER
Aufopferung	HINGABE
aufplatzen	BERSTEN
aufrichtig	EHRLICH
aufrollbarer Vorhang	ROULEAU
aufrollbares Sonnendach	MARKISE
Aufruhr	KRAWALL
Aufruhr, Aufstand	REVOLTE
Aufsatzschränkchen	VERTIKO
Aufschlag beim Tennis	SERVICE
aufschließen	OEFFNEN
aufschneiden	PRAHLEN
Aufschneider	ANGEBER
Aufschneider	BLENDER
Aufschneider	PRAHLER
Aufseher, Wächter	WAERTER
Aufseher beim Billard	MARKOER
Aufseher im Bergbau	STEIGER
aufstacheln	ERREGEN
Aufstand	KRAWALL
Aufstellung, Übersicht	TABELLE
Auftrag	MISSION
Auftrag, Direktive	WEISUNG

Auftrag, Lieferung	SENDUNG	Ausflucht, Ausrede	VORWAND	Ausschreitung	KRAWALL
Auftraggeber	MANDANT	Ausflügler	TOURIST	Ausschuß	GREMIUM
aufwärts	BERGAUF	Ausflugskutsche	KREMSER	Ausschuß	KOMITEE
Aufzeichnungen	NOTIZEN	ausführbar	MACHBAR	Aussehen, Haltung	HABITUS
Aufzeichnung von Geschichte	CHRONIK	Ausfuhrverbot	EMBARGO	Außenbegrenzung	BANKETT
Aufzug für Wintersportler	SKILIFT	ausgedienter Soldat	VETERAN	Außenteil des Buches	EINBAND
Augenbindehauterkrankung	TRACHOM	ausgegrabene Stadt in Italien	POMPEJI	außerdem	DANEBEN
Augen d. Wildes	LICHTER	ausgelernter Handwerker	GESELLE	außer Dienst	INAKTIV
augenfällig	EVIDENT	ausgelernter Handwerker	MEISTER	außergewöhnlich	EMINENT
Augenprüfung	SEHTEST			Aussicht	ANBLICK
Augenschein	EVIDENZ	ausgeprägt	MARKANT	ausspielender Kartenspieler	VORHAND
Augenteil	PUPILLE	Ausgestoßener	OUTCAST	Ausspielung, Verlosung	TOMBOLA
Augenteil	SEHNERV	ausgesucht	ERLESEN		
Augit, Schmuckstein	DIOPTAS	Aushang	AFFICHE	Aussprachezeichen	CEDILLE
Augsburger Maler	HOLBEIN	Ausheben von Rekruten	MUSTERN	Ausspruch, Denkspruch	SENTENZ
ausbessern	FLICKEN	Auskratzung (mediz.)	ABRASIO	ausstechen	STANZEN
ausbessern	STOPFEN	ausländ. Zahlungsmittel	DEVISEN	Ausstellungsschrank	VITRINE
ausbessern, instandsetzen	RICHTEN	ausländische Währungen	VALUTEN	Ausstellungsstück	EXPONAT
Ausbeute der Treibjagd	STRECKE			Aussteuer	MITGIFT
Ausdehnung	FLAECHE	Auslegung	DEUTUNG	Ausstreuungspunkt	RADIANT
Ausdrucksform	DIKTION	Auslese	SIEBUNG	austral. Fluggesellschaft	QUANTAS
ausdrücklich	EXPRESS	Auslöschung, Ausrottung	TILGUNG	austral. Fluß	DARLING
auseinanderreißen, scheiden	TRENNEN	Ausrüstung	ARMATUR	austral. Fluß	LACHLAN
		Ausruf	OJEMINE	austral. Salzsee	EYRESEE
Ausflucht	EVASION	aussätzig	LEPROES	austral. Stadt	BENDIGO
		Ausschank	BUEFETT		

austral. Stadt	BUNBURY	
austral. Stadt in Queensland	IPSWICH	
auswärtige Besitzung	KOLONIE	
Ausweg	LOESUNG	
Auswerfer	EJEKTOR	
Auszug, Exodus	WEGGANG	
Auszug aus einem Buch	EXZERPT	
Auszug aus einem Werk	EPITOME	
Autofensterreiniger	WISCHER	
autogerechte Service-Anlage	DRIVEIN	
Automobiltyp	LASTZUG	
Autor, Schöpfer	URHEBER	
Autorin von »Gigi«	COLETTE	
Autorität	ANSEHEN	
Autorität	GELTUNG	
Autor v. »Amerikanische Tragödie«	DREISER	
Autor von »Amphitryon«	MOLIERE	
Autor von »Amphitryon«	PLAUTUS	
Autor von »Antigone«	ANOUILH	
Autor von »Auferstehung«	TOLSTOI	
Autor von »Colombe«	ANOUILH	
Autor von »Der Geizige«	MOLIERE	
Autor von »Der Kreidekreis«	KLABUND	
Autor von »Der Lügner«	GOLDONI	
Autor von »Der Misanthrop«	MOLIERE	
Autor von »Der seidene Schuh«	CLAUDEL	
Autor von »Die Ahnen«	FREYTAG	
Autor von »Die gelehrten Frauen«	MOLIERE	
Autor von »Diener zweier Herren«	GOLDONI	
Autor von »Die Verlobten«	MANZONI	
Autor von »Effi Briest«	FONTANE	
Autor von »El Hakim«	KNITTEL	
Autor von »Emilia Galotti«	LESSING	
Autor von »Eurydike«	ANOUILH	
Autor von »Germania«	TACITUS	
Autor von »Kim«	KIPLING	
Autor von »Krieg und Frieden«	TOLSTOI	
Autor von »Lumpazivagabundus«	NESTROY	
Autor von »Medea«	ANOUILH	
Autor von »Minna von Barnhelm«	LESSING	
Autor von »Nathan der Weise«	LESSING	
Autor von »Oliver Twist«	DICKENS	
Autor von »Tartuffe«	MOLIERE	
Autor von »Via mala«	KNITTEL	
Autoteil, -zubehör	LENKRAD	
Autotypie	GALVANO	
Babel	BABYLON	
babylon. Gewicht	SCHEKEL	
babylon. Göttin	ISCHTAR	
Bacchantenstab	THYRSUS	
Bacchus-Verehrerin	MAENADE	
Bache	WILDSAU	
Bachtrompete	CLARINO	
Backenstreich, Ohrfeige	SCHELLE	
Backerzeugnis	GEBAECK	
Backgewürz	VANILLE	
Backwerk	BRIOCHE	
baden, säubern	WASCHEN	
Badeort, Kurort	BEXHILL	
Badestrand	GESTADE	
Badestrand in Honolulu	WAIKIKI	
badisch. Kurort an der Kinzig	HASLACH	
badische Stadt am Odenwald	MOSBACH	
badische Stadt an der Murg	RASTATT	
badisches Weinbaugebiet	ORTENAU	
bändigen	FESSELN	
bändigen	ZUEGELN	

382

Bänkellied	MORITAT	Ballspiel, Radwettbewerb	RADBALL	baskische Schellentrommel	PANDERO
bäuerliche Dienerschaft	GESINDE	Ballspielbeginn	ANPFIFF	Baßlaute	THEORBE
Bagage	GEPAECK	Balte	LITAUER	Baßregister der Orgel	VIOLONE
Bahnbrecher	PIONIER	baltische Republik	ESTLAND	Bastard	HYBRIDE
Balearen-Insel	CABRERA	baltische Republik	LITAUEN	Bastei	FESTUNG
Balearen-Insel	MENORCA	baltisches Land	ESTLAND	Bastion	FESTUNG
Balggeschwulst	ATHEROM	baltisches Land	LITAUEN	Bataille	GEFECHT
Balkanbewohner	ALBANER	Bandage, Kompresse	VERBAND	Batistleinwand	KAMBRIK
Balkanbewohner	KROATEN	Band eines Druckwerks	VOLUMEN	Batzen	KLUMPEN
Balkanbewohner	RUMAENE			bauchwärts	VENTRAL
Balkanbewohner	SLOWENE	Bandit	RAEUBER	Bauchwassersucht	ASZITES
Balkanhauptstadt	BELGRAD	Bandit, Gewalttäter	RAEUBER	Bauernrose	PAEONIE
Balkengerüst	GEBAELK	Bandrosette	KOKARDE	Bauhütte	BARACKE
Balkonpflanze	BEGONIE	Bankkaufmann	BANKIER	Baumbestand	GEHOELZ
Balkonpflanze	FUCHSIE	Bankrott	KONKURS	Baumfrucht	KIRSCHE
Balkonpflanze	GERANIE	bannen	AECHTEN	Baumsteppe	SAVANNE
Balkonpflanze	LOBELIE	Bantusprache	SESOTHO	Baustil des Mittelalters	ROMANIK
Balkonpflanze	PETUNIE	Bantustamm	BAROTSE	Bauwerk in Danzig	KRANTOR
Ballerino	TAENZER	Bantustamm in Uganda	WAGANDA	bayer. Herzog	TASSILO
Ballettmitglied	TAENZER	Bantuvolk	BAGANDA	bayer. Kurort in Schwaben	WEMDING
Ballett v. Adam	GISELLE	Bantuvolk	KARANGA	bayer. Main-Zufluß	REDNITZ
Ballett v. Ravel	LAVALSE	Barbarossa	ROTBART	bayer. Politiker (CSU)	STRAUSS
Ballett von Dallapiccola	MARSYAS	Barbier	FRISEUR	bayer. Politiker (CSU)	STREIBL
Ballett von Egk	ABRAXAS	Barkasse	BEIBOOT		
Ballett von Strawinsky	ORPHEUS	barmherzig	GNAEDIG	bayer. Politiker (SPD)	HOEGNER
Ballspiel	INDIACA	Barometer	ANEROID	bayer. Rednitz-Zufluß	PEGNITZ
Ballspiel	RADPOLO	Barsch	ANBEISS		
		Basaltgestein	DOLERIT	bayer. Stadt am Lech	FUESSEN
		Base	COUSINE		
		Baskensprache	EUSKARA		

bayer. Stadt an d. Donau	NEUBURG	
bayer. Stadt an der Naab	NABBURG	
bayer. Symbolgestalt	BAVARIA	
Beamter im alten Rom	AUDITOR	
beanspruchen	FORDERN	
bebilderte Zeitschrift	MAGAZIN	
Bedacht, kluge Erwägung	UMSICHT	
Bedauern	MITLEID	
Bedeckung	ESKORTE	
Bedenken	ZWEIFEL	
Bedenken, Zweifel	SKRUPEL	
bedenklich	OMINOES	
bedeutend, bedeutsam	WICHTIG	
Bedeutung	GELTUNG	
Bedienung	SERVICE	
Bedienungsgeld	SERVICE	
bedingt, vergleichsweise	RELATIV	
Bedingung	AUFLAGE	
bedingungslos	ABSOLUT	
Bedrängnis	NOTLAGE	
Beduinenhäuptling	SCHEICH	
beeinflussen	STEUERN	
beeinträchtigen, hindern	STOEREN	
Beethoven-Oper	FIDELIO	
Befähigung	EIGNUNG	
Befähigung	KOENNEN	
befangen	GEHEMMT	
Befehl	AUFTRAG	
befestigtes Römerlager	KASTELL	
Befestigungsmittel	KLAMMER	
Befinden	ERGEHEN	
Befinden	ZUSTAND	
Befreier Südamerikas	BOLIVAR	
Befreiung	RETTUNG	
befürworten, empfehlen	ZURATEN	
Begabtenklasse (veraltet)	SELEKTA	
Begattung	PAARUNG	
Begebenheit, Ereignis	VORFALL	
Begegnung, Zusammenkunft	TREFFEN	
begehren	FORDERN	
begehrt	GEFRAGT	
begierig	ERPICHT	
Beginn	ANBRUCH	
Beginn	AUFTAKT	
beginnen, anfangen	STARTEN	
Begleiter, Satellit	TRABANT	
Begleiter Karls des Großen	EINHARD	
Begleiter Karls des Großen	PALADIN	
Begleiter Robinsons	FREITAG	
Begleiter von Jason, Argonaut	THESEUS	
Begriffsbestimmung	ANALYSE	
Begriffsbestimmung	DEUTUNG	
Begründ. d. kath. Gesellenvereine	KOLPING	
Begründer d. Physiognomik	LAVATER	
Begründer der Ägyptologie	LEPSIUS	
Begründer der Berliner Akademie	LEIBNIZ	
Begründer des Weltpostvereins	STEPHAN	
Begünstigung im Sport	VORGABE	
Behälter	GEFAESS	
Behälter, Lade	SCHREIN	
Behandlungsweise	METHODE	
Behauptung	AUSSAGE	
Behelfsheim	BARACKE	
beherrscht	GEFASST	
beherzt, entschlossen	RESOLUT	
Beherztheit	COURAGE	
Behinderung	HEMMNIS	
behutsam	ACHTSAM	
behutsam, gewissenhaft	SORGSAM	
Beiboot	PINASSE	
Beifall	APPLAUS	

beigeordneter Diplomat	ATTACHE
beigeordneter Fachmann	EXPERTE
Beiname Buddhas	GAUTAMA
Beiname des Apoll	MUSAGET
Beiname des Apoll	PHOEBUS
Beiname des Odin	ALFADIR
Beiname des Zeus	KRONIDE
Beiname Jesu	HEILAND
Beiname Kaiser Friedrichs I.	ROTBART
Beinbekleidung	STRUMPF
Beispiel	EXEMPEL
Beispiel, Modell	VORBILD
Beistand	ADLATUS
Beistand	SUKKURS
Beitrag, Abgabe	PRAEMIE
bejahend, zutreffend	POSITIV
bekannt	NAMHAFT
bekannt	RUCHBAR
Bekleidungsstück	KOSTUEM
bekömmlich	HEILSAM
beköstigen	NAEHREN
belästigen, behindern	STOEREN
belangreich, bemerkenswert	WICHTIG
Belegschaft	SCHICHT
Beleidigung	AFFRONT
Beleidigung	INJURIE
Beleihung	LOMBARD
Beleuchtungskörper	LATERNE
Beleuchtungskörper	LEUCHTE
belg. Erzbischofsstadt	MECHELN
belg. Hafenstadt in Flandern	OSTENDE
belg. Königin	FABIOLA
belg. Königsname	LEOPOLD
belg. Krimi-Autor	SIMENON
belg. Landschaft	BRABANT
belg. Landschaft	CONDROZ
belg. Maler u. Bildhauer	MEUNIER
belg.-niederl. Landschaft	LIMBURG
belg. Philosoph (Neuthomist)	MERCIER
belg. Physiologe (Nobelpreis)	HEYMANS
belg. Seebad in Flandern	OSTENDE
belg. Stadt	BRUEGGE
belg. Stadt am Vesdre	LIMBURG
belg. Stadt an d. Schelde	TOURNAI
belg. Stadt an der Maas	SERAING
belg. Stadt in Westflandern	BRUEGGE
Belgier	WALLONE
beliebt	BEGEHRT
Belohnung, Gratifikation	PRAEMIE
belustigend	KOMISCH
Bemächtigung	ZUGRIFF
bemängeln	MAEKELN
bemittelt	BETUCHT
Bemühung	EINSATZ
Benachrichtigung	MELDUNG
Benediktinerabtei am Ammersee	ANDECHS
Benehmen	GEBAREN
Beneluxstaat	BELGIEN
Bengel	LAUSBUB
Bengel	LUEMMEL
Bengel, Dreikäsehoch	STEPPKE
Benzin	GASOLIN
beobachten	ZUSEHEN
Beobachter, Kundschafter	SPAEHER
Beobachtungsposten, -station	AUSGUCK
Bequemlichkeit	KOMFORT
Berechnung	KALKUEL
bereinigen	KLAEREN
bereit, gewillt	WILLENS
Berg auf Sizilien	ANTENNA
Berg bei Jerusalem	OELBERG

Clue	Answer
Berg bei Luzern	PILATUS
Berg der Hohen Tauern	ANKOGEL
Berggruppe	GEBIRGE
Berg im Karakorum	DAPSANG
Berg im Lausitzer Gebirge	LAUSCHE
Berg in Appenzell	SAENTIS
Berg in den Südvogesen	BELCHEN
Bergkamm	RUECKEN
Bergkiefern-Art	LATSCHE
Bergkloster in Griechenland	METEORA
bergmänn. Längenmaß	LACHTER
Bergwerksanlage	SCHACHT
Bergwerksschachtgang	STOLLEN
Bericht, Meldung	RAPPORT
Bericht, Vortrag	REFERAT
Berichterstattung	VORTRAG
berittener Stierkämpfer	PICADOR
Berliner Kabarettist	GRUNERT
Berliner klassizist. Bildhauer	SCHADOW
Berliner Krankenhaus	CHARITE
Berliner Maler	BLECHEN
Berliner Spezialität	EISBEIN
Berliner Stadtteil	SPANDAU
Berliner Stadtteil, Verwaltungsbez.	TREPTOW
Berliner Stadtteil, Verwaltungsbez.	WEDDING
bersten	BRECHEN
bersten	KRACHEN
bersten, explodieren	PLATZEN
berühmt	NAMHAFT
berühmt. Diamant	TIFFANY
berühmter Diamant	HEUREKA
berühmter Diamant	JUBILEE
berühmter Diamant	STEWART
Berührung	KONTAKT
Beruf im Baufach	MONTEUR
Beruf im Gesundheitswesen	DROGIST
Beruf im Gesundheitswesen	MASSEUR
Beruf im Rechtswesen	RICHTER
Beruf in der Industrie	MONTEUR
Beruf in der Industrie	MUELLER
Berufskamerad	KOLLEGE
Beruhigungsmittel	SEDATIV
Beschädigung	HAVARIE
Beschädigung, Verletzung	LAESION
Beschämung	BLAMAGE
Beschaffenheit	ZUSTAND
beschleunigt	EILENDS
beschleunigt	EXPRESS
beschneiden	KUERZEN
beschneiden, scheren	TRIMMEN
beschneiden, verkürzen	STUTZEN
Beschriftung	LEGENDE
Beschuldiger	KLAEGER
Beschuldigung	ANKLAGE
Beschwerde	MUEHSAL
beschwerlich	MUEHSAM
besessen	MANISCH
Besitzer	INHABER
besolden	LOEHNEN
besondere Art einer Gattung	SPEZIES
Bestandteil d. Blutes	ALBUMIN
Bestandteil d. Erdatmosphäre	EDELGAS
Bestandteil d. Erdatmosphäre	KRYPTON
Bestandteil d. Pfefferminzöls	MENTHOL
Bestandteil des Opiums	MORPHIN
Bestandteil des Talmud	HALACHA

bestechlich	KORRUPT	Bevollmächtigter	DELEGAT	biblisch. Berg, Hügel	OELBERG
Besteckteil	LOEFFEL	bewährt	ERPROBT	biblisch. Fabeltier	BEHEMOT
bestens	OPTIMAL	bewahren	SICHERN	biblisch. Gewicht	SCHEKEL
Bestfall	OPTIMUM	bewegl. Laufbrücke	GANGWAY	biblisch. Hauptort d. Philister	ASKALON
bestimmt	FIXIERT	beweglich	LEBHAFT		
bestimmte Menge	QUANTUM	bewegliche Habe	HAUSRAT	biblisch. König	HERODES
Bestleistung	MAXIMUM	Bewegungslehre	DYNAMIK	biblisch. Land, Landschaft	ARAMAEA
Bestleistung	OPTIMUM	Bewegungslehre	KINETIK	biblisch. Maß	ISSARON
bestmöglich	OPTIMAL			biblisch. Monatsname	CHISLEV
bestreiten	LEUGNEN	Bewegungslosigkeit	AKINESE		
bestürzt, verdutzt	PERPLEX	beweisen	BELEGEN	biblisch. Name Gottes	ZEBAOTH
Bestwert	OPTIMUM	Bewohner der Londoner City	COCKNEY	biblisch. Prophet	HABAKUK
Betreuer	MANAGER			biblisch. Prophet	JEREMIA
Betreuerin	HOSTESS	Bewohner eines Erdteils (Mehrz.)	ASIATEN	biblisch. Prophet	NEHEMIA
Betreuer Minderjähriger	VORMUND	Bewohner Holsteins	HOLSTEN	biblisch. Riese	GOLIATH
Betreuung, Service	WARTUNG	bezahlen	LOEHNEN	biblisch. Stammvater	ABRAHAM
Betrieb, Rummel	TREIBEN	Bezahlung	ENTGELT	biblische Gestalt	EPHRAIM
betriebl. Arbeitsbereich	RESSORT	bezaubernd, charmant	REIZEND	biblische Gestalt	LAZARUS
betriebsam, fleißig	RUEHRIG	bezeichnend	MARKANT	biblische Landschaft	IDUMAEA
Betriebsvermögen	KAPITAL	bezeichnend, charakteristisch	TYPISCH	biblischer Monatsname	TISCHRI
betrogener Ehemann	HAHNREI	Bezieher einer Rente	RENTNER	biblische Stadt	JERICHO
betrübt, trostlos	TRAURIG	Beziehung	KONTAKT	biblische Stadt	JESREEL
betrunken	BEZECHT	bezüglich	RELATIV	biblische Stadt	SAMARIA
Bettnische	ALKOVEN	Bezug	BETREFF	Bienenzucht	IMKEREI
Beugung	FLEXION	bibl. Name für Edom	IDUMAEA	Bierkäppchen	ZEREVIS
Beugungsfall	GENITIV	biblisch. Berg	GARIZIM	Biersorte	ALTBIER
Beute	RAUBGUT				
Beuurkundung, Beurteilung	ZEUGNIS				

bildende Künstlerin	MALERIN	Bläschenausschlag	FRIESEL
bildende Kunst	GRAPHIK	Blätterpilz, Hirschling	REIZKER
bildende Kunst	MALEREI	blättriger Gips	SELEMIT
Bildersammlung	GALERIE	Blasebalgtreter	KALKANT
Bildhauerarbeit	PLASTIK	Blasinstrument	KORNETT
Bildhauerkunst	PLASTIK	Blasmusiker	PFEIFER
Bildhauerwerkzeug	MEISSEL	blaß	FARBLOS
bildliches Erinnerungsvermögen	EIDETIK	blaßroter Wein	CLAIRET
Bildteppich	GOBELIN	Blattgemüse	MANGOLD
Bildunterschrift	LEGENDE	Blatthalter	TENAKEL
Bildwerfer	DIASKOP	Blatt- u. Stielgemüse	MANGOLD
Bildwerfer	EPISKOP	blaugrüner Schmuckstein	TUERKIS
bildwirksam	FOTOGEN	Blaujacke	MATROSE
billigen	BEJAHEN	Blaujacke	SEEMANN
Binde	BANDAGE	Blaukraut	ROTKOHL
Bindegewebswucherung	FIBROSE	Blauspecht	KLEIBER
Bindewort	NACHDEM	Blausucht	ZYANOSE
Bindung	HEFTUNG	Blechbehälter	BUECHSE
Bindung	LIGATUR	Blechblasinstrument	POSAUNE
biochem. Wirkstoff	FERMENT	bleibend	HALTBAR
biolog. Einteilungsbegriff	FAMILIE	bleich	FARBLOS
		Bleiglanz	GALENIT
biologische Einteilung	GATTUNG	blicken	SCHAUEN
		Blindheit	ANOPSIE
Bisam	MOSCHUS	blitzen	WETTERN
Bischof v. Karthago	DONATUS	Blocksberg	BROCKEN
		Blödsinn, Humbug	QUATSCH
Bitterkalk	DOLOMIT	Bloßstellung	BLAMAGE
Bittgebet	LITANEI	Bloßstellung	SCHMACH
Bittschrift, Bittgesuch	SUPPLIK	blühen	PRANGEN
Blütenblätter	PETALEN		
Blütenhülle	PERIGON		
Blütenstaubbeutel	ANTHERE		
Blütenstempel	PISTILL		
Blütenteil	GRIFFEL		
Blume mit Trichterblüten	PETUNIE		
Blumenarrangement	GEBINDE		
Blumengebinde	STRAUSS		
Blumengeschäftsverband	FLEUROP		
Blumentier	KORALLE		
blusenartiger Uniformrock	LITEWKA		
Blutandrang, starke Erregung	WALLUNG		
Blutarmut	ANAEMIE		
Blutfleckenkrankheit	PURPURA		
Blutgefäße	VENULEN		
Blutgefäßverengung	STENOSE		
Blutgefäßverschluß	EMBOLIE		
Blut (latein.)	SANGUIS		
Blutserum-Antikörper	ALEXINE		
Bodenbearbeitungsgerät	GRUBBER		
Bodenerhebung	ANHOEHE		
Bodenschatz	MINERAL		

böhm. Elbe-Zufluß	CIDLINA	Borusse	PREUSSE	Braumischung	MAISCHE
böhm.-schles. Gebirge	SUDETEN	Botin des Grals	KUNDRIE	Brauneisenstein	LIMONIT
böhm. Stadt an der Moldau	BUDWEIS	Botschaft	MELDUNG	Braurückstand, Treber	TRESTER
		Botschaftsangehöriger	ATTACHE		
böhm. Stadt im Erzgebirge	KOMOTAU	branden. Stadt	PUTLITZ	brausen	DUSCHEN
				Brausestein, Tonerdesilikat	ZEOLITH
böhmischer Königsname	OTTOKAR	brandenb. Stadt an der Oder	CROSSEN	Brautschau, Heiratsantrag	WERBUNG
		brandenburg. Kurfürst	JOACHIM		
Böller	MOERSER			Brechdurchfall	CHOLERA
Börsenmaklergebühr	KURTAGE	brandenburg. Stadt an der Havel	POTSDAM	Brechstange	KUHFUSS
				brennen	FLAMMEN
bösart. Hautgeschwulst	MELANOM	brandenburg. Stadt an der Oder	SCHWEDT	Bretterbau	BARACKE
bösartig (mediz.)	MALIGNE			Brille, Brillenart	BINOKEL
		brandmarken	AECHTEN		
böse	GARSTIG	Branntweinsorte	ABSINTH	Brillenlieferant	OPTIKER
böses Weib	MEGAERE	Branntweinsorte	KUEMMEL	brillieren	BLENDEN
Bogen, Kurve, Wölbung	RUNDUNG	brasil. Amazonas-Zufluß	MADEIRA	Brise	SEEWIND
				brit. Bildhauer	EPSTEIN
Bogengang	ARKADEN	brasil. Hafenstadt	MARANHO	brit. Kernforsch.-Zentrum	HARWELL
Bogensprung	LANCADE	brasil. Landgut	FAZENDA	brit. Politiker, Staatsmann	HALIFAX
Bohnenkraut	SATUREI	brasilian. Hafen b. Rio de Janeiro	NITEROI		
bolivian. Andengipfel	ILLAMPU			brit. Popgruppe	GENESIS
Bollwerk	BASTION			britisch. Fluß	DERWENT
Bollwerk, Festungsanlage	SCHANZE	brasilian. Hafenstadt	CAMOCIM	brodeln	DAMPFEN
		brasilian. Küstenstaat	ALAGOAS	Brosame	KRUEMEL
bombastisch	POMPOES			Brotform	STOLLEN
Bonifatius' Name	WINFRID	brasilian. Stadt	PELOTAS	Brotröster	TOASTER
Bootswettkampf	REGATTA	Brasse	BRACHSE	Bruch	FRAKTUR
		Brasse	PLEINZE	Bruder v. Gretel	HAENSEL
Borg	VERLEIH	braten	GRILLEN	Bruder v. Kriemhild	GUNTHER
Borstenhaar, Tierwaffe	STACHEL	braten	ROESTEN		
Borstentier	SCHWEIN	Brauereianlage	SUDHAUS	Bruder von Etzel	BLOEDEL

Bruder von Peleus	TELEMON	Buchleinwand	BUCKRAM	Bühnenstück v. Sudermann	DIEEHRE
Bruder von Petrus	ANDREAS	Buchstabenrechnung	ALGEBRA	Bühnenstück von Corneille	OEDIPUS
brüsk, barsch	SCHROFF	Buchstabenverbindung	LIGATUR	Bühnenstück von Giraudoux	ELEKTRA
Brummbär	KNASTER	Buchteil	TITELEI		
Brustbein	STERNUM	Buckel	HOECKER		
Brustharnisch	KUERASS	Buddel	FLASCHE	Bühnentanz	BALLETT
Brustwarze	MAMILLA	buddh. Göttin d. Barmherzigkeit	KWANNON	Bündnis	ALLIANZ
				Bündnis	ENTENTE
Buch, Buchart	LEXIKON	buddhist. Gottheit	KUANYIN	Bürde	BALLAST
Buch-, Kassenprüfer	REVISOR	buddhist. Volk in Burma	PALAUNG	Bürger einer Hansestadt	HANSEAT
Buchabschnitt	KAPITEL	Büchse, kurzes Gewehr	STUTZEN	Bürgermeister	SCHULZE
Buchausgabe	EDITION	Büffelart	MINDORO	Bürgersteig	FUSSWEG
Buchauszug	EXTRAKT	Bügelhorn	CLAIRON	Bürgschaft	HAFTUNG
		bügeln	MANGELN	Büro	KANZLEI
Buchbinderleinen	BUCKRAM	Bühnenbild	KULISSE	Büttel, Gerichtsdiener	SCHERGE
Buch d. Alten Testaments	CHRONIK	Bühnendekoration	KULISSE	Buhlteufel	INKUBUS
Buch d. Alten Testaments	HABAKUK	Bühnenhaus, Schauspielhaus	THEATER	bulgar.-griech. Fluß	MARITZA
Buch d. Alten Testaments	JEREMIA	Bühnenschiebewand	KULISSE	bulgar. Stadt an der Jantra	GABROWO
Buch d. Alten Testaments	KOENIGE	Bühnenstück v. Anouilh	COLOMBE	bulgar. Stadt an der Maritza	PLOWDIW
Buch d. Alten Testaments	NEHEMIA	Bühnenstück v. Grillparzer	LIBUSSA	Bullenbeißer	MASTIFF
Buch d. Alten Testaments	PSALTER	Bühnenstück v. Hauptmann	ELEKTRA	Bund	LIAISON
Buch d. Alten Testaments	RICHTER			Bundesstaat von Malaysia	SARAWAK
Buch d. Pentateuch	GENESIS	Bühnenstück v. Hofmannsthal	DERTURM	Buntmetall	MESSING
Buch d. Psalmen	PSALTER	Bühnenstück v. Shaw	CANDIDA	Burenführer	KRUEGER
				Burg	KASTELL
Buchdruckerberuf	METTEUR	Bühnenstück v. Sophokles	ELEKTRA	Burg, Prachtbau	SCHLOSS

Burg am Rhein	LAHNECK	
Burg im Apennin	CANOSSA	
Burg in Spanien	ALKAZAR	
Burgunderfürst	GUNTHER	
Burgunderwein	MUSIGNY	
Burgunderwein	POMMARD	
Busch, Büschel	STRAUSS	
Busch, Holzgewächs	STRAUCH	
Buschmesser	MACHETE	
Buschwald der Mittelmeerländ.	MACCHIA	
Buschwerk	BOSKETT	
Buschwindröschen	ANEMONE	
busenfrei	TOPLESS	
Busenfreund	INTIMUS	
Bussard	GAUKLER	
Buße	AUFLAGE	
Butte, Bütte	BOTTICH	
byzantinisch. Feldherr	BELISAR	
byzantinisch. Kaiser	MICHAEL	
byzantinisch. Kaiser (11. Jh.)	ROMANOS	
Charakteristikum	MERKMAL	
charmant	ANMUTIG	
chartern, mieten	PACHTEN	
Chassis	GESTELL	
chem. Anzeigestoff	REAGENS	
chem. Element, Alkalimetall	CAESIUM	
chem. Element, Alkalimetall	LITHIUM	
chem. Element, Alkalimetall	NATRIUM	
chem. Element, Edelgas	KRYPTON	
chem. Element, Erdalkalimetall	KALZIUM	
chem. Element, Erdmetall	HOLMIUM	
chem. Element, Erdmetall	YTTRIUM	
chem. Element, Metall	CADMIUM	
chem. Element, Metall	CALCIUM	
chem. Element, Metall	GALLIUM	
chem. Element, Metall	HAFNIUM	
chem. Element, Metall	IRIDIUM	
chem. Element, Metall	KADMIUM	
chem. Element, Metall	NIOBIUM	
chem. Element, Metall	RHENIUM	
chem. Element, Metall	RHODIUM	
chem. Element, Metall	TERBIUM	
chem. Element, Metall	THORIUM	
chem. Element, Metall	THULIUM	
chem. Element, Metall	WOLFRAM	
chem. Element, Metall	ZAESIUM	
chem. Element, seltene Erde	LANTHAN	
chem. Element, Transuran	FERMIUM	
chem. Reagens	LACKMUS	
chem. Verbindung	ALDEHYD	
chem. Zusatz	ADDITIV	
Chemiefaser	CUPRESA	
Chemiefaser	TREVIRA	
chemisch. Grundstoff	ELEMENT	
chemische Untersuchung	ANALYSE	
chemische Verbindung	ALKALIE	
Cheruskerfürst	HERMANN	
chilen. Autorin (Nobelpreis)	MISTRAL	
chilen. Politiker	ALLENDE	
chilen. Provinz	ATACAMA	
chilen. Schriftstellerin	ALLENDE	
chilen. Stadt	CHILLAN	
chilen. Stadt	ILLAPEL	
chilen. Stadt	PISAGUA	
chines. Gewürzpflanze	GALGANT	
chines. Hafenstadt	TIANJIN	

chines. Längenmaß	TSCHANG
chines. Lyriker	LITAIPO
chines. Pflaume	LITSCHI
chines. Porzellanglasur	SELADON
chines. Provinz	GUIZHOU
chines. Provinz	JIANGSU
chines. Provinz	JIANGXI
chines. Provinz	QINGHAI
chines. Provinz	SICHUAN
chines. Stadt	CHENGDU
chines. Stadt	KWEILIN
chines. Stadt	TAIYUAN
chines. Stadt am Hwangho	KAIFENG
chines. Stadt am Hwangho	LANZHOU
chines. Stadt am Jangtsekiang	NANKING
chines. Stadt am Jangtsekiang	NANTUNG
chines. Stadt in Schansi	TAIYUAN
chines. Stadt in Sinkiang	JARKEND
chines. Strom, Gelber Fluß	HWANGHO
chines. Turkvolk	UIGUREN
chlorsaures Salz	CHLORAT
Chlorverbindung	CHLORAL
Chorschranke	LETTNER
Christbaumschmuck	LAMETTA
christl. Gnostiker	MARCION
christl. Konfession, Sekte	QUAEKER
Chromeisenstein	CHROMIT
Chronik	ANNALEN
chronische Verseuchung	ENDEMIE
Clown	BAJAZZO
Cocktail	COBBLER
Cocktail	COLLINS
Cocktail	EGGNOGG
Comic-Figur	ASTERIX
Computer	RECHNER
Computersprache	FORTRAN
Conferencier	ANSAGER
Coup	STREICH
Couplet	CHANSON
Courage, Traute	SCHNEID
Cowboy-Hut	STETSON
Dachgesellschaft eines Konzerns	HOLDING
Dämpfer der Geige	SORDINO
dän. Hafen auf Seeland	KORSOER
dän. Hafenstadt	AALBORG
dän. Hafenstadt	ESBJERG
dän. Historiker	THOMSEN
dän. Literaturhistoriker	BRANDES
dän. Mediziner (Nobelpreis)	FIBIGER
dän. Ostseeinsel	FALSTER
dän. Ostseeinsel	LAALAND
dän. Ostseeinsel	LOLLAND
dän. Ostseeinsel	SEELAND
dän. Parlament	RIGSDAG
dän. Schauspielerin	NIELSEN
dän. Schriftsteller	FLEURON
dän. Schriftsteller	HEIBERG
dän. Schriftsteller	HOLBERG
dän. Stadt auf Seeland	HOLBAEK
dän. Stadt in Ostjütland	RANDERS
dän. Stadt in SO-Jütland	KOLDING
dän. Stadt in Südostjütland	HORSENS
Dänemark auf dänisch	DANMARK
dänische Stadt an der Wiedau	TONDERN
daheim	ZUHAUSE
dahergehen	WANDELN
dalmatin. Hafenstadt	SIBENIK
dalmatin. Insel	LASTOVO
damals	DAZUMAL
damals	WEILAND

Damenbekleidung	KOMPLET	Demontage	ABBRUCH	Destillationsgefäß	RETORTE
Dandy, Geck	STUTZER	den Atomkern betreffend	NUKLEAR	detonieren	PLATZEN
Dankgebet	GRATIAS	den Hof machen	FLIRTEN	Dialekt	MUNDART
Dantes Hölle	INFERNO	Denkergebnis	GEDANKE	dicht	KOMPAKT
Danziger Sehenswürdigkeit	KRANTOR	denkrichtig	LOGISCH	Dichter	LYRIKER
darbieten	REICHEN	Denksportaufgabe	RAETSEL	dichterisch	LYRISCH
Darlehen	ANLEIHE	Denkspruch	PAROEMI	dichterisch: drohen	DRAEUEN
darstellen, vorführen	SPIELEN	denkwürdig	EPOCHAL	dichterisch: Felder	GEFILDE
darum	DESHALB	Denunziant, Aushorcher	SPITZEL	dichterisch: Flügel	FITTICH
das Herz betreffend	KARDIAL	Departement in Kolumbien	BOLIVAR	dichterisch: Schmuckstück	KLEINOD
das Seewesen betreffend	MARITIM	Departement in Kolumbien	CAQUETA	Dichtersitz	PARNASS
Dattelpalme	PHOENIX			Dichtung Vergils	AENEIDE
Dauer	BESTAND			dick	BELEIBT
dauerhaft	DURABEL	Departement in Kolumbien	GUAJIRA	Dickdarmentzündung	COLITIS
dauerhaft	HALTBAR			Dickdarmentzündung	KOLITIS
Davids Frau	ABIGAIL	Departement in Kolumbien	VICHADA	dicker Farbauftrag	IMPASTO
Davids Sohn	ABSALOM				
Deckung, Verbergung	TARNUNG	derartiger	SOLCHER	dickes Buch	WAELZER
defekt	ENTZWEI	derartiges	SOLCHES	Dickfelligkeit	PHLEGMA
Defekt, Beschädigung	SCHADEN	derber Mensch	GROBIAN	dickflüssige Absonderung	SCHLEIM
dehnbar	BIEGSAM	der Sitte entsprechend	UEBLICH		
dehnbares Gewebe	ELASTIK	deshalb	DADURCH	Dickhäuter	ELEFANT
Dekan	DECHANT	Desinfektionsmittel	KREOSOT	Dieb, Langfinger	STEHLER
Deklination	BEUGUNG	Dessert, Süßspeise	PUDDING	Diebstahl geistigen Eigentums	PLAGIAT
Dekor, Putz	SCHMUCK				
demnächst	ALSBALD	Dessertwein	MADEIRA	die Haut abziehen	HAEUTEN
dem Namen nach	NOMINAL	Dessertwein	MARSALA	Diele, Flur	VORRAUM
		Dessous	WAESCHE		

Diener	FAMULUS	
Dienst	EINSATZ	
Dienstboten	GESINDE	
Dienstflagge am Auto	STANDER	
Dienstleistung	SERVICE	
dienstliche Meldung	RAPPORT	
Dienstmann	TRAEGER	
Dienstsiegel	STEMPEL	
dienstuntauglich	INVALID	
diesig	DUNSTIG	
Dilemma	NOTLAGE	
Dimension	AUSMASS	
Dimension	GROESSE	
diplomat. Vertreter des Papstes	NUNTIUS	
Diplomatenanwärter	ATTACHE	
Diplomlandwirt	AGRONOM	
Direktion	LEITUNG	
Direktorium	LEITUNG	
dirigieren	FUEHREN	
Dirne	KOKOTTE	
Diskussion	DEBATTE	
Distanz	ABSTAND	
Disziplin	ORDNUNG	
Dividend	ZAEHLER	
Division (mathem.)	TEILUNG	
Dnjepr-Zufluß	PRIPJET	
Dnjepr-Zufluß	WORSKLA	
Dogenstadt, Gondelstadt	VENEDIG	
Dokument	URKUNDE	
Dokumentarbericht in Medien	FEATURE	
dokumentieren	BELEGEN	
Doldengewächs	FENCHEL	
Donau-Zufluß	OSTRACH	
Don-Zufluß	BOLANDA	
Don-Zufluß	ILOWLJA	
Don-Zufluß	KALITWA	
Doppel-Ehe	BIGAMIE	
Doppelgitterröhre	TETRODE	
Doppelreihe als Ehrengasse	SPALIER	
doppelt	ZWEIMAL	
Doppelzug im Schachspiel	ROCHADE	
Dose	BUECHSE	
drängen	TREIBEN	
Drall	DREHUNG	
Drama v. Shakespeare	OTHELLO	
Drama von Euripides	ORESTIE	
Drang, Ehrgeiz	STREBEN	
Drangsal	MUEHSAL	
drastische Heilung	ROSSKUR	
Draufgänger	FIGHTER	
Dreck, Kehricht	SCHMUTZ	
Drehkörper	KREISEL	
Drehung	SCHWENK	
Drehung, Schraubenlinie	WINDUNG	
Drehung, Umkehr	WENDUNG	
Dreiergruppe (musik.)	TERZETT	
dreifach geneigt (Kristall)	TRIKLIN	
Dreiflüssestadt in Niedersachsen	MUENDEN	
Dreiklangtrompete	FANFARE	
Dreiruderer	TRIREME	
dreiseitig begrenztes Stück	ZWICKEL	
Dreizack	TRIDENT	
dreizeilige Strophenform	TERZINE	
Dresdener Bauwerk	ZWINGER	
Drill	SCHLIFF	
Droschke	KUTSCHE	
Druckerei	OFFIZIN	
Druckfehler	ERRATUM	
Druckschrift	ANTIQUA	
Druckspalte	KOLONNE	
Druckspalte	KOLUMNE	
drücken, ausquetschen	PRESSEN	
Drüsenabsonderung	SCHLEIM	
dt.-amer. Soziologe	MARCUSE	
dt. Arzt, Mediziner	BILHARZ	
dt.-franz. Sängerin, Schausp.	VALENTE	
dt.-österr. Fluß	SALZACH	
dt.-österr. romantischer Maler	SCHWIND	
dtsch. abstrakt. Bildhauer	HARTUNG	

dtsch. abstrakt. Maler	BISSIER	dtsch. Bakteriologe (Nobelpr.)	BEHRING	dtsch. Chemiker (Nobelpreis)	WIELAND
dtsch. Admiral	CANARIS	dtsch. Barockbaumeister	NEUMANN	dtsch. Chemiker (Nobelpreis)	WINDAUS
dtsch. Admiral (Seeteufel)	LUCKNER	dtsch. Barockdichter	FLEMING	dtsch. Chemiker (Nobelpreis)	ZIEGLER
dtsch.-amerikan. Baumeister	GROPIUS	dtsch. Bildhauer	BARLACH	dtsch. Chemiker (organ. Chemie)	WOEHLER
dtsch. Arbeiterdichter	BARTHEL	dtsch. Bildhauer	BELLING	dtsch. Dichter	HERWEGH
dtsch. Arbeiterdichter	BROEGER	dtsch. Bildhauer	LEDERER	dtsch. Dichter, Germanist	SIMROCK
dtsch. Archäologe	BUSCHOR	dtsch. Bildnismaler	LENBACH	dtsch. Dichter, Historiker	MEHRING
dtsch. Archäologe (Olympia)	CURTIUS	dtsch. Bundeskanzler	SCHMIDT	dtsch. Dichter, Schriftsteller	BENRATH
dtsch. Architekt	BEHRENS	dtsch. Bundesland	HAMBURG	dtsch. Dichter, Schriftsteller	BINDING
dtsch. Architekt	POELZIG	dtsch. Bundesland	SACHSEN	dtsch. Dichter, Schriftsteller	BONSELS
dtsch. Arzt, Chirurg	ESMARCH	dtsch. Chemiker	FEHLING	dtsch. Dichter, Schriftsteller	BUERGER
dtsch. Arzt, Mediziner	BASEDOW	dtsch. Chemiker	WINKLER	dtsch. Dichter, Schriftsteller	FALLADA
dtsch. Arzt, Pathologe	VIRCHOW	dtsch. Chemiker, Apotheker	HERAEUS	dtsch. Dichter, Schriftsteller	FONTANE
dtsch. Arzt u. Schriftsteller	DOEBLIN	dtsch. Chemiker (Anilin)	HOFMANN	dtsch. Dichter, Schriftsteller	KLABUND
dtsch. Atomforscher	ARDENNE	dtsch. Chemiker (Nobelpreis)	BERGIUS	dtsch. Dichter, Schriftsteller	KOERNER
dtsch. Atomphysikerin	MEITNER	dtsch. Chemiker (Nobelpreis)	BUCHNER	dtsch. Dichter, Schriftsteller	KREUDER
dtsch. Ausdruckstänzerin	PALUCCA	dtsch. Chemiker (Nobelpreis)	FISCHER		
dtsch. Autokonstrukteur	PORSCHE	dtsch. Chemiker (Nobelpreis)	OSTWALD		
dtsch. Autor und Pädagoge	LUSERKE	dtsch. Chemiker (Nobelpreis)	WALLACH		

dtsch. Dichter, Schriftsteller	SCHNACK	dtsch. evangel. Theologe	NIEBUHR	dtsch. Fluß	EMSCHER
dtsch. Dichter, Sprachforscher	STIELER	dtsch. Existentialphilosoph	JASPERS	dtsch.-franz. Maler, Grafiker	HARTUNG
dtsch. Dichter der Aufklärung	LESSING	dtsch. expressionist. Maler	MUELLER	dtsch. frühexpression. Dichter	MOMBERT
dtsch. Dichter (Fabeln)	GELLERT	dtsch. expressionist. Malerin	MUENTER	dtsch. Fürstenhaus	STAUFER
dtsch. Dichterin, Schriftstellerin	BAEUMER	dtsch. Filmkomponist	KREUDER	dtsch. Fußballspieler	HOENESS
dtsch. Dichter u. Arzt	CAROSSA	dtsch. Filmregisseur	STAUDTE	dtsch. Fußballspieler	MORLOCK
dtsch. Dichter u. Künstler	BARLACH	dtsch. Filmregisseur	WENDERS	dtsch. Fußballspieler	MUELLER
dtsch. Dichter (19. Jh.)	MOERIKE	dtsch. Flieger	GALLAND	dtsch. Fußballspieler	OVERATH
dtsch. Dirigent	BERKING	dtsch. Flieger, Flugpionier	BERTRAM	dtsch. Fußballspieler	POSIPAL
dtsch. Dirigent	LEITNER	dtsch. Flieger, Flugpionier	BOELCKE	dtsch. Fußballspieler	VOELLER
dtsch. Dirigent	NIKISCH	dtsch. Flieger, Flugpionier	LEHMANN	dtsch. Gestaltpsychologe	KOEHLER
dtsch. Dirigent	ROSBAUD	dtsch. Flieger, Flugpionier	LOERZER	dtsch. Großadmiral	DOENITZ
dtsch. Dirigent, Bandleader	MUELLER	dtsch. Flugzeugfirma	BOELKOW	dtsch. Großadmiral	TIRPITZ
dtsch. Dirigent, Komponist	GRAUNKE	dtsch. Flugzeugkonstrukteur	DORNIER	dtsch. Historiker	BREYSIG
dtsch.-engl. Komponist	PEPUSCH	dtsch. Flugzeugkonstrukteur	HEINKEL	dtsch. Historiker	DROYSEN
dtsch. Entdecker, Geophysiker	WEGENER	dtsch. Flugzeugkonstrukteur	JUNKERS	dtsch. Historiker	NIEBUHR
dtsch. Erfinder, Techniker	BOELKOW	dtsch. Flugzeugkonstrukteur	RUMPLER	dtsch. Historiker (Nobelpreis)	MOMMSEN
dtsch. Erfinder (Vergaser)	MAYBACH			dtsch. impressionist. Maler	CORINTH
				dtsch. impressionist. Maler	SLEVOGT
				dtsch. Industrieller	THYSSEN

dtsch. Ingenieur, Industrieller	SIEMENS
dtsch. Jazzgitarrist	BEHREND
dtsch. Kabarettist	ERHARDT
dtsch. Kabarettist	FREITAG
dtsch. Kabarettist	HILBICH
dtsch. Kabarettist	KITTNER
dtsch. Kabarettist	SCHMIDT
dtsch. Kabarettistin	HERKING
dtsch. Kabarettistin	LORENTZ
dtsch. Kabarettistin	WALDOFF
dtsch. Kaisername, Königsname	LEOPOLD
dtsch. Kaisername, Königsname	WILHELM
dtsch. kathol. Philosoph	HAECKER
dtsch. klassizist. Bildhauer	KLIMSCH
dtsch. Königsname	PHILIPP
dtsch. Komiker	WAALKES
dtsch. Kompon. (Zwölfton)	FORTNER
dtsch. Komponist	BLACHER
dtsch. Komponist	BUTTING
dtsch. Komponist	GENZMER
dtsch. Komponist	GERSTER
dtsch. Komponist	GRAENER
dtsch. Komponist	HAENDEL
dtsch. Komponist	HASSLER
dtsch. Komponist	HOEFFER
dtsch. Komponist	LACHNER
dtsch. Komponist	PEPPING
dtsch. Komponist	SILCHER
dtsch. Komponist	STRAUSS
dtsch. Komponist	ZILCHER
dtsch. Komponist, Organist	DISTLER
dtsch. Komponistin	ZECHLIN
dtsch. Komponist (17. Jh.)	SCHUETZ
dtsch. Kulturphilosoph	LAGARDE
dtsch. Landschaft	FRANKEN
dtsch. Landschaft	SCHWALM
dtsch. Luftschiffpionier	ECKENER
dtsch. Lyriker	ALTHAUS
dtsch. Maler	HOELZEL
dtsch. Maler, Grafiker	BALDUNG
dtsch. Maler, Grafiker	CRANACH
dtsch. Maler, Grafiker, Bildh.	KLINGER
dtsch. Maler (Dadaist)	RICHTER
dtsch. Malerfamilie	HOLBEIN
dtsch. Mathematiker	HILBERT
dtsch. Mathematiker	RIEMANN
dtsch. Mathematiker u. Philosoph	LEIBNIZ
dtsch. Mediziner (Nobelpreis)	EHRLICH
dtsch. Meistergeiger	BORRIES
dtsch. Meteorologe	ASSMANN
dtsch. Münze	PFENNIG
dtsch. Musikwissensch. (Mozart)	KOECHEL
dtsch. Name d. Körös	KREISCH
dtsch. Name von Bytom	BEUTHEN
dtsch. Nationalökonom	SOMBART
dtsch. neuromant. Kompon.	REUTTER
dtsch.-niederländ. Maler	MEMLING

dtsch. Nordseebucht	DOLLART	dtsch. Philosoph (Neukantianer)	RICKERT
dtsch. Nordseeinsel	BALTRUM	dtsch. Philosoph und Biologe	DRIESCH
dtsch.-österr. Adelstitel	GRAEFIN	dtsch. Physiker	ARDENNE
dtsch. Operettenkomponist	GILBERT	dtsch. Physiker	PRANDTL
dtsch. Operettenkomponist	NICOLAI	dtsch. Physiker	REGENER
dtsch. Opernregisseur	RENNERT	dtsch. Physiker, Chemik., Philos.	OSTWALD
dtsch. Ostseehafen	LUEBECK	dtsch. Physiker, Chemiker	HITTORF
dtsch. Ostseeinsel	FEHMARN	dtsch. Physiker (Bildtelegrafie)	KAROLUS
dtsch. Pädagoge (Kindergärten)	FROEBEL	dtsch. Physiker (Klangfiguren)	CHLADNI
dtsch. Pädagoge u. Philosoph	PAULSEN	dtsch. Physiker (Nobelpreis)	BEDNORZ
dtsch. Philos., Naturforscher	FECHNER	dtsch. Physiker (Nobelpreis)	BINNING
dtsch. Philosoph	DESSOIR	dtsch. Physiker u. Philosoph	LAMBERT
dtsch. Philosoph	DEUSSEN	dtsch. Physiologe (Nobelpreis)	WARBURG
dtsch. Philosoph	DILTHEY	dtsch. Pietist in Halle	FRANCKE
dtsch. Philosoph	SCHELER	dtsch. Politiker (CDU, NATO)	WOERNER
dtsch. Philosoph, Anarchist	STIRNER	dtsch. Politiker (SPD)	SCHUETZ
dtsch. Philosoph, Pädag.	HERBART	dtsch. Politologe	MEHNERT
dtsch. Philosoph (Linkshegelianer)	STRAUSS	dtsch. Popmusik-Solistin	FLEMING
dtsch. Porzellanmanufaktur	HOECHST	dtsch. Psychiater	SCHULTZ
dtsch. Psychologe (Eidetik)	JAENSCH	dtsch. Psychologenehepaar	BUEHLER
dtsch. realist. Schriftsteller	PLIVIER	dtsch. Rechtslehrer	IHERING
dtsch. Rechtslehrer	JHERING	dtsch. Regisseur	FEHLING
dtsch. Regisseur	PEYMANN	dtsch. Regisseur, Schausp.	HILPERT
dtsch. Regisseur, Schausp.	HORWITZ	dtsch. Regisseurin	DOERRIE
dtsch. Reichskanzler	CAPRIVI	dtsch. Reichskanzler	MUELLER
dtsch. Reiseschriftsteller	KOEPPEN	dtsch. Rokokodichter	WIELAND
dtsch. Romanautorin	MARLITT	dtsch. romant. Komponist	NESSLER

dtsch. romant. Schriftsteller	GOERRES	dtsch. Schauspieler	RADDATZ	dtsch. Schauspielerin	STEPPAT
dtsch. romantischer Dichter	NOVALIS	dtsch. Schauspieler	REGNIER	dtsch. Schauspielerin	ULLRICH
dtsch. Sänger	REBROFF	dtsch. Schauspieler	RICHTER	dtsch. Schauspielerin	VALETTI
dtsch. Schauspieler	BENRATH	dtsch. Schauspieler	RIEMANN	dtsch. Schauspielerin	ZIEMANN
dtsch. Schauspieler	BORSCHE	dtsch. Schauspieler	ROBERTS	dtsch. Schlagerkomponist	WINKLER
dtsch. Schauspieler	DELTGEN	dtsch. Schauspieler	SCHANZE	dtsch. Schlagersänger	ROBERTS
dtsch. Schauspieler	DEUTSCH	dtsch. Schauspieler	SCHROTH	dtsch. Schlagersängerin	EBSTEIN
dtsch. Schauspieler	DOERMER	dtsch. Schauspieler	TAPPERT	dtsch. Schlagersängerin	WERDING
dtsch. Schauspieler	FORSTER	dtsch. Schauspieler	WEGENER	dtsch. Schriftsteller	BELZNER
dtsch. Schauspieler	FRITSCH	dtsch. Schauspielerin	DAGOVER	dtsch. Schriftsteller	DOMINIK
dtsch. Schauspieler	GEBUEHR	dtsch. Schauspielerin	DURIEUX	dtsch. Schriftsteller	DWINGER
dtsch. Schauspieler	IFFLAND	dtsch. Schauspielerin	EGGERTH	dtsch. Schriftsteller	FECHTER
dtsch. Schauspieler	KIELING	dtsch. Schauspielerin	ELSTNER	dtsch. Schriftsteller	FORSTER
dtsch. Schauspieler	KLINGER	dtsch. Schauspielerin	HUEBNER	dtsch. Schriftsteller	GLAESER
dtsch. Schauspieler	KRUEGER	dtsch. Schauspielerin	KOCZIAN	dtsch. Schriftsteller	GUTZKOW
dtsch. Schauspieler	LEIBELT	dtsch. Schauspielerin	KOERBER	dtsch. Schriftsteller	HARTUNG
dtsch. Schauspieler	LIEDTKE	dtsch. Schauspielerin	MUELLER	dtsch. Schriftsteller	HERMLIN
dtsch. Schauspieler	MINETTI	dtsch. Schauspielerin	SCHMITZ	dtsch. Schriftsteller	JOHNSON
dtsch. Schauspieler	MOELLER	dtsch. Schauspielerin	SEBALDT	dtsch. Schriftsteller	MUEHSAM
dtsch. Schauspieler	PAULSEN	dtsch. Schauspielerin	SPEIDEL	dtsch. Schriftsteller	NEUMANN

Hinweis	Lösung
dtsch. Schriftsteller	PIONTEK
dtsch. Schriftsteller	ROMBACH
dtsch. Schriftsteller	SALOMON
dtsch. Schriftsteller	SIEBURG
dtsch. Schriftsteller	VULPIUS
dtsch. Schriftsteller	ZWERENZ
dtsch. Schriftstellerin	KEMPNER
dtsch. Schriftstellerin	LESSING
dtsch. Schriftstellerin	SEGHERS
dtsch. Schriftstellerin	WOHMANN
dtsch. Showmaster	ELSTNER
dtsch. spätgot. Bildhauer	GRASSER
dtsch. Stadt a.d. holl. Grenze	BOCHOLT
dtsch. Stadt am Niederrhein	KREFELD
dtsch. Stadt an der Werre	DETMOLD
dtsch. Theologe, Berliner Bürgerm.	ALBERTZ
dtsch. Theologe u. Politiker	NAUMANN
dtsch. Verleger	ROWOHLT
dtsch. Weinbaugebiet	FRANKEN
dtsch. Welthafen	HAMBURG
dtsch. Werftgründer	HOWALDT
dtsch. Zoologe, Popularphilosoph	HAECKEL
dtsch. Zoologe, Publizist	GRZIMEK
dtsch. Zoologe (Nobelpreis)	SPEMANN
Dünkel	HOFFART
Dünndarmentzündung	ILEITIS
dünner Pflanzenstiel	STENGEL
dünnes Blättchen	LAMELLE
dünnes Edelholzblatt	FURNIER
dünnes Gewebe	CHIFFON
dünnes versteiftes Gewebe	ORGANDY
dürftig	MICKRIG
Duero-Zufluß	GUARENA
dürr, nicht naß	TROCKEN
Düsenflugzeug f. Nahverkehr	CITYJET
duftende Blume	LEVKOJE
duftende Blume, Pflanze	FLIEDER
Duftstoff	MOSCHUS
Duftstoff, Riechstoff	JUCHTEN
Duftstoff, Riechstoff	PARFUEM
duldsam	LIBERAL
dummes Zeug	NONSENS
Dummheit, Eselei	TORHEIT
Dummheit (franz.)	SOTTISE
Dummkopf, Einfaltspinsel	TROTTEL
dunkel	DUESTER
dunkel	FINSTER
dunkelgraues Mineral	MINETTE
dunkles Pigment	MELANIN
durchaus	PARTOUT
durch den Mund (mediz.)	PERORAL
Durcheinander	GEMENGE
Durcheinander	KRAWALL
Durchfahrt	PASSAGE
Durchgang	PASSAGE
Durchgang, Durchfuhr	TRANSIT
Durchgangsverkehr	TRANSIT
Durchmesser	KALIBER
durchscheinend	DIAPHAN
duschen	BRAUSEN
Dynastie in England	WINDSOR
Dynastie in Frankreich	ORLEANS
Dynastie in Italien	SAVOYEN
Dynastie in Polen	PIASTEN
Dynastie in Rußland	ROMANOW
Ebene	FLAECHE

Eckzahn des Rotwilds	GRANDEL	ehem. Königreich in Spanien	GRANADA	ehrwürdige ältere Frau	MATRONE
ecuadorian. Indianerstamm	SEPAROS	ehem. Königreich in Spanien	NAVARRA	Eichenfrüchte	EICHELN
Edelfisch	FELCHEN			Eidbruch	MEINEID
Edelfisch	FORELLE	ehem. österr. Bundeskanzler	KREISKY	Eidechse	LAZERTE
Edelmann	ADLIGER			Eidgenossenschaft	SCHWEIZ
Edelmetall	IRIDIUM	ehem. Papstpalast in Rom	LATERAN	Eierauflauf	SOUFFLE
Edelmetall	RHENIUM				
Edelmetall	RHODIUM	ehem. preuß. Provinz	POMMERN	Eierkuchen	OMELETT
Edelmetallbarren	BULLION	ehem. span. Staatspartei	FALANGE	Eierstock	OVARIUM
Edelstein	DIAMANT			eifrig, emsig	RUEHRIG
Edelstein, Schmuckstein	DIOPSID	ehemals	DAZUMAL	Eigename von Wilna	VILNIUS
Edelwild	ROTWILD	ehemals	FRUEHER	eigenartig, merkwürdig	SELTSAM
Eder-Zufluß	SCHWALM	Eheschließung	TRAUUNG		
EDV-Ausdrucker	PLOTTER	Ehrabschneidung	RUFMORD	eigengesetzlich	AUTONOM
EDV-Printer	DRUCKER			eigenmächtig töten	LYNCHEN
Effekt	WIRKUNG	Ehre	ACHTUNG		
ehelich	LEGITIM	Ehrengeleit	ESKORTE	Eigenname Lettlands	LATVIJA
ehem. afrikan. Königreich	BUGANDA	Ehrengeleit	KONDUKT	Eigenname v. Litauen	LIETUVA
		ehrenhaft	HONORIG	eigensinnig, halsstarrig	TROTZIG
ehem. brasilian. Währung	MILREIS	Ehrensold	HONORAR		
		Ehrenverletzung	INJURIE	eigenständig	AUTONOM
ehem. Bundestrainer des DFB	DERWALL	Ehrerbietung	RESPEKT	eigentl. Name d. Osterinsel	RAPANUI
		Ehrfurcht	PIETAET		
ehem. dtsch. Königreich	SACHSEN	Ehrfurcht, Hochachtung	RESPEKT	eigentl. Name von Lenin	ULJANOW
ehem. dtsch. Kolonie	KAMERUN	Ehrgeizling	STREBER		
		ehrlich, treu	REDLICH	Eiklar	EIWEISS
ehem. islam. Fürstentum	KALIFAT	Ehrlosigkeit	INFAMIE	Einbuße, Minus	VERLUST
		Ehrlosigkeit	SCHANDE	Eindringlichkeit	EMPHASE
ehem. ital. Kolonie in Afrika	ERITREA	Ehrlosigkeit	SCHIMPF	eine der Gorgonen	EURYALE
				eine der Horen	EUNOMIA

eine der Horen

eine der Moiren	ATROPOS	Einheit d. magnet. Feldstärke	OERSTED	einst, damals	VORMALS
eine der schönen Künste	MALEREI	einheitliche Dienstkleidung	UNIFORM	einstellen	BEENDEN
einer d. Nothelfer	ERASMUS	einig	KONFORM	einstimmig	UNISONO
einer der Argonauten	ADMETOS	einige	DIVERSE	eintägig	EPHEMER
einer der Titanen	JAPETOS	einige	ETLICHE	einteiliger Schutzanzug	OVERALL
einer der Titanen	OKEANOS	einige	MEHRERE	eintönig	MONOTON
einer der Titanen	OSTASOS	Einigkeit, Einzigkeit	UNITAET	eintönige Aufzählung	LITANEI
einfädig	MONOFIL	einjährig	ANNUELL	Eintracht	FRIEDEN
einfältig	HARMLOS	Einkaufswagen	SHOPPER	einträglich	LOHNEND
einfältiger Mensch	TROTTEL	Einkerbung	INZISUR	Eintreffen	ANKUNFT
Einfaltspinsel	ABDERIT	Einklang	UNISONO	Eintreffen	LANDUNG
einfassen	SAEUMEN	Einkommen	REVENUE	Eintrittskarte	BILLETT
Einfluß	GELTUNG	Einkommensart	HONORAR	Einverständnis	ENTENTE
einförmig	MONOTON	Einlaßkarte	AUSWEIS	Einverständnis	KONSENS
einförmig, einheitlich	UNIFORM	Einlaßkarte	BILLETT	Einwand	EINREDE
Einführung, Geleitwort	VORWORT	Einleitung	INTRADE	einwandfrei	ASTREIN
Eingang, Einlaß	ZUTRITT	einleuchtende Erkenntnis	EVIDENZ	einwandfrei	KORREKT
eingedickter Auszug	EXTRAKT	einmündendes Gewässer	ZUFLUSS	Einwilligung	KONSENS
eingeführte Ware	IMPORTE	einprägsam	MARKANT	Einzelgesang	MONODIE
Eingeweide	KUTTELN	Einrede	EINWAND	Einzeller	PROTIST
Eingeweide	VISCERA	Einrede	EINWURF	Einziehung v. Außenständen	INKASSO
Eingeweihter	INSIDER	Einreibemittel	KAMPFER	Eisenbahner	BREMSER
einheim. Giftpflanze	GLEISSE	einsalzen	POEKELN	Eisenbahnfähre	TRAJEKT
einheim. Orchidee	RAGWURZ	Einschätzung	WERTUNG	Eisenerz	MINETTE
einheimisch	INDIGEN	einschließlich	MITSAMT	Eisenkraut	VERBENE
Einheit beim Gehen	SCHRITT	einschränken	MINDERN	Eiskunstlauf-Figur	FLIEGER
		Einspruch	EINREDE	Eiskunstlauf-Figur	LIBELLE
		Einspruch, Widerrede	PROTEST	Eiskunstlauf-Sprung	SALCHOW
		einst	EHEMALS	Eislauf-Wettbewerb	EISTANZ
		einst	FRUEHER	Eisplatte	SCHOLLE

Eisschießen	BOSSELN	
Eiszeit	GLAZIAL	
eiszeitlich	GLAZIAL	
Eitergeschwür	ABSZESS	
Eiweiß	ALBUMEN	
Eiweißkörper	PROTEIN	
Eiweißsubstanz	ALBUMIN	
Eiweißsubstanz	PROTEID	
Ekel	ABSCHEU	
Elan, Spannkraft	SCHWUNG	
elast. Kunstfasergarn	HELANCA	
Elbe-Zufluß	ILMENAU	
Elb-Florenz	DRESDEN	
elegant	MODISCH	
elegant, adrett	SCHMUCK	
elektr. Anschluß	KONTAKT	
elektr. Anschluß	STECKER	
elektr. Stromerzeuger	TURBINE	
elektroakust. Tiefenmesser	ECHOLOT	
elektron. gest. Arbeitsmaschine	ROBOTER	
Elektronenröhre	HEPTODE	
Elektronenröhre	PENTODE	
Elektronenschleuder	GIGATOR	
Elementarteilchen	HYPERON	
Elementarteilchen	NEUTRON	
Elementarteilchen	NUKLEON	
Elementarteilchen	TACHYON	
Elfenkönigin, Frau v. Oberon	TITANIA	
Elfmeter beim Fußball	PENALTY	
Eloge	LOBREDE	
elsäss. Grafiker, Illustrator	UNGERER	
Elz-Zufluß	DREISAM	
Emblem	KOKARDE	
Empfänger von Ruhegeld	RENTIER	
Empfänger von Ruhegeld	RENTNER	
empfänglich	GENEIGT	
Empfang	AUDIENZ	
empfinden	FUEHLEN	
Empfindung	GEFUEHL	
Empörung	AUFRUHR	
Empörung, Auflehnung	REVOLTE	
emporsteigen	KLIMMEN	
Endausscheid. b. Gleichstand	STECHEN	
Ende, Finale	SCHLUSS	
endloses Gerede	PALAVER	
eng anliegende Jacke	SPENZER	
Enge, Engpaß	HOHLWEG	
enger Freund	INTIMUS	
enger Vertrauter	INTIMUS	
enge Steilschlucht	COULOIR	
engl. abstrakter Maler	PASMORE	
engl. Adelsstand	PEERAGE	
engl. Afrikaforscher	STANLEY	
engl.-am. Filmregisseur	CHAPLIN	
engl.-am. Filmschauspieler	CHAPLIN	
engl.-am. Hohlmaß	QUARTER	
engl. Architekt	PEARSON	
engl. Astronom	BRADLEY	
engl. Astronom und Physiker	LOCKYER	
engl. Astrophysiker	HAWKINS	
engl. Automarke	BENTLEY	
engl. Autor, Dramatiker	MAUGHAM	
engl. Autor, Historiker	WALPOLE	
engl. Autor, Schriftsteller	BENNETT	
engl. Autor, Schriftsteller	CHAUCER	
engl. Autor, Schriftsteller	DEEPING	
engl. Autor (Nobelpreis)	KIPLING	
engl. Ballspiel	KRICKET	

engl. Ballspiel	KROCKET
engl. Barockkomponist	PURCELL
engl. Bucht	LYMEBAY
engl. Chemiker (Nobelpreis)	HAWORTH
engl. Chemiker (Nobelpreis)	HOPKINS
engl. Chemiker (Nobelpreis)	KENDREW
engl. Chemiker (Nobelpreis)	NORRISH
engl. Dirigent	BEECHAM
engl. Dogge	MASTIFF
engl. Dramatiker	OSBORNE
engl. Dramatiker (16. Jh.)	MARLOWE
engl. Fluß	DERWENT
engl. Frauen-Vorname	DOROTHY
engl. Frauen-Vorname	HARRIET
engl. Grafschaft	WARWICK
engl. Graphiker	FLAXMAN
engl. Hafen, Seebad am Avon	BRISTOL
engl. Hafen am Bristolkanal	NEWPORT
engl. Herzogin	DUCHESS
engl. Historiker	CARLYLE
engl. Historiker, Philosoph	TOYNBEE
engl. Höflichkeitstitel	ESQUIRE
engl. Ingenieur, Erfinder	PARSONS
engl. Kinderbuchautor	CARROLL
engl. König	RICHARD
engl. Königsname	CHARLES
engl. Komponist	BRITTEN
engl. Komponist	TIPPETT
engl. Krimi-Autor	WALLACE
engl. Kronprinz	CHARLES
engl. Kulturphilosoph (Nobelpr.)	RUSSELL
engl. Lyriker, Schriftsteller	SHELLEY
engl. Männer-Vorname	ANDREWS
engl. Männer-Vorname	BERNARD
engl. Männer-Vorname	CHARLES
engl. Männer-Vorname	CHARLIE
engl. Männer-Vorname	GREGORY
engl. Männer-Vorname	KENNETH
engl. Männer-Vorname	TERENCE
engl. Maler, Zeichner	HOGARTH
engl. Maß	FURLONG
engl. Mathematiker	BABBAGE
engl. Mathematiker	SIMPSON
engl. Mediziner	ADDISON
engl. Mediziner (Nobelpreis)	FLEMING
engl. Philosoph	BRADLEY
engl. Philosoph, Mathematiker	RUSSELL
engl. Philosoph (Deismus)	HERBERT
engl. Physiker	MOSELEY
engl. Physiker, Chemiker	FARADAY
engl. Physiker (Nobelpreis)	THOMSON
engl. Physiker (Nobelpreis)	WILKINS
engl. Physiker und Chemiker	CROOKES
engl. Politiker, Staatsmann	BALDWIN
engl. Politiker, Staatsmann	BALFOUR
engl. Popmusiker	RICHARD
engl. Popmusikgruppe	BEATLES
engl. Pop-Quartett	TRAFFIC
engl. präraffaelit. Maler	MILLAIS
engl. Primaballerina	FONTEYN

Hinweis	Lösung
engl. Punkmusiker	VICIOUS
engl. realist. Schriftsteller	DICKENS
engl. Reformator	CRANMER
engl. Reformator	TYNDALE
engl. Rennfahrer	MANSELL
engl. Rockmusiker	STEWART
engl. Romanautor	MARRYAT
engl. Schäferhund	BOBTAIL
engl. Schauspieler	GIELGUD
engl. Schauspieler	GRANGER
engl. Schauspieler	OLIVIER
engl. Schauspieler	SELLERS
engl. Schauspieler	USTINOV
engl. Schlagholzspiel	KRICKET
engl. Schriftsteller	BOSWELL
engl. Schriftsteller	JOHNSON
engl. Schriftsteller	LECARRE
engl. Schriftsteller (»007«)	FLEMING
engl. Schriftsteller (16. Jh.)	SPENSER
engl. Seebad in Kent	MARGATE
engl. Seefahrer, Entdecker	DAMPIER
engl. Seefahrer, Seeheld	RALEIGH
engl. Sozialphilosoph	BENTHAM
engl. Sozialphilosoph	MALTHUS
engl. Soziologe, Philosoph	SPENCER
engl. Stadt	BEDFORD
engl. Stadt	FARNHAM
engl. Stadt	MOSSLEY
engl. Stadt am Ärmelkanal	TORQUAY
engl. Stadt am Avon	WARWICK
engl. Stadt am Dee	CHESTER
engl. Stadt am Medway	CHATHAM
engl. Stadt in Berkshire	READING
engl. Stadt in Hertford	WATFORD
engl. Stadt in Lancashire	HEYWOOD
engl. Stadt in Surrey	REIGATE
engl. Stadt in Wales	WREXHAM
engl. Stadt in Wiltshire	SWINDON
engl. Tanz	TWOSTEP
engl. u. franz.: Dienst	SERVICE
engl. Vollfettkäse	CHESTER
engl. weibl. Adelstitel	DUCHESS
engl. Zoologe (Nobelpreis)	MEDAWAR
engl. Dampfschiff	STEAMER
engl.: Deutschland	GERMANY
engl.: Dudelsack	BAGPIPE
engl.: Flughafen	AIRPORT
engl.: Gefühl	FEELING
engl.: Gesellschaft	COMPANY
engl.: Gesellschaft	SOCIETY
engl.: Irland	IRELAND
engl.: Kegeln	BOWLING
engl.: Leichenbestatter	CORONER
engl.: Liebhaber, Liebling	DARLING
engl.: Luftpost	AIRMAIL
engl.: Mode	FASHION
engl.: Muster	PATTERN
engl.: Schlagzeuger	DRUMMER
engl.: Sprecher	SPEAKER
englisch: Abend	EVENING
englisch: Bruder	BROTHER
englisch: Ehemann	HUSBAND
englisch: Freiheit	FREEDOM

englisch: Freiheit	LIBERTY	Entgegnung	ANTWORT	entzückend	HUEBSCH
englisch: fremd	STRANGE	Entgelt für Dienstleistung	GEBUEHR	entzükkend	REIZEND
englisch: Glück	FORTUNE			Enzym	FERMENT
englisch: Küche	KITCHEN	Entgelt für Freiberufler	HONORAR	Epilog	NACHRUF
englisch: Land	COUNTRY	entkommen	FLIEHEN	episches Gedicht	BALLADE
englisch: Meinung	OPINION	Entleerungsrohr	ABFLUSS	Epoche	PERIODE
englisch: Morgen	MORNING	Entmannter	KASTRAT	Epos des Wolfr. v. Eschenbach	TITUREL
englisch: Reise	JOURNEY	Entpflichtung	DISPENS	Epos von Homer	ODYSSEE
englisch: Wetter	WEATHER	Entrechteter	OUTCAST	Epos von Klopstock	MESSIAS
englisch: Wochenende	WEEKEND	Entrichtung von Geld	ZAHLUNG	Erbarmen	MITLEID
Engpaß	DEFILEE			Erbauer des Sueskanals	LESSEPS
engstirniger Mensch	BANAUSE	Entrückung	EKSTASE		
		entrüstet	EMPOERT	Erbauungsschrift	TRAKTAT
Enkelsohn	URENKEL	Entschädigungsgelder	DIAETEN	Erbbild	GENOTYP
Entdecker Chiles	ALMAGRO			Erbhygiene	EUGENIK
		entschlossen	GEWILLT	erblicken	SICHTEN
Entdecker d. Penicillins	FLEMING	entschuldigen, verzeihen	VEGEBEN	Erbrechen	VOMITUS
				Erdabtragung	EROSION
Entdecker des Insulins	BANTING	Entsetzen	GRAUSEN	Erdachsen-Endpunkt	NORDPOL
		Entspannung	DETENTE		
Entdecker d. Diphtherieserums	BEHRING	entsprechend	GEMAESS	Erdachsen-Endpunkt	SUEDPOL
		Entstehung	GENESIS	Erdarbeiten	TIEFBAU
Entdecker grönländisch. Gebiete	WEGENER	entwenden	STEHLEN	Erdart in den Tropen	LATERIT
		Entwicklung	REIFUNG		
entfernen, wegschaffen	RAEUMEN	Entwicklung, Verlauf	PROZESS	Erdbebenkunde	SEISMIK
Entfernung	ABSTAND	Entwicklungsrichtung	TENDENZ	Erde in der nord. Mythologie	MIDGARD
Entfernung	DISTANZ	Entwicklungsstufe	STADIUM		
Entfernung	STRECKE			Erdgeschichtler	GEOLOGE
entgegen	ZUWIDER	Entwurf	AUFRISS	Erdichtung	FIKTION
entgegnen	KONTERN	Entwurf	KONZEPT		
		Entwurf, Planung	PROJEKT	Erdklumpen, Heimatboden	SCHOLLE

Erdmesser, Feldmesser	GEODAET	Erfinder d. Plakatsäule	LITFASS	Erholungsstätte	BADEORT
Erdöl	NAPHTHA	Erfinder d. Rollfilms	EASTMAN	Erholungsstätte	KURHAUS
Erdpech	ASPHALT	Erfinder der Laterna magica	KIRCHER	erigierter Penis	PHALLUS
Erdpech	BITUMEN			Erinnerungsbild	ENGRAMM
Erdteil	AMERIKA			Erinnerungsbild (psychol.)	ANGRAMM
Erdwachs	ZERESIN	Erfinder der Pendeluhr	HUYGENS		
Ereignis, Aktion	VORGANG			Erinnerungsmal	MARTERL
Erfahrung	EMPIRIE	Erfinder der Perlonfaser	SCHLACK	Erinnerungsverlust	AMNESIE
Erfahrung, Gewohnheit	ROUTINE	Erfinder der Zeigertelegrafen	SIEMENS	Erinnye	MEGAERE
Erfahrungslehre, -wissenschaft	EMPIRIK			Erklärung	DEUTUNG
				Erkundigung	ANFRAGE
Erfahrungswissen	EMPIRIK	Erfinder des Fernrohrs	GALILEI	Erlaubnis	KONSENS
				erlesen	KOSTBAR
Erfind. d. Kardan-Aufhängung	CARDANO	Erfinder des Metronoms	MAELZEL	Erlöser	HEILAND
				Erlösung im Buddhismus	NIRWANA
Erfinder d. Automobilmotors	DAIMLER	Erfinder des Schießpulvers	SCHWARZ		
				ermuntern	ANREGEN
Erfinder d. Blindenschrift	BRAILLE	Erfinder eines Fotoapparats	EASTMAN	ernst, ernsthaft, gediegen	SERIOES
Erfinder d. Differentialrechnung	LEIBNIZ	Erfindung	FIKTION	Erörterung	DEBATTE
		Erfolg, Siegesfeier	TRIUMPH	Erörterung	DISKURS
Erfinder d. drahtlosen Telegrafie	MARCONI	erforderlich	OBLIGAT	erproben, versuchen	PRUEFEN
		Erforscher Australiens	LINDSAY		
Erfinder d. Dynamomaschine	SIEMENS			erquicken	BELEBEN
		Ergänzung	BEIGABE	Ersatz	RESERVE
Erfinder d. Gasbeleuchtung	MURDOCK	Ergänzung	BEIWERK	Ersatz, Rücklage	RESERVE
		Ergebnis	LOESUNG	Ersatzanspruch, Rückgriff	REGRESS
Erfinder d. Kinematographen	LUMIERE	ergebnislos	NEGATIV		
		erhabener Stil	KOTHURN	Erscheinungsbild	HABITUS
Erfinder d. Kinematographen	MESSTER	erhöhter Jagdplatz	ANSTAND	Erschlaffung	PARESIS
				erstaunlich, verblüffend	STUPEND
Erfinder d. Kraftfahrzeugs	DAIMLER	erhöhter Umgang	GALERIE	erster Halswirbel	TRAEGER

erster Herzverpflanzer	BARNARD	
erster Kosmonaut	GAGARIN	
erster künstl. Satellit	SPUTNIK	
erster Tag des Jahres	NEUJAHR	
erstes Buch Mose	GENESIS	
erstes Weib d. griech. Sage	PANDORA	
Eruptivgestein	ANDESIT	
Eruptivgestein	LIPARIT	
Eruptivgestein	TRACHYT	
Erweichung (mediz.)	MALAZIE	
Erwerb gegen Bezahlung	EINKAUF	
Erwiderung	ANTWORT	
erzählende Dichtung	BALLADE	
erzählende Dichtung	NOVELLE	
erzählendes Gedicht	ROMANZE	
Erzengel	GABRIEL	
Erzengel	MICHAEL	
Erzengel	RAPHAEL	
eßbare Pflanzen	GEMUESE	
eßbarer Pilz	REIZKER	
eßbarer Röhrling	KUHPILZ	
Eßbedürfnis	APPETIT	
Essen	NAHRUNG	
essen, tafeln	SPEISEN	
Essenszubereiterin	KOECHIN	
Eßgerät	LOEFFEL	
Eßgeräte	BESTECK	
Eßraum in Betrieben	KANTINE	
estn. Name von Reval	TALLINN	
estnisch. See	WIRZSEE	
Etappe	STRECKE	
etrusk. Trompete	SALPINX	
Eunuch	KASTRAT	
Europ. Atom-Gemeinschaft	EURATOM	
europ. Sprache	DEUTSCH	
europäisch. Zwergstaat	VATIKAN	
europäische Halbinsel	ITALIEN	
europäische Hauptstadt	BELGRAD	
europäisches Königreich	BELGIEN	
europäisches Königreich	SPANIEN	
europäische Völkergruppe	ROMANEN	
evangel. Kirchenlieddichter	NEANDER	
evangel. Theologe	HARNACK	
ewig, bleibend	ZEITLOS	
Ewiger Jude	AHASVER	
ewiger Klee	LUZERNE	
exotische Frucht	AVOCADO	
exotischer Vogel	PAPAGEI
exotischer Vogel	PELIKAN
Experiment, Probe	VERSUCH
explodieren	BERSTEN
Explosion	KRACHEN
Explosivgeschoß	GRANATE
Export	AUSFUHR
Exposé	AUFRISS
Exposé	ENTWURF
exquisit	ERLESEN
extrem	MASSLOS
Fabelname d. Hahnes	HENNING
Fabelname d. Wolfes	ISEGRIM
Fabelname des Esels	LANGOHR
Fabelname des Fuchses	REINEKE
Fabeltier	EINHORN
Fabrikat, Erzeugnis	PRODUKT
Fach, Fachgebiet	BRANCHE
Facharzt	CHIRURG
Facharzt	UROLOGE
Fachmann	KOENNER
Fachvortrag, Berichterstattung	REFERAT
Fachwissen (engl.)	KNOWHOW
Fackeldistel	OPUNTIE
Fadenwickler	SPINDEL
Fadenwurm	AELCHEN
fader Wortwitz	KALAUER
Fähigkeit	KOENNEN

Fähnrich	KORNETT	Farbe der Trauer	SCHWARZ	Fehlfarbe im Kartenspiel	RENONCE
Fährhafen in Dänemark	KORSOER	Farbe e. student. Verbindung	COULEUR	Fehltritt	FAUXPAS
Fährschiff	TRAJEKT			feierl. Ehrung	OVATION
Fänger beim Baseball	CATCHER	Farbenmischbrett	PALETTE	feierliche Messe	HOCHAMT
Färbung	KOLORIT	Farbgebung	KOLORIT	feierliches Geleit	KONDUKT
Färbung	TINKTUR	Farbgebung, Abstufung	TOENUNG	Feigenkaktus	OPUNTIE
fahrender Schüler	SCHOLAR			Feigling, Maulheld	POLTRON
Fahrersitz	COCKPIT	farbig. franz. Dichter	CESAIRE	feilschen	HANDELN
Fahrgast	INSASSE			feilschen	MARKTEN
Fahrgastbetreuer	STEWARD	Farbton	SILBRIG	feine Bildung	SCHLIFF
Fahrgestell	CHASSIS	Farbton	TUERKIS	feines Baumwollgewebe	ORGANDY
Fahrkarte	BILLETT	Färöerinsel	SYDEROE		
Fahrstuhlführer	LIFTBOY	Faserpflanze	ESPARTO	feines Papier	BUETTEN
Fahrtenbuch für Schiffe	LOGBUCH	Faserverarbeitung	SPINNEN	feines Ziegenleder	SAFFIAN
Fahrtrichtungsanzeiger	BLINKER	Fassung, Wendung	VERSION	Feingebäck	BISKUIT
		faul	MUESSIG	Feingebäck	KRAPFEN
Fahrzeuguntergestell	CHASSIS	faulenzen	GAMMELN	Feingebäck	MAKRONE
		Faulenzer	GAMMLER		
Faktor, Gegebenheit	UMSTAND	Fazit, Zusammenfassung	RESUMEE	feingehacktes Fleisch	HASCHEE
Falken-Abrichter	FALKNER	Fechtwaffe	FLORETT	Feinheit	FINESSE
Fallensteller, Pelztierjäger	TRAPPER	Federbusch am Helm	PANASCH	Feinschmecker	GOURMET
falsche Akazie	ROBINIE	Federdeckbett	PLUMEAU	feinst verteilte Substanz	KOLLOID
falscher Glanz, Schein	FLITTER	Federwild, Niederwild	REBHUHN	Felchen	MARAENE
falscher Schwur	MEINEID	Fee der franz. Sage	MORGANA	Feldherr Justinians	BELISAR
Falschspiel	MOGELEI	Fehlbetrag	DEFIZIT	Feldjäger	GENDARM
falten	KNICKEN			Feldspat-Basalt	DOLERIT
falten	KNIFFEN	Fehlbetrag, Schaden	VERLUST	Feldstück	GEWENDE
Faltenstoff	PLISSEE	fehlerfrei	KORREKT	Feldthymian	QUENDEL
Fangnetz	KESCHER	fehlerfrei, zutreffend	RICHTIG		
Farbe, Farbton	SILBERN				

Feldwache, Reiterposten	VEDETTE
Fell des Karakulschafes	KRIMMER
Felswerk	GESTEIN
Felswüste in der Sahara	TASSILI
Fensterteil	SCHEIBE
Fenstervorhang	GARDINE
Ferment	AMYLASE
Ferment d. Bauchspeicheldrüse	TRYPSIN
Ferment des Darmsaftes	LAKTASE
Fernkopierer	TELEFAX
Fernmeldesatellit	TELSTAR
fernsehgeeignet	TELEGEN
Fernsehsprecher	ANSAGER
Fernsehübertragung	SENDUNG
Fernsprecher	TELEFON
fertig	BEENDET
Fertigkeit	KOENNEN
Fertigkeit	TECHNIK
Fertigkeit, Gewöhnung	ROUTINE
fesseln	KNEBELN
fesselnd	PACKEND
fest	HALTBAR
fest	KOMPAKT
festes Körpergewebe	KNORPEL
Festessen	BANKETT
Festigkeit erhöhen	HAERTEN
Festkneipe	KOMMERS
festl. Bekleidungsstück	GEHROCK
festlicher Ball	BALPARE
Festspielort in Österreich	BREGENZ
Festungsanlage	BASTION
Festungsanlage	KASTELL
fettähnl. Substanz	LANOLIN
Fettbestandteil	STEARIN
fettig, unsauber	SPECKIG
Fettschwanzschaf	KARAKUL
Fetzen	FLICKEN
feucht	BENETZT
feuchtwarm	SCHWUEL
Feuerwasser	SCHNAPS
Feuerwehrgerät	SPRITZE
feurig (Musik)	CONBRIO
Fiaker	KUTSCHE
Fichtenharz	GALIPOT
Fidschi-Insel	KANDAVU
fiebererregend	PYROGEN
Figaro	FRISEUR
Figur aus »Aida«	AMNERIS
Figur aus »Aida«	RAMPHIS
Figur aus »Arabella«	WALDNER
Figur aus »Barbier von Sevilla«	BARTOLO
Figur aus »Barbier von Sevilla«	BASILIO
Figur aus »Carmen«	DONJOSE
Figur aus »Carmen«	MICAELA
Figur aus »Cavalleria rusticana«	TURIDDU
Figur aus »Dantons Tod«	CAMILLE
Figur aus »Dantons Tod«	HERAULT
Figur aus »Der Bettelstudent«	BOGUMIL
Figur aus »Der Freischütz«	OTTOKAR
Figur aus »Der Opernball«	GERMAIN
Figur aus »Der Revisor«	MISCHKA
Figur aus »Der Rosenkavalier«	FANINAL
Figur aus »Der Troubadour«	AZUCENA
Figur aus »Der Troubadour«	LEONORE
Figur aus »Der Troubadour«	MANRICO
Figur aus »Der Vogelhändler«	SCHNECK
Figur aus »Der Zarewitsch«	BORDOLO
Figur aus »Der Zigeunerbaron«	OTTOKAR
Figur aus »Die Fledermaus«	RAMUSIN

Figur aus »Don Giovanni«	MASETTO	Figur aus »Hamlet«	OPHELIA	Figur aus »Land des Lächelns«	TSCHANG
Figur aus »Don Giovanni«	OTTAVIO	Figur aus »Im Weißen Rößl«	LEOPOLD	Figur aus »Macbeth«	FLEANCE
Figur aus »Don Giovanni«	ZERLINE	Figur aus »Im Weißen Rößl«	OTTILIE	Figur aus »Macbeth«	MACDUFF
Figur aus »Dreigroschenoper«	MACHEAT	Figur aus »Iphigenie auf Tauris«	ARTEMIS	Figur aus »Macbeth«	MALCOLM
Figur aus »Dreigroschenoper«	PEACHUM	Figur aus »Iphigenie auf Tauris«	PYLADES	Figur aus »Maria Stuart«	DAVISON
Figur aus »Faust«	FAMULUS	Figur aus »Iphigenie in Aulis«	ARTEMIS	Figur aus »Martha«	HARRIET
Figur aus »Fidelio«	JAQUINO	Figur aus »Iphigenie in Aulis«	KALCHAS	Figur aus »Maske in Blau«	ARMANDO
Figur aus »Fidelio«	LEONORE	Figur aus »Kaufm. von Venedig«	SALERIO	Figur aus »Maske in Blau«	EVELYNE
Figur aus »Figaros Hochzeit«	ANTONIO	Figur aus »Kaufm. von Venedig«	SHYLOCK	Figur aus »Maske in Blau«	GONZALA
Figur aus »Figaros Hochzeit«	BARTOLO	Figur aus »Kaufmann v. Venedig«	JESSICA	Figur aus »Maske in Blau«	JULISKA
Figur aus »Figaros Hochzeit«	BASILIO	Figur aus »Kaufmann v. Venedig«	LORENZO	Figur aus »My Fair Lady«	FREDDIE
Figur aus »Figaros Hochzeit«	SUSANNA	Figur aus »Kaufmann v. Venedig«	NERISSA	Figur aus »My Fair Lady«	HIGGINS
Figur aus »Fra Diavolo«	GIACOMO	Figur aus »Kaufmann von Venedig«	ANTONIO	Figur aus »Nathan der Weise«	SALADIN
Figur aus »Fra Diavolo«	LORENZO	Figur aus »Kiss Me Kate«	ANNLANE	Figur aus »Nibelungenlied«	BLOEDEL
Figur aus »Fra Diavolo«	ZERLINE	Figur aus »La Bohème«	BERNARD	Figur aus »Othello«	MONTANO
Figur aus »Gärtnerin aus Liebe«	ARMINDA	Figur aus »La Bohème«	MUSETTE	Figur aus »Othello«	RODRIGO
Figur aus »Gärtnerin aus Liebe«	ROBERTO			Figur aus »Porgy and Bess«	FRAZIER
Figur aus »Götz von Berlichingen«	METZLER			Figur aus »Porgy and Bess«	ROBBINS
Figur aus »Hamlet«	HORATIO			Figur aus »Postillon von Lonjumeau«	BOURDON
Figur aus »Hamlet«	LAERTES				

Figur aus »Rigoletto«	MARULLO	Figur aus »Wallenstein«	ISOLANI	finnische Zither	KANTELE
Figur aus »Ring des Nibelungen«	GUTRUNE	Figur aus »Wallenstein«	WRANGEL	finnisch-ugrischer Sibirier	OSTJAKE
Figur aus »Ring des Nibelungen«	HUNDING	Figur aus »Wilhelm Tell«	GERTRUD	finster	DUESTER
				Firmenzusammenschluß	KONZERN
Figur aus »Romeo und Julia«	CAPULET	Figur aus »Wilhelm Tell«	GESSLER	Fisch, Fischart	SANDAAL
		Figur aus »Zar und Zimmermann«	SYNDHAM	Fischart	GRUNDEL
Figur aus »Romeo und Julia«	LORENZO			Fischdampfer	TRAWLER
		Figur aus »Zar und Zimmermann«	VANBETT	Fistelstimme	FALSETT
Figur aus »Salome«	HERODES			fixe Idee	MAROTTE
Figur aus »Sommernachtstraum«	THESEUS	Figur aus Peer Gynt	SOLVEIG	Fixiermittel	FIXATIV
				flach	NIEDRIG
Figur aus »Sommernachtstraum«	TITANIA	Figur aus Sommernachtstraum	SCHNAUZ	flache Kuppel	KALOTTE
				flacher Hieb	STREICH
Figur aus »Tannhäuser«	HERMANN	Filmbearbeitung	SCHNITT	fläm. Maler (17. Jh.)	VERMEER
		Filmkammer	MAGAZIN		
Figur aus »Tannhäuser«	REINMAR	Filmkenner	CINEAST	fläm. Teppichart	DOORNIK
		Filzzelt	KIBITKA		
Figur aus »Tannhäuser«	WALTHER	Finanzmagnat	BANKIER	flämisch. Maler	BROUWER
Figur aus »Tannhäuser«	WOLFRAM	Finanzminister Ludwigs XIV.	COLBERT	flämisch. Maler (17. Jh.)	SNYDERS
Figur aus »Tausendundeine Nacht«	ALIBABA	findig, schlau	PFIFFIG	flämisch. Schriftsteller	GEZELLE
Figur aus »Tausendundeine Nacht«	SINDBAD	Fingerglied (mediz.)	PHALANX	flämischer Maler (17. Jh.)	TENIERS
		Finkenvogel	AMADINE	flaggen	HEISSEN
Figur aus »Tiefland«	ANTONIA	Finkenvogel	DOMHERR	Flanke	FLUEGEL
				Flanke b. Fußball	ZUSPIEL
Figur aus »Tiefland«	ROSALIA	Finkenvogel	ORTOLAN	flau	LUSTLOS
		finn. Maler	HALONEN	Fledermaus	LANGOHR
Figur aus »Tiefland«	TOMMASO	finnisch. Dichter	WALTARI	Flegel	LUEMMEL
				Fleischer	METZGER
Figur aus »Tosca«	SCARPIA	finnisch. Hafenstadt	KOKKOLA	Fleischgericht	GULASCH
				fleischig	PULPOES
				Fleischrolle	ROULADE

Fleischscheibe	TRANCHE	Flugbahn	PARABEL
Flexion	BEUGUNG	flugfähig	FLUEGGE
Flieder	SYRINGE	Fluggastbetreuer	STEWARD
Flieder, Fliederart	ZEDRACH	Fluggerät	DRACHEN
Fliege, Fliegenart	BRUMMER	Flughafen v. Stockholm	ARLANDA
flink, behende	SCHNELL	Flughafen von Bilbao	SONDICA
Flitter, Kleinkram	PLUNDER	Flughafen von Bukarest	BANEASA
florentin. Adelsgeschlecht	STROZZI	Flughafen von Kopenhagen	KASTRUP
florentin. Bildhauer	FIESOLE	Flughafen von London	GATWICK
florentin. Maler	CIMABUE	Flughafen von Madrid	BARAJAS
florentin. Maler der Frührenaiss.	GOZZOLI	Flughafen von Manchester	RINGWAY
florentin. Maler (16. Jh.)	UCCELLO	Flughafen von Moskau	WNUKOWO
Florgewebe	PLUESCH	Flughafen von Oslo	FORNEBU
florieren	BLUEHEN	Flughafen von Toronto	PEARSON
flotte Bewegung	SCHWUNG	Flugzeugkanzel	COCKPIT
Flottenchef	ADMIRAL	Flugzeugtyp	CONVAIR
fluchen, schimpfen	WETTERN	Flugzeugverband	STAFFEL
flüchtige Bewußtseinstrübung	ABSENCE	Flunder, Flachfisch	SCHOLLE
Flügelhorn	KORNETT	Fluß auf Borneo	MAHAKAM
flüssiger Kohlenstoff	ISOPREN	Fluß aus d. Wettersteingebirge	LOISACH
Flüssigkeitsbehälter	FLASCHE	Fluß d. griech. Unterwelt	KOKYTOS
Flüssigkeitsgemisch	LOESUNG	Fluß durch Augsburg	WERTACH
Flüssigkeitsverlust	LECKAGE		
flüstern, lispeln	WISPERN		
Flug	SCHWARM		

Fluß durch Freiburg/Breisgau	DREISAM	Folge, Nacheinander	
Fluß durch Nürnberg	PEGNITZ		
Fluß durch Salzburg	SALZACH		
Fluß durch St. Pölten	TRAISEN		
Fluß durch Uelzen	ILMENAU		
Fluß durch Washington (DC)	POTOMAC		
Fluß im Schwarzwald	DREISAM		
Fluß in der Herzegowina	NARENTA		
Fluß in der NO-Mongolei	KERULEN		
Fluß in Kalabrien	BUSENTO		
Flußkanonenboot	MONITOR		
Flußspat	FLUORIT		
Flußübergang	BRUECKE		
Fluß zum Baikalsee	SELENGE		
Fluß zum Kochelsee	LOISACH		
Fluß zw. Erie- u. Ontariosee	NIAGARA		
Förderer	GOENNER		
Förderer, Geldgeber	SPONSOR		
Förderung von Bodenschätzen	BERGBAU		
förmlich	FORMELL		
Fohlen	FUELLEN		
Folge, Nacheinander	SEQUENZ		

folgerichtig	LOGISCH	franz. abstrakt. Maler	BAZAINE
Folgerung	SCHLUSS	franz. Adelsprädikat,-titel	MARQUIS
Folgewidrigkeit	UNLOGIK	franz. Adelstitel	VICOMTE
Folgezeit, kommende Zeit	ZUKUNFT	franz. alter Tanz	MENUETT
folglich	DESHALB	franz. Arzt u. Chemiker	LEBLANC
folgsam	FUEGSAM	franz. Astronom	CASSINI
foltern	MARTERN	franz. Astronom	MESSIER
foltern, plagen	QUAELEN	franz. Astronom u. Mathematiker	LAPLACE
foppen, betrügen	PRELLEN	franz. Atlantikhafen	LORIENT
Forderungsabtretung	ZESSION	franz. Automarke	CITROEN
formen, stanzen	PRAEGEN	franz. Automobilbauer	PEUGEOT
Formen einpressen	PRAEGEN	franz. Autor (Biographien)	MAUROIS
Formgeber	STYLIST	franz. Autor (Nobelpreis)	MAURIAC
Formgebung	STYLING	franz. Autor (Nobelpreis)	ROLLAND
Formstück	FITTING	franz. Bakteriologe	PASTEUR
Forstschädling	SPANNER	franz. Bakteriologe (Nobelpr.)	LAVERAN
Forstschädling	SPINNER	franz. Bakteriologe (Nobelpr.)	NICOLLE
Fort	FESTUNG	franz. Baumeister (17. Jh.)	MANSART
Fortbewegungsart	FLIEGEN	franz.-belg.-niederl. Fluß	SCHELDE
Fortgang, Entwicklung	VERLAUF	franz. Bildhauer	DESPIAU
fotografisches Bild	POSITIV	franz. Bildhauer	MAILLOL
Fracht	LADEGUT	franz. Bildhauer (18. Jh.)	PIGALLE
Frachtvertrag	CHARTER	franz. Bildnismaler (17. Jh.)	MIGNARD
fränk. Saale-Zufluß	SELBITZ	franz. Buchdruckerfamilie	ETIENNE
Fragestellung	PROBLEM	franz. Chansonsängerin	MATHIEU
franz. abstrakt. Bildhauer	LAURENS	franz. Chemiker	HEROULT
		franz. Chemiker (Nobelpreis)	MOISSAN
		franz. Departement	ARDECHE
		franz. Departement	BELFORT
		franz. Departement	COTEDOR
		franz. Departement	MAYENNE
		franz. Dichter, Kulturphilosoph	DUHAMEL
		franz. Dichter, Lyriker	CHENIER
		franz. Dichter, Maler, Kompon.	COCTEAU
		franz. Dichter, Schriftsteller	ANOUILH
		franz. Dichter, Schriftsteller	BOURGET
		franz. Dichter, Schriftsteller	CLAUDEL

franz. Dichter, Schriftsteller	ROMAINS
franz. Dichterin	LAROCHE
franz. Dichter (Kultusminister)	MALRAUX
franz. Dichter (Novellen)	MERIMEE
franz. Dudelsack	MUSETTE
franz. Enzyklopädist	DIDEROT
franz. expressionist. Maler	ROUAULT
franz. fauvistischer Maler	MARQUET
franz. Filmregisseur	CLOUZOT
franz. Flieger, Flugpionier	BLERIOT
franz. Flugzeugbauer	BREGUET
franz. Fluß	GIRONDE
franz. Fluß zum Mittelmeer	HERAULT
franz. Forschungsreisender	LASALLE
franz. Frauenname	BABETTE
franz. Frauenname	BLANCHE
franz. Frauenname	DESIREE
franz. Frauenname	DORETTE
franz. Frauenname	LISETTE
franz. Frauenname	LUCILLE
franz. Frauenname	NANETTE
franz. frühimpress. Maler	GAUGUIN
franz. Gartenbaumeister	LENOTRE
franz. Hafen an d. Seinemündung	LEHAVRE
franz. Hafen in der Bretagne	MORLAIX
franz. impressionist. Kompon.	DEBUSSY
franz. Inselgruppe im Pazifik	LOYALTY
franz. Inselgruppe im Pazifik	TUAMOTU
franz. Insel im Indischen Ozean	REUNION
franz. Insel vor Ostafrika	MAYOTTE
franz.-italienischer Küstenstreifen	RIVIERA
franz. Jurist (Nobelpreis)	RENAULT
franz. Juwelier	CARTIER
franz. Juwelier	FABERGE
franz. Kanalhafen	LEHAVRE
franz. Kanzelredner	BOSSUET
franz. Kardinal, Staatsmann	MAZARIN
franz. Karstlandschaft	CAUSSES
franz. Kartenspiel	BESIGUE
franz. kathol. Romancier	MAURIAC
franz. klassizist. Maler	PRUDHON
franz. klassizistisch. Dichter	RONSARD
franz. klassizistisch. Maler	POUSSIN
franz. Kleingebäck	BRIOCHE
franz. Königin	ISABEAU
franz. Komödiendichter	REGNARD
franz. Komponist	BERLIOZ
franz. Komponist	DELIBES
franz. Komponist	MILHAUD
franz. Komponist	ROUSSEL
franz. Kriegsminister	MAGINOT
franz. kubistischer Maler	GLEIZES
franz. Küstengebirge	ESTEREL
franz. Landschaft	BURGUND
franz. Lustspielautor	FEYDEAU

franz. Lustspieldichter	MOLIERE	franz. Marschall (17. Jh.)	TURENNE	franz. Pferderennbahn	AUTEUIL
franz. Lyriker, Schriftsteller	GAUTIER	franz. Maskareneninsel	REUNION	franz. Philosoph	BLONDEL
franz. Männername	ADOLPHE	franz. Mathematiker	FOURIER	franz. Philosoph, Autor	DIDEROT
franz. Männername	ANTOINE	franz. Minnesänger	BLONDEL	franz. Philosoph (Nobelpreis)	BERGSON
franz. Männername	EDOUARD	franz. Mittelmeerinsel	KORSIKA	franz. Physiker	FRESNEL
franz. Männername	ERNESTE	franz. Modeschöpfer	BALMAIN	franz. Physiker, Zoologe	REAUMUR
franz. Männername	GASPARD	franz. Modeschöpfer	ESTEREL	franz. Physiker (Nobelpreis)	BROGLIE
franz. Männername	GEORGES	franz. Modeschöpfer	LACROIX	franz. Physiker (Nobelpreis)	KASTLER
franz. Männername	JACQUES	franz. Modeschöpfer	LAROCHE	franz. Politiker	HERRIOT
franz. Männername	LEONARD	franz. Modeschöpfer	RABANNE	franz. Politiker, Staatsmann	BIDAULT
franz. Männername	MAURICE	franz. Mosel-Zufluß	MEURTHE	franz. Politiker, Staatsmann	SCHUMAN
franz. Maler, Grafiker	CEZANNE	franz. Münze	CENTIME	franz. Politiker (Nobelpreis)	JOUHOUX
franz. Maler, Grafiker	CHARDIN	franz. Nachimpressionist	BERNARD	franz. Publizist	GROSSER
franz. Maler, Grafiker	DAUMIER	franz. Name d. Mosel	MOSELLE	franz. Pyrenäenberg	CANIGOU
franz. Maler, Grafiker	LORRAIN	franz. Name von Löwen	LOUVAIN	franz. realist. Maler, Grafiker	COURBET
franz. Maler, Grafiker	UTRILLO	franz. neorealist. Autorin	MONNIER	franz. Rokoko-Bildhauer	LEMOYNE
franz. Maler, Grafiker (Fauve)	MATISSE	franz. neuromantisch. Dichter	ROSTAND	franz. Rokoko-Maler	BOUCHER
franz. Malerin	MORISOT	franz. Pädagoge (Nobelpreis)	BUISSON	franz. Rokokomaler	LANCRET
franz. Marschall	BRISSAC	franz. Pantomime	MARCEAU	franz. Rokokomaler	NATTIER
franz. Marschall Napoleons	MASSENA				

franz. Rokokomaler	WATTEAU	franz. Stadt am Cher-Loire-Kanal	BOURGES	franz.: Dorf	VILLAGE
franz. Rokokomaler, -zeichner	LIOTARD	franz. Stadt an d. Vienne	LIMOGES	franz.: Ehre	HONNEUR
franz. Romanschriftsteller	PREVOST	franz. Stadt an der Charente	SAINTES	franz.: Fahne	DRAPEAU
franz. Romanschriftstellerin	COLETTE	franz. Stadt an der Loir	VENDOME	franz.: Farbe	COULEUR
franz. satirischer Dichter	TILLIER	franz. Stadt an der Loire	ORLEANS	franz.: Fenster	FENETRE
franz. Schauspieler	PICCOLI	franz. Stadt an der Rhone	VALENCE	franz.: Freiheit	LIBERTE
franz. Schauspieler	RICHARD	franz. Stadt an der Rhone	VIVIERS	franz.: Gedächtnis	MEMOIRE
franz. Schauspielerin	DENEUVE	franz. Straßenhändler	CAMELOT	franz.: Geschenk	PRESENT
franz. Scholastiker	BURIDAN	franz. Südseeatoll	MURUROA	franz.: Gleichheit	EGALITE
franz. Schriftsteller	FENELON	franz. surrealistisch. Maler	DUCHAMP	franz.: Gletscher	GLACIER
franz. Schriftsteller	LARBAUD	franz. symbolistisch. Dichter	RIMBAUD	franz.: Glück	BONHEUR
franz. Schriftsteller	PREVERT	franz. Theologe, Prediger	BOSSUET	franz.: guten Tag!	BONJOUR
franz. Schriftsteller	QUENEAU	franz. Thronfolger	DAUPHIN	franz.: Heirat	MARIAGE
franz. Schriftsteller (17. Jh.)	SCARRON	franz. Wallfahrtsort	LISIEUX	franz.: Hut	CHAPEAU
franz. Spätimpressionist	BONNARD	franz. Wallfahrtsort	LOURDES	franz.: Kohle	CHARBON
franz. Staatsphilosoph	MAISTRE	franz. weibl. Adelstitel	BARONNE	franz.: Meinung	OPINION
franz. Stadt	NEMOURS	franz. Zoologe	DUMERIL	franz.: Mut	COURAGE
franz. Stadt am Canal du Midi	BEZIERS	franz. Zoologe	LAMARCK	franz.: Oberst	COLONEL
		franz.: Arbeit	TRAVAIL	franz.: Ohr	OREILLE
				franz.: Schal	FOULARD
				franz.: Schlaf	SOMMEIL
				franz.: Schloß	CHATEAU
				franz.: Signalhorn	CLAIRON
				franz.: Tag	JOURNEE
				franz.: Teilhaber	ASSOCIE
				franz.: Unglück	MALHEUR

franz.: Wiedervereinigung	REUNION	Frauenname	GERTRUD	Frau v. Napoleon III.	EUGENIE
franz.: Woche	SEMAINE	Frauenname	GUNDULA	Frau v. Ödipus	IOKASTE
franz.: Wunder	MIRACLE	Frauenname	HELMINE	Frau v. Theseus	ANTIOPE
franz.: Ziffer	CHIFFRE	Frauenname	HERMINE	Frau v. Theseus	PHAEDRA
franz.: Zimmer	CHAMBRE	Frauenname	IRMGARD	Frau von Schiwa	PARWATI
Französengras	RAYGRAS	Frauenname	JOHANNA	frecher Junge	LAUSBUB
Frau auf italienisch	SIGNORA	Frauenname	JOSEPHA	Freibrief	CHARTER
Frauenfeind	MISOGYN	Frauenname	JULIANA	freies Zusammenspiel (Jazz)	SESSION
Frauengestalt als Sinnb. Bayerns	BAVARIA	Frauenname	JULIANE	Freifrau	BARONIN
Frauenheld	DONJUAN	Frauenname	KORDULA	freiheitlich	LIBERAL
Frauenheld	PLAYBOY	Frauenname	LEONORE	frei schwingen	PENDELN
Frauenname	ALFREDA	Frauenname	LISBETH	freisinnig	LIBERAL
Frauenname	ANNETTE	Frauenname	MARTINA	freistehender Spitzpfeiler	OBELISK
Frauenname	ANTONIA	Frauenname	MELANIE	Freistilringen als Show	CATCHEN
Frauenname	ANTONIE	Frauenname	MELITTA	Freistilringer	CATCHER
Frauenname	AUGUSTA	Frauenname	NATALIE	freiwillig, von selbst	SPONTAN
Frauenname	AUGUSTE	Frauenname	PAULINE	Freizeitbeschäftigung	BASTELN
Frauenname	BABETTE	Frauenname	ROSALIE	Freizeitbeschäftigung	SPIELEN
Frauenname	BAERBEL	Frauenname	ROTRAUT	Freizeitsportart	WANDERN
Frauenname	BETTINA	Frauenname	VALERIA	Fremde	AUSLAND
Frauenname	CAMILLA	Frauenname	VALERIE	Fremdenheim	PENSION
Frauenname	CHRISTA	Frauenname	WILTRUD	Fremdgebiet im Staat	ENKLAVE
Frauenname	CLAUDIA	fraulich	FEMININ	Freude	GAUDIUM
Frauenname	CORINNA	Frau v. Amphitryon	ALKMENE	Freudenhalle in der nord. Sage	WINGOLF
Frauenname	ELSBETH	Frau v. Dionysos	ARIADNE	Freudenhaus	BORDELL
Frauenname	EULALIA	Frau v. Isaak	REBEKKA		
		Frau v. Kandaules	RHODOPE		
		Frau v. Laios	IOKASTE		

Freund des Orest	PYLADES	früherer ägypt. Vizekönigtitel	KHEDIVE	fürstl. Leibrente	APANAGE
Freund des Schönen	AESTHET	früherer Polizeihelm	TSCHAKO	fürstl. Spaßmacher	HOFNARR
Frevel, Verstoß	UNRECHT	frühere Schlafwagengesellsch.	MITROPA	Fürst von Monaco	RAINIER
Friedenspfeife d. Indianer	KALUMET	früheres Rudersegelschiff	GALEERE	füttern	NAEHREN
Friedhofsanlage	GRABMAL			fugenloser Bodenbelag	ESTRICH
Friktion	REIBUNG	früheres Zweirad	HOCHRAD	Fuhrwerk	GESPANN
Friseur	BARBIER	frühere Wärmeeinheit	KALORIE	Fuhrwerk	KUTSCHE
frisieren	KAEMMEN			Fundort v. Höhlenmalereien	LASCAUX
Frisiergerät	BUERSTE	Frühlingsblume	ANEMONE		
Frömmigkeit	PIETAET			Funkzubehör	ANTENNE
Frohsinn	GAUDIUM	Frühlingsstrauch	FLIEDER	furchen	RIEFELN
fromme Flugschrift	TRAKTAT	frühmittelalterl. Stil	ROMANIK	Furchenwal	BLAUWAL
fromme Geschichte	LEGENDE	frühstücken	LUNCHEN	Furchenwal	FINNWAL
Frontseite	FASSADE	Frühvorstellung	MATINEE	Furcht, Entsetzen	SCHRECK
Froschmensch	TAUCHER	frz. Entdeckungsreisender	CARTIER	Furie	ERINNYE
Frucht, Fruchtart	KUERBIS			Furunkel	ABSZESS
Fruchtbarkeitsgöttin Kanaans	ASTARTE	Fuchsschwanz (botan.)	AMARANT	Fußballfang	TORNETZ
				Fußballspielbeginn	ANSTOSS
Fruchtknoten	STEMPEL	fügsam, treu	ERGEBEN	Fußbank, kleiner Hocker	SCHEMEL
Früchte auspressen	KELTERN	Fühler	ANTENNE		
		Fühlungnahme	KONTAKT	Fußbodenbelag	BALATUM
frühe Jazzform	RAGTIME	Führung	LEITUNG	Fußbodenbelag	PARKETT
früher	EINSTIG	Führungsrinne	SCHIENE	Fußbodenbelag	TEPPICH
frühere Bez. f. Bürgermeister	SCHULZE	Fülle	OPULENZ	Fußbodenerhöhung	ESTRADE
		Fürsorge-Institution	CARITAS	Fußgänger	PASSANT
frühere Nährwerteinheit	KALORIE	Fürst d. mohammedan. Hodschas	AGAKHAN	Fußgicht	PODAGRA
				Fußspur	STAPFEN
frühere niederländ. Königin	JULIANA			Fußstütze	EINLAGE
		fürstl. Jahrgeld	APANAGE	Futteral, Schutzhülle	SCHEIDE
				Futterpflanze	LUZERNE

Futurum, Zeitform des Verbs	ZUKUNFT	gasförmiges Element	EDELGAS	gebräuchlich	UEBLICH
Gänschen	GOESSEL	gasförmiges Element	KRYPTON	gebrandmarkt	VERFEMT
gänzlich	ABSOLUT	Gastmahl	BANKETT	gebrannter Zucker	KARAMEL
galicische Sprache	GALLEGO	Gaststättenangestellter	KELLNER	Gebrauch	NUTZUNG
galvan. Stromquelle	ELEMENT	Gatte	EHEMANN	gebrechlich, debil	SCHWACH
Gandhis Ehrentitel	MAHATMA	Gatte	GESPONS	gebrochene Schrift	FRAKTUR
Gangart des Pferdes	PASSAGE	Gattin	EHEFRAU	Gebühr, Versicherungsbeitrag	PRAEMIE
Ganzkörperbad	VOLLBAD	Gaumen	PALATUM	Gebühr f. Dienstleistungen	SPORTEL
ganz und gar	RESTLOS	Gaumenlaut	PALATAL	gebunden	LEGIERT
Garantie	GEWAEHR	Gebäudebau	HOCHBAU	Geburtshelferin	HEBAMME
Garantie	HAFTUNG	Gebäudetrakt	FLUEGEL	Geburtshilfezange	FORZEPS
garantieren	BUERGEN	Gebein, Gebeine	KNOCHEN	Geburtsort Hölderlins	LAUFFEN
Gardine	VORHANG	geben, hinhalten	REICHEN	Geburtsort Napoleons I.	AJACCIO
Garnbündel	GEBINDE	Gebiet	BEREICH	Geburtsort Schillers	MARBACH
Gartenammer	ORTOLAN	Gebieter	MEISTER	Gedeih, Gedeihen	BLUEHEN
Gartenblume, -pflanze	LEVKOJE	Gebietsausschluß	EXKLAVE	Gedeih, Gedeihen	WACHSEN
Gartenblume, -pflanze	LOBELIE	gebietsbedingte Seuche	ENDEMIE	Gedenkkreuz, -stätte	MARTERL
Gartenprodukt	KUERBIS	Gebietseinschluß	ENKLAVE	Gedenkstätte	DENKMAL
Gartenprodukt	RETTICH	gebildet	BELESEN	Gedenkstätte	MAHNMAL
Gartenzeisig	GIRLITZ	gebildet	GELEHRT	Gedränge	BALLUNG
Gasdruck, Spannung	TENSION	Gebinde	BUENDEL	Gedränge, Gedrängtheit	ANDRANG
		Gebirge in Griechenland	HELIKON		
Gaserzeugungsanlage	GASWERK	Gebirge in Italien	APENNIN	Gedröhne	GETOESE
Gas-Feststoff-Gemisch	AEROSOL	Gebirge in Mittelgriechenland	PARNASS	gedrosselt	MAESSIG
		Gebirgseinschnitt	HOCHTAL	gedrungen	KOMPAKT
gasförmiger Brennstoff	BUTYLEN	Gebirgsschaf	MUFFLON	Geduld	LANGMUT
		Gebot, Gesetz	PRINZIP		
		gebräuchlich	GAENGIG		

gedunsen (mediz.)	PASTOES
gefährlich	DROHEND
gefährliche Tierseuche	TOLLWUT
Gefährt, Fuhrwerk	VEHIKEL
Gefährte	GENOSSE
Gefährte	KAMERAD
Gefährte	PARTNER
Gefährte des Jason	ADMETOS
Gefährte des Odysseus	ELPENOR
Gefährte Jasons, Argonaut	TELAMON
Gefährte Mohammeds	ABUBEKR
Gefälle einer Fläche	NEIGUNG
gefälteltes Gewebe	PLISSEE
Gefäßflöte	OKARINA
Gefäßverschluß	INFARKT
Gefahr für Schiffe	EISBERG
gefalzter Kleiderbesatz	RUESCHE
gefaßt, unerschütterlich	STOISCH
Gefeierter	JUBILAR
Gefilde der Asen	IDAFELD
geflecktes Pferd oder Rind	SCHECKE
Geflügelprodukt	ENTENEI
Geflügelräuber	HABICHT
geflügeltes Dichterroß	PEGASUS
Gefolgsmann, Anhänger	JUENGER
Geformtes	GEBILDE
gefügig machen, bändigen	ZAEHMEN
gefühllos, gefühlskalt	LIEBLOS
Gefühlszustand	EMOTION
gefüllt	BESETZT
gefüllte Mehlspeise	STRUDEL
gefülltes Schmalzgebäck	BEIGNET
gegen Barzahlung	KONTANT
Gegend	BEREICH
Gegengift	ANTIDOT
Gegenpol zur Anode	KATHODE
Gegenrede	ANTWORT
gegensätzlich	PARADOX
gegenseitig	MUTUELL
gegenständlich	KONKRET
Gegenstand	MATERIE
Gegenstück	PENDANT
Gegenteil v. leeren	FUELLEN
Gegenteil v. Statik	DYNAMIK
Gegenteil von absolut	RELATIV
Gegenteil von abstrakt	KONKRET
Gegenteil von Ebene	GEBIRGE
Gegenteil von Ehre	SCHANDE
Gegenteil von Idealist	REALIST
Gegenteil von Inland	AUSLAND
Gegenteil von Krieg	FRIEDEN
Gegenteil von Nachfrage	ANGEBOT
Gegenteil von naß	TROCKEN
Gegenteil von negativ	POSITIV
Gegenteil von peripher	ZENTRAL
Gegenteil von positiv	NEGATIV
Gegenteil von Praxis	THEORIE
Gegenteil von relativ	ABSOLUT
Gegenteil von satt	HUNGRIG
Gegenteil von Synthese	ANALYSE
Gegenteil von Untergang	AUFGANG
gegenüber	VISAVIS
gegenwärtig	DERZEIT
gegenwärtig wichtig	AKTUELL
Gegenwert	ENTGELT
gegliederte Tonfolge	MELODIE
Gegnerin	FEINDIN
gegorenes Milchprodukt	JOGHURT
Gehege, Käfig	ZWINGER
Geheimbund in Neapel	CAMORRA
Geheimbund in Neapel	KAMORRA

Geheimlehre	ARKANUM	geistl. Würdenträger	PRAELAT	Gelbwurz	KURKUMA
Geheimpolizei im zarist. Rußland	OCHRANA	Geistlicher	PFARRER	Geldaufnahme	ANLEIHE
		Geiz	HABGIER	Geldeinzahlung	EINLAGE
Geheimzeichen	CHIFFRE	Geizhals	KNAUSER	Geldeinziehung	INKASSO
Gehilfe	FAMULUS	Geizhals	KNICKER	Geld im Volksmund	KROETEN
Gehilfe	GESELLE	Gejammer	LAMENTO		
gehobener Beamter	AMTMANN	Gekeife	GEZETER	Geldnehmer	DEBITOR
		geklebtes Bild	COLLAGE	Gelehrter von Rotterdam	ERASMUS
Gehöft	ANWESEN	gekochtes Obst	KOMPOTT		
Gehöft	GUTSHOF			Geliebte	LIEBSTE
Gehölz, Baumbestand	WALDUNG	gekränkt, verstimmt	PIKIERT	Geliebter v. Aida	RADAMES
gehorchen	KUSCHEN	gekrönter Dichter	LAUREAT	Geliebter v. Chloe	DAPHNIS
gehorsam	FOLGSAM	gekrönter Herrscher	MONARCH	Geliebter v. Hero	LEANDER
Gehrock	CUTAWAY	Gekröse	KUTTELN	Geliebter v. Klytämnestra	AEGISTH
Geige	VIOLINE	Gel	KOLLOID		
Geißbart (botan.)	ARUNCUS	Geländeform	HOCHTAL	Geliebte u. Frau v. Perikles	ASPASIA
Geißfuß (botan.)	GIERSCH	Geläuf (weidm.)	FAEHRTE		
Geistesarmut	EINFALT	gelassen, gleichmütig	STOISCH	Geliebte v. Aristoteles	PHYLLIS
Geistesblitz	EINFALL	Gelassenheit	FASSUNG	Geliebte v. Odysseus	KALYPSO
Geistesgestörtheit	IRRSINN	Gelassenheit	HALTUNG	Geliebte v. Zeus	ALKMENE
geistige Atmosphäre	FLUIDUM	gelbblühende Blume	TEEROSE	Geliebte von Abälard	HELOISE
geistl. Amtsbereich	DEKANAT	gelbblühender Strauch	GINSTER	Geliebte von Hölderlin	DIOTIMA
geistl. Amtsbereich	KURATIE	gelbblühender Strauch	MAHONIE	Geltung	ANSEHEN
geistl. Chorlied	SEQUENZ	Gelberde	MELANIT	Geltung	LEUMUND
geistl. Drama	PASSION	gelber Farbstoff	AURAMIN	Geltungsdrang	EHRGEIZ
geistl. Komposition	KANTATE	Gelber Fluß	HOANGHO	gemächlich gehen	BUMMELN
geistl. Komposition	MOTETTE	gelbe Rübe	KAROTTE	Gemälde	OELBILD
		Gelbguß	MESSING	Gemälde	TABLEAU
geistl. Ritterorden	TEMPLER	Gelbknoten (mediz.)	XANTHOM	Gemälde mit Wasserfarben	GOUACHE
		Gelbsucht	IKTERUS	Gemahl	EHEMANN

gemahlene Trauben	MAISCHE	genug, Schluß damit!	PUNKTUM	gereizt, beleidigt	PIKIERT
Gemahlin	EHEFRAU	Genußgift	ALKOHOL	gerichtl. Auseinandersetzung	PROZESS
Gemeinde	KOMMUNE	Genußgift	KOFFEIN		
Gemeinschaft	EINHEIT	Genußgift	NIKOTIN	Gerichtsdiener	BUETTEL
Gemeinschaft	KOMMUNE	Genußmensch, Schwelger	SYBARIT	Gerichtsverfahren, Rechtsstreit	PROZESS
gemeinschaftsfeindlich	ASOZIAL	Genußmittel	ALKOHOL	gering, geringfügig	MINIMAL
gemeinschaftsfremd	ASOZIAL	geolog. Periode	EISZEIT	geringe Nässe	FEUCHTE
gemeinschaftsunfähig	ASOZIAL	geologische Formation	MIOZAEN	Gerippe, Gerüst	SKELETT
Gemeinwesen	KOMMUNE	geometr. Kurve	ELLIPSE	gerissen	GEWIEFT
Gemenge, Gemisch	MELANGE	Georgien	GRUSIEN	Gerissenheit	FINESSE
gemsfarben	CHAMOIS	Gepäck der Seeleute	SEESACK	german. Dämonengestalt	ALRAUNE
Gemüt	GEFUEHL	gepaltene Hufe	SCHALEN	german. Fruchtbarkeitsgöttin	NERTHUS
Gemüt, Seelenleben	INNERES	Geplauder	PLAUSCH	german. Götterbote	SKIRMIR
Gemütsbewegung	EMOTION	Geplauder	SCHWATZ	german. Gott d. Friedens	FORSETI
Gemunkel	KLATSCH	gepökeltes Fleisch	EISBEIN	german. Gott d. Gerechtigkeit	FORSETI
genarbtes Leder	CHAGRIN	Gepräge	MERKMAL		
genau	AKKURAT	Gerät	APPARAT	german. Heerführer	ODOAKER
genaueste Uhrenart	ATOMUHR	Gerätespeicher (Bergbau)	HUTHAUS	german. Sagengestalt	GUTRUNE
genaues Zuspiel	VORLAGE	Gerät zum Notenlinienziehen	RASTRAL	german. Sagengestalt	HEIDRUN
Genauigkeit	AKRIBIE			german. Sagengestalt	KUPERAN
Genehmigung	KONSENS	Geräusch	BRAUSEN	german. Sagengestalt	ORTLIEB
General Wallensteins	ISOLANI	Geräusch des Dampfes	ZISCHEN	german. Seherin	VELLEDA
Genesung	HEILUNG	gerauhtes Gewebe	FLANELL		
Genosse	PARTNER	Gerede	KLATSCH	german. Stamm auf Jütland	KIMBERN
Genotyp	ERBBILD	Gerede, Geschwätz	TRATSCH		
Genre	GATTUNG				
genug, hinlänglich	SATTSAM	geregelter Zustand	ORDNUNG		

german. Volk	BATAVER	Geschäftsreklame	WERBUNG	geschliffene Glasflasche	KARAFFE
german. Volk in Jütland	HARUDEN	Geschäftsstelle	AGENTUR	Geschmack	ELEGANZ
german. Volksstamm	CHATTEN	Geschäftsteilhaber	PARTNER	geschmacklos	STILLOS
german. Volksstamm	CHAUKEN	Geschäftsvollmacht	PROKURA	Geschmacksknospe	PAPILLE
german. Volksstamm	HERULER	Geschäftszusammenbruch	KONKURS	Geschmackstoff	GEWUERZ
Gernegroß	ANGEBER	Geschäftszweig	BRANCHE	Geschmeide	JUWELEN
Gerüst	GERIPPE			Geschmeide, Juwelen	SCHMUCK
Gerüst	GESTELL	Geschehensablauf	VORGANG		
gerüstet	ARMIERT			geschmeidig	BIEGSAM
Gesalbter, Erlöser	MESSIAS	geschichtl. Abschnitt	NEUZEIT	geschnittener Schmuckstein	CAMAIEU
Gesamtheit	EINHEIT	Geschichtswerk	CHRONIK	Geschöpf	KREATUR
Gesandtschaft	MISSION	Geschicklichkeitsspiel	DIABOLO	Geschoßdurchmesser	KALIBER
Gesandtschaftsmitglied	ATTACHE	Geschirrsatz, Tafelgeschirr	SERVICE	Geschoß mit Hülse	PATRONE
Gesangskünstler	SAENGER				
Gesangsverzierung, Koloratur	TRILLER	Geschirrschrank	BUEFETT	Geschoßteil	ZUENDER
Geschäft	BETRIEB	Geschlecht	FAMILIE	geschrotetes Getreide	GRUETZE
Geschäftsbereich	RESSORT	Geschlecht	GATTUNG	Geschwätz	REDEREI
Geschäftsbuch	JOURNAL	Geschlecht	GEBLUET	Geschwindigkeitsbegriff	GANGART
Geschäftsbucheintrag	BUCHUNG	geschlechtlich	SEXUELL	Geschwister	BRUEDER
Geschäftsführer	MANAGER	Geschlechtsbezeichnung	FEMININ	Geschworenenurteil	VERDIKT
Geschäftsmann	KRAEMER	Geschlechtswort	ARTIKEL	Geschwulst, Tumor	BLASTOM
Geschäftsnebenstelle	FILIALE	Geschlechtszellen	GAMETEN	Gesellschafter	PARTNER
Geschäftsordnung	SATZUNG	geschliffene Fläche	FACETTE	Gesellschaftsanzug	SMOKING
				gesellschaftsschädlich	ASOZIAL

Gesellschaftsspiel	CANASTA	gestielte Wucherungen	POLYPEN	gewalttätig, rücksichtslos	RADIKAL
Gesellschaftsspiel	KNOBELN	Gestirnsumlauf	PERIODE	Gewalttat	KRAWALL
Gesellschaftstanz	CALYPSO	gesunden	GENESEN	Gewand	KOSTUEM
Gesellschaftstanz	CARIOCA	Gesundheitslehre	HYGIENE	Gewandspange	AGRAFFE
Gesellschaftstanz	LABAMBA	Gesundheitspflege	HYGIENE	Gewandspange	BROSCHE
Gesellschaftstanz	LETKISS	Gesundung	HEILUNG	Gewebeart	BOBINET
Gesellschaftstanz	MADISON	getäfelter Fußboden	PARKETT	Gewebeart	DUEFFEL
Gesellschaftstanz	ONESTEP	Getreidekrankheit	MEHLTAU	Gewebeart	GINGHAM
Gesetzentwurf	VORLAGE	Getreidespeicher, Scheuer	SCHEUNE	Gewebeart	KALMUCK
Gesetzesnachtrag	NOVELLE	getrennt, gesondert	SEPARAT	Gewebeart	LASTING
gesetzlich	LEGITIM	getrocknete Seegurke	TREPANG	Gewebeart	MOULINE
Gesicht	ANTLITZ	Getue	FLAUSEN	Gewebeart	NANKING
Gesichtsfeld, Umgebung	UMKREIS	Getümmel	GEWUEHL	Gewebeverstopfung	INFARKT
Gespanschaft	KOMITAT	Getümmel	KRAWALL	Gewebsprobenuntersuchung	BIOPSIE
Gespenst	PHANTOM	Geübtheit, Gewandtheit	ROUTINE	Gewehr	BUECHSE
Gespräch	DISKURS	Gewächs	PFLANZE	Gewehr mit gezogenem Lauf	BUECHSE
Gespräch, Plauderei	PLAUSCH	Gewähr, Gewährleistung	HAFTUNG	Geweih	GEHOERN
gesprenkelt	MELIERT	Gewässerrand	GESTADE	Geweihteil	SPROSSE
Geständnis	BEICHTE	gewagt, gefährlich	RISKANT	Gewicht	SCHWERE
Gestalt	KOERPER	Gewaltankündigung	DROHUNG	Gewichtheben	STEMMEN
gestattet	ERLAUBT	gewaltig, massiv, gedrungen	WUCHTIG	Gewichtshebeübung	REISSEN
gestehen, einräumen	ZUGEBEN	gewaltsam aneignen	EROBERN	Gewichtshebeübung	STOSSEN
Gestein, Gesteinsart	MYLONIT	Gewalttäter, -verbrecher	MOERDER	Gewichtsklasse b. Boxen	FLIEGEN
Gesteinsschutt	GEROELL			Gewichtsverlust	ABNAHME
Gestell	GERUEST			Gewichtsverlust	SCHWUND
				Gewinn, Nutzeffekt	VORTEIL

Gewinnanteil, Zusatzgewinn	PRAEMIE	Gipfel der Berninagruppe	PIZPALU	Gleichmütiger	STOIKER
				gleichnamig	HOMONYM
gewinnbringend	LOHNEND	gischtende Woge	BRECHER	Gleichnis	PARABEL
Gewinnsucht	HABGIER	Gitarre	KLAMPFE	gleichseitiges Viereck	QUADRAT
		Gittergewebe	KANEVAS		
gewiß, bestimmt	POSITIV	Gitterwand	SPALIER	Gleis	SCHIENE
gewissenhaft	AKKURAT	glänzender Stoff	LUESTER	gleißen	FUNKELN
				Gleisunterbau	BETTUNG
Gewissensbiß, Schuldgefühl	SKRUPEL	Glätte, Glanz	POLITUR	Gleitbahn, schiefe Ebene	RUTSCHE
gewöhnlicher Wochentag	WERKTAG	Glanz	LUESTER		
		Glasbehälter für Arzneien	AMPULLE	Gletschergeröll	MORAENE
gewürfelt	KARIERT			Gletscherteil im Meer	EISBERG
Gewürz, Gewürzpflanze	KUEMMEL	glasgedeckte Ladenpassage	GALERIE		
				Glied	SEGMENT
Gewürz, Gewürzpflanze	KURKUMA	glasierte Tonware	FAYENCE	Gliedmaße d. Vögel	FLUEGEL
Gewürz, Gewürzpflanze	LORBEER	Glasröhrchen	AMPULLE	Gliedstaat, Landesteil	PROVINZ
		glatter Wollstoff	CHEVIOT		
Gewürz, Gewürzpflanze	MELISSE	Glaube	MEINUNG	Glockenklang	GELAEUT
Gewürz, Gewürzpflanze	OREGANO	Glaube an einen persönl. Gott	DEISMUS	Glockenturm in Sevilla	GIRALDA
Gewürz, Gewürzpflanze	PAPRIKA	Glaubensabtrünniger	RENEGAT	Glücksbringer	AMULETT
				Glücksspiel	KNOBELN
gezähntes Rad	ZAHNRAD	Glazialzeit	EISZEIT	Glücksspiel	ROULETT
gezogener Wechsel	RIMESSE	gleichartig	HOMOGEN	glühen	GLIMMEN
Gichtrose	PAEONIE	gleichbedeutend, sinnähnlich	SYNONYM	Goethes Gattin	VULPIUS
Gift	TOXIKUM			Göttin d. Fruchtbarkeit	ISCHTAR
Gift des Goldregens	CYTISIN	gleichförmig	MONOTON	Göttin d. strafend. Gerechtigkeit	NEMESIS
giftig	TOXISCH	gleichförmig, gleichmäßig	UNIFORM		
Gift im Kaffee	COFFEIN			göttl. Weltbaumeister	DEMIURG
Gift im Tee	COFFEIN	gleichgewendet	ISOTROP		
Gift in der Kartoffel	SOLANIN	Gleichgewicht	BALANCE	Goldparmäne	RENETTE
Ginsterkatze	GENETTE	gleichlautend	HOMOLOG		

Golfschlägerart	BRASSIE	Greifglied, -organ	RUESSEL	griech. Göttin d. Ordnung	EUNOMIA
Golfschlägerart	LOEFFEL	Greiforgan des Elefanten	RUESSEL	griech. Göttin der Gesundheit	HYGIEIA
Golfschlägerart	NIBLICK	Greifvogel	GAUKLER	griech. Göttin der Zeit	EUNOMIA
Golfschlägerart	TREIBER	Grenzbehörde	ZOLLAMT	griech. Göttin des Ackerbaus	DEMETER
gotisch. Bibelübersetzer	ULFILAS	griech. Autor (Nobelpreis)	SEFERIS	griech. Gott der Dichtkunst	APOLLON
gotisch. Ziergiebel	WIMPERG	griech. Buchstabe	EPSILON	griech. Gott der Fruchtbarkeit	PRIAPOS
gotische Schrift	FRAKTUR	griech. Buchstabe	OMIKRON	griech. Großreeder	ONASSIS
Gottesfurcht	EUSEBIE	griech. Buchstabe	YPSILON	griech. Hafenstadt	CHALKIS
Gottesleugner	ATHEIST	griech. Dichter	ALKAIOS	griech. Hafenstadt	KALAMAE
Gottesmutter	MADONNA	griech. Dichter	MUSAEUS	griech. Hafenstadt	KORINTH
Grabinschrift	EPITAPH	griech. Erdgöttin	DEMETER	griech. Historiker (5. Jh.)	ZOSIMUS
Grabmal	EPITAPH	griech. Fabelwesen	KENTAUR	griech. Insel bei Athen	SALAMIS
Gradeinheit beim Thermometer	CELSIUS	griech. Faun, Flötenspieler	MARSYAS	griech. Insel der Seligen	ELYSIUM
Gralsritter	GALAHAD	griech. Flußgott	XANTHOS	griech. Jagdgöttin	ARTEMIS
Gralsritter, Figur aus Parsifal	TITUREL	griech. Fluß in Elis	PENEOIS	griech. Kolonie in Unteritalien	PAESTUM
graph. Beruf	DRUCKER	griech. Fruchtbarkeitsgöttin	ARTEMIS	griech. Kultort	OLYMPIA
graph. Beruf	GRAVEUR	griech. Fruchtbarkeitsgöttin	DEMETER	griech. Kykladeninsel	KYTHNOS
graph. Produkt	GRAPHIK	griech. Gebirge in Thessalien	OLYMPOS	griech. Kykladeninsel	MYKONOS
gratis, kostenlos	UMSONST	griech. Geograph	STRABON	griech. Kykladeninsel	SERIFOS
Gratiszufügung	BEIGABE	griech. Göttin d. Gerechtigkeit	NEMESIS		
Grauen	GRAUSEN				
grausam	HERZLOS				
grausamer Mensch	ROHLING				
grazil, graziös	ANMUTIG				
greifbar	KONKRET				

Clue	Answer
griech. Kykladeninsel	SIKINOS
griech. Landschaft	ARGOLIS
griech. Maler	APELLES
griech. Meeresgott	OKEANOS
griech. Meeresgott	PROTEUS
griech. Meeresnymphe	NEREIDE
griech. Meernymphe	GALATEA
griech. Muse der Lyrik	EUTERPE
griech. Name der Struma	STRYMON
griech. Name v. Darius	DAREIOS
griech. Naturgöttinnen	NYMPHEN
griech. neuplaton. Philosoph	PROKLOS
griech. Paradies	ELYSIUM
griech. Philosoph	HIPPIAS
griech. Philosoph	PHAEDON
griech. Philosoph (Sophist)	GORGIAS
griech. Philosoph (Stoiker)	EPIKTET
griech. Philosoph u. Astronom	EUDOXOS
griech. Politiker, Staatschef	INOENUE
griech. Rachegöttin	ERINNYE
griech. Regengöttin	PLEJADE
griech. Sagenkönig	OEDIPUS
griech. Schicksalsgöttin	ATROPOS
griech. Seher	KALCHAS
griech. Sitz der Musen	PARNASS
griech.-span. Maler	ELGRECO
griech. Stadt	FARSALA
griech. Stadt in Thessalien	LARISSA
griech. Sturmdämon	HARPYIE
griech. Ungeheuer	HARPYIE
griech. Volkstanz	SIRTAKI
griech. Währung	DRACHME
griech. Wegemaß	STADION
griech.: Athen	ATHINAI
Grieche d. Antike	HELLENE
griech Name von Korfu	KERKYRA
Grind	FLECHTE
grönländ. Hafen	GODHAVN
grönländ. Hauptort	GODTHAB
Größe	AUSMASS
Größenfestsetzung	NORMUNG
größter Laufvogel	STRAUSS
größter norweg. See	MJOESEN
größter südafrikan. Fluß	SAMBESI
größte Stadt d. Elfenbeinküste	ABIDJAN
größtmögl. Wert	MAXIMUM
Gropius-Gründung	BAUHAUS
großblütige Tropenpflanze	GLYZINE
Großbuchstabe	UNZIALE
großes Jazzorchester	BIGBAND
großes Überseeflugzeug	KLIPPER
große Wonne	WOLLUST
großformatiges Buch	FOLIANT
Großfürst von Litauen	JAGELLO
großjährig	MUENDIG
Großkatze	LEOPARD
Großkatze	PANTHER
Großmaul	ANGEBER
Großmut	EDELMUT
Großstadt nördl. d. Apenninen	BOLOGNA
Gründer, Schenker	STIFTER
Gründer d. Schott. Freikirche	CHALMER
Gründer d. Theatinerordens	CAJETAN
Gründer der Inneren Mission	WICHERN

Gründer der SOS-Kinderdörfer	GMEINER	gutes Benehmen	ANSTAND	Hafenstadt in Kalifornien	OAKLAND
Gründer des Bauhauses	GROPIUS	Gutshof	GEHOEFT	Hafenstadt in Kenia	MOMBASA
		Gymnasialklasse	SEKUNDA		
Gründer Roms	ROMULUS	Haarknoten	CHIGNON	Hafenstadt in Libyen	BENGASI
gründlich	PROFUND	Haarpflegegerät	WICKLER	Hafenstadt in Ostsizilien	MESSINA
gründlich, tiefgründig	RADIKAL	Haarreihe am Augenlid	WIMPERN		
grüner Beryll	SMARAGD	Haarspalter	KASUIST	Hafenstadt in Peru	SANJUAN
grüner Star	GLAUKOM	Haarwaschmittel	SHAMPOO	Hafenstadt in Pommern	KOLBERG
Grund	ANSTOSS	Hackfleischklößchen	BULETTE	Hafenstadt in Somalia	BERBERA
Grundbestandteil	ELEMENT	Härte, Unnachsichtigkeit	STRENGE	Hafenstadt in Südwales	RHONDDA
grundlegende Änderung	UMBRUCH	härtestes Mineral	DIAMANT	Hafenstadt in Tunesien	BISERTA
Grundsatz, Grundzug	PRINZIP	Häscher	BUETTEL	Hafenstadt in Virginia (USA)	NORFOLK
Grundschulfach	RECHNEN	Häscher	SCHERGE		
		Häutchen	MEMBRAN		
Gruppenakkord	GEDINGE	Hafenstadt am Eriesee	BUFFALO	Hafen von Athen	PIRAEUS
Gruß, Grußformel, -wort	TSCHUES	Hafenstadt an der Trave	LUEBECK	Haff, Lagune	UFERSEE
guatemaltek. Währung	QUETZAL	Hafenstadt auf Sizilien	PALERMO	Hafner, Keramiker	TOEPFER
Guckkasten	DIARAMA	Hafenstadt auf Sizilien	SYRAKUS	haften	BUERGEN
Günstling	FAVORIT			Haftsumme	KAUTION
Günstling, Schützling	PROTEGE	Hafenstadt auf Taiwan	KEELUNG	Haftung	GEWAEHR
Gullivers Märchenland	LILIPUT	Hafenstadt auf Zypern	LARNAKA	Hahn in der Tierfabel	HENNING
				Hai-Art	DORNHAI
Gummidruckgerät	STEMPEL	Hafenstadt der Bretagne	LORIENT	Hai-Art	RAUHHAI
Gurgel, Rachen	SCHLUND	Hafenstadt in Birma	BASSEIN	Haifischart	BLAUHAI
Gut	ANWESEN			Halbblut	BASTARD
gutartig (mediz.)	BENIGNE	Hafenstadt in Chile	CALDERA	Halbblut	MULATTE
				Halbinsel auf Rügen	JASMUND
				Halbmetall	ANTIMON

Halbteil	HAELFTE	
halbtierisch. Naturwesen	KALIBAN	
Halbweltdame	KOKOTTE	
Halfagras	ESPARTO	
halftern	ZAEUMEN	
Halsbinde, Krawatte	SCHLIPS	
Halskette	KOLLIER	
Halsschlagader	KAROTIS	
Halsschmuck	KOLLIER	
Halt, Tragwerk	STUETZE	
Haltepunkt von Zügen	STATION	
Halterung	FASSUNG	
Haltestelle	BAHNHOF	
Haltestelle, Etappenziel	STATION	
Haltezeichen in der Musik	FERMATE	
Haltung, Stellung	POSITUR	
Hamburger Stadtteil	BARMBEK	
Handarbeit	HAEKELN	
Handarbeit	STICKEN	
Handarbeit	STOPFEN	
Handel	KOMMERZ	
handeln	AGIEREN	
Handelsgut	ARTIKEL	
Handelsmann	KRAEMER	
Handelsniederlassung	FILIALE	
Handelssperre	EMBARGO	
Handelsvertretung	AGENTUR	
Handhabung, Verfahren	PRAKTIK	
Handlungsvollmacht	PROKURA	
Handtuchstoff	FROTTEE	
Handwerkertitel	MEISTER	
Hansestadt an der Unterelbe	HAMBURG	
Harnausscheidung	DIURESE	
Harnlassen (mediz.)	MIKTION	
Harnorgane-Facharzt	UROLOGE	
Harnvergiftung	URAEMIE	
Harnzwang	DYSURIE	
hart exerzieren	DRILLEN	
Hartgußform	KOKILLE	
Hartkäse	CHEDDAR	
hartschalige Frucht	WALNUSS	
Hartziegel	KLINKER	
Hasardeur	SPIELER	
Hasenbock	RAMMLER	
Hasenohr	LOEFFEL	
Hauch	LUFTZUG	
Haue	DRESCHE	
Haue, Hiebe	PRUEGEL	
Haufenwolke	CUMULUS	
Haufenwolke	KUMULUS	
Hauptfluß der Herzegowina	NERETVA	
Hauptinhalt	EXTRAKT	
Hauptort des Montafon	SCHRUNS	
Hauptort von Außerrhoden	HERISAU	
Hauptort von Dithmarschen	MELDORF	
Hauptperson einer Feier	JUBILAR	
hauptsächlich	KAPITAL	
Hauptst. d. chin. Prov. Jünnan	KUNMING	
Hauptst. d. Departements Manche	SAINTLO	
Hauptst. d. franz. Depart. Orne	ALENCON	
Hauptst. des Kantons Basel Land	LIESTAL	
Hauptst. eines Bundeslandes	POTSDAM	
Hauptst. v. New Mexico (USA)	SANTAFE	
Hauptst. v. North Carolina (USA)	RALEIGH	
Hauptst. v. Sao Tome u. Principe	SAOTOME	
Hauptst. von New Hampshire	CONCORD	
Hauptstadt der Insel Man	DOUGLAS	
Hauptstadt der Lombardei	MAILAND	

Hauptstadt der Salomonen	HONIARA	
Hauptstadt der Toskana	FLORENZ	
Hauptstadt der Wojwodina	NEUSATZ	
Hauptstadt der Wojwodina	NOVISAD	
Hauptstadt v. Gelderland	ARNHEIM	
Hauptstadt v. Kamerun	YAOUNDE	
Hauptstadt v. Kiribati	BAIRIKI	
Hauptstadt v. Mittelfranken	ANSBACH	
Hauptstadt v. Neuschottl.	HALIFAX	
Hauptstadt v. Vorarlberg	BREGENZ	
Hauptstadt von Arizona (USA)	PHOENIX	
Hauptstadt von Brandenburg	POTSDAM	
Hauptstadt von Costa Rica	SANJOSE	
Hauptstadt von Euböa	CHALKIS	
Hauptstadt von Französ.-Guyana	CAYENNE	
Hauptstadt von Georgia (USA)	ATLANTA	
Hauptstadt von Guinea	CONAKRY	
Hauptstadt von Jugoslawien	BELGRAD	
Hauptstadt von Kenia	NAIROBI	
Hauptstadt von Kordofan	ELOBEID	
Hauptstadt von Kuba	HAVANNA	
Hauptstadt von Lancashire	PRESTON	
Hauptstadt von Madeira	FUNCHAL	
Hauptstadt von Maine (USA)	AUGUSTA	
Hauptstadt von Michigan (USA)	LANSING	
Hauptstadt von Mikronesien	KOLONIA	
Hauptstadt von Mississippi (USA)	JACKSON	
Hauptstadt von Namibia	WINDHUK	
Hauptstadt von Nebraska (USA)	LINCOLN	
Hauptstadt von New Jersey	TRENTON	
Hauptstadt von Nicaragua	MANAGUA	
Hauptstadt von Niederschlesien	BRESLAU	
Hauptstadt von Norfolk	NORWICH	
Hauptstadt von Puerto Rico	SANJUAN	
Hauptstadt von Sachsen	DRESDEN	
Hauptstadt von Sikkim	GANGTOK	
Hauptstadt von Sri Lanka	COLOMBO	
Hauptstadt von Swasiland	MBABANE	
Hauptstadt von Tahiti	PAPEETE	
Hauptstadt von Thailand	BANGKOK	
Hauptstadt von Uganda	KAMPALA	
Hauptstadt von Venezuela	CARACAS	
Hauptstadt von Wales	CARDIFF	
Hauptstadt von Washington (USA)	OLYMPIA	
Hauptstadt von Wisconsin (USA)	MADISON	
Hauptstadt von Zypern	NIKOSIA	
Hauptstern im Fuhrmann	CAPELLA	
Hauptstern im Fuhrmann	KAPELLA	
Hauptstern im Kleinen Hund	PROKYON	
Hauptstern im Löwen	REGULUS	
Hauptstern im Skorpion	ANTARES	

Hauptstern in der Cassiopeia	SCHEDIR
Haus	BAUWERK
Hausangestellter	BURSCHE
Hausflur, Windfang	VORRAUM
Hauskleid	NEGLIGE
Haustier	HAMSTER
Haustier	SCHWEIN
Haustier der Lappen	RENTIER
Hautabschilferung	SCHUPPE
Hautausschlag	FLECHTE
Hautausschlag	QUADDEL
Hautfarbe (mediz.)	KOLORIT
Hautfarbstoff	PIGMENT
Hautpflegemittel	HAUTOEL
Hautschmarotzer	EPIZOEN
Hawaii-Gitarre	UKULELE
Hawaii-Insel	MOLOKAI
hebr.: Hölle	GEHENNA
hebr.: rein	KOSCHER
hebräische Münze	SCHEKEL
Heftigkeit	VIOLENZ
Heftigkeit, Intensität	STAERKE
hegen	PFLEGEN
Heidekraut	CALLUNA
Heidenbekehrer	APOSTEL
Heidenbekehrung	MISSION
heikel	DELIKAT
heikel	KITZLIG
heikel, bedenklich	PREKAER
heilbar	KURABEL
Heilgehilfe	MASSEUR
Heilgehilfe	PFLEGER
Heilige der Kirche	GERTRUD
Heiligenerzählung	LEGENDE
Heiligenschein	AUREOLE
Heiliger, Erzbisch. v. Canterbury	DUNSTAN
Heiliger, Ordensgründer	JOACHIM
Heiliger d. Kirche	JAKOBUS
Heiliger der Kirche	VINZENZ
Heiliger der Kirche (Xanten)	NORBERT
Heiliger des Islam	MARABUT
heilige Stadt Tunesiens	KAIRUAN
Heiligtum d. alten Griechen	ELEUSIS
Heilkunde	MEDIZIN
Heilkundiger	MEDIKUS
Heilmethode, -mittel	LUFTBAD
Heilmethode, -mittel	MASSAGE
Heilmittel	KAMPFER
Heilmittel	MEDIZIN
Heilpflanze	BEIFUSS
Heilpflanze	BETONIE
Heilpflanze	GUENSEL
Heilpflanze	KAMILLE
Heilpflanze	KUEMMEL
Heilpflanze	KURKUMA
Heilpflanze, Würzkraut	THYMIAN
Heim	WOHNUNG
Heimat, Heimatort	DOMIZIL
Heimatloser	APOLIDE
heimlicher Beobachter	KIEBITZ
heimlicher Beobachter	SPANNER
Heimstatt	ZUHAUSE
Heimtücke	ARGLIST
Heimtücke	BOSHEIT
Heimtücke	INTRIGE
Heimwerker	BASTLER
Heiratsgut	MITGIFT
Heiratssymbol	EHERING
heißer Wüstenwind	CHAMSIN
heiter, ausgelassen	BURLESK
Heiteres Bühnenfach	KOMIKER
heiteres Bühnenstück	SCHWANK
heiteres Tonstück	SCHERZO
Heiterkeitsausdruck	GRINSEN
Heizmaterial	BRIKETT
Heizmaterial	HEIZOEL
Heiz- u. Leuchtpetroleum	KEROSIN

Heizungsgerät	GASOFEN	
Heizungsgerät	OELOFEN	
Held der griech. Sage	PERSEUS	
Heldengedicht	EPOPOEE	
Heldin	HEROINE	
Hellene	GRIECHE	
heller Fleck am Wildafter	SPIEGEL	
helles engl. Bier	PALEALE	
hemmen	BREMSEN	
hemmen	HINDERN	
Hemmstoff im Organismus	INHIBIN	
Herausgabe	EDITION	
herausgeben	EDIEREN	
herb, abweisend	SPROEDE	
Herbstmonat	OKTOBER	
Hergang, Vorgang	PROZESS	
Herkommen	ABKUNFT	
Hermaphrodit	ZWITTER	
Herrenmantel	PALETOT	
herrlich	GLORIOS	
Herrschaftsbereich	DOMAENE	
Herumtreiber, Landstreicher	STROMER	
hervorheben	BETONEN	
hervorragend	EMINENT	
herzanregendes Mittel	KOFFEIN	
Herzkammererweiterung	SYSTOLE	
herzlich	KORDIAL	
herzlos	GRAUSAM	
Herzmuskel	MYOKARD	
hess. Kurort am Taunus	HOFHEIM	
hess. Kurort am Taunus	HOMBURG	
hess. Kurort im Taunus	NAUHEIM	
hess. Stadt am Edersee	WALDECK	
hess. Stadt am Elbbach	HADAMAR	
hess. Stadt an der Dill	HERBORN	
hess. Stadt an der Gersprenz	DIEBURG	
hess. Stadt an der Lahn	GIESSEN	
hess. Stadt an der Lahn	LIMBURG	
hess. Stadt an der Lahn	MARBURG	
hess. Stadt an der Lahn	WETZLAR	
hess. Stadt an der Ohme	HOMBERG	
hess. Stadt an der Use	USINGEN	
hess. Stadt beim Edersee	KORBACH	
hess. Stadt im Taunus	IDSTEIN	
hess. Stausee	EDERSEE	
hessisch. Landschaft	SCHWALM	
hessisch. Luftkurort	AROLSEN	
hethit. Hauptstadt	HATTUSA	
Hetzhund, Windhund	WHIPPET	
hexen, Magie betreiben	ZAUBERN	
Hexenpilz	SAUPILZ	
Hexenschuß	LUMBAGO	
Heyerdahls Floß	KONTIKI	
Hibiskus	EIBISCH	
Hieb- u. Stichwaffe	SCHWERT	
Hifthorn Rolands	OLIFANT	
Hilfe in der Not	RETTUNG	
hilfreicher Liebesdienst	WOHLTAT	
Hilfszeitwort	DUERFEN	
Hilfszeitwort	KOENNEN	
Hilfszeitwort	MUESSEN	
Himalaja-Bewohner	TIBETER	
Himalajagipfel	EVEREST	
Himmelsgewölbe	SPHAERE	
Himmelskönigin	MADONNA	
Himmelskörper	GESTIRN	
Himmelsrichtung	NORDOST	
Himmelswächter der nord. Sage	HEIMDAL	
hinderlich	HEMMEND	
hinduist. Gottheit	KASJAPA	
hinduist. Gottheit	WISCHNU	
Hinfahrt	ANREISE	
Hingang	ABLEBEN	

Hinreise	ANFAHRT	hochgeschätzt	BELIEBT	höchster Berg im Harz	BROCKEN
Hinrichtungsgerät	SCHWERT	hochgewachsen	SCHLANK	höchster Berg in Asien	EVEREST
hinterher	SPAETER	hochgradiger Schwachsinn	IDIOTIE	höchster Berg in den Ostalpen	BERNINA
hinterind. Strom	IRAWADI	hochheben, hochwuchten	STEMMEN		
Hinterlassenschaft	ERBTEIL			höchster Berg in Wales	SNOWDON
hinterlegte Bürgschaft	KAUTION	Hochherzigkeit	EDELMUT	höchster Berg Mexikos	ORIZABA
		hoch loben	RUEHMEN		
Hinterleib der Insekten	ABDOMEN	Hochmeister des Deutsch. Ordens	HERMANN	höchster bulgar. Berg	MUSSALA
Hinterlist	ARGLIST			höchste Sorgfalt	AKRIBIE
Hinterseite, Kehrseite	RUECKEN	Hochmeister des Deutsch. Ordens	WINRICH	Höchstleistung, -wert	MAXIMUM
Hintertreffen, Nachteil	VERLUST	Hochmut, Hochnäsigkeit	HOFFART	höfischer Tanz	MENUETT
Hinweg	ANREISE			höfliches Benehmen	ANSTAND
Hinweis auf Gefahr	WARNUNG	Hochschätzung	ACHTUNG	höfliches Benehmen	SCHLIFF
hinzuzuzählende Zahl	SUMMAND	Hochschüler	STUDENT	Höhenzug bei Hannover	DEISTER
		Hochschulbesuch	STUDIUM		
Hirngespinst	PHANTOM	Hochschulinstitut	SEMINAR	Höhenzug im Weserbergland	SOLLING
Hirschart	DAMWILD				
Hirschbrunft-Geschrei	ROEHREN	Hochseefisch	MAKRELE	Höhenzug im Weserbergland	SUENTEL
Hirschwild	ROTWILD	Hochstapler	BLENDER		
Hirtenvolk	NOMADEN	hochstemmen	WUCHTEN	Höhepunkt	MAXIMUM
Histörchen	EPISODE	Hochtal in Graubünden	ENGADIN	höherer Beamter	AMTSRAT
hochachtbar	WUERDIG	Hodensack	SKROTUM	höhere Schule	COLLEGE
hochbedeutsam	EPOCHAL	höchst, höchstens	MAXIMAL	Höhle	KAVERNE
Hochbetrieb	ANDRANG			Höhlengans	CASARCA
Hochbetrieb	ANSTURM	höchste Glückseligk. i. Buddhism.	NIRWANA	Höhlengans	TADORNA
Hochebene, Tafelland	PLATEAU			höhnisch, spöttisch	ZYNISCH
hochexplosiv	BRISANT	höchster Berg d. Niederen Tatra	DJUMBIR	Hölle	INFERNO
Hochfläche	PLATEAU			hölzernes Deckblatt	FURNIER

Hörbild (Rundfunk)	FEATURE	Hopfen-Bitterstoff	LUPULIN	Huldigung	HOMMAGE
Hörrohr des Arztes	OTOPHON	Horizont	KIMMUNG	Huldigung	OVATION
		Horizontlinie (engl.)	SKYLINE	Humusdünger	KOMPOST
hoffnungslos	INFAUST	Hornbläser	HORNIST	hundeartiges Raubtier	SCHAKAL
Hofgestüt bei Triest	LIPIZZA	Hornblende	NEPHRIT	Hundehalsband	HALSUNG
Hofstaat	GEFOLGE	Hornhaut der Seeschildkröte	KARETTE	Hunderasse	RATTLER
hohe Frauenstimme	DISKANT			hundert Pfund	ZENTNER
Hoheitszeichen	KOKARDE	Hornhautverdikkung	KERATOM	Hundertsatz	PROZENT
hoher alttürk. Beamter	MUSCHIR	Hornstoff	KERATIN	Hundertstel	PROZENT
		Horror	ABSCHEU	Hundeweibchen	HUENDIN
hoher Offizier	GENERAL	Hotelangestellte	MAMSELL	Hundskopfaffe	HUTAFFE
hoher Schuh	STIEFEL	Hptst. d. Departem. Drome	VALENCE	Hunger	APPETIT
hoher Staatsbeamter	KANZLER	Hptst. d. schweiz. Kantons Uri	ALTDORF	Hungerleider	BETTLER
hohes Trinkgefäß	STIEFEL			hurtig	EILENDS
hohle Abgußform	MATRIZE	Hptst. v. Appenzell Außerrhoden	HERISAU	hurtig, rasch	SCHNELL
				Husarenmütze	TSCHAKO
Hohlnadel	KANUELE	hübsch	ANMUTIG	Hustenmittel	SALMIAK
Hohlorganerweiterung	EKTASIS	Hüftgelenksentzündung	COXITIS	Hutpilz	SCHWAMM
				Huttyp	FILZHUT
Hohltier	KORALLE	Hüftgelenksentzündung	KOXITIS	Huttyp	TOPFHUT
Hohltier, Porifere	SCHWAMM			Hybride	BASTARD
Hohlweg	ENGPASS	Hüftnerventzündung	ISCHIAS	Hymne, Hymnus	LOBLIED
Holunder	FLIEDER	Hüftweh	ISCHIAS	iberischer Staat	SPANIEN
Holzblasinstrument	ALPHORN	Hühnerrasse	LEGHORN	Ideal, Prototyp	VORBILD
Holzkohlenhersteller	KOEHLER	Hühnervogel, Wildgeflügel	REBHUHN	idealisierende Darstellung	LEGENDE
Holzkugel-Rasenspiel	KROCKET	Hülsenfrucht	LEGUMEN	Idee	EINFALL
Holzpantoffel, -schuh	PANTINE	hüten, schützen	SICHERN	illustrierte Zeitschrift	MAGAZIN
Holzschutzmittel	KREOSOT	Hugenottenführer	COLIGNY	im folgenden	ENSUITE
Honigvogel	KOLIBRI	huldigen	FROENEN	im ganzen	INSUMMA

immergrünes Gewächs	LORBEER
immergrünes Gewächs	OELBAUM
im Mittelpunkt befindlich	ZENTRAL
Immobilie	BAUWERK
Immunisierung	IMPFUNG
Impfstoff	VAKZINE
Import	EINFUHR
im Wasser reinigen	WASCHEN
in Abrede stellen	LEUGNEN
in Bereitschaft	INPETTO
ind. Gewichtseinheit	CHITTAK
ind. Komponist	SHANKAR
Ind.-Stadt am Rhein	BENDORF
ind. Stadt in der Wüste Thar	BIKANER
indian. Friedenspfeife	CALUMET
Indianer	ROTHAUT
Indianerpferd	MUSTANG
Indianerstamm	APURINA
Indianerstamm	WYANDOT
Indianerstamm, -sprache	CHIBCHA
Indianerstamm, -sprache	CHINOOK
Indianerstamm, -sprache	MASKOKI
Indianerstamm, -sprache	MUSKOGI
indisch. Bundesstaat	GUJARAT
indisch. Ehrentitel	MAHATMA
indisch. Färbe- u. Gerbmittel	KATECHU
indisch. Fluß zum Bengal. Golf	MAHANDI
indisch. Fürstentitel	RADSCHA
indisch. Hafen (Malabarküste)	KALIKUT
indisch. Stadt	BALASOR
indisch. Streichinstrument	SARANGI
indisch. Territorium	TRIPURA
indisch. Unionsstaat	MANIPUR
indisch. Unionsstaat	MIZORAM
indisch. Wallfahrtsort	BENARES
indisch. Wallfahrtsort (Ganges)	MATHURA
indisch. Wasserbüffel	KERABAU
indische Gottheit	WISCHNU
indische Halsgeige	SARINDA
indisch-engl. Schriftsteller	RUSHDIE
indische Schrift, Sprache	MARATHI
indische Schrift, Sprache	PRAKRIT
indische Sprache	BENGALI
indische Sprache	PUNJABI
indische Sprachgruppe	DRAWIDA
indische Stadt	GWALIOR
indische Stadt am Ganges	BENARES
indische Stadt in Madras	MADURAI
indische Stadt in Radschastan	UDAIPUR
indische Stadt in Rajasthan	JODHPUR
indische Stadt in Uttar Pradesh	LUCKNOW
Indiz	HINWEIS
indoarisch. Lichtgott	MITHRAS
indones. Gitterrassel	ANKLUNG
indones. Insel	CELEBES
indones. Insel	SUMATRA
indones. Insel	SUMBAWA
indones. Orchester	GAMELAN
indones. Politiker	SUHARTO
indones. Politiker	SUKARNO
indones. Reisgewürz	SAMBALS
indones. Stadt	BANDUNG
indones. Volksstamm	MALAIEN
Infanterist	LANDSER
Infektionskrankheit	ROETELN
Infektionsursache	ERREGER
Information	MELDUNG

Ingenieurwissenschaft	TECHNIK	Interessengruppe	KARTELL	irisch. Schriftsteller	OCONNOR
Inhaber eines Bankhauses	BANKIER	internat. Schreibweise v. Peking	BEIJING	irische Großbrauerei	GUINESS
Inhaber eines öffentl. Amtes	BEAMTER	Invasion	EINFALL	irischer Autor (Nobelpreis)	BECKETT
		investieren	ANLEGEN		
Inianerbeinkleid	LEGGINS	Investor	ANLEGER	irischer Nationalheiliger	PATRICK
		ionische Insel	ITHAKHA		
Initiative	ANSTOSS	irakisch. Stadt	KERBELA	Irokesenstamm	HURONEN
Initiative	ANTRIEB	iran. Hafenstadt	BUSCHIR	irreführen	BLUFFEN
Injektionsnadel	KANUELE	iranische Hauptstadt	TEHERAN	Irrfahrt	ODYSSEE
Inklination	NEIGUNG			irritabel, nervös	REIZBAR
innerasiat. Gebirge	KWENLUN	iranische Stadt	ARDEBIL	Irritation	REIZUNG
				Irrtum	ERRATUM
Inn-Zufluß	SALZACH	iranische Stadt	KASCHAN	Isar-Zufluß	LOISACH
Inn-Zufluß	TRISANA	iranische Stadt	SCHIRAS	Isar-Zufluß	ROTTACH
Input	EINGABE	iranische Stadt	TAEBRIS	Isar-Zufluß bei München	MOOSACH
Inschrift	LEGENDE	iranische Stadt am Elwend	HAMADAN		
Insekt m. Hinterleibszangen	OHRWURM	irdenes, gläsern. Bruchstück	SCHERBE	isländ. Autor (Nobelpreis)	LAXNESS
Insel bei Sardinien	ASINARA	irisch. Berg	BRANDON	isländ. Gletscher	JOEKULL
Inselbogen nördl. v. Japan	KURILEN	irisch. Berg	ERRIGAL	isländ. Parlament	ALTHING
Insel von Tuvalu	NANUMEA	irisch. Branntwein	WHISKEY	islam. Berberstamm	KABYLEN
Insel vor Hamburg	NEUWERK	irisch. Fluß	SHANNON	islam. Gebetshaus	MOSCHEE
Insel vor Neapel	PROCIDA	irisch. Luftverkehrszentrum	SHANNON	islam. Gotteshaus	DSCHAMI
Insel vor Wales	BARDSEY			islam. Mystiker	ALGAZEL
Inserat	ANNONCE	irisch. Politiker	PARNELL		
Inserat	ANZEIGE	irisch. Politiker, Staatsmann	OCONNEL	islam. Theologe	GHASALI
Insignien	EMBLEME			islam. Titel	SCHERIF
Insignien	SYMBOLE				
instandsetzen	FLICKEN	irisch. Schriftsteller	DURRELL	islamisch. Fastenmonat	RAMADAN
instandsetzen	STOPFEN				
Institution	ANSTALT			islamisch. Hochschule	MEDRESE
Interesse	NEIGUNG				

islamisch. Mekkapilger	HADSCHI
islamisch. Schutzgeist	GABRIEL
islamisch. Schutzgeist	ISRAFIL
islamisch. Schutzgeist	MICHAEL
islamisch. Theologe	GHAZALI
israel. Politiker	SCHARON
israel. Politiker, Staatspräsid.	SCHAMIR
israel. Priesterstamm	LEVITEN
israelisch. Parlament	KNESSET
israelisch. Politiker	ESCHKOL
israelisch. Stadt	ASKALAN
israelische Nationalarmee	HAGANAH
israelitisch. Stamm	SEBULON
Israels Bürger	ISRAELI
Istanbuls Altstadt	STAMBUL
ital. abstrakt. Bildhauer	LARDERA
ital. abstrakt. Maler	BIROLLI
ital. Adelsfamilie	FARNESE
ital. Adelsgeschlecht	FIESCHI
ital. Adriahafen	VENEDIG
ital. Adria-Insel	PIANOSA
ital. Adria-Inselgruppe	TREMITI
ital.-am. Opernkomponist	MENOTTI
ital. Anatom (Elektrizität)	GALVANI
ital. Astron. Physiker, Mathem.	GALILEI
ital. Autokonstrukteur	FERRARI
ital. Autorin (Nobelpreis)	DELEDDA
ital. Autor (Nobelpreis)	MONTALE
ital. Barockbaumeister	GUARINI
ital. Barockbaumeister	JUVARRA
ital. Barockkomponist	CORELLI
ital. Barockmaler, Architekt	CORTONA
ital. Baumeister	BERNINI
ital. Baumeister	MADERNA
ital. Bildhauer	CELLINI
ital. Bildhauer, Baumeister	SOLARIO
ital. Bürgermeister	PODESTA
ital. Bürgermeister	SINDACO
ital. Dichter	ARIOSTO
ital. Dichter, Philosoph	GIRALDI
ital. Dichter, Schriftsteller	ALFIERI
ital. Dichter d. Romantik	MANZONI
ital. Dichterin	CORINNA
ital. Erfinder (Nobelpreis)	MARCONI
ital. Filmregisseur	FELLINI
ital. Filmschauspielerin	MAGNANI
ital. Fluß	PLATANI
ital. Fluß bei Rimini	RUBIKON
ital. Fluß zur Adria	PESCARA
ital.-franz. Chansonnier	MONTAND
ital.-franz. Schauspieler	VENTURA
ital. Frauenname	MIRELLA
ital. Freiheitskämpfer	MAZZINI
ital. Gastwirtschaft	ALBERGO
ital. Gastwirtschaft	OSTERIA
ital. Gastwirtschaft	TAVERNE
ital. Gebirge	APENNIN
ital. Geigenbauer	MAGGINI
ital. Geigenbauer	RUGGERI
ital. Geigenvirtuose	CORELLI
ital. Geiger, Komponist	TARTINI

ital. Geiger, Komponist	TORELLI	
ital. Geiger, Komponist	TOSELLI	
ital. Geiger, Komponist	VIVALDI	
ital. Großindustrieller	AGNELLI	
ital. Hafen am Tyrrhen. Meer	LIVORNO	
ital. Hafenstadt in d. Toskana	LIVORNO	
ital. Herzogsgeschlecht	GONZAGA	
ital. Insel im Ligurisch. Meer	CAPRAIA	
ital. Inselstadt	VENEDIG	
ital. Kirchenlehrer	DAMIANI	
ital. Komponist, Dirigent	MADERNA	
ital. Komponist in Wien	SALIERI	
ital. Komponist (16. Jh.)	ZARLINO	
ital. kubist. Maler	MORANDI	
ital. Kurort bei Genua	RAPALLO	
ital. Lagunenstadt	VENEDIG	
ital. Landschaft	TOSKANA	
ital. Landschaft	UMBRIEN	
ital. Likör	ROSOLIO	
ital. Lustspieldichter	ARETINO	
ital. Lustspieldichter	GOLDONI	
ital. lyrisch. Tenor	STEFANO	
ital. Männername	ANTONIO	
ital. Männername	CLAUDIO	
ital. Männername	EDMONDO	
ital. Männername	EDUARDO	
ital. Männername	ERNESTO	
ital. Männername	EUGENIO	
ital. Männername	FILIPPO	
ital. Männername	GASPARO	
ital. Männername	GIORGIO	
ital. Männername	IGNAZIO	
ital. Männername	LORENZO	
ital. Männername	ORLANDO	
ital. Männername	RODOLFO	
ital. Männername	VALERIO	
ital. Maisbrei	POLENTA	
ital. Maler	GUTTUSO	
ital. Maler, Tizian-Schüler	BORDONE	
ital. Maler u. Goldschmied	FRANCIA	
ital. Maler (13./14. Jh.)	MARTINI	
ital. Maler (15. Jh.)	MELOZZO	
ital. Maler (16. Jh.)	SOLARIO	
ital. Marmorstadt	CARRARA	
ital. Mathematiker	CARDANO	
ital. Name v. Mantua	MANTOVA	
ital. Name v. Opatija	ABBAZIA	
ital. Name von Durres	DURAZZO	
ital. Name von Shkoder	SKUTARI	
ital. Name von Tarent	TARANTO	
ital. Opernkomponist	BELLINI	
ital. Opernkomponist	PUCCINI	
ital. Opernkomponist	ROSSINI	
ital. Philosoph, Neuhegelianer	GENTILE	
ital. Pianist und Komponist	CASELLA	
ital. Politiker	EINAUDI	
ital. Politiker	GASPERI	

ital. Politiker, Staatspräsid.	GRONCHI	
ital. Politiker, Staatspräsident	FANFANI	
ital. Reisgericht	RISOTTO	
ital. Renaissancebaumeister	ALBERTI	
ital. Renaissancebildhauer	QUERCIA	
ital. Renaissancebildhauer	SARTORI	
ital. Renaissancemaler	RAFFAEL	
ital. Riviera-Seebad	SANREMO	
ital. Sängerin	TEBALDI	
ital. Schriftsteller	BUZZANI	
ital. Seebad an der Riviera	RAPALLO	
ital. Stadt	ALASSIO	
ital. Stadt am Arno	FLORENZ	
ital. Stadt am Busento	COSENZA	
ital. Stadt am Busento	POTENZA	
ital. Stadt am Golf von Neapel	SORRENT	
ital. Stadt am Reno	BOLOGNA	
ital. Stadt an d. Adria	PESCARA	
ital. Stadt an der Brenta	BASSANO	
ital. Stadt an der Piave	BELLUNO	
ital. Stadt an der Scrivia	TORTONA	
ital. Stadt auf Sardinien	SASSARI	
ital. Stadt auf Sizilien	TRAPANI	
ital. Stadt bei Florenz	FIESOLE	
ital. Stadt in Umbrien	FOLIGNO	
ital. Stadt in Umbrien	SPOLETO	
ital. Stadt in Venetien	TREVISO	
ital. Stadt in Venetien	VICENZA	
ital. surrealistischer Maler	CHIRICO	
ital. Theaterbaumeister	BIBIENA	
ital. Weinsorte	BARBERA	
ital. Weinsorte	CHIANTI	
ital. Weinsorte	VESUVIO	
ital.: achtzig	OTTANTA	
ital.: alt	VECCHIO	
ital.: Anzug	VESTITO	
ital.: Brief	LETTERA	
ital.: Florenz	FIRENZE	
ital.: Herr, Chef	PADRONE	
ital.: Junge	RAGAZZO	
ital.: Kindchen	BAMBINO	
ital.: Lied	CANZONE	
ital.: Mädchen	RAGAZZA	
ital.: Meister	MAESTRO	
ital.: neunzig	NOVANTA	
ital.: Palast	PALAZZO	
ital.: Schwester	SORELLA	
ital.: Venedig	VENEZIA	
ital.: vier	QUATTRO	
italien. Automarke	BUGATTI	
Jackenkleid	KOSTUEM	
Jade	NEPHRIT	
jähes Zusammenfahren	ZUCKUNG	
Jagdart mit Treibern	STREIFE	
Jagdgehilfe	TREIBER	
Jagdgewehr, -waffe	BUECHSE	
Jagdhund	ERDHUND	
Jagdhund	GRIFFON	
Jagdhund	POINTER	
Jagdhund	SPANIEL	
Jagdhund	TERRIER	
Jagdhundgebell	GELAEUT	
Jagdkanzel	ANSTAND	
Jagdmesser	KNICKER	
Jahrbuch, Jahrbücher	ANNALEN	
Jahreswende	NEUJAHR	
Jahrmarktauto	SKOOTER	
jammern	GREINEN	

Januar in Österreich	JAENNER	javanischer Tanz	SCRIMPI	jüdisch. Schlußgebet	HABDALA
japan. Blumensteckkunst	IKEBANA	Jazztechnik	SKIFFLE	jüdisch. Widderhorn	SCHOFAR
japan. Farbholzschnittkünstler	HOKUSAI	jemenit. Hafenstadt	HODEIDA	jüdische Bibelkritik	MASSORA
		jemenit. Hafenstadt	HUDAIDA	jüdische Geheimlehre	KABBALA
japan. Gitarre	SAMISEN	jemenit. Inselgruppe	SOKOTRA	jüdische Sekte	KARAEER
japan. Holzschnittkünstler	SHARAKU	jenseits	DRUEBEN	jüdisches Gebetbuch	TEFILLA
japan. Insel	KIUSCHU	Jenseits der german. Krieger	WALHALL	jüngst	NEULICH
japan. Kaiser	AKIHITO			Jüngstenrecht	MINORAT
japan. Kleinschnitzerei	NETSUKE	Jetztzeit	NEUZEIT	jugendlich	JUVENIL
		jidd.: Gewinn	REBBACH	jugosl. Adria-Insel	LASTOVO
japan. Kriegerstand	SAMURAI	Johanniskraut	HARTHEU	jugosl. Adria-Insel	PLAVNIK
		Jolle	BEIBOOT		
japan. Maler (18. Jh.)	UTAMARO	jordan. König	HUSSEIN	jugosl. f. Belgrad	BEOGRAD
japan. Puppenspiel	BUNRAKU	Journal	MAGAZIN	jugosl. Name v. Neusatz	NOVISAD
		Journal, Nachrichtenblatt	ZEITUNG		
japan. Selbstmord	SEPPUKU	Jubel, Siegesfreude	TRIUMPH	jugosl. Stadt an d. Donau	NEUSATZ
japan. Stadt auf Hokkaido	SAPPORO	Juckblattern	PRURIGO	jugosl. Stadt an der Drau	MARBURG
japan. Stadt auf Hondo	NIIGATA	juckende Anschwellung	QUADDEL	jugoslaw. Adria-Insel	KORCULA
japan. Stadt auf Hondo	OKAJAMA	juckende Hautinfektion	KRAETZE	jugoslaw. Adria-Insel	LOSINJI
japan. Stadt auf Kuischu	MODSCHI	jüd. Sabbatbrot	BARCHES	jugoslaw. Berg i. d. Jul. Alpen	TRIGLAV
japan. Stadt auf Schikoku	IMABARI	jüdisch. Hoherpriester	KAIPHAS	jugoslaw. Bundesland	SERBIEN
japan. Stadt auf Schikoku	KOTSCHI	jüdisch. König	HERODES	jugoslaw. Hafenstadt	OPATIJA
		jüdisch. König	MANASSE		
japan. Stadt bei Tokio	TSCHIBA	jüdisch. Philosoph	ISRAELI	jugoslaw. Halbinsel	ISTRIEN
japan. Wintersportort	SAPPORO	jüdisch. relig. Gesänge	PSALMEN	jugoslaw. Landschaft	BOSNIEN

jugoslaw. Stadt an der Drau	MARIBOR
Jugoslawe	BOSNIER
Jugoslawe	SLOWENE
junger Laubbaum	HEISTER
junges Militärpferd	REMONTE
junges Schwein	LAEUFER
junge Stinkmorchel	HEXENEI
Jungpferd	FUELLEN
Jungreh	REHLING
Jupiter-Mond	GANYMED
Jurist	RICHTER
juxen, scherzen	SPASSEN
Kabarettlied	CHANSON
Kabarettlied	COUPLET
Käferart	ERDFLOH
Kälte empfinden	FRIEREN
Kämpe	KRIEGER
kämpfen	FIGHTEN
Kämpfer	FIGHTER
Kämpfer	KRIEGER
Känguruh-Art	WALLABY
Käseart, -sorte	MAINZER
Käseart, -sorte	QUARGEL
Käseart, -sorte	ROMADUR
Käsestadt in Belgien	LIMBURG
Kaffeewirkstoff	COFFEIN
Kaffeewirkstoff	KOFFEIN
Kaffernspeer	ASSAGAI
Kahlstelle	BLOESSE
kaiserl. Schloß in Wien	HOFBURG
Kakerlak, Schabe	SCHWABE
Kalbleder	BOXCALF
kalt	FROSTIG
kalter Wind in Südfrankreich	MISTRAL
kaltes Rotweingetränk	BISCHOF
kaltstellen	KUEHLEN
Kama-Zufluß	BJELAJA
Kammergut	DOMAENE
Kampagne	FELDZUG
Kampf, Fehde	STRAUSS
Kampf, Kampfhandlung	GEFECHT
Kampfbahn beim Sport	FAIRWAY
Kampfgefährte	GENOSSE
Kampfgefährte	KAMERAD
Kampfplatz beim Sport	PLANCHE
Kampfplatz beim Sport	STADION
Kampfrichter (engl.)	REFEREE
Kampfsport	FECHTEN
kanad. Atlantikhafen	HALIFAX
kanad. Fluß in Ontario	WELLAND
kanad. Halbinsel	BOOTHIA
kanad. Mediziner (Nobelpreis)	BANTING
kanad. Mediziner (Nobelpreis)	HUGGINS
kanad. Politiker (Nobelpreis)	PEARSON
kanad. Provinz	ALBERTA
kanad. Stadt am Ontariosee	TORONTO
kanad. Stadt in Ontario	SUDBURY
kanad. Stadt in Ontario	WINDSOR
Kanarienvogelrasse	NORWICK
kanarische Insel	LAPALMA
kandierte Fruchtschale	SUKKADE
Kaninchenbock	RAMMLER
Kanon	SINGRAD
Kanoniker, Kanonikus	DOMHERR
Kanzelrede, Kirchenrede	PREDIGT
Kapitalertrag, Verzinsung	RENDITE
Kapitalrendite	REVENUE
Kapitelherr	DOMHERR
Kappe d. Verbindungsstudenten	ZEREVIS
Kappe kath. Geistlicher	KALOTTE
Kapuzineraffe	KAPPARO

Kapuzineraffe	SAIMIRI	kathol. Sakrament	FIRMUNG	Kellnerin im Nachtlokal	BARDAME
Karikatur	CARTOON	kathol. Seelenmesse	REQUIEM	Kellnerin im Nachtlokal	BARFRAU
Karo beim Kartenspiel	SCHELLE	kathol. Stundengebet	BREVIER	Kellnerlehrling	PIKKOLO
Karpfenart, -fisch	GUESTER	katzenartiges Raubtier	LEOPARD	Kelten in Frankreich	GALLIER
Karpfenart, -fisch	ROTAUGE	Katzengold	GLIMMER	keltisch. Stamm in Frankreich	SENONEN
Karpfenfisch	ELRITZE	Katzensilber	GLIMMER	keltisch. Volk in Kleinasien	GALATER
Karpfenfisch	PFRILLE	Kauf geistlicher Ämter	SIMONIE		
Karpfenfisch	ZAEHRTE			keltisch. Volk in Wales	WALISER
Karree, Quadrat	VIERECK	Kaulbarsch	SCHROLL	keltisch. Volksstamm	NERVIER
Kartäuserkloster in Italien	CERTOSA	Keeper	TORMANN		
		Keeper	TORWART	Kennkarte	AUSWEIS
Kartenfolge	SEQUENZ	kegelförmig	KONISCH	Kennzeichen	MERKMAL
Kartenspiel	BINOKEL	Kegelschnitt	ELLIPSE	kennzeichnend	MARKANT
Kartenspiel	CANASTA	Kegelschnitt	PARABEL	kennzeichnend	TYPISCH
Kartenspiel	MARIAGE	Keglergruß	GUTHOLZ		
Kassenverwalter	RENDANT	Kehlkopfteil	KNORPEL	Kennzeichnung	KENNUNG
Kasten, Schrank	SCHREIN	Kehrbild	NEGATIV	keramisches Erzeugnis	FAYENCE
kastenartiges Möbel	SCHRANK	Kehre, Kehrschleife	WINDUNG		
		Kehrreim	REFRAIN	Kerker	VERLIES
kastrierter Hammel	SCHOEPS	keifen	GEIFERN	Kerl	BURSCHE
		Keile	DRESCHE	Kern	NUKLEUS
kastrierter Hengst	WALLACH	Keile, Schläge	PRUEGEL	Kernland v. Brandenburg	KURMARK
Katastrophe	DEBAKEL	Keiler-Oberzähne	HADERER		
Kategorie	ORDNUNG			Kernteilchen	NUKLEON
Katfisch	SEEWOLF	Keil in der Schneiderei	ZWICKEL	Kerntruppe	PHALANX
kathol. Altardiener	AKOLUTH			Kerzenmaterial	STEARIN
kathol. Frühmesse	MATUTIN	Keimdrüsen	GONADEN	Kesselpauke	TIMPANO
		Keimfreiheit	ASEPSIS		
kathol. Gebet	ANGELUS	keiner	NIEMAND	Kesselpauken	TIMPANI
kathol. Meßbuch	MISSALE			Kettengeräusch	RASSELN

Keule, Stampfer	PISTILL	Klangfarbe	KOLORIT	kleine Salutkanone	BOELLER
Kieferzahnfach	ALVEOLE	Klangwirkung	AKUSTIK	kleines Gefecht, Match	TREFFEN
Kielflosse am Segelboot	SCHWERT	Klapper, Rassel	RATSCHE	kleines Gehölz	BOSKETT
Kielflügel	CEMBALO	Klatsch	REDEREI	kleines Gewässer	TUEMPEL
Kielklavier	SPINETT	Klatsch, Gemunkel	TRATSCH	kleines Klavier	PIANINO
Kilimandscharo-Gipfel	MAWENSI	Klaue	GREIFER	Kleingebäck	KROKANT
Killer	MOERDER	Klause	ENGPASS	Kleinhändler	KRAEMER
Kinderfahrzeug	DREIRAD	Klavierart	FLUEGEL	Kleinkunstbühne	VARIETE
Kinderfahrzeug	KETTCAR	Klavierspieler	PIANIST	kleinlicher Mensch	BANAUSE
Kinderkrankheit	ROETELN	Klavierstil des Jazz	RAGTIME	Kleinodien	JUWELEN
Kinderspielzeug	KREISEL	Klebebild	KOLLAGE	Kleinschmetterling	WICKLER
Kinostück	TONFILM	Kleindarsteller	STATIST	Kleinstaat in Europa	ANDORRA
Kinzig-Zufluß	WOLFACH	kleine Apfelsine	SATSUMA	kleinste engl. Grafschaft	RUTLAND
Kirchendiener	KUESTER	kleine Arie	ARIETTE	Kleinstlebewesen	MIKROBE
Kirchengemeinde	PFARREI	kleine Glocke	KLINGEL	Kleinstmaß	MINIMUM
Kirchengesangsstück	MOTETTE	kleine Glocke, Haustürklingel	SCHELLE	Kleintaxi	MINICAR
Kirchenkomposition	PASSION	kleine Kirche	KAPELLE	Klemme	DILEMMA
Kirchenspaltung	SCHISMA	kleine Ortschaft	FLECKEN	Klemmer	KNEIFER
Kirchensprengel	PFARREI	kleine Querflöte	PIKKOLO	KLemmer, Kneifer	ZWICKER
Kirchenstaat	VATIKAN	kleiner Collie	SHELTIE	Kletterer-Ausrüstung	KOMPASS
Kirchenuhr	TURMUHR	kleiner Dudelsack	MUSETTE	klettern	KLIMMEN
kirchl. Rechtsvorschriften	KANONES	kleiner Filmstar	STARLET	klettern	STEIGEN
kirchl. Würdenträger	BISCHOF	kleiner Heringsfisch	SPROTTE	Kletterorchidee, tropisch. Gewürz	VANILLE
Kissen	POLSTER	kleiner Tropenvogel	KOLIBRI	Kletterpflanze	GLYZINE
Klagegeschrei	LAMENTO	kleiner Wasserlauf	RINNSAL	Klient	MANDANT
Klagelied	LAMENTO	kleiner Weißfisch	ELRITZE	klingeln	LAEUTEN
klagen	JAMMERN				
Klampfe	GITARRE				

Klistier	EINLAUF	Kölner Mystiker	ECKHART	kolumbian. Indianerstamm	GOAJIRO
Kloß	KLUMPEN	König d. Belgier	LEOPOLD	kolumbian. Stadt	CIENAGA
Kloß	KNOEDEL	Königin von Thailand	SIRIKIT		
Kloster	KONVENT			kolumbianische Stadt	PALMIRA
Kloster	PRIORAT	königl. Landgut	KRONGUT		
Klüngel	KOTERIE			komisch, ulkig	SPASSIG
Klumpen	BROCKEN	König v. Lydien	KROESUS	komische Bühnenfigur	PIERROT
knapp	LAPIDAR	König v. Pergamon	ATTALOS		
knauserig, wirtschaftlich	SPARSAM			komische Umbildung	PARODIE
		König von Epirus	PYRRHUS		
Knecht des Abraham	ELIESER	König von Juda	HISKIAS	Komitat in Ungarn	KOMAROM
Kneifer	KLEMMER			Kommandant, Kommandeur	FUEHRER
Kneipe, Lokal	SCHENKE	König von Pergamon	EUMENES		
Kneipe, Schenke	TAVERNE	König von Theben	OEDIPUS	Kommandeursflagge	STANDER
Kneipier	BUDIKER	Könner	MEISTER	Kommunalbeamter	LANDRAT
Knetkur	MASSAGE	Körperbau	HABITUS		
Kniescheibe	PATELLA	Körperhöhle	KAVERNE	Komödie, Lustspiel	SCHWANK
		körperlich	KONKRET	Komp. d. »Lustigen Weiber v. Windsor«	NICOLAI
Knobel, Wurfspielstein	WUERFEL	körperliche Substanz	MATERIE		
Knochen	GEBEINE	Körperschaft	GREMIUM	Komp. d. »Nachmittag e. Fauns«	DEBUSSY
Knochenbruch	FRAKTUR	köstlich	DELIKAT		
Knochenentzündung	OSTITIS	Kohlehydrat	DEXTRIN	Komp. d. Balletts »Coppelia«	DELIBES
Knochenfisch	KARPFEN	Kohlehydrat	STAERKE		
Knochengerüst	SKELETT	Kohlenbrenner	KOEHLER	Komp. d. Musicals »Oklahoma«	RODGERS
Knochenhaut	PERIOST	Kohlen laden	BUNKERN		
knöcherner Schädel	KRANIUM	Kohlensäurequelle	MOFETTE	Komp. d. Musicals »South Pacific«	RODGERS
Knötchen (mediz.)	NODULUS	Kokswerk	KOKEREI		
Knorpeltang	SEEMOOS	Kollektion	AUSWAHL	Komp. d. Musicals »The King And I«	RODGERS
Knüller, Kassenschlager	REISSER	kolumbian. Andenstadt	PEREIRA		
Knüppel, Stock	PRUEGEL			Komp. d. Oper »Das Medium«	MENOTTI
Kobold der griech. Sage	KERKOPS	kolumbian. Halbinsel	GOAJIRA		
Kochgefäß	BRAETER				

Komp. d. Oper »Der Konsul«	MENOTTI
Komp. d. Oper »Katja Kabanowa«	JANACEK
Komp. d. Operette »Die Fledermaus«	STRAUSS
Komp. d. Operette »Ein Walzertraum«	STRAUSS
Komp. d. Operette »Landstreicher«	ZIEHRER
Komp. d. Operette Wiener Blut	STRAUSS
Komp. d. Operette Zigeunerbaron	STRAUSS
Komp. v. »Ariadne auf Naxos«	STRAUSS
Komp. v. »Der Barbier von Sevilla«	ROSSINI
Komp. v. »Die Frau ohne Schatten«	STRAUSS
Komp. v. »Die verkaufte Braut«	SMETANA
Komp. v. »Eine Nacht in Venedig«	STRAUSS
Komp. v. »Viktoria und ihr Husar«	ABRAHAM
Kompagnon	PARTNER
komplett	PERFEKT
Kompon. d. »Blume von Hawaii«	ABRAHAM
Kompon. d. Balletts »Lysistrata«	BLACHER
Kompon. d. Oper »Arabella«	STRAUSS
Kompon. d. Oper »Capriccio«	STRAUSS
Kompon. d. Oper »Der Mantel«	PUCCINI
Kompon. d. Oper »Feuersnot«	STRAUSS
Kompon. d. Oper »Fürst Igor«	BORODIN
Kompon. d. Oper »Gianni Schicchi«	PUCCINI
Kompon. d. Oper »La Boheme«	PUCCINI
Kompon. d. Oper »Liebe d. Danae«	STRAUSS
Kompon. d. Oper »Madame Butterfly«	PUCCINI
Kompon. d. Oper »Manon Lescaut«	PUCCINI
Kompon. d. Oper »Rodelinde«	HAENDEL
Kompon. d. Oper »Wilhelm Tell«	ROSSINI
Kompon. d. Oper, »Acis und Galatea«	HAENDEL
Kompon. d. Oper, »Julius Cäsar«	HAENDEL
Kompon. d. Oper, »Turandot«	PUCCINI
Kompon. d. Oper Rosenkavalier	STRAUSS
Kompon. der Oper »Albert Herring«	BRITTEN
Kompon. der Oper »Bluthochzeit«	FORTNER
Kompon. der Oper »Peter Grimes«	BRITTEN
Komponist der »Nachtwandlerin«	BELLINI
Komponist der Oper »Amelia«	MENOTTI
Komponist der Oper »Daliboru«	SMETANA
Komponist der Oper »Daphne«	STRAUSS
Komponist der Oper »Elektra«	STRAUSS
Komponist der Oper »Flut«	BLACHER
Komponist der Oper »Jenufa«	JANACEK
Komponist der Oper »Norma«	BELLINI
Komponist der Oper »Salome«	STRAUSS
Komponist der Oper »Tosca«	PUCCINI
Komponist der Oper »Xerxes«	HAENDEL

Komponist des Balletts »Salade«	MILHAUD	Kopffüßerfossil	AMMONIT	Kraft, Macht	STAERKE
		Kopfsalat	LATTICH	kraftlos, machtlos	SCHWACH
Komponist von »Maske in Blau«	RAYMOND	Kopfstimme	FALSETT	Kraftwagenfähre	TRAJEKT
		Kopplung politisch. Maßnahmen	JUNKTIM	Kragstein	KONSOLE
Konfekt, Naschwerk	PRALINE			Kram	KREMPEL
		Koranschule	MEDRESE	Kram, Ramsch	TROEDEL
Konferenz	MEETING				
		Korbblütler	BEIFUSS	Krampf	SPASMUS
konfuzian. Philosoph	MENGTSE			Krampf bei Kindern	FRAISEN
		Korbblütler	LATTICH		
Konglomeratgestein	BRECCIE			krank	LEIDEND
		Kormoran	SCHARBE	Krankenbetreuer	PFLEGER
		Kormoran	SEERABE		
Konglomeratgestein	BREKZIE	korrekt, wahr	RICHTIG	Kranker	PATIENT
				krankhafte Hautrötung	ERYTHEM
kongoles. Politiker (Staatspräs.)	LUMUMBA	korsische Hauptstadt	AJACCIO		
				Krankheitsanzeichen	SYMPTOM
		Korso	FESTZUG		
Kongo-Quellfluß	LUALABA	Kosakenpeitsche	NAGAIKA	Krankheitsanzeichen, Vorbote	SYMPTOM
Konquistador, eroberte Peru	PIZARRO	kosmetisches Mittel, Verfahren	PACKUNG	Krankheitskeim	ERREGER
Konsonant	MITLAUT	Kosmos, Universum	WELTALL	Krankheitssymptom	SCHMERZ
Konstitution, Verfassung	ZUSTAND	Kostbarkeit	KLEINOD	Kranzleiste	KARNIES
Konstrukteur	ERBAUER	Krabbe	GARNELE	Krapfen	BEIGNET
Konsum, Verbrauch	VERZEHR	Krach	GETOESE	Kratersee bei Rom	NEMISEE
		Krach	KLAMAUK		
		Krach	KRAKEEL	Krawall	AUFRUHR
Konterfei	BILDNIS	Krach	KRAWALL	Krebstier	DAPHNIE
Kontinent	AMERIKA	krachen	DONNERN	Kreidemalerei	PASTELL
Kontinent	ERDTEIL	krachen	KNALLEN		
Kontrabaßtuba	HELIKON	Kräftigungsmittel	TONIKUM	Kreisabschnitt	SEGMENT
Kontrakt, Konvention	VERTRAG			kreisförm. Dunkelnebel	GLOBULE
		Kränkung	AFFRONT		
Kontrollbildschirm	MONITOR	Krätze	SCABIES	Kreppgewebe	LAVABEL
		Krätze	SKABIES	Kreuzkraut	SENECIO
kontrollieren	CHECKEN	Kräuselstoff	FROTTEE		
		Kraft	ENERGIE	Kriegerin der griech. Sage	AMAZONE
Konvent	KLOSTER				
Konzept	ENTWURF	Kraft-, Antriebsmaschine	TURBINE		

Kriegsminister Ludwigs XIV.	LOUVOIS	künstlicher Satellit	TRABANT	Kupfer-Zink-Legierung	MESSING
Kriegsschiff	KREUZER	Küstenzone	LITORAL	Kuppelaufsatz	LATERNE
Kronleuchter	LUESTER	Kugelabschnitt	SEGMENT	Kuppelzylinder	TROMMEL
Kronprinz in Japan	AKIHITO	kugelig. Flüssigkeitsteilchen	TROPFEN	Kurort	HEILBAD
Krümmung	BIEGUNG	Kugelkappe	KALOTTE	Kurort am Erzgebirge	DRIBURG
Krume	BROESEL	Kultur	BILDUNG	Kurort am Gardasee	GARDONE
Krume	BROSAME	Kulturpflanze d. Tropen	ERDNUSS	Kurort am Neckar	WIMPFEN
Krume	KRUEMEL	Kulturpflanze der Tropen	OELBAUM	Kurort am Starnberger See	TUTZING
Krummholzart	LATSCHE	Kunde	KAEUFER	Kurort am Steinhuder Meer	REHBURG
kuban. Stadt	HOLGUIN	Kunde	MELDUNG		
kubanisch. Stadt	BARACOA	Kundendienst	SERVICE	Kurort am Tegernsee	WIESSEE
Kübel	BOTTICH	kunstfertig, meisterhaft	VIRTUOS	Kurort im Berner Oberland	MUERREN
Küchengewürz	KUEMMEL	Kunstflugfigur	LOOPING	Kurort im Oberharz	ALTENAU
Küchengewürz	LORBEER	Kunstfreund	AESTHET	Kurort im Salzkammergut	MONDSEE
Küchengewürz, -kraut	MAJORAN	Kunstgattung, -gebiet	MALEREI	Kurort im Schwarzwald	TEINACH
kühn	BEHERZT	Kunstgriff	FINESSE	Kurort im Schwarzwald	TODTNAU
Kühnheit, Beherztheit	WAGEMUT	Kunsthandlung	GALERIE		
Kümmelbranntwein	AQUAVIT	Kunstharz	BAKELIT	Kurort im Schwarzwald	TRIBERG
künstl. angelegtes Gewässer	STAUSEE	Kunstsammlung	GALERIE	Kurort im Schwarzwald	WILDBAD
künstl. Zahnersatz	BRUECKE	Kunstschule in Dessau	BAUHAUS	Kurort im Stubaital	FULPMES
künstlerisch	MUSISCH	Kunststoff	PLASTIK	Kurort im Taunus	SELTERS
künstlerischer Beruf	MUSIKER	Kunststoff	SILIKON	Kurort im Thüringer Wald	NEUHAUS
künstlerisches Gebinde	BOUQUET	Kunststoff	VINIDUR		
Künstlerwerkstatt	ATELIER	Kunsttanz	BALLETT	Kurort im Weserbergland	PYRMONT
künstlicher Mensch	ANDROID	Kupferlasur	LASURIT		
		Kupferlegierung	ROTGUSS	Kursabschlag	DISAGIO

Clue	Answer
Kursabweichung	ABTRIFT
Kurstätte	MOORBAD
Kurve	BIEGUNG
Kurve	PARABEL
Kurvenschnittlinie	SEKANTE
kurze Baumwollfasern	LINTERS
kurze Erzählung	NOVELLE
kurze Handfeuerwaffe	PISTOLE
kurzer Dolch	STILETT
kurze Reise	AUSFLUG
Kurzform für Wiener Dom	STEFFEL
kurzfristig	EPHEMER
Kurzgeschichte	EPISODE
kurz und bündig	LAPIDAR
kurzweilig, vergnüglich	SPASSIG
Laborgefäß	RETORTE
lachsartiger Edelfisch	MARAENE
lachsartiger Fisch	FELCHEN
lachsartiger Fisch	FORELLE
Ladenhüter	RESTANT
ladungsfreies Atomteilchen	NEUTRON
lächerlich	KOMISCH
Lämpchen	LAMPION
Länderparlament	LANDTAG
längl. Diamantschliff	MARKISE
länglicher Teppich	LAEUFER
Lärm	KLAMAUK
Lärm	KRAKEEL
Lärm	KRAWALL
lärmen	RUMOREN
lärmen, rumpeln	POLTERN
Lärminstrument	KLAPPER
Lässigkeit	LAXHEIT
Laffe, Modenarr	STUTZER
Lage, Überzug	SCHICHT
Lagerraum	MAGAZIN
Laie	AMATEUR
Laken	BETTUCH
Lama-Art	VIKUNJA
Lama-Stammform	GUANAKO
Lammfell	KARAKUL
Lammfell	KRIMMER
Landbesitz	GEHOEFT
Land der Däumlinge	LILIPUT
Landenge	ISTHMUS
Landesherr	MONARCH
Landhaus (engl.)	COTTAGE
Land kultivieren	SIEDELN
landläufig	UEBLICH
Landpolizist	GENDARM
Landschaft am Bodensee	LINZGAU
Landschaft in Ostholstein	WAGRIEN
Landschaft in Palästina	SAMARIA
Landschaft in Westfalen	HELLWEG
Landschaftsform	GEBIRGE
Landschaft zw. Elbe und Oder	LAUSITZ
Landvogt in Uri	GESSLER
Landwirt	OEKONOM
landwirtschaftl. Tätigkeit	DUENGEN
Landwirtschaftsgebäude	SCHEUNE
Landwirtschaftszweig	OBSTBAU
Landwirtschaftszweig	WEINBAU
Landzunge	NEHRUNG
langbeinige Mücke	SCHNAKE
langhalsiges Steppentier	GIRAFFE
Langobardenkönig	AISTULF
Langobardenkönig	ARIPERT
Langobardenkönig	ROTAHRI
langsamer Tanz	SLOWFOX
langweilig	MONOTON
Lanzenreiter	LANCIER
lasch	LAESSIG
Last	GEWICHT
Lastenheber	STAPLER
Laster, schlechte Angewohnheit	UNSITTE
Lastkraftwagenfahrer	TRUCKER
Lastschiff	LICHTER

Clue	Answer
lat.: im Zweifelsfall	INDUBIO
latein. Beugefall	ABLATIV
latein. Bibelübersetzung	VULGATA
latein.: Art	SPECIES
latein.: Arzt	MEDICUS
latein.: Blei	PLUMBUM
latein.: Böhmen	BOHEMIA
latein.: Engel	ANGELUS
latein.: Glied	MEMBRUM
latein.: Glück	FORTUNA
latein.: heilig	SANCTUS
latein.: Herr	DOMINUS
latein.: Nächstenliebe	CARITAS
latein.: Träne	LACRIMA
latein.: Volk	POPULUS
latein.: Zahl	NUMERUS
lateinische Schrift	ANTIQUA
Latrine	ABTRITT
Laubbaum	PLATANE
Laubengang	ARKADEN
Laubengang	PERGOLA
Laubhüttenfest	ZUKKOTH
Lauchpflanze	ZWIEBEL
Laufsport	JOGGING
Laune	KAPRICE
Laune	MAROTTE
launig	HUMORIG
lauschen	HORCHEN
Lauscher	HORCHER
lauter	INTEGER
lauter Beifall	OVATION
lautes Geräusch	RATTERN
lax, schlapp	SCHLAFF
Lebemann	PLAYBOY
Lebensabriß e. Verstorbenen	NACHRUF
Lebensende	ABLEBEN
Lebensgemeinschaft	FAMILIE
lebenswichtiger Wirkstoff	VITAMIN
Leberblümchen	ANEMONE
Lebewesen	KREATUR
lebhaft	QUIRLIG
lebhaftes Musikstück	ALLEGRO
Lech-Zufluß	WERTACH
lecker	DELIKAT
Leckermaul	GOURMET
Lederarbeiter	SATTLER
Lederart	JUCHTEN
Lederart	KORDUAN
Lederart	RINDBOX
Lederflicken	RIESTER
Lederriemen	GUERTEL
leere Redensart	FLOSKEL
Leergut	FUSTAGE
leger	LAESSIG
Legföhre	LATSCHE
Lehre, Lehrmeinung	DOKTRIN
Lehre, Lehrmeinung	THEORIE
Lehrer des Demokrit	LEUKIPP
Lehre v. d. Erbgesundheit	EUGENIK
Lehre vom Flugwesen	AVIATIK
Lehre vom Schall	AKUSTIK
lehrhafte Erzählung	PARABEL
Lehrherr	MEISTER
Lehrsatz	THEOREM
Lehrstunde	LEKTION
Leib	KOERPER
Leibgedinge	APANAGE
leibhaftig	KONKRET
Leibriemen	GUERTEL
Leibwächter	TRABANT
Leichengift	PTOMAIN
Leichenöffnung	SEKTION
Leichenzug	KONDUKT
leicht anstoßen	STUPSEN
Leichtathlet	LAEUFER
leichte Kavallerie	HUSAREN
leichter Betrug	MOGELEI
leichter Rausch	SCHWIPS
leichter Stoßdegen	FLORETT
Leichtmetall	ZAESIUM
leicht regnen	NIESELN
leicht reiben, säubern	WISCHEN
leicht schwachsinnig	IMBEZIL

leichtsinnig, unbekümmert	SORGLOS	
leichtsinniger Mensch	HOLDRIO	
Leid, Kummer	SCHMERZ	
Leidenschaft	PASSION	
leidenschaftlich in der Musik	FURIOSO	
Leidensgeschichte Jesu	PASSION	
Leine, Band	STRIPPE	
leise jammern	WINSELN	
leise lachen	KICHERN	
leises Murmeln	GERAUNE	
Leistungsaufforderung	MAHNUNG	
leiten	FUEHREN	
lenken, führen	STEUERN	
Lenker	FUEHRER	
Leopard	PANTHER	
Lepra	AUSSATZ	
Lernabschnitt	LEKTION	
Lesart, Abweichung	VERSION	
Letos Tochter	ARTEMIS	
lettische Landschaft	KURLAND	
letzter König der Wandalen	GELIMER	
letzter König Italiens	UMBERTO	
letzter König von Juda	ZEDEKIA	
leuchten	GLUEHEN	
libanesisch. Stadt	BAALBEK	
libanesische Hafenstadt	TRIPOLI	
libanesische Münze	PIASTER	
libysch. Politiker	GHADAFI	
libyscher Staatschef	GADDAFI	
Lichen	FLECHTE	
Lichteinlaß	FENSTER	
lichte Weite	KALIBER	
Lichtgehäuse	LATERNE	
Lichtgott der Perser	MITHRAS	
Lichthof um Mond, Sonne	AUREOLE	
lichtlos	FINSTER	
Lichtöffnung an Gebäuden	FENSTER	
Lichtstärke-Maßeinheit	CANDELA	
Liebelei	AFFAERE	
Liebesgabe	ALMOSEN	
Liebesgöttin Kanaans	ASTARTE	
Liebesspiel	NECKING	
Liebesspiel	PETTING	
Liebesverhältnis, Liebschaft	LIAISON	
Liebhaber	AMATEUR	
Liebhaberei	PASSION	
Liebschaft	ROMANZE	
Liebschaften	AMOUREN	
liedartig	LYRISCH	
liedartiges Musikstück	ROMANZE	
liedartiges Tonstück	KANZONE	
Liedform	BALLADE	
Liedform, Strophenform	SESTINE	
Liedteil	STROPHE	
Liege, Liegemöbel, Liegestatt	KANAPEE	
ligur. Hafen, Seebad	IMPERIA	
Liliengewächsknolle	ZWIEBEL	
Limone, Südfrucht	ZITRONE	
lindern	MILDERN	
Linie	STRECKE	
Liparische Insel	PANARIA	
Liparische Insel	VULCANO	
Lippenblasgeräusch	PFEIFEN	
Lippenblütler	GUENSEL	
Liste, Zahlenübersicht	TABELLE	
liturg. Gesang	SANCTUS	
livländischer Kümmellikör	ALLASCH	
lkw mit Anhänger	LASTZUG	
löslich, auflösbar	SOLUBEL	
Lösung	GEMISCH	
Loire-Zufluß	MAYENNE	
Londoner Stadtbezirk	BARKING	

Londoner Stadtbezirk	BRIXTON
Londoner Stadtbezirk	CHELSEA
Londoner Stadtbezirk	CROYDON
Londoner Stadtbezirk	DULWICH
Londoner Stadtbezirk	EASTEND
Londoner Stadtbezirk	EASTHAM
Londoner Stadtbezirk	HACKNEY
Londoner Stadtbezirk	HOLBORN
Londoner Stadtbezirk	LAMBETH
Londoner Stadtbezirk	MAYFAIR
Londoner Stadtbezirk	PIMLICO
Londoner Stadtbezirk	WELLING
Londoner Stadtbezirk	WEMBLEY
Londoner Stadtbezirk	WESTEND
Londoner Stadtbezirk	WESTHAM
lose machen	LOCKERN
losen	KNOBELN
Lostrennung, Spaltung	SCHISMA
Lotteriegewinnverteilung	ZIEHUNG
Lotung d. Wassertiefe	PEILUNG
Luftfahrt	AVIATIK
Luftkanal d. Gliedertiere	TRACHEE
Luftleitblech am Auto	SPOILER
Luftröhre	TRACHEA
Luftspiegelung	KIMMUNG
Lump	HALUNKE
Lump, Gauner	SCHURKE
Lumpfisch	SEEHASE
Luntenschloßgewehr	MUSKETE
Lust	APPETIT
Lustanwandlung	GELUEST
lustig	KOMISCH
lustig, amüsant	SPASSIG
Lustschloß i. Park von Versailles	TRIANON
luxemb. Stadt an der Our	VIANDEN
luxemburgisch. Fluß	ALZETTE
luxemburgisch. Landesteil	GUTLAND
luxemburgisch. Landesteil	OESLING
lymphat. Organe im Rachen	MANDELN
Lymphdrüsenentzündung	LYMPHOM
lyrische Gedichtform	KANZONE
lyrisches Werk	GEDICHT
Lyssa, Tobsucht	TOLLWUT
Machenschaft	INTRIGE
Machinenausrüstung	ARMATUR
mährisch. Schwarzawa-Zufluß	ZWITTAU
mährische Stadt	ZWITTAU
Männername	AMADEUS
Männername	ANDREAS
Männername	BALDUIN
Männername	BASTIAN
Männername	BERTOLD
Männername	BERTRAM
Männername	CLEMENS
Männername	DIETMAR
Männername	DOMINIK
Männername	ECKHARD
Männername	EMANUEL
Männername	FLORIAN
Männername	GABRIEL
Männername	GEBHARD
Männername	GERHARD
Männername	GILBERT
Männername	GUENTER
Männername	GUNTHER
Männername	HARTMUT
Männername	HARTWIG
Männername	HENNING
Männername	HERBERT

Männername	HERMANN	magischer Schutz	AMULETT	Maniokwurzel	KASSAWA
Männername	HERWART	Magnetkompaß	BUSSOLE	Manko	AUSFALL
Männername	HUMBERT	Magnetnadel	KOMPASS	Mann v. Alkeste	ADMETOS
Männername	INGBERT	Mahd	SCHNITT	Mann v. Andromeda	PERSEUS
Männername	JUERGEN	Mahlzähne	MOLAREN	Mann v. Desdemona	OTHELLO
Männername	KARSTEN	Mahnbrief	EPISTEL	Mann v. Eurydike	ORPHEUS
Männername	KASIMIR	Mahnbrief	MONITUM	Mann v. Hekabe, Hekuba	PRIAMOS
Männername	LAMBERT	Mahnruf in der kathol. Messe	MEMENTO	Mann v. Juno	JUPITER
Männername	OTFRIED	Mahnung, Mahnruf, -zeichen	MEMENTO	Mann v. Kassiopeia	KEPHEUS
Männername	SEVERIN	Mahnung, -zeichen	MONITUM	Mann v. Niobe	AMPHION
Männername	SIEGMAR	Mahnung zur Vorsicht	WARNUNG	Mantelstoff	MARENGO
Männername	VOLKMAR	Mailänder Silbermünze	FILIPPO	Marienbildnis	MADONNA
Männerstimme, -stimmlage	BARITON	Main-Zufluß	BAUNACH	Mariengras	SPERGEL
männl. Fisch	MILCHER	Mais	KUKURUZ	Marinedienstgrad	ADMIRAL
männl. Küchenhilfe	SPUELER	majestätisch	ERHABEN	Marmelade	KOMPOTT
Märchenfigur	HAENSEL	makellos	INTEGER	marokk. Atlantikhafen	MOGADOR
Märchenfigur, -gestalt	JORINDE	Makler	MITTLER	marokkan. Hafenstadt	KENITRA
malaiische Dorfsiedlung	KAMPONG				
märkischer Dichter	FONTANE	malaiische Halbinsel	MALAKKA	marokkan. Hafenstadt	LARACHE
Märtyrerin	BARBARA	maliziös	BOSHAFT	marokkan. Stadt	TETOUAN
mäßig	MODERAT	Malvengewächs	ALTHAEA	Marschboden, Meeresschlamm	SCHLICK
mäßig langsames Musikstück	ANDANTE	Malvengewächs	EIBISCH		
		Malzzucker	MALTOSE	Marschformation	KOLONNE
Mätresse Ludwigs XV.	DUBARRY	Mammutbaum	SEQUOIE	Martinstag	MARTINI
Magenpförtner	PYLORUS	Mandarinen-Art	SATSUMA		
Magie	HEXEREI	Mandat	AUFTRAG	Maschine	APPARAT
magischer Gegenstand	FETISCH	Manier	METHODE	Maschinenmensch	ROBOTER
		Maniokmehl, Pfeilwurz	TAPIOKA		

Maschinerie	APPARAT	mechan. Klavier	PIANOLA	Meinung	ANSICHT
Maserung	GEAEDER	mecklenburg. Badeort	WUSTROW	Meinungsaustausch	DEBATTE
Maskenball	REDOUTE	mecklenburg. Ostseebad	DOBERAN	Meinungsforschung, Erhebung	UMFRAGE
Maskottchen	AMULETT	mecklenburg. Ostseehafen	ROSTOCK	Meinungsstreit	POLEMIK
Maßeinheit d. Elektrizitätsmenge	COULOMB	mecklenburg. Stadt an der Elde	PARCHIM	Meister	KOENNER
Maßeinheit für Lautstärke	DEZIBEL	Medeas Heimat	KOLCHIS	Meistersinger b. Wagner	KOTHNER
massig, massiv	KOMPAKT	Medikament	MEDIZIN	Meistersinger bei Wagner	SCHWARZ
Massiv in den Dolomiten	SCHLERN	Medikament f. Zuckerkranke	INSULIN	Mekkapilger	HADSCHI
Maßnahme, Vorgehen	SCHRITT	medizin. Schutzmaßnahme	IMPFUNG	melanesische Insel	BELLONA
Maststützseil	PARDUNE	medizin. Stütze bei Brüchen	SCHIENE	Melodienlehre	MELODIK
Materialverlust	SCHWUND	medizin.: krankhafter Hohlraum	KAVERNE	mengen	MISCHEN
mathem.: zweite Potenz	QUADRAT	Mediziner	MEDIKUS	menschähnliche Zauberwurzel	ALRAUNE
mathematische Winkelfunktion	COSINUS	Medizinerin	AERZTIN	Menschenaffe	GORILLA
Matrose	SEEMANN	Meeresbewegung	DUENUNG	Menschenansammlung	AUFLAUF
Mauer-, Mörtelbewurf	VERPUTZ	Meeresbewegung	SEEGANG	Menschenrasse	NEGRIDE
Mauerbruch	BRESCHE	Meeresborstenwurm	SEEMAUS	Menschenrasse	PYGMIDE
Mauerlücke	SCHARTE	Meeresküste	GESTADE	menschenunwürdig	INHUMAN
Mauersalat	LATTICH	Meeressäugetier	DELPHIN	menschliche Rede	SPRACHE
Maulschelle	DACHTEL	Meeresschildkröte	KARETTE	Mensurnarbe	SCHMISS
Maurenburg in Spanien	ALCAZAR	Megäre	ERINNYE	merken, empfinden	SPUEREN
Maurerwerkzeug	SENKLOT	mehrehig	POLYGAM	Merktage	LOSTAGE
Maxime, Regel	PRINZIP	mehrere	ETLICHE	Merowingerfürst	GUNTRAM
Maya-Gottheit	HURAKAN			Mesner	KUESTER
Maya-Gottheit	ITZAMNA				

Messestadt in Sachsen	LEIPZIG
Meßgerät, -instrument	KOMPASS
Metallarbeiter	FRAESER
Metallarbeiter	GIESSER
Metallarbeiter	SCHMIED
Metallfadenschmuck	LAMETTA
Metallschneider	GRAVEUR
Meteorstrom aus der Leier	LYRIDEN
Metier	GEWERBE
Metzger, Schlachter	SELCHER
mexikan. Badeort	ORIZABA
mexikan. Dramatiker	FUENTES
mexikan. Gebirgsstaat	HIDALGO
mexikan. Goldmünze	HIDALGO
mexikan. Hafenstadt	TAMPICO
mexikan. Halbinsel	YUCATAN
mexikan. Küstenstaat	SINALOA
mexikan. Schwanzlurch	AXOLOTL
mexikan. Staat	TABASCO
mexikan. Stadt	TIJUANA
mexikan. Stadt am Rio Blanco	ORIZABA
mexikan. Stadt am Rio Grande	CAMARGO
mexikan. Stadt in Michoacán	MORELIA
mexikan. Tenor	DOMINGO
Mieder	KORSAGE
Mieder	KORSETT
Mietverhältnis	LEASING
Milchpilz	REIZKER
Milchstraße	GALAXIS
Milchwirtschaftsbetrieb	MEIEREI
Milchzucker	LAKTOSE
milde Gabe	ALMOSEN
mildern	LINDERN
Militär	KOMMISS
militär. Dienststellung	FOURIER
militär. Marschordnung	KOLONNE
Militärbündnis	ENTENTE
Militärflughafen	AIRBASE
militärisch. Bedeckung, Geleit	ESKORTE
militärisch. Pakt	ALLIANZ
Miliz in Israel	HAGANAH
Milzbrand	ANTHRAX
mindern	KUERZEN
Mindestwert	MINIMUM
Mineral	DOLOMIT
Mineral	IDOKRAS
Mineral	MONAZIT
Mineral	TITANIT
Mineral, Granat	MELANIT
Mineral, Schmuckstein	SPINELL
Mineralfarbe	TEMPERA
Mineralölprodukt	ASPHALT
Mineralverbindung	BRECCIE
Mineralwasser	BRUNNEN
Mineralwasser	SELTERS
Mineralwasser m. Kohlensäure	SPRUDEL
Ministerpräsident	PREMIER
minus, abzüglich	WENIGER
mischfarbig	MELIERT
Mischgericht	EINTOPF
Mischgeschwulst	TERATOM
Mischling	BASTARD
Mischling	HYBRIDE
Mischling	MULATTE
Mischling zwischen Schwarz u. Weiß	MULATTE
Mischmasch, Mischung	GEMISCH
Misere, Mißgeschick	NOTLAGE
Missetäter	FREVLER
Missetäter, Übeltäter	SUENDER
Mißfallen	ABSCHEU
Mißgeschick	MALHEUR
Mißgeschick, Verhängnis	UNSTERN
mißhandeln	FOLTERN
mißhandeln, schinden	QUAELEN
Missionar der Friesen	LIUDGER

mißlich, schwierig	PREKAER	mittelalterlich. Segelschiff	GALIONE	Mittelmeerhafen	LATAKIA
Mißmut, Verdruß	UNWILLE	mittelamerik. Indianerstamm	MISKITO	Mittelmeerheide	GARIGUE
Mißtrauen	ARGWOHN	mittelamerikan. Hauptstadt	MANAGUA	Mittelmeerstaat	ITALIEN
Mißtrauen, Vorbehalt	SKEPSIS	mittelamerikan. Indianerstamm	AZTEKEN	Mittelmeer-Teil	AEGAEIS
Mißverhältnis	AMETRIE			Mittelmeerwinde	ETESIEN
Mitarbeiter	KOLLEGE	mittelamerikan. Indianerstamm	KARIBEN	mittelmexikan. Stadt	MORELOS
mit d. Faust abwehren	FAUSTEN	mittelchilen. Stadt	LINARES	mittelsächs. Stadt	LIMBACH
mit dem Finger	DIGITAL	mittelchines. Provinz	SCHENSI	mittelschwed. Fluß	DALAELV
mit den Händen	MANUELL	mitteldalmatin. Insel	KORCULA	mittelslowak. Stadt	NEUSOHL
mit der Nase wahrnehmen	WITTERN	mitteldeutsche Landschaft	ALTMARK	Mittelsmann	MITTLER
Mitgefühl	BEILEID			mittelspan. Provinz	SEGOVIA
Mitgefühl	MITLEID	mitteldeutsche Landschaft	LAUSITZ	mittelspan. Stadt	SEGOVIA
mit gleicher Achse	KOAXIAL	mitteleurop. Staat	SCHWEIZ	mit Wasser säubern	SPUELEN
Mitglied des Ältestenrates	SENATOR	mittelfränk. Stadt	ANSBACH	mixen	MISCHEN
		mittelital. Stadt	PISTOIA	Modefriseur	STYLIST
mit Hilfe von	MITTELS	mittelital. Stadt	VITERBO	Moderator	ANSAGER
mitleidlos	GRAUSAM	mittelital. Stadt am Tiber	PERUGIA	modern. Form des Singspiels	MUSICAL
mit Stoppuhr messen	STOPPEN				
Mitte, Mittelpunkt	ZENTRUM	mittelital. Stadt in Umbrien	ORVIETO	moderne Bildgeschichte	CARTOON
mitteilen	KUNDTUN			Modetanz	KALYPSO
Mitteilung	BERICHT	mittellos geworden	VERARMT	modisch	ENVOGUE
Mitteilung	MELDUNG	Mittelmeer-Fisch	MURAENE	modisch gekleidet	ELEGANT
mittelalt. geistl. Schauspiel	MIRAKEL			Möbelstück	SCHRANK
		Mittelmeerhafen	ALMERIA	möglich	MACHBAR
mittelalt. Reiterkampfspiel	TURNIER			Mönchsbehausung	KLOSTER
mittelalterlich. Schandpfahl	PRANGER				

Mönchsbehausung	KONVENT	
Mörder Agamemnons	AEGISTH	
mohammedan. Einsiedler	MARABUT	
mohammedan. Gotteshaus	MOSCHEE	
Mohammedaner	ISLAMIT	
Mohammedanerin	MOSLIME	
Mohngewächs	PAPAVER	
Mohrentanz	MORESCA	
Mohrrübe	KAROTTE	
Moldau-Zufluß	MALTSCH	
Moldau-Zufluß	WOTTAWA	
Molkerei	MEIEREI	
Moltongewebe	SWANBOY	
Molukkeninsel	AMBOINA	
Molukkeninsel	TERNATE	
Monat d. franz. Revolut.-kalenders	FLOREAL	
monatl. Geldzuwendung	WECHSEL	
Monatsblutung	PERIODE	
Monatsname	FEBRUAR	
Monatsname	OKTOBER	
Mondfinsternis	EKLIPSE	
Mondhof	AUREOLE	
mongol. Staatssprache	KHALKHA	
Mongolenstamm	TUMYTEN	
mongolide Menschenrasse	TUNGIDE	
mongolisch. Statthalter	PERWANE	
Monokel	EINGLAS	
Monument	DENKMAL	
Monument	MAHNMAL	
moralisch verdorben	KORRUPT	
Moralist	ETHIKER	
Morgenland	LEVANTE	
Morgenrock	NEGLIGE	
Morgenstern	LUZIFER	
Mosel-Zufluß aus den Vogesen	MEURTHE	
Motiv	ANTRIEB	
Motor	ANTRIEB	
Mottenmittel	KAMPFER	
Mozarts Librettist	DAPONTE	
Muckertum	MORALIN	
Müdigkeitszeichen	GAEHNEN	
Müllablageplatz	DEPONIE	
Münchner Verkehrszentrum	STACHUS	
Mündung der Garonne	GIRONDE	
Mündungsarm d. Nils	ROSETTE	
Mündungsarm d. Rheins	MERWEDE	
Mündung von Parana u. Uruguay	LAPLATA	
Münze in Belgien	CENTIME	
Münze in Bhutan	CHETRUM	
Münze in der Schweiz	CENTIME	
Münze in Frankreich	CENTIME	
Münze in Malawi	TAMBALA	
Münze in Mexiko	CENTAVO	
Münze in Portugal	CENTAVO	
Münze in Spanien	CENTIMO	
mürrisch sein	MUFFELN	
Müßiggänger	BUMMLER	
Müßiggänger	FLANEUR	
Mützenabzeichen	KOKARDE	
Multiplikationsergebnis	PRODUKT	
Mumm, Tapferkeit	SCHNEID	
Mundart	DIALEKT	
Mundschenk des Zeus	GANYMED	
Murmel	KLICKER	
Murmel, Spielkugel	SCHUSSE	
Murray-Zufluß	DARLING	
murren	KNURREN	
Musensohn	DICHTER	
musik.: Einleitung	ENTRADA	
musik.: lieblich	AMABILE	
musikal. Akzentverschiebung	OFFBEAT	
musikal. Akzentverschiebung	SYNKOPE	
musikal. Stärkegrad	DYNAMIK	

musikal. Verzierung	MELISMA	Musikhalle	ORPHEUM	Nachfolger Alarichs	ATHAULF
musikal. Werk	KONZERT	Musikstück für drei	TERZETT	nachforschen	FAHNDEN
musikal.: betont	MARCATO	Musikstück für sechs	SEXTETT	nachgeahmt	KOPIERT
musikal.: ernst	SERIOSO	Musikstück für sieben	SEPTETT	nachgeben	WEICHEN
musikalisches Vorspiel	PRELUDE	Musikweise	MELODIE	nachgeboren	POSTHUM
Musikaufführung	KONZERT	Muskelkraft	STAERKE	Nachlässigkeit	LAXHEIT
Musikausdruck f. bebend	VIBRATO	Muskelkrampfneigung	TETANIE	Nachrede	KLATSCH
Musikausdruck f. beseelt	ANIMATO	Muskelschmerz	MYALGIE	Nachricht	MELDUNG
Musikausdruck f. einstimmig	UNISONO	Muslim	ISLAMIT	Nachschlagewerk	LEXIKON
Musikausdruck f. erregt	AGITATO	Muß	PFLICHT	nachsichtig	DULDSAM
Musikausdruck f. ersterbend	MORENDO	Muster	VORLAGE	nachsichtig	GNAEDIG
Musikausdruck f. getragen	PORTATO	Muster, Original	VORLAGE	Nachspeise	DESSERT
Musikausdruck f. lebhaft	ALLEGRO	Mut, Kühnheit	SCHNEID	Nachspeise	KOMPOTT
Musikausdruck f. ruhiger werdend	CALANDO	mutig	BEHERZT	Nachspeise, Weichspeise	PUDDING
Musikausdruck f. zärtlich	AMOROSO	mutlos, ängstlich	VERZAGT	Nachstoß beim Fechten	RIPOSTE
Musikausdruck für tändelnd	GIOCOSO	Mutter u. Frau von Ödipus	JOKASTE	Nachteil, Verlust	SCHADEN
Musikautomat	JUKEBOX	Mutter v. Daniel	ABIGAIL	Nachtisch	DESSERT
Musik-Ensemble	BARTRIO	Mutter v. Esau u. Jakob	REBEKKA	Nachtlokal	TANZBAR
Musik-Ensemble	KAPELLE	Mutter v. Hänsel u. Gretel	GERTRUD	Nachtschattengewächs	SOLANUM
Musiker	BASSIST	Mutter v. Herakles	ALKMENE	Nachtschmetterling	SPINNER
Musiker	BLAESER	Mutter v. Ödipus	IOKASTE	nach und nach (franz.)	PEUAPEU
Musiker	CELLIST	Nachahmer	EPIGONE	Nadelbaum, Nadelholz	LAERCHE
		Nachahmung (biolog.)	MIMESIS	Nadelkap	AGULHAS
		Nachdruck	EMPHASE	Nadelrips	EPINGLE
		Nachdruck	REPRINT	nächste Angehörige	FAMILIE
		Nacheinander	ABFOLGE	Nächstenliebe	KARITAS

nächtl. Stundengebet	MATUTIN	Naturalleistung	DEPUTAT	nervenschwach	NERVOES
Näher	STEPPER	Naturasphalt	BITUMEN	Nervenzellenverbindung	SYNAPSE
Nagelbettentzündung	ONYCHIE	Naturdünger	KOMPOST	Nesseltier	KORALLE
Nagetier	HAMSTER	Naturschutzgebiet in den USA	SEQUOIA	nett	HUEBSCH
Nahkampf b. Boxen	INFIGHT			netzartig	FILIERT
Nahost	LEVANTE	Naturwissenschaft	MEDIZIN	Netz (mediz.)	OMENTUM
nahrungslos sein	HUNGERN	Naturwissenschaftler	BIOLOGE	Neuneck	NONAGON
naiv	HARMLOS			neunorweg. Schriftsprache	NYNORSK
Namenszeichen, Namenszug	PARAPHE	nautisches Instrument	BUSSOLE	neuseeländ. Bergsteiger	HILLARY
Name von vier Päpsten	SERGIUS	Nebelhorn	FOGHORN		
		Nebenbuhlerin	RIVALIN	neuseeländisch. Inselgruppe	TOKELAU
Name von zehn Päpsten	STEPHAN	Nebenfluß d. Ouse	DERWENT	neuseeländische Stadt	DUNEDIN
Name von zwei Päpsten	THEODOR	Nebenhandlung	EPISODE	Neuzeit	MODERNE
Name von 17 Päpsten	CLEMENS	Nebenmeer des Atlantik	KARIBIK	Nibelungengestalt	GUNTHER
Name von 17 Päpsten	KLEMENS	Nebennierenhormon	INSULIN	Nibelungenschwert	NOTHUNG
Name von 2 Päpsten	DAMASUS	Nebenplanet, Planetenbegleiter	TRABANT	nicarag. Freiheitskämpfer	SANDINO
Name von 2 Päpsten	MARINUS			Nichterscheinen vor Gericht	DEFAULT
Name von 6 Päpsten	HADRIAN	neblig	DUNSTIG		
		negative Elektrode	KATHODE	Nichtfachmann	AMATEUR
namhaft	BEKANNT	Negativform	MATRIZE	nicht hoch	NIEDRIG
Narkosemittel, Narkotikum	LACHGAS	negerähnlich	NEGROID	nichtmetall. Element	HALOGEN
Narzissenart	TAZETTE	Negerklavier	MARIMBA	nicht präzise	UNGENAU
Nasenloch beim Pferd	NUESTER	Negerversammlung	PALAVER	nicht schnell	LANGSAM
		Nenner	DIVISOR	nichtssagend	FARBLOS
naseweis	ALTKLUG	Neptun-Mond	NEREIDE	Nichtstuer	GAMMLER
naseweis	VORLAUT	Nereide	GALATEA	nicht weglaßbar	OBLIGAT
Nationalheldin d. Tschechen	LIBUSSA	Nervenkrankheit, -störung	NEUROSE		

niederbayer. Stadt am Inn	SIMBACH
niederbayer. Stadt an d. Donau	KELHEIM
niederdeutsch. Autor	WIBBELT
niederdtsch. Erzähler	KROEGER
niederdtsch. Maler	BERTRAM
niedere Pflanze	FLECHTE
niederer portug. Adliger	FIDALGO
Niedergang	ABSTIEG
Niedergang, Untergang	VERFALL
niederl. abstrakt. Maler	KOONING
niederl. Humanist, Staatsmann	GROTIUS
niederl. Hygieniker (Nobelpreis)	EIJKMAN
niederl. jüdisch. Philosoph	SPINOZA
niederl. Komponist	BADINGS
niederl. Komponist (15. Jh.)	OBRECHT
niederl. Physiker	HUYGENS
niederl. Physiker (Nobelpreis)	LORENTZ
niederl. Physiker (Nobelpreis)	ZEEMANN
niederl. Physiker (Nobelpreis)	ZERNIKE
niederl. Provinz	LIMBURG
niederl. Provinz	UTRECHT
niederl. Provinz	ZEELAND
niederl. Showmaster	CARRELL
niederl. Stadt am Alten Rhein	UTRECHT
niederl. Stadt in Nordbrabant	TILBURG
niederl. Stadt in Overijssel	HENGELO
niederländ. Antilleninsel	BONAIRE
niederländ. Antillen-Insel	CURACAO
niederländ. Fürstenhaus	ORANIEN
niederländ. Humanist	ERASMUS
niederländ. Käsestadt	ALKMAAR
niederländ. Königin	BEATRIX
niederländ. Maler	HOBBEMA
niederländ. Maler	SEGHERS
niederländ. Provinz	HOLLAND
niederländ. Provinz	SEELAND
niederländ. Rheinhafen	ARNHEIM
niederländ.: Herr	MYNHEER
Niederlage	DEBAKEL
Niederlage, Schlappe	VERLUST
Niederlassung	KOLONIE
Niederrhein-Zufluß	EMSCHER
niedersächs. Kurort	PYRMONT
niedersächs. Stadt am Deister	SPRINGE
niedersächs. Stadt an der Aller	GIFHORN
Niedertracht	BOSHEIT
Niedertracht	INFAMIE
niedlich	HUEBSCH
nigerian. Autor (Nobelpreis)	SOYINKA
Nikolausbegleiter (süddt.)	KRAMPUS
nimmer	NIEMALS
nimmermüde	RASTLOS
Nippsache	BIBELOT
nobel, herrschaftlich	VORNEHM
nördlichste norweg. Insel	MAGEROE
nördlichster Punkt Europas	NORDKAP
nörgeln	MAEKELN
nörgeln	MECKERN
Nörgler	MAEKLER

nötigen	ZWINGEN	
Nötigung	DROHUNG	
Nominativ	WERFALL	
Nonne in der Probezeit	NOVIZIN	
nord. Fruchtbarkeitsgöttin	BERCHTA	
nordafrik. Gebirge	AHAGGAR	
nordafrik. Sprachgruppe	HAMITEN	
Nordafrikaner	SENUSSI	
nordamerik. Grasebene	PRAERIE	
nordamerik. Halbinsel	FLORIDA	
nordamerik. Pelztierjäger	TRAPPER	
nordamerik. Viehfarmer	RANCHER	
nordamerik. Wildpferd	MUSTANG	
nordamerikan. Indianerstamm	APACHEN	
nordamerikan. Schwarzbär	BARIBAL	
nordamerikan. See	ERIESEE	
nordamerikan. Wirbelsturm	TORNADO	
nordargentin. Stadt	TUCUMAN	
nordbelg. Stadt	HASSELT	
nordböhm. Kurort	TEPLITZ	
nordböhm. Stadt	GABLONZ	
nordchilen. Hafenstadt	IQUIQUE	
nordchines. Provinz	SCHANSI	
nordchines. See	KOKONOR	
norddtsch. Landschaft	EMSLAND	
nordengl. Stadt	HALIFAX	
Nordeuropäer	SCHWEDE	
nordfranz. Hafenstadt	LEHAVRE	
nordfranz. Stadt	ROUBAIX	
nordfrz. Stadt an der Schelde	CAMBRAI	
nordgriech. Hafenstadt	KAVALLA	
nordindische Stadt	ALIGARH	
nordiranisch. Reitervolk	SKYTHEN	
nordirische Hauptstadt	BELFAST	
norditalt. See	ISEOSEE	
norditalt. Stadt	BERGAMO	
norditalien. Stadt	MAGENTA	
nordjemenit. Stadt	HADSCHA	
nordkoreanische Stadt	WOENSAN	
nordmexikanischer Staat	DURANGO	
nordmexikanische Stadt	DURANGO	
nordmexikan. Stadt	TORREON	
nordniederländ. Provinz	DRENTHE	
nordnorweg. Inselgruppe	LOFOTEN	
nordostafrikan. Staat	SOMALIA	
nordostasiat. Steppenvolk	JAKUTEN	
nordostchines. Stadt	FUSCHUN	
nordostdeutsche Landschaft	POMMERN	
Nordosteuropäer	LITAUER	
nordostfranz. Departement	MOSELLE	
nordostschweiz. Kurort	SARGANS	
nordostsibir. Stadt	OCHOTSK	
nordperuanische Stadt	IQUITOS	
nordruss. Stadt am Peipussee	PLESKAU	
nordschwed. Stadt	BOLIDEN	
nordschweiz. Kanton	THURGAU	
Nordseebad	BALTRUM	
nordspan. Golf	BISCAYA	
nordspan. Landschaft	NAVARRA	
nordspan. Provinz	BISCAYA	
nordspan. Provinz	NAVARRA	

nordspan. Provinz	VIZCAYA
nordspan. Stadt am Ebro	LOGRONO
nordungarische Stadt	MISKOLC
nordwestafrikan. Staat	MAROKKO
nordwestamerikan. Hafenstadt	SEATTLE
nordwestengl. Stadt	BURNLEY
Nordwesteuropäer	SCHOTTE
nordwestfranz. Fluß	VILAINE
nordwestiran. Provinz	ARDILAN
nordwestital. Landschaft	PIEMONT
Normannenfürst	TANKRED
norweg.-finnisch. Grenzfluß	TANAELV
norweg. Hafenstadt	DRAMMEN
norweg. Parlamentskammer	LAGTING
norweg. Schriftsteller	HEIBERG
norwegisch. Bildhauer	SINDING
norwegisch. Komponist	SINDING
norwegisch. Stadt	ALESUND
norwegische Hafenstadt	ARENDAL
Not, Notlage	DILEMMA
Nothelfer	BLASIUS
Nothelfer bei Halsschmerzen	BLASIUS
Nothelferin	BARBARA
Notiz, Anmerkung	VERMERK
Notunterkunft	BARACKE
Novität	NEUHEIT
NS-Politiker (Marschall)	GOERING
NS-Politiker (SS)	HIMMLER
Nudelart	LASAGNE
Nudelteigpasteten	RAVIOLI
Nürnb. Erfinder der Taschenuhr	HENLEIN
Nürnberger Erzgießer	VISCHER
Nußkonfekt	KROKANT
Nutzeffekt, Nutzen	WIRKUNG
Nymphe in der Odyssee	KALYPSO
Ober	KELLNER
Oberarmmuskel	TRIZEPS
oberbayer. Kurort	AIBLING
oberbayer. Kurort	GRAINAU
oberbayr. Landschaft	ALLGAEU
oberbayr. See	SIMSSEE
obere Kreditgrenze	PLAFOND
oberes Inntal	ENGADIN
Oberflächenabtragung	SCHABEN
oberfränkische Stadt	KRONACH
obergäriges Bier	ALTBIER
obergäriges Bier	KOELSCH
Oberhirt	BISCHOF
oberital. Stadt	RAVENNA
oberital. Stadt an der Olona	LEGNANO
oberital. Stadt in der Po-Ebene	MAILAND
Oberkieferknochen	MAXILLA
Oberlauf d. Maine	MAYENNE
oberschles. Stadt	BEUTHEN
oberschles. Stadt an der Oder	RATIBOR
oberschlesische Witzfigur	FRANTEK
oberste Zahnschicht	SCHMELZ
Oberstimme	DISKANT
Obliegenheit	AUFGABE
Obstbaumkrankheit	MONILIA
Obstschnaps	OBSTLER
Obstspeise	KOMPOTT
Ob-Zufluß	IRTYSCH
Oderpapier	WECHSEL

Oder-Zufluß	BARTSCH	
Odins Speer	GUNGNIR	
öffentliches Ärgernis	SKANDAL	
öffentliche Verkehrseinrichtung	AUTOBUS	
öffentliche Verkehrseinrichtung	OMNIBUS	
Öffnung	AUSGANG	
Öffnung	BRESCHE	
Öffnung (medizin.)	FORAMEN	
Öffnung (optisch)	APERTUR	
Ölpflanze, Abführmittel	RIZINUS	
österr. Alpenbewohner	TIROLER	
österr. Alpenpaß	ARLBERG	
österr. Alpenpaß	BRENNER	
österr. Alpenpaß	SCHOBER	
österr. Alpenpaß	SEEBERG	
österr. Altistin	TOEPPER	
österr. Archäologe	GOMPERZ	
österr. Architekt	FERSTEL	
österr. Architekt	NIEMANN	
österr. Autorin (Nobelpreis)	SUTTNER	
österr. Bergzug	RAXALPE	
österr. Bildhauer	WOTRUBA	
österr. Bundespräsident	KOERNER	
österr. Chanteuse	MASSARY	
österr. Dichter	LEITGEB	
österr. Dichter, Schriftsteller	DODERER	
österr. Dichter, Schriftsteller	STIFTER	
österr. Dichter, Zeichner	WAGGERL	
österr. Dirigent	KARAJAN	
österr. Dirigent	KLEIBER	
österr. express. Dichter	BRONNEN	
österr. expressionist. Dichter	MEYRINK	
österr. Filmkomiker	PHILIPP	
österr. Geigenbauer	STAINER	
österr. Hafenstadt am Bodensee	BREGENZ	
österr. Jugendstilarchitekt	OLBRICH	
österr. Komödiendichter	NESTROY	
österr. Kompon. (Zwölfton)	JELINEK	
österr. Komponist	ANGERER	
österr. Komponist	BITTNER	
österr. Komponist	BRESGEN	
österr. Komponist	GRABNER	
österr. Komponist	RAYMOND	
österr. Komponist	STRAUSS	
österr. Kurort	BADHALL	
österr. Kurort	EBENSEE	
österr. Kurort am Traunsee	EBENSEE	
österr. Kurort am Traunsee	GMUNDEN	
österr. Kurort in Kärnten	OSSIACH	
österr. Kurort in Tirol	SEEFELD	
österr. Landeshauptstadt	BREGENZ	
österr. Landschaft	PINZGAU	
österr. Maler	HAUSNER	
österr. Maler	SCHIELE	
österr. philos. Schriftsteller	KASSNER	
österr. Physiker	DOPPLER	
österr. Politiker	SCHOBER	
Salzach-Zufluß	SAALACH	
österr. Schauspieler	FISCHER	
österr. Schauspieler	GIRARDI	
österr. Schauspieler	MEINRAD	
österr. Schauspieler, Dichter	RAIMUND	
österr. Schauspielerin	BERGNER	

österr. Schauspielerin	WESSELY	
österr. Schauspieler u. Regisseur	KORTNER	
österr. Schriftsteller	CANETTI	
österr. Schriftsteller	HORWATH	
österr. Schriftsteller	TORBERG	
österr. Schriftstellerin	JELINEK	
österr. See	ABERSEE	
österr.-slowen. Tenor	DERMOTA	
österr. Sopranistin	RYSANEK	
österr. Sozialist (Erfurter Progr.)	KAUTSKY	
österr. spätgot. Architekt, Bildhauer	PILGRAM	
österr. Staatsmann, Kanzler	KAUNITZ	
österr. Stadt am Inn	BRAUNAU	
österr. Stadt an der Drau	SPITTAL	
österr. Stadt an der Drau	VILLACH	
österr. Stadt an der Salzach	HALLEIN	
österr. Stadt im Oberinntal	LANDECK	
österr. Teigware	NOCKERL	
österr. vorgeschichtl. Fundort	HALLEIN	
österr.: Aprikose	MARILLE	
österr.: Blumenkohl	KARFIOL	
österr.: Johannisbeere	RIBISEL	
österr.: Milchkaffee	MELANGE	
Österreich lateinisch	AUSTRIA	
offener Wandelgang	PERGOLA	
Offerte	ANGEBOT	
oft	HAEUFIG	
ohne Erwerb	BROTLOS	
ohne Zwischenhalt	NONSTOP	
Ohrenarzt	OTOLOGE	
Ohrenrobbe	SEEBAER	
Ohrenschmalz	ZERUMEN	
Ohrenschmerz	OTALGIE	
Ohrenspiegel	OTOSKOP	
Ohrenteil	MUSCHEL	
Ohrfeige	DACHTEL	
Ohrfeige	TACHTEL	
Ohrgehänge	PENDANT	
Ohrspeicheldrüse	PAROTIS	
Oise-Zufluß	NONETTE	
Oise-Zufluß	THERAIN	
Okeanide	PETRAIA	
Okeanide	RHODEIA	
Omnibus	AUTOBUS	
Operationsarzt	CHIRURG	
Operette von Lanner	ALTWIEN	
Oper von Cherubini	ALIBABA	
Oper von Dvorak	RUSALKA	
Oper von Egk	REVISOR	
Oper von Einem	PROZESS	
Oper von Gluck	ALCESTE	
Oper von Händel	ARIANNA	
Oper von Händel	ORLANDO	
Oper von Händel	RINALDO	
Oper von Leoncavallo	BAJAZZO	
Oper von Milhaud	BOLIVAR	
Oper von Monteverdi	ORPHEUS	
Oper von Orff	DERMOND	
Oper von Smetana	DALIBOR	
Oper von Smetana	LIBUSSA	
Oper von Strauss	ARIADNE	
Oper von Strauss	ELEKTRA	
Oper von Strauss	GUNTRAM	
Oper von Verdi	MACBETH	
Oper von Verdi	NABUCCO	
Oper von Verdi	OTHELLO	
Oper von Weber	SILVANA	
Opfer	HINGABE	
opfern, schenken	SPENDEN	
Orakelpriesterin der Antike	SIBYLLE	
Oratorium (archit.)	BETHAUS	
Oratorium von Händel	DEBORAH	

Oratorium von Händel	JEPHTHA	ostafrikan. Fluß	PANGANI	Ostgotenkönig	WIDEMER
Oratorium von Händel	MESSIAS	ostafrikan. See	KIWUSEE	Ostgotenkönig	WITIGIS
Oratorium von Händel	SUSANNA	ostafrikan. Staat	BURUNDI	ostirische Stadt	WICKLOW
Orchester	KAPELLE	ostafrikan. Volk	WATUSSI	ostkanad. Provinz	ONTARIO
Order	AUFTRAG	Ostasiat	CHINESE	ostpreuß. Landschaft	ERMLAND
Ordnungsbehörde	POLIZEI	Ostasiat	JAPANER	ostpreuß. Landschaft	MASUREN
Organisator	MANAGER	ostasiat. Heilwurzel	GINSENG	ostpreuß. Stadt beim Mauersee	LOETZEN
organisieren	MANAGEN	ostbelg. Stadt an der Warche	MALMEDY	ostpreußische Landschaft	SAMLAND
Orgel-, Klavierstück	TOKKATA	ostbrasilian. Hafenstadt	VITORIA	Ostseebad auf Usedom	KOSEROW
Orient	LEVANTE	ostdtsch.: Brathähnchen	BROILER	Ostseebad in Pommern	MUERITZ
orientalische Münze	PIASTER	ostengl. Grafschaft	NORFOLK	ostsibir. Stadt am Witim	BODAIBO
orientalischer Frauenname	SULEIKA	ostengl. Hafenstadt, Seebad	GRIMSBY	Ostsibirier	TUNGUSE
orientalisches Signalhorn	OLIFANT	ostengl. Hafenstadt, Seebad	HARWICH	ostsibirische Hafenstadt	JAKUTSK
Orientteppich	BUCHARA	ostengl. Stadt	LINCOLN	ostsibirische Stadt	TSCHITA
Orientteppich	HAMADAN	osteurop. Republik	UKRAINE	ostsizilian. Stadt	LENTINI
Orientteppich	ISFAHAN	ostfranz. Departement	BASRHIN	osttürk. Stadt	ERZURUM
Orientteppich	ISPARTA	ostfranz. Departement	BELFORT	Ouse-Zufluß	DERWENT
Orientteppich	KASCHAN	ostfranz. Gebirge	VOGESEN	Paarhuferfamilie	HIRSCHE
Orientteppich	KESCHAN	ostfries. Insel	BALTRUM	Pachthof	DOMAENE
Orientteppich	SCHIRAS	ostgerman. Stamm	GEPIDEN	päpstl. Behörde	DATARIE
Orientteppich	TAEBRIS	Ostgotenkönig	ERARICH	päpstl. Übergewand	PALLIUM
Orientteppich	TEHERAN	Ostgotenkönig	WALAMAR	päpstlich. Gewand	PALLIUM
Orkney-Insel	WESTRAY				
Ort, Stelle	STAETTE				
Orthoklas	SANIDIN				
Ortung	PEILUNG				

päpstliche Residenz	VATIKAN	Parteifreund	GENOSSE	Persianerschaf	KARAKUL
pakistan. Stadt im Pandschab	SIALKOT	parteilos	NEUTRAL	persisch. Schriftsprache	PEHLEWI
		Partner	GENOSSE		
		Partner	KOLLEGE		
Palast in Istanbul	TOPKAPI	Paß der Berner Alpen	GRIMSEL	persönl. Ausstrahlung	FLUIDUM
Panzerhemd	BRUENNE	passend	GELEGEN	persönl. Ruf	LEUMUND
Papageienart	AMAZONE	Passion	HINGABE	Personenbeförderungsmitt.	OMNIBUS
Papageienart	CORELLA	Paß zw. Graubünden und Uri	OBERALP	Personenbeförderungsmittel	AUTOBUS
Papageienart	ROSELLA	Patronenkammer	MAGAZIN		
Papageienart	SITTICH	Paulusbrief	EPHESER	peruan. Amazonas-Quellfluß	MARANON
Papierlaterne	LAMPION	Paulusbrief	GALATER		
Papierstreifen als Anzünder	FIDIBUS	pazif. Inselkette	ALEUTEN	peruan. Autor	ALEGRIA
				Pestizid	ATRAZIN
Papst im 4. Jh.	URSINUS	pazif. Inselstaat	VANUATU	pfälz. Rheinhafen	KOBLENZ
Papst im 5. Jh.	ZOSIMUS	pazifische Inselgruppe	FANNING	Pfälzer Stadt am Rhein	REMAGEN
Papst im 9. Jh.	ROMANUS	pazifische Inselgruppe	KURILEN		
Papstname	HILARUS			Pfahl	PFOSTEN
				Pfalzgraf	PALATIN
Papstpalast in Rom	VATIKAN	pazifische Inselgruppe	PHOENIX	Pfannkuchen	KRAPFEN
parag. Währungseinheit	GUARANI	Pech	MALHEUR	Pfeifenanzünder	FIDIBUS
		Pein, Qual, Weh	SCHMERZ	Pfeilbehälter	KOECHER
Pardel	LEOPARD			Pfeilwurz	MARANTA
parlamentar. Vernehmung	HEARING	peinliche Genauigkeit	AKRIBIE	Pfennigfuchser	KNAUSER
		peinlich genau	PENIBEL	Pfennigfuchser	KNICKER
Parlament in Washington	KAPITOL	Peitschenart	GEISSEL	Pferdefuhrwerk	KREMSER
		Pelzart	KRIMMER	Pferdefuhrwerk	KUTSCHE
Parole d. Franz. Revolution	EGALITE	Pensionär, Ruheständler	RENTIER	Pferdegangart	SCHRITT
				Pferdegehege	PADDOCK
Parole d. Franz. Revolution	LIBERTE	Pensionär, Ruheständler	RENTNER	Pferdegeschirrteil	HALFTER
parsisch. Gott d. Finsternis	AHRIMAN	Periskop	SEHROHR	Pferderasse	BELGIER
		Perseusstern	ALGENIB		

Pferderasse	HACKNEY	philippinische Insel	MASBATE	Platinmetall	IRIDIUM
Pferderasse	HUZULEN	philippinische Insel	MINDORO	Platinmetall	RHODIUM
Pferderennbahn	GELAEUF	philippinische Insel	PALAWAN	Platte, Tafel, Schnitte	SCHEIBE
Pferdezucht-Betrieb	GESTUET	philippinische Insel	POLILLO	Plattfisch	AALBUTT
Pfingstrose	PAEONIE			Plattfisch	FLUNDER
Pflanzenauszug	TINKTUR	philippinisches Volk	TAGALOG	platzen	BERSTEN
Pflanzengewebe	KAMBIUM	Phrase	FLOSKEL	platzen	KNALLEN
Pflanzengummi	TRAGANT	Piano	KLAVIER	platzen	KRACHEN
Pflanzenkasein	LEGUMIN	Pianoforte	KLAVIER	Plauderer	CAUSEUR
Pflanzenkost	GEMUESE	pieken	STECHEN	plaudern	KLOENEN
Pflanzenkunde	BOTANIK	Pikrinsäuresprengstoff	EKRASIT	Pleite	KONKURS
Pflanzenlaus	REBLAUS			Plejadenstern	ALKYONE
Pflanzennährstoff	DUENGER	Pilchard, kleiner Heringsfisch	SARDINE	Plüschgewebe	KRIMMER
Pflanzensproß	ABLEGER			Plunder	KREMPEL
Pflanzenzuchtgerüst	SPALIER	Pilot	FLIEGER	pochen	KLOPFEN
		Pilzart	HUTPILZ	Pocke, Blase	BLATTER
pflanzl. Farbstoff	KAROTIN	Pinienfrucht	PIGNOLE	Pocken	VARIOLA
pflanzl. Speicherkörper	ZWIEBEL	Pistolentasche	HALFTER	Poem	GEDICHT
		Piston	KORNETT	Poet	DICHTER
Pflege	WARTUNG	plätten	BUEGELN	Poet	LYRIKER
Pfleger	KURATOR	Plage	MUEHSAL	Polargewässer	EISMEER
Pflegling	MUENDEL	Plakat	AFFICHE	Polartier	EISBAER
Pflegschaft	KURATEL	Plakat	AUSHANG	Poliermittel	POLITUR
Pförtner, Hauswart	PORTIER	Plan	ABSICHT	Politiker in Ghana	NKRUMAH
		Plan	KONZEPT		
Pforte	EINGANG	Plan, Vorhaben	PROJEKT	Politiker in Tansania	NYERERE
Pfropfen	STOPFEN	Planet	JUPITER		
Pfründe	BENEFIZ	Planetenaspekt	QUADRAT	politisch. Ausgewogenheit	PROPORZ
Pfütze, Pfuhl, Teich	TUEMPEL	planmäßig	GEZIELT	politische Parteiung	FAKTION
Pharaonengrab	MASTABA	planmäßige Ächtung	BOYKOTT	Polizei im Gaunerjargon	POLENTE
Phase, Abschnitt	STADIUM	planmäßiges Vorgehen	METHODE	Polizei im Gaunerjargon	POLYPEN
philippin. Inselgruppe	BASILAN	plast. Schaubild	DIORAMA	polizeiliche Meldung	ANZEIGE

polizeiliche Vernehmung	VERHOER	
Polizeipatrouille	STREIFE	
poln. Autor (Nobelpreis)	REYMONT	
poln. Name v. Liegnitz	LEGNICA	
poln. Name von Breslau	WROCLAW	
poln. Name von Königshütte	CHORZOW	
poln. Name von Kulm	CHELMNO	
poln. Ostseehafen	GDINGEN	
poln. Stadt an den Karpaten	RZESZOW	
poln. Tenor	KIEPURA	
polnisch. König	KASIMIR	
polnisch. Nationaltanz	MAZURKA	
polnisch. Politiker	GOMULKA	
polnisch. Politiker	RAPACKI	
polnisch. Statthalter	WOIWODE	
polnische Stadt	SIEDLCE	
polnische Stadt an der Prosna	KALISCH	
Polsterer	SATTLER	
Polstermaterial	SEEGRAS	
Polygon	VIELECK	
Pomeranzenschalenlikör	CURACAO	
pommersche Stadt a. d. Peene	WOLGAST	
Popmusik-Gruppe	AMERICA	
Popmusik-Gruppe	BEEGEES	
Popmusik-Gruppe	GENESIS	
Popmusik-Gruppe	HOLLIES	
Popmusik-Gruppe	SANTANA	
Popmusik-Solistin	COLLINS	
Popmusiksolistin	HOPKINS	
Popmusik-Solist (Rockmusik-Solist)	CASSIDY	
Popmusik-Solist (Rockmusik-Solist)	CLAPTON	
Popmusik-Solist (Rockmusik-Solist)	EMERSON	
Portal	EINGANG	
Porträt	BILDNIS	
portugies. Atlantikinsel	MADEIRA	
portugies. Autor (15./16. Jh.)	VICENTE	
portugies. Hafenstadt am Sado	SETUBAL	
portugies. Königsname	ALFONSO	
portugies. Königsname	EMANUEL	
portugies. Münze	CENTAVO	
portugies. Stadt	AMADORA	
portugies. Stadt	COIMBRA	
Pose	HALTUNG	
Possen, Schabernack	STREICH	
possenhaft	BURLESK	
Possenreißer	BAJAZZO	
postal. Fernmeldedienste	TELEKOM	
Po-Zufluß	SECCHIA	
Po-Zufluß	TREBBIA	
Pracht, Prachtentfaltung	AUFWAND	
Prachtfink	AMADINE	
Prachtkutsche	KAROSSE	
prachtvoll	KOSTBAR	
Prädikat	BEIWORT	
Prägestock	PATRIZE	
Prämie	BEITRAG	
Prärieindianer	SILVIDE	
prahlen	ANGEBEN	
Prahlhans	ANGEBER	
Preisgabe	AUFGABE	
Preisgabe eines Rechts	ABANDON	
Preisliste	KATALOG	
Preisschild	ETIKETT	
Preisunterbietung	DUMPING	
Preßfalte	PLISSEE	
Preßkohle	BRIKETT	
preuß. Freikorpsführer	LUETZOW	
Preuße	BORUSSE	
preußischer Feldmarschall	WRANGEL	

Priestergebetbuch	BREVIER	Puffreis	POPCORN	Radrennfahrer	FLIEGER
		Pullover	SWEATER	Radstrebe	SPEICHE
Primel	AURIKEL	Pulsader	ARTERIE		
primitive Ackerbauform	HACKBAU	Putsch, Umsturz	REVOLTE	Rändelrad	MOLETTE
		Putsch, Umwälzung	UMSTURZ	Ränkespiel	INTRIGE
primitives Wasserfahrzeug	EINBAUM	Pygmäenstamm	MINKOPI	Rätoromane	LADINER
Produktionsmittelvermietung	LEASING	Pyrenäenstaat	ANDORRA	räuberischer Singvogel	WUERGER
Profit, Vergünstigung	VORTEIL	Quadermauerwerk	RUSTIKA	Rage, tobende Wut	RASEREI
Profi-Tennisturnier	MASTERS	quälen	FOLTERN	Rahmen	FASSUNG
		quälen	MARTERN	Rahmkäse	STILTON
Projektionsgerät	DIASKOP	Quartier, Stadtteil	VIERTEL	Randbeet	RABATTE
		Quarz	GLIMMER	rangmäßig	GRADUAL
Prolog, Einführung	VORREDE	Quarz-Abart	KARNEOL	rank, grazil	SCHLANK
Prolog, Einleitung	VORWORT	Quaste, Fransenbüschel	TRODDEL	rasend, aufgebracht	WUETEND
Propaganda	REKLAME	Quecksilberverbindung	AMALGAM	rasendes Weib	MAENADE
Prophet	KUENDER	Quecksilberverbindung	KALOMEL	rasendes Weib	MEGAERE
Prophetin	SEHERIN				
Prostituierte	KOKOTTE	Quellfluß des Amur	SCHILKA	Rasenspiel	KRICKET
Protein	EIWEISS	Quendel	THYMIAN	rastlos	NERVOES
Protz	ANGEBER	quer, schief	SCHRAEG	rastlos, unstet	UNRUHIG
protzen	ANGEBEN	Querbeil	DECHSEL	Ratgeber	BERATER
protzen, angeben	PRAHLEN	quergestreift, schräg	TRAVERS	Ratgeber	FUEHRER
provenzalisch. Dichter	MISTRAL	Querholz, Leiterstufe	SPROSSE	Ratgeber eines Fürsten	PALADIN
Proviantzulieferer	CATERER			ratlos, verblüfft	PERPLEX
Provinz in Mosambik	NAMPULA	Querzahnmolch	AXOLOTL	Ratsherr	SENATOR
				Raubinsekt	LIBELLE
Provision	GEBUEHR	Rachen	PHARYNX	rauchen	QUALMEN
prüfen	MUSTERN	radioaktiver Niederschlag	FALLOUT	Rauhhaarhund	GRIFFON
Prüfungsarbeit unter Aufsicht	KLAUSUR			Rauminhalt	VOLUMEN
		radioaktives Element	FERMIUM		
prunkvoll, überladen	POMPOES			Raumschiff der Amerikaner	FREEDOM
psychisch sprunghaft	MANISCH	radioaktives Element	THORIUM		

Raumschiff der Sowjets	WOSCHOD
Raumsonde der Amerikaner	MARINER
Raumsonde der Sowjets	SPUTNIK
raunen	MUNKELN
raunen	MURMELN
Rauschgold	FLITTER
rauschhafte Begeisterung	EKSTASE
Raute	RHOMBUS
Reagensmittel	LACKMUS
real	KONKRET
Rebensorte	GUTEDEL
Rechenschaft	BERICHT
Rechnungsbuch	JOURNAL
Rechnungsführer	RENDANT
rechtmäßig	LEGITIM
Rechtsanwalt, Rechtsberater	ADVOKAT
Rechtsanwaltkunde	MANDANT
Rechtsorgan	GERICHT
Rechtsprecher	RICHTER
rechtsunwirksam	NICHTIG
Rechtsvereinbarung, Pakt	VERTRAG
Rechtsvergünstigung	BENEFIZ
Rechtsweg	INSTANZ
Rechtszug	INSTANZ
Recke	KRIEGER
Rede, Darbietung	VORTRAG
Redensart	WENDUNG
Redeschlacht	DEBATTE
Redewendung	FLOSKEL
redlich	EHRLICH
redlich	INTEGER
Reflektor	SPIEGEL
Regel	KOMMENT
regeln	RICHTEN
Regenguß	SCHAUER
Regenkleidung, Regenschutz	OELHAUT
Regie	LEITUNG
regierender Fürst	MONARCH
Regierungschef	KANZLER
Regierungschef	PREMIER
Regnitz-Zufluß	WIESENT
reicher König von Lydien	KROISOS
reicher Mann	KROESUS
reichhaltiges Mahl	SCHMAUS
reichlich	OPULENT
Reichtum	OPULENZ
Reigentanzlied	RONDEAU
Reihe	KOLONNE
reimen	DICHTEN
reiner Kohlenstoff	DIAMANT
reiner Kohlenstoff	GRAPHIT
Reisebegleiterin	HOSTESS
Reisekutsche	BERLINE
Reisewohnwagen	CARAVAN
Reiterin	AMAZONE
Reitfigur d. Hohen Schule	LANCADE
Reitjacke	KOLLETT
reitsportl. Übung	PASSADE
reizbar	NERVOES
reizen	ERREGEN
reizvoll	HUEBSCH
Reklame, Propaganda	WERBUNG
Rekonvaleszenz	HEILUNG
religiös. Vortrag	PREDIGT
religiöse Übung	ANDACHT
Rembrandt-Schüler	KONINCK
Renaissance-Ornament	MORESKE
Renkenart	MARAENE
Rennbahn	GELAEUF
Rennpferd	FLIEGER
Rennstall	GESTUET
Report	BERICHT
Residenzstadt der Niederlande	DENHAAG
Respekt	ACHTUNG
restlos, gänzlich	VOELLIG
Resultat	LOESUNG
Retterin des Theseus	ARIADNE
Rettung	BERGUNG
Revolte	AUFRUHR
Revueoperette	MUSICAL
Rheinfelsen, Rheinnixe	LORELEY

rhetor. Weglassung	ELLIPSE	Riukiu-Insel	OKINAWA	römisch. Schriftsteller	JUVENAL
Rhinozeros	NASHORN	Riviera-Kurort	ANTIBES	römischer Hügel	PALATIN
Rhone-Zufluß	ARDECHE	Robbenart, Meeressäuger	SEEHUND	rösten	TOASTEN
Rhone-Zufluß	DURANCE	Robbenart, Meeressäuger	WALROSS	rötlich. Röhrling	KUHPILZ
Richter der Rota	AUDITOR	Röhrling	BOLETUS	rötlicher Chalzedon	KARNEOL
richtig	KORREKT	röm. Adelsfamilie	COLONNA	Roherdöl	NAPHTHA
richtig	PASSEND			Rohrflöte	FISTULA
richtig sein	STIMMEN	röm. Glücksgöttin	FORTUNA	Rohrinnendurchmesser	KALIBER
Richtigstellung	DEMENTI	röm. Göttervater	JUPITER		
Richtlinie, Richtschnur	PRINZIP	röm. Kriegsgöttin	BELLONA	Rohrverbindungsstück	FLANSCH
Richtungsanzeiger	KOMPASS	röm. Name des Dionysos	BACCHUS	Rohschrift	KONZEPT
				Rolands Hifthorn	OLIFANT
Richtungsbestimmung	PEILUNG	röm. Philosoph	BOETIUS	romanisch. Volk in Südtirol	LADINER
Riese d. griech. Sage	ANTAEUS	röm. Prokurator von Judäa	PILATUS	romantische Liebelei	ROMANZE
Riese d. griech. Sage	ANTAIOS	römisch. Beamter	DUUMVIR	Roman v. Joyce	ULYSSES
Riesenkrabbe	SIMAGAN	römisch. Donauprovinz	MOESIEN	Roman v. Kafka	PROZESS
Riesenschachtelhalm	KALAMIT	römisch. Hügel	AVENTIN	Roman v. Knittel	ELHAKIM
Riesenschildkröte	TORTUGA	römisch. Hügel	CAELIUS	Roman v. Knittel	VIAMALA
Riesentier der Vorzeit	SAURIER	römisch. Hügel	KAPITOL	Roman v. Kurz	VANADIS
Rinderart	BANTENG	römisch. Hügel	VIMINAL	Roman v. Lesage	GILBLAS
Rinderart	BUEFFEL	römisch. Kaiser	CARINUS	Roman v. Rinser	DANIELA
Ringergriff	KLAMMER	römisch. Kaiser	GRATIAN	Roman v. Scott	IVANHOE
ringförmiges Gebäck	KRINGEL	römisch. Kaiser	HADRIAN	Roman v. Voltaire	CANDIDE
Ringpanzer	BRUENNE	römisch. Kaiser	LICINUS	Roman v. Werfel	BARBARA
Ripsgewebe	OTTOMAN	römisch. Kaiser	SEVERUS	Roman v. Woolf	ORLANDO
Riß	SCHLITZ	römisch. Kaisergeschlecht	FLAVIER	Roosevelts Sozialpolitik	NEWDEAL
Riß, Spalte	SCHLITZ				

rosenförmige Verzierung	ROSETTE	Rüffel, Zurechtweisung	VERWEIS	rumän. Stadt i. d. Groß. Walachei	PLOESTI
Rostschutzmittel	MENNIGE	Rüge	MONITUM	rumän. Stadt in der Walachei	CRAIOVA
Rotangpalme	CALAMUS	Rüge, Tadel	VERWEIS	rumän. Steppe	BARAGAN
Rotation	DREHUNG	Rüpel	LUEMMEL	rumän. Südkarpatenberg	PELEAGA
Rotauge	PLOETZE	Rüpel, Rohling	RABAUKE		
rote Bleifarbe	MENNIGE	Rüsseltier	ELEFANT	rumän. Theißzufluß	KREISCH
roter Farbstoff	PHLOXIN	Ruf des Hahns	KRAEHEN	rumän.-ungar. Fluß	KOEROES
roter Farbstoff	PONCEAU	Rufname	VORNAME	rumänisch. König	MICHAEL
roter Teerfarbstoff	FUCHSIN	Ruhegehalt, -geld	PENSION	rumänische Adelsfamilie	STURDZA
rotierender Körper	KREISEL	Ruhetag, freier Tag	SONNTAG	Rumbakugeln	MARACAS
Rotor	LAEUFER	Ruhezeichen in der Musik	FERMATE	Rummel	BETRIEB
Rotwein	ROTSPON	ruhiges Musikstück	ANDANTE	Rundbau, runder Saal	ROTUNDE
Roulettefarbe	SCHWARZ	ruhmvoll	GLORIOS	Rundbeet	RONDELL
Route, Weg	STRECKE	Ruin	KONKURS	runder Platz	RONDELL
Ruderfüßer	PELIKAN	Ruin, Zusammenbruch	VERFALL	Rundfunksprecher	ANSAGER
Ruderfüßer, Schwimmvogel	TOELPEL	Ruinenstätte in Mesopotamien	BABYLON	Rundfunkübertragung	SENDUNG
rudern	SKULLEN	Ruinenstätte in Syrien	BAALBEK	Rundreise, Gastspielreise	TOURNEE
Rückfall	REZIDIV	rumän. absurd. Dramatiker	IONESCO	Runenalphabet	FUTHARK
Rücklage	RESERVE	rumän. Berg	BIHORUL	russ.-am. Autor (Nobelpreis)	BRODSKY
Rücksendung	RETOURE	rumän. Dichter	ISTRATI	russ.-am. Schriftsteller	NABOKOV
Rücksicht	ACHTUNG	rumän. Donau-Zufluß	AGOSTUL	russ.-amerikan. Violinvirtuose	HEIFETZ
rücksichtsvoll	DISKRET	rumän. Erdölstadt	PLOESTI		
rückständ. Schuldner	RESTANT	rumän. Stadt an der Donau	GIURGIU	russ. Anarchist	BAKUNIN
rückständige Gegend	PROVINZ				
Rückstand d. Zuckergewinn.	MELASSE				
rückwirkend	REAKTIV				

russ. Flugzeugfabrikat	ANTONOW	russisch. Name von Tiflis	TBILISI	russische Tanzpädagogin	GSOVSKY
russ.-franz. abstrakter Maler	PEVSNER	russisch. realist. Maler	LEWITAN	russische Teemaschine	SAMOWAR
russ.-frz. expressionist. Maler	SOUTINE	russisch. Revolutionär, Politiker	TROTZKI	russische Zigarette	PAPIROS
				Rute	SCHWANZ
russ. Längenmaß	ARSCHIN	russisch. Schachweltmeister	SPASSKI	rutschen	GLEITEN
				Rutschigkeit	GLAETTE
russ. leichte Reiter	KOSAKEN	russisch. Schwarzmeerhafen	SUCHUMI	Saale-Zufluß	LOMNITZ
				Saale-Zufluß	UNSTRUT
russ. Maler in Frankreich	CHAGALL	russisch. Zar	GODUNOW	Sachgebiet	REFERAT
russ. Pianist	RICHTER	russisch. Zar	MICHAIL	Sachgebiet	RESSORT
russ. Schriftsteller	KOPELEW	russische, sowjetische Tänzerin	ULANOWA	Sachkenntnisse	REALIEN
				Sachverhalt	UMSTAND
russ. Stadt an der Desna	BRJANSK	russische Geige	PISCHNA	Sachverständiger	EXPERTE
russ. Tänzer	NUREJEW	russische Lederpeitsche	NAGAIKA	sächliches Geschlecht	NEUTRUM
russ. Tänzer, Choreograph	LICHINE	russische Pastete	PIROGGE	sächliches Hauptwort	NEUTRUM
		russische Primaballerina	PAWLOWA		
russ. Tänzer u. Choreograph	MASSINE	russische Sekte	SKOPZEN	sächs. Badeort, Kurort	LAUSICK
		russische Stadt am Nordural	WORKUTA	sächs. Industriestadt	MEERANE
russisch., Dichter, Dramatiker	TOLSTOI	russische Stadt am Rybinsk. Stausee	WOLOGDA	sächs. Komponist u. Dichter	KRIEGER
russisch. Dichter	LESSKOW	russische Stadt an der Düna	WITEBSK	sächs. Stadt an der Elbe	DRESDEN
russisch. Feldherr	KUTUSOW	russische Stadt an der Wolga	RYBINSK	sächs. Stadt an der Elbe	MEISSEN
russisch. Frauengewand	SARAFAN			sächs. Stadt an der Elbe	STREHLA
russisch. Komponist	BORODIN	russische Stadt an der Wolga	SARATOW	sächs. Stadt an der Mulde	ZWICKAU
russisch. kubistischer Bildhauer	ZADKINE	russische Stadt im Kubandelta	TEMRJUK		
russisch. Landhaus	DATSCHA				

sächs. Stadt an der Spree	BAUTZEN
sächs. Stadt an der Weißeritz	FREITAL
Sänger	BASSIST
säugen, befriedigen	STILLEN
Säulenkapitell-Wulst	ECHINUS
Säulenplatte	PLINTHE
Sage	LEGENDE
sagenhafte Gründerin Prags	LIBUSSA
sagenhafte Königin von Lydien	OMPHALE
sagenhafter Vogel	PHOENIX
Sahara-Gebirgsland	TIBESTI
Sahne	SCHMANT
Salatpflanze	ENDIVIE
Salatpflanze	LATTICH
Salbengrundstoff	LANOLIN
Salböl d. kathol. Kirche	CHRISAM
Salinenarbeiter in Halle	HALLORE
Salomoneninsel	MALAITA
Salomoneninsel	RENNELL
salopp	LAESSIG
Salzbildner	HALOGEN
Salz der Harnsäure	RESINAT
Salz der Kieselsäure	SILIKAT
Salz der Salzsäure	CHLORID
Salz der Weinsäure	TARTRAT
Salzwüste in Chile	ATACAMA
Samoa-Insel	TUTUILA
Samt-, Studentenblume	TAGETES
samtartiges Gewebe	PLUESCH
Sandsteinart	QUARZIT
sangbare Weise	MELODIE
sanktionierte Seeräuberei	KAPEREI
Sarahs Mann	ABRAHAM
Satteldecke	WOILACH
Saturn-Mond	JAPETUS
Satz einer Sinfonie	ALLEGRO
Satz einer Sinfonie	ANDANTE
Satz einer Sinfonie	MENUETT
Satzgefüge	PERIODE
Satzgegenstand	SUBJEKT
Satzzeichen	KLAMMER
saudi-arab. Münze	HALLALA
Sauerkirsche	MORELLE
sauerländisch. Stadt a. d. Lenne	WERDOHL
Saugröhre	PIPETTE
schaben	KRATZEN
schachern	MARKTEN
Schachfigur	LAEUFER
Schachtausfüllung	VERSATZ
Schaden in der Schiffahrt	HAVARIE
Schädeldach	KALOTTE
Schändlichkeit	INFAMIE
Schätzer, Wertermittler	TAXATOR
Schafwollfett	LANOLIN
Schalentier	MUSCHEL
schallen	KLINGEN
Schallehre	AKUSTIK
Schallpegelmaß	DEZIBEL
Schalltechnik	AKUSTIK
schamlos	OBSZOEN
Schande, Schmach	SCHIMPF
Schandpfahl, Halseisen	PRANGER
Schanzwerk	REDOUTE
scharfes Gewürz	PFEFFER
scharfe Würzsoße	TABASCO
scharfkantiges Werkzeug	SCHABER
Scharmützel	GEFECHT
Schatten, Schattenbild	SCHEMEN
Schattierung	TOENUNG
Schatz	LIEBSTE
Schauder	GRUSELN
schauen	BLICKEN
Schauerballade	MORITAT
schauerlich	MAKABER
Schaufel	SCHIPPE

Schaufenster	AUSLAGE	Scheinmedikament	PLAZEBO	Schiffsbauplatz	HELLING
Schaufenster, Schaukasten	VITRINE	Scheitelkäppchen	KALOTTE	Schiffsbeschlagnahme	EMBARGO
Schaumgebäck	MERINGE	Schelle	KLINGEL	Schiffsgalerie	BRUECKE
Schauschrank	VITRINE	Schellenbaum	BUMBASS	Schiffskellner	STEWARD
Schauseite	FASSADE	Schellfisch	KOEHLER	Schiffsladung	BALLAST
Schausp. von Hofmannsthal	ELEKTRA	Schelm	STROLCH	Schiffsladung	LADEGUT
		Schelmenstück	STREICH	Schiffsraumgehalt	TONNAGE
Schauspielerin	AKTRICE	schenken	STIFTEN		
schauspielerisch	MIMISCH	scheppern	KLIRREN	Schiffsrippen	SPANTEN
		Scherflein	ALMOSEN	Schiffstagebuch	JOURNAL
schauspielern	AGIEREN	Scherflein	BEITRAG	Schiffstagebuch	LOGBUCH
Schauspielfach, Rollenfach	KOMIKER	Scherge	BUETTEL	Schiffstau	GORDING
		scherzh.: Gatte	GESPONS	Schiffstyp	DAMPFER
Schauspielhaus	THEATER	scherzhafte Nachahmung	PARODIE	schiit. Wallfahrtsort in Irak	KERBELA
Schauspiel von Büchner	WOYZECK	scherzhafte Umdichtung	PARODIE	Schilddrüsenüberfunktion	BASEDOW
Schauspiel von Goethe	CLAVIGO				
Schauspiel von Gogol	REVISOR	Scheusal	MONSTER	Schimpf	AFFRONT
		schichten	HAEUFEN	Schimpf, Schande	SCHMACH
Schauspiel von Grillparzer	AHNFRAU	schichten	STAPELN	Schimpf, Schmach	SCHANDE
		Schichtwolke	STRATUS		
		schick	ELEGANT	schimpfen	FLUCHEN
Schauspiel von Grillparzer	LIBUSSA	Schick	ELEGANZ	schinden	DRILLEN
		Schicklichkeit	ANSTAND	Schindmähre	KLEPPER
Schauspiel von Schiller	RAEUBER	Schicklichkeit	DEKORUM	Schirmpilz	PARASOL
		Schicksal	FUEGUNG	schlachten	METZELN
Schauspiel von Shakespeare	MACBETH	Schiedsrichter	ARBITER	Schlachter	METZGER
		Schiedsrichter (engl.)	REFEREE	schlaff, abgespannt	SCHLAPP
scheckig	MELIERT				
Scheingelehrter, Wortverdreher	SOPHIST	Schiefblatt	BEGONIE	Schlaffheit	LAXHEIT
		Schiffer	MATROSE	Schlaflosigkeit	ASOMNIE
Scheinmedikament	PLACEBO	Schiffer	SEEMANN		
		Schifffahrtshindernis	PACKEIS		

Schlafmittel	VERONAL	schlendern	BUMMELN	Schlüpfrigkeit	GLAETTE
Schlafnische	ALKOVEN	Schleppfahrzeug	TRECKER	Schlüpfschuh	SLIPPER
Schlag, Schuß ins Ziel	TREFFER	schles. Stadt an d. Biele	LANDECK	Schluß	AUSGANG
				Schlußgebet	KOMPLET
Schlagader	ARTERIE	schles. Stadt an der Oder	STEINAU	Schluß machen	BEENDEN
Schlaggerät	PATSCHE	schles. Stadt an der Olsa	TESCHEN	Schlußsteigerung (musikal.)	STRETTA
Schlaginstrument	TROMMEL				
Schlagzeuger	DRUMMER	schles. Töpferstadt	BUNZLAU	schmachtender Liebhaber	SELADON
Schlamm, Schwemmland	SCHLICK	schlesw.-holstein. Stadt an der Stör	ITZEHOE	schmalbeinige Hose	LEGGINS
schlangenförmiger Fisch	MURAENE			schmaler Gebirgseinschnitt	ENGPASS
		schlicht	EINFACH		
		Schlick	SCHLAMM	schmaler gedeckter Gang	GALERIE
Schlangenhorn	SERPENT	Schließe	AGRAFFE		
		Schlingel	LAUSBUB	Schmarotzer	PARASIT
Schlankaffe	GUEREZA	Schlittschuhsport	EISLAUF	Schmelzlaut	LIQUIDA
schlau	GEWIEFT			Schmetterlingsart	KUHAUGE
Schlauchpilz	LORCHEL	Schlitz, Spalte, Einschnitt	SCHARTE		
Schlauchpilz	MORCHEL			Schmetterlingsart	SPANNER
schlau geworden	GEWITZT	Schloß, Vorort von Weimar	TIEFURT	Schmetterlingsblütler	ROBINIE
schlechter Tabak	KNASTER				
		Schloß am Genfer See	CHILLON	Schmied in der german. Sage	WIELAND
schlechtes Pferd	KLEPPER				
schleierartiges Gewebe	CHIFFON	Schloß an der Adria	MIRAMAR		
		Schloß an der Loire	AMBOISE	schmollen	GROLLEN
schleierartiges Seidengewebe	ORGANZA			schmollen	TROTZEN
		Schloß an der Themse	WINDSOR	Schmuck, Schmuckstück	ARMBAND
Schleifenflug	LOOPING				
Schleimhautdefekte	APHTHEN	Schloß bei Coburg	ROSENAU	Schmuck, Schmuckstück	ARMREIF
Schleimhautentzündung	KATARRH	Schloß bei Triest	MIRAMAR	Schmuck, Schmuckstück	OHRRING
		Schloß in Düsseldorf	BENRATH		
schlemmen, schwelgen	PRASSEN			Schmuckmaterial	KORALLE
		Schlucht	ABGRUND		
Schlemmer	PRASSER	Schlucht in Graubünden	VIAMALA	Schmuckspange	AGRAFFE

Schmuckstein	ACHROIT	schonungslos	RADIKAL	Schrauben-, Schnekkenlinie	SPIRALE
Schmuckstein	IDOKRAS	schott. Adelsgeschlecht	DOUGLAS	Schraubengang	GEWINDE
Schmuckstein	LASURIT	schott. Eisspiel	CURLING	Schraubenlinie	WINDUNG
Schmuckstein	MELANIT	schott. Folksinger	DONOVAN	Schreckgestalt	MONSTER
Schmuckstein	NEPHRIT	schott. Grafschaft	BERWICK	schrecklich	GRAUSIG
Schmuckstein	PERIDOT	schott. Grafschaft	KINROSS	schrecklich	HORREND
Schneid	BRAVOUR			Schreibart	DIKTION
Schneid	COURAGE	schott. Grafschaft	GLASGOW	Schreibrohr der Antike	CALAMUS
Schnekkenart	WHALAAT	schott. Hafenstadt			
Schnekkenklee	LUZERNE	schott. Halbinsel	KINTYRE	Schreibstift aus Schieferton	GRIFFEL
schnelles Beben	ZITTERN	schott. König	MACBETH		
schnelles Musikstück	ALLEGRO	schott. König	MALCOLM	Schreibstube	KANZLEI
schnelle Tonfolge	PASSAGE	schott. Physiker	MAXWELL	Schreitvogel	KRANICH
Schnellsegler	CLIPPER	schott. Physiker (Nobelpreis)	MACLEOD	Schrekken	GRAUSEN
Schnellsegler	KLIPPER			Schriftart	ELZEVIR
schnellstens	EILIGST	schott. Schriftsteller	CARLYLE	Schriftart	GOTISCH
Schnepfenschnabel	STECHER			Schriftart	GROTESK
Schnepfenvogel	KIEBITZ	schott. Stadt	FALKIRK	Schriftgrad	GARMOND
Schnürleibchen	KORSETT	schott. Stadt (Wollschals)	PAISLEY	Schriftgrad	KOLONEL
schnurrig	DROLLIG			Schriftgrad im Buchdruck	COLONEL
Schnute	FLUNSCH	Schotter	GEROELL		
schöner Jüngling d. griech. Sage	NARZISS	Schotterstraße	MAKADAM	Schriftgrad im Buchdruck	DIAMANT
		schottisch. Stadt	WIGTOWN		
Schöngeist	AESTHET	schottische Grafschaft	PEEBLES	schriftl. Zahlungsversprechen	WECHSEL
schöpferisch	KREATIV			Schriftsteller	DICHTER
Schöpfungsgeschichte	GENESIS	schottische Grafschaft	RENFREW	Schriftsteller	LITERAT
Schößling	ABLEGER	schräg	GENEIGT	schroffe Rüge, Verweis	RUEFFEL
Scholle	AALBUTT	Schräge	NEIGUNG		
Scholle	FLUNDER	Schrägschrift	KURSIVE	Schrulle	MAROTTE
schon	BEREITS	Schramme	KRATZER	Schrunde	RHAGADE

Schülerheim	ALUMNAT	
Schüler im Mittelalter	SCHOLAR	
Schürzenjäger	DONJUAN	
schütteln	BEUTELN	
Schützling	MUENDEL	
Schuft, Halunke	SCHURKE	
Schuhform	LEISTEN	
Schuhleiste	SPANNER	
Schularbeit	LEKTION	
Schulden	PASSIVA	
Schuldner	DEBITOR	
Schuldverschreibung	ANLEIHE	
Schulmaterial	SCHWAMM	
Schulterblatt	SCAPULA	
Schund, Ramsch	PLUNDER	
Schuppen	SCHOBER	
Schurke	HALUNKE	
Schutzfärbung, -farbe	MIMIKRY	
Schutz gegen Zauberei	AMULETT	
Schutzhülle	PACKUNG	
Schutzpatron Böhmens	NEPOMUK	
Schutzpatron d. Arbeiter	JAKOBUS	
Schutzpatron d. Drogisten	JAKOBUS	
Schutzpatron d. Feuerwehr	FLORIAN	
Schutzpatron d. Pferde	ELIGIUS	
Schutzpatron d. Philatelisten	GABRIEL	
Schutzpatron d. Tischler	GUNTMAR	
Schutzpatron d. Tischler	JOACHIM	
Schutzpatron d. Verfolgten	RAIMUND	
Schutzpatron der Apotheker	JAKOBUS	
Schutzpatron der Apotheker	RAPHAEL	
Schutzpatron der Bettler	ALEXIUS	
Schutzpatron der Dichter	PROSPER	
Schutzpatron der Drogisten	RAPHAEL	
Schutzpatron der Goldschmiede	ELIGIUS	
Schutzpatron der Klempner	WILHELM	
Schutzpatron der Pferde	STEPHAN	
Schutzpatron der Polizisten	SEVERUS	
Schutzpatron der Uhrmacher	ELIGIUS	
Schutzpatron der Waisen	VINZENZ	
Schutzpatronin d. Gärtner	GERTRUD	
Schutzpatronin d. Witwen	GERTRUD	
Schutzpatronin der Architekten	BARBARA	
Schutzpatronin der Artilleristen	BARBARA	
Schutzpatronin der Feuerwehr	BARBARA	
Schutzpatronin der Köche	BARBARA	
Schutzpatronin der Mädchen	BARBARA	
Schutzpatronin der Reisenden	EULALIA	
Schutzpatronin der Reisenden	GERTRUD	
Schutzpatron v. Funk u. Fernsehen	GABRIEL	
schwacher Nachfolger	EPIGONE	
schwäb. Fürstengeschlecht	STAUFER	
schwäbisch. Dichter	MOERIKE	
schwäbisch. Höhenzug	BAARALB	
schwäbisch. Höhenzug	HEUBERG	
Schwächeanfall	KOLLAPS	
Schwärmer	UTOPIST	
schwärzl. Hautflecken	MELASMA	
Schwätzer	CAUSEUR	

Schwagerehe	LEVIRAT	
Schwangerschaftskrankheit	GESTOSE	
Schwank	FAZETIE	
schwanken	WACKELN	
schwanken, schwingen	PENDELN	
Schwanz	SCHWEIF	
Schwanz des Wildschweins	PUERZEL	
Schwanzwurzel d. Vogels	BUERZEL	
schwarz. südafrikan. Politiker	MANDELA	
Schwarzafrikanerin	NEGERIN	
Schwarzdorn	SCHLEHE	
Schwarzwaldberg	BELCHEN	
Schwarzwaldberg	KNIEBIS	
Schwarzwaldkurort	TITISEE	
Schwarzwaldsee	FELDSEE	
Schwarzwaldsee	TITISEE	
Schwarzwasserfieber	MALARIA	
schwatzen	KLOENEN	
schwed. Architekt	ASPLUND	
schwed. Astronom	CELSIUS	
schwed. Chemiker	BERGMAN	
schwed. Dichter u. Maler	GESSNER	
schwed. Filmregisseur	BERGMAN	
schwed. Filmschauspielerin	BERGMAN	
schwed. Filmschauspielerin	LEANDER	
schwed. Insel	GOTLAND	
schwed. Komponist	LARSSON	
schwed. Laen	GOTLAND	
schwed. Landschaft	DALARNA	
schwed. Sopranistin	NILSSON	
schwed. Stadt am Hjälmarsee	OEREBRO	
schwed. Universitätsstadt	UPPSALA	
schwed.: Schweden	SVERIGE	
schwedisch. Chemiker	SCHEELE	
schwedische Hafenstadt	VARBERG	
schwedischer Dichter	BELLMAN	
schwefelsaures Salz	VITRIOL	
Schweinekrankheit	ROTLAUF	
schweiz. Alpenpaß	BERNINA	
schweiz. Alpenpaß	BRUENIG	
schweiz. Berg	ALTMANN	
schweiz. Berg	PIZBUIN	
schweiz. Chemiker (Nobelpreis)	MUELLER	
schweiz. Chemiker (Nobelpreis)	RUZICKA	
schweiz. Heimatschriftsteller	FEDERER	
schweiz. Käsesorte	GRUYERE	
schweiz. Kanton	ZUERICH	
schweiz. Kantonshauptstadt	ALTDORF	
schweiz. Kantonshauptstadt	HERISAU	
schweiz. Kantonshauptstadt	LIESTAL	
schweiz. Kantonshauptstadt	ZUERICH	
schweiz. Komponist	SCHOECK	
schweiz. Kurort am Inn	SAMADEN	
schweiz. Kurort am Lago Maggiore	LOCARNO	
schweiz. Kurort am Matterhorn	ZERMATT	
schweiz. Maler	FUESSLI	
schweiz. Mathematiker	BYRGIUS	
schweiz. Mediziner (Zellulartherapie)	NIEHANS	
schweiz. Minnesänger	HADLAUB	
schweiz. Ort in d. Walliser Alpen	ZERMATT	

schweiz. Paß zw. Tessin u. Wallis	NUFENEN	Schwester v. Iphigenie	ELEKTRA	Seebad am Golf von Rijeka	OPATIJA
schweiz. Philosoph	RUETTER	Schwester v. Orest	ELEKTRA	Seebad auf der Insel Wight	NEWPORT
schweiz. Physiker, Flugpionier	PICCARD	Schwester von Clemens von Brentano	BETTINA	Seebad auf Rügen	GOEHREN
schweiz. Pianist	FISCHER	schwierige Lage	DILEMMA	Seebad auf Wollin	MISDROY
schweiz. Reformator	ZWINGLI	schwierige Lage	NOTLAGE	Seebad in Pommern	AHLBECK
schweiz. Schriftsteller	KNITTEL	Schwierigkeit	PROBLEM	Seefisch	MAKRELE
schweiz. Sitz des Goetheanums	DORNACH	Schwimmanlage	FREIBAD	Seegang	DUENUNG
schweiz. Stadt am Rhein	ZURZACH	Schwimmstil	DELPHIN	Seeigel	ECHINUS
schweiz. Stadt an der Thur	WATTWIL	Schwimmvogel m. Kehlsack	PELIKAN	See im Salzkammergut	MONDSEE
schweiz. Stadt im Tessin	CHIASSO	Schwindel (mediz.)	VERTIGO	See in Ägypten	EDKUSEE
schweiz. Theologe	BRUNNEN	Schwindler	LUEGNER	See in Äthiopien	ABAISEE
schweiz. Währungseinheit	FRANKEN	Schwingblatt	MEMBRAN	See in Berlin	WANNSEE
schweiz. Weinsorte	FENDANT	Schwinge	FLUEGEL	See in Japan	BIWASEE
schwelen	GLIMMEN	Schwingungsdauer	PERIODE	See in Kalifornien	MONOSEE
schwelen	GLUEHEN	Schwirrvogel	KOLIBRI	See in NO-Tibet	KUKUNOR
Schwere	GEWICHT	Schwulst	BOMBAST	See in Pommern	LEBASEE
schwere Infektionskrankheit	CHOLERA	Schwung	IMPETUS	Seelenvogel	HARPYIE
Schwerfälligkeit	PHLEGMA	Schwung	SCHMISS	seelische Krankheit	NEUROSE
Schwermetall	KADMIUM	Sechseck	HEXAGON	Seelsorger	PFARRER
Schwertfisch	XIPHIAS	Sechsergruppe	SEXTETT	seemänn.: hinten	ACHTERN
Schwerthülle	SCHEIDE	Sechsflächner, geometr. Körper	WUERFEL	seemänn.: Kapitän	SKIPPER
Schwester v. Apoll	ARTEMIS	Sechstagerennen (engl.)	SIXDAYS	Seemann	MATROSE
		See-Anemone	AKTINIE	Seemannskleidung	OELZEUG
		Seebad, Hafenstadt in Wales	SWANSEA	Seerose	AKTINIE
				Seerose	KORALLE

Seeschaden	HAVARIE	
Seescheide	ASZIDIE	
Segelboot	DRACHEN	
Segelboot	SCOOTER	
Segelboot	TEMPEST	
Segelboot	TORNADO	
Segelfluggerät	DRACHEN	
Segelflugstart	SCHLEPP	
Segelflugströmung	AUFWIND	
Segel hochziehen	HEISSEN	
segeln	GLEITEN	
Segelschiff	SCHONER	
Seher	KUENDER	
Seher, Künder	PROPHET	
Sehloch im Augapfel	PUPILLE	
Sehne	FLECHSE	
Sehnenverletzung	ZERRUNG	
Sehnsucht	FERNWEH	
Sehnsucht	HEIMWEH	
sehr hartes Metall	WOLFRAM	
sehr schnell laufen	SPURTEN	
Sehvermögen	GESICHT	
seichte Stelle	UNTIEFE	
Seidengewebe	FOULARD	
Seine-Zufluß	AUBETTE	
Seine-Zufluß	ORVANNE	
Seite des Dreiecks	KATHETE	
Seitenstreifen an Straßen	BANKETT	
Seitgang beim Schulreiten	TRAVERS	
seit langem	LAENGST	
seitlich	LATERAL	
Selbstbesinnung	EINKEHR	
Selbstgespräch	MONOLOG	
Selbstjustiz üben	LYNCHEN	
Selbstmord	FREITOD	
Selbstregler	AUTOMAT	
selbsttätig	AUTOGEN	
Selbstüberwindung	ASKETIK	
Selektion	AUSLESE	
seltene Erde	HOLMIUM	
seltene Erde	TERBIUM	
seltene Erde	THULIUM	
seltene Erde	YTTRIUM	
seltenes Metall	NIOBIUM	
seltsam, absonderlich	SKURRIL	
semit. Fruchtbarkeitsgöttin	ISCHTAR	
semitische Liebesgöttin	ASTARTE	
Sendbote	APOSTEL	
Sendbote	DELEGAT	
Sendschreiben	EPISTEL	
Sendung	MISSION	
senegal. Politiker, Dichter	SENGHOR	
Senkkasten	CAISSON	
senkrechte Stütze	PFEILER	
Sense schärfen	DENGELN	
Servier-, Auftragebrett	TABLETT	
Seschelleninsel	LADIGUE	
Seschellen-Insel	PRASLIN	
Session, Konferenz	SITZUNG	
Shetland-Insel	BRESSAY	
sibir. Eismeerbucht	OBBUSEN	
sibir. Stadt am Altai	BARNAUL	
sibir. Stadt an Lena u. Kirenga	KIRENSK	
sibirisch. Mongolenvolk	TATAREN	
sibirischer Strom	IRTYSCH	
sibirisches Hirtenvolk	JAKUTEN	
sibirische Stadt am Angara	IRKUTSK	
sibirische Stadt an Tobol u. Irtysch	TOBOLSK	
Sicherheit (Kreditwesen)	DECKUNG	
Sicherheitsglas	SEKURIT	
Sicherheitsleistung	KAUTION	
Sicherheitsorgan	POLIZEI	
Sicherungstruppe	NACHHUT	
sichtbarer Hinweis	ZEICHEN	
Siebenergruppe	SEPTETT	

Siebstoff, Gittergewebe	STRAMIN
Siedlung	KOLONIE
Siegelabdruck	STEMPEL
Siegesanwärter	FAVORIT
Siegfrieds Schwert	BALMUNG
Signalflagge	STANDER
Silikatmineral	IDOKRAS
simpel	EINFACH
Singular	EINZAHL
Singvogel	AMARANT
Singvogel	DROSSEL
Singvogel	SCHWIRL
Singweise	MELODIE
Sinnestäuschung	PHANTOM
Sinneswahrnehmung	GEFUEHL
sinnfällig	KONKRET
sinnlos, sinnwidrig	PARADOX
Sinnspruch, Merkspruch	SENTENZ
sinnverwandt	SYNONYM
Sippe	FAMILIE
Sirenengeräusch	HEULTON
sittlich	ETHISCH
sittlicher Ruf	LEUMUND
Sitz der Ortsverwaltung	RATHAUS
Sitzsofa	KANAPEE
Sitzung	MEETING
Sitzung, Tagung	SESSION
Sitzungsperiode	SESSION
sizilian. Hafenstadt	CATANIA
sizilian. Stadt am Ätna	PATERNO
sizilianische Hauptstadt	PALERMO
skand. Männername	HJALMAR
skand. Nagetier	LEMMING
skand. Wühlmaus	LEMMING
Skandinavier	SCHWEDE
skandinavisch. Männername	FRITJOF
skandinavisch. Männername	LENNART
skandinavischer Männername	TORSTEN
Skelett	GEBEINE
Skelett	GERIPPE
Skelettbestandteil	KNOCHEN
Skipetar	ALBANER
Skisport, Skiwettbewerb	SKIFLUG
Skizze	AUFRISS
Skizze	ENTWURF
Skizze	KONZEPT
Sklavenschiff	GALEERE
Skulptur	PLASTIK
Slalom	TORLAUF
slawische Gottheit	TRIGLAW
slowak. Stadt an der Waag	PISTYAN
slowak. Stadt an der Waag	SILLEIN
Snob	ANGEBER
Sockelmauer	PLINTHE
Sodbrennen	PYROSIS
Söhne d. Atreus	ATRIDEN
Sofa	KANAPEE
sofort, geradeaus	STRACKS
sofort löslich	INSTANT
Sohn v. Jakob	SEBULON
Sohn v. Kaiser Friedrich II.	MANFRED
Soldat	KRIEGER
Soldat	LANDSER
Soldat der techn. Truppe	PIONIER
Soldatenkleidung, Waffenrock	UNIFORM
Soldatenunterkunft	KASERNE
Sommerefeu	MIKANIA
Sommerwurz	WUERGER
sonderbar, ungewöhnlich	SELTSAM
Sonderraum	SEPAREE
Sonderrecht	MONOPOL
Sondervergütung	PRAEMIE
Sonnabend	SAMSTAG
Sonnendach	MARKISE
Sonnenfinsternis	EKLIPSE
Sonntag v. Ostern	LAETARE
sorgfältig	AKKURAT
Sorte	SPEZIES
sortieren	SONDERN
sortieren, ausscheiden	SICHTEN

sowjet. Binnensee	ARALSEE	sowjet. Schachweltmeister	SMYSLOW	span. Bürgermeister	ALKALDE
sowjet. Dichter	KATAJEW	sowjet. Schriftsteller	FADEJEW	span. Cello-Virtuose	CASSADO
sowjet. Flugzeugkonstrukteur	MIKOJAN	sowjet. Schwarzmeerhafen	SOTSCHI	span. dadaistisch. Maler	PICABIA
sowjet. Flugzeugkonstrukteur	TUPOLEW	sowjet. Stadt an der Wolga	KALININ	span. Dichter, Philosoph	UNAMUNO
sowjet. Fluß zum Schwarzen Meer	DNJESTR	Sowjetideologe	TROTZKI	span. Dichter (Nobelpreis)	JIMENEZ
sowjet. Hafen a. Kaspisch. Meer	DERBENT	sowjetisch. Marschall	SCHUKOW	span. Entdecker, Eroberer	ALMAGRO
sowjet. Industriekombinat	KUSBASS	sowjetischer Kosmonaut	PAZAJEW	span. Erzähler	ALARCON
sowjet. Kernphysiker	KAPITZA	sowjetischer Kosmonaut	WOLYNOW	span. Frauenname	DOLORES
sowjet. Kosmonaut	CHRUNOW	Sowjetrepublik	LITAUEN	span. Frauenname	JUANITA
sowjet. Kosmonaut	GAGARIN	Späher, Kundschafter	SPITZEL	span. Gitarrenvirtuose	SEGOVIA
sowjet. Kosmonaut	JEGEROW	spärlich fließen	RIESELN	span. Grenzstadt	BADAJOZ
sowjet. Kosmonaut	KOMAROW	spätgot. Kölner Maler	LOCHNER	span. Hafenstadt	ALMERIA
sowjet. Kosmonaut	KUBASOW	Spalte	SCHLITZ	span. Hafenstadt in Afrika	MELILLA
sowjet. Politiker	KAMENEW	Spaltung, Trennung	TEILUNG	span. Herrschername	ALFONSO
sowjet. Politiker, Staatschef	GROMYKO	span. Architekt (Escorial)	HERRERA	span. Herrschername	PHILIPP
sowjet. Politiker, Staatsmann	KALININ	span. Atlantikinselgruppe	KANAREN	span. Kap	ORTEGAL
sowjet. Politiker (Außenminister)	MOLOTOW	span. Badeort am Tormes	LEDESMA	span. Komponist	ALBENIZ
		span. Barockdichter	GONGORA	span. Lyriker	GUILLEN
sowjet. Politiker (Min.-präs.)	MALENKO	span. Bildhauer	ALVAREZ	span. Männername	ALFONSO
		span. Bürgermeister	ALCALDE		

span. Männername	SANCHEZ
span. Maler, Grafiker, Bildhauer	PICASSO
span. Maler (16./17. Jh.)	RIBALTA
span. Maler (17. Jh.)	MURILLO
span. manieristisch. Maler	MORALES
span. Mittelmeerinsel	MENORCA
span. Mystikerin, Heilige	THERESE
span. Pianist u. Komponist	ALBENIZ
span.-portugies. Schiffstyp	GALEONE
span. Provinz	ALMERIA
span. Provinz	BADAJOZ
span. Provinz	CACERES
span. Provinz in Andalusien	SEVILLA
span. Quecksilberstadt	ALMADEN
span. Saiteninstrument	BANDOLA
span. Stadt	CACERES
span. Stadt am Ebro	TORTOSA
span. Stadt am Guadalquivir	CORDOBA
span. Stadt am Guadiana	BADAJOZ
span. Stadt bei Barcelona	TARRASA
span. Stadt bei Valencia	SAGUNTO
span. Stadt in Andalusien	SEVILLA
span. Stadt in Marokko	MELILLA
span. Volkstanz	CACHUCA
span.: Biskaja	VIZCAYA
Spange	KLAMMER
Spanien	IBERIEN
spanisch. Konquistador	PIZARRO
spanisch. Maure	MORISKE
spanischer Pfeffer	PAPRIKA
Spanne	ABSTAND
Sparguthaben	EINLAGE
spartanischer Ältestenrat	GERUSIA
spartanische Schlachtordnung	PHALANX
Spaß	GAUDIUM
spaßig	DROLLIG
Spaßmacher	BAJAZZO
Spaßmacher	KOMIKER
Spateisenstein	SIDERIT
Spechtmeise	KLEIBER
Speckstein	STEATIT
Spedition, Verschickung	VERSAND
Speichelferment	PTYALIN
Speicher	MAGAZIN
Speise	GERICHT
Speisefisch	KARPFEN
Speisefisch	MAKRELE
Speise in Teighülle	PASTETE
Speisekrebs	GARNELE
Speisepilz	LORCHEL
Speisepilz	MORCHEL
Speisepilz	REHLING
Speiseraum in Kasernen	KANTINE
Speisezubereiterin	KOECHIN
Sperberfalke	HABICHT
Sperrung beim Buchdruck	SPATIUM
Spesen	AUFWAND
Spezialgebiet	DOMAENE
Sphäre	BEREICH
Spielbeginn	ANSPIEL
Spielbetrag	EINSATZ
Spielteilnehmer	SPIELER
Spießbürger	BANAUSE
Spießer	BANAUSE
Spießer	REHBOCK
Spind	SCHRANK
Spion, Agent	SPITZEL
Spionin	AGENTIN
Spiralnebel	GALAXIE
Spiritus	ALKOHOL
Spitzbohne	ARDISIE
Spitzel, Spion	SPAEHER
Spitzenschlager	MEGAHIT

spitzer Pflanzenteil	STACHEL	Spürsinn	RIECHER	Staatskutsche	KAROSSE
		Spur	FAEHRTE		
Spitzfindigkeit	FINESSE	Spuren vom Federwild	GELAEUF	Staatspräsident von Irak	HUSSEIN
Spleen	MAROTTE	Staat auf der Apenninhalbinsel	ITALIEN	Staatssprache in Burundi	KIRUNDI
splitterfreies Glas	SEKURIT				
Spötter, bissiger Mensch	ZYNIKER	Staat auf der Pyrenäenhalbinsel	SPANIEN	Staatssprache von Sri Lanka	SINHALA
Sportanlage	BOXRING	Staat der USA	ALABAMA	Staatssprache von Vanuatu	BISLAMA
Sportbetreuer	MANAGER	Staat der USA	ARIZONA		
Sportfeld, Wettkampfstätte	STADION	Staat der USA	FLORIDA	Staatsteil in fremdem Gebiet	EXKLAVE
		Staat der USA	GEORGIA	Stab	LEITUNG
sportl. Wettkampf	TURNIER	Staat der USA	INDIANA	Stab, Stock	STECKEN
Sportlehrer	TRAINER	Staat der USA	MONTANA	Stachelhäuter, Meerestier	SEEIGEL
Sportmannschaft	STAFFEL	Staat der USA	NEWYORK		
Sportruderboot	SKULLER	Staat der USA	VERMONT	stachlige Sukkulenten	KAKTEEN
Sportruderer	SKULLER	Staat der USA	WYOMING	Stadt am Elbe-Havel-Kanal	GENTHIN
Sprache von Bangladesch	BENGALI	staatenbildendes Insekt	TERMITE	Stadt am Kuban-Fluß	ARMAWIR
Sprachgestalter	STILIST	Staatenbündnis	ENTENTE	Stadt am Lippekanal	WALTROP
Sprechstörung	APHASIE	Staatenbündnis, -bund	ALLIANZ	Stadt am Mississippi (Ohio)	CLINTON
Sprengkraft	BRISANZ	Staatenloser	APOLIDE		
Sprengstoff	DYNAMIT	Staat im Nahen Osten	LIBANON	Stadt am Neuenburger See	YVERDON
Sprengstoff	ROBURIT	Staat im Nahen Osten	TUERKEI	Stadt am Niederrhein	HOMBERG
Spreu	SPELZEN				
Springer beim Schach	ROESSEL	Staat in Südafrika	LESOTHO	Stadt am Rhein-Herne-Kanal	BOTTROP
sprinten	SPURTEN	Staat in Westeuropa	BELGIEN	Stadt am Spessart	ALZENAU
Sproßachse	STENGEL	Staatsdiener	BEAMTER		
Spruchgedicht	PRIAMEL	Staatsgut	DOMAENE	Stadt am Teutoburger Wald	DETMOLD
Sprung d. Artisten	KASKADE	Staatskunst	POLITIK		
spüren	FUEHLEN				

Stadt am unteren Nil	MANSURA
Stadt an Altmühl u. Donau	KELHEIM
Stadt an d. Weser (NRW)	HOEXTER
Stadt an der Diemel	WARBURG
Stadt an der Elbe	ROSSLAU
Stadt an der Freiberger Mulde	DOEBELN
Stadt an der Freiberger Mulde	LEISNIG
Stadt an der Glonn	AIBLING
Stadt an der Lahn	LAASPHE
Stadt an der Loire	AMBOISE
Stadt an der Oder	BRESLAU
Stadt an der Odermündung	STETTIN
Stadt an der Peene	MALCHIN
Stadt an der Regnitz	BAMBERG
Stadt an der Rhone	AVIGNON
Stadt an der Ruhr	KETTWIG
Stadt an der Rur (NRW)	JUELICH
Stadt an der Schlei	KAPPELN
Stadt an der Schwäb. Alb	EHINGEN
Stadt an der Schwalm	ALSFELD
Stadt an der Selenga	ULANUDE
Stadt an der Spree	COTTBUS
Stadt an der Themse	WINDSOR
Stadt an der Uchte	STENDAL
Stadt an der Werra	EISFELD
Stadt an der Werre (NRW)	HERFORD
Stadt an der Weser	RINTELN
Stadt an der Wupper	OPLADEN
Stadt an Fulda, Werra u. Weser	MUENDEN
Stadt an Mosel u. Rhein	KOBLENZ
Stadt an Wied u. Mittelrhein	NEUWIED
Stadt auf den Philippinen	BACOLOD
Stadt auf der Schwäb. Alb	EBINGEN
Stadt auf Java	BANDUNG
Stadt auf Kiuschiu (Japan)	FUKUOKA
Stadt auf Madagaskar	MAJUNGA
Stadt auf Madagaskar	TOLIARY
Stadt auf Mallorca	MANACOR
Stadt auf Sardinien	TORTOLI
Stadt auf Sizilien	MILAZZO
Stadt bei Berlin	POTSDAM
Stadtburg von Granada	ALCAZAR
Stadt im Allgäu	BUCHLOE
Stadt im Allgäu	FUESSEN
Stadt im Allgäu an der Iller	KEMPTEN
Stadt im Bergischen Land	SCHWELM
Stadt im Bergischen Land	VELBERT
Stadt im Fichtelgebirge	ARZBERG
Stadt im französ. Depart. Calvados	FALAISE
Stadt im Hunsrück	MORBACH
Stadt im Hunsrück	SIMMERN
Stadt im Jagstkreis	HEUBACH
Stadt im Kanton Zürich	BUELACH
Stadt im Libanon	BAALBEK
Stadt im Münsterland	DUELMEN
Stadt im Niederrhein. Tiefland	GELDERN
Stadt im Niederrhein. Tiefland	VIERSEN
Stadt im nördl. Venezuela	MIRANDA
Stadt im NO von Moskau	IWANOWO
Stadt im Pustertal	BRUNECK

Stadt im Ruhrgebiet	BOTTROP
Stadt im Ruhrgebiet a.d. Lippe	HALTERN
Stadt im Saarland	HOMBURG
Stadt im Schwarzwald	WOLFACH
Stadt im span. Baskenland	VITORIA
Stadt im Staat New York	YONKERS
Stadt in Alberta (Kanada)	CALGARY
Stadt in Andalusien	LINARES
Stadt in Aserbeidschan	ARDEBIL
Stadt in Babylonien	BABYLON
Stadt in Bayern	AICHACH
Stadt in Böhmen	KLATTAU
Stadt in Brandenburg	BEESKOW
Stadt in Brandenburg	COTTBUS
Stadt in Brandenburg	NEUDAMM
Stadt in Burgund	AUXERRE
Stadt in Burgund	BELFORT
Stadt in Burgund	MOULINS
Stadt in Connecticut (USA)	BRISTOL
Stadt in Connecticut (USA)	MILFORD
Stadt in Costa Rica	CARTAGO
Stadt in der Eifel	BITBURG
Stadt in der Fränkischen Schweiz	PEGNITZ
Stadt in der Lombardei	BRESCIA
Stadt in der Lüneburger Heide	MUNSTER
Stadt in der Mongolei	DARCHAN
Stadt in Florida	KEYWEST
Stadt in Guatemala	SANJOSE
Stadt in Hessen	ALSFELD
Stadt in Hessen	LIMBURG
Stadt in Island	AKRANES
Stadt in Island	HUSAVIK
Stadt in Israel	ASKALAN
Stadt in Jemen	NUKALLA
Stadt in Kalifornien (USA)	SANJOSE
Stadt in Kansas (USA)	WICHITA
Stadt in Kasachstan	ALMAATA
Stadt in Korea (Nord)	KAESONG
Stadt in Lettland	JELGAWA
Stadt in Liechtenstein	BALZERS
Stadt in Malaysia	KUCHING
Stadt in Malaysia	MALACCA
Stadt in Malaysia	TAIPING
Stadt in Mali	SIKASSO
Stadt in Manitoba (Kanada)	BRANDON
Stadt in Massachusetts (USA)	CHELSEA
Stadt in Mecklenburg	TETEROW
Stadt in Michigan (USA)	DETROIT
Stadt in Michigan (USA)	PONTIAC
Stadt in Mosambik	CHIMOIO
Stadt in Neubrandenburg	TEMPLIN
Stadt in New Jersey (USA)	HOBOKEN
Stadt in Nicaragua	GRANADA
Stadt in Niedersachsen	EINBECK
Stadt in Nigeria	KATSINA
Stadt in Nigeria	OSHOGBO
Stadt in Nordbaden	MOSBACH
Stadt in Nordholland	HAARLEM
Stadt in Nordholland	ZAANDAM
Stadt in Nordkorea	HAMHUNG
Stadt in Nordrhein-Westfalen	DATTELN
Stadt in Nordrhein-Westfalen	DUELKEN

Stadt in Oberfranken	BAMBERG
Stadt in Ontario (Kanada)	CHATHAM
Stadt in Ostholstein	MALENTE
Stadt in Ostpommern	TREPTOW
Stadt in Pennsylvanien (USA)	CHESTER
Stadt in Pennsylvanien (USA)	HANOVER
Stadt in Pennsylvanien (USA)	READING
Stadt in Pommern	ALTDAMM
Stadt in Pommern	BELGARD
Stadt in Pommern	GOLLNOW
Stadt in Pommern	GRIMMEN
Stadt in Pommern	KOESLIN
Stadt in Pommern	NAUGARD
Stadt in Puerto Rico	ARECIBO
Stadt in Rheinland-Pfalz	BENDORF
Stadt in Ruanda	GISENYI
Stadt in Sachsen	OSCHATZ
Stadt in Sachsen-Anhalt	KOETHEN
Stadt in Saudi-Arabien	DHAHRAN
Stadt in Schlesien	REINERZ
Stadt in Somalia	BARDERA
Stadt in Sri Lanka	NEGOMBO
Stadt in Südafrika	HANOVER
Stadt in Südmexiko	CHIAPAS
Stadt in Swasiland	MANZINI
Stadt in Tennessee	MEMPHIS
Stadt in Texas	HOUSTON
Stadt in Tschad	MOUNDOU
Stadt in Uganda	ENTEBBE
Stadt in Unterfranken	HOFHEIM
Stadt in Venezuela	CARACAS
Stadt in Venezuela	MATURIN
Stadt in Vietnam	HOABINH
Stadt in Vorarlberg	BLUDENZ
Stadt in Wales	DENBIGH
Stadt in Washington (USA)	SPOKANE
Stadt in Zaire	KANANGA
Stadt in Zaire	NJANGWE
Stadt nahe der Marne-Quelle	LANGRES
Stadtteil v. Berlin	MALCHOW
Stadtteil v. Düsseldorf	BENRATH
Stadtteil v. Frankfurt	NORDEND
Stadtteil v. Frankfurt	WESTEND
Stadtteil von Duisburg	HAMBORN
Stadtteil von Frankfurt	HOECHST
Stadtteil von Hamburg	HARBURG
Stadtteil von Karlsruhe	DURLACH
Stadtteil von München	MOOSACH
Städter	BUERGER
ständig	DAUERND
Stärkekleister	DEXTRIN
stärkend	TONISCH
stärkespaltend. Ferment	MALTASE
Stärkungsmittel	TONIKUM
Stahlplattenklavier	CELESTA
Stahlroß	FAHRRAD
Stampfgerät	STEMPEL
Stand, Klasse	SCHICHT
Standort	STATION
Standplastik	STABILE
Standpunkt	DOKTRIN
Stangen-, Wurzelgemüse	SPARGEL
Stangengebiß d. Pferdegeschirrs	KANDARE
Stanzstempel	MATRIZE
stapeln	HAEUFEN
starr blicken	STARREN
starr blicken	STIEREN
Start	ABFAHRT
statthaft	ERLAUBT
Statur	GESTALT
Statut, Verfassung	SATZUNG
Stechheber	PIPETTE
Stechmücke	MOSKITO

Stechmücke	SCHNAKE	Sternbild	PEGASUS	stirnseitig (medizin.)	FRONTAL
Stechorgan, Insektenwaffe	STACHEL	Sternbild	PERSEUS	Stör, Kaviarlieferant	STERLET
		Sternbild	PHOENIX		
		Sternbild	SEXTANT		
		Sternbild	ZENTAUR	Stoff	MATERIE
Stechwerkzeug	STICHEL	Sternbild (Eidechse)	LACERTA	Stoffgemisch	GEMENGE
steifer Herrenhut	HOMBURG	Stern im Eridanus	ACHENAR	Stollen im Bergbau	GALERIE
Steilfeuergeschütz	MOERSER	Stern in der Carina	CANOPUS	storchähnlicher Vogel	KRANICH
Stein der Weisen	ELIXIER	Stern in der Carina	KANOPUS	Storchschnabelgewächs	GERANIE
Steingarten	ALPINUM				
Steingut	TONWARE	Stern in der Hydra	ALPHARD	Stoß	ANPRALL
Steinhuhn	ROTHUHN	Steuer	LENKRAD	Stoß, Schlag	PULSION
Steinkraut	ALYSSUM	stichhaltig	TRIFTIG	strafende Gerechtigkeit	NEMESIS
Steinobst	KIRSCHE	Stickoyxdul	LACHGAS		
Steinobst	PFLAUME	stiebitzen	NASCHEN	Strafstoß beim Eishockey	PENALTY
steinreicher Mann	KROESUS	Stieleinglas	LORGNON		
		Stierkämpfer	MATADOR	Strahlenkranz	AUREOLE
Steinschneidekunst	GLYPTIK	Stierkampf	CORRIDA	Straßenbelag	ASPHALT
Steinwüste d. Sahara	HAMMADA	Stifter, Schenkender	DONATOR	Straßenbeleuchtung	LATERNE
Steißfüßervogel	TAUCHER	Stift für Theologiestudenten	KONVIKT	Straßendecke	MAKADAM
Stellungnahme	MEINUNG			Straßenräuber	BRIGANT
Stelzvogel, Ibis	SICHLER	Stiftsherr	DOMHERR	Strauß	BOUQUET
Stemmeisen	MEISSEL	Stiftungsverwalter	KURATOR	Streckung	DEHNUNG
		Stilepoche	KLASSIK	streicheln	KRAULEN
Stempel	ABDRUCK	Stilepoche	ROMANIK	Streichgarngewebe	MARENGO
Stempel (botan.)	GRIFFEL	still	LAUTLOS		
Steptänzer	STEPPER	Stiller Ozean	PAZIFIK	Streit, Beschwerde	QUERELE
Stern	POLARIS				
Sternbild	COLUMBA	stimmgewaltig. griech. Held	STENTOR	Streiterei	GEZAENK
Sternbild	DELPHIN			Streitgespräch	DEBATTE
Sternbild	DREIECK			streng, schonungslos	RIGOROS
Sternbild	EINHORN	Stimmritze	GLOTTIS		
Sternbild	FUELLEN	stimmungsvoll	LYRISCH	Strolch, Vagabund	STROMER
Sternbild	GIRAFFE				
Sternbild	KENTAUR				
Sternbild	KRANICH			Stromdraht	LEITUNG

Struktur	GEFUEGE	
studentische Kneipe	KOMMERS	
studentischer Trinkgruß	FIDUZIT	
studentische Sitte	KOMMENT	
Studio	ATELIER	
Stücklohn im Bergbau	GEDINGE	
Stückzahlmaß	DUTZEND	
Stützbalken	TRAEGER	
Stütze	GESTELL	
Stütze	KRUECKE	
Stützholz im Bergbau	STEMPEL	
Stützverband	BANDAGE	
Stufe d. Tertiärs	MIOZAEN	
stufenförmiger Wasserfall	KASKADE	
Stufengestell	ETAGERE	
stummer Bühnendarsteller	STATIST	
Stumpf	STOPPEL	
Stumpf, kurzes Ende	STUMMEL	
Stundenglas	SANDUHR	
Sturmlücke	BRESCHE	
sturmreicher Atlantikgolf	BISKAYA	
Sturzsee	BRECHER	
stutzen, verkürzen	TRIMMEN	
Stutzer	ANGEBER	
Stutzer	ELEGANT	
Substanz gegen Thrombosen	HEPARIN	
sudan. Stadt	KASSALA	
sudanes. Stadt am Nil	DONGOLA	
sudanes. Stadt am Nil	KHARTUM	
sudanesisch. Hauptstadt	KHARTUM	
sudanesische Münze	PIASTER	
Sudanvolk	MALINKE	
Sudanvolk	SONGHAI	
südafr. Politiker (Nobelpreis)	LUTHULI	
südafr. Sprache, Sprachgruppe	NDEBELE	
südafrik. Politiker	DEKLERK	
südafrikan. Arzt	BARNARD	
südafrikan. Bantus	KAFFERN	
südafrikan. Fluß	LIMPOPO	
südafrikan. Homeland	KWAZULU	
südafrikan. Königreich	LESOTHO	
südafrikan. Negerstamm	KAFFERN	
südafrikan. Provinz	KAPLAND	
südafrikan. Zulu-volk	NDEBELE	
südamerikan. Fluß	GUAPORE	
südamerikan. Fluß	URUGUAY	
südamerikan. Greifvogel	HARPYIE	
südamerikan. Hafenstadt	LAPLATA	
südamerikan. Haumesser	MACHETE	
südamerikan. Hauptstadt	CARACAS	
südamerikan. Hauptstadt	CAYENNE	
südamerikan. Indianer	KARAIBE	
südamerikan. Indianerstamm	CHIBCHA	
südamerikan. Indianerstamm	GUARANI	
südamerikan. Indianerstamm	KARIBEN	
südamerikan. Indianerstamm	PUELCHE	
südamerikan. Insel	MEXIANA	
südamerikan. Kamelschaf	GUANAKO	
südamerikan. Kameltier	VIKUNJA	
südamerikan. Landschaft	GUAYANA	
südamerikan. Münze	CENTAVO	
südamerikan. Nationalheld	BOLIVAR	

südamerikan. Raubfisch	PIRANHA
südamerikan. Schrumpfkopf	TSANTSA
südamerikan. Staat	ECUADOR
südamerikan. Staat	SURINAM
südamerikan. Staat	URUGUAY
südamerikan. Steppenbewohner	LLANERO
südamerikan. Stinktier	SURILHO
Südamerikaner	CHILENE
Südasiat	BIRMANE
südbulgar. Gebirge	RHODOPE
südchines. Fluß	SIKIANG
südchines. Stadt	KWEISUI
südchines. Stadt	NANNING
Süddeutscher	BADENER
Süddeutscher	SCHWABE
süddt.: klettern	KRAXELN
süddt.: Kuß	BUSSERL
süddtsch. für Bläßhuhn	BELCHEN
südeurop. Staat	ITALIEN
Süd-Europäer	ALBANER
südfranz. Departement	AVEYRON
südfranz. Departement	HERAULT
südfranz. Hafenstadt	BAYONNE
südfranz. Stadt	AVIGNON
Südfrucht	AVOCADO
südirische Stadt	DUNDALK
südital. Fluß	BRADANO
südital. Hafenstadt	SALERNO
südital. Landschaft	APULIEN
südital. Stadt	CASERTA
süditalien. Hafenstadt	PORTICI
südkorean. Stadt	KWANGJU
südkorean. Stadt	TAEJEON
südländ. Gemüsepflanze	FENCHEL
südlichste d. Ionisch. Inseln	KYTHERA
südniederl. Stadt	HEERLEN
südniederl. Stadt	HELMOND
Südostasiat	SIAMESE
südostasiat. Rasse	WEDDIDE
südostasiat. Staat	VIETNAM
südostasiat. Volk	MALAIEN
südostchines. Provinz	YUENNAN
südostengl. Grafschaft	SUFFOLK
südostengl. Hafen, Seebad	IPSWICH
Südosteuropäer	BULGARE
Südosteuropäer	RUMAENE
südostfranz. Departement	GIRONDE
südostfranz. Landschaft	GUYENNE
südostfranz. Landschaft	SAVOYEN
südostirische Grafschaft	WEXFORD
südostirische Stadt	WEXFORD
südostitalien. Hafenstadt	OTRANTO
südostschott. Grafschaft	SELKIRK
südrumän. Stadt am Arges	PITESTI
südschott. Landschaft	LOTHIAN
südschwed. Landschaft	HALLAND
südschwed. Landschaft	SCHONEN
südschwed. Landschaft	SMALAND
südschweiz. Alpenpaß	SIMPLON
Südsee-Inselgruppe	FIDSCHI

Südslawe	BULGARE	Sündenbekenntnis	BEICHTE	System	ORDNUNG
Südslawe	SLOWENE			systematisches Verzeichnis	KATALOG
südspan. Provinz	CORDOBA	sündigen	FREVELN		
		Süßspeise	AUFLAUF	Tabakgift	NIKOTIN
südspan. Provinz	GRANADA	Süßware	KONFEKT	Tabakkonsument	RAUCHER
südspan. Stadt	GRANADA	Süßware	PRALINE		
		Suite (musikal.)	PARTITA	Tabakware	ZIGARRE
südtiroler Alpenpaß	RESCHEN	Sulfatmineral	ALUMNIT	Tadel, ernster Vorwurf	SCHELTE
Südtiroler Bergsteiger	MESSNER	Sultansname	BAJASIT	Tadel, Strafpredigt	RUEFFEL
Südtiroler Kurort	BRUNECK	sumerische Göttin	ISCHTAR	tätig sein	AGIEREN
Südtiroler Kurort	TOBLACH	Sumpf, Morast	SCHLAMM	tätig sein	HANDELN
Südtiroler Politiker	MAGNANO	Sumpffieber	MALARIA	täuschen	BLUFFEN
Südwein, Süßwein	MARSALA	sumpfig	BRUCHIG	Täuschung	ARGLIST
südwestafrikan. Staat	NAMIBIA	Sumpfvogel	KIEBITZ	Tagebuch	DIARIUM
		Sumpfvogel	KRANICH	Tagebuch	JOURNAL
südwestdt. Landschaft	ORTENAU	Sundainsel	SUMATRA	Tagegelder	DIAETEN
		Sundainsel	SUMBAWA	Tagespresse	ZEITUNG
südwestengl. Hafenstadt	BRISTOL	Supererfolg	MEGAHIT	Tagfalter	ADMIRAL
		Suppenschüssel	TERRINE	Taggreifvogel	BUSSARD
südwesteurop. Staat	SPANIEN	Symbol f. Unschuld	EINHORN	Taggreifvogel	HABICHT
Südwesteuropäer	SPANIER	Symbol für Eitelkeit	SPIEGEL	Tagung	KONVENT
südwestfinnische Stadt	TAMPERE			Tagung, Zusammenkunft	SITZUNG
		Symbol für Tod	GERIPPE	Takt, Ebenmaß	NUMERUS
südwestfranz. Departement	CORREZE	Symbol für Tod	SKELETT	Taktlosigkeit	FAUXPAS
südwestfranz. Fluß	GARONNE	Symbol für Unsterblichkeit	PHOENIX	taktvoll	DISKRET
				Talar, Priestergewand	SOUTANE
südwestindische Landschaft	MALABAR	Symptomekomplex	SYNDROM	Tal in Salzburg	GASTEIN
		Syntax	SATZBAU	Talisman	AMULETT
südwestirisch. Provinz	MUNSTER	syrisch. Fluß zum Mittelmeer	ORONTES	Talmudteil	MISCHNA
sühnen	BUESSEN			Tanaro-Zufluß	BORMIDA
		syrische Stadt	LATAKIA	Tand	FLITTER
				Tand, Trödel	PLUNDER

Tanz	LABAMBA	techn. Verfahren	GIESSEN	Teil von Großbritannien	ENGLAND
Tanz-Ensemble	BALLETT	teerartige Masse	ASPHALT	telefonisch bestellbares Mietauto	CALLCAR
Tanzlokal	DANCING	Teerprodukt	BITUMEN		
Tape, Magnetband	TONBAND	Teestube	TEAROOM	telegrafieren	DRAHTEN
tapfer	BEHERZT	Teewirkstoff	COFFEIN	Tempo	KARACHO
Tapferkeit	BRAVOUR	Teil d. Eßbestecks	LOEFFEL	Tendenz	NEIGUNG
Tapferkeit	COURAGE			Tentakel	FANGARM
Tarnfärbung, Tarnung	MIMIKRY	Teil d. Rätischen Alpen	BERNINA	Teppichart	BRUECKE
Taschenspieler	GAUKLER	Teil der Funkeinrichtung	ANTENNE	Teppichart	LAEUFER
Tasteninstrument	KLAVIER	Teil der Mark Brandenburg	NEUMARK	Teppichart	TOURNAI
Tastorgan bei Tieren	FUEHLER	Teil der Wasserwaage	LIBELLE	Terrierrasse	AIRDALE
tatar. Lammfell	TREIBEL			Test, Erprobung	VERSUCH
Tatendrang, Tatkraft	ENERGIE	Teil des Armes	OBERARM	testen, eichen	PRUEFEN
		Teil des Atlantiks	NORDSEE	Teufel	LUZIFER
Tatendrang, Tatkraft	SCHWUNG	Teil des Baltikums	LIVLAND	Textauslegung	EXEGESE
tatkräftig, entschieden	RESOLUT	Teil des Bruches	DIVISOR	Textformulierung	FASSUNG
		Teil des Innenohrs	FENSTER	Textilarbeiterin	WEBERIN
Tatsachenmensch	REALIST	Teil des Motors	KUEHLER	Textilbetrieb, Tuchmacherei	WEBEREI
tatsächlich	DEFACTO	Teil des Oberkörpers	RUECKEN		
tatsächlich	KONKRET			Theaterplatz	GALERIE
Taubenart	PURZLER	Teil des Skis	BINDUNG	Theaterplatz	PARKETT
Taubenstößer	SPERBER	Teil des Spielfelds	TORRAUM	theban. Königssohn	OEDIPUS
Tauchente	EISENTE	Teil des Stillen Ozeans	SUEDSEE	Theiß-Zufluß	KOEROES
Taugenichts	LORBASS	Teil des Stillen Ozeans	SULUSEE	Thermometerskala	REAUMUR
Tauglichkeit	EIGNUNG				
Tausch, Änderung	WECHSEL	Teiler	DIVISOR	thüring. Burg an der Saale	SAALECK
tausend Milliarden	BILLION	Teilhaber	PARTNER		
		Teilnahmslosigkeit	APATHIE	thüring. Glasbläserort	LAUSCHA
Tausendschön	AMARANT				
techn. Verfahren	FRAESEN	Teil v. Äquatorialguinea	RIOMUNI	thüring. Luftkurort	ILMENAU

thüring. Stadt an der Ilm	WEINMAR
thüring. Stadt im Vogtland	SCHLEIZ
tibetan. Buddhist	LAMAIST
Tick	MAROTTE
tief, tiefgründig	PROFUND
Tiefdruckgebiet	ZYKLONE
tiefe Schüssel	TIMBALE
Tiefgefriergerät	FROSTER
tiefpflügen	RIGOLEN
Tiefpunkt	MINIMUM
Tiefseebodenregion	ABYSSAL
tieftönende Mandoline	MANDOLA
Tier-Abrichtung	DRESSUR
Tierbehausung	VOLIERE
Tiere fettfüttern	MAESTEN
Tierfett, Speisefett	SCHMALT
Tierforscher	ZOOLOGE
Tiergruppe	SCHWARM
Tierkrankheit	ROTLAUF
Tierleiche	KADAVER
Tiernahrung	FRESSEN
Tierversteinerung	ZOOLITH
Tier-Weichteile	FLEISCH
Tintenfederhalter	FUELLER
Tip	HINWEIS
Tiroler Kurort an d. Zugspitze	LERMOOS
Tiroler Stadt am Inn	LANDECK
Tisch-Kugelspiel	BILLARD
Titaneisenerz	ILMENIT
Titelfigur bei Byron	MANFRED
Titelfigur bei Cocteau	BACCHUS
Titelfigur bei Debussy	PELLEAS
Titelfigur bei Goethe	WERTHER
Titelfigur bei Grabbe	DONJUAN
Titelfigur bei Hauptmann	HANNELE
Titelfigur bei Hebbel	HERODES
Titelfigur bei Honegger	JOHANNA
Titelfigur bei Monteverdi	POPPAEA
Titelfigur bei Mozart	BASTIEN
Titelfigur bei Rossini	BARBIER
Titelfigur bei Shaw	JOHANNA
Titelfigur bei Verdi	MACBETH
Titelfigur bei Wolf-Ferrari	SUSANNE
Titelfigur bei Youmans	NANETTE
Titelträger	TITULAR
Tochter v. Äolus	ALKYONE
Tochter v. Agamemnon	ELEKTRA
Tochter v. Klytemnästra	ELEKTRA
Tochter v. Minos	ARIADNE
Tochter v. Nereus	NEREIDE
tönernes Blasinstrument	OKARINA
Töpferkunst	KERAMIK
Töpferware	KERAMIK
törichtes Gerede	GEFASEL
Toilette	KLOSETT
Toilettenartikel	BUERSTE
Toilettenartikel	SPIEGEL
tolerant	DULDSAM
Tollkirschengift	ATROPIN
Tolpatsch	TRAMPEL
Tonhalle	ORPHEUM
Tonintervall	SEKUNDE
Tonintervall	SEPTIME
Tonkünstler	MUSIKER
Tonware	KERAMIK
Torball, Rasenspiel	CRICKET
Torhüter, -wächter	PORTIER
torkeln, schwanken	TAUMELN
tote Last	BALLAST
Totenamt, -messe	REQUIEM
Totengeleit	KONDUKT
träg, träge	LANGSAM
Trägerplatte	PLATINE
Trägheit	PHLEGMA

Träumerei	REVERIE	trojan. Priester	LAOKOON	tschech. Dirigent, Komponist	KUBELIK
tragender Bauteil	STUETZE	trojan. Sagenkönig	PRIAMOS	tschech. Historiker, Dichter	PALACKY
Tragfläche	FLUEGEL	trojanisch. Prinz	TROILOS		
Tragpfosten, Pfeiler	STUETZE	Trommelschläger	TAMBOUR	tschech. Name v. Olmütz	OLOMOUC
Tragsessel	SAENFTE	Trompetenbaum	KATALPA	tschech. Name v. Ostrau	OSTRAWA
Tragstütze	PFEILER	Trompetensignal	FANFARE	tschech. Politiker	SVOBODA
Tragweite	AUSMASS	Tropenkrankheit	TRACHOM	tschech. Schriftstellerin	NEMCOVA
Trancezustand	HYPNOSE	Tropenvogel	PAPAGEI		
Transozeanflugzeug	CLIPPER	tropische Ölpflanze	ERDNUSS	tschech. Stadt an der March	OLMUETZ
Transportbehälter	HOBBOCK	tropische Schalenfrucht	ERDNUSS	tschechoslowak. Komponist	JANACEK
Transporthubplatte	PALETTE	tropische weiße Ameise	TERMITE	tschechoslowak. Komponist	SMETANA
Tratsch	KLATSCH	trostlos	DESOLAT		
Traubenzucker	GLUKOSE	trotzdem	DENNOCH	tschechoslowak. Landesteil	BOEHMEN
Traubenzucker	GLYKOSE	Trümmer, Bruchstück	SCHERBE	tschechoslowak. Landesteil	MAEHREN
Trauerzug	KONDUKT	Trugbild	PHANTOM		
Trecker, Schlepper	TRAKTOR	Trugbild, Gespenst	SCHEMEN	tschechoslowak. Politiker	BENESCH
Treffen	MEETING	Truhe mit Schiebekasten	KOMMODE	tschechoslowak. Politiker	MASARYK
Tremor	ZITTERN	Trumpf im Kartenspiel	COULEUR		
Trend, Strömung	TENDENZ	Trunkenbold	SAEUFER	tschechoslowak. Sportler	ZATOPEK
trennen	SPALTEN	Truppeneinheit	VERBAND	tschechoslowak. Stadt an der Oppa	TROPPAU
Treppe	AUFGANG	Truppenteil	BRIGADE		
Treppe b. Schiff u. Flugzeug	GANGWAY	Truppenunterkunft	KASERNE	Tuba	HELIKON
treuer Gefolgsmann	PALADIN	Trust	KONZERN	Tücke	ARGLIST
		tschech. Autor (Nobelpreis)	SEIFERT	Tümmler	DELPHIN
Treulosigkeit	UNTREUE			tünchen	WEISSEN
Triangel, Trigon	DREIECK	tschech. Dirigent	NEUMANN	Tür, Türe	AUSGANG
Trichtermündung	AESTUAR				
trocknen	DOERREN				
Trödel	ALTWARE				

Clue	Answer
türk. Politiker, Staatschef	GUERSEL
türk. Stadt	BERGAMA
Türkensäbel	JATAGAN
türkisch. Fluß in NW-Anatolien	SAKARYA
türkisch. Ortsvorsteher	MUCHTAR
türkisch. Schwarzmeerhafen	TRABZON
türkisch. Sultan	BAJAZET
türkisch. Sultansname	MUSTAFA
türkisch. Verwaltungsbezirk	WILAJET
türkische Hafenstadt	ANTALYA
türkische Insel	TENEDOS
türkische Stadt	ISPARTA
türkische Stadt am Menderes	DENIZLI
Türpocher	KLOPFER
Türschließer, Türsteher	PORTIER
tugendhaft	ACHTBAR
Tumult	AUFRUHR
tunesisch. Politiker	BURGIBA
tunesische Münze	MILLIME
tungus. Volksstamm	LAMUTEN
Tungusenstamm	SOLONEN
Turktatare	KIRGISE
Turkvolk	KUMANEN
Turkvolk	USBEKEN
Turmalin	SCHOERL
turmartiger Aufsatz	LATERNE
Turnerstellung	SPREIZE
Turnierreiterin	AMAZONE
Turnübung	BRUECKE
Turnübung	HANGELN
Tusch	FANFARE
Übelbefinden	MALAISE
übelgesinnt	ILLOYAL
übellaunig	GRANTIG
Übeltäter	FREVLER
üben	SCHULEN
überbackene Speise	AUFLAUF
übereinstimmend	KONFORM
Überfahrt	PASSAGE
Überführung bei Straßen	BRUECKE
Überführung bei Straßen	VIADUKT
Übergangslösung	INTERIM
übergenau	PENIBEL
überhängendes Schneebrett	WAECHTE
Überheblichkeit	DUENKEL
Überheblichkeit	HOCHMUT
überirdisch, übernatürlich	MAGISCH
überlebt	ABGETAN
übermäßig Ehrgeiziger	STREBER
überrascht, verwirrt	PERPLEX
Überschlag	KALKUEL
überseeischer Besitz	KOLONIE
übersorgfältig	PENIBEL
überspannt	GROTESK
übersteigert, übertrieben	MASSLOS
Überstrumpf, Wadenstrumpf	STUTZEN
Überzeugung	MEINUNG
Überziehanzug	OVERALL
üble Nachrede	AFFRONT
übler Geruch	GESTANK
übrigens	APROPOS
Übung	ROUTINE
Übungsflugzeug	GLEITER
Übungsleiter	TRAINER
üppig	OPULENT
Üppigkeit	OPULENZ
ukrain. Hafenstadt auf der Krim	KERTSCH
ukrain. Industriestadt	LUGANSK
ukrain. Kosakenhetman	MAZEPPA
ukrain. Mandoline	BANDURA
ukrain. Schwarzmeerhafen	CHERSON

ukrain. Slawe	RUTHENE	
ukrain. Stadt am Bug	WINNIZA	
ukrain. Stadt am Dnjepr	NIKOPOL	
ukrain. Stadt an der Worskla	POLTAWA	
ukrain. Stadt beim Donez	CHARKOW	
Ulk	KLAMAUK	
ulkig	KOMISCH	
Ulme	RUESTER	
um Almosen bitten	BETTELN	
Umbrecher (Buchdruck)	METTEUR	
Umbruch (Buchdruck)	METTAGE	
Umfang	AUSMASS	
Umfang, Dicke	STAERKE	
Umfrage	ENQUETE	
Umgang, Kommunikation	VERKEHR	
Umgangssprache	DIALEKT	
Umgangssprache	MUNDART	
umgangssprachl.: erhalten	KRIEGEN	
Umgebung, Gesichtskreis	SPHAERE	
umgestalten	AENDERN	
Umkippen von Schiffen	KENTERN	
Umlage	BEITRAG	
Umschichtigkeit, Wandel	WECHSEL	
Umschrift (Münze)	LEGENDE	
Umsicht	BEDACHT	
umwandeln	AENDERN	
unabhängig	ABSOLUT	
unabhängig	AUTONOM	
Unannehmlichkeit	MALAISE	
unanständig	OBSZOEN	
unbare Zahlungsweise	WECHSEL	
unbebautes Land	OEDLAND	
unbedeutend, nichtig	WERTLOS	
unbedingt	PARTOUT	
unbefugtes Jagen	WILDERN	
Unbehagen	MALAISE	
Unbehagen	MISSMUT	
Unbekannter	FREMDER	
unberechnet, unentgeltlich	UMSONST	
unbescholten	INTEGER	
unbestimmt, undurchsichtig	NEBULOS	
unbeweglich	IMMOBIL	
unehrlich	ILLOYAL	
Unehrlicher	LUEGNER	
uneingeschränkt	ABSOLUT	
unelastisch	SPROEDE	
unentbehrlich	OBLIGAT	
unerbittlich, unnachgiebig	RIGOROS	
unerforschtes Gebiet	NEULAND	
unerläßlich	OBLIGAT	
unerschrocken	BEHERZT	
unfertiges Werkstück	ROHLING	
unfruchtbare Gegend	OEDLAND	
ungar. Adelsgeschlecht	ARPADEN	
ungar. Adelsgeschlecht	BATHORY	
ungar. Dessertwein	TOKAIER	
ungar. Dirigent	FRICSAY	
ungar. Feldherr	HUNYADI	
ungar. Freiheitskämpfer	KOSSUTH	
ungar. Geigenvirtuose	JOACHIM	
ungar. König	STEPHAN	
ungar. Königsname	ANDREAS	
ungar. Komponist	DOHNANY	
ungar. Name d. Plattensees	BALATON	
ungar. Nationaldichter	PETOEFI	
ungar. Nationaltanz	CSARDAS	
ungar. Raab-Zufluß	RABNITZ	
ungar. Stadt an d. Donau	WAITZEN	

ungar. Stadt an d. Theiß	SZOLNOK	ungezogen	UNARTIG
ungar. Verwaltungsbezirk	KOMITAT	ungezwungen	FORMLOS
ungar. Wein	ERLAUER	ungezwungen	LAESSIG
ungarisch. Adelsgeschlecht	RAKOCZI	unglasiertes Porzellan	BISKUIT
ungarisch. Komponist	ABRAHAM	Ungleichmäßigkeit	AMETRIE
ungarische Gemüsepflanze	PAPRIKA	Unglück	ABSTURZ
		Unglück	MALHEUR
ungarischer Wein	TOKAIER	Unheilbringerin	PANDORA
Ungarwein	TOKAJER	unheilvoll	OMINOES
		unhöflicher Mensch	GROBIAN
ungebetener Zuschauer	KIEBITZ	unhöflicher Mensch	STOFFEL
ungedeckte Stelle	BLOESSE	Uniformschmuck	KOKARDE
Ungeheuer, Untier	MONSTER	Union, Vereinigung	VERBAND
ungeheuerlich	HORREND	Universitätsstadt in den USA	CORNELL
ungehobelter Mensch	GROBIAN	Universitätsstadt in den USA	HARVARD
ungekochte Nahrung	ROHKOST	Universitätsstadt in Portugal	COIMBRA
ungenau	INEXAKT	unklar	NEBULOS
ungepflegter Mensch	GAMMLER	unkompliziert	EINFACH
		unlogisch	ABWEGIG
		unlogisch	PARADOX
ungeschickter Mensch, Tolpatsch	TOELPEL	unmenschlich	INHUMAN
		Unmut	MISSMUT
ungesetzlich	ILLEGAL	UNO-Generalsekretär	CUELLAR
Ungestüm	IMPETUS		
Ungetüm	MONSTER	unorigineller Imitator	EPIGONE
ungewaschen	DRECKIG	unparteiisch	NEUTRAL
ungewöhnlich	ANORMAL		
Unparteiischer	ARBITER
Unrat	SCHMUTZ
Unrecht	INJURIE
unrechtmäßig	ILLEGAL
unredlich	ILLOYAL
Unruhe	KRAWALL
Unruhestifter	STOERER
unruhig	NERVOES
unsauber	DRECKIG
Unsinn	MUMPITZ
Unsinn	NONSENS
Unsinn, dummes Zeug	QUATSCH
unsinnig	SINNLOS
unstet, unruhig	RASTLOS
untätig	INAKTIV
untätig	MUESSIG
Unterarmknochen	SPEICHE
Unterbindung (Medizin)	LIGATUR
unterdrücken	KNEBELN
untere Bogenfläche	LEIBUNG
Untergestell v. Geschützen	LAFETTE
unterirdisch. Gang	STOLLEN
Unterjacke	KAMISOL
Unterleib	ABDOMEN
Unterleibsbad	SITZBAD
Unternehmen	BETRIEB
Unternehmensleiter	MANAGER
Unternehmenszusammenschluß	KARTELL

Unternehmenszusammenschluß	KONZERN	Urteil fällen	RICHTEN	venezianischer Maler (18. Jh.)	TIEPOLO
Unterredung	DEBATTE	Urtonschiefer	PHYLLIT	venezolanisch. Stadt	BARINAS
Unterrichtsstunde	LEKTION	Urwald	WILDNIS		
		Urwelttier	SAURIER		
unterste Grenze	MINIMUM	usbekische Stadt	BUCHARA	venezolanische Hafenstadt	MARACAY
unterste Preisgrenze	MINIMUM	Vagabund, Landstreicher	STROLCH	venezolanische Währung	BOLIVAR
Untersuchung	ANALYSE	Vagina	SCHEIDE	ventillose Trompete	FANFARE
Untersuchung	ENQUETE	Varieteekünstler	AKROBAT	veränderlich	MUTABEL
untertänig	ERGEBEN	Vater d. Volkswagens	PORSCHE	verästelte Zeichnung im Gestein	DENDRIT
unter Wasser gehen	TAUCHEN	Vaterlandsfreund	PATRIOT	veralt.f. Vernehmungsrichter	AUDITOR
Unterwassergeschoß	TORPEDO	Vater v. Alexander d. Großen	PHILIPP	veraltet	OBSOLET
Unterwelt	INFERNO	Vater v. Andromeda	CEPHEUS	veraltete Bez. für Brief	BILLETT
untreu	ILLOYAL				
unumschränkter Herrscher	MONARCH	Vater v. Andromeda	KEPHEUS	veraltete Bez. für Damenzimmer	BOUDOIR
unversehrt	INTEGER	Vater v. Antigone	OEDIPUS	veraltete Bez. für Ermittlung	ENQUETE
Unzahl, Riesenmenge	MYRIADE	Vater v. Isaak	ABRAHAM		
		Vater v. Ismael	ABRAHAM	veraltete Bez. für Friseur	BARBIER
unzüchtig	OBSZOEN	Vater v. Ismene	OEDIPUS	veraltete Bez. für Gutsbetrieb	MEIEREI
Uranglimmer	AUTUNIT	Vater v. Odysseus	LAERTES		
Uranus-Mond	MIRANDA	Vater von Ajax	TELAMON	veraltete Bez. für meiden	FLIEHEN
Uranus-Mond	TITANIA	veilchenfarbig	VIOLETT	veraltete Bez. für Pachtgut	MEIEREI
Uranus-Mond	UMBRIEL	venez.-brasil. Fluß	ORINOKO		
Urlauber	KURGAST			veraltete Bez. für Sarg	SCHREIN
Urlauber, Reisender	TOURIST	venezianisch. Geschlecht	DANDOLO		
ursprünglich	AUTOGEN	venezianisch. Maler	BELLINI	veraltete Bez. für Sonnenschirm	PARASOL
Urstoff	ELEMENT				
Urstoff	MATERIE				
Urteil, Wahrspruch	VERDIKT				

veraltete Bez. für Verwundung	BLESSUR	Verbindung	KONTAKT	Verfall	ABSTIEG
		Verbindung	LIAISON	Verfall	KOLLAPS
				verfolgt	GEHETZT
veraltete Bez. für Vormundschaft	KURATEL	Verbindungslin. v. Orten gl. Luftdr.	ISOBARE	verformbar	BIEGSAM
				Verführer	DONJUAN
veraltete Bez. für Wallfahrer	PILGRIM	Verbindungslin. v. Orten gl. mag. Abw.	ISOGONE	Vergangenheitsform	PERFEKT
veraltete Bez. für Zeitung	GAZETTE	Verbindungsstelle	KONTAKT	vergeblich	UMSONST
				Vergeltung	AHNDUNG
veraltet f. Apotheke	OFFIZIN	Verbindungsstück	STUTZEN	Vergeltungsforderung	REGRESS
veraltet f. Flugwesen	AVIATIK	Verbrauch	NUTZUNG	vergleichende Übersicht	SYNOPSE
veraltet f. Rentner	RENTIER	verbreitertes Rohrende	FLANSCH	Vergnügungsviertel in Paris	PIGALLE
veraltet für Botschaft	ZEITUNG	Verbundart	LOETUNG	Vergütung	ENTGELT
		Verdacht	ARGWOHN		
veraltet für Fräulein	JUNGFER	verdächtig	OMINOES	Vergütung für Ärzte, Autoren	HONORAR
veraltet für Imker	ZEIDLER	verdächtig, bedenklich	SUSPEKT	verhältnismäßig	RELATIV
veraltet für Pionier	SAPPEUR	verderblich	RUINOES	Verhältniswahlsystem	PROPORZ
veraltet: Bastard	BANKERT	verderbt	KORRUPT	Verhaltensmuster	PATTERN
veraltet: Braut, Bräutigam	GESPONS	verdicktes Pflanzenorgan	KNOLLEN	Verhandlung	DEBATTE
veraltet: Trinkgeld	DOUCEUR	Verdienste	MERITEN	Verhandlung	DISKURS
veranstalten	MANAGEN	Verdrehung, Verwindung	TORSION	verharren	BLEIBEN
Veranstalter	MANAGER			Verheiratete	EHEPAAR
Veranstaltung zugunsten v. Künstlern	BENEFIZ	verdrießen	AERGERN	Verkaufsapparat	AUTOMAT
		Verdruß	MISSMUT	Verkehrsmittel	AUTOBUS
Verband	BANDAGE	vereinheitlicht	GENORMT		
verbannen	AECHTEN	Vereinheitlichung	NORMUNG	Verkehrsmittel	OMNIBUS
verbinden	KOPPELN			Verkehrsweg, Fahrbahn	STRASSE
verbinden	KUPPELN	vereinigen	LIIEREN		
verbinden	LIIEREN	vereinsamt	DESOLAT	verkeiltes Meereis	PACKEIS
verbindlich	OBLIGAT				
Verbindlichkeiten	PASSIVA	Verfahren	METHODE	verkleckst	FLECKIG

Verkünder, Weissager	PROPHET	verneinend	NEGATIV	versorgen	PFLEGEN
Verlängerungszeichen in d. Musik	FERMATE	Vernichtung von Leben	TOETUNG	verspotten	HOEHNEN
		vernunftbegabtes Wesen	SUBJEKT	Verständigungsmittel	SPRACHE
Verlängerungszettel bei Wechseln	ALLONGE			Versteigerung	AUKTION
		Vernunftsatz	APRIORI	versteinerter Kopffüßer	AMMONIT
		vernunftwidrig	PARADOX		
Verlag	EDITION	Verpflegung	NAHRUNG	versteinerter Seeigel	ECHINIT
verlangen	FORDERN				
verlangsamen	BREMSEN	Verpflegungssatz	PORTION	verstiegen, verschroben	SKURRIL
verlassene Gegend	EINOEDE	Verpflichtung	AUFLAGE	Verteidiger (Fußball)	STOPPER
Verletzungsfolge	BLUTUNG	Verrat, Treubruch	FELONIE		
		Verrat, Wortbruch	UNTREUE	vertragsbrüchig	ILLOYAL
Verleumdung, üble Nachrede	RUFMORD			Vertragsvorbehalt	KLAUSEL
		verringern	MINDERN	Vertretung	AGENTUR
Verlust	AUSFALL	verrotten	GAMMELN		
Verlust	DEFIZIT	verrucht	RUCHLOS	Vertretungsvollmacht	PROKURA
Verlust des Geruchssinns	ANOSMIE	Vers, Gedichtteil	STROPHE		
		Versamml. geistl. Würdenträger	KAPITEL	verüben	BEGEHEN
Vermächtnisnehmer	LEGATAR			Verwahrung, Widerspruch	PROTEST
Vermehrung	ZUWACHS	Versammlung	KONVENT		
Vermehrung, Wachstum	ZUNAHME	Verschlagenheit	ARGLIST	verweichlichter Genießer	SYBARIT
		Verschleierung	TARNUNG	Verwendbarkeit	EIGNUNG
vermeintlich	PUTATIV			verwickelt	KOMPLEX
Vermittlerin	AGENTIN	Verschluß	KLAUSUR	Verwitterungsboden	LATERIT
Vermittlungsbüro	AGENTUR	Verschluß	SCHLOSS	verworren	ABSTRUS
		Verschrobenheit	MAROTTE	Verwundung	BLESSUR
Vermögenseinbuße	VERLUST	Verschwender	PRASSER	Verzeihungsersuchen	ABBITTE
vermuten	WAEHNEN	verschwiegen	DISKRET	verzerrt	GROTESK
Vermutung	ANNAHME	Verschwörer gegen Cäsar	CASSIUS	verzierte Zimmerdecke	PLAFOND
Vernehmung, Einvernahme	VERHOER			Verzückung	EKSTASE
		Versehen	ERRATUM	Viehfutter	MELASSE
verneinen	LEUGNEN			Viehtrank	TRAENKE

vielfältig	KOMPLEX	volkstüml. f. Kino	KINTOPP	Vollzugsbeamter in den USA	SHERIFF
vielgliedrige mathem. Größe	POLYNOM	volkstüml. f. Rheumatismus	REISSEN	von innen kommend	ENDOGEN
vielschichtig	KOMPLEX	volkstüml. f. Rüge	ANPFIFF	von kurzer Dauer	EPHEMER
vielteilig	POLYMER	volkstüml. für Rüffel	ZIGARRE	von vorn	FRONTAL
viereckige Fläche	GEVIERT	volkstümlich f. ausgezeichnet	BESTENS	von vornherein	APRIORI
Vierkantholz	PFOSTEN	volkstümlich f. ausgezeichnet	PFUNDIG	Vorbeimarsch	DEFILEE
viersitzige Kutsche	BERLINE	volkstümlich f. Geld	MONETEN	vorbildlich, eigentümlich	TYPISCH
Vierteljahr	QUARTAL	volkstümlich f. Geld	SCHEINE	Vorderasiat	ISRAELI
vierter amerikan. Präsident	MADISON	volkstümlich f. gleichgültig	SCHNURZ	Vorderasiat	JEMENIT
vierter Passionssonntag	LAETARE	volkstümlich f. Glück	SCHWEIN	vorderasiat. Gebirge	LIBANON
vierter Sonntag nach Ostern	KANTATE	volkstümlich f. Kuß	SCHMATZ	vorderasiat. Sekte	JESIDEN
Vision	GESICHT	volkstümlich f. Versager	FLASCHE	vorderasiat. Strom	EUPHRAT
vital	LEBHAFT	volkstümlich für Angina	BRAEUNE	vorderasiatischer Staat	LIBANON
Vitamin B$_1$	ANEURIN	volkstümlich für Schreiben	SCHRIEB	vorderasiatischer Staat	TUERKEI
Vitaminmangel-Krankheit	SKORBUT	volkstümlich für stehlen	MAUSERN	Vorderasien	LEVANTE
Völkermord	GENOZID	Volksvertretung	LANDTAG	vorderindisch. Gebirge	NILGIRI
Vogelart	KUCKUCK	Volkswirt	OEKONOM	vorderindisch. heilig. Fluß	NARBADA
Vogelhaus	VOLIERE	volljährig	MUENDIG	vorderindische Völkergruppe	MUNDARI
Vogelkraut, Wundkraut	WGERICH	voll machen	FUELLEN	Vordermastteil	VORTOPP
Volk in Kamtschatka	ITELMEN	vollpressen	STOPFEN	Vorderseite	FASSADE
Volk in Mali	BAMBARA	Vollschiff	KLIPPER	Vorentwurf	KONZEPT
Volk in Sri Lanka	TAMILEN	vollständig	PERFEKT	Vorfall	EPISODE
Volksstamm in den Karpaten	HUZULEN	Vollstreckung	VOLLZUG		
volkstüml. f. entspannen	RELAXEN				

Vorfall (mediz.)	PROLAPS	Vorname von Shakespeare	WILLIAM	vorurteilslos	LIBERAL
Vorfilm	TRAILER			Vorwand	AUSREDE
vorgeschichtl. Hügelgrab	TUMULUS	Vorname von van Gogh	VINCENT	Vorwurf	ANKLAGE
				Vorzeichen	PRODROM
vorgeschichtliche Zeit	VORZEIT	Vorname von von Braun	WERNHER	vorzüglich	EMINENT
		vornehm, elegant	MONDAEN	Vulkan auf Hawaii	KILAUEA
Vorhaben	ABSICHT				
Vorhandenes	BESTAND	Vornehmheit	ELEGANZ	Vulkaninsel vor Sizilien	VULCANO
Vorhang	GARDINE	Vorrat	RESERVE		
Vorhautverengung	PHIMOSE	Vorratsgebäude, -raum	MAGAZIN	Vulkan in Zentralafrika	KIRUNGA
vorher	FRUEHER	Vorrecht	MONOPOL	vulkanisches Gestein	LIPARIT
Vorkämpfer	PIONIER	Vorrecht des Ältesten	MAJORAT		
Vorläufer, Vorbote	PRODROM	Vorrecht des Letztgeborenen	MINORAT	vulkanisches Gestein	PORPHYR
Vorläufer des Foxtrott	ONESTEP			Vulkankratervertiefung	CALDERA
		Vorschlag	ANGEBOT		
vorläufige Regelung	INTERIM	Vorsegel	KLUEVER	Wacholder, Wacholdergetränk	KRAMMET
Vorlaube, Hausvorbau	VERANDA	Vorsehung	FUEGUNG		
		Vorsilbe	PRAEFIX	Wacholderbranntwein	GENEVER
Vorlesung	LEKTION	Vorsitzender	PRAESES		
Vorliebe	NEIGUNG				
vormals	FRUEHER	Vorspiel	INTRADE	Wachtturm	AUSGUCK
Vormittagsveranstaltung	MATINEE	vorspringender Gebäudeteil	RISALIT	wackeln	ZITTERN
				wackeln, taumeln	TORKELN
Vormund	KURATOR	Vorstadt von Antwerpen	HOBOKEN	Wadenkrampf	KRAMPUS
Vorname	RUFNAME				
Vorname der Dietrich	MARLENE	Vorstehhund	POINTER	während	SOLANGE
		Vorstellungsinhalt	BEGRIFF	Währung in Honduras	LEMPIRA
Vorname der Temple	SHIRLEY				
		Vorstellungsinhalt	GEDANKE	Währung in Israel	SCHEKEL
Vorname v. Renoir	AUGUSTE			Währung in Malaysia	RINGGIT
Vorname von Churchill	WINSTON	Vortäuschung	FIKTION		
		Vortragskünstlerin	DISEUSE	Währung in Mauretanien	OUGUIYA
Vorname von Huch	RICARDA	Vorübergehender	PASSANT	Währung in Mosambik	METICAL
Vorname von Puccini	GIACOMO				
		vorübergehendes Ereignis	EPISODE	Währung in Nicaragua	CORDOBA

Wärmelehre	KALORIK	Warenlotterie	TOMBOLA	Wasserstoff-Isotop	TRITIUM
Wärmelehre	THERMIK	Warenspeicher	MAGAZIN	Wassersucht	HYDROPS
Waffenlager	ARSENAL	Warenvorrat	BESTAND	Wasserwirbel	STRUDEL
Waffenlager	MAGAZIN	warmer Aufwind	THERMIK	Wasserzapfstelle in Straßen	HYDRANT
wagemutig	BEHERZT	Warmhalteplatte	RECHAUD	Watvogel	KIEBITZ
Wagendach	VERDECK	Warmluftauftrieb	THERMIK	Weberkante, Gewebekante	SALBAND
Waisenpfleger	KURATOR	warum	WESHALB		
Waisenpfleger	VORMUND	Warze	PAPILLE	Wechselbezogener	TRASSAT
Walart	BLAUWAL	Warze	VERRUCA		
Waldhyazinthe	STENDEL	Waschvorgang	WAESCHE	Wechselfieber	MALARIA
Waldmeister-Duftstoff	KUMARIN	Wasserblume	SEEROSE	Wechselgebet	LITANEI
		wasserdichter Anstrich	GOUDRON	wechselseitig	MUTUELL
Walfanggerät	HARPUNE	Wasserfahrzeug	DAMPFER	Weckruf	LAEUTEN
wallen	BRODELN	Wasserfall im Salzburger Land	GOLLING	Wedel	FAECHER
wallfahren	PILGERN			Wegbereiter	PIONIER
Wams	KAMISOL	Wasserfloh	DAPHNIE	Wegelagerer, Einbrecher	RAEUBER
Wandalenherrscher	WISUMER	Wasserglas	SILIKAT		
Wandbehang	TEPPICH	Wasserjungfer	LIBELLE	Wehgeschrei	LAMENTO
Wandbrett	KONSOLE	Wasserlache	PFUETZE	Weiberfeind	MISOGYN
Wandelröschen	LANTANA	Wasserpflanze	TAENNEL	weibl. Edelhirsch	ROTTIER
Wanderung	AUSFLUG	Wasserreservoir	STAUSEE	weibl. Fisch	ROGENER
Wandervolk	NOMADEN	Wassersport	PADDELN	weibl. Kind	TOCHTER
Wandgestell	KONSOLE	Wassersport	TAUCHEN	weibl. Kindeskind	ENKELIN
Wandteppich	VERDURE	wassersportl. Veranstaltung	REGATTA	weibl. Rollenfach	HEROINE
Wandverkleidung	LAMBRIS	Wassersportler	PADDLER	weiblich	FEMININ
Wappentier	EINHORN	Wassersportler	RUDERER	weicher Glanz, Glanzüberzug	SCHMELZ
Ware, Handelsgut	PRODUKT	Wassersportler	TAUCHER		
Warenabsatz	VERKAUF	Wasserstelle	BRUNNEN	weicher Wollstoff	FLAUSCH
Warenliste	KATALOG				

weiches Hagelkorn	GRAUPEL	Weinort, -stadt am Rhein	BOPPARD	Wertpapiere	VALOREN
weiches Zuckerwerk	FONDANT	Weinort an der Mosel	ENKIRCH	Wertpapiere, Wertsachen	VALOREN
Weichholz	LAERCHE	Weinort in Südtirol	KALTERN	Wertpapierzins	RENDITE
Weichsel-Zufluß	DREWENZ	Wein-Prädikat	AUSLESE	Wertsachen	VALOREN
Weichsel-Zufluß	DUNAJEC	weißer Burgunderwein	CHABLIS	Wertschätzung	ACHTUNG
Weichsel-Zufluß	RADOMKA	weißer Hutpilz	MAIPILZ	Wertscheine der Inflation	NOTGELD
Weichsel-Zufluß	WISLOKA	Weißfisch	ROTAUGE	wertvoll	KOSTBAR
Weichsel-Zufluß durch Danzig	MOTTLAU	weißrussisch. Fluß	PRIPJET	Wesenskern	EXTRAKT
Weichtier	MUSCHEL	weißrussische Stadt	WITEBSK	wesentlich, grundlegend	PRIMAER
weidmännischer Begriff	ALTTIER	weiter Mantel	HAENGER	Wesfall	GENITIV
weidmännischer Begriff	GEKROEN	weiter Uniformrock	LITEWKA	westafrikan. Fluß	SENEGAL
Weihe	SEGNUNG	Welfenpartei	GUELFEN	westafrikan. Insel	SAOTOME
Weihnachtsgebäck	STOLLEN	Wellenreiten	SURFING	westafrikan. Republik	LIBERIA
Weimarer Kunstschule	BAUHAUS	Welschkohl	WIRSING	westafrikan. Staat	SENEGAL
Wein-Aroma	BOUQUET	weltlich	IRDISCH	westargentin. Stadt	SANJUAN
Weinbaustadt an der Marne	EPERNAY	Weltmeer	PAZIFIK	westengl. Stadt am Wye	HERFORD
		Weltschöpfer	DEMIURG		
Weinberg	WINGERT	Weltstrom d. griech. Mythol.	OKEANOS	Westeuropäer	BELGIER
Weinbergschädling	MEHLTAU	wendig	GEWANDT	westfranz. Hafenstadt	QUIMPER
Weinbergschädling	REBLAUS	Werksküche	KANTINE	westfries. Insel	AMELAND
Wein-Bezeichnung	EISWEIN	Werkstätte	OFFIZIN	westgerman. Stamm	FRANKEN
Wein-Bezeichnung	ROTWEIN	Werktag	FREITAG	westgerman. Stamm	FRIESEN
Weingeist	ALKOHOL	Werkzeug des Bergmanns	GEZAEHE	westgermanisch. Volk	SACHSEN
Weinmonat, Weinmond	OKTOBER	Werra-Zufluß	HOERSEL		
		wertlose Pflanzen	UNKRAUT		
		Wertloses	PLUNDER		

Westgotenkönig	ALARICH	Wickelbär	KINKAJU	willkürl. Bewegungsabläufe	MOTORIK
Westgotenkönig	ATHAULF	Widerhall	ANKLANG		
		widernatürlich	PERVERS	Wimpern, Zilien	FLIMMER
Westgotenkönig	SISIBUT	Widernatürlichkeit	UNNATUR	Wimperntusche	MASCARA
westgotischer Bischof	ULFILAS	widerrechtlich	ILLEGAL	Windart in Kanada	CHINOOK
westind. Gesangsform	CALYPSO	Widerruf	DEMENTI	Windhund	AFGHANE
westindische Insel	ANTIGUA	Widerschein	ABGLANZ	Windrichtung	NORDOST
westindische Insel	JAMAIKA	widersinnig	PARADOX	Windröschen	ANEMONE
		Widerwille	ABSCHEU	Wink	HINWEIS
westindische Inselgruppe	BAHAMAS	Wiederaufführung e. Stückes	REPRISE	Winkelfunktion	KOSINUS
				Winkelfunktion	TANGENS
westindischer Inselstaat	GRENADA	Wiederaufnahme	REPRISE	Winkelmaß	SEKUNDE
westindische Zitrone	LIMETTA	Wiener Komponist	RAYMOND	Winkelmeßgerät	SEXTANT
westjordan. Stadt	NABULUS	Wiener Musiker, Komponist	STRAUSS	Winkelträger	KONSOLE
westliches Nordafrika	MAGHREB	Wiener Musiker, Komponist	ZIEHRER	Winkelzug	FINESSE
				Wintermonat	FEBRUAR
westmexikan. Staat	JALISCO	Wiener Tänzerin	ELSSLER	Wintersportanlage	BOBBAHN
westmexikan. Staat	NAYARIT	Wiener Walzerkomponist	STRAUSS	Wintersportanlage	EISBAHN
westpoln. Hafenstadt	STETTIN	Wiesenlolch	RAYGRAS	Wintersportart	EISLAUF
westpreuß. Weichsel-Zufluß	RADAUNE	Wildbienenzüchter	BEUTNER	Wintersportart	SKILAUF
		Wildleder	CHAMOIS	Wintersportgelände	SKIHANG
westsizilian. Hafenstadt	MARSALA	Wildpfad	WECHSEL		
		Wildschaf	MUFFLON	Wintersportort im Thür. Wald	OBERHOF
		Wildwestfilm	WESTERN		
westukrain. Stadt am Peltew	LEMBERG	Willensstärke	ENERGIE	winzig	MINIMAL
		willentlich	BEWUSST	winziger Vogel	KOLIBRI
Wettkampfausbilder	TRAINER	willfährig	FUEGSAM	Wirbel	SPRUDEL
Wichtigtuer	ANGEBER			Wirbelsäulenende	SCHWANZ

Wirbelsäulenverkrümmung	KYPHOSE	Wörterbuch, -verzeichnis	GLOSSAR	Wortverdreher	KASUIST
Wirbelsäulenverkrümmung	LORDOSE	Wörterbuch, -verzeichnis	LEXIKON	Wortwiederholung	ANAPHER
Wirbeltier	SAEUGER	wohlbeleibt	FUELLIG	Wortwitz	KALAUER
wirklich	KONKRET			wuchtig	LAPIDAR
Wirklichkeitsmensch	REALIST	Wohlgefallen	BEHAGEN	Wühlmaus	ERDMAUS
Wirkteppich	GOBELIN	wohlhabend	BETUCHT	Würde	GELTUNG
Wirkungsbereich	SPHAERE	wohlschmeckend	DELIKAT	würfelförmig	KUBISCH
Wirkungskraft	DYNAMIK	Wohltäter	GOENNER	würfeln	KNOBELN
Wirtschafterin	MAMSELL	Wohltat	BENEFIZ	württ. Stadt am Neckar	LAUFFEN
wirtschaftl. Tätigkeit	GEWERBE	wohlwollend	GENEIGT	württ. Stadt am Neckar	MARBACH
Wirtschaftskrieg	BOYKOTT	wohlwollend, freundlich gesinnt	ZUGETAN	Würzkraut	BEIFUSS
Wirtschaftsprüfer	REVISOR	Wohnhausteil	WOHNUNG	Würzkraut	QUENDEL
Wirtschaftsverbund	KARTELL	Wohnraum auf Schiffen	KAJUETE	Würztunke	CATCHUP
Wirtschaftsverbund	KONZERN	Wohnsitz, Wohnung	DOMIZIL	Würztunke	KETCHUP
Wirtschaftszweig	BRANCHE	Wohnung und Kost	PENSION	Würzwein	KLARETT
Wißbegierde	NEUGIER	Wohnwagen	CARAVAN	Wüste in Turkmenistan	KARAKUM
wissenschaftl. Erforschung	STUDIUM	Wolfsmensch	WERWOLF	Wüstenbewohner	BEDUINE
Wissensdurst	NEUGIER	Wolfsmilchgewächs	KASSAVE	Wüstenluchs	KARAKAL
witzig	HUMORIG	Wolga-Zufluß	SWIJAGA	Wüstling, Schläger	ROHLING
witzig	SPASSIG	Wolga-Zufluß	WETLUGA	Wundarzt	CHIRURG
Wochenfluß (mediz.)	LOCHIEN	wollene Sportjacke, Pullover	SWEATER	Wunde	BLESSUR
Wochentag	FREITAG	Wort	VOKABEL	Wunder	MIRAKEL
Wochentag	SAMSTAG	Wortabkürzung im Stenogramm	KUERZEL	wunderlich	GROTESK
		Wortschwall	BOMBAST	Wundermittel	ARKANUM
		Wortteil	PRAEFIX	Wundermittel	PANAZEE
				Wundstarrkrampf	TETANUS
				Wurfspieß mit Leine	HARPUNE
				Wurstkraut	MAJORAN

Wurzelmännchen	ALRAUNE
Wut	INGRIMM
Zahlenergebnis	LOESUNG
Zahlenreihe	KOLONNE
Zahlform d. Hauptworts	NUMERUS
Zahl über d. Bruchstrich	ZAEHLER
Zahlungseinstellung	KONKURS
zahlungsfähig	SOLVENT
Zahlungsfähigkeit	SOLVENZ
Zahlungsmittel	BARGELD
Zahlungsort	DOMIZIL
Zahlungsunfähigkeit	KONKURS
Zahnfleischabszeß	PARULIS
Zahnheilkundiger	DENTIST
Zahnwal	DELPHIN
Zahnwal	POTTWAL
Zapfstelle f. Wasser	HYDRANT
Zarenname	NIKOLAJ
Zarenname	STEPHAN
Zarentochter	ZAREWNA
zart	DELIKAT
Zauber	HEXEREI
Zauberformel	ABRAXAS
zauberhaft	MAGISCH
Zauberkraft b. Naturvölkern	WAKONDA
Zauberkraft bei Naturvölkern	MULUNGU
Zauberschutzmittel	AMULETT
Zaubertrank	ELIXIER
Zauberwurzel	ALRAUNE
zaudern, säumen	ZOEGERN
Zaum	HALFTER
Zaunrübe	BRYONIE
Zeche	VERZEHR
Zechine	DUKATEN
Zehneck	DEKAGON
Zehnfußkrebs	GARNELE
Zehn Gebote	DEKALOG
zehnteilig	DEZIMAL
Zehntschaft	DEKURIE
Zehntschaftsleiter	DEKURIO
Zehrkraut	BETONIE
Zeichenerklärung	LEGENDE
Zeichen f. Sprachwiedergabe	SCHRIFT
Zeichenkunst	GRAPHIK
Zeichnungsvollmacht	PROKURA
Zeitabschnitt	PERIODE
Zeitbegriff	MORGENS
Zeitbericht	CHRONIK
Zeiteinheit, Zeitmaß	SEKUNDE
Zeitform des Verbums	PERFEKT
zeitlich begrenzt	ENDLICH
zeitnah	AKTUELL
Zeitraum	PERIODE
Zeitraum von fünf Jahren	LUSTRUM
Zeitschrift, Zeitung	JOURNAL
Zeitungsanzeige	ANNONCE
Zeitungsaufsatz	ARTIKEL
Zeitungsspalte	KOLUMNE
Zellengewebe	EPITHEL
Zellkern	NUKLEUS
Zellkerneiweiß	NUKLEIN
Zellkernteilung	AMITOSE
Zelluloseverbindung	VISKOSE
Zelt der Nomaden	KIBITKA
Zeltleben	CAMPING
zentralafrikan. Staat	KAMERUN
zentralarabisch. Hochland	NEDSCHD
zentralbrasil. Stadt	GOIANIA
zentralfranz. Departement	ESSONNE
zentraliranische Stadt	ISFAHAN
zentraltürkische Stadt	KAYSERI
zerbrochen	ENTZWEI
Zergliederung	ANALYSE
Zerlegung	ANALYSE
Zerlegung	TEILUNG
Zerstören des Augenlichtes	BLENDEN
Zerstörungswütiger	WANDALE
Zeughaus	ARSENAL
Zeugnisnote	SEHRGUT

Zeus-Feststätte in Elis (GR)	OLYMPIA	zögern	ZAUDERN	Zupfinstrument	MANDOLA
Ziegenlaute	MECKERN	Zofe	JUNGFER	Zurechtweisung	LEKTION
Ziel beim Schießen	SCHEIBE	Zollpassierschein	TRIPTIK	Zurückhaltung	RESERVE
Zielgerät	DIOPTER	Zopf	FLECHTE	zurückschauen	UMSEHEN
Zierbaum	PLATANE	Zubehör	BEIWERK	zurückschlagen	KONTERN
Zierfisch	PUNTIUS	Zuber	BOTTICH	Zusammenbau	MONTAGE
Zierfisch	RASBORA	Zubodengehen	LANDUNG	Zusammenbruch	DEBAKEL
zierliche Antilope	GAZELLE	Zucht	ORDNUNG	Zusammenbruch	KOLLAPS
Zierpflanze	LOBELIE	zuckern	SUESSEN	zusammendrücken	PRESSEN
Zierstrauch	KAMELIE	Zuckerwerk	KONFEKT	Zusammenfall	KOLLAPS
Zigarettenrest	STUMMEL	züchtig, tugendhaft	SITTSAM	Zusammenfassung	KOMPLEX
Zigarrenform	STUMPEN	Züchtigungsmittel	GEISSEL	Zusammengekochtes	EINTOPF
Zigarrensorte	HAVANNA	Zündmittel	ZUENDER	zusammengeschlossen	VEREINT
Zigarrensorte	IMPORTE	Zufluß der Weißen Elster	PLEISSE	zusammengesetztes Ganzes	KOMPLEX
Zigarrensorte	SUMATRA	Zugang	EINLASS	Zusammenhalt	BINDUNG
Zimmerdecke	PLAFOND	zugetan	GEWOGEN	Zusammenhalt	KONTAKT
Zimmervogel	PAPAGEI	Zugmaschine	TRAKTOR	Zusammenhang	KONTEXT
Zimtbär	BARIBAL	Zugvogel	DROSSEL	Zusammenkunft	KONVENT
Zinsabzug	DISKONT	Zugvogel	KRANICH	Zusammenkunft	MEETING
Zipperlein	PODAGRA	Zugvogel	KUCKUCK	Zusammenschluß	ALLIANZ
Zirkuskünstler	AKROBAT	zu keiner Zeit	NIEMALS	Zusammenschluß	KARTELL
Zitronenkraut	MELISSE	Zukunftsform	FUTURUM	Zusammenschluß	VERBAND
Zitrosenharz	LADANUM	zuletzt	ENDLICH	Zusammenstellung	TABELLE
Zitrusfrucht	SATSUMA	zu lösende Aufgabe	PROBLEM	Zusatzbestimmung	KLAUSEL
Zitrusfrucht	ZITRONE	Zuluspeer	ASSAGAI		
Zitrusfrüchte	AGRUMEN	zum Hausgebrauch (latein.)	PRODOMO		
Zitterton in der Musik	TREMOLO	zum Schädel gehörig	KRANIAL		
zögerlich, schüchtern	ZAGHAFT	zum Sturz bringen	FAELLEN		
zögern	SAEUMEN	Zungenlaut	LINGUAL		
		Zupfinstrument	GITARRE		

Zusatzgerät	ADAPTER	zweiter Flugzeugführer	KOPILOT
Zuschnitt	MACHART	zweiter Grasschnitt	GRUMMET
zuständige Stelle	INSTANZ	zweite Stufe der Tonleiter	SEKUNDE
Zustandsform	STADIUM	zweitgrößte Stadt der USA	CHIKAGO
zustellen	LIEFERN		
Zustimmung	KONSENS	Zwerg, Heinzelmännchen	WICHTEL
Zutat	BEIGABE		
Zutat	BEILAGE	Zwergkiefer	LATSCHE
Zutritt	EINGANG	Zwergpalme	PALMITO
zwangsgetauft. spanisch. Jude	MARRANE	zwicken	KLEMMEN
		zwicken	KNEIFEN
Zwangslage	DILEMMA	Zwicker	KLEMMER
Zwangsschlaf	HYPNOSE	Zwicker	KNEIFER
Zwangsschlaf	NARKOSE	Zwiebelart, Lauchpflanze	ZIPOLLE
zweidimensionales Gebilde	FLAECHE		
		zwiefach	DOPPELT
zweifädig	BIFILAR	zwielichtige Angelegenheit	AFFAERE
Zweifel, Bedenken	SKEPSIS	zwiespältig	UNEINIG
zweifelhaft	DUBIOES		
zweifellos	FRAGLOS	Zwillingsbruder v. Remus	ROMULUS
zweigestaltig	DIMORPH	Zwinger	BURGHOF
Zweigniederlassung	FILIALE	Zwischenraum	SPATIUM
Zweigstelle	AGENTUR	Zwischenträger	MITTLER
Zweigstelle	FILIALE	Zwischenzeit, -zustand	INTERIM
zweijährlich	BIENNAL		
zweipolig	BIPOLAR	zwölf Stück	DUTZEND
Zweirad	FAHRRAD		
zweirädriger Einspänner	DOGCART	Zykladeninsel	AMORGOS
zweiter Fall	GENITIV	Zykladeninsel	KIMOLOS
zweiter Flugzeugführer	COPILOT	zylindr. Hohlkörper	TROMMEL

»Marschall Vorwärts«	BLUECHER	
»Vater« der Türkei	ATATUERK	
Aalart	FLUSSAAL	
aalartiger Fisch	NEUNAUGE	
Aalraupe	TRUESCHE	
Abart, Abwandlung	VARIANTE	
Abbasidenkalif	ALMANSOR	
ABC	ALPHABET	
Abdachung, schiefe Ebene	SCHRAEGE	
Abdecker	SCHINDER	
Abdruck	PRAEGUNG	
Abendland	OKZIDENT	
Abendmusik	SERENADE	
Abendständchen	SERENADE	
Abenteuer	ERLEBNIS	
Abfahrt	AUFBRUCH	
Abfall bei Schmelzprozessen	SCHLACKE	
abfinden	ABGELTEN	
Abfluß des Mauersees	ANGERAPP	
Abfluß des Schluchsees	SCHWARZA	
Abfüllgerät	TRICHTER	
Abfuhr, Abweisung	MAULKORB	
abgefeimt	GERISSEN	
abgeholzte Stelle	LICHTUNG	
abgeholztes Waldstück	KAHLHIEB	
abgeneigt, mißmutig	UNWILLIG	
Abgeordnetengruppe	FRAKTION	
Abgesandter	EMISSAER	
Abgesang	AUSKLANG	
abgeschieden	ISOLIERT	
abgeschlossen	KOMPLETT	
abgesondert	GETRENNT	
abgesondert	ISOLIERT	
abgespannt	ERMATTET	
abgesprungenes Stück	SPLITTER	
abgeteiltes Grundstück	PARZELLE	
Abgottschlange	ANAKONDA	
abhärten	STAEHLEN	
abhanden	VERLOREN	
abkanzeln, rügen	SCHELTEN	
Abklatsch	KLISCHEE	
Abkömmling	NACHFAHR	
Abkommen	KONTRAKT	
Ablagerung	SEDIMENT	
Ablauf, Abfolge	PROGRAMM	
Ablauf auf Schiffen	SPEIGATT	
ablenken	UMLEITEN	
Ablenkung (physikal.)	BRECHUNG	
Ablösung (mediz.)	ABLATION	
Abmachung	ABKOMMEN	
Abmachung	KONTRAKT	
Abmachung, Maßnahme	REGELUNG	
abmalen	KOPIEREN	
Abneigung	AVERSION	
Abraumsalz	KIESERIT	
Abrede	LEUGNUNG	
Abrede, Zurücknahme	WIDERRUF	
Absatzkartell	SYNDIKAT	
absatzloser Schuh	MOKASSIN	
abschätzen, einschätzen	TAXIEREN	
Abscheu, Horror	SCHAUDER	
Abschied, Scheidung	TRENNUNG	
abschneiden	KUPIEREN	
abschreiben	KOPIEREN	
Abschrift	DUPLIKAT	
abseits	ENTLEGEN	
Absonderung, Teilung	TRENNUNG	
Absperrung	BLOCKADE	
Absperrvorrichtung	SCHIEBER	
Abspreizer	ABDUKTOR	
Abstammung	HERKUNFT	
Abstellraum, Einstellraum	SCHUPPEN	
Abstimmung	WAHLGANG	
abstoßend	REPULSIV	
Abszeß	FURUNKEL	
abtreten, überlassen	ZEDIEREN	
abtrünnig	UNGETREU	

Abt von Clairvaux	BERNHARD	ägypt. Göttin	NEPHTHYS	äußere Erscheinung	AUSSEHEN
abwägen	BEDENKEN	ägypt. Grabdenkmal	PYRAMIDE	äußeres Keimblatt	EKTODERM
Abwärtsfahrt	TALFAHRT	ägypt. Hafen am Sueskanal	ISMAILIA	afghan. Staatsvolk	PATSCHTU
abwehren	PARIEREN	ägypt. Hafen am Sueskanal	PORTSAID	afghan. Stadt	FAISABAD
abweichend	ABNORMAL	ägypt. Herrscher	CHEPHREN	afghan. Wüste	REGISTAN
abweichende Lesart	VARIANTE	ägypt. Herrscher	TUTMOSIS	afrikan. Dickhäuter	NILPFERD
Abweichung	ABIRRUNG	ägypt. Mondgöttin	BUBASTIS	afrikan. Fluß	KOMADUGU
abweisen	ABLEHNEN	ägypt. Stadt am Nil	BENISUEF	afrikan. Hauptstadt	FREETOWN
abwenden	ABKEHREN	ägypt. Stadt im Nildelta	DAMIETTE	afrikan. Hauptstadt	LILONGWE
abwickeln	ABROLLEN	ähnlich geartet	VERWANDT	afrikan. Hauptstadt	MONROVIA
Abzeichen	PLAKETTE	Ähnlichkeit	ANALOGIE	afrikan. Horntier	ANTILOPE
Abzug	KUERZUNG	Ältestenrecht	SENIORAT	afrikan. Sprache	NIAMBARA
Acht	AECHTUNG	ändern, alternieren	WECHSELN	afrikan. Steppenhuhn	PERLHUHN
Achtflächner	OKTAEDER	Änderung	WANDLUNG	afrikan. Zwergvolk	PYGMAEEN
achtfüßiger Tintenfisch	OKTOPODE	Änderung der Erbanlage	MUTATION	Agavenfaser	ALOEHANF
Achtsamkeit	VORSICHT	Ärger, Mißmut	VERDRUSS	Aggregatzustand	FLUESSIG
Ackerkrume	ERDBODEN	ärmelloser Umhang	PELERINE	Agrikultur	ACKERBAU
Ackerrand	FELDSAUM	ärmelloser Wettermantel	PELERINE	Agronom	LANDWIRT
Ackerrettich	HEDERICH	ärztl. Anstich	PUNKTION	Aguti	GOLDHASE
Ackerunkraut	HOHLZAHN	ärztl. behandeln	KURIEREN	Ahnenverehrung	MANISMUS
Ackerunkraut	KORNRADE	ärztl. Instrument	PINZETTE	akadem. Examensnote	CUMLAUDE
Aconitum	EISENHUT	äthiop. Stadt	DSCHIMMA	akadem. Halbjahr	SEMESTER
Adel	NOBLESSE			akadem. Titel	MAGISTER
adelige Welt	NOBLESSE			Akelei	GOLDWURZ
Adlerart	SEEADLER			Aktenbündel	FASZIKEL
Admiral Alexanders d. Gr.	NEARCHOS			Aktenbündel	KONVOLUT
Adoration	ANBETUNG				
adrett	GEPFLEGT				
Äderung des Blattes	NERVATUR				
ägypt. Bauer	FELLACHE				

Aktion	HANDLUNG	alle Schlaginstrumente	BATTERIE	alt. Schußwaffe	ARMBRUST
Aktiva	GUTHABEN				
akust. Seezeichen	HEULBOJE	Allesfresser	OMNIVORE	alt. Tanz	CHACONNE
				altaischer Volksstamm	TUNGUSEN
akustisches Phänomen	NACHHALL	allgemein	ALLSEITS		
		allgemein	GENERELL	Altardach	ZIBORIUM
Akzent	BETONUNG	allgemeingültig	GENERELL	Altarstaffel	PREDELLA
akzeptieren	ANNEHMEN	Allgemeinheit, Öffentlichkeit	PUBLIKUM	Altartuch	PARAMENT
Albaner	SKIPETAR			Altarüberbau	CIBORIUM
Albanien historisch	ILLYRIEN			altbabylon. Königssohn	BELSAZAR
albern	KINDISCH	allgemeinverständlich	POPULAER		
alberner Schwätzer	SALBADER			Altbuchhändler	ANTIQUAR
		Allianz	BUENDNIS		
Apponußnuß	PISTAZIE	Alliteration	STABREIM	altchines. Philosoph	KONFUTSE
Aleuteninsel	UNALASKA	allmählich	GRADUELL	altchristliche Sekte	ADAMITEN
		Allotria	NARRETEI		
Algenfisch, Büschelkiemer	SEENADEL	Almanach	JAHRBUCH	altdtsch. Monatsname	LENZMOND
		Almanach	KALENDER		
		Almhirtin	SENNERIN	altdtsch. Vorname (männl.)	HELFRICH
alger. Politiker	BENBELLA	Alpenpaß	SEPTIMER		
alger. Stadt	KSONTINA	Alpenpflanze	GEMSWURZ	altdtsch. Vorname (männl.)	HERIBALD
Alkalimetall	RUBIDIUM	Alpensee	ACHENSEE	altdtsch. Vorname (männl.)	NEITHARD
Alkaloid	YOHIMBIN	Alpensee	AMMERSEE		
Alkohol, Weingeist	SPIRITUS	Alpenwirtschaft	SENNEREI	alte dtsch. Münze	GROSCHEN
alkoholisches Mixgetränk	COCKTAIL	alphabetisches Inhaltsverzeichnis	REGISTER	alte dtsch. Münze	GULDINER
All, Universum	WELTRAUM			alte engl. Münze	FARTHING
Allegorie, Gleichnis	SINNBILD	alpiner Hutschmuck	GAMSBART	alte Goldmünze	FLORENUS
		Alse	MAIFISCH		
Alleinherrschaft	DIKTATUR	alt. Bez. f. Unteroffizier	KORPORAL	alte Haartracht	FONTANGE
Alleinherrscher	AUTOKRAT	alt. Hohlmaß	SCHEFFEL	alter Gesellschaftstanz	ANGLAISE
Alleinherrscher	DIKTATOR	alt. Kleidungsstück	KLAMOTTE		
allerdings	FREILICH			alter Gesellschaftstanz	COTILLON
Allergie-Auslöser	ALLERGEN	alt. Name d. Bretagne	ARMORIKA		
allerorts, allenthalben	UEBERALL				

alter Monatsname	WEINMOND	altes Kulturvolk in Kleinasien	HETHITER	altgriech. Landschaft	AETOLIEN
alter Name d. März	LENZMOND	altes Luftdruckmaß	MILLIBAR	altgriech. Landschaft	ARKADIEN
alter Name des Oktober	WEINMOND	altes Tanzspiel	KOTILLON	altgriech. Landschaft	BOEOTIEN
alter Name des Oktobers	GILBHARD	altes Wurfgeschütz	BALLISTE	altgriech. Landschaft	LAKONIEN
alter Name für Erdöl	STEINOEL	alte Volksgruppe in Europa	GERMANEN	altgriech. Lustspieldichter	MENANDER
alter Name für Oktober	WINDMOND	altfranz. Grafschaft	AUVERGNE	altgriech. Philosoph	PLUTARCH
alter Name Irlands	HIBERNIA	altfranz. Grafschaft bei Tours	TOURAINE	altgriech. Philosoph (Lehrer Platons)	SOKRATES
alte Römerstraße	VIAAPPIA	Altgeige	BRATSCHE	altgriech. Sagengestalt (Qualen)	TANTALUS
alter ostpreuß. Groschen	DITTCHEN	altgerm. Schlachtfeld	WALSTATT	altgriech. Sagenvolk	PHAEAKEN
Altersschwäche	MARASMUS	altgriech. Bildhauer (Phidias-Schüler)	PAIONIOS	altgriech. Schriftsteller	PLUTARCH
altes astronom. Instrument	ASTROLAB	altgriech. Bildhauer (5. Jh. v. Chr.)	POLYKLET	altgriech. Todesgott	THANATOS
alte Satztechnik	BLEISATZ	altgriech. Dichter	ANAKREON	altgriech. Unterwelt	TARTARUS
altes Belagerungsgeschütz	BOMBARDE	altgriech. Dichter, Bukoliker	THEOKRIT	altgriech. Windgott	ZEPHYROS
altes Buch, Schmöker	SCHWARTE	altgriech. fahrender Sänger	RHAPSODE	altind. Dichter	KALIDASA
alte Schußwaffe	ARKEBUSE	altgriech. Gewand	HIMATION	altind. Dichtung	SAMAVEDA
altes dtsch. Fürstenhaus	ASKANIER	altgriech. Gott	ALPHEIOS	altind. Gelehrtensprache	SANSKRIT
altes Flüssigkeitsmaß	SCHOPPEN	altgriech. Gotteslästerer	SISYPHUS	altind. Göttin des Glücks	LAKSCHMI
altes Geschütz	BASILISK	altgriech. Held	ACHILLES	altiranisches Volk	SARMATEN
altes gutes Automobil	OLDTIMER	altgriech. Held	ODYSSEUS	altital. Volk	HERNIKER
		altgriech. Held vor Troja	DIOMEDES	altitalisches Volk	SAMNITEN
		altgriech. König v. Ithaka	ODYSSEUS	altklug	NASEWEIS

altmexikanisches Volk	MIXTEKEN
altmexikanisches Volk	TOLTEKEN
altmodisch	UNMODERN
altorientalischer Volksstamm	ELAMITEN
altorientalischer Volksstamm	HEBRAEER
altorientalischer Volksstamm	KASSITEN
altpersisch. König	KAMBYSES
altpersisch. Landschaft	BAKTRIEN
altröm. Adelsgeschlecht	HORATIER
altröm. Beamter	PRAEFEKT
altröm. Bürgerschaftsversamml.	KOMITIEN
altröm. Fabeldichter	PHAEDRUS
altröm. Feuergott	VILCANUS
altröm. Feuergott	VULKANUS
altröm. Freiheitsgöttin	LIBERTAS
altröm. Gott des Grenzsteins	TERMINUS
altröm. Hundertschaft	ZENTURIE
altröm. Hundertschaftsführer	ZENTURIO
altröm. Königin	LUKRETIA
altröm. Priester	HARUSPEX
altröm. Siegesgöttin	VICTORIA
altröm. Straßenkarte	ITINERAR
altröm. Verschwörer	CATILINA
altröm. Volkstribun	GRACCHUS
altröm. Vollbürger	QUIRITEN
altröm. Waldgott	SILVANUS
altröm. Windgott	FAVONIUS
altrömisch. Beamter	QUAESTOR
altrömisch. Hauptmann	CENTURIO
altrömisch. Kaiser	CALIGULA
altrömisch. Militäreinheit	CENTURIE
altrömisch. Oberpriester	PONTIFEX
altrömisch. Staatsmann	ANTONIUS
altrömisch. Staatsmann	POMPEJUS
altrömisch. Volksteil	PLEBEJER
altrömische Priesterin	VESTALIN
altsächsisches Heiligtum	IRMINSUL
alttestamentar. Jubelruf	HOSIANNA
Altwarenhändler	TROEDLER
Amaryllisgewächs	NARZISSE
Amazonas-Zufluß	PUTUMAYO
Amazonas-Zufluß	RIONEGRO
amerik. Kunsthistoriker	BERENSON
amerik. Nationalökonom	BUCHANAN
amerik. Physiker (Nobelpreis)	BRATTAIN
amerik. Physiker (Nobelpreis)	BRIDGMAN
amerik. Rock- u. Countrysänger	BOBDYLAN
Amerika	NEUEWELT
amerikan. Aktien-Index	DOWJONES
amerikan. Architekt	SULLIVAN
amerikan. Astronaut	GARRIOTT
amerikan. Astronaut	MCDIVITT
amerikan. Astronaut	MITCHELL
amerikan. Astronaut	STAFFORD
amerikan. Automarke	CADILLAC
amerikan. Automarke	CHRYSLER
amerikan. Autor (Nobelpreis)	FAULKNER
amerikan. Ballspiel	BASEBALL
amerikan. Ballspiel	FOOTBALL
amerikan. Biochemiker (Nobelpr.)	KORNBERG
amerikan. Biochemiker (Nobelpr.)	VIGNEAUD

Clue	Answer
amerikan. Biologe (Nobelpreis)	NORTHROP
amerikan. Biophysiker (Nobelpr.)	HARTLINE
amerikan. Bucht	WHITEBAY
amerikan. Chemiker (Kautschuk)	GOODYEAR
amerikan. Chemiker (Nobelpreis)	LANGMUIR
amerikan. Chemiker (Nobelpreis)	LIPSCOMB
amerikan. Chemiker (Nobelpreis)	MULLIKAN
amerikan. Chemiker (Nobelpreis)	RICHARDS
amerikan. Chemiker (Nobelpreis)	WOODWARD
amerikan. Filmregisseur	DIETERLE
amerikan. Filmregisseur	FLAHERTY
amerikan. Filmregisseur	GRIFFITH
amerikan. Filmregisseur	HATHAWAY
amerikan. Filmschauspieler	CHANDLER
amerikan. Filmschauspielerin	CLARISSE
amerikan. Filmschauspielerin	CRAWFORD
amerikan. Filmschauspielerin	FONTAINE
amerikan. Filmschauspielerin	GARDENER
amerikan. Filmschauspielerin	HAYWORTH
amerikan. Filmschauspielerin	WILLIAMS
amerikan. Fluß	DELAWARE
amerikan. Folkrockgruppe	THEBYRDS
amerikan. General (Nobelpreis)	MARSHALL
amerikan. General u. Politiker	MARSHALL
amerikan. Großindustrieller	CARNEGIE
amerikan. Indianerstämme	ALGONKIN
amerikan. Jazzbandleader	WHITEMAN
amerikan. Jazzkomponist, -musiker	SCHULLER
amerikan. Jazzkomponist, -pianist	TRISTANO
amerikan. Jazzpianist	SULLIVAN
amerikan. Jazzsänger	CALLOWAY
amerikan. Jazz-Saxophonist	COLTRANE
amerikan. Jazzsaxophonist	MULLIGAN
amerikan. Jazztrompeter	ELDRIDGE
amerikan. Jazztrompeter	WILLIAMS
amerikan. Komponist	CHADWICK
amerikan. Komponist	GERSHWIN
amerikan. Komponist	SESSIONS
amerikan. Krimi-Autor	CHANDLER
amerikan. Krimi-Autor	SPILLANE
amerikan. lyrisch. Sopran	SAUNDERS
amerikan. Männername	LAURENCE
amerikan. Mediziner (Nobelpreis)	COURNAND
amerikan. Nationalpark	YOSEMITE
amerikan. Negerschreittanz	CAKEWALK
amerikan. Nobelpreisträger	BLUMBERG
amerikan. Nobelpreisträger	KOOPMANS
amerikan. Physiker (Nobelpreis)	ANDERSON
amerikan. Physiker (Nobelpreis)	DAVISSON
amerikan. Physiker (Nobelpreis)	LAWRENCE
amerikan. Physiker (Nobelpreis)	LEDERMAN
amerikan. Physiker (Nobelpreis)	MCMILLAN

amerikan. Physiker (Nobelpreis)	MILLIKAN	amerikan. Schauspielerin	MACLAINE	amerikan. Verleger, Preisstifter	PULITZER
amerikan. Physiker (Nobelpreis)	SHOCKLEY	amerikan. Schlagzeuger	HAMILTON	amerikan. Verteidigungs-Ministerium	PENTAGON
amerikan. Physiologe (Nobelpreis)	ERLANGER	amerikan. Schneesturm	BLIZZARD	amerikan Jazzkomponist, -pianist	WILLIAMS
amerikan. Politiker	HAMILTON	amerikan. Schriftsteller	CALDWELL	Ammoniakverbindung	AMMONIUM
amerikan. Politiker, Staatsmann	FRANKLIN	amerikan. Schriftsteller	GINSBERG	amortisieren	ABTRAGEN
amerikan. Pop-Solist (m. Vorn.)	PAULANKA	amerikan. Schriftsteller	MACLEASH	am Rand stehend	MARGINAL
amerikan. Präsident	BUCHANAN	amerikan. Schriftsteller	MELVILLE	Amt	BEHOERDE
amerikan. Präsident	FILLMORE	amerikan. Schriftsteller	MICHENER	amtl. Personenverzeichnis	MATRIKEL
amerikan. Präsident	GARFIELD	amerikan. Schriftsteller	SANDBURG	amtliche Bekanntgabe	BULLETIN
amerikan. Präsident	HARRISON	amerikan. Schriftsteller	SINCLAIR	amtlicher Erlaß	RESKRIPT
amerikan. Präsident	MCKINLEY	amerikan. Schriftsteller	WILLIAMS	Amtsbereich	DEZERNAT
amerikan. Regisseur	SCORSESE	amerikan. Schriftstellerin	CALDWELL	Amtsverleihung	INVESTUR
amerikan. Riesenschlange	ANAKONDA	amerikan. Schriftstellerin	MCCARTHY	Amulett, Maskottchen	TALISMAN
amerikan. Rockmusiker	RICHARDS	amerikan. Schriftstellerin	MITCHELL	analog	AEHNLICH
amerikan. Rocksängerin	FAITHFUL	amerikan. Seekuh	LAMANTIN	anatomisch zerlegen	SEZIEREN
amerikan. Schauspieler	EASTWOOD	amerikan. Siedler	SQUATTER	Anchovis, gesalzener Fisch	SARDELLE
amerikan. Schauspieler	REYNOLDS	amerikan. Sopranistin	WEATHERS	Andengipfel	AREQUIPA
amerikan. Schauspieler	ROBINSON	amerikan. Soul- u. Popsängerin	FRANKLIN	Andengipfel	COROPUNA
amerikan. Schauspieler, Regisseur	HOFFMANN	amerikan. Staatsgefängnis	SINGSING	Anfänger	LEHRLING
amerikan. Schauspielerin	BANCROFT	amerikan. Universität	STANFORD	Anfahrt	HINREISE
				Anfang, Beginn	URSPRUNG
				anfangen	BEGINNEN
				Anfechtung	BERUFUNG
				anfertigen	BEREITEN

anfertigen, erfinden	SCHAFFEN	Angehör. eines german. Stammes	ALEMANNE	Anh. der kommunistisch. Lehre	LENINIST
anfeuchten	BENETZEN	Angehöriger e. german. Stammes	BASTARNE	Anh. e. negativ. Weltanschauung	NIHILIST
anfordern	ERSUCHEN				
Anforderung	ERSUCHEN	Angehöriger e. schiit. Sekte	ISMAELIT	Anh. e. positiv. Weltanschauung	OPTIMIST
Anführer eines Kreuzzugs	BOUILLON	Angehöriger einer ind. Kaste	BRAHMANE	Anhänger	BEIWAGEN
Anführer im Bauernkrieg	MUENTZER			Anhänger d. Lehre v. Moses	ISRAELIT
angängig	PASSABEL	Angelegenheit	ANLIEGEN	Anhänger der Weltfriedensidee	PAZIFIST
angeboren	KONNATAL	angelsächsisch	BRITISCH		
angeborene Fähigkeit	BEGABUNG	angemessen	ADAEQUAT	Anhänger des Königtums	ROYALIST
		angemessen	GEHOERIG		
angeborenes Verhalten	INSTINKT	angeregt	ANIMIERT	Anhänger einer polit. Anschauung	DEMOKRAT
angebracht	OPPORTUN	angesehen	GEACHTET		
Angeh. e. christl. Glaubensgem.	MENNONIT	angesehene Personen	NOTABELN	Anhänger einer polit. Anschauung	FASCHIST
		angolan. Hafenstadt	BENGUELA	Anhänger einer polit. Anschauung	LENINIST
Angeh. e. christl. Glaubensgemein.	KATHOLIK	angreifend	KORROSIV		
Angeh. e. dtsch. Fürstenhauses	WETTINER	angreifend	OFFENSIV	Anhänger einer Weltreligion	BUDDHIST
		Angrenzer	ANRAINER		
Angeh. e. dtsch. Volksstammes	WESTFALE	Angrenzer	ANWOHNER	Anhänger eines franz. Politikers	GAULLIST
		Angriff mit Sturmleitern	ESKALADE		
Angeh. e. germanischen Stammes	WESTGOTE	Angriffsspieler beim Fußball	STUERMER	Anhänger eines Religionsstifters	BEKENNER
Angeh. e. slaw. Volksstammes	KASCHUBE			Anhang	APPENDIX
		Angsthase	FEIGLING	Anhang	NACHTRAG
Angehör. e. dtsch. Volksstammes	ALEMANNE	Anh. d. Kriegsgegnerschaft	PAZIFIST	anheimelnd	WOHNLICH
				Anhöhe	ERHEBUNG
Angehör. einer islamischen Sekte	WAHHABIT	Anh. d. religiös. Versenkung	MYSTIKER	animalisch	TIERISCH
				Anislikör	ANISETTE
				an keiner Stelle	NIRGENDS
				Ankerwinde	BUGSPILL

Anklang, Widerhall	RESONANZ	Ansinnen	ZUMUTUNG	antik. Theaterstück	ANTIGONE
Ankleideraum	TOILETTE	Ansporn	AUFTRIEB	antik. Versfuß, Versmaß	DAKTYLUS
Anlautreim	STABREIM	anspruchsvoll	KRITISCH		
Anleihe	DARLEHEN	anständiges Spiel	FAIRPLAY	antik. versunkenes Land	ATLANTIS
anleiten	ANWEISEN	Anständigkeit	FAIRNESS	antik. Volk in Italien	ETRUSKER
Anlieger	ANRAINER				
Anlieger	ANWOHNER	Anstalt m. Unterkunft	INTERNAT	antik. Volk in Kleinasien	PHRYGIER
anmahnen	MONIEREN	Anstandsregeln	ETIKETTE		
anmaßend	ARROGANT	anstarren	FIXIEREN	antik. Volk in Nordafrika	NUMIDIER
anmaßend	INSOLENT	Anstoß	ANREGUNG		
anmaßender Stolz	ARROGANZ	anstreichen	TUENCHEN	Antike	ALTERTUM
Anmaßung	ARROGANZ	Ansturm, Angriff	VORSTOSS	antike Landsch. in Palästina	GALILAEA
Anmaßung	INSOLENZ	anteilig	PARTIELL		
Anmerkung	FUSSNOTE	Antennenbauwerk	FUNKTURM	antiker Tempel für alle Götter	PANTHEON
Anmut	LIEBREIZ	antik. Hafen Athens	PHALERON		
anmutig	CHARMANT	antik. Hallenbau	BASILIKA	antikes kleinasiat. Volk	ISAURIER
anmutig	GRAZIOES				
Annahme an Kindes Statt	ADOPTION	antik. Landsch. in Kleinasien	KILIKIEN	antike Stadt am Mäander	MAGNESIA
annehmbar	PASSABEL	antik. Landschaft in Italien	ETRURIEN	antike Stadt in Böotien	PLATAEAE
annektieren	ANEIGNEN				
annullieren	AUFHEBEN	antik. Reich in Kleinasien	PHRYGIEN	antike Stadt in Kleinasien	MAGNESIA
anonym	NAMENLOS				
anordnen	BEFEHLEN	antik. Reich in Mesopotamien	ASSYRIEN	antike Stadt in Kleinasien	PERGAMON
Anpflanzung	PLANTAGE				
Anrainer	ANLIEGER	antik. Schlachtenort	MARATHON	antike Stadt in Persien	EKBATANA
Anrecht	ANSPRUCH				
Anrüchigkeit	HAUTGOUT	antik. Stadt in Kleinasien	KOLOPHON	antike Stadt in Tunesien	KARTHAGO
anschaffen	ERWERBEN				
anschuldigen	ANKLAGEN	antik. Stadt in Phrygien	KOLOSSAE	Antilleninsel	ANGUILLA
Ansehen, Geltung	RENOMMEE			Antilleninsel	BARBADOS
Ansehen, Ruf, Geltung	PRESTIGE	antik. Theaterstück	ALCESTIS	Antilleninsel bei Venezuela	TRINIDAD
Ansicht, Aussicht	PROSPEKT			Antilope	RIEDBOCK

Antiseptikum	JODOFORM	
antiseptische Salbe	BORSALBE	
antworten	ERWIDERN	
Anwärter	ASPIRANT	
Anwärter	ASSESSOR	
Anwärter	KANDIDAT	
Anwendung	GEBRAUCH	
anwerben	ANHEUERN	
anwesend, gegenwärtig	PRAESENT	
Anwesenheit	PRAESENZ	
Anzahlung	HANDGELD	
Anzahl v. Umdrehungen	DREHZAHL	
Anzeigenaufgeber	INSERENT	
Anziehmuskel	ADDUKTOR	
apart, anmutig	REIZVOLL	
Apennin-Gebirgszug	ABRUZZEN	
Apfelsorte	DELICIUS	
Apfelsorte	JONATHAN	
Apfelsorte	PARMAENE	
Apogäum	ERDFERNE	
Apostel der Preußen	ADALBERT	
Apostel Jesu	JOHANNES	
Apostel Jesu	MATTHIAS	
Apothekergehilfe	PROVISOR	
Apparatur	MASCHINE	
Appeal, Attraktion	ZUGKRAFT	
Appell	ANTRETEN	
Appendix	FORTSATZ	
Appetit	BEGIERDE	
appetitanregendes Getränk	APERITIF	
Aprikosenhaut	DUVETINE	
arab. Arzt u. Philosoph	AVICENNA	
arab. Emirat	ABUDHABE	
arab. Emirat	FUJAIRAH	
arab. Hauptstadt	DAMASKUS	
arab. Name von Tanger	TANDSCHA	
arab. Nomaden	BEDUINEN	
arab. Philosoph	AVERROES	
arab. Staat	AEGYPTEN	
arab.: Berg	DSCHEBEL	
arbeiten	SCHAFFEN	
Arbeit pro Zeiteinheit	LEISTUNG	
arbeitsam, leistungsfähig	TUECHTIG	
arbeitsfreier Tag	FEIERTAG	
Arbeitsgerät	WERKZEUG	
Arbeitskameradin	KOLLEGIN	
Arbeitsuntauglicher	INVALIDE	
Archivbeamter	ARCHIVAR	
argentin. Fluß	COLORADO	
argentin. Inselgruppe	MALWINEN	
argentin. Politiker, Staatspräsid.	IRIGOYEN	
argentin. Schriftsteller	OBLIGADO	
argentin. Tennisspielerin	SABATINI	
argentin-brasilian. Fluß	RIONEGRO	
Argwohn, Schuldvermutung	VERDACHT	
Arkadenreihe	LAUFGANG	
arktisch. Meeresvogel	ALBATROS	
Armgeige	BRATSCHE	
armselig	DUERFTIG	
Armstuhl	FAUTEUIL	
aromat. Alkohol	NAPHTHOL	
Aronstabgewächs	MONSTERA	
arrangieren	ANORDNEN	
Arsenal, Waffenlager	ZEUGHAUS	
artenreichste Tiergruppe	INSEKTEN	
Arterie	PULSADER	
Artillerie-Einheit	BATTERIE	
Artillerist	KANONIER	
Artist	JONGLEUR	
Arum	ZEHRWURZ	
Arzneiform	TABLETTE	
Arzneimittel-Geschäft	APOTHEKE	
Arzneipflanze	BAERLAPP	
Arzneipflanze	BALDRIAN	
Arzneipflanze	BLUTWURZ	
Arzneipflanze	LABKRAUT	
Asbestzement	FULGURIT	

Asiat	FILIPINO	asymmetrische Drehscheibe	EXZENTER	auf die Kniescheibe bezogen	PATELLAR
Asiat	SIBIRIER	Atempause	ERHOLUNG	auffrischen	ERNEUERN
asiat. Baumart, Lorbeergewächs	ZIMTBAUM	Atemstillstand, Erstickungsgefahr	ASPHYXIE	Aufgabe	FUNKTION
asiat. Fluß zum Aralsee	AMUDARJA			aufgeblasen	BLASIERT
asiat. Hauptstadt	NEUDELHI	athen. Geschichtsschreiber	XENOPHON	Aufgeld	ZUSCHLAG
				aufklären	BELEHREN
asiat. Singvogel	BUELBUEL	athenisch. Bildhauer	LYSIPPOS	Auflaufen eines Schiffes	STRANDEN
asiat. Volk	AFGHANEN	athenisch. Philosoph	SOKRATES	Auflehnung	MEUTEREI
asiat. Volk	ARMENIER			Aufpasser	ZERBERUS
asiat. Volk, Volksgruppe	MONGOLEN	athenischer Staatsmann	PERIKLES	Aufpasser, Aufseher	WAECHTER
				Aufputschmittel	PERVITIN
asiat. Volk in Kamtschatka	KORJAKEN	Athlet	SPORTLER	Aufrührer, Aufsässiger	EMPOERER
		Atlantik-Inselgruppe	ANTILLEN		
Aspirant	BEWERBER	Atom-U-Boot der USA	NAUTILUS	Aufrührer, Aufsässiger	MEUTERER
Aspirant	KANDIDAT				
Assistenz	BEISTAND			Aufruhr	AUFSTAND
assyr. Gott	ELEGABAL	Atomverbindung	MOLEKUEL	Aufruhr	MEUTEREI
assyr. Gottheit	NINGERSU	Atride	MENELAOS	aufsässig	RENITENT
assyr. König	SANHERIB	Atrium	INNENHOF	Aufsässigkeit	RENITENZ
assyr. König	SARRUKIU	Atrium	VORHALLE	aufschieben	VERTAGEN
		Attentat	ANSCHLAG		
astrolog. Deutungsschema	HOROSKOP	attraktiv, bezaubernd	REIZVOLL	aufschreiben	NOTIEREN
				Aufschrift	EPIGRAMM
astrolog. Gestirnsschema	HOROSKOP	attraktive Müßiggängerin	PLAYGIRL	aufsehenerregend	EKLATANT
astronomisch. Zeitbegriff	STERNTAG	Auditorium	HOERSAAL	Aufseher	BEWACHER
		Aufbahrungsgerüst	KATAFALK	Aufstand	ERHEBUNG
astronomisches Instrument	FERNROHR			aufteilen	GLIEDERN
		aufbrechen	LOSGEHEN	auf Umwegen	INDIREKT
astronomische Zeiteinteilung	KALENDER	aufbrechen	SPRENGEN	Aufwärtshaken beim Boxen	UPPERCUT
		auf das Gehirn bezüglich	ZEREBRAL		
Asyl, Rettungsort	ZUFLUCHT	auf die Blutgefäße bezogen	VASKULAR	Aufwand, Spesen	UNKOSTEN
				Aufwandsentschädigung	TAGEGELD

aufwarten	BEDIENEN	Ausgabe	EMISSION	ausschweifend	EXZESSIV
Aufwiegler	AGITATOR	Ausgangspunkt	URSPRUNG	ausschweifender Mensch	LIBERTIN
aufzäumen	HALFTERN	ausgebautes Dachgeschoß	MANSARDE		
aufzeichnen	NOTIEREN			Außenhaut d. Auges	HORNHAUT
Aufzug	ELEVATOR	ausgedehnt	EXTENSIV		
augenblicklich	MOMENTAN	ausgeflockter Stoff	KOAGULAT	Außenstände	GUTHABEN
augenfällig	EKLATANT			Außenteil des Buches	UMSCHLAG
augenfällig	OFFENBAR	ausgegrabene Wikingerstadt	HAITHABU	außerhalb	DRAUSSEN
Augenfehlstellung	SCHIELEN	ausgekocht	GERISSEN	Ausstattung, Beiwerk	STAFFAGE
Augenlid (mediz.)	PALPEBRA	ausgeliehenes Geld	DARLEHEN	Ausstellungsgebäude	PAVILLON
Augenteil	AUGAPFEL	ausgestorben. Elefant	MASTODON	Aussteuer	DOTATION
Augit, Mineral	SPODUMEN			Ausstrahlung	EMISSION
Augsburger Maler	AMBERGER	ausgesucht	EXQUISIT	Ausstrahlungskraft	CHARISMA
Augsburger Siedlung	FUGGEREI	Ausgewogenheit	HARMONIE	austral. Bundesstaat	TASMANIA
Aula	FESTSAAL	ausgiebig	REIFLICH		
Ausarbeitung	ELABORAT	Ausgleich	HANDIKAP	austral. Fluß in Queensland	FLINDERS
Ausbildung, Schulung	TRAINING	Ausguck auf Schiffen	MASTKORB		
ausdauernd	KONSTANT	Aushang	ANSCHLAG	austral. Hafenstadt	ADELAIDE
ausdenken	ERSINNEN	Auskunft	BESCHEID		
aus der Art schlagen	ENTARTEN	Auskunftei	DETEKTEI	austral. Hafenstadt	BRISBANE
		Auslosung	LOTTERIE	austral. Hauptstadt	CANBERRA
ausdrucksvoll	HYMNISCH	Ausnahmeerscheinung	ANOMALIE	austral. Stadt	BATHURST
auseinandernehmen	ZERLEGEN	Ausrede	NOTLUEGE	austral. Wurfholz	BUMERANG
		ausrüsten	ARMIEREN		
Auseinandersetzung	KONFLIKT	Ausrüstung des Segelschiffs	TAKELAGE	aus voller Kehle	LAUTHALS
Ausflucht	NOTLUEGE			auswählend	SELEKTIV
Ausflügler, Fußgänger	WANDERER	ausschließlich	EXKLUSIV	Auswanderer	EMIGRANT
ausforschen	ERUIEREN	Ausschneidung (mediz.)	EXZISION	auswechseln	TAUSCHEN
ausführbar	MOEGLICH			Auswurfgestein	VULKANIT

Auszubildender	LEHRLING	Autor von »Don Carlos«	SCHILLER	Azoreninsel	SAOJORGE
Autobahn-Unterkunft	RASTHAUS	Autor von »Emil und die Detektive«	KAESTNER	Azoreninsel	TERCEIRA
Automobiltyp	LASTAUTO			Azubi	LEHRLING
		Autor von »Endstation Sehnsucht«	WILLIAMS	Backenknochen	JOCHBEIN
Automobiltyp	LIFTBACK			Backenstreich	OHRFEIGE
Autonom. Sowjetrepublik	DAGESTAN	Autor von »Fiesco«	SCHILLER	Backenzahn	MAHLZAHN
Autonom. Sowjetrepublik	JAKUTIEN	Autor von »Glasmenagerie«	WILLIAMS	Backfett	FRITUERE
				Badeort, Kurort in d. Altmark	ARENDSEE
Autonom. Sowjetrepublik	TATARIEN	Autor von »Kean«	EDSCHMID	Badeort am Teutoburger Wald	MEINBERG
Autor e. Lebensbeschreibung	BIOGRAPH	Autor von »Lady Chatterley«	LAWRENCE		
				Badeort auf Amrum	WITTDUEN
Autorennstrecke bei Stuttgart	SOLITUDE	Autor von »Leonce und Lena«	BUECHNER	badische Stadt am Hochrhein	WALDSHUT
Autorin von »Die Clique«	MCCARTHY	Autor von »Lulu«	WEDEKIND		
		Autor von »Madame Bovary«	FLAUBERT	badische Stadt am Rhein	LOERRACH
Autorin von »Vom Winde verweht«	MITCHELL	Autor von »Maria Stuart«	SCHILLER	badische Stadt an der Stockach	STOCKACH
Autor v. »Im Westen nichts Neues«	REMARQUE	Autor von »Salammbo«	FLAUBERT	badisches Weinbaugebiet	BREISGAU
Autor von »Dame Kobold«	CALDERON	Autor von »Wallenstein«	SCHILLER	Bärenklau	AKANTHUS
				Bagatelle	LAPPALIE
Autor von »Dantons Tod«	BUECHNER	Autor von »Wilhelm Tell«	SCHILLER	Bakterie, Bakterienart	BAZILLUS
Autor von »Das einfache Leben«	WIECHERT	Autor von »Woyzeck«	BUECHNER	Baleareninsel	CONEJERA
Autor von »Der Richter v. Zalamea«	CALDERON	Autoteil, -zubehör	KUPPLUNG	Baleareninsel	MALLORCA
		Autoteil, -zubehör	RADKAPPE	Baleareninselgruppe	PITYUSEN
		Autounterkunft	PARKHAUS		
Autor von »Der verlorene Sohn«	WIECHERT	Avantgarde	VORTRUPP	Balg	LUFTSACK
		avisieren	ANMELDEN	Balg	TIERHAUT
Autor von »Die Majorin«	WIECHERT	avisieren	ANZEIGEN	Balkanbewohner	ALBANIER
		Avitaminose	BERIBERI	Balkanbewohner	BULGAREN
Autor von »Die Räuber«	SCHILLER	Azoreninsel	GRACIOSA	Balkanbewohner	GRIECHEN

Balkanbewohner	SLOWENEN	Bantustamm in Simbabwe	MATABELE	Baumeister Friedrichs d. Gr.	EOSANDER
Balkanhauptstadt	BUKAREST	Barchent	MOLESKIN	Baumfrucht	KASTANIE
Balkan-Republik	KROATIEN	Baron	FREIHERR	baumloser Waldstreifen	SCHNEISE
Balkanstaat	ALBANIEN	Baronin	FREIFRAU	Baumteil	ASTGABEL
Balkanvolk	RUMAENEN	Barre, Untiefe	SANDBANK	Baumuster	MAQUETTE
Balken	KANTHOLZ	Barriere, Sperre	SCHRANKE	Baumwollgewebe	BARCHENT
Balken	LANGHOLZ	barsch, grob	UNWIRSCH	Baumwollgewebe	CRETONNE
Balkenwerk in Gebäuden	FACHWERK	Bart, Barttracht	VOLLBART	Baumwollgewebe	KRETONNE
Ball	TANZFEST	Bartenwal	GLATTWAL	Baumwollgewebe	RENFORCE
Ballettpose	ARABESKE	Bartgrundel	SCHMERLE	Bauornament	MASSWERK
Ballett v. Delibes	COPPELIA	Barttracht	KINNBART	Bautischler	ZIMMERER
Ballett v. Schumann	CARNEVAL	Basketball	KORBBALL	Bauweise, Gefüge	STRUKTUR
Ballett v. Strawinsky	HOCHZEIT	baskische Stadt (Picasso)	GUERNICA	Bauwerk	GEBAEUDE
Ballspiel	BURGBALL	Bastard v. Eselhengst u. Pferdestute	MAULTIER	Bauwerk in Danzig	ARTUSHOF
Ballspiel	FUSSBALL			Bauwerk in Straßburg	MUENSTER
Ballspiel	HANDBALL	Bastard v. Pferdehengst u. Eselin	MAULESEL	Bauwerk in Ulm	MUENSTER
Ballspiel	KORBBALL			bayer. Donau-Zufluß	ALTMUEHL
Ballspiel	PUSHBALL	Bastion	BOLLWERK	bayer. Donau-Zufluß	WOERNITZ
baltische Republik	LETTLAND	Bataille, Gemetzel	SCHLACHT	bayer. f. Backenstreich, Ohrfeige	WATSCHEN
baltisches Land	LETTLAND	Bau, Bauwerk	GEBAEUDE		
bananenartiger Baum	RAVENALE	Bauchfellfalte	GEKROESE	bayer. Hauptstadt	MUENCHEN
Band, Binde, Tresse	STREIFEN	Bauchpilz	DICKFUSS		
		Bauchpilz	ERDSTERN	bayer. Humorist, Kabarettist	VALENTIN
Bandit	GANGSTER	Bauchspeicheldrüse	PANKREAS		
Band (mediz.)	LIGAMENT	Bauer	LANDMANN	bayer. Inn-Zufluß	MANGFALL
Bankhalter	CROUPIER	Bauer	LANDWIRT		
Bannfluch	ANATHEMA	Bauer im Vorderen Orient	FELLACHE		
Bantusprache in Simbabwe	MASCHONA	Baumart	HORNBAUM		
Bantustamm	MUONGONI				

bayer. Kurort	OBERDORF	beanstanden	MONIEREN	Beförderungsmittel	HOCHBAHN
bayer. Kurort b. Tegernsee	MIESBACH	Beatles-Frisur	PILZKOPF	Beförderungsmittel	LASTAUTO
		Beauftragter	MANDATAR		
bayer. Prinzregent	LUITPOLD	Becherkeim	GASTRULA	Befolgung von Befehlen	GEHORSAM
bayer. Regierungsbezirk	SCHWABEN	Becherpilz	HASENOHR	befreien	ERLOESEN
		Becherwerk	CONVEYER	Befreier	ERLOESER
bayer. Stadt am Lech	SCHONGAU	Bedacht, Sorgfalt	VORSICHT	Befreiung	EXEMTION
				befriedigen	ABFINDEN
bayer. Stadt am Steigerwald	NEUSTADT	bedenklich	KRITISCH	befriedigt	ERFUELLT
		bedeutend, bedeutsam	RELEVANT	Befund	DIAGNOSE
				Begabung	INGENIUM
bayer. Stadt am Thüring. Wald	NEUSTADT	bedeutendes Geschehen	EREIGNIS	Begebenheit	EREIGNIS
				Begebung v. Wertpapieren	EMISSION
bayer. Stadt an der Ammer	WEILHEIM	Bedeutung, Wichtigkeit	RELEVANZ	Begehren	BEGIERDE
				begehrlich	LUESTERN
bayer. Stadt an der Isar	MOOSBURG	bedrückendes Schlaferlebnis	ALPTRAUM	Beginn d. islam. Zeitrechnung	HEDSCHRA
bayer. Stadt im Donauried	LAUINGEN			beginnen	ANFANGEN
		Bedürfnis	NOTDURFT	beginnen	LOSLEGEN
bayer. Stadt im Voralpenland	PENZBERG	beerdigen	BEGRABEN	Beglaubigungsbüro	NOTARIAT
		Beerensorte	ERDBEERE	begleichen	ABZAHLEN
bayer. Stadt in der Hallertau	MAINBURG	Beerensorte	HIMBEERE	begleichen	BEZAHLEN
		befähigt	GEEIGNET		
bayer. Stadt in Schwaben	KRUMBACH	befangen, schüchtern	VERLEGEN	Begleiter, Gefolgsmann	SATELLIT
		Befehl	KOMMANDO	Begleiter des Apostels Paulus	BARNABAS
bayer. Universitätsstadt	ERLANGEN	befehlen	ANORDNEN		
		befehligen	GEBIETEN	Begleiter des Nikolaus	RUPRECHT
bayer. Volksschauspieler	VALENTIN	Befehlsgewalt	KOMMANDO		
		befestigen	FIXIEREN	Begleiter Iasons	ARGONAUT
Bazille, Bazillus	BAKTERIE	Befestigungsmittel	SCHRAUBE	Begnadigung	AMNESTIE
beabsichtigen	VORHABEN			Begräbnisstätte	FRIEDHOF
		Beförderungsmittel	DROSCHKE		
Beamte der päpstl. Kurie	KURIALEN			Begräbniszeremonien	EXEQUIEN

begreifen	ERFASSEN	Beiname	KOGNOMEN	Belegschaft	PERSONAL
begreifen	KAPIEREN	Beiname Jesu	CHRISTUS	belegtes Brot	SANDWICH
Begriff	AUSDRUCK	Beinbekleidung	GAMASCHE	beleibt	RUNDLICH
Begriffsfanatiker	IDEOLOGE	Beingelenk	KNOECHEL	belg. Astronom	LEMAITRE
Begründer d. Bergbaukunst	AGRICOLA	Beinhaus	OSSARIUM	belg. Bergbaugebiet	BORINAGE
begründet	FUNDIERT	Beinteil	KNOECHEL	belg.-franz. Landschaft	ARDENNEN
Begründung	ARGUMENT	Beinteil	SCHENKEL		
		beipflichten	BILLIGEN		
begünstigen	FOERDERN	beisetzen	BEGRABEN	belg.-frz. Maler	VLAMINCK
behaglich	ANGENEHM	Beisitzer	ASSESSOR	belg. Hauptstadt	BRUESSEL
Behandlungsweise, Verfahren	PROZEDUR	Beispiel, Gleichnis	PARDIGMA		
		Beiwerk (griech.)	PARERGON	belg. Holzschneider	MASEREEL
Behandlung von Textilien	APPRETUR	Beiwort	ADJEKTIV	belg. König	BAUDOUIN
		Beizenfarbstoff	ALIZARIN		
beharrlich	KONSTANT	bejahen	BILLIGEN	belg. Landschaft	ARDENNEN
Beherbergungsbetrieb	GASTHAUS	bekannt	OFFENBAR		
		bekannt, intim	VERTRAUT	belg. Landschaft	HENNEGAU
Beherbergungsbetrieb	HERBERGE	bekennen	BEICHTEN	belg. Maler	LAERMANS
		bekennen	GESTEHEN		
beherrschen	MEISTERN	Bekleidungsstück	PUMPHOSE	belg. Provinz	HENNEGAU
Behinderung	HANDIKAP			belg. Provinz	LUETTICH
		Bekleidungsstück	SCHUERZE		
Behinderung, Belästigung	STOERUNG			belg. Schriftsteller	HUYSMANS
		Beklemmung	ALPDRUCK		
behördl. Unterabteilung	DEZERNAT	beköstigen	BEWIRTEN	belg. Stadt a. d. Wiltz	BASTOGNE
		bekommen	ERHALTEN		
behutsam	SCHONEND	bekränzen	UMWINDEN	belg. Stadt am Hohen Venn	VERVIERS
Beiboot	BARKASSE				
beichten	BEKENNEN	Bekümmertheit, Traurigkeit	TRUEBSAL	belg. Stadt an Ourthe u. Maas	LUETTICH
beidseits gewölbt	BIKONVEX				
beidseits hohl	BIKONKAV	bekunden	AUSSAGEN	belg. Stadt in Westflandern	KORTRIJK
		bekunden	BEZEUGEN		
Beifallklatscher	CLAQUEUR	belästigen	GENIEREN		
Beifügung	ATTRIBUT	Belanglosigkeit	LAPPALIE	belg. Volksgruppe	WALLONEN
Beifuß	ESTRAGON	Beleg	NACHWEIS		
beigeordneter Offizier	ADJUTANT	belegen	BEWEISEN	beliebt, volksmäßig	POPULAER
beiläufig	NEBENBEI				

bemängeln	MONIEREN	Berg im Allgäu	GRUENTEN	Berliner Maler, Buchillustrator	HOSEMANN
bemerken	GEWAHREN	Berg im Berner Oberland	JUNGFRAU	Berliner Operettenkomponist	KUENNEKE
Benachteiligung	HANDIKAP	Berg im Erzgebirge	KEILBERG		
Benediktinerkongregation	MAURINER	Berg im Lausitzer Gebirge	JESCHKEN	Berliner Stadtteil	STEGLITZ
Benehmen	ALLUEREN	Berg im Rothaargebirge	EDERKOPF	Berliner Wahrzeichen	FUNKTURM
Benehmen	BETRAGEN	Berg im Schwarzwald	FELDBERG	bersten, platzen	SPRINGEN
Benehmen	MANIEREN			berühmt	ILLUSTER
Bengel	WILDFANG	Berg im Taunus	FELDBERG	berühmter Diamant	CULLINAN
benötigen	BRAUCHEN	Berg im Thüringer Wald	BEERBERG	berühmter Diamant	KOHINOOR
benommen	BETAEUBT				
bequem	ANGENEHM	Berg im Unterharz	AUERBERG	berühren	ANFASSEN
bequem	MUEHELOS	Berg im Wettersteingebirge	KREUZECK	Beruf im Baufach	STATIKER
Berater	RATGEBER			Beruf im Kunstbetrieb	KRITIKER
Berberitze	SANDDORN	Bergland im Mainviereck	SPESSART		
Berberstamm	SCHELLUH	Bergland zw. Rhein u. Main	ODENWALD	Beruf im Medienwesen	KRITIKER
Berberstamm	SCHLOECH			Beruf im Presse-, Verlagswesen	LAYOUTER
Berechtigung	BEFUGNIS	bergmänn. Verfahren	STREBBAU		
Beredsamkeit	ELOQUENZ	Berggruppe in der Auvergne	MONTDORE	Beruf im Unterrichtswesen	ERZIEHER
beredt	ELOQUENT				
bereinigen	BEILEGEN	Bergsteiger	ALPINIST	berufl. Laufbahn	KARRIERE
Bereinigung	KLAERUNG	Bergwerkslampe	GELEUCHT	Berufslektüre	FACHBUCH
bereiten	FERTIGEN			Berufsstand	HANDWERK
Berg auf Borneo	KINABALU	Berichterstatter	REFERENT	Berufung	CHARISMA
Berg bei Athen	HYMETTOS	Berichterstatter	REPORTER	Beruhigungsmittel	BALDRIAN
Berg bei Bregenz	PFAENDER	berittener Söldner	REISIGER	Beruhigungsmittel	MORPHIUM
Berg bei Kassel	MEISSNER	berittener Stierkämpfer	TOREADOR	Besatz	BORDUERE
Berg bei Salzburg	GAISBERG			Besatz	GARNITUR
Berg der Ostsudeten	ALTVATER	Berliner Kardinal	PREYSING	Besatz	POSAMENT
Bergeinschnitt	SCHLUCHT			Besatzung	GARNISON
Bergfried	BELFRIED			beschädigt	LAEDIERT
Bergfried	BURGTURM				

beschämend	BLAMABEL	bestricken	UMGARNEN	bewilligen	ERLAUBEN
beschaffen	BESORGEN	bestücken	ARMIEREN	Bewohner Kanadas	KANADIER
Bescheid	AUSKUNFT	betäubt	BENOMMEN	Bewohner von Madagaskar	MALAGASY
beschlagen, bewandert	VERSIERT	Betriebszusammenschluß	KOMBINAT	Bewohner von Malta	MALTESER
beschleichen	PIRSCHEN	Bettelmönch im Islam	DERWISCH	bewohnter Teil der Erde	OEKUMENE
beschleunigtes Postgut	EILBRIEF	Bettnässen	ENURESIS	Bewußtlosigkeit	OHNMACHT
beschneiden	KUPIEREN	Bettpolster	MATRATZE	Bewußtseinsabhängigkeit	IMMANENZ
Beschützerin	PATRONIN	beugbar	FLEXIBEL		
beschuldigen	ANKLAGEN	Be- und Entladeschiff	LEICHTER	Bewußtseinstrübung	BLACKOUT
Beschwerlichkeit	STRAPAZE	beurkundet	TESTIERT	bezaubern	BETOEREN
Besetzung	EINNAHME	Beurteiler	KRITIKER	bezaubernd	CHARMANT
Besitz	EIGENTUM	Beutestück, Jagdbeute	TROPHAEE	Beziehung, Verhältnis	RELATION
Besonderheit	AUSNAHME	Bewacher d. Hades	ZERBERUS	Bezirk	DISTRIKT
Besonderheit	EIGENART	bewältigen	MEISTERN	Bezirk eines Ritterordens	KOMTUREI
besonders	EXKLUSIV	bewaffnen	ARMIEREN		
besonders, eigens	SPEZIELL	Bewaffnung	RUESTUNG	Bezug	HINSICHT
beständig	KONSTANT	bewahren	ERHALTEN	Bezwinger	EROBERER
Bestätigung, Genehmigung	SANKTION	bewandert	ERFAHREN	bibl. Stätte in Jerusalem	BETHESDA
		beweglich	FLEXIBEL		
Bestand	INVENTAR	beweglich	GELENKIG	biblisch. König, Prophet	SACHARJA
Bestandsaufnahme	INVENTUR	bewegliche Habe	MOBILIAR	biblisch. Prophet	EZECHIEL
Bestandteil d. Blutes	LEUKOZYT	bewegliche Habe	MOBILIEN	biblisch. Prophet	HESEKIEL
bestatten	BEGRABEN	Bewegungslehre	MECHANIK	biblisch. Prophet	MALEACHI
bestehen	MEISTERN	bewegungslos	ERSTARRT	biblisch. Prophet	ZEPHANJA
bestehend	EXISTENT	Beweis, Beweisstück	NACHWEIS	biblisch. Stadt	CAESAREA
bestialisch	VIEHISCH	Beweisgrund	ARGUMENT	biblisch. Volk	AMORITER
Bestie	UNMENSCH	Beweisstück	ASSERVAT	biblisch. Volk	ARAMAEER
bestimmen	ANORDNEN				
bestreiten	NEGIEREN	Bewerber	KANDIDAT		

biblisch. Volk	ENAKITER	Bildzeichen, Kennzeichen	SIGNATUR	bleiähnl. Element	THALLIUM
biblisch. Volk	IDUMAEER	billig, preiswert	WOHLFEIL	Bleichsucht	CHLOROSE
biblische Gestalt	POTIPHAR	Bindegewebsbestandteil	KOLLAGEN	Blendwerk	GAUKELEI
biblische Stadt	NAZARETH	binden	KNUEPFEN	Blendwerk, Halluzination	TRUGBILD
biblische Stadt	TIBERIAS	Binder	KRAWATTE	Blick	AUSSICHT
biblische sündige Stadt	GOMORRHA	Bindewort	ZUGLEICH	Blinddarm-Fortsatz	APPENDIX
Biederkeit	BONHOMIE	Biograph Karls des Großen	EGINHARD	Blindgänger	VERSAGER
Biedermann	BONHOMME	biolog. Zuchtverfahren	KREUZUNG	blinzeln	ZWINKERN
biegsam	FLEXIBEL	birman. Stadt am Irawadi	MANDALAY	blonde Frau	BLONDINE
Bienenkrankheit	FAULBRUT	Bischofssprengel	DIOEZESE	blühen	GEDEIHEN
Biergefäß	MASSKRUG	Bissen	MUNDVOLL	Blütenhülle	PERIANTH
Biergefäß	SCHOPPEN	bisweilen	MANCHMAL	Blütenstand d. Reben	GESCHEIN
Bierherstellbetrieb	BRAUEREI	bisweilen	MITUNTER	Blumenbinder, -händler	FLEURIST
Biersorte	MALZBIER	Bitte	ANSUCHEN	Blutbad	MASSAKER
Biersorte	REISBIER	Bitte	ERSUCHEN	Blutentnahme	ADERLASS
Bilanz	ERGEBNIS	Bittererde	MAGNESIA	Bluterguß	HAEMATOM
Bildaufnahmeröhre	ORTHIKON	Bitterspat	MAGNESIT	Blutfarbstoff	HAEMATIN
bildender Künstler	GRAFIKER	Bittschrift	PETITION	Blutfettvermehrung	LIPAEMIE
Bilderausmaler	KOLORIST	Blasinstrument	WALDHORN	Blutgeschwür	FURUNKEL
bildhafte Redewendung	METAPHER	Blattzinn, Silberpapier	STANNIOL	Blutpfropfen	THROMBUS
Bildhauerarbeit	SKULPTUR	blaue Farbe	AZURBLAU	Blutrache	VENDETTA
Bildhauerkunst	SKULPTUR	Blaueisenerz	VIVIANIT	Blutsauger	BLUTEGEL
Bildhauerwerkzeug	FAEUSTEL	Blausäuregift	ZYANKALI	Blutstein	HAEMATIT
Bildnachbesserung	RETUSCHE	Blauspat	LAZULITH	Blut von Jagdtieren	SCHWEISS
Bildnis, Konterfei	PORTRAET	Blechblasinstrument	POSTHORN	Bockkäfer	HAUSBOCK
Bild von Künstlerhand	GEMAELDE	Blechblasinstrument	SAXOPHON	Bocksprung	KAPRIOLE
bildwirksam	PHOTOGEN	Blechblasinstrument	TROMPETE	Bodenbelag	LINOLEUM
		Blechschmied	KLEMPNER		

bodenbewohn. Insektenfresser	MAULWURF	böswillige Zerstörung	SABOTAGE	Branntweinschenke	DESTILLE
Bodendurchlüftung	AERATION	Bogensprung	KURBETTE	brasil. Architekt	NIEMEYER
Bodenentwässerung	DRAENAGE	Bohnenart	SAUBOHNE	brasilian. Fluß	PARNAIBA
Bodenentwässerung	DRAINAGE	bolivian. Andengipfel	ILLIMANI	brasilian. Fluß, Strom	AMAZONAS
Bodengüte	BONITAET	Bombardon	BASSTUBA	brasilian. Hafenstadt	BELMONTE
Bodensatz, Niederschlag	SEDIMENT	Bombast	SCHWULST	brasilian. Hafenstadt	SALVADOR
		Bon, Kassenzettel	QUITTUNG		
Bodensatz, Rückstand	RESIDUUM	Bonifatius' Name	WINFRIED	brasilian. Hauptstadt	BRASILIA
Bodensee-Hafen	KONSTANZ	Bonvivant	LEBEMANN	brasilian. Stadt	BLUMENAU
bodenständig	HEIMISCH	Bordeaux-Wein	BAZADAIS	brasilian. Stadt	BRAGANCA
Bodenübung	RADWENDE	Borkenkäfer	RUESSLER	brasilian. Stadt	CAMPINAS
böhm. Kurort an der Tepl	KARLSBAD	Borretschgewächs	BEINWELL	brasilian. Stadt	PIRANHAS
		Borte, Franse	POSAMENT	brasilian. Stadt	RIOPETRO
böhm. Stadt an der Elbe	TETSCHEN	Bosheit, Schinderei	SCHIKANE	brasilian. Stadt am Paraná	TERESINA
		Botenkette	STAFETTE	Brasilkastanie	PARANUSS
böhmisch. Bier	PILSENER	Botschafter	DIPLOMAT	Brasse	BLAUNASE
		Bottich	HOLZFASS	Brasse	RUSSNASE
Börsenkurs	EXCHANGE	Box-Fußtechnik	SIDESTEP	Brasse	SCHWUPPE
Börsenmakler	AGIOTEUR	Bracke	JAGDHUND	braten	BRUTZELN
Börsenpapier	EFFEKTEN	Bracke	LAUFHUND	braten	SCHMOREN
Börsenspekulation	AGIOTAGE	Bräunungsstudio	SOLARIUM	Bratrohr, Bratröhre	BACKOFEN
				Bratrost	BARBECUE
Börsentermingeschäft	STELLAGE	Branchenkenner	FACHMANN	Bratsche	ALTGEIGE
				Bratsche	ARMVIOLA
bösartige Geschwulst	KARZINOM	brandenburg. Dynastie	ASKANIER	Brauch, Brauchtum	FOLKLORE
		brandenburg. Stadt an der Havel	RATHENOW	brauchbar	GEEIGNET
bösartige Geschwulst	MALIGNOM			Braunelle	BRUNELLE
		brandmarken	VERFEMEN	Braunfisch, Delphinart	TUEMMLER
böswillige Äußerung	NACHREDE	Brandstifter	PYROMANE	braunhaarig	BRUENETT

braunroter Zirkon	HYAZINTH	
brausen	RAUSCHEN	
Braut	VERLOBTE	
Braut im Hohenlied	SULAMITH	
brechende Meereswellen	BRANDUNG	
Brechmittel	EMETIKUM	
breiförmige Arznei	LATWERGE	
breite Halsbinde	PLASTRON	
breitkrempig. Strohhut	SOMBRERO	
Breitwandprojektionsverfahren	CINERAMA	
bremsen	ANHALTEN	
bremsen	DROSSELN	
Brettl	KABARETT	
Brettspiel	MONOPOLY	
Brettverkleidung	SCHALUNG	
Breviergebet	OFFIZIUM	
Briefbox	POSTFACH	
Briefkuvert	UMSCHLAG	
Briefträger	POSTBOTE	
brillant	BLENDEND	
Brillanz	FEINHEIT	
brisant	EXPLOSIV	
brit. Erfinder	BESSEMER	
brit. pazif. Inselgruppe	PITCAIRN	
britisch. Insel	ANGLESEY	
bröckeln	KRUEMELN	
Brötchen	KNUEPPEL	
Brötchen	SCHRIPPE	
Brotscheibe	SCHNITTE	
Bruchstück	FRAGMENT	
Bruchstück, Span	SPLITTER	
Bruchstück, Überbleibsel	RUDIMENT	
Bruder v. Hagen	DANKWART	
Bruder v. Hasdrubal	HANNIBAL	
Bruder v. Kriemhild	GISELHER	
Bruder von Agamemnon	MENELAOS	
Brunnen, Auffangbehälter	ZISTERNE	
Brustdrüsenentzündung	MASTITIS	
Brustpanzer	HARNISCH	
Brustschutz des Fechters	PLASTRON	
Brutkasten	COUVEUSE	
Buch, Buchart	SACHBUCH	
Buchbindergerät	FALZBEIN	
Buchbindergerät	HEFTLADE	
Buch d. Alten Testaments	HESEKIEL	
Buch d. Alten Testaments	MALEACHI	
Buch d. Alten Testaments	SACHARJA	
Buch d. Alten Testaments	ZEPHANJA	
Buch d. Neuen Testaments	JOHANNES	
Buchdruckerberuf	GRAFIKER	
Bucheignerzeichen	EXLIBRIS	
Buchenland	BUKOWINA	
Buchprüfung	REVISION	
Buchstabenfolge	ALPHABET	
Buchstabenversetzrätsel	ANAGRAMM	
Bucht am Karibischen Meer	LIMONBAI	
Bucht in Florida	TAMPABAI	
Bücherzeichen	EXLIBRIS	
Büfett	ANRICHTE	
bügeln	GLAETTEN	
bügeln	PLAETTEN	
Bühnenbild	SZENERIE	
Bühnenhintergrund	PROSPEKT	
Bühnenstück v. Anouilh	EURYDIKE	
Bühnenstück v. Grabbe	HANNIBAL	
Bühnenstück v. Halbe	DERSTROM	
Bühnenstück v. Hauptmann	DIEWEBER	
Bühnenstück v. Hauptmann	GRISELDA	
Bühnenstück v. Hebbel	GENOVEVA	
Bühnenstück v. Schnitzler	LIEBELEI	
Bühnenstück v. Shakespeare	DERSTURM	
Bühnenstück v. Sophokles	ANTIGONE	
Bühnenstück v. Strindberg	DERVATER	

Bühnenstück v. Tschechow	DIEMOEWE	Burgunderkönig	GUNDAHAR	chem. Element, Metall	SAMARIUM
Bühnenstück v. Wedekind	BISMARCK	Burgunderwein	MONTAGNY	chem. Element, Metall	SCANDIUM
Bühnenstück v. Wedekind	HERAKLES	Burg von Eisenach	WARTBURG	chem. Element, Metall	THALLIUM
Bühnenstück von Anouilh	ANTIGONE	Burzelkraut	PORTULAK	chem. Element, Metall	VANADIUM
Bürgersteig	GEHSTEIG	Busch	BUESCHEL	chem. Element, Nichtmetall	PHOSPHOR
Bürgschaft	GARANTIE	Buschmeister	LACHESIS	chem. Element, Nichtmetall	SCHWEFEL
Büschelflechte	BARTMOOS	Bußpsalm	MISERERE		
Büttel	HAESCHER	byzantin. Kaiserhaus	KOMNENEN	chem. Element, Nichtmetall	SILIZIUM
Buhlteufelin	SUKKUBUS	byzantinische Kaiserin	THEODORA	chem. Element, seltene Erde	LUTETIUM
Buhne	UFERDAMM	Byzanz	ISTANBUL		
bulgar. Maritza-Zufluß	TUNDSCHA	Calcit	KALKSPAT	chem. Element, Transuran	NOBELIUM
bulgar. Politiker, Staatsmann	DIMITROW	Ceylons offiz. Name	SRILANKA	chem. Lösemittel	HYDRAZIN
		Chalet	LANDHAUS		
bulgar. Stadt am Schipkapaß	KASANLIK	Chalzedon-Abart	SARDONYX	chem. Reaktion m. Hilfsstoffen	KATALYSE
		Champignon	EGERLING		
bulgar. Volksvertretung	SOBRANJE	Champignon	WEIDLING	chem. Verbindung	AMMONIAK
		Chance	AUSSICHT		
Bumerang	WURFHOLZ	Chaos, Durcheinander	WIRRWARR	Chemiefaser	TERYLENE
Bundesdistrikt der USA	COLUMBIA	charakteristisches Umfeld	AMBIENTE	Chemotechniker	LABORANT
		charmant	LIEBLICH	Cheruskerfürst	ARMINIUS
Bundesstaat in Brasilien	AMAZONAS	Charme	LIEBREIZ	Cheruskerfürst, Thudneldas Vater	SEGESTES
		Chefpilot	KAPITAEN		
Burg am Rhein	RHEINECK	chem. Element, Alkalimetall	FRANCIUM		
Burg an der Lahn	WEILBURG			chilen. Diktator	PINOCHET
Burgerker	PECHNASE	chem. Element, Erdmetall	EUROPIUM	chilen. Hauptstadt	SANTIAGO
Burgherr	BURGVOGT				
Burg im Aargau	HABSBURG	chem. Element, Erdmetall	SKANDIUM	chilen. Insel	SANFELIX
Burgruine in der Eifel	NUERBURG	chem. Element, Metall	POLONIUM	chilen. Landbesitzer	CRIOLLOS
Burgunderfürst	GISELHER	chem. Element, Metall	RUBIDIUM		

chin. Stadt am Jangtsekiang	WANHSIEN	chines. Religion	TAOISMUS	Dachdeckermaterial	SCHIEFER
Chinakundiger	SINOLOGE	chines. Segelschiff	DSCHUNKE	Dachdeckermaterial	SCHINDEL
Chinarindenbaum	CINCHONA	chines. Spitz	CHOWCHOW	Dachform	PULTDACH
chines. Dynastie	MANDSCHU	chines. Stadt	SHENYANG	Dachform	WALMDACH
chines. Fluß, Provinz	SINKIANG	chines. Würdenträger	MANDARIN	Dachform	ZELTDACH
chines. Fluß, Strom	HANKIANG	chines. Zwerghund	PEKINESE	Dachkammer, -raum	MANSARDE
chines. Fluß zur Formosastraße	MINKIANG	chirurgisch. Messer	SKALPELL	dämonisch	BESESSEN
chines. Gesellschaftsspiel	MAHJONGG	Chlornatrium	KOCHSALZ	dän. Bucht	LIMFJORD
chines. Hafen in Schantung	TSINGTAU	Chorlied	MADRIGAL	dän. Filmkomiker	PATACHON
chines. Hafen in Tschekiang	NINGSIEN	christl.-manichäische Sekte	KATHARER	dän. Flagge	DANEBROG
chines. Hafenstadt	TIENTSIN	Christmond	DEZEMBER	dän. Hafenstadt auf Seeland	ROSKILDE
chines. Halbinsel	LIAOTUNG	Christrose	NIESWURZ	dän. Halbinsel	JUETLAND
chines. Mandschu-Kaiser	KIENLUNG	Christus	ERLOESER	dän. Herrschername	KRISTIAN
chines. Oasenstadt in Sinkiang	KASCHGAR	Chronikschreiber	CHRONIST	dän. Herrschername	WALDEMAR
chines. Provinz	SHANDONG	Chrysoberyll	HIDDENIT	dän. Inselgruppe im Atlantik	FAEROEER
chines. Provinz	SHANGHAI	Cissus	WEINREBE	dän. Insel im Kattegat	HESSELOE
chines. Provinz	TSINGHAI	City	ALTSTADT	dän. Insel im Öresund	SALTHOLM
chines. Provinz	XINJIANG	clever	GERISSEN	dän. Märchendichter	ANDERSEN
chines. Provinz	ZHEJIANG	Clinch beim Boxen	KLAMMERN	dän. Schriftsteller	JACOBSEN
chines. Provinz i. d. Mandschurei	LIAONING	Clique	KLUENGEL	dän.-schwed. Meerenge	KATTEGAT
		Cocktail	HIGHBALL	dän. Stadt auf Seeland	SLAGELSE
		Colt	REVOLVER	Dahlienart	GEORGINE
		Comic-Figur	GARFIELD		
		Comicfigur	SUPERMAN		
		Computer-Bediener	OPERATOR		
		d. Brustkorb betreffend	PEKTORAL		
		da	ANWESEND		
		Dachboden	SPEICHER		

damenhaft	LADYLIKE	
Damenmantel mit Kapuze	CAPUCHON	
Damenschuh	TROTTEUR	
Damm (mediz.)	PERINEUM	
Dampf, Dunst	SCHWADEN	
Dampfmaschinenteil	EXZENTER	
Damwildgeweih	SCHAUFEL	
Dantes Jugendliebe	BEATRICE	
Darlehen	LEIHGABE	
Darmeinlauf	KLISTIER	
Darmverschlingung	VOLVULUS	
Darsteller in Nebenrolle	KOMPARSE	
Dasein	EXISTENZ	
das Weltall betreffend	KOSMISCH	
Datenendgerät	TERMINAL	
Datumsanzeiger	KALENDER	
Dauerbezieher	ABONNENT	
Dauergebäck	ZWIEBACK	
dauernd	BLEIBEND	
dauernd	KONSTANT	
dauernd, durchgehend	STAENDIG	
Dauerware	KONSERVE	
Davids Frau	BATHSEBA	
davonhasten	ENTEILEN	
DDR-Politiker, Staatschef	HONECKER	
Debakel, Malheur	UNGLUECK	
Deckendekoration	SOFFITTE	
degenerieren	ENTARTEN	
Degenquaste	PORTEPEE	
dehnen	STRECKEN	
Deichbefestigung	FASCHINE	
deklarieren	ANMELDEN	
deklarieren	ANZEIGEN	
delegieren	ABORDNEN	
Delikatesse	FEINKOST	
Delikt	STRAFTAT	
Delikt, Straftat	VERGEHEN	
Delphinart	GRINDWAL	
Delphinart	WEISSWAL	
Dementi, Rückzieher	WIDERRUF	
demnach	FOLGLICH	
dem Namen nach	NOMINELL	
den Arm betreffend	BRACHIAL	
den Hals betreffend	ZERVIKAL	
Denkkraft, Intellekt	VERSTAND	
Denkmal	MONUMENT	
Denkmünze	MEDAILLE	
denkunfähig	VERWIRRT	
Denkvermögen, Intellekt	VERNUNFT	
Denkvermögen, Verständnis	VERSTAND	
Denkwürdigkeiten	MEMOIREN	
Denkzettel	NOTABENE	
den Tastsinn betreffend	HAPTISCH
denunzieren	ANZEIGEN
denunzieren	VERRATEN
Departement im Elsaß	HAUTRHIN
Departement in d. Normandie	CALVADOS
Departement in Kolumbien	PUTUMAYO
Depot des US-Goldschatzes	FORTKNOX
derbes Gewebe	DRILLICH
der Form wegen	PROFORMA
Dermatologe	HAUTARZT
der Teufelsgeiger	PAGANINI
deshalb	DESWEGEN
deshalb	INSOFERN
Desinfektionsmittel	FORMALIN
Despotie	DIKTATUR
Despotie	WILLKUER
Despotie, Gewaltherrschaft	TYRANNEI
Dessertwein	PORTWEIN
Destillationsanteil	FRAKTION
deuten	AUSLEGEN
Deutschland lateinisch	GERMANIA
Diabetes	HARNRUHR
Diadoche	SELEUKOS
dicht	KOMPRESS
dichterisch	POETISCH

dichterisch: fliehen	FLEUCHEN	Disko-Vortanzmädchen	GOGOGIRL	Doppelgänger	EBENBILD
dichterisch: Freund	GEVATTER	diskret	HEIMLICH	doppelgeschlechtlich	ANDROGYN
		diskret, feinfühlend	TAKTVOLL		
dichterisch: für alle Zeiten	IMMERDAR	Disposition	BEFINDEN	Doppellaut	ZWIELAUT
		Disposition	VORSORGE	Doppelsehen	DIPLOPIE
dichterisch: Gefahr	FAEHRNIS	Divisionsergebnis	QUOTIENT	doppelseitige Lähmung	DIPLEGIE
dichterisch: Himmel	JENSEITS	Diwan	BETTSOFA	doppelsinnig	AEQUIVOK
dicke Gemüsesuppe	MINESTRA	Dnjepr-Zufluß	BERESINA	Doppelstück	DUBLETTE
		Döbel	SCHUPPER	doppelt	ZWEIFACH
dicke Haut	SCHWARTE	Döbel (Fisch)	DICKKOPF	Doppeltreffer beim Boxen	DUBLETTE
Dickicht	GEBUESCH	dörfliches Gemeingut	ALLMENDE		
dicklich	PUMMELIG			doppelwertig	BIVALENT
Diebshelfer	KOMPLIZE	Dörrfrüchte	BACKOBST	Doppelwertigkeit	BIVALENZ
die Gemeinde betreffend	KOMMUNAL	Doktrin	LEHRSATZ	Dorsch	KABELJAU
		Dokument	NACHWEIS	Drache	LINDWURM
Diele	HAUSFLUR	dokumentieren	BEWEISEN	Drachenbaum	DRACAENA
Diele	KORRIDOR	dokumentiert	BELEGBAR	Dränageröhrchen (medizin.)	KATHEDER
Diener f. mehrere Aufgaben	FAKTOTUM	dokumentiert	BEWIESEN	Drall	DRILLUNG
Dienerschaft	PERSONAL	Doldenblütler, Wurzelgemüse	PASTINAK	dramatisch	ERREGEND
Dienst	LEISTUNG			dramatische Poesie	DRAMATIK
Dienstbarkeit, Grundlast	SERVITUT	Dollschwanzaffe	FAUNAFFE	Dramenteil	AUFTRITT
Dienststelle	BEHOERDE	Dolmetsch im Nahen Osten	DRAGOMAN	Draufgabe	HANDGELD
Dienststellung	FUNKTION			Draufgänger	HAUDEGEN
diffizil	KNIFFLIG	Dom	MUENSTER	Draufgänger	STUERMER
Dilettant, Pfuscher	STUEMPER	Dompfaff	GOLDFINK	Drehpistole	REVOLVER
		Dompteur	DRESSEUR		
diplomat. Einspruch	DEMARCHE	Donau-Zufluß	ASCHBACH	Dreieck	TRIANGEL
diplomat. Schritt	DEMARCHE	Donnerkeil	BELEMNIT	dreifacher Erfolg	HATTRICK
Direktive	MASSGABE	Donnerwetter	GEWITTER	dreiseitig	TRIGONAL
Direktorium, Direktion	VORSTAND	Don-Zufluß	MANYTSCH	dreiteiliges Literaturwerk	TRILOGIE
Direttissima	FALLINIE	Doppel	DUPLIKAT		

dreiwertiger Alkohol	GLYZERIN	
dringende Postsendung	EILPAKET	
dritter Sonntag nach Ostern	JUBILATE	
Druck, Zwang	PRESSION	
Druckbogenkennung	SIGNATUR	
Druckkessel	AUTOKLAV	
Druckstock	KLISCHEE	
drucktechn. Verfahren	FOTOSATZ	
drüben	JENSEITS	
Drüse (medizin.)	GLANDULA	
Drüsenausscheidung	SCHWEISS	
Drüsenbläschen	FOLLIKEL	
Drüsenentzündung	ADENITIS	
dt.-amer. abstrakter Maler	ALCOPLEY	
dt.-amer. Filmregisseur	LUBITSCH	
dtsch. Adelstitel	FUERSTIN	
dtsch. Adelstitel	LANDGRAF	
dtsch. Adelstitel	MARKGRAF	
dtsch. Afrikaforscher	WISSMANN	
dtsch. Archäologe	HERZFELD	
dtsch. Architekt	EIERMANN	
dtsch. Architekt	PETERSEN	
dtsch. Architekt	SCHAROUN	
dtsch. Arzt, Mediziner	BERGMANN	
dtsch. Arzt, Schriftsteller	SCHLEICH	
dtsch. Arzt (Kleingärten)	SCHREBER	
dtsch. Arzt (Pockenschutz)	HUFELAND	
dtsch. Auto-Fabrikant	BORGWARD	
dtsch. Autor	ALVERDES	
dtsch. Bakteriologe	LOEFFLER	
dtsch. Bandleader	STRASSER	
dtsch. Barockbildhauer	PERMOSER	
dtsch. Barockmaler	ROTTMAYR	
dtsch. Baumeister (Ulm)	ENSINGER	
dtsch. Bildhauer	GUENTHER	
dtsch. Bildhauer	HEILIGER	
dtsch. Bildhauerin	SINTENIS	
dtsch. Bildhauer (Porzellan)	KAENDLER	
dtsch. Bühnenautor	HOCHHUTH	
dtsch. Bundesland	SAARLAND	
dtsch. Bundespräsident	CARSTENS	
dtsch. Chemiker	BOETTGER	
dtsch. Chemiker	KLAPROTH	
dtsch. Chemiker (IG-Farben)	DUISBERG	
dtsch. Chemiker (Rübenzucker)	MARGGRAF	
dtsch. deistischer Philosoph	REIMARUS	
dtsch. Dichter, Erzähler	HAUSMANN	
dtsch. Dichter, Klassiker	SCHILLER	
dtsch. Dichter, Lyriker	RUECKERT	
dtsch. Dichter, Maler, Bildh.	PENZOLDT	
dtsch. Dichter, Maler, Kompon.	HOFFMANN	
dtsch. Dichter, Schriftsteller	BIERBAUM	
dtsch. Dichter, Schriftsteller	BORCHERT	
dtsch. Dichter, Schriftsteller	BRENTANO	
dtsch. Dichter, Schriftsteller	BRITTING	
dtsch. Dichter, Schriftsteller	BUECHNER	
dtsch. Dichter, Schriftsteller	CLAUDIUS	
dtsch. Dichter, Schriftsteller	DOERFLER	
dtsch. Dichter, Schriftsteller	ENDRIKAT

dtsch. Dichter, Schriftsteller	SCHEFFEL	dtsch. Flieger	MOELDERS	dtsch. Hörspielautor	ANDERSCH
dtsch. Dichter, Schriftsteller	SCHLEGEL	dtsch. Fliegerin, Flugpionierin	BEINHORN	dtsch. Ingenieur, Erfinder	FLETTNER
dtsch. Dichter, Schriftsteller	VEGESACK	dtsch. Flugzeugkonstrukteur	FIESELER	dtsch. Inselgruppe	HALLIGEN
dtsch. Dichterin	GUENTHER	dtsch. Forschungsreisender	FILCHNER	dtsch.-it. Philosoph	GUARDINI
dtsch. Dichterin, Lyrikerin	SCHAEFER	dtsch. Fußballspieler	BREITNER	dtsch. Kaisername, Königsname	HEINRICH
dtsch. Dichter u. Naturforscher	CHAMISSO	dtsch. Fußballspieler	HOETTGES	dtsch. Kaisername, Königsname	MATTHIAS
dtsch. Dirigent	BONGARTZ	dtsch. Fußballspieler	HRUBESCH	dtsch. Kaisername, Königsname	RUPRECHT
dtsch.-engl. Astronom	HERSCHEL	dtsch. Fußballspieler	SCHUSTER	dtsch. Kardinal (Köln)	HOEFFNER
dtsch. Enthüllungsautor	WALLRAFF	dtsch. Fußballspieler, -trainer	HEYNCKES	dtsch. Kirchenarchitekt	BARTNING
dtsch. Erfinder, Staatsmann	GUERICKE	dtsch. Fußballtrainer	REHHAGEL	dtsch. klassiz. Bildhauer	LANGHANS
dtsch. Erfinder des Porzellans	BOETTGER	dtsch. Generalfeldmarschall	MANSTEIN	dtsch. klassizist. Baumeister	SCHINKEL
dtsch. Erzähler	AUERBACH	dtsch. Geschichtsforscher	DAHLMANN	dtsch. klassizistischer Maler	CARSTENS
dtsch. evangel. Theologe	DIBELIUS	dtsch. grotesk. Schriftsteller	JEANPAUL	dtsch. Königsname	ALBRECHT
dtsch. evangel. Theologe	GOGARTEN	dtsch. Historienmaler	GEBHARDT	dtsch. Komponist	HARTMANN
dtsch. express. Maler, Grafiker	KIRCHNER	dtsch. Historienmaler	KAULBACH	dtsch. Komponist	KAMINSKI
dtsch. expressionist. Dichter	DAEUBLER	dtsch. Historiker	GEBHARDT	dtsch. Komponist	KREUTZER
dtsch. Filmkomponist	BOCHMANN	dtsch. Historiker	MEINECKE	dtsch. Komponist	LORTZING
dtsch. Filmregisseur	KAEUTNER	dtsch. Historiker	SCHNABEL	dtsch. Komponist	PFITZNER
		dtsch. Historiker, Politiker	GERVINUS	dtsch. Komponist	WEISMANN

dtsch. Komponist (18. Jh.)	TELEMANN	dtsch. Mathematiker	KAESTNER	dtsch. Physiologe (Nobelpr.)	MEYERHOF
dtsch. Kulturhistoriker	LANGBEHN	dtsch. Mathematiker	PLUECKER	dtsch. Pianist	BACKHAUS
dtsch. Kulturphilosoph	SPENGLER	dtsch. Mittelgebirge	ODENWALD	dtsch. Politiker, Staatsmann	ADENAUER
dtsch. Kulturphilosoph	SPRANGER	dtsch. Mittelgebirge	SPESSART	dtsch. Politiker, Staatsmann	BRUENING
dtsch. Kurienkardinal	DOEPFNER	dtsch. Naturforscher	HUMBOLDT	dtsch. Politiker, Staatsmann	RATHENAU
dtsch. Landeshauptstadt	HANNOVER	dtsch. Nordseebad	CUXHAVEN		
dtsch. Landeshauptstadt	MUENCHEN	dtsch. Nordseehafen	CUXHAVEN	dtsch. Politiker (CSU)	HOECHERL
dtsch. Liedermacher	BIERMANN	dtsch.-österr. weibl. Adelstitel	HERZOGIN	dtsch. Politiker (SPD)	SCHILLER
dtsch. Luftschiffkonstrukteur	PARSEVAL	dtsch.-österr. weibl. Adelstitel	KOMTESSE	dtsch. Porzellankünstler	BUSTELLI
dtsch. Luftschiffkonstrukteur	ZEPPELIN	dtsch. Operettenkomponist	MACKEBEN	dtsch. Publizist	AUGSTEIN
dtsch. Lustspieldichter	KOTZEBUE	dtsch. Orientalist	LITTMANN	dtsch. Publizist	LEONHARD
dtsch. luther. Theologe	BULTMANN	dtsch. Ostseebad	HAFFKRUG	dtsch. Publizistin	DOENHOFF
dtsch. Maler, Grafiker	BECKMANN	dtsch. Ostseebad	HOHWACHT	dtsch. Rechtsphilosoph	STAMMLER
dtsch. Maler, Grafiker	ROTTMANN	dtsch. Philosoph	HARTMANN	dtsch. Reichskanzler	BRUENING
dtsch. Maler, Matisse-Schüler	PURRMANN	dtsch. Philosoph, Historiker	SCHLEGEL	dtsch. Reichskanzler	HERTLING
dtsch. Maler d. Biedermeier	SPITZWEG	dtsch. Physiker	CLAUSIUS	dtsch. Rokokodichter	HAGEDORN
dtsch. Malerin, Grafikerin	KOLLWITZ	dtsch. Physiker (Nobelpreis)	EINSTEIN	dtsch. Romanschriftsteller	GEISSLER
dtsch. Maler (Nazarener)	OVERBECK	dtsch. Physiker (Nobelpreis)	ROENTGEN	dtsch. Romanschriftsteller	MUSCHLER
		dtsch. Physiker und Philosoph	DESSAUER	dtsch. romant. Komponist	SCHUMANN
				dtsch. Sänger	HOFFMANN

dtsch. Satellitenfunkstation	RAISTING	
dtsch. Schauspieler	AMBESSER	
dtsch. Schauspieler	BUCHHOLZ	
dtsch. Schauspieler	DEVRIENT	
dtsch. Schauspieler	HARTMANN	
dtsch. Schauspieler	JANNINGS	
dtsch. Schauspieler	JUERGENS	
dtsch. Schauspieler	KLOEPFER	
dtsch. Schauspieler	LEIPNITZ	
dtsch. Schauspieler	PROCHNOW	
dtsch. Schauspieler	RUEHMANN	
dtsch. Schauspieler	SOEHNKER	
dtsch. Schauspieler	TRESSLER	
dtsch. Schauspieler	WAESCHER	
dtsch. Schauspielerin	BETHMANN	
dtsch. Schauspielerin	COLLANDE	
dtsch. Schauspielerin	DIETRICH	
dtsch. Schauspielerin	DOMROESE	
dtsch. Schauspielerin	FROBOESS	
dtsch. Schauspielerin	HELLBERG	
dtsch. Schauspielerin	HOEFLICH	
dtsch. Schauspielerin	KAUFMANN	
dtsch. Schauspielerin	LEUWERIK	
dtsch. Schauspielerin	RUETTING	
dtsch. Schauspielerin	SANDROCK	
dtsch. Schauspielerin	SCHWIERS	
dtsch. Schauspielerin	WEDEKIND	
dtsch. Schauspieler u. Autor	KAYSSLER	
dtsch. Schlagersänger (m. Vorn.)	ROYBLACK	
dtsch. Schriftsteller	BAUMBACH	
dtsch. Schriftsteller	EDSCHMID	
dtsch. Schriftsteller	HEISELER	
dtsch. Schriftsteller	KIAULEHN	
dtsch. Schriftsteller	KONSALIK	
dtsch. Schriftsteller	REMARQUE	
dtsch. Schriftsteller	SCHNURRE	
dtsch. Schriftsteller	WIECHERT	
dtsch. Schriftsteller	WOLZOGEN	
dtsch. See	BODENSEE	
dtsch. Sozialist	LASSALLE	
dtsch. Sozialist	WEITLING	
dtsch. Soziologe	HABERMAS	
dtsch. Soziologe	SCHELSKY	
dtsch. Spielkartenfarbe	SCHIPPEN	
dtsch. Staatsmann u. Philosoph	HUMBOLDT	
dtsch. Staatsrechtler	JELLINEK	
dtsch. Stadt am Bodensee	KONSTANZ	
dtsch. Stadt am Oberrhein	BREISACH	
dtsch. Stahlwarenstadt	SOLINGEN	
dtsch. Studentenführer	DUTSCHKE	
dtsch. Südpolarforscher	FILCHNER	
dtsch. Theaterregisseur	BUCKWITZ	
dtsch. Theaterregisseur	PISCATOR	
dtsch. Theologe u. Kosmograph	MUENSTER	
dtsch. Trompetenvirtuose	GUETTLER	
dtsch. Verhaltensforscher	HEINROTH	
dtsch. Verleger	SPRINGER	
dtsch. Verleger, Schriftsteller	HEIMERAN	
dubiös	FRAGLICH	
Duckmäuser	KRIECHER	
dümmlich	GEISTLOS	

Düngemittel	SALPETER	Durcheinander, Mischmasch	PELEMELE	EDV-Mitarbeiterin	LOCHERIN
Dünkel	ARROGANZ	Durchgang	KORRIDOR	EDV-Programme	SOFTWARE
dünkelhaft	ARROGANT	Durchgangshindernis	SCHRANKE	EDV-Programmierung	COMPILER
dürftig	AERMLICH	durchleuchten	ROENTGEN	EDV-Rechnerbestandteile	HARDWARE
dürftig	ARMSELIG	Durchmesser	DIAMETER	Egoismus	ICHSUCHT
dürftig, einfach	PRIMITIV	Durchsicht, Kontrolle	PRUEFUNG	Ehefrau	GEMAHLIN
Duero-Zufluß	PISUERGA			ehelichen	HEIRATEN
Düsenflugzeug	JETLINER	durchsichtige Raumabdeckung	GLASDACH	Ehelosigkeit	ZOELIBAT
duftende Blume, Pflanze	LAVENDEL	Durst leiden	DUERSTEN	ehem. dtsch. Königreich	PREUSSEN
duftende Frühlingsblume	VEILCHEN	Ebbe und Flut	GEZEITEN	ehem. franz. Goldmünze	LOUISDOR
duftendes Wiesengras	RUCHGRAS	Ebene, Niederung	TIEFLAND	ehem. Gefängnis in Paris	BASTILLE
duftende Zierpflanze	GOLDLACK	ebnen	GLAETTEN	ehem. Kavallerist	DRAGONER
Duftstoff, Riechstoff	LAVENDEL	Echo	NACHHALL		
		Echsenart	EIDECHSE	ehem. preuß. Provinz	HANNOVER
duldsam, versöhnlich	TOLERANT	ecuadorian. Stadt	RIOBAMBA	ehemal. dän. Grenzwall	DANEWERK
dumm	IGNORANT	ecuadorian. Vulkan	COTOPAXI	eher	VIELMEHR
dumm, unklug	TOERICHT	Edelfalter	EISVOGEL	Ehering	TRAURING
dummer August	HARLEKIN	Edelfisch	MEEREBER	Eheschließung	HOCHZEIT
Dunkel, Schemen	SCHATTEN	Edelholz	EBENHOLZ	Ehrenbezeigung	HONNEURS
dunkler Glasstein	OBSIDIAN	edelmütig	GENEROES		
		Edelmut	NOBLESSE	Ehrenbezeigung	REVERENZ
durch d. Weichteile getroffen	WEIDWUND	Edelstein, Schmuckstein	TANSANIT	Ehrenpreis	VERONICA
durch den Arzt bedingt	IATROGEN	Edelstein, Schmuckstein	TURMALIN	Ehrerbietung	REVERENZ
durch die Haut (mediz.)	PERKUTAN	Edelstein im Rundschliff	CABOCHON	Ehrerbietung, Verbeugung	REVERENZ
durchdringend	BEISSEND	edelster Pilz	TRUEFFEL	Ehrgeiz	AMBITION
durchdringend	STECHEND	EDV-Datenträger	DISKETTE	Ehrwürden, Hochwürden	REVEREND
durchdringend	STRIDENT	EDV-Kennwort	CODEWORT	Eibisch	HIBISKUS

Eichhörnchenart	BURUNDUK	eine der Musen	KALLIOPE	eingeengt	BEGRENZT
Eidam	SCHWAGER	eine der Parzen	LACHESIS	eingeknickte Buchseite	ESELSOHR
eifrig	FLEISSIG	eine der schönen Künste	DICHTUNG	eingelegter Hering	ROLLMOPS
Eigenart	NATURELL	einem Boxhieb ausweichen	ABDUCKEN	eingelegte Sardelle	ANCHOVIS
Eigenbrötler	ORIGINAL	einen Schacht graben	ABTEUFEN	Eingemachtes	KONSERVE
eigenhändige Unterschrift	SIGNATUR	einer d. Beatles	HARRISON	eingeritzte Inschrift	GRAFFITO
Eigenliebe, Eigennutz	ICHSUCHT	einer der Argonauten	EUPHEMOS	eingesalzener Kabeljau	LABERDAN
Eigenschaftswort	ADJEKTIV	einer der Argonauten	HERAKLES	Eingeweihter	KOMPLIZE
Eigentümer	BESITZER	einer der Heiligen Drei Könige	MELCHIOR	einheim. Giftpflanze	ARONSTAB
eigentümlich, vorzugsweise	SPEZIELL	einer der Sieben griech. Weisen	PITTAKOS	einheim. Giftpflanze	EINBEERE
Eigentumsdelikt	EINBRUCH	einer der Titanen	OLYMBROS	einheim. Giftpilz	RISSPILZ
eilen, rennen	PRESCHEN	eine Wasserkur machen	KNEIPPEN	einheim. Orchidee	NESTWURZ
eilig, dringlich	PRESSANT	einfach, anspruchslos	SCHLICHT	Einheit des Magnetismus	MAGNETON
eilig nötig	DRINGEND	einfache Algenart	BLAUALGE	einhöckriges Kamel	DROMEDAR
Eilnachricht	DEPESCHE	einfache Tonware	STEINGUT	einjährige Pflanze	ANNUELLE
einäugiger Riese bei Homer	POLYPHEM	einfältig, unvernünftig	TOERICHT	Einkaufsbummel	SHOPPING
Einbandgewebe	MAROQUIN	Einfaltspinsel	DUMMKOPF	einkehren	BESUCHEN
einberufen	AUSHEBEN	Einfluß	INFLUENZ	Einklang	HARMONIE
Einbildung	ILLUSION	einflußreich	MAECHTIG	Einkommen	EINNAHME
Einbrenne	SCHWITZE	Einförmigkeit	EINERLEI	Einkommensart	LOEHNUNG
eindringlich	BESTIMMT	Eingabe	PETITION	Einlaß	OEFFNUNG
eindringlich	INTENSIV	eingedickter Süßholzwurzelsaft	LAKRITZE	Einmachgefäß	WECKGLAS
Eindruck	ANSCHEIN			Einrichtung	INVENTAR
eindrucksvoll	IMPOSANT			Einrichtung	MOBILIAR
eine der Kardinal-Tugenden	KLUGHEIT			einsam	ENTLEGEN
				Einschließung	BLOCKADE

Einschnitt	INZISION	einzigartig	EINMALIG	Elektronenschleuder	BETATRON
Einsicht	EINBLICK	Eisenbahnfahrplan	KURSBUCH	Elektronenschleuder	CALUTRON
Einsicht, Verstand	VERNUNFT	Eisenerz	MARKASIT	Elektronenschleuder	RHEOTRON
Einsiedelei	KARTAUSE	Eisenglanz	HAEMATIT	Elementarteilchen	DEUTERON
Einsiedler	KLAUSNER	Eisenhut	ACONITUM	Elementarteilchen	MESOTRON
Einsteigdiebstahl	EINBRUCH	Eisenhut (botan.)	STURMHUT	Elementarteilchen	NEGATRON
einstimmig	HOMOPHON	Eisheiliger	MAMERTUS	Elementarteilchen	NEUTRINO
einstöckiges Gebäude	BUNGALOW	Eiskunstlauf-Sprung	OPPACHER	Elementarteilchen	POSITRON
einteilen	ABMESSEN	Eiszeitalter	DILUVIUM	Elevation	ERHEBUNG
einteilen	DOSIEREN	Eiterflechte	IMPETIGO	Eleve	LEHRLING
Eintönigkeit	EINERLEI	Eitergeschwür	FURUNKEL	Eleve, Pflegebefohlener	ZOEGLING
Eintracht	HARMONIE	eitrig	PURULENT	elsäss. Humanist, Satiriker	FISCHART
einträglich	LUKRATIV	Eiweißsubstanz	KOLLAGEN	Emblem, Symbol	SINNBILD
einträglich	RENTABEL	Ekel, Monstrum	SCHEUSAL	Embryo	KEIMLING
einträgliches Amt	SINEKURE	ekeln	ANWIDERN	Emotion	ERREGUNG
Eintrag tilgen	LOESCHEN	Elbe-Zufluß	ROSSBACH	Empfänger von Post	ADRESSAT
Eintragungsliste	MATRIKEL	Elbe-Zufluß	SCHWINGE	Empfang	AUFNAHME
Eintropfung	INFUSION	Eldorado	GOLDLAND	empfangend	REZEPTIV
Einverleibung	ANNEXION	Eldorado	PARADIES	Empfangsbescheinigung	QUITTUNG
Einwand	BEDENKEN	Eleganz	FEINHEIT	Empfehlung, Auskunft	REFERENZ
einwandfrei	MAKELLOS	elektr. Aufzeichnungsgerät	RECORDER	empfindlich, empfindsam	SENSIBEL
einwandfrei, makellos	TADELLOS	elektr. Bedienungsgerät	SCHALTER	Empörer	MEUTERER
ein wenig	BISSCHEN	elektr. Blindwiderstand	REAKTANZ	Empörung	AUFSTAND
Einwirkmöglichkeit	EINFLUSS	elektr. Maßeinheit	KILOWATT	Empörung	MEUTEREI
Einzahl	SINGULAR	elektr. Widerstandsregler	RHEOSTAT		
Einzeldarstellerin	SOLISTIN	Elektronenrechner	COMPUTER		
einzeln gefaßter Stein	SOLITAER				
Einzelposten	POSITION				
Einzelstück	EXEMPLAR				

Emporkömmling	PARVENUE	engl. Geistlicher	REVEREND	engl. Männer-Vorname	FRANKLIN
emsländ. Stadt an der Vechte	NORDHORN	engl. Gewichtseinheit	SHORTTON	engl. Männer-Vorname	FREDERIC
Endkampf im Sport	ENDSPURT	engl. Hafenstadt, Seebad	YARMOUTH	engl. Maler	LANDSEER
Endsumme	ERGEBNIS	engl. Halbinsel	CORNWALL	engl. Maler (Porträtist)	REYNOLDS
Endsumme	RESULTAT	engl. Herrscherdynastie	HANNOVER	engl. Mathematiker	HAMILTON
Energie	TATKRAFT	engl. Hochadel	NOBILITY	engl. Modeheld	BRUMMELL
enge Gefährtin	FREUNDIN	engl. humorist. Schriftsteller	BEERBOHM	engl. Nobelpreisträger	ALGERNON
Engelwurz	ANGELIKA	engl. Hunderasse	PINSCHER	engl. Pfadfinder	BOYSCOUT
Engel zweiter Stufe	ERZENGEL	engl. Jazzpianist	SHEARING	engl. Physiker	BREWSTER
engl. abstrakt. Bildhauerin	HEPWORTH	engl. Kanalhafen, Seebad	BRIGHTON	engl. Physiker (Nobelpreis)	APPLETON
engl. Adelstitel	VISCOUNT	engl. Kanalhafen, Seebad	WEYMOUTH	engl. Physiker (Nobelpreis)	BLACKETT
engl. Adelstitel, -prädikat	MARQUESS	engl. Kanalinsel	ALDERNEY	engl. Physiker (Nobelpreis)	CHADWICK
engl. Autor, Schriftsteller	BROWNING	engl. Keramiker	WEDGWOOD	engl. Physiker (Nobelpreis)	COCKROFT
engl. Autor, Sozialreformer	KINGSLEY	engl. Königin	VICTORIA	engl. Physiker (Nobelpreis)	RAYLEIGH
engl. Autor, Verleger	GOLLANCZ	engl. Königin	VIKTORIA	engl. Politiker, Historiker	MACAULAY
engl. Bildhauer	ARMITAGE	engl. Komponist	SULLIVAN	engl. Politiker, Staatsmann	DISRAELI
engl. Bildhauer	CHADWICK	engl. Kriminalschriftstellerin	CHRISTIE	engl. Politikerin, Ministerpräs.	THATCHER
engl. Chemiker (Nobelpreis)	ROBINSON	engl. Landschaftsmaler	WHISTLER	engl. Popmusiker	HARRISON
engl. Dramatiker	RATTIGAN	engl. Lordprotektor	CROMWELL	engl. Popmusiker	
engl. f. Kapstadt	CAPETOWN	engl. Lyriker u. Romancier	LAWRENCE		
engl. Frauen-Vorname	CAROLINE				

engl. Popmusiker	OLDFIELD
engl. präraffael. lit. Maler	ROSSETTI
engl. Romanautor	MEREDITH
engl. Schatzamt	TREASURY
engl. Schauspieler	GUINNESS
engl. Schauspieler	HARRISON
engl. Schauspieler	KINGSLEY
engl. Schauspieler	LAUGHTON
engl. Schauspielerin	REDGRAVE
engl. Schriftsteller	FORESTER
engl. Schriftsteller	KOESTLER
engl. Schriftsteller	TENNYSON
engl. Schriftsteller (18. Jh.)	THOMPSON
engl. Schweißhund	BLUTHUND
engl. Seebad, Hafen in Kent	RAMSGATE
engl. Seefahrer (Australien)	FLINDERS
engl. Stadt	MARYPORT
engl. Stadt am Darent	DARTFORD
engl. Stadt am Mersey	STOCKTON
engl. Stadt am Mersey	WALLASEY
engl. Stadt am Sherbourne	COVENTRY
engl. Stadt an Hull u. Humber	KINGSTON
engl. Stadt bei Manchester	ROCHDALE
engl. Stadt in Durham	WHICKHAM
engl. Steingut	WEDGWOOD
engl.: allseitig	ALLROUND
engl.: Anfänger	NEWCOMER
engl.: Geschäft	BUSINESS
engl.: in Ordnung	ALLRIGHT
engl.: Preisabschlag	DISCOUNT
engl.: Produzent, Regisseur	PRODUCER
engl.: vielseitig	ALLROUND
englische Krankheit	RACHITIS
englisch: damenhaft	LADYLIKE
englisch: Frau	MISTRESS
englisch: Tochter	DAUGHTER
engstirnig	BORNIERT
engstirnig, kleinbürgerlich	SPIESSIG
engstirniger Mensch	SPIESSER
eng zusammengedrängt	KOMPRESS
Enklave in Südchina	HONGKONG
enorm	GEWALTIG
entartet	DEKADENT
Entartung	DEKADENZ
Entdecker Amerikas	KOLUMBUS
Entdecker v. südpazif. Gebieten	MENDANAS
Entdecker d. Südpols	AMUNDSEN
Entdecker d. X-Strahlen	ROENTGEN
Entenart	MOORENTE
entgegengesetzt	KONTRAER
entgegnen	ERWIDERN
entheben	ABSETZEN
entkleiden	STRIPPEN
Entlassung	ABSCHIED
Entlassung	FREIGABE
Entlastungskanal	UMFLUTER
Entsagung, Bescheidung	VERZICHT
Entspannung	ERHOLUNG
entsprechend	ADAEQUAT
Entsprechung	ANALOGIE
entstellte Abbildung	ZERRBILD
Entwicklungsprozeß, Gedeihen	WACHSTUM
Entwurf	MAQUETTE
epileptischer Anfall	PETITMAL
Epilog	NACHWORT
Epoche, Periode	ZEITRAUM
Epos von Wolfr. v. Eschenbach	PARZIVAL
Eppich	SELLERIE

Erbe, Erbschaft	NACHLASS	
Erblasser	TESTATOR	
erbliches Herrschergeschlecht	DYNASTIE	
Erbsprung	MUTATION	
Erdabsatz, Erdstufe	TERRASSE	
Erdbeben unter dem Meer	SEEBEBEN	
Erdferne	APOGAEUM	
Erdgeschichte	GEOLOGIE	
Erdgeschoß	PARTERRE	
Erdkundler	GEOGRAPH	
Erdteil	OZEANIEN	
Erdüberflutung	SINTFLUT	
erdulden	ERTRAGEN	
Erdwachs	OZOKERIT	
Erdwachs	PARAFFIN	
Erdwissenschaft	GEOLOGIE	
Eremit	KLAUSNER	
erfahren, geübt	VERSIERT	
Erfahrung	KENNTNIS	
erfahrungsgemäß	INDUKTIV	
Erfinder d. Blitzableiters	FRANKLIN	
Erfinder d. Fotografie	DAGUERRE	
Erfinder d. Grammophons	BERLINER	
Erfinder d. Luftpumpe	GUERICKE	
Erfinder d. Schallplatte	BERLINER	
Erfinder d. Spinnmaschine	CROMPTON	
Erfinder der Laterna magica	KIRCHNER	
Erfinder des Esperanto	ZAMENHOF	
Erfindungsgabe	INGENIUM	
erflehen	ERBITTEN	
erfolgreicher Aufstieg	KARRIERE	
erforschen	ERKUNDEN	
erfreulich	ANGENEHM	
Erfrischung	BELEBUNG	
Erfrischungsgetränk	LIMONADE	
Ergänzung	KORRELAT	
Ergänzung	NACHTRAG	
Ergänzungsteil	ZUBEHOER	
Ergebnis, Fazit	RESULTAT	
ergiebig, gewinnbringend	RENTABEL	
ergötzlich	AMUESANT	
Ergriffenheit	BEWEGUNG	
Ergriffenheit	RUEHRUNG	
ergründen	ERUIEREN	
Ergußgestein	RHYOLITH	
erhalten	ERLANGEN	
erheblich, wichtig	RELEVANT	
Erhebung	AUFSTAND	
erhöhen	STEIGERN	
Erinnerung	ANDENKEN	
Erinnye	EUMENIDE	
erkennen	EINSEHEN	
Erkenntnis	EINSICHT	
erklären	AUSLEGEN	
Erklärung	MANIFEST	
erledigt	KNOCKOUT	
erlesen	EXQUISIT	
Ermittler	DETEKTIV	
Ermittlungsbüro	DETEKTEI	
Erneuerer	REFORMER	
erniedrigter Ton im Blues	BLUENOTE	
erprobt	BEWAEHRT	
Erprobung, Examen	PRUEFUNG	
erratischer Block	FINDLING	
erregend	FESSELND	
Erreger	BAZILLUS	
Erreger d. Tuberkulose	TUBERKEL	
Erregung	SPANNUNG	
erreichen	BEWIRKEN	
Ersatz	AUSHILFE	
Ersatz, Behelf	SURROGAT	
Ersatzglied, Kunstglied	PROTHESE	
erschaffen	KREIEREN	
Erscheinungsbild	AUSSEHEN	
Erschlafungsmittel	RELAXANS	
erschütternd	TRAGISCH	
Erschütterung d. Erdkruste	ERDBEBEN	
Erstaufführung, Uraufführung	PREMIERE	
erste dtsch. Dichterin	ROSWITHA	
erster dtsch. Bundeskanzler	ADENAUER	

erster dtsch. Jesuit	CANISIUS	
erster dtsch. Reichskanzler	BISMARCK	
Erster im Wettkampf	GEWINNER	
erster österr. Bundespräsident	HAINISCH	
erster röm. Kaiser	AUGUSTUS	
erster Stock	BELETAGE	
erster türk. Staatspräsident	ATATUERK	
Ertrag	AUSBEUTE	
Ertrag	EINNAHME	
Ertragfähigkeit	BONITAET	
Erwägung	BERATUNG	
erwerben	ERLANGEN	
erwerben	GEWINNEN	
erwerbsunfähig	INVALIDE	
Erwerbsunfähiger	INVALIDE	
Erzieherin	LEHRERIN	
erzwungen	ERTROTZT	
erzwungen	FORCIERT	
eßbarer Pilz	TINTLING	
eßbarer Schlauchpilz	TRUEFFEL	
Essen	MAHLZEIT	
Etui	FUTTERAL	
Eulenvogel	WALDKAUZ	
europ. Osmanenreichsteil	RUMELIEN	
europ. Zwerghund	MALTESER	
europäische Hauptstadt	BRUESSEL	
europäische Hauptstadt	BUDAPEST	
europäische Hauptstadt	BUKAREST	
europäische Hauptstadt	HELSINKI	
europäische Hauptstadt	LISSABON	
europäische Hauptstadt	WARSCHAU	
europäischer See	BODENSEE	
europäischer Staat	FINNLAND	
Europa und Asien	EURASIEN	
evangel. Kirchenlieddichter	GERHARDT	
Evangelist	JOHANNES	
Evangelist	PREDIGER	
Evastochter	MAEDCHEN	
evident	OFFENBAR	
exakt, präzis, richtig	TREFFEND	
exakt, pünktlich	PRAEZISE	
Exaltiertheit	ERREGUNG	
Exempel	BEISPIEL	
exerzieren	EINUEBEN	
existent, vorhanden	WIRKLICH	
exotisches Edelholz	MAHAGONI	
expedieren	ABSENDEN	
expedieren	AUFGEBEN	
Experte	FACHMANN	
extern	DRAUSSEN	
extras	NEBENBEI	
Extras, nötiges Beiwerk	ZUBEHOER	
Fabelinsel, Fabelland	ELDORADO	
Fabelname d. Dachses	GRIMBART	
Fabeltier	BASILISK	
Fabeltier	LINDWURM	
Fabrikant	ERZEUGER	
Fabrikerzeugnis	FABRIKAT	
fabrizieren	ERZEUGEN	
fabrizieren	FERTIGEN	
Fachausdruck, Fachwort	TERMINUS	
Fachhochschule	AKADEMIE	
Fackel	FLAMBEAU	
Fadenwürmer	FILARIEN	
Fadenwurm	NEMATODE	
Fadenwurm	RUNDWURM	
Fadenwurm	TRICHINE	
Fächerpalme der Seschellen	LODOICEA	
Fächerschüssel	KABARETT	
fähig	IMSTANDE	
Fährhafen auf Rügen	SASSNITZ	
Fährhafen in Frankreich	BOULOGNE	
Fäserchen	FIBRILLE	

Fäulnis errregend	SEPTISCH	Faröerinsel	OESTEROE	feine Goldarbeit	FILIGRAN
fahl	ASCHGRAU	Faröerinsel	STROEMOE	feine Golddrahtarbeit	FILIGRAN
fahl	GRAUGELB	Fasching	KARNEVAL		
fahrbares Serviergerät	TEEWAGEN	Fasergewebe	FIBRILLE	feine Kleidung	TOILETTE
fahrende Leute	ARTISTEN	Faserpflanze	ALFAGRAS	feines Ziegenleder	MAROQUIN
Fahrplan öffentl. Verkehrsmittel	KURSBUCH	Fastnacht	FASCHING		
		Fastnacht	KARNEVAL	feinfühlend, feinfühlig	SENSIBEL
Fahrzeug, Verkehrsmittel	LASTAUTO	Faulenzer, Herumtreiber	TAGEDIEB		
				feingeripptes Gewebe	POPELINE
Fahrzeugverbindung	KUPPLUNG	Faulschlamm	SAPROPEL		
		Favorit, Favoritin	LIEBCHEN	feinkeramisches Erzeugnis	MAJOLIKA
Faktum	TATSACHE				
falkenköpfig. ägypt. Gott	HAROERIS	Favorit, Favoritin	LIEBLING	feinkörniges Gestein	GRANULIT
		Favorit d. Dionysios v. Syrakus	DAMOKLES		
fallen	STUERZEN			Feldgemeinschaft	ALLMENDE
falsches Haarteil	PERUECKE	Favoritin	GELIEBTE		
		Fazit	ENDSUMME	Feldgeschütz	HAUBITZE
Falte	KNICKUNG	FDP-Politiker, Außenminister	GENSCHER	Feldherr, Heerführer	STRATEGE
Faltenwurf	DRAPERIE				
Familienname	NACHNAME	fechten, streiten	KAEMPFEN	Feldherr des 30jähr. Krieges	MANSFELD
Fangarm des Tintenfisches	TENTAKEL	federnder Betteinsatz	MATRATZE		
				Feldraute	ERDRAUCH
		Federwild	AUERHAHN	Feldsalat	RAPUNZEL
Farbe, Farbton	MAUSGRAU	Federzange	PINZETTE	Feldspat	PERIKLIN
Farbenkünstler	KOLORIST	Fehlbetrag	EINBUSSE	Feldspat-Art	NEPHELIN
Farbenpracht	BUNTHEIT	Fehler, Schnitzer	VERSEHEN	Feldspatmineral	HYLOPHAN
Farbglanz	SCHILLER				
Farbige, Negerin	SCHWARZE	Fehlschlag, Pleite	REINFALL	Feldstecher	FERNGLAS
Farbkelle, Schmierkelle	SPACHTEL	feierl. Musikstück	MAESTOSO	Feldstecher	JAGDGLAS
				Feldzug	KAMPAGNE
farbrichtig	ISOCHROM	feierlich	FESTLICH	Felge	RADKRANZ
		Feierlichkeit	PATHETIK	Fell der Bärenrobben	SEALSKIN
Farbton	GELBLICH				
Farbton	GOLDGELB	Feigwarze	KONDYLOM		
Farnart	HAARFARN			feminin	WEIBLICH
Farngewächs	BAERLAPP	fein, zart	ZIERLICH	Fensterbank	SOHLBANK
Farnkrautgattung	ADIANTUM	feindl. Einfall	INVASION		

Fensterblatt (botan.)	MONSTERA
Feriengast	URLAUBER
Ferment	DIASTASE
Ferment	INVERTIN
Ferment	KATALASE
Ferner Osten	OSTASIEN
Fernrohr	TELESKOP
Fernrohrteil	OBJEKTIV
Fernschreiber	TELEGRAF
fertig	ERLEDIGT
Fertiggericht	KONSERVE
Fertigkeit	GESCHICK
fesartige Kopfbedeckung	TARBUSCH
Fessel	KNOECHEL
fesselnd, erregend	SPANNEND
festes Baumwollgewebe	MOLESKIN
Festessen	GASTMAHL
festes Versprechen	GELUEBDE
festhalten	FIXIEREN
Festigkeit	KONSTANZ
festsetzen	FIXIEREN
festsitzender Meereskrebs	SEEPOCKE
Festspiel	FESTIVAL
Festspielort in Bayern	BAYREUTH
Festspielort in Österreich	SALZBURG
feststehend	KONSTANT
feststehender Himmelskörper	FIXSTERN
Festungsanlage	RINGWALL
Festungsanlage	WEHRGANG
fettgegerbt	SAEMISCH
feuchtwarme Witterung	SCHWUELE
Feuer ausmachen	LOESCHEN
Feuerwerkskörper	FEUERRAD
Fiaker	KUTSCHER
Fibel	LEHRBUCH
Fibel	LESEBUCH
Fichtenspargel	OHNBLATT
fieberhaft	HEKTISCH
Fieberwahn	DELIRIUM
Figürchen	FIGURINE
Figur aus »Aida«	AMONASRO
Figur aus »Arabella«	ADELAIDE
Figur aus »Arabella«	MANDRYKA
Figur aus »Carmen«	MERCEDES
Figur aus »Cavalleria rusticana«	SANTUZZA
Figur aus »Der Freischütz«	AENNCHEN
Figur aus »Der Rosenkavalier«	OKTAVIAN
Figur aus »Der Rosenkavalier«	QUINQUIN
Figur aus »Der Troubadour«	GRAFLUNA
Figur aus »Der Vogelhändler«	ADELAIDE
Figur aus »Der Vogelhändler«	CHRISTEL
Figur aus »Der zerbrochene Krug«	BRIGITTE
Figur aus »Die Fledermaus«	ORLOFSKY
Figur aus »Die Zauberflöte«	PAPAGENA
Figur aus »Die Zauberflöte«	PAPAGENO
Figur aus »Die Zauberflöte«	SARASTRO
Figur aus »Entführ. aus dem Serail«	PEDRILLO
Figur aus »Faust«	MEPHISTO
Figur aus »Faust«	VALENTIN
Figur aus »Figaros Hochzeit«	CHERUBIN
Figur aus »Fra Diavolo«	KOOKBURN
Figur aus »Gärtnerin aus Liebe«	SERPETTA
Figur aus »Götz von Berlichingen«	ADELHEID
Figur aus »Graf von Luxemburg«	JULIETTE
Figur aus »Hamlet«	CLAUDIUS
Figur aus »Hamlet«	POLONIUS
Figur aus »Kaufm. von Venedig«	GRAZIANO
Figur aus »Kaufm. von Venedig«	STEPHANO

Figur aus »Kaufmann v. Venedig«	LANZELOT	Figur aus »Romeo u. Julia«	BENVOLIO	Filmskript	DREHBUCH
Figur aus »Kaufmann von Venedig«	BASSANIO	Figur aus »Romeo und Julia«	GREGORIO	filmtechn. Konzept	DREHPLAN
				Finale	ENDKAMPF
				Finale	ENDSPIEL
Figur aus »Land des Lächelns«	SOUCHONG	Figur aus »Romeo und Julia«	MONTAGUE	Findelkind	FINDLING
				Finish	ENDKAMPF
Figur aus »La Traviata«	VIOLETTA	Figur aus »Salome«	HERODIAS	Finish	ENDSPURT
				Finkenvogel	BUCHFINK
Figur aus »Maria Stuart«	MORTIMER	Figur aus »Tannhäuser«	BITEROLF	Finkenvogel	DOMPFAFF
				finnisch. Architekt	SAARINEN
Figur aus »Martha«	PLUMKETT	Figur aus »Tiefland«	MORUCCIO	finnisch. Bildhauer	AALTONEN
Figur aus »Minna v. Barnhelm«	TELLHEIM	Figur aus »Tosca«	SPOLETTA	finnisch. Fluß	KALAJOKI
		Figur aus »Tristan und Isolde«	KURWENAL	finnisch. Komponist	SIBELIUS
Figur aus »Nachtlager v. Granada«	GABRIELE				
		Figur aus »Turandot«	MANDARIN	finnisch. Nationalepos	KALEWALA
Figur aus »Nachtlager von Granada«	AMBROSIO				
		Figur aus »Wallenstein«	DEVEROUX	finnisch. Politiker, Staatspräsid.	KEKKONEN
Figur aus »Nibelungenlied«	ALBERICH				
		Figur aus »West Side Story«	BERNARDO	finnisch. See	INARISEE
Figur aus »Nibelungenlied«	DANKWART				
		Figur aus »Wilhelm Tell«	MELCHTAL	finnische Hauptstadt	HELSINKI
Figur aus »Nibelungenlied«	GISELHER				
		Figur aus den »Lustigen Weibern«	FALSTAFF	finnischer Fluß	OULUJOKI
Figur aus »Nibelungenlied«	RUEDIGER			finnische Währung	FINNMARK
Figur aus »Othello«	LODOVICO	Figur aus Mozarts »Entführung«	BELMONTE	finnisch-russische Landschaft	KARELIEN
Figur aus »Parsifal«	AMFORTAS	Figur im »Barbier von Sevilla«	FIORILLO	finnischugrisches Volk	MAGYAREN
Figur aus »Parsifal«	KLINGSOR				
Figur aus »Postillon von Lonjumeau«	CHAPELOU	Figur im »Nibelungenlied«	DIETRICH	finnischugrisches Volk	WOTJAKEN
		Filmband	STREIFEN	finnischugrisches Volk in Sibirien	OSTJAKEN
Figur aus »Rigoletto«	GIOVANNA	Filmbehälter	KASSETTE		
		Filmfestival in Venedig	BIENNALE	Firmenrechtsberater	SYNDIKUS
Figur aus »Ring des Nibelungen«	SIEGMUND				
		Filmmanuskript	DREHBUCH	Fisch, Fischart	SEELACHS
				Fischart	GOLDMAID

Fischbein	WALBARTE
Fischfanggerät	LEGANGEL
Fischkonserve	ROLLMOPS
Fixier-, Trockenmittel	SIKKATIV
Flachdachhaus	BUNGALOW
flacher Wandpfeiler	PILASTER
flache Schale (mediz.)	KUEVETTE
Flachfisch	GOLDBUTT
Flachfisch	HEILBUTT
fläm. Bildhauer in Florenz	GIOVANNI
fläm. Geograph u. Kartograph	MERCATOR
fläm. Maler	FLEMALLE
flämisch. Maler	JORDAENS
flämisch. Schriftsteller	DECOSTER
flämisch. Schriftsteller	WALSCHAP
flämischer Schriftsteller	TEIRLINK
Flaschenreihe	BATTERIE
Flaschenverschluß	STOEPSEL
Flaschner	KLEMPNER
Flaschner, Klempner	SPENGLER
Flechtwerk	GEFLECHT
Fledermaus	FLUGHUND
Fleischbrühe	BOUILLON
Fleischbrühe	CONSOMME
Fleisch des Wildes	WILDBRET
fleischfarben	INKARNAT
fleischfressende Pflanze	TAUBLATT
fleischlich	LEIBLICH
flexible Leitung	SCHLAUCH
Flieder	HOLUNDER
fliegen	FLATTERN
Fliegen-, Aasblume	STAPELIE
fliegender Fisch	FLUGHAHN
Fliegenfanggerät	KLATSCHE
Flieger in der griech. Sage	DAEDALUS
fließen	STROEMEN
florentin. Bauwerk, Kunstgalerie	SIGNORIA
florentin. Bauwerk, Kunstgalerie	UFFIZIEN
florentin. Maler (15. Jh.)	MASACCIO
Florentiner, geflochtener Hut	STROHHUT
florieren	GEDEIHEN
fluchen	LAESTERN
Fluchtburg	REFUGIUM
Flügel	SCHWINGE
flüssiges Einreibemittel	LINIMENT
Flüssigkeitsbehälter	KANISTER
Flüssigkeitsentnahme (mediz.)	PUNKTION
flüstern	SAEUSELN
Flugfigur	SCHLEIFE
Flughafenhalle	TERMINAL
Flughafen von Amsterdam	SCHIPHOL
Flughafen von Bangkok	DONMAANG
Flughafen von Barcelona	MUNTADAS
Flughafen von Bordeaux	MERIGNAC
Flughafen von Budapest	FERIHEGY
Flughafen von Düsseldorf	LOHAUSEN
Flughafen von Genf	COINTRIN
Flughafen von Lissabon	ALVERCES
Flughafen von London	HEATHROW
Flughafen von Montevideo	CARRASCO
Flughafen von Sevilla	SANPABLO
Flughafen von Teheran	MEHRABAD
Flugzeugart	NORATLAS
Flugzeugfirma	HENSCHEL
Flugzeugfirma	LOCKHEED
Flugzeugpiste	ROLLFELD
Flugzeugschleuder	KATAPULT
Flur	KORRIDOR
Flurbuch	KATASTER
Fluß auf dem Peloponnes	ALPHEIOS
Fluß durch Hildesheim	INNERSTE

Fluß durch Stade	SCHWINGE	Forstbeamter	FOERSTER	franz. anarchist. Sozialist	PROUDHON
Fluß durch Thorn	WEICHSEL	Forstbeamter	FORSTRAT	franz. Anrede	MONSIEUR
Fluß durch Warschau	WEICHSEL	Forstbestand	LAUBHOLZ	franz. Apfelbranntwein	CALVADOS
Fluß im Odenwald	MUEMLING	Forstbestand	LAUBWALD	franz. Architekt des Empire	FONTAINE
Fluß in Bengalen	BRAHMANI	Fortpflanzungszeit	ROLLZEIT		
Fluß in Mecklenburg	RECKNITZ	Fortschritt	PROGRESS	franz. Astronom, Mathemat.	LAGRANGE
Fluß in Texas	COLORADO	fotografisch. Material	ROLLFILM	franz. Atlantik-Seebad	BIARRITZ
Flußpferd	NILPFERD	Frachtnachlaß, Preisabzug	REFAKTIE	franz. Autor, Kulturphilosoph	ROUSSEAU
Fluß zum Bodensee	SCHUSSEN				
Fluß zum Frischen Haff	PASSARGE	Frachtschiff	LASTKAHN	franz. Auvergne-Gebirge	MONTDORE
		Frachtschiff	LEICHTER		
Fluß zum Golf von Bengalen	GODAVARI	fränk. König	DAGOBERT	franz. Bakteriologe	CALMETTE
		fränk. Stadt am Weißen Main	KULMBACH	franz. Bildhauer, Architekt	PERRAULT
Förderanlage	ELEVATOR				
fördern	SPONSERN	fränk. Stadt an der Regnitz	ERLANGEN	franz. Burg am Ariège	TARASCON
folgern	ABLEITEN				
folglich	INSOFERN	Fräulein auf spanisch	SENORITA	franz. Chansonnier	AZNAVOUR
folgsam	GEFUEGIG				
folgsam	GEHORSAM	fraglich	UNSICHER	franz. Chemiker (Nobelpreis)	SABATIER
foltern, quälen	PEINIGEN	fraglich, unsicher	UNGEWISS		
Fopperei	NECKEREI	Frankenfürst, -könig	KARLMANN	franz. Departement	YVELINES
Forderung	BEGEHREN				
Forderung	ERSUCHEN	Frankenkönig	CHLODWIG	franz. Dichter, Bühnenautor	SALACROU
Forderung	POSTULAT	franz. abstrakt. Kunststil	INFORMEL		
Forke	HEUGABEL			franz. Dichter, Schriftsteller	BARBUSSE
Formblatt	FORMULAR	franz. abstrakt. Maler	BISSIERE		
Formblatt	VORDRUCK				
Form der Schizophrenie	PARANOIA	franz. abstrakter Maler	SOULAGES	franz. Dichter, Schriftsteller	BERANGER
Formgestalter	DESIGNER	franz. Adelstitel	DUCHESSE		
Forschungsanstalt	INSTITUT	franz. alter Tanz	COURANTE		

Clue	Answer
franz. Dichter, Schriftsteller	BERNANOS
franz. Dichter (Märchen)	PERRAULT
franz. Dichter (Sprachreformer)	MALHERBE
franz. Dissidentenbischof	LEFEBVRE
franz. Existentialistin	BEAUVOIR
franz. expressionist. Maler	GROMAIRE
franz. Filmregisseur	BEAUVAIS
franz. Filmregisseur	DUVIVIER
franz. Filmschauspielerin	DARRIEUX
franz. Flugzeugkonstrukteur	DASSAULT
franz. Frauenname	HORTENSE
franz. frühscholst. Philosoph	ABAELARD
franz. Geigenvirtuose	KREUTZER
franz. Hafen an der Garonne	BORDEAUX
franz. Halbinsel	BRETAGNE
franz. Herzogin	DUCHESSE
franz. Historiker	MICHELET
franz. impressionist. Maler	PISSARRO
franz. Kanalhafen	BOULOGNE
franz. Karmeliterin, Heilige	THERESIA
franz. kathol. Philosoph	MARITAIN
franz. Komödiendichter	MARIVAUX
franz. Kompon. (Zwölfton)	MARTINET
franz. Komponist	CHAILLEY
franz. Komponist	CONSTANT
franz. Komponist	COUPERIN
franz. Komponist	FRANCAIX
franz. Komponist	MESSIAEN
franz. kubist. u. abstrakt. Maler	DELAUNAY
franz. Landschaft	AUVERGNE
franz. Landschaft an d. Vienne	LIMOUSIN
franz. Lexikograph	LAROUSSE
franz. Männername	FRANCOIS
franz. Männername	FREDERIC
franz. Männername	RODOLPHE
franz. Märchenritter	BLAUBART
franz. Maler	DUBUFFET
franz. Maler, Grafiker	ROUSSEAU
franz. Maler (Purismus)	OZENFANT
franz. Marschall, Politiker	MACMAHON
franz. Mathematiker, Astronom	POINCARE
franz. Minnesänger	TROUVERE
franz. Musikpädagoge (Ondes)	MARTENOT
franz. Name von Hagenau	HAGUENAU
franz. Name von Mülhausen	MULHOUSE
franz. Opernkomponist	BOILDIEU
franz. Opernkomponist	MAILLART
franz. Opernkomponist	MASSENET
franz. Philosoph	ABAELARD
franz. Philosoph	ALEMBERT
franz. Philosoph, Mathem.	GASSENDI
franz. Physiker	FOUCAULT
franz. Physiker	LANGEVIN
franz. Physiker	MARIOTTE
franz. Politiker	DALADIER

franz. Politiker, Staatsmann	DEGAULLE	franz. Schriftsteller-Brüder	GONCOURT	franz. u. engl.: Schöpfung	CREATION
franz. Politiker, Staatsmann	GAMBETTA	franz. Schriftstellerin	SARRAUTE	franz. Volksbuch	MAGELONE
franz. Politiker, Staatspräsid.	POMPIDOU	franz.-schweiz. Dichter	CENDRARS	franz. Volksbuch	MELUSINE
franz. Politiker (Jakobiner)	MIRABEAU	franz. Soziologe	DURKHEIM	franz. Webstuhlerfinder	JACQUARD
franz. Rassentheoretiker	GOBINEAU	franz. spätimpression. Maler	VUILLARD	franz. weibl. Adelstitel	MARQUISE
franz. Regisseur	PONNELLE	franz. Stadt	ARCACHON	franz. Weinbrand	ARMAGNAC
franz. Regisseur	TRUFFAUT	franz. Stadt	BEAUVAIS	franz. Weinsorten	BORDEAUX
franz. Rocksänger	HALLYDAY	franz. Stadt	CHAUMONT	franz.: Abenteuer	AVENTURE
franz. Rokoko-Bildhauer	FALCONET	franz. Stadt an d. Loire	LANGEAIS	franz.: deutsch	ALLEMAND
franz. Sänger u. Komponist	BRASSENS	franz. Stadt an d. Sambre	MAUBEUGE	franz.: Einigkeit, Eintracht	CONCORDE
franz. satirischer Dichter	RABELAIS	franz. Stadt an der Aisne	SOISSONS	franz.: Fremder	ETRANGER
franz. Schauspieler, Sänger	BELMONDO	franz. Stadt an der Eure	CHARTRES	franz.: Geschichte	HISTOIRE
franz. Schauspielerin	GIRARDOT	franz. Stadt an der Garonne	TOULOUSE	franz.: Gräfin	COMTESSE
franz. Schauspielerin	SIGNORET	franz. Stadt an der Isère	GRENOBLE	franz.: Jäger	CHASSEUR
franz. Schloß am Nahon	VALENCAY	franz. Stadt im Depart. Dordogne	PERIGEUX	franz.: Jugend	JEUNESSE
franz. Scholastiker	BERENGAR	franz. symbolist. Dichter	LAFORGUE	franz.: Laden	BOUTIQUE
franz. Schriftsteller	STENDHAL	franz. symbolistischer Dichter	MALLARME	franz.: Lothringen	LORRAINE
franz. Schriftsteller, Philosoph	VOLTAIRE	franz. symbolistischer Dichter	VERLAINE	franz.: Luftpost	PARAVION
		franz. Tiefseetaucher	COUSTEAU	franz.: Person	PERSONNE
				franz.: Schiff	VAISSEAU
				franz.: Schmetterling	PAPILLON
				franz.: sechzig	SOIXANTE

franz.: Sieg	VICTOIRE	Frauenmantel (botan.)	OHMKRAUT	Frauenname	WALTRAUD
franz.: Treppe	ESCALIER	Frauenmantel (botan.)	TAUBLATT	Frau v. Herodes Antipas	HERODIAS
franz.: Unglück, Unheil	DESASTRE	Frauenmörder im Märchen	BLAUBART	Frau v. Herodes d. Großen	MARIAMNE
franz.: vierzehn	QUATORZE	Frauenname	ADELHEID	Frau v. Odysseus	PENELOPE
franz.: vierzig	QUARANTE	Frauenname	AENNCHEN	Frau v. Orpheus	EURYDIKE
franz.: Vorort	FAUBOURG	Frauenname	ANGELICA	Frau v. Rubens	ISABELLA
franz.: Wiegenlied	BERCEUSE	Frauenname	ANGELIKA	Frau v. Uria, Urias	BATHSEBA
französ. Schauspieler	BARRAULT	Frauenname	BRIGITTE	Frau v. Vishnu	LAKSCHMI
französ.: Schlacht	BATAILLE	Frauenname	CAECILIE	Frau von Admetos	ALKESTIS
französ.: Teller	ASSIETTE	Frauenname	CAROLINE	Frau von Herakles	DEIANIRA
Fratze	GRIMASSE	Frauenname	CHRISTEL	freigebig	GENEROES
Fratze	MASKARON	Frauenname	CORNELIA	Freikörperkultur	NUDISMUS
Fratze, Karikatur	ZERRBILD	Frauenname	DOROTHEA	Freilicht (Malerei)	PLEINAIR
Frauenberuf	HAUSFRAU	Frauenname	DOROTHEE	freimachen	BEFREIEN
Frauenfigur als Siegessymbol	VICTORIA	Frauenname	EDELGARD	Freischärler	PARTISAN
Frauenfigur als Sinnbild Berlins	BEROLINA	Frauenname	ELEONORA	Freistaat, Volksstaat	REPUBLIK
Frauenfigur als Symbol	JUSTITIA	Frauenname	ELEONORE	Freistatt, Unterschlupf	ZUFLUCHT
Frauengemach der Burg	KEMENATE	Frauenname	ELFRIEDE	freistehendes kleines Bauwerk	PAVILLON
Frauengestalt: dtsch. Sinnbild	GERMANIA	Frauenname	GABRIELE	fremdländisch	EXOTISCH
		Frauenname	GENOVEVA	Fressen d. Greifvögel	KROEPFEN
Frauenhaar (botan.)	ADIANTUM	Frauenname	GERLINDE	Freßzelle	PHAGOZYT
Frauenhaar (botan.)	MILZFARN	Frauenname	INGEBORG	Freude	FROHSINN
Frauenheld	LEBEMANN	Frauenname	IRMTRAUD	Freude am Quälen	SADISMUS
Frauenmantel, (botan.)	TAUKRAUT	Frauenname	KAROLINE	Freund des Patroklos	ACHILLES
		Frauenname	KORNELIA	Freundin Voltaires	CHATELET
		Frauenname	MATHILDA	freundlich	HOEFLICH

Frevel, Sünde	VERGEHEN	führen, leiten	REGIEREN	Gabelfrühstück	DEJEUNER
Friseur	COIFFEUR	Fünfeck	PENTAGON	Gänsevogel	GRAUGANS
Friseurin	FRISEUSE	Fünfergruppe	QUINTETT	gänzlich	KOMPLETT
Frisier-, Schminktisch	TOILETTE	fünfzackiger Stern	ALPKREUZ	Gärmittel (Drusen)	WEINHEFE
Frisierkunst	COIFFURE	für sich bestehend	INTEGRAL	Galgenvogel	KOLKRABE
Fristgewährung, Zahlungsaufschub	STUNDUNG	Fürstenhaus von Monaco	GRIMALDI	gallischer Stamm (Maas u. Rhein)	EBURONEN
frivol	SCHAMLOS	Fürstenhof	RESIDENZ	gallisches Volk	INSUBRER
frohlocken	JAUCHZEN	Fürstin	HERZOGIN	Galmei	ZINKSPAT
Frosterscheinung	EISBLUME	Fürstin	KAISERIN	Gamsgehörn, Gamshorn	KRICKELN
		Fürstin	KOENIGIN		
Frosterscheinung	RAUHREIF	Fürwort	PRONOMEN		
		fugenloser Bodenbelag	TERRAZZO	Gang	KORRIDOR
Frucht, Fruchtart	APRIKOSE	Fuhrwerkslenker	KUTSCHER	Gangart des Pferdes	KARRIERE
Fruchtgetränk	LIMONADE	funkeln, schillern	GLITZERN	Ganges-Tiefland	BENGALEN
Fruchtgetränk	OBSTSAFT	furchtbar	HORRIBEL	Ganges-Zufluß	DSCHAMNA
Fruchtzucker	FRUKTOSE	Furnierholz	MAHAGONI	Ganzheitslehre	HOLISMUS
früh. Land d. brit. Staatsverbandes	DOMINION	Fußballstörtechnik	TACKLING	Garderobe	KLEIDUNG
früher	ZEITIGER	Fußbodenbelag	STRAGULA	Garnele	KREVETTE
früherer Adelstitel	BURGGRAF	Fuß des Federwilds	STAENDER	Garonne-Zufluß	DORDOGNE
früheres Kriegsschiff	GALEASSE	Fußleiste	LAMPERIE	Garten Eden	PARADIES
		fußloses Kriechtier	SCHLANGE	Garten Gottes	PARADIES
früheres Wurfgeschütz	BALLISTE	Fuß- u. Handwurzelknochen	KAHNBEIN	Gartenstaude	GOLDRUTE
Frühlingsblume	NARZISSE			Gasbildung im Darm	BLAEHUNG
		Fußverformung	HOHLFUSS		
frz. f. Genfer See	LACLEMAN	Fußwurzelknochen	KEILBEIN	gasförm. Brennstoff	ACETYLEN
Fuchs, Fuchsart	ROTFUCHS			gasförm. Kohlenwasserstoff	AZETYLEN
Fuchsart	EISFUCHS	Futteral, Schutzhülle	UEBERZUG		
Fuchtel, Geißel	PEITSCHE	Gabe	GESCHENK	gasförmiger Brennstoff	PROPYLEN
fühlbar	PALPABEL	Gabe, Geschenk	PRAESENT		
Fühler, Fanghaare	TENTAKEL			Gassenhauer, Hit	SCHLAGER

Gassenvogel, Spatz	SPERLING	Gebirgsgras	BLAUGRAS	gefährdet, fraglich	UNSICHER
Gast	BESUCHER	Gebirgspflanze	DACHWURZ	Gefährt	FAHRZEUG
Gastgeber	HAUSHERR	Gebirgspflanze	ROLLFARN	Gefährte d. Jason	HERAKLES
Gastgeberin	HAUSFRAU	geblättert	LAMELLAR	Gefährtin Sartres	BEAUVOIR
Gasthaus	HERBERGE	gebogene Decke	GEWOELBE	Gefälligkeit	GEFALLEN
gastlich	WIRTLICH	gebogenes Rohrstück	KRUEMMER	Gefilde der Seligen	PARADIES
Gastwirt	HOTELIER				
Gaukelei	ZAUBEREI	Gebotsübertretung	VERSTOSS	geflochtenes Gebäck	STRIEZEL
Gaumenlaut	GUTTURAL				
Gaunerwort für Polizei	SCHMIERE	gebrauchen	BENUTZEN	Geflügelprodukt	GAENSEEI
		gebrochener Akkord	ARPEGGIO	Geflügelrumpf	KARKASSE
Gaunerwort für Wache	SCHMIERE			Gefolge	HOFSTAAT
Gazelle	ANTILOPE	Geburtsort Bachs	EISENACH	Gefolgsmann	GETREUER
gebackenes Klößchen	KROKETTE				
		Geburtsort Luthers	EISLEBEN	Gefrorenes	EISCREME
Gebeinurne	OSSARIUM			Gefühl	TASTSINN
		Geburtsort Mozarts	SALZBURG	Gefühl f. Recht u. Unrecht	GEWISSEN
Gebein von Heiligen	RELIQUIE				
		Geck	LACKAFFE	gefühlsbetont	AFFEKTIV
Gebet	ANRUFUNG	Geck	MODENARR		
Gebiet	GELAENDE	Gedächtnis	ANDENKEN	Gefühlslage, Gemütszustand	STIMMUNG
gebieten	ANORDNEN				
gebieten	BEFEHLEN	Gedächtnis	GEDENKEN		
gebieterisch	HERRISCH	Gedächtnisstütze	MERKBUCH	gefühlsmäßig	INTUITIV
gebietlich	REGIONAL			gegebene Veranlagung	NATURELL
Gebietsstreifen	KORRIDOR	Gedenkmünze	MEDAILLE		
		Gedenkmünze	PLAKETTE	gegen-, wechselseitig	REZIPROK
Gebiet zw. Theiß u. Donau	BATSCHKA				
		Gedenkstätte	EHRENMAL	Gegend, Nachbarschaft	UMGEBUNG
gebildet	STUDIERT	Gedenktafel	PLAKETTE		
Gebirge auf dem Peloponnes	TAYGETOS			Gegenfüßer	ANTIPODE
		Gedenkveranstaltung	MEMORIAL	gegensätzlich	KONTRAER
Gebirge in Italien	ABRUZZEN	gedrängt	MASSIERT	gegensätzlicher Mensch	ANTIPODE
Gebirgsbahn	BERGBAHN	gedrungen, untersetzt	STAEMMIG		
Gebirgsbahn	SEILBAHN	Geduld	SANFTMUT	Gegensatz	KONTRAST
Gebirgsgewässer	WILDBACH	geeignet, brauchbar	TAUGLICH		

Gegenschlag, Rückschlag	REAKTION	Gegenwirkung, Rückwirkung	REAKTION	Geisterbeschwörer	EXORZIST
Gegenspieler	OPPONENT	Gegner	OPPONENT	Geistererscheinung	GESPENST
gegenständlich	OBJEKTIV	Gehabe	ALLUEREN	Geistesarmut	DUMMHEIT
		Gehabe, Bescheidentuerei	ZIERREI	Geisteskrankheit	WAHNSINN
Gegenteil von Analyse	SYNTHESE	gehacktes Stroh	HAECKSEL	geistl. Amt	PASTORAT
Gegenteil von Glück	UNGLUECK	Gehalt, geistiger Wert	SUBSTANZ	geistl. Amt	PREDIGER
Gegenteil von gut	SCHLECHT	Gehege	AVIARIUM	geistl. Amt	VIKARIAT
Gegenteil von horizontal	VERTIKAL	geheim	HEIMLICH	geistl. Amtsbereich	DECHANEI
Gegenteil von Knechtschaft	FREIHEIT	Geheimbund in der Antike	ORPHIKER	geistl. Amtsbereich	SPRENGEL
		Geheimlehre	ESOTERIK		
Gegenteil von Licht	SCHATTEN	geheimnisvoll	MYSTISCH	Geiz	HABSUCHT
Gegenteil von Lüge	WAHRHEIT	geheimnisvoll	ORPHISCH	Geiz, Habsucht	RAFFGIER
Gegenteil von Materialist	IDEALIST	Geheimwissenschaft	ALCHIMIE	geizen	KNAUSERN
				geizig	KNICKRIG
		Gehilfe d. Chemikers	LABORANT	Gejammer	WEHKLAGE
Gegenteil von Mut	FEIGHEIT	gehobenes Lebensgefühl	EUPHORIE	Gejauchze	HOSIANNA
Gegenteil von Orient	OKZIDENT			gekörnte Substanz	GRANULAT
Gegenteil von Untergang	AUFSTIEG	Gehörlosigkeit	TAUBHEIT	gekrümmte Linienführung	MAEANDER
Gegenteil von verbieten	ERLAUBEN	gehorchen	PARIEREN	geladenes Kernteilchen	POSITRON
		Gehorsam der Kleriker	OBEDIENZ		
Gegenteil von wachen	SCHLAFEN	Gehorsamsverweigerung	MEUTEREI	Geländer	HANDLAUF
				Geländerstütze	BALUSTER
Gegenteil von Zentral	PERIPHER	Gehsteig	TROTTOIR	Geläuf	RENNBAHN
		Geier, Geierart	AASGEIER	Gelage	GASTMAHL
gegenwärtig	MOMENTAN	Geifer	SPEICHEL	Gelage	ZECHEREI
Gegenwart	PRAESENS	Geigenteil	SCHNECKE	Gelbbleierz	WULFENIT
Gegenwart	PRAESENZ	Geißblattgewächs	GARDENIE	Gelbes Meer	HUANGHAI
Gegenwartsform	PRAESENS			Geldabgabe zum Unterhalt	ALIMENTE
		Geißblattgewächs	HOLUNDER	Geldbezug im Alter	RUHEGELD

Gelder	FINANZEN	gemeiner Albatros	KAPSCHAF	Geographie	ERDKUNDE
Geldgeber	KREDITOR	gemeinsam, gleichzeitig	SIMULTAN	geographisches Bezugsystem	GRADNETZ
geldlich	MONETAER				
Geldordnung	WAEHRUNG	Gemeinschaftsarbeit	TEAMWORK	geolog. Formation	ALLUVIUM
Geldschein	BANKNOTE	gemeinschaftsfeindlich	UNSOZIAL	geolog. Formation	HOLOZAEN
Geld überweisen	GIRIEREN			geolog. Formation	KAMBRIUM
Geldwechselstube	EXCHANGE	Gemeinwesen	GEMEINDE	geolog. Phase	WARMZEIT
		Gemenge, Gemisch	MISCHUNG	geologische Formation	PLIOZAEN
Gelegenheit	OKKASION	Gemetzel	MASSAKER		
Gelegenheitskauf	OKKASION	Gemme	INTAGLIO	geologische Formation	QUARTAER
Gelehrter	FORSCHER	Gemüse-, Gewürzpflanze	SELLERIE		
Geleitschiff	FREGATTE			geologische Formation	TERTIAER
Gelenkleiden	ARTHROSE	Gemüse mit Stengelknolle	KOHLRABI	geologische Periode	DILUVIUM
Gelenkversteifung	ANKYLOSE				
		Gemüsesuppe	JULIENNE	geometrischer Körper	PYRAMIDE
Geliebte	LIEBCHEN	Gemütsart	NATURELL		
Geliebter	LIEBSTER			geometrischer Körper, Walze	ZYLINDER
Geliebter, Hausfreund	CICISBEO	Gemütskrankheit	IRRESEIN		
		Gemunkel	GERUECHT	Gepäck des Bergsteigers	RUCKSACK
Geliebter v. Agnes Bernauer	ALBRECHT	gemustertes Gewebe	JACQUARD		
		genau, eindeutig	PRAEZISE	gepökeltes Fleischgericht	KASSELER
Geliebter v. Katharina d. Großen	POTEMKIN	genehmigen	ERLAUBEN		
				Gepräge	PRAEGUNG
Geliebter v. Selene	ENDYMION	genehmigen	ZULASSEN	geprägte Metallscheibe	MEDAILLE
Geliebter von Kleopatra	ANTONIUS	General Friedrichs d. Gr.	SCHWERIN	geprägte Tafel	PLAKETTE
Geliebte v. Don Quichotte	DULZINEA	Genesung	ERHOLUNG	gerade	AUFRECHT
		Genießer	GOURMAND	geräucherte Fleischware	SCHINKEN
Geliebte v. Nelson	HAMILTON	Genießer	LEBEMANN		
Gelöbnis	GELUEBDE	Genosse	KONSORTE		
gemein	ORDINAER	Genosse	MITGLIED	Geräusch	KNATTERN
Gemeindepfarrer	PAROCHUS	Genußmensch	BACCHANT	Geräusch	KNISTERN
Gemeindevertreter, -vertretung	STADTRAT			Geräusch	PRASSELN
		Genußmensch	HEDONIST	Geräusch des Wassers	RAUSCHEN
gemeine Fichte	ROTTANNE				

geräuschvoll	LAERMEND	german. Zwergengestalt	ALBERICH
Gerechtigkeit	FAIRNESS	Germer	NIESWURZ
Gerechtigkeit	JUSTITIA	geröstete Brotwürfel	CROUTONS
Gerede	LARIFARI	Gerücht	MUNKELEI
Gerede	MUNKELEI	Gerümpel	ALTWAREN
gereinigt	PURGIERT	Gerüst für den Sarg	KATAFALK
Gericht	MAHLZEIT	Gesalbter	CHRISTUS
Gerichtsbeisitzer	ASSESSOR	Gesamtheit	ENSEMBLE
Gerichtsbeisitzer	SCHOEFFE	Gesamtheit	GANZHEIT
Gerichtsdiener	HAESCHER	Gesamtheit d. Wesensart	NATURELL
Gerichtshof	JUDIZIUM	Gesamtheit der baltisch. Länder	BALTIKUM
Gerichtsordnung Karls V.	CAROLINA	Gesamtheit der Erbanlagen	ERBMASSE
Gerichtsvollzieher	EXEKUTOR	Gesamtnachlaß	ERBMASSE
geringfügige Entwendung	MUNDRAUB	Gesamtwirkung	EINDRUCK
Gerinnungsferment	THROMBIN	Gesandter	DIPLOMAT
gerissen	GERIEBEN	Gesandtschaft	LEGATION
german. kaltes Nebelreich	NIFLHEIM	Gesangsübung	VOKALISE
german. Kampfjungfrau	WALKUERE	Geschäft	BOUTIQUE
german. Sagengestalt	DIETRICH	Geschäftsbuch	MEMORIAL
german. Sagengestalt	RUEDIGER	Geschäftsführer	DIREKTOR
german. Schicksalsgöttin	WERDANDI	Geschäftsmann	HAENDLER
german. Seefahrervolk	WIKINGER	Geschäftswert	GOODWILL
german. Stamm	USIPETER	Geschehen	EREIGNIS
german. Stamm	WANDALEN	Geschehensablauf	HANDLUNG
german. Volksstamm	TEUTONEN	Geschenk	DOTATION
Geschichte	HISTORIE		
Geschichtsforschung	HISTORIK		
Geschichtswerk des Xenophon	ANABASIS		
Geschichtwerkverfasser	CHRONIST		
Geschicklichkeitskünstler	JONGLEUR		
Geschirrteil	ZUGBLATT		
Geschlechtsbezeichnung	MASKULIN		
Geschlechtshormon	ANDROGEN		
geschliffener Diamant	BRILLANT		
geschliffenes Glas	KRISTALL		
geschmacklos	KITSCHIG		
geschmeidig	AALGLATT		
geschmeidig	GELENKIG		
geschnittener Stein	INTAGLIO		
Geschützfeuer	KANONADE		
Geschwätz	LARIFARI		
geschwätzig	REDSELIG		
Geschwindigkeitsregler im Auto	GASPEDAL		
Geschwür	SCHWAERE		
gesegnet	BENEDEIT		
gesellig, umgänglich	SOZIABEL		

Gesellschaft Jesu	JESUITEN	
Gesellschaftsspiel	MONOPOLY	
Gesellschaftsspiel	SCRABBLE	
Gesellschaftstanz	CAKEWALK	
Gesellschaftstanz	FOXTROTT	
Gesellschaftstanz	KOTILLON	
Gesetzlosigkeit	ANARCHIE	
Gesetz-Sammlung des Justinian	DIGESTEN	
Gesichtsfeld	WELTBILD	
Gesichtsknochen	JOCHBEIN	
Gesichtsknochen	SIEBBEIN	
Gesichtskreis	HORIZONT	
Gesichtsnerv	FAZIALIS	
Gesichtspickel	MITESSER	
Gesichtsteil	AUGENLID	
Gesichtsteil	KINNLADE	
Gesichtsteil	SCHLAEFE	
Gesinde	PERSONAL	
Gesindel	ABSCHAUM	
Gespann	FUHRWERK	
Gespann	GEFAEHRT	
gestaltend	FORMATIV	
Geste	GEBAERDE	
gestehen	BEICHTEN	
gestehen	BEKENNEN	
Gesteinsart	MAGMATIT	
Gestell	SCHRAGEN	
Gestell	STELLAGE	
gestellt	SITUIERT	
Gestrüpp	DICKICHT	
Gestrüpp	GEBUESCH	
Gesuch	ANSUCHEN	
Gesuch	ERSUCHEN	
Gesuch	PETITION	
Gesundbrunnen	JUNGBORN	
gesundheitlich, hygienisch	SANITAER	
Gesundung	GENESUNG	
Getändel	LIEBELEI	
Getöse	GEPOLTER	
Getreideaufzug	ELEVATOR	
Getreide entkörnen	DRESCHEN	
Getreidekrankheit	GELBROST	
Getreidereiniger	WINDFEGE	
Getreideschädling	KORNWURM	
Getriebe	MECHANIK	
getrocknete Weinbeere	KORINTHE	
Getue	ALLUEREN	
Getuschel	GEMUNKEL	
Gewächshaus	GLASHAUS	
Gewähr, Gewährleistung	GARANTIE	
Gewaltherrschaft	DESPOTIE	
Gewaltherrschaft	DIKTATUR	
Gewaltherrscher	DIKTATOR	
gewaltig	KOLOSSAL	
gewaltig	MAECHTIG	
gewaltsame Aneignung	ANNEXION	
Gewandtheit	GESCHICK	
Gewebe	GESPINST	
Gewebeart	KAMELOTT	
Gewebeart	LEINWAND	
Gewebeart	MAROCAIN	
Gewebeart	ROHSEIDE	
Gewebeart, Rauhware	VELVETON	
Gewebeausrüstung	APPRETUR	
Gewebeverhärtung	SCHWIELE	
Gewebsbrand	GANGRAEN	
Gewebshormon	HISTAMIN	
Gewerbezweig	HANDWERK	
Gewichtheberübung	DRUECKEN	
Gewichtsverlust	EINBUSSE	
gewieft	GERISSEN	
Gewindebolzen	SCHRAUBE	
Gewinde in Bandform	GIRLANDE	
Gewinn	AUSBEUTE	
Gewinnanteil, Umsatzanteil	TANTIEME	
gewinnbringend	LUKRATIV	
Gewitter, verheerender Sturm	UNWETTER	
Gewittererscheinung	STURMBOE	
gewöhnlich	ORDINAER	
Gewölbe	WOELBUNG	
Gewölbetragplatte	KAEMPFER	
Gewühl	GEWIMMEL	
Gewürzinseln	MOLUKKEN	
Gewürzlikör	ANISETTE	

gewundener Fluß	MAEANDER	Gimpel	ROTVOGEL	Glaubenslehre	DOGMATIK
gezackte Linienführung	ZICKZACK	Gipfel	SCHEITEL	gleichbleibend	KONSTANT
		Gipfel d. Hohen Tauern	KREUZECK	gleichgerichtet	PARALLEL
Gezeter	GESCHREI	Gipfel d. Sierra Nevada	ALCAZABA	gleichgeschlechtlich	HOMOPHIL
gezielt, untergebracht	PLACIERT	Gipfel der Plessuralpen	HOCHWANG	gleichgestaltig	ISOMORPH
geziert, geschraubt	PREZIOES	Gipfel im Berner Oberland	FAULHORN	Gleichgewicht	RUHELAGE
gezogene Pflanze	SAEMLING	Gischt	BRANDUNG	gleichlaufend	PARALLEL
gezuckert	GESUESST	Gladiole, Schwertlilie	SIEGWURZ	gleichlaufend, gleichzeitig	SYNCHRON
gezuckert	KANDIERT				
gezwungen	FORCIERT	glänzend	BRILLANT	Gleichmaß	HARMONIE
Gichtbeere	AHLBEERE	glänzend. Atlasgewebe	DUCHESSE	Gleichmaß, Zeitmaß	RHYTHMUS
Giebelfeld der Antike	TYMPANON	glänzend machen	POLIEREN	gleichmütig	GELASSEN
Giebelfeld der Antike	TYMPANUM	glätten, schleifen	POLIEREN	Gleichmut	ATARAXIE
Gier	BEGEHREN	Glättmaschine	KALANDER	Gleichstand im Tennis	EINSTAND
Gier	BEGIERDE	Gläubiger	KREDITOR		
Gift des Alpenveilchens	CYCLAMIN	Glanz	BRILLANZ	Gleichstellung	PARITAET
		Glanz, Schein	SCHIMMER	Gleichwertigkeit	PARITAET
Gift des Eisenhutes	AKONITIN	Glanzüberzug bei Muscheln	PERLMUTT	gleichzeitig	ISOCHRON
Gift des Fliegenpilzes	MUSKARIN	glanzvoll	ILLUSTER	Gleisanlage	BAHNDAMM
Gift des Seidelbastes	MEZEREIN	glanzvoll, freigebig	SPLENDID	Gleisner	HEUCHLER
giftige Mittelmeerspinne	TARANTEL	Glasbehälter f. Wassertiere	AQUARIUM	gleißend	FUNKELND
				gleiten	RUTSCHEN
giftige Waldstaude	ARONSTAB	Glasbehälter für Fische	AQUARIUM	gleitend fliegen	SCHWEBEN
Gift im Opium	MORPHIUM	glasierte Tonware	MAJOLIKA	Gletscher	EISSTROM
Gift im Peyotl-Kaktus	MESKALIN	Glaslava	OBSIDIAN	Gletscher am Großglockner	PASTERZE
		glatt, schlüpfrig	RUTSCHIG	Glibber	GALLERTE
Giftpflanze	KORNRADE	Glatze	KAHLKOPF	Glibber	SCHMIERE
Gigant	MONSTRUM	Glaube	ZUTRAUEN	Gliederspinne	SCHUSTER
Gimpel	BLUTFINK	Glaube, Glaubensbekenntnis	RELIGION	Gliederung, System	STRUKTUR
Gimpel	DOMPFAFF			glitzern	GLEISSEN

Globus	ERDKUGEL	Grafentitel in Italien	MARCHESE	griech. Gott der Fruchtbarkeit	DIONYSOS
Glockenschwengel	KLOEPPEL	Grafiker	ZEICHNER	griech. Gott der Heilkunde	AESKULAP
Glockenspiel	CARILLON	Gralskönig	AMFORTAS	griech. Gott des Feuers	HEPHAEST
Glosse	FUSSNOTE	Gralsritter	LANZELOT	griech. Gott des Schlafes	MORPHEUS
glücklicher Ausgang	HAPPYEND	Gralsritter	PARZIVAL	griech. Gott des Traumes	MORPHEUS
Glücksbringer	TALISMAN	graph. Betrieb	AETZEREI	griech. Gott des Weines	DIONYSOS
Glücksspiel	LOTTERIE	graph. Betrieb	SETZEREI	griech. Großreeder	NIARCHOS
Glücksspiel	WUERFELN	Grasart	KAMMGRAS	griech. Hafenstadt	SALONIKI
Gnade	ERBARMEN	Grasart	RIEDGRAS	griech. Halbgott	HERKULES
Gnom	ERDGEIST	Grasart	SCHMIELE	griech. Historiker (2. Jh. v. Chr.)	POLYBIOS
Gönner von Horaz	MAECENAS	Grat	BERGKAMM		
Göttinger Dichterbund	HAINBUND	gratis geben	SCHENKEN	griech. Hochland	ARKADIEN
Golddistel	EBERWURZ	grauenerregend	HORRIBEL	griech. Höllenhund	ZERBERUS
Goldregen (botan.)	LABURNUM	grauer Star (medizin.)	KATARAKT	griech. Inselgruppe	KYKLADEN
Goldrute	SOLIDAGO	graugelbes Pferd	ISABELLE	griech. Inselgruppe	SPORADEN
Goldschmied	JUWELIER	grausam, roh, brutal	VIEHISCH	griech. Kirchenlehrer	BASILIUS
Gorbatschows neue Offenheit	GLASNOST	Grausen, Entsetzen	SCHAUDER	griech. Kirchenschriftsteller	ORIGENES
Gottesacker	FRIEDHOF	Grazie	LIEBREIZ	griech. Kirchenvater	IRENAEUS
Gottesdienstordnung	LITURGIE	grazil, graziös	LIEBLICH	griech. Königshalle	BASILIKA
gottesfürchtig	GLAEUBIG	grazil, graziös, niedlich	ZIERLICH	griech. Komponist	ANTONIOU
Gottesgelehrter, Geistlicher	THEOLOGE	greifbar	EFFEKTIV	griech. Kykladeninsel	SANTORIN
		greifbar	TANGIBEL		
Gottesglaube	THEISMUS	Grenze zwischen Himmel und Erde	HORIZONT		
Gotteslästerung	SAKRILEG	Grenzlinie im Spielfeld	TORLINIE		
Gottessohn	CHRISTUS	griech. Astronom	HIPPARCH		
Grabgerät	SCHAUFEL	griech. Göttin d. Anmut	CHARITIN		
Grad	MESSZAHL	griech. Göttin d. Eintracht	HARMONIA		

griech. Landschaft	ARKADIEN
griech. Meeresgott	POSEIDON
griech. Meernymphe	OKEANIDE
griech. Name des Äsop	AISOPIOS
griech. Philosoph aus Abdera	DEMOKRIT
griech. Philosoph aus Ephesos	HERAKLIT
griech. Philosoph (Kyniker)	DIOGENES
griech. Philosoph (Kyniker)	MENIPPOS
griech. Quellnymphe	ARETHUSA
griech. Quellnymphe	KASTALIA
griech. Rachegöttin	EUMENIDE
griech. Sängerin	MERCOURI
griech. Saiteninstrument	BARBITON
griech. Salbengefäß	LEKYTHOS
griech. Schicksalsgöttin	LACHESIS
griech. Sonnengott	HYPERION
griech. Sporadeninsel	SKIATHOS
griech. Sporadeninsel	SKOPELOS
griech. Stadt in Arkadien	TRIPOLIS
griech. Stadt in Thessalien	TRIKKALA
griech. Umgangssprache	DIMOTIKI
griech. Volksstamm	BOEOTIER
Griechen	HELLENEN
griechischer Volksstamm	AETOLIER
Griesgram	MURRKOPF
Griffbrett, Klaviatur	TASTATUR
Grill	BARBECUE
Grill	BRATROST
Grillparty	BARBECUE
Grips	KLUGHEIT
Grobian	RAUHBEIN
grobkörniger Granit	PEGMATIT
grönländisch. Kap	FAREWELL
Grönlandwal	GLATTWAL
größte brasilian. Stadt	SAOPAULO
größte einheim. Wespenart	HORNISSE
größte indische Stadt	KALKUTTA
größter bayer. See	CHIEMSEE
größter Breitenkreis	AEQUATOR
größter Mississippi-Zufluß	MISSOURI
größter See Afrikas	SANGOSEE
größter sibirisch. Strom	JENISSEI
größter Süßwasserfisch	ARAPAIMA
größtes Land der Eurasiens	RUSSLAND
größte Stadt der Türkei	ISTANBUL
größte Stadt in Westfalen	DORTMUND
größte Stadt von Kanada	MONTREAL
Groll, Rachsucht	RANKUENE
großartig	GRANDIOS
Großbuchstabe	MAJUSKEL
große Anstrengung	STRAPAZE
große Faltwespe	HORNISSE
große Kriegsgaleere	GALEASSE
großer Anfangsbuchstabe	INITIALE
großer epilept. Anfall	GRANDMAL
großes Motorboot	BARKASSE
großes Orchesterwerk	SINFONIE
großes Reptil	KROKODIL
großes Vogelhaus	AVIARIUM
große Verbindungsklammer	AKKOLADE
Großfürst von Kiew	JAROSLAW
Großgrundbesitzer	AGRARIER
Großhändler	GROSSIST

großjährig	MAJORENN
Großmarkt	DISCOUNT
großmütig, nachsichtig	TOLERANT
Großraumdüsenflugzeug	JUMBOJET
Großstadtbahn	HOCHBAHN
grotesk	VERZERRT
Grube	BERGWERK
Gründer d. Berliner Universität	HUMBOLDT
Gründer des Deutschen Reiches	BISMARCK
Gründer des Jesuitenordens	IGNATIUS
gründlich	INTENSIV
Gründling	KRESLING
Gründung, Schenkung	STIFTUNG
grüner Schmuckstein	MALACHIT
grünes Kupfermineral	MALACHIT
grünl. Schmuckstein	HIDDENIT
Grünrock	FOERSTER
grünschwarz. Eruptivgestein	MELAPHYR
grüßende Handbewegung	ZUWINKEN
Grundbuch	KATASTER
Grundlage, Grundmauer	UNTERBAU
Grundpfandrecht	HYPOTHEK
Grundsatzerklärung	MANIFEST
Grundschuld	HYPOTHEK
Grundstücksverzeichnis	KATASTER
Gruppenleistung	TEAMWORK
Gruppentanz	LAENDLER
Grusinier	GEORGIER
Gruß, Grußformel	GUTENTAG
Gruß, Grußwort	LEBEWOHL
Gruß f. d. Mutter Gottes	AVEMARIA
Grußform	HANDKUSS
guatemaltek. Nobelpreistr.	ASTURIAS
günstig	OPPORTUN
günstige Gelegenheit	OKKASION
Günstling	LIEBLING
Güterdepot, Lagerraum	SPEICHER
Güte von Waren	BONITAET
Guillotine	FALLBEIL
Gummi-Überschuh	GALOSCHE
Gußform	COQUILLE
Gußformherstellung	FORMEREI
Gutdünken	BELIEBEN
gutheißen	BILLIGEN
Gutmütigkeit	BONHOMIE
Guttural	KEHLLAUT
gut zusprechen	TROESTEN
Haarausfall	ALOPEZIE
Haarbalg	FOLLIKEL
Haarbalgvereiterung	FURUNKEL
Haarersatz, -teil	PERUECKE
haarfein	KAPILLAR
Haarkünstler	COIFFEUR
Haarpflegemittel	FESTIGER
Haarspalter, Wortverdreher	RABULIST
Haarstrang	STRAEHNE
Haartracht	BUBIKOPF
Haartracht	SCHEITEL
Haarwaschmittel	SCHAMPUN
Haarwild der hohen Jagd	HOCHWILD
Habe	EIGENTUM
Habsucht	GELDGIER
Häufigkeit	FREQUENZ
Häuserkomplex	SIEDLUNG
häusliche Gemeinschaft	HAUSHALT
häusliches Tanzfest	HAUSBALL
Hafenboot	BARKASSE
Hafenboot, -schiff	LASTKAHN
Hafenboot, -schiff	LEICHTER
Hafeneinrichtung	LADEMAST
Hafenstadt auf Java	SEMARANG
Hafenstadt auf Sardinien	CAGLIARI
Hafenstadt auf Zypern	LIMASSOL

Hafenstadt der Südafrik. Republik	KAPSTADT	Halbwüchsige	TEENAGER	Handpauke	TYMPANON
		Halfter	HALSJOCH	Handpauke	TYMPANUM
Hafenstadt in Birma	MOULMEIN	Hallenkirche	BASILIKA	Handpflegemittel	GLYZERIN
Hafenstadt in Island	KEFLAVIK	Halluzinogen	MESKALIN	Handpuppenfigur	KASPERLE
		Halmgewächs	GETREIDE	Handramme	STAMPFER
Hafenstadt in Kalifornien	SANDIEGO	Halsbinde	KRAWATTE	Handteil	KNOECHEL
		Halstuch	CACHENEZ	Handturngerät	EXPANDER
Hafenstadt in Oregon (USA)	PORTLAND	Halteseil bei Luftschiffen u. Ballonen	LANDETAU	Hang, Neigung	VORLIEBE
Hafenstadt in Vietnam	HAIPHONG	Haltung, Pose	STELLUNG	hannov. Kurort am Deister	NENNDORF
		Hamburger Reeder	WOERMANN		
haften	ANSITZEN			Hanswurst	HARLEKIN
Haftzeher	EIDECHSE	Hamburger Stadtteil	OTTENSEN	Hanswurst	KASPERLE
Hagelkorn	SCHLOSSE				
Hahnenfußgewächs	RANUNKEL	Hamburger Stadtteil	WANDSBEK	Hardbop-Spielart	SOULJAZZ
		Hamilkars Sohn	HANNIBAL	Harfenschlag	ARPEGGIO
Hahnenschrei	KIKERIKI	Hammer der Bergleute	FAEUSTEL	Harmonie	EINKLANG
				Harmonielehre	HARMONIK
Hakenbüchse	ARKEBUSE	Hammer des Thor	MJOELNIR	Harnruhr	DIABETES
Hakenkreuz	SWASTIKA			Harnstoff	KARBAMID
Halbaffe	FAULAFFE	Hand-, Schellentrommel	TAMBURIN	Harnverhaltung	ISCHURIE
Halbedelstein	MALACHIT	Handarbeit	STRICKEN	hartnäckig	OBSTINAT
Halbesel	MAULESEL				
Halbesel	MAULTIER	Handball-Strafentscheid	FREIWURF	Harzkurort am Brocken	SCHIERKE
halbe Spielzeit	HALBZEIT	Handelsgewerbetreibender	KAUFMANN	Harzkurort an der Randau	HARZBURG
Halbflächner	HEMIEDER				
Halbfreier	HOERIGER	Handelsmann	KAUFMANN	Haselmaus	WOLLMAUS
Halbinsel der Normandie	COTENTIN	Handfeuerwaffe	BROWNING	Hasenherz	KRIECHER
halbkreisförm. Wandfeld	LUENETTE	Handgemenge, Balgerei	RAUFEREI	Hasenweibchen	SATZHASE
				Hasenweibchen	SETZHASE
Halbleiterdiode	DETEKTOR	handgreiflich	MANIFEST	Hast	HETZJAGD
Halbseitenkopfschmerz	MIGRAENE	Handhabung	GEBRAUCH	Hauchlaut	ASPIRATA
				Haue, Hiebe	SCHLAEGE

Hauptgeschoß	BELETAGE
Hauptinsel d. Fidschis	VITILEVU
Hauptkirche	MUENSTER
Hauptmasse	MEHRHEIT
Hauptort der Bermudas	HAMILTON
Hauptort der Uckermark	PRENZLAU
Hauptst. v. Connecticut (USA)	HARTFORD
Hauptstadt	KAPITALE
Hauptstadt d. Kantons Waadt	LAUSANNE
Hauptstadt der Kapprovinz	KAPSTADT
Hauptstadt der Seschellen	VICTORIA
Hauptstadt des Depart. Savoie	CHAMBERY
Hauptstadt des Mederreiches	EKBATANA
Hauptstadt e. Bundeslandes	SCHWERIN
Hauptstadt in Ozeanien	PORTVILA
Hauptstadt v. Alberta (Kanada)	EDMONTON
Hauptstadt v. Oberfranken	BAYREUTH
Hauptstadt v. Westsahara	ELALAIUN
Hauptstadt von Aragonien	ZARAGOZA
Hauptstadt von Belize	BELMOPAN
Hauptstadt von Bosnien	SARAJEVO
Hauptstadt von Botswana	GABORONE
Hauptstadt von Celebes	MAKASSAR
Hauptstadt von Eiderstedt	TOENNING
Hauptstadt von Hawaii (USA)	HONOLULU
Hauptstadt von Indien	NEUDELHI
Hauptstadt von Jamaika	KINGSTON
Hauptstadt von Lesbos	MITILINI
Hauptstadt von Lesbos	MYTILENE
Hauptstadt von Liberia	MONROVIA
Hauptstadt von Malawi	LILONGWE
Hauptstadt von Malta	VALLETTA
Hauptstadt von Messenien	KALAMATA
Hauptstadt von Nepal	KATMANDU
Hauptstadt von Niederbayern	LANDSHUT
Hauptstadt von North Dakota	BISMARCK
Hauptstadt von Ohio (USA)	COLUMBUS
Hauptstadt von Paraguay	ASUNCION
Hauptstadt von Portugal	LISSABON
Hauptstadt von Queensland	BRISBANE
Hauptstadt von Saint Lucia	CASTRIES
Hauptstadt von Sardinien	CAGLIARI
Hauptstadt von Sierra Leone	FREETOWN
Hauptstadt von South Carolina	COLUMBIA
Hauptstadt von Südaustralien	ADELAIDE
Hauptstadt von Tschad	NDJAMENA
Hauptstadt von Ungarn	BUDAPEST
Hauptstadt von Vanuatu	PORTVILA
Hauptstadt von Virginia (USA)	RICHMOND
Hauptstadt von Westfalen	MUENSTER
Hauptstadt von Wyoming (USA)	CHEYENNE
Hauptstadt von Zaire	KINSHASA
Hauptwort	DINGWORT
Hausangestellte	PERSONAL
Hausflur	KORRIDOR

Hausgrille	HEIMCHEN	heilen, gesund machen	SANIEREN
Haushaltsgefäße	GESCHIRR	Heilgehilfin	MASSEUSE
Haushaltsgerät	KOCHHERD	Heilige d. Kirche	DOROTHEA
Hausrat	MOBILIAR	Heilige d. Kirche	GENOVEVA
Hautabsonderung	SCHWEISS	Heilige der Kirche	VERONIKA
Hautausschlag	EXANTHEM	Heilige der Kirche	WALPURGA
Hautfärbemittel	SCHMINKE	Heilige der letzten Tage	MORMONEN
Hautriß, Spalte	SCHRUNDE	Heiligenschein	GLORIOLE
Haut v. Schwarzwild u. Dachs	SCHWARTE	Heiliger, Gründer d. Karmeliter	JOHANNES
Hautverhärtung	HORNHAUT	Heiliger, Kirchenvater	JUSTINUS
Hautverhärtung	SCHWIELE	Heiliger d. Kirche	ANTONIUS
Hebewerk für Schiffe	SCHLEUSE	Heiliger d. Kirche	BENEDIKT
Hebriden-Insel	COLONSAY	Heiliger d. Kirche	DAMIANUS
Heckenpflanze	LIGUSTER	Heiliger d. Kirche	FRIDOLIN
Heckenschütze	PARTISAN	Heiliger d. Kirche	HUBERTUS
Heerwesen	MILITAER	Heiliger d. Kirche	MATTHIAS
heftig, ungestüm	VEHEMENT	Heiliger der Kirche	NIKOLAUS
heftiges Verlangen	BEGIERDE	Heiliger der Kirche	VALENTIN
Heftigkeit	SCHAERFE	Heilmethode b. Brüchen	NAGELUNG
Heftigkeit	WILDHEIT	Heilmittel	REMEDIUM
Hege, Nachsicht	SCHONUNG	Heilpflanze	BAERLAPP
Hehler	KOMPLIZE	Heilpflanze	BEINWELL
Heidelberger Bücherei	PALATINA	Heilpflanze	FAULBAUM
heikel	DIFFIZIL	Heilpflanze	LABKRAUT
Heiland	ERLOESER	Heilpflanze	LAVENDEL
Heiland	ERRETTER	Heilpflanze	RAINFARN
Heilbehandlung	THERAPIE	Heilpflanze	WALLWURZ
heilen	KURIEREN	Heilpflanze, Würzkraut	ROSMARIN
		Heimat, Heimatort	WOHNSITZ
		Heimat Jesu	NAZARETH
		heimelig, gemütlich	TRAULICH
		heimischer Straßenvogel	SCHWALBE
		heiml. Zuhörer	LAUSCHER
		heimliches Schreiben	KASSIBER
		heimlich flüstern	TUSCHELN
		Heimschule	INTERNAT
		Heimtücke	PERFIDIE
		heimtückisch ermorden	MEUCHELN
		Heirat	HOCHZEIT
		Heiratssymbol	TRAURING
		Heißsporn	HITZKOPF
		heiteres Bühnenstück	BURLESKE
		heiteres Bühnenstück	KOMOEDIE
		heiteres Bühnenstück	SCHNURRE
		heiteres musikal. Bühnenstück	OPERETTE
		heiteres Tonstück	BURLESKE
		Heiterkeitsausdruck	LAECHELN
		Heizkörper, Strahler	RADIATOR

Held der griech. Sage	HERAKLES	
Held der griech. Sage	HERKULES	
heldenhaft	HEROISCH	
Helfershelfer	KOMPLIZE	
Hellenen	GRIECHEN	
hellhaarige Frau	BLONDINE	
Hengst Odins	SLEIPNIR	
herab	ABWAERTS	
herab	HERUNTER	
herabsetzen	ABWERTEN	
heranbilden	ERZIEHEN	
Heranwachsender	TEENAGER	
herausfinden	ERUIEREN	
herausgehobener Vertreter	EXPONENT	
Herbstmonat	NOVEMBER	
Herkunft edlen Weines	KRESZENZ	
Heroin-Substitut	METHADON	
Heros	HALBGOTT	
Herr auf französisch	MONSIEUR	
Herr auf russisch	GOSPODIN	
Herrschaft, Regierung	REGIMENT	
herrschaftl. Kutsche	EQUIPAGE	
Herrschaftslosigkeit	ANARCHIE	
herrschen	GEBIETEN	
Herrscher	GEBIETER	
Herrscher, Machthaber	POTENTAT	
Herrscherhaus	DYNASTIE	
Herrscherin	FUERSTIN	
Herrscherin	KOENIGIN	
Herrscherin	REGENTIN	
Herrscherinnentitel	KAISERIN	
herstellen	ERZEUGEN	
herstellen	FERTIGEN	
Herumtreiber, Landstreicher	VAGABUND	
hervorragender Künstler	VIRTUOSE	
herzanregender Giftstoff	SPARTEIN	
Herzbeutel	PERIKARD	
Herzensdame	DULZINEA	
Herzensdame v. Don Quichotte	DULCINEA	
Herzentzündung	KARDITIS	
Herzinnenhaut	ENDOKARD	
hess. Stadt an d. Nidda	SCHOTTEN	
hess. Stadt an der Eder	FRITZLAR	
hess. Stadt an der Fulda	HERSFELD	
hess. Stadt an der Lahn	WEILBURG	
hess. Stadt an der Rhön	HUENFELD	
hess. Stadt an der Werra	ESCHWEGE	
hess. Stadt im Taunus	KRONBERG	
hess. Weinbaugebiet	RHEINGAU	
hethit. Herrscher	LABARNAS	
hethit. Herrscher	MURSILIS	
hethit. Herrscher	TELEPINU	
Hetzredner	AGITATOR	
Heuchler	HYPOKRIT	
heuern	ANWERBEN	
Heuhüpfer, Heuschrecke	HEUPFERD	
heutig. Name von Lesbos	MYTILENE	
Heuwagenstange	WIESBAUM	
Hexagon	SECHSECK	
Hexe, Drud	ZAUBERIN	
Hexenbesen, Grasart	WOLLGRAS	
Hexenring	FEENRING	
Hexenring	PILZRING	
Hexer, Schwarzkünstler	ZAUBERER	
Hexode	SECHSPOL	
Hiebwunde	SCHMARRE	
Hifthorn	JAGDHORN	
Hilfsmittel, Rüstzeug	REQUISIT	
Himalaja-Bewohner	NEPALESE	
Himmelserscheinung	ABENDROT	
Himmelsforscher	ASTRONOM	
Himmelsrichtung	NORDWEST	
hinderlich	STOEREND	
Hindernisbahn	PARCOURS	

Hindernisrennpferd	STEEPLER	hoch angesehen	BERUEHMT	Hochschwarzwald-Kurort	NEUSTADT
hinduist. Göttin des Glücks	LAKSCHMI	hochbetagt	STEINALT	Hochsprung-Stil	STRADDLE
hinduist. göttliche Dreifaltigkeit	TRIMURTI	hochempfindlich, feinnervig	SENSITIV	Hochwasserschutz	STAUWEHR
		Hochfrequenzgleichrichter	DETEKTOR	Hochwild-Art	AUERWILD
hinduist. Gottheit	GANESCHA	Hochgebirge im Kun-lun	NANSCHAN	Hochwild-Art	ELCHWILD
hinduist. Gottheit	KARIKEJA	Hochgebirge in Asien	HIMALAJA	Hochwürden	REVEREND
hinduist. Gottheit	KRISCHNA			Hochzahl	EXPONENT
Hinrichtungsart	PFAEHLEN	Hochgefühl	EUPHORIE	Hocker, Schemel	TABURETT
hinterbringen	ZUTRAGEN	hochherzig	GENEROES	Hodenentzündung	ORCHITIS
Hinterlassenschaft	NACHLASS	Hochherzigkeit	GROSSMUT	höchst	UNGEMEIN
Hinterlist, Untreue	PERFIDIE	hochkant	AUFRECHT	höchstentwickelte Säugetiere	PRIMATEN
Hintertreffen	NACHTEIL	Hochland des Peloponnes	ARKADIEN		
Hinweg	ANMARSCH	Hochland in Südfrankreich	AUVERGNE	höchster Berg der Sierra Nevada	MULHACEN
Hinweg auf Bergen	AUFSTIEG	Hochland in Vorderasien	ARMENIEN	höchster Berg im Schwarzwald	FELDBERG
hinzuzählen	ADDIEREN				
Hirngespinst	CHIMAERE	Hochmeister d. Dtsch. Ordens	KNIPRODE	höchster Berg in Großbritannien	BENNEVIS
Hirngespinst	ILLUSION	Hochmeister des Deutsch. Ordens	HEINRICH	höchster Berg in Nordamerika	MCKINLEY
Hirngespinst	WAHNIDEE				
Hirngespinst, Illusion	TRUGBILD	Hochmeister des Deutschen Ordens	ALBRECHT	höchster Berg von Borneo	KINIBALU
Hirngespinst, Wachtraum	TAGTRAUM	hochmütig, hochnäsig	BLASIERT	höchster Eifelgipfel	HOHEACHT
hirnverbrannt, vernunftwidrig	UNSINNIG	hochschnellen	SPRINGEN	höchster Kurvenpunkt	SCHEITEL
Hirschziege	ANTILOPE	Hochschule	AKADEMIE	höchstes Gebirge der Erde	HIMALAJA
Hirte	SCHAEFER	Hochschulschatzmeister	QUAESTOR	höchstes Segel	SKYSEGEL
Hirtenflöte	SCHALMEI				
Histörchen	ANEKDOTE			höflicher Mensch	KAVALIER

Höflichkeitsbezeugung	HANDKUSS	hohes Bauwerk	HOCHHAUS	Hosenart	BUNDHOSE
Höflichkeitsbezeugung	HONNEURS	Hohlkörper	ZYLINDER	Hosenform	KEILHOSE
Höfling	KAVALIER	Hohlpfennig	BRAKTEAT	Hostiengefäß, Tabernakel	ZIBORIUM
Höfling	SCHRANZE	Hohn	ZYNISMUS	Hotelbesitzer	HOTELIER
Höflingsgruppe	KLUENGEL	Holdrio	LUFTIKUS	Hubschrauber-Landeplatz	HELIPORT
Höhen- u. Seitensteuer	LEITWERK	Holdseligkeit	LIEBREIZ	hübsch, entzückend	REIZVOLL
Höhenzug in Nordostfrankreich	ARDENNEN	holländ. Architekt	RIETVELD	Hüftgelenkschmerz	KOXALGIE
Höhenzug sw. von Berlin	FLAEMING	holländ. Maler (De Stijl)	MONDRIAN	Hühnervogel	FELDHUHN
Höhenzunahme	STEIGUNG	holländ. Name von Nimwegen	NIJMEGEN	hüten	BEWACHEN
höherer Schüler	PRIMANER	holländ. Verlegerfamilie	ELZEVIER	Hüter, Wachender	WAECHTER
höherer Schüler	SEXTANER	Holunder	SAMBUKUS	Hüter des Nibelungenhorts	ALBERICH
Höhle	HOHLRAUM	Holzart	KERNHOLZ	Hundegebell	GEKLAEFF
Höhle in Spanien mit ber. Malereien	ALTAMIRA	Holzblasinstrument	SCHALMEI	Hundepack	KANAILLE
hölzerne Liegestatt	PRITSCHE	Holzgeist	METHANOL	Hunderasse	WINDHUND
Hörerschaft, Leserschaft	PUBLIKUM	Holzschädling	HOLZWURM	Hundertjähriger	ZENTENAR
Hoffnung	AUSSICHT	Holzsplitter	SCHIEFER	Hundezecke	HOLZBOCK
hoffnungslos	DESPERAT	Holzstabspiel	XYLOPHON	Hundezüchter	KYNOLOGE
hofieren, buhlen	UMWERBEN	Honigklee	HORNKLEE	Hundskopfaffe	MANDRILL
hohe Geschwindigkeit	EILTEMPO	Honiglikör	DRAMBUIE	Hundskopfaffe	TSCHAKMA
hoher Beamter im alten China	MANDARIN	horchen	LAUSCHEN	Hustenmittel	GUAJAKOL
hoher franz. Beamter	PRAEFEKT	Horizont, Gesichtsfeld	SEHKREIS	Hutmacherin	MODISTIN
hoher Herrenhut	ZYLINDER	Hormon	GESTAGEN	iberischer Staat	PORTUGAL
hoher schmaler Absatz	STOECKEL	Hormon	SECRETIN	Ichsucht	EGOISMUS
hoher Wohnbau	HOCHHAUS	Hormon-Arzneistoff	KORTISON	Ideal	HOCHZIEL
		Hornblatt	IGELLOCK	Ideal	LEITBILD
		Hornblende	AMPHIBOL	Ill-Tal in Vorarlberg	MONTAFON
		Hornplättchen	SCHUPPEN		
		Hortbesitzer d. german. Sage	NIBELUNG		
		horten	HAMSTERN		

illustriertes Buch	BILDBAND	Indianerschutzgebiet	RESERVAT
illyr. Stamm im Epirus	MOLOSSER	Indianerstamm, -sprache	DELAWARE
Imbiß	BROTZEIT	Indianerstamm, -sprache	TSCHINUK
Imbiß	MAHLZEIT	indianische Streitaxt	TOMAHAWK
Imbißstube, Schnellimbiß	SNACKBAR	indisch. Berg	MOUNTABU
im kleinen	ENDETAIL	indisch. Fluß	GODAVARI
Immatrikulationsliste	MATRIKEL	indisch. Hafen am Ind. Ozean	KALKUTTA
immer, jederzeit	STAENDIG	indisch. Nationalepos	RAMAJANA
Immergrün	SINGRUEN	indisch. Teilstaat	DSCHAMMU
immergrünes Gewächs	OLEANDER	indisch. Tempeltänzerin	BAJADERE
Impression	EINDRUCK	indisch. Tragsessel	PALANKIN
im Tanzschritt gehen	TAENZELN	indisch. Unionsstaat	NAGALAND
in Angriff nehmen	ANPACKEN	indische Gottheit	GANESCHA
Inbegriff, Urmuster	PROTOTYP	indische Händlerkaste	VAISCHYA
Inbegriff, Wesenskern	SUBSTANZ	indischer Ameisenbär	PANGOLIN
in Besitz nehmen	ANEIGNEN	indischer Fürstinnentitel	MAHARANI
ind. Fluß zum Golf von Bengalen	KRISCHNA	indische Sänfte	PALANKIN
in den Wehen liegen	KREISSEN	indische Sprache	GUJARATI
indessen	WAEHREND	indische Stadt am Narbada	JABALPUR
indian. Fleischkonserve	PEMMIKAN	indische Stadt im Himalaja	SRINAGAR
indianerfreundl. span. Bischof	LASCASAS	indische Stadt in Maharaschtra	KOLHAPUR
Indianergestalt bei Karl May	WINNETOU	indische Stadt in Orissa	ROURKELA
Indianerschuh	MOKASSIN	indische Stadt in Uttar Pradesh	MIRZAPUR
		indisch-pakistan. Territorium	KASCHMIR
		indogerman. kleinas. Volk	HETHITER
		indones. Hauptstadt	DJAKARTA
		indones. Insel	BELITUNG
		indones. Insel	BILLITON
		indones. Inselgruppe	MOLUKKEN
		indones. Inselgruppe	TAMBELAN
		indones. Singvogel	REISFINK
		indones. Stadt	SURABAYA
		indones. Vulkan	KRAKATAU
		Industriestadt am Erzgebirge	CHEMNITZ
		infantil	KINDLICH
		Infektionsausbreitung	EPIDEMIE
		Infektionsursache	BAKTERIE
		Infektionsursache	BAZILLUS
		Information	AUSKUNFT
		Ingwer-Gewürz	KARDAMON
		Inhaber	BESITZER
		Inhalt	FUELLUNG
		Initiative	ANREGUNG
		inmitten	ZWISCHEN
		innerasiat. Hochland	MONGOLEI

innerasiat. Staat	MONGOLEI
Innereien	GEKROESE
inneres Keimblatt	ENDODERM
inneres Verantwortungsgefühl	GEWISSEN
innewohnend	IMMANENT
innig	HERZLICH
Inschrift	EPIGRAMM
Inschrift	EPIGRAPH
Insekt	KERBTIER
Insektenbekämpfungsmittel	ATEMGIFT
Insektenlockstoff	PHEROMON
Insel bei Indien	SRILANKA
Insel bei Sachalin	KARAFUTO
Insel bei Sumatra	BELITUNG
Inseleuropäer	MALTESER
Inselgruppe	ARCHIPEL
Inselgruppe im westl. Atlantik	BERMUDAS
Insel im Ärmelkanal	ALDERNEY
Inselstaat im Pazifik	KIRIBATI
Insel von Vanuatu	EROMANGA
Insel von Vanuatu	MALEKULA
Insel von Venedig	GIUDECCA
Insel vor Ostafrika	SANSIBAR
Inselwelt im Pazifik	OZEANIEN
Insemination	BESAMUNG
inserieren	ANZEIGEN
insgesamt	PAUSCHAL
insgesamt	ZUSAMMEN
in sich gesteigert	INTENSIV
intensiv lernen	BUEFFELN
Interessenvertreter	LOBBYIST
internat. Kriminalpolizei	INTERPOL
Intervall	TONSTUFE
Intrige	KOMPLOTT
IOK-Präsident	BRUNDAGE
Ionenaustauscher	PERMUTIT
ir.-engl. Lustspieldichter	SHERIDAN
iranisch. Berg im Elburs	DEMAWEND
iranisch. Revolutionsführer	KHOMEINI
irisch. Missionar Burgunds	COLUMBAN
irisch. Nobelpreisträger	CORRIGAN
irisch. Politiker	DEVALERA
irisch. Politiker, Staatsmann	CASEMENT
irisch. Politiker, Staatsmann	COSTELLO
irische Hafenstadt, Seebad	WESTPORT
irischer Philosoph	BERKELEY
irische Stadt am Shannon	LIMERICK
irreführen	VEXIEREN
Irrlehre	HAERESIE
Irrlehre	KETZEREI
Irrsinn	WAHNSINN
isländ. Fluß	JOEKULSA
isländischer Schriftsteller	SVENSSON
islam. Frauenschleier	JASCHMAK
islam. heiliger Krieg	DSCHIHAD
islam. Heiligtum	HADSCHAR
islam. Sekte	BABISTEN
islamisch. Asket	DERWISCH
islamisch. Konfession	SCHIITEN
islamisch. Konfession	SUNNITEN
islamisch. Prophet	MOHAMMED
islamisch. Symbol	HALBMOND
israel. Geigenvirtuose	ZUKERMAN
israel. Politiker, Autor	GOLDMANN
israelisch. Wüstenwind	SCHARAFF
israelitisch. Stamm	BENJAMIN
israelitisch. Stamm	MANASSER
israelitisch. Stamm	NAPHTALI
ital. abstrakt. Maler	MAGNELLI
ital. Adelsprädikat, -titel	MARCHESE
ital. Adelsprädikat, -titel	PRINCIPE
ital. Adelstitel	VISCONTE

ital. Adriahafen	BARLETTA	
ital. Adriahafen bei Bari	MOLFETTA	
ital. Alpensee	COMERSEE	
ital. Alpensee	GARDASEE	
ital. Anatom	MORGAGNI	
ital. Arzt u. Naturforscher	MALPIGHI	
ital. Autor (Nobelpreis)	CARDUCCI	
ital. Autor (Nobelpreis)	GARDUCCI	
ital. Barockbaumeister	PIRANESI	
ital. Barockmaler	GUERCINO	
ital. Baumeisterfamilie	SANGALLO	
ital. Berg im Ortlermassiv	CEVEDALE	
ital. Bergmassiv	ADAMELLO	
ital. Bildhauer, Goldschmied	GHIBERTI	
ital. Filmregisseur	MONTALDO	
ital. Filmschauspieler	GASSMANN	
ital. Frauenheld	CASANOVA	
ital. Frauenname	BEATRICE	
ital. Frauenname	CARLOTTA	
ital. Frauenname	FIAMETTA	
ital. Frauenname	LUCREZIA	
ital. Fremdenführer	CICERONE	
ital. futurist. Maler	BOCCIONI	
ital. futuristisch. Maler	SEVERINI	
ital. Gasthaus	PIZZERIA	
ital. Geigenbauer	BERGONZI	
ital. Geigenbauer	STORIONI	
ital. Geigenbauer (Cremona)	GUARNERI	
ital. Geigenvirtuose	PAGANINI	
ital. Hafen am Ligur. Meer	LASPEZIA	
ital. Hafen am Ligurisch. Meer	PIOMBINO	
ital. Hafen bei Bari	MONOPOLI	
ital. Hafenstadt an der Adria	BRINDISI	
ital. Hartkäse	PARMESAN	
ital. Humanist und Dichter	PETRARCA	
ital. Humanist und Drucker	MANUTIUS	
ital. Jongleur	RASTELLI	
ital. Komponist	DONATONI	
ital. Komponist	GIORDANO	
ital. Komponist	RESPIGHI	
ital. Komponist	STEFFANI	
ital. Komponist u. Pianist	CLEMENTI	
ital. Komponist (16. Jh.)	MARENZIO	
ital. Kriegshafen	LASPEZIA	
ital. Landschaft	ABRUZZEN	
ital. Lyriker u. Philosoph	LEOPARDI	
ital. Männername	AGOSTINO	
ital. Männername	EMANUELE	
ital. Männername	FEDERICO	
ital. Männername	GIOVANNI	
ital. Männername	GIUSEPPE	
ital. Männername	MARCELLO	
ital. Männername	RAIMONDO	
ital. Maler	ANGELICO	
ital. Maler	CAMPIGLI	
ital. Maler	CARRACCI	
ital. Maler	DOMENICO	
ital. Maler, Lehrer Raffaels	PERUGINO	
ital. Maler u. Architekt (Renaiss.)	BRAMANTE	

ital. manieristisch. Maler	PONTORMO
ital. Mittelmeerinsel	SIZILIEN
ital. Opernkomponist	SPONTINI
ital. Opernregisseur	STREHLER
ital. Physiker	AVOGADRO
ital. Popsängerin	GIANNINI
ital. Psychiater	LOMBROSO
ital. Regisseur	PASOLINI
ital. Renaissance-Architekt	PALLADIO
ital. Rennfahrer	GIANNINI
ital. Schaumwein	SPUMANTE
ital. Seefahrer	KOLUMBUS
ital. Seefahrer	VESPUCCI
ital. Söldnerführer	COLLEONI
ital. Stadt am Po	AQUILESA
ital. Stadt am Po	PIACENZA
ital. Stadt am Tagliamento	LATISANA
ital. Stadt am Ticino	VIGEVANO
ital. Stadt an der Etsch	ROVERETO
ital. Stadt an der Sesia	VERCELLI
ital. Stadt in Latium	FRASCATI
ital. verst. Komponist	MASCAGNI
ital. weibl. Adelstitel	MARCHESA
ital. Weinsorte	FALERNER
ital.: Apotheke	FARMACIA
ital.: Bahnhof	STAZIONE
ital.: Bruder	FRATELLO
ital.: Familie	FAMIGLIA
ital.: Gräfin	CONTESSA
ital.: Schloß	CASTELLO
ital.: Schweiz	SVIZZERA
ital.: sechzig	SESSANTA
ital.: siebzig	SETTANTA
ital.: vierzig	QUARANTA
italien. Fluggesellschaft	ALITALIA
Jäger	WEIDMANN
Jäger, Infanterist	SCHUETZE
Jägerei	WEIDWERK
Jägerei, Jagd	WEIDWERK
jäh, heftig	IMPULSIV
Jagd	JAEGEREI
Jagd	WEIDWERK
Jagdart	BEIZJAGD
Jagdart	FANGJAGD
Jagdart	LOCKJAGD
Jagdart	REITJAGD
Jagdgefährte der Artemis	KALLISTO
Jagdhorn	HIFTHORN
Jagdhund	HETZHUND
Jagdkanzel	HOCHSITZ
Jagdtasche	WEIDSACK
Jagdwaffe	ARMBRUST
Jagdwaffe	SAUFEDER
Jahrbuch	ALMANACH
Jahrhundert	SAEKULUM
Jahrweiser	KALENDER
Jalousie	ROLLADEN
Jangtsekiang-Zufluß	KANKIANG
japan. Anstandsregel	BUSCHIDO
japan. Automarke	DAIHATSU
japan. Autor (Nobelpreis)	KAWABATA
japan. Bambusflöte	SAKUHATI
japan. Fahrzeugfirma	KAWASAKI
japan. Filmregisseur	KUROSOWA
japan. Hafenstadt auf Hondo	JOKOHAMA
japan. Hafenstadt auf Hondo	JOKOSUKO
japan. Hafenstadt auf Honschu	KANASAWA
japan. Hafenstadt auf Honschu	KAWASAKI
japan. Hauptinsel	HOKKAIDO
japan. Holzschnittkünstler	HARUNOBU

japan. Holzschnittkünstler	TOYOKUNI	japan. Stadt auf Hondo	WAKAJAMA	jüdisch. Volksteil in Äthiopien	FALASCHA
japan. Insel	SCHIKOKU	japan. Stadt auf Honschu	KAMAKURA	jüdische Bibelauslegung	MIDRASCH
japan. Kaiser	HIROHITO	japan. Todesflieger	KAMIKAZE	jüdische Gebetsriemen	TEFILLIN
japan. Kampfsport	JIUJITSU	japan. Wallfahrtsort	KOTOHIRA	jüdische Mischsprache	JIDDISCH
japan. Maler (16. Jh.)	MOTONOBU	japan. Wallfahrtsort	MIYAJIMA	jüdischer König	REHABEAM
japan. Maler (17. Jh.)	MORONOBU	Jazzinstrument	SAXOPHON	jüdischer Politiker, Zionist	WEIZMANN
japan. Mediziner (Nobelpreis)	TONEGAWA	Jazzkomponist, -musiker	ADDERLEY	jüdisches Gotteshaus	SYNAGOGE
japan. Nationalgetränk	REISWEIN	Jazzmusiker (Schlagzeuger)	CRAWFORD	jüngster Sohn Jakobs	BENJAMIN
japan. Physiker (Nobelpreis)	TOMONAGA	Jenissei-Zufluß	TUNGUSKA	Jugendliche	MAEDCHEN
japan. Politiker (Min.-präsid.)	NAKASONE	Johannisbeere	AALBEERE	Jugendlicher, Jugendliche	TEENAGER
japan. Religion	TENRIKYO	Johannisnacht	SONNWEND	jugosl. für Montenegro	CRNAGORA
japan. Riesen-Buddhastatue	DAIBUTSU	Johanniter	MALTESER	jugosl. Name von Karlstadt	KARLOVAC
japan. rituell. Selbstmord	HARAKIRI	Journal	MEMORIAL	jugosl. Stadt in d. Batschka	SUBOTICA
		Journal	TAGEBUCH		
		jubeln	JAUCHZEN		
		jucken	KRIBBELN		
		Juckreiz	PRURITUS		
		Jude	ISRAELIT		
		jüd. Jugendfest	BARMIZWA	jugoslaw. Berg in Montenegro	DURMITOR
japan. Rollbild	KAKEMONO	jüdisch. Gebetshaus	SYNAGOGE	jugoslaw. Stadt in Kossowo	PRISTINA
japan. Rollbild	MAKIMONO	jüdisch. Geistlicher	RABBINER	jugoslaw. Stadt in Montenegro	TITOGRAD
japan. Silbenschrift	HIRAGANA	jüdisch. Gesetzeslehrer	RABBINER	jugoslaw. Stadt in Serbien	LESKOVAC
japan. Silbenschrift	KATAKANA	jüdisch. Historiker	JOSEPHUS		
japan. Stadt auf Hokkaido	HAKODATE	jüdisch. Lichterfest	CHANUKKA	jugoslaw. Volksgruppe	SLAWONEN
japan. Stadt auf Hondo	HIROSAKI	jüdisch. Seelsorger	RABBINER	junger Wein	HEURIGER
japan. Stadt auf Hondo	KORIJAMA				

junges weibl. Wesen	MAEDCHEN
junge Waldpflanzung	SCHONUNG
junge Ziege	ZICKLEIN
Jungrind	BULLKALB
Jupiter-Mond	KALLISTO
jurist. vertretbar	FUNGIBEL
juxen, spaßen	SCHERZEN
Kabinettsmitglied	MINISTER
Käferart	HELDBOCK
kämpfen, zanken	STREITEN
Kämpfer, Krieger	STREITER
kämpferisch	MILITANT
Käseart, -sorte	LIPTAUER
Käseart, -sorte	TILSITER
Käsesorte	VACHERIN
Kaiser der Franzosen	NAPOLEON
kaiserlich	IMPERIAL
Kaiserreich	IMPERIUM
Kaisertitel in Frankreich	EMPEREUR
Kalender	ALMANACH
Kalender	JAHRBUCH
Kalifenname	SULEIMAN
Kaliglimmer	MUSKOVIT
Kaliumchlorid	SYLVINIT
Kalkspat	MAGNESIT
Kalmücken	TORGOTEN
Kalvarienberg	GOLGATHA
kambodschan. Politiker	SIHANOUK
Kamel	DROMEDAR
Kameradin	FREUNDIN
Kammer	KABINETT
Kammerton	DIAPASON
Kammgarngewebe	KASCHMIR
Kampfbahn b. Motorsport	MOTODROM
Kampfbahn b. Reitsport	PARCOURS
Kampfbahn beim Sport	RENNBAHN
kampfunfähig	KNOCKOUT
Kampfwagen der Antike	QUADRIGA
Kampf zwischen Armeen	SCHLACHT
kanad. Ballspiel	LACROSSE
kanad. Bucht	FUNDYBAI
kanad. Bucht	JAMESBAI
kanad. Hafenstadt	MONTREAL
kanad. Indianerschlitten	TOBOGGAN
kanad. Insel	BATHURST
kanad. Jazzpianist	PETERSON
kanad. Politiker (Min.-präsid.)	MULRONEY
kanad. See	HURONSEE
kanad. Stadt	BATHURST
kanad. Stadt	WINNIPEG
kanad. Stadt am Ontariosee	HAMILTON
kanad. Stadt auf Vancouver	VICTORIA
kanad. Stadt in Manitoba	WINNIPEG
kanad. Stadt in Ontario	KINGSTON
kanaitischer Volksstamm	AMORITER
Kanalstufe	SCHLEUSE
Kanalstufe	STAUWEHR
Kanarische Insel	LAGOMERA
Kandelaber	LEUCHTER
kandierte Orangenschale	ORANGEAT
kandierte Zitronenschale	ZITRONAT
Kaneelstein	HESSONIT
Kaninchenrasse	HERMELIN
Kanoniker, Kanonikus	CHORHERR
Kanu-Bootstyp	KANADIER
Kanzel	KATHEDER
Kapellmeister	DIRIGENT
Kapitelherr	CHORHERR
Kapsel	GEHAEUSE
kaputt, zerstört	RUINIERT
Kapuze	BASCHLIK
Kapuzineraffe	WOLLAFFE
Kapverdische Insel	BOAVISTA

Kapverdische Insel	SAOTIAGO	karthagischer Heerführer	HANNIBAL	Keilschriftmaterial	TONTAFEL
Karbonade	KOTELETT	Kassenschlager	KNUELLER	Keimblase	BLASTULA
Kardinalsvers. z. Papstwahl	KONKLAVE	Kataster	FLURBUCH	keltisch. Volksstamm	BRETONEN
		Kathedrale	MUENSTER		
karg	AERMLICH	kathol. Bettelorden	SERVITEN	keltische Gottheit	TEUTATUS
karg	DUERFTIG			keltische Sprache i. Schottland	GAELISCH
karib. Wirbelsturm	HURRIKAN	kathol. Geistlicher	PRIESTER		
Karneval	FASCHING	kathol. Hilfswerk	MISEREOR	keltische Sprache in Cornwall	KORNISCH
Karnevalsausschuß	ELFERRAT	kathol. Kirchengesang	MISERERE	keltische Sprache in Wales	KYMRISCH
Karo beim Kartenspiel	ECKSTEIN	kathol. Kirchenlehrer, -vater	AUGUSTIN	keltische Volksgruppe	SCHOTTEN
Karo beim Kartenspiel	SCHELLEN	kathol. Leichenfeier	EXEQUIEN	keltische Volksgruppe	SEQUANER
Karpatenlandschaft	BUKOWINA	kathol. liturg. Obergewand	MESSROCK	kenian. Politiker, Staatspräsid.	KENYATTA
Karpatenteil	BESKIDEN	kathol. Messgesang	GRADUALE	Kenner des Griechischen	GRAEZIST
Karpfenart, -fisch	PEITZGER	kathol. Orden	JESUITEN	Kennzeichen	ATTRIBUT
Karpfenart, -fisch	ROTFEDER	kathol. Priestergewand	PLUVIALE	Kerzenständer	FLAMBEAU
Karpfenfisch, Aland	NERFLING			Kettengeräusch	GERASSEL
Karriere	LAUFBAHN	Katzenart	KURZHAAR	Kettenseide	ORGANSIN
Kartengeduldsspiel	PATIENCE	Katzenkraut	BALDRIAN	Ketzerei	HAERESIE
		Katzensilber	MUSKOVIT	Ketzerei	IRRLEHRE
Kartenglücksspiel	BAKKARAT	kaufen	ERWERBEN	Ketzerverbrennung	AUTODAFE
Kartenglücksspiel	LOTTERIE	Kavallerie	REITEREI		
		Kavallerieeinheit	ESKADRON	Keule	SCHINKEN
Kartenspiel	PAPILLON	Kegelschnitt	HYPERBEL	Keuschheit	UNSCHULD
Kartenspiel	QUARTETT	Kehlbein	SPHENOID	Keuschheit, Unbeflecktheit	REINHEIT
Kartenspielausdruck	FULLHAND	Kehllaut	GUTTURAL		
		Kehraus	ABGESANG	Kieferanomalie	PROGENIE
Kartenzeichen	SIGNATUR	Kehrwiederkeule	BUMERANG	Kieferlose (zool.)	AGNATHEN
		Keile, Prügel	SCHLAEGE		

Kieferneule	FORLEULE	
Kiefernholzfackel	KIENSPAN	
Kieselalge	DIATOMEE	
Killer	MORDBUBE	
Kimm	HORIZONT	
Kimm	SEHKREIS	
Kinder v. Niobe	NIOBIDEN	
kindisch	INFANTIL	
Kindspech (mediz.)	MEKONIUM	
Kirchenbann	ANATHEMA	
Kirchendiener	KIRCHNER	
Kirchenfürst	KARDINAL	
Kirchengemeinde	ECCLESIA	
Kirchenhauptraum	LANGHAUS	
Kirchensprengel	GEMEINDE	
Kirchensprengel	PASTORAT	
Kirchenvater	CYRILLUS	
Kirchhof	FRIEDHOF	
kirchl. Pfründe	KOMMENDE	
kirchlich	KLERIKAL	
Kirchspiel	PASTORAT	
Kismet	ERGEBUNG	
Kitzler	KLITORIS	
klagend	ELEGISCH	
klagende Schmerzenslaute	GEWIMMER	
klangschöner Gesang	BELCANTO	
Klangschönheit	EUPHONIE	
Klangschönheit	HARMONIE	
klar	DEUTLICH	
Klatsch	GERUECHT	
Klatsch	NACHREDE	
Klebstoff	KLEISTER	
Klecks, Fleck	SPRITZER	
Kleeblatt als irisch. Symbol	SHAMROCK	
Kleefalter	GELBLING	
Kleid der Vögel	GEFIEDER	
Kleideranhang	SCHLEPPE	
klein, nett	NIEDLICH	
kleinasiat. Fluß	MAEANDER	
Kleinbild	MINIATUR	
Kleinbuchstabe	MINUSKEL	
Kleindarsteller	KOMPARSE	
kleine Faser	FIBRILLE	
kleine Menge	HANDVOLL	
kleine Pistole	TERZEROL	
kleinere Druckarbeit	AKZIDENZ	
kleiner Karren	KARRETTE	
kleiner Planet	ASTEROID	
kleiner Teppich	VORLEGER	
kleines Gemach	KABINETT	
kleines Harmonium	MELODIUM	
kleines Kriegsschiff	KORVETTE	
kleines Oberfenster	DACHLUKE	
kleine Sonate	SONATINE	
kleines Rad	RAEDCHEN	
kleines Schienenfahrzeug	DRAISINE	
Kleingolf	MINIGOLF	
Kleinigkeit	BISSCHEN	
Kleinkalibergewehr	TESCHING	
Kleinkrieg	GUERILLA	
Kleinkunstbühne	KABARETT	
Kleinlebewesen im Wasser	PLANKTON	
kleinlich	PINSELIG	
kleinlich, engherzig	PINGELIG	
Kleinmalerei	MINIATUR	
kleinster mexikan. Staat	TLAXCALA	
Klematis	WALDREBE	
Kletterpflanze	BIGNONIE	
Kletterstrauch	WISTARIA	
Klettervogel	EISVOGEL	
klimmen	KLETTERN	
Klinik-Abteilung	AMBULANZ	
Klippfisch	KABELJAU	
Klopfkäfer, Holzwurm	TOTENUHR	
Klosett, Waschraum	TOILETTE	
Klosterkirche	MUENSTER	
Klostervorsteher	GUARDIAN	
Klüngelei	KUMPANEI	
Kluft, Enge, Engpaß	SCHLUCHT	
Klugheit	WEISHEIT	
Klugheit, Mutterwitz	SCHLAEUE	
Klugheit, Scharfsinn	VERSTAND	
Knabenchor	KURRENDE	
Knauser	GEIZHALS	
Kneifer, Klemmer (Brille)	PINCENEZ	

Kneipe, Kaschemme	SPELUNKE	König von Israel	JEROBEAM	kolumbian. Stadt	MEDELLIN
Knobel	KNOECHEL	König von Juda	JOSAPHAT	Komiker	HUMORIST
Knochenauswuchs	EXOSTOSE	König von Numidien	JUGURTHA	Komiker	PARODIST
Knochenerweichung	RACHITIS			komische Prosadichtung	GROTESKE
		Könner, Meisterspieler	VIRTUOSE	Kommandant	OFFIZIER
Knochengelenk	KNOECHEL	Körnerfrucht	GETREIDE	Kommandant, Kommandeur	KAPITAEN
Knochenleim	GELATINE	Körnerkrankheit	GRANULOM		
Knochenzüngler (Fisch)	ARAPAIMA	Körperbaulehre	ANATOMIE	Kommiß	MILITAER
knötchenförmige Entzündung	TUBERKEL	Körperbautyp	PYKNIKER	kommun. Jugendorganis. d. UdSSR	KOMSOMOL
		Körpergefäß	BLUTADER	Kommunalorgan	KREISTAG
Knollengemüse	ROTEBETE	Körperhöhlenspiegel	ENDOSKOP	Kommune	GEMEINDE
Knollengemüse	SELLERIE	körperlich	PHYSISCH	Komödie von Molière	TARTUFFE
Knopfblume	SKABIOSE	Körperpflege	KOSMETIK	Komp. d. Balletts »Semiramis«	HONEGGER
Knorpelfisch	SEEKATZE	Körperschwäche	ASTHENIE		
Knorpelscheibe im Kniegelenk	MENISKUS	kohlensaurer Kalk	ARAGONIT	Komp. d. Oper »Cavalleria rusticana«	MASCAGNI
knospen	SPROSSEN	kohlensaurer Kalk	KALKSPAT	Komp. d. Oper »Christelflein«	PFITZNER
Knüller, Bestseller	SCHLAGER	Kohlenwasserstoff	NAPHTHEN		
Knüpfarbeit	MAKRAMEE	Kohlenwasserstoffverbindung	BUTADIEN	Komp. d. Oper »Der Waffenschmied«	LORTZING
Knute	PEITSCHE				
Kobold	ERDGEIST	Kohl mit Stengelknolle	KOHLRABI	Komp. d. Oper »Heimliche Ehe«	CIMAROSA
Kochgefäß	KOCHTOPF				
Kölner Erzbischof, Kanzler	HERIBERT	Kollaborateur	QUISLING	Komp. d. Oper »Manon«	MASSENET
		Kollektion	SAMMLUNG		
König d. Phäaken	ALKINOOS	kolloid. Flüssigkeitsgemenge	EMULSION	Komp. d. Oper »Palestrina«	PFITZNER
König der Sweben	ARIOVIST			Komp. v. »Bezauberndes Fräulein«	BENATZKY
König im Nibelungenlied	SIEGMUND	Koloß, Ungeheuer	UNGETUEM		
König v. Kaiser	BERENGAR	kolossal	GEWALTIG	Komp. v. »Der Vetter aus Dingsda«	KUENNEKE

Komp. v. »Glückliche Reise«	KUENNEKE	Konvention	ABKOMMEN	Kräfteverfall	MARASMUS
Komp. v. »Im Weißen Rößl«	BENATZKY	Konvention	KONTRAKT	kräftigen	STAERKEN
Komp. v. »Meine Schwester und ich«	BENATZKY	Kopfbedeckung	KOPFTUCH	Kraftbrühe	CONSOMME
		Kopf der Säule	KAPITELL	Kraftfahrzeug, -wagen	LASTAUTO
Komp. v. »Nachtlager von Granada«	KREUTZER	Kopffüßer	SEEPOLYP	Kraftlosigkeit	ASTHENIE
		Kopfknochen	SCHAEDEL	Kraftlosigkeit	MATTHEIT
Komp. v. »Zar und Zimmermann«	LORTZING	Kopfskelett	SCHAEDEL	Kraftübertragungsteil	GETRIEBE
		Korallentier	SEEFEDER	Krampfaderbildung	VARIKOSE
Kompaßscheibe	WINDROSE	Korallentierordnung	AKTINIEN		
Komplize	KONSORTE			Krankenhaus	HOSPITAL
Kompon. d. Oper »Der Wildschütz«	LORTZING	Korbblütler	KOMPOSIT	Krankenhaus	LAZARETT
		Korbblütler, Heilpflanze	PESTWURZ	Krankentransportwagen	AMBULANZ
Kompon. der Oper »André Chenier«	GIORDANO	Korbflasche	DEMIJOHN	krankhafte Einbildung	WAHNIDEE
		Korkteppich	LINOLEUM	krankhafte Geschwulst	GEWAECHS
Kompon. der Oper »Porgy and Bess«	GERSHWIN	Korrektur, Nachprüfung	REVISION	krankhafte Überempfindlichkeit	ALLERGIE
		Korridor	HAUSFLUR		
Komponist der Oper »Undine«	LORTZING	Korsett	LEIBCHEN	Krankheitsbereitschaft	DIATHESE
		Kosmetik-, Gesundheitsmarkt	DROGERIE		
Komponist von »Feuerwerk«	BURKHARD			Krankheitsbestimmung	DIAGNOSE
		kosmetisches Mittel	SCHMINKE	krankheitserregend	PATHOGEN
Kompresse, Wickel	UMSCHLAG	kostbar, teuer	WERTVOLL		
Konferenz	BERATUNG	kostbar, wertvoll	PREZIOES	krankheitserregend	VIRULENT
Konferenz	KONGRESS	Kostbarkeiten	SCHAETZE	Krankheitsheuchler	SIMULANT
konkret	GREIFBAR	Kosten	AUSGABEN		
Konsekration	WANDLUNG	Kostümentwurf	FIGURINE	Krankheitskeim	BAKTERIE
Konsorte	KOMPLIZE	Krabbe	KREVETTE	Krateröffnung	TRICHTER
Konstitution	BEFINDEN	krachend schießen	BOELLERN	Kratzer, Abschürfung	SCHRAMME
Kontakt	FUEHLUNG				
Kontaktschale	HAFTGLAS	Kräfteverfall	ASTHENIE	Krebs (medizin.)	KARZINOM
Kontinenteblock	EURASIEN	Kräfteverfall	KACHEXIE		
Kontrolle	AUFSICHT				

Krebstierlarve	NAUPLIUS	kuban. Hafenstadt	CARDENAS	Kunstsammlung	KABINETT
Kredenz	ANRICHTE	kuban. Tanz	HABANERA	Kunststoff	POLYAMID
Kreditwürdigkeit	BONITAET	kubanisch. Stadt	CAMAGUEY	Kunstwerk	GEMAELDE
Kreisbahn	RUNDKURS	kubanische Stadt	TRINIDAD	Kupferstecher	RADIERER
kreisförmig	ZIRKULAR	Kücheneinrichtung	KOCHHERD	Kupferstecherwerkzeug	ROULETTE
Kreuzbild Jesu	KRUZIFIX	Küchenschabe	KAKERLAK	Kuppel	GEWOELBE
Kreuzigungsstätte Jesu	GOLGATHA	Kügelchen	PASTILLE	Kuppel	RUNDDACH
Kreuzkröte	HAUSUNKE	Kühlschranktyp	ABSORBER	Kurort am Comer See	BELLAGIO
kribbelndes Gefühl	JUCKREIZ	Künstlergruppe	ENSEMBLE	Kurort am nördl. Harzrand	GERNRODE
Kriechtier	KROKODIL	künstlerisches Theaterpersonal	ENSEMBLE	Kurort an der Ahr	ALTENAHR
Krieger	KAEMPFER	Künstlerzeichen	SIGNATUR	Kurort an der Ahr	NEUENAHR
Krieger in fremdem Dienst	SOELDNER	künstlicher Erdtrabant	SATELLIT	Kurort an der Bergstraße	BENSHEIM
kriegerisches Hinduvolk	MARATHEN	Küstenland	LITORALE	Kurort an der Isar	BADTOELZ
Kriegsgegner	PAZIFIST	Küstenmarder	SEEOTTER	Kurort bei Koblenz	BERTRICH
kriegsmäßige Truppenübung	MANOEVER	Küstenschiffahrt	KABOTAGE	Kurort im Emsland	BENTHEIM
Kriegsschiff	FREGATTE	Küster	KIRCHNER	Kurort im Harz	BADGRUND
Kriegszug gegen Heiden	KREUZZUG	Kuhantilope	BUNTBOCK	Kurort im Rheingaugebirge	KIEDRICH
Krinoline	REIFROCK	Kult	ANBETUNG	Kurort im Salzkammergut	BADISCHL
Kristallform	MONOKLIN	kultiviert	GEBILDET	Kurort im Schwarzwald	TODTMOOS
Kritikaster	MECKERER	Kultur	BEBAUUNG	Kurort im Wiener Wald	MOEDLING
Krönungsmantel	PLUVIALE	Kulturepoche	ROMANTIK	Kurort in der Oberpfalz	SULZBACH
Kroneidechse	BASILISK	Kumpan	KOMPLIZE	Kurort in Nordbaden	RAPPENAU
Krümmung	KURVATUR	Kunde	ABNEHMER	Kurort in Oberösterreich	ROHRBACH
Krustenechse	GILATIER	Kunde	KENNTNIS	Kurs	LEHRGANG
Kruste unseres Planeten	ERDRINDE	Kundgebung	MANIFEST		
		Kundschaft	KLIENTEL		
		Kunstflugfigur	GLISSADE		

Kurs, Trend	RICHTUNG	Lage, Stelle	POSITION	Landwirtschaftsgebäude	KUHSTALL
Kursbuch	FAHRPLAN	Lagerverwalter	LAGERIST	Landwirtschaftszweig	ACKERBAU
Kurs nehmen	ANPEILEN	Laienrichter	SCHOEFFE	langbeiniger Wasservogel	FLAMINGO
Kursus	LEHRGANG	Lamm Gottes (latein.)	AGNUSDEI		
Kurvenberührungslinie	TANGENTE	Lamprete	NEUNAUGE	lange Krankheit	SIECHTUM
kurzärmeliges Hemd	POLOHEMD	Land der tausend Seen	FINNLAND	langer Herrenmantel	HAVELOCK
kurze Einleitung	VORSPANN	Landeplatz für Flugzeuge	FLUGFELD	langes franz. Brot	BAGUETTE
kurzes Bühnenstück	EINAKTER	Landesherr, Regent	POTENTAT	langhaariger Schoßhund	PEKINESE
Kurzform f. intern. Kriminalpolizei	INTERPOL	Landschaft d. Peloponnes	LAKONIEN	langjähriges Mitglied	OLDTIMER
Kurzstreckenläufer	SPRINTER	Landschaft in Brandenburg	PRIGNITZ	langmütig	GEDULDIG
Kurzware	NAEHGARN			Langmut	AUSDAUER
Kutsche	DROSCHKE	Landschaft in Franken	GRABFELD	Langobardenkönig	WALTHARI
Kutsche	FUHRWERK				
Kutsche mit Bespannung	EQUIPAGE	Landschaft in Holstein	STORMARN	langsame Filmwiedergabe	ZEITLUPE
Kutscher	FUHRMANN	Landschaftsform	BERGLAND	langweilig	ENNUYANT
labil. schwankend	UNSICHER	Landschaftsform	HOCHLAND	Larynx	KEHLKOPF
Laborgehilfe	LABORANT			Laschenkragen	BEFFCHEN
Lachs, lachsartiger Fisch	SAIBLING	Landschaft um Rom	CAMPAGNA	Lastschiff	FRACHTER
Ladebaum	AUSLEGER			Lastschiff	LEICHTER
Ladung	NUTZLAST	Landsitz des britischen Premiers	CHEQUERS	lat.: davorliegend	ANTERIOR
lächerlich	RIDIKUEL			lat.: Unglückstag	DIESATER
Länder jenseits der Ozeane	UEBERSEE	Landstraße	CHAUSSEE	latein.: alt	ANTIQUUS
		Landstreicher	STREUNER	latein.: Bedingung	CONDITIO
ländl. Gasthaus	DORFKRUG	Landvermesser	GEOMETER		
ländlich, bäuerlich	RUSTIKAL	Landwirt	AGRARIER	latein.: hinsichtlich	INPUNCTO
		landwirtschaftl. Kollektiv (UdSSR)	KOLCHOSE	latein.: links	SINISTER
Längenkreis	MERIDIAN				
läppisch	KINDISCH			latein.: Preußen	BORUSSIA
Lästerer	SPOETTER	landwirtschaftl. Tätigkeit	PFLUEGEN		

latein.: Retter, Erlöser	SALVATOR	
latein.: Silber	ARGENTUM	
lateinisch: Sieg	VICTORIA	
Latsche	KNIEHOLZ	
Laubbaum	BIRNBAUM	
Laubbaum	NUSSBAUM	
Laubbaum	KASTANIE	
Laubbaumfrucht		
Laufdisziplin	MARATHON	
Lautbildungslehre	PHONETIK	
lautes Geschrei	GEBRUELL	
laut schreien	BRUELLEN	
Lautsprecher	MEGAPHON	
Lava-Ausfluß	EFFUSION	
lebenbejahender Mensch	OPTIMIST	
Lebensabschnitt	KINDHEIT	
Lebensart	MANIEREN	
Lebenserinnerungen	MEMOIREN	
Lebensgemeinschaft	SYMBIOSE	
Lebenskunde (Schulfach)	BIOLOGIE	
Lebewohl	ABSCHIED	
Lederart	KROKODIL	
Legendenbuch	LEGENDAR	
leger, ungezwungen	ZWANGLOS	
Leguan	BASILISK	
Lehnsessel	FAUTEUIL	
lehnsfrei	ALLODIAL	
Lehramt	LEKTORAT	
Lehranstalt	INSTITUT	
Lehrauftrag	LEKTORAT	
Lehrbefähigung	FAKULTAS	
Lehre, Ausbildung	SCHULUNG	
lehren	DOZIEREN	
Lehrer	ERZIEHER	
Lehrer	MAGISTER	
Lehrer Dürers	WOLGEMUT	
Lehrertisch	KATHEDER	
Lehre vom Sprachrhythmus	PROSODIE	
Lehre von den Zeichen	SEMIOTIK	
Lehre von der Redekunst	RHETORIK	
Lehre von der Wortbedeutung	SEMANTIK	
Leibbinde, Schulterbinde	SCHAERPE	
Leichenöffnung	AUTOPSIE	
Leichtathlet	SPRINGER	
leichtathletische Disziplin, Übung	WALDLAUF	
leichte Kavallerie	DRAGONER	
leichtes Baumwollgewebe	TARLATAN	
leichtes Gewebe	MUSSELIN	
leichtes Schlaggerät	PRITSCHE	
leichte viersitzige Kutsche	KALESCHE	
leichtfertiges Mädchen	GRISETTE	
Leichtfuß	LUFTIKUS	
leichtsinniger Mensch	HALLODRI	
leiden	ERDULDEN	
Leidenschaft	INBRUNST	
Leidensweg Christi	KREUZWEG	
Leine-Zufluß	INNERSTE	
Leipziger Chor	THOMANER	
leise husten	HUESTELN	
leises Geräusch	RASCHELN	
leistungsfähig machen	SANIEREN	
leitender Angestellter	DIREKTOR	
leitender Ausschuß	VORSTAND	
Leitfaden	HANDBUCH	
Leitfaden	LEHRBUCH	
Leitung	FUEHRUNG	
Lemur, Lemuride	HALBAFFE	
lenken, herrschen	REGIEREN	
Lenkung	FUEHRUNG	
Leonardos Modell	MONALISA	
Lesestoff	LEKTUERE	
letzter Durchgang	ENDRUNDE	
letzter Hohenstaufe	KONRADIN	
letzter König d. Westgoten	RODERICH	
letzter Kronprinz v. Babylon	BELSAZAR	
Leuchtgas	STADTGAS	

Leuchtstoff	PHOSPHOR	Linien ziehen	LINIEREN	lohnend, lukrativ	RENTABEL
Leute	MENSCHEN	linke Herzklappe	MITRALIS	lombardische Adelsfamilie	VISCONTI
libanes. Schriftsteller	SCHEHADE	linke Schiffsseite	BACKBORD	Londoner Anlage	HYDEPARK
Libretto	TEXTBUCH	links auf Schiffen	BACKBORD	Londoner Club-Straße	PALLMALL
libysche Hafenstadt	MISURATA	Linsen-Brechkraft	DIOPTRIE	Londoner Stadtbezirk	FINCHLEY
libysche Hauptstadt	TRIPOLIS	Linsensystem	OBJEKTIV	Londoner Stadtbezirk	FINSBURY
Lichtbild	AUFNAHME	Liparische Insel	FILICUDI	Londoner Stadtbezirk	KINGSTON
Lichtbildner	FOTOGRAF	Lipoid	LEZITHIN	Londoner Stadtbezirk	RICHMOND
Lichtblick	AUSSICHT	Lippenblütler	BRUNELLE	Londoner Stadtbezirk	SYDENHAM
Lichtblick	HOFFNUNG	Lippenblütler	GAMANDER	Londoner Stadtbezirk	WOODFORD
lichtempfindliche Filmschicht	EMULSION	Lippenblütler	LABIATEN	Londoner Stadtbezirk	WOOLWICH
Lichtfarbband	SPEKTRUM	Liste, Inhaltsverzeichnis	REGISTER		
Lichtmotte	ZUENSLER	litauische Stadt	SCHAULEN	lose Hülle, Schutzhülle	UMSCHLAG
Liebelei, Hofmacherei	POUSSAGE	literar. Werk	DICHTUNG	Losspiel	LOTTERIE
liebenswürdig	HOEFLICH	Literatur	LEKTUERE	Losung	KENNWORT
Liebesgottfigur in Kindgestalt	AMORETTE	liturg. Bibeltext	PERIKONE	Lot	SENKBLEI
		liturg. Kleidungsstück	CHORHEMD	lotrecht, senkrecht	VERTIKAL
liebevolle Umfassung	UMARMUNG	liturgischer Wechselgesang	ANTIPHON	Lübecker Spezialität	MARZIPAN
Liebhaber	VEREHRER			Lückenbüßer	FIGURANT
liedartiger Instrumentalsatz	KAVATINE	Lob, Lobgesang, -rede	LAUDATIO	Luftfahrt-Begriff	MACHZAHL
Liederjan, Müßiggänger	TAGEDIEB	lobenswert	LAUDABEL	Luftfahrzeug	FLUGZEUG
Liederjan, Trinker	SAUFBOLD	lodernd	BRENNEND	Luft holen	EINATMEN
Liedform	MADRIGAL	lodernd brennen	FLACKERN	Luftikus	HALLODRI
Liga	BUENDNIS	Lofoten-Meeresstrudel	MALSTROM	Luftikus, Bruder Leichtfuß	WINDHUND
Liliengewächs	AFFODILL				
limitiert	BEGRENZT	Lohengrins Vater	PARZIVAL	Luftkurort in der Rhön	GERSFELD
Linearzeichnung	DIAGRAMM				

Luftpirat	HIJACKER	Männername	BURGHARD	männl. Mannequin	DRESSMAN
Luftröhrenast	BRONCHIE	Männername	DAGOBERT	männl. Sexualhormon	ANDROGEN
Luftsaugegerät	GEBLAESE	Männername	DIETHELM	männlich	MASKULIN
Luftschiff	ZEPPELIN	Männername	DIETRICH	Märchenfigur, -gestalt	JORINGEL
Luftsprung	KAPRIOLE	Männername	EBERHARD	Märchenfigur, -gestalt	ROSENROT
Luftverkehrsmittel	FLUGZEUG	Männername	EKKEHARD	Märchenfigur, -gestalt	SANDMANN
Lumpenpack	GESINDEL	Männername	EMMERICH	Märtyrer, Bischof von Antiochia	IGNATIUS
Lungenbläschen	ALVEOLEN	Männername	FRIDOLIN		
lustig	AMUESANT	Männername	GOTTHARD	Märtyrer, Heiliger	POLYKARP
lustige Figur	HARLEKIN	Männername	GOTTHELF	Märtyrerin	CAECILIA
Lustspiel	KOMOEDIE	Männername	GUENTHER	mäßige Geschwindigkeit	GEHTEMPO
luxemb. Physiker (Nobelpreis)	LIPPMANN	Männername	HEINRICH	mäßig schnelles Musikstück	MODERATO
luxemb. Stadt	PETINGEN	Männername	KUNIBERT	Mätresse	GELIEBTE
Maas-Zufluß	HERMETON	Männername	LEONHARD	Magenteil bei Wiederkäuern	LABMAGEN
Maas-Zufluß	MEHAIGNE	Männername	MEINHARD	Magersucht	ANOREXIE
machbar	MOEGLICH	Männername	REGINALD	Magie, Hexenwerk	ZAUBEREI
machen, vollbringen	SCHAFFEN	Männername	REINHARD	Magier, Gaukler	ZAUBERER
Machenschaft	KOMPLOTT	Männername	REINHOLD	magischer Schutz	TALISMAN
Macht	EINFLUSS	Männername	SIEGBERT	Magneteisenstein	MAGNETIT
Madenwürmer	OXYGUREN	Männername	THEOBALD	Mahl im Freien	PICKNICK
mächtig	GEWALTIG	Männername	THEOPHIL	mahnen	MONIEREN
Mädchen für alles	FAKTOTUM	Männername	WENDELIN	Mahnmal	MONUMENT
mährische Stadt a. d. March	KREMSIER	Männername	WILFRIED	Mainzer Bischof, Sozialreformer	KETTELER
mäkeln	KRITTELN	Männername	WINFRIED		
mäkeln	NOERGELN	Männername	WOLFGANG		
Männername	ADELBERT	männl. Ente	ENTERICH		
Männername	ALBRECHT	männl. Fisch	MILCHNER		
Männername	AUGUSTIN	männl. Haustier	ENTERICH		
Männername	BERNHARD				

Main-Zufluß aus dem Odenwald	MUEMLING	
Maisfladen	TORTILLA	
majestätisch	HERRLICH	
Majorität	MEHRHEIT	
Maki, Maki-Affe	HALBAFFE	
Maklergebühr	SENSALIE	
malaiisch. Bundesstaat	KELANTAN	
malaiisch. Bundesstaat	SELANGOR	
malaiisch. Staat	MALAYSIA	
Malermaterial	OELFARBE	
Malerwerk	GEMAELDE	
Malheur, Pech	REINFALL	
Malvengewächs	HIBISKUS	
mandelförmiger Heiligenschein	MANDORLA	
Mandelkonfekt	MARZIPAN	
Mandelkrähe	BLAURAKE	
Mangankiesel	RHODONIT	
Manieren	BENEHMEN	
Manifest, Grundsatzerklärung	PROGRAMM	
Mannen, Gefolgsleute	VASALLEN	
Mannigfaltigkeit	VIELFALT	
Mann mit Glatze	KAHLKOPF	
Mannschaftsführer	KAPITAEN	
Mannschaftsführer	TEAMCHEF	
Mann v. Baucis	PHILEMON	
Mann v. Deianira	HERAKLES	
Mann v. Helena	MENELAOS	
Mann v. Thusnelda	ARMINIUS	
Manteltier	TUNIKATE	
Marderart	HERMELIN	
Marinedienstgrad	KAPITAEN	
Marinedienstgrad	OBERMAAT	
Markgräfin von Tuszien	MATHILDE	
marokkan. Gebirge	RIFATLAS	
marokkan. Leder	MAROQUIN	
Marotte	EIGENART	
Marotte, fixe Idee	SCHRULLE	
Marschformation	SCHLANGE	
Marschverpflegung	PROVIANT	
Masche	SCHLINGE	
Maschinensatz	AGGREGAT	
Maschinenteilverbindung	KUPPLUNG	
Masern	ROTSUCHT	
Masern (mediz.)	MORBILLI	
Masse, Kapitalvermögen	SUBSTANZ	
Massenerkrankung	EPIDEMIE	
Massenerkrankung	PANDEMIE	
Maß für Blutalkoholgehalt	PROMILLE	
maßgebend	NORMATIV	
massig, massiv	MAECHTIG	
Massiv in den Berner Alpen	WILDHORN	
Maßkrug	BIERKRUG	
Maßnahme	HANDLUNG	
Mastgeflügel	MASTGANS	
Mastgeflügel	POULARDE	
Material	ROHSTOFF	
Materie, Stoff	SUBSTANZ	
Matrize	GUSSFORM	
matt	GLANZLOS	
Maul, Tiermund	SCHNAUZE	
Maulbeerfeigenbaum	SYKOMORE	
Maulschelle	OHRFEIGE	
mauretanische Stadt	ZOUERATE	
Maus-Art	FELDMAUS	
Maut, Zoll	WEGEGELD	
Maya-Gottheit	KUKULKAN	
Meckerer	KRITTLER	
meckern	KRITTELN	
meckern	NOERGELN	
meckern, nörgeln	QUENGELN	
Medikament-Form	PASTILLE	
medizin. Titel	OBERARZT	
Medizinmann, Zauberpriester	SCHAMANE	
Meereichel	SEEPOCKE	
Meerenge bei Istanbul	BOSPORUS	
Meerenge in Skandinavien	KATTEGAT	

Meeresalgenextrakt	AGARAGAR
Meeresbewegung	GRUNDSEE
Meereskrebs	LANGUSTE
Meeres-Raubfisch	HAIFISCH
Meeresringelwurm	SEERAUPE
Meerestier	BUTZKOPF
Meeresvogel	KORMORAN
Meerfee der franz. Sage	MELUSINE
Mehlklößchen	SPAETZLE
Mehlspeise	TEIGWARE
mehrdeutig	AEQUIVOK
mehrfädig	MULTIFIL
mehrgliedrige Größe	AGGREGAT
mehrsätziges Tonstück	SINFONIE
mehrstimmig, vielstimmig	POLYPHON
Meierei	MOLKEREI
meinen, mutmaßen	VERMUTEN
Meister	LEHRHERR
Meister	MAGISTER
Meister einer Sportart	CHAMPION
Meistersinger bei Wagner	STOLZING
Meldereiter	STAFETTE
Memme	FEIGLING
Menge	VIELHEIT
Menge	VIELZAHL
Menschenrasse	EUROPIDE
menschl. Wohnstätte	SIEDLUNG
Mensch v. hoher Denkart	IDEALIST
Menstruationsbeginn	MENARCHE
Merkbuch	MEMORIAL
Merkmal	EIGENART
Merkmal	GEPRAEGE
Merkspruch	EPIGRAMM
Merkstock	KERBHOLZ
Merkurblende, Farbstoff	ZINNOBER
Merkwürdigkeit	KURIOSUM
Merkzeichen	NOTABENE
Merlan	WITTLING
Messerblatt	SCHNEIDE
Messestadt der Industrie	HANNOVER
Meßgerät	BANDMASS
Meßgerät	MESSSTAB
Messgesangbuch	GRADUALE
Messias	ERLOESER
Meßröhre	BUERETTE
Metallarbeiter	POLIERER
Metallarbeitsbetrieb	SCHMIEDE
Metallbildnerei	TOREUTIK
Metallstecher	ZISELEUR
Meteorstein	METEORIT
Meteorstrom	LEONIDEN
Methode, Taktik	VORGEHEN
Methodenlehre	METHODIK
Methylalkohol	METHANOL
Metier	HANDWERK
Metzelei	MASSAKER
mexikan. Badeort	ACAPULCO
mexikan. Fluß	RIOVERDE
mexikan. Haupthafen	VERACRUZ
mexikan. Indianer	ZAPOTEKE
mexikan. Indianerstamm	TOLTEKEN
mexikan. Liliengewächs	SABADILL
mexikan. Pazifikhafen	MAZATLAN
mexikan. Ruinenstadt	PALENQUE
mexikan. Staat	COAHUILA
mexikan. Staat	VERACRUZ
mexikan. Staat auf Yucatán	CAMPECHE
mexikan. Stadt auf Yucatán	CAMPECHE
mexikan. Stadt auf Yucatán	PROGRESO
mexikan. Stadt in Niederkaliforn.	MEXICALI
Mieder	LEIBCHEN
mies, minderwertig	SCHLECHT
Miesmacher	NOERGLER
Miesmacher	QUERKOPF
Miete	ERDGRUBE
Mietfahrzeug, -wagen	DROSCHKE
Mietsoldat	SOELDNER

Milchwirtschaftsbetrieb	MOLKEREI	mißbilligen	ABLEHNEN	mittelamerikan. Indianerstamm	KARAIBEN
Milde, Güte	SANFTMUT	Mißgeburt	MONSTRUM	mittelamerikan. Indianerstamm	MISQUITO
mildern	DAEMPFEN	Mißgeschick	DESASTER		
militär. Dienstgrad	LEUTNANT	Mißgeschick	UNGEMACH	mittelamerikan. Staat	HONDURAS
militär. Dienstgrad	SCHUETZE	Mißgeschick, Pech	UNGLUECK	mittelbar	INDIREKT
militär. Einheit	KOMPANIE	mißgünstig	NEIDISCH	mittelchilen. Provinz	COQUIMBO
militär. Führung	KOMMANDO	Missionar der Preußen	ADALBERT	mittelengl. Tiefland	MIDLANDS
Militärhospital	LAZARETT	Mississippi-Zufluß	ARKANSAS		
militärisch. Kapelle	MUSIKZUG	Mississippi-Zufluß	ILLINOIS	Mitteleuropäer	TSCHECHE
militärischer Dienstgrad	OFFIZIER	Mississippi-Zufluß	REDRIVER	Mittelfuß	METARSUS
		Mitarbeiterin	KOLLEGIN	mittelgriech. Landschaft	BOEOTIEN
Millionenstadt in Asien	HONGKONG	miteinander	ZUSAMMEN	mittelmäßig	MEDIOKER
Milzentzündung	LIENITIS	Mitgefühl	ERBARMEN	Mittelmeer-Inselgruppe	BALEAREN
minder	GERINGER	Mitgift	DOTATION		
minderjährig	MINORENN	mithin	FOLGLICH	Mittelmeer-Inselgruppe	KYKLADEN
mindern	ABNEHMEN	Mitkaiser Diokletians	MAXIMIAN		
minderwertig	INFERIOR	Mitläufer	FUSSVOLK	Mittelmeerstaat	ALBANIEN
minderwertiges Buch	SCHWARTE	Mitschuldiger	KOMPLIZE	Mittelmeerstaat	ALGERIEN
		Mitschwingen	RESONANZ		
Mine	BERGWERK	Mittäter	KOMPLIZE	Mittelton der Tonleiter	MEDIANTE
Mineral	BISMUTIN	Mittäter	KONSORTE	Mittelwort	PARTIZIP
Mineral	FELDSPAT	Mittagskreis	MERIDIAN	mittl. Keimblatt	MESODERM
Mineral	MAGMATIT	Mitteilung	KUNDGABE		
Mineral	MANGANIT	mittelalterl. Glockenturm	BELFRIED	Mittönen, Nachklang	RESONANZ
Mineral, Schmuckstein	VESUVIAN			mitunter	ZUWEILEN
Ministerrunde	KABINETT	mittelalterl. Schußwaffe	ARMBRUST	mit winzigen Schritten gehen	TRIPPELN
Minus	EINBUSSE				
mischen	MELIEREN	mittelalterl. schweres Geschütz	KARTAUNE	Mixtur	MISCHUNG
mischend verfälschen	PANSCHEN			Mobiliar	INVENTAR
Mischling	HALBBLUT			Modell	MAQUETTE
Missale	MESSBUCH				

Modell, Versuchsmuster	PROTOTYP	Monatsname	NOVEMBER	Münze in Bulgarien	STOTINKI
Moder	FAEULNIS	Monatstage im alten Rom	KALENDEN	Münze in Großbritannien	NEWPENCE
Moderator, Vortragender	SPRECHER	Mond, Planetenbegleiter	SATELLIT	Münzen	HARTGELD
modern	NEUARTIG			mürbe	BRUECHIG
moderne Jazz-Richtung	FREEJAZZ	Mondphase	HALBMOND	Müßiggänger	FAULPELZ
moderne Kunstrichtung	KUBISMUS	Mondphase	VOLLMOND	Munddrüsenausscheidung	SPEICHEL
moderne Uhrenart	QUARZUHR	Mondphasenablauf	LUNATION	Mundteile d. Gliedertiere	MAXILLEN
Modeschöpfung	CREATION	Mongolenvolk auf Sachalin	GILJAKEN	Mundvorrat, Wegzehrung	PROVIANT
Modeschöpfung	KREATION	Moostierchen	BRYOZOEN	munter	LEBENDIG
modische kurze Hose	HOTPANTS	Morgenstern der Griechen	HESPEROS	Muschel	MOLLUSKE
Mönch	ZOENOBIT	morsch	BRUECHIG	Muschelschale	COQUILLE
Mönch am letzten Zarenhof	RASPUTIN	Moscheeturm	MINARETT	Museum in Florenz	BARGELLO
Mönchsoberer	GUARDIAN	Motorrad	KRAFTRAD	Musical v. Kern	SHOWBOAT
Mönchsorden	PAULANER	Motorstarter	ANLASSER	Musical von Rodgers	OKLAHOMA
Mönch von Sankt Gallen	EKKEHARD	Motto	KENNWORT	Musik	TONKUNST
		Mucker	MURRKOPF	musik.: singend	CANTANDO
		Mücke	LANGHORN	musikal. Ausstattungsstück	OPERETTE
Möwenart	EISMOEWE	Mühe, Plage	STRAPAZE		
mollig	DICKLICH	müheloses Einkommen	PFRUENDE	musikal.: kräftig	VIGOROSO
Monarchin	KOENIGIN	Münch. klassizistisch. Architekt	GAERTNER	musikal.: kurz gestoßen	STACCATO
Monat d. franz. Revolut.-kalend.	GERMINAL	mündelsicher	PUPILLAR	musikal.: leidenschaftlich	PATETICO
		mündig	MAJORENN	musikal.: majestätisch	MAESTOSO
Monat d. Franz. Revolution	MESSIDOR	Mündungsarm d. Nils	DAMIETTE		
Monat d. Französ. Revolution	PLUVIOSE	Mündungsarm d. Oder	DIEVENOW	musikal.: sprechend	PARLANDO
Monat im franz. Revolut.-kalender	BRUMAIRE	Mündungsform	TRICHTER	musikal.: ständig wiederholt	OSTINATO
		Mündungsgebiet d. Rhone	CAMARGUE		

Musikausdr. f. kurz gestoßen	STAKKATO	Mutterkuchen (mediz.)	PLAZENTA	Nachtlied, Nachtmusik	NOCTURNE
Musikausdr. f. zurückhaltend	RITENUTO	Mutter v. Napoleon I.	LAETITIA	Nachtmusik	NOKTURNE
Musikausdruck f. gemäßigt	MODERATO	Mutter v. Napoleon III.	HORTENSE	Nachtmusik	NOTTURNO
Musikausdruck f. leicht	LEGGIERO	Mutter v. Salome	HERODIAS	nach unten	HINUNTER
Musikausdruck für anmutig	GRAZIOSO	Mutter v. Salomo	BATHSEBA	Nacktheit	NUDITAET
Musikausdruck für feierlich	MAESTOSO	Mutwille, Ausgelassenheit	UEBERMUT	Nadelbaum, Nadelholz	KONIFERE
Musikausdruck für klagend	DOLOROSO	nachahmen	KOPIEREN	nächtigen	LOGIEREN
Musiker	FLOETIST	Nachahmer	IMITATOR	Nährboden	SUBSTRAT
Musikinstrument	BASSHORN	Nachahmung, Nachbildung	KLISCHEE	Nährbodengelatine	AGARAGAR
Musikstück aufzeichnen	PARTITUR	Nachbar	ANWOHNER	nagen	KNABBERN
Musikstück für fünf	QUINTETT	Nachbarvolk d. Juden im AT	MOABITER	nahe bevorstehend	IMMINENT
Musikstück für vier	QUARTETT	Nachbesserung	RETUSCHE	Nahkampfwaffe	BAJONETT
Muskelentzündung	MYOSITIS	nachbilden	KOPIEREN	Name d. Starnberger Sees	WUERMSEE
Muskellehre	MYOLOGIE	nachdenken	GRUEBELN	Namenszeichen, Namenszug	SIGNATUR
Muskelschwund	ATROPHIE	Nachdruck	BETONUNG	Name von fünf Päpsten	NIKOLAUS
Muskeltrainer	EXPANDER	Nachforschung	FAHNDUNG	Name von zwei Päpsten (6. Jh.)	PELAGIUS
muskulös	KRAEFTIG	Nachfrage	KAUFLUST	Name von 13 Päpsten	INNOZENZ
Mußezeit	FREIZEIT	nachgeahmt	IMITIERT	Name von 15 Päpsten	BENEDIKT
Muster	EXEMPLAR	Nachricht	BESCHEID	Name von 2 Päpsten	GELASIUS
mustergültig	NORMATIV	Nachrichtenmittel	HOERFUNK	Name von 23 Päpsten	JOHANNES
Musterzeichner	DESIGNER	Nachruf auf e. Toten	NEKROLOG	Name von 4 Päpsten	CALIXTUS
mutmaßen	ANNEHMEN	Nachschlagewerk	HANDBUCH	Name von 4 Päpsten	HONORIUS
		Nachschlüssel	DIETRICH		
		Nachschubwesen	LOGISTIK		

Narkosemittel, Narkotikum	MORPHIUM	
Narretei	ALLOTRIA	
Naschwerk	LECKEREI	
Nasenlöcher des Pferdes	NUESTERN	
Nationalsport i. d. USA	BASEBALL	
Natrium-Aluminium-Fluorid	KRYOLITH	
Natriumverbindung	FELDSPAT	
Naturkunde	BIOLOGIE	
Naturtrieb	INSTINKT	
Naturwissenschaft	BIOLOGIE	
Naturwissenschaftler	CHEMIKER	
Naturwissenschaftler	PHYSIKER	
nautisches Längenmaß	SEEMEILE	
Navigationshilfe	SEEKARTE	
Nebelmond	NOVEMBER	
Nebenform, Spielart	VATIANTE	
Nebenkreis	EPIZYKEL	
Nebennierenrindenhormon	CORTISON	
Nebenraum	KABINETT	
Nebensache	LAPPALIE	
nebensächlich	PERIPHER	
Nebensächliches	STAFFAGE	
Neckar-Zufluß	STEINACH	
necken	FROTZELN	
necken	HAENSELN	
negative Auswirkung	NACHTEIL	
negatives Elementarteilchen	ELEKTRON	
negativ geladen. Kernteilchen	ELEKTRON	
Neigung	GEFAELLE	
Neinsager	NEGIERER	
Nelkengewächs	KORNRADE	
Nennwert	PARIKURS	
Nervenentzündung	NEURITIS	
Nervenfasergeschwulst	NEURINOM	
Nervenknoten	GANGLION	
Nervenkrankheit, -störung	HYSTERIE	
Nervenstärkungsmittel	LEZITHIN	
Neubekehrter	PROSELYT	
neuer Name des Victoriasees	SANGOSEE	
Neuerung, Neuheit	KREATION	
Neuerung, Neuheit	NOVITAET	
neue Sachlichkeit	VERISMUS	
neugierig	GESPANNT	
neulat.: Schweiz	HELVETIA	
Neunauge	LAMPRETE	
neunorweg. Schriftsprache	LANDSMAL	
Neurose	HYSTERIE	
neuseeländ. Haupthafen	AUCKLAND	
neuseeländ. Stadt	HAMILTON	
neuseeländ. Stadt	HOKITIKA	
neuseeländ. Stadt	SOMERSET	
neuseeländ. Stadt	TAURANGA	
Neusilber	ARGENTAN	
neutral, nüchtern	SACHLICH	
New Yorker Geschäftsstraße	BROADWAY	
Nichterscheinen vor Gericht	KONTUMAZ	
nicht flügger Jungvogel	NESTLING	
nicht gerechtfertigt	UNBILLIG	
Nichtigkeit	LAPPALIE	
nicht imstande	UNFAEHIG	
nichtleitendes Material	ISOLATOR	
Nichtleiter	ISOLATOR	
nicht ortsgebunden	AMBULANT	
Nichtsoldat	ZIVILIST	
Nichtstuer	FAULPELZ	
Nichtwisser	IGNORANT	
Nickelkies	MILLERIT	
niederbayer. Stadt an der Isar	LANDSHUT	

niederdeutsch. Autor	CLAUDIUS	niederländ. Kultur-Historiker	HUIZINGA	niedersächs. Stadt an d. Weser	NIENBURG
niederes Wirbeltier	RUNDMAUL	niederländ. Maler	BREUGHEL	niedersächs. Stadt an der Leine	HANNOVER
Niederholz	DICKICHT	niederländ. Maler (17. Jh.)	RUISDAEL	Niederschlag beim Boxen	KNOCKOUT
niederl. Komponist u. Dirigent	KOETSIER	niederländ. Philosoph	GEULINCX	niederschles. Stadt	LIEGNITZ
niederl. Komponist (15. Jh.)	OCKEGHEM	niederländ. Reformator	ARMINIUS	niederschles. Stadt am Bober	SPROTTAU
niederl. Komponist (16. Jh.)	WILLAERT	niederländ. Schriftsteller	COUPERUS	niedriger Wasserfall	KATARAKT
niederl. Maler (»De Stijl«)	DOESBURG	niederländ. Schriftsteller	GOSSAERT	niedriges Sofa	OTTOMANE
niederl. Maler (17. Jh.)	TERBORCH	niederländ. Seefahrer	BARENTSZ	niedrigster Flutwasserstand	NIPPFLUT
niederl. manieristisch. Maler	MOSTAERT	niederländ. Stadt	ENSCHEDE	Nierenbeckenentzündung	PYELITIS
niederl. neuromantisch. Autor	SCHENDEL	niederländ. Stadt	ROERMOND	Nierenerkrankung	NEPHROSE
niederl.-österr. Schauspieler	HEESTERS	Niederlage	SCHLAPPE	Nilotenvolk	SCHILLUK
		Niederlassung	SIEDLUNG	noch ausreichend	LEIDLICH
niederl. Stadt an der Jissel	DEVENTER	Niederlassung in Übersee	FAKTOREI	nördlichste Provinz Norwegens	FINNMARK
niederl. Stadt an der Waal	NIMWEGEN	niedersächs. Stadt a. d. Hunte	DIEPHOLZ	nörgeln	KRITTELN
niederl. Stadt bei Den Haag	RIJSWIJK	niedersächs. Stadt a. d. Hunte	WITTLAGE	nötig	ZWINGEND
niederl. Stadt in Gelderland	NIMWEGEN	niedersächs. Stadt am Harz	HERZBERG	Nötigung	PRESSION
				Nomen	NENNWORT
niederl. Stadt in Overijssel	ENSCHEDE	niedersächs. Stadt am Harz	OSTERODE	Nominalwert	NENNWERT
				Nonsens	LARIFARI
niederl. Tänzerin, dtsch. Spionin	MATAHARI	niedersächs. Stadt an d. Rhume	NORTHEIM	nordafrik. Reiterkampfspiel	FANTASIA
				nordafrik. Staat	AEGYPTEN
niederländ. Anrede	MIJNHEER			nordafrik. Staat	ALGERIEN

Clue	Answer
nordafrik. Staat	TUNESIEN
nordafrikan. Hauptstadt	TRIPOLIS
Nordafrikaner	AEGYPTER
Nordafrikaner	TUNESIER
nordamer. Indianerstamm	CHEYENNE
nordamerikan. Finkenvogel	KARDINAL
nordamerikan. Indianerstamm	IROKESEN
nordamerikan. Negerlied	COONSONG
nordamerikan. Sekte	MORMONEN
nordaustral. Berg	MOUNTISA
nordaustral. Insel	MELVILLE
nordaustral. Stadt	COOKTOWN
nordbad. Stadt an der Elsenz	SINSHEIM
nordbadische Stadt	BRUCHSAL
nordchinesisches Hochland	MONGOLEI
norddeutsches Gericht	LABSKAUS
norddtsch. Landschaft	HOLSTEIN
Nordeuropäer	NORWEGER
nordeuropäisch. Königreich	NORWEGEN
nordeuropäisch. Königreich	SCHWEDEN
nordeuropäischer Staat	FINNLAND
nordeuropäisches Volk	SCHWEDEN
nordfinnisch. Fluß	KEMIJOKI
nordfranz. Landschaft	BRETAGNE
nordfranz. Sandsteingeb.	ARGONNEN
nordfranz. Stadt a. d. Sambre	HAUTMONT
nordfranzösische Landschaft	PICARDIE
nordfriesische Hallig	SUEDFALL
nordfriesische Insel	PELLWORM
Nordgermane	NORMANNE
Nordgermane, Normanne	WIKINGER
nordgriech. Landschaft	THRAKIEN
nordisrael. Landschaft	GALILAEA
nordisrael. Stadt	NAZARETH
nordisrael. Stadt	TIBERIAS
nordkanad. Halbinsel	MELVILLE
nordkanad. Insel	MELVILLE
nordkuban. Stadt	MATANZAS
nordnorweg. Bezirk	NORDLAND
nordnorweg. Hafenstadt	KIRKENES
nordnorweg. Vulkaninsel	JANMAYEN
nordostengl. Hafenstadt	CARLISLE
nordostfranz. Departement	ARDENNES
nordostirak. Provinz	CHORASAN
nordostiranische Stadt	MESCHHED
nordostital. Landschaft	VENETIEN
nordperuanische Stadt	TRUJILLO
nordruss. Hafenstadt	MURMANSK
nordsemitisch. Volk	ARAMAEER
nordsibirischer Fluß	CHATANGA
nordskandinav. Landschaft	LAPPLAND
nordspan. Hafenstadt	LACORUNA
nordspan. Landschaft	ASTURIEN
nordspan. Provinz	LACORUNA
nordspan. Stadt	SABADELL
nordwestböhm. Stadt	FALKENAU

nordwestböhm. Stadt	GRASLITZ
nordwestfranz. Landschaft	FLANDERN
nordwestkanad. Fluß	KLONDIKE
nordwestpakistan. Stadt	PESHAWAR
nordwestruss. See	ONEGASEE
nordwestspan. Landschaft	GALICIEN
Normannenfürst	GUISCARD
Norne	VERDANDI
Norne	WERDANDI
norweg. Chemiker (Nobelpreis)	PEDERSEN
norweg.-schwed. Fluß	KLARAELV
norweg. sozialkritisch. Autor	KIELLAND
norweg. Verwaltungsbezirk	AKERSHUS
norweg. Verwaltungsbezirk	BUSKERUD
norweg. Verwaltungsbezirk	OESTFOLD
norweg. Verwaltungsbezirk	ROGALAND
norweg. Verwaltungsbezirk	TELEMARK
norwegisch. Polarforscher	AMUNDSEN
norwegischer Komponist	SVENDSEN
norwegischer Polarforscher	SVERDRUP
norwegisches Parlament	STORTING
Notenschrift	NOTATION
Nothelfer	ACHATIUS
Nothelfer	AEGIDIUS
Nothelfer	CYRIAKUS
Notschrei	HILFERUF
Novität	NEUERUNG
NS-Politiker	GOEBBELS
Nuba-Negerstamm	NIAMNIAM
Nürnb. Holzschneider	FLOETNER
Nürnberger Maler	KULMBACH
nützlich	OPPORTUN
Nukleus (physik.)	ATOMKERN
Numerale	ZAHLWORT
nur zum Schein	PROFORMA
Nußart, -sorte	PARANUSS
Nutzbaum	NUSSBAUM
Oase, Oasenstadt in Ägypten	BAHARIEH
Obdach	HERBERGE
oberbay. Kurort	BADTOELZ
oberbay. Kurort	FARCHANT
oberbay. Landschaft	CHIEMGAU
oberbayer. Kurort	KOHLGRUB
oberbayer. Loisach-Zufluß	PARTNACH
oberbayer. Stadt an der Isar	MUENCHEN
oberbayerisch. See	AMMERSEE
oberbayr. Stadt an der Isar	FREISING
Oberbefehl	KOMMANDO
Oberbefehlshaber	FELDHERR
obere Bootsplanke	DOLLBORD
oberelsäss. Vogesenstadt	MARKIRCH
oberfränk. Kurort	LANGENAU
oberfränk. Luftkurort	AMORBACH
Obergewalt	SUPREMAT
Oberhaupt	GEBIETER
oberital. Landschaft	LIGURIEN
oberösterr. Bergrücken	HAUSRUCK
Oberschicht (engl.)	UPPERTEN
oberschles. Oder-Zufluß	MALAPANE
oberschles. Stadt a. d. Prutnik	NEUSTADT
Obliegenheit	FUNKTION
Obst	FRUECHTE
Obstart, -sorte	APRIKOSE
Ob-Zufluß	TSCHULYM
öffentl. Aushang d. Heiratstermins	AUFGEBOT
öffentl. Erklärung	MANIFEST

öffentl. Geldwesen	FINANZEN
österr. Alpenpaß	FERNPASS
österr. Architekt	HOFFMANN
österr. Autor, Dichter	CZIBULKA
österr. Autor, Dramatiker	BERNHARD
österr. Bildhauer, Graphiker	HRDLICKA
österr. Bundeskanzler	DOLLFUSS
österr. Bundeskanzler	SINOWATZ
österr. Bundesland	KAERNTEN
österr. Bundesland	SALZBURG
österr. Dichter, Erzähler	ROSEGGER
österr. Dichterin	BACHMANN
österr. Feldmarschall	RADETZKY
österr. kathol. Theologe, Kardinal	INNITZER
österr. Komponist	BRUCKNER
österr. Komponist	GASSMANN
österr. Komponist	GOLDMARK
österr. Komponist	KREISLER
österr. Komponist	SCHREKER
österr. Kurort im Pustertal	INNICHEN
österr. Landeshauptstadt	SALZBURG
österr. Liedermacher	FENDRICH
österr. Münze	GROSCHEN
österr. Musikwissenschaftler	HANSLICK
österr. neuromant. Kompon.	REZNICEK
österr. Operettenkomponist	BENATZKY
österr. Opernkomponist	KORNGOLD
österr. Pianist, Chansonnier	KREISLER
österr. Pianist, Komponist	SCHNABEL
österr. Politiker, Staatspräsid.	WALDHEIM
österr. romant. Komponist	SCHUBERT
österr. Sänger, Komponist	JUERGENS
österr. satir. Dichter	RODARODA
österr. Schauspieler	THOMALLA
österr. Schauspielerin	HATHEYER
österr. Schriftsteller	SCHAUKAL
österr. Schriftstellerin	MITTERER
österr.-schweiz. Gebirge	RAETIKON
österr. See	ACHENSEE
österr. Sopranistin	CEBATORI
österr. Stadt am Bregenzer Wald	DORNBIRN
österr. Stadt am Rhein	LUSTENAU
österr. Stadt an der Enns	RADSTADT
österr. volkstüml. Dichter	PERKONIG
offenbar, offenkundig	FLAGRANT
offenbar, offenkundig	MANIFEST
offener Sportwagen	ROADSTER
Offizier	LEUTNANT
Offiziersgehilfe	ADJUTANT
ohne Fehler	MAKELLOS
ohnmächtig	MACHTLOS
Ohren d. Raubwilds	LAUSCHER
Ohrenheilkunde	OTIATRIE
Ohrenheilkunde	OTOLOGIE
Ohrenrobbe	SEELOEWE
Ohrenteil	SCHNECKE
Okeanide	PLEXAURE
Okeanide	POLYDORA
Okkupator	BESETZER
okkupieren	BESETZEN
Operationsmesser	LANZETTE
Operette v. Lincke	FRAULUNA

Operette von Kollo	JUXBARON	Optimum	BESTFALL	orientalische Wasserpfeife	NARGILEH
Operette von Lehár	GIUDITTA	optischer Telegraf	SEMAPHOR	Orientierungsfähigkeit	ORTSSINN
Operette von Lehár	PAGANINI	Opulenz, Wohlhabenheit	REICHTUM	Orientteppich	CHORASAN
Opern-, Operettentextbuch	LIBRETTO	Oratorium v. Händel	HERAKLES	Orientteppich	FERAGHAN
		Oratorium von Händel	BELSAZAR	Orientteppich	JOSHAGAN
Opernlied	KAVATINE	Oratorium von Händel	THEODORA	Orientteppich	LURISTAN
Oper von Busoni	TURANDOT	Orchesterleiter	DIRIGENT	Orientteppich	MESCHHED
Oper von d'Albert	TIEFLAND	Orchidee	CATTLEYA	Orientteppich	SERABEND
Oper von Egk	COLUMBUS	Ordensprovinzvorsteher	SUPERIOR	Orkney-Insel	MAINLAND
Oper von Egk	PEERGYNT	ordentlich, geregelt	GEORDNET	Orkney-Insel	STRONSAY
Oper von Gluck	TELEMACH	Ordnungshüter	AUFSEHER	Ornament	MAEANDER
Oper von Händel	BERENICE			Ornament	ROLLWERK
Oper von Honegger	ANTIGONE	Ordnungshüter	POLIZIST	ortsansässig	HEIMISCH
Oper von Mozart	IDOMENEO			Ortschaft	SIEDLUNG
Oper von Orff	DIEKLUGE	Organblähung	EMPHYSEM	ostafrikan. See	SANGOSEE
Oper von Puccini	LABOHEME	Organisation der Sorben	DOMOWINA	ostafrikan. Staat	MOSAMBIK
Oper von Puccini	TURANDOT	Organschwund	ATROPHIE	ostafrikan. Staat	SIMBABWE
Oper von Spontini	VESTALIN	Orgelpfeifenreihe	REGISTER	ostafrikan. Staat	TANSANIA
Oper von Strauss	ARABELLA	Orgelregister	TROMBONE		
Oper von Verdi	FALSTAFF	Orgelspieler	ORGANIST	Ostasiat	KOREANER
Oper von Wagner	PARSIFAL	Orgelteil	WINDLADE	ostasiat. Volk	KOREANER
Oper von Wagner	WALKUERE	Orgelteil	WINDWERK	ostasiat. Volk	MANDSCHU
		oriental. Herrscher	MAMELUCK	ostasiat. Volksgruppe	CHINESEN
Opfer, Preisgabe	VERZICHT	Orientale	LIBANESE		
Opferguß	LIBATION	orientalische Frauenhose	SCHALWAR	osteurop.-asiat. Republik	RUSSLAND
opfern	HINGEBEN				
Opium-Alkaloid	NARKOTIN	orientalische Kopfbedeckung	TARBUSCH	osteurop. Republik	ARMENIEN
Opiumtinktur	LAUDANUM			osteurop. Republik	GEORGIEN
opportun	GUENSTIG				
Optimismus	HOFFNUNG				

Osteuropäer	UKRAINER	oström. Kaiser	BASILIOS	Palästinenseraufstand	INTIFADA
osteuropäische Nachtigall	SPROSSER	oströmisch. Kaiser	ARKADIOS	Palasthund	PEKINESE
ostfinnischer Volksstamm	KARELIER	ostrussische Insel	SACHALIN	Palast in Rom	QUIRINAL
ostfinnischer Volksstamm	UDMURTEN	Ostrußland	SIBIRIEN	Palmblattornament	PALMETTE
ostfranz. Stadt	BESANCON	ostschott. Seebad	MONTROSE	Palmenart	DUMPALME
ostfriesische Insel	LANGEOOG	ostschweiz. Kurort	BADRAGAZ	Palmenart	OELPALME
ostgerman. Volk	OSTGOTEN	Ostseebad	GROEMITZ	Palmenblattfaser	PIASSAVA
Ostgotenkönig	DIETRICH	Ostseebad	NIENDORF	Palmsonntag	PALMARUM
Ostgotenkönig	ILDIBALD	Ostsee-Meerenge	OERESUND	Pankreas-Hormon	GLUKAGON
ostiran. Gebirgslandschaft	LURISTAN	ostsibirischer Mongolenstamm	TUNGUSEN	Panne	STOERUNG
ostirische Provinz	LEINSTER	ostsibirisches Waldgebiet	JABLONOI	Panorama	RUNDBILD
ostkanadisch. Feldspat	LABRADOR	Ostslawe	UKRAINER	Panzerechse	KROKODIL
ostkanadisch. Halbinsel	LABRADOR	Oxalsäuresalz	KLEESALZ	Panzerkrebs	LANGUSTE
ostpommerscher Fluß	PERSANTE	Ozean	ATLANTIK	Papageienart	ARARAUNA
ostpreuß. Badeort	RAUSCHEN	Ozean	WELTMEER	Papiernautilus	ARGONAUT
ostpreuß. Fluß	PASSARGE	Pachtgeld	MIETZINS	Papierschnitzel	KONFETTI
ostpreuß. Stadt	GERDAUEN	Packeis	TREIBEIS	Papst im 3. Jh.	NOVATIAN
ostpreuß. Stadt	SENSBURG	Paddelboot	KANADIER	Papst im 4. Jh.	SIRICIUS
ostpreuß. Stadt	WORMDITT	päpstliche Behörde	SIGNATUR	Papst im 6. Jh.	VIGILIUS
ostpreuß. Stadt an d. Drewenz	OSTERODE	päpstliche Obergewalt	SUPREMAT	Papst im 7. Jh.	VITALIAN
ostpreußische Landschaft	NATANGEN	pakistan. Provinz	KHAIRPUR	Papst im 9. Jh.	VALENTIN
		pakistan. Staatspräsident	AYUBKHAN	Papstname	ANICETUS
				Papstname	EUSEBIUS
		pakistan. Stadt im Pandschab	LYALLPUR	Papstname	LIBERIUS
				Paralyse	LAEHMUNG
				Parfümzutat	ROSENOEL
		Pakt	BUENDNIS	Pariser Habenichts	CLOCHARD

Pariser Universität	SORBONNE	pazif. Inselgruppe	MARIANEN	peruanische Stadt	CHIMBOTE
Parlamentariergruppe	FRAKTION	Peene-Zufluß	TOLLENSE	peruanische Stadt	MOQUEGUA
Parlament i. d. USA	KONGRESS	peinlich	DIFFIZIL	Pfadfinderzusammenkunft	JAMBOREE
Parole	KENNWORT	peinlich	SHOCKING		
Parole d. Franz. Revolution	FREIHEIT	peinlich genau	MINZUOES	pfälz. Stadt an der Saar	SAARBURG
		pelikanartiger Vogel	KORMORAN	Pfälzer Landschaft	WESTRICH
Part	TEILHABE	Pelzfresser	HAARLING		
Partei	FRAKTION	Penduhr	PENDUELE	Pfälzer Stadt an d. Lieser	WITTLICH
parteiisch	BEFANGEN	Pennäler, Eleve	SCHUELER	Pfälzer Stadt an d. Weinstraße	NEUSTADT
Party	HAUSBALL				
passabel	LEIDLICH	Pentagon	FUENFECK		
Passagier	FAHRGAST	perforiert	LOECHRIG		
Passagier in der Luftfahrt	FLUGGAST	Perigäum	ERDNAEHE	Pfahlbarriere, -sperre	PALISADE
		Periodenzahl	FREQUENZ	Pfandanstalt	LEIHHAUS
passend	GUENSTIG	Perlboot (zool.)	NAUTILUS	Pfannkuchen	BERLINER
Paß im Kanton St. Gallen	WILDHAUS	Perserkönig	KAMBYSES	Pfarramt	PASTORAT
				Pfarrei	GEMEINDE
Paß in den Karnischen Alpen	PLOECKEN	Perserteppich	MESCHHED	Pfarrer	PRIESTER
		persisch. Dichter	DSCHELAL	Pfeiler, Haltegestell	STAENDER
Passionswoche	KARWOCHE	persisch. Dichter	FIRDAUSI		
passiver Widerstand	SABOTAGE	persönlich, vertraulich	PRIVATIM	Pfeilerabschluß	KAPITELL
Pastetenart	GRISETTE	peruan. Fluß	APURIMAC	Pfennigfuchser	GEIZHALS
Pastetenart	KRUSTADE	peruan. Indianerstamm	KETSCHUA	Pferch	VIEHZAUN
Patenkind	FIRMLING			Pferdebesitz eines Fürsten	MARSTALL
Patriarch	ERZVATER	peruan. Marañon-Zufluß	HUALLAGA		
Patronin Böhmens	LUDMILLA				
Patsche	KLATSCHE	peruan. Provinz	APURIMAC	Pferdebürste	STRIEGEL
Paukenhöhle im Ohr	TYMPANUM	peruan. Stadt	AYACUCHO	Pferderasse	HALBBLUT
Paulusbrief	HEBRAEER	peruan. Stadt am Matará	HUANCAYO	Pferderassengruppe	KALTBLUT
Paulusbrief	KOLOSSER	peruanische Stadt	AREQUIPA	Pferderassengruppe	WARMBLUT
Paulusbrief	PHILEMON			Pferderennplatz	REITBAHN
Pavianart	MANDRILL	peruanische Stadt	CHICLAYO	Pferdesportlerin	REITERIN

Pfifferling	GELBLING	phöniz. Kolonie	KARTHAGO	planvoll	TAKTISCH
Pflanze	GEWAECHS	phosphorsaures Salz	PHOSPHAT	Plattengestein	SCHIEFER
Pflanzenbase	ALKALOID			Plattfisch	HEILBUTT
Pflanzenornament	ARABESKE	Phosphorverbindung	PHOSPHID	Plattform am Haus	TERRASSE
Pflanzenschutzmittel	PESTIZID	Phosphorwasserstoff	PHOSPHIN	Platz, Standort	POSITION
Pflanzenzüchter	GAERTNER	physikalischer Zustand	SPANNUNG	Platz beim Eiffelturm	MARSFELD
pflanzl. Bildungsgewebe	MERISTEM	picken	STOCHERN	plauschen	PLAUDERN
Pflanzung	PLANTAGE	pikant	GEWUERZT	Plünderer	MARODEUR
Pflaumenart	SPILLING	pikant, prickelnd	REIZVOLL	Plural	MEHRZAHL
Pflaumenart	ZWETSCHE	Pik beim Kartenspiel	SCHIPPEN	Pöbel	GESINDEL
pflegen	BETREUEN			Pöbel	JANHAGEL
pflegen	UMSORGEN	Pilzart	DREHLING	Pökelflüssigkeit	SALZLAKE
Pfleger	BETREUER	Pilzart	EICHPILZ		
Pfropfbastard	CHIMAERE	Pilzart	EIERPILZ	Poesie	DICHTUNG
		Pilzart	MEHLPILZ	polar	ARKTISCH
Pfusch	MACHWERK	Pilzart	MOOSLING	Polierschiefer	BERGMEHL
phäakische Königstochter	NAUSIKAA	Pilzart	ROETLING	politisch. Mordanschlag	ATTENTAT
		Pilzart	ROSTPILZ		
Phantast	FABULANT	pilztötend	FUNGIZID	polizeil. Aktion	FAHNDUNG
Phantast, stiller Grübler	TRAEUMER	Pilzvernichtungsmittel	FUNGIZID	poln.-frz. kubist. Bildhauer	LIPCHITZ
phantast. Dichtung	MAERCHEN	Pimpernuß	PISTAZIE	poln. Hauptfluß	WEICHSEL
phantastische Erzählung	GROTESKE	Pipette	SAUGROHR	poln. Höhenzug	LYSAGORA
		Piste auf Flughäfen	ROLLBAHN	poln. Landschaft b. Warschau	MASOWIEN
Phantom	GESPENST				
Phantom, Sinnestäuschung	TRUGBILD	Plätzchen	PASTILLE	poln. Name von Kattowitz	KATOWICE
		Plakat	ANSCHLAG		
Pharaonengrab	PYRAMIDE	Plan, Absicht	VORHABEN	poln. Pianist	ASKENASE
Pharaonenname	ECHNATON	Plan, Konzept	PROGRAMM	poln. Stadt an der Weichsel	DIRSCHAU
philippin. Ureinwohner	FILIPINO	Planer des Suezkanals	NEGRELLI		
philippinische Pygmäen	NEGRITOS	planmäßiges Vorgehen	METHODIK	poln. Stadt an der Weichsel	GRAUDENZ
philippinische Staatssprache	PILIPINO	Plantagenbesitzer	PFLANZER	poln. Stadt bei Lodsch	PETRIKAU

poln.-ukrain. Landschaft	GALIZIEN	portugies. Landschaft	ALENTEJO	Preiserhöhung	TEUERUNG
polnisch. Autor der Romantik	SLOWACKI	portugies. Stadt	ABRANTES	Preisliste, Werbeschrift	PROSPEKT
polnisch. Dichter, Schriftsteller	ZEROMSKI	portugies. Stadt	BRAGANCA	Pressefeldzug	KAMPAGNE
		portugies. Stadt	VILAREAL	Preßluftsendung	ROHRPOST
polnisch. Hauptstadt	WARSCHAU	portugies. Stadt am Tejo	SANTAREM	preuß. Feldmarschall	BLUECHER
polnische Stadt an der Weichsel	BROMBERG	Posaune	TROMBONE	preuß. General	HAESELER
		positiv	BEJAHEND		
		positiv	BESTIMMT	preuß. Reitergeneral	SEYDLITZ
polnische Stadt in d. Hohen Tatra	ZAKOPANE	positiver Kontostand	GUTHABEN	preuß. Staatsmann	BISMARCK
		Posse	BURLESKE		
		Posse	GROTESKE	prickeln	KRIBBELN
Polstermaterial	ROSSHAAR	Posse	KOMOEDIE	Priem	KAUTABAK
polymerer Traubenzucker	GLYKOGEN	Posse	SCHNURRE	Priesterin der Vesta	VESTALIN
		Posten, Position	STELLUNG		
pommer. Stadt an d. Uecker	PASEWALK	Posten, Stück, Teil	POSITION	primitive Schußwaffe	BLASROHR
				Prise	SEEBEUTE
Popmusik-Gruppe	THEDOORS	Postgut im Luftverkehr	FLUGPOST	Privileg, Monopol	VORRECHT
		Postkutscher	SCHWAGER	Probezeit im Kloster	NOVIZIAT
Popmusikgruppe	URIAHEEP	Postschnellsendung	LUFTPOST	Produkt d. Leber	GLYKOGEN
Popmusik-Solistin	DRISCOLL	Potentilla	BLUTWURZ	Produzent	ERZEUGER
Popmusik-Solistin (m. Vorn.)	JOANBAEZ	Po-Zufluß	GIANDONE	produzieren	ERZEUGEN
		prachtvoll	HERRLICH	Projektil	GESCHOSS
		Prägemaschine	KALANDER	Prolog, Präludium	VORSPIEL
Popmusik-Solist (Rockmusik-Solist)	JEFFBECK	prämieren	BELOHNEN	Pronomen	FUERWORT
		Präriestaat der USA	NEBRASKA	provenzalischer Troubadour	BERTRAND
Portalwölbung	TORBOGEN	präsent	ANWESEND		
portug. Barockstil	MANUELIK	Präsent	GESCHENK	Provision des Börsenmaklers	COURTAGE
		Prager Stadtteil	ALTSTADT		
portug. Dichter	FERREIRA	Prager Stadtteil	NEUSTADT		
portugies. Adelsgeschlecht	BRAGANZA	Prahlhans	MAULHELD	Prügelei	KEILEREI
		Predigtbuch	POSTILLE	prügeln	SCHLAGEN
portugies. Königsname	FERNANDO			prügeln	VERHAUEN

prunklos, schmucklos	SCHLICHT	Rabenvogel	KOLKRABE	Rang, Stand	STELLUNG
Publikum	ZUHOERER	Rache, Vergeltung	REVANCHE	rankenförmige Verzierung	ARABESKE
Puderzucker	FARINADE	Rachenmandel	TONSILLE	Ranzen	RUCKSACK
Pulsphase	DIASTOLE	Rachenorgan	KEHLKOPF	Rasenspiel	HANDBALL
Pult	KATHEDER	Radiator	STRAHLER	Raserei, sinnlose Wut	TOBSUCHT
Pulverholz	FAULBAUM	Radierung	GRAVUERE	Rast	ERHOLUNG
purgieren	LAEUTERN	Radio	RUNDFUNK	raten, herumraten	RAETSELN
Pustewaffe	BLASROHR	radioaktives Element	AKTINIUM	rationieren	DOSIEREN
Puter	TRUTHAHN	radioaktives Element	FRANCIUM	Ratsherr in angelsächs. Ländern	ALDERMAN
Putte, Putto	AMORETTE	radioaktives Element	POLONIUM	Raubtierhöhle	FUCHSBAU
Putzmacherin	MODISTIN	radioaktives Element	THALLIUM	Rauchsäule bei Vulkanen	FUMAROLE
Putzmacherin, Dirne	GRISETTE	Radiumbad im Vogtland	BRAMBACH	Rauchware	PELZWERK
Pyrenäenpaß	AUBISQUE	Radrennbahn	VELODROM	Raufbold	HOOLIGAN
Pyrit-Abart	MARKASIT	Radstreben	SPEICHEN	rauher Wollstoff	HOMESPUN
quälen	SCHINDEN	Räder beim Flugzeug	FAHRWERK	Rauhfußhuhn	WALDHUHN
Qualitätsniveau	STANDARD	Räderwerk	GETRIEBE	Rauhfutter	HAECKSEL
Quappe, Trüsche	AALRAUPE	Räderwerk	MECHANIK	Rauhware	BARCHENT
Quarz-Mineral	AMETHYST	Ränkespiel	KOMPLOTT	Raum hinter d. Eingangstür	WINDFANG
Quecksilberchlorid	SUBLIMAT	Rätoromane	FRIAULER	Raumsonde der Amerikaner	EXPLORER
Quecksilbererz	ZINNOBER	rätoromanisch: Graubünden	GRISCHUN	Raumsonde der Amerikaner	VANGUARD
Quecksilbermineral	IDRIALIT	Rätselart	SUCHBILD	raupenähnliche Seidenschnur	CHENILLE
Quellfluß d. Pregel	ANGERAPP	räuberischer Schwimmkäfer	GELBRAND	Rauschgift	MESKALIN
Quellfluß der Leitha	SCHWARZA	Raffgier	HABSUCHT	Rauschgift	MORPHIUM
quer	DIAGONAL	Rainweide	LIGUSTER	Rauschzustand	DELIRIUM
Querbalken, Ausleger	TRAVERSE	Raketentreibstoff	MONERGOL		
Querschiff	TRANSEPT				
Querulant	NOERGLER				
Querversteifung	TRAVERSE				
Rabatt	ABSCHLAG				

Rautenschlange	SURUKUKU	Regierungsmitglied	MINISTER	Reitsport: seitl. Ausbrechen	ESKAPADE
real, konkret	WIRKLICH	Regierungssitz	RESIDENZ	reizend	CHARMANT
Rebell	EMPOERER	Regierungsvertreter	RESIDENT	Reklamemittel	HOERFUNK
Rebellion	AUFSTAND	Region	DISTRIKT	Reliefplatte	PLAKETTE
Rechenergebnis	RESULTAT	reglos	UNBEWEGT	religiös. Erbauungsbuch	POSTILLE
Rechnungsart	ADDITION	Reibekeule, Stampfer	STOESSEL	religiös. Minderheit	DIASPORA
Rechnungsart	DIVISION	Reibelaut	FRIKATIV	religiöse Zerstreuung	DIASPORA
Rechteck	ORTHOGON	reiben, schrubben	SCHEUERN	Religionsfrevel	SAKRILEG
Rechtfertigung	APOLOGIE	Reibung	FRIKTION	Religionslehrer	KATECHET
rechtgläubig	ORTHODOX	Reigen	RUNDTANZ	Religionsstifter	MOHAMMED
Rechtsmittel	BERUFUNG	Reiherfederschmuck	AIGRETTE	Renn-, Sportschlitten	SKELETON
Rechtspflege	JUDIZIUM	rein, unvermischt	GEDIEGEN	Renn-Erschwernis	SCHIKANE
Rechtsverdreher	RABULIST	rein begrifflich	ABSTRAKT	Renngalopp	KARRIERE
Rechtswidrigkeit	VERSTOSS	reinigen	SAEUBERN	renovieren	ERNEUERN
redliches Gebaren	FAIRPLAY	Reinigungseifer	PURISMUS	Rente, Pension	RUHEGELD
Redner, Ansager	SPRECHER	Reinmachehilfe	PUTZFRAU	Reptil	SCHLANGE
Rednerbühne	TRIBUENE	Reisegesellschaft im Orient	KARAWANE	Rest	RUDIMENT
Reform	NEUERUNG	Reisehandbuch	BAEDEKER	Resultat	ERGEBNIS
Refrain	KEHRREIM	Reisekrankheit	KINETOSE	Retina	NETZHAUT
Refraktion	BRECHUNG	Reisender	FAHRGAST	retten	ERLOESEN
Regel	LEITSATZ	Reisender im Luftverkehr	FLUGGAST	Reue	BEDAUERN
Regel, Richtmaß	STANDARD	Reis-Erbsen-Gericht	RISIPISI	Revolte	MEUTEREI
regelgemäß	REGULAER	Reisigbündel	FASCHINE	Revolte, Revolution	AUFSTAND
regelmäßiger Wechsel	RHYTHMUS	Reißer	KNUELLER	Rezeptesammlung	KOCHBUCH
Regelmäßigkeit	EBENMASS	Reitersäbel	PALLASCH	Rhone-Kurort im Kant. Wallis	MARTIGNY
regelmäßig wiederkehrend	ZYKLISCH	Reithose	BREECHES	Rhythmuslehre	RHYTHMIK
Regelwidrigkeit	ANOMALIE			richten, folgern	URTEILEN
Regenwasserbehälter	ZISTERNE				
regierender Fürst	POTENTAT				

Richterstuhl	TRIBUNAL	Rockmusik-Stil	JAZZROCK	römisch. Kaisergeschlecht	CLAUDIER
Richtlinie, Richtschnur	MASSSTAB	Röhrling, Speisepilz	SANDPILZ	römisch. Schriftsteller	APULEJUS
Richtlinie, Richtschnur	STANDARD	röm. Dichter	AUSONIUS	römischer Kaiser	TIBERIUS
Richtmaß, Maßstab	STANDARD	röm.-etrusk. Wahrsager	HARUSPEX	römischer Kaiser	VALERIAN
Riegel	SCHIEBER	röm. Feldherr und Gourmet	LUCULLUS	Rötel	HAEMATIT
Riegel, Sprosse	QUERHOLZ			Röteln	RUBEOLEN
Riemenpeitsche	KANTSCHU			Rohrende	MUENDUNG
Riesenechse	KROKODIL	röm. Göttin des Rechts	JUSTITIA	Rohrleitung für Erdöl, Gas	PIPELINE
Riesenelefant d. Eiszeit	MASTODON	röm. Hundertschaft	CENTURIE	Rohstoff	MATERIAL
riesengroß	GEWALTIG	röm. Kalendertag	CALENDAE	Rokokoornament	ROCAILLE
riesengroß	KOLOSSAL	Römerkastell des Limes	SAALBURG	Rolladen	JALOUSIE
Ringelwurm	BLUTEGEL	römisch. Adelsfamilie	BORGHESE	Roma, Sinti	ZIGEUNER
Ring um Gestirne	LICHTHOF	römisch. Hügel	ESQUILIN	Roman v. Charriere	PAPILLON
Rippenstück	KOTELETT	römisch. Hügel	QUIRINAL	Roman v. Ferber	CIMARRON
Ritter	KAVALIER	römisch. Kaiser	ANTONIUS	Roman v. Melville	MOBYDICK
Ritter der Artusrunde	LANCELOT	römisch. Kaiser	AURELIAN	Roman v. Updike	EHEPAARE
Ritter der Artusrunde	LANZELOT	römisch. Kaiser	BALBINUS	Roman v. Zola	GERMINAL
Ritter der Artusrunde	PARZIVAL	römisch. Kaiser	CLAUDIUS	Ronde	RUNDGANG
Ritterorden	MALTESER	römisch. Kaiser	COMMODUS	Rosenart	MOOSROSE
Ritterschlag	AKKOLADE	römisch. Kaiser	CONSTANS	Rosenkranzgebet	ROSARIUM
Ritzmesser	LANZETTE	römisch. Kaiser	DOMITIAN	Rosenlorbeer	OLEANDER
Rivalin	GEGNERIN	römisch. Kaiser	ELAGABAL	Rosenpflanzung	ROSARIUM
robust	KRAEFTIG	römisch. Kaiser	GALERIUS	Rosinenart	KORINTHE
Rockmusik-Begriff	FOLKROCK	römisch. Kaiser	HONORIUS	roter Farbstoff	ALIZARIN
Rockmusik-Begriff	HARDROCK	römisch. Kaiser	JULIANUS	roter Farbstoff	KARMESIN
Rockmusik-Richtung	SOFTROCK	römisch. Kaiser	OKTAVIAN	roter Farbstoff	KORALLIN
				roter Farbstoff	ZINNOBER
				roter Farbton	FLAMINGO

roter Farbton	FUCHSROT	rumän. Politiker, Staatsmann	BRATIANU	russ. rayonist. Maler	LARIONOW
roter Granat	ALMANDIN	rumän. Stadt	BAIAMARE	russ. Schachweltmeister	KASPAROW
Rothaut	INDIANER	rumän. Stadt	SATUMARE	russ. Stadt am Ural	ORENBURG
Route	REISEWEG	rumän. Stadt an der Moldau	BOTOSANI	russ. Stadt am Wolchow	NOWGOROD
Ruder	LEITWERK				
Rübenart	DICKWURZ				
rückbezüglich	REFLEXIV				
Rückenmarksentzündung	MYELITIS	rumän. Stadt im Banat	TEMESVAR	russ. Stadt im Saratow-Gebiet	PETROWSK
Rückhandschlag	BACKHAND	rumänische Landschaft	WALACHEI	russ. Tabak, Tabakware	MACHORKA
Rücknahme, Gegenbuchung	RISTORNO	Rundbau f. Musikkapellen	PAVILLON	russisch. Bakteriologe	HAFFKINE
Rückvergütung	REFAKTIE	Rundblick	PANORAMA	russisch. Dichter, Historiker	KARAMSIN
Rückzug	RETIRADE	rundes Schiffsfenster	BULLAUGE		
Rückzug (franz.)	RETRAITE	Rundgemälde	PANORAMA	russisch. Dissident, Physiker	SACHAROW
rügen	MONIEREN	Rundschreiben	ZIRKULAR	russisch. Komponist	GLASUNOW
rügen, schroff tadeln	RUEFFELN	Runenforscher	RUNOLOGE	russisch. Komponist	SKRJABIN
Rührstück	MELODRAM	russ.-am. Flugzeugkonstrukteur	SIKORSKY		
Rüpelhaftigkeit	FLEGELEI			russisch. Physiker (Nobelpreis)	SACHAROW
Ruf, Leumund	RENOMMEE	russ.-amerikan. Pianist	HOROWITZ	russisch. Politiker	ISWOLSKI
Rufname, Vorname	TAUFNAME	russ. Binnenmeer	KASPISEE	russisch. Politiker	SINOWJEW
Ruftrichter	MEGAPHON	russ. Chemiker (Nobelpreis)	SEMJONOW	russisch. Politiker, Staatsmann	KERENSKI
Ruhmeshalle an der Donau	WALHALLA	russ. Dramatiker	ANDREJEW	russisch. Raumfahrtzentrum	BAIKONUR
rumän. abstrakt. Bildhauer	BRINCUSI	russ. Kaviarsorte	MALOSSOL		
rumän. Bildhauer	BRANCUSI	russ. klassischer Maler	LOSSENKO	russisch. romantischer Dichter	PUSCHKIN
rumän. Dichter	EMINESCU				
rumän. Goldmünze	CAROLDOR	russ. Komm.	BUCHARIN	russisch. satirisch. Dramatiker	SALTYKOW
rumän. Hauptstadt	BUKAREST	russ. Primaballerina	DANILOWA		

russisch. Schaumwein	KRIMSEKT	
russisch. Violinvirtuose	OISTRACH	
russisch. Zar	DIMITRIJ	
russische Stadt am Dnjepr	SMOLENSK	
russische Stadt am Don	SCHACHTY	
russische Stadt an der Beresina	BOBRUISK	
saarl. Stadt an der Saar	METTLACH	
Sachbearbeiter	REFERENT	
sachbezogen	OBJEKTIV	
Sachgebiet	DEZERNAT	
sachlich	OBJEKTIV	
Sachsenherzog	WIDUKIND	
sacht	BEHUTSAM	
Sachwalter	DEFENSOR	
sächs. Fürstenhaus	WETTINER	
sächs. Stadt an der Elbe	SCHANDAU	
sächs. Stadt an der Lausitz	PULSNITZ	
sächs. Stadt an der Röder	RADEBERG	
sächs. Stadt an der Zschopau	ZSCHOPAU	
sächs. Stadt im Erzgebirge	ANNABERG	
sächs. Stadt im Vogtland	OELSNITZ	
sächs. Stadt in der Lößnitz	RADEBEUL	
sämtliche	ALLESAMT	
Sängerin	ALTISTIN	
Sängerin d. »Lili Marlen«	ANDERSEN	
Sättigung	SATTHEIT	
säubern	REINIGEN	
Säugetiere (zool.)	MAMMALIA	
Säulenhalle, Säulenvorbau	PORTIKUS	
Säulenhalle, -umgang	PERISTYL	
sagen	BEMERKEN	
sagen, reden	SPRECHEN	
sagenhaft	FABULOES	
sagenhaft	MYTHISCH	
sagenhafte chin. Prinzessin	TURANDOT	
sagenhafte Insel	ATLANTIS	
sagenhafter König von Sparta	MENELAOS	
sagenhaftes Goldland	ELDORADO	
sagenhaftes Tier	LINDWURM	
Salatsoße	DRESSING	
Salatsoße	MARINADE	
Salbengrundstoff	PARAFFIN	
Salbengrundstoff	VASELINE	
Salz der Aluminiumsäure	ALUMINAT	
Salz der Kohlensäure	KARBONAT	
Salz der Phosphorsäure	PHOSPHAT	
Same	SAATKORN	
Sammelband	KONVOLUT	
Sammlung	KOLLEKTE	
samtartiges Gewebe	DUVETINE	
Sardelle	ANCHOVIS	
Satanspilz	BLUTPILZ	
satir. Bezeichn. d. Engländers	JOHNBULL	
Saturn-Mond	HYPERION	
Satzzeichen	HAEKCHEN	
Sauberkeit	REINHEIT	
saudiarab. Hafenstadt	DSCHIDDA	
Sauerkirsche	AMARELLE	
Sauerkirsche	WEICHSEL	
Sauerstoff-Wasserstoffgemisch	KNALLGAS	
Sauls Sohn	JONATHAN	
Saum	UMSCHLAG	
Sauna	DAMPFBAD	
Schabeisen	STRIEGEL	
Schabernack	NECKEREI	
Schachfigur	SPRINGER	
Schachtring	TUEBBING	
Schachweltmeister	ALJECHIN	
Schachweltmeister	STEINITZ	
schadenfroh	HAEMISCH	

Schädelbasisknochen	KEHLBEIN	schaufeln	SCHIPPEN	Scheusal	MONSTRUM
Schädelbasisknochen	JOCHBEIN	Schaukel	GAUTSCHE	Schicksal	GESCHICK
Schädelknochen	KEILBEIN	Schaukelgang	PASSGANG	Schicksalsgläubiger	FATALIST
Schädelknochen	KINNLADE	Schaumünze	MEDAILLE	Schienenfahrzeug	DAMPFLOK
Schädelstätte (Bibel)	GOLGATHA	Schaupackung	ATTRAPPE	Schienenquerträger	SCHWELLE
schäkern	TAENDELN	Schauplatz	SZENERIE	Schießbedarf	MUNITION
schäkern, liebkosen	SCHMUSEN	schaurig	GRUSELIG	Schiffahrt	SEEREISE
schätzen, veranschlagen	TAXIEREN	Schauspieler f. tragische Rollen	TRAGOEDE	Schiff außer Dienst stellen	ABTAKELN
schäumend wallen	GISCHTEN	Schauspiel von Ibsen	PEERGYNT	Schiff entladen	LOESCHEN
Schafart	SHETLAND	Schauspiel von Wedekind	ERDGEIST	Schiffahrtshindernis	SANDBANK
schaffen	KREIEREN	Scheidenentzündung	KOLPITIS	Schiffahrtsunternehmen	REEDEREI
Schaf-Inseln	FAEROEER	scheinbare Sonnenbahn	EKLIPTIK	Schiffsbewegung	MANOEVER
Schal	HALSTUCH	Scheinheiliger	HEUCHLER	Schiffsebene	OBERDECK
Schallplattenautomat	MUSICBOX	Scheinmaßnahme	MANOEVER	Schiffsführer	KAPITAEN
Schallplattenautomat	MUSIKBOX	Scheitelkäppchen d. Papstes	PILEOLUS	Schiffsführer	SCHIFFER
Schanzpfahl	PALISADE	schellen	KLINGELN	Schiffskran	LADEBAUM
Scharbe	KORMORAN	Schellfischart	KABELJAU	Schiffskran	LADEMAST
Scharbockskraut	FEIGWURZ	Schelm, Tändler	SCHAEKER	Schiffsküche	KOMBUESE
scharf	BEISSEND	Schelmenstück	NARRETEI	Schiffsmannschaft	EQUIPAGE
scharf raunen, flüstern	ZISCHELN	Schemel	FUSSBANK	Schiffsmastenstützung	TAKELUNG
Scharfsinn	KLUGHEIT	Schenkung	DOTATION	Schiffsreise	SEEFAHRT
Scharrvogel	AUERHAHN	scheppern	KLAPPERN	Schiffsrost	GRAETING
Schattenreich der Griechen	TARTARUS	scherenloser Hummer	LANGUSTE	Schiffstreppe	FALLREEP
Schatz	LIEBSTER	Scherge	HAESCHER	Schiffsverband	FLOTILLE
Schaubild	DIAGRAMM	Scherzgedicht	LIMERICK	Schiffsverpfändung	BODMEREI
schauerlich	GRUSELIG	Scheuer, Magazin	SPEICHER		
schauerlich	STYGISCH				
schaufeln	AUSHEBEN				

schiit. Sekte	ALAUITEN	schlechte Arbeit	MACHWERK	Schließe, Gürtelverschluß	SCHNALLE
Schilddrüsenhormon	THYROXIN	schlechte Theatertruppe	SCHMIERE	Schließung	SPERRUNG
Schildfarn	WURMFARN	Schleichkatze	BITURONG	Schlinge, Schleife	SCHLAUFE
Schildzecke	HOLZBOCK	Schleichkatze	SURIKATE	Schlinge zum Vogelfang	SPRENKEL
schimmern	GLAENZEN	schleierhaft	NEBULOES	Schlips	KRAWATTE
Schirmherrschaft	PATRONAT	Schleiertuch der Spanierinnen	MANTILLA	Schloß an der Loire	CHAMBORD
Schirrstange	DEICHSEL	Schleimbeutelentzündung	BURSITIS	Schloß an der Loire	CHEVERNY
schläfenseitig	TEMPORAL			Schloß an der Loire	LANGEAIS
Schläger, Grobian	RAUFBOLD	Schleimhautausschlag	ENANTHEM	Schloß bei Aberdeen	BALMORAL
schlaff	ATONISCH	Schlemmer	GOURMAND	Schloß bei Rastatt	FAVORITE
Schlaffheit	INDOLENZ	Schlemmer	LUKULLUS	Schloß bei Salzburg	MIRABELL
Schlagballspiel	BASEBALL	schlendern	TROEDELN	Schloß bei Stuttgart	SOLITUDE
Schlagbaß im Jazz	SLAPBASS	Schlendrian	BUMMELEI		
Schlagbaum	BARRIERE	schles. Barockdichter	GRYPHIUS	Schloß im Taunus	KRONBERG
Schlagbaum	SCHRANKE	schles. Erzähler	BISCHOFF	Schloß in Berlin	BELLEVUE
schlagen	PRUEGELN	schles. Lyriker	GUENTHER	Schloß u. Kloster bei Madrid	ESCORIAL
Schlager	KNUELLER	schles. Oder-Zufluß	KATZBACH		
Schlaginstrument	TRIANGEL			Schlußabschnitt	ENDPHASE
Schlaginstrument	XYLOPHON	schles. Oder-Zufluß	KLODNITZ	schlußfolgernd	INDUKTIV
Schlagschwert	FLAMBERG	schles. Stadt an der Ohla	STREHLEN	Schmähschrift	PAMPHLET
Schlagwerkzeug	SCHLEGEL			Schmähschrift	PASQUILL
Schlagzeile	HEADLINE	schlesischer Dichter	SILESIUS	Schmaltier	KAHLWILD
Schlagzeuge (mus.)	BATTERIE	schlesw.-holst. Kurort	SEGEBERG	schmalwüchsig	LEPTOSOM
Schlangenhalsschildkröte	MATAMATA	schleswig-holstein. Kurort	OLDESLOE	Schmarotzer	NASSAUER
schlank	LEPTOSOM			Schmarotzertier	ENTOZOON
schlapp	KRAFTLOS	Schleuder	KATAPULT		
Schlaufe, Schleife	SCHLINGE	Schleudermaschine	KATAPULT	Schmeichler	CHARMEUR
Schlaufe, Schlinge	SCHLEIFE				

Schmeichler	FLATTEUR	Schnapsglas	STAMPERL	Schopfibis	WALDRAPP
Schmelzfluß	SCHMALTE	Schneeball (botan.)	SCHLINGE	schott. Berg	BENNEVIS
Schmerzfreiheit	INDOLENZ	Schneerose	NIESWURZ	schott. Hafenstadt	ABERDEEN
Schmetterlingsart	BANDEULE	Schneider	TAILLEUR	schott. Hafenstadt	GREENOCK
Schmetterlingsart	BLAUKOPF	Schneckenart	MOLLUSKE	schott. Haferbrei	PORRIDGE
Schmetterlingsart	DICKKOPF	schnell laufen	SPRINTEN	schott. Inselgruppe	HEBRIDEN
Schmetterlingsart	GOLDEULE	schnell sprechen	QUASSELN	schott. Philosoph (Vorscholastiker)	ERIUGENA
Schmetterlingsart	GRASEULE	Schnellstraße	AUTOBAHN		
Schmetterlingsart	HARLEKIN	Schnepfenvogel	MORINELL	schott. Romanautor	MARSHALL
Schmetterlingsart	KOHLEULE	Schnittfläche	SCHNEIDE		
Schmetterlingsart	SAATEULE	Schnittmeisterin	CUTTERIN	Schotterebene südl. v. Augsburg	LECHFELD
Schmuck	ORNAMENT	Schnurre	DROLERIE		
Schmuckgewinde	GIRLANDE	Schnurren	FAZETIEN	schottisch. Grafschaft	ABERDEEN
Schmuckhändler	JUWELIER	schönblühend. Zwiebelgewächs	NARZISSE	schräg	DIAGONAL
Schmuckmaterial	BUNTGLAS	schöner Jüngling	ANTINOOS	Schräge	GEFAELLE
Schmuckstein	ALMANDIN	schöner Jüngling d. griech. Sage	HYAZINTH	Schräglinie	TRAVERSE
Schmuckstein	AMAZONIT			Schranke	BARRIERE
Schmuckstein	ARAGONIT	Schönheitspflege	KOSMETIK	Schraubenbakterie	SPIRILLE
Schmuckstein	HELIODOR	schöntun	HOFIEREN	Schraubenpalme	PANDANUS
Schmuckstein	HYAZINTH	Schöpfer	ERFINDER	Schraubenschlüssel	FRANZOSE
Schmuckstein	LABRADOR	Schöpfer d. Relativitätstheorie	EINSTEIN	Schraubenzahnrad	SCHNECKE
Schmuckstein	MARKASIT	schöpferisch tätig sein	ERFINDEN	Schreckgestalt	SCHEUCHE
Schmuckstein	PHENAKIT	Schöpfung	KREATION	schrecklich	TERRIBEL
Schmuckstein	SARDONYX	Scholle	GOLDBUTT	Schreiberling, Vielschreiber	SKRIBENT
Schmuckstein (Granat)	HESSONIT	Scholle, Plattfisch	ROTZUNGE		
		Scholle, Plattfisch	SEEZUNGE	Schreibmaschinenteil	TASTATUR
Schnallenschuh	ESKARPIN	Schollenart	PLATTEIS		

Schreibmaschinenzubehör	FARBBAND
Schreiner	TISCHLER
Schreitvogel	KAHLIBIS
Schreitvogel	LOEFFLER
Schriftart	GARAMOND
Schriftart	HALBFETT
Schriftgrad im Buchdruck	BRILLANT
schriftl. Machwerk	ELABORAT
Schriftsteller	ESSAYIST
Schriftstück	DOKUMENT
Schrott	ALTEISEN
schüchtern	BEFANGEN
Schülerheim	INTERNAT
schütteln	RUETTELN
Schüttgutförderband	CONVEYER
schützen	BEHUETEN
Schuft	KANAILLE
Schuhmacher	SCHUSTER
Schulaufsichtsbeamter	SCHULRAT
Schuldlosigkeit	UNSCHULD
Schuldumwandlung	NOVATION
Schuldverschreibung	PROMESSE
Schulleiter	DIREKTOR
Schulleitung	REKTORAT
Schulmaterial, -mittel	LEHRBUCH
Schulmediziner	ALLOPATH
Schulung	LEHRGANG
Schurke	KANAILLE
Schute	SCHUERZE
Schutt, Bruchstück	TRUEMMER
Schutzbinde des Fechters	PLASTRON
Schutzhülle	FUTTERAL
Schutzmann	POLIZIST
Schutzpatron d. Alpinisten	BERNHARD
Schutzpatron d. Jäger	HUBERTUS
Schutzpatron d. Musiker	JOHANNES
Schutzpatron d. Optiker	HUBERTUS
Schutzpatron d. Pferde	LEONHARD
Schutzpatron d. Sänger	JOHANNES
Schutzpatron d. Schriftsteller	JOHANNES
Schutzpatron d. Tischler	MATTHIAS
Schutzpatron d. Zwangsarbeiter	CYRIAKUS
Schutzpatron der Apotheker	NIKOLAUS
Schutzpatron der Architekten	JOHANNES
Schutzpatron der Bergsteiger	BERNHARD
Schutzpatron der Bettler	AEGIDIUS
Schutzpatron der Bildhauer	JOHANNES
Schutzpatron der Brautleute	WUNIBALD
Schutzpatron der Drogisten	NIKOLAUS
Schutzpatron der Einsamen	AEGIDIUS
Schutzpatron der Kinobesitzer	JOHANNES
Schutzpatron der Studenten	ALOYSIUS
Schutzpatronin d. Dichter	CAECILIA
Schutzpatronin der Musik	CAECILIA
Schutzpatron von Nürnberg	SEBALDUS
Schutzwald gegen Lawinen	BANNWALD
schwach	KRAFTLOS
schwacher Lichtschein	SCHIMMER
schwäb. Naturschutzgebiet	FEDERSEE
schwäb. Stadt am Neckar	ROTTWEIL
schwäb. Stadt an der Donau	NEUNBURG
schwäbisch. Dichter	SCHUBART
schwäbisch. Höhenzug	RAUHEALB
schwäbisch. Mehlspeise	SPAETZLE

schwäbische Hauptstadt	AUGSBURG	
Schwäbisches Meer	BODENSEE	
Schwächeanfall, -zustand	OHNMACHT	
Schwänke	FAZETIEN	
Schwärmer	PHANTAST	
Schwätzer	FABULANT	
Schwangerschaft (mediz.)	GESTATIO	
Schwank	BURLESKE	
Schwank	GROTESKE	
Schwank	KOMOEDIE	
Schwanken der Erdachse	NUTATION	
Schwanz des Schwarzwildes	KRAECKEL	
Schwanzlurch	KAMMOLCH	
Schwarzbleierz	CERUSSIT	
schwarze Johannisbeere	AHLBEERE	
Schwarzer	FARBIGER	
Schwarzkunst	ALCHIMIE	
Schwarzwal	GRINDWAL	
Schwarzwaldkurort a. d. Gutach	HORNBERG	
Schwarzwaldstadt an d. Murg	GAGGENAU	
Schwarzwild	WILDEBER	
schwatzen	PALAVERN	
schwatzen	PLAPPERN	
Schwebereck	SCHAUKEL	
schwed. Biochemiker (Nobelpr.)	THEORELL	
schwed. Chemiker (Nobelpreis)	SVEDBERG	
schwed. Chemiker (Nobelpreis)	TISELIUS	
schwed. Dichter, Komponist	SJOEBERG	
schwed. Dichterin	LINDGREN	
schwed. Komponist	BLOMDAHL	
schwed. Komponist	LINDBLAD	
schwed. Landschaft	BLEKINGE	
schwed. Physiker (Nobelpreis)	SIEGBAHN	
schwed. Politiker, Min.-Präs.	ERLANDER	
schwed. Politiker (Nobelpreis)	BRANTING	
schwed. romant. Dichter	ATTERBOM	
schwed. Stadt am Vänersee	KARLSTAD	
schwedisch. Chemiker	NYLANDER	
schwedische Normannen	WARAEGER	
Schwefelverbindung	SULFAMID	
schweigsam	WORTKARG	
Schweineparasit	TRICHINE	
Schweißdrüsenfistel	MILIARIA	
Schweißhund	JAGDHUND	
schweiz. Fluggesellschaft	SWISSAIR	
schweiz.-französ. See	LACLEMAN	
schweiz. Freiheitsheld	JENATSCH	
schweiz. Gebirgsmassiv	GOTTHARD	
schweiz. Halbkanton	OBWALDEN	
schweiz. Kanton	FREIBURG	
schweiz. Kantonshauptstadt	FREIBURG	
schweiz. Kantonshauptstadt	FRIBOURG	
schweiz. Kantonshauptstadt	LAUSANNE	
schweiz. Komponist	ANSERMET	
schweiz. Komponist	BURKHARD	
schweiz. Komponist	HONEGGER	
schweiz. Kulturphilosoph	BACHOFEN	
schweiz. Kurort am Genfer See	MONTREUX	
schweiz. Kurort in Graubünden	KLOSTERS	
schweiz. Maler, Grafiker	BOECKLIN	
schweiz. Objektkünstler	TINGUELY	
schweiz. Pfarrer, Schriftsteller	GOTTHELF	

schweiz. Physiker	SCHERRER
schweiz. Publizist (Nobelpreis)	DUCOMMUN
schweiz. Sänger, Schauspieler	TORRIANI
schweiz. See	URNERSEE
schweiz. See	ZUGERSEE
schweiz. Stadt an der Emme	BURGDORF
schweiz. Stadt an der Limmat	DIETIKON
schweiz. Stadt an Rhein u. Bodensee	RHEINECK
schweiz. Stadt im Aargau	ZOFINGEN
schweiz. Tallandschaft	EMMENTAL
schweiz. Zoologe	PORTMANN
Schwelger	LUKULLUS
schwer arbeiten	SCHUFTEN
schwere seelische Störung	PSYCHOSE
Schwertlilie	GLADIOLE
Schwert mit gewellter Klinge	FLAMBERG
Schwertwal	BUTZKOPF
Schwerverbrecher	GANGSTER
Schwester v. Ismene	ANTIGONE
Schwester von Kgn. Elizabeth II.	MARGARET
Schwiegersohn Friedrichs II.	EZZELINO
Schwiele	HORNHAUT
schwierig	DIFFIZIL
schwierig	KRITISCH
schwierige Lage	DRANGSAL
(Schwimmfarn), Aquarienpflanze	SALVINIA
Schwimmvogel	SAATGANS
Schwindelei	GAUNEREI
schwindlig	TAUMELIG
Schwindling (Pilz)	MUSSERON
Schwindsucht	PHTHISIS
Schwingungszahl	FREQUENZ
Schwirrholz der Maori	TJURUNGA
Schwungfeder	SCHWINGE
Sechsflächner	HEXAEDER
Seebad, Hafenstadt in Sussex	HASTINGS
Seebad auf Rügen	SASSNITZ
See im östlich. Pommern	MADUESEE
See im Salzkammergut	ATTERSEE
See im Salzkammergut	TRAUNSEE
See im südlich. Jugoslawien	OHRIDSEE
See in Afrika	RUKWASEE
See in der östl. Mongolei	DALAINOR
See in Kambodscha	TONLESAP
See in Kirgisistan	ISSYKKUL
See in Südtirol	KARERSEE
Seelenkraft	INBRUNST
Seelenmesse	TOTENAMT
Seelenruhe	ATARAXIE
Seelsorger	PRIESTER
seelsorgerisch	PASTORAL
seemänn. Eintopfgericht	LABSKAUS
Seemannsmatratze	BULTSACK
Seerabe	KORMORAN
Seerose	NIXBLUME
Seerose	NYMPHAEA
Seesperre	BLOCKADE
See zw. Deutschl., Österr. u. Schweiz	BODENSEE
Segel	RAHSEGEL
Segelausrüstung	TAKELUNG
Segelboot	STARBOOT
Segelboot	TRIMARAN
Segelkriegsschiff	KORVETTE
Sehhügel im Gehirn	THALAMUS
sehr lautes Geräusch	DROEHNEN
seichtes Bühnenstück	KLAMOTTE
Seidel	BIERGLAS
Seidengewebe in Taftbindung	EOLIENNE
seiend	EXISTENT

Seifenbaum	QUILLAJA
Seitengewehr	BAJONETT
Seitensprung	ESKAPADE
Selbständigkeit	AUTARKIE
Selbstauflösung	AUTOLYSE
Selbstherrscher	AUTOKRAT
Selbstladepistole	BROWNING
Selbstsucht	EGOISMUS
Selbsttäuschung	ILLUSION
Selbstzüchtigung	KASTEIEN
seltene Erde	ACTINIUM
seltene Erde	SAMARIUM
seltene Erde, Erdmetall	SCANDIUM
Seltenheit	RARITAET
Semiten	HEBRAEER
semitische Sprache	ARABISCH
Sendbote	EMISSAER
Sendeanstalt	FUNKHAUS
Sendefolge	PROGRAMM
Senf	MOSTRICH
Senke zwischen Main u. Taunus	WETTERAU
senkrecht	LOTRECHT
senkrechte Koordinate	ORDINATE
sentimentales Lied	SCHNULZE
separat, separiert	GETRENNT
Sereth-Zufluß	BISTRITZ
servieren	BEDIENEN
Set	GARNITUR
Setzmaschine	MONOTYPE
Seuche	EPIDEMIE
Shetland-Insel	MAINLAND
Sibirier	BURJAETE
Sibirier	JUKAGIRE
Sibirier	SAMOJEDE
sich abplagen	SCHUFTEN
sich aufführen	GERIEREN
sich erbrechen	VOMIEREN
sichern	FESTIGEN
Sicherungsbestimmung	SANKTION
sich lustig machen	MOKIEREN
Siebeneck	HEPTAGON
Siebengestirn	PLEJADEN
Siebenter Sonntag vor Ostern	ESTOMIHI
Siedler	KOLONIST
siegen	GEWINNEN
Sieger	GEWINNER
Siegerpreis, Siegesprämie	MEDAILLE
Siegesgöttin	VIKTORIA
Siegeszeichen	TROPHAEE
Siegfrieds Vater	SIEGMUND
Siegwurz	GLADIOLE
Silbenrätsel-Art	SCHARADE
Silberglanz	ARGENTIT
Silberpapier	ALUFOLIE
Silikat	NATROLIT
Silikat	PHENAKIT
Silikat, Schmuckstein	SODALITH
Silikatverbindung	TURMALIN
Singvogel, Gartensänger	SPOETTER
sinnen	GRUEBELN
Sinngedicht	EPIGRAMM
sinnloses Schießen	BALLEREI
Sinnspruch	LEITWORT
Sippschaft	KLUENGEL
Sittenprediger	MORALIST
sittsam	GESITTET
sizil. Stadt am Drago	GIRGENTI
sizil. Stadt bei Palermo	MONREALE
sizilian. Hafenstadt	ACIREALE
Skandal	AUFSEHEN
Skandinavier	NORWEGER
skandinavisch. Frauenname	BRIGITTA
skandinavisch. Frauenname	KRISTINA
skandinavisch. Männername	FREDERIK
skandinavisch. Staat	SCHWEDEN
skandinavisch. Volk	SCHWEDEN
skandinavische Inselgruppe	SCHAEREN
skandinavischer Staat	NORWEGEN

Skilanglauf m. Schießwettbew.	BIATHLON	Solidago	GOLDRUTE	sowjet. Politiker, Staatsmann	SCHDANOW
Skilaufbremsschwung	TELEMARK	solide, zuverlässig	GEDIEGEN		
		Sonderfall	AUSNAHME	sowjet. Politiker (Min.-Präs.)	KOSSYGIN
Skilaufdisziplin	LANGLAUF	Sonderling	ORIGINAL		
Skipetar	ALBANIER	Sonderrecht, Vorbehalt	RESERVAT	sowjet. Schriftsteller	DUDINZEW
Skisport, Skiwettbewerb	LANGLAUF	Sonnenblende	JALOUSIE	sowjet. See bei Leningrad	ILMENSEE
Skonto	NACHLASS	Sonnenferne	APHELIUM	sowjet. See in Armenien	SEWANSEE
Slawen-Apostel	CYRILLUS	Sonntag vor Aschermittwoch	ESTOMIHI	sowjet. Stadt am Dnjestr	TIRASPOL
slawisch. Fürstentitel	GOSPODAR				
smart	GERIEBEN	Sonntag vor Ostern	PALMARUM	sowjetisch. Kosmonaut	GORBATKO
smart	GERISSEN				
Sockel, Basis	UNTERBAU	Sordino	DAEMPFER		
Sockel, Unterbau	POSAMENT	Sortenhandel an der Börse	EXCHANGE	sowjetisch. Staatsgut	SOWCHOSE
sofort, unverzüglich	UMGEHEND	sortieren	AUSLESEN	spärlich	DUERFTIG
				Spaltpilz	BAKTERIE
Sohn des Germanicus	CALIGULA	Sortierung, Ausscheidung	SICHTUNG	Spaltpilz	BAZILLUS
				span. Bevölkerungsteil	ASTURIER
Sohn v. Agrippina	CALIGULA	Soßenschüssel	SAUCIERE	span. Dichter, Dramatiker	CALDERON
Sohn v. Apoll	AESKULAP	sowjet. Biologe, Zoologe	LYSSENKO		
Sohn v. Helios	PHAETHON	sowjet. Filmregisseur	PUDOWKIN	span. Dichter (15. Jh.)	MANRIQUE
Sohn v. Jakob	NAPHTALI	sowjet. Fluggesellschaft	AEROFLOT	span. Entdecker, Eroberer	DETORRES
Sohn v. Odysseus und Penelope	TELEMACH	sowjet. Insel i. d. Barentssee	KOLGUJEW	span. Entdecker, Eroberer	ORELLANA
Sohn v. Peleus	ACHILLES				
Sohn v. Thetis	ACHILLES	sowjet. Kosmonaut	BELJAJEW	span. Fluß	RIOTINTO
Sohn v. Zeus, Vater v. Niobe	TANTALUS	sowjet. Kosmonaut	BYKOWSKY	span. Geigenvirtuose	SARASATE
		sowjet. Politiker	BULGANIN	span. Hafenstadt	ALICANTE
Sohn von Odin	HERMODUR	sowjet. Politiker, Staatsmann	ANDROPOW	span. Hafenstadt	VALENCIA
Soldatenlöhnung	WEHRSOLD				
Soldatenstand	MILITAER				
solenn	FESTLICH				

span. Herrschername	FERNANDO	span. Stadt in Navarra	PAMPLONA	Speisepilz	ESELSOHR
span. Inselgruppe	BALEAREN	span. Steppenlandschaft	LAMANCHA	Speisepilz	GELBFUSS
span.-ital. Entdecker	KOLUMBUS	span. Wand	PARAVENT	Speisepilz	LACKPILZ
span. Königin	ISABELLA	span. Weinsorte	ALICANTE	Speisepilz	PERLPILZ
span. Männername	FEDERICO	span. Weinsorte	TINTILLO	Speisepilz	REIFPILZ
span. Männername	FERNANDO	span. Würgeschraube	GARROTTE	Speisepilz	ROTKAPPE
span. Maler	ZURBARAN	span.: Führer	CAUDILLO	Speisepilz	SAFTLING
span. Mittelmeerinsel	MALLORCA	spannend	FESSELND	Speisewürze	KOCHSALZ
span. Nationaltanz	FANDANGO	Spannungsstörung (medizin.)	DYSTONIE	Spelunke	DESTILLE
span. Pfeffer	KAPSIKUM	sparen	KNAUSERN	Spendensammlung	KOLLEKTE
span. Pianist, Komponist	GRANADOS	Spargelkohl	BROKKOLI	Sperberart	STOESSER
span.-portug. Grenzfluß	GUADIANA	spartanischer Feldherr	LEONIDAS	Sperre	BARRIERE
span. Prinzessin	INFANTIN	spartanischer Feldherr	LYSANDER	Spesen	AUSLAGEN
span. Provinz	ALBACETE	spartanischer Freier	PERIOEKE	Spesen	TAGEGELD
span. Provinz	ALICANTE	spartanischer König	LEONIDAS	Spezialist	FACHMANN
span. Sänger	IGLESIAS	spartanischer Vollbürger	SPARTIAT	Sphäre, Umkreis	UMGEBUNG
span. Sängerin	BERGANZA	Spaß	KURZWEIL	Spiel	KURZWEIL
span. Spitzenschleier	MANTILLA	Spaßmacher	HARLEKIN	Spielbankangestellter	CROUPIER
span. Stadt	ALBACETE	Spaßmacher, alberner Mensch	WITZBOLD	Spielfeldrand	AUSLINIE
span. Stadt am Tajo	ARANJUEZ	Speichellecker	KRIECHER	Spielfolge, Spielplan	PROGRAMM
span. Stadt in Andalusien	MONTILLA	Speise der Götter	AMBROSIA	Spielkartenfarbe	ECKSTEIN
span. Stadt in Galicien	SANTIAGO	Speisekrebs	LANGUSTE	Spielkartenfarbe	SCHELLEN
		speisen	DINIEREN	Spielunterbrechung	HALBZEIT
		Speisepilz	EGERLING	Spießgeselle	KOMPLIZE
				Spießgeselle	KONSORTE
				Spindelbaum	EVONYMUS
				Spinne mit Giftstachel	SKORPION
				Spitzensportler	CHAMPION

Spleen, Eigenbrötelei	SCHRULLE
Splitter, Span	SPLEISSE
Spötter	IRONIKER
spöttisch	IRONISCH
sponsern	FOERDERN
Sporn	FORTSATZ
Sportart, -disziplin	RADSPORT
Sportart, -disziplin	SPRINGEN
Sportboot	RUNABOUT
Sportgerät	RHOENRAD
Sportgrundsatz	FAIRNESS
sportliche Hose	BREECHES
sportlicher Wettkampf	ATHLETIK
Sportmannschaft	AUFGEBOT
Sportmotorboot	INBORDER
Sporttreibender	SPORTLER
Sporttrophäe	MEDAILLE
Sportwaffe	ARMBRUST
Spotlicht	STRAHLER
spotten	LAESTERN
Spottschrift	PASQUILL
Spottvers	EPIGRAMM
Sprache der Inka	KETSCHUA
Sprachfehler	STAMMELN
Sprachfehler	STOTTERN
Sprachforscher	LINGUIST
Sprachrohr	MEGAPHON
Sprechdauer im Parlament	REDEZEIT
Sprechgesang	PARLANDO
Sprengel, Kirchspiel	PAROCHIE
Sprengstoff	FULGURIT
sprenkeln	MELIEREN
Sprichwort	PAROEMIE
Springbrunnen	FONTAENE
Sproßpilz	HEFEPILZ
Sprühzeichnung	GRAFFITO
Sprung der Hohen Schule	KRUPPADE
Sprung der Hohen Schule	KURBETTE
spürbar	MERKLICH
spurten	SPRINTEN
Staat auf der Pyrenäenhalbinsel	PORTUGAL
Staat der USA	ARKANSAS
Staat der USA	COLORADO
Staat der USA	DELAWARE
Staat der USA	ILLINOIS
Staat der USA	KENTUCKY
Staat der USA	MARYLAND
Staat der USA	MICHIGAN
Staat der USA	MISSOURI
Staat der USA	NEBRASKA
Staat der USA	OKLAHOMA
Staat der USA	VIRGINIA
Staat in Hinterindien	MALAYSIA
Staat in Südostasien	SINGAPUR
Staatsetat	HAUSHALT
Staatsform	REPUBLIK
Staatskutsche	EQUIPAGE
Staatsregierung	KABINETT
Staatssprache in Malawi	CHICHEWA
Staatsvolk von Venda	VHAVENDA
Stab	KOMMANDO
Stachelbeerspinner	HARLEKIN
Stachelflosser	SEEBARBE
Stachelhäuter	SEEWALZE
Stachelhäuter, Meerestier	SEESTERN
Stadt am Bosporus	ISTANBUL
Stadt am Dortm.-Ems-Kanal	MUENSTER
Stadt am Golf von Neapel	POZZUOLI
Stadt am Lech	AUGSBURG
Stadt am Niederrhein	DORMAGEN
Stadt am Niederrhein	EMMERICH
Stadt am Nil	MONGALLA
Stadt am NO-Rand des Harzes	MANSFELD
Stadt am Sankt-Lorenz-Strom	MONTREAL
Stadt am Thüringer Wald	EISENACH
Stadt am Thüringer Wald	STEINACH
Stadt am Vorderrhein	DISENTIS

Clue	Answer
Stadt an Bodensee u. Rhein	KONSTANZ
Stadt an d. Saale	BERNBURG
Stadt an d. Weser	LIEBENAU
Stadt an den Elbmarschen	ELMSHORN
Stadt an der Bergstraße	WEINHEIM
Stadt an der Dordogne	BERGERAC
Stadt an der Elbmündung	CUXHAVEN
Stadt an der Erft	BERGHEIM
Stadt an der Lausitzer Neiße	GOERLITZ
Stadt an der Lübecker Bucht	NEUSTADT
Stadt an der Lüneburger Heide	WALSRODE
Stadt an der Maas	BEAUMONT
Stadt an der Maas	ROERMOND
Stadt an der Murr	BACKNANG
Stadt an der oberen Ruhr	MESCHEDE
Stadt an der oberen Wolga	KOSTROMA
Stadt an der Oder b. Eberswalde	ODERBERG
Stadt an der Pinnau	UETERSEN
Stadt an der Riß	BIBERACH
Stadt an der Ruhr	ARNSBERG
Stadt an der Ruhr	HERDECKE
Stadt an der Ruhr	SCHWERTE
Stadt an der Rur (NRW)	MONSCHAU
Stadt an der Schwäb. Alb	BALINGEN
Stadt an der Sieg	SIEGBURG
Stadt an der Trave	OLDESLOE
Stadt an der Ucker	TORGELOW
Stadt an der Zwikkauer Mulde	GLAUCHAU
Stadt an der Zwikkauer Mulde	ROCHLITZ
Stadt an Neckar und Rhein	MANNHEIM
Stadt an Oder u. Warthe	KUESTRIN
Stadt an Rhein und Ruhr	DUISBURG
Stadt auf den Samoa-Inseln	PAGOPAGO
Stadt auf der Krim	FEODOSIA
Stadt auf Kiuschu (Japan)	KUMAMOTO
Stadt auf Kiuschu (Japan)	NAGASAKI
Stadt auf Kreta	IRAKLION
Stadt auf Madagaskar	TAMATAVE
Stadt auf Mallorca	POLLENSA
Stadt auf Sardinien	IGLESIAS
Stadt auf Sardinien	ORISTANO
Stadt auf Sizilien	TAORMINA
Stadt auf Sri Lanka	MORATUWA
Stadt bei Barcelona	BADALONA
Stadt bei Düsseldorf	RATINGEN
Stadt bei Paris an der Seine	NANTERRE
Stadt bei Stuttgart	FELLBACH
Stadtbürger	STAEDTER
Stadtburg von Granada	ALHAMBRA
Stadtburg von Malaga	ALCAZABA
Stadt der Karl-May-Spiele	SEGEBERG
Stadt der Wagner-Festspiele	BAYREUTH
Stadt im Bayerischen Wald	GRAFENAU
Stadt im Bergischen Land	METTMANN
Stadt im Bergischen Land	SOLINGEN
Stadt im Breisgau	BREISACH
Stadt im Breisgau	FREIBURG
Stadt im Erzgebirge	FREIBERG
Stadt im Erzgebirge	OELSNITZ
Stadt im Harzvorland	EISLEBEN
Stadt im Kraichgau	BRUCHSAL
Stadt im Kraichgau	WIESLOCH

Clue	Answer
Stadt im Markgräfler Land	LOERRACH
Stadt im Münsterland	COESFELD
Stadt im nördl. Ruhrgebiet	GLADBECK
Stadt im Ruhrgebiet	DORTMUND
Stadt im Ruhrgebiet	DUISBURG
Stadt im Ruhrgebiet	MUELHEIM
Stadt im Sauerland	ARNSBERG
Stadt im Sauerland	ISERLOHN
Stadt im Sauerland	MESCHEDE
Stadt im Staat New York	SYRACUSE
Stadt im Sudan	FASCHODA
Stadt im Südschwarzwald	SCHOENAU
Stadt im Taunus	BADSODEN
Stadt im Thüringer Wald	LEHESTEN
Stadt im Vogtland	AUERBACH
Stadt in Bophuthatswana	MABOPANE
Stadt in Bophuthatswana	MAFEKING
Stadt in Burgund	BESANCON
Stadt in Connecticut(USA)	NEWHAVEN
Stadt in der Fränkischen Alb	PARSBERG
Stadt in der Jülicher Börde	ERKELENZ
Stadt in der Oberpfalz	NEUMARKT
Stadt in der Ostslowakei	PRESCHAU
Stadt in der Steiermark	EISENERZ
Stadt in der Westschweiz	FRIBOURG
Stadt in El Salvador	SANTAANA
Stadt in Georgia (USA)	SAVANNAH
Stadt in Georgien	KUTAISSI
Stadt in Haiti	GONAIVES
Stadt in Illinois (USA)	FREEPORT
Stadt in Illinois (USA)	STERLING
Stadt in Israel	RAMATGAN
Stadt in Kalifornien	BERKELEY
Stadt in Kasachstan	PAWLODAR
Stadt in Makedonien	MONASTIR
Stadt in Mali	BOUGOUNI
Stadt in Mali am Niger	TIMBUKTU
Stadt in Massachusetts (USA)	LAWRENCE
Stadt in Mecklenburg	GUESTROW
Stadt in Mecklenburg	SCHWERIN
Stadt in Mittelengland	BRADFORD
Stadt in Mosambik	INHAMBAM
Stadt in Mosambik	LICHINGA
Stadt in Namibia	UPINGTON
Stadt in Nevada	LASVEGAS
Stadt in New Jersey (USA)	PATERSON
Stadt in Nicaragua	TIPITAPA
Stadt in Niedersachsen	BENTHEIM
Stadt in Niedersachsen	BURGDORF
Stadt in Niederschlesien	STRIEGAU
Stadt in Oberfranken	KULMBACH
Stadt in Oberschlesien	GLEIWITZ
Stadt in Ostfriesland	WITTMUND
Stadt in Ostpommern	STARGARD
Stadt in Paraguay	SANPEDRO
Stadt in Pennsylvanien (USA)	SCRANTON
Stadt in Sachsen	AUERBACH
Stadt in Siebenbürgen	BISTRITA
Stadt in Simbabwe	BULAWAYO
Stadt in Simbabwe	MUFULIRA
Stadt in Somalia	HARGEISA

Stadt in Somalia	KISIMAYU	Stärkemehl	MANDIOKA	Steinpilz	EDELPILZ
Stadt in SO-Wales	PEMBROKE	Stammbaum (Tierzucht)	PEDIGREE	Steinschleudermaschine	BOMBARDE
Stadt in Südbaden	FREIBURG	stammeln	STOTTERN	steinzeitliche Wohnstelle	PFAHLBAU
Stadt in Südtondern	NIEBUELL	stark	INTENSIV	Stellung	POSITION
		stark	KRAEFTIG	Stellvertreter	ADJUTANT
Stadt in Swasiland	HAVELOCK	Starkbier	BOCKBIER	Stelzvogel	LOEFFLER
		starker Kaffee	ESPRESSO		
Stadt in Syrien	KAMISHLI	starker Unterschied	KONTRAST	Steppentier	ANTILOPE
Stadt in Taiwan	TAICHUNG	starrsinnig	OBSTINAT	sterbend	MORIBUND
				steril	KEIMFREI
Stadt in Tansania	SANSIBAR	Start	AUFBRUCH	Sternbild	BERENIKE
Stadt in Texas	AMARILLO	starten	ABFAHREN	Sternbild	EIDECHSE
		starten	ANFANGEN	Sternbild	ERIDANUS
Stadt in Thailand	KHONAKEN	starten	BEGINNEN	Sternbild	FUHRMANN
Stadt in Thüringen	ARNSTADT	Starter beim Auto	ANLASSER	Sternbild	HERKULES
				Sternbild	SCHLANGE
Stadt in Togo	ATAKPAME	Startschleuder für Flugzeuge	KATAPULT	Sternbild	TRIANGEL
Stadt in Wisconsin (USA)	APPLETON			Sternbild	WALFISCH
				Sternforscher	ASTRONOM
Stadt in Yorkshire	BEVERLEY	Statist	FIGURANT	Sternhaufen im Stier	PLEJADEN
		Statist	KOMPARSE		
Stadt in Zaire	MBANDAKA	statistische Darstellung	DIAGRAMM	Stern im Bootes	ARKTURUS
Stadtstreicher, Streuner	VAGABUND	stattlich	STATIOES	Stethoskop	HOERROHR
		Staubfaden	FILAMENT	Stetigkeit	KONSTANZ
Stadtteil v. Düsseldorf	REISHOLZ	Staublunge	SILIKOSE	stets, stetig	KONSTANT
Stadtteil v. München	SENDLING	Stauung, Stillstand	STOCKUNG	Steuerungskreisel	GYROSKOP
		Steckling	SETZLING	Stichtag	TERMINUS
Stadtteil von Hamburg	LOKSTEDT	steif	HOELZERN	Stickstoff	NITROGEN
Stadtteil von New York	BROOKLYN	steif eingedickter Saft	GALLERTE	Stierkämpfer	CAPEADOR
		steigen	KLETTERN	Stift	LEHRLING
Stadtviertel	QUARTIER	Steingartenpflanze	HAUSWURZ	stiften	DOTIEREN
Stadt westl. von Stuttgart	LEONBERG			stiften, zuwenden	SCHENKEN
		Steinmeteorit	CHONDRIT	Stifter des Islam	MOHAMMED
Stäbchenbakterie	BAZILLUS	Steinobst	PFIRSICH		
ständig	KONSTANT	Steinobst, -frucht	APRIKOSE	Stifterfigur im Naumburger Dom	DIETRICH

Stifterfigur im Naumburger Dom	EKKEHARD
Stiftskirche	MUENSTER
Stiftung	DOTATION
Stilepoche im 19. Jh.	ROMANTIK
stillstehend	STATISCH
Stilrichtung im Jazz	COOLJAZZ
stimmen, sich entscheiden	VOTIEREN
Stimmgabel	DIAPASON
Stimmkünstler	VOKALIST
Stimmlage	TONHOEHE
Stimmtonlage	REGISTER
Stimmwechsel	MUTATION
Stimmzettelbehälter	WAHLURNE
Stinkmarder	HERMELIN
Stock	KNUEPPEL
stockend sprechen	STOTTERN
Stockwerk	GESCHOSS
Stöpsel	PFROPFEN
störrisch, widerspenstig	RENITENT
storchähnlicher Vogel	FLAMINGO
Stoß	AUFPRALL
Stoßtrupp	KOMMANDO
stoßweise Ballführung	DRIBBELN
Strabismus	SCHIELEN
Straferlaß	AMNESTIE
Strafstoß beim Fußball	ELFMETER
Strahltriebwerk	PULSOJET
Strahltriebwerk	TURBOJET
Strandpflanze	MEERKOHL
Straße	FAHRBAHN
Straßenbahn	TRAMBAHN
Straßendecke	PFLASTER
Straßenknoten	KREUZUNG
Stratege	FELDHERR
Strauch, Strauchwerk	GEBUESCH
straucheln, purzeln	STOLPERN
Strauchfrucht	HIMBEERE
Streben	AMBITION
Streckenvorgabe	HANDIKAP
Streckmuskel	EXTENSOR
Streichgarnstoff	BUCKSKIN
streifig	LAMELLAR
Streik	AUSSTAND
Streit	KABBELEI
Streit	KONFLIKT
streitbar	MILITANT
Streitigkeit, Unstimmigkeit	REIBEREI
Streitschrift	DIATRIBE
Streitschrift	PAMPHLET
strenggläubig	ORTHODOX
streng prüfend	KRITISCH
Strickbeutel	RIDIKUEL
Strickjacke	PULLOVER
Strickleiter	FALLREEP
Stromschnelle	KATARAKT
Stromspeicher	BATTERIE
Strudelwurm	PLANARIE
Studienhalbjahr	SEMESTER
Stümper	PFUSCHER
stümpern	PFUSCHEN
stürmisch, schwungvoll	VEHEMENT
Stütze	MITHILFE
stufenweise	GRADUELL
stummer Bühnendarsteller	KOMPARSE
stumpfe Stoßverletzung	PRELLUNG
Stundung	AUFSCHUB
stur, verbissen	VERBOHRT
Sturmvogel	ALBATROS
Sturmvogel	KAPTAUBE
Stuttgarter Hofprediger	OSIANDER
Stuttgarter Tierpark	WILHELMA
stutzen	KUPIEREN
sudanes. Provinz	KORDOFAN
sudanes. Stadt am Nil	OMDURMAN
Sudannegervolk	ASCHANTI
Sudan-Sprache in Zaire	MANGBETU
Sudan-Volk	DSCHERNA
südafr. Fluß zum Ngami-Salzsee	OKAWANGO
südafr. Schwarzen-Enklave	HOMELAND
südafrik. Naturschutzgebiet	KALAHARI

südafrikan. Bucht	TAFELBAI
südafrikan. Homeland	KANGWANE
südafrikan. Homeland	TRANSKEI
südafrikan. Parlamentssitz	KAPSTADT
südafrikan. Politiker	VERWOERD
südafrikan. Regierungssitz	PRETORIA
südafrikan. See	NGAMISEE
südafrikan. Staat	BOTSWANA
südafrikan. Trockengebiet	KALAHARI
südamerikan. Buschneger	MORRONEN
südamerikan. Farm	ESTANZIA
südamerikan. Farm	HAZIENDA
südamerikan. Fluß	PARAGUAY
südamerikan. Fluß, Strom	AMAZONAS
südamerikan. Hauptstadt	ASUNCION
südamerikan. Hauptstadt	BRASILIA
südamerikan. Nagetier	VISCACHA
südamerikan. Schildkröte	MATAMATA
südamerikan. Schlange	ANAKONDA
südamerikan. Staat	BOLIVIEN
südamerikan. Staat	PARAGUAY
Südamerikaner	GUAYANER
Südamerikaner	PERUANER
südanatolisch. Landschaft	PISIDIEN
südasiat. Inselstaat	SRILANKA
südasiat. Staat	PAKISTAN
südaustral. Gebirgszug	MUSGRAVE
südbad. Kurort am Sulzbach	SULZBURG
südbrasilian. Stadt	CURITIBA
südchilen. Stadt	VALDIVIA
süddtsch. u. österr.: Kartoffel	ERDAPFEL
südengl. Hafenstadt, Seebad	HASTINGS
südengl. Halbinsel	PORTLAND
südengl. Seebad	FALMOUTH
Süd-Europäer	ALBANIER
Südeuropäer	MALTESER
südfranz. Departement	VAUCLUSE
südfranz. Landschaft	PROVENCE
südfranz. Stadt an der Rhone	TARASCON
südfranz. Stadt im Depart. Aude	NARBONNE
Südfrucht	MARACUJA
südholländ. Hafenstadt	SCHIEDAM
südital. Fluß zum Mittelmeer	VOLTURNO
südital. Landschaft	LUKANIEN
südital. Stadt	BENEVENT
süditalien. Adriahafen	BRINDISI
südkanad. Stadt	MANITOBA
südkubanische Stadt	SANTIAGO
südländischer Nadelbaum	ZYPRESSE
südlicher Buddhismus	HINAYANA
südnorwegische Stadt	EIDSVOLL
südostafghan. Stadt	KANDAHAR
südostanatolische Stadt	MALATAYA
südostasiat. Hauptstadt	SINGAPUR
südostasiat. Königreich	THAILAND
südostasiat. Schleichkatze	MANGUSTE

südostasiat. Staat	MALAYSIA	südwestengl. Landschaft	DARTMOOR	syr. Stadt am Golan	KUNEITRA
südostasiat. Volk	SIAMESEN	südwesteurop. Staat	PORTUGAL	syrisch. Hafenstadt	LATTAQIE
südostaustral. Bundesstaat	VICTORIA	südwestfinnische Halbinsel	PORKKALA	syrisch. Sonnengott	ELAGABAL
südostchines. Hafenstadt	FUTSCHOU	südwestfranz. Departement	DORDOGNE	syrische Bibelübersetzung	PESCHITA
südosteurop. Gebirgszug	KARPATEN	südwestfranz. Landschaft	GASCOGNE	syrische Hauptstadt	DAMASKUS
südostfranz. Landschaft	DAUPHINE	südwestfranz. Landschaft	PERIGORD	systematisch. Vorgehen	METHODIK
südostschott. Grafschaft	ROXBURGH	südwestirische Insel	VALENTIA	systematisch absuchen	ABGRASEN
südostschweiz. Alpenpaß	OFENPASS	südwestschott. Grafschaft	DUMFRIES	Szene	AUFTRITT
südschottische Stadt	HAMILTON	Süßspeise	FLAMMERI	tadelnd	KRITISCH
südschwed. Hafenstadt	HALMSTAD	Sultansname	MOHAMMED	Tadler	KRITIKER
südschweiz. Alpenpaß	SPLUEGEN	sumerischer Gott	NINGERSU	Täterbegünstigung	HEHLEREI
Südsee-Atollgruppe	ENIWETOK	Sumpfflämmchen	IRRLICHT	Tätigkeit	FUNKTION
südsizilian. Stadt	VITTORIA	Suppengemüse	JULIENNE	Täufer, Vorläufer Jesu	JOHANNES
Südspitze Afrikas	NADELKAP	Supplement	NACHTRAG	Tagelöhner	HAEUSLER
Südwein, Süßwein	PORTWEIN	sw-afrikan. Landschaft	NAMALAND	Tagesbericht	BULLETIN
südwestengl. Grafschaft	CORNWALL	Symbolfigur Frankreichs	MARIANNE	Taleschronik	TAGEBUCH
südwestengl. Grafschaft	SOMERSET	Symbolfigur Nordamerikas	UNCLESAM	Tagfalter	BLAULING
südwestengl. Hafenstadt	PLYMOUTH	Symbol für Frieden	OELZWEIG	Tagfalter	EISVOGEL
		Symmetrie	EBENMASS	Tagung	KONGRESS
		synthet. Droge	METHADON	Taktmesser	METRONOM
				Talent	BEGABUNG
				Talmud-Schrift	HAGGADAH
				Tambour	TROMMLER
				Tanz auf Hawaii	HULAHULA
				Tanzmeistergeige	POCHETTE
				Tanzschuh	ESKARPIN
				Tapetenleim	KLEISTER
				tastbar	PALPABEL

Tastbrett, Schreibmaschinenteil	TASTATUR
Tat	HANDLUNG
tatkräftige Hilfe	BEISTAND
tatsächlich	EFFEKTIV
tatsächlich	FAKTISCH
tatsächlich, leibhaftig	WIRKLICH
Taubenart	TUEMMLER
Taufpate	GEVATTER
Tausendstel	PROMILLE
Tauwerk des Schiffes	TAKELAGE
Techtelmechtel	LIEBELEI
Teesorte	EARLGREY
Teilchen	PARTIKEL
Teilchenbeschleuniger	BEVATRON
Teil d. französ. Zentralmassivs	CEVENNEN
Teil der Kamera	OBJEKTIV
Teil der Uhr	GANGWERK
Teil der Volkskunde	FOLKLORE
Teil des Armes	UNTERARM
Teil des Auges	NETZHAUT
Teil des Bodensees	UNTERSEE
Teil des britischen Parlaments	OBERHAUS
Teil des Bruches	DIVIDEND
Teil des Fahrrades	FREILAUF
Teil des Motors	VERGASER
Teil des Motors	ZYLINDER
Teil des Oberkörpers	SCHULTER
Teil des Schilddrüsenhormons	THYROXID
Teil des Stillen Ozeans	BANDASEE
Teil des südl. Eismeers	ROSSMEER
Teil e. bayr. Luftkurorts	GARMISCH
Teilgebiet der Physik	MECHANIK
Teilstaat auf dem Balkan	KROATIEN
Teilstaat von Tansania	SANSIBAR
Teilung	DIVISION
Teilung	SPALTUNG
teilweise	PARTIELL
Teilwert	QUOTIENT
telefon. rufbare Prostituierte	CALLGIRL
Telegramm	DEPESCHE
Telemachs Vater	ODYSSEUS
Tempelfest der Juden	CHANUKKA
Tempelform	DIPTEROS
Tempel mit zwei Säulenreihen	DIPTEROS
temperamentvoll	IMPULSIV
Tempus	ZEITFORM
Tendenz	RICHTUNG
Tennis-Wandertrophäe	DAVISCUP
Termingeld	FESTGELD
Terpentinbaum	PISTAZIE
Test, wissenschaftl. Versuch	PRUEFUNG
Testamentsverfasser	TESTATOR
Testamentzusatz	KODIZILL
testen	ERPROBEN
Teufel	DIABOLUS
Teufel der Faustsage	MEPHISTO
Teufelsauge	BLUTAUGE
Teufelsaustreiber	EXORZIST
Textilbetrieb	WIRKEREI
Textilmaschine	WEBSTUHL
thailänd. König	BHUMIBOL
Theatergerät	REQUISIT
Theaterplatz	PARTERRE
Theaterstraße in New York	BROADWAY
Theaterzettel	PROGRAMM
Themenstellung	THEMATIK
Thronfolger	ERBPRINZ
thüring. Domstadt an der Saale	NAUMBURG
thüring. Kurort a. d. Ilm	BADBERKA
thüring. Saale-Zufluß	SCHWARZA
thüring. Stadt an der Orla	NEUSTADT
thüring. Stadt an der Saale	SAALFELD

Tick, Verschrobenheit	SCHRULLE	
Tiden	GEZEITEN	
Tiefengestein	PLUTONIT	
Tiefpunkt	TALSOHLE	
tief ruhen	SCHLAFEN	
Tierart, Weichtier	SCHNECKE	
Tierbändiger	DOMPTEUR	
Tierbändiger	DRESSEUR	
Tiergarten	WILDPARK	
Tierkeule	SCHLEGEL	
Tierkiefer	SCHNABEL	
Tierkreis	EKLIPTIK	
Tierkreis	ZODIAKUS	
Tierkreiszeichen	JUNGFRAU	
Tierkreiszeichen	SCHUETZE	
Tierkreiszeichen	SKORPION	
Tierkunde	ZOOLOGIE	
Tierlehrer	DOMPTEUR	
Tierlehrer	DRESSEUR	
tilgen	LOESCHEN	
Tintenfisch	NAUTILUS	
Tintentrockner	LOESCHER	
Tiroler Stadt am Inn	KUFSTEIN	
Tischstanduhr	STUTZUHR	
Tischtennis	PINGPONG	
Titelfigur b. Shakespeare	ANTONIUS	
Titelfigur b. Shakespeare	CORIOLAN	
Titelfigur b. Shakespeare	CRESSIDA	
Titelfigur bei Britten	LUKRETIA	
Titelfigur bei Colette	CLAUDINE	
Titelfigur bei Defoe	ROBINSON	
Titelfigur bei du Maurier	MARYANNE	
Titelfigur bei Fall	AUGUSTIN	
Titelfigur bei Freytag	INGRABAN	
Titelfigur bei Hebbel	GENOVEVA	
Titelfigur bei Hebbel	MARIAMNE	
Titelfigur bei Millöcker	JONATHAN	
Titelfigur bei Puccini	ANGELICA	
Titelfigur bei Suppé	GALATHEE	
Titelfigur bei Swift	GULLIVER	
Titelfigur bei Thieß	ISABELLE	
Tochter v. Alkinoos	NAUSIKAA	
Tochter v. Helena	HERMIONE	
Tochter v. Jokaste	ANTIGONE	
Tochter v. Menelaos	HERMIONE	
Tochter v. Ödipus	ANTIGONE	
todgeweiht	MORIBUND	
Töchter des Nereus	NEREIDEN	
tölpelhaft	LINKISCH	
törichter Mensch	NAIVLING	
Tötungssucht	AMOKLAUF	
tolerieren	ERTRAGEN	
Tollheit	WAHNWITZ	
Tonaufnahmegerät	MIKROFON	
Toneinspielung bei Liveauftritt	PLAYBACK	
Tonfall	BETONUNG	
Tonstück in freier Form	FANTASIE	
Topinambur	ERDBIRNE	
Tor	EINFAHRT	
Torheit	DUMMHEIT	
Torheit	KINDEREI	
Torheit	NARRETEI	
toskan. Stadt am Ombrone	GROSSETO	
tot	ENTSEELT	
Toten-Erinnerungsmal	KENOTAPH	
Totenkult der Naturvölker	MANISMUS	
Totenreich d. nordisch. Sage	NIFLHEIM	
Touristenbetreuer	ANIMATOR	
Trabant	SATELLIT	
Tracht	TRAGLAST	
träg, träge	INDOLENT	
Trägheit	FAULHEIT	
Trägheit	INDOLENZ	
Träumer	PHANTAST	
tragbar	PORTABEL	
tragbares Fernsehgerät	PORTABLE	
tragbare Zimmerorgel	PORTATIV	
Tragbehälter	KANISTER	
Tragschrauber	AUTOGIRO	
Trainingsboxen	SPARRING	
Trankopfer	LIBATION	
Tratsch	GEMUNKEL	
Tratsch	GERUECHT	
Traubenernte	WEINLESE

Traubenzucker	DEXTROSE	trop. Wirbelsturm	HURRIKAN	tschechoslowak. Stadt	KARLSBAD
Trauerspieldichter	TRAGIKER	Tropenkrankheit	BERIBERI	Tuch zum Verhüllen	SCHLEIER
Trauerspieldichter	TRAGOEDE	tropisch. Blütengewächs	ORCHIDEE	Tüchtigkeit	LEISTUNG
traulich	HEIMELIG	tropisch. Echse	BASILISK	Türenteil	SCHWELLE
traurig	BETRUEBT	tropisch. Harz	SANDARAK	türk. Fluß zum Mittelmeer	MENDERES
Trauung	HOCHZEIT	tropische Großpflanzung	PLANTAGE	türk. Politiker (Min.-präsid.)	MENDERES
treffend	FRAPPANT	Trost	ZUSPRUCH	türk. Stadt an d. Struma	STRUMICA
treiben	DRAENGEN	Trottoir	GEHSTEIG		
Treibjagd mit Hunden	HETZJAGD	Trübwerden	TRUEBUNG		
Treibstoff aus Teer	SOLAROEL	Trugbild	ILLUSION	türkische Meerenge	BOSPORUS
Treidelweg	LEINPFAD	Trugschluß	SOPHISMA	türkischer Sultan	SULEIMAN
trennen	SCHEIDEN	Trumans Sozialprogramm	FAIRDEAL	türkische Tabakspfeife	TSCHIBUK
Treppe b. Schiff u. Flugzeug	LAUFSTEG	Truppeneinheit	REGIMENT	türkische Wasserpfeife	NARGILEH
Trieb	APPETENZ	Truppenstandort	GARNISON	Türvorhang	PORTIERE
triebhaft, spontan	IMPULSIV	Truppenteil	KOMPANIE	tugendhaft	ZUECHTIG
Triebkräfte	AGENZIEN	Truppenverband	DIVISION	Tulpenbaum	MAGNOLIE
Triebwerk	MASCHINE	Truppenversorgung	LOGISTIK	tunes. Insel	KERKENNA
Triel (Vogel)	DICKFUSS	tschech.-amerikan. Regisseur	POLANSKI	tunes. Stadt	HAMMAMET
Trinkbares	GETRAENK	tschech. kommun. Staatsmann	GOTTWALD	tunesisch. Insel	DSCHERBA
Trinkgefäß	WEINGLAS			Tungstein	SCHEELIT
Trinkgelage	SAUFEREI	tschech. Name von Gablonz	JABLONEC	Tungusenstamm	MANDSCHU
trojanische Burg	PERGAMOS			Tupfen	SPRENKEL
Trommelfeuer	KANONADE	tschech. Pädagoge	COMENIUS	turktatar. Nomadenvolk	KIRGISEN
Trommelstock	SCHLEGEL	tschech. Sängerin, Schauspielerin	HEGEROVA	Turktatare	TURKMENE
Trompetenblume	BIGNONIE			Turkvolk am Kaspischen Meer	KASACHEN
trop. Infektionskrankheit	KALAAZAR	tschechoslowak. Landesteil	SLOWAKEI		
trop. Küstenwald	MANGROVE			Turmalin	RUBELLIT
trop. Nußart	KOLANUSS			Turngerät	RUNDLAUF

Turnübung	KLETTERN	Überheblichkeit	ARROGANZ	Uferschutz	BOLLWERK
Turnübung	KLIMMZUG	überirdisch, übernatürlich	MYSTISCH	Uferstraße an der Riviera	CORNICHE
Typ, Typus	GEPRAEGE	überlassen	ABTRETEN	Uhrengeräusch	TICKTACK
Tyrann	DIKTATOR			Uhrenteil	ZUGFEDER
Tyrannei	DESPOTIE	überlegen	ERWAEGEN	Uhrkettenanhängsel	BERLOCKE
Tyrann v. Athen	HIPPARCH	überlegt	BESONNEN		
U-Boot-Sehrohr	PERISKOP	überliefert	TRADIERT	Uhr zum Zeitnehmen	STOPPUHR
übel, miserabel	SCHLECHT	übermäßig	EXZESSIV	ukrain. Landschaft	PODOLIEN
übel beleumundet	VERRUFEN	übernachten	LOGIEREN	ukrain. Schwarzmeerhafen	SCHDANOW
übelnehmen	VERARGEN	überragend	DOMINANT	ukrain. Schwarzmeerhafen	TAGANROG
überanstrengen	STRESSEN	überraschend	FRAPPANT		
Überbein	GANGLION	überreden	BEKEHREN	ukrain. Stadt am San	PRZEMYSL
Überbleibsel	RESIDUUM	übersättigt	BLASIERT		
überdeckend	DOMINANT	überschlagende Wellen	STURZSEE	ukrain. Stadt am Sereth	TARNOPOL
Übereinkommen	KONTRAKT	überseeisch	EXOTISCH	ukrain. Stadt im Donezbecken	GORLOWKA
Übereinkunft	EINIGUNG	Übertragung, Überweisung	TRANSFER		
Übereinstimmung	HARMONIE			ukrain. Volksstamm	RUTHENEN
überempfindlich	SENSITIV	übertrieben	OUTRIERT	Ulanenmütze	TSCHAPKA
Überempfindlichkeitsreaktion	ALLERGIE	Überwachung	AUFSICHT	Ulk	ALLOTRIA
übererregt	HEKTISCH	überwältigend	GRANDIOS	Umgangsformen	BENEHMEN
Überfall	INVASION	überwinden	BESIEGEN	Umgangsformen	MANIEREN
überflüssig, entbehrlich	UNNOETIG	Überwurfkragen	PELERINE	umgangssprachl.: Party-Trubel	HIGHLIFE
Überfluß	SCHWEMME	Überzahl	MEHRHEIT		
überfrorene Nässe	GLATTEIS	Überziehstrickbluse	PULLOVER	umgekehrt	KONTRAER
Überführung	TRANSFER	übles Geschäft	SCHACHER	umgestalten	UMBILDEN
übergenau	PINGELIG	üblich, regelrecht	REGULAER	Umlauf, Umdrehung	ROTATION
übergroß	KOLOSSAL				
überheblich	ARROGANT	Uferschnecke	LITORINA	umlaufen, sich drehen	ROTIEREN

umliegende Landschaft	UMGEGEND	Unendlichkeit	EWIGKEIT	Ungestüm, Heftigkeit	VEHEMENZ
Umsatz, Absatz	UMSCHLAG	unerfüllbar, unwirklich	UTOPISCH	ungiftig	ATOXISCH
umschmeicheln	HOFIEREN	Unermüdlichkeit	AUSDAUER	ungleichartig	DISPARAT
Umsicht, Akkuratesse	SORGFALT	Unfall	UNGLUECK	Universitätslehrauftrag	DOZENTUR
Umsicht, Gründlichkeit	SORGFALT	unfein	ORDINAER	Universitätslehrstuhl	LEKTORAT
		unfrei	GEBUNDEN		
umsichtig	BESONNEN	unfreier Bürger	UNTERTAN	unkompliziert	PRIMITIV
umständlicher Vorgang	PROZEDUR	unfruchtbar	INFERTIL	Unkosten	AUSGABEN
		Unfug	ALLOTRIA	Unkosten	AUSLAGEN
umstritten, ungeklärt	STRITTIG	ungar. abstrakter Maler	VASARELY	Unkraut	KORNRADE
				Unkrautvertilgungsmittel	HERBIZID
umtopfen, verpflanzen	PIKIEREN	ungar.-franz. Komponist	HARSANYI		
Umtriebe	KOMPLOTT			unliebsame Unterbrechung	STOERUNG
unangenehm	MISSLICH	ungar. Stadt	DEBRECEN		
unbedacht	IMPULSIV	ungar. Stadt am Kapos	KAPOSVAR	unmittelbar	IMMEDIAT
unbedeutende Kleinigkeit	LAPPALIE	ungebetener Zuschauer	ZAUNGAST	unmodern, out	VERALTET
		Ungebundenheit	FREIHEIT	Unmut, Unbehagen	VERDRUSS
unbedingt	DURCHAUS	ungefällig	INKULANT	UNO-Generalsekretär	WALDHEIM
unbefangen	KINDLICH	Ungeheuer, Untier	MONSTRUM		
unbeherrschte Wut	JAEHZORN	Ungeheuer d. griech. Sage	CHIMAERA	unschicklich	INDEZENT
				Unschicklichkeit	INDEZENZ
Unbelehrbarkeit, Starrsinn	STURHEIT	ungeheuerlich	KOLOSSAL	unsichtbares Licht	ULTRAROT
unbeständig	INSTABIL	ungehobelter Mensch	PLEBEJER	Unsinn	KINDEREI
unbeständig	LAUNISCH	ungeklärt	FRAGLICH	Unsinn	LARIFARI
unbezahlte Tätigkeit	EHRENAMT	ungeladenes Atomteilchen	NEUTRINO	unsittlich, verkommen	VERDERBT
				Unstern	DESASTER
undeutlich sprechen	NUSCHELN	ungemein	UEBERAUS	untadelig	MAKELLOS
unecht	APOKRYPH	Ungenannter	ANONYMUS	unterägypt. Stadt	DAMANHUR
unempfindlich	INDOLENT	ungerade, asynchron	UNGLEICH	unterbringen	LOGIEREN
Unempfindlichkeit	INDOLENZ			unter der Haut (mediz.)	SUBKUTAN

unterdrücken	KNECHTEN	unveränderlich	KONSTANT
unterfränk. Stadt am Main	HASSFURT	unvereinbar	DISPARAT
Untergebene	PERSONAL	unverheiratete Gräfin	KOMTESSE
untergeordnet	INFERIOR	Unvermögen	IMPOTENZ
Untergrundkämpfer	GUERILLA	unverschämt	INSOLENT
Unterhaltsgeld	ALIMENTE	Unverschämtheit	INSOLENZ
Unterhaltung	KURZWEIL	Unverstand	DUMMHEIT
Unterkunft	QUARTIER	unverzüglich	SOGLEICH
Unterkunft	RASTHAUS	unvoreingenommen	OBJEKTIV
Unteroffizier	KORPORAL	unwahre Geschichte	MAERCHEN
Unteroffizier	SERGEANT	unwahrhaftig	VERLOGEN
Unterrichtslehre	DIDAKTIK	Unwetter	GEWITTER
		unwissend	IGNORANT
Unterrichtsteilnehmer	SCHUELER	Unwissender	IGNORANT
untersagt, unerlaubt	VERBOTEN	Unwissenheit	IGNORANZ
Unterschicht	SUBSTRAT	Urbild, Urfassung	PROTOTYP
Unterschrift	SIGNATUR	Urbild, Vorlage	ORIGINAL
unterseeisch	SUBMARIN	Ureinwohner Amerikas	INDIANER
untersetzt	PYKNISCH	Ureinwohner d. Kanaren	GUANCHEN
Unterstützung	BEIHILFE		
Untersuchungsergebnis	DIAGNOSE	Ureinwohner Griechenlands	PELASGER
Unterwürfigkeit	DEVOTION	Urfassung	ORIGINAL
Unterzeichner	SIGNATAR	Urform	ARCHETYP
		Urkunde	DOKUMENT
unumschränkt. Machthaber	DIKTATOR	Urkundenverzeichnisse	REGESTEN
ununterbrochen	STAENDIG		

ursprünglich	ORIGINAL
Ursprung	HERKUNFT
Urteilsanfechtung	BERUFUNG
Urteilsüberprüfung	REVISION
Urtext	ORIGINAL
urtümlich, urzuständlich	PRIMITIV
urugay. Stadt am Rio Negro	MERCEDES
uruguayische Stadtguerilla	TUPAMARO
Urweinwohner Italiens	ITALIKER
Urwelttier	MASTODON
usbek. Beckenlandschaft	FERGHANA
US-Kernforschungszentrum	OAKRIDGE
Vanille-Ersatz	VANILLIN
Variante, Variation	SPIELART
Varietékunst	ARTISTIK
Varietékünstler	ZAUBERER
vaterländisch	NATIONAL
Vater v. Äneas	ANCHISES
Vater v. Aida	AMONASRO
Vater v. Fatima	MOHAMMED
Vater v. Ikaros, Ikarus	DAEDALUS
Velveton	DUVETINE
venezian. Baumeister	LONGHENA
venezian. Komponist	GABRIELI

venezian. Opernkomponist	CIMAROSA
venezian. Renaissancemaler	VERONESE
venezianisch. Maler	CRIVELLI
venezolanische Hafenstadt	CARUPANO
verabscheut	VERHASST
veränderlich, wandelbar	VARIABEL
veränderliche Größe	VARIABLE
verändern	MUTIEREN
Veränderung	MUTATION
veraltete Bez. für Flugzeug	AEROPLAN
veraltete Bez. für Gewürzware	SPEZEREI
veraltete Bez. für Kampfplatz	WALSTATT
veraltete Bez. für Ofenschirm	PARAVENT
veraltet f. Amtsarzt	PHYSIKUS
veraltet f. Flieger	AERONAUT
veraltet für Bote, Apostel	SENDLING
veraltet für breite Straße	ROLLBAHN
veraltet: Frühstück	DEJEUNER
veraltet: Führung, Benehmen	KONDUITE
veraltet: Reifeprüfling	MATURAND
Veranlagung	BESCHEID
Veranlagung	NATURELL
veranlassen	ANORDNEN
Verbandmaterial	SCHARPIE
Verbindung	KOPPLUNG
Verbindung	KUPPLUNG
Verbindung, Verknüpfung	SYNTHESE
Verblödung	DEMENTIA
verblüffend	FRAPPANT
verblüfft	ERSTAUNT
verblüfft	VERDUTZT
Verbrecherkneipe	SPELUNKE
Verbrennungskraftmaschine	GASMOTOR
Verbrennungswärmeeinheit	HEIZWERT
Verbürgung	GARANTIE
Verbum	ZEITWORT
Verdachtsmomente	INDIZIEN
Verdauungsflüssigkeit	SPEICHEL
verdauungsfördernd	PEPTISCH
Verdienst	LEISTUNG
Verdoppelung	DUBLETTE
Vereinslokal	KLUBHAUS
vereinzelt	ISOLIERT
Verengung der Blutgefäße	STENOSIS
Verfall	DEKADENZ
verfallen	DEKADENT
Verfasser des "Struwwelpeter"	HOFFMANN
Verfasser heiterer Geschichten	HUMORIST
Verfasser von Spottschriften	PARODIST
verfeinern	VEREDELN
verfeinert	VEREDELT
Verfluchung	ANATHEMA
Verfügung, Bescheid	RESKRIPT
verführen	BETOEREN
Verführer	CASANOVA
vergangen	VORUEBER
Vergnügen	GEFALLEN
Vergnügen	PLAESIER
vergnüglich	AMUESANT
Vergünstigung	NACHLASS
Verhältnisgröße	MASSSTAB
Verhärtung, Verkalkung	SKLEROSE
verheerendes Hochwasser	SINTFLUT
Verheiratete	EHELEUTE
verhüttbares Gestein	EISENERZ
Verkaufserfolg	SCHLAGER
Verkehrsweg	AUTOBAHN
Verkehrswegeschnittpunkt	KREUZUNG
Verklebung (mediz.)	SYNECHIE
verknoten	KNUEPFEN

verkünden	AUSRUFEN	verneinende Geste	ABWINKEN	Versöhnlichkeit, Duldsamkeit	TOLERANZ
verkünden, verkündigen	PREDIGEN	Verneinung	NEGATION	versorgen	BETREUEN
Verkünder	AUSRUFER	vernünftig	RATIONAL	Verständnis	EINSICHT
Verlängerung der Zahlungsfrist	STUNDUNG	Vernunft	KLUGHEIT	verstandesmäßig	RATIONAL
		Vernunftschluß	LOGISMUS	verstehen	EINSEHEN
Verlagsabteilung	LEKTORAT	vernunftwidrig	ALOGISCH	verstehen	KAPIEREN
Verlagsangestellte	LEKTORIN	Verpflegung, Kost	PROVIANT	Verstoß, Zuwiderhandlung	VERGEHEN
Verlagsangestellter	LAYOUTER	Verrechnung im Zahlungsverkehr	CLEARING	versunkenes Inselreich	ATLANTIS
Verlagsbuchhändler	VERLEGER	verrenken	LUXIEREN	Verteidiger	DEFENSOR
		Verrenkung	LUXATION	Verteidiger einer Lehrmeinung	APOLOGET
verlangen	BEGEHREN	Verrücktheit	NARRETEI		
Verlangen	BEGEHREN			Verteidigungsministerium der USA	PENTAGON
Verlangen	BEGIERDE	verrufenes Lokal	SPELUNKE		
verlangen	HEISCHEN	Vers, Versteil	DIJAMBUS		
verlangsamen	DROSSELN	Verschiedenes	ALLERLEI	Verteidigungsrede	APOLOGIE
Verlangsamung	STOCKUNG	Verschiedenes	DIVERSES	Verteidigungsschrift	APOLOGIE
Verletzung einer Bestimmung	VERSTOSS	verschließb. Kästchen	KASSETTE	Vertrag	ABKOMMEN
				Vertrag	KONTRAKT
verliebt	AMOUROES	verschlossen	GESPERRT	Vertragsänderung	REVISION
verloren	ABHANDEN	verschlüsseln	KODIEREN	Vertretung	AUSHILFE
Verlust	EINBUSSE				
Vermächtnis	NACHLASS	verschmelzen	LEGIEREN	Vertretung im Ausland	KONSULAT
Vermählung	HOCHZEIT	Verschmelzung	SYNTHESE	vervielfältigen	KOPIEREN
vermerken	NOTIEREN				
vermessenes Grundstück	PARZELLE	verschroben	SPLEENIG	Verwachsung (mediz.)	SYMPHYSE
		Verschwelung	PYROLYSE	Verwalter eines Warendepots	LAGERIST
Vermessungsingenieur	GEOMETER	Verschwörung	KOMPLOTT		
Vermieter	HAUSWIRT			Verwandtschaft	PARENTEL
Vermögen	EIGENTUM	Versfuß	SPONDEUS		
Vermögen	FINANZEN	Versfuß, -maß	ANAPAEST	verweigern	VERSAGEN
verneinen	NEGIEREN			verwelkt	VERDORRT

Verwerter von Tierleichen	ABDECKER	viersitzige Luxuskutsche	LANDAUER	volkstümlich f. Ziehharmonika	QUETSCHE
verwirren	ABLENKEN	Viertelkreis	QUADRANT	volkstümlich für Gefängnis	KITTCHEN
verwundert	ERSTAUNT	Viola	BRATSCHE	Volksverhetzer	DEMAGOGE
verwundet	VERLETZT	violette Quarz-Abart	AMETHYST	Volksvertretung	KREISTAG
verwundet	VERSEHRT	Virginische Nachtigall	KARDINAL	Volk von Bangladesch	BENGALEN
verzaubern	BECIRCEN	Virusforscher	VIROLOGE	voll	GEFUELLT
verzerrtes Gesicht	GRIMASSE	Vitaminmangel-Krankheit	BERIBERI	Vollblütigkeit, Überfülle (mediz.)	PLETHORA
verzichten	ENTSAGEN	Vitaminmangelkrankheit	PELLAGRA	vollbringen, ausführen	TAETIGEN
verzierte Borte	BORDUERE	Vitaminmangel-Krankheit	RACHITIS	vollendet	ERLEDIGT
Verzierung	GARNITUR	Vogelfänger in der »Zauberflöte«	PAPAGENO	volljährig	MAJORENN
Verzierung	ORNAMENT			Vollmacht	BEFUGNIS
verzweifelt	DESPERAT			Vollschiff	FREGATTE
verzweifelt	TROSTLOS	Vogelfanggerät	LEIMRUTE	vollständig	KOMPLETT
Verzweigung	GABELUNG	Vogelfanggerät	SCHLINGE	vollständige Lähmung	PARALYSE
Veterinär	TIERARZT	Vokalwerk	CHORWERK	Vollstrecker	EXEKUTOR
Viehbadeplatz	SCHWEMME	Volk in Angola	KIMBUNDU	von Moses herrührend	MOSAISCH
Viehfutter	SCHLEMPE	Volk in Daghestan	LESGHIER	Voralpensee	BODENSEE
vielarmiger Armleuchter	FLAMBEAU	Volksaufwiegler	DEMAGOGE	Vorbild	BEISPIEL
Vielesser	GOURMAND	volksmäßig	ETHNISCH	Vorderasiat	ARMENIER
vielfältig	MULTIPEL	Volkstanz	LAENDLER	Vorderasiat	LIBANESE
Vielflächner	POLYEDER	volkstüml. f. Fußballtor	GEHAEUSE	vorderasiatisch. antikes Kulturvolk	HETHITER
vielseitig bewandert	VERSIERT	volkstüml. f. Monteuranzug	BLAUMANN	vorderer Mast	FOCKMAST
Vielseitigkeitsprüfung im Reitsport	MILITARY	volkstümlich	POPULAER	Vordruck	FORMULAR
Vielzeller	METAZOEN	volkstümlich f. dumm	DAEMLICH	voreingenommen	BEFANGEN
Viereck	RECHTECK	volkstümlich f. Katze	DACHHASE	Vorführungsfolge	PROGRAMM
Viereck	TETRAGON			Vorgabe	HANDIKAP
Vierergruppe	QUARTETT				
Viergespann	QUADRIGA				
Viergewinn im Lotto	QUATERNE				

Vorgeschichte einer Krankheit	ANAMNESE	Vorname von Kant	IMMANUEL	vorurteilslos	OBJEKTIV
vorgeschichtl. Erzeugnis	ARTEFAKT	Vorname von Loyola	IGNATIUS	Vorwand	NOTLUEGE
vorgeschichtl. Fundort	AURIGNAC	vornehmer Weltmann	SEIGNEUR	vorzüglich	HERRLICH
vorgeschichtl. Fundort	MOORDORF	vornehme Welt	HIGHLIFE	Vulkan auf Hawaii	MAUNAKEA
vorgeschichtl. Kulturdenkmal	MEGALITH	Vornehmheit	NOBLESSE	Vulkan auf Hawaii	MAUNALOA
vorgeschichtl. Werkzeug	STEINAXT	Vorort v. Zürich	ZOLLIKON	Vulkan auf Martinique	MONTPELE
Vorhaben, Tagesordnung	PROGRAMM	Vorort von Los Angeles	PASADENA	Vulkanausbruch	ERUPTION
vorhanden	ANWESEND	Vorprüfung für Medizinstudenten	PHYSIKUM	Vulkaninsel in d. Sundastraße	KRAKATAU
vorhanden	EXISTENT	Vorratsgebäude, -raum	SPEICHER	waagerechte Koordinate	ABSZISSE
Vorhandensein	BESTEHEN	Vorrecht, Sonderrecht	PRIVILEG	wacholderähnl. Nadelbaum	SADEBAUM
Vorhandensein	EXISTENZ	vorschriftsmäßig	REGULAER	wachsam	VIGILANT
Vorherrschaft	DOMINANZ	Vorschub	BEIHILFE	Wachsamkeit	VIGILANZ
vorherrschend	DOMINANT	Vorschuß	HANDGELD	wachsartige Substanz	PARAFFIN
Vorhersage, Voraussage	PROGNOSE	Vorsehung	GESCHICK	Wachstum	KRESZENZ
Vorkämpfer	CHAMPION	vorsichtig	BEHUTSAM	Wächter	AUFSEHER
vorladen	ZITIEREN	vorsichtig zu Werk gehen	LAVIEREN	Wächter, Aufseher	WACHMANN
Vorladung vor Gericht	ZITATION	Vorstadt von Paris	GENTILLY	wählen	OPTIEREN
Vorläufer des Fahrrads	DRAISINE	Vorsteherdrüse	PROSTATA	Währung in Bhutan	NGULTRUM
vorlaut	NASEWEIS	vorstrecken	AUSLEGEN	Währung in Brasilien	CRUZEIRO
vorlauter Mensch	NASEWEIS	vortäuschen	HEUCHELN	Währung in Kenia	SHILLING
Vorleseraum an der Universität	HOERSAAL	Vortäuschung	GAUKELEI	Währung in Tansania	SHILLING
vormerken	NOTIEREN	Vortäuschung	ILLUSION	Währung in Uganda	SHILLING
Vorname von de Sica	VITTORIO	vorteilhaft	OPPORTUN	Wärme abgebend	EXOTHERM
		vortragen	AUFSAGEN	Wärmespender	HEIZOFEN
		vortragen	DOZIEREN		
		vorübergehend	MOMENTAN		

Wäschekombination	GARNITUR	walisische Grafschaft	PEMBROKE	Wasserschwanzlurch	AALMOLCH
Wäschestoff	BARCHENT	Walküre	GERLINDE	Wasserstrahl	FONTAENE
Wäschestoff	KRETONNE	Walküre	HELMWIGE	Wassersucht	ANASARKA
Wäschestück	HANDTUCH	Walküre	ORTLINDE	Wassertierart	HOHLTIER
Wäschestück	LEIBCHEN	Walküre	SIEGRUNE	Wasservogel	KORMORAN
Wäschestück	LEINTUCH	Wallfahrtsort a. Niederrhein	KEVELAER	Wasserwehr, Talsperre	STAUDAMM
wäßrig	FLUESSIG	Walze	ZYLINDER	Wechsel	UMTAUSCH
wäßriges Kolloid	HYDROSOL	Wandalenkönig	HUNERICH	Wechsel	WILDPFAD
Waffengattung, Truppengattung	PIONIERE	wandernd	AMBULANT	Wechselaussteller	TRASSANT
		Wandervolk	ZIGEUNER	Wechselbegriff	KORRELAT
Wagen	FAHRZEUG	Wandschirm	PARAVENT	wechselhaft, schwankend	VARIABEL
Wagenkolonne	SCHLANGE	Wappenkunde	HERALDIK		
Wagenlenker	KUTSCHER	Warenabsatz	VERTRIEB	Wechselkursverhältnis	PARITAET
Wagnis	MUTPROBE	Warenhaus	KAUFHAUS		
Wahlfeldzug	KAMPAGNE	Warenvorrat	INVENTAR	Wechselstromerzeuger	INDUKTOR
wahlfrei	BELIEBIG	warmer Mittelmeerwind	SCIROCCO		
Wahnvorstellung	FIXEIDEE			wegjagen	SCHASSEN
Wahnwitz	ABERWITZ	Wartburgstadt	EISENACH	Wegwarte, Kaffeezusatz	ZICHORIE
wahr, wahrhaftig	WIRKLICH	warum, weshalb	WESWEGEN	wehmütig	ELEGISCH
wahren	ERHALTEN	warzenartig	PAPILLAR	weibl. Kinder	TOECHTER
wahrscheinlich	PROBABEL	warzenartige Geschwulst	PAPILLOM	weiblich	FRAULICH
Waldhorn	JAGDHORN			Weichsel-Zufluß	KAMIENNA
Waldhuhn	AUERHUHN	Wasserfall in d. franz. Pyrenäen	GAVARNIE		
Waldhuhn	BIRKHUHN			Weichtier	MOLLUSKE
Waldlichtung	SCHNEISE			Weichtierklasse	MUSCHELN
Wald ohne Unterholz	HOCHWALD	Wasserfarbenmalerei	AQUARELL	Weidenlaubsänger	ZILPZALP
Waldrebe	CLEMATIS	Wasserfeder	HOTTONIA	weidmänn.: Saugwarzen	GESAEUGE
Waldrebe	KLEMATIS	Wasserflugzeug	FLUGBOOT		
walis. Stadt	CARDIGAN	wasserhaltig	WAESSRIG	Weihe (zool.)	GLEITAAR
walisische Grafschaft	ANGLESEY	Wasserlauf-Ende	MUENDUNG	Wein-Bezeichnung	KRAETZER

Wein-Bezeichnung	ROSEWEIN	weißruss. Stadt am Dnjepr	MOGILJOW
Wein-Bezeichnung	SUEDWEIN	weiterer Verlauf	FORTGANG
Weinlager	KELLEREI	weiterhin	KUENFTIG
Weinort, -stadt in Rheinland-Pfalz	NEUSTADT	weitmaschig. Unterwäsche	NETZHEMD
Weinort, -stadt in Rheinland-Pfalz	UNGSTEIN	weitverbreitete Epidemie	PANDEMIE
Weinort an der Mosel	PIESPORT	weit weg	ENTFERNT
Weinort an der Mosel	WINTRICH	Welthilfssprache	VOLAPUEK
Weinort an der Ruwer	SOMMERAU	weltlich	SAEKULAR
		Weltmeer	ATLANTIK
		Weltraumlabor	SPACELAB
Weinort an der Ruwer	WALDRACH	Weltreich	IMPERIUM
Wein-Prädikat	KABINETT	Weltsprache	ENGLISCH
Weinsorte	FRASCATI	wenden	UMKEHREN
Weinsorte, Traubensorte	CABERNET	Werberedner	AGITATOR
		Werk des Ptolemäus	ALMAGEST
Weinsorte, Traubensorte	RIESLING	werken	ARBEITEN
		Werkstoff	MATERIAL
Weinsorte, Traubensorte	SILVANER	Werktag	DIENSTAG
		Werktag	MITTWOCH
		Werkzeugmaschine	DREHBANK
Weinsorte, Traubensorte	TRAMINER	Wertmesser	MASSSTAB
		Wertpapier, -papiere	EFFEKTEN
Weinstadt im Rheingau	ELTVILLE	Wertpapierausgabe	EMISSION
weismachen	EINREDEN	Wesensart	NATURELL
Weißdorn	HAGEDORN	wesentliches Merkmal	ATTRIBUT
weiße Haremssklavin	ODALISKE	westafr. Atlantik-Inselgruppe	BISSAGOS
weißer Schoßhund	MALTESER	westafr. Sudannegerstamm	MANDINGO
weißes Blutkörperchen	LEUKOZYT	westafrikan. Insel	PRINCIPE
weißes Pferd	SCHIMMEL	westafrikan. Volk	MANDINGE
		westbelg. Landschaft	FLANDERN
		Westen	OKZIDENT
		westengl. Grafschaft	CHESHIRE
		westengl. Grafschaft	STAFFORD
		westengl. Stadt	STAFFORD
		Westeuropäer	FRANZOSE
		westfranz. Departement	CHARENTE
		westfranz. Departement	MORBIHAN
		westfranz. Fluß	CHARENTE
		westfranz. Halbinsel	QUIBERON
		westfranz. Stadt	POITIERS
		westgerman. Hauptstamm	IRMIONEN
		westgerman. Stamm	SEMNONEN
		Westgotenkönig	RODERICH
		westindische Insel	BARBADOS
		westindische Inselgruppe	ANTILLEN
		westindischer Inselstaat	DOMINICA

westindischer Seeräuber	BUKANIER
westitalien. Landschaft	MAREMMEN
Westjordanien	WESTBANK
westlichste Spitze Afrikas	KAPVERDE
westschweiz. Uhrenstadt	GRENCHEN
westsibirische Stadt	KEMEROWO
Westslawe	TSCHECHE
westuruguayische Stadt	PAYSANDU
Wetterdistel	EBERWURZ
Wettersäule	WINDHOSE
Wettkampfveranstalter	PROMOTER
Wettkampfvorbereitung	TRAINING
widerlich	EKELHAFT
widerrechtlich	VERBOTEN
Widersacher	OPPONENT
widerspenstig	OBSTINAT
Widerspenstigkeit	RENITENZ
widersprechend	DISPARAT
widersprechend	KONTRAER
Widerstandsmesser	OHMMETER
Widerstreit	KONFLIKT
Widerwärtigkeit	UNGEMACH
Widerwille	AVERSION
widrig	KONTRAER
Wiederauftritt	COMEBACK
Wiederbelebung	ANABIOSE
wiederum	NOCHMALS
Wiegenlied	BERCEUSE
Wiener Bauwerk	BALLHAUS
Wiener Bauwerk	RINGTURM
Wiener Chirurg	BILLROTH
Wiener Heurigentreffpunkt	GRINZING
Wiener Heurigentreffpunkt	NUSSDORF
Wiener Stadtbezirk	DOEBLING
Wiener Stadtbezirk	HIETZING
Wiener Stadtbezirk	WAEHRING
Wiesel	HERMELIN
Wikinger	NORMANNE
Wikingerstadt bei Schleswig	HAITHABU
Wilddieb	WILDERER
wilde Zichorie	WEGWARTE
Wildgeflügel	AUERHAHN
Wildgeflügel	FLUGWILD
Wildgeflügel, Federwild	WILDENTE
Wildgeflügel, Federwild	WILDGANS
Wildgeschmack	HAUTGOUT
Wildleder	SAEMISCH
willfährig	GEFUEGIG
willfährig	GEHORSAM
Willkürherrschaft	DESPOTIE
wimmeln	KRIBBELN
Wimpertierchen	ZILIATEN
Windgeräusch	RAUSCHEN
Windlade der Orgel	KANZELLE
Windmonat	NOVEMBER
Windrichtung	NORDWEST
Windschirm	PARAVENT
Winkelfunktion	KOSEKANS
Winkelgerade	SCHENKEL
Winkelmaß	SCHMIEGE
Winkelspitze	SCHEITEL
Wintergrün	SINGRUEN
winterlich	HIBERNAL
Wintermonat	DEZEMBER
Wintersportart	SKISPORT
Wintersportgerät	EISSTOCK
Wippe	SCHAUKEL
Wirbel (mediz.)	VERTEBRA
Wirbelsäulenverkrümmung	SKOLIOSE
Wirbelsturm	SANDHOSE
Wirbelsturmfolge	WINDHOSE
Wirbeltier	AMPHIBIE
wirklich	EFFEKTIV
wirklicher Sachverhalt	TATSACHE
wirksam	EFFEKTIV
Wirksamkeit	FUNKTION
Wirkteppich	AUBUSSON

Wirkung	LEISTUNG	Wotans Schlachtroß	SLEIPNIR	Zahnersatz	PROTHESE
wirkungsvoll	IMPOSANT	Wuchs, Kreszenz	WACHSTUM	Zahnmarkentzündung	PULPITIS
wirtsch. Unabhängigkeit	AUTARKIE	wuchtig	KOLOSSAL	Zahnwal	DOEGLING
Wirtschaft	GASTHAUS	Würdenträger d. kathol. Kirche	DIGNITAR	Zapfen, Pfropfen	STOEPSEL
Wirtschaftsform	HANDWERK	würdevoll	GEMESSEN	Zarenname	NIKOLAUS
Wirtschaftsverbund	SYNDIKAT	Würfel	HEXAEDER	zart besaitet	SENSIBEL
Wismutglanz	BISMUTIN	württ. Stadt am Main	WERTHEIM	Zauberer d. Artusrunde	KLINGSOR
Wissenschaftler	FORSCHER	Würztunke	MARINADE	Zeche	BERGWERK
witziges Geschichtchen	ANEKDOTE	Wüste im südl. Kasachstan	MUJUNKUM	Zedrat, Sukkade	ZITRONAT
Wochentag	DIENSTAG	Wüste östl. d. Aralsees	KYSILKUM	Zehnflächner	DEKAEDER
Wochentag	MITTWOCH	Wüstling	LIBERTIN	Zehnfußkrebs	DEKAPODE
wörtlich anführen	ZITIEREN	Wundrose	ERYSIPEL	Zehnpfennigstück	GROSCHEN
wohlgemerkt	NOTABENE	Wundverband	PFLASTER	Zeichnung des Holzes	MASERUNG
Wohlklang	EUPHONIE	Wurfholz	BUMERANG	Zeilengußsetzmaschine	LINOTYPE
Wohlklang	HARMONIE	Wurfmaschine	BALLISTE		
wohlriechender Strauch	LAVENDEL	Wurfmaschine	KATAPULT	Zeit eines Meridians	ORTSZEIT
wohnen	LOGIEREN	Wurmfortsatz am Dickdarm	APPENDIX	zeitgleich	SYNCHRON
Wohnsitz d. Freyja	FOLKWANG	wurmtötend	VERMIZID	Zeitkontrollgerät	STECHUHR
Wohnsitz d. Staatsoberhaupts	RESIDENZ	Wutanfall	JAEHZORN	zeitlich	TEMPORAL
		Xanthippes Mann	SOKRATES	zeitlich begrenzte Aktion	KAMPAGNE
Wohnungsgeld	MIETZINS	Yonne-Zufluß	ARMANCON	Zeit nach dem Tod	EWIGKEIT
Wolfsspinne	TARANTEL	Zähigkeit	AUSDAUER	Zeitraum von zwei Jahren	BIENNIUM
Wolga-Zufluß	KOSTROMA	Zähler	DIVIDEND	Zeitungsbezieher	ABONNENT
Wollblume	WUNDKLEE	zahlen	BERAPPEN	Zelthaus	PAVILLON
Wollstoff	KAMMGARN	zahlungsunfähig	BANKROTT	Zementmosaik	TERRAZZO
Wortführer	SPRECHER	zahlungsunfähig	ILLIQUID	zentralasiat. Gebirge	NANSCHAN
Wortteil	VORSILBE	Zahlungsunfähigkeit	BANKROTT	zentralindische Landschaft	GONDWANA
		Zahlwort	NUMERALE		
		Zahnbestandteil	ZAHNMARK		

Zeremoniell	ETIKETTE	Zirbeldrüse	EPIPHYSE	zur selben Familie gehörend	VERWANDT
zerknittern	KNUELLEN	Zischlaut	SIBILANT		
zermahlenes Gestein	SCHOTTER	zobelähnl. Gewebe	ZIBELINE	zurückgeblieben	INFANTIL
		Zollstock	MASSSTAB	zurücklegen	AUFHEBEN
zernagend	KORROSIV	Zoo	TIERPARK	zurücktreten	ABDANKEN
zerrissen	SCHIZOID	Zubehör	REQUISIT		
Zersetzung	FAEULNIS	Zuchtstammbuch	HERDBUCH	zurücktretend, überdeckt	REZESSIV
zerstörend	KORROSIV	Zuckerbäcker	KONDITOR	zur Welt bringen	GEBAEREN
zerstoßen	PILIEREN	Zuckerbrot	MARZIPAN	Zusammenbruch	DESASTER
Zeugungsschwäche	IMPOTENZ	zügellos	DISSOLUT		
Zichorienart	CHICOREE	Zufluchtsort	REFUGIUM	Zusammengefegtes	KEHRICHT
Ziegenleder	CHEVREAU	Zufluß der Freiberger Mulde	ZSCHOPAU	Zusammenkunft	KONGRESS
Ziel	ENDPUNKT			Zusammenleben	SYMBIOSE
Zielbahnhof	TERMINAL	zufügen	ADDIEREN		
zielen	VISIEREN	Zugang	EINTRITT	zusammenlegbares Boot	FALTBOOT
zielgerichteter Trieb	BEGIERDE	zugeben	GESTEHEN		
		zugegen	ANWESEND		
Zier-baum	MAGNOLIE	zugleich, zeitgleich	SIMULTAN	Zusammenschau	SYNTHESE
Zierbildchen, Randverzierung	VIGNETTE	zugrunde gehen	UMKOMMEN	Zusammenspiel d. Muskeln	SYNERGIE
		Zugvogel, Singvogel	SCHWALBE		
Zierfisch	GOLDORFE	Zuhörer, Zuschauer	PUBLIKUM	Zusammentreffen von Flözen	SCHARUNG
Zierfischbehälter	AQUARIUM				
Zierpflanze	GLOXINIE	Zuhörer-, Zuschauerbühne	TRIBUENE	zusammenzählen	ADDIEREN
Zierstrauch	GARDENIE	zuläss. Mindergewicht b. Münzen	REMEDIUM	Zusammenzählung	ADDITION
Zier- u. Salatpflanze	PORTULAK	zulässige Abweichung	TOLERANZ	Zusatz	ADDENDUM
				Zusatz	NACHTRAG
Zierwerk aus Metallfäden	FILIGRAN	Zumutung	ANSINNEN	Zuschnitt	PASSFORM
				Zuschuß	BEIHILFE
Zigarrensorte	VIRGINIA	Zunahme, Zuwachs	ZUGEWINN	Zusicherung	GARANTIE
Zimmereinrichtung	MOBILIAR	Zunahme an Jahren	ALTERUNG	Zuständigkeit	BEFUGNIS
Zimtbaum	ZINNAMOM	Zuname	NACHNAME	Zustand	BEFINDEN
Zinnfolie, Walzzinn	STANNIOL	zur Benutzung mieten	CHARTERN	Zustand, Gegebenheit	SACHLAGE

zu Tage bringen	FOERDERN	Zwergwuchs	NANISMUS
Zuversicht	HOFFNUNG	Zwielicht, Halbdunkel	SCHUMMER
zuversichtlicher Mensch	OPTIMIST	Zwiespalt, Zwietracht	KONFLIKT
zuvorkommend	HOEFLICH	Zwischenaktmusik	ENTREAKT
Zuzahlung	ZUSCHUSS	Zwischengeschoß	MEZZANIN
Zwangsherrschaft	DIKTATUR	Zwischenspiel	ENTREAKT
Zwangslage	NOTSTAND	zwittrig	ANDROGYN
Zwangsmaßnahme	SANKTION	Zwölffingerdarm	DUODENUM
Zwangsmaßnahme	SPERRUNG	Zyklop in Homers Odyssee	POLYPHEM
Zwangsvorstellung	FIXEIDEE	zypriot. Staatspräsident	MAKARIOS
zweckmäßig	OPPORTUN		
zweckmäßig	TAUGLICH		
zweckmäßig, einleuchtend	SINNVOLL		
zweiästige Kurve	HYPERBEL		
Zweiflügler	DIPTEREN		
Zweihänder	FLAMBERG		
zweijährliche Veranstaltung	BIENNALE		
zweimal gebackenes Weißbrot	ZWIEBACK		
zweirädriges Kraftfahrzeug	MOTORRAD		
Zweitausfertigung	DUPLIKAT		
zweitgrößte philipp. Insel	MINDANAO		
Zwergkiefer	KNIEHOLZ		

»Vater« des Kirchenliedes	AMBROSIUS	Abführmittel	LAXATIVUM	abschließend	DEFINITIV
abändern	VARIIEREN	abgedroschen	STEREOTYP	Abschluß-Krankheitsbericht	KATAMNESE
Abänderung, Abwandlung	VARIATION	Abgeordnetenhaus	PARLAMENT	Abschnitt eines Gesetzes	PARAGRAPH
Abänderung, Neugestaltung	UMFORMUNG	Abgesandter	MISSIONAR	abschüssiger Gewässerrand	STEILUFER
Abart, Nebenform	VARIETAET	Abgestumpftheit	LETHARGIE	Abschweifung	ABSTECHER
Abbau	DEMONTAGE	Abhang	BOESCHUNG	abseits	ABGELEGEN
Abbild, Abbildung	KONTERFEI	Abhilfe	BESSERUNG	Absender	ADRESSANT
ABC-Staat	BRASILIEN	Abkommen	ABMACHUNG	Absicht	INTENTION
Abdachung	BOESCHUNG	Ablagerung	BODENSATZ	Absolvent	PRUEFLING
Abdankung	DEMISSION	Ablaß	INDULGENZ	absondern	ISOLIEREN
Abdichtung	ISOLATION	ablehnen, dagegen sein	VERWERFEN	Absonderung	ISOLATION
Abendessen	NACHTMAHL	Ablehnung des Klerikalismus	LAIZISMUS	Absonderung	SEKRETION
Abendmahl	KOMMUNION	Ableitung	DEDUKTION	Abspaltung, Trennung	SEZESSION
Abenteurer	DESPERADO	Ablösung	ABFINDUNG	Absprache	ABMACHUNG
Abenteurer	HASARDEUR	Abmagerungsmaßnahme	FASTENKUR	Abstammung	HERKOMMEN
Abfall, Abfallprodukt	MAKULATUR	Abmagerungsmethode	HUNGERKUR	Abstammungslehre	ONTOGENIE
abfallend. Flußrand	BOESCHUNG	Abmessung	DIMENSION	Abstammungsnachweis	STAMMBAUM
Abfallprodukt	SAEGEMEHL	Abmessung	DOSIERUNG	Abstammungsnachweis (Tiere)	ZUCHTBUCH
Abfall vom Glauben	APOSTASIE	Abnahme	MINDERUNG	Abstand	INTERVALL
abfertigen	ERLEDIGEN	abnehmend	DEGRESSIV	Abstandszahlung	ABFINDUNG
Abfindung	ABGELTUNG	Abraumsalz	POLYKALIT	Abstecher	EXKURSION
Abflugpiste	STARTBAHN	Abriß	LEITFADEN	Abstimmung	BALLOTAGE
Abfluß d. Vänersees	GOETAAELF	Absatz, Abschnitt	PARAGRAPH	abstoßend	HAESSLICH
abführen	PURGIEREN	Absatzpolitik	MARKETING	Abstufung	GRADATION
abführen, festsetzen	SISTIEREN	Absauger	EXHAUSTOR	Absud	ABKOCHUNG
		Abschattung, Strichelung	SCHRAFFUR	Abtropfstein	STALAKTIT
		abschirmen	ISOLIEREN		

abwandeln	VARIIEREN	ägypt. Stadt	ELALAMEIN	afrikan. Schreitvogel	SEKRETAER
abwechseln	VARIIEREN	ägypt. Wasserstraße	SUESKANAL	afrikan. See	ALBERTSEE
Abwechslung	ALTERNANZ	älterer Name d. Bayern	BAJUWAREN	afrikan. See	EDWARDSEE
Abwechslung, Veränderung	VARIATION	ältester Teil v. New York	MANHATTAN	afrikan. See	MANOKASEE
Abwehr	DEFENSIVE	ängstlich	FURCHTSAM	afrikan. Sprache	KISUAHELI
abweisen	ABWIMMELN	Äquivalent	AUSGLEICH	afrikan. Taggreifvogel	SEKRETAER
abweisen	NEINSAGEN	Äquivalent	GEGENWERT	Agavenfaser	SISALHANF
Abwertung	MINDERUNG	Ära	ZEITALTER	Aggressor	ANGREIFER
abwesend	UNTERWEGS	ärgern	ERZUERNEN	Ahnenforscher	GENEALOGE
abziehen	ABRUECKEN	Ärztegremium	KONSILIUM	Ahnentafel	STAMMBAUM
Achselstück	EPAULETTE	Äste der Luftröhre	BRONCHIEN	ahnungslos	UNWISSEND
achtbarer Mensch	EHRENMANN	äthiop. Volksstamm	KUSCHITEN	akadem. Position	LEHRSTUHL
achten, ehren	WUERDIGEN	Äthylalkohol, Spiritus	WEINGEIST	Akelei	ELFENFUSS
achtgeben	AUFPASSEN	ätzend	KAUSTISCH	Akt	MASSNAHME
achtsaitiges Musikinstrument	OKTACHORD	Ätzkunst	RADIERUNG	Aktienreingewinn	DIVIDENDE
Ackerbau-Lehre	AGRONOMIE	Äußeres	EXTERIEUR	Aktualität	ZEITNAEHE
Ackerschachtelhalm	ZINNKRAUT	afghan. Stadt	JALALABAD	aktuell	DRINGLICH
Ackerunkraut	GAUCHHEIL	afrikan. Affe	MEERKATZE	akustisch	KLANGLICH
Adaption	ANPASSUNG	afrikan. Fluß	BLAUERNIL	Akzent	NACHDRUCK
Adresse	ANSCHRIFT	afrikan. Gebirge	ANTIATLAS	akzeptabel	ANNEHMBAR
Adular	FISCHAUGE	afrikan. Giftschlange	PUFFOTTER	Albert Schweitzers Urwalddorf	LAMBARENE
Adular	MONDSTEIN				
Adular	WOLFSAUGE	afrikan. Hauptstadt	DSCHIBUTI	algebraische Kurve	KONCHOIDE
ägypt. Bäuerin	FELLACHIN	afrikan. Hauptstadt	PORTONOVO	Algenklasse	GRUENALGE
ägypt. Felsentempel	ABUSIMBEL	afrikan. Hauptstadt	RABATSALE	Alkaloid der Herbstzeitlosen	COLCHICIN
ägypt. Herrscher	SESOSTRIS	afrikan. Inselstaat	MAURITIUS	alkoholisches Heißgetränk	GLUEHWEIN
ägypt. Herrscherin	KLEOPATRA				
ägypt. Herrscherin	NOFRETETE	afrikan. Obstbaum	TAMARINDE	alkoholisiert	BETRUNKEN

Alkoholtest	BLUTPROBE	alt. Bez. des Marmarameeres	PROPONTIS	alter Damhirsch	SCHAUFLER
All, Kosmos	UNIVERSUM	alt. Junggeselle	HAGESTOLZ	alter franz. Adelstitel	CHEVALIER
Allegorie	GLEICHNIS	alt. Name der Pyrenäen-Halbinsel	HISPANIEN	alter Monatsname	ERNTEMOND
allein, einsam	VERLASSEN	alt. Tanz	ALLEMANDE	alter Name d. April	OSTERMOND
Alleinherrschaft	MONARCHIE	altägypt. Herrscher	MYKERINOS	alter Name des August	ERNTEMOND
allergische Erkrankung	HEUFIEBER	altägypt. König	THUTMOSIS	alter Name des Juni	BRACHMOND
Allerlei, Kunterbunt	POTPOURRI	altägypt. Pharao	AMENHOTEP	alter Name des Mai	WEIDEMOND
Allerlei, Potpurri	QUODLIBET	altägypt. Pharao	AMENOPHIS		
Allgäustadt an der Iller	SONTHOFEN	Altarsakrament	ABENDMAHL	alter Name f. November	NEBELMOND
Allianz	KOALITION	altchines. Philosoph	KONFUZIUS	alter Name für Mai	WONNEMOND
Alltag, Werktag	WOCHENTAG	altdtsch. Monatsname	BRACHMOND	alter Name für September	SCHEIDING
Alltagsgemälde	GENREBILD	altdtsch. Monatsname	NEBELMOND	alter Name Indonesiens	INSULINDE
Allüren	AUFTRETEN	altdtsch. Monatsname	SCHEIDING	alter Name von Trabzon	TRAPEZUNT
allumfassend, allgemein	UNIVERSAL	altdtsch. Vorname (männl.)	LAMPRECHT		
Alm	BERGWEIDE			alternativ	WAHLWEISE
Alm	BERGWIESE	altdtsch. Vorname (männl.)	PHILIBERT	alternierend	WECHSELND
Almrausch	ALPENROSE	altdtsch. Vorname (weibl.)	ADALBERTA	Altern (medizin.)	SENESZENZ
Alp, Alpe	BERGWEIDE			alte Römerstraße	VIAEMILIA
Alpenaußenzone	KALKALPEN	altdtsch. Vorname (weibl.)	ADELGUNDE	Altersheilkunde	GERIATRIE
Alpenbewohner	SCHWEIZER	altdtsch. Vorname (weibl.)	ALBERTINE	Altersversorgung	LEIBRENTE
Alpenblume, -pflanze	ALPENMOHN	altdtsch. Vorname (weibl.)	KUNIGUNDE	altertüml. Huftier	ERDFERKEL
Alpen-Edelraute	ALMRAUSCH	alte engl. Goldmünze	ROSENOBEL	altertümlich	ARCHAISCH
Alpengipfel in Südtirol	LANGKOFEL	alte Kopfbedeckung	DREISPITZ	altes, minderwertiges Buch	SCHMOEKER
Alpenorchidee	BRAUNELLE				
Alpenpflanze	ALPENHELM	alte Kopfbedeckung	ZWEISPITZ		
Alpensee	GENFERSEE				
alpiner Hühnervogel	STEINHUHN				

Clue	Answer
alte Schlagwaffe	STREITAXT
altes indian. Kulturvolk	HUAXTEKEN
altes Kulturvolk in Kleinasien	KIMMERIER
alte Stoßwaffe	PARTISANE
alte Uhrenart	SONNENUHR
alte Uhrenart	WASSERUHR
altfranz. Grafschaft	CHAMPAGNE
altfranz. Spielmann	MENESTREL
altgerm. Drachentöter	SIEGFRIED
altgerm. Stamm	ALEMANNEN
altgerm. Vers	LANGZEILE
altgriech. Dichter	AESCHYLOS
altgriech. Dichter (5. Jh. v. Chr.)	SIMONIDES
altgriech. Erfinder	KTESIBIOS
altgriech. Göttin d. Schönheit	APHRODITE
altgriech. Held	IDOMENEUS
altgriech. Landschaft	MESSENIEN
altgriech. Liebesgöttin	APHRODITE
altgriech. Meeresungeheuer	CHARYBDIS
altgriech. Muse der Tragödie	MELPOMENE
altgriech. nationales Fest	OLYMPIADE
altgriech. Rachegöttin	TISIPHONE
altgriech. Redner	ISOKRATES
altgriech. Ringerschule	PALAESTRA
altgriech. Saiteninstrument	MONOCHORD
altgriech. Stadtburg	AKROPOLIS
altgriech. Tragödiendichter	AISCHYLOS
altgriech. Tragödiendichter	EURIPIDES
altgriech. Tragödiendichter	SOPHOKLES
altgriech. Wasserorgel	HYDRAULOS
altind. Göttin, Frau v. Brahma	SARASWATI
Altjahresabend	SILVESTER
altmexikan. Volk	TEPANEKEN
altmexikanisches Volk	TOTONAKEN
altmodisch, out, passé	UEBERHOLT
altorientalischer Volksstamm	NABATAEER
Altpapier	MAKULATUR
altpersische Religion	PARSISMUS
altröm. Autor, Satiriker	PETRONIUS
altröm. Fechter	GLADIATOR
altröm. Herbstgott	VERTUMNUS
altröm. Kaiser	MARKAUREL
altröm. Schaukämpfer	GLADIATOR
altröm. Schauspieler	HISTRIONE
altröm. Soldat	LEGIONAER
altröm. Statthalter	PROKONSUL
altrömisch. Bauwerk	AQUAEDUKT
altrömisch. Kaiser	ANTONINUS
altrömisch. Kaiser	CARACALLA
altrömisch. Münze	ARGENTEUS
altrömischer Volksteil	PATRIZIER
altsemit. Volk in Vorderasien	CHALDAEER
altspan. Münze	CUARTILLO
altspan. Tanz	SARABANDE
alttürk. Regierungsbezirk	SANDSCHAK
Amateur	LIEBHABER
Amazonas-Zufluß	RIOBRANCO
Amazonas-Zufluß	TOCANTINS
Amazonas-Zufluß	TROMBETAS
Ambition	BESTREBEN
ambitioniert	EHRGEIZIG
amer. Sänger u. Schauspieler	BELAFONTE
amerik. Bandleader (m. Vorn.)	ARTIESHAW

amerik. Jazztrompeter, -sänger	ARMSTRONG
amerik. Musical-Komponist	BACHARACH
amerik. Schwarzenführer	ABERNATHY
amerikan. Astronaut	ARMSTRONG
amerikan. Astronaut	CARPENTER
amerikan. Astronaut	MATTINGLY
amerikan. Automarke	CHEVROLET
amerikan. Automarke	OLDSMOBIL
amerikan. Autor (Nobelpreis)	HEMINGWAY
amerikan. Autor (Nobelpreis)	STEINBECK
amerikan. Biologe (Nobelpreis)	LEDERBERG
amerikan. Dirigent	BERNSTEIN
amerikan. Dirigent	STOKOWSKI
amerikan. Filmregisseur	NEGULESCO
amerikan. Filmschauspieler	BARRYMORE
amerikan. Filmschauspieler	FAIRBANKS
amerikan. Filmschauspieler	LANCASTER
amerikan. Filmschauspielerin	HAVILLAND
amerikan. Filmschauspielerin	MANSFIELD
amerikan. Indianer	WINNEBAGO
amerikan. Jazz-Bassist	PASTORIUS
amerikan. Jazz-Bassist	PETTIFORD
amerikan. Jazzgitarrist	CHRISTIAN
amerikan. Jazzkomponist, -pianist	HENDERSON
amerikan. Jazzmusiker	ARMSTRONG
amerikan. Jazzmusiker, Posaune	TEAGARDEN
amerikan. Jazzpianist	ELLINGTON
amerikan. Jazzsänger	JEFFERSON
amerikan. Jazztrompeter	GILLESPIE
amerikan. Kleinbär	WASCHBAER
amerikan. Komponist	BERNSTEIN
amerikan. Komponist	CARPENTER
amerikan. Krokodil	ALLIGATOR
amerikan. Marderart	STINKTIER
amerikan. Ministertitel	SECRETARY
amerikan. Musikgattung	SPIRITUAL
amerikan. Nationalökonom	GALBRAITH
amerikan. Ökonom (Nobelpreis)	SAMUELSON
amerikan. Ozeanflieger	LINDBERGH
amerikan. Pechkiefer	PITCHPINE
amerikan. Philosoph	SANTAYANA
amerikan. Philosoph	WHITEHEAD
amerikan. Physiker (Nobelpreis)	MICHELSON
amerikan. Physiker (Nobelpreis)	SCHWINGER
amerikan. Politiker (Nobelpreis)	KISSINGER
amerikan. Politskandal	WATERGATE
amerikan. Pop-Festival	WOODSTOCK
amerikan. Popmusik-Solist	GARFUNKEL
amerikan. Präsident	CLEVELAND
amerikan. Präsident	JEFFERSON
amerikan. Präsident (Nobelpreis)	ROOSEVELT
amerikan. Regisseur	PECKINPAH
amerikan. Regisseur	ZINNEMANN
amerikan. Sängerin, Schauspielerin	STREISAND
amerikan. Schlagzeuger (m. Vorn.)	GENEKRUPA
amerikan. Schriftsteller	BROMFIELD
amerikan. Schriftsteller	DOSPASSOS
amerikan. Schriftsteller	HAWTHORNE

amerikan. Schriftsteller	MARKTWAIN	andauernd	PERMANENT	angeblich eierlegendes Tier	OSTERHASE
amerikan. Schriftstellerin	MCCULLERS	Andengipfel	ACONCAGUA	Angebot, Preisforderung	VORSCHLAG
amerikan. Stadt am Tennessee	KNOXVILLE	Andersdenkender	DISSIDENT	Angeh. e. christl. Sekte	METHODIST
amerikan. Stummfilmstar	VALENTINO	andersgläubig	HETERODOX	Angeh. e. dtsch. Volksstammes	SCHLESIER
amerikan. Südstaaten	DIXIELAND	andeuten	MARKIEREN	Angeh. e. german. Volksstammes	HERMINONE
amerikan. Tanz	JITTERBUG	Andrang	GEDRAENGE		
		Aneinanderhaften	ADHAESION		
amerikan. Tanz	ROCKNROLL	anerkannt	NOTORISCH	Angehör. einer christl. Sekte	ADVENTIST
amerikan. Verkaufsladen	DRUGSTORE	anerkennen, beurteilen	WUERDIGEN	angemessen	GEZIEMEND
Aminosäure	GLYKOKOLL	Anfänger	DEBUETANT	angenehm	BEHAGLICH
Ammernart	ZIPPAMMER	Anfänger	YOUNGSTER	Angeschwemmtes	STRANDGUT
Amnestie	GNADENAKT	Anfang der kathol. Messe	INTROITUS		
Amphitheater in Rom	KOLOSSEUM	Anfang einer Skala	NULLPUNKT	angezeigt	INDIZIERT
				Angleichung	ANPASSUNG
amtlich	OFFIZIELL	anfeuern	ANTREIBEN	Anglerantwort	PETRIDANK
amtlicher Erlaß	ANORDNUNG	anfeuern	ERMUNTERN		
Amtsbruder	CONFRATER	anfordern, beanspruchen	VERLANGEN	Anglergruß	PETRIHEIL
amtsbrüderlich	KOLLEGIAL	Anforderung, Anspruch	VERLANGEN	angloamerikan. Schriftsteller	ISHERWOOD
Amtseinweisung	IMMISSION	Anfressung	KORROSION		
		Anführer	OBERHAUPT	angreifend	AGGRESSIV
Amtsgenossenschaft	KOLLEGIUM	Anfuhr	LIEFERUNG	Angreifer	AGGRESSOR
		Angabe, Angeberei	PROTZEREI	Angriff	OFFENSIVE
Amtsniederlegung	DEMISSION	Angabe beim Tennis	AUFSCHLAG	angriffslustig	AGGRESSIV
Amtszeichen	INSIGNIEN	Angeber	RENOMMIST	Anh. e. kommunist. Lehre	STALINIST
Anämie	BLUTARMUT	Angeber, Großmaul	PRAHLHANS		
Anbetung	ADORATION	Angeberei	PRAHLEREI	Anh. e. kommunist. Lehre	TROTZKIST
anbieten	KREDENZEN				
anbrennen	VERSENGEN	Angeberei, Hochnäsigkeit	SNOBISMUS	Anh. e. religiös. Anschauung	GNOSTIKER
anbringen	MONTIEREN				
Andachtsbuch	GEBETBUCH				

Anh. e. schweiz. Reformators	CALVINIST	annehmen	MUTMASSEN	anstreichen	LACKIEREN
Anhänger d. Allgottlehre	PANTHEIST	Anode, Kathode	ELEKTRODE	Anstreichmaterial	LACKFARBE
		anonym, namenlos	UNGENANNT	Anstrengung	BEMUEHUNG
Anhänger der Geisterlehre	SPIRITIST	Anorak	WINDJACKE	Anteilnahme	INTERESSE
		Anprall	AUFSCHLAG	Antidot	GEGENGIFT
Anhänger der Lehre Epikurs	EPIKUREER	anraten	EMPFEHLEN	antik. Bauwerk in Rom	COLOSSEUM
		Anrede eines Bischofs	EXZELLENZ		
Anhänger des Marxismus	KOMMUNIST	Anrede eines Kaisers	MAJESTAET	antik. Bauwerk in Rom	KOLOSSEUM
Anhänger des Sozialismus	SOZIALIST	Anrede f. unverheir. Frau	FRAEULEIN	antik. Dokument auf Tierhäuten	PERGAMENT
Anhänger einer polit. Anschauung	KOMMUNIST	Anrede im diplomatisch. Verkehr	EXZELLENZ	antik. Name Deutschlands	GERMANIEN
		anregen	ANIMIEREN	antik. Pferderennbahn	HIPPODROM
Anhänger einer polit. Anschauung	LIBERALER	Anreger	INITIATOR		
		Anregung, Reizmittel	STIMULANZ	antik. Schreibmaterial	PERGAMENT
anhäufen	SPEICHERN	Ansässiger	EINWOHNER	antik. Theaterstück	IPHIGENIE
anhaftend	INHAERENT	Ansager	MODERATOR		
animieren	ERMUNTERN	anschaulich, bildhaft deutlich	PLASTISCH	antik. Versfuß, Versmaß	TROCHAEUS
an keiner Stelle	NIRGENDWO			antik. Volk in Italien	TYRRHENER
Ankleideraum	GARDEROBE	Anschließung	KOPPELUNG		
ankündigen	AVISIEREN	ansehnlich	STATTLICH	antik. Volk in Vorderasien	CHURRITER
Ankunft v. Schiffen	EINLAUFEN	anspornen	ERMUNTERN		
anleiten	EINWEISEN	ansprechend	GEFAELLIG	antike Hafenstadt in Argolis	EPIDAUROS
Anleitung	ANWEISUNG	Anspruch	FORDERUNG		
Anlernling, Praktikant	VOLONTAER	anspruchslos	GENUEGSAM	antike Hirtenpfeife	PANFLOETE
anmelden	AVISIEREN	Anstaltsschülerinnen	ELEVINNEN	antike Landsch. in Kleinasien	BITHYNIEN
Anmerkung	KOMMENTAR	Ansteckung	INFEKTION		
Annahme	HYPOTHESE			antiker Name d. Elateasgebirges	KITHAIRON
Annahme, Aufnahme	REZEPTION	Ansteckung (mediz.)	KONTAGION		
annehmbar, triftig	PLAUSIBEL	Anstifter	INITIATOR	antikes Schutzbild	PALLADIUM
		anstreichen	AUFTRAGEN		

Antipathie	ABNEIGUNG	Apothekerkunst	PHARMAZIE	Aronstabgewächs	ANTHURIUM
Antlitz	ANGESICHT	Appeal	ANZIEHUNG	Arrangement	ANORDNUNG
Antriebsschraube	PROPELLER	Appetit, Begehren	VERLANGEN	arrogant	ANMASSEND
antworten	ENTGEGNEN	appetitlich	EINLADEND	Arroganz	ANMASSUNG
Anwaltsrede	PLAEDOYER	appetitlich	KOESTLICH	Artemisia	EDELRAUTE
Anweisung	ANORDNUNG	a propos	UEBRIGENS	Arterienentzündung	ARTERITIS
Anweisung	BELEHRUNG	Aquarienfisch	GOLDFISCH	Arterienerweiterung	ANEURYSMA
Anweisung	DIREKTIVE	arab. Dynastie	FATIMIDEN	artverschieden	HETEROGEN
Anwesen	BESITZTUM	arab. Staat	JORDANIEN	Arzneiform	ZAEPFCHEN
anwesend, gegenwärtig	VORHANDEN	Arbeitsgemeinschaft	KOLLEKTIV	Arzneipflanze	BORRETSCH
Anwesenheit	GEGENWART	Arbeitsgruppe	KOLLEKTIV	Arzneipflanze	ENGELWURZ
anwidern	ABSTOSSEN	Arbeitsweise, Methode	VERFAHREN	Arzneipflanze	HAUHECHEL
Anzahlung	DRAUFGELD	Arena	KAMPFBAHN	Arzt	MEDIZINER
Anzahlung, Vorauszahlung	VORSCHUSS	argentin. Berg	ACONCAGUA	Arzt für innere Krankheiten	INTERNIST
anzapfen	ANSTECHEN	argentin. Fluß	RIOSALADO	Arzt für Strahlentherapie	RADIOLOGE
Anzeiger an Maschinen	INDIKATOR	argentin. Landschaft	GRANCHACO	Asbestart	SERPENTIN
anzetteln	ANSTIFTEN	argentin. Schriftsteller	SARMIENTO	Aschenkraut	CINERARIA
anziehend	ATTRAKTIV	argentin. See	VIEDMASEE	asiat. Fluß	MADHUMATI
anzünden	ENTFACHEN	arglistig, hinterhältig	TUECKISCH	asiat. Gebirge	TIENSCHAN
Anzugform	EINREIHER	Arkade	RUNDBOGEN	asiat. Hauptstadt	ISLAMABAD
apfelsinenähnl. Südfrucht	MANDARINE	Arkadenreihe	BOGENGANG	asiat. Hauptstadt	ULANBATOR
Apfelsorte	DELICIOUS	Arkadenreihe	KREUZGANG	asiat. Hauptstadt	VIENTIANE
Apfelsorte	TAEUBLING	arm	BESITZLOS	asiat. Schwalbenart	SALANGANE
Apostel der Slawen	METHODIUS	armenische Industriestadt	LENINAKAN	asiat. Staat	MALEDIVEN
Apostel Jesu	MATTHAEUS	Armflosser	SEETEUFEL	asiat. Stadt d. Antike	ANTIOCHIA
Apostel Jesu	THADDAEUS	Armleuchter	GIRANDOLE	asiat. Teil der Türkei	ANATOLIEN
Apostel Jesu, Märtyrer, Heiliger	PHILIPPUS	armselig	MISERABEL		
		Aroma	GESCHMACK		

asiat. Volk	TURKMENEN	auf Bewegung beruhend	KINETISCH	Aufputschmittel	BENZEDRIN
asiat. Volk, Volksgruppe	ADSCHAREN	aufblasbarer Kaugummi	BUBBLEGUM	aufrechnen, ausgleichen	SALDIEREN
asiat. Volksgruppe	KAUKASIER	aufbrechen	FORTGEHEN	aufregendes Erlebnis	ABENTEUER
Aspirant	ANWAERTER	aufbruchbereit	STARTKLAR	Aufregung	AGITATION
Assessor	ANWAERTER	auf die Sterne bezüglich	SIDERISCH	Aufregung, Wirbel	TURBULENZ
Assessor	BEISITZER	aufdringlich	PENETRANT	Aufrührer, Aufsässiger	INSURGENT
Assistenz	MITARBEIT	aufeinander einwirken	REAGIEREN	Aufruhr	EMPOERUNG
assyr. Sagenkönigin	SEMIRAMIS	auferlegen	DIKTIEREN	Aufruhr, Aufstand	REBELLION
Astronautik, Kosmonautik	RAUMFAHRT	aufführen	ERRICHTEN	aufsagen, darbieten	VORTRAGEN
astronom. Gebilde	RINGNEBEL	aufführen	ERWAEHNEN	Aufsatzsammlung	MISZELLEN
astronomische Maßeinheit	LICHTJAHR	Aufführungsvorschrift	SZENARIUM	Aufschneider	PRAHLHANS
athen. Feldherr, Heerführer	ARISTIDES	Aufgabe des Geistlichen	SEELSORGE	Aufschneiderei	FLUNKEREI
athenisch. Feldherr	MILTIADES	Aufgabe des Pädagogen	ERZIEHUNG	Aufschneiderei	GEFLUNKER
athenisch. Staatsmann	ARISTIDES	Aufgangspunkt e. Gestirns	ASZENDENT	Aufschub	VERTAGUNG
athletisch	MUSKULOES	aufgebracht	ENRAGIERT	Aufsehen	SENSATION
Atomenergie	KERNKRAFT	aufgeregt	EXALTIERT	aufsehenerregendes Ereignis	SENSATION
Atomlehre	NUKLEONIK	aufgespalten	VERZWEIGT	Aufsicht	BEWACHUNG
Atride	AGAMEMNON	aufhetzen	AGITIEREN	Aufsicht	KONTROLLE
attackieren	ANGREIFEN	Aufhören der Menstruation	MENOPAUSE	Aufsichtsbeamter	INSPEKTOR
Attest	GUTACHTEN	Aufklärung	BELEHRUNG	aufspüren	ENTDECKEN
Attraktion	ANZIEHUNG	Auflaufen eines Schiffes	STRANDUNG	aufs Spiel setzen	RISKIEREN
Attraktion	ZUGSTUECK				
Attraktion des Wiener Praters	RIESENRAD	Auflehnung	REBELLION	Aufständischer	INSURGENT
attraktiv	ANZIEHEND	Aufmerksamkeit	INTERESSE	Aufsteigung	ASZENSION
aufarbeiten	ERLEDIGEN	aufmuntern	ERHEITERN	aufstellen	ERRICHTEN
aufarbeiten	NACHHOLEN			aufstellen	MONTIEREN
				Aufstellung	FORMATION

Aufstieg zur Bergspitze	GIPFELWEG	
auftischen	SERVIEREN	
Auftraggeber	BESTELLER	
Auftropfstein	STALAGMIT	
auf Umwegen	MITTELBAR	
Aufwärter, Hausmeister	KALFAKTOR	
Aufwartung	BEDIENUNG	
Aufwiegelung	AGITATION	
Aufzug	FAHRSTUHL	
augenblicklicher Zustand	SITUATION	
Augenhornhautentzündung	KERATITIS	
Augenzeugenbericht	REPORTAGE	
Augsburger Humanist	PEUTINGER	
ausarbeiten	ENTWERFEN	
ausarbeiten	VERFASSEN	
Ausbesserung, Instandsetzung	REPARATUR	
ausborgen	VERLEIHEN	
Ausbreitung	EXPANSION	
ausdauernde Pferderasse	HAFLINGER	
Ausdehnung	DIMENSION	
Ausdehnung	EXPANSION	
Ausdehnung	EXTENSION	
ausdrucksvoll	EXPRESSIV	
ausdrücklich	EXPLIZITE	
Auseinanderlaufen	DIVERGENZ	
auseinanderlaufend	DIVERGENT	
Ausflug	ABSTECHER	
Ausflug, Landpartie	WANDERUNG	
ausforschen, vorfühlen	SONDIEREN	
ausführende Gewalt	EXEKUTIVE	
ausführlich, erschöpfend	UMFASSEND	
Ausführung	EXEKUTION	
Ausfuhrhändler	EXPORTEUR	
Ausgangsstelle	NULLPUNKT	
ausgedehnt	GERAEUMIG	
Ausgedinge	ALTENTEIL	
ausgestanzte Vorlage	SCHABLONE	
ausgestoßen	GEAECHTET	
ausgezehrt	ASKETISCH	
ausgezeichnet	EXZELLENT	
ausgezeichnet	PICOBELLO	
ausgiebig	REICHLICH	
Ausgleichsmittel	KORREKTIV	
Aushändigung	UEBERGABE	
Aushilfe	ASSISTENZ	
Aushilfe	VERTRETER	
Ausklang	NACHSPIEL	
auskundschaften	BALDOWERN	
Auslassungszeichen	APOSTROPH	
auslaugen	ERODIEREN	
Auslese, Zuchtwahl	SELEKTION	
auslösen	ENTFACHEN	
Ausmaß	DIMENSION	
Ausnahme	EXZEPTION	
ausreichend	GENUEGEND	
Ausrüstung	ARMIERUNG	
Ausrüstung	RUESTZEUG	
ausruhen	PAUSIEREN	
Aussage	BEKUNDUNG	
Aussagebeurkundung	PROTOKOLL	
Aussageweise	KATEGORIE	
Ausscheidung	EXKREMENT	
ausschweifendes Fest	BACCHANAL	
Außenansicht	EXTERIEUR	
Außenstände	DEBITOREN	
außerdem	OBENDREIN	
außergewöhnliches Ereignis	PHAENOMEN	
außergewöhnliches Ereignis	SENSATION	
Aussichten	AUSPIZIEN	
Ausstattung	AUSSTEUER	
Ausstattungsfilm	REVUEFILM	
Ausstellungsart	FACHMESSE	
Ausstrahlung	EMANATION	
austral. Beuteltier	KAENGURUH	
austral. Hafenstadt	ESPERANCE	

austral. Hafenstadt	GERALDTON	Autor d. »Schelm von Bergen«	ZUCKMAYER	Autor von »Die Hose«	STERNHEIM
austral. Insel, Bundesstaat	TASMANIEN	Autorin v. Gösta Bering	LAGERLOEF	Autor von »Die Irre von Chaillot«	GIRAUDOUX
austral. Schachtelhalmbaum	KASUARINE	Autorin von »Rebecca«	DUMAURIER	Autor von »Die Möwe«	TSCHECHOW
austral. See	AUSTINSEE	Autorisation, Ermächtigung	VOLLMACHT	Autor von »Die Ratten«	HAUPTMANN
austral. Stadt	NORMANTON	Autorität	OBRIGKEIT	Autor von »Die Schatzinsel«	STEVENSON
austral. Stadt in Tasmanien	LAUNCETON	Autor von »Amphitryon«	GIRAUDOUX	Autor von »Die Troerinnen«	EURIPIDES
auswärtiger Bühnenauftritt	GASTSPIEL	Autor von »Andromache«	EURIPIDES	Autor von »Die Weber«	HAUPTMANN
Ausweitung	EXPANSION	Autor von »Antigone«	SOPHOKLES	Autor von »Don Quichotte«	CERVANTES
ausziehbare Liege	KLAPPBETT	Autor von »Barbara Blomberg«	ZUCKMAYER	Autor von »Dr. Schiwago«	PASTERNAK
authentisch, garantiert	VERBUERGT	Autor von »Cid«	CORNEILLE	Autor von »Elektra«	GIRAUDOUX
Autobahn-Einrichtung	STANDSPUR	Autor von »Decamerone«	BOCCACCIO	Autor von »Elektra«	HAUPTMANN
Autogramm	NAMENSZUG	Autor von »Der alte Mann u. d. Meer«	HEMINGWAY	Autor von »Elektra«	SOPHOKLES
automat. Steuerungsanlage	AUTOPILOT	Autor von »Der arme Heinrich«	HAUPTMANN	Autor von »Florian Geyer«	HAUPTMANN
Automobiltyp	LASTWAGEN	Autor von »Der Biberpelz«	HAUPTMANN	Autor von »Fuhrmann Henschel«	HAUPTMANN
Automobiltyp	LIMOUSINE	Autor von »Der große Regen«	BROMFIELD	Autor von »Heimat«	SUDERMANN
Auton. Sowjetrepublik	UDMURTIEN	Autor von »Der Heiratsantrag«	TSCHECHOW	Autor von »Iphigenie in Aulis«	EURIPIDES
Autonome Sowjetrepublik	BURJATIEN	Autor von »Des Teufels General«	ZUCKMAYER	Autor von »Katharina Knie«	ZUCKMAYER
Autor, Urheber	VERFASSER	Autor von »Die drei Schwestern«	TSCHECHOW	Autor von »König Ödipus«	SOPHOKLES
Autor, Verfasser	SCHREIBER	Autor von »Die Ehre«	SUDERMANN	Autor von »Medea«	EURIPIDES
Autor d. »Hauptm. von Köpenick«	ZUCKMAYER			Autor von »Rose Bernd«	HAUPTMANN

Autor von »Schinderhannes«	ZUCKMAYER	bajuwarisch	BAYERISCH	Bannmeile	SPERRZONE
Autor von »Wem die Stunde schlägt«	HEMINGWAY	Bakterie	SPALTPILZ	Bar	AUSSCHANK
		Bakteriengift	ENDOTOXIN	Bargeld	KONTANTEN
		balancieren	AUSWIEGEN	Barmann	BARKEEPER
Axiom	GRUNDSATZ			barmherzig	MITLEIDIG
Azoreninsel	SAOMIGUEL	Balearen-Insel	DRAGONERA		
Aztekenkönig	MONTEZUMA	Balkanstaat	BULGARIEN	barmherziger Helfer	SAMARITER
Baby	KLEINKIND	Balkanstaat	RUMAENIEN	Barockverzierung	KARTUSCHE
Baby, Neugeborenes	SAEUGLING	Balkanstaat	SLOWENIEN	Bart, Barttracht	SCHNAUZER
babylon. Gesetzgeber	HAMMURABI	Ballade von Goethe	ERLKOENIG	Bartenhorn	FISCHBEIN
babylon. König	HAMMURABI	Ballerina	TAENZERIN	Bartpflege Hilfsmittel	BARTBINDE
Backwerk	HOERNCHEN	Ballett	SCHAUTANZ		
Badeort auf Usedom	ZINNOWITZ	Ballettmitglied	TAENZERIN	Barttracht	SPITZBART
badisch. Pfarrer, Schriftsteller	HANSJAKOB	Balletttänzer	BALLERINO	Barttracht	STUTZBART
		Balletttänzerin	BALLERINA	Basis	FUNDAMENT
badisch. Stadt an der Enz	PFORZHEIM	Ballett von Bayer	PUPPENFEE	Basis	GRUNDLAGE
				Basis, Kardinalzahl	GRUNDZAHL
badisch. Stadt an der Kinzig	OFFENBURG	Ballett von de Falla	DREISPITZ	Basler Mathematikerfamilie	BERNOULLI
		Ballett von Honegger	SEMIRAMIS		
badische Stadt an d. Brigach	VILLINGEN	Ballspiel	FAUSTBALL	Baßtuba	BOMBARDON
		Ballspiel	FEDERBALL	Bastard	MISCHLING
		Ballspiel	PRELLBALL	Bauch	UNTERLEIB
badisches Weinbaugebiet	KRAICHGAU	Balustrade	BRUESTUNG	Bauhandwerker	ROHRLEGER
		Balustrade	GELAENDER	Baumart	BUCHSBAUM
Badminton	FEDERBALL	banal	LAEPPISCH	Baumeister	ARCHITEKT
Bärenart	BRAUNBAER	Banalität, Gemeinplatz	PLATTHEIT	Baumwollgewebe	MADAPOLAM
bäuerlich	LAENDLICH				
Bagatelle	KLEINKRAM	Bandwurmbefall	TAENIASIS	Baumwollgewebe	SCHIRTING
Bahama-Insel	ELEUTHERA	Bange	BESORGNIS	Baumwollgewebe	TRIKOLINE
Bahn für Pferderennen	HIPPODROM	bange	FURCHTSAM		
		Bankgelder	DEPOSITEN	Bauwerk in Hamburg	ELBTUNNEL
Bahnhofseinrichtung	BAHNSTEIG	Banner, Feldzeichen	STANDARTE	bayer. Alpensee	KOCHELSEE

bayer. Alpensee	WOERTHSEE	Bearbeiter v. Musikstücken	ARRANGEUR	Befestigungsmittel	KLEBEBAND
bayer. Königsschloß	LINDERHOF	Beaufsichtigung	KONTROLLE	Beförderung	TRANSPORT
bayer. Kurort	SCHWANGAU	beben, schwingen	VIBRIEREN	Beförderung, Versand	SPEDITION
bayer. Kurort im Rottal	GRIESBACH	Beben, Schwingung	VIVRATION	Beförderungsmittel	LASTWAGEN
bayer. Regierungsbezirk	OBERPFALZ	Becken, Senke (geogr.)	TIEFEBENE	Befragung	INTERVIEW
bayer. Schloß bei Ettal	LINDERHOF	bedacht, achtsam	UMSICHTIG	befreien	ENTBINDEN
		Bedarf	NACHFRAGE	Befreiung von Leid	ERLOESUNG
bayer. Schriftsteller	GANGHOFER	bedauernswert	MISERABEL	befriedigen	ERFUELLEN
bayer. Stadt am Fichtelgebirge	WUNSIEDEL	bedeckt, dunstig	VERHANGEN	befürworten	EMPFEHLEN
		bedeutend, bedeutsam	PROMINENT	Befugnis	KOMPETENZ
bayer. Stadt am unteren Main	OBERNBURG			befugt	KOMPETENT
		bedeutungslos, belanglos	UNWICHTIG	begabt	VERANLAGT
				Begebenheit	GESCHEHEN
bayer. Stadt an der Donau	DILLINGEN	Bedingung	KONDITION	begehren	ERSTREBEN
		Bedingung	VORBEHALT	begehren, erhoffen	WUENSCHEN
bayer. Stadt an der Pegnitz	NUERNBERG	bedingungslos	UNBEDINGT	begehren, fordern	VERLANGEN
bayer. Stadt an Vils und Donau	VILSHOFEN	bedürftig	MITTELLOS	begeistert	ENTZUECKT
		beeinflussen	EINWIRKEN	beginnen	EINSETZEN
				beginnen	EROEFFNEN
bayer. Stadt bei Augsburg	FRIEDBERG	Beeinflussung, Lenkung	STEUERUNG	beglaubigen, beurkunden	TESTIEREN
				beglaubigt	OFFIZIELL
bayer. Stadt nahe der Iller	MEMMINGEN	beerdigen	BEISETZEN	Beglaubigungsschreiben	VOLLMACHT
		beerdigen	BESTATTEN		
		Beerensorte	BLAUBEERE	Begleichung	BEZAHLUNG
bayer. Stadt östl. v. München	EBERSBERG	Beerensorte	BROMBEERE	Begleiter	GEFAEHRTE
		Beethoven-Sinfonie	PASTORALE	Begleiter Don Giovannis	LEPORELLO
beabsichtigen	ANSTREBEN	Befehl	ANORDNUNG	Begr. d. Volkshochschulen	GRUNDTVIG
Beamtenentgelt	BESOLDUNG	Befehl	ANWEISUNG		
Beamtentitel	KOMMISSAR	befehlend	IMPERATIV	Begr. d. Wiener Unterh.-Musik	SCHRAMMEL
Beamter	INSPEKTOR	Befehlsform	IMPERATIV		
Beanstandung	EINSPRUCH	Befehlshaber	ANFUEHRER	begraben	BEERDIGEN

begraben	BEISETZEN	Beifall	HULDIGUNG	beleben	ERMUNTERN
begraben	BESTATTEN	Beifallsbekundung	KLATSCHEN	belebendes kühles Getränk	EISKAFFEE
Begräbnisstätte im Altertum	NEKROPOLE	Beifuß	ARTEMISIA	Belebungsmittel	STIMULANZ
		Beifuß	EBERRAUTE		
begreifen	VERSTEHEN	beiläufig	ENPASSANT	beleibt	KORPULENT
begrenzt	LIMITIERT	Beileid	KONDOLENZ	beleidigend	KRAENKEND
Begriffsgattung	KATEGORIE	Beileid, Mitgefühl	TEILNAHME	beleidigt	GEKRAENKT
Begriffslehre	IDEOLOGIE	beim Kartenspiel zuschauen	KIEBITZEN	Beleidigung	INVEKTIVE
Begriffszeichen	IDEOGRAMM			Beleidigung	KRAENKUNG
Begründ. d. mod. Olymp. Spiele	COUBERTIN	Beiname d. Judas	ISCHARIOT	Beleuchtung von Sportanlagen	FLUTLICHT
		Beiname Dantes	ALIGHIERI		
begründen	FUNDIEREN	Beinteil	KNIEKEHLE	belg. Hafenstadt	ANTWERPEN
begünstigen, bevorzugen	VORZIEHEN	Beirat der Theaterleitung	DRAMATURG	belg. Jazzgitarrist	REINHARDT
Begütertheit	WOHLSTAND	Beischlaf	BEGATTUNG	belg. Nobelpreisträger	BEERNAERT
begütigen	BERUHIGEN	beisetzen	BEERDIGEN		
Begutachtung	EXPERTISE	beisetzen	BESTATTEN	belg. Provinz	ANTWERPEN
behandelnder Arzt	THERAPEUT	beißend	KAUSTISCH	belg. Schriftsteller	RODENBACH
		beißender Spott	SARKASMUS		
Beharrungsvermögen	TRAEGHEIT	Beistand	ASSISTENT	belg. Stadt	ROESELARE
		Beistand	ASSISTENZ		
Behausung f. exotische Tiere	EXOTARIUM	Beiwagen	ANHAENGER	belg. Stadt im Hennegau	CHARLEROI
		Beizjagd	FALKNEREI		
		bejahen, beipflichten	ZUSTIMMEN		
Behendigkeit	AGILITAET	bekanntmachen	EROEFFNEN	belg. Stadt in Brabant	VILVOORDE
beherbergen	AUFNEHMEN	bekanntmachen	KUNDGEBEN	belg. symbolistischer Dichter	VERHAEREN
beherzt	WAGEMUTIG	bekanntmachen	MITTEILEN		
Beherztheit	KUEHNHEIT	Bekleidung	GARDEROBE	beliebig	ADLIBITUM
behilflich	GEFAELLIG	Bekleidungsstück	HEMDBLUSE	bemerkenswert	BEDEUTEND
behindern	AUFHALTEN			bemerkenswert	BEDEUTSAM
behördliche Zuständigkeit	KOMPETENZ	belästigen	SEKKIEREN	Bemerkung	AUSSPRUCH
		Belang	BEDEUTUNG		
behüten, wahren	SCHUETZEN	Belanglosigkeit	BAGATELLE	bemittelt	BEGUETERT
		Belchen, Wasserhuhn	BLESSHUHN	benachrichtigen	AVISIEREN
beidäugig	BINOKULAR			benachrichtigen	MITTEILEN
beiderseitig	BILATERAL	beleben	ANIMIEREN		

Benehmen	AUFTRETEN	Berg im Allgäu	NEBELHORN	Bergmehl	KIESELGUR
Benehmen, Art des Handelns	VERHALTEN	Berg im Apennin	FALTERONA	Bergrücken bei Neapel	POSILLIPO
		Berg im Erzgebirge	AUERSBERG	Bergsteiger	KLETTERER
Beneluxstaat	LUXEMBURG	Berg im Hunsrück	ERBESKOPF	Bergwild, Gebirgstier	STEINBOCK
benötigen	BEDUERFEN	Berg im Odenwald	MELIBOKUS	berichten	ERZAEHLEN
Benommenheit	SOMNOLENZ	Berg im Salzkammergut	SCHAFBERG	berichten	MITTEILEN
benutzen	VERWENDEN			Berichterstattung	REPORTAGE
beobachten	ZUSCHAUEN	Berg im Taunus	ALTKOENIG	berichtigen	ABAENDERN
Beobachter, Theaterbesucher	ZUSCHAUER	Berg im Wettersteingebirge	ALPSPITZE	berichtigen	KLARIEREN
bequeme Fußbekleidung	HAUSSCHUH	Berg im Wettersteingebirge	ZUGSPITZE	Berichtigung	KORREKTUR
				Berieselungsgerät	SPRINKLER
bequeme Sitzgelegenheit	LEHNSTUHL	Berg im Wiener Wald	SCHOEPFEL	Berliner Bauwerk	REICHSTAG
beratende Versammlung	CONSILIUM	Berg in d. Rhön	KREUZBERG	Berliner Flughafen	TEMPELHOF
Berater der Bühnenregie	DRAMATURG	Berg in den Alleghenies	BLACKDOME	Berliner Klavierbauer	BECHSTEIN
Beratung	KONFERENZ	Berg in den Walliser Alpen	WEISSHORN	Berliner Stadtteil, Verwaltungsbez.	KREUZBERG
Beratung	KONSILIUM				
Berberitze	SAUERDORN	Berg in der Auvergne	PUYDEDOME	Berliner Stadtteil, Verwaltungsbez.	NEUKOELLN
berechnen	ERMITTELN				
Bereich	ABTEILUNG	Berg in der Rhön	MILSEBURG	Berliner Stadtteil, Verwaltungsbez.	TEMPELHOF
bereit	GERUESTET	Bergkette	HOEHENZUG		
Berg auf Mallorca	PUIGMAYOR	Bergkette in den Abruzzen	GRANSASSO	Berner Alpenpaß	SCHEIDEGG
Berg bei Innsbruck	HAFELEKAR	Bergkiefer	LEGFOEHRE	berüchtigt	NOTORISCH
Berg bei Oberstdorf	HOCHVOGEL	bergmänn. Funktion	ORTHAEUER	berühmter Diamant	EXCELSIOR
Berg bei Oberstdorf	NEBELHORN	bergmänn. Gruß	GLUECKAUF	Berühmtheit	PROMINENZ
				berühren	TANGIEREN
Berg bei Rio de Janeiro	ZUCKERHUT	bergmänn. Verfahren	SOHLENBAU	Beruf bei Funk und Verlag	REDAKTEUR
Berggeist d. Riesengebirges	RUEBEZAHL	Bergmannshammer	SCHLAEGEL	Beruf im Gesundheitswesen	APOTHEKER
Berg im Allgäu	HOHERIFEN				

Beruf im Presse-, Verlagswesen	KORREKTOR	Beschwerdeführer	REKLAMANT	Betitelung	TITULATUR
		beschwerlich	MUEHEVOLL	betören	BERUECKEN
Beruf in der Industrie	LACKIERER			betont, zugespitzt	POINTIERT
		besetzt	OKKUPIERT		
Beruf in der Industrie	ZURICHTER	besiegen	BEZWINGEN	Betonung	NACHDRUCK
		Besiegter	VERLIERER	beträchtlich	BEDEUTEND
Berufskraftfahrer	CHAUFFEUR	Besitz	HABSCHAFT	Betreuung	FUERSORGE
		besitzanzeigend	POSSESSIV		
Berufsspieler	HASARDEUR			betroffen	BESTUERZT
		Besitzergreifung	ANEIGNUNG	betrügen, irreführen	TAEUSCHEN
Berufung	ERNENNUNG				
Beruhigungsmittel	SEDATIVUM	besolden	ENTLOHNEN	betrügerisch	UNREDLICH
		besonderer Festteilnehmer	EHRENGAST	Betrug	SCHIEBUNG
Beryll-Abart	AQUAMARIN			Betrug, Täuschung	SCHWINDEL
		Besonderheit	EIGENHEIT		
beschädigen	LAEDIEREN	besprechen	EROERTERN	betrunken	BERAUSCHT
beschädigen	VERSEHREN	Besprechung	KONFERENZ	Bettbekleidung	NACHTHEMD
beschämen	BLAMIEREN	Bestandteil d. Blutes	LYMPHOZYT	Bettelmönch	MENDIKANT
Beschaffenheit, Eigenschaft	QUALITAET			Betthimmel	BALDACHIN
		bestatten	BEERDIGEN		
Beschau	MUSTERUNG	bestatten	BEISETZEN	Beugungsfall	AKKUSATIV
beschaulich	IDYLLISCH	bestechlich	KAEUFLICH	Beugungsfall	GERUNDIUM
Bescheid	NACHRICHT	Bestie, Monstrum	UNGEHEUER	Beugungsfall	NOMINATIV
bescheinigen	TESTIEREN	bestimmt	DEFINIERT	Beurteilung	BEWERTUNG
beschenken	BESCHEREN	bestimmt	ENERGISCH	Beurteilung	PRAEDIKAT
		Bestimmung	ANORDNUNG		
beschimpfen	SCHMAEHEN	Bestimmung, Geschick	SCHICKSAL	Beute	DIEBESGUT
				Beutelhandtasche	POMPADOUR
beschlagnahmen	ENTEIGNEN	Bestreben	BEMUEHUNG		
beschränken	BEGRENZEN	bestreiten	ABLEUGNEN	bewegliches Fest	PFINGSTEN
beschränkt	LIMITIERT	bestricken	BEZAUBERN	Beweglichkeit	AGILITAET
		Bestückung	ARMIERUNG		
beschreiben	SCHILDERN	bestürzt	BETROFFEN	Bewegungslehre	KINEMATIK
beschuldigen	VORWERFEN	Betäubungsmittel (Mz.)	NARKOTIKA	Bewegungslosigkeit	STARRHEIT
Beschuldigender	ANKLAEGER	Beteiligung, Interesse	TEILNAHME	Bewegungsübungen	GYMNASTIK
Beschwerde	EINSPRUCH	Beteuerung	GELOEBNIS	Bewerber	ANWAERTER

Bewerber	POSTULANT	biblisch. Volk	AMMONITER	Billett	FAHRKARTE
bewilligen	GEWAEHREN	biblisch. Volk	PHILISTER	billig	PREISWERT
Bewilligung	BILLIGUNG	biblisch. Volk	SAMARITER	binden	SCHNUEREN
Bewilligung	ERLAUBNIS	biblische Gestalt	MARDOCHAI	Bindung	BEZIEHUNG
Bewohner der Lombardei	LOMBARDEN	bieder	EHRENWERT	binnen	INNERHALB
Bewohner eines Erdteils	AFRIKANER	biegsam	BEWEGLICH	Binnengewässer in Rußland	LADOGASEE
Bewohner eines Erdteils	EUROPAEER	biegsam	ELASTISCH	Binnenmeer des Indischen Ozeans	ROTESMEER
Bewohner Kaschmirs	KASCHMIRI	Biersorte	RAUCHBIER	biolog. Statistik	BIOMETRIE
Bewohner Monacos	MONEGASSE	Biersorte	STARKBIER	Birkhuhn	SPIELHUHN
bewundernswert	ADMIRABEL	Bigamie	DOPPELEHE	Birnensorte	GUTELUISE
Bewußtsein	SENSORIUM	Bilanz	ABSCHLUSS	bischöflich	EPISKOPAL
Bez. f. Opportunist	WENDEHALS	Bilch	HASELMAUS	Bischof	EPISKOPUS
bezaubern	BERUECKEN	Bild aus einem Film	STANDFOTO	Bischofsamt	EPISKOPAT
bezeichnen	MARKIEREN	bildende Kunst	BILDNEREI	Bischofsstab	KRUMMSTAB
bezeichnen, unterzeichnen	SIGNIEREN	bildender Künstler	BILDHAUER	bittere Apfelsine	POMERANZE
Bezeichnung	INSCHRIFT	bildender Künstler	GRAPHIKER	bittere Zitrusfrucht	POMERANZE
bibl. Stadt am Tiberiassee	KAPERNAUM	bildhafte Erzählung	GLEICHNIS	Bitterlikör	ANGOSTURA
Bibliothek	BUECHEREI	bildhafte Redewendung	VERGLEICH	Blähsucht	FLATULENZ
biblisch. Gestalt	ZACHARIAS	Bildhauer	PLASTIKER	Blasenkäfer	OELKAEFER
biblisch. Gestalt	ZORUBABEL	Bildhauer	SKULPTEUR	Blasenspiegel	ZYSTOSKOP
biblisch. König	ABIMELECH	Bildhauer	STEINMETZ	Blasensucht	PEMPHIGUS
biblisch. König	SERUBABEL	Bildhauerwerkzeug	SCHLAEGEL	Blasinstrument	HARMONIKA
biblisch. Ort	BETHANIEN	Bildkapsel	MEDAILLON	Blasmusiker	POSAUNIST
biblisch. Prophet	MALACHIAS	Bildnis	KONTERFEI	Blasmusiker	TROMPETER
biblisch. Prophet	SOPHONIAS	bildsam, formbar, knetbar	PLASTISCH	Blatthornkäfer	MAIKAEFER
biblisch. Stätte	BETHABARA	Bildspeicherröhre	IKONOSKOP	Blaubeere	BICKBEERE
		Bild unbelebter Dinge	STILLEBEN	blaugrün. Schmuckstein	AQUAMARIN
		Bildung	FORMATION	Blechblasinstrument	SOUSAPHON
		Bildwerfer	PROJEKTOR		
		Bildzeichen	IDEOGRAMM		
		Billard-Ausdruck	KOPFSTOSS	bleibend	DAUERHAFT

Bleichmittel	CHLORKALK	Bodenübung	FLUGROLLE	Box-Ausdruck	DOUBLETTE
blindwütig	FANATISCH	Bodenübung	KOPFSTAND	Boxschlag	SCHWINGER
blitzend	FULMINANT	Böe	WINDSTOSS	Boy	LAUFJUNGE
blöd	IDIOTISCH	böhm. Moldau-Zufluß	LUSCHNITZ	Brachvogel	BRACHHUHN
bloß	LEDIGLICH			Bracke	SPUERHUND
bloßstellen	BLAMIEREN	böhm. Stadt an der Moldau	ROSENBERG	Brätling	SUESSLING
blühen	FLORIEREN			Bräutigam	VERLOBTER
Blütenstand	KAETZCHEN	Börsenanzeige	KURSTAFEL	Branche	ABTEILUNG
Blütenstand	KOERBCHEN	Börsenzulassung	KOTIERUNG	brandenb. Stadt bei Potsdam	NEURUPPIN
Blütenstand	SCHRAUBEL	böser Blick (ital.)	MALOCCHIO		
Blütenstand	TRUGDOLDE			brandenburg. Landschaft	UCKERMARK
Blütenteil	KRONBLATT	böswillig täuschen	BETRUEGEN		
bluffen, mogeln	TAEUSCHEN	Bogen	KRUEMMUNG	brandmarken	VERPOENEN
Blutarmut	OLIGAEMIE	Bohrmuschel	PFAHLWURM	Brandmarkung	SCHANDMAL
Blutgerinnselbildung	THROMBOSE	Boletus (Pilz)	KAPUZINER	Brandstiftungstrieb	PYROMANIE
		bolivian. Währung	BOLIVIANO		
Blutgeschwür	KARBUNKEL			Brandwache	FEUERWEHR
		Bombenaufprall	EINSCHLAG		
Blutgeschwür	KARFUNKEL			Branntweinsorte	APFELKORN
		bombensicherer Raum	KASEMATTE		
Blutkrankheit	LEUKAEMIE			Branntweinsorte	WACHOLDER
Blutleere	ISCHAEMIE	Bon	GUTSCHEIN	Branntweinsorte	WEINBRAND
Blutspucken	HAEMOPTOE	Bonus	DIVIDENDE		
		Boot, Bootsart	SEGELBOOT	brasil. Indianerstamm	BOTOKUDEN
Blutunterdruck	HYPOTONIE				
		Bootsart	RUDERBOOT	brasilian. Berg	ITACOLUMI
Blutwasser	BLUTSERUM	Bordeauxwein	SAUTERNES		
				brasilian. Hafenstadt	FORTALEZA
Blutzeuge	MAERTYRER	Borretschgewächs	STEINSAME		
				brasilian. Hafenstadt	JOINVILLE
Blutzirkulation	KREISLAUF	boshaft	MALIZIOES		
Bodenkunde	PEDOLOGIE	bosnische Stadt	BANJALUKA	brasilian. Hafenstadt	RIOGRANDE
Bodennutzung	GARTENBAU	Bote, Überbringer	ZUSTELLER		
				brasilian. Stadt	GUARABIRA
Bodensee-Fährhafen	MEERSBURG	Botschaft	AMBASSADE		
				brasilian. Stadt	PETROLINA
Bodensee-Insel	REICHENAU	Botschaft	NACHRICHT		
		Botschaft	NEUIGKEIT	Bratenstück	KARBONADE
Bodensee-Zufluß	SCHMUTTER	Boutique	KRAMLADEN		
		Box, Einstellraum	VERSCHLAG	Bratenstück	RUMPSTEAK

Bratenstück	SCHNITZEL	britisch. Stützpunkt am Mittelmeer	GIBRALTAR
Bratgeflügel	HAEHNCHEN	Broschüre	DRUCKHEFT
Brauch, Brauchtum	TRADITION	Brotaufstrich	MARGARINE
brauchbar	NUETZLICH	Brotaufstrich	MARMELADE
Brauereianlage	MAELZEREI	Brotsorte	MISCHBROT
brauner Finkenvogel	HAENFLING	Brotsorte	WEISSBROT
		Bruderschaft span.	HERMANDAD
Braunschweigs früherer Name	BRUNSWICH	Bruder von Menelaos	AGAMEMNON
Brechstange	GEISSFUSS	Brüstung	GELAENDER
bremsen	AUFHALTEN	Brunnentempel	NYMPHAEUM
Bremsvorrichtung	HEMMSCHUH	Brustfellentzündung	PLEURITIS
Brennstoff, -material	LEICHTOEL	Brustknochen	BRUSTBEIN
Bresche	DURCHLASS	Brustkreuz, Brustschild	PEKTORALE
Brettspiel	DAMESPIEL		
Brettspiel	FUCHSJAGD	Brutkasten	INKUBATOR
Brettspiel	TOKADILLE	Buch, Buchart	KUNSTBUCH
Brief, Schriftstück	SCHREIBEN	Buchbindergerät	LEIMWALZE
Brille	AUGENGLAS		
brisant	SPRENGEND	Buch d. Alten Testaments	HOHESLIED
brit. Astronom	EDDINGTON	Buch d. Alten Testaments	LEVITIKUS
brit. Atlantikinsel	ASCENSION	Buch d. Neuen Testaments	MATTHAEUS
brit. Feldmarschall (Afrika)	KITCHENER		
brit. Nationalflagge	UNIONJACK	Buchdruckerberuf	KORREKTOR
britisch. Besitz in Spanien	GIBRALTAR	Buchdruckverfahren	HOCHDRUCK
britisch. Hafenstadt, Seebad	BLACKPOOL	Buchdruckverfahren	TIEFDRUCK
		Buchenart	BLUTBUCHE
Buch mit gutem Einband	HARDCOVER
Buchstabenrätsel	LOGOGRIPH
Bucht d. süd-afr. Kapprovinz	MOSSELBAI
Buch von Ovid	ARSAMANDI
buddhist. Heiligtum auf Java	BOROBUDUR
Budike, Butike	KRAMLADEN
Bücherwurm	LESERATTE
Bühnenleiter	INTENDANT
Bühnenleitung	INTENDANZ
Bühnenstück v. Aristophanes	DERFRIEDE
Bühnenstück v. Aristophanes	DIERITTER
Bühnenstück v. Aristophanes	DIEVOEGEL
Bühnenstück v. Aristophanes	DIEWOLKEN
Bühnenstück v. Hauptmann	DIERATTEN
Bühnenstück v. Hebbel	DEMETRIUS
Bühnenstück v. Schnitzler	DERREIGEN
Bühnenstück v. Strindberg	TOTENTANZ
Bühnenstück v. Sudermann	DIEHEIMAT
Bühnenstück von Shaw	PYGMALION
Bündnis	KOALITION

Bürgeradel	PATRIZIAT	byzantin. Sekte	BOGOMILEN	chem. Element, Transuran	NEPTUNIUM
Bürgermeister angloamerik.	LORDMAYOR	byzantinisch. Kaiser	JUSTINIAN	chem. Element, Transuran	PLUTONIUM
Bürgerschaftsvertretung	MAGISTRAT	byzantinische Prinzessin	THEOPHANU	chem. Vorgang	OXYDATION
Büßer	POENITENT	calvinistische Bewegung	PURITANER	chemisch. Anzeiger	INDIKATOR
Büttner	BOETTCHER			chemisch. Element	BERYLLIUM
Bug	VORSCHIFF	Camping	ZELTLAGER	Cheruskerfürstin	THUSNELDA
bulgar. Herrscher	ALEXANDER	Campinggefährt	WOHNWAGEN	Chiffre	MONOGRAMM
bulgar. Politiker	SCHIWKOFF	Caravan	WOHNMOBIL	chilen. Fluß	ACONCAGUA
bulgar. Stadt	PAZARDZIK	cerise	KIRSCHROT	chilen. Provinz	ACONCAGUA
Bummel, Spaziergang	PROMENADE	Champignon	BRACHPILZ	chilen. Stadt	CAUQUENES
bunt	KOLORIERT	Chaos, Wirrwarr	UNORDNUNG	chilen. Vulkan	ELCALBUCO
bunt, vielfarbig	POLYCHROM	Charakterart	WESENSZUG	Chiletanne	ARAUKARIE
Burenführer	PRETORIUS	charakteristisch	PRAEGNANT	Chinchilla	HASENMAUS
Burg am Rhein	GUTENFELS	Chef	OBERHAUPT	chines. Dichter, Schriftsteller	LINYUTANG
Burg am Rhein	MARKSBURG	chem. Element, Edelmetall	PALLADIUM	chines. Politiker	SUNYATSEN
Burg am Rhein	RHEINFELS	chem. Element, Erdmetall	YTTERBIUM	chines. Provinz	GUANGZHOU
Burg an der Nahe	EBERNBURG	chem. Element, Leichtmetall	MAGNESIUM	chines. Religionsstifter	KONFUZIUS
Burgunderkönigin	BRUNHILDE	chem. Element, Metall	GERMANIUM	chines. Stadt	CHANGCHUN
Burgunderwein	MEURSAULT	chem. Element, Metall	RUTHENIUM	chines. Stadt am Hwangho	LANTSCHOU
Burgvogt	KASTELLAN	chem. Element, Metall	STRONTIUM	chines. Stadt in Szetschuan	TSCHENGTU
Burg von Athen	AKROPOLIS	chem. Element, Metall	ZIRKONIUM	chines. Umgangssprache	PUTUNGHUA
Burg von Bautzen	ORTENBURG	chem. Element, Schwermetall	MOLYBDAEN	chirurgisch. Eingriff	OPERATION
Burg von Landshut	TRAUSNITZ	chem. Element, seltene Erde	PRASEODYM	Chorea	VEITSTANZ
Busch	DSCHUNGEL			Chorfrau	KANONISSE
Busch	UNTERHOLZ			Chorherr	KANONIKER
Busch, Dickicht	UNTERHOLZ			christl. Einsiedler	ANACHORET
Bussard	SCHNEEAAR				
Buße	POENITENZ				
Bußübung	KASTEIUNG				

christl. Fest	PFINGSTEN
christl. Glaubensgemeinschaft	BAPTISTEN
Chrysantheme	GOLDBLUME
Chrysantheme	MARGERITE
Chrysanthemenart	PYRETHRUM
Cocktail	MANHATTAN
Coda in der Musik	ABSCHLUSS
Comicfigur	MICKYMAUS
Conferencier	MODERATOR
Countrymusikgruppe	TRUCKSTOP
creme, cremefarben	BLASSGELB
Dachpappe	TEERPAPPE
Dachterrassenwohnung	PENTHOUSE
dämmen	ABDICHTEN
Dämmerung, Halbdunkel	ZWIELICHT
Dämmung	ISOLATION
dän. Autor (Nobelpreis)	GJELLERUP
dän. Herrschername	CHRISTIAN
dän. Historiker	JORGENSEN
dän.-norweg. Meeresenge	SKAGERRAK
dän. Oberhaus	LANDSTING
dän. Ostseeinsel	LANGELAND
dän. Parlament	FOLKETING
dän. Philosoph	HOEFFDING
dän. Physiker (Nobelpreis)	MOTTELSON
dän. Staatsmann	STRUENSEE
dän. Stadt	SILKEBORG
dän. Stadt auf Fünen	SVENDBORG
dänisch. lyrischer Tenor	ROSVAENGE
Damenbekleidungsstück	HOSENROCK
Damen-Wäschestück	UNTERROCK
Dampfmaschinenteil	KREUZKOPF
Darmschmarotzer	MADENWURM
darreichen	KREDENZEN
Darsteller	INTERPRET
Daten-Eingabe (EDV)	ERFASSUNG
Datum, Frist	ZEITPUNKT
dauernd	CHRONISCH
Dauphin	KRONPRINZ
Davidstern	HEXAGRAMM
Deckenvertiefungen	KASSETTEN
Deckname	PSEUDONYM
deckungsgleich	KONGRUENT
Defekt	GEBRECHEN
defekt, entzwei	SCHADHAFT
Degeneration	ENTARTUNG
dehnbar	ELASTISCH
dehnbares Material	KAUTSCHUK
dehnen	AUSWEITEN
Deckungsgleichheit	KONGRUENZ
Deklamation mit Musikbegleitung	MELODRAMA
deklarieren	ERKLAEREN
deklinieren	ABWANDELN
dekorieren, ausschmücken	VERZIEREN
Delegation	ABORDNUNG
delegieren	ENTSENDEN
delikat	KOESTLICH
Demontage, Teilung	ZERLEGUNG
den Ball aufschlagen (Tennis)	SERVIEREN
den Gaumen betreffend	PALATINAL
Denkart	GESINNUNG
Denker, Weiser	PHILOSOPH
Denkschrift	WEISSBUCH
Denksport	RATESPIEL
Denksportaufgabe	QUIZFRAGE
Denkvermögen	INTELLEKT
den Magen betreffend	GASTRISCH
Denunziant, Abtrünniger	VERRAETER
Departement in Kolumbien	MAGDALENA
Departement in Kolumbien	SANTANDER
deponieren	EINLAGERN

Depression, Melancholie	SCHWERMUT	die Bauchhöhle betreffend	ABDOMINAL	diplomatisch, Brauchtum	PROTOKOLL
Derwisch-Orden	BEKTASCHI	Diebesfalle	FUSSANGEL	diplomatische Vertretung	BOTSCHAFT
derzeitiger Zustand	STATUSQUO	die Bewegung betreffend	MOTORISCH	direkte Entfernung	LUFTLINIE
desgleichen	EBENFALLS	Dieb geistigen Eigentums	PLAGIATOR	Direktive	ANORDNUNG
Desinfektion	ENTWESUNG			Direktive	ANWEISUNG
Desinfektionsmittel	CHLORKALK	die Gestalt wandelnd	METAMORPH	Dirigentenstab	TAKTSTOCK
des Landes verweisen	VERBANNEN	Diele	VORZIMMER	Disharmonie	MISSKLANG
Dessert	NACHTISCH	Diener des Don Juan	LEPORELLO	Diskont	VORZINSEN
determinieren	BESTIMMEN	Dienstbezüge	BESOLDUNG	Diskont	ZINSABZUG
Detonation	EXPLOSION	Dienstentlassung	KASSATION	Diskussionsleiter	MODERATOR
Deuter	INTERPRET	Dienstflagge, Hoheitszeichen	STANDARTE	Diskussionstagung	SYMPOSION
Deutung	AUSLEGUNG			Disposition	KONDITION
Devalvation	ABWERTUNG	Dienstgrad	RANGSTUFE	Disput, Wortwechsel	REDEDUELL
Dezennium	JAHRZEHNT	Dienststelle	AMTSSTUBE		
Diadoche	ANTIGONOS	Dienstvorschrift	ANWEISUNG	Dissonanz	MISSKLANG
Diadoche	ANTIPATOR	Dienstvorschrift	DIREKTIVE	Distrikt von Brunei	TEMBURONG
Diaet, Heilnahrung	SCHONKOST	Dienstvorschrift	REGLEMENT	Diwan	LIEGESOFA
Diagnose	ERKENNUNG	Digitalis	FINGERHUT	Dnjepr-Zufluß	KRONSKAJA
Diamantenstadt in Südafrika	KIMBERLEY	Diktiergerät	DIKTAPHON	Dohle	DURCHLASS
		Dilettant	LIEBHABER	dokumentiert	BEWEISBAR
Diatomeenerde	KIESELGUR	dilettantisch	LAIENHAFT	Doldengewächs	MANNSTREU
Dichter	MUSENSOHN	Diner	FESTESSEN	Dollar-Banknote	GREENBACK
dichterisch: Himmel	FIRMAMENT	Dinkelkorn	GRUENKERN	Dolmetscher	INTERPRET
Dichterling	POETASTER	Dinosaurier	IGUANODON	Dolomitengipfel	MARMOLATA
Dickblattgewächs	ECHEVERIA	Dioritgestein	PORPHYRIT	Dolomiten-Paß	SELLAJOCH
Dickdarmende	BLINDDARM	diplomat. Vertreter e. Staates	GESANDTER	Domherr	KANONIKER
Dickicht	BUSCHWERK			Domherr	KAPITULAR
Dickicht	GESTRUEPP			Donars Hammer	MJOELLNIR
Dickicht	UNTERHOLZ			Don-Zufluß	WORONESCH
Dieb, Gauner	SPITZBUBE				

Doppel	ABSCHRIFT	Dreiblatt	TRIFOLIUM	dt.-amer. Raketentechniker	STEINHOFF
Doppel	DOUBLETTE	Dreiecksegel	SPINNAKER		
Doppellaut	DIPHTHONG	Dreieinigkeit, Dreifaltigkeit	TRINITAET	dt.-belg. Hochfläche	HOHESVENN
Doppelrumpfboot	KATAMARAN			dt. Name des Lago Maggiore	LANGENSEE
Doppeltreffer beim Boxen	DOUBLETTE	dreifarbige Flagge	TRIKOLORE	dtsch. abstrakt. Maler	ACKERMANN
Doppelvers	DISTICHON	dreijährliche Veranstaltung	TRIENNALE	dtsch. Adelstitel	KURFUERST
Dossier	AKTENHEFT				
Dozentur	LEHRSTUHL	Dreikäsehoch	HOSENMATZ	dtsch. Adelstitel	PFALZGRAF
dozieren	VORTRAGEN	Dreikampf	TRIATHLON	dtsch. Afrikaforscher	FROBENIUS
Drahtnachricht, Depesche	TELEGRAMM	Dreiphasenstrom	DREHSTROM	dtsch. Afrikaforscher	NACHTIGAL
Drahtzieher	ANSTIFTER	dreisaitiges Zupfinstrument	BALALAIKA	dtsch. Arzt, Bakteriologe	UHLENHUTH
dramatisch	AUFREGEND				
dramatischer Sprechgesang	REZITATIV	dreiseitige Pyramide	TETRAEDER	dtsch. Arzt (Homöopathie)	HAHNEMANN
Drama v. Goethe	IPHIGENIE	Dresdener Knabenchor	KREUZCHOR	dtsch. Autor	BORCHARDT
Drama von Hauptmann	BIBERPELZ	dressieren	ABRICHTEN	dtsch. Autor, Karikaturist	GERNHARDT
Drama von Hauptmann	ROSEBERND	dritte Potenz	KUBIKZAHL	dtsch. Autorennstrecke	NORISRING
		Dritter Orden	TERZIAREN		
Drang	BESTREBEN	drittes Buch Mose	LEVITIKUS	dtsch. Autor (Nobelpreis)	HAUPTMANN
Draufgabe	ANZAHLUNG	drosseln	MAESSIGEN		
Drau-Zufluß	POESSNITZ	Druckmesser	MANOMETER	dtsch. Autor (Nobelpreis)	OSSIETZKY
dravidische Sprache	MALAYALAM	drucktechn. Verfahren	AETZDRUCK	dtsch. Ballerino	HALLHUBER
Dreh	HANDGRIFF	Druckverfahren	BUCHDRUCK	dtsch. Bariton	SCHLUSNUS
Dreher	DRECHSLER	Druckverfahren	ROTAPRINT	dtsch. Barockbaumeister	SCHLUETER
Drehgelenk	SCHARNIER				
Drehorgelspieler	LEIERMANN	Druckverfahren	SIEBDRUCK		
Drehschwung	PIROUETTE	drücken, pressen	QUETSCHEN	dtsch. Barockbildhauer	SCHLUETER
Drehung in der Hohen Schule	PIROUETTE	dt.-amer. Physiker (Nobelpreis)	DELBRUECK	dtsch. Botaniker	SCHLEIDEN

dtsch. Boxer	SCHMELING
dtsch. Bundeskanzler	KIESINGER
dtsch. Bundespräsident	HEINEMANN
dtsch. Cellist	HOELSCHER
dtsch. Chemiker	FRESENIUS
dtsch. Chemiker (Nobelpreis)	BUTENANDT
dtsch. Dichter, Schriftsteller	BOETTCHER
dtsch. Dichter, Schriftsteller	KLOPSTOCK
dtsch. Dichterin, Schriftstellerin	REVENTLOW
dtsch. Dichter u. Maler	SCHROEDER
dtsch. Dirigent	ABENDROTH
dtsch. Dirigent	KEILBERTH
dtsch. Dirigent	KLEMPERER
dtsch. Dirigent	MARSZALEK
dtsch. Dirigent	MATZERATH
dtsch. Dirigent	SCHERCHEN
dtsch. Dirigent	SCHURICHT
dtsch. Dominikaner, Mystiker	ECKEHARDT
dtsch. Dramatiker	ZUCKMAYER
dtsch. evangel. Theologe	THIELICKE
dtsch. Existentialphilosoph	HEIDEGGER
dtsch. expression. Bildhauer	LEHMBRUCK
dtsch. expressionist. Autor	STERNHEIM
dtsch. expressionist. Maler	PECHSTEIN
dtsch. f. Moslem	MUSELMANN
dtsch. Flieger, Flugpionier	HUENEFELD
dtsch. Fluggesellschaft	LUFTHANSA
dtsch. Fußballspieler	GRABOWSKI
dtsch. Fußballspieler	JUSKOWIAK
dtsch. Fußballspieler	KOHLMEYER
dtsch. Fußballspieler	TILKOWSKI
dtsch. Gelehrter, Schriftsteller	GOTTSCHED
dtsch. Generalfeldmarschall	MACKENSEN
dtsch. Generalfeldmarschall	RUNDSTEDT
dtsch. Generalfeldmarschall	WITZLEBEN
dtsch. Geograph, Geopolit.	HAUSHOFER
dtsch. Geschichtsschreiber	LAMPRECHT
dtsch. Gewicht	DEZIGRAMM
dtsch. Historiker	DELBRUECK
dtsch. Höhenzug	HAINLEITE
dtsch. idealistischer Philosoph	SCHELLING
dtsch. Indologe	GLASENAPP
dtsch. Jazz-Orchesterleiter	EDELHAGEN
dtsch. Jazzpianist, Bandlead.	JANKOWSKI
dtsch. Jugendbund	QUICKBORN
dtsch. Junker	OSTELBIER
dtsch. Kabarettistin	KARLSTADT
dtsch. Kabarettistin	SCHLUETER
dtsch. Käsesorte	ALLGAEUER
dtsch. Kaisername, Königsname	FERDINAND
dtsch. Kaisername, Königsname	FRIEDRICH
dtsch. Kardinal	FAULHABER
dtsch. kathol. Schriftsteller	SCHNEIDER
dtsch. klassizist. Bildhauer	RIETSCHEL
dtsch. klassizistischer Bildhauer	DANNECKER
dtsch. Koloratursopran	HALLSTEIN
dtsch. kommunist. Politikerin	LUXEMBURG
dtsch. Komponist	BEETHOVEN

dtsch. Komponist	BRAUNFELS	
dtsch. Komponist	BUXTEHUDE	
dtsch. Komponist	HINDEMITH	
dtsch. Komponist	SCHROEDER	
dtsch. Komponist, Bandlead.	KAEMPFERT	
dtsch. Komponist und Dichter	CORNELIUS	
dtsch. kubist. Maler, Grafiker	FEININGER	
dtsch. Kurienkardinal	RATZINGER	
dtsch. Landeshauptstadt	STUTTGART	
dtsch. Landeshauptstadt	WIESBADEN	
dtsch. Landschaft	WESTFALEN	
dtsch. Leichtathletin	ROSENDAHL	
dtsch. Maler	FEDDERSEN	
dtsch. Maler, (Bauhaus)	SCHLEMMER	
dtsch. Maler, Grafiker	ALTDORFER	
dtsch. Maler, Grafiker	BURGKMAIR	
dtsch. Maler, Grafiker	FEUERBACH	
dtsch. Maler, Grafiker	KUEGELGEN	
dtsch. Maler, Landschafter	ELSHEIMER	
dtsch. Maler der Romantik	CORNELIUS	
dtsch. Maler der Romantik	FRIEDRICH	
dtsch. Malerfamilie	TISCHBEIN	
dtsch. Maler in Worpswede	MODERSOHN	
dtsch. Maler u. Dichter	KUEGELGEN	
dtsch. Maß	DEZILITER	
dtsch. Maß	DEZIMETER	
dtsch. materialist. Philosoph	FEUERBACH	
dtsch. Mathematiker	MINKOWSKI	
dtsch. Minnesänger	FRAUENLOB	
dtsch. Minnesänger (13. Jh.)	NEIDHARDT	
dtsch. Modeschöpfer	LAGERFELD	
dtsch. Mystikerin	MECHTHILD	
dtsch. Mystikerin, Heilige	HILDEGARD	
dtsch. Nationalökonom	SCHMOLLER	
dtsch. Nordseebucht	JADEBUSEN	
dtsch. Nordseeinsel	HELGOLAND	
dtsch.-österr. Komponist	HAUSEGGER	
dtsch. Operettenkomponist	OFFENBACH	
dtsch. Opernkomponist	MARSCHNER	
dtsch. Opernkomponist	MEYERBEER	
dtsch. Organist u. Komponist	PACHELBEL	
dtsch. Ostseehafen	FLENSBURG	
dtsch. Ostseeinsel	HIDDENSEE	
dtsch. Philosoph	AVENARIUS	
dtsch. Philosoph	NIETZSCHE	
dtsch. Philosoph	VAIHINGER	
dtsch. Philosoph d. Aufklärung	THOMASIUS	
dtsch. Physiker, Erfinder	STEINHEIL	
dtsch. Physiker, Mediziner	HELMHOLTZ	
dtsch. Physiker (Spektralanalyse)	KIRCHHOFF	
dtsch. Physiker (Thermodynamik)	BOLTZMANN	
dtsch. Pianist	GIESEKING	
dtsch. Pionier d. Leibeserziehung	GUTSMUTHS	
dtsch. Politiker, Konzernchef	HUGENBERG	
dtsch. Politiker (CDU)	FILBINGER	

dtsch. Politiker (CDU)	KIESINGER	dtsch. Schauspielerin	HIELSCHER	dtsch. Tierparkgründer	HAGENBECK
dtsch. Politiker (CDU)	SCHROEDER	dtsch. Schauspielerin	LANDGREBE	dtsch. Verlagsgründer	BROCKHAUS
dtsch. Politikerin (CDU)	SUESSMUTH	dtsch. Schauspielerin	SCHOLLWER	dtsch. Violinvirtuose	ZACHARIAS
dtsch. Politikerin (Die Grünen)	DITHFURTH	dtsch. Schauspielerin	SCHYGULLA	dtsch. Wunderdoktor	EISENBART
dtsch. Politiker (KPD)	THAELMANN	dtsch. Schriftsteller	ENGELMANN	dtsch. Zentrumspolitiker	ERZBERGER
dtsch. Politiker (20. Juli)	GOERDELER	dtsch. Schriftsteller	HOLTHUSEN	Duckmäuser	HASENFUSS
dtsch. Psychiater	KRAEPELIN	dtsch. Schriftsteller	IMMERMANN	Duckmäuserei	MUCKERTUM
dtsch. Reichskanzler	HOHENLOHE	dtsch. Schriftsteller	KEMPOWSKI	Duell	ZWEIKAMPF
dtsch. Reichskanzler	MICHAELIS	dtsch. Schriftsteller	KIPPHARDT	Duellzeuge	SEKUNDANT
dtsch. Schaupieler	PFITZMANN	dtsch. Schriftsteller	RUEHMKORF	Dünkel, Geckenhaftigkeit	SNOBISMUS
dtsch. Schauspieler	ACKERMANN	dtsch. Schriftsteller	STEGUWEIT	dünn, spärlich	SCHUETTER
dtsch. Schauspieler	FROEHLICH	dtsch. Schriftstellerin	BRUECKNER	Dünndarmentzündung	ENTERITIS
dtsch. Schauspieler	FUETTERER	dtsch. Schriftstellerin	KASCHNITZ	dünne ital. Nudeln	SPAGHETTI
dtsch. Schauspieler	HOLTZMANN	dtsch. Schriftstellerin, Malerin	SCHAUMANN	dürftig, karg	SPAERLICH
dtsch. Schauspieler	MEYERINCK	dtsch. Showmaster	ROSENTHAL	duftendes Harzgemisch	WEIHRAUCH
dtsch. Schauspieler	MOSBACHER	dtsch. Sozialreformer	DAMASCHKE	duftende Zimmerpflanze	HELIOTROP
dtsch. Schauspieler	PRUECKNER	dtsch. Staatsphilosoph	PUFENDORF	Duldsamkeit	NACHSICHT
dtsch. Schauspieler	QUADFLIEG	dtsch. Stadt	NUERNBERG	Dult	JAHRMARKT
dtsch. Schauspielerin	ANDERGAST	dtsch. Stadt a.d. Eider	RENDSBURG	Dult	KIRCHWEIH
dtsch. Schauspielerin	BLEIBTREU	dtsch. Südpolarforscher	DRYGALSKI	dumm daherreden	QUATSCHEN
				dummer August	HANSWURST
				Dummkopf	BLOEDLING
				dumm schwätzen	SALBADERN
				dunkelhäutiger Mensch	SCHWARZER

durchdringbar	PERMEABEL	ecuadorian. Hafenstadt	GUAYAQUIL	Eichelentzündung	BALANITIS
durchdringend	PENETRANT			eichen	JUSTIEREN
Durcheinander	CHARIVARI	ecuadorian. Inselgruppe	GALAPAGOS	Eidgenosse	SCHWEIZER
Durcheinander	GETUEMMEL	Edelmetall	RUTHENIUM	eidliche Versicherung	AFFIDAVIT
durch ein Sieb drücken	PASSIEREN	Edelstein, Schmuckstein	GOLDTOPAS	Eierpflanzenfrucht	AUBERGINE
Durchfall	DIARRHOEE	Edelstein, Schmuckstein	MOOSACHAT	Eifer	EMSIGKEIT
Durchfall, Ruhr	DYSENTRIE			Eiferer	FANATIKER
durchgehend	PERMANENT	EDV-Unterprogramm	PROCEDURE	Eifersucht	MISSGUNST
durchgreifend	DRASTISCH	Egoismus	EIGENNUTZ	eifrig	ARBEITSAM
durchkreuzen	VEREITELN	ehedem	EINSTMALS	Eigenart	CHARAKTER
durchlässig	PERMEABEL	Ehegemeinschaft	KONNUBIUM	Eigenbezeichn. d span. Basken	EUSKALDUN
durchqueren	PASSIEREN	ehem. dtsch. Kolonie	OSTAFRIKA	eigenhändige Unterschrift	AUTOGRAMM
durchscheinender Gips	ALABASTER	ehem. Großgrundbesitz	RITTERGUT	eigenhändige Unterschrift	NAMENSZUG
Dynastie in Frankreich	BOURBONEN	ehem. Königreich in Spanien	ARAGONIEN	eigens	BESONDERS
e. Wachsmodell formen	BOSSIEREN			Eigentreffer (Fußball)	SELBSTTOR
		ehem. Königreich in Spanien	KASTILIEN	eigentümlich	ORIGINELL
Ebenbild	KONTERFEI			Eigentumsdelikt	DIEBSTAHL
ebenbürtig	KONGENIAL	ehem. polnischer Adel	SCHLACHTA	Eileiterentzündung	ADNEXITIS
Ebene	FLACHLAND				
Ebene östl. von Wien	MARCHFELD	ehemal. Bundestrainer des DFB	HERBERGER	Eilnachricht, Fernschreiben	TELEGRAMM
ebenfalls	AUSSERDEM	Ehescheu	MISOGAMIE	einäschern	KREMIEREN
Ebenmaß, Gleichmaß	SYMMETRIE	Eheversprechen	VERLOBUNG	Einäscherung	KREMATION
Eberwurz	SAUDISTEL	ehrbar	HONORABEL		
ebnen, glätten	PLANIEREN	ehrenhaft	HONORABEL	ein Amt verrichten	FUNGIEREN
Echo, Nachklang	WIDERHALL	Ehrenmann	GENTLEMAN	einbegriffen	IMPLIZITE
Echse	SCHLEICHE	Ehrenpreis (botan.)	MANNSTREU	Einbildung	PHANTASIE
echt	ORIGINELL				
ecuador. Berg	PICHINCHA	Ehrentag	JUBILAEUM	Eindringlichkeit	NACHDRUCK
		ehrgeizig	AMBITIOES		

eine der Cook-Inseln	RARATONGA	Eingeweide	KALDAUNEN	Einteilungsbegriff	KATEGORIE
eine der Musen	MELPOMENE	Eingeweihter	MITWISSER	Eintönigkeit	MONOTONIE
Einehe	MONOGAMIE	Eingriff	MASSNAHME	Eintopfgericht	IRISHSTEW
eine Hochschule besuchen	STUDIEREN	einheim. Giftpflanze	FINGERHUT	eintreten	GESCHEHEN
einer d. Beatles	MCCARTNEY	einheim. Giftpilz	FAELBLING	Einüber, Einpauker	REPETITOR
einer der Artusritter	LOHENGRIN	einheim. Orchidee	SUMPFWURZ	Einverständnis	BILLIGUNG
einer der Heiligen Drei Könige	BALTHASAR	einheim. Orchidee	ZWEIBLATT	Einwanderer	IMMIGRANT
einer der Sieben griech. Weisen	PERIANDER	einheimisch	ANSAESSIG	einwandfrei	FEHLERLOS
		einheimsen	KASSIEREN	einwandfrei	UNTADELIG
		Einkehr	BESINNUNG	Einwilligung	BILLIGUNG
einer der Sieben weisen Griechen	KLEOBULOS	Einlegearbeit in Holz	INTARSIEN	Einzeller	PROTOZOON
		Einleitung	PRAEAMBEL	einzeln, vereinzelt	SINGULAER
Einerlei	MONOTONIE	einleuchtend, einsehbar	PLAUSIBEL	einzeln stehend. Glockenturm	CAMPANILE
Einfallsreichtum	PHANTASIE	Einmütigkeit	EINTRACHT		
Einfalt	NAIVITAET	Einöde	WUESTENEI	einziehen	KASSIEREN
Einfamilienhaus	EIGENHEIM	einpassen	JUSTIEREN	einzigartig	ORIGINELL
einfarbig	MONOCHROM	Einrede	EINSPRUCH	Eisenbahner	RANGIERER
einfassen	EINRAHMEN	einritzen	GRAVIEREN	Eisenbahnfahrzeug	POSTWAGEN
Einflieger	TESTPILOT	Einschienenhochbahn	ALWEGBAHN		
einflußreiche Beziehung	KONNEXION	einschläfernd	ERMUEDEND	Eisenbahnsignalanlage	STELLWERK
Einförmigkeit	MONOTONIE	einschließlich	IMPLIZITE	Eisenbahnspezialwagen	TIEFLADER
Einführung	ANLEITUNG	einschließlich	INKLUSIVE		
Einführung	LEITFADEN	Einschließung	OKKLUSION	Eisen-Sauerstoff-Verbindung	EISENOXID
Einfuhrhändler	IMPORTEUR				
Eingangshalle	VESTIBUEL	Einschränkung	VORBEHALT	Eisfuchs	BLAUFUCHS
eingebildet	IMAGINAER			Eisheiliger	SERVATIUS
Eingebung	INTUITION	Einsiedelei	EREMITAGE	Eishockey-Kraftspiel	POWERPLAY
eingelegte kleine Gurke	CORNICHON	Einspritzung	INJEKTION	Eiskunstlauf-Sprung	REHSPRUNG
		einstellen	JUSTIEREN	Eismeer	POLARMEER
Eingepflanztes	IMPLANTAT	Eintauchen	IMMERSION	Eisprung	OVULATION

Eissportart	EISHOCKEY	Emblem	ABZEICHEN	engl. Gewichtseinheit	TROYPOUND
Eisstrom	GLETSCHER	Embryoschicht	KEIMBLATT		
Eiweißkörper (Mz.)	GLOBULINE	Emesis	ERBRECHEN	engl. Goldmünze	SOVEREIGN
		Emotion	AUFREGUNG		
ekelhaft	DEGOUTANT	Empfängerin von Ruhegeld	RENTNERIN	engl. Grafschaft	BERKSHIRE
eklig, abscheulich	WIDERLICH				
		Empfang	REZEPTION	engl. Grafschaft	YORKSHIRE
Elbe-Zufluß	LOECKNITZ	Empfang im Hotel	REZEPTION		
Elchbulle	SCHAUFLER	Empfehlung, Rat	VORSCHLAG	engl. Hafen an d. Merseymündung	LIVERPOOL
Elch- u. Damwildgehörn	SCHAUFELN	Empörung, Erhebung	REBELLION		
Eldorado	TRAUMLAND			engl. Herrscherdynastie	LANCASTER
Eleganz	GESCHMACK	empor	AUFWAERTS		
elektr. Anschluß	STECKDOSE	emporgekommen	ARRIVIERT	engl. Historiker	TREVELYAN
elektr. Musikinstrument	POLYCHORD	Ende	ABSCHLUSS		
		endgültig	DEFINITIV	engl. Königin	ELISABETH
elektr. Schutzeinrichtung	ISOLATION	enervieren	ENTNERVEN	engl. Königin	ELIZABETH
		engherzig	KLEINLICH	engl. Komponist	DUNSTABLE
elektr. Versorgungsgebiet	STROMNETZ	engl. abstrakt. Maler, Zeichner	NICHOLSON		
				engl. Männer-Vorname	BRODERICK
Elektras Vater	AGAMEMNON	engl. Chemiker	CAVENDISH		
Elektrizitätslieferant	KRAFTWERK	engl. Chemiker	PRIESTLEY	engl. Männer-Vorname	FREDERICK
elektromagnet. Erregung	INDUKTION	engl. Chemiker (Nobelpreis)	CORNFORTH	engl. Maler, Zeichner	CONSTABLE
elektromagnet. Wellenbereich	LANGWELLE	engl. Felsriff im Ärmelkanal	EDDYSTONE	engl. Maler (Jugendstil)	BEARDSLEY
				engl. Nervenarzt (Paralyse)	PARKINSON
Elektronenschleuder	COSMOTRON	engl. Filmregisseur (Krimis)	HITCHCOCK		
				engl. Nobelpreisträger (Literatur)	CHURCHILL
Elektronenschleuder	ZYKLOTRON	engl. Frauenrechtlerin	PANKHURST		
elektrotechn. Verbindung	SCHALTUNG	engl. Frauen-Vorname	CATHARINE	engl. Orientalist	RAWLINSON
				engl. Physiker (Nobelpreis)	JOSEPHSON
Ellenbogenknochen	SESAMBEIN	engl. Freikirchler	DISSENTER		
elsäss. expressionist. Dichter	SCHICKELE	engl. Gewichtseinheit	TROYOUNCE	engl. Politiker, Staatsmann	CHURCHILL

engl. Politiker, Staatsmann	GLADSTONE	engl. sozialkritisch. Autor	PRIESTLEY	engl. Stadt m. Pferderennbahn	NEWMARKET
engl. Politiker, Staatsmann	MACDONALD	engl. Spielleute im MA	MINSTRELS	engl. Universitätsstadt	CAMBRIDGE
engl. Politiker, Staatsmann	MACMILLAN	engl. Stadt	BLACKPOOL	engl.: Aussage	STATEMENT
engl. Politiker (Nobelpreis)	HENDERSON	engl. Stadt	STOCKPORT	engl.: Blitz	LIGHTNING
		engl. Stadt am Avon	STRATFORD	engl.: Flitterwochen	HONEYMOON
engl. Popgruppe	YARDBIRDS	engl. Stadt am Medway	TONBRIDGE	engl.: Frühstück	BREAKFAST
engl. Popmusik-Solist	ELTONJOHN	engl. Stadt an Avon und Bourne	SALISBURY	engl.: Glanzlicht	HIGHLIGHT
engl. Räuberhauptmann	ROBINHODD	engl. Stadt in Cheshire	NORTHWICH	engl.: Politik der Härte	AUSTERITY
engl. realist. Schriftsteller	THACKERAY	engl. Stadt in Lancashire	FLEETWOOD	engl.: Schmetterling	BUTTERFLY
engl. Rechtsanwalt	BARRISTER	engl. Stadt in Lancashire	LANCASTER	engl.: senden	BROADCAST
engl. Rockmusik-Gruppe	PINKFLOYD	engl. Stadt in Lancashire	MIDDLETON	engl.: Verhalten	BEHAVIOUR
				engl.: Weihnachten	CHRISTMAS
engl. romant. Dichter	COLERIDGE	engl. Stadt in Lancashire	PRESTWICH	englandfreundlich	ANGLOPHIL
engl. Sagenheld	ROBINHOOD	engl. Stadt in Lancashire	RADCLIFFE	englisch: Glück	HAPPINESS
engl. Schriftsteller	LLEWELLYN	engl. Stadt in Surrey	FARNWORTH	englisch: wunderbar	WONDERFUL
engl. Schriftsteller	MASEFIELD	engl. Stadt in Yorkshire	DONCASTER	Enkel	NACHKOMME
engl. Schriftsteller	SWINBURNE	engl. Stadt in Yorkshire	SHEFFIELD	Enkelstochter	URENKELIN
engl. Schriftstellerin	DUMAURIER	engl. Stadt in Yorkshire	THORNHILL	Entdecker Chinas	MARCOPOLO
engl. Schriftstellerin	MANSFIELD	engl. Stadt in Yorkshire	WAKEFIELD	Entdecker v. Troja	DOERPFELD
engl. Seebad	LOWESTOFT			Entenart	BRANDENTE
				Entenart	KRICKENTE
				Entenart	PFEIFENTE
				Entfernungsmesser	TELEMETER
				Entführer	KIDNAPPER
				entgegengesetzt	DIAMETRAL

entgegnen	ANTWORTEN	entzükkend	SCHARMANT	Erfinder d. Spinnmaschine	ARKWRIGHT	
Entgelt	BEZAHLUNG	entzündlicher Gewebszerfall	GESCHWUER	erfinderisch	INGENIOES	
enthaltsam	ABSTINENT			Erfindung	INVENTION	
enthaltsam	ASKETISCH	Epilepsie	FALLSUCHT	Erfindungsgabe	PHANTASIE	
Enthaltsamkeit	ABSTINENZ	erbärmlich	KLAEGLICH	Erfolgsschlager	EVERGREEN	
entheben	ENTBINDEN	erbärmlich	MISERABEL			
entheben	ENTLASSEN	Erbauer	ARCHITEKT	erforderlich	NOTWENDIG	
entkleiden	AUSZIEHEN	Erbbild	GENOTYPUS	erforschen, untersuchen	STUDIEREN	
entlassen	KUENDIGEN	Erbbild	IDIOTYPUS			
entlohnen	VERGUETEN	Erbe	NACHKOMME			
Entlüfter	EXHAUSTOR	erblich	ANGEBOREN	Erfrischungsgetränk	LONGDRINK	
entpfänden	AUSLOESEN	Erdalkalimetall	BERYLLIUM			
Entrüstung	EMPOERUNG	Erdalkalimetall	STRONTIUM	Ergebnis der Subtraktion	DIFFERENZ	
Entschädigung	AUSGLEICH	Erdapfel	KARTOFFEL	ergiebig, ertragreich	PRODUKTIV	
		Erdball	WELTKUGEL			
		erdichten	FINGIEREN			
Entschädigung	REKOMPENS	Erdmetall	PRASEODYM	Ergreifung	FESTNAHME	
		Erdmetall	ZIRKONIUM			
Entschuldigung, Verzeihung	VERGEBUNG	Erdneuzeit	NEOZOIKUM	Erhabenheit	MAJESTAET	
		Erdöl-Destillationsprodukt	PETROLEUM	Erhöhung	ELEVATION	
Entspannung	LOCKERUNG			Erinnye, Rachegöttin	TISIPHONE	
entstellen	VERZERREN	Erdrauch	FELDRAUTE	Erkältung	SCHNUPFEN	
Entwässerungsgerät	ROHRPFLUG	Erdteil	ANTARKTIS	Erkennungszeichen	MUTTERMAL	
		Erdteil	KONTINENT			
		Ereignis	GESCHEHEN			
entweihen, entehren	SCHAENDEN	erfahrungsgemäß	EMPIRISCH	Erklärer	INTERPRET	
				Erkunder	ENTDECKER	
Entwendung	DIEBSTAHL	Erfahrungsmensch	EMPIRIKER	Erkundigung	NACHFRAGE	
Entwicklung	EVOLUTION	Erfind. d. Lochkartenmaschine	HOLLERITH	Erläuterung	KOMMENTAR	
Entwicklung, Laufbahn	WERDEGANG			Erlaß	ANORDNUNG	
				erlauben	GESTATTEN	
Entwicklungsdauer	REIFEZEIT	erfinden	ENTDECKEN	erlauben	GEWAEHREN
		Erfinder d. Augenspiegels	HELMHOLTZ	Erlaubnis, Bestallung	ZULASSUNG	
Entwicklungsjahre	PUBERTAET					
		Erfinder d. Buchdrucks	GUTENBERG	Erledigung	BESORGUNG	
Entzücken, höchstes Glück	SELIGKEIT			Erleuchtung	INTUITION	
		Erfinder d. Kreiselkompasses	ANSCHUETZ	Erlogenes	SCHWINDEL	

Ermittlung, Nachforschung	RECHERCHE	Erstgebärende	PRIMIPARA	etwas breit (musikal.)	LARGHETTO
Ermordung im Affekt	TOTSCHLAG	Ertrag	EINKOMMEN	Eule, Eulenvogel	KAEUZCHEN
		Erwünschtes	DESIDERAT		
ermuntern	ANIMIEREN	Erzähler	NOVELLIST	Eulenvogel	STEINKAUZ
erpicht, begierig	VERSESSEN	Erzamtträger	KURFUERST	europ. Großherzogtum	LUXEMBURG
Erpressung	NOETIGUNG	Erzbischof	PATRIARCH	europ. Institution	EUROPARAT
erregbar	IRRITABEL	Erzeuger	FABRIKANT	europäische Hauptstadt	REYKJAVIK
erregendes Ereignis	SENSATION	Erzeuger, Hersteller	PRODUZENT	europäische Hauptstadt	SANMARINO
Erregung	AFFEKTION	Erzieher, Lehrer	PAEDAGOGE		
Ersatzmann	RESERVIST	Erzmärtyrer, Heiliger	SEBASTIAN	europäischer Staat	BULGARIEN
Ersatzmann, Stellvertreter	SUBSTITUT	Erzmärtyrer, Heiliger	STEPHANUS	europäischer Zwergstaat	SANMARINO
		Erzvater	PATRIARCH		
Erschaffer	SCHOEPFER	erzwingen	ERTROTZEN	Evangelist	MATTHAEUS
Erscheinung	PHAENOMEN	erzwingen	FORCIEREN	ewig, unaufhörlich	UNENDLICH
Erscheinungsbild	EXTERIEUR	erzwungen	GEWALTSAM	Exkremente, Kot	FAEKALIEN
Erscheinungsform	PHAENOMEN	eßbarer Blätterpilz	TAEUBLING	Exkursion	LEHRFAHRT
Erscheinungsvermerk	IMPRESSUM	eßbarer Hutpilz	KREMPLING	expedieren	VERSENDEN
		eßbare Tiereingeweide	INNEREIEN	Experte	GUTACHTER
erschöpft	AUSGEPUMT			Expertise	GUTACHTEN
Erschöpfung (medizin.)	EXHAUSTIO	Esse, Kamin	RAUCHFANG	explodieren	HOCHGEHEN
Erster, Oberster	PRIMARIUS	essen, konsumieren	VERZEHREN	Explosion	SPRENGUNG
erster Allein-Atlantik-Flieger	LINDBERGH	Eßgerät in Ostasien	STAEBCHEN	extrem	AEUSSERST
				Fabrikat	ERZEUGNIS
erster Fastensonntag	INVOKAVIT	Eßlokal, Gastwirtschaft	WIRTSHAUS	fabulieren	ERDICHTEN
				Facharzt f. Organveränderungen	PATHOLOGE
erster franz. König	HUGOCAPET	estnischrussisch. See	PEIPUSSEE		
erster Mensch auf dem Mond	ARMSTRONG	Etage, Geschoß	STOCKWERK	Fachmann	KORYPHAEE
		Etappe	ABSCHNITT	Fähigkeit, Gabe	VERMOEGEN
		Etikett	AUFKLEBER	Fährtengeruch	WITTERUNG
erster schriftl. Entwurf	BROUILLON	etwa, annähernd	UNGEFAEHR	Fahnenflucht	DESERTION

Fahnenflüchtiger	DESERTEUR	Farbmaterial	LEIMFARBE	Federweiß	TALKPUDER
Fahnenträger d. Landsknechte	FAEHNRICH	Farbmaterial	OELKREIDE	Fegefeuer	VORHOELLE
		Farbmaterial, -stoff	DECKWEISS	fehlerhaft	INKORREKT
Fahrgast	BEIFAHRER			Fehlschlag	SCHEITERN
Fahrgast	MITFAHRER	Farbmaterial, -stoff	LACKFARBE	Feier d. Baufertigstellung	RICHTFEST
Fahrgast	PASSAGIER				
fahrig, unaufmerksam	ZERSTREUT	Farbton	LAUBGRUEN		
		Farbton	ROSTBRAUN	feierliche Würde	GRAVITAET
Fahrradteil	KETTENRAD	Farbton	TIZIANROT	Feigenbaum, Zierpflanze	GUMMIBAUM
		Farbzeichengerät	BUNTSTIFT		
Fahrradteil	LUFTPUMPE				
Fahr- u. Flugtrainingsanlage	SIMULATOR	Farnart	ADLERFARN	Feigling	ANGSTHASE
		Farnart	VENUSHAAR	Feigling	HASENFUSS
		Farnart, -gewächs	MONDRAUTE	Feigling	HASENHERZ
Fahrzeug, Verkehrsmittel	LASTWAGEN			feil	KAEUFLICH
		Fasanengehege	FASANERIE	feilschen, handeln	SCHACHERN
Fahrzeug f. flüssige Fracht	TANKWAGEN	Fasching	FASTNACHT	feindliche Eindringlinge	INVASOREN
		Fasermaterial	BAUMWOLLE		
Fahrzeug f. Kinder	KINDERRAD	Fasernlieferant	BAUMWOLLE	feine Glasur-Haarrisse	CRAQUELEE
Fahrzeugversicherung	VOLLKASKO	Fassade	AEUSSERES		
		faszinieren	BEZAUBERN	feinfaserig. Silikatmineral	CHRYSOTIL
Falke	BAUMFALKE				
Falke, Falkenvogel	ABENDFALK	faul, schlecht geworden	VERDORBEN	feinkeramisches Erzeugnis	PORZELLAN
Falkenart	TURMFALKE	Faulbaum	KREUZDORN		
Falkenhof	FALKNEREI	Faulbaum	RHAMNAZEE	Feinmechaniker	UHRMACHER
Fallsucht	EPILEPSIE	Faulheit, Säumigkeit	TRAEGHEIT	Feinmeßgerät	OPTIMETER
falsche Maßnahme	FEHLGRIFF	faulig, morsch	VERROTTET	feinschmeckend	KOESTLICH
falschspielen	BETRUEGEN	Favorit	GELIEBTER		
		Favoritin	MAETRESSE	Feinschmecker	GENIESSER
Familienangehörige	SCHWESTER	Fechthieb	TEMPOHIEB		
		Fechtwaffe, Rakett	SCHLAEGER	feinste Tonware	PORZELLAN
Familienname Napoleons	BONAPARTE			feist	FLEISCHIG
		Federballspiel	BADMINTON	Feldfrucht	KARTOFFEL
Familienstand	VERWITWET	federnd	ELASTISCH	Feldfrucht	KOHLRUEBE
		Federsprungbrett	TRAMPOLIN		
Farbenlehre	CHROMATIK			Feldfrucht	KRAUSKOHL
farbig	KOLORIERT	Federvieh	GEFLUEGEL	Feldspat	MIKROKLIN
Farbiger, Neger	SCHWARZER			Feldspat	ORTHOKLAS

Feldwache	VORPOSTEN
Fellranzen, Marschgepäck	TORNISTER
Fenchelholz, Panamaholz	SASSAFRAS
Fernsehfilmverleih	VIDEOTHEK
Ferner	GLETSCHER
ferner, fernerhin	AUSSERDEM
ferner, fernerhin	EBENFALLS
Ferngespräch	TELEFONAT
fernsehtechn. Gerät	FILMGEBER
Fersenbein	KALKANEUS
fertig, komplett	VOLLENDET
fertigstellen, abwickeln	VOLLENDEN
Festbankett	EHRENMAHL
feste Größe	KONSTANTE
feste Meinung	GESINNUNG
Festessen	GALADINER
Festival	FESTSPIEL
Festland	KONTINENT
Festlandgewässer	BINNENSEE
Festlandsvorsprung	HALBINSEL
festlegen	BESTIMMEN
feststehend, unveränderlich	STEREOTYP
Festungsanlage	KASEMATTE
Festwert	KONSTANTE
fetten, einfetten	SCHMIEREN
fetter Weichkäse	CAMEMBERT
fettig, unsauber	SCHMIERIG
Fettkraut	DICKBLATT
fettleibig	KORPULENT
Fettleibigkeit	KORPULENZ
feuchte Auflage	KOMPRESSE
feuchter Umschlag	KOMPRESSE
Feuchtigkeitsmesser	HYGROSKOP
Feueranzünder	FEUERZEUG
feuerfester Ton	SCHAMOTTE
feuern	ANZUENDEN
feuern	SCHIESSEN
Feuerwehrfahrzeuge	LOESCHZUG
fidel, heiter	VERGNUEGT
Fidibus	ANZUENDER
Fidschi-Insel	VANUALEVU
Fiebermittel	CINCHONIN
Fiebermücke	ANOPHELES
Figur aus »Annie Get Your Gun«	DOLLYTATE
Figur aus »Carmen«	ESCAMILLO
Figur aus »Carmen«	FRASQUITA
Figur aus »Der Rosenkavalier«	VALZACCHI
Figur aus »Der Waffenschmied«	STADINGER
Figur aus »Der Zigeunerbaron«	MIRABELLA
Figur aus »Die Fledermaus«	ROSALINDE
Figur aus »Don Giovanni«	DONNAANNA
Figur aus »Egmont«	FERDINAND
Figur aus »Egmont«	KLAERCHEN
Figur aus »Egmont«	MARGARETE
Figur aus »Entführ. aus dem Serail«	KONSTANZE
Figur aus »Faust«	MARGARETE
Figur aus »Fidelio«	FLORESTAN
Figur aus »Figaros Hochzeit«	DONCURZIO
Figur aus »Im Weißen Rößl«	KLAERCHEN
Figur aus »Iphigenie in Aulis«	AGAMEMNON
Figur aus »Kabale und Liebe«	FERDINAND
Figur aus »Kaufmann von Venedig«	BALTHASAR
Figur aus »La Boheme«	SCHAUNARD
Figur aus »Lohengrin«	GOTTFRIED
Figur aus »Lohengrin«	TELRAMUND
Figur aus »Lustige Weiber v. Windsor«	SPAERLICH
Figur aus »Madame Butterfly«	CHOCHOSAN
Figur aus »Madame Butterfly«	LINKERTON
Figur aus »Maria Stuart«	LEICESTER
Figur aus »Minna v. Barnhelm«	BRUCHSALL

Figur aus »Minna v. Barnhelm«	FRANZISKA	Figur aus Mozarts »Entführung«	BLONDCHEN
Figur aus »My Fair Lady«	DOOLITTLE	Figur aus Ring des Nibelungen	SIEGLINDE
Figur aus »My Fair Lady«	PICKERING	Figur aus Wagners »Meistersinger«	HANSSACHS
Figur aus »Nathan d. Weise«	PATRIARCH	Figur aus Wagners »Meistersinger«	MAGDALENE
Figur aus »Nibelungenlied«	BRUNHILDE	Figur in »Figaros Hochzeit«	BARBARINA
Figur aus »Nibelungenlied«	KRIEMHILD	Filetschnitte	BEEFSTEAK
Figur aus »Othello«	DESDEMONA	Filmbearbeitung	FIXIERUNG
Figur aus »Postillon von Lonjumeau«	MADELEINE	Filmbearbeitung	KOPIERUNG
Figur aus »Rigoletto«	MADDALENA	Filmfestival in Berlin	BERLINALE
Figur aus »Ring des Nibelungen«	SIEGFRIED	Film ohne Ton	STUMMFILM
Figur aus »Ring des Nibelungen«	WALTRAUTE	filmtechnischer Begriff	STANDFOTO
Figur aus »Romeo u. Julia«	BALTHASAR	Filmvorführer	OPERATEUR
Figur aus »Salome«	JOCHANAAN	Filmzentrum Amerikas	HOLLYWOOD
Figur aus »Salome«	NARRABOTH	Finanzmann	FINANZIER
Figur aus »Tosca«	SCIARRONE	Fingerhut (botan.)	DIGITALIS
Figur aus »Tristan und Isolde«	BRANGAENE	Fingerteil	NAGELBETT
Figur aus »Undine«	BERTHALDA	Finkenvogel	GOLDAMMER
Figur aus deutschen Märchen	PECHMARIE	Finkenvogel	GRUENLING
Figur aus e. deutschen Märchen	GEISSLEIN	Finkenvogel	ROHRAMMER
		Finkenvogel	ZAUNAMMER
		Finnfisch	BUCKELWAL
		finnisch-ugrisches Volk	MORDWINEN
		finnisch-ugrisches Volk	SYRJAENEN
		Finte	AUSFLUCHT
Firma	GESCHAEFT
---	---
Firmeninhaber	FABRIKANT
Firmenvertreter	REISENDER
Firnisgewebe	WACHSTUCH
Fisch, Fischart	AALMUTTER
Fisch, Fischart	AALQUAPPE
Fischfanggerät	FLUGANGEL
Fischöl	LEBERTRAN
fiskalisch	AERARISCH
fixe Idee	MONOMANIE
fixieren	ANSTARREN
fixieren	FESTLEGEN
Fläche m. elliptisch. Schnitt	ELLIPSOID
flämisch. Schriftsteller	STREUVELS
flämisch. Schriftsteller	VERMEYLEN
flämischer Dichter	RODENBACH
Flaschenkürbis	KALEBASSE
Flattergras	WALDHIRSE
fleddern	AUSRAUBEN
fleddern	PLUENDERN
Fledermaus	BLATTNASE
Fledermaus	KLAPPNASE
fleischfressende Pflanze	FETTKRAUT
fleischfressende Pflanze	KARNIVORE
fleischfressende Pflanze	NEPENTHES
fleischfressende Pflanze	SONNENTAU
Fleischfresser	KARNIVORE

Fleischfresser (biol.)	CARNIVORA
Fleischragout	FRIKASSEE
Fleischware	BLUTWURST
Fleischware	PRESSKOPF
fleißig	ARBEITSAM
fleißiges Lieschen	BALSAMINE
fliegendes Personal	NAVIGATOR
Fliegertruppe	LUFTWAFFE
Fließgewässer	FLUSSLAUF
flink	GESCHWIND
Flockenblume	CENTAUREA
florentin. Bildhauer	DONATELLO
flott, schneidig	SCHMISSIG
flott, schwungvoll	SCHNEIDIG
fluchen, schelten	SCHIMPFEN
Flüchtigkeitsfehler, Versehen	SCHNITZER
Flügel	SEITENBAU
Flügelhorn	BOMBARDON
Flügelhorn	TENORHORN
Flüstern	GETUSCHEL
Flüstern	GEZISCHEL
Fluggast	PASSAGIER
Flughafen von Chicago	SKYHARBOR
Flughafen von Denver	STAPLETON
Flughafen von Istanbul	YESILKOEY
Flughafen von New York	LAGUARDIA
Flughafen von Paris	LEBOURGET
Flughafen von Rom	FIUMICINO
Flughafen von San Diego	LINDBERGH
Flughafen von Sydney	KINGSFORD
Flughafen von Tel Aviv	BENGURION
flugtechn. Navigationshilfe	FUNKFEUER
Flugwesen	LUFTFAHRT
Flugwild	FEDERWILD
Flugzeugart	LIGHTNING
Flugzeugentführer	LUFTPIRAT
Flugzeug-Konstrukteur	HAVILLAND
Flugzeugtyp	CARAVELLE
Flugzeugtyp	EINDECKER
Fluorit	FLUSSSPAT
Fluß auf Sumatra	INDRAGIRI
Fluß in der Steiermark	FEISTRITZ
Fluß in Graubünden	LANDQUART
Fluß zum Frischen Haff	FRISCHING
föderatives Bundesorgan	BUNDESRAT
Förde	MEERBUSEN
fördern	LANCIEREN
Förderung	GEWINNUNG
Förmlichkeit	PROTOKOLL
Fohlen	JUNGPFERD
folgen, kuschen	GEHORCHEN
folgernd	KONKLUSIV
folgewidrig, sinnwidrig	UNLOGISCH
Folter, Marter	PEINIGUNG
foppen, betrügen	DUEPIEREN
Fopperei	HAENSELEI
Fopperei	STICHELEI
Forderung, Wunsch	VERLANGEN
Forke	MISTGABEL
Form des Buddhismus	LAMAISMUS
formell	FOERMLICH
formen	GESTALTEN
Formenlehre	GRAMMATIK
Former	GESTALTER
Former	MODELLEUR
Formgebung, Fasson	ZUSCHNITT
formlos	INFORMELL
forsch, keck	SCHNEIDIG
Forstbestand, -sektor	NADELWALD
Fortbewegung im Wasser	SCHWIMMEN
Fortdauer	PERMANENZ
fortdauernd	ANHALTEND
fortlaufend	DISKURSIV
fortschaffen	ENTFERNEN
Fortsetzung	ANSCHLUSS
Fort vor Verdun	DOUAUMOND
fortwährend	ANDAUERND
fossiles Harz	BERNSTEIN
Foto	LICHTBILD
Frachtentladung bei Schiffen	LOESCHUNG
fränk.-kelt. Missionar	KORBINIAN

fränk. Stadt an der Gollach	UFFENHEIM	franz. Dichter u. Diplomat	GIRAUDOUX	franz. Kardinal, Staatsmann	RICHELIEU
fränk. Stadt an der Pegnitz	HERSBRUCK	franz. Dichter u. Philosoph	MONTAIGNE	franz. Königsmörder	RAVAILLAC
Fräulein auf italienisch	SIGNORINA	franz.-dtsch. Baumeister	CUVILLIES	franz. Komponist	PHILIPPOT
Frankenkönig	CHARIBERT	franz. Flagge	TRIKOLORE	franz. kubist. Maler	METZINGER
Frankfurter Sehenswürdigkeit	KAISERDOM	franz. Flugpionier	BLANCHARD	franz. Landschaft	BOURGOGNE
franz. abstrakter Maler	MANESSIER	franz. Frauenname	ALBERTINE	franz. Landschaft	CHAMPAGNE
franz. Allee	BOULEVARD	franz. Frauenname	ANGELIQUE	franz. Likör	COINTREAU
franz. alter Tanz	FRANCAISE	franz. Frauenname	CATHERINE	franz. Literat, Moralist	LABRUYERE
franz. Anthropologe	BERTILLON	franz. Frauenname	FRANCOISE	franz. Männername	GUILLAUME
franz. Astronom (Neptun)	LEVERRIER	franz. Frauenname	JEANNETTE	franz. Maler der Romantik	DELACROIX
franz. Atlantik-Landschaft	SAINTONGE	franz. Frauenname	MADELEINE	franz. Maler der Romantik	GERICAULT
franz. Ballerina	JEANMAIRE	franz. Frauenname	VALENTINE	franz. materialist. Philosoph	LAMETTRIE
franz. Ballonfahrer	BLANCHARD	franz. General in Amerika	LAFAYETTE	franz. Mathematiker u. Philosoph	CONDORCET
franz. Bildhauer	BOURDELLE	franz. Gruppentanz	QUADRILLE	franz. Mittelmeerhafen	MARSEILLE
franz. Chansonsänger, Schausp.	CHEVALIER	franz. Hafenstadt	ABBEVILLE	franz. Modeschöpfer	COURREGES
franz. Chemiker	LAVOISIER	franz. Industriestadt	LECREUSOT	franz. Name v. Neuenburg	NEUCHATEL
franz. Chemiker, Physiker	GAYLUSSAC	franz. Inselgruppe im Pazifik	MARQUESAS	franz. Name von Brüssel	BRUXELLES
franz. Chemiker (Nobelpreis)	GRIRGNARD	franz.-ital. Alpenpaß	MONTCENIS	franz. Pferderennbahn	VINCENNES
franz. Dichter der Romantik	LAMARTINE	franz. Kaiserhaus	BONAPARTE		

franz. Philosoph der Aufklärung	HELVETIUS	franz. Stadt bei Paris	MONTREUIL	Frauenname	CHARLOTTE
		franz.: Bürger	BOURGEOIS	Frauenname	CHRISTINA
franz. Physiker (Nobelpreis)	BECQUEREL	franz.: Burgund	BOURGOGNE	Frauenname	CHRISTINE
franz. Physiker (Nobelpreis)	GUILLAUME	franz.: Flasche	BOUTEILLE	Frauenname	CONSTANZE
		franz.: fünfzig	CINQUANTE	Frauenname	ELISABETH
franz. Politiker (Nobelpreis)	BOURGEOIS	franz.: Prinzessin	PRINCESSE	Frauenname	FELICITAS
				Frauenname	FRANZISKA
franz. Protestant	HUGENOTTE	franz.: Ritter	CHEVALIER	Frauenname	HENRIETTE
franz. Pyrenäenpaß	PUYMORENS	franz.: Schneider	COUTURIER	Frauenname	HILDEGARD
franz. Revolutionär	SAINTJUST	franz.: Trauer	TRISTESSE	Frauenname	KATHARINA
		franz.: um jeden Preis	ATOUTPRIX	Frauenname	KLAERCHEN
franz. Revolutionspartei	JAKOBINER	franz.: Versammlung	ASSEMBLEE	Frauenname	KLOTHILDE
		Franziskaner	KAPUZINER	Frauenname	KONSTANZE
franz. Riviera	COTEDAZUR	Franziskaner-Konventualen	MINORITEN	Frauenname	LISELOTTE
franz. Rokokomaler	FRAGONARD			Frauenname	ROSAMUNDE
franz. Schauspieler	FERNANDEL	französ. Fluggesellschaft	AIRFRANCE	Frau v. Amenophis IV.	NOFRETETE
franz. Schauspielerin	BERNHARDT	französ. Wein	BURGUNDER	Frau v. Etzel	KRIEMHILD
		Frauenfigur aus Nibelungenlied	SIEGLINDE	Frau v. Gunther	BRUNHILDE
franz. Schriftstellerin	YOURCENAR			Frau v. Hephaistos	APHRODITE
franz.-schweiz. See	GENFERSEE	Frauenflachs	LEINKRAUT	Frau v. Kaiser Claudius	MESSALINA
franz. Stadt an d. Meurthe	LUNEVILLE	Frauenhaar (botan.)	HASENBROT	Frau v. Napoleon I.	JOSEPHINE
		Frauenmantel (botan.)	TAUMANTEL	Frau v. Othello	DESDEMONA
franz. Stadt an der Charente	ROCHEFORT	Frauenname	ANASTASIA	Frau v. Perseus	ANDROMEDA
		Frauenname	ANNABELLA	Frau v. Siegfried	KRIEMHILD
franz. Stadt an der Oise	COMPIEGNE	Frauenname	ANNELIESE	Frau v. Sokrates	XANTHIPPE
franz. Stadt bei Calais	SAINTOMER	Frauenname	ANNEMARIA	Frau von Hermann dem Cherusker	THUSNELDA
		Frauenname	ANNEMARIE		

Clue	Answer
Freidenker	DISSIDENT
Freidenker	FREIGEIST
freier Platz	ESPLANADE
Freifräulein	BARONESSE
freigebig, großzügig	SPENDABEL
Freiin	BARONESSE
freiliegend	EXPONIERT
Freimachung von Sendungen	FRANKATUR
freistehender Glockenturm	KAMPANILE
Freitreppe	VORTREPPE
Freiübungen	GYMNASTIK
Freiwilligentruppe	FREIKORPS
Freiwilliger	VOLONTAER
freiwilliger Sanitäter	SAMARITER
fremdgesetzlich	HETERONOM
Frequenzmaßeinheit	KILOHERTZ
Frequenzumsetzer	KONVERTER
Freude	ERGOETZEN
freundlicher Hinweis	RATSCHLAG
friedlich	GUTMUETIG
friedlich	IDYLLISCH
Frikandeau	KALBSNUSS
Frischhalteanlage	KUEHLFACH
Frisiermittel	HAARSPRAY
frohgemut	FROEHLICH
fromm, gläubig	RELIGIOES
Froschlurch	ERDKROETE
Froschlurch	TAUFROSCH
fruchtbar, schöpferisch	PRODUKTIV
Frucht d. Heckenrose	HAGEBUTTE
Frucht der Rebe	WEINBEERE
Fruchtgetränk	APFELSAFT
Fruchtgetränk	ORANGEADE
Fruchtzucker	LAEVULOSE
früh. Bez. f. Burkina Faso	OBERVOLTA
frühchristl. Taufbewerber	KATECHUME
Frühdruck	INKUNABEL
frühe Judenchristen	EBIONITEN
früher. leichtes Geschütz	FALKONETT
frühere argentin. Münze	ARGENTINO
frühere Fürsorgeeinrichtung	ARMENHAUS
früherer Hausvorbau	CHOERLEIN
früherer Titel	GEHEIMRAT
früheres dtsch. Parlament	REICHSTAG
frühere Staatsform	HERZOGTUM
früher: Kunstfreund	DILETTANT
frühgeschichtl. Zeitabschnitt	EISENZEIT
frühgeschichtl. Zeitabschnitt	STEINZEIT
Frühlicht	MORGENROT
Frühlingsblume	HYAZINTHE
frz. Seebad am Ärmelkanal	DEAUVILLE
Fuchsschwanz	STANDARTE
Fügung, Los	SCHICKSAL
Führer der Griechen vor Troja	AGAMEMNON
Führer der KwaZulu	BUTHULEZI
Führer im 1. Kreuzzug	GOTTFRIED
Füllen	JUNGPFERD
Fünfstromland	PANDSCHAB
fünfter Ton einer Tonart	DOMINANTE
für nichtig erklären	KASSIEREN
Fürsorge	BETREUUNG
Fürsorge, Gemeinwohl	WOHLFAHRT
Fürsorge, Unterstützung	ZUWENDUNG
Fürsprache	FUERBITTE
Fürst	IMPERATOR
Fürsten-Geliebte	MAITRESSE
fürstl. Anrede	MAJESTAET
Fuhrunternehmen	SPEDITION
Fuhrwerk	LASTWAGEN
Fundament	GRUNDLAGE
furchtbares Verbrechen	GREUELTAT

Furnierplatte	SPERRHOLZ
Fußball-Strafentscheid	FREISTOSS
Fußball: Anzeige f. Platzverweis	ROTEKARTE
Fußbekleidung	FUESSLING
Fußbekleidung	HALBSCHUH
Fußbekleidung	HOLZSCHUH
Fußbekleidung	LACKSCHUH
Fußfehlform	PLATTFUSS
Fußgängerbrücke	UEBERGANG
Fußgestell	PIEDESTAL
Fußknöchel (mediz.)	MALLEOLUS
Fußmißbildung	KLUMPFUSS
Fußmißbildung	KNICKFUSS
Fußmißbildung	SPITZFUSS
Fußnote	ANMERKUNG
Fußpflege	PEDIKUERE
Futterbehälter	FRESSNAPF
Futtermittel	FISCHMEHL
Futtermittel	OELKUCHEN
Futterpflanze	KOHLRUEBE
Futterstoff	GLORIETTE
Gabe	ANGEBINDE
Gabelmücke	ANOPHELES
Gängelband	LAUFLEINE
Gänseblümchen	GRASBLUME
Gänsedistel	HASENKOHL
gänzlich	INSGESAMT
Gambe	KNIEGEIGE
Ganglion	UEBERBEIN
Ganzlederband	FRANZBAND
Garde	LEIBWACHE
Gartenblume, -pflanze	MASTKRAUT
Gartenblume, -pflanze	MONDVIOLE
Gartenblume, Zwiebelpflanze	HYAZINTHE
Gartenpflanze	RHABARBER
Gartenprodukt	KOPFSALAT
Gasbehälter	GASOMETER
Gasbrand	WUNDBRAND
Gaserzeugungsofen	GENERATOR
Gasthörer an Hochschulen	HOSPITANT
Gastmahl	FESTESSEN
Gastmahl, Gelage	KONVIVIUM
Gaststättenangestellte	KELLNERIN
Gastwirt	GASTRONOM
Gattung	KATEGORIE
Gaukelei	BLENDWERK
Gauklerblume	BRAUNWURZ
Gaumenmandeln	TONSILLEN
Gaumensegelverlängerung	ZAEPFCHEN
Gauner	BETRUEGER
Gaunersprache	ROTWELSCH
gebackene Kartoffelbällchen	KROKETTEN
Gebälkträgerin	KANEPHORE
Gebälkträgerin	KARYATIDE
gebären	ENTBINDEN
Gebäude abtragen	SCHLEIFEN
Gebäude aus Balken	BLOCKHAUS
Gebäude f. Wintersport	EISPALAST
Gebäudeform	KUPPELBAU
Gebäude für Leibesübungen	TURNHALLE
Gebäudekomplex	WOHNBLOCK
Gebäudeteil	APARTMENT
Gebeinurne für Reliquien	RELIQUIAR
gebieten	HERRSCHEN
Gebieter	HERRSCHER
Gebieterin	MEISTERIN
Gebiet um den Südpol	ANTARKTIS
Gebirge	BERGKETTE
Gebirge	BERGSTOCK
Gebirge	HOEHENZUG
Gebirge d. Nordtiroler Kalkalpen	KARWENDEL
Gebirge der Rätischen Alpen	SILVRETTA
Gebirge im Kuenlun	ALTYNTAGH
Gebirge zw. Spanien u. Frankr.	PYRENAEEN
Gebirgsbaum	ALPENERLE
Gebirgsbaum	KRUMMHOLZ
Gebirgsbildung	OROGENESE
Gebirgshaus	ALMHUETTE

Gebirgsmassiv d. Walliser Alpen	MONTEROSA	gedankenreich	GEISTVOLL	Gefrorenes	FRUCHTEIS
Gebirgspflanze	ALPENKLEE	gedeihen	FLORIEREN	Gefrorenes	SPEISEEIS
Gebirgspflanze	BRAUNELLE	Gedenkmein (botan.)	MANNSTREU	gefrorenes Tropfwasser	EISZAPFEN
Gebirgspflanze	SUESSKLEE	Gedenkstätte	SIEGESTOR	Gefühl	EMPFINDEN
Gebirgstier	ALPENHASE	Gedenktag	JUBILAEUM	Gefühl	SPUERSINN
Gebläsevorrichtung	BLASEBALG	Gedicht im freien Rhythmus	RHAPSODIE	Gefühl, Empfindung	SENTIMENT
Gebläsevorrichtung	EXHAUSTOR	Geduld	GLEICHMUT	gefühlsbetont	EXPRESSIV
Gebot	ANORDNUNG	gefährlich	BOESARTIG	gefühlsmäßig	EMOTIONAL
Gebot, Vorschrift	REGLEMENT	Gefährte	BEGLEITER	gefühlsmäßige Erkenntnis	INTUITION
gebrat. Fleischklößchen	BRISOLETT	Gefährt f. Kleinkinder	BABYWAGEN	gegebenenfalls	EVENTUELL
Gebrauch	ANWENDUNG	Gefährt für Gelähmte	ROLLSTUHL	Gegenbehauptung	ANTITHESE
Gebrauch	BENUTZUNG	Gefährtin	KAMERADIN	Gegengift	ANTITOXIN
gebrauchen	BENUETZEN	Gefährtin	PARTNERIN	gegen Motten schützen	EINMOTTEN
Gebrechen	KRANKHEIT	gefällig	HILFREICH	Gegenpapst im 8. Jh.	PHILIPPUS
Gebrechen, Unvermögen	SCHWAECHE	Gefahr	BEDROHUNG	Gegensätzlichkeit	ANTINOMIE
Geburtshilfe	OBSTETRIK	Gefallsucht	EITELKEIT	Gegenseite	KEHRSEITE
Geburtsort Bruckners	ANSFELDEN	Gefangener	ARRESTANT	Gegenseite, Gegenspieler	WIDERPART
Geburtsort Dürers	NUERNBERG	Gefangener	HAEFTLING	Gegenteil	UMKEHRUNG
Geburtsort Herders	MOHRUNGEN	gefangennehmen, verhaften	SISTIEREN	gegenteilig	UMGEKEHRT
Geburtsort Jesu	BETHLEHEM	Gefechtsaufstellung	FORMATION	Gegenteil v. Verbot	ERLAUBNIS
Gedächtnisfeier	JUBILAEUM	gefeit, widerstandsfähig	RESISTENT	Gegenteil von Angebot	NACHFRAGE
Gedankenblitz	EINGEBUNG	Geflügel	FEDERVIEH	Gegenteil von Antipathie	SYMPATHIE
Gedankengut	GESINNUNG	Geflügel	HAUSTAUBE	Gegenteil von Aufstieg	UNTERGANG
gedankenlos	UNBEDACHT	Geflügelprodukt	HUEHNEREI	Gegenteil von Deflation	INFLATION
		geflügeltes Wort	AUSSPRUCH		
		geflügeltes Wort	REDENSART		
		Gefolgsmann	ANHAENGER		
		Gefolgsmann	BEGLEITER		
		geformt	GESTALTET		

Gegenteil von einzeln	ALLGEMEIN	geistesverwandt	KONGENIAL	gelbgrüner Schmuckstein	GROSSULAR
Gegenteil von erlauben	VERBIETEN	geistig, übersinnlich	SPIRITUAL	Gelbsucht	HEPATITIS
Gegenteil von geschlossen	GEOEFFNET	geistig abwesend	ZERSTREUT	Geldbehälter	GELDKATZE
Gegenteil von Gesundheit	KRANKHEIT	geistig gleichwertig	KONGENIAL	Geldbezug im Alter	LEIBRENTE
Gegenteil von Inflation	DEFLATION	geistig-seelische Prägung	CHARAKTER	Geldentwertung	INFLATION
Gegenteil von verbieten	GESTATTEN	geistl. Amt	PATRIARCH	Geldgeber	FINANZIER
Gegenüberstellung	VERGLEICH	geistl. Amtsbruder	KONFRATER	Geldinstitut	NOTENBANK
Gegenwart	JETZTZEIT	geistl. Chorwerk	ORATORIUM	Geldinstitut, Kreditanstalt	SPARKASSE
Gehäuse	BEHAELTER	geistl. Frauenorden	URSULINEN	geldlich, finanziell	PEKUNIAER
geheimes Zusammenspiel	KOLLUSION	geistl. Geheimlehre	MYSTERIUM	Geldnehmer	SCHULDNER
geheime Vorliebe	SCHWAECHE	geistl. Negerlied	SPIRITUAL	Geld und Gut	VERMOEGEN
Geheimlehre	MYSTERIEN	Geiz	KNAUSEREI	Geleit	BEDECKUNG
Geheimnis	MYSTERIUM	geizig	KNAUSERIG	Gelenk	DREHPUNKT
Gehilfe	ASSISTENT	gekränkt	BELEIDIGT	Gelenkentzündung	ARTHRITIS
Gehilfe des Paulus	TIMOTHEUS	Gekröse	KALDAUNEN	Gelenkhautentzündung	SYNOVITIS
Gehilfe eines Bischofs	KOADJUTOR	geländegängiges Fahrzeug	LANDROVER	Geliebte	FAVORITIN
Gehilfe eines Offiziers	ORDONNANZ	Geländer	BRUESTUNG	Geliebte	KONKUBINE
Gehirnschlag	APOPLEXIE	Geländesenke	NIEDERUNG	Geliebte	KURTISANE
Gehölz, Hain	WAELDCHEN	geläufig	HABITUELL	Geliebte	MAETRESSE
Gehrock, Mantel	UEBERROCK	gelbblühend. Zierstrauch	GOLDREGEN	Geliebte d. franz. Königs Ludwig XV.	POMPADOUR
Geier, Geierart	BARTGEIER	gelbblühende Narzisse	JONQUILLE	Geliebter	LIEBHABER
Geigenteil	SCHALLOCH	gelbe Pflaume	MIRABELLE	Geliebte v. Adonis	APHRODITE
Geistesblitz	EINGEBUNG	gelber Schmuckstein	TIGERAUGE	Geliebte v. Cäsar	CLEOPATRA
Geistesblitz	INTUITION	gelbe Rübe	MOHRRUEBE	Geliebte v. Cäsar	KLEOPATRA
				Geliebte v. Ludwig XIV.	MAINTENON
				Geliebte v. Ludwig XIV.	MONTESPAN
				Geliebte von Antonius	CLEOPATRA

Geliebte von Antonius	KLEOPATRA
Geltung	BEDEUTUNG
Gelübde	GELOEBNIS
Gemälde auf Holz	TAFELBILD
Gemeindebehörde	MAGISTRAT
Gemeindegrund	GEMARKUNG
Gemeindekassenleiter	KAEMMERER
Gemeinschaft	KOLLEKTIV
gemeinschaftlich	KOLLEKTIV
Gemüse	GRUENKOHL
gemütlich plaudern	PLAUSCHEN
Gemütsruhe	GLEICHMUT
genaue Wiederholung	IMITATION
Genauigkeit	EXAKTHEIT
genehmigen	GEWAEHREN
Genehmigung	ERLAUBNIS
Genesung	GESUNDUNG
genetische Übertragung	VERERBUNG
genießen	GOUTIEREN
Genießer, Schwelger	SCHLEMMER
Genußmensch	EPIKUREER
Genußmensch	LUESTLING
geolog. Formation	OBERDEVON
geologische Formation	ALGONKIUM
geologische Formation	NEOZOIKUM
geologische Formation	OLIGOZAEN
geologische Formation	PALEOZAEN
geologische Periode	ARCHAIKUM
geometr. Gerade	ASYMPTOTE
Georgier	GRUSINIER
gepflegt	SOIGNIERT
Gepflogenheit	HERKOMMEN
Geplänkel	GETAENDEL
Gepräge, Charakter	WESENSART
Gerät zum Zeichnen	REISSZEUG
geräucherter Hering	BUECKLING
geräucherte Wurstsorte	METTWURST
geräuschvoll	LAUTSTARK
Gerbmittel	KALIALAUN
gereinigter Zucker	RAFFINADE
gerichtl. Strafentscheidung	GELDBUSSE
geringer Edelhirsch	SCHNEIDER
Geringfügigkeit	BAGATELLE
geringschätzig	ABFAELLIG
geringste Höhe	TIEFSTAND
gerippter Stoff	GABARDINE
german. Frauengestalt	SIEGLINDE
german. Götterdämmerung	RAGNAROEK
german. Helden	EINHERIER
german. Sagengestalt	KRIEMHILD
german. Sagengestalt	LUEDEGAST
german. Seefahrervolk	NORMANNEN
german. Stamm	BRUKTERER
german. Stamm	SUGAMBRER
german. Teilvolk	WESTGOTEN
german. Völkergruppe	BAJUWAREN
german. Volk	CHERUSKER
german. Weltesche	YGGDRASIL
Gerstenkorn (medizin.)	HORDOLEUM
Gerüst	GESTAENGE
gesättigt	SATURIERT
gesamt	ALLGEMEIN
gesamt	GAENZLICH
Gesamtabfindung	PAUSCHALE
Gesamtheit d. Bischöfe	EPISKOPAT
Gesamtheit d. Einkünfte	EINKOMMEN
Gesamtheit d. Lehrerschaft	KOLLEGIUM
Gesamtheit d. Schrifttums	LITERATUR
Gesamtheit von Anlagen	WESENSART
Gesamtvergütung	PAUSCHALE
Gesandtschaft	ABORDNUNG
gesangartige Melodie	KANTILENE

Gesangskünstlerin	SAENGERIN	geschlossener Kraftwagen	LIMOUSINE	Gesetzeswiderspruch	ANTINOMIE
Gesangsstimme, -stimmlage	BASSBUFFO	Geschmeide, Kostbarkeiten	PREZIOSEN	gesetzgebende Körperschaft	PARLAMENT
Gesangsverzierung	KOLORATUR	Geschöpf	LEBEWESEN	Gesetzwidrigkeit	PARANOMIE
Geschäftemacher	SPEKULANT	Geschoß	PROJEKTIL	Gesichtsknochen	NASENBEIN
Geschäftsbuch	HAUPTBUCH	Geschoßhülse	KARTUSCHE	Gesichtsknochen	STIRNBEIN
Geschäftsführer	PROKURIST	Geschoßtreibladung	KARTUSCHE	Gesinnung	IDEOLOGIE
Geschäftsinhaber	PRINZIPAL	Geschwaderführer	KOMMODORE	Gesinnung, Denkweise	SINNESART
Geschäftsleitung	DIREKTION	Geschwulst	WUCHERUNG	gestaltetes Ereignis	HAPPENING
Geschäftsordnung	REGLEMENT	gesellige Veranstaltung	BALLABEND	Gestaltung	FORMATION
Geschäftspartner	KOMPAGNON	Gesellschaft, Genossenschaft	SOZIETAET	gestatten	GEWAEHREN
Geschäftsreisender	VERTRETER	Gesellschafter	KOMPAGNON	gestattet	BEWILLIGT
Geschehen	HAPPENING	Gesellschafter, Kommandantist	TEILHABER	gestattet	GENEHMIGT
geschehen	PASSIEREN	Gesellschafter e. Aktiengesellsch.	AKTIONAER	Gesteinskundler	LITHOLOGE
Geschenk	ANGEBINDE			Gesteinsverwitterung	KORROSION
Geschenk f. Dienstleistung	TRINKGELD	Gesellschaftsanzug	FULLDRESS	Gestirnsgruppe	STERNBILD
geschichtl. Abschnitt	FRUEHZEIT	Gesellschaftsspiel	BLINDEKUH	Gestirnskonstellation	STERNBILD
geschlechtliche Anziehung	SEXAPPEAL	Gesellschaftstanz	CHACHACHA	Gestrüpp	BUSCHWERK
Geschlechtsbezeichnung	MAENNLICH	Gesellschaftstanz	PASODOBLE	Gestrüpp, Gehölz	UNTERHOLZ
		Gesellschaftstanz	QUICKSTEP	Gestüt	RENNSTALL
Geschlechtshormon	OESTROGEN	Gesellschaftstanz	ROCKNROLL	Gesuch	BEWERBUNG
Geschlechtsreifung	PUBERTAET			Gesundheitsstörung	KRANKHEIT
geschlossen	VERSPERRT	Gesellschaftswissenschaftler	SOZIOLOGE	Getöse, Krach	SPEKTAKEL
				getragene Melodie	KANTILENE
				getragenes Tonstück	KANTABILE
				Getreide	ZEREALIEN
				Getreidekrankheit	BRAUNROST

Getreidekrankheit	FLUGBRAND	Gewebe mit Karomuster	GLENCHECK
Getreidekrankheit	MAISBRAND	Gewebeneubildung	WUCHERUNG
Getreideschädling	MEHLMOTTE	Gewebshormon	SEROTONIN
Getreideunkraut	KORNBLUME	Gewerbezweig	INDUSTRIE
getrennt, abgesondert	SEPARIERT	Gewichtsabnahme	REDUKTION
Getrennthaltung	ISOLATION	Gewichtseinheit	KILOGRAMM
getreue Nachbildung	FAKSIMILE	Gewichtsverlust	MINDERUNG
Getriebe, Antriebsmaschine	TRIEBWERK	Gewinn, Profit	VERDIENST
Getriebeteil	ZAHNKRANZ	Gewinnanteil	DIVIDENDE
getrocknete Früchte	DOERROBST	Gewinnsucht	PLEONEXIE
getrocknete Weinbeere	SULTANINE	gewinnsüchtig	HABGIERIG
Gewächshaus	ORANGERIE	Gewinnung	ERZIELUNG
gewagte Unternehmung	ABENTEUER	gewissenhaft	MINUZIOES
Gewalt	OBRIGKEIT	gewissermaßen	GLEICHSAM
gewaltsame Inbesitznahme	EROBERUNG	Gewöhnung	ANPASSUNG
Gewalttäter, -verbrecher	TERRORIST	Gewogenheit, Zuneigung	SYMPATHIE
gewandt	GESCHICKT	Gewohnheit, Sitte	TRADITION
Gewandtheit	AGILITAET	gewohnheitsmäßig	HABITUELL
Gewandtheit	FIXIGKEIT	Gewohnheitsrecht	OBSERVANZ
Gewebe, Zeug	TEXTILIEN	Gewürz, Gewürzpflanze	KNOBLAUCH
Gewebeart	HALBSEIDE	Gewürz, Gewürzpflanze	KORIANDER
Gewebeart	WASCHSAMT	gezielt anbringen	PLACIEREN
Gewebeausrüster	APPRETEUR	Gicht	ARTHRITIS
		Gichtrübe	ZAUNRUEBE
		Gift der Brechnuß	STRYCHNIN
Gift der Herbstzeitlosen	KOLCHIZIN		
Gifte gegen Pilzbefall	FUNGIZIDE		
Giftpflanze	BRECHNUSS		
Giftpflanze	FEIGBOHNE		
Giftpflanze	TOLLBEERE		
Giftschlange	SANDVIPER		
Gipfel der Grajischen Alpen	MONTCENIS		
Gipfel des Monte Rosa	BREITHORN		
Gips-, Stuckarbeit	STUKKATUR		
Gipsart	ALABASTER		
Gitter	DRAHTNETZ		
glänzen	SCHILLERN		
glänzend	FULMINANT		
glänzende Kohle	ANTHRAZIT		
glanzlos machen	MATTIEREN		
Glassorte	QUARZGLAS		
glattschalig. Pfirsich	NEKTARINE		
Glaubensheld	MAERTYRER		
gleichaltrige Geschwister	MEHRLINGE		
gleichaltrige Geschwister	ZWILLINGE		
gleichbedeutend	IDENTISCH		
gleiche Ansicht	EINIGKEIT		
Gleichgewichtsstörung	SCHWINDEL		
gleichgültig	APATHISCH		
gleichlaufende Linie	PARALLELE		
Gleichnis	ALLEGORIE		

gleichsam, gewissermaßen	SOZUSAGEN	Gönner, Beschützer	PROTEKTOR	Granat-Abart	DEMANTOID
gleichsinnig geneigt	ISOKLINAL	Gössel	GAENSCHEN	Granat-Abart	GROSSULAR
Gleisbedienungsanlage	STELLWERK	Goethes Sekretär	ECKERMANN	graph. Betrieb	DRUCKEREI
gleißend	FLIMMERND	Götterbaum	AILANTHUS	graph. Erzeugnis	DRUCKWERK
gleißend	GLAENZEND	göttliches Walten, Schicksal	VORSEHUNG	Graphitmine in Holz	BLEISTIFT
gleißend	LEUCHTEND	Götzendienst	IDOLATRIE	Grasart	BOCKSGRAS
gleißend, blendend	STRAHLEND	goldbetreßt	GALONIERT	Grasart	SCHWINGEL
Gleissperranlage	PRELLBOCK	Gold der Ostsee	BERNSTEIN	Grat	KAMMLINIE
Gletschergeröll	GESCHIEBE	Goldflieder	FORSYTHIE	gratis	KOSTENLOS
glibbrig	GLITSCHIG	Goldmacher	ALCHIMIST	Grauen	ENTSETZEN
Gliederfüßer	KREBSTIER	Golf	MEERBUSEN	Grauen, Entsetzen	SCHRECKEN
Gliederfüßer, Krebstier	ROLLASSEL	Gospel, Gospelsong	SPIRITUAL	Graufuchs	GRISFUCHS
Gliedermeßstab	ZOLLSTOCK	Gosse	RINNSTEIN	Grau-in-Grau-Malerei	GRISAILLE
Gliederung	FORMATION	gottesdienstl. Handlung	KOMMUNION	Graukehlchen	BRAUNELLE
Gliedsatz	NEBENSATZ	gottesdienstliche Handlung	ABENDMAHL	gravitätisch gehen	SCHREITEN
Glimmentladung an Spitzen	ELMSFEUER	Gottesfrieden	TREUGADEI	greifbar	MATERIELL
Glitzerblättchen z. Aufnähen	PAILLETTE	gottesfürchtig	RELIGIOES	Greifvogel	ABENDFALK
Glockenblume	CAMPANULA	Gottesgelehrtheit	THEOLOGIE	Greifvogel	BARTGEIER
Glockenblume	KAMPANULA	Gottesleugnung	ATHEISMUS	Greifvogel	KORNWEIHE
Glosse	KOMMENTAR	graben	SCHAUFELN	grell	GLEISSEND
Glucke, Gluckhenne	BRUTHENNE	Grabmal	GRABKREUZ	Gremium	AUSSCHUSS
Glücksbringer	KLEEBLATT	Grabwespe	SANDWESPE	Grenzgebirge in Westeuropa	PYRENAEEN
Glücksritter, -spieler	HASARDEUR	Grad	ABSTUFUNG	griech. Astronom	ARISTARCH
Glückwünschender	GRATULANT	Gräberfeld des Altertums	NEKROPOLE	griech. Baumeister (3. Jh. v. Chr.)	SOSTRATOS
Gnadenmittel	SAKRAMENT	Gralsritter	GURNEMANZ	griech. Bildhauer	ALKAMENES
		Gralsritter	LOHENGRIN	griech. Chansonsängerin	MOUSKOURI
		grammatikal. Geschlecht	SAECHLICH	griech. Chorführer	KORYPHAEE

Clue	Answer
griech. Göttin d. Gedächtnisses	MNEMOSYNE
griech. Göttin d. Liebe	APHRODITE
griech. Gott d. Traumes	PHANTASOS
griech. Gott der Heilkunde	ASKLEPIOS
griech. Held, Freund d. Achill	PATROKLOS
griech. Hochzeitsgott	HYMENAIOS
griech. Inselgruppe	DODEKANES
griech. Königsname	ALEXANDER
griech. Philologe	ARISTARCH
griech. Philosoph	EUHEMEROS
griech. Philosoph (Milet)	LEUKIPPOS
griech. Reiseschriftsteller	PAUSANIAS
griech. Sagenkönig	AGAMEMNON
griech. Seher	TEIRESIAS
griech. Tempelsklave	HIERODULE
griech. Trinkgelage, Gastmahl	SYMPOSION
Griff	HALTERUNG
Grippe	INFLUENZA
Grips	KOEPFCHEN
grober Schrot	REHPOSTEN
größte chines. Hafenstadt	SCHANGHAI
größte franz. Hafenstadt	MARSEILLE
größte Insel der Erde	GROENLAND
größter Gletscher der Erde (Alaska)	MALASPINA
größter Nordseehafen	ROTTERDAM
größte Stadt von Ohio (USA)	CLEVELAND
großartig, prachtvoll	PRAECHTIG
Großbehälter	CONTAINER
Großbuchstaben	VERSALIEN
große Begräbnisstätte	MAUSOLEUM
große Schaumünze	MEDAILLON
großes Schiff entfrachten	LEICHTERN
Großflosser	MAKROPODE
Großgewerbe	INDUSTRIE
großkalibrige Schußwaffe	GESCHUETZ
Großkaufhaus	WARENHAUS
Großmacht, Imperium	WELTREICH
Großmaul	BRAMARBAS
Großwildpark in Tansania	SERENGETI
großzügig	FREIGEBIG
grübeln, nachdenken	SINNIEREN
Grünalge	CHLORELLA
Grünanlage f. Ballspiel	GOLFPLATZ
gründen	FUNDIEREN
gründl. Haarentfernung	EPILATION
Gründling (Fisch)	KRESSLING
Grünerde	GLAUKONIT
Grünschnabel	GREENHORN
Grundgewebe (biol.)	PARENCHYM
Grundlage	FUNDAMENT
grundlegend	ELEMENTAR
Grundmauer	FUNDAMENT
Grundschulfach	SCHREIBEN
Gruppe, Klasse	KATEGORIE
Gruß, Grußformel	GUTENACHT
guatemaltek. Hauptstadt	GUATEMALA
gültig	ABGEMACHT
gültig	ANERKANNT
Güte, Wert	QUALITAET
Güterdepot	LAGERRAUM
Güterversender	SPEDITEUR
Gummibaumprodukt	KAUTSCHUK
Gummibereifung	PNEUMATIK
Gummilack	SCHELLACK
Gunst, Geneigtheit	ZUNEIGUNG
Gurkenkraut	BORRETSCH
Gut	BESITZTUM
Gut	BESITZUNG
Gutachten	KONSILIUM
gute Bekannte	VERTRAUTE

gut essen	SCHMAUSEN	Hafenstadt in Kolumbien	CARTAGENA	Halbschlaf	SCHLUMMER
gutsagen, gutsprechen	EINSTEHEN	Hafenstadt in Maryland (USA)	BALTIMORE	Halbwelt	DEMIMONDE
Gymnasialklasse	OBERPRIMA			Halbweltdame	KURTISANE
Haargefäß	KAPILLARE			Halbwüchsige	BACKFISCH
Haarpflegemethode	KALTWELLE	Hafenstadt in Massachusetts	FALLRIVER	Halfter	HALTERUNG
				Hallig vor Schleswig	LANGENESS
Haarröhrchen	KAPILLARE	Hafenstadt in Pommern	STRALSUND	Hallimasch	HONIGPILZ
Haarschnitt	PAGENKOPF	Hafenstadt in Schlesw.-Holstein	FLENSBURG	halsstarrig	INSISTENT
Haarspalterei	KASUISTIK			Halsstarrigkeit	EIGENSINN
Habe, Eigentum	VERMOEGEN	Hafenstadt in Spanien	CARTAGENA	haltbar	DAUERHAFT
				Haltung	ATTITUEDE
Hackfrucht	KARTOFFEL	Hafenstadt in Texas (USA)	GALVESTON	Hamamelisgewächs	AMBRABAUM
Hackfrucht	KOHLRUEBE				
Hadernkrankheit	MILZBRAND	Haff, Lagune	STRANDSEE	Hamburger Witzfigur	KLEINERNA
Häftling	ARRESTANT	Hafner	KERAMIKER	Hamitenstamm, -volk	BISCHARIN
Hämatit	BLUTSTEIN	Haft	GEWAHRSAM		
härtbarer Kunststoff	DUROPLAST	Haftanstalt	ZUCHTHAUS	Handarbeiterin	STICKERIN
		haften	EINSTEHEN	Handbuch	LEITFADEN
häufend	KUMULATIV	Hagebuche	HAINBUCHE	handeln	FEILSCHEN
Hafenboot, -schiff	SCHLEPPER	Hagedorn	WEISSDORN	Handelsmarke, Warenzeichen	TRADEMARK
Hafenstadt am Kasp. Meer	ASTRACHAN	Hagelkorn (medizin.)	CHALAZION		
		Hahnenfußgewächs	HAARKRAUT	Handelsvertreter	REISENDER
Hafenstadt am Michigansee	MILWAUKEE			Handgeld	DRAUFGABE
		Hai-Art	HAMMERHAI	Handgemenge, Rauferei	PRUEGELEI
Hafenstadt auf Schikoku	TAKAMATSU	Hai-Art	KATZENHAI		
		Hainbuche	HAGEBUCHE	handhaben	HANTIEREN
Hafenstadt auf Zypern	FAMAGUSTA	Halbaffe	OHRENMAKI	Handhabung	ANWENDUNG
		halbamtlich	OFFIZIOES	Handharmonika	AKKORDEON
Hafenstadt im Rhone-Delta	MARTIGUES	Halbblut	MISCHLING		
		Halbinsel auf Rügen	MOENCHGUT	handlich, zweckmäßig	PRAKTISCH
Hafenstadt in der Normandie	CHERBOURG	Halbinsel d. Hudson-Mündung	MANHATTAN	Handliniendeuter	CHIROMANT
				Handlung	MASSNAHME
				Handpflege	MANIKUERE

Handpflegerin	MANIKUERE	
Handschrift e. Berühmtheit	AUTOGRAPH	
Handstempel	PETSCHAFT	
Handwerker	LACKIERER	
handwerkl. Arbeitsplatz	WERKSTATT	
Hang	BOESCHUNG	
Hannibals Bruder	HASDRUBAL	
Harmonie	EINIGKEIT	
Harmonie	KONSONANZ	
Harmonie	WOHLKLANG	
Harmonika	BANDONEON	
Harmonika	GLASHARFE	
Hartholz	EISENHOLZ	
Hartholz	KASUARINE	
hartnäckig	VERBISSEN	
hartschalige Frucht	KOKOSNUSS	
Harz	GUMMIGUTT	
Harz, Fixiermittel	SCHELLACK	
Harzkurort	BRAUNLAGE	
Haschisch	MARIHUANA	
Hasenampfer	SAUERKLEE	
Hasenart	KANINCHEN	
Hauptort der Ortenau	OFFENBURG	
Hauptperson einer Feier	JUBILARIN	
Hauptpreis	GRANDPRIX	
Hauptst. d. schweiz. Kant. Neuenburg	NEUCHATEL	
Hauptst. e. dtsch. Bundeslandes	MAGDEBURG	
Hauptst. v. Gudscherat (Indien)	AHMEDABAD	
Hauptstadt	METROPOLE	
Hauptstadt der Färöer	THORSHAVN	
Hauptstadt der Niederlande	AMSTERDAM	
Hauptstadt der Slowakei	PRESSBURG	
Hauptstadt Kataloniens	BARCELONA	
Hauptstadt v. Bithynien	NIKOMEDIA	
Hauptstadt v. Schottland	EDINBURGH	
Hauptstadt v. Tadschikistan	DUSCHANBE	
Hauptstadt von Benin	PORTONOVO	
Hauptstadt von Bessarabien	KISCHINEW	
Hauptstadt von Burundi	BUJUMBURA	
Hauptstadt von Falster	NYKOEPING	
Hauptstadt von Gran Canaria	LASPALMAS	
Hauptstadt von Hessen	WIESBADEN	
Hauptstadt von Holland	AMSTERDAM	
Hauptstadt von Idaho (USA)	BOISECITY	
Hauptstadt von Iowa (USA)	DESMOINES	
Hauptstadt von Israel	JERUSALEM	
Hauptstadt von Kwandebele	SIYABUSWA	
Hauptstadt von Laos	VIENTIANE	
Hauptstadt von Malta	LAVALETTA	
Hauptstadt von Maryland (USA)	ANNAPOLIS	
Hauptstadt von Mauritius	PORTLOUIS	
Hauptstadt von Menorca	PORTMAHON	
Hauptstadt von Minnesota (USA)	SAINTPAUL	
Hauptstadt von Nordbaden	KARLSRUHE	
Hauptstadt von Sachsen-Anhalt	MAGDEBURG	
Hauptstadt von Saint Vincent	KINGSTOWN	
Hauptstadt von Slowenien	LJUBLJANA	
Hauptstadt von Tennessee	NASHVILLE	
Hauptstadt von Tirol	INNSBRUCK	
Hauptstadt von Tonga	NUKUALOFA	
Hauptstadt von Usbekistan	TASCHKENT	
Hauptstern im Stier	ALDEBARAN	

Hauptstimme der Orgel	PRINZIPAL	Heerschau	AUFMARSCH	heiliges Jahr	JUBELJAHR
Hauptturm der Burg	BERGFRIED	heftig, stürmisch	UNGESTUEM	Heilkundiger	MEDIZINER
		Heftigkeit	UNGESTUEM	Heilmittel	PHARMAKON
Hauptzeuge	KRONZEUGE	Hegezeit	SCHONZEIT	Heilmittelherstellung	PHARMAZIE
		Hehlerware	DIEBESGUT		
Haushaltsabfall	HAUSMUELL	Heidekraut	BAUMHEIDE	Heilmittelkundiger	APOTHEKER
Haushofmeister	MARSCHALL	Heidekrautgewächs	MOOSBEERE	Heilpflanze	ABERRAUTE
Hausmeisterin in Frankreich	CONCIERGE	Heidelbeere	BICKBEERE	Heilpflanze	BAERLAUCH
Hausschuh	PANTOFFEL	Heidelbeere	BLAUBEERE	Heilpflanze	BORRETSCH
Hausschuh	SCHLAPPEN	Heidenbekehrer	MISSIONAR	Heilpflanze	BRECHNUSS
Hausschuhe	BABUSCHEN	Heilbad am Wesergebirge	BADEILSEN	Heilpflanze	KNOBLAUCH
Hautfleck	MUTTERMAL			Heilpflanze	KREUZDORN
Hautflügler	GALLWESPE	Heilbad an der Lahn	FACHINGEN	Heilpflanze	LEINKRAUT
Hautkrankheit	AUSSCHLAG	Heilbad bei Lübeck	SCHWARTAU	Heilpflanze	MANNSTREU
Hautkrankheit	DERMATOSE			Heilpflanze	STEINWURZ
Haut-Oberschicht	EPIDERMIS	Heilgehilfin	PFLEGERIN	Heilung	GESUNDUNG
		Heilige d. Kirche	APOLLONIA	Heimat der Beatles	LIVERPOOL
Hautpflegemittel	COLDCREAM	Heilige d. Kirche	ELISABETH	Heimatstaat	VATERLAND
Hawaii-Insel	KAHOOLAWE	Heilige d. Kirche	KATHARINA	Heimatvertriebener	UMSIEDLER
Heber z. Flüssigkeitsentnahme	SAUGHEBER	Heilige d. Kirche	KUNIGUNDE	heimelig	IDYLLISCH
		Heiliger, Apostel der Wenden	VICELINUS	heimlich	INSGEHEIM
Hebevorrichtung	HASPELRAD			heimlich, verborgen	VERSTECKT
hebr.: verrückt	MESCHUGGE	Heiliger, Nothelfer	PANTALEON	heimlich, versteckt	VERBORGEN
Hebriden-Insel	BENBECULA	Heiliger, Ordensgründer	DOMINIKUS	heimlich beobachten	KIEBITZEN
Hebriden-Insel	NORTHUIST	Heiliger d. Kirche	CRISPINUS	Heimreise	RUECKKEHR
Hebriden-Insel	SOUTHUIST	Heiliger d. Kirche	MAURITIUS	Heimweh	NOSTALGIE
Heckenpflanze	FELDAHORN	Heiliger der Kirche	SEVERINUS	heimzahlen	VERGELTEN
Heckenrose	HUNDSROSE			Heiratsgut	AUSSTEUER
Heerführer	MARSCHALL	Heiliger der Kirche	WILLIBALD	Heißhunger	KOHLDAMPF

Heißhunger (mediz.)	LYKOREXIE	Herkommen, Überlieferung	TRADITION	hess. Stadt an d. Fulda	MELSUNGEN
Heißsporn	FANATIKER	Herleitung	INDUKTION	hess. Stadt an der Fulda	ROTENBURG
heiter	FROEHLICH	Heroismus	HELDENTUM	hess. Stadt im Taunus	OBERURSEL
heiteres Bühnenstück	LUSTSPIEL	herrisch	ANMASSEND	hess. Stadt in der Wetterau	FRIEDBERG
heiteres Musikstück	HUMORESKE	herrlich	GLANZVOLL		
		herrlich, glanzvoll	PRAECHTIG		
Heiterkeitsausdruck	FIDELITAS	Herrlichkeit	MAJESTAET	hessisch. Kurort	ALLENDORF
Heiterkeitsausdruck	LACHSALVE	Herrschaft	REGIERUNG	hessisch. Stadt am Rhein	GERNSHEIM
heizbares Gewächshaus	TREIBHAUS	Herrschaftssymbole	INSIGNIEN	hessisch. Stadt am Vogelsberg	BUEDINGEN
Heldenlied	RHAPSODIE	Herrscher	OBERHAUPT	Heuchler	FROEMMLER
Heldentum	HEROISMUS	Herrscher, Landesherr	SOUVERAEN	Hexenring	ELFENRING
Held im Nibelungenlied	SIEGFRIED			Hijacker	LUFTPIRAT
		Herstellung	ERZEUGUNG	Hilfe	ASSISTENZ
helfen	BEISTEHEN	Herstellung	FERTIGUNG	Hilfe, Unterstützung	RUECKHALT
Helfer, Beistand	SEKUNDANT	hervorragend	EXZELLENT	hilfsbereit	KOLLEGIAL
hellbeige Farbe	ELFENBEIN	hervorragend, maßgebend	PROMINENT	Hilfsboot	SCHALUPPE
hellhäutig	LEUKODERM			Hilfsgelder, Unterstützung	SUBSIDIEN
hemmen	ABBLOCKEN	hervorragende Persönlichkeit	PROMINENZ	Hilfskraft	ASSISTENT
hemmend	REPRESSIV			Hilfspolizistin	POLITESSE
Hemmung	HINDERUNG	Herzkammer	VENTRIKEL	Himalajagipfel	ANNAPURNA
Henkel	HANDGRIFF	herzlich	LIEBEVOLL	Himalajagipfel	NANDADEVI
Herabsetzung, Minderung	REDUKTION	Herzlichkeit	INNIGKEIT	Himmelsgewölbe	FIRMAMENT
		Herzstärkungsmittel	KARDIAKUM		
Heranwachsender	JUENGLING	hess. Kurort	WILDUNGEN	Himmelslicht b. elektr. Entladung	NORDLICHT
herausfinden	ERMITTELN	hess. Kurort am Rhein	WIESBADEN	Himmelsrichtung	SUEDOSTEN
herausfordernd	PROVOKANT	hess. Stadt am Main	OFFENBACH	hindern	ABBLOCKEN
Herbstblume	GOLDRAUTE			Hindin, Hinde	HIRSCHKUH
Herbstmonat	SEPTEMBER	hess. Stadt am unteren Main	MUEHLHEIM	hingabevoll	DEZIDIERT
Heringsart	BREITLING			Hinrichtung	EXEKUTION

hintergehen	BETRUEGEN	Hochland in Südrußland	KAUKASIEN
hinterhältig	ARGLISTIG	hochmütig, hochnäsig	ANMASSEND
hinterhältig	INTRIGANT	Hochmut, Hochnäsigkeit	ANMASSUNG
hinterlegte Sachen	DEPOSITEN	Hochschüler	STUDIOSUS
Hinterrheintal	DOMLESCHG	Hochschule	ALMAMATER
hinterster Mast	BESANMAST	Hochschullehrer	PROFESSOR
hinterster Vollschiffmast	KREUZMAST	Hochseefisch	HORNHECHT
Hirnanhangdrüse	HYPOPHYSE	Hochseefisch	KNURRHAHN
Hirngespinst	PHANTASIE	Hochseesegelschiff	KARAVELLE
Hirngespinst	PHANTASMA	Hochstapler	BETRUEGER
Hirngespinst, Trugbild	SCHIMAERE	Hochtal in Tirol	STUBAITAL
hirnverbrannt	VERRUECKT	hochwertige Kohle	ANTHRAZIT
Hirsch, Hirschart	ROTHIRSCH	Hochwild-Art	STEINWILD
Hirsch, Hirschart	WASSERREH	Hockey-Ausdruck	BODYCHECK
Hirtenflöte	PANFLOETE	höchst	AEUSSERST
Hirtenlied	KUHREIGEN	höchster Alpengipfel	MONTBLANC
Hirtenlied	KUHREIHEN	höchster Berg der Dolomiten	MARMOLATA
Hirtenlied	PASTORALE	höchster Berg in Amerika	ACONCAGUA
Hirtenlieddichter	BUKOLIKER	höchster Berg in Europa	MONTBLANC
Hitzemesser	PYROMETER	höchster deutscher Berg	ZUGSPITZE
Hitzkopf	DESPERADO	höchster franz. Pyrenäenberg	VIGNEMALE
Hitzkopf	FANATIKER	höchster jüdischer Feiertag	JOMKIPPUR
Hochachtung	EHRFURCHT		
Hochbetrieb, Hauptverkehr	STOSSZEIT		
Hochgebirge in Asien	KARAKORUM		
Hochgebirgsblume	EDELWEISS		
Höchstfrequenzerzeuger	MAGNETRON	höhere Etage	OBERSTOCK
höchst lobenswert	RUEHMLICH	höherer Schüler	PENNAELER
höfische Liebeslyrik	MINNESANG	höherer Schüler	QUARTANER
Höflingsgruppe	KAMARILLA	höherer Schüler	QUINTANER
Höhenlinien	ISOHYPSEN	höherer Schüler	TERTIANER
Höhenmesser	AEROMETER	höhere Schule	GYMNASIUM
Höhenzug b. d. Schwyzer Alpen	MORGARTEN	Höhlenbewohner	TROGLODYT
Höhenzug bei Bamberg	HASSBERGE	Hölle, Totenreich	UNTERWELT
Höhenzug in Thüringen	HAINLEITE	Höllenfürst	BEELZEBUB
		Hofamt, -beamter	MARSCHALL
		Hofamt, -beamter	TRUCHSESS
		Hoffnung	ERWARTUNG
		hofieren	SCHOENTUN
		Hoheit	GRANDEZZA
		Hohenstaufen-Anhänger	GIBELLINE
		hoher Offizier	MARSCHALL
		hohes Fußballzuspiel	STEILPASS

Hohlspiegel	REFLEKTOR	Hptst. d. Mongol. Volksrepublik	ULANBATOR	Hypophysenhormon	PROLAKTON
Holzart	STAMMHOLZ			Ideenlehre	IDEOLOGIE
Holzart, -gewächs	BUCHSBAUM	Hptst. v. Baden-Württemberg	STUTTGART	idyllisch	ARKADISCH
Holzart, -gewächs	KORKEICHE			Ikterus	GELBSUCHT
Holzbildhauer	SCHNITZER	Hüfthalter	KORSELETT	Illustration	ABBILDUNG
Holzbläser	FAGOTTIST	Hügel über dem alten Troja	HISSARLIK	Iltis	FRETTCHEN
Holzblasinstrument	KRUMMHORN			im Freien übernachten	KAMPIEREN
Holzblasinstrument	PANFLOETE	Hühnerauge	LEICHDORN	Imitator	NACHAHMER
		Hühnerrasse	FRANKOLIN	imitieren	NACHAHMEN
Holzkrankheit	ASTFAEULE	Hühnerrasse	ITALIENER	immer	JEDERZEIT
Holzkrankheit	ROTFAEULE	Hühnerrasse	ORPINGTON	Immergrün	HUNDSGIFT
Holz-Raummaß	FESTMETER	Hühnerrasse	WYANDOTTE	immergrünes Gewächs	BUCHSBAUM
Holzschneidegerät	HOHLEISEN	Hühnervogel	GOLDFASAN	immergrüne Strauch-, Baumart	TAMARISKE
Holzschnittkünstler	XYLOGRAPH	Hürde	HINDERNIS	im Mittelpunkt befindlich	ZENTRISCH
		hüten, bewahren	SCHUETZEN		
homerische Versform	HEXAMETER	Hütte	HAEUSCHEN	Impertinenz	FRECHHEIT
		Humbug	BLOEDSINN	Inbegriff	INNERSTES
Honigdrüsen der Blüten	NEKTARIEN	Hunderasse	BULLDOGGE	inbegriffen	INKLUSIVE
		Hunderasse	DOBERMANN	Inbesitznahme	ANEIGNUNG
Honigklee	STEINKLEE	Hunderasse	FUCHSHUND	in Brand stecken	ANZUENDEN
Honigkuchen	LEBKUCHEN	Hunderasse	SCHNAUZER		
Hopfenanbaugebiet in Bayern	HALLERTAU	Hunderasse	TIGERHUND	ind. Großmogul	AURANGZEB
		Hunderasse	WINDSPIEL	ind. Hafen a. d. Malabarküste	MANGALORE
Hormon d. Zirbeldrüse	MELATONIN	Hunderasse	WOLFSHUND		
Horror	ENTSETZEN	Hundskopfaffe	GRUENAFFE	Indianersprache	AZTEKISCH
Horror, Schauder	SCHRECKEN	Hundskopfaffe	MEERKATZE	indisch. Inselgruppe	ANDAMANEN
Hort	TAGESHEIM				
horten, lagern	SPEICHERN	Hungerkur	FASTENKUR	indisch. Stadt	BANGALORE
Hose	BEINKLEID	Hungerleider	SCHLUCKER	indische Dattel	TAMARINDE
Hose aus blauem Denim	BLUEJEANS	Hussit	UTRAQUIST	indische Inselgruppe	NIKOBAREN
		hybrid	VERMESSEN		
Hostienträger	MONSTRANZ	Hymne, Hymnus	WEIHELIED		

islam. Sekte

691

indische Kaste	BRAHMINEN
indische Priesterkaste	BRAHMANEN
indischer Wallfahrtsort	ALLAHABAD
indisches Liebeslehrbuch	KAMASUTRA
indische Sprache	MALAYALAM
indische Stadt	DSCHAIPUR
indische Stadt in Maharashtra	SCHOLAPUR
Indiz	ANZEICHEN
indones. Insel	HALMAHERA
indones. Stadt auf Borneo	PONTIANAK
indones. Stadt auf Sumatra	PALEMBANG
Indulgenz	NACHSICHT
Industriestadt an d. Lippe	LIPPSTADT
Industriestadt bei Düsseldorf	BURSCHEID
in Falten legen	DRAPIEREN
Infanterist	GRENADIER
Infanterist	MUSKETIER
Infektionskrankheit	SCHARLACH
infizieren	ANSTECKEN
Information	BELEHRUNG
Information	NACHRICHT
in Gang setzen	ANKURBELN
Ingenieurschule	TECHNIKUM
in Gesamtheit (jurist.)	INCORPORE
Ingwerbier	GINGERALE
inhaftieren	VERHAFTEN
inkognito	UNERKANNT
innehalten	PAUSIEREN
Innenausstattung	INTERIEUR
Innenohr	LABYRINTH
Innenraum	INTERIEUR
inneres Miterleben	SYMPATHIE
innere Verbundenheit	SYMPATHIE
innerlich verbunden	ENGAGIERT
innewohnend	INHAERENT
inniges Verlangen	SEHNSUCHT
Insektenfresser	SPITZMAUS
Insel an der Magalhaesstraße	FEUERLAND
Insel bei New York	NANTUCKET
Inselbewohner	INSULANER
Insel d. Tuamotu-Archipels	MANGAREVA
Inseleuropäer	ISLAENDER
Inselgruppe der Sporaden	DODEKANES
Insel vor Kanada	ANTICOSTI
Insel vor Pommern	HIDDENSEE
Insel vor Sizilien	LAMPEDUSA
insgesamt	GAENZLICH
Insignien	ABZEICHEN
ins Schlepptau nehmen	BUGSIEREN
Instrumentenflug	BLINDFLUG
Interesselosigkeit	LETHARGIE
Interferenzfotografie	HOLOGRAMM
IOK-Präsident	SAMARANCH
iran. Politiker, Min.-präsid.	MOSSADEGH
iran. Stadt	BAKHTARAN
iranisch. Geistlicher	AYATOLLAH
iranisch. Stadt	BACHTERAN
irisch. Bucht	DINGLEBAY
irisch. Schriftsteller	GOLDSMITH
irische Fluggesellschaft	AERLINGUS
irischer Schriftsteller	OFLAHERTY
irische Stadt in Munster	TIPPERARY
irremachen	VERWIRREN
Irrgarten	LABYRINTH
irrgläubig	HETERODOX
Isar-Zufluß	MUEHLBACH
Isar-Zufluß	STEINBACH
isländische Hauptstadt	REYKJAVIK
islam. Fürstentitel	PADISCHAH
islam. Sekte	ALMOHADEN

Isoliermittel, -stoff	GLASWOLLE	ital. Frauenname	MADDALENA	ital. Nationalbewegung	IRREDENTA
Isoliermittel, -stoff	KUNSTHARZ	ital. Frauenname	VALENTINA	ital. Opernkomponist	CHERUBINI
israel. Stadt	BEERSHEBA	ital. Freischarführer	GARIBALDI	ital. Opernkomponist	DONIZETTI
israelisch. Politiker	BENGURION	ital. Gastwirtschaft	TRATTORIA	ital. Opernkomponist	PAISIELLO
ital. abstrakt. Maler	CASSINARI	ital. Geiger, Kompon. (18. Jh.)	PERGOLESI	ital. Opernkomponist	SCARLATTI
ital. abstrakt. Maler	SANTOMASO	ital. Halbinsel	KALABRIEN		
ital. Adelsfamilie	MALATESTA	ital. Insel	SARDINIEN	ital. Opernsänger	PAVAROTTI
ital. ägatische Insel	FAVIGNANA	ital. Insel im Sizil. Meer	LAMPEDUSA	ital. Politiker	ANDREOTTI
ital. Barockbaumeister	BORROMINI	ital. Inselregion	SARDINIEN	ital. Politiker	TOGLIATTI
ital. Begründer d. Futurismus	MARINETTI	ital. Kaffeehaus	CAFETERIA	ital. Renaissance-Maler	PISANELLO
ital. Berg	MONTECAVI	ital. Komponist	MALIPIERO	ital.-russisch. Barockarchitekt	RASTRELLI
ital. Bergmassiv	GRANSASSO	ital. Komponist (17. Jh.)	STRADELLA		
ital. Bildhauer, Baumeister	SANSOVINO	ital. Lyriker	UNGARETTI	ital. Sänger, Schauspieler	CELENTANO
ital. Dichter, Schriftsteller	BOCCACCIO	ital. Männername	BENEDETTO	ital. Schriftsteller	GUARESCHI
ital. Dichter, Schriftsteller	DANNUNZIO	ital. Männername	FRANCESCO	ital. Seebad am Ligurisch. Meer	VIAREGGIO
ital. Dichter (Nobelpreis)	QUASIMODO	ital. Männername	GUGLIELMO	ital. Seefahrer	VERRAZANO
		ital. Maler	CORREGGIO	ital. Stadt an der Adria	COMACCHIO
ital. Dichter (16. Jh.)	SANNAZARO	ital. Maler	SEGANTINI	ital. Stadt auf Sizilien	VILLAROSA
		ital. Maler (Städtebilder)	CANALETTO		
ital. Diktator	MUSSOLINI	ital. Modeschöpfer	SCHUBERTH	ital. Stadt in Bergamo	TREVIGLIO
ital. Dirigent	TOSCANINI	ital. Münze	CENTESIMO	ital. Stadt in Latium	FROSINONE
ital. Filmregisseur	ANTONIONI	ital. Name von Südtirol	ALTOADIGE		
ital. Filmschauspielerin	CARDINALE			ital. Tenor	DELMONACO

ital. Vulkaninsel vor Sizilien	STROMBOLI	japan. Inselgruppe	TSUSCHIMA	jüdisch-nationale Bewegung	ZIONISMUS	
ital. Weinsorte	BARDOLINO	japan. Kaiser	MUTSUHITO	Jüngerin Jesu	MAGDALENA	
ital.: Flasche	BOTTIGLIA	japan. Kaiser	YOSHIHITO	Jünger Jesu	NATHANAEL	
ital.: fünfzig	CINQUANTA	japan. Kampfsport	TAEKWANDO	jüngst	KUERZLICH	
ital.: gleitend	GLISSANDO	japan. Komponist	AKUTAGAWA	jugoslaw. Hafenstadt	DUBROVNIK	
ital.: Vorspeise	ANTIPASTO	japan. Komponist	IKENOUCHI	jugoslaw. Landesteil	WOJWODINA	
ital.: Woche	SETTIMANA	japan. Landschaftsmaler	HIROSHIGE	jugoslaw. Landschaft	SLAWONIEN	
italien. Automarke	ALFAROMEO	japan. Maler (12. Jh.)	MITSUNAGA	jugoslaw. See in Makedonien	PRESPASEE	
Jachtvorsegel	SPINNAKER	japan. Stadt auf Hondo	MATSUMOTO	jugoslaw. Stadt im Banat	WERSCHETZ	
Jäger	GRUENROCK	japan. Stadt auf Hondo	SCHIZUOKA	Jurist	ANKLAEGER	
jäh, unvermittelt	RUCKARTIG	japan. Stadt auf Kiuschu	WAKAMATSU	jurist. Verhandlung	VERFAHREN	
jämmerlich	KLAEGLICH	japan. Stadt auf Schikoku	MATSUJAMA	juristisch	RECHTLICH	
jämmerlich	MISERABEL	Jazzkomponist, -musiker	DOLDINGER	juristisches Handbuch	PANDEKTEN	
Jagdabschluß	NACHSUCHE	Jazzkomponist, -musiker	GRAPPELLY	Kabel	DRAHTSEIL	
Jagdhund	DACHSHUND	Jazzphrasierung	STATEMENT	Kabinett	REGIERUNG	
jagen, fahnden	VERFOLGEN	Jazzstil	DIXIELAND	Käferart	AASKAEFER	
Jahresdrittel	TRIMESTER	jenseits	HIMMLISCH	Kälte empfinden	FROESTELN	
Jahreszeit	FRUEHLING	Jesuit, Gegenreformator	BELLARMIN	Kärntner Stadt an der Glan	SANKTVEIT	
Jahrgeld	ANNUITAET	Jetztzeit	GEGENWART	Käseart, -sorte	KOCHKAESE	
Jahrmarkt	VOLKSFEST	Journalist	KOLUMNIST	Käseart, -sorte	KORBKAESE	
Jahrmarktsvergnügen	KARUSSELL	Jubelfeier	JUBILAEUM	Käseart, -sorte	LIMBURGER	
Jahrmarktsvergnügen	RIESENRAD	Judentum	JUDAISMUS	Käseart, -sorte	ROQUEFORT	
Jahrzehnt	DEZENNIUM	jüd. Volksführer	BARKOCHBA	Kaffee-Art	KAPUZINER	
Janker	HAUSJACKE	jüdisch. Versöhnungsfest	JOMKIPPUR	Kaisertitel im alten Rom	IMPERATOR	
japan. Filmregisseur	MIZOGUCHI			Kalifeldspat	MONDSTEIN	
japan. Hafenstadt auf Hondo	HAMAMATSU					

Kalifeldspat	ORTHOLKAS
Kalifendynastie in Bagdad	ABBASIDEN
Kalifengeschlecht	OMAIJADEN
Kaliumkarbonat	POTTASCHE
Kalktuff	TRAVERTIN
kalkulieren	BERECHNEN
Kaltwasserheilverfahren	KNEIPPKUR
kambodschan. Hauptstadt	PHNOMPENH
Kameramann	OPERATEUR
Kamin im Gebirge	FELSSPALT
Kammer des engl. Parlaments	UNTERHAUS
Kammerherr	KAEMMERER
Kammweg des Thüring. Waldes	RENNSTEIG
Kampfhandlung v. Flugzeugen	LUFTKAMPF
Kampfspiel, Turnier	WETTKAMPF
kanad. Bucht	BAFFINBAI
kanad. Bucht	HUDSONBAI
kanad. Bucht	UNGAVABAI
kanad. Fluß	ATHABASKA
kanad. Fluß zum Eismeer	MACKENZIE
kanad. Fluß zur Fundybai	SAINTJOHN
kanad. Stadt an der Fundybai	SAINTJOHN
kanad. Stadt an der Hudsonbai	CHURCHILL
Kanalisationsanlage	SENKGRUBE
Kanarische Insel	LANZAROTE
Kanarische Insel	TENERIFFA
Kandidat, Bewerber	POSTULANT
Kaninchenfell	BIBERETTE
Kannenstaude	NEPENTHES
Kanone	GESCHUETZ
Kanoniker, Kanonikus	KAPITULAR
Kapelle (musikal.)	ORCHESTER
kapieren	BEGREIFEN
Kapitän	KOMMODORE
Kapitelherr	KAPITULAR
Kaplan	EXPOSITUS
kaputt, vernichtet	ZERSTOERT
Kapuzineraffe	BREITNASE
Kapuzinerpilz	ROEHRLING
Karakulschafspelz	PERSIANER
Karikatur	SPOTTBILD
Karneval	FASTNACHT
karolingischer Stallmeister	MARSCHALL
Karotte	MOHRRUEBE
Karpfenart, -fisch	KARAUSCHE
Karpfenfisch	GRUNDLING
Karren	HANDWAGEN
Kartei	KARTOTHEK
Kartenspiel	MAUSCHELN
Kartenspiel	QUODLIBET
Kartenspiel	SCHAFKOPF
Kartenspielausdruck	GRANDHAND
karthagische Gottheit	BAALHAMAN
karthagischer Heerführer	HASDRUBAL
Karton, Verpackungsmittel	SCHACHTEL
kartoniertes Buch	PAPERBACK
Kasseler Kunstausstellung	DOCUMENTA
Kassenführer	KASSIERER
Kassette	KAESTCHEN
Kassiterit, Zinnoxid	ZINNSTEIN
Kastor u. Pollux	DIOSKUREN
katalon. Mittelmeerhafen	TARRAGONA
Katapult	SCHLEUDER
Kataster	GRUNDBUCH
Katastrophe, schweres Unglück	TRAGOEDIE
kathol. Altartuch	KORPORALE
kathol. Bettelorden	KAPUZINER
kathol. Familienfest	NAMENSTAG
kathol. Hauptgottesdienst	MESSOPFER
kathol. kirchl. Würde	DIGNITAET

kathol. Schulorden	PIARISTEN	Kesseltreiben, Jagdart	TREIBJAGD
kathol. Sündenbekenntnis	CONFITEOR	Keuchhusten	PERTUSSIS
		Kfz-Abstellmöglichkeit	PARKPLATZ
Kattunart	SCHIRTING		
Katzenart	SIAMKATZE	Kiefernzapfen	KIENAPFEL
Katzenfrett	KAKAMIZLI	Kinderarzt	PAEDIATER
Katzenmusik	CHARIVARI	Kinderkrankheit	SCHARLACH
Katzenmusik	KLIMPEREI	Kinderspielzeug	BAUKASTEN
kaufmänn. Stellung, Beruf	KONTORIST	Kinder von Okeanos	OKEANIDEN
kaufmännisch	MERKANTIL	Kindesräuber	KIDNAPPER
kaukas. Volksstamm	INGUSCHEN	Kirchenältester	PRESBYTER
		Kirchenanbau	SAKRISTEI
Kautschuklieferant	GUMMIBAUM	Kirchenvater	AMBROSIUS
Keeper	TORHUETER	Kirchenvater	CYPRIANUS
Kehlkopfteil	STIMMBAND	kirchl. Pfründe	PRAEBENDE
Keile	ABREIBUNG	Kirchturm in Italien	CAMPANILE
keimfrei	ASEPTISCH		
keltisch. Stamm in d. Westalpen	HELVETIER	Kirmes	KIRCHWEIH
		kläglich	MISERABEL
		Klagelied	JEREMIADE
keltische Volksgruppe	TIGURINER	Klamauk, Lärm	SPEKTAKEL
Kenner, Könner	ROUTINIER	Klammeraffe	BREITNASE
Kenntnis	ERFAHRUNG	Klampfe, Gitarre	ZUPFGEIGE
Kennzeichen	KRITERIUM	klanglich	AKUSTISCH
kennzeichnen	MARKIEREN	Klangregler	TONBLENDE
keramisches Erzeugnis	IRDENWARE	klapperndes Geräusch	SCHEPPERN
Kerl	MANNSBILD	Klappstuhl zur Jagd	JAGDSTUHL
Kernenergie	ATOMKRAFT		
Kernwerk einer Festung	ZITADELLE	Klasse d. Wirbeltiere	AMPHIBIEN
keß, ungezwungen	UNGENIERT	Klause	EREMITAGE
		Klavierspielerin	PIANISTIN

Klebematerial, Klebstoff	KUNSTHARZ		
kleben	KLEISTERN		
Kleidausschnitt	DEKOLLETE		
Kleiderablage	GARDEROBE		
Kleidung	GARDEROBE		
Kleinasien	ANATOLIEN		
Kleinbär	NASENBAER		
kleine Apfelsine	MANDARINE		
kleine Delle im Gesicht	GRUEBCHEN		
kleine Federmotte	GEISTCHEN		
kleine Fliegenart	TAUFLIEGE		
kleine Hunderasse	CHIHUAHUA		
kleine Laute	MANDOLINE		
kleine Liebesgötter	AMORETTEN		
kleine Märchenfigur	DAEUMLING		
kleiner Damenhut	KAPOTTHUT		
kleiner Planet	PLANETOID		
kleines Eßlokal	GRILLROOM		
kleines Fernrohr	OPERNGLAS		
kleines Rinnsal	BAECHLEIN		
kleines Standbild	STATUETTE		
kleine Zigarre	ZIGARILLO		
kleine Zwiebel	SCHALOTTE		
Kleinigkeit	BAGATELLE		
kleinlich	ENGHERZIG		
Kleinschmetterling	BLAEULING		

Kleinschmetterling	MEHLMOTTE	Königreich in Nahost	JORDANIEN
Kleinschmetterling	PELZMOTTE	Königskerze	VERBASCUM
Kletterer-Ausrüstung	EISPICKEL	Königskerze	WOLLBLUME
Klimagürtel	SUBTROPEN	König v. Lydien, Mann v. Rhodope	KANDAULES
Klingstein	PHONOLITH	König von Makedonien	DEMETRIOS
Klopffestigkeitsmaß f. Kraftstoff	OKTANZAHL	König von Mykene	AGAMEMNON
Klopfkäfer	TOTENWURM	körnig	GRANULOES
Klopfkäfer	TROTZKOPF	Körperbautyp	LEPTOSOME
Kloster	ZOENOBIUM	körperl. Mangel	GEBRECHEN
Klosterhofumrandung	KREUZGANG	körperlich	MATERIELL
Klostervorsteherin	AEBTISSIN	körperliche Verfassung	KONDITION
Klytämnestras Mann	AGAMEMNON	Körper m. elliptisch. Querschnitt	ELLIPSOID
knapp	LAKONISCH	Körperteil	BRUSTKORB
Knechtung	KNEBELUNG	köstlich	DELIZIOES
kneten	MASSIEREN	Kognakglas	SCHWENKER
Knetmasse	PLASTILIN	Kohlart	BLAUKRAUT
knickrig	KNAUSERIG	Kohlart	GRUENKOHL
Knickrigkeit	KNAUSEREI	Kohlart	ROSENKOHL
Knoblauchpilz	MOUSSERON	Kohlart	WEISSKOHL
Knochenfisch	LIPPFISCH	Kohlenblende	ANTHRAZIT
Knöterichgewächs	RHABARBER	Kohleprodukt	LEUCHTGAS
Knollennase	RHINOPHYM	Kolleg	VORLESUNG
knospen, hervorwachsen	SPRIESSEN	kolumbian. Fluß	MAGDALENA
Koati	NASENBAER	kolumbian. Stadt	MANIZALES
Königin von Ägypten	CLEOPATRA	kombinieren	VERBINDEN
Königreich	MONARCHIE	komfortabel	BEHAGLICH
		Komma	BEISTRICH
		Kommabakterien	VIBRIONEN
		Kommandeur	ANFUEHRER
		kommandieren	ANFUEHREN
		Kommentar	ANMERKUNG
		Kommentar	AUSLEGUNG
		Kommentar	BEMERKUNG
		Kommunion	ABENDMAHL
		Komödie	LUSTSPIEL
		Komp. d. »Geschöpfe d. Prometheus«	BEETHOVEN
		Komp. d. »West Side Story«	BERNSTEIN
		Komp. d. Balletts »Herodiade«	HINDEMITH
		Komp. d. Oper »Die Afrikanerin«	MEYERBEER
		Komp. d. Oper »Die Hugenotten«	MEYERBEER
		Komp. d. Oper »Die weiße Dame«	BOIELDIEU
		Komp. d. Operette »Die Banditen«	OFFENBACH
		Komp. d. Operette »Opernball«	HEUBERGER
		Komp. d. Operette »Pariser Leben«	OFFENBACH
		Komp. d. Operette »Schöne Helena«	OFFENBACH
		Komp. der Oper »Don Pasquale«	DONIZETTI
		Komp. der Oper »Liebestrank«	DONIZETTI

Komp. v. »Der Barbier von Bagdad«	CORNELIUS	Konsorte	MITTAETER	Kraftfeldstärkemaß	POTENTIAL
		Konsum	VERBRAUCH		
		kontern	REAGIEREN	Kraftlosigkeit	SCHWAECHE
Komp. v. »Hoffmanns Erzähl.«	OFFENBACH	Kontertanz	QUADRILLE	Kraftstoff	DIESELOEL
		Kontrast	GEGENSATZ	krampfartig	KONVULSIV
		Kontur	RANDLINIE		
Komp. v. »Lucia di Lammermoor«	DONIZETTI	konventionell	FOERMLICH	krampfartig	SPASMISCH
		Konversation	GESPRAECH	Krankenfahrzeug	ROLLSTUHL
Kompliment	ARTIGKEIT	Konzession, Genehmigung	ZULASSUNG	Krankenkost	SCHONKOST
Komplize	MITTAETER			Krankenpflegerin	SCHWESTER
Kompon. d. Oper »Cardillac«	HINDEMITH	Kopfschmuck	STIRNREIF	Krankenschwester	PFLEGERIN
		Kopfschutz f. Zweiradfahrer	STURZHELM	Krankheitsbefall	AFFEKTION
Kompon. d. Oper »Mathis d. Maler«	HINDEMITH				
		Kopie	ABSCHRIFT	Krankheitsbeschreibung	KASUISTIK
Komponist der Oper »Fidelio«	BEETHOVEN	Korbblütler	ARTEMISIA		
		Korbblütler	BOCKSBART	Krankheitssymptom	ERBRECHEN
Komponist des Musicals »Hair«	MACDERMOT	Kornett	FAEHNRICH		
		Korpulenz	FETTSUCHT	Kreatur	GESCHOEPF
Kompromiß	AUSGLEICH	Korridor	DURCHGANG	Kreatur	LEBEWESEN
		kosmetisches Mittel	FETTCREME	krebserreg. Stoff im Teer	BENZPYREN
Kompromiß	VERGLEICH				
Kondition	BEDINGUNG	kostbares Mineral	EDELSTEIN	Krebstier	KRUSTAZEE
Kondor, Geierart	KAMMGEIER			Kreuzblüter, -blütler	KRUZIFERE
		kosten, proben	VERSUCHEN		
Konfirmand	KATECHUME	kosten, prüfen	PROBIEREN	Kreuzblütler	ACKERSENF
konfiszieren	EINZIEHEN	Kostümfest	MASKERADE	Kriechtierbehälter	TERRARIUM
Konfitüre	MARMELADE	Krabbenart	SEESPINNE	Kriechtier-Ordnung	EIDECHSEN
Konflikt, Zerrissenheit	ZWIESPALT	Kräutersoße, Würztunke	REMOULADE	Kriechtierordnung	KROKODILE
Konjunktion (grammat.)	BINDEWORT	Kraftbrühe	KONSOMMEE	Kriechtierordnung	SCHLANGEN
		Kraftfahrer	CHAUFFEUR		
Konjunkturrückgang	REZESSION	Kraftfahrzeug, -wagen	AUTOMOBIL	Kriegskunst, Kampfesweise	STRATEGIE
Konsequenz	FOLGERUNG				
Konservierungsverfahren	RAEUCHERN	Kraftfahrzeug, -wagen	LASTWAGEN	Kriemhilds Gatte	SIEGFRIED
Konsorte	BEGLEITER				

kroat. Küstenlandschaft	DALMATIEN	Kulturpflanze d. Tropen	KAKAOBAUM	Kurort im Erzgebirge	ALTENBERG
kroatischer Bildhauer	MESTROVIC	Kulturpflanze d. Tropen	KAUTSCHUK	Kurort im Harz	ALEXISBAD
kroatische Stadt	KARLSTADT	Kulturpflanze der Tropen	APFELSINE	Kurort im Kanton Uri	ANDERMATT
Kronprinz	THRONERBE	Kundgebung	AUFMARSCH	Kurort im Murgtal	GERNSBACH
Krummholzart	LEGFOEHRE	Kunststoff	KUNSTHARZ	Kurort im Nordschwarzwald	HERRENALB
Kuder	WILDKATZE	Kunststoff	PLEXIGLAS		
Küchengewürz	KNOBLAUCH	Kunststoff	POLYAKRYL	Kurort im oberen Isartal	LENGGRIES
Küchengewürz, -kraut	BASILIKUM	Kunststoff	POLYESTER	Kurort im Schwarzwald	DUERRHEIM
Küchengewürz, -kraut	KORIANDER	Kupfer-, Messingoxid	GRUENSPAN	Kurort in den Berner Alpen	ADELBODEN
Küchenhilfe	SPUELERIN	Kupfer-Nickel-Zink-Legierung	NEUSILBER	Kurort in der Steiermark	BADAUSSEE
Küfer	BOETTCHER				
Künder, Prophet	WEISSAGER	Kupferstichverfahren	AQUATINTA	Kurort in der Wetterau	BADVILBEL
künstl. Süßstoff	SACCHARIN	Kuppel	KUGELDACH	Kurort in Kärnten	MILLSTATT
Künstlergruppe der Romantik	NAZARENER	Kurfürstentum	ELEKTORAT	Kurort in Niederösterreich	REICHENAU
Künstlerkolonie bei Bremen	WORPSWEDE	Kurort am Harz	BADSACHSA	Kurort in Rheinland-Pfalz	AHRWEILER
		Kurort am Riesengebirge	WARMBRUNN		
Künstlerviertel von München	SCHWABING	Kurort am Zürichsee	WADENSWIL	Kurort in Schleswig-Holstein	BRAMSTEDT
Kürbisflasche	KALEBASSE	Kurort an der Fränkisch. Saale	KISSINGEN	Kursabweichung	DEVIATION
Küstenfahrzeug	SCHALUPPE			Kursfeststellung (Börse)	NOTIERUNG
Küstenvorsprung	LANDZUNGE	Kurort an der Hardt	DUERKHEIM		
Küster	GLOECKNER	Kurort an Salza u. Werra	SALZUFLEN	Kursnotierung (Börse)	QUOTATION
Küster, Mesner	SAKRISTAN				
Kult, Anbetung	VEREHRUNG	Kurort bei Wetzlar	BRAUNFELS	Kurve	KRUEMMUNG
Kultur	ZUECHTUNG			kurzes, leichtes Musikstück	BAGATELLE
Kulturpflanze	KARTOFFEL	Kurort im Allgäu	HINDELANG		
Kulturpflanze d. Tropen	BAUMWOLLE	Kurort im Berner Oberland	MEIRINGEN	kurzes ruhiges Musikstück	ANDANTINO

kurzgebratene Rinderscheibe	BEEFSTEAK	
kurzläufiges Gewehr	KARABINER	
Kurzschriftschreiber	STENOGRAF	
kurz und treffend	LAKONISCH	
Kurzware	NAEHNADEL	
Kurzware	NAEHSEIDE	
Kuschelspielzeug	STOFFTIER	
Kutteln	KALDAUNEN	
laben	ERQUICKEN	
Labyrinthfisch	MAKROPODE	
Lade	SCHUBFACH	
Laden	GESCHAEFT	
Ladenbuchhandel	SORTIMENT	
Ladungsausgleich	ENTLADUNG	
ladylike	DAMENHAFT	
Längenmaß	KILOMETER	
lärmen	KRAKEELEN	
läutern, reinigen	PURGIEREN	
Lage, Gegebenheit	SITUATION	
Lager, Lagerstatt	LIEGESOFA	
Lager f. Camper	ZELTPLATZ	
lagern	KAMPIEREN	
Lagerstelle	RASTPLATZ	
Laie	DILETTANT	
Lammpelzart	ASTRACHAN	
Landeplatz für Flugzeuge	FLUGHAFEN	
Landeplatz für Flugzeuge	FLUGPLATZ	
Landsch. zw. Dresden u. Meißen	LOESSNITZ	
Landschaft a.d. Unterelbe	ALTESLAND	
Landschaft i. d. Niederlausitz	SPREEWALD	
Landschaft um Bordeaux	BORDELAIS	
Landser	MUSCHKOTE	
Landsknecht mit Muskete	MUSKETIER	
Landspitze	HALBINSEL	
Landwirtschaft	OEKONOMIE	
landwirtschaftl. Betrieb	BAUERNHOF	
Landwirtschaftsmaschine	HEUWENDER	
Landwirtschaftszweig	FUTTERBAU	
Landwirtschaftszweig	VIEHZUCHT	
Landzunge	HALBINSEL	
lange Hose (franz.)	PANTALONS	
Langmut	NACHSICHT	
Langobardenkönig	LIUTPRAND	
langsame Bewegungsart	TROEDELEI	
Langstreckenwettbewerb	RADRENNEN	
langweilig	EINTOENIG	
langwierig	CHRONISCH	
Lanzettfisch	AMPHIOXUS	
Lappalie	BAGATELLE	
latein.: ausführlich	INEXTENSO	
latein.: Feldherr	IMPERATOR	
latein.: Klugheit	PRUDENTIA	
latein.: Liebeskunst	ARSAMANDI	
latein.: Neuling	HOMONOVUS	
Latex	MILCHSAFT	
latinische Mutterstadt	ALBALONGA	
Latsche	LEGFOEHRE	
Laubbaum	APFELBAUM	
Laubbaumfrucht	BUCHECKER	
Laubwerk in der Kunst	FEUILLAGE	
Lauchpflanze	KNOBLAUCH	
Laufdisziplin	DAUERLAUF	
Laut	GERAEUSCH	
Lautzeichen	BUCHSTABE	
Lebemann	BONVIVANT	
Lebensbedürfnisse	UNTERHALT	
lebensverneinender Mensch	PESSIMIST	
Leberentzündung	HEPATITIS	
Leberfleck	MUTTERMAL	
Leberkraut	HASELWURZ	
Lebewesen	GESCHOEPF	
Lebkuchenstadt	NUERNBERG	
lecker	KOESTLICH	
Leckermaul	GENIESSER	
Lederart	LACKLEDER	
Lederart	WILDLEDER	
Lederhersteller	LOHGERBER	

Lederschuh	LACKSCHUH	Lehre von der Wasserkraft	HYDRAULIK	Leinengewebe	WEISSZEUG
Lederwarenstadt am Main	OFFENBACH	Lehrfahrt	EXKURSION	Leipziger Klavierfabrikant	BLUETHNER
Legende	INSCHRIFT	Lehrherr	AUSBILDER	leise sprechen	FLUESTERN
Leguan	MEERECHSE	Lehrling	ANFAENGER	leistungsfähig	EFFIZIENT
Lehramt, Lehrstuhl	PROFESSUR	Leibchen	KORSELETT	Leistungsfähigkeit	KONDITION
Lehrauftrag	PROFESSUR	Leibeigenschaft	SKLAVEREI	Leistungsfähigkeit	POTENTIAL
Lehre v. d. Arzneimittelherstellung	PHARMAZIE	Leibeserziehung	GYMNASTIK	leiten	VORSTEHEN
		leiblich, körperlich	SOMATISCH	Leiter, Direktor	VORSTEHER
Lehre v. d. Chemie d. Organismen	BIOCHEMIE	Leibwache	BEDECKUNG	Leiter einer Geschäftsabtlg.	DISPONENT
		Leichenöffnung	OBDUKTION		
Lehre v. d. Mundarten	IDIOMATIK	Leichenschau	NEKROPSIE	Leiter eines Senders, Theaters	INTENDANT
Lehre v. der Erde	GEOPHYSIK	leichtathletische Disziplin, Übung	SPEERWURF	Leiter (elektrotechn.)	KONDUKTOR
Lehre vom Blutserum	SEROLOGIE	leichtathletische Disziplin, Übung	ZEHNKAMPF	Leitfaden	ANWEISUNG
Lehre vom Göttlichen	THEOLOGIE	leichte Konversation	PLAUDEREI	Leitfaden, Ratgeber	VADEMEKUM
Lehre vom Hund	KYNOLOGIE	leichter Kutschwagen	JAGDWAGEN	Leitung	DIREKTION
				Lektüre	LESESTOFF
Lehre vom Schönen	AESTHETIK	leichter offener Pferdewagen	BRITSCHKA	Lemur, Lemuride	DUENNLEIB
Lehre vom Sein	ONTOLOGIE	leichtes Mieder	KORSELETT	Lenker, Kraftfahrer	SCHOFFEUR
Lehre vom Verhalten der Gase	PNEUMATIK	Leichtmetall	ALUMINIUM	Lenkvorrichtung	STEUERRAD
				Lenz	FRUEHLING
Lehre von den Duftstoffen	OSMOLOGIE	Leichtmetall	BERYLLIUM	lernen	STUDIEREN
		Leichtmetall-Legierung	MAGNALIUM	Lesestörung	PARALEXIE
Lehre von den Holzarten	XYLOLOGIE	leidenschaftl.Leser	LESERATTE	lettische Stadt	DUENABURG
Lehre von den Krankheiten	NOSOLOGIE	leidenschaftlich	FANATISCH	letzte Aufforderung	ULTIMATUM
		Leierkasten	DREHORGEL	letzter Aztekenherrscher	MOCTEZUMA
Lehre von den Viren	VIROLOGIE	leihen	AUSBORGEN		
		leihen	ENTLEHNEN	letzter Aztekenherrscher	MONTEZUMA
Lehre von der Energie	ENERGETIK	Leim	KLEBSTOFF		

letzter Inka-Herrscher	ATAHUALPA	Liliengewächs	BLAUSTERN	logischer Schluß	FOLGERUNG
letzter Tag des Jahres	SILVESTER	Liliengewächs	HYAZINTHE	Londoner Prachtstraße	WHITEHALL
Letzter Wille	TESTAMENT	Liliengewächs	WEISSWURZ	Londoner Rathaus	GUILDHALL
letztwillige Verfügung	TESTAMENT	Linderungsmittel	PALLIATIV	Londoner Stadtbezirk	BATTERSEA
Leuchtöl	PETROLEUM	Linienzeichnung	GUILLOCHE	Londoner Stadtbezirk	BAYSWATER
Leuchtturm	FEUERTURM	Linie ohne Text	LEERZEILE	Londoner Stadtbezirk	BELGRAVIA
Leugner der Dreifaltigkeit	UNITARIER	links auf Schiffen	BACKBORDS	Londoner Stadtbezirk	GREENWICH
libanes. Christen	MARONITEN	Linsenfernrohr	REFRAKTOR	Londoner Stadtbezirk	HAMPSTEAD
libysche Provinz, Landesteil	CYRENAIKA	Liparische Insel	STROMBOLI	Londoner Stadtbezirk	SOUTHWARK
Lichtbildsammlung	PHOTOTHEK	Lippenblütler	FLOHKRAUT	Londoner Stadtbezirk	STREATHAM
Lichtsatz	PHOTOSATZ	Lippenentzündung	CHEILITIS	Londoner Stadtbezirk	TOTTENHAM
lichtscheu	PHOTOPHOB	Lippenschrunden	CHEILOSIS	Londoner Stadtbezirk	WIMBLEDON
lichtstarker Feldstecher	NACHTGLAS	List	SCHACHZUG		
Liddrüsenentzündung	HAGELKORN	litauisch. Fürstengeschlecht	RADZIWILL	Lostrennung, Spaltung	SEZESSION
Liebelei	GETAENDEL	litauische Stadt	TAUROGGEN	Losung	BIBELWORT
Liebelei, Flirt	TAENDELEI	liturg. Jubelruf	HALLELUJA	lotrecht, aufrecht	SENKRECHT
Liebeswahnsinniger	EROTOMANE	liturg. Lobgesang	DOXOLOGIE	lotsen	BUGSIEREN
Liebhaber	DILETTANT	liturg. Textilien	PARAMENTE	Lotterie, Ziehung	VERLOSUNG
Liebhaber	GELIEBTER	liturgisches Gerät	MONSTRANZ	Lübekker Komponist	BUXTEHUDE
Liedform	KUNSTLIED	Lizenz	FREIBRIEF	Lücke	DURCHLASS
Liedform	VOLKSLIED	lobpreisen	BENEDEIEN	Lümmel, Lausbub	SCHLINGEL
Liegenschaft	IMMOBILIE	Lockenwickler	PAPILLOTE	Luft-, Schiffsschraube	PROPELLER
Lift	FAHRSTUHL	lockere Unterhaltung	PLAUDEREI	Luftdichtemesser	AEROMETER
Liga	KOALITION	Löcherkoralle	MADREPONE	Luftdruckmesser	BAROMETER
Lignose, Holzbestandteil	ZELLULOSE				
Liguster	RAINWEIDE				
Liliengewächs	BAERLAUCH				

Luftdruckschreiber	BAROGRAPH	Männername	ENGELHARD	Maki-Affe	FUCHSAFFE
Luftforschung	AEROLOGIE	Männername	FERDINAND	Makrelenart	BLAUFISCH
Luftikus	HANSDAMPF	Männername	FRIEDBERT	Makrelenart, Hochseefisch	THUNFISCH
Luftkurort am Harz	ILSENBURG	Männername	FRIEDHELM	malaiisch. Bundesstaat	TRENGGANU
Luftsäulengewicht	LUFTDRUCK	Männername	FRIEDRICH	Malariamücke	ANOPHELES
Luftschloß	TRAUMBILD	Männername	GOTTFRIED	Malerfarbe	CHROMGELB
Luftverkehrszentrum	FLUGHAFEN	Männername	KARLHEINZ	malerisch	PITTORESK
Luftverunreinigung	IMMISSION	Männername	KORNELIUS	Malerkreis der Romantik	NAZARENER
Luftwirbel	TURBULENZ	Männername	LEBERECHT	Malgestell	STAFFELEI
Lump	LIEDERJAN	männl. Schaf	SCHAFBOCK	maliziös	BOESARTIG
Lungenblutung	BLUTSTURZ	Märchenfigur	FRAUHOLLE	Malvenart	STOCKROSE
Lungenentzündung	PNEUMONIE	Märchenfigur, -gestalt	GOLDMARIE	Mandelbitterstoff	AMYGDALIN
Lust, Sehnsucht	VERLANGEN	märchenhaft	FABELHAFT	Manglerin	PRESSERIN
lustig	HUMORVOLL	märchenhaft	SAGENHAFT	Manier, Manieren	LEBENSART
lustige Erzählung	HUMORESKE	Märtyrer	BLUTZEUGE	Manieren	AUFTRETEN
lustige Figur	HANSWURST	Märtyrer	MAURITIUS	Mannigfaltigkeit	VARIETAET
Lustschloß Napoleons	MALMAISON	Märtyrerin	APOLLONIA	Mann ohne Schatten	SCHLEMIHL
luxemburgische Stadt	DUDELANGE	Mäßigkeit	TEMPERENZ	Mannschaft	FORMATION
Machenschaft	WINKELZUG	Mätresse Ludwigs XIV.	FONTANGES	Mannschaftsdienstgrad	GEFREITER
Machthaber	HERRSCHER	Mäzen	FOERDERER	Mann v. Elsa v. Brabant	LOHENGRIN
Mäher	SCHNITTER	Magazin	LAGERRAUM	Mann v. Nofretete	AMENHOTEP
Männerhaß	MISANDRIE	Magenschleimhautentzündung	GASTRITIS	Mann v. Nofretete	AMENOPHIS
Männername	ALEXANDER	Magenschließmuskel	PFOERTNER	Mann von Lebensart	GENTLEMAN
Männername	ARCHIBALD	Magenteil b. Wiederkäuern	NETZMAGEN	Mantelpavian	HAMADRYAS
Männername	CHRISTIAN	Magnetkies	PYRRHOTIN	Manteltiere	TUNICATEN
Männername	CHRISTOPH	Mahnung, -zeichen	MENETEKEL	Marderart	FRETTCHEN
Männername	ENGELBERT	Maikäferlarve	ENGERLING	Marihuana	HASCHISCH
		Main-Quellfluß	ROTERMAIN		

Marinedienstgrad	BOOTSMAAT	Mastdarmvorfall	REKTOZELE	Mehlfabrikation	MUELLEREI
Marineoffiziersanwärter	SEEKADETT	Material, Arbeitsmittel	WERKSTOFF	Mehlschwitze	EINBRENNE
Marmelade	FRUCHTMUS	mathematische Aufgabe	GLEICHUNG	Mehrehe, Vielehe	POLYGAMIE
marokkan. Freiheitskämpfer	ABDELKRIM	mathematische Hilfsgröße	PARAMETER	Mehrfachgeschwister	VIERLINGE
marokkan. Hauptstadt	RABATSALE	Matrize	DRUCKFORM	mehrfarbig	KOLORIERT
Marotte	EIGENHEIT	Mauer	STEINWAND	Mehrheit, Hauptmasse	UEBERZAHL
Marter	MARTYRIUM	Mauerpfeffer	FETTHENNE	Mehrlinge	DRILLINGE
Marter, Mißhandlung	QUAELEREI	Mauerpfeffer	TRIPMADAM	mehrsprachig, vielsprachig	POLYGLOTT
Maschinerie	APPARATUR	Mauerziegel	BACKSTEIN	Meinungsforschung	BEFRAGUNG
Maskareneninsel	MAURITIUS	maulen, böse sein	SCHMOLLEN	Meinungsverschiedenheit	DIFFERENZ
Maskarenen-Insel	RODRIGUEZ	Maulschelle	BACKFEIGE	Meinungsverschiedenheit	DIVERGENZ
Maskenball	MASKERADE	Maxime	GRUNDSATZ	Meisenart	BARTMEISE
Massenopfer	HEKATOMBE	mechan. Kopie	BLAUPAUSE	Meisenart	BLAUMEISE
Masseteilchen	KORPUSKEL	mechanisch	TECHNISCH	Meisenart	KOHLMEISE
maßgebend	KOMPETENT	mecklenburg. Badeort	UECKERITZ	Meistersingerstadt	NUERNBERG
Maßgleichheit	ISOMETRIE	mecklenburgisch. Ostseebad	DIERHAGEN	melierter Stoff	COVERCOAT
Massiv im Salzkammergut	DACHSTEIN	Medienberuf	REDAKTEUR	Melisma	KOLORATUR
maßlos	UNBAENDIG	Medikament	PHARMAKON	Melker	SCHWEIZER
Maßregel	DIREKTIVE	Medizin	HEILKUNDE	Memme	ANGSTHASE
maßregeln	BESTRAFEN	medizin. Tastuntersuchung	PALPATION	Menschenaffe	ORANGUTAN
Maßstab	KRITERIUM	medizin. Untersuchung	BLUTPROBE	Menschenartige	HOMINIDEN
Mast	GROSSMAST			Menschenfresser	KANNIBALE
Mast	GROSSTOPP	medizin.: Streckung	EXTENSION	Menschenräuber	KIDNAPPER
Mast	VORSTENGE	Meerente	EIDERENTE	Merkmal	ANZEICHEN
Mastdarmspiegel	REKTOSKOP	Meerespflanze	BRAUNALGE	Merkmal	KRITERIUM
Mastdarmvorfall	PROKTITIS	Mehlbeere	EBERESCHE	merkwürdig	SONDERBAR

Messestadt der Spielwaren	NUERNBERG	Milchgetränk, -sorte	DICKMILCH	Mineralöl	PETROLEUM
Meßgerät	MESSLATTE	Milchling (Pilz)	BRAETLING	Mineralöl, -produkt	LEICHTOEL
Metallarbeiter	SCHLOSSER	Milchsorte	VOLLMILCH	Mineralöl, Treibstoff	SCHWEROEL
Metallarbeitsbetrieb	GIESSEREI	Milchzucker	GALAKTOSE	Misch-, Mixgetränk	KALTEENTE
Metallfraß	KORROSION	mildern	MAESSIGEN	mischen, mixen	VERMENGEN
Metallmischung	LEGIERUNG	Milderung	LINDERUNG	Mischfarbe	GELBGRUEN
Metall treiben	PUNZIEREN	mildes Antiseptikum	BORSAEURE	Mischmasch, Mischung	CHARIVARI
meteorol. Einbruchslinie	KALTFRONT	mildtätig	KARITATIV	Mischmasch, Mischung	LEGIERUNG
		militär. Dienstgrad	FELDWEBEL		
Methan	GRUBENGAS	militär. Dienstgrad	KOMMODORE	Mißbildung	DYSPLASIE
Methylalkohol	HOLZGEIST			Mißgefühl, Verdruß	UNBEHAGEN
Metzger	FLEISCHER	militär. Einheit	BATAILLON	mißgestaltet	MONSTROES
mexikan. Fluß	RIOGRANDE	militär. Tauglichkeitsprüfung	MUSTERUNG	Mississippi-Zufluß	WISCONSIN
mexikan. Kurort	PARICUTIN	Militärakademie in den USA	WESTPOINT	Mißklang, Mißton	DISSONANZ
mexikan. Staat	MICHOACAN				
mexikan. Staat	NUEVOLEON	Militärarzt	STABSARZT	Mißstimmung	UNBEHAGEN
mexikan. Staat	ZACATECAS	militärisch. Meldegänger	ORDONNANZ	mißtönend	DISSONANT
mexikan. Stadt	MAGDALENA			mißtrauisch	SKEPTISCH
mexikan. Stadt in Nuevo Leon	MONTERREY	militärischer Kopfschutz	STAHLHELM	Mitangeklagte	KONSORTEN
				Mitarbeiter	ASSISTENT
mexikan. Vulkan	PARICUTIN	militärischer Treueid	FAHNENEID	miteinander	GEMEINSAM
mexikan. Zierpflanze	SAMTBLUME	milliardstel Meter	NANOMETER	Mitesser	KOMEDONEN
				Mitgift	AUSSTEUER
Miesmacher	GRIESGRAM	minderjährig	UNMUENDIG	Mithilfe	ASSISTENZ
Miesmacher	PESSIMIST	minderwertige Ware	AUSSCHUSS	Mitinhaber	KOMPAGNON
Mietdroschke	TAXAMETER	Mineral	ANDALUSIT	Mitinhaber, Kompagnon	TEILHABER
Mikrofonhalter	TONGALGEN	Mineral	CHALZEDON		
		Mineral	COELESTIN	Mit-Insasse	BEIFAHRER
Milchabsonderung	LAKTATION	Mineral	STEPHANIT	Mitlaut	KONSONANT
		Mineral, Kalisalz	KARNALLIT		

mit leerem Magen	NUECHTERN	Mittel gegen Körpergeruch	DEODORANT	mohammedanisch	ISLAMISCH
mitreißend	FULMINANT	Mittelmeerbaum	KORKEICHE	Mohngewächs	HERZBLUME
mitteilen	BERICHTEN	mittelschott. Gebirgsland	GRAMPIANS	Mole	HAFENDAMM
Mitteilung	BOTSCHAFT			Molekülzusammenhalt	KOHAESION
Mitteilung	NACHRICHT				
mittelalt. geistl. Schauspiel	MYSTERIUM	mittelschwed. Landkreis	VAERMLAND	Molluske	WEICHTIER
				Molukkeninsel	HALMAHERA
mittelalterlich	MEDIAEVAL	mittelspan. Provinz	SALAMANCA	Momentaufnahme	BLITZFOTO
mittelalterlich. Musikant	SPIELMANN			Monat d. franz. Revolut.-kalenders	FRUCTIDOR
		mittlerer Beamter	SEKRETAER		
mittelamerikan. Staat	COSTARICA	mobil	BEWEGLICH		
		Mode	GESCHMACK	Monat d. franz. Revolut.-kalenders	FRUKTIDOR
mittelamerikan. Staat	GUATEMALA	Modell	BAUMUSTER		
		Modell	MANNEQUIN	Monat d. Franz. Revolution	THERMIDOR
mittelamerikan. Staat	NICARAGUA	Modelliermasse	PLASTILIN		
		modern. Frachtbehälter	CONTAINER	monatlich	MENSTRUAL
Mittelamerikaner	MEXIKANER			Monatsname	SEPTEMBER
		modern. Kunstrichtung	DADAISMUS	mondsüchtig, schlafwandelnd	SOMNAMBUL
Mittel d. Maniküre	NAGELLACK				
mitteldeutsche Landschaft	HAVELLAND	modern. Massenmedium	FERNSEHEN		
				Mondsüchtiger	LUNATIKER
mittelengl. Grafschaft	LEICESTER	modern. Trainingsweg im Freien	TRIMMPFAD	Mongolenfürst	TIMURLENG
				Mongolenstamm	DSUNGAREN
mittelengl. Stadt	ROTHERHAM	moderner Kunststil	TACHISMUS	Mongolenvolk am Baikalsee	BURJAETEN
mittelengl. Stadt am Soar	LEICESTER	moderne Satztechnik	LICHTSATZ		
				monumentaler Grabbau	MAUSOLEUM
		Modeschöpfer	COUTURIER		
Mitteleuropäer	DEUTSCHER	Modistin	MIDINETTE	morbid	KRANKHAFT
Mitteleuropäer	SCHWEIZER	Möbelfach	SCHUBLADE	mordostschott. Grafschaft	CAITHNESS
mittelfranz. Stadt am Cher	MONTLUCON	möglicherweise	EVENTUELL		
				Morgenländer	ORIENTALE
		Mönchsorden	THEATINER	motorloser Flug	SEGELFLUG
Mittelgebirge zw. Rhein u. Mosel	HUNSRUECK	Möwenart	LACHMOEWE		
		mogeln	BETRUEGEN	Motorrad-Geländeprüfung	MOTOCROSS

Motorsportboot	OUTBORDER	musikalisch: anschwellend	CRESCENDO	Mutter v. Johannes d. Täufer	ELISABETH
Mottenkraut	HONIGKLEE	Musikausdruck f. erlöschend	SMORZANDO	Mutter v. Kaiser Friedrich II.	KONSTANZE
Mühe	PLACKEREI				
mündl. Doktorprüfung	RIGOROSUM			Mutter v. Nero	AGRIPPINA
		Musikausdruck f. gezupft	PIZZICATO		
Mündungsarm des Hudson	EASTRIVER	Musikausdruck f. klagend	LAMENTOSO	Mutter v. Siegfried	SIEGLINDE
				Mysterium	GEHEIMNIS
Münze in Italien	CENTESIMO				
Müßiggänger	BUMMELANT	Musikausdruck für gedehnt	SOSTENUTO	mythischer Drache	LEVIATHAN
Müßiggänger	FAULENZER			nachahmen	IMITIEREN
multiplizieren	VERMEHREN	Musik-Ensemble	ORCHESTER	Nachahmung, Nachbildung	ABKLATSCH
Mummenschanz	MASKERADE	Musiker	STREICHER		
		Musiktheater	OPERNHAUS	Nachahmung, Nachbildung	IMITATION
Mumps	PAROTITIS	Muskelerkrankung	MYOPATHIE		
Mundartenwörterbuch	IDIOTIKON	Muskelleistungsmesser	ERGOGRAPH	Nachbarstadt von Frankfurt	OFFENBACH
munden	SCHMECKEN				
Mundteil	OBERLIPPE	Muße	NICHTSTUN	nach der Entbindung (mediz.)	POSTNATAL
Mundtuch	SERVIETTE	Muster	PARADIGMA		
Mungo, Manguste	ICHNEUMON	Muster, herkömmliche Form	SCHABLONE	nachdrücklich, zwingend	STRINGENT
Murrkopf	SAUERTOPF				
Musensohn	KUENSTLER	mustergültig	KANONISCH	nacheinander	SUKZESSIV
Museum in Leningrad	EREMITAGE	mustergültig	KLASSISCH	Nachfolger Alexanders d. Großen	DIADOCHEN
Musical v. Styne	FUNNYGIRL	Muster in Metall schneiden	GRAVIEREN		
musik. gesangsartig	CANTABILE	Mut	KUEHNHEIT	Nachfolger eines Herrschers	KRONPRINZ
		Mutmaßung, Annahme	VERMUTUNG		
musikal. Einfall	IMPROMPTU			nach Gutdünken	ARBITRAER
musikal. Verzierung	KOLORATUR	Mutter der Musen	MNEMOSYNE	nachlässig	SCHLUDRIG
musikal.: betont	SFORZANDO	Mutterkornalkaloid	ERGOTANIN	nachlässig, unordentlich	SCHLAMPIG
musikal.: empfindsam	SENSIBILE				
		Mutter v. Caligula	AGRIPPINA	Nachlaß	ERBSCHAFT
musikal.: fließend	SCORRENDO	Mutter v. Eros	APHRODITE	Nachsicht	INDULGENZ
				Nachsicht	KONNIVENZ
musikal.: Ständchen	KASSATION			nachsichtig	KONNIVENT

Nachtgespenst	NACHTMAHR
Nachtraubvogel	TOTENEULE
Nachtschattengewächs	KARTOFFEL
Nadelbaum, Nadelholz	BLAUTANNE
Nadelbaumharz	TERPENTIN
Näherin	STEPPERIN
Nähmaterial	NAEHSEIDE
Nähzubehör	KURZWAREN
Nagelpflege	MANIKUERE
Nahrung	NATURALIE
Nahrungsverarbeitung	VERDAUUNG
Namensverheimlichung	INKOGNITO
Namenszeichen, Namenszug	MONOGRAMM
Name von fünf Päpsten	ZOELESTIN
Name von vier Päpsten	SILVESTER
Name von zwei Päpsten	PASCHALIS
Name von 5 Päpsten	COELESTIN
namhaft	ANGESEHEN
Napf, Küchengefäß	SCHUESSEL
Napfkuchen	GUGELHUPF
Narretei	KAPRIOLEN
Narzissenlilie	AMARYLLIS
Nasenbluten	EPISTAXIS
Nasenkatarrh	SCHNUPFEN
Nasenspiegel	RHINOSKOP
naseweis	VORWITZIG
nasführen	DUEPIEREN
Nassauer, Schmarotzer	SCHNORRER
Nationalheld Italiens	GARIBALDI
Natriumglimmer	PARAGONIT
natürl. Kochsalz	STEINSALZ
Naturarzt	PHYSIATER
Naturgummi	KAUTSCHUK
Naturkatastrophe	ERDRUTSCH
Naturschutzgebiet in Tansania	SERENGETI
Nautiker	NAVIGATOR
neapolitanischer Bettler	LAZZARONE
Nebenhöhlenentzündung	SINUSITIS
Nebennierenhormon	ADRENALIN
Nebennierenrindenhormon	CORTICOID
Nebennierenrindenhormon	KORTIKOID
nebensächlich	LAEPPISCH
Nebenstraße	SEITENWEG
negieren, abstreiten	VERNEINEN
Neid	MISSGUNST
Nelkengewächs	PECHNELKE
Nennform	INFINITIV
neppen	BETRUEGEN
Nervenarzt	NEUROLOGE
Nervenkitzel	SENSATION
Nervenkranker	NEUROPATH
Nervenschmerz	NEURALGIE
nervös	AUFGEREGT
Nesselsucht	URTIKARIA
Nesseltierklasse	HYDROZOEN
Nesthäkchen	SPAETLING
Netzätzung	AUTOTYPIE
Netzhautentzündung	RETINITIS
Neubildung (mediz.)	NEOPLASMA
neuer Name von Kanton	GUANGDONG
neuer Name von Stalingrad	WOLGOGRAD
Neuheit (franz.)	NOUVEAUTE
Neuling	ANFAENGER
Neuling	DEBUETANT
Neuling	GREENHORN
Neuschöpfung	ERFINDUNG
neutral	PARTEILOS
neutral	SAECHLICH
Nibelungengestalt	KRIEMHILD
Nibelungenvolk	BURGUNDER
Nichtfachmann	DILETTANT
nicht gern gesehen	UNBELIEBT
nichts als	LEDIGLICH
Nichtstuer	FAULENZER
nicht verschwiegen	INDISKRET
niederbayer. Stadt am Regen	KOETZTING

niederbayer. Stadt an d. Donau	STRAUBING	niederländ. Maler	HONTHORST	Nierenentzündung	NEPHRITIS
niederbayer. Stadt an der Isar	PLATTLING	niederländ. Maler	REMBRANDT	nigerianische Stadt	OGBOMOSKO
niederes Lebewesen	EINZELLER	niederländ. Maler (16. Jh.)	STEENWIJK	nimmermüde, beharrlich	UNENTWEGT
Niedergeschlagenheit	TRUEBSINN	niederländ. Mediziner	BOERHAAVE	Nimmersatt	VIELFRASS
Niederholz, Strauchwerk	UNTERHOLZ	niederländ. Provinz	FLEVOLAND	Nitrozellulosekunststoff	ZELLULOID
niederl. Autorennstrecke	ZANDVOORT	niederländ. Provinz	FRIESLAND	Nörgler, Meckerer	QUERULANT
niederl. Maler (17. Jh.)	WOUWERMAN	niederländ. Stadt	APELDOORN	nötig	NOTWENDIG
niederl. Ökonom (Nobelpreis)	TINBERGEN	niederösterr. Stadt an d. Donau	POECHLARN	Nötiger	ERPRESSER
				Nötigung	ANDROHUNG
				Nomen	HAUPTWORT
				Nominierung	ERNENNUNG
niederl. Physiologe (Nobelpreis)	EINTHOVEN	niederösterr. Stadt an d. Donau	STOCKERAU	nordafrik. islam. Dynastie	ALMOHADEN
				nordamerikan. Bucht	BAFFINBAI
niederl. Stadt an Hunse und Aa	GRONINGEN	niedersächs. Kurort	NIENHAGEN	nordamerikan. Großer See	OBERERSEE
niederl. Stadt im Rheindelta	DORDRECHT	niedersächs. Landschaft	AMMERLAND	nordamerikan. Indianerstamm	MOHIKANER
		niedersächs. Landschaft	OLDENBURG	nordamerikan. Nadelbaum	DOUGLASIE
niederl. Stadt in Nordbrabant	EINDHOVEN	niedersächs. Stadt am Elmwald	HELMSTEDT	norddeutsche Heidestadt	LUENEBURG
niederl. Stadt in Westfriesland	HARLINGEN	niedersächs. Stadt an d. Hunte	OLDENBURG	norddt. Landschaft	FRIESLAND
niederl. Verhaltensforscher	TINBERGEN	niedersächs. Stadt an d. Werra	NORDENHAM	norddt. Stadt an der Este	BUXTEHUDE
niederländ. Hafenstadt	DENHELDER	Niederschlag	KONDENSAT	norddtsch. Kurort	STEINHUDE
niederländ. Hafenstadt	ROTTERDAM	niederschles. Kurort	SALZBRUNN	norddtsch. Landschaft	SCHLESWIG
niederländ. Insel	WALCHEREN	Niederschrift, Tagungsbericht	PROTOKOLL	nordengl. Hafenstadt	TYNEMOUTH

nordengl. Nordseehafen	NEWCASTLE	nordostafrikan. Staat	DSCHIBUTI	Nordwesteuropäer	ISLAENDER
nordeuropäisch. Königreich	DAENEMARK	nordostchines. Halbinsel	SCHANTUNG	nordwestfranz. Landschaft	NORMANDIE
nordeuropäische Hauptstadt	STOCKHOLM	nordostchines. Provinz	SCHANTUNG	nordwestind. Hafenstadt	BHAUNAGAR
nordeuropäischer Staat	DAENEMARK	nordostchines. Stadt	SCHENJANG	nordwestindisch. Staat	RADJASTAN
nordfranz. Landschaft	ROUSILLON	nordostniederl. Provinz	GRONINGEN	nordwestrussisch. See	PEIPUSSEE
nordfranz. Stadt bei Lille	TOURCOING	nordostsibir. Volk	JUKAGIREN	nordwestschott. Stadt	INVERNESS
nordfriesische Hallig	SUEDEROOG	nordschott. Grafschaft	INVERNESS	Norm, Normenmass	RICHTWERT
nordfriesische Hallig b. Pellworm	NORDEROOG	nordschott. Inselgruppe	SHETLANDS	norweg. Autor (Nobelpreis)	BJOERNSON
nordfriesische Insel	LANGENESS	nordschwed. Bergbaustadt	DANNEMORA	norweg. Forschungsreisender	HEYERDAHL
nordind.-tibetan. Gebirge	KARAKORUM	nordschwed. Hafenstadt	HAPARANDA	norweg. Gletscher	JOTUNHEIM
nordindische Stadt	MORADABAD	nordschwed. Landkreis	JAEMTLAND	norweg. Hafenstadt	DRONTHEIM
nordirische Grafschaft	FERMANAGH	nordspan. Hafenstadt	SANTANDER	norweg. Hafenstadt	TRONDHEIM
nordische Walküre	BRUNHILDE	nordspan. Provinz	GUIPOZCOA	norweg. Parlamentskammer	ODELSTING
norditalien. Landschaft	LOMBARDEI	nordspan. Provinz	SANTANDER	norweg. Stadt	KONGSBERG
nordkaukas. Stadt am Kuban	KRASNODAR	nordspan. Provinz	TARRAGONA	norwegisch. Hafenstadt	STAVANGER
nordkoreanisch. Staatspräsid.	KIMILSUNG	nordspan. Stadt	SARAGOSSA	Nostalgie, Verlangen	SEHNSUCHT
nordmex. Staat	CHIHUAHUA	nordtürk. Hafenstadt	ZONGULDAK	Notgroschen	ERSPARNIS
nordmex. Stadt	CHIHUAHUA	nordwestchines. Stadt	URUMTSCHI	Nothelferin	KATHARINA
		nordwestengl. Hafen, Seebad	BLACKPOOL	Nothelferin	MARGARETA
		nordwestengl. Stadt	BLACKBURN	notieren	VERMERKEN
				Notiz	ANMERKUNG
				Notiz	BEMERKUNG

notleidend	MITTELLOS	oberbayerischer See	TEGERNSEE	österr. Alpenpaß	POETSCHEN
Notrad im Auto	ERSATZRAD	oberflächlich	FLUECHTIG	österr. Alpenpaß	SEMMERING
Novellenbuch v. Boccaccio	DEKAMERON	obergäriges Bier	WEISSBIER	österr. Architekt	BUCHSBAUM
NS-Völkermord	HOLOCAUST	Oberhaut	EPIDERMIS	österr. Architekt	HASENAUER
nüchtern, phantasiearm	PROSAISCH	oberital. Stadt an der Mera	CHIAVENNA	österr. Bildhauer	HOFLEHNER
Nürnberger Bildhauer	VEITSTOSS	Oberkiefer d. Gliedertiere	MANDIBELN	österr. Bundeskanzler	VRANITZKY
Nürnberger Erzgießer	LABENWOLF	oberschles. Stadt	TARNOWITZ	österr. Chemiker (Nobelpreis)	ZSIGMONDY
Nürnberger Meistersinger	HANSSACHS	oberschles. Stadt am Stober	KREUZBURG	österr. Dichter, Schriftsteller	ALTENBERG
Nürnberger Spezialität	LEBKUCHEN	oberschlesische Stadt	ROSENBERG	österr. Dichter, Schriftsteller	BILLINGER
nützlicher Bodenbewohner	REGENWURM	Oberschule	GYMNASIUM	österr. expressionist. Dichter	WEINHEBER
nur	LEDIGLICH	oberste Hindu-Kaste	BRAHMANEN	österr. expressionist. Maler	KOKOSCHKA
Nußart, -sorte	HASELNUSS	oberster Teufel	BEELZEBUB		
Nutzboden	ACKERLAND	Obhut	FUERSORGE	österr. Filmregisseur	MARISCHKA
Obacht	AUGENMERK	Obhut	GEWAHRSAM		
oberbayer. Kurort a. Würmsee	STARNBERG	Obstbaukunde	POMOLOGIE	österr. Filmschauspieler	HOERBIGER
oberbayer. See	KOCHELSEE	Odenwaldstadt am Neckar	EBERSBACH	österr. Kabarettist	SCHNEYDER
oberbayer. Stadt am Inn	MUEHLDORF	öffentl. Verkehrseinrichtung	EISENBAHN	österr. Kaiserin	ELISABETH
		öffentlich	STAATLICH	österr. Komponist	HEUBERGER
oberbayer. Stadt am Inn	ROSENHEIM	öffentliche Fürsorge	WOHLFAHRT	österr. Kurort im Ötztal	OBERGURGL
oberbayer. Stadt am Lech	LANDSBERG	Ölfrucht, Raps	RUEBSAMEN	österr. Kurort im Pinzgau	ZELLAMSEE
		österr. Alpenmassiv	DACHSTEIN		
oberbayerischer Kurort	TEGERNSEE	österr. Alpenpaß	ACHENPASS	österr. Landeshauptstadt	INNSBRUCK
				österr. Luftkurort	SEMMERING

Clue	Answer
österr. Maler d. Romantik	DAFFINGER
österr. Physiker und Chemiker	LOSCHMIDT
österr. Renaiss.-Goldschmied	JAMNITZER
österr. Schauspieler	BRANDAUER
österr. Schauspieler, Sänger	ALEXANDER
österr. Schauspielerin	HOERBIGER
österr. Schauspielerin	SCHNEIDER
österr. Schriftstellerin	AICHINGER
österr. See im Pinzgau	ZELLERSEE
österr. Stadt an der Enns	SCHLADMIG
österr. Stadt an der Mur	JUDENBURG
österr. Stadt an der Ybbs	AMSTETTEN
österr. Stadt in Vorarlberg	FELDKIRCH
österr. Tänzer	KREUZBERG
österr. Theaterregisseur	REINHARDT
österr. vorgeschichtl. Fundort	HALLSTATT
österr. Währungseinheit	SCHILLING
österr. Wallfahrtsort	MARIAZELL
österr.: Boot, Kahn	SCHINAKEL
österr.: Tüte, Papierbeutel	STANITZEL
österr.: Tüte, Papierbeutel	STRANITZE
Österreicher	KAERNTNER
östl. Pariser Vorort	VINCENNES
offenbar, offenkundig	NOTORISCH
Offenbarung Christi	EPIPHANIE
Offiziersanwärter	FAEHNRICH
Offiziersdienstgrad	HAUPTMANN
Ohio-Zufluß	TENNESSEE
ohne Bezahlung	KOSTENLOS
ohne Vorbehalt	UNBEDINGT
Ohrenspiegelung	OTOSKOPIE
Ohrenteil	BOGENGANG
Okkupation	BESETZUNG
Okzident	ABENDLAND
olivinreiches Tiefengestein	PERIDOTIT
olymp. Mehrkampf	ZEHNKAMPF
operativer Eingriff	RESEKTION
Operettensängerin	SOUBRETTE
Operette von Burkhard	FEUERWERK
Operette von Heuberger	OPERNBALL
Operette von Millöcker	GASPARONE
Operette von Nedbal	POLENBLUT
Operette von Suppé	BOCCACCIO
Opern-, Operettenfach	BASSBUFFO
Opern-, Operettenfach	KONTRAALT
Oper von Britten	BILLYBUDD
Oper von Dvořák	JAKOBINER
Oper von Händel	RODELINDE
Oper von Hindemith	CARDILLAC
Oper von Kienzl	KUHREIGEN
Oper von Menotti	DASMEDIUM
Oper von Menotti	DERKONSUL
Oper von Puccini	DERMANTEL
Oper von Strauss	CAPRICCIO
Oper von Strauss	FEUERSNOT
Oper von Tschaikowsky	PIQUEDAME
Oper von Verdi	DONCARLOS
Oper von Verdi	RIGOLETTO
Oper von Wagner	LOHENGRIN
Oper von Wagner	RHEINGOLD
Oper von Wagner	SIEGFRIED
Oper von Weber	EURYANTHE
Opfertod	MARTYRIUM
optisches Gerät, Instrument	MIKROSKOP
Orange	APFELSINE
Orchidee	ZAHNLIPPE

Order	ANORDNUNG	
ordern	BESTELLEN	
ordnen, sichten	SORTIEREN	
ordnen, verschieben	RANGIEREN	
Ordnungsgruppe	KATEGORIE	
organ. Klebstoff	FISCHLEIM	
organisiertes Reisen	TOURISMUS	
orgelartiges Instrument	HARMONIUM	
oriental. Bauern	FELLACHEN	
Original	URFASSUNG	
originalgetreuer Nachdruck	FAKSIMILE	
Ort in Graubünden	LANDQUART	
Ort in Südwestafrika	BETHANIEN	
ostafrikan. Gebirge	RUWENZORI	
ostasiat. Staat	NORDKOREA	
ostasiat. Staat	SUEDKOREA	
ostasiat. Volksgruppe	FILIPINOS	
ostaustral. Hafenstadt	NEWCASTLE	
ostböhm. Stadt	LANDSKRON	
ostböhm. Stadt an der Elbe	PARDUBITZ	
ostdtsch. f. Saboteur	DIVERSANT	
Osterluzeigewächs	HASELWURZ	
ostfries. Landschaft	JEWERLAND	
ostfries. Nordseebad	NORDERNEY	
ostfries. Nordseeinsel	NORDERNEY	
ostfries. Seebad (Seefunk)	NORDDEICH	
ostgerman. Stamm	BASTARNER	
ostgerman. Stamm	BURGUNDER	
Ostgotenkönig	ERMANRICH	
ostpreuß. Stadt	GUMBINNEN	
ostpreuß. Stadt	HEILSBERG	
ostpreuß. Stadt	MOHRUNGEN	
ostpreußische Pferderasse	TRAKEHNER	
ostpreußischer Schriftsteller	SUDERMANN	
ostsibirischer Strom	INDIGIRKA	
ostukrainische Stadt	SLAWJANSK	
Paarhufer mit Schaufelgeweih	DAMHIRSCH	
Pachtverhältnis	FRANCHISE	
Packmaterial	EMBALLAGE	
Packmaterial	HOLZWOLLE	
Päonie	GICHTROSE	
päpstl. Entscheid	DEKRETALE	
päpstl. Kontrollgesandtschaft	DELEGATUR	
päpstl. Verfügung	ENZYKLIKA	
päpstliche Gesandtschaft	NUNTIATUR	
pakistan. Fluß	SATLEDSCH	
pakistan. Hafenstadt	KARATSCHI	
pakistan. Hauptstadt	ISLAMABAD	
pakistan. Stadt	HYDERABAD	
Palast in Paris	TROCADERO	
Palmenart	LIVISTONA	
Palmenart	ROHRPALME	
Palmenart	SAGOPALME	
Palmenart	WEINPALME	
Palmenfrucht	KOKOSNUSS	
Pamphlet	FLUGBLATT	
Panorama	RUNDBLICK	
Panorama	RUNDSICHT	
Pantoffelkino	FERNSEHEN	
Panzerechse	ALLIGATOR	
Papier pressen	GAUTSCHEN	
Pappverpackung	KARTONAGE	
Papst des 4. Jh.	MILTIADES	
Papst im 3. Jh.	PONTIANUS	
Papst im 4./5. Jh.	SYMMACHUS	
Papst im 6. Jh.	SILVERIUS	
Papst im 7. Jh.	SEVERINUS	
Papst im 8. Jh.	ZACHARIAS	
Papstname	ADEODATUS	
Papstname	ALEXANDER	

Papstname	ANACLETUS	Paulusbrief	TIMOTHEUS	Pfahlgruppe f. Schiffe im Hafen	DUCKDALBE
Papstname	CORNELIUS	Pavianart	DSCHELADA	Pfeilhecht	BARRAKUDA
Papstname	EVARISTUS	pazif. Insel	NEUGUINEA	Pfeilwurzmehl	ARROWROOT
Papstname	MARCELLUS	pazif. Inselgruppe	KAROLINEN	Pferd Don Quichotes	ROSINANTE
Paraguay-Zufluß	PILCOMAYO	pazif. Inselstaat	WESTSAMOA	Pferdegeschirrteil	BAUCHGURT
Parasitenart	SAPROPHYT	pazifischer Inselstaat	SALOMONEN	Pferderasse	OSTFRIESE
Pariser Flughafen	LEBOURGET	Pechvogel	SCHLEMIHL	Pferderasse	PINZGAUER
Pariser Kathedrale	NOTREDAME	Pedal	FUSSHEBEL	Pferderennbahn	HIPPODROM
Pariser Kirchenbau	MADELEINE	Pein	MARTYRIUM	Pflanzenfaser	BAUMWOLLE
Pariser Präfekt Napoleons III.	HAUSSMANN	peinlich genau	AKRIBISCH	Pflanzenfresser	HERBIVORE
		Peloponnes Landschaft	MESSENIEN	Pflanzenkundler	BOTANIKER
Pariser Residenzschloß	TUILERIEN	Pelzart	PERSIANER	Pflanzenmilch	GUMMIHARZ
		Pelzwerk	RAUCHWARE	Pflanzenmilchprodukt	KAUTSCHUK
		Pendüle	PENDELUHR		
Parlament	BUNDESTAG	Pension	LEIBRENTE	Pflanzensammlung	HERBARIUM
Parteienbündnis	KOALITION	Periode	ABSCHNITT		
passabel	ANNEHMBAR	Perm-Kalkstein	ZECHSTEIN	Pflanzenschädling	BLATTLAUS
Passage	DURCHGANG	Perron	BAHNSTEIG	pflanzl. Fett	MARGARINE
Passage	UEBERGANG	Perron	PLATTFORM	pflanzlich	VEGETABIL
Passen beim Kartenspiel	AUSSETZEN	persönlich	SUBJEKTIV	Pflaster	KOPFSTEIN
		Personalausweis	KENNKARTE	Pflaumenart	DAMASZENE
Passiv	LEIDEFORM	Personalausweis	REISEPASS	Pflaumenart	MIRABELLE
Paß zw. Graubünden u. Tessin	LUKMANIER	Personenaufzug	FAHRSTUHL	Pflaumenart	RENEKLODE
		peruan. Berg	HUASCARAN	Pflaumenpilz	MOUSSERON
Pate	TAUFZEUGE	peruanische Provinz	SANMARTIN	Pflaumenschnaps	SLIBOWITZ
Patenkind	TAEUFLING	Pest, Seuche	PESTILENZ		
Patriarch von Konstantinopel	NESTORIUS	pfälz. Stadt am Mittelrhein	OBERWESEL	Pflege	BETREUUNG
				Pflege	FUERSORGE
Patron, Schirmherr	PROTEKTOR	pfälz. Weinstadt am Rhein	SANKTGOAR	Pflichtgebot	IMPERATIV
Paulusbrief	KORINTHER			Pflugteil	PFLUGBAUM
Paulusbrief	PHILIPPER	Pfälzer Stadt an d. Lauter	WOLFSTEIN		

Pförtner in Frankreich	CONCIERGE	Planetenumlaufzeit	STERNJAHR	poln. Nationalheld	KOSCIUZKO
Pforte	DURCHGANG	planmäßiges Vorgehen	STRATEGIE	poln. NS-Konzentrationslager	AUSCHWITZ
phantasiearm	NUECHTERN	Plantage	PFLANZUNG	poln. Pianistin	LANDOWSKA
Phantasiegebilde	SCHIMAERE	Planungsziel	INTENTION	poln. romant. Dichter	KRASINSKI
phantastisch	WUNDERBAR	Planzeichnung	GRUNDRISS	poln. Stadt an der Biala	BIALYSTOK
Pharisäer, Anhänger Jesu	NIKODEMUS	Platinmetall	PALLADIUM	poln. Stadt in Oberschlesien	KATTOWITZ
philippin. Inselgruppe	BABUYANEN	plötzlicher Angriff	UEBERFALL	poln. Stadt in Oberschlesien	SOSNOWIEC
philippinische Hafenstadt	ZAMBOANGA	Plunder	GERUEMPEL		
		Plunder	KLEINKRAM		
philosoph. Lehre	DUALISMUS	Pöbel	GELICHTER	polnisch. Komponist	MONIUSZKO
philosophisch. Arbeitsmethode	DIALEKTIK	Pointe	KERNPUNKT		
		Polarfuchs	BLAUFUCHS	polnisch. Tanz	KRAKOWIAK
		Polarinsel	GROENLAND		
philosophisch. Richtung	SOPHISTIK	Polarlicht	NORDLICHT	polnisch. Tanz	POLONAESE
		Polarstern	NORDSTERN		
Photographie	LICHTBILD	Polar-Tier	BLAUFUCHS	polnische Stadt an der Pilica	TOMASCHOW
Physik des Lebendigen	BIOPHYSIK	Polierschiefer	KIESELGUR		
		polit. Geheimbund in Italien	KARBONARI	polynes. Inselgruppe	MARQUESAS
Pigment	FARBSTOFF				
pikant	PRICKELND	polit. Heißsporn	DESPERADO	pommer. Stadt an der Leba	LAUENBURG
Pilgerschaft	WALLFAHRT				
Pilgerziel in Nahost	JERUSALEM	polit. Radikaler	EXTREMIST	pontinische Insel	PALMAROLA
Pilzart	BAUCHPILZ	polit. Schriftsteller	PUBLIZIST	Popmusik-Gruppe	BEACHBOYS
Pilzart	BOCKSBART	politisch. Vorherrschaft	HEGEMONIE	Popmusik-Gruppe	EKSEPTION
Pilzart	BRANDPILZ				
Pilzart	FOEHRLING	politische Hetze	AGITATION	Popmusik-Gruppe	HUMBLEPIE
Pilzart	KREISLING				
Pilzart	LEBERPILZ	politischer Abweichler	DISSIDENT	Popmusik-Gruppe	ROXYMUSIC
Pilzart	REISSLING				
Pilzart	WULSTLING				
Pilzkunde	MYKOLOGIE	poln.-frz. Kompon. (Zwölfton)	LEIBOWITZ	Popmusik-Solist	FELICIANO
Pirol	GOLDAMSEL				
Piste auf Flughäfen	LANDEBAHN				
plätschern	PLANSCHEN	poln. Name von Bromberg	BYDGOSZCZ	Popmusik-Solist	GALLAGHER
Planetenaspekt	QUADRATUR				

Popmusik-Solist	JOECOCKER	Präzisions-Pendeluhr	REGULATOR
Popmusik-Veranstaltung	LIGHTSHOW	Prager Burg	HRADSCHIN
Portier	PFOERTNER	Prahlerei	ANGEBEREI
Portion, Ration	ZUTEILUNG	Prahlhans	BRAMARBAS
Porträt	KONTERFEI	Prahlhans	GROSSMAUL
portugies. Entdecker, Seefahrer	MAGALHAES	Predigtlehre	HOMILETIK
		Preiserhöhung	AUFSCHLAG
portugies. Weltumsegler	MAGALHAES	preuß. General	GNEISENAU
Positionen wechseln	ROCHIEREN	preuß. Generalfeldmarschall	SCHLIEFEN
Possen	FIRLEFANZ	Prinzentitel in Österreich	ERZHERZOG
Possenreißer	HANSWURST		
Postenraum	WACHLOKAL	Prinzessin von Monaco	STEPHANIE
Postgut, Postsache, -sendung	NACHNAHME	Prinzip	GRUNDSATZ
		private Erziehungsanstalt	PENSIONAT
Postgut, Postsache, -sendung	PAECKCHEN		
		Privatkasse eines Fürsten	SCHATULLE
Postgut, Postsache, -sendung	POSTKARTE	Produkt	ERZEUGNIS
		Produkt d. Köhlers	HOLZKOHLE
Postgut, Postsache, -sendung	WERTBRIEF	Produktion	ERZEUGUNG
		Produktionsgemeinschaft	KOLLEKTIV
Postgut, Postsache, -sendung	WERTPAKET		
		Projektionsgerät	PROJEKTOR
Postgutsendung	KREUZBAND		
Postkutscher	POSTILLON	Prolog, Geleitwort	VORSPRUCH
Postulat	FORDERUNG	Propaganda	AGITATION
Postwertzeichen	FREIMARKE	Propaganda, Werbung (engl.)	PUBLICITY
Potentat	HERRSCHER		
Prachtstraße	BOULEVARD	Propellerturbine	TURBOPROP
Prämie	BELOHNUNG	Prophetin	KUENDERIN
Präsenz	GEGENWART		

prophezeien	WEISSAGEN
Protest	EINSPRUCH
protest. Erweckungsbewegung	PIETISMUS
Protestant	KALVINIST
provenzalische Sprache	LANGUEDOC
Provinz im alten Preußen	SCHLESIEN
prüfen, bewerten	ZENSIEREN
Prüfling	EXAMINAND
Prüfstein	KRITERIUM
Prügelstrafe	BASTONADE
Prunksarg, Steinsarg	SARKOPHAG
Prunkschiff der Dogen	BUZENTAUR
prunkvoll	LUXURIOES
Psalmengesang	PSALMODIE
Pulsschlag	PULSATION
Punktlicht	SPOTLIGHT
Purgatorium	FEGEFEUER
purgieren	ABFUEHREN
Pute	TRUTHENNE
Putsch, Revolte	REBELLION
Putzmacherin	MIDINETTE
Putzsucht	EITELKEIT
Pyrenäenberg	MONTPERDU
Pyrenäenpaß	TOURMALET
Pyrit	EISENKIES
Quackelbeere, Küchengewürz	WACHOLDER
Quackelbusch, Nadelholz	WACHOLDER
Qual	MARTYRIUM

Quarz-Abart	CHALZEDON	Rahm, Sahne	MILCHFETT	Reaktor-Bremssubstanz	MODERATOR
Quarz-Abart, Schmuckstein	HELIOTROP	Rahmen	UMRANDUNG	Rebell	INSURGENT
		Raketenantrieb	TREIBSATZ	Rebellion	EMPOERUNG
Quarzgestein	HORNSTEIN	Rallenart	SUMPFHUHN	Rebensorte	HUXELREBE
		Ramie	CHINAGRAS		
Quarzporphyr	PECHSTEIN	Rangbezeichnung	PRAEDIKAT	Rebensorte	SCHEUREBE
Quatsch	BLOEDSINN			rechtlich	JURIDISCH
Quatsch, Nonsens	WIDERSINN	Ranzen d. Handwerksburschen	FELLEISEN	Rechtsberater	KONSULENT
Quellfluß des Parana	RIOGRANDE			Rechtsmittel	EINSPRUCH
		Rappel	WUTANFALL	Rechtsprechung	JUDIKATUR
Quengler, Streithammel	QUERULANT	Rapunzel	FELDSALAT		
		rasch	GESCHWIND	Rechtssachverständiger	JUSTITIAR
Querbalken	ARCHITRAV	Rassentrennung in Südafrika	APARTHEID		
Querlinie	DIAGONALE			rechtswidrig	ILLEGITIM
Quetschung	KONTUSION	Rassenwahn	RASSISMUS	Rede	ANSPRACHE
		rasten	PAUSIEREN	Rede vor Gericht	PLAEDOYER
Quintessenz	INBEGRIFF	Rat	KONZILIUM		
Quintessenz	KERNPUNKT	Rate	ABZAHLUNG	regelmäßige Einnahme	EINKOMMEN
		Ratgeber	LEITFADEN		
Radiation	STRAHLUNG	Ration	DOSIERUNG	regelrecht	KANONISCH
radikal	FANATISCH	rationieren	EINTEILEN		
radioaktives Element	NEPTUNIUM			Regierungsgremium	STAATSRAT
		Raucherutensil	FEUERZEUG		
radioaktives Element	PLUTONIUM	Raufbold, Gewalttäter	SCHLAEGER	Regierungssitz von Anguilla	THEVALLEY
Radwettbewerb	KRITERIUM	Rauhfußhuhn	HASELHUHN	Regimentsabteilung	BATAILLON
Ränkeschmied	INTRIGANT	Raumfahrer	ASTRONAUT		
Rätoromanisch	ROMANTSCH	Raumfahrer	KOSMONAUT	Regler	REGULATOR
				Reichsritter, Freund Huttens	SICKINGEN
rätoromanisch. Sprache	LADINISCH	Raumfahrt-Flugkörper	RAUMSONDE		
				Reifrock	KRINOLINE
Rätselart	KREUZWORT	Raumlehre	GEOMETRIE	Reiherschnabel	ABUMARKUB
Rätselart	PALINDROM			reimloser Jambus	BLANKVERS
räuberisches Insekt	GRABWESPE	raunen	FLUESTERN		
		Rauschgift	HASCHISCH	Reimschmied	POETASTER
Räucherwerk	WEIHRAUCH	Rauschgift	MARIHUANA	reinerbig	HOMOZYGOT
Raffel	REIBEISEN	rautenförmig	RHOMBISCH	Reisender	PASSAGIER
raffen	DRAPIEREN				
raffen	SCHUERZEN				

Reisewesen, Fremdenverkehr	TOURISMUS	Rettung	ERLOESUNG	Robbenart	SEEMOENCH
Reisewesen, Fremdenverkehr	TOURISTIK	Reverskragenmantel	REDINGOTE	Rochen	MEERADLER
Reißbrett	MESSTISCH	Rhamnazeengattung	KREUZDORN	Rockmusikgruppe	STATUSQUO
Reiterabteilung	SCHWADRON	Rhein zwischen Basel u. Mainz	OBERRHEIN	Rockmusik-Solist	BILLHALEY
Reiteraufzug	KAVALKADE	richtig sein	ZUTREFFEN	Rockmusik-Stil	HEAVYROCK
Reiterfahne, Truppenfahne	STANDARTE	Richtlinie, Richtschnur	ANWEISUNG	Rock- u. Popmusik-Gruppe	GRANDFUNK
Reiterzug	KAVALKADE	Richtlinie, Richtschnur	GRUNDSATZ	Rodel	SCHLITTEN
Reitfigur d. Hohen Schule	BALLOTADE	Richtlinie, Richtschnur	LEITFADEN	Röhrennudeln	MAKKARONI
reizbar	IRRITABEL			Röhrenpilz	HEXENPILZ
Reizker	GRUENLING	Richtlinie, Richtschnur	MASSREGEL	Röhrenwal	FINNFISCH
Reizker	MILCHLING	Richtungsanzeiger	WEGWEISER	röm. Fürstengeschlecht	BARBERINI
Relation	BEZIEHUNG	Ried, Schilf	ROEHRICHT	röm. Gelehrter	CASSIODOR
religiöse Gemeinschaft	WALDENSER	Rindertuberkulose	PERLSUCHT	röm. Göttin der Eintracht	CONCORDIA
Religionsunterricht	KATECHESE	Rinde unseres Planeten	ERDKRUSTE	röm. Göttin der Zwietracht	DISCORDIA
Reliquienschrein	RELIQUIAR	Rindslendenstück	RUMPSTEAK	römisch. Hügel	JANICULUS
Rembrandts Lebensgefährtin	HENDRIKJE	Ringelblume	CALENDULA	römisch. Kaiser	GALLIENUS
Renke	SCHNAEPEL	Ringelkrebs	FLOHKREBS	römisch. Kaiser	JUSTINIAN
Renkenart	GANGFISCH	Ringelspiel	KARUSSELL	römisch. Kaiser	MARKAUREL
Renkenart	HEUERLING	Ringeltaube	WILDTAUBE	römisch. Kaiser	MAXENTIUS
Rennschlitten	BOBSLEIGH	Ringelwurm	REGENWURM	römisch. Kaiser	MAXIMINUS
Rennschlitten	VIERERBOB	Ringflügelflugzeug	COLEOPTER	römisch. Kaiser	VITELLIUS
Resignation	ENTSAGUNG	Rippenstück	ENTRECOTE	römische Filmstadt	CINECITTA
Resolution	BESCHLUSS	Rippenstück	KARBONADE	römischer Kaiser	VESPASIAN
Resonanz	WIDERHALL	Ritual, feierliche Handlung	ZEREMONIE	Röstbrot	TOASTBROT
Respekt	EHRFURCHT			Rohbenzol	LEICHTOEL
Respekt, Ehrfurcht	VEREHRUNG	Robbenart	PELZROBBE	Rollfeld auf Flugplätzen	LANDEBAHN
retten	SALVIEREN				
Rettung	BEFREIUNG				

Rollschwanzaffe	KAPUZINER	Rücktritt	ABDANKUNG	russ. Dichter (Lyrik, Epen)	NEKRASSOW
		Rücktritt	DEMISSION		
Romanschriftsteller	ROMANCIER	Rüffel	ERMAHNUNG		
		Rührmichnichtan	BALSAMINE	russ. Komponist	BALAKIREW
Roman v. Cronin	ZITADELLE	Rüstung	ARMIERUNG	russ. konstruktivist. Maler	LISSITZKY
Roman v. Frisch	HOMOFABER	Ruhe, Stille	SCHWEIGEN		
Roman v. Kerouac	UNTERWEGS	rumän. Königin	ELISABETH	russ. Maler, Grafiker	KANDINSKY
Roman v. Mark Twain	TOMSAWYER	rumän. Politiker	ANTONESCU	russ. Neurologe	BECHTEREW
		rumän. Politiker, Staatsmann	CEAUSESCU		
Rosenart	ESSIGROSE			russ. Physiker (Nobelpreis)	PROCHOROW
Rosenart	WACHSROSE				
Rosinenart	SULTANINE	rumän. Schwarzmeerhafen	CONSTANTA		
Roßhaarstoff	KRINOLINE			russ. Primoballerino	NIJINSKIJ
Rostbraten	ROASTBEEF	rumän. Schwarzmeerhafen	KONSTANZA	russ. romant. Dichter	LERMONTOW
Rotbläßchen	TEICHHUHN				
roter Edelstein, Schmuckstein	KARFUNKEL	rumän. Stadt	KRONSTADT	russ. Stadt am Donez	BJELGOROD
		rumän.: Temeschwar	TIMISOARA	russ. Stadt an d. Wolga	JAROSLAWL
roter Farbstoff	KARTHAMIN	rumänisch. Berg	PIETROSUL		
roter Farbton	ZIEGELROT			russ. Stadt an der Newa	LENINGRAD
roter Gallenfarbstoff	BILIRUBIN	rumänische Stadt	PETROSENI	russisch., sowjet. Stadt	BERDJANSK
rotes Ebenholz	GRENADILL	Rundbild	MEDAILLON		
		Runde	UMDREHUNG	russisch. abstrakter Maler	POLIAKOFF
Rotte	ABTEILUNG	rundfunktechn. Bauelement	MODULATOR		
Rübenart	KOHLRUEBE			russisch. Anarchist	KROPOTKIN
Rübenart	MOHRRUEBE				
rückläufig, rückwirkend	REGRESSIV	russ.-amerikan. Maler, Graphiker	JAWLENSKI	russisch. Dichter	KOROLENKO
		russ. Architekt	KRAPOTKIN	russisch. Dichter, Dramatiker	TSCHECHOW
Rücklage	ERSPARNIS				
Rückschlag zum Ahnentypus	ATAVISMUS	russ. Autor (Nobelpreis)	PASTERNAK	russisch. Feldmaß	DESJATINE
Rückseite	KEHRSEITE			russisch. Fluß zur Barentssee	PETSCHORA
Rücksendung	REMISSION	russ. Ballerina	KARSAWINA		
Rückstrahler	REFLEKTOR	russ. Ballettimpresario	DIAGHILEW	russisch. Großfürst	DEMETRIUS
Rückstrahlung	REFLEXION			russisch. Kriegshafen	KRONSTADT

russisch. Liedermacher	WYSIOTZKI	
russisch. Musikinstrument	BALALAIKA	
russisch. Pastete	KULEBIAKA	
russisch. Politiker, Sozialdemokrat	PLECHANOW	
russisch. realist. Dramatiker	TURGENJEW	
russisch. Zar	ALEXANDER	
russisch. Zarin	KATHARINA	
russische Stadt am Don	WORONESCH	
russische Stadt am Kaukasus	STAWROPOL	
russische Stadt an d. Wolga	ULJANOWSK	
russische Stadt an der Wolga	WOLGOGRAD	
russische Zarin	ELISABETH	
rustikal	LAENDLICH	
Rutsche	GLEITBAHN	
saarl. Stadt an der Blies	OTTWEILER	
saarländ. Stadt an der Prim	DILLINGEN	
saarländ. Stadt an der Saar	SAARLOUIS	
Sachbearbeiter	DEZERNENT	
sachlich	NUECHTERN	
Sachverständigen-Gutachten	EXPERTISE	
Sackpfeife	DUDELSACK	
sächs. Goldmünze	AUGUSTDOR	
sächs. Herzogsgeschlecht	BILLUNGER	
sächs. Stadt am Lober	DELITZSCH	
sächs. Stadt an d. Sprotte	SCHMOELLN	
sächs. Stadt an der Bode	STASSFURT	
sächs. Stadt an der Saale	MERSEBURG	
sächs. Stadt an der Zschopau	MITTWEIDA	
sächs. Stadt im Erzgebirge	STOLLBERG	
Sängerin heiterer Rollen	SOUBRETTE	
Säuberung	REINIGUNG	
Säugetierordnung	HALBAFFEN	
Säugetierordnung	NAGETIERE	
Säugetierordnung	PAARHUFER	
Säugetierordnung	RAUBTIERE	
Säule in Mädchengestalt	KARYATIDE	
Säulengang	KOLONNADE	
Säulenhalle	GLORIETTE	
Säulenhalle	KOLONNADE	
Säuregrad e. Flüssigkeit	ACIDITAET	
Safflor (Farbstoff)	KARTHAMIN	
saftvoll, fleischig	SUKKULENT	
sagenh. äthiop. Königstochter	ANDROMEDA	
sagenh. Erfinder des Biers	GAMBRINUS	
sagenhaft	LEGENDAER	
Sahara-Befreiungsbewegung	POLISARIO	
Sahnebonbon	KARAMELLE	
Saiteninstrument	BALALAIKA	
Saiteninstrument	MANDOLINE	
Salatpflanze	KOPFSALAT	
Salatschüssel	SALATIERE	
Salzsee in Palästina	TOTESMEER	
Sammelbecken, Speicher	RESERVOIR	
Sammellinse	BRENNGLAS	
Sammellinsensystem	KONDENSOR	
Sammelwerk, Wissensschatz	THESAURUS	
Sammlung	BESINNUNG	
Sammlung getrocknet. Pflanzen	HERBARIUM	
Sammlung von Gedichten	ANALEKTEN	
Samstag	SONNABEND	
Sandart	QUARZSAND	
Sandelholzöl	SANTALOEL	
Sandpflanze	GRASNELKE	
Sandstein	GRAUWACKE	
Sandsturm	KARABURAN	

satanisch, diabolisch	TEUFLISCH	
Satellit	BEGLEITER	
Sattler	POLSTERER	
Sattler	TAESCHNER	
Saturn-Mond	ENCELADUS	
Satyr	WALDGEIST	
Satzaussage	PRAEDIKAT	
Satzzeichen	BEISTRICH	
Sauerklee	HASENKLEE	
Sauerklee	HASENKOHL	
Sauerstoffmangelsymptom	BLAUSUCHT	
Sauertopf	GRIESGRAM	
Saufeder	FANGEISEN	
Saugwurm	LEBEREGEL	
Schabloniererverfahren	SIEBDRUCK	
schachern	FEILSCHEN	
Schachtelhalm	EQUISETUM	
Schachweltmeister	ANDERSSEN	
schadenfroh	HOEHNISCH	
Schädelknochen	NASENBEIN	
Schädelknochen	STIRNBEIN	
Schädling	WUEHLMAUS	
Schäferspiel	PASTORALE	
schärfen, drillen	SCHLEIFEN	
Schaf, Schafart	OSTFRIESE	
Schalenfrucht	HASELNUSS	
Schalenfrucht	KOKOSNUSS	
Schall	GERAEUSCH	
Schallplattenarchiv	DISKOTHEK	
schalltechnisch	AKUSTISCH	
Schallumwandler	MIKROPHON	
Schar	ABTEILUNG	
Scharfsinn	KOEPFCHEN	
scharfsinnig	INGENIOES	
Schatz-, Schmuckkästchen	SCHATULLE	
schaumiges Lavagestein	BIMSSTEIN	
Schau mit Lichteffekten	LIGHTSHOW	
Schaumstoff	MOLTOPREN	
Schausp. v. Hofmannsthal	JEDERMANN	
Schauspielfach, Rollenfach	LIEBHABER	
Schauspielfach, Rollenfach	SALONDAME	
Schauspiel m. Musikbegleitung	MELODRAMA	
Schauspiel mit Gesang	SINGSPIEL	
Schauspiel mit 1 Person	MONODRAMA	
Schauspiel von Schiller	DONCARLOS	
scheinbar	IMAGINAER	
Scheinheiligkeit	HEUCHELEI	
Scheinwissen, Spitzfindigkeit	SOPHISTIK	
Schelle	KUHGLOCKE	
Schenke	AUSSCHANK	
scherzen	SCHAEKERN	
Scheuerbürste	SCHRUBBER	
scheuern	SCHRUBBEN	
Scheusal, Schreckgestalt	UNGEHEUER	
schiefläufige Linie	LOXODROME	
schiefwinklig	LOXOGONAL	
Schiffbruch	UNTERGANG	
Schiff der Pilgerväter	MAYFLOWER	
Schifferklavier	AKKORDEON	
Schifferklavier	BANDONEON	
Schifferklavier	HARMONIKA	
Schiffsführer	RUDERGAST	
Schiffs-Geschützraum	KASEMATTE	
Schiffsmannschaft	BESATZUNG	
Schiffsverband	GELEITZUG	
Schiffswinde	GANGSPILL	
Schiffszoll entrichten	KLARIEREN	
Schildbürger der Antike	ABDERITEN	
schildförmiges Ornament	KARTUSCHE	
Schildkröten-Inseln	GALAPAGOS	
Schilf	TEICHROHR	
schillern	IRISIEREN	
schillernder Schmuckstein	CHANGEANT	
schillerndes Gewebe	CHANGEANT	
Schimpfwort	INVEKTIVE	
schintoistischer Priester	KANNUSCHI	

Schlachter	FLEISCHER
Schlachtschiffformation	KIELLINIE
schlaff	ENTSPANNT
Schlafmohnwirkstoff	PAPAVERIN
Schlafwandeln	MONDSUCHT
Schlaganfall	APOPLEXIE
schlagen, klopfen	PULSIEREN
Schlagerfestival	HITPARADE
Schlaginstrument	VIBRAPHON
schlankes Mannequin	GELBSTERN
Schlauberger	PFIFFIKUS
Schleichhandel, Zollvergehen	SCHMUGGEL
Schleichkatze	ICHNEUMON
schleierartiges Gewebe	GEORGETTE
Schleifmittel	SCHMIRGEL
Schlemmerei	PRASSEREI
Schlemmerei, Prasserei	VOELLEREI
schlendern	FLANIEREN
schles. Oder-Zufluß	WEISTRITZ
schles. Stadt am Bober	LANDESHUT
schlesischer Berggeist	RUEBEZAHL
schlesischer Dichter (Nobelpr.)	HAUPTMANN
Schließmuskel	SPHINKTER
Schlingbeschwerden	DYSPHAGIE
Schloß bei Potsdam	SANSSOUCI
Schloß bei Salzburg	HELLBRUNN
Schloß bei Weimar	BELVEDERE
Schloß in Salzburg	KLESSHEIM
Schloß in Wien	BELVEDERE
Schloßverwalter	KASTELLAN
Schluckauf	SINGULTUS
Schlüsselbein	CLAVICULA
Schlußergebnis	ENDEFFEKT
Schlußfolgerung	DEDUKTION
Schlußwirkung	ENDEFFEKT
Schmähung	INVEKTIVE
Schmeichelei	FLATTERIE
Schmerfluß	SEBORRHOE
Schmerzlosigkeit	ANALGESIE
Schmetterlingsart	ACKEREULE
Schmetterlingsart	AHORNEULE
Schmetterlingsart	FORSTEULE
Schmetterlingsart	GAMMAEULE
Schmetterlingsart	GRUENLING
Schmetterlingsart	KLEINBAER
Schmetterlingsart	MONDFLECK
Schmetterlingsart	PFEILEULE
Schmetterlingsart	REIFMOTTE
Schmetterlingsart	ROSENEULE
Schmetterlingsart	TAGFALTER
Schmetterlingsart	TOTENKOPF
Schmetterlingsart	VIERPUNKT
Schmetterlingsart	WEISSLING
Schmetterlingsblütler	GEISSKLEE
Schmetterlingsblütler	HAUHECHEL
Schmetterlingsblütler	VOGELKLEE
schmieren	BESTECHEN
Schmöker	SCHARTEKE
Schmuck, Geschmeide	PRETIOSEN
Schmuck, Schmuckstück	HALSKETTE
Schmuck, Schmuckstück	MEDAILLON
Schmuck beim Richtfest	RICHTBAUM
Schmuckstein	AVENTURIN
Schmuckstein	CHALZEDON
Schmuckstein	EDELSTEIN
Schmuckstein	FEUEROPAL
Schmuckstein	FLUSSSPAT
Schmuckstück	ANHAENGER
schmückend	DEKORATIV
schmückendes Beiwort	EPITHETON
Schneid	KUEHNHEIT

Schneidemaschine	BANDSAEGE	schott. Stadt am Firth of Forth	KIRKCALDY	Schulterstück	EPAULETTE
Schneckenart	RIESENOHR			Schuppenflechte	PSORIASIS
schnell, umgehend	SCHLEUNIG	schott. Tanz	ECOSSAISE	Schute	KIEPENHUT
		schott. Tanz	EKOSSAISE	Schutzbegleitung	BEWACHUNG
schnelle Kreiswendung	PIROUETTE	Schräglinie	DIAGONALE	Schutzfarbe	TARNFARBE
schneller Tanz	QUICKSTEP	Schrägmast am Bug	BUGSPRIET	Schutzherr	PROTEKTOR
Schnepfenvogel	BEKASSINE	schrecklich	FURCHTBAR	Schutzherrschaft	PATRONAGE
Schnitzeljagd	FUCHSJAGD	Schreiber	KONTORIST	Schutzhülle	ABDECKUNG
Schnitzer	MISSGRIFF	Schreibmaterial	BLEISTIFT		
Schnürsenkel	SCHUHBAND	Schreibschrank	SEKRETAER	Schutzmaßnahme	SICHERUNG
Schnupftabakdose	TABATIERE	Schreibtafel der Antike	DIPTYCHON	Schutzpatron d. Gepäckträger	AQUILINUS
Schnur	BINDFADEN	schreien	KREISCHEN		
schockierende Kunsterfahrung	HAPPENING	Schreittanz	POLONAESE	Schutzpatron d. Kriegsinvaliden	SEBASTIAN
		Schriftart	HELVETICA		
Schöngeist	BELESPRIT	Schriftart	ITALIENNE	Schutzpatron d. Pferde	MAURITIUS
Schönlilie	AMARYLLIS	Schriftart	MEDIAEVAL		
schöpferisch	FRUCHTBAR	Schriftführer	SEKRETAER	Schutzpatron d. Pferde	STEPHANUS
Schöps	DUENNBIER	Schriftleiter	REDAKTEUR		
Scholle, Plattfisch	STEINBUTT	Schriftleitung	REDAKTION	Schutzpatron d. Steuerbeamten	MATTHAEUS
Schollen-Art	GLATTBUTT	Schrifttum	LITERATUR		
schott. Autor, Schriftsteller	STEVENSON	Schriftzeichen	BUCHSTABE	Schutzpatron der Ärzte	PANTALEON
		Schrippe	BROETCHEN	Schutzpatron der Arbeiter	TARSICIUS
schott. Bucht	SCAPAFLOW	Schrittzähler	HODOMETER		
schott. Forschungsreisender	MACKENZIE	Schrittzähler	PEDOMETER	Schutzpatron der Philosophen	THEOTIMUS
		Schrittzähler	PODOMETER		
schott. Hafenstadt	DUMBARTON	Schrott	ALTMETALL	Schutzpatron der Zollbeamten	MATTHAEUS
		Schuldner	DEBITOREN		
schott. Hochlande	HIGHLANDS	Schulfach	SACHKUNDE	Schutzpatronin d. Mädchen	MARGARETA
schott. Stadt	DUMBARTON	Schulmaterial, -mittel	OKTAVHEFT		
		Schulranzen	TORNISTER	Schutzpatronin d. Wissenschaftler	KATHARINA

Schutzpatronin der Bettler	ELISABETH	schwed. Autor (Nobelpreis)	MARTINSON
Schutzpatronin der Mädchen	KATHARINA	schwed. Bildhauer	FOGELBERG
Schutzpatronin der Philosophen	KATHARINA	schwed. Chemiker	BERZELIUS
		schwed. Hafen in Södermanland	NYKOEPING
Schutzpatronin der Waisen	ELISABETH	schwed. Königin	CHRISTINE
Schutzvorrichtung	SICHERUNG	schwed. Königsname	CHRISTIAN
Schwachsichtigkeit	AMBLYOPIE	schwed. Komponist	ATTERBERG
schwachsinnig	IDIOTISCH	schwed. Lyriker	LUNDKVIST
schwäb. Maler u. Bildhauer	MULTSCHER	schwed. Nobelpreisträger	ARNOLDSON
schwammig	SPONGIOES	schwed. Physiker (Nobelpreis)	ARRHENIUS
Schwangerschaftsvergiftung	EKLAMPSIE	schwed. Schloß am Mälarsee	GRIPSHOLM
Schwank	LUSTSPIEL		
schwanken	SCHWINGEN	schwed. Schriftsteller	BENGTSSON
Schwarzseher	DEFAETIST	schwed. See	SILJANSEE
Schwarzseher	PESSIMIST	schwedisch. Landkreis	SKARABORG
Schwarzwaldsee (Hornisgrinde)	MUMMELSEE	schwedische Hafenstadt	SUNDSVALL
Schwarzwaldstadt a. d. Brigach	VILLINGEN	schwedische Hauptstadt	STOCKHOLM
Schwarzwaldstadt an der Elz	WALDKIRCH	schwedische Stadt	VAESTERAS
schwatzen	PARLIEREN	Schwefelbleierz	BLEIGLANZ
schwed. Astronom	ANGSTROEM	Schweiß absondern	SCHWITZEN
schwed. Autorin (Nobelpreis)	LAGERLOEF	Schweiz	HELVETIEN
schweiz. Bandleader	OSTERWALD
schweiz. Bodenseehafen	RORSCHACH
schweiz. Dichter (Nobelpreis)	SPITTELER
schweiz. Käsesorte	GREYERZER
schweiz. Kanton	APPENZELL
schweiz. Kanton	SOLOTHURN
schweiz. Kantonshauptstadt	APPENZELL
schweiz. Kantonshauptstadt	NEUENBURG
schweiz. Kantonshauptstadt	SOLOTHURN
schweiz. Kurort am Titlis	ENGELBERG
schweiz. Malerin	KAUFFMANN
schweiz. See	BIELERSEE
schweiz. See	SARNERSEE
schweiz. Sopranistin	DELLACASA
schweiz. Stadt an der Aare	SOLOTHURN
schweiz. Theologe	BALTHASAR
schweiz. Wintersportort	ANDERMATT
schweiz.: Fahrrad	VELOZIPED
schwelgen	GENIESSEN
schwelgen	SCHLEMMEN
schwer, mühsam	SCHWIERIG
schwere Mißhandlung	FOLTERUNG

schwerer Wasserstoff	DEUTERIUM
Schwerfälligkeit	PLUMPHEIT
Schwermut	TRUEBSINN
schwerwiegend	GEWICHTIG
Schwester d. Burgund. Könige	KRIEMHILD
Schwester v. Elektra	IPHIGENIE
Schwester v. Orest	IPHIGENIE
Schwimmaufbereitung	FLOTATION
Schwimmstil	BUTTERFLY
Schwimmvogel	BRAUTENTE
Schwimmvogel	EIDERENTE
Schwimmvogel	KRICKENTE
Schwimmvogel	LACHMOEWE
Schwindler	BETRUEGER
Schwingungsweite	AMPLITUDE
schwungvoll	SCHMISSIG
sechsfüßiger Vers	HEXAMETER
Sedimentgestein	KALKSTEIN
Sedimentgestein	SANDSTEIN
Seebad bei Los Angeles	LONGBEACH
Seebeben-Folge	FLUTWELLE
See bei Leningrad	LADOGASEE
See im Berner Oberland	THUNERSEE
See im schweiz. Mittelland	MURTENSEE
See in Brandenburg	UECKERSEE
See in der Steiermark	GRUNDLSEE
See in Kärnten	FAAKERSEE
See in Kalifornien	SALTONSEE
See in Slowenien	BLEDERSEE
Seelenglaube	ANIMISMUS
seelisch	PSYCHISCH
seelisch bedingt	PSYCHOGEN
seelische Läuterung	KATHARSIS
seelische Reinigung	KATHARSIS
Seemannsmakler	HEUERBAAS
Seenforscher	LIMNOLOGE
Seeräuberei	PIRATERIE
Seerose	TEICHROSE
Segel	MARSSEGEL
Segel	STAGSEGEL
Segel des Vordermastes	FOCKSEGEL
Segelflugstarthilfe	SEILWINDE
Segelstange	BUGSPRIET
Seherin in Troja	KASSANDRA
seherisch, traumhaft	VISIONAER
Sehnsucht	NOSTALGIE
Sehunfähigkeit	BLINDHEIT
Seidenfrottee	BOURRETTE
Seidengewebe	LEVANTINE
Sektenanhänger	SEKTIERER
Sektor	ABSCHNITT
selbständig, unumschränkt	SOUVERAEN
Selbständigkeit	AUTONOMIE
Selbstbefruchtung	AUTOGAMIE
Selbstbeherrschung	DISZIPLIN
Selbstverstümmelung	AUTOTOMIE
Selbstverwaltung	AUTONOMIE
Seleukidenkönig	ANTIOCHOS
seligpreisen	BENEDEIEN
seltene Erde	YTTERBIUM
seltsam, eigenartig	SONDERBAR
Semmel	BROETCHEN
Sendbote	MISSIONAR
Senge	ABREIBUNG
Seniorenunterkunft	ALTENHEIM
Senke zw. Schwarz- u. Odenwald	KRAICHGAU
Senkrechte	VERTIKALE
Sentenz	AUSSPRUCH
separat, separiert	GESONDERT
serb. Beckenlandschaft	AMSELFELD
serbisch. Herrschergeschlecht	OBRENOVIC

Serigraphie	SIEBDRUCK	Silberpapier	ZINNFOLIE	slowak. Stadt an der Donau	PRESSBURG
Serum	IMPFSTOFF	Silikat	OLIGOKLAS		
Seschelleninselgruppe	AMIRANTEN	Silikat	SKAPOLITH	slowen. Stadt am Laibach	LJUBLJANA
		Silikatmineral	GRUENERDE		
Sessel	LEHNSTUHL	Sinfonie von Schubert	TRAGISCHE	Sockel, Postament	PIEDESTAL
Setzer, Buchdrucker	TYPOGRAPH	Singvogel	KOHLMEISE	Söldner	LEGIONAER
Setzling, Absenker	STECKLING	Sinken, Niedergang	UNTERGANG	Sohn v. Achill	EUPHORION
Setzmaschine	INTERTYPE	Sinnbild	ALLEGORIE	Sohn v. Helena	EUPHORION
Setzmaschine	TYPOGRAPH	Sinnestäuschung	PHANTASMA	Sohn v. Hildebrand	HADUBRAND
Sexualhormon	OESTROGEN	Sinneswahrnehmung	GESCHMACK	Sohn v. Parsifal, Parzival	LOHENGRIN
sexuell Abartiger	MASOCHIST	Sinngehalt	BEDEUTUNG	Solbad an der Jagst	JAGSTFELD
sibirisch. Mongolenstamm	SAMOJEDEN	Sippschaft	MISCHPOKE	Sommersprossen	EPHELIDEN
sich ereignen	PASSIEREN	sittlich	MORALISCH	sondern, einordnen	SORTIEREN
Sicherungsbeschlagnahme	PFAENDUNG	Sitzung	KONFERENZ	Sonderrecht	VORBEHALT
		sizilian. Stadt	AGRIGENTO		
		Skandal	AERGERNIS	Sonnenfernrohr	HELIOSKOP
sich lohnen	AUSZAHLEN	skandinavische Hauptstadt	STOCKHOLM	Sonnentierchen	HELIOZOON
sich lohnen	RENTIEREN			Sorgfalt	EXAKTHEIT
sich schriftlich äußern	SCHREIBEN	Skelettteil	BRUSTKORB	sorgsam	PFLEGLICH
		Skilaufhilfe	STEIGFELL	sortieren	EINORDNEN
sichtbarer Himmel	FIRMAMENT	Skilauftechnik	TIEFGEHEN	sowjet. Flugzeugkonstrukteur	ILJUSCHIN
sich verbünden	KOALIEREN	Skilauftraining	SOMMERSKI		
Siderit	EISENSPAT	skizzieren	ENTWERFEN	sowjet. Kosmonaut	FEOKISTOW
Siebenflächner	HEPTAEDER	skizzieren	UMREISSEN		
Siebenschläfer	BILCHMAUS	Sklavenführer im alten Rom	SPARTAKUS	sowjet. Kosmonaut	NIKOLAJEW
Siechtum	KRANKHEIT			sowjet. Lyrikerin	ACHMATOWA
Siedegefäß	SUDPFANNE	Skolopender	BANDASSEL		
Siedlung	ORTSCHAFT	slaw. Volk	POMERANEN	sowjet. Politiker	BRESCHNEW
Siegel	PETSCHAFT			sowjet. Raumfahrtzentrum	KOSMODROM
sieghaft, ruhmvoll	TRIUMPHAL	slawisch. Volksstamm im MA	OBOTRITEN		
Signaleinrichtung	WARNLICHT			sowjet. Reisebüro	INTOURIST
Signalgerät	WARNLAMPE				

sowjet. Schachweltmeister	BOTWINNIK	span. Dichter u. Diplomat	MADARIAGA	span. Tanz	ESMERALDA
sowjet. Schachweltmeister	PETROSJAN	span. Dramatiker	BENAVENTE	span. Wallfahrtsort	GUADALUPE
sowjet. Schriftsteller	EHRENBURG	span. Frauenname	ESMERALDA	span.: Edelmann, Ritter	CABALLERO
sowjet. Staatspräsident	BRESCHNEW	span. Frauenname	FELICIDAD	Spange	SCHLIESSE
sowjetisch. Kosmonaut	BEREGOWOI	span. Hafenstadt	ALGECIRAS	Spannung	ERWARTUNG
sowjetisch. Kosmonaut	SCHATALOW	span. Hafenstadt	BARCELONA	Spargel	ASPARAGUS
sowjetische Zeitung	ISWESTIJA	span. Herrschername	FERDINAND	sparsam, haushälterisch	RATIONELL
Sowjetrepublik	ABCHASIEN	span. Infant	DONCARLOS	spartanischer Feldherr	PAUSANIAS
sowjetruss. Komponist	PROKOFJEW	span. Kanarenprovinz	LASPALMAS	spartanischer König	AGESILAUS
sozialistischer Zionist	BENGURION	span. Kap bei Cadiz	TRAFALGAR	spaßig	SCHNURRIG
Sozius	KOMPAGNON	span. Landschaft	ARAGONIEN	Spaßmacher	HANSWURST
Sozius, Geschäftspartner	TEILHABER	span. Männername	CRISTOBAL	Spaziermarsch	WANDERUNG
später Imbiß	ABENDBROT	span. Männername	FRANCISCO	SPD/SED-Politiker	GROTEWOHL
Spaltensteller	TABULATOR	span. Maler (17. Jh.)	VELAZQUEZ	Spechtvogel	WENDEHALS
span. Bevölkerungsteil	ARAGONIER	span. Nobelpreisträger	BENAVENTE	Speicher	DACHBODEN
span. Bevölkerungsteil	KASTILIER	span. Provinz	BARCELONA	Speicher	LAGERHAUS
span. Bevölkerungsteil	KATALANEN	span. Saiteninstrument	BANDURRIA	Speisefett	KOKOSFETT
span. Dessertwein	TARRAGONA	span. Stadt	ALCANTARA	Speisefett	MARGARINE
span. Dichter	CERVANTES	span. Stadt	PLASENCIA	Speisefisch, Seefisch	ROTBARSCH
span. Dichter (Nobelpreis)	ECHEGARAY	span. Stadt am Tormes	SALAMANCA	speisen	SOUPIEREN
				Speisepilz	GRAUKAPPE
				Speisepilz	GRUENLING
				Speiseraum	ESSZIMMER
				Speiseröhrling	STEINPILZ
				Spelunke	KASCHEMME
				Sperling	ROHRSPATZ
				Sperre	BARRIKADE
				Sperre	HINDERNIS
				Sperrfrist	WARTEZEIT

Clue	Answer
Spezialfrachtschiff	OELTANKER
speziell	BESONDERS
Spiegelfernrohr	REFLEKTOR
Spiegelung, Widerschein	REFLEXION
spielentscheidender Ball	MATCHBALL
spielerisches Gebaren	TAENDELEI
Spielfeldteil	STRAFRAUM
Spielleiter	REGISSEUR
Spießbürger	PHILISTER
Spießer	PHILISTER
Spießgeselle	MITTAETER
Spinnmaschine	SELFAKTOR
Spitzenkönner	KORYPHAEE
Spitzenmacher	KLOEPPLER
Spitzfindigkeit	KASUISTIK
Spötter	LAESTERER
spöttisch	HOEHNISCH
spöttisch	SATIRISCH
Sponsor	FOERDERER
Sportanlage	KEGELBAHN
Sportanlage	RENNPLATZ
Sportanlage	SPIELFELD
Sportart, -disziplin	KANUSPORT
Sportart, -disziplin	LUFTSPORT
Sportart, -disziplin	RADFAHREN
Sportart, -disziplin	RINGKAMPF
Sportart, -disziplin	SCHIESSEN
Sportart, -disziplin	TAUZIEHEN
Sportschlitten	BOBSLEIGH
Sportveranstaltung	WETTKAMPF
Spottbild	KARIKATUR
Sprache der Buren	AFRIKAANS
Sprachforscher	PHILOLOGE
Sprachlehre	GRAMMATIK
sprachwissenschaftl. Teilgebiet	LAUTLEHRE
Sprecher von Dichtung	REZITATOR
Sprechgesang	REZITATIV
Spreizschritt, -sprung	GRAETSCHE
Springer einer Zirkustruppe	KASKADEUR
Springkraut	BALSAMINE
Springkraut	IMPATIENS
spritziges Musikstück	CAPRICCIO
Sproß	NACHKOMME
Sproßpflanze	KORMOPHYT
Sprungübung d. Hohen Schule	COURBETTE
Spülgefäß (medizin.)	IRRIGATOR
Spulwürmer	ASKARIDEN
Staat der USA	LOUISIANA
Staat der USA	MINNESOTA
Staat der USA	NEWJERSEY
Staat der USA	NEWMEXICO
Staat der USA	TENNESSEE
Staat der USA	WISCONSIN
Staat in Südostasien	KAMPUCHEA
Staat in Südosteuropa	BULGARIEN
staatl. Beauftragter	KOMMISSAR
Staatsform	MONARCHIE
Staatsführung	REGIERUNG
staatsmännisch	POLITISCH
Staatsmann	POLITIKER
Staatszugehörigkeit	INDIGENAT
stachel. Fisch	IGELFISCH
Stachelflosser	BANDFISCH
Stachelflosser	KNURRHAHN
Stachelflosser	STICHLING
Stachelhäuter	HAARSTERN
Stadt am Bodensee (2 Schlösser)	MEERSBURG
Stadt am Ganges	ALLAHABAD
Stadt am Ganges	BHAGALPUR
Stadt am Main	FRANKFURT
Stadt am Mittelrhein	BACHARACH
Stadt am Mittelrhein	BADHONNEF
Stadt am Neckar	BESIGHEIM
Stadt am Neckar	ESSLINGEN
Stadt am Neckar	HEILBRONN
Stadt am Neckar	OBERNDORF

Clue	Answer
Stadt am Nordschwarzwald	ETTLINGEN
Stadt am Pfälzer Wald	PIRMASENS
Stadt am Rhein	ANDERNACH
Stadt am Rothaargabirge	BERLEBURG
Stadt am Siebengebirge	BADHONNEF
Stadt am Spreewald	LUEBBENAU
Stadt am Teutoburger Wald	BIELEFELD
Stadt am Teutoburger Wald	BRACKWEDE
Stadt am Teutoburger Wald	LENGERICH
Stadt am Teutoburger Wald	SALZUFLEN
Stadt am Thüringer Wald	SONNEBERG
Stadt am Wiehengebirge (NRW)	LUEBBECKE
Stadt an d. Mulde	EILENBURG
Stadt an d. Weinstraße	EDENKOBEN
Stadt an d. Wolgamündung	ASTRACHAN
Stadt an der Charente	ANGOULEME
Stadt an der Ems	EMSDETTEN
Stadt an der Ennepe	ENNEPETAL
Stadt an der Fils	EISLINGEN
Stadt an der Ilmenau	LUENEBURG
Stadt an der Jagst	ELLWANGEN
Stadt an der Mosel	BEILSTEIN
Stadt an der Nahe	KREUZNACH
Stadt an der Ruhr	HATTINGEN
Stadt an der Ruhr (NRW)	MUEHLHEIM
Stadt an der Saale	BADKOESEN
Stadt an der Schlei	SCHLESWIG
Stadt an der Somme	ABBEVILLE
Stadt an der Stepenitz	PERLEBERG
Stadt an der unteren Elbe	LAUENBURG
Stadt an der Warthe	LANDSBERG
Stadt an der Weinstraße	DUERKHEIM
Stadt an der Wupper	WUPPERTAL
Stadt an Elbe u. Mittellandkanal	MAGDEBURG
Stadt an Günz und Donau	GUENZBURG
Stadt auf den Kanarischen Inseln	LASPALMAS
Stadt auf Java	SURAKARTA
Stadt auf Kreta	RETHYMNON
Stadt auf Teneriffa	SANTACRUZ
Stadt bei der Burg Hohenzollern	HECHINGEN
Stadt bei Neapel	BENEVENTO
Stadtburg v. Athen	AKROPOLIS
Stadt d. Zentralafr. Republik	BERBERATI
Stadt im Aachener Becken	WUERSELEN
Stadt im Bergischen Land	REMSCHEID
Stadt im Emsland	PAPENBURG
Stadt im Harz	BRAUNLAGE
Stadt im Hunsrück	KIRCHBERG
Stadt im Hunsrück	STROMBERG
Stadt im östl. Harzvorland	HETTSTEDT
Stadt im Saarland	DUDWEILER
Stadt im Sauerland	ATTENDORN
Stadt im Staat New York	ROCHESTER
Stadt im Westerwald	MONTABAUR
Stadt in Alaska	ANCHORAGE
Stadt in Alaska	FAIRBANKS
Stadt in Aserbeidschan	KIROWABAD
Stadt in Bayern	GRIESBACH
Stadt in Bayern	WEGSCHEID
Stadt in Brandenburg	JUETERBOG
Stadt in Brandenburg	PERLEBERG
Stadt in Burkina Faso	KOUDOUGOU

Stadt in Connecticut (USA)	WATERBURY
Stadt in d. Lüneburger Heide	LUENEBURG
Stadt in d. nördl. Eifel	SCHLEIDEN
Stadt in den USA	JAMESTOWN
Stadt in der Lausitz	SPREMBERG
Stadt in der Lüneburger Heide	ROTENBURG
Stadt in der Normandie	GRANVILLE
Stadt in der Oberlausitz	EBERSBACH
Stadt in Florida (USA)	PALMBEACH
Stadt in Florida (USA)	PENSACOLA
Stadt in Ghana	CAPECOAST
Stadt in Guatemala	ESCUINTLA
Stadt in Hessen	DARMSTADT
Stadt in Hessen	VIERNHEIM
Stadt in Hessen	WOLFHAGEN
Stadt in Hohenlohe	OEHRINGEN
Stadt in Holstein	OLDENBURG
Stadt in Indiana (USA)	FORTWAYNE
Stadt in Indiana (USA)	SOUTHBEND
Stadt in Iowa (USA)	DAVENPORT
Stadt in Irland	KINGSTOWN
Stadt in Kalabrien	CATANZARO
Stadt in Kasachstan	KARAGANDA
Stadt in Kaukasien	KRASNODAR
Stadt in Kentucky (USA)	LEXINGTON
Stadt in Litauen	HEYDEKRUG
Stadt in Magdeburg	SALZWEDEL
Stadt in Malaysia	KOTABHARU
Stadt in Massachusetts (USA)	WORCESTER
Stadt in Massachussetts (USA)	CAMBRIDGE
Stadt in Mecklenburg	GADEBUSCH
Stadt in Mecklenburg	STERNBERG
Stadt in Mexiko	SANMIGUEL
Stadt in Mittelfranken	SCHWABACH
Stadt in Mittelfranken	SOLNHOFEN
Stadt in Mosambik	QUELIMANE
Stadt in Nambibia	OKAHANDJA
Stadt in Namibia	KARASBURG
Stadt in Namibia	LUEDERITZ
Stadt in Nepal	BRITNAGAR
Stadt in New Jersey	LAKEHURST
Stadt in New Jersey (USA)	PRINCETON
Stadt in New Mexico	LOSALAMOS
Stadt in Nicaragua	MATAGALPA
Stadt in Nordholland	HILVERSUM
Stadt in Nordkarolina (USA)	CHARLOTTE
Stadt in Nordostböhmen	TRAUTENAU
Stadt in Nordrhein-Westfalen	DINSLAKEN
Stadt in Ostbrandenburg	SCHWIEBUS
Stadt in Ostpreußen	ANGERBURG
Stadt in Pennsylvanien (USA)	LANCASTER
Stadt in Rheinhessen	INGELHEIM
Stadt in Rheinhessen	OPPENHEIM
Stadt in Rheinland-Pfalz	ANDERNACH
Stadt in Rheinland-Pfalz	PIRMASENS
Stadt in Schlesien	GRUENBERG
Stadt in Schleswig-Holstein	LAUENBURG
Stadt in Schleswig-Holstein	PINNEBERG
Stadt in Schleswig-Holstein	RATZEBURG
Stadt in Taiwan	KHAOSIUNG
Stadt in Texas (USA)	FORTWORTH
Stadt in Thailand	CHIANGMAI

Stadt in Thüringen	EISENBERG	
Stadt in Transvaal	GERMISTON	
Stadt in Tunesien	KASSERINE	
Stadt in Usbekistan	SAMARKAND	
Stadt in Venda	MAKWERELA	
Stadt in Westanatolien	ESKISEHIR	
Stadt in Wisconsin (USA)	MILWAUKEE	
Stadt in Zaire	KISANGANI	
Stadtrat	MAGISTRAT	
Stadtteil v. Berlin	GRUNEWALD	
Stadtteil v. Berlin	KOEPENICK	
Stadtteil v. Hamburg	EPPENDORF	
Stadtteil v. Köln	DUENNWALD	
Stadtteil v. Köln	EHRENFELD	
Stadtteil v. Köln	STAMMHEIM	
Stadtteil v. Köln	WORRINGEN	
Stadtteil v. Stuttgart	DEGERLOCH	
Stadtteil v. Stuttgart	STAMMHEIM	
Stadtteil von Hamburg	BORGFELDE	
Stadtteil von München	NEUHAUSEN	
Stadtteil von Stuttgart	FEUERBACH	
Stadtteil von Wuppertal	ELBERFELD	
Stadtverwaltung	MAGISTRAT	
städtisch	MUNIZIPAL	
ständig	PERMANENT	
ständiger Besucher	STAMMGAST	
Ständigkeit	PERMANENZ	
stärkendes Getränk	NAEHRBIER	
Stallgerät	MISTGABEL	
Standwirbel	PIROUETTE	
stapeln	SCHICHTEN	
Starre	STEIFHEIT	
starten	ABFLIEGEN	
statthaft, gestattet	ZULAESSIG	
Statue	STANDBILD	
Staudamm	TALSPERRE	
Stegreif	EXTEMPORE	
Stegreifstück	IMPROMPTU	
steifer Unterrock	PETTICOAT	
Steigerung	GRADATION	
Steinadler	GOLDADLER	
Steinauflösung (mediz.)	LITHOLYSE	
Steinbrech	SAXIFRAGA	
Steinbrechgewächs	HERZBLATT	
Steinbrechgewächs	HORTENSIE	
Steindrossel	BLAUMERLE	
Steindrossel	BLAUVOGEL	
Steinkleeart	WEISSKLEE	
Steinleiden (mediz.)	LITHIASIS	
Steinobst	ZWETSCHGE	
Steinverarbeiter	STEINMETZ	
Steinzeitgerät	FAUSTKEIL	
Stellungnahme	KOMMENTAR	
Steppengras	FEDERGRAS	
Sterbeort Hauptmanns	HIDDENSEE	
Sterbeort von Kronpr. Rudolph	MAYERLING	
Sternbild	ANDROMEDA	
Sternbild	CENTAURUS	
Sternbild	LUFTPUMPE	
Sternbild	TAFELBERG	
Sterndeuter	ASTROLOGE	
Sternenhimmel	FIRMAMENT	
Stern im Orion	BELLATRIX	
Stern im Südlichen Fisch	FOMALHAUT	
Sternschnuppenstrom	PERSEIDEN	
Steuerband	BANDEROLE	
Steuerbehörde	FINANZAMT	
Steuermann	NAVIGATOR	
stichhaltig	STRINGENT	
Stielbrille	LORGNETTE	
Stiftsherr	KAPITULAR	
Stiftung	FUNDATION	
Stimmbandentzündung	CHORDITIS	
Stimmenbild	SONOGRAMM	
Stinkmorchel	TEUFELSEI	
Stoffdach	BALDACHIN	
stofflich	MATERIELL	
strafbar	KRIMINELL	
strafbare Tötung	TOTSCHLAG	
Straferlaß	INDULGENZ	
Straftatwiederholung	RUECKFALL	
Strahlung	RADIATION	

strapazierfähige Hose	BLUEJEANS	
Straßenmarkierung	LEITLINIE	
Straßensperre	BARRIKADE	
Stratosphärenmeteorologie	AEROLOGIE	
Straußenfeder auf Hüten	PLEUREUSE	
streben, hinneigen	TENDIEREN	
Strecke (weidmänn.)	JAGDBEUTE	
Streichholz	ZUENDHOLZ	
Streifzug	EXKURSION	
Streitgespräch	REDEDUELL	
Streitkunst	DIALEKTIK	
strenge Regelbefolgung	OBSERVANZ	
Strichbild, Grafik	ZEICHNUNG	
Striche ziehen	LINIIEREN	
Strichpunkt	SEMIKOLON	
Strickbeutel	POMPADOUR	
Strömung im Atlantik	GOLFSTROM	
Stromabnehmer	KOLLEKTOR	
Stromerzeuger	GENERATOR	
Stromerzeugungsanlage	KRAFTWERK	
Strudel, Wirbel	MAHLSTROM	
student. Mensurplatz	PAUKBODEN	
studentischer Trinkgruß	SCHMOLLIS	
Studienfahrt	EXKURSION
Stümper	DILETTANT
stürmisch, ungestüm	TURBULENT
stürmisch in der Musik	IMPETUOSO
Stützung bei Knochenbrüchen	SCHIENUNG
stufenweise Erhöhung	GRADATION
stumm	SPRACHLOS
stummes Gebärdenspiel	PANTOMIME
Stummfilmgag	SLAPSTICK
Sturmleuchte	WINDLICHT
Sturmvogelart	TROLLUMME
Sturzbett der Talsperre	TOSBECKEN
Substantiv	HAUPTWORT
sudanes. Stadt am Nil	WADIHALFA
sudanesische Hafenstadt	PORTSUDAN
südafrik. Sprache	AFRIKAANS
südafrikan. Berg	WATERBERG
südafrikan. Berg bei Kapstadt	TAFELBERG
südafrikan. Homeland	GAZANKULU
südafrikan. Königreich	SWASILAND
südafrikan. Landesteil, Provinz	TRANSVAAL
südamerikan. elektr. Fisch	ZITTERAAL
südamerikan. Fluß	PILCOMAYO
südamerikan. Indianerstamm	ARAUKANER
südamerikan. Natter	MUSSURANA
südamerikan. Staat	BRASILIEN
südamerikan. Staat	KOLUMBIEN
südamerikan. Staat	VENEZUELA
südamerikan. Tanz	BOSSANOVA
Südamerikaner	URUGUAYER
südarabische Landschaft	HADRAMAUT
südargentin. Provinz	SANTACRUZ
Südasiat	PAKISTANI
südaustral. Hafenstadt	MELBOURNE
südchilen. Insel	SANTAINES
süddtsch. Pferderennplatz	IFFEZHEIM
süddtsch. Rheinhafen	KARLSRUHE
südengl. Grafschaft	WILTSHIRE
südengl. Stadt am Medway	MAIDSTONE
Südeuropäer	ITALIENER
südfinnisches Seensystem	SAIMAASEE

südfranz. Kettentanz	FARANDOLE	südosttürk. Stadt	GAZIANTEP	Sumpfwald	DSCHUNGEL
südfranz. Landschaft	LANGUEDOC	Südpolargebiet	ANTARKTIS	Suppeneinlage	GRUENKERN
südfranz. Stadt an der Tet	PERPIGNAN	südschwed. Hafenstadt	GOETEBORG	Swebenstamm	ALEMANNEN
südfranz. Stadt an Tarn u. Tescou	MONTAUBAN	südschwed. Laen	MALMOEHUS	Symbol für Frieden	PALMZWEIG
Südfrucht	APFELSINE	südschwed. Landschaft	GOETALAND	Symbol für Gift	TOTENKOPF
Südfrucht	KARAMBOLE			Symbol für Streitobjekt	ZANKAPFEL
Südfrucht	TANGERINE	südschwed. Ostseebad	FALSTERBO	synthet. Werkstoff	KUNSTHARZ
südital. Landschaft	KALABRIEN	südschwedischer See	VAENERSEE	syrische Christen	JAKOBITEN
südländ. Zierbaum	JUDASBAUM			syrische Christen	MARONITEN
südnorweg. Bucht	OSLOFJORD	südschwedische Stadt	UDDEVALLA	Szenenfolge	SZENARIUM
südnorweg. Hafenstadt	HAUGESUND	südschweizer. Paß	LUKMANIER	Tabakware, Glimmstengel	ZIGARETTE
				tätig sein	FUNGIEREN
südnorwegische Bucht	NORDFJORD	südsibir. See	BAIKALSEE	Täufling	PATENKIND
				täuschen	BETRUEGEN
südostafrikan. See	MALAWISEE	Südslawe	JUGOSLAWE	täuschen, prellen	DUEPIEREN
		Südtiroler Bergmassiv	DOLOMITEN	Täuschung	BLENDWERK
südostafrikan. See	NJASSASEE			tafeln, prassen	SCHLEMMEN
südostasiat. Inselrepublik	MALEDIVEN	Südwein	SUESSWEIN	Tag der Arbeit	ERSTERMAI
		Südwein, Süßwein	MALVASIER		
		südwestital. Landschaft	KAMPANIEN	Tageszeit	VORMITTAG
südostengl. Grafschaft	HAMPSHIRE			Tagung	KONFERENZ
				Taillenunterrock	PETTICOAT
südostengl. Hafen, Seebad	ROCHESTER	Süßigkeit	NASCHWERK	taktlos	INDISKRET
		Sulfat	COELESTIN	Talg, Kerzenmaterial	UNSCHLITT
		sulfidisches Eisenerz	EISENKIES		
Südosteuropäer	JUGOSLAWE			Tal in Vorarlberg	WALSERTAL
südostfranz. Gebirge	MEERALPEN	Sulfuridmineral	ARSENKIES		
		sumerische Gottheit	SCHAMASCH	Tanz-Ensemble	FORMATION
südostirische Stadt	WATERFORD			Tanzkunst	CHOREUTIK
		Sumpfschnepfe	BEKASSINE		
		Sumpfstaude	WEIDERICH	Tanzlokal	DISKOTHEK
				Tarpan	WILDPFERD

Taschenbuch	VADEMEKUM	Teil der Talsperre	STAUSTUFE	Textvergleich	KOLLATION
Taschenmacher, Sattler	TAESCHNER	Teil der Wirbelsäule	KREUZBEIN	Theaterleiter	INTENDANT
Tastatur	KLAVIATUR	Teil des Auges	BINDEHAUT	Theaterplatz	SPERRSITZ
Tasteninstrument	HARMONIUM	Teil des Blütenstandes	DECKBLATT	Theaterrolle	SPIELTEXT
tatkräftig	DYNAMISCH	Teil des Gesichts	OBERLIPPE	theban. Feldherr, Befreier Thebens	PELOPIDAS
tatkräftig	ENERGISCH				
tatkräftig	ZUPACKEND				
Tattersall	REITHALLE	Teil des Guinea-Golfs	BIAFRABAI	Thema	LEITMOTIV
Taubenart	HOHLTAUBE			thematische Tonfolge	LEITMOTIV
Taubenart	KRONTAUBE	Teil des Prangers	HALSEISEN		
Taubenart	LACHTAUBE	Teil des Schlagzeugs	SNAREDRUM	Themenabwandlung	VARIATION
Taue verknüpfen	SPLEISSEN	Teil des Schuhs	LAUFSOHLE	theolog. akadem. Würde	LIZENTIAT
Taumel	SCHWINDEL				
taumeln, wackeln	SCHWANKEN	Teil des Webstuhls	WEBERKAMM	Theorie des Sozialismus	MARXISMUS
tausend Billionen	BILLIARDE	Teilhaber	KOMPAGNON	Thronfolger	KRONPRINZ
		teilnahmslos	APATHISCH		
tausend Millionen	MILLIARDE	Teilnahmslosigkeit	LETHARGIE	Thronhimmel	BALDACHIN
Techniker	INGENIEUR			Thronräuber	USURPATOR
technisches Verfahren	SCHMIEDEN	Teilstrecke	ABSCHNITT	thür. Kurort an der Werra	SALZUNGEN
teeren	KALFATERN	Teint	HAUTFARBE		
Teerkohlenwasserstoff	ANTHRAZEN	Television	FERNSEHEN	thüring. Kurort an der Elster	KOESTRITZ
		Tempel auf der Athener Akropolis	PARTHENON		
Teigware	BANDNUDEL			thüring. Stadt an der Unstrut	SOEMMERDA
Teigware	MAKKARONI	Tempelform	PROSTYLOS		
Teilchenbeschleuniger	KOSMOTRON				
		Temperaturmesser	PYROMETER	thüring. Stadt an der Werra	MEININGEN
Teil d. Karpaten	HOHETATRA				
Teil d. Rhein. Schiefergebirges	HOHEEIFEL	Tennisspiel der Basken	CHIESTERA	thüring. Stadt im Orlatal	POESSNECK
		Tennistechnik	RUECKHAND		
Teil d. spanisch. Pyrenäen	MALADETTA	Terrasse	PLATTFORM	thüring. Stadt (Skatmuseum)	ALTENBURG
		teuflisch, diabolisch	SATANISCH		
Teil d. südlichen Kalkalpen	DOLOMITEN				
		Textilarbeiter	LEINWEBER	tibetan. Oberhaupt	DALAILAMA
Teil der Mathematik	GEOMETRIE	Textilbetrieb	SPINNEREI	tibetan. Religion	LAMAISMUS

tief bewegt	ERGRIFFEN	Titelfigur bei Shaw	ANDROKLUS	Tour, Rotation	UMDREHUNG
Tiefdruckverfahren	RADIERUNG	Titelfigur bei Shaw	CLEOPATRA	Tour, Tournee	RUNDFAHRT
tiefes Rundtal	TALKESSEL	Titelfigur bei Suppé	FATINITZA	Tour, Tournee	RUNDREISE
Tiefland	NIEDERUNG			Tourist	REISENDER
Tierart	SCHALTIER	Tochtergeschwulst	METASTASE	Trabant	BEGLEITER
Tierbändigerin	DOMPTEUSE	Tochter v. Agamemnon	IPHIGENIE	Träger der Erbanlagen	CHROMOSOM
Tierfanggerät	FANGEISEN	Tochter v. Atlas	HESPERIDE	Tragbalken	ARCHITRAV
Tierkreiszeichen	STEINBOCK	Tochter v. Dione	APHRODITE	Tragbett	TRAGBAHRE
Tierkreiszeichen	ZWILLINGE	Tochter v. Klytemnästra	IPHIGENIE	Traghimmel	BALDACHIN
Tierkult	ZOOLATRIE			Tragkonstruktion d. Daches	DACHSTUHL
Tierlehrer	ABRICHTER	Tochter v. Ute	KRIEMHILD		
Tierschau	MENAGERIE	Tochter v. Zeus	APHRODITE	Tragschienenkran	LAUFKATZE
Tierwaffe	STOSSZAHN	todähnlicher Zustand	SCHEINTOD	Tragwerk	GESPAERRE
tilgen	STREICHEN			Trainer	AUSBILDER
Tilgung	LOESCHUNG	Töpfer	KERAMIKER	Traktor, Trecker	SCHLEPPER
Tiroler Maler	DEFREGGER	töricht	NAERRISCH	Transit	DURCHFUHR
Tiroler Tallandschaft	PUSTERTAL	Törtchen	TORTELETT	transpirieren	SCHWITZEN
Tischler	SCHREINER	töten, ermorden	UMBRINGEN	Transportbehälter	CONTAINER
Tischlerwerktisch	HOBELBANK	tollkühn	WAGHALSIG	Transportunternehmer	SPEDITEUR
Titel der Frau eines Dogen	DOGARESSA	Tonabstand	INTERVALL	Transuran	AMERICIUM
Titelfigur b. Shakespeare	CLEOPATRA	Tonarchiv	PHONOTHEK	Transuran	BERKELIUM
		Tonbewegung in Halbschritten	CHROMATIK	Trassat	BEZOGENER
Titelfigur b. Shakespeare	CYMBELINE			Trauerbesatz	PLEUREUSE
Titelfigur bei Cronin	LUCYMOORE	Tonga-Insel	TONGATAPU	Trauerspiel	TRAGOEDIE
		Tonkünstler	KOMPONIST	Treffen	BEGEGNUNG
Titelfigur bei Debussy	MELISANDE	Tonschöpfung	VERTONUNG	treffend, bedeutungsvoll	PRAEGNANT
Titelfigur bei Gounod	MARGARETE	Tonsetzer	KOMPONIST	Treibhaus	KALDARIUM
		Tonstück aus verschied. Melodien	POTPOURRI	Treibmittel beim Backen	SAUERTEIG
Titelfigur bei Kleist	KAETHCHEN				
Titelfigur bei Mozart	BASTIENNE	Torheit	FIRLEFANZ	Treibstoff	DIESELOEL
		total	GAENZLICH	trennen	LOSLOESEN
Titelfigur bei Puccini	BUTTERFLY	Totenbeschwörer	NEKROMANT	Trennung	LOSSAGUNG
				Trennung	SCHEIDUNG
				Tripper	GONORRHOE

Triumphbauwerk	SIEGESTOR	Turnübung	KOPFSTAND	überlegen	SOUVERAEN
Trommel	HOHLWALZE	Turnübung	KREUZHANG	Überlegung, Versenkung	REFLEXION
trop. Baumart	MANGOBAUM	Turnübung	LAUFKIPPE	Überleitung	INDUKTION
trop. Laubbaum	MANGOBAUM	Turnübung	UMSCHWUNG	überliefern	TRADIEREN
Trophäe	JAGDBEUTE	Tyrann, Gewaltherrscher	ZWINGHERR	überlisten	DUEPIEREN
tropisch. Laubbaum	AILANTHUS	Tyrann von Syrakus	DIONYSIOS	übernatürl. Wahrnehmung	HELLSEHEN
Trotz	EIGENSINN	übel	MISERABEL	Überprüfung	KONTROLLE
Trübsal, Trübsinn	TRISTESSE	übelnehmen	ANKREIDEN	Überreste von Heiligen	RELIQUIEN
trügerisch	SCHEINBAR	überdachte Badeanlage	HALLENBAD	überschlägig berechnen	SCHAETZEN
Truppen zusammenziehen	MASSIEREN	überdies	AUSSERDEM		
		Übereinkommen	AGREEMENT		
tschech. Chemiker (Nobelpreis)	HEYROVSKY	übereinstimmend	EINMUETIG	überspannt, übersteigert	EXALTIERT
tschech. Stadt an der Oppa	HULTSCHIN	übereinstimmend	IDENTISCH	Überträgerin der Malaria	ANOPHELES
tschechisches Bier	BUDWEISER	übereinstimmend	KONGRUENT	übertreiben	OUTRIEREN
tückisch	ARGLISTIG	Übereinstimmung	EINIGKEIT	übertrieben loben	LOBHUDELN
tüpfeln	SPRENKELN	Übereinstimmung	EINTRACHT		
türk. Dardanellenhafen	GALLIPOLI	Übereinstimmung	HOMOLOGIE	Überwachung	KONTROLLE
türk. Mittelmeerinsel	KARPATHOS	Übereinstimmung	KONGRUENZ	überzuckern	KANDIEREN
		Überfluß, Überladung	REDUNDANZ	Übungsgerät	SIMULATOR
Türschließer, Türsteher	PFOERTNER	Übergetretener	KONVERTIT	üppig	LUXURIOES
Türvorleger	FUSSMATTE	überheblich	ANMASSEND	üppig, überladen	REDUNDANT
Turktatare	BASCHKIRE	überholen	PASSIEREN	üppig leben	SCHLEMMEN
Turktatare	KARAGASSE	überirdisch, -sinnlich	HIMMLISCH	ukrain. Hafen an der Bugmündung	NIKOLAJEW
Turktatare	KARALPAKE	überirdisch, übernatürlich	GOETTLICH	ukrain. Schwarzmeerhafen	NIKOLAJEW
Turngerät	SEITPFERD				
Turnierreitbahn	HIPPODROM	Überläufer	DESERTEUR	ukrain. Stadt am Ingulenz	KRIWOIROG
Turnübung	KNIEWELLE	Überlassung	ABTRETUNG		

ukrain. Stadt am Teterew	SCHITOMIR	
ukrain. Stadt im Donezbecken	MAKEJEWKA	
Ulébaum (Kautschuklieferant)	CASTILLOA	
Ultraschallbild	SONOGRAMM	
Umdrehung, Umkehrung	REVERSION	
umfassend	ALLGEMEIN	
umfassend	KOLLEKTIV	
Umfrage, Untersuchung	RECHERCHE	
umgekehrt	VICEVERSA	
Umgestaltung	AENDERUNG	
umherbummeln	FLANIEREN	
Umkehrung	INVERSION	
Umkleideraum	GARDEROBE	
umlaufen	KURSIEREN	
Umsatzanteil, Vergütung	PROVISION	
Umschließung	OKKLUSION	
Umschwung	PERIPETIE	
umsichtig	UEBERLEGT	
umsonst	VERGEBENS	
Umstürzler	ANARCHIST	
Umstürzler, Hochverräter	PUTSCHIST	
umstürzlerisch	SUBVERSIV	
Umwandler	KONVERTER	
Umwandlung	AENDERUNG	
Umweltlehre	OEKOLOGIE	
Umweltschutz-Begriff	ABWAESSER	
Umweltschutzorganisation	ROBINWOOD	
umzingeln	ZERNIEREN	
Unabhängigkeit	AUTONOMIE	
Unannehmlichkeit	SCHEREREI	
unauffällig	UNBEMERKT	
unaufhörlich	PAUSENLOS	
Unbefangenheit	NAIVITAET	
unbegrenzt	UNENDLICH	
unbeirrbar	UNBEUGSAM	
Unbeständigkeit	WANKELMUT	
unbestimmt, undurchsichtig	NEBELHAFT	
unbewiesene Voraussetzung	HYPOTHESE	
unehelich	ILLEGITIM	
Unehrlichkeit	SCHWINDEL	
uneigennützig	SELBSTLOS	
unentgeltlich	KOSTENLOS	
unerbittlich	GNADENLOS	
unerheblich	BELANGLOS	
unerkannt	INKOGNITO	
unerläßlich	NOTWENDIG	
unerschütterlich	STANDHAFT	
unfachgemäß	LAIENHAFT	
unförmig	MONSTROES	
ungar. Adelsgeschlecht	BATTHYANY	
ungar. Adelsgeschlecht	ESTERHAZY	
ungar. Dichter	KISFALUDY	
ungar. Grenzstadt	OEDENBURG	
ungar. Kardinal	MINDZENTY	
ungar. König, Königsname	LADISLAUS	
ungar. Stadt	KECSKEMET	
ungar. Stadt an der Donau	ESZTERGOM	
ungeduldig, gereizt	KRIBBELIG	
ungefalzter Druckbogen	PLANBOGEN	
ungeheuerlich	MONSTROES	
ungenau	INAKKURAT	
ungenau	UNPRAEZIS	
ungeschickter Mensch	TOLPATSCH	
ungesetzlich	ILLEGITIM	
ungesetzmäßig	ILLEGITIM	
ungewaschen, unsauber	SCHMUTZIG	
ungezwungen	ENTRENOUS	
ungleich	DIFFERENT	
ungleich	INHOMOGEN	
ungleichartig	HETEROGEN	
ungleichzeitig	ASYNCHRON	
Unglück	VERDERBEN	
unheilbar	INKURABEL	

Unheilverkünderin Trojas	KASSANDRA	unterdrücken, unterjochen	VESKLAVEN	Unterschenkelknochen	WADENBEIN
unhöflich	ABWEISEND	unterdrückend	REPRESSIV	Unterschied	DIFFERENZ
Universität	ALMAMATER	untere Hautschicht	LEDERHAUT	Unterschied	DIVERGENZ
Universität in New Jersey	PRINCETON	untere Raumbegrenzung	FUSSBODEN	Unterschrift	AUTOGRAMM
Universitätslehrstuhl	PROFESSUR	unterfränk. Stadt am Main	GEMUENDEN	untersetzt	GEDRUNGEN
Universitätsstadt am Neckar	TUEBINGEN	unterfränk. Stadt am Main	KARLSTADT	Unterstellung	HYPOTHESE
unkriegerisch	FRIEDLICH	unterfränk. Stadt am Main	KITZINGEN	unterster Ort	TIEFPUNKT
Unkundiger	DILETTANT	unterfränk. Stadt am Main	WUERZBURG	untersuchen, erkunden	SONDIEREN
unlebendig	UNBESEELT			unter Umständen	EVENTUELL
UNO-Generalsekretär	DECUELLAR	untergehen	VERSINKEN	Unterwäsche	UNTERHEMD
Unparteiischer	NEUTRALER	untergeordnet, unselbständig	SUBALTERN	Unterwäsche	UNTERHOSE
unrechtmäßig	ILLEGITIM	Untergrund	FUNDAMENT	unterwürfig	SKLAVISCH
unredlich, verschlagen	UNEHRLICH	Unterhaltung	GESPRAECH	ununterbrochen	PERMANENT
unrichtig	INKORREKT	unterirdische Begräbnisstätte	KATAKOMBE	unveränderliche Größe	KONSTANTE
unsachlich, parteiisch	SUBJEKTIV	Unterkieferknochen	MANDIBULA	Unveränderlichkeit	INVARIANZ
unsauberes Geschäft	KUHHANDEL	Unterlage	FUNDAMENT	unverkennbar	EINDEUTIG
unselbständig	ABHAENGIG	Unterlage	GRUNDLAGE	Unverschämtheit	FRECHHEIT
unsichtbar	INVISIBEL	Unternehmer	FABRIKANT	unverständlich sprechen	MAUSCHELN
Unsterblichkeit	ATHANASIE	Unterredung	INTERVIEW	unwahrscheinlich	LEGENDAER
Unstimmigkeit	DIFFERENZ	Unterrichtung	BELEHRUNG	unwichtig	BELANGLOS
Unstimmigkeit	DISSONANZ	untersagen	VERBIETEN	unwillkürlich, unbewußt	VEGETATIV
unterägypt. See	MARIUTSEE	Unterscheidungsmerkmal	KRITERIUM	Unwohlsein	UEBELKEIT
Unterbau	FUNDAMENT			unzüchtig	SITTENLOS
unterbringen	VERSTAUEN			unzweideutig	EINDEUTIG
				Ur	AUEROCHSE
				Urgestalt	GRUNDFORM

Urheber	INITIATOR	veränderlich	WANDELBAR	Verband	KOMPRESSE
Urheberrecht	COPYRIGHT	verändern	ABWANDELN	verbergen	MASKIEREN
Urheberschutz	COPYRIGHT	verärgert, gekränkt	VERSTIMMT	Verbesserung	KORREKTUR
ursprünglich	ORIGINAER	veralt. Bez. f. Haifische	SELACHIER	Verbeugung	BUECKLING
Urteilsaufhebung	KASSATION	veraltet	UEBERLEBT	Verbeugung	KRATZFUSS
Urtierchen	EINZELLER	veraltete Bez. für erfreuen	ERGOETZEN	verbieten	VERWEHREN
Urtierchen	PROTOZOEN	veraltete Bez. für Fahrrad	VELOZIPED	Verbindung	ANSCHLUSS
urtümlich	ORIGINAER	veraltete Bez. für Lehrherr	PRINZIPAL	Verbindung	KOPPELUNG
Urwald	DSCHUNGEL	veraltete Bez. für Militär	WEHRSTAND	Verbindungslin. v. Orten gl. Wärme	ISOTHERME
urwüchsig	ORIGINELL	veraltete Bez. für Musikant	SPIELMANN	Verbot	INTERDIKT
Vakuum	LUFTLEERE			verboten, unerlaubt	UNTERSAGT
Vanadiumerz	VANADINIT	veraltete Bez. für Regenschirm	PARAPLUIE	verboten, untersagt	UNERLAUBT
Variante, Variation	SPIELFORM			verbotenes Gebiet	SPERRZONE
Vasall	LEHNSMANN	veraltet f. Konkurs	FALLIMENT	Verbraucher	KONSUMENT
vater- od. mutterloses Kind	HALBWAISE	veraltet f. Nichtmetall	METALLOID	Verbrecher aus Ruhmsucht	HEROSTRAT
Vater v. Iphigenie	AGAMEMNON	veraltet für Anordnung	ORDONNANZ	verbrecherisch	KRIMINELL
Vater v. Orest, Orestes	AGAMEMNON	veraltet für Bienenzucht	ZEIDLEREI	Verbrecherkneipe	KASCHEMME
Vendetta	BLUTRACHE	veraltet für Dienstbote	DOMESTIKE	Verbrechermilieu	UNTERWELT
Venenentzündung	PHLEBITIS			verbreiteter Niederschlag	LANDREGEN
venezian. Forschungsreisender	MARCOPOLO	veraltet für Höflichkeit	POLITESSE	Verbrennungskraftmaschine	OTTOMOTOR
venezianisch. Gondellied	BARKAROLE	veraltet für Rentner	PRIVATIER	verbuchen	KONTIEREN
venezianisch. Maler	CARPACCIO	veraltet für schätzen	GOUTIEREN	verbünden	ALLIIEREN
venezianisch. Maler	GIORGIONE	veraltet für Schauspiel	SPEKTAKEL	Verbündete	ALLIIERTE
venezolanische Hafenstadt	MARACAIBO	veraltet für Seefahrer	NAVIGATOR	Verbundfahrausweis	NETZKARTE
verabschieden	ENTLASSEN			Verdauung	DIGESTION

Verdauungsflüssigkeit	MAGENSAFT	Verfehlung, Vergehen	FEHLTRITT	Verkaufsraum, -stelle	GESCHAEFT
Verdauungsstörung	DYSPEPSIE	verfrachten, versenden	SPEDIEREN	Verkehrshindernis	BAUSTELLE
verdecken	MASKIEREN	Verfrachter	SPEDITEUR	Verkehrsmittel	EISENBAHN
verderben, zerstören	RUINIEREN	verfügbares Geld	BARSCHAFT	Verkehrsmittel	LASTWAGEN
Verdichtetes	KONDENSAT	Verfügung	ANORDNUNG	Verkehrsteilnehmer	RADFAHRER
verdoppeln	DUBLIEREN	Verfügungsgewalt	GEWAHRSAM	Verkehrsweg	BAHNLINIE
Verdunkelungsversuch (jurist.)	KOLLUSION	verführen	VERLEITEN	Verklärung	APOTHEOSE
Verdunstungsniederschlag	KONDENSAT	verführerisch	BETOEREND	verkleiden	MASKIEREN
veredeln (Botanik)	OKULIEREN	Vergangenheitsform	IMPERFEKT	Verkleidung	MASKERADE
verehren	BEWUNDERN	vergeben	VERZEIHEN	verkünden, verkündigen	MITTEILEN
verehren, gernhaben	SCHAETZEN	Vergeltung	RETORSION	Verladebühne	LADERAMPE
verehrungswürdig	VENERABEL	verglastes Steingut	STEINZEUG	Verlagsmitarbeiter	KORREKTOR
Vereinbarung	ABSPRACHE	vergleichbarer Fall	PARALLELE	verlassene Gegend	WUESTENEI
Vereinsamung	ISOLATION	Vergöttlichung	APOTHEOSE	Verleihung der Doktorwürde	PROMOTION
vereinzeln	ISOLIEREN	Vergrößerungsgerät	MIKROSKOP	Verleihung v. Pfründen	KOLLATION
vereinzeltes Gehöft	EINOEDHOF	Vergütung, Einkommensart	VERDIENST	verleiten	ANSTIFTEN
Vererbungsforscher	GENETIKER	Verhaftung	FESTNAHME	verletzen	LAEDIEREN
Verfahren zur Flächenberechnung	QUADRATUR	Verhaltensforschung	ETHOLOGIE	verletzt	BLESSIERT
Verfall, Zusammenbruch	UNTERGANG	Verhaltensregel	ANWEISUNG	Verlierer im Kartenspiel	SCHNEIDER
Verfasser von Spottschriften	SATIRIKER	Verhaltensregel	DIREKTIVE	Vermächtnis	ERBSCHAFT
Verfehlung	MISSGRIFF	Verhandlungsbericht	PROTOKOLL	Vermarktung	MARKETING
		Verherrlichung	APOTHEOSE	Vermessungsgerät	THEODOLIT
		verjagen	SCHEUCHEN	Vermessungskunde	GEODAESIE
		Verkaufsförderung (engl.)	PROMOTION	Verminderung, Verringerung	REDUKTION
		Verkaufsleiter	SUBSTITUT		

Verminderung d. Geldumlaufs	DEFLATION	
Vermischung	DIFFUSION	
Vermittlungsgebühr	PROVISION	
Vermögensdelikt	DIEBSTAHL	
vermuten	MUTMASSEN	
Vermutung	HYPOTHESE	
Vermutung	KONJEKTUR	
verneinen	NEINSAGEN	
Vernichtung einer Urkunde	KASSATION	
Vernunftwidrigkeit	PARALOGIE	
Verordnung, Vorschrift	REGULATIV	
Verpackung	EMBALLAGE	
Verpackungmittel	BEHAELTER	
Verpackungsfolie	CELLOPHAN	
Verräter im alten Griechenland	EPHIALTES	
Verrat, Untreue	WORTBRUCH	
verrückt	NAERRISCH	
verrufenes Lokal	KASCHEMME	
Vers	KURZZEILE	
Versammlung	KONSILIUM	
Versandangestellter	EXPEDIENT	
Versandhandel	MAILORDER	
verschieden	DIFFERENT	
verschieden	DIVERGENT	
verschieden	HETEROGEN	
Verschiedenheit	DIVERGENZ	
Verschiedenheit	VARIETAET	
verschieden sein	VARIIEREN	
Verschleiß	ABNUTZUNG	
Verschlußstreifen	BANDEROLE	
Verschmelzung	LEGIERUNG	
Verschrobenheit	EXZENTRIK	
verschwenderisch	LUXURIOES	
Versender	EXPEDIENT	
Versfuß	VIERHEBER	
Versorgung	BETREUUNG	
verständig, zweckmäßig	RATIONELL	
verstärken	FORCIEREN	
Verstand	DENKKRAFT	
Verstand	INTELLEKT	
verstehen	BEGREIFEN	
versteiftes Blech	WELLBLECH	
versteinertes Harz	BERNSTEIN	
Versteinerung	PETREFAKT	
Versteinerungen	FOSSILIEN	
Verstellung	HEUCHELEI	
verstimmt	BELEIDIGT	
verstimmt	GEKRAENKT	
Verstopfung der Blutgefäße	THROMBOSE	
versuchen	PROBIEREN	
Verteidigung	DEFENSIVE	
Verteidigungsrede	PLAEDOYER	
vertikal	SENKRECHT	
Vertikale	LOTRECHTE	
vertilgen	AUSMERZEN	
vertilgen	AUSROTTEN	
Vertragseinleitung	PRAEAMBEL	
Vertrag zwischen Kirche u. Staat	KONKORDAT	
vertrauliches Dossier	GEHEIMAKT	
Vertrauter	KONFIDENT	
vertreten	AUSHELFEN	
Vertreter des Rektors	KONREKTOR	
Vertreter des Rektors	PROREKTOR	
Vertretungsbefugnis	VOLLMACHT	
verursachen	AUSLOESEN	
vervielfältigen	MALNEHMEN	
Vervielfältigung	FOTOKOPIE	
vervollständigen	ERGAENZEN	
Verwahrung	EINSPRUCH	
Verwandte	SCHWESTER	
Verweis	ERMAHNUNG	
verwendungsfähig	BRAUCHBAR	
verwirrt	IRRITIERT	
Verwirrung	KONFUSION	
Verwunderung	BEFREMDEN	
Verwunderung	ERSTAUNEN	
verzagt	ENTMUTIGT	
verzehren, ausrotten	VERTILGEN	
Verzicht	ENTSAGUNG	
verzieren	GARNIEREN	
Verzweifelter	DESPERADO	

741
vorgeschichtl. Grabform

Vetternwirtschaft	PATRONAGE	Vogelart	RINGAMSEL	Voraussetzung, Vorbedingung	PRAEMISSE
Video-Empfangsgerät	FERNSEHER	Vogelart	WALDAMMER		
		Vogelbeerbaum	EBERESCHE	Vorbedeutung	ANZEICHEN
Videokamera	CAMCORDER	Volksabstimmung	PLEBISZIT	Vorbedeutung	AUSPIZIEN
viel	ZAHLREICH	Volksentscheid	PLEBISZIT	Vorbehalt	BEDINGUNG
vieleckig	POLYGONAL			Vorbehalt	KONDITION
Vielfresser	POLYPHAGE	Volksfest	JAHRMARKT	Vorbemerkung bei Gesetzen	PRAEAMBEL
		Volksfest	KIRCHWEIH		
vielgestaltig	POLYMORPH	volkstüml. f. Hunger	KOHLDAMPF		
vielleicht	EVENTUELL	volkstüml. f. Matrose	BLAUJACKE	Vorbild	LEITSTERN
viel und schnell sprechen	PARLIEREN	volkstümlich f. bestechen	SCHMIEREN	vorbildlich	KLASSISCH
				vorbildlicher Dichter, Künstler	KLASSIKER
Vielweiberei	POLYGAMIE	volkstümlich f. Fahrrad	DRAHTESEL		
Vielweiberei	POLYGYNIE			Vorderasiat	JORDANIER
Viereck	TRAPEZOID	volkstümlich f. Fahrrad	STAHLROSS	vorderasiat. Hauptstadt	JERUSALEM
Vierflächner	TETRAEDER				
Vierfüßer	TETRAPODE	volkstümlich f. Fehlschuß	FAHRKARTE	vorderasiat. Hochland	KURDISTAN
vierte Potenz	BIQUADRAT	volkstümlich f. Reifenpanne	PLATTFUSS	vorderasiat. Staat	JORDANIEN
vietnam. Stadt im Mekongdelta	LONGXUYEN			Vordruck	FORMBLATT
Viola da gamba	KNIEGEIGE	volkstümlich f. Zigarette	SARGNAGEL	Vorflur, Treppenhalle	VESTIBUEL
Violoncello	BASSGEIGE	volkstümlich f. Zigarette	STAEBCHEN	Vorform der Fuge	RICERCARE
Viruskrankheit	INFLUENZA			Vorführdame	MANNEQUIN
Vögel als Nutzvieh	GEFLUEGEL	Volksverhetzung	DEMAGOGIE	vorführen	DARBIETEN
Völkerkundler	ETHNOLOGE	Volksvertretung	BUNDESTAG	Vorgehen, Vorkehrung	MASSNAHME
völlig, vollkommen	VOLLENDET	Volksvertretung	PARLAMENT	vorgeschichtl. franz. Fundort	CROMAGNON
völlig gleich	IDENTISCH	vollkräftig	STHENISCH	vorgeschichtl. Grabform	FLACHGRAB
völlig mittellos	BETTELARM	vollziehende Gewalt	EXEKUTIVE		
Vogelart	ADLEREULE	von Amts wegen	EXOFFICIO	vorgeschichtl. Grabform	STEINGRAB
Vogelart	ALPENFINK	von Gottes Gnaden	DEIGRATIA		
Vogelart	BLESSGANS			vorgeschichtl. Grabform	URNENGRAB
Vogelart	GRAUAMMER	vorantreiben	FORCIEREN		
Vogelart	GRAUMEISE				

vorgeschichtl. Werkzeug	FAUSTKEIL	Vortrag vor Gericht	PLAEDOYER	Wäschestück	BADELAKEN
vorgeschobene Person	STROHMANN	vortrefflich	EXZELLENT	Wagemut	KUEHNHEIT
				wagen	RISKIEREN
		vorübergehen	PASSIEREN	waghalsiger Unternehmer	SPEKULANT
Vorhaben	INTENTION				
Vorhaut	PRAEPUTUM	vorübergehend, zeitweilig	TEMPORAER		
Vormerkbuch	NOTIZBUCH			Wahlwiederholung	NEUWAHLEN
Vormilch (mediz.)	KOLOSTRUM	Vorurteil, Vorentscheidung	PRAEJUDIZ	Wahnsinn (mediz.)	PHRENESIE
Vorname von Dali	SALVADORE				
vornehme Bürger	PATRIZIER	Vorwand	AUSFLUCHT	wahnwitzig, verwegen	TOLLKUEHN
		vorweg	ZUNAECHST		
Vorort v. Dresden	BLASEWITZ	vorzüglich	EXZELLENT	wahr	UNGELOGEN
				Wahrsager	HANDLESER
Vorrat, Reserve	RUECKLAGE	vulkan. Schwefelquelle	SOLFATARE		
				Wahrsager	HELLSEHER
Vorratsgebäude	LAGERHAUS	Vulkangewässer	KRATERSEE		
Vorratsraum auf Schiffen	HELLEGATT	vulkanisches Gestein	BIMSSTEIN	Wahrzeichen im Bauernkrieg	BUNDSCHUH
Vorsager, Einsager	SOUFFLEUR	VW-Stadt in Niedersachsen	WOLFSBURG	Wahrzeichen v. Rio de Janeiro	ZUCKERHUT
Vorschrift	ANWEISUNG				
Vorsehung, Vorausschau	PROVIDENZ	Wacholderschnaps	MACHANDEL	Walart	BARTENWAL
				Waldschädling	HOLZWESPE
Vorsehung, Vorherbestimmung	SCHICKSAL	Wachsfarbenmaltechnik	ENKAUSTIK	walis. Grafschaft	CARNARVON
		Wächte	UEBERHANG	walisische Grafschaft	GLAMORGAN
Vorstartphase	COUNTDOWN	Wächter	AUFPASSER		
Vorstellungskraft	PHANTASIE	wählen	ABSTIMMEN	walisische Grafschaft	MERIONETH
Vorstufe des Drehbuchs	TREATMENT	Währung in Oman	RIALOMANI		
		Währung in Swasiland	LILANGENI	walisische Stadt	CARNARVON
vortäuschen	FINGIEREN				
vortäuschen	MARKIEREN	Währung in Uruguay	NUEVOPESO	Walküre	GRIMGERDE
				Walküre	WALTRAUTE
Vortäuschung	HEUCHELEI	Wärme aufnehmend	ENDOTHERM	Wallensteins Beiname	FRIEDLAND
vorteilhaft	NUETZLICH				
vortragen	BERICHTEN	Wärmeeinheit	KILOJOULE	Wandalenkönig	GEISERICH
Vortragender, Vortragskünstler	REZITATOR	Wärmespender	HEIZSONNE	Wandalenkönig	GENSERICH
		Wäschestoff	CHARMEUSE	Wandalenkönig	GUNDERICH

Wanderhändler	HAUSIERER	Wasserfläche, -lauf	GEWAESSER	weibl. Teenager	BACKFISCH
Wanderung	MIGRATION	Wasserfloh	KLADOZERE	Weichkäse	LIMBURGER
Wandmalerei	SGRAFFITO	Wasserleitung d. Römer	AQUAEDUKT	Weichkäse	ROQUEFORT
Warenauswahl, Kollektion	SORTIMENT	Wasserpflanze	HORNBLATT	Weichtiere	MOLLUSKEN
Warenzubringer	LIEFERANT	Wassersport	KANUSPORT	weidm.: Standort erlauschen	VERHOEREN
Warenzusammenstellung	SORTIMENT	Wassersport	SCHWIMMEN	weidmännischer Begriff	LOCKVOGEL
warme Fußbekleidung	PELZSCHUH	Wassersportart	WASSERSKI	Weigerung	ABLEHNUNG
warme Pazifikströmung	KUROSCHIO	Wassersportler	SCHWIMMER	Weihgeschenk	VOTIVGABE
warmer Mittelmeerwind	SCHIROKKO	Wassersportrequisit	SURFBRETT	Weihnachtsgebäck	LEBKUCHEN
warmes Bekleidungsstück	PELZJACKE	Wasserstoff-Isotop	DEUTERIUM	Weihwasser-Wedel	ASPERGILL
Warn-, Warnungszeichen	MENETEKEL	Wasservogel	EIDERENTE	Wein-, Sektflaschen-Kühler	EISKUEBEL
Warngerät	NEBELHORN	Wasservogel	KRICKENTE	Weinbaukunde	OENOLOGIE
Warngerät der Seefahrt	NEBELHORN	Weberkante, Gewebekante	SALLEISTE	Wein-Bezeichnung	TAFELWEIN
wasserabstoßend	HYDROPHOB	Wechsel	ABLOESUNG	Wein-Bezeichnung	WEISSWEIN
wasseranziehend	HYDROPHIL	Wechselannehmer	AKZEPTANT	weinerlich	LARMOYANT
Wasserbehälter	RESERVOIR	wechseln, verändern	VARIIEREN	Weinort, -stadt am Rhein	BACHARACH
Wasserbehandlung	KNEIPPKUR	Wechselnehmer	REMITTENT	Weinort, -stadt am Rhein	OPPENHEIM
Wasserbewegung	STROEMUNG	Wechselüberschreiber	INDOSSANT	Weinort an der Mosel	ZELTINGEN
Wasserbruch (medizin.)	HYDROZELE	wegbringen	ENTFERNEN	Weinort an der Saar	WILTINGEN
Wasser-Ehrenpreis	BACHBUNGE	Weggenosse	GEFAEHRTE	Weinort in Rheinhessen	NIERSTEIN
Wasserfahrzeug	MOTORBOOT	Wegmesser	HODOMETER	Weinort in Rheinland-Pfalz	KALLSTADT
		Wehmut	NOSTALGIE		
		Wehrgehänge	BANDELIER		
		Wehrturm	BERGFRIED		
		weibl. Bedienung	KELLNERIN	Weinort in Rheinland-Pfalz	MAIKAMMER
		weibl. Harlekin	KOLOMBINE		

Weinprädikat	SPAETLESE	Weltraumfahrer	ASTRONAUT	westaustral. Goldgräberstadt	MARBLEBAR
Weinsäuresalz	WEINSTEIN	Weltraumfahrer	KOSMONAUT	westböhmisch. Kurort	MARIENBAD
Weinsorte	LAGREINER	Weltsportveranstaltung	OLYMPIADE	westdtsch. Landschaft	RHEINLAND
Weinsorte	MOSELWEIN	Weltuntergang d. nord. Sage	RAGNAROEK	westengl. Grafschaft	WORCESTER
Weinsorte	NEUBURGER	Wende	UMSCHWUNG	westengl. Hafenstadt, Seebad	LIVERPOOL
Weinsorte	RHEINWEIN	Wendepunkt	PERIPETIE		
Weinsorte, Traubensorte	BURGUNDER	wendig	BEWEGLICH	westengl. Hafenstadt, Seebad	SOUTHPORT
Weinsorte, Traubensorte	HUXELREBE	wendisches Wirtshaus	KRETSCHAM	westengl. Stadt	WORCESTER
Weinsorte, Traubensorte	RULAENDER	Wenfall	AKKUSATIV	westeurop. Staat	LUXEMBURG
		Werfall	NOMINATIV		
Weinsorte, Traubensorte	VELTLINER	Werktag, Wochentag	SONNABEND	westeuropäische Juden	SEPHARDIM
Weisheitsfreund	PHILOSOPH	Werkzeug	KANTHAKEN	westfäl. Bischofsstadt	PADERBORN
		Werkzeug	LAUBSAEGE		
Weissagung	PROPHETIE	Wertbestimmung	VALVATION	westfäl. Stadt an d. Pader	PADERBORN
Weißblütigkeit	LEUKAEMIE	Wertlehre	AXIOLOGIE		
		Wertloses	GERUEMPEL	westfäl. Stadt an der Ems	WARENDORF
Weißdornspinner	GOLDAFTER	wertloses Buch	SCHARTEKE		
weiße Malerfarbe	BLEIWEISS	Wertpapierbesitzer	AKTIONAER	westfälische Landschaft	SAUERLAND
weißes Gold	PORZELLAN	Wertschätzung	TAXIERUNG	westfranz. Departement	FINISTERE
weiße Wucherblume	MARGERITE	Werturteil	BEWERTUNG	westfranz. Hafen, Seebad	SAINTMALO
		Werturteil	GUTACHTEN		
Weisung	ANORDNUNG	Wesensart	CHARAKTER	Westgotenkönig	AMALARICH
Weisung	DIREKTIVE	Wesensfülle	INBEGRIFF		
weiterhin	AUSSERDEM	wesensgleich	IDENTISCH	Westgotenkönig	GUNTHIMAR
Weitsichtigkeit	HYPEROPIE	wesensmäßig	ESSENTIAL		
welk	VERBLUEHT	westafrikan. Inselrepublik	KAPVERDEN	Westgotenkönig	WITTERICH
welken	VERDORREN			westirische Bucht	GALWAYBAY
Weltall, Weltraum	UNIVERSUM				
Weltanschauung	IDEOLOGIE				
Welthilfssprache	ESPERANTO				

westkanad. Hafenstadt	VANCOUVER	wiederherstellbar	REPARABEL	Wintersportart	EISSEGELN
westkanad. Insel	VANCOUVER	Wiederherstellung	REPARATUR	Wintersportart	SKILAUFEN
westschweiz. Kanton	NEUENBURG	wiederkehrend (botan.)	REMONTANT	Wintersportgerät	SCHLITTEN
westslawisch. Volksstamm	KASCHUBEN	Wiederverwend. v. Rohstoffen	RECYCLING	Wintersportgerät	SPRUNGSKI
Westteil d. dtsch. Halbinsel Darß	FISCHLAND	Wiegendruck	INKUNABEL	Winzer	WEINBAUER
Westteil des Frankenreiches	NEUSTRIEN	Wiener expressionist. Maler	KOKOSCHKA	Wirbel (mediz.)	SPONDYLUS
		Wiener Flughafen	SCHWECHAT	Wirbelsäule	RUECKGRAT
Wetterempfindlichkeit	BIOTROPIE	Wiener Stadtbezirk	OTTAKRING	Wirbeltier	VERTEBRAT
Wetterlage	WITTERUNG	Wiener Stadtbezirk	SCHWECHAT	Wirklichkeit	REALITAET
Wettkampfstätte	KAMPFBAHN	Wiener Stadtbezirk	SIMMERING	Wirklichkeitsdarstellung	REALISTIK
wichtig	BEDEUTSAM	Wikinger, Wikingerstamm	NORMANNEN	Wirklichkeitsform	INDIKATIV
Widder	SCHAFBOCK	Wildente	STOCKENTE	Wirklichkeitssinn	REALISMUS
widerrechtlich	ILLEGITIM	Wildgeflügel	FEDERWILD	wirksam	EFFIZIENT
Widerrede	EINSPRUCH	Wildziege	STEINBOCK	Wirksamkeit	EFFIZIENZ
widersinnig	UNLOGISCH	windgestaute Flut	STURMFLUT	wirksam sein	FUNGIEREN
Widersinnigkeit	PARADOXON	Windhundrasse	GREYHOUND	Wirkungsfähigkeit	POTENTIAL
Widerspruch v. Gesetzen	ANTINOMIE	Wind in d. Sahara	HARMATTAN	Wirkware	CHARMEUSE
Widerstand	GEGENWEHR	Windschliff	KORRASION	Wirkware	TRIKOTAGE
Widerstandsfähigkeit	RESISTENZ	Winkelfunktion	KOTANGENS	wirr	CHAOTISCH
				Wirrsal	LABYRINTH
Widerstandsthermometer	BOLOMETER	Winkelmeßgerät	THEODOLIT	Wirt	GASTGEBER
				Wirtschaft	OEKONOMIE
Widerstreit	KOLLISION	Wintersport	EISLAUFEN	Wirtschafter	VERWALTER
Wiederanfang	NEUBEGINN	Wintersportanlage	RODELBAHN	wirtschaftl. Gesundung	SANIERUNG
Wiedereintritt e. Krankheit	RUECKFALL	Wintersportart	BOBFAHREN	Wirtschaftsaufschwung	EXPANSION
				Wirtschaftslehre	OEKONOMIK
				Wirtschaftswissenschaft	OEKONOMIE
				Wißbegier	NEUGIERDE

Wißbegierde	INTERESSE	Wortspiel	CALEMBOUR	Wurmart	PLATTWURM
wißbegierig	NEUGIERIG	Wortteil	NACHSILBE	Wurstsorte	BOCKWURST
wissenschaftl. Einzelgebiet	DISZIPLIN	Wort weiblichen Geschlechts	FEMININUM	Wurstsorte	BRATWURST
		Würde	GRANDEZZA	Wurstsorte	JAGDWURST
Wissenschaftler	GELEHRTER	württ. Badeort, Kurort	LAUCHHEIM	Wurstsorte	KOCHWURST
Wissenschaftler	PROFESSOR	württ. Kurort am Stromberg	MAULBRONN	Wurzelfüßer	RHIZOPODE
Wissenschaftsgruppe	FAKULTAET	württ. Stadt an der Enz	VAIHINGEN	Wust, Verwirrung	UNORDNUNG
Wissenschaft v. d. Arbeit	ERGONOMIE	württ. Stadt im Albvorland	METZINGEN	Yucca	PALMLILIE
Wörterbuch, -verzeichnis	VOKABULAR			Zähler f. Brennstoff	GASMESSER
		württembergerg. Höhenzug	SCHURWALD	zähmen	BAENDIGEN
wohlhabend	BEGUETERT	Würzkraut	BASILIKUM	Zähne zeigen	FLETSCHEN
wohlhabend	BEMITTELT	Würzkraut	BORRETSCH	zärtlich	LIEBEVOLL
Wohlklang	KONSONANZ	Wüstengiftschlange	HORNVIPER	zahlenmäßig	NUMERISCH
wohlklingend	MELODISCH			zahlenmäßige Untersuchung	STATISTIK
wohllautend	MELODIOES	Wüstenläufer (zool.)	RENNVOGEL	Zahlungsmittel	MUENZGELD
Wohltäter	SAMARITER	wüstes Gelage	BACCHANAL	zahlungsunfähig	INSOLVENT
Wohnbau	MIETSHAUS	wütend	ENRAGIERT	Zahlungsunfähigkeit	INSOLVENZ
Wohngeld ohne Nebenkosten	KALTMIETE	wütender Krieger	BERSERKER	Zahlungsunfähigkeit	NONVALENZ
Wohnsitz, Wohnung	BEHAUSUNG	Wundarzneikunde	CHIRURGIE	zahlungsunfähig werden	FALLIEREN
Wohnung	APARTMENT	Wunderblume	MIRABILIS	Zahnbein des Elefanten	ELFENBEIN
Wolframerz	WOLFRAMIT	wunderlich, verschroben	SCHRULLIG	Zahndurchbruch	DENTITION
Wolfsmilchgewächs	EUPHORBIE	Wundklee	ANTHYLLIS	Zahnersatz	STIFTZAHN
Wollstoff	KAMELHAAR	Wundliegen	DEKUBITUS	Zahnhalsablagerung	ZAHNSTEIN
Wonne	SELIGKEIT	Wunschbild, Wunschtraum	PHANTASIE	Zahnschnäbler	EIDERGANS
Wortbrüchiger, Treubrecher	VERRAETER	Wurflehre	BALLISTIK		
wortkarg	EINSILBIG	Wurfmaschine, -waffe	SCHLEUDER	zanksüchtiges Weib	XANTHIPPE
wortkarg	LAKONISCH				
Wortschwall	REDEFLUSS				

Zarenname	ALEXANDER	zentralmexikan. Staat	QUERETARO	Zigarrenteil	DECKBLATT
Zauberhasel	HAMAMELIS	zentralmexikan. Stadt	QUERATARO	Zimmertanne	ARAUKARIE
zaudern, zögern	SCHWANKEN	zentralspan. Hochland	KASTILIEN	zimperlich	ETEPETETE
Zehnfußkrebs d. Südsee	KOKOSDIEB	Zentrifuge	SCHLEUDER	Zion	JERUSALEM
zehn Gramm	DEKAGRAMM	Zentrifuge, Trennschleuder	SEPARATOR	Zirkelkasten	REISSZEUG
zehnteilig	DEKADISCH	Zerlegung	DEMONTAGE	ziselieren	PUNZIEREN
Zeichengerät	FARBSTIFT	Zerrbild	KARIKATUR	Zitatensammlung	ANALEKTEN
Zeichner	GRAPHIKER	zerstört	DEMOLIERT	zitherartiges Saiteninstrument	HACKBRETT
Zeichnungsbevollmächtigter	PROKURIST	zerstörter Kraftwagen	AUTOWRACK	Zitronenkraut	ARTEMISIA
Zeitabstand	INTERVALL	zerstreut	ERRATISCH	Zitronenkraut	EBERRAUTE
Zeit des Jagdverbots	SCHONZEIT	zerstreut	ZERFAHREN	Zitrusfrucht	APFELSINE
zeitlich bestimmt	BEFRISTET	Zerstreuung	DIFFUSION	Zitrusfrucht	MANDARINE
Zeitungsschreiber	KOLUMNIST	zertrennen	SCHNEIDEN	Zittergras	HASENBROT
Zeitwortform	INDIKATIV	Zettelkasten	KARTOTHEK	Zittern	TATTERICH
Zeitwortform	INFINITIV	Ziegel	FORMSTEIN	Zodiak	TIERKREIS
Zellenlehre	ZYTOLOGIE	Ziehharmonika	AKKORDEON	Zögling	PFLEGLING
Zellenschmelz	CLOISONNE	Ziehharmonika	BANDONEON	Zollausschlußzone am Wasser	FREIHAFEN
Zellkernschleife	CHROMOSOM	Ziehung	AUSLOSUNG	Zollstock	METERSTAB
Zellstoff	ZELLULOSE	zielend	TRANSITIV	Zubereitung, Arznei	PRAEPARAT
Zellulose	ZELLSTOFF	Ziererei, Zimperlichkeit	PRUEDERIE	Zucht, Ordnung	DISZIPLIN
zelten	KAMPIEREN	Zierfisch	BAERBLING	Zuckerwerk, Näscherei	SUESSWARE
Zensur, Bewertung	PRAEDIKAT	Zierfisch	GOLDFISCH	züchtigen	BESTRAFEN
zentralafrikan. See	TSCHADSEE	Ziergesang	KOLORATUR	Züchtigungsmittel	ROHRSTOCK
Zentralafrikaner	KONGOLESE	Zierschlingpflanze	LAPAGERIA	zündend	FULMINANT
zentralasiat. Wüstengebiet	DSUNGAREI	Zierspargel	ASPARAGUS	Zuerteilung	ZUWEISUNG
		Zierstrauch	FEUERDORN	zufriedengestellt	SATURIERT
zentral geregelte Uhr	NORMALUHR	Zierstrauch	HORTENSIE	zu früh	VORZEITIG
		Zigarrensorte	FEHLFARBE	Zugang	AKZESSION
				Zugbegleiter	SCHAFFNER

zugkräftig	ATTRAKTIV
Zugmaschine	DIESELLOK
Zugmaschine	SCHLEPPER
zulässig	STATTHAFT
Zulassung	ADMISSION
Zungenentzündung	GLOSSITIS
Zupfinstrument	MANDOLINE
zur belebten Natur gehörig	ORGANISCH
zurechtweisen	ABKANZELN
zur Luftröhre gehörend	BRONCHIAL
Zurückführung	REDUKTION
zurückgehend	REGRESSIV
Zurückhaltung (mediz.)	RETENTION
zurückschlagen	VERGELTEN
zusammenbauen	MONTIEREN
zusammengebrochen	VERFALLEN
zusammenhängend	KOHAERENT
Zusammenhängendes	KONTINUUM
Zusammenklang	KONSONANZ
zusammenklingend	KONSONANT
Zusammenkunft	BEGEGNUNG
Zusammenkunft	KONFERENZ
Zusammenschluß	KOALITION
Zusammenstoß	KOLLISION
Zusammenstoß (franz.)	RENCONTRE
zusammenzählen	SUMMIEREN
Zusatzgetriebe beim Auto	OVERDRIVE
zuständig	KOMPETENT
Zuständigkeit	KOMPETENZ
Zustand	KONDITION
Zustand, Sachlage	SITUATION
Zusteller	LIEFERANT
Zustimmung	BILLIGUNG
Zuversicht	LEBENSMUT
Zuversicht	VERTRAUEN
Zuwendung	SCHENKUNG
Zwang	ANDROHUNG
Zwang	NOETIGUNG
zwangsläufig	NOTWENDIG
Zwangsverwalter	SEQUESTER
Zwangsvollstreckung	PFAENDUNG
Zwangsvorstellung	OBSESSION
Zwanzigflächner	IKOSAEDER
Zweifler	SKEPTIKER
Zweig der Hussiten	TABORITEN
Zweig der Theologie	PATRISTIK
zweigeschlechtlich	BISEXUELL
Zweiheit	DUALITAET
Zweiheitslehre	DUALISMUS
zweiseitig	BILATERAL
zweiteiliges Gemälde	DIPTYCHON
zweitgrößte Insel der Erde	NEUGUINEA
zweitgrößte Stadt Rußlands	LENINGRAD
zweitoberstes Segel	BRAMSEGEL
zweitrangig	SEKUNDAER
Zweizeiler	DISTICHON
Zwerchfellnerv	PHRENIKUS
Zwerghund	CHIHUAHUA
Zwergkiefer	LEGFOEHRE
Zwiespältigkeit	DUALISMUS
Zwiespalt, Zwietracht	UNFRIEDEN
Zwillingssöhne des Zeus	DIOSKUREN
zwingend	IMPERATIV
Zwinglis Nachfolger	BULLINGER
Zwischengericht	ENTREMETS
Zwischenmauer	TRENNWAND
Zwischenraum	INTERVALL
Zwischenspiel in der Fuge	ANDAMENTO
Zyklus	KREISLAUF

Aachener Europapreis	KARLSPREIS	ablehnen, abschlagen	VERWEIGERN	absurd	SINNWIDRIG
Abart	ABWEICHUNG	Abmagerung	ENTFETTUNG	Abtei im Schwarzwald	SANKTPETER
Abdachung	DOSSIERUNG	Abnahme	DEGRESSION	Abteilung	DEPARTMENT
Abdichtung	ISOLIERUNG	Abneigung	ANTIPATHIE	abtrennen	AMPUTIEREN
Abendmusik	STAENDCHEN	Abonnement	DAUERBEZUG	Abtrennung e. Körperteils	AMPUTATION
Abfallgefäß	MUELLEIMER	Abonnement	DAUERMIETE	abtrünnig	HAERETISCH
abfassen	REDIGIEREN	Abonnement	STAMMRECHT	abtrünnig	KETZERISCH
abfertigen	EXPEDIEREN	abordnen	DELEGIEREN	Abtrünniger	HAERETIKER
Abfolge der Vorfahren	AHNENREIHE	Abordnung	DELEGATION	Abwässer-Anlage	RIESELFELD
Abführmittel	BITTERSALZ	Abordnung	DEPUTATION	abwandeln	MODULIEREN
Abführmittel	PURGATIVUM	Abordnung	VERTRETUNG	Abwandlung	ABWEICHUNG
abgefeimt, durchtrieben	RAFFINIERT	abreiben	FROTTIEREN	Abwandlung	MODULATION
		abrichten	DRESSIEREN	abwechselnd	ALTERNATIV
abgeholztes Waldstück	KAHLSCHLAG	Abscheu, Ekel	WIDERWILLE	Abwehr beim Fechten	PARADEHIEB
		abschließen	VERSPERREN		
abgeleitet	KONSEKUTIV	Abschweifung	DIGRESSION	Abweichung	ABERRATION
abgelten	BEGLEICHEN	Absicht	KONZEPTION	abzuziehende Zahl	SUBTRAHEND
abgeschlossen	VERRIEGELT	Absicht, Überlegung	VORBEDACHT		
Abgeschmacktheit	PLATITUEDE	Absonderung	ISOLIERUNG	Acht, Ächtung	VERDAMMNIS
abgespannt	ERSCHLAFFT	Absperrvorrichtung	VERSCHLUSS	achten	ANERKENNEN
abgestumpft	GEFUEHLLOS	Abstammung	DESZENDENZ	achter Sonntag vor Ostern	SEXAGESIMA
Abglanz, Widerschein	SPIEGELUNG	Abstammung	PROVENIENZ	achtsam, wachsam	VORSICHTIG
abhaltend, vorbeugend	PROHIBITIV	Abstammungslehre	ONTOGENESE	Ackerbau	AGRIKULTUR
		Abstand	ENTFERNUNG	Ackergerät	MOTORPFLUG
Abirrung	ABERRATION	Absteigequartier, Logis	UNTERKUNFT	Ackerkrume	MUTTERERDE
Abirrung	PERVERSION			Ackerrand	FELDGRENZE
Abkömmling	DESZENDENT	Abstieg	NIEDERGANG	Ackerunkraut	KNOETERICH
Abkömmlinge	NACHFAHREN	Abstimmungsbeschluß	RESOLUTION	Ackerunkraut	KREUZKRAUT
Abkommen	KONVENTION	Abstinenz	ENTHALTUNG	addieren	AUFRECHNEN
		abstufen	NUANCIEREN	Adlerart	FISCHADLER

Adlerart	STEINADLER	afrikan. Schreitvogel	NIMMERSATT	Alkoholismus	TRUNKSUCHT
Adliger	ARISTOKRAT			alle, jedermann	SAEMTLICHE
Adressat	EMPFAENGER	afrikan. Volk	AETHIOPIER		
adrett	ORDENTLICH	Agentur, Niederlassung	VERTRETUNG	Allgäuer Tourismuszentrum	OBERSTDORF
Ächtung	AUSSCHLUSS				
ägypt. Dynastie	PTOLEMAEER	Aggregatzustand	GASFOERMIG	allgemein	ALLERSEITS
ägypt. Hafenstadt	ALEXANDRIA	agieren	DARSTELLEN	Allgewalt	OMNIPOTENZ
		Agitation	AUFREIZUNG	Allmacht	OMNIPOTENZ
Ähnlichkeit	AFFINITAET	Ahnenforschung	GENEALOGIE	allmählich	SUKZESSIVE
älterer Schiffstyp	RADDAMPFER	Ahnfrau	STAMMUTTER	allseitig, allgemein	UNIVERSELL
ärgerlich	UNANGENEHM	Ahnherr	STAMMVATER	Alltag	ARBEITSTAG
Ärmelende	MANSCHETTE	Ahnung	MUTMASSUNG	Alltagsrhythmus	TRETMUEHLE
ärztl. Sprechstunde	ORDINATION	Ahnung	VORGEFUEHL	allumfassend, weltumspannend	UNIVERSELL
		Akademie in Halle	LEOPOLDINA		
äthiop. Hauptstadt	ADDISABEBA	Akrobat	SEILTÄNZER	Almosen	LIEBESGABE
äthiop. Vulkan	RASDASCHAN	Akteur	DARSTELLER	Almosen im Orient	BAKSCHISCH
		Aktie, Börsenpapier	WERTPAPIER		
äußerlich	EXOTERISCH			Alpenglöckchen	SOLDANELLE
äußerste Schicht d. Atmosphäre	EXOSPHAERE	Aktinie	SEEANEMONE	alpenländisch. Fabeltier	TATZELWURM
		Aktion, Aktivität	TAETIGKEIT		
affig	AFFEKTIERT	Aktionsradius	REICHWEITE	Alpenpaß in Südtirol	PENSERJOCH
afghan. Gebirge	HINDUKUSCH	Akustik	SCHALLEHRE		
		Alarm	WARNSIGNAL	Alpenpaß zum Hinterrheintal	BERNARDINO
afghan. Staatsvolk	PASCHTUNEN	alban. Nationalheld	SKANDERBEG		
afrikan. Dickhäuter	FLUSSPFERD	alban. Nationaltracht	FUSTANELLA	Alpenpflanze	ALPENLILIE
				Alpenpflanze	GEMSKRESSE
afrikan. Hauptstadt	ADDISABEBA	alberner Mensch	HAMPELMANN	Alpenpflanze	SILBERWURZ
		Album	GEDENKBUCH	Alpenpflanze	STEINNELKE
afrikan. Hauptstadt	LIBREVILLE	Album	SAMMELBUCH		
		alert	AUFGEWECKT		
afrikan. Hauptstadt	MOGADISCHU	alger. Araberfürst	ABDELKADER	Alpensee in den Kocheler Bergen	WALCHENSEE
afrikan. Inselbewohner	MADAGASSEN	Alkaloid, Narkotikum	SKOPOLAMIN	Alpentier	MURMELTIER
				Alpenvogel	ALPENDOHLE
afrikan. Inselstaat	MADAGASKAR	Alkaloid d. Kakaobohne	THEOBROMIN	Alraunenpflanze	MANDRAGORA
afrikan. Menschenaffe	SCHIMPANSE	alkoholisches Getränk	BRANNTWEIN	alt. Heiligtum in England	STONEHENGE

alt. litauisch-poln. Dynastie	JAGELLONEN	alter Name von Kampuchea	KAMBODSCHA	altgriech. Ring- u. Faustkampf	PANKRATION
alt. Mann	METHUSALEM	Altersschwäche	SENILITAET	altgriech. Saiteninstrument	AEOLSHARFE
altdtsch. Monatsname	CHRISTMOND	Alterssichtigkeit	PRESBYOPIE	altgriech. Töchter der Nacht	HESPERIDEN
altdtsch. Vorname (männl.)	HELMBRECHT	altertüml. Säugetier	BEUTELBAER	altiranischer Lichtgott	AHURAMASDA
alte Bez. für September	HERBSTMOND	altertümlich	ANTIQUIERT	altkretisches Ungeheuer	MINOTAURUS
alte Klavierform	KLAVICHORD	altes astron. Instrument	HELIOMETER		
Altenteil	AUSGEDINGE	alte Spießwaffe	HELLEBARDE	altorientalischer Volksstamm	BABYLONIER
alter Gesellschaftstanz	CONTRETANZ	altfranz. Papiergeld	ASSIGNATEN	altorientalischer Volksstamm	PHOENIZIER
alter Monatsname	HERBSTMOND	altgriech. Bildhauer (4. Jh. v. Chr.)	PRAXITELES	altpers. Dynastie	SASSANIDEN
alter Monatsname	SCHNEEMOND			altpersisch. König	ARTAXERXES
alter Name der Dardanellen	HELLESPONT	altgriech. Dichter	APOLLONIOS	altpersische Hauptstadt	PERSEPOLIS
alter Name der Vogesen	WASGENWALD	altgriech. Erfinder	ARCHIMEDES		
		altgriech. Geschichtsschreiber	THUKYDIDES	altröm. Göttin d. Unterwelt	PROSERPINA
alter Name des April	WANDELMOND	altgriech. Helden	ARGONAUTEN	altröm. Kaiser	KONSTANTIN
alter Name des Dezember	CHRISTMOND	altgriech. Mathematiker	APOLLONIOS	altröm. Landgott	LATIFUNDIE
alter Name des Dezember	WINTERMOND	altgriech. Mathematiker	ARCHIMEDES	altrömisch. Amtsadel	NOBILITAET
alter Name für Januar	SCHNEEMOND	altgriech. Muse der Musik	POLYHYMNIA	altrömischer König	TARQUINIUS
alter Name Oslos	KRISTIANIA	altgriech. Musenquelle	HIPPOKRENE	am angegebenen Ort (lat.)	LOCOCITATO
alter Name Portugals	LUSITANIEN	altgriech. Philosoph, Mathem.	PYTHAGORAS	Amateur	AUTODIDAKT
				Amateurfilm	SCHMALFILM
alter Name von Ghana	GOLDKUESTE	altgriech. Philosoph (Eleat)	XENOPHANES	Amateurtheater	LAIENSPIEL
alter Name von Haiti	HISPANIOLA	altgriech. Philosophen	KYRENAIKER	amerik. Korbballspiel	BASKETBALL

amerikan. abstrakt. Maler	MOTHERWELL	amerikan. Jazzsängerin	WASHINGTON	amtliche Anordnung	VERFUEGUNG
amerikan. Astronaut	CUNNINGHAM	amerikan. Jazztrompeter (m. Vorn.)	HARRYJAMES	amtliche Anordnung	VERORDNUNG
amerikan. Bandleader (m. Vorn.)	GLENMILLER	amerikan. Jazztrompeter (m. Vorn.)	HERBALPERT	amtliche Bescheinigung	ZERTIFIKAT
amerikan. Black-Power-Führer	CARMICHAEL	amerikan. Kabarett	VAUDEVILLE	amtliche Mitteilung	KOMMUNIQUE
amerikan. Columbia-Zufluß	SNAKERIVER	amerikan. Physiker (Nobelpreis)	HOFSTADTER	amtlicher Erlaß, Gebot	VERORDNUNG
amerikan. Finanzmann	VANDERBILT	amerikan. Popmusik-Solist	CHUCKBERRY	Amtsdauer eines Papstes	PONTIFIKAT
amerikan. Finanzpolitiker	MORGENTHAU	amerikan. Raumfähre	CHALLENGER	Amtseinführung	INVESTITUR
amerikan. General Präsident	EISENHOWER	amerikan. Rockmusiker	FATSDOMINO	Amtseinsetzung	BESTALLUNG
amerikan. Hauptstadt	WASHINGTON	amerikan. Rocksängerin (m. Vorn.)	TINATURNER	Amtsniederlegung	RUECKTRITT
amerikan. Indianer	SCHOSCHONE	amerikan. romant. Schriftsteller	LONGFELLOW	amüsant	KURZWEILIG
amerikan. Industr., Kunstmäzen	GUGGENHEIM	amerikan. Schauspieler	HASSELHOFF	Amüsement, Belustigung	VERGNUEGEN
amerikan. Insel vor New York	LONGISLAND	amerikan. Schriftsteller	FITZGERALD	Anästhesie	BETAEUBUNG
amerikan. Jazzkomponist, -musiker	CARMICHAEL	amerikan. Seebad in Florida	MIAMIBEACH	Analyse	AUFLOESUNG
				Anatolien	KLEINASIEN
				Anbeginn	ENTSTEHUNG
				anbieten	OFFERIEREN
				anbringen	BEFESTIGEN
				Andacht, Meditation	VERSENKUNG
amerikan. Jazzkornettist, Bandlead.	KINGOLIVER	amerikan. Tanz	CHARLESTON	Andachtsübungen	EXERZITIEN
amerikan. Jazzmusiker (m. Vorn.)	RAYCHARLES	amerikan. Wintersportort	LAKEPLACID	Andenken	ERINNERUNG
				Andeutung	ANSPIELUNG
		am Nistort bleibender Vogel	STANDVOGEL	Andeutung	FINGERZEIG
amerikan. Jazzpianist	COUNTBASIE			Andrang	DRAENGELEI
		amorph	GESTALTLOS	Anemone	KUHSCHELLE
				anerkennen	HONORIEREN
amerikan. Jazzpianist	FATSWALLER	Amt des Papstes	PONTIFIKAT	Anerkennung, Ehrung	WUERDIGUNG
amerikan. Jazzsängerin	FITZGERALD	amtl. Verlautbarung	COMMUNIQUE	Anfälligkeit (mediz.)	LABILITAET
		amtliche Anordnung	BESTIMMUNG		

Anfangskapital	GRUNDSTOCK	angemessen	ZUTREFFEND	ankommen	EINTREFFEN
Anfechtung	VERSUCHUNG	angesehen	GESCHAETZT	Ankunft	EINTREFFEN
Anfechtung, Verführung	VERLOCKUNG	angesehen, namhaft	RENOMMIERT	ankurbeln	AKTIVIEREN
				ankurbeln	INITIIEREN
				anmerken	GLOSSIEREN
anfertigen	HERSTELLEN	Angina pectoris	HERZASTHMA	Annäherung	KONVERGENZ
anfertigen	ZUBEREITEN	Angriff	AGGRESSION	annehmbar	AKZEPTABEL
Anfertigung, Herstellung	PRODUKTION	Angstgefühl	BEKLEMMUNG	annehmbar	DISKUTABEL
		Anh. e. dtsch. Reformators	LUTHERANER	anödend	LANGWEILIG
anfeuern	AUFMUNTERN			anomal	ABWEICHEND
anfeuern	ENTZUENDEN	Anh. e. griech. Philosophen	PLATONIKER	Anpassung	ADAPTATION
Anführer	KOMMANDEUR			Anpassung	GEWOEHNUNG
Anführer eines Kreuzzugs	LOEWENHERZ	Anh. e. persischen Religion	MANICHAEER	Anrede i. Bereich d. kathol. Kirche	EHRWUERDEN
angeboren	HEREDITAER	Anh. e. religiös. Anschauung	MONOTHEIST	anregend	ANIMIEREND
angeboren	KONGENITAL			Ansage	CONFERENCE
Angebot	ANERBIETEN			ansagen	MODERIEREN
Angeh. e. christl. Gemeinschaft	HERRNHUTER	Anhänger	MITLAEUFER	Anschauung	AUFFASSUNG
		Anhänger	NACHFOLGER	Anschluß, Assoziation	VERBINDUNG
Angeh. e. dtsch. Volksstammes	THUERINGER	Anhänger der Vielgötterei	POLYTHEIST		
		Anhänger des Königtums	MONARCHIST	Anschriftenverzeichnis	ADRESSBUCH
Angeh. e. german. Volksstammes	HERMUNDURE			Ansehen, guter Ruf	REPUTATION
		Anhänger eines Religionsstifters	GLAEUBIGER	Ansicht	ANSCHAUUNG
				Ansicht	AUFFASSUNG
Angeh. e. german. Volksstammes	MARKOMANNE	Anhänger eines Religionsstifters	VERKUENDER	Ansicht, Anschauung	STANDPUNKT
angeheitert	BESCHWIPST	anhäufen	KUMULIEREN	anspruchslos	BESCHEIDEN
Angehör. einer japan. Religion	SCHINTOIST	Anhäufung	AGGLOMERAT	anständig, geziemend	SCHICKLICH
		Anhäufung	KUMULATION		
Angehöriger des Adels	ARISTOKRAT	anhaltend	PERSISTENT	anstecken	INFIZIEREN
Angehöriger einer ind. Kaste	KSCHATRIYA	Anhang des Kreuzbeins	STEISSBEIN	ansteckend	INFEKTIOES
		anheimelnd	GEMUETLICH	ansteckend	KONTAGIOES
angelsächs. Schulart	HIGHSCHOOL	anheuern	EINSTELLEN	anstiften, verleiten	VERFUEHREN
				Anstifter	HINTERMANN

Anstifter	VERFUEHRER	antike Stadt in Unteritalien	POSEIDONIA	Apostel Deutschlands	BONIFATIUS
anstimmen	INTONIEREN	antike Todesstrafe	KREUZIGUNG	Apotheker	PHARMAZEUT
anstößig, unerhört	SKANDALOES			Approbation	BESTALLUNG
Anteil	KONTINGENT	antike unterägypt. Stadt	HELIOPOLIS	Apside, Erdnähe	PERGIGAEUM
Anteilnahme	MITGEFUEHL			Apside, Sternnähe	PERIASTRON
Antialkoholiker-Orden	GUTTEMPLER	Antilleninsel	MARTINIQUE	arab. Name v. Casablanca	DARELBEIDA
Antibiotikum	ACHROMYZIN	Antilleninsel	MONTSERRAT		
Antibiotikum	AUREOMYCIN	Antilleninsel	SANTALUCIA	arab. Saiteninstrument	KEMANTSCHE
Antibiotikum	PENICILLIN	Antilleninsel der USA	PUERTORICO		
antik. Bauwerk in Rom	ENGELSBURG	Antillenstaat	SAINTLUCIA	arab. Weltreisender	IBNBATTUTA
antik. Bauwerk in Trier	PORTANIGRA	Antilope	WASSERBOCK	arab.: so Allah will!	INSCHALLAH
		Antilope	WILDEBEEST	Arbeitsablaufregler	DISPATCHER
antik. Fünfkampf	PENTATHLON	Antrieb	TRIEBFEDER		
		Antwort	ENTGEGNUNG	Arbeitsanleitung	EINWEISUNG
antik. Kriegsschiff	QUADRIREME	Antwort	ERWIDERUNG		
		Anwartschaft	KANDIDATUR	Arbeitsausstand	WARNSTREIK
antik. Landschaft in Syrien	PHOENIZIEN	Anweisung, Direktive	VORSCHRIFT	Arbeitsniederlegung	WARNSTREIK
antik. Reich in Mesopotamien	BABYLONIEN	anziehend	MAGNETISCH	Arbeitsschluß	FEIERABEND
		Anziehung	ATTRAKTION	archäologische Freilegung	AUSGRABUNG
antik. Sprache	GRIECHISCH	Anziehungskraft	ATTRAKTION		
antik. Theaterstück	AMPHITRYON	Anzüglichkeit	PIKANTERIE	Architekt	BAUMEISTER
				ARD-Fernsehnachrichten	TAGESSCHAU
antike Landsch. in Kleinasien	PAMPHYLIEN	anzünden	ENTFLAMMEN		
		Anzugform	ZWEIREIHER	Arena, Stadion	SPORTPLATZ
antiker Name d. Olonos-Berges	ERYMANTHOS	apart	EIGENARTIG	argentin. romant. Schriftsteller	ECHEVERRIA
		Apatit	PHOSPHORIT		
		Apfelsorte	STREIFLING		
antiker olympischer Allkampf	PANKRATION	Apollos Liebling	HYAKINTHOS	argentin. Stadt am Paraná	CORRIENTES
antiker Vierruderer	QUADRIREME	Apostel der Angelsachsen	AUGUSTINUS	arglos, anschmiegsam	ZUTRAULICH
		Apostel der Friesen	WILLIBRORD	Argwohn	MISSTRAUEN

Argwohn	MUTMASSUNG	asiat. Halbinsel	KLEINASIEN	athenisch. Bildhauer	PRAXITELES
Arkadenreihe	LAUBENGANG	asiat. Hauptstadt	PJOENGJANG	athenisch. Philosoph	ANAXAGORAS
arktisch. Raubtier	POLARFUCHS	asiat. Inselgruppe	INDONESIEN	Atmosphäre	LUFTHUELLE
arm	BEDUERFTIG	asiat. Volk	BACHTIAREN	Atmungsgerät	RESPIRATOR
armenisch. Patriarch	KATHOLIKOS	asiat. Volk im Südural	BASCHKIREN	Attribut	BEIFUEGUNG
Armenpfleger	FUERSORGER	Aspekt, Gesichtspunkt	STANDPUNKT	Aubergine	EIERFRUCHT
Armgelenk	ELLENBOGEN	Assistent	HILFSKRAFT	aufbrausend	CHOLERISCH
armieren	AUSRUESTEN	Aster, Graslilie	STERNBLUME	aufbrausend	JAEHZORNIG
Armleuchter	KANDELABER	astron. Lichterscheinung	NEBENSONNE	auf die Mitte einstellen	ZENTRIEREN
arrogant	HOCHMUETIG	Astronaut, Kosmonaut	RAUMFAHRER	auffrischen, erneuern	RENOVIEREN
arteigen	SPEZIFISCH	Astronautengefährt	RAUMKAPSEL	aufführen	AUFZAEHLEN
Arterie, Pulsader	SCHLAGADER	AstronautenKapsel	RAUMSCHIFF	Aufgußtierchen	INFUSORIEN
Arteriosklerose	VERKALKUNG	astronom. Beobachtungsstation	STERNWARTE	Aufheller in Waschmitteln	BLANKOPHOR
artig	MANIERLICH	Astronomie	STERNKUNDE	aufhören	INNEHALTEN
Artigkeit	KOMPLIMENT	astronomisches Instrument	ASTROGRAPH	Aufklärung	AUFHELLUNG
Artigkeit	NETTIGKEIT	astronomisches Instrument	HELIOGRAPH	Aufnahmefähigkeit	KAPAZITAET
Artikel	ABHANDLUNG	astronomisches Instrument	TRIQUETRUM	aufregend	DRAMATISCH
Art und Weise	MODALITAET	Atemmesser	SPIROMETER	Aufregung	ALTERATION
Arznei	HEILMITTEL	athen. Feldherr, Staatsmann	ALKIBIADES	Aufriß	KONZEPTION
Arznei	MEDIKAMENT	athenisch. Adel	EUPATRIDEN	aufrücken	AVANCIEREN
Arzneikundiger	PHARMAZEUT			aufrührerisch	REBELLISCH
Arzneipflanze	AUGENTROST			aufsagen, vortragen	REZITIEREN
Arzneipflanze	BERBERITZE			Aufsaugung	ABSORPTION
Arzneipflanze	BIBERNELLE			Aufsaugung	RESORPTION
Arzneipflanze	BITTERKLEE			aufschaukeln	ESKALIEREN
Arzneipflanze	BITTERWURZ			Aufschaukelung	ESKALATION
Arzneipflanze	BRENNESSEL			aufschiebend	PROROGATIV
Arzneipflanze	EHRENPREIS				
Arzneipflanze	GUNDELREBE				
Arzneipflanze	HUFLATTICH				
Arzneipflanze	LOEWENZAHN				
Arzt im negativen Sinn	SCHARLATAN				

aufschlußreich	INSTRUKTIV	Ausgleich	KOMPROMISS	Aussprache	DISKUSSION
Aufschneider	GERNEGROSS	ausgleichen	WETTMACHEN	ausstatten	EQUIPIEREN
Aufschub	AUSSETZUNG	Aushändigung, Lieferung	ZUSTELLUNG	Ausstattung	DEKORATION
Aufsichtsbehörde	KURATORIUM	Aushilfe	VERTRETUNG	Ausstellung	EXPOSITION
Auftakt	EROEFFNUNG	Auskratzung (mediz.)	KUERETTAGE	austauschbar	PERMUTABEL
Auftakt	OUVERTUERE	auskundschaften	SPIONIEREN	austral. Berg	MOUNTBRUCE
Aufteilung	GLIEDERUNG	Auslöschung	EXTINKTION	austral. Berg	MOUNTCOOKE
Auftragsbewerber	SUBMITTENT	Auslösevorrichtung an Waffen	ABZUGHEBEL	austral. Gebirge	BLAUEBERGE
aufweichen	MAZERIEREN	ausmalen	KOLORIEREN	austral. Hafenstadt	TOWNSVILLE
Aufzeichnung in Kurzschrift	STENOGRAMM	Ausnahme	SONDERFALL	austral. Insel	KINGSINSEL
Augenzeuge	BEOBACHTER	ausreichend, genügend	SUFFIZIENT	austral. Myrtenbaum	EUKALYPTUS
Auripigment	RAUSCHGELB	ausrotten, zerstören	VERNICHTEN	austral. Sopranistin	SUTHERLAND
ausatmen	EXHALIEREN	Aussage	AEUSSERUNG	austral. Stadt	BIRDSVILLE
Ausatmung	EXHALATION	Aussage	MITTEILUNG	austral. Stadt	WOLLONGONG
ausbauen	ENTWICKELN	Ausschlagwald	NIEDERWALD	austral. Stadt in Neusüdwales	BROKENHILL
ausbessern	REPARIEREN	Ausschmückung	DEKORATION		
Ausbrütung	INKUBATION	Ausschmückung	VERZIERUNG	Auswahltest	STICHPROBE
ausdauernd	BEHARRLICH	ausschneiden	DEKUPIEREN	auswandern	EMIGRIEREN
ausdauernd	BESTAENDIG	Ausschreibung von Arbeiten	SUBMISSION	Auswanderung	EMIGRATION
Ausdruck	EXPRESSION			Ausweitung	DILATATION
ausdrucksvoll	PATHETISCH	Ausschuß	KOMMISSION	auswendig lernen	MEMORIEREN
Auseinanderklaffen	DISKREPANZ	Außenaufgabe	FREITREPPE	Auswirkung	KONSEQUENZ
auseinanderklaffend	DISKREPANT	aussenden	EMITTIEREN	Auszehrung (mediz.)	KONSUMTION
Ausführungsart	MODALITAET	Außenseiter, Eigenbrötler	SONDERLING	auszeichnen	DEKORIEREN
ausgeglichen	HARMONISCH	aussetzen	EXPONIEREN	Auszeichnung	DEKORATION
ausgeprägt, scharf umrissen	PROFILIERT	Ausspiegelung (mediz.)	ENDOSKOPIE	Auszeichnung	EHRENPREIS
ausgespielt	SCHACHMATT				
ausgezeichnet	PRAEMIIERT				

Auszeichnung	EHRENTITEL	avancieren	AUFRUECKEN	Balkan-Landschaft	MAZEDONIEN
Autobahnbegrenzung	LEITPLANKE	avancieren	VORRUECKEN	Balkonpflanze	BUNTNESSEL
Autogramm	SCHRIFTZUG	Azoreninsel	SANTAMARIA	Balkonpflanze	GEISSBLATT
automatisch	MECHANISCH	Aztekenkönig	CUAUTHEMOC	Balkonpflanze	PELARGONIE
Automobil	KRAFTWAGEN	Aztekenkönig	CUITLAHUAC	Ballett von Fortner	WEISSEROSE
Auton. Sowjetrepublik	MORDWINIEN	azur	HIMMELBLAU	Ballett von Henze	ROSASILBER
Autonom. Sowjetrepublik	CHAKASSIEN	babylon. Epos	GILGAMESCH	Ballett von Joh. Strauß	BLAUEDONAU
Autonome Sowjetrepublik	ADSCHARIEN	Bachstelze	WIPPSTEERT		
		Backenbart	KOTELETTEN	Ballett von Prokofieff	CINDERELLA
Autor des »Felix Krull«	THOMASMANN	Backenknochen	WANGENBEIN	Ballett von Strawinsky	FEUERVOGEL
		Badeort, Kurort	BODENFELDE		
Autorennstrecke	MONTECARLO	Badeort, Kurort in Vorpommern	AHRENSHOOP	Ballett von Strawinsky	PETROUCHKA
Autor von »Der Sohn der Magd«	STRINDBERG			Ballett von Strawinsky	PETRUSCHKA
		Badeort in Mecklenburg	KOELPINSEE	Ballett von Strawinsky	PULCINELLA
Autor von »Der Vater«	STRINDBERG	badische Stadt am Bodensee	RADOLFZELL	Ballspiel	FELDHOCKEY
Autor von »Der Zauberberg«	THOMASMANN			Ballspiel	RINGTENNIS
		Bärenart	ALASKABAER	Ballspiel	ROLLHOCKEY
		Bärenart	KRAGENBAER	Ballspiel	VOLLEYBALL
Autor von »Die Buddenbrooks«	THOMASMANN	Bärenart	LIPPENBAER	Ballspiel für Schwimmer	WASSERBALL
		Bärenart	WICKELBAER		
		Bärlapp	LYKOPODIUM		
Autor von »Die dunkle Blume«	GALSWORTHY	Bagatelle	NEBENSACHE		
		bahntechn. Anlage	SIGNALMAST	bange	AENGSTLICH
				Bankiersdynastie	ROTHSCHILD
		Bakteriengift	BAKTERIZID	Banknote	GELDSCHEIN
Autor von »Fräulein Julie«	STRINDBERG	balancieren	JONGLIEREN	Banknoten	PAPIERGELD
		Baldachin	BETTHIMMEL	Bann	AUSSCHLUSS
Autor von »Hyperion«	HOELDERLIN	Baldachin	SCHIRMDACH	Bannmeile	SCHUTZZONE
		Baldachin	TRAGHIMMEL	Bannwald	SCHUTZWALD
Autor von »Jenseits«	GALSWORTHY	Balearen-Insel	FORMENTERA	Bar	NACHTLOKAL
Autor von »Liebelei«	SCHNITZLER	Balkanbewohner	JUGOSLAWEN	Baritonoboe	HECKELPHON
Autor von »Totentanz«	STRINDBERG	Balkanbewohner	MAKEDONIER	Barkarole	GONDELLIED
Autostopper	HITCHHIKER			Barometer	WETTERGLAS
Autoteil	BREMSPEDAL	Balkanbewohner	MAKEDONIER		
Autoteil	MOTORBLOCK	Balkan-Landschaft			

Barsch	SCHRAETZER	
Barttracht	KNEBELBART	
Barttracht	KOTELETTEN	
Baryt	SCHWERSPAT	
Basis	GRUNDLINIE	
Baßgeige	KONTRABASS	
Baßtuba	KONTRABASS	
Bau	TIERHOEHLE	
Bauchfell	PERITONEUM	
Bauchhöhlenmuskel	ZWERCHFELL	
Bauchhöhlensonde	LAPAROSKOP	
Bauhandwerker	DACHDECKER	
Bauhandwerker	ELEKTRIKER	
Bauhandwerker	OFENSETZER	
Bauhandwerker	TAPEZIERER	
baulicher Feuerschutz	BRANDMAUER	
Baumaterial	STAHLBETON	
Baumwollsamt	MANCHESTER	
Baustoff, Baumaterial	EISENBETON	
Bautischler	ZIMMERMANN	
bayer. Alpensee	KOENIGSSEE	
bayer. Badeort, Kurort	ADELHOLZEN	
bayer. Humorist	WEISSFERDL	
bayer. Kurort im Trauntal	RUHPOLDING	
bayer. Regierungsbezirk	OBERBAYERN	
bayer. See	FORGGENSEE	
bayer. Stadt am Fichtelgebirge	MUENCHBERG	
bayer. Stadt am Main	OCHSENFURT	
bayer. Stadt an der Altmühl	RIEDENBURG	
bayer. Stadt an der Iller	IMMENSTADT	
bayer. Stadt an der Mindel	MINDELHEIM	
bayer. Stadt an der Salzach	BURGHAUSEN	
bayer. Stadt an der Tauber	ROTHENBURG	
bayer. Stadt im Steigerwald	SCHEINFELD	
bayer. Wurstsorte	WEISSWURST	
Beamtenanwärter	REFERENDAR	
Beamtenwechsel	REVIREMENT	
Beanstandung	BESCHWERDE	
bebauter Boden	KULTURLAND	
Becken	BODENSENKE	
bedeutend, bedeutsam	GROSSARTIG	
bedeutender Astronom	KOPERNIKUS	
bedürftig	NOTLEIDEND	
beeindrucken	IMPONIEREN	
beeinflussen	UEBERREDEN	
Beeinflussung, Einbildung	SUGGESTION	
Beerdigung	BEGRAEBNIS	
Beerdigung	BEISETZUNG	
Beerdigung	BESTATTUNG	
Befähigung	FERTIGKEIT	
Befehlsgewalt	HERRSCHAFT	
Befehlshaber	KOMMANDANT	
Befehlshaber	KOMMANDEUR	
Befestigungsmittel	HEFTZWECKE	
Befestigungsmittel	KLEBEFOLIE	
Beförderung	AVANCEMENT	
befriedigt	ABGEFUNDEN	
befristeter Aufschub	MORATORIUM	
befugt	BERECHTIGT	
befugt	LIZENZIERT	
begabt, fähig	TALENTIERT	
begeistern	HINREISSEN	
begeistern	MITREISSEN	
begeisterter Anhänger	ENTHUSIAST	
begeisterter Anhänger	SCHWAERMER	
Begeisterung	ENTZUECKEN	
Beginn	EROEFFNUNG	
Beglaubigung	VIDIMATION	
Beglaubigungsschreiben	AKKREDITIV	
begleichen	ENTRICHTEN	
Begleiter Iasons	ARGONAUTEN	
Begräbnis	BEERDIGUNG	
Begräbnis	BEISETZUNG	
Begräbnis	BESTATTUNG	
begrenzen	LIMITIEREN	
Begrenzung	LIMITATION	

begrifflich bestimmen	DEFINIEREN	
Begriffsbestimmung	DEFINITION	
Begriffsbestimmung	ERKLAERUNG	
begründen	MOTIVIEREN	
Begünstigung	FOERDERUNG	
Begünstigung, Förderung	PROTEKTION	
Begünstigung von Verwandten	NEPOTISMUS	
begütert, bemittelt	VERMOEGEND	
begütert, reich	WOHLHABEND	
begutachten	BEURTEILEN	
behaglich	GEMUETLICH	
behandeln	TRAKTIEREN	
beharrlich	AUSDAUERND	
beharrlich	KONSEQUENT	
Behelf	NOTLOESUNG	
Beherbergungsbetrieb	HOTELGARNI	
beherrschen	DOMINIEREN	
beherzt	COURAGIERT	
behexen, faszinieren	VERZAUBERN	
Behörde für Stellenvermittlung	ARBEITSAMT	
behördlich zugelassen	APPROBIERT	
behüten	BESCHIRMEN	
Beichte	BEKENNTNIS	
Beifall, Einverständnis	ZUSTIMMUNG	
Beifallsruf	BRAVISSIMO	
Beifügung	APPOSITION	
beige	SANDFARBEN	
Beileid	MITGEFUEHL	
beinahe	ANNAEHERND	
Beiname d. Aphrodite	ANADYOMENE	
Beiname Kaiser Friedrichs I.	BARBAROSSA	
Beiname Richards I.	LOEWENHERZ	
Beinteil	KNIEGELENK	
Beinteil	SCHIENBEIN	
beipflichten	RECHTGEBEN	
Beisatz	APPOSITION	
Beisetzung	BEERDIGUNG	
Beisetzung	BEGRAEBNIS	
Beisetzung	BESTATTUNG	
Beispielsfall	PRAEZEDENS	
Beistand, Unterstützung	SUBVENTION	
Beitrag	KONTINGENT	
bekanntmachen	VERKUENDEN	
bekannt machen	VORSTELLEN	
Bekanntmachung	KOMMUNIQUE	
Bekanntmachung	MITTEILUNG	
Bekenntnis	KONFESSION	
beklagenswert	LAMENTABEL	
Bekleidungsstück	BADEMANTEL	
beköstigen	VERPFLEGEN	
belästigen	BEHELLIGEN	
belanglos	IRRELEVANT	
Belanglosigkeit	IRRELEVANZ	
belastend	GRAVIEREND	
belegen	NACHWEISEN	
belegt, vorgemerkt	RESERVIERT	
belegte Stimme	HEISERKEIT	
Beleidigung, üble Nachrede	SCHMAEHUNG	
beleuchten	ANSTRAHLEN	
Beleuchtungskörper	GLUEHBIRNE	
Beleuchtungskörper	GLUEHLAMPE	
Beleuchtungskörper	NEONROEHRE	
Beleuchtungskörper	WACHSKERZE	
belg. Nobelpreisträger (Frieden)	LAFONTAINE	
belgische Stadt in Ostflandern	POPERINGHE	
belichten	EXPONIEREN	
beliebt	GESCHAETZT	
belustigend	ERHEITERND	
Belustigung	AMUESEMENT	
bemittelt, vermögend	WOHLHABEND	
Benachrichtigung	MITTEILUNG	
Benediktinerabtei in d. Eifel	MARIALAACH	
Benediktion	EINSEGNUNG	
benennen	BEZEICHNEN	
benennen	NOMINIEREN	
benommen, taumelig	SCHWINDLIG	
Benutzung	HANDHABUNG	
Benzin	KRAFTSTOFF	
Benzin, Kraftstoff	TREIBSTOFF	

beobachten, bemerken	WAHRNEHMEN	Berg im Riesengebirge	STURMHAUBE	berichtigen	AUSBESSERN
bepflanzte Dachterrasse	DACHGARTEN	Berg im Siebengebirge	PETERSBERG	Berliner Bauwerk	STAATSOPER
bequeme Sitzgelegenheit	KLUBSESSEL	Berg im Spessart	GEIERSBERG	Berliner Maler u. Zeichner	LIEBERMANN
bequeme Sitzgelegenheit	LEHNSESSEL	Berg im Teutoburger Wald	GROTENBURG	Berliner See	MUEGGELSEE
bequeme Sitzgelegenheit	OHRENSTUHL	Berg im Thüringer Wald	KICKELHAHN	Berliner See	TEGELERSEE
bequemes Kleidungsstück	SCHLAFROCK	Berg in den Berner Alpen	SUSTENHORN	Berliner Stadtteil	KARLSHORST
Berater	KONSULTANT	Berg in den Ötztaler Alpen	WILDSPITZE	Berliner Stadtteil, Verwaltungsbez.	TIERGARTEN
berauschend	NARKOTISCH	Bergkristall	RAUCHQUARZ	Berliner Stadtteil, Verwaltungsbez.	WEISSENSEE
bereinigen	SCHLICHTEN	bergmänn. Abbauverfahren	PFEILERBAU	Berliner Stadtteil, Verwaltungsbez.	ZEHLENDORF
bereiten	ANFERTIGEN	bergmänn. Beruf, Funktion	LEHRHAEUER	bersten	DETONIEREN
Beresina-Zufluß	SWISLOTSCH			berühmt	RENOMMIERT
Berg am Harz	REGENSTEIN			berühmter Diamant	GROSSMOGUL
Bergbahn	GONDELLIFT	bergmänn. Beruf, Funktion	ORTSHAEUER	berühren	TOUCHIEREN
Berg bei Berchtesgaden	HOCHKALTER			Beruf, Gewerbe	PROFESSION
Berg bei Berchtesgaden	HOHERGOELL	bergmänn. Verfahren	SCHUERFUNG	Beruf bei Bühne, Fernseh., Film	AUSSTATTER
Berg bei Salzburg	UNTERSBERG	bergmännische Funktion	GANGHAEUER	Beruf bei Bühne, Fernseh., Funk	QUIZMASTER
Berg bei Zermatt	MATTERHORN	Bergrücken im Taunus	NIEDERWALD	Beruf bei Fernsehen, Film	KAMERAMANN
Berg der Berner Alpen	DAMMASTOCK	Bergsteigen im Hochgebirge	ALPINISMUS	Beruf im Medienwesen	JOURNALIST
Berg der Glarner Alpen	GLAERNISCH	Bergsteigergruppe	SEILSCHAFT	Beruf in der Industrie	MECHANIKER
Berg im Allgäu	HOHESLICHT	Berg- und Talbahn	ACHTERBAHN	Beruf in der Industrie	SCHWEISSER
Berg im Berner Oberland	WETTERHORN	Bericht	ERZAEHLUNG	Berufung	EINSETZUNG
Berg im Fichtelgebirge	OCHSENKOPF	berichten, vortragen	REFERIEREN	Besatzartikel	POSAMENTEN
Berg im Glatzer Bergland	HEUSCHEUER	Berichterstatterin	REPORTERIN	Besatzung	MANNSCHAFT
Berg im Ostpamir	MUSTAGHATA				

Beschädigung	LAEDIERUNG	Beständigkeit, Fortdauer	STETIGKEIT	betrügerische Nachahmung	FAELSCHUNG
Beschäftigung	BROTERWERB	Bestandteil	KOMPONENTE	Betrug, Irreführung	TAEUSCHUNG
beschaulich	BESINNLICH	Bestandteil d. Erdatmosphäre	SAUERSTOFF	Betrug im Seerecht	BARATTERIE
Bescheid	MITTEILUNG	Bestandteil d. Erdatmosphäre	STICKSTOFF	Bett	NACHTLAGER
bescheinigen, bestätigen	QUITTIEREN			beugen	FLEKTIEREN
Beschimpfung	SCHMAEHUNG	Bestechung	KORRUPTION	Beule	SCHWELLUNG
Beschlagnahme	EINZIEHUNG	Bestechungsgeld im Orient	BAKSCHISCH	Be- und Entlüfter	VENTILATOR
beschleunigte Filmwiedergabe	ZEITRAFFER			Beurteilung	EINSTUFUNG
		Besteckteil	TEELOEFFEL	Beurteilung	JUDIKATION
beschleunigtes Postgut	EILSENDUNG	bestehen	EXISTIEREN	Bevölkerung	POPULATION
		Bestellung	KOMMISSION	Bewässerung	IRRIGATION
Beschluß	RESOLUTION	bestimmt	GARANTIERT	bewandert	BESCHLAGEN
Beschluß, Erlaß	VERFUEGUNG	bestimmt	KONSEQUENT	Beweggrund	MOTIVATION
beschränken	LIMITIEREN	bestimmte Menge	QUANTITAET	Beweglichkeit	MOBILITAET
beschränken	REDUZIEREN	bestrafen	MASSREGELN	Beweglichkeit	MOTILITAET
		bestrafen	ZUECHTIGEN		
Beschränkung	LIMITATION	Betäubungsmittel	NARKOTIKUM	Bewerber	REFLEKTANT
beschreibend	DESKRIPTIV	betiteln	TITULIEREN	Bewerbung	KANDIDATUR
Beschriftung	AUFSCHRIFT	betören	ENTZUECKEN	Bewilligung	GEWAEHRUNG
Beschützer	SCHIRMHERR	betören, becircen	VERFUEHREN	Bewilligung	KONZESSION
Beschützer, Protektor	SCHUTZHERR	betörend	BEZAUBERND	Bewohner eines Erdteils	AMERIKANER
		betonen, unterstreichen	POINTIEREN		
Besenginster	BRAHMBUSCH	betont	OSTENTATIV	Bewohner eines Erdteils	AUSTRALIER
besetzen	OKKUPIEREN	beträchtlich	ANSEHNLICH		
Besetzung	OKKUPATION	Betreuer	FUERSORGER	Bewohner Sri Lankas	SINGHALESE
Besichtigung	INSPEKTION	Betreuung, Daseinssicherung	VERSORGUNG	bezaubern	BESTRICKEN
Besichtigung, Durchsuchung	VISITATION			bezaubern	ENTZUECKEN
		Betriebsamkeit	AKTIVITAET	bezaubernd	BERUECKEND
Besitzergreifung	OKKUPATION	Betriebsführung	MANAGEMENT		
beständig	AUSDAUERND	Betrüger	DEFRAUDANT	Bezieher einer Pension	PENSIONAER

beziehungsweise	RESPEKTIVE	Bildteppich, Wandteppich	TAPISSERIE	Blütenteil	STAUBFADEN
beziffern	NUMERIEREN	Bildwerfer	EPIDIASKOP	Blumenbinderin	FLEURISTIN
Bezirk	LANDESTEIL	Billett	FAHRSCHEIN	Blutabzug	SCHROEPFEN
Bibelteil	EVANGELIUM	billigen	GUTHEISSEN	Blutandrang	KONGESTION
Bibelübersetzer	HIERONYMUS	Biographie	LEBENSBILD	Blutbestandteil	BLUTZUCKER
Bibernelle	PIMPINELLE	Biotrop-Lebensgemeinschaft	BIOZOENESE	Blutdorn	BERBERITZE
biblisch. See	GENEZARETH	Birnensorte	BERGAMOTTE	Blutflüssigkeit	BLUTPLASMA
biblisch. Stätte	BETDSCHALA	bischöflich	PONTIFIKAL	Bluthochdruck	HYPERTONIE
biblisch. Volk	AMALEKITER	Bischofsstab	HIRTENSTAB	Bluthusten	HAEMOPTYSE
biblisch. Volk	ISRAELITEN	Bistumsverleihung	INVESTITUR	Blutmerkmal	BLUTGRUPPE
biblisch. Volk	PHOENIZIER	Bittsteller	SUPPLIKANT	Blutplättchen	THROMBOZYT
biblische Herrscherfamilie	MAKKABAEER	Bjelorusse	WEISSRUSSE	Blutschwamm	HAEMANGIOM
biblisches Volk	KANAANITER	Blätterpilz	CHAMPIGNON	Blutstein	EISENGLANZ
Bienenhaus	IMMENSTOCK	Blätterpilz	RITTERLING	Blutstillung	HAEMOSTASE
Bienenmotte	WACHSMOTTE	Blasenkäfer	KANTHARIDE	Bodenbearbeitungsgerät	KULTIVATOR
Bienensaug	TAUBNESSEL	blasiert	HOCHNAESIG		
Biersorte	WEIZENBIER	Blasinstrument	VENTILHORN	Bodenprodukte	NATURALIEN
bigott	FROEMMELND	blaßgrüner Schmuckstein	CHRYSOLITH	Bodensatz	ABLAGERUNG
Bigotterie	FROEMMELEI			Bodenschatz	STEINKOHLE
Bilanz	ABRECHNUNG	Blatthornkäfer	MISTKAEFER	bodenständig, unverbildet	URWUECHSIG
Bilch	SCHLAFMAUS				
Bildaufnahmegerät	FILMKAMERA	Blattlausfliege	FLORFLIEGE	böhm. Instrumentenbauer	SILBERMANN
bildender Künstler	AUSSTATTER	blauer Turmalin	INDIGOLITH		
bildender Künstler	KUNSTMALER	Blendwerk	HOKUSPOKUS	Börsenbericht	KURSZETTEL
Bilderstürmer	IKONOKLAST	Blessur	VERWUNDUNG	Börsenpapier	STAMMAKTIE
bildlich	FIGUERLICH	Blitzart	KUGELBLITZ	Börsenspekulant	BOERSIANER
bildlich, sinnbildlich	SYMBOLISCH	Blütenlese	ANTHOLOGIE	bösartig	PERNIZIOES
Bildspeicher	BILDPLATTE	Blütenteil	HUELLBLATT	Böttcher	FASSBINDER
Bildspeicher	MAGNETBAND	Blütenteil	KELCHBLATT	Bogenform	SPITZBOGEN
		Blütenteil	STAUBBLATT		

Bogenhanf	SANSEVERIE	brauchen	BENOETIGEN	Bruder von Castor	POLYDEUKES
bolivian. Stadt am Potosi	COCHABAMBA	Brauchtum	GEWOHNHEIT	Brücke bei San Franzisko	GOLDENGATE
Boom	AUFSCHWUNG	Brauereianlage	GAERKELLER		
Boom	KONJUNKTUR	Braunalge	BLASENTANG	Brüdergemeine	HERRNHUTER
Boretschgewächs	HUNDSZUNGE	Brautschaft	HEIRATSGUT	Brüstung	BALUSTRADE
Bote	AUSTRAEGER	brav	MANIERLICH	Buch d. Neuen Testaments	APOKALYPSE
Botschaft	KUNDGEBUNG	breitkrempiger Hut	KALABRESER		
Bovist	STAEUBLING			Buchdruckverfahren	FLACHDRUCK
Boxcalf	KALBSLEDER	Brennpunkt-Abstand	BRENNWEITE		
Boxhieb unter d. Gürtellinie	TIEFSCHLAG	Brennstoff, -material	STEINKOHLE	Buchdruckverfahren	MANULDRUCK
				Bucheinleitung	GELEITWORT
Box-Schlag	LEBERHAKEN	brenzlig	BEDENKLICH	Buchführungsbegriff	AUFWENDUNG
Boy, Page	HAUSDIENER	Brettspiel	BACKGAMMON		
Boyscout	PFADFINDER	Brettspiel	FANGDENHUT	Buchführungstätigkeit	VERBUCHUNG
Brachiopode	ARMFUESSER	Brettspiel	TRICKTRACK		
bräunl. Wiesenschmetterling	OCHSENAUGE	Briefmarkenkunde	PHILATELIE	Buchteil	KAPTALBAND
		Bries	KALBSMILCH	Bucht in Alaska	BRISTOLBAY
Branche	FACHGEBIET	Brikett	PRESSKOHLE	Buddhas indischer Name	SIDDHARTHA
Brandkatastrophe	GROSSFEUER	Brimborium	UMSCHWEIFE		
		brisant	EXPLOSIBEL	Bücherei	BIBLIOTHEK
brandmarken	ANPRANGERN	brit. Forschungsschiff	CHALLENGER	Büchernarr	BIBLIOMANE
Brandschutzwand	FEUERMAUER	brit. Politiker	PALMERSTON	Büchersammlung	BIBLIOTHEK
		Brite	ENGLAENDER	Büchse	JAGDGEWEHR
Branntweinsorte	DOPPELKORN	britisch. Feldmarschall	MONTGOMERY	Büchsenfleisch	CORNEDBEEF
brasil. Komponist	VILLALOBOS	britisch. Feldmarschall	WELLINGTON	Bückling, Verneigung	VERBEUGUNG
brasil. Stadt	PETROPOLIS	britisch. Hafenstadt, Seebad	EASTBOURNE	Büglerin	PLAETTERIN
brasil. Stadt in Minas Gerais	JUIZDEFORA			Bühneneinrichtung	DREHBUEHNE
		Brötchen	RUNDSTUECK		
brasilian. Hafenstadt	CARAVELLAS	Brotaufstrich, Brotbelag	KONFITUERE	Bühnenstück	SCHAUSPIEL
				Bühnenstück v. Aristophanes	LYSISTRATA
brasilian. Politiker	KUBITSCHEK	Brotbelag	AUFSCHNITT		
Bratgefäß	SCHMORTOPF	Brotsorte	ROGGENBROT	Bühnenstück v. Büchner	DANTONSTOD
Brauch, Brauchtum	KONVENTION	Brotsorte	WEIZENBROT		

Bühnenstück v. Calderon	DAMEKOBOLD	Bürgschaft, Gewährleistung	SICHERHEIT	byzantinisch. Kaiser	KONSTANTIN
Bühnenstück v. Gogol	DERREVISOR	Bürgschaftsbrief	AKKREDITIV	byzantinisch. Kaiser	NIKEPHOROS
Bühnenstück v. Goldoni	DERLUEGNER	Büro	AMTSZIMMER	byzantinischer Kaiser	THEODOSIUS
Bühnenstück v. Ibsen	GESPENSTER	Büttner	FASSBINDER	Cafeteria	KAFFEEHAUS
		Bugspill	ANKERWINDE	Calluna	HEIDEKRAUT
Bühnenstück v. Molière	DERGEIZIGE	Bukowina	BUCHENLAND	campen, kampieren	BIWAKIEREN
Bühnenstück v. Sartre	DIEFLIEGEN	Bund, Beziehung	VERBINDUNG	CDU-Politiker	BIEDENKOPF
		Bunker	SCHUTZRAUM		
Bühnenstück v. Schiller	DIERAEUBER	Bunker, Schutzraum	UNTERSTAND	Chalzedon-Abart	CHRYSOPRAS
		bunt	FARBENFROH	chamois	GEMSFARBEN
Bühnenstück v. Strindberg	TRAUMSPIEL	bunt	MEHRFARBIG	Champignon	HERRENPILZ
		bunt	VIELFARBIG		
		bunt bemalen	KOLORIEREN	Chaos, Durcheinander	TOHUWABOHU
Bühnenstück v. Tschechow	ONKELWANJA	Burg	RITTERSITZ	charakterlos	SCHURKISCH
		Burg am Main	MILTENBERG	Charite	EUPHROSYNE
Bühnenstück vo Molière	AMPHITRYON	Burg am Rhein	TREUENFELS	Chef der Rolling Stones	MICKJAGGER
		Burg am Rhein bei Bingen	RHEINSTEIN	chem. Element, Erdmetall	DYSPROSIUM
Bühnenstück von Bahr	DASKONZERT	Burg im Hegau	HOHENTWIEL	chem. Element, Erdmetall	GADOLINIUM
Bühnenstück von Euripides	ANDROMACHE	Burg in Bayern	BURGHAUSEN	chem. Element, Gas	SAUERSTOFF
Bühnenstück von Grillparzer	DIEAHNFRAU	Burg in Westpreußen	MARIENBURG	chem. Element, Gas	STICKSTOFF
		Burgunderwein	CHALONNAIS		
Bühnenstück von Halbe	MUTTERERDE	Burgunderwein	RICHEBOURG	chem. Element, Metall	TECHNETIUM
Bühnenstück von Kleist	AMPHITRYON	Burg von Würzburg	MARIENBERG	chem. Element, seltene Erde	PROMETHIUM
		Burschenschaft	VERBINDUNG		
Bühnenstück von Shakespeare	KOENIGLEAR	Bussard	HONIGFALKE	chem. Element, Transuran	LAWRENCIUM
		Butterblume	HAHNENFUSS		
Bühnenwart	INSPIZIENT	Butterblume	LOEWENZAHN	chem. Verbindung m. Metall	METALLOXID
Bürger v. Monaco	MONEGASSEN	Butzkopf, Delphinart	SCHWERTWAL		
				chem. Weckmittel	AMPHETAMIN

Chemiefaser	KUNSTSEIDE	christl. Frohbotschaft	EVANGELIUM	Dämmerungsfalter	SCHWAERMER
chemisch. Lösung f. Fotografen	ENTWICKLER	christl. Konfession	KATHOLIKEN	dän. Hafen am Großen Belt	KALUNDBORG
Chiffre	GEHEIMWORT	christl. Konfession	LUTHERANER	dän. Hafen am Kleinen Belt	FREDERICIA
chilen. Hafenstadt	VALPARAISO	christl. Konfession, Sekte	MENNONITEN	dän. Hafenstadt am Sund	HELSINGOER
chilen. Insel	SALAYGOMEZ	christl. Sekte, Methodisten	WESLEYANER	dän. Hafenstadt auf Alsen	SONDERBURG
chilen. Pazifikinsel	OSTERINSEL	christl. Sekte in Afrika	DONATISTEN	dän. Hafenstadt auf Fünen	MIDDELFART
chilen. Seebad	VINADELMAR	City	INNENSTADT	dän. Hauptstadt	KOPENHAGEN
chilen. Stadt	CONCEPCION	City, Ortszentrum	STADTMITTE		
chilen. Wasserfälle	PILMAIQUEN	Clique, Klüngel	SIPPSCHAFT	dän. Königin	MARGARETHE
chines. Berg in Szetschuan	MINYAGONKA	Clown	KOMOEDIANT	damals	SEINERZEIT
		Codewort	GEHEIMWORT	Damen-Wäschestück	SCHLUEPFER
chines. Dynastie	NANPEICHAO	Colorado-Zufluß	GREENRIVER	Damen-Wäschestück	UNTERKLEID
chines. Heilverfahren	AKUPUNKTUR	Comic-Figur	DONALDDUCK	Dampfmaschinenteil	SCHWUNGRAD
chines. Insel	TSCHUSCHAN	Computer-Datenträger	FESTPLATTE	Danziger Spezialgetränk	GOLDWASSER
chines. Provinz in Osttibet	TSCHINGHAI	Computerteil	STEUERWERK	Daphne, duftende Blume	SEIDELBAST
chines. Staatsmann	TSCHUENLAI	Courage, Kühnheit	TAPFERKEIT		
		Cowboy	RINDERHIRT	Darlegung	EXPOSITION
chines. Stadt	QUIHUANDAO	Croupier	BANKHALTER	Darminfektion	PARATYPHUS
chines. Stadt in Sichuan	TSCHUNKING	Cyanwasserstoff	BLAUSAEURE	Darstellung	WIEDERGABE
				dasein	EXISTIEREN
Chlorophyll	BLATTGRUEN	d. Lesens u. Schreibens Unkundiger	ANALPHABET	daseinsbejahend	LEBENSFROH
Chlorwasserstofflösung	SALZSAEURE	d. noch nicht Geborene	NASCITURUS	Dasselfliege	BIESFLIEGE
cholerisch	JAEHZORNIG	Dachform	SATTELDACH	Datum	ZEITANGABE
Christbaum	TANNENBAUM	Dachkandel	REGENRINNE	Dauer, Frist	ZEITSPANNE
Christbaumschmuck	ENGELSHAAR	Dämmerung	HALBDUNKEL	Dauerbezug	ABONNEMENT
				dauerhaft	BESTAENDIG

Dauerredner	FILIBUSTER	Depesche	FUNKSPRUCH	diktatorisch	TOTALITAER
		derb	BURSCHIKOS	Dilemma	ZWANGSLAGE
Dauerschreibgerät	TINTENKULI	Derby-Auszeichnung	BLAUESBAND	Dimension	AUSDEHNUNG
Dauer-Verkaufserfolg	LONGSELLER	der Erde angehörig	CHTHONISCH	Dimension	AUSMESSUNG
Dauerwurst	LANDJAEGER	Dessert	NACHSPEISE	Ding	GEGENSTAND
Daune	FLAUMFEDER	Detail	EINZELHEIT	Dingwort, Hauptwort	SUBSTANTIV
definitiv	ENDGUELTIG	Detail	EINZELTEIL		
definitiv	MASSGEBEND	Determination	BESTIMMUNG	Diphthong	DOPPELLAUT
Degeneration	NIEDERGANG	Deutung	ERKLAERUNG	diplomatisch	BERECHNEND
Dehnungszeichen	ZIRKUMFLEX	dezimieren, einschränken	VERRINGERN	diplomatische Unantastbarkeit	IMMUNITAET
Deklaration	ERKLAERUNG	Diadoche	LYSIMACHOS	Dirigent	CHORLEITER
		Diadoche	PTOLEMAEUS	Diskant	OBERSTIMME
Deklaration	WERTANGABE	Diaskop	BILDWERFER	Disko-Entertainer	DISCJOCKEY
Dekor, Ornament	VERZIERUNG	dichterisch: Schmuck	GESCHMEIDE		
dekorieren, verzieren	SCHMUECKEN	Dichtezustand	KONSISTENZ	diskriminieren	VERLEUMDEN
				Diskussion	AUSSPRACHE
		Dichtigkeit	KONSISTENZ	Disposition	GLIEDERUNG
delikat	AUSERLESEN	dickflüssig	KONSISTENT		
Delikt, Frevel	VERBRECHEN	dickflüssige Tunke	MAYONNAISE	Disposition, Kondition	VERFASSUNG
Delphinart	BRAUNFISCH			Disput	WORTSTREIT
Demarkation	ABGRENZUNG	Dieb	LANGFINGER	Disput, Wortwechsel	REDESTREIT
Demarkation	BEGRENZUNG	Diebstahl	ENTWENDUNG		
		die fünf Bücher Mose	PENTATEUCH	Dissident	ABWEICHLER
Demaskierung	ENTLARVUNG			Distanz	ENTFERNUNG
demnächst	NAECHSTENS	die Mannen Siegfrieds	NIBELUNGEN	Distrikt	LANDSTRICH
				dokumentieren	BEURKUNDEN
Demokratie	VOLKSSTAAT	Dienstkleidung	AMTSTRACHT		
demolieren	VERWUESTEN			dokumentiert	BEGLAUBIGT
demolieren, vernichten	ZERSTOEREN	Dienstsiegel (österr.)	STAMPIGLIE	dokumentiert	BEURKUNDET
Demonstration	KUNDGEBUNG	die Sinne betreffend	SENSORISCH	dokumentiert, diplomatisch	URKUNDLICH
denken	MEDITIEREN				
Denkschrift	MEMORANDUM	Dietrich von Bern	THEODERICH	Doldengewächs	BAERENKLAU
Denkspruch	APHORISMUS	Differenz	RESTBETRAG	Doldengewächs	WALDKERBEL
		Diktator in Uruguay	STROESSNER	Dolle	RUDERGABEL
Denkvermerk	MEMORANDUM			Dolle	RUDERLAGER

Dolomitenberg	DREIZINNEN	Dreiecksseite	HYPOTENUSE	dtsch. Afrika-Reisender	SCHILLINGS
Dom	KATHEDRALE	Dreierherrschaft	TRIUMVIRAT	dtsch. Architekt	FAHRENKAMP
dominierender Staat	GROSSMACHT	Dreifaltigkeitsfest	TRINITATIS	dtsch. Arzt, Pathologe	LANGERHANS
Dopingmittel	ANABOLIKUM	Dreikönigsfest	EPIPHANIAS	dtsch. Arzt, Psychiater	KRETSCHMER
doppeldeutig	AMBIVALENT	Dreisatz	REGELDETRI	dtsch. Arzt, Sexualpathologe	HIRSCHFELD
Doppelinsel bei Australien	NEUSEELAND	dreiteiliger Altaraufsatz	TRIPTYCHON	dtsch. Arzt im Mittelalter	PARACELSUS
Doppelsinn	AMPHIBOLIE	dreiviertellanger Mantel	DUFFLECOAT		
doppelsinnig	ZWEIDEUTIG	Dresdener Beiname	ELBFLORENZ	dtsch. Asienforscher	RICHTHOFEN
Doppelstadt am Hochrhein	LAUFENBURG	Dresdner Bauwerk	SEMPEROPER	dtsch. Astronom	KOPERNIKUS
doppeltkohlensaures Salz	BIKARBONAT	Dressur	ABRICHTUNG	dtsch. Atomforscher	HEISENBERG
		drillen	EXERZIEREN		
doppelwertig	AMBIVALENT	dringende Sendung	EXPRESSGUT	dtsch. Australienforscher	LEICHHARDT
Doppelwertigkeit	AMBIVALENZ	Droge	RAUSCHGIFT		
Dorade	GOLDBRASSE	Drosselart	AMSELMERLE	dtsch. Baumeister	ZIMMERMANN
Dornbaum, -strauch	STECHPALME	Druckerlaubnis, -freigabe	IMPRIMATUR	dtsch. Bildhauer	BLUMENTHAL
Dossier	AKTENSTOSS	druckfertig machen	REDIGIEREN	dtsch. Bildhauer	HILDEBRAND
Double, Dublee	VERGOLDUNG	drucktechn. Begriff	EINRUECKEN	dtsch. Botaniker	HOFMEISTER
Drachenungeheuer	TATZELWURM	Druckvorlage	MANUSKRIPT	dtsch. Bundesland	THUERINGEN
drängen, eilig sein	PRESSIEREN	Drud, Drude	PLAGEGEIST	dtsch. Chemiker	SCHOENBEIN
Drahtnachrichtenübermittlung	TELEGRAFIE	Drudenfuß	PENTAGRAMM	dtsch. Chemiker (Kernspaltung)	STRASSMANN
Drahtzieher	HINTERMANN	dtsch. abstrahierender Maler	CAMPENDONK	dtsch. Chemiker (Nobelpreis)	STAUDINGER
Drall	DREHIMPULS	dtsch. abstrakt. Maler, Graphiker	GRIESHABER		
Drama von Sophokles	OEDIPUSREX			dtsch. Chirurg	SAUERBRUCH
Drang zur Aktivität	TATENDURST	dtsch. Admiral	FRIEDEBURG	dtsch. Dada-Künstler	SCHWITTERS
Drehflügelflugzeug	HELIKOPTER	dtsch. Afrikaforscher	EMINPASCHA		

dtsch. Dichter	HOELDERLIN	dtsch. Fußballspieler	LITTBARSKI	dtsch. Komponist, Pianist	HOLLAENDER
dtsch. Dichter, Dramaturg	HOLLAENDER	dtsch. Fußballspieler	RUMMENIGGE	dtsch. Landsknechtsführer	FRUNDSBERG
dtsch. Dichter, Lyriker	RINGELNATZ	dtsch. Fußballspieler	SCHUMACHER	dtsch. Lexikograph	KUERSCHNER
dtsch. Dichter, Schriftsteller	BRACHVOGEL	dtsch. Fußballspieler, -trainer	WEISWEILER	dtsch. Maler	GRUENEWALD
dtsch. Dichter, Schriftsteller	DAUTHENDEY	dtsch. Generalfeldmarschall	HINDENBURG	dtsch. Maler, Dürer-Schüler	ALDEGREVER
dtsch. Dirigent	SAWALLISCH	dtsch. Generalfeldmarschall	KESSELRING	dtsch. Maler, Grafiker	BAUMEISTER
dtsch. Erfinder d. Steindrucks	SENEFELDER	dtsch. Generalquartiermeister	LUDENDORFF	dtsch. Maler, Grafiker	HEGENBARTH
dtsch. Erfinder e. Thermometers	FAHRENHEIT	dtsch. Geschichtsschreiber	TREITSCHKE	dtsch. Maler, Grafiker	KALCKREUTH
dtsch. Erfinder (Röhren)	MANNESMANN	dtsch. Gewicht	HEKTOGRAMM	dtsch. Philosoph	BAUMGARTEN
dtsch. evangel. Theologe	NIEMOELLER	dtsch. Heldentenor	WINDGASSEN	dtsch. Philosoph	KEYSERLING
dtsch. evangel. Theologe, Autor	GOLLWITZER	dtsch. impress. Maler, Grafiker	LIEBERMANN	dtsch. Philosoph, Soziologe	HORKHEIMER
dtsch. Feldherr, Heerführer	FALKENHAYN	dtsch. impressionist. Dichter	LILIENCRON	dtsch. Physiker	FRAUNHOFER
dtsch. Filmkomponist	EISBRENNER	dtsch. Kabarettist	DEGENHARDT	dtsch. Physiker	KOHLRAUSCH
dtsch. Filmregisseur	FASSBINDER	dtsch. Kabarettist	HAVENSTEIN	dtsch. Physiker	SOMMERFELD
dtsch. Flieger im 1. Weltkrieg	RICHTHOFEN	dtsch. Kabarettist	RINGELNATZ	dtsch. Physiker (Nobelpreis)	HEISENBERG
dtsch. frühbarock. Kompon.	PRAETORIUS	dtsch. Kaisername, Königsname	MAXIMILIAN	dtsch. Physiker (Nobelpreis)	MOESSBAUER
dtsch. Fürstengeschlecht	HABSBURGER	dtsch. Kartenspiel	DOPPELKOPF	dtsch. Politiker (Nobelpreis)	STRESEMANN
dtsch. Fußballspieler	HERKENRATH	dtsch. Komponist	ZIMMERMANN	dtsch. Politiker (SPD)	SCHUMACHER
				dtsch. Politologe	ESCHENBURG
				dtsch. Politologe	SONTHEIMER

dtsch. Popsängerin (m. Vorn.)	JOYFLEMING	dtsch. Schauspielerin	KUBITSCHEK	duftendes Holz	SANDELHOLZ
dtsch. Psychologe	EBBINGHAUS	dtsch. Schauspielerin	TSCHECHOWA	duftreich	AROMATISCH
dtsch. radikaler Sozialist	LIEBKNECHT	dtsch. Schriftsteller	EGGEBRECHT	dulden, ertragen	TOLERIEREN
dtsch. Reichskanzler	FEHRENBACH	dtsch. Schriftsteller	WEISENBORN	Dummheit	UNVERSTAND
dtsch. Reichskanzler	SCHLEICHER	dtsch. sozialdemokrat. Politiker	OLLENHAUER	dunkelblau	MARINEBLAU
dtsch. Reichskanzler	STRESEMANN	dtsch. sozialkritisch. Dichter	KOLBENHOFF	dunkler Schmuckstein	HYPERSTHEN
dtsch. Reichspräsident	HINDENBURG	dtsch. Soziologe	DAHRENDORF	durchdacht	METHODISCH
dtsch. Rennfahrer	CARACCIOLA	dtsch. Soziologe	FLECHTHEIM	Durcheinander	KUNTERBUNT
dtsch. Rennfahrer	ROSENMEYER	dtsch. spätgotischer Maler	SCHONGAUER	Durcheinander	MISCHMASCH
dtsch. Rocksänger	LINDENBERG	dtsch. Tänzer u. Choreograph	KREUTZBERG	Durcheinander, Konfusion	VERWIRRUNG
dtsch. romant. Komponist	SCHILLINGS	dtsch. Tenor	WUNDERLICH	durchgeistigt	AETHERISCH
dtsch. Schauspieler	BASSERMANN	dtsch. Theologe	BONHOEFFER	durchkreuzen	VERHINDERN
dtsch. Schauspieler	PALLENBERG	dtsch. TV-Entertainer	GOTTSCHALK	Durchscheinbild	DIAPOSITIV
dtsch. Schauspieler	SCHOENHALS	dtsch. Universitätsstadt	GOETTINGEN	Durchschnitt	MITTELMASS
dtsch. Schauspieler	STANKOWSKI	dtsch. Weinbaugebiet	RHEINPFALZ	Durchschnitt	MITTELWERT
dtsch. Schauspieler	VESPERMANN	Duckmäusertum	KRIECHEREI	Durchtriebenheit, Schläue	RAFFINESSE
dtsch. Schauspieler	WOHLBRUECK	Dudelsack	SACKPFEIFE	Dutt	HAARKNOTEN
dtsch. Schauspieler	GRUENDGENS	Düngemittel	HORNSPAENE	Dwina-Zufluß	WYTSCHEGDA
dtsch. Schauspieler, Regisseur		Dünkel	EINBILDUNG	Dynastie	GESCHLECHT
		Dünkel	SUEFFISANZ	Dynastie in Frankreich	KAPETINGER
dtsch. Schauspielerin	HESTERBERG	dünkelhaft	SUEFFISANT	Ebenmaß	GLEICHMASS
		Duett	ZWIEGESANG	Ebenmaß, Gleichmaß	PROPORTION
		Duft, Aroma	WOHLGERUCH	Eberwurz	GOLDDISTEL
				Echse mit Farbwechselfähigkeit	CHAMAELEON
				echt, unverfälscht	NATUERLICH
				Edelstein, Schmuckstein	RAUCHQUARZ

Edition	HERAUSGABE	Eignung	FAEHIGKEIT	Eingabe	MEMORANDUM
EDV-Großrechner	MAINEFRAME	Ein-, Vorsagerin	SOUFFLEUSE	eingelegte Gemüsefrucht	ESSIGGURKE
		einäschern	VERBRENNEN		
EDV-Unterprogramm	SUBROUTINE	ein Amt aufgeben	QUITTIEREN	eingelegter Weißkohl	SAUERKRAUT
Egoismus	EIGENLIEBE	einatmen	INHALIEREN	Eingemachtes	KONFITUERE
ehem. bayer. Benediktinerabtei	WESSOBRUNN	Ein-atmung	INHALATION	Eingeweihter	ESOTERIKER
ehem. dtsch. Kolonie in China	KIAUTSCHOU	einbasisch. organ. Säure	FETTSAEURE	Eingeweihter	VERTRAUTER
		Einberufung	GESTELLUNG	einhäusig (botan.)	MONZOEISCH
ehem. dtsch. Währung	REICHSMARK	eindringlich	EMPHATISCH	einheim. Getreidesorte	BUCHWEIZEN
ehem. dtsch. Währung	RENTENMARK	eindringlich	INSTAENDIG	einheim. Giftpflanze	SCHIERLING
ehem. Hofamt, -beamter	MUNDSCHENK	eindringlich	NACHHALTIG	einheim. Giftpflanze	STECHAPFEL
		Eindruck	IMPRESSION		
ehem. ind. Fürstenstaat	HAIDERABAD	Eindruck machen	IMPONIEREN	einheim. Giftpilz	SATANSPILZ
Ehrabschneider	VERLEUMDER	eine Äußerung zurücknehmen	WIDERRUFEN	einheim. Giftpilz	SPEITEUFEL
ehren	HONORIEREN			einheim. Giftschlange	KREUZOTTER
Ehrenzeichen	DEKORATION	eine Anzeige aufgeben	INSERIEREN		
ehrlich	ANSTAENDIG			Einladung	INVITATION
ehrlich	AUFRICHTIG	eine der schönen Künste	DICHTKUNST	Einlegearbeit	MARKETERIE
Eidechsenart	MAUERGECKO	eine Menge	ZAHLREICHE	einleiten	INITIIEREN
Eierschwamm (Pilz)	DOTTERPILZ	einengend	RESTRIKTIV	Einmütigkeit	KONKORDANZ
				einnehmen	OKKUPIEREN
Eierstockentzündung	OOPHORITIS	Einengung	BEGRENZUNG	Einpflanzenwirtschaft	MONOKULTUR
		einer d. Großen Seen	ONTARIOSEE		
Eiferer, Phantast	SCHWAERMER	einer der Beatles (m. Vorn.)	RINGOSTARR	einrädriges Fahrzeug	SCHUBKARRE
Eigenbezeichn. d. Schweizers	EIDGENOSSE			Einreihung	KLASSEMENT
Eigenheim in Wohnanlage	REIHENHAUS	einer der Titanen	PROMETHEUS	einreißen	DEMOLIEREN
				einrichten	MOEBLIEREN
		einfache Pfeilschußwaffe	FLITZBOGEN	Einsamkeit	ALLEINSEIN
eigens	NAMENTLICH			Einschaltung	PARENTHESE
eigensinnig	KAPRIZIOES	Einfallsreichtum	FINDIGKEIT	Einschließung	ZERNIERUNG
eigenwillig	KAPRIZIOES	Einführung	INITIATION		

einschränken	LIMITIEREN	
einschränken	REDUZIEREN	
einschränkend	RESTRIKTIV	
einseitig	PARTEIISCH	
einseitig	UNILATERAL	
einseitig festgelegt	DOKTRINAER	
Einsiedlerorden	KARTAEUSER	
einspritzen	INJIZIEREN	
Einsteigdieb	EINBRECHER	
einstellen	ENGAGIEREN	
Einstimmung	INTONATION	
einstweilig	VORLAEUFIG	
einstweilige Amtsenthebung	SUSPENSION	
Eintagsfliege	EPHEMERIDE	
eintönig	LANGWEILIG	
Eintracht	KONKORDANZ	
Eintreffen	ERSCHEINEN	
einüben	EXERZIEREN	
einüben, ausbilden	TRAINIEREN	
Einweihung	INITIATION	
Einwohnerverzeichnis	ADRESSBUCH	
Einzäunung	UMFRIEDUNG	
Einzelgänger, Kauz	SONDERLING	
einzellige Pflanze	PROTOPHYTE	
Einzelmensch	INDIVIDUUM	
einzeln	PARTIKULAR	
Einzelposten	TEILBETRAG	
Einzelwesen	INDIVIDUUM	
einziehen	EINRUECKEN	
einziger Nachfolger	ALLEINERBE	
Eisenbahner	LOKFUEHRER	
Eisenbahner	ZUGFUEHRER	
Eisenbahnfahrzeug	ELEKTROLOK	
Eisenbahnfahrzeug	LOKOMOTIVE	
Eisenbahnfahrzeug	RANGIERLOK	
eisenbahntechn. Signaleinrichtung	LAEUTEWERK	
Eisenbahnzugmaschine	LOKOMOTIVE	
Eisentfernungsanlage	ENTFROSTER	
eisern, zäh	UNBEIRRBAR	
Eisfuchs	WEISSFUCHS	
Eisheiliger	BONIFATIUS	
Eiskunstlauf-Figur	AMERIKANER	
Eiskunstlauf-Figur	GEGENWENDE	
Eiskunstlauf-Sprung	RITTBERGER	
Eisschützenmannschaft	MOARSCHAFT	
eitel	GECKENHAFT	
Eitelkeit	KOKETTERIE	
Eiweißstoff im Blut	FIBRINOGEN	
Ekel	UEBERDRUSS	
ekelhaft	ABSTOSSEND	
Elbe-Zufluß	WEISSERITZ	
Elefantengras	PENNISETUM	
elektr. Maßeinheit	VOLTAMPERE	
elektr. Musikinstrument	TRAUTONIUM	
elektr. Schaltanordnung	OSZILLATOR	
elektr. Schutzeinrichtung	ISOLIERUNG	
elektr. Strom	MISCHSTROM	
elektr. Wels-Art	ZITTERWELS	
elektronischer Signalspeicher	MAGNETBAND	
Element	GRUNDSTOFF	
Elementarteilchen	ANTIPROTON	
Elementarteilchen	LICHTQUANT	
Elevin	SCHUELERIN	
Elfeck	HENDEKAGON	
Elfmeter beim Fußball	STRAFSTOSS	
elsäss. Arzt, Theologe, Philosoph	SCHWEITZER	
elsäss. Arzt (Nobelpreis)	SCHWEITZER	
elsäss. Stadt an der Lauter	LAUTERBURG	
Elternvater	GROSSVATER	
emigrieren	AUSWANDERN	
Empfängerin von Post	ADRESSATIN	
Empfänger von Ruhegeld	PENSIONAER	
Empfängnis	KONZEPTION	
empfangen	REZIPIEREN	
Empfindung	IMPRESSION	
Emphysem	BLAEHLUNGE	

Empörer	AUFRUEHRER	engl. Physiker (Nobelpreis)	RUTHERFORD	engl.: Hintergrund	BACKGROUND
empört	ENTRUESTET			England	BRITANNIEN
Endlos-Förderanlage	FLIESSBAND	engl. Physiker (Telegrafie)	WHEATSTONE	Enkel	KINDESKIND
engagieren	EINSTELLEN			Entbindungsraum	KREISSSAAL
Engel	GOTTESBOTE	engl. Schauspielerin	RUTHERFORD	Entdecker Trojas	SCHLIEMANN
engl.-amerikan. Polizeibeamter	KONSTABLER	engl. Schriftsteller (18. Jh.)	RICHARDSON	Entenart	KNAECKENTE
engl. Architekt	WATERHOUSE			Entenart	KOLBENENTE
		engl. Seebad am Kanal	FOLKESTONE	Entenart	KRAGENENTE
engl. Automarke	ROLLSROYCE			Entenart	SPIESSENTE
		engl. Stadt	BEDLINGTON	entfernen	BESEITIGEN
engl. Autor (»Pater Brown«)	CHESTERTON	engl. Stadt am Clyde	MOTHERWELL	Entfernung d. Keimdrüsen	KASTRATION
engl. Autor (Nobelpreis)	GALSWORTHY	engl. Stadt am Mersey	WARRINGTON	Entführung	KIDNAPPING
				entgegen	GEGENUEBER
engl. Badeort am Lea	LEAMINGTON	engl. Stadt am Severn	SHREWSBURY	entgegenarbeiten	SABOTIEREN
engl. Chemiker (Nobelpreis)	RICHARDSON	engl. Stadt an der Ouse	HUNTINGDON	entgegenkommend	FREUNDLICH
		engl. Stadt in Cumberland	WHITEHAVEN	entgegenkommend	KONZILIANT
engl. Erzbischofssitz	CANTERBURY			Entgegnung	ERWIDERUNG
engl. für Torwart	GOALKEEPER	engl. Stadt in Essex	COLCHESTER	Entgelt, Entschädigung	VERGUETUNG
engl. Grafschaft	DERBYSHIRE	engl. Stadt in Hampshire	WINCHESTER	enthusiasmieren	BEGEISTERN
engl. Hafenstadt, Seebad	BIRKENHEAD	engl. Stadt in Lancashire	MANCHESTER	Entkleidungsnummer	STRIPTEASE
engl. Herzogsgeschlecht	BUCKINGHAM	engl. Stadt (Kathedrale)	CANTERBURY	Entlassung	KUENDIGUNG
				Entmannung	KASTRATION
engl. Hochkirche	HIGHCHURCH	engl. Stadt u. Kurort	CHELTENHAM	entnerven	ENERVIEREN
				Entpflichtung	ENTBINDUNG
engl. Kanalhafen, Seebad	EASTBOURNE	engl. Südpolarforscher	SHACKLETON	entrückter Prophet	EKSTATIKER
engl. Maler, Graphiker	SUTHERLAND	engl.: erstklassig	FIRSTCLASS	entrüstet	INDIGNIERT
				Entschädigung	REPARATION

Entscheidung, Vorschrift	VERFUEGUNG	Erfahrungsbeweis	EXPERIMENT	Erikagewächs	SUMPFHEIDE
Entschließung	RESOLUTION	Erfahrungslehre, -wissenschaft	EMPIRISMUS	Erinnerung	RUECKBLICK
				erklären	ERLAEUTERN
entschlüsseln	DEKODIEREN	Erfind. d. mechan. Webstuhls	CARTWRIGHT	Erkundigung, Untersuchung	SONDIERUNG
entsetzlich	GRAUENHAFT	Erfinder d. Gleitflugzeuges	LILIENTHAL	Erkundungsflugzeug	PFADFINDER
entsprechend	ANGEMESSEN				
Entstehung	SCHOEPFUNG	Erfinder d. Lokomotive	STEPHENSON	erläutern	GLOSSIEREN
				Erlaß	BESTIMMUNG
entwässern	DRAINIEREN	Erfinder d. Lokomotive	TREVITHICK	erlauben	BEWILLIGEN
Entweihung	SCHAENDUNG			erlauben	GENEHMIGEN
		Erfinder des Flaschenzuges	ARCHIMEDES	Erlaubnis	KONZESSION
Entwicklungsbeginn	ENTFALTUNG			Erlaubnis	PERMISSION
				erlaubt	ZUGELASSEN
Entwurf	KONZEPTION	erfolglos	VERGEBLICH	Erlebnishungriger	ABENTEURER
entzückend	ZAUBERHAFT	Erforscher des Mittelalters	MEDIAEVIST	Erledigung	ABWICKLUNG
Epos des Mittelalters	GUDRUNLIED			Erledigung	BEENDIGUNG
		erfreulicher Anblick	AUGENWEIDE	erlesen	AUSGESUCHT
Epos von Spitteler	PROMETHEUS			Erlösungslehre	THEOSOPHIE
		Erfrierungserscheinung	FROSTBEULE		
Erben	NACHFOLGER			Ermahnung	ADMONITION
erblich	HEREDITAER	Erfrischung	ABKUEHLUNG	ermattet	ERSCHOEPFT
Erblichkeit	HEREDITAET	Erfrischungsgetränk	BEERENSAFT	ermüdet	ERSCHOEPFT
Erdbebenanzeiger	SEISMOSKOP			ernennen	NOMINIEREN
		Erfrischungsgetränk	FRUCHTSAFT	Ernennung	NOMINATION
Erdbebenherd	EPIZENTRUM			ernste Oper	OPERASERIA
Erdbebenkundler	SEISMOLOGE	Ergänzung	KOMPLEMENT	Erntegerät	MAEHBINDER
Erdbirne, Roßkartoffel	TOPINAMBUR	Ergänzung	SUPPLEMENT	Eröffnung	OUVERTUERE
		ergeben, mutlos	RESIGNIERT	erörtern	BESPRECHEN
Erdkunde	GEOGRAPHIE			Erörterung	DISKUSSION
Erdmetall	PROMETHIUM	Ergebenheit	LOYALITAET		
Erdmittelalter	MESOZOIKUM			Erprobung	EXPERIMENT
		Ergötzen	AMUESEMENT	erquicken	ERFRISCHEN
Erdteil	AUSTRALIEN	Erhöhung, Eskalation	STEIGERUNG	Erregung	IRRITATION
erdweite Politik	GEOPOLITIK			errichten	AUFSTELLEN
Eremit	EINSIEDLER	Erholungsstätte	LUFTKURORT	errichten	ETABLIEREN
erfahren, geübt	ROUTINIERT			Ersatzrad	RESERVERAD
		Erika	HEIDEKRAUT	Erscheinungsfest	EPIPHANIAS

erschwerend	GRAVIEREND	estnisch. Volksepos	KALEWIPOEG	Facharzt	HOMOEOPATH
erste Frau von Mohammed	CHADIDSCHA	Etikett	SCHILDCHEN	Facharzt f. d. Bewegungsorgane	ORTHOPAEDE
erste Mastverlängerung	MARSSTENGE	etliches	MANCHERLEI		
		etruskische Tänzer	HISTRIONEN	Facharzt f. Geisteskrankh.	PSYCHIATER
erster Präsident der USA	WASHINGTON	Euphorbie	WOLFSMILCH	Fachgespräch	KOLLOQUIUM
		europ. Fernsehorganisation	EUROVISION	Fachgröße	KAPAZITAET
erster Sonntag nach Pfingsten	TRINITATIS			fad, fade	LANGWEILIG
		europäische Hauptstadt	KOPENHAGEN	Fährhafen in England	FOLKESTONE
erste Sängerin an der Oper	PRIMADONNA	Europa-Stadt	STRASSBURG	Fälschung	FALSIFIKAT
eruieren	ERGRUENDEN	evangel. Schwester	DIAKONISSE	Fälschung	NACHAHMUNG
Eruptivgestein	HORNBLENDE			fälteln	PLISSIEREN
erwägen, bedenken	UEBERLEGEN	Evangelienbuch	EVANGELIAR	färben	KOLORIEREN
				Fahndung	SUCHAKTION
erwägenswert	DISKUTABEL	eventuell	VIELLEICHT	Fahndungshilfe	STECKBRIEF
		Exhumierung	AUSGRABUNG		
Erweichung (mediz.)	MAZERATION	Exil	VERBANNUNG	Fahnenflucht	DERSERTION
erwerben	ANSCHAFFEN	exotisch	FREMDARTIG	fahrbare Dampfmaschine	LOKOMOBILE
erzählende Dichtung	GESCHICHTE	expedieren	ABFERTIGEN		
		Expedition	VERSENDUNG	fahrbare Dampfmaschine	LOKOMOTIVE
Erzbischof	METROPOLIT	Experte	SACHKENNER		
erzeugen	HERSTELLEN	Experte, Fachmann	SPEZIALIST	fahrbarer Operationsraum	KLINOMOBIL
Erzeuger	HERSTELLER				
Erzeugung, Fertigung	PRODUKTION	explodieren	DETONIEREN	fahrende Geistliche im Mittelalter	GOLLIARDEN
		Explosion	DETONATION		
Erziehungslehre	PAEDAGOGIK	Exposé	PLANSKIZZE	fahrende Sänger	SPIELLEUTE
		exquisit	AUSGESUCHT		
erzürnt, verstimmt	VERAERGERT	extern	AUSSERHALB	Fahrgastbetreuerin	STEWARDESS
		extern	AUSWAERTIG		
eßbarer Blätterpilz	HALLIMASCH	extra	AUSSERHALB	Fahrgeschwindigkeitsmesser	TACHOMETER
		Extrakt	KONZENTRAT		
Essener Großbau	GRUGAHALLE	extravagant	AUFFALLEND		
Essenkehrer	KAMINFEGER	extravagant, verschroben	VERSTIEGEN	fahrig, unkonzentriert	SCHUSSELIG
Eßlokal, Gasthaus	RESTAURANT			Fahrtenschreiber	TACHOGRAPH
		Fabrikant	HERSTELLER		
Eßlokal, Gasthaus	WIRTSCHAFT	fabrizieren	HERSTELLEN	Fahrtrichtungsanzeiger	BLINKLICHT

Fahrzeugoberbau	KAROSSERIE	Fechthieb	TEMPOSTOSS	Fernsehen	TELEVISION
fair	ANSTAENDIG	fehlgeleitete Post	IRRLAEUFER	Fernsehnachrichtensendung	ABENDSCHAU
Falke	ROETELFALK	Fehlschlag	MISSERFOLG		
Falke	WUERGFALKE			Fernsehunterricht	TELEKOLLEG
Fallbeil	GUILLOTINE	feierliche Anrede	APOSTROPHE	Fernwirkung	TELEKINESE
Falle	HINTERHALT	feierlicher Umgang, Umzug	PROZESSION	Fernwirkung	TELEPATHIE
falsch	FEHLERHAFT				
falscher Schein, Gaukelei	TAEUSCHUNG	feige	MEMMENHAFT	Fertiger	HERSTELLER
		feilbieten	OFFERIEREN	Fertigkleidung	KONFEKTION
falschspielen	SCHWINDELN	Feinbäckerei	KONDITOREI	Fest der Geburt Jesu	CHRISTFEST
Familienangehöriger	VERWANDTER	Feinbäckerei	PATISSERIE	fest glaubend	UEBERZEUGT
Familienforschung	GENEALOGIE	Feind des Messias	ANTICHRIST	Festkleidung	ABENDANZUG
Familienstammbaum	AHNENTAFEL	feines Benehmen	COURTOISIE	Festkleidung	ABENDKLEID
fanatischer Nationalist	CHAUVINIST	Feingebäck	MOHRENKOPF	festlegen	DEFINIEREN
		Feingebäck	SANDKUCHEN	Festnahme, Freiheitsentzug	VERHAFTUNG
Fangvorrichtung	KLAPPFALLE	Feingebäck	WINDBEUTEL		
Farbe	GOLDBRONZE	Feinheit, Genauigkeit	PRAEZISION	festnehmen	ARRETIEREN
Farbe, Farbton	KOBALTBLAU			festsetzen	STATUIEREN
Farbenhalbring am Himmel	REGENBOGEN	Feinheit, Gerissenheit	RAFFINESSE	festsitzend. Meereskrebs	MEEREICHEL
Farnart	MAUERRAUTE	Feinmeßgerät	MIKROMETER	feststellen	ARRETIEREN
Farngewächs	FRAUENHAAR	Feinmeßgerät	SCHUBLEHRE	Festungsanlage	RINGGRABEN
Fassade	SCHAUSEITE	Feldherr Alexander d. Großen	LYSIMACHOS	Fettleibiger (Kosewort)	DICKERCHEN
Fassade, Vorderfront	STIRNSEITE				
Fassung	KONTENANCE	Feldherr Nebukadnezars	HOLOFERNES	Fettleibigkeit	ADIPOSITAS
Fassungslosigkeit	VERWIRRUNG	Felsen im Harz	ROSSTRAPPE	Feuchtigkeitsschreiber	HYGROGRAPH
Fassungsvermögen	KAPAZITAET	Felseninsel vor Marseille	CHATEAUDIF	Feuersbrunst	GROSSBRAND
Fassungsvermögen	RAUMINHALT	Ferienziel	URLAUBSORT	Feuerwehrgebäude	BRANDWACHE
faszinierend	BEZAUBERND	Ferngesprächsanschluß	VERBINDUNG		
Faulbaum	HIRSCHDORN			Feuerwehrhilfsgerät	SPRUNGTUCH
Favorit	GUENSTLING				
FDP-Politiker	LAMBSDORFF				

Feuerwerkskörper	KNALLERBSE	Figur aus »Undine«	KUEHLEBORN	Fisch, Fischart	MUCHLKAPPE
Fieberklee	BITTERKLEE	Figur aus »Wilhelm Tell«	ATTINGHAUS	Fisch, Fischart	SPRENZLING
Figur aus »Annie Get Your Gun«	PAWNEEBILL	Figur aus »Wilhelm Tell«	BAUMGARTEN	Fischfanggerät	GRUNDANGEL
Figur aus »Barbier von Sevilla«	MARZELLINE	Figur aus »Zar und Zimmermann«	WITWEBROWN	Fischfanggerät	SPINNANGEL
Figur aus »Der Bettelstudent«	BRONISLAWA	Figur aus Mozarts »Entführung«	BASSASELIM	Fischfanggerät	SPINNGERTE
Figur aus »Der Revisor«	CHLESTAKOW	Figur aus Wagners »Meistersingern«	BECKMESSER	Fischkonserve	BRATHERING
Figur aus »Der Vogelhändler«	STANISLAUS	Figur in »Gärtnerin aus Liebe«	DONANCHISE	Fischkonserve	OELSARDINE
Figur aus »Der Waffenschmied«	IRMENTRAUT	Filmgattung	KULTURFILM	Fischschuppenkrankheit	ICHTHYOSIS
		Finanzen	GELDMITTEL	fixieren	FESTHALTEN
		finanzielle Förderung	SPONSORING	fixiert	FESTGELEGT
Figur aus »Die Zauberflöte«	MONOSTATOS	Findelheim	WAISENHAUS	Flachdruckverfahren	LICHTDRUCK
Figur aus »Don Giovanni«	DONOTTAVIO	Fingerkraut	GAENSEFUSS	Flachdruckverfahren	STEINDRUCK
Figur aus »Fidelio«	DONPIZARRO	Fingerkraut	GAENSERICH	flacher Witz	PLATITUEDE
Figur aus »Fidelio«	MARZELLINE	Fingerkraut	POTENTILLA	Flächenmesser	PLANIMETER
Figur aus »Figaros Hochzeit«	MARCELLINA	Fingerkraut, Blutwurz	TORMENTILL	flämisch. Schriftsteller	CONSCIENCE
Figur aus »Götz von Berlichingen«	MAXIMILIAN	Fingersatz	APPLIKATUR	flämischer Schriftsteller	TIMMERMANS
Figur aus »Götz von Berlichingen«	WEISLINGEN	Fingerschmuck	SIEGELRING	Flammenwelt der nord. Mythologie	MUSPELHEIM
		finnisch. Komponist	JAERNEFELT	Flanke beim Fußball	HEREINGABE
Figur aus »Nathan der Weise«	TEMPELHERR	finnisch. Politiker (Staatspräsid.)	MANNERHEIM	Flattertier	FLEDERMAUS
				Flaute, Stockung	STAGNATION
Figur aus »Ring des Nibelungen«	BRUENHILDE	firm, bewandert	SATTELFEST	Fleischpastetchen	RISSOLETTE
		Firsttürmchen	DACHREITER	Fleischvergiftung	BOTULISMUS
Figur aus »Tiefland«	SEBASTIANO	Fisch, Fischart	ADLERFISCH	Fleischware	LEBERWURST

Fleischware	MORTADELLA	
flicken	AUSBESSERN	
Fliegenart	BOHRFLIEGE	
Fliegenart	DUNGFLIEGE	
Fliegenart	GOLDFLIEGE	
fliegendes Personal	BORDFUNKER	
Fliese	WANDPLATTE	
fließendes Gewässer	WASSERLAUF	
Flint	FEUERSTEIN	
Flinte	JAGDGEWEHR	
flirten, hofieren	POUSSIEREN	
flötenartiges Instrument	ROHRPFEIFE	
Flöz	KOHLENADER	
florentin. Maler	BOTTICELLI	
florentin. Reformator	SAVONAROLA	
Fluch, Verwünschung	VERDAMMNIS	
Flüssigkeitsmaß	HEKTOLITER	
Flüssigkeitsmaß	MILLILITER	
Flugblatt, Flugschrift	HANDZETTEL	
Fluggastbetreuerin	STEWARDESS	
Flughafen	LANDEPLATZ	
Flughafen von Athen	HELLINIKON	
Flughafen von Atlanta	HARTSFIELD	
Flughafen von Oslo	GARDERMOEN	
Flugschrift	BROSCHUERE	
flugtechnisches Manöver	NOTLANDUNG	
Flugzeugart	HOCHDECKER	
Flugzeugart	TIEFDECKER	
Flugzeugführung	NAVIGATION	
Flugzeugstarthilfe	MOTORWINDE	
Flugzeugverband	LUFTFLOTTE	
Fluß durch Madrid	MANZANARES	
Fluß in Georgia (USA)	FLINTRIVER	
Fluß in Kleinasien	SKAMANDROS	
Fluß in NO-Kanada	BLACKRIVER	
Fluß in Südwestirland	BLACKWATER	
Fluß in Virginia (USA)	JAMESRIVER	
Fokus	BRENNPUNKT	
Folge, Folgerung	AUSWIRKUNG	
folgerichtig	KONSEQUENT	
Folgerichtigkeit	KONSEQUENZ	
folgern, kombinieren	SCHLIESSEN	
folgernd	KONSEKUTIV	
Folgerung	KONSEQUENZ	
Forellenart	SEEFORELLE	
Formgebung	GESTALTUNG	
formlos	NONCHALANT	
Formung	GESTALTUNG	
forsch	BURSCHIKOS	
forschen	ERGRUENDEN	
Forschungsreise	EXPEDITION	
Forschungsstätte	PRUEFSTAND	
Forstbeamter	WALDHUETER	
Forstbediensteter	WILDHUETER	
Forstbestand, -sektor	NIEDERWALD	
fortlaufend	KURSORISCH	
Fortpflanzung	VERMEHRUNG	
fortschaffen	BESEITIGEN	
fortschreitend, zunehmend	PROGRESSIV	
fortschrittlich	PROGRESSIV	
fränk. Fürstengeschlecht	KAROLINGER	
fränk. Königsgeschlecht	MEROWINGER	
fränkischer Oberhofbeamter	SENESCHALL	
Fragment, Torso	STUECKWERK	
Frankenkönig	CHILDEBERT	
Frankenkönig	CHILDERICH	
Frankfurter Sehenswürdigkeit	GOETHEHAUS	
frankieren	FREIMACHEN	
frankreichfreundlich	FRANKOPHIL	
franz. Antilleninsel	GUADELOUPE	
franz. Atlantikhafen	LAROCHELLE	
franz. Dichter, Schriftsteller	BAUDELAIRE	
franz. f. Jugendstil	ARTNOUVEAU	
franz. Fabeldichter	LAFONTAINE	

franz. Frauenname	ANTOINETTE	franz. Rotweinsorte	BEAUJOLAIS	Frauenmantel (botan.)	ALCHEMILLA
franz. Frauenname	FLORENTINE	franz. Schaumwein	CHAMPAGNER	Frauenname	CHRISTIANE
				Frauenname	EHRENTRAUT
franz. Frauenname	MARGUERITE	franz. Schauspieler	DESPARDIEU	Frauenname	FRIEDERIKE
franz. Frauenname	PHILIPPINE	franz. Schriftsteller	PEYREFITTE	Frauenname	LEOPOLDINE
franz. Fürstengeschlecht	KAPETINGER	franz. Sekte	ALBIGENSER	Frauenname	LIESELOTTE
		franz. Stadt	ARGENTEUIL	Frauenname	MARGARETHE
franz. Komponist	SAINTSAENS	franz. Stadt a. d. unt. Rhone	MONTELIMAR	Frauenname	WILHELMINE
franz. Landschaft	BEAUJOLAIS			Frau v. Hades	PERSEPHONE
franz. Name von Straßburg	STRASBOURG	franz. Stadt an Ill und Rhein	STRASSBURG	Frau v. Hektor	ANDROMACHE
				Frau v. Poseidon	AMPHITRITE
franz. Nationalheldin	JEANNEDARC	franz. Stadt bei Paris	SAINTDENIS	frei, disponibel	VERFUEGBAR
franz. Physiker, Mathematiker	MAUPERTUIS	franz. Stadt bei Paris	VERSAILLES	frei, ledig	UNGEBUNDEN
				Freibeuter	FILIBUSTER
franz. Politiker, Staatsmann	CLEMENCEAU	franz. Überseeterritorium	MARTINIQUE	Freiheitsentzug, -strafe	GEFAENGNIS
				Freikörperkultur	NATURISMUS
franz. Politiker, Staatsmann	TALLEYRAND	franz. Walzerkomponist	WALDTEUFEL	freimachen	FRANKIEREN
franz. Politiker, Staatspräsid.	MITTERRAND	franz. weibl. Adelstitel	VICOMTESSE	Freisprechung	ABSOLUTION
		franz. Widerstand	RESISTANCE	Freitag v. Ostern	KARFREITAG
franz. Protestanten	HUGENOTTEN			Fremder	AUSLAENDER
		franz.: Abenteurer	AVENTURIER	Freßzellen	PHAGOZYTEN
franz. realist. Schriftsteller	MAUPASSANT	franz.: Brüderlichkeit	FRATERNITE	Freude, Ergötzen	VERGNUEGEN
				freundl. Hinweis	EMPFEHLUNG
franz. Revolutinonär	DESMOULINS	franz.: Eindruck	IMPRESSION	freundliche Gesinnung	WOHLWOLLEN
franz. Revolutionslied	CARMAGNOLE	franz.: Fräulein	DEMOISELLE	Frevel	LAESTERUNG
		Franzosengras	GLATTHAFER	Frevler, Straftäter	VERBRECHER
franz. Romancier	JOUHANDEAU	Franzosenkraut	KNOPFKRAUT	Friedensliebe	PAZIFISMUS

friedliches Nebeneinander	KOEXISTENZ	früherer Name v. Lesotho	BASUTOLAND	Fußtruppe	INFANTERIE
Frischhaltegerät	KUEHLTRUHE	früherer Name von Malawi	NJASSALAND	Futterpflanze	ESPARSETTE
Frisiermethode	DAUERWELLE	früheres Ehegeschenk	MORGENGABE	Gabelkarren	HUBSTAPLER
Frist	BEDENKZEIT	frühgeschichtl. Zeitabschnitt	BRONZEZEIT	Gabenbehälter der Kirche	OPFERSTOCK
fröhlicher Mensch	SPASSVOGEL			Gänsedistel	MILCHKRAUT
fröhliche Stimmung	HEITERKEIT	Fuchs, Fuchsart	KREUZFUCHS	galant, chevaleresk	RITTERLICH
Frömmelei	BIGOTTERIE	Fuchsbau in der Tierfabel	MALEPARTUS	Galileis Entdeckung	FALLGESETZ
frohlocken	JUBILIEREN	Fuchsschwanzgewächs	HAHNENKAMM	Gallertmasse	WASSERGLAS
Froschlurch	GRASFROSCH	Fügung	BESTIMMUNG	Galosche	GUMMISCHUH
Froschlurch	LAUBFROSCH	führen	DIRIGIEREN	Galosche	UEBERSCHUH
Froschlurchlarve	KAULQUAPPE	Fülle	UEBERFLUSS	Gangster, Krimineller	VERBRECHER
Fruchtbrei	KONFITUERE	fünffüßiger Vers d. Antike	PENTAMETER	ganzheitlich	TOTALITAER
Frucht der Rebe	WEINTRAUBE			Garderobe	BEKLEIDUNG
Fruchtgetränk	KIRSCHSAFT	Fünftönigkeit	PENTATONIK	Garten am Ölberg	GETHSEMANE
Fruchtlehre	KARPOLOGIE	fünfzackiger Stern	DRUDENFUSS	Gartenblume, -pflanze	ADLERKRAUT
frühchristl. Schriftsteller	HIPPOLYTUS	fünfzackiger Stern	PENTAGRAMM	Gartenblume, -pflanze	FEDERNELKE
früher. Seeoffizierhut	DREIMASTER	Fürsorgeanstalt	PFLEGEHEIM	Gartenblume, -pflanze	LOEWENMAUL
frühere Bez. der türk. Regierung	HOHEPFORTE	Fürsorge-Einrichtung	ALTERSHEIM	Gartengefäß	GIESSKANNE
		Fürstin	PRINZESSIN	Gartengerät	BAUMSCHERE
frühere Bez. für Klavier	FORTEPIANO	Fund	ENTDECKUNG		
		Fundament	GRUNDMAUER	Gartenpflanze, Kreuzblütler	STEINKRAUT
frühere Lichtquelle	BOGENLAMPE	funkengebender Stein	FEUERSTEIN		
früherer Name v. Äthiopien	ABESSINIEN	Funkstille	SENDEPAUSE	Gasthaus, -stätte	KAFFEEHAUS
		furchterregend	FORMIDABEL	Gaststättengewerbe	HOTELLERIE
früherer Name v. Edirne	ADRIANOPEL	Fußballverwarnung	GELBEKARTE		
		Fußgicht	ZIPPERLEIN	Gattung	GESCHLECHT
				Gau	LANDSCHAFT
		Fußknochen	SPRINGBEIN	Gau	LANDSTRICH

Gaudi, Gaudium	AMUESEMENT	Gebirgsvogel	ALPENDOHLE	gedörrter Dorsch	STOCKFISCH
Gauklerblume	AFFENBLUME	Gebirgsvogel	SCHNEEFINK	gedrückte Stimmung	DEPRESSION
Gauner, Betrüger	SCHWINDLER	Gebirgsvogel	SCHNEEHUHN	gefährlich	BEDROHLICH
gazellenähnliches Tier	SPRINGBOCK	Gebirgsvogel	STEINADLER	Gefährte des Odysseus	EURYLOCHOS
		Gebißteil	BACKENZAHN	Gefälschtes	FALSIFIKAT
geädert	MARMORIERT	Gebläsevorrichtung	ENTLUEFTER	Gefallsucht	KOKETTERIE
gebackene Kartoffel-Klöße	CROQUETTEN	Geborgenheit, Gewißheit	SICHERHEIT	gefangennehmen	FESTSETZEN
Gebäck, Gebäcksorte	GRAHAMBROT	gebratener Fleischkloß	FRIKADELLE	Gefasel	GESCHWAETZ
				Gefecht	GEPLAENKEL
Gebäck, Gebäcksorte	NAPFKUCHEN	Gebrauch, Benutzung	VERWENDUNG	gefeierte Künstlerin	PRIMADONNA
Gebäck, Gebäcksorte	SALZSTANGE			Gefieder	FEDERKLEID
		Gebrauchsgegenstände	UTENSILIEN	Geflecht	GITTERWERK
Gebärdenspiel	PANTOMIMIK			geflochtene Sitzgelegenheit	KORBSESSEL
Gebetsschnur mit Kugeln	ROSENKRANZ	gebremst	GEDROSSELT	Geflügelkrankheit	KUEKENRUHR
		gebundenes Heft	BROSCHUERE	Gefolge	BEGLEITUNG
Gebiet	LANDESTEIL	Geburt	ENTBINDUNG	Gefriergerät	EISSCHRANK
Gebiet	LANDSTRICH	Geburtenhäufigkeit	NATIVITAET	Gefüge	GLIEDERUNG
Gebieter	MACHTHABER			Gefüge	ORGANISMUS
gebildet	KULTIVIERT	Geburtsort	VATERSTADT	Gefüge	SCHICHTUNG
Gebirge	BERGMASSIV	Gedächtnisstütze	AKTENNOTIZ	gefühllos, gefühlskalt	GEMUETSARM
Gebirge d. Südl. Kalkalpen	KARAWANKEN	Gedärm	EINGEWEIDE	gefühllos, gefühlskalt	HARTHERZIG
Gebirge in Nordamerika	APPALACHEN	gedankenlos	MECHANISCH	gefühlsbetont	PATHETISCH
Gebirgsbahn	HAENGELIFT	Gedankensplitter	APHORISMUS	gefühlsmäßiges Bewußtwerden	EMPFINDUNG
Gebirgsbaum	BERGKIEFER	Gedankenübertragung	TELEPATHIE		
Gebirgsblume, -pflanze	ALPENLILIE	Gedeih, Gedeihen	FORTKOMMEN	Gefühlsschwärmer	ROMANTIKER
Gebirgsblume, -pflanze	EHRENPREIS	gedeihliche Periode	BLUETEZEIT	gefüllte Teigware	MAULTASCHE
Gebirgsblume, -pflanze	GOLDPIPPAU	Gedenken	ERINNERUNG	gefürchtete Maifröste	EISHEILIGE
Gebirgsblume, -pflanze	TROLLBLUME	Gedinge	AKKORDLOHN	Gegenaktion, -bewegung	AUFLEHNUNG
Gebirgspflanze	BLASENFARN	Gedinge	STUECKLOHN		

Gegenbewegung	RUECKSTOSS	Gehörprüfgerät	AUDIOMETER	gekrümmte Wegführung	SERPENTINE
Gegend	LANDSCHAFT	Geigenteil	BASSBALKEN	gekünstelt	AFFEKTIERT
gegensätzlich	ADVERSATIV	Geigenteil	GRIFFBRETT	gekünstelt	MANIERIERT
Gegensätzlichkeit	POLARITAET	Geigenteil	OBERSATTEL	Geländeform	HUEGELLAND
Gegensatz	ANTITHESIS	Geigenteil	STIMMSTOCK	Geländer	BALUSTRADE
Gegensatz, Gegenspiel	OPPOSITION	Geigenteil, -zubehör	KINNHALTER	Gelassenheit	KONTENANCE
Gegensatz v. Homöopathie	ALLOPATHIE	Geißbart	MAEDESUESS	gelbblüh. Zierpflanze	NACHTKERZE
		Geißbart	ZIEGENBART		
Gegenschein (astron.)	OPPOSITION	Geißblattgewächs	HUNDSBEERE	gelbe Narzisse	OSTERBLUME
		Geißelbruder	FLAGELLANT	gelber Enzian	BITTERWURZ
Gegenseite	KONKURRENZ	Geistererscheinung	WASSERMANN	Gelbling	KLEEFALTER
Gegenspieler	ANTAGONIST			Geldbeihilfe, Staatszuschuß	SUBVENTION
Gegenspieler	KONKURRENT	Geisteswissenschaft	HUMANISTIK		
Gegenteil von erlauben	UNTERSAGEN	geistig, geistlich	SPIRITUELL	Geldgeber	GLAEUBIGER
				geldlich	FINANZIELL
Gegenteil von Sieg	NIEDERLAGE	geistig, unsinnlich	PLATONISCH	gelegen	WILLKOMMEN
Gegenteil von Sympathie	ANTIPATHIE	geistig beschränkt	EINFAELTIG	gelegentlich	EPISODISCH
				Geleit	BEGLEITUNG
Gegenteil von vertikal	HORIZONTAL	geistl. Amt, Würdenträger	ERZBISCHOF	Geliebter einer Ehefrau	HAUSFREUND
Gegenwehr, Abwehr	WIDERSTAND	geistl. Amtsbereich	KIRCHSPIEL	Geliebter v. Lady Hamilton	LORDNELSON
Gegenwirbel	ANTIZYKLON	geistl. Orden	LAZARISTEN	Geliebte v. Aristoteles	HERPHYLLIS
Gegner	ANTAGONIST	geistl. Orden	PALLOTINER	Geliebte v. Karl VII. v. Frankr.	AGNESSOREL
Gegner	KONKURRENT				
Gegner	KONTRAHENT	geistl. Orden (Paulaner)	BARNABITEN		
geheftetes Buch	BROSCHUERE			Gelobtes Land	PALAESTINA
Geheimbund in den USA	KUKLUXKLAN	geistl. Ritter	TEMPELHERR	gelten lassen	ANERKENNEN
		geistl. Ritterorden	JOHANNITER	gemächlich gehen	SCHLENDERN
Geheime Offenbarung	APOKALYPSE				
		geistl. Übung	MEDITATION	Gemäldesammlung	PINAKOTHEK
geheimnisvoll	MYSTERIOES				
Gehirnhautentzündung	MENINGITIS	geistreicher Einfall	APHORISMUS	gemäß	ANGEMESSEN

Gemarkungsrand	FLURGRENZE	Gepäckträger	DIENSTMANN	german. Ungeheuer	FENRISWOLF
		gepflegt	ORDENTLICH		
Gemeindehelferin	DIAKONISSE	Gepflogenheit	GEWOHNHEIT	german. Zwergengeschlecht	NIBELUNGEN
Gemeindezentrum	MARKTPLATZ	gepökeltes Rindfleisch in Büchsen	CORNEDBEEF		
Gemeinheit	SCHURKEREI			Germer	CHRISTWURZ
				Gerüchtemacher	KOLPORTEUR
Gemeinplatz	PLATITUEDE	Gerät z. plast. Betrachtung	STEREOSKOP	Gerümpel	KRIMSKRAMS
Gemeinschaft	KONSORTIUM			Gesamtheit, Ganzheit	TOTALITAET
Gemeinschaftssinn	KORPSGEIST	geräucherte Fleischware	KATENRAUCH	Gesamtheit d. Erdbevölkerung	MENSCHHEIT
gemischt	KUNTERBUNT	geräucherte Fleischware	PLOCKWURST		
Gemütsruhe, Gleichmut	STOIZISMUS			Gesamtheit d. Flugzeuge	LUFTFLOTTE
		Geraniazee	PELARGONIE	Gesamtheit d. Verzierungen	ORNAMENTIK
genau, rechtzeitig	PUENKTLICH	Gerbmittel	EICHENLOHE		
Gendarm	LANDJAEGER	gerechte Beurteilung	WUERDIGUNG	Gesang	VOKALMUSIK
Genehmigung	KONZESSION			Geschäftsauftrag	KOMMISSION
Genese, Genesis	ENTSTEHUNG	Gerede	GESCHWAETZ		
Genese, Genesis	SCHOEPFUNG	gereinigt, verfeinert	RAFFINIERT	Geschäftsführerin	DIREKTRICE
Genießer	LECKERMAUL	gerichtl. Strafentscheidung	EHRVERLUST	Geschäftslage	KONJUNKTUR
Genossenschaft	KONSORTIUM				
genossenschaftlich	KOOPERATIV	gerichtl. Strafentscheidung	GELDSTRAFE	Geschäftspartner	MITINHABER
				Geschichte	ERZAEHLUNG
genügsam	BESCHEIDEN	gerichtlich	FORENSISCH	geschichtl. Abschnitt	KUPFERZEIT
Genus	GESCHLECHT	gerichtliches Verbot	INHIBITION		
geolog. Formation	GOTLANDIUM			geschichtlich	HISTORISCH
geologische Formation	MESOZOIKUM	Geringfügigkeit	NEBENSACHE	Geschichtsforscher	HISTORIKER
		gerissen, gewieft	RAFFINIERT		
geologische Formation	UNTERDEVON	Gerissenheit	CLEVERNESS	Geschick, Geschicklichkeit	FERTIGKEIT
geometr. Umgrenzung	PERIPHERIE	german. Reich d. Feuerriesen	MUSPELHEIM	Geschirrteil	HALSRIEMEN
geordnetes Ganzes	ORGANISMUS			Geschirrteil	UNTERTASSE
		german. Sagengestalt	FLOSSHILDE	Geschlecht	GENERATION
Gepäckabteil im Auto	KOFFERRAUM	german. Stammesverband	INGWAEONEN	Geschlechterfolge	GENERATION

Geschlechterkunde	GENEALOGIE	gesetzgebend	LEGISLATIV	getrockneter Kabeljau	STOCKFISCH
Geschlechtsorgane	GENITALIEN	Gesetzgebung	LEGISLATUR	gewähren lassen, nachsehen	TOLERIEREN
Geschmeide	BIJOUTERIE	Gesetzlichkeit	LEGALITAET		
Geschmeide	KLEINODIEN	Gesichtshaare	AUGENBRAUE	gewährleisten, garantieren	VERBUERGEN
geschmeidig	SCHMIEGSAM	Gesichtsnerv	TRIGEMINUS	gewagtes Unternehmen	EXPERIMENT
Geschoß	SCHROTKORN	gesittet	KULTIVIERT		
Geschütztruppe	ARTILLERIE	gesittet	MANIERLICH	gewaltig	GIGANTISCH
		Gespensterfurcht	ABERGLAUBE	gewaltig	MONUMENTAL
Geschwindigk.-begrenzung	TEMPOLIMIT	Gespensttier	KOBOLDMAKI	gewaltsam, willkürlich	TYRANNISCH
		Gespräch	AUSSPRACHE	Gewand	BEKLEIDUNG
Geschwür, Geschwulst	SCHWELLUNG	Geständnis	BEKENNTNIS	Gewand d. Landsknechte	PLUDERHOSE
geselliger Kreis	KRAENZCHEN	gestattet	KONZEDIERT		
		Geste	KOPFNICKEN	Gewand d. Soldaten	WAFFENROCK
geselliger Kreis	STAMMTISCH	Gesteinsart	WINDKANTER		
geselliger Kreis, Tischgesellschaft	TAFELRUNDE	Gesteinskunde	LITHOLOGIE	gewandt, gerissen	ROUTINIERT
		Gesteinskundler	MINERALOGE	Gewandtheit	CLEVERNESS
gesellige Veranstaltung	KRAENZCHEN	gestimmt, aufgelegt	DISPONIERT	Gewebeart	BEIDERWAND
		Gestirnsumlauf	REVOLUTION	Gewebeart	CREPESATIN
Gesellschafter	MITINHABER	Gestrenge Herren	EISHEILIGE	Gewebeart	KREPPSATIN
Gesellschaftsschicht	BUERGERTUM	gesundheitlich	HYGIENISCH	Gewebeart	RIPPENSAMT
Gesellschaftsspiel	BRETTSPIEL	geteilter Chor	DOPPELCHOR	Gewebelehre	HISTOLOGIE
		Getränk	KNICKEBEIN	Geweih-Teil	EISSPROSSE
Gesellschaftstanz	CHARLESTON	Getreidekrankheit	MUTTERKORN	Gewerbetreibender	HANDWERKER
Gesellschaftstanz	KASATSCHOK	Getreidekrankheit	STEINBRAND		
		Getreidekrankheit	STINKBRAND	Gewichtseinheit	MILLIGRAMM
Gesellschaftstanz	KREUZPOLKA	Getreideschädling	KORNKAEFER	Gewichtsklasse im Sport	HALBSCHWER
Gesellschaftswissenschaft	SOZIOLOGIE	Getrennthaltung, Trennung	SEPARATION	gewinnbringend	PROFITABEL
		Getriebe	RAEDERWERK	Gewinnsucht	PROFITGIER
Gesetz	RECHTSNORM	getrockneter Kabeljau	KLIPPFISCH	Gewinnung von Bodenschätzen	FOERDERUNG
Gesetz	RECHTSSATZ				

gewissenhaft	GRUENDLICH	Glaubensgemeinschaft	KONFESSION	Graduierung	EINTEILUNG
gewissenhaft	ORDENTLICH			Gram	BETRUEBNIS
gewissenhaft	SKRUPULOES	Glaubensverteidigung	APOLOGETIK	Grapefruit	PAMPELMUSE
gewissenlos, hemmungslos	SKRUPELLOS	Glaubenswechsel	KONVERSION	graph. Beruf	RETUSCHEUR
Gewogenheit, Gunst	WOHLWOLLEN	Gleichflügler	HOMOPTEREN	graph. Produkt	KUNSTBLATT
geziert	AFFEKTIERT	Gleichheit	IDENTITAET	graph. Produkt	STAHLSTICH
geziert	MANIERIERT	Gleichklang	HOMOPHONIE	Grasart	RISPENGRAS
geziertes Benehmen	STUTZERTUM	gleichzeitig. Vorhandensein	KOEXISTENZ	Grasart	ZITTERGRAS
Giebelverzierung	AKROTERIUM	Gliederfüßer	ANTHROPODE	Graslilie	KREUZKRAUT
giftige Substanz	SCHADSTOFF	Gliederfüßer, Gliedertier	MAUERASSEL	Graubär	GRISLYBAER
Giftpflanze	FEUERBLUME			grauer Quarz	RAUCHTOPAS
Giftpflanze	GIFTSUMACH	gliedern	GRUPPIEREN	grausam	BARBARISCH
Giftpflanze	KELLERHALS	Gliederpuppe	MARIONETTE	grausam	SADISTISCH
Giftpflanze	SPERRKRAUT	Glimmer	KATZENGOLD	Greifvogel	GABELWEIHE
Giftpflanze	SPINNBLUME	Glimmer-Abart	LEPIDOLITH	Greifvogel	RABENGEIER
Giftpflanze	TOLLGERSTE	Glückseligkeit	EUDAEMONIE	Greifvogel	ROETELFALK
Giftpflanze	TROLLBLUME	Gnome, Sentenz	SINNSPRUCH	Grenzbarriere	SCHLAGBAUM
Giftschlange	ASPISVIPER	Gönnerschaft	PROTEKTION	Grenze	MARKIERUNG
Giftschlange	TRUGNATTER	Götterlehre	MYTHOLOGIE	Grenze	TRENNLINIE
Ginsterkatze	ZIBETKATZE	Gondel an Luftfahrzeug	BALLONKORB	griech. Ägäisinsel	SAMOTHRAKE
Gipfel	HOEHEPUNKT	Gotteserscheinung	THEOPHANIE	griech. Astronom, Geograph	PTOLEMAEUS
Gipfel der Walliser Alpen	MATTERHORN	Gotteslästerung	BLASPHEMIE	griech. Baumeister (Milet)	HIPPODAMOS
Gipser, Stuckarbeiter	STUKKATEUR	Gouvernante	ERZIEHERIN	griech. Feuergott	HEPHAISTOS
glänzen	BRILLIEREN	Grababdeckung	GRABPLATTE	griech. Göttin d. Frohsinns	EUPHROSINE
Glaube, Glaubensbekenntnis	KONFESSION	Gradeinheit beim Thermometer	FAHRENHEIT	griech. Göttin d. Meeres	AMPHITRITE
				griech. Göttin der Unterwelt	PERSEPHONE
				griech. Halbinsel	CHALKIDIKE
		Gradierhaus	RIESELWERK	griech. Halbinsel	HAGIONOROS

Clue	Answer
griech. Halbinsel	PELOPONNES
griech. Historiker	DIOCASSIUS
griech. Königsname	KONSTANTIN
griech. Landschaft	MAKEDONIEN
griech. Mathematiker	DIOPHANTOS
griech. Nationaltracht	FUSTANELLA
griech. Philosoph, Stoiker	CHRYSIPPOS
griech. Philosoph aus Elea	PARMENIDES
griech. Philosoph des Hedonismus	ARISTIPPES
griech. Philosoph (Vorsokratiker)	EMPEDOKLES
griech. Philosoph (4./3. Jh v. Chr.)	THEOPHRAST
griech. Politiker	MITSOTAKIS
griech. Politiker	PAPANDREOU
griech. Politiker, Staatspräsid.	KARAMANLIS
griech. sophistischer Philosoph	PROTAGORAS
griech. Tempelform	MONOPTEROS
griech. Tempelvorhalle	PROPYLAEEN
grobes Gewebe	BEIDERWAND
Größenverhältnis	PROPORTION
Größenwahnsinniger	MEGALOMANE
größter Fluß Kleinasiens	KISILIRMAK
größter See Mecklenburgs	MUERITZSEE
größte Stadt Kaliforniens	LOSANGELES
größte Stadt von Louisiana	NEWORLEANS
großartig	MONUMENTAL
große Einkaufsstätte	SUPERMARKT
große Hunderasse	LEONBERGER
großer Eulenschmetterling	ORDENSBAND
Großer Hund (astron.)	CANISMAJOR
großer Nahrungsmangel	HUNGERSNOT
Großer Panda	BAMBUSBAER
Großgrundbesitz	LATIFUNDIE
Großvater Noahs	METHUSALEM
großzügig	WEITHERZIG
grotesk, bizarr	WUNDERLICH
Grubber	KULTIVATOR
Grünauge (Fliege)	HALMFLIEGE
gründen	ETABLIEREN
Gründer d. kommunist. China	MAOTSETUNG
grüner Gallenfarbstoff	BILIVERDIN
grüner Schmuckstein	CHRYSOPRAS
Gruft	GRABKAMMER
Grundbesitz	IMMOBILIEN
Grundgesetz, Satzung	VERFASSUNG
Grundlage	UNTERGRUND
Grundsatz, Vorschrift	RICHTLINIE
Grußform	HANDSCHLAG
Grußform	KOPFNICKEN
Grußwort	WILLKOMMEN
Guadalquivir-Zufluß	GUADALIMAR
Gürtel, Gurt	LEIBRIEMEN
gütemäßig	QUALITATIV
Güterdepot	LAGERHALLE
Gunst, Schutz	PROTEKTION
Gurtförderer	FLIESSBAND
Gutachten	WERTURTEIL
guter Bekannter	VERTRAUTER
Gutschrift	ANRECHNUNG
Gymnasialklasse	OBERTERTIA
Gymnasialklasse	UNTERPRIMA
Gymnosperme	NACKTSAMER
Gynäkologe	FRAUENARZT
Haarbogen im Gesicht	AUGENBRAUE
Haare wellen	ONDULIEREN
Haarpflegemittel	FOENLOTION
Haarspalterei	RABULISTIK
Haartracht	MOZARTZOPF
Haartracht	PONYFRISUR
Habenbuchung	GUTSCHRIFT

Hackfleischklößchen	FRIKADELLE	Haftzeher	MAUERGECKO	Handflatterer, Handflügler	FLEDERMAUS
Hackfrucht, Kohlrübe	STECKRUEBE	hager	AUSGEZEHRT		
		Hahnenfußgewächs	ADLERBLUME	Handgepäck	AKTENMAPPE
Hadrian-Mausoleum in Rom	ENGELSBURG	Hahnenfußgewächs	TROLLBLUME	Handgepäck	HANDKOFFER
				Handgepäck	HANDTASCHE
Häftling	GEFANGENER	Hai-Art	HERINGSHAI		
Häftling, Gefangener	STRAEFLING	Hainbuche	WEISSBUCHE	Handhabung	HANTIERUNG
		Hakenwurm	GRUBENKOPF	Handpflegegerät	NAGELZANGE
Hälftelung	HALBIERUNG	Halbaffe auf Madagaskar	FINGERTIER	Handpflegemittel	NAGELFEILE
Hämatit	EISENGLANZ				
Hämatom	BLUTERGUSS	Halbdunkel	DAEMMERUNG	Handschrift	MANUSKRIPT
Hände pflegen	MANIKUEREN	Halbinsel in Schleswig	EIDERSTEDT	Handschriftendeuter	GRAPHOLOGE
Hafen auf Fehmarn	PUTTGARDEN				
		Halbleiterbauelement	TRANSISTOR	Handteil	RINGFINGER
Hafenboot, -schiff	FRACHTKAHN			Handwerker	KUERSCHNER
		Halbseitenlähmung	HEMIPLEXIE	Handwerker	MECHANIKER
Hafen in Südkarolina (USA)	CHARLESTON			Handwerksgerät	STEMMEISEN
		Halbton	SEMITONIUM		
Hafenstadt auf Jamaica	MONTEGOBAY	Halbzeuggießen	STRANGGUSS	Handwerkszeug	KNEIFZANGE
Hafenstadt im Senegal	SAINTLOUIS	Halfter	PFERDEZAUM	Harlekin	ARLECCHINO
		halftern	AUFZAEUMEN	Harmonika	KONZERTINA
Hafenstadt in Bangladesch	CHITTAGONG	Halsteil	HALSWIRBEL	Harnleiterentzündung	URETHRITIS
		Halsteil	LUFTROEHRE		
Hafenstadt in Chile	SANANTONIO	Halt, Stagnation	STILLSTAND	harntreibendes Mittel	DIURETIKUM
		haltbar	KONSISTENT		
Hafenstadt in Costa Rica	PUNTARENAS	Haltbarkeit, Festigkeit	SOLIDITAET	Hartbraunstein	PSILOMELAN
		Haltung	KONTENANCE	harte Rockmusik	HEAVYMETAL
Hafenstadt in Kalifornien	LOSANGELES	Hamburger Stadtteil	UHLENHORST		
				hartnäckig	BEHARRLICH
Hafenstadt in Namibia	SWAKOPMUND	Hamburger Stadtteil	WINTERHUDE	hartnäckig	PERSISTENT
		Handarbeit	MANUFAKTUR	Hartnäckigkeit	PERSISTENZ
Haftanstalt	GEFAENGNIS	Handbuch	KOMPENDIUM	Hartwurst	LANDJAEGER
Haftbarmachung	RUECKGRIFF			Hasenmaus	CHINCHILLA
haften	FESTSITZEN			Haubentaucher	STEISSFUSS

Haupthafen von Langeland	RUDKOEBING	Hauptstadt von Guyana	GEORGETOWN	Hausmeier der Merowinger	MAJORDOMUS
Hauptkirche	KATHEDRALE	Hauptstadt von Kalifornien	SACRAMENTO	Hautentzündung	DERMATITIS
Hauptmasse	MAJORITAET	Hauptstadt von Kuwait	KUWAITCITY	Hautfarbstoffmangel	ALBINISMUS
Hauptort auf Aruba	ORANJESTAD	Hauptstadt von Louisiana (USA)	BATONROUGE	Hautflügler	BLATTWESPE
Hauptort von Curaçao	WILLEMSTAD	Hauptstadt von Mauretanien	NUAKSCHOTT	Hautmal	LEBERFLECK
Hauptst. d. österr. Bundesl. Kärnten	KLAGENFURT	Hauptstadt von Neuseeland	WELLINGTON	Hefepilz	SPROSSPILZ
Hauptst. d. schwz. Kantons Thurgau	FRAUENFELD	Hauptstadt von Nevada (USA)	CARSONCITY	heftig, ungestüm	STUERMISCH
Hauptst. v. Pennsylvania (USA)	HARRISBURG	Hauptstadt von Panama	PANAMACITY	heftiger Regenguß	STURZREGEN
Hauptst. v. Rhode Island (USA)	PROVIDENCE	Hauptstadt von Réunion	SAINTDENIS	Heftzwecke	REISSNAGEL
Hauptstadt d. Burgenlandes	EISENSTADT	Hauptstadt von Somalia	MOGADISCHU	Heidekorn	BUCHWEIZEN
Hauptstadt der Oberpfalz	REGENSBURG	Hauptstadt von Surinam	PARAMARIBO	Heidekraut	BESENKRAUT
Hauptstadt der USA	WASHINGTON	Hauptstadt von Uruguay	MONTEVIDEO	Heidentum	PAGANISMUS
Hauptstadt des Punjab	CHANDIGARH	Hauptstadt von Venda	THOKAYONDO	heil	UNVERLETZT
Hauptstadt v. Turkmenistan	ASCHCHABAD	Hauptstadt von Vermont (USA)	MONTPELIER	heil, unverletzt	UNVERSEHRT
Hauptstadt von Alabama (USA)	MONTGOMERY	Hauptstadt von West Virginia	CHARLESTON	Heilanzeige	INDIKATION
Hauptstadt von Arkansas (USA)	LITTLEROCK	Hauptverkehrsweg	MAGISTRALE	Heilbad im Harz	LAUTERBERG
Hauptstadt von Barbados	BRIDGETOWN	Haushaltung	WIRTSCHAFT	Heilbad im Weserbergland	BADPYRMONT
Hauptstadt von Gabun	LIBREVILLE	Hausierer	KOLPORTEUR	Heilbad in den Hohen Tauern	BADGASTEIN
		Hausierhandel	KOLPORTAGE	Heilbeh. durch Nadelstiche	AKUPUNKTUR
				Heilbeh. durch Punktmassage	AKUPRESSUR
				heilfroh	GLUECKLICH
				Heilgehilfe, Krankenpfleger	SANITAETER
				Heiliger d. Kirche	LAURENTIUS
				Heiliger der Kirche	AUGUSTINUS

heiliger Käfer d. alten Ägypter	SKARABAEUS	Heiratsgut	MORGENGABE	Heringsart	STROEMLING
Heiliges Land	PALAESTINA	Heiratssymbol	BRAUTKRANZ	Hering (Zelt)	ZELTPFLOCK
Heilige von Lourdes	BERNADETTE	heißer Breiumschlag	KATAPLASMA	Herkunft	ABSTAMMUNG
				Herkunft	DESZENDENZ
Heilmethode	BEHANDLUNG	Heißluft-Fluggerät	FREIBALLON	heroisch	HELDENHAFT
				herrlich	PRACHTVOLL
Heilmethode	EINREIBUNG	Heißsporn	BRAUSEKOPF	herrlich, prachtvoll	WUNDERVOLL
Heilmittel	MEDIKAMENT	heiter	BESCHWINGT	Herrschaft	OBERHOHEIT
Heilmitteleinatmung	INHALATION	heitere Oper	OPERABUFFA	Herrschaft der Minderheit	OLIGARCHIE
Heilpflanze	AUGENTROST	Heiterkeit	LUSTIGKEIT		
Heilpflanze	BAERENWURZ	Heiterkeitsausdruck	GELAECHTER	herrschaftl. Dienerin	KAMMERZOFE
Heilpflanze	BRUCHKRAUT	Heizmaterial	BRAUNKOHLE	Herrscher	LANDESHERR
Heilpflanze	HANFNESSEL	Heizmaterial	STEINKOHLE	Herrscher	MACHTHABER
Heilpflanze	KREUZKRAUT	Heizungsanlage	OELHEIZUNG	Herrscherhaus	GESCHLECHT
Heilpflanze	KUHSCHELLE	Heliodor	GOLDBERYLL		
Heilpflanze	LOEWENZAHN	Heliographie	LICHTDRUCK	Herrscher von Korinth	PERIANDROS
Heilpflanze	NELKENWURZ	helle Sternschnuppe	FEUERKUGEL	herstellen	ANFERTIGEN
Heilpflanze	ODERMENNIG	hellster Stern am Himmel	ABENDSTERN	Herumtreiber	NICHTSTUER
Heilpflanze	PETERSILIE	hemmen, verhindern	INHIBIEREN	hervorheben	EXPONIEREN
Heilpraktiker	HOMOEOPATH	hemmende Gegenkraft	WIDERSTAND	Herz-Facharzt	KARDIOLOGE
Heilsbotschaft	EVANGELIUM			Herzkranzgefäße	KORONARIEN
Heilstätte, Genesungsheim	SANATORIUM	herabwürdigen	BELEIDIGEN	hess. Automobilstadt	GROSSGERAU
		herabwürdigen	DEMUETIGEN	hess. Kurort im Taunus	SCHWALBACH
Heil- und Pflegeeinrichtung	SANATORIUM	herausfordernd	OSTENTATIV	hess. Stadt am Taunus	BADNAUHEIM
Heimatort	GEBURTSORT	Herausziehen	EXTRAKTION		
heimlich überwachen	BESCHATTEN	Herbstblüher	HEIDEKRAUT	hess. Stadt am Vogelsberg	LAUTERBACH
Heimreise	RUECKFAHRT	Herbstblume	HERBSTROSE		
Heimtücke	HINTERLIST	Herd	KOCHPLATTE	hess. Stadt an der Bergstraße	HEPPENHEIM
		Herd	KOCHSTELLE		
Heimzahlung, Genugtuung	VERGELTUNG	Herdenmensch	MITLAEUFER		

hess. Stadt an der Dill	DILLENBURG	hindern	BLOCKIEREN	hochheilig, unantastbar	SAKROSANKT
hess. Stadt an der Kinzig	GELNHAUSEN	Hindernis-Reitwettbewerb	JAGDRENNEN	hochherzig	EDELMUETIG
hess. Stadt an der Lahn	BIEDENKOPF	hinterhältig	MEUCHLINGS	hochmütig, hochnäsig	HOFFAERTIG
hess. Stadt im Odenwald	PFUNGSTADT	hinterhältig	RAENKEVOLL	Hochschulabsolvent	AKADEMIKER
hess. Stadt im Rheingau	RUEDESHEIM	hinterlegen	DEPONIEREN	Hochschulmitglied	AKADEMIKER
hess. Weinstadt am Rhein	RUEDESHEIM	Hinterlegung	DEPOSITION	Hochschulsaal	AUDITORIUM
hessisch. Mundartdichter	NIEBERGALL	Hinterlist	HEIMTUECKE	Hochzeiter	BRAEUTIGAM
hethit. Herrscher	HATTUSILIS	Hintertreffen	RUECKSTAND	höchste deutsche Fußballklasse	BUNDESLIGA
Hetzpresse	JOURNAILLE	hintertreiben	SABOTIEREN	höchstens	ALLENFALLS
Heuchelei	BIGOTTERIE	Hintertreppenliteratur	KOLPORTAGE	höchster Berg der Ostalpen	PIZBERNINA
Heuchelei	LOBHUDELEI	Hinweis	FINGERZEIG	höchster Berg im Fichtelgebirge	SCHNEEBERG
Heuchelei	SIMULATION	Hippopotamus	FLUSSPFERD	höchster Berg Kanadas	MOUNTLOGAN
Heuchler	PHARISAEER	Hirschart	AXISHIRSCH	höchster Berg Schwedens	KEBNEKAISE
Heuschnupfen	POLLINOSIS	Hirschart	SIKAHIRSCH	höchster preuß. Orden	ADLERORDEN
Heuschrecke	FELDGRILLE	Hirschfänger	JAGDMESSER	höchste Steigerungsform	SUPERLATIV
Hifthorn, Bügelhorn	SIGNALHORN	Hirschzunge (botan.)	ZUNGENFARN	Höchstleistung, -wert	SUPERLATIV
hilfreich, karitativ	WOHLTAETIG	Hirtenlied	PASTORELLE	Höchststufe	SUPERLATIV
Hilfsarbeiter	HANDLANGER	histor. Landschaft in SW-Frankr.	AQUITANIEN	Höflichkeit	COURTOISIE
Hilfsmittel	RESSOURCEN	Historie	GESCHICHTE	Höflichkeit	GALANTERIE
Hilfsmittel	UTENSILIEN	Historik	GESCHICHTE	Höflichkeit	KOMPLIMENT
Hilfsprediger	PRAEDIKANT	Hit	BESTSELLER	Höflichkeitsbezeugung	VERBEUGUNG
Himbeerseuche	FRAMBOESIE	Hitzkopf	BRAUSEKOPF		
Himmelskunde	ASTRONOMIE	Hitzkopf	HEISSSPORN		
Himmelsrichtung	SUEDWESTEN	Hochbehälter für Wasser	WASSERTURM		
Himmelsstürmer	PROMETHEUS	Hochehrwürden	MONSIGNORE		
himmlisch	AMBROSISCH	Hochgebirgsnagetier	MURMELTIER		
		hochgespannte Elektrizität	STARKSTROM		
		hochgestimmt	EUPHORISCH		

Höflichkeitsbezeugung	VERNEIGUNG	Hohlorganausstülpung	DIVERTIKEL	Hühnerrasse	BRAHMAHUHN
Höhenmesser	HYPSOMETER	Hohltier	BLUMENTIER	Hühnervogel	SCHOPFHUHN
Höhensonne	QUARZLAMPE	Hohltier	NESSELTIER	Hülle	VERPACKUNG
Höhenzug im Sauerland	HAARSTRANG	Holdrio	LEICHTFUSS	Hülle, Hülse	UMHUELLUNG
		Holperigkeit	UNEBENHEIT	Hülsenfrüchtler	LEGUMINOSE
Höhenzug im Spessart	HAHNENKAMM	Holzblasinstrument	KLARINETTE	Hüter v. Kleinkindern	BABYSITTER
Höhepunkt	PAROXYSMUS	Holzblasinstrument	QUERFLOETE	human, humanitär	MENSCHLICH
höherer Schüler	GYMNASIAST	Holzblasinstrument	ROHRFLOETE	Hunderasse	BOLOGNESER
höherer Schüler	SEKUNDANER	Holzkrankheit	KERNFAEULE	Hunderasse	HIRSCHHUND
höhere Schule	OBERSCHULE	Holzschädling	BOHRKAEFER	Hunderasse	HIRTENHUND
höhere Schule	REALSCHULE	Holztransport auf Gewässern	FLOESSEREI	Hunderasse	ROTTWEILER
Höhle d. Reineke Fuchs	MALEPARTUS			Hunderasse	SENNERHUND
		Holzwurm	BOCKKAEFER	Hunderasse	WOLFSSPITZ
höhnisch	SPOETTISCH	Holzwurm	BOHRKAEFER	hundertstel Gramm	ZENTIGRAMM
Hörerschaft	AUDITORIUM	honett	ANSTAENDIG		
		Honigersatz	KUNSTHONIG		
Hörrohr des Arztes	STETHOSKOP	Honigpilz	HALLIMASCH	hundertstel Liter	ZENTILITER
Hörsaal	AUDITORIUM	Honorar bezahlen	HONORIEREN	Hundsgiftgewächs	IMMERGRUEN
Hörsaal in der Universität	AUDITORIUM	horizontal	WAAGERECHT	Hundskopfaffe	RHESUSAFFE
		Hormon	CALCITONIN	Hundsrose	HECKENROSE
Hofamt, -beamter	KAMMERHERR	Hormonpräparat	ANABOLIKUM	Huttyp	SCHLAPPHUT
Hoffnung	LICHTBLICK	Hornhaut der Seeschildkröte	SCHILDPATT	Hymne, Hymnus	FESTGESANG
Hoffnung, festes Vertrauen	ZUVERSICHT	Hose aus dunklem Denim	BLACKJEANS	Iason u. seine Gefährten	ARGONAUTEN
hohe Orgelstimme	FLAGEOLETT	Hotelangestellter	HAUSDIENER	Ichsucht	EIGENLIEBE
hohes Blasinstrument	QUERPFEIFE	Hotelgewerbe	HOTELLERIE	Idealkonkurrenz (jurist.)	TATEINHEIT
hohe Schnabelflöte	FLAGEOLETT	Hptst. d. schweiz. Kantons Tessin	BELLINZONA	ideelles Sein	IDEALITAET
				illuminiert	BELEUCHTET
hohes Streben	IDEALISMUS	Hubschrauber	HELIKOPTER	Illusion, Ideal	WUNSCHBILD
Hohlmaß, Raummaß	KUBIKMETER	Hühnerrasse	ANDALUSIER	illustriertes Buch	BILDERBUCH
				Imitation	NACHAHMUNG

Immenstock	BIENENHAUS	indones. Inselgruppe	SULAINSELN	Insel-Europäer	ENGLAENDER
Immenstock	BIENENKORB	indones. Name von Borneo	KALIMANTAN	Inselgruppe bei Taiwan	PESCADORES
Immortelle	STROHBLUME	indones. Stadt	YOGYAKARTA	Inselgruppe im Ind. Ozean	MASKARENEN
immun	GESCHUETZT	indones. Volksgruppe	MAKASSAREN	Inselgruppe im Ind. Ozean	SEYCHELLEN
impertinent	DUMMDREIST	Industr.-Stadt am Niederrhein	LEVERKUSEN	Insel im Indischen Ozean	MADAGASKAR
improvisiertes Jazzspiel	JAMSESSION	Industriestadt im Ruhrgebiet	OBERHAUSEN	Insel im Lago Maggiore	ISOLABELLA
in Anfällen auftretend	PAROXYSMAL	Industriestadt in NRW	KOHLSCHEID	Insichgehen	MEDITATION
Inangriffnahme	INITIATIVE	Infamie	GEMEINHEIT	instandsetzen	AUSBESSERN
in Angriff nehmen	INITIIEREN	Infektionskrankheit	DIPHTHERIE	instand setzen	RENOVIEREN
Inbegriff	GESAMTBILD	Infektionskrankheit	WINDPOCKEN	instand setzen	REPARIEREN
ind. Stadt im Dekhan	HAIDERABAD	Information	MITTEILUNG	Instinkt	NATURTRIEB
ind. Stadt in Bihar	JAMSHEDPUR	inhaftieren	ARRETIEREN	internat. Hilfsorganisation	ROTESKREUZ
indisch. Religion	BUDDHISMUS	inhaftieren	FESTNEHMEN	Intervall	TONABSTAND
indisch. Stadt	DARJEELING	Inhaltsangabe	EXPOSITION	intervenieren	EINGREIFEN
indisch. Territorium	LAKKADIVEN	Inhaltsangabe	GLIEDERUNG	Intimus, guter Bekannter	VERTRAUTER
indisch. Unionsstaat	GUDSCHERAT	Initiative	AUSLOESUNG	in Würztunke einlegen	MARINIEREN
indische Heilsbewegung	TANTRISMUS	in Kürze	DEMNAECHST	irischer Apostel der Deutschen	KOLUMBANUS
indische Inselgruppe	LAKKADIVEN	innere Anteilnahme	ENGAGEMENT	irische Stadt bei Cork	QUEENSTOWN
indische Kriegerkaste	KSCHATRIYA	Innereien	EINGEWEIDE	irreal, imaginär	UNWIRKLICH
indische Religion	HINDUISMUS	innere Organe	EINGEWEIDE	irremachen	IRRITIEREN
indische Schrift	DEVANAGIRI	innerer Kopfteil	MUNDHOEHLE	Isländ. Moos	LUNGENMOOS
indische Schrift, Sprache	PANDSCHABI	Inschriftenkunde	EPIGRAPHIK	isländ. Schriftsteller	GUNNARSSON
indische Stadt	COIMBATORE	Insektenbekämpfungsmittel	INSEKTIZID	islamische Sekte	WAHHABITEN
indische Volksgruppe	PANDSCHABI	Insektenforscher	ENTOMOLOGE		

ital. Abenteurer	CAGLIOSTRO	ital. Männername	CRISTOFORO	ital. Weichkäse	GORGONZOLA
ital. abstrakt. Maler	CAPOGROSSI	ital. Männername	GIOACCHINO	ital.: Autobahn	AUTOSTRADA
ital. Barockmaler	CARAVAGGIO	ital. Maler, Bildhauer	MODIGLIANI	ital.: Friedhof	CAMPOSANTO
ital. Beifallsruf	BRAVISSIMO	ital. Maler (16./17. Jh.)	SIGNORELLI	ital.: kleines Lied	CANZONETTA
ital. Bildhauer (15. Jh.)	VERROCCHIO	ital. manieristisch. Maler	PARMIGIANO	ital.: Paß, Reisepaß	PASSAPORTO
ital. Brühwurst	MORTADELLA	ital. Name v. Brixen	BRESSANONE	ital.: Ritterlichkeit	CAVALLERIA
ital. Dichter (Nobelpreis)	PIRANDELLO	ital. Nordwind	TRAMONTANA	Jägerhochsitz	WILDKANZEL
ital. Filmregisseur	BERTOLUCCI	ital. Opernlibrettist	METASTASIO	Jägermesser	WEIDMESSER
ital. Geigenbauer	STRADIVARI	ital. Ordensgründer	FRANZISKUS	jäh, überraschend	PLOETZLICH
ital. Heiliger	FRANZISKUS	ital. Pädagogin, Ärztin	MONTESSORI	jähzornig	CHOLERISCH
ital. Inselbewohner	SIZILIANER	ital. Physiker (Barometer)	TORRICELLI	jähzorniger Mensch	CHOLERIKER
ital. Kardinal, Gegenreformator	BORROMAEUS	ital. Politiker	BERLINGUER	jämmerlich	LAMENTABEL
ital. Komponist	BOCCHERINI	ital. Renaissancearchitekt	SANMICHELI	Jagd, Fahndung	VERFOLGUNG
ital. Komponist (16. Jh.)	PALESTRINA	ital. Renaissancemaler	POLLIAUOLO	Jagdart	WASSERJAGD
ital. Komponist (16./17. Jh.)	MONTEVERDI	ital.-schweiz. See	LUGANERSEE	Jagdberechtigung	JAGDSCHEIN
ital. Künstler d. Frührenaiss.	MICHELOZZO	ital.-span. Springtanz	SALTARELLO	Jagdgebietszaun	WILDGATTER
ital. Landschaft	BASILICATA	ital. Staatstheoretiker	CAMPANELLA	Jagd mit Frettchen	FRETTIEREN
ital. Landschaft in Piemont	MONFERRATO	ital. Stadt bei San Remo	BORDIGHERA	Jagdschloß bei Dresden	MORITZBURG
ital. Männername	ALESSANDRO	ital. Teigwaren	CANNELLONI	Jagdvergehen	WILDFREVEL
ital. Männername	BARTOLOMEO	ital. Teigwaren	TORTELLINI	Jahrmarktsvergnügen	ACHTERBAHN
				Jahrtausend	MILLENNIUM
				Jak	GRUNZOCHSE
				japan. Bambusflöte	SHAKUHACHI
				japan. Stadt auf Hondo	HIROSCHIMA

japan. Stadt auf Hondo	TOJOHASCHI	jugoslaw. Bundesland	MONTENEGRO	Kampfbahn beim Sport	ASCHENBAHN
japan. Stadt auf Kiuschu	KAGOSCHIMA	jugoslaw. Stadt an der Lepnica	KRAGUJEVAC	Kampfbahn beim Sport	SPORTPLATZ
japan. Stadt auf Schikoku	TOKUSCHIMA	jugoslawisch. Gebirge	FRUSKAGORA	Kampfbahn beim Sport	TARTANBAHN
jauchzen	FROHLOCKEN	junges weibl. Rotwild	SCHMALTIER	Kampfstätte beim Sport	SPORTHALLE
Jazzinstrument	SCHLAGZEUG	junges Wildschwein	FRISCHLING	Kampf um den Vorrang	WETTBEWERB
Jazz-Intonationsform	DIRTYNOTES	jungfräulich, makellos	UNBERUEHRT	Kampf um den Vorrang	WETTSTREIT
Jazzkapellmeister	BANDLEADER	Jungfrau von Orleans	JEANNEDARC	kanad. Bucht	FOXEBECKEN
Jazzkomponist, -musiker	MONTGOMERY	Jungholz	SPLINTHOLZ	kanad. Fluß	PEACERIVER
Jeans	NIETENHOSE	Kachel	WANDFLIESE	kanad. Insel	BAFFINLAND
jenseits der Alpen	TRANSALPIN	Käferart	BUNTKAEFER	kanad. Stadt auf Neufundland	SAINTJOHNS
Jesus	GOTTESSOHN	Käferart	EICHENBOCK		
Jochalgen	KONJUGATEN	Käferart	JUNIKAEFER		
Johannisnacht	MITTSOMMER	Käferart	PAPPELBOCK		
Judenkirsche	BELLADONNA	Käferart	RAUBKAEFER	Kanarienvogel-Art, -Rasse	HOLLAENDER
Judenkirsche	GEISSBLATT	Käferart	ZIMMERBOCK	Kaninchenart, -rasse	HOLLAENDER
jüd. Priestergeschlecht	HASMONAEER	Kältefolge (medizin.)	ERKAELTUNG		
jüdisch. Gesetzbuch	PENTATEUCH	Kälteschädigung	ERFRIERUNG	Kaninchenkrankheit	MYXOMATOSE
jüdisch. Heiligtum	BUNDESLADE	Kärntner Alpensee	WEISSENSEE	Kaninchenrasse	CHINCHILLA
jüdisch. Priestergeschlecht	MAKKABAEER	Käseart, -sorte	EMMENTALER	Kanoniker, Kanonikus	STIFTSHERR
jüdisch. Religionsphilosoph	MAIMONIDES	Kaffee-Art	CAPPUCCINO	Kap in Nordwestspanien	FINISTERRE
Jugendalter	ADOLESZENZ	Kakaoprodukt	SCHOKOLADE		
Jugendherbergengründer	SCHIRRMANN	Kaktee	IGELKAKTUS	Kapitän	KOMMANDANT
		Kalbsnuß	FRIKANDEAU	Kapitalanlage	INVESTMENT
		Kalkulation	BERECHNUNG	Kapitelherr	STIFTSHERR
		Kalme	WINDSTILLE		
jugosl. Teilstaat	MAKEDONIEN	Kamerazubehör	BLITZLICHT	Kapuzineraffe	BRUELLAFFE
		Kammmacherwerkzeug	SCHABEISEN	Kapuzinerpilz	BIRKENPILZ

Kapverdische Insel	SAOVICENTE	kathol. Friedensbewegung	PAXCHRISTI	Keulenpilz	HAHNENKAMM
Karibik-Inselgruppe	GRENADINEN	kathol. Kirchenlehrer	ATHANASIUS	Keulenpilz	ZIEGENBART
Karies	ZAHNFAEULE	kathol. Kirchenlehrer, -vater	HIERONYMUS	Kidnapper	ENTFUEHRER
Karnevalsveranstaltung	MASKENBALL			Kidnapping	KINDESRAUB
				Kieferanomalie	PROGNATHIE
Karpfenfisch	BITTERLING	kathol. Kongregation	SALESIANER	Kielwasser	WASSERSPUR
Karpfenfisch	GRUENDLING	kathol. Mönchsorden	TRAPPISTEN	Kindbett	PUERPERIUM
Kartäuserkloster in Frankreich	CHARTREUSE	kathol. Orden	AUGUSTINER	Kinderfahrzeug	HOLLAENDER
				Kinderfahrzeug	TRETROLLER
Kartenspiel	KARNOEFFEL	Katzenart	ABESSINIER	Kinderheilkunde	PAEDIATRIE
		Katzenart	KARTAEUSER		
Kartenspiel	KLABERJASS	Kauflustiger	REFLEKTANT	Kinderkrankheit	DIPHTHERIE
Kartenspiel	PREFERENCE	kaufmänn. Tätigkeit	VERKAEUFER	Kinderkrankheit	WINDPOCKEN
Kartenspielausdruck	MITTELHAND	kaufmännische Stellung, Tätigkeit	BUCHHALTER	Kindesraub	KIDNAPPING
Kartoffelkrankheit	NASSFAEULE			Kindsbett	WOCHENBETT
				Kirche, Kirchenbau	GOTTESHAUS
Karwochentag	KARFREITAG	Kehldeckel	EPIGLOTTIS	Kirchensonntag	SEXAGESIMA
Karwochentag	KARSAMSTAG	Kehlkopfentzündung	LARYNGITIS	Kirchenvater	AUGUSTINUS
Karzer	ARRESTRAUM	Kehlkopfteil	STIMMRITZE	kirchl. Bittgang	PROZESSION
Kaskade	WASSERFALL	Kehre, Kehrschleife	SERPENTINE	Kirschlikör	MARASCHINO
Kasserolle	SCHMORTOPF			Kirunga-Vulkan	KARISSIMBI
katalon. Gebirgsstock	MONTSERRAT	Keilschriftträger	STEINTAFEL	kl. Ziergegenstände	NIPPSACHEN
		Kellergeschoß	SOUTERRAIN	kläglich	LAMENTABEL
katalonische Küste	COSTABRAVA	Kelter	OBSTPRESSE	klangvoll	HARMONISCH
kathol. Altardiener	MINISTRANT	Kennzeichnung	MARKIERUNG	Klappernuß	PIMPERNUSS
		Kerbe	EINSCHNITT	Klarheit	LAUTERKEIT
kathol. Bettelorden	AUGUSTINER	Kernforschung	ATOMPHYSIK	klassizistische Stilepoche	DIRECTOIRE
kathol. Bettelorden	KARMELITER	Kernreaktor	ATOMMEILER	Klausner	EINSIEDLER
		Kettenpanzer	PANZERHEMD	Klaviersonate von Beethoven	PATHETIQUE
kathol. Bruderschaft	SODALITAET	Ketzer	HAERETIKER		
		Keule	SCHLAGHOLZ	Kleiber	BLAUSPECHT

Kleinaufnahme	MIKROKOPIE	Knochenfisch	SEEDRACHEN	Komp. d. Operette »Der arme Jonathan«	MILLOECKER
kleine Apfelsine	KLEMENTINE	Knochenkunde, -lehre	OSTEOLOGIE	Komp. d. Operette »Die Dubarry«	MILLOECKER
kleine Festmusik	STAENDCHEN	Köder	LOCKMITTEL		
		Königstreue	ROYALISMUS		
kleine Käferart	MEHLKAEFER	König von Ägypten	PSAMMETICH	Komp. d. Operette »Gasparone«	MILLOECKER
Kleiner Hund (astron.)	CANISMINOR	König von Sparta	ARCHIDAMOS	Komp. d. Operette »Gräfin Dubarry«	MILLOECKER
kleiner Rettich	RADIESCHEN	König von Theben	AMPHITRYON	Komp. v. »The Rake's Progress«	STRAWINSKY
kleiner Süßwasserfisch	WEISSFISCH	Körperbautyp	ATHLETIKER		
kleiner Süßwasserkrebs	WASSERFLOH	Körpermal	LEBERFLECK	Kompagnon	MITINHABER
kleines Gastzimmer	TRINKSTUBE	körperschaftlich	KORPORATIV	komplex	VERWICKELT
				Kompon. d. Oper »Boris Godunow«	MUSSORGSKI
kleine Spende, Beitrag	SCHERFLEIN	Kohlart	BLUMENKOHL		
		Kohlart	WEISSKRAUT		
Kleingebäck	PLAETZCHEN	koitieren, veredeln	KOPULIEREN	Kompon. d. Oper »Ödipus Rex«	STRAWINSKY
kleinlich	PEDANTISCH	Kolmarer Maler	SCHONGAUER		
Kleintierwelt	MIKROFAUNA	Kombination, Vereinigung	VERBINDUNG	Komponist	TONDICHTER
Kleinwildjagd	NIEDERJAGD			Komponist der Oper »Orpheus«	MONTEVERDI
Klemme	KALAMITAET	Komiker	KOMOEDIANT		
Kletterer-Ausrüstung	STEIGEISEN	kommandieren	BEFEHLIGEN	Kondensmilch	DOSENMILCH
Kletterseil	REEPSCHNUR	Komp. d. Balletts »Feuervogel«	STRAWINSKY	Konditorei	CONFISERIE
Klimax	HOEHEPUNKT			Konditorei	KAFFEEHAUS
Klingel	GLOECKCHEN	Komp. d. Balletts »Kartenspiel«	STRAWINSKY	Konfession	BEKENNTNIS
Klischee	DRUCKSTOCK				
Kloben	SCHEITHOLZ			Konfirmation	EINSEGNUNG
Klopfkäfer	BOHRKAEFER	Komp. d. Balletts »Petruschka«	STRAWINSKY	Konkurrenz	WETTBEWERB
kluge Berechnung	DIPLOMATIE	Komp. d. Balletts »Pulcinella«	STRAWINSKY	Konkurrenz, Wettstreit	RIVALITAET
Klugheit, Schläue	SCHARFSINN			konkurrieren	WETTEIFERN
Knall	DETONATION	Komp. d. Oper »Krönung der Poppäa«	MONTEVERDI	konstant	BESTAENDIG
knappe Zusammenfassung	UEBERSICHT			Konstitution, Zustand	VERFASSUNG
Knocheneinbruch	INFRAKTION	Komp. d. Operette »Bettelstudent«	MILLOECKER	Kontakt	BERUEHRUNG

Kontakt, Kommunikation	VERBINDUNG	Kosmetiktasche	NECESSAIRE	Kreditbrief	AKKREDITIV
Kontaktaugenglas	HAFTSCHALE	Kost	ERNAEHRUNG	kreiren	ERSCHAFFEN
		kostbares Metall	EDELMETALL	Kreisumfang	PERIPHERIE
Kontaktlinse	HAFTSCHALE	Kostbarkeiten	KLEINODIEN	Kreuzkraut	GREISKRAUT
Kontinent	AUSTRALIEN	Kräfteverfall	AUSZEHRUNG	Kriegsflugzeug	AUFKLAERER
Kontrakt	KONVENTION	kränkend	VERLETZEND	Kriegsschiff, Kriegsflugzeug	ZERSTOERER
Kontrolle	INSPEKTION	Kräuterlikör	CHARTREUSE		
Konturenlosigkeit	UNSCHAERFE	Kraftfahrzeug	KRAFTWAGEN	Kriegsvolk	SOLDATESKA
Kontusion	QUETSCHUNG	Kraftfahrzeug, -wagen	KOMBIWAGEN	kriminelles Vergehen	VERBRECHEN
Konzentrationslager b. Weimar	BUCHENWALD	Kraftfahrzeug für Spezialtransporte	KUEHLWAGEN	kristallisierter Gips	MARIENGLAS
konzentrieren	VERDICHTEN			Kritik der Kritik	METAKRITIK
Konzertunternehmer	IMPRESARIO	Kraftfahrzeug mit Klappverdeck	KABRIOLETT	kritisch	BEDROHLICH
				Kronfeldherr	KONNETABEL
konzessionsbereit	NACHGIEBIG	Kraftstoffstation	TANKSTELLE	Krustentiere	KRUSTAZEEN
Kopfkohl	WEISSKRAUT	Kraftwagenwinde	WAGENHEBER	kuban. Schachweltmeister	CAPABLANCA
Kopfschmerzen	KEPHALAGIE	Krampfaderbruch	VARIKOZELE		
Kopie	ABLICHTUNG	Krampfanfall	KONVULSION	kuban. Schriftsteller	CARPENTIER
Korbballspiel	BASKETBALL	Krampfanfall	PAROXYSMUS		
Korbblütler	HUFLATTICH	krampfhaftes Aufstoßen	SCHLUCKAUF	kubanische Stadt	GUANTANAMO
Korbblütler, Heilpflanze	SCHAFGARBE			Küchengefäß	ROEMERTOPF
Kordart	MANCHESTER	Krampfschluchzen	WEINKRAMPF	Küchengewürz	MUSKATNUSS
Kordon	ABSPERRUNG	Krankenhaus	POLIKLINIK	Küchengewürz, -kraut	PETERSILIE
kornblumenblau	ULTRAMARIN	krankhaft Stehlender	KLEPTOMANE		
Kornelkirsche	HARTRIEGEL			Küchengewürz, -kraut	PIMPERNELL
Kornrade	AGROSTEMMA	Krankheitslehre	PATHOLOGIE		
korrekt	FEHLERFREI	Kratzwunde	SCHUERFUNG	Küfer, Böttcher	SCHAEFFLER
korrekt	ORDENTLICH	krebserregend	KANZEROGEN	Kühlhaltegerät	EISSCHRANK
Korrekturbogen	DRUCKFAHNE	Krebstier	FLUSSKREBS	kümmerlich dahinleben	VEGETIEREN
korrigieren, nachprüfen	REVIDIEREN	Krebstier	MAUERASSEL	künstl. Süßstoff	NUTRASWEET
Korsar, Freibeuter	SEERAEUBER				
Kosmetik	HAUTPFLEGE				

künstl. Tafelwasser	SODAWASSER	Kupferstichverfahren	SCHABKUNST	Kurort im Schwarzwald	LIEBENZELL
künstlerischer Beruf	KUNSTMALER	Kur	BEHANDLUNG	Kurort im Schwarzwald	SCHLUCHSEE
Künstlerviertel von Paris	MONTMARTRE	Kuranstalt	SANATORIUM	Kurort in den Hohen Tauern	HOFGASTEIN
		Kurort am Hochrhein	SAECKINGEN		
künstlicher Mensch	HOMUNKULUS	Kurort am Neckar	BADWIMPFEN	Kurort in der Eifel	GEROLSTEIN
Kürbisgewächs	KOLOQUINTE	Kurort am Rhein	HOENNINGEN	Kurort in Hessen	SALZHAUSEN
Küstengewässer	WATTENMEER	Kurort am Riesengebirge	PETERSDORF	Kurort in Monaco	MONTECARLO
kugelförmig	SPHAERISCH			Kurort in Rheinland-Pfalz	BERGZABERN
Kuhantilope	HARTEBEEST	Kurort am Taunus	BADHOMBURG	Kurpfuscher, Quacksalber	SCHARLATAN
Kuhblume	HAHNENFUSS	Kurort am Tegernsee	BADWIESSEE		
Kuhblume	LOEWENZAHN	Kurort an der Rhön	BRUECKENAU	Kursbestimmung	NAVIGATION
Kuhhandel	KOMPROMISS	Kurort an der Weser	OEYNHAUSEN	Kurstadt am Schwarzwald	BADENBADEN
Kultlied für Dionysos	DITHYRAMBE				
kultureller Teil der Zeitung	FEUILLETON	Kurort bei Minden	SALZKOTTEN	Kurvenmesser	KARTOMETER
				Kurvenmesser	KURVIMETER
Kulturepoche	HUMANISMUS	Kurort im Allgäu	NESSELWANG	kurze Darstellung	UEBERBLICK
Kulturpflanze der Tropen	KOKOSPALME	Kurort im Berner Oberland	INTERLAKEN	kurze Inhaltsangabe	UEBERSICHT
Kulturpflanze der Tropen	TEESTRAUCH	Kurort im Berner Oberland	KANDERSTEG	kurzer heftiger Niederschlag	PLATZREGEN
Kulturpflanze der Tropen	ZUCKERROHR	Kurort im Elsaß	LAUTENBACH		
		Kurort im Glatzer Bergland	BADREINERZ	Kurzgeschichte (engl.)	SHORTSTORY
Kunigundenkraut	WASSERDOST	Kurort im Kanton Schwyz	EINSIEDELN	Kurzhalsreiher	ROHRDOMMEL
Kunstflugfigur	MESSERFLUG			kurz zusammengefaßt	SUMMARISCH
Kunstsammlung	KOLLEKTION	Kurort im Oberharz	HAHNENKLEE		
		Kurort im Rothaargebirge	WINTERBERG	labil, wechselhaft	SCHWANKEND
Kunststoff	POLYSTYROL				
Kupfergrün	CHRYSOKOLL	Kurort im Salzkammergut	BADGOISERN	Laborgehilfin	LABORANTIN
				Labung	ERQUICKUNG
Kupferschwefelerz	KUPFERKIES	Kurort im Schwarzwald	GLOTTERBAD	Ländler	TIROLIENNE

Längenmaß	MILLIMETER	Laubbaum	FEIGENBAUM	Lehre v. d. Krankheitsursachen	AETIOLOGIE
Längenmaß	ZENTIMETER	Laube	GARTENHAUS		
längl. Blumenschale	JARDINIERE	Laubmoos	FRAUENHAAR	Lehre v. Wasser	HYDROLOGIE
längste norweg. Bucht	SOGNEFJORD	Laufbahn in Sportanlagen	ASCHENBAHN	Lehre vom Kosmos	KOSMOLOGIE
längster Fluß der Türkei	KIZILIRMAK	Laufkäfer	SANDKAEFER	Lehre von den Knochen	OSTEOLOGIE
		Laufwettbewerb	WETTRENNEN		
lässig	NONCHALANT	Laune	ANWANDLUNG	Lehre von den Krankheiten	PATHOLOGIE
lästig, peinlich	UNANGENEHM	launenhaft	KAPRIZIOES		
Läusebefall	PEDIKULOSE	lautgemäß	PHONETISCH	Lehre von den Nerven	NEUROLOGIE
lagern	DEPONIEREN	Lautstärkemesser	PHONOMETER	Lehre von den Zwecken	TELEOLOGIE
Lampengestell	KANDELABER	Lebendigkeit, Lebenskraft	VITALITAET	Lehre von der Gottesmutter	MARIOLOGIE
Landesverweis	VERBANNUNG	Lebensbejahung	OPTIMISMUS		
Landkartenzeichner	KARTOGRAPH	Lebensbeschreibung	BIOGRAPHIE	lehrhaft	DIDAKTISCH
Landschaft an Taunus u. Wetterau	OBERHESSEN	Lebenskunst, -stil (latein.)	ARSVIVENDI	lehrreich	INSTRUKTIV
				Leibeigenschaft	HOERIGKEIT
Landschaft bei Meran	VINTSCHGAU	lebensnotwendig	ESSENTIELL	Leibwache des Papstes	NOBELGARDE
Landsknechtswaffe	HELLEBARDE	Lebensraum d. Erde	BIOSPHAERE	Leibwächter im Orient	MAMELUCKEN
landumschlossener Ozean	BINNENMEER	leer	INHALTSLOS	Leichenfeierlichkeiten	FUNERALIEN
		legal	GESETZLICH	leichtathletische Disziplin, Übung	DISKUSWURF
langbeinige Käferart	LAUFKAEFER	Lehrbuch	KOMPENDIUM		
		Lehre	AUSBILDUNG		
Langstreckenwettbewerb	AUTORENNEN	Lehrer an einer höheren Schule	STUDIENRAT	leichtathletische Disziplin, Übung	HOCHSPRUNG
langweilen	ENNUYIEREN	Lehrerin	ERZIEHERIN	leichtathletische Disziplin, Übung	WEITSPRUNG
		Lehrerin, Erzieherin	PAEDAGOGIN		
Lapislazuli	LASURSTEIN	Lehre v. d. Gründen allen Seins	METAPHYSIK	leichtathletischer Mehrkampf	FUENFKAMPF
Lappalie	BANALITAET				
Lappalie	NEBENSACHE	Lehre v. d. kirchl. Unterweisung	KATECHETIK	leichter, hoher Sieg	KANTERSIEG
latein.: Änderung	ALTERATION				
Latsche	BERGKIEFER			leichter Rolladen	JALOUSETTE

leichter Schwachsinn	DEBILITAET	Lichtpausverfahren	ZYANOTYPIE	liturg. Handwaschgefäß	AQUAMANILE
leichtlebig	LIEDERLICH	Lichtsetzmaschine	FOTOSETTER	Lizenz	KONZESSION
leichtsinnig	UNBESONNEN	Lichtsignal f. Luft- u. Seefahrt	BLINKFEUER	Lkw-Fahrbahn auf der Autobahn	KRIECHSPUR
Leidenschaft	FANATISMUS	Lichtstärkemesser	PHOTOMETER	Lob	KOMPLIMENT
leidenschaftl. Rede	PHILIPPIKA	Lichtstreuung	DISPERSION	lochen	AUSSTANZEN
leidenschaftlich	PATHETISCH	liebenswürdig	FREUNDLICH	Lochsäge	STICHSAEGE
Leinpfad	TREIDELWEG	Liebeswahn	EROTOMANIE	Lösung einer Verbindlichkeit	DEGAGEMENT
Leipziger Konzerthaus	GEWANDHAUS	Liebhaberin	VEREHRERIN	Lösung eines Vertrags	KUENDIGUNG
leistungsfähiger	UEBERLEGEN	Liederjan	NICHTSNUTZ	Logenbruder	FREIMAURER
Leistungsfähigkeit	KAPAZITAET	Liegenschaften	IMMOBILIEN	logisch folgern	DEDUZIEREN
leiten	DIRIGIEREN	Likör	EIERLIKOER	Lohn, Bezahlung	VERGUETUNG
Leiter einer Band	BANDLEADER	lilablühend. Kreuzblütler	NACHTVIOLE	Lohnabzugsart	LOHNSTEUER
Leitfaden	KOMPENDIUM	Liliengewächs	AGAPANTHUS	Londoner Hauptstraße	PICCADILLY
lenken	DIRIGIEREN	Liliengewächs	ASPIDISTRA	Londoner Stadtbezirk	KENSINGTON
Lenker, Schiffsführer	STEUERMANN	Liliengewächs	FEUERLILIE	Londoner Stadtbezirk	PADDINGTON
letzte Neuheit	DERNIERCRI	Liliengewächs	MAEUSEDORN	Londoner Stadtbezirk	TEDDINGTON
letzter Kartenspieler	HINTERHAND	Limitation	BEGRENZUNG	Londoner Stadtbezirk	TWICKENHAM
letzter Langobardenkönig	DESIDERIUS	linkes Parteienbündnis	VOLKSFRONT	Lossprechung	ABSOLUTION
Levante	MORGENLAND	Linse m. variabler Brennweite	GUMMILINSE	Lüftgerät	VENTILATOR
Lichtbild	FOTOGRAFIE	Linsenkombination	ANASTIGMAT	Lüge	UNWAHRHEIT
Lichtbildabzug	PHOTOKOPIE	Lippenblütler	GOLDNESSEL	Lügner, Scharlatan	SCHWINDLER
Lichtbildner	PHOTOGRAPH	Lippenblütler	GUNDERMANN	Lümmel	FRECHDACHS
Lichteinfall	BELICHTUNG	Lippengaumenlaut	LABIOVELAR	luftdicht	HERMETISCH
lichtelektr. Zelle	PHOTOZELLE	Literatur	SCHRIFTTUM	Luftfahrzeug	LUFTSCHIFF
Lichtmast	KANDELABER	Lithographie	STEINDRUCK	Luftfeuchtigkeitsmesser	HYGROMETER
Lichtmessung	FOTOMETRIE				
Lichtpause	PHOTOKOPIE				

Luftikus	LEICHTFUSS	Märtyrer, Eisheiliger	PANKRATIUS	Maniküregerät	NAGELFEILE
Luftkissenfahrzeug	HOVERCRAFT			Manko	FEHLBETRAG
		mäßig lebhaftes Musikstück	ALLEGRETTO	Mannbarkeit	VIRILITAET
Luftröhrenkatarrh	BRONCHITIS			Mannequin für Bildaufnahmen	FOTOMODELL
Luftsport-Gerät	FALLSCHIRM	mäßig warm	TEMPERIERT		
Luftverschlucken	AEROPHAGIE	Mätresse Ludwigs XIV.	LAVALLIERE	Mannstollheit	ANDROMANIE
lustige Figur	HAMPELMANN	Magengrube	EPIGASTRUM	Mann v. Alkmene	AMPHITRYON
lustige Figur	KOMOEDIANT	Magensäurerückfluß	SODBRENNEN	Mansardenraum	DACHKAMMER
Lustlehre des Aristipp	HEDONISMUS	Magenspiegel	GASTROSKOP	Manteltier	SEESCHEIDE
Lutheraner	PROTESTANT	magisches Zeichen	DRUDENFUSS	Manufaktur	HANDARBEIT
Luther-Stadt	WITTENBERG			Marderart	FISCHOTTER
		magisches Zeichen	PENTAGRAMM	Maria	MUTTERJESU
Luxation, Gelenkausdrehung	VERRENKUNG			Marias Lobgesang	MAGNIFIKAT
		Magnesit	BITTERSPAT		
luxemburgische Stadt	ECHTERNACH	Magnesiumoxid	BITTERERDE	Markierung der Feldmark	GRENZSTEIN
		Magnesiumsilikat	MEERSCHAUM	Markise	SONNENDACH
Luxus-Eisenbahnfahrzeug	SALONWAGEN	magnet. Wirksphäre	MAGNETFELD	Marmelade	FRUCHTMARK
				Marmelade	KONFITUERE
Macht	HERRSCHAFT	Magnetschwebebahn	TRANSRAPID	Marmorberg bei Athen	PENTELIKON
Mähne	HAARSCHOPF				
Mähne	LOCKENKOPF	Magnolienart	TULPENBAUM	marokk. Stadt am Hohen Atlas	MARRAKESCH
mäkeln	BEKRITTELN	Mais	WELSCHKORN		
Mänade	BACCHANTIN	makellos	FEHLERFREI		
Männerheilkunde	ANDROLOGIE	makellos	VOLLKOMMEN	marokkan. Hafenstadt	CASABLANCA
Männername	FRIEDEMANN	Makler, Mittelsmann	VERMITTLER		
Männertreu (botan.)	OMPHALODES	Malerfarbe	CHROMGRUEN	marrokkan. Berberstamm	RIFKABYLEN
männl. Gans	GAENSERICH	Malermaterial	ACRYLFARBE	maschinenmäßig	MASCHINELL
männl. Hauptwort	MASKULINUM	Mandarinen-Art	KLEMENTINE	maschinenmäßig	MECHANISCH
männl. Taube	TAEUBERICH	Mangangranat, Schmuckstein	SPESSARTIN	Maschinenmeister	MASCHINIST
männl. Ziege	ZIEGENBOCK	Manganoxid	BRAUNSTEIN	Masse, Menge	QUANTITAET
Märtyrer	LAURENTIUS	Mangel	ENTBEHRUNG	Massenaufmarsch	KUNDGEBUNG
Märtyrer	VALENTINUS	Manifest	KUNDGEBUNG		

maßgebend, kompetent	ZUSTAENDIG	Megaphon	SPRACHROHR	Metallätzer	CHEMIGRAPH
maßgebende Persönlichkeit	AUTORITAET	Mehrdeutigkeit	AMPHIBOLIE	Metallarbeitsbetrieb	KLEMPNEREI
		mehrfach, mehrmals	WIEDERHOLT		
		Mehrheit	MAJORITAET	Metzger	SCHLACHTER
maßlos	EXORBITANT	Meinung	AUFFASSUNG	mexikan. Hauptstadt	MEXICOCITY
Maß- und Gewichtskunde	METROLOGIE	Meinung	STANDPUNKT		
		Meinungsaustausch	DISKUSSION	mexikan. Insel	MARIAMADRE
Mastbaum	HOLLAENDER			Miesmuschelart	MEERDATTEL
Match	KONKURRENZ				
Mater dolorosa	VESPERBILD	Meinungsforschung	DEMOSKOPIE	Mietwagenlenker	TAXIFAHRER
mathem. Raumachse	KOORDINATE	Meisenart	GRUENMEISE	Milchgetränk, -sorte	SAUERMILCH
		Meisenart	LASURMEISE		
mathem. Wellenform	SINUSKURVE	Meisenart	SUMPFMEISE	Milchsorte	MAGERMILCH
		meisterhaft	BRAVOUROES	militär. Dienststellung	KOMMANDANT
matt	ERSCHOEPFT	Meisterschaft	CHAMPIONAT		
Mauer	ZIEGELWAND				
Maulbeergewächs	FEIGENBAUM	Melodienausschmückung	PARAPHRASE	militär. Dienststellung	KOMMANDEUR
Maulschelle	BACKPFEIFE			militär. Einheit	ARMEEKORPS
		menschenähnlich	ANTHROPOID		
mazedonische Dynastie	SELEUKIDEN			militär. Einheit	GESCHWADER
		Menschenalter	GENERATION		
mechanisch	MASCHINELL			Militär in der BRD	BUNDESWEHR
meckern	BEKRITTELN	Menschenfeind	MISANTHROP	militärisch. Kapelle	MUSIKKORPS
mecklenburg. See	KOELPINSEE	menschenfreundlich	HUMANITAER	militärisch grüßen	SALUTIEREN
mecklenburgisch. Ostseebad	AHRENSHOOP	Menschenräuber	ENTFUEHRER	militärisch üben	EXERZIEREN
		Menschenrasse	AUSTRALIDE		
Medikament	HEILMITTEL			Militärpolizei	FELDJAEGER
medizin. Jodlösung	JODTINKTUR	Menschenraub	KIDNAPPING	Millionenstadt am Mississippi	NEWORLEANS
		Menschenwürde	HUMANITAET		
Meeresbewegung	WELLENGANG				
				Mime	DARSTELLER
Meeresvogel	EISTAUCHER	Menschlichkeit	HUMANITAET	Mime	KOMOEDIANT
		merken	EINPRAEGEN	Minderheit	MINORITAET
Meeresvogel	SEETAUCHER	merkwürdig	EIGENARTIG	mindern, herabsetzen	REDUZIEREN
Meer zw. Europa und Afrika	MITTELMEER	meßbar	MENSURABEL		
		Meßdiener	MINISTRANT	mindern, verkleinern	VERRINGERN

minderwertig	MANGELHAFT	Mitbegr. d. Anthropologie	BLUMENBACH	mittelmeerisch	MEDITERRAN
Mineral	HORNBLENDE			Mittelmeerschiff	BRIGANTINE
Mineral	MILCHQUARZ	Mitbewerber	KONKURRENT		
Mineral, Galmei	SMITHSONIT	Mitgift	HEIRATSGUT	mittelschwed. Fluß	LJUSNEAELV
mineral. Schnitzmaterial	MEERSCHAUM	mit hoher Drehzahl	HOCHTOURIG	mobilisieren	AKTIVIEREN
Mineralbrunnen	HEILQUELLE	Mitkämpfer	KOMBATTANT	mod. Name v. Tschunking	CHONGQING
Mineralöl	SCHMIEROEL	Mitmacher	TEILNEHMER		
Ministrant	MESSDIENER	mitreißen	BEGEISTERN	modern. Gesellschaftstanz	LABOSTELLA
Minorität	MINDERHEIT	mittelalterl. Philosophie	SCHOLASTIK		
Minorität	MINDERZAHL				
minus	ABZUEGLICH	mittelamerikan. Bucht	FONSECABAI	modern. ital. Kunstrichtung	FUTURISMUS
Minus	FEHLBETRAG				
Mischung, Gemenge	VERMENGUNG	mittelamerikan. Hauptstadt	MEXICOCITY	modest	BESCHEIDEN
				modisches Zubehör	ACCESSOIRE
Mißerfolg	FEHLSCHLAG				
Mißerfolg	NIEDERLAGE	mittelamerikan. Hauptstadt	PANAMACITY	möblieren	EINRICHTEN
Missetäter	BOESEWICHT			möglich	POTENTIELL
Missetäter	DELINQUENT	mittelamerikan. See	MANAGUASEE	möglicherweise	VIELLEICHT
Mißgeschick	FATALITAET			Möglichkeitsform	KONJUNKTIV
mißgestaltet	DEFORMIERT	mittelamerikan. Staat	ELSALVADOR	Mönch	ORDENSMANN
mißhandeln	KUJONIEREN	mitteldeutsche Landschaft	THUERINGEN	Mönchsorden	AUGUSTINER
Mißhelligkeit	DISKREPANZ			Mönchsorden	BASILIANER
Mississippi-Zufluß	WHITERIVER	mittelengl. Stadt	BIRMINGHAM	Mohrrübe	GELBERUEBE
Mißklang	KAKOPHONIE			Molchfisch	LURCHFISCH
Mißklang, Mißton	DISKORDANZ	mittelengl. Stadt	NOTTINGHAM	Mole	HAFENMAUER
mißraten	MISSLINGEN	mittelfränk. Bergrücken	HESSELBERG	Molukken-Wildschwein	HIRSCHEBER
Mißverhältnis	DISKREPANZ			Moment	AUGENBLICK
mißverständlich	ZWEIDEUTIG	Mittel gegen Körpergeruch	DESODORANS	Monarch	LANDESHERR
Mißwirtschaft	KORRUPTION			Mondsüchtigkeit	LUNATISMUS
Mistkäfer	ROSSKAEFER	mittelkubanische Stadt	SANTACLARA	mongol. Gebirge	TARBAGATAI
Mistkäfer, Pillendreher	SKARABAEUS			mongol. Stadt	SUCHEBATOR
		mittellos	BEDUERFTIG		
		mittelloser Mensch	HABENICHTS	Mongolenfürst in Indien	GROSSMOGUL

Monitor	BILDSCHIRM	Münzkunde	NUMISMATIK	Musikausdruck f. sehr laut	FORTISSIMO
Montage	ANBRINGUNG	Müßiggänger	NICHTSTUER		
Montblanc-Gletscher	MERDEGLACE	Müßiggänger	SCHLARAFFE	Musikausdruck f. sehr leise	PIANISSIMO
Moorente	SCHELLENTE	Mufflon	MUFFELWILD		
Mop	STAUBBESEN	Mummenschanz	MASKENBALL	Musikausdruck f. zögernd	RITARDANDO
Morgenländer	LEVANTINER	Mundentzündung	STOMATITIS		
Morgenstern	PHOSPHOROS	Mundteil	UNTERLIPPE	Musik-Ensemble	SINFONIKER
morphiumliefernde Pflanze	SCHLAFMOHN	Mundvorrat, Reiseproviant	WEGZEHRUNG	Musiker	BRATSCHIST
				Musikinstrument	SCHLAGBASS
Moskauer Paradeplatz	ROTERPLATZ	Murrkopf	MIESEPETER	Musikwerke, Noten	MUSIKALIEN
		muschelförmig	KONCHIFORM		
Moskaus Bewohner	MOSKOWITER	Muschelschalen	KONCHYLIEN	Musikzeichen	ALTERATION
Motiv	BEWEGGRUND				
Mottenmittel	NAPHTHALIN	Muse des ernsten Gesangs	POLYHYMNIA	Musik: ausdrucksvoll	ESPRESSIVO
Motto	DENKSPRUCH				
Motto, Maxime	WAHLSPRUCH	Musical v. Loewe	MYFAIRLADY	Muskelgefüge	MUSKULATUR
Mücke	HAARMUECKE				
Mücken-Art	PILZMUECKE	Musical v. Porter	KISSMEKATE	Muskelkrampf	KATALEPSIE
müde	SCHLAEFRIG	musikal. Eröffnungsstück	OUVERTUERE	Muskelschwäche	MYASTHENIE
Mühe	SCHINDEREI			muskulös	ATHLETISCH
Münchner Humorist	WEISSFERDL	musikal. Verzierung	NACHSCHLAG	Mustersammlung	KOLLEKTION
				Mut, Beherztheit	TAPFERKEIT
Münchner Touristenziel	ALTERPETER	musikal.: bebend	TREMOLANDO	mutig	BRAVOUROES
Münchner Touristenziel	ASAMKIRCHE	musikal.: ergriffen, bewegt	AFFETTUOSO	mutig	COURAGIERT
				mutmaßlich	VERMUTLICH
Münchner Verkehrszentrum	KARLSPLATZ	musikal.: halbleise	MEZZOPIANO	mutmaßlich, wahrscheinlich	PRAESUMTIV
		musikal.: heiter	SCHERZANDO		
mündl. diplomat. Mitteilung	VERBALNOTE	musikal.: schneller werdend	STRINGENDO	Mutterkornvergiftung	ERGOTISMUS
Mündungsarm d. Donau	SANKTGEORG	musikalisches Vorspiel	OUVERTUERE	Mutter v. Andromeda	CASSIOPEIA
Münster	KATHEDRALE	musikalisches Vorspiel	PRAELUDIUM	Mutter v. Andromeda	KASSIOPEIA
Münsterstadt im Elsaß	STRASSBURG	Musikausdruck f. ruhig	TRANQUILLO	Mutter v. Triton	AMPHITRITE
Münze	GELDSTUECK				
Münze	METALLGELD			Mutwille	LEICHTSINN

Mythos, Mythus	HELDENSAGE	nächtl. lebender Halbaffe	KOBOLDMAKI	Naturheilkunde	PHYSIATRIE
nachäffen	KARIKIEREN	Nähhilfsmittel	STECKNADEL	naturwissenschaftl. Zweig	MATHEMATIK
nachäffen	PARODIEREN	Nagelbettgeschwür	PANARITIUM	Navigationshilfe	SEEZEICHEN
nachahmen	PLAGIIEREN	Nahrungsmittel	NAEHRSTOFF	neapolitanischer Volkstanz	TARANTELLA
Nachbildung	WIEDERGABE	Nahrungsmittel	NATURALIEN	Nebenbuhler	KONKURRENT
nach dem Tod (latein.)	POSTMORTAL	Nahrungsmittelaufnahme	ERNAEHRUNG	Nebenform	ABWANDLUNG
Nachdenken	MEDITATION	naiv	EINFAELTIG	Nebengebäude	DEPENDANCE
Nachdruck	NEUAUFLAGE	naiv	UNERFAHREN	Nebennierenrindenhormon	ALDOSTERON
nachdrücklich	EMPHATISCH	naiv, keusch	UNSCHULDIG	nebensächlich	EPISODISCH
Nachforschung	ERMITTLUNG	naiv, kindlich	UNBEFANGEN	Negation	VERNEINUNG
Nachfrage	BEDUERFNIS	Name des Brockens (Harz)	BLOCKSBERG	Negligé	MORGENROCK
Nachgebühr	STRAFPORTO	Name von 9 Päpsten	BONIFATIUS	Neid, Mißgunst	EIFERSUCHT
Nachimpressionist	POINILLIST	Narkosemittel	CHLOROFORM	Neozoikum	ERDNEUZEIT
Nachkomme	DESZENDENT	Nasenheilkunde	RHINOLOGIE	nepales. Himalajagipfel	DHAULAGIRI
Nachkommen des Herakles	HERAKLIDEN	nationalchines. Staatspartei	KUOMINTANG	Nereide	AMPHITRITE
Nachkommenschaft	DESZENDENZ	Nationalheld der Schweiz	WINKELRIED	Nervenarzt	PSYCHIATER
Nachkommenschaft	PROGENITUR	Nationalpark in Florida	EVERGLADES	Nervenheilkunde	NEUROLOGIE
Nachrede	LAESTERUNG	nationalrussisch. Komponist	MUSSORGSKI	Nerz	SUMPFOTTER
Nachricht	MITTEILUNG	nationalserbische Freischärler	TSCHETNIKS	Nesselgewächs	BRENNESSEL
Nachschrift	POSTSKRIPT	Natriumverbindung	AETZNATRON	Nettigkeit	KOMPLIMENT
nachsichtig	LANGMUETIG	Natronkalkfeldspat	PLAGIOKLAS	Nettoerlös	REINGEWINN
nachsinnen	MEDITIEREN	Naturerzeugnisse	NATURALIEN	netzförmig	RETIKULAER
Nachspiel	POSTLUDIUM			Neuerer, Verbesserer	REFORMATOR
Nachtschattengewächs	STECHAPFEL			Neupriester	PRIMIZIANT
Nachtschattengewächse	SOLANAZEEN			neuseeländ. Stadt	PALMERSTON
Nacktkultur	NATURISMUS			neuseeländische Inselgruppe	COOKINSELN

Clue	Answer
New-Orleans-Jazzstil	CREOLEJAZZ
New Yorker Börsenviertel	WALLSTREET
Nibelungengestalt	HILDEBRAND
nicht beachten	IGNORIEREN
nicht beachten	UEBERSEHEN
Nichtbefolgung	UNGEHORSAM
nicht behelligen	VERSCHONEN
nicht ertragreich	UNRENTABEL
nicht mehr verheiratet	GESCHIEDEN
nicht neutral	PARTEIISCH
nichtssagend	LANGWEILIG
nicht zu operieren	INOPERABEL
nicht zusagen	MISSFALLEN
niederbayer. Stadt an d. Donau	DEGGENDORF
niederbayer. Stadt an d. Isar	DINGOLFING
niederbayer. Stadt an der Vils	VILSBIBURG
niederdeutsch. Reformator	BUGENHAGEN
niederdtsch. Satiriker	LAUREMBERG
niedergeschlagen	DEPRIMIERT
Niedergeschlagenheit	DEPRESSION
Niederkunft	ENTBINDUNG
niederl. Grenzprovinz	OVERIJSSEL
niederl. Meteorologe	BUYSBALLOT
niederl. Stadt an d. Schelde	VLISSINGEN
niederl. Stadt an der Maas	MAASTRICHT
niederl. Stadt auf Walcheren	MIDDELBURG
niederl. Stadt in Friesland	LEEUWARDEN
niederl. Stadt in Limburg	MAASTRICHT
niederländ. Dirigent	MENGELBERG
niederländ. Provinz	GELDERLAND
niederösterr. Stadt	HOLLABRUNN
niedersächs. Stadt a. d. Innerste	HILDESHEIM
niedersächs. Stadt a. d. Medem	OTTERNDORF
niedersächs. Stadt an der Hase	OSNABRUECK
niedersächs. Stadt an der Leine	GOETTINGEN
niedersächs. Stadt im Eichsfeld	DUDERSTADT
Niederschrift	MANUSKRIPT
Niedertracht	GEMEINHEIT
niemals	NIMMERMEHR
Nierendrüse	NEBENNIERE
Nilpferd	FLUSSPFERD
Nil-Quellfluß	WEISSERNIL
nördlichste Stadt Europas	HAMMERFEST
Nötigung	ERPRESSUNG
Nordafrikaner	MAROKKANER
nordamerikan. Halbinsel	CUMBERLAND
nordamerikan. Indianer	KOMANTSCHE
nordaustral. Hafenstadt	PORTDARWIN
nordbad. Badeort	RIPPOLDSAU
nordbelg. Landschaft	KEMPENLAND
nordböhm. Stadt an der Elbe	LEITMERITZ
norddtsch. See	EUTINERSEE
nordengl. Hafen, Seebad	SUNDERLAND
nordengl. Stadt	DARLINGTON
nordeuropäische Hauptstadt	KOPENHAGEN
nordfranz. Bucht	SEINEBUCHT
nordfranz. Sprache im MA	LANGUEDOIL
nordfranz. Stadt an d. Bourre	HAZEBROUCK
nordfriesische Insel	NORDSTRAND
nordgriech. Landschaft	THESSALIEN
nordhess. Kurort	HOFGEISMAR
nordital. Alpensee	LAGODICOMO

nordital. Stadt am Po	MONCALIERI	nordspan. Landschaft	BASKENLAND	Obdach, Quartier	UNTERKUNFT
nordkaliforn. Fluß	SACRAMENTO	nordspan. Landschaft	KANTABRIEN	oberbay. Kurort	BADAIBLING
nordkorean. Hauptstadt	PJOENGJANG	nordspan. Provinz	PONTEVEDRA	oberbay. See	KOENIGSSEE
Nordlicht	POLARLICHT	Nordteil v. Großbritannien	SCHOTTLAND	oberbayer. Kurort an der Isar	MITTENWALD
nordnorweg. Hafenstadt	HAMMERFEST	nordwestengl. Grafschaft	CUMBERLAND	oberbayer. See bei Murnau	STAFFELSEE
nordostaustral. Staat	QUEENSLAND	nordwestirisch. Bucht	DONEGALBAY	oberbayer. Stadt am Inn	NEUOETTING
nordostschott. Bucht	MORAYFIRTH	nordwestmexikan. Stadt	HERMOSILLO	oberbayer. Stadt an d. Donau	INGOLSTADT
nordostschott. Grafschaft	KINCARDINE	normen	TYPISIEREN	oberbayer. Stadt an der Traun	TRAUNSTEIN
nordostspan. Landschaft	KATALONIEN	Not, Notlage	KALAMITAET	oberbayer. Wallfahrtsort	ALTOETTING
nordostspan. Stadt	HOSPITALET	Nothelfer	EUSTACHIUS	oberbayerisch. Kurort	RUHPOLDING
		Notlage	KALAMITAET		
		Notsituation	ZWANGSLAGE		
nordruss. Bucht	DWINABUCHT	Novellenbuch d. Margar. v. Navarra	HEPTAMERON	oberbayerisch. Kurort	SCHLIERSEE
nordruss. Bucht	MESENBUCHT	Nu	AUGENBLICK		
nordruss. See bei Murmansk	IMANDRASEE	nubischer Volksstamm	SCHANGALLA	oberfränk. Stadt an der Aisch	HOECHSTADT
		Nudelart	CANNELLONI		
		Nudismus	NATURISMUS		
nordschott. Grafschaft	SUTHERLAND	Nürnb. Sehenswürdigkeit	KAISERBURG	Oberhaupt	HAEUPTLING
Nordschottland	KALEDONIEN	Nürnberg. Meistersinger	BECKMESSER	oberirdische Wurzel	LUFTWURZEL
nordschwed. Fluß	INDALSAELV	nützliches Insekt	HONIGBIENE	Oberleitungsomnisbus	TROLLEYBUS
nordschwed. Landkreis	KOPPARBERG	Nuklearphysik	KERNPHYSIK	oberösterr. Stadt am Inn	SCHAERDING
nordschwed. Landkreis	NORRBOTTEN	nur für Eingeweihte	ESOTERISCH	oberpfälz. Stadt an der Naab	SCHWANDORF
Nordseemöwe	STURMMOEWE	Nußart, -sorte	CASHEWNUSS	Oberschicht	SCHICKERIA
		Nutria	BIBERRATTE		
nordspan. Hafenstadt	PONTEVEDRA	Nutria	SUMPFBIBER		

oberschles. Stadt	HINDENBURG	österr. Kurort	BADGASTEIN	ohne Scheu	UNBEFANGEN
Objekt	GEGENSTAND	österr. Kurort am Arlberg	SANKTANTON	ohne Umschweife	UNUMWUNDEN
Obrigkeit	AUTORITAET				
Observatorium	STERNWARTE	österr. Kurort in Tirol	SOLBADHALL	ohnmächtig	BEWUSSTLOS
observieren	BEOBACHTEN	österr. Landeshauptstadt	KLAGENFURT	Ohren des Wildes	SCHUESSELN
Obstbaum	KIRSCHBAUM			Olivin-Abart	CHRYSOLITH
Odeon	MUSIKHALLE	österr. Nationalökonom	SCHUMPETER	Omelette	EIERKUCHEN
öde	LANGWEILIG			Omen	VORZEICHEN
öffentl. Darlegung	EXHIBITION	österr. Schauspieler	QUALTINGER	Opa	GROSSVATER
				Operateur (Kino)	VORFUEHRER
Öffnung im Ohr	GEHOERGANG	österr. Schauspieler	SCHOENHERR	operative Abtrennung	AMPUTATION
Ölpflanze	KOKOSPALME				
Ölpflanze	MANDELBAUM	österr. Schriftsteller	GUETERSLOH	Operette v. Straus	DREIWALZER
Örtlichkeit	LOKALITAET				
österr. Alpengebirgsstock	HOHETAUERN	österr. Schriftsteller	SEALSFIELD	Operette v. Strauß	FLEDERMAUS
		österr. Schriftsteller	WASSERMANN	Operette von Lehár	FRIEDERIKE
österr. Alpenpaß	KATSCHBERG			Operette von Lehar	ZAREWITSCH
österr. Autor, Dramatiker	SCHNITZLER	österr. Staatsmann	METTERNICH	Operette von Lincke	LYSISTRATA
österr. Barockbaumeister	PRANDTAUER	österr. Stadt an der Mürz	KAPFENBERG	Operette von Offenbach	DIEKREOLIN
		österr.: Hüftstück v. Rind	TAFELSPITZ	Operette von Strauß	WIENERBLUT
österr. Botaniker	HABERLANDT				
österr. Bundesland	BURGENLAND	österr.: Süßspeise	MEHLSPEISE	Opern-, Operetteneinleitung	OUVERTUERE
österr. Bundesland	STEIERMARK	österr.: Tomate	PARADEISER	Opernsänger	TENORBUFFO
österr. Bundesland	VORARLBERG	Österreicher	SALZBURGER	Oper von Auber	FRADIAVOLO
österr. Dramatiker	SCHOENHERR	östlicher Teil des Frankenreiches	AUSTRASIEN	Oper von Borodin	FUERSTIGOR
österr. Kompon. (Zwölfton)	SCHOENBERG	östliche Südseeinseln	POLYNESIEN	Oper von Egk	DERREVISOR
				Oper von Einem	DANTONSTOD
österr. Komponist	MILLOECKER	offenes Nullspiel (Skat)	NULLOUVERT	Oper von Leoncavallo	DERBAJAZZO
		ohne Erwerb	ARBEITSLOS		

Oper von Meyerbeer	HUGENOTTEN	ostafrikan. Inselrepublik	SESCHELLEN	Ostseebad	TIMMENDORF
Oper von Orff	BERNAUERIN	ostafrikan. Inselstaat	SEYCHELLEN	Ostseebad bei Lübeck	SCHARBEUTZ
Oper von Pfitzner	PALESTRINA	ostbrasilian. Hafenstadt	PERNAMBUCO	Ostslawe	WEISSRUSSE
Oper von Reznicek	DONNADIANA	ostchines. Hafenstadt	HANGTSCHOU	Oszillation	SCHWINGUNG
Oper von Strauss	INTERMEZZO			Oxygen	SAUERSTOFF
Oper von Strawinsky	OEDIPUSREX	ostengl. Halbinsel	HOLDERNESS	ozean. Inselgruppe	MELANESIEN
Oper von Verdi	LATRAVIATA	ostfranz. Landschaft	LOTHRINGEN	Pädiater	KINDERARZT
Oper von Verdi	MASKENBALL	ostfriesische Insel	SPIEKEROOG	päpstl. Finanzverwalter	CAMERLENGO
Oper von Verdi	TROUBADOUR	ostfriesische Insel	WANGEROOGE	pakistan. Stadt	BAHAWALPUR
Oper von Wolf	CORREGIDOR			pakistan. Stadt im Pandschab	RAWALPINDI
opfern	DARBRINGEN	Ostgotenkönig	THEODERICH	pakistan. Volk	BELUTSCHEN
Opposition	WIDERSTAND	Ostgotenkönig	THORISMUND	Palmenart	BRENNPALME
Optimismus	ZUVERSICHT	ostkanad. See	ONTARIOSEE	Palmenart	KOKOSPALME
optisches Gerät	STROBOSKOP	ostkanadisch. Feldspat	LABRADORIT	Palmetto	ZWERGPALME
orangeblühende Gartenblume	MONTBRETIE	ostmährische Stadt	GOTTWALDOW	Pampelmuse	GRAPEFRUIT
Oratorium von Haydn	SCHOEPFUNG	ostpreuß. Stadt	FRAUENBURG	Panda	KATZENBAER
Orbit	UMLAUFBAHN	ostpreuß. Stadt	INSTERBURG	Pantoffelblume	TIGERBLUME
Orchidee	VENUSSCHUH	ostpreuß. Stadt	NEIDENBURG	Panzerhemd	BRIGANTINE
ordentliche Professur	ORDINARIAT	ostpreuß. Stadt	PILLKALLEN	Panzerreiter	KUERASSIER
ordentlicher Professor	ORDINARIUS	ostpreuß. Stadt	RASTENBURG	Papageienkrankheit	PSITTAKOSE
ordnen	REGULIEREN	ostpreuß. Stadt in Masuren	ORTELSBURG	Papier prägen	GAUFRIEREN
Orient	MORGENLAND			Pappelart	GRAUPAPPEL
Orientale	LEVANTINER	ostpreußischer Honiglikör	BAERENFANG	Pappelrose	STOCKMALVE
Ornament	RANKENWERK			Papst im 2./3. Jh.	ZEPHYSINUS
Ort am Vierwaldstätter See	KUESSNACHT	ostpreußische Stadt	BRAUNSBERG	Papst im 5. Jh.	SIMPLICIUS
ortfest, standörtlich	STATIONAER	oström. Kaiser	KONSTANTIN	Papst im 7. Jh.	SABINIANUS
ortsansässig	BEHEIMATET			Papstname	ANASTASIUS
				Papstname	CONSTANTIN

Papstname	ELEUTHERUS	Pelzverarbeiter	KUERSCHNER	Pferd v. Alexander d. Gr.	BUKEPHALOS
Papstname	HIPPOLYTUS	Pentagramm	DRUDENFUSS	Pflanzenfarbstoff	BLATTGRUEN
Papstname	KONSTANTIN	Perforation	DURCHBRUCH	Pflanzenfresser	PHYTOPHAGE
Paradies	GARTENEDEN	Pergola	WANDELGANG	Pflanzengeographie	GEOBOTANIK
Paradiesfische	MAKROPODEN	Perikard	HERZBEUTEL		
		perlen	MOUSSIEREN		
Parasolpilz	SCHIRMLING	Perserkönig	ARTAXERXES	Pflanzenkostesser	VEGETARIER
Parfümherstellungsverfahren	ENFLEURAGE	persönl. Fest	GEBURTSTAG	Pflanzenkunde	PHYTOLOGIE
		Personenstandsbehörde	STANDESAMT	Pflanzenlaus	SCHILDLAUS
Pariser Kathedrale	SACRECOEUR			Pflanzenwuchs	VEGETATION
Pariser Wahrzeichen	EIFFELTURM	Pfannkuchen	EIERKUCHEN	Pflanzenzuchtanlage	GAERTNEREI
		Pfarrer, Geistlicher	SEELSORGER		
Parkuhr	PARKOMETER			Pflanzenzüchterin	GAERTNERIN
parodieren	VERSPOTTEN	Pfarrsprengel	KIRCHSPIEL	pflichtgemäß	GEBUEHREND
Parole d. Franz. Revolution	FRATERNITE	Pfeifenmaterial	MEERSCHAUM	Pflugteil	PFLUGSCHAR
		Pfeifenstrauch	OSTERLUZEI	Phantasie	EINBILDUNG
Parole d. Franz. Revolution	GLEICHHEIT	Pfeifenstrauch	SCHNEEBALL	phantasieren	FABULIEREN
				Phantast	ROMANTIKER
parteiisch	UNSACHLICH	Pfeil b. Stierkampf	BANDERILLA	philippin. Bastfaser	MANILAHANF
Passage	DURCHFAHRT				
Passage	UEBERFAHRT	Pfeilgiftpflanze	MANZANILLO	philos.: absolute Verneinung	NIHILISMUS
Paßgänger	LIPIZZANER	Pfeilkraut, Aquarienpflanze	SAGITTARIA		
Passionsblumenfrucht	GRENADILLE			philosoph. Richtung	METAPHYSIK
		Pferch, Absperrung	UMZAEUNUNG	philosophische Richtung	HUMANISMUS
Paß zwischen Sterzing u. Bozen	PENSERJOCH	Pferdedressur	HOHESCHULE	philosophische Richtung	IDEALISMUS
Patentverschluß	DRUCKKNOPF	Pferdekunde	HIPPOLOGIE	philosophische Richtung	STOIZISMUS
		Pferderasse	HOLSTEINER		
Paternoster	VATERUNSER	Pferderasse	LIPIZZANER	Phrase, Slogan	SCHLAGWORT
Pavillon	GARTENHAUS	Pferderennbahn bei Paris	LONGCHAMPS	phrasenhaft	RHETORISCH
pazifische Inselgruppe	POLYNESIEN			Picke, Pickel	KREUZHACKE
pazifischer Inselstaat	NEUSEELAND	Pferderennen, Pferdesportart	TRABRENNEN	Pickel	SPITZHACKE
Pedalteil	TRETKURBEL			pietistische Bewegung	QUIETISMUS

Pigmenthormon	INTERMEDIN	plattenverkleid. Feuerstätte	KACHELOFEN	polnisch. Nationalheiliger	STANISLAUS
Pigmentmangel	ALBINISMUS	plissiert. Bekleidungsstück	FALTENROCK	Pomeranzenart	BERGAMOTTE
pikant	ANZUEGLICH			Popmusik-Gruppe	DEEPPURPLE
Pilger	WALLFAHRER				
pilgern	WALLFAHREN	plötzl. chem. Zersetzung	DETONATION	Popmusik-Gruppe	EASTOFEDEN
Pilgerziel in Spanien	MONTSERRAT	plötzl. Herztod	HERZSCHLAG	Popmusik-Gruppe	SMALLFACES
Pilzart	BECHERLING	Plunder	KRIMSKRAMS		
Pilzart	BITTERLING	pöbelhaft	PLEBEJISCH	Popmusik-Gruppe	THEOSMONDS
Pilzart	BUCHENPILZ	Poesie	DICHTKUNST		
Pilzart	EICHELPILZ	polare Himmelserscheinung	POLARLICHT	Popmusik-Solist	JAMESBROWN
Pilzart	EIERBOVIST				
Pilzart	FALTENPILZ			Popmusik-Solist	JOHNLENNON
Pilzart	HERBSTLING	Politikwissenschaftler	POLITOLOGE		
Pilzart	KEULENPILZ			Popmusik-Solist	JOHNNYCASH
Pilzart	RITSCHLING	politisch. Beeinflussung	LOBBYISMUS		
Pimpinelle	BIBERNELLE			Popmusik-Solistin	CAROLEKING
Pipette	STECHHEBER	politisch. Werbung	PROPAGANDA		
Pirat, Flibustier	SEERAEUBER	Polizeibeamter	SCHUTZMANN	Popmusik-Solistin	MAGGIEBELL
Pistole	PARABELLUM	poln. Badeort, Kurort	HOHENSALZA	Popmusik-Solistin	MARSHAHUNT
Plaid	REISEDECKE				
Plane	PERSENNING	poln. Filmregisseur	KIESLOWSKI	Popmusik-Solist (Rockmusik-Solist)	BOBBYDARIN
Planetenaspekt	HALBSEXTIL				
Planetenaspekt	OPPOSITION	poln. Komponist	PENDERECKI	Popmusik-Solist (Rockmusik-Solist)	CURTISKING
planmäßig	METHODISCH				
planmäßige Darstellung	SYSTEMATIK	poln. Landsch. an der Weichsel	POMESANIEN	Popmusik-Solist (Rockmusik-Solist)	DAVIDBOWIE
planmäßige Gliederung	EINTEILUNG	poln. Pianist	RUBINSTEIN	Popmusik-Stil	MERSEYBEAT
planmäßiges Vorgehen	SYSTEMATIK	polnisch. Autor	GOMBROWICZ	Porling, Speisepilz	SEMMELPILZ
Planwirtschaft	DIRIGISMUS	polnisch. Autor (19. Jh.)	MICKIEWICZ	Portemonnaie	GELDBEUTEL
Plastik	KUNSTSTOFF				
Platitüde	BANALITAET	polnisch. König	STANISLAUS	Portemonnaie	GELDBOERSE
Platten-Entertainer	DISCJOCKEY	polnisch. Komponist, Pianist	PADEREWSKI	portug. Atlantikhafen am Rio Lega	MATOSINHOS
Plattenspieler	GRAMMOPHON	polnisch. Maler u. Dichter	WYSPIANSKI		

Rauhblattgewächs

811

portugies. Atlantikinsel	PORTOSANTO
Position	ANSTELLUNG
Possenreißer	KOMOEDIANT
Posten	ANSTELLUNG
Posten (weidmänn.)	BLEISCHROT
Postversandart	DRUCKSACHE
Postwertzeichen	BRIEFMARKE
Potentat	MACHTHABER
Po-Zufluß	DORABALTEA
prachtvoll	GROSSARTIG
präsentieren	DARSTELLEN
Prager Stadtteil	JOSEFSTADT
Preiselbeere	KRONSBEERE
preisgeben, entsagen	VERZICHTEN
preisgekrönt	PRAEMIIERT
Preislied Marias	MAGNIFIKAT
Presseerzeugnis	PERIODIKUM
Presseschriftsteller	JOURNALIST
preuß. General	CLAUSEWITZ
preuß. Generalfeldmarschall	MANTEUFFEL
preuß. Reformer	HARDENBERG
preuß. Staatsmann	HARDENBERG
Priesterherrschaft	THEOKRATIE
Priesterweihe	ORDINATION
Privaterzieher	HAUSLEHRER
proben, üben	TRAINIEREN
Produktionsform	MANUFAKTUR
Prognose	VORHERSAGE
Promenade	SPAZIERWEG
Prophet, Herold	VERKUENDER
Prophezeiung	VORAUSSAGE
Prophezeiung	WEISSAGUNG
Protest	AUFLEHNUNG
Protestant	LUTHERANER
protestantisch	CALVINISCH
protestantisch	REFORMIERT
provenzalischer Minnesänger	TROUBADOUR
Provitamin	ERGOSTERIN
prüde, überempfindlich	ZIMPERLICH
Prüfer	EXAMINATOR
Prüfer	INSPIZIENT
Prüfung	INSPEKTION
Prunkdecke b. Reiterturnier	SCHABRACKE
Psyche	INNENLEBEN
Puls	HERZSCHLAG
Pulsregelmäßigkeit	EURHYTHMIE
Quadrille	KONTERTANZ
quälen, schikanieren	TRAKTIEREN
Quarantäne	ISOLIERUNG
Quark	WEISSKAESE
Quarz-Abart	KATZENAUGE
Quarzart	ROSENQUARZ
Quellfluß des Dalälv	OESTERAELV
Querulant	MIESMACHER
Quintessenz	HAUPTSACHE
Rabenvogel	SAATKRAEHE
Rache, Quittung	VERGELTUNG
Rachenblütler	LOEWENMAUL
Rachenbräune	DIPHTHERIE
Radius	HALBMESSER
Radiusvektor	LEITSTRAHL
Ränkeschmied	SCHIKANEUR
Rätoromanisch	RUMAUNTSCH
rätoromanisch. Sprache	FRIAULISCH
Rätselart	KOENIGSZUG
rätselhaft	MYSTERIOES
räuberischer Singvogel	NEUNTOETER
räumen	EVAKUIEREN
Rahmen	EINFASSUNG
Rallenvogel	WASSERHUHN
Ralley	STERNFAHRT
Ramme	FALLHAMMER
Ramsch	KRIMSKRAMS
Randbemerkung	MARGINALIE
Randgebiet	PERIPHERIE
Rang	DIENSTGRAD
Rangelei	GEPLAENKEL
Rangordnung	HIERARCHIE
Ranunkel	HAHNENFUSS
Rarität	SELTENHEIT
Rasenballspiel	SCHLAGBALL
rasend	FRENETISCH
Rat	EMPFEHLUNG
Rate	TEILBETRAG
Ratgeber	KOMPENDIUM
Raubtier	BAUMMARDER
Rauhblattgewächs	NATTERKOPF

Raumfahrteinrichtung	STARTRAMPE	rednerisch	ORATORISCH	Reisetäschchen	NECESSAIRE
Raumschiff	MONDFAEHRE	reduzieren	VERMINDERN	Reiterei	KAVALLERIE
Raumschiff der Amerikaner	FRIENDSHIP	reduziert	GEMAESSIGT	Reitergeneral im 30jähr. Krieg	PAPPENHEIM
		Reform	ERNEUERUNG		
		Reform	NEUORDNUNG		
Raumsonde der Amerikaner	DISCOVERER	rege	BETRIEBSAM	Reitersoldat	KUERASSIER
		Regel, Direktive	RICHTLINIE	Reitertruppe	KAVALLERIE
Rauschgift	NARKOTIKUM	regelmäßig, taktmäßig	RHYTHMISCH	Reithalle	TATTERSALL
rauschhaft verzückt	DIONYSISCH	regelmäßiges Lehren, Schulung	UNTERRICHT	Reitpferdeverleih	TATTERSALL
Rebell	AUFRUEHRER			reizbarer Mensch	CHOLERIKER
Rechnen mit Zahlen	ARITHMETIK	regeln	DIRIGIEREN	reizen	IRRITIEREN
		regeln, einstellen	REGULIEREN	Reizker	HIRSCHLING
Rechnungsführer	BUCHHALTER	Regieassistentin beim Film	SCRIPTGIRL	reizlos	LANGWEILIG
				Reklame, Werbung	PROPAGANDA
Rechnungsprüfer	KALKULATOR	Regierungsgegenpartei	OPPOSITION	Reklamemittel, Werbeträger	HANDZETTEL
rechte Schiffsseite	STEUERBORD	Regierungssitz	HAUPTSTADT	religiöse Übung	MEDITATION
rechtlich, rechtmäßig	GESETZLICH	Regierungsvertreter	GOUVERNEUR	religiös unabhängig Denkender	FREIDENKER
		Region	LANDSCHAFT		
rechtlich, rechtswissenschaftlich	JURISTISCH	Reh im zweiten Jahr	SPIESSBOCK	Religionsbekenntnis	KONFESSION
Rechtsextremist	CHAUVINIST	reiben	FROTTIEREN	Reminiszenz	ERINNERUNG
		reich, wohlhabend	VERMOEGEND	Remonstranten	ARMINIANER
Rechtsgültigkeit	LEGALITAET	reichlich geben	SPENDIEREN	Renovierung	ERNEUERUNG
Rechtsnachfolge	SUKZESSION	Reife	MATURITAET	Rente	ALTERSGELD
Rechtsverdrehung	RABULISTIK	Reifeprüfling	ABITURIENT	Reptil	KRIECHTIER
		rein gefühlsmäßig	INSTINKTIV	Requiem	TOTENMESSE
Rechtsvergünstigung	BENEFIZIUM			Reserve	ERSATZHEER
		Reinheit	SAUBERKEIT	Resolution	ENTSCHLUSS
rechtswidrige Aneignung	USURPATION	Reinigung	LAEUTERUNG	Restitution	ERSTATTUNG
rechtwinklig	ORTHOGONAL	Reinigungsanlage	RAFFINERIE	Resultat	AUSWIRKUNG
				Rettungsgerät in der Luftfahrt	FALLSCHIRM
redekünstlerisch	RHETORISCH	Reiseproviant	MUNDVORRAT		
Redner	RHETORIKER				

Revers, Gegenseite	RUECKSEITE	Rollfeld auf Flugplätzen	BETONPISTE	Rüsselrobbe	SEEELEFANT
Revolution	UMWAELZUNG	Rollfeld auf Flugplätzen	LANDEPISTE	Rüstung	BEWAFFNUNG
richterl. Anweisung	VERFUEGUNG	Rollfeld auf Flugplätzen	STARTPISTE	Ruheständler	PENSIONAER
richtig, wahr	ZUTREFFEND	Roman v. Cervantes	DONQUIJOTE	Ruinenstadt im Iran	PERSEPOLIS
Riegel	VERSCHLUSS	Roman v. Dahn	KAMPFUMROM	rumän. Landschaft	DOBRUDSCHA
Riesenbaum	MAMMUTBAUM	Roman v. Fontane	EFFIBRIEST	rumän. Stadt	TURGUMURES
Riesenechse d. Vorzeit	DIPLODOKUS	Roman v. Ina Seidel	WUNSCHKIND	Rundtempel	MONOPTEROS
riesengroß	GIGANTISCH	Roman v. Thomas Mann	ZAUBERBERG	russ.-amer. Choreograph	BALANCHINE
riesengroß	HUENENHAFT	Rosenart	REMONTANTE	russ. Biologe (Pflanzenzucht)	MITSCHURIN
riesenhaft	ZYKLOPISCH	Rosengewächs	NELKENWURZ		
riesenstark	HERKULISCH	Rostbirne	ROUSELETTE	russ. Feldherr Peters d. Gr.	MENSCHIKOW
Ringelwurm	PFERDEEGEL	roter Burgunderwein	CHAMBERTIN		
rituelles Schlachten	SCHAECHTEN	Roter Milan	GABELWEIHE	russ. Forscher und Autor	LOMONOSSOW
Rivale	KONKURRENT	Rotschwanzvogel	NACHTIGALL	russ. kubist. Künstler	ARCHIPENKO
Rivalität	KONKURRENZ	Rückbildung	REGRESSION	russ. Sekte	RASKOLNIKI
Rivalität	WETTSTREIT	rückgängig machen	STORNIEREN	russ. suprematist. Maler	MALEWITSCH
Robbenart	OHRENROBBE	Rückkunft	WIEDERKEHR	russisch. Forscher, Chemiker	MENDELEJEW
Robbenart, Meeressäuger	SEELEOPARD	Rückseitendruck	WIDERDRUCK	russisch. konstruktivist. Maler	RODSCHENKO
Rochenart	DORNROCHEN	Rücksichtnahme	DISKRETION		
Rochenart	ENGELFISCH	Rückstrahler am Fahrrad	KATZENAUGE	russisch. Kronprinz	ZAREWITSCH
Rochenart	SAEGEFISCH	Rückwirkung	KONSEQUENZ	russisch. naturalist. Dramatiker	OSTROWSKIJ
Rockmusik-Gruppe	JETHROTULL	Rückzahlung	ERSTATTUNG	russisch. Opernsänger	SCHALJAPIN
römisch. Kaiser	AEMILIANUS	rüde	UNHOEFLICH		
römisch. Kaiser	DIOKLETIAN	Rüsselkäfer	KORNKAEFER	russische Kohlsuppe	BORSCHTSCH
römisch. Provinzstatthalter	PROKURATOR			russische Pastete	VISNISCHKI
Rohrsänger	GRASMUECKE				
Rohseide	EKRUESEIDE				

russische Pastete	WATRUSCHKI	salpetersaures Blei	BLEINITRAT	Schafblattern, Varizellen	WINDPOCKEN
russischer Komponist	STRAWINSKY	salzsäurehaltig	MURIATISCH	schalkhaft	SCHELMISCH
russische Stadt am Nordkaukasus	PJATIGORSK	Sammelpunkt	BRENNPUNKT	Schallaufzeichnung	PHONOGRAMM
		Sammlg. v. Dichtg. versch. Autoren	ANTHOLOGIE	Scham	KEUSCHHEIT
russische Stadt im Ural	SWERDLOWSK			scharf	GEPFEFFERT
		Sammlung	KOLLEKTION	scharfsinnig	GEISTREICH
Rute	ANGELSTOCK				
saarländ. SPD-Politiker	LAFONTAINE	Sammlung religiöser Lieder	GESANGBUCH	Scharlach	SCARLATINA
				Scharmützel	PLAENKELEI
Sache	GEGENSTAND			Scharnier	DREHGELENK
sächs.-böhm. Mittelgebirge	ERZGEBIRGE	Sandbank in der Nordsee	DOGGERBANK	Scharnier	GELENKBAND
		Sanddorn	BERBERITZE	Schattenriß, Scherenschnitt	SILHOUETTE
sächs. Stadt an der Elbe	WITTENBERG	Sandläufer, Schnepfenvogel	SANDERLING	Schau	DARBIETUNG
				Schaumstreifen hinter e. Schiff	KIELWASSER
sächs. Stadt an der Mulde	BITTERFELD	sanitär	HYGIENISCH		
		Satellitenvermessung	TELEMETRIE	Schauspieldichter	DRAMATIKER
sächs. Stadt im Erzgebirge	MARIENBERG	Satzteil in Klammern	PARENTHESE	Schauspieler	DARSTELLER
sächs. Stadt im Erzgebirge	SCHNEEBERG	Satzzeichen	ABFUEHRUNG	Schauspieler	KOMOEDIANT
		Satzzeichen	ANFUEHRUNG	Schaustellung	EXPOSITION
sättigen, befriedigen	SATURIEREN	Sauerdorn	BERBERITZE	Scheinheiligkeit	BIGOTTERIE
Sättigung	SATURATION	Saum	EINFASSUNG	Scheinheiligkeit	FROEMMELEI
säubern	ABBUERSTEN	Sauna	SCHWITZBAD	Schelle	GLOECKCHEN
Säulengangtempel	PERIPTEROS	Schabkunstmanier	MEZZOTINTO	Schicklichkeit	KONVENIENZ
Säulenrille	KANNELUERE	Schadenersatz	REPARATION	Schicksal	BESTIMMUNG
Sagenkunde	MYTHOLOGIE	Schadstoffeinwirkung	VERGIFTUNG	Schicksalsdeutung	DIVINATION
Saison	JAHRESZEIT	Schädelknochen	OBERKIEFER	Schicksalsglaube	FATALISMUS
Sakramentshäuschen	TABERNAKEL	Schädelknochenspalt	FONTANELLE	Schielen	STRABISMUS
Sakrileg	ENTWEIHUNG			Schiff des Kolumbus	SANTAMARIA
Salatpflanze	ACKERSALAT	Schälpilz	SCHMERLING		
Salomonssiegel	SPRINGWURZ	schäumen	MOUSSIEREN	Schiffahrtskunde	NAVIGATION

Schiffs-auszeichnung	BLAUESBAND	Schlaginstrumentengruppe	PERKUSSION	Schmeichler, Liebediener	SCHOENTUER
Schiffsbesatzung	MANNSCHAFT	Schlangenart	BAUMNATTER	Schmetterlingsart	AMPFEREULE
Schiffsführung	NAVIGATION	Schlangenlinie, Windung	SERPENTINE	Schmetterlingsart	EDELFALTER
Schiffsgeschützsalve	BREITSEITE	schlank	ASTHENISCH	Schmetterlingsart	ERBSENEULE
Schiffsleinwand	PERSENNING	Schlappe	MISSERFOLG	Schmetterlingsart	HOLZBOHRER
Schiffsroute	FAHRWASSER	Schlappe	NIEDERLAGE		
Schiffstaufe	STAPELLAUF	schlechter Ruf	MISSKREDIT	Schmetterlingsart	KAPSELEULE
Schiffsweiser	LEUCHTTURM	schlechthin	KATEXOCHEN	Schmetterlingsart	PURPURBAER
Schiffswinde	ANKERSPILL	Schleichkatze	ROLLMARDER		
schiitische Sekte	ISMAILITEN	schlemmerisch	LUKULLISCH	Schmetterlingsart	ROTSCHWANZ
		schles. Barockdichter	LOHENSTEIN	Schmetterlingsart	SCHILFEULE
schikanieren	KUJONIEREN	schles. Kurort	KARLSBRUNN	Schmetterlingsart	WIDDERCHEN
Schildblume	ASPIDISTRA	schles. Kurort an der Zinder	SCHOEMBERG	Schmetterlingsart	WURZELEULE
Schilddrüse	THYREOIDEA				
Schildknorpel des Kehlkopfes	ADAMSAPFEL	schlesischer Naturheilkundiger	PRIESSNITZ	Schmetterlingsblütler	FEUERBOHNE
Schildlausfarbstoff	COCHINELLE	schlesw.-holst. Stadt an der Elbe	GEESTHACHT	Schmetterlingsblütler	GEISSRAUTE
schilfähnliche Pflanze	IGELKOLBEN	Schleuder	ZENTRIFUGE	Schmetterlingspuppe	CHRYSALIDE
Schläfrigkeit	MUEDIGKEIT	Schließgerät	SCHLUESSEL	Schmirgelpapier	SANDPAPIER
Schläue	SCHLAUHEIT	Schloß bei Paris	VERSAILLES	schmoren	SCHMURGELN
schlaff	ABGESPANNT	Schloß im Salzburger Land	MITTERSILL	Schmortopf	KASSEROLLE
Schlafmittel-Art	HYPNOTIKUM			Schmuck beim Richtfest	RICHTKRONE
Schlafwandler	SOMNAMBULE	Schloß in Paris	LUXEMBOURG	Schmucklilie	AGAPANTHUS
Schlafzimmermöbel	NACHTTISCH	schlüssig	KONKLUDENT	Schmuckmaterial	EDELMETALL
Schlaginstrument	SCHLAGZEUG	Schlußfolgerung	KONKLUSION	Schmuckstein	ALLOCHROIT
		Schlußleuchte	RUECKLICHT	Schmuckstein	KATZENAUGE
Schlaginstrument	WASCHBRETT	Schmeichelei	KOMPLIMENT	Schmuckstein	LABRADORIT

Schmuckstein	MILCHQUARZ	Schreibweise von Mosambik	MOCAMBIQUE	Schwabenstamm	HERMINONEN
Schmuckstein	WASSEROPAL			schwach leuchtend	SCHIMMERND
Schmuckwarengeschäft	BIJOUTERIE	Schreitvogel	ROHRDOMMEL	schwachsinnig	VERBLOEDET
		Schriftart	EGYPTIENNE		
schmükken	DEKORIEREN	Schrotgewehr	JAGDFLINTE	schwäb. Fürstengeschlecht	ZAEHRINGER
schmükkend	ORNAMENTAL	Schrumpfung	RETRAKTION		
Schneerose	CHRISTROSE	schüchtern	AENGSTLICH	schwäb. Stadt an der Wertach	KAUFBEUREN
Schneidemaschine	KREISSAEGE	Schüler v. Anaximander	ANAXIMENES		
Schneidemaschine	MOTORSAEGE			Schwächeanfall, -zustand	UNWOHLSEIN
		Schüttgut	BULKLADUNG		
Schnekkenlinie	SCHNOERKEL	Schuhteil	BRANDSOHLE	schwächer werdend (Musik)	DIMINUENDO
		Schuld, Verstoß	VERFEHLUNG		
schnelles Automobil	SPORTWAGEN	Schuldverschreibung	OBLIGATION	Schwärmer	ENTHUSIAST
Schnepfenvogel	BRACHVOGEL			Schwärmer	ROMANTIKER
		Schuldverschreibung	PFANDBRIEF		
Schönheitsmittel	KOSMETIKUM			Schwätzer, Marktschreier	SCHARLATAN
		Schulfach	MATHEMATIK		
Schöpfung	ENTSTEHUNG	Schulfach	NATURKUNDE	Schwanzlurch	SALAMANDER
		Schulung	AUSBILDUNG		
Scholle	PLATTFISCH	Schutzblech an Autos	KOTFLUEGEL	Schwanzlurch	TEICHMOLCH
schonend, nachsichtig	GLIMPFLICH			Schwarzbraunstein	HAUSMANNIT
		Schutzhaus im Gebirge	BERGHUETTE		
schott. Architekt	MACKINTOSH	Schutzhülle	BESPANNUNG	schwarze Johannisbeere	GICHTBEERE
schott. Dichter	MACPHERSON				
schott. Golf	FIRTHOFTAY	Schutzhülle	PERSENNING	schwarze Nieswurz	CHRISTROSE
schott. Grafschaft	ELGINSHIRE	Schutzpatron d. Armen	LAURENTIUS	Schwarzseher	MIESMACHER
schottische Grafschaft	MIDLOTHIAN	Schutzpatron d. Bibliotheken	LAURENTIUS	Schwarzwaldstadt an der Schiltach	SCHRAMBERG
Schraubenschlüssel	ENGLAENDER	Schutzpatron d. Waisen	HIERONYMUS	Schwarzwald-Talschlucht	HOELLENTAL
Schraubstock	FEILKLOBEN	Schutzpatron der Jäger	EUSTACHIUS	schweben	FLOTTIEREN
Schrecklähmung	KATAPLEXIE			schwed. Architekt	BACKSTROEM
Schreibkünstler	KALLIGRAPH	Schutzpatron der Köche	LAURENTIUS	schwed. Arzt (Nobelpreis)	GULLSTRAND
Schreibmaterial	NOTIZBLOCK	Schutzwand	BRANDMAUER		

schwed. Autor (Nobelpreis)	HEIDENSTAM	
schwed. Dichter (Nobelpreis)	LAGERKVIST	
schwed. Fährhafen	TRELLEBORG	
schwed. Industriestadt	ESKILSTUNA	
schwed. Königsgeschlecht	BERNADOTTE	
schwed. Name von Tampere	TAMMERFORS	
schwed. Nobelpreisträger	BERGSTROEM	
schwed. Stadt am Öresund	LANDSKRONA	
schwed. Stadt in Östergötland	LINKOEPING	
schwed. Theologe (Nobelpreis)	SOEDERBLOM	
schwedische Hafenstadt	NYNAESHAMN	
schwedische Hafenstadt	OSKARSHAMN	
schwedischer Baumeister	ADELCRANTZ	
schwedischer Dichter	STRINDBERG	
schwedischer Laen	GAEVLEBORG	
schwedischer See	VAETTERSEE	
schwedischer Theosoph	SWEDENBORG	
Schwefelnickel	NICKELKIES	
Schwefelstickstoffverbindung	SULFONAMID	
Schweinswal	BRAUNFISCH	
Schweißabsonderung	DIAPHORESE	
schweiz. Alpensee	SCHWARZSEE	
schweiz. Bodenseehafen	ROMANSHORN	
schweiz. Botaniker	DECANDOLLE	
schweiz. Chemiker (Nobelpreis)	REICHSTEIN	
schweiz. Jura-Paß	HAUENSTEIN	
schweiz. Komponist, Dirigent	LIEBERMANN	
schweiz. Kulturhistoriker	BURCKHARDT	
schweiz. Kurort im Oberengadin	PONTRESINA	
schweiz. Maler, Bildhauer	GIACOMETTI	
schweiz. Migros-Gründer	DUTTWEILER	
schweiz. Pädagoge	PESTALOZZI	
schweiz. See	ZUERICHSEE	
schweiz. Stadt an d. Eulach	WINTERTHUR	
schweiz. Stadt an der Thur	FRAUENFELD	
schweiz. Stadt im Thurgau	WEINFELDEN	
schweiz. Wallfahrtsort	EINSIEDELN	
Schweizerpfeife	QUERPFEIFE	
schwelgerisch	LUKULLISCH	
Schwellung	GESCHWULST	
schwere Straftat, Untat	VERBRECHEN	
schwerwiegend	GRAVIEREND	
schwimmen	FLOTTIEREN	
Schwimmkäfer	DREHKAEFER	
Schwimmvogel	BLAESSHUHN	
Schwimmvogel	REIHERENTE	
Schwimmvogel	RINGELGANS	
Schwimmvogel	STURMVOGEL	
schwindlig	BLUEMERANT	
Schwingungsänderung	MODULATION	
Screen beim Computer	BILDSCHIRM	
Sediment	ABLAGERUNG	
Seebad auf Sylt	WESTERLAND	
See im Kanton Zürich	GREIFENSEE	
See im Mangfallgebirge	SCHLIERSEE	
See im Südschwarzwald	SCHLUCHSEE	
See in Amerika	ABILIBISEE	
See in d. Eifel	LAACHERSEE	
See in den Berner Alpen	GRIMSELSEE	
See in der Südschweiz	LUGANERSEE	
See in Nicaragua	MANAGUASEE	
See in Ostholstein	PLOENERSEE	
Seejungfrau	WASSERNIXE	

Seelenarzt	PSYCHIATER	Sekt, Champagner	SCHAUMWEIN	Seschelleninsel	SILHOUETTE
Seelenkundiger	PSYCHOLOGE	Sekte	FREIKIRCHE	sibir. Stadt am unteren Amur	KOMSOMOLSK
seelisch Abnormer	PSYCHOPATH	Sektion, Sektor	AUSSCHNITT		
seelisch Kranker	NEUROTIKER	Sektion, Sektor	TEILGEBIET	sibir. Stadt an Amur u. Ussuri	CHABAROWSK
Seemannshut	SUEDWESTER	Selbstbedienungskaufhaus	SUPERMARKT	sich abmühen	LABORIEREN
Seenkunde	LIMNOLOGIE	Selbstbezogenheit	EGOZENTRIK	sich ausschließend	DISJUNKTIV
See nördl. von Rom	BOLSENASEE	selbstgerechter Mensch	PHARISAEER	sich behutsam fortbewegen	SCHLEICHEN
Seeräuber	FREIBEUTER	Selbstlernender	AUTODIDAKT		
Seeräuber in Westindien	FILIBUSTER	Selbstlosigkeit	ALTRUISMUS	Sicherheit	GEWISSHEIT
		Selbstsucht	EIGENLIEBE	sich widersetzen	OPPONIEREN
Seescheide	FEUERWALZE	Selbstvergötterung	IDIOLATRIE	siebenfüßiger Vers	HEPTAMETER
Seetierart	MANTELTIER				
Seezeichen	LEUCHTBOJE	Selbstverliebtheit	NARZISSMUS	Siebenschläfer	SCHLAFMAUS
Segel	GROSSSEGEL	selektieren	AUSWAEHLEN	siebenstufig (musik.)	DIATONISCH
Segelschiffstyp	ZWEIMASTER	selig	GLUECKLICH	Siegerin	GEWINNERIN
Segelschifftyp	DREIMASTER	seltene Blitzform	KUGELBLITZ	Silberfischchen	ZUCKERGAST
Segmentwurm	RINGELWURM	seltene Erde	GADOLINIUM	Silikatmineral	LASURSTEIN
Sehnenentzündung	TENDINITIS	seltsam	EIGENARTIG	Sinfonie v. Schumann	RHEINISCHE
Sehnenverkürzung	KONTRAKTUR	semit. Sprache	ARAMAEISCH	Sinfonie v. Tschaikowsky	PATHETIQUE
sehr hohe Flut	SPRINGFLUT	Semiten	ISRAELITEN		
		Semiten	PHOENIZIER		
sehr reicher Mann	MILLIONAER	Senioren-Pflegeanstalt	ALTERSHEIM	Singtextsammlung	LIEDERBUCH
sehr streng	DRAKONISCH	Senke, Delle	VERTIEFUNG	Singvogel	BACHSTELZE
		Senkung (geol.)	DEPRESSION	Singvogel	FELDLERCHE
Seidengewebe	ZINDELTAFT			Singvogel	GRASMUECKE
		Senkwaage	ARAEOMETER	Singvogel	HAUSROETEL
Seilbahn, Bergbahn	SESSELLIFT	Sentenz	DENKSPRUCH	Singvogel	NACHTIGALL
Seiten beziffern	PAGINIEREN	Sentenz	MERKSPRUCH	Singvogel	SCHNAEPPER
		Sepie	BLACKFISCH	Singvogel, Drosselart	SCHMAETZER
seitlich	KOLLATERAL	Sequoje	MAMMUTBAUM		
seitwärts schwanken	SCHLINGERN	Serienherstellung	KONFEKTION	Singvogel, Zugvogel	ROTSCHWANZ

sinnen	NACHDENKEN	Sonnenblume	HELIANTHUS	spätröm. Dichter	PRUDENTIUS
sinnende Betrachtung	MEDITATION	Sonneneinstrahlung	INSOLATION	Spaltwerkzeug	BRECHEISEN
Sinneswahrnehmung	EMPFINDUNG	Sonnenenergieumwandler	SOLARZELLE	Spaltwerkzeug	STEMMEISEN
Sinneswahrnehmung	IMPRESSION	Sonnenstich	HITZSCHLAG	span. Autor (Nobelpreis)	ALEIXANDRE
sinnieren	MEDITIEREN	Sonnenwende	SOLSTITIUM	span. Dichter, Dramatiker	LOPEDEVEGA
Sinnspruch	APHORISMUS	sorgfältig	GRUENDLICH		
Sirius	HUNDSSTERN	Sorghum	NEGERHIRSE	span. Dichter (15. Jh.)	SANTILLANA
Sittenverderbnis	KORRUPTION	Souveränität im Luftraum	LUFTHOHEIT	span. Jarama-Zufluß	MANZANARES
Sittlichkeit	MORALITAET	sowjet. Autor (Nobelpreis)	SCHOLOCHOW	span. König	JUANCARLOS
Skabiose	KNOPFKRAUT				
Skilauftechnik	GLEITPFLUG	sowjet. Filmregisseur	EISENSTEIN	span. Küste	COSTAVERDE
Skilauftechnik	PFLUGBOGEN	sowjet. futuristischer Dichter	MAJAKOWSKI	span. Stadt am Pisuerga	VALLADOLID
Skisport, Skiwettbewerb	SKIFLIEGEN			span. Stadt in Neukastilien	CIUDADREAL
Skisportseilbahn	SESSELLIFT	sowjet. Komponist	KABALEWSKI	span. Tanz	SEGUIDILLA
Skiwettbewerb	SPRUNGLAUF	sowjet. Kosmonaut	JELISSEJEW	span.: Gebirgszug	KORDILLERE
Skizubehör	FANGRIEMEN	sowjet. Politiker	WYSCHINSKI	Spannungsmeßgerät	VOLTAMETER
Sklilauftechnik	BREMSPFLUG	sowjet. Schachweltmeister	KORTSCHNOI		
Skulpturenmuseum	GLYPTOTHEK			sparen	HAUSHALTEN
Slawenapostel	KONSTANTIN	sowjetisch. Kosmonaut	POPOWITSCH	spaßhaft: dünner Kaffee	MUCKEFFUCK
slowak. Name von Preßburg	BRATISLAVA			Spechtart	GRAUSPECHT
		Sowjetrepublik	KASACHSTAN	Speicher f. Ernteprodukte	KORNKAMMER
slowak. Stadt an d. Donau	BRATISLAVA	Sowjetrepublik	USBEKISTAN	Speisefisch	GOLDBARSCH
Söhne des Zeus	TANTALIDEN	soziale Oberschicht	HAUTEVOLEE	Speiselokal	RESTAURANT
Sohn v. Drusus	GERMANICUS	Sozius	MITINHABER	Speisepilz	BIRKENPILZ
Sommer-, Riemenschuh	SANDALETTE	Späher	BEOBACHTER	Speisepilz	BUTTERPILZ
		Spähtrupp	PATROUILLE	Speisepilz	CHAMPIGNON
Sommersonnenwende	MITTSOMMER	späte Mahlzeit	ABENDESSEN	Speisepilz	KAISERLING
Sonderausgabe	EXTRABLATT				

Speisepilz	RITTERLING	Sportboot	PADDELBOOT	Staatsverbrechen	HOCHVERRAT
Speiseröhre	OESOPHAGUS	sportliche Ärmelweste	LUMBERJACK	Stachelflosser	GOLDBRASSE
Speiseröhrenbrennen	SODBRENNEN	Sportmantel	TRENCHCOAT	Stachelflosser	KAULBARSCH
Sperlingsvogel	BACHSTELZE	Sportveranstaltung	KONKURRENZ	Stachelflosser	MEERAESCHE
sperren	BLOCKIEREN	Sprache der alten Römer	LATEINISCH	Stadt am Hohen Venn	ESCHWEILER
sperren, abschließen	VERRIEGELN	Sprachheilkunde	LOGOPAEDIE	Stadt am Main u. Odenwald	MILTENBERG
Sperrschranke	SCHLAGBAUM	sprachlos	SCHWEIGEND	Stadt am Oder-Havel-Kanal	EBERSWALDE
Spezial-Eisenbahnfahrzeug	KUEHLWAGEN	Sprachwissenschaft	LINGUISTIK	Stadt am Züricher See	RAPPERSWIL
Spezialobjektiv	WEITWINKEL	Sprachwissenschaft	PHILOLOGIE		
Spezialschiff für Wintereinsatz	EISBRECHER	sprachwissenschaftl. Teilgebiet	PHONOLOGIE	Stadt an Boize und Elbe	BOIZENBURG
Spielwart	INSPIZIENT	Sprechmaschine	PHONOGRAPH	Stadt an d. Weser	HOLZMINDEN
Spielzeug	HAMPELMANN	Sprengel	AMTSBEZIRK	Stadt an der Altmühl	EICHSTAETT
Spielzeug	LUFTBALLON	Sprenggeschoß	SCHRAPNELL	Stadt an der Brenz	HEIDENHEIM
Spießer	KLEINGEIST	Sprengschlag	DETONATION		
Spinnenart	JAGDSPINNE	Sprossen der Rotangpalme	PEDDIGROHR	Stadt an der Enz	BIETIGHEIM
Spinnentiere	ARACHNIDEN			Stadt an der Erft	EUSKIRCHEN
Spitzbube	FRECHDACHS	Spruchgedicht	ZWEIZEILER	Stadt an der Fränkischen Saale	HAMMELBURG
Spitze	HOEHEPUNKT	Sprungkluft	VERWERFUNG		
spitze Bemerkung	SEITENHIEB	Spürsinn	FINDIGKEIT	Stadt an der Jagst	CRAILSHEIM
Spitzenunternehmensleiter	TOPMANAGER	Spulwurmbefall	ASKARIASIS	Stadt an der Nahe	BIRKENFELD
		Staat der USA	NORDDAKOTA	Stadt an der Nogat	MARIENBURG
Spitzfindigkeit	RABULISTIK	Staat der USA	WASHINGTON	Stadt an der Schwäb. Alb	GEISLINGEN
Sponsoring	FOERDERUNG	Staat in Nordostafrika	AETHIOPIEN		
Sporenpflanze	KRYPTOGAME	staatliche Wirtschaftslenkung	DIRIGISMUS	Stadt an der Themsemündung	GILLINGHAM
Sportart, -disziplin	KANUSLALOM				
Sportart, -disziplin	MOTORSPORT	Staatskunst	DIPLOMATIE	Stadt an der Weichselmündung	MARIENBURG
Sportart, -disziplin	RADWANDERN				

Stadt an der Weißen Elster	SCHKEUDITZ
Stadt an Diemel und Weser	KARLSHAFEN
Stadt an Donau, Regen u. Naab	REGENSBURG
Stadt an Kansas u. Missouri	KANSASCITY
Stadt an Neckar u. Bergstraße	HEIDELBERG
Stadt an Ruhr u. Emscher	OBERHAUSEN
Stadt an Samara und Wolga	KUIBYSCHEW
Stadt an Sulm u. Neckar	NECKARSULM
Stadt auf der Rauhen Alb	BLAUBEUREN
Stadt auf der Schwäb. Alb	MUENSINGEN
Stadt auf Formosa (Taiwan)	TAITSCHUNG
Stadt bei Mannheim	HOCKENHEIM
Stadtbezirk v. Wien	DONAUSTADT
Stadt im Bergischen Land	GEVELSBERG
Stadt im Erzgebirge	GLASHUETTE
Stadt im Münsterland (NRW)	GUETERSLOH
Stadt im Neckarkreis	BOEBLINGEN
Stadt im nördl. Harzvorland	SALZGITTER
Stadt im Riesengebirge	HIRSCHBERG
Stadt im Schwarzwald	FURTWANGEN
Stadt im südl. Schwarzwald	SCHOPFHEIM
Stadt im Westerwald	WESTERBURG
Stadt in Alabama (USA)	BIRMINGHAM
Stadt in Algerien	ELBOULAIDA
Stadt in Algerien	MOSTAGENEM
Stadt in Baden-Württemberg	BADENBADEN
Stadt in Brandenburg	FEHRBELLIN
Stadt in Brandenburg	FRIEDEBERG
Stadt in Brandenburg	STRAUSBERG
Stadt in Connecticut (USA)	BRIDGEPORT
Stadt in Delaware (USA)	WILMINGTON
Stadt in der Altmark	GARDELEGEN
Stadt in der Oberlausitz	ROTHENBURG
Stadt in der Oberpfalz	BEILNGRIES
Stadt in der Oberpfalz	ESCHENBACH
Stadt in Gabun	PORTGENTIL
Stadt in Hessen	BADHOMBURG
Stadt in Indiania (USA)	EVANSVILLE
Stadt in Kamputschea	BATTAMBANG
Stadt in Kasachstan	TSCHIMKENT
Stadt in Kentucky (USA)	LOUISVILLE
Stadt in Louisiana (USA)	SHREVEPORT
Stadt in Mali am Niger	TOMBOUCTOU
Stadt in Massachusetts (USA)	NEWBEDFORD
Stadt in Massachusetts (USA)	SOMERVILLE
Stadt in Mauretanien	NOUADHIBOU
Stadt in Missouri (USA)	SAINTLOUIS
Stadt in New Jersey (USA)	JERSEYCITY
Stadt in Niedersachsen	ASCHENDORF
Stadt in Niedersachsen	BUECKEBURG
Stadt in Niedersachsen	DANNENBERG
Stadt in Niederschlesien	WALDENBURG
Stadt in Oberschwaben	WEINGARTEN
Stadt in Ohio (USA)	CINCINNATI
Stadt in Ohio (USA)	YOUNGSTOWN
Stadt in Ostpreußen	ALLENSTEIN

Stadt in Pakistan	FAISALABAD	Stadtteil v. Essen	ALTENESSEN	Starrkrampf	KATALEPSIE
Stadt in Paraguay	CONCEPCION	Stadtteil v. Essen	KATERNBERG	starten	AUFBRECHEN
Stadt in Pennsylvanien (USA)	PITTSBURGH	Stadtteil v. Frankfurt	ROEDELHEIM	Statthalter	GOUVERNEUR
Stadt in Pommern	NEUSTETTIN	Stadtteil v. Köln	BRAUNSFELD	Statthalter eines Königs	VIZEKOENIG
Stadt in Rheinland-Pfalz	BIRKENFELD	Stadtteil v. Köln	BUTZWEILER	Staudenart	KNOETERICH
Stadt in San Marino	SERRAVALLE	Stadtteil v. Stuttgart	MOEHRINGEN	Stauung, Stillstand	STAGNATION
Stadt in Schaumburg-Lippe	STADTHAGEN	Stadtteil von Hamburg	BLANKENESE	Steatit	SPECKSTEIN
Stadt in Schlesien	GOTTESBERG	Stadtteil von Hamburg	EIDELSTEDT	Stehler	LANGFINGER
Stadt in Schleswig-Holstein	AHRENSBURG	Stadtteil von Hamburg	ROTHERBAUM	Stehsegler	WINDSURFER
Stadt in Sri Lanka	TRINKOMALI	Stadtteil von Hamburg	SANKTPAULI	Steigband für Personen	ROLLTREPPE
Stadt in Südkarolina (USA)	GREENVILLE	Stadtteil von Hamburg	STELLINGEN	Steigband in Großbauten	ROLLTREPPE
Stadt in Südmähren	NIKOLSBURG	Stadtteil von Hannover	LEINHAUSEN	Steigerungsstufe	KOMPARATIV
Stadt in Texas (USA)	SANANTONIO	Stadtteil von München	HARLACHING	Steighilfe	STEIGEISEN
Stadt in Thüringen	ZEULENRODA	Stadtteil von München	NEUPERLACH	Steinbildung (mediz.)	KONGREMENT
Stadt in Togo	TSCHAOUDJO	Stake	BOOTSHAKEN	Steindrucker	LITHOGRAPH
Stadt in Unterfranken	BRUECKENAU	Stammesgeschichte (biolog.)	PHYLOGENIE	Steinkauzart	TOTENVOGEL
Stadt in Vorpommern	GREIFSWALD	Stammmiete	ABONNEMENT	Steinzeichner	LITHOGRAPH
Stadt in Westpreußen	MARIENBURG	Standbild	BILDSAEULE	Stelldichein, Verabredung	RENDEZVOUS
Stadt in Zaire	LUBUMBASHI	Standpunkt	ANSCHAUUNG	Stellvertreter	ERSATZMANN
Stadtteil v. Düsseldorf	GERRESHEIM	stark beschädigt	RAMPONIERT	Stelzvogel	ROHRDOMMEL
Stadtteil v. Düsseldorf	OBERKASSEL	starker Heiterkeitsausbruch	LACHKRAMPF	Steppennagetier	SPRINGMAUS
		stark vermindern	DEZIMIEREN	Sterbehilfe	EUTHANASIE
		starr, unbeweglich	REGUNGSLOS	Sterbewahrscheinlichkeit	LETALITAET
				Stern	POLARSTERN
				Sternbild	CASSIOPEIA
				Sternbild	CHAMAELEON
				Sternbild	KASSIOPEIA

Sterndeutung	ASTROLOGIE	Streife, Streifgang	PATROUILLE
Sterngruppe	JAKOBSSTAB	Streit, Tätlichkeit	RAUFHANDEL
Sternhimmeldarstellung	STERNKARTE	streitig	KONTROVERS
Stern im Orion	BETEIGEUZE	Strenggläubigkeit	ORTHODOXIE
Stern im Stier	ALPHATAURI	Strickjacke	LUMBERJACK
Sternkunde	ASTRONOMIE	Strohblume	IMMORTELLE
Steuer	LENKSTANGE	Stromwender	KOMMUTATOR
steuern	DIRIGIEREN	Studienbeihilfe	STIPENDIUM
Steuerungswissenschaft	KYBERNETIK	Studierter	AKADEMIKER
stichhaltig	SCHLUESSIG	Stundung	MORATORIUM
Stieglitz	DISTELFINK	Suchbildrätsel	VEXIERBILD
Stil der Hochgotik	FLAMBOYANT	sudanes. Stadt	WADIMEDANI
Stilepoche	JUGENDSTIL	sudanesischer Fluß	WEISSERNIL
still, wortkarg	SCHWEIGSAM	südafr. Menschenrasse	KHOISANIDE
stimmungsvoll	ROMANTISCH	südafr. Schlagersänger	CARPENDALE
Stirnrand des Tennisfeldes	GRUNDLINIE	südafrikan. Hafenstadt	EASTLONDON
Störenfried	PLAGEGEIST	südafrikan. Republik	KWANDEBELE
Stoffsammlung	REPERTOIRE	südafrikan. Staat	SUEDAFRIKA
stolpern	STRAUCHELN	südamer. hasenartiges Tier	PAMPASHASE
Storchenschnabel (Zeichengerät)	PANTOGRAPH	südamerikan. Edelholz	PALISANDER
Straflosigkeit	IMPUNITAET	südamerikan. Hauptstadt	MONTEVIDEO
Strafpredigt	STANDPAUKE	südamerikan. Hauptstadt	PARAMARIBO
Strahlenbrechung	REFRAKTION	südamerikan. Nagetier	CHINCHILLA
Strahlenkunde	RADIOLOGIE	südamerikan. Nagetier	PAMPASHASE
Straßen-Motorfahrzeug	KRAFTWAGEN	Südamerikaner	BOLIVIANER
Straußenvogel	HELMKASUAR	Südamerikaner	PARAGUAYER
		südböhmische Stadt	NEUHAEUSEL
		südchilen. Territorium	MAGALLANES
		südchines. Stadt in Kiangsi	NANTSCHANG
		süddt. Künstlerfamilie	FEICHTMAYR
		süddtsch. Stadt an der Schussen	RAVENSBURG
		südengl. Kanalhafen, Seebad	PORTSMOUTH
		südengl. Stadt	CHICHESTER
		Südfranzose	PROVENZALE
		Südfrucht	CLEMENTINE
		Südfrucht	PAMPELMUSE
		südindische Stadt	TRIVANDRUM
		südirische Bucht	DUNDALKBAY
		südkuban. Hafenstadt	CIENFUEGOS
		südländ. Obstbaum	MANDELBAUM
		südmähr. Stadt an der Thaya	LUNDENBURG
		südostafrikan. Staat	MADAGASKAR

südostafrikan. Volk	MADAGASSEN
Südostasiat	INDONESIER
Südostasiat	VIETNAMESE
südostasiat. Inselstaat	INDONESIEN
südostasiatisch. Staat	KAMBODSCHA
südosteurop. Sprache	GRIECHISCH
südostschwed. Bucht	KALMARSUND
südosttürkische Hafenstadt	ISKENDERUN
südschwed. Hafenstadt	KARLSKRONA
Südseeinsulaner	MELANESIER
Südseeinsulaner	POLYNESIER
südspan. Landschaft	ANDALUSIEN
Südteil v. Südamerika	PATAGONIEN
Südtiroler Bergmassiv	PRESANELLA
Südwein, Süßwein	MANZANILLA
südwestafrikan. Hafenstadt	SWAKOPMUND
südwestaustral. Stadt	KALGOORLIE
südwestchines. Provinz	KUEITSCHOU
südwestengl. Grafschaft	DEVONSHIRE
Südwesteuropäer	PORTUGIESE
südwestfranz. Hafenstadt	DOUARNENEZ
südwestkuban. Stadt	MANZANILLO
Sündenvergebung	ABSOLUTION
Süßigkeit	NAESCHEREI
Süßigkeit	ZUCKERWARE
Sulfurid-Mineral	KOBALTKIES
sumerischer Held	GILGAMESCH
Symbol der Romantik	BLAUEBLUME
Symbol f. Judentum	DAVIDSTERN
Symbol für Tod	SENSENMANN
Sympathie	MITGEFUEHL
synthet. Garn	KUNSTFASER
Szene	SCHAUPLATZ
Szenerie	DEKORATION
Tätigkeit	AKTIVITAET
Tagblindheit	NYKTALOPIE
Tageszeit	NACHMITTAG
Tagraubvogel	GREIFVOGEL
Talar	AMTSTRACHT
Tanzveranstaltung	MASKENBALL
tapfer	BRAVOUROES
tapfer	COURAGIERT
Tarnfärbung, Tarnung	CAMOUFLAGE
Taschenbuch engl.	POCKETBOOK
Taschenspieler	ESKAMOTEUR
Tatarenstamm in Sibirien	KARAGASSEN
Tatendrang, Tatkraft	INITIATIVE
Taubenart	BRIEFTAUBE
Taubenart	KROPFTAUBE
Taubnessel	BIENENSAUG
Taucher	FROSCHMANN
Taufliege	DROSOPHILA
Taugenichts	NICHTSNUTZ
Taugenichts, Liederjan	TUNICHTGUT
Tausendfüßer	KUGELASSEL
Tausendschön	KREUZBLUME
Team	MANNSCHAFT
technisches Verfahren	METALLGUSS
technisches Verfahren	SCHWEISSEN
Techtelmechtel	LIEBSCHAFT
Teesorte	DARJEELING
Teesorte	FIRSTFLUSH
Teigtreibmittel	BACKPULVER
Teigware	FADENNUDEL
Teil d. Campingausrüstung	SCHLAFSACK
Teil d. Fernsehgeräts	BILDROEHRE
Teil d. Fernsehgeräts	BILDSCHIRM
Teil d. Südschwarzwalds	HOTZENWALD
Teil der Erdatmosphäre	EXOSPHAERE
Teil der Uhr	SCHLAGWERK
Teil der Wohnung	BADEZIMMER
Teil der Wohnung	WOHNZIMMER
Teil des Armes	HANDGELENK

Teil des Atlantiks	IRISCHESEE	Textdichter f. Operett., Opern	LIBRETTIST	tiefschwarze Kohle	STEINKOHLE
Teil des Eßbestecks	OBSTMESSER	Textilgrundstoff	KUNSTFASER	Tiefseetauchkugel	BATHYSCAPH
Teil des Fahrrades	LENKSTANGE	Textilreinigungsverfahren	KLEIDERBAD	tiefste Geringschätzung	VERACHTUNG
Teil des Halses	ADAMSAPFEL	Theateragent	IMPRESARIO	Tiegel	KASSEROLLE
Teil des Hessisch. Berglands	VOGELSBERG	Theaterdichtung, Drama	SCHAUSPIEL	Tierart	SAEUGETIER
Teil des Kopfes	HINTERKOPF	Theaterspielplan	REPERTOIRE	Tierart, Tiergattung	KRIECHTIER
Teil des Ohres	OHRMUSCHEL	Theaterübung	STELLPROBE	Tierarzt	VETERINAER
Teil des Rhein. Schiefergebirges	WESTERWALD	Theaterunternehmer	IMPRESARIO	Tierfangeinrichtung, -gerät	MAUSEFALLE
Teil des Stillen Ozeans	CELEBESSEE	Therapieanzeige	INDIKATION	Tierfangvorrichtung	TRITTEISEN
teilen	DIVIDIEREN	Thronfolge	SUKZESSION	Tiergartenanlage	FREIGEHEGE
Teilhaber	MITINHABER	Thronfolge, Amtsnachfolge	SUKZESSION	tierisch	ANIMALISCH
Teilkraft	KOMPONENTE			Tierkrankheit	RINDERPEST
Teilnahmslosigkeit	STUMPFSINN	thüring. Burg an der Saale	RUDELSBURG	Tierkreiszeichen	WASSERMANN
Teil v. Großbritannien	NORDIRLAND	thüring. Stadt am Südharz	NORDHAUSEN	Tigerhund	DALMATINER
Teil von Siebenbürgen	BURZENLAND			Tiroler Alpenpaß	ZIRLERBERG
Teil von Tansania	TANGANJIKA	thüring. Stadt an der Saale	RUDOLSTADT	Tiroler Kurort an der Ache	KITZBUEHEL
Telegramm	FUNKSPRUCH			Titelblatt des Buches	FRONTISPIZ
Tempobezeichn. in der Musik	LARGAMENTE	thüring. Stadt im Frankenwald	LOBENSTEIN	Titel der kathol. Prälaten	MONSIGNORE
Teufel	ANTICHRIST	Thuja	LEBENSBAUM	Titelfigur bei Shaw	FRAUWARREN
Teufelsaustreibung	EXORZISMUS	Thymusdrüse d. Kalbs	KALBSMILCH	Titelfigur bei Shaw	KOENIGKARL
Teufelsbart	KUHSCHELLE	Tiara	PAPSTKRONE	Titelfigur bei Wilde	DORIANGRAY
Teufelsbeere	BELLADONNA	Tiefdruck (meteorol.)	DEPRESSION	tobend	FRENETISCH
teuflisch	DAEMONISCH	tiefes Nachsinnen	MEDITATION	Tochter v. Nereus	AMPHITRITE
teuflisch	DIABOLISCH			Todesschuß	FANGSCHUSS
Textbuchverfasser	LIBRETTIST	tiefgrüner Schmuckstein	ALEXANDRIT	Töpfer	OFENSETZER
				Tolle	HAARSCHOPF

Tollkirsche	BELLADONNA	Tropenzonenbegrenzung	WENDEKREIS	Tyrann von Samos	POLYKRATES
Tonartübergang	MODULATION	tropisch. Echse	CHAMAELEON	Übeltäter	BOESEWICHT
Tonfall	AUSSPRACHE	tropisch. Farnart	SCHILDFARN	Überbleibsel	RUECKSTAND
Ton-Nuance	KLANGFARBE	tropisch-afrikan. Storchenvogel	NIMMERSATT	Überblick	UEBERSICHT
Tonspeicher	MAGNETBAND			überdachte Liegestatt	HIMMELBETT
Tonwiedergabetechnik	MONOPHONIE	Trucker	FERNFAHRER	Übereifer	FANATISMUS
		trübsinnig	DEPRIMIERT	Übereinkommen	KOMPROMISS
Torheit	ALBERNHEIT	Trug, Vorspiegelung	TAEUSCHUNG	Übereinkommen	KONVENTION
Torsion	VERDREHUNG				
Totenstadt	NEKROPOLIS	Trugschluß	DENKFEHLER	übereinstimmend	KONKORDANT
Trachea	LUFTROEHRE	Truppe, Truppenteil	ARMEEKORPS	Übereinstimmung	IDENTITAET
transportieren	BEFOERDERN			Übereinstimmung	KONKORDANZ
Tratsch	GESCHWAETZ	tschech. Komponist	WEINBERGER		
Traubeneiche	STEINEICHE			überempfindlich	ALLERGISCH
trauen	VERMAEHLEN	tscherkessische Volksgruppe	KABARDINER	übergeben	DARREICHEN
Trauer	BETRUEBNIS				
Treffer	GLUECKSLOS	tuberkulöse Kinderkrankheit	SKROFULOSE	Übergewicht, Vorherrschaft	PRAEVALENZ
Treibstoff	KRAFTSTOFF				
trennen, absondern	SEPARIEREN			überheblich	HOCHMUETIG
		Tuchhalle	GEWANDHAUS		
Trennung	ISOLIERUNG	Tücke	HINTERLIST	überheblich	HOCHNAESIG
Trennung	LOSLOESUNG	Tümmler	BRAUNFISCH		
Tresen	LADENTISCH	Tüpfelfarn	ENGELSUESS	überhoher Gewässerstand	HOCHWASSER
Treue	LOYALITAET				
Trick	KUNSTGRIFF	Tüpfelfarn	POLYPODIUM		
triebmäßig	INSTINKTIV			überkleben	KASCHIEREN
		türk. Gebirge	ANTITAURUS		
Triebwerksteil	SCHUBDUESE	türkische Riemenpeitsche	KARBATSCHE	überklug	OBERSCHLAU
				überlebt	ALTMODISCH
Trinkgeld im Orient	BAKSCHISCH			überlegen	NACHDENKEN
Tripper-Erreger	GONOKOKKUS	Tumor	GESCHWULST		
		tun, erledigen	VERRICHTEN	überlegt	METHODISCH
Trödel	KRIMSKRAMS	Turkvolk	BASCHKIREN	übermäßig	EXORBITANT
Trompetengeige	TRUMSCHEIT	Turnier	KONKURRENZ	überprüfen	REVIDIEREN
		Turnübung	AUFSCHWUNG		
trop. Fischart (Nacktzähner)	KUGELFISCH	Turnübung	BAUCHWELLE	Überprüfung	INSPEKTION
				überraschen	FRAPPIEREN
trop. Infektionskrankheit	GELBFIEBER	Turnübung	BODENROLLE	überraschend	UNERWARTET
Tropenbaum	KOKOSPALME	tyrannisch	DESPOTISCH		

überschlägige Berechnung	SCHAETZUNG	um den Vorrang kämpfen	WETTEIFERN	unangemessen	INADAEQUAT
Überschlag	PURZELBAUM	Umdeutung	KONVERSION	Unaufrichtigkeit	FALSCHHEIT
überschriebene Handschrift	PALIMPSEST	Umdrehungszahl	TOURENZAHL	unbefangen	NATUERLICH
		Umfang	AUSDEHNUNG	unbegrenzt	GRENZENLOS
Überschwemmung	HOCHWASSER	Umfang	PERIPHERIE	unbeliebt	MISSLIEBIG
		umfangreich	VOLUMINOES	unbeschlag. weibl. Wild	SCHMALTIER
übersehen	IGNORIEREN	umfrieden	EINZAEUNEN		
übersorgfältig	PEDANTISCH	umgänglich	KONZILIANT	unbescholten	ANSTAENDIG
überspannt, übersteigert	HYSTERISCH	Umgänglichkeit	KONZILIANZ	unbeständig	INKONSTANT
		umgehend, unverzüglich	STANTEPEDE	unbestimmt, undurchsichtig	UNDEUTLICH
überspannt, übersteigert	VERSTIEGEN	umherbummeln	SCHLENDERN	unbeugbar	INFLEXIBEL
übertriebene Sorgfalt	PEDANTERIE	umkehrbar	REVERSIBEL	unbewegliches Vermögen	IMMOBILIEN
übertriebene Strenge	RIGORISMUS	Umkehrung	KONVERSION		
		Umkehrung	PERVERSION	unbewohnter Teil der Erde	ANOEKUMENE
Übertritt zu anderer Kirche	KONVERSION	Umkehrung	SPIEGELUNG	unbotmäßig	AUFSAESSIG
		Umschreibung	METAPHRASE	undeutlich machen	VERWISCHEN
überwiegen	DOMINIEREN	Umschreibung	PARAPHRASE	unduldsam	INTOLERANT
üppig	LUKULLISCH	Umschweife	BRIMBORIUM	Unduldsamkeit	INTOLERANZ
Uhr	ZEITMESSER				
Uhrenart	TASCHENUHR	umstellbar	PERMUTABEL	unecht	KUENSTLICH
Uhrenart, -typ	ARMBANDUHR	Umsturz	SUBVERSION	Unehrlichkeit	FALSCHHEIT
Uhrenart, -typ	DIGITALUHR	Umsturz, Umbruch	REVOLUTION	Uneinigkeit	DISKORDANZ
ukrain. Bildhauer	ARCHIPENKO	umwandeln, anders machen	VERAENDERN	Uneinigkeit, Zerwürfnis	ZWIETRACHT
ukrain. Hafenstadt auf der Krim	SEWASTOPOL	Umwandlung	KONVERSION	unempfänglich, widerspenstig	REFRAKTAER
ukrain. Stadt am Ingul	KIROWOGRAD	Umweltschutzorganisation	GREENPEACE	Unempfindlichkeit	IMMUNITAET
ukrain. Stadt auf der Krim	SIMFEROPOL	unangebracht	DEPLAZIERT	unendlich	GRENZENLOS
Ultimo	MONATSENDE				
Umbesetzung	REVIREMENT	unangebracht	INOPPORTUN	unerheblich	IRRELEVANT

unerheblich

unerklärlich	MYSTERIOES	unhandlicher Abfall	SPERRMUELL	Unterdrückung	REPRESSION
unerlaubter Ringergriff	MANSCHETTE	Unhold der griech. Sage	PROKRUSTES	unterentwickelte Länder	DRITTEWELT
unermüdlich	AUSDAUERND	Uniformschmuck	AERMELBAND	Unterernährung	DYSTROPHIE
unersättlich	NIMMERSATT	Uniformschmuck	FANGSCHNUR	Untergebene	UNTERTANEN
Unerschütterlichkeit	STOIZISMUS	Universalgelehrter	POLYHISTOR	Unterhaltung	DISKUSSION
unfehlbar	INFALLIBEL	Universität	HOCHSCHULE	Unterhöschen	SCHLUEPFER
ungar. abstrakt. Maler	MOHOLYNAGY	unkörperlich	ASOMATISCH	unterital. Fluß	GARIGLIANO
ungar. Mittelgebirge	BAKONYWALD	unmenschlich	BARBARISCH	unterital. Stadt	CAMPOBASSO
ungarisch. Mediziner	SEMMELWEIS	unmittelbar	GERADEWEGS	unterjochen	KUJONIEREN
ungarische See	PLATTENSEE	Unmittelbarkeit	DIREKTHEIT	untermalen	GRUNDIEREN
ungefähr	ANNAEHERND	unnachgiebig	KONSEQUENT	Unternehmensleitung	MANAGEMENT
ungefährdet	GESCHUETZT	unnatürlich	MANIERIERT	Unternehmungsgeist	INITIATIVE
ungehobelt	FLEGELHAFT	Unordnung, Chaos	VERWIRRUNG	Untersatteldecke	SCHABRACKE
ungehobelt	PLEBEJISCH	unpäßlich	KRAENKELND	unterscheidend	DISTINKTIV
ungelegen	INOPPORTUN	unparteisch, vorurteilslos	UNBEFANGEN	Unterschenkelknochen	SCHIENBEIN
ungelernter Arbeiter	HANDLANGER	unpassend, unangebracht	UNGEHOERIG	unterstützend	SUBSIDIAER
Ungemach	WIDRIGKEIT	unregelmäßig	IRREGULAER	Unterwasserluftzufuhr	SCHNORCHEL
ungesetzmäßig	IRREGULAER	unregelmäßige Bewegungen	ARRHYTHMIE	Unterweisung, Anleitung	UNTERRICHT
Ungeziefer	SCHAEDLING	unruhig	SCHUSSELIG	Unterwelt	TOTENREICH
ungezwungen	NATUERLICH	unsachlich	PARTEIISCH	Unterwürfigkeit	SUBMISSION
ungezwungen	NONCHALANT	Unschuld	KEUSCHHEIT	untunlich	INOPPORTUN
unglasierte Tonware	TERRAKOTTA	unsicher machen	IRRITIEREN	unveränderlich	INVARIABEL
Ungleichmäßigkeit	ASYMMETRIE	Unsinn	ALBERNHEIT	Unverletzlichkeit	IMMUNITAET
Ungnade	MISSFALLEN	Unstimmigkeit	DISKREPANZ	unvermittelt, unversehens	PLOETZLICH
ungünstig	NACHTEILIG	unterdrücken	KUJONIEREN	unversehens	BLINDLINGS

Unverträglichkeit (medizin.)	INTOLERANZ	venezianischer Maler (16. Jh.)	TINTORETTO	Verbindlichkeit	KONZILIANZ
				Verbindlichkeit	OBLIGATION
unvollständig	INKOMPLETT	Verabschiedung	ENTLASSUNG	Verbindung, Vermählung	KOPULATION
unwichtiger Bühnenpart	NEBENROLLE	veraltet	ALTMODISCH		
		veraltet	ANTIQUIERT		
unwillig	INDIGNIERT	veraltete Bez. für Hausangestellter	DIENSTBOTE	Verbrauch	ABNUETZUNG
unwillkürlich	INSTINKTIV			verbraucht	ERSCHOEPFT
unwillkürlich	MECHANISCH	veraltete Bez. für Lebensmittel	VIKTUALIEN	Verbrecher	DELINQUENT
unwissend	AHNUNGSLOS			Verbrennungsfolge	BRANDBLASE
unwohl	BLUEMERANT	veraltete Bez. für Mobiliar	MEUBLEMENT		
unzufriedener Mensch	MIESEPETER			Verbrennungskraftmaschine	GASTURBINE
		veraltete Bez. für verschieden	MANNIGFACH		
unzugänglich	HERMETISCH			verbürgt	GARANTIERT
Uranpecherz	PECHBLENDE	veraltet f. Luftfahrt	AERONAUTIK	Verdacht	MISSTRAUEN
				Verdacht	MUTMASSUNG
Urinbestandteil	HARNSAEURE	veraltet für Klavier	PIANOFORTE	Verdampfungstemperatur	SIEDEPUNKT
Urkundenlehre	DIPLOMATIK	veraltet: Liebesbrief	BILLETDOUX	verdecken	KASCHIEREN
Urkundsbehörde	STANDESAMT	Veranlagung	FAEHIGKEIT	Verdichter	KOMPRESSOR
Ursprung	ABSTAMMUNG				
Ursprung	ENTSTEHUNG	veranlassen	INITIIEREN	Verdichtetes	KONZENTRAT
Ursprung, Herkunft	PROVENIENZ	Veranlassung	MOTIVATION	verdrießlich	AERGERLICH
Urteil auf Straffreiheit	FREISPRUCH	Verband v. Schiffen, Flugzeugen	GESCHWADER	verdutzt, überrascht	VERBLUEFFT
vage, unklar	UNBESTIMMT			Veredelung	KOPULATION
		verbannen	AUSSTOSSEN		
Valenz	WERTIGKEIT			vereinbar	KOMPATIBEL
Variante, Variation	ABWANDLUNG	Verbannung	AUSWEISUNG	Vereinbarung	KONVENTION
Variante, Variation	ABWEICHUNG	Verbena	EISENKRAUT	Verfahren	BEHANDLUNG
		verbergen	KASCHIEREN	verfallen	KOLLABIERT
Variation	UMWANDLUNG	verbergen	VERSTECKEN	verfeinert	KULTIVIERT
Varize	KRAMPFADER				
Vater der Landsknechte	FRUNDSBERG	Verbeugung	VERNEIGUNG	Verflechtung	VERKETTUNG
		Verbildlichung	METAPHORIK	verfügbar	DISPONIBEL
Venenerweiterung	KRAMPFADER	verbindlich	KONZILIANT	Verfügung	BESTIMMUNG
venezianisch. Gondelführer	GONDOLIERE			verführerisch	VERLOCKEND
		Verbindlichkeit	ENGAGEMENT	Vergasermotorteil	ZUENDKERZE

Vergebung

Vergebung	VERZEIHUNG	verhütend	PRAEVENTIV	Verletzung durch Säuren	VERAETZUNG
Vergeltung	BESTRAFUNG	Verhütung, Vorbeugung	PROPHYLAXE	Verletzungsfolge	WUNDFIEBER
Vergleich	KOMPROMISS	Verkaufserfolg	BESTSELLER	Verletzungskruste	WUNDSCHORF
vergleichbar	KOMPARABEL	Verkaufsgebäude	MARKTHALLE	verlieren	EINBUESSEN
vergleichende Völkerkunde	ETHNOLOGIE	Verkaufsschlager	BESTSELLER	Verlobter	BRAEUTIGAM
Vergnügen	AMUESEMENT	Verkehrsmittel	KRAFTWAGEN	Verlust des Sehvermögens	ERBLINDUNG
Vergnügungsviertel in Hamburg	REEPERBAHN	Verkehrsteilnehmer	AUTOFAHRER	Vermittler	KOMMISSAER
Vergnügungsviertel in Hamburg	SANKTPAULI	Verkehrsteilnehmer	KRADFAHRER	Vermittler v. Rennwetten	BUCHMACHER
Vergnügungsviertel in Paris	MONTMARTRE	Verkleidung	MASKIERUNG	Vermögen	GELDMITTEL
		verkleinern	DEZIMIEREN	Vermutung	MUTMASSUNG
Vergreisung	SENILITAET	verkleinern, vermindern	REDUZIEREN	vernünftig	EINSICHTIG
Vergrößerung	AUSDEHNUNG			vernunftwidrig	IRRATIONAL
Vergütung	ENTLOHNUNG	Verkleinerungswort	DIMINUITIV	Veronica (botan.)	EHRENPREIS
Verhältnis	LIEBSCHAFT	verlängertes Jahr	SCHALTJAHR	Verordnung	BESTIMMUNG
Verhältnisgleichung	PROPORTION	Verlängerung der Zahlungsfrist	MORATORIUM	Verpackungsmittel	PACKPAPIER
Verhängnis	FATALITAET	Verlagsangestellter	CHEFLEKTOR	Verpflegung	ERNAEHRUNG
verhaften	ARRETIEREN	Verlangen	BEDUERFNIS	verpflichten	ENGAGIEREN
verhaften	FESTNEHMEN	verlangsamen, aufhalten	VERZOEGERN	Verpflichtung	ENGAGEMENT
Verhaftung	ERGREIFUNG			Verpflichtungsschein	OBLIGATION
Verhaftung	SISTIERUNG	verlangsamt	VERZOEGERT	Verpuffung	DETONATION
Verhaftungsanordnung	HAFTBEFEHL	Verlassenheit	EINSAMKEIT	Verräter	DENUNZIANT
Verhandlungsgeschick	DIPLOMATIE	Verlegenheit	KALAMITAET	Verrenkung	KONTORSION
verhindernd	PROHIBITIV	Verleitung zu einer Straftat	ANSTIFTUNG	verringern	DEZIMIEREN
Verhinderung	VERHUETUNG	verletzen	BLESSIEREN	verringern	SCHMAELERN
Verhör, Einvernahme	VERNEHMUNG	Verletzung	LAEDIERUNG	verringern, zurückführen	REDUZIEREN
				Verruf	MISSKREDIT
				Versand	EXPEDITION

Versandabteilung	EXPEDITION	
verschiedenstimmig	HETEROPHON	
Verschlagenheit	HINTERLIST	
verschleiern	VERDUNKELN	
Verschwendung	VERGEUDUNG	
Verschwiegenheit	DISKRETION	
versenden	EXPEDIEREN	
Versenkung	MEDITATION	
Versicherung	ASSEKURANZ	
versöhnlich	KONZILIANT	
Versonnenheit	TRAEUMEREI	
verspotten	PARODIEREN	
verspotten	VERHOEHNEN	
Verspottung	PERSIFLAGE	
versprechen	VERHEISSEN	
Verstärkung, Zunahme, Zuwachs	STEIGERUNG	
Verstauchung	DISTORSION	
Versteifung (mediz.)	RIGIDITAET	
versteinerter Kopffüßer	AMMONSHORN	
verstellbare Blende	IRISBLENDE	
verstorben	VERBLICHEN	
verstreut, vereinzelt	SPORADISCH	
Versuch	EXPERIMENT	
Versuchung	ANFECHTUNG	
vertauschbar	KOMMUTATIV	
vertauschbar	PERMUTABEL	
Vertebrat	WIRBELTIER	
Vertiefung	VERSENKUNG	
Vertikale	SENKRECHTE	
verträglich	KOMPATIBEL	
Vertrag	KONVENTION	
Vertragspartner	KONTRAHENT	
Vertraulichkeit	INTIMITAET	
verulken	PARODIEREN	
verunzieren	ENTSTELLEN	
Vervollständigung	ERGAENZUNG	
Vervollständigung	KOMPLEMENT	
Vervollständigung	SUPPLEMENT	
Verwachsung (mediz.)	KONKRETION	
verwässern, strecken	VERDUENNEN	
Verwandtschaft	AFFINITAET	
Verwandtschaft	SIPPSCHAFT	
Verweisung von der Universität	RELEGATION	
verwirklichen	AUSFUEHREN	
verwirren	IRRITIEREN	
verwirrt	DERANGIERT	
Verwundung, Beschädigung	VERLETZUNG	
verzerrt darstellen	KARIKIEREN	
verzieren	DEKORIEREN	
Verzierung	DEKORATION	
Verzierungskunst	ORNAMENTIK	
verzögert	PROTAHIERT
Vetternwirtschaft	NEPOTISMUS
Vibration	SCHWINGUNG
vielfarbig	KUNTERBUNT
Vielfraß	NIMMERSATT
Vielmännerei	POLYANDRIE
Vielstimmigkeit	POLYPHONIE
Viereck	QUADRANGEL
Vierfüßer	QUADRUPEDE
Viermaster	VOLLSCHIFF
vierseitig	TETRAGONAL
vier zusammenhängende Werke	TETRALOGIE
Vinzentiner	LAZARISTEN
Vipernart	ASPISVIPER
Visierteil	FADENKREUZ
Vitamin B	RIBOFLAVIN
Völkerkunde	ETHNOLOGIE
völlige Dunkelheit	FINSTERNIS
völlige Gleichheit	IDENTITAET
Vogelart	ALPENAMSEL
Vogelart	ALPENMEISE
Vogelart	BAUMPIEPER
Vogelart	BUNTSPECHT
Vogelart	FALKENEULE
Vogelart	WEBERVOGEL
Vogelart	ZOPFSAEGER
Vogelfuß (botan.)	SERRADELLA
Vogelkraut	KNOETERICH
Vokal	SELBSTLAUT
Volksabstimmung	REFERENDUM
Volksherrschaft	DEMOKRATIE
volkstüml. f. Vergeltung	DENKZETTEL

volkstüml. Musikinstrument	WASCHBRETT	vorgeschichtl. Großsteingrab	HUENENGRAB	Vorspiegelung, Vortäuschung	SIMULATION
volkstümlich f. Motorrad	FEUERSTUHL	Vorgesetzter	DIENSTHERR	Vorspiel	EINLEITUNG
volkstümlich f. Schnaps	ZIELWASSER	Vorhemd	CHEMISETTE	vorstellbar	IMAGINABEL
Vollendung	PERFEKTION	vorherrschen	DOMINIEREN	vortäuschen	WEISMACHEN
Vollkommenheit	PERFEKTION	vorherrschend, überlegen	PRAEVALENT	vortäuschen, vorgeben	SIMULIEREN
Vollschiff, Segelschiffart	VIERMASTER	Vorhut	AVANTGARDE	vorteilhaft	PROFITABEL
vollstrecken	AUSFUEHREN	Vorläufer der Zither	SCHEITHOLZ	Vortrag, Aufführung	WIEDERGABE
vorbeimarschieren	DEFILIEREN	Vorläufer des Klaviers	CLAVICHORD	vortragen	PLAEDIEREN
vorbeimarschieren	PARADIEREN	vorläufig	PRAELIMIAR	Vortragender	DEKLAMATOR
Vorbühne	PROSZENIUM	Vormund	FUERSORGER	Vortragsbezeichn. in der Musik	SOSPIRANDO
vorderasiat. Landschaft	PALAESTINA	vornehm	PATRIZISCH	Vortragsbezeichn. in der Musik	TUMULTUOSO
vorderasiatisch. antikes Kulturvolk	PHOENIZIER	vornehme Gesellschaft	HAUTEVOLEE		
		Vorort v. Antwerpen	BORGERHOUT	Vortrag von Dichtung	REZITATION
		Vorort von Potsdam	BABELSBERG	vorübergehend	EPISODISCH
Vordergiebel	FRONTISPIZ	Vorrang, Erstrecht	PRIORITAET	vorübergehend, zwischenzeitlich	ZEITWEILIG
vorderindische SO-Küste	KOROMANDEL	Vorrang, Vorzug	PRAEFERENZ	Vorwort	EINLEITUNG
Vorfahren	ALTVORDERN	Vorrat einstudierter Stücke	REPERTOIRE	vorzüglich	GROSSARTIG
Vorführung	DARBIETUNG	vorrücken	AVANCIEREN	vorzugsweise	KATEXOCHEN
Vorführung mit Bildwerfer	PROJEKTION	Vorschlußrunde	HALBFINALE	Vulkan in Kalifornien	LASSENPEAK
vorgeschichtl. Fundort	NEANDERTAL	Vorschlußrunde	SEMIFINALE	Vulkankegel im Hegau	HOHENTWIEL
vorgeschichtl. Fundort	WILLENDORF	Vorschrift	BESTIMMUNG	Waagenart	FEDERWAAGE
vorgeschichtl. Grabform	HOCKERGRAB	vorschriftenkonform	LINIENTREU	waagerecht	HORIZONTAL
		Vorsehung	BESTIMMUNG	Wacholder	RECKHOLDER
vorgeschichtl. Grabform	HUEGELGRAB	Vorsitz, Vorstand	PRAESIDIUM	Wachrundgang	PATROUILLE
		Vorsitzender, Vorstand	PRAESIDENT	wachsam	AUFMERKSAM
				wachsam	HELLHOERIG

wachsame Augen	ARGUSAUGEN	walisische Grafschaft	FLINTSHIRE	Wassersportanlage	SCHWIMMBAD
Wachsfigurenschau	PANOPTIKUM	Walküre	ROSSWEISSE	Watteninsel in der Elbe	SCHARHOERN
		Wallfahrtsort	PILGERZIEL		
Wachstum	FORTKOMMEN	Wallung (mediz.)	KONGESTION	Watt zw. Elbe- u. Wesermündung	KNECHTSAND
Wachstumsanomalie	ZWERGWUCHS	wankelmütig	LAUNENHAFT		
wackeln	SCHLOTTERN	wankelmütig	SCHWANKEND	Webervogel	PRACHTFINK
Währung in Saudi-Arabien	SAUDIRIYAL	Ware	HANDELSGUT	Webstuhl-Teil	KETTENBAUM
		Warenauswahl	KOLLEKTION	Wechsel einlösen	HONORIEREN
Wärme-, Temperaturregler	THERMOSTAT	Warenschaugebäude	MESSEHALLE	Wechselempfänger	INDOSSATOR
Wärmebehandlung	DIATHERMIE	Warmbad	THERMALBAD		
		warmes Bekleidungsstück	PELZMANTEL	wechselseitig bedingt	KORRELATIV
Wärmebeutel, -kissen	THERMOPHOR				
Wärmegrad, -zustand	TEMPERATUR	Warnanlage v. Bahnübergängen	BLINKAMPEL	Wechseltanz	KONTERTANZ
				Wechseltanz	KONTRETANZ
Wärmespender	HEIZKISSEN	Warnlicht	BLINKLICHT	wechselweise	ALTERNATIV
Wärmeströmung	KONVEKTION	Warzenkaktus	MAMILLARIA	Wegelagerer	RAUBRITTER
Wagenaufbau	KAROSSERIE	Waschraum	BADEZIMMER	wegräumen	BESEITIGEN
Wagenteil	KUTSCHBOCK	Wasserfall in Chile	PILMAIQUEN		
Wagenteil	LEITERBAUM	Wasserhuhn	BLAESSHUHN	Wegzehrung	MUNDVORRAT
Wahl	ABSTIMMUNG			weibl. Gesangsgruppe	FRAUENCHOR
wahlfrei	FAKULTATIV	Wasserkäfer	DREHKAEFER		
wahlweise	ALTERNATIV	Wasserkultur	HYDROPONIK	weibl. Geschwister	SCHWESTERN
wahlweise	FAKULTATIV				
Wahn	EINBILDUNG	Wasserlinse	ENTENFLOTT	weidmännisch f. verscheuchen	VERGRAEMEN
wahrhaft	AUFRICHTIG	Wassermeßgerät	HYDROMETER		
Wahrnehmung	PERZEPTION	Wasserpflanze	FROSCHBISS	Weihnachtsbaum	CHRISTBAUM
Wahrsagekunst	DIVINATION	Wasserpflanze	LAICHKRAUT	Weihnachtsbaumschmuck	GLASKUGELN
Wahrzeichen v. Lübeck	HOLSTENTOR	Wasserpflanze	WASSERNUSS		
Wahrzeichen v. München	ALTERPETER	Wasserpflanze	WASSERROSE	Weinort, -stadt in Rheinland-Pfalz	DEIDESHEIM
Waldschädling	SCHILDLAUS	Wasserreservoir	STAUBECKEN		
Waldstaude	IMMERGRUEN	Wassersport	SURFRIDING	Weinort am Rhein	NACKENHEIM

Weinort an der Ruwer	EITELSBACH	wesentlich	ESSENTIELL	Wettbewerbsgegner	KONKURRENT
Weinort in Rheinland-Pfalz	WACHENHEIM	westaustral. Bucht	SHARKBUCHT	Wettkämpfer	KONKURRENT
Weinsorte, Traubensorte	TROLLINGER	westaustral. Hafenstadt	FREEMANTLE	wichtig	WESENTLICH
				wichtigstes Kupfererz	KUPFERKIES
weißes Blutkörperchen	LYMPHOZYTE	westböhmisch. Mittelgebirge	KAISERWALD	Widernatürlichkeit	PERVERSION
Weißfluß	FLUORALBUS	westbrasil. Grenzstaat	MATOGROSSO	widerrechtliche Besitzergreifung	USURPATION
Weißfluß	LEUKORRHOE				
weiterbestehen	FORTDAUERN			widerrufen	REVOZIEREN
Weiterung	KONSEQUENZ	westengl. Grafschaft	LANCASHIRE	Widersacher	ANTAGONIST
Wellenbewegung	UNDULATION	Westeuropäer	HOLLAENDER	widersetzlich	UNGEHORSAM
Wellen der Haare	ONDULATION	westeuropäischer Staat	FRANKREICH	widerspenstig	STOERRISCH
Wels-Art	KATZENWELS			widersprechen	OPPONIEREN
Wels-Art	PANZERWELS	westfranz. Departement	DEUXSEVRES	Widerspruch	OPPOSITION
Weltbestleistung	WELTREKORD				
Weltbürger	KOSMOPOLIT	westgerman. Stammesbund	ISTWAEONEN	Widerstand	AUFLEHNUNG
Weltentstehungslehre	KOSMOGONIE			Widerstand	OPPOSITION
		Westgermane	LANGOBARDE	Widerstand gegen Formveränderung	FESTIGKEIT
Weltfriedensbewegung	PAZIFISMUS	westind. Insel	BLANQUILLA		
Weltreligion	BUDDHISMUS	westind. Seeräuber	FLIBUSTIER	Widerstandsfähigkeit	IMMUNITAET
wendischer Gastwirt	KRETSCHMER	westindische Insel	GUADELOUPE	Widerwille	ANTIPATHIE
weniger	ABZUEGLICH	westindische Insel	PUERTORICO	widmen	DEDIZIEREN
Werbemittel	FLUGZETTEL			Widmung	DEDIKATION
Werktag	DONNERSTAG	westindischer Obstbaum	MAMMEIBAUM	Wiedergutmachung	GENUGTUUNG
Werk von Kafka	DERPROZESS			wiederherstellen	REPARIEREN
Werkzeug	INSTRUMENT	westl. Vorort von Paris	SAINTCLOUD	Wiederherstellung	REPARATION
Werkzeugmaschine	KREISSAEGE				
		westmongol. Volk	KALMUECKEN	wiederholen	REPETIEREN
Wertberichtigung	DELKREDERE	westpazifische Inselwelt	MELANESIEN	wiederkehrend	PERIODISCH
Wertloses	KRIMSKRAMS			Wiedertäufer	ANABAPTIST
Wesen	GEMUETSART	Wettbewerb, Wettkampf	KONKURRENZ		
Wesenseinheit	IDENTITAET			Wiener Hausberg	KAHLENBERG

Wiener Hügelland	WIENERWALD	Wintersonnenwende	MITTWINTER	Wissenschaft v. d. Elektronen	ELEKTRONIK
Wiener Operettenkomponist	MILLOECKER	Wintersportanlage	EISSTADION	Wissensdurst, Lerneifer	WISSBEGIER
Wiener Sehenswürdigkeit	STAATSOPER	Wintersportanlage	SKISCHANZE	Wochentag	DONNERSTAG
Wiener Stadtbezirk	ALSERGRUND	Wintersportart	SKIJOERING	Wörterbuch, -verzeichnis	DIKTIONAER
		winziger Singvogel	ZAUNKOENIG		
Wiener Stadtbezirk	JOSEFSTADT	wirbelloses Tier	EVERTEBRAT	Wohlbefinden	GESUNDHEIT
Wiesenpflanze	LIESCHGRAS	Wirbelsturmerscheinung	WASSERHOSE	Wohlbeleibtheit	EMBONPOINT
Wildart	NIEDERWILD			wohlklingend	EUPHONISCH
wilde Ehe	KONKUBINAT	Wirbeltier	KRIECHTIER	wohlriechend	AROMATISCH
wilder Kümmel	PIMPERNELL	Wirkleitwert	KONDUKTANZ	wohltätig	HUMANITAER
		wirklich	WAHRHAFTIG	wohlüberlegt	DURCHDACHT
wilder Rosmarin	SUMPFPORST	Wirkteppich	BASSELISSE	wohlunterrichtet	INFORMIERT
Wildpark	TIERGEHEGE	Wirkungsgrad	NUTZEFFEKT		
willenloses Geschöpf	MARIONETTE	Wirkungskreis	REICHWEITE	Wohnung betagter Menschen	ALTERSHEIM
Willensübertragung	SUGGESTION	wirkungsvoll	EFFEKTVOLL	Wortforschung	ETYMOLOGIE
willfährig	NACHGEBEND	Wirrwarr	MISCHMASCH		
Windbestäubung	ANEMOGAMIE	Wirrwarr	TOHUWABOHU	wuchernde Wasserpflanze	WASSERPEST
Windbüchse	LUFTGEWEHR	wirtschaftliches Tief	DEPRESSION	Wucht	HEFTIGKEIT
Windei	BLASENMOLE	Wirtschaftslage	KONJUNKTUR	würdigen	HONORIEREN
Windharfe	AEOLSHARFE			Würger (Vogel)	DORNDREHER
Windkunde	ANEMOLOGIE	Wirtschaftsverbund	KONSORTIUM	Würger (Vogel)	NEUNTOETER
Windmesser	ANEMOMETER	Wissenschaft	MATHEMATIK	württ. Stadt am Kocher	KUENZELSAU
Windpocken	VARIZELLEN	wissenschaftl. Abriß	KOMPENDIUM	württ. Stadt am mittleren Neckar	NUERTINGEN
Wink	EMPFEHLUNG	wissenschaftl. Gespräch	KOLLOQUIUM		
Winkelmesser	GONIOMETER	wissenschaftl. Hochschule	HOCHSCHULE	württ. Stadt am Neckar	ROTTENBURG
Wintergrün	IMMERGRUEN				
Winterknospe	HIBERNAKEL	wissenschaftl. Lehranstalt		württ. Stadt an d. Donau	TUTTLINGEN
winterl. Hochtourismus	SKIWANDERN	wissenschaftl. Versuch	EXPERIMENT		

württ. Stadt an der Achalm	REUTLINGEN	zahlen	BEGLEICHEN	Zerkleinerungsmaschine	HOLLAENDER
württ. Stadt an der Donau	RIEDLINGEN	Zahlenlehre	ARITHMETIK	Zerknirschung	KONTRITION
		Zahlungsaufschub	MORATORIUM	zerknittern	KNAUTSCHEN
württ. Stadt an der Enz	MUEHLACKER	Zahnbestandteil	WURZELHAUT	zerreißen	LAZERIEREN
		Zahnfachentzündung	ALVEOLITIS	Zerreißung	LAZERATION
württ. Stadt an der Fils	GOEPPINGEN	Zahnfleischentzündung	GINGIVITIS	zersetzend	DESTRUKTIV
württ. Stadt an der Rems	SCHORNDORF	Zangenform	KOMBIZANGE	zerstören	DEMOLIEREN
		Zarge	EINFASSUNG	zerstörend	DESTRUKTIV
württ. Stadt an der Rems	WAIBLINGEN	zart gebaut	ASTHENISCH	zerstört	VERNICHTET
		Zauberformel	HOKUSPOKUS	Zerstörung	DEMOLITION
württ. Stadt an Fils und Neckar	PLOCHINGEN	Zauberformel	SIMSALABIM	zerstörungswütig	WANDALISCH
		Zauberwort	HOKUSPOKUS	zerzaust	DERANGIERT
württemberg. Landschaft	JAGSTKREIS	Zeichen der Bekräftigung	HANDSCHLAG	Zeugnis, Bescheinigung	ZERTIFIKAT
Würzkraut	BIBERNELLE			Zeugnisnote	MANGELHAFT
Würzkraut	PETERSILIE	Zeichengerät	REISSFEDER	Zickzackweg, Kurvenweg	SERPENTINE
wüten	GRASSIEREN	Zeichenunterlage	REISSBRETT	Ziehharmonika	KONZERTINA
Wundklee	SOMMERKLEE	Zeitkontrollgerät	STEMPELUHR	zielbewußt	KONSEQUENT
Wundklee	TANNENKLEE	zeitlich bestimmt	PUENKTLICH	zielen	ANVISIEREN
Wundkraut	EHRENPREIS	zeitlich bestimmt	TERMINIERT	zielstrebig	KONSEQUENT
Wundkraut	KREUZKRAUT	Zeitschrift	PERIODIKUM	Zierpflanze m. orangen Blüten	MONTBRETIE
wurmstichig	ZERFRESSEN	Zeitungszuschrift	LESERBRIEF		
Wurstsorte	BRUEHWURST	zeitweilige Aufhebung	SUSPENSION	Zigarrenteil	BAUCHBINDE
Wurstsorte	DAUERWURST	Zelter	DAMENPFERD	Zinkerz	ZINKBLENDE
Wurstsorte	KNACKWURST	Zeltsicherung	STURMLEINE	Zinkkarbonat	ZINKBLUETE
Wurstsorte	LEBERWURST	zentralasiat. Fluß	SERAFSCHAN	Zinnerz	KASSITERIT
Wurstsorte	PRESSWURST	zentralmexikan. Stadt	GUANAJUATO	Zitrusfrucht	BERGAMOTTE
Wurzelschwamm	HALLIMASCH			Zitrusfrucht	PAMPELMUSE
wurzelziehen	RADIZIEREN	Zeppelin	LUFTSCHIFF	Zittergras	FRAUENHAAR
zäh	AUSDAUERND	Zerfall	AUFLOESUNG	Zitzenschweinchen	SPANFERKEL

Zoo, Wildpark	TIERGARTEN	Zurschaustellung	EXHIBITION	Zuträger	KOLPORTEUR
Zoom an der Kamera	GUMMILINSE	Zurückhaltung	MAESSIGUNG	Zuträglichkeit	KONVENIENZ
Zuchtanlage f. Gehölz	BAUMSCHULE	zurückschlagen	HEIMZAHLEN	Zuversicht	OPTIMISMUS
Zuckerbäckerei	KONDITOREI	zusammenfallend	KOINZIDENT	Zuwachs	AKKRESZENZ
Zuckerkranker	DIABETIKER	Zusammenfügung	ASSEMBLAGE	Zuwiderhandlung	VERFEHLUNG
züchtig	TUGENDHAFT			Zuzug	ANSIEDLUNG
zügellose Bande	ROTTEKORAH	zusammengelesen	EKLEKTISCH	Zwang, Nötigung	KOMPULSION
zueignen	DEZIDIEREN	Zusammengesetztes	KOMPOSITUM	Zwangsschlaf	BETAEUBUNG
Zueignung	DEDIKATION			Zweideutigkeit	AMPHIBOLIE
zu errechnender Wert	UNBEKANNTE	Zusammenhalt, Zusammenhang	VERBINDUNG	Zweierliege	DOPPELBETT
Zufälligkeit	KONTINGENZ	zusammenlaufend	KONVERGENT	zweifellos	UNSTREITIG
zugeknöpft, zurückhaltend	RESERVIERT	zusammenpassend	KOMPATIBEL	Zweiflügler	GALLMUECKE
				Zweig d. Petrographie	PETROLOGIE
Zugeständnis	KOMPROMISS	zusammenstoßen	AUFPRALLEN	Zweig der Hussiten	KALIXTINER
Zugeständnis	KONZESSION	Zusammentreffen	KOINZIDENZ	Zweigstelle	NIEDERLAGE
zugestehen	GENEHMIGEN	zusammenwirkend	KONZERTANT	Zweigstelle	VERTRETUNG
zugkräft. Angebot, Geschehen	ATTRAKTION			Zweimaster	BRIGANTINE
		zusammenwirkend	KOOPERATIV	zweirädriger Einspänner	KABRIOLETT
Zugmaschine	LOKOMOTIVE	Zusammenzählung	SUMMIERUNG	Zweiteilung	DICHOTOMIE
zu jeder Stunde	STUENDLICH	zusammenziehbar	KONTRAKTIL	Zweiteilung	HALBIERUNG
Zulassung	KONZESSION			zweiter Bericht	KORREFERAT
zum Dienst einziehen	EINBERUFEN	Zusammenziehung	RETRAKTION	Zwerchfell	DIAPHRAGMA
zumindest	WENIGSTENS	Zusatz	ERGAENZUNG	Zwergwuchs	AKROMIKRIE
		Zusatzantrag	AMENDEMENT	Zwielaut	DOPPELLAUT
Zunahme, Zuwachs	AUSWEITUNG	Zuschauer	BEOBACHTER	Zwielicht	DAEMMERUNG
Zunahme, Zuwachs	VERMEHRUNG	Zutat, Bestandteil	INGREDIENZ	Zwielicht	HALBDUNKEL
Zungenknochen	ZUNGENBEIN			Zwiespalt	DISKREPANZ
zurechtweisen	MASSREGELN	Zuteilung	KONTINGENT	Zwiespalt, Zwietracht	ENTZWEIUNG
zur Hälfte	FIFTYFIFTY	Zuträger	DENUNZIANT	Zwietracht	DISKORDANZ

Zwischenaktmusik	INTERMEZZO
Zwischenbemerkung	PARENTHESE
Zwischenfall	INTERMEZZO
Zwischenlösung	KOMPROMISS
Zwischenspiel	INTERMEZZO
Zwölffingerdarmentzünd.	DUODENITIS
Zwölfflächner	DODEKAEDER
zwölfteilig	DUODEZIMAL

abbauen	DEMONTIEREN	
abbilden	KONTERFEIEN	
abbrühen	BLANCHIEREN	
Abele	WEISSPAPPEL	
Abenteuer	ROBINSONADE	
abfassen	KONZIPIEREN	
Abfindung	NACHZAHLUNG	
Abführmittel	GLAUBERSALZ	
Abgeordneter	DELEGIERTER	
Abgeordneter	DEPUTIERTER	
Abgesandter	DELEGIERTER	
abgesondert	PARTIKULAER	
abgestumpft	LETHARGISCH	
abgeteilt zumessen	RATIONIEREN	
Abglanz, Reflex	WIDERSCHEIN	
Abgrenzung	DEMARKATION	
Abhandl. üb. einen Einzelgegenstand	MONOGRAPHIE	
Abhandlung	DENKSCHRIFT	
Abkapselung, Absonderung	QUARANTAENE	
Abkömmling	SPROESSLING	
Abkürzung	ABBREVIATUR	
Ablage, Aktensammlung	REGISTRATUR	
Ableger	SPROESSLING	
ablehnen	AUSSCHLAGEN	
ableisten	ABSOLVIEREN	
Abmachung, Vereinbarung	VERABREDUNG	
Abneigung	ANIMOSITAET	
Abnormität	MISSBILDUNG	
abnutzen	VERBRAUCHEN
Abnutzung	VERSCHLEISS
Abrechnung	LIQUIDATION
abrunden	ARRONDIEREN
abrutschende Schneedecke	SCHNEEBRETT
absichtlich	WILLENTLICH
absichtsvoll	INTENTIONAL
absonderlich	EXZENTRISCH
absonderlich, schrullig	VERSCHROBEN
absondern	INTERNIEREN
absondern	SEKRETIEREN
absondern, entfernen	SEZERNIEREN
Absonderungsorgan d. Leber	GALLENBLASE
Abstammungslehre	DARWINISMUS
absurd, unlogisch	WIDERSINNIG
Abteilung	DETACHEMENT
Abteilung des Landgerichts	ZIVILKAMMER
Abwässerreinigungsanlage	KLAERANLAGE
Abwandlung	MODULIERUNG
abwechseln	ALTERNIEREN
abwechselnd	UMSCHICHTIG
abwehren	VERTEIDIGEN
Abwehrstoff im Körper	ANTIKOERPER
abweichen	DIFFERIEREN
Abweichung	ABNORMITAET
Abwertung	DEVALVATION
abwickeln	LIQUIDIEREN
Abwicklung	LIQUIDATION
abzeichnen	PARAPHIEREN
Abziehen	SUBTRAKTION
Acht	AUSSTOSSUNG
Ackerkrume	MUTTERBODEN
Ackerunkraut	KLATSCHMOHN
Adel, Noblesse	VORNEHMHEIT
Ader	BLUTGEFAESS
Adjunkt, Adlatus	AMTSGEHILFE
Adlerart	KAISERADLER
Adlerart	SCHREIADLER
Ächtung, Vertreibung	VERSTOSSUNG
ädern	MARMORIEREN
ägypt. Schriftzeichen	HIEROGLYPHE
ägypt. See im Nildelta	MENSALEHSEE
ältester Sohn, Erstgeborener	STAMMHALTER
ältestes Wirbeltier	PANZERFISCH
Ämterherrschaft	BUEROKRATIE
Ärger, Unmut	VERSTIMMUNG
ärgern	VERDRIESSEN
ärztl. Betäubung	ANAESTHESIE
Ästhet	KUNSTFREUND
Ästhet	SCHOENGEIST
äußeres Bild	ERSCHEINUNG
affektiert	AUFGEBLASEN
affektiert	GEKUENSTELT
Affront	BELEIDIGUNG
afrikan. Berg	KOMPASSBERG

afrikan. Hauptstadt	BRAZZAVILLE	Alleinunterhalter	ENTERTAINER	alte Goldmünze	KRISTIANDOR
afrikan. Hauptstadt	DARESSALAAM	Allgottlehre	PANTHEISMUS	alte Klavierform	KLAVIZIMBEL
afrikan. Hauptstadt	OUAGADOUGOU	Allianz, Föderation	VEREINIGUNG	Altenteil	LEIBGEDINGE
afrikan. Islamische Republik	MAURETANIEN	Alligatorenart	HECHTKAIMAN	alter Name d. Insel Bioko	FERNANDOPOO
afrikan. Stadt am Sambesi	LIVINGSTONE	allmähliches Verdampfen	VERDUNSTUNG	alter Name des Sangosees	VICTORIASEE
afrikan. Webervogel	WITWENVOGEL	alpenartiges Bergland	HOCHGEBIRGE	alter Name des Sangosees	VIKTORIASEE
Afterklauen	OBERRUECKEN	Alpenbewohner	APPENZELLER	alter Name von Oslo	CHRISTIANIA
Agent, Aufwiegler	PROVOKATEUR	Alpengebirgsstock	BERNERALPEN	Altertumsforscher	ARCHAEOLOGE
Agentur, Nebenstelle	ZWEIGSTELLE	Alpenrepublik	OESTERREICH	altes Musikinstrument	KLAVIZIMBEL
Aktion, Vorgehen	UNTERNEHMEN	alpine Gartenanlage	STEINGARTEN	altes Tasteninstrument	KLAVIZIMBEL
Aktionärsausschluß	KADUZIERUNG	Alpinist	BERGSTEIGER	altfranz. Epos	ROLANDSLIED
aktiv, energisch	TATKRAEFTIG	alt. astronom. Instrument	ASTROLABIUM	altgriech. Mathematiker	HIPPOKRATES
Aktivität	WIRKSAMKEIT	alt. Kunstwerk	ANTIQUITAET	altgriech. Muse des Tanzes	TERPSICHORE
aktuell	ZEITGEMAESS	altägypt. Herrscher	TUTENCHAMUN	altgriech. Philosoph	ARISTOTELES
aktuelle Lage	GEGEBENHEIT	Altarraum	SANKTUARIUM		
Alarmgerät	FEUERMELDER	Altarsakrament	EUCHARISTIE	althergebracht	UEBERKOMMEN
Album	SAMMELMAPPE	Altarverkleidung	ANTEPENDIUM	altind. Dichtung	MAHABHARATA
alger. Staatsmann	BOUMEDIENNE	altbekannter Schlager	GASSENHAUER	altind. Dichtung	SUKASAPTATI
alger. Stadt	CONSTANTINE	Altbuchhandlung	ANTIQUARIAT	Altklarinette	BASSETTHORN
alger. Stadt	TAMANRASSET	alte dän. Goldmünze	FREDERIKDOR	altnord. Bestattungsform	SCHIFFSGRAB
alkoholische Getränke	SPIRITUQSEN	alte Feuerwaffe	HINTERLADER	altröm. Diktator	CINCINNATUS
Alkoholverbot	PROHIBITION	alte Feuerwaffe	VORDERLADER	altröm. Grabstätte	KOLUMBARIUM
Allee	BAUMSTRASSE	alte Goldmünze	DOPPELKRONE		
Allee in Wien	RINGSTRASSE			Altsibirier	TSCHUKTSCHE

Altwaren	ALTMATERIAL	amerikan. Musical-Librettist	HAMMERSTEIN	anfertigen, erzeugen	PRODUZIEREN
am.-öst. Mediziner (Nobelpreis)	LANDSTEINER	amerikan. Nagetier	PRAERIEHUND	Anfertigung	HERSTELLUNG
Amandine	SILBERFASAN	amerikan. Negerkneipe	BARRELHOUSE	anfeuchten	BETRAEUFELN
Amaryllisgewächs	OSTERGLOCKE			Anfrage	ERKUNDIGUNG
Ambiente	LEBENSKREIS	amerikan. Nobelpreisträger	BLOEMBERGEN	Anfuhr	ANLIEFERUNG
Ambulanz	UNFALLWAGEN			Anfuhr	ANTRANSPORT
amerik. Jazztrompeter	BEIDERBECKE	amerikan. Physiker (Atombombe)	OPPENHEIMER	Angeber, Großmaul	WICHTIGTUER
amerik. Pazifik-Inselgruppe	BONININSELN	amerikan. Physiker (Nobelpreis)	CHAMBERLAIN	angeborene Fähigkeit	VERANLAGUNG
amerikan. Astronaut	SCHWEICKART			Angeh. e. dtsch. Fürstenhauses	LUDOLFINGER
amerikan. Autorennstrecke	SILVERSTONE	amerikan. Popmusiker (m. Vorn.)	JIMIHENDRIX	Angeh. einer Waffengattung	ARTILLERIST
amerikan. Fluß bei New York	HUDSONRIVER	amerikan. Schienenechse	SALOMPENTER	angemessen	GEBUEHRLICH
amerikan. Gesellschaftstanz	SQUAREDANCE	amerikan. Schleichkatze	KATZENFRETT	angeschlagen	BESCHAEDIGT
		Amme	NAEHRMUTTER	angeschlagen	MITGENOMMEN
amerikan. Gewässer	DELAWAREBAI	Ammernart	KAPPENAMMER	angesehen, ansehnlich	RESPEKTABEL
amerikan. (Großer) See	MICHIGANSEE	Amnestie	BEGNADIGUNG	angreifen	ATTACKIEREN
		amortisieren	ABSCHREIBEN	angreifen	LOSSCHLAGEN
amerikan. Großindustrieller	ROCKEFELLER	amtl. Arzneibuch	PHARMAKOPOE	Anh. e. philosoph. Weltanschauung	MATERIALIST
amerikan. Halbinsel	KALIFORNIEN	amtlich bescheinigen	BEGLAUBIGEN	Anh. e. schweiz. Reformators	ZWINGLIANER
amerikan. Hauptstadt	TEGUCIGALPA	Amtsenthebung	DESTITUTION	Anhang	NACHSCHRIFT
amerikan. Jagddolch	BOWIEMESSER	Amtsverlängerung	PROROGATION	Ankündigung	BEKANNTGABE
		Anämie-Symptom	BLEICHSUCHT	anlegen	INVESTIEREN
amerikan. Jazzpianist	DAVEBRUBECK	Andachtsobjekt	DEVOTIONALE	anleiten	INSTRUIEREN
amerikan. Kleinbär	KATZENFRETT	Anden	KORDILLEREN	Anleitung	INSTRUKTION
		anerkannt	AUTORISIERT	anlernen	UNTERWEISEN
amerikan. Komponist	HAMMERSTEIN	anerkennen	BEGLAUBIGEN	anmelden	DEKLARIEREN
		Anfechtung	APPELLATION	Anmerkungen	MARGINALIEN
amerikan. Liedermacher	SPRINGSTEEN	anfertigen	AUFBEREITEN	anmutig	LIEBREIZEND
				Annahme, Vermutung	PRAESUMTION

Annalen	JAHRBUECHER	Anständigkeit	REDLICHKEIT	argentin. Bucht, Golf	BAHIABLANCA
annehmbar sein	KONVENIEREN	anstiften	INSTIGIEREN	argentin. Bucht, Golf	BLANCABUCHT
annehmen	AKZEPTIEREN	anstiften	VERANLASSEN		
		Ansucher	BITTSTELLER		
anomal	REGELWIDRIG	antik. Stadt am Vesuv	HERCULANEUM	argentin. Hafen u. Seebad	MARDELPLATA
anordnen	ARRANGIEREN				
Anordnung	ARRANGEMENT	antiker Kampfwagen	VIERGESPANN	argentin. Hauptstadt	BUENOSAIRES
Anordnung	DISPOSITION				
anpassen	ADJUSTIEREN	antiker Schlachtenort	THERMOPYLEN	argentin. Indianerstamm	TEHUELTSCHE
Anpasser	OPPORTUNIST				
anprangern	BRANDMARKEN	Anvertrauung	UEBRTRAGUNG	Argument	BEGRUENDUNG
				Argument	BEWEISGRUND
Anrede f. Geistliche	HOCHWUERDEN	Anweisung	INSTRUKTION	Argwohn weckend	VERDAECHTIG
Anrede f. Universitätsrektor	MAGNIFIZENZ	anwenden	APPLIZIEREN	Arktis	POLARGEBIET
		Anwendung	APPLIKATION	arm, bedürftig	UNBEMITTELT
anregen	INSPIRIEREN				
Anregung	ERMUNTERUNG	anwidern	DEGOUTIEREN	Armee, Heer	STREITMACHT
ansaugen	ADSORBIEREN	Anzeigen- u. Kundenwerber	AKQUISITEUR	armenischer kathol. Orden	MECHARISTEN
Anschaffung	AKQUISITION				
anschaulich	ILLUSTRATIV	Anziehungskraft	MAGNETISMUS		
				Armfüßer	BRACHIOPODE
Anschauung	BETRACHTUNG	apathisch	UNBETEILIGT	Arnika	WOHLVERLEIH
Anschauung	EINSTELLUNG	Apfelsorte	GOLDRENETTE	arrogant	DUENKELHAFT
				Arsenal	WAFFENLAGER
Anschauungsart	MENTALITAET	Apfelsorte	GUELDERLING	Arzneipflanze	BOHNENKRAUT
anscheinend	MUTMASSLICH	Apfelsorte	JAMESGRIEVE	Arzneipflanze	HERZGESPANN
anschwärzen	DENUNZIEREN	Apfelsorte	LANDSBERGER	Arzneipflanze	KNABENKRAUT
		Apokalypse	OFFENBARUNG		
Anschwellung (medizin.)	INTUMESZENZ			Arzt im negativen Sinn	KURPFUSCHER
		Apparat	MECHANISMUS		
		Apparatur	MASCHINERIE		
Ansehen	BELIEBTHEIT	arab. Emirat	RASALKHAIMA	Arzt im negativen Sinn	QUACKSALBER
Ansehen, Auszeichnung	DISTINKTION	arab. Emirat	UMMALQAIWAN	asiat. Hauptstadt	KUALALUMPUR
anspornen	STIMULIEREN	Arbeitnehmerin	ANGESTELLTE	asiat. Staat	AFGHANISTAN
ansprechend, anziehend	SYMPATHISCH	Arbeitsgefährte	MITARBEITER	asiat. Staat	BANGLADESCH
		Archipel	INSELGRUPPE	asiat. Vogelart	STEPPENHUHN
		Argenit	SILBERGLANZ		
anspruchsvoll	WAEHLERISCH	argentin. Ausfuhrhafen	BAHIABLANCA	Aspekt	BLICKWINKEL
				Assistent	MITARBEITER
Anständigkeit	KORREKTHEIT			assistieren	BEISPRINGEN

assoziieren, kombinieren	VERKNUEPFEN	aufeinander abgestimmt	KONZERTIERT	Aufstellung, Liste	VERZEICHNIS
assyr. König	SALMANASSAR	auf etwas bestehen	KAPRIZIEREN	aufteilen	DISPONIEREN
assyr. König	SENNACHERIB	auf frischer Tat	INFLAGRANTI	Aufwärtsentwicklung	FORTSCHRITT
Astrologe	STERNDEUTER			aufzwingen	OKTROYIEREN
Astrologe des Mittelalters	NOSTRADAMUS	Aufführung, Darbietung	VORSTELLUNG	Augenbindehaut	KONJUNKTIVE
astronom. Instrument	PLANETARIUM	aufgeblasen	EINGEBILDET	augenblicklicher Zustand	GEGEBENHEIT
astronomische Koordinate	BREITENGRAD	aufgedunsen	GESCHWOLLEN	Augenblicksbedeutung	AKTUALITAET
astronomischer Begriff	LAENGENGRAD	aufgeregt	ECHAUFFIERT	Augenlidentzündung	GERSTENKORN
		aufheben	ANNULLIEREN		
astronomisches Instrument	KORONOGRAPH	aufklären	INFORMIEREN	Augenscheinnahme	LOKALTERMIN
		auflösen	ANALYSIEREN		
		auflösen	LIQUIDIEREN		
astronomisches Instrument	SPEKTROSKOP	Auflösung	LIQUIDATION	Augenzittern	NYSTAGISMUS
		Aufmachung	AUSSTATTUNG	Ausatmung	EXSPIRATION
athenisch. Bildhauer	ATHENODOROS	auf Maß bringen	KALIBRIEREN	ausbreiten	EXPANDIEREN
athenisch. Staatsmann	KLEISTHENES	Aufnäharbeit	APPLIKATION	ausdehnen	EXPANDIEREN
		Aufnahmegerät	MAGNETOPHON	aus der Ferne (franz.)	PARDISTANCE
athenisch. Tempel	ERECHTHEION	Aufnahmestudio	FILMATELIER	auseinanderlaufen	DIVERGIEREN
		Aufregung	NERVOSITAET		
atmen	RESPIRIEREN	Aufreizung, Herausforderung	PROVOKATION	auseinandernehmen	DEMONTIEREN
Atmung	RESPIRATION				
Atomkraft	KERNENERGIE			Auseinandersetzung	KONTROVERSE
Atommeiler	KERNREAKTOR	aufsagen	DEKLAMIEREN		
Atommeiler, Kernreaktor	URANBRENNER	aufsaugen	ABSORBIEREN	Auseinandersetzung	WIDERSTREIT
attraktiv	ZUGKRAEFTIG	aufsaugen, einsaugen	RESORBIEREN	ausführen	EXPORTIEREN
Attrappe	NACHBILDUNG				
Attribut	KENNZEICHEN	aufschiebend	DILATORISCH	ausführlich	DETAILLIERT
aufbauend	KONSTRUKTIV	Aufschneider	HOCHSTAPLER	ausgefallen	EXTRAVAGANT
aufbegehren	REBELLIEREN	Aufschub, Vertagung	PROROGATION	ausgegrabene Stadt am Vesuv	HERCULANEUM
aufbegehren	REVOLTIEREN				
aufbringen	APPLIZIEREN	Aufsichtsbeamter	KONTROLLEUR	ausgelassen	UEBERMUETIG
aufdecken	DEKUVRIEREN	aufspüren	AUFSTOEBERN		

ausgestorbene Echsenart	DINOSAURIER	Ausstrahlung (physik.)	FLUORESZENZ	Autor von »König Lear«	SHAKESPEARE
Ausgleichsvorrichtung	KOMPENSATOR	austral. Berg	MOUNTMAGNET	Autor von »Libussa«	GRILLPARZER
		austral. Bucht	JERVISBUCHT	Autor von »Macbeth«	SHAKESPEARE
Ausguck	KRAEHENNEST	austral. Stadt	BARROWCREEK	Autor von »Maß für Maß«	SHAKESPEARE
Ausheben von Rekruten	REKRUTIEREN	austral. Territorium	KOKOSINSELN	Autor von »Medea«	GRILLPARZER
Aushilfe	ERSATZKRAFT	auswiegen	BALANCIEREN	Autor von »Othello«	SHAKESPEARE
Auskunft	INFORMATION				
Auskunft erteilen	INFORMIEREN	auswurfförderndes Mittel	EXPEKTORANS	Autor von »Romeo und Julia«	SHAKESPEARE
Auslegekunst	HERMENEUTIK	autark, autonom	UNABHAENGIG	Autor von »Sappho«	GRILLPARZER
auslegen	EXPLIZIEREN				
auslesen, auswählen	SELEKTIEREN	Autobahn-Einrichtung	RASTSTAETTE	Autor von »Schuld und Sühne«	DOSTOJEWSKI
Auslösevorrichtung an Waffen	ABZUGBUEGEL	Autonom. Sowjetrepublik	BASCHKIRIEN	Autor von »Sommernachtstraum«	SHAKESPEARE
Ausreißer	FLUECHTLING	Autor e. medizin. Enzyklopädie	PSCHYREMBEL	Autor von »Viel Lärm um nichts«	SHAKESPEARE
ausrotten	LIQUIDIEREN				
Ausrottung, Zerstörung	VERNICHTUNG	Autor von »D. Widerspenst. Zähm.«	SHAKESPEARE	Autor von »Was ihr wollt«	SHAKESPEARE
Ausruf	EXKLAMATION	Autor von »Der Idiot«	DOSTOJEWSKI	Autor von »Weh dem der lügt«	GRILLPARZER
Ausschließlichkeit	DISJUNKTION				
Ausschweifung	LIBERTINAGE	Autor von »Der Sturm«	SHAKESPEARE	Autoteil	STOSSSTANGE
				Autoteil, -zubehör	AUSPUFFROHR
Außenbegrenzung e. Körpers	OBERFLAECHE	Autor von »Die Ahnfrau«	GRILLPARZER	Autoteil, -zubehör	AUSPUFFTOPF
		Autor von »Die Bluthochzeit«	GARCIALORCA	Autoteil, -zubehör	KARDANWELLE
außergewöhnlich	PHAENOMENAL				
außerhalb des Mittelpunkts	EXZENTRISCH	Autor von »Die Jüdin von Toledo«	GRILLPARZER	Autoteil, -zubehör	NOCKENWELLE
				Avers, Stirnseite	VORDERSEITE
Aussiedlung	EVAKUIERUNG	Autor von »Hamlet«	SHAKESPEARE	avisieren	ANKUENDIGEN
aussondern	ELIMINIEREN	Autor von »Julius Caesar«	SHAKESPEARE	Azteken-Gottheit	TLAZOLTEOTL
				Bachstelzenart	SCHAFSTELZE
Aussprache	EROERTERUNG	Autor von »Kaufm. von Venedig«	SHAKESPEARE	Backenstreich	MAULSCHELLE
Ausstrahlung	IRRADIATION			Backstein	MAUERZIEGEL

Backstein, Klinker	ZIEGELSTEIN	Ballett von Tschaikowsky	NUSSKNACKER	Bauwerk in Frankfurt a. M.	PAULSKIRCHE
Badeort am Bodensee	LANGENARGEN	Ballett von Tschaikowsky	SCHWANENSEE	bayer. Berg am Walchensee	HERZOGSTAND
Badeort am Jadebusen	RUESTRINGEN	Ballspiel	VOELKERBALL	bayer. Herrschergeschlecht	WITTELSBACH
badisch. Baumeister	WEINBRENNER	banal	ALLTAEGLICH	bayer. Kneippkurort	WOERISHOFEN
badisches Weinbaugebiet	KAISERSTUHL	Bann	AUSSTOSSUNG		
		Banner	FELDZEICHEN	bayer. Kurort im Allgäu	OBERSTAUFEN
		Bannmeile	SPERRBEZIRK		
Bäderkunde	BALNEOLOGIE	Bannmeile	SPERRGEBIET	bayer. Kurort zw. Lech u. Ammer	PEISSENBERG
Bärenart	BRILLENBAER	Bannware	KONTERBANDE		
Bärenart	SCHWARZBAER	Bantuvolk	BETSCHUANEN		
Bahnbrecher, Avantgardist	VORKAEMPFER	Bantuvolk	SOTHOTSWANA	bayer. Porzellanmanufaktur	NYMPHENBURG
		Baracke	BEHELFSHEIM		
		Barschart	FLUSSBARSCH		
Bahnbrecher, Pionier	WEGBEREITER	barsch behandeln	BRUESKIEREN	bayer. Regierungsbezirk	OBERFRANKEN
Bahnstation	HALTESTELLE	Bart, Barttracht	SCHNURRBART		
Bakteriengruppe	SALMONELLEN	Barttracht	SCHNAUZBART	bayer. Stadt an Donau u. Wörnitz	DONAUWOERTH
Baldachin	ALTARHIMMEL	Barttracht	ZWIRBELBART	bayer. Stadt im Ries	NOERDLINGEN
Baldachin	THRONHIMMEL	Basis	SAEULENFUSS		
Baldrian	KATZENKRAUT	Basis	STUETZPUNKT	beabsichtigen	INTENDIEREN
Balkanstaat	JUGOSLAWIEN	Batterie	AKKUMULATOR	Beachtung v. Äußerlichkeiten	FORMALISMUS
		Batterie	STROMQUELLE		
Balkonpflanze	GLOCKENREBE	Bauchfellentzündung	PERITONITIS		
Balkonpflanze	KAISERWINDE	Bauchhöhlenöffnung	LAPARATOMIE	beanstanden	KRITISIEREN
Balkonpflanze	MAENNERTREU			beanstanden, bemängeln	REKLAMIEREN
Ballerino	SOLOTAENZER	bauchige Flasche	BOCKSBEUTEL		
Ballett	BUEHNENTANZ	Bau für Himmelsdarstellungen	PLANETARIUM	Beanstandung	REKLAMATION
Ballett-Gestalter	CHOREOGRAPH			bearbeiten	KULTIVIEREN
Ballettmitglied	BALLETTEUSE	Bauhandwerker	KAMINSETZER	beaufsichtigen	INSPIZIEREN
Ballett-Tanzfigur	ENJAMBEMENT	Baukunst	ARCHITEKTUR	Beauftragter	FUNKTIONAER
Ballett von Rich. Strauss	SCHLAGOBERS	baumart. Liliengewächs	DRACHENBAUM	Becherwerk	PATERNOSTER
Ballett von Strawinsky	KARTENSPIEL	Baumeidechse	FLUGDRACHEN	Bedauern	ANTEILNAHME

Bedingungsform	KONDITIONAL	Bein- u. Unterleibsbekleidung	STRUMPFHOSE	beobachten	OBSERVIEREN
bedrohlich	GEFAEHRLICH			Beobachtung	OBSERVATION
beeinflußbar	SUGGESTIBEL	beiordnen	ASSOZIIEREN	bequem	KOMFORTABEL
		beispielhaft, mustergültig	VORBILDLICH	bequemes Sitzmöbel	OHRENSESSEL
beeinflussen, einflüstern	SUGGERIEREN	beispringen	ASSISTIEREN	beratend	KONSULTATIV
befangen, scheu	SCHUECHTERN	beistehen	ASSISTIEREN	berechnen	KALKULIEREN
Befestigungsmittel	HEFTKLAMMER	Bejahung	AFFIRMATION	berechnen	KOMBINIEREN
		Bekenntnis	GESTAENDNIS	Berechnung	KALKULATION
Befrager	INTERVIEWER	Beklemmung	ALPDRUECKEN	Berechnung	KOMBINATION
befristen	TERMINIEREN	bekömmlich	ZUTRAEGLICH	berechtigt	AUTORISIERT
Befruchtung	EMPFAENGNIS	belästigen	MOLESTIEREN		
befugen	LIZENZIEREN	Belang	WICHTIGKEIT	berechtigt	LEGITIMIERT
befugt	AUTORISIERT	beleben, anregen	STIMULIEREN	beredt	WORTGEWANDT
befugt	ERMAECHTIGT			Bergbahn	KABINENBAHN
begeistert	HINGERISSEN	belehren	INSTRUIEREN	Berg bei Königswinter	DRACHENFELS
begleiten	ESKORTIEREN	Belehrung	INSTRUKTION	Berg bei Pasadena (Observatorium)	MOUNTWILSON
beglückwünschen	GRATULIEREN	beleidigen	INSULTIEREN		
Begnadigung, Amnestie	STRAFERLASS	belg. Provinz	OSTFLANDERN	Berg der Radstädter Tauern	HOCHGOLLING
begrenzt	BESCHRAENKT	belgisch. Autor (Nobelpreis)	MAETERLINCK		
Begriffsschrift	IDEOGRAPHIE			Berg der Rhön	WASSERKUPPE
Begründung	MOTIVIERUNG	Belladonna, Teufelskirsche	TOLLKIRSCHE	Berg der Stubaier Alpen	ZUCKERHUETL
behaglich	KOMFORTABEL				
beharrlich	HARTNAECKIG	belohnen	PRAEMIIEREN	Berge d. schweiz. Säntisgruppe	CHURFIRSTEN
beharrsam	KONSERVATIV	bemängeln	BEANSTANDEN		
behauptend	KATEGORISCH	bemängeln	KRITISIEREN	Berg im Allgäu	RISSERKOGEL
Behelf, Zwischenzustand	PROVISORIUM	bemalen	ANSTREICHEN	Berg im Berner Oberland	SCHRECKHORN
		bemerken	FESTSTELLEN		
behelfsmäßig	NOTDUERFTIG	bemerkenswert	INTERESSANT	Berg im chilen. Feuerland	MOUNTDARWIN
Behendigkeit	GEWANDTHEIT	Bemühung	ANSTRENGUNG		
Beifuß	MUTTERKRAUT	benachrichtigen	INFORMIEREN	Berg im Erzgebirge	FICHTELBERG
Beileid	ANTEILNAHME	Beneluxstaat	NIEDERLANDE	Berg im Erzgebirge	RAMMELSBERG
Beileid äußern	KONDOLIEREN	Benennung	NOMINIERUNG		
Beinteil	KNIESCHEIBE				

Berg im Mangfallgebirge	WENDELSTEIN	Berliner Stadtteil, Verwaltungsbez.	LICHTENBERG	Beschuldigter	ANGEKLAGTER
Berg im nördl. Thüringen	KYFFHAEUSER	Berliner Stadtteil, Verwaltungsbez.	SCHOENEBERG	beschwerlich	ANSTRENGEND
Berg im Odenwald	KOENIGSTUHL	Berliner Stadtteil, Verwaltungsbez.	WILMERSDORF	beschwerlich	STRAPAZIOES
Berg im Rothaargebirge	KAHLERASTEN	bersten	EXPLODIEREN	besinnlich	BESCHAULICH
Berg in d. Ötztaler Alpen	KREUZSPITZE	bersten, platzen	ZERSPRINGEN	besinnungslos	OHNMAECHTIG
Berg in Schlesien	LANDESKRONE	Berühmtheit	ZELEBRITAET	Besitzer	EIGENTUEMER
Bergleuteversicherung	KNAPPSCHAFT	Beruf bei Bühne, Film, TV, Funk	KABARETTIST	besitzlose Masse	PROLETARIAT
bergmänn. Anlage	SCHACHTKAUE	Beruf bei Bühnen	GARDEROBIER	besitzloser Mensch	PROLETARIER
bergmänn. Beruf, Funktion	OBERSTEIGER	Beruf im Baufach	BAUTISCHLER	besond. Bienenfuttersaft	GELEEROYALE
bergmänn. Leuchte	GRUBENLAMPE	Beruf im Verkehrswesen	EISENBAHNER	besonders gut	VORZUEGLICH
bergmänn. Titel	OBERBERGRAT	Berufung	APPELLATION	besprechen	DISKUTIEREN
bergmännische Funktion	FAHRSTEIGER	Beschaffenheit	EIGENSCHAFT	Besprechung	EROERTERUNG
Bergmannsleuchte	WETTERLAMPE	bescheinigen	ATTESTIEREN	besser machen	MELIORIEREN
Bergmassiv der Berner Alpen	BLUEMLISALP	bescheinigen	BESTAETIGEN	Beständigkeit, Festigkeit	STABILITAET
Bergstock in der Pfalz	DONNERSBERG	Beschlagnahme	AUFBRINGUNG	Bestätigung	AFFIRMATION
Bergwanderer	HOCHTOURIST	Beschlagnahme	REQUISITION	Bestätigung	APPROBATION
Berichterstattung	INFORMATION	beschlagnahmen	REQUIRIEREN	Bestallung	APPROBATION
berichtigen	KLARSTELLEN	Beschönigung	EUPHEMISMUS	Bestandteil d. Erdatmosphäre	WASSERDAMPF
berichtigen	KORRIGIEREN	Beschreibung	DARSTELLUNG	Bestandteil d. Erdatmosphäre	WASSERSTOFF
Berliner Flughafen	SCHOENEFELD	Beschreibung	DESKRIPTION	bestehen	ABSOLVIEREN
Berliner Havel-Insel	PFAUENINSEL	Beschreibung, Darstellung	SCHILDERUNG	Bestellung	ANFORDERUNG
		Beschriftung	INSKRIPTION	bestens	ERSTKLASSIG
		beschützen, schützen	PROTEGIEREN	Bestimmung	DESTINATION
		beschuldigen	BEZICHTIGEN	Bestrahlungsgerät	HOEHENSONNE
				bestürzt	FASSUNGSLOS
				Betäubung	ANAESTHESIE

Betäubungsmittel	CHLORAETHYL	bewußtlos	OHNMAECHTIG	bindend, höflich	VERBINDLICH
betörend	ENTZUECKEND	Bez. f. Süditalien	MEZZOGIORNO	Bindewort	KONJUNKTION
betonen	HERVORHEBEN	Bezahlung	BEGLEICHUNG	Birnensorte	BUTTERBIRNE
betont	AKZENTUIERT	bezaubern	FASZINIEREN	Bisamziege	MOSCHUSTIER
betont, ausgeprägt	PRONONCIERT	bezaubernd	ENTZUECKEND	bischöfl. Rundschreiben	HIRTENBRIEF
Betrachtungsweise	BLICKWINKEL	Bezauberung	FASZINATION	bitter	SCHMERZLICH
Betrachtungsweise	PERSPEKTIVE	bezeichnen	DESIGNIEREN	Bittermandelöl	BENZALDEHYD
beträchtlich	UMFANGREICH	bezeichnend, wichtig	SIGNIFIKANT	Blähsucht	METEORISMUS
Betrag	KOSTENPUNKT	Bezeichnung	DESIGNATION	blasenreiches Eruptivgestein	MANDELSTEIN
Betrieb, Geschäft	UNTERNEHMEN	Bezeichnung für Theater	SCHAUBUEHNE	blasiert	EINGEBILDET
betriebsam	GESCHAEFTIG	Beziehung	VERHAELTNIS	Blasinstrument	FLUEGELHORN
Betriebsgemeinschaft	BELEGSCHAFT	bezwingen	UEBERWINDEN	Blasmusiker	HOLZBLAESER
betrügen	HINTERGEHEN	Bezwinger	UEBERWINDER	Blattgrün	CHLOROPHYLL
Betrug	MACHINATION	Bibelübersetzung	SEPTUAGINTA	Blaubeere	HEIDELBEERE
Bettelmönchsorden	MENDIKANTEN	Bickbeere	HEIDELBEERE	Bleierz	PYROMORPHIT
beugen	DEKLINIEREN	biegsam	GESCHMEIDIG	Blickwinkel	PERSPEKTIVE
Beugung	DEKLINATION	Biersorte	GERSTENBIER	Blizzard	SCHNEESTURM
Beugung	KONJUGATION	Biersorte	MAERZENBIER	Blockade	ABRIEGELUNG
Beugung (physik.)	DIFFRAKTION	Bignoniengewächs	KUERBISBAUM	Bloßstellung	BESCHAEMUNG
beurteilen	KRITISIEREN	bilden	KULTIVIEREN	Blütenart	STAUBBLUETE
Beuteltier	OPOSSUMMAUS	bildende Kunst	BILDHAUEREI	Blütenbefruchtung	BESTAEUBUNG
Bevölkerungslehre	DEMOGRAPHIE	Bilderverehrung	IKONOLATRIE	Blütenteil	BLUMENKRONE
bevollmächtigt	AUTORISIERT	Bildgeschichten	COMICSTRIPS	Blütenteil	FRUCHTBLATT
bewahrend	KONSERVATIV	bildhaft	ANSCHAULICH	Blütenteil	STAUBBEUTEL
beweiskräftig	APODIKTISCH	Bildnismaler	PORTRAETIST	Blut-, Gallenfett	CHOLESTERIN
Bewerber	INTERESSENT	Billard-Ausdruck	KARAMBOLAGE	Bluter-Krankheit	HAEMOPHILIE
Bewerber, Anwärter	PRAETENDENT	Bindehautentzündung	BLENNORRHOE	Blutkrankheit	LEUKOZYTOSE
bewilligen	KONZEDIEREN	binden	BROSCHIEREN	Blutkreislauf	ZIRKULATION
Bewilligung	GENEHMIGUNG			Blutströpfchen (botan.)	TEUFELSAUGE
bewußt	ABSICHTLICH			Blutübertragung	TRANSFUSION

Blutvergiftung	SEPTIKAEMIE	brandenburg. Stadt am Fläming	LUCKENWALDE	brit. Bucht am Irisch. Meer	SOLWAYFIRTH
Bockkäfer	MOSCHUSBOCK	brandenburg. Stadt an der Elbe	WITTENBERGE	brit. Inselgruppe	KANALINSELN
Bodenübung	UEBERSCHLAG	brandenburg. Stadt an der Havel	ORANIENBURG	brit. Insel im Südatlantik	SANKTHELENA
Bodenverbesserung	MELIORATION	Branntweinsorte	MAGENBITTER	brit. Politiker, Staatsmann	LLOYDGEORGE
Börsenpapier	NAMENSAKTIE	brasil. Indianersprache	BOTOKUDISCH	brit. Pressezar	BEAVERBROOK
Börsenpapiere	AKTIENPAKET	Braten, Geflügel zerlegen	TRANCHIEREN	britische Arbeiterpartei	LABOURPARTY
börsl. Schiedswesen	ARBITRATION	brauchbar, zweckmäßig	PRAKTIKABEL	Bronchienspiegel	BRONCHOSKOP
Bösartigkeit (mediz.)	MALIGNITAET	Brauereianlage	LAGERKELLER	broschiertes Buch	TASCHENBUCH
böswillige Äußerung	BELEIDIGUNG	braunrote Farbe	BORDEAUXROT	Broschüre	FLUGSCHRIFT
böswillige Zerstörung	DEMOLIERUNG	Braut	ZUKUENFTIGE	Brotsorte	GEWUERZBROT
böswillige Zerstörung	VERWUESTUNG	Brautschmuck	MYRTENKRANZ	Brotsorte	KOMMISSBROT
Bohrmuschel	SCHIFFSWURM	brav	WOHLERZOGEN	Brotsorte	KUEMMELBROT
Bollwerk	BEFESTIGUNG	Breisgau-Stadt an der Elz	EMMENDINGEN	Brotsorte	SCHWARZBROT
bombastisch	HOCHTRABEND	breitkrempiger Strohhut	FLORENTINER	Brummeisen	MAULTROMMEL
bombastisch, überladen	SCHWUELSTIG	Breitwandprojektionsverfahren	CINEMASCOPE	Brusthöhlenspiegel	THORAKOSKOP
borgen	KREDITIEREN	Breitwandprojektionsverfahren	VISTAVISION	Buchbebilderer	ILLUSTRATOR
Borkenkäfer	BUCHDRUCKER	Brennstoff, -material	FLUESSIGGAS	Buchbindergerät	PRESSBALKEN
Borretschgewächs	OCHSENZUNGE	Brett	SCHNITTHOLZ	Buch d. Neuen Testaments	OFFENBARUNG
Borstenwurm	ROEHRENWURM	Briefmarkensammler	PHILATELIST	Buchdruckerkunst	TYPOGRAPHIE
Bote	LAUFBURSCHE	Brillenschlange	SCHILDOTTER	Buchdruckverfahren	TIEGELDRUCK
Botschafter	ABGESANDTER	Brillenschlangenart	HUTSCHLANGE	Buchhändler	SORTIMENTER
Bovist	BLUTSCHWAMM			Buchseiten-Numerierung	PAGINIERUNG
Bowlen-Zutat	WALDMEISTER				
Boxkampfrichter	RINGRICHTER				
Boykott	AUSSPERRUNG				
Branche	BERUFSZWEIG			Buchteil	KAPITALBAND

Bücherliebhaber	BIBLIOPHILE	Burg im Taunus	KOENIGSTEIN	chem. Prozeß	SUBLIMATION
Bügelmaschine	HEISSMANGEL	Burgunderwein	CLOSVOUGEOT	chemisch. Begriff	MUTTERLAUGE
Bühnenbeleuchtung	RAMPENLICHT	Burg von Korinth	AKROKORINTH	chilen. Hafenstadt	ANTOFAGASTA
bühnenfachlicher Begriff	CHORSAENGER	Burg von Rom	CAMPIDOGLIO	chilen. Provinz	ANTOFAGASTA
Bühnenstück v. Aristophanes	DIEFROESCHE	burschikos, lässig	UNGEZWUNGEN	chilen. Stadt	PUERTOMONTT
Bühnenstück v. Ibsen	DIEWILDENTE	Buschklepper, Wegelagerer	STRAUCHDIEB	chines. Bauwerk	GROSSEMAUER
Bühnenstück v. Ibsen	HEDDAGABLER	byzantinisch. Kaiser	CONSTANTIUS	chines. Philosoph (4./3. Jh. v. Chr.)	TSCHUANGTSE
Bühnenstück v. Nestroy	DERTALISMAN	Calendula	RINGELBLUME	cholerisch	AUFBRAUSEND
Bühnenstück v. Schiller	MARIASTUART	Chalkosin	KUPFERGLANZ	Christfest	WEIHNACHTEN
		Chance	GELEGENHEIT	christl. Erweckungsbewegung	METHODISTEN
Bühnenstück v. Shakespeare	WASIHRWOLLT	Chance	GLUECKSFALL		
		Chansonsängerin	CHANSONETTE	christl. Fest	HIMMELFAHRT
Bühnenstück v. Thoma	DIEMEDAILLE	Charakteristikum	KENNZEICHEN	christl. Glaubensbekenntnis	APOSTOLIKUM
		charakteristisch	BEZEICHNEND		
Bühnenstück von Kleist	PENTHESILEA	Chassis	FAHRGESTELL	christl. Konfession	CALVINISTEN
		Chauffeur	KRAFTFAHRER		
		Chaussee	LANDSTRASSE		
		chem. Element, flüssiges Metall	QUECKSILBER	christl. Konfession, Sekte	METHODISTEN
Bühnenstück von Schiller	WILHELMTELL	chem. Element, Gas	WASSERSTOFF	christl. Sekte	ADVENTISTEN
bürgen	GARANTIEREN				
Bürgerschaftsvertretung	GEMEINDERAT	chem. Element, Nichtmetall	KOHLENSTOFF	Chrysantheme	WINTERASTER
				Chrysantheme	WUCHERBLUME
Bürgertum	BOURGEOISIE	chem. Element, Transuran	CALIFORNIUM	Clou	GLANZNUMMER
				Clown, Hanswurst	SPASSMACHER
Bürokrat	AKTENMENSCH	chem. Element, Transuran	EINSTEINIUM		
bulgar. Stadt in Rumelien	STARAZAGORA	chem. Element, Transuran	MENDELEVIUM	Cocktail	MIXGETRAENK
				Comicfigur	MICKEYMOUSE
Bummelei	SCHLENDRIAN			Computer-Element	KOMPILIERER
bummeln, spazierengehen	PROMENIEREN	chem. Farbstoff	ANTRACHINON	Coup	HANDSTREICH
Buntspecht	KLEINSPECHT	chem. Probierröhrchen	REAGENZGLAS	Dachform	SCHLEPPDACH
				Dachform	SCHNUERDACH
Burg am Rhein	STOLZENFELS			Dachform	ZWIEBELDACH

dän. Astronom	HERTZSPRUNG	
dän. Bildhauer	THORVALDSEN	
dän. Bucht	AARHUSBUCHT	
dän. Bucht	ALSENFOERDE	
dän. Bucht	JAMMERBUCHT	
dän. Meerenge	GROSSERBELT	
dän. Meerenge	KLEINERBELT	
dän. Philosoph, Mystiker, Psychol.	KIERKEGAARD	
dän. Stadt	VORDINGBORG	
dän. Stadt in Jütland	SKANDERBORG	
dän. Stadt in Südjütland	HADERSLEBEN	
Dampf-, Kochwasserschaden	VERBRUEHUNG	
Dampfmaschinenteil	DAMPFKESSEL	
Dampfmaschinenteil	KONDENSATOR	
Dampfmaschinenteil	KURBELWELLE	
Darbietung, Demonstration	VORFUEHRUNG	
Darmbewegung	PERISTALTIK	
Darmträgheit	VERSTOPFUNG	
darstellen	KONTERFEIEN	
Dauerhaftigkeit, Standfestigkeit	STABILITAET	
Debatte, Disput	WORTGEFECHT	
Debilität	SCHWACHSINN	
defekt	BESCHAEDIGT	
Dekoration	AUSSTATTUNG	
dekorieren	AUSZEICHNEN	
Delegierter	ABGESANDTER	
den Höhepunkt erreichen	KULMINIEREN	
Denkart	MENTALITAET	
denkenswert	MERKWUERDIG	
Denkvermögen	INTELLIGENZ	
Denkweise	EINSTELLUNG	
Denkweise	MENTALITAET	
Denkwissenschaft	PHILOSOPHIE	
der Planet Venus	MORGENSTERN	
desillusioniert	ENTTAEUSCHT	
Desinfektionsmittel	FORMALDEHYD	
Detail	BESTANDTEIL	
detonieren	EXPLODIEREN	
deutlich	ANSCHAULICH	
deutlich	ARTIKULIERT	
Deutschkunde	GERMANISTIK	
Diät	KRANKENKOST	
Dialog	WECHSELREDE	
Diameter	DURCHMESSER	
dicklich	VOLLSCHLANK	
Diebstahlsicherung im Auto	LENKSCHLOSS	
die Kochkunst betreffend	KULINARISCH	
Dienstanweisung	INSTRUKTION	
Differenz, Verschiedenheit	UNTERSCHIED	
Diktionär	WOERTERBUCH	
Dilettant	KUNSTFREUND	
Dill	GURKENKRAUT	
Dinosaurier	STEGOSAURUS	
Diplomat	BOTSCHAFTER	
diplomat. Denkschrift	AIDEMEMOIRE	
Diplomatie	STAATSKUNST	
direkt	UNMITTELBAR	
Direktübertragung	LIVESENDUNG	
diskriminieren	HERABSETZEN	
Diskus	WURFSCHEIBE	
Diskussion	EROERTERUNG	
Disput	WORTWECHSEL	
dissertieren	PROMOVIEREN	
Distelgewächs	ARTISCHOCKE	
Disziplin	SELBSTZUCHT	
dito	DESGLEICHEN	
dito	GLEICHFALLS	
Diversion	ABWECHSLUNG	
Dörrfrüchte	TROCKENOBST	
Doldenblütler	UMBELLIFERE	
Dolle	RIEMENGABEL	
Dolmetsch, Dolmetscher	UEBERSETZER	
dominieren	BEHERRSCHEN	
Donau-Durchbruch	EISERNESTOR	
Doppelfernrohr	FELDSTECHER	
Doppelheit	DUPLIZITAET	
Dorade	GOLDMAKRELE	
Dorsch, Kabeljau	SCHELLFISCH	
Dortmunder Sehenswürdigkeit	HOHENSYBURG	
Dortmunder Sehenswürdigkeit	ROMBERGPARK	
Dotterpilz	EIERSCHWAMM	
Dozentur	LEHRAUFTRAG	
drängen	INSISTIEREN	
Drama	BUEHNENWERK	

Drama von Schiller	WALLENSTEIN
Drehkolbenmotor	WANKELMOTOR
Drehorgel	LEIERKASTEN
dreist	UNVERFROREN
Drosselart	EICHDROSSEL
Drosselart	SINGDROSSEL
Drosselart	STEINROETEL
Druck-Maßeinheit	ATMOSPHAERE
Druckplattenfertigung	STEREOTYPIE
Druckseitenformat	SATZSPIEGEL
dtsch. abstrakter Maler	MEISTERMANN
dtsch. Alpengebirgsstock	WETTERSTEIN
dtsch. Altistin	FASSBAENDER
dtsch. Arzt, Hygieniker	PETTENKOFER
dtsch. Arzt, Mediziner	WEIZSAECKER
dtsch. Arzt u. Physiker	LEIDENFROST
dtsch. Barockbaumeister	POEPPELMANN
dtsch. Barocksatiriker	MOSCHEROSCH
dtsch. Bundesland	BRANDENBURG
dtsch. Bundespräsident	WEIZSAECKER
dtsch. Dichter, Schriftsteller	BERGENGRUEN
dtsch. Dichter, Schriftsteller	KOLBENHEYER
dtsch. Dichter der Romantik	EICHENDORFF
dtsch. Dichter (Groteske, Lyrik)	MORGENSTERN
dtsch. Dirigent	MUENCHINGER
dtsch. Entertainer	FRANKENFELD
dtsch. express. Dramatiker	HASENCLEVER
dtsch. Fürstenhaus	LUDOLFINGER
dtsch. Fußballspieler	AUGENTHALER
dtsch. Fußballspieler, -trainer	BECKENBAUER
dtsch. Geigenvirtuose	KULENKAMPFF
dtsch. Historiker	GIESEBRECHT
dtsch. Humanist	PIRCKHEIMER
dtsch. Jazzsängerin	BRANDENBURG
dtsch. Kabarettist	HILDEBRANDT
dtsch. Kabarettistin	HEIDENREICH
dtsch. Komponist	HUMPERDINCK
dtsch. Komponist	MENDELSSOHN
dtsch. Komponist	STOCKHAUSEN
dtsch. Kurort an der Oder	FREIENWALDE
dtsch. Landeshauptstadt	DUESSELDORF
dtsch. Maler, Grafiker	CHODOWIECKI
dtsch. Maler, Grafiker	OBERLAENDER
dtsch. Mathematiker	TSCHIRNHAUS
dtsch. Meeresstraße	FEHMARNBELT
dtsch. Meeresstraße	FEHMARNSUND
dtsch. Name von Thionville	DIEDENHOFEN
dtsch. Nordseehafen	BREMERHAVEN
dtsch. Ostseebucht	KIELERBUCHT
dtsch. Ostseebucht	WISMARBUCHT
dtsch. Ostseehafen, Seebad	TRAVEMUENDE
dtsch. Physiker (Nobelpreis)	DEISENHOFER
dtsch. Physiker u. Autor	LICHTENBERG
dtsch. Physiker u. Philosoph	WEIZSAECKER
dtsch. Porzellanstadt	FRANKENTHAL
dtsch. Raketengeschütz	NEBELWERFER
dtsch. Reformator, Humanist	MELANCHTHON
dtsch. Regisseurin	RIEFENSTAHL

dtsch. Reichskanzler	MAXVONBADEN	dtsch. Schriftstellerin	LANGGAESSER	Durchbruch (mediz.)	PERFORATION
dtsch. Reichskanzler	SCHEIDEMANN	dtsch. Schriftstellerin	NOESTLINGER	durchdringen	PENETRIEREN
dtsch. Reimvers	KNITTELVERS	dtsch. Theaterregisseur	FALCKENBERG	durchlöchen	PERFORIEREN
dtsch. Sänger, Schauspieler	GROENEMEYER	dtsch. weibl. Adelstitel	KURFUERSTIN	durchscheinend	TRANSPARENT
dtsch. satirisch. Schriftsteller	LICHTENBERG	dtsch. weibl. Adelstitel	LANDGRAEFIN	durchsichtig	TRANSPARENT
dtsch. Schausp. Entertainer	KULENKAMPFF	dtsch. weibl. Adelstitel	MARKGRAEFIN	Durchsichtigkeit	TRANSPARENZ
dtsch. Schauspieler	FUCHSBERGER	dtsch. Weinbaugebiet	MAINFRANKEN	Dynastie in England	PLANTAGENET
dtsch. Schauspieler	SCHOENBOECK	dtsch. Weinbaugebiet	RHEINHESSEN	ebenfalls	DESGLEICHEN
dtsch. Schauspieler	SCHWARZKOPF	Duckmäuser	LEISETRETER	Eberesche	SPERBERBAUM
dtsch. Schauspieler	WESTERMEIER	Dünengras, Sandgras	STRANDHAFER	Eberesche	TEUFELSBAUM
dtsch. Schauspieler, Regisseur	FLEISCHMANN	Düngemittel	KNOCHENMEHL	Eberwurz, Ölpflanze	SONNENBLUME
dtsch. Schauspieler, Regisseur	LIEBENEINER	dünkelhaft	EINGEBILDET	echt	AUTHENTISCH
dtsch. Schauspielerin	HILDEBRANDT	dünkelhaft, eingebildet	SNOBISTISCH	ecuadorian. Berg	CHIMBORASSO
dtsch. Schauspielerin	KUECKELMANN	dürftig	KUEMMERLICH	Edelfisch	BACHFORELLE
dtsch. Schauspielerin	SAEGEBRECHT	Düsseldorfer Belustigung	RADSCHLAGEN	Edelfisch	BLAUFELCHEN
dtsch. Schauspielerin	WEISSGERBER	duldsam	NACHSICHTIG	Edelpelz	PLATINFUCHS
dtsch. Schriftsteller	BACKMEISTER	dummdreist	IMPERTINENT	Editor	HERAUSGEBER
dtsch. Schriftsteller	GERSTAECKER	dummes Gerede	QUATSCHEREI	Egoismus, Eigenliebe	SELBSTSUCHT
dtsch. Schriftsteller	WELLERSHOFF	Dunkelheit, Unbekanntheit	OBSKURITAET	ehem. dtsch. Münze	KAISERTALER
		dunkle Stelle auf der Sonne	SONNENFLECK	ehem. franz. Goldmünze	NAPOLEONDOR
		durchaus	SCHLECHTHIN	ehem. preuß. Provinz	BRANDENBURG
		durchbohren	PERFORIEREN	ehem. preuß. Provinz	OSTPREUSSEN
		Durchbohrung	PERFORATION	ehem. Staatenbündnis	VOELKERBUND
				Eheschließung	VERMAEHLUNG

Ehrab-schneidung	VERLEUMDUNG	einflüstern, einsagen	SOUFFLIEREN	Einrichtung	INSTITUTION
ehrbar	RESPEKTABEL	einführen	IMPORTIEREN	einsames Inselleben	ROBINSONADE
Ehre	ANERKENNUNG	Eingabe	BITTSCHRIFT		
ehren	AUSZEICHNEN	Eingabe	DENKSCHRIFT	einschließlich	INBEGRIFFEN
eichen	ADJUSTIEREN	eingängig	SINNFAELLIG		
Eidechse	DORNSCHWANZ	ein Gebiet betreffend	TERRITORIAL	Einschnürung	KONTRAKTION
Eidechse	KRAGENECHSE				
Eifer, Emsigkeit	RUEHRIGKEIT	eingebildet	ILLUSORISCH	Einschränkung	REDUZIERUNG
Eigenart, Befähigung	VERANLAGUNG	eingebildeter Kranker	HYPOCHONDER	Einschränkung, Vorbehalt	RESTRIKTION
eigensinnig	DICKKOEPFIG	Eingebung	ERLEUCHTUNG		
eigensinnig	HALSSTARRIG	Eingebung	INSPIRATION	einsichtig	INTELLIGENT
Eileiterentzündung	SALPINGITIS	eingelegte Gemüsefrucht	PERLZWIEBEL	einsichtig	VERSTAENDIG
				Eintauchmarke d. Schiffes	WASSERLINIE
Einäscherung	VERBRENNUNG	Eingliederung	INTEGRATION	einteilen, zuteilen	RATIONIEREN
Einäscherungs-Anlage	KREMATORIUM	einheim. Giftpflanze	BILSENKRAUT	Einverleibung	BESITZNAHME
Einatmung	INSPIRATION	einheim. Giftpilz	FLIEGENPILZ	Einverständnis	GENEHMIGUNG
Einbildung	IMAGINATION	einheim. Giftpilz	GIFTREIZKER	Einwand, Gegenrede	WIDERSPRUCH
Einbildung, Idee	VORSTELLUNG	einheim. Giftpilz	PANTHERPILZ	einwandern	IMMIGRIEREN
Eindämmen e. Flußbettes	REGULIERUNG	einheim. Orchidee	FRAUENSCHUH	Einwanderung	IMMIGRATION
		einheim. Orchidee	KNABENKRAUT	Einzeldarstellung	MONOGRAPHIE
eindampfen	EVAPORIEREN	einheimisch	EINGESESSEN	Eisenbahnfahrzeug	GUETERWAGEN
Eindringlichkeit	INTENSITAET	Einheimischer	ANSAESSIGER		
eindrucksvoll	IMPONIEREND	Einkochgerät	WECKAPPARAT	Eisenbahnfahrzeug	SCHLAFWAGEN
einebnen	APPLANIEREN	einladend	APPETITLICH	Eisheilige	KALTESOPHIE
einebnen	NIVELLIEREN	Einlagenverfallserklärung	KADUZIERUNG	Eiskunstlauf-Figur	GEGENDREIER
eine der Kardinal-Tugenden	MAESSIGKEIT	einmalig	EINZIGARTIG	Eiskunstlauf-Sprung	AXELPAULSEN
einfach, genügsam	SPARTANISCH	einordnen	SUBSUMIEREN	Eiszeit	PLEISTOZAEN
		einräumen	KONZEDIEREN	eiszeitl. Riesenfaultier	MEGATHERIUM
einfacher Eisenofen	KANONENOFEN	einreihen, einordnen	RUBRIZIEREN	eitel	STUTZERHAFT
einflüstern	INSINUIEREN	Einrichtung	AUSSTATTUNG	ekelhaft	ABSCHEULICH

ekelhaft, abscheulich	SCHEUSSLICH	empfangen	KONZIPIEREN	engl. Pfadfindergründer	BADENPOWELL
Ekstase	VERZUECKUNG	empfindlich,	MIMOSENHAFT	engl. Physiologe (Nobelpreis)	SHERRINGTON
Elbe-Zufluß	WEISSWASSER	empfindsam			
Elefantenhaut (mediz.)	PACHYDERMIE	empfindlich, reizbar	SUSZEPTIBEL	engl. Politiker (Nobelpreis)	CHAMBERLAIN
elektr. Fischart	ZITTERFISCH	empfindsam	GEFUEHLVOLL	engl. Rockgruppe	LEDZEPPELIN
elektr. Heizungsgerät	ELEKTROOFEN	empfindsam, gefühlvoll	SENTIMENTAL	engl. Salon	DRAWINGROOM
elektr. Meßgerät	ELEKTROSKOP	Empfindsamkeit	FEINGEFUEHL	engl. Stadt in Hampshire	FARNBOROUGH
elektr. Speichergerät	KONDENSATOR	Empörung	ENTRUESTUNG		
elektr. Strom	GLEICHSTROM	Ende von Ausführungen	SCHLUSSWORT	engl. weibl. Adelstitel	VISCOUNTESS
elektr. Stromspeicher	AKKUMULATOR	Energiequelle	WASSERKRAFT	engl.: Geschäftsmann	BUSINESSMAN
Elektrizitätsträger	ELEKTROPHOR	Engelkraut, Heilpflanze	SONNENKRAUT	englisch: interessant	INTERESTING
Elektrizitätszähler	STROMMESSER	enger Vertrauter	BUSENFREUND	Engpaß in Griechenland	THERMOPYLEN
elektrochem. Spaltung	ELEKTROLYSE	engl. Chemiker (Nobelpreis)	HINSHELWOOD	engstirnig	BESCHRAENKT
elektron. Schwingungstrenner	DEMODULATOR	engl. christl. Sekte	IRVINGIANER	entartet	DEGENERIERT
				Entbehrung	FRUSTRATION
elektronisch. Musikinstrument	SYNTHESIZER	engl. Gewichtseinheit	PENNYWEIGHT	Entbindung	NIEDERKUNFT
Elementarteilchen	ANTINEUTRON	engl. Grafschaft	OXFORDSHIRE	Entenart	HOECKERENTE
				Entenart	LOEFFELENTE
Elevin	ANFAENGERIN	engl. Grafschaft	WESTMORLAND	Entfaltungsprozeß	ENTWICKLUNG
elsäss. Stadt an d. Lauter	WEISSENBURG	engl. Heerführer	MARLBOROUGH	entfernen	ELIMINIEREN
				entfernen	FORTBRINGEN
elsäss. Stadt an der Ill	MUEHLHAUSEN	engl. Kanalhafen	SOUTHAMPTON	entfernen	WEGSCHAFFEN
				enthalten	INVOLVIEREN
elsäss. Wein	EDELZWICKER	engl. Krankenpflegerin	NIGHTINGALE	enthüllen	DEKUVRIEREN
Elternmutter	GROSSMUTTER			entlarven	DEKUVRIEREN
				entlarven	DEMASKIEREN
Emblem	WAHRZEICHEN	engl. Männer-Vorname	CHRISTOPHER	entmutigen	DEPRIMIEREN
Emigrant	AUSWANDERER			entrüstet	AUFGEBRACHT
Empfängnis	BEFRUCHTUNG	engl. Möbelstil	CHIPPENDALE	Entrüstung	INDIGNATION
Empfang	BEGRUESSUNG				

entsagen, verzichten	RESIGNIEREN	Erdneuzeit	KAENOZOIKUM	Erläuterung	EXPLIKATION
Entsagung, Verzicht	RESIGNATION	Erdteil	NORDAMERIKA	erlauben	KONZEDIEREN
		Erdteil	SUEDAMERIKA	Erlaubnis	GENEHMIGUNG
entschlossen	ZIELSTREBIG	Erdtiefenerscheinung	VULKANISMUS	Erlaubnis für einen Heilberuf	APPROBATION
entsprechen, passen	KONVENIEREN	Ereignis	BEGEBENHEIT	erleuchten	INSPIRIEREN
enttäuschen	FRUSTRIEREN	Eremitage	EINSIEDELEI	Erleuchtung	INSPIRATION
Enttäuschung	DESILLUSION	ererbtes Wesen	VERANLAGUNG	ermitteln	INQUIRIEREN
Enttäuschung	FRUSTRATION	Erfinder d. Luftballons	MONTGOLFIER	ermitteln, prüfen	UNTERSUCHEN
entweihen	PROFANIEREN	Erfolg haben	REUESSIEREN	Ermittlung	INQUISITION
entwerfen	KONZIPIEREN	erfolgsorientiert	ZIELSTREBIG	ernennen	DESIGNIEREN
Entwickl.-Deformation	MISSBILDUNG	Erforsch. d. Übersinnlichen	OKKULTISMUS	Ernennung	NOMINIERUNG
				Erneuerer d. Franziskanerordens	BONAVENTURA
entwischen	ECHAPPIEREN	erforschen, durchleuchten	UNTERSUCHEN	erneuern, umgestalten	REFORMIEREN
entzückend	BESTRICKEND				
entzündbar	INFLAMMABEL	Erforschung	EXPLORATION	Erneuerung	RENAISSANCE
Entzweiung	ZERWUERFNIS	erfreuen	DELEKTIEREN	Erneuerung	VERJUENGUNG
Epistaxis	NASENBLUTEN	ergiebig	ERTRAGREICH	Erneuerung	RENOVIERUNG
Epos des Mittelalters	ROLANDSLIED	ergötzen	DELEKTIEREN	Erneuerung, Neugestaltung	
		erhaltend	KONSERVATIV		
erbärmlich	JAEMMERLICH	erhitzt	ECHAUFFIERT	Erneuerung, Wiedergeburt	RENAISSANCE
Erbgut	PATRIMONIUM	erhöhen, steigern	POTENZIEREN		
Erdanziehung	GRAVITATION	Erinnerung	GEDAECHTNIS	erniedrigen	DEGRADIEREN
Erdanziehung	SCHWERKRAFT	Erinnerung, Rückblick	REMINISZENZ	Ernüchterung	DESILLUSION
Erdbebenanzeiger	SEISMOMETER	Erkenntnisvermögen	INTELLIGENZ	erörtern	DEBATTIEREN
				erörtern	DISKUTIEREN
Erdbebenherd	HYPOZENTRUM	erklären	DEKLARIEREN	Erörterung	BESPRECHUNG
		erklären	EXPLIZIEREN	Erotik	LIEBESKUNST
Erdbebenkunde	SEISMOLOGIE	Erklärung	DEKLARATION	Erscheinungsform	PHAENOTYPUS
		Erklärung	EXPLIKATION		
Erdbebenschreiber	SEISMOGRAPH	Erkrankungshäufigkeit	MORBIDITAET	erschüttert	AUFGEWUEHLT
Erdhalbkugel	HEMISPHAERE	Erkundung	EXPLORATION	erschüttert	FASSUNGSLOS
				Erspartes	NOTGROSCHEN
Erdkern	BARYSPHAERE			Erstarrung	VERSTEIFUNG

Erstauftretende	DEBUETANTIN	Exkommunikation	KIRCHENBANN	Farbton	ENGLISCHROT
erstaunlich	PHAENOMENAL	expedieren	VERSCHICKEN	Farbton	GRAUSCHWARZ
erste Mahlzeit	FRUEHSTUECK	Explosivgeschoß	KARTAETSCHE	Farnart	HIRSCHZUNGE
erster Sitz der UNO	LAKESUCCESS	expreß, sofort	SCHLEUNIGST	Farnart	STRAUSSFARN
erstmals auftreten	DEBUETIEREN	Extérieur	ERSCHEINUNG	Farnart, -gewächs	KOENIGSFARN
Erwerb	AKQUISITION	extern	AEUSSERLICH	Fassade, Schauseite	VORDERFRONT
Erwerb	ANSCHAFFUNG	extra, außerdem	ZUSAETZLICH	faßbar	PERZEPTIBEL
erwerbbar	ERHAELTLICH	Extrakt, Inbegriff	QUINTESSENZ	Fastnachtsmontag	ROSENMONTAG
erwerben	AKQUIRIEREN	extravagant	AUSGEFALLEN	Faszination	BEZAUBERUNG
Erzieherin	GOUVERNANTE	extravagant, verschroben	UEBERSPANNT	Federweißer	TRAUBENMOST
erzürnt	AUFGEBRACHT	fabrizieren, herstellen	PRODUZIEREN	Fegefeuer	PURGATORIUM
Erzväter	PATRIARCHEN			Fehde	FEINDSCHAFT
erzwingen	DURCHSETZEN	Fährhafen in Schweden	TRAELLEBORG	Fehlbetrag	UNTERBILANZ
Eßkultur	GASTRONOMIE	Fährte	WILDWECHSEL	Fehlstellung (mediz.)	DISLOKATION
Etappe	TEILSTRECKE	Fäulnispflanzen	SAPROPHYTEN	Fehltritt	AUSRUTSCHER
Ethik	SITTENLEHRE	Fahne	FELDZEICHEN	feierlich begehen	ZELEBRIEREN
Etikett	PREISSCHILD	Fahnenflucht begehen	DESERTIEREN	Feiertag	HIMMELFAHRT
Etikette, Förmlichkeit	ZEREMONIELL	Fahrdraht (Bahn, Bus)	OBERLEITUNG	feige	HASENHERZIG
etikettieren	BESCHRIFTEN	fahren	CHAUFFIEREN	Feind, Gegenspieler	WIDERSACHER
Eulenart	SPERBEREULE	fahren	KUTSCHIEREN	feindliche Gesinnung	ANIMOSITAET
europ. Gemein. f. Kohle u. Stahl	MONTANUNION	Fahrradteil	SCHUTZBLECH	feindliches Schicksal	VERHAENGNIS
Europäer	SANMARINESE	Fahrzeug für Kinder	SEIFENKISTE	feiner Niederschlag	SPRUEHREGEN
europäisch.-asiat. Staat	SOWJETUNION	Falkenart	WANDERFALKE	feinfühlend, feinfühlig	MIMOSENHAFT
europäische Meerenge	AERMELKANAL	falsch	IRRTUEMLICH	Feingebäck	BIENENSTICH
europäischer Staat	DEUTSCHLAND	falsche Folgerung	TRUGSCHLUSS	Feingebäck	FLORENTINER
europäischer Staat	OESTERREICH	falscher Glanz, Schein	FLITTERKRAM	Feingefühl	DELIKATESSE
europäisches Gebirge	BOEHMERWALD	fanatisch	BLINDWUETIG	Feingemüse	ARTISCHOCKE
evident	OFFENKUNDIG	fanatischer Patriot	NATIONALIST	Feinheit, Schläue	RAFFINEMENT
Evolution	ENTWICKLUNG	Farbe, Farbton	LACHSFARBEN	Feinkost	DELIKATESSE
exklusiv, exklusive	AUSGENOMMEN				

Feldherr	HEERFUEHRER	Figur aus »Annie Get Your Gun«	BUFFALOBILL	Filmbearbeitung	ENTWICKLUNG
Feldherr des Gr. Kurfürsten	DERFFLINGER	Figur aus »Annie Get Your Gun«	FRANKBUTLER	Filmbearbeitung	FEINSCHNITT
Feldherr im 30jähr. Krieg	WALLENSTEIN	Figur aus »Annie Get Your Gun«	SITTINGBULL	filmtechnisch. Rückgriff	RUECKBLENDE
Feldhüter	FLURSCHUETZ	Figur aus »Arabella«	GRAFWALDNER	Filterorgane im Körper	LYMPHKNOTEN
Fels im Vierwaldstätt. See	MYTHENSTEIN	Figur aus »Dantons Tod«	ROBESPIERRE	Fingerspitzengefühl	DELIKATESSE
fern	DISTANZIERT	Figur aus »Der Opernball«	BEAUBUISSON	Fingerteil	FINGERKUPPE
Fernglas	KRIMSTECHER			Fingerteil	FINGERNAGEL
Fernrohrteil	SAMMELLINSE	Figur aus »Der Rosenkavalier«	MARSCHALLIN	Finkenvogel	HAKENGIMPEL
Fernsehfilmaufnahmegerät	VIDEOKAMERA			Finkenvogel	KERNBEISSER
fertig, aktionsklar	STARTBEREIT	Figur aus »Der Vogelhändler«	KURFUERSTIN	finnisch. Dichter (Nobelpreis)	SILVANPAEAE
Fessel	HANDSCHELLE			finnische Inselgruppe	ALANDINSELN
fesseln	FASZINIEREN	Figur aus »Die Csardasfürstin«	EDWINRONALD	Finte	SCHEINSTOSS
fesselnd	INTERESSANT			Firma	UNTERNEHMEN
fest, starr	UNBEWEGLICH			Firmeninhaber	UNTERNEHMER
feste Druckplatte	STEREOTYPIE	Figur aus »Don Giovanni«	DONNAELVIRA	Fisch, Fischart	ZAUBERFISCH
festnehmen	INHAFTIEREN	Figur aus »Fidelio«	DONFERNANDO	Fischart (Buntbarsche)	MAULBRUETER
Feststelleinrichtung	ARRETIERUNG	Figur aus »Graf v. Luxemburg«	FUERSTBASIL	Fischfanggerät	FLIEGENRUTE
Fest zur Sommersonnenwende	JOHANNISTAG	Figur aus »Martha«	LADYHARRIET	Fischfanggerät	SCHLEPPNETZ
Fettpflanzen	SUKKULENTEN	Figur aus »Rigoletto«	SPARAFUCILE	Fischkonserve	GABELBISSEN
Feuerbestattungsanstalt	KREMATORIUM	Figur aus »Tosca«	CAVARADOSSI	fixieren	FESTSTELLEN
		Figur aus »Tristan und Isolde«	KOENIGMARKE	Fixiermittel	KOLOPHONIUM
Feuer unter Tage	GRUBENBRAND			fixiert	FESTGESETZT
				fixiert	FESTSTEHEND
Feuerwerkerei	PYROTECHNIK	Figur aus »Wallenstein«	PICCOLOMINI	Fjord	MEERESBUCHT
				Flachdruckverfahren	OFFSETDRUCK
Feuerwerkskörper	KNALLFROSCH	Figur aus »Wilhelm Tell«	STAUFFACHER	flaches Brotgebäck	KNAECKEBROT

Flächenmeßkunst	PLANIMETRIE	fördern, begünstigen	PROTEGIEREN	Fragment	BRUCHSTUECK
Fledermaus	ABENDSEGLER			fragwürdig	ZWEIFELHAFT
		förmlich, feierlich, steif	ZEREMONIELL	Fragwürdigkeit	PROBLEMATIK
Fleischaufschneiden	TRANCHIEREN			Frankenfürst	KARLMARTELL
		Förmlichkeit	FORMALITAET		
fleischlich	KOERPERLICH	Folge, Folgerung	FORTSETZUNG	Frankenweinflasche	BOCKSBEUTEL
Fleischsorte	RINDFLEISCH			franz. Ägyptologe	CHAMPOLLION
Fleischware	GRUETZWURST	foppen	UEBERLISTEN		
		fordern	POSTULIEREN		
Fleischwerdung Christi	INKARNATION	Forleule	FICHTENEULE	franz. Alpen-Department	HAUTESALPES
		Forleule	FOEHRENEULE		
fleißiges Lieschen	SPRINGKRAUT	Forleule	KIEFERNEULE	franz. Astrologe und Arzt	NOSTRADAMUS
		formen	MODELLIEREN		
Fliegenart	KAESEFLIEGE	Formenlehre	MORPHOLOGIE		
Fliegenart	STECHFLIEGE	Formlosigkeit	NONCHALANCE	franz. Atlantikinsel	NOIRMOUTIER
Fliegenart	STEINFLIEGE	Formsache	FORMALITAET	franz. Atlantikinsel	SAINTMICHEL
florentin. Politiker	MACHIAVELLI	Formstück	FASSONEISEN		
Florentiner Maler	GHIRLANDAIO	Formwechsel	ANAMORPHOSE	franz. Dichter, Philosoph	MONTESQUIEU
Floskel, Phrase	REDEWENDUNG	Forstbeamter	HEGEMEISTER	franz. Dichter, Schriftsteller	LAUTREAMONT
		Fortgang	ENTWICKLUNG		
flott	SCHWUNGVOLL	Fortschreiten, Steigerung	PROGRESSION		
Flügel	SEITENTRAKT			franz. Dichter, Schriftsteller	MONTHERLANT
Flughafen von Hannover	LANGENHAGEN	fortschreitend	PROGREDIENT		
Flugzeugflügel	TRAGFLAECHE	Fortschritt	ENTWICKLUNG	franz. Flugpionier	MONTGOLFIER
Flugzeugleitwerk	SEITENRUDER	Foyer	WANDELHALLE	franz.-ital. Alpenpaß	MONTGENEVRE
Flugzeugteil	HOEHENRUDER	Frachtbrief, -papier	ORDERPAPIER	franz. Name f. Karl d. Großen	CHARLEMAGNE
Fluß durch St. Louis	MISSISSIPPI	fränk. Grafengeschlecht	BABENBERGER	franz. Opernkomponist	CHARPENTIER
Fluß durch Turin	DORARIPARIA	fränk. Königsgeschlecht	ARNULFINGER		
Fluß in Pennsylvanien	SUSQUEHANNA			franz. Orden	EHRENLEGION
Fluß zum Golf von Mexiko	MISSISSIPPI	fraglich, ungewiß	ZWEIFELHAFT	franz. Philosoph (Okkasionalismus)	MALEBRANCHE
		Fraglichkeit, Schwierigkeit	PROBLEMATIK		
Förde	MEERESBUCHT				

franz. Physiker-Ehepaar (Nobelpr.)	JOLIOTCURIE	Frau v. Napoleon I.	MARIELOUISE	frühere Bez. f. Bürgermeister	SCHULTHEISS
franz. Revolutionär	ROBESPIERRE	Frau v. Pelops	HIPPODAMEIA	frühere Klavier-Art	KIELFLUEGEL
		Frechheit	IMPERTINENZ		
franz. Revolutionspartei	GIRONDISTEN	Freier	BRAUTWERBER	frühere Nährwert-Einheit	KILOKALORIE
		freigebig	GROSSZUEGIG		
		freihängende Liegestatt	HAENGEMATTE	frühere Adelstitel	BURGGRAEFIN
franz. Riviera-Seebad	SAINTTROPEZ	freimachen	ENTBLOESSEN	früherer Gewehrtyp	HINTERLADER
franz. Schauspieler	TRINTIGNANT	Freimaurer	LOGENBRUDER	früherer Reichsteil	FUERSTENTUM
franz. Stadt am Indre	CHATEAUROUX	Freimaurer-Bund	ILLUMINATEN	früheres Frisiergerät	BRENNSCHERE
		Freischärler	FRANKTIREUR		
franz. Stadt an der Aude	CARCASSONNE	freiwillig	UNGEZWUNGEN	frühere Strafanstalt	ARBEITSHAUS
franz. Stadt an der Marne	SAINTDIZIER	Freizeitbeschäftigung	LIEBHABEREI	früheres Verkehrsmittel	POSTKUTSCHE
		Fremdgesetzlichkeit	HETERONOMIE		
franz. Stadt an der Saar	SAARGEMUEND	freundlich	LIEBENSWERT	frühere Wärmeeinheit	KILOKALORIE
franz. Stadt bei Belfort	MONTBELIARD	freundlich gesonnen	WOHLWOLLEND	Frühlingsblume	OSTERGLOCKE
		friedfertig	VETRAEGLICH		
franz. achtzig	QUATREVINGT	Friedhof	GOTTESACKER	frustriert	ENTTAEUSCHT
franz.: Botschafter	AMBASSADEUR	friedlich	REIBUNGSLOS	frz. Forschungsreisender	LACONDAMINE
		Frischhaltebehälter	KUEHLTASCHE		
franz.: Eisenbahn	CHEMINDEFER	Frischluftzufuhr im Bergbau	BEWETTERUNG	Fuchs	SILBERFUCHS
				Fügsamkeit	ERGEBENHEIT
franz.: siebzig	SOIXANTEDIX			Fügung in das Schicksal	RESIGNATION
franz.: Zuneigung	ATTACHEMENT	Frisiergerät	HAARBUERSTE	Führer der Jungtürken	ENVERPASCHA
		Frisiermittel	BRILLANTINE		
Franziskaner	SPIRITUALEN	Froschlurch	TEICHFROSCH	fünfter Sonntag vor Ostern	REMINISZERE
französ. Dichter	APOLLINAIRE	Fruchtbarkeit	FERTILITAET	für nichtig erklären	ANNULLIEREN
Frauenarzt	GYNAEKOLOGE	Fruchtgetränk	TRAUBENSAFT		
Frauenmantel	SILBERKRAUT	früh. abhängiger Bauer	HINTERSASSE	Fürsorge	SOZIALHILFE
Frauenrechtlerin	SUFFRAGETTE	Frühdruck	WIEGENDRUCK	Fürstentitel	GROSSHERZOG
Frauenstimmlage	MEZZOSOPRAN			Fürstin in Österreich	ERZHERZOGIN

Fürst in Rußland	GROSSFUERST	
fürstl. Vertreter d. Monarchen	PRINZREGENT	
fürstliche Anrede	DURCHLAUCHT	
Fußballmannsch. eines Landes	NATIONALELF	
Fußballspieler	LINKSAUSSEN	
Fußbekleidung	KNIESTRUMPF	
Fußsoldat	INFANTERIST	
Fußstütze	FERSENKAPPE	
Fußstütze	FERSENLEDER	
Fußstütze des Reiters	STEIGBUEGEL	
Gabelung	BIFURKATION	
Gabelung	VERZWEIGUNG	
Gänsegarbe	FINGERKRAUT	
gänzlich	AUSNAHMSLOS	
Gallengangentzündung	CHOLANGITIS	
Gardinenstoff	MARQUISETTE	
Gartenbau	HORTIKULTUR	
Gartenblume, Korbblütler	RINGELBLUME	
Gartenblume, -pflanze	KOSMOSBLUME	
Gartenblume, -pflanze	RITTERSPORN	
Gartenpflanze	GOLDMELISSE	
Gartenzierpflanze	KAISERKRONE	
Gashülle der Erde	ATMOSPHAERE	
Gaststätte m. Tischen im Freien	GARTENLOKAL	
Gaststättengewerbe	GASTRONOMIE	
Gatte e. regierenden Fürstin	PRINZGEMAHL	
Gaudi, Gaudium	BELUSTIGUNG	
Gaukelei	POSSENSPIEL	
Gaukler	ILLUSIONIST	
Gauner	GALGENVOGEL	
Gaunerei	BETRUEGEREI	
Gebäudeteil	APPARTEMENT	
Gebiet, Staatsgebiet	TERRITORIUM	
Gebieterin	HERRSCHERIN	
Gebirge auf Sardinien	GENNARGENTU	
Gebirge der Dolomiten	ROSENGARTEN	
Gebirge der oberrhein. Tiefebene	KAISERSTUHL	
Gebirge zwischen Bayern u. Böhmen	BOEHMERWALD	
Gebirgsbahn	ZAHNRADBAHN	
Gebirgsbahn, Seilbahn	SCHWEBEBAHN	
Gebirgsblume, -pflanze	MEISTERWURZ	
Gebirgspflanze	ALMENRAUSCH	
Gebirgsübergang	PASSSTRASSE	
gebogen, gewölbt	GESCHWUNGEN	
Gebüsch	STRAUCHWERK	
Geburt	NIEDERKUNFT	
Geburtsort	HEIMATSTADT	
gedankenlos	AUTOMATISCH	
Gedankenverbindung	ASSOZIATION	
Gedenken	GEDAECHTNIS	
Gedichtart	AKROSTICHON	
gedrängt	KOMPRIMIERT	
Gefährt für Kleinkinder	KINDERWAGEN	
Gefährtin	BEGLEITERIN	
gefällig	ANSPRECHEND	
Gefängnis	HAFTANSTALT	
Gefängnisraum	ARRESTZELLE	
gefärbt, parteiisch	TENDENZIOES	
Gefäß	PFEIFKESSEL	
Gefahr für Alpinisten	STEINSCHLAG	
gefeierter Sieger, Gewinner	TRIUMPHATOR	
Geflügelkrankheit	HUEHNERPEST	
gegensätzlich	ANTINOMISCH	
Gegenspiel, Konflikt	WIDERSTREIT	
Gegenteil von Idealist	MATERIALIST	
Gegenteil von Mittag	MITTERNACHT	
Gegenteil von offen	GESCHLOSSEN	
Gegenteil von praktisch	THEORETISCH	
Gegenteil von Schnelligkeit	LANGSAMKEIT	
Gegenteil von Verbot	GENEHMIGUNG	
Gegenwartsbezogenheit	AKTUALITAET	
Gegenwartsbezogenheit	MODERNITAET	
Gegenwert	AEQUIVALENT	
Geheimlehre	OKKULTISMUS	

geheimnisvoll	RAETSELHAFT	Gelbling (Pilz)	SCHWEINSOHR	genuesisch. Seeheld	ANDREADORIA
gehemmt	GEHANDIKAPT	Gelbreizker	PFIFFERLING	genug	AUSREICHEND
Gehölzkunde	DENDROLOGIE	Geldbehälter, -depot	SPARBUECHSE	geographische Koordinate	BREITENGRAD
Gehörknöchelchen	STEIGBUEGEL	Geldbehälter, -depot	SPARSCHWEIN	geographischer Begriff	LAENGENGRAD
Gehörprüfung	AUDIOMETRIE	Geld beschaffen	FINANZIEREN	geolog. Formation	OBEREKREIDE
Geier, Geierart	KUTTENGEIER	Geldherrschaft	PLUTOKRATIE	geologische Formation	ERDALTERTUM
Geigenharz	KOLOPHONIUM	Geldinstitut	POSTGIROAMT	geologische Formation	MITTELDEVON
Geigenteil, -zubehör	KINNSTUETZE	Gelegenheitsarbeiter	TAGELOEHNER	geologische Formation	MUSCHELKALK
Geißblattgewächs	ACHENSTAUDE	Geliebter v. Tosca	CAVARADOSSI	geologische Formation	PLEISTOZAEN
Geißeltierchen	FLAGELLATEN	Gelöbnis, Zusicherung	VERSPRECHEN	geologische Formation	UNTERKARBON
Geisterglaube	DAEMONISMUS	gelöstes Kohlendioxid	KOHLENSÄURE		
Geisterlehre, Geisterglaube	SPIRITISMUS	gemeinsam	MITEINANDER	Gepard	JAGDLEOPARD
Geistesart	MENTALITAET	gemeinsam, übereinstimmend	SOLIDARISCH	geradezu, offen	UNVERHOHLEN
Geistesgröße	GENIALITAET	Gemeinschaftserziehung	KOEDUKATION	Geradflügler	HEUSCHRECKE
geisteskrank	SCHIZOPHREN	Gemenge, Gemisch	KOMBINATION	Geradflügler	ORTHOPTEREN
Geistesschwäche	STUPIDITAET	Gemenge, Gemisch	KONGLOMERAT	geräucherter Fisch	RAEUCHERAAL
geistige Aufnahmefähigkeit	INTELLIGENZ	Gemüt	SEELENLEBEN	Geräusch	PLAETSCHERN
geistl. Buch, Schrift	KATECHISMUS	Gemüts-, Wesensart	TEMPERAMENT	Gerbmittel	EICHENRINDE
geistl. Ehrentitel	ARCHIDIAKON	Genauigkeit	AKKURATESSE	Gerbmittel	WEIDENRINDE
geistl. Komposition	MISSABREVIS	Genauigkeit	KORREKTHEIT	geregeltes Format	NORMGROESSE
geistreich	INTELLIGENT	genehmigen	KONZEDIEREN	Gericht erster Instanz	AMTSGERICHT
Gekröse	MESENTERIUM	General Wallensteins	PICCOLOMINI	Gerichtsabteilung	STRAFKAMMER
gelähmt	PARALYSIERT	Genese, Genesis	ERSCHAFFUNG	Gerichtsverhandlung am Tatort	LOKALTERMIN
Geländebeschreibung	TOPOGRAPHIE	genießen	KONSUMIEREN		
Gelatine	KNOCHENLEIM				
Gelbling	PFIFFERLING				

863

geringe Geschwindigkeit	SCHRITTEMPO	
geringfügig	UNERHEBLICH	
geringfügig, wertlos	UNBEDEUTEND	
Geringfügigkeit	KLEINIGKEIT	
Gerinnung	KOAGULATION	
gerippter Stoff	STRETCHCORD	
german. Irmionenstamm	MARKOMANNEN	
Gernegroß	MOECHTEGERN	
Gerücht	HOERENSAGEN	
gesamt	VOLLZAEHLIG	
Gesamtheit d. Bergarbeiter	KNAPPSCHAFT	
Gesamtheit der Statisten	STATISTERIE	
geschäftliches Manöver	TRANSAKTION	
Geschäftsbedingungen	KONDITIONEN	
Geschäftsreisende	VERTRETERIN	
Geschehen	BEGEBENHEIT	
Geschenk	MITBRINGSEL	
geschichtl. Abschnitt	MITTELALTER	
Geschick, Geschicklichkeit	GEWANDTHEIT	
Geschlechtlichkeit	SEXUALITAET	
Geschlechtshormon	ANDROSTERON	
geschmackvoll	AESTHETISCH	
gesellig	UMGAENGLICH	
geselliger Kreis	LIEDERTAFEL	
geselliger Sängerkreis	LIEDERKRANZ	
Gesellschafter, Entertainer	UNTERHALTER	
Gesellschaftsform	KOMMUNISMUS	
Gesellschaftslehre	SOZIALKUNDE	
Gesellschaftsschicht	MITTELSTAND	
Gesellschaftsschicht	PROLETARIAT	
Gesellschaftsspiel	KARTENSPIEL	
Gesellschaftsspiel	SACKHUEPFEN	
Gesellschaftstanz	LAMBETHWALK	
gesetzgebende Gewalt	LEGISLATIVE	
Gesichtsausdruck	MIENENSPIEL	
Gesichtsausdruckskunst	MIENENSPIEL	
Gesichtsknochen	UNTERKIEFER	
Gesinnung	MENTALITAET	
gesinnungsloser Egoist	OPPORTUNIST	
gesittet	ZIVILISIERT	
Gespenst	SPUKGESTALT	
Gespräch, Verhandlung	UNTERREDUNG	
Gespreiztheit	MANIERISMUS	
Gestalter, Planer	ORGANISATOR	
Gestaltlehre	MORPHOLOGIE	
gestatten	KONZEDIEREN	
Gestein, Gesteinsart	MUSCHELKALK	
Gesteinsgemenge	KONGLOMERAT	
Gesteinskunde	MINERALOGIE	
Gestirnsvermessung	ASTROMETRIE	
Gestüt	PFERDEZUCHT	
Gesuch	BITTSCHRIFT	
Getränk	BUTTERMILCH	
Getreideart	FINGERHIRSE	
Getreidekrankheit	BEULENBRAND	
Getreidekrankheit	SCHWARZROST	
Getreideunkraut	TAUMELLOLCH	
Getriebe	MASCHINERIE	
Getriebe	MECHANISMUS	
Gewächsteil	FRUCHTSTAND	
Gewähr, Gewährleistung	BUERGSCHAFT	
gewähren	KONZEDIEREN	
Gewährleistungszwang	HAFTPFLICHT	
gewagt, gefahrvoll	RISIKOREICH	
gewagtes Geschäft	SPEKULATION	
gewaltig, gigantisch	RIESENGROSS	
gewaltsam aneignen	ANNEKTIEREN	
Gewalttätigkeit	BRUTALITAET	
Gewalttat, -verbrechen	PLUENDERUNG	
Gewand d. Landsknechte	SCHLITZWAMS	
Gewebeart	NAPOLITAINE	
Gewebe mit Knoten	NOPPENSTOFF

Gewehr	SCHUSSWAFFE	
Gewinner bei e. Olympiade	OLYMPIONIKE	
Gewohnheitstrinker	ALKOHOLIKER	
Gewürz, Heilpflanze	MEERRETTICH	
Gewürzgebäck	SPEKULATIUS	
Gichtrose	PFINGSTROSE	
giftig	MIASMATISCH	
giftige Heilpflanze	BILSENKRAUT	
giftige Spinne	KREUZSPINNE	
Giftpflanze	STACHELNUSS	
Giftpflanze	TEUFELSWURZ	
Giftpflanze	WANZENKRAUT	
Giftschlange	GRUBENOTTER	
Gilde	FACHVERBAND	
Glassteinchenguckkasten	KALEIDOSKOP	
glatt, rutschig	SCHLUEPFRIG	
glauben machen, täuschen	VORSPIEGELN	
gleichartig, gleichmäßig	EINHEITLICH	
gleichberechtigt	EMANZIPIERT	
gleicher Wert	AEQUIVALENT	
gleichgeschlechtlich	HOMOSEXUELL	
gleichgestimmt, wesensverwandt	SYMPATHISCH	
Gleichgewichtskünstler	EQUILIBRIST	
gleichgültig	INDIFFERENT	
gleichgültig	LETHARGISCH	
Gleichgültigkeit	INDIFFERENZ	
gleichmachen	EGALISIEREN	
gleichmachen	NIVELLIEREN	
gleichmessend	ISOMETRISCH	
gleichwertig	AEQUIVALENT	
gleichwertig	EBENBUERTIG	
Gleichwertigkeit	AEQUIVALENZ	
Gleisanlage	BAHNKOERPER	
Gleisanlage	DREHSCHEIBE	
Gleitflug	SCHWEBEFLUG	
Gleitschutz an Autoreifen	SCHNEEKETTE	
Gleitschutz an Reifen	LEITERKETTE	
Gliederfüßer	RINGELKREBS	
Gliederfüßer, Gliedertier	KRUSTENTIER	
Gliedertiere	ARTIKULATEN	
Gliederung	DISPOSITION	
Gliederung	GRUPPIERUNG	
Gliedmaße	EXTREMITAET	
Glücksbringer	MASKOTTCHEN	
Glücksritter	OPPORTUNIST	
Glücksspielstätte	SPIELKASINO	
Glückwunsch	GRATULATION	
Gnu	KUHANTILOPE	
Gobelin	WANDTEPPICH	
Goldamsel	VOGELBUELOW	
Goldwurzel, Liliengewächs	TUERKENBUND	
Golf	MEERESBUCHT	
Gorbatschow-Parole	PERESTROIKA	
Grabensenke in Kalifornien	DEATHVALLEY	
Gram	TRAURIGKEIT	
Grammatik	SPRACHLEHRE	
grammatischer Begriff	STRICHPUNKT	
graph. Beruf	BUCHDRUCKER	
graph. Beruf	GALVANISEUR	
graph. Produkt	KUPFERSTICH	
Grasart	BORSTENGRAS	
Grasart	STRAUSSGRAS	
Grashüpfer, Graspferd	HEUSCHRECKE	
Grasschneidegerät	RASENMAEHER	
Grat	BERGRUECKEN	
grauenerregend	ENTSETZLICH	
Gravitation	SCHWERKRAFT	
greifbar darstellen	VERKOERPERN	
Grenzziehung	DEMARKATION	
griech. Arzt	HIPPOKRATES	
griech. Dichter, Gelehrter	KALLIMACHOS	
griech. Geschichtsschreiber	THEOPONYSOS	
griech. Insel im Ionisch. Meer	KEPHALLENIA	
griech. Komponist u. Dirigent	MITROPOULOS	

Clue	Answer
griech. Philosoph	ANAXIMANDER
griech. Philosoph	POSEIDONIOS
griech. Redner	DEMOSTHENES
griech. Schriftsteller	KAZANTZAKIS
Grimm	ERBITTERUNG
grönländ. Bucht	MELVILLEBAI
Größenwahn	MEGALOMANIE
größter engl. Dramatiker	SHAKESPEARE
größter See in Afrika	VICTORIASEE
großer nordamerikan. Strom	MISSISSIPPI
großes Schwert	ZWEIHAENDER
Großjährigkeit	MUENDIGKEIT
großkerniges Obst	STEINFRUCHT
großmäulig	PRAHLERISCH
Großstadtbahn	SCHNELLBAHN
Grubenfeldgrenze	MARKSCHEIDE
gründlich, gewissenhaft	SORGFAELTIG
Grundbesitz	LAENDEREIEN
grundlegend	FUNDAMENTAL
grundlos, unbegründet	UNMOTIVIERT
grundsätzlich	FUNDAMENTAL
grundsätzlich	PRINZIPIELL
Grundsatz	RICHTSCHNUR
Grundschule	VOLKSSCHULE
Grundschulfach	HEIMATKUNDE
Gruß	BEGRUESSUNG
günstige Gelegenheit	GLUECKSFALL
gütig	HILFSBEREIT
gummiartiger Pflanzensaft	GUTTAPERCHA
Gutachten	BEURTEILUNG
Gutsverwalter	RENTMEISTER
Gymnasialklasse	OBERSEKUNDA
Gymnasialklasse	UNTERTERTIA
gymnast. Sportgerät	MEDIZINBALL
Haartracht	WASSERWELLE
Haarwurzelentzündung	BARTFLECHTE
Habgier	GEWINNSUCHT
Hackfrucht	WASSERRUEBE
Hackfrucht, Futterrübe	RUNKELRUEBE
Häfen von Tokio und Jokohama	KEILHINPORT
hämisch, gehässig	SCHADENFROH
Händler bei der Feldtruppe	MARKETENDER
hängende Großstadtbahn	SCHWEBEBAHN
Hafenanlage mit Schleuse	TROCKENDOCK
Hafenarbeiter	SCHAUERMANN
Hafen auf Usedom	PEENEMUENDE
Hafenstadt in Virginia (USA)	NEWPORTNEWS
haften	GARANTIEREN
Haftkiefer (Fisch)	KOFFERFISCH
Haftschale	KONTAKTGLAS
Haftung	BUERGSCHAFT
Hagestolz	JUNGGESELLE
Hahnenfußgewächs	DOTTERBLUME
Hahnenfußgewächs	FROSCHKRAUT
Hahnenfußgewächs	NARRENKAPPE
Hahnenfußgewächs	RITTERSPORN
Hai-Art	MENSCHENHAI
Halbedelstein	LAPISLAZULI
Halbkugel	HEMISPHAERE
Halbstiefel	STIEFELETTE
Halsschmuck	PERLENKETTE
halsstarrig	EIGENSINNIG
Hamburger Sehenswürdigkeit	SPRINKENHOF
Hamburger Stadtteil	ELMSBUETTEL
Handballstrafwurf	SIEBENMETER
handeln, tun	UNTERNEHMEN
Handelsveranstaltung	MUSTERMESSE
Handgepäck	AKTENTASCHE
Handhabe	ANSATZPUNKT
Handlesen, Handlesekunst	CHIROMANTIE
Handpflegegerät	NAGELSCHERE
Handschriftendeutung	GRAPHOLOGIE
Handteil	ZEIGEFINGER

Handwerkertitel	OBERMEISTER	Hauptstadt von Florida (USA)	TALLAHASSEE	Heidelb. Sehenswürdigkeit	BRUECKENTOR
handwerklicher Maler	ANSTREICHER	Hauptstadt von Honduras	TEGUCIGALPA	Heil, Gedeihen	WOHLERGEHEN
Harmonie	GLEICHKLANG	Hauptstadt von Illinois (USA)	SPRINGFIELD	Heilbad bei Halle	LEUCHSTAEDT
Hartebeest	KUHANTILOPE			Heilbäderkunde	BALNEOLOGIE
Hartnäckigkeit	OBSTINATION	Hauptstadt von Kongo	BRAZZAVILLE	Heilgetränk	KRAEUTERTEE
Harzprodukt	KOLOPHONIUM	Hauptstadt von Magallanes	PUNTAARENAS	heilige Nacht	CHRISTNACHT
Hase im Märchen	MUEMMELMANN			Heiliger d. Kirche	APOLLINARIS
Hasenherz	DUCKMAEUSER	Hauptstadt von Malaysia	KUALALUMPUR	Heiliger d. Kirche	CORBINIANUS
Haß	FEINDSCHAFT			heilkundlich	MEDIZINISCH
Haufenschichtwolke	ALTOKUMULUS	Hauptstadt von Siebenbürgen	KLAUSENBURG	Heilmittel	KAMILLENTEE
Hauptfigur	PROTAGONIST			Heilmittel	ZUGPFLASTER
Hauptmahlzeit	MITTAGESSEN	Hauptstadt von Tansania	DARESSALAAM	Heilmittel bei Knochenbrüchen	GIPSVERBAND
Hauptort von Jersey	SAINTHELIER	Hauptstadt von Trinidad u. Tobago	PORTOFSPAIN	Heilpflanze	GNADENKRAUT
Hauptort von Tobago	SCARBOROUGH	Hauptteil d. kathol. Messe	OFFERTORIUM	Heilpflanze	KRAUSEMINZE
Hauptsache, Kernpunkt	QUINTESSENZ	Hauptvolk auf Sri Lanka	SINGHALESEN	Heilpflanze	MEISTERWURZ
				Heilpflanze	SEIFENKRAUT
Hauptst. v. Papua-Neuguinea	PORTMORESBY	Hauptwurzelstrang	WURZELSTOCK	Heilpraktiker	MAGNETISEUR
		Hausaufgang	TREPPENHAUS	Heimat	GEBURTSLAND
Hauptstadt d. Falklandinseln	PORTSTANLEY	haushälterisch	OEKONOMISCH	Heimatvertriebener	FLUECHTLING
Hauptstadt in Ozeanien	PORTMORESBY	Haushaltsbehälter	ABFALLEIMER	Heimlichtuer	LEISETRETER
		Haustier	GOLDHAMSTER	Heiratsparadies in Schottland	GRETNAGREEN
Hauptstadt v. Nordrh.-Westfalen	DUESSELDORF	Hauswurz	SEMPERVIVUM		
		Hautarzt	DERMATOLOGE	Heiratssymbol	MYRTENKRANZ
Hauptstadt von Burkina Faso	OUAGADOUGOU	Hautschaden durch Sonne	SONNENBRAND	Heizungsanlage	LUFTHEIZUNG
				helfen	ASSISTIEREN
Hauptstadt von El Salvador	SANSALVADOR	Hebevorrichtung	FLASCHENZUG	helfen, beistehen	SEKUNDIEREN
		Heide	NICHTCHRIST	Helldunkelmalerei	CLAIROBSCUR
		Heidekraut	SCHNEEHEIDE		

Hellespont	DARDANELLEN	Herzklopfen	PALPITATION	hinlänglich	AUSREICHEND
Hemdhose	KOMBINATION	Herzmuskelentzündung	MYOKARDITIS	hinterwäldlerisch	PROVINZIELL
Hemdteil	MANSCHETTEN	hess. Industriestadt	LAMPERTHEIM	hinterziehen	VERUNTREUEN
hemmen	OKKLUDIEREN	hess. Kurort bei Fulda	SALZSCHLIRF	Hirngespinst	LUFTSCHLOSS
herabwürdigen	DEGRADIEREN	hess. Stadt an der Eder	FRANKENBERG	Hitzeschädigung	VERBRENNUNG
herabwürdigen	ERNIEDRIGEN	hess. Stadt an der Fulda	BADHERSFELD	Hitzschlag	SONNENSTICH
herausfinden	ENTRAETSELN	hess. Stadt bei Frankfurt	NEUISENBURG	Hobby	LIEBHABEREI
Herausforderer	PROVOKATEUR	hess. Stadt im Odenwald	MICHELSTADT	Hochdruckgebiet	ANTIZYKLONE
herausfordern, aufreizen	PROVOZIEREN	hess. Stadt im Taunus	KOENIGSTEIN	hochempfindlich	FEINFUEHLIG
Herausgabe	PUBLIKATION	hetzerisch	DEMAGOGISCH	hochfrequente el.-magn. Wellen	MIKROWELLEN
herausziehen	EXTRAHIEREN	Heuschrecke	GRASHUEPFER	Hochgebirge in Amerika	KORDILLEREN
Herb-Alpert-Sound	TIJUNABRASS	heutiger Menschentyp	HOMOSAPIENS	hochgradiger Schwachsinn	KRETINISMUS
herbeibringen	APPORTIEREN	Hexenbesen	DONNERBUSCH	hochherzig	GROSSMUETIG
Herkuleskraut	BAERENLAUCH	Hexenbesen	TEUFELSBART	Hochland zw. Fichtelgeb. u. Thüring.	FRANKENWALD
Herrenmantel	UEBERZIEHER	Himalajagipfel	GAURISANKAR	hochmütig, hochnäsig	AUFGEBLASEN
Herrschaft der Reichen	PLUTOKRATIE	Himalajagipfel	NANGAPARBAT	Hochofenwerk	EISENHUETTE
Herrschaftsgebiet	TERRITORIUM	Himmel, Firmament	STERNENZELT	Hochofenwerk	STAHLHUETTE
Herrschersymbol	REICHSAPFEL	Himmelshalbkugel	HEMISPHAERE	Hochtal im Berner Oberland	GRINDELWALD
herstellen	FABRIZIEREN	Himmelshelligkeit	ASTRALLICHT	Hochtal in Graubünden	LENZERHEIDE
Hersteller v. Feilen	FEILENHAUER	Himmelsmessung	URANOMETRIE	Hochtourist	BERGSTEIGER
Herstellung	FABRIKATION	Hindernis-Wettbewerb	HUERDENLAUF	hochtrabend	BOMBASTISCH
hervorgehen	RESULTIEREN	Hingabe, Hingebung	AUFOPFERUNG	hochtrabend	SCHWUELSTIG
hervorragend	DOMINIEREND	hinhaltendes Vorgehen	MAUERTAKTIK		
hervorstechend	UEBERRAGEND				
herzanregendes Mittel	STROPHANTIN				
Herzjagen	TACHYKARDIE				

Hochverräter

Hochverräter	STAATSFEIND	Hohenzollernstadt an d. Donau	SIGMARINGEN
Hochzeit, Trauung	VERMAEHLUNG	hoher Gewässerrand	STEILKUESTE
Höchstbegabung	GENIALITAET	Holland	NIEDERLANDE
höchster Berg im Riesengebirge	SCHNEEKOPPE	Holzblasinstrument	BLOCKFLOETE
höchster Pyrenäengipfel	PICODEANETO	Holzkrankheit	HOLZSCHWAMM
Höchststand	KULMINATION	Holzkrankheit	STOCKFAEULE
höchst ungern	WIDERWILLIG	Holzkrankheit	WEISSFAEULE
höfisches Brauchtum	ZEREMONIELL	Holzplastik	SCHNITZEREI
Höhenmessung	HYPSOMETRIE	Holzschädling	BUCHDRUCKER
Höhenzug im Sauerland	EBBEGEBIRGE	Holzschneidekunst	XYLOGRAPHIE
Höhenzug im Weserbergland	BUECKEBERGE	Holzwurm	KLOPFKAEFER
Höhenzug in Baden-Württ.	SCHWARZWALD	Honigkuchen	PFEFFERNUSS
Höhenzug in der Eifel	SCHNEEEIFEL	Honigsauger	NEKTARVOGEL
Höhenzug in Franken	STEIGERWALD	Hordoleum	GERSTENKORN
Höhepunkt	GLANZSTUECK	Horizontale	WAAGERECHTE
Höhepunkt	KNALLEFFEKT	Hornblende	STRAHLSTEIN
Höhepunkt	KULMINATION	Hospital	KRANKENHAUS
Höhle auf Capri	BLAUEGROTTE	Hotelangestellter	KUECHENCHEF
höhnisch, spöttisch	SARKASTISCH	Hotelgewerbe	GASTRONOMIE
Hörnchen (Nagetier)	DORNSCHWANZ	Hühnerhund	STOEBERHUND
hohe Fluggeschwindigkeit	UEBERSCHALL	Hühnerhund	VORSTEHHUND
Hoheitsgebiet eines Staates	TERRITORIUM	Hühnerrasse	BLAUSPERBER
		Hühnervogel	BANKIVAHUHN
		hüten	BESCHUETZEN
		Hüter	BESCHUETZER
		Hüttenkunde	METALLURGIE
		huldvoll, gewogen	WOHLWOLLEND
		Hunderasse	BULLMASTIFF
		Hunderasse	BULLTERRIER
		Hunderasse	IRISHSETTER
		Hunderasse	KINGCHARLES
		Hunderasse	SKYETERRIER
		Hundertjahrfeier	ZENTENARIUM
		Hundertsatz	PROZENTSATZ
		Hundskopfaffe	HUSARENAFFE
		Hunt	GRUBENWAGEN
		Hurrikan	WIRBELSTURM
		Husarenstück	HANDSTREICH
		Hutpilz	STACHELPILZ
		hygien. Isoliermaßnahme	QUARANTAENE
		Idee	LEITGEDANKE
		ideenarm	EINFALLSLOS
		idyllisch	BESCHAULICH
		Illumination	BELEUCHTUNG
		Illustration	BEBILDERUNG
		Illustration	DARSTELLUNG
		Iltis, Hermelin	STINKMARDER
		imitiert	NACHGEMACHT
		Imkerei	BIENENZUCHT
		im kleinen	ENMINIATURE
		Immenstock	BIENENSTAND
		Immobilie	GRUNDBESITZ
		Immobilie	GRUNDSTUECK
		Immortelle	IMMERSCHOEN
		Immortelle	PAPIERBLUME
		Imperium	KAISERREICH
		impertinent	ZUDRINGLICH
		Importabgabe	EINFUHRZOLL
		Imprägniermittel	KARBOLINEUM

868

Indianerschutzgebiet	RESERVATION	Initiation	EINFUEHRUNG	ital. Fluß zum Mittelmeer	TAGLIAMENTO
Indianersprache	ARAUKANISCH	innere Beziehung	VERHAELTNIS	ital. Hafenstadt in Apulien	MANFREDONIA
Indianerstamm	SCHOSCHONEN	Innung	KORPORATION		
		Inschrift	INSKRIPTION		
Indianerstamm	TSCHIBTSCHA	in Schutz nehmen	VERTEIDIGEN	ital. Heiliger, Ordensgründer	FILIPPONERI
indisch. Fürstentitel	MAHARADSCHA	Insektenbekämpfungsmittel	KONTAKTGIFT		
				ital. Insel bei Korsika	MONTECRISTO
indisch. Großfürst	MAHARADSCHA	Insektenbekämpfungsmittel	MOTTENKUGEL	ital. Insel vor Sizilien	PANTELLERIA
indisch. Heldenepos	MAHABHARATA	Insektenfresser	AMEISENBAER	ital. Jägertruppe	BERSAGLIERI
indisch. Kriegerkaste	RADSCHPUTEN	Insektenfresser	INSEKTIVORE	ital. Komponist, Organist	FRESCOBALDI
indisch. Politiker, Staatsmann	PANDITNEHRU	Insektenkunde	ENTOMOLOGIE		
		Insel bei New York	ELLISISLAND	ital. Maler (Dominikaner)	FRAANGELICO
indische Grabmal in Agra	TADSCHMAHAL	Inselwelt im Pazifik	MIKRONESIEN	ital. Polizist	CARABINIERE
indische Stadt im Punjab	DSCHALANDAR	Insignien	AMTSZEICHEN	ital. Radwettbewerb	GIRODITALIA
individuell	PERSOENLICH	ins Werk setzen	INSZENIEREN		
Individuum	EINZELWESEN	Interesse	ANTEILNAHME	ital. Renaissancepolitiker	MACHIAVELLI
		Interessen-Wahrnehmer	TREUHAENDER		
indones. Hafenstadt	BENJARMASIN			ital. Renaissanceschriftsteller	CASTIGLIONE
		Intervall	ZEITABSTAND		
indones. Inselgruppe	SUNDAINSELN	intim, insgeheim	VERTRAULICH	ital. Schauspieler	MASTROIANNI
indones. Stadt	UJUNGPADANG	Intrigant	DRAHTZIEHER	ital. Söldnerführer	CONDOTTIERE
in eine Vene	INTRAVENOES	Intrige, Komplott	RAENKESPIEL		
infam, verwerflich	SCHAENDLICH	Inzest	BLUTSCHANDE	ital. Söldnerführer	KONDOTTIERE
		irisch. Parlament	DAILEIREANN		
Infektion der Luftwege	KEUCHHUSTEN	isländ. Dichter	GUDMUNDSSON	ital. Sportwagenrennen	MILLEMIGLIA
Infektionskrankheit	TUBERKULOSE	islam. Dynastie in Spanien	ALMORAVIDEN	ital. Stadt an der Riviera	VENTIMIGLIA
Information	AUFKLAERUNG	Isolator	NICHTLEITER		
Informationswesen	PUBLIZISTIK	israel. Stadt	PETACHTIKWA	ital. Tanz	PASSACAGLIA
				ital. verist. Komponist	LEONCAVALLO
Inhaber	EIGENTUEMER	ital. Condottiere	GATTEMALATA		

ital. weibl. Adelstitel	PRINCIPESSA	jurist. Maßnahme	STRAFANTRAG	Kanarische Insel	GRANCANARIA
jähzornig	AUFBRAUSEND	Juwel	KOSTBARKEIT	Kaninchenkrankheit	OHRENRAEUDE
jämmerlich	ERBAERMLICH	Juwelier	GOLDSCHMIED		
Jagdart	FALKENBEIZE	Kabarettsänger	CHANSONNIER	Kanzlei, Geschäftsstelle	SEKRETARIAT
Jagdhund	HUEHNERHUND	Käferart	BLATTKAEFER		
Jagdzeug	FEDERLAPPEN	Käferart	BRACHKAEFER	Kapholländer	AFRIKAANDER
		Käferart	DIEBSKAEFER	Kapitän (Sport)	EQUIPENCHEF
Jahrmarktlied	BAENKELSANG	Käferart	GLANZKAEFER		
		Käferart	SPECKKAEFER	Kapitalanlage	INVESTITION
Jahrmarktsvergnügen	AUTOSCOOTER	Käferart	VIELFRESSER	Kapital anlegen	INVESTIEREN
		Käferfamilie	KANTHARIDEN		
Jahrmarktsvergnügen	GEISTERBAHN	Käfer (zool.)	COLEOPTEREN	Kapitel	HAUPTSTUECK
		käuflich	BESTECHLICH	karibische Hauptstadt	PORTOFSPAIN
Jahrmarktsvergnügen	SCHIESSBUDE	Kaiserkrone (botan.)	FRITILLARIA		
		Kaktee	BLATTKAKTUS	Karnevals-Veranstaltung	KOSTUEMBALL
jammern	LAMENTIEREN	Kaktee	KUGELKAKTUS		
japan. Hafenstadt auf Kiuschu	KITAKIUSCHU	Kalkschiefer	PLATTENKALK	Karnevals-Veranstaltung	KOSTUEMFEST
		Kalla	DRACHENWURZ		
Jazz-Schlagzeuger	BROCKSIEPER	kaltes Leuchten	LUMINESZENZ	Karpfenart	MOOSKARPFEN
		kaltstellen	AUSSCHALTEN	Kartenspiel	ROUGEETNOIR
Jazzstil	TRADITIONAL	Kamel, Dromedar	TRAMPELTIER	Kartoffelkrankheit	BRAUNFAEULE
Jazztrompeter	BUTTERFIELD	Kamin, Herd	FEUERSTELLE	Kartoffelkrankheit	KRAUTFAEULE
jonglieren	BALANCIEREN	Kamin, Schlot	SCHORNSTEIN	Kartoffelpuffer	REIBEKUCHEN
Journal	HANDELSBUCH				
Journalist	KOMMENTATOR	Kampfgefährte	MITSTREITER	Kassenführerin	KASSIERERIN
juckend. Ausschlag	NESSELSUCHT	Kampfmittel der Arbeitgeber	AUSSPERRUNG	Kastell	BEFESTIGUNG
jüdisch. Philosoph	MENDELSSOHN			kathol. Gedenktag	ALLERSEELEN
Jugendirresein	HEBEPHRENIE	Kampfwagen der Antike	STREITWAGEN	kathol. Orden	ANNUNZIATEN
jugoslaw. Landschaft	HERZEGOWINA			Katzenart	ANGORAKATZE
		kanad. Bucht	BOOTHIAGOLF	Katzenart	COLOURPOINT
Jungfräulichkeit	VIRGINITAET	kanad. Fluß	OTTAWARIVER	Katzenart	PERSERKATZE
Jungsteinzeit	NEOLITHIKUM	kanad. See	WINNIPEGSEE	Katzensilber	KALIGLIMMER
Jurisprudenz	RECHTSKUNDE	Kanal zwischen Spree u. Havel	TELTOWKANAL	Kavallerie-Offizier	RITTMEISTER
Jurist	AMTSRICHTER				

Kegelsportanlage	BOWLINGBAHN	klagen	LAMENTIEREN	Klosterschlafsaal	DORMITORIUM
Kehlkopfspiegel	LARYNGOSKOP	klar aussprechen	FORMULIEREN	Klosterspeisesaal	REFEKTORIUM
Keiler, Schwarzkittel	WILDSCHWEIN	klarer Branntwein	STEINHAEGER	Knappe des Don Quichotte	SANCHOPANSA
Keimblätter	KOTYLEDONEN	Klatsch	HOERENSAGEN		
Kellnerin	SERVIERERIN	Klause	EINSIEDELEI	Knauserei	SPARSAMKEIT
Kennzeichnung	SIGNALEMENT	Kleiber	SPECHTMEISE	knechten, besiegen	UNTERWERFEN
		kleine Baßgeige	VIOLONCELLO		
keramisches Erzeugnis	TOEPFERWARE	kleiner Wiesenfarn	NATTERZUNGE	Kniegeige	VIOLONCELLO
				Knochenhautentzündung	PERIOSTITIS
Kerbtier, Krebstier	WASSERASSEL	kleines Eßlokal	IMBISSSTUBE	Knochenkohle	BEINSCHWARZ
Kernkraft	ATOMENERGIE	kleines Krebstier	KELLERASSEL	Knochenleiden	OSTEOPATHIE
kernlose Apfelsine	NAVELORANGE	kleine Sternschnuppe	MIKROMETEOR	Knochenschwund	OSTEOPOROSE
Kernschleifen	CHROMOSOMEN	kleines Theater	KAMMERSPIEL	Kobaltblau	KOENIGSBLAU
Kerzenmaterial	BIENENWACHS	kleine Verfehlung	ENTGLEISUNG	Kobaltin	KOBALTGLANZ
Ketzergericht	INQUISITION	Kleinigkeit	KINDERSPIEL	Kochkunst	GASTRONOMIE
Kidnapping	ENTFUEHRUNG	Kleinigkeiten	QUISQUILIEN	Kölner Volksschauspieler	MILLOWITSCH
Kiefernschwärmer	TANNENPFEIL	Kleinigkeitskrämer	HAARSPALTER	Königin der Amazonen	PENTHESILEA
Kindergarten	SPIELSCHULE	Kleinstaat zw. Großmächten	PUFFERSTAAT	Königin v. Schottland	MARIASTUART
Kinderkrankheit	KEUCHHUSTEN	Klemme	ZWICKMUEHLE	Königin von Ägypten	HATSCHEPSUT
Kino	FILMTHEATER	Kletterer-Ausrüstung	KOMBIHAMMER		
Kirchenerneuerung	REFORMATION	Klettervogel	BAUMLAEUFER	König von Pontus	MITHRIDATES
Kirchhof	GOTTESACKER	Klimakundler	KLIMATOLOGE	Können	BEFAEHIGUNG
kirchl. Amtsbereich	PATRIARCHAT	Klinik	KRANKENHAUS	Körperinnenraum	BRUSTHOEHLE
kirchl. Gedenktag	ALLERSEELEN	Klinker	MAUERZIEGEL	Körperschaft	KORPORATION
kirchl. Sängergruppe	KIRCHENCHOR	Kloster in der Schweiz	SANKTGALLEN	Köstlichkeit	DELIKATESSE
kirchl. Weihe	BENEDIKTION	Klosterinsasse ohne Weihe	LAIENBRUDER	Kolik	MAGENKRAMPF
				Kollege	AMTSGENOSSE
kirchlicher Feiertag	HIMMELFAHRT			Kollege	MITARBEITER
kläglich	ERBAERMLICH	Klosterkirche	MONASTERIUM	kolumbian. Stadt	BUCARAMANGA
kläglich	JAEMMERLICH				

Komiker, Witzbold	SPASSMACHER	
Komp. d. Oper »Königskinder«	HUMPERDINCK	
Komp. v. »Hänsel und Gretel«	HUMPERDINCK	
Kompaß-Mißweisung	DEKLINATION	
Kompon. d. Oper »Der Bajazzo«	LEONCAVALLO	
Konferenz	BESPRECHUNG	
Konföderation	STAATENBUND	
konkaver Spiegel	HOHLSPIEGEL	
konkret	ANSCHAULICH	
konkret	KOERPERLICH	
Konkurrent	MITBEWERBER	
Konkurrent	NEBENBUHLER	
konstant	FESTSTEHEND	
Konstitution	GRUNDGESETZ	
Konsument	VERBRAUCHER	
konsumieren	VERBRAUCHEN	
kontrollieren	INSPIZIEREN	
kontrollieren	UEBERWACHEN	
Kontur	UMRISSLINIE	
Konvent, Zusammenkunft	VERSAMMLUNG	
Kopfbahnhof	SACKBAHNHOF	
Kopffüßer	CEPHALOPODE	
Kopffüßer	SCHIFFSBOOT	
Kopffüßer, Weichtier	TINTENFISCH	
Kopfsprung	HECHTSPRUNG	
Kopie	NACHBILDUNG	
Korbblütler	KUGELDISTEL	
Kordon	POSTENKETTE	
Korkenzieherbakterie	SPIROCHAETE	
korrigieren	BERICHTIGEN	
Korsett	SCHNUERLEIB	
Kosename	SCHAETZCHEN	
kosmetisches Mittel	LIPPENSTIFT	
Kost, Proviant	VERPFLEGUNG	
kosten	DEGUSTIEREN	
Kostenentwurf	VORANSCHLAG	
Kostenrechnung freier Berufe	LIQUIDATION	
Kostenvoranschlag	KALKULATION	
Krach	KONTROVERSE	
Kränklichkeit	MORBOSITAET	
Kränkung	BELEIDIGUNG	
Kräuterlikör	KRAMBAMBULI	
Kräutersoße	VINAIGRETTE	
Kraft	INTENSITAET	
Kraftmesser	DYNAMOMETER	
Krampfschmerz im Oberbauch	GALLENKOLIK	
Krankenpfleger	HEILGEHILFE	
krankhafter Diebstahlzwang	KLEPTOMANIE	
Krankheitsbeschreibung	NOSOGRAPHIE	
Krankheitsentwicklung	PATHOGENESE	
Krankheitsprozeß	ENTZUENDUNG	
Krankheitssymptom	OHRENSAUSEN	
Krebstier	KRUSTENTIER	
Kreisbahn	RUNDSTRECKE	
Kreiselbewegung der Erdachse	PRAEZESSION	
kreislaufanregendes Mittel	ANALEPTIKUM	
Kreuzblütler	SCHAUMKRAUT	
Kreuzkraut	JAKOBSKRAUT	
Kriecher	DUCKMAEUSER	
Kriecherei	SERVILISMUS	
kriegerisch	MARTIALISCH	
Kriegsflugzeug	STARFIGHTER	
Kriegsschiff früherer Art	KANONENBOOT	
kritisch	NEURALGISCH	
Krokodil	PANZERECHSE	
Kronprinz, Dauphin	THRONFOLGER	
Krustazee	KRUSTENTIER	
Kryptogamen	BLUETENLOSE	
künstl. Textilgrundstoff	CHEMIEFASER	
künstlerisches Bild	OELGEMAELDE	
künstlich, gekünstelt	ARTIFIZIELL	
künstlich dargestellt	SYNTHETISCH	
Kuhantilope	HAARTEBEEST	
Kuhschellenart	TEUFELSBART	
Kultrequisit	RAUCHPFANNE	
Kulturepoche	MITTELALTER	
Kulturepoche	RENAISSANCE	

Kulturepoche d. 19. Jh.	BIEDERMEIER	Kurort im Harz	ELBINGERODE	Lässigkeit	NONCHALANCE
Kulturstufe der Altsteinzeit	MAGDALENIEN	Kurort im Isergebirge	SCHWARZBACH	Läufer	JUNGSCHWEIN
		Kurort im Nordharz	BLANKENBURG	läutern, verfeinern	SUBLIMIEREN
Kunde	INTERESSENT	Kurort im südl. Schwarzwald	BADENWEILER	Laktationshormon	LUTEOTROPIN
Kunstflugfigur	RUECKENFLUG			Laktose	MILCHZUCKER
Kunstreiten	VOLTIGIEREN	Kurort im Taunus	SCLANGENBAD	Lampenfieber	NERVOSITAET
Kunststil des 16. Jh.	MANIERISMUS	Kurort im Teutoburger Wald	ROTHENFELDE	Landesplanung	RAUMORDNUNG
kunstvoller Vortrag	DEKLAMATION	Kurort in d. Chiemgauer Alpen	REITIMWINKL	Landschaft a.d. unt. Donau	BESSARABIEN
kupieren	BESCHNEIDEN	Kurort in den Berner Alpen	LAUTERBRUNN	Landschaft um Danzig	POMMERELLEN
Kurort am Deister	BADNENNDORF				
Kurort am Harz	BADHARZBURG	Kurort in der Eifel	SCHOENECKEN	Landschaft um Paris	ILEDEFRANCE
Kurort am Harz	BALLENSTEDT	Kurort in Oberschlesien	GRAEFENBERG	landwirtsch. Erntegerät	BINDEMAEHER
Kurort am Lipper Bergland	BADMEINBERG	Kurort in Thüringen	SCHWARZBURG	langhaar. Ziegenrasse	ANGORAZIEGE
Kurort am Teutoburger Wald	LIPPSPRINGE	kurzer Besuch	STIPPVISITE	Langmut	DULDSAMKEIT
		Kurzschrift	STENOGRAFIE	Languste	PANZERKREBS
Kurort an der Ahr	BADNEUENAHR	Kurzware	HAEKELNADEL	Languste	RITTERKREBS
Kurort an der Ahr	BLANKENHEIM	Kurzware	STRICKNADEL	Lappalie	KLEINIGKEIT
		Kurzware	STRICKWOLLE	laserabspielbare Platte	COMPACTDISK
Kurort an der Gande	GANDERSHEIM	Kutsche	PFERDEWAGEN		
Kurort an der Saale	DUERRENBURG	Labkrautgewächs	WALDMEISTER	Laser-Aufnahmeverfahren	HOLOGRAPHIE
		Laborgefäß	REAGENZGLAS	Lastenheber	FLASCHENZUG
Kurort an der Schwarz. Elster	LIEBENWERDA	Labung	ERFRISCHUNG	Lastwagen, Lastschiff	TRANSPORTER
		Lachsforelle	SILBERLACHS		
Kurort an der Trave	BADOLDESLOE	Länderei	GRUNDBESITZ	Lasurstein	LAPISLAZULI
Kurort bei Weimar	BLANKENHAIN	Längenmaß	MILLIMIKRON	latein.: Mäßigkeit	TEMPERENTIA
		Längenmessung	LONGIMETRIE	Laubbaum	HAENGEBIRKE
Kurort im Berner Oberland	GRINDELWALD	längstes Gebirge der Erde	KORDILLEREN	Laufkäfer	GOLDSCHMIED
Kurort im Elbsandsteingebirge	BADSCHANDAU	lärmen	RANDALIEREN	Laufleine	GAENGELBAND
		lässig	UNGEZWUNGEN	Lauterkeit	INTEGRITAET

laute Zustimmung	AKKLAMATION	Lehre von den Giften	TOXIKOLOGIE	Letterngröße	SCHRIFTGRAD
lax	NACHLAESSIG	Lehre von der Erzverarbeitung	METALLURGIE	lettische Bucht	RIGAERBUCHT
Lazaristen	VINZENTINER			letzter Aufschub	GALGENFRIST
Lebenskunst	SAVOIRVIVRE	leiblich	KOERPERLICH	letzter Claudier in Rom	BRITANNICUS
Lebensverneinung	PESSIMISMUS	Leichenausgrabung	EXHUMIERUNG	letztes Mittel	ULTIMARATIO
lebhafter Mensch	SANGUINIKER	Leichenschändung	NEKROPHILIE	Leuchterform	ARMLEUCHTER
Lebhaftigkeit, Schwung	TEMPERAMENT	Leichenverbrennungsanlage	KREMATORIUM	Librettist	TEXTDICHTER
lecker	APPETITLICH			Librettist Mozarts	SCHIKANEDER
lecker, delikat	SCHMACKHAFT	leichtathletische Disziplin, Übung	STAFFELLAUF	libysche Bucht	GROSSESYRTE
Leckerbissen	DELIKATESSE			Lichtbildgerät	FOTOAPPARAT
Lederarbeiter	SCHUHMACHER	leichter Mißmut	VERSTIMMUNG	lichtempfindl. Substanz	CHLORSILBER
leger, salopp	UNGEZWUNGEN	leichter Niederschlag	NIESELREGEN	Lichtmessung	PHOTOMETRIE
Lehnsherrschaft	FEUDALSTAAT	leichtsinnig	FAHRLAESSIG	Lichtscheu	PHOTOPHOBIE
Lehnswesen	FEUDALISMUS	leidenschaftl. Erregung	EXALTATIOIN	Lichtspielhaus	FILMTHEATER
Lehrer Alexanders d. Großen	ARISTOTELES	leidenschaftlich	PASSIONIERT	Lidrandentzündung	BLEPHARITIS
Lehre v. d. Handschriftendeutung	GRAPHOLOGIE	leidenschaftlicher Leser	BUECHERWURM	liebäugeln	KOKETTIEREN
				Liebediener	SCHMEICHLER
Lehre v.d. Lebenserscheinungen	PHYSIOLOGIE	Leiter e. Hochgebirgstour	BERGFUEHRER	Liebesleben	SEXUALITAET
				liebkosen	KARESSIEREN
Lehre v. d. seel. Störungen	PSYCHIATRIE	Leiter e. Sportmannschaft	EQUIPENCHEF	Liguster	TINTENBEERE
				Liliengewächs	KAISERKRONE
Lehre v. d. Zeitrechnung	CHRONOLOGIE	Leiter eines Bautrupps	VORARBEITER	Liliengewächs	MEERZWIEBEL
Lehre v. Übersinnlichen	OKKULTISMUS	Leitwerkteil	HOEHENRUDER	Liliengewächs	TUERKENBUND
				linkisch	UNGESCHICKT
Lehre vom Herzen (medizin.)	KARDIOLOGIE	Lektion	SCHULSTUNDE	linkisch, ungeschickt	TOELPELHAFT
		lenken	CHAUFFIEREN	Lippenblütler	BOHNENKRAUT
		Lerchenart	HEIDELERCHE		
Lehre vom menschl. Körper	SOMATOLOGIE	Lerchenart	OHRENLERCHE	Lippenblütler	WASSERMINZE
		Leseschwäche	LEGASTHENIE	Lippenzahnlaut	LABIODENTAL

Lisene	WANDPFEILER	Lyriksammlung	GEDICHTBAND	Maniküregerät	NAGELSCHERE
Liste	AUFSTELLUNG	machbar, ausführbar	PRAKTIKABEL	Manko	FEHLGEWICHT
listig	VERSCHMITZT			Mannequin	PHOTOMODELL
Lob	ANERKENNUNG	Machenschaft	MACHINATION		
Lob, Lobgedicht, -rede	PANEGYRIKUS	Machenschaft	RAENKESPIEL	mannigfach	VIELFAELTIG
				Mannstollheit	NYMPHOMANIE
Lobredner	PANEGYRIKER	Mädchenname	GEBURTSNAME	Manometer	DRUCKMESSER
lochen	DURCHBOHREN	mäkeln, meckern	RAESONIEREN	Manuskript	HANDSCHRIFT
Lochung	PERFORATION				
löschen	AUSRADIEREN	mäklerisch, heikel	WAEHLERISCH	Marderart	STEINMARDER
Lösung eines Falles	AUFKLAERUNG			Margaretenblume	WUCHERBLUME
		Mängelanzeige	REKLAMATION		
Löwenzahn	BUTTERBLUME	Männername	HANSJOACHIM	Marienkäfer	SIEBENPUNKT
logische Verknüpfung	IMPLIKATION	Männerstimme, -stimmlage	BASSBARITON	Marinedienstgrad	OBERMATROSE
Londoner Brücke	TOWERBRIDGE			Marinedienstgrad	VIZEADMIRAL
Londoner Flughafen	CITYAIRPORT	männl. Sexualhormon	ANDROSTERON		
Londoner Stadtbezirk	HAMMERSMITH	märkischer See	BUCKOWERSEE	Marionettentheater	PUPPENSPIEL
Londoner Stadtbezirk	WESTMINSTER			Marone	ESSKASTANIE
		mäßigen	TEMPERIEREN	Marschboden	SCHWEMMLAND
Londoner Stadtbezirk	WHITECHAPEL	magischer Schutz	MASKOTTCHEN	Maschinerie	MECHANISMUS
lossprechen	ABSOLVIEREN	Magmengestein	GANGGESTEIN	Maskenball	KOSTUEMFEST
Lüftung	VENTILATION	Magnetfeldintensität	FELDSTAERKE	Maskierung, Mummenschanz	VERKLEIDUNG
Luftfahrtmedizin	AEROMEDIZIN				
Luftgewehr	WINDBUECHSE	Main-Quellfluß	WEISSERMAIN	maßgebend	AUTORITATIV
Lufthülle	ATMOSPHAERE	Makel	SCHANDFLECK		
Luftkurort im Riesengebirge	KRUMMHUEBEL	Makellosigkeit	INTEGRITAET	Massiv in den Berner Alpen	WILDSTRUBEL
		Malaria	SUMPFFIEBER		
		Malermaterial	WASSERFARBE	Mast	GROSSSTENGE
Luftröhrenverzweigungen	BRONCHIOLEN	Malvengewächs	KAESEPAPPEL	mathematisch. Teilgebiet	MENGENLEHRE
		Malvengewächs	ROSENPAPPEL		
Luftspiegelung	FATAMORGANA	Mandat	STRAFBEFEHL	mathematische Größe	LOGARITHMUS
Lurchfisch	LUNGENFISCH	Mandelentzündung	TONSILLITIS	Matratzeneinlage	SPRUNGFEDER
luxemburgische Stadt	ETTELBRUECK	Mangelkrankheit	HUNGEROEDEM		

Maurermeßinstrument	WASSERWAAGE	Menü	SPEISEFOLGE	Minzengewächs	KRAUSEMINZE
		Merkmal	KENNZEICHEN	Mirbanöl	NITROBENZOL
Maurerwerkzeug	RICHTSCHEIT	Merkwürdigkeit	KURIOSITAET	mischerbig	HETEROZYGOT
Maxime	LEBENSREGEL	Meßbuch	SAKRAMENTAR	Mischmasch, Mischung	KOMBINATION
Maxime, Maßstab	RICHTSCHNUR	Meßgerät	SCHIEBLEHRE		
mechan. Musikinstrument	ORCHESTRION	Meßopfer	SAKRIFIZIUM	Mischmasch, Mischung	KONGLOMERAT
		Metallarbeitsbetrieb	SCHLOSSEREI		
Mechanik, Mechanismus	MASCHINERIE			miserabel	JAEMMERLICH
		Metallstift	REISSZWECKE	Mißbildung	DEFORMATION
mechanisch	AUTOMATISCH	meteorolog. Observatorium	WETTERWARTE	Missetäter	UEBELTAETER
Meckerer	KRITIKASTER			Mißgeschick, Unglück	SCHLAMASSEL
meckl. Stadt am Zierker See	NEUSTRELITZ	Meteorologie	WETTERKUNDE		
		Metzger, Fleischer	SCHLAECHTER	Mißheirat	MESALLIANCE
mediz. Fachgebiet	ORTHOPAEDIE	mexikan. Gebirge	SIERRAMADRE	Mißklang, Mißton	DISHARMONIE
medizin. Begriff	NIERENKOLIK	mexikan. Halbinsel	KALIFORNIEN		
				mißlingen	SCHIEFGEHEN
medizin. Untersuchung	BLUTSENKUNG	mexikan. Stadt	GUADALAJARA	Missouri-Zufluß	KANSASRIVER
Meeresmuschel	BOHRMUSCHEL	mexikan. Stadt am Rio Grande	NUEVOLOREDO	Missouri-Zufluß	YELLOWSTONE
Meerespflanze	MEERLATTICH			Mitarbeit	KOOPERATION
		Miesmacher	TRAUERKLOSS	Mitbegründer des Dadaismus	HUELSENBECK
Meeresschlange	SEESCHLANGE	Miesmacherei	DEFAETISMUS		
Meeresspinne	ASSELSPINNE	Milchkaffee	CAFEMELANGE	Mitbewohner	UNTERMIETER
Mehrheit	PLURALITAET	Milchprodukt	MILCHPULVER	Mitgefühl	ANTEILNAHME
Meisenart	BEUTELMEISE				
Meisenart	HAUBENMEISE	Milchprodukt	SCHLAGSAHNE	Mitgift	BRAUTSCHATZ
Meisenart	NONNENMEISE			Mitgutachter	KORREFERENT
Meisenart	TANNENMEISE	militär. Führung	GENERALSTAB		
meistern	BEWAELTIGEN			Mitjäger	WEIDGENOSSE
melodisch	WOHLLAUTEND	militär. Hindernis	DRAHTVERHAU	Mitlebender	ZEITGENOSSE
mengenmäßig	QUANTITATIV	militär. Training, Übung	NACHTMARSCH	mitreißend	BEGEISTERND
Menschenfreund	PHILANTHROP	Millennium	JAHRTAUSEND	mittelamerikan. Hauptstadt	SANSALVADOR
		Mimose	SINNPFLANZE		
Menschenkenntnis	PSYCHOLOGIE	Minarett	MOSCHEETURM	mittelamerikan. Wasserstraße	PANAMAKANAL
		mindern	HERABSETZEN		
Menschenraub	ENTFUEHRUNG	Mineralverbindung	KONGLOMERAT		
Menschwerdung	INKARNATION			mitteldeutsche Landschaft	BRANDENBURG

mittelengl. Grafschaft	NORTHAMPTON	Museumsbeamter	KONSERVATOR	nachdrücklich	KATEGORISCH
		Museumskirche in Istanbul	HAGIASOPHIA	Nachforschung	ERKUNDIGUNG
mittelengl. Stadt	NORTHAMPTON			nachklassizistische Epoche	BIEDERMEIER
Mittel gegen Bakterien	BAKTERIZIDE	Musical von Rodgers	THEKINGANDI		
Mittelwort	PARTIZIPIUM	musikal.: sehr lebhaft	VIVACISSIME	Nachlässigkeit, Säumigkeit	SCHLENDRIAN
mitwirken	KOOPERIEREN				
Mitwirkung	KOOPERATION	musikal.: stärker werdend	RINFORZANDO	nachmittägl. Veranstaltung	FUENFUHRTEE
Mobiliar	AUSSTATTUNG				
Mobiliar	EINRICHTUNG	musikalisch: leiser werdend	DECRESCENDO	Nachricht	INFORMATION
modern. Luftsport	DRACHENFLUG			Nachsicht	DULDSAMKEIT
moderner Wärmeverbund	FERNHEIZUNG	Musikausdruck f. scherzhaft	CAPRICCIOSO	Nachtblindheit	HEMERALOPIE
				Nachteil	SCHAEDIGUNG
Modistin	HUTMACHERIN				
Möglichkeit	GELEGENHEIT	Musikausdruck f. sehr schnell	PRESTISSIMO	Nachtschattengewächs	BITTERSUESS
Mönchsorden	DOMINIKANER			Nachtschattengewächs	EIERPFLANZE
Möwenvogel	SEESCHWALBE	Musik-Ensemble	BLASKAPELLE		
Montage	ZUSAMMENBAU	Musikinstrument	ALTSAXOPHON	nackt, bloß	UNBEKLEIDET
Moorheidelbeere	RAUSCHBEERE	Musikinstrument	BASSGITARRE	Nacktsamer	GYMNOSPERME
motorisiertes Zweirad	MOTORROLLER	Musikinstrument	METALLOPHON	Nagel	METALLSTIFT
				Nahkampf	HANDGEMENGE
Motorteil	KURBELWELLE	Musikwerk	KOMPOSITION	Narkose	ANAESTHESIE
müde	ABGEKAEMPFT	Musseron	SCHWINDLING	Naschwerk	SUESSIGKEIT
Mühsal	ANSTRENGUNG	mustergültig	MEISTERLICH	naseweis	NEUNMALKLUG
mühsam, anstrengend	STRAPAZIOES	Musterzeichner	DESSINATEUR	Natron	NATRIUMOXID
				Natterart	VIPERNATTER
Münchner Volksfest	OKTOBERFEST	Mut	BEHERZTHEIT	nautischer Wegweiser	FEUERSCHIFF
		mutlos, niedergeschlagen	VERZWEIFELT		
mündig	VOLLJAEHRIG			Navigationsverfahren	FUNKPEILUNG
Muff	HANDWAERMER	Mutterherrschaft	MATRIARCHAT		
Mummenschanz	KOSTUEMFEST			Nebenschilddrüsenhormon	PARATHORMON
Mumps	ZIEGENPETER	Muttermal	LINSENFLECK		
murren	AUFBEGEHREN				
Muschel	PERLMUSCHEL	Mutterrecht	MATRIARCHAT	Neid	SCHEELSUCHT
Museum in Amsterdam	RIJKSMUSEUM	Mutterschaft	MATERNITAET	neiden	MISSGOENNEN
				neigen	INKLINIEREN
Museum in Frankfurt/M.	SENCKENBERG	Mythos, Mythus	GOETTERSAGE	Neigung	INKLINATION
				Nektarvogel	HONIGSAUGER

Nelkengewächs	SEIFENKRAUT
Nervenschwäche	NERVOSITAET
nervöse Herzbeschwerden	HERZNEUROSE
nervöse Sprachstörung	LOGONEUROSE
Netz	MASCHENWERK
Neuerung	FORTSCHRITT
neues Mißgeschick	RUECKSCHLAG
Neugier weckend	INTERESSANT
Neurasthenie	NERVOSITAET
Neuron	NERVENZELLE
neuseeländ. Antarktis	ROSSDEPENCY
neuseeländ. Stadt	NEWPLYMOUTH
neutral	UNBETEILIGT
Nichtachtung, -befolgung	VERSAEUMNIS
nichtamtlich	INOFFIZIELL
nicht ausreichend	UNGENUEGEND
nicht deckungsgleich	INKONGRUENT
nicht fertig	UNVOLLENDET
nicht fortschrittlich	REAKTIONAER
nichtssagend	UNBEDEUTEND
Nichtstun	MUESSIGGANG
Nickelarsenkies	NICKELGLANZ
niederbayer. Stadt	MALLERSDORF
niederbayer. Stadt an der Rott	EGGENFELDEN
niederdeutscher Autor	STAVENHAGEN
niederl. Maler	HOOGSTRATEN
niederl. Provinz	ZUIDHOLLAND
niederl. Provinz südl. der Maas	NORDBRABANT
niederl. Stadt an d. Neuen Maas	VLAARDINGEN
niederländ. Forscher	LEEUWENHOEK
niederländ. Provinz	NORDHOLLAND
niederländ. Provinz	SUEDHOLLAND
niedersächs. Stadt a. d. Delme	DELMENHORST
niedersächs. Stadt a. d. Soeste	CLOPPENBURG
Nierensteinkrampfschmerz	NIERENKOLIK
Nil-Insel	ELEPHANTINE
Nil-Zufluß	BARELGHAZAL
Nixe	WASSERGEIST
Nörgler	KRITIKASTER
Nonne	KLOSTERFRAU
nordafrikan. Bucht	KLEINESYRTE
nordamer. Gewässer	BEAUFORTSEE
nordamerikan. Indianerstamm	KOMANTSCHEN
nordböhm. Heilbad	FRANZENSBAD
nordböhm. Stadt	REICHENBERG
nordböhmische Stadt	JUNGBUNZLAU
norddeutsche Landschaft	BUTJADINGEN
norddeutsche Landschaft	MECKLENBURG
norddeutsche Stadt an der Elbe	GLUECKSTADT
nordfranz. Hafenstadt	DUENKIRCHEN
nordfranz. Stadt an der Lys	ARMENTIERES
nordind. Stadt in Bihar	MUZAFFARPUR
nordirische Grafschaft	LONDONDERRY
nordirische Stadt	LONDONDERRY
norditalien. Stadt	ALESSANDRIA
nordkanad. Inselgruppe	PARRYINSELN
nordnorweg. Bucht	LYNGANFJORD
nordnorweg. Inselgruppe	SPITZBERGEN
nordostafrikan. Rasse	AETHIOPIDEN
nordostasiat. Halbinsel	KAMTSCHATKA
nordostchines. Tiefland	MANDSCHUREI
nordruss. Hafenstadt	ARCHANGELSK

Clue	Answer
nordsibir. Bucht	TAIMYRBUCHT
nordwestafrikan. Staat	MAURETANIEN
Nordwestafrikaner	MAURETANIER
nordwestfranz. Department	COTESDUNORD
nordwestindisch. Staat	RADSCHASTAN
Norm, Direktive	RICHTSCHNUR
Normung	TYPISIERUNG
norweg. Autor	GULBRANSSEN
norweg. Zeichner und Karikaturist	GULBRANSSON
Not, Notlage	BEDRAENGNIS
Notbehelf, Notlösung	PROVISORIUM
Nürnberg. Maler, Kupferstecher	HIRSCHVOGEL
Nukleartechnik	KERNTECHNIK
Nutzen ziehen	PROFITIEREN
Nutzungsrecht	NIESSBRAUCH
Obelisk	SPITZSAEULE
oberbay. Kurort	BADKOHLGRUB
oberbayer. Kurort	REICHENHALL
oberbayerisch. See	SPITZINGSEE
oberbayerisch. See	WAGINGERSEE
oberflächlich	AEUSSERLICH
oberfränk. Stadt am Main	LICHTENFELS
Ödem, Aszites	WASSERSUCHT
Öffentlichkeit	PUBLIZITAET
österr., schweiz. Parlament	NATIONALRAT
österr. Alpenpaß	TIMMELSJOCH
österr. Alpensee	WOLFGANGSEE
österr. Architekt	HOLZMEISTER
österr. Autor, Dichter	ANZENGRUBER
österr. Barockbaumeister	HILDEBRANDT
österr. Barockbaumeister	MOOSBRUGGER
österr. Barockmaler	MAULPERTSCH
österr. Bundeskanzler	SCHUSCHNIGG
österr. Dichter, Dramatiker	GRILLPARZER
österr. Dramatiker	HOCHWAELDER
österr. Komponist	DITTERSDORF
österr. Kurort am Wolfgangsee	SANKTGILGEN
österr. Kurort d. Hohen Tauern	DORFGASTEIN
österr. Maler d. Biedermeier	WALDMUELLER
österr. Naschwerk	MOZARTKUGEL
österr. Pianist	BADURASKODA
österr. Regisseur	FELSENSTEIN
österr. Schriftsteller	SCHREYVOGEL
österr. Schriftstellerin	FUSSENEGGER
österr. See in Kärnten	WOERTHERSEE
österr. Stadt i. d. Steiermark	KNITTELFELD
österr.: Schlagsahne	SCHLAGOBERS
offenes Automobil	TOURENWAGEN
Ohio-Zufluß	WABASHRIVER
ohne Widerstand	HEMMUNGSLOS
Ohrfeige	MAULSCHELLE
Oma	GROSSMUTTER
Omelett, Omelette	PFANNKUCHEN
Operette von Offenbach	DIEBANDITEN
Operette von Raymond	MASKEINBLAU
Operette von Straus	WALZERTRAUM
Operette von Zeller	OBERSTEIGER
Opern-, Operettenfach	HELDENTENOR
Oper von Britten	PETERGRIMES
Oper von Donizetti	DONPASQUALE
Oper von Egk	ZAUBERGEIGE
Oper von Lortzing	WILDSCHUETZ
Oper von Marschner	HANSHEILING
Oper von Meyerbeer	AFRIKANERIN
Oper von Mozart	DONGIOVANNI
Oper von Rossini	WILHELMTELL

Oper von Tschaikowsky	EUGENONEGIN	ostsibirischer Hafen	WLADIWOSTOK	pazifische Inselgruppe	PHILIPPINEN
Oper von Verdi	LUISAMILLER	ostspan. Fluß	GUADALAVIAR	pazifischer Inselstaat	TONGAINSELN
Oper von Wagner	DIEWALKUERE	ostungar. Stadt	NYIREGYHAZA		
Oper von Wagner	TANNHAEUSER	Päonie	PFINGSTROSE		
Oper von Weber	FREISCHUETZ	Paladin	GEFOLGSMANN	Pendant	GEGENSTUECK
Opposition	GEGENPARTEI	Palast in Venedig	DOGENPALAST	Pendel	PERPENDIKEL
Ordensschwester	KLOSTERFRAU	Palmenart	DATTELPALME	Pension	ALTERSRENTE
organ. Säure	ESSIGSAEURE	Palmenart	SCHIRMPALME	Pension	FREMDENHEIM
Ort bei Eberswalde	NIEDERFINOW	Palmenart	ZUCKERPALME	Pensionär	KOSTGAENGER
Ortolan	GARTENAMMER	Pamphlet	FLUGSCHRIFT	Periost	KNOCHENHAUT
ortsansässig	EINGESESSEN	Pannenauto	UNFALLWAGEN	persisch. Religionsstifter	ZARATHUSTRA
ortsansässig	EINHEIMISCH	Pantoffelblume	FRAUENSCHUH	persönlich	INDIVIDUELL
Ortskunde	TOPOGRAPHIE	Pantoffelheld	DUCKMAEUSER	Persönlichkeitsbild	PSYCHOGRAMM
ostasiat. Inselstaat	PHILIPPINEN	Panzerabwehrwaffe	PANZERFAUST	Personenbeschreibung	SIGNALEMENT
ostasiat. Liliengewächs	SCHILDBLUME	Papageienart	GRAUPAPAGEI	Pfahlmuschel	MIESMUSCHEL
		Papaye	MELONENBAUM	Pfarrer	GEISTLICHER
ostasiat. Tungusen	MANDSCHUREN	Papierart	JAPANPAPIER	Pfeifenmaterial	BRUYEREHOLZ
		Papst im 2. Jh.	TELESPHORUS	Pferch	EINZAEUNUNG
Ostasien	FERNEROSTEN	Papstname	MARCELLINUS	Pferde-, Schafkrankheit	STARRKRAMPF
ostbrasilian. Binnenstaat	MINASGERAES	Parasit, Schädling	SCHMAROTZER	Pferdebürste	KARDAETSCHE
		Park	GRUENANLAGE	Pferdefuhrwerk	EINSPAENNER
osteuropäische Juden	ASCHKENASIM	Parlamentarier	DEPUTIERTER	Pferderasse	OLDENBURGER
ostkanad. Insel	NEUFUNDLAND	Parlament in sozialist. Staaten	VOLKSKAMMER	Pferderennen auf ebener Bahn	FLACHRENNEN
ostkanad. Provinz	NEUNFUNLAND	Parole	LOSUNGSWORT	Pfifferling	EIERSCHWAMM
ostpreuß. Stadt	FISCHHAUSEN	Partei d. Franz. Revolution	MONTAGNARDS	Pflanzenmilch	GUTTAPERCHA
ostpreußische Stadt	BARTENSTEIN			Pflanzensproß	SCHOESSLING
		Parterre	ERDGESCHOSS	pflanzl. Wirkstoff	PHYTOHORMON
Ostseebad auf Usedom	HERINGSDORF	pazif. Inselstaat	PALAUINSELN	pflanzlich	VEGETARISCH
Ostseebad in Mecklenburg	BOLTENHAGEN	pazif. Kleininselgebiet	MIKRONESIEN	Pflasterer	STEINSETZER
				Pflaumenart	REINECLAUDE

Pflugteil	STELLBUEGEL	Pöbelherrschaft (griech.)	OCHLOKRATIE	Popmusik-Solist	GEORGIEFAME
Pflugteil	VORSCHAELER	poetisch	DICHTERISCH	Popmusik-Solist	NEILDIAMOND
Phantasie	VORSTELLUNG	Pokal	SIEGESPREIS	Popmusik-Solist	ROYBUCHANAN
phantastisch	UNGLAUBLICH	polit. Beschwichtigung	APPEASEMENT	Popmusik-Solist	JUDYCOLLINS
philippin. Insel	CATANDUANES	polit. Gewalttäter	ATTENTAETER	Popmusik-Solistin	MARYHOPKINS
Pilotenübungsgerät	LINKTRAINER	polit. Jurisdiktion	STAATSRECHT	Popmusik-Solist (Rockmusik-Solist)	BOBBYGENTRY
Pilzart	BLUTREIZKER	polit. Union	STAATENBUND		
Pilzart	KUGELBOVIST	polit. Vielfalt	PLURALISMUS	Popmusik-Solist (Rockmusik-Solist)	ERICCLAPTON
Pilzart	RIETSCHLING	Politikwissenschaft	POLITOLOGIE		
Pilzart	ROEHRENPILZ			populäres Schauspiel	VOLKSSTUECK
Pilzart	SCHLEIMPILZ	politisch. Bündnis	FOEDERATION		
Pilzart	WOLLSCHWAMM			Porling	SCHAFSEUTER
Pingpong	TISCHTENNIS	politisch. Richtung	SOZIALISMUS	poröser Kunststoff	SCHAUMSTOFF
Pionier	BAHNBRECHER				
Piste	RENNSTRECKE	Polizeibeamter	KRIMINALIST	Porst	MOTTENKRAUT
Plättgerät	AERMELBRETT	Polizeibeamter	KRIMINALRAT	Portier	HAUSMEISTER
Plättgerät	BUEGELEISEN	Polizeifessel	HANDSCHELLE	portug. Küstenprovinz	ESTREMADURA
Plättunterlage	BUEGELBRETT	Polizeipatrouille	FUNKSTREIFE	portug. Seefahrer	ALBUQUERQUE
Plage	ANSTRENGUNG	poln. Autor (Nobelpreis)	SIENKIEWICZ	portug. Seefahrer, Entdecker	VASCODAGAMA
Plane	SCHUTZDECKE				
planen	KONZIPIEREN				
Planet	WANDELSTERN				
Planetenaspekt	KONJUNKTION	poln. freie Gewerkschaft	SOLIDARNOSC	Porzellanmanufaktur bei Stuttgart	LUDWIGSBURG
planmäßiges Zusammenspiel	KOMBINATION	poln. Tanz	VARSOVIENNE	Possenreißer	SPASSMACHER
Plato-Schüler	ARISTOTELES	polnisch. König	PONIATOWSKI	Postgut, Postsache, -sendung	WERTSENDUNG
Platzangst	AGORAPHOBIE	Polstermaterial	SCHAUMGUMMI		
plötzl. Einfall	ERLEUCHTUNG	Polsterungsstütze	SPIRALFEDER	Postskript	NACHSCHRIFT
plötzl. Kreuzschmerzen	HEXENSCHUSS	pommer. Stadt an der Rega	SCHIVELBEIN	Postwertzeichen	SONDERMARKE
				Potentat	LANDESVATER
plötzl. starker Regenguß	WOLKENBRUCH	pommerscher Badeort	STOLPMUENDE	Po-Zufluß	DORARIPARIA
plötzlich	UNVERSEHENS			prämiieren	AUSZEICHNEN
plötzliche Gier	HEISSHUNGER	pommersches Seebad	SWINEMUENDE	präparieren	VORBEREITEN
Pochring	TUERKLOPFER				

Präsent	MITBRINGSEL	Prügelei, Handgreiflichkeit	SCHLAEGEREI	Rallenart	WASSERRALLE
Präsentation	DARSTELLUNG			Ranzen	SCHULTASCHE
Präsenz	ANWESENHEIT			rastlos	NIMMERMUEDE
Präzisionsuhr	CHRONOMETER	Psychologie	SEELENKUNDE	raten, empfehlen	VORSCHLAGEN
		Publikum	LESERSCHAFT		
prahlen	RENOMMIEREN	pünktlich	RECHTZEITIG	Raubspinne	WOLFSSPINNE
Pralinenpackung	BONBONNIERE				
Pranger	SCHANDPFAHL	Pullover	STRICKJACKE	Rauhblattgewächs	LUNGENKRAUT
Predigerorden	DOMINIKANER	Puma	SILBERLOEWE		
		Punktfarn	POLYSTICHUM	Raumdarstellung in einer Ebene	PERSPEKTIVE
Presseerzeugnis	ZEITSCHRIFT	pur, gediegen	UNVERMISCHT		
Preßkohle	EIERBRIKETT	Putschist	UMSTUERZLER		
preuß. General, Reformer	SCHARNHORST	Putzbrett des Maurers	KARTAETSCHE	Raumfahrt	ASTRONAUTIK
				Raumfahrtantrieb	STARTRAKETE
preuß. Infanteriehelm	PICKELHAUBE	Putzmacherin	HUTMACHERIN		
				Raumfahrtunternehmen	MONDLANDUNG
prickelnd	MOUSSIEREND	Putzmacherin	SCHNEIDERIN		
Priesterherrschaft	HIEROKRATIE	Pyjama	SCHLAFANZUG		
		Pyrenäenpaß	PEYRESOURDE	Raumnot	PLATZMANGEL
Priesterkönig im AT	MELCHISEDEK	Quacksalber	KURPFUSCHER	Raumschiff der Amerikaner	LIBERTYBELL
prima	ERSTKLASSIG	Quadriga	VIERGESPANN		
		Qualität	EIGENSCHAFT	Raumsicht	PERSPEKTIVE
Produktion	FABRIKATION	Rabenvogel	NEBELKRAEHE	Rausch	TRUNKENHEIT
Proklamation	BEKANNTGABE			Raygras	WEISENLOCH
		Rabulist	HAARSPALTER	Reaktionsauslöser	KATALYSATOR
Promenade, Bummel	SPAZIERGANG	Rachenentzündung	PHARYNGITIS		
				real, faktisch	TATSÄCHLICH
Propagandachef	WERBELEITER	Radiator	HEIZKOERPER	Rebensorte	PORTUGIESER
		radioaktiver Atomkern	RADIONUKLID		
prophezeien, prognostizieren	VORHERSAGEN			Rechnung	KALKULATION
		Radnetzspinne	KREUZSPINNE	Rechnungsart	SUBTRAKTION
Protegé	SCHUETZLING	Radwettbewerb	KUNSTFAHREN	Rechnungsführung	BUCHHALTUNG
Protest	WIDERSPRUCH	Räderwerk	MECHANISMUS		
protestantisch	EVANGELISCH			Rechnung stellen	FAKTURIEREN
		Ränkeschmied	QUERTREIBER		
Prothese	ERSATZGLIED	Rätselart	KRYPTOGRAMM	rechtsbegründend	KONSTITUTIV
Protokollaufnahme	BEURKUNDUNG				
Protz	WICHTIGTUER	Rätselart	VERSRAETSEL	Rechtsbeistand	VERTEIDIGER
prüfen	EXAMINIEREN	rätselhaft	ENIGMATISCH	Rechtsunwirksamkeit	NICHTIGKEIT
Prüfer	KONTROLLEUR	Ragtime-Modetanz	BLACKBOTTOM		
				Redefluß	WORTSCHWALL

Redlichkeit	EHRLICHKEIT	richtigstellen	DEMENTIEREN	Roman v. Stevenson	SCHATZINSEL
Reflektor	HOHLSPIEGEL	Richtstätte	HOCHGERICHT	Roman v. Traven	TOTENSCHIFF
Regelwidrigkeit	ABNORMITAET	riefen	KANNELIEREN	Rosenart	KLETTERROSE
Regenmesser	PLUVIOMETER	riesenhaft	TITANENHAFT	roter Blutfarbstoff	HAEMOGLOBIN
Regenpfeifervogel	UFERLAEUFER	Riesenreptil	DINOSAURIER		
		Riesenspinne	VOGELSPINNE	roter Farbstoff	KOSCHENILLE
Regierungsbehörde	MINISTERIUM	Riesenwuchs	AKROMEGALIE	roter Farbton	ENGLISCHROT
Regisseur	SPIELLEITER	Ringelwurm	ROEHRENWURM	Ruderfüßer, Schwimmvogel	TROPIKVOGEL
Register	AUFSTELLUNG	Ringergriff	NACKENHEBEL		
Reiherart	FISCHREIHER				
Reihe v. mathematischen Größen	PROGRESSION	riskant	GEFAEHRLICH	Rübenart	RUNKELRUEBE
		Rist	FUSSRUECKEN	Rückbuchung	STORNIERUNG
		Rist	HANDRUECKEN		
Reimschmied	DICHTERLING	ritterlich	CHEVALERESK	Rückerstattung	RESTITUTION
		Rivale	NEBENBUHLER		
Reingewinn, Bonus	UEBERSCHUSS	Robbenart	BAERENROBBE	Rückerstattung	RETRIBUTION
Reinigungsgerät	STAUBSAUGER	Robbenart	KLAPPMUETZE	rückschrittlich	REAKTIONAER
		Rochenart	ADLERROCHEN	Rückstand beim Buttern	BUTTERMILCH
Reißlinie	PERFORATION	Rochenart	GLATTROCHEN		
Reitersoldat	KAVALLERIST				
Rektor, Direktor	SCHULLEITER	Rochenart	MEERDRACHEN	Rührmichnichtan	SPRINGKRAUT
religiöse Erneuerung	REFORMATION	Rockmusik-Stil	COUNTRYROCK	rührselig	SENTIMENTAL
		Röhrling (Pilz)	MARONENPILZ	Rüsselkäfer	BLATTROLLER
religionslos	IRRELIGIOES			Rufmord, üble Nachrede	VERLEUMDUNG
Renkenart	BLAUFELCHEN	römisch. Dichter (1. Jh. v. Chr.)	OVIDIUSNASO		
Reproduktion	NACHBILDUNG			Ruin	ZERRUETTUNG
		römisch. Kaiser	CONSTANTIUS	rumän. Dirigent	CELIBIDACHE
Requiem	SEELENMESSE	römischer Kaiser	VALENTINIAN	Runkelrübenart	ZUCKERRUEBE
Requisitenverwalter	REQUISITEUR	röntgendiagnost. Verfahren	TOMOGRAPHIE	russ.: Umgestaltung	PERESTROIKA
Respekt	ANERKENNUNG				
Ressort, Dezernat	SACHBEREICH	Roheit	BRUTALITAET	russisch. Dichter, Dramatiker	GONTSCHAROW
		rollendes Zugrestaurant	SPEISEWAGEN		
Revier	FORSTBEZIRK				
Rhein-Quellfluß	HINTERRHEIN	Roman v. Buck	DIEGUTEERDE	russisch. Komponist	RACHMANINOW
richten, sich umsehen	ORIENTIEREN	Roman v. Dickens	OLIVERTWIST	russisch. Physiker (Nobelpreis)	TSCHERENKOW
richtigstellen	BERICHTIGEN				

russisch. Politiker, Marschall	WOROSCHILOW
russisch. Politiker, Staatsmann	TSCHERNENKO
russisch. Schriftsteller	DOSTOJEWSKI
russische Stadt	NOWORADOMSK
saarl. Stadt an der Blies	NEUNKIRCHEN
saarl. Stadt an der Saar	VOELKLINGEN
saarländ. Stadt an der Blies	SANKTWENDEL
sachbezogen, sachkundig	PRAGMATISCH
sachlich, praktisch	PRAGMATISCH
sächs. Badeort, Kurort	AUGUSTUSBAD
sächs. Braunkohlenstadt	LAUCHHAMMER
sächs. Harzkurort	WERNIGERODE
sächs. Stadt am Harz	QUEDLINBURG
sächs. Stadt an d. Elbe	KOENIGSTEIN
sächs. Stadt an der Zschopau	FRANKENBERG
sächs. Stadt in d. Oberlausitz	WEISSWASSER
Säkulum	JAHRHUNDERT
Sänfte, Tragsessel	PORTECHAISE
Sängergruppe, -vereinigung	LIEDERTAFEL
Sängergruppe, -vereinigung	MAENNERCHOR
Sängerin	SOPRANISTIN
Sänger von Chansons	CHANSONNIER
säubern	REINEMACHEN
Säuberung	REINEMACHEN
Säugetierordnung	BEUTELTIERE
Säugetierordnung	UNPAARHUFER
Säuglingsekzem	MILCHSCHORF
Safe	GELDSCHRANK
Salomoneninsel	GUADALCANAL
Salto, Kapriole	UEBERSCHLAG
Salzgewinnungsanlage	GRADIERWERK
Samenerguß	EJAKULATION
Sammlung von Studentenliedern	KOMMERSBUCH
Saponit	SEIFENSTEIN
Satzzeichen	BINDESTRICH
Satzzeichen	DOPPELPUNKT
Sauerklee	GLUECKSKLEE
Sauerklee	HASENAMPFER
Saurierart	PANZERLURCH
Schadstofffilter beim Auto	KATALYSATOR
Schädelknochen	TRAENENBEIN
Schädelknochen	UNTERKIEFER
Schädellehre	KRANIOLOGIE
schätzen	AESTIMIEREN
Schaf, Schafart	KURZSCHWANZ
schaffen, hervorbringen	PRODUZIEREN
Schalldruckmaß	LAUTSTAERKE
Schallmembran im Ohr	TROMMELFELL
Schamane	MEDIZINMANN
schamhaft	SCHUECHTERN
Scharlatan	KURPFUSCHER
Schatz	KOSTBARKEIT
Schau	AUSSTELLUNG
Schauspielkunde	DRAMATURGIE
Scheinsieg	PYRRHUSSIEG
Scheitelkreis	HOEHENKREIS
Schellfisch	HECHTDORSCH
schemat. Rechenvorgang	ALGORITHMUS
Scherbengericht	OSTRAZISMUS
Schicht der Erdatmosphäre	MESOSPHAERE
Schicht der Gebildeten	INTELLIGENZ
schicksalhafter Augenblick	STERNSTUNDE
Schicksalsdeutung	WAHRSAGEREI
Schiefhals	TORTICOLLIS
Schiffsausbesserungsstätte	SCHWIMMDOCK
Schiffsausguck	KRAEHENNEST
Schiffstyp	DAMPFSCHIFF
Schiffstyp	FAEHRSCHIFF
Schiffstyp	MOTORSCHIFF
Schiffstyp	SEGELSCHIFF

Schiffsuhr	CHRONOMETER	Schlummersucht	NARKOLEPSIE	Schmetterlingsart	NACHTFALTER
Schildlaus	KOSCHENILLE	schlußfolgern	KOMBINIEREN	Schmetterlingsart	NIERENFLECK
schimpfen	RAESONIEREN	Schlußfolgerung	KOMBINATION	Schmetterlingsart	QUECKENEULE
Schirm-, Schutzherrschaft	PROTEKTORAT	Schlußresultat	ENDERGEBNIS	Schmetterlingsart	SACKTRAEGER
Schläue	PFIFFIGKEIT	Schmach	DEMUETIGUNG	Schmetterlingsart	SCHACHBRETT
Schlafnetz	HAENGEMATTE	schmackhaft	APPETITLICH	Schmetterlingsart	ZAHNSPINNER
Schlaginstrument	KESSELPAUKE	schmählich	SCHAENDLICH		
schlampig	NACHLAESSIG	Schmähung	BELEIDIGUNG	Schmetterlingsblütler	KICHERERBSE
Schlangenart	HASELNATTER	Schmerle	BARTGRUNDEL		
Schlangenart	KETTENVIPER	schmerzstillend. Mittel	ANALGETIKUM	Schmuckstein	LAPISLAZULI
Schlehe	SCHWARZDORN	Schmerzunempfindlichkeit	ANAESTHESIE	Schmuckstein	SONNENSTEIN
Schleicher	LEISETRETER			schmücken	VERSCHOENEN
Schleichlurch	BLINDWUEHLE	Schmetterlingsart	ABENDFALTER	Schmuggelware	KONTERBANDE
Schleimpilze	MYXOMYZETEN	Schmetterlingsart	ALPENAPOLLO	Schnake, Moskito	STECHMUECKE
schlesw.-holstein. Ostseebad	KELLENHUSEN	Schmetterlingsart	BAERSPINNER	Schneckenart	WEGSCHNECKE
schlicht, anspruchslos	SPARTANISCH	Schmetterlingsart	BRAUNERBAER	schnelles Kriegsschiff	SCHNELLBOOT
Schlichtheit	EINFACHHEIT	Schmetterlingsart	BUTTERVOGEL	schnelles Kriegsschiff	TORPEDOBOOT
Schließmuskel (mediz.)	KONSTRIKTOR	Schmetterlingsart	ECKFLUEGLER	Schnepfenvogel	ROTSCHENKEL
Schloß an der Loire	CHENONCEAUX	Schmetterlingsart	EICHENBLATT	Schnepfenvogel	SANDLAEUFER
Schloß bei Heilbronn	JAGSTHAUSEN	Schmetterlingsart	EULENFALTER	Schnitzer	ENTGLEISUNG
Schloß bei Paris	RAMBOUILLET	Schmetterlingsart	FEUERFALTER	Schnupftuch	TASCHENTUCH
Schloß in München	NYMPHENBURG	Schmetterlingsart	HOPFENMOTTE	schöntun	KOKETTIEREN
Schloß in Potsdam	CECILIENHOF	Schmetterlingsart	KOMMAFALTER	schöntun	LIEBAEUGELN
Schlüpfrigkeit	FRIVOLITAET	Schmetterlingsart	MOENCHSEULE	schöntun	SCHMEICHELN
Schlüpfrigkeit	LASZIVITAET			Schöpfung	ERSCHAFFUNG
				schott. Grafschaft	EASTLOTHIAN
				schott. Missionar, Afrikaforscher	LIVINGSTONE

schottische Grafschaft	WESTLOTHIAN	Schwächling, Pantoffelheld	WASCHLAPPEN
Schräglage eines Schiffes	SCHLAGSEITE	Schwangerschaft	GRAVIDITAT
		schwanger werden	KONZIPIEREN
schräglaufend	TRANSVERSAL	schwanken	FLUKTUIEREN
Schrebergarten	KLEINGARTEN	Schwankpunkt (Schiff)	METAZENTRUM
Schrebergartenhäuschen	GARTENLAUBE	Schwankung	FLUKTUATION
Schreibmaschinenkopie	DURCHSCHLAG	Schwarzseherei	PESSIMISMUS
		Schwarzwild	WILDSCHWEIN
Schreibmaterial	BRIEFPAPIER	schwed. Feldherr, Reichskanzler	OXENSTIERNA
Schreibmaterial	FEDERHALTER		
Schreitvogel	FISCHREIHER	schwed. Name von Helsinki	HELSINGFORS
Schriftart	SCHWABACHER		
Schriftgrad	NONPAREILLE	schwed. Stadt a. d. Motala	NORRKOEPING
schriftstellerisch	LITERARISCH	Schwefelkupfer	KUPFERGLANZ
Schrittmacher	BAHNBRECHER	schwefelsaures Natron	GLAUBERSALZ
Schrumpfung	KONTRAKTION		
schütter	LUECKENHAFT	Schwein	BORSTENVIEH
Schularbeit	HAUSAUFGABE	schweiz. Berg	ALETSCHHORN
Schulart	GRUNDSCHULE	schweiz. Dichter, Schriftsteller	DUERRENMATT
Schuldanerkenntnis	GESTAENDNIS		
Schulfach	HEIMATKUNDE	schweiz. Freiheits-, Nationalheld	WILHELMTELL
Schulmaterial	RADIERGUMMI		
Schulmaterial	SCHREIBHEFT	schweiz. Gebirge	BERNERALPEN
Schulmaterial, -mittel	LOESCHBLATT	schweiz. Halbkanton	INNERRHODEN
Schute	SCHLEPPKAHN	schweiz. Käseart	SCHABZIEGER
Schutzgebiet	PROTEKTORAT	schweiz. Kanton	GRAUBUENDEN
Schutzgeist	SCHUTZENGEL	schweiz. Kanton	SANKTGALLEN
Schutzimpfung	VAKZINATION	schweiz. Kanton	UNTERWALDEN
schweiz. Kantonshauptstadt	SANKTGALLEN		
schweiz. Komponist	AESCHBACHER		
schweiz. Kurort im Oberengadin	SANKTMORITZ		
schweiz. Maler u. Architekt	LECORBUSIER		
schweiz. Mediziner	ABDERHALDEN		
schweiz. See	BRIENZERSEE		
schweiz. Söldner	REISLAEUFER		
schweiz. Wintersportort	SANKTMORITZ		
schwere körperl. Anomalie	MONGOLISMUS		
Schwerkraft	GRAVITATION		
schwermütig	TRUEBSINNIG		
Schwermut	MELANCHOLIE		
Schwerpunkt	BARYZENTRUM		
schwerverkäufl. Ware	LADENHUETER		
schwierig	KOMPLIZIERT		
schwimmendes Seezeichen	FEUERSCHIFF		
Schwimmvogel	HORNTAUCHER		
Schwindler	HOCHSTAPLER		
Schwindsucht	TUBERKULOSE		
Schwingung	OSZILLATION		
Schwirrvogel	LAUBSAENGER		
schwülstig	BOMBASTISCH		
Schwulst	GALIMATHIAS		
Schwurtext	EIDESFORMEL		

See bei Potsdam	RUPPINERSEE	selbsttätig	AUTOMATISCH	Signaleinrichtung, -gerät	LEUCHTFEUER
Seefisch	PETERSFISCH	selbsttätiger Ablauf	MECHANISMUS	Singvogel	ROHRSAENGER
See in Brandenburg	SOLDINERSEE			Singvogel	ROTKEHLCHEN
		Seligpreisung	BENEDIKTION	sinnbildlich	ALLEGORISCH
See in Kasachstan	BALKASCHSEE	seltene Erden	LANTHANIDEN	Sinnesart	MENTALITAET
See in Mecklenburg	DASSOWERSEE	seltsam	MERKWUERDIG	Sinneserkenntnis	WAHRNEHMUNG
		Semikolon	STRICHPUNKT	Sinnestäuschung	FATAMORGANA
See in Mecklenburg	KRAKOWERSEE	Sendeunterbrechung	SCHALTPAUSE	sinnloses Geschwätz	GALIMATHIAS
See in Mecklenburg	TOLLENSESEE	Senklot	PERPENDIKEL	sittenstreng	PURITANISCH
		sensibel	EMPFINDLICH		
See in Pommern	JAMUNDERSEE	separat	ABGESONDERT	Sitz des US-Präsidenten	WEISSESHAUS
		Separee	NEBENZIMMER		
Seelenheilkunde	PSYCHIATRIE	Serumkrankheit	ANAPHYLAXIE	Sitzungsraum im Kloster	KAPITELSAAL
Seelenkunde	PSYCHOLOGIE	Sexualhormon	PROGESTERON	Ski	SCHNEESCHUH
Seelsorger	GEISTLICHER	Sexualhormon	TESTOSTERON	Skifahreraufzug	SCHLEPPLIFT
Seeschaden	SCHIFFBRUCH	sexuelle Abartigkeit	MASOCHISMUS	Skilauftechnik	FLACHWEDELN
See zwischen Peru und Bolivien	TITICACASEE			Skilauftechnik	KURZSCHWUNG
		Shuttle	RAUMGLEITER		
		sibir. Stadt am Jenissei	KRASNOJARSK	Skilauftechnik	SCHNEEPFLUG
Segel	SCHRATSEGEL			Skiwettbewerb	KOMBINATION
Segel	SPRIETSEGEL	sibirische Stadt am Ob	NOWOSIBIRSK	Sklave	LEIBEIGENER
Segnung	BENEDIKTION				
seherisch, weissagend	PROPHETISCH	sich beschweren	REKLAMIEREN	Sohn, Nachkomme	SPROESSLING
		sicheres Bankgewölbe	STAHLKAMMER	Solarenergie	SONNENKRAFT
Seidelbast	STEINROESEL			Sonderschule	HILFSSCHULE
Seilbahn	KABINENBAHN	Sicherheitsglas	VERBUNDGLAS	Sonneneruption	PROTUBERANZ
Sekretion	ABSONDERUNG	sich fortbewegen	MARSCHIEREN		
selbständig, eigengesetzlich	UNABHAENGIG			Sonnengeflecht (anatom.)	SOLARPLEXUS
		sich gelehrt gebende Frau	BLAUSTRUMPF		
selbständiger Kaufmann	UNTERNEHMER			Sonntag vor Ostern	PALMSONNTAG
		sich wegbegeben	ABSENTIEREN	sorgfältig überlegen	VENTILIEREN
selbstbezogen	EGOTISTISCH	Siebdruck	SERIGRAPHIE		
Selbsteinschläferung	AUTOHYPNOSE	Siechtum	MORBOSITAET	Sorgfalt	AKKURATESSE
		Signaleinrichtung	MARTINSHORN	Sorgfalt	GENAUIGKEIT
				Sorghum	KAFFERNKORN

Sorghum	MOHRENHIRSE	span. Stadt am Henares	GUADALAJARA	Sportart, -disziplin	BODENTURNEN
Soße	HOLLANDAISE	Spargeld	NOTGROSCHEN	Sportart, -disziplin	KORSOFAHREN
sowjet. Ideologie	STALINISMUS	sparsam	OEKONOMISCH	Sportart, -disziplin	ZWOELFKAMPF
sowjet. Kernphysiker	KURTSCHATOW	spaßig, drollig	POSSIERLICH	Sportgerät	SCHWEBEBAUM
sowjet. Kosmonaut	DOBROWOLSKI	spazierengehen	LUSTWANDELN	Sportgerät	SPRUNGBRETT
sowjet. Marschall, Polit.	ROKOSSOWSKI	Spechtart	GRUENSPECHT	Sporttrophäe	SIEGERKRANZ
		Speichellecker	LIEBEDIENER	Sprachkundiger	DOLMETSCHER
sowjet. Name von Königsberg	KALININGRAD	Speisemuschel	HERZMUSCHEL	sprachwissenschaftl. Teilgebiet	SYNTAGMATIK
		Speisemuschel	MIESMUSCHEL		
sowjet. Politiker (Nobelpreis)	GORBATSCHOW	Speisepilz	AUSTERNPILZ	Sprecher	KOMMENTATOR
		Speisepilz	PFIFFERLING	Sprecher	WORTFUEHRER
sowjet. Republik	KIRGISISTAN	Sperlingsvogel	LAUBSAENGER	Sprenggeschoß	KARTAETSCHE
sowjet. Staatschef	GORBATSCHOW	Sperrvorrichtung an Maschinen	ARRETIERUNG	Spruchbuch des Alten Testaments	JESUSSIRACH
sowjetische Kosmonautin	TERESCHKOWA	Sperrzeit	QUARANTAENE	Staat der USA	CONNECTICUT
		Spezial-Frachtschiff	KUEHLSCHIFF	Staat der USA	KALIFORNIEN
Sozialpartner	ARBEITGEBER			Staat der USA	MISSISSIPPI
spärlich	KUEMMERLICH	Spiegelbild d. Materie	ANTIMATERIE	Staat der USA	NORTHDAKOTA
spätbyzantinische Dynastie	PALAEOLOGEN	Spielfeldbegrenzung	SEITENLINIE	Staat der USA	RHODEISLAND
Spaltwerkzeug	BRECHSTANGE	Spielleiterin	REGISSEURIN	Staat der USA	SOUTHDAKOTA
span. Dichter, Dramatiker	GARCIALORCA	Spielwiese	TUMMELPLATZ	Staatenbund	FOEDERATION
		Spinnenart	LASSOSPINNE	Staat im Mittleren Osten	AFGHANISTAN
span. Handklapper	KASTAGNETTE	Spinnenart	WEBERKNECHT	Staat in Mitteleuropa	DEUTSCHLAND
span. Küste	COSTABLANCA	Spion, heiml. Beobachter	SCHNUEFFLER	Staat in Südostasien	KAMPUTSCHEA
span. Küste	COSTADELSOL	Spital	KRANKENHAUS		
span. Küste	COSTADORADA	Spitzbart	HENRIQUATRE	Staat in Südosteuropa	JUGOSLAWIEN
		spitzfindig	KASUISTISCH		
span. Nationalgericht	OLLAPODRIDA	spitzfindig	SOPHISTISCH	Staatsform	KAISERREICH
span. Provinz	GUADALAJARA	spleenig, wunderlich	VERSCHROBEN	Staatsform	KOENIGREICH
				Staatsform	SOZIALSTAAT

Staatsform, -system	BUNDESSTAAT
Staatsverfassung der BRD	GRUNDGESETZ
stabile Schichtwolke	ALTOSTRATUS
Stachelflosser	MEERDRACHEN
Stachelkeule	MORGENSTERN
Stachelmakrele	LOTSENFISCH
Stachelpilz	STOPPELPILZ
Stacheltier	PANZERKREBS
Stadt a. d. Schwarzen Elster	HOYERSWERDA
Stadt am Bodensee	UEBERLINGEN
Stadt am Eichsfeld	BLEICHERODE
Stadt am Harz	HALBERSTADT
Stadt am Mississippi	MINNEAPOLIS
Stadt am Rhein-Rhone-Kanal	MONTBELIARD
Stadt am Teutoburger Wald	IBBENBUEREN
Stadt am Thüringer Wald	LIEBENSTEIN
Stadt an d. Wesermündung	BREMERHAVEN
Stadt an der Blies	BLIESKASTEL
Stadt an der Elbe	SCHOENEBECK
Stadt an der Havel	BRANDENBURG
Stadt an der Saale	WEISSENFELS
Stadt an der unteren Wupper	LEICHLINGEN
Stadt an der Weser	BODENWERDER
Stadt auf Sardinien	LAMADDALENA
Stadt auf Trinidad	SANFERNANDO
Stadt auf Usedom	SWINEMUENDE
Stadt bei Berlin	ORANIENBURG
Stadtbezirk von Wien	LANDSTRASSE
Stadt der Karl-May-Festspiele	BADSEGEBERG
Stadt im Allgäu	ILLERTISSEN
Stadt im Bergischen Land	GUMMERSBACH
Stadt im Iran	CHORRAMSHAR
Stadt im Kusnezker Kohlebecken	NOWOKUSNEZK
Stadt im Oberelsaß	MUEHLHAUSEN
Stadt im Sauerland	PLETTENBERG
Stadt im Schwarzwald	BAIERSBRONN
Stadt im Teutoburger Wald	TECKLENBURG
Stadt im Vogtland	FALKENSTEIN
Stadt in Ammerland	WESTERSTEDE
Stadt in Andorra	LESESCALDES
Stadt in Brandenburg	FREIENWALDE
Stadt in Brandenburg	GROSSBEEREN
Stadt in d. Uckermark	ANGERMUENDE
Stadt in der Oberpfalz	GERMERSHEIM
Stadt in der Vorderpfalz	FRANKENTHAL
Stadt in Kampuchea	KAMPONGSONG
Stadt in Kongo	POINTENOIRE
Stadt in Laos	SAVANNAKHET
Stadt in Malaysia	JAHOREBHARU
Stadt in Michigan (USA)	GRANDRAPIDS
Stadt in Minnesota (USA)	MINNEAPOLIS
Stadt in Mittelfranken	WEISSENBURG
Stadt in Namibia	OTJUWARONGO
Stadt in Neuseeland	NEWPLYMOUTH
Stadt in Niedersachsen	GANDERSHEIM
Stadt in Niederschlesien	SCHWEIDNITZ
Stadt in Nigeria	PORTHARCOUR
Stadt in Norderdithmarschen	WESSELBUREN
Stadt in Ostpommern	RUEGENWALDE
Stadt in Ostpreußen	KOENIGSBERG
Stadt in Paraguay	ENCARNACION
Stadt in Pommern	GREIFENBERG
Stadt in Sachsen	GROSSENHAIN
Stadt in Schlesien	REICHENBACH
Stadt in Schleswig-Holstein	NEUMUENSTER

Stadt in Schleswig-Holstein	NORDERSTEDT	steinreicher Mann	MILLIARDAER	Streifenfarn	TUEPFELFARN
Stadt in Tennessee (USA)	CHATTANOOGA	Stenografie	KURZSCHRIFT	Streit	KONTROVERSE
		Sterblichkeit	MORTALITAET	streitbar	KRIEGERISCH
				streitbar	MARTIALISCH
Stadt in Thailand	TSCHIANGMAI	Sternbild	GRABSTICHEL	Streitgespräch	DISPUTATION
		Sternbild	GROSSERBAER	Streit mit Worten	WORTGEFECHT
Stadt in Venezuela	SANFERNANDO	Sternbild	GROSSERHUND		
		Sternbild	KLEINERBAER	strenge Vernehmung	KREUZVERHÖR
Stadtschloß v. Wien	SCHOENBRUNN	Sternbild	KLEINERHUND		
		Sternsystem	SPIRALNEBEL	Striegel	KARDAETSCHE
Stadtteil von Hamburg	EIMSBUETTEL	Steuerbescheid	VERANLAGUNG	strittig erörtern	DISPUTIEREN
Stadtteil von München	BOGENHAUSEN	Stickhusten	KEUCHHUSTEN	Strohhut	FLORENTINER
				Strom-Meßgerät	AMPEREMETER
		Stickstoff	NITROGENIUM		
Stadtteil von München	NYMPHENBURG	stillstehend	STAGNIEREND	Studentenverbindung	KORPORATION
Stadtteil von München	OBERMENZING	Stimmenführung (musikal.)	KONTRAPUNKT	Studienkamerad	KOMMILITONE
		Stockwerkverbindung	TREPPENHAUS	Stuhlgang	DEFAEKATION
Stadtteil von München	STEINHAUSEN			Stumpfsinn	VERBLOEDUNG
Stärke	INTENSITAET	störrisch	DICKKOEPFIG	stur	HALSSTARRIG
Stammesentwicklung	PHYLOGENESE	störrisch	STARRSINNIG	stur	HARTNAECKIG
		stofflos	IMMATERIELL	subtropisch. Flautengürtel	ROSSBREITEN
		Stoppuhr	CHRONOGRAPH		
Standarte	FELDZEICHEN	Stoßzeit	HOCHBETRIEB		
standrechtl. erschießen	FUESILIEREN	Straferlaß	BEGNADIGUNG	Suebenstamm	HERMUNDUREN
		Straferlaß gewähren	AMNESTIEREN	südafrik. Stadt in Transvaal	KRUGERSDORP
stark abfallend	ABSCHUESSIG	Straflosigkeit	INDEMNITAET		
stark beschädigen	RAMPONIEREN	Strahlentierchen	RADIOLARIEN	südafrikan. Lindenart	ZIMMERLINDE
		Strahlungsbild (mediz.)	SZINTIGRAMM	südafrikan. Stadt	GRAHAMSTOWN
Statisten	KOMPARSERIE				
Statthalter	LANDPFLEGER	Straße	VERKEHRSWEG		
Staudenart	SILBERBLATT	Straßenbahn	ELEKTRISCHE	südamerikan. Gebirge	KORDILLEREN
Steckenpferd	LIEBHABEREI	Straßenräuber, Bandit	WEGELAGERER	südamerikan. Hauptstadt	BUENOSAIRES
Stehltrieb	KLEPTOMANIE	Straßenverkehr	ZIRKULATION		
Stehsegeln	WINDSURFING	Strauchdieb, Buschklepper	WEGELAGERER	südamerikan. Hauptstadt	PORTOFSPAIN
steil	ABSCHUESSIG				
Steindrossel	BLAUDROSSEL				

südamerikan. Indianersprache	PATAGONISCH	südmexikan. Stadt	TEHUANTEPEC	Szenerie	BUEHNENBILD
				Tabaksorte	GROBSCHNITT
südamerikan. Raubkatze	SILBERLOEWE	südnorweg. Stadt	LILLEHAMMER	Tabakware, -sorte	FEINSCHNITT
		Südostasiat	THAILAENDER		
südamerikan. Staat	ARGENTINIEN	südostasiat. Volk	VIETNAMESEN	tadellos	EINWANDFREI
				tadeln	KRITISIEREN
Südamerikaner	ARGENTINIER	südpolar	ANTARKTISCH	Tänzerin	BALLETTEUSE
				täuschen	HINTERGEHEN
Südamerikaner	BRASILIANER	südschott. Grafschaft	CLACKMANNAN	täuschen	IRREFUEHREN
				Tagebücher	EPHEMERIDEN
Südamerikaner	KOLUMBIANER	südschwed. See	HJAELMARSEE	Tagesverzeichnis	KALENDARIUM
				Tagfalter	AUGENFALTER
Südamerikaner	VENEZOLANER	südschwed. Stadt	JOENKOEPING	Tagfalter	GOLDENEACHT
				Tagfalter	SEGELFALTER
südasiat. Strom	BRAHMAPUTRA	südschweiz. Alpenpaß	MONTECENERI	taktlos	BELEIDIGEND
				taktlos	INSTINKTLOS
südasiat. Vogel	SONNENVOGEL	Südseeinsulaner	MIKRONESIER	Tal der Appalachen	GREATVALLEY
südaustral. Hafenstadt	PORTAUGUSTA	Südwein, Süßwein	MUSKATELLER	Talisman	MASKOTTCHEN
				Tank	PANZERWAGEN
südbad. Stadt am Hochrhein	RHEINFELDEN	südwestafrikan. Bucht	WALFISCHBAI	Tanzregisseur	CHOREOGRAPH
				Tanztonstück	PASSACAGLIA
südbrasilian. Hafenstadt	PORTOALEGRE	südwestdtsch. Gebirge	SCHWARZWALD	Tanzveranstaltung	FUENFUHRTEE
				Tapferkeit	BEHERZTHEIT
südchilen. Stadt	PUNTAARENAS	südwestspan. Stadt	SANFERNANDO	Taschenspieler	ILLUSIONIST
		süße Weinsorte	DESSERTWEIN	Taschentuch	SCHNUPFTUCH
süddtsch. Bergrücken	HEUCHELBERG	Süß- u. Salzwassergemisch	BRACKWASSER	Taschenuhr mit Schlagwerk	REPETIERUHR
südengl. Hafenstadt, Seebad	BOURNEMOUTH	sumerischer Gott	ERESCHKIGAL	tatsachengemäß	PRAGMATISCH
südengl. Hafenstadt, Seebad	SOUTHAMPTON	Summe	ENDERGEBNIS	Taubenart	FELSENTAUBE
		Swing-Jazzstil	JUNGLESTYLE	Taubenart	RINGELTAUBE
südfranz. Stadt	MONTPELLIER	Symbol für Zärtlichkeit	TURTELTAUBE	Taubenart	TURTELTAUBE
südkanad. See	MANITOBASEE			Tausendfüßer	SKOLOPENDER
		syrisch. Gebirge	ANTILIBANON		
südländ. Giftspinne	MALMIGNATTE	syrische Christen	NESTORIANER	Tausendfüßler	SCHNURASSEL

techn. Antrieb	RIEMENTRIEB	Teilnahme	BETEILIGUNG	Tintenfisch	KOPFFUESSER
techn. Fachgebiet	BRUECKENBAU	teilnahmslos	LETHARGISCH	Tischwürzgefäß	SALZSTREUER
technisches Fachgebiet	MESSTECHNIK	Teilnahmslosigkeit	PASSIVITAET	Titelfigur bei Ibsen	HEDDAGABLER
Techtelmechtel	VERHAELTNIS	Teilnehmer	PARTIZIPANT	Tötung	LIQUIDATION
Teenager	JUGENDLICHE	Tempelform	ANTENTEMPEL	Tötung	SCHLACHTUNG
Teerprodukt	KARBOLINEUM	Temperament	SANGUINIKER	tolerabel	ERTRAEGLICH
Teilchenbeschleuniger	SYNCHROTRON	Temperaturmesser	THERMOMETER	Toleranz	DULDSAMKEIT
Teil d. Rückgrats	BRUSTWIRBEL	Tempobezeichnung in d. Musik	ACCELERANDO	Tonbandgerät	MAGNETOPHON
Teil der Appalachen	ALLEGHENIES	Tetanuserkrankung	STARRKRAMPF	Tondichtung	KOMPOSITION
Teil der Erdatmosphäre	IONOSPHAERE	teuer	KOSTSPIELIG	tonkünstlerisch	MUSIKALISCH
Teil der Nordtiroler Alpen	WETTERSTEIN	Teufelsfisch	MEERDRACHEN	Tonschöpfung	KOMPOSITION
Teil der Uhr	ZIFFERBLATT	Theaterdekoration	BUEHNENBILD	Tornado	WIRBELSTURM
Teil der Westsudeten	ISERGEBIRGE	theban. Feldherr	EPAMINONDAS	Tornister	SCHULRANZEN
Teil des Eßgeschirrs	SUPPENTASSE	Thermik	WAERMELEHRE	Totenbeschwörung	NEKROMANTIE
Teil des Jazzorchesters	RHYTHMGROUP	thür. Stadt an der Unstrut	MUEHLHAUSEN	Touristenbetreuer	REISELEITER
Teil des Mittelmeeres	KLEINESYRTE	thüring. Stadt an d. Salza	LANGENSALZA	Trabant	GEFOLGSMANN
Teil des Nördl. Eismeers	WEISSESMEER	thüring. Stadt im Frankenwald	PROBSTZELLA	Trabant unseres Planeten	ERDSATELLIT
Teil des Weserberglands	EGGEGEBIRGE	tibetan. Hirschart	MOSCHUSTIER	Trachtenkleidung	DIRNDLKLEID
Teil e. dtsch. Bundeslandes	MECKLENBURG	Tierbehausung	HUNDEHUETTE	tragbarer Rundfunkapparat	KOFFERRADIO
Teilgebiet der Astronomie	ASTROPHYSIK	tierisch	BESTIALISCH	Tragödie	TRAUERSPIEL
		Tierseuche	RAUSCHBRAND	Trainer	SPORTLEHRER
		Tierstamm	WIRBELTIERE	Transportfahrzeug	LEITERWAGEN
		Tigerschlange	NETZSCHLAGE	tratschsüchtiges Weib	KLATSCHBASE
		tilgen	ANNULLIEREN	Traumgebilde, -gesicht	LUFTSCHLOSS
Teil großer Kameras	MATTSCHEIBE	tilgen	ELIMINIEREN	Trecker, Motorschlepper	ZUGMASCHINE
		Tilgung	ELIMINATION	Treibstoff	PARAFFINOEL
				Tresen	SCHANKTISCH
				Tretanlasser beim Motorrad	KICKSTARTER
				trickreich	VERSCHLAGEN
				Triumph	SIEGESFEIER

Tropenkrankheit	BILHARZIOSE	Übereinkommen	ARRANGEMENT	Umfang	EXTENSITAET
tropische Baumart	GOETTERBAUM	Übereinkunft, Geschäft	TRANSAKTION	umgehend	POSTWENDEND
trotzig	EIGENSINNIG	übereinstimmen	HARMONIEREN	umgekehrt	GEGENTEILIG
Trubel	HOCHBETRIEB	überempfindlich	MIMOSENHAFT	Umgestaltung	REFORMATION
Trübsal, Trübsinn	MELANCHOLIE	Überempfindlichkeit	ANAPHYLAXIE	umherbummeln	PROMENIEREN
trügen	IRREFUEHREN	übergenau	SPITZFINDIG	umkehren	INVERTIEREN
trügerisch	ILLUSORISCH	überheblich	DUENKELHAFT	Umlauf, Blutkreislauf	ZIRKULATION
Trugbild	FATAMORGANA	überklug	NEUNMALKLUG	umlaufen	ZIRKULIEREN
Trunkenbold	ALKOHOLIKER	überlaufen	DESERTIEREN	umlaufender Aufzug	PATERNOSTER
tschech. Tennisspielerin	NAVRATILOVA	übermütiger Streich	SCHABERNACK	umreißen	KONTURIEREN
Tümmler, Delphin-Art	MEERSCHWEIN	Überraschungstat	HANDSTREICH	Umsicht	UEBERLEGUNG
türk. Volksstamm	SELDSCHUKEN	Überschrift	SCHLAGZEILE	umwandeln	KORRIGIEREN
türkisch. Binnenmeer	MARMARAMEER	übersetzen	DOLMETSCHEN	Umwelt	LEBENSKREIS
türkische Meerenge	DARDANELLEN	Übersetzer	DOLMETSCHER	umweltbezogen	OEKOLOGISCH
Tunichtgut, Liederjan	TAUGENICHTS	überspannt	EXZENTRISCH	Umweltschutzmaßnahme	LAERMSCHUTZ
Turmschwalbe	MAUERSEGLER	überspannt, übersteigert	EXTRAVAGANT	Umweltschutz Maßnahme	MUELLABFUHR
Turngerät	KLETTERSEIL	Übertragung	TRANSLATION	Umweltschutzmaßnahme	NATURSCHUTZ
Turnübung	DOPPELSALTO	üble Nachrede	BELEIDIGUNG	unabhängig	EMANZIPIERT
Turnübung	LAENGSHOCKE	üblich	GEWOEHNLICH	unauffällig	UNSCHEINBAR
Turnübung	RIESENWELLE	üblich	LANDLAEUFIG	unausgebildet, verkümmert	RUDIMENTAER
TV-Antennenhochbau	FERNSEHTURM	ukrain. Adelsgeschlecht	ROSUMOWSKIJ	unbedacht	GEDANKENLOS
TV-Sendung	FERNSEHFILM	ukrain. Stadt	BERDITSCHEW	unbedingt	KATEGORISCH
Typhus	FLECKFIEBER	ukrain. Stadt	TSCHERNIGOW	unbelebt	ANORGANISCH
Tyrann von Athen	PISISTRATUS	ukrain. Stadt am Dnjepr	SAPOROSCHJE	Unberührtheit	VIRGINITAET
Übeltäter	MISSETAETER	Ultraschalldiagnostik	SONOGRAPHIE	Unbescholtenheit	INTEGRITAET
überanstrengen	UEBERNEHMEN			unbeschränkt	HEMMUNGSLOS
überbacken	GRATINIEREN			unbestimmtes Fürwort	INDEFINITUM

unbestreitbar	AXIOMATISCH	unmenschlich	BESTIALISCH	Unterweisung	INSTRUKTION
undurchlässig	IMPERMEABEL	Unnachgiebigkeit	OBSTINATION	Unterwürfigkeit	SERVILITAET
unecht	GEKUENSTELT	Unordentlichkeit	SCHLAMPEREI	Unvereinbarkeit	WIDERSPRUCH
Uneinigkeit	DISHARMONIE	unoriginell	EINFALLSLOS	unverschämt	IMPERTINENT
unentschieden (Sport)	PUNKTGLEICH	unstillbares Erbrechen	HYPEREMESIS	Unverschämtheit	IMPERTINENZ
unerfreuliche Lage	ZWICKMUEHLE	Unstimmigkeit	KONTROVERSE	Unversehrtheit	INTEGRITAET
unerhört	HANEBUECHEN	unstofflich	IMMATERIELL	unwiderleglich	APODIKTISCH
unerläßlich	UNABDINGBAR	Untätigkeit	PASSIVITAET	unwiederherstellbar	IRREPARABEL
Unermeßlichkeit	IMMENSITAET	Unterdrückung	VERSKLAVUNG	unwillkürlich	AUTOMATISCH
Unerschrokkenheit	BEHERZTHEIT	Unterentwicklung	HYPOTROPHIE	unwillkürlich (mediz.)	SYMPATHISCH
unerschütterlich	ATARAKTISCH	Unterhaltung, Ablenkung	ZERSTREUUNG	unwirklich	ILLUSORISCH
unersetzlich	IRREPARABEL	Unterlassung	VERSAEUMNIS	Unwirklichkeit	IRREALITAET
unerträglich	INTOLERABEL	Unternehmer	ARBEITGEBER	unzüchtig	UNMORALISCH
ungar. Weinsorte	PLATTENSEER	unterrichten	INFORMIEREN	unzusammenhängend	INKOHAERENT
ungenannter Autor	GHOSTWRITER	unterrichten	ORIENTIEREN	unzuständig	INKOMPETENT
ungewöhnlich	MERKWUERDIG	Unterrichtung	INFORMATION	Unzuständigkeit	INKOMPETENZ
Ungezwungenheit	LAESSIGKEIT	Unterscheidung	DISTINKTION	uralte Schriftform	KEILSCHRIFT
Ungezwungenheit	NONCHALANCE	unterstellen	INSINUIEREN	Uranbrenner	KERNREAKTOR
ungleich	VERSCHIEDEN	Unterstellung, Voraussetzung	SUPPOSITION	urbar machen	KULTIVIEREN
Ungleichheit	DISPARITAET	unterstreichen	HERVORHEBEN	Ureinwohner	AUTOCHTHONE
Unglück, Schicksalsschlag	VERHAENGNIS	untersuchen	ANALYSIEREN	Urkanton der Schweiz	UNTERWALDEN
Unheil, Unglück	KATASTROPHE	untersuchen	INQUIRIEREN	Urnenhalle	KOLUMBARIUM
Union, Verbindung	VEREINIGUNG	Untersuchung	INQUISITION	Ursächlichkeit	KAUSALITAET
unklar, unsicher	ZWEIFELHAFT	untertänig	EHRERBIETIG	Urwelttier	DINOSAURIER
unkörperlich	IMMATERIELL	unterweisen	INSTRUIEREN	Urzeugung	PLASMOGONIE
Unlust	MISSBEHAGEN				

US-Kriegshafen auf Hawaii	PEARLHARBOR	
Utopie	LUFTSCHLOSS	
Utopie	WUNSCHTRAUM	
Vaterherrschaft	PATRIARCHAT	
vaterländisch	PATRIOTISCH	
Vaterrecht	PATRIARCHAT	
Vaterunser (latein.)	PATERNOSTER	
venezianisch. Hauptkanal	CANALGRANDE	
venezianisch. Touristenziel	MARKUSPLATZ	
Verabreichung	APPLIKATION	
veränderlich	METABOLISCH	
veraltete Bez. für abbilden	KONTERFEIEN	
veraltete Bez. für verflucht	VERMALEDEIT	
veraltet: Heeresverwaltung	INTENDANTUR	
Veranlagung	DISPOSITION	
veranschlagen	ABSCHAETZEN	
veranschlagen	KALKULIEREN	
veranstalten	ARRANGIEREN	
Veranstalter	ORGANISATOR	
verargen, ankreiden	UEBELNEHMEN	
Verbannungsort Napoleons	SANKTHELENA	
verbessern	KORRIGIEREN	
verbessern	KULTIVIEREN	
verbessern	MELIORIEREN	
verbinden	KOMBINIEREN	
Verbindung	ASSOZIATION	
Verbindung	KOMBINATION	
Verbindungsbogen	SCHWIBBOGEN	
verbissen	HARTNAECKIG	
Verbot	UNTERSAGUNG	
verbotenes Gebiet	SPERRBEZIRK	
verbrauchen	KONSUMIEREN	
Verbrecher	KRIMINELLER	
Verbrennungskraftmaschine	BENZINMOTOR	
Verbrennungskraftmaschine	DIESELMOTOR	
verbürgt	AUTHENTISCH	
verdächtig	FRAGWUERDIG	
verdampfen	EVAPORIEREN	
Verdampfung	EVAPORATION	
Verdauungsstörung	INDIGESTION	
Verdauungsstörung	VERSTOPFUNG	
Verdichter	KONDENSATOR	
Verdichtung	KOMPRESSION	
verdoppeln	DUPLIZIEREN	
Verdoppelung	DUPLIKATION	
verdrießlich	BAERBEISSIG	
verdunsten	EVAPORIEREN	
Veredelung, Verfeinerung	RAFFINATION	
verehelicht	VERHEIRATET	
Verehrung	BEWUNDERUNG	
vereinigen	KOMBINIEREN	
Vereinigung	FOEDERATION	
Vereinigung	INTEGRATION	
Vereinigung	KOMBINATION	
Verfasser eines Wörterbuches	LEXIKOGRAPH	
verfeinern	KULTIVIEREN	
verflüssigen	LIQUIDIEREN	
Verflüssigung	LIQUIDATION	
verformen	DEFORMIEREN	
Verformung	DEFORMATION	
verfügen	DEKRETIEREN	
verfügen	DISPONIEREN	
Verfügung	DISPOSITION	
verführerische Frau	FEMMEFATALE	
Vergangenheitsform	PRAETERITUM	
Vergeltung	GEGENSCHLAG	
Vergeltungsmaßnahme	REPRESSALIE	
Vergesellschaftung	ASSOZIATION	
Vergleich	KOMPARATION	
vergnügliche Veranstaltung	LUSTBARKEIT	
Vergnügungsstätte	RUMMELPLATZ	
vergotten	DEIFIZIEREN	
Vergottung	DEIFIKATION	
Vergrößerung	ERWEITERUNG	
Vergünstigung	BEVORZUGUNG	
Verhängnis	KATASTROPHE	
verhaften	INHAFTIEREN	

Verhaftung	ARRETIERUNG	Vernichtung	ZERSTOERUNG	Vertauschung	PERMUTATION
verhalten	DISTANZIERT	veröffentlichen	PUBLIZIEREN	vertonen	KOMPONIEREN
verhandeln	KONFERIEREN	Veröffentlichung	PUBLIKATION	Vertreter des Angeklagten	VERTEIDIGER
verheerendes Unglück	KATASTROPHE	verordnen	DEKRETIEREN	Vertreter eines Staates	BOTSCHAFTER
Verhinderung	PROHIBITION	Verpflichtung zum Schadenersatz	HAFTPFLICHT	verunglimpfen	DIFFAMIEREN
Verkehrsgefährdung	AQUAPLANING	verringern	VERKLEINERN	verunstalten	DEFORMIEREN
Verkehrsteilnehmer	FUSSGAENGER	verrückter Gedanke	SCHNAPSIDEE	Verunstaltung	DEFORMATION
Verkehrsteilnehmer	KRAFTFAHRER	verschiedengestaltig	HETEROMORPH	vervielfachende Zahl	KOEFFIZIENT
Verkehrsweg	LANDSTRASSE	verschieden sein	DIFFERIEREN	Vervollständigung	INTEGRATION
verknüpfen	ASSOZIIEREN	verschleppen	DEPORTIEREN	Verwahrung	DEPONIERUNG
verknüpfen	KOMBINIEREN	Verschleppung	DEPORTATION	Verwaltungsbehörde	LANDRATSAMT
Verknüpfung	ASSOZIATION	verschließen	OKKLUDIEREN	Verwaltungsbehörde	MINISTERIUM
Verknüpfung	KOMBINATION	verschlüsseln	CHIFFRIEREN	Verwaltungsbz. i. Frankreich	DEPARTEMENT
Verkörperung	INKARNATION	verschroben	EXZENTRISCH	Verwaltungszentrum	GEMEINDEAMT
Verlagsabteilung	HERSTELLUNG	Versorgung mit Nerven	INNERVATION	verwickelt	KOMPLIZIERT
verlangsamen	RETARDIEREN	Verspottung	VERHOEHNUNG	verwirklichen	REALISIEREN
verlangsamter Puls	BRADYKARDIE	Versprechen	VERHEISSUNG	verwirren	DERANGIEREN
verleumden	DIFFAMIEREN	verständig	INTELLIGENT	verwunderlich	ERSTAUNLICH
Verlust eines Schiffes	SCHIFFBRUCH	Verstärker	KONDENSATOR	verzehren	KONSUMIEREN
vermindern	DIMINUIEREN	Verstärkung	GRADUIERUNG	Verzeichnis	AUFSTELLUNG
Verminderung	DIMINUITION	Versteigerer	AUKTIONATOR	verzerrt	FRATZENHAFT
Verminderung	REDUZIERUNG	verstiegen	EXTRAVAGANT	Verzicht	BESCHEIDUNG
Vermittler	MITTELSMANN	Verstiegenheit	EXTRAVAGANZ	Verzögerung	RETARDATION
vermuten	SPEKULIEREN	Verstopfung	OBSTIPATION	Verzögerungstaktik	OBSTRUKTION
Vermutung	SPEKULATION	Verstopfung	OBSTRUKTION	verzweigt	DENDRITISCH
Vernehmung	EINVERNAHME			viehisch	BESTIALISCH
Vernehmungsverfahren	KREUZVERHÖR			Vielfarbigkeit	POLYCHROMIE
				vielwertig	MULTIVALENT

viereckig	QUADRATISCH	Volljährigkeit	MUENDIGKEIT	vorsichtig prüfen	VENTILIEREN
Vierfachimpfstoff	TETRAVAKZIN	vollkommen	MEISTERHAFT	Vorspeise	HORSDOEUVRE
vietnames. Staatspräsident	HOTSCHIMINH	vollkommene Schöpfung	MEISTERWERK	Vorstadt von Jena	LICHTENHAIN
				Vorstand	DIREKTORIUM
Vision	ERSCHEINUNG	Vollschiff	FUENFMASTER	Vorstehhund	WACHTELHUND
Vitamin B₂	LAKTOFLAVIN	vollstrecken	EXEKUTIEREN	Vorstellungskraft	IMAGINATION
Vitaminmangel-Krankheit	AVITAMINOSE	von Bord gehen	AUSSCHIFFEN	vortragen	DEKLAMIEREN
		vorausschauend	PROPHETISCH	vorübergehend	EINSTWEILIG
völlig zerstören	ATOMISIEREN	Vorbehalt	RESERVATION	Vorwort	EINFUEHRUNG
Vogelart	ALPENKRAEHE	Vorbemerkungen (griech.)	PROLEGOMENA	Vorzimmerdame	SEKRETAERIN
Vogelart	ALPENLERCHE			vulgär	GEWOEHNLICH
Vogelart	ALPENSEGLER	Vorbeugung	PRAEVENTION	Vulkan auf Teneriffa	PICODETEIDE
Vogelart	BASSTOELPEL				
Vogelart	BIENENFALKE	Vorderasiat	SAUDIARABER	Vulkan in Japan	FUDSCHIJAMA
Vogelart	BRACHPIEPER	Vorderseitendruck	SCHOENDRUCK	Vulkan in Kamerun	KAMERUNBERG
Vogelart	GOLDDROSSEL				
Vogelart	GRASLAEUFER	vorderster Angreifer	STURMSPITZE	Vulkan in Westafrika	KAMERUNBERG
Vogelart	KUPFERFASAN				
Vogelart	PRAERIEHUHN	Vorhafen von Riga	DUENAMUENDE	Waage, Waagenart	BALKENWAAGE
Vogelart	WASSERAMSEL				
Vogelkundler	ORNITHOLOGE	vorherrschen	UEBERWIEGEN	Waagerechte	HORIZONTALE
volkstüml. f. Fernsehgerät	MATTSCHEIBE	vorherrschen, übertreffen	UEBERWIEGEN	Wacholder, Wacholdergetränk	KRANEWITTER
volkstüml. f. Schiedsrichter	PFEIFENMANN	vorhersagen	PROPHEZEIEN	Wacholderschnaps	STEINHAEGER
volkstümlich f. Auto	NUCKELPINNE	Vorhochzeitsfest	POLTERABEND	Wachsbildnerei	ZEROPLASTIK
volkstümlich f. Geld	PIMPERLINGE	Vorkämpfer, Wegbereiter	PROTAGONIST	Wachsgravierung	ZEROGRAPHIE
volkstümlich f. Ischias	HEXENSCHUSS	vorläufig	EINSTWEILIG	Wachsschabe	BIENENMOTTE
volkstümlich f. Schnaps	FEUERWASSER	vorläufige Ernennung	DESIGNATION	Wachstum	ENTWICKLUNG
volkstümlich f. Verlegenheit	SCHWULITAET	vorlaut, unverschämt	SCHNODDERIG	Wächter	BESCHUETZER
		vornehm	FASHIONABLE	Wärmeaustauscher	REKUPERATOR
Volksvertretung (Schweiz, Österr.)	NATIONALRAT	vornehme Gesellschaft	HIGHSOCIETY	Wärmemesser	KALORIMETER
		Vorratsgefäß	EINMACHGLAS	Wärmemesser	THERMOGRAPH

Wagenbauer	STELLMACHER
Wahl	STIMMABGABE
Wahl durch Zuruf	AKKLAMATION
Wahl zwischen 2 Möglichkeiten	ALTERNATIVE
wahrnehmbar	PERZEPTIBEL
Wahrsager	KARTENLEGER
Wahrzeichen v. Augsburg	PERLACHTURM
Wahrzeichen v. Venedig	DOGENPALAST
Waldgebiet bei Hamburg	SACHSENWALD
walis. Bucht	CARDIGANBAY
walisische Grafschaft	RADNORSHIRE
Wanderniere	NEPHROPTOSE
wankelmütig	FLATTERHAFT
Wappentier	DOPPELADLER
Warenauspreisung	DEKLARATION
Warenschau	MUSTERMESSE
Warenzeichen	FABRIKMARKE
Warenzeichen	SCHUTZMARKE
warmblütig	HOMOEOTHERM
Warngerät	ALARMSIRENE
Warnlicht	LEUCHTFEUER
warzenförm. Rindenporen	LENTIZELLEN
Wasserfall in den USA	YELLOWSTONE
Wasserglätte im Kfz-Verkehr	AQUAPLANING
Wasserliesch	BLUMENBINSE
Wasserpflanze	TANNENWEDEL
Wasserpflanzen	HYDROPHYTEN
Wasserscheu	HYDROPHOBIE
Wasserstoff	HYDROGENIUM
Wasserverdrängung e. Schiffes	DEPLACEMENT
Wasservogel	LOEFFELENTE
Wechsel	FLUKTUATION
Wechselbeziehung	INTERAKTION
Wechselbeziehung	KORRELATION
wechseln	ALTERNIEREN
Wechselrede	ZWIESPRACHE
Wechselübertragung	INDOSSAMENT
Wechselwarme (zoolog.)	KALTBLUETER
Wegbereiter, Pionier	VORKAEMPFER
Wegführung	TRASSIERUNG
wegschieben	VERDRAENGEN
wehklagen	LAMENTIEREN
wehleidiger Mensch	HYPOCHONDER
wehmütig	NOSTALGISCH
weibl. Büroberuf	SEKRETAERIN
weibl. Hilfskraft	ASSISTENTIN
Weichkäse	BUTTERKAESE
Weichtierklasse	KOPFFUESSER
Weichtierlehre	MALAKOLOGIE
Weidenart	TRAUERWEIDE
Weihen-Art	BIENENFALKE
Weihnachtsabend	HEILIGABEND
Weihnachtsgebäck	PFEFFERNUSS
Weihnachtsgebäck	SPEKULATIUS
Wein-Bezeichnung	WEISSHERBST
Weinort, -stadt in Rheinland-Pfalz	KOENIGSBACH
Weinort an der Mosel	TRITTENHEIM
Weinsorte	DRACHENBLUT
Weinsorte	FRANKENWEIN
Weinsorte, Traubensorte	MUSKATELLER
Weinwirtschaft	WINZERSTUBE
Weisheitsliebe	PHILOSOPHIE
weiße Seerose	WASSERLILIE
Weißrussen	BJELORUSSEN
Weiterentwicklung	FORTSCHRITT
weites Kleidungsstück	GLOCKENROCK
welk	VERTROCKNET
Wellenreiten	WINDSURFING
Wellenüberlagerung	INTERFERENZ
Wels-Art	KATZENFISCH
Welthilfssprache	INTERLINGUA
Welt im großen	MAKROKOSMOS
Welt im kleinen	MIKROKOSMOS
Weltlichkeit	PROFANITAET

Weltraumfahrt	ASTRONAUTIK	Wetterkundler	METEOROLOGE	Winkelzug	MACHINATION
Weltreligion	CHRISTENTUM	Wettermantel	LODENMANTEL	winterl. Hochtourist	SKIWANDERER
weltumspannend	OEKUMENISCH	Wetterumhang	REGENMANTEL	winterl. Niederschlag	SCHNEEREGEN
werben, verbreiten	PROPAGIEREN	Widerlegung	KONFUTATION		
		widerrufen	DEMENTIEREN	Winterschlaf	HIBERNATION
Werbeträger, Spruchband	TRANSPARENT	Widerstand	OBSTRUKTION	Wintersportanlage	FLUGSCHANZE
Werbung	ADVERTISING	Widerwärtigkeit	SCHLAMASSEL	Wintersportart	SKILANGLAUF
Werdegang	ENTWICKLUNG	Widerwille	ANIMOSITAET	Wintersportart	SKISPRINGEN
Wertschätzung	HOCHACHTUNG	Wiederansteckung	REINFEKTION	Wintersportgerät	LANGLAUFSKI
Werturteil	BEURTEILUNG				
Wesenskern	QUINTESSENZ	wiederbeleben	REANIMIEREN	Wirbelentzündung	SPONDYLITIS
wesensnah	SYMPATHISCH	Wiederbelebung	REANIMATION	Wirbelsäuleninneres	RUECKENMARK
westafrikan. Staat	BURKINAFASO	Wiederhersteller	RESTAURATOR	wirklichkeitsbezogen	REALISTISCH
westafrikan. Staat	SIERRALEONE	Wiederherstellung	RENOVIERUNG	Wirkraum d. Anziehungskraft	SCHWEREFELD
westaustral. Fluß	GASCOYRIVER	Wiederherstellung	RESTITUTION		
		Wielandskraut	WIESENRAUTE	wirksam	FUNKTIONELL
westeurop. Königreich	NIEDERLANDE	Wiener Bauwerk	BURGTHEATER	wirkungsvoll	IMPONIEREND
Westeuropäer	LUXEMBURGER	Wiener Schloß	SCHOENBRUNN	wirtschaftlich	OEKONOMISCH
Westfuß des Odenwaldes	BERGSTRASSE	Wiener Stadtbezirk	BRIGITTENAU	wissenswert	INTERESSANT
		Wiener Stadtbezirk	FLORIDSDORF	wohlschmeckend	APPETITLICH
westgerman. Volk	LANGOBARDEN	Wiener Wahrzeichen	STEPHANSDOM	Wohlwollen	GENEIGTHEIT
westindische Insel	SAINTMARTIN	wild, ausgelassen	ORGIASTISCH	Wohlwollen	GEWOGENHEIT
westsibirische Stadt	PROKOPJEWSK	Wildschwein	SCHWARZWILD	Wohnung	APPARTEMENT
				Wolfsmilchgewächs	BINGELKRAUT
westspan. Provinz	ESTREMADURA	Willfährigkeit	FUEGSAMKEIT	Wollgarnart	STREICHGARN
Wettannahme b. Pferderennsport	TOTALISATOR	Windgeschwindigkeit	WINDSTAERKE	Wortfolge	SATZGEFUEGE
		Winkellehre	GONIOMETRIE	Wortwechsel	KONTROVERSE

Wortzusammensetzung	KOMPOSITION	Zahnlücker (zool.)	AMEISENBAER	Zeugnisnote	AUSREICHEND
Wucherblume	GAENSEBLUME	Zander	HECHTBARSCH	Zeugnisnote	UNGENUEGEND
Wühlmausart	WASSERRATTE	Zauberformel	ABRAKADABRA	Ziegenbart (botan.)	BAERENTATZE
würdigen	AESTIMIEREN	Zauberkünstler	ILLUSIONIST	Ziehung	AUSSPIELUNG
württ. Stadt am Neckar	LUDWIGSBURG	Zaun	EINFRIEDUNG	zielgerichtet	INTENTIONAL
württ. Stadt an der Tauber	MERGENTHEIM	Zaungrasmücke	MUELLERCHEN	Zierfisch	PFAUENFISCH
		Zebu	BUCKELOCHSE	Zierpflanze	FINGERBLATT
württemb. Bauernbund	ARMERKONRAD	Zeichnerin	GRAPHIKERIN	Zimmereinrichtung	MOEBLIERUNG
würzen	ABSCHMECKEN	Zeilenzwischenraum (Buchdr.)	DURCHSCHUSS	zimperlich	EMPFINDLICH
Würzkraut	BOHNENKRAUT	Zeisigart	ERLENZEISIG	Zirkuskünstler	KUNSTREITER
Würzkraut	GURKENKRAUT	Zeiteinheit, Zeitmaß	JAHRTAUSEND	zittern	TREMULIEREN
Würzkraut	KRAUSEMINZE	Zeitkunde	CHRONOLOGIE	zivil	BUERGERLICH
Wunderdoktor	KURPFUSCHER	Zeitmesser	CHRONOMETER	Zollerklärung	DEKLARATION
		Zeitnähe	MODERNITAET	Zoroaster	ZARATHUSTRA
Wunderglaube	MYSTIZISMUS	Zeitraum von 100 Jahren	JAHRHUNDERT	Zuckersorte	PUDERZUCKER
Wunschbild, Wunschtraum	LUFTSCHLOSS	Zeitraum von 1000 Jahren	JAHRTAUSEND	zudringlich	IMPERTINENT
				züchten	KULTIVIEREN
Wurstsorte	ZUNGENWURST	Zeitwortbeugung	KONJUGATION	züchtig	UNVERDORBEN
Wurzelgemüse	MEERRETTICH	Zellsubstanz	PROTOPLASMA	zügellos	ORGIASTISCH
Xylographie	HOLZSCHNITT	Zentrum	MITTELPUNKT	Zügellosigkeit	LIBERTINAGE
Zackenbarsch	SAEGEBARSCH	Zentrum	SCHWERPUNKT	Zündholz	STREICHHOLZ
		zergliedern	ANALYSIEREN	zuerst	ANFAENGLICH
Zackenbarsch	WRACKBARSCH	zerlegen	ANALYSIEREN	zufällig	ALEATORISCH
zäh	HARTNAECKIG	zerlegen	DEMONTIEREN	zugestehen	KONZEDIEREN
Zahlungsfähigkeit	LIQUIDITAET	zerplatzen	EXPLODIEREN	zugkräftiges Angebot	GLANZSTUECK
Zahnaufsatz aus Porzellan	JACKETKRONE	Zerrbild	ENTSTELLUNG	zugkräftiges Geschehen	GLANZNUMMER
Zahnfleischschwund	PARODONTOSE	Zersetzung chemisch. Stoffe	ELEKTROLYSE	Zukunftswissenschaft	FUTUROLOGIE
Zahnheilkunde	ODONTIATRIE	Zerstörung	DESTRUKTION	zum Druck freigeben	IMPRIMIEREN
Zahnkunde	ODONTOLOGIE	Zerstörungswut	WANDALISMUS	Zunahme, Zuwachs	PROGRESSION
		Zerstreuung	BELUSTIGUNG	zurechtfinden	ORIENTIEREN

zurückgeblieben	RUDIMENTAER	zusammentragen	KOMPILIEREN
zurückhaltend	DISTANZIERT	Zusammenwirken	KOOPERATION
zurücklegen	AUFBEWAHREN	zusammenwirken	KOOPERIEREN
zurücklegen	RESERVIEREN	zusammenziehendes Mittel	ADSTRINGENS
zurücksenden	REMITTIEREN	Zusammenziehung	KONTRAKTION
Zurückweichen	RUECKZIEHER	zusichern	GARANTIEREN
Zusammenarbeit	KOOPERATION	zustimmen	EINWILLIGEN
Zusammenballung	KONGLOMERAT	Zwangslage	BEDRAENGNIS
Zusammendrückung	KOMPRESSION	Zwangslage	ZWICKMUEHLE
zusammenfallen	KOLLABIEREN	Zwangsmaßnahme	DRUCKMITTEL
Zusammengehörigk.-gefühl	SOLDARITAET	Zwangsumsiedlung	DEPORTATION
Zusammengewürfeltes	KONGLOMERAT	zwangsverschicken	DEPORTIEREN
zusammenhängen	KOHAERIEREN	Zwangsvollstreckung	EINTREIBUNG
zusammenhanglos	UNVERBUNDEN	zweckgerecht	FUNKTIONELL
Zusammenschluß	FOEDERATION	Zweideutigkeit	AMBIGUITAET
Zusammenschluß	INTEGRATION	Zweig der Hussiten	UTRAQUISTEN
Zusammenschluß	VEREINIGUNG	Zweig der Karmeliter	OBSERVANTEN
Zusammensetzung	KOMPOSITION	Zweigstelle	AUSSENBUERO
zusammenstellen	KOMBINIEREN	zweiter Fastensonntag	REMINISCERE
Zusammenstellung	KOMBINATION	Zwerghund	REHPINSCHER
Zusammenstoß	KARAMBOLAGE	Zwergwüchsiger	LILIPUTANER
zusammenstoßen	KOLLIDIEREN	Zwietracht	FEINDSCHAFT
		zwischen den Zeilen	INTERLINEAR
Zwischenherrschaft	INTERREGNUM		
Zwischenregierung	INTERREGNUM		
Zwischenspiel	INTERLUDIUM		
Zwischenträger	MITTELSMANN		
Zwischenwirbelscheibe	BANDSCHEIBE		

Aachener Sehenswürdigkeit	KARLSSCHREIN
Aaskäfer	TOTENGRAEBER
Abbild, Vervielfältigung	REPRODUKTION
Abbildung	ILLUSTRATION
Abdruck, Nachdruck	REPRODUKTION
Abfallplatz	MUELLDEPONIE
Abfallseide	FLORETTSEIDE
Abgespanntheit	ERSCHOEPFUNG
abgezehrt	AUSGEMERGELT
abhängig Beschäftigter	ARBEITNEHMER
Abhilfe	VERBESSERUNG
Abitur	REIFEZEUGNIS
Abkürzung	ABBREVIATION
ablehnen	MISSBILLIGEN
ablenken	UMDIRIGIEREN
Abmachung, Übereinkunft	VEREINBARUNG
Abneigung	WIDERSTREBEN
Abruzzen-Berg	MONTECASSINO
abschlachten	MASSAKRIEREN
abschreiben	AMORTISIEREN
Abschreibung	AMORTISATION
absichtlich	DEMONSTRATIV
absichtlich	VORSAETZLICH
Absolution	LOSSPRECHUNG
Absonderung	AUSSCHEIDUNG
Absonderung	INTERNIERUNG
Absprache, Verabredung	VEREINBARUNG
Abstellraum	RUMPELKAMMER
abstimmen	KOORDINIEREN
Abstimmung	KOORDINATION
Abstimmungsverfahren	HAMMELSPRUNG
Abtei im Schwarzwald	SANKTBLASIEN
Abtretung	UEBERLASSUNG
abtrünnig	WORTBRUECHIG
Abtrünniger	SCHISMATIKER
abwandeln	MODIFIZIEREN
Abwandlung	MODIFIKATION
abwechselnd	ALTERNIEREND
Abwehr, Defensive	VERTEIDIGUNG
abweisen	VERSCHMAEHEN
abweisend, schweigsam	VERSCHLOSSEN
abzahlen	AMORTISIEREN
Abzeichen	ANSTECKNADEL
abziehen	SUBTRAHIEREN
achtbar, ansehnlich	REPUTIERLICH
achten	RESPEKTIEREN
achtlos	LEICHTFERTIG
achtlos	UNVORSICHTIG
achtlos, abgelenkt	UNAUFMERKSAM
Ackergerät	SCHEIBENEGGE
Adel	ARISTOKRATIE
Adverb	UMSTANDSWORT
Advokat	RECHTSANWALT
ägypt. Bilderschrift	HIEROGLYPHEN
ältestes dtsch. Ostseebad	HEILIGENDAMM
ändern	KONVERTIEREN
äquivalent	GLEICHWERTIG
ärztl. Abhören	AUSKULTATION
ärztl. Behandlungsraum	AMBULATORIUM
ärztl. Beratung	KONSULTATION
äthiop. See	STEPHANIESEE
Ätzmittel	HOELLENSTEIN
Ätznatron	NATRIUMLAUGE
affektiert	UNNATUERLICH
Affront	BESCHIMPFUNG
afrikan. Schleichkatze	GINSTERKATZE
afrikan. See	BANGWEOLOSEE
afrikan. Stechfliege	TSETSEFLIEGE
Agentengruppe	SPIONAGERING
Agitation	AUFWIEGELUNG
Ahnungslosigkeit	UNWISSENHEIT
Aids-Symptom	KAPOSISARKOM
Akteur, Mime	SCHAUSPIELER
Aktie	ANTEILSCHEIN
Aktion	UNTERNEHMUNG
aktivieren	MOBILISIEREN
Aktrice	DARSTELLERIN
Akustik	KLANGWIRKUNG
akustisch	KLANGMAESSIG
Aland	GOLDNERFLING
alger. Stadt	SIDIBELABBES
Allee in Düsseldorf	KOENIGSALLEE
Alleinherrschaft	ABSOLUTISMUS
allergische Erkrankung	HEUSCHNUPFEN

allergische Erkrankung	NESSELFIEBER	altrömische Leibwache	PRAETORIANER	amtliche Bekanntmachung	PROKLAMATION
Allerheiligstes	SANKTISSIMUM	altsibirisches Volk	TSCHUKTSCHEN	amtliche Bescheinigung	BEGLAUBIGUNG
Allerweltskerl	TAUSENDSASSA	Amarant	FUCHSSCHWANZ	amtliches Zeugnis	BEGLAUBIGUNG
Alpenglöckchen	TRODDELBLUME	Ambulanz	KRANKENWAGEN	Amtseinweisung	INSTALLATION
Alpenpaß im Etschtal	BERNERKLAUSE	amerik. Jazzpianist (m. Vorn.)	ERROLLGARNER	Amtsstube	DIENSTZIMMER
Alpenrose	RHODODENDRON	amerikan. Autorennstrecke	INDIANAPOLIS	amüsant	UNTERHALTEND
Alpenvolk mit eigener Sprache	RAETOROMANEN	amerikan. Filmkomiker (Brüder)	MARXBROTHERS	amüsant	VERGNUEGLICH
altdtsch. Rechtsbuch	LAIENSPIEGEL	amerikan. Fluß	RIODELAPLATA	amüsant, kurzweilig	UNTERHALTSAM
alte dtsch. Silbermünze	WEISSPFENNIG	amerikan. Hauptstadt	SANTODOMINGO	Amulett	ZAUBERSCHUTZ
alte Feuerwaffe	HAKENBUECHSE	amerikan. Jazzklarinettist	PEEWEERUSSEL	analog	ENTSPRECHEND
alternativ	WECHSELWEISE	amerikan. Jazzmusiker, Klarinette	TESCHEMACHER	Analogie	AEHNLICHKEIT
Altersforschung	GERONTOLOGIE			Analogie	ENTSPRECHUNG
Altertumsforschung	ARCHAEOLOGIE	amerikan. Pop-Künstler	LICHTENSTEIN	Analyse	UNTERSUCHUNG
altes Geschütz	FELDSCHLANGE			andauernd	FORTWAEHREND
altes Landwirtschaftsgerät	DRESCHFLEGEL	amerikan. Raumfahrtbasis	KAPCANAVERAL	Anemone	WINDROESCHEN
altgriech. Lustspieldichter	ARISTOPHANES	amerikan. Rockgruppe	NEWMODELARMY	Anemonenart	TEUFELSBEERE
althergebracht	TRADITIONELL	amerikan. Rockgruppe	VANILLAFUDGE	anerkennen	LEGITIMIEREN
altind. Dichtung	UPANISCHADEN	amerikan. Stadt am Delaware	PHILADELPHIA	Anführer im Bauernkrieg	BERLICHINGEN
altind. Lehrgedicht	BHAGAWADGITA	amerikan. Tanz	BOOGIEWOOGIE	Angeber	AUFSCHNEIDER
Alt-Oboe	ENGLISCHHORN	Ammoniaklösung	SALMIAKGEIST	Angehör. einer Weltreligion	MOHAMMEDANER
altpersische Dynastie	ACHAEMENIDEN	Amortisation	ABSCHREIBUNG	angemessen	ENTSPRECHEND
altröm. Stadtzentrum	FORUMROMANUM	Amouren	LIEBSCHAFTEN	angenähert	APPROXIMATIV
altrömisch. Bauwerk	AMPHITHEATER	Amphibienfahrzeug	SCHWIMMWAGEN	angereichert	KONZENTRIERT
				angesehene Ortseinwohner	HONORATIOREN
				angewandte Kunst	KUNSTGEWERBE
				angleichen	ASSIMILIEREN
				Angleichung	ASSIMILATION
				Anhänger des Islam	MOHAMMEDANER

anhäufen	AKKUMULIEREN	anwenden, ins Werk setzen	PRAKTIZIEREN	Astronomie	HIMMELSKUNDE
Anhäufung	AKKUMULATION			astronomische Koordinate	STUNDENKREIS
ankurbeln	MOBILISIEREN	anwesend	GEGENWAERTIG		
Anlage für Pferdesport	TRABRENNBAHN	Apfelsorte	GOLDPARMAENE	athen. Feldherr, Staatsmann	THEMISTOKLES
anleiten, belehren	UNTERRICHTEN	Apfelsorte	WACHSRENETTE	athen. Göttin d. Weisheit	PALLASATHENE
anmaßend	PRAETENTIOES	Apparatur	GERAETSCHAFT		
anmerken	KOMMENTIEREN	Appartement	KLEINWOHNUNG	athenischer Staatsmann	PEISISTRATOS
annähernd	APPROXIMATIV	Appell	AUFFORDERUNG		
		Appendix	WURMFORTSATZ		
annehmen, voraussetzen	PRAESUMIEREN	arab. Staat	SAUDIARABIEN	Athlet	WETTKAEMPFER
		Arbeitnehmer	ANGESTELLTER	Atomkernspaltung	KERNREAKTION
annektieren	EINVERLEIBEN	Arbeitnehmervereinigung	GEWERKSCHAFT	Atomwissenschaftler	KERNPHYSIKER
anomal	MISSGEBILDET				
Anregung	AUFMUNTERUNG				
Ansager	CONFERENCIER	Architekt	BAUKUENSTLER	Atomzertrümmerung	KERNSPALTUNG
Ansammlung	AKKUMULATION	argentin. Bucht	SANJORGEGOLF		
Anschluß	INSTALLATION	argentin. See	ARGENTINOSEE	Attentat	MORDANSCHLAG
Anspruch	ANWARTSCHAFT			Attest	BEGLAUBIGUNG
anspruchsvoll	UNBESCHEIDEN	argentin. Stadt	PUERTOMADRYN	Auditorium	HOERERSCHAFT
		Argument	BEWEISMITTEL	Aufbau	KONSTRUKTION
anständig, ordentlich	REPUTIERLICH	Arkebuse	HAKENBUECHSE	aufbauschen	UEBERTREIBEN
		arktisch. Hortntier	MOSCHUSOCHSE	aufblasbares Boot	SCHLAUCHBOOT
Antennenart	RICHTANTENNE	Arve, Gebirgsbaum	ZIRBELKIEFER		
Anti-Alkoholiker	ABSTINENZLER	Arzneimittelherstellung	PHARMAZEUTIK	Auffassung	DAFUERHALTEN
Anti-Alkoholiker	BLAUKREUZLER			aufführen	VERANSTALTEN
Anti-Alkoholiker	TEMPERENZLER	Arzneimittelkundiger	PHARMAKOLOGE	Aufführung (Theater, Film)	INSZENIERUNG
Antibiotikum	STREPTOMYCIN				
antike Kurzschrift	TACHYGRAPHIE	Arzneipflanze	FRAUENMANTEL	Aufgabe, Rechtspflicht	OBLIEGENHEIT
antike Landsch. in Kleinasien	PAPHLAGONIEN	asiat. Baumart	MAULBEERBAUM	Aufgabe des Kampfes	KAPITULATION
		asiat. Halbinsel	VORDERINDIEN	aufgebauscht	UEBERTREIBEN
Antillenstaat	SAINTVINCENT	Assoziation, Kombination	VERKNUEPFUNG	aufgeben	KAPITULIEREN
Antilopen-Art	ELENANTILOPE			aufgedunsen	VERSCHWOLLEN
Antrittsansprache	JUNGFERNREDE	assyr. König	ASSURBANIPAL	aufgeschlossen	EMPFAENGLICH
		Astrologie	STERNDEUTUNG		

aufgeweckt	INTERESSIERT	Aufzeichnung von Musik, Sprache	BANDAUFNAHME	Ausrufwort	INTERJEKTION
Aufgleitwolke	NIMBOSTRATUS			ausschweifend	BACCHANTISCH
Aufhebung eines Urteils	ANNULLIERUNG	augenblicklich	GEGENWAERTIG	Aussprache	ARTIKULATION
		ausbessern	KUNSTSTOPFEN	austral. Berg	MOUNTSEAVIEW
aufklären, benachrichtigen	UNTERRICHTEN	ausbessern, wiederherstellen	RESTAURIEREN	austral. Berg	MOUNTWILLIAM
Aufputschmittel im Sport	DOPINGMITTEL	ausbeuten	EXPLOITIEREN	austral. Murray-Zufluß	MURRUMBIDGEE
Aufregung	LAMPENFIEBER	ausbürgern	EXPATRIIEREN	austral. Sperlingvogel	LEIERSCHWANZ
Aufruf, Verkündigung	PROKLAMATION	ausdauernd (botan.)	PERENNIEREND	austral. Wüste	GIBSONWUESTE
Aufruhr	INSURREKTION	aus der Art schlagen	DEGENERIEREN	Ausweis	LEGITIMATION
aufschieben, entheben	SUSPENDIEREN	Auseinandersetzung	STREITIGKEIT	ausweisen	LEGITIMIEREN
Aufschneider	MUENCHHAUSEN	Ausflüchte	FISIMATENTEN	Auszehrung	SCHWINDSUCHT
Aufschneiderei	JAEGERLATEIN	ausführlich	ERSCHOEPFEND	autark	SELBSTAENDIG
Aufschneiderei	SEEMANNSGARN	ausgekocht	DURCHTRIEBEN	autark, autonom	SELBSTAENDIG
Aufschub, Stundung	PROLONGATION	ausgestorbene Echsenart	PTEROSAURIER	Autobahn-Einrichtung	NOTRUFSAEULE
aufsehenerregend	SENSATIONELL	ausgezeichnet	HERVORRAGEND	Autobahn-Piste	UEBERHOLSPUR
aufsehenerregend	SPEKTAKULAER	ausgezeichnet, exzellent	VORTREFFLICH	Autogramm	UNTERSCHRIFT
Aufseher in Anlagen	PARKWAECHTER	Ausgleich	KOMPENSATION	automatisch, mechanisch	SELBSTTAETIG
Aufsicht, Kontrolle	UEBERWACHUNG	ausgleichen	KOMPENSIEREN	Auton. Sowjetrepublik	NORDOSSETIEN
aufspüren	AUFSCHEUCHEN	Ausgleichsgetriebe	DIFFERENTIAL	autonom	SELBSTAENDIG
Aufstand	INSURREKTION	Aushebung	KONSKRIPTION	autorisieren	ERMAECHTIGEN
Auftragsrücknahme	ABBESTELLUNG	auskundschaften	AUSBALDOWERN	Autor von »Der Idiot«	DOSTOJEWSKIJ
Auftragsrücknahme	ANNULLIERUNG	auslösende Ursache	VERANLASSUNG	Autor von »Der Turm«	HOFMANNSTHAL
aufzeichnen	NOTIFIZIEREN	Ausnahmebewilligung	DISPENSATION	Autor von »Der Untertan«	HEINRICHMANN
aufzeichnen, eintragen	REGISTRIEREN	ausnahmsweise	EXZEPTIONELL	Autor von »Die Frösche«	ARISTOPHANES

Autor von »Die Vögel«	ARISTOPHANES	Bauhandwerker	INSTALLATEUR	Bedingtheit, Bezüglichkeit	RELATIVITAET
Autor von »Die Wolken«	ARISTOPHANES	Baumaschine	BETONMISCHER	beeinflussen	MANIPULIEREN
Autor von »Jedermann«	HOFMANNSTHAL	Baumaschine z. Einebnen	PLANIERRAUPE	Beeinflussung	MANIPULATION
Autor von »Lysistrata«	ARISTOPHANES	Baumwollfarbe	TUERKISCHROT	Beerensorte	STACHELBEERE
Autor von »Professor Unrat«	HEINRICHMANN	Bauwerk in Paris	TRIUMPHBOGEN	befähigt, geeignet	QUALIFIZIERT
Autor von »Schuld und Sühne«	DOSTOJEWSKIJ	Bauwerk in Venedig	MARKUSKIRCHE	befehligen	KOMMANDIEREN
Autoteil, -zubehör	KUEHLERHAUBE	bayer. Berg bei Mittenwald	SOIERNSPITZE	Befehlshaberamt	KOMMANDANTUR
Azteken-Gottheit	QUETZALCOATL	bayer. Kurort am Tegernsee	ROTTACHEGERN	befragen	KONSULTIEREN
Azteken-Gottheit	TEZCATLIPOCA	bayer. Kurort an der Ammer	OBERAMMERGAU	Befragung	KONSULTATION
Baby	NEUGEBORENES	bayer. Regierungsbezirk	NIEDERBAYERN	Befreiung	EMANZIPATION
babylon. König	NEBUKADNEZAR	bayer. Regierungsbezirk	UNTERFRANKEN	Befriedigung, Genugtuung	SATISFAKTION
Bahnbrecher	AVANTGARDIST	bayer. Sport	FINGERHAKELN	Befugnis	AUTORISATION
Balkanstaat	GRIECHENLAND	bayer. Stadt am Fichtelgebirge	MARKTREDWITZ	Befugnis	BERECHTIGUNG
Ballen	FRACHTSTUECK	bebildern	ILLUSTRIEREN	Befugnis	LEGITIMATION
Ballett v. Weber	GEISTERROSE	bebilderte Zeitschrift	ILLUSTRIERTE	Befund	FESTSTELLUNG
Ballett von Rimsky-Korssakow	SCHEHERAZADE	Bebilderung	ILLUSTRATION	Begehren	LEIDENSCHAFT
Ballett von Tschaikowsky	DORNROESCHEN	Bedecktsamige	ANGIOSPERMEN	Begehrlichkeit	KONKUPISZENZ
Ballspiel	FELDHANDBALL	Bedenken, Gefährdung	UNSICHERHEIT	Begeisterung	ENTHUSIASMUS
banal	ABGEDROSCHEN	bedeutungslos	NICHTSSAGEND	beglaubigen	LEGITIMIEREN
banal	NICHTSSAGEND	bedingt, angenommen	HYPOTHETISCH	Beglaubigung	LEGITIMATION
barsch	UNFREUNDLICH			begrenzen	BESCHRAENKEN
Bartschergerät	RASIERMESSER			begünstigen	FAVORISIEREN
Bassin	WASSERBECKEN			behandeln	PRAKTIZIEREN
Bauchhöhlenspiegelung	LAPAROSKOPIE			beharrlich, stur	UNNACHGIEBIG
Baude	SCHUTZHUETTE			behelfsmäßig, vorläufig	PROVISORISCH
Bauhandwerker	FLIESENLEGER			beherbergen	UNTERBRINGEN
				beherzt	ENTSCHLOSSEN
				Behörde	DIENSTSTELLE
				behördliche Maßnahme	AMTSHANDLUNG

Beichtvater	POENITENTIAR	Bereifung für Notfälle	ERSATZREIFEN	Beruf in Forsch., Unterr., Wiss.	MATHEMATIKER
Beifall klatschen	APPLAUDIEREN	Berg auf Island	BARDHARBUNGA	Berufssportler	PROFESSIONAL
Beiname Ludwigs XIV.	SONNENKOENIG	Berg auf Rügen	KOENIGSSTUHL	Berufsverband	GEWERKSCHAFT
Beinschwarz	KNOCHENKOHLE	Berg bei Berchtesgaden	OBERSALZBERG	Beruhigungsmittel	TRANQUILIZER
Beinteil	OBERSCHENKEL	Berg bei Wien	LEOPOLDSBERG	Besamung	INSEMINATION
Beischlaf	KOHABITATION	Berg im Allgäu	EINOEDRIEGEL	beschaffen	ORGANISIEREN
beispielhaft	EXEMPLARISCH	Berg im Allgäu	MAEDELEGABEL	Beschaffenheit	KONSTITUTION
Beitreibung	KONTRIBUTION	Berg im amerikan. Kaskadengeb.	MOUNTRAINIER	Beschau	BESICHTIGUNG
bekanntmachen	PROKLAMIEREN			bescheiden	ANSPRUCHSLOS
belanglos	UNWESENTLICH	Berg in d. Lüneburger Heide	WILSEDERBERG	Bescheidung	ZIRKUMZISION
belegt	DOKUMENTIERT				
beleihen	LOMBARDIEREN			Bescheinigung	BESTAETIGUNG
Beleuchtungskörper	KRONLEUCHTER	Berg in Massachussetts (USA)	MOUNTHARVARD	Beschlagnahme	KONFISKATION
Beleuchtungskörper	KUGELLEUCHTE	Berg in Niederbayern	PREDIGTSTUHL	beschlagnahmen	KONFISZIEREN
belg. Provinz	WESTFLANDERN			Beschleunigung	AKZELERATION
Beliebtheit	POPULARITAET	bergmännischer Beruf	AUSSCHLAEGER	Beschluß	ENTSCHEIDUNG
Bemächtigung	KONFISKATION	Bergzug in Thüringen	HOERSELBERGE	beschreibende Völkerkunde	ETHNOGRAPHIE
bemerken	KONSTATIEREN				
bemerken, wahrnehmen	REGISTRIEREN	Berichtigung	KLARSTELLUNG	Beschreibung von Heiligenleben	HAGIOGRAPHIE
Beobachtungsstation	KONTROLLTURM	Berichtigung, Korrektur	VERBESSERUNG	beschuldigt	INKRIMINIERT
bequeme Sitzgelegenheit	POLSTERSTUHL	Berliner Stadtteil, Verwaltungsbez.	BLANKENFELDE	Beschuldigung	BEZICHTIGUNG
beraten	KONSULTIEREN	Berliner Stadtteil, Verwaltungsbez.	LICHTERFELDE	Beseitigung	AUSSCHEIDUNG
beratender Arzt	KONSILIARIUS			Beseitigung	ELIMINIERUNG
Beratung	KONSULTATION	Beruf im Baufach	BAUSCHLOSSER	Besessenheit	LEIDENSCHAFT
berechnen	EINSCHAETZEN	Beruf im Baufach	INSTALLATEUR	besiedeln	KOLONISIEREN
berechtigen	AUTORISIEREN	Beruf im Baufach	PLATTENLEGER	besinnlich	KONTEMPLATIV
Berechtigung	LEGITIMATION	Beruf im Verlagswesen	BUCHHAENDLER	besinnlich	NACHDENKLICH
beredt	ZUNGENFERTIG			besonderes Diplom	EHRENURKUNDE

Besonderheit	SPEZIALITAET	Beweggrund, Bewirkung	VERANLASSUNG	Blütenteil	STAUBGEFAESS
Bestärkung	BESTAETIGUNG			Blutbildung	HAEMATOPOESE
Bestätigung	KONFIRMATION	Beweglichkeit	GELENKIGKEIT	Bluterbrechen	HAEMATEMESIS
bestallen	INSTALLIEREN	bewehrter Draht	STACHELDRAHT	Blutkörperchenmerkmal	RHESUSFAKTOR
Bestandteil d. Erdatmosphäre	KOHLENDIOXID	Bewerbung	ANWARTSCHAFT	Blutsturz	HAEMATORRHOE
		bezaubernd	FASZINIEREND	Blutung	HAEMORRHAGIE
Bestandteil d. Erdatmosphäre	KOHLENSAEURE	Bienenkrankheit	NOSEMASEUCHE	Bodennutzung	KULTIVIERUNG
		Biesfliege	DASSELFLIEGE	Bodenübung	SPREIZSPRUNG
bestechen	KORRUMPIEREN	bigott	HEUCHLERISCH	Bodenübung	STRECKSPRUNG
bestialisch	UNMENSCHLICH	bigott, frömmelnd	SCHEINHEILIG	böhm. Dynastie	PRZEMYSLIDEN
bestimmend	DETERMINATIV	Bildberichter	FOTOREPORTER	Börsenpapier	INHABERAKTIE
bestürzt	KONSTERNIERT	Bildkunde	IKONOGRAPHIE	Börsenpapier	VORZUGSAKTIE
Besuchskarte	VISITENKARTE	bildlich	METAPHORISCH	Börsenvertrag	FIXGESCHAEFT
Beteuerung	VERSICHERUNG	billigen	BEIPFLICHTEN	Bohnenkraut	PFEFFERKRAUT
betonen	AKZENTUIEREN	bisweilen	GELEGENTLICH		
betrachtend	KONTEMPLATIV	Bitte um Strafmilderung	GNADENGESUCH	bolivian. Stadt	PUERTOSUAREZ
betroffen	KONSTERNIERT	Blätterpilz	SCHWEFELKOPF	Bombenabwurf	BOMBARDEMENT
Bettwärmer	WAERMFLASCHE	blamieren	BLOSSSTELLEN	Bon	KASSENZETTEL
beugen	KONJUNGIEREN	Blasinstrument	WALDHORNTUBA	Bonus	GEWINNANTEIL
beurkundet	DOKUMENTIERT	Blatthornkäfer	HIRSCHKAEFER	Bordeauxwein	SAINTEMILION
beurteilen	EINSCHAETZEN	Blatthornkäfer	PILLENDREHER	Bordeauxwein	SAINTESTEPHE
Beuteltiere (zool.)	MARSUPIALIER	Blattroller	APFELSTECHER	Bosheit	NIEDERTRACHT
				Bote	UEBERBRINGER
bevollmächtigen	AUTORISIEREN	Blatt vor dem Titelblatt	SCHMUTZTITEL	Bourbonenflagge	LILIENBANNER
Bevollmächtigung	AUTORISATION	Blauracke	MANDELKRAEHE	Brachvogel	KRONSCHNEPFE
bevorrechtigt	PRIVILEGIERT	Bleichflüssigkeit	EAUDEJAVELLE	Bräutigam	ZUKUENFTIGER
bevorzugen	BEGUENSTIGEN	bloßstellen	DESAVOUIEREN	brandenburg. Stadt a. d. Dosse	WUSTERHAUSEN
bevorzugen	FAVORISIEREN	Blütenart	ZUNGENBLUETE	Brandkatastrophe	FEUERSBRUNST
bewahren	KONSERVIEREN	Blütenstand	DOLDENTRAUBE		
Bewahrheitung	VERIFIKATION	Blütenteil	BLUETENBLATT	Branntweinbrennerei	DESTILLATION
		Blütenteil	BLUETENBODEN		
		Blütenteil	FRUCHTKNOTEN	Branntweinsorte	HIMBEERGEIST

Branntweinsorte	KIRSCHWASSER
brasilian. Flugpionier	SANTOSDUMONT
Brauchbarkeit	TAUGLICHKEIT
brauner Bolus	TERRADISIENA
Brillenschlange	SPEISCHLANGE
brit. Oberhaus	HOUSEOFLORDS
britisch. Staatenbund	COMMONWEALTH
Brosche	ANSTECKNADEL
Bruderschaft	KONGREGATION
Brücke in Prag	KARLSBRUECKE
brüsk, jäh	UNVERMITTELT
Brunnen	WASSERSTELLE
brutal	GEWALTTAETIG
brutal, herzlos	UNMENSCHLICH
Buchstabe	KAPITAELCHEN
Bucht in Texas (USA)	GALVESTONBAI
Bücherei-Angestellter	BIBLIOTHEKAR
Bücherliebhaberei	BIBLIOPHILIE
Bühnendekoration	RUNDHORIZONT
bühnenfachlicher Ausdruck	KULISSENHAUS
Bühnenkünstler	SCHAUSPIELER
bühnenmäßig, gespreizt	THEATRALISCH
Bühnenstück v. Garcia Lorca	BLUTHOCHZEIT
Bühnenstück v. Hauptmann	DERBIBERPELZ
Bühnenstück v. Hauptmann	FLORIANGEYER
Bühnenstück v. Shakespeare	JULIUSCAESAR
Bühnenstück v. Shaw	MAJORBARBARA
Bühnenstück v. Strindberg	NACHDAMASKUS
Bühnenstück v. Thoma	DIELOKALBAHN
Bühnenstück von Claudel	MITTAGSWENDE
Bühnenstück von Eliot	DERMORDIMDOM
Bühnenstück von Fry	VENUSIMLICHT
Bühnenstück von Shakespeare	MASSFUERMASS
Bürge	GEWAEHRSMANN
bürgerl. Rechtsstreit	ZIVILPROZESS
Büro	SCHREIBSTUBE
Bürogerät	HEFTMASCHINE
Büromöbelstück	SCHREIBTISCH
Bug	VORDERSCHIFF
Bugschmuck	GALIONSFIGUR
bulgar. Stadt an der Maritza	DIMITROWGRAD
Bulletin	TAGESBERICHT
Burg auf der Schwäb. Alb	HOHENZOLLERN
Burg bei Göppingen	HOHENSTAUFEN
Burg in Österreich	KREUZENSTEIN
Burgunderwein	VOSNEROMANEE
Campanula	GLOCKENBLUME
Camping-Gegenstand	KOCHGESCHIRR
Camping-Gegenstand	LUFTMATRATZE
Carillon	GLOCKENSPIEL
CDU-Politiker	GERSTENMAIER
Chance	MOEGLICHKEIT
charakterisieren	KENNZEICHNEN
Charisma	AUSSTRAHLUNG
Chassis	WAGENGESTELL
Chef, Boß	VORGESETZTER
Chef einer Zweigstelle	FILIALLEITER
chem. Element, Metall	PROTACTINIUM
chem. Teilgebiet	THERMOCHEMIE
chem. Werkstatt	LABORATORIUM
chemisch. Verfahren	DESTILLATION
chines. Provinz	HEILONGJIANG
chines. Stadt in Sinkiang	TSCHANGTSCHA
chines. Strom	JANGTSEKIANG
Chorraum	PRESBYTERIUM
christl. Konfession	PROTESTANTEN
christl. Totenfest	TOTENSONNTAG
Chrysantheme	FRAUENBALSAM
Clinch beim Boxen	UMKLAMMERUNG
Clown	DUMMERAUGUST
Comic-Figur	DAGOBERTDUCK

costarik. Nobelpreisträger	ARIASSANCHEZ	deutlich ausdrücken	ARTIKULIEREN
Curling	EISSCHIESSEN	Devise	WAPPENSPRUCH
dän. Bucht	AALBORGBUCHT	devot	UNTERWUERFIG
		Diagnose	FESTSTELLUNG
dän. Dichter	CHRISTIANSEN	dickfellig	PHLEGMATISCH
		Dienerschaft	HAUSPERSONAL
Dampfmaschinenteil	KOLBENSTANGE	dilettantisch	STUEMPERHAFT
Dampfmaschinenteil	PLEUELSTANGE	dinghaft	SUBSTANTIELL
		Dinosaurier	BRONTOSAURUS
Darrsucht	SKLERODERMIE	diskret, heimlich	UNAUFFAELLIG
daseinsbejahend	OPTIMISTISCH	diskret, schweigsam	VERSCHWIEGEN
dauerhaft machen	KONSERVIEREN	Disziplin	BEHERRSCHUNG
Dauerkarte	PASSEPARTOUT	Dividende	GEWINNANTEIL
Dauer-Verkaufserfolg	STEADYSELLER	Doktorarbeit	DISSERTATION
Dauerwurst	SCHLACKWURST	Dokument	BEWEISSTUECK
dazwischen befindlich	INTERMEDIAER	dokumentiert	NACHWEISLICH
		dominant	BEHERRSCHEND
Defilee, Parade	VORBEIMARSCH	dominieren, überwiegen	VORHERRSCHEN
Dekoration	AUSZEICHNUNG	Doppel, Abschrift	ZWEITSCHRIFT
Delikatesse	LECKERBISSEN	Dorf	MARKTFLECKEN
demnächst	BEVORSTEHEND	Dornfrucht	STACHELBEERE
Denksportaufgabe	WABENRAETSEL	Dorngrundel	STEINBEISSER
deportieren	VERSCHLEPPEN	Dossier	AKTENBUENDEL
Depot	AUFBEWAHRUNG	Drahtgeflecht	MASCHENDRAHT
Depot	SAMMELSTELLE	Drehflügelflugzeug	HUBSCHRAUBER
Depot für Ernteprodukte	GETREIDESILO	dreist, anmaßend	UNVERSCHAEMT
Derby	PFERDERENNEN	dritter Sonntag vor Ostern	ROSENSONNTAG
der Länge nach	LONGITUDINAL		
Derwisch	BETTELMOENCH	Druckverletzung	QUETSCHWUNDE
Deserteur	UEBERLAEUFER	Drummer, Trommler	SCHLAGZEUGER
Desinfektionsmittel	KARBOLSAEURE		
Dessous	UNTERWAESCHE		

dtsch. Afrikaforscher	SCHWEINFURTH
dtsch. Autor, Lyriker	SCHENKENDORF
dtsch. Autorennstrecke	NUERBURGRING
dtsch. Badeort, Kurort	HEILIGENDAMM
dtsch. Barockdichter	HARSDOERFFER
dtsch. Bildhauer	SCHWANTHALER
dtsch. Chemiker	MITSCHERLICH
dtsch. Chemiker (Nobelpreis)	WILLSTAETTER
dtsch. Dichter, Schriftsteller	ENZENSBERGER
dtsch. Dichter (Balladen)	MUENCHHAUSEN
dtsch. Dirigent	FURTWAENGLER
dtsch. Erfinder (Linotype)	MERGENTHALER
dtsch. Filmkomiker	HALLERVORDEN
dtsch. Fürstenhaus	HOHENSTAUFEN
dtsch. Fürstenhaus	HOHENZOLLERN
dtsch. Jazzposaunist	MANGELSDORFF
dtsch. Journalist, Dichter	GLASSBRENNER
dtsch. Kabarettist	ZIMMERSCHIED
dtsch. klassizistisch. Architekt	ERDMANNSDORF

dtsch. Komponist	RIETHMUELLER	dtsch. Theologe, Sozialphilosoph	NELLBREUNING	ehem. dän. Goldmünze	CHRISTIANDOR
dtsch. Landeshauptstadt	SAARBRUECKEN	dtsch. Währung	DEUTSCHEMARK	ehem. dtsch. Königreich	WUERTTEMBERG
dtsch. Landschaft	WUERTTEMBERG	dtsch. weibl. Adelstitel	PFALZGRAEFIN	ehem. Hauptstadt der Azteken	TENOCHTITLAN
dtsch. Nordseelandschaft	DITHMARSCHEN	dtsch. Weinbaugebiet	WUERTTEMBERG	ehem. preuß. Provinz	HOHENZOLLERN
dtsch. Philosoph	SCHOPENHAUER	duckmäuserisch	KRIECHERISCH	ehem. preuß. Provinz	RHEINPROVINZ
dtsch. Porzellanmanufaktur	FUERSTENBERG	Düngemittel	KALISALPETER	ehem. preuß. Provinz	WESTPREUSSEN
dtsch. Psychologen-Ehepaar	MITSCHERLICH	Düngemittel	KALKSALPETER	ehemal. franz. Strafinsel	TEUFELSINSEL
dtsch. Regisseur	ACHTERNBUSCH	Düngemittel	KLAERSCHLAMM	ehemal. Präsid. von Sri Lanka	BANDARANAIKE
dtsch. Regisseur	SCHLOENDORFF	Düngemittel	KNOCHENASCHE		
dtsch. Schauspieler	BIEDERSTAEDT	dünkelhaft, anmaßend	UEBERHEBLICH	Ehrenbezeigung im Seewesen	FLAGGENGRUSS
dtsch. Schauspieler	MUELLERSTAHL	Düsseld. Promenadenstraße	KOENIGSALLEE	ehrenhalber	HONORISCAUSA
dtsch. Schauspieler	SCHAFHEITLIN	Düsseld. Sehenswürdigkeit	SANKTANDREAS	Ehrung	AUSZEICHNUNG
		Duldsamkeit	LIBERALITAET	Eibischart	WETTERROESEL
dtsch. Schauspielerin	FINKENZELLER	Dummy	SCHAUPACKUNG	Eifer, Fleiß	STREBSAMKEIT
dtsch. Schlagersänger	TONYMARSHALL	durchdringend	PENETRIEREND	eigensinnig	STARRKOEPFIG
dtsch. Schriftsteller	FEUCHTWANGER	Durchlaucht	SERENISSIMUS	eigensinnig	WIDERBORSTIG
dtsch. Schriftsteller	HILDESHEIMER	durchpausen	NACHZEICHNEN	Eigentümlichkeit	SPEZIALITAET
		Dynastie	FUERSTENHAUS	einbalsamieren	MUMIFIZIEREN
		ebenbürtig	GLEICHWERTIG	Einbau	INSTALLATION
dtsch. Schriftsteller	WONDRATSCHEK	Eberesche	ELSEBEERBAUM	einberufen	MOBILISIEREN
		Eberwurz	SILBERDISTEL	einen Sieg bejubeln	TRIUMPHIEREN
dtsch. Schriftstellerin	LANGEWIESCHE	Eberwurz	WETTERDISTEL		
		Echtheitserklärung	LEGITIMATION	einen Vertrag genehmigen	RATIFIZIEREN
dtsch.-schwed. Chemiker	EULERCHELPIN	Edelfalter	KAISERMANTEL		
		Edelfalter	TRAUERMANTEL		
dtsch. Stadt an der Oker	BRAUNSCHWEIG	egalisieren	GLEICHMACHEN	einfach	ANSPRUCHSLOS

Einfachheit	SIMPLIZITAET	Einsegnung	KONSEKRATION	elektr. Feldausrichtung	POLARISATION
Einflußnahme	MANIPULATION	einsehbar	INTELLIGIBEL		
		einsetzen	INSTITUIEREN	elektr. Kontakt	STROMSCHLUSS
Einförmigkeit	UNIFORMITAET	einsickern	INFILTRIEREN	elektr. Meßgerät	ELEKTROMETER
Einführung	INTRODUKTION	Einsickerung	INFILTRATION	elektr. Meßgerät	GALVANOMETER
Eingriff	INTERVENTION	Einspruch erheben	PROTESTIEREN	elektr. Musikinstrument	HAMMONDORGEL
einheim. Orchidee	KOHLROESCHEN	einstweilig, notdürftig	PROVISORISCH	elektr. Rochenart	ZITTERROCHEN
einige	VERSCHIEDENE				
Einlegearbeit	INKRUSTATION	eintön. Großwohnbau	MIETSKASERNE	elektr. Strom	WECHSELSTROM
Einlegearbeit in Metall	TAUSCHIERUNG	Einüber	KORREPETITOR	Elektrische	STRASSENBAHN
Einleitung	INTRODUKTION	Einvernehmen	VERSTAENDNIS	elektroakust. Orgel	HAMMONDORGEL
einleuchtend	AUGENFAELLIG	einwilligen	KONSENTIEREN		
einleuchtend, beweiskräftig	UEBERZEUGEND	Einwohnerschaft	BEVOELKERUNG	Elektrohandwerker	INSTALLATEUR
einmachen	KONSERVIEREN	Einzelgänger	AUSSENSEITER	elektronischer Signalspeicher	MAGNETPLATTE
Einmischung	INTERVENTION	Einzelhandelsfrauenberuf	VERKAEUFERIN	elektrostatisch. Meßgerät	ELEKTROMETER
einordnen, verzeichnen	REGISTRIEREN	einziehen	KONFISZIEREN		
		Einziehung	KONFISKATION	elsäss. Stadt an der III	SCHLETTSTADT
Einpauker	KORREPETITOR	Eiskraut, Eispflanze	MITTAGSBLUME	Embryo	LEIBESFRUCHT
einpflanzen	IMPLANTIEREN	Eiskunstlauf-Figur	DOPPELDREIER	Emigration	AUSWANDERUNG
Einpflanzung	IMPLANTATION	Eiskunstlauf-Figur	TODESSPIRALE	eminent	HERVORRAGEND
einrichten	INSTALLIEREN	Eiskunstlauf-Sprung	SPREIZSPRUNG	Empfindungsvermögen	SENSUALITAET
Einrichtung	INSTALLATION				
einsam	MENSCHENLEER			Endkampf im Sport	ENTSCHEIDUNG
Einschlafhilfe	SCHLAFMITTEL	Eiskunstlauf-Sprung	STRECKSPRUNG	Endkampf im Sport	SCHLUSSRUNDE
einschließlich	EINBEGRIFFEN	Eiskunstlauf-Sprung	DREIERSPRUNG	endlich	SCHLIESSLICH
Einschmelzung	ASSIMILATION	Eiskunstlauf-Sprungfolge		engagieren, einstellen	VERPFLICHTEN
Einschränkung	MODIFIKATION	Eissportart	EISKUNSTLAUF	enge Berührung	TUCHFUEHLUNG
		eitel	PUTZSUECHTIG		
Einschreiben an der Uni	INSKRIBIEREN	ekelhaft, abscheulich	WIDERWAERTIG	Engel v. Sibirien	BRAENDSTROEM
Einsegnung	KONFIRMATION	Elbinsel bei Hamburg	FINKENWERDER	enge Verbindung	ZUSAMMENHALT

enge Verbundenheit	FREUNDSCHAFT	Entlarvung	DEMASKIERUNG	Erdrinde	LITHOSPHAERE
engl. Bildnismaler	GAINSBOROUGH	entpflichten	DISPENSIEREN	ereifern	ECHAUFFIEREN
engl. Frühgotik	EARLYENGLISH	Entschädigung	KOMPENSATION	erfinden	KONSTRUIEREN
engl. Grafschaft	BEDFORDSHIRE	Entschädigung	REMUNERATION	Erfinder d. Kinematographen	SKLADANOWSKI
engl. Grafschaft	WARWICKSHIRE	Entschluß	ENTSCHEIDUNG	Erfinder d. Nähmaschine	MADERSPERGER
engl. Hafen am Tyne, Seebad	SOUTHSHIELDS	Entseuchung	DESINFEKTION	Erfinder einer Kurzschrift	GABELSBERGER
engl. Name des Oberen Sees	LAKESUPERIOR	Entsorgungsanlage	GROSSDEPONIE	Erforschung, Ermittlung	UNTERSUCHUNG
engl. Popmusikgruppe	FLEETWOODMAC	entstellen	VERUNSTALTEN	erhöhtes Erdgeschoß	HOCHPARTERRE
engl. Popsänger	CLIFFRICHARD	Entwässerungsanlage	ABFLUSSKANAL	Erholung	REGENERATION
engl. Stadt am Trent	GAINSBOROUGH	Entwässerungsanlage	KANALISATION	Erinnye	RACHEGOETTIN
engl.: Großbritannien	GREATBRITAIN	Entweihung	PROFANIERUNG	Erkenntnis	APPERZEPTION
engl.: Sozialhelfer	STREETWORKER	entwertend	INFLATIONAER	erklären, verkünden	PROKLAMIEREN
entarten	DEGENERIEREN	Entwicklung, Entwicklungszeit	REIFEPROZESS	Erklärung	ERLAEUTERUNG
Entartung	DEGENERATION	Entzücken	ENTHUSIASMUS	erkunden	AUSBALDOWERN
Entdecker v. asiat. Gebieten	PRSCHEWALSKI	entzündlich	PHLOGISTISCH	erläutern	KOMMENTIEREN
Entdecker pazifischer Gebiete	BOUGAINVILLE	Entzündung	INFLAMMATION	erledigen	DURCHFUEHREN
Enteignung	KONFISKATION	Entzündung von Gelenk., Muskeln	RHEUMATISMUS	erleuchten	ILLUMINIEREN
entfernen	DISTANZIEREN	Epos von Goethe	REINEKEFUCHS	ermächtigen	AUTORISIEREN
Entfremdung	ABALIENATION	Erbauer	KONSTRUKTEUR	Ermächtigung	AUTORISATION
Entführung	MENSCHENRAUB	Erbauer von Sanssouci	KNOBELSDORFF	Ernährung	ALIMENTATION
Enthusiasmus	BEGEISTERUNG	Erbe, Erbschaft	VERMAECHTNIS	erneuern	REGENERIEREN
Entkeimung	DESINFEKTION	Erdaltertum	PALAEOZOIKUM	Erneuerung	REFORMIERUNG
entlarven	UEBERFUEHREN	Erdfarbe	KOELNERBRAUN	Erneuerung, Instandsetzung	RESTAURATION
		erdichten	PHANTASIEREN	Erntegerät	MAEHDRESCHER
		erdichten	VORTAEUSCHEN	Erntegerät	MAEHMASCHINE
		Erdrauchgewächs	LERCHENSPORN	Eroberer	KONQUISTADOR
				erregend, anregend	STIMULIEREND
				Erregung	STIMULIERUNG
				errichten	KONSTRUIEREN

erschweren	KOMPLIZIEREN	exquisit, hervorragend	VORTREFFLICH	Fernkamera	TELEOBJEKTIV
Erschwerung	KOMPLIKATION	exzellent	HERVORRAGEND	Fernsprechkabine	TELEFONZELLE
Ersetzung, Stellvertretung	SUBSTITUTION	fabulieren	PHANTASIEREN	fesselnd	FASZINIEREND
		Fachsprache	TERMINOLOGIE	Festbeleuchtung	ILLUMINATION
erstaunlich	VERBLUEFFEND	fad, fade	GESCHMACKLOS	Fest der Eucharistie	FRONLEICHNAM
Erste-Hilfe-Maßnahme	BLUTSTILLUNG	Fadenwurm	ESSIGAELCHEN		
		Fahrradteil	KETTENSCHUTZ	feste Zuversicht, Gewißheit	UEBERZEUGUNG
erste öffentl. Darstellung	URAUFFÜHRUNG	Fahrstuhl	LASTENAUFZUG		
		Faktor	DRUCKMEISTER	festlegend	DETERMINATIV
Erstgeburtsrecht	PRIMOGENITUR	Falke, Falkenvogel	LERCHENFALKE	festlich beleuchten	ILLUMINIEREN
		Falsett	FISTELSTIMME		
erwerbstätig	BESCHAEFTIGT	Farbe, Farbton	KUPFERBRONZE	Festnahme	INHAFTIERUNG
Erwerbsunfähigkeit	INVALIDITAET	Farbton	SCHARLACHROT	feststellen	KONSTATIEREN
		Farbton	VEILCHENBLAU	Fetthenne	MAUERPFEFFER
Erzieherehepaar	PFLEGEELTERN	fassungslos	KONSTERNIERT	Feuerwehrfahrzeug	GERAETEWAGEN
erzieherisch	PAEDAGOGISCH	Faszination	VERZAUBERUNG		
Erzschelm	EULENSPIEGEL	Federkraft, Spannkraft	ELASTIZITAET	Figur aus »Dreigroschenoper«	MACKIEMESSER
erzwungen	UNFREIWILLIG				
		Fehlleitung	IRREFUEHRUNG	Figur aus »Fra Diavolo«	LORDKOOKBURN
Eskapade	SEITENSPRUNG	Fehlschluß	PARALOGISMUS		
Espe	ZITTERPAPPEL	feierl. akadem. Einsetzung	INAUGURATION	Figur aus »Graf von Luxemburg«	GRAEFINSTASA
eßbarer Blätterpilz	TRICHTERLING				
Eßraum	SPEISEZIMMER	feinfühlend, empfindlich	ZARTBESAITET	Figur aus »Porgy and Bess«	SPORTINGLIFE
estnisch. Stadt	WEISSENSTEIN				
Ethnologie	VOELKERKUNDE	Feingebäck	APFELSTRUDEL	Figur aus d. dtsch. Märchen	FROSCHKOENIG
Etikette	HOEFLICHKEIT				
Eule, Eulenvogel	SCHLEIEREULE	Feingebäck	MARMORKUCHEN	Figur aus dem deutschen Märchen	ASCHENPUTTEL
europäisch. Zwergstaat	VATIKANSTADT	Feldsalat	SONNENWIRBEL		
		Feldsalat	VALERIANELLA	Figur aus dtsch. Märchen	DORNROESCHEN
		Felsen im Teutoburger Wald	EXTERNSTEINE		
exemplarisch	BEISPIELHAFT			Filiale	ZWEIGBETRIEB
Exkurs	ABSCHWEIFUNG	Fenek	WUESTENFUCHS	Filmgattung	KRIMINALFILM
Exodus	AUSWANDERUNG	Fernaufnahmenlinsensystem	TELEOBJEKTIV	Finale	SCHLUSSSZENE
expreß	BESCHLEUNIGT			Fingerabdruck	DAKTYLOGRAMM

Fingerteil	FINGERSPITZE	Fliegenart	STUBENFLIEGE	Forstbediensteter	JAGDAUFSEHER
Fisch, Fischart	NASHORNFISCH	florentin. Architekt und Maler	MICHELANGELO	Forstbediensteter	OBERFOERSTER
fischähnl. Tierart	LANZETTFISCH	florentin. Bauwerk, Kunstgalerie	PALAZZOPITTI	Forstschädling	BORKENKAEFER
Fisch-Art	KNOCHENFISCH	Flottenwesen	KRIEGSMARINE	Fortdauer	KONTINUITAET
Fischart	MATJESHERING	Flughafen von Hamburg	FUHLSBUETTEL	Fracht	TRANSPORTGUT
Fischfanggerät	SCHLEPPANGEL	Flughafen von Stuttgart	ECHTERDINGEN	Frachtbrief, -papier	KONNOSSEMENT
Fischkunde	ICHTHYOLOGIE	Flugzeugstarthilfe	MOTORSCHLEPP	fränk. Stadt an der Altmühl	GUNZENHAUSEN
Flachdruckverfahren	LITHOGRAPHIE	Fluß durch Sevilla	GUADALQUIVIR	fränk. Stadt an der Sulzach	FEUCHTWANGEN
flache Kopfbedeckung	BASKENMUETZE	Flußmuschel-Art	MALERMUSCHEL	fränk. Stadt an der Wörnitz	DINKELSBUEHL
flache Kopfbedeckung	TELLERMUETZE	Flußpferd	HIPPOPOTAMUS	Fragefürwort	INTERROGATIV
Flächenmaß	QUADRATMETER	Foen	HAARTROCKNER	fragend	INTERROGATIV
Flausen	FISIMATENTEN	fördern	BEGUENSTIGEN	Fraktur	DRUCKSCHRIFT
Fledermäuse	FLATTERTIERE	Förmlichkeit	SACHLICHKEIT	Fraktur	KNOCHENBRUCH
Fledermaus	HUFEISENNASE	Folge d. roten Karte im Sport	PLATZVERWEIS	Frankfurter Sehenswürdigkeit	PALMENGARTEN
fleischfressende Pflanze	FLIEGENFALLE	folgewidrig	INKONSEQUENT	franz. Anrede	MADEMOISELLE
fleischlose Ernährung	VEGETARISMUS	Folgewidrigkeit	INKONSEQUENZ	franz. Autor (Nobelpreis)	MARTINDUGARD
fleischlose Nahrung	PFLANZENKOST	Folter	MISSHANDLUNG	franz. Dichter, Flieger	SAINTEXUPERY
Fleischware	DOERRFLEISCH	forcieren	VORANTREIBEN	franz. Dichter, Schriftsteller	BEAUMARCHAIS
Fleischware	LEBERPASTETE	fordern	BEANSPRUCHEN	franz. Hafenstadt an der Loire	SAINTNAZAIRE
Fleischware	RUEGENWALDER	Formbarkeit	PLASTIZITAET	franz. Mittelmeerinsel	PORQUEROLLES
Fleiß	TUECHTIGKEIT	Formwechsel	METAMORPHOSE	franz. Modeschöpfer	SAINTLAURENT
Flickarbeit	AUSBESSERUNG	Forschung	WISSENSCHAFT	franz. Nationalhymne	MARSEILLAISE
Fliegenart	BLUMENFLIEGE	Forschungsanstalt, -stätte	LABORATORIUM		
Fliegenart	KIRSCHFLIEGE	Forstbeamter	FORSTMEISTER		
Fliegenart	RAUPENFLIEGE	Forstbediensteter	FORSTGEHILFE		
Fliegenart	RINDERBREMSE				
Fliegenart	SCHWEBFLIEGE				

franz. Orgelgeschütz	MITRAILLEUSE	Fron	ZWANGSARBEIT	Gaumenspalte	HASENSCHARTE
franz. Radwettbewerb	TOURDEFRANCE	Froschlurch	WASSERFROSCH	Gaunerwort für auskundschaften	AUSBALDOWERN
franz. Rivieraseebad	VILLEFRANCHE	früh. Hauptst. v. Westpreußen	MARIENWERDER	gebieten	KOMMANDIEREN
franz. Rotweinsorte	SAINTEMILION	früh. niedrigster akadem. Grad	BAKKALAUREUS	gebilligt, gestattet	SANKTIONIERT
franz. Schriftsteller	ROBBEGRILLET	früherer Flugzeug-Typ	DOPPELDECKER	Gebirge im Westen der USA	SIERRANEVADA
franz. Stadt an d. Seine	SAINTGERMAIN	Fruktose	FRUCHTZUCKER	Gebirge in der CSFR	NIEDERETATRA
		Fürsorger	SOZIALHELFER		
franz. Stadt an der Somme	SAINTQUENTIN	Fußballstürmer	RECHTSAUSSEN	Gebirgsbahn	LASTENAUFZUG
		Fußbekleidung	SCHNUERSCHUH	Geburtsort Bismarcks	SCHOENHAUSEN
franz. Varietekünstlerin	MISTINGUETTE	Fußstütze	EINLEGESOHLE	Gedächtniskunst	MNEMOTECHNIK
		Fußteil, Beinteil	SPRUNGGELENK	Gedächtnisstütze	AUFZEICHNUNG
franz.: Ausweis	LEGITIMATION	Gänseblümchen	MASSLIEBCHEN		
franz.: höhere Gewalt	FORCEMAJEURE	Gänsedistel	MILCHLATTICH	Gedächtnisstütze	ESELSBRUECKE
		Gänsedistel	SCHWEINEKOHL	gedeihen, vorankommen	PROSPERIEREN
franz.: Kartoffel	POMMEDETERRE	gänzlich, komplett	VOLLSTAENDIG	Gedinge	AKKORDARBEIT
Franziskaner	KONVENTUALEN	gärender Most	FEDERWEISSER	gefährl. Grubengasgemisch	SCHLAGWETTER
Frauenheilkunde	GYNAEKOLOGIE	Gärung	FERMENTATION		
Freilichtbühne	NATURTHEATER	Galaxis	MILCHSTRASSE	gefährl. Luftsprung	SALTOMORTALE
		Galgenhumor	SELBSTIRONIE		
Freipaß	PASSEPARTOUT	Galgenvogel	MANDELKRAEHE	gefällig	DIENSTFERTIG
Freisinn	LIBERALISMUS	Galileis Entdeckung	PENDELGESETZ	Gefahr für Bergleute	STOLLENBRUCH
friedensliebend	PAZIFISTISCH				
frigid	GEFUEHLSKALT	Gallwespe	SCHLUPFWESPE	Gefallen	LIEBESDIENST
Frischhaltegerät	GEFRIERTRUHE	Garderobe	ANKLEIDERAUM	Gefecht, Geplänkel	SCHARMUETZEL
Frischhaltegerät	KUEHLSCHRANK	Gardinenpredigt	STRAFPREDIGT	Gefriergerät	KUEHLSCHRANK
fritierte Kartoffelstäbchen	POMMESFRITES	Gasentladungslampe	LEUCHTROEHRE	Gefühlstaumel	UEBERSCHWANG
				Gegenaktion	KONTERSCHLAG
frivol	LEICHTFERTIG	Gastwirt	RESTAURATEUR	Gegensätze aufbauen	POLARISIEREN
Frömmigkeit	GOTTESFURCHT	Gastwirtschaft	RESTAURATION		
fromme Vereinigung	BRUDERSCHAFT	Gaul	ARBEITSPFERD	gegensätzlich	ANTITHETISCH

Gegensatz, Gegenspiel	ANTAGONISMUS	Geldrücklage	SPARGUTHABEN	Gerät zum Zeichnen	KURVENLINEAL
Gegenstück	ENTSPRECHUNG	Gelegenheit	MOEGLICHKEIT	Gerät zum Zeichnen	NULLENZIRKEL
Gegenteil von Freiheit	KNECHTSCHAFT	Gelenkbandzerrung	VERSTAUCHUNG	geräucherte Fleischware	RAUCHFLEISCH
Gegenteil von Glück	MISSGESCHICK	Geliebte v. Lord Nelson	LADYHAMILTON	Geräuchertes	SELCHFLEISCH
Gegenteil von Traum	WIRKLICHKEIT	Gemäldesammlung	KUNSTGALERIE	gerichtliche Entscheidung	SCHULDSPRUCH
Gegner	GEGENSPIELER	gemäß	ENTSPRECHEND	gerichtliche Maßnahme	VERURTEILUNG
Geheimbündelei	KONSPIRATION	Gemeinde	MARKTFLECKEN	Gerichtsbarkeit	JURISDIKTION
geheimnisvoll, wahrsagerisch	SIBYLLINISCH	Gemeindekirchenrat	PRESBYTERIUM	Gerichtsverfahren	STRAFPROZESS
Gehirnbasisdrüse	ZIRBELDRUESE	Gemeinheit	NIEDERTRACHT	Gerichtsverfahren, Prozeß	RECHTSSTREIT
Gehirnentzündung	ENZEPHALITIS	Gemeinschaft	GESELLSCHAFT	geringschätzig	VERAECHTLICH
Gehsteig	BUERGERSTEIG	Gemeinschaftssinn	SOLIDARITAET	gerissen	DURCHTRIEBEN
Geier, Geierart	KOENIGSGEIER	Gemütsruhe	GELASSENHEIT	Gernegroß	BESSERWISSER
Geier, Geierart	LAEMMERGEIER	genehmigen	AUTORISIEREN	Gerte	REITPEITSCHE
Geier, Geierart	MOENCHSGEIER	Genehmigung eines Vertrages	RATIFIKATION	Gerüchte verbreiten	KOLPORTIEREN
Geigenteil, -zubehör	SAITENHALTER	geneigte Fläche	SCHIEFEEBENE	gesamtamerikan. Fernstraße	PANAMERIKANA
Geißelung	FLAGELLATION	Genesung	KONVALESZENZ	Gesamth. d. Empfindungsorgane	NERVENSYSTEM
geistl. Behörde	KONSISTORIUM	Genugtuung	BEFRIEDIGUNG	Gesamtheit d. Abwässeranlagen	KANALISATION
geistl. Drama im MA	MIRAKELSPIEL	geolog. Formation	JUNGTERTIAER	Gesamtheit d. Straßen	VERKEHRSNETZ
geistl. Orden	FRANZISKANER	geologische Formation	PALAEOZOIKUM	Gesamtheit der Anhänger	GEFOLGSCHAFT
geistl. Vereinigung	KONGREGATION	geologische Formation	PRAEKAMBRIUM	Gesamtheit der Generäle	GENERALITAET
gekünstelt, gespreizt	UNNATUERLICH	geologische Formation	UNTEREKREIDE	Gesandtschaftsmitglied	LEGATIONSRAT
Geländefahrrad	MOUNTAINBIKE	geologische Schicht	ROTLIEGENDES		
gelbgrüner Edelstein	CHRYSOBERYLL	Geplauder	KONVERSATION		
Geldbörse	PORTEMONNAIE	gepolsterte Liegestatt	CHAISELONGUE		

Geschäftsber. e. Ministers	PORTEFEUILLE	Geste des Bedauerns	ACHSELZUCKEN	Gleichberechtigung	EMANZIPATION
Geschichtensammlung	MAERCHENBUCH	Gesteinskunde	PETROGRAPHIE	gleichbleibend	UNVERAENDERT
		Gestirnsverzeichnis	STERNKATALOG	gleichgültig, apathisch	TEILNAHMSLOS
geschickt	FINGERFERTIG	Getreideprodukt	HAFERFLOCKEN	Gleichgültigkeit	DESINTERESSE
Geschirrteil	SUPPENTELLER	Geübtheit	VERSIERTHEIT		
geschmacklos	ABGESCHMACKT	Gewässerbeschreibung	HYDROGRAPHIE	Gleichheit	HOMOGENITAET
Geschmeidigkeit	ELASTIZITAET			Gleichmäßigkeit	UNIFORMITAET
Geschützteil	SCHUTZSCHILD	Gewand d. Naturvölker	LENDENSCHURZ	Gleichstellung	EMANZIPATION
Geschwätz	WISCHIWASCHI	gewandt, hochgemut	SELBSTSICHER	Gleisanlage	RANGIERGLEIS
Geschworener	LAIENRICHTER	Gewebeart	CREPEDECHINE	Gleitschutz an Reifen	REIFENKRALLE
Geschwürbildung	EXULZERATION	gewinnbringend	EINTRAEGLICH	gliedern	SEGMENTIEREN
geselliger Kreis	GESELLSCHAFT	Gewißheit	BESTIMMTHEIT	Gliederreißen	RHEUMATISMUS
Gesellschafter	KOMMANDITIST	Gewittererscheinung	REGENSCHAUER	Gliederung	UNTERTEILUNG
Gesellschaftstanz	RHEINLAENDER	Gewittergeräusch	DONNERSCHLAG	Glühwürmchen	LEUCHTKAEFER
Gesetzbuch	CODENAPOLEON	Gewitterwolke	KUMULONIMBUS	Glut	LEIDENSCHAFT
Gesetzessammlung	KODIFIKATION	Gewölbeart	NETZGEWOELBE	gnadenlos	UNBARMHERZIG
		Gewürz	LORBEERBLATT	Goldblume	CHRYSANTHEME
gesetzlich	RECHTMAESSIG	Gewürz, Gewürzpflanze	LIEBSTOECKEL	Gralsburg	MONSALVATSCH
Gesicht	PHYSIOGNOMIE			graph. Betrieb	BUCHBINDEREI
Gesichtszüge	PHYSIOGNOMIE	Giftpflanze	KOENIGSKERZE	graph. Produkt	LINOLSCHNITT
Gesinde	DIENERSCHAFT	Giftschlange	BUSCHMEISTER	Grasart	FUCHSSCHWANZ
Gesinnung	GRUNDHALTUNG	Gipfel der Seetaler Alpen	ZIRBITZKOGEL	Grasart	KANARIENGRAS
Gespräch	KONVERSATION			Grasart	MAEUSEGERSTE
Gespräch, Konversation	UNTERHALTUNG	Gipfel des Monte Rosa	DUFOURSPITZE	Grasart	STRANDGERSTE
				Graslilie	SPINNENKRAUT
Gestalt aus »1001 Nacht«	SCHEHERAZADE	Gischt	WELLENSCHAUM	Grat	SCHNITTLINIE
		Glanznummer, -punkt	PARADESTUECK	Gratifikation	SONDERZULAGE
gestalten	KONSTRUIEREN			Grausamkeit	BESTIALITAET
gestalten, ordnen	ORGANISIEREN	gleichberechtigt	PARITAETISCH	Grauspießglanzerz	ANTIMONGLANZ
Geste	HANDBEWEGUNG				

Greifvogel	ADLERBUSSARD	Hafenstadt in Pennsylvanien	PHILADELPHIA	Hauptstadt von Indiana (USA)	INDIANAPOLIS
Greifvogel	KOENIGSGEIER	Haft für Heranwachsende	JUGENDARREST	Hauptstadt von Martinique	FORTDEFRANCE
Greifzirkel	TASTERZIRKEL	Halsteil, Ösophag	SPEISEROEHRE	Hauptstadt von Oklahoma (USA)	OKLAHOMACITY
Griffteil d. Saiteninstrumente	WIRBELKASTEN	haltbar machen	KONSERVIEREN	Hauptstadt von Principe	SANTOANTONIO
größter europ. Greifvogel	LAEMMERGEIER	handhaben	MANIPULIEREN	Hauptstadt von Tahiti	PORTAUPRINCE
größter ostbrasilian. Fluß	SAOFRANCISCO	Handhabung	MANIPULATION	Hauptstadt von Utah (USA)	SALTLAKECITY
größter Strom Asiens	JANGTSEKIANG	Handsäge	FUCHSSCHWANZ		
größte Stadt Brasiliens	RIODEJANEIRO	Handteil	MITTELFINGER	haushalten	WIRTSCHAFTEN
		Handtuch	FROTTIERTUCH		
		Harmonie	EINVERNEHMEN	Haushaltsgefäß	BLECHBUECHSE
Großbrand	FEUERSBRUNST	Hase im Märchen	MEISTERLAMPE		
großes Schwert	BIDENHAENDER	Haudegen	DRAUFGAENGER	Hauspersonal	DIENERSCHAFT
Großmaul	AUFSCHNEIDER	Hauptfluß Kolumbiens	RIOMAGDALENA	Hautatmung	PERSPIRATION
gründen	INSTITUIEREN	Hauptort Spitzbergens	LONGYEARBYEN	Hautflügler	HYMENOPTEREN
grundlos	UNBEGRUENDET	Hauptschlüssel	PASSEPARTOUT	Havel-See	SCHWIELOWSEE
Grundstück	LIEGENSCHAFT	Hauptst. d. Departements Loire	SAINTETIENNE	Hebefahrzeug	GABELSTAPLER
Grundzahl	KARDINALZAHL			Hebevorrichtung	LASTENAUFZUG
Gruppe	GEMEINSCHAFT	Hauptstadt der Azoren	PONTADELGADA	Heftigkeit	LEIDENSCHAFT
Gürtelrose	HERPESZOSTER			Heidekraut	GLOCKENHEIDE
gute Gesundheit	WOHLBEFINDEN	Hauptstadt der Dominik. Republik	SANTODOMINGO	Heidelbeere	SCHWARZBEERE
gutes Wetter	SONNENSCHEIN			Heideschaf	HEIDSCHNUCKE
gutheißen	BEFUERWORTEN	Hauptstadt des Saarlands	SAARBRUECKEN	heilige Handlung	KONFIRMATION
Gymnasialklasse	UNTERSEKUNDA				
Haardt	PFAELZERWALD	Hauptstadt v. Madagaskar	ANTANANARIVO	heiligsprechen	KANONISIEREN
Hänfling	BIRKENZEISIG			Heiligsprechung	KANONISATION
Hafenbucht von Istanbul	GOLDENESHORN	Hauptstadt v. Niederösterreich	SANKTPOELTEN	Heilmittel	ANTIBIOTIKUM
				Heilpflanze	BAERENTRAUBE
Hafenstadt am Dnjepr	ALEXANDROWSK	Hauptstadt von Grenada	SAINTGEORGES	Heilpflanze	BESENGINSTER
Hafenstadt in Florida (USA)	JACKSONVILLE				

Heilpflanze	MARIENDISTEL	Hernie	LEISTENBRUCH	hinterhältig	HEUCHLERISCH
Heilpflanze	SCHOELLKRAUT	herrenloses Gebiet	NIEMANDSLAND	hinterhältig, verschlagen	UNAUFRICHTIG
Heil- u. Gewürzpflanze	PFEFFERMINZE	herrisch	GEBIETERISCH	Hinterindien	SUEDOSTASIEN
		herrschaftlicher Diener	KAMMERDIENER		
heimlicher Groll	RESSENTIMENT			Hinterschiff	ACHTERSCHIFF
Heimtücke	NIEDERTRACHT	Herrschaftsgebiet	MACHTBEREICH	Hinterziehung	DEFRAUDATION
heimtückisch	HINTERLISTIG	Herzbeutelentzündung	PERIKARDITIS	Hinterziehung	VERUNTREUUNG
Heißluftdusche	HAARTROCKNER	hess. Kurort am Kellerwald	BADWILDUNGEN	Hirsch, Hirschart	DAVIDSHIRSCH
Heißluftdusche	TROCKENHAUBE			Hitzkopf	DRAUFGAENGER
Heißsporn	DRAUFGAENGER	hess. Stadt an der Kinzig	SCHLUECHTERN	Hobby, Liebhaberei	STECKENPFERD
Heizungsanlage	BODENHEIZUNG			Hochachtung	EHRERBIETUNG
Helikopter	HUBSCHRAUBER	hessisch. Stadt am Main	RUESSELSHEIM	hochmütig, hochnäsig	UEBERHEBLICH
Hellas	GRIECHENLAND				
hellenistischer Gelehrter	ERATOSTHENES	hessisch. Stadt an d. Werra	WITZENHAUSEN	Hochmut, Hochnäsigkeit	BLASIERTHEIT
heller Quarz	BERGKRISTALL	hethit. Herrscher	SUPPILULIUMA	Hochschulabschluß	STAATSEXAMEN
Hellsehen	CLAIRVOYANCE	Hetzjagd	PARFORCEJAGD	Hochschule	UNIVERSITAET
Hemmvorrichtung am Rad	FELGENBREMSE	heuchlerisch	PHARISAEISCH	Hochschullehrer	PRIVATDOZENT
		Hilfe	HANDREICHUNG		
herabsetzen	DEKLASSIEREN	Himalajagipfel	MOUNTEVEREST	hochstehend. Säugetier	MENSCHENAFFE
Herabsetzung	DEGRADIERUNG	Himmelsbeschreibung	URANOGRAPHIE	Hochtourist	BERGWANDERER
herabwürdigen	DEKLASSIEREN	himmlisch	PARADIESISCH		
herabwürdigend	EHRENRUEHRIG	Hindernis-Reitwettbewerb	JAGDSPRINGEN	höchster Berg der Erde	MOUNTEVEREST
Heranwachsender	JUGENDLICHER	Hindernis-Wettbewerb	GELAENDELAUF	höchster Berg des Odenwalds	KATZENBUCKEL
herausfordernd	PROVOZIEREND				
herausgehoben	DISTINGUIERT	Hinderniswettbewerb f. Reiter	SPRINGREITEN	höchster Vulkan in Mexiko	CITLALTEPETL
Herberge im Orient	KARAWANSEREI	Hingabe, Hingebung	LEIDENSCHAFT	höflich, liebenswürdig	ZUVORKOMMEND
herbstl. Jagdfest	HUBERTUSJAGD	hinmetzeln	MASSAKRIEREN	Höhenzug im Sauerland	LENNEGEBIRGE
herkömmlich	TRADITIONELL	hinterbringen	KOLPORTIEREN		

Höhenzug im Weserbergland	WESERGEBIRGE	Hundskopfaffe	MANTELPAVIAN	in Ehren halten	RESPEKTIEREN
höhere Etage	OBERGESCHOSS	Hundskopfaffe	SPHINXPAVIAN	in Essig eingelegte Gemüse	MIXEDPICKLES
höherer Schüler	OBERPRIMANER	Ibis	SICHELREIHER	Infloreszenz	BLUETENSTAND
höherer Schüler	OBERSCHUELER	ideenarm	PHANTASIELOS	Inhaftierung	EINKERKERUNG
höherer Schüler	REALSCHUELER	Igelkaktus	ECHINOCACTUS	Inhaltsverzeichnis	SACHREGISTER
Höhlenkunde	SPELAEOLOGIE	illegal, illegitim	GESETZWIDRIG	Injektion	EINSPRITZUNG
Höllenstein	SILBERNITRAT	illegal, illegitim	UNGESETZLICH	Inkarnat	FLEISCHFARBE
höllisch, teuflisch	INFERNALISCH	im engsten Kreis	PRIVATISSIME	innerer Widerspruch	INKONSEQUENZ
Hörschlauch des Arztes	PHONENDOSKOP	immatrikulieren	EINSCHREIBEN	innerspan. Gebirge	SIERRAMORENA
hohes Ansehen	BERUEHMTHEIT	Immigration	EINWANDERUNG	Insektenbekämpfungsmittel	MOTTENPULVER
hohes Fußballzuspiel	STEILVORLAGE	Immobilie	LIEGENSCHAFT	Insektenordnung	NETZFLUEGLER
Hohlwurz	LERCHENSPORN	impertinent, dummdreist	UNVERSCHAEMT	Insektenordnung	ZWEIFLUEGLER
holländ. Seebad	SCHEVENINGEN	Impertinenz	DREISTIGKEIT	Inselgruppe in der Karibik	CAYMANINSELN
Holzäther	METHYLAETHER	impfen	IMMUNISIEREN	Insel vor Guyana	TEUFELSINSEL
Holzart, -gewächs	MAULBEERBAUM	in Abrede stellen	DESAVOUIEREN	Insignien	EHRENZEICHEN
Holzkrankheit	SPLINTFAEULE	in Bewegung setzen	MOBILISIEREN	Instrumentenlandung	BLINDLANDUNG
Holzschädling	BORKENKAEFER	Inbrunst	LEIDENSCHAFT	Interessengemeinschaft	ZWECKVERBAND
Hornblatt	WASSERZINKEN	Ind.stadt bei Mannheim	LUDWIGSHAFEN	Internat	SCHUELERHEIM
Hort	KINDERGARTEN	Ind.stadt in Rheinland-Pfalz	LUDWIGSHAFEN	Intervall	ZWISCHENRAUM
Hptst. d. Elfenbeinküste	YAMOUSSOUKRO	ind. Unionsterritorium	HIMALPRADESH	Intrige	MACHENSCHAFT
Hühnerrasse	PLYMOUTHROCK	in Dienst nehmen	VERPFLICHTEN	irakisch. Zentralgebiet	MESOPOTAMIEN
Hühnerrasse	RHODELAENDER	indisch. Unionsstaat	MAHARASCHTRA	irdisch	TERRESTRISCH
Hummer	KAISERGRANAT	indische Politikerin	INDIRAGANDHI	irremachen	VERUNSICHERN
Hundekrankheit	LEPTOSPIROSE	indische Religion	BRAHMANISMUS	irrereden	PHANTASIEREN
Hunderasse	GORDONSETTER	indische Religion	DSCHAINISMUS	irriges Gerichtsurteil	JUSTIZIRRTUM
Hunderasse	IRISHTERRIER	Indiz	ANHALTSPUNKT		
Hunderasse	LABRADORHUND				
Hunderasse	SCHAEFERHUND				

israelisch. Stadt am Mittelmeer	TELAVIVJAFFA
ital. Astronom	SCHIAPARELLI
ital. Baumeister	BRUNELLESCHI
ital. Benediktinerabtei	MONTECASSINO
ital. Bergmassiv	GRANPARADISO
ital. Einigungsbewegung	RISORGIMENTO
ital.-franz. Gebirge	SAVOYERALPEN
ital. Kompon. (Zwölfton)	DALLAPICCOLA
ital. Komponist	WOLFFFERRARI
ital. Maler, Bildhauer, Archit.	MICHELANGELO
ital. Maler (15./16. Jh.)	PINTURICCHIO
ital. Name des Matterhorns	MONTECERVINO
ital. Schaumwein	ASTISPUMANTE
ital. Schauspielerin	LOLLOBRIGIDA
ital.-schweiz. See	LAGOMAGGIORE
ital. Seebad am Ligur. Meer	FINALELIGURE
Jagdflugzeug	ABFANGJAEGER
Jagdfrevel	WILDDIEBEREI
Jagdgewehr	DOPPELFLINTE
Jagdhund	PARFORCEHUND
Jagdpferderennen	STEEPLECHASE
japan. Nationalreligion	SCHINTOISMUS
japan. Stadt auf Hondo	SCHIMONOSEKI
jenseitig	TRANSZENDENT
Jesuitengemeinschaft	BOLLANDISTEN
Jesuitenorden (latein.)	SOCIETASJESU
Jodbad in Oberbayern	BADHEILBRUNN
Journalist	LEITARTIKLER
Jubel	BEGEISTERUNG
jüdische religiöse Bewegung	CHASSIDISMUS
Jurist	STRAFRICHTER
Justiz	RECHTSPFLEGE
Käferart	BAUMRUESSLER
Käferart	ERBSENKAEFER
Käferart	GRUNDLAEUFER
Käferart	KEULENKAEFER
Käferart	KLAUENKAEFER
Käferart	KOLBENKAEFER
Käferart	KREUZLAEUFER
Käferart	KURZRUESSLER
Käseart, -sorte	SCHNITTKAESE
Kaisertitel im Iran	SCHAHINSCHAH
Kaktee	FACKELDISTEL
Kaktee	GREISENHAUPT
Kaktee	WARZENKAKTUS
kaltstellen	BOYKOTTIEREN
Kamera	PHOTOAPPARAT
Kameradschaft	GEMEINSCHAFT
Kanal zw. Rednitz und Altmühl	LUDWIGSKANAL
Kanal zwischen Ems und Hunte	KUESTENKANAL
Kanarienvogel-Art	HARZERROLLER
Kanarienvogel-Art	PFEFFERVOGEL
Kanzel	PREDIGTSTUHL
Kapitalausstattung	FINANZIERUNG
Kapuziner	FRANZISKANER
Kapuzinerkresse	KLETTERKRAUT
Karbonade	RIPPENSTUECK
Kardinalsvers. mit dem Papst	KONSISTORIUM
Karies	KNOCHENFRASS
Karikaturenzeichner	KARIKATURIST
Kartenwissenschaft	KARTOGRAPHIE
Kate	BAUERNHUETTE
kathol. Feiertag	FRONLEICHNAM
kathol. Frauenorden	KLARISSINNEN
kathol. Gnadenmittel	LOSSPRECHUNG
kathol. Orden	BENEDIKTINER
kathol. Reformorden	KLUNIAZENSER
kaukasischer Volksstamm	TSCHERKESSEN
Kehlkopfspiegel	PHARYNGOSKOP
Kehlkopfteil	SCHILDDRUESE
keimtötend	ANTISEPTISCH
keimtötendes Mittel	ANTISEPTIKUM
Kelter	FRUCHTPRESSE
Kernforscher	ATOMPHYSIKER
Kerzenart	STEARINKERZE
Kesseltreiben	HETZKAMPAGNE

Kiefernschwärmer	FICHTENMOTTE	Klimakunde	KLIMATOLOGIE	Kommandant, Kommandeur	BEFEHLSHABER
Kielflügel	CLAVICEMBALO	Klingel- u. Rasselinstrument	SCHELLENBAUM	Komp. d. Balletts »Dornröschen«	TSCHAIKOWSKY
Kirchenrecht	JUSCANONICUM	Klops	FLEISCHKLOSS		
Kirchensonntag	SEPTUAGESIMA	Kloster am Rand der Abruzzen	MONTECASSINO	Komp. d. Balletts »Nußknacker«	TSCHAIKOWSKY
Kirchenvater	CHRYSOSTOMUS				
Kirchenvorstand	PRESBYTERIUM	Knast, Gefängnis	STRAFANSTALT	Komp. d. Balletts »Schwanensee«	TSCHAIKOWSKY
kirchl. Fastenzeit	QUADRAGESIMA	Kniegeige	VIOLADAGAMBA		
kirchliche Feier, Handlung	KONFIRMATION	Knochenentkalkung	OSTEOMALAZIE	Komp. d. Oper »Titus Feuerfuchs«	SUTERMEISTER
kirchlicher Wechselgesang	RESPONSORIUM	Knochenfisch	SCHWERTFISCH	Kompon. d. Oper »Die Zauberinsel«	SUTERMEISTER
		Knockout	NIEDERSCHLAG		
Kirschlikör	CHERRYBRANDY	Kochsalz	CHLORNATRIUM	Kompon. d. Oper »Eugen Onegin«	TSCHAIKOWSKY
klagen	PROZESSIEREN	Kölnisch Wasser	EAUDECOLOGNE		
Klamauk	AFFENTHEATER	königstreu	ROYALISTISCH		
Klarheit	DEUTLICHKEIT	Körper-, Raumlehre	STEREOMETRIE	Kompon. d. Oper »Pique Dame«	TSCHAIKOWSKY
Klaviersonate von Beethoven	APPASSIONATA				
		körperlich-seelische Verfassung	KONSTITUTION	Kondom	PRAESERVATIV
Kleiderverwahrerin	GARDEROBIERE			Kondor	KOENIGSGEIER
				Kongregation	BRUDERSCHAFT
kleine Gemeinde	MARKTFLECKEN	Körperschaft	GESELLSCHAFT	konkurrieren	RIVALISIEREN
		Körperverfassung	KONSTITUTION	Konkurs	FALLISSEMENT
kleiner Fotoapparat	POCKETKAMERA			Kontrolle	NACHPRUEFUNG
		Körperverletzung	MISSHANDLUNG	konventionell	HERKOEMMLICH
Kleinkrebs	BLATTFUESSER			Kopffüßer	MOSCHUSKRAKE
Kleinschmetterling	APFELWICKLER	Köstlichkeit	LECKERBISSEN	Kopie	DURCHSCHRIFT
		Kohlensäure	KOHLENDIOXID	Kopie, Wiedergabe	REPRODUKTION
Kleinverkauf	DETAILHANDEL	Kollektiv	GEMEINSCHAFT		
Klempner	BLECHSCHMIED	kolumbian. Hafenstadt	BARRANQUILLA	Korallentier	STERNKORALLE
Klempner	INSTALLATEUR				
Klepper, schlechtes Pferd	SCHINDMAEHRE			Korbblütler	FLOCKENBLUME
		kolumbian. Hafenstadt	BUENAVENTURA	Korrektur	BERICHTIGUNG
Klettergerät aus Seilen	STRICKLEITER			Korsak, Fuchsart	STEPPENFUCHS
		komisch	HUMORISTISCH	Kotelett	RIPPENSTUECK
Klettervogel	MAUERLAEUFER			Krabbenart	TASCHENKREBS

Kräuterlikör	BENEDIKTINER	Kunststoff	POLYAETHYLEN	latein.: Barmherzigkeit	MISERICORDIA
Kraftfahrer	AUTOMOBILIST	Kupfervitriol	KUPFERSULFAT	Laubbaum	ROSSKASTANIE
Kraftübertragung	TRANSMISSION	Kurort am Wörthersee	POERTSCHNACH	Lauchart	SCHNITTLAUCH
krankhaft	PATHOLOGISCH			laufende Rechnung	KONTOKORRENT
Krapp	FAERBERROETE	Kurort an der Nahe	BADKREUZNACH		
Krawattenart	SELBSTBINDER	Kurort im Hochschwarzwald	HINTERZARTEN	Lebensstil (latein.)	MODUSVIVENDI
Krebstier	STRANDKRABBE				
Krebstier-Unterklasse	RUDERFUESSER	Kurort im Mangfallgebirge	BAYRISCHZELL	lehren, unterweisen	UNTERRICHTEN
Kreuzotter	KUPFERNATTER	Kurort im Südschwarzwald	SANKTBLASIEN	Lehre v. d. Hautkrankheiten	DERMATOLOGIE
Kriechtier	HELMBASILISK				
Kriegsentschädigung	REPARATIONEN	Kurort in Thüringen	BADSALZUNGEN	Lehre vom Blut	HAEMATOLOGIE
Kriegsflugzeug	JAGDFLUGZEUG	Kurpfuscher	WUNDERDOKTOR	Lehre vom Endschicksal	ESCHATOLOGIE
Kriegsschiff früherer Art	LINIENSCHIFF	Kurzweil, Unterhaltung	ZEITVERTREIB	Lehre vom Verbrechen	KRIMINOLOGIE
		Kurzweil, Vergnügen	UNTERHALTUNG	Lehre vom Wetter	METEOROLOGIE
Kritikfähigkeit	URTEILSKRAFT				
Küchengewürz	GEWUERZNELKE	Labyrinthfisch	GROSSFLOSSER	Lehre von den räuml. Größen	STEREOMETRIE
Küchengewürz	MUSKATBLUETE	lachsartiger Fisch	WEISSFELCHEN		
Küchengewürz, -kraut	LIEBSTOECKEL	Ladung	AUFFORDERUNG	Leibschmerzen	BAUCHGRIMMEN
		lähmen	PARALYSIEREN		
künstl. Befruchtung	INSEMINATION	Längenkreis v. Greenwich	NULLMERIDIAN	Leichtathlet	MEHRKAEMPFER
künstlerischer Beruf	OPERNSAENGER	lästig	AUFDRINGLICH	leichtathlet. Disziplin	DISKUSWERFEN
		Läufer	LEICHTATHLET	leichtathlet. Disziplin	HAMMERWERFEN
Künstlerviertel von Paris	MONTPARNASSE	Laienrichter	GESCHWORENER		
		Landstreicher	TIPPELBRUDER	leichtathlet. Disziplin, Übung	KUGELSTOSSEN
Kultus	GOTTESDIENST				
Kunst des Scherenschnitts	PSALIGRAPHIE	Langobardenkrone	EISERNEKRONE	leichtes Musikstück	DIVERTIMENTO
Kunstfertigkeit, Meisterschaft	VIRTUOSITAET	Langstreckenwettbewerb	MARATHONLAUF	Leichtmetall	DURALUMINIUM
		laot. Hafenstadt am Mekong	LUANGPRABANG	leicht zu zerschlagen	ZERBRECHLICH
Kunstgriff	MANIPULATION				
Kunststil des 20. Jh.	SURREALISMUS			Leinkraut	FRAUENFLACHS
		Lastenheber	GABELSTAPLER		

Leistungsschwäche	INSUFFIZIENZ	Luftröhrenschnitt	TRACHEOTOMIE	Maskenball	MUMMENSCHANZ
Leiter e. Spielmannszuges	TAMBOURMAJOR	lustige Figur	DUMMERAUGUST	Maskenscherz	MUMMENSCHANZ
		Lymphgefäßentzündung	LYMPHANGITIS	Maskerade	MUMMENSCHANZ
Leiter eines Bautrupps	MAURERPOLIER	Machenschaft	MANIPULATION	materiell, stofflich	SUBSTANTIELL
		machtlos	UNVERMOEGEND	Mauersegler	TURMSCHWALBE
Leitidee	GRUNDGEDANKE	Madenwurmbefall	ENTEROBIASIS	Maurendynastie in Granada	ABENCERRAGEN
Leitungsanlage	INSTALLATION	Madonna	GOTTESMUTTER		
Leitwerkteil	HOEHENSTEUER	mächtig	WIRKUNGSVOLL	maximale Geschwindigkeit	HOECHSTTEMPO
Lerchenart	MOHRENLERCHE	Märchenfigur	ROTKAEPPCHEN	mecklenburg. See	MALCHINERSEE
Lerchenvogel	HAUBENLERCHE	Märchenfigur, -gestalt	ASCHENPUTTEL	medizin. Frauenberuf	ARZTHELFERIN
letzte Probe vor der Premiere	GENERALPROBE	Märchenfigur, -gestalt	HANSIMGLUECK	Medizinalpflanzen	HEILKRAEUTER
Lichtbild	PHOTOGRAPHIE	märchenhaft	PHANTASTISCH	Meeresteil	SUEDATLANTIK
Lichtbildherstellung	PHOTOGRAPHIE	Magenspiegelung	GASTROSKOPIE	Meerestier	RUESSELROBBE
Lichtbildgerät	PHOTOAPPARAT	Maggikraut	LIEBSTOECKEL	Meeresvogel	FREGATTVOGEL
Lichtbildnerin	PHOTOGRAPHIN	Malaria	TROPENFIEBER	mehrseitig	MULTILATERAL
Lichtquelle am Fahrzeug	SCHEINWERFER	Malkreide	PASTELLSTIFT	Meinung	DAFUERHALTEN
		Mandant	AUFTRAGGEBER	Meisenart	SCHWANZMEISE
Liebesglut	LEIDENSCHAFT	Manganspat	RHODOCHROSIT	Meldung erstatten	RAPPORTIEREN
Liebhaber des Bühnentanzes	BALLETTOMANE	Manie	BESESSENHEIT	Memoiren	ERINNERUNGEN
		Manie	LEIDENSCHAFT	Mendikant	BETTELMOENCH
lindern	ABSCHWAECHEN	Mannequin	VORFUEHRDAME	Mensch der Vorzeit	NEANDERTALER
liturgisches Gerät	RAEUCHERFASS	Mannschaftskapitän	SPIELFUEHRER	Menschenaffen	ANTHROPOIDEN
lockerer Schnee	PULVERSCHNEE	Mannstreu	STRANDDISTEL	Menschenfresser d. Odyssee	LAESTRYGONEN
Londoner Polizeigebäude	SCOTLANDYARD	Mappe, Brieftasche	PORTEFEUILLE	menschliche Erblehre	HUMANGENETIK
Lügenbaron	MUENCHHAUSEN	Marasmus	ENTKRAEFTUNG		
Lüster	KRONLEUCHTER	Marinedienststellung	DECKOFFIZIER	Meridian	MITTAGSLINIE
Luftfahrzeug mit Bodenverbindung	FESSELBALLON	Marineleitung	ADMIRALITAET	Metabolismus	STOFFWECHSEL
Luftgas, Treibstoff	GENERATORGAS	Marone	EDELKASTANIE	Metallurgie	HUETTENKUNDE

Metallverbundart	SCHWEISSNAHT	Mischmasch, Durcheinander	SAMMELSURIUM	modern. Kunststil	SURREALISMUS
meteorolog. Erscheinung	NIEDERSCHLAG	Mißbildung	DIFFORMITAET	Modistin, Näherin	PUTZMACHERIN
Meteorstrom im Januar	QUADRANTIDEN	mißglückter Anflug	BRUCHLANDUNG	Möbelstück	SCHREIBTISCH
Methodenlehre	METHODOLOGIE	mißraten	DANEBENGEHEN	Mönchsorden	BENEDIKTINER
Metier	ERWERBSZWEIG	mißtönend	KAKOPHONISCH	Mönchsorden	FRANZISKANER
mexikan. Berg	ITZACCIHUATL	Mistkäfer	PILLENDREHER	Mönchsorden	KLUNIAZENSER
mexikan. Bucht	MONTERREYBAI	mit gleichem Mittelpunkt	KONZENTRISCH	Mönchsorden	KONVENTUALEN
Miesmacher	SCHWARZSEHER			Mörser	GRANATWERFER
Milchkraut	FRAUENMANTEL	Mitglied des Parlaments	ABGEORDNETER	Möwenart	HERINGSMOEWE
				Mohngewächs, Heilpflanze	SCHOELLKRAUT
Milchprodukt, -sorte	KONDENSMILCH	Mittel	DURCHSCHNITT		
Milchpulver	TROCKENMILCH	mittelalterl. Heldenepos	WALTHARILIED	Molch	SCHWANZLURCH
mildern	ABSCHWAECHEN			Monatsblutung	MENSTRUATION
militär. Dienstgrad	KOMPANIECHEF	mittelalterl. Musikant	MINNESAENGER	mongol. Gebirgszug	TANNUGEBIRGE
militär. Gesinnung	MILITARISMUS	mittelamerikan. Gewässer	NICARAGUASEE	Mongolenreich (13.-15. Jh.)	GOLDENEHORDE
militär. Unterwerfungsvertrag	KAPITULATION	mittelamerikan. Hauptstadt	PORTAUPRINCE	Monstera	FENSTERBLATT
				Monstera	PHILODENDRON
Militärflughafen	FLIEGERHORST	mittelengl. Stadt am Nene	PETERBOROUGH	Montage	INSTALLATION
				Moorbad im Erzgebirge	BADGOTTLEUBA
militärisch. Musikinstrument	SCHELLENBAUM	mittelkanad. Provinz	SASKATCHEWAN	Moral, Ethos	SITTLICHKEIT
				Morelle	SAUERKIRSCHE
militärische Führung	OBERKOMMANDO	mittelkanad. Stadt	SASKATCHEWAN	morgenländisch	ORIENTALISCH
militärischer Dienstgrad	WACHTMEISTER	mittellos	UNVERMOEGEND	Morgenstern	STACHELKEULE
		mittelspan. Gebirge	SIERRADEGATA	Mostgewicht	OECHSLEGRADE
Millionenstadt in Kalifornien	SANFRANCISCO			motorloses Luftfahrzeug	LASTENSEGLER
		Mittelwert	DURCHSCHNITT		
		mittlere Steinzeit	MESOLITHIKUM	mühselig	BESCHWERLICH
Minoriten	FRANZISKANER	Moderator	CONFERENCIER	Münchener Hauptkirche	FRAUENKIRCHE
Mischgetränk	SCHORLEMORLE				
		Moderkäfer	KURZFLUEGLER		
		modern. Heilmittel	ANTIBIOTIKUM		

Münchener Künstlergruppe	BLAUERREITER	Nachdruck	HERVORHEBUNG	Nebennierenmarkhormon	NORADRENALIN
Münchn. Jugendstilarchitekt	RIEMERSCHMID	nachdrücklich	EINDRINGLICH	neidisch	MISSGUENSTIG
		Nachkömmling	NESTHAEKCHEN	Nervenschwäche	NEURASTHENIE
Münchner Festplatz	OKTOBERWIESE	nachmittags (latein.)	POSTMERIDIEM	Nervosität vor einem Auftritt	LAMPENFIEBER
Münchner Touristenziel	HOFBRAEUHAUS	Nachtfalter	KUPFERGLUCKE	Neubildung von Körpergewebe	REGENERATION
mündig	GROSSJAEHRIG	Nachtfalter	WEIDENBOHRER		
Münster	STIFTSKIRCHE	Nachtigallenart	BLAUKEHLCHEN		
Muschel	FLUSSMUSCHEL	Nachträge, Ergänzungen	PARALIPOMENA	Neugier	WISSENSDURST
Muschelart	TEICHMUSCHEL			neunter Sonntag vor Ostern	SEPTUAGESIMA
Musical v. Rodgers	SOUTHPACIFIC	Nachtschwalbenart	ZIEGENMELKER		
musik.: stürmisch	APPASSIONATO	Nackenstarre	OPISTHOTONUS	neuseeländ. Hafenstadt	INVERCARGILL
musikal. Vorspiel	INTRODUKTION	Nadelfisch, Büschelkiemer	SEEPFERDCHEN	neuseeländ. Stadt	CHRISTCHURCH
musikal. Zwischenspiel	DIVERTIMENTO			neutral	UNPARTEIISCH
		nächtigen	UEBERNACHTEN	Nichteinmischung	NEUTRALISMUS
Musiker	BLECHBLAESER	Nährstoff	KOHLENHYDRAT	Nichteinmischung	NEUTRALITAET
Musiker	KLARINETTIST	Nässe	FEUCHTIGKEIT	nichtöffentl. Krankenhaus	PRIVATKLINIK
Musiker	TONKUENSTLER	Nagetier	BAUMSTACHLER		
Musikinstrument	BASSTROMPETE	Nagetier	ERDHOERNCHEN		
Musikinstrument	GLOCKENSPIEL	Nahrung	LEBENSMITTEL	nicht umkehrbar	IRREVERSIBEL
Musikkneipe	TINGELTANGEL	Namenszeichen, Namenszug	UNTERSCHRIFT	niederbayer. Stadt an der Rott	PFARRKIRCHEN
Muskelreißen	RHEUMATISMUS				
Muslim	MOHAMMEDANER	Name von 2 Päpsten	JOHANNESPAUL	niedere Lebewesen	BAERTIERCHEN
mustergültig	EXEMPLARISCH	Nargileh	WASSERPFEIFE		
Mutlosigkeit	VERZWEIFLUNG	Natternart	EIERSCHLANGE	Niedergang	DEGENERATION
mysteriös, undurchsichtig	SCHLEIERHAFT	Naturglaube	NATURALISMUS	Niedergeschlagenheit	VERZWEIFLUNG
		Naturwissenschaftler	MATHEMATIKER	niederl. Provinz	NOORDHOLLAND
nachbessern	RETOUCHIEREN	Nausea	SEEKRANKHEIT	niederl. Provinz südl. der Maas	NOORDBRABANT
nachbessern	RETUSCHIEREN	Nebenbuhlerin	KONKURRENTIN		
nachdenken, erwägen	REFLEKTIEREN				

Clue	Answer
niederl. westfriesische Insel	TERSCHELLING
niederösterr. Stadt	SANKTPOELTEN
niedersächs. Stadt a.d. Ostsee	BREMERVOERDE
Niederschrift	AUFZEICHNUNG
Nixe	MEERJUNGFRAU
nötig	ERFORDERLICH
Nomaden	WANDERHIRTEN
nordamerik. Indianerstamm	TSCHEROKESEN
nordbadische Stadt (Spargel)	SCHWETZINGEN
nordchines. Hafenstadt	TSCHINGKIANG
norddeutsch. Fährhafen	GROSSENBRODE
norddtsch. Landschaft	OSTFRIESLAND
nordengl. Stadt	HUDDERSFIELD
Nordeuropa	SKANDINAVIEN
Nordeuropäer	SKANDINAVIER
nordeuropäische Halbinsel	SKANDINAVIEN
nordfranz. Stadt	VALENCIENNES
nordgriech. Hafenstadt	THESSALONIKE
nordostchines. Fluß	HEILUNGKIANG
nordostchines. Provinz	HEILUNGKIANG
nordostsibir. Halbinsel	TSCHUKTSCHEN
nordruss. Küstenlandschaft	INGERMANLAND
nordrussisch. Doppelinsel	NOWAJASEMLJA
nordschott. Fjord	FIRTHOFLORNE
nordschott. Inselgruppe	ORKNEYINSELN
nordschweiz. Kanton	SCHAFFHAUSEN
nordspan. Hafenstadt	SANSEBASTIAN
nordwestfranz. Departement	MAINEETLOIRE
normann. Seefahrer	LEIFERIKSSON
norweg. Atlantikhafen	KRISTIANSUND
norweg. Gletscher	JOSTEDALSBRE
norweg. Hafen am Skagerrak	KRISTIANSAND
norweg. Schriftsteller	CHRISTIANSEN
notgedrungen (lat.)	NOLENSVOLENS
Notiz	AUFZEICHNUNG
Nürnb. Maler (15. Jh.)	PLEYDENWURFF
Nürnb. Sehenswürdigkeit	FRAUENKIRCHE
Nürnb. Sehenswürdigkeit	LORENZKIRCHE
Obdach, Zuflucht	UNTERSCHLUPF
oberbayer. Passionsspielort	OBERAMMERGAU
oberbayer. Stadt an der Ilm	PFAFFENHOFEN
oberer Teil der Bühne	SCHNUERBODEN
oberfränk. Stadt an d. Lauter	STAFFELSTEIN
oberösterr. Landschaft	MUEHLVIERTEL
oberstes Stockwerk	DACHGESCHOSS
öffentlicher Ankläger	STAATSANWALT
Ölkäfer	BLASENKAEFER
örtlich festlegen	LOKALISIEREN
österr. Alpenbewohner	VORARLBERGER
österr. Geigenvirtuose	SCHNEIDERHAN
österr. Kurort in Tirol	ZALLAMZILLER
österr. Minnesänger	KUERENBERGER
österr. Philosoph	WITTGENSTEIN
Offizier	GENERALMAJOR
Offiziersanwärter	FAHNENJUNKER
ohne Entgegenkommen	UNNACHGIEBIG
Ohrenteil	OHRLAEPPCHEN
Ohrenteil	PAUKENHOEHLE
Oleander	ROSENLORBEER
olympische Disziplin	HAMMERWERFEN
operat. Magenentfernung	GASTREKTOMIE
Operette von Heuberger	DEROPERNBALL

Operette von Lehár	LUSTIGEWITWE	Ortsbestimmung	LOKALISATION	Pelzart	BREITSCHWANZ
Operette von Lincke	BERLINERLUFT	ostafrikan. Fluß	WEBISCHEBELI	persönl. Mut zum Aufbegehren	ZIVILCOURAGE
Operette von Offenbach	PARISERLEBEN	ostböhm. Stadt an der Elbe	KOENIGGRAETZ	Personenvereinigung	GESELLSCHAFT
Operette von Stolz	VENUSINSEIDE	ostengl. Grafschaft	LINCOLNSHIRE	peruan. Stadt (höchste d. Erde)	CERRODEPASCO
Opernhaus in London	COVENTGARDEN	ostpreuß. Bucht	FRISCHESHAFF	pfälz. Stadt a. d. Schwarzach	WALDMUENCHEN
Opernhaus in New York	METROPOLITAN	ostpreuß. Masuren-See	LOEWENTINSEE	Pfälzer Stadt am Westrich	ZWEIBRUECKEN
Oper von Fortner	BLUTHOCHZEIT	ostpreuß. Stadt	HEILIGENBEIL	Pfefferküste	MALABARKÜSTE
Oper von Gershwin	PORGYANDBESS	ostpreuß. Stadt	JOHANNISBURG	Pferderasse	HANNOVERANER
Oper von Händel	JULIUSCAESAR	ostpreuBische Stadt	BISCHOFSBURG	Pferderasse	SHETLANDPONY
Oper von Henze	KOENIGHIRSCH	Ostseebad in Schlesw.-Holstein	ECKERNFOERDE	Pferderennen	GALOPPRENNEN
Oper von Hindemith	NEUESVOMTAGE	Paläolithikum	ALTSTEINZEIT	Pflanzenfamilie	KORBBLUETLER
Oper von Kienzl	EVANGELIMANN	Palmenart	FAECHERPALME	Pflanzenkost	VEGETABILIEN
Oper von Mozart	COSIFANTUTTE	Palmenart	KOENIGSPALME	Pflanzennährstoff	DUENGEMITTEL
Oper von Mozart	ZAUBERFLOETE	Palmenart	PHOENIXPALME	Pflegerin	FUERSORGERIN
Oper von Mussorgski	BORISGODUNOW	Papstkirche in Rom	PETERSKIRCHE	Pflicht, Verpflichtung	SCHULDIGKEIT
Oper von Puccini	MANONLESCAUT	Parasol	SONNENSCHIRM	philosophische Richtung	NOMINALISMUS
Oper von Sutermeister	RASKOLNIKOFF	Pariser Gotteshaus	INVALIDENDOM	philosophische Richtung	PRAGMATISMUS
Oper von Wagner	DASRHEINGOLD	parlamentar. Abstimmung	HAMMELSPRUNG	philosophische Richtung	RELATIVISMUS
Oper von Weber	PETERSCHMOLL	Parlamentarier	ABGEORDNETER	Phlox	FLAMMENBLUME
Oper von Wolf-Ferrari	VIERGROBIANE	Parteilosigkeit	NEUTRALITAET	Phosphatmineral	GRUENBLEIERZ
Opuntie	FEIGENKAKTUS	Passion	LEIDENSCHAFT	Photograph	LICHTBILDNER
Oratorium v. Haydn	JAHRESZEITEN	Pavianart	MANTELPAVIAN	photograph. Labor	DUNKELKAMMER
Orchidee	KORALLENWURZ	pazif. Inselgruppe	NEUEHEBRIDEN	photograph. Verfahren	PHOTOMONTAGE
Orden	AUSZEICHNUNG	Pazifik	GROSSEROZEAN		
Orden	EHRENZEICHEN	Pazifik	STILLEROZEAN		
orten	LOKALISIEREN	Pech	MISSGESCHICK	Pier	ANLEGESTELLE

piesakken, malträtieren	SCHIKANIEREN	Popmusik-Solist (Rockmusik-Solist)	KEITHEMERSON	quitt	AUSGEGLICHEN
				Quittung	BESTAETIGUNG
				Quittung	KASSENZETTEL
Pilzart	BLAETTERPILZ	postalische Kennziffer	POSTLEITZAHL	Rabenvogel	EICHELHAEHER
Pilzart	FELDEGERLING				
Pilzart	FEUERSCHWAMM			Rabenvogel	TANNENHAEHER
Pilzart	HEIDESCHWAMM				
Pilzart	LAUCHSCHWAMM	Postbote	BRIEFTRAEGER	Rache	KONTERSCHLAG
Pilzart	MILCHSCHWAMM	Postgut, Postsache, -sendung	WARENSENDUNG	Rachenblütler, Heilpflanze	KOENIGSKERZE
Pilzart	SCHEIBENPILZ				
Pilzart	SCHLAUCHPILZ				
Plakatträger	LITFASSAEULE	Präparation	VORBEREITUNG	Radikalentfernung (medizin.)	EXSTIRPATION
planen	PROJEKTIEREN	präsent	GEGENWAERTIG		
planmäßig, folgerichtig	SYSTEMATISCH	prahlen	AUFSCHNEIDEN	Radwettbewerb	STEHERRENNEN
		Prahlhans	AUFSCHNEIDER		
planmäßige Gestaltung	ORGANISATION	Preis der Beförderung	FRACHTKOSTEN	Ränkespiel	MACHENSCHAFT
				Rangverlust	DEGRADIERUNG
Plattheit	TRIVIALITAET	Preisgabe v. Staatsgeheimnissen	LANDESVERRAT		
Plauderei	KONVERSATION			rastlos, ausdauernd	UNERMUEDLICH
polit. Anpassung	KONFORMISMUS	Preissenkung	VERBILLIGUNG		
				Raubtier	KOENIGSTIGER
polit. Herrschaft	STAATSGEWALT	Preisstützung	VALORISATION	Raucherutensil	ASCHENBECHER
		Presseerzeugnis	ILLUSTRIERTE	Raumbildtechnik	STEREOSKOPIE
Polizeibeamter	WACHTMEISTER				
		Pressephotograph	BILDREPORTER	Raumfähre	SPACESHUTTLE
Polizeidienststelle	KOMMISSARIAT				
		Presseschriftstellerei	JOURNALISMUS	Raum für Wertsachen	SCHATZKAMMER
Polizeieinsatzfahrzeug	WASSERWERFER				
		preußischer Orden	POURLEMERITE	Raumton	STEREOPHONIE
polizeiliche Aktion	DURCHSUCHUNG			Rautenschlange	BUSCHMEISTER
		Privaterzieherin	HAUSLEHRERIN		
				Realität, Gegebenheit	WIRKLICHKEIT
Pollen	BLUETENSTAUB	Prognose	PROPHEZEIUNG		
Pollinosis	HEUSCHNUPFEN	Propeller	LUFTSCHRAUBE		
Popmusik-Gruppe	BLACKSABBATH	Protest	VERWEIGERUNG	Rechnungsführerin	BUCHHALTERIN
		Provision	GEWINNANTEIL		
Popmusik-Gruppe	GRATEFULDEAD	Publikum	HOERERSCHAFT	Rechtschreibung	ORTHOGRAPHIE
		Pyrit	SCHWEFELKIES		
Popmusik-Solist	SPENCERDAVIS	Qualitätsmarke	GUETEZEICHEN	Rechtssprechung	JURISDIKTION
Popmusik-Solistin	ROBERTAFLACK	Quartier	STADTVIERTEL	rechtswidrig	UNGESETZLICH
		Quellfluß des Tarim	JARKENDDARJA	Rechtswissenschaft	JURISPRUDENZ
Popmusik-Solist (Rockmusik-Solist)	DAVIDCASSIDY				
		Querfeldeinrennen	CROSSCOUNTRY	redlich	UNBESCHOLTEN
		Querlinie	TRANSVERSALE	Redner	VORTRAGENDER

Reduktion, Abnahme	VERMINDERUNG	Ritter mit der eisernen Hand	BERLICHINGEN	Rüsselkäfer	BLATTWICKLER
Reform, Umformung	UMGESTALTUNG			rumän. Gebirge	BIHARGEBIRGE
		Ritterrüstung	KETTENPANZER	rumän. Politiker, Staatschef	GHEORGHJUDEJ
Regelmäßigkeit	REGULARITAET	Ritual, Ritus	KULTHANDLUNG		
Regen	NIEDERSCHLAG	Rivale	GEGENSPIELER	rumän. Stadt	GROSSWARDEIN
Regenpfeifervogel	WALDSCHNEPFE	Rivalin	KONKURRENTIN	rumän. Stadt	HERMANNSTADT
		rivalisieren	KONKURRIEREN		
Regie	SPIELLEITUNG	Rochenart	SCHAUFELNASE	Rumpf-Bein-Übergang	LEISTENBEUGE
Regierung	GOUVERNEMENT	römisch. Kaiser	HELIOGABALUS	Rundkuppel	ZWIEBELHAUBE
reiner Quarz	BERGKRISTALL	Röntgen-Gefäßdarstellung	ANGIOGRAPHIE	Rundtanz	RHEINLAENDER
reinigen, läutern	PURIFIZIEREN			russ. abstrakte Malerin	GONTSCHAROWA
Reinigung	PURIFIKATION	Roheit	BESTIALITAET		
Reinkarnation	WIEDERGEBURT	Roman v. Cervantes	DONQUICHOTTE	russ. Schwarzmeerhafen	NOWOROSSIJSK
		Roman v. Cooper	LEDERSTRUMPF		
reitsportl. Hindernislauf	GELAENDERITT	Roman v. Dumas	KAMELIENDAME	russ. Stadt am Uralfluß	MAGNITOGORSK
Reizker	MILCHSCHWAMM	Roman v. Flaubert	MADAMEBOVARY	russisch. Autor (Nobelpreis)	SOLSCHENIZYN
Reklamedruck	WERBESCHRIFT	Roman v. Freytag	SOLLUNDHABEN		
Rendezvous, Verabredung	STELLDICHEIN	Roman v. Grass	BLECHTROMMEL	russisch. Biologe (Nobelpreis)	METSCHNIKOFF
Reptil mit Knochenpanzer	SCHILDKROETE	Roman v. Scholochow	DERSTILLEDON	russisch. Komponist	TSCHAIKOWSKY
		Roman v. Thomas Mann	BUDDENBROOKS		
Reserve	ERSATZTRUPPE			russisch. Schriftsteller	DOSTOJEWSKIJ
resolut	ENTSCHLOSSEN	Roman v. Tolstoi	ANNAKARENINA		
Respekt	EHRERBIETUNG			russische Eismeerinsel	WRANGELINSEL
Riemenantrieb	TRANSMISSION	Roman v. Tolstoi	AUFERSTEHUNG		
Riesenechse d. Vorzeit	BRONTOSAURUS	rote Blutkörperchen	ERYTHROZYTEN	rustikale Brotsorte	HOLZOFENBROT
				Saalbau für Konzerte	PHILHARMONIE
Riesenrochen	TEUFELSFISCH	Ruderfüßer	FREGATTVOGEL		
Riffkoralle	STEINKORALLE	rückerstatten	RESTITUIEREN	Saale-Zufluß	WEISSEELSTER
rigoros, erbarmungslos	UNERBITTLICH	Rückgrat	WIRBELSAEULE	sächs. Stadt an der Pleiße	CRIMMITSCHAU
		rückschauend	RETROSPEKTIV		
Ringergriff	DOPPELNELSON	rücksichtslos, schonungslos	UNERBITTLICH	Säugetierordnung	FLEDERMAEUSE
Ritterfalter	APOLLOFALTER				

Säugetierordnung	RUESSELTIERE	Schienenbahn im Stadtverkehr	STRASSENBAHN	Schmetterlingsart	KAMELSPINNER
Säugling	NEUGEBORENES			Schmetterlingsart	KUPFERGLUCKE
Salomonen-Insel	BOUGAINVILLE	Schiffstyp	PANZERSCHIFF		
		schinden, unterdrücken	SCHIKANIEREN	Schmetterlingsart	MOHRENFALTER
Salomonen-Insel	SANCRISTOBAL				
		schlaff	SPANNUNGSLOS	Schmetterlingsart	PAPPELGLUCKE
salpetersaures Kupfer	KUPFERNITRAT	Schlangenart	KETTENNATTER		
				Schmetterlingsart	QUITTENVOGEL
Samml. v. Zündholzschachteln	PHILLUMENIST	Schlangenart	RINGELNATTER		
		schlecht	MINDERWERTIG	Schmetterlingsart	RESEDAFALTER
Satzzeichen	FRAGEZEICHEN	Schleichkatze	PALMENROLLER		
				Schmetterlingsart	SCHWAERZLING
schadenfroh	MISSGUENSTIG	Schleierwolke	ZIRROSTRATUS		
		schles. Kurort	SCHREIBERHAU	Schmetterlingsart	STAHLSPINNER
Schädelknochen	SCHEITELBEIN				
		Schloß an der Saale	LEUCHTENBERG	Schmetterlingsart	TRAEGSPINNER
Schädelmessung	KRANIOMETRIE				
Schäfchenwolke	ZIRROKUMULUS	Schloß b. Darmstadt	KRANICHSTEIN	Schmetterlingsart	WURZELBOHRER
Schafart	BREITSCHWANZ	Schloß b. Salzburg	LEOPOLDSKRON	Schmetterlingsblütler	BESENGINSTER
Schalksnarr	EULENSPIEGEL	Schloß bei München	SCHLEISSHEIM	Schmuckstein	AZURMALACHIT
Schallaufnahmegerät	TONBANDGERÄT	Schloß bei Rudolstadt	HEIDECKSBURG	Schmuckstein	BERGKRISTALL
Schandmal	BRANDMARKUNG			Schneiderkunst	HAUTECOUTURE
Scharbockskraut	LOEFFELKRAUT	Schloß im Odenwald	KRANICHSTEIN	Schneckenart	BAUMSCHNECKE
Schauplatz	OERTLICHKEIT	Schloß in Hannover	HERRENHAUSEN	Schnellkraft	ELASTIZITAET
Schauspielerin	DARSTELLERIN	Schloß in Württemberg	LICHTENSTEIN	Schnepfen-, Watvogel	STEINWAELZER
scheinheilig	HEUCHLERISCH	Schmetterlinge	LEPIDOPTEREN		
				Schnepfenvogel	KAMPFLAEUFER
Scheinwerferlampe	JUPITERLAMPE	Schmetterlingsart	ERLENSPANNER		
				Schnepfenvogel	REGENPFEIFER
Schelmenstück	LAUSBUEBEREI	Schmetterlingsart	FICHTENMOTTE		
				schöngeistige Literatur	BELLETRISTIK
Scherenschnitt	SCHATTENBILD	Schmetterlingsart	FROSTSPANNER		
scherzh.: Militärstiefel	KNOBELBECHER			Schönschreibekunst	KALLIGRAPHIE
		Schmetterlingsart	GABELSCHWANZ		
Schiedsrichter	KAMPFRICHTER			schöntun	SCHARWENZELN
Schieferart	EISENGLIMMER	Schmetterlingsart	GLASFLUEGLER		

Clue	Answer
Schöpfertum	KREATIVITAET
schonungslos, mitleidlos	UNBARMHERZIG
schott. Fjord bei Edinburgh	FIRTHOFFORTH
schott. Fjord bei Glasgow	FIRTHOFCLYDE
Schriftgrad	DOPPELMITTEL
Schrittmacher	AVANTGARDIST
Schrotbrot	VOLLKORNBROT
Schulart	BERUFSSCHULE
Schulart	MITTELSCHULE
Schuldentilgung	AMORTISATION
Schulmaterial	SCHREIBFEDER
Schulterstück	ACHSELKLAPPE
Schutt	BRUCHGESTEIN
Schutzfärbung	TARNANSTRICH
Schutzmarke	WARENZEICHEN
schwäb. Fürstengeschlecht	FUERSTENBERG
schwäb. Fürstengeschlecht	HOHENSTAUFEN
schwäb. Fürstengeschlecht	HOHENZOLLERN
schwärmerisch, unwirklich	PHANTASTISCH
Schwarzbrotsorte	PUMPERNICKEL
Schwarzwaldberg	HERZOGENHORN
Schwarzwaldberg	HORNISGRINDE
Schwarzwaldberg	SCHAUINSLAND
schwed. Nobelpreisträger	EULERCHELPIN
schwed. Ostseehafen	KRISTIANSTAD
schwed. Stadt am Vänersee	KRISTINEHAMN
schwed. Stadt bei Stockholm	SOEDERTAELJE
schwefelsaures Eisen	EISENVITRIOL
schweiz. Gebirge	GLARNERALPEN
schweiz. Gebirgsrücken	BUERGENSTOCK
schweiz. Kantonshauptstadt	SCHAFFHAUSEN
schweiz. Komponist	SUTERMEISTER
schweiz. See	BALDEGGERSEE
schweiz. Stadt am Rhein	DIESSENHOFEN
schweiz. Stadt am Rhein	SCHAFFHAUSEN
Schwerathlet	GEWICHTHEBER
schwerathlet. Sportart	GEWICHTHEBEN
Schwermut	HYPOCHONDRIE
Schwierigkeit	KOMPLIKATION
Schwimmbecken	SWIMMINGPOOL
Schwimmkäfer	TAUMELKAEFER
Schwimmvogel	GAENSESAEGER
Schwimmvogel	STURMTAUCHER
Schwingungsperiode	WELLENLAENGE
Schwingungsschreiber	OSZILLOGRAPH
Seebad in New Jersey	ATLANTICCITY
See bei Potsdam	WERBELLINSEE
See bei Rom	BRACCIANOSEE
See in Kärnten	OSSIACHERSEE
See in Kasachstan	BALCHASCHSEE
See in Neubrandenburg	TEMPLINERSEE
See in Zaire	BANGWEOLOSEE
Seestreitkräfte, Seemacht	KRIEGSMARINE
Segelflugstart	MOTORSCHLEPP
Seidenraupenbaum	MAULBEERBAUM
seifenfreie Waschmittel	DETERGENTIEN
Seiltänzer	AEQUILIBRIST
Selbermachen	DOITYOURSELF
selbstbezogen	EGOZENTRISCH
selbstbezogen	NARZISSTISCH
Selbstbezogener	EGOZENTRIKER
Selbstbildnis	AUTOPORTRAET
Selbstbildnis	AUTOPORTRAIT
selbstgerecht	PHARISAEISCH
selbstherrlich	AUTOKRATISCH
selbstlos	ALTRUISTISCH
Sendung	UEBERTRAGUNG
Sennenhund	BERNHARDINER
Service	KUNDENDIENST
sich selbständig machen	EMANZIPIEREN
sich verschwören	KONSPIRIEREN
Siebenpunkt	MARIENKAEFER

Sieger, Gewinner	PREISTRAEGER	sowjet. Stadt in Karelien	PETROSADOWSK	Sporttrophäe	GOLDMEDAILLE
Siegerpreis, Siegesprämie	LORBEERKRANZ	Sowjetrepublik	TURKMENISTAN	Sprachstamm	INDOGERMANEN
		sowjetruss. Lyriker	JEWTUSCHENKO	Spürhund	SCHWEISSHUND
Siegesdenkmal	TRIUMPHBOGEN			Staat der USA	NEWHAMPSHIRE
Silbernitrat	HOELLENSTEIN	Späher	KUNDSCHAFTER	Staat der USA	NORDCAROLINA
Siliziumdioxid	KIESELSAEURE	span. Fluß zum Golf von Cadiz	GUADALQUIVR	Staat der USA	NORDKAROLINA
Sinfonie v. Schubert	UNVOLLENDETE	span. Handklappern	KASTAGNETTEN	Staat der USA	PENNSYLVANIA
Sinnbild der Medizin	AESKULAPSTAB	span. Küste	COSTADELALUZ	Staat der USA	WESTVIRGINIA
sinnieren	NACHGRUEBELN	Spechtart	ELSTERSPECHT	Staatsform	STAENDESTAAT
Sitten predigen	MORALISIEREN	Spediteur	TRANSPORTEUR	Staatsverbrechen	LANDESVERRAT
sittlich verderben	KORRUMPIEREN	Speicher, Magazin	VORRATSLAGER	Staatsverfassung	KONSTITUTION
Sitze in d. Kirche	CHORGESTUEHL	Speisemuschel	PFAHLMUSCHEL	Stabreim	ALLITERATION
sizilian. Provinzhauptstadt	CALTANISETTA	Speisepilz	HABICHTSPILZ	Stachelpilz	HABICHTSPILZ
		Speisepilz	ROTHAEUBCHEN	Stadt am Erzgebirge	LICHTENSTEIN
Skiwettbewerb	ABFAHRTSLAUF	Sperlingart	HAUSSPERLING	Stadt am Haardtrand	BADDUERKHEIM
Skiwettbewerb	RIESENSLALOM	Spezialeisen	SPIEGELEISEN		
Sklaverei	KNECHTSCHAFT	Spezialität	BESONDERHEIT	Stadt am Thüringer Wald	SCHMALKALDEN
Skilauftechnik	STEMMSCHWUNG	Spielgerät	KNOBELBECHER	Stadt an der Ems	WIEDENBRUECK
Solbad bei Lübeck	BADSCHWARTAU	Spielzeug	STECKENPFERD	Stadt an der Erft (NRW)	GREVENBROICH
Solbad im Schwarzwald	BADDUERRHEIM	Spinett	CLAVICEMBALO		
		Spinnenart	WALZENSPINNE	Stadt an der Fränk. Saale	BADKISSINGEN
Somnambule	NACHTWANDLER	Spinnenart	WASSERSPINNE		
Sonderfachgebiet	SPEZIALITAET	spiralförmig. Aufgang	WENDELTREPPE	Stadt an der Hase	BERSENBRUECK
		spitzfindig	RABULISTISCH	Stadt an der Nahe	BINGERBRUECK
Sonnenkraft	SOLARENERGIE	Sportanlage	SCHIESSSTAND	Stadt an der Oder	FUERSTENBERG
Sonnenkulmination	MITTAGSHOEHE	Sportart, -disziplin	SEGELFLIEGEN	Stadt an der Weser (Porzellan)	FUERSTENBERG
sorgfältig	GEWISSENHAFT	Sportmannsch. eines Staates	NATIONALTEAM		
Sorgfalt	BEHUTSAMKEIT			Stadt an der Wupper	HUECKESWAGEN
sorglos	UNBEKUEMMERT				
sowjet. Politiker	KAGANOWITSCH				

Stadt an Elbe und Tanger	TANGERMUENDE	Stadt in Malaysia	PETALINGJAYA	Stärke	KOHLENHYDRAT
Stadt an Gonna und Harz	SANGERHAUSEN	Stadt in Mittelfranken	HILPOLTSTEIN	starke Lichtquelle	SCHEINWERFER
Stadt auf Mauritius	QUATREBORNES	Stadt in Nambibia	GROOTFONTEIN	starker Beschuß	BOMBARDEMENT
Stadt bei Bonn	BADGODESBERG	Stadt in Niedersachsen	BRAUNSCHWEIG	steifer Kragen	VATERMOERDER
Stadt im Ebbegebirge	MEINERZHAGEN	Stadt in Niederschlesien	LANGENBIELAU	Steindruck	LITHOGRAPHIE
Stadt im Harzvorland	ASCHERSLEBEN	Stadt in Niederschlesien	SCHMIEDEBERG	Steingartenpflanze	GAENSEKRESSE
Stadt im Lipper Bergland	BADSALZUFLEN	Stadt in Nordbrabant	BERGENOPZOOM	Steinobstgewächs	PFIRSICHBAUM
Stadt im Nordschwarzwald	FREUDENSTADT	Stadt in Ostpreußen	MARIENWERDER	Steinobstgewächs	PFLAUMENBAUM
Stadt im Oranje-Freistaat	BLOEMFONTEIN	Stadt in Rheinland-Pfalz	ALTENKIRCHEN	Steinzeichnung	LITHOGRAPHIE
Stadt im Ruhrgebiet	WATTENSCHEID	Stadt in Rheinland-Pfalz	ROCKENHAUSEN	Steinzeitabschnitt	ALTSTEINZEIT
Stadt im Saarland	SANKTINGBERT	Stadt in Sachsen	ASCHERSLEBEN	Steinzertrümmerung (med.)	LITHOTRIPSIE
Stadt im Sauerland	LUEDENSCHEID	Stadt in Sachsen	HALDENSLEBEN	Stempel	DIENSTSIEGEL
Stadt im Schwarzwald	SANKTGEORGEN	Stadt in Schlesien	FRANKENSTEIN	Stempel (botan.)	FRUCHTKNOTEN
Stadt in Baden-Württemberg	SINDELFINGEN	Stadt in Südafrika	BLOEMFONTEIN	sterilisieren	KONSERVIEREN
Stadt in der Niederlausitz	FINSTERWALDE	Stadt in Venezuela	SANCRISTOBAL	Sternbild	KLEINERLOEWE
Stadt in Frankreich	AIGUESMORTES	Stadt nördl. v. Stuttgart	KORNWESTHEIM	Sternbild	SCHWERTFISCH
Stadt in Honduras	PUERTOCORTES	Stadtteil v. Düsseldorf	KAISERSWERTH	Stetigkeit	KONTINUITAET
Stadt in Honduras	SANPEDROSULA	Stadtteil v. Stuttgart	ZUFFENHAUSEN	steuern	MANIPULIEREN
Stadt in Kalifornien (USA)	SANTABARBARA	Stadtteil von Hamburg	HARVESTEHUDE	steuern	MANOEVRIEREN
Stadt in Luxemburg	DIFFERDINGEN	Stadtteil von München	UNTERHACHING	Stichlingart	SEESTICHLING
		Stadtteil von München	UNTERMENZING	Stierkämpfer mit Pfeil	BANDERILLERO
		Stadtteil von Stuttgart	BADCANNSTATT	Stilepoche	KLASSIZISMUS
				Stilform des Jazz	BOOGIEWOOGIE
				still	GERAEUSCHLOS
				Stimmschwäche	PHONASTHENIE
				Stoa	SAEULENHALLE
				Stofftrennungsverfahren	DESTILLATION
				Stoffwechsel	METABOLISMUS
				Stoßzeit	HAUPTVERKEHR

Strafdurchführung	STRAFVOLLZUG	südkaliforn. Landschaft	MOHAVEWUESTE	Taktlosigkeit	INDISKRETION
Strahlenpilzkrankheit	AKTINOMYKOSE	südkanad. Fluß	SASKATCHEWAN	Tal in den Berner Alpen	LOETSCHENTAL
Strauchdieb	BUSCHKLEPPER	südnorweg. Hafenstadt	FREDERIKSTAD	Taubenart	TUERKENTAUBE
Streich	LAUSBUEBEREI	Südostasien	HINTERINDIEN	Tauchboot	UNTERSEEBOOT
streitfroh	KAEMPFERISCH	südostaustral. Bundesstaat	NEUSUEDWALES	Taufbecken	BAPTISTERIUM
Strenge	RIGOROSITAET			Taufkapelle	BAPTISTERIUM
streng reglementierter Staat	POLIZEISTAAT			Taumel	BEGEISTERUNG
streng vertraulich	PRIVATISSIME	südosteurop. Staat	GRIECHENLAND	Tausendschön	MASSLIEBCHEN
Striche ziehen	SCHRAFFIEREN	südostital. Gebirge	MONTEGARGANO	techn. Fachgebiet	FEINMECHANIK
Strömungslehre	HYDRODYNAMIK	südschwed. Hafenstadt	HAELSINGBORG	techn. Fachgebiet	MASCHINENBAU
Stromleitung	KOAXIALKABEL			technische Meisterschaft	VIRTUOSITAET
Studentenviertel in Paris	MONTPARNASSE	südspan. Gebirge	SIERRANEVADA		
		südwestafrikan. Wildbeuter	BUSCHMAENNER	Teenager	JUGENDLICHER
Stuhlverstopfung	KONSTIPATION			teeren	ASPHALTIEREN
				Teigart	BLAETTERTEIG
stunden, verlängern	PROLONGIEREN	südwestfranz. Departement	HAUTEGARONNE	Teil der Karpaten	WESTBESKIDEN
Stundung	PROLONGATION			Teil der Sudeten	ADLERGEBIRGE
Sturmvogelart	TROTTELLUMME	südwestfranz. Departement	LOTETGARONNE	Teil der Sudeten	EULENGEBIRGE
südafrik. Stamm	BUSCHMAENNER			Teil der Wohnung	SCHLAFZIMMER
südafrikan. Gebirge	DRAKENSBERGE	Sündenbock	PRUEGELKNABE	Teil des Atlantiks	SARGASSOMEER
		Suite	ZIMMERFLUCHT		
südafrikan. Mischvolk	HOTTENTOTTEN	Symbol für Unfreiheit	STACHELDRAHT	Teil des Gebisses	SCHNEIDEZAHN
südafrikan. Stadt	JOHANNESBURG	Tabaksorte	PFEIFENTABAK	Teil des Hessisch. Berglands	HABICHTSWALD
südamerikan. Wildschwein	NABELSCHWEIN	Tabakware	SCHNUPFTABAK	Teil des Peipussees	PLESKAUERSEE
		Tablett	SERVIERBRETT		
Südamerikaner	ECUADORIANER	Täuschung	IRREFUEHRUNG	Teil des Stillen Ozeans	KORALLENMEER
		Tagfalter	APOLLOFALTER		
		Tagfalter	DISTELFALTER	Teilgebiet d. Mathematik	KOMBINATORIK
süddtsch. Landschaft	HOHENZOLLERN	Tagundnachtgleiche	AEQUINOKTIUM		
				Teilhaber	KOMMANDITIST
Südfrucht	JOHANNISBROT	Taille	GUERTELLINIE	Teilmeer	NORDATLANTIK

Teilnahmslosigkeit	DESINTERESSE	Tollkirsche	TEUFELSBEERE	Trust	FIRMENGRUPPE
				Trust	GROSSKONZERN
Teil von Rundfunkgeräten	LAUTSPRECHER	Tonbandgerät	TAPERECORDER	Tsuga	HEMLOCKTANNE
		Tonspeicher	SCHALLPLATTE	Tuberkulose	SCHWINDSUCHT
Telefon	FERNSPRECHER	Torero	STIERKÄMPFER	tückisch	HINTERLISTIG
telefon. Direktverbindung	HEISSERDRAHT	Torlauf im Skisport	RIESENSLALOM	türkische Kerntruppe	JANITSCHAREN
telegrafieren	DEPESCHIEREN	totalitär	AUTOKRATISCH	Turkvolk	PETSCHENEGEN
Temperament	PHLEGMATIKER	totalitär	DIKTATORISCH	Turkvolk am Aralsee	KARAKALPAKEN
Tempobeschleunigung	AKZELERATION	Totenrichter der griech. Sage	RHADAMANTHYS	Turkvolk an der Wolga	TSCHUWASCHEN
Teufelsei, Eichelschwamm	STINKMORCHEL	Trabant	LEIBWAECHTER	Turngerät	SCHAUKELRECK
		tradiert	UEBERLIEFERT	Turngerät	SPROSSENWAND
Textilschädling	KLEIDERMOTTE	träge, schwerfällig	PHLEGMATISCH	Turngerät	STUFENBARREN
Textilstadt im Erzgebirge	LICHTENSTADT	tragbares Leuchtgerät	TASCHENLAMPE	Turnübung	HUEFTSCHWUNG
		Trakt	GEBAEUDETEIL	Turnübung	SCHWUNGKIPPE
Theaterkünstler	SCHAUSPIELER	transparent	DURCHSICHTIG	Turnübung	WINKELSTUETZ
tiefes Blasinstrument	KONTRAFAGOTT	Transport	BEFOERDERUNG	tyrannisch	DIKTATORISCH
Tierart	SCHLAUCHTIER	Traumgebilde, -gesicht	HIRNGESPINST	Tyrann von Athen	PEISISTRATOS
Tierbehausung	TAUBENSCHLAG	trauriger Mißmut	VERBITTERUNG	überanstrengen	STRAPAZIEREN
Tierkrankheit	SCHWEINEPEST	Treck	WAGENKOLONNE	Übereinstimmung	KONFORMITAET
Tierstamm, Artikulaten	GLIEDERTIERE	Treibhaus	GEWAECHSHAUS	Übereinstimmung	SOLIDARITAET
		Treibstoff	LEICHTBENZIN		
		treuhänderisch	FIDUZIARISCH	Überführung vor Gericht	SCHULDBEWEIS
Tigerart	KOENIGSTIGER	Trinitrophenol	PIKRINSAEURE		
tilgen	AMORTISIEREN	Trinkgefäß	SCHOPPENGLAS	Überholung	AUSBESSERUNG
Tilgung	AMORTISATION	tropisch. Singvogel	HONIGFRESSER	Überkrustung	INKRUSTATION
Titel	UEBERSCHRIFT				
Titelfigur bei Galsworthy	IRENEFORSYTE	tropische Fischart	PAPAGEIFISCH	übernatürlich, -sinnlich	METAPHYSISCH
Titelfigur bei Shakespeare	KOENIGJOHANN	tropische Infektionskrankheit	DENGUEFIEBER	übernatürlich, -sinnlich	TRANSZENDENT
Tochter v. Theoderich	AMALASWINTHA	trübsinnig	SCHWERMUETIG	überspannt	PHANTASTISCH
todesähnlicher Zustand	LEBLOSIGKEIT	Trunksucht	ALKOHOLISMUS		
		Truppenteil	HEERESGRUPPE		

überspannter Nationalismus	CHAUVINISMUS	Unbehagen	MISSSTIMMUNG	Unmenschlichkeit	INHUMANITAET
überstimmen	MAJORISIEREN	unbeschränkt	SCHRANKENLOS	unmeßbar	IMMENSURABEL
Überträger der Schlafkrankh.	TSETSEFLIEGE	unbeschränkte Herrschaft	ABSOLUTISMUS	unnachsichtig	SCHONUNGSLOS
üble Nachrede	DENUNZIATION	unbeschränkte Vollmacht	CARTEBLANCHE	unoriginell	PHANTASIELOS
üble Nachrede	DIFFAMIERUNG	unbeständig	INKONSISTENT	unpäßlich	INDISPONIERT
Übungsflugzeug	SCHULGLEITER	Unbeteiligtsein	DESINTERESSE	Unparteilichkeit	NEUTRALITAET
Übungsgerät für Boxer	PUNCHINGBALL	Unbeweglichkeit	IMMOBILITAET	Unredlichkeit	ILLOYALITAET
ukrain. romant. Dichter	SCHEWSCHENKO	undeutlich	VERSCHWOMMEN	Unsicherheit	UNGEWISSHEIT
ukrain. Stadt am Dnjepr	KREMENTSCHUG	unehrlich	UNAUFRICHTIG	unstet, wankelmütig	UNBESTAENDIG
umfassend	ERSCHOEPFEND	unentschlossen	WANKELMUETIG	Unterbrechung	INTERRUPTION
Umgestaltung	METAMORPHOSE	unerläßlich	INTEGRIEREND	unterfränk. Stadt am Main	SCHWEINFURTH
Umsicht	BESONNENHEIT	unfreundlich gesonnen	UEBELWOLLEND	unterfränk. Stadt an d. Saale	KOENIGSHOFEN
umsichtig	DIPLOMATISCH	ungar. Stadt	FUENFKIRCHEN	Unterhändler	PARLAMENTAER
umwandeln	KONVERTIEREN	ungebildet	UNKULTIVIERT	Unterhaltsbeitrag, -geld	ALIMENTATION
umweltbedingt	PERISTATISCH	Ungenügen	INSUFFIZIENZ	Unterhaltung	KONVERSATION
unabhängig, ungebunden	SELBSTAENDIG	ungesetzlich	GESETZWIDRIG	Unterhaltungsindustrie	SHOWBUSINESS
Unabhängigkeitsbestrebung	SEPARATISMUS	ungesetzlich	RECHTSWIDRIG	Unterhaltungsliteratur	BELLETRISTIK
		Ungeziefervernichter	KAMMERJAEGER		
unannehmbar	INAKZEPTABEL	ungleichmäßig	ASYMMETRISCH	Unterrichtung	ORIENTIERUNG
unannehmbar	INDISKUTABEL	unhaltbar	INKONSISTENT	Untersagung	INTERDIKTION
unbare Zahlungsweise	UEBERWEISUNG	Uniformschmuck	ACHSELKLAPPE	unterschlagen	HINTERZIEHEN
		Uniformschmuck	ACHSELSTUECK		
unbedacht	LEICHTSINNIG	Uniformschmuck	ORDENSSPANGE	Unterschlagung	DEFRAUDATION
unbedeutend	GERINGFUEGIG	Unkenntnis	UNWISSENHEIT	Unterschlagung	VERUNTREUUNG
unbedeutend	NICHTSSAGEND	Unkosten	AUFWENDUNGEN		
unbedingt	PEREMTORISCH	unlogisch	INKONSEQUENT	unterste Schicht d. Atmosphäre	TROPOSPHAERE
		Unmenschlichkeit	BESTIALITAET		

unterwandern	INFILTRIEREN	verändern	MODIFIZIEREN	Verfehlung, Zuwiderhandlung	UEBERTRETUNG
Unterwanderung	INFILTRATION	Veränderung	MODIFIKATION	Verfeinerung	SUBLIMIERUNG
unterweltlich	ACHERONTISCH	veraltet f. Dienstalter	ANCIENNITAET	verflüssigen	KONDENSIEREN
Unterwerfung	KAPITULATION	veraltet f. Finanzwissenschaft	KAMERALISTIK	Verflüssigung	KONDENSATION
Unterwerfung	UNTERJOCHUNG			Vergeltung	KONTERSCHLAG
Unübertreffbares	NONPLUSULTRA	veranschaulichen	ILLUSTRIEREN	Vergeltungstrieb	RESSENTIMENT
unumstößliche Meinung	UEBERZEUGUNG	veranschaulichend	DEMONSTRATIV	vergeuden	VERSCHWENDEN
unvergleichbar	INKOMPARABEL	veranschlagen	VORBERECHNEN	Vergiftung	INTOXIKATION
Unvermögen	UNFAEHIGKEIT	veranstalten	ORGANISIEREN	verglaster Wohnraum	WINTERGARTEN
Unverschämtheit	DREISTIGKEIT	verantwortungsbewußt	GEWISSENHAFT	vergnüglich	PLAESIERLICH
Unversöhnlichkeit	INTRANSIGENZ	Verbandmaterial	HEFTPFLASTER	Vergütung	BONIFIKATION
unverständliche Sprache	KAUDERWELSCH	Verbilligung	ERMAESSIGUNG	verhältnismäßig	PROPORTIONAL
unverträglich	INKOMPATIBEL	Verbindung, Verflechtung	ZUSAMMENHANG	Verhältniswort	PRAEPOSITION
unwägbar	IMPONDERABEL	Verbindung aufnehmen	KONTAKTIEREN	verhängnisvoll	KATASTROPHAL
unzulänglich	INSUFFIZIENT			Verhaftung	INHAFTIERUNG
Urahn	URGROSSVATER	verblüfft	KONSTERNIERT	Verkaufsleiter (engl.)	SALESMANAGER
Uranwohner	EINGEBORENER	Verbreitung, Veröffentlichung	PROMULGATION	verklären	IDEALISIEREN
urkundlich	DIPLOMATISCH	Verdammung	KONDEMNATION	Verknöcherung	OSSIFIKATION
Urteil	ENTSCHEIDUNG	verdampfen	VAPORISIEREN	verkünden, verkündigen	BEKANNTGEBEN
Urtikaria	NESSELFIEBER	verderben	KORRUMPIEREN		
urtüml. Säugetierordnung	KLOAKENTIERE	verdichten	KOMPRIMIEREN	verläßlich, gewissenhaft	ZUVERLAESSIG
Urwelttier	PTEROSAURIER	verdichten	KONDENSIEREN	Verlangsamung	VERZOEGERUNG
Vagabund	HERUMTREIBER	Verdichtung	KONDENSATION	Verletzung	ABSCHUERFUNG
Vaterlandsliebe	PATRIOTISMUS	Verfassung	KONSTITUTION	verleugnen	DESAVOUIEREN
venezolanisch. See	MARACAIBOSEE	verfassunggeb. Versamml.	KONSTITUANTE	Verleumdung	DIFFAMIERUNG
venezolanisch. Stadt	BARQUISIMETO			vermenschlichen	HUMANISIEREN

Vermesser im Bergbau	MARKSCHEIDER	veruntreuen	DEFRAUDIEREN	volkstümlich für Zigarette	GLIMMSTENGEL
Vermittler	PARLAMENTAER	veruntreuen	HINTERZIEHEN	Volkstümlichkeit	POPULARITAET
Vermoderung	HUMIFIKATION	vervielfältigen	FOTOKOPIEREN	vollendete Tatsache	FAITACCOMPLI
verpflanztes Organ	TRANSPLANTAT	Vervielfältigung	HEKTOGRAPHIE	voll entwickelt	AUSGEWACHSEN
Verpflichtung	KAPITULATION	Verwahrung	HINTERLEGUNG	Vollmacht	AUTORISATION
verrechnen	KOMPENSIEREN	Verwaltungsbezirk	GOUVERNEMENT	vorantreiben	MOBILISIEREN
Vers	GEDICHTZEILE	Verwandlung	METAMORPHOSE	Vorausbestellung von Büchern	SUBSKRIPTION
Vers, Versfuß, -maß	ALEXANDRINER	Verwicklung	KOMPLIKATION		
Versager	BLINDGAENGER	verwirklichen	DURCHFUEHREN	voraussagend	PROGNOSTISCH
Versand	VERSCHICKUNG	Verwirklichung	REALISIERUNG	Vorbedeutung	PROGNOSTIKON
Verschiedenstimmigkeit	HETEROPHONIE	Verzagtheit	MUTLOSIGKEIT	vorbereiten	PRAEPARIEREN
verschlagen	HINTERLISTIG	verzögern	PROTRAHIEREN	Vorbereitung	PRAEPARATION
Verschlimmerung	KOMPLIKATION	verzweifelt	HOFFNUNGSLOS	vorbildlich	BEISPIELHAFT
Verschwörung	KONSPIRATION	Vielgötterei	POLYTHEISMUS	vorbildlich	EXEMPLARISCH
Verselbständigung	EMANZIPATION	Vierkanalübertragung	QUADROPHONIE	vorderasiatischer Staat	SAUDIARABIEN
verspotten	PERSIFLIEREN	viskos	DICKFLUESSIG		
verständlich	EINLEUCHTEND	Visum	SICHTVERMERK	Vorgeschichte	PRAEHISTORIE
		Vogelart	FELDSPERLING		
verständlich	INTELLIGIBEL	Vogelart	FELSENPIEPER	vorgeschichtl. Abschnitt	ALTSTEINZEIT
Verteilung	DISTRIBUTION	Vogelart	GELBSPOETTER		
Vertragsbestätigung	RATIFIKATION	Vogelart	HAUSSCHWALBE	vorgeschichtl. Menschentyp	NEANDERTALER
		Vogelart	HAUSSPERLING		
Vertrauensbruch	INDISKRETION	Vogelart	KRAGENTRAPPE	vorgeschichtl. Menschentyp	PEKINGMENSCH
		Vogelart	RAUHFUSSHUHN		
		Vogelart	RAUHFUSSKAUZ		
Vertreter der Anklage	STAATSANWALT	Vogelart	STERNTAUCHER		
		Vogelart	WASSERPIEPER	Vorhaut-Entfernung	BESCHNEIDUNG
		Vogelkunde	ORNITHOLOGIE		
Vertreter des Volkes	ABGEORDNETER	Volksgruppe	ANGELSACHSEN	Vorherrschaft	PRAEDOMINANZ
		volkstümlich f. Angler	PETRIJUENGER	Vorherrschaft	UEBERGEWICHT
Vertreter vor Gericht	RECHTSANWALT			vorherrschend	PRAEDOMINANT
		volkstümlich f. Durcheinander	KUDDELMUDDEL	Vorhersage, Weissagung	PROPHEZEIUNG
Verunglimpfung	DIFFAMIERUNG				

Vorkämpfer	AVANTGARDIST	Waldschädling	WEIDENBOHRER	weibl. Medienberuf	JOURNALISTIN
vornehm	DISTINGUIERT	walisische Grafschaft	DENBIGHSHIRE	Weichkäse	HUETTENKAESE
Vorort von Den Haag	SCHEVENINGEN	Walküre	SCHWERTLEITE	Weichkäse	SCHMELZKAESE
Vorratsraum	SPEISEKAMMER	Wallfahrt	PILGERSCHAFT	Weichkäse	STREICHKAESE
Vorrecht	PRAEROGATIVE	Wandel, Variation	VERAENDERUNG	Weihe	KONSEKRATION
vortrefflich	HERVORRAGEND	Warenbegleitpapier	LIEFERSCHEIN	weihen	KONSEKRIEREN
Vorurteil	BEFANGENHEIT	Warenbörsentransaktion	LOKOGESCHÄFT	Weinbergschädling	REBENSTECHER
Vorwegnahme	ANTIZIPATION			Wein-Bezeichnung	SCHILLERWEIN
vorwegnehmen	ANTIZIPIEREN	Warenübergabe	KONSIGNATION	Weinort am Rhein	JOHANNISBERG
Vorzeichen	PROGNOSTIKUM	Warmluftballon	MONTGOLFIERE	Weinort in Rheinland-Pfalz	BADDUERKHEIM
vorziehen	PRAEFERIEREN	Waschlappen, Pantoffelheld	SCHWAECHLING	Weinort in Rheinland-Pfalz	GIMMELDINGEN
vorzüglich	HERVORRAGEND	Wasserbaukunde	HYDROTECHNIK	Weinsorte	RUEDESHEIMER
Vulkan in Mexiko	POPOCATEPETL	wasserdicht	IMPRAEGNIERT	weißer Bordeauxwein	CHATEAUYQUEM
Waagenart	DEZIMALWAAGE	wasserdichte Fußbekleidung	GUMMISTIEFEL	weitblickend	VORAUSSEHEND
Wachstumsbeschleunigung	AKZELERATION	Wasserfee, -frau	MEERJUNGFRAU	weiterbestehend	FORTWAEHREND
Wachstumshormon	SOMATOTROPIN	Wassergeräusch	GEPLAETSCHER	Wellblechbaracke	NISSENHUETTE
Wärmekraftmaschine	DAMPFTURBINE	Wasserhülle der Erde	HYDROSPHAERE	Weltbeschreibung	KOSMOGRAPHIE
Wärmestauung	HYPERTHERMIE	Wassersport	TURMSPRINGEN	Weltenbummler	GLOBETROTTER
Waffengattung, Truppengattung	PANZERTRUPPE	Wassersport	WELLENREITEN	Werbeträger	MASSENMEDIEN
Wahn	HIRNGESPINST	Watvogel	KAMPFLAEUFER	Werken	HANDARBEITEN
Wahrheitserweis	VERIFIKATION	Watvogel	WASSERTRETER	Werkstückhalter	SCHRAUBSTOCK
Wahrzeichen v. Rügen	KREIDEFELSEN	Wechseljahre	KLIMAKTERIUM	Werkzeugmaschine	DRECHSELBANK
Wahrzeichen v. Venedig	MARKUSKIRCHE	wechselnd	ALTERNIEREND	Werkzeugmaschine f. Löcher	BOHRMASCHINE
Walart	GROENLANDWAL	Wechselrahmen	PASSEPARTOUT		
Waldbeere	PREISELBEERE	wechselwarm	POIKILOTHERM	Werturteil	BEGUTACHTUNG
Waldschädling	RINDENKAEFER	Wegbereiter	AVANTGARDIST		
		Wegelagerer	BUSCHKLEPPER		

wesentlich	SUBSTANTIELL	wiederum	ANDERERSEITS	Wohlstand	PROSPERITAET
westafrikan. Staat	GUINEABISSAU	Wiener Hausberg	LEOPOLDSBERG	wonnig	PARADIESISCH
		Wiener Stadtbezirk	LEOPOLDSTADT	Wucherblume	CHRYSANTHEME
westaustral. Fluß	FITZROYRIVER	Wiener Tänzerin	FANNYELSSLER	Wühlschlange	WURMSCHLANGE
westengl. Grafschaft	HERFORDSHIRE	Wildgeflügel	WALDSCHNEPFE	württ. Stadt am Neckar	SCHWENNINGEN
westeurop. Sprache	FRANZOESISCH	Wildragout	HASENPFEFFER	Würzkraut	PFEFFERKRAUT
westfälische Landschaft	MUENSTERLAND	Willfährigkeit	GEFUEGIGKEIT	Würzpflanze	GEWUERZKRAUT
		Winkinger, fand Amerika	LEIFERIKSSON	Würzpflanze	SCHNITTLAUCH
westfinnische Landschaft	OESTERBOTTEN	Winteraster	CHRYSANTHEME	wunderbar	MAERCHENHAFT
		Wintersportanlage	KUNSTEISBAHN	Wurmfortsatzentzündung	APPENDICITIS
westruss. Republik	BELORUSSLAND	Wintersportgerät	CURLINGSTEIN	Wurstart	STREICHWURST
westungar. Stadt an der Güns	STEINAMANGER			Wurstsorte	FLEISCHWURST
		Wintersportplatz bei Oslo	HOLMENKOLLEN	Wurstsorte	ZWIEBELWURST
wetteifern	KONKURRIEREN	winziges Krebstier	MUSCHELKREBS	Yellowstone-Zufluß	BIGHORNRIVER
wetteifern	RIVALISIEREN	wirklich	TATSAECHLICH	zänkischer Mensch	STREITHAMMEL
Wetterkunde	METEOROLOGIE	Wirklichkeitsstandpunkt	POSITIVISMUS		
widerrechtlich	GESETZWIDRIG			zahm	DOMESTIZIERT
widerrechtlich	RECHTSWIDRIG	Wirklichkeitstreue	NATURALISMUS	Zahnbettschwund	PARODONTITIS
widersprechen	PROTESTIEREN	Wirtschaftsform	KAPITALISMUS	Zeichengerät	WINKELMESSER
widersprüchlich	INKONSEQUENT	wißbegierig	INTERESSIERT	zeitgenössisch	KONTEMPORAER
Widerstreit	ANTAGONISMUS	wissenschaftl. Arbeitsraum	LABORATORIUM	Zeitungsschreiber	LEITARTIKLER
wieder aktiv machen	REAKTIVIEREN			Zeitungswesen	JOURNALISTIK
		wissenschaftl. Einführung	PROPAEDEUTIK	Zeitvertreib	RAETSELRATEN
Wiederaufbau, -herstellung	REGENERATION			Zeitvertreib, Zerstreuung	UNTERHALTUNG
wieder einbürgern	REPATRIIEREN	wissenschaftliche Abhandlung	DISSERTATION	Zellwucherung	HYPERTROPHIE
Wiederherst. d. guten Rufes	EHRENRETTUNG			Zeltgelände	CAMPINGPLATZ
		Wörterbuch, -verzeichnis	VOKABULARIUM	Zentralheizungsanlage	DAMPFHEIZUNG
Wiederherstellung	RESTAURATION				

Zerkleinerungsmaschine	SCHROTMUEHLE	Zusammenziehung	KONSTRIKTION
Zeugnis	BEGLAUBIGUNG	Zustand	KONSTITUTION
Zeugnisnote	BEFRIEDIGEND	Zustimmung	EINWILLIGUNG
Ziegenbart (Pilz)	KORALLENPILZ	zuteilen	PORTIONIEREN
		zuversichtlich	OPTIMISTISCH
zieren	VERSCHOENERN	Zwangsabgabe	KONTRIBUTION
Zierstaude	LERCHENSPORN	zweckbestimmter Verbund	ORGANISATION
Zisterzienser	GRAUEMOENCHE	zweifellos	UNBESTRITTEN
zollamtl. Bestätigung	SICHTVERMERK	Zweihänder-Schwert	BIDENHAENDER
zu, abgesperrt	VERSCHLOSSEN	zweijähriges Wildschwein	UEBERLAEUFER
Zuckersorte	INVERTZUCKER	Zweistromland	MESOPOTAMIEN
zündender Gedanke	GEISTESBLITZ	zwischen den Sternen	INTERSTELLAR
zufällig	AKZIDENTIELL		
Zugang	NEUERWERBUNG	Zwischeneiszeit	INTERGLAZIAL
zugespitzt	APHORISTISCH	zwischeneiszeitlich	INTERGLAZIAL
Zuname	FAMILIENNAME	zwischenstaatl. Recht	VOELKERRECHT
Zuneigung	FREUNDSCHAFT	Zwitter	HERMAPHRODIT
Zuordnung	KOORDINATION	Zwölftontechnik	DODEKAPHONIE
Zurechtweisung	MASSREGELUNG		
zurücksenden	RETOURNIEREN		
zusammendrücken	KOMPRIMIEREN		
zusammenfallen	KOINZIDIEREN		
zusammenlaufen	KONVERGIEREN		
zusammenpreßbar	KOMPRESSIBEL		
Zusammenschluß	GEMEINSCHAFT		
Zusammensetzung	KONSTRUKTION		
zusammenziehen	KONTRAHIEREN		

Aachener Sehenswürdigkeit	ELISENBRUNNEN
abbilden, darstellen	PORTRAETIEREN
Abenteurer	GLUECKSRITTER
Abfallaufbereitung	KOMPOSTIERUNG
abgrenzen	DETERMINIEREN
Abitur	REIFEPRUEFUNG
Abkommen, Abmachung	UEBEREINKUNFT
Ablehnung	MISSBILLIGUNG
Abmagerungsmaßnahme	REDUKTIONSKUR
abnorme Schädelgröße	MAKROKEPHALIE
abnutzen	VERSCHLEISSEN
Abwasser	SCHMUTZWASSER
ältester Schußwaffentyp	DONNERBUECHSE
Ämterverbund in einer Person	PERSONALUNION
ätzen	KAUTERISIEREN
afrikan. Berg	DSCHEBELMARRA
afrikan. Höhlenschwein	WARZENSCHWEIN
afrikan. See	TANGANJIKASEE
afrikan. Staat	ZENTRALAFRIKA
akadem. Examensnote	MAGNACUMLAUDE
akadem. Examensnote	SUMMACUMLAUDE
Akkordeon	HANDHARMONIKA
Akkordeon	ZIEHHARMONIKA
Aktensammlung	DOKUMENTATION
aktuell	GEGENWARTSNAH
Alleinerbe	UNIVERSALERBE
alles in allem (latein.)	SUMMASUMMARUM
Alligatorenart	BRILLENKAIMAN
Alpenbewohner	OESTERREICHER
Alpengebirgsstock	KAISERGEBIRGE
Alpenpflanze	ALPENVEILCHEN
alpines Urinsekt	GLETSCHERFLOH
alpine Truppe	GEBIRGSJAEGER
alte Leistungseinheit	PFERDESTAERKE
alte preuß. Goldmünze	FRIEDRICHSDOR
Altertümer	ANTIQUITAETEN
Altertumswissenschaftler	PALAEONTOLOGE
altmodisch	ALTFRAENKISCH
altröm. Zehntland	AGRIDECUMATES
altrömisch. König	NUMAPOMPILIUS
Altwarenhändler	LUMPENSAMMLER
amerikan. Flagge	STERNENBANNER
amerikan. Fluß	ARKANSASRIVER
amerikan. Fluß	SAVANNAHRIVER
amerikan. Popgruppe	MAMASANDPAPAS
amtl. Strafenverzeichnis	STRAFREGISTER
Amulett	SCHUTZZEICHEN
Analyse	AUFGLIEDERUNG
anbieten, überreichen	PRAESENTIEREN

Andacht	VERSUNKENHEIT	antik. Bauwerk in Trier	ROEMERBRUECKE
Aneignung	INBESITZNAHME	antik. Stadt in Kleinasien	HALIKARNASSOS
Anfänger	GRUENSCHNABEL		
anfänglich	URSPRUENGLICH		
Angeklagter	BESCHULDIGTER	Antikrebsmittel	ZYSTOSTATIKUM
angleichen	HARMONISIEREN	Anwalt	RECHTSBERATER
Anhänger einer Kunstrichtung	EXPRESSIONIST	apathisch	GLEICHGUELTIG
		Apfelsorte	GRAVENSTEINER
		Apostel Jesu	BARTHOLOMAEUS
Anhänger einer Kunstrichtung	IMPRESSIONIST	Arbeitsgefährtin	MITARBEITERIN
anhäufen	AGGLOMERIEREN	Arbeitspapier des Seemanns	SEEFAHRTSBUCH
Anhäufung	AGGLOMERATION	argentin. Stadt	PUERTODESEADO
Anklage	ANSCHULDIGUNG	Argonautenbeute	GOLDENESVLIES
ankündigen	SIGNALISIEREN		
Annäherung	APPROXIMATION	arid	AUSGETROCKNET
Annahme, Vermutung	UNTERSTELLUNG	Arkansas-Zufluß	CANADIANRIVER
		Armee, Truppen	STREITKRAEFTE
Annexion	EINVERLEIBUNG	Arminianer	REMONSTRANTEN
annullieren	ZURUECKZIEHEN	Aronstabgewächs	SCHLANGENWURZ
Anopheles	MALARIAMUECKE	Art des Jagdreitens	SCHNITZELJAGD
Anpassung	OPPORTUNISMUS		
Ansammlung	KONZENTRATION	Arzneimittelgrundstoff	SALIZYLSAEURE
anschauliche Vorführung	DEMONSTRATION	Arzneimittelkunde	PHARMAKOLOGIE
anschaulich machen	DEMONSTRIEREN	Arzneipflanze	BRUNNENKRESSE
Anschlagsäule	LITFASSSAEULE	Arzneizäpfchen	SUPPOSITORIUM
ansehnlich	BETRAECHTLICH	asiat. Gebirge	TRANSHIMALAJA
Ansiedlung	NIEDERLASSUNG	Aspekt	GESICHTSPUNKT
anständig, bieder	RECHTSCHAFFEN	assistieren, beistehen	UNTERSTUETZEN
Antennenart	RICHTSTRAHLER	assyr. König	TIGLATPILESER
antik	ALTERTUEMLICH	Asthma	KURZATMIGKEIT

Astronautik	WELTRAUMFAHRT	Ausspruchssammlung	ZITATENSCHATZ
Astronom	STERNKUNDIGER		
Atempause, Rast	UNTERBRECHUNG	austral. Außenbesitzung	NORFOLKINSELN
Atoll	KORALLENINSEL		
Atomanlage	KERNKRAFTWERK	austral. Berg	MOUNTAUGUSTUS
Atomreaktor	KERNKRAFTWERK	austral. Berg	MOUNTLINDESAY
Atrophie	MUSKELSCHWUND		
Attest	BESCHEINIGUNG	austral. Fluß in Queensland	FLINDERSRIVER
Auflage, Schuldigkeit	VERPFLICHTUNG		
Aufmerksamkeit	KONZENTRATION	austral. Inselgruppe	KEELINGINSELN
auftragshalber	KOMMISSARISCH	austral. Inselgruppe	PRINCEOFWALES
Aufzeichnung	NIEDERSCHRIFT	Auswurf	EXPEKTORATION
		autark	EIGENSTAENDIG
Augenarzt	OPHTHALMOLOGE	Automobil	KRAFTFAHRZEUG
Augenspiegel	OPHTHALMOSKOP	Auton. Sowjetrepublik	TSCHUWASCHIEN
Auktion	VERSTEIGERUNG	autonom	EIGENSTAENDIG
Ausbesserungsstätte	REPARATURWERK	Autonom. Sowjetrepublik	NACHITSCHEWAN
Ausdehnungspolitik	IMPERIALISMUS	Autorisation	ERMAECHTIGUNG
		Autoteil	STOSSDAEMPFER
aus dem Stegreif handeln	EXTEMPORIEREN	Autozubehör	ABSCHLEPPSEIL
Auseinandersetzung	KONFRONTATION	Bad im Nordschwarzwald	BADLIEBENZELL
ausgestorbene Vogelart	ARCHAEOPTERYX	bahnbrechend	REVOLUTIONAER
Ausgewogenheit	GLEICHGEWICHT	Bahnbrecher	SCHRITTMACHER
ausgezeichnet	PREISGEKROENT	Bakterienart	STREPTOKOKKUS
		Balance	GLEICHGEWICHT
Aushebegerät	LOEFFELBAGGER	Ballerina	SOLOTAENZERIN
Ausrufer	MARKTSCHREIER	Ballett-Aufzeichnung	CHOREOGRAPHIE
Ausschließlichkeit	EXKLUSIVITAET	Ballett-Einstudierung	CHOREOGRAPHiE
außergewöhnlich	EXTRAORDINAER	Ballettgruppe	CORPSDEBALLET

Ballett von Tschaikowsky	ROMEOUNDJULIA	Bebilderung	ILLUSTRIERUNG
Bandassel	STEINKRIECHER	Bedingung, Postulat	VORAUSSETZUNG
Baronesse	FREIFRAEULEIN	Beerensorte	JOHANNISBEERE
Bartschergerät	RASIERAPPARAT	befestigen, standfest machen	STABILISIEREN
Bassetthorn	ALTKLARINETTE	Befestigungswerk	FORTIFIKATION
Bassin	SCHWIMMBECKEN		
Bauchpilz	GITTERSCHWAMM	Beförderungsmittel	KRAFTFAHRZEUG
Bauchredner	VENTRILOQUIST		
Baumaschine	LOEFFELBAGGER	Befruchtung	FERTILISATION
baumbewohnendes Nagetier	EICHHOERNCHEN	Befruchtung	IMPRAEGNATION
		Befugnis	AUTORISIERUNG
		Befugnis	ERMAECHTIGUNG
baumbewohnendes Nagetier	EICHKAETZCHEN	Beginn	AUSGANGSPUNKT
		begrenzen	EINSCHRAENKEN
Baumhörnchen	FLUGHOERNCHEN	begründen	ARGUMENTIEREN
Bauwerk in Paris	ARCDETRIOMPHE	behäbig	SCHWERFAELLIG
Bauwerk in Venedig	RIALTOBRUECKE	Behelfsasyl	NOTUNTERKUNFT
		beherrscht	DISZIPLINIERT
bayer. Fürstenhaus	WITTELSBACHER	Beinsubstanz	KNOCHENGEWEBE
bayer. Herzogshaus	LUITPOLDINGER	Beinteil	UNTERSCHENKEL
		beispielhaft	MUSTERGUELTIG
bayer. Kurort im Chiemgau	MARQUARTSTEIN	Bekanntgabe	VERKUENDIGUNG
		Bekassine	SUMPFSCHNEPFE
bayer. Regierungsbezirk	MITTELFRANKEN	bekunden	DOKUMENTIEREN
		belästigen	INKOMMODIEREN
bayer. Stadt an der Waldnaab	TIRSCHENREUTH	Belehrung	UNTERRICHTUNG
		Benachrichtigung	AVERTISSEMENT
bayer. Stadt im Grabfeld	MELLRICHSTADT	Benachrichtigung	UNTERRICHTUNG
bayer. Volkstanz	SCHUHPLATTLER	benutzbar	EINSATZFAEHIG
Beatgruppe im Jazz	RHYTHMSECTION	bequeme Sitzgelegenheit	SCHAUKELSTUHL

berechnen, abschätzen	VERANSCHLAGEN	Beruf bei Bühne, Fernseh., Film	MASKENBILDNER
Bereitschaft zur Aktivität	EINSATZFREUDE	Berufsfachschule	HANDELSSCHULE
Bergbahn	DRAHTSEILBAHN	Berufsfußballer	LIZENZSPIELER
Berg bei Innsbruck	PATSCHERKOFEL	berufsmäßig	PROFESSIONELL
Berg bei Kassel	HOHERMEISSNER	Beruhigungsmittel	NEUROLEPTIKUM
Berg bei Zell am See	KITZSTEINHORN	Beruhigungsmittel	NEUROPLEGIKUM
Berg der Hohen Tauern	GROSSGLOCKNER	bescheiden	BEDUERFNISLOS
Berge zw. Fichtel- u. Erzgeb.	ELSTERGEBIRGE	Bescheidenheit	GENUEGSAMKEIT
Berg im Böhmerwald	PLOECKENSTEIN	Bescheinigung d. Mittellosigkeit	ARMUTSZEUGNIS
Berg im kanad. Felsengebirge	MOUNTCOLUMBIA	Beschlagnahme	SEQUESTRATION
Berg im Wienerwald	HERMANNSKOGEL	beschlagnahmen	SICHERSTELLEN
Berg in den Luganer Alpen	MONTEGENEROSO	beschönigend	EUPHEMISTISCH
Bergland in Vorarlberg	BREGENZERWALD	beschuldigen	INKRIMINIEREN
bergmänn. Beruf, Funktion	REVIERSTEIGER	Besonderheit	EXKLUSIVITAET
Berg mit der Gralsburg	MONTSALWATSCH	Besonderheit	SINGULARITAET
Bergzug beidseits der Weser	WESERBERGLAND	Bestärkung	BEKRAEFTIGUNG
Berichterstatter	KORRESPONDENT	bestimmen	DETERMINIEREN
Berliner See	SCHLACHTENSEE	Bestimmung	DETERMINATION
Berliner Stadtteil	REINICKENDORF	Bestürzung	KONSTERNATION
Berührung	FUEHLUNGNAHME	betäuben	NARKOTISIEREN
		Beteiligung	PARTIZIPATION
		Beteiligung	PARTNERSCHAFT
		Betonung	AKZENTUIERUNG
		Betrieb	ETABLISSEMENT
		beurkunden	DOKUMENTIEREN
		Beurkundung	DOKUMENTATION

Beurteilung	EINSCHAETZUNG	Boulevard	PRACHTSTRASSE
bevorrechten	PRIVILEGIEREN	Box-Ausdruck	LINKSAUSLEGER
Beweglichkeit	FLEXIBILITAET	brandenburg. Stadt a. d. Spree	FUERSTENWALDE
beweisen	DEMONSTRIEREN		
Beweisführung	ARGUMENTATION	brasilian. Berg	PICODANEBLINA
Beweisführung	DEMONSTRATION	brasilian. Hafenstadt	FLORIANOPOLIS
Beweisstück einer Straftat	CORPUSDELICTI	brasilian. Stadt	BELOHORIZONTE
Bewußtseinsspaltung	SCHIZOPHRENIE	Brauch, Brauchtum	GEPFLOGENHEIT
bezeichnend	SYMPTOMATISCH	Brautschmuck	JUNGFERNKRANZ
Bildberichter	PHOTOREPORTER	brav, ehrbar	RECHTSCHAFFEN
bildender Künstler	KUPFERSTECHER	Briefpartner	KORRESPONDENT
Bildhauer	HOLZSCHNITZER	brit. Auswärtiges Amt	FOREIGNOFFICE
Bildhauerwerkzeug	MODELLIERSTAB	britische Luftwaffe	ROYALAIRFORCE
Bildungsstätte	KUNSTAKADEMIE	Bronchienerweiterung	BRONCHIEKTASE
bindend	OBLIGATORISCH	Brücke	UEBERFUEHRUNG
Bläuling (Schmetterling)	DUKATENFALTER	Buch d. Pentateuchs	DEUTERONOMIUM
Blamage	BLOSSSTELLUNG	Buchdruckerberuf	METALLSTECHER
Blatthornkäfer	NASHORNKAEFER		
Bleibe	NACHTQUARTIER	Buchdruckerberuf	OFFSETDRUCKER
Blütenform	ROEHRENBLUETE		
blütenloses Gewächs	SPORENPFLANZE	Buchseiten-Überschrift	KOLUMNENTITEL
Bluff, Vortäuschung	VORSPIEGELUNG	Bücherverzeichnis	BIBLIOGRAPHIE
Blutbewegung	BLUTKREISLAUF	Bühnenstück v. Büchner	LEONCEUNDLENA
Blutstein	ROTEISENSTEIN	Bühnenstück v. Euripides	DIETROERINNEN
börsentechn. Begriff	MAJORISIERUNG	Bühnenstück v. Frisch	GRAFOEDERLAND
böswilliges Feuerlegen	BRANDSTIFTUNG		
Botanik	PFLANZENKUNDE		

Bühnenstück v. Goldoni	DASKAFFEEHAUS	Bug	SCHIFFSSPITZE
Bühnenstück v. Hauptmann	MICHAELKRAMER	Bulletin, Bekanntmachung	VERLAUTBARUNG
		Burg an der Salzach	HOHENSALZBURG
Bühnenstück v. Hauptmann	SCHLUCKUNDJAU	Burg in Österreich	HOCHOSTERWITZ
Bühnenstück v. Ibsen	DERVOLKSFEIND	Burg von Meißen	ALBRECHTSBURG
		Burg von Salzburg	HOHENSALZBURG
Bühnenstück v. Lessing	EMILIAGALOTTI	Burschenschaft	STUDENTENBUND
Bühnenstück v. Molière	DERMISANTHROP	Campingliegemöglichkeit	GUMMIMATRATZE
Bühnenstück v. Scribe	EINGLASWASSER	Charakteristik	KENNZEICHNUNG
Bühnenstück v. Sophokles	KOENIGOEDIPUS	charakteristisch	EIGENTUEMLICH
		charakteristisch	KENNZEICHNEND
Bühnenstück v. Sudermann	JOHANNISFEUER	chem. Indikator	LACKMUSPAPIER
		Chiffre	GEHEIMZEICHEN
Bühnenstück v. Williams	GLASMENAGERIE	chines. Stadt i. d. Mandschurei	TSCHANGTSCHUN
Bühnenstück v. Zuckmayer	KATHARINAKNIE	Cholera-Erreger	KOMMABAZILLUS
Bühnenstück von Gide	KOENIGOEDIPUS	christl. Fest	BUSSUNDBETTAG
		Chronik	JAHRESBERICHT
Bühnenstück von Goethe	TORQUATOTASSO	Cocktail	MISCHGETRAENK
		dämmendes Material	ISOLIERMITTEL
Bühnenstück von Hebbel	AGNESBERNAUER	dän. Hafenstadt am Kattegatt	FREDERIKSHAVN
Bühnenstück von Shakespeare	ROMEOUNDJULIA	Damen-Wäschestück	STRUMPFHALTER
Bühnenstück von Shakespeare	TIMONVONATHEN	Dampfmaschinenteil	DROSSELKLAPPE
		Darbietung	PRAESENTATION
Büroangestellte	STENOTYPISTIN	dauernd, fortwährend	UNAUFHOERLICH
Büro-Hilfsmittel	DIKTIERGERAET		

dazwischentreten	INTERVENIEREN	Druckentlastung	DEKOMPRESSION
Deklaration	INHALTSANGABE	Druckplatte ohne Halbtöne	STRICHAETZUNG
dekorieren	AUSSCHMUECKEN	dtsch. Barockbaumeister	DIENTZENHOFER
Demonstration	PROTESTMARSCH	dtsch. Bundesland	NIEDERSACHSEN
Deportation	VERSCHLEPPUNG		
deshalb	INFOLGEDESSEN	dtsch. Bundesland	SACHSENANHALT
Desillusionierung	ENTTAEUSCHUNG		
deutlich	VERSTAENDLICH	dtsch. Flugzeugbauer	MESSERSCHMITT
Dialog, Wechselrede	ZWIEGESPRAECH		
differenzieren	UNTERSCHEIDEN	dtsch. Fußballspieler	SCHWARZENBECK
Diktat	NIEDERSCHRIFT	dtsch. Gebirge bei Bonn	SIEBENGEBIRGE
Dilettant	NICHTFACHMANN		
Ding	ANGELEGENHEIT	dtsch. Lyriker u. Prosaist	NIEBELSCHUETZ
Dinosaurier	TYRANNOSAURUS		
Diplomatik	URKUNDENLEHRE	dtsch. Mathematiker, Astronom	REGIOMONTANUS
diplomatische Vertretung	GESANDTSCHAFT		
		dtsch. Meerbusen	DEUTSCHEBUCHT
Dirigent	KAPELLMEISTER		
Disharmonie	UNSTIMMIGKEIT	dtsch. Naturforscherfamilie	SCHLAGINTWEIT
Doggenart	DAENISCHDOGGE		
Doggenart	DEUTSCHEDOGGE	dtsch. Nordseehafen	WILHELMSHAVEN
Double	DOPPELSPIELER		
Double	ERSATZSPIELER	dtsch.-poln. Bucht	STETTINERHAFF
Drama von Hauptmann	ARMERHEINRICH		
		dtsch. Romanschriftstellerin	COURTHSMAHLER
Drangsal	MUEHSELIGKEIT		
Dreiecksberechnung	TRIGONOMETRIE	dtsch. Sagenfigur	RATTENFAENGER
Dreiecksegel	LATEINERSEGEL	dtsch. Schauspielerin	WEITERSHAUSEN
Dreieckslehre	TRIGONOMETRIE		
Dresseur, Dompteur	TIERBAENDIGER	Duckmäuser	DRUECKEBERGER
Drosselart	MISTELDROSSEL	durchkreuzen	HINTERTREIBEN

durchschnittlich	MITTELMAESSIG	Eingriff	EINFLUSSNAHME
durchtränken	IMPRAEGNIEREN	einheim. Giftpflanze	NACHTSCHATTEN
Dynastie	HERRSCHERHAUS	einheim. Giftpflanze	WASSERLOBELIE
Ebersche	VOGELBEERBAUM	einheim. Giftpilz	BIRKENREIZKER
Ebereschenfrucht	KRAMMETSBEERE	einheim. Giftpilz	SPEITAEUBLING
echt, natürlich	UNVERFAELSCHT	einheitlich	GLEICHMAESSIG
Edelfalter	LANDKAERTCHEN	Einkreisungsjagd	KESSELTREIBEN
Edelfalter	TAGPFAUENAUGE		
EDV-Beruf	PROGRAMMIERER	einmachen, haltbar machen	STERILISIEREN
EDV-Rechenbefehl	UNTERPROGRAMM	Einrichtung	ETABLISSEMENT
EDV-Zentrale	RECHENZENTRUM	Einsamkeit	VERLASSENHEIT
ehelos, ledig	UNVERHEIRATET	einschläfern	NARKOTISIEREN
ehem. abessinischer Kaiser	HAILESELASSIE	einsetzen	KONSTITUIEREN
		Eintopfgericht	PICHELSTEINER
ehem. preuß. Provinz	OBERSCHLESIEN	Einverleibung	INBESITZNAHME
Eheversprechen	HEIRATSANTRAG	Einverleibung	INKORPORATION
Ehrengabe	GRATIFIKATION	Einwand	GEGENARGUMENT
ehrenhaft	RECHTSCHAFFEN	Einzelaufzählung	SPEZIFIKATION
Ehrentitel	KOMMERZIENRAT	Einzelgänger	EIGENBROETLER
ehrlos	NICHTSWUERDIG	Einzelgänger	INDIVIDUALIST
Eigenbrötler	EINZELGAENGER		
eigensinnig	WIDERSPENSTIG	einzeln aufführen	SPEZIFIZIEREN
Eignung, Befähigung	QUALIFIKATION	Eiskunstlauf-Figur	HOCKPIROUETTE
Eile, Hast	SCHNELLIGKEIT	Eiskunstlauf-Figur	SITZPIROUETTE
eindringlich	AUSDRUECKLICH	Eislaufgerät	SCHLITTSCHUHE
einer d. Beatles (m. Vorn.)	PAULMCCARTNEY	elegant	GESCHMACKVOLL
		elektrochem. Verfahren	GALVANISIEREN
einfache Lochkamera	CAMERAOBSCURA	elektronischer Signalspeicher	MAGNETTROMMEL
eingreifen	INTERVENIEREN		

Empfindsamkeit, Feinfühligkeit	SENSIBILITAET	erhaben	MAJESTAETISCH
		Erholungsstätte	SOMMERFRISCHE
Empfindungsvermögen	SENSIBILITAET	erkennen	APPERZIPIEREN
		erklären	VERDEUTLICHEN
engherzig	PHILISTERHAFT	Erledigung	DURCHFUEHRUNG
engl. Handelsgewicht	HUNDREDWEIGHT	erlesen	GESCHMACKVOLL
		Erlöser	JESUSCHRISTUS
engl. Rockgruppe	ROLLINGSTONES	ermitteln, erkunden	RECHERCHIEREN
engl. Rockgruppe	TENYEARSAFTER	Ermittlung	NACHFORSCHUNG
		erneuern	MODERNISIEREN
engl. Thronfolgertitel	PRINCEOFWALES	Ernüchterung	ENTTAEUSCHUNG
		Erzählzeit	VERGANGENHEIT
engstirniger Mensch	SPIESSBUERGER	Erzieherehepaar	ADOPTIVELTERN
entbehrlich, unnötig	UEBERFLUESSIG	eßbarer Blätterpilz	TOTENTROMPETE
Enteignung	EXPROPRIATION	eßbarer Pilz	KAPUZINERPILZ
entkeimen	DESINFIZIEREN	etablierte Gesellschaft	ESTABLISHMENT
entkeimen	STERILISIEREN	Etat-Voranschlag	HAUSHALTSPLAN
Entkeimung, Haltbarmachung	STERILISATION	Etikette	UMGANGSFORMEN
		europäisch. Fürstentum	LIECHTENSTEIN
entmutigt	DEMORALISIERT		
entschlüsseln	DECHIFFRIEREN	europäischer Zwergstaat	LIECHTENSTEIN
entschuldigen	RECHTFERTIGEN		
entseuchen	DESINFIZIEREN	Evangelium	FROHBOTSCHAFT
entziffern	DECHIFFRIEREN	Exanthem	HAUTAUSSCHLAG
Episode	NEBENHANDLUNG	exemplarisch	MUSTERGUELTIG
Epoche	ZEITABSCHNITT		
Erfolg im Sport	MEISTERSCHAFT	Explosivstoff	SCHIESSPULVER
Erfordernis	NOTWENDIGKEIT	exquisit	AUSGEZEICHNET
		Extrablatt	SONDERAUSGABE
erforschen	RECHERCHIEREN	exzellent	AUSGEZEICHNET
Erforscher Grönlands	NORDENSKJOELD	Fachhochschule	KUNSTAKADEMIE
ergänzend	KOMPLEMENTAER	Fähigkeitsnachweis	QUALIFIKATION

Fahrerlaubnis	FUEHRERSCHEIN	findig	EINFALLSREICH
Falke, Falkenvogel	FELDEGGSFALKE	Fingerabdruck-Verfahren	DAKTYLOSKOPIE
Falkenvogel	RUETTELJAEGER	Finkenart	KANARIENVOGEL
Fall	ANGELEGENHEIT	Finkenvogel	KREUZSCHNABEL
Fallreep	SCHIFFSTREPPE	finnisch-ugrisches Volk	TSCHEREMISSEN
falsche zeitliche Einordnung	ANACHRONISMUS	Finte	SCHEINANGRIFF
		Firmenleitungsspitze	TOPMANAGEMENT
Farbenblindheit	ACHROMATOPSIE	Fisch	MODERLIESCHEN
feierl. Hochamt	MISSASOLEMNIS	Flaggoffizier	KONTERADMIRAL
feierl. Hochamt	PONTIFIKALAMT	Flegelei	UNGEZOGENHEIT
Fernsehaufzeichnungsgerät	VIDEORECORDER	fleischfressende Pflanze	KANNENPFLANZE
		Fleischware	LACHSSCHINKEN
Fertiggericht	TIEFKUEHLKOST	Fleischware	RAEUCHERSPECK
Fest der Bauern	ERNTEDANKFEST	Fliege	RETTICHFLIEGE
festigen	KONSOLIDIEREN	Fliege, Fliegenart	SCHWINGFLIEGE
festigen, sichern	STABILISIEREN	Fliegenart	SPARGELFLIEGE
festlegen	DETERMINIEREN	fliegender Fisch	STACHELBARSCH
feuchtigkeitsanziehend	HYGROSKOPISCH	Floristin	KRANZBINDERIN
Feuerwerker	PYROTECHNIKER	Flugzeugart	TRAGSCHRAUBER
Feuerwerker	SPRENGMEISTER	Flugzeugkanzel	PILOTENKABINE
Feuerwerkskörper	KANONENSCHLAG	Flugzeugtyp	CONSTELLATION
fiebersenkend. Mittel	ANTIPYRETIKUM	Fluß in Nevada (USA)	HUMBOLDTRIVER
Figur aus »Die Fledermaus«	PRINZORLOFSKY	Flußregulierung	KANALISIERUNG
Figur aus »The King and I«	CHULALONGKORN	Fluß zum Bodensee	BREGENZERACHE
Filmschriftsteller	DREHBUCHAUTOR	Förderanlage	TRANSPORTBAND
		förmlich	KONVENTIONELL
filmtechn. Beruf	FILMARCHITEKT	folgenschwer, verhängnisvoll	SCHICKSALHAFT
Filmzentrum in Bayern	GEISELGASTEIG	Fontäne	SPRINGBRUNNEN

formieren	KONSTITUIEREN	früh. Luxuszug	ORIENTEXPRESS
formlos, ungezwungen	UNZEREMONIELL	frühe Kulturepoche	JUNGSTEINZEIT
Forschungsanstalt, -stätte	VERSUCHSLABOR	frühere Fußbekleidung	SCHNABELSCHUH
fortdauernd	IMMERWAEHREND	Frühlingsblume	MAIGLOECKCHEN
Fotoreporter	BILDBERICHTER	Frustration	ENTTAEUSCHUNG
Frachtbrief	BEGLEITPAPIER	fünftes Buch Mose	DEUTERONOMIUM
Frage	INTERROGATION	Fürsorge-Institution	INNEREMISSION
fraglich, schwierig	PROBLEMATISCH	Fürstin	GROSSHERZOGIN
fragwürdig	PROBLEMATISCH	furchteinflößend	BEAENGSTIGEND
franz. Atomstreitmacht	FORCEDEFRAPPE	Fußballangriffsspieler	INNENSTUERMER
franz. Bürgerkönig	LOUISPHILIPPE	Fußballspieler	AUSSENLAEUFER
franz. Dichter, Politiker	CHATEAUBRIAND	Fußballspieler	MITTELLAEUFER
franz. Fischsuppe	BOUILLABAISSE	Gänseblümchen	TAUSENDSCHOEN
franz. klassiz. Maler	CLAUDELORRAIN	Gaffer	SCHAULUSTIGER
franz. Pazifik-Inselgruppe	NEUKALEDONIEN	Gartenblume	KUCKUCKSBLUME
franz. Stadt an der Vienne	CHATELLERAULT	Gartenblume, -pflanze	ALPENVEILCHEN
Frau v. Agamemnon	KLYTAEMNESTRA	Gartenblume, -pflanze	KOKARDENBLUME
Freiin	FREIFRAEULEIN	Gartenblume, -pflanze	LATERNENBLUME
Frevel	VERSUENDIGUNG	Gartengießgerät	RASENSPRENGER
Friktionsfolge	REIBUNGSHITZE	Gaskohle	RETORTENKOHLE
Frischhaltung	KONSERVIERUNG	Gaukelei	VORTAEUSCHUNG
Friseur	HAARKUENSTLER	Gauner	BAUERNFAENGER
Frisiergerät	LOCKENWICKLER	Gebärdenspiel	GESTIKULATION
Frömmigkeit	RELIGIOSITAET	Gebiet zwischen Husum u. Tondern	NORDFRIESLAND
Frohsinn	FROEHLICHKEIT	Gebirge in Frankreich	ZENTRALMASSIV

gebrauchsfertig	EINSATZBEREIT	Geliebte v. Herzog Albrecht v. Bayern	AGNESBERNAUER
Geburtenregelung	KONTRAZEPTION	Gemeinschaft	KOERPERSCHAFT
Geflügelfett	GAENSESCHMALZ	Gemeinschaftssinn	KAMERADSCHAFT
gefühllos, dickfellig	UNEMPFINDLICH	gemessen	GRAVITAETISCH
gefülltes Feingebäck	SCHILLERLOCKE	genehmigen, gutheißen	SANKTIONIEREN
Gegebenheit	KONSTELLATION	Generalbaß	BASSOCONTINUO
gegensätzlich	OPPOSITIONELL	General d. ostafr. Schutztruppe	LETTOWVORBECK
Gegenständlichkeit	OBJEKTIVITAET	Generation	MENSCHENALTER
gegenüberstellen	KONFRONTIEREN	Genesungsstätte	ERHOLUNGSHEIM
Gegenüberstellung	KONFRONTATION	geogr. Breitenkoordinate	STUNDENWINKEL
Gegenwart, Präsenz	VORHANDENSEIN	geologische Formation	UNTERKAMBRIUM
gegnerisch	OPPOSITIONELL	Gerät für die Strahlenmessung	GEIGERZAEHLER
geheimer Anschlag	VERSCHWOERUNG	geräucherter Fisch	SCHILLERLOCKE
Geißblattgewächs	HECKENKIRSCHE	Gerbmittel	QUEBRACHOHOLZ
Geißblattgewächs	SCHWARZHOLDER	Gericht f. Schwerst-Delikte	SCHWURGERICHT
Geistesschwäche	IMBEZILLITAET	gerichtliche Entscheidung	URTEILSSPRUCH
geistig	INTELLEKTUELL	Geruchsbeseitigung	DESODORIERUNG
geistig beschränkt	SCHWACHSINNIG	Gesamtheit	ALLGEMEINHEIT
geistige Abwesenheit	ZERSTREUTHEIT	Gesangsgruppe	VOKALENSEMBLE
geistl. Amt, Würdenträger	FUERSTBISCHOF	Geschäftsstelle	NIEDERLASSUNG
Geländeform	MITTELGEBIRGE		
Geldinstitut	KREDITANSTALT		
Geldinstitut	POSTSPARKASSE		

Geschichtsschreiber	HISTORIOGRAPH	Glaubersalz	NATRIUMSULFAT
Geschwindigkeitsbegriff	STUNDENMITTEL	Gleitflugzeug	SEGELFLUGZEUG
		Gletscherfloh	SPRINGSCHWANZ
gesellige Veranstaltung	BEISAMMENSEIN	Gliedmaßen	EXTREMITAETEN
Gesellschafter	KOMPLEMENTAER	Globetrotter, Tramp	WELTENBUMMLER
Gesellschaftsspiel	PFAENDERSPIEL	Glockenblumengewächs	TEUFELSKRALLE
Gesellschaftsspiel	VERSTECKSPIEL	Glosse	RANDBEMERKUNG
		Gluckenschmetterling	RINGELSPINNER
gesetzlich, authentisch	RECHTSGUELTIG	glücklicher Zustand	ZUFRIEDENHEIT
Gestirnskoordinate	REKTASZENSION	Glukose	TRAUBENZUCKER
		Götterdämmerung	WELTUNTERGANG
Getränk	SELTERSWASSER		
Getreideschädling	GETREIDEMOTTE	Goldfischart	TELESKOPFISCH
Gewähr	VERPFLICHTUNG	Golgotha	KALVARIENBERG
Gewandtheit	BEWEGLICHKEIT	Gottessohn	JESUSCHRISTUS
Gewebeart	KRAEUSELKREPP	Gourmet	FEINSCHMECKER
		Gralsburg	MONTSALWATSCH
Gewichtsklasse im Sport	LEICHTGEWICHT	graph. Beruf	KUPFERSTECHER
Gewissensbiß	SCHULDGEFUEHL	graph. Betrieb	BUCHDRUCKEREI
Gewitterschutz	BLITZABLEITER	graph. Produkt	AETZRADIERUNG
Gewölbeform	KREUZGEWOELBE	graph. Produkt	HANDZEICHNUNG
Gewölbeform	MULDENGEWÖLBE	graph. Produkt	METALLSCHNITT
Giftgas	KOHLENMONOXID	gratis	UNENTGELTLICH
giftiges Kohlengas	KOHLENMONOXID	gratis, kostenlos	UNENTGELTLICH
		graugelb	ISABELLFARBEN
Gipskraut	SCHLEIERKRAUT	Greifvogel	FALKENBUSSARD
Gitarrist der Rolling Stones	KEITHRICHARDS	Greifvogel	MAEUSEBUSSARD
		Grille	WEINHAEHNCHEN
Glanznummer, -punkt	BRAVOURSTUECK	großes Gepäckstück	SCHRANKKOFFER
Glaube	GOTTVERTRAUEN	Grossist	GROSSHAENDLER
		gründen	KONSTITUIEREN

Gründer der Anstalt Bethel	BODELSCHWINGH	Handreichung	HILFESTELLUNG
Gruppierung	KONSTELLATION	Hangar	FLUGZEUGHALLE
Gummi-Fertigung aus Kautschuk	VULKANISATION	Hartheu	JOHANNISKRAUT
		Hartriegel	KORNELKIRSCHE
		Hauptnenner	GENERALNENNER
Haarspalterei	WORTKLAUBEREI	Hauptstadt von Missouri (USA)	JEFFERSONCITY
Hackfleisch	SCHABEFLEISCH		
Hämatit	ROTEISENSTEIN	Hauptstadt von Nordbrabant	HERZOGENBUSCH
Häme, Gehässigkeit	SCHADENFREUDE		
Händlerin bei der Feldtruppe	MARKETENDERIN	Haushaltsgerät	WASCHMASCHINE
		Haut-, Gesichtsfleck	SOMMERSPROSSE
häufig besuchen	FREQUENTIEREN	Heerführer	FELDMARSCHALL
Hafenstadt in Guatemala	PUERTOBARRIOS	Heerschau	TRUPPENPARADE
		Heidelberger Hofnarr, Zwerg	KLEMENSPERKEO
Hafenstadt in Venezuela	PUERTOCABELLO		
		Heiland	JESUSCHRISTUS
Haftung	ERSATZPFLICHT	Heiliger d. Kirche	CHRISTOPHORUS
Hahnenfußgewächs	KUGELRANUNKEL	Heilmethode	HEILGYMNASTIK
Halbdunkel	SCHUMMERLICHT	Heilmittel	THERAPEUTIKUM
Halbwüste in den südl. USA	LLANOESTACADO	Heilpflanze	BOCKSHORNKLEE
		Heilpflanze	HABICHTSKRAUT
halsstarrig, eigensinnig	WIDERSPENSTIG	Heilpflanze	SPITZWEGERICH
		Heilversorgung	KRANKENPFLEGE
Haltbarmachung	KONSERVIERUNG	Heimat	HERKUNFTSLAND
Hamburger Promenade	JUNGFERNSTIEG	Heimlichkeit	LEISETRETEREI
		Heiratssymbol	MYRTENSTRAUSS
Handelsschiff	FRACHTDAMPFER	Hemmvorrichtung	TROMMELBREMSE
Handpflegemittel	NAGELREINIGER		
Handreichung	GEFAELLIGKEIT	Herabsetzung	DEKLASSIERUNG
Handreichung	HILFELEISTUNG	herkömmlich	KONVENTIONELL

herumstrolchen	VAGABUNDIEREN	hofieren, schöntun	UMSCHMEICHELN
Herumtreiber	LANDSTREICHER	hohe Fußbekleidung	SCHAFTSTIEFEL
hervorragend	AUSGEZEICHNET	hoher Offizier	FELDMARSCHALL
Herzog der Gallier	VERCINGETORIX	hohes Gebäude	AUSSICHTSTURM
hinterhältig	HEIMTUECKISCH	Hohltierklasse	KORALLENTIERE
hinters Licht führen	MYSTIFIZIEREN	Holländer	NIEDERLAENDER
		Holzbildhauer	BILDSCHNITZER
hinterziehen, veruntreuen	UNTERSCHLAGEN	Holzgeist	METHYLALKOHOL
		honett, ehrlich	RECHTSCHAFFEN
Hirtenbrief	SENDSCHREIBEN	Honigfalke	WESPENBUSSARD
Hirtentäschel (botan.)	TAESCHELKRAUT	Honigmond	FLITTERWOCHEN
Hochhaus	WOLKENKRATZER	Horizont	GESICHTSKREIS
hochwertig	AUSGEZEICHNET	Hormon	ENTEROGASTRON
		Hummer	ZEHNFUSSKREBS
höchster Berg der Appalachen	MOUNTMITCHELL	Hunderasse	AFFENPINSCHER
		Hunderasse	BOSTONTERRIER
höchster Berg in Österreich	GROSSGLOCKNER	Hunderasse	BULLENBEISSER
		Hunderasse	SCOTCHTERRIER
höchster Kurvenpunkt	SCHEITELPUNKT	Hunderasse	ZWERGPINSCHER
		Hungerkur	REDUKTIONSKUR
höchster nordam. Berg (Alaska)	MOUNTMCKINLEY	Hustenmittel	EUKALYPTUSOEL
		Hybris	VERMESSENHEIT
Höhenkreis	SCHEITELKREIS	hypnotisieren	EINSCHLAEFERN
Höhenzug in Hessen	REINHARDSWALD	Identifizierungsmittel	FINGERABDRUCK
Höhenzug zwischen Werra u. Fulda	KAUFUNGERWALD	immun	UNEMPFINDLICH
		Immunisierung	SCHUTZIMPFUNG
Höhepunkt	BRAVOURSTUECK	imponierend	EINDRUCKSVOLL
höherer Offizier	STABSOFFIZIER	Indianersprache	SCHOSCHONISCH
höherer Schüler	OBERTERTIANER	indisch. Politiker	MAHATMAGANDHI
höherer Schüler	UNTERPRIMANER	indisch. Territorium	PONDITSCHERRI
höhere Schule	REALGYMNASIUM		

indisch. Unionsstaat	MADHYAPRADESH	Jagdwaffe	HIRSCHFAENGER
Individualist	EINZELGAENGER	Journal	RECHNUNGSBUCH
Individualist	NONKONFORMIST	Journalist	FEUILLETONIST
Informatiker-Aufgabe	PROGRAMMIEREN	Journalist	KORRESPONDENT
Ingenieurschule	POLYTECHNIKUM	Juckflechte	NEURODERMITIS
Inka-Knüpfaufzeichnung	KNOTENSCHRIFT	jugosl. Hochgebirge	JULISCHEALPEN
innerlich fremd	UNSYMPATHISCH	Jugoslawe	MONTENEGRINER
Inschriftenkunde des Altertums	PALAEOGRAPHIE	jurist. Vergehen	RECHTSBEUGUNG
Insekt	SCHMETTERLING	Juwel	SCHMUCKSTUECK
Inselgruppe im südl. Pazifik	GILBERTINSELN	Käferart	SCHNELLKAEFER
		Käferfamilie (Schädlinge)	RUESSELKAEFER
Inselstaat im südl. Pazifik	FIDSCHIINSELN	Kälteoperationstechnik	KYROCHIRURGIE
Instandsetzung	RESTAURIERUNG	Käsesorte	RAEUCHERKAESE
Intellekt	DENKVERMOEGEN	Kakerlake	KUECHENSCHABE
interessiert, mitleidig	TEILNAHMSVOLL	Kaktee	FLUEGELKAKTUS
		Kaktee	MELONENKAKTUS
Intermezzo	ZWISCHENSPIEL	Kaktee	SAEULENKAKTUS
		Kaktee	SEEIGELKAKTUS
in Verbindung treten	KOMMUNIZIEREN	Kaltblüter	POIKILOTHERME
		kanad. Gewässer	HUDSONSTRASSE
irakisch. Politiker, Staatschef	SADDAMHUSSEIN	kanad. Insel	ELLESMERELAND
		kanad. Insel	VIKTORIAINSEL
iran. Politiker	RAFSANDSCHANI	kanad. Inselgruppe	BELCHERINSELN
Irbis	SCHNEELEOPARD	Kanarische Insel	FUERTEVENTURA
ital. Philosoph	GIORDANOBRUNO	Kannenkraut, Zinnkraut	SCHACHTELHALM
Jagdart	GROSSWILDJAGD	Kannibale	ANTHROPOPHAGE
jagdgerecht	WEIDMAENNISCH	Kardinaltugend	GERECHTIGKEIT
Jagdgewehr	DOPPELBUECHSE	Karnevals-Veranstaltung	FASCHINGSBALL
Jagdhundrasse	COCKERSPANIEL	Karo	WUERFELMUSTER
		Kartenspiel	EINUNDZWANZIG

kasach. Stadt am Irtysch	SEMIPALATINSK	Knochenmarkentzündung	OSTEOMYELITIS
kathol. Familienfest	ERSTKOMMUNION	Kochfisch	SUPPENKARPFEN
		Kollision	ZUSAMMENPRALL
kathol. Feiertag	ALLERHEILIGEN	Kollision	ZUSAMMENSTOSS
kathol. Missionsgesellschaft	SALVATORIANER	kolumb. Autor (Nobelpreis)	GARCIAMARQUEZ
		Kommando	BEFEHLSGEWALT
Katzenauge	RUECKSTRAHLER	Kommando	BEFEHLSSTELLE
Katzenjammer	ERNUECHTERUNG	kommunistische Staatsform	RAETEREPUBLIK
kaufmänn. Stellung, Tätigkeit	KORRESPONDENT	Komp. d. Operette »Die Fledermaus«	JOHANNSTRAUSS
kaukasischer Volksstamm	TSCHETSCHENEN	Komp. d. Operette »Wiener Blut«	JOHANNSTRAUSS
Keckheit	UNGENIERTHEIT		
Kelter	TRAUBENPRESSE		
Kernforschung	NUKLEARPHYSIK	Komp. v. »Eine Nacht in Venedig«	JOHANNSTRAUSS
Kfz-Zchn.	NUMMERNSCHILD		
Kidnapper	KINDESRAEUBER	Komplize	HELFERSHELFER
Kinderbuch v. Hoffmann	STRUWWELPETER	Komplize	MITSCHULDIGER
		Komplott, Konspiration	VERSCHWOERUNG
Kindlichkeit, Unreife	INFANTILITAET	Kompon. d. »Zigeunerbaron«	JOHANNSTRAUSS
kirchl. Feiertag	ERNTEDANKFEST	Komponist d. Marseillaise	ROUGETDELISLE
Kirschenart	SUESSWEICHSEL		
Klappzylinder	CHAPEAUCLAQUE	Kompromiß, Konvention	UEBEREINKUNFT
Kleingartenanlage	LAUBENKOLONIE	Konditorei	FEINBAECKEREI
Kleinschmetterling	EICHENWICKLER	Konferenz, Begegnung	ZUSAMMENKUNFT
Klettergewächs	RANKENPFLANZE		
Klipper	SCHNELLSEGLER	Konzession	ZUGESTAENDNIS
Kloster in der Schweiz	SANKTBERNHARD	Kopfverletzung	SCHAEDELBRUCH
		Korbblütler	HABICHTSKRAUT
Knochen des Brustkorbs	SCHULTERBLATT	Koronararterien	KRANZGEFAESSE

Kosmetik	KOERPERPFLEGE
Krämer	KLEINHAENDLER
krampflösend. Mittel	SPASMOLYTIKUM
Kreidefelsen auf Rügen	STUBBENKAMMER
Kreuzblümchen	TAUSENDSCHOEN
Kreuzblüter	BRUNNENKRESSE
Kreuzigungsstätte Jesu	KALVARIENBERG
kriecherisches Benehmen	BYZANTINISMUS
Kriechtierordnung	SCHILDKROETEN
Küchenmöbel	HAENGESCHRANK
kühl, sachlich	UNPERSOENLICH
Kühlschrankabteil	TIEFKUEHLFACH
kühn	UNERSCHROCKEN
Kugelbakterie	STAPHYLOKOKKE
Kultivierung	PFLANZENZUCHT
Kultrequisit	RAEUCHERKERZE
Kundgebung	DEMONSTRATION
Kunstdüngergemisch	NITROPHOSPHAT
Kupferkesselmacher	KUPFERSCHMIED
Kupferoxid	SCHWARZKUPFER
Kupfersulfat	KUPFERVITRIOL
Kur	HEILVERFAHREN
Kur-Einrichtung	ERHOLUNGSHEIM
Kurort am Thüringer Wald	FRIEDRICHRODA
Kurort bei Hildesheim	SALZDETHFURTH
Kurort im Salzkammergut	SANKTWOLFGANG
Kurort im Südharz	BADLAUTERBERG
Kurs	FAHRTRICHTUNG
kurzlebiges Insekt	EINTAGSFLIEGE
Laborgefäß	SCHMELZTIEGEL
Lästerung, Fluch	VERWUENSCHUNG
Läufer	LANGSTRECKLER
Lage	KONSTELLATION
Lagerraum	VORRATSKAMMER
Laie	NICHTFACHMANN
laienhaft	DILETTANTISCH
Lampion	PAPIERLATERNE
Landschaft in Brandenburg	NIEDERLAUSITZ
Landwirtschaftszweig	GETREIDEANBAU
Larve	GESICHTSMASKE
Laufkäfer	PUPPENRAEUBER
Lausbub	DREIKAESEHOCH
ledig	ALLEINSTEHEND
Leguminose	HUELSENFRUCHT
Lehre v.d. Entstehung d. Menschen	ANTHROPOGENIE
Lehre vom Menschen	ANTHROPOLOGIE
Lehrgang	SCHULUNGSKURS
leichtathletische Disziplin, Übung	HINDERNISLAUF
leichtathletische Disziplin, Übung	STAFETTENLAUF
leichter Schwachsinn	IMBEZILLITAET
leichtes Mädchen	LIEBEDIENERIN

Leineneinband m. Lederrücken	HALBFRANZBAND	Mannschaftsdienstgrad	OBERGEFREITER
Leiter einer Redaktion	CHEFREDAKTEUR	Marderart	STREIFENSKUNK
		Marinedienstgrad	KONTERADMIRAL
Leiter eines Orchesters	KAPELLMEISTER	Marinedienstgrad	OBERBOOTSMANN
Lerchenart	KURZZEHLERCHE	Marinediensstellung	FLAGGOFFIZIER
Leuchtgasbrenner	BUNSENBRENNER		
Leugnung der Erkenntnisfähigkeit	AGNOSTIZISMUS	Marke	FIRMENZEICHEN
		Marke vor dem Fußballtorraum	ELFMETERPUNKT
Libelle	WASSERJUNGFER		
libysch. Provinz, Landesteil	TRIPOLITANIEN	Massenaufmarsch	DEMONSTRATION
Lichtheilverfahren	PHOTOTHERAPIE	Massenkundgebung	DEMONSTRATION
Lied eines Staates	NATIONALHYMNE	Maulschelle	BACKENSTREICH
Likör	APRICOTBRANDY	mecklenburg. See	KUMMEROWERSEE
Liliengewächs	MADONNENLILIE		
Liliengewächs	MAIGLOECKCHEN	mecklenburg. Seebad	KUEHLUNGSBORN
Liliengewächs	SCHATTENBLUME	medizin. Diagnoseverfahren	SZINTIGRAPHIE
Lippenblütler	BASILIENKRAUT		
Literaturverzeichnis	BIBLIOGRAPHIE	Meerenge zwischen Amerika u. Asien	BERINGSTRASSE
Lymphknotenentzündung	LYMPHADENITIS	Meereskunde	OZEANOGRAPHIE
lyrisch	STIMMUNGSVOLL	Meinungsäußerung	STELLUNGNAHME
Machterweiterungspolitik	IMPERIALISMUS	Melisse, Würzkraut	ZITRONENKRAUT
Männername	BARTHOLOMAEUS	Menschenfresser	ANTHROPOPHAGE
Märchenfigur	ASCHENBROEDEL	Menschenfresserei	KANNIBALISMUS
Märchenfigur	BAERENHAEUTER	Menschenkunde	ANTHROPOLOGIE
Malaria	WECHSELFIEBER		
		Menschenliebe	PHILANTHROPIE

Menschenraub	VERSCHLEPPUNG	Mißverhältnis	DISPROPORTION
Mesner	KIRCHENDIENER	Mitspracherecht	MITBESTIMMUNG
Mesopotamien	ZWEISTROMLAND	Mittäter, Komplize	SPIESSGESELLE
Meßgerät f. Radioaktivität	GEIGERZAEHLER	Mitteilung	KOMMUNIKATION
Meteoritenstrom	SCHNUPPENFALL	mittelengl. Grafschaft	HERTFORDSHIRE
mexikan. Badeort	PICODEORIZABA	mittelengl. Stadt	WOLVERHAMPTON
mexikan. Berg	PICODEORIZABA	Mitteleuropäer	OESTERREICHER
mexikan. Staat	SANLUISPOTOSI	Mittel gegen Pilzbefall	ANTIMYKOTIKUM
Mietwagenlenker	TAXICHAUFFEUR	Mittelsmann, Parlamentär	UNTERHAENDLER
Mikroklin-Abart	AMAZONENSTEIN		
militär. Dienstgrad, Rang	UNTEROFFIZIER	mittlerer Teil der Erdatmosphäre	STRATOSPHAERE
militär. Führung	HAUPTQUARTIER	Mode	ZEITGESCHMACK
militär. Führung	HEERESLEITUNG	modern. Malstift	FILZSCHREIBER
militär. Grußform	PRAESENTIEREN	Möglichkeit	EVENTUALITAET
militär. Salutformation	EHRENKOMPANIE	Mönchsorden	ZISTERZIENSER
militär. Training, Übung	GEPAECKMARSCH	Momentaufnahme	SCHNAPPSCHUSS
militärisch. Dienstgrad	OBERFELDWEBEL	Mondbeschreibung	SELENOGRAPHIE
militärisch. Kapelle	SPIELMANNSZUG	Mondsüchtigkeit	SCHLAFWANDELN
Minderwertigkeit	INFERIORITAET	morsen, drahten	TELEGRAFIEREN
Ministerpräsident	REICHSKANZLER	Motorradteil	FUSSSCHALTUNG
minorenn	MINDERJAEHRIG	Motorradteil	TELESKOPGABEL
miserabel	BEDAUERNSWERT	Mühe	SCHWIERIGKEIT
mißhandeln	MALTRAETIEREN	Münchner Gemäldegalerie	SCHACKGALERIE
Mississippi-Zufluß	ILLINOISRIVER	Münster	KLOSTERKIRCHE
		Museum	KUNSTSAMMLUNG
mißtönend	DISHARMONISCH	Musical v. Bernstein	WESTSIDESTORY

Musik-Ensemble	BLASORCHESTER	Nebennierenrindenhormon	KORTIKOSTERID
Musikinstrument	GLASHARMONIKA	Nebennierenrindenhormon	KORTIKOSTERON
Mutter v. Elektra	KLYTAEMNESTRA	neidisch	EIFERSUECHTIG
Mutter v. Iphigenie	KLYTAEMNESTRA	Nesseltiere	ZOELENTERATEN
Mutter v. Orest	KLYTAEMNESTRA	Nesthäkchen	NACHKOEMMLING
mysteriös	GEHEIMNISVOLL	Neuling	GRUENSCHNABEL
nachahmen, wiedergeben	REPRODUZIEREN	Neuralgie	NERVENSCHMERZ
nach außen gewandt	EXTRAVERTIERT	neuseeländ. Inselgruppe	CHATHAMINSELN
Nachdruck	AKZENTUIERUNG	nicht freigestellt	OBLIGATORISCH
Nachforschung	INVESTIGATION	niederländ. Landschaft	WESTFRIESLAND
nachimpression. Malstil	POINTILLISMUS	niederösterr. Gebirge	LEITHAGEBIRGE
nach innen gewandt	INTROVERTIERT	niedersächs. Stadt an d. Lutter	KOENIGSLUTTER
Nachlaß-Betrüger	ERBSCHLEICHER	niedersächs. Stadt an der Oker	WOLFENBUETTEL
Nachruf	ABSCHIEDSREDE	Nießbrauch	NUTZUNGSRECHT
Nachruf	ABSCHIEDSWORT	nordamerikan. Wasserfälle	NIAGARAFAELLE
Nachschlagewerk	ENZYKLOPAEDIE	norddtsch. Kanal	HADELNERKANAL
Nachtfalter	EICHENSPINNER	nordindisch. Staat	UTTARPRADESCH
Nähe	NACHBARSCHAFT	nordkanad. Insel	MELVILLEINSEL
Nagetier	BAUMSCHLAEFER	nordostnorweg. Bucht	VARANGERFJORD
Naturalisation	EINBUERGERUNG	nordschwed. Landkreis	VAESTERBOTTEN
Naturschutzgebiet in Afrika	ETOSCHAPFANNE	Nordtiroler Gebirge	KAISERGEBIRGE
Nazi-Judenpogrom	KRISTALLNACHT		
Nebenmeer d. Mittelmeers	SCHWARZESMEER		
Nebennierenrindenhormon	HYDROCORTISON		

Nothelfer	CHRISTOPHORUS	Offenbarung	MANIFESTATION
Nützlichkeitsdenken	UTILITARISMUS	Offizier	GENERALOBERST
Nutzungsentgelt	LIZENZGEBUEHR	Ohio-Zufluß	KENTUCKYRIVER
oberbay. Kurort	BERCHTESGADEN	ohne Vorbehalt	BEDINGUNGSLOS
oberfränk. Kurort	ALEXANDERSBAD	ohnmächtig	BESINNUNGSLOS
oberfränk. Stadt an d. Saale	SCHWARZENBACH	Ohrfeige	BACKENSTREICH
		olymp. Disziplin, Sportart	DRESSURREITEN
Oberhaupt des Lamaismus	PANTSCHENLAMA	olymp. Disziplin, Sportart	KUNSTTURNEN
		operative Entbindung	KAISERSCHNITT
Öffentlichkeit	ALLGEMEINHEIT	Operette von Dostal	EXTRABLAETTER
österr. Alpenlandschaft	SALZKAMMERGUT	Operette von Kalman	GRAEFINMARIZA
österr. Ehrentitel	KOMMERZIALRAT	Operette von Lehár	DERZAREWITSCH
österr. Feldmarschall	SCHWARZENBERG	Operette von Lehar	ZIGEUNERLIEBE
österr. Kaiserin	MARIATHERESIA	Operette von Millöcker	BETTELSTUDENT
österr. Kurort	BADHOFGASTEIN	Operette von Stolz	TANZINSGLUECK
österr. Maler	HUNDERTWASSER	Operette von Strauß	DIEFLEDERMAUS
österr. Musikerfamilie	HELLMESBERGER	Operette von Strauss	ZIGEUNERBARON
österr. Psychiater (Nobelpr.)	WAGNERJAUREGG	Operette von Ziehrer	LANDSTREICHER
österr. Romanschriftsteller	LERNETHOLENIA	Oper von Boieldieu	DIEWEISSEDAME
österr. Staatsmann	SCHWARZENBERG	Oper von Britten	ALBERTHERRING
österr.-ungar. See	NEUSIEDLERSEE	Oper von Humperdinck	KOENIGSKINDER
Österreicher	BURGENLAENDER	Oper von Lortzing	WAFFENSCHMIED
Österreicher	STEIERMAERKER	Oper von Meyerbeer	DIEHUGENOTTEN
offenbaren, bekunden	MANIFESTIEREN	Oper von Orff	DIEBERNAUERIN

Oper von Pfitzner	CHRISTELFLEIN	Pariser Prachtstraße	CHAMPSELYSEES
Oper von Strauss	ROSENKAVALIER	Pariser Siegesdenkmal	ARCDETRIOMPHE
Oper von Verdi	DERTROUBADOUR	Pariser Universitätsviertel	QUARTIERLATIN
Oper von Verdi	EINMASKENBALL	Partisan	FREISCHAERLER
Oper von Wolf	DERCORREGIDOR	Paß in den Berner Alpen	LOETSCHENBERG
Oratorium von Händel	ALEXANDERFEST	pazif. Inselgruppe	SALOMONINSELN
Orchesterleiter	KAPELLMEISTER	pazif. Vogelart	PARADIESVOGEL
Orchidee	HUMMELSTENDEL	Pension, Verpflegung	VERKOESTIGUNG
Orchidee	KUCKUCKSBLUME	perfektes Können	MEISTERSCHAFT
Ordination	PRIESTERWEIHE	persönl. haftend. Gesellschafter	KOMPLEMENTAER
Orgie	AUSSCHWEIFUNG	Pfannkuchen	PALATSCHINKEN
Ortsansässiger	EINHEIMISCHER	Pferd, Pferdeart	APFELSCHIMMEL
ostaustral. Bundesstaat	NEWSOUTHWALES	Pferde-Hinderniswettbewerb	HUERDENRENNEN
ostengl. Hafenstadt	GREATYARMOUTH	Pferdesportart	DRESSURREITEN
osteurop. Republik	WEISSRUSSLAND	Pferdesportart	TURNIERREITEN
ostkanad. Fluß	EASTMAINRIVER	Pflanzenfamilie	KREUZBLUETLER
ostkanad. Halbinsel	NEUSCHOTTLAND	pflanzlich	VEGETABILISCH
ostkanad. Provinz	NEUSCHOTTLAND	philosophisch. Richtung, Zweig	MATERIALISMUS
Ostseebad am Fehmarnsund	HEILIGENHAFEN	physikal. Kraftlieferant	ENERGIEQUELLE
ostsibirisches Gebirge	KOLYMAGEBIRGE	Pilzart	FALTENSCHWAMM
Ovulationshemmer	ANTIBABYPILLE	Pilzart	GOLDBRAETLING
pakistan. Provinz	BELUTSCHISTAN	Pilzart	KAISERSCHWAMM
Paniermehl	SEMMELBROESEL	Pilzart	KASTANIENPILZ
Papageienart	NESTORPAPAGEI	Pilzart	KNOBLAUCHPILZ
Papageienart	WELLENSITTICH	Pilzart	PERLENSCHWAMM
Papierformat	KANZLEIFORMAT	Pilzart	SCHAFEGERLING

Pilzart	TANNENREIZKER
Pilzerkrankung der Haut	DERMATOMYKOSE
pilzhemmend	FUNGISTATISCH
Piment	NELKENPFEFFER
Plejaden	SIEBENGESTIRN
polit.-militär. Entspannung	DISENGAGEMENT
polit. Umsturz	STAATSSTREICH
polit. Umzug	PROTESTMARSCH
politisch. Grundrecht	MENSCHENRECHT
politische Neutralität	BLOCKFREIHEIT
poln. Schriftsteller	PRZYBYSZEWSKI
polnische Stadt an der Warthe	TSCHENSTOCHAU
Popmusik-Solist	JOSEFELICIANO
Popmusik-Solist	LEONHARDCOHEN
Popmusik-Solist	RORYGALLAGHER
Popmusik-Solistin	JULIEDRISCOLL
Popmusik-Solist (Rockmusik-Solist)	JERRYLEELEWIS
Popmusik-Solist (Rockmusik-Solist)	KRISTOFFERSON
Presseberichter	KORRESPONDENT
Pressefotograf	BILDBERICHTER
preuß.-dtsch. Kriegsorden	EISERNESKREUZ
Primaten	MENSCHENAFFEN
Problem, Problematik	FRAGESTELLUNG
Problem, Problematik	SCHWIERIGKEIT
Profil	SEITENANSICHT
protestantisch. Feiertag	BUSSUNDBETTAG
Protestaufmarsch	DEMONSTRATION
protestieren, maulen	WIDERSPRECHEN
Protokoll	NIEDERSCHRIFT
provenzalischer Wallfahrtsort	SAINTESMARIES
Prunkotter	KORALLENOTTER
pünktlich	TERMINGERECHT
Pumphose	KNICKERBOCKER
Puppenspielform	SCHATTENSPIEL
Putsch	STAATSSTREICH
Putzfrau	RAUMPFLEGERIN
quälen	MALTRAETIEREN
Qualitätserzeugnis	MARKENARTIKEL
Querpfeife	PIKKOLOFLOETE
Quittung	BESCHEINIGUNG
radioakt. Verseuchung	KONTAMINATION
Radwettbewerb	FLIEGERRENNEN
Rätselart	BILDERRAETSEL
Rätselart	ROESSELSPRUNG
Rätselart	SILBENRAETSEL
Rätselart	SYMBOLRAETSEL
Rätselart	WAPPENRAETSEL
rätselhaft	GEHEIMNISVOLL
rätselhaft	UNERKLAERLICH
räuberische Seeschnecke	NABELSCHNECKE
Rallenvogel	WACHTELKOENIG

Ramsch	SCHLEUDERWARE
Rasanz, Tempo	SCHNELLIGKEIT
Raumfahrt-Unternehmen	ERDUMKREISUNG
Raumgehalt bei Schiffen	REGISTERTONNE
Raumordnung	LANDESPLANUNG
Recht f. Arbeitnehmer	ARBEITSSCHUTZ
Rechtfertigung	JUSTIFIKATION
Redakteur	SCHRIFTLEITER
Regenbogenfarbe	SPEKTRALFARBE
Regenpfeifer, Schnepfenvogel	STRANDLAEUFER
Regenpfeifervogel	WASSERLAEUFER
Regierungschef	BUNDESKANZLER
Register	INHALTSANGABE
Reichweite	AKTIONSRADIUS
Reichweite	WIRKUNGSKREIS
Reiher	SCHUHSCHNABEL
Reiterspiel der Ritterzeit	LANZENSTECHEN
religiöse Bildungsstätte	KLOSTERSCHULE
Religionsstifter	JESUSCHRISTUS
Rest	UEBERBLEIBSEL
Reue	GEWISSENSBISS
Revision	UEBERPRUEFUNG
Richtantenne	FERRITANTENNE
richtigstellen	REKTIFIZIEREN
Richtungsveränderung	KURSKORREKTUR
Riemenfisch	HERINGSKOENIG
Riesenschlange	TIGERSCHLANGE
Rippengewölbe	STERNGEWOELBE
Rivalin	NEBENBUHLERIN
robustes Automobil	GELAENDEWAGEN
Rochenart	STACHELROCHEN
Rochenart	TEUFELSROCHEN
Röhrenschwamm (Pilz)	KAPUZINERPILZ
römisch. Bauwerk	VILLABORGHESE
römisch. Seehafen	CIVITAVECCHIA
Roman v. Anzengruber	STERNSTEINHOF
Roman v. Lagerlöf	GOESTABERLING
Roman v. Lenz	DEUTSCHSTUNDE
Rotationsdruckmaschine	SCHNELLPRESSE
roter Bordeauxwein	CHATEAULATOUR
Rotschwanz (Schmetterling)	BUCHENSPINNER
Rotwelsch	GAUNERSPRACHE
Rückschau	RETROSPEKTIVE
rügen, maßregeln	ZURECHTWEISEN
Ruin, Pleite	ZUSAMMENBRUCH
rumänische Landschaft	SIEBENBUERGEN
rundfunktechn. Schaltung	RUECKKOPPLUNG
rundfunktechn. Signal	PAUSENZEICHEN
russ. Mathematiker	LOBATSCHEWSKI

russ. Schriftsteller	RADISCHTSCHEW	Schicht d. Sonnenatmosphäre	CHROMOSPHAERE
russ. symbolist. Dichter	MERESCHKOWSKI	Schicht der Erdatmosphäre	STRATOSPHAERE
russisch. Komponist	KATSCHATURIAN	Schichtenkunde	STRATIGRAPHIE
russische Stadt am Ural	TSCHELJABINSK	Schießpulver	SCHWARZPULVER
Sache	ANGELEGENHEIT	Schifferklavier	HANDHARMONIKA
Sachlichkeit	OBJEKTIVITAET	Schifffahrtsweg	WASSERSTRASSE
Sackniere	HYDRONEPHROSE	Schiffskobold	KLABAUTERMANN
sächs. Stadt im Erzgebirge	SCHWARZENBERG	schikanieren	DRANGSALIEREN
Säugetierordnung	PELZFLATTERER	schikanieren	MALTRAETIEREN
Säugetierordnung	SCHUPPENTIERE	Schildfisch	SCHIFFSHALTER
Safe, Tresor	PANZERSCHRANK	Schlachtort bei Waterloo	BELLEALLIANCE
Saldo	SCHLUSSBILANZ	Schlackwurst	ZERVELATWURST
Salpeter	NATRIUMNITRAT	Schlangenmensch	KONTORSIONIST
Salpetersäure	SCHEIDEWASSER	Schlichtungsentscheid	SCHIEDSSPRUCH
Sammlung	KONZENTRATION	Schloß bei Kassel	WILHELMSHOEHE
Sammlung von Briefen	KORRESPONDENZ	Schloß bei Paris	FONTAINEBLEAU
Satzzeichensetzung	INTERPUNKTION	Schloß in Potsdam	CHARLOTTENHOF
Schädelknochen	SCHLAEFENBEIN	Schmarotzerfliege	FLEISCHFLIEGE
Schädelteil	BACKENKNOCHEN	Schmelzschupper	FLOESSELHECHT
schätzen	UEBERSCHLAGEN	Schmerzensmutter (Kunst)	MATERDOLOROSA
Schallboden	RESONANZBODEN	Schmetterlingsart	ALPENGELBLING
Scharfeinstellung der Augen	AKKOMMODATION	Schmetterlingsart	BAERENSPINNER
Schauspiel	BUEHNENSTUECK		
Schauspiel	THEATERSTUECK		
Scherzgedicht	SCHUETTELREIM		

Schmetterlingsart	BAUMWEISSLING	Schulart	GEWERBESCHULE
Schmetterlingsart	FLECKENFALTER	Schuldgefühl	GEWISSENSBISS
Schmetterlingsart	FLECKLEIBBAER	Schuldigwerdung	VERSUENDIGUNG
Schmetterlingsart	KOHLWEISSLING	Schuppenbaum	LEPIDODENDRON
Schmetterlingsart	MOHRENSPANNER	Schutzimpfung	IMMUNISIERUNG
Schmetterlingsart	PAPPELSPINNER	Schutzpatron d. Gärtner	CHRISTOPHORUS
Schmetterlingsart	PYRAMIDENEULE	Schutzpatron der Autofahrer	CHRISTOPHORUS
Schmetterlingsart	SEIDENSPINNER	Schutzpatron der Reisenden	CHRISTOPHORUS
Schmetterlingsart	SENFWEISSLING	schwache Stelle	ACHILLESFERSE
Schmetterlingsart	TAUBENSCHWANZ	Schwängerung	IMPRAEGNATION
Schneckenart	ACKERSCHNECKE	schwärmerische Verehrung	VERGOETTERUNG
Schneckenart	NACKTSCHNECKE	Schwätzer	PLAUDERTASCHE
Schneckenart	POSTHOERNCHEN	Schwalbenart	RAUCHSCHWALBE
schneckenartiges Meerestier	KAEFERSCHECKE	Schwanart	HOECKERSCHWAN
Schönheitspflegebetrieb	KOSMETIKSALON	Schwanzlurch	BRUECKENECHSE
schonungslos	UNNACHSICHTIG	schwarzseherisch	PESSIMISTISCH
Schrebergartenanlage	LAUBENKOLONIE	schwed. Politiker (Nobelpreis)	HAMMARSKJOELD
Schreiben, Skript	SCHRIFTSTUECK	Schwefelsublimat	SCHWEFELBLUME
Schreitvogel	KLAFFSCHNABEL	Schweigepflicht der Geldinstitute	BANKGEHEIMNIS
Schriftwechsel	KORRESPONDENZ	Schweiß	TRANSPIRATION
Schürzenjäger	SCHWERENOETER	schweißtreibendes Mittel	DIAPHORETIKUM
Schuhband	SCHNUERSENKEL	schweiz. Alpenpaß	SANKTGOTTHARD
		schweiz. Westalpenpaß	SANKTBERNHARD

schweres Kriegsschiff	PANZERKREUZER
schwermütig	MELANCHOLISCH
Schwimmstil	SCHMETTERLING
Schwimmvogel	KAISERPINGUIN
Schwimmvogel	STURMSCHWALBE
Schwimmvogel	WELLENLAEUFER
Schwindling (Pilz)	NELKENSCHWAMM
Schwirrvogel	NACHTSCHWALBE
schwitzen	TRANSPIRIEREN
See in Mecklenburg	SCHWERINERSEE
seelenkundlich	PSYCHOLOGISCH
Seelenwanderung	METEMPSYCHOSE
seelische Heilmethode	PSYCHOANALYSE
seelische Schwäche	PSYCHASTHENIE
Seerose	VICTORIAREGIA
Seewolf	KORALLENFISCH
Segler (Vogel)	NACHTSCHWALBE
seherisch	DIVINATORISCH
Selbständigkeit	ORIGINALITAET
Selbstbeobachtung	INTROSPEKTION
selbstbezogen	INTROVERTIERT
Selbstgerechtigkeit	PHARISAEERTUM
Selbstverliebtheit	AUTOEROTISMUS
seligsprechen	BEATIFIZIEREN
Seligsprechung	BEATIFIKATION
Selters	MINERALWASSER
Seuchenlehre	EPIDEMIOLOGIE
sexuelle Zügellosigkeit	PROMISKUITAET
sich einschalten	INTERVENIEREN
sichern	KONSOLIDIEREN
Sicherung, Festigung	KONSOLIDATION
sich unterscheiden	KONTRASTIEREN
siebter Sonntag vor Ostern	QUINQUAGESIMA
Silvester/Neujahr	JAHRESWECHSEL
Singvogel	SEIDENSCHWANZ
Sinnestäuschung	HALLUZINATION
Sitz des engl. Premiers	DOWNINGSTREET
Sitzplatz im Theater	ORCHESTERLOGE
Skript, Skriptum	NIEDERSCHRIFT
sofort, umgehend	UNVERZUEGLICH
Sonderling	EIGENBROETLER
Sonderling	EINZELGAENGER
Sonderzuwendung	GRATIFIKATION
Sonnenlichtbehandlung	HELIOTHERAPIE
Sonnwendfeier	JOHANNISFEUER
sowjet. Doktrin	BOLSCHEWISMUS
sowjet. Eismeer-Bucht	CHATANGABUCHT
sowjet. Kosmonaut	FILIPTSCHENKO
sowjet. Politiker, Staatsmann	CHRUSCHTSCHOW
sowjet. satir. Autor	SOSCHTSCHENKO

Sowjetrepublik	ASERBEIDSCHAN	Spitzfindigkeit	HAARSPALTEREI
Sowjetrepublik	TADSCHIKISTAN	Sportart, -disziplin	DRACHENSEGELN
sozialrevolutionäre Bewegung	SYNDIKALISMUS	Sportart, -disziplin	GERAETETURNEN
Spaltungsirresein	SCHIZOPHRENIE	Sportart, -disziplin	KUNSTSPRINGEN
span. Küste	COSTALUMINOSA	Sportart, -disziplin	SCHLEUDERBALL
span. Philosoph	ORTEGAYGASSET	Sportdress	SPIELKLEIDUNG
Spannungsteiler	POTENTIOMETER	Sportgerät f. Ballspiel	GOLFSCHLAEGER
Spannungsumwandler	TRANSFORMATOR	Sprengstoff	NITROGLYZERIN
spargelähnliches Gemüse	SCHWARZWURZEL	Sprudel	MINERALWASSER
Spaßmacher	POSSENREISSER	Staat der USA	MASSACHUSETTS
Speisemuschel	JAKOBSMUSCHEL	Staat der USA	NORTHCAROLINA
Spekulant	GLUECKSRITTER	Staat der USA	PENNSYLVANIEN
Sperlingsvogel	BLUTHAENFLING	Staat der USA	SOUTHCAROLINA
Sperlingsvogel	SEIDENSCHWANZ	Staatsangehörigkeit	NATIONALITAET
Spezialauftrag	SONDEREINSATZ	Staatsform, -system	EINHEITSSTAAT
Spezialkommando	SONDERAUFTRAG	Stadt am Hochrhein	BADSAECKINGEN
Spezialschreibkraft	PHONOTYPISTIN	Stadt am Ischim (Kasachstan)	PETROPAWLOWSK
Spielzeug	SCHAUKELPFERD	Stadt am Main	ASCHAFFENBURG
spießbürgerlich	PHILISTERHAFT	Stadt an d. Porta Westfalica	BADOEYNHAUSEN
Spießer, Dummkopf	SCHILDBUERGER	Stadt an d. Weinstraße	BADBERGZABERN
Spießgeselle	HELFERSHELFER	Stadt an der Nahe (Rh.-Pf.)	IDAROBERSTEIN
spinale Kinderlähmung	POLIOMYELITIS	Stadt an der Worm (NRW)	GEILENKIRCHEN
Spinnenart	KRABBENSPINNE	Stadt an Möhne und Ruhr	NEHEIMHUESTEN
Spinnenart	LAMPIONSPINNE		

Stadt an Rhein u. Siebengebirge	KOENIGSWINTER	Stadt in Pommern	SCHNEIDEMUEHL
Stadt auf Sizilien	CASTELTERMINI	Stadt in Unterfranken	ASCHAFFENBURG
Stadt auf Sizilien	CASTELVETRANO	Stadt in Westflandern	BLANKENBERGHE
Stadt bei Heidelberg	NECKARGEMUEND	Stadt südwestl. von Paris	FONTAINEBLEAU
Stadtburg v. Braunschweig	DANKWARDERODE	Stadtteil v. Berlin	SCHMARGENDORF
Stadt im Allgäu	MARKTOBERDORF	Stadtteil v. Essen	RELLINGHAUSEN
Stadt im Eichsfeld	HEILIGENSTADT	Stadtteil v. Essen	RUETTENSCHEID
Stadt im Münsterland	BURGSTEINFURT	Stadtteil v. Frankfurt	SACHSENHAUSEN
Stadt im Oberpfälzer Wald	OBERVIECHTACH	Stadtteil v. Stuttgart	OBERTUERKHEIM
Stadt im Ruhrgebiet	CASTROPRAUXEL	starke Säure	KOENIGSWASSER
Stadt im Ruhrgebiet	GELSENKIRCHEN	starrsinnig, störrisch	WIDERSPENSTIG
Stadt im südl. Münsterland	LUEDINGHAUSEN	Staudenart	FROSCHLOEFFEL
Stadt in Aserbeidschan	NACHITSCHEWAN	Stechmücke	KRIEBELMUECKE
Stadt in Burkina Faso	BOBODIOULASSO	Steckdosenspeisung	NETZANSCHLUSS
Stadt in der Lüneburger Heide	FALLINGBOSTEL	Stegreif	IMPROVISATION
		Stegreifspiel	IMPROVISATION
Stadt in der Lüneburger Heide	VISSELHOEVEDE	steigern	INTENSIVIEREN
		Steinzeitabschnitt	JUNGSTEINZEIT
Stadt in der Oberlausitz	BISCHOFSWERDA	Steißfuß (Vogel)	LAPPENTAUCHER
		Steißfuß (Wasservogel)	HAUBENTAUCHER
Stadt in Malawi	BLANTYRELIMBE	Stellung der Gestirne	KONSTELLATION
Stadt in Namibia	KEETMANNSHOOP	Stelzvogel	KLAFFSCHNABEL
Stadt in Oberfranken	EBERMANNSTADT	Sterbeort Bismarcks	FRIEDRICHSRUH
		Sternbild (Apus)	PARADIESVOGEL
		Sternforscher	ASTROPHYSIKER

Sternwarte	OBSERVATORIUM	südwestschweiz. Gebirge	WALLISERALPEN
Stickstoffdüngemittel	CHILESALPETER	Sulfuridmineral	BUNTKUPFERERZ
stille Andacht	KONTEMPLATION	Symbol f. Feldherrnwürde	MARSCHALLSTAB
Straffälligkeit	KRIMINALITAET		
Strahlenbehandlung	RADIOTHERAPIE	Symbol für Flatterhaftigkeit	SCHMETTERLING
Strom	ELEKTRIZITAET		
stromdurchflossene Spule	ELEKTROMAGNET	synthet. Farbmaterial	KUNSTHARZLACK
		Täuschung	MYSTIFIKATION
Stromer	LANDSTREICHER	Tagfalter	KOHLWEISSLING
Stromgebietsgrenze	WASSERSCHEIDE	Talgsäure	STEARINSAEURE
		Tanzschrift	CHOREOGRAPHIE
Stromgenerator im Auto	LICHTMASCHINE	Tasteninstrument	HAMMERKLAVIER
Stromumwandler	GLEICHRICHTER	technische Lehranstalt	POLYTECHNIKUM
Stubenvogel	KANARIENVOGEL		
Stubenvogel	WELLENSITTICH	Teil d. Salzburger Alpen	TENNENGEBIRGE
Sudetenteil	RIESENGEBIRGE		
südafrikan. Gebirge	WITWATERSRAND	Teil des Gebisses	WEISHEITSZAHN
		Teil des Mittelmeeres	IONISCHESMEER
südafrikan. Hafenstadt	PORTELIZABETH	Teil des Nördl. Eismeers	KARISCHESMEER
südamerikan. Nagetier	WASSERSCHWEIN	Teil des Weserberglands	WIEHENGEBIRGE
südital. Hafenstadt	CASTELLAMMARE	teilhaben	PARTIZIPIEREN
		Teilnahme	PARTIZIPATION
südschott. Grafschaft	KIRKCUDBRIGHT	teilnahmslos	GLEICHGUELTIG
südschwed. Landkreis	SOEDERMANLAND	teilnehmen	PARTIZIPIEREN
		Teint	GESICHTSFARBE
südschweiz. Paß	SANBERNARDINO	Telex	FERNSCHREIBEN
		telexen	FERNSCHREIBEN
südsibir. Gebirge	BAIKALGEBIRGE	Telexgerät	FERNSCHREIBER
		Temperament	MELANCHOLIKER

Temperaturmesser	THERMOELEMENT	Trinkgefäß für Kranke	SCHNABELTASSE
Tennisschlag	SCHMETTERBALL	Trommler- u. Pfeifer-Kapelle	SPIELMANNSZUG
Teppichart	ORIENTTEPPICH	Tropenbaum	AFFENBROTBAUM
Teufel	HOELLENFUERST	trübsinnig	MELANCHOLISCH
Texteinschub	INTERPOLATION	Trugwahrnehmung	HALLUZINATION
Theater spielen	SCHAUSPIELERN	tückisch	HINTERHAELTIG
thür. Heilbad am Kyffhäuser	FRANKENHAUSEN	Turngerät	KLETTERSTANGE
thüring. Stadt an der Wipper	SONDERSHAUSEN	Turngerät	SCHWEBEBALKEN
		TV-Mattscheibe	FERNSEHSCHIRM
Tiefdruckverfahren	HELIOGRAVUERE	Tyrann, Gewaltherrscher	UNTERDRUECKER
Tiroler Gebirge	STUBAIERALPEN	Übereinstimmung	EINHELLIGKEIT
Tischlerwerkzeug	SCHRAUBZWINGE	Übereinstimmung	EINMUETIGKEIT
Titelfigur bei Kalman	GRAEFINMARIZA	überempfindlich	HYPERSENSIBEL
Titelfigur bei Sophokles	KOENIGOEDIPUS	Überempfindlichkeit	IDIOSYNKRASIE
Titelfigur bei Zuckmayer	KATHARINAKNIE	Überempfindlichkeit	SENSITIVITAET
tolldreiste Hochstapelei	KOEPENICKIADE	überführen, übertragen	TRANSFERIEREN
Tonerde	ALUMINIUMOXID		
tragbar, beförderbar	TRANSPORTABEL	Übergewicht	PRAEPONDERANZ
Tramp	LANDSTREICHER	überlassen	ANHEIMSTELLEN
Transportschiff	SCHUBLEICHTER	überlebt	UNZEITGEMAESS
Trauerspiel mit Humor	TRAGIKOMOEDIE	Überlegenheit, Übergewicht	SUPERIORITAET
Treffen, Versammlung	ZUSAMMENKUNFT	überprüfen	KONTROLLIEREN
Treibjagd	KESSELTREIBEN	überseeische Expansionspolitik	KOLONIALISMUS
Trennschärfe	SELEKTIVITAET		
Triasgestein	BUNTSANDSTEIN	Übertragung	TRANSPOSITION

übertrieben. Patriotismus	NATIONALISMUS	ungewöhnlich	EXTRAORDINAER
überwachen	KONTROLLIEREN	Ungeziefer	KUECHENSCHABE
überweisen	TRANSFERIEREN	UNO-Generalsekretär	HAMMARSKJOELD
üble Nachrede	ANSCHWAERZUNG	Unpäßlichkeit	INDISPOSITION
üblich	GEBRAEUCHLICH	Unparteiischer	LINIENRICHTER
üblich	KONVENTIONELL	Unrast	RUHELOSIGKEIT
Umkreis	NACHBARSCHAFT	Unschicklichkeit	TAKTLOSIGKEIT
umsetzen, übertragen	TRANSPONIEREN	Unsterblichkeit	IMMORTALITAET
Umspanner	TRANSFORMATOR	unterdrücken	TERRORISIEREN
umwälzend	REVOLUTIONAER	unterdrücken	TYRANNISIEREN
Umweltbelästigung	VERKEHRSLAERM	unterentwickelt	RUECKSTAENDIG
unabdingbar	UNERLAESSLICH	Unterordnung, Gehorsam	SUBORDINATION
unabhängig	EIGENSTAENDIG	unterscheiden	DISTINGUIEREN
unausführbar	IMPRAKTIKABEL	Unterschlagung	HINTERZIEHUNG
unbedachte Heftigkeit	IMPULSIVITAET	untersuchen, nachforschen	RECHERCHIEREN
unbehaglich	UNKOMFORTABEL	Unterwelt	SCHATTENREICH
unberührt	JUNGFRAEULICH	untreu	VERRAETERISCH
unbestimmt	UNDEFINIERBAR	unversöhnlich	INTRANSINGENT
Unempfindlichmachung	IMMUNISIERUNG	Unwetteranzeichen	GEWITTERWOLKE
unerbittlich	KOMPROMISSLOS	Urahne	URGROSSMUTTER
unerläßlich	OBLIGATORISCH	Ursprünglichkeit	ORIGINALITAET
unfachgemäß	DILETTANTISCH	Ursprung	AUSGANGSPUNKT
Unfruchtbarkeit	INFERTILITAET	Urteil	RICHTERSPRUCH
Unfruchtbarmachung	STERILISATION	Vagabund	LANDSTREICHER
ungelernter Arbeiter	HILFSARBEITER	venezolanische Stadt	CIUDADBOLIVAR
ungenügend	UNZULAENGLICH	Verätzung	KAUTERISATION
		veraltet	ALTFRAENKISCH
		veraltete Bez. für Lokal	ETABLISSEMENT

veraltet für Filmapparat	KINEMATOGRAPH	Vermehrung	FORTPFLANZUNG
verbindlich	OBLIGATORISCH	vermitteln	INTERZEDIEREN
Verbindung	KOMMUNIKATION	Vermittler	KOMMISSIONAER
Verbrennungskraftmaschine	VIERTAKTMOTOR	vernichtend, unbedingt	PEREMPTORISCH
Verbrennungskraftmaschine	ZWEITAKTMOTOR	Vernünftigkeit	RATIONALITAET
		Vernunftglaube	RATIONALISMUS
verdichten	KONZENTRIEREN	verpflichtend	OBLIGATORISCH
Verdichtung	KONZENTRATION	Versenkung	KONTEMPLATION
Verfasser eines Scripts	DREHBUCHAUTOR	verseuchen	KONTAMINIEREN
		Versprecher	LAPSUSLINGUAE
Vergleich	KONFRONTATION	Verständigung	KOMMUNIKATION
vergleich. Literaturwtssenschaft	KOMPARATISTIK	verstärken	INTENSIVIEREN
		verstandesmäßig	INTELLEKTUELL
vergleichbar	KOMMENSURABEL	Versteck	SCHLUPFWINKEL
verglühender Meteorit	STERNSCHNUPPE	verteilen	DISTRIBUIEREN
		Vertreter	REPRAESENTANT
Vergünstigung	ERLEICHTERUNG	Vertriebskaufmann (engl.)	SALESPROMOTER
Vergütung	GEGENLEISTUNG	Veruntreuung	HINTERZIEHUNG
verharmlosen	VERNIEDLICHEN	Vervielfacher	MULTIPLIKATOR
verherrlichen	GLORIFIZIEREN	vervollständigen	KOMPLETTIEREN
Verherrlichung	GLORIFIKATION	Verwalter	ADMINISTRATOR
Verkehrsmittel	KRAFTFAHRZEUG	Verwaltungsbeamter	REGIERUNGSRAT
Verkehrssystem	KOMMUNIKATION	verwaltungsmäßig	ADMINISTRATIV
Verkehrsweg	STAATSSTRASSE	vielschichtig	DIFFERENZIERT
Verklebung	AGGLUTINATION	Vogelart	EISSTURMVOGEL
Verkleidung	KOSTUEMIERUNG	Vogelart	HABICHTSADLER
		Vogelart	HAEHERKUCKUCK
verkünden, verkündigen	BEKANNTMACHEN	Vogelart	HALSBANDDOHLE
		Vogelart	MOTTHUEHNCHEN
verleumden	VERUNGLIMPFEN	Vogelart	SCHLAGSCHWIRL
		Vogelart	SEGGENSAENGER
		Vogelart	SEIDENSCHWANZ

Volksfest	SCHUETZENFEST	Waagenart	NEIGUNGSWAAGE
volkstümlich f. Feldküche	GULASCHKANONE	Wacholderdrossel	KRAMMETSVOGEL
volkstümlich f. Fernsehen	PANTOFFELKINO	Wackelpudding	GOETTERSPEISE
		Währung in Großbritannien	PFUNDSTERLING
Volkstum	NATIONALITAET		
volkswirtschaftl. Größe	SOZIALPRODUKT	Wärmebildverfahren	THERMOGRAPHIE
volktüml. Blasinstrument	MUNDHARMONIKA	Wärmekraftmaschine	DAMPFMASCHINE
vollenden	FERTIGSTELLEN	Wärmelehre	THERMODYNAMIK
vollendet	ABGESCHLOSSEN	Wahlsystem	MEHRHEITSWAHL
Vollmacht	AUTORISIERUNG		
Vollmacht	ERMAECHTIGUNG	Wahnwitz	TOLLKUEHNHEIT
Vollversammlung	PLENARSITZUNG	Wahrscheinlichkeit	PROBABILITAET
vorausbestellen	SUBSKRIBIEREN	Wahrzeichen v. Luzern	KAPELLBRUECKE
vorbeugen	PRAESERVIEREN	Waldblume	MAIGLOECKCHEN
vorbildlich	MUSTERGUELTIG	Waldgebirge an der Fulda	KNUELLGEBIRGE
vorführen	DEMONSTRIEREN		
Vorkämpfer der Rohkost	BIRCHERBENNER	Waldschädling	BIRKENSPANNER
vorlegen, vorzeigen	PRAESENTIEREN	walis. Grafschaft	CARDIGANSHIRE
vornehm	GENTLEMANLIKE	walisische Grafschaft	MONMOUTHSHIRE
Vorschub	BEGUENSTIGUNG		
Vorspiegelung	MYSTIFIKATION		
vortrefflich	AUSGEZEICHNET	Wallfahrtsort in Polen	TSCHENSTOCHAU
vorübergehend	KOMMISSARISCH	wandelbar, wechselhaft	VERAENDERLICH
vorübergehend	TRANSITORISCH		
Vorurteilslosigkeit	OBJEKTIVITAET	Wasserfarbe	AQUARELLFARBE
Vorwurf	ANSCHULDIGUNG	Wasserheilkunde	HYDROTHERAPIE
Vorwurf	BESCHULDIGUNG	Wasserkäfer	SCHWIMMKAEFER
vorzüglich	AUSGEZEICHNET	Wasserkopf (medizin.)	HYDROCEPHALUS
vulkan. Gestein	TIEFENGESTEIN		
Vulkanit	ERGUSSGESTEIN	Wasserliesch	SCHWANENBLUME

Wassersport	KUNSTSPRINGEN	Wiederverkörperung	REINKARNATION
Wegwerfbehälter	EINWEGFLASCHE	Wiesenorchidee	KUCKUCKSBLUME
Weihnachtsgebäck	CHRISTSTOLLEN	Wiesenschmätzer	BRAUNKEHLCHEN
Weihnachtsgebäck	PFEFFERKUCHEN	Wildrindart	WASSERBUEFFEL
Weingeist	AETHYLALKOHOL	Wildschwein	SCHWARZKITTEL
Weinprädikat	BEERENAUSLESE	willenlos machen	HYPNOTISIEREN
weise	PHILOSOPHISCH	Wintersportanlage	SPRUNGSCHANZE
weißer Bordeauxwein	HAUTSAUTERNES	Wintersportart	EISSCHNELLAUF
Weißrußland	BJELORUSSLAND	winziger Singvogel	GOLDHAEHNCHEN
weltgewandter Herr	GRANDSEIGNEUR	Wirbellose	INVERTEBRATEN
Weltmachtstreben	IMPERIALISMUS	wirkmächtig	EINFLUSSREICH
weltoffen	EXTRAVERTIERT	wirksam sein	FUNKTIONIEREN
weltumspannend	INTERNATIONAL	Wirkungsbereich	AKTIONSRADIUS
Werkzeugmaschine	FRAESMASCHINE	Wirrwarr	DURCHEINANDER
Werkzeugmaschine	HOBELMASCHINE	Wohnbau	APARTMENTHAUS
westengl. Grafschaft	STAFFORDSHIRE	Wortbruch	TREULOSIGKEIT
Westeuropäer	NIEDERLAENDER	Wucherung	PROLIFERATION
westpreuß. Weichsel-Zufluß	SCHWARZWASSER	Wühlmaus	BISAMRUESSLER
Wetterwarte	OBSERVATORIUM	würdevoll	GRAVITAETISCH
Wicht	DREIKAESEHOCH	würdevoll	MAJESTAETISCH
widerrufen	ZURUECKNEHMEN	Wurstsorte	SCHINKENWURST
widerspenstig	KRATZBUERSTIG	Wurzelhautentzündung	PERIODONTITIS
Widerspruch	KONTRADIKTION	Wust	DURCHEINANDER
Wiedereinbürgerung	REPATRIIERUNG	zähmen	DOMESTIZIEREN
Wiedergeburt	REINKARNATION	Zahlung per Post	GELDANWEISUNG
		Zahlungsmittel	SCHEIDEMUENZE
		Zahlungsunfähigkeit	ILLIQUIDITAET
		Zehnersystem	DEZIMALSYSTEM

Zeichensetzung	INTERPUNKTION	zusammenziehen	KONZENTRIEREN
zeitlich bestimmt	TERMINGEMAESS	Zusammenziehung	KONZENTRATION
zeitlich geordnet	CHRONOLOGISCH	Zuzug	NIEDERLASSUNG
Zeit nach der Hochzeit	FLITTERWOCHEN	Zwang	NOTWENDIGKEIT
		zwangsläufig	OBLIGATORISCH
Zeitungsmitarbeiter	KORRESPONDENT	Zwangsverwaltung	SEQUESTRATION
Zenit	SCHEITELPUNKT		
Zerfahrenheit	ZERSTREUTHEIT	Zwangsvollstreckung	BESCHLAGNAHME
Zerfall, Kollaps	ZUSAMMENBRUCH	Zweckdienlichkeit	NUETZLICHKEIT
zermahlen, zerreiben	PULVERISIEREN	Zweckmäßigkeitshandeln	OPPORTUNISMUS
Zeugen Jehovas	BIBELFORSCHER		
Zeugnis	BESCHEINIGUNG	zweifarbig	DICHROMATISCH
Ziegenart	KASCHMIRZIEGE	Zweig der Benediktiner	KAMALDULENSER
Ziegenmelker (zool.)	NACHTSCHWALBE		
Ziehharmonika	HANDHARMONIKA	Zweigeschlechtlichkeit	BISEXUALITAET
Zierfisch	KORALLENFISCH	Zweigstelle	NIEDERLASSUNG
Zierfisch	TELESKOPFISCH	Zweimaster	GAFFELSCHONER
Zierpflanze	WUNDERPFLANZE		
Zooanlage	KLETTERFELSEN	zweiter Sonntag nach Ostern	MISERICORDIAS
zurückliegende Zeit	VERGANGENHEIT		
Zusammenarbeit mit dem Feind	KOLLABORATION	Zwischenbuchhändler	KOMMISSIONAER
		zwischenstaatlich	INTERNATIONAL
Zusammenballung	AGGLOMERATION	Zwischenträger, Vermittler	UNTERHAENDLER
Zusammenballung	KONZENTRATION		
Zusammengehörigkeit	VERBUNDENHEIT	Zyperngras	PAPYRUSSTAUDE
zusammenstoßen	KARAMBOLIEREN		
Zusammentreffen	KONSTELLATION		

Abfindung	ENTSCHAEDIGUNG	Alpenkarsthochfläche	STEINERNESMEER
Abführmittel	SENNESBLAETTER	Alpentier	ALPENSPITZMAUS
Abgabenveranlagung	STEUERBESCHEID	alte Hirtenwaffe	STEINSCHLEUDER
Abgeordneter	PARLAMENTARIER	alter Monatsname	FRUEHLINGSMOND
Abgeordneter, Parlamentarier	VOLKSVERTRETER	alter Name Istanbuls	KONSTANTINOPEL
abgesondertes Zimmer	CHAMBRESEPAREE	altind. Dichtung	PANTSCHATANTRA
ablehnen, abweisen	ZURUECKSTOSSEN	altrömisch. König	SERVIUSTULLIUS
abrüsten	DEMOBILISIEREN	Altsteinzeit	PALAEOLITHIKUM
Abschiedsgruß	AUFWIEDERSEHEN	amerikan. Antisklavereibewegung	ABOLITIONISMUS
absichtslos	UNWILLKUERLICH		
Absprache	UEBEREINKOMMEN	amerikan. Felsengebirge	ROCKYMOUNTAINS
Absprache, Einigung	UEBEREINKOMMEN	amerikan. Gebirge	OZARKMOUNTAINS
Abstinenz	ENTHALTSAMKEIT	amerikan. Popgruppe	EVERLYBROTHERS
abwägen	AUSBALANCIEREN		
Achselstück	SCHULTERKLAPPE	Amsel	SCHWARZDROSSEL
achtbar	RESPEKTIERLICH	Amulett	GLUECKSBRINGER
achtlos	OBERFLAECHLICH	Anführer	RAEDELSFUEHRER
Adlerart	SCHLANGENADLER	Angeberei	AUFSCHNEIDEREI
afrikan. Berg	DSCHEBELSEBARA	Angehöriger des Parlaments	PARLAMENTARIER
afrikan. Gebirge	KAMERUNGEBIRGE	Angleichung	HARMONISIERUNG
afrikan. Nagetier	STACHELSCHWEIN	Angriffsspieler beim Fußball	AUSSENSTUERMER
afrikan. Spießbock	SAEBELANTILOPE		
Agrikultur	LANDWIRTSCHAFT	anomal	UNREGELMAESSIG
Aktionär	GESELLSCHAFTER	anorganische Säure	SCHWEFELSAEURE
Aktrice	SCHAUSPIELERIN		
Alimente	UNTERHALTSGELD	Anrede e. Universitätsdekans	SPEKTABILITAET
Alkvogel	KRABBENTAUCHER		
Alkvogel	PAPAGEITAUCHER		
Allgemeinheit, Allseitigkeit	UNIVERSALITAET	Anziehungskraft	ATTRAKTIVITAET
		Arbeit	BESCHAEFTIGUNG

Arbeiterkampflied	INTERNATIONALE	austral. Inselgruppe	FURNEAUXINSELN
Arbeitsmaßeinheit	KILOWATTSTUNDE	auswiegen	AUSBALANCIEREN
argentin. See	BUENOSAIRESSEE	Auszeichnung	VERDIENSTORDEN
argentin. Territorium	TIERRADELFUEGO	Autor, Dichter	SCHRIFTSTELLER
Argumentation	BEWEISFUEHRUNG	Autor von »Der arme Heinrich«	HARTMANNVONAUE
Armkraft	BRACHIALGEWALT	Autor von »Göttliche Komödie«	DANTEALIGHIERI
Armut	BEDUERFTIGKEIT		
Artigkeit	MANIERLICHKEIT		
Askese	ENTHALTSAMKEIT	Autoteil, -zubehör	ARMATURENBRETT
atomphysikal. Theorie	QUANTENTHEORIE	Autoteil, -zubehör	KUPPLUNGSPEDAL
Aufschneiderei	MUENCHHAUSIADE	Azubi	AUSZUBILDENDER
		Backtreibmittel	HIRSCHHORNSALZ
Auftreten der Wundmale Jesu	STIGMATISATION	Ballett v. Ravel	DAPHNISETCHLOE
aufzeichnen	PROTOKOLLIEREN	Ballett von Egk	JOANVONZARISSA
augenfällig	OFFENSICHTLICH	Ballett von Prokofieff	STEINERNEBLUME
Augenheilkunde	OPHTHALMOLOGIE		
Ausbesserung	INSTANDSETZUNG	Ballett von Rich. Strauss	JOSEPHSLEGENDE
Ausdauer	BEHARRLICHKEIT	bayer. Alpengipfel	BENEDIKTENWAND
Ausdrucksfähigkeit	EXPRESSIVITAET	bayer. Hochfläche	FRAENKISCHEALB
Auseinanderfallen	DESINTEGRATION		
ausgestorbene Echsenart	ICHTHYOSAURIER	bayer. Kneippkurbad	BADWOERISHOFEN
		bayer. Schloß	HERRENCHIEMSEE
Aushang	SCHWARZESBRETT	bayer. Schloß bei Füssen	HOHENSCHWANGAU
auskundschaften	REKOGNOSZIEREN		
auslegen	INTERPRETIEREN	bayer. Stadt an der Paar	SCHROBENHAUSEN
Auslegung	INTERPRETATION		
Außenhülle d. Buches	SCHUTZUMSCHLAG	bayer. Stadt im Lechfeld	SCHWABMUENCHEN
austral. Bundesstaat	SUEDAUSTRALIEN	befangen, parteiisch	VOREINGENOMMEN
		befördern	TRANSPORTIEREN
		begeistert	ENTHUSIASTISCH

Begräbnisessen	LEICHENSCHMAUS
begrenzte Studienzulassung	NUMERUSCLAUSUS
Beharrsamkeit	KONSERVATISMUS
behördlich zugelassen	KONZESSIONIERT
Beiname Friedrich Wilhelms I.	SOLDATENKOENIG
Beistand, Förderung	UNTERSTUETZUNG
belanglos	NEBENSAECHLICH
Bereitwilligkeit	ENTGEGENKOMMEN
Berg bei Zell am See	SCHMITTENHOEHE
Berg der Lechtaler Alpen	PARSEIERSPITZE
Berg im Berner Oberland	FINSTERAARHORN
Bergwerksbelüftung	WETTERFUEHRUNG
Berliner Promenadenstraße	UNTERDENLINDEN
Berliner Sportanlage	OLYMPIASTADION
Berliner Stadtteil, Verwaltungsbez.	PRENZLAUERBERG
Berliner Stadtteil, Verwaltungsbz.	CHARLOTTENBURG
Beruf bei Fernsehen, Film	AUFNAHMELEITER
Beruf im Medienwesen	ANZEIGENLEITER
Beruf in der chem. Industrie	CHEMOTECHNIKER
Beruf in der Industrie	AUTOMECHANIKER
Beruf in der Industrie	FEINMECHANIKER
Beruf in der Industrie	MASCHINENBAUER
Berufsverband	GENOSSENSCHAFT
Beschlagnahme	SICHERSTELLUNG
Beschreibung des eigenen Lebens	AUTOBIOGRAPHIE
Bestseller	KASSENSCHLAGER
Bestseller	VERKAUFSERFOLG
Besuchsticket	EINTRITTSKARTE
betörend	VERFUEHRERISCH
betonen, hervorheben	UNTERSTREICHEN
bewegungsempfindlich	KINAESTHETISCH
Bibelteil	ALTESTESTAMENT
bibl. Sünderin	MARIAMAGDALENA
Bindehautentzündung	KONJUNKTIVITIS
Blasinstrument	BASSKLARINETTE
Blatthornkäfer	HERKULESKAEFER
blaue Farbe	KORNBLUMENBLAU
blaue Farbe	PREUSSISCHBLAU
Blockade	EINSCHLIESSUNG
Blödling	EINFALTSPINSEL
Bodennutzung	LANDWIRTSCHAFT
Boom	HOCHKONJUNKTUR
Bordeauxwein	CHATEAUMARGAUX
Brachvogel	DOPPELSCHNEPFE
Brachvogel	KRONENSCHNEPFE
Brauch, Tradition	UEBERLIEFERUNG
Brauer	BIERHERSTELLER
Brillenschlange	URAEUSSCHLANGE

brit. Atlantikinselgruppe	TRISTANDACUNHA	Bürogerät	RECHENMASCHINE
		Büttel	GERICHTSDIENER
brit. Unterhaus	HOUSEOFCOMMONS	Bug (zoolog.)	SCHULTERSTUECK
Brotsorte	WEIZENKEIMBROT	Bulletin	BEKANNTMACHUNG
bruchstückhaft	FRAGMENTARISCH	bunter Süßwasserfisch	LABYRINTHFISCH
Brücke in Venedig	SEUFZERBRUECKE	Burg im Unterelsaß	HOHKOENIGSBURG
Brummer, Fliegenart	SCHMEISSFLIEGE	Buschmeister	RAUTENSCHLANGE
		Byzanz	KONSTANTINOPEL
Brustenge (med.)	ANGINAPECTORIS	chem. Reaktion	NEUTRALISATION
brutal, radikal	RUECKSICHTSLOS	chem. Verfahren	POLYMERISATION
Buchdruckverfahren	RAKELTIEFDRUCK	chilen. Inselgruppe	DESAVENTURADAS
Bücherei-Angestellte	BIBLIOTHEKARIN	chines. Religion	KONFUZIANISMUS
		Choreograph	BALLETTMEISTER
Bühnenkünstlerin	SCHAUSPIELERIN	Christbaum	WEIHNACHTSBAUM
Bühnenstück v. Hebbel	MARIAMAGDALENA	Chronik	GESCHICHTSWERK
Bühnenstück v. Schiller	KABALEUNDLIEBE	Computerbestandteil	ZENTRALEINHEIT
Bühnenstück v. Strindberg	FRAEULEINJULIE	Dantes Hauptwerk	DIVINACOMMEDIA
		Dauerhaftigkeit	BESTAENDIGKEIT
Bühnenstück v. Zuckmayer	SCHINDERHANNES	Daune	ERSTLINGSFEDER
		Dekan, Kirchenkreisleiter	SUPERINTENDENT
Bühnenstück von Eliot	DERFAMILIENTAG	Dekoration	AUSSCHMUECKUNG
Bühnenstück von Grillparzer	WEHDEMDERLUEGT	delikat	WOHLSCHMECKEND
		Denkweise, Lebensansicht	WELTANSCHAUUNG
Bühnenstück von Lessing	NATHANDERWEISE	Detail	BEGLEITUMSTAND
		Detektei	AUSKUNFTSBUERO
Bühnenstück von Molnar	SPIELIMSCHLOSS	Detektivfigur von A. C. Doyle	SHERLOCKHOLMES
bürgen	GEWAEHRLEISTEN	deuten	INTERPRETIEREN
Bürgermeister	STADTOBERHAUPT	deutsch. Gebirge	ALLGAEUERALPEN

Deutung	INTERPRETATION	Düsseld. Sehenswürdigkeit	SANKTLAMBERTUS
Dienstmann	GEPAECKTRAEGER	Dummkopf	EINFALTSPINSEL
Diktatur	TOTALITARISMUS	durchgehend, pausenlos	UNUNTERBROCHEN
Dilettant	KUNSTLIEBHABER		
Disziplin	BEHERRSCHTHEIT		
Dortmunder Sehenswürdigkeit	REINOLDIKIRCHE	Durchlässigkeit	PERMEABILITAET
		durchlaufend	KONTINUIERLICH
Dortmunder Sportpalast	WESTFALENHALLE	Ebene um einen Wasserlauf	FLUSSNIEDERUNG
Druckverfahren	ROTATIONSDRUCK		
dtsch. Autorennstrecke	HOCKENHEIMRING	ebenmäßig gebaut	PROPORTIONIERT
dtsch. Bariton	FISCHERDIESKAU	Ebenmaß	AUSGEWOGENHEIT
dtsch. Barockdichter	GRIMMELSHAUSEN	edle Gesinnung	HOCHHERZIGKEIT
dtsch. Bauhaus-Architekt	MIESVANDERROHE	EDV-Instruktion	PROGRAMMIERUNG
		Ehrenrettung	REHABILITATION
dtsch. Bundesland	RHEINLANDPFALZ	Eigenname von Feuerland	TIERRADELFUEGO
dtsch. Dirigent	KNAPPERTSBUSCH	Eilnachricht	BLITZTELEGRAMM
dtsch. expressionist. Autorin	LASKERSCHUELER	Eilnachricht	BRIEFTELEGRAMM
		einbürgern	NATURALISIEREN
dtsch. Heldendichtung	NIBELUNGENLIED	Einbürgerung	NATURALISATION
		eindringlich	NACHDRUECKLICH
dtsch. Lyriker	HEISSENBUETTEL	einer der Beatles (m. Vorn.)	GEORGEHARRISON
dtsch. mittelalt. Heldenepos	NIBELUNGENLIED		
		Einfallsreichtum	ERFINDUNGSGABE
dtsch. Mittelgebirge	FICHTELGEBIRGE	eingelegter Hering	BISMARCKHERING
dtsch. Ostseebucht	LUEBECKERBUCHT	einheim. Giftpflanze	HERBSTZEITLOSE
dtsch. Schauspielerin	FLICKENSCHILDT	einheim. Laufkäfer	GOLDLAUFKAEFER
dtsch. Theologe, Philosoph	SCHLEIERMACHER	Einkommensbasis	EINNAHMEQUELLE
		einordnen	KLASSIFIZIEREN

Einordnung	KLASSIFIKATION	Ergiebigkeit	PRODUKTIVITAET
Einspruch	INTERPELLATION	Ergußgestein	EFFUSIVGESTEIN
einstufen	KLASSIFIZIEREN	Erikazeenart	ZWERGALPENROSE
einstweilig	INTERIMISTISCH	erkennen	IDENTIFIZIEREN
einteilen	KLASSIFIZIEREN	Erkennungsleuchte	POSITIONSLICHT
Einteilung d. Boxer u. Ringer	GEWICHTSKLASSE	erklären	INTERPRETIEREN
einträglich	GEWINNBRINGEND	Erklärung	INTERPRETATION
Einzelraum	CHAMBRESEPAREE	erläutern	INTERPRETIEREN
einziehen	BESCHLAGNAHMEN	Erneuerung	MODERNISIERUNG
Eisenerz	SPATEISENSTEIN	erneuter Beginn	WIEDERAUFNAHME
Eiskunstlauf-Figur	KREUZPIROUETTE	erniedrigen	HERABWUERDIGEN
Eiskunstlauf-Figur	WAAGEPIROUETTE	Ersatzmann	LUECKENBUESSER
Eisvogel	KOENIGSFISCHER	Ersatzmann	RESERVESPIELER
Eklipse	MONDFINSTERNIS	Erstarrungsgestein	ERUPTIVGESTEIN
Elbe-Zufluß	SCHWARZEELSTER	erster Geiger	KONZERTMEISTER
Elektrizitätsgewinnung	STROMERZEUGUNG	erster Solotänzer	PRIMOBALLERINO
Elektronenstrahl	KATHODENSTRAHL	erstes dtsch. Gesetzbuch	SACHSENSPIEGEL
empfänglich	AUFGESCHLOSSEN	erste Solotänzerin	PRIMABALLERINA
Empfängnisverhütung	ANTIKONZEPTION	Erwerbstätigkeit	BESCHAEFTIGUNG
empfehlen	REKOMMANDIEREN	erzählende Dichtung	KURZGESCHICHTE
Ende des Karnevals	ASCHERMITTWOCH	Eskimofahrzeug	HUNDESCHLITTEN
engl. Hafenstadt in York	MIDDLESBOROUGH	Ethnologe	VOELKERKUNDLER
engl. Hunderasse	AIRDALETERRIER	Evangelist	WANDERPREDIGER
Entfettungsmaßnahme	ABMAGERUNGSKUR	Evangelium	HEILSBOTSCHAFT
Entkeimung	STERILISIERUNG	ewig	UNVERGAENGLICH
entmutigen	DEMORALISIEREN	Exil	VERBANNUNGSORT
entschädigen	REKOMPENSIEREN	Existenzniveau	LEBENSSTANDARD
Entschuldigung	RECHTFERTIGUNG	exklusiv, exklusive	AUSGESCHLOSSEN

exklusiv, exklusive	AUSSCHLIESSEND
exotisch	FREMDLAENDISCH
Extravaganz	VERSTIEGENHEIT
Fabel	TIERGESCHICHTE
Fairness	ANSTAENDIGKEIT
Faktor	SETZEREILEITER
Familienfest	SILBERHOCHZEIT
Fatamorgana	LUFTSPIEGELUNG
Faustgewalt	BRACHIALGEWALT
fehlender Anlaß	GRUNDLOSIGKEIT
feierlich anreden	APOSTROPHIEREN
Feingebäck	STREUSELKUCHEN
Feldstecher	DOPPELFERNROHR
Feldunkraut	HIRTENTAESCHEL
Festigung	KONSOLIDIERUNG
Festigung	STABILISIERUNG
festsetzen	GEFANGENNEHMEN
Feststellung einer Person	IDENTIFIKATION
Fiaker	PFERDEDROSCHKE
Fichtenglucke	KIEFERNSPINNER
Filmtheater	LICHTSPIELHAUS
Finkenart	ZITRONENZEISIG
Fledermaus	FLIEGENDERHUND
fleischfressende Pflanze	WASSERSCHLAUCH
Fleischware	SCHWARTENMAGEN
fliegendes Personal	BORDMECHANIKER
Flirt, Getändel	TECHTELMECHTEL
florentin. Bauwerk, Kunstgalerie	PALAZZOSTROZZI
florentin. Bauwerk, Kunstgalerie	PALAZZOVECCHIO
florentin. Dichter	DANTEALIGHIERI
Florentiner Maler	FRABARTOLOMMEO
Floristin	BLUMENBINDERIN
Flotte	SCHIFFSVERBAND
Flughafen von New York	KENNEDYAIRPORT
Flugzeugart	WASSERFLUGZEUG
Fluß aus d. Lausitzer Bergland	SCHWARZEELSTER
Förderanlage	SCHUETTELRINNE
Forstbeamter	REVIERFOERSTER
fortdauernd	KONTINUIERLICH
Fortsetzung	WEITERFUEHRUNG
fotogr. Entfernungsbereich	SCHAERFENTIEFE
Frachtverkehr	WARENTRANSPORT
franz.: neunzig	QUATREVINGTDIX
franz.: Zerstreuung	DIVERTISSEMENT
Freigabe des Abflugs	STARTERLAUBNIS
Freiheit	UNGEBUNDENHEIT
Frequenzbereich	NIEDERFREQUENZ
freundlich	LIEBENSWUERDIG
Fruchtart	SCHLIESSFRUCHT
früh. Name von Botswana	BETSCHUANALAND
Fürsorge-Einrichtung	ERZIEHUNGSHEIM
Fürsorge-Einrichtung	GESUNDHEITSAMT

Fußballspieler	MITTELSTUERMER	Genesung	REKONVALESZENZ
Fußbekleidung	SCHNUERSTIEFEL	Genius	SCHOEPFERKRAFT
Futtermittel	PALMKERNKUCHEN	geologische Formation	MITTELKAMBRIUM
Gaukler, Illusionist	TASCHENSPIELER	geräucherter Fisch	RAEUCHERHERING
Gebirge in Bayern	FICHTELGEBIRGE	geräucherter Fisch	RAUECHERHERING
Gebirgstier	ALPENSPITZMAUS	geringfügig	NEBENSAECHLICH
Gebirgszug der Alleghenies	BLACKMOUNTAINS	Gesangsschule	KONSERVATORIUM
Gefriergerät	TIEFKUEHLTRUHE	Geschicklichkeitskünstler	TASCHENSPIELER
gegensätzlich	ANTAGONISTISCH	Geschwindigkeitssteigerung	BESCHLEUNIGUNG
gehobener Unteroffizier	STABSFELDWEBEL		
geistig abwesend	UNKONZENTRIERT	Gesellschaftsspiel	TRIVIALPURSUIT
geistl. Gremium, Würdenträger	OBERKIRCHENRAT	gesetzgeberisch	LEGISLATORISCH
		Gespensterstory	SPUKGESCHICHTE
geistl. Kongregation	REDEMPTORISTEN	Gestikulation	GEBAERDENSPIEL
		Gestirn	HIMMELSKOERPER
geistl. Ritterorden	SCHWERTBRUEDER	Gewähr, Gewährleistung	MAENGELHAFTUNG
Geläuf	PFERDERENNBAHN	Gewaltherrschaft	UNTERDRUECKUNG
Geld, Scheck	ZAHLUNGSMITTEL		
Geldentschäd. b. Schädigung	SCHMERZENSGELD	Gewebeart	CREPEGEORGETTE
		Gewehr	HANDFEUERWAFFE
gelenkte Ökonomie	PLANWIRTSCHAFT	Gewehrhersteller	BUECHSENMACHER
		Gewölbeform	TONNENGEWOELBE
Geliebter v. Agnes Bernauer	HERZOGALBRECHT	geziertes Benehmen	AFFEKTIERTHEIT
Gemeindefinanzleiter	STADTKAEMMERER	Gipfel in den Hohen Tauern	KLEINVENEDIGER
Gemeindevorstand	BUERGERMEISTER	Gleichgewicht	AUSGEWOGENHEIT
Genealogie	AHNENFORSCHUNG	gleichsam	GEWISSERMASSEN
Genesender	REKONVALESZENT		

gleichsetzen	IDENTIFIZIEREN	harmonieren	SYMPATHISIEREN
Gleichwertigkeit	KONGENIALITAET	harmonieren	ZUSAMMENPASSEN
Gleis, Gleisanlage	SCHIENENSTRANG	Hartnäckigkeit	BEHARRLICHKEIT
Gliederfüßer	TAUSENDFUESSER	Hasardeur	GLUECKSSPIELER
gliedern	DIFFERENZIEREN	Hauptstadt	REGIERUNGSSITZ
Glühwürmchen	JOHANNISKAEFER	Hauptstadt von Panama	CIUDADDEPANAMA
Grammophon	PLATTENSPIELER	Hausangestellte	DIENSTMAEDCHEN
graph. Produkt	DRUCKERZEUGNIS	Haushaltsleiterin	WIRTSCHAFTERIN
Greifvogel	HUEHNERHABICHT	Hebel im Flugzeug	STEUERKNUEPPEL
griech. Inselgruppe	IONISCHEINSELN	Heilgehilfe	KRANKENPFLEGER
Griesgram, Miesmacher	SPIELVERDERBER	Heilmethode f. Suchtkranke	ENTZIEHUNGSKUR
größere Leistungsfähigkeit	UEBERLEGENHEIT	Heilpraktiker	CHIROPRAKTIKER
große Hunderasse	NEUFUNDLAENDER	Heirat	EHESCHLIESSUNG
Großmut	HOCHHERZIGKEIT	Heizungsanlage	ZENTRALHEIZUNG
Grubenotter	LANZENSCHLANGE	Hellsehen	ZWEITESGESICHT
Gründlingart	FLUSSGRUNDLING	Hemmvorrichtung am Fahrzeug	SCHEIBENBREMSE
Grundbesitz	LIEGENSCHAFTEN	herabsetzen	DISKRIMINIEREN
Gruß	EHRENBEZEIGUNG	Herbstblume	HERBSTZEITLOSE
Güte	MENSCHLICHKEIT	Herrenschmuckstück	KRAWATTENNADEL
Gymnasiallehrer	OBERSTUDIENRAT	Herzkrampf	ANGINAPECTORIS
Gymnastik	LEIBESUEBUNGEN	Hexenfest, Blocksberg-Fest	WALPURGISNACHT
Haft	GEFANGENSCHAFT	Hexenring	ELFENTANZPLATZ
Hahnenfußgewächs	ADONISROESCHEN	Hilfe, Zuschuß	UNTERSTUETZUNG
Halfter	PISTOLENTASCHE	hintertreiben	KONTERKARIEREN
Halfter	REVOLVERTASCHE		
haltbar machen	PASTEURISIEREN		
Handfeuerwaffe	REPETIERGEWEHR		
Hannibals Vater	HAMILKARBARKAS		

Hinterziehung, Veruntreuung	UNTERSCHLAGUNG	ital. Ordensgründer	FRANZVONASSISI
Hochzeit	EHESCHLIESSUNG	Jahrmarktsvergnügen	BERGUNDTALBAHN
Hodenhochstand	KRYPTORCHISMUS	Jahrmarktsvergnügen	SCHIFFSCHAUKEL
höchster Berg in Afrika	KILIMANDSCHARO	Jazzform der Schwarzen	RHYTHMANDBLUES
höchster engl. Orden	HOSENBANDORDEN	Johanniter	MALTESERRITTER
höherer Schüler	OBERSEKUNDANER	Jungferngeburt	PARTHENOGENESE
höherer Schüler	UNTERTERTIANER	jurist. Berater	RECHTSBEISTAND
hoher Beamter	MINISTERIALRAT	jurist. gültig	RECHTSKRAEFTIG
Hohlmaß, Raummaß	KUBIKDEZIMETER	jurist. Maßnahme	BEWEISAUFNAHME
hüten	BEAUFSICHTIGEN	jurist. Tatbestand	REALKONKURRENZ
Humanität	MENSCHLICHKEIT		
Hunderasse	RAUHHAARDACKEL	Kaktee	KORALLENKAKTUS
illegal, illegitim	UNRECHTMAESSIG	Kalif von Bagdad	HARUNALRASCHID
Imker	BIENENZUECHTER	Kaliumeisenzyanid	BLUTLAUGENSALZ
immun	UNEMPFAENGLICH	Kampfrichter, Schiedsrichter	UNPARTEIISCHER
Immunisierung	SCHLUCKIMPFUNG		
Initiative	INANGRIFFNAHME	Kampfrichter, Unparteiischer	SCHIEDSRICHTER
Insektenbekämpfungsmittel	FLIEGENFAENGER		
Inselgruppe im Südatlantik	FALKLANDINSELN	kanad. Fluß zum Eismeer	MACKENZIERIVER
Insel im Chiemsee	FRAUENCHIEMSEE	kanad. Fluß zur Hudsonbai	CHURCHILLRIVER
Insel im Chiemsee	HERRENCHIEMSEE	Kannibalismus	ANTHROPOPHAGIE
Interpunktion	ZEICHENSETZUNG	Kanzler	REGIERUNGSCHEF
in Verruf bringen	DISKREDITIEREN	Kapitän	SCHIFFSFUEHRER
Iris (Auge)	REGENBOGENHAUT	karibischer Inselstaat	TRINIDADTOBAGO
Isolierflasche, Warmhaltegerät	THERMOSFLASCHE	Karotis (Ader)	HALSSCHLAGADER
ital. Heiliger	FRANZVONASSISI		

992

Karpfenart	SPIEGELKARPFEN	Kollektiv	GENOSSENSCHAFT
Kartenspiel	SCHIEBERRAMSCH	Kommanditist	GESELLSCHAFTER
Kartenspiel	SCHNIPPSCHNAPP	Kommode	WAESCHESCHRANK
Kartenspiel	SCHWARZERPETER	Komp. v. »Die Frau ohne Schatten«	RICHARDSTRAUSS
karthagischer Heerführer	HAMILKARBARKAS	Kompon. d. Oper »Arabella«	RICHARDSTRAUSS
Kartoffelkäfer	KOLORADOKAEFER	Kompon. d. Oper »Ariadne auf Naxos«	RICHARDSTRAUSS
kathol. Meßbuch	MISSALEROMANUM	Kompon. d. Oper »Rosenkavalier«	RICHARDSTRAUSS
kaufm. Räumungsaktion	SCHLUSSVERKAUF	Kompon. der Oper »Capriccio«	RICHARDSTRAUSS
Kaufmann	EINZELHAENDLER	Kompon. der Oper »Feuersnot«	RICHARDSTRAUSS
Kennzeichen, Kennzeichn.	CHARAKTERISTIK	Kompon. der Oper »Liebe d. Dame«	RICHARDSTRAUSS
Kernkraft	NUKLEARENERGIE	Komponist der Oper »Daphne«	RICHARDSTRAUSS
Kettengefährt	RAUPENFAHRZEUG	Komponist der Oper »Elektra«	RICHARDSTRAUSS
Kieselgur	INFUSORIENERDE	Komponist der Oper »Salome«	RICHARDSTRAUSS
Kinooperateur	FILMVORFUEHRER	Konsulent	RECHTSBEISTAND
Kladde	GESCHAEFTSBUCH	konzentrieren	ZUSAMMENZIEHEN
Kleinform epischer Dichtung	KURZGESCHICHTE	Kosmonaut, Astronaut	WELTRAUMFAHRER
Kleingarten	SCHREBERGARTEN	Krallenaffe	PINSELAEFFCHEN
Kletterer-Ausrüstung	KLETTERGUERTEL	Krebstier	WOLLHANDKRABBE
Klosterfrau, -insassin	LAIENSCHWESTER	Kriecher	SPEICHELLECKER
Knochenfischordnung	STACHELFLOSSER	Kur	HEILBEHANDLUNG
Kochsalz	NATRIUMCHLORID	Kurort am Oderbruch	BADFREIENWALDE
König von Judäa	HERODESAGRIPPA	Kurort am Vogelsberg	BADSALZSCHLIRF
Körperertüchtigung	LEIBESUEBUNGEN		
körperlich	STEREOMETRISCH		
Körperschaft	GENOSSENSCHAFT		

Kurort an der Saale	BADDUERRENBERG	Märchenfigur, -gestalt	SCHNEEWITTCHEN
Kurort an der Tauber	BADMERGENTHEIM	Magnetfeld der Erde	MAGNETOSPHAERE
Kurort im Rheingau	ASSMANNSHAUSEN	Magnetit	MAGNETEISENERZ
Lagerist	LAGERVERWALTER	malnehmem	MULTIPLIZIEREN
langsame Geschwindigkeit	SCHNECKENTEMPO	Marinedienstgrad	KAPITAENZURSEE
Lantane	WANDELROESCHEN	Marinedienstgrad	STABSBOOTSMANN
latein.: freie Künste	ARTESLIBERALES	Maskottchen	GLUECKSBRINGER
Lauf-Käfer	FELDSANDKAEFER	Massiv der Hohen Tauern	GROSSVENEDIGER
launenhaft, wankelmütig	WETTERWENDISCH	mathematisches Gerät	RECHENSCHIEBER
Lehrer im Kunsttanz	BALLETTMEISTER	Memme	SCHLAPPSCHWANZ
		Memoiren	AUTOBIOGRAPHIE
Lehre v. früheren Lebensformen	PALAEONTOLOGIE	Menschenfresserei	ANTHROPOPHAGIE
Lehrling	AUSZUBILDENDER	Menschenscheu	ANTHROPOPHOBIE
Leibwache des Papstes	SCHWEIZERGARDE	Menschwerdung	ANTHROPOGENESE
leichtathletische Disziplin, Übung	STABHOCHSPRUNG	Mesozoikum	ERDMITTELALTER
		Meßbuch	MISSALEROMANUM
Leichtsinn	UNBESONNENHEIT	meteorolog. Raumsonde	WETTERSATELLIT
leitender Angestellter	BETRIEBSLEITER		
Lerchenart	KALANDERLERCHE	mexikan. Hauptstadt	CIUDADDEMEXICO
Letter	DRUCKBUCHSTABE	mexikan. Staat	AGUASCALIENTES
letzte Ölung	KRANKENSALBUNG	Milde	BARMHERZIGKEIT
Leuchtkäfer	GLUEHWUERMCHEN	militär. Dienstgrad	BRIGADEGENERAL
libysch. König	IDRISELSENUSSI	militärisch. Dienstgrad	STABSGEFREITER
Lichtblick	SILBERSTREIFEN		
Lichterscheinung am Himmel	WETTERLEUCHTEN	militärisches Abendsignal	ZAPFPENSTREICH

Ministerpräsident	REGIERUNGSCHEF	Münchner Sportanlage	OLYMPIASTADION
Mitarbeit	ZUSAMMENWIRKEN	Münchner Symbolfigur	MUENCHNERKINDL
Mitleid	BARMHERZIGKEIT		
Mitschüler	KLASSENKAMERAD	musikal. Vortrag	INTERPRETATION
mittelalt. geistl. Schauspiel	MYSTERIENSPIEL	Musik-Ensemble	PHILHARMONIKER
		Musikhochschule	KONSERVATORIUM
mitteldtsch. Gebirgszug	THUERINGERWALD	Nachbildung	REKONSTRUKTION
mittelengl. Grafschaft	LEICESTERSHIRE	Nachrangigkeit	POSTERIORITAET
		Nachtfalter	FICHTENSPINNER
Mittellosigkeit	BEDUERFTIGKEIT	Nachtfalter	SCHWAMMSPINNER
mittelschwed. Landkreis	VAESTERMANLAND	Nachtwandeln	NOKTAMBULISMUS
mittelspan. Gebirge	SIERRADEGREDOS	Nacht zum 1. Mai	WALPURGISNACHT
Mittwoch nach Fastnacht	ASCHERMITTWOCH	Nächstenliebe	BARMHERZIGKEIT
modern. Zeitnahme im Sport	ZIELFOTOGRAFIE	nächtl. Parkplatz	LATERNENGARAGE
		Naturerscheinung	MONDFINSTERNIS
moderner Flugzeugtyp	DUESENFLUGZEUG	Nebenmeer des Indisch. Ozeans	PERSISCHERGOLF
moderner Flugzeugtyp	DUESENMASCHINE		
moderner Schiffstyp	LUFTKISSENBOOT	neppen, betrügen	UEBERVORTEILEN
Möwenart	DREIZEHENMOEWE	Netzflügler	AMEISENJUNGFER
Mondraute	WALPURGISKRAUT	Netzschlange	GITTERSCHLANGE
Monitor	KONTROLLSCHIRM	Neuordnung	REORGANISATION
Moralzerrüttung	DEMORALISATION	Neureicher	EMPORKOEMMLING
Moschee-Heiligtum in Mekka	SCHWARZERSTEIN	neuseeländ. Inselgruppe	KERMADECINSELN
Moskauer Gedenkstätte	LENINMAUSOLEUM	nicht gewissenhaft	UNZUVERLAESSIG
Münchner Festplatz	THERESIENWIESE	Nichtstuer	MUESSIGGAENGER

niederl. Komponist (16. Jh.)	ORLANDODILASSO	ökonomisch, gewinnbringend	WIRTSCHAFTLICH
niederländ. Hafen	HOEKVANHOLLAND	österr.-ital. Gebirge	KARNISCHEALPEN
niederländ. Staatsmann	OLDENBARNEVELT	österr. Kalkalpengebirge	HOELLENGEBIRGE
Niederlassungsfreiheit	FREIZUEGIGKEIT	österr. Lyriker, Schriftsteller	FEUCHTERSLEBEN
Nonnenorden	URSULINERINNEN	österr. Politiker, Bundespräsid.	KIRCHSCHLAEGER
nordamer. Bucht	CUMBERLANDSUND	österr. Stadt am Kahlenberg	KLOSTERNEUBURG
nordaustral. Bundesstaat	NORDAUSTRALIEN	österr. Stadt an der Fischa	WIENERNEUSTADT
nordengl. Grafschaft	NORTHUMBERLAND	Offenheit	FREIMUETIGKEIT
nordschott. Inselgruppe	SHETLANDINSELN	Offizier	BRIGADEGENERAL
		Offizier	OBERSTLEUTNANT
norweg. Bucht	TRONDHEIMFJORD	Ohio-Zufluß	TENNESSEERIVER
notdürftig	BEHELFSMAESSIG	opak	UNDURCHSICHTIG
Notzucht	VERGEWALTIGUNG	Operette v. Straus	EINWALZERTRAUM
Nürnb. Sehenswürdigkeit	SEBALDUSKIRCHE	Operette von Abraham	BLUMEVONHAWAII
Nurse	KINDERMAEDCHEN	Operette von Fall	DERFIDELEBAUER
Obacht	AUFMERKSAMKEIT	Operette von Kalman	HERBSTMANOEVER
oberbay. Kurort	BADREICHENHALL		
oberbayer. Stadt an der Isar	WOLFRATSHAUSEN	Operette von Lincke	DERLIEBESTRAUM
oberbayerisch. Königsschloß	NEUSCHWANSTEIN	Operette von Millöcker	GRAEFINDUBARRY
		Operette von Zeller	DEROBERSTEIGER
oberbayerischer See	STARNBERGERSEE	Oper von Donizetti	DERLIEBESTRANK
Oberbefehlshaber	GENERALISSIMUS	Oper von Egk	DIEZAUBERGEIGE
oberflächlich	VORDERGRUENDIG	Oper von Gluck	PARISUNDHELENA

Oper von Händel	ACISUNDGALATEA	Paulusbrief	THESSALONICHER
Oper von Hindemith	MATHISDERMALER	pazif. Inselgruppe	MARSHALLINSELN
Oper von Lortzing	DERWILDSCHUETZ	pazif. Inselstaat	MARSHALLINSELN
Oper von Meyerbeer	DIEAFRIKANERIN	Pelzart	PERSIANERKLAUE
Oper von Puccini	GIANNISCHICCHI	Penner, Vagabund	STADTSTREICHER
Oper von Reznicek	RITTERBLAUBART	Pflanzenart	SCHLINGPFLANZE
Oper von Smetana	VERKAUFTEBRAUT	Pflanzenfamilie	LIPPENBLUETLER
Oper von Strauss	DERFRIEDENSTAG	Phantasie	ERFINDUNGSGABE
Oper von Sutermeister	DIEZAUBERINSEL	philosophische Richtung	SUBJEKTIVISMUS
Oper von Weber	DERFREISCHUETZ	Phosphorverbindung	PHOSPHORSAEURE
Optimismus	LEBENSBEJAHUNG	Photoapparat	ROLLFILMKAMERA
optische Täuschung	PHANTASMAGORIE	Pianist	KLAVIERSPIELER
ordnen	KATEGORISIEREN	Pilzart	FELDCHAMPIGNON
ostengl. Grafschaft	CAMBRIDGESHIRE	Pilzart	FICHTENREIZKER
Osterluzei	PFEIFENSTRAUCH	Pinguinart	BRILLENPINGUIN
oström. Hauptstadt	KONSTANTINOPEL	Plättgerät	BUEGELMASCHINE
päpstl. Anrede	EUREHEILIGKEIT	Posthornschnecke	TELLERSCHNECKE
päpstl. Sommerresidenz	CASTELGANDOLFO	prahlen	SCHWADRONIEREN
Papageienart	NYMPHENSITTICH	prakt. Anwendung d. Elektrizität	ELEKTROTECHNIK
Pariser Kirchenbau	SAINTECHAPELLE	Primat der Gemeinschaft	KOLLEKTIVISMUS
parlamentar. Anfrage	INTERPELLATION	Primelpflanze	ACKERGAUCHHEIL
parlamentar. anfragen	INTERPELLIEREN	profitabel	GEWINNBRINGEND
Passagierschiff f. Kurzstrecken	LUFTKISSENBOOT	Proklamation	BEKANNTMACHUNG
		Prototyp	VERSUCHSMUSTER
		Protozee	WIMPERTIERCHEN
		Punjab, Pandschab	FUENFSTROMLAND
Patent	ERFINDERSCHUTZ	Punkt	SCHLUSSZEICHEN
Patron	SCHUTZHEILIGER	Qualität	BESCHAFFENHEIT
		Quittung	EMPFANGSSCHEIN

Rachenspiegelung	PHARYNGOSKOPIE	Roman v. Goethe	WILHELMMEISTER
Radiowellenbereich	ULTRAKURZWELLE	Roman v. Gogol	DIETOTENSEELEN
Rankengewächs	KLETTERPFLANZE	Roman v. Grimmelshausen	SIMPLICISSIMUS
Raubschnecke	PURPURSCHNECKE	Roman v. Lawrence	LADYCHATTERLEY
Raucherutensil	PFEIFENSTOPFER	Roman v. Pasternak	DOKTORSCHIWAGO
Raucherutensil	ZIGARETTENETUI	Roman v. Roth	RADETZKYMARSCH
Raucherutensil	ZIGARRENSPITZE	rührselig	MELODRAMATISCH
Rechnungsart	MULTIPLIKATION	russ. Binnenmeer	KASPISCHESMEER
Rechteck	PARALLELOGRAMM	russisch. Cellist	ROSTROPOWITSCH
Regal	FAECHERGESTELL	sächs. Kurort, Badeort	FRIEDRICHSHALL
Reizbarkeit	IRRITABILITAET	Säugetierordnung	KLIPPSCHLIEFER
Religion	KONFUZIANISMUS	Säugetierordnung	ROEHRENZAEHNER
Reserve, Distanz	ZURUECKHALTUNG	saisonal	JAHRESZEITLICH
reserviert, unaufdringlich	ZURUECKHALTEND	Sakrament	KRANKENSALBUNG
respektlos	DESPEKTIERLICH	Salut	EHRENBEZEIGUNG
richtungweisend, vorbildlich	PROGRAMMATISCH	Satzzeichen	AUSRUFEZEICHEN
Riesenschlange	ABGOTTSCHLANGE	Satzzeichen	GEDANKENSTRICH
Robben	FLOSSENFUESSER	Schaf, Schafart	STUMMELSCHWANZ
Robbenart	ELEFANTENROBBE	Schalttafel	ARMATURENBRETT
Rockmusik-Begriff	ELECTRONICROCK	scharfe Biegung	HAARNADELKURVE
Rockmusik-Form	ELECTRONICROCK	scharfes Gewürz	CAYENNEPFEFFER
römisches Bauwerk	PALAZZOVENEZIA	Schattenbild	SCHERENSCHNITT
Röntgenuntersuchung	DURCHLEUCHTUNG	Schelmenstück	EULENSPIEGELEI
rohe Kraft	BRACHIALGEWALT	Scheu	AENGSTLICHKEIT
Roman v. Bromfield	DERGROSSEREGEN	Schichtung	STRATIFIKATION
Roman v. Defoe	ROBINSONCRUSOE	Schießbaumwolle	NITROZELLULOSE
Roman v. Dumas	DREIMUSKETIERE	Schiffskompaß	KREISELKOMPASS
		Schiffslaterne	POSITIONSLICHT

Schlafwandel	SOMNAMBULISMUS
Schlafwandler	MONDSUECHTIGER
schlangenähnliche Echse	BLINDSCHLEICHE
Schlangenart	FELSENSCHLANGE
Schlangenart	KATZENSCHLANGE
Schmerle	SCHLAMMBEISSER
Schmetterlingsart	ZITRONENFALTER
Schneide	SCHNITTFLAECHE
Schneidwerkzeug	SCHNEIDBRENNER
Schneckenart	KIEMENSCHNECKE
Schöpfertum	PRODUKTIVITAET
Schreibgerät	KUGELSCHREIBER
Schreibstil	AUSDRUCKSWEISE
Schrumpfniere	NEPHROSKLEROSE
Schulfach	KUNSTERZIEHUNG
Schulterknochen	SCHLUESSELBEIN
schwankend, wankelmütig	UNENTSCHLOSSEN
schwedischer Fluß	VAESTERDALAELV
schweiz. Komponist	JAQUESDALCROZE
schweiz. See	NEUENBURGERSEE
Schwertlilienwurzelstock	VEILCHENWURZEL
schwerwiegend	BEDEUTUNGSVOLL
See in Schleswig-Holstein	RATZEBURGERSEE
See in Utah (USA)	GROSSERSALZSEE
seelische Heilmethode	PSYCHOTHERAPIE
Seen in Kroatien	PLITWITZERSEEN
Segelboot, Segelschiff	FLYINGDUTCHMAN
Sektion	UNTERABTEILUNG
Selbstbeeinflussung	AUTOSUGGESTION
selbstherrlich	ABSOLUTISTISCH
selbstlos	UNEIGENNUETZIG
Septikämie	BLUTVERGIFTUNG
Setzmaschine	TELETYPESETTER
sich verbrüdern	FRATERNISIEREN
Silberpapier	ALUMINIUMFOLIE
Singvogel	STAFFELSCHWANZ
Sippe, Angehörigenkreis	VERWANDTSCHAFT
sittlich verderben	DEMORALISIEREN
Skelett	KNOCHENGERUEST
Skilauftechnik	SEITABRUTSCHEN
Skilauftechnik	TREPPENSCHRITT
Skulptur	BILDHAUERKUNST
Slang	UMGANGSSPRACHE
soeben	AUGENBLICKLICH
sofort	AUGENBLICKLICH
Sofortbild-Fotoapparat	POLAROIDKAMERA
Solarplexus	SONNENGEFLECHT
Sonnenwendigkeit	HELIOTROPISMUS
Sorgfalt	GRUENDLICHKEIT
SO-Teil d. Teutoburger Waldes	LIPPISCHERWALD
sozusagen	GEWISSERMASSEN
span. Küste	COSTADELAZAHAR

Speiselokal	GASTWIRTSCHAFT	Stadt an der Naab	BURGLENGENFELD
Speisepilz	HERBSTTROMPETE	Stadt im Berchtesgadener Land	BADREICHENHALL
Sperberart	TAUBENSTOESSER		
Spirale	SCHRAUBENLINIE	Stadt im Bergischen Land	WERMELSKIRCHEN
Spitze	ANZUEGLICHKEIT		
Sportart, -disziplin	BOGENSCHIESSEN	Stadt im Ruhrgebiet	RECKLINGHAUSEN
Sportart, -disziplin	LEICHTATHLETIK	Stadt in Brandenburg	BADFREIENWALDE
Sportart, -disziplin	SCHWERATHLETIK	Stadt in Brandenburg	TREUENBRIETZEN
sportlich fit	DURCHTRAINIERT	Stadt in Guatemala	QUETZALTENANGO
Sporttrophäe	BRONZEMEDAILLE		
Staatenbund	KONFOEDERATION	Stadt in Mecklenburg	NEUBRANDENBURG
Staat in Ozeanien	PAPUANEUGUINEA	Stadtoberhaupt	BUERGERMEISTER
staatl. Landkarte	MESSTISCHBLATT	Stadtteil v. Berlin	FRIEDRICHSHAIN
Staatsform	GROSSHERZOGTUM	Stadtteil v. Stuttgart	UNTERTUERKHEIM
Staatshoheit	SOUVERAENITAET		
Stabsoffizier	KAPITAENZURSEE	Ständer am Fahrrad	GEPAECKTRAEGER
Stabsoffizier	OBERSTLEUTNANT	ständig, konstant	UNUNTERBROCHEN
Stachelflosser	LABYRINTHFISCH	stattlich, würdig	REPRAESENTABEL
Stachelflosser	PETERMAENNCHEN	Stauferburg in Süditalien	CASTELDELMONTE
Stachelhäuter	SCHLANGENSTERN		
Stacheltier	STACHELSCHWEIN	Steigerung	INTENSIVIERUNG
Stadt am Pfälzer Wald	KAISERSLAUTERN	Stellvertreter des Dirigenten	KONZERTMEISTER
Stadt am Rein-Herne-Kanal	RECKLINGHAUSEN	Sternbild	SUEDLICHEKRONE
		Sternbild	WASSERSCHLANGE
Stadt an Breg und Brigach	DONAUESCHINGEN	stetig	KONTINUIERLICH
		Stetigkeit	BEHARRLICHKEIT
Stadt an d. Mosel	BERNKASTELKUES	steuerbares Raumschiff	WELTRAUMKAPSEL
Stadt an der Donau	DONAUESCHINGEN		
Stadt an der Lippe	BADLIPPSPRINGE		

Steuerungscomputer	PROZESSRECHNER	techn. Fachgebiet	HUETTENTECHNIK
stichhaltig	BEWEISKRAEFTIG	techn. Verfahren	BRENNSCHNEIDEN
Strandreiter (Vogel)	STELZENLAEUFER	Teil d. Nordtiroler Alpen	LECHTALERALPEN
studentische Verbindung	BURSCHENSCHAFT	Teil der Alleghenies (USA)	GREENMOUNTAINS
südafr. Homeland	BOPHUTHATSWANA	Teil der Appalachen	WHITEMOUNTAINS
südafrik. Sprache	HOTTENTOTTISCH	Teil der Ostalpen	RAETISCHEALPEN
südamerikan. Zierpflanze	PANTOFFELBLUME	Teil des Auges	REGENBOGENHAUT
Süddeutscher	WUERTTEMBERGER	Teil des Bodensees	UEBERLINGERSEE
Südfrucht	PASSIONSFRUCHT	Teil des Motors	EINSPRITZPUMPE
südostasiat. Kletterstrauch	PFEFFERSTRAUCH	Teil des Sauerlands	ROTHAARGEBIRGE
südostfranz. Departement	ALPESMARITIMES	Teilhaber	GESELLSCHAFTER
		Tellmuschel	DREIECKMUSCHEL
südschwed. Landkreis	OESTERGOETLAND	Tempelform	AMPHIPROSTYLOS
Südtiroler Gebirge	SARNTALERALPEN	Tetrarch von Galiläa	HERODESANTIPAS
südwestafrikan. Bucht	LUEDERITZBUCHT	Theater	SCHAUSPIELHAUS
südwestnorweg. Fjord	HARDANGERFJORD	Theaterkünstlerin	SCHAUSPIELERIN
süßes Nichtstun	DOLCEFARNIENTE	Thronerhebung	INTHRONISATION
Symbol der Ost-West-Spaltung	EISENERVORHANG	thür. Stadt an d. Werra	HILDBURGHAUSEN
		tiefe Ergriffenheit	ERSCHUETTERUNG
syrische Christen	THOMASCHRISTEN	Tierart	GLIEDERFUESSER
Tätigkeit	BESCHAEFTIGUNG	Tintenfisch-Art	PAPIERNAUTILUS
Tagetes	STUDENTENBLUME	Titelfigur bei Wilde	LADYWINDERMERE
Tagfalter, Edelfalter	SCHILLERFALTER	Tonwiedergabegerät	PLATTENSPIELER
Talisman	GLUECKSBRINGER		
Tausendsassa	ALLERWELTSKERL	totalitär, eigenmächtig	SELBSTHERRLICH
techn. Fachgebiet	ELEKTROTECHNIK		

Touristenbetreuer	FREMDENFUEHRER
Tournee	GASTSPIELREISE
Transportschiff	SCHUBSCHLEPPER
Trauung	EHESCHLIESSUNG
trop. Gewürzbaum	MUSKATNUSSBAUM
Trugbild	PHANTASMAGORIE
Tüchtigkeit	SCHAFFENSKRAFT
Tukan	PFEFFERFRESSER
Tunnelbahn, Metro	UNTERGRUNDBAHN
Turnen	LEIBESUEBUNGEN
Übereinkunft	VERSTAENDIGUNG
Überempfindlichkeit	HYPERAESTHESIE
überwachen	BEAUFSICHTIGEN
Umformung, Umwandlung	TRANSFORMATION
umgänglich	LIEBENSWUERDIG
umgestalten, umwandeln	TRANSFORMIEREN
Umsatzabgabesystem	MEHRWERTSTEUER
Umsetzung	TRANSPONIERUNG
Umtriebe	MACHENSCHAFTEN
Umweltforschung	ENVIRONTOLOGIE
Umweltschutz-Maßnahme	PFLANZENSCHUTZ
Unabhängigkeit	SOUVERAENITAET
unaufhörlich	KONTINUIERLICH
unaufmerksam	UNKONZENTRIERT
Unausgeglichenheit	DEKOMPENSATION
unbeweglich machen	IMMOBILISIEREN
ungar.: Stuhlweißenburg	SZEKESFEHERVAR
ungeschickt	UNDIPLOMATISCH
ungesetzlich	WIDERRECHTLICH
Ungleichartigkeit	HETEROGENITAET
Ungleichheit	INHOMOGENITAET
Unglücksmeldung	HIOBSBOTSCHAFT
unheilbringende Gabe	DANAERGESCHENK
Uniformschmuck	AERMELSTREIFEN
Unlust	MISSVERGNUEGEN
UNO-Behörde	SICHERHEITSRAT
UNO-Generalsekretär	PEREZDECUELLAR
Unsachlichkeit	PARTEILICHKEIT
Unsachlichkeit	SUBJEKTIVITAET
Unterkunft f. Jugendliche	JUGENDHERBERGE
Unternehmer	GESCHAEFTSMANN
unterscheiden	DIFFERENZIEREN
unterschiedlich behandeln	DISKRIMINIEREN
Untertreibung (engl.)	UNDERSTATEMENT
unverzüglich	AUGENBLICKLICH
unzüchtig	PORNOGRAPHISCH
Urwelttier	ICHTHYOSAURIER
Utopie	ZUKUNFTSVISION
utopische Geschichte	SCIENCEFICTION
verallgemeinern	GENERALISIEREN
veraltete Bez. für Benehmen	SCHICKLICHKEIT

veranschaulichen	KONKRETISIEREN	Vielseitigkeit	UNIVERSALISMUS
verdächtigen	DISKRIMINIEREN	Viereck	PARALLELOGRAMM
verdeutlichen	KONKRETISIEREN	Vitamin C	ASKORBINSAEURE
vereinfachen	SIMPLIFIZIEREN	Vitaminmangelkrankheit	HYPOVITAMINOSE
Verfahren	HANDLUNGSWEISE	Vogelart	ALPENBRAUNELLE
vergebliches Tun	SISYPHUSARBEIT	Vogelart	FELSENSCHWALBE
		Vogelart	GARTENSPOETTER
Vergeltungsforderung	ERSATZANSPRUCH	Vogelart	HAUSROTSCHWANZ
		Vogelart	ZITRONENSTELZE
verhütend, vorbeugend	PROPHYLAKTISCH	volkstümlich f. Telefon	QUASSELSTRIPPE
Verkauf gegen Barzahlung	KASSAGESCHAEFT	Volksvertreter	PARLAMENTARIER
		voller Vorurteile	VOREINGENOMMEN
Verkaufsförderung	SALESPROMOTION	Vorbehalt	EINSCHRAENKUNG
Verkehrsteilnehmer	MOTORRADFAHRER	vorderasiat. Wüste	SYRISCHEWUESTE
Verkündigung	BEKANNTMACHUNG	vorgeschichtlich	PRAEHISTORISCH
verleumden	DISKREDITIEREN	Vorhafen von Rotterdam	HOEKVANHOLLAND
Verleumdung, üble Nachrede	VERUNGLIMPFUNG	vorherbestimmt	PRAEDESTINIERT
Verminderung	EINSCHRAENKUNG	vorherrschen	PRAEDOMINIEREN
verneinende Geste	KOPFSCHUETTELN	vorläufig	INTERIMISTISCH
		Vormerkbuch	TERMINKALENDER
versetzte Erkältung	STOCKSCHNUPFEN	vornehm	ARISTOKRATISCH
Verstärkung	INTENSIVIERUNG	vornehm	HERRSCHAFTLICH
		Vorspiegelung	PHANTASMAGORIE
vervielfachen	MULTIPLIZIEREN	Vorurteilslosigkeit	UNBEFANGENHEIT
Vervielfachung	MULTIPLIKATION	Vorverhandlungen	PRAELIMINARIEN
Vervielfältigung	MULTIPLIKATION	Vulkan in Afrika	KILIMANDSCHARO
Verwaltung	ADMINISTRATION	Wachsamkeit	AUFMERKSAMKEIT
Verwaltungsbez. in Frankreich	ARRONDISSEMENT	Währung in Hongkong	HONGKONGDOLLAR
Vielgestaltigkeit	POLYMORPHISMUS	Wahrhaftigkeit	WAHRHEITSLIEBE

Wahrheitsliebe	AUFRICHTIGKEIT	Weinsorte, Traubensorte	SPAETBURGUNDER
Wahrheitsliebe	WAHRHAFTIGKEIT	Weißwurz	SALOMONSSIEGEL
Waldanemone	LEBERBLUEMCHEN	Weltmeer	INDISCHEROZEAN
Waldschädling	FICHTENWICKLER	westindische Inselgruppe	GROSSEANTILLEN
Waldschädling	KIEFERNSPANNER	westindische Inselgruppe	KLEINEANTILLEN
Waldschädling	KIEFERNSPINNER	wiedererkennen	IDENTIFIZIEREN
Waldschädling	KIEFERNWICKLER	Wiedergutmachung	ENTSCHAEDIGUNG
walisische Grafschaft	BRECKNOCKSHIRE	Wiedergutmachung	SCHADENSERSATZ
Wanderfalke	TAUBENSTOESSER	Wiederherstell. d. Gesundheit	REHABILITATION
warme Sportkleidung	TRAININGSANZUG	wiederherstellen	REKONSTRUIEREN
Wasserglas (chem.)	NATRIUMSILIKAT	Wiederherstellung	REKONSTRUKTION
Wasserqualität	GEWAESSERGUETE	wiederholen	REKAPITULIEREN
Wassersport	WASSERSPRINGEN	Wiederholung	REKAPITULATION
Wassersportanlage	SCHWIMMSTADION	Wiedertäufer in Münster	KNIPPERDOLLING
Watvogel	AUSTERNFISCHER	Wiener Sehenswürdigkeit	KAPUZINERGRUFT
wechselseitige Abhängigkeit	INTERDEPENDENZ	Wintersportgerät	SEGELSCHLITTEN
Weinbergschädling	TRAUBENWICKLER	wirbellose Meertierart	STACHELHAEUTER
Wein-Bezeichnung	PRAEDIKATSWEIN	Wirtschaftsform	LANDWIRTSCHAFT
Wein-Bezeichnung	QUALITAETSWEIN	Wirtschaftskrieg	HANDELSBOYKOTT
Weinort, -stadt am Rhein	ASSMANNSHAUSEN	Wirtschaftsverbund	GENOSSENSCHAFT
Weinort, -stadt an der Mosel	TRABENTRARBACH	Wühle	BLINDSCHLEICHE
Weinort an der Mosel	BERNKASTELKUES	württ. Kurort	NECKARSTEINACH

Wüste in Nordafrika	LIBYSCHEWUESTE
Wüste in Nordafrika	NUBISCHEWUESTE
Wurmmittel	ANTHELMINTIKUM
Wurstsorte	KNOBLAUCHWURST
Wurzelfüßer	SONNENTIERCHEN
Zeichengerät (Pantograph)	STORCHSCHNABEL
Zerkleinerungsvorrichtung	SHREDDERANLAGE
Zersetzung	DEKOMPENSATION
Ziel	BESTIMMUNGSORT
Ziererei	MANIERIERTHEIT
Zierkürbis	BISCHOFSMUETZE
Zikkurat	STUFENPYRAMIDE
Zofe	ZIMMERMAEDCHEN
Zugmaschine	MOTORSCHLEPPER
Zulassungsbeschränkung	NUMERUSCLAUSUS
zurückhaltend	UNAUFDRINGLICH
Zurückhaltung	RESERVIERTHEIT
Zusammenfassung	REKAPITULATION
zusammenziehen	KONSTRINGIEREN
zweitrangig	NEBENSAECHLICH
zwischenzeitlich	INTERIMISTISCH
zwischenzeitlich, zeitweilig	VORUEBERGEHEND

Abendtrunk	DAEMMERSCHOPPEN	angleichen	AKKLIMATISIEREN
Abgottschlange	KOENIGSSCHLANGE	anpasserisch	OPPORTUNISTISCH
Abrüstung	DEMOBILISIERUNG	Antithese	GEGENBEHAUPTUNG
Absatzgestein	SEDIMENTGESTEIN	Apfelsorte	GOLDENDELICIOUS
addieren	ZUSAMMENZAEHLEN	Apotheose	VERGOETTLICHUNG
ätherisches Öl	BITTERMANDELOEL	Apparatur	INSTRUMENTARIUM
affig	SELBSTGEFAELLIG	Arbeitsmaschine	PRESSLUFTBOHRER
afrikan. Berg	DSCHEBELAJASCHI	Arnika	BERGWOHLVERLEIH
Akkordeon	SCHIFFERKLAVIER	Arterienverkalkung	ARTERIOSKLEROSE
Aktualität	GEGENWARTSNAEHE	Arzneipflanze	BENEDIKTENKRAUT
Aktualität	ZEITBEZOGENHEIT	Asomnie	SCHLAFLOSIGKEIT
akustisch	SCHALLTECHNISCH	asynchron	ENTGEGENLAUFEND
Album	ERINNERUNGSBUCH	asynchron	UNGLEICHMAESSIG
Allgemeinheit	OEFFENTLICHKEIT	Atomkernstrahlung	RADIOAKTIVITAET
Allianz, Union	ZUSAMMENSCHLUSS	Attraktion	ANZIEHUNGSKRAFT
Alpenblume, -pflanze	ALPENGLOECKCHEN	Aufzeichnung von Musik, Sprache	TONBANDAUFNAHME
Alpentier	ALPENSALAMANDER	Augenfehler	KURZSICHTIGKEIT
also	DEMENTSPRECHEND	Augenkrankheit, Hyperopie	WEITSICHTIGKEIT
Altersblödsinn	DEMENTIASENILIS		
altväterlich	PATRIARCHALISCH	Aurikel, Primel	SCHLUESSELBLUME
amerikan. Giftschlange	KLAPPERSCHLANGE	ausdrücklich	EXPRESSISVERBIS
amerikan. Jazzpianist (m. Vorn.)	JELLYROLLMORTON	ausprobieren	EXPERIMENTIEREN
		außerordentlicher Professor	EXTRAORDINARIUS
Amerikaner englischer Herkunft	ANGLOAMERIKANER	autonom	EIGENGESETZLICH
Amöbe	WECHSELTIERCHEN	Autonomie, Autarkie	UNABHAENGIGKEIT
Anarchie	GESETZLOSIGKEIT	Autonotsignal	WARNBLINKANLAGE
Anführungszeichen	GAENSEFUESSCHEN	autorisiert	BEVOLLMAECHTIGT
Angeber, Prahlhans	SCHAUMSCHLAEGER	Autorität	PERSOENLICHKEIT
Angehöriger e. Waffengattung	PANZERGRENADIER	Autoteil, -zubehör	SCHEIBENWISCHER
Angina	HALSENTZUENDUNG		

avisieren	BENACHRICHTIGEN	Bleichsucht	OLIGOCHROMAENIE
Azteken-Gottheit	HUITZILOPOCHTLI	bloßstellen	KOMPROMITTIEREN
Bärenart	KAMTSCHATKABAER	Blutübertragung	BLUTTRANSFUSION
Ballett v. Milhaud	CREATIONDUMONDE	Bodensee-Hafen	FRIEDRICHSHAFEN
Ballett von Strawinsky	FRUEHLINGSOPFER	Briefmarke	POSTWERTZEICHEN
Barometer	LUFTDRUCKMESSER	Buchdruckverfahren	KUPFERTIEFDRUCK
bayer. spätgotisch. Bildhauer	RIEMENSCHNEIDER	Buchführungskontrolle	SOLLISTRECHNUNG
Bedürftigkeit	MITTELLOSIGKEIT	Bucht des Peloponnes	LAKONISCHERGOLF
Begegnung	ZUSAMMENTREFFEN	Büfett	GESCHIRRSCHRANK
Beherrschtheit	SELBSTDISZIPLIN	Bühneneinrichtung	SOUFFLEURKASTEN
Benachteiligung	DISKRIMINIERUNG	Bühnenloge	PROSZENIUMSLOGE
Benzinbehälter	RESERVEKANISTER	Bühnenstück v. Anzengruber	DERGWISSENSWURM
Bergbahn	SEILSCHWEBEBAHN	Bühnenstück v. Anzengruber	DERMEINEIDBAUER
Berliner Mischgetränk	WEISSEMITSCHUSS	Bühnenstück v. Claudel	DERSEIDENESCHUH
Berliner Promenadenstraße	KURFUERSTENDAMM	Bühnenstück v. Garcia Lorca	DIEBLUTHOCHZEIT
Beruf beim Fernsehen	FERNSEHREPORTER	Bühnenstück v. Hofmannsthal	DERTORUNDDERTOD
Beruf im Rechtswesen	KRIMINALBEAMTER	Bühnenstück v. Sartre	DIEEHRBAREDIRNE
Beruhigungsmittel	PSYCHOSEDATIVUM	Bühnenstück v. Shaw	DIEMILLIONAERIN
Bestandteil d. Blutes	BLUTKOERPERCHEN	Bühnenstück v. Tschechow	DERKIRSCHGARTEN
betäuben	CHLOROFORMIEREN	Bühnenstück v. Zuckmayer	BARBARABLOMBERG
Betriebsamkeit	GESCHAEFTIGKEIT		
Betrüger	BEUTELSCHNEIDER		
Beuteltier	RATTENKAENGURUH		
Bibelübersetzung	SIXTOCLEMENTINA		
Bilch	SIEBENSCHLAEFER		
Bildersammlung	GEMAELDEGALERIE		

Bühnenstück von Fry	DERERSTGEBORENE	dtsch. Malerin in Worpswede	MODERSOHNBECKER
Bühnenstück von Wilde	EINIDEALERGATTE	dtsch. Mittelgebirge	BAYERISCHERWALD
Bürgschaft	GEWAEHRLEISTUNG	dtsch. Pädagoge, Reformer	KERSCHENSTEINER
Bürogerät	SCHREIBMASCHINE		
Bumerang	KEHRWIEDERKEULE	dtsch. Reichskanzler	BETHMANNHOLLWEG
Bund, Verband	ZUSAMMENSCHLUSS		
Burg am Rhein	EHRENBREITSTEIN	Düsenantrieb	STRAHLTRIEBWERK
Burg von Koblenz	EHRENBREITSTEIN	ehem. preuß. Provinz	NIEDERSCHLESIEN
chilen. Hauptstadt	SANTIAGODECHILE	Ehepartner	LEBENSGEFAEHRTE
		Eigenart	INDIVIDUALITAET
Colt	TROMMELREVOLVER	Eigenheim	EINFAMILIENHAUS
Demokratie	VOLKSHERRSCHAFT	Eigensinn	HALSSTARRIGKEIT
Denker	GEISTESARBEITER	einbürgern	NATIONALISIEREN
Denksportaufgabe	BRUECKENRAETSEL	einheim. Giftpilz	GALLENROEHRLING
Denksportaufgabe	KREUZWORTPUZZLE	einheim. Giftpilz	KARTOFFELBOVIST
Despot	GEWALTHERRSCHER	einheim. Giftpilz	TIGERRITTERLING
Diabetes mellitus	ZUCKERKRANKHEIT	Einkeimblättrige	MONOKOTYLEDONEN
diametral	ENTGEGENGESETZT	Einzigartigkeit	INDIVIDUALITAET
Dienstvorschrift	BETRIEBSORDNUNG	Eisenerz	BRAUNEISENSTEIN
Diktator	GEWALTHERRSCHER	Eisenerz	RASENEISENSTEIN
diplomat. Vertretung im Ausland	GENERALKONSULAT	Elektronenschleuder	SYNCHROBETATRON
Dirigent	ORCHESTERLEITER	Emotion	GEMUETSBEWEGUNG
Dissident	ANDERSDENKENDER	Empörer	AUFSTAENDISCHER
Dorado	SCHLARAFFENLAND	engl. Grafschaft	BUCKINGHAMSHIRE
Drehstrom	DREIPHASENSTROM	Engstirnigkeit	PROVINZIALISMUS
dtsch. Dichterin, Schriftstellerin	DROSTEHUELSHOFF	Epiphanias	DREIKOENIGSFEST
		Erforschung d. Übersinnlichen	PARAPSYCHOLOGIE
dtsch. expressionist. Maler	SCHMIDTROTTLUFF	erkennen	DIAGNOSTIZIEREN

Erniedrigung	HERABWUERDIGUNG	Figur im »Nibelungenlied«	DIETRICHVONBERN
Erscheinungsfest	DREIKOENIGSFEST	Figur vor d. Hafen New Yorks	FREIHEITSSTATUE
erster engl. König	EGBERTVONWESSEX	Finanzen	STAATSEINNAHMEN
erster Sonntag nach Ostern	QUASIMODOGENITI	finanziell unterstützen	SUBVENTIONIEREN
Erwachsenenbildungsstätte	VOLKSHOCHSCHULE	Firmament	HIMMELSGEWOELBE
		fixe Idee	WAHNVORSTELLUNG
Etappenziel	ZWISCHENSTATION	florentin. Architekt und Maler	LEONARDODAVINCI
europäischer Inselstaat	GROSSBRITANNIEN	florentin. Bauwerk, Kunstgalerie	PALAZZORICCARDI
europäisches Königreich	GROSSBRITANNIEN	Flühvogel	HECKENBRAUNELLE
		Flughafen von Rom	LEONARDODAVINCI
eventuell	MOEGLICHERWEISE	Flugunterbrechung	ZWISCHENLANDUNG
evident	AUGENSCHEINLICH		
exklusiv, exklusive	AUSSCHLIESSLICH	Forscher, Gelehrter	WISSENSCHAFTLER
Expedition	FORSCHUNGSREISE	Forschungsanstalt, -stätte	VERSUCHSSTATION
Extravaganz	UEBERSPANNTHEIT		
Facharzt f. Seelenheilkunde	PSYCHOTHERAPEUT	Frachtschiff	CONTAINERSCHIFF
		Frachtverkehr	GUETERTRANSPORT
Fahrdrahtomnibus	OBERLEITUNGSBUS	franz. Atlantikfels m. Abtei	MONTSAINTMICHEL
Familienfest	GOLDENEHOCHZEIT	franz. Maler, Grafiker	TOULOUSELAUTREC
Fangheuschrecke	GOTTESANBETERIN	franz. Stadt im Zentralmassiv	CLERMONTFERRAND
Farbton	ANTHRAZITFARBEN		
Fernrohrart	SPIEGELTELESKOP		
feststellen	DIAGNOSTIZIEREN	Frauenberuf bei Bühne, Film usw.	MASKENBILDNERIN
Fieberrindenbaum	CHINARINDENBAUM		
Figur aus »Der Rosenkavalier«	FELDMARSCHALLIN	Frauenheld	SCHUERZENJAEGER
		Frauenstimme	KOLORATURSOPRAN
Figur aus »Lustige Weiber v. Windsor«	JUNKERSPAERLICH	frei, formlos	UNKONVENTIONELL

freies Handelssystem	MARKTWIRTSCHAFT	Gemahlin Ludwigs XVI.	MARIEANTOINETTE
Freistatt	OBDACHLOSENASYL	gemein	NIEDERTRAECHTIG
Frequenz	SCHWINGUNGSZAHL	Gemeindevorsteh. in der Schweiz	STADTPRAESIDENT
fromm	GOTTESFUERCHTIG		
Fürsorge-Einrichtung	OBDACHLOSENASYL	Genealogie	SIPPENFORSCHUNG
Fußballspieler	ANGRIFFSSPIELER	Genießer	LEBENSKUENSTLER
Gastspieltruppe	TOURNEEENSEMBLE	geräucherte Fleischware	KNOCHENSCHINKEN
Gatte	LEBENSGEFAEHRTE	gerichtl. Strafentscheidung	FREIHEITSSTRAFE
Gaukler, Taschenspieler	ZAUBERKUENSTLER		
Gebirgstier	ALPENSALAMANDER	german. Sagengestalt	DIETRICHVONBERN
Gebläsewerkzeug	SCHWEISSBRENNER	german. Ungeheuer	MIDGARDSCHLANGE
Geburtenregelung	FAMILIENPLANUNG	gesellschaftlicher Aufwand	REPRAESENTATION
Gedächtnisstörung	VERGESSLICHKEIT		
Gefängnis	VOLLZUGSANSTALT	Gesellschaftsschicht	GROSSBUERGERTUM
Gefriertrocknung	LYOPHILISIERUNG	gesinnungslos	OPPORTUNISTISCH
Geistesarmut	BESCHRAENKTHEIT	Gespenstheuschrecke	WANDELNDESBLATT
Geisteswissenschaft	KUNSTGESCHICHTE		
geistl. Amt bei d. Truppe	FELDGEISTLICHER	Gestell f. Raucherutensilien	PFEIFENSTAENDER
geistl. Orden	BORROMAEERINNEN	Geweberverpflanzung	TRANSPLANTATION
geistl. Orden	MAGDALENERINNEN	Giftnatter	BRILLENSCHLANGE
geistl. Titel, Würdenträger	KONSISTORIALRAT	Giftschlange	BRILLENSCHLANGE
		Gilde	SCHUETZENVEREIN
geländegängiges Fahrzeug	RAUPENSCHLEPPER	gleichgültig	DESINTERESSIERT
Gelbspötter	GARTENLAUBVOGEL	Gleichwertigkeit	EBENBUERTIGKEIT
Geliebte v. Ludwig XV.	MADAMEPOMPADOUR	Goethes Jugendliebe	FRIEDERIKEBRION
		Greifvogel	RAUHFUSSBUSSARD

griech. Bucht	PETALISCHERGOLF	höchster Berg in Australien	MOUNTKOSCIUSZKO
Grillenart	MAULWURFSGRILLE	höherer Schüler	UNTERSEKUNDANER
größtes Atoll im Pazifik	CHRISTMASISLAND	Hohlmaß, Raummaß	KUBIKMILLIMETER
Großartigkeit	MONUMENTALITAET	Hohlmaß, Raummaß	KUBIKZENTIMETER
großes Kriegsschiff	FLUGZEUGTRAEGER	Holzart, -gewächs	KRUMMHOLZKIEFER
Günstling	PROTEKTIONSKIND	Immortelle	KATZENPFOETCHEN
Haft	FREIHEITSENTZUG	Individualität	EINZIGARTIGKEIT
Haft	FREIHEITSSTRAFE	Individualität	PERSOENLICHKEIT
Hahnenfußgewächs	SCHARBOCKSKRAUT	Indiz	VERDACHTSMOMENT
Hamburger Sehenswürdigkeit	PLANTENUNBLOMEN	infam	NIEDERTRAECHTIG
		Initiative	ENTSCHLUSSKRAFT
		Inka-Haustier	MEERSCHWEINCHEN
Hamburger Wahrzeichen	MICHAELISKIRCHE	Intimität	VERTRAULICHKEIT
		ital. Renaissance-Maler	LEONARDODAVINCI
harmonieren	UEBEREINSTIMMEN	ital. Weinsorte	LACRIMAECHRISTI
Hauptfluß von Kolumbien	MAGDALENENSTROM	ital. Wintersportplatz	CORTINADAMPEZZO
Heiliger Geist	SPIRITUSSANCTUS	Jahrmarktsvergnügen	KETTENKARUSSELL
Heilmethode m. elektr. Strom	ELEKTROTHERAPIE	jüd. Erntedankfest	LAUBHUETTENFEST
Heizungsanlage	WARMLUFTHEIZUNG	Jugendirresein	DEMENTIAPRAECOX
Hemmvorrichtung	LUFTDRUCKBREMSE	Jungfernzeugung	PARTHENOGENESIS
herabsetzen	ABQUALIFIZIEREN	Jurist	FRIEDENSRICHTER
Hibiskus	CHINESISCHEROSE	Käferart	BLATTHORNKAEFER
Himalajagipfel	KANGCHENDZOENGA	Käferart	LANGHALSLAEUFER
Hit	ERFOLGSSCHLAGER	Käferart	PFLAUMENSTECHER
Hochgefühl	GLUECKSELIGKEIT	Käferart	STRAUCHRUESSLER
		Käferart	TRICHTERWICKLER
Hochmeister des Deutsch. Ordens	HERMANNVONSALZA	Kaktee	KASTANIENKAKTUS
		Kaktee	SCHLANGENKAKTUS
höchster Berg der White Mts.	MOUNTWASHINGTON	Kampfwagen	SCHUETZENPANZER

Kanal zw. Rhein, Weser u. Elbe	MITTELLANDKANAL	Kristallbildung	KRISTALLISATION
Kannibale	MENSCHENFRESSER	Küchenungeziefer	SILBERFISCHCHEN
Kanzler d. Kaiserzeit	BETHMANNHOLLWEG	Kurfürstenname	JOHANNFRIEDRICH
Kapuzinerpilz	BIRKENROEHRLING	Läufer	MITTELSTRECKLER
Karnevals-Veranstaltung	ROSENMONTAGSZUG	Landschneckenordnung	LUNGENSCHNECKEN
Kartenglücksspiel	SIEBZEHNUNDVIER	latein.: Heiliger Geist	SPIRITUSSANCTUS
Kartenspiel	SECHSUNDSECHZIG	lebensgefährlich	HALSBRECHERISCH
Karwochentag	GRUENDONNERSTAG	lebhaft	TEMPERAMENTVOLL
kathol. Frauenorden	KARMELITERINNEN	Lehrer an einer höheren Schule	STUDIENASSESSOR
kathol. Frauenorden	SALESIANERINNEN	Lehre von den Erscheinungen	PHAENOMENOLOGIE
kathol. Kirchenbann	EXKOMMUNIKATION	leitender Angestellter	GENERALDIREKTOR
Kennkarte	PERSONALAUSWEIS	leitender Beamter	GENERALDIREKTOR
Kettenfahrzeug	RAUPENSCHLEPPER	Leiter einer höheren Schule	STUDIENDIREKTOR
Kirchenausschluß	EXKOMMUNIKATION	Lieferungsgeschäft (Börse)	TERMINGESCHAEFT
Kleinstaaterei	PARTIKULARISMUS	Liga, Föderation	ZUSAMMENSCHLUSS
Klimaanpassung	AKKLIMATISATION	Löcherpilz	LAERCHENSCHWAMM
Koloradokäfer	KARTOFFELKAEFER	Märchenfigur, -gestalt	RUMPELSTILZCHEN
kombinieren	ZUSAMMENSTELLEN	Massenproduktion	SERIENFERTIGUNG
Kompromiß	ZWISCHENLOESUNG	maßgebend	RICHTUNGWEISEND
Krankengymnast	PHYSIOTHERAPEUT	mathem. stetige Teilung	GOLDENERSCHNITT
Krankheitslehre v. Nervensystem	NEUROPATHOLOGIE	Meereskrebs	EINSIEDLERKREBS
Kreislauf im Körper	BLUTZIRKULATION	menschenfreundlich	PHILANTHROPISCH
kriminaltechn. Verfahren	SPURENSICHERUNG		

Meßbildverfahren	PHOTOGRAMMETRIE	Nepp	UEBERVORTEILUNG
militär. Flughafen	LUFTSTUETZPUNKT	niederl. Physiker (Nobelpreis)	KAMERLINGHONNES
militär. Polizeitruppe	FELDGENDARMERIE	niederl. westfriesische Insel	SCHIERMONNIKOOG
Ministervertreter	STAATSSEKRETAER	niederösterr. Weinbauort	GUMPOLDSKIRCHEN
Mirakel	HEILIGENLEGENDE		
mitteilen	BENACHRICHTIGEN		
mittelengl. Grafschaft	HUNTINGDONSHIRE	niedersächs. Landschaft	SCHAUMBURGLIPPE
mittelengl. Grafschaft	NOTTINGHAMSHIRE	Nierensteinleiden	NEPHROLITHIASIS
Mitteleuropäer	LIECHTENSTEINER	nordaustral. Bucht	CARPENTARIAGOLF
mittelschwed. Landkreis	VAESTERNORRLAND	nordrussische Inselgruppe	SEWERNAJASEMLJA
moderne Jazzrichtung	PROGRESSIVEJAZZ	nordwestital. Gebirge	LIGURISCHEALPEN
Monarch	ALLEINHERRSCHER		
motorloses Luftfahrzeug	HEISSLUFTBALLON	normen, vereinheitlichen	STANDARDISIEREN
		Notenschlüssel	TENORSCHLUESSEL
mühelos	UNPROBLEMATISCH	notleidend	HILFSBEDUERFTIG
Muldengewölbeart	SPIEGELGEWOELBE	Nurse	KINDERFRAEULEIN
Museum in München	DEUTSCHESMUSEUM	Oberhirt, -hirte	PONTIFEXMAXIMUS
		Obligation	VERBINDLICHKEIT
Musical v. Berlin	ANNIEGETYOURGUN	Öffentlichkeitsarbeit	PUBLICRELATIONS
Musiker	INSTRUMENTALIST		
Myopie	KURZSICHTIGKEIT		
Nagetier	MEERSCHWEINCHEN	österr. Bundesland	OBEROESTERREICH
naher Angehöriger	BLUTSVERWANDTER	österr. Gebirge	EISENERZERALPEN
Nationalökonomie	VOLKSWIRTSCHAFT	österr. Gebirge	SALZBURGERALPEN
Naturschutzgebiet in den USA	YELLOWSTONEPARK	österr. Kurort	BADSCHALLERBACH
		österr. Schriftstellerin	EBNERESCHENBACH
Naturtheater	FREILICHTBUEHNE	österr. See in Kärnten	MILLSTAETTERSEE
Nelkenwurz	BENEDIKTENKRAUT		

offenbar, offenkundig	AUGENSCHEINLICH	Parlament	VOLKSVERTRETUNG
Offizier	GENERALLEUTNANT	Parlament d. Französ. Revolut.	NATIONALKONVENT
okkultist. Verstofflichungsphänom.	MATERIALISATION	Parole d. Franz. Revolution	BRUEDERLICHKEIT
Operette von Benatzky	IMWEISSENROESSL	Patentverschluß	REISSVERSCHLUSS
Operette von Dostal	DIEVIELGELIEBTE	Pazifikbucht der USA	SANFRANCISCOBAI
Operette von Fall	MADAMEPOMPADOUR	Persönlichkeitsforschung	CHARAKTEROLOGIE
Operette von Kálmán	CSARDASFUERSTIN	Pferdesportart	HINDERNISRENNEN
Operette von Lehár	DIELUSTIGEWITWE	Photoapparat	KLEINBILDKAMERA
Operette von Millöcker	DERARMEJONATHAN	photograph. Lichtspender	ELEKTRONENBLITZ
Opern-, Operettenfach	KOLORATURSOPRAN	physikal. Erscheinungsform	AGGREGATZUSTAND
Oper von Cimarosa	DIEHEIMLICHEEHE	physikal. Verfahren	SPEKTRALANALYSE
Oper von Hindemith	HARMONIEDERWELT	Pilot	FLUGZEUGFUEHRER
Oper von Kienzl	DEREVANGELIMANN	Pilzart	PERLENWULSTLING
Oper von Mozart	FIGAROSHOCHZEIT	politisch. Treffen auf höchster Ebene	GIPFELKONFERENZ
Oper von Puccini	MADAMEBUTTERFLY	Postgut, Postsache, -sendung	POSTWURFSENDUNG
Oper von Sutermeister	TITUSFEUERFUCHS	Präposition	VERHAELTNISWORT
Oper von Wolf-Ferrari	DIEVIERGROBIANE	Preistreiber	HALSABSCHNEIDER
optisches Instrument	SCHERENFERNROHR	Premiere	ERSTAUFFUEHRUNG
Orchestration	INSTRUMENTATION	protestantisch. Feiertag	REFORMATIONSTAG
ostchines. Golf	HANGTSCHOUBUCHT	Publikum	OEFFENTLICHKEIT
päpstl. Gerichtshof	SACRAROMANAROTA	Puppenbühne	KASPERLETHEATER
Pappel-Art	NAPOLEONSPAPPEL	Racket, Rakett	TENNISSCHLAEGER
Pariser Flughafen	CHARLESDEGAULLE	Radioempfänger	RUNDFUNKAPPARAT

Radwettbewerb	SECHSTAGERENNEN	russische Stadt an der Newa	SANKTPETERSBURG
Rätselart	KREUZWORTMOSAIK	Säugetierordnung	INSEKTENFRESSER
Rätselart	SCHWEDENRAETSEL	Satzzeichen	TRENNUNGSSTRICH
Rätselart	SILBENKREUZWORT	Sauerkirsche	SCHATTENMORELLE
Raketentyp	FESTSTOFFRAKETE	Schatulle	SCHATZKAESTCHEN
Raucherutensil	PFEIFENREINIGER	Scheu	SCHUECHTERNHEIT
Raumfahrtzentrale	KONTROLLZENTRUM	Schiffssteuerhaus	KOMMANDOBRUECKE
Reflektor	SPIEGELTELESKOP	Schildviper	BRILLENSCHLANGE
reformierte christl. Kirchen	PROTESTANTISMUS	Schlangenart	AESKULAPPNATTER
Regent	STAATSOBERHAUPT	Schlangenart	BRILLENSCHLANGE
Regierungschef	PREMIERMINISTER	Schlechtwetterzone	TIEFDRUCKGEBIET
Relais für TV-Sendungen	FERNSEHSATELLIT	Schlemmerlokal	LUXUSRESTAURANT
Religionslosigkeit	IRRELIGIOSITAET	schles. Mystiker	ANGELUSSILESIUS
Remake (Bühne, Film)	NEUINSZENIERUNG	Schmerle	SCHLAMMPEITZGER
rheinhess. Weinsorte	LIEBFRAUENMILCH	Schmetterlingsart	ABENDPFAUENAUGE
Riesenschlange	KOENIGSSCHLANGE	Schmetterlingsart	FLECHTENSPINNER
riskant	HALSBRECHERISCH	Schmetterlingsart	HOLUNDERSPANNER
Rockmusikinstrument	RHYTHMUSGITARRE	Schmetterlingsart	MAULBEERSPINNER
Roman v. Baum	MENSCHENIMHOTEL	Schmetterlingsart	PFLAUMENWICKLER
Roman v. Dostojewski	SCHULDUNDSUEHNE	Schnekkenart	FLUEGELSCHNECKE
Roman v. Hagelstange	ALTHERRENSOMMER	Schnekkenart	SCHALENSCHNECKE
Roman v. Hesse	GLASPERLENSPIEL	Schnellfeuerwaffe	MASCHINENGEWEHR
Roman v. Mitchell	VOMWINDEVERWEHT	Schnelligkeit	GESCHWINDIGKEIT
Roman v. Tolstoi	KRIEGUNDFRIEDEN	Schönwetterzone	HOCHDRUCKGEBIET
Roman v. Turgenjew	VAETERUNDSOEHNE	Schrulle, Spleen	VERSCHROBENHEIT
Roman von Mark Twain	HUCKLEBERRYFINN		

Schwanzlurch	FEUERSALAMANDER	Stadt am Bodensee	FRIEDRICHSHAFEN
Schwefelkopf (Pilz)	BUESCHELSCHWAMM	Stadt an Lahn u. Mittelrhein	NIEDERLAHNSTEIN
See im Salzkammergut	HALLSTAETTERSEE	Stadt auf Mallorca	PALMADEMALLORCA
Seelenarzt	PSYCHOTHERAPEUT	steinreicher Mann	MULTIMILLIONAER
seelisch-körperlich	PSYCHOSOMATISCH	Sternbild	HAARDERBERENIKE
Segment	KREISAUSSCHNITT	Sternbild	KREUZDESSUEDENS
Sehwahrnehmungsmangel	FARBENBLINDHEIT	Sternbild	SUEDLICHERFISCH
		Sternbild	SUEDLICHESKREUZ
Selbständigkeit	UNABHAENGIGKEIT	Stilepoche	EXPRESSIONISMUS
Sensibilität	EMPFINDLICHKEIT	Stilepoche	IMPRESSIONISMUS
Seriosität	ERNSTHAFTIGKEIT	Strafrede	GARDINENPREDIGT
Shakespeares Geburtsort	STRATFORDONAVON	Studieneinschreibung	IMMATRIKULATION
		Stürmer	ANGRIFFSSPIELER
		Sturheit	HALSSTARRIGKEIT
sizil. Berg bei Palermo	MONTEPELLEGRINO	Substanz in Obstkernen	BITTERMANDELOEL
Sklaverei	LEIBEIGENSCHAFT	Sudetenteil	ALTVATERGEBIRGE
Soda	NATRIUMKARBONAT	südafrikan. Provinz	ORANJEFREISTAAT
sonnennächster Fixstern	PROXIMACENTAURI	südamerikan. Hauptstadt	SANTIAGODECHILE
sowjet. Komponist	SCHOSTAKOWITSCH		
sozialistische Staatsform	VOLKSDEMOKRATIE	südamerikan. Meerenge	MAGELLANSTRASSE
Spechtart	DREIZEHENSPECHT	südamerikan. Schlange	KOENIGSSCHLANGE
Spediteur	FUHRUNTERNEHMER	süddtsch. Jura	SCHWAEBISCHEALB
Speisefett	SCHWEINESCHMALZ		
Spinnenart	LABYRINTHSPINNE	südostasiat. Gebirge	SULEIMANGEBIRGE
Spinnerschmetterling	NACHTPFAUENAUGE	südostengl. Grafschaft	GLOUCESTERSHIRE
sprachl. Filmbearbeitung	SYNCHRONISATION	südosteurop. Gebirge	DINARISCHEALPEN
Staat in Westafrika	ELFENBEINKUESTE	südostkanad. Provinz	NEUBRAUNSCHWEIG
Stab	FUEHRUNGSSPITZE		

Tateinheit (jurist.)	IDEALKONKURRENZ
Tausendschön	GAENSEBLUEMCHEN
Teil des Mittelmeeres	LIGURISCHESMEER
Teil des Stillen Ozeans	JAPANISCHESMEER
Teil des Weserberglands	TEUTOBURGERWALD
teilnahmslos	DESINTERESSIERT
Tempo	GESCHWINDIGKEIT
Terrine	SUPPENSCHUESSEL
Teuerung	PREISSTEIGERUNG
Theaterschutzvorrichtung	EISERNERVORHANG
Titelfigur bei Kleist	MICHAELKOHLHAAS
Treue	ANHAENGLICHKEIT
tropische Infektionskrankheit	SCHLAFKRANKHEIT
Tyrann	ALLEINHERRSCHER
Tyrann	GEWALTHERRSCHER
übereinstimmen	KORRESPONDIEREN
überlebt	ANACHRONISTISCH
ukrain. Stadt am Dnjepr	DNJEPROPETROWSK
umfassend	ENZYKLOPAEDISCH
Umweltschutz-Maßnahme	LUFTREINHALTUNG
unbegreifbar	UNVERSTAENDLICH
unbeteiligt	DESINTERESSIERT
Unbeugbarkeit	INFLEXIBILITAET
Unbotmäßigkeit	INSUBORDINATION
Unfehlbarkeit	INFALLIBILITAET
Ungehorsam	INSUBORDINATION
Ungelegenheit	INOPPORTUNITAET
unterfränk. Stadt am Main	MARKTHEIDENFELD
unterschiedl. Behandlung	DISKRIMINIERUNG
unvereinbar	INKOMMENSURABEL
Unwägbares	IMPONDERABILIEN
US-Außenministerium	STATEDEPARTMENT
vaterländisch	NATIONALISTISCH
Verbrüderung	FRATERNISIERUNG
Vereinbarkeit	KOMPATIBILITAET
vereinfachen	RATIONALISIEREN
verfassungsmäßig	KONSTITUTIONELL
Vergangenheitsform	PLUSQUAMPERFEKT
Vergütung	RUECKERSTATTUNG
verharmlosen	BAGATELLISIEREN
Verkaufschef	VERTRIEBSLEITER
Verkehrsteilnehmer	LASTWAGENFAHRER
Vermenschlichung	PERSONIFIKATION
vermögend	KAPITALKRAEFTIG
verniedlichen	BAGATELLISIEREN
verpflanzen, überpflanzen	TRANSPLANTIEREN
Verpflanzung, Überpflanzung	TRANSPLANTATION
Verrat	VERTRAUENSBRUCH
verschieden	UNTERSCHIEDLICH
verstaatlichen	NATIONALISIEREN

verstofflichen	MATERIALISIEREN	Wasserhanf	KUNIGUNDENKRAUT
vertreten	REPRAESENTIEREN	Wegelagerer	STRASSENRAEUBER
Vertretung im Ausland	HONORARKONSULAT	Weichling	MUTTERSOEHNCHEN
		Weinort am Rhein	GAUBISCHOFSHEIM
vervielfältigen	HEKTOGRAPHIEREN	Weinsorte	ASSMANNSHAEUSER
vervollkommnen	PERFEKTIONIEREN	Weißkehlchen	STEINSCHMAETZER
vervollständigen	PERFEKTIONIEREN	Werkzeug	INSTRUMENTARIUM
		Werkzeug	SCHRAUBENZIEHER
vielleicht	MOEGLICHERWEISE	Werkzeugmaschine z. Glätten	SCHLEIFMASCHINE
Vogelart	ALPENFLUEHVOGEL		
Vogelart	ALPENSCHNEEHUHN		
Vogelart	FALKENRAUBMOEWE	westafrikan. Inselstaat	SAOTOMEPRINCIPE
Vogelart	LACHSEESCHWALBE		
volkstümlich f. großes Auto	STRASSENKREUZER		
		westschweiz. Gebirge	FREIBURGERALPEN
Volkswirt	NATIONALOEKONOM		
Vollkommenheitsstreben	PERFEKTIONISMUS	wetterwendisch	OPPORTUNISTISCH
		Widerruf, Dementi	RICHTIGSTELLUNG
voraussagen	PROGNOSTIZIEREN	Wiederherstell. d. guten Rufes	REHABILITIERUNG
vorgeschichtl. Abschnitt	MITTELSTEINZEIT		
		wirtsch.-politisch. Region	FREIHANDELSZONE
Vorherbestimmung	PRAEDESTINATION		
vorschriftsmäßig	ORDNUNGSGEMAESS	württ. Stadt am Kocher	SCHWAEBISCHHALL
Waffengattung, Truppengattung	LUFTLANDETRUPPE	Wundkraut	CHRISTOPHSKRAUT
		zart, bedacht	RUECKSICHTSVOLL
Wahnvorstellung	VERFOLGUNGSWAHN	Zauberformel, -spruch	SESAMOEFFNEDICH
Waldblume	HASENGLOECKCHEN	zeitweilig aussetzend	INTERMITTIEREND
Waldnutzung	FORSTWIRTSCHAFT		
walis. Grafschaft	CARMARTHENSHIRE	zeitwidrig	ANACHRONISTISCH
		Zeitzünderbombe	HOELLENMASCHINE
walisische Grafschaft	CAERNARVONSHIRE	Ziehharmonika	SCHIFFERKLAVIER
walisische Grafschaft	MONTGOMERYSHIRE	Zierfisch	SCHLEIERSCHWANZ
		Zierpflanze	KAPUZINERKRESSE
Wankelmotor	DREHKOLBENMOTOR		

Zone niederen Luftdrucks	TIEFDRUCKGEBIET
zuchtlos	UNDISZIPLINIERT
Zuckergast	SILBERFISCHCHEN
Zug der Schnepfen	SCHNEPFENSTRICH
Zugmaschine	SATTELSCHLEPPER
zuteilen	KONTINGENTIEREN
zweitgrößte Stadt Rußlands	SANKTPETERSBURG
Zwingherr	GEWALTHERRSCHER